세기가 바뀔 무렵 출간된 이 방대한 주석은 영어권에서 고린도전서에 관한 본격 비평 주석의 오랜 부재를 해소하는 단비와 같았다. 그 후 20여 년이 지났고, 그간 다른 주석도 여럿 나왔지만, 영어 본문을 토대로 한 고든 피(Gordon D. Fee)의 주석과 더불어 이 책은 여전히 고린도전서에 대한 최고의 주석 중 하나로 꼽힌다. 이 주석의 최대 장점은 사유의 포괄성이다. 본문에 대한 자신의 번역을 제공하면서 주요한 해석의 관건들을 소개하고, 본문에서 생겨나는 역사적, 신학적, 윤리적, 사회적 물음들을 신중하게 탐색한다. 문법, 역사적 배경, 수사적 효과처럼 좁은 의미의 해석적 물음도 다루어지지만, 보다 사회적이고 현실적인 차원에 관한 논의도 자주 등장한다. 주어진 본문의 다층적 의미를 가늠하는 이런 전방위적 자세에서 철학적 해석학과 조직신학에 지대한 관심을 가진 신약학자로서의 면모가 여실히 드러난다. 이처럼 저자의 시선은 포괄적이지만, 그의 논의는 언제나 차분하고 신중하다. 이런 신중함은 다양한 해석의 가능성을 소개하며 이를 꼼꼼하게 따져보는 학문적 대화의 성실함과 맞물린다. 방대한 분량의 논의 속에서 서로 다른 견해들과 마주하는 것이 부담일 수 있지만, 본문의 정확한 의미를 탐문하는 이들에게는 더없이 반가운 선물이다. 핵심적 사안에 관해서는 고대에서 현대에 이르는 해석의 역사가 제공되는데, 이 '영향사'(Wirkungsgeschichte) 역시 이 주석을 더 유용한 것으로 만든다. 각자 다양한 삶의 자리에서, 고린도전서를 읽으며 그 뜻과 씨름하는 이들에게는 무엇보다 유익한 묵상의 동반자가 될 것이다.

권연경 | 숭실대학교 기독교학과 신약학 교수

고린도전서를 전문적으로 연구하는 학자들이 앤서니 티슬턴의 『NIGTC 고린도전서』 주석을 참고하지 않는다는 것은 상상하기 어렵다. 최고의 위치를 인정받고 있는 이 방대한 주석이 한국어로 번역 출판된 것을 기뻐한다. 그리스어 원문을 충실하게 다룬 주석으로 원문의 의미를 파악하는데 유익하다. 고린도의 문화와 사회-역사적 배경에 근거한 티슬턴의 고린도전서 주석은 해석의 지평을 더욱 넓혀주고 있다. 이 책이 영어권에 미친 긍정적 영향이 한국 학계와 교계에 이어질 것이 분명하다. 고린도전서 연구에 새로운 바람이 불어오길 기대한다.

김현광 | 한국성서대학교 신약학 교수, 전 대학원장

신약학과 해석학 분야에서 세계적인 명성을 지닌 앤서니 C. 티슬턴의 『NIGTC 고린도전서』는 엄청난 분량의 참고자료와 함께 치밀하고 철저한 본문 분석을 제공하여 독자를 단번에 놀라게 한다. 기존에 출판된 다른 주석서들의 양상과는 다르게 이 주석은 고린도전서 원문에 대한 문학적이고 수사학적인 분석과 함께 이전 역사로부터 현재까지의 연구 상황을 추적한다. 또한 본문 이해에 필수적인 신학과 윤리의 과제 그리고 사회-역사적 배경을 신중하게 다뤄 최고의 주석임을 입증한다. 결국 독자는 고린도전서를 1세기의 관점에서 해명하는 저자의 탁월함에 기대어 바울의 의도를 구체적으로 파악할 수 있으며, 특히 21세기 교회가 맞닥뜨린 성(gender)과 결혼에 얽힌 복잡성을 해결하는 데 큰 유익을 얻는다. 궁극적으로 본서는 설교자와 신학도들이 반드시 소지해야 할 주석서가 확실하며, 모든 독자는 본 주석의 설득력 있는 해명에 빠져들게 될 것이다.

윤철원 | 서울신학대학교 신학전문대학원 신약학 교수

도시를 여행할 때, 그 도시의 내부 곳곳을 명확히 그려놓은 세부지도가 꼭 필요할 때가 있다. 고린도전서라는 세계로 여행할 때도 이런 세부지도가 필요하다. 고린도전서 전체 윤곽은 대체로 알려진 듯하지만, 그 내부 본문의 진짜 모습과 의미는 아직도 흐릿한 부분이 적지 않다. 티슬턴의 『NIGTC 고린도전서』는 이 서신의 곳곳을 꼼꼼히 연구하고자 하는 여행자에게 꼭 필요한 세부지도 같은 주석이다. 방대한 지식과 풍성한 자료가 빼곡하게 채워져 있다. 사회역사적 배경에 대한 자세한 연구 결과를 들을 수 있고, 본문을 깨닫고자 노력하는 학자들의 깊은 고민과 유용한 저술을 쉽게 엿볼 수 있으며, 실타래처럼 얽혀있는 본문의 난제를 독특한 방식으로 해설하고 풀어가는 저자의 해결책을 새롭게 맛볼 수 있다. 읽다 보면 석학들의 난상 토론 세미나에 참석해 그들이 갑론을박하는 수려한 논의를 듣는 것 같은 착각을 하게 된다. 고린도전서를 읽고 고민하며 그 답을 찾고자 하는 사람들이라면 꼭 옆에 두고 보아야 하는 책이다. 독자는 본문의 참뜻을 찾고자 노력하는 저자가 지닌 사고의 깊이와 넓이와 무게에 놀랄 것이며, 그 노력의 결실로 전달해주는 신선함의 선물을 기쁨으로 누릴 것이다.

이진섭 | 에스라성경대학원대학교 신약학 교수

의심의 여지 없이, 이 책은 고린도전서에 관한 가장 권위 있는 주석서다. 고린도전서에 담긴 바울의 사상들을 역사적, 언어적 문맥 속에서 드러내고, 본문 속의 다양한 신학적, 윤리적 쟁점들을 균형 있게 헤쳐나가면서 그 현재적 함의들을 풀어내는 일에 티슬턴만한 적임자가 또 있을까? 영국 교회의 성경 교사요 지도자로서 신학의 한 분야에만 안주하지 않고 해석학, 조직신학, 신약학, 실천신학 사이에서 끊임없이 정진해온 저자의 신학적 여정은 이 책 속에서 고린도전서를 정원 삼아 그 꽃을 만개하였다. 그렇지 않아도 포스트모던 시대의 현상들을 많이 닮은 1세기 고린도 교회의 문제들은, 변혁적 성경 읽기와 목회적 해석학을 추구해온 티슬턴의 숙련된 솜씨를 거쳐, 그 낯선 베일을 벗고 십자가와 성령의 능력에 자리를 내준다. 고린도전서에 대한 학문적 논의를 기대하는 이들과 실천적 메시지를 기대하는 이들을 모두 만족시킬 수 있는 역작이다.

정성국 | 아신대학교 신약학 교수

앤서니 티슬턴은 이미 잘 알려진 영국 성공회 사제이며 신학자요 학자이다. 이번에 우리말로 번역 출판된 『NIGTC 고린도전서』 주석은 저자의 고백 그대로 그의 "일평생의 고린도전서 연구" 결과물이다. 그런 만큼 고린도전서 연구에서 이처럼 방대한 주석은 영어권에서 처음이다. 저자는 본문에 매우 치중하여 철저하고 명확한 해석을 제시하며, 사회 역사적인 배경에 세심한 관심을 갖고 사회 역사적인 쟁점들을 본문과 함께 학문적으로 깊이 있고 냉철하게 다룬다. 그 논쟁들은, 예를 들면, 사도직, 윤리에 관한 이슈, 은혜 및 칭의 신학, 결혼, 이혼 및 재혼, 고대 로마의 노예제도, 종말론적인 긴급성, 머리 됨과 젠더 구별 이슈, 바울과 권능, 주의 만찬, 성령의 다른 은사들, 예언과 방언, 그리스도의 부활, 죽은 자들의 부활, 등이다. 이 방대한 주석은 앞으로 한국교회에서 고린도전서 연구와 해석을 위해서 필수적인 도구로 독자들에게 오랫동안 독보적인 위치를 차지할 것이며, 한국 개신교회가 안고 있는 여러 문제들과 신학적 논쟁에 대해서도 적절한 해답과 방향을 제시해줄 것으로 기대한다.

조석민 | 에스라성경대학원대학교 신약학 은퇴교수, 기독연구원느헤미야 초빙연구원

"해 아래 새것이 없다"는 전도서의 이치는 성서주석서를 쓰는 일에도 알뜰하게 적용된다. 성서주석을 쓰는 작업은 이전에 나온 수많은 주석서들의 통찰과 해석을 최대한 폭넓게 아우르면서 그 알짬을 적절하게 재배치하고 산뜻하게 재구성하는 성서학자의 고단한 수행이다. 거기에 독창적이며 설득력 있는 본인의 통찰과 해석을 풍성하게 제시할 수 있다면 주석서로서 금상첨화 격이 될 터이다. 종교철학과 해석학 연구자로서의 이력을 지닌 티슬턴 교수가 성서주석학자임을 천명한 이 고린도전서 주석서는 이 점에서 모범이 될 만한 작품으로 손색이 없다. 그는 겸손하게 수많은 학자들의 선행 연구와 주석을 참조하여 그것들을 안성 맞춤하게 재조립하였고, NIGTC 시리즈의 주석서 전통에 걸맞게 원문의 해석에 중요한 그리스어의 의미를 정밀하고 풍요롭게 조명하였다. 그 결과 이 전대미문의 방대한 고린도전서 주석서는 바울이 고린도 지역을 선교하며 기독교 신앙 공동체를 개척하여 돌보던 1세기 중반의 제반 정황과 역사적 실상을 고스란히 재현하여 보여주는 소중한 학문적 성과로 나타났다. 이 주석서는 이전에 산출된 여러 뛰어난 주석서들의 연구사적 흐름을 풍성하게 수렴하면서 다시 또 새로운 해석적 도약을 준비하는 미래의 주석서를 견인하는 방대한 주석적 저수지로서 위용과 기품이 넘친다. 신약성서 연구자는 물론 일반 신학도와 초기 교회공동체의 신앙적 분투와 그 세세한 속사정에 궁금한 일반 독자들의 융숭한 영접을 받을 만한 대작이 마침내 모국어로 탄생했다. 크게 환영하고 축복한다.

차정식 | 한일장신대학교 신학과 교수, 전 한국신약학회 회장

서구권에서 2000년에 빛을 본 티슬턴의 NIGTC 주석 시리즈 고린도전서가 한국 독자에게도 마침내 다가왔다. 한국교회와 신학도들에겐 큰 선물이 아닐 수 없다. 티슬턴의 주석은 NIGTC 시리즈 안에서도 손에 꼽히는 작품이다. 고린도전서에 있어 어떤 주석 시리즈나 어떤 단행본 주석을 망라해도 가히 독보적이다. 먼저 방대한 사회-역사적 배경에 기초해서 그리스어 텍스트를 정밀하게 분석한 후 본문 사역과 주경적 해설을 꼼꼼히 제공한다는 점이다. 더불어 (성서)해석학자의 대가답게 본문의 구절을 유기적이고도 다양한 관점에서 깊이 있게 풀이해준다. 이때 수사적-화행론적 읽기가 바울 해석뿐 아니라 오늘의 설교자에게도 매우 적실하게 활용될 수 있음을 깨닫게 된다. 더 나아가 티슬턴은 그때 거기 고린도에서 벌어졌던 신앙적, 신학적 이슈와 논쟁이 오늘 여기 우리의 도시와 문화에 노출된 성도와도 긴밀한 상관성이 있음을 고려하면서 '두 지평'과 '새 지평'을 친절하게 열어준다. 티슬턴이 엄밀한 학자이자 따뜻한 목자라는 향기가 각 장마다 묻어나는 이유다. 그러니 우리 가까이 이렇게 성큼 다가온 이 두터운 선물을 멀찍이 바라만 보지 않았으면 좋겠다. 혼자가 힘들다 싶으면 함께 읽고 함께 고민하고 함께 순종하는 '공동체 성경주석 읽기' 운동을 내가 먼저 제안해보는 것은 어떻겠는가.

허주 | 아신대학교 신약학 교수

고린도전서를 제외하고 신약성경의 모든 책은 최근 몇 년 동안 그리스어 텍스트에 기초하여 영어로 저술된 대표적인 주석서를 적어도 한 권씩은 갖고 있다. 그러나 고린도전서의 경우에는 이러한 수준의 마지막 주석서가 로버트슨과 플러머가 공저한 1914년(!) 개정판이다. 이제 그 공백은 지금까지 저술된 주석서 가운데 가장 세부적이며 광범위하고 해석학적으로 설득력 있는 이 고린도전서 주석서를 통해 완벽하게 메워졌다. 학자들과 목회자들과 신학생들은 모두 이 기념비적인 저서를 집필한 앤서니 티슬턴에게 엄청난 빚을 지게 되었다.

크레이그 블롬버그 | 덴버 신학교 신약학 교수

나는 앤서니 티슬턴의 주석서를 매우 즐겁게 읽었다. 이 주석서는 고린도전서에 대한 현대 학자들의 가장 탁월한 해석과 깊은 대화를 나눈다. 또한 이 주석서는 상반된 주요 견해들을 명료하게 대비하여 제시해준다. 이러한 특징은 초기 교회의 가장 중요한 기록 가운데 하나인 고린도전서를 더 깊이 연구하고자 하는 모든 이들에게 학문적으로 소중한 도구를 제공해줄 것이다.

레이먼드 콜린스 | 미국 로마 가톨릭 대학교

고린도전서에 대한 이 비범한 주석서는 신학생들과 학자들과 목회자들이 모두 두 팔을 벌려 환영할 것이며, 대단한 학문적 업적을 이루어낸 책이다. 이 책은 고린도전서뿐만 아니라 바울 신학 연구에 있어서도 매우 유익한 자료가 될 것이다.

Evangelical Review of Theology

티슬턴의 이 포괄적인 주석서는 저자가 고린도전서뿐만 아니라 바울 연구에 관련된 광범위한 이슈들을 모두 섭렵하고 있음을 입증해준다. 저자의 본문 주해는 신중하며, 거의 모든 본문에 대한 다양한 해석을 명쾌하게 소개하고 엄격하게 평가한다. 매우 전문적인 내용을 탁월하게 풀어나가는 티슬턴의 이 고린도전서 주석은 앞으로 오랫동안 신약 연구에 크게 이바지할 것이다. 적극적으로 추천한다.

Theological Studies

THE FIRST EPISTLE TO THE CORINTHIANS

A Commentary on the Greek Text

Anthony C. Thiselton

NIGTC 고린도전서(상권)

앤서니 C. 티슬턴 지음 | 신지철 옮김

Holy
WavePlus

차례(상권)

서론 / 43

I. 바울 당시의 로마 식민 도시 고린도: 지리, 고고학, 사회·경제 상황, 번영, 실용적 다원주의 문화 / 44

A. 지리, 상업의 번영, 로마 제국의 기반 44

B. 광범위한 무역과 국제적인 다원주의에 대한 고고학적인 증거 52

C. 지위 불일치, 자기 성취, 인정받기, 포스트모던적인 에토스 61

II. 고린도의 기독교 공동체: 시작, 특성 및 바울과의 관계 / 69

A. 바울과 복음을 위한 고린도의 전략적 중요성과 복음 선포를 위한 바울의 전략 69

B. 바울과 그의 개종자들의 사회경제적 지위에 관한 논쟁: 천막 제조업자로서의 바울 78

III. 서신이 기록된 동기: 연대기, 보고, 서신, 진정성 / 89

A. 고린도에서 바울이 사역한 시기와 고린도전서의 저작 연대 89

B. 고린도로부터 온 구두 보고와 편지: 자료와 이슈 94

C. 고린도전서의 통일성에 대한 논쟁: 일관된 주제들 101

주석 / 129

차례(하권)

편집자 서문

최근에 영어 신약성경 본문을 근거로 한 주석 시리즈가 많이 출간되었다. 하지만 특별히 그리스어 본문을 연구하는 이들의 필요를 충족시키려고 시도한 주석은 그리 많지 않다. 새 국제 그리스어 성경 주석(*New International Greek Testament Commentary*, 약어로 *NIGTC*)의 출판을 통해 이러한 간격을 채워주려는 현재의 계획은 이 시리즈의 첫 편집자 중 한 사람이었던 워드 가스크(W. W. Gasque) 박사의 비전으로 이루어졌다. 많은 신학교에서 고전 그리스어 과목을 축소하고 있을 때, 우리는 편집자로서 *NIGTC*가 그리스어 신약성경을 지속해서 연구하는 일의 가치를 입증하고, 이러한 연구가 자극제가 되기를 소망한다.

*NIGTC*의 주석들은 방대한 규모의 비평 주석보다는 덜 전문적인 내용을 원하는 학생들을 위한 것이다. 동시에 이 주석들은 현대의 학문적인 업적들과 교류하면서 신약 연구에 공헌한 그 연구들의 학문적인 업적을 반영하려고 노력했다. 학술논문과 학위논문 등에 나타난 신약성경과 관련한 깊이 있는 연구들이 끊임없이 풍성하게 나오고 있는 마당에 이 주석 시리즈는 그 연구 결과를 잘 반영하여 독자들이 쉽게 접근할 수 있는 형태로 만들었다. 그러므로 이 시리즈에 속한 주석에는 완전하지는 않지만 그럼에도 충분한 참고문헌들이 포함되었으며, 주석마다 신약성경 본문에서 제기되는 역사와 주해와 해석의 모든 중요한 문제를 다루려고 시도했다.

최근 학계가 얻은 연구 성과 중 하나는 신약성경의 여러 책에 신학적인 특성이 있음을 인정했다는 것이다. *NIGTC*에 속한 주석들은 역사비평과 언어학적 석의(釋義)에 근거하여 본문에 대한 신학적인 이해를 제공하려고 애썼다. 본문을 어떻게 설명해야 하는지 제시하려는 바람이 어느 정도 있기는 하지만, 본문을 현대 독자들에게 적용하고 설명하는 것이 이 주석의 주요 목표는 아니다.

무엇보다도 특정 작업을 하기에 적합한 전문적인 자질을 고려하다 보니 집필진이 다양한 국적을 가진 학자들로 구성되지는 않았지만, 영어권 안에서 국제적 성격을 지니는 것이 이 시리즈의 목표다.

이 주석 시리즈의 일차 목표는 하나님의 말씀 사역에 종사하는 사람들을 섬김으로써 하나님께 영광을 돌리는 데 있다. 이 주석 시리즈가 이 일에 도움이 되기를 기도한다.

하워드 마셜(I. Howard Marshall)

도널드 해그너(Donald A. Hagner)

저자 서문

내 능력과 내가 활용할 수 있는 시간, 그리고 생동감 넘치는 대학교의 신학부 학장으로서의 다양한 임무라는 한계 속에서 나는 가능한 한 매우 철저하고 명확하며 또한 때때로 독특하고 독창적인 주석서를 저술하고자 노력했다.

왜 어떤 사람이 그와 같이 대단히 상세하고 방대한 주석서를 저술하고자 하는가에 대해서는 다음 두 가지 이유를 제시할 수 있을 것이다. 첫 번째 이유는 다음과 같다. 어떤 저자는 그와 같은 주석서를 공정한 사고에 기초한 철저한 연구로 인식할 수 있을 것이다. 이에 반해 다른 이들은 자료들과 쟁점들을 냉혹하리만큼 극단적으로 탐구하는 대다수 학자의 공통적인 특징을 지나치리만큼 집요한 시도로 이해할 수도 있을 것이다. 나는 후자를 거부하고자 한다. 왜냐하면 그것은 대체로 어떤 관점과 균형이 결핍되어 있다는 것을 암시하기 때문이다. 하지만 이 점에 대해서는 다른 이들이 공정하게 판단해야 할 것이다. 두 번째 이유는 이 주석서와 관련하여 이것이 내 목표들을 설정하는 데 중요한 역할을 한다. 나는 독자들이 종종 경험하는 다음과 같은 실망감을 너무나도 잘 알고 있다. 즉 독자들은 방대한 전문 주석서를 집어 들고 인내심을 갖고 읽고 나서도 결국에는 자신들이 갖고 있던 질문에 꼭 필요한 대답을 얻지 못한다는 것이다. 따라서 나는 바울의 그리스어 텍스트에 대한 세부 내용뿐만 아니라 오늘날의 독자들이 본문에 대해 제기하는 온갖 진지하고 중요한 질문을 목표 삼아 끊임없이 숙고해왔다. 그 결과로 나는 본 주석서가 지닌 다음 여섯 가지 특징을 제시한다.

1. 나는 그리스어 원문에 대해 새로운 번역을 제시한다. 이 번역은 본문에 대한 해설, 주요한 번역들, 영역 성경 및 주석서를 검토하면서 여러 번에 걸쳐 수정되었다. 내가 제시하는 번역이 이 표준 번역들과 다를 경우 나는 매번 그것에 대해 끊임없이 설명하고, 나의 입장을 변호했다. 그래서 왜 내가 그렇게 번역했는지에 대해 해석학적인 결론을 제시하고자 했다. 하지만 나는 본문을 쉽게 풀어 설명하는 것(an exegetical paraphrase)보다는 본문에 대한 충실한 번역을 제시하려고 했다. 나는 의구심이 들 때는 합의된 견해를 따랐지만, 주석에서 나의 견해를 설명했다.

2. 이 주석 시리즈의 일관된 형태에 맞추어 (이 주석서 전체에 대한 서론 외에도) 나는 각각의 장 또는 더 짧은 단원에 머리말을 제공한다. 이는 어떤 본문에 대한 간략한 예비적 개관을 제시하려는 것이다. 이어서 나는 그리스어 구문 설명, 사전적 정보, 본문비평, 사회·역사적인 배경과 관련된 이슈들, 바울의 논점 또는 수사학적 전략과 신학 등을 포함한 각 절 또는 각 단어에 대한 주해를 제공한다. 그런 과정에서 나는 단어, 어구, 문장, 절 또는 더 긴 본문의 의미를 신학적·언어학적 문맥을 따라 주해하려고 시도한다.

3. 신학적·사회역사적인 쟁점들이 충분히 다각도로 논의되게 하려고 나는 오늘날 특별한 관심을 받는 쟁점과 주제에 대해 다수의 상세한 주석을 포함했다. 예를 들면 사도직, 윤리에 관한 이슈, 은혜 및 칭의 신학(로마서에 못지않게 두드러지게 나타남), 결혼, 이혼 및 재혼, 고대 로마의 노예제도, 종말론적인 임박성, "머리 됨"과 젠더 구별, 바울과 권능, 주의 만찬, 예언자적인 발언, 방언으로 말하기, 성령의 다른 은사들, "성령 세례", 그리스도의 부활, 장차 일어날 몸의 부활 등을 꼽을 수 있다.

4. 나는 특별히 사회·역사적 배경에 세심한 관심을 기울인다. 왜냐하면 이러한 배경은 많은 쟁점을 명확하게 해주기 때문이다. 예를 들면 민사소송법에 관한 탐구와 더불어 영향력, 부(富), 후견 제도(patronage), 고린도의 사회적 신분 등은 고전 6:1-8에서 핵심 이슈가 무엇인지를 밝혀준다. 곧 이 본문의 핵심 이슈는 "법정으로 가는 어떤 그리스도인"이 아니라 힘없는 동료 신자를 조종하고자 영향력, 권세, "막강한 인맥"을 사용하는 어떤 그리스도

인에 관한 것이다. 또한 (고린도 시민들이 동경하던) 고대 로마 문화에서 귀부인들의 의복에 대한 예절을 탐구해보면 여인들이 공적 예배에서 머리에 두건을 쓰거나 쓰지 않는 관습이 왜 그렇게 중요한 이슈로 여겨졌는지에 대한 의구심을 풀어준다. 대중적인 예배 의식과 하나님께 드리는 예배라는 이중적 배경을 고려하면 이 문제는 복음 안에서 무분별한 성(gender) 해방에 대해 반대하는 것이라기보다는 오히려 자기 존중 및 타인에 대한 존중과 관련된 신학적·윤리적 중요성에 관한 것이다(11:2-16에 대한 주해 참조). 한편 "수사학"(rhetoric)에 대한 사회·역사적 탐구는 더욱더 복합적인 양상을 띠지만, 11:2-6에서 "머리 됨" 및 상호성에 관한 복합적인 문제는 단지 사회·역사적 탐구만으로는 해결될 수 없다.

5. 나는 본문에 미치는 다양한 영향의 역사("Wirkungsgeschichte" 또는 본문의 "후기 역사")에 관한 광범위한 주석을 준비하기 시작했다. 이 주석은 단순히 해석 역사를 묘사하는 것 이상의 의미를 지니고 있다. 이 주석은 수용이론에서 야우스가 제안한 이론 모델을 참고한 것이다. (야우스가 제안하듯이) 본문 통제와 해석학적 창의성 사이의 변증법은 전승 속에 있는 연속성에 근거한 믿을 만한 핵심 내용을 새로운 해석학적 질문을 통해 도입된 분열적인 패러다임과 비교함으로써 잘 유지될 수 있을 것이다. 하지만 이 주석 시리즈의 편집장인 하워드 마셜과의 의논 과정에서 이러한 작업을 고전 16장 전체에 적용한다는 것은 이미 방대해진 주석의 분량을 지나치게 늘리는 결과를 초래한다는 것이 명백해졌다. 따라서 축약된 자료의 상당 부분은 주석서 안에 삽입되었고, 훨씬 더 명백한 여섯 가지 예는 본연의 기능을 가장 잘 수행하리라 여겨지는 확대된 주석(Extended Notes)으로 남겨두었다. 바로 이런 이유에서, 그리고 그 주해가 지닌 고유한 가치 때문에 교부, 중세, 종교개혁 시대의 주석은 일부 현대 신학과 더불어 주해 논의 과정에서 중요한 역할을 한다. 예를 들면 2:6-16에서는 바실레이오스와 아타나시오스가 성령의 존재와 신성을 강조하는 반면, 루터와 칼뱅은 계시 안에서의 성령의 중개 역할에 관심을 기울인다는 내용을 다루는 특별 해설이 포함된다. 또 다른 예는 교부들의 주석에서 그들의 다양한 해석학적 관심사와 더불어 부

활의 역할에서 나타난다(15장 뒷부분에 수록된 특별 해설을 보라).

6. 나는 주해 전반에 걸쳐, 그리고 서론에서 부분적으로 고린도의 문화가 최근에 개종한 신자들의 믿음이 성장하는 과정에 미친 영향을 크게 부각했다. 오해의 위험을 무릅쓰고 나는 그들이 공유하는 전통으로부터 기꺼이 떠날 준비가 되어 있다는 점과 "포스트모던" 분위기를 기대하게 하고 동류 집단이 스스로 고안해낸 관점들을 내세우는 경향에 대해 묘사했다. 근대 이전의 고린도 도시는 결코 "근대성"(modernity)을 경험하지 않았다. 바울은 고전적·합리적 논증을 존중하면서도 사람들을 변화시키는 십자가와 성령의 능력을 예리하게 간파하고 있다. 이것은 고린도에서 많은 사람이 경험한 더 파편적인 동료 그룹의 압력이 가져다주는 유혹과 대조를 이룬다. 바울은 그들에게 경쟁을 추구하지 않는 은혜의 은사, 십자가의 겸손한 "반전"(reversals)과 질서를 유지하는 것과 하나 됨의 변증법 안에서 "다른 사람들"의 다름(otherness)을 존중할 것을 선언한다. 이를 통해 그는 오늘날의 세상을 향해 강력하게 말한다. 또한 그는 "영성"(spirituality)의 기독론적 기준과 신앙 공동체 전체를 세워나가는 데 필요한 타인에 대한 사랑과 은사가 투명하고 온전하게 나타날 때 드러나는 성령의 변화시키는 힘이 있는 전 인격체의 부활에 대한 약속을 강조한다. 이것의 결과는 확실하지만, 아직 온전히 이루어지지 않았다. 십자가의 변화시키는 능력은 실제주의(realism)라는 현재의 정황에서 나타나지만, 무엇보다도 하나님이 처음이자 마지막이 되고, 성령이 역사하는 미래를 향해 열려 있는 변화된 세상에서 작동한다.

나는 이 주석서를 집필하는 데 소요된 오랜 기간에 당혹감을 느끼지 않을 수 없다. 하지만 영국학술원의 인문학 연구실(the Humanities Research Board of British Academy)의 관대함이 없었다면 집필 기간은 훨씬 더 길어졌을 것이다. 영국학술원이 지원한 연구비는 노팅엄 대학교가 부여한 연구 휴가를 한 학기에서 두 학기로 연장해주었다. 이 기간에 나는 오직 외국에서 온 박사과정 학생들을 지도하는 임무만 수행했다. 나는 이러한 재정적 지원에 깊이 감사한다. 또한 이 기금은 내가 자리를 비우는 동안 신학부에 임시 강사를 초빙하는 데도 도움을 주었다.

또한 영국성서공회의 런던 바이블 하우스에서도 나에게 연구비를 지원해주었다. 나는 이에 대해서도 깊이 감사한다. 그리고 연구 조교와 타이핑을 위한 비용을 지원해준 마틴 로빈슨(Martin Robinson) 박사와 그 위원회에도 감사한다. 또 그들의 관대한 후원은 노팅엄 대학교와의 협력 작업에 필요한 기금을 충당할 수 있게 해주었다.

나는 나의 아내 로즈메리와 가족에게 특별히 감사하지 않을 수 없다. 나의 아내는 맨 처음부터 (일부 폐기 처분해버린 초고를 포함하여) 그리스어와 히브리어를 타이핑해주었으며, 비서업무가 넘쳐날 때 나를 대신하여 타이핑을 해주었다. 나는 내 아내의 변함없는 지원과 이 주석서를 향한 비전을 공유해준 것에 대해 깊이 감사한다. 더 나아가 나는 이미 성인이 된 나의 두 아들과 딸인 스티븐과 린다와 마틴에게 미안한 마음을 감출 수 없다. 그들은 나에게서 수없이 "미안하다. 너무 바쁘다"라는 답변을 들어야만 했다. 또한 안타깝게도 나는 네 명의 손주를 오랫동안 보지 못할 때도 있었다.

재닛 롱리(Janet Longley) 여사는 때때로 거의 판독이 어려운 원고를 한 장 한 장 잘 정리하고, 정확하고 논리정연하게 타이핑하여 출판사에 보내기 위해 디스크로 만들어주었다. 비록 판독이 어려운 독일어와 프랑스어는 도움이 필요했지만, 롱리 여사의 재능과 작업 능력은 그 모든 과정을 훌륭하게 처리하고도 남았다. 또한 그는 우리 신학부의 비서 매리 엘머(Mary Elmer) 여사를 도와 우리 신학부의 행정 업무에도 도움을 주었다. 나는 1992년부터 신학부 학장으로서 그들의 유능하고 세심한 도움을 받았다. 그리고 나는 나의 두 동료 석좌교수인 앨런 포드(Alan Ford) 교수와 모리스 케이시(Maurice Casey) 교수를 포함하여 신학부의 모든 동료 교수에게도 감사한다. 그들은 모두 진정으로 영국 내에서뿐만 아니라 또한 국제적으로 우리 신학부가 주목을 받게 하는 데 이바지했다.

감사를 표현해야 할 사람은 내가 일일이 언급할 수 없을 정도로 많다. 나는 교회 친구들에게 그들의 사랑과 기도에 감사하고자 한다. 또 나는 이 주석 시리즈의 편집장으로 수고를 아끼지 않는 아버딘 대학교의 하워드 마셜 교수에게 깊은 감사의 마음을 전한다. 그는 나에게 사려 깊은 조언을 해주었으며, 또한 내가 미처 찾아내지 못한 몇몇 최근 논문에 대한 정보를 친절하게 알려주었다. 그리고 특별히 그는 약 2,000페이지에 이르는 이 주석의 타이핑 원고를 신속하게 읽고 유익한 조언을 들려주었다. 여기서 나는 어드만스 출판사에 깊은 감사를 드린다. 이십 년이 넘는 세월 동안 어드만스 출판사는 나의 저서 중 여러 권을 출간했다. 그동안 나는 존 포트(Jon Pott) 씨와 다른 편집팀원으로부터 친절, 유능, 배려 및 우정을 끊임없이 받아왔다. 마지막으로 최종 교정 작업과 주제 색인을 위해 (재닛 롱리 여사를 포함해서) 많은 이들이 도와주었다. 특별히 아도니스 비두(Adonis Vidu) 씨, 쉐일라 리스(Sheila Rees) 여사, 그리고 다시 한번 내 아내 로즈메리에게 감사한다. 이들은 해당 작업을 위해 자신들의 시간을 조금도 아끼지 않았다. 나는 이들에게 마음속 깊이 감사한다.

주후 2000년 고난 주간에
영국 노팅엄 대학교 신학부
앤서니 티슬턴

약어표

AARAS	American Academy of Religion Academy Series
AB	Anchor Bible
ABD	*Anchor Bible Dictionary*
ABenR	*American Benedictine Review*
ACNT	Augsburg Commentaries on the New Testament
ACR	*Australian Catholic Record*
AGJU	Arbeiten zur Geschichte des antiken Judentums und des Urchristentums
AGSU	Arbeiten zur Geschichte des antiken Spätjudentums und Urchristentums
AJA	*American Journal of Archaeology*
AJAH	*American Journal of Ancient History*
AnBib	Analecta Biblica
ANET	*Ancient Near Eastern Texts*
AnGr	Analecta Gregoriana
ANRW	*Aufstieg und Niedergang der römischen Welt*
ASeign	*Assemblees du Seigneur*
ATR	*Anglican Theological Review*
ATRSS	Anglican Theological Review Supplementary Series
AusBR	*Australian Biblical Review*

BA	*Biblical Archaeologist*
BAGD	Bauer, Arndt, Gingrich, and Danker, *A Greek-English Lexicon of the New Testament and Other Early Christian Literature*
BAR	*Biblical Archaeologist Reader*
BBET	Beiträge zur biblischen Exegese und Theologie
BDB	Brown, Driver, and Briggs, *Hebrew and English Lexicon of the Old Testament*
BDBG	Brown, Driver, Briggs, and Gesenius, *The New Hebrew and English Lexicon*
BDF	Blass, Debrunner, and Funk, *A Greek Grammar of the New Testament and Other Early Christian Literature*
BETL	Bibliotheca Ephemeridum Theologicarum Lovaniensium
BGBE	Beiträge zur Geschichte der biblischen Exegese
BGU	*Berliner Griechische Urkunden*
BHT	Beiträge zur historischen Theologie
Bib	*Biblica*
BibInt	*Biblical Interpretation*
BibRev	*Bible Review*
BibTod	*Bible Today*
BJRL	*Bulletin of the John Rylands Library*
BK	*Bibel und Kirche*
BR	*Bible Research*
BSac	*Bibliotheca Sacra*
BT	*Bible Translator*
BTB	*Biblical Theology Bulletin*
BU	*Biblische Untersuchungen*
BWANT	Beiträge zur Wissenschaft vom Alten und Neuen Testament
BZ	*Biblische Zeitschrift*

BZNW	Beihefte zur Zeitschrift für die neutestamentliche Wissenschaft
CBC	Cambridge Bible Commentary
CBQ	*Catholic Biblical Quarterly*
CD	*Church Dogmatics*
CIG	*Corpus Inscriptione Graecarum*
CIQ	*Classical Quarterly*
ComC	Communicators Commentary
ConB	Coniectanea Biblica
ConBNT	Coniectanea Biblica, New Testament
Conc	*Concilium*
ConNT	Coniectanea Neotestamentica
CSEL	Corpus Scriptorum Ecclesiastorum Latinorum
CT	*Christian Today*
CTQ	*Concordia Theological Quarterly*
CV	*Communio Viatorum*
DPL	*Dictionary of Paul and His Letters*
Ebib	Études bibliques
EDNT	*Exegetical Dictionary of the New Testament*
EeT	*Église et Théologie*
EHST	Europäische Hochschulschriften Theologie
EKKNT	Evangelisch-Katholischer Kommentar zum Neuen Testament
ETR	*Études theologiques et religieuses*
EvQ	*Evangelical Quarterly*
EvT	*Evangelische Theologie*
Exp	*Expositor*
ExpTim	*Expository Times*
FB	Forschung zur Bibel

FRLANT	Forschungen zur Religion und Literatur des Alten und Neuen Testaments
Grimm-Thayer	Grimm and Thayer, *A Greek-English Lexicon of the New Testaments*
GTA	Göttinger theologische Arbeiten
GTJ	*Grace Theological Journal*
HALAT	*Hebräisches und Aramäisches Lexicon zum Alten Testament*
HNT	Handbuch zum Neuen Testament
HTR	*Harvard Theological Review*
HUCA	*Hebrew Union College Annal*
HUT	Hermeneutische Untersuchungen zur Theologie
IB	*Interpreter's Bible*
IBS	*Irish Biblical Studies*
ICC	International Critical Commentary
Int	*Interpretation*
ISBE	*International Standard Bible Encyclopedia*
ITQ	*Irish Theological Quarterly*
JAAR	*Journal of the American Academy of Religion*
JBL	*Journal of Biblical Literature*
JBR	*Journal of Bible and Religion*
JES	*Journal of Ecumenical Studies*
JETS	*Journal of Evangelical Theological Society*
JHC	*Journal of Higher Criticism*
JR	*Journal of Religion*
JRE	*Journal of Religion and Ethics*
JRS	*Journal of Religious Studies*
JSNT	*Journal for the Study of the New Testament*
JSNTSS	Journal for the Study of the New Testament Supplement

	Series
JSOT	*Journal for the Study of the Old Testament*
JSS	*Journal of Semitic Studies*
JTS	*Journal of Theological Studies*
KD	*Kerygma und Dogma*
KNT	*Kommentar zum Neuen Testament*
Lampe	Lampe, *A Patristic Greek Lexicon*
LB	*Linguistica Biblica*
LCC	Library of Christian Classics
LCL	Loeb Classical Library
LD	*Lectio Divina*
Louw-Nida	Louw and Nida, *A Greek-English Lexicon of the New Testament Based on Semantic Domains*
LSJ	Liddell, Scott, and Jones, *A Greek-English Lexicon*
LV	*Lumière et vie*
LW	*Lutheran World*
MHT	Moulton, Howard, and Turner, *A Grammar of New Testament Greek*
MM	Moulton and Milligan, *The Vocabulary of the Greek Testament Illustrated from Papyri and Other Nonliterary Sources*
Moule	Moule, *An Idiom Book of New Testament Greek*
MTZ	*Münchner theologische Zeitschrift*
NCBC	New Century Bible Commentary
Neot	*Neotestamentica*
NIGTT	*Nederduitse gereformeerde teologiese tijdskrif*
NICNT	New International Commentary on the New Testament
NIDNTT	*New International Dictionary of the New Testament Theology*
NIGTC	New International Greek Testament Commentary

NIVAC	New International Version Application Commentary
NovT	*Novum Testamentum*
NovTSup	Novum Testamentum Supplements
NPNF	Nicene and Post-Nicene Fathers
NRT	*Nouvelle revue théologique*
NTA	*New Testaments Abstracts*
NTD	New Testament Deutsch
NTR	*New Theology Review*
NTS	*New Testament Studies*
NTTS	New Testament Tools and Studies
PastPsy	*Pastoral Psychology*
Pauly	Pauly and Wissowa, *Real-Encyclopädie der classischen Altertumswissenschaft*
PG	*Pastrologia Graeca*
PL	*Pastrologia Latina*
PRS	*Perspectives in Religious Studies*
PSB	*Princeton Seminary Bulletin*
PSI	*Pubblicazione della Società Italiana*
RAC	*Reallexikon für Antike und Christentum*
RB	*Revue bibliques*
RechBib	*Recherches bibliques*
RefRev	*Reformed Review*
RevBib	*Revue biblique*
RevExp	*Review and Expositor*
RevistB	*Revista biblica*
RGG	*Religion in Geschichte und in Gegenwart*
RHPR	*Revue d'histoire de philosophie religieuses*
Robertson	Robertson, *A Grammar of the New Testament in the Light of*

	Historical Research
RSR	Recherches de science religieuse
RTP	Revue de théologie et de philosophie
RTR	Reformed Theological Review
SacPag	Sacra Pagina
SBL	Society of Biblical Literature
SBS	Studies in Biblical Theology
ScEs	Science et esprit
SE	Studia Evangelica
SEÅ	Svensk Exegetisk Årsbok
SJT	Scottish Journal of Theology
SNT	Studien zum Neuen Testament
SNTSMS	Society for New Testament Studies Monograph Series
SR	Sciences religieuses/Studies in Religion
ST	Studia Theologica
TBei	Theologische Beiträg
TBü	Theologische Bücherei
TDNT	Theological Dictionary of the New Testament
TEH	Theologische Existenz heute
Theol	Theology
ThEv	Theologia Evangelica
THKNT	Theologischer Kommentar zum Neuen Testament
TLG	Theologische Linguae Graeca
TLZ	Theologische Literaturzeitung
TNTC	Tyndale New Testament Commentaries
TQ	Theologische Quartalschrift
TrinJ	Trinity Journal
TRu	Theologische Rundschau

TS	*Theological Studies*
TTh	*Tijdschrift voor Theologie*
TToday	*Theology Today*
TTZ	*Trierer theologische Zeitschrift*
TynBul	*Tyndale Bulletin*
TZ	*Theologische Zeitschrift*
UBS	United Bible Societies
UBSGNT	United Bible Societies Greek New Testament
USQR	*Union Seminary Quarterly Review*
VC	*Vigiliae Christianae*
VoxEv	*Vox Evangelica*
VoxRef	*Vox Reformata*
VS	*Verbum Salutis*
VT	*Vetus Testamentum*
WA	*Weimarer Ausgabe*
WBC	Word Biblical Commentary
WTJ	*Westminster Theological Journal*
WUNT	Wissenschaftliche Untersuchungen zum Neuen Testament
WW	*Word and World*
ZKG	*Zeitschrift für Kirchengeschichte*
ZKT	*Zeitschrift für katholische Theologie*
ZNW	*Zeitschrift für die neutestamentliche Wissenschaft*
ZTK	*Zeitschrift für Theologie und Kirche*

참고문헌

I. 주석서

아래의 66권의 주석 가운데 9권은 이름 앞에 * 표시가 되어 있는데(한 주석은 **), 이 표시는 해당 주석의 내용이 특별히 상세하거나 중요함을 의미한다.

*Allo, E.-B., *Saint Paul, Première Épitre aux Corinthiens* (Paris: Gabalda, 2d ed. 1956 [1st ed. 1934]).

Ambrose, *Commentarius in epistolam B. Pauli ad Corinthios priman,* in J.-P. Migne (ed.) *PL* (Paris: Petit-Montrouge, 1857-86), vol. 17.

Ambrosiaster, *Ambrosiasti qui dicitur commentarius in epistolas Paulinus 2. In epistolas ad Corinthios,* in CSEL (Vienna corpus from 1886), 81:3-194.

Aquinas, Thomas Aquinas를 보라.

Bachmann, P., *Der erste Brief des Paulus an die Korinther,* Kommentar zum Neuen Testament(Leipzig: Deichert, 1905 4th ed. with additions by Stauffer, 1936).

*Barrett, C. K., *A Commentary on the First Epistle to the Corinthians* (London: Black, 1968, 2d ed. 1971).

Barth, K., *The Resurrection on the Dead* (Eng. trans., London: Hodder & Stoughton, 1933).

Bengel, J. A., *Gnomon Novi Testamenti* (Stuttgart: Steinkopf and London: Dulau [from 3d ed. 1773], 1866).

Blomberg, C. L., *1 Corinthians,* NIVAC (Grand Rapids: Zondervan, 1994).

Bruce, F. F., *1 and 2 Corinthians,* NCBC (London: Oliphants, 1971).

Calvin, John, *The First Epistle of Paul to the Corinthians* (Eng. trans., Edinburgh: Oliver & Boyd and St. Andrew, 1960).

Chafin, K. L., *1, 2 Corinthians,* ComC 7 (Waco, Tex.: Word, 1985).

Chrysostom, John, *Homilies on the Epistles of Paul to the Corinthians* (1-44 on 1 Corinthians) Greek, in J.-P. Migne (ed.), *PG* vol 61, cols, 9-382; English, also NPNF (ed. P. Schaff; Edinburgh: T. &. T. Clark, 1887-94; vol. 12, rpt. Grand

Rapids: Eerdmans, 1989), 1-269.

*Collins, R. P., *First Corinthians,* SacPag 7 (Collegeville, Minn: Glazier/Liturgical Press, 1999).

*Conzelmann, H. *1 Corinthians: A Commentary* Hermeneia (Eng. trans., Philadelphia: Fortress Press, 1975).

Craig, C. T. "The First Epistle to the Corinthians," in *IB* 10 (New York and Nashville: Abingdon Press, 1953), 3-262.

Cyril of Alexandria, *Fragmenta Varia, 3: In Epistolam 1 ad Corinthios* (ed. P. E. Pusey: Brussels: Culture et Civilisation, 1965), 249-296; also in J.-P. Migne (ed.), *PG,* vol. 74. 48-70).

Deluz, G., *A Companion to 1 Corinthians* (Eng. trans., London: Darton, Longman & Todd, 1963).

Didymus of Alexandria, *Fragments, 1 Cor 15-16,* in K. Staab (ed.), Pauluskommentare aus der Griechischen Kirche (Münster: Aschendorff, 1933), 6-14.

Edwards, T. C., *A Commentary on the First Epistle to the Corinthians* (London: Hodder & Stoughton, [Greek Text], 2d ed. 1885).

Ellingworth, P., and H. A. Hatton, *Paul's First Letter to the Corinthians* UBS Handbook (New York: United Bible Societies, 1994).

Erasmus Desiderius, *Epistola Pauli ad Corinthios prima,* in *Opera Omnia* 6 (ed. J. Leclerc: Leiden, 1705), 661-747.

Evans, E., *The Epistles of Paul the Apostle to the Corinthians,* Clarendon Bible (Oxford: Clarendon Press, 1930).

Fischer, E., *Der erste Brief des Paulus an die Korinther, 1: Einführung und Auslegung der Kap 1-7,* HTKNT 7:1 (Berlin: Evangelische Verlagsanstalt, 1975; 3d ed. 1984).

*Fee, G. D., *The First Epistle to the Corinthians,* NICNT (Grand Rapids: Eerdmans, 1987).

Findlay, G. G., "St. Paul's First Epistle to the Corinthians," in W. R. Nicoll (ed.), *The Expositor's Greek Testament* (Grand Rapids: Eerdmans, [London, 1900], 1961).

Godet, F., *Commentary on St. Paul's First Epistle to the Corinthians* (Eng. trans., 2 vols. Edinburgh: T. & T. Clark, 1886).

Goudge, H. L., *The First Epistle to the Corinthians,* Westminster Commentaries (London: Methuen, 1903, 2d ed. 1954).

Grosheide, F. W., *Commentary on the First Epistle to the Corinthians,* NICNT and New London Commentary (Grand Rapids: Eerdmans and London: Marshall, Morgan & Scott, 1953, 2d ed. 1954).

Hargreaves, J., *A Guide to 1 Corinthians* (London: SPCK, 1978).

Harris, W. B., *The First Epistle of St. Paul to the Corinthians* (Serampore and Bangalore: Christian Literature Society, 1958).

Harrisville, R. A., *1 Corinthians,* ACNT (Minneapolis: Augsburg, 1987).

Hays, R. B., *First Corinthians,* Interpretation (Louisville: Knox, 1997).

Heinrici, C. F. G., *Das erste Sendschreiben des Apostel Paulus an die Korinther* (Berlin:

Hertz, 1880); also 8th ed., *Der erste Brief an die Korinther* (Göttingen: Vandenhoeck & Ruprecht, 1896).

Héring, J., *The First Epistle of St. Paul to the Corinthians* (Eng. trans., London: Epworth Press, 1962).

Hodge, C., *The First Epistle to the Corinthians* (London: Banner of Truth, rpr. 1958).

Horsely, R. A., *1 Corinthians* (Nashville: Abingdon Press, 1998).

Kistemaker, S. J., *1 Corinthians* (Grand Rapids: Baker, 1993).

Klauck, H.-J., *1 Korintherbrief,* Die Neue Echter Bibel (Würzburg: Echter Verlag, 1984).

Kling, C. F., "The First Epistle of Paul to the Corinthians," in J. P. Lange (ed.) *Commentary on the Holy Scriptures* (Eng. trans., Grand Rapids: Zondervan, 1960 [German 1861]), 5-864.

Kümmel, W. G., (Lietzmann을 보라).

Lang, F., *Die Briefe an die Korinther,* NTD 7 (Göttingen and Zürich: Vandenhoeck & Ruprecht, 1994), 1-250 (on 1 Corinthians).

Lias, J. J., *The First Epistle to the Corinthians,* Cambridge Greek Testament, earlier series (Cambridge: Cambridge University Press, 1892) (Greek text).

Lietzmann, H. (with W. G. Kümmel), *An die Korinther 1/2,* HNT 9 (Tübingen, Mohr, 4th ed. 1949), 1-96 (Lietzmann on 1 Corinthians) and 165-196 (Kümmel's supplement on 1 Corinthians).

Lightfoot, J. B., *Notes on the Epistles of Paul* (London: Macmillan, 1985), 139-235) (on 1 Corinthians 1-7 only, Greek text).

Locke, John, *A Phraphrase and Notes on the Epistles of St. Paul to the Galatians, 1 and 2 Corinthians, Romans, Ephesians* (1707) (ed. A. W. Wainwright: Oxford: Clarendon Press, 1987), 413-460 (on 1 Corinthians).

Luther, Marin, *Luther's Works* (American ed.), vol. 28: *Commentaries on 1 Corinthians 7 and 1 Corinthians 15* (St. Louis: Concordia, 1973), 9-214 (*WA,* 12:97-142 and 36:482-696).

MacRory, J., *The Epistles of Paul to the Corinthians* (Dublin: Gill, 1915).

Mare, W. H., "1 Corinthians," in F. E. Gaebelein (ed.) *The Expositor's Bible Commentary* (Grand Rapids: Zondervan, 1976), 173-297.

Melanchton, P., "Anonntationes in epistulas Pauli ad Corinthos," in *Melanchtons Werke in Auswahl* (Gütersloh: Mohr, 1963), 4:16-84.

*Merklein, H., *Der erste Brief an die Korinther Kapitel 1-4,* Ökumenischer Taschenbuchkommentar zum Neuen Testament (Gütersloh: Gütersloher Verlagshaus and Mohn, and Würzburg: Echter Verlag, 1992).

Meyer, H. A. W., *Critical and Exegetical Handbook to the Epistles to the Corinthians* (Eng. trans., 2 vols., Edinburgh: T & T Clark, 1892 [vol. 1 and 2, 1-124 on 1 Corinthians]).

Moffatt, J., *The First Epistle of Paul to the Corinthians,* Moffatt New Testament Commentary (London: Hodder & Stoughton, 1938).

Morris, L., *The First Epistle of Paul to the Corinthians*, TNTC (London: Tyndale Press, 1958).

Murphy-O'Connor, J., *1 Corinthians*, New Testament Message 10 (Wilmington: Glazier, 1979); and *1 Corinthians*, People's Bible Commentary (Oxford: Bible Reading Fellowship, 1997).

Oecumenius of Tricca (tenth. cent.), "1 Kor," in K. Staab (ed.), *Pauluskommentare aus der griechischen Kirche* (Münster: Aschendorff, 1933), 432–443.

Origen (some 80 fragments of Greek text, in four parts), in C. Jenkins (ed.), "Documents: Origen on 1 Corinthians," *JTS 9* (1908): 231–247, 353–372, 500–514; and 10 (1909): 29–51.

Orr, W. F., and J. A. Walther, *1 Corinthians*, AB 32 (Garden City, N.Y.: Doubleday, 1976).

Ortkemper, F. J., *1 Korintherbrief* (Stuttgart: Verlag Katholisches Bibelwerk, 1993).

Osty, C. E., *Les Épitres de Saint Paul aux Corinthiens* (Paris: Les Éditions du Cerf, 4th. ed. 1964), 9–71 (on 1 Corinthians).

Parry, R. Sr. John, *The First Epistle of Paul the Apostle to the Corinthians*, Cambridge Greek Testament (Cambridge: Cambridge University Press, 1937).

Pelagius, "Commentary on 1 Corinthians," in J.-P. Migne (ed.), *PL*, 30:720–721; but on the originality of the text and the attribution to Pseudo-Jerome, 참조. A. Souter (ed.), *Pelagius's Exposition of Thirteen Epistles of St Paul* (Cambridge: Cambridge University Press, 1926).

Peter Lombard, "Collectanae in epistolam 1 ad Corinthios," in J.-P. Migne (ed.) *PL*, vol. 191, cols. 1533–1696.

Photius of Constantinople (ninth cent.), "1 Kor," in K. Staab (ed.), *Pauluskommentare aus der griechischen Kirche* (Münster: Aschendorff, 1933), 544–583.

*Robertson, A. T., and A. Plummer, *A Critical and Exegetical Commentary on the First Epistle of St. Paul to the Corinthians*, ICC (Edinburgh: T. & T. Clark, 2d ed, 1914 [Greek text]).

Robertson, A. T., *Word Pictures in the NT* (6vols.), 4: *The Epistles of Paul* (Greek text) (New York: R. Smith, 1931), 68–207.

Robertson, E. H., *Corinthians One and Two* (London: Collins-Fontana, 1973), 10–101.

Ruef, J., *Paul's First Letter to the Corinth*, Pelican New Testament Commentaries (Harmondsworth and Baltimore: Penguin, 1971).

Schlatter, A., *Paulus der Bote Jesus. Eine Deutung seiner Briefe an die Korinther* (Stuttgart: Calwer, 4th ed. 1969 [1934]); also *Die Korintherbriefe Ausgelegt für Blbelleser* (Stuttgart: Calwer, 1982, 1984).

**Schrage, W. *Der erste Brief an die Korinther*, EKKNT 7/1–3 (Neukirchen-Vluyn: Neukirchener Verlag, and Zürich und Düsseldorf: Benzinger Verlag, 3vols. to date, 1991 [on 1:1–6:11]; 1995 [6:12–11:16]; and 1999 [11:17–14:40]).

Senft, C., *La Première Épitre de Saint Paul aux Corinthiens*, Commentaire du Nouveau Testament (Geneva: Labor et Fides, ed rev. 1990 [1979]).

Simon, W. G. T. *The First Epistle to the Corinthians,* Torch Bible Commentary (London: SCM, 1959).

Snyder, G. F., *First Corinthians: A Faith Community Commentary* (Macon, Ga.: Mercer University Press, 1992).

Strobel, A. *Der erste Brief an die Korinther,* Züricher Bibelkommentare (Zürich Theologischer Verlag, 1989).

Talbert, C. H., *Reading Corinthians: A Literary-Theological Commentary on 1 and 2 Corinthians* (New York: Crossroad, 1992).

Tertullian (brief fragmentary thematic exposition), *Against Marcion,* 5:5-10.

Theodore of Mopsuestia, "I Kor," in K. Staab (ed.), Pauluskommentare aus der Griechischen Kirche (Münster: Aschendorff, 1933), 172-196.

Theodoret, *Interpretatio primae epistolae ad Corinthios,* in J.-P. Migne (ed.) *PL,* vol. 82, cols. 225-376.

Theophylact, *Epistolae Primae Divi Pauli ad Corinthios,* in J.-P. Migne (ed.) *PL,* vol. 124, cols. 561-794.

Thomas Aquinas, *Super Epistolas S. Pauli Lectura. 1 ad Corinthios* (Taurin and Rome: Marietti, 1953). Note: 1-299, sects. 1-336, 1 Cor. 1:1-7:9 are authentic; thereafter *postilla* from other sources are involved. The Eng. trans., *Aquinas Scripture* series (Albany, N. Y.: Magi Books, 1966-80), includes only Galatians, Ephesians, 1 Thessalonians, Philippians, and John 1-7.

Thrall, M. E., *The First and Second Letters of Paul to the Corinthians* (Cambridge: Cambridge University Press, 1965), 1-118.

Walter, E., *The First Epistle to the Corinthians,* New Testament for Spiritual Reading (Eng. trans., London: Sheed and Ward, 1971).

Watson, N., *The First Epistle to the Corinthians* (London: Epworth Press, 1992).

Weiss, J., *Der erste Korintherbrief* (Göttingen: Vandenhoeck & Ruprecht, ed rev. ed. 1910) (rpt. 1977).

Wendland, H. D., *Die Briefe an die Korinther,* NTD 7 (Göttingen: Vandenhoeck & Ruprecht, 1968 [1936]).

Witherington, B. ("일반 참고문헌"을 보라).

*Wolff, C., *Der erste Brief des Paulus an die Korinther,* THKNT 7 (Leipzig: Evangelische Verlagsanstalt, 1996).

II. 간추린 일반 참고문헌

추가로 대략 백 개 정도의 이 짧은 연구서 목록은 특정한 장에 더 적절한 저서(각 단원에서 제
사하는 참고문헌에 열거됨)와 한두 저서를 제외하고 1980년대 초기 이전에 간행된 저서는 여
기서 의도적으로 제외된다. (이 주석 시리즈의 편집장인 하워드 마셜의 요청으로) 각 단원의
상세한 참고문헌 목록과의 중복을 피하고자 여기서는 주로 지난 15년간 규칙적으로 활용되어
온 저서에 초점을 맞추는 것을 원칙으로 삼았다. 각 단원의 참고문헌 목록은 주로 전문 서적과
소논문으로 이루어져 있다. 같은 이유에서 여기서는 대체로 저서가 주를 이루는 반면, 연구 소
논문은 각 단원의 참고문헌과 각주에 자세히 포함되어 있다.

Adna, J., S. J. Hafemann, and O Hofius (eds.), *Evangelium, Schriftauslegung, Kirche. Festschrift für P. Stuhlmacher* (Göttingen: Vandenhoeck & Ruprecht, 1977). (또한 특히 Gundry-Volf와 Hofius도 보라).

Allenbach, J., A. Benoit, et al. (eds.), *Biblia Patristica. Index des citations et allusions Bibliques dans la littérature Patristique* (Paris: Éditions du Centre National de la Recherche Scientifique, 6 vols. to date 1986–91).

Balch, D. L., E. Ferguson, and W. A. Meeks (eds.), *Greeks, Romans and Christians: Essays in Honor of A. J. Malherbe* (Minneapolis: Fortress, 1990). (또한 Stowers를 보라).

Banks, R., *Paul's Idea of Community* (Peabody, Mass.: Hendrickson, rev. ed. 1994 [1980]).

Bieringer, R. (ed.), *The Corinthian Correspondence*, BETL (Leuven: Leuven University Press, 1996).

Blasi, A.J., *Early Christianity as a Social Movement* (New York and Bern: Lang, 1988).

Bockmühl, M. N. A., *Revelation and Mystery in Ancient Judaism and Pauline Christianity,* WUNT 2:36 (Tübingen: Mohr, 1990).

Boer, M. C. de, *The Defeat of Death,* JSNTSS 22 (Sheffield: Sheffield Academic Press, 1988).

Brown, A. R., *The Cross and Human Transformation: Paul's Apocalyptic Word in 1 Corinthians* (Minneapolis: Fortress, 1995).

Bünker, M., *Briefformular und rhetorische Disposition 1 Korintherbrief,* GTA 28 (Göttingen: Vandenhoeck & Ruprecht, 1984).

Cantarella, E., *Pandora's Daughters: The Role and Status of Women in Greek and Roman Antiquities* (Baltimore: John Hopkins University Press, 1987).

Carson, D. A. *The Cross and the Christian Ministry: An Exposition of Passages from I Corinthians* (Grand Rapids: Baker, 1993).

Castelli, E., *Imitating Paul: A Discussion of Power* (Louisville: Westminster/Knox, 1991).

Chow, J. K., *Patronage and Power: A Study of Social Network in Corinth,* JSNTSS 75 (Sheffield: Sheffield Academic Press, 1992).

Clarke, A. D., *Secular and Christian Leadership in Corinth: A Socio-Historical and Exegetical Study of 1 Corinthians 1-6,* AGJU 18 (Leiden: Brill, 1993).

Combes, I. A. H., *The Metaphor of Slavery in the Writings of the Early Church,* JSNTSS 156 (Sheffield: Sheffield Academic Press, 1998).

Crafton, J. A., *The Agency of the Apostle: A Dramatistic Analysis of Paul's Responses to Conflict in 2 Corinthians,* JSNTSS 51 (Sheffield: Sheffield Academic Press, 1991).

Dunn, J. D. G., *1 Corinthians* (Sheffield: Sheffield Academic Press, 1995).

_____ *The Theology of Paul the Apostle* (Edinburgh: T. & T. Clark, 1998).

Eckstein, H.-G., *Der Begriff Syneidesis bei Paulus,* WUNT 2:10 (Tübingen: Mohr, 1983).

Ellis, E. E., *Prophecy and Hermeneutic in Early Christianity* (Grand Rapids: Eerdmans, 1978).

Elliott, N., *Liberating Paul: The Justice of God and the Politics of the Apostle* (Maryknoll, N. Y.: Orbis, 1994).

Engels, D., *Roman Corinth: An Alternative Model for the Classical City* (Chicago: University of Chicago Press, 1990).

Eriksson, A., *Traditions as Rhetorical Proof: Pauline Argumentation in 1 Corinthians,* ConBNT 29 (Stockholm: Almqvist & Wiksell, 1998).

Fee, G. D., *God's Empowering Presence: The Holy Spirit in the Letters of Paul* (Carlisle: Paternoster and Peabody, Mass.: Hendrickson, 1994).

_____, *Paul, The Spirit and the people of God* (Peabody, Mass.: Hendrickson, 1996).

_____, "Toward a Theology of 1 Corinthians," in D. M. Hay (ed.), *Pauline Theolgy, 2: 1 and 2 Corinthians* (Minneapolis: Fortress, 1993), 35–58.

Fitzgerald, J. T., *Cracks in an Earthen Vessel: An Examination of the Catalogues of Hardships in the Corinthian Correspondence,* SBLDS 99 (Atlanta: Scholars Press, 1988).

Forbes, C., *Prophecy and Inspired Speech in Early Christianity and Its Hellenistic Environment,* WUNT 2:75 (Tübingen: Mohr, 1995).

Furnish, V. P., "Theolgy in 1 Corinthians," in D. M. Hay (ed.), *Pauline Theolgy, 2: 1 and 2 Corinthians* (Minneapolis: Fortress, 1993), 59–89.

Gardner, P. D., *The Gifts of God and the Authentication of a Christian: An Exegetical Study of 1 Corinthians 8-11* (Lanham, Md: University Press of America, 1994).

Gillespie, T. W., *The First Theologians: A Study in Early Christian Prophecy* (Grand Rapids: Eerdmans, 1994).

Glad, C. E., *Paul and Philodemus: Adaptability in Epicurean and Early Christian Psychagogy,* NovTSup 81 (Leiden: Brill, 1995).

Gooch, P. W., *Partial Knowledge: Philosophical Studies in Paul* (Notre Dame: Notre Dame University Press, 1987).

Gooch, P. W., " 'Conscience' in 1 Cor 8 and 10," *NTS 33* (1987): 244–254.

Goulder, M., "σοφία in 1 Corinthians," *NTS 37* (1991): 515–534.

Gundry-Volf, J. M., "Gender and Creation in 1 Cor 11:2-16: A Study in Paul's Theological Method," in J. Adna et al. (eds.), *Evangelium, Schriftauslegung, Kirche* (1997, cited above), 151–171.

_____, *Paul and Perseverance,* WUNT 2:37 (Tübingen: Mohr, 1990).

Hainz, J., *Koinonia: "Kirche" als Gemeinschaft bei Paulus,* BU 16 (Regensburg: Pustet, 1982).

Hay, David M. (ed.), *Pauline Theology 2: 1 and 2 Corinthians* (Minneapolis: Fortress, 1993), esp. 1–131.

Hays, R. B., "Ecclesiology and Ethics in 1 Corinthians," *Ex Auditu* 10 (1994): 31–43.

_____, *Echoes of Scripture in the Letters of Paul* (New Haven: Yale University Press, 1989).

_____, *The Moral Vision of the NT: Community, Cross, New Creation* (San Francisco: Harper, 1996).

Hengel, M., *The Cross of the Son of God* (Eng. trans., London: SCM, 1986).

Hock, R. K. *The Social Context of Paul's Ministry: Tentmaking and Apostleship* (Philadelphia: Fortress, 1980).

Hofius, O., "Paulus —Missionar und Theologe," in J. Adna and J. Hafemann (eds.), *Evangelium, Schriftauslegung, Kirche* (1997, cited above), 224–237.

Holleman, J., *Resurrection and Parousia*, NovTSup 84 (Leiden: Brill, 1996).

Horrell, D. G., *The Social Ethos of the Corinthian Correspondence* (Edinburgh: T. & T. Clark, 1996).

Horsley, R. A., "Consciousness and Freedom among the Corinthians: 1 Cor 8–10," *CBQ* 40 (1978): 574–589.

_____ (ed.), *New Documents Illustrating Early Christianity* (5 vols, North Ryde, N.S.W.: Ancient History Documents Research Centre, Macquarrie University, 1981–89).

_____ (ed.), *Paul and Empire: Religion and Power in Roman Imperial Society* (Harrisburg: Trinity, 1991).

Hurd, J. C., *The Origin of the 1 Corinthians* (London: SPCK, 1965: 2d ed. Macon, Ga.: Mercer University Press, 1983).

Jervis, L. A., and P. Richardson (eds.), "Gospel in the Corinthian Letters," in *Gospel in Paul: Studies on Corinthians, Galatians and Romans for Richard N. Longenecker*, JSNTSS 108 (Sheffield: Sheffield Academic Press, 1994), 38–164.

Kitzberger, I., *Bau der Gemeinde. Das paulinische Wortfeld οἰκοδομή ἐποικοδομεῖν*, FB 53 (Würzburg: Echter, 1986).

Kleinknecht, K. T., *Der Leidende Gerechtfertigte*, WUNT 2:13 (Tübingen: Mohr, 1984), esp. 208–304.

Litfin, D., *St Paul's Theology of Proclamation: 1 Cor 1-4 and Greco-Roman Rhetoric*, SNTSMS 79 (Cambridge: Cambridge University Press, 1994).

Lorenzi, L. de (ed.), *Charisma und Agape*, Benedictina 6 (Rome: Abbey St. Paul, 1983).

_____, *Freedom and Love*, Benedictina 6 (Rome: Abbey St. Paul, 1981).

_____, *Paulo a Una Chiesa Divisa (1 Cor 1-4)* (Rome: Abbey St. Paul, 1980), esp. by E. Best (9–41) and U. Wilckens (43–81).

Malherbe, A. J., "The Apostle Paul as Pastor," in Lung-Kwong Lo (ed.), *Jesus, Paul and John* (Hong Kong: Chung Chi Chinese University, 2000), 98–138.

Maly, K., *Mündige Gemeinde* (Stuttgart: Katholische Bibelwerk, 1967).

Marshall, P., *Enmity in Corinth: Social Conventions in Paul's Relations with the Corinthians*, WUNT 2:23 (Tübingen: Mohr, 1987).

Martin, D. B., *The Corinthian Body* (New Haven: Yale University Press, 1995).

_____, *Slavery as Salvation: The Metaphor of Slavery in Pauline Christianity* (New Haven: Yale University Press, 1990).

Martin, R. P., *The Spirit and the Congregation: Studies in 1 Cor 12-15* (Grand Rapids: Eerdmans, 1984).

Meeks, W. A., *The Moral World of the First Christians* (Philadelphia: Westminster, 1986).

_____, *The Social World of the Apostle Paul* (New Haven: Yale University Press, 1983).

Meggitt, J. J., *Paul, Poverty and Survival* (Edinburgh: T. & T. Clark, 1998).

Merk, O., *Handeln aus Galuben. Die Motivierungen der paulinischen Ethik* (Marburg: Elwert, 1968).

Merklein, H., "Die Einheitlichkeit des ersten Korintherbriefes," *ZNW 75* (1984): 153-183.

Metzger, B. M., *A Textual Commentary on the Greek NT* (Stuttgart: UBS, 2d ed. 1994).

Mitchell, M. M., *Paul and the Rhetoric of Reconciliation: An Exegetical Investigation of the Language and Composition of 1 Corinthians* (Tübingen: Mohr and Louisville: Westminster/Knox, 1992).

Moores, J. D., *Wrestling with Rationality in Paul*, SNTSMS 82 (Cambridge: Cambridge University Press, 1995), 1-32 and 132-160.

Müller, U., *Prophetie und Predigt im NT*, SNT 10 (Gütersloh: Mohn, 1975).

Murphy-O'Connor, J., *Paul: A Critical Life* (Oxford: Oxford University Press, 1997).

_____, *Paul the Letter Writer: His World, His Options, His Skills* (Collegeville: Glazier/Liturgical Press, 1995).

_____, *St. Paul's Corinth: Texts and Archeology* (Wilmington/Glazier, 1983).

Neyrey, J. H., "Body Language in 1 Corinthians: The Use of Anthropological Models for Understanding Paul and His Opponents," *Semeia 35* (1986 [1984]): 129-170.

Oster, R. E., "Use, Misuse and Neglect of Archeological Evidence in Some Modern Works on 1 Cor (1 Cor 7:1-5; 8:10l 11:2-16; 12:14-26)," *ZNW 83* (1992): 52-73.

Painter, J. (ed.), "Paul and the πνευματικοί at Corinth," in M. D. Hooker and J. G. Wilson (eds.), *Paul and Paulinism: Essays in Honour of C. K. Barrett* (London: SPCK, 1982), 237-250.

Pickett, R., *The Cross in Corinth: The Social Significance of the Death of Jesus*, JSNTSS 143 (Sheffield: Sheffield Academic Press, 1997), 37-84.

Pogoloff, S. M., *Logos and Sophia: The Rhetorical Situation of 1 Corinthians*, SBLDS 134 (Atlanta: Scholars Press, 1993).

Porter, S. E., and T. H. Olbricht (eds.), *Rhetoric and the NT*, JSNTSS 90 (Sheffield: Sheffield Academic Press, 1993).

Probst, H., *Paulus und der Brief: Die Rhetorik des antiken Briefes als Form der paulinischen Korintherkorresponsenz (1 Kor 8-10)*, WUNT 2:45 (Tübingen: Mohr, 1991).

Richardson, N., *Paul's Language about God*, JSNTSS 99 (Sheffield: Sheffield Academic Press, 1994).

Rosner, B. S., *Paul, Scripture and Ethics: A Study of 1 Cor 5-7*, AGJU 22 (Leiden: P. Brill, 1994).

Sanders, K. O., *Paul — One of the Prophets?* WUNT 2:43 (Tübingen: Mohr, 1991).

South, J. T., *Disciplinary Practices in Pauline Texts* (New York: Mellen Press, 1992).

Stanley, C. D., *Paul and the Language of Scripture*, SNTSMS 74 (Cambridge: Cambridge University Press, 1992).

Stowers, S. K., "Paul on the Use and Abuse of Reason," in D. L. Balch, E. Ferguson, and W. A. Meeks (eds.), *Greeks, Romans and Christians: Essays in Honour of A. J. Malherbe* (Minneapolis: Augsburg, 1990), 253–286.

Theissen, G., *Psychological Aspects of Pauline Theology* (Eng. trans., Edinburgh: T. & T. Clark, 1987).

_____, *The Social Setting of Pauline Christianity: Essays on Corinth* (Eng. trans., Philadelphia: Fortress, 1982).

Vanhoye, A. (ed.), *L'apôtre Paul. Personalité, style et conception du ministère*, BETL 73 (Louvain: Louvain University Press, 1986).

Welborn, L. L., *Politics and Rhetoric in the Corinthian Epistles* (Macon, Ga: Mercer University Press, 1997), esp. 1–94.

Wilckens, U., "Das Kreuz Christi als die Tiefe der Weisheit Gottes," in L. de Lorenzi (ed.), *Paolo a Una Chiesa Divisa* (cited above), 43–81.

Winter, B. W., "Gallio's Ruling on the Legal Status of Earliest Christianity (Acts 18: 14–15)," *TynBul 50* (1999): 213–224.

_____, *Philo and Paul among the Sophists*, SNTSMS 96 (Cambridge: Cambridge University Press, 1997).

_____, *Seek the Welfare of the City* (Grand Rapids: Eerdmans and Carlisle: Paternoster, 1994).

Wire, A. G., *The Corinthian Women Prophets* (Minneapolis: Fortress, 1990).

Wiseman, J., "Corinth and Rome 1:228 BC—AD 267," in *ANRW* 2:7:1 (1979): 438–548.

Witherington, Ben., III, *Conflict and Community in Corinth: A Socio-Rhetorical Commentary on 1 and 2 Corinthians* (Grand Rapids: Eerdmans and Carlisle: Paternoster, 1995).

_____, *Women in the Earliest Churches*, SNTSMS 59 (Cambridge: Cambridge University Press, 1988, rpt. 1991).

Yeo, Khiok-khing, *Rhetorical Interaction in 1 Corinthians 8-10*, BibIntMon 9 (Leiden: Brill, 1995).

Zaidman, L. B., and P. S. Pantel, *Religion in the Ancient Greek City* (Cambridge: Cambridge University Press, 1992).

Zuntz, G., *The Text of the Epistles* (London: Oxford University Press, 1953).

서론

I. 바울 당시의 로마 식민 도시 고린도:
지리, 고고학, 사회·경제 상황, 번영, 실용적 다원주의 문화

A. 지리, 상업의 번영, 로마 제국의 기반

오늘날 특별히 고대 유적지에 있는 아크로코린토스 언덕에서 내려다볼 때 방문객에게 큰 감동을 주는 고대 도시 고린도의 첫 번째 특징은 이 도시가 지닌 고유한 지리적 입지 조건이다. 이 도시는 동서남북의 교차로 또는 교차 지점에 세워져 있다.[1] 파우사니아스(기원후 170년경)와 스트라본(기원전 7년경, 아마도 기원전 29년경의 방문에 근거한 고린도에 관한 내용은 기원후 18년에 약간 수정됨)은 고대 세계에서 적어도 상업의 번영을 위한 전략적 위치의 중요성을 언급했다.[2] 스트라본은 다음과 같이 말한다. "고린도는 그 도시의 상업 때문에 '부유한' 도시로 불린다. 이 도시는 지협(地峽)에 자리 잡고 있으며, 두 개의 항구를 거느리고 있기 때문이다. 한 항구는 [고린도를] 곧바로 소아시아로 연결해주며, 다른 항구는 이탈리아로 연결해준다. 그리고 이것은 이 두 지역에서 건너온 상품을 교환하는 것을 용이하게 해준다."[3] 겐그레아 항구는 동쪽으로 사로니코스만을 거쳐 소아시아 지경과 에베소를 향해 항해할 수 있다. 레카이온 항구는 서쪽(또는 북서쪽)으로 고린도만을 거쳐 이탈리아와 서방으로 항해할 수 있다.[4] 겐그레아 항구는 고대 고린도로부

---

1) 아크로코린토스(574미터)와 코린티아(고린도의 영토)의 지리에 관해서는 다음을 보라. Donald Engels, *Roman Corinth: An Alternative Model for the Classical City* (Chicago and London: University of Chicago Press, 1990); J. B. Salmon, *Wealthy Corinth: A History of the City to 338 BC* (Oxford: Clarendon Press, 1984).

2) Pausanias, *Journey through Greece*, bk. 2; Strabo, *Geography*, 8.6.

3) Strabo, *Geography*, 8.6.20. 참조. J. Murphy-O'Connor, *St. Paul's Corinth: Texts and Archaeology* (Wilmington: Glazier, 1983), 6–10, 51–54.

4) 다양한 자료 가운데 다음을 참조하라. 예. Pausanias, *Description of Greece* 2.1.5–7; 현대 문헌 중에는 다음을 참조하라. James Wiseman, "Corinth and Rome I 228 BC — AD 267," in *ANRW* 2.7.1 (Berlin: de Gruyter, 1979), 439–447 (참조. 438–548); map on 440; Engels,

터 대략 5-8킬로미터 떨어진 곳에 있다. 레카이온은 북쪽으로 약 2킬로미터 지점에 있다.

사실상 오늘날의 고전 및 고고학적 연구는 디올코스(*diolkos*)의 상업적인 중요성을 확인해준다. 디올코스는 포장된 도로로 원래 기원전 6세기에 6킬로미터보다 더 좁은 가장 좁은 지점에 고린도 지협을 가로질러 만들어졌다.[5] 이 도로는 화물 또는 가벼운 배를 운송하기 위해 사용되었다. 오늘날도 그 유적의 일부를 볼 수 있다. 스트라본은 "이탈리아와 아시아에서 오는 상인들에게 말레아 곶을 돌아 항해하는 것을 피하고자" 그 해협을 건너는 것은 "좋은 대안이었으며 또 그곳에서 뱃짐을 내렸다"라고 말한다.[6] 또 스트라본은 "당신이 말레아 곶을 돌아 항해할 때는 당신의 집을 잊어버려라"라는 선원들의 격언을 인용한다.[7] 엥겔스는 펠로폰네소스 반도의 남부 곶을 돌아 엿새가 걸리는 대안을 선택할 때 몹시 사나운 바람이 종종 배를 매우 위험한 처지에 놓이게 했으며, 특별히 겨울철에는 더더욱 그러했다고 주장한다. 바울이 탄 배가 바로 이곳을 항해할 때 그도 거기서 폭풍을 경험했다. 그 폭풍은 그가 탄 배를 마침내 몰타섬에 닿게 했다(행 27장, 서부 크레타로부터 항해하던 중에). 또 엥겔스는 오늘날 12월과 1월에 키티라에 부는 바람은 보퍼트 풍력 등급 6을 능가한다고 말한다. 그 정도의 바람이면 고대의 배가 항해하는 데는 매우 위험했을 것이다.[8] 그렇다면 고대 자료들이 고린도에서 거대한 규모의 상거래가 이루어졌고, 그곳에 수많은 상인이 있었다고 증언하는 것은 조금도 놀라운 일이 아닐 것이다. 또 그 자료들이 "유럽과 아시아의 공통 무역 중심지"로서, 그리고 "그리스인들의 시장과…축제"로서 이 두 가지 역할을 증언해주는 것도 전혀 놀랍지 않다.[9]

　　　Roman Corinth, 8-21.
5)　　Wiseman, *Corinth and Rome*, 441; Engels, *Roman Corinth*, 50-52.
6)　　Strabo, *Geography*, 8.6.20.
7)　　같은 책.
8)　　Engels, *Roman Corinth*, 51.
9)　　Aristeides, *For Poseidon* 23; 참조. Dio Chrysostom 37.8; Apuleius, *Metamorphoses* 10.35. 디온 크리소스토모스(파보리누스)는 고린도를 "그리스의 배와 고물"이라고 불렀다(37.36).

비록 상업적인 중요성에 있어 북과 남의 축은 동과 서의 축에 비해 상대가 될 수 없었지만, 수직 방향은 약간의 상업적 중요성뿐만 아니라 전략적·정치적·문화적 중요성을 지니고 있었다.[10] 페라코라라고 불리는 이스트무스 해협의 북쪽 지역에는 게라네이아 산맥이 우뚝 솟아 있다(가장 높은 곳은 1,351미터). 이 산맥은 고린도를 메가라로부터 분리한다. 고린도는 아가야 지역에서 로마 원로원이 지배하는 속주의 수도가 되었다. 기원후 2세기 무렵에 고린도는 그리스에서 가장 큰 도시가 되었다. 그리고 코린티아(고대 고린도와 그 주변 지역)의 한가운데에는 아크로코린토스(574미터)가 우뚝 서 있었다. 그곳은 초기에 고린도의 요새 역할을 했다.

기원전 44년 율리우스 카이사르가 죽기 얼마 전에 고린도는 그의 지시에 따라 로마의 식민지가 되었고, 그때 이 사건은 그 도시 역사에 있어 근본적인 전환점이 되었다. 기원전 2세기 중엽에는 한편으로는 고린도와 로마의 관계, 또 다른 한편으로는 고린도와 아카이아 동맹(Achaean League)이 심각하게 훼손되었다. 재정적인 위기와 연결된 "자유"에 관한 이슈는 아카이아인이 로마의 동맹인 스파르타에 전쟁을 선포하도록 만들었다. 기원전 146년 로마 장군 루키우스 뭄미우스의 지휘 아래 마침내 아카이아인의 영토는 로마에 합병되고 말았다. 다른 아카이아인들은 자유민이 되었지만, 아카이아인의 지도자 역할을 하던 고린도 주민들은 노예로 팔렸다. 고린도는 약탈당했고 사실상 완전히 파괴되었다. 기원전 79-77년에 키케로가 그 유적지를 방문했을 때 그는 다음과 같이 탄식했다. "고린도의 폐허를 목격했을 때 그 모습은 살아 있는 주민보다 나에게 더 깊은 인상을 주었다."[11] 한편 와이즈먼은 "고린도의 멸망은 학자들이 믿고 싶은 것보다 사실상 훨씬 더

10) Wiseman, *Corinth and Rome*, 445-446.
11) Cicero, *Tuscalanae Disputatione*, 3.53. 많은 이들이 고린도의 멸망에 대해서 슬퍼했다. 예를 들면, Polystratus, *Anthologia Greaca* 7.297, "루키우스가 헬라스의 별인 아카이아인의 위대한 아크로코린토스와 쌍둥이 항구를 파괴했네. 돌무더기가 창에 찔려 죽은 이들의 뼈들을 덮고 있네." 기원전 195년부터 기원전 146년까지 고린도의 역사에 대해서는 다음 연구서를 보라. Wiseman, *Corinth and Rome*, 458.

광범위했다"고 말한다.[12]

기원전 44년 율리우스 카이사르는 주로 다음과 같은 세 부류의 로마 제국 인구를 가지고 이 도시를 재건했다. 즉 (1) 자유민, (2) 자기 밑에 있던 퇴역 군인, (3) 도시 상인과 노동자 등이었다. 고린도의 지리적인 위치는 그들의 번영을 보증해주었다. 카이사르는 장차 동방에서의 전쟁에서 아마도 다키아 또는 파르티아로 진격하기 위해 고린도를 그 지역의 전략적 중심지로 확보하고 설비와 자원을 제공하는 데 관심을 기울였다. 로마 식민지의 이전 명칭은 콜로니아 라우스 율리아 코린티엔시스였는데, 이는 율리우스 카이사르를 기념하는 고린도 식민지를 의미한다.[13] 로마 식민지(πολίτευμα)로서 고린도의 통치 구조는 시민 선출자, 시의회, 1년 임기의 행정관 등으로 구성된 삼자 의회에 그 기초를 두고 있었다. 이것은 이전 공화정 시대의 로마 통치 기구의 축소판이다. 식민지는 재산 소유권을 갖고 있었으며, 민사 소송을 처리할 권한을 갖고 있었다(참조. 6:1-8). 그들은 주변에 있는 다양한 문화와는 다른 정체성과 문화적 유산을 알고 있었다(참조. 빌 3:20). 지역의 원로원은 광범위한 권력을 쥐고 있었다. 원로원은 그들에게 기금을 조성하고 공공건물을 세우며 도로를 비롯해 다른 시설물을 만들 수 있게 해주었다. 식민지의 행정 장관은 트리부스 민회(*comitia tributa*)를 통해 매년 두 명(*duoviri iure dicundo*)이 선출되었다. 그들은 민사 소송에서 최고 재판관 역할을 했다. 이에 비해 형사 소송은 로마 제국의 지방 총독이 재판권을 갖고 있었다(6:1-8에 대한 주해 참조). 도널드 엥겔스는 경작과 도자기 제조를 위한 땅과 찰흙의 원료와 무엇보다도 "매시간 평균 18세제곱미터의 물을 흘려보내 어떤 거대한 도시가 필요로 하는 물을 공급하는 데 충분한" 페이레

---

12) Wiseman, *Corinth and Rome*, 494. 그는 R. L. Scranton의 고고학적인 보고서를 인용한다.

13) Wolfgang Schrage, *Der erste Brief an die Korinther*, EKKNT 7:1-3 (3 vols. Zürich: Benzinger and Neukirchen Vluyn: Neukirchener, 1991, 1995, 1999), 1:25-29. Schrage 는 고대의 자료들로부터 증거를 요약해준다. 한편 고린도가 로마적인 특성을 지녔다는 사실의 중요성에 대해서는 다음 기고문을 보라. D. W. J. Gill, "Corinth: A Roman Colony in Achaia," *BZ* 37 (1993): 259-264.

네 수원(이것은 오늘날에도 볼 수 있음)의 중요성을 설득력 있게 제시한다.[14] 또 그는 계속해서 막대한 양이 매장되어 있던 이회토는 "도자기, 기와, 테라코타 장식품을 제조하는 데 필요한 찰흙을 대량으로 공급해주었다"라고 일러준다. "[더욱이] 고전적인 도시 건설에 상당 부분 사용된 가벼운 사암(砂巖)은 고대의 채석업에 대한 수많은 발자취"를 남겨주었다. 또 "로마 제국 시대에 레카이온 도로를 건설하는 데 이상적이었던…단단하고 투명한 하얀 석회암"도 풍부하게 매장되어 있었다. 여기서는 완벽한 목록을 제시할 필요는 없을 것이다. 하지만 (와이즈먼과 엥겔스와 더불어) 우리는 "이 해안 평지 [코린티아]가 로마의 속국이 된 그리스에서 가장 비옥한 지역 가운데 하나였다"라는 것을 입증해주기에 충분한 증거가 있다고 말할 수 있다.[15]

이 모든 요소는 우리가 고린도전서를 이해하는 데 다음 세 가지 기본적인 사항을 뒷받침해준다. (1) 고린도의 도시 공동체와 도시 문화는 그리스 모델이 아니라 로마 제국의 모델을 따라 형성되었다. 심지어 아카이아, 마케도니아, 동방으로부터 이주자들이 많이 몰려와 범세계적인 상부 구조를 형성했다고 하더라도 말이다. (2) 고린도의 도시 공동체와 도시 문화는 자신들이 번영하고 있다고 생각했으며 스스로 만족해했다. 심지어 사회적으로 취약했거나 다른 사람들을 의존했던 "아무것도 가진 것 없는 이들"도 많이 있었지만 말이다. (3) 그 도시의 핵심 공동체와 그 도시 문화의 핵심 전통은 성공을 추구하는 데 몰두하는 무역, 사업, 기업가적인 실용주의였다. 심지어 어떤 이들은 사업의 실패로 인해, 또는 적절한 대인 관계를 맺지 못하거나 적절한 기회를 얻지 못해 상당한 대가를 치렀지만 말이다.

도널드 엥겔스는 로마 식민지 고린도를 많은 이들이 막스 베버의 사회 이론과 연결하는 "원시주의"와 "상업주의"로부터 분리함으로써 학계

---

14) Engels, *Roman Corinth,* 10.
15) 같은 책, 11. 또 참조. Wiseman, *Corinth and Rome,* 444: "고린도 서부 지역의 땅은 대단히 비옥했다.…연안(沿岸)의 평지에서는 경작이 광범위하게 이루어졌다. 고린도의 영토는 네메아 강까지 뻗어 있다.…에피다우리아에서 메가리스까지 걸쳐 있는 코린티아의 사로니코스 해안선은 300 스타디움(약 53.28km)에 이른다"(445). 또한 참조. B. von Freyberg, *Geologie des Isthmus von Korinth* (Erlangen: Erlanger Geologische Abahndlungen, 1973).

에 커다란 유익을 가져다주었다. 이 사회 이론에 의하면 이 도시는 고린도의 농촌 경제를 떠받치는 농부들에게서 거두어들인 연금과 세금으로 살아간다. 이러한 (부적절한) 의미에서 이 도시는 "소비자 중심"이었다. 그뿐만 아니라 원시주의는 고대의 고전적인 도시들을 오늘날 전 세계적인 자본주의의 특징을 나타내는 일종의 매매 또는 무역에 기초한 시장 경제로부터 이탈하게 했다. 이러한 주장에 따르면 "고전 세계는 시장 가치와 제도의 상당 부분에 대해 잘 알지 못했다."[16] 하지만 이와 반대로 엥겔스는 "부유한 고린도"가 경쟁과 실용적인 성공 추구를 포함하여 능숙한 사업과 관습의 다양한 전통 안에서 **시장의 상품 교환과 서비스 산업의 경제**에 기초하고 있었음을 설득력 있게 보여준다.

"상품과 용역"은 "여행자들과 상인들과 관광객들"뿐만 아니라 다른 사업가들을 통해 편리한 시장을 찾아낸다.[17] "고린도는 농산물 공급을 위해 거대한 시장을 제공해주었다. 그 규모는 고린도의 주변 경작지가 제공해줄 수 있는 분량을 훨씬 더 넘어섰다.…그러므로 시장 경제는 토지의 가격, 수확의 유형 및 정착의 유형에 광범위하게 영향을 미쳤다."[18] 만약 우리가 4제곱미터마다 650리터의 보리를 생산한다고 가정한다면 207제곱킬로미터의 농경지는 대략 매일 17,600명분의 식량(약 1인당 2,600칼로리)을 공급할 것이다.[19] 하지만 엥겔스도 시인하듯이 농부들이 필요로 하는 식량을 고려한다면 코린티아 영토로부터 얻는 공급량은 고린도 시민의 약 10,800명에 해당하는 분량보다 결코 더 많이 제공해주지 못할 것이다.[20] 그러므로 시장 인력의 압박과 더불어 가난한 자들에게 몰려오는 기근의 위험성에 관한 브루스 윈터와 다른 저자들의 주장은 매우 잘 입증된다.[21]

---

16) Engels, *Roman Corinth*, 1; 참조. 1-7, 22-65, 그리고 곳곳에.
17) 같은 책, 2,
18) 같은 책, 25.
19) 같은 책, 27.
20) 같은 책, 28-33.
21) B. W. Winter, "Secular and Christian Responses to Corinthian Famines," *TynBul* 40 (1989): 88-106. 참조. B. W. Winter, *Seek the Welfare of the City: Christians as Benefactors*

기원후 44년 이후부터는 동방에서 온 이주민들이 로마에 새로 이주한 사람들(카이사르의 퇴역 군인들과 해방된 노예들과 장인들 또는 노동자들)에 곧 합류했다. "그들 가운데는 유대인과 시리아인도 포함되어 있었다."[22] 고고학은 켄트가 (1950년에) 계산한 총계에 의하면 1,553개에 달하는 고대의 비문 가운데 로마 시대로부터 유래한 거의 1,200개의 비문을 통해 아우구스투스 시대 이후로 그 도시의 번영과 중요성을 입증해주었다. 많은 비문은 "공적인 기록물"이었다. 예를 들면 신이나 황제에 대한 헌정이나 건축물 증여에 대한 기록, 또는 기념비나 다른 선행, 묘비, 조각상 또는 서훈 등을 꼽을 수 있다.[23] 더욱이 이러한 바울 시대의 비문은 고린도의 시민 생활과 상류 생활에서 상당 부분 로마적인 특성을 드러낸다. 아우구스투스로부터 네로에 이르는 시기에 속한 비문 가운데 그리스어로 새겨진 비문은 단지 세 개 뿐이지만, 라틴어로 새겨진 비문은 무려 73개에 이른다.[24] 클라우디우스 황제 시대(바울 시기)의 그리스어로 새겨진 비문은 전혀 발견된 것이 없지만, 라틴어로 새겨진 비문은 27개(이 가운데 19개는 확실함)나 된다. 반면에 네로 시대(후기 바울)의 것으로는 한 개의 그리스어 비문과 열한 개의 라틴어 비문이 발굴되었다. 하드리아누스 황제 이전의 라틴어 텍스트는 104개, 그리스어 텍스트는 단지 4개뿐이었지만, 하드리아누스 통치 기간(기원후 117-138년)에는 그리스어 비문이 다시 늘어났다(그리스어 15개, 라틴어 10개).

그 도시에서 가장 존중받던 풍습에서 그리스 문화보다 오히려 로마 문화의 유형이 더 두드러지게 나타난다는 점은 고린도전서의 몇몇 세부 내용

---

and Citizens (Grand Rapids: Eerdmans and Carlisle: Paternoster, 1994), 53-57.

22) Wisemann, *Corinth and Rome,* 497.

23) John H. Kent, *Corinth: Results of Excavations Conducted by the American School of Classical Studies at Athens,* VIII.iii: *The Inscriptions 1926-1950* (Princeton, N. J.: American School of Classical Studies in Athens, 1966, 17-20. 1,553의 숫자는 다음 고고학자들이 수집한 비문을 포함한다. B. D. Meritt, *Greek Inscriptions 1896-1927* (*Corinth,* VIII):i: Cambridge, Mass.: Harvard University Press, 1931), and by A. R. *West, Latin Inscriptions 1896-1927* (*Corinth,* VIII:ii: Cambridge, Mass.: Harvard University Press, 1931).

24) Kent, Corinth, VIII:iii: *The Inscriptions,* 18-19.

을 이해하는 데 매우 중요하다. 한 가지 명백한 사례로서 공적 장소, 특히 공적 예배에서 여인들이 두건을 쓰는 관습뿐만 아니라 남자들이 머리를 덮는 문제(또는 머리카락에 관한 문제일 수도 있음)를 지적할 수 있을 것이다(고전 11:2-16). 알린 루셀과 데일 마틴은 고대 로마 사회에서 어떤 결혼한 여인이 두건을 쓰지 않은 채 공적 장소에 나타나는 것은 자신을 성적으로 이용할 수 있다는 신호를 보내거나 또는 적어도 예의 바른 품행에 관심이 없다는 것을 드러내는 것임을 입증해주었다.[25] 또한 11:17-34을 다루면서 머피-오코너, 와이즈먼, 윈터, 타이센 등 여러 저자는 고대 로마의 식사 관습이 로마 저택의 트리클리니움과 아트리움의 건축 구조와 고대 로마의 후견 제도와 더불어 어떻게 "유익이 못되고 도리어 해로움"(11:17)이 된 그리스도인들의 식사 교제의 배경을 제공했는지를 보여주었다.[26] 플루타르코스(대략 기원후 50-120년)는 수용과 부, 그리고 어쩌면 심지어 명예를 얻는 방법으로 고대 로마의 사회·경제 체제 안에서 후견 제도가 얼마나 중요한 역할을 했는지를 지적한다. 또한 현대 연구에서는 그 누구보다도 차우가 고린도와 고린도전서를 올바로 이해하는 데 이 후견 제도가 얼마나 다양한 함의를 내포하고 있는지에 대한 증거를 수집했다.[27]

---

25) A. Rousselle, "Body Politics in Ancient Rome," in D. Duby and M. Perot (eds.) *A History of Women in the West, I: From Ancient Godesses to Christian Saints* (Cambridge, Mass.: Harvard University Press, 1992), 296-337; D. B. Martin, *The Corinthian Body* (New Haven: Yale University Press, 1995), 229-249. 또 본 주석서에서 11:2-16에 대한 주해를 보라.

26) Murphy-O'Connor, *St. Paul's Corinth*, 154-155; Wiseman, *Corinth and Rome*, 528; B. W. Winter, "The Lord's Supper at Corinth: An Alternative Reconstruction," *RTR* 37 (1978): 73-82; W. J. Slater (ed.), *Dining in a Classical Context* (Ann Arbor: University of Michigan Press, 1991), esp. A. Booth, "The Age for Reclining," 105-120; and G. Theissen, "Social Integration and Sacramental Activity," in *The Social Setting of Pauline Christianity: Essays on Corinth* (Eng. trans., Philadelphia: Fortess, 1982), 145-174.

27) Plutarch, *Moralia* 805E, F; John K. Chow, *Patronage and Power: A Study of Social Networks in Corinth*, JSNTSS 75 (Sheffield: Sheffield Academic Press, 1992), throughout.

B. 광범위한 무역과 국제적인 다원주의에 대한 고고학적인 증거

하지만 그리스의 다른 주요 도시와 마찬가지로 그리스-로마 종교와 제의에
서도 그리스가 계속해서 영향력을 행사하고 있었다는 사실은 고고학적인
연구를 통해 발견된 당대의 주화뿐만 아니라 신전과 종교 유적지 등에 의해
확인된다. 그리스 신전들은 로마 시대에 이르러 동일한 그리스 신들에게 다
시 헌정되었다. 특히 고린도에서는 포세이돈, 아프로디테, 아폴론, 데메테
르, 코레, 아스클레피오스에게 다시 바쳐졌다.[28] 그러나 기원후 1세기 비문
에는 헌정사가 매우 빈번하게 그리스어보다는 라틴어로 새겨졌다. 더욱이
많은 헌정사는 (종종 값비싼 대리석에) 로마 제국의 종교의식 또는 로마의 통
치와 관련된 추상물(예. 빅토리아, 콘코르디아, 로마의 율리아누스 식민지의 게니우
스 등)과 관련이 있다. "적어도 스물다섯 개의 라틴어 헌정사는 특별히 로마
의 신들이나 추상물에 드려졌다."[29]

주화는 로마 식민지 고린도의 국제적인 특성과 무역 및 상업의 광범위
한 범위에 관한 풍부한 사례를 제시해준다. 또한 주화는 상거래의 중심지로
서 고린도의 번영을 보증해주었다. 아테네에 있는 미국 고전학 연구소의 공
식 저널인 「헤스페리아」는 1930년부터 1935년까지(에드워즈), 1941년(해리
스), 1970년부터 1980년까지(윌리엄스와 피셔), 1978년부터 1990년까지(윌
리엄스와 저보스)의 발굴 목록을 제시하고 이에 대한 평가를 계속해서 발간
한다.[30] 이처럼 고린도 주조소에서 만든 주화 가운데 아르고스에서 온 81개

---

28) 참조. Engels, *Roman Corinth*, 93-101.
29) 같은 책, 102; 참조. 101.
30) K. M. Edwards, "Report on the Coins Found in the Excavations at Corinth during the
Years 1930-1935," *Hesperia* 6 (1937): 241-256; J. Harris, "Coins Found at Corinth,"
Hesperia 10 (1941): 143-162; C. K. Williams and J. E. Fisher, "Corinth 1970: Forum
Area," *Hesperia* 40 (1971): 45-46: *Hesperia* 41 (1972): 143-184; *Hesperia* 42 (1973):1-
44 (with J. MacIntosh), *Hesperia* 43 (1974):1-76; C. K. Williams and J. E. Fisher, "Corinth
1974: Forum Southwest," *Hesperia* 44 (1975): 1-50; J. E. Fisher, "Coins: Corinth
Excavations 1976," *Hesperia* 49 (1980): 1-29; C. K. Williams and O. H. Zervos, "Coins
Excavated at Corinth," *Hesperia* 51 (1982): 115-163; *Hesperia* 55 (1986): 129-183; O.

의 동전, 펠로폰네소스의 다른 공동체들로부터 온 45개의 동전, 메가라에서 온 6개의 동전, 소아시아의 에게 지역과 시리아의 주조소에서 유래한 30개의 동전 등은 고린도가 펠로폰네소스반도와 무역을 했음을 입증해준다. 그리고 이는 고린도가 마케도니아 및 이집트와도 무역을 했음을 입증해주는데, 그 횟수는 더 적다.

오늘날에도 방문할 수 있는 고린도의 고고학 박물관은 1931-32년에 미국 고전학 연구소에 의해 세워졌고 1934년에 그리스 정부에 기증되었다. 매우 주목할 만한 전시물 가운데 상당히 많은 숫자의 테라코타로 만든 모형—머리, 손, 발, 눈, 귀 등 신체의 모든 부분—이 있는데, 이것들은 치료의 신 아스클레피오스의 신전인 아스클레피에이온에서 발굴된 것들이다. 테라코타 모형들은 신체의 해당 부분의 건강을 회복시켜달라고 기도하거나 회복에 대한 감사 또는 그 부분을 효율적으로 사용하게 해달라는 의도를 가지고 치료의 신에게 바쳐진 것이다. 이것이 몸의 지체에 관한 바울의 비유 사용(12:12-31, 아래를 보라)의 의미를 밝히는 데 도움을 주든지 아니든지 간에 아스클레피에이온 자체의 유적지(기원전 4세기에 세워졌지만, 기원전 44년에 식민지 주민이 이전에 손상된 신전을 재건함)에 대한 고고학적 발굴은 신전 건축물에 속한 다이닝룸에서 "식사하는 것"에 관한 이슈의 상당 부분을 밝혀준다. 신전의 성소는 지성소(shrine), 아바톤(abaton) 또는 아스클레피오스의 축복과 인도를 간구하던 환자들을 위한 숙소, 주랑(柱廊)이 세워져 있는 마당과 "동쪽 주랑 뒤에는 세 개의 다이닝룸(각각 11개의 긴 의자가 비치됨)과…창고를 포함하고 있었다."[31] 많은 비기독교 친구들이 일상적인 사회생

H. Zervos, *Hesperia* 55 (1986): 183-205; C. K. Williams and O. H. Zervos, "Excavations at Corinth, 1988: East of the Theater," *Hesperia* 58 (1989): 1-50; C. K. Williams and O. H. Zervos, "Excavations at Corinth, 1989: 1-50; C. K. Williams and O. H. Zervos, "Excavations at Corinth, 1989: The Temenos of Temple E," *Hesperia* 59 (1990): 325-356. (*Hesperia* 60, 1991은 C. K. Williams의 생애와 연구를 기린다.)

31) Wiseman, *Corint and Rome,* 488. Wiseman은 아스클레피에이온의 평면도(fig. 9)를 제공해 준다. 참조. J. Murphy-O'Connor, *St. Paul's Corinth,* "Temple Banquets and the Body," 161-167. Murphy-O'Connor도 평면도를 제공해준다(fig. 9: 163).

활에서 특별한 행사로 여겼던 이방 신전의 "거짓 신들" 또는 "우상들"에게
바쳐진 고기를 먹는 문제(고전 8:1-11:1)는 갑자기 활기를 띠기 시작했을 뿐
만 아니라 윤리적·문화적·목회적 측면에서 매우 민감한 이슈로 등장했다.

고린도 박물관에는 아나플로가에 있던 저택의 트리클리니움의 문양
바닥을 장식했던 모자이크가 있다. 아나플로가는 공식적으로 구간이 정해
진 고대 고린도 유적지에서 서쪽으로 몇백 미터 떨어진 교외에 있으며, 이
모자이크는 대략 바울이 선교 활동을 하던 시기(대략 50-75년)에 만들어진
것으로 추정된다.[32] 이 모자이크는 고린도의 상류 계급의 삶이 비교적 세
련되고 풍족했음을 보여줄 뿐만 아니라 그리스도인들의 모임을 위한 공간,
특히 "주의 만찬"(11:17-34)을 위해 몸을 비스듬히 한 채 앉는 모임을 위한
공간 평수에 관한 정보를 제공해준다. 트리클리니움은 대략 5.5×7.5미터
의 크기로 설계되어 있는 반면, 아트리움(복도)은 5×6미터의 크기로 되어
있다. 머피-오코너는 아트리움은 서른 명에서 마흔 명을 수용할 수 있다고
추정하지만, 트리클리니움 안에는 긴 의자들이 자리를 차지하고 있어 더 적
은 인원을 수용할 수 있다고 본다.[33]

우리는 11:17-34을 주해하면서 이러한 사실들은 아마도 고린도 교회
에서 주의 만찬을 비극적으로 남용한 배경을 설명해준다고 주장한다. 그리
스도의 죽음을 기념하는 이 식사는 그리스도인 공동체를 "최고급 손님"(곧
트리클리니움에서 몸을 비스듬히 한 채 최고의 음식을 먹고 최상의 포도주를 마시던 이
들)과 "이류 식객"(오직 아트리움 안에만 들어갈 수 있었고, 거기서 남은 음식과 값싼
포도주를 마시던 이들)으로 구분하는 행사로 전락했다. 어쨌든 만약 이것이 로
마의 식사 관습의 정상적인 패턴을 따른 것이라면 신분과 후견 제도에 따
른 이러한 사회적인 구분이 가능했을 것이다. 소(小)플리니우스는 집주인
과 그의 가장 친한 친구들을 위한 "가장 좋은 음식"의 분류에 대해 다음과

---

32) 다음 논문은 이것에 대해 최초로 보고한다. S. G. Miller, "A Mosaic Floor from Roman
   Villa at Anaploga 41 (1972): 332-354. 참조. 보다 최근에 Wiseman, *Corinth and Rome,*
   528; Murphy-O'Connor, *St. Paul's Corinth,* 153-161.
33) Murphy-O'Connor, *St. Paul's Corinth,* 156.

같이 설명한다. "남은 값싼 음식"은 가장 존중받지 못하는 이들에게, 그리고 "포도주는…세 등급으로 나누어졌다."[34] 최근에 메기트는 이러한 재구성이 과연 타당한지 이의를 제기했지만, 현재로서는 여전히 대다수의 견해로 남아 있다.[35]

　오늘날 고대 고린도의 유적지를 방문하는 사람은 무엇보다도 바울 당시의 사회·경제적 지위를 관찰할 수 있는 매우 흥미로운 두 비문을 발견할 것이다. 아마도 고대 아고라의 원래 위치에 있던 구조물에는 밥비우스에 관한 한 개가 아닌 두 개의 비문이 새겨져 있다(하나는 받침돌에, 다른 하나는 그 이전 구조물의 주랑 위에 있던 띠 장식에 있다). 그 비문에는 다음과 같은 글이 새겨져 있다. "그나이우스 밥비우스 필리누스, 조영관(aedile) 및 신관(pontifex)은 자비로 이 기념비를 세웠다. 그는 2인 통치자(duovir) 가운데 한 명의 권한으로 이것을 정식으로 승인한다."[36] 밥비우스 기념 건축물은 오늘날 모든 측면에서 자선과 자기 홍보에 관한 주요한 사례로 여겨진다. 이러한 건조물과 비문은 "돌 위에 새겨진 자기 홍보, 대중 선전과 자화자찬에 대한 개념들"을 구체적으로 보여준다.[37] 이 기념 건축물은 원뿔형의 지붕과 원형을 이루는 고린도식 주랑으로 구성되어 있다. 아마도 지붕의 소재는 소나무일 것이다. 밥비우스는 자유민 계급에서 새롭게 출세한 부자일 것이다. 그는 충분한 재원을 지녔을 것이며 상호 협정을 포함한 적절한 대인 관계를 유지해왔을 것이다. 이를 통해 그는 행정관이 되었으며, 또 마침내 "최고 행정관", 곧 법에 따라 임명되는 두 명(duoviri iure dicundo) 가운데 한 명이 되

---

34) Pliny, *Letters* 2.6; Seneca, *Epistles* 95.24; Plutarch, *Quaestiones Romanae* 33; Suetonius, *Augustus* 64.3 and *Claudius* 43; 참조. Winter, "The Lord's Supper at Corinth," *RTR* 37: 73-82; and Theissen, *The Social Setting of Pauline Christianity*, 145-174.

35) J. J. Meggitt, *Paul, Poverty, and Survival* (Edinburgh: T & T Clark, 1998): 106-107, 118-122, and 189-193. Meggitt의 견해는 중시되어야 한다.

36) J. H. Kent, *Corinth* VIII:iii, *The Inscriptions 1926-1950*, 73 (no. 155 and plate 14); 102(no. 24, plate 19)에 의해 거의 확실하게 재구성됨. 또한 다음도 보라. Murphy-O'Connor, *St. Paul's Corinth*, 171; and Wiseman, *Corinth and Rome*, 518.

37) Murphy-O'Connor, *St. Paul's Corinth*, 171.

었다.[38] 이 "최고 재판관"은 "시의회의 집행관이었다."[39] 와이즈먼은 "고
린도에서 두오비르(*duovir*)의 직책은 자유민에게도 열려 있었다"라고 말
한다.[40] 하지만 이것은 해당 이슈에 관한 또 다른 문제를 제기한다. 머피-오
코너와 다른 이들은 밥비우스가 비문에 자신의 이름과 자선 행위를 새길 것
을 두 번이나 지시하고, 또 두오비르로서 자선 행위에 관해 자기 스스로 기
록한 것은 깊은 불안감을 동시에 드러내 준다는 데 동의한다. 그는 아무것
도 우연에 내맡기지 않는다. 그의 이름은 무시될 수 없었다. 또 후임 최고 행
정관은 밥비우스가 조영관 기증자와 두오비르 인가자로서 이중적 권한을
통해 공인한 사항을 취소할 수 없었다. 머피-오코너는 "성공한 자유민의 불
안감은 문학에서 인기 있는 주제가 되었다"라고 지적한다.[41]

밥비우스 기념비는 아고라의 서쪽, 아폴론 신전과 수원(水源)의 북쪽
에 세워져 있다. 아마도 이 기념비는 티베리우스 황제 통치 기간에 세워졌
을 것이다. 오늘날에도 그렇듯이 고대 유적지의 공식 경계선 북쪽에는 오
늘날의 방문객을 매혹시키는 두 번째 기념비가 세워져 있다. 아크로코린토
스에서 가져온 석회석으로 포장된 지역에는 기념비의 잔해가 남아 있다. 그
기념비는 한때 청동으로 채워져 있었다. 거기에는 "에라스투스가 그의 조
영관 직책에 대한 보답으로 자비로 [도로를 포장]했다"고 새겨져 있다.[42]
켄트는 이것이 1929년 4월에 극장 동쪽의 본래 위치에서 발견되었다고 기
록한다. 1966년에 켄트는 "에라스투스가 신약성경에 언급된 고린도의 에라
스도(롬 16:23)로 확인된다는 최초의 제안은 여전히 유효하다"고 말한다.[43]
켄트는 "그와 동시대 인물인 밥비우스 필리누스처럼 아마 에라스투스도 상

---

38) Wiseman, *Corinth and Rome*, 498.
39) 같은 책.
40) 같은 책.
41) Murphy-O'Connor, *St. Paul's Corinth*, 270.
42) Kent, *Corinth* VIII:iii, *The Inscriptions*, 99 (no. 232, plate. 21).
43) 같은 책. H. J. Cadbury와 더불어 Kent는 다음과 같이 주장한다. (1) 그 시기는 거의 기원후
1세기 중엽일 것이다. (2) 에라스투스는 흔한 이름이 아니다. 고린도에서 그밖에 다른 사람
은 발견되지 않는다. (3) "바울이 사용하는 단어 οἰκονόμος는…고린도에서 조영관의 기능
과 상당 부분 정확하게 일치한다"(99-100; 참조. 27).

업 활동을 통해 막대한 부를 축적한 고린도의 자유민이었을 것"이라고 덧붙인다.[44] 1999년에 콜린스는 여전히 로마 교회에 문안 인사를 보내는 에라스도(롬 16:23)를 그 비문에서 고린도의 재무관으로 언급되는 인물과 동일시하는 것이 "충분히 개연성"이 있다고 말한다. 반면에 메르클라인(1992년)은 이에 대해 약간의 의구심을 나타낸다. 또한 윈터(1994년)는 몇 단계의 논의를 거쳐 매우 신중하고 설득력 있는 논거를 제시한다. 그리고 머피-오코너(1997년)는 이 점에 대해 조금도 의심하지 않는 것 같다.[45] 브루스 윈터의 연구와 더불어 앤드루 클라크(1993년)도 이에 관해 매우 상세한 논의를 진행한다. 그는 (켄트와 마찬가지로) 2인 통치자(*duovir*), 조영관(*aedile*) 및 재무관(*quaestor*)이 해당 직책을 위임받을 때 충성 서약—곧 유피테르와 황제 신들과 프린켑스의 수호신들과 페나테스의 신들을 통해(*per Jovem et divos imperatores et genium principis deosque Penates*)—을 해야만 했다는 루스의 주장을 고찰한다.[46] 하지만 그는 또한 기독교 신자들에게 도시의 문제에 참여하라는 권면(롬 13:3; 벧전 2:14)에 대한 윈터의 주장도 언급한다. 윈터는 자신의 1994년 연구서가 출간되기 이전에는 그리스도인들이 세속 도시를 위한 공적 후원자 역할을 했다고 주장했다.[47] 호렐(1996년)은 밥비우스 기념비의 에라스투스와 신약성경의 에라스도가 동일 인물일 "개연성은 매우 높다"며, 행 18장에서 갈리오가 내린 판결에 내포된 법적 함의가 사실상 종교에 대한 로마 제국의 종교적 기대로부터 몇 가지를 면제해주는 것과 더불어 기

---

44) Kent, *Corinth* VIII:iii, 100.

45) R. F. Collins, *First Corinthians*, SacPag 7 (Collegeville, Minn.: Glazier/Liturgical Press, 1999), 168; H. Merklein, *Der erste Brief and die Korinther Kap 1-4*, 38-39; Winter, *Seek the Welfare of the City*, 180-197; Murphy-O'Connor, *Paul A Critical Life*, 268-270. 또한 참조. Theissen, *The Social Setting of Pauline Christianity*, 75-83 and 94; and Schrage, *Der erste Brief and die Korinther*, I:31-32, including n. 40.

46) A. D. Clarke, *Secular and Christian Leadership in Corinth: A Socio-Historical Study of 1 Cor 1-6*, AGJU 18 (Leiden and New York: Brill, 1993), 53; 참조. 46-56. 또한 참조. D. W. J. Gill, "Erastus the Aedile," *TynBul* 40 (1989): 146-151.

47) B. W. Winter, "The Public Honouring of Christian Benefactors: Rom 13:3-4 and 1 Pet 2:14-15," *JSNT* 34 (1988): 87-103.

독교를 유대교와 나란히 합법적인 종교(*religio licita*)의 위치에 올려놓았다
는 윈터의 최근 주장(1999년)을 우리가 받아들인다면 이는 거의 확실하다
고 결론짓는다. (갈리오의 판결에 대한 윈터의 견해에 관해서는 아래의 자세한 설명
을 보라.)[48]

고린도의 상업과 무역의 번영뿐만 아니라 그 도시의 경쟁심과 실용주
의와 다원주의는 우리에게 21세기의 복음 선포의 배경 및 유사점과 차이점
의 핵심을 보여준다. 우리는 이미 고린도의 번영은 코린티아 영토에서 유
래한 연금과 세금 및 소비품에 의존하기보다는 오히려 무역업자, 상인, 여
행자, 잘 준비된 사업 중심지의 자원을 찾아 나선 이에 대한 서비스 경제에
의존했다는 도널드 엥겔스의 설득력 있는 주장을 살펴보고 이를 인정한 바
있다. 이러한 서비스에는 종교, 교육, 문화, 법적 제도, 설비뿐 아니라 동방
과 서방의 광범위한 유통 경로를 통해 들여온 수입품을 이용하는 것도 포함
되어 있었다.[49] 엥겔스는 세 개의 거대한 홀 또는 바실리카와 더불어 162미
터에 이르는 남쪽 스토아의 1층 전체가 다양한 행정 기능을 위해 전용되
었다고 알려준다.[50] 또한 머피-오코너는 다음과 같이 주장한다. 아시아와
마케도니아에 속한 지방 도시와 심지어 아테네까지도 사실 고린도와 비교
하면 "레저 산업에 있어 활기 없는 오아시스였다.…그때까지 바울은 고린
도에 견줄 만한 도시를 만나지 못했다.…고린도는 그 도시가 충분히 소화할
수 있는 것보다 더 많은 일을 하고 있었다. 막대한 양의 무역은 대단히 많은
여행자에 의해 더욱더 확대되었다. 이 상황에서 열심히 일하는 사람들은 쉽
게 돈을 벌 수 있었다. 그리고 가혹한 경쟁은 오직 자기 일에 몰두하는 사람
들만 살아남게 했다."[51]

---

48) D. G. Horrell, *The Social Ethos of the Christian Correspondence* (Edinburgh: T. & T.
Clark, 1996), 97. 특히 다음을 보라. B. W. Winter, "Gallio's Ruling on the Legal Status of
Earliest Christianity (Acts 18:14-15)," *TynBul* 50 (1999), 213-224.

49) Engels, *Roman Corinth*, 43-65.

50) Engels, *Roman Corinth*, 44.

51) Murphy-O'Connor, *St. Paul's Corinth*, 258. 한편 아테네에 관해서는 다음을 포함하여 아래
를 보라. Engels, Roman Corinth, 113-114; Murphy-O'Connor, *St. Paul's Corinth*, 108.

고린도에 공급되는 풍부한 물은 거대한 공중 목욕탕뿐 아니라 공중 화장실과 다른 공공시설을 만들어 운영하는 것을 용이하게 해주었다. 오늘날에도 페이레네 수원(水源) 지역에서 이러한 시설물의 유적을 발견할 수 있다. 그리고 이스트미아 경기는 모든 헬라 지역을 망라하는 삼대 또는 사대 축제 가운데 하나였다. 이 대회는 2년마다 한 번 개최되었으며, 고린도 도시에 막대한 재정 수입을 안겨주었다. 바울이 도착하기 얼마 전인 기원후 49년에(만약 그가 고린도에 기원후 50년 봄에 도착했다면) 치러진 이 경기의 흔적과 그가 그곳에서 사역할 기간(기원후 51년)에 열린 이 경기에 몰려든 많은 관중은 바울이 알고 있던 고린도의 중요한 일부분이었을 것이다(9:24-27에 대한 주해 참조).[52] 이 경기의 매력적인 고고학적 잔재는 오늘날 이스트미아에 있는 포세이돈 신전의 고대 유적지를 대표하는 박물관 근처에서 볼 수 있다. 그중에는 육상경기를 위한 곡선 모양의 트랙 위에 설치된 비교적 정교한 장치(*balbides*)도 포함되어 있다. 한동안 시키온이 이 경기의 운영을 떠맡았지만, 고린도는 기원후 2년 무렵에 이 경기 운영권을 되찾아왔다.[53] 티베리우스 황제 시대 이후(기원전 37년 이전) 경기 프로그램은 시간이 지남에 따라 확대되었다. 이 중에는 황제를 기념하는 경기(4년마다), 시 경연 대회 및 트럼펫, 플루트, 칠현금 등 음악 경연 대회, 다양한 운동 경기, 전차 경주 등이 포함되어 있었다. 또한 아포바티콘(*apobatikon*) 경기에서는 한 기수가 여러 말을 타고, 한 말에서 다른 말로 갈아탔다. 켄트는 여성을 위한 운동 경기는 "로마 제국 시대에 이스트미아 축제에서 매우 획기적인 것이었다"고

---

52) Murphy-O'Connor, *St. Paul's Corinth*, 14-17 and 116-119; *Paul*, 258-259; Engels, *Roman Corinth*, 45-46, 51-52; and esp. O. Broneer, "The Apostle Paul and the Isthmian Games," *BA* 25 (1962): 2-31; O. Broneer, "The Isthmian Victory Crown," *AJA* 66 (1962): 259-283; and O. Broneer, *Isthmia*, 2: *Topography and Architecture* (Princeton: American School of Classical Studies in Athen, 1971).

53) 참조. Kent, Corinth VIII.iii, *The Inscriptions* 1926-1950, 28-30; and B. D. Merritt, *Corinth* VIII.i, *Greek Inscriptions 1896-1927* (Cambridge, Mass.: Harvard University Press, 1931), e.g., nos. 14-16, and commentary.

주장한다.[54] 이 대회의 회장은 고린도 시의회에서 선출했다.[55] 브로니어, 머피-오코너, 엥겔스는 2년마다 봄에 열린 이 대회 기간에 고린도의 상인, 무역업자, 기업가가 고린도 시와 인근에 머물던 거대한 군중으로부터 거두어들인 막대한 수익에 주목한다.[56] 엥겔스는 "고린도는 그 자체로 주요한 관광 도시였으며, 방문자들은 그곳에 머무르면서 꾸준히 축제를 즐겼다"라고 결론짓는다[57] 고린도의 주화는 이 경기를 홍보하는 데 활용되었는데, 이는 왜 압도적으로 많은 주화가 포세이돈과 그의 이스트미아 신전을 묘사하고 있는지를 설명해준다. 또한 아프로디테를 묘사하는 주화는 이 도시에서 얻을 수 있는 다른 볼거리를 암시해준다.[58]

　　우리가 어떤 상인이 자신뿐만 아니라 종종 선원으로 고용한 이들과 다른 종업원들을 위한 상품과 서비스를 필요로 했다는 점을 고려한다면 고린도에서 거래된 무역과 상업의 규모는 그리 놀랄 만한 일이 아니다. 그들은 방을 임대했을 것이며, 식당과 주점을 찾아갔을 것이다. 또한 가게 종업원, 유흥업소 종업원, 법률가, 노동자, 하역 노동자, 창고업자, 가죽 공예가, 천막 제작자, 마차 수리공, 도자기 제조공, 은행업자, 그리고 아마도 매춘부 등 상당히 많은 인력이 필요했을 것이다. 고린도에서 거대 기업이나 전매 사업 등과 같은 업체를 시작한 이들은 거래 대상자들에게 사용료와 특별한 용역 수수료를 청구했을 것이다. 사람들은 배를 수선하고 새 장비로 교체했을 것이다. 거대한 상업적인 네트워크를 통해 부당한 이익을 마다하지 않는 사업가들, 수단과 방법을 가리지 않고 재빠르게 출세한 이들, 점원 또는 중간 관리자로서 자신의 가치를 입증한 신뢰할 만한 사람들, 작업반장, 판매원, 숙

---

54) Kent, *Corinth*, VIII:iii, 29.

55) Kent, *Corinth*, VIII:iii, 30, esp. n. 30. 기원후 51년에 그 대회의 회장은 Lutius Rutilius였다 (A. B. West, *Corinth* VIII:ii, *Latin Inscriptions 1896-1927* [Cambridge, Mass.: Harvard University Press, 1931], no. 82).

56) Broneer, "The Apostle Paul and the Isthmian Games," 2-31; 또 각주 52에서 언급한 그의 다른 연구서들을 보라. 참조. Engels, *Roman Corinth*, 52-53. 그리고 9:24에 대한 주해를 보라.

57) Engels, *Roman Corinth*, 51; 참조. Aristeides, *Poseidon*, 23.

58) Engels, *Roman Corinth*, 52.

런공, 경쟁이 치열한 시장에서 기술이나 강한 체력을 제공하던 이들은 모든 면에서 재정적인 이익을 얻었을 것이다. 엥겔스는 다음과 같이 논평한다. "이 도시는 이주 노동자 또는 계절 노동자들에게…부산한 서비스 경제의 틀 안에서 고용을 통해 사람들에게 사회적·경제적 지위를 향상할 수 있는 기회를 제공해주었다. 이 도시는 전염병으로 인해 상대적으로 사망률이 높았다. 따라서 새로 들어 오는 사람들이 쉽게 일자리를 얻을 수 있었다."[59]

C. 지위 불일치, 자기 성취, 인정받기, 포스트모던적인 에토스

이러한 특징은 많은 사람에게 자신의 사회·경제적 지위를 빠르게 상승시킬 수 있는 계기를 마련해주었다. 그럼에도 이것은 또한 종종 사람들의 "지위 불일치"를 불러일으켰다. 웨인 믹스는 공적 지위, 명예, 자기 성취에 관심을 보이는 사회에서 신분을 단지 어떤 "한 가지" 관점에서만 이해하려는 것이 잘못되었다는 것을 점점 더 인식해나가는 사회학으로부터 유익한 정보를 입수한다. "대다수 사회학자는 사회 계층이 다차원적인 현상임을 깨닫게 되었다. 한 개인이나 한 그룹의 사회적 수준을 서술하려면 이와 관련이 있는 여러 차원을 **하나씩** 살펴보면서 그 개인이나 그룹의 서열을 측정해야 한다"(강조는 원저자의 것임).[60] 따라서 "능력(사람들이 사회 체제 안에서 목표를 달성할 힘으로 정의하는 것)"은 다음과 같은 차원 가운데 **하나**일 것이다. 즉 "직업과 관련된 신망, 수입 또는 재산, 교육과 지식, 종교적·도덕적 순결성, 가정 및 집안에서의 위치, 지역 공동체 안에서의 신분(어떤 부차적인 그룹 안에서의 평가, 더 큰 사회로부터의 독립성…)" 등은 신분을 알려주는 다양한 요소에 대해 다른 여러 측면을 보여준다.[61] 더욱이 모든 측면은 똑같이 중요하지 않다.

---

59) Engels, *Roman Corinth*, 49. 또 참조. Ben Witherington III, *Conflict and Community in Corinth: A Socio-Rhetorical Commentary on 1 and 2 Corinthians* (Grand-Rapids: Eerdmans and Carlisle: Paternoster, 1995), 5-19 and 50-53.

60) Wayne A. Meeks, *The First Urban Christian: The Social World of the Apostle Paul* (New Haven: Yale University Press, 1983), 54.

61) 같은 책.

"각 측면의 중요성은 누가 그 가치와 중요성을 평가하느냐에 달려 있다"(강조는 덧붙여진 것임).[62] 바로 이 특징이 고린도인들의 특성을 드러내 준다. 믹스는 이것이 분명히 바울계 그룹의 많은 이들에게 적용될 것이라고 말한다. "우리는 바울계 그룹에서 가장 적극적이며 뛰어난 구성원들이 (바울 자신을 포함하여) **지위 불일치 지수가 매우 높은 사람들**이라고 보편화할 수 있을 것이다"(강조는 덧붙여진 것임).[63] 믹스는 이 주제에 대해 "혼합된 계층, 모호한 신분"이라는 부제를 붙인다.[64]

믹스가 고린도전서에 나타나 있듯이 고린도의 사회 계층화와 이것이 교회에 미친 영향에 관한 게르트 타이센의 기여를 인정하는 것은 그리 놀라운 일이 아니다.[65] 최근 위더링턴은 고린도의 사회적 신분 안에 나타나 있는 이러한 다양성과 불균형을 탁월하게 설명했다. 거기에는 그리스도인으로 개종한 이들도 포함되어 있다. 그는 "바울 시대의 많은 고린도인들은 '자수성가한 사람은 비천한 출신이다'라는 증후군을 앓고 있었다"고 주장한다.[66] 우리는 이렇게 자신을 자랑하고 홍보하는 현상을 밥비우스의 기념 건축물에 새겨진 이중적인 비문에서 뿐만 아니라(위를 보라) 고린도후서에 반영된 고린도에 있던 바울의 적대자들에게서도 발견되는 문화적 사고 방식에서도 찾아볼 수 있다.[67] 바울의 "자기 비하와 종의 역할 수용"은 고린도의 도시 문화가 기대하고 받아들이는 가치관과 정면으로 충돌한다.[68] "사

---

62) 같은 책.
63) 같은 책, 73.
64) 같은 책, 72.
65) 같은 책, 68-70; Gerd Theissen, *The Social Setting of Pauline Christianity*, esp. 69-120 and 145-174. Theissen은 다음 학자들이 제시한 고린도 교회의 사회적인 지위에 대한 다양한 평가를 그의 출발점으로 삼는다. 예. A. Deissmann(사회적으로 낮은 지위) 및 E. A. Judge(사회적으로 평균 이하가 아니며 심지어 어떤 이들은 거들먹거리는 자들이었음). 또 *Social Setting*, 69을 보라.
66) Witherington, *Conflict and Community in Corinth*, 20.
67) 참조. T. B. Savage, *Power through Weekness: Paul's understanding of the Christian Ministry in 2 Corinthians*, SNTSMS 86 (Cambridge: Cambridge University Press, 1996), 54-99; 또한 Clarke, *Secular and Christian Leadership in Corinth*, 95-99.
68) Witherington, *Conflict and Community in Corinth*, 95-99.

회적 신분 상승이 주요 관심사인 도시에서 스스로 자원하여 낮은 지위로 내려간 바울의 자세는 많은 이들에게 충격적이고 혐오스러우며 심지어 도 전적으로 보였을 것이다."[69] 이것은 부분적으로 "사도"에 대한 정의(1:1 및 9:1에 대한 주해 참조)와 정면으로 충돌하며, 특히 종교와 수사학의 영역에서 진정한 전문가인 바울이 지지와 (후원을 받고 상호 의무를 떠맡는) "자신의 권 리"를 포기한다는 점에서 더더욱 그러하다(9:1-23에 대한 주해 참조).[70] 위더 링턴은 다음과 같이 결론 내린다. "고린도는 공적인 자랑과 자기 홍보가 일 종의 예술이 되어버린 도시였다. 따라서 고린도인들은 **공적으로 인정받는 것이 종종 그 사실 자체보다 더 중요하다**는 명예와 수치라는 문화적 감각을 갖고 살고 있었다.…이러한 문화에서 어떤 사람의 가치는 **다른 사람이** 그 사 람의 업적을 **어떻게 평가하는가**에 기초하며, 따라서 공적 비문을 통해 자신 을 홍보하는 결과를 초래하게 되었다"(강조는 덧붙여진 것임).[71]

　　나는 이러한 **명예-수치 문화**가 **인식론**과 **사회 구조**에 주는 다양한 함의 가 학계에서 얼마나 충분히 인식되고 있는지 의구심이 든다. 위더링턴은 (a) 어떤 목표를 따르므로 얻게 되는 **인정과 인식과 해석**과 (b) **현실과 실제 적 성취와 진실 주장**을 서로 올바르게 비교한다. 오늘날의 일부 미디어나 기 업 홍보와 마찬가지로 고대 그리스-로마에서도 사람들이 **옳다고** 믿는 대중 적인 인식을 형성하기 위해 수사학자들을 고용했다. 이와 관련하여 몇몇 신 약학자와 사회역사학자는 우리가 어떤 판단을 내릴 수 있도록 소재를 제공 해주었다. 그중에는 네이레이, 목스니스, 말리나, 길모어, 허츠필드 등이 포 함되어 있다.[72] 여기서 사회, 수사학에 대한 쟁점들과 또 오늘날 우리가 포

---

69) 같은 책.

70) 해당 부분에 참고문헌이 제시되어 있다. 그 가운데 특별히 다음 논문을 보라. Peter Marshall, *Enmity in Corinth: Social Conventions in Paul's Relations with the Corinthians*, WUNT 2:23 (Tübingen, Mohr, 1987), 특히 278-404.

71) Witherington, *Conflict and Community in Corinth*, 8.

72) J. H. Neyrey, "Honor and Shame in Luke-Acts: Pivotal Values in the Mediterranean World," in H. Neyrey (ed), *The Social World of Luke-Acts: Models for Interpretation* (Peabody, Mass.: Hendrickson, 1991); J. H. Neyrey, *Paul in Other Worlds: A Cultural Reading of His Letters* (Louisville: Wesminster-Knox, 1990); M. Herzfield, "Honor and

스트모더니즘의 "소프트" 도시―순전히 사회경제적인 사실과 관련된 "하
드" 도시와 반대되는 개념―의 "실질적인 현실"로 인식하게 된 것을 효과
적으로 구체화하는 문화는 서로 겹치고 섞여 우리 시대에 확실한 현상으로
인식되어 온 것들에 대한 더 복합적이고 미묘한 대안을 만들어낸다. 사실
그 자체보다 설득의 수사학에 더 많이 의존하는 이와 같은 사회적 구성주의
(constructivism)는 포스트모던적인 분위기를 풍기는 일종의 "소프트" 도시
로 간주할 수 있을 것이다. 데이비드 하비는 이에 관한 훌륭한 연구를 수행
했다.[73]

　　"인식", "인정", "사실"에 대한 위더링턴의 비교는 많은 것을 일러준다.
고린도의 문화는 대중적인 분위기로서 사회적 구성주의, 경쟁적인 실용주의
와 이른바 포스트모더니즘을 특징짓는 근본적인 다원주의와 많은 공통점이
있다. 그것이 엄밀한 연대기적인 관점에서 서구의 "근대성"을 따르기보다
는 그것을 앞서든지의 여부와 상관없이 말이다.[74] 스티븐 포골로프가 설득
력 있게 주장하듯이 사실, 진리, 합리성에 관한 관심은 키케로와 퀸틸리아
누스의 더 "고전적인" 로마 시대의 자세와 관련하여 중심 요소로 남아 있지

Shame: Problems in the Comparative Anaylisis of Moral Systems," *Man* 15 (1980):
339-351; 참조. H. Moxnes, "Honor, Shame, and the Outside World in Paul's Letter to
the Romans," in J. Neusner et al. (eds.), *The Social World of Formarive Christianity and
Judaism* (Philadelphia: Fortress, 1988), 207-218; D. Gilmore (ed.), *Honor and Shame
and the Unity of Mediterranean* (Washington: American Anthropological Society, 1985);
J. G. Peristiany (ed.), *Honour and Shame: The Values of Mediterranean Society* (Chicago:
University press, 1966); and *Semeia* 68: *Honor and Shame in the World of the Bible*
(Atlanta: Scholars Press, 1996 [also dated 1994], 특히 139-161.

73) David Harvey, *The Condition of Postmodernity* (Oxford: Blackwell, 1989 [1st ed. 1980]),
3-120. "지도와 통계 안에 위치시킬 수 있는 하드 시티"와 반대되는 "본질적으로 창조력을
지닌 소프트 도시", "환상의 소프트 도시…갈망"에 대해서는 특별히 5-15을 보라. 지리학자
로서 Harvey는 "파편화, 불확정…실용주의…신호" 등을 강조한다"(9).

74) 분명히 어떤 점에서 "포스트모던"을 계몽주의에 기초한 서구의 합리주의를 경험하지 않은
어떤 문화에 적용한다는 것은 시대착오적이다. 나는 (1999년 11월에) 싱가포르에서 "포스
트모더니즘과 진리의 위기"라는 주제로 강연하면서, 이 이슈에 대해 자세하게 설명했다. 하
지만 인도네시아와 말레이시아에서 온 참가자들은 "포스트모던의 분위기 또는 에토스"가
그것을 경험하는 모든 문화에 적실하다는 것을 인정했다.

만, 진리 대신에 박수갈채와 성공을 추구하는 "도구적" 합리주의 및 수사학
은 더욱더 기꺼이 경쟁력을 제시하는 수사학과 같은 특성을 드러낸다. 이와
같은 종류의 수사학은 고린도에서 대단히 환영을 받았다.[75]

키케로와 그의 후대 추종자인 퀸틸리아누스(기원후 40-95년)에게 있어
수사학은 교양 교육 분야에 속하는 것이었다. 즉 수사학은 마음을 갈고 닦
으며 진리를 탐구하는 것이었다.[76] 그것은 행위로 의사소통을 하는 데 필요
한 합리적인 사고를 표현하는 데 관심을 기울인다. 이와는 대조적으로 포골
로프는 고전주의가 아니라 지역의 특성을 드러내는 고린도의 실용적인 수
사학을 "근대주의적 인식론, 즉 반(反)기본주의적 언어 해석학과 대조를 이
루는" 오늘날의 비슷한 움직임과 연결한다.[77] 또 포골로프는 "반(反)기본주
의"에서 이른바 진리 주장은 사회적 구조, 곧 "리처드 로티의 철학에서…제
기한 논증, 지역적·부수적·가변적·수사학적 기능들"과 분리될 수 없을 만
큼 매우 밀접하게 연결되어 있다는 스탠리 피쉬의 개념을 인용한다.[78] 포골
로프는 "여기서 관건은…세계관의 차이"라는 피쉬의 견해에 동의하면서도
바울이 고린도의 문화보다는 키케로에게 더 가깝다고 본다.[79]

때때로 개인의 정직성을 희생시킨 채 시장에서 승리자가 되기 위한 실
용적인 판단 기준은 고린도인들의 수사학에 영향을 미쳤다. "웅변술은 점
차 미사여구를 구사하기 위한 주요한 계기를 마련해주었다.…교실에서 경
쟁은 이론보다 우위를 차지했다. 하지만 웅변에서는…비교가…경쟁자들
사이에서 이루어졌다. 우리는 대(大)세네카를 통해 아첨의 욕구가 종종 수
사학의 더 기본적인 목표를 앞질렀다는 것을 알게 된다."[80] 세네카는 너무

---

75) Stephen, M. Pogoloff, *Logos and Sophia: The Rhetorical Situation of 1 Corinthians*, SBLDS
   134 (Atlanta: Scholars Press, 1992), 7-19 그리고 곳곳에.

76) 같은 책, 37-69.

77) 같은 책, 27.

78) 같은 책, 28. Pogoloff는 다음 책을 인용함. Stanley Fish, *Doing What Comes Naturally:
   Change, Rhetoric and the Practice of Theory in literary and Legal Studies* (Durham: Duke
   University Press, 1989), 344-345.

79) Fish, *Doing What Comes Naturally*, 43; Pogoloff, *Logos and Sophia*, 30.

80) Pogoloff, *Logos and Sophia*, 175.

나 자주 수사학의 목표가 "사례 자체보다는 당신 자신이 인정받고자 하는 것"이었다고 지적한다.[81] 퀸틸리아누스는 다음과 같이 한탄한다. 운동선수나 노래하는 사람처럼 수사학자들도 "판에 박은 듯이 박수갈채와…꼴사나운 열광적인 함성을 받곤 했다.…그렇지만 그들의 동료들의 열광에 도취한 채…그 결과는 허영과 공허한 자기만족에 지나지 않았다."[82] 21세기의 대중 매체에서 유명 인사와의 대담 프로 진행자나 참가자의 경우처럼 진실이 가장 큰 피해자다. 모든 초점은 "말하는 사람"에게 맞추어져 있다. 개인을 숭배하는 형태에서 그들이 선택한 지도자들을 따라가는 분파(分派)가 생겨난다는 것은 그리 놀랍지 않다(참조. 1:10-12). 포골로프는 "수사학과 신분" 및 "수사학과 분파"에 관해 다루는 장들에서 이 쟁점들을 잘 보여준다. 한편 클라크는 "개인 중심적인 정치학"에 대해 말한다.[83]

　　브루스 윈터는 필론 및 바울과 관련하여 소피스트들에 관한 그의 연구서에서 몇몇 유사한 사례를 광범위하게 논평한다. 그는 공적인 추종 세력의 확보와 자신들의 수사학 학교에 제자들을 불러모으는 일과 관련하여 기원후 1세기 고린도에서 소피스트 운동이 번창했다고 주장한다.[84] "감탄을 얻는 것"은 분명히 그들이 하는 일의 일부분이었다. 비록 윈터는 고린도에서 전개된 소피스트 운동이 바울 이후 시대에 일어났다는 포골로프의 견해와 거리를 두기는 하지만, 그의 견해는 성령을 통한 복음 선포로 구체화된다는 진리에 관한 주장과 대조되는 것으로, 바울이 도구적 또는 실용적 수사학과 거리를 두었다는 것과 관련하여 이 두 가지 연구 사이에 일부 유사점이 나타난다.

　　더 나아가 이와 같은 대조는 또 다른 관점에서도 지지를 받는다. 존 무

---

81)　Seneca(c. 55 BC-AD 40), *Declamations: Controversiae*, 9.1.

82)　Quintilian, *Institutio Oratoria*, 2.2.9-12.

83)　Pogoloff, *Logos and Sophia*, respectively 129-172 and 173-196; Clarke, *Secular and Christian Leadership in Corinth*, 92; 참조. 89-99; L. L. Welborn, *Politics and Rhetoric in the Corinthian Epistles* (Macon, Ga.: Mercer, 1997), 1-42.

84)　B. W. Winter, *Philo and Paul among the Sophists*, SNTSMS 96 (Cambridge: Cambridge University Press, 1997), 1-15 and 126-202.

어스는 "바울이 사용하는 논점은 대략 다음 두 가지 형태를 취한다"고 주장
한다. "그 형태는 (1) 성경에 호소하며, (2) 이성에 호소한다. 비록 이성은
순전히 연역적인 (또는 귀납적인) 추론보다는 종종 '엔티매틱 기호 작용'(공
유하거나 부분적으로 말하지 않은 전제를 근거로 논의함)에 의존하지만 말이다."[85]
무어스는 베츠와 미첼이 공유하는 수사학적 관심사를 서로 구분한다. 베
츠는 "사상가가 아닌 바울의 신화 마법"으로 통용되는 것과 단지 "설득을
위한 전략과 청중을 심리적으로 이용하는" 수사학—설득이 진리 그 자체
보다 더 중요하다는—을 올바르게 비판한다.[86]

　　바울은 (텍스트의 불확정성에 대한 포스트모던의 강조점과는 달리) "(수용 요소
의 중요성을 강조하는 일부 학자처럼) 어떤 의사소통에서 메시지의 정체는 어떤
의미에서든지 그 메시지를 받는 이들에게 의미하는 바에 의해 결정된다고
생각하지 않는다. 바울에 의하면 그들의 반응에 의해 결정되는 것은 그 메
시지의 정체가 아니라 그들의 정체다. 바울을 오늘날의 수용 이론 또는 독
자 반응 이론의 판단 기준으로 평가하는 것은 이 주제에 대한 그의 사상을
완전히 뒤집어놓는 것이다"(강조는 원저자의 것임).[87] 바울에 의하면 성령은
"의미 영역과 지적인 영역을 서로 연결하는 능력"을 부여한다.[88] 하지만 무
어스는 고린도의 수사학, 특히 고전 14장의 방언을 언급하면서 내가 "포스
트모던 분위기"라고 부르는 것을 증명해보인다. 즉 거기서 사회적 구조를
만들어내는 시장의 힘은 고린도 문화의 사고방식을 지배한다. 이것이 바로
"오로지 영향력에 의해서만 의미를 발견하는 견해"다. 이 견해는 지혜에 관
해 다루는 고전 1-2장과 나팔의 잘못된 신호, 곧 방언의 사용과 관련하여
고린도 교회의 분위기를 입증해주듯이 단순히 소음에 지나지 않는, 잘못된

---

85) J. D. Moores, *Wrestling with Rationality in Paul*, SNTSMS 82 (Cambridge: Cambridge University Press, 1995), 10; 참조. 5-32 and 132-160.

86) 같은 책, 16, 17. Moores는 Betz의 다음 주석서를 인용한다. H.-D. Betz, *Galatians*, Hermeneia (Philadelphia: Fortress, 1979), xiv.

87) Moores, *Wrestling*, 133-134.

88) 같은 책, 135.

음정을 전달하는 멜로디에 관해 다루는 고전 14장과 일치한다.[89]

21세기에 부합하는 점

(1) 지위의 불안정, (2) 종교 다원주의, (3) 코스모폴리탄적인 이주와 무역, (4) 사업뿐 아니라 수사학에서도 나타나는 시장의 힘의 우위성, (5) 사회적인 구조를 지닌 세계 안에서 존중 또는 수치에 대한 인정 및 인식에 대한 강조 등의 문제를 고려할 때 바울은 분명히 다음 두 가지 중 하나에 놀랐을 것이다. (a) 아마도 맨 처음으로 다원주의 문화를 대상으로 말해야만 한다는 문제점들에 관한 21세기 초의 한탄, 또는 (b) 21세기 초반에 진리의 "지역"·사회적 구조들을 지지하면서 상황을 초월하는 합리성의 종말에 대한 축하 등이다. 우리는 동류 집단의 명성에 대한 집착, 경쟁에서의 성공, 전통과 보편성에 대한 평가 절하, 어떤 정선된 가치 체계 안에서 자리를 잡지 못한 이들에 대한 경멸 등과 밀접하게 연결된 고린도의 자기만족, 자기 축하의 문화를 오늘날의 "포스트모던" 분위기와 비교할 수 있을 것이다. 심지어 다른 많은 측면에서 역사적으로 거대한 차이점과 거리감이 있다는 것을 고려하더라도 이 모든 사항은 우리 시대에 복음을 전파하는 것과 관련된 포스트모던의 배경에 놀라울 정도로 가까운 모델을 제시한다. 고린도전서가 복음과 그 당시 세계의 의사소통 행위에 대한 한 가지 표본으로 은혜, 그리스도의 십자가, 성령, 복음 사역, 사랑과 부활에 대한 풍요로운 신학을 지녔다는 사실과는 별개로 이 편지는 우리 시대에도 적실한 위치를 차지하고 있다.

---

89) 같은 책, 144; 참조. 132-133, 134-160. 비록 Moores가 주로 롬 1-8장에서 바울이 합리적인 논의를 사용하는 사례들을 탐구하지만, 그는 신약성경의 문화적인 배경 안에서 실용적인 설득에 관해 그가 제시하는 주요한 반대 사례로 고린도를 언급하는 경향을 보인다.

II. 고린도의 기독교 공동체: 시작, 특성 및 바울과의 관계

A. 바울과 복음을 위한 고린도의 전략적 중요성과 복음 선포를 위한 바울의 전략

고전 역사가와 신약성경 역사가는 한결같이 기독교 공동체를 세우는 일은 바울에게 있어 전략적인 중요성을 지니고 있었다는 데 동의한다. 제임스 와이즈먼은 바울이 다음 몇 가지 이유에서 고린도에 반드시 매력을 느꼈을 것이라고 주장한다. 비록 어떤 학자들은 이러한 추산에 동의하지 않지만, "클라우디우스 황제의 칙령으로 그 숫자가 증가하여, [고린도에는] 대규모의 유대인 공동체가 있었다." 그리고 "고린도 도시는 규모가 컸고 중요성을 지니고 있었다. 더욱이 이스트미아 경기는 명성이 자자했고 (그것은 많은 사람을 추가로 끌어들였을 것이다).…고린도 교회는…초기에 세워진 교회들 가운데서 가장 규모가 크고 중요성을 지닌 교회였다."[90] 또 다른 고전 역사학자인 도널드 엥겔스는 다음과 같이 말한다. "고린도는 강력한 기독교 교회를 세우기에 합당한 장소였다. 왜냐하면 그 도시의 수많은 무역 망은 새로운 종교가 신속하게 전파되는 것을 보증해주었을 것이기 때문이다. 그리고 얼마 후에 고린도 교회는 인근 지역에 세워진 다른 교회들을 주도하게 되었다. 또 고린도에는 중요한 유대인 공동체가 있었다. 바울은 새로운 도시를 방문할 때마다 언제나 그곳에 있던 회당에서 복음을 전파하기 시작했다."[91]

　　엥겔스는 몇 가지 추가적인 요소를 언급한다. 특별히 이스트미아 경기 및 관광 산업과 더불어 고린도에는 천막 제조업자인 바울이 사업을 하기에 충분한 수요가 있었을 것이다. "봄에 열리는 경기를 보려고 방문한 이들에

---

90)　Wiseman, *Corinth and Rome*, 504.
91)　Engels, *Roman Corinth*, 20.

게는 숙박용 텐트가, 광장의 소매상인들에게는 차양이, 또 [무역업자들의] 상선을 위해서는 돛이 필요했을 것이다.…바울은 그 도시에 안정적으로 정착했다. 또한 그는 경제적으로도 자립했기 때문에 그 도시에 거주하는 새로운 회심자들에게 부담을 주지 않았을 것이다."[92] 그뿐만 아니라 이러한 상황은 바울이 경제적으로 어려운 상황에 놓이지 않게 했으며, 이로써 그는 자기 후원자 또는 후견인에게 특혜를 베풀어야 한다는 의무감을 느끼지 않아도 되었다. 그는 거리낌 없이 모든 사람을 공평하게 섬길 수 있었다(9:1-23에 대한 주해 참조). 비록 엥겔스와 메기트는 바울의 복음이 주로 도시의 가난한 자들에게 영향을 미쳤다고 강조하지만, 대다수 저자는 사회적·인종적 측면에서 다양한 대상에게 영향을 미쳤다고 강조한다. 바울은 그들 모두에게 복음을 전파하고자 했다(9:19-23).[93] 교회의 구성원에 대한 이슈는 아래에서 논의할 것이다. 또 고전 저자들은 활기 넘치고 성장해가는 고린도와 침체 상태에 머물러 있던 아테네가 서로 현저하게 대비된다는 점에 주목한다.[94] 신약 연구서 가운데 머피-오코너의 저서는 이 점을 다음과 같이 일러준다. "고린도는 아테네에 없는 장점들을 제공해주었다.…아테네의 과거는 그 당시의 모습보다 훨씬 더 영화로웠지만, 그 도시는 그 시점에 이미 오랫동안 병든 도시였다.…아테네는 더 이상 생산적이거나 창조적인 도시가 아니라…평범한 대학 도시였다.…아테네는 학문의 중심지로서 심지어 다소(Tarsus)에조차 뒤졌다. [그 당시] 새로 지은 건축물이 없다는 점은 그 도시가 경제적으로 얼마나 곤궁했는지를 잘 보여준다."[95]

---

92) 같은 책, 112.
93) 같은 책, 113-116. "도시의 가난한 이들"(*plebs urbana*, 빈민 그룹과 노예들)에 대해서는 다음 연구서들을 보라. Meggitt, *Paul, Poverty and Survival*, 53-73; D. G. Horrell, *The Social Ethos of the Corinthian Correspondence* (Edinburgh: T. & T. Clark, 1996), 66-73 and 91-168; Merklein, *Der erste Brief an die Kor, Kap 1-4*, 31-42; Meeks, *The First Urban Christians*, 32-74. 참조. Meggitt, *Paul, Poverty and Survival*, 101-107. Meggitt는 그 도시의 가난한 사람들 가운데 많은 이들은 겨우 입에 풀칠할 정도로 생존을 이어갔다고 주장한다.
94) Engels, *Roman Corinth*, 113-114.
95) Murphy-O'Connor, *Paul*, 108.

이와는 대조적으로 와이즈먼은 로마 제국 시대 초기에 고린도가 급성장한 것에 대해 고고학적 증거와 더불어 상세히 일러준다.[96] 로마의 식민지 이주자들은 옛 그리스 도시의 중심을 다른 곳으로 옮겼다. 물론 이런 과정에서 남부의 스토아, 글라우케 우물, 그리고 페이레네 수원이 고린도의 새로운 중심지로 흡수되긴 했지만 말이다. 이전의 신전들과 성소들은 (전부는 아니지만) 아스클레피오스의 신전을 포함하여 대부분 복구되었다.[97] 오스카 브로니어는 재건 계획, 곧 신전이 있는 언덕의 남쪽 광장으로 이어지는 아치로 된 통로, 시청 및 행정 건물, 또 가게들이 늘어서 있는 상업 지역의 건축에 대해 상세하게 알려준다. 그는 또한 찰스 윌리엄스에 의해 발굴된 최근의 유적지가 극장의 동쪽으로 확장되어 발전되었다는 것을 밝혀준다.[98] 레카이온 도로로 연결되는 넓은 경사로와 아치길은 아우구스투스 황제의 통치 기간에 만들어졌다. 바울이 고린도에 도착할 즈음에는 가게들과 바실리카와 시장 구역이 레카이온 도로 측면에 자리 잡고 있었다. 이 시기(대략 기원후 50년)에는 화려하게 장식된 대리석이 다양한 목적으로 사용되었다. 아마도 (만약 그 시기가 아니라면 그 직후에) 앞에서 묘사한 밥비우스 기념 건물에도 이와 같은 대리석이 사용되었을 것이다. 그는 자기 홍보와 심지어 최고 지위에까지 오른 자유민의 편에서 느꼈을 수 있는 불안감을 가지고 그 기념 건물을 세웠을 것이다.

만약 우리가 전통적인 견해를 따른다면 바울은 그의 "제1차 선교여행"에서 바나바와 함께 구브로를 거쳐 버가, 비시디아 안디옥, 이고니온, 루스드라와 더베까지 여행했다(참조. 행 13장과 14장). 바울은 "제2차 선교여행"에

---

96) Wisemann, *Corinth and Rome*, 509–521.

97) 같은 책, 510–512.

98) O. Broneer, *Corinth, I:iv: The South Stoa and Its Roman Successors* (Princeton: America School of Classical Studies in Athens, 1954), 100–159. 더 간략하게, Wiseman, *Corinth and Rome*, 513–521. 또한 참조. C. K. Williams, "Corinth 1984: East of the Theater," *Hesperia* 54 (1985): 55–96; "Corinth 1985: East of the Theater," *Hesperia* 55 (1986): 129–175. 또 *Hesperia* 59(1990)까지 언급된 논문들을 보라. 그리고 마지막으로 그의 업적을 기리는 내용은 *Hesperia* 60에 수록되어 있다.

서 마침내 고린도에 이르게 되었다. 실라(실루아노, 살전 1:1)와 함께 바울은 수리아와 길리기아 지역에 있는 교회들을 다시 방문하고자 했다. 그는 갈라디아 남쪽 지역을 거쳐 서쪽으로 여행했다. 그리고 바울은 루스드라에서 디모데를 데리고 떠났다. 사도행전 기사에 의하면 바울은 지방 총독이 다스리던 아시아의 풍요로운 지역을 방문하려고 계획했다. 그러나 성령은 바울이 "아시아에서 복음을 전하는 것을 막으셨다"(행 16:6). 부분적으로 "마게도냐 사람"이 환상을 통해 바울에게 나타나 마게도냐로 건너와 도와달라고 간청했기 때문이었다(참조. 행 16:10 — 여기서부터 "우리"로 묘사되는 기사가 시작된다). 바울은 바다를 건너 빌립보를 거쳐 데살로니가에 도착했다. 이 두 도시는 나중에 마게도냐 지역에서 그의 주요한 사역 중심지가 되었다. 만약 우리가 사도행전에서 "우리"로 언급되는 단원의 맨 마지막 부분에서 무언가를 추론한다면 누가는 아마도 이때 빌립보에 머물렀을 것이다. 한편 바울은 마게도냐의 주요 도시인 데살로니가로 갔을 것이다. 사도행전 기사에 의하면 불과 몇 주 뒤에 유대인 적대자들은 소요를 일으켜 바울이 그곳을 떠나게 만들었다("성을 소동하게 하여", 행 17:5-7). 그다음 바울은 베뢰아에 잠시 머물렀고 이어서 아테네로 갔다. 아테네에서 바울은 그를 그곳까지 인도한 이들을 통해 데살로니가에 있던 디모데가 빨리 자기에게 오도록 지시했다. 아마도 바울은 데살로니가 교회를 염려하여 그곳으로부터 소식을 듣기를 바랐을 것이다.

우리가 고린도에 관해 말한 것은 모두 바울이 왜 아테네에서 고린도로 여행하고자 결심했는지를 설명해줄 것이다. 우리가 이미 자세히 설명한 수많은 요인에 근거하여 바울은 아마도 고린도가 복음 사역을 위해 보다 더 중요한 전략적인 중심지를 제공해줄 것이라고 확신했을 것이다. 머피-오코너는 탁월하고 설득력 있는 방식으로 이 사건들을 재구성한다.[99] 누가는 바울이 고린도로 갔다고 언급하며(행 18:1), 또 고후 1:19은 이를 확인해준다. 그리고 고후 1:19은 디모데와 실루아노(실라)가 그때쯤 바울에게 합류했

---

99) Murphy-O'Connor, *Paul*, 108-110, 256-273.

을 것이라는 암시를 준다(물론 그들이 반드시 맨 처음 몇 주 동안 바울과 함께 고린
도에 있어야만 했던 것은 아니지만 말이다). 머피-오코너는 바울이 이제는 오로
지 "여행"만을 한 것이 아니라 오히려 의식적으로 어디에 교회를 세우는 것
이 가장 효율적인지에 대한 전략을 세웠다고 주장한다(참조. 고전 3:6, "나는
심었고…)." 그는 "황금을 찾아 수많은 사람이 캘리포니아 지역으로 몰려들
던 시절의 샌프란시스코"처럼 고린도를 "붐을 일으키는 열린 도시"에 비교
한다.[100] "그 도시의 분위기는 바울에게 유리했다. 또한 그는 틀림없이 고린
도에 교회를 세우는 것이 다른 곳에서도 기독교의 가치를 전파하는 데 중요
한 역할을 한다는 사실을 인식했을 것이다.…사람들로 붐비는 무역 중심지
는 잘 속는 사람이나 겁쟁이에게 적합한 장소는 아니다. 오직 강인한 사람
만이 그곳에서 살아남을 수 있었다. 이와 같은 물질주의적인 환경에 몰두하
며 종교적인 측면에서 회의적인 주민들을 기독교로 개종시키는 일보다 복
음의 능력에 대해 더 잘 홍보할 수 있는 것은 과연 무엇이겠는가?(참조. 고후
3:2)"[101] 우리는 고린도가 제공하는 "최상의 교통망", "모든 인류를 위한" 통
행로 역할, 유대인 공동체의 존재, 고용 기회와 모든 계층과 인종 및 성별을
위한 만남의 장소에 대해 이미 논의한 바 있다.

　　바울은 아테네에서 육로를 통해 고린도에 도착했을 것이다. 바다 여행
이 꼭 필요하지 않았다면 그는 이를 회피했을 것이다. 이 여행길은 약 50킬
로미터 거리였다. 그는 엘레우시스를 거쳐 고린도로 갔을 것이다. 하지만
아마도 그는 첫째 날 해 질 무렵에 메가라(46킬로미터)에 도착하는 것을 목
표로 삼았을 것이다.[102] 그 여행의 두 번째 단계에서 첫 번째 부분은 비교적
위험한 지역을 지나야만 했다(참조. 고후 11:26). 그러나 스코이누스에 이르
렀을 때 그는 이미 코린티아의 영토 안에 있었고, 처음으로 노동자들과 상
인들의 무리와 마주쳤을 것이다. 또한 그는 디올코스(*diolkos*)라고 불리는

---

100) 같은 책, 108.
101) 같은 책, 109.
102) 같은 책, 257. (Murphy-O'Connor가 여기서 제안하는 모든 것은 개연성이 있다.)

궤도(앞에서 설명함)를 보았을 것이다. 그리고 그는 아마도 이스트미아 지협을 지나갔을 것이다. 거기서 그는 기원후 49년에 개최된 이스트미아 경기를 지원했던 구조물의 흔적을 여전히 볼 수 있었을 것이다. 또한 틀림없이 그는 거대한 운동 경기장과 포세이돈 신전도 볼 수 있었을 것이다. 마지막으로 그는 남쪽으로 방향을 돌려 레카이온 도로를 통해 고린도 도시로 들어왔을 것이다.

오늘날 고대 고린도 유적지를 방문하는 사람은 레카이온 도로를 따라 도시의 광장 안으로 들어갈 것이다. 그는 빗물을 모으기 위해 만들어진 각이진 홈통이 있는 것을 목격했을 것이다. 앞에는 아크로코린토스 언덕이 우뚝 솟아 있다. 뒤에는 정남향의 약간 서쪽에 도시의 중심지가 놓여 있다. 그리고 길의 양쪽에는 주랑이 서 있다.[103] 기원후 1세기 중엽에 고린도에 도착한 사람은 "길가에 늘어서 있는 가로수 아래를 걸어 도시 주변에 있는 상업 지역을 지나갔을 것이다. 그 가로수는 태양의 열기와 비바람으로부터 보호해주는 역할을 했다. 그리고 도시 중심부가 있는 층층으로 깎은 단지를 걸어 올라가 아스클레피오스 언덕과 그 신전, 주랑 및 거대한 목욕탕을 보았을 것이다. 또 오른쪽에는 고대 경기장이 있다. 그는 아름다운 네르네 샘 옆에 멈추어 서서 그곳에서 원기를 회복하려고 했을 것이다.…그곳의 물은 맑고 안전했다.…광장 근처로 발걸음을 재촉하면…거대한 시장 건물, 바실리카, 법정 등이 가로수 길옆에 줄지어 서 있다. 왼쪽에는 유리클레스 목욕탕, 공중화장실과 유명한 예술 작품이 있는 아폴론 신전이 있다. 그다음에 그는 거대한 페이레네 수원을 보았을 것이다.…그는 장엄한 개선문 아래로 지나갔을 것이다. 그 위에는 금박을 입힌 두 마리 말이 끄는 마차가 얹혀 있다.…

---

103) 많은 관광 안내서에서 컬러로 된 삽화들을 볼 수 있다. 예. Nicos Paphatzis, *Ancient Corinth: The Museums of Corinth, Isthmia and Sicyon* (Athens: Ekdotike Athenon, 1977), 58 (photograph in color); 49 (map); 113-114 (reconstruction of Ancient Corinth); Wiseman, *Corinth and Rome,* 513 (map); Spyros Meletzis and Helen Papadakis, *Corinth* (Athens: Art Editions Meletzis, and Munich: Schnell und Steiner, 1997), 17 (photograph in color); P. G. Themelis, *Ancient Corinth: The Site and the Museum* (Athens: Hannibal, n.d.), 40 (photograph in color), 15 (map).

광장 자체는 광대하게 트여 있는 공간이다. 그곳에는 상인, 길거리 행상인, 여행자, 또 지역 주민이 몰려들었다. 다양한 색깔의 텐트들이 시장의 가게들을 덮고 있었을 것이다.…그리고 그는 공공 예술 작품, 그림, 대리석 조상과 청동 예술품…제단, 성소와 신전…상점, 주랑과 위풍당당한 남쪽 스토아에서…현란하게 채색되어 있는…행정 건물들을 보았을 것이다."[104]

바울은 복음을 전파하기 위해 고린도에 도착했다. 하지만 그는 복음이 마치 소비자를 위한 상품인 양 그것으로 청중을 즐겁게 하여 그들의 인정을 받거나 전문적인 수사학자의 지위를 갈망하지 않을 것이라고 굳게 결심한다(1:18). 그와 같은 전략이 성공을 거두든지 그렇지 않든지 간에 예수 그리스도의 복음의 본질은 그것이 소비자들의 취향과 욕망에 맞추어 만들어진 시장의 상품으로 여겨지는 것을 허용하지 않는다. 복음의 능력은 전적으로 다른 방향에 있다. 복음을 상품처럼 여기면서 조종을 일삼는 수사학적인 설득을 통해 그것을 경쟁 시장에 제공하는 것은 바로 그것의 능력을 헛되게 하는 것이다. 다시 말해 그것은 케리그마로서 사람을 구원하고 변화시키기 위해 선포되는 복음의 효능을 무효로 만드는 것이다(1:18-25에 대한 주해 참조).[105] 바울은 텐트 만드는 사람으로서 자기 생활비를 벌어 그리스도의 십자가를 선포할 것이다.[106]

우리는 앞에서 고린도 문화의 다양한 특성을 설명했다. 곧 다른 사람들의 눈길을 끌기 위해 명성과 지위를 얻고자 하는 집요한 관심, 박수갈채를 받고 영향력을 행사하기 위한 자기 홍보, 종종 조종을 일삼는 권력의 네트워크를 통해 성공하고자 하는 야심과 특히 자율과 "권리"에 대한 강조 등이

---

104) Engels, *Roman Corinth*, 13. 한편 고기 시장(*marcellum*)의 위치로 추정되는 장소에 대해서는 다음 논문을 보라. D. W. J. Gill, "The Meat Market at Corinth (1 Cor 10:25)," *TynBul* 43 (1992): 389-393. 또한 10:25에 대한 주해 참조.

105) 특히 참조. Schrage, *Der erste Brief an die Korinther*, 1:165-203; Moores, *Wrestling with Rationality*; Pogoloff, *Logos and Sophia*; Winter, *Philo and Paul among the Sophists*; Merklein, *Der erste Brief and die Korinther, Kap 1-4*, 167-191; Duane Litfin, *St. Paul's Theology of Proclamation: 1 Cor 1-4 and Graeco-Roman Rhetoric*, SNTSMS 79 (Cambridge: Cambridge University Press, 1994), 137-228 and 244-261.

106) "선포"에 대해서는 다음 연구서를 보라. Litfin, *St. Paul's Theology of Proclamation*, 196-197

그것이다. 이것은 바울이 제시하는 복음의 메시지에 부합하지 않을 것이다. 그리스도의 십자가에 대한 선포는 사회로부터 소외된 어떤 사람이 이른바 죄인으로서 수치스러운 죽임을 당했다는 내용을 포함한다. 많은 사람이 그 것을 일종의 모욕적인 것(σκάνδαλον)과 순전히 어리석은 것(μωρία, 1:23)으 로 인식했다는 것은 그리 놀라운 일이 아니다. 심지어 그 십자가가 그리스 도인 신자들에게는(τοῖς δὲ σῳζομένοις, 1:18; τοῖς κλητοῖς, 1:24) 구원에 이르게 하고 변화시키는 능력(δύναμις)과 하나님의 지혜(θεοῦ σοφία, 1:24)가 있다고 주장하더라도 말이다.[107] 헹엘은 로마와 그리스와 유대 세계 안에서 십자가 처형이 차지하는 위치를 설명하며 다음과 같이 결론짓는다. "십자가에 못 박힌 메시아, 하나님의 아들 또는 하나님은 틀림없이 유대인, 그리스인, 로 마인 또는 이방인 등의 관점에서는 일종의 모순으로 여겨졌을 것이다.…그 것은 모욕적이며 또 어리석은 것이었다."[108] 헹엘의 생생한 연구서의 거의 모든 페이지는 십자가의 죽음이 얼마나 두렵고 박탈감을 느끼게 하는 것인 지를 강한 어조로 묘사한다.[109]

　　이와 비슷하게 한스-루에디 베버는 고린도의 상황이 암시하는 피할 수 없는 긴장을 다음과 같이 강조한다. "고린도에서 바울은 의도적으로 웅 변술을 사용하지 않은 채 복음의 메시지를 선포했다. 그것은 그리스도의 십 자가의 능력을 헛되게 하지 않으려는 것이었다(1:17, 2:1-5). '말-지혜'를 추 구하던 고린도 사람들[2:1-3에 대한 주해 참조]은 이 점에 관해 바울을 비 난했다. 그러나 십자가에 대한 복음은 웅변처럼 미사여구로 선포될 수 없으

---

107) 참조. Martin Hengel, *The Cross of the Son of God*: "Crucifixion" (Eng. trans., London: SCM, 1986; 『십자가 처형』, 감은사 역간), 93-103 and 138-182 (= *Crucifixion*; London: SCM, 1977, 1-11 and 46-90). 그 연구서의 완전한 제목은 *Crucifixion in the Ancient World and the Folly of the Message of the Cross* (91)이다. 참조. Alexandra R. Brown, *The Cross and Human Transformation: Paul's Apocalyptic Word in 1 Corinthians* (Minneapolis: Fortress, 1995) throughout; Raymond Pickett, *The Cross in Corinth: The Social Significance of the Death of Jesus*, JSNTSS 143((Sheffield: Sheffield Academic Press, 1997), 38-84.

108) Hengel, *The Cross*, 102 (= *Crucifixion*, 10).

109) 예를 들면 *The Cross*, 150-155 (= *Crucifixion*, 58-63).

며…오직 연약함을 통해 선포되어야만 했다. 그것은 바로 십자가의 본질 안
에 들어있는 것이다."[110] 예수를 십자가에 못 받도록 판결한 재판관들은 자
신들이 심판을 받았음을 깨닫게 될 것이며, 십자가를 기쁘게 받아들이는 이
들은 하나님의 은혜를 경험할 것이다. 그러므로 몰트만과 베버와 슈라게는
고린도의 배경에서 십자가를 새로운 정체성에 대한 "판단 기준"과 근거로
인식한다.[111] 또 메르클라인도 이 주제를 발전시킨다. 곧 십자가는 "걸려 넘
어지게 하는 것"(1:23)임과 동시에 바울 신학의 핵심이다.[112]

　　바울은 이 편지에서 자신이 "고상하게 들리는 수사학이나 영리함을 드
러내는 말"(2:1)을 하기 위해 고린도에 가지 않았음을 상기시킨다. 그는 "청
중을 즐겁게 하는" 판단 기준으로 평가되기를 거부했다. 그는 특히 복음의
내용 자체보다 수사학적인 기교를 과시하는 것을 원치 않았다. 물론 그가
다른 곳에서 사람들이 어디 있든지 그들을 만나는 데 목회적인 분별력을 다
양하게 적용하는 이슈에 관해 언급하긴 하지만 말이다(9:19-23). 길모퉁이
나 공공건물을 이용하여 대중에게 인식되는 것을 추구하는 행위와 바울이
개인의 가정이나 자신의 직업을 통해 사람들과 접촉하거나 어느 곳이든 불
문하고 말하는 것을 선호하는 것 사이에는 차이가 있을 수 있다는 스토워
스의 추론은 어쩌면 옳을 수도 있다.[113] 어쨌든 바울은 또한 자신이 "연약함
가운데 많은 두려움과 떨림으로"(2:3) 고린도 사람들에게 나아갔음을 상
기시킨다. 우리는 (2:2-3에 대한) 주해 부분에서 다음과 같이 해설했다. 우리
는 바울의 연약한 육체에 대한 어떤 가설이 과연 옳은지 단정할 수 없다(예.

---

110) H.-R. Weber, *The Cross: Tradition and Interpretations* (Eng. trans., London: SPCK and Grand Rapids: Eerdmans, 1979), 73; 참조. 65-80, 고린도에서의 십자가에 관해.

111) Schrage, *Der erste Brief*, 1:165(해당 단락의 제목); J. Moltmann, *The Crucified God* (Eng. trans., London: SCM, 1974); and Weber, *The Cross*, "For the Corinthians: The Cross as Criterion," 65-80: "십자가를 판단 기준으로 사용하는 것은…우리에게 필수적이다.…하나님은 바로 그 십자가를 통해 인식되기를 바라신다"(80).

112) K. Merklein, "Das paulinische Paradox des Kreuzes," *TTZ* 106 (1997): 81-98; Merklein, *Der erste Brief, Kap. 1-4*, 167-191.

113) S. K. Stowers, "Social Status, Public Speaking and Private Teaching: The Circumstances of Paul's Preaching," *NovT* 26 (1984), 59-82.

알베르트 슈바이처나 마르틴 디벨리우스의 가설). 바울은 수사학적인 감언이설로
겉 포장하여 청중을 조종하는 방법을 거부하고, 오히려 대중의 인기를 얻고
자 했던 소피스트나 실용적인 수사학자들의 확신에 찬 자기 홍보와는 전적
으로 다른 방식으로 소통하는 전략을 채택했다.[114] 토머스 새비지와 더불어
(2:3에 대한 주해 참조) 우리는 바울이 말하는 연약함은 그리스도와 십자가를
통해 알려진 절대 주권을 지니신 은혜로우신 하나님의 계시를 현실에서 겸
손하게 선포하는 것에 대한 두려운 의무감에서 비롯되었다고 생각한다.[115]
바울은 모든 수사학적인 전략 사용을 거부한다. 그것은 이 세상의 영리한
말로 청중을 미혹하는 것이다(2:4). 이와 같은 전략은 그 목적을 이루지 못
할 것이다. 왜냐하면 그것은 복음의 본질 자체를 부인하기 때문이다.

B. 바울과 그의 개종자들의 사회경제적 지위에 관한 논쟁: 천막 제조업 자로서의 바울

만약 바울이 가장 초기에 고린도에서 한 설교의 세부 내용이 보전되지 않
았다면 우리는 그가 그곳에서 천막을 만드는 직업에 종사했다고 알고 있을
것이다. 설령 바울이 그곳에서 잠정적으로 다른 일을 시작했다 하더라도 사
도행전의 기사가 보여주는 모습(행 18:3, 11)은 고전 16:9의 인사말과 부합
한다. 곧 바울은 고린도에서 1년 6개월 동안 아굴라와 브리스가(사도행전에
서는 "브리스길라")의 집에 머물렀다.[116] 아마도 그들은 이전에 로마에 머무르
던 동안 기독교 신앙을 갖게 되었을 것이다. 또 그들은 유대인 혈통을 지닌
자유민으로 추정되며, 기원후 49년에 로마를 떠났을 것이다. 그리스도라는

---

114) 2:3에 대한 주해를 보라. 또 다음 연구서를 보라. Winter, *Philo and Paul,* 147-161, and M.
    A. Bullmore, *St. Paul's Theology of Rhetorical Style: An Examination of 1 Cor 2:1-5 in the
    Light of First-Century Greco-Roman Rhetorical Culture* (San Francisco: International
    Scholars Publication, 1995), 특히 212-213.
115) T. Savage, *Power through Weakness,* 73.
116) 참조. Gerd Lüdemann, *Paul Apostle to the Gentiles: Studies in Chronology* (Eng. trans.,
    London: SCM, 1984), 160-162.

인물을 중심으로 소요가 일어났을 때 로마 황제 클라우디우스는 로마에 있
는 유대 회당을 폐쇄하는 명령을 내렸다.[117] 수에토니우스는 클라우디우스
황제가 칙령("*impulsore Chresto*")을 내려 모든 유대인을 강제로 로마에서 추
방했다고 말한다.[118] 머피-오코너는 그들이 레카이온 도로 근처에 있던 상
업 지역에서 작은 가게를 열어 가죽 제품을 팔기 위해 사업 전망이 좋다고
널리 알려진 고린도로 곧바로 왔을 것이라고 설득력 있게 추론한다(16:19에
대한 주해 참조). 유적지에서 발굴된 안락한 상가 건물에 근거하여 판단한다
면 아마도 그들은 그 가게의 위층에 있는 공간(약 4미터×4미터×2.5미터)을
자기 집으로 삼았을 것이다. "한편 바울은 도구들이 흩어져 있던 작업대, 가
죽 두루마리와 천막용 천 두루마리 사이에서 잠을 잤을 것이다. 그 가게는
처음으로 사람들, 특별히 여인들을 만나기에 매우 적절한 장소였다. 바울은
외투, 샌들 또는 혁대를 만드는 일을 하는 과정에서 고객과 대화할 기회를
얻었을 것이다. 또한 그것은 곧 가르침의 기회로 바뀌었을 것이다(참조. 살전
2:9). 그리고 새로운 물건이나 제품의 수선이 필요할 경우 바울은 고객을 쉽
게 다시 만날 수 있었을 것이다."[119] 머피-오코너는 만약 바울의 사역이 크
게 확장되어 일손이 바빠져 가게에서 제품을 만들고 매매하는 일을 제대로
할 수 없었다면 다른 조치가 필요했을 것이라고 덧붙인다.

　　호크의 두 가지 연구는 숙련공과 점원으로서 바울이 한 일을 더 자세하
게 재구성한다.[120] 바울은 작업장(ἐργαστήριον)에서 땀을 흘리며 많은 시간
동안 일을 했을 것이다. 호크는 바울이 사회적인 측면에서 열등하거나 별
볼 일 없다는 의미에서 많은 이들로부터 "약한 사람"이라고 여겨졌다(고전
4:10-13)는 비난을 받았는데, 그것은 바로 그가 보잘것없는 미천한 업종에

---

117) Murphy-O'Connor, *Paul*, 263; F. F. Bruce, *Paul: Apostle of the Free Spirit* (Exeter:
　　　Paternoster, 1977), 250-251 and 381.

118) Suetonius, *Life of Claudius*, 25.4.

119) Murphy-O'Connor, *Paul*, 263-264.

120) R. E. Hock, *The Social Context of Paul's Ministry: Tentmaking and Apostleship*
　　　(Philadelphia: Fortress, 1980), and "The Workshop as a Social Setting for Paul's
　　　Missionary Preaching," *CBQ* 41 (1979): 438-450.

서 일했기 때문이라고 주장한다. 어쨌든 이것은 부자들과 권력자들 사이에서 충분히 예견할 수 있는 견해였다.[121] 심지어 호크는 바울이 "자기의 연약함을 자랑한 것"은 사람들이 복음의 사역을 비난하지 못하게 하려고 그가 종종 단조롭고 멸시받는 노동을 통해 자립을 꾀한 것과 관련이 있다고 주장한다(참조. 고전 9:1-19; 고후 11:7-15; 12:13-16).[122] 바울이 하는 일은 힘들고 고통스러우며 종종 무겁고 또 언제나 집중력이 필요하다는 것은 의심의 여지가 없을 것이다. 그의 직업은 전문적인 "지혜로운 자", 수사학자 또는 정평이 있는 연기자로서의 연사와 관련이 있는 이상적인 것은 아니었다. 포골로프가 주장하듯이 그리스도인이 된 고린도의 많은 이들은 바울이 다음과 같은 "전문가" 가운데 한 사람이 되는 것을 선호했을 것이다. 예를 들면 "소피스트, 그를 따르는 자들에게 의존하는… '전문적인 순회 설교자' 또는 전문적인 이야기꾼" 등이다(곧 오늘날의 명사와의 대담 프로그램 진행자나 연예인과 같은 인물이다).[123]

그렇지만 바울의 관점에서 보면 사도의 직분은 이 세상의 명성에 기초한 어떤 고상한 자세가 아니라 오히려 십자가를 가리키며 하나님이 스스로 선택하신 자기 계시 방식으로서 십자가의 부끄러움과 자기 낮춤에 동참하는 것을 포함했다. 사도들은 마치 대형 경기장에서 피를 흘리며 싸우던 투사들과 같았다. 심지어 일부 고린도 신자들이 나중에 자신들은 그와 같은 싸움에서 면제받았으며, 또 자신들은 관중석에 앉아 사도들의 자질을 평가한 관중에 속한다고 인식했다 하더라도 말이다(4:9-13). 바울은 높은 신분을 추구하던 이들 중에 신자가 된 몇몇 사람이 이미 신자가 된 이후에도 텐트를 만드는 바울의 신분에 당혹감을 느낀다는 사실을 알게 되었다. 그들의 눈에는 사도들이 "세상의 쓰레기, 모든 사람의 신발에 묻은 먼지"(4:13 및 주해 참조)처럼 보였다.

---

121) Hock, *Social Conduct*, 60.
122) 같은 책, 62.
123) Pogoloff, *Logos and Sophia*, 191 and 203.

"바울은 자신이 힘들게 육체 노동을 했다는 것을 반복해서 말한다(살전 2:9; 살후 3:7-8; 고전 4:11-12; 9:6; 고후 11:27).⋯이곳저곳을 돌아다니던 그의 생활 방식의 특성을 고려할 때 그가 손을 사용하는 노동자, 그리고 아마도 숙련공으로서⋯또는 훨씬 더 힘든 일을 했을 것이라고 추론하는 것은 타당할 것이다."[124) 메기트는 자기 가게에서 제품을 판매하고 수선하면서 복음을 전하는 모습으로 바울을 묘사하는 호크의 그림을 수용하면서도 호크가 주장하는 것만큼 바울이 쉽사리 이 두 가지 활동을 동시에 진행할 수 있었다고 생각하지는 않는다.[125) 바울 전문가 가운데 소수의 견해를 지지하는 메기트는 바울이 그의 생애 가운데 상당 기간을 매우 궁핍하게 보냈다고 주장한다. 바울은 자신이 어떤 특별한 상황에서만 재정 지원을 받았으며(빌 4:16; 고후 11:9) 늘 궁핍과 결핍에 관해 말한다는 것이다. 그러나 고전 9장은 이것이 그의 일상적인 관행은 아님을 강조한다. 메기트는 이와 같은 재정 지원은 개인에게 받은 것이며, 그 금액도 얼마 되지 않았을 수 있다고 주장한다. "다른 사람들의 눈으로 판단할 때 바울은 가난한 이들 가운데 한 명이었다"(고후 6:8-10)는 것이다.[126) 메기트는 (E. A. 저지의 견해에 반대하면서) 만약 바울의 수사학이 다른 사람에게 감명을 주지 못했다면(고후 10:10) 그는 소피스트 가운데 엘리트 범주에 들지 못했을 것이라는 주장을 편다. 그와 같은 엘리트는 전문 연사의 보수를 요구할 수 있었다는 것이다.[127) 또 메기트는 바울의 유복한 환경에 대한 "신화"를 비판한다.[128) 바울은 "로마 제국 안에서 엘리트가 아닌 사람의 궁핍한 삶에 온전히 동참했다."[129)

　　메기트의 설명은 중산층 상인 바울에 대한 매우 모호한 개념을 올바르게 수정하는 역할을 한다. 하지만 메기트도 인정하듯이 구체적인 자료는 충

---

124) Meggitt, *Paul, Poverty, and Survival,* 75-76.
125) 같은 책, 75-76.
126) 같은 책, 78.
127) 같은 책, 78-79. Meggitt의 견해는 Judge의 입장과 반대된다. 참조. E. A. Judge, "The Early Christian as a Scholastic Community," *JRH* 1 (1960): 4-15 and 125-137.
128) Meggitt, *Paul, Poverty, and Survival,* 80-97.
129) 같은 책, 96.

분하지 않으며, 고린도의 특별한 상황에 대해 논의하는 것이 더 타당하다. (고대 로마 세계 안에서 이루어지는 후견 제도와 친구 간의 상호 기대감을 고려할 때) 아마도 다른 곳보다 더 강도가 높았던 고린도의 자기 홍보 분위기에서 그러한 고린도의 상황은 바울이 그러한 의무감을 느끼지 못하게 했을 것이다. 메기트가 제시하는 그림과 호크와 머피-오코너가 제시하는 그림은 서로를 보완하고 수정해야 한다.[130] 고린도의 정황에서 메기트의 논평은 중요한 의미가 있지만, 바울이 고린도에 18개월 동안 머물렀다는 사실을 고려하면 그에게 깊은 애정과 존경심을 나타낸 그의 많은 개종자들이 그가 궁핍한 삶을 살도록 그대로 내버려 두었다고 보기 어렵다. 또한 심지어 그와 같이 탄탄한 논증을 펴는 편지를 쓸 수 있는 사람이 바울의 겸손과 또 이에 대한 메기트의 액면 그대로의 평가처럼 의사 전달자로서 부적합했다고 보기도 어려울 것이다. 더 나아가 메기트는 바울이 로마 시민으로서 느끼는 신분도 고려하지 않는 것 같다(바울이 사울이라는 유대 이름 대신에 **바울**이라는 이름을 일관되게 사용한다는 점을 참조하라).

고린도에서 바울의 사역을 통해 회심한 이들의 사회적인 신분에 대한 동일한 양가감정은 여러 시대에 걸쳐 나타난 바울 연구의 특성을 드러냈다. 메기트에 의하면 웰너는 상반된 이론들이 얼마나 고전 1:26에 대한 어떤 특정 주해에 의존해왔는지를 올바르게 지적하지만, "아이러니하게도 그 텍스트는 '과거'의 의견 일치와 '새로운' 의견 일치를 모두 내포하고 있었으며, 그것은 기독교의 기원에 대한 각각의 의견 일치의 재구성에 대한 핵심을 제공해주었다."[131] 최초기 도시 교회들의 사회적인 신분에 관한 탐구 역사도 너무나 잘 알려져 있으므로 여기서 다시 세부적으로 설명할 필요는 없겠지만, 그 윤곽에 대한 개요를 제시하는 것은 타당해 보인다. 20세기 초반에 진행된 아돌프 다이스만의 파피루스 문헌 연구는 신약성경의 그리스어가 높

---

130) Murphy-O'Connor, *Paul*, 117-118, 261-267; Hock, *Social Context*, 66-68; Bruce, *Paul*, 250-253.
131) Meggitt, *Paul*, 102.

은 학식을 지닌 사람들이 아니라 보통 사람들이 사용하던 언어였다는 결론에 도달한다. 바울 서신은 일상생활에서 날마다 쉽게 만날 수 있는 사람들을 대상으로 기록된 것이다. 그는 최초기 기독교는 "사회의 하층 계급에 속한 사람들로…구성되어 있었다(마 11:25-26; 고전 1:26-31)"라고 추론한다.[132] 다이스만은 도시의 초기 그리스도인들은 전적으로 하층 계급에 속한 사람들이었다고 주장하지는 않았지만, 그들은 주로 그 계층에 속한 이들이었다고 추측했다. 하지만 이들이 사회적으로 다양하고 혼합된 그룹이었다고 주장한 저지의 연구는 이 관점에 대한 전환점을 제시했다. 고린도에서는 "그리스도인들이 주로 사회적으로 상위 계층에 속한 이들었다."[133]

대표적인 주석가들이 처음에는 모두 다이스만의 견해에, 1960년대 이후부터는 저지의 견해에 사로잡혀 있었다고 추측하는 것은 잘못이다. 1910년에 바이스는 "형제들아, 너희를 부르심을 보라. 육체를 따라 지혜로운 자가 많지 아니하며 능한 자가 많지 아니하며 문벌 좋은 자가 많지 아니하도다"(1:26)라는 바울의 말에도 불구하고 스데반, 가이오, 그리스보, 구아도, 아굴라, 브리스가 같이 사회적으로 상당히 다른 부류에 속한 이들도 있었음을 지적한다.[134] 로버트슨과 플러머는 1911년에 바울이 세운 최초기 신앙 공동체는 "매우 다양한 사람들"로 구성되어 있었으며, 또 그들은 "각각의 신자가 자신의 지도자를 선택할 수 있을 만큼" 매우 독립적이며 주도적인 사람들이었다고 말한다.[135] 그러므로 우리는 단순히 저지의 안티테제(antithesis)를 다이스만의 테제(thesis)와 대비시키고, 또 타이센과 믹스의

---

132) A. Deissmann, *Light from the Ancient East* ((Eng. trans., London: Hodder & Stoughton, rev. ed. 1927), 144.

133) E. A. Judge, *The Social Pattern of Early Christian Groups in the First Century* (London: Tyndale Press, 1960), 60. 참조. 특히 30-38.

134) J. Weiss, *Der erste Korintherbrief* (Göttingen: Vandenhoeck & Ruprecht, 1910), xvi. Allo도 비록 "많은" 이들이 빈곤 계층에 속했지만, "소수의 부유한 이들과 함께" 몇몇은 중요한 인물(에라스도, 그리스보)이었다고 덧붙여 말한다(E.-B. Allo, *Première Épitre aux Corinthiens* (Paris: Gabalda, 1956), 20 (Allo도 Weiss를 언급함).

135) A. Robertson and A. Plummer, *A Critical and Exegetical Commentary on the First Epistle of St. Paul to the Corinthians*, ICC (2d. ed., Edinburgh: T. & T. Clark, 1914 [1911]), xv.

연구를 정반합(synthesis)으로 인식하는 헤겔과 같은 신화를 경계해야 한다. "아마도 두 의견은 모두 옳을 것이다. 왜냐하면…고린도의 신앙 공동체는 내적 계층화라는 특성을 보이기 때문이다. 하층 계급에서 온 구성원 가운 데 대다수는 상부 계층에서 온 일부 영향력 있는 구성원과 대립 관계에 있 었다."[136] 타이센은 그의 널리 알려진 논문—"고린도의 신앙 공동체 안에서 의 사회적 계층화"("Social Stratification in the Corinthian Community")—에서 자신의 이론을 세부적으로 제시했다.[137]

신약성경의 사회와 특별히 바울의 신앙 공동체들에 관한 이십여 년 동 안의 연구는 타이센이 강조한 인종의 다양성을 뒷받침하는 데 도움을 주 었다. 물론 고린도의 경우 순전히 숫자적인 측면에서만 말하자면 노예를 포함하여 아마도 도시의 빈민이 구성원의 대다수를 차지했을 것이지만 말 이다. 블라스트는 그의 중요한 소논문에서 바울이 고린도의 정황에서 언 급한 인물들은 단순히 다이스만의 "하층 계급" 범주와 뱅크스, 갤러거, 스 탬보, 벨치, 클라우크 등이 강조한 사회적 다양성의 틀 안에 잘 들어맞을 수 없다는 타이센의 견해에 동의한다. 심지어 메기트가 도시 빈민층(*plebs urbana*)이 생존을 위해 경험해야 했던 것과 많은 농부가 처해 있던 극빈 상 황에 대해 상기시켰음에도 말이다.[138] 후견인의 도움을 받을 수 있는 위 치에 있던 이들이 자신의 출세를 위해 후견 제도를 이용한다는 것은 이해 할 만한 하고 보편적으로 예상되는 행위였다. 차우, 저지, 여, 마셜, 화이트, 클라크 등은 전형적으로 고린도에 있던 것과 같은 공동체에 그들의 사회·경제 체제가 얼마나 깊은 영향력을 미쳤는지에 관한 정보를 우리에게 제공

---

136) Theissen, *Social Setting*, 69.

137) 같은 책, 69-120(독일어 원본, 1974년).

138) A. J. Blasi, *Early Christianity as a Social Movement*, Toronto Studies in Religion 5 (New York: Lang, 1988), 특히 56-67; R. J. Banks, *Paul's Idea of Community* (Peabody, Mass.: Henrickson, Rev. ed. (1994), 1-25; J. E. Stambaugh and D. L. Balch, *The New Testament in Its Social Environment* (Philadelphia: Westminster, 1986); E. V. Gallagher, "The Social World of St. Paul," *Religion* 14 (1984): 91-99; H. J. Klauck, "Gemeindestrukturen im ersten Korintherbrief," *Biblel und Kirche*, 40 (1985): 9-15; Meggit, *Paul, Poverty, and Survival*, 53-73 그리고 곳곳에.

해주었다.[139] 고전 1:26에 대한 주해와 관련하여 메기트의 강조점과는 대조적으로 윈터와 클라크의 주해는 다양한 사회적 스펙트럼에서 맨 위에 있는 이들에게 역점을 둔다. 설령 바울이 그리스도인들 가운데 "세상의 영리한 판단 기준에 의하면 지식인들이 많지 않았으며(οὐ πολλοί), 유력자들도 많지 않았고, 훌륭한 가문에서 태어난 이들도 많지 않았다"(1:26에 대한 번역 및 주해 참조)라고 인정한다 하더라도, "고전 1:26에 사용된 이 표현은 수사학자들과 소피스트들을 배출한 지배 계층을 가리킨다는 데는 의심의 여지가 없다."[140] 데이비드 호렐은 바울 신학 전문가들과 고전 학자들 간의 논쟁 역사를 상세하게 서술한다.[141] 이 논쟁은 지금도 계속된다. 도널드 엥겔스(1990년)는 메기트의 주장(1998년)을 예고하는 경향이 있지만, 그의 주장 전부를 그렇게 하지는 않는다. "바울은 개인 집에 머물렀으며" "그 도시에서 수요가 많은 차양과 돛을 만들고 판매하는" 브리스길라와 아굴라의 작업에 동참했다.[142] 존 엘리엇은 1993년까지 진행된 신약성경의 "사회과학적" 연구에 대한 방대한 참고문헌을 편찬했다. 그 가운데 일부는 특히 예일 대학교(웨인 믹스, A. J. 맬러비, 데일 마틴)와 매쿼리 대학교(에드윈 저지, 피터 마셜, 로버트 뱅크스)에 속한 "연구 센터"에서 나왔다.[143]

---

139) J. K. Chow, Patronage and Power: *A Study of Social Networks of Korinth,* JSNTSS 75 (Sheffield: Sheffield Academic Press, 1992), 특히 12-37 그리고 곳곳에; E. A. Judge, "'Antike und Christentum': Towards a Definition of the Field: A Bibiliographical Survey," *ANRW* 2.23.1 (1979), 3-58, 그리고 특히 *Rank and Status in the World of the Caesars and St. Paul* (Christchurch: University of Canterbury, 1982, and "Cultural Conformity and Innovation in Paul: Some Clues from Contemporary Documents," *Tynbul* 35 (1984): 3,24; L. M. White (ed.), *Semeia 56: Social Networks in Early Christian Environment: Issues and Methods for Social History* (Atlanta: Scholars Press, 1992), 특히 White (3-36), H. Hendrix 939-58); Marshall, *Enmity in Corinth;* Khiok-Khing Yeo, *Rhetorical Interaction in 1 Cor 8 and 10: A Formal Analysis with Preliminary Suggestions for a Chinese Cross-Secular and Christian Leadership in Corinth,* 특히 25-39.

140) Clarke, *Secular and Christian Leadership,* 45; Winter, *Philo and Paul among the Sophists,* 200.

141) Horrell, *The Social Ethos of the Corinthian Correspondence,* 91-101.

142) Engels, *Roman Corinth,* 107; 참조. 70-71.

143) J. Elliott, *Social-Scientific Criticism of the New Testament: An Introduction* (London:

고전 16:15에 의하면 "스데바나 집안은 아가야에서 탄생한 최초 회심 자였으며, 또 그들은 하나님의 백성을 섬기는 데 자신들을 내어놓았다"(해 당 절에 대한 번역 및 주해 참조). 스데바나는 얼마 지나지 않아 바울의 동역자 가 된다.[144] 이 초기 단계에 바울이 스데바나와 그의 가족에게 세례를 베풀 었다는 것(비록 그가 직접 세례를 베푸는 것을 곧 그만두었지만)은 놀라운 일이 아 니다(1:16). 아마도 가이오와 그리스보도 매우 이른 시기에 기독교로 개종 한 자들이었을 것이다(1:14). 타이센뿐만 아니라 블라시도 그리스보를 행 18:8에서 회당의 높은 지위를 맡은 그리스보와 섣부르게 동일시하지 않 는다.[145] 타이센은 이른바 회당장(ἀρχισυνάγωγος, 행 18:8)이 회당 예배를 주 도했으며, 그 건물과 조직을 관리하는 책임을 맡았다고 주장한다. 이러한 사람들은 "존경받는 남성"이었으며 경제적으로도 부유했다.[146] 한편 가이 오(*Gaius*)라는 이름은 라틴어식 이름이다. 블라시의 견해에 의하면 이 이름 은 상당히 높은 신분을 암시해준다(참조. 고전 1:14; 롬 16:23; 행 19:29). 또한 그 의 집은 틀림없이 바울뿐만 아니라 교회 모임에 식사와 숙박을 제공해줄 수 있을 만큼 넓었을 것이다.[147] 따라서 가이오, 스데바나, 그리스보는 저마다 각 각 고대 로마, 그리스, 유대 공동체 안에서 높은 지위와 존경, 그리고 아마도 **부요함과 관련이 있는 저명한 인물을 대표한다.** 그들은 바울의 동역자로서 다양한 종류의 지도자 역할을 떠맡게 되었다(예. 16:17).

지금도 이미 널리 알려져 있듯이 타이센은 우리가 높은 지위에 있고 영 향력을 행사하거나 또는 어떤 경우에는 부유하다고 여길 수 있는 고린도에 거주하던 그리스도인들의 이름을 다음과 같은 기준에 따라 범주화한다. 예 를 들면 어떤 이들은 공인된 직책(그리스보, 에라스도)을 지니고 있다. 또 어떤 이들은 (아마도 라틴어의 *familia*에 상응하는) 노예들과 동산(動產)이 포함된 집

SPCK, 1995 [earlier Ausburg-Fortress, 1993], 138-174.

144) R. Banks, *Paul's Idea of Community*, 164-165.

145) Theissen, *Social Setting*, 73; Blasi, *Early Christianity*, 56-59.

146) Theissen, *Social Setting*, 74-75.

147) Blasi, *Early Christianity*, 57.

안의 가장이다(그리스보, 스데바나). 다른 이들은 재산과 숙박 공간을 지니고 있어 바울 또는 교회를 섬겼다(겐그리아의 뵈뵈, 가이오, 디디오, 유스도). 또 다른 이들은 시간을 내거나 직업과 관련하여 여행을 했다(스데바나, 브드나도, 아가이고, 에라스도, 뵈뵈, 아굴라와 브리스길라와 다른 글로에 또는 글로에의 집안사람들, 누가 여행 경비를 지원했는가에 달려 있음). 또 타이센은 열여섯 명의 이름을 제시하며 그들에 대해 언급한다.[148] 하지만 타이센의 주장 가운데 일부는 논쟁의 여지가 있다. 또 그 자신도 고린도 그리스도인 가운데는 많은 이들이 미천하며 영향력도 없을("약한") 뿐만 아니라 더 나쁜 경우에는 "아무것도 아닌 것들", "전혀 중요하지 않은" 사람들도 포함되어 있었다고 지적한다. 그들은 사람에게 주목을 받거나 존중받지 못했다는 것이다(τὰ ἐξουθενημένα, τὰ μὴ ὄντα, 1:28; 이 구절에 대한 번역 및 주해 참조).

사회적 다양성으로 인해 어려움과 갈등이 나타난다는 것은 우리에게 그리 놀라운 일이 아니다(참조. "나는 손이 아니니까 몸에 속하지 않는다", 12:15; "눈이 손에게 '나는 네가 필요 없다'라고 말할 수 없다", 12:21). 오히려 사람들을 변화시킬 수 있는 복음의 능력이 "유대 사람이든지 또는 이방인이든지, 종이든지 또는 자유인이든지 모두…한 몸"(12:13)으로서 모든 신자에게 새로운 공통된 신분과 정체성을 제공한다는 사실이 놀라운 것이다. 머피-오코너는 "복음을 전파하는 데 효율적인 조력자의 역할을 하고자 자발적으로 지원하며 시간을 내고 교육에 동참하는 이들"은 바울에게 중요했다고 말한다. 하지만 그는 그들에 대한 바울의 자세가 복합적이었음을 인정한다. 그는 복음 전파를 위해 그들의 도움을 받았지만, "자신이 그들에게 의존하는 것을 허용하지 않았다."[149] 그는 사회적으로 상처받기 쉬운 신자들이 스스로 이류 신자라고 느끼지 않도록 그들을 보호해줄 필요가 있었다. 또한 그는 사회적으로 영향력 있는 직분이나 위치에 있는 이들이 선행을 베푸는 역할을 계속할 수 있도록 (제한된 범위 안에서) 그들의 자유를 인정해주었다. 그래서 바울

---

148) Theissen, *Social Setting*, 73-93.
149) Murphy-O'Connor, *Paul*, 268.

은 그들이 이방 신전 구역 안에 있는 공간에서 고위 인사들과 식사하는 행사 등을 부당하게 비난하지 않았다.[150]

대다수 저자들은 바울이 고린도에 1년 6개월 동안, 또는 그보다 좀 더 길게 머물렀다는 행 18:11의 주장을 인정한다(참조. 행 18:18, 이 구절이 11절을 단순히 반복하는 것이 아닌 이상). 행 18:18-19의 기록에 의하면 바울은 마침내 동쪽에 있는 겐그레아 항구에서 배를 타고 브리스길라 및 아굴라와 함께 에베소를 향해 떠났다. 그것은 그의 첫 번째 여행 코스였다(나중에 그는 [예루살렘으로 올라갔다가] 안디옥으로 내려가 얼마 동안 그곳에 머물렀다). 대다수 저자들은 고린도에서 바울이 사역한 기간이 기원후 50년 3월부터 기원후 51년 9월까지였다는 데 동의한다. 유대인들이 고린도에서 소동을 일으켜 바울을 아가야 지방의 총독 갈리오에게 고발한 사건은 바울 사역의 연대기 작성과 관련하여 몇 가지 명확한 시점을 제시하는 자료 가운데 하나다(아래의 설명 참조). 그는 성장 가도에 있던 고린도 교회를 뒤로 한 채 고린도를 떠났다. 그 교회는 활력이 넘쳤으며, 성령의 온갖 은사가 주어졌고, 또 다양한 섬김이 이루어졌다(1:4-8; 12:1-14:40). 비록 얼마 지나지 않아 그 교회에서 다양한 문제가 발생했지만, 그것은 교회의 성장으로 나아가는 과정이었지, 쇠퇴의 길로 향하던 것은 아니었다. 바울의 시각에서 고린도는 복음 전파를 위한 전략적 요충지로서 높이 평가할 만하며, 목회적인 측면에서도 관심을 기울이고 돌보아야 할 필요가 있었다. 이로써 고린도와 에베소 사이에는 일련의 편지와 대표자가 오고 간다.

---

150) 참조. Winter, *Seek the Welfare of the City*, 105-122(6:1-11에서 사회적인 측면에서 혜택을 받지 못하던 이들에 대한 보호, 165-177; 8:1-11:1에서 영향력 있는 위치에 있던 이들을 칭찬).

III. 서신이 기록된 동기: 연대기, 보고, 서신, 진정성

A. 고린도에서 바울이 사역한 시기와 고린도전서의 저작 연대

바울 연대기 가운데 상당 부분은 클라우디우스 황제가 아카이아 총독 루키우스 유니우스 갈리오에게 보낸 델포이 편지의 발견과 관련이 있다. 이 편지 가운데 첫 네 단편은 1905년에 발견되었다. 그 이후 1910년에는 세 단편이 추가로 발견되었다. 그 단편들은 1913년도에 간행되었다. 마지막으로 두 단편이 추가로 더 발굴되어 1967년에 출판되었다.[151] 이 자료에 의하면 로마의 고위 공직자들은 대체로 4월 1일 이전에 선출되었다. 이는 사전에 준비하여 7월 1일부터 시작되는 직책을 제시간에 떠맡도록 하기 위함이었다.[152] 갈리오를 언급하는 클라우디우스 황제의 편지는 기원후 52년 4월 내지 5월 어느 날(슈라게의 견해에 의하면 아무리 늦어도 기원후 52년 8월)에 작성된 것이라는 데 대해 전반적인 의견 일치가 이루어지고 있다. 이 편지는 갈리오가 로마 황제에게 보낸 어떤 보고서에 관해 다루기 때문에 고린도에서 갈리오가 맡은 총독 직분 기간은 기원후 51년 7월부터 기원후 52년 6월까지이거나 또는 기원후 50년 7월부터 기원후 51년 6월까지일 것이다. 이론적으로는 이보다 더 이른 시기도 가능하다. 하지만 로마 황제가 이처럼 늦은 시점에 답신을 보냈다는 추론은 개연성이 거의 없다. 기원후 49년에 갈리오의 동생 세네카는 코르시카에서 추방 생활을 마치고 돌아왔다. 세네카

---

151) 참조. J. H. Oliver, "The Epistle of Claudius Which Mentions the Proconsul Junius Gallio," *Hesperia* 40 (1971): 239-240; A. Plassart, "L'inscription de Delphes mentionnent le proconsul Gallion," *Revue des Études Greques* 80 (1967): 372-378 (the 1967 published inscription); Kent, *Corinth*, VIII:iii, The Inscriptions 1926-1959, 55, no 122 (plate 11, but before 1967 fragments); B. W. Winter, "Gallio's Ruling on the Legal Status of Early Christianity (Acts 18:14-15)," *TynBul* 50 (1999): 213-224; Murphy-O'Connor, *Paul*, 16-21; Schrage, *Der erste Brief*, 34-35.

152) Dio Cassius, *History* 57.14.5; 참조. Murphy-O'Connor, *Paul*, 18-19.

의 귀환은 갈리오가 기원후 50년 3월 또는 4월에 총독에 임명되게 하는 데 긍정적으로 작용했을 것이다. 하지만 머피-오코너와 뤼데만은 모두 다음과 같이 주장한다. 비록 기원후 50-51년 또는 기원후 51-52년이 전적으로 가능하긴 하지만, 더 이른 시기는 델포이 편지에서 언급하는 보고서가 작성되었을 가능성이 있는 시점에 전혀 부합하지 않는다는 것이다. 따라서 기원후 51-52년이 개연성이 더 높다.[153] 또한 슈라게, 주이트, 콜린스도 기원후 51-52년을 지지한다.[154] 세네카는 갈리오가 질병으로 말미암아 자신의 임기를 채우지 못했다고 기록한다. 그리고 갈리오는 9월 초순이 지나 로마로 돌아오는 여행을 시작하지 않았을 것이다. 왜냐하면 대체로 늦은 가을에는 여행을 떠나기에 날씨가 상당히 더 안 좋기 때문이다.[155] 머피-오코너에 의하면 갈리오가 유대인들이 바울에 대해 제기한 고소(행 18:12-17)를 심사한 사건은 틀림없이 (바울의 도착 시점인) 기원후 51년 7월과 (그의 출발 시점인) 9월 사이의 어느 날에 일어났을 것이다.[156] 이 시기는 갈 2:1에서 바울이 기원후 51년 후반에 예루살렘에 도착했다는 시점과도 일치할 것이다. 이에 근거하여 콜린 헤머는 "바울이 기원후 51년 가을부터 기원후 52년 이른 여름까지 고린도에 있었다"라고 결론짓는다.[157]

브루스 윈터는 갈리오 앞에서 바울을 고소한 사건의 실상과 함의를 탐구했다. 윈터는 다음과 같이 주장한다. 바울은 고린도에 도착하고 나서 유대인들과 논쟁을 벌였다. 그 결과 유대인 공동체로부터 이탈하는 그룹이 생

---

153) 같은 책, 21; Lüdemann, *Paul: Apostle to the Gentiles*, 163-164. 이 견해는 Schrage가 제시하는 기원후 52년 8월이라는 시점과 잘 부합한다. 참조. Schrage, *Der erste Brief*, 34-35.

154) Schrage, *Der erste Brief*, 1: 34; R. Jewett, *Dating Paul's Life* (London: SCM, 1979), 38-40 (alternative title, *A Chronology of Paul's Life* [Philadelphia: Fortress, 1979]; Collins, *First Corinthians*, 23-24; 참조. C. Wolff, *Der erste Brief des Paulus an die Korinther*, THKNT (Berlin: Evangelische Verlaganstalt, 1996), 4-5; Lüdemann, *Paul*, 163-164(참조. 162-175).

155) Seneca, *Epistulae Morales* 104.1.

156) Murphy-O'Connor, *Paul*, 21.

157) C. Hemer, "Observation on Pauline Chronology," in D. A. Hagner and M. J. Harris (eds.), *Pauline Studies: Essays Presented to F. F. Bruce* (Grand Rapids: Eerdmans and Exeter: Paternoster, 1980), 8; 참조. 3-18.

겨났다. 그들 가운데는 디도 유스도(행 18:7)를 비롯하여 나중에 그리스보와
같은 유명 인사들이 포함되어 있었다. 이것은 "경쟁 관계에 있던" 유대교
회당에 "굴욕적인 손실"에 해당했다.[158] 클라우디우스 황제가 칙령을 공포
한 이후 유대교의 정체성은 매우 민감한 이슈가 되었다(참조. 행 16:21; 17:7).
유대인들은 로마 종교가 아닌 다른 종교를 믿음으로 고소당하는 것으로부
터 면제받는 특권을 누리고 있었다. 왜냐하면 그들의 고유한 전통이 주목을
받고 인정을 받았기 때문이다. 하지만 윈터는 이러한 면제 특권이 기독교의
메시아 "이단"에까지 확대되었다고 이해하는 것은 "주류" 유대인들에게 참
을 수 없는 것이었다고 주장한다. 따라서 그들은 갈리오로부터 이 사건에
대한 법적인 원칙을 얻어내고자 했다. 그러나 갈리오는 그 문제를 유대교의
정체성과 관련된 내적 분쟁으로 여겼다. 또한 그는 이 문제가 소요의 원인
을 제공할 가능성이 있다고 생각했다. 회당장 소스데네가 매를 맞은 사건은
그 당시 클라우디우스 황제가 통치하던 로마의 정치 체제의 입장에서 볼 때
아마도 유대인들에 대한 전반적인 반감과 관련이 있는 적절한 표현으로 인
식되었을 것이다. 이 단계에서 기독교 신앙을 로마 제국의 비합법적인 종교
(*religio illicita*)로 낙인찍으려는 시도는 실패로 돌아갔다. 윈터는 이러한 시
도가 실패함으로써 "갈리오의 결정은 고린도의 모든 그리스도인이 그 결과
로 땅 위에 있는 신들에게, 곧 로마 황제와 그의 가문의 몇몇 구성원들에게
매년 경배해야 하는 의무에서 면제되었다는 것을 의미했다"고 주장한다.
설령 그것이 "가볍게 무시될 수 없는" "어떤 탁월한 재판관의 견해"에 지나
지 않는다 하더라도 말이다.[159] 비록 윈터의 논증이 최종적이거나 의문의
여지가 없음을 입증할 수는 없지만, 아무튼 그는 상당히 상세하고 광범위한
사례를 제시한다. 그 사례는 고린도전서를 비롯하여 더 폭넓게는 신약성경
의 다른 측면에 많은 함의를 제공해준다. 예를 들면 이것은 높은 직위에 있

---

158) B. W. Winter, "Gallio's Ruling on the Legal Status of Early Christianity," *TynBul* 50
　　(1999), 8; 참조. 3-18.
159) 같은 책, 223.

는 그리스도인들의 지위를 설명해준다. 만약 다른 상황이라면 그것은 그들이 이러한 직책을 유지하는 것을 매우 곤란하게 만들었을 것이다(참조. 8:1-11:1).

행 18:19-22의 이야기에 의하면 바울은 매우 짧은 기간 동안 에베소에 머물렀다. 그 후 그는 배를 타고 가이사랴로 갔고 그 이후에는 예루살렘을 거쳐 안디옥으로 여행했다. 한편 브리스길라와 아굴라는 에베소에 머물렀다. 그곳에서 그들은 아볼로를 만났고, 그에게 하나님의 "도"를 자세하게 설명해주었다. 머피-오코너는 그의 저서 『바울: 위험한 삶』(*Paul: A Critical Life*)에서 다양한 지점에서 그에게 일어난 사건을 연대기적으로 요약한다.[160] 기원후 52년 여름에 바울은 안디옥에서 갈라디아 지방으로 여행했을 것이다. (그것은 기원후 51년 늦은 봄에 바울이 갈리오 총독 앞에서 심문을 받고 나서 기원후 52년 이른 여름에 고린도를 떠난 다음이다.) 반면 아볼로는 에베소에서 고린도로 여행했다(참조. 행 18:23[바울] 및 18:27; 19:1a[아볼로]; 고전 3:6). 바울은 사도와 목회자로서 자신의 역할을 감당하고자 갈라디아 지역과 소아시아 지역에 있는 교회들을 방문하고 에베소로 돌아왔다. 아마도 그때는 기원후 52년 9월이었을 것이다. 바울은 기원후 52-53년 겨울을 지난 후 기원후 54년 봄 또는 여름까지 18개월 중 대부분을 에베소에 머물렀다. 에베소에서 그는 교회를 공고히 세웠으며, 또 교회가 아시아 지역으로 확장되는 데 힘썼다.

또한 머피-오코너는 바울이 53년 봄에 갈라디아 지역으로부터 좋지 않은 소식을 들었다고 믿는다. 바로 그 이유로 그는 갈라디아서를 기록했다. 우리는 갈라디아서의 기록 연대를 정확하게 알 수 없다. 어떤 이들

---

160) Murphy-O'Connor, *Paul*, 184에 요약되어 있다. 또 Lüdemann, Robert Jewett와 다른 이들이 바울의 생애를 재구성한 것을 보라(아래에 제시됨). 한편 바울이 주로 에베소로부터 기원후 52년에서 57년까지 3년이 넘도록 복음 사역을 했던 기간은 관행적으로 "제3차 선교여행"으로 알려져 있다. 또 그 기간은 행 19장의 사건뿐만 아니라 고후 1:8-10; 11:23; 롬 16:3에서 묘사하는 경험들을 반영할 것이다. 참조. Bruce, *Paul*, 286-299; *New Testament History* (London: Nelson, 1969), 301-318 and 333-337; Jewett, *Dating Paul's Life* (= Chronology), 38-44, 75-87, 99-102. 또 아래의 설명 참조.

은 가장 이른 시기로 기원후 49-50년에 바울이 그 편지를 기록했다고 추
정한다. (만약 "갈라디아"가 남부 지방이 아니라 북부 지역을 가리킨다면) 가장 늦은
연대로서 이 편지는 아마도 57-58년에 기록되었을 것이다. 하지만 기원후
53년을 갈라디아서의 기록 연대로 추정하는 것이 합리적이다. 아마도 53년
여름에 아볼로는 고린도에서 돌아왔을 것이다. 머피-오코너의 견해에 의하
면 바울은 아볼로가 가져온 소식에 대한 반응으로 우리가 알고 있는 "고린
도전서" 이전에 고린도에 보낸 그 편지를 썼다. 고전 5:9에서 바울은 고린
도전서보다 먼저 쓴 다른 어떤 편지를 분명하게 언급한다.[161] 머피-오코너
는 기원후 54년 봄과 여름을 바울이 고린도와 "긴밀하게 접촉"했던 시기로
묘사한다. 그리고 기원후 54년 초엽이 고린도전서가 기록되었을 개연성이
가장 높은 시기로 광범위하게 받아들여진다. 하지만 고린도전서의 통일성
과 관련된 여러 가설에서 그밖의 다양한 견해가 제기된다(이 이슈는 나중에 논
의할 것이다).[162] 한편 슈라게는 "54년 또는 55년 봄 가운데 하나"를 이 편지
의 기록 연대로 제안한다. 콜린스는 "분명히 57년보다 빠르면서 가장 이른
시기로 53-54년"을 지지한다. 볼프는 "54년 무렵", 피(Fee)는 53-55년 봄,
메르클라인은 54-55년 또는 55-56년, 위더링턴은 "53년 또는 54년 초", 바
레트는 "54년 첫 몇 달 또는 53년 말도 가능하다"고 하며, 콘첼만과 알로는
55년 봄을 기록 연도로 제안한다.[163]

---

161) 참조. G. Lüdemann, *Paul*, 103-108; G. Lüdemann, *Antipaulinism in Early Christianity*
(Philadelphia: Fortess, 1987), 202-212; Schrage, *Der erste Brief*, 1:36-37 and 385-387;
J. C. Hurd Jr., *The Origin of Corinthians* (London: SPCK, 1965), 213-239; Murphy-
O'Connor, *Paul*, 184, 252-253, and 276-277. 거의 틀림없이 이 편지는 분실되었을 것이다.
하지만 어떤 이들은 고후 6:14-7:1이 그 편지의 일부분일 것으로 생각한다.

162) Murphy-O'Connor, *Paul*, 184. 또 다음 각주의 평가를 보라. 예를 들면, de Boer의 재구성
을 참조하라. M. C. de Boer, "The Composition fo 1 Corinthians," *NTS* 40 (1994): 229-
245(글로에 집안사람들과 스데바나 대표단의 보고에 대한 이중적 답변에 관해).

163) Schrage, *Der erste Brief*, 1:36; Collins, *First Corinthians*, 34; Wolff, *Der erste Brief*, 12-
13; Merklein, *Der erste Brief*, 15; Witherington, *Conflict and Community*, 73; Gordon
D. Fee, *The First Epistle to the Corinthians* (Grand Rapids: Eerdmans, 1987), 4-5; C. K.
Barrett, *A Commentary on the First Epistle to the Corinthians* (London: Black, 2d ed.
1971) [1968], 5; H. Conzelmann, *1 Corinthians: A Commentary on the First Epistle to the*

16:8은 이 편지의 기록 장소가 에베소이며, 그 시기는 봄이라고 분명하게 알려준다. 만약 바울이 18개월이 약간 넘는 기간 동안 목회 사역을 하고 나서 51년 9월에 고린도를 떠났다면 바울이 이 편지에서 다루는 문제들이 발생하고 나서 발전되고 확대된 기간은 (만약 고린도전서가 54년 봄에 기록되었다면) 2년 반의 기간 또는 (만약 그 편지가 55년 봄에 기록되었다면) 아마도 3년 반의 기간이었을 것이다. 이 기간에 이루어진 아볼로의 방문이 어쩌면 이러한 강조점의 변화의 중요한 요인 가운데 하나였을 수 있지만, 바울은 이것이 아볼로와 자신의 상이한 관점과 아무런 상관이 없고(3:5-9; 16:12. 또 아래의 주해 참조), 오히려 고린도 교회의 어떤 그룹이 아볼로의 특이한 스타일에 편파적으로 호소한 것과 관련이 있음을 아주 명확하게 밝힌다.

B. 고린도로부터 온 구두 보고와 편지: 자료와 이슈

이 편지의 저술 계기는 다음 두 가지 가운데 하나로 볼 수 있을 것이다. (a) 역사적으로나 연대기적으로 볼 때 바울이 편지를 써서 대응한 서로 다른 네 가지 계기는 다음과 같다. (1) "글로에 집안사람들"(ὑπὸ τῶν Χλόης, 1:11)이 바울에게 "불화"(ἔριδες)와 "분열"(σχίσματα)이 있다고 일러주었다.[164] "글로에 집안사람들"은 글로에를 대신하는 사업 대리인 또는 관리를 떠맡은 노예들이었을 것이다(아래에서 주해 참조). 글로에의 대리인들은 에베소 교회의 구성원이었을 것이며, 고린도를 수시로 드나들었고, 또 고린도 교회의 예배에 참석하곤 했을 것이다. (2) 고린도에 거주하는 그리스도인들이 바

Corinthians, Hermeia (Eng. trans., Philadelphia: Fortress, 1975), 4-31 and 12-13; E.-B. Allo, Allo, *Saint Paul. Première Épitre aux Corinthiens*, Ebib (Paris: Gabalda, 2d. ed. 1956), lxxxvi-lxxxix; also B. Jewett, *A Chronology of Paul's Life* (Philadelphia: Fortress, 1979), 104 (spring 55 or 56).

164) 이 용어들에 관해서는 1:10-12의 주해를 보라. 또 특별히 다음 논문을 보라. Margaret M. Mitchell, *Paul and the Rhetoric of Reconciliation: An Exegetical Investigation of the Language and Composition of 1 Corinthians* (Tübingen: Mohr and Loisville: Westminster/Knox, 1992), 특히 65-99. 참조. L. L. Welborn, *Politics and Rhetoric in the Corinthians Epistles.*

울에게 몇몇 질의 사항을 기록한 편지를 써 보냈다는 명백하고 분명한 증거가 있다(7:1, περὶ δὲ ὧν ἐγράψατε ...). 허드와 다른 저자들은 고린도전서에서 그 편지에 대한 답변에 해당하는 부분을 상세하게 논의했다(아래에서 주해 참조). (3) 고린도의 몇몇 교인은 아볼로가 다시 한번 그곳을 방문해주기를 바랐다. 바울은 아볼로가 경쟁심이나 다른 비전 없이 자신이 그곳에서 하던 사역을 신실하게 해나갈 것이라고 믿었다(참조. 3:5-7; 16:12). 그러나 아볼로는 그 시점에 고린도로 가는 것을 원치 않았다. 그는 틀림없이 적어도 몇몇 교인이 그의 목회 방식과 스타일에 호소하며 교회 안에 교묘하게 불화를 빚어냈기 때문에 가지 않았을 것이다(16:12에 대한 주해 참조). 따라서 바울은 자신이 직접 고린도 교회를 방문하는 계획을 세운다(4:21). 하지만 그의 방문 계획이 여전히 유동적이어서 자기 대신에 디모데를 고린도로 보냈다고 일러준다(16:10-11). (4) 스데바나, 브도나도, 아가이고는 바울에게 더 좋은 소식을 전해주었을 것이다(16:17-18). 어쨌든 그들은 글로에 집안사람들이 전해준 소식보다 더 많은 내용을 일러주었으며, 바울이 이 편지로 대응할 수 있도록 더 자세한 설명을 해주었을 것이다.

(b) 신학적인 관점에서도 이 편지를 써야만 했던 계기가 다른 각도에서 규명될 수 있을 것이다. 학자들 사이에서는 사도 이후 시대와 교부 시대 초기에 1:10-12에서 언급하는 불화와 분열의 문제가 바로 바울이 말해야겠다고 느꼈던 주요 이슈였을 것이라는 견해가 광범위하게 받아들여졌다. 따라서 로마의 클레멘스는 고린도 교회에 보낸 그의 편지에서(대략 기원후 96년) "바울 자신과 게바와 아볼로에 관한" 바울의 표현을 언급하면서 "심지어 여러분은 여러분 자신들을 분파로 만들었다(προσκλίσεις ὑμᾶς πεποιῆσθαι)"라고 말한다.[165] 클레멘스1서는 이에 대한 해결책으로 신실하고(πιστός) 사랑하며 오래 참고, 불안정하거나 혼란스러운 무질서(ἀταράχως)를 피할 것을 요구했다.[166] 또한 클레멘스는 고전 13:4, 7a을 "사

---

165) *1 Clement, Ad Cor* 47:3.
166) *1 Clement, Ad Cor* 48:4, 5; 참조. 49:1-6, 필요성을 언급함.

랑은 수많은 죄를 덮어주고 [모든 것을] 견디며…오래 참습니다"(ἀγάπη
καλύπτει πλῆθος ἁμαρτιῶν, ἀγάπη … ἀνέχεται … μακροθυμεῖ …)라고 의역한다
(참조. 고전 1:12; 4:2; 12:4-6; 13:1-7). 이그나티오스와 테르툴리아누스도 이와
비슷한 주제를 다룬다.[167] 최근에 현대 학자 가운데 미첼은 "분파주의가 이
편지의 16장 전체에서 일관되게 쟁점으로 떠오르고 있다"고 단호하게 주장
한다.[168] 웰본은 "특정 지도자들에게 충성을 맹세한 개인 지지자들의 문제"
를 이 문제의 근원으로 인식한다. 이것은 "신학적인 논쟁이 아니라 일종의
권력 투쟁"이라는 것이다. 반면 클라크는 1:10-12의 이슈를 "인격의 특성
에 집중된 정치학"의 문제로 묘사한다.[169]

설령 이와 같은 불화가 고린도전서에서 말하는 거의 모든 이슈에 특색
을 부여한다 하더라도 내적 통일성이 교회론의 한 측면으로서 이 편지의 소
재를 반드시 주도하는 것으로 이해하는 것은 매우 중대한 오류일 것이다. 고
린도 교회는 동류 집단과 지역의 가치 체계의 강조와 더불어 교인들이 그
도시의 세속 문화를 받아들인 만큼 오늘날 우리가 말하는 포스트모던적인
시장의 실용주의에 휩쓸렸을 것이다. 이 실용주의는 진리, 전통, 합리성, 보편
성의 평가절하 등과 관련이 있다. 하지만 이 가치 체계는 교회의 정책을 재
편성하는 것을 통해서가 아니라, 공동체 전체를 그리스도의 십자가의 판단
기준과 정체성 아래 놓는 것을 통해 바로잡을 수 있다. 여기서 가치 체계의
반전이 일어난다(참조. 1:26-31). 모든 그리스도인은 은사를 받은 자로서 순
전히 하나님의 은혜로 그리스도의 십자가를 통해 동일한 기초 위에 서 있다
(참조. 4:7).[170] 이러한 관점에서 보면 과연 이 편지에서 불화의 이슈가 지배적

---

167) Ignatius, *Letter to the Philadelphians*, 3:3; 4:1; *Letter to the Ephesians*, 4:1, 2; *Letter to the
Trallians*, 12:2; Tertullian, *Against Heresies*, 26 (citing 1 Cor 1:10); Cyprian, *Treatises*, 1:8
(also in 1 Cor 1:10).
168) M. Mitchell, *Paul and the Rhetoric of Reconciliation*, 67.
169) L. L. Welborn, *Politics and Letters in the Corinthian Epistles*, 7 and 11 (cf. "Discord in
Corinth," 1-42); A. D. Clarke, *Secular and Christian Leadership in Corinth*, 93.
170) 참조. Brown, *The Cross and Human Transformation*. 이 연구서에서 목시론은 새로운 창조
와 지역적인 특성이 아닌 보편성을 강조한다.

인 역할을 하고 있는지, 아니면 그것이 단지 더 광범위한 문제 가운데 하나에 불과한 것인지에 관한 질문이 제기된다. 곧 신자들에게는 교회론이 아니라 하나님의 은혜와 그리스도에 대한 선포가 무대의 중심을 차지한다. 이 이슈에 대한 오해는 종종 로마서의 핵심 주제들이 여기서도 중심적인 역할을 하며 삶의 다양한 영역에서도 더 명시적으로 적용됨에도 불구하고 고린도전서가 로마서의 그늘에 가려지는 현상이 자주 발생했다.

　이 편지의 기록 동기에 관한 상반된 두 가지 오해가 존재할 수 있다. 한 가지 오해는 광범위하고 복합적인 여러 문제가 바울이 목회적·신학적 측면에서 해결해야 할 상황을 빚어냈다는 것을 인정한다. 물론 이러한 인식은 옳지만, 이것이 이 편지의 일관성이나 통일성을 분별하지 못하도록 우리를 잘못된 방향으로 이끌어서는 안 된다. 나중에 논의하겠지만, 이른바 "고린도전서"가 "편지 모음집"이라는 정교한 이론은 불필요하다.[171] 한편 바울은 분열과 불화를 일으킨 일련의 이슈보다 더 많은 것에 관해 이야기한다. 비록 분열과 불화가 이 편지를 쓰는 데 어느 정도 역할을 했겠지만, 그 계기는 그 이슈보다 훨씬 더 다양하다. 우리의 주해가 앞으로 입증해주겠지만, 고린도전서에서는 "지식", 사역, 윤리적인 해이(解弛), 법정에서 개인의 유익 추구, 결혼과 독신, 이방 신전 또는 우상숭배와 관련된 고기 먹는 문제, 공동 예배에서의 복장 예절, 주의 만찬에서 그룹이 분리된 상태에서 식사, 성령의 "은사들"과 관련된 배경에서 "영적인" 것의 의미에 대한 오해 및 그리스도의 주님 되심, 종말론적인 "영광"에 대해 정해진 때보다 먼저 기대하는 것 등 매우 다양한 이슈가 등장한다. 이 모든 이슈는 특정 그룹이 서로 다른 견해를 지니고 있다는 점과 관련이 있다. (그리고 이 가운데는 의도적으로 조작하려고 시도하는 것도 있다.) 그럼에도 바울은 신앙의 올바른 실천과 관련된 이 이슈들을 설명하기 위해 자신의 편지 수신자들이 이에 대해 이미 갖고 있던

---

171) Schmithals는 Weiss의 분할 이론(partition theory)을 발전시킨다. 그는 고린도전후서에는 아홉 편의 편지가 들어 있다고 확인한다. 참조. W. Schmithals, "Die Korintherbriefe als Briefssammlung," *ZNW* 64 (1973), 263-288; 참조. J. Weiss, *Der erste Korintherbrief*, xxxix-xliii.

이해를 바로잡고자 한다. 모든 것은 십자가, 하나님의 은혜, 그리스도의 주 되심, 사랑 안에서 신앙 공동체 전체를 세우는 "타인"에 대한 존중의 관점 안에 놓여 있다. 이러한 대화 속에는 많은 사항에 대한 새로운 정의와 "코드 전환"이 포함되어 있다.[172]

전체에 대한 보다 더 명확한 관점을 얻기 위해 허드가 글로에의 사람들 이 전해준 구두 보고 자료와 고린도 교회가 보낸 편지의 질문에 들어 있는 자료 사이에 나타난 특성을 재구성한 것을 추적하는 것은 유익할 것이다. 비록 허드의 연구서가 비교적 이른 시기인 1965년에 출간되긴 했지만, 그 가 차이점을 평가하는 판단 기준에 관해 제시하는 논점은 여전히 유익하며, 또 가장 상세하게 설명한 경우에 속한다.[173] 이 논점들을 진지하게 수정하 는 것도 필요하다. 그 가운데 "이제 ~에 대해"(περὶ δέ)를 고린도전서의 주 제를 분명하게 가리키는 표현으로 이해하는 견해는 타당성이 없다는 마거 릿 미첼의 경고는 주목할 만하다.[174] 요약해서 말하자면 (1) 바울이 고린도 교회에서 제기한 질문에 대해 아는 바가 없는 이슈를 제기할 때 그의 어조 는 더욱더 강력하고, 분개하며, "심지어 분노에 가득 차 있다." 이에 비해 바 울이 고린도 교회의 질문이나 그들이 인식한 난제에 답변할 경우 그의 어조 는 더 차분하고 부드러우며, 보다 더 신중한 논리를 펼친다.[175] (2) 바울이 그들을 어떤 문제에 관심을 기울이도록 유도할 할 경우 그는 그 이슈를 더 날카롭게 표현하는 경향을 보인다("모든 것이 다 흑백 논리다"). 그는 그들이 제기한 질문의 양면 또는 모든 측면을 제시하고자 애쓴다. (3) 전자의 경우 (곧 바울이 먼저 해당 이슈를 제기할 때) 그 이슈가 이미 바울에게 전해졌으므로 그는 과거와 현재에 더 강조점을 둔다. 이에 비해 그들이 질문을 제기할 경 우 바울은 미래와 미래의 방책에 우선 관심을 기울인다. (4) 고린도전서에

---

172) Moores, *Wrestling with Rationality in Paul*, 26-28. 또 아래의 설명 참조.

173) Hurd, *The Origin of 1 Corinthians*, esp. 61-211.

174) M. M. Mitchell, "Concerning περὶ δέ in 1 Corinthians," NovT 31 (1989): 229-256. 또한 "이전 편지"에 대한 Hurd의 재구성도 의문의 여지가 있을 것이다.

175) Hurd의 요약을 보라. *The Origin of 1 Corinthians*, 82.

서는 고린도 교회가 제기한 몇몇 질문이 나타난다. 허드는 이 질문의 대다수가 고린도 교회가 보낸 편지에서 인용된 것으로 이해한다(예. 6:12, 13; 7:1; 8:1, 4, 5, 6; 10:23; 11:2).[176] (5) 또한 그는 잘 알려진 신호로서 περὶ δὲ를 언급한다. 이 표현은 7:1, 25, 8:1, 12:1, 16:1, 16:12에서 나타난다. 이것은 허드가 고린도에서 온 편지 안에 들어 있는 다음과 같은 이슈에 관해 분석한 것과도 일치한다. (a) 결혼한 이들(7:1-24), (b) 결혼한 남자와 여자(7:25-38), (c) 우상에게 바친 음식(8:1-11:1), (d) "성령의 은사들"(12:1-14:40), (e) 예루살렘 교회를 위한 모금(16:1-4), 그리고 아마도 (f) 아볼로(16:12) 등이다.[177]

　비록 이 판단 기준이 이와 같은 분위기나 어조의 변화에 대해 오직 한 가지 이유만을 확인해주지는 않겠지만, 첫 세 가지 판단 기준은 설득력이 있어 보인다. 네 번째 판단 기준은 몇몇 사례에서 타당성을 지닐 수 있다. 그러나 바울은 때때로 고린도 교회의 삶에서 슬로건 또는 표어로 그에게 전달된 내용을 언급할 수도 있다. 미첼은 이미 결정적인 것으로 인식되는 다섯 번째 판단 기준에 대해 의구심이 제기되는 것에 주목했다. 하지만 이 판단 기준이 그 개연성을 광범위하게 알려주는 유용한 지표의 역할을 할 수도 있다는 점을 신중하게 고려할 수도 있다. 이어서 허드는 바울이 구두로 전달된 내용에 대해 답변한 것을 다음과 같이 언급한다. (a) 1:10-4:21은 불화 또는 분열과 바울과 아볼로의 사역에 대해, (b) 5:1-8, 13a은 근친상간죄를 범한 남자에 대해, (c) 11:17-34은 주의 만찬과 관련하여 교인들이 그룹별로 나뉜 채 식사하던 관행에 대해 등이다. 허드는 5:9-13a에서 언급된 음행 또는 부도덕한 행위가 무엇을 가리키는지 명확하지 않으며, 부활에 대한 장(15:1-58)도 고린도 교회가 제기한 질문 목록에 포함된다는 사실을 인정한다.

---

176) 같은 책, 68. Hurd는 1965년까지의 학자들의 견해에 대한 광범위한 도표를 제시하며 20여 명의 신약학자의 이름과 그들의 견해를 알려준다.
177) 같은 책, 65-74.

(5:9이 명백하게 언급하는) "이전 편지"("내가 너희에게 쓴 편지"—개역개정)를 재구성하는 허드의 시도는 상당히 사변적으로 보이는 사례에 해당한다.[178] 그의 가설은 대체로 반론에 "반박하는 논점"의 어조를 확인하는 데 기초를 둔다. 따라서 이전 편지는 다음 사항들을 언급했을 것이다. (a) "음행의 유혹 때문에 그리스도인들은 결혼해야 합니다." 그 말에 대해 고린도 교인들은 다음과 같은 반대 의견을 제시했을 것이다. "그러나 여인과 상관하지 않는 것이 남자에게 가장 좋을 것이다. 당신은 결혼한 부부가 금욕의 연단을 단념해야 한다고 생각하십니까?" (b) "음행을 일삼는 자들, 곧 불신자들과 교제하지 마십시오." "그러나…". (c) "우상숭배를 멀리하십시오." "그러나 우상은 아무것도 아닙니다. 하나님 이외에 다른 신은 없습니다." (d) "여인들은 베일을 착용해야 합니다." "그러나 우리 여인들은 가정이나 교회 안에서 베일을 착용해야 할 필요가 전혀 없습니다." (e) (f) (g) 이와 비슷한 반박 논점이 성령의 은사들, 부활 및 헌금과 관련이 있을 것이다.

이전 편지를 재구성하려는 시도는 고전 수사학과 바울의 수사학에 대한 지난 20년간의 연구를 통해 가장 심각한 문제로 대두되었다. 우리가 바울과 디아트리베 문체에 관해 어떤 견해를 갖든지 간에 바울이 심의적 수사학(deliberative rhetoric)과 그것이 편지 구조 안에서 광범위하게 사용되었다는 점을 알고 있었다는 사실은 반대 의견과 반론에 대한 분위기나 어조에 관한 허드의 설명에 대안적인 설명을 제공한다.[179] 허드의 주장 가운데 일부는 타당성이 있다. 하지만 그것은 입증될 수 없다. 허드의 연구는 말로 전달받은 내용과 편지로 전달받은 내용에 대한 바울의 반응을 구별하는 판단

---

178) 같은 책, 213-239.

179) 참조 특별히 Mitchell, *Paul and the Rhetoric of Reconciliation*, esp. 20-64; M. Bünker, *Briefformular und rhetorische Disposition im Korintherbrief*, GTA 28 (Göttingen: Vandenhoeck & Ruprecht, 1984); Anders Eriksson, *Traditions as Rhetorical Proof: Pauline Argumentation in 1 Corinthians*, ConBNT 29 (Stockholm: Almqvist & Wiksell, 1998); Duane, F. Watson (ed.), *Persuasive Artistry: Studies in New Testament Rhetoric in Honor of George A. Kennedy*, JSNTSS 50 (Sheffield: Sheffield Academic Press, 1993), esp. 211-240.

기준을 공식화했다는 점에서 여전히 유용하다. 하지만 여기서도 오직 일부 판단 기준만 비판을 온전히 견뎌낼 수 있다.

C. 고린도전서의 통일성에 대한 논쟁: 일관된 주제들

고린도전서의 집필 계기에 관해 이야기한다는 것은 우리가 그 편지를 오직 하나의 편지로 여긴다는 것을 암시한다. 콜린스는 이 편지의 통일성과 관련된 이슈에 관해 다섯 가지 사항을 다음과 같이 제시했다.[180] (1) 우리는 이 편지 거의 전체에 대한 그리스어 사본—기원후 200년 무렵에 유래한 것으로, 파피루스 체스터 비티 II(Papyrus Chester Beatty II, 곧 ρ^{46})—을 지니고 있다(단지 9:3; 14:15; 15:16만 빠져 있음). 그 사본이 필사된 시기는 바울이 고린도전서를 기록한 지 약 150년이 지난 후로 추정된다. 이것은 사복음서의 거의 완벽한 사본 가운데 그 어떤 것보다 훨씬 더 먼저 필사된 것이다. 최초기 복음서 필사본인 ρ^{45}는 단지 일부만 남아 있다. (2) 한편 바울 서신은 동시대인들의 편지보다 훨씬 더 길며, 고린도전서도 특별히 긴 편이다. 그렇다면 이 편지는 그 이전의 바울의 편지에 다른 편지가 추가되어 편집되었을 가능성이 있을까? (3) 1876년에 학계에서 맨 처음으로 이 문제를 제기한 이후 몇몇 학자는 고린도전서 안에 두세 편의 편지가 들어 있다고 주장했다. 이 가운데 우리는 특별히 다음 학자들의 견해를 살펴보아야 할 것이다. 곧 요한네스 바이스(1910년에 간행된 그의 주석서에서 두 편의 편지를 지지하지만, 사후에 1917년에 출판된 그의 저서 『최초기 기독교』[Earliest Christianity, 1914년에 탈고됨]에서는 세 편의 편지를 지지함), 슈미트할스(세 편의 편지, 1956년; 고린도전후서는 아홉 편의 편지, 1973년; 열세 편의 편지, 1984년), 로버트 주이트(여섯 편의 편지, 고린도전서에는 다섯 편의 편지, 1978년), 게르하르트 젤린(세 편의 편지, 1987년과

---

180) R. F. Collins, *First Corinthians*, 10-14. 이 편지의 통일성에 대해서는 다음을 보라. Schrage, *Der erste Brief*, 1:63-71; H. Merklein, "Die Einheitlichkeit des ersten Korintherbriefes," *ZNW* 75 (1984): 153-184; M. C. de Boer, "The Composition of 1 Corinthians," *NTS* 40 (1994): 229-245.

1991년), 여(네 편의 편지, 1995년) 등이다.[181] (4) 이러한 이론을 제시한 학자 가운데 일부(예. 바이스와 슈미트할스)는 편집된 전체 편지로 추정되는 숫자에 대한 자기 생각을 바꾸었다. 한편 이 편집 이론의 지지자들은 어느 곳에서 이러한 편집이 이루어졌는지와 관련해서는 의견 일치가 거의 이루어지지 않는다. (5) 한편 허드, 메르클라인, 미첼은 이 편지의 통일성을 지지하는 강력한 논증을 제시했다.[182]

머피-오코너는 고린도전서의 통일성을 지지하는 학자 가운데 속한다. 그럼에도 그는 다음과 같이 주장한다. "일부 해석가의 과장된 방법은…이 방법론 자체를 무효로 만들지 않는다. 고린도전서가 몇몇 편지로 편집되었다는 이론은 결코 그 이론 자체를 위해 개발된 것이 아니다. 이 이론들은 훌륭한 신앙의 관점에서 파악된 사항을 설명하고자 고안된 것이다. 그러므로 설령 이 이론들이 궁극적으로 동의할 수 없는 것으로 판명된다 하더라도 그것들은 진지하게 고려되어야만 한다."[183] 이와 마찬가지로 랑도 이러한 이론을 이해할 만한 것으로 간주하면서도 오직 상세한 주해가 이러한 결론을 강력하게 요구할 경우에만 필요한 것으로 여긴다.[184] 그러므로 피(Fee)와 더불어 머피-오코너도 "고린도전서에 나타나는 이른바 모든 모순은 보다 더 자세한 주해를 통해 해결될 수 있다"는 결론을 내린다.[185]

나는 다른 논문에서 몇몇 대표적인 편집 이론에 대해 논의했다.[186] 요한네스 바이스(1910년)는 첫 번째 편지(Letter A)가 10:1-23, 6:12-20,

---

181) 가장 극단적인 견해를 제시하는 학자는 다음과 같다. W. Schmithals, "Die Korintherbriefe als Briefsammlung," *ZNW* 64 (1973): 263-288.

182) Mitchell, *Paul and the Rhetoric of Reconciliation*, 186-192, 그리고 책 전반에 걸쳐.

183) Murphy-O'Connor, *Paul*, 253.

184) F. Lang, *Die Briefe an die Korinther*, NTD 7 (Göttingen: Vandenhoeck & Ruprecht, 1994), 7.

185) Murohy-O'Connor, *Paul*, 253.; Fee, *The First Epistle to the Corinthians*, 15-16.

186) A. C. Thiselton, "Luther and Barth on 1 Cor 15: Six Theses for Theology in Relation to Recent Interpretation," in W. P. Stephens (ed.), *The Bible, the Reformation and the Church: Essays in Honour of James Atkinson*, JSNTSS 105 (Sheffield: Sheffield Academic Press, 1995), 275-278; 참조. 258-289.

10:23-30, 11:2-24(그리고 고후 6:14-7:1과 더불어)에 남아 있으며, 이와 대조
를 이루는 두 번째 편지(Letter B)는 1:1-6:11, 7장과 8장, 9:1-23(그리고 13장
과 더불어), 12, 14, 15, 16장에 남아 있다고 주장했다.[187] 바이스의 견해에 의
하면 첫 번째 편지는 보다 더 "엄격한" 분위기를 드러내며, 율법으로부터
무한정 자유를 누리려는 성향을 바로잡는 반면, 두 번째 편지는 보다 더 균
형 잡힌 관점을 제시한다. 하지만 수년 이후에 바이스는 세 편의 편지(고
전 1-4장은 B2 또는 C가 되었고, 5:1-6:11, 곧 1:1-6:11도 마찬가지다)의 관점에서
자신의 이론을 수정했다.[188] 고구엘은 1926년에 세 편의 편지를 제안했다.
비록 그가 바이스의 견해를 참고하긴 했지만, 결과적으로는 상당한 차이
가 있었다.[189] 한편 에링은 바이스와 고구엘이 제시한 구체적인 결론을 거
부하며, 고린도전서 내에서 두 가지 편지를 확인한다. 곧 편지 A는 1-8장,
10:23-11:1, 16:1-4, 10-14이며, 편지 B는 15장을 포함한 나머지 부분
이다.[190]

    슈미트할스는 바이스와 쉥크의 이론에 기초하여 바울이 쓴 편지가
모두 아홉 편이라고 제안한다.[191] 편지 A는 고전 11:2-34 이하이며, 편지
B("이전 편지")는 고전 6:1-11, 고후 6:14-7:1, 고전 6:12-20, 9:24-10:22,
15:11-58, 16:13-24이라고 한다. 편지 C(답변의 편지)는 고전 5:1-13, 7:1-
8:13, 9:19-22, 10:23-11:1, 12:1-31a, 14:1c-40, 12:3b-13:13, 16:1-2이
며, 편지 D는 고전 1:1-4:21이라고 한다. 그런데 편지 E-I은 "중간 편지"(전
통적으로 고린도전서와 고린도후서 사이에 보낸 편지)로부터 시작하며, 이 편지들
은 이론상 고전 9:1-18이 편지 F에 속한다는 주장 외에는 아직 우리의 관
심을 끌지 못한다. 한편 슈미트할스는 클레멘트(1894년)와 바이스(1910년)

187) J. Weiss, *Der erste Korintherbrief*, xl-xlii.

188) J. Weiss, *Earliest Christianity* (2 vols., Eng. trans., New York: Harper, 1959), 1:323-341.

189) M. Goguel, *Introduction au Nouveau Testament*, 4.2 (Paris: Leroux, 1926), 86.

190) J. Héring, *The First Epistle of St Paul to the Corinthians* (Eng. trans., London: Epworth Press, 1962), xii-xiv.

191) Schmithals, "Die Korintherbrife als Briefsammlung," 263-288.

의 초기 이론에 주목하며 다른 여러 저서에서 다른 대안을 제시한다.[192] 로
버트 주이트는 여섯 편의 편지를 구별한다. 그 가운데 다섯 편지는 고린도
전서 안에 들어 있다. "편지 B"는 고전 15장과 함께 6:12-20; 9:24-19:22;
16:13-22(고후 6:14-7:1도 포함됨)을 포함한다. "편지 C"는 여덟 단락으로 구
성된 "핵심 틀"이다. "편지 D"는 몇몇 단편을 담고 있다. 또한 "편지 E"는 고
전 9:1-18과 고후 10-13장을 포함한다.[193] 한편 젤린은 1987년에 보다 더
단순하지만 비교적 여전히 복잡한 구조를 제안했다.[194] 같은 해에 워커도
바울이 쓴 편지가 아닌 내용이 삽입되었다는 자신의 제안을 개략적으로 제
시했다.[195]

가장 이해하기 쉽고 개연성 있는 제안은 다름 아닌 드 보어의 신중한
제안이다. 드 보어에 의하면 글로에의 사람들로부터 첫 번째 소식이 전해
지고, 그 이후에 바울이 그 상황에 개입하도록 만든 두 번째 보고가 도착했
으며, 그 이후로 바울은 그의 펜을 두 번 들게 되었다는 것(아니 더 정확히 말
하자면 편지를 구두로 불러주는 일을 재개했다는 것)이다.[196] 우선 바울은 1-4장
에서 언급된 불화의 문제를 다룬다. 이어서 스데바나가 고린도 교회가 보
낸 편지를 갖고 도착한다(7:25; 8:1; 12:1, 12; 참조. 16:16). 그렇다면 11:2-34과
15장은 어디에 들어가야 하는가? "스데바나와 브드나도와 아가이고가 바
울이 고린도 교회가 보낸 편지를 그들 앞에서 큰 소리로 읽었을 때 아무 말
없이 가만히 있었다는 것은 역사적으로 개연성이 없다.…따라서 그들은 바
울에게 추가 정보를 제공했을 것이다.…또한 바울은 그들에게 더 자세히 물

192) W. Schmithals, *Gnosticism in Corinth* (Eng. trans., Nashville: Abingdon, 1971 from 3d Ger, ed. [1st. ed. 1956]), 87-113.
193) R. Jewett, "The Redaction of 1 Corinthians and the Trajectory of the Pauline School," *JAAR Sup* 46 (1978): 398-444.
194) G. Sellin, "Hauptprobleme des ersten Korintherbriefes," *ANRW* 2.25.4 (1987): 2964-2986.
195) W. O. Walker, "The Burdon of Proof in Identifying Interpolations in the Pauline Letters," *NTS* 33 (1987): 610-618.
196) de Boer, "The Composition of 1 Corinthians," 229-245.

었을 것이다."[197] 드 보어의 견해에 의하면 5-6장은 스데바나 사절단이 계기가 되었을 "개연성"이 있다.[198] 4:21과 5:1, 그리고 6:21과 7:1 사이에는 "단절"이 있다. 더욱이 4:14-21은 일종의 결론처럼 보이지만, 바울은 거기서 마무리하지 않는다. 그는 갑자기 "사실상 여러분 가운데 πορνεία가 있다는 소식이 들립니다. 그런 음행은 심지어 이방인들 가운데서도 용납되지 않는 것입니다"(5:1)라고 말을 이어간다. 드 보어는 문맥이 이처럼 끊어지는 것에 대한 메르클라인의 설명은 설득력이 없다고 여긴다.[199] 그는 결론적으로 "5:1에서 나타나는 불신감, 혐오감, 충격을 고려하면…과연 우리는 정말로 이 정보가 바울이 1-4장을 기록하기 전에 그에게 전해졌다고 생각해야 할까?"라는 질문을 던진다.[200] 이러한 결론은 또한 우리가 4:17을 16:10과 비교할 경우 왜 디모데의 방문 목적 또는 확실성에 약간의 모호한 점이 있을 수 있는지를 설명해주는 역할을 할 수도 있다. 드 보어의 주장 가운데 한 가지 취약점이 있다면 그것은 아마도 그가 1-4장의 십자가 신학과 5-6장의 "실천적이면서 행동적인" 어조를 서로 대비시킨다는 점일 것이다. 5:1-14:40의 전체 취지는 십자가와 그것이 주는 함의, 곧 "타인"과 공동체 전체를 위한 자기부정이라는 판단 기준 아래 있는 자들의 정체성을 삶으로 철저하게 살아내는 것이다. 이것을 파악하지 못한다면 8:1-11:1과 12:1-14:40의 많은 부분은 그 신학적 기초를 잃고 만다.[201]

  합리적이지만 최종적이지 않은 마티누스 드 보어의 주장을 우리가 받아들이지 않는다면 이러한 편집 이론은 오직 주해가 이 서신 안에 나타나 있는 일관성을 드러내지 못하는 경우에만 필요하다는 의미에서 피, 랑, 미첼, 콜린스의 주장이 더 설득력을 얻게 될 것이다. 슈라게는 실질적인 이슈들이 무엇인지를 다음 세 가지 질문을 통해 확인해준다. (1) 과연 11:18-19과

---

197) 같은 책, 232.
198) 같은 책, 233.
199) Merklein, "Die Einheitlichkeit des ersten Korintherbriefes," 159-160; 참조. 153-183.
200) De Boer, "The Composition of 1 Corinthians," 240.
201) 참조. Brown, *The Cross and Human Transformation*; Schrage, *Der erste Brief*, 1:165-203.

1:10-12 사이에 서로 모순되는 요소가 있는가? (2) 8-10장 안에 서로 모
순되는 요소가 있는가? (3) 정보의 출처가 서로 너무 다르므로 과연 우리
가 이러한 편집 이론 가운데 하나만 받아들여야 하는가?[202] 알로는 바이스
와 고구엘의 주장을 면밀히 검토하고 나서 다음과 같은 설득력 있는 결론을
제시한다. "우리는 고데의 판단을 주저하지 않고 지지한다. 그는 자료가 매
우 다양함에도 불구하고 훌륭하게 고안해내고 실행에 옮긴 지적 체계를 발
견한다."[203] 사실상 그는 앞에서 언급한 머피-오코너의 더 관대한 지적보다
바이스와 고구엘에 대해 상당히 날카롭게 논평한다. 미첼은 편집 이론 대다
수가 제시된 이후에 고린도전서의 수사학적 (또는 논리적) 일관성을 설득력
있게 보여준다.[204] 미첼의 논증이 지닌 한 가지 취약점은 자신이 입증하는
고린도전서의 통일성에 대한 신학적 기초를 충분히 강조하지 않는다는 것
이다. "유익을 위한" 심의적 수사학에 호소하는 것은 매우 모호한 범주일
뿐만 아니라 "유익"으로 간주되는 것이 십자가에 의해 전복되어 "유익"은
이제 (미첼이 주장하듯이) 전체를 "세워나가는 것"과 "타인"에 대한 존중과 배
려에 관심을 기울인다. 비록 칼 바르트가 편집 이론과 수사학에 관한 논쟁
의 상당 부분보다 시기적으로 앞서지만, 그는 "편지 전체의 담론은 단일 강
조점에서 시작하여 강조점으로 되돌아온다"라고 올바르게 주장한다.[205] 십
자가를 전제하고 십자가를 종말론의 관점에서(즉 은혜, 은사, 성령에 의한 존재
방식으로의 변화로서; 15:42-44에 대한 주해 참조) 규정하는 부활은 "[이 편지] 전
체의 의미와 핵심"을 제공해준다.[206]

　　비록 나는 1978년에 고린도전서를 관통하는 문제가 이미 실현된 종말
론에 관한 문제라고 주장한 바 있지만, 이제 나는 그 강조점을 재확인함에

202) Schrage, *Der erste Brief,* 1:63-67.
203) Allo, *Première Épitre aux Corinthiens,* lxxxv.
204) Mitchell, *Paul and the Rhetoric of Reconciliation.*
205) Karl Barth, *The Resurrection of the Dead* (Eng. trans., London: Hodder & Stoughton, 1933), 113.
206) 같은 책, 115.

도 불구하고 이 주장을 한정하고자 한다.[207] 이미 실현된 종말론은 분명히
많은 고린도 그리스도인의 승리주의를 조장하고 지지했으며, 그 종말론은
고린도 교인들이 "영적인 것" 또는 "성령에 속한 사람"에 대해 그릇된 견해
를 갖는 잘못된 방향으로 이끌었다. 나는 1978년에 내가 제시한 다음과 같
은 결론을 여전히 견지한다. 즉 고린도전서에서 언급하는 주제들은 일련의
목회적·윤리적 문제를 목적이 불분명한 채 닥치는 대로 제시하지 않는다.
바울은 또한 이에 대해 단순히 반응적인 자세를 취하지도 않으며, 오히려
어떤 "체계적이며 일관성 있는" 측면이 고린도전서의 신학적인 주제들과
은혜, 십자가, 부활에 대한 바울의 선포를 특징짓는데, 이것들은 이 우발적
인 문제들의 관점에서 나타나고 구체화된다.[208] 그러나 나는 이제 이러한 잘
못된 신학적 인식이 고린도라는 세속적 또는 비기독교적 도시에서 유래한 문
화적인 자세가 기독교 교회 안으로 침투해 들어와 그 교회를 미혹하는 문제와
어떻게 결합되었는지를 인식한다. 자아 성취에 관한 관심, 지위의 불안정으로
생겨난 심리적인 불안정, 경쟁적 실용주의, 급진적 다원주의—우리가 데이비
드 하비가 말한 "가상적" 현실이라는 사회 구조의 "포스트모던적 분위기"라고
밝힌 바 있는—등은 모두 기독교적인 하부 문화 안에서 자율적인 가치 체계
를 지닌 채 "은사를 받은 성령의 사람"으로서 "높은 신분"에 대한 관심을 조장
했다. "더 높은 신분의 은사[들]"과 영적 "신분 표지"에 관한 데일 마틴의 연
구는 바울 역시 지적한 잘못된 신학적 인식과 잘 부합한다.[209] 포골로프와
더불어 마틴은 신분 주장과 수사학 간의 연관성, 주의 만찬의 배경에서 신

---

207) A. C. Thiselton, "Realized Eschatology at Corinth," *NTS* 24 (1978): 510-526. 다음 저자
　　들도 이 주요한 명제를 인정한다. C. K. Barrett, *The First Epistle to the Corinthians*, 109; F.
　　F. Bruce, *1 and 2 Corinthians*, NCBC (London: SCM, 1971), 49-50; E. Käsemann, *New
　　Testament Qeuestions of Today* (Eng. trans., London: SCM, 1969), 125-126.

208) Thiselton, "Realized Eschatology at Corinth," 526; 이 논점과 비슷하게 Thiselton, "Luther
　　and Barth on 1 Cor 15," 275-278; 참조. J. C. Becker, *Paul the Apostle* (Edinburgh: T. & T.
　　Clark and Philadelphia: Fortress, 1980), 11-36, 135-212; Brown, *The Cross*(앞에서 언급
　　함).

209) D. B. Martin, *The Corinthian Body* (New Haven: Yale University Press, 1993), 86; Martin,
　　"Tongues of Angels and Other Status Indicators at Corinth," *JAAR* 59 (1991): 547-589.

분과 장소와 음식 제공 간의 연관성, 신분과 방언 간의 연관성, 그리고 신분과 금욕과 독신 간의 연관성을 보여준다.[210]

　브라운과 마틴 등이 주장하듯이 고린도전서를 관통하는 주제는 은혜, 은사, 십자가, 부활을 덜 존중받는 "타인"에 대한 존중과 사랑이라는 새로운 구조 안에서 주어지는 하나님의 판결과 기준과 신분으로 여기는 색다른 가치 체계를 다시 선포하는 것이다. 주 안에서 자랑하는 것과 십자가에 못 박힌 그리스도와 하나가 됨으로써 얻는 신분을 받는 것(1:30-31)은 다양한 삶의 문제에서 볼 수 있는 새로운 가치 체계로 이끈다. 이러한 문제들은 민사 소송에서 "덜 존중받는 이들"에 대한 자세로부터(6:1-11) 신전 구역 안에서 고기를 먹는 것, 또는 시장에서 고기를 사는 것(8:1-11:1)에 이르기까지, 또는 공동 예배에서의 복장 예절(11:2-16)이나 서로 다른 은사를 받은 것에 대한 존중(12-13장)으로부터 "순서 정하기"와 예언의 말과 방언을 사용하는 것(14장)에 이르기까지 광범위하다. 그럼에도 "선포"라는 단어는 이 편지에서 바울이 사용한 논증 방법의 광범위함과 미묘함을 온전히 표현해주지 못한다. 우리가 고린도의 "포스트모던적인" 분위기라고 명명한 것 가운데 일부는 보다 더 보편적으로 통용되는 전통보다 지역적인 특성을 우선시하는 것과, 진리의 가치를 평가절하한 채 실용적인 성공에 집착하는 것, 그리고 논의와 합리성보다는 설득을 통해 사회적으로 인정받는 것을 포함한다. 이것은 바울의 서신 작가로서의 역할과 그의 논증과 수사 방법론에 관해 몇 가지 논평하면서 이 서론을 마무리할 이유를 제공해준다(이것은 단순히 신약 연구에서 널리 유행하는 것보다 더욱더 중요하다).

---

210) Martin, *The Corinthian Body*, respectively 73-76, 87-92, 209-212.

IV. 논증과 수사학: 서신 작가, 신학자, 목사로서
바울은 수사학적 양식과 구조를 사용하는가?

A. 균형 잡힌 평가의 필요성: 호소, 수사학, 서신 작성의 유형과 수준

여기서 고린도전서의 내용을 주제별로 나열할 필요는 없을 것이다. 왜냐하면 이 주석서의 목차가 그 역할을 잘 수행하고 있기 때문이다. 하지만 몇몇 불필요하며 부적절한 **양극화**는 바울 서신에서 수사학이 수행하는 역할에 관한 최근 논의를 왜곡시켰는데, 우리는 이러한 상황에서 중용의 길을 채택하고자 한다.

(1) 첫째, 오직 **논증** 자체만 제시한다면 그것은 종종 오로지 지성적·교육적·인식적 영역 안에서만 머무르는 반면, 미첼이 우리에게 상기시켜주듯이 바울 시대의 심의적 수사학은 감정과 인간의 갈망과 행동에 관한 미래 정책도 다루었다.[211] 십자가와 관련하여 브라운과 피켓이 주장했고, 또 내가 『해석학의 새로운 지평』(*New Horizons in Hermeneutics*)에서 일관되게 주장했듯이 (비록 반드시 모든 부분은 아니더라도) 성경 자료의 많은 부분이 수행하는 기능은 (단순히 정보를 제공하는 것이 아니라) 변화시키는 것(transformative)이다.[212] 그런 이유에서 수사학(rhetoric)이라는 용어는 "논증"이라는 전통적인 용어보다 한 가지 장점이 있다. 수사학은 전인(全人)—곧 이성, 감정, 열망, 자세, 의지, 행위 등—에게 말하는 데 관심을 둔다. 따라서 수사학은 단지 인간의 생각에만 관심을 두지 않는다. 이 사실은 공적 영역 안에

---

211) Mitchell, *Paul and Rhetoric of Reconciliation*, 특히 20-64; 참조. Witherington, *Conflict and Community in Corinth*, 39-48, 57-61; J. A. Crafton, "The Dancing of an Attitude: Burkean Rhetorical Criticism and the Biblical Interpreter," in S. E. Porter and T. H. Olbricht (eds.), *Rhetoric and the New Testament*, 429-442(아래를 보라).

212) Brown, *The Cross and Human Transformation*, esp. 13-64; R. Pickett, *The Cross*, 58-74; and A. C. Thiselton, *New Horizons in Hermeneutics: The Theory and Practice of Tranforming Biblical Reading* (London: HarperCollins and Grand Rapids: Zondervan, 1992; rpt. Carlisle: Paternoster, n. d.), 특히 1-54, 558-620.

있는 인간 자아의 전체성에 대한 바울의 관점과도 일치한다. 바울은 종종
σῶμα라는 용어를 사용하여 그 개념을 전달한다(참조. 고전 6:20). 그럼에도
에릭손이 "수사학과 논증의 이분법"이라고 진단한 것을 독려하는 수사학
적 접근법의 한 버전은 아직 여전히 남아 있다.[213]

　　우리가 앞에서 이미 언급했지만, 아리스토텔레스, 키케로, 퀸틸리아
누스는 "설득의 예술"(아리스토텔레스) 또는 "말을 잘하는 기술"(*bene dicendi
scientia*)을 발화와 표현의 방법으로 탐구하지만, 합리적인 주장과 진리
에 대한 열정(또는 적어도 관심)에서 벗어나서는 안 된다고 생각했다.[214] 로
마 식민지 고린도와 같은 문화권에서 속주의 수사학자들이 청중에게 인정
을 받고 박수갈채를 받는 것에 사활을 걸게 되자, "진리"는 언어 영역 바깥
(extralinguistic) 세계에 뿌리를 두는 것을 잃어버린 채 사회 구조의 문제 또
는 "지역적인" 인식의 문제로 전락해버렸다. 리처드 로티는 우리가 "상대주
의적"이란 용어를 사용했어야 했다고 그가 공개적으로 시인한 것을 피하려
고 "지역적"이란 용어를 사용하는데, 이것은 주목할 만하다.[215] 이와 비슷하
게 고린도에서 "지역적"이라는 개념은 바울이 모든 교회에서 준수하는 "전
통"에 유의할 것을 요구하는 것과 대비를 이룬다(1:2; 3:13, 18, 22; 10:24; 11:2,
16, 17, 23; 14:36). 하지만 "수사학"은 단순히 "도구적, 실용적 또는 지역적"일
필요는 없다. 조지 케네디는 수사학을 "청중 또는 독자의 편에서 어떤 태도
의 변화를 목적으로 삼는 모든 설득의 예술"로 정의한다.[216]

　　(2) 청중에 초점을 맞춘 수사학과 전통 간의 양극화는 수정되어야 한다.
비록 우리가 바울이 거부한 청중과 관련된 판단 기준에 대한 포골로프와 무
어스의 불만을 지지하긴 했지만, 에릭손은 또다시 바울이 얼마나 자주 의

---

213) Eriksson, *Traditions as Rhetorical Proof: Pauline Argumentation in 1 Corinthians 7*.
214) Quintilian, *Institutio Oratoria* 2.14.5; 참조. 2.15.34, 38 and 2. 15 as a whole. 또 참조. G. A.
　　　Kennedy, *The Art of Rhetoric in the Roman World* (Princeton: Priceton University Press.
　　　1972).
215) R. Porty, *Truth and Progress: Philosophical Papers* (Cambridge: Cambridge University
　　　Press, 1998), 3:10; 참조. 1-15.
216) George Kennedy, *The Art of Rhetoric*, 3.

도적으로 자신의 논증을 고린도 교인들의 전제로부터 시작하는지를 지적
한다.[217] 에릭손은 **바울이 어떻게** (구약성경과 합리적 또는 논리적 일관성뿐만 아
니라) **전통에 일관되게 호소하는지** 보여줌으로써 균형 있는 견해를 유지
한다. 그러나 바울이 명백하게 호소하는 기독교의 공통 전승에 속한 여덟
가지 구체적인 사례는 "**합의된 전제에 해당하며**, 그 전제들은 바울의 논의
에서 출발한다"(강조는 원저자의 것임).[218] "고린도 교회의 [이 여덟 가지] 전
제"는 고전 15:3-5, 8:11b, 11:23-25, 10:16, 12:3, 16:22, 8:6, 12:13이다.[219]
따라서 에릭손은 만약 "그 메시지의 정체성"이 십자가의 케리그마가 아닌,
청중에 의해 규정된다면 그 메시지는 거짓으로 판명 날 것이라는 무어스와
포골로프의 견해에 동의한다.[220] 하지만 서로가 공유하는 이 전제들은 무
어스가 "엔티메마 기호 작용"(*enthymematic semiosis*), 곧 일종의 기호 인식에
근거한 생산력이라고 부르는 것을 허용한다. 이것은 다양한 종류의 변혁적
언어-행위를 만들어내는 변화와 재평가의 과정을 거치면서도 여전히 수신
자의 지평 안에 남아 있다.[221]

　　무어스는 에릭손과 더불어 바울이 다음과 같은 **논증**을 사용하는 사실
을 강조한다. (1) 바울은 성경에 호소하고 (2) 이성에 호소한다.[222] 하지만
전제들과 합리적인 추론의 "열려 있는" 또는 "진술되지 않은" 측면들은 추
상적이며 일반적인 것에 머물러 있는 단순한 연역적 또는 귀납적 결론을 언
어의 "사회적" 측면과 "의사소통"의 측면을 수용하는 "엔티메네"로 변화시
킨다. 이것들은 "청중을 심리적으로 이용하는 방법"을 진리를 희생시키지
않으면서도 자세-변화와 설득의 행위를 실천한다(참조. 고전 2:1-5; 해당 구절
에 대한 주해 참조).[223] "바울에게 있어 편지의 능력은 그가 말하고 있는 진리

---

217) Eriksson, *Traditions as Rhetorical Proof*, 7.
218) 같은 책, 3.
219) 같은 책, 73-134.
220) Moores, *Wrestling with Rationality in Paul*, 133-134.
221) 같은 책, 5-32.
222) 같은 책, 10-11.
223) 같은 책, 14-17.

와 그 진리를 선포하는 바울의 권위에 있다."[224] 하지만 저자와 수신자 간에
서로 이해할 수 있는 의사소통이 일어나도록 허용하는 "공유된 코드"는 이
를 통해 미묘한 수정, 교정, 확대를 경험한다. 무어스는 움베르토 에코에게
서 "새로운 의미 부여"(overcoding)와 심지어 "코드 전환"(code-switching)의
의미를 가져온다.[225] 나는 초기의 연구(1973년)에서 "설득력 있는 정의"에
대한 보다 더 단순한 개념의 관점에서 이 주장을 미리 제시한 바 있다. 나는
거기서 고린도에서 이미 널리 사용되던 "영적인 사람 되기"(being spiritual)
에 관한 바울의 색다른 정의에 적용했다.[226] 나는 다음과 같이 주장했다.
"바울은 오로지 고린도 교인들을 변화시키기 위해 그들의 지평으로 들어
간다. 따라서 우리의 언어-게임(비트겐슈타인의 용어)은 또다시…십자가에
대한 메시지의 구조 안에 놓이게 된다. 그리고 이것은 또다시 그 게임의 논
리를 좌우한다."[227] 그러므로 성령의 역사로 말미암지 않고는 그리스도를
주로 고백할 수 없다는 것에 관한 전제는 서로 공유하지만(고전 12:3; 참조. 에
릭손의 주장), 똑같은 성령의 감동으로 된 "영성"(spirituality)은 "어떤 우호적
이며 정서적인 의미"로 시작했다가도 이것을 문제시하는 **인식적 내용으로
판명**이 날 수도 있다.[228] 하지만 나는 지난 27년 동안 이러한 재정의 또는 코
드 전환이 **변화시키는 언어-행위**임을 계속 더 강조해왔다.

　　이와 관련하여 알렉산드라 브라운이 고린도전서에서 바울이 십자가를
재선포한 것을 다음 세 가지 측면에서 언어-행위로 묘사한 것은 전적으로
타당하다. 첫째, 이는 이 선포의 말을 **통해** 인식과 현실을 변화시킨다(오스
틴의 "발화수반"[illocutionary] 행위에 대한 정의). 둘째, 고린도전서는 "과녁에서

---

224) 같은 책, 22.
225) 같은 책, 25-26; 참조. 27-32.
226) A. C. Thiselton, "The Meaning of σάρξ in 1 Cor 5:5: A Fresh Approach in the Light of
　　Logical and Semantic Factors," *SJT* 26 (1973): 204-228, 특히 216-218.
227) 같은 논문, 216.
228) 같은 논문, 217에서 인용함. 이 인용문은 다음에서 가져온 것이다. John Hospers, *An
　　Introduction to Philosophical Analysis* (London: Routledge, 2d. ed. 1967), 53-54, 설득력
　　있는 정의에 관해.

빗나간 이전의 언어-행위를 바로잡는다. 자신들이 복음을 이미 '소유하고 있다'고 생각하는 이들에게 이 복음은 반드시 다시 선포되어야만 한다." 셋째, 발화수반행위는 인식론적인 진리-주장을 전제하며, 또 "심오한 인식론적인 결과를 초래한다."[229] 다시 말하면 오스틴의 견해를 수용하기 위한 포스트모던적이며 "포스트자유주의적인" 시도와는 달리, 이러한 발효된 언어는 그 어떤 것도 단순히 순전히 사회 구조라는 어떤 특정 언어의 세계 안에서만 기능하지 않는다. 복음의 진리는 이것을 초월한다.

(3) 이와 더불어 **바울이 편지 작가로서 사용한 장르와 수사학적인 목적**을 위해 사용된 장르를 양극화시키는 것은 잘못된 것이다. 안더스 에릭손은 16:13-24에서 "편지 쓰기와 수사학"에 대한 그의 탁월한 설명에서 이 그릇되고 불행한 양극화에 대해 예리하고 설득력 있는 해설을 제공해준다.[230] 에릭손은 편지 쓰기의 관습은 "편지의 도입부와 결말부에 대한 새로운 정보를 제공해주는데, 이 도입부와 결말부는 고대의 짧은 편지에서 비교적 큰 부분을 차지하며 극도로 표준화되어 있었다"라고 주장한다. 하지만 편지 양식은 바울 서신의 본론에 대해서는 덜 해명해주기 때문에 "많은 수사학 비평가들은 여기서 정반대의 입장을 취한다."[231] 에릭손은 심의적 수사학에서 특징적으로 나타나는 미래의 측면을 염두에 두고 수사학적 페로라티오(1:1-10의 도입부[*exordium*]과 명제[*propositio*]으로부터 주제들을 취해 간략하게 반복해서 설명하는 결론 부분)뿐만 아니라 편지의 본론으로부터 나온 "세우기"(buiding up) 주제로서 마라나타 단락의 의미에 대해 상당히 많은 것을 해명해준다. 우리는 나중에 16:13-24에 대한 주해에서 에릭손이 제안한 세부 내용을 살펴볼 것이다(해당 부분 주해 참조).[232]

우리는 이 두 분야의 연구를 서로 결합하고자 노력했다. 1:1-3, 4-9,

---

229) Brown, *The Cross*, 8-30, 특히 30(이전의 언어-행위를 바로잡는 것에 관해), 8(인식론에 관해).

230) Eriksson, *Tradition as Rhetorical Proof*, 280-284.

231) 같은 책, 281.

232) 같은 책, 279-298.

16:13-24에 대한 우리의 주해뿐만 아니라 해당 단락에 관한 우리의 참고문
헌은 표준화된 양식과 편지 저작 공식, 그리고 예절과 관습을 반문화적으
로 평가절하하지 않으면서도 자신의 목적에 따라 창의적으로 사용하는 바
울을 모두 진지하게 다룬다. 몇몇 연구서는 이 단락들 안에서 편지의 특성
과 수사학적 요소에 똑같은 비중을 부여하려는 올바른 시도를 한다.[233] 바
울이 자신의 편지를 구두로 불러주어 받아쓰게 했다는 데는 의문의 여지가
전혀 없다(예외로서는 16:21-24을 보라). 이것은 그 당시 대다수 편지 작가에게
서 볼 수 있는 전형적인 관행이었다.[234] 바울의 편지가 도착하자마자 고린
도 교회는 회중에게 그 편지를 큰 소리로 낭독했을 것이다. 우리는 고린도
교회 신자 가운데 대다수가 각자 조용히 "개인적으로" 바울의 편지를 읽었
을 것이라는 시대착오적인 생각을 하지 말아야 한다. 따라서 바울은 편지를
입으로 낭독하고 귀로 듣는 것을 통해 전해지는 영향력뿐만 아니라 그것이
신앙 공동체 안에서 깨달음을 준다는 측면을 당연하게 생각했을 것이다. 콜
린스는 바울이 "사도로서" 신앙 공동체와 "함께 있는 것"을 확대하는 방편
으로 편지 낭독을 선택했다는 로버트 펑크의 널리 알려진 논문에 대해 논의
한다.[235]

　　이것은 사도 직분에 관해 1:1과 특히 9:1에 대한 우리의 주해에서 제시
하는 상반된 견해들을 평가하는 것이 얼마나 중요한지를 보여준다. 와이어
를 포함한 다른 이들과는 달리(부분적으로 크리소스토모스, 베스트, 슈라게, 크래프
턴의 견해를 따라) 나는 바울이 자신의 사도 직분을 권력의 도구가 아니라 투

---

233) D. L. Stamps, *The Rhetorical Use of the Epistolary Form in 1 Corinthians: The Rhetoric of Power* (Sheffield: JSOT Press, revised Durham Ph.D. thesis, 1992, still forthcoming 2000). 1:1-3에서는 서한 작가로서의 바울에 관한 문헌만도 오십 가지 이상 언급된다(해당 부분 참조).

234) 더디오가 로마서를 받아 썼다는 언급을 참조하라(롬 16:22).

235) Collins, *First Corinthians*, 3. 참조. R. W. Funk, "The Apostolic Presence: Paul," in Funk, *Parables and Presence* (Philadelphia: Fortress Press, 1982), also reprinted in W. R. Farmer, C. F. D. Moule, and R. Niebuhr (eds.), *Christian History and Interpretation: Studies Presented to John Knox* (Cambridge: Cambridge University Press, 1967), 249-268.

명한 대리인으로서의 부르심으로 이해했다고 주장했다. 즉 바울은 자신의
삶의 방식과 사고와 말을 통해 십자가에 못 박히고 부활하신 그리스도를 구
체적으로 드러내야만 했다(1:1; 9:1에 대한 주해 참조).[236] 이와 관련하여 바울
이 고린도에 보낸 적어도 네 편의 편지(이전 편지, 고린도전서, 눈물의 편지, 고린도
후서 또는 고후 1-9장)는 변화시키는 언어-행위라는 수단을 통해 고린도 교회
신자들에게 (바울 자신이 아닌) 그리스도를 분명하게 보여주려는 것으로 이해
되어야 한다. 우리는 앞에서 (비록 광범위하게는 아니지만) "이전 편지"(고전 5:9)
가 때때로 고후 6:14-7:1과 동일시되고, 바울이 고린도를 방문하고자 했던
계획이 연기되었을 수(고전 16:5) 있음을 지적했는데, 많은 이들은 그럴 경우
고후 2:4, 9의 "엄한" 편지(이것은 고린도전서를 묘사하는 것 같지 않음)가 바울의
방문을 대신하는 역할을 했을 것이라고 주장했다. 또한 어떤 이들은 이 편지
를 고후 10-13장과 동일시한다. 다른 이들은 그 편지가 사라졌다고 믿는다.
또 다른 이들은 이 편지가 고린도전서의 한 부분으로 결합되었다고 본다. 우
리가 바울이 보낸 일련의 편지에 대해 세부적으로 어떤 결론을 내리든지 간
에, 그리고 바울이 네 편 이상의 편지를 썼든지 그렇지 않든지 간에 고린도
전서와 고린도후서의 텍스트는 그가 고린도 교회에 적어도 네 편의 편지를
썼다는 것을 요구한다(참조. 고전 5:9; 고후 2:4, 9).

---

236) 1:1과 9:1에 대한 주해를 보라. A. C. Wire, *The Corinthian Women Prophets* (Minneapolis:
Fortress, 1990). Wire는 고린도전서를 대체로 "사도적인" 권위(바울)와 "예언자적인" 권
위 또는 자율권(특별히 스스로 자유를 얻었다고 여기는 고린도의 여자 예언자들) 사이의
갈등으로 이해한다. 바울은 권력의 수사학을 사용하여 (여자 예언자들의) 사고를 (바울
의) 현실로부터 분리하고자 한다는 것이다. 또한 이를 통해 그는 여성의 자유를 제한하고
자 사적인 영역과 공적인 영역을 분리하려고 한다. 더 나아가 그는 자아와 신앙 공동체, 그
리고 "육신"과 "성령"을 분리하려는 시도를 한다(같은 책, 특히 12-23. 하지만 이곳저곳
에도 이러한 견해가 나타남). 포스트모던의 관점에서 설명한다면 바울은 특권을 행사하는
역할을 부여받은 사도의 소명을 받았다는 인식에 근거하여 자신의 "지역적인" 견해를 특
별히 "보편적인" 진리로 승화시킨다는 것이다. 이러한 이해와 대조를 이루는 저서는 다음
과 같다. Chrysostom, *Homilies on the Epistles to the Corinthians*, 1:1; E. Best, "Apostolic
Authority?" *JSNT* 27 (1986); 3-25; Schrage, *Der erste Brief*, 1:99-101; J. A. Crafton, *The
Agency of the Apostle*, JSNTSS 51 (Shefield: JSOT Press, 1991), 62-63과 여러 곳. 참조.
Wolff, *Der erste Brief*, 14.

따라서 이러한 현상은, 바울이 18개월이라는 긴 시간을 고린도에 머물렀으며, 또 에베소에서 적어도 3년이나 체류했다는 사실과 더불어, 목회자로서 또는 적어도 선교사-목회자로서 바울의 관심사가 무엇이었는지를 강조하는 역할을 한다. 그는 단순히 이곳저곳을 순회하는 복음 전파자가 아니었다. 바울은 단순히 "신학적 사상가"(참조. 바이스)도 아니었고, 또 그리스도 안에서 자신의 "경험"에만 몰두하는 자도 아니었다. 오히려 그는 목회자였다. 그의 "신학은 사도로서 그의 사역에서 비롯되었다." 하지만 우리는 그의 신학이 단순히 [목회 현장에서 다양한 이슈에 대한] 반응이라고 생각하지는 않는다.[237] 여기서 바울의 신학이 서로가 공유하는 전제로부터 비롯된 의사소통 행위로 새롭게 표현된 논증으로서 성경과 전통에 근거한 논증이라는 안더스 에릭손의 수사학적인 강조점은 상당히 건설적이라고 할 수 있다.[238] 머피-오코너 역시 바울과 그의 동역자들이 공통적으로 보여주는 목회적 관심사와 서한 작가로서의 그의 역할은 서로 건설적인 균형을 이루고 있다고 주장한다.[239] 에릭손과 마찬가지로 머피-오코너도 서한 저작 양식과 수사학이 의사소통을 위한 전체 목적에서 상호 보완적인 측면이었다고 본다.

B. 수사학적 접근 방법의 쇠퇴와 부활: 십자가 신학에 나타난 변화시키는 언어-행위의 기초

만약 수사학적인 기교가 바울의 논증 방법에서 중요한 요소라면 과연 우리는 어떻게 바이스와 다른 이들이 수사학에 대한 주제를 간략하게 탐구한 지 70년이 지난 19세기 말엽에 와서야 비로소 이 이슈가 성서 연구와 바울 연

---

237) J. Munck, *Paul and the Salvation of Mankind* (Eng. trans., London: SCM, 1959), 67. 참조. Beker, *Paul the Apostle.*

238) Eriksson, *Traditions as Rhetorical Proof.* 참조. Merklein, *Der erste Brief, Kap. 1-4,* 42-53, 그리고 책 전반에 걸쳐.

239) J. Murphy-O'Connor, *Paul the Letter Writer: His Worls, His Options, His Skills* (Collegeville: Glazier/Liturgical Press, 1995), 특히 1-41, 64-101.

구에서 새롭게 주목을 받게 된 것을 설명할 수 있는가? 바이스(1897년)는 수사학적 요소들이 공적으로 낭독되는 과정에서 중요한 역할을 한다는 점에 근거하여 바울 서신에 들어 있는 수사학적 요소들을 밝혀냈다. 그는 우리가 바울의 텍스트를 반드시 구두로 전해진 자료로서 접근해야 한다고 주장했다. 그는 이 편지들의 문체가 생동감 있고, 또 "접속사 생략, 대조법, 균형, 운율"을 구현한다는 블라스의 견해를 지지했다.[240] 그는 고전 1:21-22에서 평행법을 발견하고(참조. 롬 4:17), 고전 4:5, 15:50에서는 동의적 평행법을(참조. 롬 1:21; 7:7; 갈 1:11-14; 3:14; 빌 1:9, 10), 고전 6:2-4과 12:4-11에서는 종합적 평행법을(참조. 롬 4:25; 10:9, 10), 고전 12:3, 26, 15:42-44에서는 반의적 평행법을 발견한다(참조. 고후 4:7-11, 16-18).[241] 그는 또한 절정을 향해 나아가는 점층적 수사학과 "소리의 효과"(die Klangwirkung)를 밝혀낸다(예. 고전 10:1-5의 πάντες ... πάντες ... πάντες ... πλείοσιν; 그리고 10:-6-11의 접속사 반복).[242] 더 나아가 바이스는 교차대구법(chiasmus: abc-cba, 고전 9:19-22)과 롬 8:31-39과 고전 13장의 수사학적 미사여구("purple patches," Glanzstelle)를 찾아낸다. 그 가운데 고전 13장은 또한 운율과 교차대구법을 지니고 있다.[243] 마지막으로 그는 대칭을 이루는 많은 사례를 발견한다(예. 고전 3:1. 하지만 대부분은 로마서에서).[244] 그의 마지막 저서인 『최초기 기독교』(Earliest Christianity, 1914)에서 바이스는 바울의 서한 작가로서의 독창성을 강조했다. 그는 특별히 바울의 뛰어난 문장력, 다재다능성, 디아트리베 문체 사용 등을 강조했다.[245] 또한 바이스는 1908년에 바울의 텍스트가 공적인 장소에서 큰 소리로 낭독하기 위해 작성되었다는 것을 재차 강조했다.[246]

---

240) J. Weiss, "Beiträge zur paulinischen Rhetorik," in *Theologische Studien: Bernhard Weiss zu seinem 70 Geburtstage* (Göttingen: Vandenhoeck & Ruprecht, 1897), 166-167; 참조. 165-247.

241) 같은 책, 169-180.

242) 같은 책, 186-188.

243) 같은 책, 194-200.

244) 같은 책, 207-244.

245) Weiss, *Earliest Christianity*, 2:399-419.

246) J. Weiss, *Die Aufgaben der neutestamentlichen Wissenschaft in der Gegenwart* (Göttingen:

따라서 수사학과 서한 양식은 서로 매우 밀접하게 연관되어 있다는 것이다.

1908년에 불트만은 바울과 견유학파-스토아학파의 디아트리베 간에 문체적 유사성이 존재한다는 논문을 출간했다. 불트만은 수사학적인 질문, 역설, 풍자, 대조법 등과 같은 디아트리베 문체의 사례들을 찾아냈고, 이것들이 비온으로부터 에픽테토스에 이르는 고대 그리스-로마 작자들의 글과 유사하다는 점을 지적했다.[247] 하지만 스토워스는 최근에(1981년) 로마서에 나타난 바울의 문체에 대한 불트만의 주장을 상당 부분 수정했다.[248] 노르덴의 영향력 있는 두 가지 연구는 바울의 수사학에 관해 모호한 입장을 취한다. 노르덴은 그의 저서 『고대 산문 작성법』(Die antike Kunstprosa)에서 기원전 6세기부터 르네상스에 이르기까지의 수사학적인 산문을 검토했는데, 거기서 그는 "헬레니즘적인" 바울을 발견했다.[249] 하지만 노르덴은 대체로 바울에게서 발견되지 않는 비유적이고, 시적이며, 운율을 지닌 것에 크게 주목했다.[250] 따라서 그는 그의 연구서 재판에서 증보 내용(Nachträge)을 추가한다. 부분적으로 하인리치와의 대화를 통해 그는 부록에서 이전에 자신이 평가한 것을 상당 부분 거두어들인다. 그럼에도 노르덴의 모호함은 나중에 그의 저서 『알 수 없는 하나님』(Agnostos Theos)에서 다시 나타난다.[251]

바울의 편지들은 파피루스 문헌에 반영되어 있듯이 일상생활에서 사용하던 평범한 그리스어를 전제하는 편지였다는 다이스만의 주장과 더불어 노르덴의 연구가 부분적으로 바울 연구에서 수사학이 자리를 감추는 데

Vandenhoeck & Ruprecht, 1908).

247) R. Bultmann, *Der Stil der paulinischen Predigt und die Kynisch-Stoische Diatribe* (Göttingen: Vandenhoeck & Ruprecht, 1910).

248) S. K. Stowers, *The Diatribe and Paul's Letter to the Romans*, SBLDS 57 (Chico: Scholars Press, 1981).

249) E. Norden, *Die antike Kunstprosa vom VI Jahrhunderte vor Christus in die Zeit der Renaissance* (2vols., Leipzig: Teubner, 1898).

250) 같은 책, 1:50-55, 499; 참조. D. L. Clark, *Rhetoric in Graeco-Roman Education* (New York: Columbia University Press, 1957), 89-91.

251) E. Norden, *Agnostos Theos: Untersuchungen zur Formengeschichte religiöser Rede* (4th ed. Leipzig: Teubner, 1923).

상당한 역할을 했다는 것은 이미 널리 알려진 사실이다. 상당히 시사하는 바가 크면서도 의외로 크게 주목을 받지 못한 슈나이더의 연구를 제외하더라도 바울 연구에서 수사학이 재차 지대한 관심을 받게 된 데는 한스-디터 베츠의 연구와 특히 그의 갈라디아서 연구에 많은 빚을 지고 있다고 할 수 있다.[252] 하지만 슈나이더는 키케로의 저서에서 확인되는 수사학의 고전적 범주를 바울이 사용한다는 점을 이미 상세히 지적한 바 있다. 이 범주에는 그 무엇보다도 (말해야 할 것이 무엇인지를 찾아내는) 인벤티오(*inventio*), (자료를 분석하고 배열하는) 디스포지티오(*dispositio*), (그 내용을 명료하게 표현하는) 엘로쿠티오(*elocutio*), (그 내용을 전달하는) 악티오(*actio*)뿐만 아니라 현재 바울 연구에서 전제하는 글쓰기 요소인 엑소르디움(*exordium*, 청중이나 수신자의 호의를 얻고자 하는 도입부), 나라티오(*narratio*, 어떤 사례에 대한 진술), 콘피르마티오(*confirmatio*, 긍정적인 확증), 레푸타티오 또는 콘푸타티오(*refutatio or confutatio*, 반박 또는 논박), 페로라티오(*peroratio*, 결론)가 여기에 속한다.[253] 우리는 앞으로 제시할 주해에서 이 수사학적 범주들이 15:1-58의 부활에 대

---

252) N. Schneider, *Die rhetorische Eigenart der paulinischen Antithese*, HUT 11 (Tübingen: Mohr, 1970); H.-D. Betz, "The Literary Composition and Function of Paul's Letters to the Galatians," *NTS* 21 (1975), 353-379; *Commentary on Paul's Letter to the Churches in the Galatia*, Hermenia (Philadelphia: Fortress, 1979).

253) 이 주제에 대한 참고문헌은 오늘날 숨막힐 정도로 방대하다. Stanley E. Porter는 주요 연구에 대한 탁월한 개요를 제시한다. Stanley E. Porter, "The Theoretical Justification for Appilication of Rhetorical Categories to Pauline Epistolary Literature," in S. E. Porter and T. H. Olbricht (eds.), *Rhetoric and New Testament: Essays from the 1992 Heidelberg Conference* (Sheffield: Sheffield Academic Press, 1993), 100-122, 특히 101, n. 4. 하지만 (다소 선별적이지만) 가장 광범위한 참고문헌은 다음과 같다. Duane F. Watson and Alan J. Hauser, *Rhetorical Criticism of the Bible: A Comprehensive Bibliography with Notes on History and Method*, Biblical Interpretation Series (Leiden: Brill, 1994), 101-115, 120-125(신약성경과 바울, 역사); 126-142(주제별로 된 고전 수사학); 178-201(바울), 특히 188-189(고린도전후서). 또한 다음을 보라. S. E. Porter and T. H. Olbricht (eds.), *Rhetoric, Scripture, Theology and Essays from the 1994 Praetoria Conference*, JSNTSS 131 (Sheffield: Sheffield Academic Press, 1996), 특히 251-328(데살로니가전후서, 에베소서, 골로새서)과 393-422(수사학과 신학에 관해서는 J. Smit). 고린도전서에 나타난 수사학에 관해서는 특히 다음을 보라. Mitchell, *Paul and the Rhetoric of Reconciliation*; Witherington, *Conflcit and Community*, 39-48, 55-61; Pogoloff, *Logos and Sophia*; and Eriksson, *Traditions as Rhetorical Proof*.

한 정밀한 논리를 정확히 이해하는 데 매우 건설적인 역할을 할 것이라고 생각한다. 우리는 이 부분을 주해하면서 종종 에릭손의 관점을 따른다.[254]

　　1:1-3과 1:4-9에 대한 주해에서 우리는 바울이 전형적인 서한 양식을 사용하면서도 이를 동시에 수정하여 사용한다는 점에 주목했지만(해당 주해 참조), 이 단락이 서언(prescript)과 엑소르디움의 기능을 각각 수행한다는 점도 간략하게 언급했다. 그럼에도 바울이 엑소르디움(4-9절)이라는 수사학적 관행에 따라 청중의 지지를 얻으려 했다는 것 때문에 그가 이 역동적인 기독교 공동체—비록 혼란스러운 측면이 없진 않지만—에 진정 어린 감사를 표현하고 있다는 점을 간과해서는 안 된다. 이와 비슷하게 우리는 1:10-12이 심의적 수사학에 호소하고 하나 됨의 "장점"을 위한 표준적인 정치 용어를 사용하는 것을 보여준다는 마거릿 미첼의 수사학적 설명을 받아들였다(아래를 보라). 하지만 우리는 또한 1:10의 παρακαλῶ가 종종 인격적 또는 공적 관계에 기초한 요구를 가리키는 것이라는 비에르켈룬드의 연구에 주목함으로써 그 설명을 한정적으로 받아들였다.[255] 이것은 1:10이 (적어도 부분적으로) 수사학적 명제(propositio)로 기능하며(해당 부분에 대한 주해 참조), 글로에의 사람들의 보고(1:11-17)에 관한 바울의 "진술"이 수사학적 내레이션(narratio)의 기능을 공유한다는 미첼의 이해를 강조하는 우리의 주장을 막지 못한다.[256]

　　하지만 우리가 수사학적 범주에 호소하는 것은 또한 어느 정도의 주의를 필요로 한다. 왜냐하면 우리는 사변적 가설은 이미 입증된 사실의 지위에 오를 수 없다고 믿기 때문이다. 결국 포골로프, 윈터 등 다른 많은 학자들

---

254) Eriksson, *Traditions as Rhetorical Proof*와 더불어 Watson도 해당 이슈를 적절하게 다룬다. 예를 들어 다음을 보라. D. F. Watson, "Paul's Rhetorical Strategy in 1 Cor 15," in S. E. Porter and T. H. Olbricht (eds.), *Rhetoric and the New Testament*, 231-249.

255) Mitchell, Paul and the Rhetoric of Reconciliation, 1-99, 198-201; 참조. C. J. Bierkelund, *Parakalo. Form, funktion und Sinn der parakalo-Sätze in den paulinischen Briefen* (Oslo: Universitetsforlaget, 1967), 24-58, 109-110, 그리고 책 전반에 걸쳐.

256) 우리는 Mitchell이 다음의 연구를 건설적으로 활용하는 것에 대해 언급했다. G. A. Kennedy, *Classical Rhetoric and Its Christian and Secular Tradition* (London: Croom Helm, 1980), 129-160; and H.-D. Betz.

은 바울이 전문적인 수사학자의 미명을 얻는 것을 명시적으로 거부했다는 사실을 올바르게 강조했다(참조. 2:1-5).[257] 서한 양식에서 흔히 볼 수 있듯이 바울은 그 당시에 사용되던 관행과 기법이 유용하고 자신의 목적에 어긋나지 않을 경우에는 이를 사용한다. 하지만 포골로프가 설득력 있게 입증해주듯이 주제는 언제나 양식보다 우선시된다. 우리는 바울의 편지에서 수사학에 주목하는 것이 가져다주는 유익을 다음과 같이 요약할 수 있을 것이다. 이것은 (다른 어떤 요소보다) 다음과 같은 사항을 강조한다. (1) 회중 앞에서 편지를 큰 소리로 낭독한다. 그 목적을 위해 서한 양식과 수사학적 도구는 건설적인 역할을 한다. (2) 바울의 편지에서 합리성과 논점은 중요성을 지닌다. 이에 대해 무어스, 스토워스, 에릭손은 유익한 조언을 제시한다. 고전 15장은 이에 관한 뛰어난 사례다. (3) 신학적인 내용과 십자가 선포는 양식을 "교묘하게" 사용하는 것보다 앞선다. 포골로프와 윈터는 (다른 어떤 저자보다도) 이 점을 잘 보여준다.[258] 전승에 관한 에릭손의 연구도 이를 뒷받침해준다.

　　스탠리 포터는 투렌의 견해를 따라 바울의 편지에서 사용하는 수사학에 접근하는 서로 다른 세 가지 유형을 적절하게 구분한다.[259] (i) 화이트, 도티, 휘브너는 바울의 편지에서 수사학의 중요성에 관해 여전히 의구심을 품고 있다. 이들은 이보다 서한 양식과 서한 작성 기법을 더 강조한다.[260] 하지만 우리는 이미 머피-오코너, 빙커, 그리고 특히 에릭손과 더불어 서한

---

257) 참조. Pogoloff, *Logos and Sophia*, and Winter, *Philo and Paul among the Sophists*. 또 2:1-5에 대한 주해를 보라.

258) (앞에서 언급한) Moores와 Eriksson의 연구와 더불어 다음을 보라. S. K. Stowers, "Paul on the Use and Abuse of Reason," in D. L. Balch, E. Ferguson and W. A. Meeks (eds.), *Greeks, Romans and Christians: Essays in Honor of A. L. Malherbe* (Minnerapolis: Fortress, 1990), 253-280.

259) S. E. Porter, "Rhetorical Categories," in *Rhetoric and the New Testament*, 100-123; L. Thurén, *The Rhetorical Strategy of 1 Peter* (Abo: Abo Akademi, 1990), 57-64.

260) J. L. White, *The Body of the Greek Letter*, SBLDS 2 (Missoula: Scholars Press, 1972); W. G. Doty, *Letters in Primitive Christianity* (Philadelphia: Fortress, 1973); H. Hübner, "Der Galaterbrief und das Verhältnis von antiker Rhetorik und Epistolographie," *TLZ* 109 (1984); 241-250.

양식과 서한 작성 기법은 상호 보완적인 관계에 있다고 주장했다. 또한 우리는 어느 한 가지를 희생시킨 채 다른 한 가지만 지나치게 강조해서는 안된다는 점을 지적했다. 바울은 서한 작가다. 그러나 그의 편지는 교인들이 모두 모여 있는 공개적인 장소에서 큰 소리로 낭독되어야 한다. 이때 회중은 그들의 눈보다 귀에 더 의존한다. (ii) 조지 케네디와 클라우스 베르거는 이 편지들을 흔히 부차적으로 수반되는 서한의 인사말과 맺음말을 지닌 수사학적 연설로 이해하는 반면, 베츠는 수사학을 강조하면서도 서한의 양식에 더 많은 비중을 둔다.[261] 우리의 첫 번째 반론은 여전히 여기서도 적용되며, 바울의 편지 전체를 지나치게 수사학적으로 세밀하게 분석하는 것은 사변으로 치우칠 수 있으며, 심지어 때로는 바울의 전략과 거리가 먼 것일 수도 있다. (iii) 빙커와 투렌은 (포터의 논문보다 나중에 발표된 에릭손의 연구와 더불어) 서한 및 수사학의 범주를 상호 보완적인 방법으로 서로 다른 수준의 논의에서 올바르게 적용한다.[262]

수사학과 서한 작성 기법의 관계를 이렇게 세 가지로 분류하는 것 외에도 이 둘은 흔히 다음과 같은 두 가지 방식으로 구분된다. (a) 베츠, 케네디, 왓슨, 미첼 등의 연구와 연관되어 있는 고전 수사학의 전통을 사용하는 것과 (b) 페렐만과 올브레히츠-티테가와 연관되어 있는 이른바 "새로운" 수사학이 바로 그것이다. 이것은 고린도전서에 대한 와이어와 플랭크의 연구에서 약간의 공감대를 형성한다.[263] 하지만 "새로운" 수사학은 포스트모더니즘과 유사한 전제와 자세를 포용하는 경향을 보이는데, 이는 포골로프와 무어스가 바울을 공격하기 위한 표적으로 보고, 또 키케로와 퀸틸리아누스

---

261) K. Berger, "Apostelbrief und apostolische Rede: Zum Formular früchristlichen Briefe," *ZNW* 65 (1974): 190-231; Kennedy, *Classical Rhetoric* (cited above) and *New Testament Interpretation through Rhetorical Criticism* (Chapel Hill: University of North Carolina Press, 1984).

262) M. Bünker, *Briefformular und rhetorische Disposition im 1 Korintherbrief*; L. Thurén, *The Rhetorical Strategy of 1 Peter*, 57-64.

263) Wire, The Corinthian Women Prophets; K. Plank, *Paul and the Irony of Affliction* (Atlanta: Scholars Press, 1987). 이렇게 구분하는 것에 대해서는 다음을 보라. Witherington, *Conflict and Community*, 57-61.

와 바울의 진리에 대한 관심보다 고린도와 소피스트들이 사용한 수사학의
특성을 더 잘 드러낸다고 보는 청중 관련 사회적 구조를 전제한다. 새로운
수사학에서는 그 이전의 관심사에 도움을 주고자 합리성(rationality)이 단
지 도구에 불과한 것이 되어버리는 경향이 있다. 와이어는 이러한 "교활한"
수사학을 바울 자신이 사용한 전략의 일부로 인식한다.

　　설령 우리가 "실용적" 또는 "포스트모던적" 수사학 대신 "고전적" 수사
학에 대한 강조를 유지하고, 또 수사학의 문제와 서한 작성 기법의 문제 사
이에서 신중한 균형을 유지한다 하더라도, 여기서 가장 부족한 측면은 여전
히 신학자로서의 **바울**이라는 점이 즉시 명백하게 드러날 것이다. 우리는 다
음과 같은 다양한 연구를 통해 신학적인 "메시지"의 중요성을 파악할 수 있
었다. 이는 곧 "신앙 공동체와 사도에 대한 기초와 판단 기준인 십자가의 말
씀"에 대해 슈라게가 강조한 것, 바울의 말하기와 편지 쓰기에서 양식보다
내용이 우선한다는 점에 대해 포골로프가 강조한 것, 또 청중의 경험과 실
용적 인식보다 오히려 메시지를 통해 형성된 저자와 수신자의 정체성에 대
해 무어스가 강조한 것 등이다.[264] 수사학적인 방법과 신학의 관계를 고찰
하는 모든 연구 가운데 에릭손과 브라운의 연구는 다음과 같은 두 가지 근
본적인 강조점에 가장 근접한 곳으로 우리를 이끌어줄 것이다.

　　(a) 에릭손은 신학자로서 바울이 (1) 성경 및 (2) 자신과 고린도 교회
가 물려받고 서로 공유하는 공통적인 신학적 전승에 호소한다고 주장한다.
더 나아가 (3) 바울은 이것을 고린도 교회의 상황에 적용하기 위해 **합리적
인 논증**을 펼침과 동시에 (4) 고린도 교인들이 놓여 있는 이해의 지평 안에서
이러한 작업을 진행하려고 공유하는 전제를 의도적으로 사용한다.[265] 따라서

---

264) Schrage, *Der erste Brief,* 1:165; 참조. 165-190; Pogoloff, *Logos and Sophias,* 37-70, 99-
　　172; Moores, *Wrestling with Rationality,* 132-145.
265) Eriksson, *Traditions as Rhetorical Proof,* 7-80; 참조. 81-134과 여러 곳. 고린도전서에서
　　성경이 바울에게 중요성을 지니고 있다는 점에 대해서는 다음을 보라. B. S. Rosner, *Paul:
　　Scripture and Ethics. A Study of 1 Cor 5-7,* AGJU 22 (Leiden: Brill, 1994). 또 바울의 이
　　성 사용에 관해서는 특별히 다음을 보라. S. K. Stowers, "Paul on the Use and Abuse of
　　Reason," in D. L. Balch et al. (ed.), *Greeks*(위에서 인용됨), 253-286.

기독교 메시지의 신학적 유산을 타협하지 않는 차원에서 바울은 의사 전달 행위를 장려하는데, 이러한 행위는 수신자들이 있는 곳에서 이루어지며, 또 인식적, 지성적 또는 합리적 측면을 포함하지만, 이에 국한되지 않는 방식으로 이루어진다. 따라서 비록 바울이 수사학의 논점을 체계적으로 탐구하는 방법(inventio)을 무시하지는 않지만, 그는 "수사학과 논증 사이의 이분법"을 회피한다.[266] 그러므로 "말을 잘한다는 것"은 생각과 마음과 의지에 호소하는 것이며, 또 (특히 심의적 수사학에서는) 미래의 정책에 호소하는 것이다.[267]

(b) 알렉산드라 브라운의 접근법(1993년)은 에릭슨의 탁월한 연구(1998년)를 잘 보완해준다.[268] 브라운은 바울이 십자가 선포의 변혁적 능력을 전달하는 방법을 존재론 및 언어-행위의 실행에 대한 설명과 잘 연결한다. 30년간 나는 신약성경의 언어를 이해하는 수많은 방법 가운데 하나로 언어-행위 이론의 중요성을 일관되게 지지해왔다.[269] 특별히 나는 "발화 수반"의 언어-행위(illocutionary speech-acts)와 "발화 효과"의 언어-행위(perlocutionary speech-acts)를 서로 구별한다. 전자는 그 언어-행위의 효율성을 상황과 인식의 결합에 의존한다. 이에 비해 후자는 그 언어-행위의 효율성을 순전히 원인 결과적(심리학적 또는 수사학적) 설득력에 의존한다.[270] 또

---

266) Eriksson, *Traditions as Rhetorical Proof*, 7.
267) 같은 책, 48-53; Mitchell, *Paul and the Rhetoric of Reconciliation*, 20-60(의도적 수사학에 관해).
268) Alexandra, R. Brown, *The Cross and Human Transformation*, 곳곳에.
269) A. C. Thiselton, "Thirty Years of Hermeneutics: Retrospect and Prospects," in J. Krasovec (ed.), *Interpretation of the Bible* (Ljubljana: Slovenian Academy and Sciences and Arts, and Sheffield: Sheffield Academic Press, 1998), 1559-74, "The Parables as Language-Event," *SJT* 23 (1970): 437-468; "The supposed Power of Words in the Biblical Writings," *JTS* 25 (1974): 283-299; *New Horizons in Hermeneutics* (1992, cited above), 31-54, 272-312, and 597-602; "Christology in Luke, Speech-Act Theory and the Problem of Dualism after Kant," in J. B. Green and M. turner (eds.), *Jesus of Nazareth: Lord and Christ. Studies in Honour of I. H. Marshall* (Grand Rapids: Eerdmans and Carlisle: Paternoster, 1994), 453-472; (with R. Lundin and C. Walhout), *The Promise of Hermeneutics* (Grand Rapids: Eerdmans and Carlisle: Paternoster, 1999), 200-240.
270) 이 용어는 다음에서 유래한 것이다. J. L. Austin, *How to Do Things with Words* (Oxford: Clarendon Press, 1962), 99-105. 하지만 철학적·언어학적 이슈들은 Austin이 허용하는 것

한 이것은 바울의 수사학의 특성과 오직 사회 구조에 의해 결정되는 고린도와 포스트모던 세계의 실용적이며 청중이 결정하는 수사학을 서로 구분하는 데에도 유용하다.

발화효과행위(perlocutions)는 연설자가 단순히 대중의 취향에 영합하는 것을 통해 사람들의 인식과 가치를 바꾼다. 발화수반행위(illocutions)는 단순히 수사학적 발언에 의해서가 아니라 그 발언 자체 **안에서** 세계관을 변화시킨다. 약속을 하는 행위는 어떤 모델 사례를 제공한다.[271] 그 청중이 그 약속이 타당하다고 설득당하는 것(발화효과행위)은 순전히 인과 관계적 수사학에 달려 있다. 그 약속이 실질적인 효력을 발휘하려면 화자는 반드시 그 약속을 성취할 수 있어야 하고, 그 말을 들을 만한 청자에게 말해야 하며, 또 그의 말은 행위에 부합해야 한다. 이와 마찬가지로 신학에서 약속이 언약과 같은 "제도적인 사실"을 내포할 때(예. 고전 7:17; 14:37-38; 16:1) 위임, 판결, 선언 또는 지시 등의 행위는 사도의 지위에서 파생되고 위임된 권위에 의해 좌우된다.

고대 편지에 나타난 발화수반행위는 신학이라는 문맥 밖에서 작용할 수 있다. 맬러비는 발화수반 언어-행위를 위한 무대를 설정하는 서한 작성 이론에서 고대 편지가 지닌 스물한 가지 기능을 밝혀냈다. 그는 위-데메트리우스가 (우리의 용어로 표현하자면) 다음과 같은 언어-행위를 서로 구별했다고 밝힌다. 즉 명령하고, 비난하며, 책망하고, 꾸짖으며, 훈계하고, 축하하며, 고소하고, 권위를 부여하며, 감사하는 행위 등이다.[272] 나는 이전에 고린도전

보다 더 복합적이다. 예를 들어 "사실", "제도적 사실", 이른바 비언어적 상황의 무관함 간의 차이에 대해서는 다음을 보라. J. R. Searle, *Speech Acts: An Essay in the Philosophy of Language* (Cambridge: Cambridge University Press, 1979), 1-57; *The Construction of social Reality* (London: Allen Lane, 1995), 1-126, 199-228; D. Vanderveken, *Principles of Language Use: vol.1: Meaning and Speech Acts* (Cambridge: Cambridge University Press, 1990); S. L. Tsohatzidis (ed.), *Foundations of Speech-Act Theory* (London: Routlege, 1994).

271) A. Thiselton in Lundin, Thiselton and Walhout, *The Promise of Hermeneutics*, 223-240.

272) A. J. Malherbe, *Ancinet Epistolary Theorists*, SBL Sources 19 (Atlanta: Scholars Press, 1988), 30-40. Malherbe는 *Pseudo-Libanius*, 66-80으로부터 마흔한 가지의 목록을 추가로

서의 언어-행위에 관한 나의 논문을 바로 이 출발점에서 시작했다.[273] 이러한 행위의 대부분은 화자 또는 서한 작가에게 부여된 정체성과 지위에 달려 있다.

브라운은 십자가를 선포하는 언어-행위가 고린도전서 안에서 "이 세상에서 새로운 **존재** 방식을 독려하기 위한"(강조는 원저자의 것임) 실연 능력(performative force)을 지니고 있다고 올바르게 주장한다.[274] 이를 통해 브라운은 신학과 윤리적인 삶의 방식을 하나로 통합한다. 브라운이 주장하듯이 이러한 언어는 "무언가를 말할 뿐 아니라 또 그것을 통해 무언가를 행한다." 바로 여기서 이 서신에 나타난 십자가의 "반전"이 "인식을 변화시키고 세계관을 바꾼다."[275] 이른바 "지혜"와 "어리석음"이 서로 자리를 바꾸는 것이다. 결과적으로 누군가에게 스스로 "자랑할 것"이 있다면 그는 "주님 안에서 자랑"해야 한다(1:31).[276] 맬러비는 다음과 같이 결론짓는다. "그렇다면 바울의 복음 선포는 사람들에게 그리스도가 그려진 플래카드(참조. 갈 3:1)와⋯그리스도의 메시지와⋯십자가에 못 박힌 그리스도의 메시지(참조. 고전 2:2)를 보여주는 것이다." 그럼에도 맬러비는 다음과 같이 덧붙인다. 바울은 "'목회' 활동(참조. 고전 12:5)과⋯[신앙 공동체] 바깥에 있는 자의 회심을 서로 구분하지 않았던 것 같다(참조. 고전 14:24-25).[277]

제시한다.

273) A. C. Thiselton, "Speech-Act Theory and 1 Corinthians," *SBL Greek Language and Linguistics Sections* (Philadelphia: Society of Biblical Literature, 1996).

274) A. R. Brown, *The Cross and Human Transformation*, 12.

275) 같은 책, 15, 53-54, 81.

276) 같은 책, 87.

277) A. J. Malherbe, "The Apostle Paul as Pastor," in Lung-kwong Lo (ed.), *Jesus, Paul and John* (Hong Kong: Chung Chi Chinese University, 2000), 101-102; 참조. 98-138.

주석

I. 수신자, 인사말, 감사(1:1-9)

A. 수신자와 인사말(1:1-3)

¹ 하나님의 뜻을 통해 그리스도 예수의 사도로 부르심을 받은 바울과 우리의 그 리스도인 형제 소스데네는 ² 고린도에 있는 하나님의 교회, 곧 그리스도 예수 안에서 거룩해지고 하나님의 백성으로 부르심을 받은 이들과 또한 각처에서 우리 주 예수 그리스도의 이름을 부르는 모든 이들에게 [인사드립니다]. [예수 그 리스도는] 그들뿐만 아니라 또한 우리의 주님이십니다. ³ 하나님 우리 아버지와 주 예수 그리스도로부터 은혜와 평강이 여러분에게 [임하기를 빕니다].

우리는 1-4장에 대한 서론을 1:10에 대한 주해를 하기 바로 직전까지 미룰 것이다. 여기서 우리는 단순히 이 편지의 수신자와 인사말(1:1-3)에 대해서 만 간략하게 살펴보고자 한다. 이어서 우리는 바울이 고린도 교인들에게 감 사하는 것(1:4-9)에 대해 다룰 것이다. 바울은 기원후 1세기 그리스-로마 세계에서 사람들이 주고받던 편지의 도입 부분과 구조에서 자주 사용하던 형식을 무시하지 않는다. 평소 기대하던 관습과 예절이 가치중립적임에도 불구하고 마치 복음이 이것들을 평가절하하는 반(反)문화적인 것처럼 평 가하듯이 바울은 그 당시의 문학적 또는 사회적 관습을 저버리지 않는다.

그럼에도 바울은 정형화된 편지 양식을 독특한 기독교적인 내용으로 채운다. 이 편지의 발신자로서 바울은 특별히 하나님의 위임을 받은 사도로 서 자신의 사도 직분을 감당하기 위해 이 편지를 쓴다는 사실을 밝히기 위

해 자신의 이름에 "사도"라는 명칭을 덧붙인다.[1] (다수의 저자가 주장하듯이)
여기서 사도라는 용어는 어떤 권위주의적인 의사 표현을 하고자 하는 것이
결코 아니다. 오히려 이 용어는 바울의 개인적인 희망 사항이나 독창적인
의도가 아니라 하나님께 부르심을 받아 그가 반드시 수행해야 할 임무를 가
리킨다. 바울이 사도로 부르심을 받은 것은 필연성과 당위성의 측면을 지니
고 있다(9:15-18; 참조. 행 26:14; 갈 1:15, 렘 1:4-10; 20:7-9을 직접 반영함).[2] 우리
는 나중에 "사도"라는 용어가 단순히 지식 또는 교의의 측면과 아울러 그리
스도의 죽음과 부활을 삶 속에서 구체적으로 구현한다는 측면에서도 그리
스도에 대한 증인이라는 점에 대해 논의할 것이다. 한편 "전달자가 수신자
에게"라는 통상적인 간략한 인사말 형식이 1:1-3에서 "아낌없이" 길게 표
현된 것은 파피루스를 사용하여 쓴 편지가 지니고 있는 지면상의 한계를 고
려할 때 더욱더 두드러져 보인다.[3] 바울의 편지를 제외하고는 당시의 헬레
니즘 문화권의 편지 인사말에서 주요 저자(바울)가 동역자, 대서자(代書者)
또는 비서(소스데네)의 이름을 언급하는 경우는 매우 드물다.[4]

　　하나님에 의해 부르심을 받는다는 주제는 발신자를 가리키는 "사도로
부르심을 받은"(1절)이라는 표현에 명시되어 있다. 또한 그 주제는 수신자
를 가리키는 "거룩한 백성으로 부르심을 받은"(2절)이라는 표현에서도 명

---

1)　J. Murphy-O'Connor는 *Paul the Letter Writer*(Collegeville: Glazier/Liturgical Press,
　　1995), 45-48에서 다음과 같이 지적한다. 곧 보다 이른 시기에 쓴 편지인 살전 1:1(그리고
　　살후 1:1)에서 바울은 단순히 편지의 전달자(들)의 이름만 포함시키는 반면, 나중에 쓴 편지
　　에서는 "사람들에게서 난 것도 아니요…하나님 아버지로 말미암아"(갈 1:1)라며 자신에 대
　　해 보다 자세하게 묘사한다. 이 자세한 묘사는 고전 1:1과 그 이후의 편지들에 반영된 인사
　　말의 새로운 단계를 드러내준다.

2)　참조. 예를 들면 J. Munck, *Paul and the Salvation of Mankind* (Eng. trans., London: SCM,
　　1959), 20-33; H. Merklein, *Der erste Brief an die Korinther Kapitel 1-4*, (Gütersloh:
　　Gütersloher-Echter Verlag, 1992), 63-64. 사도 개인을 떠나 사도직의 투명성에 관해서는
　　다음을 보라. J. A. *The Agency of the Apostle*, JSNTSS 51 (Sheffield: Sheffield Academic
　　Press, 1991), 특히 61-66.

3)　참조. R. P. Collins, *First Corinthians*, SacPag 7 (Collegeville, Minn: Glazier/Liturgical
　　Press, 1999), 41-43.

4)　E. R. Richards, *The Secretary in the Letters of Paul*, WUNT 2:42(Tübingen: Mohr, 1991),
　　47, n. 138. 또한 Collins, *First Corinthians*, 41-43.

백하게 나타난다. 바울은 앞의 표현을 통해 앞으로 전개될 주제의 서곡을
시작한다. 곧 이들은 자급자족하는 공동체가 아니며, 오히려 "각처에서 우
리 주 예수 그리스도의 이름을 부르는 모든 이들"(2절)과 더불어 공통의 믿
음, 생활 방식, 전통을 공유한다. 그리스도는 단지 그들만의 (독점적인) "주
님"이 아니라 또한 "우리의" 주님이시다. "고린도 교인들은 마치 자신들이
독특한 자들인 것처럼 여겨서는 안 되며(고전 4:7), 따라서 자신들이 율법 위
에 있다고 생각해서도 안 된다(참조. 고전 11:16; 14:36)."5)

　　　통상적인 인사말 용법 안에서 발견되는 추가적인 기독교 신학은 "은혜
와 평안"(χάρις ὑμῖν καὶ εἰρήνη, 그리스어 인사말에서 흔히 사용되는 χαίρειν과는 대
조적으로)의 원천을 "하나님 우리 아버지와 주 예수 그리스도"(3절)로 본다.
바울은 은사, 축복 또는 하나님의 임재의 공동 원천으로 "하나님 우리 아버
지와 예수 그리스도"를 서로 분리하지 않는다.6) 왜냐하면 "은혜"(χάρις)는
종종 하나님이 단지 자신과 분리된 어떤 은사를 베푸시는 것뿐만 아니라 그
리스도 안에서, 그리고 그를 통해 자신을 내어주시는 하나님의 임재와 불
가분의 관계에 있는 은사를 가리키기 때문이다. 바울이 하나님의 영에 대
해 말할 때에도 동일한 원리가 적용된다. 곧 은사를 받거나 영적인 사람이
되는 것은 하나님의 성령의 활동과 결코 분리될 수 없다. 따라서 여기서 "평
안"(εἰρήνη)은 단순히 내면의 평온함에 대한 어떤 느낌이 아니라 하나님과
친밀한 교제를 나눔으로써 그분과 화목한 관계를 맺는 것이다.

　　　우리는 편의상 9:1-3에서 사도와 사도직에 관한 참고문헌을 제시하고
자 한다. 바울은 해당 절에서 이 용어를 보다 더 구체적으로 사용한다. 여기
서 우리는 참고문헌을 다음과 같이 구분하고자 한다. (a) 편지의 시작 형식
과 그리스 편지 작성에 관한 참고문헌, (b) 바울의 동역자에 관한 참고문헌,
(c) 하나님과 그리스도에 관한 표현 관련 참고문헌, (d) 하나님의 거룩한 백

---

5)　J. Murphy-O'Connor, *Paul the Letter Writer*, 51.
6)　N. Richardson, *Paul's Language about God*, JSNTSS 99 (Sheffield: Sheffield Academic
　　Press, 1994), 243-273; 참조. 95-137.

성으로서의 교회에 관한 참고문헌, (e) 주님으로서의 그리스도에 관한 간추린 참고문헌 등이다.

편지의 시작 형식과 그리스 편지 작성에 관한 참고문헌

Archer, R. L., "The Epistolary Form in the New Testament," *ExpTim* 68 (1951–52): 296–298.

Aune, D. E., "Opening Formulas," in *The New Testament in Its Literary Environment* (Cambridge: Clarke 1987), 184–186.

_____, (ed.), *Greco-Roman Literature and the New Testament: Selected Forms and Genre,* SBL Sources for Biblical Studies 21 (Atlanta: Scholars Press, 1988), esp. J. L. White, "Ancient Greek Letters."

Beilner, W., "ἐπιστολή," *EDNT,* 2:38–39.

Belleville, L. L., "Continuity or Discontinuity: A Fresh Look at 1 Corinthians in the Light of First-Century Epistolary Forms and Conventions," *EvQ 59* (1987): 15–37.

Berger, K., "Apostelbriefe und apostolische Rede. Zum Formular frühchristlicher Briefe," *ZNW 65* (1974), 190–231.

Boers, H., "The Form Critical Study of Paul's Letters: 1 Thessalonians as a Case Study," *NTS 22* (1975–76): 140–158.

Botha, P. J. J., "Letter Writing and Oral Communication in Antiquity: Suggested Implications for the Interpretations of Paul's Letter to the Galatians," *Scriptura 42* (1992):17–34.

_____, "The Verbal Art of the Pauline Letters: Rhetoric, Performance and Presence," in S. E. Porter and T. H. Olbricht (eds.), *Rhetoric and the New Testament: Essays From the 1992 Heidelberg Conference,* JSNTSS 90 (Sheffield: JSOT Press, 1993), 409–428.

Deissmann, A., *Light from the Ancient East* (Eng. trans., London: Hodder & Stoughton, 1927), 143–246.

Dewey J., (ed.) *Semeia, 65: Orality and Textuality in Early Christian Literature* (Atlanta: Scholars Press, 1995), esp. R. F. Ward, "Pauline Voice and Presence ...," 95–107, and A. C. Wire, "Performance, Politics and Power," 129–137.

Doty, W. G., "The Classification of Epistolary Literature," *CBQ 31* (1969): 183–199.

_____, *Letters in Primitive Christianity* (Philadelphia: Fortress Press, 1973).

Exler, F. J. X., *The Form of the Ancient Letters: A Study in Greek Epistolography* (Washington, D.C.: Catholic University Press of America, 1923).

Friedrich, G., "Lohmeyers These über das paulinische Brief-Präskript kritisch beleuchtet!" *ZNW 46* (1955): 272–274.

Kim, Chan-Hie, *Form and Function of the Familiar Letter of Recommendation,* SBLDS 4 (Missoula: Scholars Press, 1972).

Koskenniemi, H., *Studien zur Idee und Phraseologie des griechischen Briefes bis 400 n. Chr.*, C11, 2 (Helsinki: Analles academiae scientiarum Fennicae, 1956).

Lieu, J. M., " 'Grace to You and Peace': The Apostolic Greeting," *BJRL 68* (1985): 162-178.

Lohmeyer, E., "Probleme paulinischer Theologie, 1: Briefliche Grussüberschriften," *ZNW 26* (1927): 158-173.

McGuire, M. R. P., "Letters and Letter Carriers in Ancient Antiquity," *Classical World 53* (1960): 148-199.

Malherbe, A., *Ancient Epistolary Theorists*, SBL. Sources for Biblical Study 19 (Atlanta: Schoalrs Press, 1988).

Meecham, H. G., *Light from Ancient Letters* (London: Allen and Unwin and New York: Macmillan, 1923).

Mitchell, M. M., *Paul and Rhetoric of Reconciliation* (Louisville: Westminster-Knox, 1992), 184-191.

Mullins, T. Y., "Formulas in the New Testament Epistles," *JBL* 91 (1972): 380-390.

_____, "Greetings as a New Testament Form," *JBL* 87 (1968): 418-426.

_____, "Petition as a Literary Form," *NovT* 5 (1962): 46-54.

Murphy O'Connor, J., "Co-Authorship in the Corinthian Correspondence," *RB* 100 (1993): 562-579.

_____, *Paul and the Letter-Writer: His World, His Options, His Skills* (Collegeville, Minn. : Liturgical Press, 1995), 20-24, 42-64.

O'Brien, P. T., *Introductory Thanksgiving in the Letters of Paul*, NovTSup 49 (Leiden: Brill, 1977), 107-140 (on vv. 4-9).

Parkin, V., "Some comments on the Pauline Prescripts," *IBS* 8 (1986): 92-99.

Prior, M., *Paul the Letter Writer and the Second Letter to Timothy*, JSNTSS 23 (Sheffield: JSOT Press, 1989).

Richards, E. R., *The Secretary in the Letters of Paul*, WUNT 2:42 (Tübingen: Mohr, 1992).

Rigaux, B., *Letters of St. Paul* (Eng. trans., Chicago: Franciscan Herald Press, 1968), 115-123 and 144-146.

Roller, O., *Das Formular der Paulinischen Briefe. Ein Beitrag zur Lehre vom antiken Briefe*, BWANT 58 (Stuttgart: Kohlhammer, 1933).

Sanders, J. N., "The Transition from Opening Epistolary Thanksgiving to the Body in the Letters of Pauline Corpus," *JBL* 81 (1962): 348-365.

Schnider, F., and W. Stenger, *Studien zum neutestamentlichen Briefformular*, NTTS 11 (Leiden: Brill, 1987), 25-41.

Schubert, P., *Form and Function of the Pauline Thanksgivings* (Berlin: Töppelmann, 1939), mainly on vv. 4-9.

Stamps, D. L., *The Rhetorical Use of the Epistolary Form in 1 Corinthians: The Rhetoric Power*, JSNTSS (Sheffield: JSOT Press, revised Durham University Ph.D thesis, 1992, still forthcoming for 2000).

Stirewalt, M. L., "The Form and Function of the Greek Letter-Essay," in K. P. Donfried (ed.),

The Romans Debate, Revised and Expanded (Peabody, Mass.: Hendrickson, 1991), 147-171.

_____, *Studies in Ancient Greek-Epistolography* (Atlanta: Scholars Press, 1993).

Stowers, S. K., *Letter Writing in Greco-Roman Antiquity* (Philadelphia: Westminster, 1986).

Traede, K. *Grundzüge griechisch-römischer Brieftopik* (Munich: Beck, 1970).

White, J. L., "The Ancient Epistolography Groups in Retrospect," *Semeia* 22: Studies in Ancient Letter Writing (1981): 1-14, and "The Greek Documentary Letter Traditions," *Semeia* 22 (1981): 89-106.

_____, "Ancient Greek Letters," in D. E. Aune (ed.), *Greco-Roman Literature and the New Testament: Selected Forms and Genre*, SBL Sources for Biblical Studies 21 (Atlanta: Scholars Press, 1988).

_____, "Epistolary Formulas and Clichés in Greek Papyrus Letters," *SBL Seminar Papers* 2 (1978): 289-319.

_____, *The Form and Function of the Body of Greek Letter: A Study of the Letter-Body in Non-Literary Papyri and in Paul the Apostle* (Missoula: Scholar Press, 1972).

_____, "Introductory Formulae in the Body of the pauline Letter," *JBL* 90 (1971): 91-97.

_____, *Light From Ancient Letters* (Philadelphia: Fortress Press, 1986).

Wickert, U., "Einheit und Eintracht der Kirche in Präskript des ersten Korintherbriefes," *ZNW* 50 (1959): 73-83.

바울의 동역자에 관한 참고문헌

Bank, R., Paul's Idea of Community (Peabody, Mass.: Hendrickson, 2d ed. 1994), 49-63 and 149-158.

Bruce, F. F., *The Pauline Circle* (Exeter: Paternoster, 1985).

Chow, J. K. M. *Patronage and Power: A Study of Social Networks in Corinth*, JSNTSS 75 (Sheffield: Sheffield Academic Press, 1992): 83-112.

Dodd, C. H., "New Testament Translation Problems, I." *BT* 27 (1976): 301-311 (on "brother" as one of an inner group).

Ellis, E. E., "Co-Workers, Paul and His," in G. F. Hawthorne and R. P. Martin (eds.), *Dictionary of Paul and His Letters* (Leicester: Inter-Varsity Press, 1993), 183-189.

_____, "Paul and His Co-Workers," in his *Prophecy and Hermeneutic in Early Christianity* (Grand Rapids: Eerdmans, 1978), 3-22.

Fiorenza, E. Schüssler, "Missionaries, Apostles, Co-Workers," *Word and World* 6 (1986): 420-433.

Frör, H., *You Wretched Corinthians!* (Eng. trans, London: SCM, 1995). (이 연구서는 동역자들에 대해서 어떤 통속적인 "다큐-드라마"의 일부분으로 이해하는 가설에 기초하고 있다는 점을 주목하라. 어떤 학자들은 그것에 진지한 관심을 기울였다.)

Harrington, D. J., "Paul and Collaborative Ministry," *NTR* 3 (1990): 62-71.

Holmberg, B., *Paul and Power: The Structure of Authority in the Primitive Church as*

Reflected in the Pauline and Deutero-Pauline Writings, SNTSMS 60 (Cambridge: Cambridge University Press, 1988), 55-60.

Marshall, P., *Enmity in Corinth: Social Connections in Paul's Relation with the Corinthians*, WUNT 23 (Tübingen: Mohr, 1987), 133-137 and 143-147.

Meeks, W. A., *The First Urban Christians: The Social World of the Apostle Paul* (New Haven: Yale University Press, 1983), 133-134.

Ollrog, W. H., *Paulus und seine Mitarbeiter* (Neukirchen: Neukirchener, 1979).

Peterson, N., *Rediscovering Paul: Philemon and the Sociology of Paul's Narrative World* (Philadelphia: Fortress, 1985), 103-124.

Richards, E. R., *The Secretary in the Letters of Paul* (Tübingen: Mohr, 1991).

Theissen, G., *The Social Setting of Pauline Christianity: Essays on Corinth* (Eng. trans,. Philadelphia: Fortress, 1982), 87-90.

하나님과 그리스도에 관한 표현 관련 참고문헌

Cullmann, O., "Alle, die den Namen unseren Herrn Jesus Christus anrufen," in Cullmann, *Vorträge und Aufsätze 1925-1962* (Tübingen: Mohr, 1966), 605-622.

Dunn, J. D. G., *The Theology of Paul the Apostle* (Edinburgh: T. & T. Clark, 1998), 28-33 and 244-260.

Hurtado, L. W., *One God, One Lord* (Philadelphia: Fortress, 1988), esp. ch. 5.

Jüngel, E., *God and Mystery of the World* (Eng. trans., Edinburgh: T. &. T. Clark, 1983), 152-169 and 343-373.

Kramer, W., " 'Lord Jesus Christ' in the Salutation," in his *Christ, Lord, Son of God* (Eng. trans., London: SCM, 1966), 151-155.

Kreitzer, L. J., *Jesus and God in Paul's Eschatology*, JSNTSS 19 (Sheffield: Sheffield Academic Press, 1987), 131-170.

Martin, F., "Pauline Trinitarian Formulas and Christian Unity," *CBQ 30* (1968): 199-219.

Moltmann, J., *God in Creation* (Eng. trans., London: SCM, 1985), 1-19, 86-103.

———, *The Spirit of Life* (Eng. trans., London: SCM, 1992), 17-38, 132-138, and 248-267.

Morris, L., "The Theme of Romans," in Ward Gasque and R. P. Martin (eds.), *Apostolic History and the Gospel: Essays Presented to F. F. Bruce* (Exeter: Paternoster, 1970), 249-263.

Newman, C. C., *Paul's Glory-Christology: Tradition and Rhetoric*, NovTSup 69 (Leiden: Brill, 1992), 186-196 and 235-247.

Pannenberg, W., *Systematic Theology* (Eng. trans., Edinburgh: T. &. T. Clark, 1991), 1:259-335.

Richardson, N., *Paul's Language about God*, JSNTSS 99 (Sheffield: Sheffield Academic Press, 1994), 95-138 and 240-307.

Van Linde, P., "Paul's Christology in First Corinthians," *BibTod 18* (1980): 379-386.

Wanamaker, C. A., "Christ as Divine Agent in Paul," *SJT 39* (1986): 517-528.

하나님의 거룩한 백성으로서의 교회에 관한 참고문헌

Asting, R., *Die Heiligkeit im Urchristentum,* FRLANT 46 (Göttingen: Vandenhoeck & Ruprecht, 1930).

Bowers, P., "Church and Mission in Paul," *JSNT 44* (1991): 89-111.

Barr, J., *The Semantics of Biblical Language* (Oxford: Oxford University Press, 1961), 119-129.

Berger, K., "Volksversammlung und Gemeinde Gottes. Zu den Anfängen der christlichen Verwendung von ekklesia," *ZTK 73* (1976): 167-207.

Cerfaux, L., *The Church in the Theology of St. Paul,* (Eng. trans., New York: Herder and Herder, 1959).

Chow, J. K., *Patronage and Power: A Study of Social Networks in Corinth,* JSNTSS 75 (Sheffield: Sheffield Academic Press, 1992).

Cullmann, O., "The Kingship of Christ and the Church in the New Testament," in *The Early Church* (Eng. trans., London: SCM, 1956), 105-140.

Dunn, J. D. G., *The Theology of Paul the Apostle* (Edinburgh: T. & T. Clark, 1998), 537-543.

Merklein, H. "Die Ekklesia Gottes: Der Kirchenbegriff bei Paulus und in Jerusalem," *BZ 23* (1979): 48-70.

Robinson, J. A. T., *The Body: A Study in Pauline Theology* (London: SCM, 1952).

Roloff, J., "ἐκκλησία," *EDNT,* 1:410-415.

Schnackenburg, R. *The Church in the New Testament* (Eng. trans., Freiburg: Herder, 1965), 77-85.

Schölligen, G., "Was wissen wir über die Sozialstruktur der paulinischen Gemeinden?" *NTS 34* (1988): 71-82.

Schrage, W., "Ecclesia und Synagoge," *ZTK 60* (1963): 178-202.

Schweizer, E., Church Order in the New Testament (Eng. trans., London: SCM, 1961), 89-105.

Snodgrass, K., "The Church," *Ex Auditu* 10 (1994), esp. 1-15 (D. G. Miller), 31-44 (R. B. Hays), and 45-54 (W. Liefeld).

Whiteley, D. E. H., The Theology of St Paul (Oxford: Blackwell, 2d ed. 1974), 186-199.

Wickert, U. "Einheit und Eintracht der Kirche in Präskript des ersten Korintherbriefes," *ZNW 50* (1959): 73-82.

주님으로서의 그리스도에 관한 간추린 참고문헌

Beasley-Murray, P., "Romans 1:3f.: An Early Confession of Faith in the Lordship of Jesus," *TynBul* 31 (1980): 147-154.

Bornkamm, G., "Christ and the World," in G Bornkamm, Early Christian Experience (Eng. trans., London: SCM, 1969), 14-28.

Bruce, F. F., "Jesus Is Lord," in J. M. Richards (ed.), *Soli Deo Gloria: In Honour of W. C. Robinson* (Richmond: Knox, 1968), 23-36.

Bultmann, R., *Theology of the New Testament* (Eng. trans., London: SCM, 1952), 1:121-133, 331-336.

Cullmann, O., *Christology of the New Testament* (Eng. trans., London: SCM, 2d ed. 1963), 195-237.

Dahl, N. A., "Sources of Christological Language," in D. H. Juel (ed.), *Jesus the Christ*, (Minneapolis: Fortress, 1991), 113-136.

Davis, C. J., *The Name and Way of the Lord*, JSNTSS 129 (Sheffield: Sheffield Academic Press, 1996).

de Lacey, D. R., "One Lord in Pauline Christology," in H. H. Rowdon (ed.), *Christ the Lord* (Leicester: Inter-Varsity Press, 1982), 191-203.

Dunn, J. D. G., *The Theology of Paul the Apostle* (Edinburgh: T. & T. Clark, 1998), 235-252.

Fitzmyer, J. A., "κύριος," *EDNT*, 2:328-331.

————, "The Semantic Background of the New Testament Kyrios-Title," in Fitzmyer, *A Wandering Aramean*, SBLMS 25 (Missoula: Scholars Press, 1979), 115-142.

Foerster, W., et al., "κύριος κτλ," *TDNT*, 3:1,039-1098.

Gebauer, R., *Das Gebet bei Paulus* (Giessen-Basel: Brunnen, 1989).

Hahn, F., *The Titles of Jesus in Christology* (London: Lutterworth, 1969).

Hengel, M., *The Cross of the Son of God* (Eng. trans., London: SCM, 1986), 55-82 (rpt. *from the Son of God* [1976]).

Hurtado, L. W. "New Testament Christology: A Critique of Bousset's Influence," *TS* 40 (1979): 306-317.

————, *One God, One Lord: Early Christian Devotion and Ancient Jewish Monotheism* (Philadelphia: Fortress, 1988).

Kim, S., *The Origin of Paul's Gospel* (Grand Rapids: Eerdmans, 1982), 104-136.

Kramer, W., *Christ, Lord, Son of God* (Eng. trans., London: SCM, 1966), 65-107 and esp. 151-182.

O'Collins, G., *Christology* (London: Oxford University Press, 1995).

Robinson, J. A. T., "The Earliest Christian Liturgical Sequence?" in *Twelve New Testament Studies* (London: SCM, 1962), 154-157 (rpt. from JTS 4 [1953]: 38-41).

Schweizer, E., *Lordship and Discipleship* (Eng. trans., London: SCM, 1960).

Stuhlmacher, P., *Biblische Theologie des NT* (Göttingen: Vandenhoeck & Ruprecht, 1992), 1:305-311.

Weiss, J., *Earliest Christianity* (Eng. trans., New York: Harper, 1959 [1937]), 2:458-463.

Whiteley, D. E. H., *The Theology of St. Paul* (Oxford: Blackwell, 2d ed. 1974), 99-123.

Ziesler, J. A., Pauline Christianity (Oxford: Oxford University Press, 2d ed. 1990), 35-48.

사도직에 대한 참고문헌은 9:1-3을 보라.

1. 발신자(들) (1:1)

1절   (i) "그리스도 예수"는 메츠거가 지지하는 UBS Greek New Testament (4th ed.)의 어순을 따른다.[7] Χριστοῦ Ἰησοῦ라는 어순은 매우 이른 시기의 사본 P[46](기원후 200년경)뿐만 아니라 B, D, F, G, 33 등에서도 나타난다. 그 반대의 어순, 곧 Ἰησοῦ Χριστοῦ는 ℵ과 A뿐만 아니라 후대의 많은 사본에서 나타난다. 하지만 이 형태는 오직 "주 예수 그리스도"라는 온전한 칭호를 사용하는 문맥에서만 나타난다. (ii) κλητός("부르심을 받은")는 A와 D'에 생략되어 있다. 하지만 이것은 해당 구절을 보다 단순하고 간결하게 제시하려는 의도에서 생략되었다고 설명할 수 있을 것이다. 몇몇 사본 필사자들은 이것을 불필요한 표현으로 간주했을 것이다(참조. 롬 1:1; 갈 1:15).[8]

앞에서 다섯 항목으로 구분하여 제시한 참고문헌이 일러주듯이 여기서 넷 또는 다섯 가지 이슈에 대해 각각 숙고해볼 필요가 있다. 그 이슈들은 다음과 같다. (1) 바울이 정형화된 형식을 따르는 고대 편지들의 도입 부분을 사용하고, 또 그 형식을 수정한 것의 의미, (2) 현 문맥에서 "사도"(ἀπόστολος)가 지니고 있는 의미(또한 9:1-3 참조), (3) Χριστοῦ Ἰησοῦ διὰ θελήματος θεοῦ의 역할, (4) 바울이 "형제"라고 묘사하면서 자신의 동역자 "소스데네"의 이름을 전형적인 편지 형식 안에 뜻밖에 삽입한 것 등이다.

주석가들은 종종 자신들의 바울 서신 연구를 전적으로 예상 가능한 내용으로 시작하는데, 그 내용은 바울 당시의 고대 그리스 편지 안에서 "발신자가 수신자에게 인사를 전합니다.…감사의 뜻을 전합니다"라는 전형적인 표현 양식은 오늘날의 편지에서 "○○○귀하(Dear Sir)" 또는 "사랑하는 마리아에게"처럼 거의 동일하게 사용되었다는 것이다. 하지만 이러한 설명은

---

7) B. M. Metzger, *A Textual Commentary on the Greek NT* (Stuttgart and New York: United Bible Societies, 2d ed. 1994), 478.

8) H. Conzelmann, *1 Corinthians*: Hermeneia (Eng. trans., Philadelphia: Fortress Press, 1975), 19, n. 1 및 20, n. 16(Cerfaux, L., *Christ in the Theology of St. Paul*, [Eng. trans., Freiburg and New York: Herder,1959], 480-485에 대한 반론으로서).

실망감을 안겨줄 수 있는데, 그 이유는 그 내용이 잘못되었다기보다는 그것
이 오늘날에 별 의미 없이, 단지 역사적 또는 문헌적 정보만을 제공하기 때
문이다. 바울은 그 당시의 예절과 관습을 따른다. 그는 의식적으로 기독교
의 복음과 생활 방식을 그리스-로마 세계에서 반문화적으로 보이도록 하
지 않는다. 기독교 복음은 단지 신학적 또는 윤리적 가치들이 고대 그리스-
로마 세계의 어떤 주요한 전제 또는 관습과 대립될 경우에만 반문화적인 유
형을 취하게 된다. 하지만 바울은 그 당시에 통용되던 편지의 구조를 이용
하여 그 틀 안에 새롭고 독특한 요소를 집어넣는다. 그것들은 바울 자신의
특성을 드러낸다. 이에 대한 가장 잘 알려진 예로 바울은 그리스인들이 편
지에서 흔히 사용하는 "문안드립니다"(χαίρειν)라는 인사말을 "은혜와 평
안"(χάρις ὑμῖν καὶ εἰρήνη)이 "여러분에게" [임하기를 빕니다]로 바꾸어 표현
한다. 적어도 테르툴리아누스(기원후 160-225년경) 시대로부터 해석가들은
편지의 구조 자체보다 바울이 정형화된 구조 안에서 특이하게 변화시킨 요
소로부터 더 많은 것을 배울 수 있다고 지적해왔다. 예를 들자면 오늘날 "귀
하"라는 표현에 기초하여 친근감과 애정의 정도를 평가하고자 하는 것은
지혜롭지 못한 처사일 것이다.

　　많은 학자들이 편지의 형식에 대해 집중적으로 연구를 해왔다는 사실
은 앞에서 언급한 마흔 가지가 넘는 참고문헌을 통해서도 드러난다. (또한
16:13-24에 대한 광범위한 참고문헌을 보라.) 오토 롤러는 바울 이전의 세 세기와
그 이후의 세 세기에 걸쳐 편지 작성 관행은 거의 변함이 없는 일관된 양식
(protocol)을 보여준다고 주장한다.[9] 이에 기초하여 판단할 때 우리는 테르
툴리아누스가 바울의 편지에 대해 매우 색다른 논평을 제시한다는 것을 분
명히 알 수 있다. 그는 바울의 인사말이 반(反)마르키온적인 특성이 있다고

---

9)　O. Roller, *Das Formular der Paulinischen Briefe*. BWANT 58 (Stuttgart: Kohlhammer,
　　1933); 이와 비슷하게 W. G. Doty, *Letters in Primitive Christianity* (Philadelphia: Fortress
　　Press, 1973)도 다음과 같이 말한다. 곧 "헬레니즘 문화권의 편지에서는 매우 판에 박은 듯한
　　유형이 나타난다.…그 편지들은 놀라울 정도로 고정적인 유형으로 작성되었으며, 확고한 전
　　통에 매어 있다"(11, 12).

묘사한다. 왜냐하면 그는 바울이 인사말에 "평안"을 덧붙인 것은 의도적으로 유대교의 통상적인 인사 형식에 부합하도록 하려는 것이었다고 보기 때문이다. 따라서 이것은 마르키온의 주장과 반대되는 것으로, 바울의 하나님은 구약성경의 하나님이라는 사실을 명백하게 보여준다는 것이다. 설령 그가 어떤 의미에서 "유대교 파괴자"라고 할지라도 바울은 자신의 편지의 인사말에 의식적으로 "유대인들이 여전히 사용하는 형식"을 삽입한다.[10]

많은 주석가들은 고대 그리스 편지의 고정된 형태나 내용은 고대 그리스인들의 일반적인 전제를 드러낸다고 주장했다. 즉 손으로 쓴 편지나 기록된 텍스트가 대화나 강연에서 직접 입으로 전달하는 말보다 상당히 열등하다는 것이다.[11] 하지만 바울 자신은 편지 형식을 효과적인 의사 전달 수단과 사건으로 이해한다. 또한 그의 편지 또는 편지들이 신자들이 모여 있는 교회 안에서 큰 소리로 낭독되었다면(거의 확실하듯이) 구두 전달과 문서 전달의 차이는 지나치게 강조되어서는 안 된다.[12] 편지 형태에 관한 연구는 실질적이고 중요한 몇몇 방법을 통해 편지의 내용을 해석하는 데 영향을 미칠 수 있다. 예를 들면 고전 1:10에서 비에르켈룬드는 "나는 호소합니다" 또

---

10) Tertullian, *Against Marcion*, 5:5:1.

11) 이 주제에 대해서는 상당히 많은 논의가 있지만, 가장 최근의 논의로서는 다음을 보라. Joanna Dewey (ed.), *Semeia 65: Orality and Textuality in Early Christian Literature* (Atlanta Scholars Press), 특히 95-135 (by R. F. Ward, A. J. Dewey, and A. C. Wire). 또한 참조. D. Stamps, *Rhetorical Use*, and A. Malherbe, *Ancient Epistolary Theorists*.

12) 우리는 신약성경과 고대 그리스의 세속 문헌 안에서 텍스트를 수단으로 하여 효과적인 의사전달 행위가 "실연"(performance)되는 사례를 많이 발견할 수 있다. Abraham Malherbe는 고대의 편지 작성 원리와 방법에 대한 몇몇 중요한 모델을 수집했다(*Ancient Epistolary Theorists*, SBL. Sources 19 [Atlanta Scholars Press, 1988]). Malherbe가 제시하는 사례 중 한 가지는 Pseudo-Demetrius(기원후 100년경)와 관련이 있다. Pseudo-Demetrius는 자신이 적어도 스물한 가지의 편지 형식 또는 "서신 양식"(epistolary modes)을 발견했다고 주장한다. 그것들은 ("알레고리적"이며 "풍자적인" 두 가지를 제외하고는) 모두 실연을 위한 행위에 사용되었다고 한다. (언어 행위에 대해서는 이 주석서의 서론 109-12, 116-17, 123-26을 보라.) 예를 들면 추천하는 편지(συστατικός)는 어떤 사람을 추천하는 행위를 하며, "비난하는 편지", "책망하는 편지", "위로하는 편지"(μεμπτικός, ονειδιστικός, παραμυθητικός)는 말로 전달하는 것 못지않게 어떤 사람들을 책망하거나 위로하는 행위를 수행한다.

는 "나는 요청합니다"(παρακαλῶ)라는 표현이 지닌 기능을 (현대 그리스어의 경우에서처럼) "부탁합니다"와 비교한다. 이것은 편지 형식이 감사하는 말에서 요청하는 말로 바뀌었다는 것을 일러준다. 한편 벤 위더링턴은 마거릿 미첼의 견해를 따라 동일한 그리스어 동사(παρακαλῶ)를 고대 그리스-로마의 수사학의 배경에 두면서 이 단어에 이 편지 전체의 핵심 주장을 표현하는 핵심 지위 또는 명제(propositio)를 부여한다.[13] 한편 에릭손은 "편지 형식"에 대한 일부 학자들의 좁은 관심과 수사학에 대한 다른 학자들의 관심이 불행하게도 서로 양극화되어 있다고 올바르게 비판한다. 바울의 편지는이 두 가지를 모두 구현하며, 이 두 가지 요소는 주해에 도움을 준다.[14]

바울은 자신이 "부르심을 받은" 것을 어떤 강제적인 경험으로 넌지시 내비친다. 예레미야와 마찬가지로 그는 태어나기 이전부터 성별되었다 (갈 1:15; 참조. 렘 1:5).[15] 바울은 "만일 복음을 전하지 아니하면 내게 화가 있을 것이로다"(고전 9:16)라고 외친다. 여기서 바울이 고난 또는 박해에도 불구하고 진리를 주장하기 위해 "부르심"을 받았다는 스토아학파의 개념을 명백하게 언급한다는 주장은 타당성이 없다.[16] 그가 "사도로 부르심"을 받았다는 것은 "거룩한 백성으로 부르심을 받은 이들"이라는 표현과 병행을 이룬다(참조. 2절).[17] 바울만 유일하게 "구별되고, 성별되고, 거룩한" 자가 아

---

13) Ben Witherington III, *Conflict and Community* (Eerdmans: Grand Rapids and Carlisle: Paternoster, 1995), 94-97; M. M. Mitchell, *Paul and The Rhetoric of Reconciliation* (Louisville, Westminster-Knox, 1992), 198-200. Witherington은 자신의 견해를 뒷받침하기 위해 Bjerkelund를 인용한다. 그러나 비록 후자가 "호소" 내용의 중요성을 강조하지만, 그 구조는 수사학이 아니라 편지다. 참조. C. J. Bjerkelund, *Parakalô. Form, Funktion und Sinn der Parakalô-Sätze in den paulinischen Briefen* (Oslo: Universitetsforlaget, 1967). 또한 1:10에 대한 주석을 보라.

14) A. Eriksson, *Traditions as Rhetorical Proof: Pauline Argumentation in 1 Corinthians,* ConBNT 29 (Stockholm: Almqvist & Wiksell, 1998), 280-283.

15) J. Munck, *Paul,* 25-29; 참조. 11-35.

16) K. L. Schmidt, "καλῶ," *TDNT* 3:493.

17) C. Wolff, *Der erste Brief des Paulus an die Korinther* (Leipzig: Evangelische Verlagsanstalt, 1996), 14.

니다.[18] 모든 그리스도인 신자가 하나님으로부터 소명을 받았다.

우리는 "사도"에 대한 세부적인 참고문헌을 9:1-3에 대한 주석에서 제시할 것이다. 하지만 여기서도 몇 가지 질문이 대두된다. 바울은 독자들에게 자신의 권위를 정당화하고자 사도라는 용어를 사용하는가? 아니면 자신을 초월하여 그리스도 안에서 하나님을 가리키려는 것인가? 또한 이 용어는 그 무엇보다도 교회의 직분이나 직함을 의미하는가? 아니면 복음의 기초와 본질을 증언하는 차원에서 복음을 선포하고 그것을 삶으로 살아내는 것과 관련이 있는가?

(a) 우리는 바울이 여기서 "권위를 얻으려고"(칼뱅), "자신의 권위를 확증하려고"(알로), 자신에게 "권위가 주어졌다"는 것을 보여주려고(Cerfaux, Ortkemper), 또는 "지도자의 지위를 견고히 하려고"(맥도널드) "사도"라는 단어를 사용한다는 신중한 작가들의 견해를 추적할 수 있다.[19] 어쩌면 니체와 푸코의 작품이 출간되기 이전에는 이러한 주해가 더 순진하게 보였을 것이다. 하지만 이러한 비평 이론 철학자들은 다음과 같은 주장을 통해 우리의 관심을 끈다. 곧 종교와 사회 안에서는 종교인들, 특히 종교 지도자들은 종종 타인을 지배하거나 조종하기 위해 자신들이 하나님 또는 절대자와 맺고 있는 관계의 진실성을 주장했다는 것이다.[20] 분명히 니체는 바울도 이 전략을 사용했다고 주장했다. 나는 나의 다른 연구서에서 니체의 해당 논점을 다루었다.[21] 최근에 이 논쟁은 특히 "새로운" 수사학과 권력의 수사학에 관한 성서 연구에서 벌어지는 논의에 기초하여 더욱더 민감해졌다. 예를

---

18) A. C. Wire, *The Corinthian Women Prophets* (Minneapolis: Fortress, 1990), 30.

19) E.-B. Allo, *Saint Paul, Première Épitre aux Corinthiens* (Paris: Gabalda, 1956), 1; L. Cerfaux, *The Church in the Theology of St. Paul*, (Eng. trans., Freiburg and Herder, 1959), 251; M. Y. MacDonald, *The Pauline Churches* (Cambridge University Press, 1988), 48; F.-J. Ortkemper, *1 Korintherbrief* (Stuttgart: Verlag Katholisches Bibelwerk, 1993), 9. Merklein(*Der erste Brief Kap. 1-4*)도 "능력과 권위"의 측면에 대해 논의한다.

20) F. Nietzsche, *The Complete Works* (18 vols., Eng. trans., London: Allen & Unwin, 1909-13), 9. *The Dawn of Day*, Aphorisms, 66-71.

21) A. C. Thiselton, *Interpreting God and the Postmodern Self* (Edinburgh: T. & T. Clark and Grand Rapids: Eerdmans, 1995), 3-45, 111-163.

들어 보타는 새로운 수사학은 "청중에게 연기를 하는 것과⋯권위를 상기시키는 것"을 강조한다고 말한다.[22] 와이어는 다음과 같이 주장한다. "작가의 자기 소개('에토스')는 어떤 효과를 얻기 위해⋯도입부를 지배할 것을 기대한다."[23] 따라서 수사비평은 바울이 과연 인과적 설득(causal persuasion)과 심지어 교묘한 권력 놀이를 위한 근거로서 자신의 높아진 인지도를 의도적으로 내세우려고 했는지에 관한 문제를 제기한다.

(b) 하지만 교부 시대에서부터 오늘날에 이르기까지 다른 작가들은 사실상 정반대의 입장을 취한다. 크리소스토모스(기원후 390년경에 저술)는 다음과 같이 1절의 "자기 소개"(self-presentation)라는 개념을 거부한다. "여기서 부르시는 분은 모든 것이시다. 반면에 부르심을 받은 이는 아무것도 아니다.⋯그런데도 당신은 사람들의 이름을 은인으로 생각하는가?"[24] 크리소스토모스는 그리스도라는 명칭이 놀라울 정도로 두세 절 안에서 여러 번 나온다는 사실이 모든 것을 말해준다고 올바르게 지적한다.[25] 이와 비슷하게 라이트푸트도 마치 최근의 논의를 예상이라도 하듯이 여기서 바울의 이슈는 권위를 내세우는 것이 아니라 오히려 개인에게 돌려야 할 공로가 없다는 것이라고 역설한다. 바울은 "자기를 낮추는 감정으로" 자신이 그렇게 해야만 하므로 사실상 그렇게 편지를 쓴다는 것이다.[26] 만약 권위에 대한 문제가 조금이라도 암시되어 있다면 그 문제는 "부차적일 수밖에 없다."[27] 벵엘은 바울이 사도와 하나님의 뜻을 언급한 것은 자신의 개인적인 공로를 배제하기 위한 것이라고 주장한다.[28]

---

22) P. J. J. Botha, "Verbal Art," in S. E. Porter and T. H. Olbricht (eds.), *Rhetoric and the New Testament* (Sheffield: JSOT Press,1993), 413. 또한 *Semeia 65, Orality and Textuality,* 95-135에서 Ward, Dewey 및 Wire의 수사학적인 접근 방법을 참고하라.

23) Wire, *The Corinthian Women Prophets,* 2.

24) Chrysostom, *Ep. Cor. Hom.* 1:1.

25) Chrysostom, *Ep. Cor. Hom.* 2.7.

26) Lightfoot, *Notes on the Epistles,* 143.

27) 같은 책, 동일한 면.

28) J. A. Bengel, *Gnomon Novi Testamenti* (Stuttgart: Steinkopf, 3d ed. 1866), 608, *homilis animi* (1st ed. 1742).

베스트는 어떤 학술 토론회에서 발표한 논문에서 한 걸음 더 나아간다. 그는 사도 직분의 표지는 "그리스도를 닮은 연약함"이라고 주장한다.[29] 그는 신약성경에서 사도라는 용어는 단지 교회의 직분을 가리킨다고 보기에는 매우 다양하게 사용된다고 주장한다. 이 용어는 하나님의 은혜에 관심을 갖도록 이끌어준다. "사도라 칭함 받기를…그러나 내가 나 된 것은 하나님의 은혜로 된 것이니"(고전 15:9, 10). 또한 이 용어가 낮아짐과 관련이 있다는 점은 고전 4:9에서도 나타난다. 최근에 슈라게와 볼프는 여기서 사도라는 용어의 핵심을 바울이 자신을 그리스도의 종이며 자신의 주님께 속해 있다고 인식하는 것 안에서 발견한다.[30]

(c) 만약 사도라는 명칭에 대한 이 견해가 타당하다면 사도 직분이 어떤 의미에서 교회를 위해 변함없이 "기초적"인 것일 수 있는가?(참조. 고전 12:28) 왜 사도들은 "첫째"이며(12:28), "맨 나중"(4:9; 15:8)인가? 퍼니쉬는 사도 직분이 "복음의 진리"를 가리키는 것이지, 교회의 어떤 구조를 가리키는 것이 아니라고 이해한다. 또한 슈라게는 그 직분이 지역을 초월한다고 주장한다.[31] 따라서 바레트, 쉬츠, 존스 등 다른 이들은 사도 직분의 "표지"(sign)를 그리스도와 함께 살고 죽는 복음의 요지를 철저하게 삶으로 드러내는 것이라고 올바르게 이해한다.[32] 하지만 이것은 모든 헌신적인 신자에

29) E. Best, "Apostleship Authority — ?" *JSNT 27* (1986): 11. 참조. 325.

30) W. Schrage, W. *Der erste Brief an die Korinther,* EKKNT 7/1 (3 vols. to date, Neukirchen-Vluyn: Neukirchener Verlag, and Zürich: Benzinger, 1991, 1995, and 1999), 1:99–101; C. Wolff, *Der erste Brief des Paulus an die Korinther,* THKNT 7 (Berlin: Evangelische Verlagsanstalt, 1996), 14. 참조. Combes, I. A. H., *The Metaphor of Slavery in the Writings of the Early Church,* JSNTSS 156 (Sheffield: Sheffield Academic Press, 1998), 121–128.

31) V. P. Furnish, "On Putting Paul in His Place," *JBL* 113 (1994): 15; 참조. 3:17. 참조. Best, "Apostleship Authority," 17; Schrage, W. *Der erste Brief,* 1:99–101; W. Beardslee, *Human Achievement and Divine Vocation in the Message of Paul* (London: SCM, 1961), 79–94.

32) C. K. Barrett, The Signs of an Apostle (London: Epworth Press, 1970), 11–84. 또한 "Paul and the 'Pillar' Apostles," in J. N. Sevenster (ed.), *Studia Paulina in Honorem J de Zwaan* (Haarlem: Bohn, 1953), 1–19; J. H. Schütz, *Paul and the Anatomy of Apostolic Authority,* JSNTSMS 26 (Cambridge: Cambridge University Press, 1975), 201: P. R. Jones, "1 Cor 15:8: Paul the Last Apostle," *TynBul* 36 (1985): 3–34; Schrage, *Der erste Brief,* 1:99–101.

게 해당되는 것이 아닌가? "참여"라는 측면은 신앙 공동체 사이에서 공유될 수 있다. 이에 반해 "증언"이라는 측면은 부활에 대한 증인으로서 지역을 초월하여 사역한 첫 세대 사도들에게만 유일하게 해당된다. 사도들은 구원 역사에서 유일한 위치를 차지한다. 따라서 바레트는 프리드릭센의 견해에 동조하면서 "사도 직분의 가장 우선적인 의미는 종말론적"이라고 주장한다.[33] 사도와 관련하여 메르클라인, 볼프, 슈라게는 모두 부르심, 그리스도 중심적인 증언과 선교 또는 복음 선포의 삼중 주제를 강조한다.[34]

(d) 그러므로 나는 그리 주목을 받지 못했던 것으로 보이는 사도라는 용어에 새로운 뉘앙스를 제안하고자 한다. 노이펠트 등 다른 이들은 증언과 신앙고백은 신약성경에서 두 가지 상호 보완적인 측면을 지니고 있다고 주장한다. 즉 이것은 한편으로는 어떤 사건이 일어났다는 객관적인 증언과 다른 한편으로는 그것에 행위로 직접 동참하는 것이다. 그 과정에서 그는 자신의 증언이 참되다는 것을 입증하기 위해 자신의 뜻을 끝까지 굽히지 않으면서 심지어 자신의 목숨을 내걸거나 자신의 삶의 방식을 포기한다.[35] 따라서 한편으로 (i) **사도들은 그리스도의 죽음과 부활 "사건"에 대해 유일무이하게 증언한다**(고전 15:3-9. 참조. 9:1). 빌켄스는 심지어 부활한 예수의 "출현"에 대한 전승은 맨 처음에는 보다 더 일반적인 의미에서 부활 사건에 대한 증거이기보다는 사도 직분에 대한 표지(sign)로서 시작되었다고 주장한다.[36] 다른 한편으로 (ii) **사도 직분은 삶을 통해 그리스도의 십자가의 연약함과 그리스도의 부활의 변화시키는 능력에 구체적으로 동참하는 경험을 포함한다.** 이러한 이중적 증언은 "사도 직분의 필수적인 표지"다. 쉬츠가 주장하듯이

---

33) Barrett, "Paul and the 'Pillar' Apostles," 19. 참조. Fridrichsen, "The Apostle and His Message," UUÅ 3 (1947): 3:3-17. 참조. Beardslee, *Human Achievement*, 83.

34) Merklein, *Der erste Brief*, 67; Wolff, *Der erste Brief*, 15-16; Schrage, *Der erste Brief*, 1:99-101.

35) V. H. Neufeld, *The Earliest Christian Confessions* (Leiden: Brill, 1963).

36) U. Wilckens, "Der Ursprung der Überlieferung der Erscheinungen des Auferstandenen: Zur traditionsgeschichtlichen Analyse von 1 Kor 15:1-11," in W. Joest and W. Pannenberg, (eds.), *Dogma und Denkstrukturen* (Göttingen: Vandenhoeck & Ruprecht, 1963), 56-95.

만약 사도 직분이 "능력"과 관련이 있다면 그것은 바로 "십자가의 연약함을 통한 능력"일 것이다.[37] 이러한 사도 직분은 말과 구체적인 생활 방식을 통해 "케리그마를 확증하는 것"(고전 1:21)과 케리그마를 진정으로 선포하는 것을 포함한다.[38] 따라서 존스는 다음과 같이 주해한다. "바울의 언어는 기초적이다.…[거기에는] 주관적인 측면이 있다. 곧 '복음 안에 너희가 서 있다.'…또한 객관적인 내용도 있다. 곧 '그리스도는 죽었다가 살아나서 게바에게 나타났다. 그리고 맨 나중에 나에게도 나타났다.'"[39] 바레트는 이것을 "사도로서 [바울은] 십자가에서 내려오기를 거부했다"라고 요약한다.[40] 하지만 그의 말은 위에서 지지한 이중적인 의미로 이해해야 한다. (이에 대한 근거와 보다 더 자세한 논의는 4:9; 9:1-3; 15:7-9에 대한 주석을 보라.)

(e) 이와 관련이 있는 한 가지 내용이 이러한 이슈를 통해 특별한 조명을 받는다. 위더링턴은 "[고린도 교인들이] 바울에 대해 진정으로 불평한 것은 그가 당시의 소피스트들과는 달리 메시지 전달 과정에서 기고만장한 자세를 취하지 않았거나 자기 자랑을 늘어놓지 않았기 때문일 수 있다"고 지적한다.[41] 고린도 시민들은 "신분 상승을 갈망하던 사람들"이었다.[42] 우리가 앞에서 "아포스톨로스"(사도)의 명칭에 관해 논의할 때 언급했듯이 어떤 이들은 이러한 기준에 근거하여 바울이 자격이 없다고 간주했을 것이다.[43] 크래프턴은 "수사학"이라는 용어를 현대에 널리 알려진 의미가 아닌 바울의 용법에 따라 사용하면서 다음과 같이 주장한다. "하나님의 임재는 대리 행위(agency) 안에서가 아니라 그 행위를 통해 감지된다.…사도들은 하나님의 계획을 보여주는 창문이다.…대리인은 눈으로 직접 확인할 수

---

37) Schütz, *Anatomy*, 187-200. 또한 Barrett, Best, Holmberg도 Schütz의 강조점을 공유한다. 한편 Schütz는 Käsemann과 Weber에게서 영향을 받은 것을 반영한다.

38) Schütz, *Anatomy*, 187-200.

39) Jones, "1 Cor. 15:8," 34.

40) Barrett, *Signs*, 44.

41) B. Witherington, III, *Conflict and Community in Corinth* (Grand Rapids: Eerdmans and Carlisle: Paternoster, 1995), 123-124.

42) Witherington, *Conflict and Community*, 24.

43) 같은 책, 21. 참조. 19-24, 46-48, 78-79, 123-129, 136-150.

있다. 대리 행위는 본유적으로 투명하다."[44] 브루스 윈터는 (고린도의 소피스트들을 포함하여) "소피스트들"에 대한 세부적인 평가를 제공해준다.[45] 이 평가는 우리를 크리소스토모스와 라이트푸트의 주석서로 이끈다. 곧 연약함 안에 있는 하나님의 능력이 십자가의 형태로 계시된 것처럼 바울의 사도 직분은 그의 존재 자체를 넘어 하나님을 가리킨다는 것이다. 리트핀은 크래프턴의 강조점을 확대하여 보다 더 분명하게 제시한다. 곧 (고대 고린도에서 통용되던 의미 또는 포스트모던적인 의미에서의) "수사학적 강조점"과는 대조적으로 "바울의 선교는 십자가에 못 박힌 그리스도를 선전하는 것이었다."[46] 닐 리처드슨은 "σκάνδαλον이 사도의 인격 안에서 재연되었다"는 점을 지적하면서 삶의 방식의 측면을 강조한다.[47]

바울은 "하나님의 뜻을 통해 그리스도 예수의 사도"라는 표현을 덧붙이면서 자신의 사도적 소명을 부연 설명한다. 비록 그가 그리스도로부터 자신의 사명을 받지만, 바울은 그리스도의 대리 행위를 이에 일부 상응하는 "하나님의 뜻"에 대한 언급과 분리하는 경우는 (전혀 없지 않다면) 거의 없다. 바울은 다른 어떤 편지에서보다도 나중에 이 편지에서 특히 그리스도 안에서, 그리고 그를 통해 계시된 하나님의 절대 주권적인 뜻이 본질에서 벗어나게 할 수 있는 "그리스도에게 속한다"는 개념을 모두 비판할 것이다.[48] 레온 모리스는 로마서 안에서 이 주제가 지닌 중요성을 설명하고, 모팻과

---

44) J. A. Crafton, *The Agency of the Apostle*, JSNTSS 51 (Sheffield: Sheffield Academic Press, 1991), 62-63(강조는 원저자의 것임).

45) B. W. Winter, *Philo and Paul among the Sophists*, SNTSMS 96 (Cambridge: Cambridge University Press, 1997).

46) D. Litfin, *St Paul's Theology of Proclamation: 1 Cor 1-4 and Greco-Roman Rhetoric*, SNTSMS 79 (Cambridge: Cambridge University Press, 1994), 196.

47) N. Richardson, *Paul's Language about God*, JSNTSS 99 (Sheffield: Sheffield Academic Press, 1994), 135.

48) 예를 들면 다음 주석서를 보라. J. Moffatt, *The First Epistle of Paul to the Corinthians* (London: Hodder & Stoughton, 1938), 250-251. Moffatt는 15:28에 대한 주해에서 바울이 "하나님과 그리스도 사이의 유대 관계를 느슨하게 만든 일종의 그리스도-신비주의"를 공격하고 있다고 믿고 있다.

닐 리처드슨은 고린도전서를 대상으로 그렇게 한다.[49] 구원과 관련된 어떤 특정 사건 또는 전개 과정이 하나님 아버지나 예수 그리스도 또는 성령과 보다 더 밀접하게 연관되어 있든지의 여부와 상관없이, 심지어 바울에게도 하나님의 모든 구원 행위는 암묵적이며 추론적인 의미에서 이미 삼위일체적인 특성이 있다.[50] 어떤 기독교 신자가 "부르심을 받는" 것은 사람들이 스스로 "만족스럽다"고 판단하거나 자신에 대한 긍정적인 판단에 달린 것이 아니라 각 사람을 사랑하시고 그에 대한 목적을 지니신 "하나님의 뜻"에 달린 것이다.[51] 따라서 그리스도와 십자가가 제시하는 모범("내 뜻이 아니라 아버지의 뜻")은 모든 삶과 생활 방식을 향한 하나님의 절대 주권의 중심성을 반영한다.

분명히 이 어구는 갈 1:1의 보다 더 강조된 형태—"사람들에게서 난 것도 아니요 사람으로 말미암은 것도 아니요"(οὐκ ἀπ' ἀνθρώπων οὐδὲ δι' ἀνθρώπου)—를 상기시켜주는데, 거기서도 바울은 하나님과 그리스도의 동인(agency)을 동시에 강조한다. "예수 그리스도와…하나님 아버지로 말미암아." 하지만 갈라디아서의 이 표현은 논쟁적인 어조를 띠고 있지만(F. C. 바우어에 대한 반론; 9:1-3에 대한 주해 참조), 이러한 어조가 고린도전서에서도 반드시 들어 있는 것은 아니다. 루터는 모든 직업과 모든 그리스도인이 하나님의 뜻에 따라 소명을 받는다는 것의 중요성을 강조하지만, 바울의 소명

---

49) Moffatt, *First Epistle*, 250-251. Richardson, *Paul's Language*, 95-308, 240-307. L. Morris, "The Theme of Romans," in Ward Gasque and R. P. Martin (eds.), *Apostolic History and the Gospel: Essays Presented to F. F. Bruce* (Exeter: Paternoster, 1970), 249-263.

50) 신약학들이 항상 조직신학자들의 다음과 같은 저서와 건설적인 대화를 나누는 것은 아니다. Pannenberg, *Systematic Theology*, 1:259-335; Jüngel, *God as the Mystery of the World*, 152-169, 343-373; J. Moltmann, *God in Creation*, 1-19, 86-103; *The Spirit of Life*, 17-38, 132-138, 152-169, 343-373; 또한 C. Gunton, *The Promise of Trinitarian Theology* (Edinburgh: T. & T. Clark, 1991). 이러한 저서들은 Neil Richardson의 연구서와 같은 저서 등에 암시되어 있는 내용을 자세하게 설명해준다.

51) 따라서 영국 성공회의 교리 위원회의 보고서(*The Mystery of Salvation*, London: Church House Publishing, 1995)는 하나님의 구원과 부르심을 "하나님을 전혀 언급하지 않으면서 인간 자신의 성취를 강조하는 유사한 개념들"과 서로 구별한다. "[성취]는 세속적인 사람들이 추구하는 것에 대해 묘사하는 것이다"(32).

과 관련해서는 다음과 같이 논평한다. "이러한 직분을 하나님의 소명 없이 받아들이는 것보다 더 큰 위험은 없다. 하지만 안타깝게도 오늘날 많은 이들은 이 점에 대해 전혀 민감하지 못하다."[52]

　　그리스어 전치사 διά가 소유격으로 사용된 용법은 "~을 통해"(바레트와 콜린스의 경우처럼)로 번역하는 것이 "~에 의해"(NRSV, REB, NJB, NIV)보다 더 정확한 번역이다. "하나님의 뜻을 통해"는 동인뿐만 아니라 방법, 수단, 작용인(efficient cause) 등도 나타낸다. 사전 편찬자들과 문법 학자들은 신약성경을 포함한 헬레니즘 그리스어에 나타난 이러한 뉘앙스에 대해 풍부한 증거를 제시한다(예. "율법을 통해": 롬 3:20; "지혜를 통해": 고전 1:21). 이 용법은 부수적인 상황 및 작용인을 나타내는 소유격이다.[53] "하나님의 부르심과 하나님의 뜻에 따라"라는 REB의 번역은 강한 의미를 제시하지만, 그리스어 전치사가 지닌 뉘앙스를 제대로 표현해주지 못한다. 또한 이 구문은 억압된 신념에 대한 심리학적 설명을 제시함으로써 행 26:14의 "가시 돋친 채찍을 발길로 차는 것"에 대한 사변은 이와 무관하다는 뭉크의 주장을 뒷받침해준다. 뭉크는 이에 대한 행 26:14의 암시가 "이제부터 [이러한 상황은 너에게] 매우 어려움을 줄 것이다.…이제부터 너는 나 그리스도가 이제 너에게 부여한 임무로부터 결코 자유롭지 못할 것이다."[54] 메르클라인과 슈라게는 예레미야의 강압적인 경험("주께서 나를 속이셨으므로…주께서는 나보다 더 강하셔서…": 렘 20:7-9[표준새번역])과 갈 1:11-24에서 자신의 부르심에 대한 바울의 설명을 서로 비교하는 뭉크의 해석을 따른다.[55] 또한 이 구절은 고후 5:11-6:2에 나타난 사고의 흐름과도 평행을 이룬다. 곧 "우리가 다시 너

---

52) Luther, *Lectures on Romans*, LCC 15 (Eng. trans., London: SCM, 1961), 9.

53) Blass-Debrunner-Funk, *A Greek Grammar of the New Testament* (Chicago: University of Chicago Press, 1961; 이후로 이 문법서는 BDF로 축약해서 표기함), 119-120, sect. 223; W. Bauer, W. F. Arndt, F. W. Gingrich, and W. Danker, *A Greek-English Lexicon of the New Testament and Other Early Christian Literature* (Chicago: University Press of Chicago, Press, 2d ed. 1979; 이후로 이 그리스어 사전은 BAGD로 표기함), 179-181. 참조. Barrett, *First Epistle*, 30; Collins, *First Corinthians*, 41 and 51.

54) Munck, *Paul*, 19-29, 특히 21.

55) Merklein, *Der erste Brief*, 1-4, 67-68; Schrage, *Der erste Brief*, 1:99-101.

희에게 자천하는 것이 아니요"(5:12), "그리스도의 사랑이 우리를 강권하시는도다"(5:14). "우리가 그리스도를 대신하여 사신이 되어 하나님이 우리를 통하여 너희를 권면하시는 것 같이"(5:20)라는 표현 등이다. 한편 κλητὸς ἀπόστολος … διὰ θελήματος Θεοῦ라는 그리스어 원문의 배후에는 히브리어 단어 שליח(샬리아흐)가 있다. 이 히브리어 단어는 다른 사람을 대신하여 "보냄을 받은 자"라는 개념을 전달해준다. 그는 보낸 이로부터 권한을 위임받은 대리자로서 어떤 특별한 임무를 수행하기 위해 **보냄을 받았다**.[56] (보다 자세한 내용은 9:1-3에 대한 주해를 참조하라.)

이 편지의 도입부에서 제시하는 인사말에는 공동 발신자(소스데네)가 포함되어 있는데, 이것은 바울의 편지를 제외하고 고대 그리스어 편지에서 극도로 드문 사례다.[57] 따라서 바울이 공동 발신자의 이름을 반복적으로 언급한다는 것은 매우 주목할 만하다. 곧 고후 1:1에서 디모데, 빌 1:1과 골 1:1에서 또다시 디모데, 살전 1:1과 살후 1:1에서 실루아노와 디모데, 그리고 또다시 몬 1절에서 디모데가 언급된다. 로마서와 갈라디아서에서는 공동 발신자에 대한 언급이 생략된다. 이것은 그 편지가 지니고 있는 특별한 이유를 반영한다. 이처럼 **바울은 동역자들과 협력하지 않고 고립된 개인으로 [교회들을] 지도하고 사역하기 위해 위임받은 것으로 자신을 인식하지 않는다. 동역자들의 역할은** 고전 16:13-20에 분명하게 나타난다. (이 점에 대해서는 해당 절에 대한 참고문헌과 주해를 보라.)[58]

---

56) 참조. Schrage, *Der erste Brief*, 1:99-100. 하지만 이 개념은 다소 의심스러운 가설로 발전한다. 이 가설은 처음에 H. Rengstorf(1933)가 지지했다. 그다음에 Dom Gregory Dix(1946)와 A. G. Herbert(1946, 1963)는 이 가설을 교회법에 적용시켜 랍비 "안수 의식"(ordination)이라는 용어에 기초하여 "사도 계승"(apostolic succession) 이론으로 발전시켰다. 9:1-3에 대한 주해를 보라.

57) Richards, *The Secretary in the Letters of Paul*, 47, n. 138은 파피루스에 기록된 645편의 편지에서 이와 같은 예를 단지 여섯 번 찾아낸다.

58) 거기서 언급된 많은 참고문헌 중에서 특히 다음을 보라. R. Banks, *Paul's Idea of Community* (Peabody, Mass.: Hendrickson, rev. ed., 1994), 139-169; W. A. Meeks, *The First Urban Christians* (New Heaven: Yale University Press, 1983), 49-63, 149-158; B. Holmberg, *Paul and Power*, ConBNT 11 (Lund: Gleerup, 1978), 58-69; G. Theissen, *The Social Setting of Pauline Christianity* (Philadelphia: Fortress, 1982), 87-96.

과연 Σωσθένης ὁ ἀδελφός가 누구인지, 특히 그가 행 18:15-17에서 언급하는 회당장 소스데네인지 우리는 확실한 판단을 내릴 수 없다. 하지만 칼뱅은 "이 사람은 바로 누가가 행 18:17에서 언급한 고린도의 회당장이었던 소스데네다"라고 주장한다.[59] 다음 세 가지 이유에서 이 견해가 제기되었을 것이다. (i) 어떤 확립된 전승(예. 테오도레토스, 에라스무스 등등), (ii) "형제"(ὁ ἀδελφός)라는 명사 앞에 정관사가 붙어 있다는 사실은 그가 구체적인 동역자로서 이미 잘 알려진 인물임을 암시해준다. 또한 (iii) 고린도에 위치한 유대교 회당의 전임 회당장의 회심은 (추측컨대 지금은 바울과 함께 에베소에 있겠지만) 이 편지의 도입부에서 복음의 능력이 무엇인지 강하게 일깨워주는 역할을 할 것이다. 만약 이 인물이 바로 행 18:17의 소스데네라면 우리는 바울을 고소한 유대인 대변인들의 고소를 갈리오가 받아들이지 않았을 때 소스데네가 육체적 폭력의 대상이 되었음을 기억할 수 있을 것이다. 그 당시 그에게 매질을 했던 사람들은 유대인들의 대변인으로 여겨지는 자를 공격한 친(親)로마 군중이었거나 아니면 자신들의 목적을 이루지 못한 것에 대한 화풀이로 그를 공격하여 자신들의 "전가된 분노"를 가지고 공격한 친(親)유대 군중일 것이다. 어떤 경우이든지 간에 소스데네의 회심은 사람을 변화시키는 복음의 능력을 눈으로 확인시켜줄 만큼 대단한 증거였을 것이다.

그럼에도 행 18장과 아무런 연관성이 없는 소스데네를 포함한 데는 다른 이유가 있을 수 있다. (믹스의 용어를 차용한다면) 그는 바울의 "스태프" 가운데 한 사람이었거나 또는 정식 "동역자" 가운데 한 사람이었을 것이다. 믹스는 동역자 중에서 디모데와 실루아노(실라)를 대표적인 예로 언급한다.[60] 아무튼 소스데네라는 이름은 기원후 1세기에 그리스인들 사이

---

59) Calvin, *The First Epistle of Paul to the Corinthians* (Eng. trans., Edinburgh: St. Andrew Press, 1960), 17.

60) 참조. Meeks, *The First Urban Christians*, 133-134; Ellis, *Prophecy*, 3-22; Peterson, *Rediscovering Paul*, 103-124; Banks, *Paul's Idea of Community*, 149-158; Holmberg, *Paul and Power*, 58-69.

에서 흔한 이름이었다. 저지, 믹스, 타이센은 "처음부터 바울의 선교 사역은 느슨한 의미에서 스태프라고 부를 수 있는 이들과 함께하는 공동 사역이었다"라고 말한다.[61] 이 세 작가는 도시에 위치한 지역 공동체가 어떻게 공동 지도자 체제 아래 세워지고 성장하며 서로 친밀하게 교제하는지를 잘 묘사해준다. 하지만 디모데와 실루아노에게 부여된 의미의 "동역자"는 바울에게 지원과 재원과 보호 또는 후원을 제공해준 브리스가와 아굴라(고전 16:19-20)와는 다른 역할을 했다.[62]

우리는 ὁ ἀδελφός를 "우리의 그리스도인 형제"로 번역했다. 이것은 단순히 쉽게 풀어서 번역한 것이 아니다. 왜냐하면 이 편지에서 사용하는 ἀδελφός(또한 특별히 여성형 ἀδελφή)는 각각 어떤 그리스도인 남자와 어떤 그리스도인 여자를 가리키기 때문이다(특히 9:5에 대한 주해 참조). 여기서 소스데네는 그리스도인 가족에 속한 사람으로 묘사된다. 바울은 진정으로 "형제"라는 용어를 자신의 동역자들에게 애정과 따뜻함을 표현하는 단어로 사용한다(예. 두기고, 골 4:7; 아볼로, 고전 16:12; 또한 구아도, 롬 16:23). 뱅크스는 이 단어가 "타인에 대한 일종의 인격적인 헌신"을 가리키는 것으로 인식하는데, 이는 가장 따뜻하고 가장 친밀한 말을 유발하기 때문이다.[63] 하지만 바울은 그와 같은 "타인에 대한 인격적인 헌신"을 단지 자신의 동역자에게만 국한하지 않는다. 고전 8:11, 12에서 그리스도는 믿음이 연약한 형제나 자매를 위해 죽었는데, 그의 약한 양심을 상하게 하는 행위는 바로 그리스도에게 죄를 짓는 것이라고 말한다(8:11, 12에 대한 주해를 보라). 만약 그리스도인들이 개별적으로, 그리고 집단적으로 하나님의 성전이라면(고전 3:16, 17;

61) Meeks, *The First Urban Christians*, 133. 참조. Theissen, *Social Setting*, 87-96.
62) 브리스가와 아굴라에 대해서는 종종 다음과 같은 주장이 제기되었다. 로마 황제 글라우디오가 기원후 49-50년에 로마에서 유대인들을 추방했을 때 그들은 맨 처음에 고린도에서 바울을 도왔으며, 그다음에는 에베소에서 그에게 집을 제공해주었다. 바울은 고린도전서를 썼던 시기에 그 집을 거점으로 사용했다. (또한 그들은 에베소에서 아볼로에게 하나님의 도를 가르쳤으며, 자신들의 집에서 가정 교회로 모였다. 참조. 고전 16:19.) 그 이후 그들은 로마로 돌아가 그곳에서도 자기 집에서 가정 교회를 섬겼다(롬 16:3-5). 16:19에 대한 주해를 보라.
63) Banks, *Paul's Idea of Community*, 51.

6:19) 어떤 형제 또는 자매에게 죄를 짓는 것은 하나님의 거룩한 성전을 더럽히는 것이다. 롬 8:15에서 그리스도인 가족에 속한 형제들과 자매들은 하나님을 "아바 아버지"라고 부른다. 왜냐하면 그들은 그리스도와 더불어 공동으로 상속받게 될 자들이기 때문이다(참조. 롬 8:14-17). 따라서 여기서 ὁ ἀδελφός를 "우리의 동료"(REB)로 번역하면 그것은 지나치게 제한적이면서도 지나치게 특색이 없는 번역이며, 필립스성경의 "어떤 그리스도인 형제"라는 번역은 그가 수신자들에게 알려지지 않은 인물임을 전제하며 "동역자"라는 측면을 간과한다. 콜린스는 "그리스도인"을 의미하는 형용사가 아직 흔히 사용되지 않던 시기(참조. 행 11:26)에는 "형제"라는 단어가 "동료 그리스도인이라는 함의를 내포하고 있었다"고 올바르게 지적한다.[64] 따라서 "우리의 그리스도인 형제"라는 번역은 이 점을 강조한다(NRSV, NJB의 번역과 NIV의 "우리 형제"에 반해).

두 가지 질문이 남는다. (i) 소스데네는 바울이 이 편지를 받아쓰게 한 서기 또는 대필가(amenuensis)였는가? (ii) 바울은 소스데네에게 편지를 전달하고 낭독하는 일을 맡겼는가? 더디오는 로마서를 기록한 대필가였다(롬 16:22). 1923년에 미쳄은 디모데가 다른 몇몇 편지를 받아썼듯이 소스데네도 그런 역할을 했을 "개연성이 아마 없지 않을 것"이라고 주장했다.[65] 최근에 마이클 프라이어는 소스데네가 바울의 서기였다고 주장했다.[66] 머피 오코너는 보다 더 이른 시기에 협력 관계로 기록된 데살로니가전서(또는 데살로니가후서?)와는 대조적으로 고린도전서는 보다 더 구체적으로 바울의 작품이라고 주장했다. 하지만 그는 공동 저자로서 소스데네의 역할은 고전 1:18-31과 2:6-16의 "우리"에서도 찾아볼 수 있다고 주장한다.[67] 비록 그 당시에 편지를 받아쓰는 관행이 일반적이긴 했지만, 소스데네가 과연 이

---

64) Collins, *First Corinthians*, 51. 참조. 45.

65) H. G. Meecham, *Light from Ancient Letters* (London: Allen & Unwin, 1923), 104.

66) M. Prior, *Paul the Letter Writer and the Second Letter to Timothy*, JSNTSS 23 (Sheffield: JSOT, 1989), 39-42.

67) Murphy-O'Connor, "Co-Authorship in the Corinthian Correspondence," *RB* 100 (1993): 562-579; 또한 그의 저서 *Paul the Letter-Writer*, 33-34을 참조하라.

편지를 받아쓰셨는지 우리는 단정하여 말할 수 없다. 극소수 사람을 제외하고 모든 사람은 자신의 논점과 개념을 구술(口述)하고, 다른 사람이 이러한 사고의 전개와 논점을 글로 옮기는 일에 집중하게 하는 것을 훨씬 더 편하게 생각했을 것이다.[68] 파피루스에 기록된 고대 편지들은 이러한 관행이 사회의 모든 계층에서 성행했음을 풍부하게 증언해준다.[69] 우리는 고전 1:1-16:20이 바울이 직접 쓴 것이 아니며, 단지 16:21-24만 직접 덧붙여 썼다는 것을 알고 있다. 서기에게 부여된 자유의 범위는 다양하다.[70] 이것은 부분적으로 저자가 자기 생각을 정확하게 표현하는 것에 얼마나 커다란 의미를 부여하는지, 그리고 저자가 자기 생각과 의도를 필사자가 얼마나 잘 간파하는지에 대해 신뢰를 갖고 있는지에 달려 있을 것이다.

　　두 번째 질문에 대한 답변은 더 어렵다. 최근의 수사학 비평에서 신앙 공동체가 모여 있을 때 회중에게 공개적으로 편지를 읽어주는 행위를 놓고 "연행"(演行, performance)이라는 표현을 사용하는 것이 유행하게 되었다. 따라서 보타는 다음과 같이 말한다. "고대에 편지 전달자는…발신자와 수신자 사이를 연결하는 생동감 넘치는 역할을 했다.…수사학적 행위의 실연(實演. ὑπόκρισις, actio)은…근본적으로 수사학적 활동의 핵심이다."[71] 살전 5:27에서 바울은 "예배 의식과 같이 정중한 방법으로 자신의 편지를 모든 형제자매에게 읽어줄 것"을 요청한다.[72] 바울은 과연 소스데네 또는 다른

---

(68)　Meecham, *Light from Ancient Letters*, 104.

(69)　예를 들면 *Oxyrhynchus Papyri*, 245, 275, 479. 이 편지에는 해당 편지의 나머지 부분과 서로 다른 필체를 보여주는 서명이 덧붙여져 있다.

(70)　P. J. J. Botha, "The Verbal Art," in Porter and Olbricht, *Rhetoric and the NT*, 415-416.

(71)　같은 책, 417, 418. Botha는 계속해서 다음과 같이 주장한다. "키케로는 얼굴을 영혼의 형상(*imago animi*)이라고 부른다. 그는 각각의 경우에서 그것에 적합한 표정을 짓는 얼굴을 신체의 매우 중요한 한 부분으로 간주했다. 하지만 핵심적인 것은 목소리다. 그것은…고대의 의사소통에서 역동적으로 실연하는 데 본질적으로 중요하다"(419). 비록 우리가 단어 역사(history)의 남용 사례에 관해서도 잘 알고 있어야 하겠지만, 배우를 의미했던 그리스어 명사 ὑποκριτής는 마침내 영어 단어 hypocrite가 되었다. 이것은 배우가 자신이 맡았던 배역의 몸짓과 자세를 "매우 실감나게 보여주었다"는 것을 상기시켜준다.

(72)　W, Beilner, ἐπιστολή, *EDNT*, 2:39; 참조. 38-39. 또한 참조. J. Dewey (ed.), *Semeia, 65: Orality*, 95-127; D. L. Stamp, *The Rhetorical Use of the Epistolary Form in 1 Cor* (Sheffield:

어떤 대리인이 그 편지를 전체 교회에 큰 목소리로 읽어주도록 미리 일러주었는지, 아니면 편지 전달자가 단순히 그 편지를 일련의 가정 교회 지도자 및 다른 이들에게 그 편지를 다양한 규모의 그룹에게 여러 차례 읽어주도록 했는지 추론하는 것은 무의미하다. 한편 연행의 원리는 바울의 "이전 편지"(고전 5:9)의 일부 측면이 어떻게 그토록 심각하게 오해를 불러일으켰는지를 이해하는 데 도움을 줄 수 있다. 스탬프스가 암시하듯이 "듣는 것"은 오랜 시간을 들여 연구하는 것과 같지 않다.[73] 우리에게는 이 편지의 통일성에 대한 논쟁을 염두에 두는 것도 필요하다. 피(Fee)와 미첼은 이 편지의 통일성을 주장하지만, 바이스와 고구엘은 이 편지가 세 편의 편지를 포함하고 있다고 제안한다. 주이트는 다섯 또는 여섯 편의 편지를, 슈미트할스는 열세 편 또는 열 네 편의 편지를 주장한다(이 주석서의 서론을 보라).[74] 그리고 최근에 널리 알려진 한스 프뢰르의 "다큐-드라마"(docu-drama) 연구는 이 편지를 "답변"을 사이에 두고 있는 네 편의 편지로 구분한다.[75]

2. 수신자들(1:2)

2절　　(i) 서방 사본의 전승 과정 초기에 "고린도에 있는" τῇ οὔσῃ ἐν Κορίνθῳ라는 구절은 "그리스도 예수 안에서 거함을 받은 이들" 앞이 아니라 뒤로 옮겨졌다. p[46], B, D*, E, F, G를 포함하여 초기 사본들뿐만 아니라 마이어와 라흐만도 이 초기의 서방 독법을 받아들인 소수에 속한다. 그 이유는 보다 더 어려운 독법이 개연성이 더 높다(*difficilior lectio probabilior*)는 것이다. 곧 만약 그 독법이 원문

Sheffield Academic Press; forthcoming [revision of Durham Ph. D. thesis, 1992]).

73)　Stamp, *Rhetorical Use,* ch. 1.

74)　Mitchell, *Paul and The Rhetoric of Reconciliation,* 184-304은 고린도전서의 통일성에 대한 탁월하고도 일관성 있는 논의를 제공해준다. 참조. Fee, *Epistle,* 15; J. Weiss, *Der erste Korintherbrief,* xxxix-xliii; W. Schmithals, "Die Korintherbriefe als Briefsammlung," *ZNW* 64 (1973): 263-288; 같은 저자, *Gnosticism ant Corinth,* 87-113. 또한 참조. A. Stewart-Sykes, "Ancient Editors and Copyists and Modern Partition Theories: The Case of the Corinthians Correspondence," *JSNT* 61 (1996): 53-64.

75)　H. Frör, *You Wretched Corinthians!* (Eng. trans., London: SCM, 1995), 140-142.

이 아니라면 어떤 필사자는 왜 그 구절을 그와 같이 서투른 문체로 바꾸어야만 했을까?[76] 라이트푸트는 바울도 실제로 그와 같은 서투른 구문을 쓸 수 있다고 생각한다. 하지만 리츠만, 콘첼만, 슈라게 및 다른 이들은 이 어순을 "받아들일 수 없을 만큼"(콘첼만) 매우 서투른 것으로 간주한다. 따라서 그것이 초기의 필사자들의 반복적인 실수를 반영할 개연성은 거의 없다.[77] 바레트는 그 구문 전체가 첨가되었다는 것에 의혹을 품는다. 왜냐하면 그 구문이 다양한 어순으로 나타나며, 또한 "거룩한 백성으로 부르심을 받은"이라는 구절에 비추어 볼 때 그 의미가 중복되기 때문이다.[78] 그러나 우리가 곧 언급하겠지만, 크리소스토모스와 다른 이들은 "그리스도 예수"가 짧은 단락 안에서 여섯 번이나 의도적으로 반복되어 나타나는 것에 대해 매우 훌륭한 이유를 제시한다. 이것을 통해 바울은 독자들(수신자들)의 관심을 그들 자신으로부터, 그리고 심지어 저자(바울) 자신으로부터도 오직 **그리스도에게로** 돌리기를 바라는 것이다.

(ii) 바이스는 "각처에서 우리 주 예수 그리스도의 이름을 부르는 모든 이들, 그들뿐만 아니라 또한 우리 주님"이라는 전체 구문을 필사자가 주해한 것일 가능성이 있다고 생각한다. 곧 교회의 보편성을 강조하기를 원하는 초기의 어떤 필사자가 그 구문 전체를 덧붙였다는 것이다.[79] 하지만 이 주장은 근거 없는 추측에 지나지 않으며, 또한 사본들도 그것을 지지해주지 않는다. 따라서 다음 견해가 보다 더 타당성이 있을 것이다. 곧 고린도 교회가 스스로 중요하다고 생각하는 것에 대해 화가 났거나 냉소적이었던 어떤 필사자가 "그들뿐만 아니라 또한 우리의 주님!"을 난외에 첨가했는데, 나중에 그것이 본문 안으로 끼어들었다는 것이다. 하지만 이 견해를 명백하게 입증해주는 근거도 전혀 없다.

2절의 τῇ οὔσῃ ἐν Κορίνθῳ에서 그리스어 소유격 "하나님의"(τοῦ θεοῦ)는 소유의 의미를 나타낸다. 크리소스토모스 이래로 이러한 주장은 언

---

76) H. A. W. Meyer, *Epistles to the Corinthians* (2 vols, Eng. trans., Edinburgh: T. & T. Clark, 1892), 1:10.

77) Lietzmann, *An die Korinther,* 5; Conzelmann, *1 Cor,* 20-21; Schrage, *Der erste Brief,* 1:103; 그리고 보다 더 중립적인 입장은 Lightfoot, *Notes,* 144.

78) Barrett, *First Epistle,* 32.

79) J. Weiss, *Der erste Korintherbrief* (Göttingen: Vandenhoeck & Ruprecht, 1910), 4.

어에 근거하여 제기되어왔지만, 고린도의 다양한 사회적 관계에 대한 최근의 연구를 미리 예견한 것이기도 하다. 크리소스토모스는 교회가 "이 사람저 사람의 소유가 '아니라' 바로 하나님의 소유"라고 지적한다.[80] 교회는 어떤 지역의 지도자, 그룹 또는 당파에 "속한" 것이 아니라 **하나님의** 것이다. 메이어는 에드워즈("소유를 의미하는 소유격"), 로버트슨과 플러머, 벤트란트를 따라 이 문법 형태가 "소유자를 가리키는 소유격"이라고 생각한다.[81] 최근에는 고린도전서에 사회학적 또는 사회-수사학적 접근 방법을 접목한 다수의 작가는 바울의 주요 관심사가 후견인이나 "강한 자"의 부당한 영향력행사로부터 비롯된 것이라고 주장한다. 그들은 자신들의 "지혜"나 사회적신분에 근거하여 권력을 행사했으며, 마치 자신들이 교회를 "소유한" 것처럼 행세했다는 것이다. 이 구절은 반복적으로 나타나는 이 주제의 서곡으로시작할 수 있다. 바울은 이 교회가 부자들이나 "후견인들" 또는 "은사들을스스로 드러내 보이기를 좋아하는 영적인 사람"으로 구성된 어떤 작은 그룹에게 속한 것이 아니라 **하나님께** 속한 것이라고 강조한다.[82] 바울뿐만 아니라 지역 후견인들이나 "신령한 자들"도 하나님 앞에서 책임을 져야 한다. 교회는 **하나님이** 자라나게 하시는 "밭"이며 **하나님이** 세우신 "집"이다(고전 3:9, 여기서 θεοῦ는 세 번이나 강조를 나타내는 어순에 놓여 있다). 칼 바르트는 이러한 어조에 대해 다음과 같이 훌륭하게 묘사한다. "고린도 교회의 주된 결점"은 수신자들이 "하나님을 믿은 것이 아니라 오히려 자신들이 이해한 하

---

80) Chrysostom, *1 Cor. Hom.*, 1:1.

81) Meyer, *Epistles*, 1:12; T. C. Edwards, *First Epistle to the Corinthians* (London: Hodder & Stoughton, 2d ed, 1885), 3; A. Robertson and A. Plummer, *First Epistle*, 2: H. D. Wendland, *Die Briefe an die Korinther* (Göttingen: Vandenhoeck & Ruprecht, 1936 [1968]), 14.

82) 예를 들면 다음을 참조하라. Chow, *Patronage and Power*, 113-190; Witherington, *Conflict and Community*, 19-35; Marshall, *Enmity in Corinth*, 32-34, 68-69, 173-178, 246-258, 362-364; S. M. Pogoloff, *Logos and Sophia: The Rhetorical Situation of 1 Corinthians*, SBLDS 134 (Atlanta: Scholars Press, 1992), 197-236; A. D. Clarke, *Secular and Christian Leadership at Corinth* (Leiden: Brill, 1993), 23-108; P. D. Gardner, *The Gifts of God and the Authentication of a Christian: An Exegetical Study of 1 Corinthians 8-11* (Lanham, Md: University Press of America, 1994), 48-54; 또한 Theissen, *Social Setting*, 121-143.

나님, 그리고 특별히 지도자들을 믿은 데 있다."[83] 여기서 바르트의 신학적 주해와 타이센의 사회학적 접근 방법은 슈라게, 슈트로벨, 벤트란트의 주해와 동일한 방향을 가리킨다.[84] 교회는 교회 안에 있는 어떤 그룹이나 지도자들에게 "속한" 것이 아니라 오히려 하나님께 속해 있다.

τῇ οὔσῃ ἐν Κορίνθῳ와 관련하여 벵엘은 동시에 "하나님의" 것이며 고린도의 모든 장소에 있는 한 교회의 흥미롭고 거대한 "역설"(laetum et ingens paradoxon!)을 풍자적으로 언급한다.[85] 우리는 다소 반복적인 의미를 지닌 현재분사 단수 τῇ οὔσῃ로부터 어떤 이슈를 끄집어내서는 안 된다. 이 관용적 표현은 헬레니즘 그리스어에서 광범위하게 나타나며, 심지어 고전 그리스어에서도 ὑπάρχω와 함께 사용되기도 한다.[86] 하지만 콜린스는 (마치 벵엘에게 대답이라도 하듯이) 다음과 같이 주장한다. 이 현재분사는 "단순히 계사(copulative)가 아니다. 이는 존재를 나타내는 진술이다. 하나님의 교회는 실제로 고린도에 존재한다."[87] 하지만 악명 높은 한 논평에서 슈미트는 이 어구를 특별한 용법으로 간주하면서 이 구절이 바울의 "회중" 교회 교리와 대조를 이루는 "우주적인" 교회 교리를 지지한다고 주장했다. 그는 다음과 같이 주장한다. "개별 교회의 총합은 교회라는 전체 공동체를 만들어내지 못한다. 각 공동체는 제아무리 그 규모가 작다 하더라도 그 교회의 전체 공동체를 대표한다. 이는 고전 1:2에 의해 지지를 받는다. τῇ ἐκκλησίᾳ … τῇ οὔσῃ ἐν Κορίνθῳ에 대한 올바른 번역은 '고린도의 회중'이 아니라 '고린도에 있는 회중, 교회, 모임'이다."[88]

슈미트는 해당 문법을 지나치게 확대해석하며 이 구절의 함의를 과장

---

83) K. Barth, *The Resurrection on the Dead* (Eng. trans., London: Hodder & Stoughton, 1933), 17.

84) A. Strobel, *Der erste Brief an die Korinther*, Züricher Bibelkommentare (Zürich Theologischer Verlag, 1989), 21; Schrage, *Der erste Brief*, 103; Wendland, *Die Briefe*, 14; 참조. Theissen, *Social Setting*, esp. 136; Robertson and Plummer, *First Epistle*, 2.

85) Bengel, *Gnomon*, 608.

86) Xenophon, *Hellenica*, 1.1.27.

87) Collins, *First Cor.* 52.

88) Schmidt, "ἐκκλησία," *TDNT*, 3:506(강조는 덧붙여진 것임). 참조. 501-536.

한다. 그의 그릇된 방법은 그의 결론을 무효화할 수도 있고 그렇지 않을 수도 있다. 왜냐하면 이것 또한 광범위한 내용을 다루고 있기 때문이다. 우리주 예수 그리스도의 이름을 부르는 각처에 있는 모든 이들(2절)에 대한 언급은 고린도에 위치한 교회가 자급자족하는 자치체가 아니라는 생각을 강화해준다. 이 교회는 자급자족하는 공동체가 아니다. 그들은 해변에 있는유일한 조약돌이 아니다. 그들의 삶의 방식과 실천은 지역을 초월하여 일하는 바울의 "동료 사역자들"(특히 디모데, 고전 4:17)의 삶의 방식과 실천과 비교된다. 그들은 "모든 교회 안에서"(ἐν ταῖς ἐκκλησίαις πάσαις) 따르는 전통또는 "지시"(διατάσσομαι)를 특징짓는 사고방식과 삶의 방식을 따라야 한다(고전 7:17).[89] "질서"(τάγμα)의 중요성은 교회론(τάξις, 14:10)에서뿐만 아니라 기독론과 특히 종말론에서 발견된다(15:23-24; 참조. 27-28절).[90]

홀름버그는 바울이 세운 교회 안에서 권위의 연결망이 어떻게 지역 신앙 공동체 전반에 걸쳐 진정한 상호 교류와 결합함으로써 다원주의적 사회에서 질서, 정체성, 안정성을 확보하는지를 보여준다.[91] 이와는 대조적으로고린도 교인들은 "선택할 수 있는 권한"을 원했고, 심지어 이를 요구하기까지 했다(ἐξουσία, 8:9; πάντα μοι ἔξεστιν, 6:12; 10:23; 또한 6:12; 8:7-13에 대한 주해참조). 자율성에 대한 이러한 강박 관념은 개인과 공동체가 열망하는 것에영향을 미쳤다. 하지만 각 공동체가 내부적으로 자급자족하는 자율적인 민주주의라는 개념은 바울 신학 안에서 찾아볼 수 없다. 따라서 바울은 화가나서 다음과 같은 질문을 던진다. "그리스도께서 자율적인 그룹으로 나누어졌습니까/갈라졌습니까(μεμέρισται ὁ Χριστός; 1:13)? 바울 시대 교회의 "보편성"(catholicity)과 다양성에 대해 말하는 것은 가능하다. 왜냐하면 그리스도 안에서, 복음 안에서, 그리고 그리스도에 대한 공통된 사도적 증언 안에서 형성된 교회의 네트워크와 공통점은 자율적인 공동체들의 느슨한 연합

---

89) 예를 들면 11:2, 23의 주해에서 "전통"에 대한 논의와 8:4-6의 주해에서 공동 신조에 대한논의를 보라. 또한 이 주제에 대한 참고문헌도 참조하라.

90) 이 주제는 *1 Clement*, 40:1에서 다룬다.

91) B. Holmberg, *Paul and Power*, 곳곳에, 특히 58-69.

을 훨씬 뛰어넘기 때문이다. 과연 어떤 지역의 신앙 공동체가 진정으로 그리스도와 사도가 전한 복음을 반영하는지는 단지 **해당 공동체의 내부적인 판단 기준**에 의해서만 결정되는 것이 아니라 사도들, 바울의 동역자들, 신조들, 모든 교회에서 따르던 관행과 전통과 같이 지역을 초월하여 작동하던 확인 기준과도 연관되어 있다. 오늘날 "지역" 또는 "자민족 중심" 공동체에 대한 **내부적인 판단 기준**의 개념은 이른바 포스트모더니티에 대한 포괄적인 논쟁의 핵심으로 우리를 이끈다.[92]

또한 우리는 "교회"(ἐκκλησία)라는 단어를 지나치게 확대해석하지 않도록 주의해야 한다. 하지(1858년)는 단어 역사에 의존하여 교회는 "세상으로부터 부름을 받은"(ἐκ-καλέω) 공동체라고 주장했다.[93] 하지만 이 단어는 고전 그리스어에서 전령이 외치는 소리나 나팔 소리를 듣고 "부름을 받은" 시민의 모임을 가리키는 데 사용되었다. 학자들은 종종 후대에 70인역이 히브리어 קָהָל(카할)을 그리스어로 옮긴 ἐκκλησία를 신약성경 저자들이 물려받았다고 주장해왔다. 비록 해치-레드패스가 예순여섯 가지 사례를 언급하긴 하지만, 슈라게는 70인역의 배경은 신약성경의 ἐκκλησία 용례를 충분히 설명해주지 못한다고 주장하면서 이 단어의 그리스어 어원으로 되돌아간다.[94] 이 단어의 어원이 무엇이든지 간에 이 단어는 하나님 앞에서 신앙 공동체로 함께 모이도록 부름을 받았다는 것을 강조한다.

바울은 여기서 ἅγιος, "거룩한"과 관련이 있는 동족어를 두 번 사용한다. "거룩함을 받고, 거룩한 백성으로 부르심을 받은 이들", ἡγιασμένοις ἐν Χριστῷ Ἰησοῦ, κλητοῖς ἁγίοις. "거룩함을 받고"와 "거룩한"으로 번역된

---

92) Richard Rorty는 특정한 공동체들에 대한 내적인 판단 기준에 의식적으로 "지역적" 또는 "자민족 중심적"이라는 용어를 사용한다. 예를 들면 *Truth and Progress: Philosophical Papers* (Cambridge: Cambridge University Press, 1998), 3:1-15, 19-42.

93) C. Hodge, *The First Epistle to the Corinthians* (London: Banner of Truth, rpr. 1958 [1858]), 3.

94) Hatch-Redpath, *A Concordance to the Septuagint and the Other Versions of the Old Testament*, 1:433; Schrage, "'Ekklesia' und 'Synagoge': Zum Ursprung des urchristlichen Kirchenbegriff," *ZTK 60* (1963): 178-202; *Der erste Brief*, 1:102. 또한 참조. BAGD, 240-241.

단어는 동족어 동사와 형용사에서 유래했다. (1) άγιάζειν, "헌신하다, 구별하다, 거룩하게 하다, 성별하다"(참조. ήγιασμένοις, 현재완료 분사 수동태). (2) ἅγιος, "거룩한 사람, 하나님께 성별되어 바쳐진 사람"을 의미한다. 후자는 신분, 역할 또는 성품을 의미할 수도 있다. 따라서 성도들은 하나님께 속한 성별된 자들이며, 이상적으로 거룩한 삶을 사는 자들이다. 그들의 삶은 습관적인 패턴을 통해 안정된 성품으로 나타난다.

또한 "거룩한"을 의미하는 그리스어 단어는 70인역의 번역을 반영하는데, 히브리어 단어 שׁודק(카도쉬)는 일반적으로 사용되는 것과 대비되는 "구별된" 또는 "성별된"을 의미한다. 하나님의 백성과 하나님께 속한 것은 하나님을 섬긴다는 의미에서 특별한 신분을 나타낸다. 하나님은 위엄이 높으시고 지극히 순결하신 초월적인 존재이시기 때문이다. 그런 의미에서 "거룩함이란 달성하는 것이 아니라 부여받는 것이다."[95] 심지어 만약 어떤 필사자가 이 구절을 삽입한 것이라고 추측한다고 하더라도(우리가 앞에서 지적한 대로 그것은 타당성이 거의 없는 추측임), 바울은 고전 6:11에서 똑같은 사고를 표현하고 있다. 곧 "너희는 씻음과 거룩함과 의롭다 하심을 받았느니라"(ήγιάσθητε). 하지만 6:11과 1:2의 해당 표현을 비교해 보면 다음과 같은 한 가지 차이점이 드러난다. 곧 1:2의 άγιάζειν의 현재완료 분사 수동태는 현재에도 계속해서 영향을 미치고 있는 과거의 사건을 가리키지만, 6:11의 동일한 동사의 단순과거 수동태는 하나님의 부르심에 근거한 사건으로서 특별히 독자들(수신인들)이 믿음을 갖게 되어 그들이 단번에 변화된 과도기적인 사건에 보다 더 초점을 맞추고 있다.

"그리스도 예수 안에서"라고 번역된 구절에서 전치사 έν은 우리가 번역한 대로 "~안에서"(Barrett, REB, NRSV, ASV, NJB, AV/KJV, NIV)로 번역해야 할까, 아니면 "~에 의해"로 번역해야 할까? 대체로 바울은 거룩함 또는 영성을 특히 이 편지에서 기독론적 관점에서 규정한다. 하나님께 속한 이들로서, 그리고 이 경건하고 거룩한 삶을 살도록 부르심을 받은 이들로서 독

---

95) Conzelmann, *1 Cor*, 21.

자들의 신분은 그들이 그리스도 안에 있다는 사실에서 유래한다. 단지 문법적인 이유에만 근거한다면 ἐν Χριστῷ Ἰησοῦ는 "그리스도 예수에 의해 거룩함을 받은"으로도 번역할 수 있다. 왜냐하면 여격 다음에 오는 전치사 ἐν은 도구의 개념을 내포할 수 있기 때문이다. 하지만 다른 본문에서 바울은 그리스도 안에 있다는 것을 그리스도인들의 삶과 운명에 근거를 제공해주는 집단적 신분을 나타내는 개념으로 크게 강조한다. "그리스도 예수 안에서 거룩함을 받은"이라는 번역은 이러한 광범위한 정황에 기초한다. 따라서 굿스피드는 전치사 ἐν을 "그리스도 예수와 연합함으로써"로 번역한다. 분명히 전치사 ἐν이 사람과 연결되는 여격과 함께 사용되는 경우는 단지 동인 또는 도구보다 훨씬 더 광범위한 의미를 지니고 있으며, 종종 존재 방식, 인격적인 임재 또는 친밀한 인격적인 관계 등을 가리킨다.[96] 거룩함은 그리스도를 닮은 것으로 인식된다. 따라서 그리스도가 공개적으로 나타난 하나님의 형상"(εἰκών, 고전 15:49)의 형태를 취하듯이, 거룩한 백성은 그리스도에게서 유래한 신분과 성품을 통해 자신들이 하나님께 성별(聖別)되었다는 것을 나타낸다.

분사 여격 복수형 ἡγιασμένοις, "거룩함을 받은 이들에게"는 앞의 단수형 τῇ ἐκκλησίᾳ, "교회에"를 부연 설명한다. 단수형이 복수형으로 전환한 것은 주목할 만하다. 단수형은 하나의 연합된 공동체로서 독자들의 연대(solidarity)를 강조하며, 복수형은 그리스도 안에서 자신의 성별된 신분을 삶으로 구현해야 하는 각 구성원의 개별적 책임에 주의를 기울인다. (또한 12:12-27에 대한 주해를 보라.)

바울이 사도적 증언을 위해 부르심을 받았듯이 모든 그리스도인은 "거룩해지도록 부르심을 받았다." 이 소명이 모든 그리스도인을 위한 것이기 때문에 고든 피는 "성도"라는 전통적인 번역이 "그 가치를 유지하기 위해서는 너무나도 많은 오해를 불러일으킬 수 있는 의미를 담고 있다"고 지적

96) BAGD, 258-261; 또한 BDF, sect 219, 특히 (1)과 (4).

한다.[97] 윈드는 기억할 만한 질문 하나를 던진다. "오직 선한 사람만 하나님의 모임의 일원으로 인정받아야 할까? 과연 교회는 성도들을 위한 박물관 또는 죄인을 위한 학교인가?"[98] 그러나 여호수아가 그 땅을 이미 하나님의 선물로 "소유하고" 있었기 때문에 그 땅을 "소유하라"는 소명을 받은 것처럼(수 1:11-12), 신자들도 이미 주어진 자신들의 신분을 반영하는 삶을 살도록 부르심을 받은 것이다. 따라서 신학적인 측면과 윤리적인 측면은 1:2의 이 어구에서 서로 교차한다.[99] 칼뱅은 이 소명이 "흠 없는 삶"을 위한 것이지만, "하나님은 여기서 그의 사역을 시작하시며…조금씩 조금씩 이를 완성해나가신다"라고 말한다.[100] 고린도인들은 그 목적지에 "도달"하기엔 아직 멀었다고 바울은 반복적으로 강조한다.

바울은 이제 다른 교회들을 고린도 교회와 연결한다. σὺν πᾶσιν τοῖς ἐπικαλουμένοις τὸ ὄνομα τοῦ κυρίου ἡμῶν Ἰησοῦ Χριστοῦ ἐν παντὶ τόπῳ, αὐτῶν καὶ ἡμῶν. 위에서 제시한 우리의 번역은 불가피하게 "그들뿐만 아니라 또한 우리의"(αὐτῶν καὶ ἡμῶν)에 대한 특별한 해석을 전제한다. 일부 고대 및 현대 주석가는 어순에 근거하여 이 어구를 "그들의 장소와 우리의 장소에서"를 의미하는 것으로 이해한다. 곧 이들은 이 어구를 "주님"보다는 장소에 적용한다. 따라서 크리소스토모스는 바울의 이 표현이 그리

---

97) Fee, *First Epistle*, 32.
98) J. W. C. Wand, *A History of the Early Church to AD 500* (London: Methuen, 3d ed. 1949), 145.
99) Barr는 히브리어 단어를 성전에 대한 번역으로 신약성경에서 오직 단 한 번만 등장하는 ἱερός 대신 ἅγιος, ἁγιάζω 어군을 독점적으로 선택한 문제에 대한 Schrenk의 논의를 이어나간다. Schrenk는 ἱερός가 이방 종교, 특히 그리스 종교에서 "거룩한"이란 단어와 너무 많은 연관성을 지니고 있기 때문이라고 주장한다. 하지만 Barr는 ἅγιος 어군이 "히브리어 단어에 가장 잘 어울리는 다양한 의미의 그리스어 단어"를 제공해주었다고 올바르게 결론짓는다. 따라서 히브리어 단어처럼 그리스어 단어도 하나님을 위한 용도 또는 목적으로 성별한 물건을 가리킬 수 있지만(거룩한 도시, 마 4:5; 성경, 롬 1:2; 성전, 고전 3:17; 거룩한 입맞춤, 고전 16:20; 고후 13:12), ἁγιασμός가 종종 성화(sanctification)로 번역되는 그리스도를 닮은 거룩한 삶으로 변화되는 과정을 가리키기도 한다(고전 7:34; 골 1:22, 살전 4:3). 참조. G. Schrenk, *TDNT*, 3:221-30, 특히 229, 그리고 덜 직접적으로 231-83; J. Barr, *The Semantics of Biblical Language* (Oxford: Oxford University Press, 1961), 282-86, 특히 286.
100) Calvin, *First Epistle*, 19.

스도가 서로 다른 장소에 떨어져 있는 신자들의 동일한 주님임을 의미하는 것으로 이해한다. "한 장소가 그들이 한 마음이 되도록 도와주지 못한다." 하지만 "비록 장소는 서로 떨어져 있지만, 주님은 그들을 서로 하나로 묶어주신다."[101] 불가타 역본도 이 해석을 따른다. *in omni loco ipsorum et nostro*(그들과 우리의 모든 장소에서). 키릴로스, 암브로시아스터, 펠라기우스, 토마스 아퀴나스는 αὐτῶν 다음에 불변화사 τε가 위치한다고 보는데, 알로는 이것이 독법의 가능성을 한층 더 높여줄 것으로 믿는다.[102]

하지만 핀들레이는 이러한 접근 방법이 어순에도 불구하고 "다양한 방식으로 왜곡된 것"이라고 평가한다.[103] 가장 중요한 핵심은 고린도 교인들 또는 적어도 바울이 언급한 문제들을 초래한 이들이 자기도취적이며 자기중심적이었다는 점이다. 그들은 마치 자신들이 그리스도와 성령을 전유(專有)하는 것처럼 생각하고 행동한다. 그들은 니체의 날카로운 경구에 잘 들어맞을 것이다. "'영혼의 구원', 쉽게 말하자면 '이 세상은 나를 중심으로 돌아가고 있다'라는 말이다."[104] 그러나 예수 그리스도는 단지 어떤 특정 그룹의 이익만을 챙겨주는 배타적인 "주님"이 아니다. 사실상 그리스도는 더 광범위한 주되심(Lordship) 안에 그들을 포함할 수 있지만, 그는 "그들뿐만 아니라 우리의 주님"으로 남아 있다. 스펄전에 관한 어떤 일화는 그가 이와 유사한 문제를 어떻게 다루었는지를 전해준다. 어떤 자기중심적인 교회 지도자가 자신이 "주님의 사자"로 왔다고 주장하면서 자신에게 관심을 보여줄 것을 요구했다고 한다. 그러자 스펄전은 다음과 같이 답장을 써 보냈다고 한다. "저는 지금 주님과 대화 중이라서 유감입니다." 이 일화가 말해주듯이

101) Chrysostom, *Ep. Cor. Hom.*, 1:2.
102) Allo, *Première Épitre*, 3. 이 견해는 "그들의 장소"와 "우리의 장소"에 관한 사변의 문을 열어주었다. 어떤 이들은 여기서 "우리의 장소"가 에베소를 가리키며, "그들의 장소"가 고린도를 가리킨다고 보는 반면, 다른 이들은 해당 구절을 이른바 1:12의 "분파들"(parties)과 연결시키면서 "우리의" 장소는 바울의 가정 교회들을 가리키고, "그들의" 장소는 베드로파나 아볼로파 또는 그리스도파를 가리킨다고 해석한다.
103) Findlay, *Expositor's Greek Testament*, 2:759.
104) Nietzsche, *The Complete Works*(앞에서 언급함); *The Antichrist*, aphorisms, 43.

그리스도는 "그들뿐만 아니라 우리의 주님"이시다.

"우리 주 예수 그리스도의 이름을 부르는 모든 자"라는 어구는 욜 3:5(참조. 시 98:6)에서 직접 유래했으며, 나중에 롬 10:13과 행 2:21에서도 인용된다. 70인역의 욜 3:5은 πᾶς ὃς ἂν ἐπικαλέσηται τὸ ὄνομα κυρίου σωθήσεται라고 적혀 있는데, 이는 롬 10:13에서 바울이 인용한 것과 일치하며, 문맥에 따라 문법상의 변화를 허용하는 고전 1:2의 더 짧은 인용문의 어휘와도 일치한다. 1:7-8에서 "주의 날"을 언급한 것은 이것이 요엘서에 대한 언급임 개연성을 한층 더 높여준다.[105] 모팻은 이 어구를 "주의 이름에 호소한다"(invoke)로 번역하는데, 이는 (신들을) "불러내다" 또는 (신들에게) "호소하다"를 의미하는 그리스어 동사 ἐπικάλειν이 플라톤에서부터 에픽테토스에 이르기까지 고전 및 헬레니즘 그리스어 문헌에서 자신들의 신들에 대한 예배자의 행위를 묘사하는 통상적인 용어이기 때문이다.[106] 따라서 에픽테토스는 "데메테르를 불러내는 것 외에"(εἰ μή τὴν Δήμητρα ἐπικαλεσάμενοι) 어떤 임무를 회피하는 것에 대해 언급한다.[107] 우리가 70인역, 신약성경, 파피루스 문헌, 초기 교부들뿐만 아니라 헬레니즘 문헌의 보다 더 광범위한 배경에 나타난 ἐπικάλειν의 다양한 의미를 수렴한다면 "주의 이름을 부르다"는 자기 자신을 연루시키는 언어 행위(speech-act)를 실연(實演)하는 것이라는 사실이 자명해진다. 슈라게는 이것을 하나의 행위로 실연된 "칭송"(acclamation)이라고 부른다.[108] 이것은 호소와 간청의 행

---

105) 참조. C. D. Stanley, *Paul and the Language of Scripture*, SNTSMS 74 (Cambridge: Cambridge University Press, 1992); R. B. Hays, *Echoes of Scripture in the Letters of Paul* (New Haven: Yale University Press, 1989). 하지만 다음과 비교하라. Schrage, *Der erste Brief*, 1:105.

106) 예를 들면 Plato, *Timaeus*, 27c; Epictetus, *Dissertations*, 2.7.12(플라톤과 동시대 인물임).

107) Epictetus, *Diss.*, 3.21.12. 우리가 예상했듯이 파피루스 문헌, 특히 마술에 대한 파피루스 문헌은 특정한 날과 특정한 시간에 사용되던 기원후 2세기의 주문을 포함하여 인용할 수 있는 수많은 사례를 제공해주는데, 여기서 ἐπίκλησις는([교회의] 예배에서 성령을 부르는 것과 같이) 단순히 주문을 의미한다(예. 노예가 되는 것에 대한 주문. P. Lille, 1.29[27]).

108) Schrage, *Der erste Brief*, 1:105-106. 파피루스 문헌과 다른 자료들에 관해서는 다음을 참조하라. Moulton and Milligan, *The Vocabulary of the Greek New Testament* (London, 1930,), 239; BAGD, 294, 특히 2b 항목. 또한 참조. Josephus, *Antiquities*, 4:222; *Oxyrhynchus*

위를 나타내며, 또한 동시에 하나님에 대한 예배자의 헌신과 신뢰를 나타내는 행위이기도 하다.

이것은 왜 바울이 1:2에서 "우리 주의 이름을 부르는" 것과 고전 12:3에서 "예수를 주"(Κύριος Ἰησοῦς)로 고백하는 것을 기독교 신자임을 보여주는 하나의 표지(sign)이자 테스트로 간주할 수 있는지를 잘 설명해준다. 이것은 중립적인 입장에서 어떤 신에게 호소하는 문제가 아니다. 그것은 Κύριος, "주"를 ἐπικάλειν, "부르는" 것의 의미를 제대로 전달하지 못한다. 바이스는 "종교적으로 실천적인 의미에서 '주'(Lord)가 의미하는 바가 그리스도의 '종' 또는 '노예'의 개념을 통해 가장 명백하게 드러난다(롬 1:1; 고전 7:22-23; 갈 1:10; 빌 1:1; 골 4:12)"고 주장한다.[109] 이와 비슷하게 불트만은 오직 이처럼 자기 자신을 연루시키는 차원만이 자유의 의미를 제공해준다고 지적한다. 만약 "종"이 자신을 주인의 처분에 맡긴다면 그의 주인은 그를 돌보아줄 것이며, 그 종은 더 이상 자신의 생존에 대해 스스로 책임을 질 필요 없이 신실하게 [그] 주인의 이름을 부르면 된다. 이러한 사람은 "이러한 염려를 버리고, 하나님의 은혜에 자신을 전적으로 내어 맡긴다."[110] 또한 특히 8:6과 12:3에 대한 주해를 보라.[111] 콤브는 고전 6:20, 롬 14:7-8, 14, 고후 5:15에서 종과 주인의 상관 명사가 "긍정적인" 의미로 사용되는 점을 지적한다.[112]

바울은 요엘이 사용한 어구 "주의 이름"을 사용한다. 주의 이름은 그리스도 안에서 그리고 그를 통해 나타난 하나님의 행동이 이제까지 드러난 그분의 성품과 일치할 것임을 보증해준다. 구약성경에서 이름은 종종 성품,

---

Papyri 1380:153; *1 Clemens,* 52.3; 64:1 및 수많은 다른 사례. W. Kramer, *Christ, Lord, Son of God*은 예배의 문맥의 가능성을 강조하는 Schrage의 견해를 예고한다.

109) J. Weiss, *Earliest Christianity,* 2:458.

110) Bultmann, *Theology of the NT,* 1:331.

111) 12:3과 8:6에 대한 다른 많은 참고문헌 중에서 특히 다음 논문을 참조하라. J. M. Bassler, "1 Cor 12:3: Curse and Confession in Context," *JBL* 101 (1982): 415-418.

112) I. A. H. Combes, *The Metaphor of Slavery in the Writings of the Early Church,* JSNTSS 156 (Sheffield: Sheffield Academic Press, 1998), 83; 참조. 77-87.

신분, 그리고 특히 평판을 의미한다. 모세가 하나님의 이름에 관해 질문했을 때(출 3:13) 70인역은 하나님의 대답을 "나는 나 자신이다"(I am who I am; ἐγώ εἰμι ὁ ὤν)로 옮겼는데(출 3:14), 이 번역은 히브리어 문법에 기초하여 "나는 바로 미래의 내가 될 것이다"(I will be who I will be, 3:14)로 옮기는 것이 더 나을 것이다. 이는 곧 나의 절대 주권적인 구속 행위를 통해, 그리고 **성품**이라는 관점에서 나의 정체성을 드러낼 나의 **"이름"을 네가 보게 될 것**이라는 의미다. 시편 저자들이 "주의 이름"을 찬송할 때(시 9:2) 이것은 하나님의 명성을 높이고 그분의 성품을 드러내는 구원 행위를 노래하는 것이다. "주의 이름을 아는 자는 주를 의지하오리니"(시 9:10; 참조. 9:3-9; 시 20:1, 5, 7).[113] 따라서 "주의 이름을 부르는" 것은—요엘서에서는 부분적으로, 여기서는 보다 더 온전한 의미에서—잘 알려지지 **않은 어떤 그림자와 같은 신을 부르는 것이 아니라**, 그 본성과 성품이 이미 잘 드러난 분께 신뢰를 가지고 자신을 내어 맡기는 것을 의미한다. 그 하나님은 온전히 신뢰하기에 합당하신 분이다.

고전 1:2에서 "주의 이름"은 "우리 주 예수 그리스도"에게 적용된다. 이러한 기독론적인 적용은 70인역에서 κύριος가 히브리어의 발화되지 않는 고유명사인 יהוה(야웨)와 אדון(아돈, 주님 또는 주인) 또는 אדני(아도나이)를 번역하고, 또 "하나님의 이름에 상응하는 단어"가 되었다는 매우 잘 알려진 전승과 결코 분리될 수 없다.[114] 쿨만은 "기원전 1세기와 기원후 1세기에 "아도나이"는 분명히 하나님을 가리키는 유대인들의 특징적인 명칭이었다"라고 논평한다.[115] 한편 바울은 κύριος라는 단어를 규칙적으로 그리스도에게 적용한다. 불트만은 "바울에게 있어 예수의 칭호는 '그리스도'가 아니라 바로 '주'였다"라고 지적한다.[116] 예수를 주로 선포하는 것(고후 4:5)

---

113) 특히 다음과 같은 예를 참조하라. 시 23:3; 25:11; 54:1, 6; 66:2, 4; 96:2, 8; 106:8, 47; 113:1-3; 135:1, 3, 13; 145:1, 2, 21.

114) G. Quell, "κύριος," *TDNT*, 3:1,058.

115) Cullmann, *Christology of the NT* (Eng. trans., Louisville: Westminster John Knox, 1987), 200.

116) Bultmann, *Theology*, 1:80.

은 앤더슨 스코트가 "기독교 복음 선포의 요약"이라고 부르는 것을 의미한다.[117] 스코트는 이것을 "바울이 그리스도인이 되고자 하는 이에게 요구하는 한 가지 유일한 신앙고백"이라고 부르고, 이러한 신앙고백을 τὸ ῥῆμα τῆς πίστεως(믿음의 말씀)로 표현한 바울의 묘사를 "믿음을 가장 잘 표현하는 신조(formula)"로 번역한다.[118] 따라서 그리스도를 주로 부르거나 고백하는 것은 분명히 단순한 지적 진술이 아니라 자신을 내어 맡기는 행위(a commissive act)다. 왜냐하면 바울은 고린도전서를 전개해나가면서 구원이 단순히 머리로 어떤 내용을 올바르게 이해하는 것 그 이상을 의미한다는 점을 명백하게 밝혀주기 때문이다(고전 1:18-25; 8:1-2, 7-13 및 기타 구절들. 특히 8:7-13에 대한 주해에서 γνῶσις, "지식"의 한계를 참조하라).

기도, 신뢰 또는 자기 헌신에서 "그리스도를 주로 부르는 것"을 맨 처음으로 고안해낸 사람은 바울이 아니다. 로빈슨이 주장하듯이 마라나타(μαράνα θά, 고전 16:22), "우리 주여, 오시옵소서"(참조. 16:22에 대한 번역)가 아람어를 구사하는 바울 이전 공동체로부터 유래한 것이 아니라면 그 기원을 제대로 설명하기가 어렵다.[119] 보다 더 강력한 논증은 롬 1:3-4과 같은 본문들이 바울 자신이 사용하고 승인한 바울 이전의 신앙고백을 표현한다고 주장한다.[120] 우리는 "예수는 주님이시다"가 신앙고백 또는 신조의 의미를 지니고 있는 8:6과 특히 12:3에 대한 주해에서 보다 더 상세한 논의와 참고문헌을 제시할 것이다. 거기서 이 표현은 일종의 진리-주장이자 자기 자신이 연루된 신뢰하는 자세를 나타낸다. 이러한 신앙고백을 하는 사람은 그리스

---

117) C. Anderson Scott, *Christianity according to St. Paul* (Cambridge: Cambridge University Press, 1927), 250.

118) 같은 책.

119) J. A. T. Robinson, "Earliest Christian Liturgical Sequence?" in his *Twelve NT Studies* (London: SCM, 1962), 154-157; 또한 *JTS* 4 (1953): 38-41. 하지만 16:22의 주해에서 우리는 그가 주장하는 "성찬" 문맥을 거부한다. 왜냐하면 이 아람어 표현은 최후의 파루시아를 가리키기 때문이다(해당 주해 참조).

120) P. Beasley-Murray, "Romans 1:3f.: An Early Confession of Faith in the Lordship of Jesus," *TynBul* 31 (1980): 147-154. 한편 Marcel Simon, *St. Stephen and the Hellenists*는 스데반이 예수를 주로 부른 사건(행 7:59)에 이른 연대를 부여한다.

도에게 속한 자임과 동시에 "그의 남자" 또는 "그의 여자"다. 던은 이 칭호가 바울에게 매우 중요한 의미를 담고 있다는 것을 건설적인 논평을 통해 다양하게 표현한다.[121]

3. 인사(1:3)

3절　　　바울이 관습적인 인사 형식 χαίρειν, "문안하노라"(참조. 행 15:23; 약 1:1)를 그리스도인의 인사말로 바꾼 것은 그의 관행과 전적으로 일치한다. 이것은 인사로서의 언어-행위(speech-act)와 기도로서의 언어-행위의 역할을 한다. 곧 χάρις ὑμῖν, "은혜가…여러분에게"다. 고전 1:4-9의 감사의 말이 그리스, 유대교, 기독교의 여러 요소를 결합한 것처럼, 이 인사-기도도 관습적인 고대 그리스-로마의 편지 형식을 유대교의 인사말, καὶ εἰρήνη, "평안"(שׁלום, 샬롬)과 결합한다. 이러한 이중 형식은 롬 1:7, 고후 1:2, 빌 1:2, 살후 1:2, 갈 1:3, 엡 1:2 등에서 나타난다. 사도 시대 교부들도 때로는 바울의 인사말 형식을 채택하기도 하며(예. 클레멘스1서 1:1), 또 때로는 단순히 "문안드립니다" 또는 "진심으로 문안드립니다"(πλεῖστα χαίρειν; 이그나티오스, 에베소 교회에 보내는 편지 1:1)라는 인사말을 사용한다.

하나님과 그리스도에게서 무언가가 오는 것을 바라는 것은 인사말인가 아니면 기도인가, 또 아니면 인사말-기도인가? 애초에 하나님의 이름을 부르며 무언가를 소원하던 것은 종종 오랜 시간이 지남에 따라 단순한 관행으로 변질된다. 예를 들면 영어의 "Good-bye"는 "God be wy you"(하나님이 너와 함께하시길)라는 초기 형태에서 유래했으며, "God buy 'ye"는 "God be with ye"의 축약형이다. 바울은 인사말과 "소원-기도"라는 두 언어-행위가 소원을 성취시키는 동인(agency)을 포함하여 이를 확대하면서 이 둘이 서로 동화되는 것을 방지한다. "하나님 우리 아버지와 주 예수 그리스도로부

---

121) J. D. G, Dunn, *The Theology of Paul the Apostle* (Edinburgh: T. & T. Clark, 1998), 244-252. 한편 구약성경의 배경에 관해서는 다음 주석서를 참조하라. Wolff, *Der erste Brief*, 17.

터."[122]

여기서 은혜(χάρις)가 강조된 것은 경쟁적으로 신분과 "권리"를 추구하는 문제로 극심한 어려움을 겪고 있던 교회의 정황에 매우 적절하다(참조. 6:12; 10:23, 이 주석서의 서론, 그리고 곳곳에). 이 단어는 수혜자의 "업적"과 무관하게 아낌없이 주시는 하나님의 관대한 행위에 주의를 기울인다. 불트만은 바울 서신에서 은혜가 어떤 "특성"(quality)이기보다는 어떤 "사건"(event)이라는 점을 강조하는데, 이러한 강조점은 여기서 [하나님이] 주시고 [인간이] 받은 것이라는 논리와 부합하며, 은혜가 어떤 성향(disposition)이기보다는 어떤 사건이라는 슈라게와 던의 견해와도 일치한다. 따라서 은혜는 더 일반적인 측면에서 자비에 대한 언급보다 "더 강력한" 단어다.[123] 또한 은혜는 "시간과 무관한" 것이 아니다. 오히려 은혜는 그리스도 안에서 하나님의 행위와 직결된다.[124] 은혜는 그리스도에 의해 또는 그리스도 안에서 주어진다(1:4). 바울은 "내가 나 된 것은 하나님의 은혜로 된 것이니"(15:10)라고 선언한다. 또한 그는 "네게 있는 것 중에 받지 아니한 것이 무엇이냐? 네가 받았은즉 어찌하여 받지 아니한 것 같이 자랑하느냐?"(4:7)라고 질문한다. 바울은 이 개념의 기본 원리를 다음과 같이 제시한다. 만약 독자들이 자유롭게 주고받는 언어와 행위에서 은혜를 빼버린다면 "그것은 더 이상 은혜가 아니다"(롬 11:16; 참조. 롬 5:15; 12:3; 15:15; 고후 6:1; 갈 2:9).

은혜는 2절과 3절에서 하나님의 부르심 또는 하나님의 선택과 밀접하

---

122) 바울의 "소원-기도"에 대해서는 다음 연구서를 참조하라. G. P. Wiles, *Paul's Intercessory Prayers*, SNTSMS 24 (Cambridge: Cambridge University Press, 1974), 22-107. 하지만 Wiles는 이 연구서에서 1:3을 일종의 "축복"으로 분류한다. 한편 "하나님 우리 아버지"와 "주 예수 그리스도"를 서로 연결시키는 것에 대해서는 Richardson, *Paul's Language about God*, 특히 95-138, 308-315을 보라.

123) Bultmann, *Theology of the New Testament*, 1:288-292. 또한 참조. Barth, *Church Dogmatics* 1/2, sect. 19, 2/1, sect 26, 31; Schrage, *Der erste Brief*, 1:106; J. D. G. Dunn, *Romans*, WBC (Dallas: Word, 1988), 1:17. "은혜는 단순히 하나님의 어떤 자세나 성향이 결코 아니다.…그것은 일관되게 훨씬 더 역동적인 무언가를 가리킨다. 곧 하나님의 전적으로 관대한 **행위**다"(강조는 원저자의 것임).

124) Schrage, *Der erste Brief*, 1:106, n. 2.

게 연결되어 있다.[125] 하지만 만약 은혜가 하나님의 말씀처럼 하나님이 자기 자신을 기꺼이 내어주시는 것과 분리될 수 없다면 바울은 자신이 계속해서 반복할 내용—"선물"은 신분을 향상시키는 "소유가 아니며, 은혜라는 선물은 하나님 자신의 거룩한 임재다—을 소개하고 있는 것이다. "너희 몸은 너희가 하나님으로부터 받은 바…너희는 너희 자신의 것이 아니라"(고전 6:19).[126]

히브리-유대 인사말 εἰρήνη, שָׁלוֹם(샬롬)은 종종 "평화"를 의미하지만, "샬롬"이 보다 더 일반적인 의미에서는 종종 "안녕"(well-being)을 의미할 수 있으므로, 이 단어는 영어에서 (어떤 대답을 기다리지 않으면서) 단순히 "Are you well?"(잘 지내지?)과 같은 인사말 정도로 생각할 수도 있다. 하지만 "하나님 우리 아버지와 주 예수 그리스도"라는 표현이 덧붙여졌다는 것은 어떤 독특한 구약성경 배경을 구체적으로 밝혀준다. 그 배경은 특별히 하나님께로부터 오는 평안(민 6:22-26)에 대해 말한다.[127] 따라서 모팻은 이 "평화 또는 평안"을 "그분[하나님]의 관대한 호의의 결과", 곧 은혜로 이해한다.[128] 현대 세계에서 우리는 평화(평안)를 "내적인 평온함"이나 "흐트러지지 않은 마음 상태"를 의미하는 것으로 이 단어를 내면화하고 주관화하는 경향이 있다.

이 단어는 종종 고전 그리스어에서(특히 철학 문헌에서) 이 의미를 나타내지만, 히브리어와 70인역의 배경에서 이 단어는 종종 대인 관계에서 조화를 이루는 것을 가리킨다. 게르하르트 폰 라트는 (구약성경에서) 어떤 특정 텍스트도 "내면적인 평화라는 영적 태도"를 가리키지 않는다고 주장

---

125) Barth, *Church Dogmatics* 1/1, sect. 5.148-149, 1/2, sect 16.212. 또한 참조. 1/2, sects. 17.338-361, 2/2, sects. 32-34.

126) Barth, *CD*, 1/1, sects. 5(예. iii. 147-150), 8, 9, 12; 2/1, sects, 27, 179, 217, 288; 또한 참조. sects. 28-31. Barth는 *The Resurrection of the Dead* (Eng. trans,. London: Hodder & Stoughton, 1933), 17-29, 그리고 곳곳에서 이 원리를 고린도전서에 적용한다.

127) Gerhard von Rad, "εἰρήνη," *TDNT*, 2: 402-406; Wolff, *Der erste Brief*, 18.

128) Moffatt, *First Epistle*, 5.

한다.[129] 메르클라인도 이 견해를 지지한다. "'전쟁'에 반대되는 개념으로서 평화는…(스토아학파의 경우처럼) 순전히 내면의 평화만을 의미하지 않는다."[130] 바울은 롬 5:1에서 이 주제를 중점적으로 언급한다. 해당 절에서 "하나님과의 화평"은 하나님과 그리스도 안에 있는 하나님의 백성이라는 새 피조물 간의 객관적인 관계를 묘사한다.

최초기 주석가들은 "은혜와 평안"을 극도로 신학적인 의미로 이해했다. 테르툴리아누스(210년경)는 하나님의 "은혜"가 주어진다는 것은 그 이전에 화목의 필요성을 전제하는 반면, "평안"은 그 이전에 일어난 반역을 전제한다고 지적한다. 그는 이 두 개념을 하나님과의 객관적인 관계의 두 가지 측면으로 해석한다.[131]

그리스어 ἀπὸ θεοῦ πατρὸς ἡμῶν καὶ κυρίου Ἰησοῦ Χριστοῦ는 "주 예수 그리스도"(이 칭호에 대한 크리소스토모스의 지적은 아래 참조)에 대한 반복적인 언급을 쌓아 올리는 것과 "아버지"로서의 "하나님"과 "주"로서의 "예수 그리스도"의 동인을 서로 연결하는 것으로 시작한다. 이러한 종류의 도입부(참조. 롬 1:7; 고후 1:3; 갈 1:1, 3, 4; 빌 1:2; 살전 1:1; 몬 3)에서 바울은 하나님을 "정의하는" 두 가지 대표적인 "원리"(만약 우리가 이 단어를 느슨하게 사용한다면)를 서로 결합한다. 닐 리처드슨은 다음과 같이 말한다. "하나님을 정의하는 데 사용하는 가장 중요한 단어는 πατήρ[아버지]다.…바울은 하나님을 오직 세 번만 '우리 주 예수 그리스도의 아버지'로 부르거나 언급한다"(고후 1:3; 11:31; 롬 15:6).[132] 하지만 바울이 하나님을 πατήρ, 아버지로 언급하는 것은 "도입부 인사말에서…또는 기도와 찬양의 문맥에서만 나타난다. 비록 이 단어는 자주 사용되지는 않지만, 이러한 문맥은 이 단어에 상당한 중요성을 부여한다.…바울에게 있어 이 단어는 하나님을 언급하고 부르는 기독

---

129) Von Rad, "εἰρήνη," *TDNT*, 2: 406, n. 11.
130) Merklein, *Der erste Brief*, 1:78.
131) Tertullian, *Against Marcion*, 5:5.
132) Richardson, *Paul's Language about God*, 271.

교의 매우 독특한 방법이다."[133]

이 동일한 도입부 및 찬양 문맥에서 바울은 또한 종종 "그리스도를 언급함으로써 하나님을 정의한다." 비록 리처드슨이 (어쩌면 지나치게 조심스럽게) "바울은 이와 같은 방법으로 하나님을 자주 정의하지 않는다"라고 덧붙이지만 말이다.[134] 이러한 매력적인 견해는 다메섹을 향해 가던 중 그리스도를 만났을 때 하나님이 바울에게 "그리스도의 모습"으로 나타나셨다는 것으로 이해되기도 했다. 이러한 이미지는 오늘날 바울의 "아버지" 용어 사용이 그가 "가부장적"이거나 "권위주의적"이라는 비판을 받을 가능성을 완화해주는 데 필요하다. 그리스도의 모습으로 나타나신 하나님이라는 주제는 윙엘과 몰트만의 저서 곳곳에서 찾아볼 수 있다. 이들은 하나님의 존재와 정체성을 이해하는 데 그리스도의 십자가가 결정적인 역할을 한다고 본다(참조. 고전 1:18-25).[135] 이것은 바울의 생각과 전적으로 일치한다. 또한 바울은 하나님의 절대적인 "전능하심"과 자의적으로 선택한 십자가의 "연약함"으로 알려지고 계시된 하나님의 그리스도의 모습을 동시에 주장한다.[136] 이러한 심오한 내용을 담고 있는 문맥에서 십자가는 단순히 구원의 "도구"가 아니라 십자가를 구현하는 하나님의 정체성을 계시한다.

공동 동인으로서 "아버지"와 "주 예수 그리스도"라는 두 용어의 연계는 상호 보완적인 두 요점을 이해하는 데 필요한 문맥을 제공해준다. 한편으로 판넨베르크는 "아버지"는 "결코 다른 용어(개념)로 대체할 수 있는 어떤 임의적인 용어(개념)가 아니며" "은유에 더 가깝다"고 단언한다.[137] 그는 "아버지"를 "어머니"로 보완하려는 오늘날의 다양한 시도를 거부한다. 왜

---

133) 같은 책.

134) 같은 책.

135) 예를 들면 E. Jüngel, *Theological Essays* (Eng. trans., Edinburgh: T. & T. Clark, 1995), 2:120-144, 그리고 다른 여러 곳. 또한 *God as the Mystery of the World* (Eng. trans., London: SCM, 1974); *History and Triune God* (Eng. trans., SCM, 1991).

136) Van den Brink, *Almighty God* (Kampen: Kok Pharos, 1993)는 Almighty(신약성경에서 사용된)와 omnipotent의 개념상의 차이점에 대해 탐구한다.

137) W. Pannenberg, *Systematic Theology*, 3 vols. (Eng. trans., Edinburgh: T. & T. Clark, 1991), vol. 1.

냐하면 "하나님을 이해하는 데 성별을 도입한다는 것은 다신론을 의미하기" 때문이다.[138] 이미 "아버지"는 **어머니의 사랑의 여지를 허용하며**, "하나님은 모든 성별을 초월하는 존재다."[139] 그는 다음과 같이 결론짓는다. "예수의 입에서 '아버지'는 하나님을 가리키는 고유 명사가 되었다. 따라서 이 명칭은 단순히 다른 여러 명칭 가운데 하나가 아니다."[140] 판넨베르크는 바울의 사상에 호소한다. 왜냐하면 하나님은 성령으로서 신자들 안에서 예수 자신이 하나님을 부르는 호칭, "아바, 아버지"를 재연(reenacts)하시기 때문이다(롬 8:15; 참조. 갈 4:5-6). 그러므로 그는 "'하나님'과 '아버지'라는 용어는 단순히 시간에 매인 개념이 아니다"라고 결론짓는다.[141] 하나님이 자신을 그리스도의 모습으로 계시하시고, 그리스도가 자신의 지상 사역, 십자가의 죽음, 부활을 통해 전적으로 순종하며 하나님과 하나가 되었기 때문에 바울은 **그리스도 안에 계신 하나님**을 독자들에게 "은혜"와 "평안"의 공동 원천으로 제시한다. 판넨베르크는 그리스도와 성령을 "하나님의 '두 손'"으로 표현한 이레나이우스의 이미지가 바울의 사상을 정확하게 반영하는 것으로 이해한다.[142]

한편으로 십자가는 "**하나님의 능력**"이다(고전 1:18). "**하나님의 뜻을 따라**"(1:1), 하나님의 섭리와 계획 또는 선택에 따라(1:21, 27, 28; 2:7, 9) 만물은 존재한다. 생명과 성장은 모두 하나님께 달려 있다(3:6, 7). 모든 것은 하나님의 판결을 기다린다(4:5). 다양한 은사가 주어지는 것과 심지어 "존재 방식"(또는 "육체")도 하나님의 결정에 달려 있다(12:28; 15:10, 38). 또 다른 한

---

138) 같은 책.

139) 같은 책. Pannenberg는 오늘날 진부하게 "돌봄"의 특성을 전적으로 모성(母性)에게 돌리고, 훈육(訓育)의 특성은 전적으로 부성(父性)에게 돌린 후, 이러한 순환 논리로부터 결론을 유추하는 것을 거부한다. **그리스도 안에 계신 하나님**은 아버지의 역할 안에서 모성적인 양육을 제공하신다. 여기서는 성별이나 현대의 성(性)의 정형화도 바울의 사상에 결코 영향을 주지 않았으며, 이것은 바울이 하나님의 공동-동인에 관해 말하고자 한 것과 혼동을 일으킬 뿐이다.

140) Pannenberg, *Systematic Theology*, 1:262.

141) 같은 책, 263.

142) 같은 책, 270.

편으로 바울은 "십자가에 달린 예수 안에서 하나님의 자기 계시"를 본다.[143] 따라서 "이와 같은 본문[1:3]에서 아버지와 아들이 함께 언급된 것은 결코 간과되어서는 안 된다."[144]

---

143) Jüngel, *God as the Mystery of the World*, 156-157.
144) Fee, *First Epistle*, 35. 그리스도의 주(Lord)로서의 역할에 대해서는 특히 12:3에 대한 주해를 참조하라.

B. 감사(1:4-9)

4 나는 그리스도 예수 안에서 여러분에게 주어진 하나님의 은혜로 말미암아 나의 하나님께 항상 감사드립니다. **5** 왜냐하면 그의 안에서 여러분은 모든 면에서, 곧 온갖 언변과 온갖 지식에 풍요로워졌기 때문입니다. **6** 그리스도에 관한 증언이 여러분 가운데서 확실하게 입증되었습니다. **7** 그래서 여러분은 어떠한 은사에도 부족함이 없이, 우리 주 예수 그리스도께서 공개적으로 나타나시기를 기다리고 있습니다. **8** 그는 또한 여러분을 끝까지 굳게 지켜주어 우리 주 예수 그리스도의 날에 아무런 비난도 받지 않게 해줄 것입니다. **9** 하나님은 신실하십니다. 그를 통해 여러분은 부르심을 받아 예수 그리스도 우리 주의 아들 됨에 공동으로 참여하게 되었습니다.

바울의 감사의 말 양식에 대한 독특한 용법　　온갖 고난을 겪었음에도 불구하고(4:8-12) 바울은 다른 사람들에 대해 하나님께 감사하며, 그것을 감사의 말로 표현하는 것을 조금도 주저하지 않는다. 바울 서신에서 εὐχαριστῶ라는 그리스어 어군은 마흔여섯 번 나타난다. 우리는 편지 도입부의 양식과 관련하여 이미 바울이 사용한 문학 양식과 편지 작성 관행에 대해 논의했다(앞부분에 대한 주해와 개별적인 주제에 대한 참고문헌을 보라). 하지만 여기서 두 가지 독특한 이슈가 제기된다. (i) 한편으로 최근에 학자들은 고대 그리스-로마의 수사학과 바울의 편지에서 청중 또는 수신자로부터 "우호적인 태도"를 얻어내기 위한 방안으로서 도입부(*exordium*)의 역할에 상당히 많은 관심을 기울였다.[1] 만약 청중이 이미 적대적이지 않다면 이러한 호의는 곧바로 또는 분명하게 받아들여질 것이다(직접적인 전개 방식 또는

---

1)　많은 사례 가운데 특히 다음을 참조하라. Mitchell, *Paul and the Rhetoric of Reconciliation*, 194-197; A. Eriksson, *Traditions as Rhetorical Proof: Pauline Argumentation in 1 Corinthians*, ConBNT 29 (Stockholm: Almquist & Wiksell, 1998), 51-60; R. D. Anderson, *Ancient Rhetorical Theory and Paul* (Kampen: Kok Pharos, 1996); Witherington, *Conflict and Community in Corinth*, 39-48.

"principium"). 만약 사전에 적대감이 존재한다면 보다 더 미묘한 전개 방식 (*"insinuatio"*)이 사용될 수 있다. 그렇다면 이러한 전략이 바울의 관행적인 감사 표현 안에서도 나타나는가? (ii) 두 번째 이슈는 편지 양식에 대한 연구에서 비롯된다. 이 연구는 바울이 인사말에 이어 전형적인 감사의 말을 독특하게 사용한다는 데 관심을 기울인다. 롬 1:8-13, 고전 1:4-9, 빌 1:3-11, 살전 1:2-10, 몬 4-7, 골 1:3-14, 살후 1:3-12 등에서 감사를 표현하는 비슷한 구조가 광범위하게 나타난다.[2] 감사를 표현하는 것 외에도 대다수 본문은 중보 기도와 종말론적인 목적이나 미래의 궁극적인 완성에 대한 언급을 포함한다. 고전 1:8b과 9은 이러한 종말론적인 언급을 반영하는 반면, 와일즈는 1:8-9을 "어떤 소원-기도"로 분류한다.[3] 바울은 고린도 교인들이 명백한 결점을 지니고 있고, 또 심지어 그들 중 많은 이들이 바울의 사역을 부당하게 과소평가하고 있음에도 불구하고 독자들과 그들이 받은 은사에 대해 하나님께 감사한다.

바울의 감사의 말의 양식과 기능에 대해서는 이미 상당히 많은 연구가 진행되었다. 우리는 그 연구를 네 가지 단계로 구분할 수 있을 것이다. (i) 첫 단계로서 융커(1905년)에서 하르더(1936년)에 이르기까지는 주로 구약성경과 시편의 배경에 관심을 기울였다. (ii) 하지만 1939년에 슈베르트는 고대 그리스의 서한 자료를 탐구했다. 그는 그리스어 εὐχαριστῶ의 다양한 언어 형태뿐만 아니라 파피루스와 고대 로마의 서한 자료에 특별한 관심을 기울였다. 바울의 어휘, 문법, 고대 그리스 사회에 대해 철저하게 분석한 후 슈베르트는 다음과 같이 결론지었다.[4] "파피루스 편지들은 서간문 형식의 종교적 또는 비종교적인 감사의 말이 도입부에서 관행적으로 광범위하게 사용된다는 것을 매우 설득력 있게 입증해준다. [이러한 관행은]…일상적

---

2) 다음 연구서는 이 점을 분명하게 밝혀준다. F. O. Francis and J. P. Sampley (eds.) *Pauline Parallels* (Philadelphia: Fortress and Missoula: Scholars Press, 1975).

3) Wiles, *Paul's Intercessory Prayers*, 97-101.

4) Schubert, *Form and Function of the Pauline Thanksgiving*, 24-27, 39-94, 특히 도표 2 참조.

인 사회생활에서 전형적으로 나타난다."[5] 또한 슈베르트는 이러한 언어-행위는 대체로 어떤 공통적인 관심 "세계"를 전제한다는 점을 보여주었다. 하지만 고후 1:3-7은 훨씬 더 유대교 축복 기도의 패턴을 따른다. "하나님은 찬송을 받으셔야 할 분입니다"(εύλογητὸς ὁ θεός). 따라서 (iii) 제임스 로빈슨(1964년)은 모든 것이 고대 그리스-로마 편지 양식에 근거하여 설명될 수 있는 것처럼 주장하는 슈베르트의 견해에 이의를 제기했다. 그는 쿰란 문서를 비롯하여 유대교의 다양한 자료를 탐구하면서 찬송에서 하나님께 축복을 기원하는 것에 특별한 관심을 기울였다. 그는 베라카(*berakah*)라는 유대교의 축복 양식은 정형화되고 종종 거의 내용이 없는 고대 그리스 편지 양식보다는 바울의 감사의 말과 비교할 때 더 많은 공통점을 제공한다고 결론짓는다.[6] (iv) 하지만 로빈슨은 고대 그리스 편지 자료가 지닌 중요성을 과소평가했다. 따라서 오브라이언은 1977년에 출간된 저서에서 비록 바울이 고대 그리스의 편지 양식 구조를 사용하긴 했지만, 그의 편지를 구성하는 내용은 유대교의 영향뿐만 아니라 자신의 독특한 자료와 기독교 신학의 자료를 반영한다고 주장했다.[7] 오브라이언과 콘첼만은 모두 슈베르트의 이론을 이러한 방식으로 수정한다.

오브라이언은 감사의 말이 바울에게는 단순히 어떤 관행이 아니라는 슈베르트의 견해에 동의한다. 오히려 바울은 "깊은 목회자적이며 사도적인 관심"을 표현하고, (그의 중보 기도에서 나타나듯이) "교육적인 기능"을 수행하며, 또 종종 "권면의 목적"을 달성하기 위해 이전의 관행을 활용한다.[8] 이는 고대 그리스 편지 문헌과 공유하는 한 가지 특징과 잘 조화를 이룬다. 한 가지 공통적인 기능은 편지의 본론에서 다루어질 삶의 일부 측면에 대해 감사를 표현하는 것이다. 다시 말해 감사의 말이란 양식은 편지의 본론에서 전개할 주제들을 간략하게 소개하는 일종의 서곡과 같은 기능을 수행한다. 이

---

5) 같은 책, 180, 184.
6) J. M. Robinson, "Die Hodajot-Formel," in *Apophoreta* (1964), 194-235.
7) P. T. O'Brien, *Introductory Thanksgiving in the Letters of Paul.*
8) 같은 책, 13-14.

주제들은 나중에 편지 본론에서 더욱더 자세히 전개된다. 따라서 무역에 관한 고대 그리스의 "세속적인" 편지는 안전한 여행에 대해 감사하는 말로 시작하지만, 바울은 나중에 언급할 은사나 또는 축복에 대해 먼저 하나님께 감사한다. 따라서 오브라이언은 여기서 은혜(1:4), 부요함 또는 풍성함과 "지식"(1:5; 참조. 4:8; 8:1-11; 12:8; 13:2, 8), 복음 증거(1:6; 참조. 1:21; 2:4), 종말론적 고대(1:7), 하나님의 심판과 신실하심(1:8-9) 등의 주제를 언급한다.[9] 한편 머피-오코너는 "이 부분에서 언급하지 **않는** 것이 주목할 만하다"고 생각한다(강조는 덧붙여진 것임).[10] 바울은 단지 "자신이 그다지 높이 평가하지 않는 '말'과 '지식'의 은사(고전 8:1; 13:8-9, 14:2-5)와 그들이 '친밀한 교제로 부르심을 받았다'는 사실만을 언급할 수 있다."[11] 여기서 **사랑**에 대한 언급이 없다는 것은 분명하다.

슈베르트에 의하면 종말론적인 요소는 종종 독자들의 눈이 하나님의 축복의 정점을 바라보게 한다. 예를 들면 고전 1:8, 9, 빌 1:10, 살전 1:10, 살후 1:12 등이다. 1:9의 "종결부"는 거의 신조 형태를 취한다.[12] 머피-오코너의 논평에도 불구하고 바울의 감사의 말을 당대의 비그리스도인 편지의 예들과 비교하면 그 감사의 말에 담긴 풍성한 내용은 더욱더 인상적이다.[13]

따라서 표준적이며 **통상적인** 관행에 따른 감사의 말 양식과 이 양식을 **독특하게 사용한 바울의 용법**을 비교하면 다음과 같은 다섯 가지 요소가 뚜렷하게 드러난다. (i) 수신자들의 상황에 대한 염려와는 대조적으로 바울은 자신의 상황이나 형편에 대해 전혀 언급하지 않는다. (ii) 바울은 하나님, 특히 하나님의 은혜의 관대함을 강조한다. (iii) 바울은 종말론적 관점을 제시하는데, 이 관점은 이해의 지평을 가능한 한 최대한으로 넓혀준다. 그 안

---

9)   같은 책, 107-137. 참조. Schubert, *Form and Function*, 10-39.
10) Murphy-O'Connor, *Paul the Letter Writer*, 62.
11) 같은 책. 참조. Héring, *First Epistle*, 3. 또한 6절에 대한 주해도 보라.
12) O'Brien, *Introductory Thanksgiving*, 107-108; Schubert, *Form and Function*, 30-31; Roberts, "Transitional Techniques," 193, 198, 201.
13) Collins, *First Cor*, 55-56는 파피루스 문헌(그리고 보다 더 전문적인 문헌)에서 몇 가지 구체적인 사례를 제시한다.

에서 현재는 하나님이 약속하신 미래의 관점에서 그 진정한 특성을 드러낸다. (iv) 고대 그리스 편지 양식과 마찬가지로 바울의 감사의 말은 독자들과의 접촉점 또는 새로워진 접촉점을 제공해주며, 마치 서곡처럼 그 접촉점이 어떻게 전개될지 예비한다. (v) 바울의 목회적 관심사는 특히 끝부분으로 나아갈수록 더욱더 두드러지게 나타난다. 와일즈는 여기서 "바울이 독자들의 은사를 인정하는 것에서 그들에게 여전히 부족한 것에 대한 우려로 나아간다"라고 지적한다.[14] 하지만 하나님의 은혜에 대한 강조가 여전히 가장 중요하다.[15] 이로써 감사라는 언어-행위는 다른 여러 차원에서도 작용한다. 예를 들면 교육적인 기능을 구현하는 것을 꼽을 수 있는데, 이는 적어도 오브라이언이 지적하듯이 새로운 신자 공동체 안에서 **이방인까지 포함하는 분에 넘치는 하나님의 은혜를 찬양하며**, 심지어 고린도 교회에서 다양한 오해와 남용의 원천이었던 "은사"(예. "말"과 "지식")까지도 찬양하는 것을 포함한다.[16]

1. 독자들의 은사에 대한 바울의 감사 표현(1:4-6)

편지 양식에 대한 보다 더 일반적인 질문에 관해서는 1:1-3의 주해 부분에서 제시한 참고문헌을 보라.

감사의 말 양식에 대한 참고문헌

Arzt, P., "The Epistolary Introductory Thanksgiving in the Papyri and in Paul," *NovT* 36 (1994): 29-46.

Audet, J.-P., "Literary Forms and Contents of a Normal εὐχαριστία in the First Century," in F. L. Cross (ed.) SE (Berlin: Berlin Academy, 1959). 1: 643-662.

Jewett, R., "The Form and Function of the Homiletic Benediction," *ATR* 51 (1969): 18-34.

Malherbe, A. J., *Ancient Epistolary Theorists*, SBL Sources 19 (Atlanta: Scholars   Press,

---

14) Wiles, *Paul's Intercessory Prayer,* 98.

15) C. F. G. Heinrici, *Das erste Sendschreiben des Apostels Paulus an die Korinther* (Berlin: Hertz, 1880), 79-82.

16) O'Brien, *Introductory Thanksgiving,* 108-120, 134-137. 그는 1:5의 "풍요로움"과 4:8의 스스로 자랑하며 "이미 부자가 되었다"는 언급을 서로 비교한다. 또한 그는 "은사"를 4:7; 12:4-11에 나오는 바울의 말과 비교한다.

1988), 30-40 (lists 21 letter forms).

Mitchell, M. M., *Paul and the Rhetoric of Reconciliation* (Louisville: Westminster/Knox, 1992), 194-197.

Monloubou, L., *Saint Paul et la prière. Prière et évangelization,* LD 110 (Paris: Cerf, 1982).

Murphy-O'Connor, J., *Paul and the Letter Writer* (Collegeville, Minn.: Glazier/Liturgical Press, 1955), 55-64.

O'Brien, P. T., "Benediction, Blessing, Doxology, Thanksgiving," in *DPL,* 68-71.

————, *Introductory Thanksgiving in the Letters of Paul,* NovTSup 49 (Leiden: Brill, 1977), esp. 107-140.

————, "Thanksgiving and the Gospel in Paul," *NTS* 21 (1974-75): 144-155.

————, "Thanksgiving within the Structure of Pauline Theology," in D. A. Hagner and M. J. Harris (eds.), *Pauline Studies: Essays Presented to F. F. Bruce* (Grand Rapids: Eerdmans and Exeter: Paternoster, 1980), 50-66.

Roberts, J. H., "Transitional Techniques to the Letter Body in the Corpus Paulinum," in J. H. Petzer and P. J. Hartin (eds.), *A South African Perspective on the New Testament* (Leiden: Brill, 1986), 187-201.

Robinson, J. M., "Die Hodajot-Formel in Gebet und Hymnus des Frühchristentums," in W. Eltester and F. H. Kettler (eds.), *Apophoreta: Festschrift für Ernst Haenchen,* BZNW 30 (Berlin: Töpelmann, 1964), 194-235.

Roller, O., *Das Formular der paulinischen Briefe* (1:1에서 언급함), 62-66.

Schubert, P., Form and Function of the Pauline Thanksgiving, BZNW 20 (Berlin: Töpelmann, 1939), 특별히 39-94 및 158-185.

Wiles, G. P., *Paul's Intercessory Prayers,* SNTSMS 24 (Cambridge: Cambridge University Press, 1974), 97-122 및 156-173.

은혜, 은사, 지식에 대한 참고문헌(지식에 대해서는 특히 8:1에서 제시한 참고문헌 참조)

Arichea, D. C., Jr., "Translating 'Grace' (*charis*) in the NT," *BT* 29 (1978): 201-206.

Baumert, N., "Charisma und Amt bei Paulus," in A. Vanhoye (ed.) *L'Apôtre Paul. Personalité, style et conception du ministère* (Leuven/Louvain: Leuven University, 1986), 203-228.

Berger, K., "χάρις," *EDNT,* 3:456-461.

Brockhaus, U., *Charisma und Amt: die paulinische Charismenlehre* (Wuppertal: Brockhaus, 1972, 1987).

Bultmann, R. "γνῶσις," *TDNT,* 1:689-719.

————, *Theology of the New Testament* (London: SCM, 1952), 1:288-306 (on grace).

Cambe, M., "La *charis* chez saint Paul," *RB* 70 (1963): 193-207.

Conzelmann, H., "χάρις,"*TDNT,* 9:359-415.

Doughty, J., "The Priority of Charis: An Investigation of the Theological Language of Paul," *NTS* 19 (1972-73): 163-180.

1:4   **183**

Dupont, J., *Gnosis. La connaissance religieuse dans les épitres de Saint Paul* (Paris: Gabalda, 1949).

Ellis, E. E., " 'Spiritual' Gifts in the Pauline Community," *NTS* 20 (1973-74): 128-144.

Horsely, R. A., "Gnosis in Corinth: 1Cor 8:1-6," *NTS* 27 (1980-81): 32-51.

Moffatt, J., *Grace in the New Testament* (London: Hodder & Stoughton, 1931).

Nolland, J., "Grace as Power," *NovT* 28 (1986): 26-31.

Potterie, L. de la, "Charis paulinienne et charis johannique," in E. E. Ellis and E. Grässer (eds.), *Jesus und Paulus. Festschrift für W. G. Kümmel* (Göttingen: Vandenhoeck & Ruprecht, 1975), 256-282.

Schmithals, W., *Gnosticism in Corinth* (Eng. trans., Nashville: Abingdon, 1971).

Schütz, J. H., *Paul and Anatomy of Apostolic Authority*, SNTSMS 26 (Cambridge: Cambridge University Press, 1975), 249-280.

Silva, M., "The Pauline Style as Textual Choice: Γινωσκείν and Related Verbs," in D. A. Hagner and M. J. Harris (eds.), *Pauline Studies: Essays Presented to F. F. Bruce on His Seventieth Birthday* (Grand Rapids: Eerdmans and Exeter: Paternoster, 1980), 184-207.

Wilson, R. McL., "How Gnostic Were the Corinthians?" *NTS* 19 (1972-73): 65-74.

4절 (1) ℵ*, B, 그리고 일부 다른 사본은 μου를 생략하여 "나의 하나님께"가 아니라 "하나님께"라고 읽는다. RSV, NJB, NIV, 바레트, 피(Fee)도 이 생략을 따르는 반면, 콘첼만은 이를 괄호 안에 넣는다. 하지만 웨이머스, NRSV, UBS 그리스어 신약성경(제4판)은 ℵ*, A, C, D, G, 33, 불가타 역본, 고대 시리아어 역본, 콥트어 역본을 따라 이 인칭 대명사를 본문에 포함한다. 메츠거는 이 단어를 포함해야 하는 이유를 설득력 있게 제시한다.[17] (2) 일부 사본에는 ἡμῶν이 나타난다. 하지만 이것은 아마도 필사자의 오류일 것이다. 에드워즈, 마이어, 모팻, 알로를 포함하여 많은 주석가는 인칭 대명사 단수(μου)를 원문으로 간주한다. 어쩌면 통상적인 편지 양식에 그저 묻혀 지나칠 수도 있었던 이 인칭 대명사는 이 감사의 말에 담긴 친근감과 진정성을 잘 강조해줄 수 있다. 알로는 바로 그런 이유를 들어 이 인칭 대명사를 원문으로 받아들인다.[18]

---

17) B. Metzger, *A Textual Commentary on the Greek New Testament* (Stuttgart: UBS, 2d ed. 1994), 478.

18) E.-B. Allo, *Paul, Première Épitre aux Corinthiens* (Paris: Gabalda, 1956), 4.

πάντοτέ, "항상"은 고전 15:58에서처럼 "기회가 있을 때마다" 또는 "늘 그렇게 하듯이"를 의미한다. 15:58에서 이 단어는 부활의 약속에 근거하여 "항상" 주를 위해 일하는 것을 가리킨다. 빌립보 교회와 같이 바울에게 순전한 기쁨을 가져다주는 교회들뿐만 아니라 심지어 고린도 교회 같이 골칫덩어리인 교회에 대해서도 바울은 언제나 하나님께 감사한다. 왜냐하면 교인들의 온당하지 못한 삶의 자세와 생활 방식은 바울에게 때때로 불편함, 실망, 또는 고통을 안겨주지만, 그리스도인으로서 그들이 지속적으로 신앙을 지니고 있다는 것 자체는 그의 개인적인 불편함, 실망, 또는 고통보다 훨씬 더 큰 가치가 있기 때문이다. 기독교의 훌륭한 고전들은 다음과 같은 생각을 반복적으로 들려준다. "사람들이 자기 자신과 다른 사람들에 대해 하나님께 감사하는 것만큼 하나님이 만족스러워하시는 것은 없다."[19] 또한 4절에서는 εὐχαριστῶ가 현재 시제로 사용되었다. 여기서 현재 시제는 바울이 "언제나 지속적으로 감사하고 있다"는 점을 강조한다.[20]

대체로 바울은 하나님께 기도하며 감사한다. 바울이 그리스도께 기도하는 것은 드물게 나타난다. 그리고 성령께 기도하는 것은 사실상 나타나지 않는다. 바울의 편지에서 기도는 대체로 그리스도를 통해(through) 성령에 의해(by) 하나님 아버지께(to) 말한다. 소유격과 함께 사용되는 전치사 περί는 흔히 "~에 관하여" 또는 "~에 관련하여"를 의미한다. 하지만 여기서 이 그리스어 전치사를 베자처럼 라틴어 전치사 de(about, concerning)로 번역하는 것은 본 문맥을 충분히 고려하지 않은 것이다. 왜냐하면 바울 서신, 필론, 요세푸스 등 다른 저자들의 저서에서 이 전치사는 종종 기도 또는 감사의 문맥에서 어떤 대상을 위해 "기도하다" 또는 어떤 것에 대해 "감사하다"라는 의미를 나타내기 때문이다.

전치사 ἐπί는 "~에 근거하여"로 번역되었다. 왜냐하면 이 전치사는 여격과 더불어 "어떤 것이 일어나게 하는 원인"(핀들레이)이나 "어떤 행위의 기

---

19) Chrysostom, *1 Cor. Hom.*, 2:1.
20) Collins, *First Cor,* 57.

초"(에드워즈)를 가리키기 때문이다.[21] 부정과거 분사 수동태 δοθείσῃ는 이 편지의 수신자들이 "그리스도와 함께" 연합하게 되었을 때 하나님의 은혜의 선물을 받게 되는 사건을 가리킨다. 여기서 수동태는 하나님을 동인(動人)으로, 곧 은혜를 베푸시는 분으로 강조하는 셈어적(Semitic) 표현 방법을 반영할 것이다. 바울의 감사의 초점은 이 은혜를 받는 이들이 스스로 소유하고 있는 어떤 특성이 아니라 바로 하나님의 은혜로우신 행위에 있다.[22]

"그리스도 예수 안에서"라는 바울의 표현에는 다음과 같은 두 가지 특성이 담겨 있다. (i) 고전 1장의 첫 세 절에서 바울은 "그리스도 예수"를 두 번, 그리고 "주 예수 그리스도"를 두 번, 즉 그리스도를 네 번 언급한다. 1:4-9에서는 그리스도가 모두 다섯 번 언급된다. 즉 "그리스도 예수"(4절), "그리스도"(6절), "주 예수 그리스도"(7절), "주 예수 그리스도"(8절), "예수 그리스도 우리 주"(9절) 등이다. 그리고 1:10-13에서 바울은 "우리 주 예수 그리스도"를 통해(10절) 호소한다. 이처럼 첫 열 절에서 "그리스도"는 열 번이나 언급된다. 성경 본문을 진지하게 읽는 자라면 그 누구도 이처럼 그리스도가 반복적으로 언급되는 특성을 결코 간과할 수 없을 것이다. 이 점에 대해 크리소스토모스는 다음과 같이 적절하게 지적한다. "다른 어떤 편지에서도 그리스도의 이름이 이처럼 짧은 구절에서 이토록 계속해서 나타나지는 않는다. 이를 통해 그[바울]는 전체를 하나로 묶는다.···이것은 결코 우연히 또는 무의식적으로 나타나는 것이 아니다."[23]

(ii) 두 번째 특성은 수신자들이 모든 것을 그리스도 안에서 받는다는 것이다(1:4-7). 설령 그것이 미리 받은 것이라 할지라도 말이다(15:20의 주해에서 부활의 첫 열매에 대한 설명을 보라). 고린도 교회 신자들은 최후의 영광과 그들의 신앙 공동체 안에서 일어나는 성령의 사역이 완성될 것(13:8-13; 15:44,

---

21) Findlay, *Expositor's Greek Testament*, 2:759; Edwards, *First Epistle*, 5; Conzelmann, *1 Cor*, 26.

22) 다음 주석서들은 이 점을 잘 지적한다. Wolff, *Der erste Brief*, 20-21; Schrage, *Der erste Brief*, 1:114-115.

23) Chrysostom, *1 Cor. Hom.*, 2:7.

49)을 여전히 **기다리고 있다**(1:7). 그리스도 "안에" 있다는 것은 종말론적인 긴장을 경험한다는 것이다. 곧 하나님은 이미 그들에게 그분의 은혜를 한량없이 베풀어주셨고, 그들을 죄와 죽음의 속박으로부터 구속하셨다(6:20). 하지만 신자들은 여전히 죄를 짓고, 여전히 죽음을 맛보며, 여전히 그리스도의 형상으로 온전히 변화될 필요가 있다(15:50-54; 4:8-13에 대한 주해를 보라).[24] 그리스도인들은 그리스도와 그의 은사를 바로 지금 경험하고 있다. 하지만 앞으로 구속이 완성되면 이루 측량할 수 없을 만큼 더 많은 것이 그들에게 임할 것이다. 따라서 바울은 하나님의 은사의 풍요함과 충만함을 강조한다.[25]

5절 5절에서는 번역과 관련된 몇 가지 이슈가 제기된다. (i) ὅτι는 여기서 "왜냐하면"을 의미하는가? 아니면 일반 접속사(that)인가? 설령 감사의 말 양식에 대한 슈베르트의 분석이 타당하다 하더라도 문법상 이 두 가지 번역은 모두 가능하다. 하지만 "왜냐하면"이 더 타당해 보인다. 콜린스도 고대 그리스 편지 양식과의 유사성에 근거하여 "왜냐하면"으로 번역하는 것을 지지한다.[26] 어떤 결정을 회피할 수 있는 방법은 전체 구절을 바로 앞 절의 내용에 대한 "설명"으로 보는 핀들레이와 슈라게의 견해를 따르는 것이다.[27] 따라서 우리는 바울이 의도한 사고의 흐름을 다음과 같이 번역할 수 있을 것이다. "그리스도 안에서 여러분에게 주어졌습니다. 다시 말해 여러분은 그분 안에서 풍요로워졌습니다"(5절).

(ii) 우리는 여기서 πᾶς의 세 가지 형용사적 형태를 어떤 의미로 이해해야 할까? 여기서 πᾶς는 양적인 의미보다는 질적인 의미로 사용되었다. 즉 **온갖 종류의** 말과 **온갖 종류의** 지식을 뜻한다. 신약성경에서 이 단어는

---

24) 우리는 다음 연구서에서 이 종말론적인 긴장에 대한 훌륭한 해설을 발견할 수 있다. O. Cullmann, *Christ and the Time* (Eng. trans., London: SCM, 1951), 37-60, 81-93, 139-174. 또한 N. Q. Hamilton, *The Holy Spirit and Eschatology in Paul*, SJT Occasional Paper (Edinburgh: Oliver & Boyd, 1957). 참조. P. von der Osten-Sacken, "Gottes Treue bis zur Parusie ... 1 Kor 1:7b-9," *ZNW* 68 (1977), 176-199; Schrage, *Der erste Brief*, 1:114-124.
25) 16:1-4 단락에서 David Ford의 "풍요로움의 경제"에 대한 논의를 보라.
26) Collins, *First. Cor*, 56.
27) Findlay, *Expositor's Greek Testament*, 2:759-760; Schrage, *Der erste Brief*, 1:114.

1,244번 나타나는데, 종종 이 단어는 문자적으로 "모든" 또는 "온갖"을 가
리키기보다는 오히려 느슨하고 광범위하게, 또는 심지어 일반적인 의미로
사용된다. 예를 들면 우리가 넓은 의미에서 "모든 사람이 거기에 있었다"라
고 말하듯이 이 단어는 온 예루살렘(마 2:3), 온 유대(마 3:5; 참조. 막 1:5) 등
과 같이 사용된다. 따라서 바울은 고린도 교회에서 통용되던 모든 말이 하
나님의 은혜로 말미암은 것임을 말하고자 하는 것이 아니며, 그는 수신자들
이 "모든 것을 알고 있다"는 주장을 받아들이지 않는다. 여기서 가장 개연
성 있는 의미는 "모든 종류(every kind of) 또는 온갖 종류(all sorts of)에 속한
모든 것"이다.[28] 지식(γνῶσις)은 모든 것을 포괄하지 않는다. 왜냐하면 "[지
금] 우리는 부분적으로 알고" 있기 때문이다(고전 13:9).

(iii) 과연 부정과거 ἐπλουτίσθητέ, "여러분은 풍요로워졌습니다"는
완료형 동사가 사용될 때 함축할 수 있는 어떤 지속적인 상태가 결핍되어
있다는 의미를 함축하는가? 오브라이언이 주장하듯이 여기서 완료형 동사
가 사용된다면 이보다 덜 어울렸을 것이다. 왜냐하면 바울의 편지에서 감사
의 말 양식은 독자들의 상태보다는 하나님의 능력 있는 행위와 그분의 은혜
를 더욱더 강조하기 때문이다.[29] 일부 학자들이 제안했듯이 여기에는 수신
자들에게 이미 풍요로움이 주어졌지만, 이제 그중 일부를 잃어버렸다는 암
시가 전혀 들어 있지 않다. 그리고 여기서 πλουτίζω는 수동태로 사용되었
고, 동인(動因)이 생략되어 있다. 하지만 이 표현은 그들을 풍요롭게 만든
대상이 바로 하나님이심을 강력하게 시사한다(참조. 롬 2:14; 11:33; 빌 4:19).[30]

(iv) "언변"(speaking) 또는 "발언"(speech)이 예를 들어 "단어"(콜린
스) 또는 "진술"(speech, NRSV; utterance, NJB)보다 λόγος가 지닌 다양한 의

---

28) BAGD, 631, col. 2; Grimm-Thayer, 4th ed., 491-492, category 1.1b. 누가가 모든 "육체"라
는 70인역의 관용적인 표현을 사용한 것도 이와 같은 특성이 있다. 곧 그는 신분, 성별, 또
는 민족을 고려하지 않은 채 모든 부류의 사람을 의미한다. 예를 들면 ἐπὶ πᾶσαν σάρκα, 행
2:17(욜 2:28[70인역에서는 3:1]에 대한 인용).

29) O'Brien, "Thanksgiving and the Gospel in Paul," *NTS* 21 (1974-75); 144-155; O'Brien,
Introductory Thanksgiving, 107-140. 또한 4절에 대한 Wolff와 Schrage의 주해도 참조하라.

30) Collins, *First Cor*, 62도 "신적 수동태"가 사용되었을 가능성을 확인해준다.

미를 더 적절하게 전달한다.[31] 그 당시 고린도의 많은 이들은 "실연"(實演, performance)으로서의 λόγος에 관심을 가졌다.[32] 분명히 고린도 교회의 많은 신자들도 은사로서의 "언변"과 "지식"을 매우 높이 평가했다(참조. 12:8; 13:1, 2; 고후 8:7). 바울은 이 편지에서 나중에 그들이 이 은사들을 인식하고 사용하는 방법에 대해 비판한다. 바울은 그들이 자기주장, 신분, 경쟁심에서 비롯된 분열, 합리적인 절제에 대한 과소평가 등과 관련하여 이 은사들을 잘못 사용한 점을 지적한다. 바울은 그 은사들 자체가 아니라 그 은사들에 대한 사람들의 **태도**와 **남용**에 대해 비판한다. 따라서 여기서 바울은 어떻게 그들이 ἐν αὐτῷ, "그리스도 안에서" 그 은사들을 사용하고 경험했는지에 대해 감사한다. 실제로 언변은 말과 예배에서 **다양한 양상**으로 나타난다. 이 모든 것은 그리스어 문헌의 다양한 문맥에서 λόγος라는 범주 안에 포함된다. 곧 복음 선포 또는 설교, 예언 또는 설교(아래에서 예언에 관한 내용 참조), **다양한 종류의** 방언(γένη γλωσσῶν, 12:10), 신앙고백과 감격스러운 찬양(12:3) 등이다.[33] 심지어 "온갖 언변"은 의사소통에서 진정으로 **다재다능한 언변**의 은사를 반영할 수도 있다. 아마도 바로 이런 이유에서 바울은 나중에 하나님 앞에서 개인적인 차원에서보다는 예배와 공적인 영역에서 방언의 의사소통을 위한 효용성에 대해 의문을 제기함으로써 방언에 대한 고린도 교인들의 열정을 조절한다(고전 14:1-33에 대한 주해 참조). 하지만 편지의 도입부(exordium)에서 이 점을 비판하는 것은 적절하지 않다. (바울이 수신자들의 호의를 얻기 위해 수사학적 패턴을 따르고 있는지에 관한 문제에 대해서는 vii

---

31) Fee도 "언변"(speaking)이라고 번역한다(*First Epistle*, 38).

32) S. M. Pogoloff, *Logos and Sophia: The Rhetorical Situation of 1 Corinthians*, SBLDS 134 (Atlanta: Scholars Press, 1993), 98-236. 그는 이 이슈들에 대해 탁월한 설명을 제공해 준다. 다음 연구서의 수사학적 분석은 Pogoloff의 연구를 상당 부분 반영한다. A. D. Clarke, *Secular and Christian Leadership at Corinth* (Leiden: Brill, 1993); Witherington, *Conflict and Community*. 이 두 저자는 Pogoloff의 논점을 상당 부분 따르고 있다.

33) 참조. Schrage, *Der erste Brief*, 1:116-117. 그는 ἐν παντὶ λόγῳ의 보다 더 다양하고 포괄적인 의미에 대해 언급한다. 한편 Fee는 이 "은사들"을 지나치게 협소하게 이해하는 경향을 보인다. 그는 이것을 고전 12장과 14장의 은사들과 매우 밀접하게 연결한다(*First Epistle*, 39-40).

을 보라.)

(v) γνῶσις, "지식"은 설명을 필요로 한다. 바울의 지식에 대한 평가는 대체로 긍정적이지만, 근본적으로 사랑이 그 가치와 영속성이란 측면에서 이를 능가한다(8:1, 7; 13:2).[34] 바레트는 지식을 σοφία, "지혜"와 밀접하게 연결한다. 그는 슈미트할스의 견해에 반대하면서 "σοφία(그리고 σοφός)라는 단어는 이 단어가 나타날 때마다 다양한 뉘앙스를 지니지만", γνῶσις, "지식"은 "대부분 평범하고 비전문적인 의미로 사용된다"고 주장한다.[35] 그는 다음과 같이 결론짓는다. "그노시스는…분명 좋은 것이다. 하지만 그것은 사랑보다 열등한 것이며, 이웃에 대한 관심을 잃어버리고 지나친 개인주의로 나아갈 수 있다."[36] 우리는 고든 피가 γνῶσις를 너무 성급하게 12:8에서 언급하는 "특별한 지식의 은사"와 연결하는 것은 아닌지 의문을 제기할 필요가 있다. 왜냐하면 이에 대한 해석학적 증거가 충분하지 않기 때문이다.[37]

고린도 교회 그리스도인들이 γνῶσις를 쟁점으로 삼았다는 점은 이 단어의 사용에 관한 통계만 봐도 쉽게 드러난다. 이 단어는 고린도전후서에서 열여섯 번(고린도전서에서는 열 번) 등장하지만, 일반적으로 바울의 진정한 편지로 인정받는 다른 서신에서는 단지 다섯 번 등장하고, 나머지 신약성경에서는 전부 여덟 번밖에 사용되지 않는다. 이처럼 이 단어는 나머지 신약성경을 모두 합친 것보다 고린도전후서에서 더 많이 나타난다(고전 1:5; 8:1, 7, 10, 11; 12:8; 13:2; 14:6; 참조. 고후 2:14; 4:6; 6:6; 8:7; 10:5; 11:6). 이 주제를 주도면밀하게 연구한 그의 저서에서 슈미트할스는 "그노시스에 대한 고린도 교인들의 호소는, 8:1 이하에서 추론할 수 있듯이, 그 양식과 내용 면에서 전형적으로 영지주의적이다"라고 주장한다.[38] 분명히 지식에 관한 그들의 이해는 후대의 영지주의와 몇 가지 유사점이 있다. 하지만 거기에는 동시에 일

---

34) Barrett, *First Epistle*, 36-37.
35) Barrett, "Christianity at Corinth," in *Essays*, 7, 참조. 6-14.
36) 같은 책.
37) Fee, *First Epistle*, 39. 이러한 추측은 몇몇 오순절 교파와 새-오순절 교파에서 논쟁의 대상이 되고 있다. 이 이슈에 대해서는 12:8에 대한 본서의 주해를 보라.
38) Schmithals, *Gnosticism in Corinth*, 229.

종의 자유 지상주의적인 견해도 존재하는 듯 보인다. 왜냐하면 그들 가운데 어떤 이들은 "모든 것이 나에게 허용되어 있습니다.···음식은 배를 위한 것입니다"(6:12, 13)라고 주장하기 때문이다. 또한 성적 방종에 무관심한 태도를 보이는 것과 더불어 아마도 결혼에 대한 금욕주의적인 입장을 지닌 이들도 있었던 것으로 보인다(5:1, 2; 7:1[b]).[39] 하지만 심지어 "영지주의"의 연대를 일종의 초기 체계로 정하는 것도 해결하기 쉽지 않은 문제이며, 고린도 교회에 나타난 양상에 대해 다른 여러 설명이 제시될 수도 있다.[40] 만약 슈미트할스의 입장이 옳다면 우리는 번역자가 1:5에서 지식을 인용 부호 안에 넣어 표기해야 하는지를 고려해야 할 것이다. 하지만 아마도 적어도 이 편지 도입부에 나타나는 이 절에서 이 단어를 매우 보편적이며 비전문화된 의미로 이해하는 바레트의 견해는 타당해 보인다.

바울은 명사 γνῶσις, "지식"과 관련된 다양한 문제점과는 대조적으로 동사 "나는 안다", γινώσκω에 관해서는 전적으로 긍정적인 입장을 취한다. 이 그리스어 동사는 특별히 "아는 것에 이른다"는 개념을 포함한다. 곧 이 동사는 예수, 소크라테스, 바울 등이 표현한 원리—지식에 이르는 첫걸음은 무지를 깨닫는 것이다—를 포함하고 있다. 바울은 이렇게 말한다. "만일 누구든지 무엇을 아는 줄로 생각하면 아직도 마땅히 알 것을 알지 못하는 것이요"(8:2). "너희 중에 누구든지 이 세상에서 지혜 있는 줄로 생각하거든 어리석은 자가 되라. 그리하여야 지혜로운 자가 되리라"(3:18). 또한 이 동사는 안다는 것과 관련하여 긍정적으로 하나님과 인간 사이의 인격적인 관계를 가리킬 수도 있지만(고전 8:3; 참조. 빌 3:10), 명사는 어느 정도 모호함을 유지한다. 특히 이 명사가 **완전하고 포괄적인** 지식을 가리킬 경우에는 부정적인 의미를 갖게 된다(8:1; 13:9).

(vi) 이 절에 관해서는 보다 더 일반적인 두 가지 설명이 필요해 보인다.

---

39) 7:1이 고린도 교인들의 신학적인 생각을 인용하고 묘사하는 것인지에 대한 의문점을 포함하여 관련 주해를 보라.

40) R. McL. Wilson, "How Gnostic Were the Corinthians?" 65-74은 Schmithals의 견해를 논박할 수 있는 다양한 답변 중에서 한 가지 전형적인 모델을 제시한다.

우리는 (1:4-6에 대한 서론에서) 머피 오코너와 에링의 다음과 같은 지적을 언급한 바 있다. 즉 바울이 감사의 말에 포함한 요소와 같이 그가 생략한 요소도 고린도 교회의 상황에 대해 무언가를 말해준다는 것이다. 바울의 다른 편지에 들어 있는 감사의 말 양식과 이 편지의 감사의 말 양식을 서로 비교해 보면 이 점이 더욱더 분명하게 드러난다. 바울은 로마 교회와 데살로니가 교회의 믿음에 대한 소문이 도처에 널리 퍼진 것에 대해 하나님께 감사한다(롬 1:8; 살전 1:8). 또한 빌립보 교인들이 바울의 복음 사역에 열정적으로 동참하는 것에 대해 감사한다(빌 1:5, 8). 살전 1:3을 비롯해 다른 본문에서는 다른 감사의 조건이 나타난다.[41] 하지만 우리는 이 모든 감사의 말의 진정성을 결코 의심할 수 없다. 그리스도인들이 그들의 문화적 배경에서 교회로 가지고 들어오는 것은 다양한 가치를 지니고 있다. 바울은 이 모든 것을 존중하고 인정한다. 왜냐하면 그는 그리스도의 십자가가 지닌 변화의 능력은 무의미하고 모호한 원자재를 영원히 하나님의 은혜의 진정한 선물의 일부가 되도록 바꾼다는 것을 잘 알고 있기 때문이다. 따라서 바울은 하나님께 감사하고 기도하면서 그분 앞에 모든 것을 내어놓는다.[42]

(vii) 마지막으로 우리는 이미 앞에서 언급했듯이 고대 수사학에 대한 연구에서 제기한 이슈로 되돌아가고자 한다. 과연 바울은 청중이나 수신자들의 호의를 얻기 위해 고안된 "도입부"(exordium)를 편지 앞부분에 포함할 만큼 키케로, 퀸틸리아누스를 비롯하여 보다 더 이른 시기의 작가들이 권장한 수사학적 관행에 어느 정도 영향을 받았을까? 키케로와 퀸틸리아누스는 우리 주석서 1:4-6 서론에서 지적한 전략을 권장한다. 즉 만약 청중이 연사에게 어느 정도 호의를 갖고 있다면 그들의 우호적인 관심을 얻기 위해서는 도입부(exordium)가 "직설적"(principium)이어도 괜찮다. 만약 적대적인 청중이라면 도입부는 미묘한 형태(insinuatio)를 취할 필요가 있다.[43] 도

41) 참조. F. O. Francis and J. P. Sampley, *Pauline Parallels*, SBL Sources 9 (Philadelphia: Fortress and Missoula: Scholars Press, 1975), sect. 2, 34-35.
42) Monloubou, *Saint Paul et la prière*.
43) Cicero, *De Inventione* 1.15.1; Quintilian, *Institutionis Oratoriae* 4.1.42.

입부는 명제(*propositio*) 또는 핵심 주제를 위한 길을 열어준다. 따라서 위더
링턴, 미첼, 에릭슨, 슈라게 등은 다음과 같이 믿고 있다. 대체적으로 (1:1-
3의 편지 서문 다음에 나오는) 감사의 말도 수사학적인 도입부(*exordium*)에 해
당하며(1:4-9), 이 도입부는 1:10의 명제(*propositio*)로 이끌고, 이는 설명의
특성이 있는 서술(*narratio*, 1:11-17)을 통해 명제(*propositio*)에 대한 설명으
로 이어진다.[44] 이와 관련하여 우리는 만약 바울이 수신자들을 조종하고자
하는 의도 없이 이러한 수사학적 패턴을 따를 수 있었다면 그는 이러한 전
략을 채택할 수도 있었을 것이라고 제안한다. 하지만 그는 단지 그의 참되
고 진지한 신념을 있는 그대로 표현하는 범위 안에서만 이 전략을 사용했
을 것이다. 만약 그렇지 않다면 이는 이 편지의 다른 곳에서 그가 지혜의 말
(*sophia logou*)에 대해 비판하는 것과 서로 모순을 일으킨다.[45]

6절   접속사 καθώς는 어떤 정도(just as)의 의미가 아니라 "풍요로
워지는 것"과 독자들에게 복음이 영향을 미치는 원인을 서로 연결해준다.[46]
콘첼만은 원인 대신에 "사실은"(for indeed)이란 번역을 제안한다. 여기서
(2:1에 등장하는 것과는 대조적으로) 증언 또는 증거(μαρτύριον)라는 사본학
적 근거가 있는 것도 사실이다. 단지 문법과 문맥에 근거한 증거만으로는
Χριστοῦ가 주체를 가리키는 소유격인지(그리스도가 증언한다는 의미로) 아니
면 목적어를 가리키는 소유격인지(그리스도가 증언의 대상이다. 즉 복음과 성령이
그리스도를 증언하거나 그리스도에 관해 증언한다는 의미로)를 결정하기는 어렵다.
βεβαιῶ, "확실하게 입증하다, 증명하다"의 의미는 명백하다.[47] 하지만 어떤
의미에서 그리스도에 대한 증언이 확실하게 입증되었다는 것인가? 콘첼만

---

44) Witherington, *Conflict and Community*, 44-48; Mitchell, *Rhetoric of Reconciliation*, 194-
      197; Eriksson, *Traditions*, 48-53; Schrage, *Der erste Brief*, 1:110-111.
45) 다음 연구서에서 제시하는 결정적인 논점을 참조하라. Pogoloff, *Logos and Sophia*, 99-
      128(참조. 129-196); B. W. Winter, *Philo and Paul among the Sophists*, SNTSMS 96
      (Cambridge: Cambridge University Press, 1997), 특히 고전 2:1-5에 관하여).
46) 이에 대한 반대 입장으로는 Fee, *First Epistle*, 40; 이에 동의하는 입장으로는 다음을 보라. C.
      Senft, *La première Épitre des Paul aux Corinthiens* (Geneva: Labor et Fides, 2d ed. 1990),
      "καθώς는 원인을 나타낸다"(30).
47) BAGD, 38; Grimm-Thayer, 99-100; MM, 108.

은 그리스 문헌에서 이 단어가 공동체가 세워지고 계속해서 발전하는 것과 연관이 있을 수 있다고 올바르게 지적한다.[48] 아마도 이 문맥에서 "확실하게 입증하다"는 어떤 공동체의 집단적 정체성과 구조에 안정성을 부여하는 것을 의미할 것이다. 만약 이 해석이 옳다면 ἐν ὑμῖν은 분명 집단적으로 "여러분 가운데"를 의미하지, 어떤 경험처럼 "여러분 안에"(within you)를 의미하지 않는다. 하지만 마가복음에서는 βεβαιῶ가 신적 동인(動因)이 복음 선포와 관련하여 말씀(τὸν λόγον)에 적용된다. 곧 하나님은 그 말씀의 진리, 본질, 실질적 효능을 확증해주신다(막 16:20).[49] 또한 이 동사는 하나님의 약속을 확증하거나 확인하는 것을 가리킨다. 곧 그 **약속이 신뢰할 만하다는 것을 입증해준다**(롬 15:8). 이것은 바울이 이 절에서 말하고자 하는 바와 전적으로 일치한다. 더 나아가 이것은 바울의 사역을 입증해주는 것도 포함한다.[50]

비록 그리스도가 공생애 기간 동안 복음을 선포할 때 했던 그 **증언을 확증한다**고도 생각할 수 있지만, 바울이 규칙적으로 사용한 패턴은 성령이 십자가의 메시지를 통해 **그리스도에 대해 증언한다**는 것이다.[51] 그리스도가 증언의 초점이며, 하나님은 이 증언에 대한 그리스도인들의 경험이 계속되고, 기독교 공동체가 삶을 통해 그 진리를 구현하고 성장을 경험해나가는 가운데 이 증언의 진리를 성령을 통해 **성취해나가신다**. 다른 이들도 이에 긍정적으로 반응하고, 그 결과 그리스도에 대한 증언은 더욱더 깊고 넓게 확증된다. 이에 대한 전반적인 경험은 더 이상 성장 단계, 가치관, 또는 문화적 배경이 서로 비슷한 몇몇 개인으로 구성된 소그룹에만 국한되지 않으며, 오히려 이 진리는 성령이 투명하게 역사하는 폭넓고 다양한 신앙 공동체 사이

---

48) Conzelmann, *1 Cor.* 27.

49) "비록 바울이 이 단어를 매우 드물게 사용하긴 하지만(참조. 고전 2:1; 고후 1:12), 신약성경에서 '증언'(μαρτύριον)은 사실상 복음 선포를 가리키는 전문 용어가 되었다"(Collins, *First Cor,* 62).

50) Senft, *La première Épitre,* 30.

51) Fee, *First Epistle,* 40: "'증언'은 복음 그 자체…그리스도에 대한 기쁜 소식을 가리킨다." 또한 Schrage, *Der erste Brief,* 1:117-119도 이 점에 대해 잘 지적해준다. 그리고 이 주제는 1:18-25("기초와 판단 기준으로서의 십자가에 대한 말씀")에 대한 그의 주해에서 더욱더 강조된다(165-192).

에서 서로 주고받으며 확인된다. 그런 의미에서 다문화적이며 다종교적인 고린도에서 하나님을 새롭게 경험하고 새로운 회심자가 나올 때마다 그리스도에 대한 이 증언이 옳다는 확증을 얻는다.[52] 칼뱅은 "하나님은 그의 복음의 진리를 고린도 신자들 사이에서 확증하셨다"라고 말한다.[53]

어떤 이들은 바울이 예언과 방언 같은 사실상 오감으로 느낄 수 있는 성령의 "표지"를 언급한다고 주장한다(위를 보라). 하지만 이러한 표지의 진정성을 평가하는 기준이 대체로 기독론에 근거한 것이므로(12:3; 13:1-13에 대한 주해 참조), 이러한 표지를 그리스도에 대한 증언을 "확증하는" 주된 근거로 삼는 것은 순환 논법에 해당한다고 볼 수 있다. 확증을 위해 어떤 "경험"에 호소한다면 그것은 무엇이 진정한 경험인지 어떻게 알 수 있느냐는 반문을 던지게 만든다. 하지만 고린도전서는 전반에 걸쳐 그리스도인의 실존의 변혁적·형성적 기초로서 그리스도의 십자가를 중심으로 하는 다양한 판단 기준을 제시한다(1:8-31; 2:1-5에 대한 주해 참조).

2. 바울의 감사의 말: 종말론적인 초점(1:7-9)

바울의 성취와 "기다림"의 종말론과 이미 전유한 마지막 날의 칭의와의 관계에 대한 참고문헌

Baird, W., "Pauline Eschatology in Hermeneutical Perspective," *NTS* 17 (1971): 314-327.
Baumgarten, J. C., *Paulus und die Apokalyptik* (Neukirchen-Vluyn: Neukirchener Verlag, 1975).
Beker, J. C., *Paul's Apocalyptic Gospel: The Coming Triumph of God* (Philadelphia: Fortress, 1982), 61-78 and 105-122.
Bouttier, M., Christianity according to St. Paul (Eng. trans., London: SCM, 1966), 15-58.

52) Origen, *Fragments of Commentary on 1 Cor,* in C. Jenkins (ed.), *JTS* 9 (1908): 233. 오리게네스는 이 접근 방법을 채택하며 하나님에 대한 경험이 다음과 같은 사실을 확증해준다고 말한다. "어떤 피조물도 우리를 우리 주 그리스도 예수 안에 있는 하나님의 사랑에서 끊을 수 없으리라"(롬 8:38-39). 하지만 어떤 신자가 날마다 넘어지기만 한다면 그는 그와 같은 확증을 제시하지 못할 것이다.
53) Calvin, *First Epistle of the Paul to the Corinthians,* 21. Wolff도 이것을 하나님이 바울의 사역을 인증하시는 것으로 이해한다(*Der erste Brief,* 21).

Cullmann, O., *Christ and Time* (Eng. trans., London: SCM, 1951), 51–119, 139–215.

_____, *Salvation in History* (Eng. trans., London: SCM, 1967), 150–185, 248–268.

Donfried, K. P., "Justification and the Last Judgement in Paul," *ZNW* 67 (1976): 90–110.

Ellis, E. E., *Paul and His Recent Interpreters* (Grand Rapids: Eerdmans, 1961).

Hamilton, N. Q., *The Holy Spirit and Eschatology in Paul,* SJT Occasional Papers 6 (Edinburgh: Oliver and Boyd, 1957).

Kümmel, W. G., *Promise and Fulfillment* (Eng. trans., London: SCM, 1957).

_____, *The Theology of New Testament* (Eng. trans., London: SCM, 1974), 141–146.

Ladd, G. E., "Eschatology and the Unity of New Testament Theology," *ExpTim* 68 (1957): 268–273.

_____, *The Presence of the Future* (Grand Rapids: Eerdmans, 1974).

Lincoln, A. T., *Paradise Now and Not Yet: Studies in the Role of the Heavenly Dimension in Paul's Thought,* SNTSMS 43 (Cambridge: Cambridge University Press, 1981), 33–38, 52–54, 184–195).

Moltmann, J., *The Crucified God* (Eng. trans., London: SCM, 1974), 256–266.

_____, *Theology of Hope* (Eng. trans., London: SCM, 1967), 15–42, 102–120 and 197–229.

_____, *The Way of Jesus* (Eng. trans., London: SCM, 1990), 334–340.

Osten-Sacken, Von der Osten-Sacken을 보라.

Roberts, J. H., "The Eschatological Transitions to the Pauline Letter Body," *Neot* 20 (1986): 29–35.

Sampley, J. P., *Walking between the Times: Paul's Moral Reasoning* (Minneapolis: Fortress, 1991).

Shires, H. M., *The Eschatology of Paul in the Light of Modern Scholarship* (Philadelphia: Westminster Press, 1966).

Stuhlmacher, P., *Gerechtigkeit Gottes bei Paulus* (Göttingen: Vandenhoeck & Ruprecht, 1965).

Thiselton, A. C., "Realized Eschatology at Corinth," *NTS* 24 (1978): 510–526.

_____, *The Two Horizons* (Grand Rapids: Eerdmans and Carlisle: Paternoster, 1980), 415–422.

Von der Osten-Sacken, P. "Gottes Treue bis zur Parusie. Formgeschichtliche Beobachtungen zu 1 Kor. 1:7b-9," *ZNW* 68 (1977): 176–199.

Whiteley, D. E. H., *The Theology of St. Paul* (Oxford: Blackwell, 2d ed. 1974), 126–127 and 244–248.

코이노니아에 대한 참고문헌(10:14-22에 대한 주해 부분과 겹치는 부분도 보라)

Campbell, J. Y., "κοινωνία and Its Cognates in the new Testament," *JBL* 51 (1932): 352–380.

Hainz, J., *Koinonia, "Kirche" als Gemeinschaft bei Paulus,* BU 16 (Regensburg: Pustet, 1982).

Hauck, F., "κοινός, κοινωνός, κοινωνία κ.τ.λ.," *TDNT*, 3:789-809.

Maly, K., *Mündige Gemeinde. Untersuchungen zur pastoralen Führung des Apostels im 1 Korintherbrief* (Stuttgart: Katholische Bibelwerk, 1967), 135-139.

Marion, D., "Communion. L'essence du christianisme en un seul mot," *Esprit et Vie* 102 (1992): 145-150 and 157-159.

Panikulam, G., *Koinonia in the New Testament: A Dynamic Expression of Christian Life*, AnBib 85 (Rome: Biblical Institute Press, 1979).

Schattenmann, J., "Fellowship, Share, Participate," *NIDNTT*, 1:636-644.

Seesemann, H., Der Begriff κοινωνία im Neuen Testament, BZNW 14 (Giessen: Töpelmann, 1933).

Thornton, L. S., *The Common Life in the Body of Christ* (London: Dacre Press, 3rd ed., 1950), 1-187 and 253-355.

7절　　이 문법 구조는 후기 헬레니즘 시대에 이르러 결과를 나타내는 전형적인 표현으로 사용되었다. "그래서"를 의미하는 ὥστε 다음에는 목적격과 부정사가 뒤따른다. 어떤 이들은 ὑστερεῖσθαι를 중간태로 이해하여 이 부정사가 재귀적 또는 주관적 상태를 가리키며, 이 구절을 "여러분이 어떤 은사에도 부족함을 느끼지 않게 한다"라고 번역해야 한다고 주장했다.[54] 수신자들은 "영적 에너지가 부어지는 것"을 느끼며 "이를 생생하게 의식한다."[55] 하지만 나이젤 터너는 재귀적인 의미를 나타내는 중간태와 보다 객관적인 의미를 나타내는 능동태 사이의 차이가 과연 바울 시대에도 고전 헬레니즘 시대나 기독교 이전의 후기 헬레니즘 시대와 같이 그토록 중요했는지 타당한 의구심을 제기한다. 그는 중간태가 재귀적인 의미로 사용되는 사례가 가끔 있다는 점을 인정하고(예. ἀπελούσασθε는 아마도 "여러분은 여러분 자신을 씻었습니다"[고전 6:11]를 의미함), 기독교 이전의 파피루스 문헌에서도 이러한 용례가 상당히 많이 등장한다는 점을 시인한다. 하지만 "신약성경 시대에는 저자가 중간태 또는 능동태를 선택하는 것이 항상 의미상의 중요한 차이가 없었고, 신약성경에서는 재귀적인 의미를 나타내는 중간태가 상

---

54) Findlay, *Expositor's Greek Testament*, 2:760: Robertson and Plummer, *First Epistle*, 6; 보다 최근에는 *BDF*, sects, 101, 180, category 5(그리고 병행 본문에 대한 긴 목록이 제시됨).

55) Findlay, *Expositor's Greek Testament*, 2:760.

대적으로 드물게 나타난다."[56]

대다수 주석가들은 심리학적 인식 또는 느낌보다는 [은사가 주어진] 상태가 쟁점이라는 데 동의한다.[57] 하지만 콘첼만은 이 이슈와 관련하여 여전히 또 다른 선택이 남아 있다고 지적한다. 즉 이 동사는 과연 "부족하다" 또는 "뒤처지다"를 의미하는가? 로버트슨은 형용사 ὕστερος는 단순히 "나중에" 또는 "뒤에"를 의미하며, 이에 근거하여 "뒤처지다"를 지지한다.[58] 하지만 "부족하다"는 (언제나 그런 것은 아니지만) 대체로 소유격과 함께 사용된 반면, 이 경우처럼 "부족하다" 또는 "뒤처지다"를 의미하는 동사 형태는 전치사 ἐν 앞에 위치한다.[59] 따라서 "여러분은 어떠한 은사에도 부족함이 없이"는 매우 타당한 번역이다. 이것은 하나님의 약속에 근거할 뿐만 아니라 12:8-19과 병행 본문을 반영한다.[60]

"은사"(gift, χάρισμα)로 번역된 단어는 영역본에서 다양하게 번역되어 왔다. 모팻은 "영적 선물", REB와 NJB는 "은사", JB는 "성령의 은사", NRSV와 NIV는 "영적 은사"로 번역했다. 하지만 그리스어 명사에는 "영적"이란 의미는 명시적으로 나타나 있지 않다. 왜냐하면 이 단어는 단순히 "거저 주어진 것"을 나타내기 때문이다.[61] (따라서 독일성서공회 역본[1984]은 이를 "은혜의 선물"로 번역한다.) 칼뱅은 어떤 종류의 "선물"이라도 "이를테면 신자에게 구원의 수단이 되는 영적 특성"을 포함하고 있다고 지적한다.[62] 이와는 대조적으로 크리소스토모스는 χάρισμα가 고전 12-14장에서 언급하는 은사,

---

56) Moulton-Howard-Turner, *Grammar*, 3: *Syntax*, 54; 참조. 53-57(이후로는 MHT로 표기함).

57) 예를 들면 Barrett, *First Epistle*, 38; Conzelmann, *1 Cor*, 27; Fee, *First Epistle*, 41-42; Wolff, *Der erste Brief*, 22; 참조. Wiles, *Intercessory Prayers*, 100.

58) A. T. Robertson, *Word Pictures in the NT*, 4: *The Epistles of Paul* (New York: R. R. Smith, 1931), 71(이후로는 *Epistles*); 또한 BAGD, 849.

59) 다음 학자들도 이 입장을 따른다. Fee, *First Epistle*, 41; Conzelmann, *1 Cor*, 27; Schrage, *Der erste Brief*, 1:119.

60) Wolff, *Der erste Brief*, 22.

61) BAGD, 878; MM, 685.

62) Calvin, *First Epistle*, 22.

특히 "찬송, 계시, 방언…예언" 등을 예고한다고 믿는다. 물론 그는 보다 더 광범위한 다른 은사들보다 이 은사들에 특권을 부여하는 것을 거부하지만 말이다. 이 은사들은 "사도의 표적들"을 포함한다.[63] 크리소스토모스의 견해에 의하면 이 은사들은 바울이 고린도에 도착하여 복음을 전파할 때부터 고린도 교인들이 이 편지를 받을 때까지 고린도 교인들이 하나님의 은사를 경험한 것을 총체적으로 나타낸다.

χάρισμα는 신약성경에서 벧전 4:10을 제외하면 오직 바울 서신에서만 나타난다. 필론은 χάρισματα를 "하나님으로부터 오는 은사"(*Legum Allegoriae* 3.24)나 "호의"(3.78)를 가리키는 데 사용한다. 롬 11:29에서 바울은 하나님이 이스라엘에 은혜로 베푸시는 특권을 가리키는 데 이 단어를 사용한다. 또한 고후 1:11에서 그는 많은 기도를 통해 하나님이 그를 위험한 상황에서 건져주신 특별한 호의를 묘사하는 데 이 단어를 사용한다. 전형적으로 롬 5:15에서 거저 주시는 은혜의 선물은 죄와 대조를 이루는데, 죄는 앞에서 죽음의 "삯"을 지불한다. 히에로니무스는 1:7을 은혜를 강조하는 것으로 이해한다. 즉 모든 것은 하나님으로부터 온다.[64]

고전 12-14장에서 언급하는 구체적인 은사는 종종 **영적 은사**나 **카리스마적 은사**로 불린다. 하지만 이것은 크리소스토모스, 루터, 그리고 특히 바르트가 강력하게 주장하듯이 감사의 말에서 바울이 강조한 것과 대치된다. 즉 여기서 바울은 받을 만한 공로가 전혀 없음에도 순전한 호의로 하나님의 절대 주권에 기초하여 다양한 방법으로 자신을 내어주시는 은혜의 관대함보다는 고전 12-14장의 "종교적인 경험"에 초점을 맞춘다.[65] 사실상 "우리는 과연 바울 자신이 πνευματικά를 대신하여 χάρισματα를 사용했는지 정확히 말할 수는" 없지만, 여기서 바울과 고린도의 몇몇 "성령의 은사를 받은 사람" 사이에는 강조점의 차이가 분명히 있다는 데는 의심의 여지

---

63) Chrysostom, *1 Cor. Hom.*, 2:4.
64) Jerome, *Against the Pelagians*, 11:8.
65) Luther, *Works*, 28:16-17, 84-95 (*WA*, 36:510-526); Barth, *Resurrection*, 16-26: Chrysostom, *1 Cor. Hom*, 2:7.

가 없다.[66] 사실은 "gifted"에 대한 현대 영어 용법이 이 점을 이해하는 데 도움을 준다. "뛰어난 재능을 지닌"(gifted) 사람은 자신을 다른 사람보다 한 수 위라고 생각하는 유혹에 빠질 수 있다. 그러나 바울은 다음과 같이 반응한다. 만약 "gifted"가 어떤 은사를 받는 것을 의미한다면 어떻게 이것이 타당할 수 있는가(4:7)? 따라서 비트링어는 "카리스마타라는 용어는 은사의 원천, 곧 하나님의 카리스(은혜)가 구체적으로 나타나는 것"을 가리킨다고 올바르게 논평한다.[67] 고린도 교회는 신령한 은사 또는 심지어 "신령한 사람"에 대해 이야기하는 것을 선호했던 것으로 보인다(12:1).

바울은 명사 χάρις, "은혜"와 그리스어 동사 χαρίζομαι, "거저 주다"의 사례에서 알 수 있듯이 거저 관대하게 주시는 분, 곧 하나님께 관심을 기울인다.[68] 고전 7:7에서 이러한 은사(χάρισμα)는 독신으로 지내도록 부르심을 받은 것 또는 루터가 정의하듯이 순결의 은사에 만족하는 것을 나타난다.[69] 하지만 이러한 문맥에서는 이 "은사들"이 "자발적"이어야 한다는 것을 암시하지 않는다. (이 점에 대해서는 12:8-10과 병행 본문에 대한 주해를 보라.)

이 절의 두 번째 주요 주제는 그릇된 낙관주의를 지적해주며, 근거 없는 자기만족을 바로잡아준다. 비록 교린도 교인들은 하나님이 그들에게 기꺼이 베풀어주신 것에 "부족함이 없지만", 여전히 "우리 주 예수 그리스도께서 공개적으로 나타나시기를 기다리고 있다." 앤더슨 스코트는 바울 신학 전체를 "구원에 대한 세 가지 시제"로 설명한다.[70] 7a은 이 편지의 수신자들이 구원의 영역으로 결정적으로 들어왔음을 확인해준다. 하지만 7b은 이것이 여기

---

66) Conzelmann, "χάρις," *TDNT*, 9:403, n. 11; 참조. 402-406.

67) A. Bittlinger, *Gifts and Graces* (London: Hodder and Stoughton, 1967), 20; 비슷한 견해로는 Barrett, *First Epistle*, 38을 참조하라.

68) Merklein, *Der erste Brief 1-4*, 91-92을 보라. 또한 Lightfoot, *Notes*, 148-149은 파피루스 문헌에서 이 단어가 친구가 주는 선물을 의미할 수도 있다고 지적한다.

69) Luther, *Works*, 28:16 (*WA* 12:105).

70) C. A. A. Scott, *Christianity according to St. Paul* (Cambridge: Cambridge University Press, 1927), 23-25; 참조. 26-97, 134-243. 2장은 "과거의 사실로서의 구원"(26-97), 4장은 "계속해서 진행되는 경험으로서의 구원"(134-235), 5장은 "미래에 완성될 구원"(236-243)이라는 제목을 가지고 있다.

서 말하고자 하는 내용의 전부가 아님을 알려준다. (적어도 "강한 자들"이 주장
하는 것과 같이) 고린도 교인들의 승리주의는 배제되어야 한다. 왜냐하면 그들
은 여전히 [창조세계 전체와 구원의] 완성을 기다리고 있기 때문이다. 이 점
을 설명하는 데 구명보트와 관한 이야기가 사용된 것은 이미 잘 알려져 있다.
하지만 그 이야기는 여전히 시사하는 바가 있다. 어떤 사람이 이미 가라앉는
배에서 결정적으로 구출되었다(과거). 하지만 지금 구명보트는 그를 싣고 파
도가 일렁이는 험한 바다 위를 헤쳐나간다(현재). 따라서 마침내 그가 해안
에 안전하게 상륙하는 것은 여전히 그의 눈앞에 있다(미래). 그때 그는 비로
소 자신이 완전히 목숨을 건졌다며 기뻐할 것이다. 하지만 이른바 고린도 교
회의 "강한 자들"은 자신들이 이미 [완전함에] "이른" 것처럼 착각하고 행동
한다(4:8). 그러면서 그들은 여전히 극심한 위험에 노출된 채 힘겨운 싸움을
하는 듯 보이는 사도들과 다른 신자들을 무시한다(4:9-13).[71]

바울은 이 서곡에서 차후에 4:8-13에서 전개할 주제를 들려준다. 그리
스도인들은 아직 [완전함에] "이르지" 못했지만, 그들은 "우리 주 예수 그
리스도의 공개적으로 나타나심(ἀποκάλυψις)을 기다리고 있다." 또한 그들
은 지금은 단지 믿음, 연단, 순종적 자기 절제라는 정황에서만 간파할 수 있
는 실재들의 나타남을 기다리고 있다(참조. 6:12; 8:7-13; 10:23). 쿨만은 결정
적인 전투("D day")에서 승리하는 것과 "전쟁의 궁극적인 종료"(V day")를
서로 대조하는 유비를 통해 "지금"과 "아직"이라는 이중적 관점에 대한 전
형적인 비유를 제시한다. 그리스도 안에서 하나님은 결정적인 전투에서 이
미 승리하셨다. 그것은 그분의 백성에게 승리를 보장해준다. 하지만 여전히
전쟁은 국지적으로 전개되고 있다. 따라서 그리스도인들은 마치 죄와 죽음
이 이미 지나간 일인 것처럼 처신할 수 없다.[72] 화이틀리는 또 다른 유비를

---

71) 보다 자세한 내용으로는 다음을 보라. Thiselton, "Realized Eschatology at Corinth," 510-
526. 여전히 나는 대부분의 내용을 지지하지만, 이 복잡한 이슈들을 단일 문제로 축소하려는
시도에 보다 더 신중한 입장을 취하고 있다.
72) Cullmann, *Christ and Time*, 75: "인간은 단지 미래에 그가 **존재하게 될 존재**다.…비록 단지
미래에 이루어지는 실재이지만, 인간은 이미 죄가 없고 이미 거룩하다"(강조는 원저자의 것
임); 참조. 71-77, 86-87, 154-157, 235-238. 또한 Cullmann, *Salvation in History*, 28-47.

활용한다. 그리스도인들은 이전에 추위 속에서 거의 죽을 정도로 몸이 얼어 있었지만, 이제는 따뜻한 방안으로 옮겨진 이들과 같다. 방안의 열기는 그의 몸에 스며들어 있던 추위의 냉혹한 세력을 결정적으로 극복했다. 하지만 그의 몸에서 열기와 추위의 세력은 여전히 작용하고 있다. 신체의 어떤 지체는 이미 따듯해졌다. 하지만 다른 지체들은 여전히 서서히 따듯해지는 과정을 거쳐 완전한 상태에 이르러야 한다. 열기가 결정적이다. 하지만 그것은 효력을 일으키는 유일한 힘은 아니다. 결정적인 사건은 이미 일어났다. 하지만 열기로 시작된 따듯해지는 과정은 완전함에 이르려면 시간을 필요로 한다.[73] 다른 많은 신학자들(그들 가운데서 몇몇 이름을 언급한다면, 해밀턴, 링컨, 샘플리)도 이 "이중적 종말론"에 대해 탐구했다.[74] 래드는 이 이중적 종말론을 신약성경의 모든 책을 하나로 연결하는 핵심 주제 또는 공동 주제로 이해한다.[75]

이 주제는 신자들이 스스로 으스대는 것을 억제하며, 온갖 위험으로 가득한 여정 가운데서도 타인에 대해 온당한 관심을 갖도록 격려해준다. 오스텐-자켄이 지적하듯이 7b은 7a에 이어 갑작스럽게 등장한다.[76] 타인에 대한 관심과 여행의 이미지(8-10장)는 교회를 신학적으로 올바른 정황에 배치한다. 이 편지 전체가 하나 됨에 호소하는 명제(propositio, 1:10을 보라)에 집중한다는 미첼과 위더링턴의 견해와는 달리 바울의 약속의 종말론과 구원 신학은 교회가 마치 교회만을 위해 존재하는 것처럼 우리의 지평을 채

---

73) Whiteley, *Theology of St. Paul*, 126-127.

74) Hamilton, *The Holy Spirit and Eschatology in Paul*; Lincoln, *Paradise Now and Not Yet*, 33-37(참조. 184-195); Sampley, *Walking between the Times*, 5-34. 또한 참조. E. Käsemann, "Apocalyptic," in *New Testament Questions*, 108-137; Kümmel, *Promise and Fulfillment*; Beker, *Apocalyptic Gospel*, 61-78, 105-122(참고문헌에서 각각의 간행 연도 참조).

75) 특히 G. E. Ladd, "Eschatology and the Unity of the New Testament Theology," *ExpTim* 68 (1957): 268-273.

76) Von der Osten-Sacken, "Gottes Treue bis zur Parusie ... I Kor. 1:7b-9," 176-177; 참조. 178-199.

우는 존재가 되는 것을 결코 허용하지 않는다.[77] 캐제만은 다음과 같이 말한다. "[여기서] 사도 바울은 그리스도가 오직 성령을 통해…지상에 자신을 드러내는 수단인…교회에 관심이 없다."[78] 부티어는 다음과 같이 주장한다. "그리스도와 더불어 공동 상속자가 된 자는 아직 자기 유산의 주인이 되지 못한 채 가난한 상황에서 그때를 기다리고 있다.…그리스도가 그의 안에 살아 계시므로 그는 자신에게 다가오고 있는 것이 무엇인지 잘 알고 있다."[79]

우리는 "우리 주 예수 그리스도의 나타나심"을 다소 자유롭게 "공개적으로 나타나시기를"이라고 번역했다. ἀποκάλυψις는 단순히 **나타남** 또는 **계시**를 의미한다. 하지만 이 단어는 계시의 개념에 대한 한 가지 이상의 의미를 전달한다. 곧 신비로운 진리에 대한 계시(롬 16:25; 참조. 엡 1:17) 또는 어떤 특별한 수단을 통한 계시(계 1:1; 참조. 갈 2:2) 등이다. 하지만 이 단어가 마지막 날을 가리킬 때는 훨씬 더 구체적인 의미를 전달한다. 롬 8:19에서 바울은 생생하고 다채로운 언어를 사용하여 마치 발끝으로 서서 목을 길게 내밀고 하나님의 자녀들이 공개적으로 나타나기를 간절히 기다리고 있는 듯한 피조물을 묘사한다(ἡ γὰρ ἀποκαραδοκία τῆς κτίσεως τὴν ἀποκάλυψιν τῶν υἱῶν τοῦ θεοῦ ἀπεκδέχεται, 8:19). 마지막 날의 종말론적인 계시는 우주적이며, 공개적이고, 영광스러운 사건이 될 것이다.[80] 롬 13:12에서는 모든 것이 감추어지고 앞이 보이지 않는 밤이 모든 것이 있는 그대로 다 보이는 낮으로 바뀌는 은유가 사용된다. 이러한 모든 배경을 근거로 하여 우리는 그리스어 명사 ἀποκάλυψις를 "공개적으로 나타남"으로 번역했다. 벵엘은 어떤 그리

---

77) 비록 다른 방법이기는 하지만, Käsemann과 Moltmann은 이 점을 잘 강조해준다. 참조. Käsemann, "Apocalyptic," 108-137; *The Wandering People of God* (Eng. trans., Minneapolis: Augsburg, 1984; 또한 부분적으로 이전에 감옥에서 집필한 Käsemann의 히브리서 주해 참조); 보다 더 일반적으로는 Moltmann, *Theology of Hope*, 15-42, 102-120, 197-229; 교회에 대해서는 *The Church in the Power of the Spirit* (Eng. trans., London: SCM, 1977).

78) E. Käsemann, *Perspectives on Paul* (Eng. trans., London: SCM, 1971), 117.

79) Bouttier, *Christianity according to St. Paul*, 37.

80) 참조. Collins, *First. Cor*, 64; Héring, *First Epistle*, 3. 또한 바울의 편지 외에는 벧전 4:13을 참조하라.

스도인이 참된 신앙을 가졌는지는 마지막 날에 모든 것이 이처럼 공개적으
로 드러난다는 사실 앞에서 그가 이 날을 고대할지 아니면 두려워할지에 달
려 있다고 분명하면서도 명료하게 지적한다.[81] 하지만 그리스도인들은 그
들이 **기다리는 동안** "어떤 도움도 받지 못한 채 홀로 남겨져 있는" 것이 아
니다.[82] 메르클라인은 16:22까지 이어지는 일관된 종말론적인 주제에 주목
한다. "마라나타", "우리 주여, 오시옵소서!"[83]

8절　　(1) 초기의 사본인 p[46]과 B는 그리스도, Χριστοῦ를 생략하지만, ℵ*, A,
C, D, G, 33, 페쉬타, 고대 시리아어 역본, 고대 콥트어 역본, 오리게네스, 키릴로스,
크리소스토모스 등은 이 단어를 포함한다. 물론 메츠거가 이 단어의 포함 여부가 얼
마나 막상막하인지를 잘 보여주긴 하지만 말이다.[84] 많은 학자들은 이 단어가 초
기에 실수로 생략된 것으로 설명한다. 다음 세 가지 요소가 이러한 입장을 지지해
준다. (i) 크리소스토모스가 우리에게 상기시켜주듯이 "그리스도"는 1:1 이후로 적
어도 매 절마다 한 번 이상 나타난다. 이러한 반복적인 용례는 이러한 실수가 매우
쉽게 일어날 수 있음을 보여준다. (ii) 바울은 대체로 "그리스도", "그리스도 예수",
"우리 주 예수 그리스도"라는 세 가지 형태를 사용하는 반면, "우리 주 예수"는 거
의 나타나지 않는다. (iii) 이 단어가 포함된 경우에도 사본상의 증거는 다양한 전승
을 반영하며 다양하다. (2) D, F, G와 더불어 서방 전승은 이외에도 다른 두 가지 독
본을 지니고 있다. 한 독본은 ἕως를 ἄχρι로, 다른 독본은 "그날"을 파루시아 때로 대
체한다. 하지만 단지 서방 사본의 다른 독본에만 의존하는 것은 그리 신뢰할 만하지
않다. 이 독본들은 때때로 사본 필사자들의 신학적 또는 목회적 관심사를 반영한다.

"그는(ὅς) 여러분을 지켜줄 것이다"라는 구절에서 이 대명사 "그"는 하
나님을 가리키는가 아니면 그리스도를 가리키는가? 우리는 이 그리스어 관
계 대명사(ὅς)를 그저 "그는"이라고 번역했다. 왜냐하면 우리는 이 단어에

---

81)　Bengel, *Gnomon*, 609.

82)　Moffatt, *First Epistle*, 7.

83)　Merklein, *Der erste Brief 1-4*, 91.

84)　Zuntz, *Text*, 184은 다수 의견 중 몇몇 예외에 속한다. Metzger, *Commentary* (2d ed. 1994)
　　는 왜 그의 위원회가 "그리스도"를 꺾쇠괄호 안에 넣었는지에 대해 설명한다. 그것은 "그 단
　　어의 유래와 관련하여 약간의 의구심이 있다는 것을 일러주려는" 것이다.

대한 총체적인 논의를 검토하고 나서 "8절 맨 앞에 위치한 ὅς가 하나님으로서 그리스도를 가리키는지에 대해 명확한 판단을 내릴 수 없다"는 슈라게의 의견을 지지하기로 결정했기 때문이다.[85] 영역본 중에서 AV/KJV는 그리스어 관계 대명사를 보존하여 "who"라고 번역하는 반면, REB, NIV, NJB, NRSV는 "He"라고 번역한다. 바이스, 콘첼만, 피 등은 이 절과 고후 1:21에서 독자들을 종말론적으로 안전하게 지켜주는 이는 바로 하나님이라고 주장한다.[86] 하지만 오리게네스, 크리소스토모스, 마이어 등 다른 이들은 바울이 그리스도의 이름과 그의 사역을 끊임없이 반복적으로 언급하면서 독자들의 마음을 그리스도로 가득 채우기를 바란다고 주장한다.[87] 만약 해당 절의 주어를 하나님으로 번역한다면 이는 분명히 신중하지 못한 처사일 것이다. 왜냐하면 하나님이라는 단어는 멀리 4절에서 나타나기 때문이다. 그리스어 문법과 구문은 해당 이슈를 미해결된 상태로 남겨둔다. 우리는 이 점을 불편하게 생각할 필요가 없다. 왜냐하면 여기서 바울의 표현은 그리스도 안에 있는 하나님의 약속에 관심을 두고 있기 때문이다.[88]

"끝까지", ἕως τέλους는 분명히 "우리 주 예수 그리스도의 날"이라는 표현과 상응한다. 슐라터가 "완전하게"라고 부사적인 의미로 번역하는 것과 달리 종말론적인 전후 문맥은 이 표현이 시간과 관련된 언급임을 확인해준다.[89] 폰 데어 오스텐-자켄과 로버츠는 네 가지 사례(고전 1:7-8; 빌 1:10; 살전 1:10; 살후 1:6-10)에서 종말론적인 주제가 편지의 본론으로 전환하게 하는 역할을 한다고 주장한다.[90] 그리고 바울은 독자들이 마지막 날에 "아무런 비난도 받지 않게"(ἀνεγκλήτους) 될 것임을 확인해준다. 이 그리스어 형

85) Schrage, *Der erste Brief*, 1:121.
86) Weiss, *Der erste Korintherbrief*, 10; Conzelmann, *1 Cor*, 28; Fee, *First Epistle*, 43-44.
87) Chrysostom, *1 Cor. Hom.*, 2:7; Meyer, *First Epistle to the Corinthians*, 1:20. 또한 참조. Allo, *Première Épitre*, 5.
88) 언어에 기초한 논점은 그리스도를 지지하는 반면, 신학적인 논점은 하나님을 지지한다.
89) A. Schlatter, *Die Korinther Briefe*, 9은 시간적인 측면도 포함하고 있다.
90) Roberts, "The Eschatological Transitions to the Pauline Letter Body," 29-35; P. von der Osten-Sacken, "Gottes Treue bis zur Parusie … 1 Kor. 1:7b-9," 176-199.

용사는 "흠이 없는", "책망할 것이 없는", "또는 과실이 없는" 등 다양한 의
미를 지니고 있다. 기원후 20-50년 사이에 기록된 옥시린쿠스 파피루스
문헌에서 자기 남편에게 버림받은 어떤 여인은 자신에게 **책망할 것이 전혀
없다**고 주장한다.[91] 이것은 고소를 통해 확증할 만한 아무런 죄가 없다는 의
미를 구체적으로 보여준다. 이것은 주의 날까지 이어지는 시기뿐만 아니라
바로 그날에 무죄 판결을 받는 경우에도 적용된다. 따라서 이 단어는 여기
서 "고소와 이에 대한 [재판장의] 판결"이라는 의미 영역에 속해 있다.[92] 로
버트슨과 플러머는 "책망할 것이 없는"이라고 올바르게 번역한다. 하지만
에드워즈의 "어떤 비난(죄)으로부터 자유로운"이라는 번역이 그 의미를 더
쉽게 이해할 수 있게 해준다.[93] 피(Fee)는 해당 이슈를 고린도 교인들의 흠
없는 "행위"에 대한 질문과 연결하는 경향이 있다.[94] 하지만 여기서는 이 단
어의 판결과 관련된(verdictive) 특성에 방점이 찍힌다. 하나님은 **판결을 선
언하신다.** 인간의 도덕적인 상태에 대한 이슈는 부차적이다.

　　최종 판결은 "우리 주 예수 그리스도의 날에"(ἐν τῇ ἡμέρᾳ τοῦ κυρίου
ἡμῶνʼΙησοῦ [Χριστοῦ]) 내려진다. 여기서 바울은 구약 전승(예. 암 5:18; 습 1:14-
18; 참조. 롬 13:12)에 나타난 주의 날에 관한 용어를 그리스도에게 적용한다.
이 용어는 구약성경에서 심판의 날로 묘사된다. 하지만 이 심판은 상급이
나 형벌에 관한 문제가 아니다. 하나님은 의로우신 재판장으로서 **모든 것을
제 자리에 돌려놓으신다.** 이것은 법적인 측면뿐 아니라 사회적인 측면도 지
니고 있다. 이를 통해 하나님은 사악한 자들의 운명을 반전시키시고, 억압
받는 이들의 부르짖음의 정당성을 입증해주신다.[95] 하지만 이는 또한 법적
인 동시에 개인적이다. 다시 말하면 **비난의 여지가 전혀 없다**는 사실, 곧 하

---

91)　MM, 40; *POxy* 2:281, 12.

92)　J. P. Louw and E. A. Nida, *Greek-English Lexicon of the NT Based on Semantic Domains*
　　(2 vols., 2d ed., New York: United Bible Societies, 1988 and 1989), 1:438 sects. 33-43;
　　"Accuse, Blame," sects. 33-426, 33-434).

93)　Robertson and Plummer, *1 Cor*, 7; Edwards, *1 Cor*, 8.

94)　Fee, *First Epistle*, 43-44.

95)　Moltmann, *The Crucified God*, 256-266 and *The Way of Jesus Christ*, 334-340.

나님의 은혜로 의롭게 되었다는 판결을 공개적으로 선포하는 것이다. 이것은 심지어 현재에도 은혜로(즉 믿음으로) 미리 얻을 수 있다. 칭의는 하나님이 그들을 "우리 주 예수 그리스도의 날까지" 굳게 지켜주실 뿐만 아니라 무죄 판결을 내려주실 것이라는 믿음에 의한 깨달음을 통해 주의 날에 내려질 판결을 미리 받는 것이다.[96] 불트만은 이와 관련하여 매우 이상한 주장을 편다. 곧 바울은 일관성 없이 하나님을 재판관으로 보고, 또 그리스도를 재판관으로 본다는 것이다.[97] 만약 바울의 표현이 이랬다저랬다 했다면 그것은 (여기서) 구원 사역이 공동 사역이기 때문이다. 그 사역은 나중에 삼위일체 하나님의 공동 사역으로 나타난다.[98] 이 절의 주요 강조점은 다음과 같다. 곧 밤이 낮이 되듯이(롬 13:12), 감추어진 것은 공개적으로 분명하게 드러날 것이며, 또 모든 그릇된 것이나 하나님과의 친밀한 관계를 깨뜨리는 것은 다시 올바르게 될 것이다. 로마서에서는 이 주제가 대단히 명백하게 나타나기 때문에, 안타깝게도 로마서에서 아주 명백하게 드러난 이 주제가 고린도전서에서 주목을 받지 못한 것은 매우 안타까운 일이다. 은혜로 말미암은 칭의의 판결에 기초한 선언은 구약성경, 묵시문헌, 신약성경에 나타나는 주님의 날의 최종적 심판에 의해 강조된다.[99]

9절　　　그리스어 원문 πιστὸς ὁ θεός에서 "신실한"(πιστὸς)은 강조를 나타내는 의미에서 맨 앞에 있다. 이것은 확증과 부르심의 개념과 연결된다(참조. 6절). "신

---

96) J. Weiss, *Earliest Christianity* (2 vols. Eng. trans., New York: Harper, 1959 [1937], 502. Weiss은 은혜로 말미암아 의롭게 되는 것에 대해 "진정으로 어떤 종말론적인 행위를 시간 상 앞으로 위치시키는 것"이라고 말한다. A. Schweitzer는 비록 의로움이 실질적으로 현재에 그 효력을 나타내지만, "엄밀하게 말하자면" 그것은 미래에 속한 것이라고 주장한다 (*Mysticism of Paul the Apostle*: Eng. trans., London: Black, 1931, 205). 또한 Kertelge와 Stuhlmacher도 의로움의 종말론적인 문맥을 강조한다. Stuhlmacher, *Gerechtigkeit Gottes bei Paulus*; K. Kertelge, *'Rechtfertigung' bei Paulus* (Münster, Aschendorff, 1967), 112-160. 이른바 '샌더스 이후의' 논쟁은 이 이슈를 그대로 남겨놓는다. 참조. Thiselton, *The Two Horizons*, 415-427.

97) Bultmann, *Essays Philosophical and Theological*, 283. 분명히 Bultmann의 이러한 이해는 "객관화" 및 신화에 대한 그의 주장을 더욱더 타당성 있게 만들어준다.

98) Richardson, *Paul's Language about God,* 95-138.

99) 참조. Schrage, *Der erste Brief,* 1:122-123.

실한" 자는 신뢰할 만하고, 일관되며, 의존할 만하다. 70인역에서 해당 그리스어 단어는 주로 אמן(아만; 확인하다, 지지하다)의 니팔형 נאמן(네에만; 신실한, 신뢰할 만한, 믿을 수 있는)을 번역한 것이다(예. 잠 11:13). 왕조는 견고하게 세워질 수 있다(삼상 2:35; 왕상 11:38). 또한 믿음은 1:4-9의 βεβαιῶ(확실하게 입증하다)의 의미처럼 확증될 수 있다(왕상 8:26). 하나님은 신실하신 하나님이시다(신 7:9). 따라서 אמן(아멘)이란 형태는 부사적인 의미 —참으로, 진정으로, 확실히—를 지닌다.[100] 칼뱅은 "하나님은 그분이 시작하신 일은 무엇이든지 반드시 그것을 온전히 성취하신다"고 말한다. 오늘날 흔히 사용하는 말로 표현하자면 모든 것은 약속에 대한 하나님의 공약적인(commissive) 언어-행위(speech-act)에 달려 있다. "하나님은 그들을 결코 포기하지 않으신다." 고린도에 주어진 사도적 메시지는 현재의 행동에 영향을 주고, 그 행동을 형성해가는 약속의 말씀이다.[101] 이 말씀을 신뢰하는 이들을 οἱ πιστεύοντες, 신자(믿는 자)라고 부르는 것은 당연하다.

신실함(faithfulness)이란 어법의 이러한 공약적 측면은 하나님에 대한 바울의 신학뿐만 아니라 현대의 특정 난제들(dilemmas)을 이해하는 데도 중요하다. 롬 9:15-26뿐만 아니라 롬 9-11장 전체에서 바울은 속박받지 않는 하나님의 절대 주권적인 뜻에 대해 이렇게 선언한다. "내가 긍휼히 여길 자를 긍휼히 여기고…누가 그 뜻을 대적하느냐?…네가 누구이기에 감히 하나님께 반문하느냐?"(롬 9:15, 19, 20) 만약 하나님이 신실하신 분이라면 그는 거짓말을 하시거나 약속을 취소할 수 없다. 오늘날 사람들은 종종 이 "할 수 없다"가 하나님의 자유로운 절대 주권과 모순을 일으키는 것으로 이해한다. 그러나 바울의 신학에서 이것은 순전히 **논리적인** "할 수 없다"다. 왜냐하면 하나님 자신이 사전에 자유롭게 선택하신 것은 신실하다라는 **논리적인 함의**를 갖고 있기 때문이다. 하나님은 그의 맹세, 약속, 그의 백성과의

---

100) 참조. Brown-Driver-Briggs-Gesenius, *The New Hebrew and English Lexicon* (1980 ed.; 이후로는 BDB), 52-53. Hatch-Redpath, *A Concordance to the Septuagint* (2 vols., Athens: Benefial Bask Publishers, 1977), 1:65 and 2:1, 138-139.

101) Calvin, *First Epistle*, 22-23; 또한 Von der Osten-Sacken, "Gottes Treue," 176-177. 그리고 롬 9장에 대해서는 다음을 참조하라. R. H. Bell, *Provoked to Jealousy: The Origin and Purpose of the Jealousy Motive in Rom. 9-11*, WUNT 1 (Tübingen: Mohr, 1994), 63.

관계를 통해 스스로 자신을 제약하는 것을 선택하신다. 하나님은 신뢰할 만한 분으로서 그의 백성에게 **자유롭게 자기 자신을 내어주시는 것을** 선택하신다. 알렉산드리아의 클레멘스는 이것을 "하나님의 사랑에 의한 동맹(연합)"이라고 부른다(클레멘스, *Stromata*, 5:1).[102]

　이 신실함은 그리스도를 통해 **예수 그리스도 우리 주의 아들 됨에 공동으로 참여하게** 하는 결과를 낳는다. 여기서 καλεῖν이 또다시 부정과거 수동태(ἐκλήθητε)로 사용된 것은 하나님의 행위에 주의를 기울이게 한다 (슈라게의 주석서와 1:1; 1:2에 대한 주해를 보라).[103] 또한 전치사 "통해"(διά + 소유격 관계 대명사)에 대해서는 1:1에 관한 주해를 보라. 해당 주해에서 이 전치사는 어떤 상황은 물론, 효력을 나타내는 원인 또는 동인의 의미를 포함한다. 에링은 "하나님은 구원의 창시자이실 뿐만 아니라 구원의 길을 마련하시는 분"이라고 주해한다.[104] 가이사랴의 바실레이오스는 바울이 이 문맥에서 이 전치사를 성부, 성자, 성령 모두에게 동등하게 적용하는지에 관해 논의한다.[105] **공동 참여**는 대체로 교제(fellowship)로 번역되는 그리스어 단어 κοινωνία의 의미를 꽤히 너무 복잡하게 만든다고 볼 수 있다. 하지만 교회 모임을 가리키는 데 "교제"라는 단어를 사용한다는 것은 바울의 독특한 강조점과는 매우 다른 인상을 줄 수 있다. 그는 고대 그리스-로마의 *societas*와 같이 비슷한 생각을 가진 사람들로 이루어진 어떤 친교 모임이나 그룹을 가리키지 않는다. 이 단어의 특정 용법은 이런 의미로 사용하기도 하지만(예. 롬 15:27), 이러한 유형의 본문에서는 그런 의미로 사용하지 않는다.[106] 바울 서신에서 이 단어는 보통 **공동 참여**를 의미하는데, 거기에 참여하는 사람은 모두 **공동 지분**을 부여받은 주주들(shareholders)이다. 이것은 그리스도인들이 단순히 또는 대체로 그리스도인으로서 함께하는 경험

---

102) 참조. Clement, *Stromata*, 2:6.
103) Schrage, *Der erste Brief*, 1:123.
104) Héring, *First Epistle*, 4.
105) Basil, *On the Spirit*, 1:10.
106) Sampley, *Pauline Partnership in Christ* (Philadelphia: Fortress, 1980), 96-97.

을 가리키지 않고, 그리스도 안에 존재하는 신분과 그리스도의 아들 됨에서 파생된 하나님의 자녀 됨에 공동으로 참여하는 자가 된 것을 의미한다.[107) 성령의 사귐(고후 13:13)이 성령의 교제에 참여하는 것을 의미하는 것처럼 그의 아들의 교제(1:9)도 예수 그리스도의 아들 됨에 공동으로 참여하는 것을 의미한다. 고데는 이를 "그리스도의 생명에 참여함"이라고 올바르게 지적한다.[108)

일부 학자들은 이 점을 강조하며 이 구절을 "그리스도의 아들 됨에 참여함"이라고 번역한다. 에드워즈는 이것이 "'교제'가 아니다"라고 열정적으로 강조한다.[109) 손턴은 이 단어가 지닌 두 가지 강조점을 구분한다. 첫째, 이 단어의 주안점은 그리스도에게 속한 이들이 그리스도의 생명에 참여하는 것이다. 둘째, "하지만 이것은 '그리스도 안에서' 일어나는 일이다. 왜냐하면 이것은 그리스도인들이 서로 나누는 교제이기 때문이다."[110) 따라서 "공동으로"(communal)는 공동체를 공유하고, 그 공동성에 참여한다는 개념을 강조한다. 신자들이 공유하는 것은 주로 상호 교제가 아니다(물론 이 개념도 내포되어 있다). 그들은 그 무엇보다도 그리스도 안에서, 성령 안에서, 그리고 그리스도의 아들 됨 안에서 공동 참여자들(κοινωνοί)이다.[111) 손턴은 고후 13:13의 성령의 코이노이아에 대해 탐구한 후 다음과 같이 결론짓는다. "코이노니아 다음에 나오는 소유격은…공유하는 대상에 참여하는 것을 표현한다."[112) 그리스도인들은 "메시아의 생명"에도 동참하기 때문에 이것은 십자가(1:18-31)와 부활(15:1-48)을 경험하는 것을 의미한다.[113) "기름 부음 받은 메시아의 영은 메시아 안에서 일어난 효력들을 메시아 공동체 안

---

107) Lang, *Die Briefe an die Korinther,* 19. 여기서 그는 이 측면을 강조한다.
108) Godet, *Commentary,* 1:60.
109) Edwards, *1 Corinthians,* 9. Edwards는 Lang보다 먼저 이러한 주장을 펼친다.
110) Thornton, *The Common Life in the Body of Christ,* 77. 비록 앵글로-가톨릭의 성례론적인 관점을 지나치게 강조하는 결점을 지니고 있긴 하지만, Thornton의 주장은 상당 부분 유익하다. 그는 이 관점에 기초하여 바울의 편지의 관련 부분을 해석하고자 한다.
111) 이 용어들은 34-65, 66-95, 156-187에서 각각 장(章)의 제목으로 사용된다.
112) 같은 책, 71.
113) 같은 책, 79.

에서도 일어나게 할 것이다."[114] 손턴은 "우리는 코이노니아라는 단어를 번역하는 것이 불가능하다는 문제에 직면해 있다"라고 결론짓는다.[115]

하지만 코이노니아에 대한 번역은 필요하다. AV/KJV와 NRSV는 "그의 아들의 교제"라고 번역한다. 이 번역은 구조적으로 그리스어 구문과 일치하지만, 앞에서 제기한 문제들을 제대로 다루지 못한다. NIV의 "그의 아들과의 교제"는 그리스도와 서로 사귀는 것을 강조한다. 따라서 이 번역은 오늘날 동우회라는 문맥에서 사용하는 "교제"라는 관점에서 거의 "친구 관계"라는 의미의 보다 더 주관적인 측면을 강조한다. NJB는 이 구절을 "여러분을 그의 아들과 파트너가 되도록 부르셨습니다"라고 번역하면서 그 의미를 확대한다. 이 번역은 친교뿐만 아니라 기독론적 참여를 강조하지만, "파트너"는 "공동 참여자"와는 달리 관련자들이 서로 대등한 관계에 있다는 의미를 전달한다. 주요 영역본 중에서 가장 훌륭한 번역은 REB의 "그의 아들의 생명에 참여하다"일 것이다. 그리고 "그의 아들에 참여하다"라는 모팻의 번역도 수용할 만하지만, "공동으로"라는 단어가 빠지면 이 번역도 공동체적 강조점을 놓칠 수 있다(참조. 루터의 번역, "그의 아들과의 친교에"[zur Gemeinschaft seines Sohnes]).

오늘날 다수의 전문가 연구는 손턴의 저서를 부각시키는 효과를 일으키고 있다. 파니쿨람과 샤텐만은 보다 더 일찍 출간된 제제만의 연구에 구조적으로 의존한다.[116] 슈라게는 이 구절에 대한 세부적인 주해에서 이 연구를 인용한다.[117] 하인츠는 코이노니아에 대해 세부적으로 연구한 후 고전 1:9의 κοινωνία의 의미는 오직 고전 10:16-17에서 주의 잔에 "참여함"이 말하는 **참여 및 공동체적** 측면의 관점에서만 온전히 이해할 수 있다고 결론짓는다. "우리가 축복하는 바 축복의 잔은 그리스도의 피에 참여함

---

114) 같은 책, 184.

115) 같은 책, 157.

116) Panikulam, *Koinonia in the NT*, 17-30; Schattenmann, "Fellowship," 637-644; Seesemann, *Der Begriff κοινωνία im Neuen Testament*, 특히 34-56; 또한 J. M. McDermott, "The Biblical Doctrine of κοινωνία," *BZ 19* (1975): 64-77, 219-233.

117) Schrage, *Der erste Brief*, 1:123-125.

[κοινωνία]이 아니며, 우리가 떼는 떡은 그리스도의 몸에 참여함이 아니냐?…많은 우리가 한 몸이니, 이는 우리가 다 한 떡에 참여함이라."[118] 이것은 1:10-17의 주제인 하나 됨뿐만 아니라 1:18-25에 대한 서론을 제공해 준다. 왜냐하면 잔을 서로 나누고 떡을 서로 떼는 행위는 주의 죽으심을 선포하는 것이기 때문이다. 하인츠는 그리스도 안에 공동으로 참여하는 것과 그의 메시아 사역의 동일한 신학적 근거가 교회론, 연보 모음, 하나 됨의 근원으로서의 성령, 초월적인 지역 공동체 간의 폭넓은 관계, 세례와 성찬 등을 강조한다고 말한다. 파니쿨람은 넓은 의미에서 비슷하면서도 보다 더 성례 중심적인 접근 방법을 채택한다.[119] 또한 마리옹의 최근 연구도 우리의 접근 방법을 확인해준다.[120] 따라서 1:10-17의 하나 됨과의 연관성(참조. 12-14장)과 1:18-25의 십자가와의 연관성은 입증되었다고 볼 수 있다.[121] "고린도 교회 신자들은 하나님으로부터 부르심을 받은 바로 그 교제를 실현하도록 부르심을 받았다."[122]

---

118) Hainz, *Koinonia*.
119) Panikulam의 저서는 그리스도 중심적이다. 하지만 Hainz의 연구와 비교해볼 때 그의 연구는 성례론적인 요소를 지나치게 강조한다.
120) D. Marion, "Communion. L'essence du Christianisme," *Esprit et Vie* 102 (1992): 145-150, 157-159.
121) 참조. Ulrich Wickert, "Einheit und Eintracht der Kirche im Präscript des ersten Korintherbriefes," *ZNW* 50 (1959); 73-82. Wickert는 고전 1:1-10의 "하나 됨"과 "조화"를 고린도전서에서 나중에 다루어지는 그리스도의 몸에 대한 주제와 신중하게 연결시킨다.
122) Collins, *First Cor*, 66.

II. 공동체 안에서의 분열의 원인과 치유책:
십자가와 성령과 사역의 본질과 갈등을 일으키는
충성 그룹 또는 신분 그룹(1:10-4:21)

우리가 이미 지적했듯이 특별히 주의 날을 기다리고 있다는 종말론적인 결론(1:7b-9)과 함께 감사의 말(1:4-9)의 끝부분은 이 편지의 본론으로의 전환을 알린다.[1] 대체로 학자들은 1:10부터 4:21까지 하나의 분명한 단원을 형성한다는 데 동의한다. 마거릿 미첼은 1:10-4:21이 이 편지 전체를 일관하고 있는 주제를 제시한다고 여긴다.[2] 이러한 견해를 받아들이든 않든 간에 이 단락은 사실상 "분열"(σχίσματα, 1:10)에 직면한 공동체를 향해 바울이 하나 됨을 촉구하는 내용으로 넘어간다. "분열"이라는 용어가 지닌 "정치적" 특성과 "권력 투쟁"으로서의 특성에 관해서는 이미 많은 논의가 전개되었다.[3] 분열의 실상에 관해서는 "글로에 집안사람들"(ὑπὸ τῶν Χλόης, 11절)이 구두로 바울에게 전해주었다.[4] 바울은 이 분열에 대한 해결책으로서 다음 두 가지를 제시한다. 첫째, 고린도 교회 신자들은 그리스도 안에 있다는 사실을 공유하고 있다. 즉 그들 가운데 어떤 그룹도 그리스도를 독점하고

---

1) 앞에서 언급한 다음의 논문들을 보라. J. H. Roberts, "Eschatological Transition," *Neot* 20 (1986): 29-35; P. von der Osten-Sacken, "Gottes Treue bis zur Parusie," *ZNW* 68 (1977): 176-199.

2) Mitchell, *Rhetoric of Reconciliation*, 65-111. J. Weiss, E. Dinkler, W. Schmithals 및 다른 학자들의 이 편지에 대한 분할 이론에 맞서 Mitchell의 이 견해는 이 편지 전체가 통일성을 이루고 있다는 그의 주장과 잘 조화를 이룬다.

3) 특히 다음을 보라. Mitchell, *Rhetoric of Reconciliation*, 65-111; Welborn, "Discord in Corinth."

4) 구두 전달을 받는 것과 이를 재구성한 것에 대한 판단 기준에 대해서는 특히 다음을 보라. Hurd, *The Origins of 1 Corinthians*, 47-50, 61-94, 특히 82.

있지 않다(μεμέρισται ὁ Χριστός: 그리스도가 나누어졌습니까? 1:13). 둘째, 복음의 본질인 그리스도의 십자가가 중심을 차지한다(1:18-31; 또한 2:1-5). 수사학적인 고찰(특히 1:10-17에서)의 특별한 역할에 대해서는 나중에 논의할 것이다.[5]

이어서 바울은 이 근본적인 두 주제가 왜 무색하게 되었는지를 규명한다. 첫째, 그는 **복음 선포의 본질**에 관심을 기울인다. 복음 선포는 경쟁 관계에 있는 수사학의 평가를 받지 않는다. 복음 선포가 진정성 있는 선포로서 효력을 나타내는 것은 그것이 하나님으로부터 오는 힘을 의존하고, 사람들을 설득하기 위한 교묘한 기술이나 소비자를 겨냥한 수사학자들의 목적에 의존하지 않기 때문이다. 그리스도의 십자가는 사람들을 조종하려는 교묘한 힘의 전략을 모두 전복시킨다. 이러한 "힘"의 개념은 그리스도를 진정으로 선포하는 데 역효과를 낸다. 왜냐하면 그리스도는 십자가에서 자신보다는 하나님의 영광과 타인의 진정한 행복을 위해 죽으셨기 때문이다(1:31-3:4, 특히 2:1-5). ("발화효과행위"[perlocutions]와 대비되는 개념인 "발화수반행위"[illocutionary]에 대해서는 나중에 논의할 것이다.)

또 다른 요소도 분열의 원인을 해결하는 데 도움을 줄 수 있다. 이것은 **사역자들과 사도들의 역할 및 본질을 올바르게 재검토하는 것**을 수반한다. 사역에 대한 지나치게 높은 견해는 어떤 공동체나 가정 교회가 특정 지도자에게 부당하게 치우치는 것을 조장한다. 어떤 지도자에 대한 충성을 다른 지도자에 대한 충성과 경쟁하는 것으로 인식하는 행위는 교회를 분열시킬 가능성이 있다. 또한 사역에 대한 지나치게 낮은 견해는 신앙과 행위와 관련하여 "자기 마음대로"라는 방식으로 흐를 수 있으며, 또 이것은 또 다른 종류의 엘리트 의식을 조장할 수 있다. 이것은 평등주의를 가장한 채 자신의 이익만을 추구할 수도 있다.[6] 만약 어떤 신자가 "나도 저 사람만큼 은

---

5) 우리는 Merklein의 주석서에서 가장 충실하고 명료한 개관 가운데 하나를 발견할 수 있다. Merklein, *Der erste Brief*, 3:1, "Rhetorische Analyse," 108-114(Betz, Bünker, Kennedy, Litfin, Lampe, et. al.에 관해).

6) 이 점에 대해 간결하면서도 명료하게 비전문적으로 묘사하는 연구서로는 다음을 참조하라.

사를 받았고 재능이 있어!"라는 자세를 취한다면 그것은 또 다른 종류의 자
기중심적인 자세를 조장할 것이다. 그렇다면 이것은 자기중심적인 주장이
섬김의 진정한 모델과 십자가를 대신하는 것이다. 따라서 바울은 이 편지에
서 자기 자신을 구경꾼, 관망자, 다른 사람을 평가하는 자로 인식하는 수신
자들의 자만적인 자세를 날마다 힘겹게 영적 싸움을 하며 수고하는 사도들
의 삶과 비교한다. 사도들은 원형 경기장에서 관중의 구경거리로 불려 나와
싸우는 선수들처럼 그리스도를 위해 날마다 죽는 삶을 철저하게 실천한다
(4:1-13).

사역에 대한 지나치게 낮은 견해는 하나님의 대리인으로서 교회를 세
우고 교회에 영적인 양식을 공급해주는 이들의 필수적인 역할을 간과한다
(3:5-9; 참조. 3:10-23). 하지만 교회를 자라게 하시는 분은 오직 하나님뿐
이며, 사역에 대한 지나치게 높은 견해는 마치 사역이 생명을 위한 통로이
기보다는 그 자체가 목적인 것처럼 사역에 생명을 주는 속성을 부여할 수
있다. 하지만 생명은 전적으로 하나님으로부터 유래한다(3:6). 성숙하고 건
강한 기독교 공동체는 하나님이 다양한 통로와 자원을 통해 주시는 자원에
의존한다(3:6-22). 사역자들은 하나님으로부터 오는 은사들을 전달하는 본
보기에 지나지 않는다(3:21a, 23). 심지어 그리스도 자신도 하나님의 은사들
과 그분의 통치를 중재한다(3:23b).[7]

A. 교회의 상황에 대한 보고와 그 함의들(1:10-17)

[10] 형제자매 여러분, 나는 우리 주 예수 그리스도의 이름으로 여러분에게 간청합

Rupert E. Davies, *Studies in 1 Corinthians* (London: Epworth Press, 1962), 42-43. 바울
의 말은 "우리를 목회 사역에 대한 지나치게 높은 평가—목회자가 바로 교회를 세워나가는
인물이라고 추측함—로부터 구원해준다. 또한 그의 말은 우리를 목회 사역에 대한 지나치
게 낮은 인식으로부터 구원해준다. 목회자들은 단순히 풀타임으로 일하는 교회의 종들이 아
니다.…목회자들은 하나님의 대리인이다"(42).

7)   또다시 Richardson, *Paul's Language about God*은 95-138 및 여러 곳에서 고린도 교회의
     몇 가지 견해에 반대되는 것으로서 바울의 관점을 구조적으로 전달해준다.

니다. 곧 여러분은 모두 똑같은 편에 서십시오. 또한 여러분 가운데 아무런 분열도 없게 하십시오. 여러분은 똑같은 마음가짐과 똑같은 의견으로 또다시 서로 굳게 결합하십시오. [11] 왜냐하면 나의 사랑하는 그리스도인 가족인 여러분에 대해 글로에의 사람들로부터 여러분 가운데 불화가 있다는 것이 나에게 분명하게 알려졌기 때문입니다. [12] 다름이 아니라 여러분이 저마다 "나는 바울 편이다", "나는 아볼로 편이다", "나는 베드로 편이다", "나는 그리스도 편이다"라고 말한다는 것입니다. [13] 그리스도께서 나누어졌습니까? 분명히 바울은 여러분을 위해 십자가에 못 박히지 않았습니다. 과연 그가 그렇게 했습니까? 아니면 여러분이 바울의 이름으로 세례를 받았습니까? [14, 15] 나는 여러분 가운데 그리스보와 가이오 외에는 아무에게도 세례를 주지 않은 것에 대하여 감사합니다. 그러므로 아무도 나의 이름으로 세례를 받았다고 말하지 못할 것입니다. [16] 그런데 나는 스데바나 가족에게도 세례를 주었습니다. 그밖에 내가 다른 누구에게 세례를 주었는지 기억나지 않습니다. [17] 왜냐하면 그리스도께서는 세례를 베풀라고 나를 보내신 것이 아니라 복음을 선포하라고 보내셨기 때문입니다. 나는 교묘한 말솜씨로 복음을 전하지 않았습니다. 이는 그리스도의 십자가가 헛되지 않게 하려는 것입니다.

첫 세 절(10-12절)은 본문 해석을 위한 여러 근본적인 질문을 제기한다. 한 가지 이슈는 παρακαλῶ의 지위 및 의미와 관련이 있는데, 이 그리스어 동사는 "나는 요청한다", "나는 부탁한다", "나는 호소한다" 또는 "나는 간청한다" 등으로 다양하게 번역된다. 칼 비에르켈룬드는 이 한 단어에 대한 책한 권 분량의 상세한 연구서를 저술했는데, 이 단어는 거기서 다양하게 번역된다.[8] 여기서 제기되는 한 가지 핵심적인 질문은 우리가 미첼과 위더링턴을 따라 이 단어를 심의적 수사학을 도입하는 일종의 호소로 간주할 것인지, 아니면 비에르켈룬드를 따라 바울과 독자들의 특별한 관계에 기초한 일종의 요청으로 간주할 것인지에 관한 것이다. 발화행위(speech-act) 이론에

---

8)   Bjerkelund, *Paracalô, Form, Funktion und Sinn*.

서 사용하는 전문 용어에 의하면 첫 번째 견해는 바울이 단지 **발화효과적 의
미**(perlocutionary force)를 사용한다고 제안하고, 두 번째 견해는 1:10 다음
에 나오는 본문이 **발화수반적 의미**(illocutionary force)에 대한 한 사례라고
제안한다. 이 용어는 1:10에 대한 주해에서 설명되고, 또한 서론 111-12과
124-25에서 논의된다.

두 번째 핵심 이슈는 σχίσματα라는 단어의 의미와 관련이 있는데, 우
리는 이 단어를 "분열"(splits)이라고 번역했다. 우리는 고린도 교회의 분
열에 대한 연구를 다음 세 가지 단계로 구분할 수 있다. (i) 적어도 "그리
스도파(派)"에 대한 바우어의 저서(*die Christuspartei in der korinthischen
Gemeinde*[고린도 공동체에 나타난 그리스도파], 1831) 이래로 많은 학자들
은 이러한 분파를 신학적 또는 교의적 분파로 간주했다.[9] 하지만 (ii) 뭉
크(J. Munck, "The Church without Factions")와 달(1967)의 저서가 출간된
이후 1950년대부터 1980년대까지는 이러한 분열을 개인숭배 또는 "파
벌"(cliques, 모팻의 번역, 1949)로 여기는 경향이 나타난다.[10] (iii) 1990년대에
고린도 교회의 분열을 고대 그리스-로마의 정치적 수사학과 비교하는 다양
한 사회학적 접근 방법과 제안은 해당 이슈에 대한 세 번째 논쟁 단계로 이
끌었다.[11] 하나 됨은 교회 정치(church polity)의 "유익"을 위함이다. 우리는
1:12에 대한 주해에서 이 이슈에 관해 살펴볼 것이다. 동시에 우리는 그리
스어 원문의 이미지와 은유적인 의미를 번역에서 그대로 살리고자 한다.

---

9) 1:12에 대한 주해를 보라.
10) Munck, *Paul and the Salvation of Mankind*, 135-167, and N. A. Dahl, "Paul and the
    Church at Corinth according to 1 Cor. 1:10-4:21," first published in W. R. Farmer et al.
    (eds.), *Christian History and Interpretation: Studies Presented to John Knox* (Cambridge:
    Cambridge University Press, 1967), 313-315, and revised in Dahl, *Studies in Paul*, 40-61.
11) 가장 주목할 만한 저서로는 다음을 참조하라. Mitchell, *Paul and the Rhetoric of
    Reconciliation*, and Welborn, "On the Discord in Corinth: 1 Cor 1-4 and Ancient
    Politics," 85-111; revised in Welborn, *Politics and Rhetoric in the Corinthian Epistles*,
    1-42. 보다 더 신학적인 수정과 관련된 것으로는 다음 연구를 참조하라. Clark, *Secular and
    Christian Leadership in Corinth*, 89-108. 그리고 보다 더 사회학적인 연관성의 측면에서는
    다음을 보라. Marshall, *Enmity in Corinth: Social Convention in Paul's Relations with the
    Corinthians*.

1:10-12에 대한 참고문헌

Allo, E.-B., "Exc IV, Les partis à Corinthe, spécilalement le parti 'du Christ,'" *Première Épitre aux Corinthiens,* 80-87.

Barrett, C. K., "Cephas and Corinth," in *Essays on Paul* (London, SPCK, 1982), 28-39.

Baur, F. C., "Die Christuspartei in der korinthischen Gemeinde," *Tübinger Zeitschrift für Theologie* 4 (1831): 61-206.

_____, Paul the Apostle of Jesus (2 vols., Eng. trans., London: Williams & Norgate, 1873-76).

Bjerkelund, C. J., *Paracalô. Form, Funktion und Sinn der paracalô Sätze in den paulinischen Briefen* (Oslo: Universitetsforlaget, 1967).

Brown, R. E., K. P. Donfried, and J. Reumann, *Peter in the NT* (London: Chapman, 1974 [1973]), esp. 32-36.

Carter, T. L., "Big Men at Corinth," *JSNT* (1997): 45-71.

Chow, J. K., *Patronage and Power: A Study of Social Networks in Corinth:* JSNTSS 75 (Sheffield: Sheffield Academic Press, 1991).

Clarke, A. D., *Secular and Christian Leadership in Corinth: A Socio-Historical and Exegetical Study of 1 Cor 1-6* (Leiden: Brill, 1993), esp. 89-105.

Dahl, N. A., *Studies in Paul* (Minneapolis: Augsburg, 1977), esp. "Paul and the Church at Corinth," 40-61.

Engberg-Pedersen, T., "The Gospel and Social Practice according to 1 Cor," *NTS* 33 (1987): 557-584.

Fitch, W. O., "Paul, Apollo, Cephas, Christ," *Theology* 74 (1971): 18-24.

Hock, R. F., *The Social Context of Paul's Ministry: Tentmaking and Apostleship* (Philadelphia: Fortress, 1980).

Horrell, D. G., *The Social Ethos of the Corinthians Correspondence* (Edinburgh: T. & T. Clark, 1996), 112-117 and 131-137.

Hurd, J. C., *The Origin of 1 Corinthians* (London: SPCK, 1965), 75-94, 101-107, and 126-142.

Hurst, L., "Apollos, Hebrews and Corinth," *SJT* 38 (1985): 505-513.

Kennedy, G., *Classical Rhetoric and Its Christian and Secular Tradition* (London: Croom Helm, 1980), 129-160.

Klauck, H.-J., *Hausgemeinde und Hauskirche in frühen Christentum* (Stuttgart: Katholisches Bibelwerk, 1981).

Lang, F., "Die Gruppen in Korinth nach 1 Kor 1-4," *TBei* 14 (1983): 68-79.

Lütgert, W., *Freiheitspredigt und Schwärmgeister in Korinth. Ein Beitrag zur Charakteristik der Christuspartie* (Güttersloh: Bertelsmann, 1908).

Manson, T. W., *Studies in the Gospels and Epistles* (Manchester: Manchester University Press, 1962), 190-209.

Marshall, P., Enmity in Corinth: *Social Conventions in Paul's Relations with the Corinthians,*

WUNT 2:23 (Tübingen: Mohr, 1987).

Martin, D. B., *The Corinthian Body* (New Haven: Yale University Press, 1995), esp. 55-59 (참조. 59-68).

Meeks, W. A., *The First Urban Christians* (New Haven: Yale University Press, 1983), 117-119.

Meinertz, M., "σχίσμα und αἵρεσις im NT," *BZ* 1 (1957): 114-118.

Merklein, H., "Die Parteien in Korinth," in *Der erste Brief an die Korinther 1-4* (Gütersloh: Mohr, 1992), 134-152.

Mitchell, M. M., *Paul and the Rhetoric of Reconciliation: An Exegetical Investigation of the Language and Composition of 1 Corinthians* (Tübingen: Mohr and Louisville: Westminster/Knox, 1992), esp. 1-99 and 198-201.

Munck, J. *Paul and the Salvation of Mankind* (Eng. trans., London: SCM, 1959), 135-167.

Murphy-O'Connor, J., *St. Paul's Corinth* (Wilmington: Glazier, 1983), 153-161.

Neyrey, J. H., "Body Language in 1 Corinthians: The Use of Anthropological Models for Understanding Paul and His Opponents," *Semeia* 35 (1986): 129-170.

Perkins, P., *Peter: Apostle for the Whole Church* (Columbia: University of South Carolina Press, 1994), 111-115.

Sampley, J. P., *Pauline Partnership in Christ, Christian Community and Commitment in the Light of Roman Law* (Philadelphia: Fortress, 1980), 1-20, 79-102.

Schrage, W., "Exkurs: Die korinthischen 'Parteien,'" *Der erste Brief,* 1:142-148.

Senft, C., "Excursus: Les 'partis' à Corinthe," in *Première Épitre de S. Paul aux Corinthiens,* 33-35.

Theissen, G., *The Social Setting of Pauline Christianity* (Eng. trans., London: SCM, 1982), 54-68.

Vielhauer, P., "Paulus und die Kephaspartei in Kor," *NTS* 21 (1975): 341-352.

Welborn, L. L., *Politics and Rhetoric in the Corinthian Epistles* (Macon, Ga: Mercer University Press, 1997), esp. "Discord in Corinth: First Cor 1-4 and Ancient Politics," 1-42 (rev. version of "On the Discord in Corinth," *JBL* 106 [1987]: 85-111).

Wilckens, U., *Weisheit und Torheit* (Tübingen: Mohr, 1959), 5-21.

Wuellner, W., "Haggadic Homily Genre in Cor 1-3," *JBL* 89 (1970): 199-204.

1. 바울의 "파라칼로" 요청의 특성(1:10)

10a절   미첼은 1:10을 이 편지 전체에 대한 수사학적 명제의 주요 진술이라고 해석한다. 그는 이 편지 전체는 "1:10의 πρόθεσις 또는 명제적 진술을 중심으로 처음부터 끝까지 교회의 하나 됨을 위한 논증"이라고 주

장한다.[12] 위더링턴도 1:10은 "전체 담론에 대한 명제적 진술…곧 '프로포
시티오'"에 해당한다고 주장한다.[13] 이 절은 "심의적 담론", 곧 수사학적 논
증 또는 "연사(演士)가 청중의 마음에 새기기를 원하는 주된 권면을 제시하
며, 청중을 설득하려는 논증으로 이어진다."[14]

　　미첼과 위더링턴은 모두 비에르켈룬드의 저서를 상당히 긍정적으로
인용한다. 왜냐하면 이 세 학자는 모두 παρακαλῶ를 이 편지의 감사의 말
끝부분에서 본론의 시작으로 넘어가는 역할을 한다고 보기 때문이다.[15] 하
지만 비에르켈룬드는 일단 이 편지의 전개 과정에서 παρακαλῶ가 차지하
는 위치에 관해 의견의 일치를 보인 후에는 이 단어의 형태와 기능에 대해
다른 설명을 제시한다. 그의 판단에 의하면 이 단어는 수사학적 논증을 도
입하는 것이 아니라 공식적인 외교 서한이나 친구 관계에 기초한 편지의 문
체와 형태를 재현한다. 즉 이 단어는 일종의 요청의 기능을 수행하며, 따라
서 "나는 간청합니다"(또한 종종 "촉구합니다" 또는 "권합니다")라고 번역해야
한다. 다시 말해 이 단어는 수사학에 의존하지 않고, 오히려 발신자와 수신자
사이에 존재하는 이전의 개인적인 또는 공식적인 관계에 의존한다.[16] 예를 들
어 비수사학적 용법은 목회 서신에서도 발견된다. "나는…간구와 기도를
드릴 것을 요청합니다(παρακαλῶ)"(딤전 2:1). 여기서는 요청 또는 간청의 근
거를 제공해주는 것이 수사학적인 설득이기보다는 궁극적으로 "우리 주 예
수 그리스도의 이름"이다.[17]

　　우리는 이러한 대조를 발화수반행위(*illocutionary* speech-act; 사도직 또는
친분에 기초하여)와 발화효과행위(*perlocutionary* speech-act; 수사학적 설득에 기

---

12) Mitchell, *Rhetoric of Reconciliation*, 1.

13) Witherington, *Conflict and Community*, 94; 또한 Collins, *First Cor*, 69.

14) Witherington, *Conflict and Community*, 94.

15) Witherington, *Conflict and Community*, 94-95. 심지어 Witherington은 Bjerkelund가 "간
　　청하다"(beseech)라는 의미를 힘주어 말한다고 주장한다. Bjerkelund는 이 그리스어 동사
　　의 의미 영역이 한편으로 "명령하다"와 다른 한편으로 "부탁하다", "간청하다", "탄원하다",
　　또는 심지어 "호소하다" 사이에 놓여 있다고 주장한다.

16) Bjerkelund, *Parakalô*, 74-78, 109-110 및 그밖에 여러 곳.

17) Collins, *First Cor*, 68은 이 점을 올바르게 지적한다.

초하여)의 차이점의 관점에서 이해할 수 있을 것이다. 오스틴은 발화수반행위(*illocutionary* act)를 "무언가를 말하는 행위의 실행"이라고 정의한다.[18] 이에 대한 분명한 예로는 "내가 약속하다", "지명하다", "임명하다", "자유롭게 하다" 등이 있다. 행위로서 이러한 발언의 작용 효과는 수사학이나 설득에 의존하지 않고, 화자가 발화수반행위(예를 들어 약속하기, 이름 부여하기, 직책 임명하기)를 실행하기 위한 권위, 신분 또는 헌신하는 마음이 있는지에 달려 있다. 루터와 윌리엄 틴데일은 **약속하기**(promising)를 기독교 경전에 포함된 모든 책에서 가장 중요한 발화행위로 간주했다.

이와는 대조적으로 수사학은 발화효과행위에 해당한다. 오스틴은 발화효과행위를 전형적으로 설득하고 이해시킴으로써, 그리고 **놀라게 하는 것**과 같은 전략을 통해 "변화를 가져오는 것"으로 묘사한다. 분명히 변화를 가져오는 발화효과행위는 발화수반행위의 약속이나 판단에서 비롯될 수 있다.[19] 하지만 이것은 미첼과 위더링턴이 자신들의 수사학적 접근 방법의 핵심으로 여기는 것이 아니다. 이와는 대조적으로 리트핀은 바울의 선포(1:14-17)를 **복음을 선포하도록 위임받고 권위를 부여받은 사람**, 곧 복음 선포라는 발화수반행위를 실행하기에 적격인 바울과의 관계에 기초하여 작용하는 행위로 접근한다. 리트핀은 "고대 그리스-로마의 웅변가가 의존하는 힘"을 다른 원천과 방법으로부터 그 힘과 행동을 유발하는 "십자가의 힘 사용"과 대조한다.[20]

미첼과 위더링턴은 고대 그리스-로마 수사학에 대한 조지 케네디의 연구를 따라 바울 서신에서 수사학적 패턴을 발견하려는 다수의 작가의 무리 가운데 속해 있다.[21] 미첼은 이 편지가 여러 편의 편지로 구성된 것

---

18) J. L. Austin, *How to Do Things with Words* (Oxford: Clarendon Press, 1962), 99; 참조. 101(강조는 원저자의 것임).

19) Austin, How to Do Things; 참조. N. W. Wolterstorff, *Divine Discourse* (Cambridge: Cambridge University Press, 1995), 75-129.

20) Litfin, *St. Paul's Theology of Proclamation*, SNTSMS 79 (Cambridge: Cambridge University Press, 1994), 191-192; 참조. 181-210, 특히 185-192.

21) Kennedy, *Classical Rhetoric and Its Christian and Secular Tradition from Ancient to*

이라는 다양한 이론과는 달리 이러한 패턴이 이 편지의 통일성을 추가로
입증해주는 것으로 인식한다. 그는 다음과 같이 주장한다. "심의적 수사학
(deliberative rhetoric)을 통해 고린도전서를 이해하는 이 탐구는 이 편지를
현재의 문학적 형태에서 읽을 때 전적으로 일관된 독법을 제공하며, 따라
서 고린도전서가 저작 면에서 통일성을 지니고 있다는 점을 강력하게 변호
해준다.[22] 그는 여러 편의 편지가 이 편지 안에 결합되어 있다는 바이스, 슈
미트할스, 에릭 등 다른 여러 학자들의 이론에 반대한다. 그의 반론은 타당
하다. 나는 다른 연구서와 이 주석서의 서론에서 이 편지의 통일성을 지지
했다.[23] 이것은 수사학적인 탐구의 타당성을 지지해주는 몇 가지 요소 가
운데 하나다. 하지만 앞으로도 종종 언급하겠지만, 우리는 편지 작성 **방법**
과 수사학은 서로 **경쟁하는** 접근 방법이 아니라 서로를 **보완해주는** 접근 방
법이라는 에릭손의 타당한 지적을 염두에 둘 필요가 있다.[24] 미첼은 이른

Modern Times, 특히 129-132. 유대-기독교의 수사학에 대해 보다 광범위하게 120-160;
플라톤과 아리스토텔레스의 철학적 수사학과의 관계에 대해서는 41-85, 또한 로마 제
국 시대의 키케로와 퀸틸리아누스에 대해서는 89-105. 아리스토텔레스와 다른 이들의 심
의적 수사학(deliberative rhetoric)에 대한 Kennedy의 해설은 실행을 수반하는 발화행
위(illocutionary acts)와 실행의 효과를 기대하는 발화행위(perlocutionary acts)의 차
이점을 확장해준다. 토론에 기초하는 연설가는 근본적으로 청중에게 유익을 주는 행동
을 하게 하는 데 관심을 기울인다(Kennedy, Classical Rhetoric, 73; Aristotle, Rhetoric,
1.8; 1358b 20-29; 참조. Aristotle, Rhetoric, 1.4.8[심의적 수사학], 1.10-15[재판과 관련
된 수사학]). 한편 "의식(儀式)과 관련된"(epideictic) 수사학은 현재, 심의적 수사학은 미
래, 재판과 관련된 수사학은 과거의 행위에 대한 평가와 관련되어 있다고 한다(Aristotle,
Rhetoric, 1358b.19; 참조. Kennedy, Classical Rhetoric, 73). 따라서 의식과 관련된 수사학
은 실행을 수반하는 발화행위와 가까우며 중복된다. 왜냐하면 이 수사학의 발화행위는 칭
송이나 또는 비난에 해당하기 때문이다. 아리스토텔레스가 그의 수사학에서 장례 의식 배
경을 사용하는 것은 Wittgenstein이 장례 식사에서 "우리는 애도합니다"라는 1인칭 발화행
위를 예시화(instantiation)하는 것과 상응한다. Wittgenstein의 관점에 의하면, 이것은 어
떤 행위 또는 "애도 표현이지 [장례 의식]에 참석한 사람에게 무엇인가를 말하는 것은 아
니다"(Philosophical Investigations; Oxford Blackwell, 2nd ed. 1967), 2.10 (189); 참조.
Aristotle, Rhetoric, 1.9. 1366a.30; 또한 참조. 3.12).

22) Mitchell, Rhetoric of Reconciliation, 2.

23) A. C. Thiselton, "Luther and Barth on 1 Cor 15," in W. P. Stephen (ed.), The Bible, the
Reformation, and the Church: Essays in Honour of James Atkinson, JSNTSS 105 (Sheffield:
Sheffield Academic Press, 1995), 258-289, esp. 280-283.

24) A. Eriksson, Traditions as Rhetorical Proof, 280-283.

바 페렐만과 올브레히츠-티테카의 새로운 수사학을 과하게 사용하는 것에 대해 올바르게 경계한다. 그는 올바른 이유에 근거하여 고대 수사학과 언어 철학의 의사전달 이론 사이의 지나친 역사적 동화에 대해 의구심을 표명한다.[25] 또한 그는 고대 그리스-로마의 수사학 교본에 호소하는 것은 지나치게 기계적이며 부정확할 위험성이 있음을 인정한다.

이그나티오스는 하나 됨을 촉구하기 위해 사회정치적 이미지를 사용하는 반면, 비에르켈룬드는 παρακαλῶ에 대한 본인의 해석을 지지하기 위해 동일한 본문에 호소한다(Ignatius, *Letter to the Trallians*, 6:1; 12:2; 참조. *1 Clement* 47:1-3). 그는 παρακαλῶ가 감사의 말과 본론을 연결하는 전환점을 제공해준다는 견해를 지지한다.[26] 하지만 그는 고전 1:10, 4:16, 16:15은 모두 παρακαλῶ에 대한 비수사학적 용법을 반영하며, 이러한 용법은 파피루스 문헌, 비문(碑文), 고대 그리스-로마의 왕실 문서, 바울 시대의 초기 기독교 문헌 등에서 나타난다고 주장한다. 이 용법은 사회수사학적 원인을 제공하는 의미가 아니라 저자와 수신자(들) 사이의 친분, 신뢰 또는 공식적인 지위로부터 그 의미를 끌어온다. 따라서 비에르켈룬드의 견해에 의하면 "나는 청한다"(모펫, 바레트), "나는 간청한다"(AV, KJV), 심지어 "나는 호소한다"(REB, NIV, NRSV)는 지나치게 원인 야기적이며 수사학적인 표현이다.

비에르켈룬드가 인용하는 기원후 1세기의 예는 매우 인상적이다.[27] 개인적인 호의를 요청하는 경우에는 수사학적인 주장이 덜 두드러지게 나타난다. παρακαλῶ σε οὖν πέμψαι … (*Papyrus Osloensis* 48:4). 몰턴-밀리건도 "간청하다"를 "파피루스의 사적인 편지에서 흔하게 나타나는 용어"를 나타

---

25) Mitchell, *Rhetoric of Reconciliation*, 7. 참조. C. Perelman and Olbrechts-Tyteca, *The New Rhetoric* (Notre Dame: University of Notre Dame Press, 1969).

26) Bjerkelund, *Parakalô*, 141.

27) *BGU* 665:19 (기원후 1세기); *Michigan Papyri* 485.9; 499.15; *BGU* 850.5; 848.10; *Rylands Papyri* 695.11; *Aberdeen Papyri* 193.4. Bjerkelund가 *Parakalô*, 34-58에서 언급하는 파피루스 문헌에서는 풍부한 예들이 나타난다. 빌레몬서에서도 의미 영역은 "내가 명령하다"(ἐπιτάσσειν)를 배제한다. 왜냐하면 바울은 "갇힌 중에서 낳은 아들 오네시모"를 빌레몬에게 돌려보내면서 명령이나 수사학적인 논리가 아니라 서로 사랑하는 관계에 기초하여 간청하기(διὰ τὴν ἀγάπην μᾶλλον παρακαλῶ) 때문이다(참조. 몬 8, 9절).

내는 첫 번째 의미로 제시한다.[28] 안디옥의 이그나티오스도 비에르켈룬드의 주장을 지지할 수 있는 예를 제공해준다(참조. *Trallians*, 6:1).[29]

바울은 (1) 한 가족의 일원("형제자매")으로서 다른 일원에게, (2) 그리고 그 요청을 하도록 그리스도로부터 위임을 받은 대리자로서 (3) "예수 그리스도의 이름"(διά + 소유격)으로 (4) 다른 곳에 있지 않고 마치 고린도에 있는 것처럼 (따라서 직접) 이러한 요청 행위를 행한다(참조. 16:13-24에 대한 주해, 특히 21절). 여기서 ἀδελφοί를 어떻게 번역하는 것이 가장 좋은지 판단하기는 쉽지 않다. 왜냐하면 "그리고 자매들"이라는 말을 덧붙이는 것은 그리스어 본문이 명시적으로 언급하지 않는 것을 덧붙이기 때문이다. 그러나 이 단어의 남성형은 대체로 남녀를 모두 포괄하는 의미를 나타내며, "바울 또한…신앙 공동체의 여인들을 포함한다"(참조. 11:2-16; 14:34-35).[30] 따라서 ἀδελφοί를 "형제자매"(NRSV, 콜린스, 피) 대신 "형제들"로 번역하는 것은 오히려 원문의 의미를 더 왜곡하는 것이다.[31] 라이트푸트는 여기서 가족 간의 결속을 말하고 있다고 올바르게 지적하며, 고전 그리스어에서도 ἀδελφοί를 예를 들어 오빠와 누이(또는 누나와 남동생)를 가리키는 데 사용한다.[32] 다음 절에서 ἀδελφοί μου, "나의 형제자매"가 반복적으로 사용된 것은 분명히 다음과 같은 사항을 지적해준다. (i) 동일한 기독교 집안에서 서로 갈등

---

28) MM, 484, 예. *Paris Papyri* 42:8; Rylands Papyri 2.229.17 (AD 38); παρακαληθείς는 "우리가 흔히 '부탁합니다'(please)라고 말하는 것처럼 사용된다. *Fayyum Papyri* 109.3 (기원후 1세기 초)"(484). 또한 참조. Bjerkelund, *Parakalô*, 59-72 및 88-108.

29) 순교자 신분에 대한 그의 다음과 같은 선언은 널리 알려져 있다. "나는 맹수들의 이빨에 깨물리고 씹혀야 할 하나님의 밀알이다. 그러면 나는 나의 머리이신 그리스도 안에서 발견될 것이다." 그는 다음과 같이 간청하고 나서 이같이 말했다고 한다. "나는 너희에게 간청한다. 나에게 더 이상 친절을 베풀지 말라. 내가 곧바로 맹수들의 먹잇감이 되게 하라"(παρακαλῶ ὑμᾶς …). 또한 이그나티오스는 고전 1:10의 형태와 기능을 충실하게 따르면서 빌라델비아 교인들에게 "나는 여러분에게 분쟁으로 말미암아 어떤 것도 하지 않기"를 간청한다. παρακαλῶ ὑμᾶς …(Ignatius, *Letter to the Philadelphians* 8:1). 또한 참조. Polycarp, *Letter to the Philippians* 9:1. 어쨌든 바울의 호소의 궁극적인 근거는 바로 우리 주 예수 그리스도의 이름이다.

30) Wolff, *Der erste Brief*, 25; 또한 Collins, *First Cor*. 70.

31) 참조. Fee, *First Epistle*, 52, n. 22; Collins, *First Cor*, 67 and 76.

32) Lightfoot, *Notes*, 151; 참조. *LSJ*, 30; *EDNT*, 1:28-30; BAGD, 16 (esp, [1]).

하고 불화하는 것은 타당하지 않다. (ii) 한 가족에 속한 신자들은 서로 신실
해야 하고 존중해야 한다. (iii) 사랑으로 결속되어 있음을 보여줌으로써 암
묵적인 책망은 약화되었다. 오리게네스와 키프리아누스는 이것을 요 10장
과 17:20-21에서 언급하는 "하나 됨"과 비교한다.[33] 바울은 이 용어를 특
별히 마케도니아 지역에 있는 교회들을 향한 애정의 표현으로 사용한다(고
린도전서에서 스무 번이나 사용됨).[34] 나는 이 그리스어 단어를 다양하게 번역
했다. 왜냐하면 이 단어는 "형제자매"뿐만 아니라 "동료 그리스도인"이나
"친구"도 가리킬 수 있기 때문이다.

    바울이 분열을 "치유"하기 위해 "우리 주 예수 그리스도의 이름으로"
쓴 것은 **예수 그리스도의 이름으로 다양한 치유**가 일어난 사도행전의 전통
을 암시할 개연성이 있다(행 3:6, 16; 4:7, 10; 참조. 4:18; 5:28, 40; 16:18).[35] 내가
축복 및 저주와 관련하여 다른 곳에서 논의했듯이 **이름**은 원시적인 단어인
마술에 관한 일부 이론이 암시하듯이 **인과관계의** 힘을 일으키기보다는 **발**
화행위적 허가(illocutionary authorization)를 시작한다.[36] 이것은 바울이 이
첫 열 절에서 그리스도를 열 번째 언급한 것에 해당한다. 크리소스토모스와
토마스 아퀴나스는 이 사실에 주목한다.[37] 속사도 교부들도 동일한 근거에
기초하여 자신들의 주장을 펼친다.[38] 여기서 **이름**은 공개적으로 알려진 예
수 그리스도의 **성품과 명성**을 연상시킨다. 오늘날 대중 광고에서 "이름"은
이에 내포된 이미지와 일종의 보증의 의미를 전달하는데, 이는 고대의 용법
과 맥을 같이한다. "그리스도의 **이름으로**" 기도한다는 것은 그 기도가 그리
스도의 성품, 말씀, 행위 때문에 응답받는다는 전제하에 간구하는 것을 의

---

33) Origen, *De Principiis*, 1:6:1, "그들이 모두 하나가 되도록…"; Cyprian, Treatises, 1.8는 요
    10:16의 "한 무리"와 비교한다.
34) 고린도전서의 다음 구절에서 이 그리스어 단어가 나타난다. 1:10, 11, 26; 2:1; 3:1; 4:6; 7:24,
    29; 10:1; 11:33; 12:1; 14:6, 20, 26, 39; 15:1, 31, 50, 58; 16:15.
35) Héring, *First Epistle*, 4. 또한 예를 들어 막 9:38; 16:17; 눅 6:22.
36) A. C. Thiselton, "The Supposed Power of Words in Biblical Writings," *JTS* 25 (1974):
    283-299.
37) Allo, *Première Épitre*, 5.
38) Ignatius, *Letter to the Ephesians*, 3:1; 참조. *1 Clement* and Polycarp.

미한다. 문법적으로 διὰ τοῦ ὀνόματος, "그 이름으로"는 요청의 수단을 가리킨다.

10b절　　웰본은 1:10b-17과 이 편지 전체에 대한 해석학적 열쇠를 요약적으로 제시한다. 바울은 10b에서 "신학적인 논쟁이 아닌 권력 투쟁"을 암시한다.[39] 사회정치적 연구에서 대두되어 오늘날 널리 알려진 견해에 의하면 바울은 고대 로마나 고대 그리스-로마의 "폴리스"(*polis*)에서 사용하던 정치 관련 어휘에서 가져온 용어를 차용한다. 공관복음 전승에서 σχίσματά, "갈라짐", "찢어짐" 또는 "분열"과 κατηρτισμένοι, "깁다", "수선하다" 또는 "또다시 결합하다"가 함께 사용된 것은 야고보와 요한이 자기들의 그물을 깁고 있는 모습을 묘사하는 구절을 연상시킬 수 있다(막 1:19; 병행 본문 4:21). 고후 13:11에서 바울은 "화평을 유지하면서"(εἰρηνεύετε; 조화를 이루면서) 모든 것을 질서 있게 되돌릴 것(καταρτίζεσθε; 개역개정 — "온전하게 되며")을 고린도 교회에 권면한다. 웰본은 다음과 같이 지적한다. "σχίσμα는 옷의 경우에서처럼 찢어짐을 가리킨다. 이 단어는 은유적으로 정치적인 의식에 균열이 일어났음을 묘사하는 데 사용된다."[40]

또한 그리스어 명사 σχίσμα, "분열"은 은유적인 의미에서 마음이나 판단이 나뉜 것을 가리키는 데 사용된다. 예를 들면 "무리 가운데서 예수 때문에 분열이 일어났다"(σχίσμα οὖν ἐγένετο ἐν τῷ ὄχλῳ δι᾽ αὐτόν; 요 7:43[표준 새번역]; 또한 요 9:16; 10:19). 요한복음 저자에 의하면 예수 그리스도는 하나의 물줄기를 둘로 나누는 분기점과도 같다. 바울은 고전 11:18에서 주의 만찬에서 떡 한 덩이를 서로 나누어 먹고 잔을 서로 나누어 마시는 문맥(고전 11:20-28)에서 나타난 매우 심각한 문제 중 하나로서 이 문제에 주목한다. 한 몸의 여러 지체가 서로 **분리되는** 것은 분명히 고전 12:25에서 바울이 사용한 언어를 나타낸다. 곧 ἵνα μὴ ᾖ σχίσμα ἐν τῷ σώματι, "몸 안에서 일어

---

39)　Welborn, "Discord in Corinth," rev. version of earlier article (JBL 106 [1987]: 85-111) in Welborn, *Politics and Rhetoric in the Corinthian Epistles*, 7.

40)　Welborn, *Politics*, 3. 참조. Schrage, *Der erste Brief*, 1:138-139.

난 어떤 파열 또는 골절". 신약성경에서 σχίσμα(또는 σχίσματα)는 여덟 번 등
장하는데, 모두 위에서 지적한 의미로 사용된다. 이 단어는 바울 서신에서
세 번 등장하는데, 모두 고린도전서에서 나타난다. 고전 1:10에서 바울의
가정법 현재 용법―μὴ ᾖ ἐν ὑμῖν σχίσματα―은 분열이 더 이상 지속되지
않기를 바라는 요청을 나타낸다. 플루타르코스(기원후 46-120년)는 한 가정
안에서의 형제애는 가정을 지탱해주는 거대한 힘인 반면, 가정 안에서의 불
화는 특히 더 고통스러운 것이라고 지적한다.[41]

　　우리가 이제 σχίσμα의 은유적인 용법에서 ἵνα τὸ αὐτὸ λέγητε
πάντες라는 구절―이 구절을 문자적으로 번역한다면 "여러분은 모두 동일
한 것을 말하십시오"(AV/KJV) 일 것이다―로 관심을 돌리면 이 표현이 지
닌 정치적 특성이 더욱더 분명하게 드러난다. 영역본들은 이 구절을 다음
과 같이 매우 다양하게 번역한다. "여러분은 모두 합의하십시오"(NRSV).
"여러분은 모두 동의하십시오"(NIV). "여러분이 고백하는 것에 모두 동의
하십시오"(NJB). "여러분이 말하는 것에 동의하십시오"(바레트); "이 파당
을 일으키는 목소리를 멈추십시오"(모팻); "한목소리를 내십시오"(콜린스).
이 표현은 이미 오래전부터 전형적인 정치 언어로 인정받아왔다. 라이트푸
트(1895년)는 다음과 같이 주장한다. "우리는 여기서 고전적인 표현을 발견
한다. 이 표현은 분열이 없는 정치 공동체에 사용되거나 서로 평화로운 관
계를 유지하고 있는 서로 다른 국가에 사용되었다."[42] 따라서 그는 "차이
점을 해결해나가는 것"에 대해 이야기한다. 로버트슨과 플러머는 바울이
12:4-30에서 단순한 복제로서의 하나 됨의 개념을 거부하기 때문에 음악
에서의 하모니와 무의미한 동음(同音) 간의 차이를 올바르게 구별한다. 여
기서 단순한 복제는 불필요한 중복을 암시한다.[43]

---

41)　Plutarch, *Moralia* 481 B-E. 이와 같은 인식은 기원후 1세기에 사람들 사이에 "널리 퍼져" 있
　　　었다. 친밀한 공동체나 정치 집단 안에서 의견의 차이는 "외부인들"과의 의견 차이보다 언제
　　　나 훨씬 더 고통스러운 것이었다.
42)　Lightfoot, *Notes*, 151.
43)　Robertson and Plummer, *First Epistle*, 10.

웰본은 σχίσματα의 정치적인 특성에 대해서도 상세하게 설명한다. 헤로도토스(기원전 5세기)는 정치적인 의식 안에서 일어나는 분열 또는 균열을 가리키기 위해 σχίσμα를 사용한다(7.219). 디오도로스(기원전 1세기)는 메가라에서 정파가 분리되는 것(σχιζόμενος)에 대해 언급한다(Diodorus Siculus, 12.66.2). 로마의 클레멘스는 기원후 96년경에 고린도 교회 안에 "분쟁, 분열"(σχίσματα)과 전쟁(πόλεμος)이 있었다고 말한다(1 Clement 46:5). 따라서 웰본은 고린도 교회 안에서 일어난 분쟁의 주요 이슈는 신학 또는 교리의 차이와 관련이 있다는 바우어의 견해를 거부한다.[44] 많은 이들이 "정치"와 관련하여 라이트푸트에게 되돌아가듯이 오늘날 대다수 학자들은 고전 1-4장에서 다루고 있는 실제 문제는 분파와 관련이 있다는 칼뱅의 견해로 되돌아갔다.[45] 칼뱅은 바울이 갈라디아서와 빌립보서에서는 전혀 다른 방식으로 그릇된 가르침을 다룬다고 지적한다. 해당 편지에서 "바울은 논쟁을 벌이고 있다."[46] 고린도 교인들은 "서로 대적하면서 [자기가 잘났다고] 우쭐대고 있었다"(고전 4:6).

웰본은 고대 그리스 정치에서 볼 수 있는 수많은 예를 설득력 있게 제시한다. 여기서 연설가들은 자신들의 성공을 자랑하고 캐리커처를 통해 정치적 수다쟁이들을 묘사한다(예. Epictetus, *Dissertations* 2.16.10; Philo, *De Legatione ad Gaium* 86.154; Demosthenes, 19. 314; 59.97; Thucydides, 1.132.1-3; Dio Chrysostom, 30.19; 58.5). 따라서 "그것(분열)은 신학적인 논쟁이 아닌 권력 투쟁이었다."[47] 또한 웰본은 다음과 같이 주장한다. 비록 과거에 일부 주석가들이 이 점을 간파했지만, 그들은 이 특성이 바울 당시의 고대 그리스-로마 세계의 도시 국가들에서 유사하게 발견되는 권력 투쟁을 얼마나 세밀하게 반영하는지 주목하지 못했다. 고린도는 특별히 경쟁적이며 신분 및 지위에 집착하는 문화적 특성을 드러냈다. 분명히 고린도의 다양한 그룹은 회심

---

44) Welborn, *Politics*, 2-11.
45) Calvin, *First Epistle*, 8 and 25-27.
46) Welborn, *Politics*, 7, 그리고 7, n. 20.
47) 같은 책.

이전에 자신들이 지니고 있던 이러한 문화적 특성을 교회 안으로 가져왔을 것이다.[48] 데일 마틴이 주장하듯이 "고린도 교회 안에서 분열의 문제는 신분 및 지위와 관련된 이슈에서 비롯되었다."[49]

바울의 언어와 고린도에서 사용하던 언어에 대해 두 가지 유형의 분석이 제시되었다. 여기서 그 언어 분석에 대해 언급하고자 한다. 한편으로 울리히 비케르트는 1:1에서 1:10을 거쳐 그 이후에도 나타나는 주제의 통일성을 보여준다. 즉 바울은 경쟁적인 배타주의와 모팻이 "파벌"(cliques)이라고 부르는 것에 반대하며 그리스도는 αὐτῶν καὶ ἡμῶν, "그들뿐만 아니라 또한 우리의 주님(1:2)", "각처에서 [그의] 이름을 부르는 모든 이들"(1:2)의 주님이라고 주장하면서 이 주님의 주권하에 모두가 동등하며 이 하나의 "이름"을 통해 모두가 조화를 이루고 하나가 될 것을 간구한다.[50] 또 다른 한편으로 웰본과 미첼은 고대 그리스-로마 도시 국가들의 세속적인 삶 속에서 매우 두드러지게 나타나는 권력과 신분에 대한 경쟁적인 관심이 고린도 교회의 삶 속에서도 동일하게 나타난다고 강력하게 주장한다. 이러한 관심은 동일한 정치적인 용어를 사용한다. 다음은 그 당시 고린도에서 볼 수 있던 슬로건과 표어다. (1) τὸ αὐτὸ λέγητε(같은 말을 하다), (2) μὴ ᾖ ἐν ὑμῖν σχίσματα(너희 안에 분열이 없도록 하라), (3) ἦτε δὲ κατηρτισμένοι ἐν τῷ αὐτῷ νοΐ(같은 마음으로 연합하여), (4) καὶ ἐν τῇ αὐτῇ γνώμῃ(그리고 같은 뜻으로) 등이다. 이에 대해 미첼은 다음과 같이 말한다. "각각의 표현은 정치적인 질서와 평화를 나타내는 고대 그리스 문헌에서 종종 발견된다. 이러한 네 가지 표현의 사용은 이 πρόθεσις(전제)에 열의와 부정할 수 없는 명쾌함을 부여한다.[51]

미첼은 계속해서 "같은 것"을 말하는 이들은 "우방이며 동료이자 심지

---

48) Witherington, *Conflict and Community*, 19-35; Clarke, *Secular and Christian Leadership*, 89-108.
49) Martin, *The Corinthian Body*, 56; 참조. 55-58.
50) Wickert, "Einheit und Eintracht der Kirche im Präscript des ersten Korintherbriefes," *ZNW* 50 (1959): 73-82.
51) Mitchell, *Rhetoric of Reconciliation*, 68.

어 동지"라고 말한다.[52] 데 베테(1752년) 이후의 현대 주석가들을 따라 그는 폴리비오스(Polybius, 2.62.4; 5:104, 기원전 2세기), 투키디데스(Thucydides, 5.31.5.6), 디온 크리소스토모스(Dio Chrysostom, *Orations* 4.135, 기원후 1/2세기) 등을 인용한다. 따라서 나는 다음 두 가지 측면을 포함하려는 의도와 더불어 "여러분은 모두 똑같은 편에 서십시오"라는 번역을 제안했다. (i) 이 번역은 동시대 헬레니즘 그리스어의 관용적인 표현이 의미하는 정치적 동지를 포함한다. (ii) 또한 이 번역은 동일한 주님께 동참하는 이들로서 그들이 지니고 있는 것을 공유한다는 신학적인 개념을 포함한다(참조. 1:1-9 및 비케르트). 고전 8-11장과 12-14장에서 바울은 엘리트 그룹에 속하지 않거나 의식적·윤리적 관습에서 "같은 편"이 아닌 그리스도인들을 이류(second class)로 느끼게 만드는 모든 유형의 행동을 비판한다. 미첼 또한 σχίσμα, "분열" 또는 "갈라짐"은 어떤 정치적 정황에서 "공동체의 사회적 구조 안에서의 어떤 분리 또는 균열"을 포함한다고 올바르게 간파한다.[53] 그는 고전 11:18과 12:27의 의미가 여러 편의 편지가 서로 결합된 것이라는 이론을 요구하거나 확인해주기에는 서로 너무 다르다는 바이스와 슈미트할스의 이론을 설득력 있게 거부한다.

몽크는 이 σχίσματα는 교리의 차이에 기초한 "분열" 또는 신학적 분파를 나타낸다는 바우어의 이론에 의문을 제기한다. 그가 이 점에 대해 의문을 제기하는 것은 옳다. 바울은 "바울 그룹"(1:12)을 변호하지도 않고, 다른 그룹들을 비난하지도 않는다. 바울은 모두에게 동일하게 서로 간의 차이점을 잊어버리라는 취지로 권면한다. 1:12에 대한 본 주석서의 주해에서 우리는 소규모의 가정 그룹들은 저마다 색다른 분위기 또는 색다른 에토스를 발전시키기 시작했으며, 이는 또한 자급자족하는 독립성과 심지어 다른 그룹에 대한 경쟁심을 유발했다는 증거에 대해 숙고할 것이다.[54] 만약 "파벌"이

---

52) 같은 책.
53) 같은 책, 70; 참조. 71-80.
54) 아래(12절에 대한 주해)에서 Theissen과 Murphy-O'Connor가 언급하는 논의를 참조하라.

이 의미를 포함할 수 있다는 미첼의 주장이 옳다면 뭉크가 제시한 "파벌 없
는 교회"라는 표제는, 설령 바우어의 주장에 대한 그의 기본적인 반박이 타
당하다 하더라도, 이 이슈를 과대평가하는 것이다. 여기서 신학과 정치학은
서로 겹친다. 왜냐하면 마틴이 주장하듯이 신분에 대한 수사학은 "한 몸"을
위협하기 때문이다.[55] 미첼은 바울이 "분열"이라는 용어를 문자적으로 사
용하면서 분열된 공동체에 대한 정치적 이미지를 "몸의 지체들이 서로 분
리되는 것과 그 밖의 다른 자연 현상들에 적용하는 것"에 관해 다룬다.[56] 왜
냐하면 이러한 적용은 우리의 관심을 정치학에서 신학으로 전환하기 때문
이다. 조각조각 잘린 어떤 식물이나 심각하게 찢어진 몸은 더 이상 어떤 식
물이나 몸이 아니다. "우리는 해부하기 위해 살인한다."[57] 고린도 교회는 질
서의 회복이 필요했다. ἵνα ... ἦτε δὲ κατηρτισμένοι라는 구절은 교회 공동
체가 서로 동의하는 로마의 단체(societas)의 패턴을 따라 구성되었다는 샘
플리의 주장에 어느 정도 타당성을 부여해준다.[58]

비록 바울은 분열의 특성을 묘사하기 위해 정치적 언어를 사용하지만,
그 분열을 치유하기 위해 기독론과 신학을 활용한다. 신분의 수사학은 "당
파심의 일부"였다. "그 당파심은 고대 그리스 민주주의에 저주를 불러왔으
며, 지역 교회 안으로도 파고 들어왔다.…심지어 그것은 에게해를 건너 바
울의 귀에도 날카롭게 소리를 지르는 것 같았다."[59] 하지만 이러한 정치학
을 극복하기 위해 바울은 그리스도가 주님이라는 신학과 십자가의 기독론
을 이끌어온다. 곧 "나는 우리 주 예수 그리스도의 이름으로 여러분에게 간
청합니다." 왜냐하면 이 σχίσματα는 단순히 개인적인 경쟁과 사람 사이의
싸움에 불과한 것이 아니라, 개인주의와 "신령하다"고 여겨지는 특정 그룹
들이나 분파들에 대한 충성에 기초한 영성의 다양성을 나타내기 때문이다.

---

55) Martin, *The Corinthian Body*, 55–56.
56) Mitchell, *Rhetoric of Reconciliation*, 73.
57) William Wordsworth, "Up, up, my friend, and quit your book," from *The Thorn* (1798).
58) Sampley, *Pauline Partnership in Christ. Christian Community and Commitment in the Light of Roman Law*, 1–20, 79–101.
59) Moffatt, *First Epistle*, 9.

이 이슈는 단순히 개인적인 경쟁이 아니라 한 교회 안에 있는 "신령한" 그룹들 사이에서 벌어지는 경쟁이다.[60]

이 중요한 절에서 우리가 살펴보아야 할 두 어구가 아직 남아 있는데, 이는 곧 ἐν τῷ αὐτῷ νοῒ καὶ ἐν τῇ αὐτῇ γνώμῃ, "똑같은 마음가짐과 똑같은 의견으로"다. 영역본들은 이 구절을 다음과 같이 매우 다양하게 번역한다. 이 사실은 이 구절에 대한 정확한 번역이 매우 어렵다는 것을 일러준다. 곧 "동일한 마음과 동일한 판단으로"(AV, KJV); "동일한 마음과 동일한 목적으로"(NRSV); "여러분의 믿음과 판단이 하나가 되어"(NJB); "마음과 생각이 하나가 되어"(NIV) 등이다.

이러한 다양한 번역은 번역자들이 직면한 두 가지 유형의 어려움을 반영한다. 첫째, νοῦς(항상 그렇지는 않지만 대체로 "마음"으로 번역됨)와 γνώμη(목적, 의도, 마음, 견해, 판단, 의견)의 사전적·의미론적 의미는 대단히 광범위하며, 정확한 의미는 각각의 문맥과 관련이 있다.[61] 둘째, νοῦς를 마음, 관점, 태도 또는 마음가짐으로 번역하는 것은 전후 문맥의 요소뿐만 아니라 바울 연구사에서 나타나는 세부적인 논쟁과도 관련이 있다.[62]

근대의 바울 연구사에서 바우어는 윤리적인 사색과 결정을 할 수 있는 자기의식을 나타내기 위해 νοῦς를 19세기의 윤리적 이상주의와 일치시켜 해석했다. 여기서 "동일한 마음"은 광범위한 윤리적 범주를 전달한다. 오토 플라이더러의 시대로부터 홀츠만의 시대에 이르기까지 νοῦς는 우선 하나님과의 접촉점을 제공해주는 인간의 이성으로 해석되었다. 하지만 종교사학파의 등장과 더불어 라이첸슈타인과 바이스는 이 용어를 인성의 "보다 높은" 또는 "종교적인" 능력으로서 실질적으로 πνεῦμα와 동의어

---

60) Schrage, *Der erste Brief*, 1:138-139.
61) 가장 자세한 내용은 BAGD 163(γνώμη, category 범주 1, 이 절에 대한 의미는 목적, 마음), 544-45(νοῦς, category 3, 에서 이 절에 대한 의미는 그리스도인의 태도 또는 사고방식). 또한 참조. MM, 129 and 431; Grimm-Thayer, 119 and 429.
62) R. Jewett, *Paul's Anthropological Terms* (Leiden: Brill, 1971)은 "갈등의 배경들"과 바울 연구사 안에서의 다양한 유형들에 대해 탁월한 개관을 제공한다. 특히 1:10에 대해서는 358-390을 보라.

로 파악했다.[63] 하지만 이것은 고전 2:6-3:4과 특히 2:10-16의 바울의 강조점—"우리가 그리스도의 마음을 가졌느니라"(2:16)로 마무리됨—과 전적으로 모순된다. 많은 구절에서 그 의미는 다양하다.[64] 몇몇 구절에서 해당 그리스어 명사는 (고전 2:16의 "그리스도의 마음"과 마찬가지로) 거의 분명하게 **관점** 또는 **태도**를 의미하는 반면, 다른 구절에서는 **합리적인 사색**이라는 의미의 사고력(지성)을 뜻한다(고전 14:14, "나의 마음은 열매를 맺지 못하리라"). 따라서 이 문맥에서 우리의 "마음가짐"이라는 번역은 관점, 자세, 사고의 방향 또는 태도 등의 의미를 나타낸다. 하지만 여기서도 이 용어는 그 단어 자체에 거의 언제나 암시되어 있는 **합리적인 판단**의 측면을 잃어버리지 않는다. 이것은 주이트의 다음과 같은 최종적인 결론과도 잘 부합한다. 곧 여기서 νοῦς는 "어떤 사람의 의식을 구성하는 사고와 추측의 복합이다."[65] 또한 바이스는 전치사 ἐν이 voῖ와 함께 사용되는 것은 여기서 νοῦς라는 단어가 단지 사고(思考)하는 기관 이상의 어떤 것을 의미한다는 인상을 준다고 주장한다.[66] 마음가짐은 대체로 위에서 BAGD가 제안하며 언급한 "그리스도인의 자세 또는 사고방식"에 매우 가깝다.[67]

한편 γνώμη를 "의견"으로 번역하는 것은 덜 복잡하긴 하지만, 이것도 대체로 각각의 전후 문맥에 의해 결정된다. 왜냐하면 이 단어의 의미 영역이 상당히 광범위하기 때문이다. 여기서 우리는 BAGD가 1:10에 사용된 γνώμη에 제시한 의미의 범주—목적, 의도, 마음—에서 벗어나 이 단어를 "의견"으로 번역했다. 그러나 만약 바울이 정치 용어를 사용한다는 웰본과 미첼의 견해가 옳다면 우리는 몇몇 "그룹"을 특징짓는 집단적이며 경쟁

---

63) R. Reitzenstein, *Hellenistic Mystery Religions: Their Basic Ideas and Significance* (Eng. trans., Pittsburgh: Pickwick, 1978); Weiss, *Der erste Korintherbrief*, 14, 68-70.

64) Allo, *Première Épitre*, 7, 특히 105. Allo는 고전 14장의 합리성을 올바르게 강조하지만, 고린도전서가 여러 편의 편지로 구성되어 있다는 이론들은 추가로 다양성을 유발한다. 참조. Jewett, *Paul's Anthropological Terms*, 375-384.

65) 같은 책, 378.

66) Weiss, *Der erste Korintherbrief*, 14; 참조. 68.

67) BAGD, 163.

적인 자기중심주의가 의미상 **똑같은 의견**과 전적으로 대조된다고 추론할
수 있을 것이다. 공동체의 하나 됨과 조화는 다른 사람들이 자기 자신과 다
르며, 그들의 다름이 하나의 공동체 안에서 저마다 고유한 위치를 차지하
고 있다는 것을 자발적으로 인정하고 존중하는 데 달려 있다.[68] 요세푸스
는 통치 방식에 동의한다는 의미로 γνώμη를 사용한다(Josephus, *Antiquities*,
18.336). 한편 바울은 빌레몬에게 "네 승낙이 없이는"(χωρὶς δὲ τῆς σῆς
γνώμης, 몬 14절) 오네시모의 섬김을 원치 않는다고 말한다. 이런 의미에서
"동의"는 단순히 하나 됨이 아니라 전체의 선을 위해 자신의 "권리"를 자발
적으로 억제하는 것(참조. 6:12에 대한 주해)을 가리킨다. 바울은 8:1-9:27에
서 이것을 하나의 핵심 주제로 설명한다. 나아가 이것은 고전 1장 전체와
1-3장의 주된 줄거리가 "인간의 지혜에 대한 하나님의 심판에 관해 다루
는" 일종의 설교라는 웰너의 견해와도 일치한다.[69] 이러한 심판은 십자가에
그 초점이 맞추어져 있다(1:18-25).

2. 분열 상황에 대한 보고와 다양한 슬로건(1:11-12)

11절   "그것은 분명하게 알려졌다"라고 번역된 그리스어 동사
ἐδηλώθη는 형용사 δῆλος, "분명한" 또는 "명백한"과 관련되어 있다. 명사
의 목적격과 함께 능동태로 사용될 경우 이 동사는 종종 "계시하다"를 의미
한다. 하지만 여격과 더불어 수동태로 사용되는(여기서는 μοι와 περί) 문장 구
조는 어떤 것에 관한 정보를 어떤 사람에게 제공하는 것을 가리킨다. 하지
만 이 단어는 "'어떤 사람이 나에게 말했다'보다 훨씬 더 강력한 의미를 전
달한다(참조. 3:13).…사도 바울은 자기 귀로 들은 그 보고를 그대로 믿는 것
을 주저했다. [하지만]…그 누구도 그 실상을 부인할 수 없었다."[70]

---

68) 또한 참조. Sampley, *Pauline Partnership*; Martin, *Corinthian Body*.
69) W. Wuellner, "Haggadic Homily Genre in Cor 1-3," 201; 참조. 199-204.
70) Edwards, *First Epistle*, 18; 참조. Chrysostom, *1 Cor. Hom.*, 3.3.

"나의 사랑하는 그리스도인 가족"은 10절에 사용된 ἀδελφοί에 대한 대안적인 번역(μου와 함께)이다.[71] 이 표현의 반복은 이것이 단순히 통상적인 표현이 아니라 고린도 교회 안에서 일어나는 상황에 의해 깨어진 가정의 연합과 사랑을 나타낸다.

τῶν Χλόης라는 어구가 "글로에의 사람들"을 의미한다는 것이 가장 널리 받아들여지고 있는 견해다(NRSV, NJB, 모팻, 콜린스). 물론 NIV는 "글로에의 가족"으로 되돌아왔지만 말이다. 타이센은 어떤 가정의 식구들은 대체로 심지어 아버지가 사망했다 하더라도 아버지(어머니가 아닌)의 이름을 통해 자신을 소개한다는 사실을 우리에게 상기시켜준다.[72] 만약 글로에라는 여성이 고린도에서 잘 알려진 유명인사였다면 예외였겠지만, "글로에의 사람들"은 사업 동료, 사업 대리인, 또는 그를 대신하여 일하던 노예들로 이해하는 것이 훨씬 더 타당해 보인다. 아마도 그들은 이 부유한 아시아 여성의 사업의 유익을 대변하며, 그를 위해 고린도와 에베소 사이를 왕래하곤 했을 것이다.[73] 글로에가 교회와 연관되어 있든 그렇지 않은 간에 그의 대리인들은 아마도 에베소 교회에 속해 있었을 것이며, 고린도 교회도 규칙적으로 방문했을 것이다. 피(Fee)가 생생하게 묘사한 것처럼 글로에의 사람들이 마지막으로 에베소로 돌아왔을 때 그들은 바울에게 고린도 교회의 상황에 대해 "긴 잔소리"를 늘어놓았다. "글로에의 사람들에 대한 언급은 바울이 받은 보고가 신빙성이 있다는 점을 암시해준다. 그 보고는 소문이 아니었다."[74]

만약 ἔρις라는 용어가 여기서 단수로 사용되었다면 이에 대한 가장 좋은 번역은 "갈등"(strife)일 것이다. 하지만 복수형 ἔριδες를 "갈등들"로 번역한다면 이는 어색한 번역일 것이다. 대다수 번역본은 "싸움"이란 번역을 선호한다. 하지만 이것은 감정과 공격적인 언사를 부당하게 강조하는 듯

---

71) 앞에서 제시한 여러 가지 이유에 근거하여 우리는 의도적으로 이같이 다르게 번역했다. 고전 그리스어의 해당 용어에는 여인들도 포함되어 있을 것이다(참조. Wolff, Collins, BAGD, 앞에서 제시한 설명 참조).

72) Theissen, *Social Setting*, 57.

73) Fee, *First Epistle*, 54.

74) Collins, *First Cor*, 78.

하다. "갈등"은 보다 미묘하고 잔꾀를 쓰는 측면을 포함할 수 있다.[75] 따라서 "경쟁"과 같은 보다 포괄적인 용어가 더 타당할 수 있다. 하지만 "불화"(discords)가 그 의미에 상응하는 더 친숙한 영어 단어일지 모른다. 테르툴리아누스는 1:10-11을 마음을 열고 서로 이해할 필요성을 강조하는 것으로 이해한다. 즉 동일한 믿음을 공유하는 이들과 보다 더 친밀하게 대화를 나누어야 한다는 것이다.[76]

12절   바울은 글로에의 사람들이 알려준 분열과 불화가 무엇인지 분석하고 설명한다. 여기서 네 명의 이름—바울, 아볼로, 게바(또는 베드로), 그리스도—은 모두 동일하게 단수 소유격 형태로 나타난다.[77] 따라서 영어 번역 "나는 바울의 것이고, 나는 아볼로의 것이며, 나는 게바의 것이고, 나는 그리스도의 것이다"(AV, KJV)라는 번역은 얼핏 보기에 올바른 번역처럼 보인다. 하지만 "바울의 것이다"는 바울이 전달하고자 하는 역동적인 문체와 사회정치적인 색채를 제대로 전달해주지 못하며, 미첼은 여기서 이 소유격이 소유의 의미를 나타내는 소유격이 아니라고 주장한다.[78] 여기서 어떤 그룹이 자신들과 친밀하게 연결되어 있는 지도자 중 어떤 한 사람에게 인격적인 충성심을 나타내기 위해 사용하는 표현은 다음과 같이 번역할 때 그 의미를 잘 전달할 수 있다. "나는 바울 편이다", "나는 아볼로 편이다"(REB). 하지만 "나는 바울에게 속한다"…"나는 아볼로에게 속한다"(NRSV, NJB)도 고려해볼 필요가 있다(아래의 주해 참조).

만약 이 "슬로건"이 반영하는 형태가 정치적인 것이라면 여기서는 "개인적인 애착"이 이슈가 된다.[79] 콜린스는 여기서 이름이 언급된 것을 "사람들이 정치적인 이익을 도모하던 자의 이름"을 부르는 것과 비교한다.[80] 하

75) 참조. Welborn의 어구 "권력을 위한 투쟁"(*Politics and Rhetoric*, 7).
76) Tertullian, *On Prescription against Heretics*, 26.
77) 바울은 그리스어 이름인 베드로 대신에 아람어 이름인 게바를 사용한다. 참조. 3:22; 9:5; 15:5; 갈 1:18; 2:9.
78) Mitchell, *Rhetoric of Reconciliation*, 84-86.
79) Welborn, *Politics and Rhetorics*, 7.
80) Collins, *First Cor*, 79.

지만 웰본은 "정치적 당파"에 대한 충성을 말하는 반면, 미첼은 이 표현은 분열 또는 파당이 어떤 지도자적인 인물과 어떤 (구체적으로 명시되지 않은) 연관성이 있거나 또는 그에게 의존하는 관계임을 보여주는 확실한 결론을 인정하는 것에 지나지 않는다고 강력하게 주장한다.[81] 미첼은 웰본의 주장은 사전적·문법적 증거의 지지를 받지 못한다고 주장한다. 달(Dahl)은 "아볼로나 게바가 어떤 이유에서든 고린도 사람들이 자신의 이름을 사용한 것에 대한 책임이 있다고 생각할 만한 이유가 전혀 없다"고 주장한다.[82] 헤이스는 한 걸음 더 나아가 이것들은 반드시 "분명하게 조직된 당파들"이 아니며 "현재 진행 중인 불화와 논쟁"이라고 말한다.[83]

　　미첼이 여기서 그리스어 소유격이 소유를 의미하는 것으로 볼 수 없다고 설득력 있게 주장하므로 우리는 "나는 바울에게 속한다", "나는 아볼로에게 속한다"…(NJB, NRSV)라고 번역하지 않는다. 또한 "나는 바울을 따른다", "나는 아볼로를 따른다"(NIV)는 인물 중심의 정치적 당파에 대한 웰본의 가설에 너무 가깝게 번역하는 것이다. 미첼은 "[누구의] 아내", "[누구의] 남편", 또는 "[누구의] 자녀"와 유사한 개념으로서 관계를 나타내는 소유격을 제안하는데, 이는 NIV나 웰본의 제안보다 더 광범위한 의미를 나타낸다.[84] 어떤 번역을 제안하더라도 그 번역은 반드시 불변화사 μέν과 δέ로 대조되는 문장 구조를 충분히 고려해야만 한다. 이 불변화사들을 전통적인 그리스어 수업에서 배우듯이 "한편으로…또한 다른 한편으로"로 번역할 수는 없지만, 이 불변화사들은 서로 경쟁하는 분위기를 고조시켜준다. 따라서 위에서 언급한 주요 영역본은 이 구절을 다양하게 번역하며, 그 어떤 번역도 그리스어를 적절하게 표현하지 못한다는 사실을 보여준다. "나는 바로"와 "나는 반면에"는 μέν … δέ 불변화사의 뉘앙스를 제대로 드러낸다. "나는 바로 바울의 사람 중 하나다." "나는 반면에 아볼로의 편이다." "나는

---

81) Mitchell, *Rhetoric of Reconciliation*, 84.
82) Dahl, *Studies in Paul*, 40–61.
83) Hays, *First Corinthians*, 22.
84) Mitchell, *Rhetoric of Reconciliation*, 85.

베드로 사람이다." "나로 말하자면 나는 그리스도에게 속해 있다."

많은 주석가들은 한편으로 바울, 아볼로, 베드로에게 호소하는 편과 다른 한편으로 그리스도에게 호소하는 편 사이에 평행 관계가 존재하지 않는다고 주장한다. 우리가 제시한 번역은 이 입장을 반영한다. 테르툴리아누스는 개연성 있는 상황을 탁월하게 재구성한다. 그는 "어떤 교인은 모든 것을 바울에게 돌리고, 다른 교인은 아볼로에게 돌리기" 때문에 "분열"이 일어났다고 주장한다.[85] 비슷한 논리에 근거하여 그리스도의 이름을 불렀던 교인들은 십중팔구 자신들이 "모든 것"을 완전히 그리스도에게만 의존하고 있기 때문에, 자신들에게 목회적인 차원의 지원이나 중계가 전혀 필요하지도 않고 이를 원하지도 않는다고 생각했을 것이다. 이것은 "아무도 자신을 속이지 말라"(3:18)는 바울의 경고와도 일치한다. 그들에게는 다양한 목회적 자원이 주어져 있다. "바울이나 아볼로나 게바나…다 너희의 것이요"(3:21). 우리는 여기서 소유를 의미하는 소유격 용법을 바울, 아볼로, 베드로에게 일괄적으로 배제했는데, 이러한 배제는 "나는 그리스도 편이다"에는 적용되지 않는다. 이 "슬로건"은 다른 슬로건과 다른 서열(序列)에 속한 것이다.

소위 네 그룹(1:12)

피(Fee)가 주장하는 바와 같이 바울은 어떤 그룹도 공격하거나 옹호하지 않는다. 따라서 우리는 "이 네 요소가 어떻게 단일 논쟁거리가 될 수 있는지"에 대해 단지 추론할 뿐이다.[86] 학자들 사이에는 다음과 같은 의견의 일치가 이루어졌다. 즉 이 편지에서 지혜(1-2장), 자랑하는 것(1:29-31; 3:21; 4:7), 그리고 어쩌면 "신령한" 것으로 여겨지는 것(3:1-3; 12-14장)에 대한 언급이 관련된 요소의 일부 또는 전체와 관련이 있다는 것이다. 메르클라인은 헬레니즘의 지혜를 지나치게 강조하면서—설령 아

---

85) Tertullian, *On Baptism*, 14.
86) Fee, *First Epistle*, 49.

볼로가 고린도 교회 안에서 자신의 이름으로 펼쳐지는 주장을 지지하지 않는다 하더라도—그것을 아볼로 그룹과 연결하는 여러 작가의 다양한 연구 방법을 자세하게 설명한다(특히 16:12에 대한 주해를 보라).[87]

　　네이레이는 메리 더글러스의 사회적 인간론의 모델을 활용한다. 그는 이 모델에 기초하여 "몸"을 강하게 통제하는 "보수적인" 입장과 예언 및 방언으로 말하기 같은 행위 안에서 누리는 보다 더 큰 은사적인 자유(11-14장)를 서로 대조시킨다. 이른바 "보수적인" 입장은 전통(베드로 그룹)과 통일성(바울 그룹)에 강력하게 호소한다. 또한 이 입장은 보다 더 자유롭게 사회 윤리와 성 윤리를 허용하는 "보다 약한" 신체적인 통제(5-7장)와 대조된다. 아마도 은사적인 자유를 누리는 그룹은 여기서 "그리스도" 그룹일 것이다.[88] 비록 와이어는 보다 더 폭넓은 기초에 기반을 두고 있지만, 이러한 접근 방법을 세부적으로 발전시켰다.[89] 하지만 카터는 고린도에서 경쟁을 일삼는 개인주의를 보다 더 설득력 있게 강조하면서 이에 명시적으로 대응한다. 그는 신분 등급과 후원 제도가 교회 안에서 내적 경계선을 제시함으로써 신분에 관심을 두게 하는 모델을 제시하지만, 바울에게는 가장 중요한 "경계선"이 한 몸이 된 교회를 세상으로부터 분리한다고 주장한다. 카터는 이 범위 안에서 "경계선"에 대한 더글러스의 강조점을 받아들인다.[90]

아볼로 그룹

우리는 사도행전과 고린도전서를 통해 바울이 고린도를 처음으로 방문하고 나서 나중에 또다시 그 도시를 방문했다는 사실을 알고 있다. "나는 심었고 아볼로는 물을 주었으되"(고전 3:6). 허드를 비롯하여 다른 이들은 이 추론을 지지하며 이에 대한 자

---

87) Merklein, *Der erste Brief 1-4*, 134-148. 한편 "지혜"에 대해서는 B. A. Pearson(아래의 각주 96)을 보라.

88) Neyrey, "Body Language in 1 Corinthians: The Use of Anthropological Models for Understanding Paul and His Opponents," 129-70.

89) A. C. Wire, *The Corinthian Women Prophets: A Reconstruction through the Paul's Rhetoric* (Fortress: Minneapolis, 1990), esp. 40-43 and 182-193.

90) T. L. Cater, "'Big Men' in Corinth," *JSNT* 66 (1997): 45-71.

세한 설명을 제공한다.[91] 행 18:24에 의하면—해당 절의 내용은 신약성경에 들어 있는 편지들이 제공하는 정보와 일치함—아볼로는 수사학에 조예가 깊고 구약성경을 잘 알고 있던 인물이었다. 한때 그는 기독교의 세례와 요한의 물세례를 혼동했거나, 아니면 기독교 세례에 대한 신학적인 지식이 전혀 없던 것처럼 보였다(행 18:25). 따라서 많은 학자들은 아볼로가 자신도 모르게 고린도에서 수사학과 "지혜"를 지나치게 강조하는 인물로 여겨지게 되었다고 주장했다. 허드는 바울이 고전 1:1-4:21에서 아볼로에게 상당히 많은 관심을 기울인다고 지적한다(그의 이름이 여섯 번 나타남). 또한 그는 바이스의 견해를 따라 아볼로의 이름을 사용했던 그룹은 바울이 1:18-4:21에서 의문을 제기하는 "지혜" 신학을 지지했을 것으로 생각한다.[92] 행 18:26-28에서 아볼로가 "담대하고" "힘 있게" 말했다는 것은 아마도 바울이 "두려워하고 심히 떨면서"(고전 2:3) 말했다는 것과 대조를 이룰 것이다. 하지만 바울은 아볼로와 자신을 고린도 교인들의 승리주의로부터 멀리 떼어놓는다(고전 4:6-13).

하지만 일부 역사적 재구성은 본문의 증거를 한참 벗어난다. 타이터스는 아볼로와 알렉산드리아의 알레고리적 해석 사이에 연관성이 있다고 역설하며, 아볼로가 바울의 "몸의 가시"였을 것이라고 제안한다.[93] 하지만 이 견해는 "바울이 그 어느 본문에서도 아볼로를 인정하지 않는다는 점을 전혀 암시하지 않는다"는 사실과 상충된다.[94] 그랜트는 세례에 대한 서로 다른 견해 안에 주요 차이점이 있다고 주장한다. 이전에 하인리치는 아볼로가 베푼 일련의 입문 세례로 인해 바울이 세례 베푸는 것을 꺼렸다고 생각한다.[95] 하지만 요한의 세례에 대한 언급은 아볼로가 브리스길라와 아굴라에게 자세한 가르침을 받기 이전의 시기에 해당한다. 또한 하인리치도 바울과 아볼로 사이에는 그 어떤 불화도 없었다는 점을 인정한다. 버거 피어슨은 고전 2:6-16에서 언급하는 지혜, 비밀, 영(Spirit) 등의 용어가 아볼

---

91) Hurd, *Origins of 1 Corinthians*, 97-99; 또한 Schrage, *Der erste Brief*, 1:143-144; Wolff, *Der erste Brief*, 27; F. F. Bruce, *Men and Movements in the Primitive Church*, 65-70.

92) Weiss, *Der erste Korintherbrief*, xxx-xxxiv. 또한 참조. L. Hurst, "Apollos, Hebrews and Corinth," *SJT* 38 (1985): 505-513.

93) E. L. Titus, "Did Paul Write 1 Cor 13?" *JBR* 27 (1959): 299-302.

94) Bruce, *Men and Movements*, 65.

95) Heinrici, *Das erste Sendschreiben*, 35-36 and 89-90.

로까지 거슬러 올라간다고 추정한다.[96] 바울의 관점에 의하면 세례와 주의 만찬은 구원을 그리스도의 죽음과 부활 안에 견고하게 위치한다(롬 6:3-11; 고전 11:23-26). 또한 바울은 고전 1:18-31과 2:1-5에서 최후의 보루로서 그리스도인의 신앙과 경험의 중심에 십자가를 위치하지 않는 것에 대해 맹렬하게 공격한다. 아볼로의 이름을 사용한 그룹은 이 구절에서 부분적으로 바울의 비판의 대상이 되었을 것이다. 와이어는 다음과 같이 논평한다. 본문에서 "아볼로에 대해…얼마나 많이 읽어낼 수 있는지는 현대 주석가가 보여주는 신중함이나 대담함에 달려 있다."[97]

결국 바레트와 슈라게는 주된 요점을 다음과 같이 밝힌다. "바울은 자신과 아볼로 사이에 견해 차이가 있다는 점을 전혀 언급하지 않으며, 오히려 아볼로를 자신의 동역자로 묘사한다(3:6-9)."[98] 아볼로 자신도 이 상황에 대한 책임이 없었다. 하지만 위더링턴은 다음과 같이 조심스럽게 말한다. 아마도 "고린도 교인 중에서 일부가 아볼로를 추종했을 것이다. 수사학적 표현과 비의적인(esoteric) 내용의 지혜(sophia)에 대한 주제와 관련하여 그는 몇몇 고린도 교인에게 영향을 미쳤을 것이다. 이러한 영향력이 본의 아니게 그들을 격동시켰을 것이다."[99] 슈라게는 비록 아볼로가 바울의 신학으로부터 크게 벗어나지 않았다 하더라도 고린도에서 일부 교인들은 그의 수사학과 개인적인 스타일에 대해 "특별한 매력"을 느꼈을 것이라고 결론짓는다.[100] 그러면서 슈라게는 1:13-17에서 바울이 세례를 베풀기를 주저했다는 하인리치의 견해를 받아들이지 않는다. 또한 브루스는 바울의 관점에서 "아볼로와 그는 '하나님의 동역자'였다(고전 3:9)"고 말한다.[101] 아볼로에 대해 "바

---

96) B. A. Pearson, *The Pneumatikos-Psychikos Terminology in I Corinthians*, SBLDS (Missoula Schoars Press, 1973), and "Hellenistic Jewish Wisdom Speculation and Paul," in R. L. Wilken (ed.), *Aspects of Wisdom in Judaism and Early Christianity* (Notre Dame: Notre Dame University Press, 1975), 43-66. 또한 참조. Litfin, *St. Paul's Theology of Proclamation*, 227-233.

97) Wire, *Corinthian Women Prophets*, 209.

98) Barrett, *First Epistle*, 43; 참조. Schrage, *Der erste Epistle*, 1:143-144; 또한 참조. Bruce, *Men and Movements*, 65; Fee, *First Epistle*, 56-57; Collins, *First Epistle*, 73.

99) Witherington, *Conflict and Community*, 96.

100) Schrage, *Der erste Epistle*, 1:144.

101) Bruce, *Men and Movements*, 65.

울은 아무런 거리낌의 흔적도 보여주지 않는다."[102] 따라서 설령 아볼로가 어떤 이들이 자신의 이름을 임의로 사용하는 것에 대해 못마땅하게 여겨 고린도 교회 방문을 원치 않는다 하더라도(16:12에 대한 주해를 보라) 바울은 적절한 기회가 있으면 고린도를 재차 방문할 것을 아볼로에게 권면한다(고전 16:12).

앤드루 클라크는 리더십에 대한 세속적인 개념이 고린도 교회 안으로 스며들어 갔다는 점을 설득력 있게 논증한다(아래 참조).[103] 그는 다음과 같이 지적한다. "교회 안에서 나타나는 인물 중심의 정치는 주변의 고대 그리스-로마 사회의 특징이었다.…교회 안에 있는 이들과 바울, 게바, 아볼로와 같은 '사도적인' 인물 사이의 지위와 신분의 주요한 차이에 대한 세속적인 이해는 사람들로 하여금 자신들에게 정치적으로 유리한 사람과 관계를 맺을 것을 강요했다."[104] 플루타르코스(기원후 50-120년)는 어린 담쟁이덩굴이 높은 곳까지 이르기 위해 큰 나무를 휘감고 올라가는 것과 마찬가지로, 이름이 잘 알려지지 않은 평범한 사람도 어떤 유명 인사와 관계를 맺어 국정과 관련하여 "그의 권세의 보호를 받으며…그와 함께 위대해지기를 바란다"는 점을 지적한다(Plutarch, *Moralia*, 805, E-F).

이 모든 것이 오늘날 교회의 신학과 연합에 주는 함의는 분명하다. 오늘날에도 사람들은 설교, 복음 선포 또는 신학 분야에서 이름이 알려진 인물들을 어떤 하부 그룹의 전유물로 인식하는 슬로건으로 바꿀 때 동일한 관심사에 의해 동기부여를 받을 수 있다. 이 점과 관련하여 가스통 들뤼는 다음과 같이 생각한다. "만약 토마스 아퀴나스, 루터, 칼뱅, 또는 존 웨슬리 같은 인물이 후대의 사람들이 '나는 토마스주의자다', '나는 루터주의자다', '나는 칼뱅주의자다' 또는 '나는 웨슬리주의자다'라고 외쳐대는 소리를 들었다면 그들도 굉장히 불편함을 느꼈을 것이다."[105] 하지만 이러한 유비는 신학적인 차이뿐만 아니라 개인적인 차이도 지나치게 강조한다는 점을 넌지시 일러준다. 고전 1-4장은 클라크가 올바로 지칭하듯이 "인물 숭배"를 반영한다. 그때나 지금이나 교회가 직면한 가장 심각한 위험성은 특정한

---

102) Bruce, *Paul: Apostle of the Free Spirit* (Carlisle: Paternoster, 1977), 257.
103) Clarke, *Secular and Christian Leadership in Corinth*, 89-105, 특히 90-95.
104) 같은 책, 93.
105) Deluz, *Companion to 1 Corinthians*, 9. 또한 Héring도 비슷한 평행 본문을 끌어온다.

지도자와 특정한 리더십 유형에 지나치게 집착한다는 것이다. 지도자들이 배워야 할 교훈은 복음의 내용을 개인의 이야기와 개인적인 스타일로 대체할 정도로 지나치게 개인의 이력이 강조되면 원래 그러한 의도와는 상관없이 "추종자들이 "한 편을 들게" 할 수 있다는 것이다.[106] 콘첼만은 아볼로의 신학적 입장이 지닌 특성과 특징에 대해 근거 없는 상상을 펼치는 것을 원치 않는 반면, 볼프는 그 문제가 무엇이었든지 간에 고린도전서는 "유대교"의 문제 또는 "유대 기독교"의 문제를 반영하지 않는다는 점을 지적한다.[107]

바울 그룹

만약 바울이 자신에게 초점을 맞추는 행동 방식을 의식적으로 거부한다면(1:18-25) 이른바 바울 그룹의 존재 근거는 무엇인가? 바우어 이래로 현대 신학계의 오랜 전통은 이 그룹을 율법으로부터 근본적인 해방을 얻는 것에 대한 신념과 연결한다(참조. 6:12). 아마도 이 그룹은 바울의 권위에 기초하여 자유 지상주의와 유사한 입장(a quasi libertarian position)을 주장했을 것이다. 하지만 "바울 그룹"은 어떤 특정한 그룹인가? 아니면 어떤 수사학적인 개념인가? 콜린스는 "이 편지에서 진정으로 셋 또는 넷으로 구별되는 분파가 있었다는 암시가 전혀 없다"고 주장한다.[108] 하지만 보다 이른 시기의 현대 학자들은 "바울주의"와 "유대주의"로 나눈 바우어의 양극화에 반대하는 반응을 보였다. 따라서 마이어는 "분파를 넷 이하로 줄일 수는 없다"고 주장한다.[109] 또한 로버트슨과 플러머도 이 "고전적인" 접근 방법을 대변한다. 바울 그룹은 바울 자신의 설교와 가르침을 반영한다는 것이다. 아볼로 그룹은 "헬레니즘의 지성주의"를 반영하며, 게바 그룹은 "할례의 복음"을 반영한다. 그리고 "그리스도" 그룹은 "바울의 사도직에 반감을 품은 이들로서 율법 준수를 열렬히 지지하는 자들"이라는 것이다.[110]

---

106) 이미 앞에서 언급한 것으로서 이 주제에 대한 영향력 있는 두 가지 연구는 다음과 같다. Karl Barth, *Resurrection,* 17-19; Crafton, *Agency,* 53-102.

107) Conzelmann, *1 Cor,* 33; Wolff, *Der erste Brief,* 28.

108) Collins, *First Cor,* 73.

109) Meyer, *First Epistle,* 1:26(강조는 원저자의 것임).

110) Robertson and Plummer, *First Epistle,* 12.

　　그럼에도 20세기 초에 빌헬름 뤼트게르트(1908년)와 요한네스 바이스 (1910년)의 연구서와 더불어 새로운 분위기가 형성되었고, 그들을 이어 라이첸 슈타인, 벤트란트, 슈미트할스, 빌켄스, 콘첼만(약간 수정됨)의 연구서가 출간되 었다.[111] 이 학자들은 바울과 바울 그룹이 "영적인 것에 대한 열정"을 지닌 영지주 의적이거나 엘리트주의적인 그룹과 대조를 이룬다고 이해했다. 앞에서 소개한 네 이레이와 카터 간의 논쟁은 사회인류학에서 가져온 모델에 기초한 이러한 대조 의 가장 최근 버전이다(앞에서 소개한 "고린도 교회의 네 그룹"과 나중에 설명할 "그리스도" 그룹 참조). 벤트란트는 이 논제에 대해 역설한다.[112] 슐라터는 보다 더 유대교적인 전통에서 끌어온 예언자적인 관점에서 이와 유사하게 대조하며 설명하고자 시도 했다. 슐라터의 견해에 의하면 바울은 구약성경의 전통에 크게 영향을 받았다.[113]

　　바우어의 이론(바울 대 유대교)이나 뤼트게르트의 이론(바울 대 유사 영지주의적인 "영성주의")도 바울이 다른 그룹 대신 자기 그룹의 편을 들지 않는다는 명백한 사실 을 충분히 고려하지 않는다. 그들은 우리가 이러한 "분열"이 주로 교리적인 것이라 고 묘사할 만한 충분한 증거를 이 편지 또는 다른 편지들에서 찾아낼 수 없다는 주 장을 극복할 수 없다.[114] 하지만 콘첼만이 주장하듯이 바울은 성령에 대한 "열정" 과 관련된 문제에 많은 에너지를 쏟아부으면서 상당한 관심을 보이므로, 우리는 자신들을 처음으로 그리스도께로 인도한 바울에게 호소한 이들의 불만 배후에 마 치 아무런 신학적 강조점도 **없었던** 것처럼 지나치게 반응해서는 안 된다.[115]

　　다음 두 가지 요소는 바울 그룹이 지니고 있던 관점을 재구성하는 데 도움을

---

111) Lütgert, *Freiheitspredigt und Schwärmgeister in Korinth*; Weiss, *Der erste Korintherbrief*, xxx-xxxix, 15-16, 73-75, 187-190; Wendland, *Die Briefe an die Korinther*, 18-19; Schmithals, *Gnosticism in Corinth*, 199-206; 참조. 119-124; Ulrich Wilckens, *Weisheit und Torheit* (Tübingen: Mohr, 1959), 5-41; 참조. Conzelmann, *1 Cor*, "Excursus: The 'Parties,'" 33-34.

112) Wendland는 질서와 전통을 존중하는 **바울의 입장**과 "그리스도에게서 계시를 직접 받는다" 고 주장하는 "신령한 자들"의 견해를 서로 대조한다(*Der Brief an die Korinther*, 19).

113) A. Schlatter, *Die Korinthische Theologie* (Gütersloh: Bertelsmann, 1914). 사실상 Schlatter 는 바울을 헬레니즘과 분리하여 이해하려고 시도한다.

114) 참조. Munck, *Paul and the Salvation of Mankind*; Dahl, *Studies in Paul*, 40-61; Welborn, *Politics and Rhetoric*, 1-42. 또한 위에서 언급한 다른 학자들 참조.

115) Conzelmann, *1 Corinthians*, 34.

줄 것이다. (i) 대다수 학자가 동의하듯이 바울 그룹의 핵심은 십중팔구 바울을 통해 고린도에서 맨 처음으로 회심한 신자들로 구성되어 있었을 것이다. 나중에 아볼로와 다른 지도자들이 고린도를 방문하고, 또 교회가 내적으로 성장하고 외적으로 확대되어 가면서 교회 전체의 에토스가 바뀌기 시작했을 것이다. 머피 오코너는 고고학적 증거에 기초하여 서른 명에서 마흔 명으로 구성된 가정 교회를 상상할 수 있다고 설득력 있게 주장한다.[116] 아마도 교회의 규모가 커짐에 따라 하나 이상의 그룹이 필요했을 것이다. 그리고 각 그룹마다 독특한 사회적 에토스와 예배 의식을 발전시켰을 것이며, 마침내 이는 각각의 그룹에 대한 충성심을 유발했을 것이다.

이러한 시나리오가 설득력을 얻으려면 바울 그룹과 이미 그 당시 교회들 안에 있었고 최근에 들어온 교인들이나 외부에서 방문한 지도자들과 더불어 나타난 새로운 경향과는 달리 오래되고 권위 있는 방식을 신실하게 유지하고 있다고 자부하는 이들 사이에 유사점이 발견될 것이다. 이는 또한 어떤 그룹의 규모 및 친밀성과 그룹의 충성도 간의 관계에 관한 많은 사회심리학자들의 결론과도 일치한다. 마지막으로 만약 이 그룹이 교회 전체의 "건축자"(3:6, 10)와 영적 "아버지"(4:15-17)의 권위 있는 결정에 호소했다면 다른 그룹들도 어떤 권위의 중심을 구했을 가능성도 있다. 아마도 "바울의 사람들"은 "연장자 그룹"이었을 것이고, "베드로의 사람들"은 "중견 사도"에게 호소했을 것이다! 이와 동시에 우리는 분열에 대한 바울의 수사학적인 묘사에서 일종의 풍자의 요소를 허용해야만 한다.[117]

(ii) 바울을 둘러싸고 있는 "정치"의 일부분은 바울이 고린도로부터 재정적인 후원을 기꺼이 받아들임으로써 "유력자들"의 후원이 감소할 것을 우려한 것과 관련이 있을 것이다(9:1-27). 9:1-27에서 바울은 그가 하나님께 자발적으로 드리는 예물뿐만 아니라 영향력을 행사할 수 있는 상황을 초래할 가능성이 있는 일부 후원자들에게 의존하지 않기 위해 스스로 일할 필요성을 느낀다. 만약 고린도의 "권

---

116) Murphy-O'Conner, *St. Paul's Corinth*, 155-156; 참조. 153-161.
117) Collins, *First Cor*, 73. Collins는 수사학적인 풍자가 지니고 있는 특성들을 상당히 강조한다. 그러면서 그는 고린도 교회가 전반적으로 분열된 것이 아니라, 그 교회 안에 진정으로 세 그룹 또는 네 그룹이 존재했는지에 대해 의문을 제기한다.

력 관련 이해관계"에 대한 웰본의 견해가 옳다면 이 사실은 왜 바울이 빌립보의 후원은 받고, 고린도의 후원은 받지 않았는지를 설명해준다. 후견인 제도는 고대 그리스-로마의 사회의 중요한 특징 가운데 하나였다.[118] 한편으로는 바울이 피후견인이 되는 것을 거부하고 독립성을 주장한 것은 후원을 거절한 것으로 인식되었을 것이다. 호크는 한 걸음 더 나아가 다음과 같이 주장한다. "부와 권력을 가진 이들에게 숙련공의 모습(σχῆμα)은 노예(δουλοπρεπές)에게 어울리는 모습이었다. 그렇다면 바울이 자기 스스로 생계를 꾸려나가는 자신의 관행을 변호할 필요가 있다고 생각한 것은 결코 놀랄 만한 일이 아니다(고전 9:1-27).⋯이 신분이 낮은 사도는 장사하는 것으로 자신을 노예로 삼은 것처럼 보였다(참조. 9:19)."[119] 호크는 바울이 좁은 공간에서 땀을 뻘뻘 흘리며 불편한 환경에서 손수 일하는 모습을 생생하게 묘사한다.[120] 이와는 대조적으로 "존경을 받던" 수사학자들과 선생들—그들은 존경을 받아야 마땅하다고 여겨짐—은 규칙적으로 후원과 경제적 지원을 받아 "중산층 전문 지식인"의 신분과 삶을 누렸다. 따라서 일부 고린도 교인에게는 바울이 그 누구에게도 "신세 지는 것"을 거부하는 태도가 완고한 자부심을 가진 자로서 자신과 고린도 교인들을 모두 비하하는 것으로 보였을 것이다.[121]

이 점과 관련하여 마셜은 한 걸음 더 나아간다. 그는 후원을 거부하는 것은 우정을 거부하는 것에 해당한다고 주장한다. 바울은 선물 받는 것을 원치 않았다. 이것은 전적으로 무례한 행위는 아니더라도 다른 사람의 호의를 조금도 인식하지 못하는 처사로 여겨졌을 것이다. 또한 거부를 당한 사람은 분명히 손바닥으로 뺨을 맞는 느낌을 받았을 수도 있다.[122] 마지막으로 차우(Chow)는 후원자들이 휘둘렀던 막대한 권세와 영향력에 대해 일러준다. 예를 들어 그들은 고대 그리스-로마 세

---

118) Theissen, *Social Setting*, 1982, 특히 54-68(원래 *NTS* 21 [1975]: 192-221에 실림); Hock, *The Social Context of Paul's Ministry*, 26-68; Marshall, *Enmity in Corinth*, 1-35, 133-258; Meeks, *The First Urban Christians*, 117-119; Chow, *Patronage and Power*; Clarke, *Secular and Christian Leadership in Corinth*, 89-107.

119) Hock, *Social Context*, 60.

120) 같은 책, 26-29.

121) 특히 Meeks, Clarke, 그리고 학자들의 주장을 참고하라.

122) Marshall, *Enmity in Corinth*, 1-34, 133-164, 165-258.

계의 법적 분쟁에서 "공의를 집행하는 것과 관련하여 부당한 영향력을 행사할 수 있었다."[123] 그러므로 소송을 거는 이들은 대체로 그 일에 영향력을 행사할 수 있는 친구와 친분을 지닌 이들이었다. 아마도 고린도 교회 안에서 근친상간을 범한 사람도 상당한 영향력을 소유한 후견인이었을 것이다. 교회 안에서 어떤 이들은 "그를 자랑했을" 것이다(5:2, 6).[124] 아울러 이러한 영향력은 6:1-11에서 언급하는 세상 법정의 소송 사건을 좌지우지했을 것이다(아래 참조).[125]

만약 이 시나리오가 설득력이 있다면 바울 그룹은 두 가지 특징을 지니고 있었을 것이다. (a) 사회·윤리·정치적 관점에서 이 그룹에 속한 이들은 (바울과 마찬가지로) 후원을 수용함으로써 호의에 대한 대가가 암묵적으로 수반되어 교회 안에서 나타날 수 있는 여러 가지 불평등한 상황을 거부했을 것이다. 왜냐하면 이것이 신앙 공동체의 삶 속으로까지 파고들어서는 안 되었기 때문이다. 하지만 바울이 자신을 지지하는 그룹의 편을 들었다고 볼 수는 없다. 왜냐하면 그것은 단지 분열을 더 심화시킬 것이기 때문이다. (b) 이보다 더 깊은 차원에서 바울의 생활 방식은 십자가에 달리신 그리스도 및 십자가의 신학과 일치하는 모습을 보여준다. 따라서 바울의 실천적인 반응은 "신앙 공동체와 사도에 대한 근거와 판단 기준"으로 십자가의 중심성을 재차 선언하는 것이었다(1:18-25).[126] 바울이 진정한 "현자"의 운명으로 고난 목록의 관점에서 "지혜"를 재정의한 점을 강조한 피츠제럴드의 견해도 적절하다고 볼 수 있다.[127] 엥베르그-페데르센도 타이센이 특정한 신학적 요소들을 소극적으로 다루면서 사회적 분석에 지나치게 치우친다는 점에 근거하여 그의 접근 방법 가운데 일부를 올바르게 수정한다.[128]

---

123) Chow, *Patronage and Power*, 129.

124) 같은 책, 130.

125) 참조. B. W. Winter, *Seek the Welfare of the City: Christians as Benefactors and Citizens* (Grand Rapids: Eerdmans and Carlisle: Paternoster, 1994), 105-122.

126) Schrage, *Der erste Brief*, 1:165(해당 표현은 Moltmann의 *The Crucified God* [Eng. trans., London: SCM, 1974]에서 인용한 것임).

127) John T. Fitzgerald, *Cracks in a Earthen Vessel: An Examination of the Catalogues of Hardships in the Corinthian Correspondence*, SBLDS 99 (Atlanta: Scholars Press, 1988), 117-132.

128) T. Engberg-Pedersen, "The Gospel and Social Practice according to 1 Corinthians,"

베드로 그룹

우리는 베드로가 실제로 고린도를 방문했는지 확인할 수 없다. 비록 돈프리드와 피츠마이어도 비슷한 접근 방법을 취하기는 하지만, 아마도 바레트는 베드로가 고린도를 방문했을 가능성을 누구보다도 강력하게 주장할 것이다.[129] 바울은 (항상 그런 것은 아니지만) 대체로 베드로를 언급할 때 아람어 이름 "게바"를 사용한다. 바울은 고전 1:12; 3:22; 9:5과 15:5에서 게바라는 이름을 언급한다. 하지만 고린도후서에서 그는 그 이름을 전혀 언급하지 않는다. 바레트는 이 언급들에 대해 하나하나 탐구한다. 1:12에 대한 설명에서 그는 여기서 해당 이름들이 소유격으로 사용된 것은 해당 이름을 지닌 사람을 통해 회심에 이르게 되었을 가능성을 가리킨다고 주장한다. 왜냐하면 13-17절은 세례를 베푼 것에 대해 말하며, 그 세례는 해당 인물들이 회심자들에게 세례를 준 것을 암시해준다는 것이다. 따라서 "회심자들은 자신이 믿음을 갖도록 이끌어준 복음 전파자와 친밀하게 연합하는 경향이 있다."[130] 이와 비슷하게 바레트는 3:22에서 언급되는 사람들의 명단은 십중팔구 고린도 교회가 직접 도움을 받았을 가능성이 있는 교사들을 나타낸다고 주장한다. 또한 그는 9:5의 언급은 거의 틀림없이 고린도 교회가 베드로에게 숙식을 제공했음을 넌지시 알려준다고 주장한다. 그리고 그는 15:5의 내용이 바울 이전의 전승에 기초한 것임을 인정하지만, 그 절은 고린도 교회의 교인들에게 친숙한 이름들을 암시해준다고 말한다. 나아가 바레트는 9:5은 베드로가 자기 아내와 함께 고린도를 방문했으며, 그들은 모두 교인들로부터 환대를 받았다는 것을 넌지시 암시한다고 제안한다.

또한 바레트는 이전에 맨슨이 추론에 근거하여 제기한 주장에 호소한다. 맨슨은 다음과 같이 질문한다. 바울이 자신이 놓은 "기초" 위에 어떤 사람이 집을 짓

557-584. 또한 바울이 재정적인 후원을 받기로 한 교회는 오직 빌립보 교회 하나뿐이라는 Lüdemann의 논의도 참고하라. G. Lüdemann, *Paul, Apostle to the Gentiles: Studies in Chronology* (Eng. trans., London: SCM, 1984), 104.

129) Barrett, "Cephas and Corinth," in Essays on Paul 28-39 (originally in *Abraham unser Vater*, Leiden: Brill, 1963); 또한 K. P. Donfried and Fitzmyer in R. Brown, K. P. Donfried and J. Reumann (eds.,) *Peter in the NT* (London: Chapman, 1974 and Minneapolis: Augsburg, 1973), 32-36.

130) Barrett, "Cephas and Corinth," 29.

는다는 것(3:10-11)은 마 16:18에 반영된 전승에서 베드로를 "반석"으로 언급하는 것과 어떤 연관이 있는 것인가?[131] 또한 맨슨은 결혼과 "신령한" 결혼(7장), 어떤 음식을 먹는 것에 대한 타당성(8-10장), 주의 만찬(11:17-34)과 방언으로 말하기(14장) 등에 대한 서로 다른 "권면"은 서로 다른 강조점이나 또는 베드로와 바울이 각각 주장하는 서로 다른 접근 방법을 반영한 것인가라는 질문을 제기한다. 바레트는 맨슨보다 "분파들"에 대해 말하는 것을 더 주저한다. 하지만 그는 고린도전서에서 제시하는 증거는 베드로가 동시적으로 고린도에 머물면서 어떤 영향을 미쳤는지를 밝혀준다고 결론짓는다.[132] 바울의 어려움과 당혹감은 베드로를 "우두머리로서 유용하게" 생각했던 "다소 신중하지 못한 교회의 정치가들"로부터 비롯되었다. 바울은 단순히 베드로를 거부할 수 없었다. 하지만 베드로는 자신을 이용하던 사람들로 인해 바울의 고린도에서의 사역을 파탄시키는 길을 가고 있었다.[133]

일부 추측은 부정할 수 없는 증거에서 훨씬 더 벗어나는 경향을 보인다. 예를 들어 달(Dahl)은 여러 질문과 함께 대표단을 베드로(또는 아볼로)에게 보내기보다는 바울에게 보내기로 결정한 것 자체가 고린도에 분열의 씨앗을 심게 되었다고 추측한다.[134] 히에로니무스의 전승에 근거하여 독스는 로마 황제 클라우디우스의 통치 제2년(기원후 42-43년경)에 베드로가 로마에 도착하여 67년에 순교하기까지 그곳에 거주했다고 주장한다. 베드로는 이 기간의 어느 시점에 고린도를 방문했을 것이다.[135] 맨슨의 입장을 부분적으로 따르는 피치는 바울과 베드로 및 보다 더 유대교 성향의 "그리스도파"와 행 15장에서 언급하는 예루살렘 공의회 파견 사절단 사이에서 어떤 평행 관계를 발견한다(갈 2:11-14에서 바울이 베드로가 "갈팡질팡하는 모습"을 보인 것을 지적하는 것을 참조하라).[136] 아마도 피치는 베드로 그룹이 베드로의

---

131) T. W. Manson, *Studies in the Gospels and Epistles* (Manchester: Manchester University Press, 1962), 190-209.

132) Barrett, "Cephas and Corinth," 37.

133) 같은 책, 37-38.

134) Dahl, *Studies in Paul,* 51.

135) S. Dockx, "Essai de chronologie pétrienne," *RSR* 62 (1974): 221-241.

136) W. O. Fitch, "Paul, Apollos, Cephas, Christ," *Theology* 74 (1971): 18-24.

"중도적인 입장"을 따르려고 했다고 추측하는 것 같다.[137]

그리스도 그룹

이 그룹에 대해서는 적어도 여섯 가지 가능한 설명이 제시되었다. 이 견해들을 평가하기에 앞서 우리는 그 견해들을 다음과 같이 분류하고자 한다. 평가를 위한 일부 예비 작업은 위의 설명 부분에서 이미 부분적으로 다루어진 바 있다.

(a) "유대화된" 그룹? 바우어부터 후대의 주장에 이르기까지

바우어의 널리 알려진 연구 "고린도 교회 안에서의 그리스도파"(1831년)는 그 제목의 나머지 부분, 곧 "가장 오래된 교회 안에서의 베드로적인 기독교와 바울적인 기독교의 대립, 로마의 사도 베드로"에서 그 논지를 요약해준다.[138] 기원후 2세기의 위(僞)클레멘스의 설교집(특히 *Homilies*, 17:13 이하)에 기초하여 바우어는 참된 "사도"란 지상의 예수의 제자였어야 한다는 주장으로 시작한다. 하지만 바울은 그런 의미에서 열두 제자와 같은 사도는 아니었다. 따라서 자신이 사도라는 바울의 주장에 대한 논쟁은 "그리스도파"(진정한 사도들은 나사렛 예수의 제자들이라고 주장함)와 "바울파"(율법으로부터의 해방을 주장하는 바울의 반[反]유대교적 신학을 받아들임)를 서로 구분한다. 갈 3장의 경우와 마찬가지로 고후 3장에서도 바울의 반대자들은 고린도에서 유대주의자들로 등장한다. 바우어는 고린도에서 논쟁의 초점은 할례로부터 사도적인 권위로 옮겨갔다고 주장한다. 하지만 이 이슈는 동전의 양면과 같다. 고전 1:12에서 "그리스도의 사람들"과 "베드로의 사람들"에 대한 언급은 유대교적 또는 유대화된 그리스도인들이 외쳐대며 주장하는 것을 가리키며, "바울파"는 이방인 그리스도인들이 외쳐대며 주장하는 것을 가리킨다.

　　우리는 이미 서로 다른 신학에 기초하여 "분파"를 구별하고자 하는 시도가 몇

---

137) 베드로 그룹에게 "중도적인 길"을 제시하는 견해는 바울 그룹을 "중도적인 길"로 이해하는 Theissen의 입장에 의문을 제기할 것이다. Theissen은 바울이 연약한 사람들에게 사랑의 관심을 보이는 것과 "질서"에 관심을 보이는 것 사이에서, 이른바 "사랑-가부장제"(love-patriarchalism) 사이에서 "중도의 길"을 걷는다고 이해한다.
138) Baur, "Die Christuspartei in der Korinthischen Partei," 61-206.

가지 이유에서 성립되지 않는다는 점을 살펴보았다.[139] 여기서 이슈는 교리가 아니다(뭉크, 달에 대해서는 위에서 제시한 설명 참조). 오히려 개인 숭배에 대한 사회정치적인 측면과 사회적인 견해 및 태도가 확고하고 중요한 역할을 한다(웰본, 미첼, 클라크 등에 대해 위에서 제시한 설명 참조). 뿐만 아니라 바이스, 벤트란트 및 다른 이들은 "그리스도파"(만약 그러한 분파가 존재했다면)를 상당히 다른 관점에서 설명한다(아래 참조). 하지만 많은 학자가 주장하듯이 바우어가 1831년에 출간된 자신의 저서를 헤겔의 역사관에 관심을 두기 시작하면서 그것에 영향을 부여받아 저술한 것으로 일축한다면 그것은 잘못된 것이다. 바우어는 처음에는 헤겔의 사상에 대해 유보적인 입장을 보였지만, 약 2년 후에는 헤겔이 그에게 영향을 미치기 시작했다. 1833년에 출간된 바우어의 저서는 헤겔에 대한 보다 더 적극적인 관심을 반영하고 있다. 또한 1838년에 바우어는 유대적 기독교를 정(正)으로, 바울의 사상을 반(反)으로, 목회 서신 및 베드로후서와 더불어 정과 반을 결합하는 사도행전의 내러티브 신학을 합(合)으로 제안했다. 마침내 바우어는 1845년에 출간된 그의 저서 『바울』(Paulus)에서 보다 더 체계화된 구조를 만들어냈다.[140] 1831년의 주장은 해석학적 측면에서 타당한 근거가 부족했고, 기원후 2세기 자료에서 지나치게 많은 것을 추론해낸다. 이후에 헤겔에 대한 바우어의 연구는 고전 1:12에 대한 그의 이론들을 일깨워주기보다는 오히려 이미 전개된 것을 뒷받침해주었다. 따라서 우리는 헤겔이 영향을 미친 것과 관련하여 연대기적으로 맞지 않는 것을 바우어에게 적용하는 것을 피해야 한다.

바우어의 가설에 난제들이 있음에도 불구하고 1869년에 마이어는 "그리스도파"가 "유대교적"이거나 "흔히 주장하던" 하나의 분파였다는 견해를 제시했다.[141] 하지만 그는 고전 1:12에 대해 고후 10-12장에서 근거가 불충분한 추론을 유추하는 것을 경고한다.[142] 하지만 로버트슨과 플러머는 "그리스도파"를 "아마도 게바

---

139) 또한 참조. J. L. Sumney, *Identifying Paul's Opponents: The Question of Method in 2 Corinthians*, JSNTSS 40 (Sheffield: Sheffield Academic Press, 1990), 15-22; 참조. 23-48.

140) Baur, *Paul the Apostle of Jesus Christ*.

141) Meyer, *First Epistle*, 1:30.

142) 같은 책, 31.

의 이름을 사용한 '율법을 위한 열심당원들'보다 더 진보적인 유대주의자들"이라고 부른다.[143] 하인리치는 "그리스도파"를 유대-기독교적 극단주의자들과 동일시한다.[144] 바이체커는 이들을 야고보가 보낸 특사들이라고 구체적으로 명시한다. 반면에 베이컨의 견해에 의하면 이들은 "그리스도처럼" 율법의 규제와 가르침을 받아들인 자들이다.[145] 고데는 그들을 이전의 바리새인 그룹을 따랐던 이들과 동일시한다. 또한 그들은 "자신들의 학식과 높은 사회적 지위에 근거하여 자신들을 사도들보다 훨씬 더 우월한 존재로 여겼다."[146] 우리가 성경 본문에 대한 해석사를 더욱더 깊이 탐구할수록 이 가설들의 상상력에 기초한 자의적인 특성이 보다 더 분명하게 드러난다. 이와 같은 접근 방법을 지지해주는 확실한 증거는 거의 없다.

(b) "극단적인 신령주의자들? 뤼트게르트로부터 네이레이까지

뤼트게르트(바울 그룹에 대한 설명 참조)는 매우 다르지만 훨씬 더 그럴듯한 견해를 제시했다. 바이스, 벤트란트, 모팻, 알로도 그의 견해를 지지한다.[147] 벤트란트, 모팻, 알로는 "그리스도파"가 신령주의적인 영지주의자들이었다고 주장한다. 그들은 영화롭게 된 신령한 그리스도 외에 다른 어떤 권위와 계시의 원천도 인정하지 않았다. 모팻은 그들을 "극단적이며 신령한 광신자들 또는 고도의 상상에 치우친 영지주의자들"이라고 부른다. 또한 그들은 "어떤 인간 지도자도 인정하지 않으면서 신비적인 그리스도를 자신들의 종교의 중심에 두었다."[148] 벤트란트는 그들을 "신령주의자들"이라고 부른다. 그들은 "다른 그룹들과 달리 그리스도로부터 자신들을 위한 특

---

143) Robertson and Plummer, *First Epistle*, 12.

144) Heinrici, *Das erste Sendschreiben*, 44-50, 86-89.

145) B. W. Bacon, "The Christ-party in Corinth," *The Expositors* 8 (1914): 399-415; Carl von Weizsäcker, *The Apostolic Age of the Christian Church* (2 vols., Eng. trans., London: Williams & Norgate, 1894-95).

146) Godet, *First Epistle*, 1:75.

147) Lütgert, *Freiheitspredigt und Schwärmgeister in Korinth*는 이미 위에서 논의된 바 있다. Wendland, *Die Briefe an die Korinther*, 18-19; Moffatt, First Epistle, 10; Allo, *Prèmiere Épitre*, 80-87.

148) Moffatt, *First Epistle*, 10.

별한 계시들을 직접 받는다"라고 주장한다.[149] 알로는 이 이슈에 대한 긴 부록을 덧붙인다. 그 부록에서 그는 다양한 해석이 존재한다는 당혹감 속에서도 이 그룹에 대해서는 다음과 같은 개념이 가장 적은 문제점을 제공한다는 결론에 도달한다. 즉 최근에 이교(異教)로부터 건너온 사람들로 구성된 이 그룹에는 '인간적인' 가르침에 전혀 의존하지 않는 '신령주의자들', '반(反)율법주의자들', '방종주의자들', '영지주의자들'이 포함되어 있었다."[150] 만약 고데의 견해가 옳다면 쉥켈은 이미 1838년에 전문적인 요소들이 제거된, 이와 비슷한 견해를 제시한 바 있다.[151] 우리는 이 절들의 문제점을 다룬 도입 부분에서 성령 안에서의 "질서"와 "자유"를 지나치게 많이 또는 적게 강조하는 것에 대한 "좌표"(grid)를 설명하기 위해 네이레이가 메리 더글러스의 사회적 인간론에 기초한 모델들을 사용했다고 언급했다(위를 보라).

　　보다 더 광범위한 의미에서 맨슨, 브루스, 그리고 바레트가 이 견해를 이 구절에 대한 개연성 있는 설명으로 이해한다.[152] 또한 브루스는 더 개연성이 없는 가설들을 제거함으로써 우리는 이와 같은 결과에 도달한다고 결론짓는다.[153] 고린도전서의 다른 부분에 대한 주해는 "그리스도파"에 대한 이와 같은 이해가 매우 타당성이 있는 견해임을 암시해준다. 이것은 "바울이나 아볼로나 게바나…다 너희의 것이요"(곧 인간 지도자들은 일종의 선물이며 자원이다)라는 언급과도 일치한다(또한 3:21-22에 대한 주해 참조). 하지만 바울은 "아무도 인간 지도자들을 자랑하지 말라"(3:21)고 덧붙여 말한다. 바이스는 그와 같은 그룹이 고린도에서 영향을 미친 것을 중요하게 여긴다. 하지만 그는 특별히 1:12과 관련하여 다음과 같은 설명이 더 타당성이 있다고 생각한다.

(c) 어떤 필사자의 삽입인가?

에링의 견해를 따라 바이스는 ἐγὼ δὲ Χριστοῦ라는 구절을 어떤 화가 난 사본 필사

---

149) Wendland, *An die Korinther*, 19.
150) Allo, *Prèmiere Épitre*, 86; 참조. 80-87.
151) Godet, *First Epistle*, 1:70.
152) Barrett, *First Epistle*, 44-45; *Manson, Studies in the Gospels and Epistles*, 190-209. 그들의 접근 방법은 Neyrey와 Wire의 더 구체적인 이론들과 동일시되어서는 안 된다.
153) Bruce, *1 and 2 Corinthians*, 33.

자 또는 심지어 소스데네가 스스로 삽입한 것이라고 이해한다.[154] 그의 주장에 의하면 "나는 베드로 편이다", "나는 아볼로 편이다"라는 본문의 슬로건들이 필사자를 화나게 만들어 그가 "나는 그리스도 편이다" 또는 "나는 그리스도에게 속한 사람이다"라는 표현을 난외에 삽입시켰다. 그리고 그다음 필사자가 그 구절이 실수로 빠졌다고 생각하여 그것을 본문에 삽입시켰다. 이와 같은 설명은 종종 4:6에서 τὸ μὴ ὑπὲρ ἃ γέγραπται라는 구절에도 적용되었다(아래 참조). 하지만 이 설명은 단지 추측에 지나지 않는다. 이 가설을 입증해주는 사본상의 증거는 전혀 없다.

(d) 그리스보에 대한 오독?

똑같이 추측에 근거한 이론으로서 페르델비츠는 그리스어 Χριστοῦ가 원래는 Χρισποῦ라는 독법으로 기록되어 있었다고 주장했다.[155] 따라서 네 번째 그룹은 "나는 그리스보 편이다"라고 외쳤다. 1:14에서 언급되는 그리스보는 (가이오[14절]와 스데바나 집안사람[16절]과 더불어 언급되는) 세 사람 중 한 명이다. 평소의 습관과 달리 바울은 그리스보에게 직접 세례를 베풀었다. 행 18:7-8은 그리스보가 "회당장"임을 알려준다. 그는 바울의 복음 사역을 통해 믿음을 갖게 되었다. 아마도 소스데네가 그리스보의 뒤를 이어 회당장이 되었을 것이다(행 18:17). 그리스도와 그리스보의 이름의 소유격을 그리스어 대문자로 기록한다면 ΧΡΙΣΤΟΥ와 ΧΡΙΣΠΟΥ는 서로 혼동하기 쉬웠을 것이다. 하지만 슈라게는 우리에게 다음과 같은 사실을 환기시켜준다. 즉 이 이론은 단지 추측에 지나지 않을 뿐만 아니라, 그리스보라는 이름이 네 번째 인물로서 기원후 1세기에 고린도전서 안에 들어 있었다면 왜 클레멘스1서 47:3이 단지 베드로, 아볼로, 바울 세 그룹만 언급했는지를 설명하기 어렵다고 말한다.[156]

---

154) Weiss, *Der erste Korintherbrief*, 15-16; 참조. xxx-xxxix; Héring, *First Epistle*, 6.

155) R. Perdelwitz, *Die sogenannte Christuspartei in Korinth*, 1911. 다음 저자들도 이 이 주장을 인용한다. Allo, *Prèmiere Épitre*, 86; Héring, *First Epistle*, 4; Hurd, *Origins of 1 Corinthians*, 103.

156) Schrage, *Der erste Brief*, 1:147.

(e) 바울의 수사학: 전제들과 선언?

크리소스토모스는 바울, 아볼로, 베드로에 대한 언급은 다른 이름들의 배후에 있는 그룹을 대신하는 "마스크"일 뿐만 아니라 그들의 비난을 더욱더 심각하게 부각시키기 위해 바울이 스스로 "나는 그리스도에게 속합니다"라는 말을 덧붙였다고 생각한다. "비록 고린도 교인들이 그리스도라는 이름을 직접 사용하지는 않았지만 말이다."[157] 테르툴리아누스는 이 절을 분명하게 해설하지 않지만, 이 절을 이와 비슷하게 이해한다는 암시를 남긴다. 즉 각각의 그룹은 "모든 것을 바울이나 아볼로에게 돌리지만", 바울은 모든 것을 그리스도에게 돌린다. 십자가와 세례에 대한 바울의 이어지는 언급(1:13-17)은 이것을 분명하게 가리킨다.[158] 오늘날 레이크, 허드와 더 광범위한 측면에서 미첼과 같은 학자들도 이 견해를 채택한다.[159] 레이크는 바울의 말을 "나에 대해 말하자면 나는 그리스도의 사람입니다"라고 이해하면서 바울이 자신과 다른 그룹들을 서로 대조하는 것으로 이해한다. 허드는 "바울의 논의의 요점은… '바울', '아볼로', '게바'로 구별되는 명칭들은 '나는 그리스도에게 속합니다'라는 단 하나의 진술로 대치되어야 하며, 고린도에 그리스도파가 존재했을 가능성은 매우 희박하다"고 주장한다.[160] 이 제안의 가장 큰 문제점은 하나의 같은 그리스어 구문을 두 구문으로 분리해야 한다는 것이다. 이것은 문제가 있다. 피(Fee)는 $\mu\acute{\epsilon}\nu$, $\delta\acute{\epsilon}$, $\delta\acute{\epsilon}$, $\delta\acute{\epsilon}$ 구문이 서로 조화를 이루고 있다는 점을 올바르게 지적하면서 이 구문을 분리하는 암시가 전혀 없다고 말한다.[161] 에링 역시 이 문제점을 인식하고 있다.[162] 비록 슈라게는 이것을 결정적으로 중요하게 여기지는 않지만, 콜린스는 다음과 같이 단호하게 주장한다. "만약 이 구문을 분리해야 한다면 우리는 바울이 그 의미를 보다 더 뚜렷하게 대조하기 위해 '그러나'($\dot{\alpha}\lambda\lambda\acute{\alpha}$)를 사용했을 것이다. 하지만 그는 그렇게

---

157) Chrysostom, *1 Cor. Hom,* 3:5.

158) Tertullian, *On Baptism,* 14.

159) Mitchell, *Rhetoric of Reconciliation,* 83, n.101; K. Lake, *Earlier Epistles of Paul: Their Motive and Origin* (London: Rivingtons, 1911), 127.

160) Hurd, *Origins of 1 Corinthians,* 105; 참조. 101-107. 또한 "바울"그룹에 대한 이슈에 대해서는 75-94과 126-142을 참조하라.

161) Fee, *First Epistle,* 58-59, n. 54.

162) Héring, *First Epistle,* 4; 또한 Schrage, *Der erste Brief,* 1:146-148.

하지 않았다."[163]

(f) 바울의 수사학적 아이러니?

슈라게는 바울이 "나는 그리스도 편이다"라는 표현을 사용했다고 주장한다. 하지만 그는 그것(e)에 대해 다른 해석을 제시한다. 바울은 그 표현에 이율배반적인 논리를 부여한다. 즉 "바울" 또는 "아볼로"를 경쟁적인 방식으로 독점하려는 자들이 그리스도가 어떤 특정 그룹의 전유물이 될 수 있다고 믿는 것처럼 이 슬로건들도 이처럼 터무니없는 결론에 이를 수 있다. 마치 그리스도도 어떤 특별한 그룹의 전속물이 될 수 있다고 주장하듯이 말이다. 슈라게의 이 제안은 13절과 매우 자연스럽게 연결된다는 장점이 있다. "그리스도께서 나누어졌습니까?"[164] 따라서 어떤 "그리스도 그룹"을 내세운다는 것은 바울 자신이 덧붙인 이율배반적인 변형에 해당하며, 미첼이 주장하듯이 3:23의 "너희는 [모두] 그리스도의 것이요"에 의해 반박된다.

　　피(Fee)는 우리가 어떤 명백한 결론을 내릴 만큼 충분한 증거를 갖고 있지 않다고 결론짓는데, 아마도 그의 결론은 옳을 것이다. 그럼에도 앞에서 요약적으로 제시한 여섯 가지 제안 중에서 (b)와 (f)가 가장 추천할 만하다. 에링과 피가 강조한 것처럼 (f)가 구문론적인 측면에서 문제점이 있다 하더라도 우리는 단순히 (f)를 무시해서는 안 될 것이다. 더욱이 (b)는 이 편지 전체에서 나타나는 다음과 같은 특징과도 일치한다. 즉 고린도 교회에서 (모든 교인들은 아닐지라도) 어떤 이들은 다른 목회 사역이나 또는 교회들과 "독립적인" 입장에 서는 것을 선택했다. 아마도 그들은 자신들이 성령으로 충만해 있기 때문에 그리스도와 핫라인으로 연결되어 있다고 생각했을 것이다. 클레멘스1서(기원후 96년경)가 주요 인물들 또는 전통들과 관련하여 고린도 교회 안에 존재했던 세 그룹만 언급한 시점에 이 그룹이 거의 사라졌다는 것은 놀랄 만한 일이 아니다. 브루스가 지적하듯이 1:12에 언급된 그룹들에 대한 해석 가운데 아마도 (b)가 가장 적은 문제점을 지니고 있을 것이다.

　　이것은 이 편지의 주요 논점과도 잘 어울린다. 메르클라인은 1:12에 대한 다

---

163) Schrage, *Der erste Brief*, 1:146-148; Collins, *First Cor*, 72.
164) Schrage, *Der erste Brief*, 1:148.

양한 가설과 그 이후의 본문에 대한 암시 간의 관계를 매우 자세하고 깊이 있게 탐구했다.[165] 오르트켐퍼는 우리에게 다음과 같은 내용을 상기시켜준다. "바울 자신은 그 당시 그룹들의 프로필이나 프로그램에 대해 우리에게 더 자세한 정보를 제공해주지 않는다. 그렇다고 바울이 이 그룹들에 대해 관심을 두지 않은 것은 아니다. 이어지는 바울의 논의에서는 고린도 교회 안에 존재했던 그룹들의 구체적인 특성들이 나타난다. 하지만 이러한 특성이 여기서는 언급되지 않는다."[166] 어쨌든 우리는 콘첼만의 통찰과 콜린스의 경고 사이에서 균형을 유지해야 한다. 콘첼만은 바울이 "성령" 및 "신령주의"와 관련된 이슈들을 언급하는 데 상당한 에너지를 쏟아부었다고 주장한다. 반면에 콜린스는 "권력 투쟁"에서 이기려고 (웰본) 지도자들을 들먹이며 그 이름들을 중심으로 모인 (클라크) "분파들"을 보다 더 일반적으로 강조하기 위해 "그룹들"을 수사학적인 측면에서 풍자적으로 묘사하는 것에 대해 경고한다. 이 모든 것은 1:18-25의 배경을 이루고 있다.

3. 부연 설명: 분파는 기독론과 십자가의 중심성에 어긋남(1:13-17)

1:13-17을 위한 별도의 머리말은 불필요하다. 왜냐하면 우리는 이전 항목의 도입 부분에서 1:10-17에 대한 머리말을 제시했기 때문이다. "바울은 글로에의 사람들로부터 소식을 전해 듣고 어안이 벙벙했다. 이와 같은 경우에 바울은 종종 수사학에 의존한다. 그것을 통해 그는 독자들/청중의 입장이 얼마나 터무니없는 것인지 깨닫게 함으로써 그들을 돕고자 한다."[167] 따라서 그는 일련의 수사학적 질문을 제기하며, 귀류법(歸謬法; *reductio ad absurdum*)으로 귀결되는 진술들을 이어간다. 과연 그리스도가 **나뉠** 수 있는가? 그래서 각각의 "그룹"에 그들 자신의 그리스도를 줄 수 있는가? **십자가**

---

165) H. Merklein, "Die Parteien in Korinth," in *Der erste Brief 1-4*, 134-152. 또한 Merklein은 1992년까지의 참고문헌을 자세히 소개한다. Merklein은 "지혜"를 주장하는 것과 신령주의적인 "열광"의 분열적인 영향을 강조한다.

166) F. J. Ortkemper, *1 Korintherbrief* (Stuttgart: Katholisches Bibelwerk, 1993), 23.

167) Fee, *First Epistle*, 59-60.

에 못 박힌 그리스도 외에 모든 사람을 구원하는 다른 근거가 있을 수 있는
가? 그렇다면 각각의 그룹이 어떻게 다른 그룹들과 분리된 채 하나의 "교
회"가 되기를 소망하는가? 이 점과 관련하여 크리소스토모스는 다음과 같
이 말한다. "심지어 어떤 사람들이 자신들은 그리스도에게 속한다고 말하
더라도 그것은 잘못된 것이다. 왜냐하면 그들은 다른 사람들에게 이것을 암
묵적으로 부인하면서 결과적으로 그리스도를 교회 전체의 머리가 아니라
한 분파의 머리로 만들기 때문이다."[168]

우리는 1:13-17에 대한 참고문헌을 다음과 같이 두 그룹으로 나누
었다. (a) 지혜, 수사학, 말씀 선포 및 십자가, (b) 세례 및 세례와 "집안들"과
의 관계. 하지만 이 구절들에서 바울의 세례에 대한 언급은 파생적이며, "어
떤 세례 신학"을 제공해주지 않는다. 여기서 바울의 목적은 그것을 제공하
는 것이 아니다. 이 점과 관련하여 슈나켄부르크는 해당 구절들에 대한 유
익한 개관을 제공한다(아래 참고문헌).

지혜, 수사학, 말씀 선포 및 십자가

Bailey, K. E., "Recovering the Poetic Structure of 1 Cor. 1:17-22," *NovT* 17 (1975): 265–296.

Barbour, R. S., "Wisdom and Cross in 1 Corinthians 1 and 2," in C. Andresen and G. Klein (eds), *Theologia Crucis — Signum Crucis: Festschrift für E. Dinkler* (Tübingen: Mohr, 1979), 57–71.

Barrett, C. K., *Church, Ministry and Sacraments in the NT* (Exeter: Paternoster and Grand Rapids: Eerdmans, 1995).

Beaudean, J. W., Jr., *Paul's Theology of Preaching* (Macon, Ga.: Mercer University Press, 1988), 87–118.

Brown, A. R., *The Cross and Human Transformation: Paul's Apocalyptic Word in 1 Corinthians* (Minneapolis: Fortress, 1995), esp. 13–64 and 70–75.

Davis, James A., *Wisdom and Spirit: An Investigation of 1 Cor. 1:18-3:20 against the Background of Jewish Sapiential Traditions in the Greco-Roman Period* (Lanham, Md.: University Press of America, 1984).

Dunn, J. D. G., *The Theology of the Paul the Apostle* (Edinburgh: T. & T. Clark, 1998), 163–169.

---

168) Chrysostom, *1 Cor. Hom.*, 3.5.

Goulder, M. D., "Sophia in 1 Corinthians," *NTS* 39 (1991): 516-534.

Grayston, K., Dying We live (Oxford: Oxford University Press, 1991), 16-29.

Horsely, R. A., "Wisdom of Word and Words of Wisdom in Corinth," CBQ 39 (1977): 224-239.

Fitzmyer, J. A., *According to Paul* (New York: Paulist Press, 1993), 106-110.

_____, "The Gospel in the Theology of Paul," Int 33 (1979): 339-350.

Lampe, Peter, "Theological Wisdom and the 'Word about the Cross': The Rhetorical Scheme in 1 Corinthians 1-4," *Int* 44 (1990): 117-131.

Litfin, Duane, *St Paul's Theology of Proclamation: 1 Cor. 1-4 and Greco-Roman Rhetoric*, SNTSMS 79 (Cambridge: Cambridge University Press, 1994), 109-135 and 174-212.

Ortkemper, Franz-Josef, *Das Kreuz in der Verkündigung des Apostels Paulus* (Stuttgart: Verlag Katholisches Bibelwerk, 1967), 43-46.

Penna, R., *Paul the Apostle: Wisdom and Folly of the Cross* (Eng. trans., Collegeville: Glazier/Liturgical Press, 1996), 45-60 and 135-164.

Pesce, M., " 'Christ did not send me to baptize but to evangelize' (1 Cor 1:17a)," in L. de Lorenzi (ed.), *Paul de Tarse. Apôtre du notre temps* (Rome: Abbaye de S. Paul, 1979), 339-363.

Pickett, R., *The Cross in Corinth: The Social Significance of the Death of Jesus*, JSNTSS 143 (Sheffield: Sheffield Academic Press, 1997).

Plank, Karl A., *Paul and the Irony of Affliction*, SBL Semeia Series (Atlanta: Scholars Press, 1987), 16-26.

Pogoloff, Stephen M., *Logos and Sophia: The Rhetorical Situation of 1 Corinthians*, SBLDS 134 (Atlanta: Scholars Press, 1992).

Schnabel, E. J., *Law and Wisdom from Ben to Paul*, WUNT 2:16 (Tübingen: Mohr, 1985).

Stowers, S. K., "Social Status, Public Speaking and Private Teaching: The Circumstances of Paul's Preaching Activity," *NovT* 26 (1984): 59-82.

Stuhlmacher, P., *Das paulinische Evangelium* (Göttingen: Vandenhoeck & Ruprecht, 1968).

Wedderburn, A. J. M., "ἐν τῇ σοφίᾳ τοῦ θεοῦ - 1 Kor. 1:21," ZNW 63 (1972): 132-134.

Wilckens, Ulrich, *Weisheit und Torheit. Eine exegetisch-religionsgeschichtliche Untersuchung zu 1 Kor 1 and 2*, BHT 26 (Tübingen: Mohr, 1959), 특히 5-53.

Winter, Bruce W., *Philo and Paul among the Sophists*, SNTSMS 96 (Cambridge: Cambridge University Press, 1997), 182-194, 그리고 곳곳에서.

세례 및 세례와 "집안들"과의 관계

Aland, K., *Did the Early Church Baptize Infants?* (Eng. trans., London: SCM, 1963), 87-94.

Banks, R., *Paul's Idea of Community* (rev. ed., Peabody, Mass.: Hendriksen, 1994), 26-36, 77-85, 180-188.

Barth, M., Die Taufe ein Sacrament? (Zürich: Evangelischer Verlag, 1951).

Beasley-Murray, G. R., *Baptism in the NT* (London: New York: Macmillan, 1962).

Carlson, R. P., "The Role of Baptism in Paul's Thought," *Int* 47 (1993): 255-266.

Cullmann, O., *Baptism in the NT* (London: SCM, 1950), 9-22.

Delling, G., *Die Zeugung des Heils in der Taufe: eine Untersuchung zum Neutestamentlichen "Taufen auf den Namen"* (Berlin: Evangelische Verlagsanstalt, 1961.

Dunn, J. D. G., *Baptism in the Holy Spirit* (London: SCM, 1970), 116-120.

_____, *The Theology of Paul the Apostle* (Edinburgh: T. & T. Clark, 1998), 442-459, esp. 449-450.

Fascher, E., "Zur Taufe des Paulus," *TLZ* 80 (1955): 643-648.

Flemington, W. F., *The NT Doctrine of Baptism* (London: SPCK, 1948), 52-84.

Jeremias, J., *Infant Baptism in the First Four Centuries* (Eng. trans., London: SCM, 1960), 19-24 ("the *oikos* formula") and 25-48.

_____, *The Origins of Infant Baptism* (Eng. trans., London: SCM, 1963), esp. ("The Baptism of 'Houses'") 12-32.

Leenhardt, F., *Le Baptême chrétien: son Origine, sa signification* (Neuchâtel: Delachaux et Niestlé, 1946).

Schnackenburg, R., *Baptism in the Thought of St. Paul: A Study in Pauline Theology* (Oxford: Blackwell and New York: Herder, 1964).

Strobel, A., "Der Begriff des 'Hauses' im griechischen und römischen Privatrecht," *ZNW* 56 (1965): 91-100.

Voss, G., "Glaube und Taufe in den Paulusbriefen," *Una Sancta* 25 (1970): 371-378.

Wedderburn, A. J. M., *Baptism and Resurrection*, WUNT 1:44 (Tübingen: Mohr, 1987).

13절   μεμέρισται는 초기의 대다수의 사본들(ℵ, A, B, C, D, G, 33, 불가타, syr harc 및 테르툴리아누스 등)에서 μή가 선행하지 않는다. 하지만 매우 초기의 사본인 p⁴⁶, 고대 시리아어 역본(Paul and Peshitta)과 콥트어 역본(Boh) 등은 이 그리스어 동사 앞에 μή를 포함하고 있다. UBS 3판은 다수 독법(the majority reading)을 "B"("약간의 의심 등급")로 평가했다. 하지만 UBS 4판과 메츠거는 이제 이 독법을 "A"("사실상 확실함")로 평가한다.[169] 이 독본이 원문임이 확실하다고 평가하는 주요 근거는 다음과 같다. 즉 몇몇 학자들이 주장하듯이 이것은 12절의 슬로건들에 수반되는 내용을 표현하는 진술로서 삽입된 것이 아니라, 오히려 부정의 대답을 기대하는 질문으로서 해당 문장을 강조하기 위해 μή가 삽입되었을 개연성이 있다. 뿐만 아니라 사본 필사자는 그 불변화사가 그리스어 원문에서 바울 앞에 나오는 μή를 기대하게

---

169) Metzger, *Textual Commentary* (2d ed.), 479.

하는 것을 잘 나타내준다. 콜린스는 필사자가 질문을 진술("그리스도는 나뉘지 않았습
니다!")로 잘못 이해해서 μή를 삽입했다고 주장한다.[170]

벵엘은 서로 다른 그룹에 나누어주기 위해 그리스도가 나뉠 수 없다
고 주해한다. 즉 "그의 몸의 하나 됨은 조각으로 나눌 수 없다"(*neque corporis
unitas scindenda*)는 것이다.[171] 이와 비슷하게 클레멘스도 그리스도의 지체
들을 "잘라내는 것"(διαστῶμεν)에 대해 말한다(*1 Clement* 46:7). 반면에 크리
소스토모스는 다음과 같이 의역한다. "여러분은 그리스도를 조각내서 그
의 몸을 나누어주었습니다."[172] 니사의 그레고리오스는 그리스도를 이같
이 나누는 것은 그의 고유한 신성(神性)을 손상하는 것이라고 주장한다.[173]
칼뱅은 고린도 교회의 분열된 충성은 "그리스도가 여러 조각으로 찢어진"
결과를 수반한다고 단언한다.[174] 이전의 이와 같은 해석 전통은 현대 주석
서에서 로버트슨과 플러머의 "과연 그리스도가 어떤 분파에 속하는가?"라
는 질문에 표현되어 있다. 우리는 다음과 같은 그들의 제안을 받아들인다.
"μεμέρισται는 '그리스도가 나뉘었습니까?' 즉 '그리스도가 어떤 사람에
게 그의 독자적인 몫으로 주어졌다'라는 의미일 것이다."[175] 바이스, 슈라게,
콘첼만은 이 절의 배후에 그리스도의 몸인 교회를 암묵적으로 언급하는 것
이 놓여 있다고 이해한다.[176] 슈라게는 이 이슈에 대해 다음과 같이 보다 더
분명하게 질문한다. 만약 각각의 그룹이 "그리스도"를 독점하고 있다고 주
장한다면 어떻게 어떤 사람이 그리스도가 자신의 인격 안에서 결과적으로
여러 조각으로 "갈라져 있다"고 상상할 수 있겠는가?[177] 슈라게는 이 절에
서 정관사와 함께 그리스도가 사용된 것(ὁ Χριστός)도 그리스도의 몸에 대

---

170) Collins, *First Cor,* 81.

171) Bengel, *Gnomon,* 610.

172) Chrysostom, *1 Cor. Hom.,* 3:5.

173) Gregory of Nyssa, *Against Eunomius,* 6:1.

174) Calvin, *First Epistle,* 28.

175) Robertson and Plummer, *First Epistle,* 13.

176) Weiss, *Der erste Korintherbrief* 16-17; Conzelmann, *1Cor,* 35; Schrage, *Der erste Brief,*
1:152.

177) 또한 Schrage, *Der erste Brief,* 1:152.

한 암시를 확인해준다고 주장한다. 이와 같은 표현은 "다른 곳에서 매우 드물게 나타난다." 그리스어 본문에서 그리스도가 정관사와 더불어 표현되는 몇몇 절 중 하나는 오직 한 몸을 가리키는 핵심 구절, 곧 ἕν ἐστιν σῶμα, οὕτως καὶ ὁ Χριστός(고전 12:12)다.[178]

만약 이 문장이 질문의 기능을 한다면 대다수 주석가는 곧바로 이어지는 수사학적인 질문처럼 이 질문은 "아니요"라는 대답을 기대한다고 생각한다. 즉 그리스도는 **나뉠 수 없습니다. 그는 그럴 수 없습니다?** p[46]에 반영된 소수 독법은 이 해석을 받아들인다. 반면에 만약 이 질문이 12절의 함의를 수사학적으로 표현한 것으로 이해한다면 기대되는 대답은 "예"다. 따라서 라이트푸트는 다음과 같이 두 질문이 서로 다른 대답을 기대하는 것으로 해석한다. "'그리스도가 나뉘었습니까?' 이것은 명백한 사실입니다. '바울이 여러분을 위해 십자가에 못 박혔습니까?' 이것은 결코 생각할 가치도 없습니다."[179] 라이트푸트는 고린도 교회의 분열이 "그리스도의 몸을 갈기갈기 찢어놓았다"고 생각한다(참조. 고전 12:12-13). 하지만 그는 이 질문을 경고보다는 오히려 비난으로 간주한다. 비록 소수 사본의 독법이 불변화사가 덧붙여진 것을 나타내지만(μή μεμέρισται ...), 두 질문 사이의 평행 관계를 강조하려는 의도는 매우 이른 시기에 생겨난 것이다. 아마도 그러한 의도는 타당한 해석일 것이다.

"분명히 바울은 여러분을 위해 십자가에 못 박히지 않았습니다. 과연 그가 그렇게 했습니까?"는 (라틴어 문장에서 "*num*"과 마찬가지로) 고전 그리스어에서 μή의 의미를 가장 잘 전달해주는 방법 가운데 하나일 것이다. 이것은 부정적인 대답을 기대하며 그것을 강조한다. "바울이 여러분을 위해 십자가에 못 박혔습니까?"(AV, KJV, NRSV, NIV)라는 번역은 매우 무미건조한 번역이다. 또한 이 번역에는 질문에 대한 대답이 암시되어 있지 않다. 그리스어 원문은 그것을 분명하게 배제한다. "바로 바울이 여러분을 위해 십자

---

178) 같은 책.
179) Lightfoot, *Notes*, 154.

가에 못 박혔습니까?"(모팻, NJB)는 조금 더 나은 번역이다. 바울이 십자가에 못 박혔다는 언급은 그 질문이 터무니없다는 것을 분명하게 입증해준다. 또한 그리스도에게 신실함을 보이는 것과 동일한 차원에서 감히 인간 지도자들에게도 신실함을 보이는 것은 진정으로 "죄"라는 것을 명백하게 입증해준다.[180]

그리스도의 사역에 대한 신학적인 개념을 표현하는 배경에서 전치사 ὑπέρ는 특별히 중요하다. 우리는 이 전치사를 단순히 "위해"라고 번역했다. 왜냐하면 소유격(ὑμῶν)과 함께 사용될 때 이 단어는 "위해", "대신하여" 또는 " 때문에"를 의미할 수 있으며, 만약 더 협소한 두 번째와 세 번째 의미를 선택한다면 그것은 다른 의미를 배제할 위험이 있기 때문이다. 이 전치사는 다른 문맥에서 다수의 뉘앙스를 지닌다. 바울과 동시대에 살면서 그리스어를 사용한 저자들은 ἀποθνήσκειν ὑπέρ τινος, "어떤 사람을 위해 죽는다"라고 말하기도 했다(예. 요세푸스, *Antiquities* 13.6). 비록 이 관용구는 다른 문맥에서 끌어올 수 있는 보다 더 풍부한 뉘앙스들을 배제하지는 않지만, 아마도 그것은 "~를 위해 십자가에 못 박히다"와 가장 유사한 표현일 것이다.

"아니면 여러분이 바울의 이름으로 세례를 받았습니까?" ἢ εἰς τὸ ὄνομα Παύλου ἐβαπτίσθητε; 여기서 바울이 강조하는 핵심은 누가 세례 의식을 베풀었느냐가 아니라 누구의 이름으로 회심자가 세례를 받았느냐에 있다. 피(Fee)는 바울의 한 가지 근본적인 원리에 대해 말하면서 "예수의 십자가 처형과 신자들의 세례는 바울의 사상 안에서 서로 자연스럽게 연결되어 있는 것처럼 보인다(예. 롬 6:2-3; 골 2:12-15)"라고 주장한다.[181] 롬 6:3-11과 고전 11:24-26은 예수가 제정한 두 가지 성례가 그리스도인의 모든 경험을 그리스도의 죽음과 부활 안에 고정시키고 있다는 점을 명백하게 밝혀준다. 따라서 "14-16절은…사람을 중심으로 한 고린도 교인들의 ἔριδες

---

180) Grosheide, *First Epistle*, 38-39.
181) Fee, *First Epistle*, 61.

의 경향을 냉엄하게 꾸짖는 것으로 해석하는 것이 가장 좋을 것이다."[182]

εἰς τὸ ὄνομα를 "이름으로" 또는 "이름 안으로"로 번역해야 하는가는 쟁점 가운데 하나다. 엄밀히 말해 전치사 εἰς는 목적격과 더불어 ~안으로 움직인다는 개념을 가장 특징적으로 전달한다. 이와는 대조적으로 전치사 ἐν은 여격과 더불어 장소의 개념을 나타낸다. 하지만 εἰς는 매우 많은 문맥에서 다양한 뉘앙스를 지닌 채 사용되기도 한다. 몰턴과 밀리건은 "기원후 22년의 그리스어 문헌에서 εἰς와 ἐν이 단순히 상호 교환적으로 사용되는 것"을 보여준다.[183] 슈나켄부르크는 강력한 논점들을 제시하면서 세례와 관련된 배경에서 εἰς는 움직임보다는 방향을 의미한다는 결과를 끌어낸다. 그러면서 그는 다음과 같이 주장한다. "우리는 βαπτίζειν εἰς를 πιστεύωνειν εἰς와 평행 관계에 놓아야 한다. 후자는 믿음의 방향을 가리킨다. 하지만 그것은 그리스도에게 나아가는 어떤 신비적인 움직임을 표현하지 않는다.… 또한 우리는 그 표현을 ἁμαρτάνειν εἰς Χριστὸν(그리스도에게 죄를 짓는 것; 고전 8:12)이라는 표현과도 비교해야 한다."[184] 계속해서 슈나켄부르크는 다음과 같은 견해를 제시한다. 갈 3:27과 롬 6:3에서 "그리스도는 우리가 들어간 어떤 '영역'이 아니라 그리스도에게 일어난 모든 것과 더불어 인격적인 그리스도를 가리킨다. 우리가 '그리스도 안으로' 세례를 받는 것은 우리를 그리스도와 더불어 그에게 일어난 모든 것과 연합시키고자 하는 목적을 지니고 있다."[185] 이 이슈는 "세례를 받은 이들이 그리스도와 하나 됨(연합)을 이루는 것"이다.[186] 심지어 εἰς τὸν Μωϋσῆν(모세 안으로; 고전 10:2) 세례를 받은 것도 우선적으로 "모세에게 속한다는 것에 대한 하나의 표징"을 의

---

182) Litfin, *St. Paul's Theology of Proclamation*, 186.
183) BAGD, 228-230; 특히 MM, 186-187. 기원후 22년에 알렉산드리아로부터 전달된 편지에서 해당 전치사들이 상호 교환적으로 사용된다는 점은 186면(col. i의 아래와 ii의 맨 위)에 언급되어 있다(*Oxyrhynchus Papyri* 2:294). 또한 참조. Grimm-Thayer, 4ᵗʰ ed., 183-186. 이 부분은 움직임에 못지않게 "방향"도 동일하게 강조한다. 또한 Louw-Nida, 2:73-74. 여기서는 그 단어에 대한 17가지 항목과 20여 개의 관용적인 표현이 구체적으로 제시되어 있다.
184) R. Schnackenburg, *Baptism in the Thought of Paul*, 23.
185) 같은 책, 25.
186) 같은 책, 29.

미한다.[187] 다른 문맥에서 εἰς와 움직임을 나타내는 동사들이 결합하여 사용되는 것은 "언어학적인 측면에서 전반적인 용례의 표준으로 삼아서는 안 된다."[188]

슈나켄부르크는 고전 1:13과 1:15에서 εἰς τὸ ὄνομα는 모두 "[그] 이름으로"라고 번역해야 한다고 결론짓는다. 왜냐하면 1:13에서의 이슈는 "그리스도 자신과의 직접적인 관계"이며, 또한 1:15에서의 이슈는 바울과의 직접적인 관계를 암시하기 때문이다. 그러면서 그는 다음과 같이 의역한다. "그리스도는 나뉘지 않았습니다.…오직 그리스도만 여러분을 위해 죽으셨습니다.…여러분은 오직 그리스도에게만 속합니다.…여러분은 그리스도의 이름으로 세례를 받았습니다. ([여러분은] 다른 어떤 사람의 이름으로 세례를 받은 것이 결코 아닙니다)."[189] 나아가 콘첼만은 이 개념을 다음과 같이 발전시킨다. "'그 이름으로'는 그 이름으로 불리는 것을 암시한다.…이것은 그리스도의 소유에 자신을 맡긴다는 것과 또 주님으로서 그의 통치에 복종한다는 것을 암시한다."[190] 벵엘은 이것을 다음과 같이 간략하게 설명한다. "십자가와 세례는 우리가 그리스도에게 [속한다고] 주장한다"(*crux et baptismus nos Christo asserit*).[191]

비록 사전들과 구문론의 주장들이 εἰς를 "~으로"라고 번역하는 것을 지지하지만, 우리는 다른 견해가 강조하는 한 가지 신학적인 측면을 간과해서는 안 된다. 즉 세례는 한 영역에서 다른 영역으로 옮겨가는 사건을 나타낸다.[192] 에드워즈는 그리스도가 십자가 사건을 통과하는 것을 그리스도인이 세례 사건을 통과하는 것과 비교한다. 바울이 모세가 홍해를 건넌 사건을 세례로 언급하는 것(고전 10:1-4)을 고려하면 이 비교는 어느 정도 타

---

187) 같은 책, 23.

188) 같은 책, 22.

189) 같은 책, 18-19.

190) Conzelmann, *1 Corinthians*, 35.

191) Bengel, *Gnomon*, 611. 참조. Cullmann, *Baptism in the NT*, 9-22.

192) G. Deling, *Die Zueignung des Heils in der Taufe*, 75-76.

당성이 있다.[193] 이것에 기초하여 바레트는 여기서 "~안으로"(into)로 번역
한다. (그렇지만 나중에 그는 "~안으로 또는 ~로"에 대해 말한다).[194] 플레밍턴은
"그리스도인들이 그리스도 **안으로**(into) 세례 받은 것과 마찬가지로 족장들
도 모세 **안으로** 세례를 받았다"고 선언한다.[195] 뿐만 아니라 바울은 분명히
몇몇 용례에서 εἰς와 다른 전치사인 ἐν과 더불어 여격을 사용한다. 예를 들
면 ἐδικαιώθητε ἐν τῷ ὀνόματι τοῦ κυρίου Ἰησοῦ Χριστοῦ(고전 6:11)이다.
콘첼만은 다음과 같이 결론짓는다. 우리는 장소를 옮기는 것을 의미하는
~안으로라는 개념을 배제할 수 없지만, 이 번역은 "그 이름으로"가 지니고
있는 광범위한 영역을 부당하게 좁힌다.[196] 요컨대 εἰς τὸ ὄνομα라는 표현
과 관련한 우리의 견해는 다음과 같다. 가장 우선적인 의미는 **방향**이며, 부
차적인 의미는 움직임이다.[197]

　　아마도 부정과거 수동태 ἐβαπτίσθητε는 재귀적인 의미를 지니고 있을
것이다. 즉, "여러분은 과연 (바울의 이름으로) 여러분에게 세례를 주었습니
까?" 만약 우리가 이 견해를 받아들인다면 이 재귀 용법은 세례 의식을 베
푼 사람에게서 세례의 내용을 제거할 것이다. 바울은 이어지는 본문에서 바
로 이 점에 대해 주로 관심을 기울인다. 하지만 우리는 이와 같은 재귀적인
측면을 기원후 1세기의 그리스어 수동태 용례에서 억지로 끌어낼 수 없다.

　　14-15절　　ℵ*, B, 1739에서는 14절의 τῷ θεῷ가 생략되어 있다. 이것은 고
전 1:4; 14:18; 롬 1:8 및 바울 서신의 다른 본문에서 나타난 언급들과 일치시키기 위

---

193) Edwards, *Commentary*, 21.
194) Barrett, *First Epistle*, 47.
195) W. F. Flemington, *NT Doctrine of Baptism*, 54.
196) Conzelmann, *1 Corinthians*, 36.
197) Schnackenburg, *Baptism in the Thought of Paul*, 3-61. Schnackenburg는 바울의 주요 강
　　조점을 다음 세 가지로 설득력 있게 구분한다. (1) 가장 중요한 강조점은 그리스도 안에서
　　하나 됨(연합)이다(롬 6:3; 고전 1:13; 갈 3:27). (2) 그다음 강조점은 그리스도와 "함께" 구
　　원받는 것이다(롬 6:5-11). (3) 세 번째의 강조점은 정결하게 되는 것 또는 씻김을 받는 것
　　과 관련되어 있다(이 요소는 바울 서신에서 가장 적게 나타난다). 한편 전치사에 대해서는
　　다음을 참조하라. C. F. D. Moule, *Idiom Books* (2d ed. 1959), 67-71. 또한 M. J. Harris,
　　NIDNTT, 3:1184-1188.

해 나중에 ℵ의 교정자가 C와 D(또한 불가타와 대부분의 다른 역본들, 테르툴리아누스 및 크리소스토모스)에서 τῷ θεῷ를 삽입했음을 암시해준다. 또한 비슷한 이유에서 A, 33 및 몇몇 고대 시리아어와 콥트어 사본들은 τῷ θεῷ μου라는 독법을 따른다. 하지만 필사 과정에서 이 단어들이 실수로 생략되었을 가능성도 있다. 메츠거는 필사자들이 표현을 일치시키려고 μου를 첨가한 것(나의 하나님)은 "명백하다"고 판단한다. 하지만 "하나님께"라는 표현이 첨가된 것에 대해 판단을 내리는 것은 "보다 더 어렵다"고 말한다.[198] UBS『그리스어 신약성경』4판은 3판에서 "D"등급("매우 의심스러움")으로 분류되어 있던 것을 "C"등급("판단을 내리기가 어려움")으로 대체했다. 하지만 바울의 감사는 암묵적으로 하나님을 향하고 있기 때문에 사본 관련 이슈에서 큰 문제가 없지만, 아마도 14절에서 그 감사의 대상은 명시적이기보다는 암시적으로 표현되었을 것이다. 따라서 "나는…감사합니다"라는 번역이 이러한 모호함을 잘 표현해준다(NJB와 NIV는 하나님을 생략하지만, NRSV와 REB는 그 단어를 포함한다).

우리는 이미 이 절에 특별한 강조점을 부여하는 사회정치적 배경을 살펴보았다. 고린도에서 일부 그리스도인들은 존경받는 어떤 주요 인물과 특별한 연관성을 지니고 있다고 주장하면서 보다 높은 지위를 차지하고자 했다. 이 점과 관련하여 클라크는 다음과 같이 논평한다. "인물을 중심으로 한 고린도 교회 안에서의 정치는 주변의 고대 그리스-로마 사회에서 흔히 발견되는 특징이었다.…교회 안에 있는 사람들과 바울, 게바, 아볼로 같은 '사도적인' 인물 사이에 지위 및 신분의 차이가 있다고 강조하는 세속적인 이해는 자신이 이 인물들 가운데 이 사람 또는 저 사람과 어떤 연관성을 갖고 있다면 자기에게 개인적으로 유리할 것으로 생각하게 만들었다."[199] 이전에 우리는 신분 상승을 추구하는 이들은 담쟁이덩굴이 높은 곳까지 이르기 위해 큰 나무를 휘감고 올라가는 것과 같이 행동한다는 플루타르코스의 말을 인용했다(Plutarch, *Moralia*, 805, E-F). 크리소스토모스는 바울의 강조점을 다음과 같이 훌륭하게 전달한다. "심지어 나로서는 내가 세례를 베풀지

---

198) Metzger, *Textual Commentary* (2n ed.), 479.
199) Clarke, *Secular and Christian Leadership*, 92-93.

않은 것에 대해 감사하는데" 여러분은 여러분에게 세례 의식을 베풀어준 사람들과의 연관성에 대해 왜 그토록 의기양양해 합니까?(*Homilies*, 3:6) 또한 그는 이렇게 덧붙여 말한다. "사실상 세례는 매우 중요한 것입니다. 하지만 그 중요성은 누가 세례를 베풀었는지에 있지 않고, 세례를 받도록 여러분을 부르신 분에게 있습니다."

하지만 테르툴리아누스는 한 가지 관점을 보완해준다. 사실상 바울은 가이오와 그리스보(14절)와 스데바나 가족(16절)에게 세례를 베풀었다. 이 것은 그가 세례를 사소한 것으로 여기지 않았거나 회심자들에게 세례를 베푸는 것을 거부하지 않았음을 보여준다. 다른 한편으로 고린도에서 몇몇 특별한 상황에서 바울은 소수 신자의 경우에 모든 것이 바울에게서 또는 그를 통해 왔다고 주장할 수도 있다.[200] 목회 사역은 동역 관계를 공유하는 것이며, 사역 자체로부터 시선을 돌려 그것이 증언하는 대상을 가리키는 것이다.

바이스와 피는 바울이 세례를 베푼 것과 관련하여 다음과 같이 그럴듯한 주장을 제기한다. "두 가지 예외 사례는 그들이 그 도시에서 가장 초기에 회심한 이들이라는 사실과 관련이 있다."[201] 그리스보는 "거의 확실히" 행 18:8에 언급된 유대교 회당장의 이름일 것이다. 반면에 가이오는 롬 16:23에 언급된 인물일 것이다. 해당 절에서 바울은 가이오를 "나와 온 교회를 돌보아주는" 인물로 언급한다. 로마서를 기록할 당시 바울은 아마도 고린도에 있었을 것이다. 우리는 여기서 언급되는 그리스보가 누구인지 정확하게 확인할 수 없다. 특히 그 이름은 너무 흔한 이름이기 때문이다. 하지만 가이오는 롬 16:23에 언급된 인물일 개연성이 높다.[202] 그리스보와 가이오(14절)는 로마식 이름이다. 반면에 스데바나(15절)는 그리스식 이름이다

---

200) Tertullian, *On Baptism*, xiv.

201) Fee, *First Epistle*, 62; Weiss, *Der erste Korintherbrief*, 20-21(또한 Findlay, *Expositor's Greek Testament*, 2:766; n. 6을 보라).

202) Schrage, *Der erste Brief*, 1:155도 이같이 주장한다.

(또한 16:17, 18의 주해와 아래에 제시된 자료들을 참조하라).[203] 만약 그리스보가
"회당장"이었다면(행 18:8) 그것은 "유대인 공동체가 기도처를 헌정한 것에
대한 감사의 표시로 그에게 수여한 명예 직분이었을 것이다." 그와 같은 인
물은 "가난한 사람"이 아니었을 것이다.[204]

15절의 ἵνα μή τις는 바울이 과거에 세례를 베푼 것을 가리키며, 이제는
그 결과를 나타낸다. 이것은 그 당시 바울의 의도적인 목적을 가리키지 않
는다. 따라서 벵엘은 하나님의 섭리는 종종 사건들을 주도하지만, 사람들은
사건들이 발생한 이후에야 비로소 그 이유를 깨닫게 된다고 말한다.[205]

16절   "그런데"라는 단어는 그리스어 본문에 들어 있지 않다. 하지
만 이 구문은 "다시 생각해 보니"라는 개념을 도입하는 어떤 접속사를 필요
로 한다. 라이트푸트와 핀들레이는 다음과 같은 가능성을 고려한다. 이 편
지를 받아쓰던 중에 받아쓰던 사람—스데바나 자신이거나 또는 그의 가족
중 한 사람일 가능성이 있음—이 바울이 스데바나 집안사람들에게도 세례
를 베풀었다는 사실을 재빨리 환기해줌으로써 바울의 사고의 흐름이 갑자
기 잠시 끊어졌다는 것이다. 고전 16:17은 고린도전서가 기록될 당시에 스
데바나가 바울과 함께 있었다고 확인해준다(또한 1:1의 주해에서 소스데네에 대
한 내용과 16:21에서 바울이 친필로 문안한다는 언급을 참조하라).

신약성경에 나타나는 οἶκος, οἰκία, "집안"에 대한 참고문헌은 방대
하다.[206] 현대 저자들은 종종 그리스어 단어 οἶκος(가족 또는 집안)가 추가 인

203) 참조. Banks, *Paul's Idea of Community*, 114-117; Meeks, *The First Urban Christians*, 51-
63; Theissen, "Social Stratification," in *Social Setting*, 69-119, esp. 83-87 (houses), 87-91
(services, including Gaius); *Paul: A Critical Life* (Oxford: Oxford University Press, 1997),
265-268, "The First Converts" at Corinth; 또한 Horrell, *Social Ethos*, 91-101.

204) Murphy-O'Connor, *St. Paul's Corinth*, 267.

205) Bengel, *Gnomon*, 610: Providentia Dei regnat saepe in rebus, quorum ratio postea
cognoscitur.

206) 특히 다음을 참조하라. Theissen, *Social Setting*, 83-87; Strobel, "Der Begriff des 'Hauses'
...," 91-100; P. Wiegand, "Zur sogenannten 'Oikosformel,'" *NovT* 6 (1963): 49-74; G.
Delling, "Zur Taufe von 'Häusern' im Urchristentum," *NovT* 7 (1965): 285-311; Banks,
Paul's Idea of Community, 26-36; H.-J. Klauck, "Die Hausgemeinde als Lebensform im
Urchristentum," *MTZ* 32 (1981): 1-15, and *Hausgemeinde und Hauskirche im Frühen*

원이 가능한 어떤 핵가족보다는 어떤 표준적인 "대가족"을 가리키는 것으로 쉽게 간주한다. 그 당시 많은 경우 "한 집안"은 두 세대 이상과 종들, 노예들, 예속 평민들 및 그밖의 식솔을 포함했다. 하지만 또한 우리는 로마의 원수 정치 체제(principate) 이후로 묘비(墓碑) 등을 통해 다음과 같은 사실을 알고 있다. 심지어 한 지붕 아래 사는 대가족도 남편과 아내, 그리고 부모와 아이들 간의 친밀한 관계를 위한 공간을 남겨두었다.[207] 따라서 해당 가족 또는 집안 식구에 대해 보다 더 자세한 정보가 제시되지 않는 한 우리는 각각의 경우에 그 규모와 관계를 확실히 알 수 없다. 자세한 정보가 없다면 해당 가족은 영어 단어 "home"(가정)만큼이나 그 의미가 모호하다. 만약 한 집의 가장이 부유한 사람이라면 우리는 한 가장 밑에서 여러 친척, 노예 그리고 심지어 이런저런 관계에 있는 동료들이 함께 살고 있었다고 추측할 수 있을 것이다.

예레미아스는 유아 세례를 지지하면서 이 절에 호소한다.[208] 비록 οἶκος라는 개념 안에 유아들이 포함되어 있을 가능성이 매우 높긴 하지만, 우리는 과연 그들이 이 단어 안에 포함되었는지 확실하게 말할 수

Christentum, Stuttgart Bibelstudien 103 (Stuttgart: Katholisches Bibelwerk, 1981). Klauck는 기독교 1세대의 가정 교회를 지역의 기독교 공동체의 주춧돌과 선교 사역의 기반으로 이해한다. 하지만 그는 고대 그리스-로마 사회 전반에서 οἶκος의 사회적 구조에 대한 광범위한 이슈에 대해서는 다소 적은 관심을 기울인다.

207) 방대한 자료 중에서 특히 M. B. Flory, "Family and 'Familia' Kinship and Community in Slavery," *AJAH* 3 (1978): 78-95에 인용된 자료를 참고하라. 또한 참조. R. P. Saller and B. D. Shaw, "Tombstones and Roman Family Relations in the Principate," *JRS* 74 (1994): 124-156. 또한 M. I. Finley (ed.), *Classical Slavery* (London: Cass, 1987), 65-87. 또한 참조. John H. Kent (ed.), *Corinth: Results of Excavations*, vol. 8. pt. 3 (Princeton, N.J.: American School of Classical Studies at Athens, 1966), 174-175; D. B. Martin, *Slavery as Salvation: The Metaphor of Slavery in Pauline Christianity* (New Haven: Yale University Press, 1990), 1-7 and 140-145; I. A. H. Combes, *The Metaphor of Slavery in the Writings of the Early Church*, JSNTSS 156 (Sheffield: Sheffield Academic Press, 1998), 49-67; B. W. Winter, *Seek the Welfare of the City* (Grand Rapids: Eerdmans, 1994), 152-163. 1차 자료에 대한 탁월한 개관을 제시하는 연구서로는 다음을 보라. T. Wiedemann, *Greek and Roman Slavery* (London and New York: Routledge, 1981).

208) Jeremias, *Infant Baptism in the First Four Centuries*. 또한 *The Origins of Infant Baptism*.

없다. 예를 들면 슈트로벨은 더 큰 규모의 οἰκία(*familia*)와 더 작은 규모의 οἰκος(*domus*)를 서로 구별한다. 하지만 이 두 용어는 상호 교환적으로 나타나기도 하는데(참조. 16:15에서 οἰκία가 사용됨), 타이센은 그의 주장에 문제가 있다고 생각한다.[209] 딤전 3:4에서 자기 집(가정)을 잘 다스리는 것은 자녀들이 순종하는 것을 의미한다. 그 당시 부유한 가정에는 다양한 부류의 사람이 함께 살았으며, 그 규모도 상대적으로 컸을 것이다. 아마도 스데바나의 집도 그와 같은 사례에 해당했을 것이다.

"그밖에"는 λοιπόν을 번역한 것이다. 이 단어는 그리스어 형용사 λοιπός의 목적격으로서 부사적인 기능을 수행한다. 그리스어 동사 οἶδα는 대체로 "나는 알고 있다"를 의미한다. 하지만 이 문맥에서는 "결과적으로" 알고 있다는 뉘앙스를 지니고 있다. 따라서 우리는 여기서 "[나는] 기억나지 않습니다"라고 번역했다.[210]

17절　　바울이 여기서 성례를 베푸는 사역과 말씀을 선포하는 사역을 대조시킨다고 추측하는 것은 그릇된 것이며 시대착오적이다. 여러 학자 중에서 특별히 크레이그가 그와 같은 대조를 넌지시 주장한다.[211] 그 당시 고린도의 배경에서 βαπτίζειν과 ἐν σοφίᾳ λόγου는 목회 사역에서 나타날 수 있는 측면이며, 이 둘에 대한 고린도 교인들의 편견을 고려하면 목회자의 (대리) 행위와 신분에 관심을 집중시킨다. 또한 이와 더불어 이 둘은 εὐαγγελίζεσθαι와 대조되며, εὐαγγελίζεσθαι는 복음(εὐαγγέλιον)에 관심을 기울인다.[212] 슈라게는 이 대조를 의도적으로 과장된 표현으로 인식한다.[213] 그리스어에서 "전파하다" 또는 "선포하다"는 전달 방식(modes)을 주요 특성으로 삼지 않는다. 명사를 자주 동사화하는 미국식 영어의 성향을 따라

209) Strobel, "Der Begriff des ʾHausesʾ …," 91-100. 이는 Theissen, *Social Setting*, 83-84에 대한 반론이다.
210) BAGD, 556. 또한 Fee도 이 사전의 관점을 따른다.
211) C. T. Craig, "First Corinthians," in *IB* (New Yotk and Nashville: Abingdon, 1953), 10:24. 배경적인 접근을 하는 다음 주석서를 보라. Merklein, *Der erste Brief 1-4*, 165-167.
212) Schrage, *Der erste Brief*, 1:157.
213) 참조. Merklein, *Der erste Brief 1-4*, 165-167.

보당은 자기 저서에서 이 절을 설명하면서 "복음화하다"(gospelize)라는 신조어를 만들어냈다.[214] 바울에 의하면 세례뿐 아니라 주의 만찬도 그리스도의 죽음과 부활에 대한 복음을 선포하기 때문에(롬 6:3-11; 고전 11:24-27), 이 문맥에서는 목회자의 대리 행위에 강조점이 찍히면서 "세례를 베푼다"라는 번역을 통해 βαπτίζειν의 의미가 전달되었다.[215]

σοφία에 대한 첫 번째 언급은 현대 학자들에게 다양한 문제를 제기한다. 우리는 οὐκ ἐν σοφίᾳ λόγου를 어떻게 번역해야 할까? 이 어구는 직역하자면 "말의 지혜로(또는 안에서)" 정도가 될 것이다. 스티븐 포골로프는 이 어구에 대해 한 장에 걸쳐 철저하고 세밀하게 논의한다.[216] 그가 입증해주듯이 λόγος는 말하는 것(λέγω)과 관련하여 거의 모든 것을 포함한다. 예를 들면 발화행위, 연설, 단어, 강론, 문장, 진술, 선언, 주장, 주제, 사항, 어떤 단어의 개관 등이다.[217] 또한 BAGD도 "λόγος를 정확하게 번역하는 것은 각각의 문맥에 달려 있다"라고 확인해준다. 예를 들면 "네가 말하는 것 (마 5:37), 진술(PGM 4, 334, 눅 20:20), 질문(Sext. Emp. Math. 8, 295, 133; Diog. L. 2, 116);…개별적인 목회 상담(고전 2:4a),…말씀(또는 설교, 딤전 5:17), 예언… (요 2:22; 18:32), 명령…(눅 4:36; 벧후 3:5, 7), 보고, 또는 이야기…(Diod. 5.3; 40.9)…등이다."[218] 또한 이 단어는 이유, 동기, 평가, 계산 및 합산 등을 의미하기도 한다(Herodotus, 8.100; Josephus, *Antiquities* 16.120; *BGU* 164:21 등). 루와 니다는 진술, 연설, 복음, 이유, 사건, 고소를 포함하여 적어도 열 가지의 의미 영역 또는 범주를 구별한다.[219]

그렇다면 이 문맥에서는 분명히 σοφία가 λόγος의 특성과 의미 영역

---

214) Beaudean Jr., *Paul's Theology of Preaching*, 92.

215) 훌륭한 대리자와 투명한 대리 행위를 대조하는 것에 대해서는 다음 연구서를 보라. J. A. Crafton, *The Agency of the Apostle*, 59-136(우리는 이 연구서를 앞에서 인용하고 논의함).

216) S. M. Pogoloff, *Logos and Sophia*, 99-127. 이 훌륭한 연구서는 매우 탁월한 논의를 제공한다.

217) Pogoloff, *Logos and Sophia*, 111.

218) BAGD, 477. 참조. Grimm-Thayer, 379-380.

219) Louw and Nida, *Greek-English Lexicon*, 2:153.

을 결정할 것이다. 하지만 이 단어도 "매우 광범위한 의미 영역"을 지니고
있다.[220] 우리는 앞에서 오늘날 많은 학자들의 연구에 기초하여 로마 제국
에 속한 고린도의 수사학에 대해 이미 언급한 바 있다. 이 점을 고려하면
σοφία를 현실에 도움을 주는 꾀나 기술로, 또 λόγος를 계산적인 의사소통
과 연결하는 것은 타당할 것이다.[221] 이 점에 기초하여 바울은 "사람을 조
종하려는 수사학으로가 아니라"를 의미했을 것이다. 사실상 아마도 이것이
가장 좋은 번역일 것이다. 하지만 이 번역은 독자들에게 번역자의 해석에
기초한 판단을 제시하며, 그리스어 원문보다 더 좁고 구체적인 의미를 전달
한다. 이 구절은 해석과 번역 사이에서 적절한 선을 긋는 것이 사실상 거의
불가능에 가까운 많은 사례 중 하나다. 이와 같은 사례는 신약성경을 진지
하게 연구하고자 하는 이들에게 그리스어를 철저하게 배우도록 자극하는
많은 사례 중 하나다. 따라서 연구자는 이와 같이 복합적인 이슈에 대해 직
접 판단을 내리는 것이 바람직할 것이다. 포골로프는 "고상한 말재주"라는
번역을, BAGD는 "영리한 말재주"라는 번역을 제안한다.[222]

　　제임스 데이비스는 고전 1-4장에서, 특히 1:18-3:20에서 바울이 사용
한 σοφία의 인간적인 특성을 강조한다. 그것은 "이스라엘의 지혜"와 관련
되어 있다. "그 지혜는 그 당시의 사건들의 전개 과정에서 하나님이 행동하
시는 유형을 간파하지 못했다.…또한 바울은 그리스도의 십자가를 통한 하
나님의 행위가 어떤 의미를 지니고 있는지를 이 지혜가 파악하지 못한 것과
관련하여 고린도 교인들을 비판하려는 의도를 갖고 있다."[223] 비록 데이비
스가 여기서 유대교 전승들을 언급하면서 그 역할을 과장해서 주장할 수도
있지만, 웰너는 그가 고전 1-3장을 구약성경 이후 유대교의 "하가다적 해
설 장르"로 해석하는 것을 지지한다. 그리고 데이비스가 우리에게 상기시

220) Pogoloff, *Logos and Sophia*, 109.
221) M. Heidegger의 저서를 따라 "도구적인 이성"이라는 용어는 점점 더 본질적인 중요성을 지
　　니게 되었다. 이 용어는 J. Habermas와 지식 사회학에서 구체화되었다.
222) Pogoloff, *Logos and Sophia*, 109; BAGD, 759.
223) Davis, *Wisdom and Spirit*, 71.

켜주듯이 바울은 분명히 1:20의 "지혜 있는" 사람과 평행을 이루는 대상으로 "율법 학자"을 언급한다.[224] 뿐만 아니라 데이비드 도브는 λόγος σοφίας를 탈무드에서 언급하는 할라카적 논쟁의 רבד(다바르)와 חכמה(호크마)와 동일시한다.[225] 슈나벨의 저서는 지혜와 율법 사이의 연관성을 지지한다.[226] "세상의 지혜"라는 어구에서는 유대교의 "지혜"와 그리스의 "지혜" 간의 밀접한 연관성이 발견된다. 위더링턴은 고린도에서 사람들이 그리스-로마 웅변가에게서 "성공" 또는 "감명 깊은" 이야기를 기대했다고 강조하는데, 이는 또한 데이비스가 "지혜를 얻는 것…곧 지혜에 기초한 성취와 관련하여 성취의 다양한 측면"을 강조하는 것과도 평행을 이루며, 이것은 "유려한 말솜씨에 대한 강조"와 더불어 일어난다.[227] 데이비스의 견해에 의하면 이것은 바울이 구약성경 이후 유대교에서 율법을 통한 "성취"에 대해 바울이 비판하는 것과 일치한다. 반면에 샌더스와 다른 학자들의 연구는 이것의 적합성을 인정한다.[228] 위더링턴에 의하면 1:17에서 바울의 주요 목표는 이른바 소피스트의 지혜로부터 자신을 멀리하는 것이다. 소피스트는 이슈가 되고 있는 것에 대해 사실적이며 구체적인 내용을 전달하는 것보다는 수사학적인 현란한 말재주를 통해 논쟁에서 이겨서 청중을 감동시키는 것에 더 중점을 둔다.[229] 윈터는 어떻게 소피스트의 이와 같은 전통이 특정한 종교 영

---

224) Davis, *Wisdom and Spirit*, 72-74. 참조. Wuellner, "Haggadic Homily Genre in 1 Cor. 1-3," *JBL* 89 (1970): 199-203. Wuellner는 Peder Borgen이 그의 저서 *Bread from Heaven* 에서 제시하는 논제—요 6장은 설교(강해) 유형을 반영함—를 그의 출발점으로 삼는다. 또한 Borgen은 갈 3:6-29; 롬 4:1-22와 기원후 1세기의 팔레스타인의 미드라쉬에서도 그와 같은 설교(강해) 유형을 발견한다. Wuellner는 고전 1-3장에서 바울의 설교(강해)에서 주요 주제는 "1:19에 언급되어 있다"고 이해한다. 또한 "그 주제는 하나님이 인간의 지혜를 심판하시는 것에 관심을 기울인다"(201).

225) D. Daube, *The NT and Rabbinic Judaism* (London: Athlone, 1956), 158-169. S. Lieberman도 Daube의 견해에 동조한다.

226) Schnabel, *Law and Wisdom from Ben Sira to Paul*. Schnabel은 벤 시라, 쿰란 공동체, 바울의 기독론과 도덕적 행위에 대한 윤리학 사이의 연관성을 찾고자 한다.

227) Davis, *Wisdom and Spirit*, 142-143. 참조. Witherington, *Conflict and Community*, 46-48.

228) Davis, *Wisdom and Spirit*, 146.

229) Witherington, *Conflict and Community*, 103-104. 또한 참조. Pogoloff, *Logos and Sophia* (전체).

역에 대한 충성 고백과 연결되어 있는지 밝혀준다. 또한 그는 그것을 통해 1:10-17의 사고가 하나로 통일되어 있다는 사실을 입증한다.[230]

그러므로 두 가지 전통과 두 가지 비판은 17절에서 서로 만난다. 사고의 전환점인 17절은 십자가의 "능력" 또는 능동적인 효력들과 "헬라인들"과 유대인들의 지혜로 말미암은 "연약함" 또는 무능한 시도들 사이의 주요한 대립 관계를 보여준다(1:18-31). 리트핀은 17절을 "해당 이슈의 핵심"이라고 묘사한다.[231] 이 이슈는 "교묘한 말솜씨"는 내용을 희생시킨 채 단지 형식의 중요성만을 강조한다는 많은 주석가들의 전통적인 견해보다 더 심오하다.[232] 알로는 루아지의 "웅변적인 지혜"가 로버트슨과 플러머의 "언어의 지혜"만큼이나 문제의 핵심에 도달하지 못한다(이 표현들이 "수사학적 기교로"를 의미한다고 보지 않는 한)고 올바르게 지적한다.[233] 젠프트는 세례와 웅변이 십자가를 진정으로 무대 중심에 둔다면 바울은 세례를 비판하지도 않고 유창하게 말하는 능력을 과소평가하지도 않는다고 주장한다. 하지만 바울은 사람들이 세례와 웅변을 저마다 고유한 권위를 지닌 행위들 또는 사건들로 이해하여 그것들을 십자가로부터 **분리하여** 사용하는 것을 공격한다.[234] 이와 비슷하게 크리소스토모스도 바울은 성경에 근거한 수사학(예를 들면 아볼로의 수사학)을 공격하지 않는다고 주장한다(행 18:24, 27).[235]

"교묘한 말솜씨"는 어떤 의미에서 "십자가를 헛되게 만드는" 결과를 초래할까? 우리는 그 원리가 적용되는 세 가지 측면을 구별할 수 있다.

첫째, 포골로프가 설득력 있게 제시하고, 다른 학자들이 확인한 역사적·수사학적 재구성에 따르면 이 문맥에서 σοφία는 "철학적 또는 종교적인 사색"과 전혀 무관하다. "그것과 정반대로 σοφία는 **현실적인 성취에 적**

---

230) B. W. Winter, *Philo and Paul among the Sophists,* 182-194, 특히 185-186.

231) Litfin, *St. Paul's Theology of Proclamation,* 187.

232) Ortkemper, *1 Kor,* 24-25; "Form and Inhalt …."

233) Allo, *Première Épître,* 12. 참조. Robertson and Plummer, *First Epistle,* 15-16.

234) C. Senft, *Première Épître,* 36.

235) Chrysostom, *1 Cor. Hom.,* 3:7.

용할 수 있는 지식을 익히는 것에 대한 것이었다"(강조는 원저자의 것임).[236]
따라서 우리가 앞에서 이미 언급했듯이 포골로프는 σοφία λόγου를 "고상
한 말재주", 곧 현실적인 기능으로 강화된 말재주라고 번역한다. 그렇다면
어떻게 이것이 십자가를 헛되게 만드는가?(κενωθῇ) 만약 모든 것이 인간의
약삭빠른 꾀, 유창한 말재주와 성취에 달려 있다면 그리스도의 십자가는 더
이상 순전히 조건 없는 선물로서 오직 하나님의 은혜에만 자리를 내어주기 위
해 인종, 계층, 성별, 신분을 타파하고 초월하는 기능을 하지 않을 것이다. 수
사학과 사회 계급이 서로 연결되면 그것은 이에 가장 부정적으로 작용한다.
포골로프는 "바울이 자신은 어떤 지위를 부여하는 방법으로 복음을 전하
지 않았다고 주장한다"고 말한다.[237] 바울뿐만 아니라 아볼로 역시 결코 "유
려한 말재주를 지닌 지위 표시자(status-indicator)가 아니다." 고린도 사람들
또는 그들 중 많은 이들은 "**신분 또는 지위에 굶주린**" 사람들이었다.[238] (위
더링턴도 동일한 표현을 사용한다.)[239] 하지만 그리스도의 십자가의 복음을 자기
존중, 자기 성취, 자기주장을 위한 일종의 도구로 여기는 것은 그 내용을 뒤죽
**박죽으로 만드는 것이며 그것이 제공하고 요구하는 모든 것을 "헛되게 만드는
것"**이다.[240]

둘째, 오직 수사학만으로도 인간의 감정, 심지어 마음, 그리고 더 나아
가 의지도 사로잡을 수 있다. 하지만 인간은 이 모든 존재 방식을 초월하는
존재다. 오늘날 우리는 "심리학적" 회심에 대해 말한다. 이와 같은 회심은
어떤 진정성 있는 변화를 통과하지 않고 인간 자신의 영적인 깊은 곳을 감

---

236) Pogoloff, *Logos and Sophia*, 109.
237) 같은 책, 119.
238) 같은 책, 124(강조는 덧붙여진 것임).
239) Witherington, *Conflict and Community*, 22-24 and 100.
240) 현대 신학과 세속적인 포스트모더니즘에서 이 이슈를 어떻게 이해하는지에 관해서는 다음
    연구서를 보라. A. C. Thiselton, *Interpreting God and the Postmodern Self: On Meaning,
    Manipulation and Promise* (Edinburgh: T. & T. Clark and Grand Rapids: Eerdmans,
    1995), 특히 3-45, 121-144. 영국 성공회의 교리위원회의 보고서 *The Mystery of Salvation*
    (London: Church House, 1995)은 "성취"와 "구원"을 분명하게 구분한다. 전자는 세속적인
    개념인 반면, 후자는 기독교적인 개념이다(31-33).

동시키지 못한 채 단순히 인간의 심리를 조종하는 어떤 요소들에 의해 인과적으로 나타날 수 있다. 진정한 변화는 **단순히 새로운 몇 가지 신념이나 생활 방식으로 방향을 바꾸는 것이 아니라 하나님께로 돌이키는 것이다**. 이것은 성령의 역사를 통해 그리스도가 자신의 주님이라는 사실을 진정으로 인식하고 인정하는 것이다(고전 12:3). 이 점에서 복음 전파자가 **교묘한 말솜씨에** 지나치게 의존하는 것은 그리스도의 십자가로 말미암는 진정한 변화 대신 진정성이 없는 손쉬운 방법을 제공하는 것이다. 하지만 이 방법은 하나님과 인간의 관계를 회복하는 수단으로서 그리스도의 십자가를 헛되게 만드는 것이다.[241]

셋째, 우리는 발화행위(speech-act) 이론에서 **실행의 효과를 기대하는 발화행위**(*perlocutionary* acts)와 **실행을 수반하는** 발화행위(*illocutionary* acts)를 서로 구분한다. 이 구분은 각각의 경우에서 서로 다른 두 가지 논리적인 함의 또는 전제된 상황을 강조한다. 이 점과 관련하여 브라운은 다음과 같이 주장한다. "바울의 십자가에 관한 말씀은⋯무언가를 말할 뿐만 아니라 말하는 것을 통해 무언가를 행한다."[242] 이것은 사실상 실행을 수반하는 발화행위에 대한 오스틴의 정의와 일치한다. 브라운은 은연중에 이 접근 방법을 효과적으로 탐구한다. **복음을 선포하는 것은 처음부터 실행을 수반하는 발화행위다**. 복음 선포자의 입장에서 이것은 하나님으로부터 소명 받음 및 위임과 **하나님의 약속 실행**을 전제한다. 그리고 이것은 하나님의 언약의 약속을 받아들인 것에 기초하여 그리스도의 십자가 안에서, 그리고 십자가를 통해 자기 자신의 여러 가지 자유를 제한하는 것이다.[243] 하지만 만약 이

241) 참조. Ortkemper, *Das Kreuz in der Verkündigung des Apostels Paulus*, 43–67.

242) Brown, *The Cross and Human Transformation*, 15.

243) Brown, *The Cross*, 13–64, 70–75. 또한 이 주석서의 서론 112–13, 124–26을 보라. 또한 참조. A. C. Thiselton, "Christology in Luke: Speech-Act Theory and the Problem of Dualism in Christology after Kant," in Joel B. Green and Max Turner (eds.), *Jesus of Nazareth: Lord and Christ* (Grand Rapids: Eerdmans, 1994), 453–472. 또한 특별히 "Communicative Action and Promise," in R. Lundin, A. C. Thiselton, and C. Walhout, *The Promise of Hermeneutics* (Grand Rapids: Eerdmans, 1999), 133–240, esp. 209–240.

제 어떤 선포자가 실행의 효과를 기대하는 발화행위를 불러일으킨다면, 그
래서 만약 선포가 단순히 소피스트 또는 자기 스스로 사람들을 조종하여
"결과들만 열심히 얻고자 하는" 설교자의 교묘한 말솜씨로 변질된다면, 그
것을 통해 사람들을 변화시키고 하나님의 약속을 보증하는 그리스도의 십
자가의 능력은 간과될 뿐 아니라 헛된 것이 되고 만다. 우리가 앞에서 언급
했듯이 리트핀은 17절을 고전 1-4장과 아마도 고린도전서 전체의 "핵심"
이라고 부른다.[244] 브라운은 바울의 논점을 실행의 효과를 기대하는 발화행
위와 오스틴의 "무의미하고 공허한" 것으로 만드는 것의 판단 기준을 설득
력 있게 비교한다.[245] 그는 "바울의 실행 전략"을 그의 언어의 관점에서 설
명한다.[246] 바울은 이제 십자가를 선포해야만 한다(1:18-31). 왜냐하면 바울
의 효율적인 발화행위를 통해 고린도 교회가 세워진 이후 "과녁에서 빗나
가기" 시작한 것을 그는 이제 바로잡아야 하기 때문이다.[247]

---

244) Litfin, *St. Paul's Theology of Proclamation*, 187.
245) Brown, *The Cross*, 18.
246) 같은 책, 25-26.
247) 같은 책, 30.

B. 인간의 지혜와 하나님의 지혜로서 십자가의 변화시키는 능력의 대조(1:18-2:5)

(1) 십자가를 선포하는 것은 "이 세상에서 새롭게 존재하는 길"을 열어준다 (강조는 원저자의 것임).[1] "고전 1:18-2:5은 1:17b을 자세하게 설명한다. 즉 참되고 온전한 기독교가 죄악이 만연한 타락한 세상의 근본적인 가치들과 어떻게 대립하는지 설명한다. 하지만 또한 이 단락은 고린도 교인들에게 자기중심적인 파벌주의를 해결할 수 있는 방법도 제시한다."[2] 바울 신학에서 십자가는 과거의 죄에 대한 치유책과 대속 그 이상의 의미를 지니고 있다 (십자가는 결코 그 이하가 아니다). 십자가는 그리스도인의 정체성에 기초를 제공한다. 또한 십자가는 현재와 미래에 그리스도인의 존재를 새롭게 형성해 나갈 수 있도록 변화시키는 능력을 제공한다. 따라서 1:18에서 사용된 그리스어 현재 분사들은 신학적으로 매우 중요하다. 샌더스는 희생제사에 기초한 대속의 측면을 과소평가하며 바울에 대한 "루터파"의 해석을 공격한다. 하지만 그는 십자가에 대한 바울의 강조점은 "과거와 관련하여 지난날의 허물들에 대한 대속[뿐만] 아니라 [또한] 미래와 관련하여…더 주되심의 변화의 관점에서 생각한다"고 올바르게 지적한다(괄호 안의 내용은 덧붙여진 것임).[3]

　　(2) 자기중심적인 사람들의 "세상"은 아직 변화되지 않았다. 따라서 그들에게 십자가에 대한 선포는 어리석음(μωρία, 1:18, 21, 23)이나 어리석은 것(μωρός, 1:25, 27)의 형태를 취한다. 즉 어떤 존재론적인 측면이 포함되어 있다. 1:18-4:21에서 가장 놀라운 특징은 심지어 십자가로 시작한 자칭 "신령한 사람들"도 결과적으로 십자가를 어리석은 것으로 간주했음을 분명하게 보여준다는 것이다. 마틴은 이 단락에서 십자가, 종말론, 인식론에 대한

---

1)　Brown, *The Cross in Human Transformation*, 12.

2)　C. Blomberg, *1 Corinthians*, NIVAC (Grand Rapids: Zondervan, 1994), 52.

3)　E. P. Sanders, *Paul and Palestinian Judaism* (London: SCM, 1977), 465 and 466. 또한 고전 1:18에 대해서는 449을 보라.

바울의 신학이 서로 연결되어 있다고 확인해준다. "신령한 엘리트"는 "세속적" 또는 통상적인(ψυχικός 또는 κατὰ σάρκα) 지식과 영적인(πνευματικός 또는 κατὰ πνεῦμα) 지식에 대한 바울의 대조를 독점하고 선점한다. 하지만 이 편지의 문맥에서 종말이 오기 전에 그리스도인의 실존이라는 지속적인 싸움과 현실(참조. 1:26-31; 2:1-5; 4:8-13) 속에서 "κατὰ σάρκα로 아는 것의 반대는 κατὰ πνεῦμα로 아는 것이 아니라 κατὰ σταυρόν으로 아는 것이다. 자신의 생명이 현세와 내세의 교차점에서 하나님의 선물임을 인정하는 사람은 다음 사실도 인정할 것이다. 즉 자신이 전적으로 완벽하게 새로운 시대 안에 존재하기까지, κατὰ πνεῦμα에 기초한 자신의 지식은 오직 κατὰ σταυρόν으로 아는 형태로만 일어날 수 있다. 왜냐하면 재림 때까지 십자가는 바로 그 종말론적인 위기이며 계속 그렇게 남아 있기 때문이다"(강조는 원저자의 것임).[4] 알렉산드라 브라운은 이 관점을 받아들이며 다음과 같이 주장한다. "고린도전서의…첫 몇 장의 존재론적인 이슈들은 나중에 나오는 장들의 윤리적인 이슈들을 예고한다."[5] 1:17-2:16에서 언급되는 지혜는 "고린도 사람들의 앎의 방법"을 반영하며, 나중에 8:1-3에서도 반영된다. 하지만 십자가의 선포가 지니고 있는 변화시키는 언어-행위는 몇 가지 극명한 대조를 초래한다(예를 들면 멸망하는 것, 구원받는 것; 어리석음, 하나님의 능력 등). 이것은 "여러 이슈에 대한 판단을 완전히 뒤바꾸어놓는다."[6] 십자가는 새로운 세계를 제시한다. 바울은 그 세계를 "그리스도의 마음을 소유하는 것"으로 정의한다(2:16).[7]

지식, 행위, 그리스도인의 정체성을 변화시키는 십자가의 능력에 대한 브라운의 강조점은 피켓과 슈라게의 저서에서도 발견된다. 피켓은 "1:10-4:21에서 언급되는…십자가의 말씀"은 "그들의 존재의 명백한 기초[로서]

---

4) J. L. Martyn, "Epistemology at the Turn of the Ages: 2 Cor 5:16," in W. R. Farmer, C. F. D. Moule, and R. R. Niebuhr (eds.), *Christian History and Interpretation: Studies Presented to John Knox* (Cambridge: Cambridge University Press, 1967), 272; 참조. 269-287.

5) Brown, *The Cross*, 12; 참조. 8-11, 89-94, 97-104, 150-154.

6) 같은 책, 33. 76, 81.

7) 같은 책, 139.

그리스도의 죽음에 대한 사건"을 인식하는 데 관심을 둔다고 주장한다.[8] 십
자가는 "정체성의 위기"에 관심을 기울이게 한다. 이러한 위기는 "의미가
서로 일치하지 않는 두 세상…곧 서로 양극화된 두 사회 질서"에 속하는 것
에서 비롯된 것이다.[9] 따라서 십자가는 윤리와 행위에 대한 다른 이슈뿐만
아니라(5:1-14:42 및 아마도 15:1-58), 1:10-4:21에서 그리스도인들의 하나
됨에 대한 이슈를 직접 언급한다. 우리는 다시 한번 슈라게가 제시하는 훌
륭한 표제를 언급하고자 한다. 즉 십자가는 "그리스도인과 사도의 정체성
에 대한 근거와 판단 기준"(1:18-2:5에 대한 그의 표제)을 제시한다.[10]

(3) 주요 주석가들이 동의하듯이 1:18-2:5의 수사학적인 구조는 세 부
분으로 명백하게 나뉜다.[11] 그리스도의 복음은 그 메시지가 십자가에 못 박
힌 그리스도에게 관심을 두고(1:18-25), (b) 고린도에서 그 메시지를 받아
들인 이들이 세속적인 의미에서 결코 "지혜롭거나" 영향력 있는 사람들이 아
니었고(1:26-31), 또 (c) 바울이 고린도에 왔을 때 그의 복음 선포가 청중에
게 감동을 주기 위해 고안된 세속적인 현명함의 특징을 지니고 있지 않았음
에도(2:1-5) 어떻게 σοφία라는 형태를 띨 수 있었을까? (a) 1:18은 17절
의 주제를 받아 이어가는 수사학적인 도입 부분(partitio)이다. 또한 1:18 이
후로는 서로 양극을 이루는 다섯 쌍의 주제가 전개된다. 지혜 있는 자/지
혜(σοφός/σοφία)와 어리석은 자/어리석음(μωρός/μωρία) 등이다. 이 작은
단락은 중간 지점 또는 전환점인 25절에서 끝난다. 25절은 18-24절을 요
약한다. 또한 17절과 15절은 수사학적인 측면에서 수미상관법(inclusio)으
로 표현되어 있으며 18-24절을 감싸고 있다. (b) 논란의 여지가 있기는 하
지만, 26-31절의 일관된 주제는 **복음을 받아들인 사람들의 신분**에 관한 것
이다(그들은 소피아[지혜]라는 단어의 세속적인 용례에 비추어볼 때 이 단어와 관련이

---

8) Pickett, *The Cross in Corinth*, 61; .참조. 37-84.
9) 같은 책, 62.
10) Schrage, *Der erste Brief*, 1:165; 참조. 165-238.
11) 예를 들어 Fee, *First Epistle*, 66-68; Collins, *First Cor*, 90-92; Wolff, *Der erste Brief*, 34-
    35, 42-43, 47; Merklein, *Der erste Brief 1-4*, 108-114, 167-177; Schrage, *Der erste Brief*,
    1:166-173; 또한 참조. Horrell, *Social Ethos*, 131-137.

없는 자들이다). 이 작은 단락의 시작과 끝은 구약성경을 인용한다는 특징을
지니고 있다(1:26은 렘 9:23을 암시한다. 1:31은 보다 더 간명하게 언급되어 있다).
(c) 2:1-5은 작은 독립된 단락이며, 바울의 복음 전파와 관련하여 1:18-
2:5의 논증을 축약적으로 표현한다.

　이 단락의 수사학적 장치 또는 방법을 구체적으로 확인하는 것은 구
조를 밝히는 것보다 훨씬 더 어렵다. 슈라게는 1:18-25은 수사학적인 서술
(*narratio*)이 아니라 1:10의 명제(*propositio*)에 대한 설명, 곧 1:11-17의 서
술(*narratio*)에 대한 논증(*argumentatio*) 또는 "증명"이라고 주장한다.[12] 하
지만 뷩커는 1:18-2:16을 서술로 간주한다.[13] 비록 리트핀이 이것을 바울
이 자신의 목적을 위해 "개작"한 것이라고 부를 수 있겠지만, 아마도 우리
가 최대한으로 말할 수 있는 것은 키케로가 추천한 유형을 바울이 느슨하
게 따르고 있다고 주장하는 것이다.[14] 키케로는 **요약적인 주제 또는 제안을
옹호한다**(아마도 1:10은 이 역할을 할 것이다). 그다음 그는 근거를 진술하는 **간
략한 설명을 지지한다**(아마도 1:11-17). 마지막으로 **확인해주는 증명이** 뒤따
른다. 1:18-2:5은 이 기능을 할 것이다.[15] 몇몇 저자들은 보다 작은 부분으
로 이루어진 수사학적인 단위를 확인하려고 시도했다(예를 들면 베일리는 수
미쌍관 구조로 이루어진 단위들을 제시한다). 하지만 이것들은 어떤 명백한 전략
의 결과라기보다는 가능성에 지나지 않으며, 이들의 시도는 대체로 광범위
한 동의를 끌어내지 못했다.[16] 이와 비슷하게 1:19-3:21에서 미드라쉬적인
유형을 간파할 수 있다는 웰너의 다음과 같은 주장은 설득력이 없다. 즉 그
는 수사학적인 측면에서 이 구절들은 본론에서 벗어난 "하나의 주요한 일

---

12)　Schrage, *Der erste Brief,* 1:167.
13)　Bünker, *Briefformular und rhetorische Disposition im 1 Korintherbrief,* 55-56. 또한 참조.
　　Merklein, *Der erste Brief 1-4,* 109-111.
14)　Litfin, *St. Paul's Theology of Proclamation,* 137-140, 174-201, 247-250.
15)　Cicero, *Ad Herennium* 2.18.28. 이 이슈는 Eriksson, *Tradition as Rhetorical Proof,* 57-63에
　　서 논의됨.
16)　Bailey, "Recovering the Poetic Structure of 1 Cor 1:17-2:2," 265-296.

탈(逸脫)"을 나타낸다고 주장한다.[17] 아마도 대다수 학자들은 슈라게와 위더링턴의 입장을 따르고자 할 것이다. 이들은 앞부분에서는 논란의 대상의 특성을 설명해주는 서술(*narratio*)이 제시되고, 1:18-25에서는 그 사례를 구체적으로 증명해주는 입증(*probatio*) 또는 논증(*argumentatio*)이 전개된다고 말한다.[18] 이 증명 또는 입증은 서로 지지해주는 세 가지 보강 증거를 자세하게 설명해준다.

　　우리는 오늘날 인기를 얻고 있는 많은 수사학적 분석에 대해 회의적인 생각을 가질 수 있다. 왜냐하면 이러한 분석은 종종 명백함과 고도의 추측 사이에서 왔다 갔다 하기 때문이다. 하지만 이것들은 다음 두 가지 사항을 확인해준다. 첫째, 수사학은 바울의 스승이 아니라 그의 종의 역할을 하며, 선포와 논증은 바울의 주요 담론 방식이라는 리트핀의 주장을 수용한다면 바울은 그 당시의 보다 넓은 세상에서 전문적인 교육을 받은 자로서 사고에 기초한 자료들을 신중히 활용하는 것을 무시하지 않는다. 둘째, 이와 같은 강조점은 일부 교인들 사이에 광범위하게 퍼져 있던 의구심, 즉 성경 전문가들이 추측하듯이 바울이 과연 얼마나 단어, 어구, 문장에 세부적인 관심을 기울였는지에 대한 의구심을 떨쳐버리는 데 도움을 줄 것이다.

1. 십자가의 관점에서 바라본 인간 지혜의 한계(1:18-25)

[18] 왜냐하면 그들과 관련하여 십자가 선포가 멸망의 길로 나아가고 있는 이들에게는 어리석은 것이지만, 우리와 관련하여 구원의 길로 나아가고 있는 우리에게는 하나님의 능력이기 때문입니다. [19, 20] 왜냐하면 성경에도 이렇게 기록되어 있기 때문입니다. "내가 지혜롭다는 자들의 지혜를 부수어 버리고, 영리하다는 자

---

17) W. Wuellner, "Haggadic Homily Genre in Cor 1:17-2:2," 265-296. 인용 구절은 다음에 들어 있다. W. Wuellner, "Greek Rhetoric and Pauline Argumentation," in W. R. Schoedel and R. L. Wilken (eds.), *Early Christian Literature and the Classical Intellectual Tradition* (Paris: Beauchesne, 1979), 185; 참조. 177-188.

18) Witherington, *Conflict and Community*, 44; Schrage, *Der erste Brief*, 1:166-173.

들의 영리함을 헛것으로 만들 것이다." 현자가 어디에 있습니까? 전문 지식인
이 어디 있습니까? 이 세상 질서에 대한 변론가가 어디 있습니까? 하나님께서
세상의 지혜를 어리석은 것으로 만들어버리지 않으셨습니까? [21] 왜냐하면 사실
상 하나님의 지혜 안에서 세상은 자기의 지혜로 하나님을 아는 데 이르지 못했
기 때문입니다. 그래서 하나님께서는 [복음] 선포의 어리석음으로 [그것을] 믿
는 사람들을 구원하시는 것을 기뻐하셨습니다. [22-24] 유대인들은 표적들을 요구
하고 그리스인들은 지혜를 찾습니다. 하지만 우리는 십자가에 못 박힌 어떤 그
리스도를 선포합니다. [이것은] 유대인들에게는 모욕적인 것이며, 이방인들에
게는 어리석은 것입니다. 하지만 [하나님께] 부르심을 받은 사람들에게 그리스
도는 하나님의 능력이며 하나님의 지혜입니다. [25] 왜냐하면 하나님의 어리석음
이 사람의 지혜보다 더 지혜롭고, 하나님의 약함이 사람의 강함보다 더 강하기
때문입니다.

1:18-25에 대한 참고문헌

Bailey, Kenneth E., "Recovering the Poetic Structure of 1 Cor. 1:17-2:2," *NovT* 17 (1975):
    265-296.

Beaudean, John W., Jr., *Paul's Theology of Preaching* (Macon, Ga.: Mercer University Press,
    1988), 87-118.

Beker, J. C., *Paul's Apocalyptic Gospel: The coming Triumph of God* (Philadelphia: Fortress,
    1982), 29-54.

Best, E., "The Power and the Wisdom of God. 1 Cor. 1:18-25," in L. de Lorenzi (ed.), *Paolo
    a uno chiesa divisa (1 Co. 1-4)*, Monographica di "Benedicta" 5 (Rome: Abbazia di
    S. Paolo, 1980), 9-39.

Bornkamm, G., "Faith and Reason in Paul," in *Early Christian Experience* (Eng. trans.,
    London: SCM, 1969), 29-46.

Brown, A. R., *The Cross in Human Transformation: Paul's Apocalyptic Word in 1
    Corinthians* (Minneapolis: Fortress, 1995).

Bünker, M., *Briefformular und rhetorische Disposition im 1 Korintherbrief* (Göttingen:
    Vandenhoeck & Ruprecht, 1984).

Carson, D. A., "The Cross and Preaching (1Cor. 1:18-2:5)," in *The Cross and Christian
    Ministry* (Grand Rapids: Eerdmans, 1993), 11-42.

Chevallier, M. A., "La prédication de la croix," *ETR* 45 (1970): 131-160.

Clement of Alexandria, *Stromata*, 1:18 and 5:1.

Cousar, C. B., *A Theology of the Cross: The Death of Jesus in the Pauline Letters* (Minneapolis:

        Fortress, 1990).

Crafton, J. A., *The Agency of the Apostle*, JSNTSS 51 (Sheffield: Sheffield Academic Press, 1991), 48–58, 163–169.

Davis, James A., *Wisdom and Spirit: An Investigation of 1 Cor. 1:18-3:20 against the Background of Jewish Sapiential Traditions in the Greco-Roman Period* (Lanham, Md. and New York: University Press of America, 1984), esp. 65–74.

Dunn, J. D. G., "Paul's Understanding of the Death of Jesus," in R. Banks (ed.), *Reconciliation and Hope: NT Essays on Atonement and Eschatology Presented to Leon Morris* (Grand Rapids: Eerdmans, 1974), 125–141.

_____, *The Theology of Paul the Apostle* (Edinburgh: T. & T. Clark, 1998), 163–181 and 207–233.

Ellis, E. Earle, "Christ Crucified," in Robert Banks (ed.), *Reconciliation and Hope: NT Essays on Atonement and Eschatology Presented to Leon Morris* (Exeter: Paternoster, 1974), 69–75.

Fitzgerald, John T., *Cracks in an Earthen Vessel. An Examination of Catalogues of Hardships in the Corinthian Correspondence*, SBLDS 99 (Atlanta: Scholars Press, 1988), esp. 117–150 and 203–207.

Friedrich, G. "Die Verkündigung des Todes Jesu im Neuen Testament," *Biblisch-Theologische Studien* 6 (1982): 119–142.

Funk, R. W., "The Letter: Form and Style," in *Language, Hermeneutic and Word of God* (New York and London: Harper & Row, 1966), 250–274.

_____, "Word and Word in 1 Cor 2:6–16," in ibid., 275–306.

Grayston, Kenneth, *Dying We Live: A New Enquiry into the Death of Christ in the NT* (New York and Oxford: Oxford University Press, 1990), 21–27 and "The Power of the Cross," 27–29.

Hanson, Anthony T., "The Cross in the End Time," in *The Paradox of the Cross in the Thought of St. Paul*, JSNTSS 17 (Sheffield: JSOT Press, 1987), 11–24.

Hengel, M., *The Cross of the Son of God* (Eng. trans., London: SCM, 1986), 93–263.

Horrell, D. G., *The Social Ethics of the Corinthian Correspondence* (Edinburgh: T. & T. Clark, 1996), 131–137.

Jeremias, J., "Chiasmus in den Paulusbriefen," *ZNW* 49 (1958): 145–156.

Jervis, L. A., and P. Richardson, *Gospel in Paul: Presented to R. N. Longenecker,* JSNTSS 108 (Sheffield: Sheffield Academic Press, 1994), 21–88 (see essays by Jervis, Hurd, and Mitchell).

Jüngel, Eberhard, *God as Mystery of the World: On the Foundation of the Theology of the Crucified One in the Dispute between Theism and Atheism* (Eng.   Edinburgh: T. & T. Clark, 1983), 105–111, 122–126, 152–184, 199–232, 281–330.

_____, "The World as Possibility and Actuality: The Ontology of the Doctrine of Justification," in *Theological Essays,* vol. 1 (Eng. trans., Edinburgh: T. & T. Clark, 1989), 95–123.

Käsemann, Ernst, "The Saving Significance of Death of Jesus in Paul," in *Perspectives of Paul* (Eng. trans., London: SCM, 1971), 32-59.

Knox, W. L., "The Divine Wisdom," in *St. Paul and the Church of the Gentiles* (Cambridge: Cambridge University Press, 1939), 55-89.

Lampe, R., "Theological Wisdom and the 'Word about the Cross': The Rhetorical Scheme in 1 Cor 1-4," *Int* 44 (1990): 117-131.

Litfin, Duane, *St. Paul's Theology of Proclamation: 1 Corinthians 1-4 and Greek-Roman Rhetoric*, SNTSMS 79 (Cambridge: Cambridge University Press, 1994), 174-210.

Luz, U., "Theologie des Kreuzes als Mitte der Theologie im NT," *EvT* 34 (1974): 116-141.

McDonald, James I. H., *Kerygma and Didache: The Articulation and Structure of the Earliest Christian Message*, SNTSMS 37 (Cambridge: Cambridge University Press, 1980), 39-43 and 50-59.

McLean, B. H. *The Cursed Christ: Mediterranean Expulsion Rituals and Pauline Soteriology*, JSNTSS 126 (Sheffield: Sheffield Academic Press, 1996).

McNulty, T. Michael, "Pauline Preaching: A Speech-Act Analyst," *Worship* 53 (1979).

Merklein, K., "Die Weisheit Gottes und die Weisheit der Welt (1 Kor 1:2): Zur Möglichkeit einer 'natürlichen Theologie' nach Paulus," in *Studien zu Jesus und Paulus*, WUNT 43 (Tübingen: Mohr, 1987), 376-384.

_____, "Das paulinische Paradox des Kreuzes," *TTZ* 106 (1997): 81-98.

Mitchell, Margaret M., *Paul and the Rhetoric of Reconciliation* (Tübingen: Mohr, 1991), 202-225.

_____, "Rhetorical Shorthand in Pauline Argumentation: The Functions of 'the Gospel' in the Corinthian Correspondence," in L. Ann Jervis and Peter Richardson (ed.), *Gospel in Paul—Studies in Corinthians, Galatians and Romans for Richard N. Longenecker*, JSNTSS 108 (Sheffield: Sheffield Academic Press, 1994), 63-88.

Moltmann, J., *The Crucified God: The Cross as the Foundation and Criticism of Christian Theology* (Eng. trans., London: SCM, 1974).

_____, *The Way of Jesus Christ: Christology in Messianic Dimensions* (Eng. trans., London: SCM, 1990).

Morris, Leon, *The Cross in the NT* (Grand Rapids: Eerdmans and Exeter: Paternoster, 1995).

Müller, K., "1 Kor. 1:18-25, Die eschatologisch-kritische Funktion der Verkündigung des Kreuzes," *BZ* 10 (1966): 246-272.

Neyrey, J. H. "'Despising the Shame of the Cross': Honor and Shame in the Johannine Passion Narrative," in *Semeia* 68 (1996) (*Honor and Shame in the World of the Bible*, 1994): 113-138.

O'Brien, P. T., *Gospel and Mission in the Writings of Paul* (Carlisle: Paternoster, 1995).

Oke, C. Clare, "Paul's Method Not a Demonstration but an Exhibition of the Spirit," *ExpTim* 67 (1955): 85-86.

Origen, "Fragments, sects. 6-8," in Claude Jenkins (ed.), *JTS* 9 (1908): 235-238.

Ortkemper, Franz-Josef, *Das Kreuz in der Verkündigung des Apostels Paulus* (Stuttgart: Verlag Katholisches Bibelwerk, 1967), 9-67.

_____, "Wir verkünden Christus als den Gekreuzigten (1 Kor 1,23)," *Bibel und Kirche* 23 (1968): 5-12.

Pannenberg, W., "The Gospel," in *Systematic Theology*, vol. 2 (Eng. trans., Edinburgh: T. & T. Clark, 1994), 454-464.

Patte, Daniel, *Paul's Faith and the Power of the Gospel: A Structural Introduction to the Pauline Letters* (Philadelphia: Fortress, 1983), 281-287 and 301-312.

Peterson, E., "1 Cor. 1:18 und die Thematik des jüdischen Bussestages," *Bib* 32 (1951): 97-103.

Pickett, R., *The Cross in Corinth: The Social Significance of the Death of Jesus*, JSNTSS 143 (Sheffield: Sheffield Academic Press, 1997), esp. 37-84.

Pogoloff, Stephen M., *Logos and Sophia. The Rhetorical Situation of 1 Corinthians*, SBLDS 134 (Atlanta: Scholars Press, 1992), 97-122.

Reese, James M., "Paul Proclaims the Wisdom of the Cross: Scandal and Foolishness," *BTB* 9 (1979): 147-153.

Ridderbos, H. *Paul: An Outline of His Theology* (Eng. trans., London: SPCK, 1977), 135-143.

Robinson, W. C., "Word and Power (1 Cor 1:17-2:5)," in J. McDowell (ed.), *Soli Deo Gloria: NT Studies in Honor of W. C. Robinson* (Richmond: Knox, 1968), 68-82.

Rood, L. A., "Le Christ δύναμις θεοῦ (Puissance de Dieu)," in A. Descamps, B. Rigaux, et. al., *Littérature et Théologie Paulinienne*, Recherches Bibliques 5 (Louvain: Desclée de Brouwer, 1960), 93-108.

Rosner, Brian S., *Paul, Scripture and Ethics: A Study of 1 Cor. 5-7* (Leiden: Brill, 1994), 3-17 and 81-194.

Schütz, John H., "The Cross as a Symbol of Power," in Paul and the Anatomy of Apostolic Authority, SNTSMS (Cambridge: Cambridge University Press, 1975), 187-203.

Schneider, Johannes, "σταυρός," *TDNT*, 7:572-585.

Stowers, Stanley K., "Paul on the Use and Abuse of Reason," in D. L. Balch, E. Ferguson, and W. Meeks (eds.), *Greeks, Romans and Christians: Essays in Honor of J Malherbe* (Minneapolis: Augsburg, 1990), 253-286.

_____, "Social Status, Public Speaking and Private Teaching: The Circumstances of Paul's Preaching Activity," *NovT* 26 (1984): 59-82.

Stuhlmacher, P., *Das paulinische Evangelium* (Göttingen: Vandenhoeck & Ruprecht, 1968).

Tertullian, *Against Marcion*, 5:5 and 6; *On the Resurrection*, 3.

Wedderburn, A. J. M., "ἐν τῇ σοφίᾳ τοῦ θεοῦ, 1 Kor 1:21," *ZNW* 64 (1973): 132-134.

Weder, H., *Das Kreuz Jesu bei Paulus* (Göttingen: Vandenhoeck & Ruprecht, 1981).

Wilckens, Ulrich, *Weisheit und Torheit. Eine exegetisch-religionsgeschichtliche Untersuchung zu 1 Kor. 1 und 2* (Tübingen: Mohr, 1959), 5-41 and 205-224.

Winter, B. W., *Philo and Paul among the Sophists,* SNTSMS 96 (Cambridge: Cambridge University Press, 1997), 186-194.

Wood, H. G., "Didache, Kerygma and Euangelion," in A. J. B. Higgins (ed.), *NT Essays: Studies in Memory of T. W. Manson* (Manchester: Manchester University Press, 1959), 306-314.

Wuellner, W., "Haggadic Homily Genre in 1 Cor 1-3," *JBL* 89 (1970): 199-204.

18절   앞에서 우리는 ὁ λόγος의 의미 영역이 매우 넓기 때문에 대다수의 경우에 각각의 문맥에 따라 그 의미를 결정해야 한다고 말했다. 분명히 "말씀"은 가능한 번역이다. 왜냐하면 "하나님의 말씀"은 기독교의 전통 안에서 하나님의 대리자를 통한 의사 전달 사건의 구성 요소(문장, 진술, 언급, 메시지 등)로 확립되었기 때문이다(고전 14:36과 또한 1:5에 대한 주해 참조). 하지만 21절에서 τῆς μωρίας는 τοῦ κηρύγματος를 묘사한다. 또한 이 절에서 이 두 사고는 서로 평행을 이룬다. 따라서 우리는 "선포"가 여기서 바울이 의도하는 λόγος의 개념을 가장 적절하게 전달한다는 우리의 번역을 정당화할 수 있을 것이다. "십자가의 메시지"(NJB, NIV, Barrett)라는 번역은 너무 협소하게 인지적이거나 비공식적인 내용에 집중하는 위험을 무릅쓴다. 분명히 이 단어에는 그와 같은 내용이 포함되어 있다. 하지만 이 번역은 "선포"가 지니고 있는 변혁적인 측면에서 빗나가는 경향을 드러낸다.[19] 가장 바람직하지 않은 번역은 "십자가의 교의"(NEB, 나중에 REB는 그것을 "메시지"로 바꿈)다. 이 문맥에서 "교의"는 바울이 공격하는 바로 그 부작용을 빚어낼 것이다. 즉 복음 선포가 증언하는 것보다 교의 자체에 분파적으로 관심을 기울이게 할 것이다. 특히 이 절과 연결되어 있는 리트핀의 연구서 제목은 "선포"라는 용어를 사용하면서 바울의 주제를 구체적으로 제시한다.[20] 의미적인 측면에서 여기서 [복음] 선포는 σοφία λόγου(17절)와 대조를 이룬다. 리트핀은 이 어구를 "교묘한 말솜씨"라고 번역하고, 포골로프도 동등한 타당성을 지닌 "고상한 말재주"로 이해한다.

---

19) Schrage는 십자가에 대한 선포는 **변화된 존재**의 기초라고 말한다(*Der erste Brief,* 1:165).

20) Litfin, *St. Paul's Theology of Proclamation.*

우리는 "구원의 길로 나아가고 있는 이들"(또한 NEB)로 번역했다. 이 번역은 정관사와 함께 사용된 현재 능동태 분사(여격)의 의미를 보다 더 정확하게 표현해준다. 대다수 역본들은 사실상 현재의 의미를 강조한다(예. to those who are perishing, NRSV, NIV). 하지만 "[구원의] 과정에 있는" 같은 표현은 구원과 관련하여 일련의 현재 시제의 중요성에 주목한다. ἀπόλλυμι가 능동태로 사용될 때 "멸망시키다" 또는 "파괴하다"를 의미하지만, 중간태로 사용될 경우에는 "멸망하다", "잃어버리다", "파괴되다"를 뜻한다. 따라서 "멸망"은 과연 그 행위자가 자기 자신인지 아니면 다른 사람인지에 대한 답을 미결 상태로 남겨둔다. JB의 "not … salvation"이라는 번역은 지나치게 관대한 번역이기 때문에 "멸망"의 이미지가 지니고 있는 힘과 비교할 때 생동감이 떨어진다. 또한 "멸망"은 죽은 다음에 완전히 멸절된다는 이론이나 자기소멸에 이른다는 이론에 대한 이슈들과 관련하여 답변을 제시하지 않는다. 더욱이 해당 이슈는 이 본문에서 논쟁의 대상이 아니다.

우리는 "그들과 관련하여"라는 표현을 삽입했다. 왜냐하면 비록 μέν … δέ는 종종 번역에 구체적으로 반영되지 않지만, 이 절에서 한편으로 (μέν)…다른 한편으로(δέ)의 형식으로 대조되는 것은 두 가지를 서로 명백하게 인식하도록 요구하기 때문이다. 여기서 서로 상반되는 대조는 바울의 논점에서 핵심을 이룬다.[21] 하지만 콘첼만이 올바로 지적하듯이 "멸망의 길로 나아가고 있는" 것과 "구원의 길로 나아가고 있는" 것 간의 대조는 인간의 어리석음과 인간의 지혜로움 간의 대조에 상응하는 것이 아니다. 오히려 그것은 **인간의** 어리석음(μωρία)과 **하나님의** 능력(δύναμις θεοῦ) 간의 대조를 나타낸다.[22] 사람들이 기대했던 것과 달리 이와 같은 반전(反轉)은 더욱더 주목할 만한 것이었다. 빌켄스가 주장하듯이 지혜-어리석음의 대조는 고대 그리스-로마 세계에서 중요한 역할을 했으며, 또한 분명히 고린도에

---

21) N. Schneider, *Die rhetorische Eigenart der paulinischen Antithese* (Tübingen, 1970). 또한 μέν … δέ의 형식을 통한 **상반 논리의 대조**에 대한 수사학적인 고안에 대해서는 Collins, *First Cor,* 102를 참조하라.

22) Conzelmann, *1 Corinthians,* 41; 참조. Wolff, *Der erste Brief,* 36.

서도 신학적인 슬로건이나 표어로 사용되었을 것이기 때문이다.[23] "어리석음"(μωρία)은 신약성경에서 오직 고전 1:18, 21, 23, 2:14과 3:19에서만 나타나는 반면, "어리석은 자" 또는 "어리석은"(μωρός)은 바울 서신에서 오직 고전 1:25, 27, 3:18과 4:10에서만 나타난다(비록 목회 서신에서는 딤후 2:13과 딛 3:9에서 두 번 나타나지만 말이다). 따라서 바울은 지혜-어리석음의 대조를 한편으로는 인간적으로 실패하는 것, 어리석음을 드러내는 것, 어리석은 것과, 다른 한편으로는 하나님의 대리 행위에 의해 효력을 나타내는 것, 실행하는 것, 능력이 있는 것, 변화시키는 것과의 대조로 전환한다. 바울은 다른 본문에서도 이와 같은 수사학적 전환의 기술 또는 "코드-전환"을 사용한다.[24]

이 대조에 대한 시금석은 "십자가 선포" 안에서 발견될 수 있다. 여기서 소유격 σταυρῦ는 목적을 나타내는 소유격이다. 곧 십자가는 선포 행위의 대상이다. 또한 이 표현은 사실상 바울이 복음을 정의하는 역할을 한다. 페터 람페의 표현에 의하면 바울은 "한편으로는 **하나님과 십자가에 관한 말씀**과, 또 다른 한편으로는 **세상의 지혜와의** 절대적인 대조"를 제시한다(강조는 덧붙여진 것임).[25] 바르트는 이러한 대조가 "분명히 이 단락(아마도 이 단락뿐만 아니라)의 은밀한 핵심"이라고 말한다.[26] 우리는 앞에서 1-3절이 일종의 설교 패턴을 반영할 수 있다는 것에 대해 살펴보았다. 바레트는 만약 이 경우라면, 그리고 또 바울이 이 자료를 다른 본문에서도 사용했다면 그의 "텍스트"는 고전 1:31의 "[누구든지] 자랑하는 자는 주 안에서 자랑하라"일 것이라고 주해한다.[27] 인간의 지혜가 아니라 하나님이 배후에서 그 선포의 타

---

23) Wilckens, *Weisheit und Torheit*, 5-41 and 205-224. 또한 참조. Merklein, *Der erste Brief*, 1-4, 170-175 and "Semantische Analyse"; 또한 Lang, *Die Briefe an die Korinther*.

24) A. C. Thiselton, "The Meaning of σάρξ in 1 Cor. 5:5: A Fresh Approach in the Light of Logical and Semantic Factors," *SJT* 26 (1973): 204-228; J. D. Moores, *Wrestling with Rationality in Paul*, SNTSMS 82 (Cambridge: Cambridge University Press, 1995), 5-32, 132-160.

25) P. Lampe, "Theological Wisdom," *Int* 44 (1990): 120.

26) Barth, *The Resurrection of the Dead*, 18; 참조. 15-29.

27) Barrett, *First Epistle*, 51; 참조. C. D. Stanley, *Paul and the Language of Scripture*,

당성을 부여하고 그것에 서명하지 않는 한, 그것은 **어리석은 것이다**. 따라서 다음과 같은 바르트의 해석은 전적으로 바울의 사상에 부합한다. "하나님은 성경 말씀과 그것에 대한 선포를 실행하고 승인하며 성취하신다. 그것을 통해 하나님은 그 말씀을 참되게 하신다."[28] 바르트는 계속해서 다음과 같이 주장한다. "하나님의 말씀의 약속은 공허한[참조. κενωθῇ, 17절] 맹세가 아니다.…하나님의 말씀은 그 약속을 받아들여 자기 것으로 만든 사람을 전적으로 새로운 상태 안으로 옮긴다."[29]

이것은 바울이 어떤 의미에서 십자가 선포가 바로 "하나님의 능력"임을 깨닫게 해준다. 하나님의 약속과 변화시키는 행위는 하나님의 능력 안에서 **작동하고 효력을 나타내고 구현된다**. 우리는 신약성경에서 δύναμις가 나타나는 사례 가운데 몇 가지 의미 영역을 구분할 필요가 있다.[30] 산업혁명 이래로 기술이 지배하는 이 시대에 우리는 **능력**(힘)을 힘의 수준의 관점에서 생각하려는 경향이 있다. 예를 들면 전압의 세기나 연설 또는 여론 조사의 영향력을 수치로 나타내는 것 등이다. 비록 다음과 같은 판단에 의문을 제기할 수도 있겠지만, 로우와 니다는 행 1:8에서 성령을 통해 권능을 받는 것을 이 의미 영역 안에 넣는다. 그들은 예를 들어 눅 1:51의 "그의 팔로 힘을 보이사"와 행 2:22 또는 아마도 "통치자들과 권세들"(골 1:16; 참조. 엡 6:12)의 보다 더 확실한 지지를 받을 것이다.[31] 하지만 그들은 δύναμις의 사용을 "어떤 기능을 수행하는 특별한 능력에 해당하는 것으로 보고" 이 모든 의미 영역과 구별한다. 예를 들어 아볼로는 성경에 "강한" 자가 아니라

SNTSMS, 74 (Cambridge: Cambridge University Press, 1992), 186-188. Barrett는 H. St.-John Thackeray, *The Septuagint and Jewish Worship* (London: Oxford University Press, 1921), 97을 언급한다. 하지만 우리는 이미 다음과 같은 보다 더 최근의 제안에 대해 언급했다. Wuellner, "Haggadic Homily Genre in 1 Cor. 1-3," 199-204; Davis, *Wisdom and Spirit,* 67-70; D. Daube가 언급한 배경.

28) Barth, *CD,* 1/1, *The Doctrine of the Word of God,* sect. 3.120.

29) 같은 책, sect. 5.152.

30) Louw and Nida, *Greek-English Lexicon of the NT Based on Semantic Domains* (1988-89), 2-67; 참조. 1.147-148, 479, 669, 676.

31) 같은 책, 147-148.

특별히 성경에 "능통한" 자($\delta υνατὸς ὢν ἐν ταῖς γραφαῖς$, 행 18:24)로 보아야
한다.[32] 이와 비슷하게 $\delta υναμόω$는 능력과 권위를 부여한다는 의미에서 누
군가에게 권한을 부여하는 것을 의미할 수 있고, $\delta ύναμαι$는 무언가를 실행
하는 능력을 뜻한다.

그렇다면 십자가는 핵심을 이룬다. 십자가에서 또는 십자가를 수단으
로 한 하나님의 임재와 약속은 효력을 나타낸다. 십자가는 하나님의 약속을
구체적으로 실현하고 변화시킨다.[33] 십자가는 정도가 아니라 종류의 측면에
서 인간의 연약함 및 어리석음과 완전히 다르다. 우리가 17절을 다룰 때 이
미 언급했듯이 만약 어떤 시도가 십자가를 구원을 제시하는 선포로 여겨지
지 않고 "지혜"를 얻고 전달하기 위한 인간적인 성취의 정도(degree)를 반영
한다면, 어떤 신념 체계를 전달하는 것과 관련하여 어떤 수사학적 또는 심
리학적인 시도는 공허한 것이 되고 만다. 이러한 언어유희는 지혜롭고 정교
한 것처럼 보일 수도 있다. 하지만 그것은 단지 멸망의 길로 나아가고 있는
이들에게만 그렇게 보일 뿐이며, 구원의 길로 나아가고 있는 이들은 그것을
순전히 어리석은 것으로 인식한다.

우리가 이미 언급했듯이 데이비스와 특히 포골로프는 지혜를 인간 성
취의 다양한 정도와 연결한다. 이것은 왜 바울이 고전 1장에서 구원을 묘사
하거나 언급할 때 그리스어 현재 분사들과 몇몇 현재 시제를 그토록 신중히
사용하는지를 강조한다. 그리스도인들이 이미 목표에 "도달했다"고 생각하
려는 유혹은 자화자찬의 분위기를 조성할 것이다. 이것은 십자가에 대한 선

---

32) 같은 책, 676. BAGD는 *Papyrus Oxyrhynchus* 1273.24를 언급하면서 주요한 의미 범주로서
2항을 ability, capability에 할애한다. 참조. Josephus, *Antiquities* 3. 102; 10:54. 또한 참조.
마 25:15; 고후 8:3. 하지만 BAGD는 용례들을 "능력에 따라"라는 의미의 $\kappa ατὰ \delta ύναμιν$에
한정시키는 경향을 보인다. 비록 이 그리스어 사전은 고전 4:19-20과 살전 1:5을 "능력, 권
세, 힘" 아래 분류하지만, 마지막 두 가지 경우에 $\delta ύναμις$는 "단지 말이나 외모와 대조된다"
고 올바르게 지적한다. 하지만 이것은 바로 우리가 강조하고자 하는 바다. 즉 $\delta ύναμις$는 이
구절과 몇몇 다른 구절에서 힘을 미쳐 그 효력을 구체적으로 나타내는 것을 의미한다. 이것
은 효력이 없고, 공허하며, 겉보기만 그럴듯한 것과 대조된다.
33) 참조. Brown, *The Cross in Human Transformation*. 또한 Pickett, *The Cross in Corinth*(본
주석서 1:18-2:5의 머리말에서 논의됨).

포와 전적으로 동떨어진 것이다. 왜냐하면 그리스도는 상처를 입고 모욕당하고 죽임을 당했기 때문이다. 따라서 "바울이 '구원을 받은 자들'('세소스메노이')에 대해 말하지 않고 구원을 받는 과정에 있는 자들('소조메노이')에 대해 말한다는 것은 바울의 구원론에서 매우 특징적인 부분이다. 구원은 아직 온전히 얻은 것이 아니다."[34]

스토워스와 피츠제럴드는 바울이 지혜의 본질 그 자체가 아니라 세상적인 지혜를 공격함으로써 고대 그리스 철학 전통의 가장 탁월한 자들과 동일한 위치에 서게 되었다고 설득력 있게 논증한다. 일부 소크라테스 전통에서 다른 이들을 섬기는 현자는 고난을 진정성의 표시로 인지할 수도 있다. 하지만 몇몇 수사학 학파에서는 오직 박수갈채만 "성공"의 표시로 인정한다.[35] 따라서 스토워스는 다음과 같이 주장한다. "고전 1:18-4:21은 믿음을⋯이성과 대립시키지 않고, 자만심과 같이 널리 퍼져 있는 악덕뿐만 아니라 새로운 것과 다른 것에 대해 열려 있는 자세가 결핍되어 있는 것을 비판한다.[36] 자만심은 망상과 자기기만을 가져오며 멸망에 이르는 길을 제시한다. 왜냐하면 자신의 무지와 자신이 계속 배워야 할 필요성이 있음을 인정하는 것은 우리에게 구원에 이르는 길을 가리키기 때문이다. 하지만 고대 그리스의 현자 전통과 달리 바울은 모든 것을 십자가 선포에 기초한다.

---

34) Héring, *First Epistle*, 8. 고린도전서에서 구원과 관련하여 두드러지게 나타나는 미래에 대한 강조는 바울 안에서 전개되는 종말론에 대한 C. H. Dodd의 가설을 지지해주지 않는다. 그 이후의 저서들에서 Dodd는 현재와 미래를 강조한다("The Mind of Paul," in *NT Studies* (Manchester: Manchester University Press, 1953), rpt. from *BJRL* 17 [1933]: 91-105). Dodd의 이론에 반응하는 J. Lowe의 논문은 이러한 종류의 질문에 대해 충분히 답변한다 ("An Examination of Attempts to Detect Development in St. Paul's Theology," *JTS* 42 [1941]: 129-142). Lowe가 입증해주듯이 바울 서신의 수신자들의 목회적 필요에 따라, 특히 그들의 신학의 방향과 관련하여, 교정이나 보충이 요구될 때 바울의 강조점은 바뀔 수 있다.

35) John T. Fitzgerald, *Cracks in an Earthen Vessel: An Examination of Catalogues of Hardships in the Corinthian Correspondence*, SBLDS 99 (Atlanta: Scholars Press, 1988), 117-150 and 203-207; Stanley K. Stowers, "Paul on the Use and Abuse of Reason," in D. L. Balch, E. Ferguson, and Wayne Meeks (eds.), *Greeks, Romans and Christians: Essays in Honour of J. Malherbe* (Minneapolis: Augsburg, 1990), 253-286.

36) Stowers, "Paul on the Use and Abuse of Reason," 261.

이 선포는 본질상 그리스도인의 제자도가 어떤 모범을 보여야 하는지 결정
한다. 즉 그것은 어떤 희생을 치르더라도 다른 사람들을 위해 사는 삶이다.

현대 신학에서 본회퍼는 십자가가 어리석어 보이거나 하나님의 능력
을 드러내는 것을 재정의하는 방법들을 참신하게 알려주었다. 그는 다음과
같이 말한다. "만약 하나님이 어디에 계실 것인지에 대해 말하는 사람이 바
로 나라면 나는 그곳에서 나에게 해당하고 나에게 동의하는 [그릇된] 하나
님을 언제나 발견할 것이다.…그러나 만약 하나님이 어디에 계실 것인지를
말하는 자가 바로 하나님이시라면…그곳은 바로 그리스도의 십자가일 것
이다."[37] 따라서 그는 예수와 바울 간의 중요한 일치점을 지적하면서 이렇
게 주장한다. 복에 대한 예수의 선언은 약삭빠른 사람이나 성공한 사람이
나 권세 있는 사람의 행복에 대해 말하지 않고, 오히려 "슬퍼하는 사람들",
"가난한 사람들", "정의를 실천하기 위해 박해를 받는 사람들"(참조. 마 5:3, 4,
10)에 대해 말한다.[38] 십자가가 없는 지혜나 은혜는 "시장에서 팔리는 값싸
고 품질이 나쁜 상품들"과 같다. "값싼 은혜는 죄인에 대한 칭의 없이 죄를
의롭다고 여기는 것을 의미한다.…회개를 요구하지 않고 용서를 베푸는 것,
교회가 징계를 내리지 않고 단순히 세례 의식을 거행하는 것을 의미한다.…
그리고 세상은 옛날처럼 똑같은 방법으로 진행될 것이다.…십자가가 없는 은
혜, 예수 그리스도가 없는 은혜를 요구할 것이다."[39]

이제 이 모든 것은 우리가 δύναμις θεοῦ, "하나님의 능력"에 대한 의미
를 더욱 깊게 이해하는 데 혁신을 가져왔다. 쉬츠는 고전 1:10-4:21에 대해
다음과 같이 올바른 해석을 제시한다. "바울이 말하는 능력은 매우 특이한
이미지, 곧 십자가의 관점에서 묘사된다.…능력은 연약한 것처럼 보인다.
또한 연약함은 능력처럼 보인다.…사도로서 바울이 보여준 삶의 방식은 일

---

37) D. Bonhoeffer, *Meditating on the Word* (Eng. trans., Cambridge, Mass.: Cowley
   Publications, 1986), 45.
38) 참조. D. Bonhoeffer, *The Cost of Discipleship* (Eng. trans., London: SCM, unabridged ed.
   1959), 93-176.
39) 같은 책, 35-36; 참조. 37-47.

반적인 의미에서 결코 능력을 드러내 보이는 것이 아니다."[40] 고린도 교인들 가운데 많은 이들은 십자가 없이 "능력"(권세)을 얻을 수 있는 지름길을 찾고자 했다. 그들은 사도들이 보여준 십자가를 구현하는 낮아짐의 삶의 방식을 회피한 채 "초(超)종말론적인" 길을 통해 "이미 부유한 자"(참조. 고전 4:8)가 되기를 추구했다(참조. 고전 4:9-13).[41] 하지만 이것은 갈라디아서에서처럼 복음을 위험에 빠트리는 것이다.[42] "나는 바울 편"(1:12)이라는 외침을 거부함으로써 바울은 개인적으로 "능력"과 관련하여 십자가를 구현하는 삶의 자세를 취한다.

이것은 권력을 얻기 위한 바울의 교묘한 전략 사용에 대한 카스텔리와 와이어의 주장과 일부 페미니스트 신학에서 죄의 본질을 재정의하는 획기적인 결과를 가져왔다.[43] 카스텔리는 푸코를 통해 널리 알려진 원리에 호소한다. 즉 이 원리는 이른바 진리에 대한 일부 주장이 말하는 사람의 능력을 고양하는 데 사용될 수 있다고 말한다. 카스텔리는 이 원리를 바울에게 적용하며 다음과 같이 주장한다. 즉 자신의 본보기를 따르라(4:6; 11:1)는 바울의 권면은 그가 "동일성" 또는 "질서"를 교회에 적용하기 위한 전략으로 기능한다는 것이다. 이와 비슷하지만 보다 더 급진적인 견해를 개진하는 와이어는 바울을 다음과 같이 이해한다. 즉 바울은 고린도에서 새로 발견된 자유와 여자 예언자들의 자율성을 제한하기 위한 교묘한 수사학의 일환으로 자신의 사도 신분을 사용한다는 것이다. 우리는 이와 같은 주장에 대해 나중에 보다 자세하게 논의할 것이다(예를 들면 4:16 및 11:1에 대한 주해를 참조하라). 그런데 18절에서는 이러한 주장을 바울이 십자가의 능력으로서 능력

---

40) Schütz, *Anatomy of Apostolic Authority*, 187.

41) Wilckens, *Weisheit und Torheit*, 17. 우리가 앞에서(곧 1:18-2:5에 대한 머리말 부분에서) Martyn, "Epistemology at the Turn of the Ages"와 이와 관련된 Brown의 논의들에 대해 언급한 것을 보라.

42) Schütz, *Anatomy of Apostolic Authority*, 190.

43) E. Castelli, *Imitating Paul: A Discourse of Power* (Louisville: Westminster-Knox, 1991), 1-58, 89-118; A. C. Wire, *The Corinthian Women Prophets* (Minneapolis: Fortress, 1990).

을 새롭게 정의하는 것, 또는 앞에서 그가 "바울" 그룹을 인정하지 않은 것 (1:12), 또는 그가 "다른 사람들"과 믿음이 "연약한 사람들"(9:12b-23)을 위해 사도로서 자신의 "권리들"을 포기한 것과 조화시키는 것은 어렵다. 십자가는 바로 다른 사람들을 위해 자기를 내어주는 것에 대한 구체적인 본보기(패러다임)다.

그러므로 쉬츠는 1:18에서 이중의 뉘앙스를 발견한다. 한편으로 그리스도의 십자가는 보는 관점에 따라 "어리석은 것"으로 또는 "하나님의 능력"으로 보인다. 멸망의 길로 나아가고 있는 이들의 관점에서 십자가는 단지 어리석은 것으로 인식되거나 또는 이해될 수 있을 뿐이다. 반면에 구원의 길로 나아가고 있는 우리에게 그것은 사실상 십자가 형태의 하나님의 능력으로 나타난다. 그와 같은 하나님의 본성과 행동 방식(*modus operandi*)이 십자가에서 명백하게 드러나는 것이다. 하지만 다른 한편으로 십자가는 또한 인과관계와 비슷하거나 또는 (더 나은 표현으로서) 변화시키는 동인(動因)으로 나타난다. 곧 "십자가의 말씀은 어떤 의미에서 각 사람의 태도에 반응하며 각 사람의 운명을 결정짓는다."[44] 슈라게, 브라운, 피켓은 후자의 주제를 다룬다. 그리고 브라운은 인식론과 세상을 창조하는 발화행위의 관점에서 이 두 가지 주제의 관계를 자세하게 설명한다.[45] 따라서 "세상의 지혜"는 한편으로는 인식론적인 의미에서, 또 다른 한편으로는 구원과 관련된 의미에서 십자가의 비판을 받아야 한다(십자가는 생명과 진정한 복에 이르는 길이 무엇인지 정의해준다). 이 실재들은 최후의 심판에 앞서 십자가를 통해 명백하게 드러난 하나님의 결정적인 판결에 기초한 실재들로 간주되기 때문에 우리는 여기서 "정의하다"라는 단어를 사용한다.

바울의 이 주제는 몰트만과 윙엘의 저서에서 특별히 분명하게 표현된다. "그리스도인의 정체성은 십자가에 못 박힌 그리스도와 하나가 되는

---

44) Schütz, *Anatomy of Apostolic Authority*, 192.

45) Schrage, *Der erste Brief*, 1 "165; 참조. 165-238; Brown, *The Cross in Human Transformation*, 8-11, 89-104, 150-154; Pickett, *The Cross in Corinth*, 특히 37-84.

행위로 이해될 수 있다."[46] 이는 심지어 세상의 "권력"을 거부하는 것을 수반한다고 하더라도 "진영"의 안전을 떠나 굴욕을 당하고 취약한 자들과 연대함으로써 "그리스도의 수모"에 동참하고(히 11:26), 고린도에서 종종 "연약한 자들"로 불리는 이들의 상황에 동참하는 것을 의미한다.[47] 소피아에 대한 고린도 사람들의 "주장은 사실상 과연 소피아가 무엇인지에 대해 오해한 것에 기초하고 있다(1:18 이하).[48] 쉬츠는 다음과 같이 결론 내린다. "따라서 십자가는 종말론적·비판적 기능을 지니며, 하나님의 최후의 심판을 침해하지 않으면서도 그 심판을 기대하며 또한 심지어 그것을 결정한다. 그런데 십자가의 말씀이 지니고 있는 바로 그 '능력'이 손상될 위험에 놓여 있는 것이다.…이 개념에 대한 논쟁의 주안점은 고린도에서의 '판단하는' 성향에 대한 것이다."[49] 수사학에 대한 청중에 의한 판단과 사회적 신분에 대한 "소비자"의 판단과 관련된 소비자 지향적인 집착은 십자가를 선포하는 것을 통해 청중에 대한 판단과 맞선다.

만약 십자가가 하나님의 심판 행위의 관점에서 정의된 어떤 판단 기준이라면 십자가 사건은 최종적이며 결정적인 특성을 전제하는 진리와 실재에 대한 기대와 논리적으로 분리될 수 없을 것이다. 그 진리와 실재는 종말에 대한 하나님의 계시 안에 보존되어 있다. 개념의 역사에 대해 설명하기가 어렵다는 점을 고려할 때 우리는 캐제만, 슈바이처, 베커와 더불어 묵시론적인 배경에 대해 말할 수 있을 것이다. 또는 단순히 보다 광범위하게 종말론의 배경에 대해서도 말할 수 있을 것이다. 그렇다고 하더라도 지혜-어리석음, 인간의 지혜 대(對) 하나님의 행위 등 일부 서로 대조되는 것은 "반전"을 암시한다. 이 반전들은 공관복음의 전승에서 많은 종말론적인 선언을 암시한다. 예를 들면 권세 있는 자들은 낮아진 반면, 비천한 사람들은 높

---

46) Moltmann, *The Crucified God*, 19.
47) Moltmann, *The Way of Jesus Christ*, 210; 또한 *Theology of Hope* (Eng. trans., London: SCM, 1967), 304-338.
48) Funk, "Word and Word in Cor. 2:6-16," 278.
49) Schütz, *Anatomy of Apostolic Authority*, 192-193.

아졌다는 것을 꼽을 수 있다(눅 1:52).⁵⁰⁾

제임스 리즈는 "십자가의 지혜를 선포하는 바울: 스캔들과 어리석음"
이라는 제목의 연구서를 간행했다. 그 책에서 그는 "그리스도, 곧 하나님의
능력과 지혜"(고전 1:24)를 산상수훈(마 5:1-12) 및 "십자가의 묵시록"의 "반
전들"과 연결하는 데 어려움을 거의 느끼지 않는다.⁵¹⁾ 나아가 엘리스는 이
주제를 다른 사람들에 대한 사랑과 관련하여 설명한다.⁵²⁾ 십자가의 이와 같
은 비판적인 측면은 특히 뮐러와 오르트켐퍼를 포함하여 일부 학자들의 저
서에서도 언급된다.⁵³⁾

19-20절 τὴν σοφίαν τοῦ κόσμου(그리스어 원문에서 20절의 맨 마지막 구절)
의 수정 독법과 관련하여 p¹¹(7세기), ℵ*, A, B, C*, 33 등은 지시 대명사가 생략된 독
법을 지지한다. 나중에 첨가된 것은 바울이 합리성을 공격하고 있다는 인상을 주지
않으려는 의도에서 비롯된 것이지만, 그 합리성은 이 세대 안에서는 지혜롭다고 여
겨진다. 공인 본문(*Textus Receptus*)이 긴 독법을 채택한 이후로 AV/KJV는 이 세상의
지혜라는 독법을 채택한다.

고린도전서에는 적어도 구약 본문이 분명하게 열네 번 인용되는데, 이
것이 그 가운데 첫 번째다. 구약성경은 처음부터 초기 기독교 공동체에서
성경으로 기능했다. 바울이 갈라디아서나 로마서에서 유대-기독교적인 요
소를 언급할 때 그가 단지 논적(論敵)을 향해서만 구약성경에 호소한다는
주장은 근거가 취약한 추측에 지나지 않는다. 그 누구보다도 브라이언 로

---

50) 다음 주석서는 의미 분석을 통해 이러한 평행을 명백하게 드러내준다. Merklein, *Der erste
Brief 1-4*, 171-175.

51) J. M. Reese, *BTB* 9 (1979): 147-153.

52) Earle, Ellis, "Christ Crucified," in Banks (ed.), *Reconciliation and Hope*, 74. Ellis는 다음
과 같이 주장한다. "이 세상의 삶에서 그들은 '그리스도와 함께 십자가에 달리는 것'을 구체
적으로 실천하도록 부르심을 받았다. 바울을 본받는 자들로서 그들은 고난을 받으며…자신
의 유익이 아니라 다른 사람들의 유익을 추구해야 했다." 이것은 고전 4:9-13에서 묘사되는
십자가를 구현하는 삶을 구체적으로 실행하는 것과 일치한다. 이것은 구경꾼처럼 성취에 대
한 약삭빠른 꾀를 즐기는 것과 현저하게 대조된다.

53) Ortkemper, *Das Kreuz in der Verkündigung des Apostels Paulus*, 9-67; 또한 Müller, "1
Kor.1:18-25. Die eschatologische kritische Funktion der Verkündigung des Kreuzes,"
246-272(또한 앞에서 제시된 참고문헌 참조).

스너는 고린도전서에서 바울이 제시하는 윤리의 배후에 신명기의 십계명
을 포함하여 구약성경이 얼마나 강하게 자리 잡고 있는지를 설득력 있게
입증해주었다. 또한 메츠거, 엘리스, 무디, 스미스를 비롯한 다른 학자들은
"기록되어 있다"라는 표현에 특별한 관심을 기울였다.[54] 루터는 해당 그리
스어 현재분사 수동태를 "그것은 기록되어 있다"라고 번역했다. 이 번역은
γράφω의 현재완료 시제의 의미에 관심을 기울인다. 즉 이는 과거의 어떤
행위의 결과가 현재에도 지속적으로 그 영향력을 미치는 것을 표현해준다.

바울 신학에서 구약성경이 차지하는 위치라는 주제는 기원후 2세기에
주요한 신학적 논쟁 중 하나였다. 그 이후로도 이 주제는 많은 관심의 대상
이 되었다. 마르키온은 구약성경과 신약성경을 분리하려고 했다. 이 점과
관련하여 테르툴리아누스는 자신의 저서 『마르키온 논박』(*Against Marcion*)
에서 고전 1:19-20과 같은 본문을 중요하게 여긴다. 그의 주장은 바울이 구
약성경에 호소할 뿐만 아니라 더욱 심오한 차원에서 복음은 유대인들과 그
리스도인들의 하나님이신 한 분 하나님의 목적으로부터 갑자기 방향을 다
른 곳으로 돌리지 않는다는 것이다. 십자가 사건은 자기만족적인 인간의
지혜가 불충분하다는 것을 하나님이 다시 한번 공개적으로 심판하신 것을
드러내는 것이다. 따라서 테르툴리아누스는 사 29:14(70인역, 단 하나의 미
미한 이문과 함께)이 "창조주의 말씀"이라고 주장한다.[55] 그다음에 그는 고
전 1:18-23을 명백하게 인용한다. 그는 각각의 절에 대한 주해를 통해 십
자가의 길은 창조주이자 구원자이신 한 분 하나님에게서 비롯되었다고 말
한다.[56] 십자가와 인간의 지혜에 대한 하나님의 심판의 "원인"(*causae*)은
"우리에게 성경을 주신 분의 손안에" 놓여 있다는 것이다. 또한 인간의 지

54) Rosner, *Paul, Scripture and Ethics: A Study of 1 Cor. 5-7*, 3-17, 81-194 et passim; 참조.
    B. M. Metzger, "The Formulas Introducing Quotations of Scripture to the NT and the
    Mishnah," *JBL* 70 (1951): 297-307; Ellis, *Paul's Use of the OT*, 22-25; D. Moody Smith,
    "The Pauline Literature," in D. A. Carson and H. G. M. Williamson (eds.), *It is Written:
    Scripture Citing Scripture* (Cambridge: Cambridge University Press, 1988), 265-291.
55) Tertullian, *Against Marcion*, 5:5.
56) 같은 책.

혜가 지니고 있는 환상과 거짓은 이미 "오래전에" 드러났다.[57] 울리히 루츠
는 다음과 같이 말한다. "바울에게 있어 구약성경은 무언가 이해해야 할 대
상이 아니라 그 자체가 이해를 창조한다."[58]

과연 19절은 70인역의 사 29:14을 인용한 것인가? 바울은 70인역의
마지막 단어를 제외하고는 그대로 인용한다. 바울은 70인역의 해당 절에
서 맨 뒤에 위치한 그리스어 동사 κρύψω, "내가 감출 것이다" 대신에 19절
에서 ἀθετήσω, "내가 헛것으로 만들 것이다"를 사용한다.[59] 이 변화에 대
해서는 다양한 설명이 제기되었다. 예를 들면 다음과 같다. "자유로운" 번
역이다. 다른 본문들과 결합한 배경을 지니고 있다. 미드라쉬 전통에서 사
용된 표현이다. 70인역의 그리스어 배후에는 히브리어 단어 סתר(사타르)의
의미가 있다. 또는 바울의 "개작"이다.[60] 한편 칼뱅은 ἀθετήσω가 "없애버
리다"(obliterare)를 의미한다고 이해한다. 이것은 무언가를 "시야에서 사라
지게 한다"는 의미에서 실질적으로 무언가를 감춘다는 것과 상응한다.[61] 칼
뱅은 (ἀθετήσω가 "내가 거절한 것이다"라는 에라스무스의 해석에 반대하면서) 이사
야서에서 하나님은 사실상 인간의 지혜를 거부하시지만, 이제 그분은 사건
들을 일으키시며, 그 사건들은 인간의 지혜를 무색하게 하고 쓸모없게 만
들고 또 타당하지 않은 것으로 만든다. 피(Fee)는 "사라지게 하다"라는 번
역은 사실상 70인역의 배후에 있는 히브리어의 의미를 정당하게 나타내
는 것일 수 있다고 주장한다.[62] 로버트슨과 플러머는 바울이 "통상적으로
자유롭게" 인용한다고 제안한다. 반면 에릭은 바울이 아마도 70인역의 원
문(Vorlage)을 암기한 것에 기초했거나 다른 판본에 기초했을 가능성을 열

---

57) 같은 책, 5:19.
58) Ulrich Luz, *Das Geschichtverständnis des Paulus* (Munich: Kaiser, 1968), 134.
59) Stanley, *Paul and the language of Scripture*, SNTSMS 69 (Cambridge: Cambridge
University Press, 1992), 185-186; 또한 참조. Wolff, *Der erste Brief*, 36, n. 71, κρύψω 대신
에 ἀθετήσω.
60) Stanley, *Paul and the language of Scripture*, 185-186.
61) Calvin, *First Epistle*, 36.
62) Fee, *First Epistle*, 69-70, n. 11.

어놓는다.[63] 젠프트는 단순히 "바울이 의심할 여지 없이 암기에 근거하여 70인역의 사 29:14을 인용한다"고 선언한다.[64]

콜린스는 바울이 구약성경을 인용하는 것에 대해 네 가지 일반적인 원칙을 체계적으로 제시한다. 그것은 우리가 세부적인 내용에 몰두하여 전체의 모습을 바라보지 못하는 것을 방지한다. (1) 헬레니즘의 저자들이나 수사학자들이 어떤 고전적인 "권위"에 호소할 가능성이 있는 곳에서 바울은 종종 구약성경을 인용한다. 또한 그는 (고린도전서와 다른 편지들에서) 이사야를 가장 많이 인용한다. (2) 그는 일반적으로 그리스어 70인역에서 인용한다. 하지만 그는 때때로 소수 사본 전통에 의존할 때도 있다. 그는 우리가 알고 있는 70인역에서 언제나 "느슨하게" 인용하는 것은 아니다. (3) 그는 (우리가 쿰란 공동체의 페샤림이나 랍비문헌 미드라쉬와 비교하든지 그렇지 않든지) 구약성경이 자기 자신과 고린도가 처해 있는 상황에서 "실현되었다"고 생각한다. (4) 그는 종종 구약성경의 하나님에 대한 언급을 주(Lord) 그리스도에게 적용한다. 그러면서도 그는 대체로 원래의 배경에 주목한다.[65]

사 29:14의 배경은 다음 두 가지를 입증해준다. 첫째, 클레멘츠의 주해가 밝혀주듯이 지혜롭다는 자들의 지혜는 포골로프가 이 부분에서 "학자들 또는 정치적인 지배 계층"의 지혜라는 의미에서 "이 시대의 현자들"이라고 부르는 것을 포함한다. 히스기야 왕의 정치 조언자들은 아시리아의 속박으로부터 자유롭게 되는 것을 추구할 것을 촉구한다. 클레멘츠가 지적하듯이 "여기서 현자들은 틀림없이 왕의 신하들과 정치 조언자들을 가리킬 것이다."[66] 하지만 둘째, 하나님의 목적에 내재된 지혜 안에서 하나님은 어떤 사건을 통해 지혜로운 것으로 인식된 것을 완전히 뒤집는 것을 선택하셨다. 그것은 사람들에게 연약하고 실패한 것처럼 보였을 것이다. 하지만 그것은

---

63) Robertson and Plummer, *First Epistle*, 19; Héring, *First Epistle*, 8.

64) Senft, *Première Épitre*, 38.

65) Collins, *First Cor.* 94-96. Collins는 간결하지만 훌륭한 논의를 제공한다. 또한 참조. Hays, *First Cor.* 28-30.

66) R. E. Clements, *Isaiah 1-39*, NCBC (Grand Rapids: Eerdmans and London: Marshall, 1980), 239. 또한 Pogoloff, *Logos and Sophia*, 127.

결국 새로운 시작으로 이끌고, 징계를 받아 변화된 백성으로 만들 것이다. 이같이 "사람들은 실패를 경험하고 나서야 비로소 그것이 결코…참된 지혜가 아니었다는 사실을 깨닫게 될 것이다."[67] 그러므로 바울이 사 29장에 호소하는 것은 자신의 상황과도 일치하는 것이다. "그것은 바로 바울이 여기서 드러내려는 강조점과 정확하게 일치한다."[68]

우리가 기대했듯이 바울과 70인역의 그리스어 명사 σοφία는 히브리어 명사 חכמה(호크마)를 나타낸다. 또한 동족어 σοφός는 חכם(하캄)을 나타낸다. 이 히브리어 형용사는 학문, 재능, 또는 일상생활의 실제적인 일에서 숙련된 또는 현명한 것을 의미할 수 있다. 이와 비슷하게 συνετός는 "총명한", "영리한", "약삭빠른"(참조. 오늘날의 "세상 물정에 밝은") 등을 의미한다. 그리고 σύνεσις는 "총명", "영리함", "약삭빠름", "통찰" 등을 뜻한다.[69] 이 단어들은 사 29:14의 בינת נבניו(비나트 네보나브)를 번역한 것이다. 해당 절에서 בינה(비나)와 그 동족어는 특별히 고전 1:19에서 사용되는 단어들과 서로 비슷하거나 또는 평행을 이루는 의미를 지니고 있으며, חכמה(호크마, 지혜)와도 함께 사용된다.[70] 영리한, 영리함은 세상 물정에 밝은 정치적인 생존 능력에 대한 이미지를 전달해준다. 이러한 능력은 적절한 상황에서, 그리고 도구적인 목적과 관련하여 유용한 특성으로 평가절하되지 않으면서도 원래의 목표를 초월하는 상황에서는 적절하지 않은 것으로 밝혀질 수도 있다.

지혜롭다는 자들의 지혜와 영리하다는 자들의 영리함이라는 어구에서 히브리어의 일부 평행 구조가 나타나 있는 것처럼 ἀπολῶ, "내가 부수어버릴 것이다"(ἀπόλλυμι의 미래 능동태, 18절에 사용된 중간태와 대조됨)와 ἀθετήσω,

---

67) Clements, *Isaiah 1-39*, 239.

68) Fee, *First Epistle*, 70. 또한 Strobel, *Der erste Brief an die Korinther*, 46-47; Collins, *First Cor*, 91, "[하나님은] 의도적으로 선택하셨다."

69) U. Wilckens, "σοφία," *TDNT*, 7:465-476 and 496-526; 또한 참조. BAGD, 788; Grimm-Thayer, 604.

70) BDBG, 108; G. Fohrer, "σοφία," *TDNT*, 7:476-496; 또한 Zimmerli, "Zur Struktur des alttestamentlichen Weisheit," *ZAW* 51 (1933): 177-204.

"내가 헛것으로 만들 것이다", "아무것도 아닌 것으로 만들 것이다", "제쳐놓을 것이다", "대치할 것이다", 또는 "타당하지 않은 것으로 만들 것이다"(부차적인 의미는 거부하다)라는 표현에서도 두 동사가 평행을 이룬다. 여기서는 능력이신 하나님과의 관계에서 서로 의미가 대조된다. 하나님의 능력은 효능이 있고, 유효하며, 활동적이고, 그 목표를 성취한다. 사 29장을 배경으로 한 이러한 대조는 하나님의 목표에 부합하는 대열에 자신이 가담하는 것을 거부하고 자기 보존 또는 자기를 높이기 위한 시간 소모적인 전략이 취약하여 실패할 수밖에 없는 것과 평행을 이룬다는 점을 암시한다.

20절에서 바울에게 제기하는 인상적인 질문은 새로운 논점을 전개하기보다는 바로 앞에서 언급한 것을 강조한다. 현자가 어디에 있습니까? 이 질문에 이어 세 가지 수사학적인 질문이 제기된다. 이 질문들은 "그의 수사학적인 반복 또는 설명 용법"을 구체적으로 표현해준다.[71] 어떤 이들이 주장했듯이 이 질문들은 언급된 대상이 논쟁을 시작하기 위해 앞으로 나오라고 초대하는 것이 아니다.[72] 바울은 이 편지의 수신자들에게 십자가의 관점에서 볼 때 하나님의 구원 행위가 인간적인 지혜 가운데 무사히 남겨놓은 것이 과연 무엇인지 말해보라고 초대하는 것이다. 십자가는 무언가를 성취하거나 "올바른 해결 방법을 찾아내는 것" 위에 주고 받고 섬기는 것을 배치한다. 만약 이 질문이 전적으로 수사학적인 것이 아니라면 피츠제럴드의 저서는 하나의 대안을 제시해줄 것이다.[73] 소피스트들의 전통과 달리 소크라테스의 전통에서 현자의 길은 고난의 목록으로 특징지어진다. 왜냐하

---

71) Collins, *First Cor*, 103; 이 세 그룹에 대해서는 Wolff, *Der erste Brief*, 37; 수사학에 대해서는 Hays, *First Cor*, 29-30을 참조하라.

72) 참조. Fee, *First Epistle*, 70. Fee는 이러한 초대를 "매력적인" 것으로 생각한다. 하지만 그는 그 질문들이 수사학적으로 "계속해서 강조하는" 역할을 한다고 올바로 결론짓는다.

73) Fitzgerald, *Cracks in an Earthen Vessel*, 117-150 and 203-207. Fitzgerald는 다음과 같이 주장한다. "예를 들어 현자의 고난은 그의 평정심과 인내를 입증해주는 역할을 한다.…고전 4장에서 바울은 자신을…철학자들과 마찬가지로 하나의 본보기로 제시한다. 그러고 나서 그는 개인적인 고난 목록을 사용한다.…현자(賢者)의 고난이 신의 계획 속에서 어떤 역할을 하듯이 바울의 고난도 이와 마찬가지다"(204). 참조. Stowers, "The Use and Abuse of Reason," 253-286.

면 자신들에 대해 염려하는 소피스트들과 달리 소크라테스의 전통에 서 있
는 현자들은 다른 사람들의 유익을 위해 일하기 때문이다. 따라서 "현자가
어디에 있습니까?"라는 생각이 떠오를 수 있다. "약삭빠른" 소피스트의 경
우에도, 설령 **그와 같은 소피스트의** 자세가 교회 안에서 발견될 수 있다 하
더라도, 이와 같은 소피스트의 자세는 그 현자를 **어느 곳으로도** 데려가지 못
한다. 그러나 만약 현자가 소크라테스적인 관점에서 재정의된다면 이와 같
은 부류의 현자는 십자가에 부합하는 삶의 방식으로 살아갈 것이다. 적어
도 그는 맨 처음에 자신의 무지를 인정하고 새롭게 시작할 필요를 느낄 것
이다. 이것은 고전 3:18의 "너희 중에 누구든지 이 세상에서 지혜 있는 줄로
생각하거든 어리석은 자가 되라. 그리하여야 지혜로운 자가 되리라"는 바
울의 말과도 일치한다. 나아가 이것은 변론가(συζητητής)를 소피스트와 동
일시하는 것에서 보다 더 명백하게 설명된다(1:20). 브루스 윈터는 다음과
같이 설명한다. "바울은 수사학 안에서의 세 가지 설득 방법(*pisteis*), 곧 에
토스(ἔθος), 파토스(πάθος), 아포데이크시스(ἀπόδειξις)를 사용하여…설득
하려는 의도가 없다(참조. 고전 2:1-5).…그와 같은 방법은 십자가에 달리신
하나님에 대한 메시지에 주목하는 것에서 벗어나게 할 것이다."[74]

γραμματεύς에 대한 번역과 해석은 몇 가지 난점을 제공한다. 우리
는 이 그리스어 명사를 "전문가"로 번역했다. 에링을 비롯하여 많은 학자
들은 그리스어의 현자 또는 변론가와 대조되는 유대교의 "서기관"을 제
안한다.[75] 또한 젠프트, 콘첼만, 바레트 등도 구약성경 또는 유대교의 배경
에 초점을 맞춘다. 이것은 대체로 다음과 같은 가설에 기초한다. 즉 바울
은 그것에 대한 배경으로서 사 19:11, 12, 사 33:18, 또한 아마도 사 44:25
그리고/또는 욥 12:17과 같은 성경 본문의 선집(anthology) 또는 사화집
(*florilegium*)를 염두에 두고 있었다는 것이다.[76] 또한 페터슨은 설교들의

---

74) Bruce Winter, *Philo and Paul among the Sophists,* 187; 참조. 186-194.

75) Héring, *First Epistle,* 9.

76) Senft, *Première Épitre,* 38; Conzelmann, *I Corinthians,* 42-43; Barrett, *First Epistle,* 52-
    53. 우리는 이러한 선집이나 사화집이 존재했으며 또 널리 사용되었다는 것을 알고 있다. 알

단편을 사용했을 것이라고 주장한다. 그 단편으로부터 아마도 렘 8:13-
9:24에 기초한 고전 1:19과 바룩서 3:9-4:4의 일부분이 유래되었을 것이다
(에드워즈도 이미 이 가능성을 지적함).[77] 그리고 페터슨은 유대교 전통에 의하
면 대속죄일에 승리주의에 대한 비판의 일환으로 세상의 "위대한 인물들"
을 비판하는 것이 포함되어 있었다고 주장한다. 또한 케네스 베일리는 빌
켄스의 다음과 같은 결론을 확인해준다. 즉 바울이 γραμματεύς를 사용한
것은 유대교 신학에 대한 그의 비판의 일부를 형성하지만, συζητητής는 고
대 그리스 철학에 대해 반박하는 그의 논증을 알려준다는 것이다.[78] 뿐만
아니라 베일리는 여기서 교차대구법적인 구조를 제안한다. 그 구조 안에
서 현자, 전문 지식인, 변론가(또는 지혜로운 사람, 서기관, 학자)는 1:26의 "지
혜 있는 사람, 권력 있는 사람, 가문이 훌륭한 사람"과 교차대구법적으로 상
응한다.[79] 헤이스와 윈터는 다음과 같이 동의한다. "고린도에서 최근에 그
리스도인들이 된 사람들은 바울을 비롯하여 다른 복음 전파자들을 널리 알
려진 다른 철학자들과 평행을 이루는 대상으로서 대중의 관심과 동의를 얻
고자 했던 수사학자들 또는 웅변가들로 간주했다. 고린도에서 빚어진 논쟁
의 상당 부분은 그리스도인들의 이러한 성향에 의해 야기되었을 개연성이
있다. 하지만 바울은 이와 같은 입장을 강력하게 논박했다. 그는 분류의 범
주들을 재구성하고자 했다.…그는 복음을 다른 범주로 분류시켰다."[80]
　　교차대구법에 대한 이와 같은 다양한 가설은 그럴듯하게 여겨진다. 하

렉산드리아의 클레멘스도 고전적인 인용문들이 수록되어 있는 사화집들(*florilegia*)을 사용
했다.

77) E. Peterson, "1 Cor 1:18 und die Thematik des jüdischen Busstages," *Bib* 32 (1951): 97-
103; 참조. Edwards, *First Epistle*, 26. 한편 Peterson은 주로 다음 논문에 의존한다. H. St. J.
Thackeray, *The Septuagint and Jewish Worship* (London: Oxford University Press, 1921,
3d ed. 1923), 95-100.

78) Kenneth Bailey, "Recovering the Poetic Structure of 1 Cor 1:17-2:2," 265-296(특히
278-279); 또한 Wilckens, *Weisheit und Torheit*, 28.

79) 같은 책, 279-281 및 여러 곳. 하지만 이 부분에 대한 머리말에서 우리는 교차대구법적인 형
식에 대해 Bailey가 제시하는 세부적인 목록이 과연 분명한 근거가 있는지에 대해 의문을 제
기했다.

80) Hays, *First Cor.* 27; 참조. Winter, *Philo and Paul*, 187.

지만 우리는 대체로 암시들과 교차대구법적인 구조들을 의심의 여지 없이 입증하기 어렵다. 더욱이 1:22에서 유대인들과 그리스인들을 구분하는 것에 대한 빌켄스, 베일리 등 많은 이들의 주장은 바울이 지혜를 그리스인들과 연결하고, 표적을 유대인들과 연결함으로써 부분적으로 무력화된다. 심지어 유대교의 배경을 가정한다 하더라도 "서기관"이라는 번역은 너무 구체적이다. 왜냐하면 해당 그리스어 단어는 기원후 1세기에 유대교에서 "율법 교사 또는 율법 전문가"를 의미했고, 또 이들은 점차 **랍비**로 발전하는 과정에 있었기 때문이다.[81] 고대 그리스-로마 세계에서 γραμματεύς는 대체로 공적인 조직이나 관청의 사무관(secretary) 또는 서기관(clerk)을 가리켰다.[82] 따라서 만약 그리스-로마와 유대교에서 의미하는 뉘앙스들을 결합한다면 우리는 단어 역사와의 연관성을 보존하기 위해 γραμματεύς를 학자 또는 논란을 적게 불러일으킬 수 있는 용어로서 전문가로 번역할 수 있을 것이다. 오늘날 우리는 "전문인"(professional)과 같은 용어를 사용할 수도 있을 것이다. 원래의 사고의 배경이 어떠하든지 간에 우리는 슈라게와 더불어 다음과 같이 결론짓는다. 바울은 자신의 논증을 위해 이 용어를 자기의 방법대로 사용했다. 또한 그의 편지 수신자들은 이 단어가 무엇을 의미하는지 이해했을 것이다.[83]

우리는 συζητητής를 변론가(debater)로 번역했다. 이 그리스어 명사는 신약성경 전체에서 오직 이곳에만 한 번 나타난다. 따라서 이그나티오스(Ignatius, *To the Ephesians*, 18:1)는 ποῦ σοφός; ποῦ συζητητής;라고 쓰고 나서 ποῦ καύχησις τῶν λεγουμέν συνετῶν;(이른바 영리한 자들의 자랑은 어디 있는가?)이라는 말을 덧붙일 때 고전 1:20을 인용한 것이 분명하다. 이그나티오스의 배경은 바울의 배경과 유사하다. 즉 십자가는 믿지 않는 자들에게 σκάνδαλον이다. 십자가는 사람들을 불쾌하게 만들고 그들에게서 조롱을

---

81) Fee, *First Epistle,* 71; Pogoloff, *Logos and Sophia,* 160.
82) MM, 131-132; BAGD, 165-166.
83) Schrage, *Der erste Brief,* 1:175.

불러일으킨다. 나아가 이그나티오스는 "우리 하나님 예수 그리스도는 다윗의 후손으로서 성령에 의해 마리아에게서 태어났다"(18:2)라는 개념을 언급한다. 분명히 관련 텍스트를 받아들이는 과정을 통해 인간의 지혜를 벗어나는 범위는 확장되어 이제는 그 범위 안에 십자가—바울에 의하면 십자가는 하나님이 세상을 다루시는 방법의 핵심을 드러냄—뿐만 아니라 동정녀 탄생도 포함된다.

그리스어 동사 ζητέω, "추구하다"는 철학적인 탐구를 가리키는 전문 용어가 되었다. 그리스어 접두사 συν과 함께 이 동사는 함께 탐구한다는 것을 의미하며, 따라서 특별히 철학적 이슈에 관해 서로 논의하고 논쟁하는 것을 의미한다.[84] 베일리는 시리아어로 쓰인 페쉬타와 아랍어 역본들을 통해 "학자뿐만 아니라 또한 변론가"라는 의미를 찾아낸다. 하지만 그는 자신이 제안한 교차대구법적 구조에 따라(앞에서 논의함) 바울이 이 비(非)바울적인 단어를 1:26의 εὐγενεῖς에 상응하게 했다고 결론짓는다. 어쨌든 συζητητής는 어떤 "논쟁"이나 "이슈"에 참여했다. 따라서 "'변론가'는 법정에서부터 강의실과 회식 장소에 이르기까지 고린도에서 논쟁을 일삼던 분파들을 가리키는 좋은 번역이다."[85] 아마도 "논쟁을 일삼는 자"도 해당 그리스어 명사의 뉘앙스를 잘 전달해주지만, 진지함이 없음을 암시할 수 있다. 뿐만 아니라 포골로프가 강조하듯이 전문 지식인과 변론가는 모두 "신분을 추구하는 동일한 사회적인 경향"을 잘 반영해준다. "바울은 이 경향들이 고린도 교회의 분열과 관련되어 있다고 생각한다."[86]

이 모든 것은 바울이 τοῦ αἰῶνος τούτου라는 표현을 사용하는 것을 통해 확인된다. 우리는 이 구절을 "이 세상 질서에 대한"이라고 번역했다. 유대교와 기독교의 종말론에서 이 표현은 거의 특징적으로 "이 세대"와 "오는 세대"를 대조하는 본문에서 나타난다. 하지만 만약 우리가 "이 세대"라고

---

84) 참조. H. Greeven, "ζητέω," *TDNT*, 2:893.
85) Pogoloff, *Logos and Sophia*, 159.
86) 같은 책, 162.

번역한다면 우리는 현대 독자들이 그 배경을 제대로 파악하지 못하게 하는
결과를 초래할 것이다. 독자들은 묵시론의 두 세대에 관한 유대 종말론에
대해 잘 이해하지 못할 수도 있기 때문이다. 또한 여기서 세상과 같이 다소
정적(靜的)인 용어로 번역한다면 이것은 그 그리스어 표현을 더더욱 오해
하도록 만들 것이다. 이러한 묵시론적 대조는 사실상 두 세계 질서 사이의
차이점에 해당하는 실재들을 시간적인 용어로 표현한다. 현세대는 "지혜"
나 예언의 말에 의해 단순히 개혁되거나 교정되는 것을 넘어 새로운 창조를
필요로 한다. 하지만 옛 세대와 새 세대 사이에는 연속성뿐만 아니라 또한
차이점도 있다. 따라서 새로운 것이 나타나면 그것은 옛 세계 질서의 가치
관과 구조 안에서 판단할 때 사실상 "어리석은 것" 또는 "연약한 것"처럼 보
인다. 하지만 새로운 세계 질서의 지평선 안에서 그것은 "지혜"와 하나님의
"능력"으로 나타난다. 신분과 관련된 세 가지 용어, 곧 현자, 전문 지식인, 변
론가는 다른 세계 질서 안에서 다르게 평가된다. 바울은 1:26에서 이 개념
을 "육체를 따라(κατὰ σάρκα) 지혜로운"이란 용어로 반복할 것이다. 십자가
를 선포하는 언어-행위가 묵시론적 구조 안에서 "세상들"을 재형성한다고
말하는 알렉산드라 브라운의 묵시론적 구조에 대한 탁월한 설명은 바울의
논점이 여기서 통일성을 지니고 있음을 확인해준다.[87]

나아가 20절의 마지막 어구에 나타난 평행 구조도 이 점을 확인해준다.
οὐχὶ ἐμώρανεν ὁ θεὸς τὴν σοφίαν τοῦ κόσμου; 하나님께서 세상의 지혜
를 어리석은 것으로 만들어 버리지 않으셨습니까? 요한복음에서처럼 바울
서신에서도 κόσμος는 긍정적 또는 중립적 의미에서 창조세계 전체를 나타
내거나 또는 부정적인 의미에서 자기중심주의, 신분 추구 및 자기만족이라
는 구조를 통해 빚어진 현재의 세상 질서를 가리킬 수 있다. 여기서 세상은
분명히 후자의 의미에서 사용된다. 왜냐하면 우리가 스토워스, 피츠제럴드,
포골로프의 견해에 기초하여 이미 살펴보았듯이 바울이 공격의 대상으로

---

87) Brown, *The Cross,* 특히 13-30. 참조. Wendland, *Die Briefe,* 22. 보다 더 자세한 설명은 다
음을 보라. Weiss, *Der erste Kor,* 27-29. 또한 Hays, *First Cor,* 28.

삼는 것은 지혜나 이성 그 자체가 아니라, 신분을 추구하거나 사람들을 조종하거나 어떤 결점을 지니고 있어 하나님의 목적을 이루지 못하는 것이다. μωραίνω, "내가 어리석게 만들다", "내가 어리석은 것으로 밝혀주다"의 부정과거 능동태는 의미를 강조하는 역할을 한다. 수동태(롬 1:22)는 "어리석은 사람이 되다"를 뜻한다. 현대 영어에서 *make a fool of*(웃음거리 또는 바보로 만들다)는 스스로 잘난 척하는 사람이나 뛰어나다고 생각하던 사람이 자신의 기대와는 달리 어리석은 사람으로 드러나는 사례에 적용된다.

이것은 모두 1:20의 의미와 일치한다. 슈라게는 이것을 스스로 지혜롭다는 사람들이 성취했다고 주장하는 것과 대조를 이루는 것으로 보고 하나님이 그리스도 안에서 승리를 거두시는 것을 통해 성경의 말씀이 옳다고 확증해주는 종말론적인 성취로 인식한다.[88] 지혜는 한계가 있는 지식 또는 의견뿐만 아니라 태도(이 경우에는 오만)도 가리킨다.[89] 크리소스토모스는 다음과 같이 몇 가지 유비를 제안한다. 어떤 환자는 건강을 회복시켜주는 음식을 맛보고 구역질을 할 수 있다. 어린아이나 심신장애자는 중요한 것을 사소한 것으로, 또는 사소한 것을 중요한 것으로 생각할 수 있다. 그렇더라도 십자가 사건은 새로운 판단 기준을 제시하는 것과 비슷하다. 십자가는 환자에게 건강을 가져다주며, 영적으로 어린아이나 사고력이 미숙한 사람을 온전하고 이치에 맞게 사고하도록 이끌어준다.[90]

새로운 판단 기준에 대한 개념은 (성령의 지혜와 대조되는 것으로서, 2:6-16) 세상의 지혜에 대한 개념을 적절한 정황에 배치한다. 사실상 REB를 제외한 거의 모든 번역본과 달리 AV/KJV는 공인 본문(*Textus Receptus*)에 기초하여 "이 세상의 지혜"로 번역한다(앞에서 그리스어 본문에 대한 논의 참조). 원문에는 이 세상이라는 개념이 전제되어 있다. REB가 이 단어를 포함하는 이유는 그것이 더 나은 독법을 제시하기 때문이 아니라(사실상 그렇지 않다)

---

88) Schrage, *Der erste Brief,* 1:175.
89) Conzelmann, *1 Corinthians,* 42; 개념에 대해서는 44.
90) Chrysostom, *1 Cor. Hom.* 4:1-4.

후대의 난외 주석이 **현재의** 세계 질서로서 이 세상과 그것을 초월하는 하나님의 목적이 서로 대조되는 것이 암시되어 있다고 설명해주기 때문이다. τοῦ αἰῶνος τούτου, "이 세상 질서" 또는 이 [현재의] 세대(20a)와 τοῦ κόσμου, "세상"(20b)은 그 의미가 이중적으로 강조되어 있다. 이 표현은 해당 이슈에 대한 바울의 관점을 강조한다. 세상의 지혜에 기초한 추론은 오직 하나님의 목적의 광범위한 구조 안에서만 제한된 지혜의 어리석음으로 밝혀질 수 있다. 이와 같은 지혜는 부적절한 시각에서 단지 그림 전체의 일부분만 바라보는 것이다.

콜린스는 해당 주제에 대한 방대한 연구 문헌에도 불구하고 "바울이 언급하는 '세상의 지혜'를 어떤 특정한 철학 체계와 동일시하는 것은 타당하지 않은 것 같다"고 설득력 있게 주장한다.[91] 고린도 공동체는 상당한 다양성을 지니고 있었다. 따라서 이 지혜를 전적으로 다음과 동일시하는 것은 지나치게 편협한 시각으로 이해하는 것이다. (1) 유대교의 지혜 전승(Conzelmann, Windisch, Dupont), 또는 (2) 예를 들면 필론의 경우처럼 헬레니즘과 유대교의 전통이 서로 섞여 있음(Horsely, Pearson, Davis), 또는 (3) 영지주의의 초기 형태(Bultmann, Schmithals, Wilckens). "이 세 가지는 저마다 다양한 통찰력을 제공한다. 또한 이것은 고린도 그리스도인들이 처해 있던 상황에 대해 어느 정도 빛을 비추어 줄 수 있다."[92] 스토워스가 훌륭하게 논증하듯이 여기서 핵심적인 강조점은 바울이 단순히 **인간의 이성**을 사용하는 것을 비판하는 것이 **아니라**는 사실이다. 반면에 이성을 의도적으로 도구화하려는 "인식적인 악함"(epistemic vices)에 의해 이성은 결함을 지닐 수 있다. 또한 바울은 거의 확실하게 인간의 이성이 명백한 **한계**를 지니고 있다고 이해한다. 하지만 만약 이성이 합당한 구조 안에서 훌륭하고 타당한 목적을 위해 올바로 사용되기만 한다면 바울은 이성을 전적으로 긍정적으

---

91) Collins, *First Cor,* 97.
92) 같은 책.

로 평가할 것이다.[93]

21절 그리스어 원문은 얼핏 보기에 매우 복합적인 것처럼 보일 수 있다. 왜냐하면 우리는 그리스어의 어순을 그대로 따라 번역할 수 없기 때문이다. 바울은 부정과거 시제가 지니고 있는 "효과를 나타내는" 힘을 드러내기 위해 ἔγνω, "아는 데 이르다" 또는 "알게 되다"를 사용한다. 바울은 효력을 발생하게 하는 어떤 행위로서 그 사건이 지니고 있는 특성을 나타낸다. 또한 그는 하나님의 뜻에 기초한 유일무이한 구원 행위를 강조하기 위해 부정과거 부정사 σῶσαι를 사용한다.[94] "왜냐하면"(ἐπειδή)은 인과관계를 나타내기 위해 사용된다. 한편 εὐδόκησεν은 단순히 "결정하다", "결심하다", "하나님이 선택하셨다"(Barrett) 또는 "하나님이 결정하셨다"(NRSV)를 의미할 수 있다. "그것은 하나님을 기쁘시게 했다"(AV/KJV)는 아마도 하나님이 단순히 반응하거나 일시적인 조건 아래에서 행동하신다는 암시를 더 분명하게 회피할 수 있을 것이다. 즉 "하나님의 계획과 뜻에 따라 인간의 지혜는 하나님의 구원을 경험하는 데까지 이끌지 못했다."[95]

21절에서 διά와 소유격으로 표현되는 두 어구는 서로 예리하게 대조된다. 즉 "자기의 지혜로…[복음] 선포의 어리석음으로." 우리는 τοῦ κηρύγματος를 "[복음] 선포"로 번역했다. 마이어(1869)로부터 볼프(1996)를 거쳐 호슬리(1998)에 이르기까지 주석가들은 해당 어구가 "선포된 복음의 핵심 내용"(마이어) 또는 "십자가에 못 박힌 그리스도에 대한 선포"(볼프)를 가리킨다고 강조한다.[96] "여기서 케리그마(KJV 'preaching')라는 단어는 복음을 전파하는 행위 그 자체가 아니라 복음 선포의 내용을 의미한다. 22-

---

93) Stowers, "Paul on the Use and Abuse of Reason," in *Greeks, Romans and Christians: Essays in Honor of J. Malherbe*, 253-286. (또한 참조. Bornkamm, "Faith and Reason in Paul," in *Early Christian Experience*, 29-46.)

94) 참조. P. Bachmann, *Der erste Brief des Paulus an die Korinther* (Leipzig: Deichert, 1905; 4th ed. [with E. Stauffer] 1936), 86; Schrage, *Der erste Brief*, 1:178. 또한 Nigel Turner on "perfective aorist" and subcategories of *Aktionsarten* (ingressive, perfective et al.) in MHT, 70-74, 특히 72.

95) Collins, *First Cor*, 105.

96) Meyer, *First Epistle*, 1:42; Wolff, *Der erste Brief*, 39; Horsely, *1 Cor*, 51.

25절도 이것을 확인해준다. 또한 이 절들은 "선포된 복음의 어리석음"을 설명해준다."[97] 이 점에 대해서는 좀 더 언급할 필요가 있다. 첫째, 인간의 자연스러운 탐구와 깨달음에는 한계가 있다는 점이 강조된다. 둘째, 슈라게는 전달 방법이 아니라 하나님의 뜻과 그것에 기초한 것을 강조한다. 또한 그는 복음 선포와 인간의 깨달음 간의 차이점을 역설한다. 그것은 설교단 위에서 복음이 선포되는 것과 아무런 상관이 없다. 오히려 복음 선포의 방법은 매우 다양하다. 그 방법은 강의, 대화, 논쟁 또는 복음을 삶 속에서 실천하는 것 등을 포함할 수도 있지만 그렇지 않을 수도 있다.[98]

그리스어 구분 ἐν τῇ σοφίᾳ τοῦ θεοῦ, "하나님의 지혜로"는 몇몇 서로 다른 방법으로 해석되어왔다. 전치사 ἐν과 더불어 여격이 사용되는 것은 광범위한 의미 영역을 지니고 있다. BAGD는 이 표현이 지니고 있는 의미에 대해 다수의 작은 항목을 제시한다. 메르클라인은 그중에서 몇 가지를 자세히 탐구했다.[99] 뿐만 아니라 하나님의 지혜라는 주제는 다양한 방법으로 이해되어왔다. 따라서 이는 한 가지 이상의 해석학적 전통을 위한 여지를 남겨둔다.

(1) 율법과 예언서 안에 계시된 지혜. 알렉산드리아의 클레멘스는 하

---

97) Fee, *First Epistle*, 73. Robertson and Plummer는 "선포된 복음의 어리석음"을 일종의 "대담한 모순 어법"으로 묘사한다(*First Epistle*, 21). 또한 Barrett도 복음을 제시하는 방법보다는 그 내용에 강조점을 둔다. 그는 케리그마에 대해 주해하면서 "이것은 십자가에 초점이 맞추어져 있다"고 역설한다(*First Epistle*, 53).

98) 참조. Schrage, *Der erste Brief*, 1:181. Litfin의 탁월한 논의는 사실상 때때로 서로 대조되는 두 가지 특징적인 유형을 결합하는 데 가깝다. 우리는 사실상 그것들이 종종 매우 밀접하게 연관되어 있다는 것을 기꺼이 인정할 수 있다. Litfin은 이렇게 주장한다. "고전 1:21에서 사용되는 핵심적인 단어 κήρυγμα를 통해 바울은 또다시 형식과 내용을 이중적으로 강조한다"(*Proclamation*, 198). 이 관점은 특히 고린도의 상황에 적합하다. 이 도시에서 수사학은 너무나도 빈번하게 경쟁적으로 자신의 지위를 인정받고, 또 청중에게 박수갈채를 얻는 데 사용되었다(참조. 서론 75-76).

99) BAGD, 258-261; Merklein, *Der erste Brief 1-4*, 180-182. Louw and Nida, *Greek-English Lexicon*, 2:84-85는 21가지의 "의미 영역"의 목록을 제시한다. 또한 참조. Grimm-Thayer, 209-213. Conzelmann은 성경 해석자들이 어떻게 이 작은 항목 중에서 여러 항목에 의존했는지를 보여준다(예. 시간적, 도구적, 공간적, 형태적 의미 등, *1 Cor*, 45). Merklein은 이 이슈를 보다 더 자세하게 다룬다.

나님의 지혜를 "예언자들이 선포한 것 안에" 계시된 것을 가리킨다고 이해한다.[100] 몇몇 교부들도 그의 입장을 따르고 있다. 크리소스토모스는 창조세계의 질서 안에 있는 하나님의 계획도 포함한다. "그것을 통해 자기 자신을 알리시려는 것이 바로 하나님의 뜻이다."[101]

(2) **이 세상의 가치 체계를 반전시키는 변혁적인 지혜.** 자신의 저서 『켈소스 논박』(*Contra Celsus*)에서 오리게네스는 두 번째 해석을 채택한다. 켈소스가 기독교의 메시지와 성경을 왜곡시킨 것을 논박하면서 오리게네스는 "세상의 지혜가 지니고 있는 한 가지 측면으로서" 그와 같은 왜곡을 빚어내는 [영적인] 어두움에 대해 말한다. "그것은 결코 놀랄만한 일이 아니다. 왜냐하면 하나님의 지혜 안에서 세상은 자신의 지혜로 하나님을 아는 데 이르지 못하기 때문이다."[102] 오리게네스는 해당 저서의 앞부분에서 그리스도인들은 "이 세상의 지혜는 나쁜 것이고, 어리석음이 좋은 것"이라고 말한다는 켈소스의 비난에 대해 언급한다.[103] 오리게네스는 바울의 말을 십자가의 빛과 하나님의 지혜 안에서 세상 사람들이 "**지혜**"로 **간주하는 것**(또는 어리석은 것처럼 보이는 것)을 완전히 뒤집는 것을 가리키는 것으로 해석한다.

(3) **하나님의 자기 계시로서의 신적 지혜.** 유대교의 묵시론적 신화와 하나님과 하나님의 "이미지"(εἰκών, 지혜서 7:22 이하; 참조. 집회서 1:9, 10)로서의 지혜 간의 관계에 대해 자세히 고찰하고 나서 콘첼만은 다음과 같이 결론짓는다. "지혜는 '그의'[하나님의] 것이다.…하나님을 알 수 있는 능력은 (일종의 '고유한 특성'으로서) 인간에게 본질적으로 속한 것이 아니다. 그것은 하나님의 계시에 의해 인간에게 주어지는 것이다."[104] 이와 비슷하게 바레트도 다음과 같이 주장한다. "본질적으로 자기를 존중하는 인간의 지혜는 뒤틀어져 결국 하나님을 자기 자신의 이미지로 빚어낸다. 따라서 [그와 같은

---

100) Clement, *Stromata*, 1:18.
101) Chrysostom, *1 Cor. Hom.*, 4.4.
102) Origen, *Against Celsus*, 5:16.
103) Origen, *Against Celsus*, 1:9.
104) Conzelmann, *I Corinthians*, 46.

사람에게] 하나님의 자기 계시는 없다."[105] 우리는 추상적인 영역에서 신의 "속성들"에 대해 논의하는 것이 아니다. 오히려 우리는 "하나님이 그분의 자유로 세상을 다루시는 것"에 대해 논의하는 것이다. "계시는…구원 행위 가운데 하나다."[106] 칼뱅도 이렇게 말한다. "비록 빛으로 둘러싸여 있지만, 어두워진 인간의 마음은 아무것도 보지 못한다."[107] 데이비스는 1:18-21의 배후에는 바울이 "이스라엘의 지혜에 대해 예언자들이 비판한 것"을 받아들여 자기 방식대로 표현한 것이 있다고 이해한다. "[과거에] 이스라엘은 역사 과정에서 일어나는 사건 속에서 일하시는 하나님의 행위의 유형을 제대로 파악하지 못했다." 고린도에서 사람들의 "지혜"가 실패한 것은 지난날의 이스라엘 백성이 보여준 사례와 매우 비슷하다.[108] 바르트는 하나님의 말씀은 단순히 하나님에 대해 말하는 것이 아니라 "하나님의 말씀 그 자체가 바로 하나님의 행위다"라고 지적한다. 그 말씀은 [우리에게] "말을 건다." 그것은 하나님 자신이 임재하신다는 것을 전제한다.[109]

(4) 도구적인 이성에 대한 예언자적인 비판으로서의 하나님의 지혜? 유대교 전통 안에서 "사람을 부르는 예언자적인 목소리로서" 지혜는 인격화되었다(참조. 잠 1-9장).[110] 그러나 지혜는 고대 그리스-로마 문화에서, 특별히 고린도에서, 박수갈채를 불러일으키는 일종의 성취뿐만 아니라 "삶 속에서 일어나는 다양한 문제점을 해결하고 삶 그 자체를…통제하는 행위"를 의미했다.[111] 하지만 십자가는 이 원리를 완전히 뒤집는다. "십자가의 능력"은 "통제력"에 있다기보다는 아무것도 아닌 것에 이르는 것에 있다. 그것은 하나님 자신이 변화시켜 주시고 빚어내시는 삶과 행위를 기대한다. 보당은 헬레니즘과 유대교의 전통에 나타난 십자가를 "구원의 웅변과 수단"이라

---

105) Barrett, *First Epistle*, 54.
106) Conzelmann, *I Corinthians*, 46.
107) Calvin, *First Corinthians*, 40.
108) Davis, *Wisdom and Spirit*, 71.
109) Barth, *CD*, 1/1, 109 and 143.
110) Beaudean, *Paul's Theology of Preaching*, 93.
111) 같은 책. 또한 참조. U. Wilckens, "σοφία," *TDNT*, 7:476.

는 호슬리의 분석을 받아들인다.[112]

(5) 기꺼이 베푸신 은혜로서의 하나님의 지혜. 리트핀은 이 지혜는 수사학자의 "지적이며 언어적인 기교"에 의존하는 것을 배제한다고 주장한다.[113] 헬레니즘과 유대교 전통의 세속적인 지혜를 "성취"와 서로 연결하는 것(데이비스)은 이 절들에 대한 인위적인 "루터파식" 독법이 아니다. 바울은 σοφία가 신앙 공동체를 해칠 것을 염려했는데, 이 지혜는 "다른 어떤 것이 아니라 바로 수사학이었다." 하지만 이것은 특별한 의미에서 오직 기원후 1세기 고린도 교회에만 적용될 수 있다.[114] 그것은 자기충족적이며 자기만족적인 입장을 구체화하고자 한다. 하지만 그것은 십자가의 "연약함" 및 자기 비움과 어긋난다. 또한 그것은 하나님이 그리스도 안에서 십자가의 방법으로 세상을 다루시는 특성과도 일치하지 않는다. "십자가에 못 박힌 이가 하나님에 대해 생각할 수 있는 모든 개념의 판단 기준이 되어야만 한다."[115]

이제까지 언급한 이 다섯 가지 측면은 모두 이 배경에서 하나님의 지혜라는 바울의 표현을 이해하는 데 부분적으로 도움을 준다. 하지만 무엇보다도 하나님의 지혜는 이 세상 질서의 지혜와 명확하게 상반된다. 이 세상적인 지혜는 오류투성이이며 일시적이고 자기도취적이다. 이러한 지혜는 십자가 안에서 또는 종말의 때에 종말론적인 심판과 연결되는 것을 피할 수 없다. 왜냐하면 어떤 이들이 **어리석은** 것으로 인식하는 것은 사실상 **최종적**이며 그 일시적인 것을 거짓되고 환상에 불과한 것으로 드러낼 것이기 때문이다. 메르클라인은 21a에 대한 가장 훌륭한 주해는 롬 1:18-3:20이라고 주장한다.[116]

---

112) Beaudean, *Paul's Theology of Preaching*, 94; Horsely, "Wisdom of Word and Words of Wisdom in Corinth," *CBQ* 39 (1977): 224-225; 참조. 224-239.

113) Litfin, *St. Paul's Theology of Proclamation*, 198.

114) Welborn, *Politics and Rhetoric*, 특히 28-32; "On the Rhetoric," 102; 또한 Pogoloff, *Logos and Sophia*, 111.

115) Jüngel, *God as the Mystery of the World*, 184.

116) Merklein, *Der erste Brief 1-4*, 182. 또한 U. Luz, "Theologie des Kreuzes …," *EvT* 34

22-24절   23절에서 여러 사본(예. ℵ, A, B, C', D', F. G. 33)에 잘 나타나 있는 단어 ἔθνεσιν, "이방인들에게"는 C3, D2 및 공인 본문(TR)에서 ἥλλησι, "그리스인들"로 대치되었다. 따라서 "이방인들"(NRSV, NIV, NJB, REB)이 AV/KJV에서는 "그리스인들"이다. 하지만 유대인과 그리스인이라는 표현은 의미상으로 대체로 유대인과 이방인을 가리키므로 이것은 전혀 문제가 되지 않는다.

유대인들과 그리스인들 간의 대조에서 두 그룹을 모두 **포괄하는** 측면이 서로 배타하는 측면보다 훨씬 더 중요하다. 바울은 "모든 인류 앞에서" 십자가에 대한 선포가 빚어내는 결과에 대해 살펴본다.[117] 22절의 맨 앞에 위치한 그리스어 접속사(ἐπειδή, 왜냐하면)는 21절의 도입 구문을 반복한다. 이것은 "[두 절을] 다소 느슨하게 연결하면서 이 관점을 더욱더 날카롭게 다시 진술하는 역할을 한다."[118] 또한 표적들과 지혜의 역할을 각각 유대인들과 이방인들에게 연결하는 것은 우연이 아니다. 유대인들은 이미 성경의 책들을 통해 "지혜"에 다가갈 수 있었다. 하지만 그들은 구원 역사에서 하나님의 약속이 지니고 있는 목적 안에서 자신들의 상황에 적용하기 위해 표적들을 요구했다. 어떤 의미에서 그들의 의도는 옳았다. 왜냐하면 그리스도의 부활은 우주적인 전환점이 도래했다는 것을 가리키는 표적이기 때문이다. 또한 이 표적은 나사렛 예수의 기독론적·우주적인 중요성을 본질적으로 밝혀준다.[119] 그리고 바울은 "종말론적 모티프"로서 하나님의 능력을 설명해준다.[120] 다른 한편으로 이방인 "그리스인들"은 정치계, 법정, 철학, 일상생활 및 상거래에서, 그리고 사랑과 관련된 사항 또는 가정 등에서 무엇이 성공을 가져다줄지를 계속해서 추구했다. 그들은 "삶을 잘 영위하는 원리와 방법"과 특히 후원자, 스승 및 자기가 속한 그룹 안에서 인정받거나 칭찬의 대상이 되는 것을 추구했다.[121]

(1994): 123-125(참조. 116-141).

117) Collins, *First Cor*, 92; 또한 Merklein, *Der erste Brief 1-4*, 187.

118) Barrett, *First Epistle*, 54.

119) Pannenberg, *Systematic Theology*, 2:343-379.

120) Müller, "1 Kor 1:18-25," *BZ* 10 (1966): 246-272; 또한 Collins, *First Corinthians*, 92.

121) 참조. Pogoloff, *Logos and Sophia*, 108-127, 129-172. 또한 위에서 언급한 다른 참고문헌.

아마도 콘첼만은 이처럼 명확하게 대조되는 것을 과소평가하지만, 그 당시의 세상에 대한 바울의 관점은 도덕주의적인 비판을 일삼는 행위를 암시하지 않는다고 올바르게 지적한다.[122] 유대인들이 얼핏 보기에 약속의 성취와 전적으로 상반되는 것처럼 보이는 어떤 사건 안에서 하나님의 약속이 성취되었다고 믿는 것에 대해 신중한 자세를 취하는 것은 이해할 만하다. 고대 그리스-로마 세계뿐만 아니라 고린도 사람들의 생활 습관과 문화에서 사람들이 존경, 명예, 성공을 얻기 위해 온갖 수단과 방법을 가리지 않는 것은 "당연한" 것이었다.[123] 하지만 바로 이와 같은 선입관은 지나치게 추구할 경우에는 십자가에 못 박힌 그리스도를 모욕적으로 인식할 수 있다. 한편으로 그와 같은 그리스도는 표적들을 구하는 이들에게는 모욕적이었다. 왜냐하면 점령 세력에 의해 수치스럽고 굴욕적인 처형을 받은 유대인 선생은 결코 하나님의 구원 행위에 대한 하나의 표적으로 보이지 않았기 때문이다. 다른 한편으로 그것은 어리석은 것이었다. 즉 이것은 성공, 명예, 존경으로 이끌어주는 것으로서 삶을 "잘 영위하는 원리와 방법"과 정반대되는 것이었다. 왜냐하면 바울이 선포하는 바로 그 사람은 실패, 불명예, 수치를 의미했던 고난과 죽음을 묵묵히 받아들였기 때문이다. 바울의 로고스는 "가장 비천한 사람, 곧 십자가 처형을 받은 죄수에 대한 연설"이었다.[124] 유대교 묵시론에서 고대하던 최후의 "반전"의 정황에서 임박한 종말에 대한 "표적"을 추구하는 것도 이해할 만하지만, 십자가에 못 박힌 어떤 사람에 대해 선포하는 것은 곧바로 모욕감을 불러일으킬 것이다.

23-24절에서 바울은 그리스도 앞에 정관사를 사용하지 않는다. 따라서 우리는 바울의 이 표현을 "십자가에 못 박힌 어떤 그리스도"(RV 난외주; a crucified Christ, NJB)로 번역해야 할 것이다. 단순히 "십자가에 못 박힌 그리

---

122) Conzelmann, *I Corinthians*, 46-47.

123) 참조. *Semeia* 68 (1996): *Honor and Shame in the World of the Bible*, esp. J. H. Neyrey, "Despising the Shame of the Cross," 113-138.

124) Pogoloff, *Logos and Sophia*, 156. 또한 참조. Merklein, "die Weisheit Gottes und die Weisheit der Welt (1 Kor 1:21): Zur Möglichkeit und Hermeneutik einer 'natürlichen Theologie' nach Paulus," in Merklein, *Studien zu Jesus und Paulus*, 376-384.

스도"(CNRSV, RSV, 바레트)로 번역하는 것은 바울의 강조점 가운데 일부분을 놓치는 것처럼 보인다. 어떤 주석가들은 고전 2:2과 갈 3:1을 비교하면서 이 점을 크게 강조한다. "유대인들은 σημεῖα를 보여주며 나타나는 승리자 그리스도를 요구했다.···하지만 그리스도는 어떤 사람들을 기쁘게 하는 정복자로, 또 다른 사람들을 기쁘게 하는 철학자로도 선포되지 않았다."[125]

바울은 십자가에 못 박힌 어떤 그리스도를 사실 그대로 선포했다. 그는 이와 같은 선포로 야기된 모욕적인 것을 감추거나 그것과 타협하려 하지 않았다. 우리는 그리스어 명사 σκάνδαλον을 "모욕적인 것"으로 번역했다. 이 단어는 다음과 같이 다양하게 번역되었다. 예를 들어 "스캔들"(Barrett, Fee), "걸림돌"(AV/KJV, NRSV, NIV, 콜린스, 모팻), 또는 "극복할 수 없는 장애물"(NJB) 등이다. 이 모든 번역은 저마다 타당성이 있다. 이 그리스어 단어는 70인역과 신약성경 밖에서는 매우 드물게 나타난다. 마태복음과 누가복음에서 여섯 번, 바울 서신 전체에서 여섯 번, 베드로전서, 요한일서, 요한계시록에서 각각 한 번 나타난다. 즉 신약성경 전체에서 이 단어는 열다섯 번 사용된다. 해치-레드패스의 목록에서는 해당 단어가 70인역에서 21번 나타난다. 70인역에서는 주로 두 개의 히브리어 명사—מוקש(모케쉬)와 מכשול(미크숄)—가 이 그리스어 단어로 번역되었다.[126] 이 히브리어 명사들은 덫으로 사로잡는 것과 관련이 있을 것이다. 하지만 덫이라는 의미나 보다 엄밀하게 말해 덫에 부착된 막대기는 성경과 관련된 그리스어 문헌 밖에서는 매우 드물게 나타난다. 또한 대다수 신약 사례는 이 그리스어 명사의 몇 가지 가능한 의미 가운데 오직 한 가지만 제공한다. 갈 5:11에서 바울은 τὸ σκάνδαλον τοῦ σταυροῦ에 대해 말한다. 해당 절에서 바울은 이중적인 모욕에 대해 말한다. 즉 십자가에 못 박힌 이에게 수반되는 저주와 스스로 구원하고자 하는 역할의 무효화에 의한 모욕이다.[127] 마태복음에

---

125) Robertson and Plummer, *First Epistle*, 22.
126) Hatch-Redpath, 1268.
127) 참조. H. Giesen, "σκάνδαλον," *EDNT*, 3:248-250 (H. Giesen); G. Stählin, "σκάνδαλον," *TDNT*, 7:339-358; Moulton and Geden, *Concordance to the Greek Testament*, 894-895,

서 베드로는 예수가 십자가에 달려서는 안 된다고 말한다. 그러자 예수는
그 말이 자기 자신에게 바로 σκάνδαλον에 해당한다고 말한다(마 16:23). 바
레트와 피는 이 단어가 "스캔들"이라는 의미를 포함한다고 주장한다. 그래
서 TEV는 "무언가 모욕적인 것"으로 번역한다.[128] 몇몇 배경에서 이 단어
는 어떤 사람을 자극해서 그에게서 부정적인 또는 심지어 반항적인 반응을
불러일으키는 것을 가리킨다. 따라서 한 개의 영어 단어로 이와 같은 다양
한 뉘앙스를 모두 표현할 수는 없을 것이다. 십자가 처형을 받은 천한 신분
의 어떤 죄수에 대해 선포하는 것이 명예, 존경, 성공을 추구하던 사람들에
게 무엇을 의미했는지를 설득력 있게 묘사한 포골로프의 그림을 고려하면,
σκάνδαλον을 모욕적인 것으로 번역하는 것은 이 단어가 지니고 있는 분위
기와 뉘앙스를 가장 잘 표현해준다고 생각한다.

　　몇몇 종교 단체에서는 그때나 지금이나 단순히 그리스도만을 선포하
고 하나님의 행위에 대한 미리 결정된 표적들이 빠져 있는 것도 모욕적일
수 있다. 우리는 이미 이 절들에서 어리석은 것(μωρία)이 어떤 의미를 지니
고 있는지에 대해 살펴보았다. 만약 "지혜"가 기원후 1세기의 헬레니즘과
유대교 및 그리스-로마의 전통에서 성취, 성공, 존경, 명예에 이르는 길을
가리키는 것이었다면 그리스도의 십자가는 이와 같은 문화 및 세계관 안에
서 그것과 정반대되는 것으로 인식되었을 것이다. 어떤 다른 인물의 행위에
자신을 전적으로 맡기기 위해 자신의 능력을 포기한다는 것은 "그리스인
들" 또는 이방인들이 성공에 이르는 길이라고 이해했던 것을 모두 부인하
는 것에 해당한다. 이와 비슷하게 만약 "종말의 표적들"이 유대 민족의 정

예를 들면 마 16:23; 18:7; 눅 17:1; 롬 9:33(여기서 70인역은 히브리어의 의미를 반영함);
11:9(70인역은 히브리어의 의미를 반영함); 14:13; 16:17; 갈 5:11; 벧전 2:8("걸려 넘어지
게 하는 바위"? 화나게 하는 바위?). 그리고 갈 5:11에 대해서는 다음 주석서를 참조하라.
F. F. Bruce, *Commentary on Galatians*, NIGTC (Exeter: Paternoster and Grand Rapids,
Eerdmans, 1982), 237-238. 여기서 Bruce는 "저주"뿐만 아니라 "자만 또는 자기 구원의 모
든 개념에 대한 모욕"에 관해서도 말한다(238). 한편 Louw and Nida는 덫, 죄, 잘못을 서로
다른 의미 영역의 목록에 분류한다(2:222).
128) Fee, *First Epistle*, 75, n. 38: 그것은 반대를 불러일으킨다. 참조. Barrett, *First Epistle*, 54.

치적 운명의 반전을 가리키는 것으로 이해된다면 굴욕을 당한 메시아도 일종의 모욕적인 것이리라. 유대인들과 이방인들은 각각 자칭 "비판자"로서 동일한 기반 위에 서 있다.[129]

하지만 하나님으로부터 부르심을 받은 유대인들과 그리스인들 모두에게(τε καί) 그리스도의 십자가는 바로 하나님의 능력과 하나님의 지혜를 전달하는 행동 방식이다. 이것은 어떤 시대인지 알려주는 표적들에 대해 인간적인 계산이나 신념을 갖도록 부추기고 조종하려는 장치에 의존하지 않는다. 또한 이것은 인간적인 지혜의 간계를 통해 삶을 주도하려는 자기기만의 전략에도 의존하지 않는다. 하나님은 자신의 능력과 지혜를 다른 방법, 곧 사랑의 방법으로 나타내신다. 이 방법은 인간적인 상황에 의해 부여되는 억압과 곤경과 이미 정해진 약속에 기초한 하나님의 행위를 받아들인다. 또한 이 방법은 **하나님 자신의 방법**으로 주어진 일을 하며 그 결과를 빚어낸다. 왜냐하면 이것은 그리스도와 십자가 안에서 계시된 것으로서 하나님 자신의 본성과 일치하기 때문이다. 복음에 대한 다른 해석, 곧 십자가 대신에 인간적인 성공을 내세우는 메시지는 속임수가 담긴 모조품이다. 이 점과 관련하여 윙엘은 이렇게 주장한다. "하나님은 예수의 십자가를 통해 나타난 사랑으로 자신을 정의하셨다. 만약 이 세상의 전환점으로서 십자가가 하나님에 대한 은유적인 언어의 기초이자 판단 기준이라면 이와 같은 언어는 반전을 일으키는 기능을 지니고 있거나 나아가는 방향을 바꾸어준다. 우리는 이제 마치 모든 것이 이전과 똑같은 상태에 있는 것처럼 하나님에 대해 말할 수 없다."[130]

이러한 의미에서 하나님의 능력과 하나님의 지혜는 사실상 그리스도 안에서, 그를 통해, 그리고 심지어 그리스도로서 구체적으로 실현된다.

---

129) Schrage, *Der erste Brief*, 1:183, 특히 표적들을 요구하거나 자기 자신들의 판단 기준을 강요하는 "종교적인 인간들로서"(*homines religiosi*). 또한 참조. Collins, *First Cor*, 92-93 and 105-107.

130) Jüngel, *God as the Mystery of the World*, 220; *Theological Essays* (Eng. trans., Edinburgh: T. & T. Clark, 1989), 1:65.

따라서 그리스도는 곧 하나님의 능력과 하나님의 지혜다. 십자가는 전제들과 가치 체계를 뒤바꿀 수 있는 전환점이며 판단 기준이기 때문에 우리는 다른 배경에서 나타나는 능력과 지혜가 일상생활에서 사용되는 의미들과 심지어 신학적인 의미들을 엄밀하게 제한하는 조건 없이 함부로 적용하지 않도록 각별히 주의해야 한다. 우리는 이미 18절에서 하나님의 능력이 연약함을 통해 일하며 그 효력을 나타낸다는 것에 대해 살펴보았다. 이 능력은 십자가의 억압들을 선택하고 받아들이는 것을 통해 드러난다. 또한 이것은 고전 4:9-13에서 바울이 사도로서 겪은 고난의 십자가를 구현하는 생활 방식에도 반영되어 있다.[131]

　　　데이비스는 하나님의 이와 같은 지혜는 인간의 지혜로 "성취된" 것과 대조된다고 주장한다. 이 주장은 부르심을 받은 사람들에 대한 디트리히 비더케어의 주해와도 일치한다. 그의 관점에 의하면 부르심은 하나님이 먼저 주도적으로 자기 자신을 내어주시는 것의 일부이며, 그것은 21절의 "하나님께서는…기뻐하셨습니다"라는 표현 안에 요약되어 있다.[132]

25절　　　이 절은 18-25절에서 전개된 논의에 결론을 제시한다. 13-17절은 이 단락에 기초를 놓았고, 이어서 1:26-31과 2:1-5은 고린도 교회에서 나타난 두 종류의 경험을 확인해준다. 접속사 ὅτι(왜냐하면)는 인과관계를 나타낸다. 비록 실질적으로 거의 모든 영역본이 τὸ μωρὸν τοῦ θεοῦ을 "하나님의 어리석음"으로 번역하지만, 정관사와 더불어 형용사 μωρός의 중성 단수가 사용된 것은 엄밀하게 말하면 "어리석은 것"을 의미한다. 이 표현은 다음 두 가지 가능한 의미로 이해되어왔다. (1) 테르툴리아누스는 어리석은 것(stultum)을 십자가로 보고, 연약한 것(infirmum)은 성육신으로 본다. "그리스도의 십자가와 죽음이 아니라면 하나님의 어리석음이 사람들의 지혜보다 더 지혜로운 것은 과연 무엇입니까? 그리스도의 탄생과

---

131) 앞에서 언급한 Fitzgerald, *Cracks in an Earthen Vessel*, 117-150 and 203-207을 보라.
132) Dietrich Wiederkehr, *Die Theologie der Berufung in der Paulusbriefen*, 112; 또한 참조. 123-125.

하나님 [말씀]의 성육신이 아니라면 하나님의 약함이 사람들의 강함보다 더 강한 것은 과연 무엇입니까?"[133] 현대 주석가들 가운데 바이스도 중성 형용사를 다음과 같이 해석한다. "사람들은 하나님의 유일무이한 행위…곧 십자가 위에서의 그리스도의 죽음이 어리석음과 연약함을 가리키는 표적이라고 주장한다."[134] (2) 하지만 마이어, 리츠만 등 다른 학자들은 중성 정관사와 중성 형용사가 함께 사용된 형태를 "사람들에게 터무니없는 것처럼 보이는 것"이라며 사실상 오늘날의 인용 부호에 해당하는 것으로 해석한다.[135] 특별히 REV는 지식이 없는 독자들을 이해시키는 데 커다란 관심을 두고 다음과 같이 번역한다. 곧 "하나님의 어리석음으로 **보이는 것 같은 것**은 인간의 지혜보다 더 지혜롭다. 또한 하나님의 연약하심으로 **보이는 것 같은 것**은 인간의 힘보다 더 강하다." 하지만 이 번역은 독자들을 수동적으로 만들며 바울의 놀라운 모순 어법을 무미건조하게 만든다. 독자들의 반응을 연구하는 이론가들에 의하면 해당 구문은 독자들이 스스로 행동하도록 자극하는 역할을 한다. 18-24절은 어떻게 이해해야 할지 분명한 방향을 제시해주며, 충분한 단서를 제공해주기 때문에 바울의 표현에 나타나는 대립 관계와 관련하여 능동적인 독자들은 그 의미를 충분히 파악할 수 있다.

콘첼만은 이 부분에서 바울의 "경구적인 표현 양식"에 대해 말한다.[136] 예레미아스와 펑크는 이 단락에서 문체의 평행 구조와 교차대구법의 역할에 대해 논의한다.[137] 마거릿 미첼은 최근에 "바울의 논증에 나타난 수

---

133) Tertullian, *Against Marcion*, 5:5. 테르툴리아누스는 이 장 전체에서 바울의 표현을 탐구한다. 곧 고전 1:3, 1:18, 19, 20, 21, 22, 23, 24, 25, 27, 29, 31 그리고 고전 2:6, 7 등이다. 마르키온의 주장을 논박하면서 테르툴리아누스는 다음과 같이 주장한다. 곧 "인간이 해결한 것을 제외한다면" 한 분이신 하나님의 섭리 안에서 "비천하거나 경멸할 만한 것은 아무것도 발견되지 않았다." "주 안에서 자랑하는"(고전 1:31) 이들보다 인간의 지혜를 자랑하는 이들은 예를 들면 희생제물과 그릇들을 정결하게 하는 것에 대한 레위기의 규정들을 조롱할 수 있을 것이다. 하지만 구약성경에서 하나님의 행동 방식인 십자가의 "어리석음"과 비교될 수 있는 것은 전혀 없다.

134) Weiss, *Der erste Korinther Brief*, 34.

135) Meyer, *First Epistle*, 1:45; Lietzmann, *An die Korinther*, 10.

136) Conzelmann, *1 Cor*, 48.

137) Jeremias, "Chiasmus in den Paulusbriefen," 145-156; R. W. Funk, "The Letter, Form and

사학적인 간결 화법: 고린도 서신에서 '복음'의 기능"이라는 논문을 발표
했다.[138] 그는 트리폰이 말한 "간결함은 단지 귀로 듣는 것보다 더 많은 의
미를 지닌 표현 방법이다"라는 수사학적인 기본 원칙을 받아들인다.[139] 이
것은 표현 양식과 관련하여 제유법(synecdoche)을 나타낼 수 있다. 사실상
συνεκδοχή는 고대 그리스-로마의 수사학에서 전문 용어였다.[140] 이와 비
슷하게 키케로는 이 표현 방법을 "어떤 작은 부분으로부터 전체를 알고, 또
전체로부터 어떤 부분에 대해 아는 것"이라고 정의한다.[141] 따라서 복음(τὸ
εὐαγγέλιον)과 십자가 선포[말씀](ὁ λόγος τοῦ σταυροῦ)는 십자가로 이끌고
이에 뒤따르는 하나님의 목적에 대한 모든 이야기를 제유법적으로 간결하게
표현하는 것이다. 이것들은 "전체를 요약해주는 전문 용어 또는 제목"이다.
그러므로 독자들은 반드시 (움베르토 에코와 볼프강 이저의 "열려 있는" 텍스트
들 안에 나타나 있는 것과 같이) 암시되어 있는 내용을 스스로 "채워 넣어야"
한다.[142]

　　마거릿 미첼은 이 접근 방법을 고전 1:18-25에 적용한다. 이 단락에 대

Style" in *Language, Hermeneutic and Word of God,* 260-261; 참조. 250-274.

138) Mitchell, "Rhetorical Shorthand in Pauline Argumentation" in Jervis and Richardson
(eds.), *Gospel in Paul,* 63-68.

139) 같은 책, 67.

140) LSJ, 1483, "어떤 것을 통해 다른 것을 이해하는 것: 따라서 수사학에서⋯일종의 간접적인
표현 방법으로서 전체로 부분을, 그리고 부분으로 전체를 나타내는 표현법: Quintilian, *Inst.
Or.* 8.6.19." 또한 형용사로서 Diodorus Siculus, 5:31 참조.

141) Cicero, *Rhetorica ad Herennium,* 4.33.44. 이 표현법은 Collins, *First Cor,* 108이 제안하는
곡언법(*litotes*)보다 더 구체적이다.

142) Mitchell, "Rhetorical Shorthand," 65. 이 논문은 Wolfgang Iser의 문학 이론 안에서 광
범위한 독자 반응에 대한 접근 방법에 대해 "매우 작은"(micro) 수준에서의 평행문들을
제시해준다. Wolfgang Iser, *The Implied Reader* (Baltimore: Johns Hopkins University
Press, 1974), 또한 특히 *The Art of Reading: A Theory of Aesthetic Response* (Baltimore:
Johns Hopkins University Press, 1978 and 1980); Umberto Eco, *The Role of the Reader:
Explanation in the Semantics of Texts* (London: Hutchinson, 1981), and *Semantics and
the Philosophy of Language* (London: Macmillan, 1984). 본 주석서 저자는 다음 연구서
의 독자-반응 이론을 다루는 장에서 이 두 저자에 대해 자세하게 설명하고 평가한다. A. C.
Thiselton, *New Horizons in Hermeneutics* (Grand Rapids: Zondervan, 1992), 516-529(참
조. 529-557).

해 그는 다음과 같이 논평한다. "하나님의 역설적인 논리가 구체화된 복음서의 이야기는 필수적으로 σοφία, δύναμις, εὐγένεια(지혜, 능력, 좋은 가문에서 출생)에 대한 재평가를 요구한다. 이것은 고린도 사람들의 생활 방식과 대인 관계에서 여전히 강력하게 작용하고 있던 "인간적인" 구조물을 제거한다. 이 모든 것 대신에 복음은 1:30이 요약해주듯이 십자가에 못 박힌 그리스도, 곧 새로운 종류의 σοφία를 제공한다."[143] 십자가를 선포하는 것은 인간적인 지혜가 주도하는 세상 질서 안에서 어리석은 것이다. 왜냐하면 적어도 바울의 케리그마는 "자기 지움의 패러다임"에 해당하기 때문이다. 이 패러다임은 신앙 공동체 안에서 "분파들"이 생겨나게 한 지혜의 자세 및 입장과 전적으로 상반된다.[144]

십자가의 연약함 안에 있는 능력에 대한 쉬츠의 해석에 동의하면서 로버트 펑크는 이 축약된 "단어"가 어떻게 "두 가지 언어" 간의 대조를 유발하는지를 밝혀준다. 즉 한 가지 언어는 인간적인 가치관의 세계를, 또 다른 언어는 효능이 발휘되는 실재—바울이 δύναμις, "능력"이라는 단어를 사용하는 것 안에 요약되어 있다—의 세계를 빚어낸다는 것이다.[145] 이 실제적이며 효과적인 "세계"는 인간의 지혜와 능력을 무색하게 만든다. 그래서 "하나님의 어리석음이 사람들보다 더 지혜롭다."[146] 따라서 벵엘은 지혜와 능력을 추구하는 인간의 허세는 이를 재정의하고 싶은 헛된 생각에서 비롯된다고 본다. 즉 그들은 무엇이 지혜롭고 강한 것인지 [의도적으로] 정의하고 싶어 한다(definire velint quid sapiens et potens).[147] 문법적인 측면에서 우리는 τῶν ἀνθρώπων을 직접적인 비교의 소유격으로 "사람들보다"를 의미하

---

143) 같은 책, 71.
144) 같은 책, 70. 또한 1:1에 대한 주해에서 이미 살펴본 J. A. Crafton과 E. Best에 대한 논의를 참조하라.
145) Funk, "Word and World in 1 Corinthians 2:6-16," in *Language, Hermeneutic and Word of God*, 281-288; 참조. 275-305. 또한 참조. Schütz, "The Cross as a Symbol of Power: 1 Cor. 1:10-4:21," in *Anatomy of Apostolic Authority*, 187-203.
146) Funk, "Word and Word," 275-276, 279-283, and 285-287.
147) Bengel, *Gnomon*, 612.

거나, 일종의 축약적인 비교로 "인간의 지혜보다 더 지혜로운"을 의미하는
것으로 이해할 수 있다(마 5:20과 요 5:36의 관용적인 독특한 표현을 참조하라).[148]
피(Fee)는 해당 그리스어 구문을 하나님의 지혜가 십자가 안에서 인간의 지
혜를 "앞질렀다"고 해석한다. 하지만 이것은 어떤 "약삭빠른" 것으로서의
지혜의 개념과 능력 및 지혜를 재정의하는 연약함 안에 있는 능력 간의 질
적인 차이—정도가 아니라 종류의 차이—를 없애버리는 것이다. 이와 비
슷하게 "능가했다"라는 그의 이해도 이 문제점을 더 부각시킨다.[149] 바울은
25절에서 수사학적인 측면에서 평행 구조를 간결하고 훌륭하게 제시해주
는데, 이것은 18-24절(1:18-2:5의 첫 번째 단락 또는 단원)을 다시 서술하면서,
이어지는 다음 단락들(1:26-31과 2:1-5)을 예고한다.[150]

2. 고린도 교인들의 개인 역사와 사회적 신분의 관점에서 입증된 하나님의 지혜와 인간 지혜의 대조(1:26-31)

[26] 형제자매 여러분, 여러분의 부르심의 처지에 대해 생각해보십시오. 세상의 영리한 판단 기준에 의하면 여러분 중에 지식인들이 많지 않았으며, 유력자들이 많지 않았고, 높은 신분으로 태어난 이들도 많지 않았습니다. [27-29] 그러나 하나님께서는 영리한 자들을 부끄럽게 하시려고 세상의 어리석은 것들을 선택하셨습니다. 또한 하나님께서는 권능의 지위들을 부끄럽게 하시려고 세상의 연약한 것들을 선택하셨습니다. 그리고 하나님께서는 세상의 보잘것없는 것들과 멸시받는 것들, 곧 아무것도 아닌 것들을 선택하셔서 "중요하게 보이는 것들"을 아무것도 아닌 것들로 만드셨습니다. 그래서 모든 부류의 사람들이 하나님 앞에서 자랑하지 못하게 하셨습니다. [30, 31] 여러분이 그리스도 예수 안에 있는 것은 바로

148) Robertson and Plummer, *First Corinthians*, 23.
149) Fee, *First Epistle*, 77.
150) Merklein, *Der erste Brief 1-4*, 191. Merklein은 이 점을 강조한다. 반면에 BDF, sect. 490은
그것을 바울이 사용하는 평행 구조의 한 모델로 간주한다. 또한 참조. Collins, *First Cor*, 108:
"수사학적인 비교로서 싱크리시스(*sygkrisis*)의 수사학적인 기교는 하나님의 지혜와 능력을
강조한다."

하나님으로부터 주어진 선물입니다. 그는 우리를 위해 하나님으로부터 주어진 지혜가 되었습니다. 곧 우리의 의로움과 거룩함과 구속이 되었습니다. 그래서 성경에도 "누구든지 자랑하는 자는 주 안에서 자랑하라"고 기록되어 있습니다.

1:18-2:5에 대한 전반적인 머리말(앞을 보라)에 덧붙여야 할 것은 거의 없다. 하나님의 지혜와 이른바 "인간의 지혜" 간의 대조는 십자가의 관점에서 그것의 실상이 밝혀졌다. 이것은 사람들을 변화시키는 존재론적인 함의들뿐만 아니라 사회·윤리적인 결과들을 지니고 있다.[151] 수사학적·논리적 논증 및 신학적인 내용에 기초하여 바울은 이 일관된 주제를 다음과 같은 관점에서 설명한다. (1) 그리스도의 십자가에 대한 선포가 지니고 있는 본질과 변화시키는 능력(1:18-25), (2) 고린도 교회의 특성, 사회적 위치 및 구성 요소(1:26-31), (3) 맨 처음으로 고린도를 방문했을 때 바울이 어떤 경험을 했으며, 어떻게 복음을 선포했는지(2:1-5) 등이다. 슈라게가 제안하듯이 1:10의 명제(propositio)은 11-17절에서 하나의 서술(narratio)로 설명되었다. 그다음 이것은 1:18-2:5에서 삼중적 의미를 지닌 일종의 증명, 증거 또는 논증(argumentatio)의 형태를 취한다.[152] 이제 바울은 이 논증의 두 번째 부분을 전개해나간다(1:26-31).

　　진정한 지혜의 기초와 판단 기준으로서 십자가의 역할은 십자가의 본질 자체와 지혜 및 어리석음에 관한 인간의 열망 및 평가 간의 갈등을 통해 입증되었다. 그리스도 안에서 나타난 하나님의 행위는 신분, 성취, 성공에 대한 인간의 가치 기준을 뒤집는 결과를 가져왔다.[153] 이제 이 이슈는 먼저 자신들의 신앙 공동체의 기원과 구성에 대한 수신자들의 경험을 통해(1:26-31), 그다음엔 바울이 맨 처음 고린도에 도착했을 때 그가 복음을 전파하면

---

151) 오늘날 많은 저자들은 이러한 이슈에 대해 탐구했다. 하지만 특히 앞에서 Alexander Brown 과 Raymond Pickett에 대해 언급한 것을 보라. 또한 보다 더 일반적인 측면에서 Wolfgang Schrage의 주석을 참고하라.

152) Schrage, *Der erste Brief*, 1:167.

153) (앞에서 이미 언급했듯이) 특히 Witherington과 Pogoloff는 이 측면을 강조했다.

서 경험한 것을 통해(2:1-5) 실천적으로 입증된다.

1:26-31에 대한 참고문헌

Bender, W., "Bemerkungen Übersetzung von 1 Kor 1:30," ZNW 71 (1980): 263-268.

Bowie, E. L., "The importance of the Sophists," Yale Classical Studies 27 (1982): 29-59.

Brown, A. R., The Cross in Human Transformation (Minneapolis: Fortress, 1995), 80-97.

Bruce, F. F., Paul: Apostle of the Free Spirit (Exeter: Paternoster, 1977), 95-112.

Bultmann, R., Faith and Understanding: Collected Essays (Eng. trans., London: SCM, 1969), 220-246.

_____, "The Term 'Flesh'(Sarx)," Theology of the NT (Eng. trans., London: SCM, 1952), 1:232-239.

Carson, D. A., The Cross and the Christian Ministry (Grand Rapids: Baker, 1993), 26-33.

Castelli, Elisabeth, "Interpretations of Power in 1 Corinthians," Semeia 54 (1991): 197-222.

Chow, John K., Patronage and Power: A Study of Social Networks in Corinth, JSNTSS 75 (Sheffield: Sheffield Academic Press, 1992).

Combes, I. A. H., The Metaphor of Slavery in the Writings of the Early Church, JSNTSS 156 (Sheffield: Sheffield Academic Press, 1998), 77-94.

Dahl, N. A., Studies in the Paul (Minneapolis: Augsburg, 1977), 95-120.

de Silva, D. A., " 'Let the One Who Claims Honor Establish That Claim in the Lord': Honor Discourse in the Corinthian Correspondence," BTB 28 (1998): 61-74.

Dunn James D. G., "The Wisdom of God," in Christology in the Making (London: SCM, 1980), 163-194.

Engberg-Pedersen, T., "The Gospel and Social Practice according to 1 Corinthians," NTS 33 (1987): 557-584.

Fraser, J. W., Jesus and Paul: Paul as Interpreter of Jesus from Harnack to Kümmel (Appleford: Marchan Books, 1974), 11-32, 117-209.

Furnish, V. P., "Theology in 1 Corinthians," in D. M. Hay(ed.), Pauline Theology, 2; 1 and 2 Corinthians (Minneapolis: Fortress, 1995), 64-69.

Hengel, Martin, Between Jesus and Paul: Studies in the Earliest History of Christianity (Eng. trans., London: SCM, 1983), 1-29.

Holmberg, B., Sociology and the NT: An Appraisal (Minneapolis: Fortress, 1990), 21-76.

Horrell, D. G., The Social Ethos of the Corinthian Correspondence (Edinburgh: T. & T. Clark, 1996), esp. 91-101 and 132-137.

Horsley, R. A., "1 Corinthians: A Case Study of Paul's Assembly as an Alternative Society," in R. A. Horsely (ed.), Paul and Empire Religion and Power in Roman Imperial Society (Harrisburg, Pa.: Trinity Press International, 1997), 242-252.

Jewett, Robert, Paul's Anthropological Terms: A Study of their Use in Conflict Settings (Leiden: Brill, 1971), 49-166, 참조. 23-40.

Judge, E. A., "Paul's Boasting in Relation to Contemporary Professional Practice," *AusBR 16* (1968): 37-50.

_____, *The Social Pattern of the Christian Groups in the First Century* (London: Tyndale Press, 1960).

Jüngel, E. *Paulus und Jesus: Eine Untersuchung zur Präzisierung der Frage nach dem Ursprung der Christologie,* HUT 2 (Tübingen: Mohr, 1962).

Keck, L. E., "God the Other Who Acts Otherwise: An Exegetical Essay on 1 Cor 1:26-31," *Word and World* 16 (1996): 276-285.

Lohmeyer, E., *Probleme paulinischer Theologie* (Darmstadt: Wissenschaftliche Buchgesellschaft, 1954), 75-156.

Malina, Bruce J., *The NT World: Insights from Cultural Anthropology* (Atlanta: John Knox, 1981).

Martin, D. B., *Slavery as Salvation* (New Haven: Yale University Press, 1990), 50-85 and 117-135.

Matthew, V. H., et al. (eds.), "Honor and Shame in the World of the Bible," *Semeia* 68 (1994/1996).

Meeks, Wayne A., *The Moral World of the First Christians* (Philadelphia: Westminster, 1986), 32-38.

Meggitt, J. J., *Paul's Poverty and Survival* (Edinburgh: T. & T. Clark, 1998), esp. 75-107.

Moxnes, Halvor, "Honor, Shame and the Outside World in Paul's Letter to the Romans," in J. Neusner et al. (eds.), *The Social World of Formative Christianity and Judaism* (Philadelphia: Fortress, 1998), 207-218.

O'Day, G. R., "Jer. 9:22-23 and 1 Cor 1:26-31: A Study in Intertextuality," *JBL* 109 (1990): 259-267.

Pogoloff, Stephen M., *Logos and Sophia: The Rhetorical Situation of 1 Corinthians,* SBLDS 134 (Atlanta: Scholars Press, 1992), 113-127, 153-172, 197-216.

Robinson, J. A. T., "The Concept of the Flesh (σάρξ)," in *The Body: A Study in Pauline Theology* (London: SCM, 1952), 17-26.

Sand, Alexander, *Der Begriff "Fleisch" in den paulinischen Hauptbriefen,* BU 2 (Regensburg: Pustet, 1967).

Sänger, D., "Die δυνατοί in 1 Kor 1:26," *ZNW* 76 (1985): 285-291.

Savage, Timothy B., *Power through Weakness: Paul's Understanding of the Christian Ministry in 2 Corinthians,* SNTSMS 86 (Cambridge: Cambridge University Press, 1996), 57-64, 74-80.

Schneider, N., *Die rhetorische Eigenart der paulinischen Antithese* (Tübingen: Mohr, 1970).

Schottroff, L., " 'Nicht viele Mächtige,' Annäherungen an eine Soziologie des Urchristentums," in *Befreiungserfahrungen* (Munich: Kaiser, 1990), 247-256.

Schreiner, K., "Zur biblischen Legitimation des Adels: Auslegungsgeschichtliche zu 1 Kor 1:26-29," *ZKG* 85 (1974): 317-357.

Theissen, Gerd, *The Social Setting of Pauline Christianity: Essays on Corinth* (Eng. trans.,

Philadelphia: Fortress, 1982), 69-144.

Thiselton, Anthony, C., "The Meaning of σάρξ in 1 Cor 5:5: A Fresh Approach in the Light of Logical and Semantic Factors," *SJT* 26 (1973): 204-228.

_____, *The Two Horizons* (Exeter: Paternoster and Grand Rapids: Eerdmans, 1980), 407-411 (Korean trans. Seoul: Chongshin Publishing, 1980, 624-632).

Wedderburn, A. J. M. (ed.), *Paul and Jesus: Collected Essays*, JSNTSS 37 (Sheffield: Sheffield Academic Press, 1989), esp. 99-160.

_____, "Some Observations in Paul's Use of the Phrases 'in Christ' and 'with Christ,'" *JSNT* 25 (1985): 83-97.

Winter, B. W., *Philo and Paul among the Sophists*, SNTSMS 96 (Cambridge: Cambridge University Press, 1997), 186-194.

Witherington, Ben, III, *Conflict and Community in Corinth: A Socio-Rhetorical Commentary on 1 and 2 Corinthians* (Grand Rapids: Eerdmans and Carlisle: Paternoster, 1995), 22-35 and 113-120.

Wuellner, W., "The Sociological Implication of 1 Cor 1:26-28 Reconsidered," SE, 6 (ed. E. A. Livingstone; Berlin: Berlin Academy, 1973), 666-672.

_____, "Ursprung und Verwendung der σοφός - δυνατός - εὐγενής - Formel in 1 Kor 1:26," in E, Bammel, C. K. Barrett, and W. D. Davies (eds.), *Donum Gentilicium: NT Studies in Honour of D. Daube* (Oxford: Clarendon Press, 1978), 165-184.

_____, "Tradition and Interpretation of the 'Wise-Powerful-Noble' Triad in 1 Cor 1:26," *SE* 7 (ed. E. A. Livingstone; Berlin: Berlin Academy, 1982), 557-562.

Yeo, Khiok-khing, *Rhetorical Interaction in 1 Corinthians 8-10*, BibInt 9 (Leiden: Brill, 1995), 86-90.

26절   UBS 그리스어 신약성경 4판은 초기 사본들을 따라 그리스어 접속사 γάρ가 25절과 연결되는 것으로 읽는다. 반면에 D, F, G 등 서방 사본들에는 이 접속사 대신에 οὖν이 등장한다. 피와 바레트는 이 후대의 이차적인 독법이 바울의 주장을 뒤바꾸는 것으로 보고 받아들이지 않는다.[154]

세 가지 용어, 곧 지식인들(σοφοί), 유력자들(δυνατοί), 훌륭한 가문에 태어난 이들(εὐγενεῖς)이 어떻게 연결되어 있는지 간파하는 것은 중요하다. 이 용어들은 나중에 예수 그리스도 안에서의 의로움(δικαιοσύνη)과 거룩함(ἁγιασμός)과 구속(ἀπολύτρωσις)을 언급함으로써 그 의미들이 반전

---

154) Fee, *First Epistle*, 79; Barrett, *First Epistle*, 56.

되고 재정의되는 것을 일러준다(30절).[155] 그리스도는 신자들이 자랑해야
(καυχάσθω, 1:31) 할 유일한 근거다. 최근에 드 실바는 어떻게 이 절들이 "명
예에 대한 논점"을 구체화하는지 밝혀주었다. 이 논의에서 명예는 구체적
인 사회 그룹들의 (대중적인) 평가에 의존하는 것으로 인식된다. 세상의 판
단 기준에 의하면 고린도 교회에 속한 사람들 중 고대 그리스-로마 사회에
서 "인정받던" 사람들에게 존경을 받던 사람들은 "많지 않았다." 하지만 신
자들에게 진정한 명예는 다른 원천에서 유래한다. "명예를 요구하고자 하
는 사람은 그 요구가 주(Lord) 안에서 인정받게 하라."[156] 비록 케네스 베일
리는 교차대구법적인 구조가 보다 넓고 정교하게 전개되어 있다고 제안하
지만, 여기서 서로 뒤바뀌는 요소들이 균형을 이루고 있다는 것은 부인할
수 없다.[157] (30절에 대한 주해를 보라.) 세상이 그들의 성취를 평가하는 것을
따른다면(κατὰ σάρκα, 문자적으로는 "육신을 따라" 또는 세상의 영리한 판단 기준에
의하면), 이 편지의 수신자들은 자신들의 지적이며 정치적인 또는 사회적인
성취에 대해 스스로 자랑할 것이 전혀 없다. 바울은 이러한 평가를 전적으
로 그리스도에 기초한 신분과 하나님에 의해 그리스도를 통해 주어진 "반
전" 행위와 대조한다.

올바른 번역과 관련하여 몇 가지 이슈에 대해 논평할 필요가 있다. (1)
βλέπω는 눈으로 보는 것과 관련하여 일반적으로 "내가 보다", "내가 바라
보다"를 의미한다. 하지만 이 그리스어 동사는 종종 은유적인 의미로 확대
되어 사용되기도 한다. 그럴 경우에 이 동사는 "어떤 대상에게 주의를 기울
이다"를 뜻한다. 26절에서 이 동사는 현재 명령법 능동태로 사용되었다. 이
것은 "~에 대해 생각해보십시오"보다 더 강력하게 번역할 것을 제안한다.

---

155) 수사학에서 효과적인 대구법에 대해서는 다음을 보라. N. Schneider, *Die rhetorische Eigenart der paulinischen Antithese* (Tübingen: Mohr, 1970). 또한 Winter, *Philo and Paul among the Sophists,* 193-194.

156) D. A. de Silva, "Let the One Who Claims Honor Establish That Claim in the Lord": Honor Discourse in the Corinthian Correspondence," *BTB* 28 (1998): 61-74.

157) Bailey, "Recovering the Poetic Structure of 1 Cor 1:17-2:2," 265-296.

(또한 κλῆσις에 대한 설명을 보라.)[158] 여기서 이 그리스어 동사를 직설법으로 해석해야 한다는 주장들은 설득력이 별로 없다.[159] (2) 여기서 접속사 γάρ(원문에 대한 주해 참조)의 일차적인 의미는 설명이 아니라 논의의 전개에서 새로운 단계가 시작된다는 것을 알리는 역할을 한다.[160] 이 단어는 기원후 1세기 그리스어에서 종종 이런 기능을 수행한다. 따라서 이 접속사는 번역하지 않는 것이 가장 좋다. (3) κλῆσιν, "부르심"은 해석상 난제를 제공한다. 특히 1:1에서 이 단어는 "사도로 부르심을 받은"을 가리키고, 1:2에서는 "주의 이름을 부르며 거룩해지고 하나님의 백성으로 부르심을 받은 이들"을 가리킨다. 따라서 여기서 이 단어는 더 드물게 사용되는 경우로서 직업을 가리키는 "부르심"(calling)보다 신약성경에서 일반적으로 더 자주 사용되는 "믿음을 갖도록"(called to faith)을 의미할 가능성이 더 높다. 올스하우젠 같은 이전의 주석가들과는 별개로, 몇 안 되는 주석가들 중 하나인 위더링턴은 이 단어가 "사회-경제적인 신분"을 의미한다고 주장한다.[161] 여기서 이 단어는 하나님이 믿음으로 부르셨다는 점을 분명하게 강조한다. "하나님의 부르심이 지니고 있는 역동적인 특성과 부르심의 주체가 하나님이라는 사

---

158) 문법적인 측면에서 엄밀히 말하자면, βλέπετε는 2인칭 복수 직설법 현재 능동태 또는 2인칭 복수 명령법 현재 능동태를 가리킬 수 있다. Valla, Erasmus, Beza, Bengel, 그리고 AV/KJV는 이 동사가 여기서 직설법으로 사용되었다고 이해했다. Bengel은 다음과 같이 γάρ의 용례에 호소하면서 이 해석을 지지한다. "'왜냐하면'을 암시해주는 직설법"(indicativum innuit enim)이라는 것이다(Bengel, Gnomon, 612). 하지만 우리는 여기서 바울의 γάρ 용법을 다른 의미로 이해한다. 또한 대다수 주석가들도 이 문맥에서 해당 그리스어 동사를 명령법으로 해석한다. 예외적으로 Barrett는 "여러분은 내가 의미하는 것을 이해할 수 있습니다"라고 번역한다(Barrett, First Epistle, 56).

159) Collins, First Epistle는 "깊이 생각해보라"라고 번역한다(90, 109).

160) Fee, First Epistle, 79는 이 강조점을 올바로 이해한다.

161) Witherington, Conflict and Community, 113. Witherington은 구체적인 논증 없이 결론을 이끌어내는 것처럼 보인다. 이전의 주석가들 중—Krause와 Olshausen을 포함하여—몇몇은 "전문 직종" 또는 "직업"이라는 의미에서 부르심(calling)으로 해석한다. 아마도 이들은 오늘날 독일어 명사 Beruf가 대체로 직업을 의미하기 때문에 이렇게 해석했을 것이다. 한편 이 그리스어 단어는 일상생활과 관련된 파피루스 문서들에서 거의 나타나지 않는다(MM). 필론의 저서에서 사용되는 이전의 사례들 및 고전 7:20과는 별개로 BAGD는 "하나님에 의해" 특히 믿음으로 "부르심을 받은"에 해당하는 주요 항목에 고전 1:26을 확실하게 위치시키면서 몇몇 사례를 제시한다.

실을 힘주어 말한다."[162] 하지만 1:26에서 κλῆσις는 단순히 부르심의 행위 뿐만 아니라 그것에 수반되는 상황도 가리킨다. 알로와 바레트는 신자들의 부르심과 관련하여 "상황"과 "형편"을 언급한다. 젠프트와 흐로세이데는 그들이 부르심을 받은 "**방법**"에 대해 말한다(강조는 원저자의 것임).[163] 따라서 로버트슨과 플러머는 다음과 같이 의역한다. "그렇다면 여러분의 마음의 눈앞에 무엇이 일어났는지 불러내어 보라. 여러분이 저마다 자신이 속해 있던 신분으로부터 하나님의 백성의 공동체 안으로 부르심을 받은 것을 살펴보라. 여러분 중에서 훌륭한 교육을 받고, 영향력이 있고, 또는 집안의 배경이 좋은 계층으로부터 온 사람들은 매우 드물다."[164] 알로 보다 앞서 그들은 이것을 "앞에서 언급된 본문의 결과를 매듭짓는 것으로서 반박할 수 없는 대인논증(對人論證, *Argumentum Ad Hominem*)"이라고 부른다. 비록 "처지"라는 의미가 그리스어 원문에서 명백하게 표현되지 않고 단지 암시되어 있지만, 우리는 이와 같은 강조점을 분명하게 나타내고자 "여러분의 부르심의 처지에 대해 생각해보십시오"라고 번역했다.[165] (4) ἀδελφοί에 대해 1:18-2:5 항목 아래 제시된 주해를 참조하라. 또한 바울이 동일한 은혜와 비슷한 싸움들 및 동일한 운명에 동참하는 동료 그리스도인들에게 가족에 대한 애정을 지니고 있다는 점도 참고하라. (5) 그리스어 구문 κατὰ σάρκα를 영어로 직역한다면 그것은 틀림없이 오해를 불러일으킬 것이다. 따라서 대다수 역본들과 번역자들은 "인간의 표준에 의해"라는 번역을 제안한다(NRSV, NJB, NIV, 모팻, 그 의미와 가깝게 REB, 콜린스).

로버트 주이트의 유익한 연구서와 알렉산더 잔트의 대단히 광범위한 저서에서 σάρξ의 용례가 자세하게 검토되고 설명된다.[166] σάρξ의 개념은

---

162) Collins, *First Cor*, 109.

163) Allo, *Prèmiere Épître*, 19; Barrett, *First Epistle*, 57; Senft, *La Première Épître*, 43; Grosheide, *First Epistle*, 50.

164) Robertson and Plummer, *First Epistle*, 24.

165) Allo, *Prèmiere Épître*, 19은 이 부분 전체(1:26-31)를 "대인"(對人, *ad hominem*)에 기초한 논증이라고 부른다(19-22).

166) Jewett, *Paul's Anthropological Terms*, 23-40 and 49-166; Sand, *Der Begriff "Fleisch" in*

일찍이 버튼의 연구를 통해 획기적인 진전이 이루어졌다. 그는 바울 안에서 σάρξ가 나타나는 사례들을 서로 구별된 일곱 가지 범주로 분류했다. 그러면서 그는 모든 것을 포괄하는 어떤 일반화된 의미로 이 단어를 이해하는 것을 거부했다.[167] 이 단어는 다양한 배경에서 다양한 의미를 나타낸다. 나는 이전의 두 차례 연구에서 이 견해를 지지했다. 그러면서 나는 어떤 준거를 안에서 어떤 태도(stance)를 평가하는 σάρξ의 역할을 강조했다.[168] 분명히 "한 사람 안에서 육신과 영은 서로 분리되는 두 '영역'이 아니다."[169] 일부 문맥에서 "육적인" 태도는 일종의 "인간의 자기만족"을 가리킨다(예. 고전 3:21, "사람을 자랑하지 마십시오"). 반면 불트만은 이것을 "자기 의존의 자세"라고 부른다. 또한 그것은 "인간의 '자랑'(καυχᾶσθαι) 안에서 극단적으로 표현된다."[170] 1:31에서 바울이 "영광" 또는 "자랑"의 유일한 근거로 그리스도 안에서 자랑하는 것에 관심을 되돌리면서 이 단락의 논의를 결론짓는 것은 결코 우연이 아니다. 따라서 이 단락에서 바울은 사람들이 **존중, 영광 또는 명예**의 기준에 근거하여 평가하는 지혜, 영향력, 신분의 영역에서의 고린도 교인들의 성취들을 하나님이 자기 뜻에 따라 그리스도 안에서 그들에게 주신 신분과 비교한다.[171] 이 점은 우리가 제시하는 번역에 근거를 마련해준다(아래 참조).

그러므로 여기서 바울은 사회적·정치적 관점에서 볼 때 이 편지의 수

---

den paulinischen Hauptbriefen.

167) E de W. Burton, *A Critical and Exegetical Commentary on the Epistle to the Galatians* (Edinburgh: T. & T. Clark, 1921), Appendix.

168) Anthony Thiselton, "The Meaning of σάρξ in Cor 5:5," 204-208; and *The Two Horizons*, 407-411.

169) Sand, *Der Begriff "Fleisch*," 144.

170) J. A. T. Robinson, *The Body*, 25: 참조. 17-26; 또한 Bultmann, *Theology of the New Testament*, 1:232-239, 특히 242.

171) κατὰ σάρκα의 평가적 용례 가운데 고전 1:26과 탁월하게 평행을 이루는 것은 롬 1:3-4에서 나타난다. 하나님의 아들에 대해 말하자면 그는 "육신으로는(κατὰ σάρκα) 다윗의 혈통에서 나셨고 영으로는(κατὰ πνεῦμα) 하나님의 아들"로 선포되셨다. 그리스도의 한 인격은 두 가지 구조에 기초한 평가 및 이해와 더불어 인식된다. 고전 1:18-25과 마찬가지로 롬 1:3-4에서도 또다시 실존(實存)과 구원의 측면이 서로 연관되어 있다.

신자들은 상대적으로 대중의 존경, 정치적인 세력, 가문의 지위 및 영향력을 지니고 있지 않다고 말한다.[172] 20세기 초기부터(특히 다이스만과 함께) 저지, 믹스, 타이센에 이르기까지 많은 학자들은 1:26에 기초하여 고린도 그리스도인들 중 대다수가 사회적으로 낮은 신분 출신이었다고 추론했다.[173] 하지만 심지어 기원후 3세기에도 오리게네스는 다음과 같은 켈소스의 말을 인용한다. "교육받은 사람들, 지혜로운 사람들, 분별력이 있는 사람들은 아무도 [기독교에] 가까이 하지 마시오." 한편 칼뱅은 다음과 같이 주해한다. "고린도 교인들은⋯세상에서 대단한 위치에 있지 않았지만", 그럼에도 그들은 "그것에 조금도 개의치 않고 자신들을 자랑했다."[174] 하지만 오리게네스는 이 절을 켈소스에게 모든 사람(많은 사람)이 영향력이 있고 훌륭한 교육을 받지는 않았지만, 적어도 일부는 그와 같은 사람이 있었다는 취지로 답변하는 데 사용했다.[175] 바울이 세운 교회들의 역사에 대한 최근의 사회학적 연구가 이루어지기 이전에는 이 절에 근거하여 지나치게 광범위한 일반화를 시도하는 것은 바람직하지 않다는 점이 인정되었다. "부르심을 받은 사람들 가운데는 몇몇 훌륭한 인물이 있었다"(강조는 덧붙여진 것임).[176]

다이스만(1927년)은 신약성경 시대의 그리스도인들은 사회적 신분이 낮았으며, 파피루스 문서들의 언어와 유사했다고 주장했다. 이에 대한 증거로 그는 마 11:25 이하 및 고전 1:26-31을 인용했다.[177] 하지만 1960년에 발표된 한 영향력 있는 논문에서 저지는 다음과 같이 다이스만의 견해와 상반되는 주장을 제기했다. "그리스도인들은 결코 사회적으로 낙후된 그룹이 아니었으며, 설령 고린도 교인들이 전형적인 사례는 아니었다 하더라도 대

---

172) Senft, *La Première Épitre*, 43.
173) 이 이슈에 관한 탐구 역사에 대한 일치된 견해는 널리 알려져 있다. 개관으로는 Horrell, *Social Ethos*, 91-101; 보다 더 자세한 연구서로는 Theissen, *Social Setting*, 69-120을 참조하라.
174) Origen, *Against Celsus*, 3:44; Calvin, *First Epistle*, 44.
175) Origen, *Against Celsus*, 3:48.
176) Moffatt, *First Epistle*, 19-20.
177) Deissmann, *Light from the Ancient Near East* (London: Hodder & Stoughton, 2d ed. 1927), 144.

도시 시민들 가운데 사회적으로 자부심이 강한 사람들이 그리스도인들 가운데 우위를 차지했다."[178] 그는 정치(*politeia*), 경제(*oikonomia*), 친밀한 교제(*koinonia*) 등 세 가지 제도의 중요성을 강조한다. 그 당시 많은 재산을 소유한 후견인들은 이를 유지하는 데 도움을 주었을 것이다. 우리는 고린도 교회 안에 높은 지위에 있던 몇몇 회심자들이 있었다는 증거로 회당장 그리스보(행 18:8; 참조. 고전 1:14)와 로마의 재무관 또는 공공건물 관리자 에라스도(롬 16:23)를 예로 들 수 있을 것이다. 하지만 이들은 교회 안에서 그저 소수에 불과했을까?

타이센은 저지의 주장에 부분적으로 동의한다. 하지만 그는 초기 도시 교회들의 **사회적 다양성**을 강조하면서 "고린도 교회는 내부적인 계층화라는 특징을 지니고 있었다"고 말한다.[179] 높은 신분과 지대한 영향력을 자랑하는 인물들이 고린도 교회 안에 있었다는 주장은 높은 직책을 지닌 이들(그리스보, 에라스도), 주목할 만한 가정의 가장들(그리스보, 스데바나), 어느 정도의 재력과 영향력을 가지고 바울을 "섬길" 수 있었던 사람들, 또는 그밖에 다른 사람들(에바브로디도, 가이오, 디도 유스도), 그리고 종종 상인으로서 또는 사업상 여행을 해야만 했던 사람들(아굴라와 브리스길라, 뵈뵈, 에라스도, 스데바나, 글로에의 사람들)에 대한 언급을 통해 추론할 수 있다.[180] 오늘날 대다수 학자들은 바울이 "신분의 불일치"(status inconsistency)를 경험하던 공동체에 십자가의 메시지를 들려주고 있다는 데 동의할 것이다.[181] "고린도에 살

---

178) Judge, *The Social Pattern of the Christian Groups in the First Century*, 60.

179) Theissen, "Social Stratification in the Corinthian Community: A Contribution to the Sociology of Early Hellenistic Christianity" in *The Social Setting of Pauline Christianity*, 69; 참조. 69-120.

180) 같은 책, 95. 이 이슈에 대한 논의와 관련하여 Theissen은 다음과 같은 명단을 제시한다. 아가이고(고전 16:17), 아굴라와 브리스가(고전 16:19; 참조. 롬 16:3; 행 18:2, 26[브리스길라]), 에라스도(롬 16:23), 브도나도(고전 16:17), 가이오(고전 1:14; 참조. 롬 16:23), 야손(롬 16:21), 그리스보(고전 1:14; 참조. 행 18:8), 누기오(롬 16:21), 뵈뵈(롬 16:1-2), 구아도(롬 16:23), 소시바더(롬 16:21), 소스데네(고전 1:1; 참조. 행 18:17?), 스데바나(고전 1:16; 16:15), 디도 유스도(행 18:7), 더디오(롬 16:22)와 글로에의 사람들(고전 1:11) 등이다.

181) Meeks, *First Urban Christianity*, 191-192.

고 있던 그리스도인들의 사회적 수준은 분명히 매우 가난한 사람으로부터 부유한 사람에 이르기까지 다양했을 것이다.…이것은 도시 사회의 한 가지 단면이다.…그들은 그 도시에 거주하던 다른 사람들과 이러한 '신분의 불일치'를 공유했을 것이다.…많은 사람들은…혈통이나 약삭빠른 처신을 통해 높은 지위를 얻었다.…1:26에 기록된 바울의 말은 높은 신분을 얻으려고 열망했던 사람들에게 그들의 본래 처지를 머릿속에 뚜렷하게 떠올리게 했을 것이다."[182] 그리스도의 십자가를 통한 하나님의 순전한 은혜에 대한 메시지는 그들이 이제까지 생각했던 모든 개념과 모순되는 것이었다. "그들의 판단에 의하면 이 새로운 종교는 그들이 보다 넓은 사회 안에서 결코 얻을 수 없었던 신분을 그들에게 부여했다."[183] 위더링턴은 이 절에 대해 다음과 같이 주해한다. "그리스도 안에 있는 구원은 인간이…스스로 개선할 수 있는 어떤 계획이 아니라 일종의 근본적인 구출을 의미한다.…하나님의 위대한 은혜는 모든 것을 통합시킬 뿐만 아니라 모든 것을 고르게 한다."[184]

윈터가 상기시켜 주는 말에 비추어 보면 이는 훨씬 더 두드러지게 나타난다. "26절에 언급된 단어들—σοφοί, δυνατοί, εὐγενεῖς—은 소피스트들에게 교육받은 사람들이 사용하던 용어였다. 또한 σοφοί는 소피스트들이었으며, 그들의 부모는 δυνατοί와 εὐγενεῖς였다."[185] 고대 자료들과 보위의 연구도 이 사실을 확인해준다.[186] 필론은 부요와 명성을 지닌 집단, 곧 유명한 가문 출신의 εὐγενεῖς가 가장 높은 명예를 누려야 마땅하다고 생각하는 사람들을 비난한다. 왜냐하면 그들은 자신들의 "자랑거리와 명예"를 스스로 선전하기 때문이다.[187] 한편 쟁어는 (고전 6:1-11이 전제하듯이) δυνατοί

---

182) Witherington, *Conflict and Community*, 23-24.

183) 같은 책, 24.

184) 같은 책, 118.

185) B. W. Winter, *Philo and Paul*, 189. Winter는 유대교의 전통을 따라 이것들이 창 1장에 언급된 하나님의 은사라는 Wuellner의 주장에 반대한다(참고문헌에서 Wuellner를 보라). 하지만 여기서 그는 Munk와 Theissen의 견해를 따르고 있다.

186) Plutarch, *Moralia* 58C; Diogenes Laertius, *Orations*, 29-32; E. L. Bowie, "The Importance of the Sophists," *Yale University Studies 27* (1982): 28-59.

187) Philo, *De Virtutibus* 187-226(Winter, *Philo and Paul*, 190에 인용됨).

는 자신들의 막대한 재산으로 사회적으로나 정치적으로 권력을 행사할 수 있는 사람들이었다고 주장했다(해당 절들에 대한 주해 참조).[188] 이것은 우리가 δυνατοί를 "유력자들"로 번역하는 것을 지지한다. 드 실바는 "명예"는 사회 그룹들의 판단이 아니라 주님의 판단 안에서 확정되는 것이라고 주장한다(참조. 1:30-31). 이 주장과 조화를 이루는 켁의 견해는 하나님은 "타자"(the Other)로서 세상에서 널리 인정받고 있는 지혜와는 다른 방법으로 행동하신다는 점을 강조한다.[189] 이 모든 점을 고려하면 우리는 κατὰ σάρκα를 단순히 "인간의 판단 기준에 의해"(NRSV 등)가 아니라 σοφοί와 연결하여 "세상의 영리한 판단 기준에 의하면"으로 번역했다. 이것이 바울의 의도를 더 잘 표현하는 번역이다.

우리의 머리말(신분의 불일치에 대한 단락 1c와 특히 단락 2b, 바울과 그의 회심자들의 사회경제적 신분)에서 우리는 타이센, 저지, 클라크, 윈터 등의 견해가 메기트의 관점에 의해 수정될 필요가 있다고 지적했다. 메기트는 1:26이 "'옛' 의견의 일치와 '새' 의견의 일치를 모두 지지하는 데 사용되어 왔다"고 말한다. 즉 다이스만은 중요한 위치에 있던 사람들은 "많지 않았으며" 대다수는 낮은 신분에 속해 있었다고 강조한 반면, 저지로부터 윈터와 머피 오코너에 이르는 학자들은 몇몇 사람이 높은 지위에 있었다고 주장했다.[190] 메기트는 도시의 평민들(plebs urbana)이 생존의 경계에서 살고 있었으며, 많은 사람들이 극빈의 상황에 놓여 있었다고 강조한다. 비록 메기트는 몇 가지 사항을 과장하여 주장했다는 비판을 받을 수 있겠지만, 고대 그리스-로마 연구가인 도널드 엥겔스의 저서는 많은 사람들이 극심한 가난을 겪었다는 메기트의 결론을 예고한다.[191] (머리말에서 언급한) 많은 연구들은 다

---

188) Sänger, "Die δυνατοί in Kor 1:26," 285-291; 또한 Strobel, Der erste Brief, 54.

189) Keck, "God the Other Who Acts Otherwise: An Exegetical Essay on 1 Cor: 1:26-31," 437-443.

190) J. J. Meggitt, Paul, Poverty and Survival (Edinburgh: T. & T. Clark, 1998), 102; 참조. 75-107. 바울에 대한 자료는 논쟁의 여지가 있다(위 참조).

191) Donald Engels, Roman Corinth (Chicago: University of Chicago Press, 1990), 70-71. 한편 바울에 관해서는 107을 보라.

양한 사회경제적 신분이 고린도 교회의 특성을 잘 드러낸다는 점을 강조한다. "신분의 불일치"(앞을 보라)의 심리·사회적 영향들에 대한 믹스의 적절한 사회학적 통찰은 십자가의 변화시키는 능력에 대한 위더링턴의 강조점을 잘 드러낸다.[192] 그리스도인의 "신분"은 "약삭빠르거나" "신령한" 사람들의 심리적인 보상을 추구하는 자만이나 자기선전에 기초한 것이 아니라 하나님의 은혜로운 선물과 판단에 기초한 것이다.

27-29절　ℵ², B, C³, D², 에우세비오스, 바실레이오스와 크리소스토모스는 28절에서 τὰ μὴ ὄντα, "아무것도 아닌 것들" 앞에 καί를 삽입한다. 이 삽입은 이전 구절들의 문법과 일치한다. 하지만 거기에 본질적으로 중요한 이슈는 포함되어 있지 않다. 영어에서 동격 명사들이 이어서 나오는 표현은 숨표와 절정을 표시하는 역할을 한다. 하지만 잔과 메츠거는 필사자가 καί를 삽입한 것은 그가 의도하는 것과 정반대의 결과를 초래한다고 믿는다. 즉 καί는 τὰ μὴ ὄντα를 앞의 내용을 요약해주는 절정으로 이해하기보다는 계속되는 표현 가운데 하나로 파악하도록 만든다.[193] 짧은 독법은 믿을 만한 사본들의 지지를 받고 있다(P⁴⁶, ℵ*, A, C*, D*, 33).

27-28절의 ἐξελέξατο ὁ θεός, "하나님께서는 선택하셨습니다"라는 표현은 세 번 반복해서 나타나면서 사고와 구문의 흐름을 주도한다. 또한 이것은 해당 구문 전체의 리듬을 적절하게 드러내며 번역할 것을 요구한다. 그리스어 원문에 제시된 구절들의 순서를 따라 다음과 같이 번역한다면 이 특징을 가장 효과적으로 나타낼 수 있을 것이다. "세상의 어리석은 것을 선택하셨습니다. 하나님은…세상의 연약한 것을 선택하셨습니다." 독자들은 그리스어 원문에서 "하나님이 선택하셨습니다"가 맨 마지막 목적격의 내용을 제시하기까지 긴장감을 늦추지 못할 것이다. 고데는 다음과 같이 주장한다. "그리스어 동사 ἐκλέγεσθαι는 여기서 하나님의 영원한 예정에 대한 계획이 아니라 아무도 주목할 만한 가치가 있다고 여기지 않는 사람들

---

192) Meeks, *The First Urban Christians*, 특히 54, 68-70 and 72-73; 참조. Witherington, *Conflict and Community*; 또한 Brown, *The Cross in Human Transformation*, 80-97.

193) Metzger, *Textual Commentary* (2d ed. 1994), 480.

을 이 세상으로부터(ἐκ) 자기를 위해 취하신 하나님의 역동적인 행위(중간 태, λέγεσθαι)를 가리킨다.…따라서 스스로 강한 자들과 지혜 있는 자들로 여겼던 이들은 부끄러움을 당했다."[194] 여기서 신학적인 요점은 인간이 마땅한 자격을 갖추고 있는지 또는 그에게 공로가 있는지 상관없이 그들을 사랑하시고 자기 자신을 내어주기 위해 그들을 선택하신 하나님의 절대 주권적인 자유뿐만 아니라 하나님과 세상 사이에 존재하는 불연속성에 관심을 기울인다. 하나님은 권력에 대한 관심을 정당화하기 위한 인간의 산물이 아니다. 오히려 그와 정반대다. 하나님은 세상의 가치 기준에 의하면 그리 중요하지 않은 보잘것없는 사람들과 아무것도 아닌 것들을 사랑하신다. 하나님은 세상의 가치 기준을 뒤엎는 판단을 통해 세상을 부끄럽게 하신다. 그래서 헤이스는 1:26-31에 대해 "하나님의 부르심은 인간의 자랑을 배제함"이란 소제목을 붙인다.[195]

여기서 바울과 예수 사이에 존재하는 근본적이며 공통적인 한 가지 특징이 나타난다.[196] 예수는 이른바 버림받은 사람들과 식사하며 그들과 친밀한 교제를 나누었다. 그 당시 유대교와 유대 사회에서 그들은 "중요한 인물"로 여겨지지 않았다. 그들의 직업은 율법에 대한 유대교의 세부 규정을 지키는 데 장애 요인으로 작용했다. 또한 예수는 세리들과도 식탁 교제를 나누었다. 유대교에 신실했던 많은 유대인들은 세리들을 믿음을 저버린 자들로 여겼다.[197] 큰 잔치에 초대하는 내용을 담은 예수의 많은 비유들은 신분 및 업적의 종교적·사회적 수준보다 하나님의 은혜에 더 많은 관심을 기울인다(마 9:10-13; 11:25-27; 18:10-14; 20:1-16; 21:28-41; 22:1-10; 막 2:15-17; 7:1-8; 10:23-27; 12:1-12; 눅 5:29-32; 7:36-50; 10:21-22, 29-37; 11:45-53; 14:12-24; 15:1-32; 18:9-13, 24-27). 예수는 "머리 둘 곳이 없다"(마 8:20). "표적"의

---

194) Godet, *First Epistle*, 1:112; 참조. Findlay, *Expositor's Greek Testament*, 2:772; 또한 Conzelmann, *1 Corinthians*, 50; Strobel, *Der erste Brief*, 55.

195) Hays, *First Cor*, 31.

196) Grosheide, *First Epistle*, 50; 또한 Jüngel, *Paulus und Jesus*.

197) 참조. Christian Wolf, "Humanity and Self—Denial in Jesus' Life and Message and in the Apostolic Existence of Paul," in Wedderburn (ed.), *Paul and Jesus*, 145-160.

모호함(막 8:11)과 지혜(마 11:25-27; 눅 10:21-23), 거부당함, 고난, 십자가(막 8:31-38), 그리고 그 무엇보다도 하나님의 은혜(마 20:1-16; 눅 15:1-32)에 관한 예수의 말씀은 이러한 본문과 이와 유사한 본문에 나타난 바울의 주제들과 매우 비슷하다. 이 본문들은 바울의 은혜 신학과 은혜에 대한 예수의 비유와 행동(사회·종교적 신분에 대한 예수의 비판적인 입장과 함께)을 분리하려는 시도에 문제가 있음을 보여준다. 윙엘은 예수와 바울 사이에 근본적으로 유사한 점이 있음을 일관되게 주장했다. 또한 윙엘은 롬 1:16, 17에서 복음이 가져다주는 하나님의 은혜에 관한 주제는 고전 1:18-31의 주제와 유사하다고 주장하는데, 그의 주장은 분명히 옳다. 하나님의 은혜에 대한 바울의 신학은 "고전 1:18-31에서 바울의 신학의 논점을 주도한다."[198] 비록 웨더번은 윙엘만큼 강하게 주장하지는 않지만, 그는 "근본적으로 같은 경험이 의의 관점에서 유대인들과 유대주의자들을 논박하는 그의[바울의] 논쟁뿐만 아니라 그리스도의 십자가가 지닌 진정으로 지혜롭게 어리석음의 관점에서 스스로 지혜롭다고 생각하던 고린도 교인들을 논박하는 그의 논쟁의 밑바탕을 이루고 있다"고 말한다.[199]

웨더번은 다음과 같이 결론짓는다. "**예수와 바울은 모두 그들의 삶과 사역에서 하나님의 이름으로 이른바 소외된 자들에 대해 열린 마음을 가지고 있었다**"(강조는 원저자의 것임).[200] 고전 1:26-31에서 바울은 세상의 눈으로 볼 때 "소외된 사람들"이 어떻게 새롭게 얻은 그리스도인의 신분을 통해서도 결코 "인사이더"가 될 수 없는지를 설명해준다. 하지만 그들은 **하나님의 행**

---

198) Jüngel, *Paulus und Jesus,* 31; 또한 참조. R. Bultmann, *Faith and Understanding* (Eng. trans., London: SCM, 1969), 220-246.

199) Wedderburn, *Paul and Jesus,* 103; 참조. 90-160. 또한 참조. 예를 들어 J. Blank, *Paulus und Jesus* (Munich: Kösel, 1968); *Paulus: Von Jesus zum Christentum* (Munich: Kösel, 1982); Fraser, *Jesus and Paul;* F. F. Bruce, "Paul and the Historical Jesus," *BJRL* 56 (1974): 317-335; *Paul: Apostle of the Free Spirit* (Exeter: Paternoster, 1977), 95-112; Hengel, *Between Jesus and Paul,* 1-29; E. P. Sanders, "Jesus, Paul and Judaism" in W. Hasse and H. Temporini, *ANRW* 2:25:1 (Berlin: de Gruyter, 1982), 390-450; Dahl, *Studies in Paul,* 95-120.

200) Wedderburn (ed.), *Paul and Jesus,* 131.

위로 인해 하나님의 눈으로 볼 때 그리스도 자신으로부터 유래한 "지혜", "수용", "신분"을 얻은 "인사이더"가 되었다(1:30-31).[201] 많은 저자들은 여기서 언급되는 반전(反轉)의 신학을 마리아의 송가(Magnificat)에서 언급되는 반전(눅 1:46-55)과 비교한다.[202] 십자가에 대한 선포는 사실상 "있는 둥 마는 둥"한 "아무것도 아닌 사람"에게 구원과 진정한 행복을 가져다준다.[203]

바울은 세 가지 요소로 구성된 두 개의 대구법을 통해 이러한 개념을 설명한다. 즉 τὰ μωρά, "어리석은 것들", τὰ ἀσθενῆ, "연약한 것들", τὰ ἀγενῆ, "보잘것없는 것들"은 τοὺς σοφούς, τὰ ἰσχυρά, τὰ ὄντα(εὐγενεῖς 가 아닌)와 대조를 이룬다.[204] 이는 ἀγενῆ가 더 자세하게 τὰ ἐξουθενημένα(ἐξουθενέω의 현재완료 분사 수동태: 이 단어에는 의미를 강조하는 ἐκ, ἐξ가 포함됨) ─ 곧 전적으로 아무것도 아닌 것들, 하찮은 것으로 여겨지는 것들, 다시 말해 멸시받는 것들 ─ 임을 설명하고 있기 때문이다. 이것은 교회에서 "경히 여김을 받는 자들"에 대한 고전 6:4의 의미를 반영하며, 종교 지도자들에게 멸시받던 자들에게 예수가 보여준 태도를 상기시켜준다. 그리스어 어구 τὰ μὴ ὄντα(문자적으로는 "존재하지 않는 것들")는 "아무것도 아닌 것들"로 번역하는 것이 가장 좋을 것이다. 왜냐하면 이 어구의 의미는 이중적인 문맥에 달려 있기 때문이다. 즉 그들은 사회적·종교적 관점에서 하찮은 존재들 또는 아무것도 아닌 것들이다. 하지만 그들은 하나님 앞에서 중요한 존재들 또는 중요하게 보이는 것들이라는 신분을 획득하는 반면, 하나님은 세상적인 신분에 근거하여 스스로 자신들이 중요한 존재들이라고 생

---

201) C. Wolf, "Humanity and Self-Denial," in Wedderburn (ed.), *Paul and Jesus*, 145-160. Wolf는 어떻게 바울 자신이 받은 "굴욕"(4:8-13)이 예수의 삶에 기초한 하나의 본보기인지를 보여준다.

202) Hays, *First Cor,* 32(또한 그는 삼상 2:1-10에 수록되어 있는 하나의 기도를 언급한다). 또한 Horrell, *Social Ethos,* 134.

203) Merklein, *Der erste Brief* 1-4, 199; "하나님은… '존재하지 않는 것'을 선택하셨다"(Gott … das 'Nicht-Seiende' erwählt).

204) τὰ μωρά와 τὰ ἀσθενῆ는 직접적인 표현이다. BAGD는 ἀγενῆ에 낮은, 천한, 또는 중요하지 않은 등의 의미를 부여한다(BAGD, 8). 참조. Philo, *De Confusione Linguarum* 43; *Oxyrhynchus Papyrus* 79:3.

각하는 사람들을 아무것도 아닌 것들로 만드신다(καταργήσῃ). 호렐은 고대 로마 사회에서 "어떤 사람의 가치는 교육, 부유함, 가문에 의해 결정된다"는 점을 강조한다. "이와 반대로 십자가는 전적으로 변화시키는 것을 [통해]… **세상을 전복시킨다**"(강조는 덧붙여진 것임).[205] 그때나 지금이나 다음과 같은 이슈보다 실제로 교회에 더 중요한 것은 아무것도 없을 것이다. **사람들은 자신들의 사회적·경제적 분류 체계에 근거하여 "평가"되는가? 하나님은 교회에 다른 가치 체계를 적용하신다.** 부정(否定)의 의미를 지니고 있는 형용사 ἀργός, "게으른", "쓸모없는"은 매우 강력하다. 여기서 καταργήσῃ는 "전적으로 무(無)로 만든다"는 강력한 의미를 지니고 있다. 즉 τὰ μὴ ὄντα와의 관계를 아무것도 아닌 것들로 만든다는 것을 의미한다. 그리스어 원문에서 문체가 지니고 있는 리듬, 반복적인 표현 및 강조를 위한 어순 등의 결합은 이것을 특별히 강력한 메시지로 부각시킨다.

　　τὰ μὴ ὄντα와 τὰ ἰσχυρά의 사회적인 신분에 대해 더 덧붙일 말이 있을까? 슈라이너는 26-29절에 대한 교부 시대와 중세 시대의 해석들을 면밀히 살펴보고 나서 바울이 노예들인 τὰ μὴ ὄντα의 해방을 언급하고 있다고 주장한다.[206] 하지만 이 주장은 바울의 요점을 넘어서는 것이다. 문맥과 상관이 없다면 τὰ ἰσχυρά는 단순히 "강한 것들"을 의미한다. 하지만 최근에 많은 저자들은 고린도에서 "강력한 자들"을 "상류 계층으로…부유하게 살던 사람들"로 인식한다.[207] 이러한 해석은 대체로 "강한 자들"과 우상에게 바쳤던 고기를 먹는 일(8:1-13)과 관련된 이슈와 연결되어 있다. 따라서 이 의미에 대한 논의는 나중에 해당 부분에서 다루고자 한다. 한편 "권능의 지위들"이라는 어구는 오직 사회적 신분에만 국한하지 않은 채 그것과 관련된 어떤 해석을 가능케 한다.

　　29절은 ὅπως로 시작한다. 에드워즈는 27절과 28절에서 "ἵνα는 부차적

---

205) Horrell, *Social Ethos*, 134.
206) Schreiner, "Zur biblischen Legitimation des Adels," 317-357.
207) Theissen, *Social Setting*, 136 and 139; 참조. 121-143.

인 목적을 소개하는 역할을 하지만, ὅπως는 궁극적인 목적"을 소개하는 역
할을 한다고 주장한다.[208] 에드워즈는 ἵνα가 주요 목적에 수반되는 부차적
인 목적을 나타내는 데 사용되는 예들을 제시하지만, 이러한 구별은 기원
후 1세기 헬레니즘의 용례에 적용하기에는 지나칠 정도로 세밀하다. 그럼
에도 바울의 논리에 대한 그의 이해는 여전히 타당하다. 콘첼만은 ἵνα로 시
작하는 절들은 실현 과정에 있는 목적 안에서 "하나님의 절대 주권"에 관
심을 두지만, ὅπως로 시작하는 절은 "궁극적인 목표"를 표현한다고 주장
한다.[209] 이것은 요세푸스(예. *Antiquities*, 1.227)와 필론(예. *De Somniis* 1.155)
뿐만 아니라 마리아의 송가에 나타나 있는 "하나님은 높은 자들을 끌어내
리시고 낮은 자들을 높이신다는 유대교 개념"(διεσκόρπισεν ὑπερηφάνους
διανοίᾳ καρδίας αὐτῶν ... καὶ ὕψωσεν ταπεινούς ... 눅 1:51, 52)을 기독론적으로
부각한다.[210]

이것은 권세를 지닌 자들에게 σκάνδαλον, "모욕적인 것"(23절)으
로 인식될 수밖에 없다.[211] 이것은 죄와 용서에 대해 보다 더 개인주의적
이며 "내면적인" 관심을 나타내는 서방 "기독교"의 특성과는 다소 다르지
만, 대중으로부터 존경받는 것을 높이 평가하고 공공연하게 수치를 당하고
서는 결코 살아갈 수 없는 문화에서는 더더욱 그러하다. 고린도에서 "부끄
러워하는 것"(καταισχύνειν)과 "자랑하는 것" 또는 자기 자랑(καυχήσηται)
은 "명예-수치" 문화에서 매우 흔한 현상이었다. 만약 우리가 고대 그리
스-로마와 동방의 많은 수치-문화로부터 이러한 현상을 탈상황화한다면
(decontextualize), 이러한 현상은 유대-기독교의 죄의식-문화에서 변화를
가져올 것이다.[212] 수치는 명예의 집단적·사회적 결핍과 관련이 있고, 동료

208) Edwards, *First Epistle*, 38.

209) Conzelmann, *1 Corinthians*, 50.

210) 같은 책, 50-51.

211) R. Penna, *Paul the Apostle: Wisdom and Folly of the Cross* (Collegeville: Glazier/
Liturgical Press, 1996), 3-9; Horrell, *Social Ethics*, 134; 또한 Carson, *The Cross and
Christian Ministry*, 27-31.

212) 참조. Meeks, *The Moral World of the First Christians*, 36-38; E. A. Judge, *Rank and Status*

들 사이에서나 선임자들 또는 하급자들 사이에서 "면목을 잃는 것"과 관련
이 있다. 죄의식은 개인의 도덕적 실수와 관련된 것으로서 보다 더 개인주의
적인 성향을 띤다. 위더링턴은 다음과 같이 단언한다. "고린도 사람들은 명
예-수치 문화 안에서 살고 있었다. 고린도에서는 종종 대중의 인식이 사실
보다 훨씬 더 중요했다. 거기서 일어날 수 있는 가장 난처한 일은 자신의 명
성이 공공연하게 더럽혀지는 것이었다. 이러한 문화에서 개인의 가치는 그
사람의 업적을 다른 사람들이 어떻게 생각하는지에 달려 있었다. 그래서 자
기-홍보를 위해 애쓰는 것이다."213)

그러므로 μὴ καυχήσηται(가정법 부정과거 중간태, 명령의 의미를 지님)의
온전한 의미는 다음 두 가지를 내포하고 있다. 첫째, 이스라엘의 전통(참조.
70역의 전형적인 표현 πᾶσα σάρξ, "모든 육체"와 ἐνώπιον τοῦ θεοῦ, "하나님 앞에서"
및 렘 9:23-24에 대한 신약성경의 인용 등)에서 도덕적·종교적 불완전함은 **죄책
감**과 더불어 다음과 같은 이슈를 불러일으킨다. 즉 이는 어떤 사람이 목표
에 미치지 못했다는 것이다.214) 둘째, 고린도의 그리스-로마 사회 전통(또
한 ἐνώπιον은 로마 제국 시대에 일상적인 그리스어로 쓰인 파피루스에서도 나타남)에
서 해당 이슈는 어떤 사람의 명성에 손상을 입히는 것, 체면을 잃는 것, 대중
적인 굴욕을 초래한다. 이와 같은 것은 어떤 "주요 인물"로부터 그의 사회
적 정체성을 빼앗는다. 이러한 수치가 가져다주는 고통은 그 사람이 "아무
것도 아닌 존재"가 되었다는 것을 의미한다. 하지만 바울은 이러한 부정적

---

in the World of the Caesars and St Paul (Christchurch, N. Z.: University of Cambridge,
1982): Moxnes, "Honor, Shame and the Outside World in Paul's Letter to the Romans,"
in Neusner et al. (eds.), *The Social World of Formative Christianity and Judaism*, 207-
218; Dale B. Martin, *The Corinthian Body* (New Haven: Yale University Press, 1995), 58-
61; Clarke, *Secular and Christian Leadership*, 95-99; Marshall, *Enmity in Corinth*, 180-
184; Witherington, *Conflict and Community*, 6-9 and 19-24; "Honor and Shame in the
World of the Bible," *Semeia* 68 (1994, also dated 1996).

213) Witherington, *Conflict and Community*, 8.

214) 렘 9장에 대한 인용이나 암시에 관해서는 다음을 참조하라. O'Day, "Jer 9:22-23 and 1 Cor
1:26-31: A Study in Intertextuality," 259-267; Fee, *First Epistle*, 87; Clarke, *Secular and
Christian Leadership*, 96; Collins, *First Cor*, 91, 100; 또한 Schrage, *Der erste Brief*, 1:205-
206.

인 측면을 온전한 선물로 주어진 하나님의 은혜의 영광을 드러내는 데 사용한다. 즉 하나님은 자기 자신을 내어주시는 은혜를 통해 사람들의 죄와 죄책감을 해결하고 또 그들을 받아들이신다. 또한 하나님은 온갖 부류의 사람들(대체로 πᾶσα σάρξ의 일반적인 의미)의 수치를 제거하시고, 그들을 "중요한 존재"로 만드신다.

여기서 중요한 것은 다음 두 가지 측면을 동시에 파악하고 그것을 서로 결합하는 것이다. 하나는 신약성경의 사회 역사 또는 사회학에 관한 저서에서 강조되는 사회적 신분과 명예-수치의 대조에 대한 측면이고, 다른 하나는 주로 루터파의 전통에 서 있는 저서에서 강조되는 업적-받아들임의 대조에 대한 신학적 측면이다.[215] 포골로프는 타이센의 모든 결론을 무비판적으로 수용하지는 않으면서도 그의 연구를 최대한으로 활용한다. 그는 "타이센의 논의에서 고전 1:26-29이 핵심 본문"이라고 평가하면서 "아무것도 아닌 것들"은 대체로 사회적인 신분과 관련이 있다고 말한다.[216] δυνατοί는 "사회적인 영향력이 있는 사람들"이다.[217] 포골로프는 타이센의 견해에 동의한다. "고린도 사람들은 경쟁을 일삼았다. 왜냐하면 그들은 고대 그리스-로마의 전형적인 관습을 따라 자신들의 사회적 신분을 뽐냈으며 보다 더 높은 지위에 있는 사람들을 시샘했기 때문이다."[218] 심지어 한 집안에 속한 노예들조차도 가사와 관련하여 자신들을 상대적으로 "중요한 존재들"과 "하찮은 존재들"로 등급을 매겼다.[219] 여가 생활을 위해 시간을 내는 것, 물품

215) 이 스펙트럼에서 상극은 다음과 같다. 예를 들면 Theissen, *Social Setting*, 70-73; R. H. Bell in *Provoked to Jealousy: The Origin and Purpose of the Jealousy Motif in Romans 9-11*, WUNT 1:63 (Tübingen: Mohr, 1994), 특히 107-287.

216) Pogoloff, *Logos and Sophia*, 206.

217) 같은 책, 209; 참조. D. Sänger, "Die δυνατοί in 1 Kor 1:26," 285-291; J. Bohatec, "Inhalt unter Reihenfolge der 'Schlagworte der Erlösungsreligion' in Kor 1:26-31," *Theology* 24 (1948): 252-271; E. A. Judge, "The Social Identity of the First Christians: A Question of Method in Religious History," *JRH* 11 (1980): 201-217, and *Rank and Status*; and Welborn, *Politics and Rhetoric* ("the rich").

218) Pogoloff, *Logos and Sophia*, 211.

219) Meeks, *Moral and World*, 32-34.

구매력과 명예 또는 특권을 지닌 장소에 접근할 수 있는 권리 등 이 모든 것들은 공적인 신분과 명성을 가리키는 요소였다.[220]

그럼에도 우리는 최초기 그리스도인들이 신자로서 자신들의 생활 방식을 형성했던 성경의 전통을 물려받았다는 사실을 잊어서는 안 된다. 하나님 앞에서는 높은 신분과 낮은 신분 간의 차이점이 그들의 사고 체계 안에서 아무런 역할을 하지 못한다는 것은 상상조차 할 수 없는 일이었다. 따라서 바울은 다음과 같이 이 성경의 전통을 두드러지게 나타낸다. 즉 그는 특별히 하나님의 은혜에 기초한 선물, 곧 하나님의 선택이라는 성경적 주제(참조. ἐξελέξατο가 세 번이나 언급됨)와 인간의 가치 판단에 대한 궁극적인 비판 또는 심지어 그것에 대한 가능한 반전(反轉)으로 십자가를 언급한다. 종합적으로 이 두 가지 측면은 29절이 의미하는 바를 온전히 제시한다. 즉 하나님 앞에서 자기 자랑은 옳지 않다. 왜냐하면 이러한 자랑은 그 근거가 무엇이든지 간에 하나님으로부터 온 은혜로운 선물이기 때문이다. 따라서 30절은 ἐξ αὐτοῦ(바로 그로부터)로 시작된다. "바울은 독자들이 공유하고 있는 믿음을 머릿속에 떠올리게 하여 그들이 신분에 대해 [세상적이며] 직관적인 기대를 하지 못하게 한다. 즉 그 믿음에 의하면 십자가에 못 박히신 그리스도 안에서 그들은 구원에 대한 공통적인 원천과 리더십에 대한 공통적인 패러다임을 지니고 있다."[221] "히브리스"(hybris, 오만)와 관련된 고대 그리스 전통과 더불어 καυχᾶσθαι, "뽐내기", "자기 영광 추구" 또는 "자기 자랑"을 하지 말라는 것은 하나님 앞에서 "자기 자신에게 도취되어 있는 것"을 제거하라는 것이다.[222]

30-31절 현대 영역본 가운데 30절에서 그리스어 원문의 구조를 정확하게 따르는 번역은 거의 없다. 왜냐하면 전치사, 명사, 동사를 하나하나 직역하면 이 절의 의미를 모호하게 만들고, 심지어 오해할 소지도 있

220) 같은 책, 35-38.
221) Martin, *The Corinthian Body*, 59.
222) Marshall, *Enmity in Corinth*, 183; 참고. Clarke, *Secular and Christian Leadership*, 96-99.

기 때문이다. 우리는 다음 두 가지 고려 사항을 충족시키기 위해 ἐξ αὐτοῦ δὲ ὑμεῖς ἐστε ἐν Χριστῷ Ἰησοῦ를 "여러분이 그리스도 예수 안에 있는 것은 바로 하나님으로부터 주어진 선물입니다"라고 번역한다. (1) 알로는 여기서 강조점은 하나님의 행위 없이는 "아무것도 아닌 것들"(τὰ μὴ ὄντα)인 ὑμεῖς(여러분)에 대한 이전의 묘사와 더불어 "오직 하나님의 행위와 상상을 초월하는 그의 선택"에 있다고 주장한다.[223] (2) 또한 바이스와 슈라게는 ἐξ αὐτοῦ라는 표현에서 전치사 ἐξ는 롬 11:36 — 만물이 그에게서 나왔고(ἐξ αὐτοῦ), 그로 말미암아 있고(δι' αὐτοῦ), 그를 위하여(εἰς αὐτόν) 있습니다(표준새번역) — 의 표현과 평행을 이루는 의미를 전달한다고 지적한다.[224] 이 해석에 기초하면 30절에서 해당 그리스어 전치사는 기원을 가리키는 소유격(곧 그에게서)을 지배하며, 원인과 결과를 나타내는 뉘앙스를 지니고 있다. 즉 하나님은 만물의 근원일 뿐만 아니라 그것의 기초이시다. 따라서 NEB는 "바로 그분에 의해 여러분은 그리스도 안에 존재합니다"라고 번역한다.[225]

그리스도 안에 있다는 것(30a)은 과연 무엇을 의미하는가? 바울은 이 표현을 "새로운 창조" 개념과 연결한다. 슈라게는 이 표현이 "그리스도 안에"(ἐν Χριστῷ) 존재하는 것과 연결되어 있다고 파악한다. "우리는 오직 그리스도를 통해서만 그리스도 안에 있다."[226] "그리스도 안에" 있는 것은 "바깥으로부터" 우리에게 하나의 선물로 온다(von dem extra nos; 참조. 고전 1:4). 하지만 이것은 또한 우리가 그리스도 자신의 정체성에 동참하며, 진정으로 "그리스도의 몸"에 접붙여지는 것을 포함한다.[227] 바울 신학에서 그리스도 안에 존재한다는 개념에 대한 탐구는 다음 세 가지 단계로 특징지어진다.

---

223) Allo, *Première Épitre*, 21.
224) Weiss, *Der erste Korintherbrief*, 38-39; Schrage, *Der erste Brief*, 1:213.
225) 대다수 번역본과 주석서는 그리스어 원문을 영어로 재구성한다. 예를 들면 NRSV, *He is the source of your life in Christ*; NIV, *It is because of him that you are in Christ Jesus*; Conzelmann(*1 Cor*, 49), *By his act you are in Christ Jesus*; Barrett(*First Epistle*, 50 and 59), *But you are related to God in Christ Jesus*. Collins(*First Cor*, 90)는 예외적으로 다음과 같이 번역한다. *From him you are in Christ Jesus*.
226) Schrage, *Der erste Brief*, 1:214.
227) 같은 책.

(1) 다이스만은 신비적, 경험적, 또는 "심리화하는"(psychologizing) 측면을
강조하는 경향을 보였다. 그는 "내 안에 있는 그리스도" 또한 "그리스도 안
에 있는 나"에 대한 경험을 "회심자의 영혼 안에 있는…일종의 고갈되지 않
는 종교적인 '에너지'"의 관점에서 설명한다.[228] (2) 반면에 바이스와 슈바
이처는 그리스도 안에 존재하는 종말론적인 신분을 하나님의 새로운 창조
의 존재 방식으로 인식했다. "누구든지 그리스도 안에 있으면 새로운 피조
물이라"(고후 5:17)는 것이다.[229] 슈바이처는 (신비가 지니고 있는 긍정적인 의미
에서) 단지 그리스도 안에서의 존재에 대한 연대적·종말론적·객관적 신분
을 타당하게 인식한다는 전제하에서만 "신비주의"라는 용어를 사용한다.
또한 그는 이 용어를 묵시론적 배경에서 끌어온다. 그리스도 안에 있는 존
재는 "죽은 사람들이 모두 부활하는 사건이 일어나기에 앞서 이미 부활의
존재 방식을 취한다."[230] (3) 데이비스, 비켄하우저, 태너힐은 상태와 신분
에 대한 이러한 강조점을 결합한다. 하지만 이들은 그리스도 안에 존재한다
는 객관적 신분으로부터 말미암는 그리스도인의 "경험들"의 파생적 특성
을 강조한다.[231] 심지어 다이스만도 바울의 "반응적인 신비"를 고린도 교인
들의 "향락에 빠진 열광적인 신비주의"로부터 분리한다.[232]

우리는 다른 본문에서 적어도 그리스도 안에라는 표현이 지니고 있는
서로 다른 다섯 가지 뉘앙스를 확인할 수 있다.[233] 이 절에서 이 다섯 가지

---

228) G. A. Deissmann, *Paul: A Study in Social and Religious History* (Eng. trans., London:
    Hodder & Stoughton, 2d ed. 1926), 161.

229) Weiss, *Earliest Christianity*, 2:466; 또한 Schweitzer, *The Mysticism of Paul the Apostle*,
    26-40, 52-74; 참조. 75-100.

230) 같은 책, 101. 또한 이 개념은 "그리스도와 함께 죽고 다시 살아나는 것"(101-159)을 수반
    한다.

231) W. D. Davies, *Paul and Rabbinic Judaism: Some Rabbinic Elements in Pauline Theology*
    (London: SPCK, 2nd ed. 1958), 88; A. Wikenhauser, *Pauline Mysticism* (New York:
    Herder, 1960): 또한 Robert C. Tannehill, *Dying and Rising with Christ*, BZNW 32 (Berlin:
    Töpelmann, 1966): "과거에 기초하고 있기에 십자가 자체가 종말론적이며 포괄적인 사건
    인 것이다"(71). 또한 이 절과 관련해서는 다음을 보라. Wolff, *Der erste Brief*, 45.

232) Deissmann, *Paul*, 153.

233) 참조. Weiss, *Earliest Christianity*, 2:468-469; 또한 Wedderburn, "Some Observations on

뉘앙스 중에서 가장 두드러지게 나타나는 것은 그리스도 안에서 주어지는
객관적 신분과 공동의 유대 관계다. "그리스도 안에 있는 존재"는 여기서
"사적인 그리스도인의 존재가 아니라" "그리스도에게 속함"으로 주어지는
신분과 상태에 동참하는 것을 가리킨다. 그것은 몸의 지체들이 몸에 속한다
는 방식으로 표현된다.[234] 하지만 로빈슨이 지적하는 바와 같이 오늘날 어
떤 몸의 "지체들"이라는 개념은 사회의 어떤 클럽의 회원이라는 것을 의미
하는 무미건조한 비유적 표현이 되었다. 따라서 오늘날의 지체라는 개념은
몸 자체에 속해 있으면서도 다른 지체들과의 유대 관계 안에서 함께 고통
을 느끼거나 함께 잘 지내는 것을 의미하지 않는다.[235] 그리스도가 부활하
고 승천하신 주님으로서 교회가 박해받는 것을 보고 "네가 어찌하여 나를
박해하느냐"라고 말씀하셨을 때 바울은 이 정체성을 이해하기 시작했다(행
26:14; 참조. 행 9:4, 5).[236] 바울은 이 개념을 12:12-27에서 자세하게 설명할
것이다(해당 절들, 특히 27절에 대한 주해 참조). 다양한 시도를 통해 성공을 거
두고 그것을 통해 명예 또는 존경을 받고자 하는 유대교나 고대 그리스 현
자의 영리함과는 대조적으로 새로운 지혜는 그리스도를 통한 하나님의 행
위로부터 온다. 하나님의 행위는 그리스도인이 지니고 있는 객관적 신분으
로서 그리스도인이 그리스도 안에 존재하는 것을 가능하게 한다. 이 내용은

Paul's Use of the Phrase 'in Christ' and 'with Christ,'" 83-97. Weiss는 다음과 같이 구분
한다. (1) "객관적인" 의미에서 "그리스도 안에서"는 "그리스도가 왔기 때문에"와 상응한다
(참조. 롬 3:24; 8:39; 고후 5:19). (2) 이 표현은 "보다 더 전반적이며 포괄적이거나 또는 대
표적인 용례"(고전 7:14; 15:22)로 사용된다. (3) 이 표현은 보다 더 긴 문장 구조에 포함되
며, 종종 "자랑하다", "소망하다", "의지하다"라는 동사들과 함께 사용된다(고전 1:31; 3:21;
고후 10:17; 빌 2:19, 24). (4) 전치사 "안에서"가 "~에 의해"라는 도구적인 의미로 사용되는
구절(살전 4:1; 롬 15:30)도 있다. 또한 (5) "온전히 신비적인 의미로" 사용되기도 한다(고
전 1:30; 고후 5:17; 살전 3:8; 빌 4:1, 13). 하지만 몇몇 구절에서 (5)는 "어떤 신비적인 특성"
을 암시하지 않는다(갈 3:28; 빌 4:3). (Schweitzer는 이것들을 "종말론적인" 예들이라고 부
른다.)

234) Schrage, *Der erste Brief,* 1:214. 이와 비슷한 입장으로서, Wolff, *Der erste Brief,* 45.

235) J. A. T. Robinson, *The Body: A Study in Pauline Theology* (London: SCM, 1957), 51.

236) 같은 책, 58; 참조. 8-9. 몇몇 학자들은 Robinson이 이 경우에 부활과 교회론에 대해 과장된
주장을 하는 것은 아닌지 의문을 품는다. 하지만 광범위한 접근 방법을 취하면 그의 주장은
타당하다. 이제 "지체"(회원)라는 용어는 더 이상 "듣기 거북한 말이 아니다"(51).

이제 그리스도인이 의로움과 거룩함과 구속의 은사에 동참하는 것 안에서 나타난다. 하지만 ἐξ αὐτοῦ 는 근본적인 것이다. 곧 이 모든 것은 "결코 인간의 노력의 산물이 아니다.…그것은 하나님의 주도로 말미암은 것이다"(강조는 덧붙여진 것임). 따라서 하나님이 아니라면 고린도의 그리스도인들은 계속해서 28절의 "아무것도 아닌 존재들"(Nicht-Sein)로 머물러 있었을 것이다.[237]

30b에서 σοφία, δικαιοσύνη, ἁγιασμός, ἀπολύτρωσις의 관계는 구체적으로 무엇인가? 그리스도는 이러한 속성을 갖고 있는가, 아니면 이러한 속성을 신자들에게 나누어주거나 전가하는가? 이 용어들과 관련하여 논쟁이 제기되어왔다. 피(Fee)는 AV/KJV의 번역—"그는 하나님으로부터 우리에게 지혜와 의로움과 거룩함과 구속이 되었다"—은 이를 기독론적 진술로 취급하며, 따라서 이어지는 해석을 잘못된 방향으로 나아가게 만든다고 주장한다. 그는 콘첼만과 더불어 지혜가 주어지는 것은 이제 구원의 행위로서 십자가를 통해 다시 정의되었고, 이 구원의 행위는 의로움과 거룩함과 구속을 가져온다고 본다.[238] 보하텍은 지혜, 의로움, 거룩함, 구속의 네 가지 용어가 27-28절에서 언급되는 다음 네 가지 용어에 각각 답하는 것이라고 해석한다. 즉 τὰ μωρά(어리석은 것들), τὰ ἀσθενῆ(연약한 것들), τὰ ἀγενῆ(보잘것없는 것들로서 멸시받는 것들), τὰ μὴ ὄντα(아무것도 아닌 것들)다.[239] 몇몇 해석자들은 이러한 해석은 "인위적"이라고 거부한다. 그러면서 그들은 용어뿐만 아니라 평행 관계도 "체계적으로 배열되지" 않았다고 주장한다.[240] 하지만 (1) (심지어 여기서 하나님의 행위 대 인간의 성취의 역할을 인정하면서) 지혜-어리석음의 대조를 고려하면 (2) 연약함(곧 사회적 영향력이 부족하고 신분이 낮음)을 그리스도 안에서 "받아들여진 신분이라는 의미의 의로움과, (3) 멸

---

237) Merklein, *Der erste Brief 1-4*, 200.
238) Fee, *First Epistle*, 85. AV/KJV의 해당 번역은 고전 1:30을 골 2:2-3 및 약 1:5과 연관 지어 이해하는 것과 더불어 "교회의 잘못된 해석의 긴 역사"로 이끌었다. 참조. Conzelmann, *1 Corinthians*, 51-52.
239) Bohatec, "Inhalt und Reihenfolge der 'Schlagworte der Erlösungsreligion' in 1 Kor 1:26-31," 252-271.
240) Conzelmann, *1 Corinthians*, 52.

시받는 것을 (그리스도에게 "속한" 존재로서 특권의 위치로 다가갈 수 있다는 의미에서) 거룩함과, (4) (보잘것없는 것들로서) 아무것도 아닌 것들을 (보잘것없는 위치로부터 존중과 자유의 위치로 바뀌는) 구속과 연결하는 것은 기상천외하거나 인위적이지만은 않다. 비록 지혜에 대한 주제(1:18-25)가 "능력"에 대한 주제(1:26-31)가 되기는 했지만, 바울은 여전히 "스스로 지혜로운 사람이라고 생각하고 있는 이들"(참조. 3:18)을 대하고 있는 것이다. "하나님의 지혜는 인간의 어리석음과 대조된다.…하나님은 그것을 멸하실 것이다."[241] "하나님이 인간의 현혹하는 지혜를 멸하시는 것이 사 29:14을 연상시켜 주듯이 하나님의 의로움은 렘 9:24을 연상시킨다."

벤더는 고든 피의 견해를 어느 정도 지지하면서 그것을 부분적으로 수정한다. 그러면서 그는 먼저 1:23-24에서 지혜가 사용된 것과 6:11의 "씻음과 거룩함과 의롭다 하심을 받았느니라"라는 세 가지 용어에 근거하여 자신의 견해를 제시한다. 나아가 그는 고후 5:21 ― "우리로 하여금 그[의] 안에서 하나님의 의가 되게 하려 하심이라" ― 을 인용한다.[242] 그러고 나서 그는 1:30을 다음과 같이 번역해야 한다고 제안하면서 결론짓는다. 그[하나님]**로부터 여러분에게 그리스도를 통해 ― 그는 우리를 위해 하나님에 의해 지혜가 되었다 ― 의로움, 거룩함, 구속이 주어졌다.** 이처럼 인용된 구약성경 본문(31절)이 "성취되었다"는 것이다. 또한 이 견해는 ἐν Χριστῷ의 용례에 대한 웨더번의 자세하고 철저한 연구와도 일치한다. 즉 "그리스도 안에서" 하나님의 행위는 종종 그리스도를 "통한"(διά + 소유격) 하나님의 행위와 그 의미가 다르지 않다는 것이다.[243] 뿐만 아니라 이것은 70인역의 지혜서 9:6의 τῆς ἀπὸ σοῦ σοφίας, "당신[하나님]에게서 오는 지혜"와도 상응한다. 바이스와 다른 주석가들도 해당 구절의 배경으로 지혜서를 인용한다.[244] 우리는 피(Fee)의 견해에 동의하면서 ἡμῖν을 유익을 나타내는 여격으로서 "우리를

241) Collins, *First Cor,* 93.
242) Bender, "Bemerkungen zur Übersetzungen von 1 Kor 1:30," 263-268.
243) Wedderburn, "Some Observations …," 90.
244) Weiss, *Der erste Korintherbrief,* 39.

위해"(for us)로 이해할 수 있을 것이다.[245]

그러므로 이 네 가지 속성은 서로 연결된다. 이 속성들은 **그리스도뿐만 아니라 그리스도에 의해 주어지는 것들을** 특징적으로 드러낸다. 바르트가 올바로 주장하듯이 참된 인간성은 오직 온전히 "참된 사람"인 예수 그리스도 안에서 나타난다. 따라서 여기서 바울은 무엇이 **참된 지혜**인지를 재정의하는 것이다. (몰트만의 표현을 빌리자면) 이 지혜는 십자가에 달린 그리스도를 통해 하나님 자신의 행위 안에서 밝혀지고 효력을 나타낸 예수 그리스도의 **유일무이한** 길 안에 있다.[246] 여기서 지혜는 고린도에서 사람들이 신분 상승과 성공을 추구하는 것에 집착하는 것에 맞서 **그리스도를 통해** 그에게서 오는 값없이 주어지는 의로움과 거룩함과 구속의 은사를 받는 것으로 재정의되고 설명된다. 이것은 오직 그리스도를 믿는 사람들에게만 해당한다. 따라서 그리스도인들이 자신들의 의롭고 거룩하고 구속받은 새로운 신분 안에서 자랑하는 것은 어떤 다른 사람 안에서나 다른 대상 안에서가 아니라 오직 주 안에서 자랑하는 것이다. 이 다른 대상들은 단순히 사회적인 의미에서뿐만 아니라 하나님과 분리된 존재론적인 의미에서도 "아무것도 아닌 것들"이다. 그러므로 바레트는 이렇게 주해한다. "사실상 여러분이 지니고 있는 주요한 원천들만—지혜, 힘 및 그밖에 다른 것들—하나님에게서 오는 것이 아니라 여러분의 존재 자체도 그에게서 오는 것이다."[247]

바울이 여기서 그리스도를 잠 8:22-31과 지혜서 7:22-8:1의 준(準)인격적 존재인 지혜와 의식적으로 동일시하는지는 분명히 답하기 어렵다. 던은 이 이슈를 다음과 같이 사려 깊게 요약한다. "아마도 바울은 고린도 교인

---

245) Fee, *First Epistle*, 85.
246) Karl Barth, *CD* 3/2, sects 44, 55-202, 특히 "(3) Real Man," 주로 132-152; 참조. 153-202; 또한 참조. J. Moltmann, *The Way of Jesus Christ* (Eng. trans., London: SCM, 1990). 한편 그리스도 안에서(ἐν Χριστῷ) 인간을 다시 정의하는 것은 J. D. G. Dunn의 다음과 같은 주해에서도 암시된다. 곧 "여기서 전체 사고는"(곧 롬 6:11, ἐν Χριστῷ) "여전히 롬 5:12-21의 영향력 아래 있다. '종말론적 인류의 일부분으로서 '그리스도 안에'"(*Romans* [2 vols., Dallas: Word, 1988], 1:324).
247) Barrett, *First Epistle*, 59.

들이 이미 지혜라는 용어를 사용하고 있었기 때문에 이 단어를 사용했을 것이다.…이것은 분명히 [고린도 교회 안에서] 일종의 엘리트주의적 영성을 유발했을 것이다(고전 2:10-3:4).…고린도 교인들에게 지혜는 '무언가 이 세대의 통치자들과 관련된 것'이었다(2:6, 8).…하지만 고린도 교인들이 이 지혜를 천지 창조에 동참한 존재로, 하나님의 행위의 인격화로…또는 어떤 인격적인 존재로 생각했음을 암시해주는 것은 전혀 없다.…더욱이 우리는 고린도 사람들이 지혜 기독론이라고 부를 수 있는 어떤 사상을 발전시켰다고 결론지을 수도 없다."[248] 하지만 바울의 대답은 이보다 더 심오한 의미를 제시하는가? 던은 다음과 같이 주장한다. 바울에게 있어 "하나님의 지혜"는 "하나님이 미리 정하신 구원 계획이라는 의미에서 지혜다. 그렇다면 그리스도는 선재(先在)하신 존재로서 하나님의 지혜가 아니라 자신의 죽음과 부활을 통해…하나님이 미리 정하신 구원 계획을 성취하신 자로서 하나님의 지혜인 것이다.…여기서는 고린도 교인들이나 바울 자신에게서도 어떤 선재하신 휘포스타시스나 인격체로서의 지혜에 대한 개념은 전혀 발견되지 않는다."[249] 이 용어들은 "그리스도가 하나님의 목적 안에서 궁극적인 역할을 감당한다고 주장할 수 있는 중요한 수단"을 제공했다.[250] 따라서 바울은 "십자가의 어리석음이…하나님의 지혜에 대한 진정한 척도"라는 "놀라운" 주장을 제기한다(1:21-25).[251]

던의 접근법은 테르툴리아누스가 마르키온의 입장을 반복적으로 논박했던 강조점을 뒷받침해준다. 신약성경에서 묘사하는 그리스도는 유일하신 하나님이 오래 전에 세우신 목적들을 구체적으로 실현하는 방법으로서 잠언과 유대교에서 설명했던 하나님의 "지혜"를 성취한다.[252] 우리는 앞으

---

248) J. D. G. Dunn, *Christology in the Making: An Inquiry into the Origins of the Doctrine of the Incarnation* (London: SCM, 1980), 177 (2d ed., SCM, 1989) Grand Rapids: Eerdmans, 1996).

249) 같은 책, 178; 참조. 176-187, 194-195.

250) 같은 책, 194.

251) Dunn, *The Theology of Paul*, 274; 참조. 272-277.

252) Tertullian, *Against Marcion*, 5:6 및 다른 곳.

로 2:6-16, 8:8, 10:1-4에 대해 주해할 때 지혜에 관한 이슈를 보다 더 상세하게 다룰 것이다.

그리스어 명사 δικαιοσύνη, "의로움"은 이 편지에서 오직 1:30에서만 나타난다. 하지만 이 명사와 같은 어원에 속한 동사 δικαιόω, "내가 의롭게 하다" 또는 "의롭게 여기다"는 고전 4:4과 6:11에서도 나타난다. 고전 4:4에서 그 의미는 분명히 법적인 판결이나 선언과 관련된다. 즉 "의롭다고 판단하다", "의롭다고 생각하다", "의롭다고 간주하다" 또는 "무죄를 선고하다" 등이다. 왜냐하면 이 그리스어 동사는 타당하지 않을 수도 있는 인간의 판결과 최종적일 수밖에 없는 하나님의 판결을 서로 비교하는 것과 관련이 있기 때문이다(ὁ δὲ ἀνακρίνων με κύριός ἐστιν). 벤더, 슈라게, 메르클라인은 이 그리스어 동사를 고후 5:21과도 연결한다. "우리로 하여금 그 안에서 하나님의 의가 되게 하려 하심이라"(γενώμεθα δικαιοσύνη θεοῦ ἐν αὐτῷ). 1:30에는 고후 5:21에 상응하는 내용이 있다. 모든 것은 "하나님으로부터"(ἀπὸ θεοῦ) 온다. "하나님은 의로움과 거룩함과 속죄의 유일한 근원이시다."[253] 이 의로움의 "근원과 능동적인 주체"는 하나님이시며, 이 의로움은 "우리의 의로움이 아니라 우리를 위한(für uns) 하나님의 의로움이며, 현실에서 실제로 효력을 나타냈다. 따라서 이 δικαιοσύνη는 분명히 우리 자신으로부터 오는 의로움이 아니라 다른 이에게서 오는 의로움(iustitia aliena)이며, 이것은 하나님이 행하시는 일이지, 인간이 행하는 일이 아니다"(강조는 원저자의 것임).[254]

우리는 바울이 은혜로 의롭게 된다는 것을 단지 더욱 "반(反)유대교적인" 또는 "유대주의적인" 로마서와 갈라디아서의 정황에서만 강조한다는 주장을 거부한다.[255] 바레트는 그의 매우 주도면밀한 논문에서 캐제만-

---

253) Schrage, *Der erste Brief,* 1:216; Merklein, *Der erste Kor 1-4,* 203.

254) 같은 책.

255) 본 주석서의 서론과 다음의 논문을 참조하라. A. C. Thiselton, "Luther and Barth on 1 Cor 15," in W. P. Stephens (ed.), *The Bible, the Reformation and the Church: Essays in Honour of James Atkinson,* JSNTSS 105 (Sheffield: Sheffield Academic Press, 1995), 258-289.

스텐달의 논쟁의 배경에서 칭의에 대한 이와 같은 주제들을 신중하게 평가
한다. 이어서 그는 다음과 같이 결론짓는다. 이 교리는 상황 설정이 잘못될
가능성이 있지만(곧 바울을 루터에게 동화시킴), "믿음으로 의롭게 되는 것은
하나님이 모든 인류를 다루시는 기본 원리다. 하지만 이것은 바울의 이야기
와 루터의 이야기에서 그 결과가 서로 다르게 나타난다."[256]

우리는 이미 1:2에서 ἅγιος와 ἁγιάζω의 의미에 대해 논의했다. 크레이
그는 여기서 ἁγιασμός의 의미를 간결하게 요약한다. 이 요약은 우리의 논
의를 상기시켜주며, 이 단어와 의로움의 관계를 다음과 같이 밝혀준다. "의
로움은 단순히 도덕적인 미덕 중 하나가 아니라 하나님의 무죄 판결 또는
구원하시려는 의지다(롬 3:21).…거룩함은 바울이 사용하는 중요한 용어 가
운데 하나를 번역한 것이다. 이 단어와 동일한 어근으로부터 형용사 '거룩
한'과 명사 '성도'가 유래되었다. 이 단어는 하나님이 행하시는 일을 통해…
'하나님께 가까이 가져가다'라는 종교의식과 관련된 중요한 의미를 지니고
있다.…이 단어는 바울 서신 가운데 그 어떤 본문에서도 그리스도인의 삶의
진전된 상태를 묘사하지 않는다."[257] 따라서 수치-문화의 배경에서든지 또
는 죄의식에 민감한 배경에서든지, 낮은 신분과 자기 존중에 대한 낮은 의
식이 십자가를 통해 "반전"되는 개념은 그리스도의 의로움으로 옷 입는다
는 비유적인 표현으로 묘사된다. 이것은 어떤 사람이 하나님의 사랑을 받고
자녀가 되었으며 깨끗해지고 거룩하게 구별되었다는 것을 가리킨다. 나아
가 이것은 그가 하나님과 친밀한 교제를 나누는 특권의 장소로 초대받았으
며, 그리스도를 통해 그의 이름으로 정체성이 확인되었다는 것을 의미한다.

또한 구속(ἀπολύτρωσις)도 고린도전서에서 이곳에서만 단 한 번 나
타난다. 로마서에서는 단지 두 번(롬 3:24; 8:23), 골로새서에서는 한 번

256) C. K. Barrett, "Paul and the Introspective Conscience," in Stephens (ed.), *The Bible, the Reformation and the Church*, 48; 참조. 36-48.
257) C. T. Craig, "1 Corinthians: Exegesis," in *IB*, 10:34. 또한 참조. BAGD, 9-10; Grimm-Thayer, 6-7; Wolff, *Der erste Brief*, 45-46; Merklein, *Der erste Brief, 1-4*, 195("오직 하나님이 어떤 것을 받아들이셔야만 또는 어떤 사람을 '선택하셔야만' 그것이/그가 '하나님 앞에' 설 수 있다."); 또한 참조. 같은 책, 202-203.

(골 1:14), 에베소서에서는 세 번(엡 1:7, 14; 4:30) 나타난다. 그리스어 명사 λύτρον은 막 10:45에서 단 한 번 나타난다(평행 본문, 마 20:28 — "많은 사람의 대속물"). 이 단어는 바울 서신에서는 나타나지 않는다. 하지만 우리는 고전 6:20 — "[하나님께서] 값을 치르고 여러분을 사셨습니다[구속하셨습니다]" — 에서 ἀγοράζω와 관련하여 해당 개념을 보다 더 자세하게 다루고자 한다. 또한 ἠγοράσθητε γὰρ τιμῆς라는 표현은 7:23에서도 반복된다. 고전 6:20의 언급은 구속이 고대 그리스-로마 세계의 노예 시장에서 유래된 용어라는 것을 상기시켜준다. 새 주인이 부르는 값을 치르기만 하면 노예는 옛 주인의 손에서 새 주인의 손으로 팔리거나 "구속될" 수 있었다. 다이스만이 고대 문헌과 비문(碑文)을 통해 입증하듯이 속전(贖錢)은 신전에서도 치를 수 있었으며, 이 경우 이 노예는 해당 신의 보호 아래 자유민으로 풀려날 수 있었다.[258] (기원후 41년 고르기피아에서) 아폴로, 아테나, 아스클레피오스, 세라피스, "가장 높은 신" 등에게 팔리는 "판매"에는 이방의 종교의식이 사도 바울 시대의 유대적 헬레니즘에 영향을 미쳤다는 분명한 증거가 들어 있다.[259] 다이스만은 델포이에 있는 수 천 개에 달하는 비문을 면밀하게 검토했다. 구속의 비유적인 표현의 배경을 기술하는 그의 저서는 그 가치를 인정받았다. 그럼에도 최근의 연구는 "자유"에 대한 그의 강조점이 그릇된 방향을 제시한다는 점을 보여준다. 이 비유적인 표현은 무엇보다도 값을 지불하는 계약을 수단으로 하여 한 소유주로부터 다른 소유주로 양도되는 것을 가리킨다.[260]

다 같이 구속을 성립시키는 세 가지 요소는 다음과 같다. (i) 속박, 위험, 고통, 또는 굴욕의 어떤 상태로부터 **해방되는 것**, (ii) **어떤 법적인 결정에 의해 해방되는 것**(여기에는 누가 그 비용을 담당하는지 명시되어 있지 않다 하더라

258) Deissmann, *Light from the Ancient East*, 318-332.
259) 같은 책, 322.
260) 6:19-20; 7:23에 대한 주해를 보라. 또한 참조. Martin, *Slavery as Salvation*, 특히 50-85, 117-135; *Of Slavery in the Writings of the Early Church*, JSNTSS 156 (Sheffield: Sheffield Academic Press, 1998), 특히 77-94.

도 개인적으로 지불해야 하는 **비용**과 이에 대한 정확한 양식이 포함되어 있다), (iii) 이 전의 주인 밑에서 억압받는 것으로부터 자유롭게 되어 새 "주인"을 섬기기 위해 새로운 **섬김의 상황으로 해방되는 것**. 데일 마틴의 저서 제목을 차용하여 말하자면 이 의미에 기초하여 이 새로운 지배권(lordship)은 "노예 신분"을 구원으로 재정의해준다. 신자들은 자신에게 속해 있는 존재가 아니다 (6:19에 대한 주해 참조). 하지만 심지어 이 수정된 관점도 너무 지나치게 강조되어서는 안 된다. 콤브는 "새로운 소유권"**뿐만 아니라** "자유"도 바울의 구속 신학에서 나타나는 여러 뉘앙스임을 보여준다.[261]

또한 추가로 다음 두 가지 사항을 언급하는 것이 중요하다. 첫째, 여기서 신학적인 배경은 고대 그리스-로마의 사회적·경제적 이미지에 의존하지 않는다. 왜냐하면 이스라엘의 삶과 신앙은 하나님의 구원 행위에 **의해** 이집트에서의 노예 생활로부터 구속받고 나서 하나님의 자유롭고 거룩한 백성으로서 새로운 삶을 살기 **위해** 약속의 땅을 향해 나아가는 사건에 기초하고 있기 때문이다. 이 사건에는 (그것이 이집트 가정들의 장자들이 죽는 것이든, 유월절 희생제물이 죽임을 당하는 것이든) 피 흘림이 포함되어 있다. 둘째, 앞에서 지적한 세 가지 요소는 바울이 고린도 교회 신자들에게 언급하는 것과 정확하게 상응한다. 즉 그들은 십자가 위에서 죽음으로 죄의 값을 치른 그리스도 안에서 하나님의 결정적인 행위에 **의해** "아무것도 아닌" 비천한 존재였던 이전의 상황에서 그들이 지금 누리고 있는 자유와 영광의 상태로 해방되고 구속받았다. 따라서 그들은 의롭다고 여김을 받으며 거룩하고 자유로운 이들로서 전적으로 오직 "주 안에서"(31절) 자랑의 근거를 지니고 있는 것이다.[262]

31절에서 70인역을 인용하면서 ἵνα로 시작되는 구문은 엄밀히 말해 파격 구문(anacoluthon)이다. 즉 구문이 갑자기 끊긴다. 이 구문에 대해 몇 가지 견해가 제시되었다. 라이트푸트는 "성경의 표현을 따르기 위해"라고 제

---

261) Combes, *The Metaphor of Slavery*, 특히 83-87.
262) "값"에 대한 논쟁에 대해서는 6:20의 주해를 보라.

안한다. 하지만 이것은 해당 구절을 부자연스럽게 이해하는 것이다. 만약 여기서 어떤 동사가 생략되었다면 이 구절이 유일한 경우는 아니다. 바울은 가끔 어떤 단어를 생략하며 자기의 의사를 표현한다. 하지만 그 의미는 명백하다. 이것은 이미 제시한 원리들을 충족시키든 단순히 그것들을 예시해 주든 간에 바울이 제시하는 논리의 절정은 "누구든지 자랑하는 자는 주 안에서 자랑하라"라는 선언에서 발견된다. 바울은 고후 10:17에서도 이 본문을 인용한다.

대다수 주석가들은 31절의 인용문이 70인역의 렘 9:23을 자유롭게 인용한 것으로 이해한다.[263] 70인역의 렘 9:22과 더불어 두 절(22, 23절)은 바울이 이 부분에서 설명하고 적용한 사고의 연속적인 흐름을 추적한다. μὴ καυχάσθω ὁ σοφὸς ἐν τῇ σοφίᾳ αὐτοῦ καὶ μὴ καυχάσθω ὁ ἰσχυρὸς ἐν τῇ ἰσχύι αὐτοῦ καὶ μὴ καυχάσθω ὁ πλούσιος ἐν τῷ πλούτῳ αὐτοῦ("지혜 있는 사람은 자기의 지혜를 자랑하지 마라. 용사는 자기의 힘을 자랑하지 마라. 부자는 자기의 재산을 자랑하지 마라"). 이 모든 내용은 바울이 이전 절들에서 강조한 것을 표현해준다. 예레미야는 다음과 같이 덧붙인다. ἀλλ᾽ ἢ ἐν τούτῳ καυχάσθω ὁ καυχώμενος συνίειν καὶ γινώσκειν ὅτι ἐγώ εἰμι κύριος ποιῶν ἔλεος("반면에 오직 자랑하고 싶은 사람은 [나를] 이해하고 아는 것과 또한 바로 내가 주님이며 긍휼을 행하는 이라는 것을 자랑하라"). 또한 몇몇 주석가들은 70인역의 삼상 2:10도 렘 9:22-23과 부분적으로 평행을 이룬다는 점을 지적한다(이것은 주로 클레멘스1서에서 해당 절이 사용되는 용례에 기초한다).[264]

하지만 가장 설득력 있는 주장은 스탠리의 것이다.[265] 그는 바울이 렘 9:22-23을 직접 인용했을 가능성이 있다고 주장한다. 렘 9:23과 고전 1:27-28 간의 유사성이 이 점을 입증해준다는 것이다. 고전 1:27-28에서 "τοὺς

263) 참조. O' Day, "Jer 9:22-23 and 1 Cor 1:26-31: A Study in Intertextuality," 259-267.
264) 1 Clement 13:1. 또한 Lightfoot, Notes, 169에서 언급되는 논의를 참조하라.
265) Christopher D. Stanley, Paul and the Language of Scripture: Citation Technique in the Pauline Epistles and Contemporary Literature, SNTSMS 74 (Cambridge: Cambridge University Press, 1992), 186-188.

σοφούς … τὰ ἰσχυρα … τὰ ὄντα의 개념들은 예레미야서의 ὁ σοφός … ὁ ἰσχυρός … ὁ πλούσιος를 따르고 있는 것처럼 보인다."[266] 70인역의 렘 9:23의 맨 앞에 나오는 ἀλλ᾽ ἢ를 생략한 이유도 쉽게 설명될 수 있다. 즉 바울은 문장 맨 앞에 나오는 그리스어 접속사를 종종 생략한다. 고전 1:31에서 볼 수 있는 한 가지 중요한 변화는 70인역의 렘 9:22의 τούτῳ가 Χριστῷ로 교체되었다는 것이다. 하지만 이것은 "분명하게 인식할 수 있을 정도로 해당 절의 의미를 바꾸지 않는다."[267] 어쨌든 바울은 무언가 새로운 것을 입증하기 위해 해당 절을 인용하지 않는다. 오히려 그는 31절에서 절정을 표현하고 확증하는 어떤 원리를 예시해주는 이 절을 인용한다. 칼 바르트는 이 절이 고전 1장의 주제를 분명하게 해주는 역할을 한다고 올바르게 지적한다. 이 주제는 이 편지 전체의 주제이며, 부활을 다루는 15장의 주제이기도 하다.[268]

1장의 후기 역사와 영향사 및 수용

울리히 루츠는 그의 탁월한 마태복음 주석서에서 신약의 본문들이 후대에 끼친 "영향의 역사"에 대한 설명은 선택적일 수밖에 없다고 주장한다. 이것은 "피할 수 없다."[269] 우리는 이 분야에 대한 야우스의 연구를 따라 다음과 같은 사례를 선별하여 제시한다. (1) 해석에 영향을 미치는 구체적인 전승들 안에서 해석의 연속성과 불연속성을 보여주는 사례. (2) 후대의 해석자의 "사전-이해"(pre-understanding)를 형성하는(후세대에 어떤 논의 사항을 미리 말해주지만, 그 논의를 결정하지는 않는) 영향과 그 결과들의 역사(Wirkungsgeschichte)를 보여주는 사례. (3) 교회의 일상적인 생활에 대한

---

266) 같은 책, 187.
267) 같은 책, 188. 이와 비슷하게 바울이 렘 9장의 ὁ καυχώμενος (70인역, καυχάσθω)를 사용하는 것은 보다 더 이른 시기의 기독교 또는 유대교의 용례까지 거슬러 올라갈 가능성이 있다. 그러나 아마도 그것은 그 의미를 강조해줄 가능성이 더 높다(같은 책, 187).
268) Barth, *The Resurrection of the Dead*, 17-18.
269) Ulrich Luz, *Matthew 1-7: A Commentary* (Eng. trans., Edinburgh: T. & T. Clark, 1990), 95.

역사 또는 보다 더 광범위하게 사상사(思想史)에서 신학에 특별한 영향을 미친 요소들을 확인해주는 사례.[270]

위에서 언급한 세 가지 사항이 단순히 해석의 역사가 되지 않도록 하기 위해 이전에 작성한 보다 더 자세한 초고(草稿)는 지면 관계상 포기했다(서론 19쪽을 보라). 1장의 경우에는 1:18-25과 1:25-31의 영향과 결과들을 각각 구별하는 것이 좋다고 판단했다. 또한 초고 가운데 일부는 교부 시대부터 다른 시대들을 다루는 내용이며 주해 부분 안에 통합되었다.

1:18-25

교부 시대에 (1) 박해를 직면했던 저자들은 종종 십자가가 세상에 대해 모욕적인 것(σκάνδαλον, 1:23) 또는 어리석은 것(μωρία, 1:18)이라는 점을 강조했다(예. 이그나티오스, 키프리아누스). (2) 더 "지적인" 변증가들은 때때로 바울이 모든 지혜를 공격하는 것은 아니라는 점을 보여주려고 노력했다. (3) 몇몇 저자들은 이 단락을 다른 측면에서 접근하거나 해당 본문을 보다 광범위한 신학을 설명하는 데 사용한다(예. 오리게네스, 아우구스티누스). (4) 베르나르두스와 루터의 신학적인 발전 과정은 십자가에 대한 저마다의 독특한 신학에 초점을 맞추고 있다. 오늘날 몇몇 신학자들(예. 판넨베르크)은 부활을 보다 더 체계적으로 강조하면서 이전의 관점을 수정하는 대안을 제시한다.

사도 교부들

기원후 108년 이전에 이그나티오스는 자신의 글에서 고전 1:20을 인용하면서 십자가는 "불신자들에게는 모욕적인 것(σκάνδαλον τοῖς ἀπιστοῦσιν)이지만, 우리에게는 구원이다"라고 말한다. 그는 계속해서 이렇게 질문한다. ποῦ σοφός; ποῦ συζητητής;(현자가 어디 있는가? 변론가가 어디 있는가?).[271] 순교자 유스티누스(기원후

---

270) H.-R. Jauss, *Literaturgeschichte als Provokation* (Frankfurt: Suhrkamp, 1970), 또한 *Toward an Aesthetic of Reception* (Eng. trans., Minneapolis: University of Minnesota Press, 1982). 성경 해석과 관련하여 Jauss의 중요성과 그의 관점의 타당성에 대해서는 다음을 보라. R. Lundin, A. C. Thiselton and C. Walhout, *The Promise of Hermeneutics* (Grand Rapids: Eerdmans/Carlisle: Paternoster, 1999), 191-199.

271) Ignatius, *To the Ephesians*, 18:1.

110-165년)는 우리가 머리말에서 대조했던 두 가지 접근 방법을 서로 결합하면서 기독교의 진리는 건전한 이성을 지닌 이들에게는 진리로서 추천되지만, 그 진리에 대한 광범위한 오해는 (부당하게도) 복음을 무신론적이며 어리석고 일관성이 없으며 비합리적인 것으로 여겨지는 구조 안에 위치시켰다고 주장한다. 하지만 진리의 "능력"은 합리적이고 참된 것에 기초한, 변화된 생활 방식을 통해 드러난다.[272]

교부 시대

알렉산드리아의 클레멘스는 "보다 높은 지혜"에 대한 필요성을 설명하려고 이 단락에서 몇몇 구절을 인용한다. "하나님께서 세상의 지혜를 어리석은 것으로 만들어 버리신 것이 아닌가?"[273] 이러한 수준 높은 지혜가 없으면 인간은 그리스도를 구주로 인식할 수 없다. 클레멘스는 사실상 문화 안에 유익이 있고 다양한 철학적인 체계들 안에 약간의 진리가 있다고 강조한다. 하지만 그는 결국 "자기 스스로 지혜롭다고 평가하는 이들은 하나님이 아들을 두어야 하고 특히 그 아들이 고난을 받아야 한다는 것을 터무니없는 것으로 간주한다"고 지적한다. "하나님께서 세상의 지혜를 어리석은 것으로 만들어 버리신 것이 아닌가?" 그는 하나님의 지혜를 태양과 비교한다. 태양이 떠올라서 그 찬란한 빛을 비추면 그 힘으로 말미암아 사실상 인간의 지혜와 같은 등잔불은 매우 희미하게 보인다.[274]

알렉산드리아의 클레멘스와 "두 번 태어난" 테르툴리아누스는 같은 본문에 대한 각자의 해설에서 서로 명백하게 대조된다. 테르툴리아누스는 고전 1:18-25에서 인간의 지혜와 하나님의 행위가 서로 대조되는 것은 "보다 높은 지혜"를 능가하는 사항이라고 이해한다. 어떤 사람이 어리석은 것으로 인식하는 것을 다른 사람은 진리로 인식한다. 왜냐하면 "당신[그리스도인]은 이교도와 다른 사람이기 때문이다."[275] 여기서 바울은 "세상의 지혜는 어리석은 것"이라고 분명하게 선언했다. 뿐만 아니라 그는 마르키온의 견해를 논박하면서 이 새로운 지혜를 오직 예

---

272) Justin, *Apology,* 1:68.
273) Clement, *Stromata,* 1:3(소피스트들에 대한 논박); 1:18, 19; 5:1(기원후 202년경).
274) 같은 책, 6:6.
275) Tertullian, *On the Resurrection,* 3(기원후 207년경).

수 그리스도의 하나님에게만 적용하는 것을 거부한다. 왜냐하면 그것은 마치 구약성경의 하나님이 그리스도와 그의 십자가를 통해 성취되는 구약성경의 목적들을 계시하지 않았다고 암시하는 것처럼 여겨지기 때문이다. 구약성경에 그것에 대한 언급이 없는 것은 아니다. 오히려 "표적들을 구하던" 유대인들은 "하나님에 대해 자신들의 마음을 이미 결정했으며, 하나님을 의지하는 대신에 자신들의 지혜를 의지하던 '그리스인들은 지혜를 찾고 있었기' 때문이다."[276]

　　오리게네스의 주석서에서 파생된 단편에서는 신학자 오리게네스의 면모가 나타난다. 왜냐하면 그는 이 단락에서 언급되는 십자가의 구원론을 하나의 고유하고 타당한 주제로 매우 중요하게 다룬 첫 번째 인물이기 때문이다. 그리스도는 우리를 죽음의 파멸(καταλαλύσαι)과 또한 "무지, 어둠, 치명적 질병"(ἀγνοίας, καὶ σκότους καὶ τῆς ἀπώλειας λοιμόν)으로부터 해방시킨다. 십자가를 통해 나타나는 하나님의 능력(δύναμις)은 모든 사람(ὑπὲρ πάντων)을 위한 것이며, 또한 마귀에 대한 승리를 의미한다. 그래서 오리게네스는 십자가 외에는 아무것도 자랑하지 말라(μὴ γένοιτο καυχάσθαι εἰ μὴ ἐν τῷ σταυρῷ)고 말한다.[277] 하나님이 구원 계획을 세우시고 믿는 이들을 구원하는 것을 기뻐하시는 것과 관련하여 오리게네스는 십자가 처형을 받은 그리스도에 대한 믿음과 몸의 부활과 미래의 구원에 대한 믿음을 서로 결합한다.[278] 하지만 이 믿음은 지혜로운 자들의 현명함을 헛것으로 만드시는 하나님으로부터 온다.[279] 또한 오리게네스는 이 절들을 자신의 저서 『켈소스 논박』(Against Celsus)에서도 해당 상황에 맞추어 사용한다. 그는 다음 주장을 구체적으로 입증하기 위해 고전 1:18-22을 인용한다. 즉 켈소스가 종말의 사건들에 대한 기독교의 가르침을 오해한 것은 바로 그가 "세상의 지혜로" 기독교의 교리와 성경에 접근하기 때문이라는 것이다.[280] 따라서 『켈소스 논박』에서 오리게네스는 인식론에 관심을 기울이고, 자신의 주석서에서 파생된 단편들에서 구원론에 관심을 기울

---

276) Tertullian, *Against Marcion*, 5:5.
277) Origen, "Fragments," *JTS* 9 (1908): 235, sect. 6(C. Jenkins가 편집한 그리스어 원문에 기초함).
278) 같은 책, 236, sect. 7.
279) 같은 책, 236-237, sect. 8.
280) Origen, *Against Celsus*, 5:16(기원후 240-250년경).

인다.

카르타고의 키프리아누스는 예전의 수사학자이자 로마 황제 데키우스(기원
후 249년)의 박해 때 피신해야 했던 주교로서 글을 쓴다. 키프리아누스는 기독론적
으로 고린도전서의 이 단락에 접근한다. 즉 그리스도는 하나님의 지혜이며, 만물
이 그로 말미암아 창조되었다는 것이다. "또한 그는 하나님의 지혜이자 능력이다.
바울은 고린도전서에서 다음과 같이 증명한다. 유대인들은 표적을 요구하고, 그리
스도인들은 지혜를 추구하지만, 우리는 십자가 처형을 받은 그리스도를 전파한다.
그는 하나님의 능력이며 하나님의 지혜다."[281] 또한 락탄티우스도 인식론과 기독
론을 서로 연결한다. 그는 지혜를 얻을 수 있는 조건으로서 자신의 무지를 기꺼이
인정하는 소크라테스와 바울의 주제를 언급한다(고전 3:18; 참조. 롬 1:22). 또한 그
는 인간이 스스로 지혜를 찾는 것은 그릇된 것임을 지적한다. 왜냐하면 그런 종류
의 지혜는 결국 어리석은 것으로 밝혀지기 때문이다. 어리석음은 가장된 "지혜"를
간직하는데, 거기에는 하나님의 지혜와 진리를 감추고 있는 무언가가 있기 때문
이다. 하지만 하나님은 그것을 밝히 드러내실 수 있다.[282] 왜냐하면 락탄티우스는
"지혜"이신 그리스도에 대한 자신의 관점을 언급하면서 그리스도가 그리스 사상
의 로고스와 소피아라는 이중적 역할을 담당한다고 이해한다. "그는 하나님의 음
성이자 하나님의 지혜다."[283] 지식과 지혜(인식론)는 기독론에 기초하고 있다.

아타나시오스는 지혜-어리석음의 대조와 기독론 간의 연관성을 더욱더 발전
시킨다. 하나님은 "주님이 그의 몸으로 성취하는 것"을 통해 그분의 지혜를 보여주
셨다.[284] 하지만 이것은 익명의 "암브로시아스터"(기원후 370-389년경)가 지적하듯
이 이른바 많은 사람들이 비합리적이라고 여기는 동정녀 탄생 및 부활과 같은 "어
리석은 것"을 포함한다.[285] 이러한 맥락에서 아우구스티누스도 고린도전서의 이
단락 전체를 인용하면서 다음과 같이 주장한다. 영적으로 눈이 먼 이들은 "그리스

---

281) Cyprian, Testimonies, 2(기원후 258년에 순교함).
282) Lactantius, *Divine Institutes*, 4:2.
283) 같은 책, 4:9; 참조. 4:16.
284) Athanasius, *On the Incarnation*, 15.
285) Ambrosiaster, *Commentary on Paul's Epistles* (CSEL, 81:16).

도가 한 여인에게서 육신을 취했으며 십자가에서 수치"를 당했기 때문에 "어리석음의 대상"으로 여긴다. "왜냐하면 당신의 교만한 지혜는 그와 같은 낮아짐과 경멸받을 만한 일들을 배척하기 때문이다.…하지만 하나님은 거룩한 예언자들이 다음과 같이 예고한 것을 성취하신다.… '나는 지혜 있는 자들의 지혜를 멸하리라'." 그러고 나서 아우구스티누스는 고전 1:20-25 전체를 인용한다.[286] 하지만 그는 다른 저서에서 십자가의 "연약함"에 대한 이 본문을 다른 주제와도 연결한다. 그는 하나님의 능력을 그의 뜻대로 만물을 주관하시는 하나님의 통치력과 연결하며, 하나님의 지혜를 우주를 꿰뚫는 그분의 통찰력과 연결한다.[287] 여기서 강조점이 바뀌었다.[288]

중세 시대와 종교개혁 시대

중세 시대에 하나님의 지혜로서의 십자가는 특별히 예배 의식과 관련된 배경에서 중요한 위치를 차지했다. 예를 들면 클레르보의 베르나르두스는 "보라! 십자가 안에 우리의 구원이 있다"(Ecce, enim in curce est salus nostra)라고 쓰고 있다. 또한 그는 이것은 "우리의 능력"이라고 덧붙인다.[289] 나는 "오직 예수와 십자가에 못 박힌 그분만을 알기" 원한다. 아시시의 프란치스코에게 십자가는 기도, 찬양, 묵상의 주제에 해당한다.[290]

　　　루터는 이 절들을 하나의 주요 주제로 해설한다. 복음은 하나님의 지혜다. "바울은 세상이 우리 하나님을 바보로 간주했다(참조. 고전 1:21)고 말한다." 루터는 이것을 "사람들이 자신들을 지혜롭다고 주장했지만, 실상은 어리석은 사람들이 된 것"(롬 1:22)과 비교한다. "하지만 우리는 하나님을 자랑한다. 왜냐하면 오직 그분만 지혜로우시며, 그는 자기 백성에게 지혜를 은사로 베푸시기 때문이다.…하나

---

286) Augustine, *The City of God*, 10:28.

287) Augustine, *On Faith and The Creed (De Fide et Symbolo)*, 3 (4).

288) 참조. Chrysostom and Gregory, *1 Cor. Hom.*, 4:6, 11; 또한 Gregory of Nyssa, *Against Eunomius*, 2:12:7, 12.

289) Bernard of Clairvaux, *Sermon on the Feast of St. Andrew*, 2:7; Migne, *PL*, 183: 512(기원후 1090-1153).

290) Migne, *PL*, 183: 1000(기원후 1181-1226년).

님의 어리석음이 사람들보다 더 지혜롭다"(1:25).[291] 루터는 하이델베르크 신학논
쟁(Heidelberg Disputation)에서뿐만 아니라 그의 주석서에서 고전 1:17-25을 언급
한다. 그는 다음과 같이 선언한다. 그리스도뿐만 아니라 하나님의 **능력**도 세상으
로부터 거부당했다. 왜냐하면 "그리스도는 그의 능력, 지혜, 선함을 온전히 숨긴 채
오직 그의 연약함, 어리석음, 극심한 고난을 드러내기 위해 자신을 철저하게 비웠
기 때문이다.…진정으로 능력과 지혜와 평안을 지니고 있는 자는 마치 자신이 이
것들을 지니고 있지 않은 듯 이러한 특성들—연약함, 어리석음, 고난 등—을 반드
시 지니고 있어야만 한다."[292] 이어서 루터는 연약함 안에서 드러나는 능력 또는
십자가의 능력이라는 바울의 주제로 되돌아온다. 또한 쉬츠, 포골로프 등 다른 학
자들도 이 단락에서 해당 주제를 간파했다. 비평가들은 십자가와 극단적으로 대
조되는 부활이 충분히 강조되지 않았다고 주장할 수도 있다. 하지만 루터는 고전
15장에서 부활에 대한 훌륭한 해설을 제시한다(해당 부분 참조).

　　칼뱅은 심지어 "빛으로 둘러싸여 있을" 때에도 "인간의 마음이 영적으로 소
경 상태에 있다"는 것을 강조한다. 이것은 롬 1:20-21에서 왜 사람들이 하나님의
피조물 안에서 "하나님에 대한 지식"을 분명하게 인식하지 못하는지를 깨닫게 해
준다.[293] 또한 칼뱅은 복음과 구원에 대한 바울의 긍정적인 확신은 롬 1:16—"내
가 복음을 부끄러워하지 아니하노니 이 복음은 모든 믿는 자에게 구원을 주시는
하나님의 능력이 됨이라"—을 기대하게 한다고 주장한다.[294] 벵엘은 십자가의
선포는 종교적인 다양한 성취 및 인간적인 지혜와 상반된다고 주장한다. 왜냐하
면 하나님은 순전한 은혜이시기 때문이다. "하나님은 은혜를 베푸시기를 기뻐하
신다"(*placitum est Deo, ex gratia*).[295]

---

291) Martin Luther, *Luther's Works*, 28 (American ed.): 249-250 (*WA* 26:28).

292) Luther, *Lectures on Romans* (ed. W. Pauck; LCC 15; London: SCM, 1961), 17.

293) Calvin, *First Epistle*, 40.

294) 같은 책, 41(Francis and Sampley, *Pauline Parallels*, 106도 칼뱅의 이러한 주해를 뒷받침해
　　준다).

295) Bengel, *Gnomon*, 612.

현대

판넨베르크는 고전 1:18의 "십자가 선포"가 롬 1:1; 살전 2:2; 고후 11:7의 "하나님의 복음"에 해당한다고 주장한다.[296) 마거릿 미첼과 마찬가지로 그는 이것을 예수, 십자가, 부활 및 그 이후에 전개된 이야기까지 연결되는 모든 것을 묘사하는 간략한 표현으로 이해한다. 그 선포는 바로 "능력"이다. 이것은 십자가의 "연약함" 안에서뿐만 아니라 그 이후에 일어난 사건들, 곧 부활과 종말론적인 미래에서 하나님의 오심의 "역할" 안에서 드러나는 능력이다. "이처럼 복음을 충만하게 하는 능력은 예수 그리스도가 이 세상에 오는 사건을 통해 하나님의 미래가 임하는 것과 연결되어 있다."[297)

　　어떻게 하나님의 "지혜"가 십자가 안에서 또는 십자가를 통해 드러나는가를 설명하는 윙엘의 관점은 "현대성"의 문제에 관해서도 심도 있게 논의한다. 만약 십자가 안에서 하나님의 행위가 "인간의 지혜를 멸한다면" 그것은 "스스로 존재를 확실하게 하는 '생각하는 존재'의 연속성을 위해 하나님을 방법론적으로 필요한 존재"로 "사용"하려는 데카르트의 프로젝트를 무효로 만든다.[298) 인간의 지혜는 의사 표현으로서 언어가 지닌 한계 안에서 하나님에 대해 숙고하지만, 십자가를 통한 하나님의 지혜는 사람들에게 "말을 거는 언어의 특성"에 주목한다.[299) 전자의 사고방식 아래서 그리스도의 죽음 또는 하나님의 죽음은 "하나님의 참된 신성에 어긋나는 것이다." 즉 이는 "어리석은 것"이다. 하지만 "십자가 선포는 그것과 정반대되는 것을 말한다."[300) 또한 윙엘은 다음과 같이 주장한다. "하나님은 그리스도의 십자가 위에서 자신을 사랑으로 정의하신다.…십자가 사건은 그것의 유일무이한 특성을 통해 신성의 심오함을 드러낸다.…하나님은 본질적으로, 그리고 스스로 그러한 방법을 통해 인간을 위한 존재이시다"(강조는 원저자의 것임).[301)

---

296) Pannenberg, *Systematic Theology,* 2:455.

297) 같은 책, 459; 참조. "the Gospel," 454-464.

298) Jüngel, *God as the Mystery of the World,* 111.

299) 같은 책, 11.

300) 같은 책, 203-204.

301) 같은 책, 221.

1:26-31

사도 교부들

비록 로마의 클레멘스는 고전 1:26-31의 논증을 구원론적으로 적용하지 않고 도덕적으로 적용하지만, 이 본문의 주제를 따르며 31절을 인용한다.[302] 클레멘스의 입장에서 이 본문의 강조점은 "우리는 겸손한 마음을 지녀야한다"(ταπεινοφρονήσωμεν)라는 권면이다. 따라서 진정으로 지혜로운 자들은 자신들의 지혜를 자랑하지 말고, 주님 안에서 자랑해야 한다. 하지만 클레멘스는 예수 그리스도의 능력 있는 행위들이나 주님의 십자가 또는 은혜를 자랑하는 것을 의미하는 것처럼 보이지 않는다. 오히려 그는 이렇게 말한다. "여러분은 주 예수의 말씀을 기억하십시오.…주님은 오래 참음에 대해 가르치시면서 '하나님으로부터 자비를 얻기 위해 사람들에게 관대함을 보이라'고 말씀하셨습니다"(클레멘스1서 13:1-2). 그는 "권면들"을 강조한다(13:3). 하지만 테르툴리아누스와 대대수 교부들은 바울의 말을 권면과 도덕적 가르침을 위해 사용하는 특성을 보이지 않는다.

교부 시대

테르툴리아누스는 그릇된 목적을 위해 해당 본문의 배경을 떠나 고전 1:27을 인용하는 한 가지 흥미로운 사례에 대해 말한다.[303] 프락세아스는 "지혜 있는 자들을 부끄럽게 하시려고 하나님이 어리석은 것들을 선택하셨다"는 바울의 말을 인용하며 이에 근거하여 다음과 같이 주장했다. 유일한 존재로서 만약 하나님에게 "그분 자신을 아버지와 아들이 되게 하는 것"이 "어리석은 것"이라면 그러한 "어리석음"은 하나님의 지혜의 일부분이며, 또 하나님 아버지와 하나님의 아들 간에 위격을 구분하고자 하는 시도의 토대를 약화한다. 테르툴리아누스는 그의 주장을 다음과 같이 반박한다. 고전 1:27은 하나님이 지혜와 어리석음을 전반적으로 반전시키셨다는 입장에 기초한 어떤 "어리석은" 견해를 지지하기 위해 적용하는 것을 허용하지 않는다. 오히려 이 절은 반드시 하나님의 특별한 목적 및 행위와 연관 지어 이해해야 한다.

---

302) *1 Clement* 13:1(기원후 96년경).
303) Tertullian, *Against Praxeas*, 10.

테르툴리아누스도 다음과 같은 배경에서 고전 1:27을 인용한다. 하나님의 능력은 신자들이 부활할 때 이전 것 대신에 새로운 신분, 새로운 피조물, "새로운 본성"을 제공해준다는 것이다.[304]

　　또한 오리게네스도 고전 1:26-28을 잘못 해석하고 잘못 적용한 사례들을 논박해야만 했다. 그는 "어떤 이들은 훌륭한 교육을 받았거나 지혜롭거나 또는 사려 깊은 사람들 중 아무도 복음을 받아들이지 않는다는 주장에 이르렀다"라고 지적하면서 이것에 관심을 표명한다.[305] 이러한 그릇된 주장에 대해 그는 두 가지 답변을 제시한다. 첫 번째 답변은 본문에 대한 올바른 해석에 기초한다. 즉 바울은 "아무도 없다"가 아니라 "많지 않다"라고 말했다는 것이다. 두 번째 답변으로는 신약의 다른 본문들이 이와 상반되는 예들을 제시해준다는 것이다. 예를 들면 목회 서신에서 주교들 또는 장로들에 대한 자격 요건들은 다음과 같은 사항을 요구한다. 즉 그들은 사려 깊고 바른 교훈으로 신자들을 권면할 뿐만 아니라 총명하고 신중하며 자신들의 생활 방식에 책망할 것이 없어야 한다(참조. 딛 1:9-10). 오리게네스는 자신의 저서 몇몇 부분에서 고전 1:26-31을 인용하면서 성경의 계시와 영감에 대한 기독교의 주장들과 세속적인 학문이 열망하는 것이 서로 대립한다는 점을 지적한다. 오리게네스는 신명기가 하나님의 선택과 부르심에 대한 원리를 제시하며, 고전 1:26-31에서 바울이 선언한 것에 대한 길을 마련해준다고 주장한다. 만약 이스라엘 백성이 자신들의 지혜를 자랑하면 그들은 구원을 발견하거나 얻을 수 없다. 그러면 그들은 "육신을 따른 이스라엘"이 된다. 왜냐하면 하나님은 다음과 같이 계획하시고 그것을 지지하시기 때문이다. 즉 하나님은 자기 자신을 낮은 자들에게 계시하시며 그들의 영광은 주님 안에서의 영광이다.[306] 이와 비슷하게 오리게네스는 "그리스인들 가운데 지혜로운 자들과 배운 자들은 자기 자신들의 지혜와 신학을 자랑한다"는 켈소스의 주장을 거부한다. 고전 1:27-29과 롬 1:25에서 바울은 "지혜 있는 자들"이 자신들의 자만심으로 말미암아 어리석은 자들이 되

---

304) Tertullian, *On the Resurrection*, 10.

305) Origen, *Against Celsus*, 3:48.

306) Origen, *De Principiis*, 4:1. 그리스어 텍스트와 라틴어 텍스트는 세부 사항에서 약간의 차이가 있다. 하지만 동일한 사항을 강조하기 위해 실질적으로 동일한 성경 구절이 인용된다.

었다고 밝힌다. 즉 그들은 자신들의 교만으로 말미암아 지혜로운 것을 어리석은 것으로 바꾸었으며, 창조주 대신에 피조물을 경배하게 되었다.[307] 『요한복음 주석』에서 오리게네스는 예수 그리스도 자신이 복음이며, 또한 그를 십자가 처형을 받고 다시 살아난 이로 아는 것은 모든 좋은 것을 받는 것이라고 선언한다. "왜냐하면 그는 하나님에 의해 의로움과 거룩함과 구속이 되었기 때문이다"(고전 1:30).[308]

아우구스티누스는 하나님의 은혜와 하나님의 절대 주권에 대한 바울의 이중적인 강조점에 관심을 기울인다. 이 강조점과 관련하여 그는 고전 1:30-31을 인용한다. "자기 자신의 의로움을 확립하고자 열심히 애쓰는 이들은 인간의 공로 없이 오직 하나님의 은혜로 주어지는 이 하나님의 의로움을 결코 알지 못한다."[309] 그리고 아우구스티누스는 롬 10:3과 시 17:15을 언급하며 다음과 같이 말한다. 즉 하나님의 의로움은 달콤하다. "너희는 주님이 얼마나 달콤한지 맛보아 알지어다." 하지만 그는 어떤 사람들이 저주를 받은 상태로 머물러 있게 되는지의 여부와 관련하여 이 말은 하나님으로부터 그분의 절대 주권적 선택을 빼앗는 것이 아니라고 결론짓는다. 왜냐하면 그들은 오직 자신들에게 소망을 두었기 때문이다.

또한 아우구스티누스는 지혜와 관련하여 고전 1:30-31의 앞에 있는 절들에도 주목한다(예. 고전 1:27). 그는 잠언 안에 지혜에 대한 참된 전승이 있다고 주장한다. 그리스도는 "하나님의 지혜이며…하나님 아버지와 똑같이 영원한 존재다."[310] 하나님은 "단순한" 사람들이 이러한 지혜에 가까이 다가가게 하신다. 잠언에서는 기꺼이 지혜를 배우기를 원하는 이들이며, 고전 1:27에서는 자신들의 지혜를 자랑하지 않는 이들이다.

크리소스토모스도 1:26-27로부터 매우 비슷한 관점을 끌어낸다. 그는 어떤 의사가 자신의 의술을 전수해주려는 것에 비유한다. 그 의사는 어떤 사람에게 자신의 의술을 가르쳐주고자 하지만, 그 사람은 이미 자신이 이에 대해 모든 것을 알

---

307) Origen, *Against Celsus*, 4:4. "유력한 가문에서 태어난 것"에 대해서는 다음을 보라. Origen, *Fragments on 1 Cor*, sect. 8, lines 20 and 31.
308) Origen, *Commentary on John*, 21:24.
309) Augustinus, *City of God*, 21:24.
310) Augustinus, *City of God*, 17:20.

고 있다고 생각한다.[311] 이러한 "교만"은 하나님을 아는 것에 이르는 길에 스스로 장애물을 놓은 것이다. 따라서 자기 스스로 지혜롭다고 생각하는 것은 완전히 어리석은 것이다. 크리소스토모스는 이 점을 하나님의 절대 주권 및 그분의 행위에 대한 바울의 강조점과 탁월하게 연결한다. "우리가 우리 자신에 의해 구원받는 것은 전적으로 불가능하다." 이것은 "맨 처음부터" 그렇게 정해진 것이다.[312] 구원은 온전히 하나님의 은혜로 주어진다. 왜냐하면 그것은 "그로부터(ἐξ αὐτοῦ)…오는 선물의 풍성함을 보여주려는 것이다. 우리는 그의 안에서 의롭게 되었다. '하나님이 죄를 알지도 못하신 이를 우리를 대신하여 죄로 삼으신 것은 우리로 하여금 그 안에서 하나님의 의가 되게 하려 하심이라'(고후 5:2).…따라서 '누구든지 자랑하는 자는 주 안에서 자랑하라'(고전 1:31)."[313]

중세 시대와 종교개혁 시대

고린도전서의 이 단락은 클레르보의 베르나르두스의 여러 저서에서 중요한 역할을 한다. 그는 "우리가 스스로 죄를 짓지 않도록 할 수 없다"는 인간의 곤경에 대해 언급한다. 이것은 인간이 "지혜와 능력"을 잃어버렸기 때문이다. 하지만 이 점과 관련하여 베르나르두스는 다음과 같이 주장한다. "바로 이런 이유로 말미암아 그리스도가 우리에게 다가오는 것이다. 그분 안에서 인류는 구원을 받는 데 꼭 필요한 '하나님의 능력과 하나님의 지혜'를 얻을 수 있다(고전 1:24). 왜냐하면 지혜로서 그리스도는 인류가 참된 지혜를 얻게 해주기 때문이다.…또한 능력으로서 그는 사람들에 대한 자신의 기쁨을 자발적으로 새롭게 할 수 있기 때문이다."[314] "우리의 구원[구속]"인 그리스도는 또한 그곳에 이르는 길을 마련해주었다. 그래서 "아무도 자신에 대해 스스로 자랑할 수 없다"(참조. 고전 1:30).[315] 베르나르두스는 자신의 저서 『사랑의 본질과 고귀함에 대하여』에서 사랑의 값진 고난에 주목한다. 이러한 고난을 통해 그리

---

311) Chrysostom, *1 Cor. Hom.*, 5:2.

312) 같은 책, 5:3.

313) 같은 책, 5:4.

314) Bernard, *Life and Works of St. Bernard* (ed. Mabillon: London: Hodges, 1896): *Treatise on Grace and Free Choice*, 26.

315) 같은 책, 43.

스도는 "우리의 지혜가 되었다."[316] 한편으로 베르나르두스는 "헛된 영광"이 있다고 주장한다. "그 영광은 진리에 기초한 것이 아니다. '누구든지 자랑하는 자는 주 안에서 자랑하라'(고전 1:31; 고후 10:7; 참조. 렘 9:23-24). 그러므로 주 안에서 자랑하는 것은 진리 안에 있는 것이다."[317] 여기서 베르나르두스의 사상의 더 광범위한 배경은 우리가 하나님의 "선물" 때문이 아니라 바로 **하나님 때문에** 그를 사랑해야 한다는 데 있다.

참된 영광과 헛된 영광에 대한 베르나르두스의 대조는 루터가 1518년의 하이델베르크 신학논쟁에서 승리주의적이며 인간 스스로 주도하려는 중세 스콜라주의의 "영광의 신학"과 참된 "십자가의 신학"을 서로 대조하는 것과도 일치한다. "영광의 신학자는 나쁜 것이 좋은 것이라고 말하고, 좋은 것이 나쁜 것이라고 말한다. 십자가의 신학자는 그것들을 있는 그대로 말한다."[318] 루터는 이것을 인간의 지혜와 십자가의 지혜를 서로 대조하는 것과 연결한다. 즉 진정으로 "십자가의 어리석음"은 히브리서에서 말하는 모세의 믿음까지 거슬러 올라갈 수 있다. 그는 다음과 같이 주장한다. " '하나님은 세상의 연약한 것들을 선택하셨다.'…모세는 십자가의 지혜, 아니 십자가의 어리석음을 선택했고, 자신이 물려받은 지혜를 거부했다."[319] 루터의 이러한 확신은 그가 고전 1:30을 인용하며 언급하는 것을 통해 표현된다. "그리스도를 믿음으로 주어지는 의로움은 그[모세]를 위해 충분한 것이다. 고전 1:30에서 언급되듯이 그리스도는 그의 지혜, 의로움 및 모든 것이다. 의롭다고 여김을 받은 사람은 진정으로 그리스도의 사역으로 말미암은 것이다."[320] 한편 칼뱅은 그리스도의 은사로서 하나님의 지혜, 의로움, 거룩함, 구속은 그리스도인이 그리스도 안에 존재하는 것으로부터 물려받은 "존재 방식"(*modus subsistendi*)이라고 분명하게 말한다.[321] 이것은 "전가된" 의로움에 대한 교의로 자

---

316) Bernard, *Works: On the Nature and Dignity of Love*, 30.
317) Bernard, *Works: On Loving God*, 3.
318) Luther, *The Heidelberg Disputation*, Thesis 21, in *Luther: Early Theological Works* (ed. J. Atkinson; London: SCM, 1962), 291.
319) Luther, *Epistle to the Hebrews*, 같은 책, 220.
320) 같은 책, 46.
321) Calvin, *First Epistle*, 45.

세하고 정교하게 설명된다. "우리는 하나님에 의해 받아들여졌다. 왜냐하면 그[그리스도]가 그의 죽음으로 우리의 모든 죄를 대속했으며, 그의 순종은 우리에게 의로움으로 전가(轉嫁)되었기 때문이다."[322] 하지만 칼뱅의 접근 방법은 결코 단순히 기계적이거나 이론적인 것이 아니다. "우리가 죄와 죽음의 미로에서 벗어날 때" 우리에게는 새로운 자유가 주어지는 것이다.[323]

현대

하나님의 절대 주권을 새롭게 강조하면서 바르트도 고린도전서의 이 단락에 호소한다. 그는 다음과 같이 주장한다. 그리스어 명사 κλῆσις는 "언제나 결코 모호하지 않은 하나님의 부르심을 의미한다.…그 부르심에 의해 인간은 그리스도인으로서 자신의 새로운 상황으로 옮겨진다.…인간의 모든 위대함에도 불구하고 그 부르심의 절대 주권적 특성은 고린도에서 단지 몇몇 지혜 있는 자들과 유력자들과 훌륭한 가문 출신들만이…그 부르심에 긍정적으로 반응했다는 사실에 나타나 있다(고전 1:26-27). 따라서 인간적인 혈통 및 사회적인 신분과 관련된 모든 차이점에도 불구하고 그 부르심의 절대 주권적 특성은 우리가 할례자이거나 무할례자이거나 또는 노예이거나 자유인이든지 간에…그 부르심에 순종할 수 있고 또 반드시 순종해야만 한다는 사실에 있다."[324] 또한 바르트는 이 단락을 근거로 구원의 경험을 그리스도와 분리할 수 없다고 주장한다. 즉 "지혜, 의로움, 거룩함, 구속은 자체적으로 타당한 개념들이 아니라 오직 주어(主語)인 예수에 대한 서술어다."[325] 그는 "예수 그리스도라는 주체 없이는 그 대상에 의존하고 있는" 고전 1:30은 "무의미하다"고 주장한다.[326]

　　페미니스트 신학에서 지혜, 그리고 심지어 "지혜 기독론"을 강조하는 것과 더불어 하나의 새로우면서도 특이한 국면이 전개되었다. 1980년대 이후로 엘리자베트 쉬슬러 피오렌자는 이 접근 방법과 관련하여 가장 널리 알려진 인물이다. 그

---

322) 같은 책, 46.
323) 같은 책.
324) Barth, *CD*, 3/4, sect. 56.600.
325) 같은 책, 1/2, sect. 13.10.
326) 같은 책.

는 고전 1:24과 1:30에 근거하여 그리스도가 "하나님의 능력이며 하나님의 소피아"라고 주장한다.[327] 그는 특히 빌 2:6-11에 담긴 바울 이전 자료에서 일종의 지혜 기독론 또는 "소피아-기독론"을 발견한다. 그는 빌 2:6-11의 "케노시스"를 에녹1서 42:1-2과 비교한다. "소피아는 자기가 거주할 수 있는 곳을 찾지 못했다. 그러자 하늘에 소피아를 위한 거처가 주어졌다. 지혜는 사람들 사이에서 거처를 찾아 나섰다. 하지만 아무 곳에서도 자기가 거주할 곳을 발견하지 못했다. 그러자 지혜는 자기가 거주했던 곳으로 다시 돌아와 천사들 사이에 자기 자리를 마련했다"(에녹1서 42:1-2). 쉬슬러 피오렌자는 "그리스도-소피아는 모든 창조세계에 대한 자신의 통치권을 부여받았다"라고 주장한다.[328] 우리는 "지혜 기독론"에 대해 제기된 문제점들을 이미 언급한 바 있으며, 이 이슈는 매우 복합적인 문제로 남아 있다. 가장 부정적으로 말하자면 그것은 다양한 문제점을 지니고 있으며 사변에 기초한 것이다. 여기서는 단순히 이 접근 방법이 바르트의 강조점과 그것이 제기하는 해석학적 문제점들과 얼마나 근본적으로 차이가 있는지를 지적하는 것에 국한하는 것이 바람직할 것이다. 하지만 이 접근 방법은 해당 본문이 영향을 미친 결과에 대한 역사(*Wirkungsgeschichte*)에서 계속해서 영향력을 행사하고 있다.

3. 바울의 고린도 복음 전파 사역 경험에 의해 입증된 이슈(2:1-5)

¹ 형제자매 여러분, 내가 여러분에게 갔을 때 여러분에게 하나님의 비밀을 선포하기 위해 나는 고상하게 들리는 수사학이나 영리함을 드러내는 말과 더불어 가지 않았습니다. ² 왜냐하면 나는 여러분 가운데서 예수 그리스도, 곧 십자가 처형을 받은 그리스도에 대해 말하는 것 외에는 아무것도 알지 않기로 결심했기 때문입니다. ³ 나는 연약함 가운데 많은 두려움과 떨림으로 여러분에게 나아갔습니다. ⁴ ⁵ 내 말과 내 선포는 미혹하는 영리한 말들로 한 것이 아니라 오히려 성령에 의해 강력하게 입증된 명백한 증거로 한 것입니다. 그래서 여러분의 믿음

---

327) E. Schüssler Fiorenza, *In Memory of Her*, 189.
328) 같은 책, 190.

이 인간의 영리함이 아니라 오히려 하나님의 능력 위에 놓이게 하려는 것이었습니다.

바울은 고린도 교인들의 이전의 배경과 그들의 새로운 신분과 관련하여 그들 각자의 경험에 호소했다. 이 경험(1:26-31)은 십자가를 통한 하나님의 행위에 관한 핵심적인 이슈를 차지한다. 이것은 지혜와 어리석음을 다시 정의해준다. 이제 이 단락에서 바울은 자신이 고린도를 맨 처음 방문했을 때 복음 전파와 관련하여 자기 자신의 경험이 어떠했는지를 보여준다. 이 경험은 앞 단락과 같은 강조점을 정확하게 확인해준다. 클레어 오우크는 고전 2:4에 관한 간략한 논문에서 다음과 같이 지적한다. "사도 바울은 기독교의 신성하고 겸허하며 다투지 않는 특성을 다음 세 가지 방식으로 보여준다. 첫째, 인간의 총명함에 의존하지 않는 복음(참조. 1:18 이하). 둘째, 부르심을 받은 사람들의 낮은 사회적 신분(1:26 이하). 셋째, 바울이 고린도에서 복음을 전파한 일관된 방법(2:1-3). 그는 인간적으로 자만심이 넘쳐 복음을 전한 것이 아니라 자기 자신을 철저하게 비웠다. 그래서 성령이 바울과 함께하며 그의 권능을 효과적으로 나타냈다."[329] 우리는 앞에서 그의 첫 두 구절을 보다 더 명료하고 정확하게 표현할 필요가 있다고 지적했다. 하지만 이 절들의 구조와 광범위한 의미에 대한 오우크의 통찰은 여전히 타당하다.

프랜시스와 샘플리의 『바울 서신의 평행 본문들』(*Pauline Parallels*)은 고전 2:1-5이 단지 고린도전서에만 해당하는 특별한 주제가 아니라는 점을 우리에게 상기시켜준다.[330] 또한 고린도후서도 바울에 대해 다음과 같이 잘 알려진 비난을 포함하고 있다. "그의 편지들은 무게가 있고 힘이 있으나 그가 몸으로 대할 때는 약하고 그 말도 시원하지 않다"(고후 10:10). 갈라디아서도 바울이 그곳에서 맨 처음으로 복음을 전파할 때 그가 몸에 질병을 지

---

329) C. Clare Oke, "Paul's Method Not a Demonstration but an Exhibition of the Spirit," *ExtTim* 67 (1955): 85; 참조. 85-86.

330) Francis and Sampley, *Pauline Parallels*, sect. 76 (108-109).

니고 있었다고 말한다(갈 4:14). 그리고 데살로니가에서 바울은 "많은 환난 가운데서" 복음을 전파했다. 하지만 그의 복음 전파는 헛되지 않았으며, "능력과 성령과 큰 확신"이라는 특징을 지녔다(참고. 살전 1:5-6). 마이클 불모어는 비교적 최근에 발표된 논문에서 고전 2:1-5에 대해 집중적으로 다루면서 바울이 이 절들에서 두 가지 상반된 수사법을 사용한다고 주장한다. "바울이 수사학적 표현 방식으로 자신의 진술을 제시하는 것은 바로 고대 그리스-로마의 수사학이 지니고 있던 어떤 특별한 경향과 반대되는 것이었다."[331] 불모어는 바울이 반대하고 인정하지 않았던 특별한 표현 방식을 두 번째 시기의 소피스트 사상과 연관되어 있는 "대중에게 과시하는 웅변술"로 묘사한다. 미사여구를 사용하는 수사학적 표현 기교는 청중에게 박수갈채를 받았다. 이와 달리 바울은 의식적으로 "그것 자체만으로는 사람들의 주목을 끌지 못하는 단순하고 진솔한 표현 방식"을 선택했다.[332] 이것은 클라크, 윈터, 위더링턴, 그리고 특히 포골로프가 확인해주는 두 가지 수사학적 유형에 대한 견해들뿐만 아니라 베스트와 크래프턴이 주장한 사도적 대리 행위에 관한 이슈들과도 정확하게 조화를 이룬다.[333] 불모어를 포함하여 이 모든 저자는 특히 플루타르코스뿐 아니라 디온 크리소스토모스 등 이스트미아 경기에서 보여준 각 지역의 경쟁적인 쇼맨십에 대한 일차 자료를 인용한다. 사람들은 서로 박수갈채를 얻으려는 "불쌍한 소피스트들"의 무리가 외치던 소리를 들을 수 있었고, 수사학자들은 연회의 식사 중간에 손님들을 즐겁게 해주는 역할을 맡았다.[334]

브루스 윈터는 2:1-5 배후에 있는 상황에 대한 이러한 재구성을 확인해준다. 바울의 언어 사용은 "반(反)소피스트적"이었다.[335] "전문적인 연사로서 자신의 명성을 날리고자 하는 어떤 웅변가가 어떤 도시를 최초로 방

---

331) Bullmore, *St. Paul's Theology of Rhetorical Style*, 224.
332) 같은 책, 225.
333) 또다시 이 부분에서도 Pogoloff, *Logos and Sophias*는 매우 설득력이 있다.
334) Bullmore, *St. Paul's Theology of Rhetorical Style*, 62; Dio Chrysostom, *Discourses*, 8:9(참조. 4:14); Plutarch, *Quaestiones Convivales* 8.4.1.
335) Winter, *Philo and Paul among the Sophists*, 147-148.

문하는 것과 관련하여 일종의 소피스트들의 관행이 있었다."[336] 그는 "많은 열광과 환호(κλῆσις)를 받으며 입장하곤 했다."[337] 윈터는 고전 2:1-5과 디온의 기원후 102년경의 변증(*Orations* 47) 사이에서 발견되는 의미 있는 유사성을 보여준다. 예를 들면 디온은 μεγαλόφρων, 곧 "고상한" 말을 사용한다.[338] 2:1-5에서 ἀπόδειξις와 δύναμις는 각각 증명과 설득력이라는 수사학적인 언급을 전제한다. "고전 2:1-5에서는 수사학적 용어들과 암시들이 명백하게 드러난다."[339] 그럼에도 "고린도에 도착했을 때 바울은 '자신을 소개하는 데 있어' 소피스트적인 방법을 사용하는 것을 거부했다.…그는 자신에 대한 어떤 이미지를 사람들에게 투영시키려고 하지 [않았다]."[340]

2:1-5에 대한 참고문헌

1:18-25과 1:26-31에서 참고문헌으로 언급된 연구 중에도 상당수가 이 부분에서도 참고문헌으로 유용하다. 그중 일부만 이 부분에 수록한다.

Beaudean, J. W., *Paul's Theology of Preaching* (Macon, Ga.: Mercer University Press, 1988), 87-118.

Best, E., "The Power and the The Wisdom of God, 1 Cor 1:18-2:5," in L. de Lorenzi (ed.), *Paolo a Una Chiesa Divisa (1 Cor 1-4)* (Rome: Abbey and St Paul, 1980), 9-41.

Bornkamm, G., "Faith and Reason in Paul," in *Early Christian Experience* (London: SCM, 1969), 29-46.

Bullmore, M. A., *St Paul's Theology of Rhetorical Style: An Examination of 1 Corinthians 2:1-5 in the Light of First Century Greco_Roman Rhetorical Culture* (San Francisco: International Scholars Publication, 1995).

Bünker, M., *Briefformular und rhetorische Disposition in 1 Korintherbrief* (Göttingen: Vandenhoeck & Ruprecht, 1984).

Carson, D. A., "The Cross and Preaching (1 Cor 1:18-2:5)," in *The Cross and Christian Ministry* (Grand Rapids: Baker, 1993), 11-42.

Clarke, M. L., *Higher Education in the Ancient World* (London: Routledge & Kegan Paul, 1971).

---

336) 같은 책, 148, 151.
337) Dio, *Orations,* 47:22.
338) Winter, *Philo and Paul,* 152.
339) 같은 책, 155.
340) 같은 책, 157.

Friedrich, G., "Die Verkündigung des Todes Jesus im NT," *Biblisch-Theologische Studien* 6 (1982): 119-142.

Hartman, L., "Some Remarks on 1 Cor 1:1-5," *SEA* 39 (1974): 109-120.

Hengel, M., *The Cross and the Son of God* (Eng. trans., London: SCM, 1986), 93-263.

Horsley, R. A., "Wisdom of Word and Words of Wisdom in Corinth," *CBQ* 39 (1977): 224-239.

Koperski, V., "Knowledge of Christ and Knowledge of God in the Corinthians Correspondence," in R. Bieringer (ed.), *The Corinthians Correspondence*, BETL 125 (Leuven: Leuven University Press, 1996).

Lampe, P., "Theological Wisdom and the 'Word about the Cross': The Rhetorical Scheme of 1 Cor 1-4," *Int* 44 (1990): 117-131.

Lim, T, H., "Not in Persuasive Words of Wisdom but in Demonstration of the Spirit and Power," *NovT* 29 (1987): 137-149.

Litfin, D., *St Paul's Theology of Proclamation: 1 Cor 1-4 and Greco-Roman Rhetoric*, SNTSMS 79 (Cambridge: Cambridge University Press, 1994).

Maly, K., *Mündige Gemeinde. Untersuchungen zur pastoralen Führung des Apostels Paulus im 1 Kor* (Stuttgart: Katholisches Bibelwerk, 1967), 29-33.

Merklein, K., "Das paulinischen Paradox des Kreuzes," *TTZ* 106 (1997): 81-98.

Nielson, H. K., "Paulus Verwendung des Begriffes Dunamis. Eine Replik zur Kreuzestheologie," in S. Pedersen (ed.), *Die Paulinische Literatur und Theologie* (Arhus: Aros, 1980), 137-158.

Oke, C. C., "Paul's Method Not a Demonstration but an Exhibition of the Spirit," *ExpTim* 67 (1955): 85-86.

Ortkemper, F.-J., *Das Kreuz in der Verkündigung des Apostels Paulus* (Stuttgart: Katholisches Bibelwerk, 1967), 9-67.

Pickett, R., *The Cross in Corinth*, JSNTSS 43 (Sheffield: Sheffield Academic Press, 1997), esp. 37-84.

Pogoloff, S. M., *Logos and Sophia: The Rhetorical Situations of 1 Corinthians*, SBLDS 134 (Atlanta: Scholars Press, 1992), esp. 97-112.

Savage, T. B., *Power through Weakness*, SNTSMS 86 (Cambridge: Cambridge University Press, 1996), 54-99.

Stowers, S. K., "Paul on the Use and Abuse of Reason," in D. L. Balch, E. Ferguson, and W. Meeks (eds.), *Greeks, Romans and Christians: Essays in Honor of J. Malherbe* (Minneapolis: Augsburg, 1990), 253-286.

———, "Social Status, Public Speaking and Private Teaching: The Circumstances of Paul's Preaching," *NovT* 26 (1984): 59-82.

Wilckens, U., "Das Kreuz Christi als die Tiefe der Weisheit Gottes," in L. de Lorenzi (ed.), *Paolo a Una Chiesa Divisa (1 Cor 1-4)* (Rome: Abbey St Paul, 1980), 43-81.

———, *Weisheit und Torheit* (Tübingen: Mohr, 1959), 44-51.

Winter, B. W., *Philo and Paul among the Sophists*, SNTSMS 96 (Cambridge: Cambridge

University Press, 1997), 113-244, esp. 147-161.

1절   그리스어 명사 (하나님의) μυστήριον은 UBS 그리스어 신약성경 4판 (1993년)에서 "B" 등급으로, 곧 "거의 확실한"으로 분류되었다. 3판(1975년)에서 이 단어는 "C" 등급으로 분류되었었다("C" 등급은 "상당히 의심스럽다"를 의미한다). "아마도 p^{46}은 "비밀"을 원문으로 지지할 것이다(전문적인 입장에서 비밀이라는 독법은 단지 "아마도"일 것이다. 왜냐하면 아무런 모호성이 없을 만큼 사본이 충분히 잘 보존되지 않았기 때문이다. 하지만 해당 사본은 가장 오래된 사본 중 하나로서 기원후 약 200년경에 필사된 것으로 추정된다). ℵ, A, C, 시리아어 역본(Peshitta), cop^{bo} 및 슬라브어 사본들(또한 예. 히폴리투스와 암브로시우스 등)도 이 독법을 원문으로 받아들인다. 다른 한편으로ℵ², B, D, F, G, 33, syr^{h}, cop^{sa}, 불가타와 오리게네스, 바실레이오스, 크리소스토모스, 히에로니무스, 키릴로스, 펠라기우스 등은 μαρτύριον, (하나님의) "증거"를 원문으로 지지한다. UBS 4판은 메츠거의 다음과 같은 평가를 반영한다. 아마도 μαρτύριον, "증거"라는 독법은 "1:6을 상기시켜주는 것"으로 설명될 수 있으며, 여기서 μυστήριον[비밀]은 "2:7에서 동일한 그리스어 명사의 사용을 예고한다."[341] 콘첼만은 두 독법 중 하나를 원문으로 채택하는 것은 "불가능하다"고 믿으며 다음과 같이 지적한다. 만약 1:6에서 μαρτύριον(증언, 증거)을 취할 수 없다면, 2:7에서 μυστήριον(비밀)도 취할 수 없으며, "비밀"은 대체로 이집트 사본들에 의존하고 있다.[342] 피(Fee)와 볼프는 만약 "증언"이 원문이 아니라면 무슨 이유에서 어떤 필사자가 보다 더 친숙한 "비밀"을 그보다 덜 기대되는 "증언"(증거)으로 대체했겠느냐고 반문한다. 그들은 또한 여기서 μυστήριον은 나중에 2장에서 이 단어가 사용되는 것을 가로채는 것이라는 춘츠의 견해에 호소한다.[343] 또한 피는 메츠거의 "어떤 일이 있어도"라는 논점을 받아들이지 않는다. 슈라게는 피(Fee)보다 훨씬 더 주저한다. 그러면서 그는 피(Fee)가 바울 서신이나 필사 전승에서 해당 용어의 용례들을 광범위하게 고찰하지 않는다

---

341) Metzger, *Textual Commentary* (2d ed.), 480. 이것은 잘 알려진 핵심 본문이다.
342) Conzelmann, *1 Corinthians*, 53, n.6. 한편 Barrett는 그것을 결정하기가 "어렵다"고 말한다. 하지만 그의 입장은 증언을 원문으로 인정하는 쪽으로 기울어져 있다(*First Epistle*, 62-63).
343) Fee, *First Epistle*, 88, n. 1; Wolff, *Der erste Brief*, 23.

고 지적한다.[344] 신비 종교들의 영향력이 확장되어 가자 이 현상은 고든 피가 설명할 수 없다고 말한 바로 그 점에 대한 설명을 제공해준다. 즉 기독교 필사자들은 사람들이 복음 선포에 대해 "오해하지 않게 하려고" 바울이 사용한 μυστήριον을 의도적으로 μαρτύριον으로 바꾸어 필사했다는 것이다. 그 누구도 이 두 가지 가능성을 배제할 수 없다. 하지만 콜린스와 더불어 우리는 "비밀"이 원문이라는 입장을 선택하고자 한다.[345] 이 두 단어—하지만 특히 더 비밀—는 모두 기독교의 복음 선포가 전달하는 내용이 인간의 생각이 아니라 바로 하나님이 계시하신 진리라는 점을 강조한다.

καὶ ἐγώ의 축약형으로 그리스어 κἀγώ는 대체로 문장이 시작되는 부분에 위치한다. 또한 이 표현은 "나"를 강조한다. 데 베테는 이 강조가 바울과 다른 사도들을 대조하는 것이라고 해석했다. 하지만 바울은 분명히 다음과 같은 취지로 말한다. "여러분의 경험과 마찬가지로 나 자신의 경험도 동일한 사항을 확인해준다." 불모어와 더불어 특히 윈터는 2:1에서 "내가"가 소피스트들이 고린도에 "오는 것"과 대조되는 것임을 확실하게 입증해주었다(2:1-5에 대한 머리말 참조). 또다시 여기서도 ἀδελφοί, "형제자매 여러분"은 양성(兩性)을 포함하는 번역과 관련된 모든 문제점을 제기한다(1:10에 대한 주해 참조). 또한 이 용어는 논의의 흐름에서 새로운 부분의 시작을 알리는 역할을 한다(1:26에 대한 주해 참조).

그리스어 구문 ὑπεροχὴν λόγου ἢ σοφίας, "탁월한 수사학이나 영리함을 드러내는 말"에 대한 번역은 매우 다양하게 제시된다. 매우 드물게 사용되는 단어 ὑπεροχή는 신약성경 다른 본문에서 오직 딤전 2:2에서 한 번더 나타난다. 하지만 이 단어와 같은 어원에서 유래된 동사가 롬 13:1에서 나타난다. 이 그리스어 단어는 ἔχω의 의미를 강조하는 전치사 ὑπέρ와 더불어 높음과 상관이 있다. 이 단어는 사실상 매우 탁월함에 상응한다. 그래서

---

344) Schrage, *Der erste Brief*, 1:226; 또한 Moffatt, *First Epistle*, 23.
345) Collins(*First, Cor.* 118)는 이 이슈들을 매우 신중하게 다룬다. "본문에 대한 사본들의 증거들을 자세히 검토하고 본문을 보다 더 세밀하게 읽는다면…그것은 '비밀'이 진정으로 더 나은 독법임을 알 수 있다." 우리는 그의 입장에 동의한다.

NRSV는 λόγου와 더불어 "숭고한 말들"이라고 그럴듯하게 번역한다. 다이스만은 신약성경 이외의 자료 중 페르가몬의 묘비에서 "매우 탁월한" 사람들을 묘사하는 사례들을 인용한다.[346] NIV는 1:18-31에서 암시된 수사학적인 배경을 참작하여 "뛰어난 웅변술" 또는 "현명한 논증"이라는 취지로 번역하려고 시도한다. 하지만 이 번역은 높음에 대한 비유적인 표현(비록 ὑπέρ는 "지나침"을 가리킬 수도 있지만)뿐 아니라 "영리함"에 대한 요구가 사람들이 그 의미를 이해하지 못하는 결과를 빚어낼 수도 있다는 거의 아이러니에 가까운 암시를 제대로 반영하지 못한다.[347] NIV는 바울의 강조점을 너무 협소하게 번역한다. 바울은 끊임없이 지혜롭게 논쟁하고자 애썼다. 바울은 이성을 존중했다. 이것은 모든 반(反)지성주의를 배제한다.[348] 여기서 그의 목적은 소피스트가 순회 방문을 하며 자기를 과시하는 것과 대조되며, 기독교가 선포하는 내용의 진정한 기초와 본질을 드러낸다. 기독교의 선포는 고상하게 들리는 수사학이나 영리함을 드러내는 말을 허용하지 않는다. 이것은 청중을 즐겁게 하는 것과 말하는 사람의 개인적인 "표현 방식"을 맨 앞

---

346) Deissmann, *Bible Studies*, 255.

347) William Barclay는 이 구절을 "수사학의 뛰어난 재능 또는 지혜"로 번역한다. 하지만 그의 번역은 ὑπέρ보다는 "out"에 더 가깝다. 왜냐하면 이 용어는 그리스어 성경 이외의 자료에서 "벗어나는" 어떤 것을 묘사하는 데 사용되기 때문이다. Héring은 "수사학의 명성"이라는 번역을 제안하면서 일반적인 효과를 나타내는 것을 선호한다. 한편 Moffatt은 "어떤 교묘한 말들 또는 지혜"를 제안한다. 한편 ὑπέρ가 지나침의 의미를 표현한다는 데 근거하여 Lightfoot는 "수사학적인 나열의 탁월함은 철학적인 미묘함에 속한다"고 주장한다.

348) 참조. Stowers, "Paul on the Use and Abuse of Reason"; Bornkamm, "Faith and Reason in Paul," in *Early Christian Experience*, 29-46. "고전 1-3장에서 사도 바울은 세상의 지혜에 대해 말하는 것이지, 곧바로 이성에 대해 말하는 것이 아니다.…'세상의 지혜'라는 표현은 매우 한정적인 사고방식이다. 그것은 그 내용에 의해 제한된다.…고전 1:18 이하에서 지혜와 관련된 표현들이 신중한 추론의 관계 안에서 나타나는 것은 우연이 아니다"(29-30). "바울은 논박하기 위한 목적을 가지고…이성에 대해 말한다. 곧 그는 자신의 청중에게 하나님 앞에서 그의 잘못을 납득시킨다"(36). "복음 전파와 관련된 바울의 표현 방식은 단지 어떤 계시에 대해 말하는 표현 방법이 아니라 강론(diatribe)에 기초한 논박이다"(36). 바울은 자신의 윤리적인 지침을 제시할 때 이성에 호소하기도 한다(40-41). 바울은 합리성(rationality)의 가치를 인정한다. 하지만 그는 그것이 잘못 사용될 수도 있다는 사실을 알고 있다(41-42, 29-46). 한편 Stowers는 특히 고전 2장을 언급하면서 보다 더 광범위하게 논의한다.

에 놓으므로 복음을 올바로 전달하는 것을 방해할 수 있다. 사도 바울은 화려한 의식과 더불어 박수갈채를 받으며 이곳에 도착하지 않는다. 바울의 강조점을 전달하기 위해 우리는 사실상 σοφία에 물음표를 달았다. 바울은 청중의 눈앞에 영리함을 과시한다는 의미에서 "효과를 나타내기 위한 복음 전파"를 단념한다. 이어지는 절들과 오우크의 논문이 확인해주듯이 만약 청중이 그릇된 이유로 말미암아 어떤 주장들에 동의한다면 그것은 하나님의 성령의 지속적인 사역에 해당하지 않는다. 성령에 대한 언급은 설득을 꾀하는 언어학적인 표현 방법뿐만 아니라 특히 소피스트의 "등장"과 관련되어 있는 자기 과시와 자화자찬을 복음 전파와 대조시킨다(앞에서 특별히 윈터에 대한 언급을 참조하라).

그리스어 동사 현재분사 능동태 καταγγέλλων는 진정으로 이 단어가 지니고 있는 온전한 의미에서 "선포[하는 것]"을 가리킨다. 이것은 리트핀의 저서의 제목과 이 단락에 대한 그의 관점을 확인해준다. 왜냐하면 부분적으로 이 단어는 (주로 어떤 종교의식이나 예배에서 목회자 또는 신학에 대한 전문교육을 받은 사람이 행하는 것으로서) 오늘날 우리가 생각하는 설교보다 훨씬 더 광범위한 의미를 지니고 있기 때문이다. 뿐만 아니라 보다 주된 이유로서 이 단어는 엄숙함이나 진지함에 대한 다양한 뉘앙스를 전달하는 배경에서 매우 특징적으로 나타나기 때문이다.[349] 11:26에서 주의 성찬에 참여하는 이들은 주의 죽으심을 선포하는 것으로 언급된다. 행 13:5에서는 유대인의 여러 회당에서 하나님의 말씀이 선포된다. 롬 1:8에서 바울은 로마 교회에 그 교회의 신자들의 믿음이 온 세상에 선포되었다고 말한다. 곧 그들의 믿음은 공적인 영역에서 매우 중요한 사항으로 전달된다. 또한 행 26:23에서는 이방인들에게 빛이 선포된다.[350] 리트핀은 이 단어의 이러한 용례를 προγράφω, "공개적으로 보여주다", "선포하다" 또는 "플래카드로 알리다"

---

349) Litfin, *St. Paul's Theolgy of Proclamation*, 204–209; 참조. 193–203.
350) 참조. BAGD, 409; Grimm-Thayer, 330; MM, 324(특히 새로운 소식을 선포하는 것); Lampe, *Patristic Greek Lexicon*, 706(복음 선포와 송영); 또한 Schrage, *Der erste Brief*, 1:227.

등과 비교한다. 또한 이것은 그 행위의 **공개적인** 성격을 강조하며, 이로써 모든 사람이 무엇이 전시되는지를 볼 수 있게 해준다.[351]

스토워스는 바울이 공공건물을 사용하거나 대중 연설가 또는 노상 연설가의 역할을 했다는 의미에서 "공개적으로" 복음을 선포했을 개연성은 거의 없다고 주장했다. 왜냐하면 공공건물을 사용하거나 연설가로 인정받는 것은 어떤 공적인 지위나 사회적인 명성을 지니고 있는 것을 전제하기 때문이다. 따라서 스토워스는 바울이 복음을 선포했을 개연성이 가장 많은 곳은 가정이나 개인 주택이었을 것이라고 결론짓는다.[352] 만약 이 주장이 지지를 받는다면 2:1에서 이슈가 되고 있는 것이 바로 "자기 과시"와 화자를 드러내는 것이라는 점에 힘을 실어줄 것이다. 왜냐하면 바울은 대중 연설가의 역할에 대한 권리를 주장하고 있지 않기 때문이다. 만약 그렇게 했다면 그것은 고린도에서 바울의 지위를 낮추는 역할을 했을 것이다. 하지만 다음과 같은 의미에서 바울의 복음 선포는 여전히 "공적인" 성격을 지닌다. 그것은 입문자들로 이루어진 어떤 내밀한 그룹에 비의적인 가르침을 전달하는 것이 아니라 듣고자 하는 모든 사람에게 그리스도와 관련하여 일어난 사건들과 일의 상황을 공개적으로 선포하는 것이다. 그런 의미에서 복음은 모든 사람을 대상으로 하는 보편적인 특성을 보인다. 이 복음의 핵심 내용은 그리스도 안에서 하나님이 행하신 일들을 선포하는 것과 관련이 있다.

우리는 이미 앞에서 그리스어 원문에 관해 논의할 때 μυστήριον, "비밀"(신비)의 의미에 대해 다루었다. 만약 다른 독법인 μαρτύριον, "증언"(증거)을 원문으로 받아들인다면 과연 τοῦ θεοῦ가 주격 소유격(이 경우에 "소유격 θεοῦ는 저자의 소유격")인지, 아니면 목적격 소유격(이 경우에 바울은 하나님과 그리스도 안에서의 하나님의 행위에 대해 증언함)인지는 마이어가 제안하듯이 1:6에서 그리스도의 증언에 대한 우리의 이전 논의에 의해 결정될 것

---

351) Litfin, *Proclamation*, 196-197; 참조. BAGD, 704.
352) Stanley K. Stowers, "Social Status, Public Speaking and Private Teaching: The Circumstances of Paul's Preaching," *NovT* 26 (1984): 59-82.

이다.[353] 고데는 바울이 "어떤 사상 체계를 보여주려는 것이 아니라 단순히 어떤 사실에 대해 증언하려고" 복음을 선포하는 것이라고 주장한다.[354] 라이트푸트 또한 "증인에게 잘 어울리는 단순하고 간결한 표현"에 대해 말한다.[355] 마이어와 달리 라이트푸트는 1:6의 목적격 소유격(그리스도에 대한 증언)과 여기서 주격 소유격(하나님에 의한 증거)을 구분한다. 하지만 요한뿐만 아니라 바울의 경우에도 반대 방향의 증거(증언)가 종종 암시되어 있다.

만약 μυστήριον을 원문으로 받아들인다면 우리는 이러한 난제들을 회피할 수 있다. 하지만 로버트슨과 플러머, 그리고 알로는 이 두 단어 가운데 어떤 것을 선택하든지 간에 해당 단어가 의도하는 의미를 다음과 같이 의역한다. 곧 해당 단어는 저마다 "인류를 사랑하시는 하나님에 대한 메시지는 그리스도의 구원 사역을 통해 선포되었다"라는 의미를 전달한다.[356] 에링은 만약 우리가 "증언"을 원문으로 읽는다면 목적격 소유격도 타당하지 않다고 생각한다. 왜냐하면 바울은 주어가 아니라 그리스도와 십자가를 증언하기 때문이다. 만약 하나님이 주어라면 누구를 대상으로 증언하는지 명료하지 않다는 것이다.[357] 다른 한편으로 에링은 십자가에 대한 바울의 선포를 하나님의 비밀이라고 말하는 것은 전혀 문제가 없다고 주장한다. 왜냐하면 그것은 세상의 지혜를 초월하며, 하나님의 영원한 목적에 대한 감추어진 지혜를 드러내는 것이기 때문이다.[358] 따라서 오직 자신에게만 관심을 보이는 사람들에게 복음은 일종의 수수께끼와도 같다.[359]

세속 그리스어와 신비 종교에서 μυστήριον은 "어떤 비밀", "비밀 의

353) F. Godet, *Commentary*, 1:124; Meyer, *First Epistle*, 1:55.
354) F. Godet, *Commentary*, 1:124.
355) Lightfoot, *Notes*, 170 and 171; 참조. Wolff, *Der erste Brief*, 46.
356) Robertson and Plummer, *First Epistle*, 30; Allo, *Première Épitre*, 30.
357) Héring, *First Epistle*, 14. Grosheide가 "하나님에 대해 말하는 것은 바로 그리스도에 대해 말하는 것이다"(*First Epistle*, 59)라고 주장하는 것처럼 Héring도 그 문제점을 과장했을 것이다.
358) 같은 책, 15; 이와 비슷하게 Lang, *Die Briefe*, 35.
359) Schrage, *Der erste Brief*, 1:226-227.

식" 또는 "비밀스러운 가르침" 등을 의미한다.[360] 하지만 이 단어는 바울 서신에서 다른 의미로 사용된다. 가장 주목할 만한 용례는 고전 4:1에서 바울이 이 단어의 복수형을 사용하면서 기독교가 선포하는 내용인 "하나님의 비밀들"(개역개정: "비밀")에 대해 말할 때다(본문에 대한 주해에서 언급되는 것으로서 이 점과 관련하여 슈라게가 이것은 2:1과 상관이 없다는 고든 피의 논점에 대한 비판을 참고하라). 고전 13:2은 신자들이 비밀들을 이해할 수 있다고 암시하지만, 신약성경에서 이 그리스어 단어는 항상 성취의 한 단계로서 인간의 깨달음과 반대되는 개념이며, 하나님의 은혜로운 선물로 주어지는 계시의 필요성을 가리킨다(바울 서신에서 이 단어는 21번 나타난다). "어떤 비밀(신비)은 너무 심오해서 인간의 지혜로 깨달을 수 없다." 예를 들면 롬 11:25(이방인들의 수가 다 채워질 때까지 이스라엘 사람들 가운데 일부는 완고한 상태로 남아 있을 것임), 고전 15:51(여기서도 부분적으로 설명되긴 하지만 아직 온전히 설명되지 않음), 골 1:26(이전에는 감추어져 있었지만 지금은 드러남) 등이다.[361] 슈라게가 올바로 결론짓듯이 2:1에서 계시의 주제는 "선포하다"와 "전파하다" 동사들과 바울이 ἀποκαλύπτεσθαι를 사용하는 용례와 상응한다.[362] 유대교 묵시 문헌에서 비밀(*raz*)은 종말론적 의미를 지니고 있다. 이 단어는 오는 세대에 드러날 구원의 사건들을 가리킨다.[363]

---

360) BAGD, 530; 참조. MM, 420; Grimm-Thayer, 420. 신비 종교에 대한 문헌은 매우 광범위하지만, 그중에서 다음 문헌을 언급할 수 있다. 예를 들면 R. Bultmann, *Primitive Christianity in the Contemporary Setting* (Eng. trans., London, 1956), 156-161; Günther Wagner, *Pauline Baptism and the Pagan Mysteries* (Eng. trans., Edinburgh: Oliver and Boyd, 1967), 61-267; R. Reitzenstein, *Hellenistic Mystery-Religions: Their Basic Ideas and Significance* (Eng. trans., Pittsburgh: Pickwick, 1978); W. Bousset, *Kyrios Christos* (Eng. trans., Nashville: Abingdon, 1970); 비록 오래되긴 했지만 여러 면에서 매우 사려 깊은 저서로는 다음을 보라. H. A. A. Kennedy, *St Paul and the Mystery Religions* (London: Hodder & Stoughton, 1914): A. J. M. Wedderburn, "The Soteriology of the Mysteries and Pauline Baptismal Theology," *NovT* 29 (1987): 53-72; 또한 F. Cumont, *The Oriental Religions in Roman Paganism* (Eng. trans., Chicago: Open Court, 1911).

361) BAGD, 530; 참조. MM, 420, 또한 Grimm-Thayer, 420.

362) Schrage, *Der erste Brief,* 1:227.

363) Collins, *First Cor,* 115.

2절   우리는 신중한 검토를 거쳐 "나는…알지 않기로 결심했기 때
문입니다"라고 번역했다. 이것은 대다수 영역본이 보여주는 성향과 다
르다. 이 이슈는 그리스어 부정부사 οὐ가 (i) εἰδέναι(알지 않기로)와 연결되
는지, 아니면 (ii) τι(아무것도 모르기로)와 연결되는지, 또 아니면 (iii) 그리스
어의 어순이 요구하듯이 ἔκρινά(나는 ~하지 않기로 결심했다)와 연결되는지
와 관련이 있다. (i) AV/KJV(나는 아무것도 알지 않기로 결정했다), NJB(내가 갖
고자 하는 유일한 지식), TEV(나는 모든 것을 잊어버리기로 결심했다) 등은 모두
암암리에 οὐ가 "아는 것" 또는 "지식"과 연결된다고 이해한다. 반면에 (ii)
NRSV(나는 아무것도 알지 않기로 결정했다), NIV(나는 아무것도 알지 않기로 결심
했다), 바레트(나는 아무것도 모를 것이다)는 οὐ가 τι(어떤 것, 아무것)를 부정하는
것으로 해석한다. 그렇다면 과연 바울은 항상 십자가에 대한 메시지 외에는
자기 생각 속에서 모든 것을 비우려고(εἰδέναι, οἶδα의 현재완료 부정사) 결심했
는가?(REB는 '나는 어떤 것을 안다고 주장하지 않기로 결심했다'라고 번역하면서 해
당 이슈를 회피한다). (iii) 오직 콜린스만 세 번째의 올바른 선택을 명백하게
반영하는 것처럼 보인다.[364]

그리스어 원문에 기록되어 있듯이 결심하는 행위 또는 확고하게 결정
하는 행위(BAGD)는 부정부사에 의해 한정된다. 바울이 깊이 생각하고 나
서 결정한 확고한 결심은 오직 십자가 처형을 받은 그리스도에 관한 것이
었다.[365] 바울은 그 결심에 몰두하고 헌신했다. 그가 다른 어떤 것에 대해 말
했는지의 여부는 그리 중요하지 않다. 십자가 처형을 받은 그리스도를 선포
하고 오직 그리스도만을 선포하는 것이 그의 확고한 결심으로 남아 있다. 그
는 십자가 외에 다른 모든 것을 배제하겠다고 맹세하지 않았다. 하지만 그
는 십자가 처형을 받은 그리스도가 중심적인 위치를 차지하는 것을 타협하
지 않을 것임을 굳게 결심했다. 피(Fee)는 바레트의 구문을 받아들이지만,

---

364) Collins, *First Cor,* 115-118.
365) BAGD, 451-452.

"아무것도"는 이 문맥에서 "아무것도"를 의미하지 않는다고 설명한다.[366)]
슈라게는 "바울은 다른 어떤 것에 대해서도 알기를 원치 않는다"라고 주장
한다.[367)] 람페는 이 부분을 1:10-12에 나타나 있는 자기 능력 과시를 간접적
으로 암시하는 수사학적인 방법의 일환으로 이해한다.[368)] 그의 입장은 의심
의 여지 없이 타당하다. 바울은 자신을 과시하려는 것이 아니라 십자가를 분
명하게 들여다볼 수 있는 창문을 제공하고자 결심한 것이다. 따라서 복음에
의해, 그리고 그것에 기초하여 세워진 공동체 안에는 자신을 보존하려는 그
어떤 "지도자 또는 이름"이 남아 있을 자리가 전혀 없다.

따라서 고린도에서 수사학의 배경은 해당 구문에 대한 이전의 주해 가
운데 일부를 바로잡는다. 라이트푸트는 바울이 다음과 같이 선언한다고 주
장한다. "나는 어떤 것을 알고자 하는 의도도 없고 생각도 없다. 그러므로
그의 말은 '나는 한결같이 다른 모든 지식을 배제했다'가 아니라 단순히
'나는 다른 어떤 지식에 대해 고민하지 않았다'를 의미한다."[369)] 핀들레이와
로버트슨과 플러머도 동일하게 주장한다. 그들은 종종 οὐ φημί는 φημί οὐ
와 동일한 의미라는 반론을 고려한다. 하지만 οὐκ ἔκρινά와 ἔκρινά οὐ의 경
우는 그렇지 않다. 적어도 그것을 암시해주는 증거가 전혀 없다.[370)] 핀들레
이는 "'나는 알지 않기로 결정했다'는 어순에 어긋난다"고 날카롭게 비난
한다.[371)] 마이어도 "나는 결심하지 않았다"를 "나는 그것을 나의 계획과 시
도의 일부분으로 내 앞에 내세우지 않았다"라고 비슷하게 해석한다.[372)] 이

---

366) Fee, *First Epistle*, 92(참조. Barrett, *First Epistle*, 63).

367) Schrage, *Der erste Brief,* 1:227.

368) P. Lampe, "Theological Wisdom and the 'Word about the Cross': The Rhetorical Scheme
in 1 Cor 1-4," *Int* 44 (1990): 117-131. 한편 "신학적인 지식"에 대한 Conzelmann의 언
급(*1 Cor,* 54)은 핵심에서 벗어난 것처럼 보인다. Lampe를 지지하는 저서로는 Bullmore,
Rhetorical Style, 206-210을 보라.

369) Lightfoot, *Notes,* 171.

370) Robertson and Plummer, *First Epistle,* 30. 이 점은 다음 책에서 보다 더 분명하게 반복적으
로 언급된다. A. T. Robertson, *Word Pictures in the NT* (New York: Richard Smith, 1931),
4:82; 참조. Findlay, *Expositor's Greek Testament,* 2:775.

371) Findlay, *Expositor's Greek Testament,* 2:775.

372) Meyer, *First Epistle,* 1:55.

제 우리가 고린도의 수사학적인 배경에 대해 알고 있는 것과 더불어 이와 같은 견해들은 바울이 고유한 특성이 없거나 편협한 반(反)지성주의를 암시하거나 상상력이나 **의사소통의 유동성**이 결핍되어 있다는 주장을 거부한다. 바울의 확고한 결심은 사람들이 무엇을 기대하든지 간에 성공을 위해 쉽고 세속적인 방법을 선택하라는 유혹이나 무엇보다도 자기선전을 늘어놓으라는 유혹에도 아랑곳없이 그가 오직 십자가 처형을 받은 그리스도에 관한 복음을 섬기는 일에만 몰두하겠다는 의지를 드러낸다. 그때나 지금이나 복음은 결코 "대단한 인물들"의 끌어당기는 힘에 의존하지 않는다.

많은 이들은 혹시 아테네에서 바울이 다소 철학적인 접근 방법을 취했지만 그것이 다소 만족스럽지 못한 결과를 초래했기 때문에(참조. 행 17:22-31), 그가 자신의 이러한 경험에 기초하여 여기서 이렇게 결심한 것이 아니냐는 질문을 제기했다. 모팻은 아레오바고에서 바울의 연설이 방해를 받았을 때 그는 복음의 핵심, 곧 그리스도의 죽음과 부활에 대해 말했다고 지적한다. 하지만 "그가 아테네에서 경험한 것으로 인해 실망감을 느꼈음을 암시하는 단서는 전혀 없다."[373] 그는 다음과 같이 덧붙인다. 만약 바울이 여기서 무언가를 서로 대조하는 것으로 이해한다면 그것은 바울의 이전 경험과 최근의 결심간의 대조가 아니라 바울과 청중의 박수갈채를 얻으려는 다른 사람들 간의 대조였을 것이다. 이와 비슷하게 바레트도 이른바 만족스럽지 못한 결과에 근거한 추론을 "아무런 증거도 없는" "상상력이 빚어낸 그림"이라고 평가하면서 이를 받아들이지 않는다. 한편 이와 비슷하게 슈라게는 갈 3:1에서 십자가 처형을 받은 그리스도를 마치 "플래카드"로 보여주려는 것과 같은 바울의 관습을 지적한다.[374]

2절의 번역과 관련하여 몇 가지 세부적인 사항을 언급할 필요가 있다. 첫째, 인칭 대명사 τοῦτον, "이 사람"은 대체로 "예수 그리스도, 곧 십자가 처형을 받은 그리스도"로 번역된다. 하지만 그리스어에서 자주 사용

---

373) Moffatt, *First Epistle*, 22.
374) Barrett, *First Epistle*, 63; Schrage, *Der erste Brief*, 1:229.

되는 이 인칭 대명사는 영어의 인칭 대명사로 그 의미를 온전히 전달하기 어렵다. 일반적으로 기원후 1세기에 사용된 그리스어의 지시대명사는 문자적으로 번역하면 표현이 부자연스러울 수 있다. 따라서 우리는 바울이 의도하는 바를 잘 전달하기 위해 그리스도의 이름을 반복해서 제시하며 "예수 그리스도, 곧 십자가 처형을 받은 그리스도"라고 번역했다. 둘째, ἐσταυρωμένον은 σταυρόω의 과거분사 수동태다. 분명히 우리는 "효과"가 지속되는 것과 어떤 "상태"에 머물러 있는 것을 구별해야 한다. 이 과거분사 수동태는 그리스도와 관련된 과거의 사건이 영속적인 의미를 지니고 있음을 나타낸다. 이 단어를 "십자가 처형을 받은"이라고 번역하는 것이 가장 좋은 유일한 번역일 것이다. 어떤 역본들은 "십자가에 못 박힌"이라는 번역을 선택한다. 이 번역은 틀린 것은 아니지만, 전승 안에 나타난 지속적인 효과보다는 해당 사건 자체에 더 큰 관심을 두게 할 가능성이 있다. 셋째, 그리스어 어구 ἐν ὑμῖν, "여러분 가운데"는 영어 번역에서 동사나 수식어를 덧붙이지 않으면 그 표현이 어색하다. 하지만 "내가 여러분과 함께 있을 때"라는 번역은 그리스어 원문이 의미하는 것보다 훨씬 더 나아간다. 왜냐하면 18개월이나 고린도에 체류하는 동안 바울은 복음을 전파할 뿐만 아니라 사람들을 가르치고 목회자로서 그들을 돌보았을 것이기 때문이다.[375] 넷째, εἰδέναι, "알다"는 다소 의아하게 여겨질 것이다. 이 동사 대신 우리는 "나는 아무것도 말하지 않기로 결심했습니다"를 기대했을 것이다. 하지만 바울은 여기서 자신의 마음가짐과 자세 전체를 언급한다. 따라서 우리는 "여러분 가운데서…말하는 것 외에는 아무것도 알지 않기로 결심했기 때문입니다"라고 번역했다. 우리는 세 번째와 네 번째 사항을 동시에 전달하려고 노력했다.

3절　　"두려움과 떨림"은 영어에서 익숙한 표현이 되었다. 이 구절은 πολλῷ, "많은"과 함께 사용되는 ἐν φόβῳ καὶ ἐν τρόμῳ를 알맞게 번역한

---

375) 뿐만 아니라 이것은 어떤 소피스트 웅변가가 **도착했을 때** 자기 소개를 하는 것에 대한 Winter의 요점에서도 완전히 벗어난다.

것이다.[376] 이 구절과 관련하여 다음 다섯 가지 사항에 주목하고자 한다. (1) 바울은 청중에게 존중받고자 하는 것을 추구하지 않았다. 따라서 우리는 바울의 많은 두려움과 떨림은 대체로 하나님 앞에서의 책임감과 관련이 있다고 추론해야만 한다. 바울이 느낀 책임감은 그가 하나님의 은혜에 대해 증언함으로써 많은 열매를 맺어 하나님의 부르심을 성취하는 것이었다. 하지만 그것은 아마도 그 당시 그가 처해 있던 어떤 상황과 연관되어 있었을 것이다. 그 상황은 그의 "연약함"을 증폭시켰을 것이다. 우리는 그의 연약함이 구체적으로 무엇이었는지 알 수 없고 단지 상상할 뿐이다. (2) 또한 그 요인은 보다 일반적인 것이었을 수도 있다. **바울은 수사학적 속임수와 틀에 박힌 수법으로 위장하여 보호받는 것을 거부했다.** 이러한 속임수와 수법은 복음을 엄숙하고 진지하게 선포하기보다는 "연기를 보여주는 듯한 말과 몸짓을 함으로써" 거짓된 자만심을 내세울 수 있다. (3) 하지만 결국 "두려움과 떨림"은 무엇보다도 **어떤 소피스트가 방문할 때 자만심으로 가득 차 자신을 소개하는 것**과 극명하게 대조를 이룬다. 바울은 분명히 청중을 기쁘게 하는 공연자로서 청중을 즐겁게 하려고 고린도에 온 순회 웅변가가 아니었다.[377]

　　(4) 알베르트 슈바이처—디벨리우스와 큄멜도 그의 견해를 따름—는 바울이 "연약함"을 의식하는 데 자신의 질병이 영향을 미쳤을 개연성이 있다고 추측한다.[378] 슈바이처는 다음과 같이 주장한다. "그[바울]는 사람들이 보고 그를 업신여길 만한 어떤 질병에 시달리고 있었다. 우리는 갈라디아서에서 이것을 알 수 있다."[379] 이 점과 관련하여 콜린스는 이렇게 말한다. "바울의 자기 비하는 그의 수사학적 호소의 일부분이다.…그러나 자

---

376) Fee는 πολλῷ를 단지 τρόμῳ뿐만 아니라 두 단어와 모두 연결한다. 그의 이러한 해석은 옳다 (*First Epistle*, 93, n. 23).

377) 참조. Winter, *Philo and Paul*, 147-161; Bullmore, *Rhetorical Style*, 212-213 및 여러 곳. κἀγὼ (καί + ἐγώ), "나는(나로서는)" 자신과 다른 연설가들 또는 방문자들을 더욱 강하게 대조시킨다.

378) A. Schweitzer, *Mysticism*, 152-155.; Marin Dibelius and W. G. Kümmel, *Paul* (Eng. trans., London: Longmans, Green & Co, 1953), 42-43.

379) Schweitzer, *Mysticism*, 152.

신의 연약함에 대한 그의 묘사는 그의 실질적인 **상황**도 반영할 수 있다(참조. 고후 11:16-29)."[380] (5) 하르트만은 여기서 연약함은 렘 9:22-23에서 언급된 "반(反)웅변가"의 측면이라고 주장한다.[381] 자신의 연약함을 인식하는 사람은 주님 안에서 자랑한다(4-5절에 대한 주해 참조).

슈바이처는 갈 4:13-14을 언급하는데, 거기서 바울은 자기가 "신체의 연약함을 통해"($\delta\iota'\ \dot{\alpha}\sigma\theta\acute{\epsilon}\nu\epsilon\iota\alpha\nu\ \tau\tilde{\eta}\varsigma\ \sigma\alpha\rho\kappa\acute{o}\varsigma$, 문자적으로는 신체의 "연약함") 복음을 전파하게 되었다고 말한다. 갈라디아 사람들은 "나[바울]를 업신여기거나 버리지도 않고 영접하였다." 이 점과 관련하여 슈바이처는 다음과 같이 주해한다. "사람들은 흔히 원인을 잘 알 수 없는 질병을 지니고 있는 사람들을 회피하고 경멸했다. 그것은 자신이 그 질병에 걸리지 않기 위함이었다.…따라서 바울이 일종의 뇌전증을 앓았다고 가정하는 것이 가장 자연스러울 것이다." 하지만 설령 그렇다 하더라도 이것은 그가 문자적으로 "진정한 뇌전증 환자"였다는 것을 의미하지 않는다.[382] 이 저자들은 이 연약함을 $\sigma\kappa\acute{o}\lambda o\psi\ \tau\tilde{\eta}\ \sigma\alpha\rho\kappa\acute{\iota}$(육체를 찌르는 가시? 또는 극심한 신체적인 고통? 참조. 고후 12:7-10)라는 바울의 표현과 연결한다. 나아가 슈바이처, 디벨리우스, 큄멜은 이 연약함을 갈라디아 교인들이 자신의 눈을 바울에게 기꺼이 빼주려고 했을 것이라는 바울의 언급과 연결한다(참조. 갈 4:15. 반면에 브루스는 이 언급을 전적으로 비유적인 것으로 이해한다). 그들은 바울이 간헐적으로 앓았던 눈병과 극심한 만성 편두통 간의 연관성을 탐구한다.[383]

---

380) Collins, *First Cor*, 116(강조는 덧붙여진 것임).

381) L. Hartman, "Some Remarks on 1 Cor 2:1-5," *SEA* 39 (1974): 109-120.

382) Schweitzer, *Mysticism*, 153.

383) Schweitzer는 다음과 같이 주장한다. "바울은 자신이 감당해야 했던 고통을 통해 자기 자신이 병자라는 사실을 인식하게 되었다. 그는 이것을 사탄이 보낸 사자가 자기를 치는 것이 허용되었기 때문이라고 설명한다. 그것은 바울이 셋째 하늘까지 들어 올림을 받은 것으로 말미암아 너무 자만하지 않게 하려는 것이라고 한다(참조. 고후 12:6-9).…바울이 받은 고통의 특성은 무엇인가? 또한 그 고통은 그를 공격한 것과 어떤 연관성이 있는가? 우리는 이 질문들에 대해 명백하게 답할 수 없다. 하지만 바울이 이렇게 말할 수 있었다는 점을 고려할 때 그는 틀림없이 극심한 고통을 감수해야만 했을 것이다"(154). 고통의 "흔적들"($\sigma\tau\acute{\iota}\gamma\mu\alpha\tau\alpha$; 갈 6:17)은 "주로 어떤 노예가…그의 주인의 소유라고 인식될 수 있도록 그의 몸에 불로 어떤 표시를 하는 것을 의미한다"(143). 한편 갈 4:15에 대한 다른 견해로는 다음을 참조하라.

우리는 위에서 언급한 것 중 어떤 것이 고전 2:3에 적용될 수 있는지 확실하게 알 수 없다. 또한 확실하게 알 수 있다 하더라도 그것은 아마도 바울의 논점에서 벗어날 것이다. 바울은 복음을 전파하는 것이 자기 확신에 기초한 수사학적인 주장에 의존하지 않는다는 **원리**를 전달한다. 오늘날 많은 사람들은 이러한 것을 "권위를 가지고 말하는 것"이라고 잘못 오해한다. 바울의 "권위"는 부드럽고 유능하고 인상적이며 **명료한 전달력** 등에 있지 않고, **청중의 박수갈채가 아니라 하나님의 역사에 의해 효능이 나타나는** 신실하고 신중한 선포에 기초한 것이었다. 그러므로 자기 과시는 복음을 선포하는 것과 전혀 어울리지 않는다.

티모시 새비지는 두려움과 떨림에 대해 한 가지 설명을 제시하는데, 그의 설명은 매우 배타적이며 협소하여 우리가 앞에서 언급한 네 가지 사항 중 단지 첫 번째 것과만 관련이 있다. 그는 다음과 같이 주장한다. "70인역에서 φόβος와 τρόμος는 종종 어떤 사람이 두려움을 유발하는 하나님의 위엄에 겸손하게 반응하는 것을 묘사한다(예. 출 15:16, 70인역; 사 19:16, 70인역)."[384] 새비지는 이것이 "매우 겸손한 자세와 떨리는 마음으로"(참조. 3절) 고린도에 도착했다는 바울의 말에 더 개연성 있는 배경을 제공한다고 생각한다. "우리는 바울이 교만한 연설"이나 "자만심으로 가득한 사람들의 연설에서 자기 자신을 멀리하는 것"을 볼 수 있다(참조. 4:19b).[385] 새비지의 해설에서 두 번째 부분은 타당하다. 하지만 첫 번째 부분은 바울이 다른 곳에서 두려움의 πνεῦμα로부터 구원받은 것에 대해 말하는 것과 어긋나는 듯하다. "성령으로 말미암아 하나님의 사랑이 우리 마음에 부은 바 됨이니"(롬 5:5), "너희는 다시 무서워하는 종의 영을 받지 아니하고 양자의 영을 받았으므로 우리가 아빠 아버지라고 부르짖느니라"(οὐ γὰρ ἐλάβετε πνεῦμα δουλείας πάλιν εἰς φόβον ἀλλὰ ἐλάβετε πνεῦμα υἱοθεσίας ἐν ᾧ κράζομεν· αββα ὁ πατήρ; 롬

F. F. Bruce, *Commentary on Galatians*, NIGTC (Grand Rapids and Exeter: Eerdmans and Paternoster, 1982), 210–211.

384) Timothy B. Savage, *Power through Weakness*, 73.

385) 같은 책.

8:15) 등이다.

본문 자체가 증언하는 것보다 "질병"의 측면을 다소 지나치게 주장했는지의 여부와 상관없이 신학적으로 "연약함"을 생명을 주기 위해 그리스도가 당하신 그의 낮아짐과 고난과 죽음에 동참하는 것으로 보는 슈바이처의 강조점은 보다 더 확실한 근거를 제시해주는 것 같다.[386] 바울은 자신의 연약함을 자랑한다. 왜냐하면 "그의 사역을 통해 나타난 능력이 자신이 아니라 하나님으로부터 비롯된 것이라는 사실을 확실하게 입증해주기 때문이다."[387] 진정한 "사도 됨"은 자신을 내어주며 자신의 능력으로 감당할 수 없는 데까지 헌신함으로써 그리스도와 하나가 되는 것을 포함한다.[388]

그리스어 어구 ἐγενόμην πρὸς ὑμᾶς는 연약함과 연결하여 다음과 같이 이해할 수도 있다. "나는 연약함 가운데 여러분과 함께(πρός) 있었다." 하지만 해당 배경을 고려할 때 보다 더 자연스러운 해석은 πρὸς ὑμᾶς와 연결하여 이해하는 것이다. 즉 "나는 연약함 가운데 여러분에게 나아갔습니다."[389] 그리고 두려움과 떨림은 점차 고조되는 경험을 가리킬 것이다. 두려움은 복음 전파를 가로막는 것처럼 보이는 어떤 징조로 인해 나타날 것이다. 나아가 이것은 이러한 막중한 책임감을 온전히 감당하지 못하는 것에 대한 두려움을 증폭시킬 것이다.[390] 의심의 여지 없이 만약 우리가 사도행전의 이야기에 근거한다면 바울의 동역자인 실라와 디모데가 한동안 그의 곁에 없었다는 점(행 17:15; 18:5)도 심리적으로 그에게 외로움과 고독감을 증폭시켰을 것이며, 바울의 두려움과 떨림을 더욱 악화시켰을 것이다(고후 2:13에서 디도의 부재와 관련된 언급을 참조하라).[391]

---

386) Schweitzer, *Mysticism*, 101-159.
387) Fee, *First Epistle*, 93.
388) 1:1의 주해에서 "사도"에 대한 설명을 참조하라.
389) 참조. Winter, *Philo and Paul*, 147-161.
390) Lightfoot, *Notes*, 172.
391) *Acts of Paul and Thecla*(기원후 190-200년경?), 3은 소위 바울이 매력적이지 않은 외모를 지녔다는 전승을 구체적으로 소개한다. 하지만 설령 이 전승이 확실한 근거를 지니고 있다 하더라도 그것은 여기서 두려움과 떨림에 대한 이슈를 설명하는 데 거의 도움을 주지 못한다.

4-5절   그리스어 원문은 잘 알려진 대로 난제를 제공한다. 따라서 우리는 이 점에 대해 보다 더 상세하게 언급할 필요가 있다. 4절의 이문은 무려 열한 가지나 된다. (1) 우리는 σοφίας 앞에 또는 뒤에 ἀνθρωπίνης를 삽입한 사본들을 본래의 상태로 되돌리고자 한다. 왜냐하면 그것은 "분명히 이차적이며" σοφίας와 관련된 뉘앙스를 보다 더 정확하게 확인해주기 위해 "필사자들이 (다양한 곳에) 삽입한 설명을 위한 주석처럼 보이기 때문이다"[392] 이 이문들은 ℵ, A, C, syr^h 와 cop^bo 및 후대 사본들의 수정본(corrector)에서 발견된다.

(2) 하지만 보다 더 심각한 난제는 서로 다른 몇몇 이문 사이의 차이점에서 나타난다. 첫 번째 독법 πειθοῖς σοφίας λόγοις는 B, D, (비록 λόγος라고 철자가 잘못 되어 있기는 하지만) ℵ와 오리게네스, 에우세비오스의 인용문 대다수와 크리소스토모스의 인용문 절반 등에서 발견된다. 두 번째 독법 πειθοῖς σοφίας는 매우 이른 시기의 사본 P^46(기원후 200년경)과 그밖에 주로 F, G 및 33에서 나타난다. 세 번째 독법 ἐν πειθοῖ σοφίας λόγου는 오리게네스의 인용문에서 몇 번 나타난다. 한편 암브로시우스는 ἐν πειθοῖ ἀνθρωπίνης σοφίας를 원문으로 전제한다. 이러한 독법 중 첫 번째 독법은 "미혹하는(또는 설득력 있는) 영리한 말들"이라는 우리의 번역과 일치한다. 두 번째 독법(NRSV 각주)은 "지혜의 영리함"을, 세 번째 독법은 설득을 의미하는 그리스어 명사를 단수 여격으로 읽는다. 가장 근본적인 문제는 형용사 πειθός가 다른 어떤 그리스어 텍스트에서도 발견되지 않는다는 점이다. 따라서 바이스, 춘츠, 에링, 피, 포골로프는 모두 이 독법을 거부하고 P^46을 지지하는데, 주로 그리스어의 사전적 의미뿐만 아니라 다른 독법이 많다는 점은 원문이 수정되었음을 암시한다는 추론에 기초한다.[393] 또한 고든 피도 더 어려운 독법이 원문일 개연성이 더 높다(*difficilior lectio probabilior*)는 원리에 근거하여 λόγοις를 생략한다.[394] 그리고 슈라게는 "지혜"의 설득력이 4b과 더 잘 어울린다는 견해에 어느 정도 공감한다.[395]

---

392) Metzger, *Textual Commentary* (2d ed.), 481.

393) Weiss, *Der erste Korintherbrief,* 49; Zuntz, *Text of the Epistles,* 23-25; Héring, *First Epistles,* 15; Fee, *First Epistles,* 88; Pogoloff, *Logos and Sophia,* 137 n. 25.

394) Fee, *First Epistles,* 88.

395) Schrage, *Der erste Brief,* 1:231-232.

하지만 다른 견해를 지지하는 논증도 실질적으로 제기될 수 있다. 콘첼만이 지적하듯이 가장 중요한 점은 대체로 그리스 교부들은 πειθός(설득력이 있는, 미혹하는)라는 형태에 어려움을 느끼지 않은 것처럼 보인다는 것이다.[396] 둘째, 하인리치, 리츠만 등 다른 학자들은 이 형태가 동족어 동사 πείθω, "내가 설득하다"가 구조적으로 동족어 형용사로 다양하게 변형되는 것을 기대하는 문법적인 관습과 일치한다고 주장한다. 바레트는 바울이 이 그리스어 형용사를 스스로 만들어냈거나 이 단어가 일상 대화에서 통용되었을 수 있다고 생각한다.[397] 셋째, 웨스트코트와 호트의 견해를 따라 핀들레이는 πειθός의 배후에 원문 πιθός가 있다고 본다. 이것은 또 다른 형태로 πιθανός를 대신한다는 것이다(하지만 이 주장은 양면성을 지니고 있다. 그렇다면 왜 바울은 πιθανός를 사용하지 않았는가?).[398] 넷째, ℵ*, B, D, 33을 결합한 독법은 서로 다른 지역들과 전승들을 결합한 증언으로서 매우 강력하다. 따라서 우리는 바이스, 춘츠 등 다른 학자들의 입장에 반대하고, 에드워즈, 로버트슨과 플러머, 핀들레이, 리츠만, 호로세이데, 바레트, 콘첼만, 볼프, 메츠거의 입장에 동의하면서 UBS 4판에 제시된 텍스트의 개연성에 더 많은 무게를 둔다. 비록 우리는 메츠거가 설명하듯이 UBS 4판이 왜 πειθοῖ[ς]로 읽으면서 그 독법에 "C" 등급을 부여하는지 이해할 수 있지만 말이다. 즉 이 등급은 "해당 위원회가 어떤 독법을 원문에 포함해야 하는지 결정하는 데 어려움을 느꼈다"는 것을 의미한다.[399] 메르클라인도 두 가지 중 어느 것도 가능하다고 본다.[400] 2:4은 그리스어 원문과 관련하여 고린도전서가 지니고 있는 난제들 가운데 가장 잘 알려진 사례다. 따라서 지금까지 우리는 이 이슈를 자세하게 설명했다. 하지만 그 결과는 이 절이 의미하는 바에 커다란 차이를 초래하지 않는다.

---

396) Conzelmann, *1 Corinthians*, 55 and 55, n. 21.

397) Lietzmann, *An die Korinther*, 11; 참조. Edwards, *First Epistle*, 47; Heinrici, *Das erste Sendschreiben*, 103; Barrett, *First Epistle*, 65.

398) Findlay, *Expositor's Greek Testament*, 2:776.

399) Findlay, *Expositor's Greek Testament*, 2:776; 또한 Grosheide, *First Epistle*, 61; Wolff, *Der erste Brief*, 49; Collins, *First Cor*, 119-120. Collins는 Zuntz와 Fee를 지지하는 경향을 보인다. 그는 πειθοῖς의 마지막 시그마는 실수에 의한 철자의 중복일 가능성이 있다고 덧붙인다.

400) Merklein, *Der erste Brief 1-4*, 205.

림(Lim)은 이 절을 집중적으로 다루는 자신의 논문에서 불모어와 윈터의 연구에 동의하면서 여기서 바울의 관심사는 고린도에서 종종 호평을 받던 수사학과 웅변가로부터 자신을 구별하려는 것이었다고 주장한다.[401]

바울은 ὁ λόγος μου καὶ τὸ κήρυγμά μου, "내 말과 내 선포"가 지니고 있는 진리를 사람들에게 납득시키기 위해 역사하는 성령을 입증하거나 나타내기 위해 하나님의 능력을 의지한다. 주석가들은 ὁ λόγος μου(바울은 1:17에서 그리스도의 십자가를 선포하는 것과 관련하여 2:1의 영리함을 드러내는 말에서 λόγος를 사용함)와 τὸ κήρυγμά μου(1:21 — 우리가 선포하는 것의 어리석음을 통해 또는 [복음] 선포의 어리석음으로 — 에서 그는 κήρυγμα를 사용함) 사이에 어떤 차이점이 있는지 탐구하는 데 상당한 노력을 기울여왔다. 몇몇 주석가들(예. 아퀴나스, 그로티우스, 데 리라, 벵엘, 파셔)은 λόγος는 사적인 의사전달을 가리키는 반면, κήρυγμα는 공적인 선포를 나타낸다고 주장한다.[402] 다른 주석가들(예. 라이트푸트, 슈라게)은 이러한 주장이 증거나 근거가 없다며 이를 단호하게 거부한다.[403] 많은 해석자들은 λόγος와 κήρυγμα를 다음과 같이 구분한다. 즉 λόγος는 실체 또는 주체(따라서 피는 "메시지"로 번역함)이며, κήρυγμα는 그 주체를 전달하는 방법, 형식 또는 증언이라는 것이다.[404] 그러나 콘첼만과 다른 학자들은 "형식"과 "내용" 또는 "사적인" 대화와 "공적인" 대화로 구분하려는 시도를 거부한다. 반면에 불모어는 형식-내용의 대조는 실질적인 의미가 거의 없으며, 아마도 이사일의(二詞一意)의 수사학적 표현법을 반영하는 것일 수 있다고 결론짓는다.[405]

스토워스는 이 주제에 대한 자신의 논문에서 학자들이 오랫동안 계속

---

401) Lim, "'Not in Persuasive Words of Wisdom, but in Demonstration of the Spirit and Power'(1 Cor 1-4)," 137-149.

402) Bengel, *Gnomon*, 613: λόγος, *sermo, privatus*; κήρυγμα, *praedicatio, publica*; πειθοῖς, *Verbum valde proprium*.

403) Lightfoot, *Notes*, 172; Robertson and Plummer, *First Epistle*, 32; Schrage, *Der erste Brief*, 1:231.

404) 예. Godet, *First Epistle*, 1:128; Grosheide, *First Epistle*, 61; 또한 Fee, *First Epistle*, 94.

405) Robertson and Plummer, *First Epistle*, 32; Conzelmann, *1 Corinthians*, 54; Schrage, *Der erste Brief*, 1:231; 또한 Bullmore, *St Paul's Theology of Rhetorical Style*, 216; 참조. 210-225.

해서 공적인 연설과 사적인 가르침을 대조해온 것에 일격을 가했다.[406] 그는 바울이 강의실에서 강의하거나 큰 거리의 한 모퉁이에서 공개적으로 연설하는 것보다는—(비록 언제나 그랬던 것은 아니겠지만) 이를 위해서는 대체로 어떤 사회적 신분이나 전문적인 직위 또는 공식 후원이 필요했었을 것이다—개인의 집에서 모이는 "공개" 모임에서 복음을 전파할 기회를 더 많았을 것이라고 주장한다. 슈라게는 λόγος와 κήρυγμα를 사도의 단일 활동에서 분리될 수 없는 두 가지 측면이라고 설득력 있게 주장한다. 즉 "λόγος와 κήρυγμα를 각각 사적인 선포와 공적인 선포로 구분하는 것에 문제점이 있듯이, 이 두 가지를 각각 형식과 내용으로 구분하는 것도 바람직하지 않다. 비록 4절에서 μου가 두 번 사용되지만, 이것은 사도의 활동을 묘사하기 위해 이 단어를 포괄적으로 사용하는 것이다. 오히려 여기서 의도된 차이점은 4절을 5절과 대조하는 것이다."[407] 그리고 하지와 로버트슨과 플러머는 이 두 가지 용어에 대해 보다 더 광범위하게 추론하지만, 그것도 텍스트의 의미를 명확히 밝히는 데 거의 도움을 주지 못한다. 다른 이들은 이것을 "수사학적인 중복"(콘첼만)으로, 그리고 "바울의 선교 사역에서…선포적 특성에 초점을 맞추는 것"(보댕)으로 보다 더 설득력 있게 이해한다.[408] 현대 언어학에서는 "중복"(redundancy)의 중요성이 정보 이론의 관점에서 광범위하게 받아들여진다. 중복의 중요성을 지지하는 몇 가지 이유로는 강조, 명료화, 관심 집중, 틈을 메움으로 운율의 균형 맞추기 등을 꼽을 수 있다. 우리가 이 원리를 깨달으려면 히브리어의 시적 평행 구조나 크랜머의 장엄한 기도문을 생각하면 된다.

최근에는 고대 그리스-로마 세계의 수사학과 바울에 대한 연구서가 상당히 많이 출간되었다. 이 연구서들은 이 절의 의미를 밝히는 데 도움을

---

406) Stower, "Social Status, Public Speaking and Private Teaching," 69; 참조. 59-82.

407) Schrage, *Der erste Brief*, 1:231.

408) Conzelmann, *1 Corinthians*, 54; Beaudean, *Paul's Theology of Preaching*, 116-117. 또한 참조. Mitchell, "Rhetorical Shorthand," in Jervis and Richardson (eds.), *Gospel in Paul*, 63-88.

주며 이 절과 관련된 논쟁의 중요성을 한층 더 부각시킨다. 바울은 과연 어떤 의미에서 미혹하는 말들(AV/KJV) 또는 (만약 다른 독법을 받아들인다면 [앞에서 제시한 논의 참조]) 설득력이 있는 지혜를 사용하는 것을 포기했는가? 슈라게는 πειθοῖς(또는 πειθοῖ)를 긍정적으로(설득력이 있는), 중립적으로(그럴듯한) 또는 경멸적으로(미혹하는) 사용했는지를 논한다.[409] πειθοῖς가 신약성경에서 단 한 번밖에 사용되지 않으며, 또 이 구절에 대한 그리스어 원문을 정확하게 알 수 없고, 특히 바울 자신이 이 단어를 지어낸 것이라는 바레트의 주장이 옳다면 모든 것은 전후 문맥에 달려 있다. 또한 우리는 수사학에 대한 광범위한 문헌을 반드시 고려 대상에 포함해야 한다. 우리는 포골로프, 불모어, 윈터가 특별히 "소피스트적인" 박수갈채를 유도하며 청중을 중심으로 삼는 수사학을 강조한다는 사실을 매우 세밀하게 검토하고 참고해야 한다. 하지만 다른 저자들의 연구도 해당 구절을 이해하는 데 도움을 준다.[410] 우리는 매우 난해하며 4a과 대조되는 4b — ἐν ἀποδείξει πνεύματος καὶ δυνάμεως, "성령에 의해 강력하게 입증된 명백한 증거로"—의 정확한 의미를 구하는 질문들과 연결하여 해당 표현이 구체적으

---

409) Schrage, *Der erste Brief,* 1:232.

410) Winter, *Philo and Paul;* Pogoloff, *Logos and Sophia;* Bullmore, *St Paul's Theology of Rhetorical Style;* 또한 참조. Witherington, *Conflict and Community,* 8-9, 23-24, 39-48; Mitchell, *Paul and the Rhetoric of Reconciliation;* T. Engsberg-Peterson, "The Gospel and Social Practice according to 1 Corinthians," *NTS* 36 (1990): 557-584; P. J. J. Botha, "The Verbal Art of the Pauline Letters: Rhetoric, Performance and Presence," in S. E. Porter and T. H. Olbricht (eds.), *Rhetoric and the NT,* 409-428; Duane F. Watson (ed.), *Persuasive Artistry: Studies in NT Rhetoric in Honour of George A. Kennedy,* JSNTSS 50 (Sheffield: Sheffield Academic Press, 1991); Jeffrey A. Crafton, *The Agency of the Apostle,* JSNTSS 51 (Sheffield: Sheffield Academic Press, 1991); Neil Elliott, *The Rhetoric of Romans,* JSNTSS 45 (Sheffield: Sheffield Academic Press, 1990); Litfin, *Paul's Theology of Proclamation;* Moores, *Wrestling with Rationality in Paul,* rhetoric in the wider Graeco-Roman world; 또한 D. L. Clark, *Rhetoric in the Graeco-Roman World* (New York: Columbia University Press, 1957), esp. 177-261; James L. Kinneavy, *Greek Rhetorical Origins of Christian Faith: An Inquiry* (New York: Oxford University Press, 1987); George A. Kennedy, *Classical Rhetoric and its Christian and Secular Tradition from Ancient to Modern Times* (London: Croom Helm, 1980), 86-132; 또한 Clarke, *Higher Education in the Ancient World.*

로 무엇을 의미하는지에 대해 나름대로 결론을 내려야만 한다(4b에 대한 주해를 참조하라).

이제 우리는 이 복합적인 논쟁을 해결하는 데 있어 우리에게 도움을 주는 세 가지 견고한 표지를 확인하고자 한다. 우리가 보다 더 세부적으로 검토하기에 앞서 바울 서신에 나타난 수사학과 고대 세계의 수사학에 대한 탐구는 두 가지 견고한 표지를 제시해준다. 그 표지들은 우리의 해석을 올바른 방향으로 이끌어줄 것이다.

(i) 첫째, 우리가 앞에서 언급한 바와 같이 위더링턴은 한 가지 중요한 강조점을 다음과 같이 간결하게 소개한다. "고린도 사람들은 자신들이 바울과 그의 메시지를 **판단할 권리**를 지녔다고 생각했다. 또한 그들은 자신들이 **대중 연설가들과 교사들을 판단했던 것과 같은 판단 기준으로** 바울을 평가했다. 하지만 바울은 이 권리에 이의를 제기했다"(강조는 덧붙여진 것임).[411] 티머시 새비지는 말로 괴롭히기, 개인의 힘을 내세우기, 감언이설로 부추기기와 같은 의미에서 "자아집착"(assertiveness)이라는 이슈를 다룬다. 이러한 특성은 클라크(n. 17)와 다른 저자들이 논의하는 수사학 교재에서 중요한 역할을 한다. 새비지는 다음과 같이 주장한다. "바울은 교만한 연설로부터 자기 자신을 멀리하고 있다.…고린도 사람들은 자기주장이 강하고 선동적인 것을 **원한다**.…하지만 그는 그들에게 단지 연약하고 겸손한 말만 한다"(강조는 덧붙여진 것임).[412] "명예"와 "수치심"에 대한 목스네스 등 다른 많은 학자들의 연구는 이러한 개념에 대해 바울과 일부 고린도 사람 사이에 서로 생각이 달랐을 개연성을 더욱더 높여준다.[413]

(ii) 두 번째 표지는 포골로프, 불모어, 윈터의 유익하고 설득력이 있는 연구에서 나타난다. 포골로프는 플라톤과 아리스토텔레스 시대 이후

---

411) Witherington, *Conflict and Community*, 47.
412) Savage, *Power through Weakness*, 73.
413) Moxnes, "Honor, Shame and the Outside World," *The Social World of Formative Christianity and Judaism*, 201-219; 또한 1:26-31에서 논의되는 몇몇 전문가의 저서들을 참조하라.

에 이미 인지된 전통에 견고하게 기초하고 있다. 이성이나 수사학을 오직 **어떤 논쟁에서 이기기 위한 도구로만** "사용"하는 데 관심을 갖는 것과 **진리에 대한 논리적 입증의 일부로서** 이성을 존중하던 플라톤과 아리스토텔레스의 철학 전통은 서로 구분되었다. 포골로프는 우리가 기원전 5세기의 아테네와 기원후 1세기의 고린도를 서로 혼동하는 시대착오적 오류를 범할 수 없다는 사실을 잘 알고 있다. 하지만 클라크와 같은 저자들이 결정적으로 밝혀주듯이 이러한 구분은 기원후 1세기에도 여전히 존재했을 뿐만 아니라 바울 시대에도 로마에서부터 소아시아에 이르기까지 커다란 영향력을 행사하고 있었음을 보여준다. 모든 것은 "바울이 서로 대조하는 πειθώ와 ἀπόδειξις"에 달려 있다.[414] 포골로프는 아리스토텔레스의 관점에서 다음과 같이 주장한다. 전자는 "당신의 생각을 여론에 기초한 영리한 주장들…곧 γνῶσις로 기울게 하는 수사학적인 방법"에 의존한다. 후자는 "하나님의 영과 능력에 의해 입증되는 보다 더 확실한 증거들 [ἀπόδειξεις]에 기초한다."[415] 바울은 **여론에 호소하여 청중의 생각을 자신이 의도하는 방향으로 기울도록 수사학을 조정하기보다는** 진리가 스스로 말하도록 내버려 두기를 원한다. 아리스토텔레스는 세 권으로 이루어진 자신의 저서 『수사학』과 『토피카』에서 이 대조에 대해 설명한다.[416] 플라톤의 입장에 동의하면서 아리스토텔레스는 논리적인 증명은 설득력이 있는 것처럼 보이게 하기 위해 "견해들"을 치장할 수 있는 명백한 특권을 지녀야 한다고 주장한다.[417]

이제 포골로프는 이 대조를 불모어와 윈터가 소피스트의 자기 추천에

---

414) Pogoloff, *Logos and Sophia*, 138.

415) 같은 책.

416) Aristotle, *Topics*, 1.1 (100a, 18-100b, 23); 1.4 (100b, 11-16); 1.8 (103b, 1-7); 1.11 (104b, 1-3); *Rhetoric*, 1.1-3 (1354a); 1.1.11 (1355a).

417) Kennedy, *Classical Rhetoric and Its Christian and Secular Tradition*, 64; 아리스토텔레스에 대해서는 60-85, 그의 『수사학』에 대해서는 63-82, 또한 그의 『토피카』에 대해서는 82-84을 참조하라. 또한 참조. Clarke, *Higher Education in the Ancient World*, and *Rhetoric at Rome: A Historical Survey* (London: Cohen & West, 1953).

관해 입증한 것과 결합한다. 수사학을 교육하는 학교들은 매우 경쟁적이었을 뿐만 아니라 지위와 신분에 대해서도 매우 민감하게 생각했다. 표준적인 논제들(topoi)과 수사학의 도구들을 이용하여 **어떤 주장이라도, 그것이 참이든 거짓이든 상관없이**, 그것을 청중에게 설득력 있게 호소하여 그들이 그것을 참으로 믿게 만들면 **명예를 얻을 수 있었다.** 플라톤과 아리스토텔레스의 전통은 바로 이 점에서 대중의 환심을 사로잡으려는 수사학자들과 제2차 소피스트들의 전통이 서로 충돌한다. 키케로와 퀸틸리아누스 같은 매우 뛰어난 수사학자들은 후자의 부류에 포함되지 않지만, 아테네와 고린도 같은 "세계적인" 도시에 있던 보다 낮은 등급의 소피스트적 "수사학파들"은 그 부류에 속할 것이다. 포골로프는 ὑπεροχή(고전 2:1)가 "수사학적인 명성"을 의미하는 예들을 찾아낸다. 그것은 시칠리아의 디오도로스의 저서에서 언급되는 사회적인 명성과 연결되어 있다.[418] 그는 에우나피오스의 저서에서 소시파트라라는 어떤 여성에 관한 언급을 발견한다. 그 여인은 자기의 "뛰어난 지혜로"(ὑπεροχὴν σοφίας) 소피스트였던 자기 남편 에우스타티오스를 능가했다.[419] 우리의 공감을 더욱더 불러일으키는 예로서 에우나피오스는 "모든 논리적인 증명(ἀπόδειξις)"을 경멸했던 막시무스라는 사람의 "뛰어난 말재주"(ὑπεροχὴν λόγων)와 증거(ἀπόδειξις)에 기초하여 진리를 추구하던 사람들을 비호의적으로 비교한다.[420]

이 배경에 비추어볼 때 바울은 **하나님의 성령의 능력을 확신하면서** 진리가 **스스로** 말하게 함으로써 이 진리가 청중의 마음과 생각과 의지에 절실하게 호소하도록 결심했던 것으로 보인다. 하지만 그것은 **수사학자의 신분을 단념해야 하는 대가를 치러야 했다.** (오우크와 함께) ἐν ἀποδείξει를 "드러내는" 또는 "나타내는"이라고 번역하는 것에 마음이 끌리기도 하지만, 이러한 수사학적인 배경을 고려하면 바울이 이러한 증거를 궁극적으로

418) Pogoloff, 132; Diodorus Siculus, 34/35.5.5.
419) 같은 책.
420) 같은 책, 133; Eunapius, *Lives of the Sophists*, 466-469 and 475.

어떤 결과를 빚어내는 능력으로서 성령의 역사로 돌림으로써 수사학적 또는 **논리적 입증**이나 명백한 증거에 어떤 분명한 변화를 가한다는 점은 분명하다.[421]

(iii) 해석을 위한 세 번째 확실한 표지는 수사학에 대한 연구에서 나오지 않고, 고전 2:4-5과 바울이 1:18-31에서 전개하는 논증 간의 관계, 특히 **구약성경과 유대 지혜 전승**의 정황에서 나온다. 최근에 간행된 비교적 짧은 그레이든 스나이더의 주석서에는 이 단락에 "성경의 정황에서 본 텍스트"라는 부제가 붙여진다. 그는 여기서 "야웨는 예루살렘을 공격한 모든 나라들을 멸망시키실 것이다"(슥 14장)라는 전승을 고난 받는 종(사 53장과 행 8:26-40)과 십자가의 길(막 8:31; 고전 1:18-25; 고후 5:21; 갈 3:13; 참조. 벧전 2:24)에 대한 전승을 서로 비교하며 대조한다. 승리주의적인 군사 정책 및 막강한 군사력 사용과 비교하면 "십자가를 통해 드러난 하나님의 지혜는 매우 다른 방향으로 그 효력을 드러낸다. 즉 능력은 연약함으로 표현된다."[422] 스나이더는 이것을 하나님의 선택과 부르심의 정황 안에 배치한다. "내 조상은 떠돌아다니던 아람 사람이었다"(신 26:5). 하나님은 모든 민족 중에서 이스라엘을 선택하셔서 자기 백성으로 삼으셨다(참조. 출 19:4-6). "마찬가지로 바울과 관련된 개인적인 유비도 성경의 전승 안에 깊이 뿌리내려 있다.…모세는 자신이 말을 잘 할 줄 모른다고 하나님께 불평했다(출 4:10). 이사야는 자신이 입술이 부정한 사람이라고 말했다(사 6:5). 예레미야는 자신이 너무 어려서 사람들 앞에서 말을 잘 하지 못한다고 말했다(렘 1:6). 하지만 말하는 사람의 능력은 하나님의 선물이다(마 10:19)."[423]

제임스 데이비스는 우리가 예상했던 것보다 유대교의 지혜 전승이 고

---

421) 참조. Oke, "Paul's Method Not a Demonstration but an Exhibition of the Spirit," 85-86. 또한 수사학의 전문용어로서 그리스어에 대해서는 다음을 참조하라. Weiss, Robertson, Plummer; Lim, "Not in Persuasive Words," 137-149, 또한 Merklein, *Der erste Brief 1-4*, 211.

422) Snyder, *First Corinthians*, 32.

423) 같은 책.

대 그리스-로마의 수사학에서 기대하던 것에 훨씬 더 가깝다고 말한다. 그
는 바울이 다음 두 가지 유형의 확증을 대조한다고 주장한다. 즉 "바울이 고
전 2:4에서 분명하게 밝혀주듯이 성령의 영감을 통한 결정적이며 명백한
증거는 말의 유려함과 같은 것을 통해 외적으로 나타나지 않는다."[424] 하르
트만도 바울이 앞에서 렘 9:22-23을 언급하는 것과 관련하여 이와 비슷한
논점을 제시한다.[425] 하르트만은 바울이 "연약함"을 주장하는 것과 주님을
자신의 신뢰와 자랑의 유일한 근거로 제시하는 것(1:31)을 서로 비교한다.

이 세 가지 표지는 다 같이 이 절들에 대한 일부 영향력 있는 해석에 의
문을 제기한다. 예를 들면 (1) 많은 학자들은 여기서 바울이 "철학"을 부인
한다고 주장한다.[426] 하지만 바울은 아마도 진리에 대한 관심과 관련하여
플라톤과 아리스토텔레스의 전통을 공유할 것이다. 이것은 소피스트나 사
람들의 환심을 추구하는 수사학이 보여주는 특징이며, 언어와 대중적인 견
해를 사람을 조종하거나 도구로 사용하는 것에 반대한다.[427] 철학과 대중적
인 수사학의 두 극단 사이에서 바울은 당연히 철학의 세계관을 공유하지
는 않지만, 거의 틀림없이 진리에 대한 그들의 관심에 공감했을 것이다. 특
별히 만약 ἀπόδειξις가 (파피루스, 요세푸스, 필론의 글에서처럼) "증거"를 의미
한다면 이 단어는 증거가 없거나 논증에 일관성과 진실이 결여되어 있을 경
우 교묘한 설득과 대조를 이룰 것이다.

뿐만 아니라 (2) 이 세 가지 요소는 성령과 능력에 대한 언급이 외적
인 표적과 기적을 암시하는지에 대해 의문을 제기한다.[428] 오리게네스와
그로티우스는 πνεύματος가 구약에서 하나님의 계시의 말씀과 사도들이

424) Davis, *Wisdom and Spirit*, 80; 참조. 78-81.
425) L. Hartman, "Some Remarks on 1 Cor 1:1-5," *SEA* 39 (1974): 109-120. 또한 참조. H. K. Nielsen, "Paulus Verwendung des Begriffes *Dunamis*. Eine Replik zur Kreuzestheologie," in S. Pedersen (ed.), *Die Paulinische Literatur und Theologie* (Arhus: Forlaget Aros, 1980), 137-158.
426) 참조. Héring, *First Epistle*, 14.
427) 특히 다음을 보라. Clarke, *Higher Education in the Ancient World*.
428) BAGD, 89; 참조. *Letter of Aristeas* 102; Josephus, *Antiquities* 17.99; Philo, *De Vita Mosis* 1:95; *Papyrus Oxyrhynchus* 2:257:19(기원후 95-95년경); 또한 MM, 60-61.

행하는 이적을 가리킨다고 주장한다. 하지만 이것은 이 절에 대한 오리게네스의 전형적인 해석으로 보이지 않는다.[429] 오리게네스는 같은 저서의 다른 곳에서 놀랍게도 "진리를 위해, 그리고 심지어 죽음에 이르기까지 투쟁하는…성품과 삶"의 방식인 사도의 "능력"에 대해 말한다.[430] 그는 보다 더 일반적인 측면에서 이 절에 관해 다음과 같이 말한다. "하나님이 화자에게 능력을 주시지 않으면…복음 선포는 사람의 마음에 감동을 줄 수 없다."[431] 크리소스토모스는 이 절을 해석하면서 표적과 이적에 대해 언급한다. 하지만 그는 곧바로 "만약 믿음이 이적을 통해 입증된다면 이에 비례하여 믿음에 대한 상급은 줄어든다"고 말한다.[432] 한편 리츠만은 "표적과 기사와 놀라운 일을 행하는…참된 사도에 대한 표적"(고후 12:12)을 언급한다.[433] 하지만 젠프트는 만약 우리가 이 두 가지 배경을 혼동하면 2:3-5에서 바울이 제시하는 논점의 의미와 논리적으로 모순을 일으킨다고 설득력 있게 주장한다.[434] 콘첼만은 다음과 같이 말한다. "기적들은 십자가의 말씀에 대한 진리를 입증하지 못하지만…십자가의 판단 기준에 종속되어야 한다."[435]

그리스어 소유격 πνεύματος καὶ δυνάμεως는 목적격인가(알로, 바흐만), 주격인가(콘첼만, 피), 아니면 (바레트가 주장하듯이) 두 가지 모두에 해당하는가? 만약 이것이 주격 소유격이라면 "하나님의 영이…진리를 계시한다"는

---

429) Origen, *Against Celsus*, 1:5. 또한 Christian E. Kling은 자신의 주석서에서 이 견해를 지지하는 것처럼 보인다. *First Epistle of Paul to the Corinthians*(독일어 원본 1861; 영역본 1868; 재판 Grand Rapids: Zondervan, 1960), 52; 또한 Meyer, *First Corinthians*, 1:58.

430) Origen, *Against Celsus*, 1:63.

431) 같은 책, 6:2; 참조. *De Principiis*, 4:1.7.

432) Chrysostom, *1 Cor. Hom.* 6:6.

433) Lietzmann, *An die Korinther*, 11. Lietzmann보다 앞선 시대에 Beet(1883)가 이렇게 주장했다. 한편 Edwards는 보다 더 회의적인 전통(Lessing) 안에서뿐만 아니라 방언과 예언을 강조하는 이들의 전통(Stillingfleet) 안에서도 이 해석을 찾아낸다. Fee는 이 해석이 가능하긴 하지만, 확실한 것은 아니라고 생각한다(*First Epistle*, 95).

434) Senft, *La première Épitre*, 46.

435) Conzelmann, *1 Corinthians*, 55. Weiss도 Conzelmann보다 앞서 이러한 주장을 펼쳤다.

의미다.[436] 만약 이것이 목적격 소유격이라면 복음 선포는 "'성령의 능력'을 나타낸다."[437] 하지만 바레트의 해석은 바울의 광범위한 성령 신학과 잘 어울린다. 성령은 그리스도, 복음의 효용성 및 삼위일체 하나님의 사역의 다른 효력에 대해 증언함으로써 자신의 존재와 활동에 대해 증언한다.[438] 만약 바울이 복음을 선포할 때 그 증언을 실행하고 구체화하고 입증하는 것이 성령의 역사가 아니라면 해당 소유격이 목적의 대상을 가리킨다는 해석(곧 바울의 복음은 성령을 드러내거나 성령에 대해 증언한다)에 반대하는 몇몇 날카로운 비판이 타당할 것이다. 콜린스는 다음과 같이 주해한다. "성령은 탁월한 웅변가다. 바울은 단지 대변인에 지나지 않는다.…성령과 능력은 바울이 사용하는 전형적인 이사일의(*hendiadys*)다.…[성령과] 동격을 나타내는 '~과 능력'이라는 표현은 하나님의 능력 있는 영으로서 성령의 정체성을 확인해준다."[439]

그럼에도 "이사일의"는 해당 어구가 의미하는 바를 부분적으로만 밝혀줄 뿐이다. 이 어구의 온전한 의미는 성령에 의해 강력하게 입증되었다고 이해할 때 더 잘 전달된다. 과연 πνεύματος καὶ δυνάμεως가 강력한 성령을 가리키는 이사일의에 해당하는지에 대해서는 상당한 논쟁이 일어났다. 그 누구보다도 에드워즈가 이 해석을 반대한다. 피는 약간의 수정과 함께 이 해석을 지지한다.[440] 단순한 "말들"에 대조되는 능력은 대체로 어떤 결

---

436) Godet, *First Epistle*, 1:129; 참조. Fee, *First Epistle*, 95; Senft, *La première Épitre*, 46-47; Bruce, *1 and 2 Corinthians*, 37; 또한 Conzelmann, *1 Cor,* 55.

437) Allo, *Première Épitre*, 24.

438) Barrett, *First Epistle*, 65; 참조. Merklein, *Der erste Brief 1-4,* 212. 또한 이 강조점은 Moltmann의 다음 저서에도 반영되어 있다. Moltmann, *The Spirit of Life* (Minneapolis: Fortress Press, 1992), 1-14, 35-36, 47-51 and 301-306.

439) Collins, *First Epistle,* 120. 그럼에도 우리는 또 다른 측면을 간과해서는 안 된다. 성령의 역사에서 자신의 존재를 눈에 띄지 않게 하는 측면을 언급하면서 Oke는 하나님이 "의심의 여지 없이 자신의 임재를 나타내시는 것보다 그림자와 발걸음 소리를 통해" 자신을 계시하신다고 말한다. "확연히 눈에 띄는 방법으로 나타나는 하나님은…하나님 같지 않을 것이다"("Paul's Method Not a Demonstration," 86).

440) Edwards, *First Epistle,* 48(이 절에서 이사일의의 표현법이 사용되었다는 것을 강력하게 반대함); Fee, *First Epistle,* 95: "아마도 이사일의…'성령, 곧 능력'에 매우 가까울 것이다."

과들을 나타내는 하나님의 행위 및 그 실재(reality)와 관련되어 있다. 바울은 자신의 효과적인 사역에 대한 성령의 증거의 효용성에 대해 말한다. 뿐만 아니라 2:16-3:4이 밝혀주듯이 성령은 기독론적으로 정의된다. 설령 성령의 사역의 부수적인 결과로서 자기를 감추는 특성의 성령의 임재가 **명백하게 드러난다** 하더라도 성령은 자신을 가리키기보다는 그리스도 안에서 이루어지는 하나님의 사역을 가리킨다. 우리는 이러한 수정을 받아들이면서 πνεύματος καὶ δυνάμεως를 "강력한 성령"으로 번역할 수 있을 것이다. 하지만 "강력한"이라는 표현은 오늘날의 사고방식과 너무 동떨어져 있다. 따라서 이 구절을 그렇게 번역한다면 그것은 오해를 일으킬 소지가 있다. 그러므로 우리는 "성령에 의해 강력하게 입증된 명백한 증거"라고 번역했다.

5절에 사용된 표현과 그것이 의미하는 바는 자세하게 주해하지 않아도 잘 이해될 것이다. 그리스어 명사 πίστις, "믿음"은 복음 선포에 사람들이 반응하는 것으로서 바울 서신의 다른 본문에서도 나타난다. 믿음은 하나님의 은사(선물)다. 믿음은 결코 인간이 고안해낸 것이 아니다. 즉 믿음은 그저 현명하게 들리는 듯한 수사학이나 사람들을 주도하려고 제시하는 신념 체계에 의해 강력한 영향을 받아 빚어진 어떤 개념이 아니다. 이것은 바울이 인간의 지혜의 범주 안에(ἐν σοφίᾳ ἀνθρώπων) 배치한 어떤 것으로 말미암아 존재하는(εἰμί의 가정법 현재 ᾖ) 것이 아니며, 이것은 십자가의 판단 기준에 미치지 못한다. 이와는 대조적으로 진정한 믿음은 하나님의 능력 안에서, ἐν δυνάμει θεοῦ, 곧 하나님의 효과적이며 창조적인 대리 [능력]에 의해 빚어지는 것이다.

이미 주어진 문맥을 무시한 채 πίστις를 정의하는 것은 그릇된 것이다. 나는 다른 저서에서 이것을 (σάρξ, "육신" 또는 ἀλήθεια, "진리"와 마찬가지로) "다중적 의미를 지닌 개념"이라고 묘사했다. 왜냐하면 이러한 개념에 대해 어떤 추상적인 정의를 내리려는 시도는 모두 그 용어의 **단 한 가지** 의미나 "본질"에 상응하지 않는 문맥과 마주하게 될 것이기 때문이다.[441] 예를 들면 불트만은 πίστις라는 용어 **안에** 자신이 이해하는 인간의 의지에 대한 칸트적이며 케리그마적인 강조점을 주입한다. "바울은 믿음을 우선 순종으로 이해하고…믿음의 행위를 순종의 행위로 이해한다."[442] 그는 롬 1:5과 롬 16:19을 거리낌 없이 인용하지만, 고전 1:5은 언급하지 않는다. 또한 바이스와 예레미아스가 정의하듯이 이 특정 구절에서 믿음은 가장 먼저 "행위"와 상반되는 입장에 있지 않다. 여기서 믿음은 1:18에서 2:5까지 하나님의 행위와 인간의 지혜가 서로 대조되는 **전반적인 문맥** 안에서 언급된다. 륭만은 이것을 보다 더 구체적인 용례를 위한 하나의 **전제 조건**이라고 부른다.[443] 이와 비슷하게 사실상 "기독교"를 가리키는 믿음의 의미는 갈 1:23과 잘 어울릴 수 있지만, 이 구절과는 잘 어울리지 않는다.[444] "믿음의 본질은 믿음이 향하고 있는 대상에 주어져 있다."[445]

그러므로 여기서 믿음은 마음가짐을 의미한다. 그것은 진리에 대한 지적인 확신(ἀπόδειξις에 대한 반응)뿐만 아니라 마음과 의지의 자세를 포함한다. 나아가 믿음(σοφία ἀνθρώπων에 반대되는 것)은 삶의 기초로서 그리스도 안에서 일어나는 하나님의 구원 행위를 신뢰한다. 고데는 "[믿음은] 견고하려면 하나님의 사역이어야 한다"라고 말하고, 들뤼는 부정적인 측면에서 "인간의 논증에 기초한 신앙은 모래 위에 세우는 것이다"라고 말한다.[446] 이것은 믿음과 관련하여 논증이나 설득이 아무런 역할도 하지 못한다는 것을 의미하지 않는다. 오히려 이것은 논증이나 설득 그 이상의 것으로서 인간의 생각과 마음에 말하며 신자들에게는 새로운 실재(δύναμις θεοῦ)를 창조하는

---

441) Thiselton, *The Two Horizons*, 407-409; 참조. 409-415.

442) Bultmann, *Theology of NT*, 1:314.

443) H. Ljungmann, *Pistis: A Study of Its Presuppositions and Its Meaning in Pauline Use* (Lund: Gleerup, 1964), 37-79.

444) Weiss, *Earliest Christianity*, 2:508; J. Jeremias, *Central Message of the NT* (Eng. trans., London: SCM, 1965), 55 and 68; Ljungmann, *Pistis*.

445) Bornkamm, *Paul*, 141.

446) Godet, *First Epistle*, 1:130; Deluz, *Companion*, 22.

것을 의미한다(참조. 1:18).

C. 하나님, 그리스도, 성령의 관점에서 재정의된 "지혜", "성숙", "영성"(2:6-3:4)

1. "지혜"의 필요성이 올바르게 재정의됨(2:6-16)

⁶ 그러나 우리는 성숙한 사람들 가운데서 지혜를 전합니다. 하지만 이 지혜는 현재의 세상 질서에 속한 것이 아니며, 곧 멸망하게 되어 있는 이 세상 질서의 통치자들의 지혜도 아닙니다. ⁷ 그래요, 우리는 단순히 인간이 깨닫기에는 너무 심오한 하나님의 지혜를 말합니다. 그 지혜는 감추어져 있었습니다. 하나님께서 만세 전에 우리의 영광을 위해 그 지혜를 미리 정해놓으셨습니다. ⁸ 현재의 세상 질서의 통치자 중 아무도 그 지혜를 깨닫지 못했습니다. 만약 그들이 그것을 깨달았더라면 그들은 영광의 주를 십자가에 못 박지 않았을 것이기 때문입니다. ⁹ 하지만 성경에 기록된 대로 되었습니다. 눈으로 보지 못하고, 귀로 듣지 못하고, 또 어떤 사람의 마음도 상상하지 못한 것들을 하나님께서 얼마나 많이 그분을 사랑하는 사람들을 위해 마련해놓으셨는지요!

¹⁰ 하나님은 성령을 통해 이것들을 우리에게 계시해주셨습니다. 왜냐하면 성령은 모든 것, 그리고 심지어 하나님 자신의 깊은 것들까지도 통찰하시기 때문입니다. ¹¹ 어떤 사람의 가장 깊은 자아가 아니면, 사람 중에서 누가 그 사람에 관한 것을 알겠습니까? 이와 같이 하나님의 영이 아니면 아무도 하나님에 관한 것을 알지 못합니다. ¹² 그래요, 우리 자신은 세상의 영이 아니라 하나님으로부터 오는 영을 받았습니다. 그래서 우리가 하나님께서 우리에게 은혜로 주신 것들을 알게 하려는 것입니다. ¹³ 나아가 우리는 단순히 인간의 현명함에 기초하여 배운 말이 아니라 성령이 가르쳐 주시는 언어로 이것들을 전합니다. 곧 [우리는] 영에 속한 사람들에게 영에 속한 것들을 해석해줍니다.

¹⁴ 전적으로 인간적인 차원에서 사는 사람은 하나님의 영에 속한 것들을 받아들이지 않습니다. 왜냐하면 그것들은 그들에게 어리석음 그 자체이기 때문입니다. 그리고 그들은 그것들을 알 수도 없습니다. 왜냐하면 그것들은 영적으로 분별되기 때문입니다. ¹⁵, ¹⁶ "이제 영적인 사람은 모든 것을 판별합니다. 하지만

그 사람은 아무에게도 판단받지 않습니다." 왜냐하면 "누가 주의 마음을 알아 그를 가르치겠습니까?" 그러나 우리는 그리스도의 마음을 지니고 있습니다!

많은 저자들은 이 단락의 어휘와 입장이 바울이 흔히 사용하는 어휘 및 관심사와 매우 일관되게 다르다는 데 동의했다. 그래서 그들은 이 단락이 이 편지의 나머지 부분과 함께 고린도전서 전체를 구성한다는 데 의문을 품어 왔다(서론 101-8에서 이 편지의 통일성과 완전한 상태에 대한 논의를 참조하라). 하지만 바울은 여기서 고린도 교회의 일상생활에서 흔히 사용되던 주요한 표어들을 다룬다. 또한 그 시점에서 바울에게 가장 긴급한 과제는 그 표어들의 타당성을 거부하거나 그의 독자들에게 중요한 사항들을 간과하는 것이 아니라 하나님의 성품과 복음의 특성에 비추어 그 표어들을 재정의하여 복음에 관한 용어들을 올바로 사용하는 것이었다.

특히 고린도에서 사용되던 σοφία, "지혜"의 개념은 지혜가 순전히 그리스도 안에서, 그리고 그리스도를 통해 주어지는 하나님의 은사가 아니라 신분과 인간의 성취에 관심을 기울이도록 그릇된 방향으로 이끌었다. 그래서 바울은 1:17-2:5에서 그들의 '그릇된' 지혜를 비판했다. 하지만 그는 이제 참된 지혜가 그리스도인들을 가르치는 자신의 가르침의 일부분이며 성숙한 기독교 공동체의 본질을 나타내는 표지 가운데 하나라는 점을 분명하게 밝히고자 한다. 첫 번째 어구 Σοφίαν δὲ λαλοῦμεν(2:6)은 대조를 나타낸다. "그러나 우리는 성숙한 사람들 가운데서 지혜를 전합니다. 하지만 이 지혜는 현재의 세상 질서에 속한 것이 아니며." 바울은 주로 6-9절에서 σοφία, "지혜"에 관한 주제를 설명한다.

(비록 전혀 의심의 여지 없이 입증할 수는 없지만) τέλειος, "성숙한 사람" 또는 "영적으로 어른"은 고린도에서 자칭 엘리트가 권력을 행사하는 것을 지원하는 일과 연관되어 있었을 것이다. 아마도 그들은 자신의 교육 수준이나 사회적 지위 또는 눈에 띄는 영적 은사들에 근거하여 내부 서클 안에서 지도자들이 행사하던 지위를 요구했을 것이다. 이 지도자들은 이 "지혜"를 소유했다고 주장하면서 이를 통해 다른 사람들을 지도했다. 바울은 어떤 사

람들이 "세상적인 영리함"이나 신분에 근거하여 "지혜"를 지니고 있다고 주장하는 것을 논박했듯이 그는 얼마나 그리스도를 닮았는지의 관점에서 영적 성숙을 재정의했다. 과연 바울이 τέλειος라는 단어를 고린도의 몇몇 그리스도인들이 일부 신비 종교에서 "내부 핵심 그룹으로 들어가는 신입회원"을 가리키는 데 사용한 표현을 빌려온 것인지는 매우 전문적인 질문이다. 우리는 이 질문을 나중에 다룰 것이다. 하지만 바울은 기독교에서 말하는 성숙함은 그리스도인의 삶에 대해 어떤 "두 단계" 관점을 포함하지 않는다는 점을 명백하게 밝혀준다. 반면에 이러한 성숙함의 특성들은 십자가의 굴욕과 다른 사람들에 대한 그리스도의 사랑 안에서 하나님이 자기 자신을 계시하시는 것을 통해 나타난다. 바울은 이 측면에 대해 3:1-4에서 보다 더 자세하게 다룬다. "어린아이와 같은" 믿음은 여전히 자기도취적이며 자기중심적인 특성을 드러낸다(참조. 13:1-3, 11, 12). 하지만 바울은 ἐν τοῖς τελείοις, 성숙한 사람들 가운데서 "지혜"를 설명한다(참조. 특히 14-16절).

이 단락의 여러 부분에서 다음과 같은 질문에 정확하게 답변하는 것은 매우 어렵다. 바울은 언제 많은 고린도 사람들이 사용하던 "영에 속한 사람"(πνευματικός)이라는 표어들을 인용하는가? 또한 그는 언제 **하나님의 성령의 사역을 반영하는 것**을 의미하는 "영적인"(spiritual) 것을 재정의하는가? τὸ πνεῦμα τὸ ἐκ τοῦ θεοῦ, "하나님으로부터 오는 영"(2:12)이라는 어구는 매우 중요하다. 하나님의 영은 인간의 내적인 영(spirit)에 관심을 집중함으로써 생겨나는 인간의 종교성의 특성인 "영성"(spirituality)에 대한 내재적인 개념들과 반대된다. 참된 "영성"은 **모든 것을 초월하는 하나님의 성령의 행위**에 의해 빚어진다. 성령은 모든 피조물과 전적으로 구별되는 타자(Other)이며 이는 오직 하나님으로부터(ἐκ) 온다. 신자들이 받은(ἐλάβομεν, 2:12) 영은 세상의 영(τὸ πνεῦμα τοῦ κόσμου, 12절)이 아니라 하나님으로부터 오는 영이다. 바울은 때때로 전적으로 구별되는 타자(Other)인 그 영(the Spirit) 또는 [신자들] **"안에 존재하는 초월자(the Beyond)"**로서 "거룩한" 영에 대해 말한다. 영에 속한 것들을 전하는(λαλοῦμεν) 것은 주로 10-13절에서 하나의 특별한 이슈로 다루어진다.

우리가 πνεῦμα와 "영성"에 관한 마지막 단락과 τέλειος에 관한 앞 단락을 서로 같이 놓고 보면 많은 해석자들이 이 구절들 안에서 고대 그리스-로마 또는 고대 그리스-동방의 신비 종교들로부터 받은 영향을 발견하는 것은 그리 놀라운 일이 아니다. 이 두 단락 안에는 서로 평행을 이루는 표현들이 포함되어 있다. 즉 성숙한 사람들 가운데서(ἐν τοῖς τελείοις, 2:6; 신비 종교들에서 이 표현은 정식으로 해당 종교에 입교한 사람들을 가리킴), 신비(비밀) 안에(ἐν μυστηρίῳ, 2:7), 그리고 ψυχικὸς δὲ ἄνθρωπος(2:14)와 ὁ πνευματικός(2:15) 간의 차이점 등이다. 하지만 이 편지의 나머지 부분에서도 종종 이와 비슷한 공통적인 어휘들이 나타난다. 예를 들면 1:17-2:7의 "지혜"(σοφία), 8:1과 13:8의 "지식"(γνῶσις)과 2:10의 "계시했다"(ἀπεκάλυψεν) 등이다. 그러나 설령 연대와 관련된 이슈들에 의해 아무런 문제점이 제기되지 않는다 하더라도 이 용어들은 다양한 종교적인 상황에서 전반적으로 자주 사용되는 단어가 되었다.[1]

새뮤얼 래우클리가 영지주의의 언어를 다음과 같이 적용한 것은 여기서도 똑같이 적용된다. 즉 "원래의 구조 안에서 [해당 어휘가] 의미하는 것과 그것이 삽입된 새로운 구조 안에서 의미하는 것 사이에는 긴장이 있다."[2] 래우클리는 예를 들면 그노시스, 네오스, 플레로마, 뮈스테리온, 소피아 등의 경우에 개별적으로 각 "용어" 또는 "개념"이 의미를 전달해주는 것이 아니라 "해당 용어가 다른 개념들과 어떤 관계에 있는지", 그리고 어떻게 이 "카멜레온과 같은 용어들"이 구체적으로 사용되었는지가 그 의미를 전달한다고 주장한다.[3] 심지어 영지주의에서도 예를 들면 뮈스테리온은 한 가지 의미 이상으로 사용된다. 설령 이 모든 용례가 바울 서신이나 신약성경의 의미와 다른 의미를 부여하는 "기독론적·신학적인 문맥"을 잃어버

---

1) 참조. Pearson, *The Pneumatikos-Psychikos Terminology in 1 Cor*, 27-43.
2) Laeuchli, *The Language of Faith: An Introduction to the Semantic Dilemma of the Early Church*, 19.
3) 같은 책, 16; 참조. 15-93.

린다 하더라도 말이다.[4] 우리는 2:6-16의 주해에서 이러한 주장을 더 자세히 다룰 것이다.

a. 참된 지혜에 대한 해설(2:6-9)

τέλειος, 지혜 및 신비 종교 용어와 관련된 이슈에 대한 참고문헌

Aune, D., "Religions, Greco-Roman," in *DPL*, 786-796.

Baird, W., "Among the Mature: The Idea of Wisdom in 1 Cor 2:6," *Int* 13 (1959): 425-432.

Berger, K., "Zur Diskussion über die Herkunft von 1 Kor ii 9," *NTS* 24 (1978): 270-283.

Bockmuehl, M. N. A., *Revelation and Mystery in Ancient Judaism and Pauline Christianity,* WUNT 2:36 (Tübingen: Mohr, 1990).

Burkert, W., *Ancient Mystery Cults* (Cambridge, Mass.: Harvard University Press, 1987).

Cumont, F., *The Mysteries of Mithra* (New York: Dover, 1956).

Davis, James A., *Wisdom and Spirit* (Lanham, Md.: University Press of America, 1984), 83-130.

Delling, G., "τέλειος," *TDNT*, 7:49-87.

Dunn, J. D. G., *The Theology of Paul and Apostle* (Edinburgh: T. & T. Clark, 1998), 266-272.

Du Plessis, P. J., *Teleios: The Idea of Perfection in the NT* (Kampen: Kok, 1959).

Ellis, E. E., *Prophecy and Hermeneutic* (Grand Rapids: Eerdmans, 1978), 23-44 and 213-220.

Frid, B., "The Enigmatic ἀλλά in 1 Cor 2:9," *NTS* 31 (1985): 603-611.

Funk, R. W., "Word and Word in 1 Cor 2:6-16," in *Language, Hermeneutic and Word of God* (New York: Harper & Row, 1966), 275-303.

Hamerton-Kelly, R. G., *Pre-existence, Wisdom and the Son of Man: A Study of the Idea of Pre-existence in NT,* SNTSMS 21 (Cambridge: Cambridge University Press, 1973).

Hegermann, H., "σοφία," *EDNT*, 3:258-262.

Kennedy, H. A. A., *St Paul and the Mystery Religions* (London: Hodder & Stoughton, 1914).

Laeuchli, S., *The Language of Faith: An Introduction to the Semantic Dilemma of the Early Church* (London: Epworth, 1965), 15-93.

Lieberschütz, J. H. W., *Continuity and Change in Roman Religion* (Oxford: Clarendon, 1979).

Machen, J. Gresham, *The Origin of Paul's Religion* (New York: Macmillan, 1928), 265-277.

MacMullen, R., *Paganism in Roman Empire* (New Haven: Yale University Press, 1981).

Nock, A. D., Conversion: *The Old and the New in Religion from Alexander the Great to Augustine of Hippo* (London: Oxford University Press, 1933).

---

4) 같은 책, 50(*mysterion*, 49-51).

Painter, J., "Paul and the πνευματικοί at Corinth," in M. D. Hooker and S. G. Wilson (eds.), *Paul and Paulinism: In Honour of C. K. Barrett* (London: SPCK, 1982), 237-250.

Pearson, B. A., *The Pneumatikos-Psychikos Terminology in 1 Cor,* SBLDS 12 (Missoula: Scholars Press, 1973), 27-43.

Reitzenstein, R., *Hellenistic Mystery Religions: Their Basic Ideas and Significance* (Eng. trans., Pittsburgh: Pickwick, 1978).

Reiling, J., "Wisdom and Spirit: An Exegesis of 1 Cor 2:6-16," in Baarda et al. (eds.), *Text and Testimony: Essays in NT and Apocryphal Literature in Honour of A. F. J. Klijn* (Kampen, 1988), 200-211.

Schnackenburg, R., "Christian Adulthood according to the Apostle Paul," *CBQ* 25 (1963): 254-270.

Scroggs, R., "σοφός καὶ πνευματικός," *NTS* 14 (1967-68): 33-55.

Sterling, G. E., " 'Wisdom among the Perfect': Creation Tradition in Alexandrian Judaism and Corinthian Christianity," *NovT* 37 (1995): 355-384.

Stuhlmacher, P., "Zur hermeneutischen Bedeutung von 1 Kor 2:6-16," *TBei* 18 (1987): 133-158.

Theissen, G., *Psychological Aspects of Pauline Theology* (Eng. trans., Edinburgh: T. & T. Clark, 1987), 368-374.

Wagner, G., *Pauline Baptism and the Pagan Mysteries* (Eng. trans., Edinburgh: Oliver & Boyd, 1967).

Wedderburn, A. J. M., *Baptism and Resurrection in Pauline Theology against Its Greco-Roman Background,* WUNT 1:44 (Tübingen: Mohr, 1987).

————, "The Soteriology of the Mysteries and Pauline Baptisman Theology," *NovT* 29 (1987): 53-72.

Wilckens, U., "σοφία," *TDNT,* 7:465-528.

Wilckens, U., *Weisheit und Torheit* (Tübingen: Mohr, 1959), 52-95.

Winter, M., *Pneumatiker und Psychicker in Korinth. Zum religionsgeschichtlichen Hintergrund von 1 Kor, 2:6-3:4,* Marburger theologische Studien 12 (Marburg: Elwert, 1975).

Zaidman, L. B., and P. S. Pantel, *Religion in the Ancient Greek City* (Cambridge: Cambridge University Press, 1992).

"이 세상 질서의 통치자들"에 대한 참고문헌

Arnold, C. F., *Powers of Darkness: Principalities and Powers in Paul's Letters* (Downers Grove: InterVarsity Press, 1992).

Caird George B., *Principalities and Power* (Oxford: Clarendon Press, 1956).

Carr, A. Wesley, *Angels and Principalities: The Background, Meaning and Development of the Pauline Phrase "hai archai kai hai exousiai,"* SNTSMS 42 (Cambridge: Cambridge University Press, 1981).

_____, "The Rulers of This Age — 1 Cor. ii:6-8," *NTS* 23 (1976): 20-35.

Cullmann, Oscar, *Christ and the Time* (Eng. trans., London: SCM, 1951), 191-201.

Dibelius, Martin., *Die Geisteswelt im Glauben des Paulus* (Göttingen: Vandenhoeck & Ruprecht, 1909).

Elliott, Neil., *Liberating Paul: The Justice of God and the Politics of the Apostle* (Mary-knoll, N. Y.: Orbis, 1994), 114-124, "Paul and 'the Power.'"

Feuillet, A., "Les 'Chefs de ce siècle' et la sagesse divine d'après 1 Cor 2:6-8," in *Studiorum Paulinorum Congressus Internationalis Catholicus 1961* (Rome: Pontifical Biblical Institute, 1963), 383-393.

Hanson, A. T., "The Conquest of the Powers," in *Studies in Paul's Technique and Theology* (London: SPCK, 1974), 1-12.

Kovacs, Judith, "The Archons, the Spirit, and the Death of Christ: Do We Really Need the Hypothesis of Gnostic Opponents to Explain 1 Cor. 2:2-16?" in Joel Marcus and Marion L. Soards (eds.), *Apocalyptic in the NT: Essays in the Honour of J. Louis Martyn*, JSNTSS 24 (Sheffield: JSOT Press, 1989), 217-236.

MacGregor, G. H. C., "Principalities and Power: The Cosmic Background of St Paul's Thought," *NTS* 1 (1954): 17-28.

Miller, G., "ἀρχόντων τοῦ αἰῶνος — A New Look at 1 Cor. 2:6-8," *JBL* 91 (1972): 522-528.

Morrison, Clinton D., *The Powers That Be* (London: SCM, 1960).

Newman, C. C., *Paul's Glory Christology: Tradition and Rhetoric*, NovTSup 69 (Leiden: Brill, 1992).

Niebuhr, Reinhold, *Moral Man and Immoral Society* (London: SCM, 1963 [1932]).

Schniewind, J., "Die Archontes dieses Äons, I Kor 2:6-8,' in E. Kähler (ed.), *Nachgelassene Reden und Aufsätze* (Berlin: Töpelmann, 1952).

Scroggs, Robin, "Paul: Σοφός and πνευματικός," *NTS* 14 (1967-68): 33-55.

Theissen, Gerd, *Psychological Aspects of Pauline Theology* (Eng. trans., Edinburgh: T. & T. Clark, 1987), 374-378 (참조. 368-374).

Whitely, D. E. H., *The Theology of Saint Paul* (Oxford: Blackwell, 2d. ed. 1974), 23-31, 283-286.

Wilckens, Ulrich, *Weisheit und Torheit* (Tübingen: Mohr, 1959), 52-96.

_____, "Zu 1 Kor. 2:1-16," in C. Anderson and G. Klein (eds.), *Theologia Crucis — Signum Crucis: Festschrift für Erich Dinkler* (Tübingen: Mohr, 1979), 501-537.

Wink, Walter, *Engaging the Powers: Discernment and Resistance in a World of Domination* (Minneapolis: Fortress, 1992).

_____, *Naming the Powers: The Language of Power in the NT* (Philadelphia: Fortress, 1994).

_____, *Unmasking the Powers, The Invisible Forces That determine Human Existence* (Philadelphia: Fortress, 1986).

"영광의 주"와 2:6-9의 유대교 배경에 대한 참고문헌

Bockmuehl, M. N. A., *Revelation and Mystery in Ancient Judaism and Pauline Christianity*, WUNT 2:36 (Tübingen: Mohr, 1990).

Newman, Carey C., *Paul's Glory-Christology: Tradition and Rhetoric*, NovTSup 69 (Leiden: Brill, 1992), 17-24, 157-164 and 235-240.

O, Neill, J. C., *Who Did Jesus Think He Was?* BibIntMon 11 (Leiden: Brill, 1995), esp. 42-114.

Stauffer, E., *NT Theology* (Eng. trans., London: SCM, 1955), 120-133.

Stuhlmacher, P., "The Hermeneutical Significance of 1 Cor. 2:6-16," in G. F. Hawthorne and O Betz (eds.), *Tradition and Interpretation in the NT: Essays Honor of E. Earle Ellis* (Tübingen: Mohr and Grand Rapids: Eerdmans, 1987), 328-347.

2:9의 인용 가능성에 대한 참고문헌

Berger, K., "Zur Diskussion über die Herkunft von 1 Kor 2:9," *NTS* 24 (1978): 270-283.

Hofius, Otfried, "Das Zitat 1 Kor 2:9 und das koptische Testament des Jakob," *ZNW* 66 (1975): 140-142.

Nordheim, Eckard von, "Das Zitat des Paulus 1 Kor 2:9 und seine Beziehung zum koptischen Testament des Jakobs," *ZNW* 65 (1974): 112-120.

Philonenko, M., "Quod oculus non vidit, 1 Cor. 2:9," *TZ* 15 (1959): 51-52.

Ponsot, H., "D'Isaie 64:3 à 1 Cor. 2:9," *RB* 90 (1983): 239-242.

Sparks, H. F. D., "1 Kor 2:9: A Quotation from the Coptic Testament of Jacob?" *ZNW* 67 (1976): 269-276.

Stanley, C. D., *Paul and the Language of Scripture*, SNTSMS 74 (Cambridge: Cambridge University Press, 1992), 188-189.

6절 1:18에서 2:5까지 바울은 자신의 개인적인 복음 선포의 특징을 드러내는 1인칭 단수를 주어로 사용했다. 하지만 그는 6절에서 1인칭 복수를 주어로 사용하면서 σοφία δὲ λαλοῦμεν ἐν τοῖς τελείοις라고 말한다. 그리스어 동사 λαλοῦμεν은 7절과 13절에서도 반복해서 나타난다. 바울은 이제 앞 단락에서 사용한 1인칭 단수 κἀγώ(2:1, 3) 대신 인칭 대명사 1인칭 복수를 사용한다. ἡμῖν δὲ ἀπεκάλυψεν ὁ θεός(2:10), ἡμεῖς δὲ ... ἡμῖν(2:12)과 ἔχομεν(2:16) 등이다. 비록 비트만이 이른바 이러한 결과에 대해 제시하는 유일한 논점은 아니지만, 그는 이 변화가 바울이 기록한 텍스트 안으로 나중에 삽입된 것이라고 주장한다.[5] 하지만 슈라게와 콜린스는 인칭 대명사 복수들이 "신앙 공동체 안에서의 공동 활동"을 가리킨다고 주장한다. 또한 그들은 "그 신앙 공동체가 말하는 것이 이 단락의 핵심 모티프"라고 간주한다.[6] "의심할 여지 없이 7b의 ἡμῶν과 12절의 ἡμεῖς는 모든 그리스도인들을 가리킨다"(강조는 원저자의 것임).[7] 이 단락 전체에서 인칭 대명사 1인칭 복수는 성령의 활동 장소(*locus operandi*)가 바로 기독교 공동체라는 점을 암시한다.[8] 따라서 후대에 바울의 원문에 삽입되었다는 비트만의 주장은 불필요하며 타당성이 없다.[9]

그러나(대조를 의미하는 δέ) 바울과 그의 동료 신자들은 일종의 지혜(τὴν σοφίαν이 아니라 정관사 없이)를 전달한다(λαλοῦμεν, 다양한 방법으로). 잠언의 전통에서 지혜는 **삶에 적용할 수 있는 습관에 기초한 분별력**을 가리킨다. 이 것은 **올바른 행위로 이어지는** 그리스도인의 **사고방식을 형성하는** 데 중요한 영향을 미친다. 오늘날의 몇몇 저자, 특히 가다머와 매킨타이어의 글에서 바울의 "두 가지 지혜"와 유사한 점이 발견된다. 서로 대조되고 대립되는 이 두 가지 지혜는 다음과 같다. 첫째, τέχνη는 도구적인 이성(理性) 또는 기술, 학문, 과학 등의 분야에서 성취하는 수단(예. 교묘한 설득)으로 사용된다. 둘째, φρόνησις(통찰)는 현명한 통찰력으로 사고하며 판단하는 것을 가리킨다. 이것은 인간의 행위와 삶으로 연결되는 지혜의 습관을 빚어낸다.[10] 바울은 고린도에서 지혜라는 용어를 자신의 이익을 얻고자 모든 것을 조종하

---

5) M. Widmann, "1 Kor 2:6-16; Ein Einspruch gegen Paulus," *ZNW* 70 (1979): 44-53. 그는 해당 배경이 1:18-25과 3:1-4:21의 배경과 상당히 어긋난다고 생각한다.

6) Collins, *First Cor*, 122.

7) Schrage, *Der erste Brief*, 1:248.

8) Orr and Walther, *1 Corinthians*, 166.

9) 참조. Murphy-O'Connor, *Paul: A Critical Life*, 283; 또한 "Interpolations in 1 Cor," *CBQ* 48 (1986): 81-94.

10) 해당 개념이 신약 시대에 사용된 사례에 대해서는 다음 사전을 참고하라. BAGD, 814 and 866; Grimm-Thayer, 581-582; U. Wilckens, "σοφία," *TDNT*, 7:465-528; 또한 보다 이른 시기의 그리스어 용례에 대해서는 LSJ를 보라. Gadamer, *Truth and Method* (Eng. trans., New York: Crossroad, 2d ed., 1989), part 1; MacIntyre, *After Virtue: A Study in Moral Theory* (London: Duckworth, 2d ed., 1985), 204-243 and 264-278.

려고 시도하는 **자기중심적이며 어린아이와 같은 것**에 해당하는 사고 및 행위와 연결하여 사용한다. 이에 비해 참된 지혜는 하나님으로부터 온다. 그것은 **모든 사람의 유익을 위해 책임감 있게 행동하는** 성숙한 사람들(τέλειος)에게서 발견할 수 있다.

그렇다 하더라도 "이 단어가 사용될 때마다 σοφία(그리고 σοφός)는 약간 다른 의미를 지닌다."[11] 고린도전서에서 σοφία라는 단어는 모두 열일곱 번 등장한다. 바울은 동일한 단어(σοφία)를 앞에서 언급한 두 가지 의미를 가리키는 데 사용했다. 그 이유는 다음 두 가지다. 첫째, 무엇보다도 이 단어는 고린도에서 신학적인 표어가 되었다. 우리는 이미 바울이 쓴 것으로 인정받는 서신에서 해당 그리스어 명사가 열아홉 번 사용되는데, 그중 열일곱 번이 고린도전서에서 나타난다는 사실을 지적한 바 있다(고전 1-3장에서 열여섯 번).[12] 바울은 한 가지 중요한 용어를 재정의하면서 그 단어에 올바른 의미를 부여하고자 한다. 지혜(σοφία)는 결코 정보(종종 γνῶσις로 언급됨, 8:1)와 동등하게 인식되어서는 안 된다. 둘째, 70인역의 잠언이나 다른 지혜 문헌에서 σοφία는 대부분 히브리어 명사 חכמה(호크마, 지혜)를 번역한 것이다. 이와는 대조적으로 φρόνησις, "통찰", "사고 구조", "이해력", "판단력"은 논란의 여지 없이 바울이 쓴 것으로 인정되는 서신에서 결코 이 그리스어 명사로 나타나지 않는다. 그리고 해당 그리스어 명사형은 바울 서신 전체에서 단 한 번 나타난다(엡 1:8).[13] 하지만 같은 어족에 속한 형용사형 φρήν(이해력이 있는, 신중한)과 동사형 φρονέω(어떤 사고방식을 지니다)는 바울이 쓴 고린도전서에서도 사용된다. 이 그리스어 단어들은 이 절의 경우와 같이 어린아이(παιδία, νήπιος)와 성숙한 사람(τέλειος)의 사고방식을 대조하기 위

---

11) Barrett, *Essays on Paul*, 7.

12) 고전 1:17, 19, 20, 21, 22, 24, 30; 2:1, 4, 5, 6, 7, 13; 3:19; 12:8. 다른 곳에서는 로마서에서 한 번(롬 11:33, 아마도 바울 이전에 불렸던 찬송이었을 듯), 고후 1:12에서 한 번 사용된다. 이 그리스어 명사는 갈라디아서, 빌립보서, 빌레몬서에서는 사용되지 않는다. 또한 이 단어는 골 1:9, 28; 2:3, 23; 3:16; 4:5과 에베소서에서 세 번 나타난다. 참조. Barrett, *Essays on Paul*, 6; 또한 MM, 898-899. 그리고 형용사형의 σοφός는 고전 1-3장에서 열 번 나타난다.

13) 신약성경의 다른 곳에서는 해당 그리스어 명사가 눅 1:17에서만 한 번 더 나타난다.

해 사용된다. 또한 ἐφρόνουν ὡς νήπιος, "나는 어린아이와 같이 생각하
곤 했습니다"(고전 13:11)와 μὴ παιδία γίνεσθε ταῖς φρεσὶν ἀλλὰ τῇ κακίᾳ
νηπιάζετε, ταῖς δὲ φρεσὶν τέλειοι γίνεσθε, "여러분의 사고방식과 관련하
여 어린아이와 같이 되지 말고, 오히려 여러분의 이해력과 관련하여 성숙한
사람이 되십시오"(14:20) 등이다.

σοφία, "지혜"의 측면에서 이러한 대조는 ἐν τοῖς τελείοις, "성숙한 사
람들 가운데서"라는 표현이 바울뿐만 아니라 고린도의 많은 사람들에게 이
중적인 의미를 지니고 있다는 것을 설명해준다. 또한 이 표현은 사실상 영
적으로 성숙한 자를 의미한다. 비록 일부 문맥에서(예. 롬 12:2; 고전 3:10) "온
전한"이라는 단어가 그 단어의 의미에 적합할 수도 있지만, τέλειος를 "온
전한"(AV/KJV)으로 번역하는 것은 타당하지 않다. 여기서 의미상의 대립
관계는 어린아이들과 어른들 간의 관계에서 비롯되는 것이다. 우리는 성숙
한 사람 대신에 "영적으로 성숙한 사람들"로 번역하는 것을 생각해보기도
했다. 왜냐하면 이 번역은 τοῖς라는 정관사가 사용된 것을 고려하기 때문
이다. 이 정관사는 고린도 교회 안에 있는 어떤 특정한 부류의 사람들을 구
체적으로 명시하며, 고전 3:1에서 그리스도 안에서 어린아이들, ὡς νηπίοις
과 영에 속한 사람들, ὡς πνευματικοῖς이 구체적으로 대조되는 것에도 의
미상으로 상응하기 때문이다. 또한 히 5:13-14에서도 젖을 먹는 어린 아기
(νήπιος)와 단단한 음식을 먹는 장성한 자들(τελείων)이 동일하게 대조된다.
그리고 τέλειος는 종종 필론과 요세푸스를 포함하여 기원후 1세기 그리스
어에서 성인을 의미한다.[14] 에링은 다음과 같이 주해한다. "그들은 완전함
에 도달한 그리스도인이 아니다. 왜냐하면 그리스도인들은 '영광'을 얻기
이전에는 완전함에 도달할 수 없기 때문이다. 한편 고전 3:1에…의해 밝혀
지듯이 그들은 영적으로 성숙한 그리스도인이다."[15]

이것은 이레나이우스가 τέλειοι를 해석하는 것과 거리가 멀다. 즉 그는

---

14) 예. Josephus, *Antiquities*, 19.362.

15) Héring, *First Epistle*, 16.

그들이 "방언으로 말하는" 것과 같이 성령의 은사를 드러내는 사람들이라고 해석한다.[16] ἐν τοῖς τελείοις에 대한 가장 흔한 영어 번역은 "성숙한 사람들 가운데서"(NRSV, NIV, 모팻), "영적으로 성숙한"(TEV), 또는 "성숙에 도달한 사람들"(NJB) 등이다. σοφία를 받아들일 준비가 된 사람들은 지혜가 "인간의 고안과 교묘한 책략"이 아니라는 것을 깨닫는 영적 성숙함에 도달한 사람들이다. "만약 복음 전파자들이 그것을 십자가에 못 박혀 죽은 예수 대신에 사용할 수 있다고 생각한다면 그것은 매우 위험하다."[17] 영적 성숙은 어떤 사람이 **다른 사람들을 위해 책임 있고 지혜롭게 살 수 있게** 하며 신앙 공동체 전체의 유익을 위해 살 수 있게 한다. 이것은 성숙한 사람이 감당해야 할 **다양한 책임**을 이행하게 해준다.

바레트는 현재의 세상 질서 통치자들에 대한 바울의 언급을 그들이 일종의 "이기적이며 자기 보호적인 σοφία"를 사용하는 것으로 설명한다.[18] 그러나 이러한 "지혜"는 곧 환상적인 것이며 거짓된 것임이 밝혀질 것이다. 또한 그것은 사실상 그들에게 유익을 가져다주지 못할 것이다. 왜냐하면 이러한 가치 체계와 더불어 그들은 멸망하게 되어 있기(τῶν καταργουμένων) 때문이다(이 표현에 대해서는 1:28의 주해에서 이미 설명함). 현재형 동사는 그들이 아무것도 아닌 존재가 되는 과정을 강조한다. 즉 이것은 멈출 수 없는 지속적인 과정이다. 우리는 τοῦ αἰῶνος τούτου, "이 세상 질서"를 어떻게 번역해야 할지에 대해 이미 1:20에서 논의한 바 있다(해당 절에 대한 주해 참조). 이론적으로 시대 또는 aeon은 그리스어의 해당 단어를 보다 더 구체적으로 반영하지만, 유대교 묵시론과 그것에 기초한 바울의 종말론에 친숙하지 않은 오늘날의 독자들은 이 단어를 충분히 오해할 수 있다. 따라서 "세상 질

---

16) Irenaeus, *Against Heresies*, 5:6:1. 그러나 우리는 이레나이우스가 "플레로마"와 관련된 것에 대한 영지주의적 해석(*Against Heresies*, 1:8:4) 또는 "성숙함"을 "발렌티누스…마르키온…케린투스…바실리데스…또는 구원과 관련하여 아무것도 말할 수 없는 다른 어떤 대적자"(*Against Heresies*, 3:2:1)와 동일시하는 다양한 해석에 대항하여 그리스도에 대한 증인으로서 성령의 충만함이라는 관점에서 이 단어를 정의하려고 했음을 기억해야 한다.

17) Barrett, *Essays on Paul*, 8.

18) 같은 책, 10.

서"가 이 그리스어 표현을 오늘날 가장 가깝게 나타내줄 것이다. 그리고 이 세상 질서는 앞으로 다가올 시대 또는 질서와 대조되는 묵시론적 또는 종말론적 뉘앙스를 한층 더 잘 드러낼 것이다. 하나님은 이 세상 질서와 더불어 오늘날에도 새로운 질서를 세워나가신다. 하지만 하나님이 정하신 때가 되면 이 세상의 질서는 앞으로 다가올 새로운 세상 질서로 온전히 대체될 것이다.

바울은 τέλειος라는 용어를 어떻게 사용하는가?

우리는 τέλειος, "성숙한"이라는 용어에 대해 이미 어느 정도 논의했다. 하지만 여기서 한 가지 전문적인 논점을 제기하고자 한다. 과연 고린도에서 사용한 해당 용어는 그리스-동방 및 그리스-로마의 신비 종교에서 사용된 개념으로부터 유래한 것인가? 우리가 어떤 결론에 이르든지 간에 그레셤 메이천의 진술은 여전히 타당하다. 그는 다음과 같이 주장한다. "만약 바울이 신비 종교에서 유래한 어떤 어휘를 사용한다면 그 사실은 바울의 종교의 기원을 결정하는 데 매우 중요한 의미를 지니고 있는 것은 아닌 듯하다."[19] 사실상 로버트 펑크는 만약 고린도 사람들이 성숙한 사람 또는 **입회자**라는 용어를 가장 심오한 비밀에 관여하는 내부 모임의 엘리트 가운데 한 사람으로 입문한다는 의미에서 사용했다면 "바울은 그들을 십자가의 사역과 직접 마주하게 하려고 단순히 그들의 언어와 그들이 기대했던 것을 완전히 바꾸었을 것이다"라고 주장한다(강조는 덧붙여진 것임).[20]

---

19) Machen, *The Origin of Paul's Religion*, 272; 참조. 255-275. (다른 곳에서 언급한) 방대한 문헌에서 보다 더 세부적인 논의가 이루어진다. 예를 들면 다음을 참조하라. Wagner, *Pauline Baptism and the Pagan Mysteries*; Wedderburn, *Baptism and Resurrection in Pauline Theology against Its Greco-Roman Background*. 또한 다소 오래되기는 했지만 고전적인 연구로서는 다음을 보라. Reitzenstein, *Hellenistic Mystery-Religions: Their Basic Ideas and Significance*.

20) Funk, *Languages, Hermeneutics and Word of God*, 300, n. 107. 본 주석서 저자도 다음과 같은 논문에서 Funk의 견해와 비슷한 주장을 제기했다. "The Meaning of σάρξ in Cor. 5:5: A Fresh Approach in the Light of the Logical and Semantic Factors," *SJT* 26 (1973): 204-228. 또한 "Realized Eschatology at Corinth," *NTS* 24 (1978): 510-526.

바울은 τέλειος(교회 안에서 성숙한 그리스도인 또는 신비 종교에서 핵심 모임의 구성원)가 되는 것은 "이류" 신자들과 대조되는 "일류" 신자에 해당하는 신분을 뒷받침해주는 근거에 해당한다는 사상을 전적으로 배제한다. 비록 바울은 최후 심판의 날에 신자들이 그리스도 안에서 "완전한" 또는 "온전한" 사람으로 세워지기를 바라지만(골 1:28), 심지어 그에게도 아직 도달하지 못한 어떤 목적 또는 목표가 남아 있다(빌 3:12-14; 참조. 고전 13:10).[21] 따라서 콘첼만이 "보다 높은 수준에 있는 신자 그룹"에 대해 말하는 것은 해당 논점을 왜곡시키는 것이다.[22] 콘첼만은 바울이 구약성경과 기독교의 전승을 벗어나 헬레니즘에 속한 언어를 차용할 뿐만 아니라 영지주의적인 사고방식도 사용한다고 생각한다. 한편 리츠만은 바울이 "참된 지혜"를 "완전함에 이른 신령주의자들"에게 한정시켜 사용한다고 주장한다. 그럼에도 그는 바울이 이 표현을 역설을 암시하는 것 이상으로 사용할 가능성이 있다고 인정한다.[23] 헤거만은 자신의 견해를 뒷받침하는 보다 더 안전한 근거에 기초하여 다음과 같이 주장한다. "바울은 고린도의 신령주의자들의 자기 자랑과 이 '성숙한 자들을 위한 지혜'(2:6)에 대한 예를 한 가지 제시한다. 여기서 τέλειος는 신비 종교에서 유래된 한 가지 개념이다. 이 개념은 그 당시 고린도에서 이미 공유된 이미지나 은유적인 표현이 되었다. 하지만 이것은 아직 영지주의적인 관점에서 사용되지는 않았다. 프뉴마의 이름으로 종교적인 능력을 행사한다는 주장도 제기되었다.… 하지만 바울의 십자가 신학은 이것을 전적으로 뒤바꾼다. 누구든지 십자가의 말씀 안에서 하나님을 인식하지 않으면 그는 영적으로 어리석은 사람이며 육적인 사람(ψυχικός)이다"(즉 영적인 사람이 아니다).[24]

오르와 월터는 다음과 같이 설득력 있게 주장한다. 만약 2:6-16이 1:18-2:5에서 제시하는 것보다 "더 높은" 지혜를 언급한다면 그것은 "십자가에 못 박힌 그리스도의 지혜보다 더 심오한 지혜를 암시한다. [따라서] 여기서는 어떤 새로운 지

---

21) Du Plessis, τέλειος: *The Idea of Perfection in the NT*, 198-199; 참조. 175-199.
22) Conzelmann, *1 Corinthians*, 60.
23) Lietzmann, *An die Korinther*, 11-12.
24) H. Hegermann, "σοφία," *EDNT*, 3:260; 참조. 258-261.

혜가 제시되는 것이 결코 아니다."[25] 젠프트는 논점을 더 첨예하게 끌고 간다. 즉 τέλειος라는 용어는 신비 종교에서 유래되었다는 것이다. 또한 이 단어는 "비의적인 가르침들을 완전히 배우고, [신비 종교의] 입교자들에게 거행하는 입교의식을 이미 거친 이들"을 가리킨다는 것이다. "이와 비슷하게 이 용어는 바울의 경우에 세례 받은 이들에게 적용시켜야 할 것이다. 하지만 여기서는 그 경우에 해당하지 않는다.…과연 바울은 그리스도인들을 두 부류로 구분하는가? 즉 초보적인 수준에 머물러 있는 단순한 신자들과…보다 더 높은 수준에 있는…영적인 사람들로 구분하는가? 사실상 바울은 무언가를 말한다.…ψυχικός ['영적이지 않은', 14절]는 초보적인 지식에 만족해하는 단순한 신자들이 아니다."[26] 오히려 그들은 "십자가의 말씀…곧 하나님의 영"의 지배를 받기를 스스로 거부하는 사람들이다. 바울은 "복음의 진리와 타협하는 위험을 무릅쓰지 않고" "보다 더 깊은" 지식의 언어를 사용하면서 이 점을 강조한다.[27]

　　우리는 이미 2:6-16에 대한 머리말과 이제까지 진행된 주해에서 매우 결정적인 세 가지 사항을 언급했다. (1) 특정 용어의 사용(예. τέλειος, σοφία, μυστήριον, πνευματικός, γνῶσις)은 주어진 구조와 다른 용어 또는 개념과의 관계 속에서 **어떻게 사용되었는지를 파악해야 한다.** 그렇지 않으면 그 의미를 제대로 이해할 수 없다(앞에서 래우클리에 대한 언급 참조).[28] (2) 슈라게, 콜린스 등 다른 주석가들은 2:6-16의 언어는 "모든 그리스도인의 언어", "공동체 안에서의 공통적인 행위" 그리고 "기독교 공동체의 친밀한 교제"를 반영한다고 주장한다.[29] (3) 고린도전서가 기록될 무렵에 사실상 모든 "민감한" 용어는 그리스-로마 세계에서 공동으로 사용되던 종교 어휘의 일부였다. 사실 이것은 심지어 이 용어들이 고린도에서 소수의

---

25) Orr and Walther, *1 Cor*, 163.

26) Senft, *La première Épitre*, 49.

27) 같은 책. 또한 참조. Schrage, *Der erste Brief*, 1:249-250.

28) Laeuchli, *The Language of Faith*, 15-93. 이 연구서에는 γνῶσις(43-49, 고전 2:6-9이 포함됨), μυστήριον(49-51), αἰών(59-67), 바울의 현실주의의 상실(67-93) 등의 이슈가 포함되어 있다.

29) Schrage, *Der erste Brief*, 1:248; Collins, *First Cor*, 122; Orr and Walther, *1 Cor*, 166.

사람들에 의해 독점적으로 사용되었다 하더라도 그러하다.[30] 이 세 가지 사항 중 그 어떤 것도 이러한 용어를 "엘리트주의적"으로 사용하거나 신비 종교에서 사용 했다는 점을 지지해주지 않는다.

"이 세상 질서의 통치자들"의 의미

콘첼만과 카(Carr)는 "이 세상 질서의 통치자들"이라는 표현은 다음과 같이 서로 배 타적인 선택을 요구한다고 주장한다. 즉 우리는 "하늘의 권능들 또는 악마적인 권능 들"이라는 해석과 "지상의 통치자들"이라는 견해 사이에서 한 가지를 선택해야만 한다.[31] 하지만 쿨만과 케어드는 나라들의 수호자로서 "천사"에 대한 유대교의 전 승에 근거하여 두 가지 견해를 결합하는 것이 더 낫다고 주장한다.[32] 우리는 네 번째 견해를 지지할 것이다. 즉 공동 구조들은 그것을 구성하는 부분을 모두 합한 것 그 이상을 함의한다. 하지만 쿨만과 케어드가 암시하듯이 이 "영적인 능력들"은 사회 적·정치적 구조 밖에만 존재하는 것은 아니다. 각각의 해석 전통은 고대 사상에 어 느 정도 뿌리를 내리고 있으며, 현 시점에 이르기까지 현대 저자들 사이에서 강력한 지지를 받고 있다. 따라서 우리는 각각의 해석을 진지하게 논의할 필요가 있다. 우리 는 서로 다른 표제어를 붙인 네 가지 해석에 대해 숙고하고자 한다.

(1) 악마적인 권세로서의 "통치자들"(ἄρχοντες). 현대 저자들은 이 해석이 실질 적으로 교부들의 전통에 기초하고 있다고 주장한다. 하지만 그들이 신뢰할 만하다 고 인용하는 많은 구절들은 의미가 모호하거나 별로 중요하지 않은 것으로 밝혀 졌다. 따라서 과연 이 구절들이 이 해석을 암시하는지는 불분명하다. 녹스는 매우

---

30) 참조. Pearson, *Pneumatikos-Psychikos*, 27-43. Burkert, *Ancient Mystery Cults*, 1987; Wedderburn, *Baptism and Resurrection*.

31) Conzelmann, *1 Corinthians*, 6.1; Carr, "The Rulers of This Age: 1 Cor. ii:6-8," 20-35; *Angels and Principalities: The Background, Meaning and Development of the Pauline Phrase "hai archai kai exousiai."*

32) Cullmann, *Christ and Time*, 191-201; Caird, *Principalities and Powers: A Study in Pauline Theology*. 또한 참조. MacGregor, "Principalities and Powers: The Cosmic Background of St Paul's Thought," 17-28.

이른 시기의 증거로서 이그나티오스(대략 기원후 108년)의 언급을 인용한다. 하지만 이그나티오스가 "그리스도가 이 세상의 통치자들로부터 숨겨졌다"(ἔλαθεν τοῦ ἄρχοντα τοῦ αἰῶνος τούτου)고 말한 것은 우리 주 예수의 동정녀 탄생과 죽음을 가리킨다. 그의 언급에서 ἄρχοντα는 (복수가 아니라) 단수 목적격이며, 성경의 어떤 본문을 가리키는지 확실하지도 않고 구체적이지도 않다.[33] 사실상 이그나티오스는 종종 초자연적인 의미에서 ὁ ἄρχων τοῦ αἰῶνος τούτου, "이 세상 질서의 통치자"라는 표현을 사용한다. 하지만 그의 여러 편지에서 단수 주어(ὁ ἄρχων)는 고전 2:6을 명백하게 가리키지 않는다.[34]

테르툴리아누스가 마르키온에 대해 언급한 것을 제외하면 고전 2:6을 "인간의 권세가 아니라 눈에 보이지 않는 권세"라고 처음으로 분명하게 해석한 것은 오리게네스의 『고린도전서 주석』 단편이다. 즉 οὐκ ἔστιν ἀνθρώπων ... ἀλλὰ δυνάμεων ἀοράτων τῶν καταργουμένων이다.[35] 그런데 이보다 더 일반적인 언급은 오리게네스의 다른 저서에서 나타난다. 오리게네스는 자신의 『마태복음 주석』에서 사탄이 유다를 미혹한 것을 언급한다. 그는 이 미혹에 기초하여 다음과 같은 사실에 대해 숙고한다. 즉 이 세상 질서의 지혜는 이 세상 통치자들을 미혹하여 예수를 십자가에 못 박게 할 정도로 그토록 형편없는 본질을 갖고 있었는가?[36] 또한 그는 『원리론』(De Principiis)에서 "이 세상의 지혜와 이 세상의 통치자들의 지혜와 하나님의 또 다른 지혜"를 서로 비교한다.[37] 거짓 지식은 "적대적인 세력에 의해 충동을 받아" 생겨나는 것이며, 그것은 "인간의 마음속으로 들어가 사람들을 그릇된 길로 인도한다. 하지만 사람들은 자신들이 '지혜'를 깨달았다고 생각한다."[38] 또한 "적대적인 세력은 사람들을 속여 그들을 함정에 빠뜨리고 그들에게 해를 입힌다.…특정 영적 권세들은 자

---

33) Ignatius, *To the Ephesians,* 19:1; 참조. W. L. Knox, *St Paul and the Church of the Gentiles* (Cambridge: Cambridge University Press, 1939), 220 and 220-226.

34) Ignatius, *To the Romans,* 7:1; *To the Magnesians,* 1:3; *To the Ephesians,* 17:1, 19; *To the Philadelphians,* 6.

35) Origen, *Fragments on Commentary, 1 Cor,* sect. ix, lines 14-15 (Greek Text *JTS* 9 [1908]: 239).

36) Origen, *Commentary on Matthew,* bk. 13, sect. 8.

37) Origen, *De Principiis,* 3:3:1.

38) *De Principiis,* 3:3:2.

기들의 통치권을 특정 나라에 건네주었고 따라서 그들은 '이 세상의 통치자들'로 불린다.…그래서 그들은 거의 확실하게 다양한 영향력을 행사한다."[39]

하지만 교부들의 전승은 대체로 이 견해를 지지하지 않는다(2항을 보라). 마르키온은 이 해석을 지지한다. 그러나 테르툴리아누스는 그의 입장을 논박한다. 이세상 질서의 통치자들을 마귀적인 권세로 보는 해석이 현대 저자들 사이에서 지배적이지는 않더라도 상당히 두드러지는데, 이러한 현대 저자들의 해석은 다음두 가지 접근 방법에 기초한다. 이 두 가지 접근 방법은 언제나 서로 배타적인 것은 아니다. 한 가지 접근 방법은 묵시론적인 전승이 바울에게 영향을 미친 것을 강조한다. 이 전승에 의하면 현재의 세상 질서는 개혁될 수 없을 만큼 심각하게 손상되어 반드시 새로운 창조를 필요로 한다. 마귀의 권세에 영향을 받아 이러한 특성을 드러내는 이러한 현재의 타락과 속박의 상태는 현재의 세대가 겪고 있는 곤경에 의해 확인된다.[40] 한편 또 다른 접근 방법은 영지주의로 기울고 있는 초기의 경향에서 발견되는 타락과 구속의 우주적인 특성을 강조한다.[41] 현대 성경 해석사에서 고전 2:6에 대한 이러한 해석을 지지하는 학자 중에는 디벨리우스(1909년),

---

39) *De Principiis*, 3:3:3.

40) 이 접근 방법은 Schrage와 Collins의 최근 주해에 어느 정도 영향을 미쳤다(아래를 보라). 참조. E. Käsemann, "On the Subject of Primitive Christian Apocalyptics," trans. from *ZTK* 59 (1962): 257-284, in *NT Questions of Today* (Eng. trans. London: SCM, 1967), 108-137; J. C. Beker, *Paul's Apocalyptic Gospel* (Philadelphia: Fortress, 1982), 29-54 and *Paul the Apostle* (Edinburgh: T. & T. Clark, 1980), 135-181; A. Schweitzer, *The Mysticism of Paul the Apostle* (Eng. trans., London: SCM, 1931), 52-100; H. J. Schoeps, *Paul* (Eng. trans. London: Lutterworth, 1961), 43-47 and 88-110, and J. Marcus and M. L. Soards (eds.), *Apocalyptic and the NT* (Sheffield: JSOT Press, 1989). 또한 참조. D. S. Russell, *The Method and Message of Jewish Apocalyptic* (London: SCM, 1964).

41) γνῶσις와 관련하여 우리는 이미 참고문헌을 소개했다. 예를 들면 다음과 같다. Dupont, *Gnosis*; Schmithals, *Gnosticism in Corinth*; Horsely, "Gnosis in Corinth: 1 Cor. 8:1-6," 32-51; Rudolph, *Gnosis*; 또한 특히 R. McL. Wilson, "Gnosis at Corinth," in M. D. Hooker and S. G. Wilson (eds.), *Paul and Paulinism*, 102-114. 또한 참조. F. O. Francis, "Humility and Angelic Worship in Col. 2:18," in F. O. Francis and W. A. Meeks (eds.), *Conflict at Colossae* (Missoula: Scholars Press, 2d ed., 1975), 163-195; Kovacs, "The Archons, the Spirit and the Death of Christ: Do We Need the Hypothesis of Gnosis Opponents to Explain 1 Cor. 2:6-16?" in Marcus and Soards (eds.), *Apocalyptic and the NT*, 217-236; E. M. Yamauchi, *Pre-Christian Gnosticism* (Grand Rapids: Baker, rev. ed. 1983).

바이스(1910년), 리츠만(1933년), 델링(1933년), 모팻(1938년), 녹스(1939년), 에링
(1948년), 크레이그(1953년), 불트만(1952년), 벤트란트(1956년), 빌켄스(1959년), 바
레트(1968년), 콘첼만(1969년), 젬프트(1979년), 메르크(1980년), 슈라게(1991년) 등
이 포함되어 있다.[42] 많은 주석가들은 모팻이 "이상한 개념들"이라고 부르는 것은
골 2:14과 빌 2:9-10에서도 언급된다고 주장한다(참조. 롬 8:38).

　　이 견해가 지니고 있는 강점은 영지주의적인 사고로부터 영향을 받았을 수
있다고 추측하는 바이스, 리츠만, 슈미트할스의 사변에 있지 않다. 오히려 유대교
의 묵시론과 바울 서신 여러 곳에서 나타나는 영적인 권세에 대한 묘사는 이 견해
를 가장 강력하게 지지해준다. 쉐프스는 바울이 "두 세대"에 대한 유대교의 종말론
을 사용하는 것에 대해 다음과 같이 주장한다. "십자가 상에서의 그리스도의 죽음
을 통해 이 세상은…사라지기 시작한다. 옛 세대는 여전히 세력을 떨치고 있다. 하
지만 옛 세대는 이미 서서히 무너져 내리고 있다(고전 1:26)."[43] 슈바이처는 이 묵시
론적인 측면의 본질을 잘 파악한다. 즉 예수 그리스도는 "이 악한 세대에서 우리를
건지시려고"(갈 1:4) 자기 몸을 내어주었다. 왜냐하면 "마귀들과 천사들이 이 세상
안에서 자신들의 세력을 행사하고 있기" 때문이다.[44] 그리스도가 자기 백성을 "강
한 자"의 속박에서 구원하기 위해 그의 세간을 털어내려면 그는 먼저 반드시 결박
되어야만 한다(마 12:22-29).[45] 그리고 "[악한] 천사들의 통치 영역은 예수의 재림
을 통해 완전히 파괴될 것이다."[46]

　　따라서 롬 8장 마지막 부분의 찬양은 하나님께 속하지 않은 모든 권세의 통치
영역에서 구원받은 것에 대한 감사를 포함하고 있다. 곧 οὔτε ἄγγελοι οὔτε ἀρχαί,

42) 예. Dibelius, *Die Geisteswelt im Glauben des Paulus*; Lietzmann, *An die Korinther*, 11-12;
Weiss, *Der erste Korintherbrief*, 53-57; Moffatt, *First Epistle*, 29-30; C. T. Craig, "ἄρχων,"
IB, 10:37-38; Wendland, *Die Briefe*, 27-28; Barrett, *First Epistle*, 70; Bultmann, *Theology
of the NT*, 1:174-175; Schrage, *Der erste Brief*, 250; Wilckens, *Weisheit und Torheit*, 52-96;
Merk, "ἄρχων," *EDNT*, 1:167-168; Collins, *First Cor*, 129. 또한 많은 주석가들은 롬 8:38;
빌 2:9-10; 골 2:14-15을 서로 비교한다.
43) Schoeps, *Paul*, 102.
44) Schweitzer, *Mysticism of Paul*, 53; 참조. 52.
45) 같은 책, 56.
46) 같은 책, 65.

"천사들이나 권세들(개역개정: 권세자들)이나", οὔτε ὕψωμα οὔτε βάθος, "높음이나 깊음"은—화이틀리는 이 용어들을 천체(天體)와 관련된 관점에서 천체의 세력들로 해석함—신자들이 하나님의 사랑으로 구원을 받는 것을 방해할 수 없다(롬 8:38-39).[47] 이와 비슷하게 바울은 현재(또는 이 세대)의 세상 질서라는 묵시론적인 표현을 사용하며 고후 4:4에서 "이 세상의 신"(ὁ θεὸς τοῦ αἰῶνος τούτου)에 대해 말한다. 마틴은 고후 4:4을 다음과 같이 주해한다. "이 αἰῶν, 이 '시대'의 신은 사탄이다.…두 시대에 대한 유대교의 가르침은 이 사도[바울]에게 중요하다. 사탄은 하나님의 섭리 아래 이 시대를 통제하고 있다."[48]

(2) 지상의 정치 지도자로서의 "통치자들"(ἄρχοντες). 여러 저자 중 특히 웨슬리 카는 자신의 연구서와 고전 2:6에 대한 광범위한 논문에서 (1)항에서 언급한 견해를 강력하게 비판했다.[49] 그는 초자연적인 차원에 대한 언급은 대부분 복수 ἄρχοντες가 아니라 단수 명사 ὁ ἄρχων(예. 요 12:31)을 사용한다는 점을 매우 중요하게 여긴다. 뿐만 아니라 ἄρχοντες, "통치자들"(복수 형태)은 신약성경에서 정치 지도자들을 가리킬 때 사용된다. 특히 십자가 처형과 관련해서는 더더욱 그러하다(예. 눅 23:14, 35; 24:20; 행 3:17; 4:8, 25; 13:27). 따라서 "복수 형태 자체는 마귀와 관련된 의미를 전혀 지니고 있지 않다."[50] 또한 카는 다음과 같이 주장한다. "우리가 맨 처음부터 고린도 그리스도인들이 어떤 영지주의적인 영향을 받고 있으며, 또 그 상황에서 ἄρχοντες라는 단어가 전문용어가 되었다고 가정하지 **않는 한**, 이 단어는 마귀와 직접적으로 연관되어 있는 의미를 결코…전달하지 않는다"(강조는 덧붙여진 것임).[51] 하지만 고전 2:6-8은 "그노시스"와 무관하다. 비록 카가 바울의 사상에서

---

47) Whitely, *The Theology of Saint Paul*, 24 and 23-31; 참조. 283-286. 또한 참조. Lietzmann, *An die Römer* (Tübingen: Mohr, 1938), 88; 참조. Plutarch, *Sapientum Convivium* 3.149a; Diogenes Laertius, 8:28 and 6.102. 한편 별들을 "신들"이라고 말하는 설화에 대해서는 다음을 참조하라. Plato, *Timaeus*, 40a, c-d and 41a; 또한 Arnold, *Power of Darkness: Principalities and Powers in Paul's Letters*.

48) R. P. Martin, *2 Corinthians*, WBC 40 (Waco: Word, 1986), 78-79; *Reconciliation: A Study of Paul's Theology* (London: Marshall, Morgan, and Scott, 1981), 51-54.

49) Carr, "The Rulers of This Age: 1 Cor ii:6-8," 20-35.

50) 같은 책, 23.

51) 같은 책.

묵시론적인 주제에 대한 이슈들을 충분히 언급하진 않지만, 그는 해당 모티프가 2:6에서 그노시스와 마찬가지로 그 어떤 역할도 하지 않는다고 주장한다.

아마도 바로 앞에서 언급한 카의 견해는 그의 논점 중에서 가장 취약할 것이다. 그럼에도 불구하고 교부들과 많은 현대 주석가들은 ἄρχοντες τοῦ αἰῶνος τούτου라는 어구를 이 세상 질서를 형성해가는 정치 지도자들을 의미한다고 해석한다. 테르툴리아누스는 마르키온의 해석을 분명하게 거부한다. 그는 다음과 같이 주장한다. "그러나 그[바울]는 '영적인' 지도자들에 대해 말하는 것이 아니다. 오히려 그는 세속적인 통치자들에 대해 말한다."[52] 『교부들의 성경 인용 선집』(*Biblia Patristica*)은 오리게네스의 저서들에서 고전 2:6이 여든세 번 언급되었음을 일러준다. 나는 이 언급들을 대부분 면밀하게 검토했다. 그 결과 비록 오리게네스가 고전 2:6을 주해하면서 명백하게 악마적인 통치자들을 지적하긴 하지만, 그의 언급 가운데 오직 일부만 초자연적인 악마적 통치자들을 분명하게 가리킨다. 하지만 대다수 주석가들은 이것을 "오리게네스의 관점"이라고 묘사한다.[53] 크리소스토모스는 "초자연적인" 해석을 거부한다. 그는 다음과 같이 분명하게 말한다. "여기서 '이 세상의 통치자들'이라는 표현을 통해 그[바울]는 어떤 사람들이 추측하듯이 마귀적인 존재들을 가리키는 것이 아니라 권세자들…철학자들, 수사학자들…백성의 지도자들을 의미한다." 또한 칼뱅도 이 견해를 공유한다.[54]

현대 주석가들 가운데 어떤 이들은 2:6의 해당 표현을 빌라도, 헤롯, 로마 또는 다른 지상의 권세들과 연결한다. 특히 카뿐 아니라 슈니빈트와 밀러의 연구는 이 입장을 지지한다.[55] 대체로 다음 신학자들은 이 표현이 정치 지도자들이나 권세를 가진 자들을 가리킨다고 주장한다. 곧 하인리히(1880년), 핀들레이(1900년), 로버트슨과 플러머(1911년), 패리(1916년), 바흐만(1936년), 흐로세이데(1954년), 모

---

52) Tertullian, *Against Marcion*, 5:6.

53) *Biblia Patristica*, 3:385; 그의 『고린도전서 주석』과 상반되는 sect. ix, lines 14-15와 위에서 언급한 오리게네스의 다른 인용문들을 참조하라.

54) Chrysostom, *Hom. 1 Cor.*, 7:1; Calvin, *First Epistle*, 53.

55) Schniewind, "Die Archontes dieses Äons, 1 Kor. 2:6-8," in *Nachgelassene Reden und Aufsätze*, 104-109; Miller, "ἀρχόντων τοῦ αἰῶνος τούτου — A New Look at 1 Cor. 2:6-8," 522-528.

리스(1958년), 뭉크(1959년), 푀이에(1963년), 스롤(1965년), 브루스(1971년), 밀러
(1972년), 데이비스(1984년), 피(1987년), 슈트로벨(1989년), 키스트메이커(1993년),
랑(1994년), 위더링턴(1995년), 볼프(1996년), 헤이스(1997년), 호슬리(1998년) 등이
이 견해를 채택한다.[56] 데이비스와 피는 카의 입장을 따르면서 다음 사항을 강조
한다. (i) 사전학적 정보, (ii) ἄρχων이라는 단어의 단수와 복수의 명백한 차이점,
(iii) 1:18-25과의 관계 등. 그러면서 피는 "기원후 2세기에 이르기까지 유대교 혹
은 기독교 문헌에서 이 용어가 마귀에게 속한 존재들(demons)을 가리키는 데 사용
되었다는 것을 입증해주는 명백한 증거는 전혀 없다"고 결론짓는다."[57]

(3) 민족들의 수호천사들로서의 "통치자들"? 초자연적이며 정치적인 지도자
들. 오스카 쿨만은 "분명히 바울이 '이 세상의' 눈에 보이지 않는 '군주들'뿐만 아
니라…그들의 실질적인 인간 도구들, 곧 헤롯과 빌라도를 모두 의미한다"고 주장
한다(강조는 원저자의 것임).[58] 눈에 보이지 않는 권세들이 "세상 안에서 일어나는 일
들의 배후에 있다"(강조는 원저자의 것임).[59] 또한 그는 마르틴 디벨리우스가 처음으
로 유대교 안에 광범위하게 퍼져 있는 다음과 같은 신념을 입증했다고 주장한다.
"각 사람에게는 한 명의 특별한 천사가 있다."[60] 그는 이 유대교 신념을 입증하기
위해 다니엘, 에녹서, 탈무드를 언급한다. 쿨만은 바울 서신에서 그리스도의 온 우
주의 주님 되심(참조. 빌 2:10)과 국가를 떠받치는 ἐξουσίαι, "권세들"(참조. 롬13:1)에

56) 예. Findlay, *Expositor's Greek Testament*, 2:778; Robertson and Plummer, *First Epistle*, 36-37; Grosheide, *Commentary*, 63("단지 통치자들만…가리키는 것은 아니다. 왜냐하면 바울은 이 세상의 유형에 고정되어 있는 사람들을 머릿속에 떠올리고 있기 때문이다"); Thrall, *1 Corinthians*, 25; A. Feuillet, "Les 'Chefs de ce siècle' et la sagesse divine d'après 1 Cor. 2:6-8," in *Studiorum Paulinorum Congressus Internationalis Catholicus 1961*, 1:381-393; 또한 *Le Christ, Sagesse de Dieu* (Paris: Gabalda, 1968), 37-57; Bruce, *1 Corinthians*, 38; Davis, *Wisdom and Spirit*, 87-92(대체로 Carr의 입장을 따름), 참조. 85-131 on 2:6-16; Fee, *First Epistle*, 104; Kistemaker, *First Epistle*, 80; Witherington, *Conflict and Community*, 127; Lang, *Die Briefe*, 42-43; Strobel, *Der erste Brief*, 65-66; Wolff, *Der erste Brief*, 53; Hays, *1 Cor*, 43; Horsely, *1 Cor*, 58.
57) Fee, *First Epistle*, 104, n. 24; 참조. Davis, *Wisdom and Spirit*, 90-91.
58) Cullmann, *Christ and Time*, 191.
59) 같은 책, 192.
60) 같은 책.

대해 언급한다. 그리스도 안에서의 구속은 우주 안에 있는 "천사들의 권세들이 그에게 복종하는 것"을 포함한다.[61] 쿨만은 고전 2:6-8에서 이 해석을 확인해주는 요소들을 찾아낸다. 조지 케어드는 자신의 저서 『권세들과 능력들』(*Principalities and Powers*, 1956)에서 쿨만의 논점을 한층 더 발전시킨다. 구약성경에서 종종 "하나님의 아들들"로 언급되는 다양한 인물은 하나님의 초자연적인 대리자로 나타난다는 것이다(창 6:3; 신 32:8 [70인역; 히. "이스라엘의 아들들"]; 또한 욥기).[62] 특히 신 4:19은 하나님이 천체들을 "천하 만민을 위해 배정하신 것"에 대해 말한다. 한편 단 10장은 (하늘의) 군주(히. שַׂר, 사르)를 언급한다. 그는 바사(단 10:13)와 헬라(단 10:20)를 지킨다. 케어드(그를 이어 화이틀리도)는 집회서 17:17 ─ "온 땅의 민족들을 나누실 때 그분[하나님]께서는 각 민족 위에 통치자를 세우셨으나 이스라엘만은 주님의 몫이 되었다" ─ 을 특별히 중요하게 생각한다.[63] 이 견해에 따르면 바울은 이 유대교 전통 안에 있거나 적어도 그 전통에 가깝다. 하나님의 백성으로서 그리스도인들은 하나님의 보호와 돌보심을 직접 받고 있다. 하지만 다른 초자연적인 세력들은 권세자들, 지도자들, 조직체들, 믿지 않는 "민족들"의 정체성 "배후에 있다."

하지만 우리는 다음 사항에 대해 이미 지적한 바 있다. 즉 다수의 학자 중 특히 카, 밀러, 데이비스, 피의 관점에 의하면 이 견해는 70인역의 유대교에 반영된 복수보다는 오히려 단수 ἄρχων에 기초하고 있다. 더욱이 전문 어휘사전의 정보에 의하면 이에 대한 증거는 취약하다. 해치-레드패스가 편집한 70인역 사전은 ἄρχων으로 번역한 히브리어 단어의 목록을 서른세 가지나 제시한다. 이 단어들 가운데 단지 שַׂר만 초자연적인 통치자를 나타낸다. 페스체, 페터슨, 뭉크, 발라리니 등 다른 저자들은 다음과 같이 카의 견해에 동의한다. 즉 워커와 다른 학자들이 주장하듯이 우리가 2:6-16은 바울이 기록한 것이 아니라 나중에 삽입된 것이라는 견해를 따르지 않는 한, 이 해석은 1:18-31과 이어지는 논점의 연속성을 훼손한다.[64]

---

61) 같은 책, 193.

62) Caird, *Principalities and Powers*, 1-11.

63) Caird, *Principalities and Powers*; Whitely, *The Theology of Saint Paul*, 21.

64) T. Ballarini는 고전 2:6, 8에 대한 해석과 더불어 M. Pesce의 연구서 *Paolo e gli archonti a Corinto* (1977)에 대한 요약 설명을 *Laurentianum* 21 (1980): 251-272에서 제시한다. 또한 참조. W. O. Walker, "1Cor. 2:6-16: A Neo-Pauline Interpolation?" *JSNT* 47 (1992):

(4) 개인을 초월하는 집단적인 공동체의 구조 안에서 사회적·정치적 권세들로서의 "이 세상 질서 통치자들"(악마적인 강조점에 대해 암시할 가능성과 더불어). 앞에서 살펴본 세 가지 해석 가운데 두 번째가 가장 추천할 만하다. 하지만 우리는 세 번째 해석의 논점들이 타당하지 않다고 보고 그저 제쳐놓을 수만은 없다. 바울은 데카르트로부터 20세기 후반까지 이어지는 서구의 개인주의보다 유대교 묵시론에 더 근접해 있다. 인류는 개개인의 총집합체보다 더 크다. 곧 인류는 집단적인 공동체다. 하지만 이 공동체 안에는 악과 악한 세력들이 만연해 있고 또 구조적인 특성이 있다. 더욱이 바울의 관점에 의하면 예수 그리스도는 단순히 빌라도나 헤롯 또는 몇몇 지도자에 의해 십자가 처형을 받은 것이 아니다. 오히려 그 사건은 우주적인 사건이다. 그 사건에 근거하여 하나님은 모든 세력에게 말씀하신다. 또한 그 사건의 결과로 온전한 해방이 뒤따를 것이다(롬 8:38-39). 롬 1:39에 언급된 세력들은 단순히 개개인의 권세 그 이상을 가리킨다. 따라서 우리는 해당 절이 명백하게 "천체의 권세들"을 언급한다고 주장할 필요는 없다.

설령 바울의 언어 묘사가 인간 지도자들을 가리킨다 하더라도 축적되고 내재하는 타락으로 말미암거나 보다 더 강력한 우주적인 권세들로 말미암는 구조적인 세력에 대한 함의는 여전히 남아 있다. 이것은 타이센의 접근 방법에 가깝다. 또한 라인홀드 니버는 집단적인 악이 개개인의 사악한 행위의 총합을 질적인 측면에서 훨씬 더 뛰어넘는다는 점을 입증해준다.[65]

과연 바울 전문가들 가운데서 이 해석을 지지하는 이들을 발견할 수 있을까? 타이센의 연구와 코바치의 저서 외에 다른 두 저자도 매우 중요한 연구를 제공한다. 먼저 월터 윙크의 세 가지 연구는 바울 서신을 포함하여 성경 자료에 관해 예리하게 설명해준다.[66] 윙크는 다음과 같이 논평한다. "고전 2:6-8의 ἄρχοντες

75-94.

65) Theissen, *Psychological Aspects of Pauline Theology*, 374-378; 참조. Niebuhr, *Moral Man and Immoral Society*. 예를 들어 롬 1:18-32에 대한 언급과 함께 해당 이슈들을 보다 더 분명하게 다룰 수 있을 것이다.

66) Wink, *Naming the Powers: The Language of Power in the New Testament*, esp. 40-56; *Engaging the Powers: Discernment and Resistance in a World of Domination*, 또한 *Unmasking the Powers: The Invisible Forces That Determine Human Existence*.

가 사람이라는 주장뿐만 아니라 그들이 초자연적인 존재라는 주장은 모두 타당
성이 있다.…두 견해는 모두 옳다."[67] 그다음 닐 엘리엇의 저서『바울을 해방하기』
(*Liberating Paul*)는 "바울과 '권세들'"에 대해 매우 건설적인 논의를 제공한다.[68]
윙크와 엘리엇은 다음과 같은 베커의 견해에 동의한다. 즉 묵시론과 우주적인 배
경은 중요하며, 하나님을 대적하는 우주적인 세력들은 "서로 연결되어 있는 전
체로서 작동한다.…따라서 다른 세력들과 분리하여 이해할 수 있는 세력은 전혀
없다."[69] 골로새서의 강조점과는 대조적으로 고린도전서에서는 비록 권세들이 무
너지기 시작했고 곧 멸망할 것이라고 말하지만(고전 2:6), 그 권세들은 아직 정복
되지 않은 채 남아 있다(고전 15:24). 이 점과 관련하여 엘리엇은 다음과 같이 주장
한다. "바울의 사상에는 고전 2장과 15장에 뚜렷하게 나타나 있는 묵시론적 관점
을 과소평가할 만한 것이 전혀 없다."[70] 코바치의 연구 논문『통치자들, 성령 그리
고 그리스도의 죽음』은 고린도전서 전체를 "하나님과 우주적인 악의 세력들 간의
싸움"이라는 주제로 이해하면서 이 주제를 강조한다.[71] 오르트켐퍼는 콘첼만과 카
의 양자택일의 입장을 거부한다. 즉 "바울은 이중적인 의미를 표현한다. 한편으로
정치적인 세력들은 예수를 죽음에 이르게 하지만, 또 다른 한편으로는 스스로 하
나님을 거부하는 마귀적인 세력들의 도구임을 드러낸다."[72]

윙크는 특히 골 1:16에 대해 다음과 같이 말한다. "이 세력들은 천상의 세력
일 뿐만 아니라 지상의 세력이다. 이 세력들은 초자연적인 세력일 뿐만 아니라 인
간적인 세력이다. 이 세력들은 영적인 세력일 뿐만 아니라 정치적인 세력이다. 눈
에 보이지 않는 세력일 뿐만 아니라 구조적인 세력이다. (이 세력들은) 외적이며 물
리적인 모습을 지니고 있다. 또한 내적이며…집단적인 문화 또는 집단적인 인격

---

67) Wink, *Naming the Powers*, 44.
68) Elliott, *Liberating Paul: The Justice of God and the Politics of the Apostle*, 114-124.
69) Beker, *Paul the Apostle*, 189-190.
70) Elliott, *Liberating Paul*, 115.
71) Kovacs, "The Archons, the Spirit, and the Death of Christ: De We Really Need the Hypothesis of Gnostic Opponents to Explain 1 Cor. 2:6-16?" in Marcus and Soards (eds.), *Apocalyptic in the NT: Essays in Honour of J. Louis Martyn*, esp. 224-225.
72) Ortkemper, *1 Korintherbrief*, 36.

을 지니고 있다."[73] 엘리엇은 권세에 대해 윙크가 제시하는 기초 원리가 "설득력이 있다"고 생각한다. 하지만 그는 고린도전서가 일종의 망상적이며 이미 실현된 종말론에 또다시 반대하면서 강조하고 있는 지속적인 싸움에 더욱더 강조점을 둔다. 엘리엇은 구조적인 악을 부당한 권력을 행사하는 정치 체제와 올바로 연결한다. 그리고 그는 구조적인 악을 정치 체제를 그릇된 방향으로 부추기는 세력들 및 폭력과 압박을 통해 자기 생존에 광적으로 집착하도록 가속화하는 세력들과 연결한다. 그는 단순히 개별적인 인물이 아니라 "권세자들"로서 "억압, 압박, 박해, 굶주림, 극도의 결핍, 위협, 칼"(참조. 롬 8:35-39) 등과 연루되어 있는 사례로 필리핀의 페르디난드 마르코스와 베니그노 아키노와 엘살바도르의 오스카 로메로 대주교 암살 사건, 아이티의 장-베르트랑 아리스티드 등과 관련된 사례들을 구체적으로 논의한다.[74] "성령은 그리스도인들을 우주적인 탄생의 트라우마 안으로 이끈다.…바울은 예수의 죽음을 지상의 온갖 억압적 도구들을 통해 창조세계를 속박하고 있는 모든 권세에 대한 최후의 해방 전쟁의 시작으로 해석한다"(강조는 원저자의 것임).[75] 윙크와 엘리엇이 선택한 구체적인 사례들에 대해서는 논평하지 않는다 하더라도, 그들이 제시하는 기본 원리는 신중한 해석학적 논의에 기초한 타당한 해석을 제시해준다. 그리스도의 십자가는 구조적이며 집단적인 악을 처리한다.

2:6-16의 텍스트의 통일성

비트만과 워커는 이 부분(6-16절)의 언어 표현 및 용어는 고유한 특성이 있기 때문에 바울이 이 단락을 기록하지 않았다는 입장은 반드시 진지하게 고려해야 한다고 주장한다.[76] 언뜻 보기에 이 구절들은 1:1-2:5에서 바울이 공격하는 사람들의 직접적인 반응일 수도 있을 것이다. 그렇다면 그들의 반응은 "하지만 우리는 지혜를 말함

---

73) Wink, *Engaging the Power,* 3.

74) Elliott, *Liberating Paul,* 118-121.

75) 같은 책, 123.

76) M. Widmann, "1 Kor. 2:6-16: Ein Einspruch gegen Paulus," 44-53; W. O. Walker, "1 Cor. 2:6-16: A Non-Pauline Interpolation?" *JSNT* 47 (1992), 75-94.

니다"라는 말로 시작할 것이다. 그들은 이 지혜가 멸망에 이르게 하는 것이 아니라 오히려 진정으로 "신령한" 것이라고 대답한다. 오랜 기간 동안 바이스를 비롯하여 다른 주석가들은 2:15-16이 이 편지 수신자들의 입에서 나온 말로 이해해왔다.[77] 머피-오코너, 미첼 등 다른 학자들은 이 입장에 강력하게 반대한다.[78] 하지만 만약 비트만과 워커가 옳다면 바울이 십자가와 기독론의 관점에서 "지혜"를 재정의한 것보다 더 많은 것이 논쟁거리로 대두될 것이다. 2:7-16을 주해해나가는 과정에서 우리는 이 이슈를 염두에 두어야 한다. 어쨌든 바울은 3:1-4에서 해당 논쟁에 기독론적으로 결정적인 전환을 도입한다. 사실상 우리는 여전히 2:6-16이 바울 자신의 표현이라고 확신한다. 하지만 그는 고린도의 엘리트들이 사용하던 논쟁 방식을 드러내며 그것에 진정으로 대처한다. 또한 그는 그들을 기독론적인 문맥에 배치하기 위해 그들의 표어(catchwords)를 의도적으로 받아들인다. 새뮤얼 래우클리는 어떻게 영지주의적인 사고와 유사한 용어들이나 그리스도인들과 영지주의의 경향을 나타내는 자들이 공유한 보다 더 엄밀한 용어들이 의미상 서로 다른 내용을 전달하는지는 해당 용어의 전후 문맥과 논의의 구조에 달려 있다는 신뢰할 만한 연구를 제시했다. 그의 연구는 여전히 훌륭하며, 지금까지 부당하게 간과되고 있다.[79]

아마도 바울의 반대자들은 자신들의 견해를 지지하기 위해 70인역에서부터 "지혜" 전승—특히 사 40장, 52장, 64장 등—을 기꺼이 인용했을 것이다. 하지만 엘리스의 다음과 같은 입장을 따르기는 어려워 보인다. 즉 그는 2:6-16이 "일종의 미드라쉬 또는 성경 해설의 문학적인 형태를 지니고 있으며, 아마도…고전 2장에서 그것이 사용되기에 앞서 (바울을 지지하는) 신령주의자들의 그룹 안에서 작성되었을 것"이라고 생각한다.[80] "이 세상의 영"과 "하나님으로부터 온 영"에 대한 엘리스의 언급은 전적으로 양날의 칼이다. 왜냐하면 후자는 바울의 사상과 조화를 이루면서 전자를 바로잡아 주기 때문이다.[81] 이 이슈와 1인칭 복수가 사용된 것에

---

77) Weiss, *Earliest Christianity*, 2:511-513; *Der erste Korintherbrief*, 64-70.

78) J. Murphy O'Connor, "Interpolations in 1 Corinthians," *CBQ* 48 (1986): 81-94.

79) Laeuchli, *The Language of Faith: An Introduction to the Semantic Dilemma of the Early Church*.

80) Ellis, *Prophecy and Hermeneutic*, 25-26.

81) 같은 책, 26. n. 17.

대해서는 앞의 논의를 참조하라.

7절   과연 ἐν μυστηρίῳ라는 어구를 "단순히 인간이 깨닫기에는 너무 심오한 가르침으로" 이해해야 할지 판단하는 것은 매우 어렵다. NIV, REB, NRSV의 번역은 "신비"(또는 비밀)라는 단어 사용을 회피한다. 그러면서 이 단어를 "감추인"(ἀποκεκρυμμένην)을 강조하는 단어로 이해한다. 따라서 NRSV는 다음과 같이 번역한다. "우리는 은밀하고 감추어진 하나님의 지혜를 말합니다. 그것은 하나님이 정하신 것입니다." NJB는 JB의 번역—"우리는 우리의 비밀들 안에서 가르칩니다"—을 수정하여 다음과 같이 번역한다. "우리는 바로 하나님의 신비스러운 지혜에 대해 말합니다." 한편 REB는 "나는 하나님의 감추어진 지혜, 곧 그의 은밀한 목적에 대해 말합니다"라고 번역한다.

보크뮐이 최근에 그의 논문에서 해당 주제에 대해 주장했듯이, 만약 바울이 여기서 자신이 쓴 네 편의 주요 서신과 골로새서에 반영된 그의 신학과 상응하는 의미에서 이 단어(뮈스테리온)를 사용하고 있다면 그의 강조점은 인간의 깨달음에 반대되는 개념인 **계시된** 신비에 있다.[82] 하지만 현대 독자들에게 비밀(신비)라는 개념은 다음과 같은 문제점을 내포하고 있다. 즉 현대인들에게 비밀은 이해할 수 없는 무언가를 전달하는 성향을 지니고 있다. 그 이유는 그것이 계시를 필요로 하기 때문이 아니라 원칙적으로 논리적인 설명이 불가능하거나 이해가 불가능하기 때문이다. 따라서 하나님의 "비밀"이라는 개념은 십자가 사건과 성령의 사역 없이는 타락한 인간이 자신의 능력으로 하나님의 진리를 파악할 수 없다는 점을 강조하기보다는 오히려 마치 하나님이 진리를 "숨겨 놓고" 있는 것처럼 묘사하는 사소

---

82) Bockmuehl, *Revelation and Mystery in Ancient Judaism and Pauline Christianity*. Bockmuehl은 묵시 문헌, 쿰란 문서, 지혜 문헌, 필론, 요세푸스, 바울 등에서 이 단어가 발전되어 온 과정을 추적한다. 그는 고린도전서에서 이 단어가 "계시된 신비들"을 강조한다는 것을 발견한다. 이것을 통해 바울의 기독론은 유대교 용례에서 이 단어가 사용된 것을 재정의한다.

한 신인동형론에 불과해 보인다. 신비 종교에서 μυστήριον이 전문 용어로 사용된 것 이외에도, 이 단어는 너무 심오하여 단지 인간의 총명만으로 깨달을 수 없다는 것을 의미한다.[83] 이 단어는 다음과 같은 이슈들과 연결되어 있다. 즉 하나님이 이스라엘을 "우둔하게(완고하게) 하심"(롬 11:25), 예수가 다시 오면 성령이 신자들을 부활하게 하고 온전히 변화시킴(고전 15:51), 그리스도 안에서 하나님의 자기 계시와 정체성(골 2:2)의 확인 등이다(또한 2:1; 4:1, 3; 13:2; 14:2; 15:51에 대한 주해를 참조하라).

NRSV와 NIV는 ἐν μυστηρίῳ, "비밀 안에서"를 ἀποκεκρυμμένην, "감추인"과 연결하여 이해하고 번역한다. 피, 슈라게 등 몇몇 주석가들도 이 그리스어 구문을 이렇게 이해한다.[84] 어떤 학자들은 이 구문을 λαλοῦμεν과 연결하여 이해한다. 따라서 "우리는 하나의 비밀(신비)로 말합니다"라고 번역한다.[85] 하지만 그 의미를 전달하는 데는 거의 차이가 없다. "또한 '신비'(비밀)라는 단어를 사용하는 것도 우리의 지혜이신 그리스도가 인간의 모든 이해를 뛰어넘는다는 점을 가리킨다"(참조. 15:15; 엡 5:32).[86] 슈라게는 "하나님의 지혜는⋯바로 십자가에 못 박힌 그리스도다"라고 말한다.[87] 성령의 "도움을 받지 않는 인간의 이성"은 결코 스스로 그 비밀(신비)을 깨달을 수 없다.[88]

우리는 (이 장에서 나중에 나오는 두 절 또는 세 절과 함께) 7절과 8절이 고린도 교회의 몇몇 사람들의 논점을 나타내며, 또 바울이 그들에게 답하기 위해 그것을 인용했을 가능성을 그저 일축해버릴 수 없을 것이다. 타키투스의 여러 저서에서 그리스도인들의 예배 모임은 신비 종교의 경우처럼 오직 입문자들에게만 알려진 "비밀 의식"과 관련이 있는 것으로 묘사된다. "신령주

---

83) BAGD, 530-531.
84) Conzelmann, *1 Corinthians*, 62; Robertson and Plummer, *First Epistle*, 37; Fee, *First Epistle*, 105; Schrage, *Der erste Brief*, I, 250; 또한 Aquinas, Grotius 및 Lightfoot.
85) Meyer, *First Epistle*, 1:62-63; 또한 Erasmus와 de Wette.
86) Grosheide, *First Epistle*, 64.
87) Schrage, *Der erste Brief*, I, 250.
88) Findlay, *Expositor's Greek Testament*, 2:778.

의자들"에 대한 바이스, 슈미트할스, 엘리스 등 다른 학자들의 논점은 아마도 이 절에 적용될 수 있을 것이다. 바레트는 이 절에 사용된 그리스어 접속사 ἀλλά, "그러나"를 "아닙니다. 우리는…말합니다"로 번역한다. 또한 콜린스는 이것을 "오히려 우리는…말합니다"로 번역한다. 곧 이들은 이 접속사를 강력한 반대 의사를 나타내는 것으로 이해한다. 하지만 바로 앞에서 언급한 것에 기초하여 우리는 "그래요, 우리는…말합니다"로 번역하여 전후 문맥의 연결 관계를 열린 상태로 남겨 두었다.[89] 왜냐하면 "그래요"(well)는 자기를 정당화하는 논점을 소개하거나 잠시 말하는 것을 멈칫하는 것을 표현하면서 단순히 느슨한 연관성을 암시하기 때문이다.

만약 μυστήριον이 신비 종교에 입문한 엘리트나 어떤 과격하고 "열광적인 신령주의적인" 신앙 공동체를 가리키는 의미로 사용되었다면 이 단어는 오직 "내부자들"만 공유하는 어떤 지식을 가리킬 것이다. 이것은 하나님의 계시를 통해 인간에게 알려지는 신비로운 지식과 상반된다. 전자의 의미는 신비 종교에서 진행하는 "비밀 의식과 종교 행사"를 가리키는 전문적인 의미와 연결된다. 또한 전자의 의미는 단지 고린도의 엘리트들이 제기하는 논점을 직접 인용한다고 인정할 경우에만 통용될 수 있다. 즉 "우리 그룹이 모일 때 우리는…말합니다." 하지만 해당 이슈는 단지 사변에 지나지 않는다. 여기서 바울은 다음 세 가지를 특별히 강조한다. 즉 바울은 계시, 인간의 지적 인식 능력을 초월하는 진리들, 태초부터 정해진 하나님의 지혜인 그리스도를 강조한다.

그리스어 동사 προώρισεν(προορίζω)은 horizon(지평)이라는 영어 단어의 기원인 그리스어 단어 그룹에서 파생된 것이다. 즉 "미리 어떤 경계를 결정하다"를 뜻한다. 고전 그리스어에서 이 단어는 어떤 사건이 일어나기에 앞서 여러 가지 결정에 이른 것을 가리키는 데 사용되었다(Demosthenes, 31:4). 우리는 롬 8:30의 "예정되었다"(NRSV) 또는 "미리 정해졌다"(REB)라는 의미로 이 단어와 친숙해졌다. 롬 8:30에서처럼 여기서

---

89) Collins, *First Cor*, 129; Barrett, *First Epistle*, 70.

도 이 동사의 목적은 다음과 같은 사실을 강조하기 위해서다. 즉 "하나님은 그분의 목적을 우연에 내맡기지 않으신다.…바울은 그 목적이 성취되는 관점에서 전체의 과정을 바라본다."[90] 고전 2:7에서 NRSV는 해당 그리스어 동사를 "정하셨다"(decreed), NJB는 "예정하셨다"(predestined), NIV는 "미리 정하셨다"(destined before), REB는 "맨 처음부터 계획된 어떤 목적"(a purpose framed in the very beginning)이라고 번역한다. 몰턴-밀리건은 파피루스 문헌에서 이 단어가 사용된 사례에 대해 아무런 목록도 제시하지 않는다. 하지만 앞에 전치사가 붙지 않은 그리스어 동사 ὁρίζω는 (예를 들면 땅의) 경계를 확정하는 것뿐만 아니라 임명하거나 법령을 선포하는 것(참조. 눅 22:22; *London Papyri* 1168:13, 기원후 18년)을 의미할 수 있다. 또한 ὁρισμός는 *BGU* 2:599:2에서 경계를 의미한다. 전치사가 결합된 동사의 형태는 미리 결정한다는 것을 강조하기 때문에 피는 이 그리스어 동사를 "예정하다"로, πρὸ τῶν αἰώνων(세대에 앞서)을 "시간이 시작되기에 앞서"로 번역한다.[91]

하지만 현대 독자들은 불가피하게 이천 년이라는 세월의 철학적 전통에 영향을 받고 있다. 그 전통 안에서 "시간이 시작되기 이전의 예정"은 목표가 이루어지는 방식에 일종의 불변성을 부여한다. 또한 이것은 부지중에 어떤 철학적인 의제를 암시할 수 있다. 하지만 바울은 여기서 그런 것을 전혀 언급하지 않는다. 묵시론적인 사고의 배경에서—볼프와 슈트로벨 등 다른 학자들은 이 점을 올바로 강조함—감추어진 세대들이 시작되기 이전에, 그리고 계시된 비밀(신비)과 같은 개념들로 암시되는 것의 존재와 하나님과 그분의 목적들에 속한 것을 구분하여 표시하기로 결정된 것은 대체로 도장을 찍거나 또는 이름을 부여하는 형태를 취한다. 이것은 하나님께 속한다고 표시된 이들의 안정성을 보증해주는 것이다.[92] 그러므로 그리스어 동사

---

90) Dunn, *Romans*, 1:485.
91) Fee, *First Epistle*, 105. 참조. Collins, *First Cor,* 121, 123. *God pre-ordained before the ages.*
92) 예를 들면 도장을 찍는 것(σφραγίζω)에 대해서는 다음 구절들을 참조하라. 계 7:3, 4, 5, 8; 20:3; 고후 1:22; 엡 4:30. 또한 이름(ὄνομα)을 부여하는 것에 대해서는 다음 구절들을 보라.

ὁρίζω, "표시하다" 또는 "경계선을 긋다"에 전치사 προ-가 결합된 복합동사는 "하나님께서…미리 정해놓으셨습니다"라고 번역하는 것이 가장 좋을 것이다. 이 번역은 예정에 대한 뉘앙스를 포함하고 있으며, 다양한 철학적 전통에서 발견되는 추가적인 개념을 반영하지 않는다.

또한 이 의미는 εἰς δόξαν ἡμῶν, "우리의 영광을 위하여"라는 심오하고 감동적인 구절과도 잘 어울린다. 이 번역은 목적격과 더불어 사용된 전치사 εἰς를 "~할 목적으로"라는 의미로 이해한다. 몰트만, 윙엘, 브륌머 등이 잘 논증하듯이 만약 하나님의 사랑이 그분의 백성의 형통함과 행복을 그분 자신의 것으로 다루는 특성이 있다면 **하나님의 사랑 안에는** 경쟁이라는 것이 전혀 있을 수 없다. 다시 말해 **하나님 자신의** 영광을 위한 사역과 하나님이 자기 백성을 위해 그 영광을 공유하기를 바라시고 계획하신 것 사이에는 사랑의 경쟁이 전혀 존재하지 않는다.[93] 우리가 앞에서 논의한 대로 이것은 영광에 대한 승리주의를 합리화하려는 고린도 교인들의 주장을 바울이 인용한 것을 나타낼 가능성도 있다. 만약 그렇다면 바울은 나중에 루터가 이 절에서 **십자가 신학**과 그릇된 **영광의 신학**을 서로 대립시키는 것을 예고한 것이다.[94] 뿐만 아니라 이것은 바울이 고전 15:40-56에서 그리스도에게 속한 백성의 운명을 묘사하는 것과도 정확하게 일치한다. 장차 부활할 때 그리스도인들은 성령의 [충만한 내재]와 그리스도의 형상을 [온전히] 지니는 것과 δόξα, "영광"으로 특징지어지는 존재 방식을 취할 것이다(15:40-41, 특히 43: ἐγείρεται ἐν δόξῃ, "영광스러운 것으로 다시 살아나며"; 참조. 빌 3:21).

δόξα, "영광"이라는 단어의 의미를 온전히 파악하기 위해 우리는 70인역에서 δόξα를 전제하고 번역된 해당 히브리어를 면밀히 살펴볼 필요가 있다. 캐리 뉴먼은 히브리어 단어 כבוד (카보드)와 그리스어 명사 δόξα(독

계 3:12; 14:1; 22:4(참조. 고전 1:13). 또한 참조. Wolff, *Der erste Brief*, 55 on Bar 14:9; *1 Enoch* 37:2, 3; 또한 1QS 4:18; Strobel, *Der erste Brief*, 66.

93) Vincent Brümmer, *The Model of Love: A Study in Philosophical Theology* (Cambridge: Cambridge University Press, 1993), 127-245, esp. 239-240.

94) Luther, *Heidelberg Disputation*, esp. sects. xx-xxviii (WA, 1:361-365); 또한 *Early Theological Works*, 290-295.

사)에 대한 고전적인 연구를 개진했다.[95] 그는 우리에게 כבד 어군이 히브리어 성경에서 약 400번 나타난다는 사실을 상기시켜준다. 이 어군 안에서 서로 구별되는 몇 가지 신학적 주제와 사전적 의미 영역은 예를 들면 하나님의 임재에 대한 주제와 교류한다. 뉴먼과 클레멘츠는 이에 특별한 관심을 기울인다. 또한 "신의 현현"과 쉐키나(shekinah)는 "무게", 장엄 또는 하나님의 행위에 대한 감동과 빛으로서의 하나님의 영광의 광채와 같은 특성들과 교류한다.[96] 사실상 כבוד(카보드)에 대한 언어학적 연구들은 무게 또는 무거움의 개념으로부터 시작한다. 이 개념으로부터 영광, 광채, 명성 등이 파생된다.[97] 해당 히브리어 단어의 의미 영역은 무게에 대한 "중립적인" 측면뿐만 아니라 축복, 관대한 은혜, 찬양, 구원, 아름다움, 부요함 또는 형통함(행복), 다산(多産), 하늘, 하나님의 임재 등과 같은 보다 더 "긍정적인" 뉘앙스들도 포함할 수 있다.[98]

바울의 사상에 대한 사전학적인 정보를 다루는 장에서 뉴먼은 BAGD와 다른 자료에서 다음 네 가지 주요한 의미를 이끌어낸다. (i) 밝음, 빛을 내뿜음, 광채, (ii) 눈을 부시게 하는 (또는 숨을 멈추게 하는) 장엄함, (iii) 명성, 유명, 영예, (iv) 때때로 어떤 "직무" 등이다.[99] 이 네 가지 의미 영역 중 첫 번째 것이 가장 빈번하게 사용된다. 하지만 뉴먼은 다음과 같은 사실도 밝혀준다. 즉 바울 서신에서 해당 단어는 보다 더 다양하고 복합적인 뉘앙스를 지니고 나타난다는 것이다. 그리스어 전치사 εἰς가 δόξα의 목적격—정관사가 쓰이기도 하고 그렇지 않을 수도 있음—및 θεός와 결합된 경우, 곧 εἰς τὴν δόξαν θεοῦ에서 초점은 "찬양"에 있다는 것이다. 하지만 뉴먼은 θεός가 주어로 사용되고, εἰς 다음에 δόξα의 목적격이 나오며, 해당 구절이

---

95) Newman, *Paul's Glory-Christology: Tradition and Rhetoric*, esp. "Some Semantic Observations on Glory in the Hebrew Bible," 17–24; "Some Semantic Observations on Glory in Paul," 157–164, and "1 Cor. 2:8," 235–240.

96) 같은 책, 17–75; 참조. R. E. Clements, *God and Temple* (Philadelphia: Fortress, 1965).

97) BDBG, 456–459; L. Köhler and W. Baumgartner, *HALAT*, 2:434–435.

98) 다양한 의미를 요약해주는 저서로는 Newman, *Paul's Glory-Christology*, 19를 참조하라.

99) 같은 책, 157. 참조. BAGD, 203–205.

나 구문을 지배하는 주동사가 결합된 경우에는 그것을 우리가 기대하는 것과 다르게 번역한다. 그는 그러한 예를 단 두 가지만 제시한다. 그중 하나가 2:7의 προώρισεν ὁ θεὸς ... εἰς δόξαν ἡμῶν이다. 그는 εἰς δόξαν ἡμῶν을 "우리의 유익을 위해"로 번역한다.[100]

그럼에도 대다수 주석가들은 2:7의 구문과 사전학적 의미 영역을 매우 다양하게 이해한다. 콘첼만의 판단에 의하면 εἰς δόξαν ἡμῶν은 "우리의 새로운 존재를 초자연적인 것으로" 묘사한다는 취지에서 "우리의 영광을 위한 의도와 함께"를 의미한다.[101] 또한 그는 다음과 같이 덧붙인다. 이 표현은 "구원의 지식에 대한 경계선을 나타내며, 그 지식은 그것을 잘 알고 있는 사람들에 의해 선포된다." 피(Fee)는 여기서 "하나님은 자기 백성을 (부끄러움이 아니라) 영광을 위해 '미리 정하셨다'"고 주해한다. 한편 바레트는 "하나님의 지혜는 우리를 그 지혜에 순종하게 하여 **우리의 영광**으로 이끈다"라고 주장한다(강조는 원저자의 것임)[102] 흐로세이데는 "신자들의 영광은 하나님의 섭리 가운데 필수적인 부분이다"라고 말한다.[103] 벤트란트와 슈라게는 여기서 δόξαν ἡμῶν(우리의 영광)이 지니고 있는 종말론적인 특성을 강조한다. 슈라게는 이것(곧 δόξαν ἡμῶν)을 πρὸ τῶν αἰώνων(만세 전에)과 비교하며 원시 시대-종말 시대(Urzeit-Endzeit)라는 구원론의 패턴으로 이해한다. 곧 종말 시대의 최종적인 목표는 마침내 맨 처음의 출발점 또는 묵시록의 "최초의 시간"에 상응한다. 한편 달(Dahl)은 여기서 "계시의 틀"에 대해 말한다.[104] 여기서 또한 슈라게는 προορίζειν의 번역에 대한 우리의 생각을 강화해준다. 곧 이 단어는 시간 속에서의 어떤 순간을 암시하는 것도 아니며,

---

100) 같은 책, 159-160(또한 160면의 각주 14와 15도 참조).

101) Conzelmann, *1 Corinthians*, 62.

102) Fee, *First Epistle*, 10; Barrett, *First Epistle*, 71.

103) Grosheide, *First Epistle*, 64.

104) Schrage, *Der erste Brief*, 1:251-252. 참조. N. A. Dahl, "Formgeschichtliche Beobachtungen zur Christus Verkündigung in Gemeindepredigt," in Eltester (ed.), *Neutestamentliche Studien für Rudolf Bultmann*, 3-9. 바울은 어떤 특별한 형식에 의존하는 것이 아니라 하나님의 종말론적인 최초의 은혜와 관련하여 "감추어짐"에 대해 말하는 것이다. 참조. Merklein, *Der erste Brief 1-4*, 228-229.

반드시 시간을 초월하는 하나님의 섭리에 대해 암시하는 것도 아니다. 오히려 이 단어는 하나님의 뜻과 목적이 지니고 있는 우선권을 가리킨다. 하나님은 최종적인 목표에 이르기까지 그분의 뜻과 목적을 성취해나가신다.

따라서 최근에 대표적인 주석가들—바레트, 콘첼만, 피, 슈라게, 콜린스, 메르클라인 등—은 모두 뉴먼의 다음과 같은 무미건조한 번역에 반대하는 입장을 취한다. 뉴먼은 ἡμῶν, "우리"를 제거하고 "그의 유익을 위해"라고 번역한다.[105] 벵엘과 마이어는 "신자들의 δόξα"(마이어)는 진정으로 "주님의 영광"의 일부분이라고 올바로 강조한다.[106] 우리도 이 점을 앞에서 강조한 바 있다. 로버트슨과 플러머는 신자들이 성령의 첫 열매(ἀρραβών, 고후 1:22, 앞으로 더욱더 풍성하게 주어질 것에 대한 최초의 할부금)로 이 영광을 미리 맛보는 것으로 이해하면서도 "종말론적인 의미가 일차적이다"라고 말한다.[107]

그렇다면 뉴먼이 탐구한 의미 영역은 여기서 어떻게 보다 더 광범위하고 설득력 있게 적용되는가? 그 의미 영역에 기초하여 **하나님**을 "무거운", "인상적인", "높은 명성을 지닌" 또는 "찬란한" 등으로 번역하는 것은 하나님의 거룩한 위엄을 제대로 드러내지 못한다. (또한 그것은 바울이 여기서 강조하고자 하는 것이 아니다.) 오히려 그것은 그리스도의 십자가를 통해 계시된 비밀 안에 있는 긍휼과 사랑 안에서 자기 자신을 내어주시려고 하나님이 자신의 절대 주권에 기초하여 자유롭게 선택하신 것(προώρισεν, 하나님께서 미리 정해놓으셨습니다)을 강조한다. 하지만 "다른 사람들을 위한 존재"(본회퍼)로서 하나님은 신자들을 그리스도의 죽음과 부활에 동참하게 한다. 그것은 신자들이 자기 자신을 내어주시는 하나님의 눈부신 빛에 참여하는 것이다. 따라서 δόξα를 "유익"으로 번역하는 것은 바울이 의도한 심오한 의미를 제

---

105) 예를 들면 Merklein, *Der erste Brief 1—4*, 228-29; Schrage, *Der erste Brief*, 1:251-52. Wolff, *Der erste Brief*, 55은 두 견해를 암시하는 것처럼 보이지만, Grosheide, Wendland, Lietzmann, Robertson and Plummer는 Fee와 Schrage를 지지한다.

106) Meyer, *First Epistle*, 1:63.

107) Robertson and Plummer, *First Epistle*, 38.

대로 드러내지 못한다. 또한 콘첼만이 여기서 신자들을 초자연적인 새로운 존재로 이해하는 것도 주요 목표에서 빗나가는 것이다. 하나님은 주로 십자가 안에서 그분의 영광의 광채를 내뿜으신다. 십자가 안에서 그 광채는 당분간 대체로 감추어져 있다. 하지만 전적으로 감추어져 있지는 않다. 왜냐하면 신자들의 구원은 이 영광을 완전하게 드러내는 것이 아니라 예비적으로 드러내는 것이기 때문이다. 그들은 지금 그리스도의 성품에 참여하는 범위 안에서 그 영광에 참여한다. 15:44-57에서 바울은 신자들이 그리스도의 형상을 온전히 입으며(φορέσομεν καὶ τὴν εἰκόνα, 15:49) 성령에 의해 온전히 빚어지는(σῶμα ... πνευματικόν, 15:44) 영광으로 부활하는 것이 어떻게 동일한 이 μυστήριον(참조. 15:51; 2:6)을 계승하는 것인지를 밝혀줄 것이다.

8절   "현재의 세상 질서 통치자들"(τῶν ἀρχόντων τοῦ αἰῶνος τούτου)이라는 어구에 대해서는 2:6의 주해를 보라. 이 절에 대한 슈니빈트의 연구를 수용하면서 윙크는 자신의 저서 『권세들에 이름 붙이기』(*Naming the Powers*)에서 8a과 8b의 관계, 곧 "권세들"과 "십자가"의 관계를 자세하게 설명한다.[108] 또한 윙크는 "우리"로 언급되는 구문들과 "그들"로 묘사되는 구문들이 지니고 있는 의미들을 다음과 같이 유용하게 대조한다.

우리		그들
우리의 영광 (2:7)	vs.	이 세상 질서의 통치자들 (2:6, 8)
그분을 사랑하는 사람들 (2:9)	vs.	영광의 주를 십자가에 못 박은 이들 (2:8)
하나님에게서 오는 영 (2:12)	vs.	세상의 영 (2:12)
영적인 사람 (2:15)	vs.	전적으로 인간적인 차원에서 사는 사람 (2:14)

슈니빈트와 윙크의 주장에 의하면 "그들" 그룹은 1:26의 지식인들(σοφός, γραμματεύς), 유력자들(δυνατοί), 훌륭한 가문에 태어난 이들을 포함한다(참

---

108) Wink, *Naming the Powers*, 41(참조. 40-45); 또한 Schniewind, "Die Archontes," in *Nachgelassene Reden*, 104-109.

조. 1:20). 하지만 이 세상 질서의 통치자들이 곧 멸망하게 되어 있듯이(τῶν καταργουμένων, 2:6), 하나님은 그들을 아무것도 아닌 대상으로 만드실 것이다(καταργήσῃ, 1:28). 2:6에서 통치자들과 관련하여 네 번째 견해를 지지하는 우리의 논점에 동의하면서 윙크는 다음과 같이 덧붙인다. "고전 2:6-8에서 언급되는 통치자들이 사람이라는 것은 매우 설득력이 있다. 하지만…헤롯, 빌라도, 유대 지도자들은 '이 세상 질서의 통치자들'이라는 어구의 의미가 지니고 있는 중압감을 버텨낼 수 없을 것이다.…따라서 바울은 예수의 죽음에 연루된 모든 통치자를 의미한다."[109] 이와 마찬가지로 모리슨도 여기서 다층적인 의미가 포함되어 있다고 이해한다.[110]

이 해석은 "세상의 영"(2:12)과 십자가 선포(1:18-2:5) 사이의 우주적인 싸움을 올바로 강조해줄 뿐만 아니라 "지혜"와 "권세들"을 그리스도를 통해 이루어지는 구원이라는 정황에 배치한다. 또한 이것은 2:1-6을 바울이 직접 쓴 것이 아니거나 나중에 삽입된 것으로 보는 관점에 한 가지 주요한 논점을 제시해준다. 바울은 단지 십자가의 관점에서 이 개념들에 새로운 정의를 부여하기 위해 "낯선" 개념 영역을 사용하는 것이다.

만약 현재의 세상 질서 통치자들이 사람뿐만 아니라 개인의 차원을 넘어서는 어떤 대상을 반영한다면 바울은 과연 어떤 의미에서 십자가 처형과 관련하여 그들이 하나님이 계시하신 비밀의 본질을 알지 못했다고 주장하는 것인가? 유대교와 기독교의 묵시론 전승은 곧바로 한 가지 답변을 제시한다. 에녹1서 16:1-3은 영들과 "파수꾼들"(참조. עִיר; ἄγγελος, 예. 창 6:1-4; 단 4:17, 20)이 "멸망하는 것"에 대해 말한다. 이 절들은 그들에 대해 "모든 비밀은 너희에게 아직 계시되지 않았다"라고 분명하게 말한다.[111] 또한 이 주제는 이사야 승천기에서도 비슷하게 나타난다. "어떻게 우리의 주님이 우리 가운데 내려오셨으며, 우리는 그의 영광을 알지 못했는가?"(참조. 희년서

---

109) Wink, *Naming the Powers*, 42 and 44.
110) Morrison, *The Powers That Be*, 23-24.
111) 참조. Barrett, *First Epistle*, 72.

1:25; 이사야 승천기 8:7; 10:8-13; 모세 승천기 1:12-13)[112] 뿐만 아니라 에녹1서는 "영광의 주"(ὁ κύριος τῆς δόξης, 에녹1서 22:14; 25:3, 7; 27:3, 4; 참조. 66:2)라는 표현을 사용한다.

과연 이것은 우리가 바울을 이해하는 데 도움을 주는가? 최근에 오닐 (1995년)은 기독교 이전 유대교 전승은 특히 묵시 문헌에서 "삼위일체적 표현 양식들"을 반영한다고 대담하게 주장했다.[113] 이사야 승천기는 "여섯 번째 하늘" 바깥이나 아래에 있는 모든 "권세들", 곧 하나님과 특별히 가까이에 있는 존재들은 "아버지와 그의 사랑하는 그리스도와 성령"의 "이름들"을 알지 못한다고 말한다(이사야 승천기 8:18). 또한 에녹1서는 오직 눈이 열린 영들만 "선택받은 자, 사람의 아들"을 인식할 수 있다고 말한다. 거기서 사람의 아들은 자신의 사역을 위해 자신을 무장하려고 성령을 받는다(에녹 1서 62:1-2, 5).[114] 에녹1서는 분명히 바울 서신보다 훨씬 이전에 기록되었다. 에녹1서의 기초를 형성하며 진정성 있는 장들 안에 들어 있는 자료는 사실상 창 6:1-8을 악의 기원으로 언급하며 천사들의 타락에 대해 언급한다. 심지어 거기에는 타락한 천사들이 사람들을 가르쳐 예술과 기술에 영향을 미쳤다는 주장도 들어 있다(에녹1서 10:8). 하지만 "메시아에 대한" 본문은 보다 더 많은 문제점을 지니고 있는 에녹의 비유들에 나타난다. 이 비유들의 기록 연대는 분명히 알 수 없다. 뿐만 아니라 오닐이 비록 다양한 전승에 대해 언급하긴 하지만, 에녹의 비유들 안에 있는 보다 더 주목할 만한 내용이 바울 시대 이후에 어떤 그리스도인의 편집 및 수정에 의해 훼손되었는지 분명하게 파악하기는 매우 어렵다.[115] 하지만 우리는 다음 세 가지 사항에

---

112) Schrage, *Der erste Brief,* 1:253; 참조. Collins, *First Cor,* 131; Lang, *Die Briefe,* 43-44; Merklein, *Der erste Brief 1-4,* 230-231.

113) J. C. O'Neill, *Who Did Jesus Think He Was?* BibIntMon 11 (Leiden: Brill, 1995), 42-114 및 여러 곳(인용된 문장은 99면에 나옴).

114) 같은 책, 99.

115) 유대교의 위경, 특히 묵시 문헌을 해석하는 것과 관련하여 이것은 전형적인 문제점을 제공한다. 에녹1서의 기초를 형성하는 문서(에녹1서의 처음 몇 장들)는 바울 이전에 기록되었다. 또한 이 문서는 계시된 비밀들에 대한 주제(참조. 창 5:24에 근거하여 에녹이 하늘로 들림을 받음), 천사들 또는 "파수꾼들"의 역할(참조. 창 6:1-3)과 "영광의 주"(에녹1서

대해서는 분명하게 말할 수 있다.

(i) 뉴먼이 설득력이 있게 주장하듯이 "신약성경의 다른 본문에는 나타나지 않는" τὸν κύριον τῆς δόξης(영광의 주)라는 칭호는 "헬레니즘의 종교적 사고"에 기초한 것이 아니다. 오히려 이 칭호는 "초기 유대교의 묵시론적 배경과 비교하고 대조하면서 이해해야 한다."[116] 유대교 묵시 문헌에서 이 칭호는 하나님의 "보좌에 대한 환상"의 일부를 형성한다. 또한 ἐν μυστηρίῳ(계시된 비밀에 의해 또는 그것 안에서)라는 표현은 하나님의 영광의 광채 또는 (바울 서신에서는) 그리스도 안에서 하나님의 영광의 광채가 환상 속에서 나타나는 것을 알려준다. 바울은 διὰ τοῦ πνεύματος, "성령을 통해"와 더불어 ἀπεκάλυψεν, "계시해주셨습니다"(2:10)라는 동사를 사용하면서 이 점을 확인해준다. 오닐은 이러한 구절에서는 숨겨짐과 드러남의 개념이 동시에 반향된다고 올바르게 지적한다.[117]

(ii) 슈니빈트와 윙크의 입장을 따르는 뉴먼은 바울이 "확신에 기초한 두 가지 패러다임, 즉 하나님의 지혜와…ἀρχόντων τοῦ αἰῶνος τούτου(2:6)가 선호하는 지혜"를 서로 대조한다고 주장한다. "지식, 은사들, 성령을 주장하면서 어떤 고린도 교인들은 그릇된 지혜를 따라가는 속임수에 빠지고 말았다. 사실상 그러한 지혜는 여전히…위험을 초래하는…'이 세상'의 구조에 참여하는 것이다"(강조는 덧붙여진 것임).[118] 이와는 대조적으로 하나님의 지혜는 십자가에 못 박혀 죽은 그리스도를 영광의 주로 계시해

22:14; 25:3, 7; 27:3, 4)라는 용어 등을 확인해준다. "권세들"은 멸망할 운명에 놓여 있지만, 의인들은 구원을 받는다(에녹1서 10:17). 또한 희년서도 분명히 바울 이전에 기록되었다. 희년서는 세대들(aeons)에 중요한 위치를 부여한다(각각의 세대 또는 아이온은 희년으로 마무리된다). 하지만 희년서는 바울의 우주적인 관심사보다는 율법에 더 큰 강조점을 둔다. O'Neill이 주장하는 바와 같이 에녹의 비유들에서 계시에 관한 신학과 성령에 대한 언급과 더불어 메시아에 대한 언급은 보다 더 타당성에 근접할 가능성이 있다. 하지만 우리는 내용적인 측면에서 기독교적 모티프들에 근접해 있는 해당 절들과 관련하여 누락된 부분이 있는 편집본에 의존할 수 없다. 또한 참조. Bockmuehl, *Revelation and Mystery*.

116) Newman, *Paul's Glory-Christology*, 236 and 237; 또한 참조. 235-240.
117) O'Neill, *Who Did jesus Think He Was?* 42-54, 94-101.
118) Newman, *Paul's Glory-Christology*, 239; 참조. 236-237(또한 Wink와 Schniewind에 대한 설명은 위를 보라).

준다. 즉 하나님의 지혜는 현재의 세상 질서의 구조들이 지닌 "궁핍"을 드
러낸다. 이 궁핍은 다른 사람들을 위한 순수한 사랑으로 말미암아 자기 자
신을 내어주시는 그리스도께 "무게"(weight)를 제공하는 영광스러운 광채
(영광)와 현저하게 대조된다(영광에 대해서는 해당 용어에 관한 6절의 논의를 참조
하라. 이것은 8절의 주해를 지지해준다). 이와 마찬가지로 페터 슈툴마허도 고전
2:6-16이 하나의 단락으로 이루어져 있으며, 영광의 특성에 관해 일관된
논점을 제시한다고 설명한다.[119]

　　(iii) "십자가 처형을 통해 예수를 없애려고 시도한 사람들은 사실상 하
나님이 만세 전에 세우신 계획을 성취하는 데 사용되었다."[120] 하나님의 목
적이 실패로 돌아간 것처럼 보였지만, 그것은 오히려 그것을 성취한 것으로
판명되었다. 그들은 하나님이 세우신 보다 높은 목적을 알아차리지 못했다.
이 맹목적인 무지는 자신들의 의도와는 달리 "권세자들"을 하나님의 구원
과 관련된 목적을 위해 사용되는 길로 인도했다. 또한 그 무지는 영광의 주
님이신 그리스도를 십자가에 못 박은 정치 체제 배후에 있던 모든 집단적인
구조에까지 확장되었다.

　　이 절의 문법과 구문에 대해 한두 가지 더 살펴보고자 한다. 첫째, 바울
의 이 편지에서 "영광의 주"라는 표현은 의미상 매우 광범위하게 대조된다.
이 대조에서 영광은 십자가와 관련이 있다(갈 6:14). 이 표현은 "영광을 베푸
시는 주"(목적어를 가리키는 소유격, 아우구스티누스 『삼위일체론』 1:12.24)를 의미
하지 않는다. 또한 이것은 "영광스러운 주"(형용사의 의미를 지닌 소유격)를 뜻
하는 셈어적인 표현도 아니다. 오히려 이것은 **"영광이 주님께 속한다"**(특성
을 나타내는 소유격)를 의미한다. 이 영광은 이제 십자가를 통해 자기 자신을
내어주는 분에 대한 경이로움과 관련하여 정의된다.[121] 세상은 "자신의 영

---

119) P. Stuhlmacher, "The Hermeneutical Significance of 1 Cor. 2:6-16," in G. F. Hawthorne
　　　and O. Betz (eds.), *Tradition and Interpretation in the NT: Essays of E. Earle Ellis*
　　　(Tübingen: Mohr and Grand Rapids, 1987), 328-347.
120) Fee, *First Epistle,* 106.
121) Edwards, *First Epistle,* 34.

광인가, 하나님의 영광인가?"라는 질문에 따라 나뉜다. 예수는 "자기 자신
[의 영광]에 취해 있는 세상에서" 하나님의 영광을 십자가 안에서 자기 자
신을 내어주는 영광으로 계시한다.[122] 십자가는 예수를 영광의 주로 명백하
게 드러내는 극치의 사건이다. 왜냐하면 십자가를 통해 예수는 사망의 쏘는
것과 사악한 권세들을 자기에게 끌어당겨 삼켜버렸기 때문이다(참조. 고전
15:55). 따라서 슈타우퍼는 "바로 그 성 금요일에" 하나님의 아들은 영광을
받는다고 주장한다.[123]

둘째, 8a에 나오는 ἔγνωκεν의 형태(γινώσκω의 완료형 능동태)는 무언가
를 밝혀주는 이전의 몇몇 사건에 기초하여 어떤 대상에 대해 알았을 것이라
고 가정하는 것을 가리킨다. 또한 동일한 단어가 두 번째로 나타나는데,
ἔγνωσαν이란 형태는 직설법 부정과거 능동태다. 8b이 전달하고자 하는 의
미는 다음과 같다. 만약 그들이 그것을 깨달았더라면, 다시 말해 만약 그 지
혜가 밝히 드러나는 어떤 사건이 일어났다면(하지만 사실상 그 사건은 일어나지
않음) 그들은 주를 십자가에 못 박지 않았을 것이다. 만약 그들이 십자가의
결과를 계획한 하나님의 지혜에 접근할 수 있었다면, 또는 그들이 진정으로
십자가가 하나님의 지혜로운 목적 안에서 중심을 차지하고 있다는 사실을
알 수 있었다면 그들은 자신도 모르게 이 목적이 성취되는 데 도움을 주지
않았을 것이다. 사실상 성경에서 십자가가 결코 역사적으로 우연히 일어난 불
행한 사건, 곧 단순한 용감한 행동이나 나중에 선한 이야기로 탈바꿈한 정치
적 순교가 아니었다는 것을 이보다 더 분명하게 진술한 곳은 없다.

9절   (ἡτοίμασεν 앞에 나오는 목적격으로 사용된) 이 절의 마지막 관계 대명사는
A, B와 몇몇 다른 사본에서 ὅσα로 나타난다. 하지만 𝔓[46], ℵ, C, D, F, G에서는 ἅ로
나타난다. 이 절의 복합적인 구문에 대해서는 아래의 설명을 참조하라.

콘첼만은 이 절의 그리스어 구문에 대해 다음과 같이 주장한다. "이 절

---

122) Stauffer, *NT Theology*, 121 and 122; 참조. 120-133.
123) 같은 책, 130.

의 구조를 명확히 밝히려는 시도는 모두 소용이 없다."[124] 또한 그는 이 절에서 인용된 구약 본문이 정확하게 어디서 인용된 것인지 확인하는 것에 대해서도 절망감을 느낀다. 사실상 보 프리드는 자신의 논문 "고전 2:9의 수수께끼 같은 ΑΛΛΑ"에서 이 절의 구문을 집중적으로 연구했다.[125] 프리드는 거의 모든 학자들이 인정하는 다음 세 가지 난제에 관심을 기울인다. 이 난제들로 인해 성경 해석자들은 이 절의 구조를 다양하게 재구성한다.

(i) 두 번째 ἅ(9b)를 ὅσα로 읽지 않고, 또 우리가 "얼마나 많이"로 번역한 것처럼 ὅσα를 수량 또는 정도를 나타내는 대명사로 해석하지 않는 한, 이 절에 주동사는 없다. 수량 또는 정도를 나타내는 대명사로 해석하면 "하나님이 마련해놓으셨다"가 주동사가 된다. 하지만 대다수 주석가들은 9b의 ἅ를 관계 대명사로 이해하려고 한다. 이 경우에 이 구절은 하나님이 예비하신 것을 의미한다.

(ii) 뿐만 아니라 9a에서 맨 처음 사용된 ἅ는 관계 대명사 중성 복수다 (이 관계 대명사는 이 주석서에서 "것"으로 번역되었다). 이 단어는 여기서 두 가지 기능을 한다. 한편으로 이 관계 대명사는 οὐκ εἶδεν, "보지 못하고"와 οὐκ ἤκουσεν, "듣지 못하고"라는 동사와 관련되어 중성 복수 목적격으로 기능한다. 다른 한편으로 이것은 οὐκ ἀνέβη, 문자적으로 "사람의 마음속으로 들어가지 않은 것"과 관련되어 중성 복수 주격으로 기능한다(우리는 여러 가지 이유에 근거하여 "어떤 사람의 마음도 상상하지 못한 것들"로 번역했다).

(iii) 이 절의 맨 앞에 위치한 접속사 ἀλλά와 관련해서도 해결해야 할 사항이 남아 있다. 일반적으로 이 접속사는 "그러나"(but)로 번역된다. 하지만 우리는 이것을 "하지만"(however)으로 번역했다. 프리드는 이 접속사를 "수수께끼와 같은 [접속사]"라고 부른다. 왜냐하면 성경 해석자들은 이 접속사가 지니고 있는 대조적인 의미를 받아들이면 의미상의 반대 또는 수사학적인 측면에서의 반대를 서로 다르게 연결하기 때문이다. 프리드는 이것

---

124) Conzelmann, *1 Corinthians*, 64.
125) Fried, "The Enigmatic ΑΛΛΑ in 1 Cor. 2:9," 603-611.

이 장애물이 되어 해당 구문의 문법 형태를 정확하게 분석하려는 대다수 주석가들을 "거의 절망적으로" 만든다고 주장한다. 하인리치는 이 접속사가 ἦν οὐδεὶς … ἔγνωκεν, "아무도 그 지혜를 깨닫지 못했습니다"와 대조되는 것으로 이해한다. 바이스는 이 대조를 6절과 연결한다. 즉 두 지혜를 서로 대조하는 것이다. 아마도 보다 더 설득력이 있는 주장은 알로의 것으로서 그것이 7절의 λαλοῦμεν, "우리는 말합니다"를 가리킨다는 것이다.[126) 따라서 λαλοῦμεν은 9절에서 주동사의 기능을 한다. 즉 **우리는⋯하나님이 예비하신 것을 말합니다.**

프리드는 우리가 바울이 "어떤 단어(들)를 생략하는 표현법을 통해" 간접적으로 의사를 전달하는 방법을 사용한다는 점을 인정하면 해당 문법은 단순해지고 명백해진다고 주장한다.[127) ἀλλά, "그러나" 또는 "하지만"에 의해 기본적으로 대조를 이루는 것은 "권세자들"의 무지와 "우리는 알고 있다"라는 우리의 지식이다. 생략된 주동사는 [ταῦτα] ἐγνώκαμεν(우리는 이것을 알게 되었다)이라는 것이다. "바울은 자신의 관점을 생동감 있게 전달하는 과정에서 이것을 생략한 채, 곧바로 10a로 건너뛰었다. 또한 10a과 10b은 접속사 γάρ로 연결된다. 이 접속사는 하나님의 감추어진 지혜를 아는 것이 어떻게 실질적으로 가능하게 되었는지에 대한 이유를 설명한다."[128)

이 해석은 전적으로 가능하다. 만약 해당 절에 대해 우리가 제안한 번역이 부적절하다면 우리는 그다음으로 이 해석을 선호한다. 하지만 9절에서 관계 대명사 ἅ가 두 번 사용되는 것—"것들"(9a)과 아마도 "얼마나 많이"(9b)—의 모호함에 대해 우리는 다음과 같이 설명할 수 있을 것이다. 첫 번째 ἅ는 부분적으로 세 번째 구절 배후에 있는 셈어의 관용적 표현에서 유래했을 것이다. 따라서 ἅ, "것들"은 "눈으로 보지 못하고"와 "귀로 들

---

126) Heinrici, *Das erste Sendschreiben*, 95-100; Weiss, *Der erste Korintherbrief*, 57-58; Allo, *Première Épitre*, 43-44.

127) Frid, Fried, "The Enigmatic ΑΛΛΑ," 606.

128) 같은 책, 607-608.

지 못하고"에서 목적격으로 기능할 뿐만 아니라 주어 또는 주격으로도 기능한다.[129] 그러나 ἐπὶ καρδίαν ἀνθρώπου οὐκ ἀνέβη(문자적으로, "사람의 마음으로 올라가지 못한")은 다음과 같은 히브리어의 관용적 표현을 반영한다. 즉 עלה על לב(알라 알 레브), "마음으로 올라가다"다. 즉 "어떤 사람의 생각에 떠오르다"를 의미한다. 비록 그리스어 문법에 의하면 얼핏 보기에 바울이 관계 대명사 ἅ, "것들"을 주격으로 이해해야 하는 것처럼 사용하지만, 이 구절의 논리적인 구조는 이 단어가 목적격을 암시하는 어떤 관용적인 표현을 반영한다. 즉 어떤 사람의 마음도 상상하지 못한 것들을 가리킨다. 왜냐하면 어떤 사람도 그것을 알려줄 수 없기 때문이다. 히브리어에서 마음(לב, 레브)은 "생각"과 결정을 내리는 의지뿐만 아니라 깊은 (또는 은밀한) 의식도 포함한다. 따라서 우리는 "생각"보다 더 광범위한 것을 가리키는 "마음"으로 번역했다.

이전의 많은 주석가들이 주장한 것처럼 9b에서 또 한 번 나타나는 ἅ는 ὅσος의 중성 복수 ὅσα를 반영할 수도 있다. 또한 이 독법은 그리스어 원문을 반영할 가능성도 있다. 왜냐하면 이 독법은 A뿐만 아니라 B에서도 나타나기 때문이다. 하지만 비록 ὅσος가 "얼마나 크게" 또는 "얼마나 멀리" 등을 의미할 수 있지만, BAGD는 이 단어가 "얼마나 많이", "그만큼" 또는 정도를 가리키는 것 등을 뜻하는 많은 예에 대한 목록을 제시한다(비록 이 경우에는 일반적으로 τοσοῦτο가 사용되긴 하지만 말이다).[130] 몰턴-밀리건은 바울 시대 직후의 파피루스 문헌, 즉 기원후 1세기 말 직후에 기록된 파피루스 문헌에서 해당 단어가 보다 더 다양한 의미로 사용된 예를 인용한다. 그래서 사

---

129) Merklein, *Der erste Brief 1-4*, 232-233. 하지만 또한 이전의 주석서로서 다음을 보라. Lightfoot, *Notes*, 176; BDF, sect. 4 (subheading 2 and n. 4). 또한 참조. E. Norden, *Die antike Kunstprosa*, 2 Nachtr. 3. 그들은 "그에게 떠오른 생각"이라는 표현과 비교한다.

130) BAGD, 586은 이 단어의 의미를 다음과 같은 항목으로 분류한다. (1) "시간 및 공간에 대해", (2) 분량과 숫자에 대해, (3) 크기와 정도에 대해, καθ' ὅσον πλείονα와 함께(Ignatius, *To the Ephesians*, 6:1; 참조. 히 3:3에 대한 주해에서 κατὰ τοσοῦτο와 더불어. 하지만 Polybius, 4.42.5에서는 이 단어가 τοσοῦτο 없이 "~의 정도로"라는 의미로 사용된다).

실상 ὅσα는 모든 것을 의미할 수도 있다.[131] 우리는 다음과 같은 견해 중 하나를 선택해야만 한다. (i) 과연 여기서 ὅσα가 (ἅ를 나타내든지 아니면 그렇지 않든지 간에) 사소한 생략법으로 사용되어 (예를 들면 τοσοῦτο 없이) 감탄(얼마나 많이)의 기능을 하는가? 아니면 "그만큼"(so much)과 같은 것을 의미하는가? 또는 (ii) 우리는 프리드의 제안을 따라 "우리는 알고 있다"를 삽입해야 하는가? 아니면 (iii) 콘첼만과 더불어 우리는 이 절을 문법적으로 정확하게 파악할 수 없다고 시인하고, 바울의 묘사가 완전한 문장 형태를 갖추고 있지 않음을 받아들여야 하는가? 우리는 현대 독자들에게 의미를 제대로 전달하기 위해 "얼마나 많이"라는 번역과 더불어 감탄 부호를 사용할 필요가 있다.

그리스어 어구 τοῖς ἀγαπῶσιν은 유익을 나타내는 여격이다. 안데르스 니그렌은 바울 서신에서 하나님이 ἀγάπη, "사랑"의 대상이 되는 경우가 얼마나 적은지에 대해 지적한다.[132] 이와 대조되는 두세 가지 예(롬 8:28; 고전 2:9; 8:3)가 이 "진행 과정에 있는" 것을 가리키며, 동사형에 기초한 역동적인 형태를 취한다는 것은 결코 우연이 아니다. 이것은 γνῶσις, "지식"의 부정적인 함의와 대조되며, 바울이 그리스어 동사 γινώσκειν, "알다"를 보다 더 긍정적으로 사용하는 것과 병행을 이룬다. 이러한 지식은 "객관화되거나" "사용될 수 있는" 상태에 있다.[133] 니그렌은 바울의 "사고 방향"이 왜 이렇게 진행되는지에 대해 다음과 같이 예리하게 논평한다. 즉 하나님의 사랑은 자발적이며, 자신 외에 그 어떤 것을 통해 동기 부여를 받지 않으며, 창조적이고 선택적이며 자유롭다. 이와는 대조적으로 하나님에 대한 인간의 사랑은 하나님의 사랑을 경험하는 것을 통해 동기 부여를 받는다. 따라서 이

---

131) MM, 461. 이 단어는 분명히 감탄을 나타내는 문장에서도 사용된다. 예를 들면 "내가 얼마나 많은 고통거리를 가졌는가!"(*Tebtunis Papyrus* 2:378:22, ὅσον κάματον ἤνεγκα) *Oxyrhynchus Papyrus* 6:898:13 (*ad* 123)의 경우와 같이 "이 용례로부터 실질적으로 '모든 것'을 의미하는 것으로 바뀌는 것은 매우 쉬울 것이다"(강조는 덧붙여진 것임).

132) A. Nygren, *Agape and Eros* (Eng. trans., London: SPCK, 한 권으로 1953), 124; 참조. 123-133.

133) 같은 책, 124, n. 1 and 133-145.

것은 한계가 있다. 이것이 "하나님을 향할" 때 바울은 신뢰 또는 믿음에 대해 말함으로써 그 한계를 벗어난다.[134]

(심지어 인용문의 출처를 확인하는 것이 가능하다 하더라도) 바울이 어디서 해당 내용을 인용했는지를 확인해야 하는 어려운 과제는 여전히 남아 있다. 로마의 클레멘스(기원후 96년)는 바울이 사 64:3(70인역 64:3)을 인용한다는 점을 암시한다. 클레멘스1서 34:8에서 그는 바울의 해당 표현을 Ὀφθαλμὸς οὐκ εἶδεν(눈은 보지 못했다)부터 ὅσα ἡτοίμασεν(얼마나 많이 그가 예비했는지)까지 거의 그대로 반복한다. 그는 κύριος를 덧붙이고 τοῖς ἀγαπῶσιν αὐτόν을 τοῖς ὑπομένουσιν αὐτόν으로 대체한다. 즉 "그를 기다리는 이들을 위해 주님은 무엇을 예비했는가!" 라이트푸트는 이것을 폴리카르포스의 글에서 사소한 차이가 있는 다른 독법과 비교한 후 다음과 같이 제안한다. 원문은 "이사야서의 70인역과 사도 바울의 인용문 사이 그 어디엔가에"있지만 "후자에 더 가깝다."[135] 70인역은 ἀπὸ τοῦ αἰῶνος οὐκ ἠκούσαμεν οὐδὲ οἱ ὀφθαλμοὶ ἡμῶν εἶδον θεὸν πλὴν σοῦ라고 번역한다. 즉 "영원 전부터 우리는 듣지 못했으며 우리의 눈은 하나님을 보지 못했으며." 한편 히브리어 본문은 "[주 외에는…[이런 일을 행한] 신을 그들은 옛부터 귀로 듣지도 못하고 눈으로 보지도 못했나이다"라고 읽는다. 히브리어 관용구 לֹב עָלָה עַל(알라 알 레브, 문자적으로는 "마음으로 올라가다)는 사 64:3이 아니라 사 65:17에서 οὐκ ἀναβήσεται αὐτῶν ἐπὶ τὴν καρδίαν으로 번역되어 있다. 하지만 이 두 번째 구절에서 동사의 시제는 부정과거가 아니라 미래다. 또한 이 구절에는 αὐτῶν, "그들의"가 포함되어 있다. 비록 바울이 사실상 다른 곳에서 구약성경 구절 모음집에서 가져온 다양한 인용문을 결합하기도 하지만(예. 롬 3:10-18), 여기서 바울이 사 64:4과 65:17을 결합했다는 제안은

---

134) 같은 책, 125-126; 참조. 67-70 and 75-81. 이것은 해당 그리스어 단어에 대한 가장 단순한 몇 가지 언급을 옹호하는 것이 아니라 주어진 **상황**에 대한 **신학적인** 논평이다. 그것은 타당한 비판을 받아왔다. 또한 참조. J. Moffatt, *Love in the NT* (New York: R. R. Smith, 1930), 154-158; 또한 고전 13장에 대한 본 주석서의 주해에서 C. Spicq에 대한 설명을 참조하라.

135) Lightfoot, *Notes*, 177.

해당 내용이 정확하게 일치하지 않아 확실하지 않다.

　　마 5:29에 대한 오리게네스의 주석에서 그는 바울의 인용문이 엘리야의 묵시록에서 유래했다고 믿는다. 하지만 그의 고린도전서 주석 단편에서는 이 인용문에 대한 언급이 전혀 없다. 오리게네스는 다른 저서에서 이 인용문을 단 한 번 언급하는데, 그 인용문은 그가 부활의 영광스러운 존재 방식을 알리기 위해 바울의 말을 언급하는 곳에서 나타난다. 하지만 그는 다른 출처에 대해서는 언급하지 않는다.[136] 오리게네스는 전통적인 히브리어 정경 안에 들어 있는 한 가지 자료를 제외한다("오직 엘리야의 묵시록에 있는"). 분명히 바울의 이 인용문은 기독교 문헌에 널리 퍼져 있다. 예를 들어 히에로니무스는 이를 일곱 번이나 인용한다.[137] 또한 이 인용문은 기원전 1세기 또는 2세기에 기록된 유대교 문헌 이사야 승천기 8:11에서도 나타난다. 하지만 이 문헌의 3:13부터 11장 끝까지는 어떤 그리스도인이 편집한 내용을 첨가한 것이다. 따라서 우리는 8장에 들어 있는 자료의 기원을 확실히 알 수 없다.

　　현대 학자들은 다양한 사변적 해석을 제안한다. 폰 노르트하임은 야곱의 유언에서 인용한 것이라고 제안한다. 스파크스와 호피우스는 보다 더 개연성이 있는 대안을 제시한다.[138] 클라우스 베르거는 다양한 묵시 문학적 자료들을 검토한 후 다음과 같이 결론짓는다. 이 자료들의 사고 영역은 하나님이 어떤 운명을 "예비하시며" 어떤 "은밀한" 것을 "계시하신다"는 개념과 상응한다.[139] 스톤과 스트럭넬은 엘리야의 묵시록을 언급할 가능성이 있다는 입장을 지지한다.[140] 하지만 보다 덜 사변적인 두 가지 가능성도 남

---

136) Origen, *De Principiis*, 3:6:4.

137) Jerome, *Letters*, 3:1 (to Rufinus); 22:4 (to Eustochium); 또한 "Epistola ad Corinthios prima," in Migne, *PL*, 29:785(이사야 승천기에 대한 그의 언급이 포함되어 있음).

138) Von Nordheim, "Das Zitat des Paulus in Kor. 2:9 und seine Beziehung zum koptischen Testament Jakobs," 112-120. 다음 두 학자는 그의 입장을 비판한다. Sparks, "1 Kor. 2:9: A Quotation from the Coptic Testament of Jacob?" 269-276; Hofius, "Das Zitat 1 Kor. 2:9 und das koptische Testament des Jakob," 140-142.

139) Berger, "Zur Diskussion über die Herkunft von 1 Kor. 2:9," 270-283, esp. 278-279.

140) M. Stone and J. Strugnell, *The Books of Elijah*, SBLTT 18 (Missoula: Scholars Press, 1979).

아 있다. 즉 바울은 사 64:4과 65:17에서 한 구절 또는 두 구절을 염두에 두
고 "[성경에] 기록되어 있습니다"라는 말로 9절을 시작하고 나서 그의 텍
스트에서 벗어났을 수 있다. 또는 그는 단지 우리가 확인할 수 없는 어떤 본
문(들)을 암시했을 가능성이 있다. 이것은 다음과 같은 제안을 배제하지
않는다. 예를 들면 키스트메이커는 (70인역의) 사 65:17, 64:3과 더불어 렘
3:16을 포함할 것을 제안한다. 또한 라이트푸트는 사 64:4에 대한 다른 독
법을 인용했을 것이라고 제안한다.[141] 스탠리는 다양한 "해결책"이 사실상
훌륭하게 재현되긴 했지만, 이것들은 근거가 매우 취약하기 때문에 광범위
한 지지를 받을 수 없다고 주장한다. 따라서 그는 바울이 실질적으로 인용
한 본문이 무엇인지 결정하는 것은 "주제넘은 일"이라고 말한다.[142] 아마도
우리는 여기서 사 64:3을 포함한 "성경의 암시를 결합한 것"과 마주하고 있
을 것이다. 이 암시들은 "인간이 자기 스스로(kata anthrōpon) 알 수 있는 것
과 오직 하나님과 그분이 계시해주기로 택하는 이들에게만 알려진 하나님
의 비밀 사이에는 근본적인 간격이 있다"는 사실을 강조한다.[143] "이 인용문
은 널리 알려져 있으며 다양한 유형의 자료에서 나타난다."[144]

b. 계시자로서의 성령의 사역: 그 사역은 어떤 것인가?(2:10-16)
이어지는 두 절(10-11절)은 십중팔구 어떤 고린도 교인들이 주장하는 것
에 대한 대답일 것이다. 그들은 "신령한 사람들"의 내부 서클에서 통용되
던 어떤 특별한 지혜에 호소하면서 그렇게 주장했을 것이다. 만약 13절과
15절, 그리고 아마도 14절과 더불어 이 절들 중 어떤 것을 이와 같이 이해해
야 한다면 10절과 11절은 그들의 주장에 대한 바울의 답변일 것이다. 2:12,
2:16, 3:1-3에서 바울이 그들의 말을 자신의 관점에서 재해석하면서 그 논
쟁에 결정적인 답변을 제시하기에 앞서 그들의 신학적 변증을 직접 인용한

141) Kistemaker, *1 Corinthians*, 85.
142) Stanley, *Paul and the Language of Scripture*, 189.
143) Collins, *First Cor*, 132.
144) Pearson, *Pneumatikos-Psychikos*, 34; 참조. Schrage, *Der erste Brief*, 1:255-256.

것인지 우리는 확실하게 알 수 없다.

만약 이 말이 바울 자신이 한 말이라면 그는 고린도의 해당 그룹이 사용한 용어를 가능한 한 거의 그대로 사용했을 것이다. 하지만 12절과 16절, 그리고 3:1-3을 통해 바울은 그들이 사용한 용어의 타당성이 다음과 같은 이슈들과 직결되어 있음을 밝혀준다. (i) 과연 그들은 타자(Other)이신 하나님의 본성을 철저하게 인식하고 있는가? 인간은 하나님을 자기 존중과 자기 긍정을 위한 도구로 삼으려고 해서는 안 된다(12a). (ii) 하나님의 자기 계시는 순전히 은사로 주어지는 것임을 인식해야 한다(12b). (iii) "영성" 또는 성령 및 계시에 대한 기독론적인 판단 기준 및 정의가 적용되어야 한다 (16절). 그리고 무엇이 "어린 아이들"과 같은(ὡς νηπίοις) 것인지, 또 무엇이 그리스도와 같은 것인지와 관련하여(3:1-3) 윤리적이며 기독론적인 판단 기준에 의해 "성숙한 사람들"(οἱ τέλειοι)을 재정의해야 한다. 만약 우리가 이 절들이 고린도의 "영성"을 바로잡으며 재정의하는 것으로 최종적으로 확인한다면 과연 10, 11, 13, 14, 15절이 일부 고린도 교인들의 신학을 인용한 것인지, 아니면 12, 16절과 3:1-3에서 어떤 개념들을 재정의하는 구조 안에서 가능한 한 최대한도로 잘못된 것을 확인하기 위해 온갖 노력을 기울이고 있는 것인지는 더 이상 골칫거리가 되지 않는다. 이 점과 관련하여 피어슨은 다음과 같이 요약한다. "바울은 자신을 반대하는 이들이 사용한 용어들을 받아들이고 있다. 하지만 그는 그것들을 근본적으로 재해석하고 있다."[145]

2:10-16에 대한 참고문헌

Bruner, F. D., *A Theology of the Holy Spirit* (Grand Rapids: Eerdmans, 1970), 267-271.

Bultmann, R., *Theology of the NT* (Eng. trans., London: SCM, 1952), 1:153-164, 190-226, and 330-340.

Davis, J. A., *Wisdom and Spirit* (Lanham, Md.: University Press of America, 1984), 97-131.

Dunn, J. D. G., *Jesus and the Spirit* (London: SCM, 1975), 287-297.

_____, "Spirit, Spiritual," *NIDNTT*, 3:700-707 (참조. 693-700).

---

145) Pearson, *Pneumatikos-Psychikos*, 40.

_____, *The Theology of Paul the Apostle* (Edinburgh: T. & T. Clark, 1998), 413-441.

Ellis, E. E., "Christ and Spirit in 1 Corinthians," in Barnabas Lindars and S. S. Smalley (eds.), *Christ and Spirit in the NT: Studies in Honour of Charles F. D. Moule* (Cambridge: Cambridge University Press, 1973), 269-277; rpt. in Ellis, *Prophecy and Hermeneutic* (Grand Rapids: Eerdmans, 1978), 63-71.

_____, *Prophecy and Hermeneutic* (cited above), 23-44, 213-220 (also 63-71 above).

Fichtner, J., "Seele oder Leben in der Bibel," *TZ* 17 (1961): 305-318.

Gaffin, R. B., Jr., "Some Epistemological Reflections on 1 Cor 2:6-16," *WTJ* 57 (1995): 103-124.

Gärtner, B., "The Philosophical Principle 'Like in Like' in Paul and John," *NTS* 14 (1968): 209-231.

Hamilton, N. Q., *The Holy Spirit and Eschatology in St. Paul,* SJT Occasional Papers (Edinburgh: Oliver & Boyd, 1957).

Haykin, M. A. G., "'A Sense of Awe in the Presence of the Ineffable': 1 Cor. 2:11-12 in the Pneumatomachian Controversy of the Fourth Century," *SJT* 41 (1988): 341-357.

_____, *The Spirit of God: The Exegesis of 1 and 2 Corinthians in the Pneumatomachian Controversy of the Fourth Century,* VCSup 27 (Leiden: Brill, 1994), esp. 78-83.

_____, "'The Spirit of God': The Exegesis of 1 Cor. 2:10-12 by Origen and Athanasius," *SJT* 36 (1982): 513-528.

Hermann, I., *Kyrios und Pneuma* (Munich: Kösel, 1961).

Hill, David, *Greek Words and Hebrew Meanings,* SNTSMS 5 (Cambridge: Cambridge University Press, 1967), 282-284 (on 1 Corinthians 2); 참조. 265-286 (on the Spirit in Paul).

Horsely, R. A., "Pneumatikos vs. Psychikos: Distinctions of Spiritual Status among the Corinthians," *HTR* 69 (1976): 269-288.

_____, "Wisdom of Words and Words of Wisdom in Corinth," *CBQ* 39 (1977): 224-239.

Hoyle, R. B., *The Holy Spirit in St. Paul* (London: Hodder & Stoughton, 1927).

Jewett, Robert, *Paul's Anthropological Terms* (Leiden: Brill, 1971), 167-197 and 391-401.

Lampe, G. W. H., "The Holy Spirit and the Person of Christ," in S. W. Sykes and J. P. Clayton (eds.), *Christ, Faith and History* (Cambridge: Cambridge University Press, 1972), 111-130.

Lin, Hong-Hsin, *Die Person des Heiligen Geistes als Thema der Pneumatologie in der reformierten Theologie* (Frankfurt: Land, 1998), 234-245.

Martin, Dale B., *The Corinthian Body* (New Haven: Yale University Press, 1995), 61-65 and 96-102.

Meyer, P., "The Holy Spirit in the Pauline Letters: A Contextual Explanation," *Int* 33 (1979): 3-18.

Moltmann, J., *The Spirit of Life* (Eng. trans., London: SCM, 1992), 31-37, 142-147, 217-229, 270-289.

North, J. L., "'Human Speech' in Paul and the Paulines," *NovT* 37 (1995), 50-67.

Painters, J., "Paul and the πνευματικοί at Corinth," in M. D. Hooker and S. G. Wilson (eds.), Paul and Paulinism: Essays in Honour of C. K. Barrett (London: SPCK, 1982), 237-250.

Pearson, Birger, A., The Pneumatikos-Psychikos Terminology in 1 Corinthians: A Study in the Theology of the Corinthian Opponents of Paul and Its Relation to Gnosticism, SBLDS 12 (Missoula: Schoars Press, 1973).

Reiling, J., "Wisdom and the Spirit: An Exegesis of 1 Cor 2:6-16," in T. Baarda et al. (eds.), Text and Testimony: Essays in Honour of A. F. J. Klijn (Kampen: Kok, 1988), 200-211.

Robinson, H. Wheeler, The Christian Experience of the Holy Spirit (London: Nisbet, 1928), 62-80 and 223-245.

Schweizer, E., "πνεῦμα," TDNT, 6:332-455 (on Paul, 415-437 and on 1 Cor. 2:6-16, 425-427).

_____, "Zur Trichotomie von 1 Thess. 5: 23 und der Unterscheidung des πνευματικόν von ψυχικόν in 1 Kor. 2:14; 15:44; Jak. 3:15; Jud. 19," TZ 9 (1953): 76-77.

Scott, E. F., The Spirit in the NT (London: Hodder & Stoughton, 1923), 165-186.

Scroggs, R., "Paul, σοφός and πνευματικός," NTS 14 (1967): 33-55.

Stacey, W. D., The Pauline View of Man (London: Macmillan, 1956), 121-180 and 211-214.

Stalder, K., Das Werk des Geistes in der Heiligkeit bei Paulus (Zurich: Evangelischer Verlag Zurich, 1962).

Swete, H. B., The Holy Spirit in the Ancient Church (London: Macmillan, 1912), 233-239, 244-247 and 266-270.

_____, The Holy Spirit in the NT (London: Macmillan [1909], 1921), 176-183 and 284-291.

Stuhlmacher, Peter, "The Hermeneutical Significance of 1 Cor. 2:6-16," in G. F. Hawthorne and O. Betz (eds.) Tradition and Interpretation in the NT: Essays in the Honour of E. Earle Ellis (Tübingen: Mohr and Grand Rapids: Eerdmans, 1987), 328-347.

Theissen, Gerd, Psychological Aspects of Pauline Theology (Eng. trans., Edinburgh: T. & T. Clark, 1987), 343-393.

Toussaint, S. D., "The Spiritual Man," BSac 125 (168): 139-146.

Whiteley, D. E. H., The Theology of Saint Paul (Oxford: Blackwell, 1974), 32-44 and 124-128.

Willis, Wendell, L., "The 'Mind of Christ,' in 1 Cor. 2:16," Bib 70 (1989): 110-122.

Winter, M., Pneumatiker und Psychiker in Korinth. Zum religionsgeschichtlichen Hintergrund von 1 Kor. 2:6-3:4, Marburger theologischer Studien 12 (Marburg: Elwert, 1975).

10절   (1) 10절에서 클레멘스뿐만 아니라 초기 사본 P^{46}과 B가 γάρ로 읽는다는 사실에도 불구하고 UBS 그리스어 신약성경(4판)은 δέ로 읽는다. 메츠거는 초기 필사자들이 도입한 γάρ가 바울의 논의의 흐름을 "개선"하려는 시도를 나타내는 것처럼 보인다고 주장한다. 또한 춘츠도 δέ를 원문으로 선호한다.[146] USB 4판 편집자들은 자신들이 제시한 독법이 "거의 확실한"(곧 B) 것으로 판단한다. 하지만 3판의 편집자들은 해당 독법을 "C," 곧 "의심의 정도가 상당함"으로 분류했다. 왜냐하면 P^{46} 및 B의 독법과 반대로 δέ가 ℵ, A, C의 지지를 받고 있기 때문이다. 결국 이 차이점은 실질적으로 그리 중요하지 않지만, 다른 독법은 바울이 고린도 사람들이 말한 것을 인용했을 가능성을 암시할 수도 있다. 즉 바울은 다음과 같은 말을 예고한다. "그러나 하나님은 성령을 통해 우리에게 하나의 계시를 제공해주셨습니다. 왜냐하면 성령은 모든 것, 심지어 하나님의 '심오한 것들'까지도 통찰하기 때문입니다." 다른 한편으로 (9절을 긴 인용문의 일부로 이해하지 않는 한) γάρ는 그 말을 바울 자신이 말한 것으로 분명하게 밝혀준다.[147] 이 그리스어 접속사와 관련하여 가장 안전한 번역은 NRSV의 입장을 따르는 것이다. 다른 영역본과 달리 NRSV는 이 접속사에 상응하는 영어 접속사를 제시하지 않는다. 다른 영역본은 (i) "그러나"(NIV, AV/KJV, 참조. 루터 역본) 또는 (ii) "왜냐하면"(NEB) 또는 "그리고"(REB) 등을 제시한다. 한편 NJB의 번역인 "하지만 우리에게"는 우리가 두 번째로 선호할 만한 좋은 대안이다.

(2) πνεύματος 다음에 αὐτοῦ를 포함하고 있는 다른 독법들은 그리 어려운 문제점을 제공하지 않는다. UBS 4판은 αὐτοῦ를 본문에서 삭제했다. 이 결정은 옳다. 왜냐하면 이 독법은 P^{46}, ℵ(first hand), A, B, C, 그리고 아마도 33의 독법 등에 나타나지 않기 때문이다. 그리고 ℵ의 후대 수정본, 오래된 라틴어 소문자 사본, 대다수 소문자 사본에서 αὐτοῦ가 덧붙여진 것은 그 의미를 보다 더 명료하게 제시하려는 것이다. 만약 "그의"가 원래의 그리스어 텍스트에 들어 있었다면 최초기 사본들에서 이 단어가 왜 생략되었으며, 또 왜 그것이 생략되어야 했는지 이해하기가 어렵다.

만약 10절이 바울 자신의 사고를 구체적으로 나타낸다면 ἡμῖν, "우

---

146) Metzger, *Textual Commentary* (2d ed. 1994), 481; 또한 Zuntz, *Text*, 205.
147) 다음 논의를 참조하라. Frid, "The Enigmatic ἀλλά in 1 Cor 2:9," 603–611 (앞에서 9절에 대한 주해에서 논의함). 그의 논의에 우리가 곧바로 언급할 결정이 포함되어 있다.

리에게"는 고린도 교회 안에서 특권 계층으로 분류되는 어떤 은밀한 내부 모임이 아니라 9절에서 언급하는 그분을 사랑하는 사람들을 가리킬 것이다.[148] 만약 10절이 고린도 교회의 생각을 반영한다면 그리스어 인칭 대명사 ἡμῖν(우리에게)은 다음과 같은 내용을 강조하기 위해 그리스어 본문에서 문장 맨 앞에 위치할 것이다. "그러나 **바로 우리에게** 하나님은…가장 심오한 비밀들을 계시해주셨습니다." 그러나 만약 바울이 자기 자신에 대해 말하거나 고린도 교인들이 선호하던 어떤 주제에 대해 자신의 입장을 제시하는 것이라면 이 인칭 대명사는 사실상 강조의 의미를 지니고 있긴 하지만, 하나님이 자유롭게 선택하셔서 그러한 은혜를 베푸신다는 사실에 경외감과 놀라움을 표현하기 위한 강조일 것이다. 따라서 우리는 이 인칭 대명사를 해당 문장 뒤에 위치시켜 그 의미를 강조하고자 했다. 즉 하나님은 성령을 통해 이것들을 우리에게 계시해주셨습니다!

바울은 2:4에서 이미 능력(ἐν ἀποδείξει πνεύματος καὶ δυνάμεως)과 더불어 성령(πνεῦμα)을 언급한 바 있다. 이제 해당 단어는 우리 본문의 사고를 지배한다(참조. 10, 11, 12, 13, 14절). 이 본문에 등장하는 그리스어 형용사 πνευματικός, "성령에게 속하는"은 14절의 부사 형태 πνευματικῶς(성령과 관련된 방법으로, 영적으로)와 더불어 대체로 영역본에서 13절과 15절에서 "영적인"(spiritual)으로 모호하게 번역되어 있다. 이 그리스어 단어는 명사 또는 형용사로서 16절에서 πνεῦμα가 기독론적으로 정의되거나 규정되기까지 10-15절에서 매절 등장한다. πνεῦμα(성령 또는 영)라는 단어가 바울이 말하는 성령 또는 인간의 영과 구별되는 하나님의 영을 가리키는지, 아니면 스토아학파나 영지주의에서 사용하는 영과 영적인 것을 가리키는지를 구분하는 것은 매우 중요하다.[149] 이것은 인간 안에 있는 이른바 "영적인 능

---

148) Schrage, *Der erste Brief*, 256.
149) Hoyle, *The Holy Spirit in St. Paul*, 182; 참조. Stacey, *The Pauline View of Man*, 128-129; J. D. G. Dunn, *Baptism in the Holy Spirit* (1970), 103; Swete, *The Holy Spirit in the NT*, 169-223; Robinson, *The Christian Experience of Holy Spirit*, 1-21, 223-245; E. Schweizer, "πνεῦμα," *TDNT*, 6:415-437(또한 "하나님의 영"으로도 번역됨, 54-87). 그리고 이 두 개념을 서로 비교하는 다른 많은 저서를 참조하라.

력"과 대립되는 것으로서 바울이 12절에서 τὸ πνεῦμα τὸ ἐκ τοῦ θεου, "하나님으로부터 오는 영"이라고 언급하면서 성령의 신적 초월성을 강조하는 것과 일치한다.[150] 한편 이 그리스어 단어는 고전 15장에서 전혀 다른 의미로도 사용된다. 거기서 신령한 몸(spiritual body)은 성령에 의해 완전히 지배를 받는 존재 방식을 의미한다(고전 15:44, σῶμα πνευματικόν).

"10-16절은 특별히 계시의 원천으로서 성령에 대한 그[바울]의 첫 번째 일관된 사색을 보여준다."[151] 이 단락은 고전 12-14장과 부활에 된한 장에서(15:42-57; 참조. 15:12-28, 38-41) 성령에 관한 자료를 위한 틀을 제공한다. 이 모든 본문에서 성령의 사역은 그리스도 안에서 계시된 하나님의 사역과 불가분의 관계에 있다. 바울의 이러한 관점과는 대조적으로 고린도 교회의 어떤 교인들은 "영성"과 십자가에 못 박힌 그리스도를 서로 분리했다. 이 점과 관련하여 불트만은 바울이 자신의 관점에 근거하여 가장 전형적으로 πνεῦμα라는 단어를 사용할 때는 언제나 "인간적인 모든 것과 대조되는 하나님의 능력"을 의미하며, 그것은 플라톤의 이원론에 기초한 내적 자아라는 의미의 "영"(Geist)이 아니라고 결론짓는다.[152] 이와 마찬가지로 슈바이처도 "영적인" 것은 하나님의 영에 의해 그리스도를 통해 하나님의 구원 사역에 부합하는 것이라고 주장한다.[153]

불행하게도 한 가지 모호한 점은 70인역이 πνεῦμα로 번역한 히브리어

---

150) 바울은 해당 그리스어 단어를 다양하게 사용하는데, 이 단어는 해석학적 난제를 다수 제공해준다. 예를 들면 τῷ πνεύματι ζέοντες(롬 12:11)는 "열심을 품고"(fervent in spirit; AV/KJV)를 의미하는가, 아니면 더욱 타당성이 있는 번역으로서 "마음이 뜨거워지는 것"(be aglow with the spirit; RSV, NEB)을 가리키는가? 예를 들면 "종의 영"(롬 8:13)과 같이 πνεῦμα가 이른바 심리학적인 측면에서 사용되는 사례들은 또 다른 문제점들을 제공한다. 하지만 "성결의 영"(롬 1:4)과 "양자의 영"(롬 8:15)은 아마도 성령을 가리킬 것이다. 때때로 바울은 너희의 "심령에 있을 지어다"라는 표현을 사용한다(빌 4:23; 몬 25). 이것은 단순히 "너희와 함께 있을 지어다"를 뜻할 것이다. 한편 Weiss는 고전 2:12에서 바울 자신이 πνεῦμα를 사용하는 것은 스토아학파에서 이 단어를 사용하는 것과 의도적으로 거리를 두려는 것으로 올바르게 이해한다.

151) Collins, *First Cor*, 132. 참조. Wolff, *Der erste Brief*, 58-59.

152) Bultmann, *Theology of the NT*, 1:153.

153) Schweizer, "πνεῦμα," *TDNT*, 6:436-437(또한 하나님의 영, 87).

단어 רוח(루아흐)로 거슬러 올라간다. 루아흐는 숨을 의미할 수도 있다. 따라서 이 단어는 종종 사람 안에 있다는 의미에서 "내재적으로"(immanentally)로 이해되었다. 하지만 **바람**으로서 루아흐의 의미는 **초월적이며** 강력하고 고유한 힘을 강조한다. 이 힘은 사람들에게 영향력을 행사한다. 요 3:8에 묘사된 언어유희에서 예수가 니고데모에게 강조하듯이 사람들은 이 힘을 통제할 수 없으며 심지어 그 활동을 분명하게 예측할 수도 없다. 즉 τὸ πνεῦμα는 불고 싶은 대로 분다.…그러므로 성령으로(ἐκ τοῦ πνεύματος) 태어난 사람도 모두 이와 같다. 해당 단어의 구약적 배경과 관련하여 스나이스는 사람들은 하나님의 영을 통해 "자신들의 힘으로 할 수 없는 것"을 할 수 있다고 말한다.[154] 사 63:14은 하나님의 영이 이스라엘을 "편히 쉬게 하셨도다"라고 말한다. 가축을 약탈자로부터 지켜주듯이 이 표현은 용감무쌍한 전사(戰士)와도 같은 하나님의 영이 그들을 안전하게 보호해준다는 것을 의미한다.

10절에서도 바로 앞에서 언급한 내용과 평행을 이루는 관점이 나타난다. 인간은 성령의 도움을 받지 않은 채 오직 자신의 제한된 지혜와 지식으로 하나님이 숨기신 일을 스스로 탐구할 수 없다. 그리스어 동사 ἀποκαλύπτω는 하나님이 미리 정하신 목적을 숨기고 그것을 알지 못하도록 가로막은 장벽을 스스로 제거하셔서 그 내용을 계시하거나 드러내거나 밝히시는 것을 의미한다(참조. 9절). 이 절에서 완료형이 아닌 부정과거형 ἀπεκάλυψεν이 사용되었다. 또한 하나님의 영이 하는 일을 묘사하는 동사 ἐραυνάω(ἐραυνᾷ, 직설법 현재 3인칭, 알렉산드리아 지역에서 이 단어는 고전 그리스어 형태, ἐρευνάω, ἐρευνᾷ로 표기되었다)는 무언가를 밝혀내려고 탐구하는 것을 의미하지 않고, 하나님의 목적을 계시하기 위해 그것을 철저하게 살펴보는 것을 뜻한다.[155] 따라서 "탐구하다"(NRSV, NIV)보다 바레트의 번역인 "철

154) N. Snaith, V. Taylor. et. al., *The Doctrine of the Holy Spirit* (London: Epworth, 1937), 11. 또한 참조. C. H. Powell, *Biblical Concept of Power*, 26.

155) 참조. Schrage, *Der erste Brief*, 1:257-268.

저하게 살펴보다"가 더 좋은 번역이다(또한 NJB와 REB의 explores도 받아들일 만하다).

또한 τὰ βάθη라는 용어도 다양하게 번역되었다. 이 구절에 대한 전통적인 번역인 "깊은 것들"(NIV)은 그리스어 중성 명사를 지나치게 문자적으로 이해한다. 대다수 영역본은 이 단어를 "심오한 것"(NRSV, NJB, REB, TEV)으로 번역한다. 하지만 TEV는 그리스어 소유격 τοῦ θεοῦ를 붙여 "하나님의 목적의 깊이"로 번역한다. REV와 NEB는 "하나님의 성품의 깊이"로 번역한다. NJB, NRSV, NIV는 그리스어의 구문과 어휘를 그대로 반영하여 "하나님의 깊은 것들"로 번역한다. "하나님의 깊은 것들"이라고 번역하는 것은 틀린 것이 아니다. 하지만 11절은 자아의 지식에 대한 유비를 암시한다. 따라서 REB는 11절이 설명하는 대로 10절에서 바울이 의도하는 바를 전달할 것이다. 하지만 "하나님의 본성"이라는 표현은 바울의 관점보다 서구 사상의 전통에 더 가까운 형이상학적인 속성들을 암시할 수 있다. 아마도 이 구절의 강조점을 가장 중립적이면서도 개방적인 방법으로 전달하는 번역은 "하나님 자신의 깊은 것들"일 것이다. 하나님의 놀라운 은혜는 그의 영을 통해(διά + 소유격) 그를 사랑하는 자들(9절)에게 하나님 자신을 잘 알게 해줄 것이다. "하나님의 깊은 것들은 하나님을 완벽하게 파악할 수 없음을 나타내는 포괄적인 개념이다." 곧 하나님은 자기 자신을 초월하는 그 어떤 것에도 "기초하지" 않는다.[156] 오늘날 우리는 하나님의 가장 깊은 마음을 계시하는 성령에 대해 말할 수 있다. 이것은 2:16에서 바울이 말하고 있는 기독론적인 초점을 정확하게 제시해준다.

11절 이 절을 전후 문맥을 무시한 채 표면적으로 읽는다면 바울이 별로 특징이 없는 다음 두 가지 입장을 취한다는 인상을 줄 것이다. (i) 바울은 인간의 본성을 인간의 몸 안에 있는 영으로서 플라톤의 이원론적 관점

---

156) Wolff, *Der erste Brief,* 58. 한편 "사탄의 깊은 것"(계 2:34)이라는 표현은 마귀와 관련된 신비스러운 지식이 아니라 사탄이 하나님으로부터 존재론적인 측면에서 독립되어 있다는 신념을 가리킬 가능성이 있다. 따라서 이 표현은 이원론적인 형이상학적인 체계를 암시할 것이다.

을 받아들이거나, 길버트 라일이 "기계 속의 유령"이라고 부른 이 이원론적 견해를 받아들인다. (ii) 바울은 인간의 영/인간과 하나님의 영/하나님 사이의 자연스러운 관련성에 기초하여 논의한다. 그래서 마치 πνεῦμα가 해당 용어의 두 가지 예 사이에 존재하는 자연스러운 연속성을 구현하듯이 말이다.[157] 만약 이렇게 이해하는 것이 타당하다면 이는 다음과 같은 주장을 강화시켜줄 것이다. 11절은 고린도 교인들의 신학의 일부를 인용한 것이거나 바울 이후에 어떤 편집자가 나중에 삽입한 것이다. 하지만 우리가 이 절과 그 배경을 면밀히 검토한다면 우리는 이 절을 이러한 방법으로 해석할 필요가 없을뿐더러, 그렇게 해석해서도 안 될 것이다.

의심할 여지 없이 그리스어 어순과 구문은 다음과 같은 문자적인 번역을 제안한다. "왜냐하면 바로 그 사람 안에 있는(τὸ ἐν αὐτῳ, 그 사람의 내면) 그 사람의 영이 아니라면 사람들 중에 누가(그리스어 본문에서 네 번째 단어 ἀνθρώπων, '사람들 중에'는 반드시 τίς, '누구'와 연결해야 함) 그 사람에 대한(단수 소유격) 것들(τά, 그 일들)을 알겠습니까?(οἶδεν, 엄밀히 말하자면 현재 완료로서 '알게 되었다', 곧 지금 '알고 있다'를 의미함) 하지만 바울은 여기서 존재 방식과 존재 양상을 가리키기 위해 인간에 대한 공간적인 언어를 사용하고 있다.[158] 어떤 사람의 영은 그 사람 안에 있다. 하지만 이것은 공간적인 의미에서 그렇게 주장하는 것이 아니다. 그 사람의 영이 부분적으로 숨겨져 있는 상황에 대해 말하는 것이다. 그 사람이 말, 몸짓 또는 행동으로 그것을 밝혀주기로 선택하지 않는 한, 외부자 또는 타인은 그것에 대해 결코 알 수 없다. 이 유비의 주된 강조점은 "안에 있는 인간의 영"/"안에 있는 하나님의 영"

---

157) Gilbert Ryle, *The Concept of Mind* (London: Hutchinson, 1949; Penguin ed. 1963), 1장 및 여러 부분.

158) 바울이 인간의 내적 및 외적인 "부분"에 대한 이원론을 회피한다는 것과 인간의 구성 또는 인격에 관한 바울의 관점에 대한 탐구 역사를 다루는 세부적인 논의와 관련해서는 Jewett 의 탁월한 연구 논문을 보라. Robert Jewett, *Paul's Anthropological Terms: A Study of Their Use in Conflict Setting*, esp. 167-197 (on πνεῦμα, 영) and 391-401 (on ἔσω/ἔξω ἄνθρωπος). 또한 참조. Bultmann, *Theology of NT*, 1:153-164, 190-226 and 330-340; Whitely, *The Theology of St. Paul*, 31-44; 참조. 126-128; Robinson, *The Body*, 7-33; 또한 특히 Theissen, *Psychological Aspects*, 356-393.

이 아니다. 오히려 그것은 장소의 의미에서가 아니라 공적인 영역으로부터 감추어져 있다는 의미에서 자기 생각, 계획, 입장, 태도, 의도 또는 그 밖에 무엇이든지 "안에" 있는 것을 계시하려는 독점적 계획을 갖고 있다는 데 있다.

이 점에 기초하여 주장한다면—사실상 우리는 그렇게 하고 있다—우리는 현대 심리학을 바울에게 무리하게 적용하려 해서는 안 된다. 사실상 바로 그 반대의 경우가 되어야 한다. 그럴 때 우리는 비로소 바울이 자신에게 생소한 고대 그리스-로마의 전통에 기초하고 있다는 잘못된 생각에서 벗어날 수 있다. 사실상 바울은 구약성경과 그 세계관에 뿌리를 두고 있다. 지난 오십 년 이상 많은 저자들은 다음과 같은 사실을 올바르게 지적했다. 뤼데만과 다른 학자들이 제시한 19세기의 이상주의적 관점은 "인간의 영"이 바울의 인간론의 핵심 범주라고 주장했지만, 그것은 단순히 오류다.[159] 인간의 영은 "인간 안에 있는, 하나님과 관련된 자아의식의 원리가 아니다. 또한 그것은 성령에 의해 육신에 반대되는 도덕적인 행위로 인도받을 수 있는 것도 아니다."[160] 주이트는 다음과 같이 주장한다. "이 개념은 지난 세기 후반부를 광범위하게 주도했던 해석이기 때문에 심지어 자유주의 신학에 반대하던 신학자들도 이를 받아들였다.…하지만 하나님의 '영'은 하나님과 인간 사이에 연속성을 제공하는 일종의 철학적인 범주가 아니다."[161]

아타나시오스에서 바르트에 이르는 또 다른 신학 전통에서 이 절은 다음과 같은 사실을 가리키는 것으로 올바르게 이해되어왔다. 바르트의 표현

---

159) 참조. Lüdemann, *Die Anthropologie des Apostels Paulus und ihre Stellung innerhalb seiner Heilslehre* (Kiel: University Press, 1872), 49. Lüdemann과 더불어 우리는 Otto Pfeiderer 의 이상주의적·이원론적 해석을 비교할 수 있을 것이다. 참조. Otto Pfleiderer, *Paulinism* (Germ. 1873; Eng. trans. 2 vols., London, 1877); Willibald Beyschlag, *NT Theology* (Germ. vol. 2, Halle, 1896; Eng. trans., 2 vols., Edinburgh: T. & T. Clark); 또한 H. J. Holtzmann, *Lehrbuch der Neutestamentlichen Theologie* (Tübingen, n.d.). 그리고 개관을 제시하는 다음 연구들을 참조하라. Jewett, "History of Research," in *Paul's Anthropological Terms,* and A. Schweitzer, *Paul and His Interpreters* (Eng. trans., London: Black, 1912 and 1956), "From Baur to Holtzmann," 22-99.

160) Jewett, *Paul's Anthropological Terms,* 167.

161) 같은 책, 168. 또한 참조. Schrage, *Der erste Brief,* 2:258-259; Merklein, *Der erste Brief 1-4,* 236-237.

에 의하면 "하나님은 오직 하나님을 통해서만 알 수 있다."[162] 아타나시오스는 고전 2:11-12을 명백하게 인용하면서 다음과 같이 주해한다. "위에서 언급된 내용[곧 11절 및 12절]에 근거하여 판단할 때 하나님의 영과 피조물 사이에는 어떤 유사성이 있는가?…하나님은 존재 그 자체(ὤν ἐστιν)이시다. 또한 하나님의 영은 그분으로부터(ἐκ οὖ) 나온다. 하나님으로부터 오는 것(ἐκ τοῦ θεοῦ)은 존재 그 자체가 아닌 것으로부터(ἐκ τοῦ μὴ ὄντος) 올 수 없다."[163] 바울의 사고의 논리는 다음과 같다. 어떤 사람은 다른 사람의 내면이 지닌 다양한 측면에 결코 접근할 수 없기 때문에 그것을 알 수 없다. 오직 그 사람이 스스로 그것을 공개해줄 때에만 그것을 알 수 있다. 이 유비에 비추어 볼 때 우리는 하나님의 생각, 하나님의 목적, 하나님의 특성, 또는 하나님의 존재 자체가 면밀한 탐구를 위해 적나라하게 펼쳐질 것이라고 기대할 수 없다. 오직 하나님의 영만이 그것을 계시해주는 행위를 통해 우리가 그것에 가까이 갈 수 있게 해준다. 아타나시오스는 12절에 표현된 ἐκ τοῦ θεοῦ, "하나님으로부터"에 대해 설명하면서 이 점을 더 분명하게 밝혀준다.[164]

이러한 신학적 배경을 고려할 때 우리는 어떻게 τὰ τοῦ θεοῦ를 번역하고 이해해야 할까? 이 구절은 다음과 같이 다양하게 번역되었다. 하나님의 것들(AV/KJV), 하나님의 생각들(NIV), 하나님의 목적들의 감추어진 깊은 것들(TEV), "참으로 하나님의 것"(NRSV), 하나님의 본성(REB), 하나님의 속성(NJB) 등이다. 우리는 그리스어 표현보다 더 세부적이며 협소하게 표현하는 번역을 피하고자 했다. 그러면서 또한 우리는 그리스어 정관사 중

162) Barth, *CD*, 2/1, sect. 27, 179.

163) Athanasius, *Letter to Serapion*, 1:22 (also Migne, PG, 26:581). 지식과 관련된 주해적 이슈에 대한 최근의 논의는 다음을 보라. Gaffin, "Some Epistemological Reflections on 1 Cor 2:6-16," 103-24, esp. 112-13 on vv. 11-14.

164) 고전 2:11-12에 대한 아타나시오스의 관점에 관한 건설적인 해설은 다음 논문에서 발견할 수 있다. Haykin, *The Spirit of God: The Exegesis of 1 and 2 Corinthians in the Pneumatomachian Controversy of the Fourth Century*, VCSup 27 (Leiden: Brill, 1994), 77-83.

성 복수를 "것들"(things) 또는 "일들"(affairs)로 진부하게 번역하는 것을 피했다. 이 배경에서 "하나님에 관한 것"은 REB 또는 NJB가 제시하는 번역의 의미에 가까울 것이다(하지만 그것은 개연성은 있지만 명백하지 않다). 이 번역은 하나님이 어떤 분이신지, 곧 그분의 성품 또는 신성(神性)을 드러낸다. 하지만 또한 이 번역은 목적, 생각, 깊이에도 여지를 남겨놓는다. 이 가운데 그 어떤 것도 배제할 수 없다. 그렇다면 이 유비에 상응하는 번역은 "그 사람에 관한 것"이 된다. 이 번역은 해당 표현이 (그리스어 소유격과 더불어) 정관사에 의해 그 의미가 구체적으로 명시되는 단 한 가지 명사라는 점에 주목한다. 우리는 [사람] 안에 있는 πνεῦμα를 위에서 신중하게 정의했다. 이원론적인 이상주의의 개념들을 배제하고 "영"이라는 용어가 지닌 긍정적인 뉘앙스들을 전달하기 위해 우리는 εἰ μὴ τὸ πνεῦμα τοῦ ἀνθρώπου τὸ ἐν αὐτῷ(부연 설명을 해주는 형용구와 더불어 정관사 소유격 단수)을 "어떤 사람의 가장 깊은 자아가 아니면"이라고 번역했다.[165]

여기서 번역의 과제는 우리를 언어학, 사전, 문법을 넘어 신학, 해석학, 수사학적·역사적 재구성으로 이끈다. 이러한 시도를 하지 않으면 "그 자체로" 논의되어야 할 "텍스트"가 전혀 존재하지 않을 것이다. 우리는 다음과 같은 질문을 피할 수 없다. 즉 이것은 고린도 교회 신학의 일부분인가? 이것은 바울의 신학인가? 아니면 피어슨이 설득력 있게 논증하듯이 어떤 용어를 재정의하기 위해 그것을 바울이 그들에게 빌려온 것인가? 이러한 질문에 대한 답변은 대체로 어떻게 번역해야 할지를 결정하는 데 큰 영향을 미친다. 뿐만 아니라 히브리 문화와 바울, 플라톤과 헬레니즘, 현대 서구 세계 및 포스트모더니즘과 유사한 반(反)형이상학적인 전통 안에서 영에 대한 다양한 이해를 해석학적으로 세밀하게 분별하는 것도 번역에 중요한 영향을 미친다.

---

165) Theissen은 사회적, 의사 전달과 관련된, 심리적, 종교사적, 신학적 측면으로부터 이 표현을 다양하게 파악하려고 시도한다. 우리는 해당 이슈가 지니고 있는 복합적인 문제점을 그의 연구서에 기초하여 판단할 수 있을 것이다. 참조. Theissen, *Psychological Aspects of Pauline Theology*, 343-393. 이 연구서에서 그는 약 50면에 걸쳐 이 이슈들을 다루고 있다.

하지만 우리는 잠정적으로 바울의 말을 다음과 같이 상대적으로 단순하게 표현할 수 있을 것이다. 바울은 이렇게 말한다. **당신은 당신의 가장 깊은 자아 안에서 십자가의 메시지를 다시 파악하고 받아들이기 위해 열려 있지 않는 한, "지혜", "비밀들", "신령한 것"에 대한 이 모든 말은 사소하거나 아무것도 아닌 것에 해당한다.** 바로 여기에 하나님의 존재와 "지혜"의 "비밀들"을 여는 열쇠가 있다. 오직 하나님의 성령이 당신에게 그리스도를 보여줄 때만 비로소 당신은 그것을 올바로 파악할 수 있다(2:16-3:3). 그것은 당신에게 "비밀"을 밝혀주며, 당신이 신분 상승을 추구하는 일을 그만두게 하고, 당신을 또다시 십자가로 이끌어줄 것이다. 타이센은 두 요약 단락인 1:18-25과 2:1-16의 유사성을 추적한다. 즉 1:18-16은 모든 사람을 위한, 삶을 변화시키는 실재로서 십자가 선포에 관해 말하며, 2:1-16은 다음과 같은 사람 중에서 삶을 변화시키는 실재로서 십자가의 지혜에 관해 말한다. 즉 그들은 그것의 다양한 결과를 이미 파악했지만 이제 "새로운 내용"을 필요로 하는 것이 아니라…**"자신들을 세상의 강압적인 표준으로부터 의식적으로 해방하기 위해 더 깊이 있는 의식을 필요로 하는 사람들이다."**[166] 타이센의 연구서『심리학적 측면들』(*Psychological Aspects*)은 면밀하게 연구할 가치가 있다(이 주석서에서 특히 12-14장에 대한 주해 참조). 한편 펑크는 그가 이전에 발표한 한 논문에서 이 점을 다음과 같이 잘 설명한다. "바울은 자기 자신과 고린도 교인들을 위해 [십자가에 대한] 말씀을 새롭게 들으려고 애쓰고 있다. [그들의] 소피아는 하나님의 계획에 대한 지식으로…구성되어 있지 않다.…만약 십자가가 그것의 기초로부터 분리된다면 심지어 십자가도 σοφία가 될 수 있다.…[바울은] 십자가에 못 박힌 그리스도가 주님으로 통치하는 '세상'을 세우는 것을 [추구한다]."[167] 하지만 메르클라인은 인간과 하나님 사이에 불연속성이 있다는 신학적인 전제를 펑크보다 훨씬 더 강조

---

166) 같은 책, 385.
167) Funk, "Word and Word in 1 Cor 2:6-16," in *Language, Hermeneutic and Word of God*, 276, 280 and 284.

한다. 그 불연속성은 성령의 능동적인 도움이 필요하다(참조. 롬 8:16).[168]

　12절　　스토아학파는 πνεῦμα에 대해 다음과 같은 개념을 갖고 있다. πνεῦμα는 충만하고, 생명력을 불어넣으며, 대행자와 유사하고, 실체와 유사하며, 모든 것에 침투할 수 있다. 이러한 개념은 바울 당시에 많은 사람에게 널리 알려져 있었다. 호일은 엑스레이의 침투력이라는 오늘날의 유비를 제안한다. 그런 의미에서 "하나님"을 세계-정신에 생명력을 불어넣거나 세상에 내재하는 영으로 생각한 것은 하나님과 성령에 대한 올바른 관점에 이르지 못한 것이다.[169] 이 신념은 πνεῦμα, "영"과 불을 서로 비교하는 스토아 사상의 배후에 있다. 이 사상에 의하면 영과 불은 스스로 원하기만 하면 어떤 것이든 통과할 수 있으며, 다른 대상을 자기에게 동화시킨다고 한다. 하지만 우리는 다음과 같은 사실에 주목해야 한다. 즉 영과 불과 관련하여 스토아 사상이 강조하는 유비의 핵심은 구약성경과 히브리서에서 말하는 동일한 유비와 상반된다. 여기서 "삼키는 불"이라는 하나님에 대한 개념은 "세상"과 대조되는 존재이며 하나님의 초월성, 타자됨, 거룩함을 가리킨다(히 12:29; 참조 출 3:2; 19:18; 사 66:15; 렘 5:14; 겔 1:4, 27; 말 3:2; 히 12:18; 계 1:14; 2:18).

　이 배경과 관련하여 바이스는 또 다른 요점을 덧붙인다. 그는 다음과 같이 주장한다. "이것은 바로 스토아학파와 바울 사이의 본질적인 차이점이다. 스토아학파는 타고난 신적인 본성에 대해 생각한다. 한편 바울은 신적이며 초자연적인 능력에 대해 말한다.…하나님의 영에 나아가는 사람은 하나님을 실제적이면서도 참된 분으로 안다."[170] 바이스는 고전 2:12-16에 나타난 바울의 사상을 에픽테토스의 주장과 비교한다. "우리의 영혼은 신과 밀접하게 결합되어 있다."[171] 바울과 거의 동시대 인물이었던 세네카는 다음과 같이 말한다. "이성은 신적인 영의 한 부분에 지나지 않으며, 인간의

---

168) Merklein, *Der erste Brief 1-4*, 237.
169) Hoyle, *The Holy Spirit in St. Paul*, 219.
170) Weiss, *Earliest Christianity*, 2:512.
171) Epictetus, *Discourse*, 1:14.6.

몸 안에 침투해 있다."[172] 마르쿠스 아우렐리우스는 "영혼은 신의 한 부분, 한 유출, 한 조각이다"라고 주장한다.[173] 이러한 사고방식은 바울 당시 유대교의 사변적인 사상에 큰 영향을 미쳤다. 그래서 필론은 인간의 영혼을 "지복하고 행복한 존재로부터 이곳으로 이주한 하나님의 숨결이며⋯눈에 보이지 않는 일부분"이라고 말한다.[174]

일반 대중의 생각에 스토아학파의 용어와 개념이 영향을 미쳤다고 말하는 것은 대다수 고대 그리스인들이 "철학자들"이었다는 그릇된 생각을 암시하지 않는다.[175] 뿐만 아니라 제논과 클레안테스의 초기 스토아 사상은 기원전 1세기의 중기 스토아 사상(이 사상은 키케로에게 영향을 미침) 및 로마의 스토아주의와 명백하게 구분되어야 한다. 로마의 스토아주의의 주요 대표자들은 우리가 앞에서 언급한 세 사람, 곧 에픽테토스(기원후 55-135년), 세네카(대략 기원후 1-65년), 마르쿠스 아우렐리우스(기원후 121-180년)다.[176] 간략하게 말하자면 스토아 사상은 세상을 하나의 유기적인 전체로 생각했다. 스토아 사상에 의하면 πνεῦμα 또는 spiritus라고 불리는 어떤 합리적인 힘이 그것에 생명력을 불어넣는다. 어떤 대상의 특성은 그것에 내재하는 πνεῦμα에 의해 이루어져 있다. 그것은 식물 안에서는 자연(φύσις)의 양태로, 동물 안에서는 생명(ψυχή)의 양태로, 인간 안에서는 영(πνεῦμα)으로 직접 나타난다. 따라서 에픽테토스는 다음과 같이 주장한다. 어떤 사람이 죽을 때 그는 "무언가 친숙하고 동종(同種)인 것으로(εἰς τὰ φίλα καὶ συγγενῆ)" 되돌아간다. 그리고 무엇이든지 불에서 나온 것은 불로, 무엇이든지 흙에서 나온 것은 흙으로, 무엇이든지 영으로부터 나온 것은 영으로(ὅσον πνευματίου εἰς πνευμάτιον) 되돌아간다(Epictetus, *Dissertations* 3.13.15). 바이스

172) Seneca, *Letters*, 62.12; 또한 참조. 41.2; 31.11.
173) Marcus Aurelius, 5:27.
174) Philo, *Opificio Mundi* 135; 참조. 69.
175) J. B. Skemp, *The Greeks and the Gospel* (London: Carey Kingsgate, 1964), 1-10, 45, 68, and 95-100.
176) 앞에서 언급한 것에 덧붙여 또한 Cicero, *De Divinatate*, 2:511-513을 참조하라.

는 이러한 배경에 관심을 기울인다.[177]

따라서 바울의 표현, τὸ πνεῦμα τὸ ἐκ τοῦ θεοῦ, "하나님으로부터 오는 영"은 세상의 영이라는 표현과 의미상 반대되거나 대립된다. 또한 이 표현은 ἐκ가 없는 단순한 소유격(~으로부터)이 의미하는 것 이상의 뉘앙스를 나타낸다. 스위트는 이 어구를 요 15:26-27에서 성령이 하나님 "아버지께로부터" 나온다(ἐκπορεύεται)는 평행 개념과 비교한다.[178] 요한은 "아버지로부터"(παρὰ τοῦ πατρός, 요 16:27)의 경우와 같이 ἐκ뿐만 아니라 παρά도 사용한다(참조. 그리스도에 대해, 요 1:14; 6:46; 7:29; 17:8). 또한 스위트는 고전 2:12의 표현을 "하나님에게서 나오는"이라고 주해한다(참조. Lightfoot, *cometh from*; Collins의 *that is from* 보다 더 역동적임). 우리의 번역은 스위트의 번역을 따른다.[179] 고전 2:12에서 인칭 대명사 ἡμεῖς는 그 의미를 강조하기 위해 문장의 맨 앞에 놓여 있다. 이것은 세상으로부터 온 것과 하나님의 은혜로 관대하게 주어진 것이며 하나님에게서 오는 것과의 대립 관계를 강화한다. 따라서 우리는 "우리 자신은"(as for us)이라고 번역하며 "우리를" 맨 앞에 위치시켰다. 그리고 우리는 그리스어 구문—οὐ τὸ πνεῦμα τοῦ κόσμου(세상의 영이 아니라)와 λαμβάνω의 부정과거 형태(ἐλάβομεν, 제2부정과거, 우리는 받았습니다)—을 그대로 살려 다음과 같이 두 가지 사항을 서로 대립시켜 번역했다. 즉 우리 자신은 세상의 영이 아니라 하나님으로부터 오는 영을 받았습니다.[180] 특히 콘첼만의 견해에 의하면 바울은 더 역사적인 복음으로부터 보다 더 "시간을 초월한" 초기-영지주의적인 사고의 범주로 과감하게 나아간다. 하지만 완료형이 지닌 보다 더 정적인 뉘앙스를 드러내며 번역하는 것보다 가능하면 부정 과거형이 지닌 역동적인 측면을 살려 생동감 있게 번역하는 것이 더 좋을 것이다. 부정 과거는 고린도 교인들이 하

---

177) Weiss, *Der erste Korintherbrief*, 62-70, and *Earliest Christianity*, 2:511-513.
178) Swete, *The Holy Spirit in the NT*, 155; cf. 178-79, 265, and 284-85.
179) Swete, *The Holy Spirit*, 285, 참조. 178; Lightfoot, *Notes*, 180; Collins, *First Cor*, 121-134. 반면에 AV/KJV, "of God."
180) Schrage는 하나님의 영을 은사로 받는다는 측면을 강조한다. 참조. Schrage, *Der erste Brief*, 1:259-260.

나님에 기초한 믿음으로 복음을 들었던 순간을 그들의 머릿속에 연상시켜 줄 것이다.[181]

이제 우리는 타이센의 매우 사변적이면서도 건설적인 해설을 살펴보고자 한다. 그는 세상의 영과 전적인 타자(Other)로서 하나님이 주시는 성령이 서로 대립 관계에 있다고 지적한다. 또한 그는 이 세상 질서의 통치자들(2:6)과 세상의 영(2:12)이 서로 평행을 이룬다는 사실을 간파한다. 이 두 대상은 하나님의 영의 전통과 대립 관계에 있다. 왜냐하면 하나님의 지혜는 이 세상을 주도하는 권세자들, 유력자들, 이 세상 질서의 전문가들(학자들)에게 숨겨져 있기 때문이다. 곧 "지혜는 '지혜롭고 슬기 있는 자들에게'(마 11:25), 그리고 '지식인들, 유력자들, 훌륭한 가문에 태어난 이들'(고전 1:26)에게도 감추어져 있다.…야고보서에서 지혜와 반(反)지혜가 서로 대립하는 것은 결코 우연이 아니다. 야고보서의 배후에 있는 신앙 공동체는 대체로 가난한 사람들로 이루어져 있었다(약 2:5-7). 또한 약 3:15-17은 세상의 지혜에 반대하면서 이에 대해 다음과 같이 말한다. '이러한 지혜는…땅 위의 것이요 정욕의 것이요 귀신의 것이니 시기와 다툼이 있는 곳에는 혼란과 모든 악한 일이 있음이라. 오직 위로부터 난 지혜는 첫째 성결하고 다음에 화평하고 관용하고 양순하며.'"[182]

하나님의 영은 하나님 자신의 "지혜"를 계시하고 알려주기 위해 "위로부터" 온다. 그런데 여기서 타이센은 2:12-14과 오늘날의 학습 이론 간의 관계에 대해 설득력 있는 통찰을 제시해준다. 고린도 교회는 십자가에 대한 선포를 듣고 이미 새로운 삶을 시작했다(1:18-2:5). 하지만 이제 십자가와 관련된 모든 것은 더욱더 깊이 습득되어야 한다(2:6-3:23). 이 두 단락은 그릇된 사고의 틀 안에서는(유대인들과 이방인들, 1:22-25; "신령하지 못한 이들", 2:9-16) 결코 스스로 "인식할 수 없는" 하나님의 지혜(1:18-21; 2:6-8)와 "어리석음"(1:22-25; 2:9-16)이라는 주제를 다룬다. 또한 이 두 단락은 학습 배

181) Orr and Walther, *1 Corinthians*, 158.
182) Theissen, *Psychological Aspects of Pauline Theology*, 360 and 361.

경의 사회적 측면에 대해 숙고하도록 이끌어준다(1:26-30, 대체로 보잘것없
는 교회의 사회적 위치; 3:1-4, 교회의 미성숙). 따라서 십자가의 메시지를 받아들
이고 파악하는 것이 가치관의 새로운 방향 설정을 의미한 것처럼, 십자가가
제시하는 생활 방식을 철저하고 사려 깊게 받아들이는 것도 이 세상 질서의
통치자들과 세상의 영이 강요하는 가치관과 전통으로부터 계속해서 벗어
나는 것을 필요로 한다. 세상의 통치자들과 관련하여 타이센이 "역사적인
또는 악마적인" 대안을 올바로 거부한 것처럼, 새로운 방향 설정도 하나님
에게서 오는 성령에게 열려 있어야만 한다. 또한 세상의 영으로부터 벗어나
는 것은 구조적 측면과 사회적·우주적 측면에 대한 재학습 과정을 포함한다.
그리고 이것은 성숙한 사람들과 함께 학습하는 공간으로 초대한다.[183] 많은
주석가들은 세상의 영에 대한 실질적인 내용을 단순히 하나님의 영과 상반
되는 부정적인 용어로 축소했다.[184]

    하지만 2:6-16에서 말하는 이 "지혜"는 "새로운 내용"에 대한 것이 아
니라 (2:6-16과 대립하면서 1:18-25을 영지주의적인 입장에서 재해석하는 시도에 반
대함) 오히려 "이 세상이 강요하는 판단 기준으로부터…그들을 해방해주
는" 실재를 더욱 깊이 파악하는 것이다.[185] 타이센은 다음과 같이 결론짓
는다. " '이 세상'에 대해 말하면서 바울은 새로운 세상이 있다는 것을 전제
한다. 이전의 모든 '세상'이 존재하기에 앞서 하나님은 '이 세상' 너머로 이
끄는 한 가지 계획을 세우셨다. 이 계획은 그리스도 안에서 실현되었다. 하
지만 그리스도는 이 세상에 적합한 존재가 아니었다. 그래서 이 세상은 그
를 거부했다. 오직 새로운 세상이 시작될 때만 그는 어떤 의미 있는 배경 안

---

183) 같은 책, 378; 참조. 379-386.
184) 예를 들면 Grosheide, *First Epistle*, 70. Barrett는 중간 입장을 취하고 있다. 그는 다음과 같
     이 주장한다. "바울은 세상의 영이라는 표현이 무엇을 의미하는지 구체적으로 설명하지 않
     는다.…쿰란 문서에서 발견되는 평행 본문은 제한된 중요성을 지니고 있다. 하지만 바울이
     하나님을 대적하는 어떤 영적인 세력을 믿었다는 것은 분명한 사실이다. 그는 그 세력을 이
     세상과 연결한다(고후 4:4). 또한 그것은 이 세대의 지혜와 거의 구별되지 않으며(6절)…일
     종의 인간 중심적인 계획이다"(Barrett, *First Epistle*, 1:69).
185) Theissen, *Psychological Aspects of Pauline Theology*, 385.

으로 들어올 수 있다."[186) 하나의 모순이 나타난다. 그 모순은 하나님의 성령의 능력 안에서 새롭게 방향을 설정하는 것을 요구한다. "그렇다면 그것은 아무런 의미도 없는 모순처럼 보이기보다는 오히려 진정한 의미에 대한 보다 더 포괄적인 지평을 활짝 열어준다."[187) "보다 더 포괄적인 지평"이라는 의미심장한 표현은 τέλειος, "성숙한"이 구체적으로 무엇을 의미하는지를 밝혀준다. 성숙함은 오래 참으면서 맡겨진 일을 신실하게 감당하며 소망을 품고 살아가는 인격을 갖추는 것을 포함한다.

이것은 이 절을 마무리하는 후반절과도 아주 잘 어울린다. 성령을 통한 계시는 하나님께서 우리에게 은혜로 주신 것들을 밝혀준다. 이태동사 χαρίζομαι, "내가 관대하게 주다" 또는 "내가 받을 가치가 없는 대상에게 호의를 베풀다"의 부정과거 분사 중성 복수(BAGD는 빌 1:29; 행 3:14과 마찬가지로 여기서도 이 동사가 진정으로 수동적 의미를 지니고 있다고 주장함)는 중성 복수 정관사와 함께 사용된다. 이것은 하나님이 선택하신 것을 은혜(χάρις)로 주신다는 것을 의미한다(1:7에 대한 주해 참조).[188) 따라서 이것은 "새로운 세상"으로 들어가는 것이다(2:6-9의 주해에서 핑크에 대한 설명을 참조하라). 이것은 또한 인간이 만드는 것이 아니다. 그곳은 결코 하나님에게 적대적이거나 무관심한 "세력들" 또는 "통치자들"에 의해 지배되지도 않는다. 그리고 새로운 세상은 끊임없이 확장되고 변화되어 간다. 그 확장과 변화는 그리스도의 십자가에 의해 정의된다. 하나님이 그분의 은혜로 베풀어주시는 이 "새로운 세상"은 단순히 사변의 대상이나 인간이 설계한 것이 아니다. 또한 우리는 하나님에게서 오는 영을 받았다(ἐλάβομεν, 이것은 세상의 영을 받은 것과 대조된다). 이것은 우리에게 하나님이 주신 것을 알게 하려는(εἰδῶμεν, εἰδέναι의 가정법, οἶδα의 완료형이지만, 현재의 의미로 사용됨) 목적이 있다(목적을 의미하는

---

186) 같은 책, 388,

187) 같은 책.

188) BAGD, 876-879. 이곳의 설명에서 이 그리스어 동사는 χάρισμα, "은사" 또는 교회의 배경에서 보다 전문적으로 표현하자면 **어떤 특별한 임무를 위한 은사**와 연결되어 있다. 하지만 이 절에서 해당 그리스어 동사는 후자보다 오히려 χάρις, "은혜" 또는 "은혜로 주어지는 선물"과 관련되어 있다.

ἵνα 용법, ~하기 위해).

피(Fee)는 이 절을 "전체 단락의 핵심 이슈"라고 부른다. 아마도 그의
견해는 옳을 것이다. 이 견해에 기초하여 그는 이 절의 접속사(δέ, "그리고"
또는 "그러나")를 앞 절과 연결하고 "요약하는" 접속사로 이해한다. 그것은
논리적인 측면에서 "그래요"(now)로 번역하는 것이 가장 좋을 것이다.[189]
에링은 이 주제가 12-16절의 핵심적인 진술이라고 생각하며, 그것을 "기
독교 신학자들을 위한 위대한 헌장"이라고 묘사한다.[190] 단지 이 절 자체만
으로는 "성령의 발출(發出)"에 대한 교리를 온전하고 명료하게 지지해주지
않는다. 하지만 에드워즈는 다음과 같이 주장한다. "비록 (Theod.가 설명해주
듯이) 여기서 ἐκ가 성령의 발출의 진리를 명백하게 표현해주진 않지만, 그래
도 그것을 암시해준다."[191] (오리게네스, 아타나시오스, 바실레이오스 등이 이 구절
에 대해 언급한 것과 관련하여 2:10-16에 대한 "이후의 역사, 영향, 수용"을 보라.)

13절   복수 여격 πνευματικοῖς는 문법적인 측면에서 남성 복수로 이해하
여 "영에 속한 사람들에게" 또는 중성 복수로 이해하여 "영에 속한 것들로"로 번역
할 수 있다. 그런데 중요한 대문자 사본인 B와 33에서 이것은 부사(πνευματικῶς, 영
적으로)로 되어 있다. 하지만 이 독법은 14절에서 부사로 언급된 것과 조화시키려는
필사자들의 의도를 반영할 것이다. 대다수 사본은 UBS 4판의 독법을 지지한다.

이 절은 몇몇 특이한 사전학적·문법적 이슈들을 포함하고 있다. 간결
하게 설명하자면 (a) συγκρίνοντες(συγκρίνω의 주격 남성 복수 현재완료 분사
능동태)는 그리스어 사전에 기초하면 적어도 서로 다른 세 가지 의미를 지
닐 수 있다. (i) "해석하는"(NRSV, REB, Moffatt, Luther, NIV mg.) 또는 "설명
하는"(TEV), (ii) "비교하는"(AV/KJV), (iii) "서로 연결하는"(NJB) 등이다.
즉 영적인 언어를 영적인 것들에 상응하게 또는 적합하게 비교해준다는 의
미에서(NJB), 또는 영적인 것들이나 영적인 언어를 영적인 사람들에게 표

189) Fee, *First Epistle*, 112 and 112, n. 61.
190) Héring, *First Epistle*, 19.
191) Edwards, *First Epistle*, 60.

현해주거나(NIV) 가르친다(JB)는 것이다.[192] 그리고 (b) 여격 복수 형용사 πνευματικοῖς는 문법적인 측면에서 (i) 남성으로서 "신령한 사람들에게" 또는 (해당 논의의 전후 문맥에 비추어 우리가 번역한 대로) "영에 속한 사람들에게"로 번역하거나 또는 (ii) 중성으로서 "영적인 것들로"(또는 ~에게 또는 ~에 의해)로 번역할 수 있다. 또한 이것은 "영적인 주제, 영적인 언어, 또는 영적인 진리"로도 이해할 수 있다. (c) 목적격 중성 복수 형용사 πνευματικά는 일반적이며 구체적이지 않은 의미에서 영에 속한 것을 가리킬 수 있다(사실상 모든 영역본은 이 단어를 이렇게 번역한다). 또는 보다 더 구체적으로(영적인 진리들, 영적인 계시들, 영적인 비밀들) 번역할 수도 있다. 이 점을 고려할 때 이 두 단어를 최종적으로 결합하면 매우 다양하게 번역될 수 있다. 따라서 슈라게는 그의 주석서를 읽는 독자들에게 이 두 단어의 해석은 "분명히 매우 어려운 과제이며" 적어도 서로 구별되는 네 가지 번역을 가능케 한다는 점을 일러준다.[193]

로버트슨과 플러머는 (어떤 의미에서 슈라게보다 앞서 논의하면서) 자신들이 가장 바람직하다고 여기는 번역을 다음 네 가지로 간략하게 요약한다.[194]

(i) 만약 우리가 πνευματικοῖς를 중성으로 취한다면 다음과 같이 번역할 수 있을 것이다.

a. 영적인 것들(말들)을 영적인 것들(사항)과 결합함

b. 영적인 것들을 영적인 것들로 해석함(설명함)—이것은 다음 사항들을

192) BAGD, 774-775; MM, 610-611; LSJ, 1450. 고전 그리스어는 복합적인 어떤 것에 **결합하는** 것을 강조한다. 헬레니즘 시대와 신약 시대에는 위에서 언급한 모든 의미 영역이 포함되어 있다. 반면 파피루스 문헌은 "비교한다"라는 의미를 나타내는 경향을 드러낸다. Lightfoot는 "결합하다"를 지지한다. 그리고 나서 그는 이것이 "영적인 진리를 설명하기 위해 영적인 방법을 적용한다"를 의미한다고 해석한다(Lightfoot, *Notes*, 180).

193) Schrage, *Der erste Brief*, 1:261.

194) Robertson and Plummer, *First Epistle*, 47. 또한 참조. Merklein, *Der erste Brief 1-4*, 240; Collins, *First Cor*, 135.

의미함

　(1) 구약성경의 모형들을 신약성경의 주제들로 해석함

　(2) 영적인 진리들을 영적인 언어로 해석함

　(3) 영적인 진리들을 영적인 능력으로 해석함

(ii) 만약 우리가 πνευματικοῖς를 남성으로 취한다면 다음과 같이 번역할 수 있을 것이다.

　a. 영적인 일들을 영적인 청중에게 적합하게 함(일치하게 함, 어울리게 함)

　b. 영적인 진리들을 영적인 청중에게 해석함.

로버트슨과 플러머에 의하면 사전들과 문법에 기초할 때 가능한 의미의 범위는 여섯 가지나 된다. 그렇다면 모든 것은 성령의 계시와 전달에 대한 바울의 신학뿐만 아니라 해당 논의의 전후 문맥의 흐름과 고린도의 상황에 대해 어떤 판단을 내릴지에 달려 있다. 고린도의 상황은 바울이 자신의 언어를 고린도 교인들이 어떻게 파악하고 받아들일지 숙고해보게 했을 것이다. 예를 들면 콜린스는 위에서 제시한 번역 중에서 (i) (b)와 (ii) (b)를 선택하면서 하나님이 계시하신 것을 "영적인 사람들의 유익을 위해"로 번역한다.[195]

　그 무엇보다도 12절에서 바울은 하나님의 영의 초월성과 타자됨을 하나님에게서 오는 영(τὸ πνεῦμα τὸ ἐκ τοῦ θεοῦ)이라고 강조했다. 우리는 이것이 바울이 형용사 πνευματικός를 다소 모호한 "영적인"이 아니라 (하나님의) "성령에게 속한"이라는 의미로 이해하기를 원했다는 점을 결정적으로 알려준다고 믿는다. 왜냐하면 "영적인"이라는 번역은 바울이 배제하고 싶은 오해를 초래할 수도 있기 때문이다. (나중에 이것은 15:44에서 "성령에 의해 특징지어지는 부활의 존재 양상"으로서 πνευματικόν σῶμα에 뿐만 아니라 12:1-14:40에서 "성령의 은사들"에도 적용된다.)

　13절 맨 앞에서 ἃ 다음에 나오는 καί는 12절의 논리를 계속 전개하는

---

195) Collins, *First Corinthians*, 135.

의미를 지니고 있다. 즉 "성령의 은사로서 하나님이 하시는 일에 대한 지식 (*connaissance*)"(젠프트)에서 그것을 "선포하는" 것으로 전개된다. 이러한 선포는 단순히 인간의 일이 아니라 "영적인" 일로서 성령이 하는 일이다.[196] 그러므로 우리는 바레트의 입장을 따라 여기서 καί를 "나아가"로 번역했다. 또한 틀림없이 λαλοῦμεν은 2:6을 받는다. 그다음 바울은 대화의 내용뿐만 아니라 그 **방법**에 대한 이슈에도 관심을 갖는다(그는 언어학에서 말하는 전문적인 의미로 유용한 "반복법"을 사용한다). 그래서 우리는 λαλοῦμεν ... ἐν διδακτοῖς ... λόγοις를 "우리는…언어로 이것들을 전합니다"로 번역했다. 그리고 바울이 사용한 기원을 나타내는 소유격 ἀνθρωπίνης σοφίας를 "단순히 인간의 현명함에 기초하여 배운 말이 아니라"라고 번역했다. 바울이 전하는 말은 인간의 현명함(우리는 앞에서 σοφία를 이렇게 번역함)에서 온 것이 아니라 하나님의 성령으로부터 유래한 것이다.

비록 σοφία가 진정으로 1:18-31과 2:1-5에서 논의된 도구적이며 거짓된 "지혜"를 연상시켜주긴 하지만, 이 단어는 여기서 텍스트의 문자적인 의미를 초월하여 "인간의 철학"(NJB)에 더 잘 어울린다. 우리가 앞에서 이미 논의했듯이 진리와 관련하여 바울은 널리 알려진 수사학 학파들이 주장했던 입장들보다 오히려 "철학"의 가장 훌륭한 전통에 더 가까이 서 있었다.[197]

에링은 다른 구절과 달리 διδακτοῖς ... λόγοις의 구문에 대해 길게 논한다. 이 논의는 **학문적인 강론**, 특히 "철학에서의 학문적인 강론들"이라는 의미를 지닌 번역을 지지하는 결론을 내린다.[198] 그는 "성숙한 사람들"에 상응하는 대상으로 "인간의 철학을 교육받은 사람들 가운데"라고 번역한다. 이 번역과 관련하여 다음 두 가지를 지적하고자 한다. 첫째, 기원후 1세기에 고린도와 같은 도시에 있던 수사학 학교에 대한 연구는 철학 학교에서보다

---

196) Senft, *La Première Épitre*, 53; cf. Conzelmann, *1 Corinthians*, 67 and 67, n. 109.

197) Pogoloff, *Logos and Sophia*, 99-172, 197-214 및 그밖에 여러 부분.

198) Héring, *First Epistle*, 20.

는 수사학 학교에서 오히려 "학문적인 강론들"이 상당히 규칙적으로, 그리고 매우 명백한 증거와 더불어(예. 퀸틸리아누스와 키케로) 개최되었다는 사실을 밝혀준다(앞에서 제시한 상세한 논의 참조). 둘째, 특이하긴 하지만 결코 어렵지 않은 구문에 대해 이와 같이 거창하게 생각하는 학자는 사실상 에링뿐이다. 블라스의 입장을 따라 에링은 λόγοις를 없애고 διδακτοῖς를 남성 명사로 취급한다.[199] 라이트푸트는 "수동의 의미의 동사적 형용사가 소유격으로 사용된 사례"에 대해 논의한다. 결과적으로 에링의 재구성은 주해를 위해 별다른 차이점을 제시하지 않는다. 에드워즈는 다음과 같이 주장한다. "σοφίας[현명함]와 πνευματικός[성령에 속한]는 에라스무스가 파악했듯이 소유격이며, λόγοις 다음에 나오지 않고 요 6:45에서처럼 διδακτοῖς에 이어서 나온다."[200]

위에서 논의한 바에 의하면 대다수 주석가들(콜린스, 피, 메르클라인 등 다른 학자들)이 συγκρίνοντες를 "설명하는" 또는 "해석하는"으로 번역하는 것은 바울의 논점을 자연스럽게 제시해주는 것 같다.[201] 성령의 사역에 열려 있는 그리스도인은 십자가에 내포된 하나님의 지혜의 함의들을 더욱더 깊고 넓게 깨닫게 될 것이다. 왜냐하면 해석은 단순히 지적인 "설명"(TEV)뿐만 아니라 "삶의 경험"(Schleiermacher, Dilthey, Ricoeur)과 "태도"(Wolterstorff)를 통해 깨달음에 이르는 것을 수반하기 때문이다. 설명보다는 해석이 더 선호할 만하다. 동시에 우리는 바울이 의식적으로 "일치하는"과 "적합한"이라는 이중적 의미로 언어유희를 사용했을 가능성을 배제해서는 안 될 것이다. 왜냐하면 2:6에서 3:4까지의 논의의 흐름은 성령이 계시하는 것을 이해하기 위해 **기꺼이 준비되어 있다**라는 개념을 내포하고 있기 때문이다. 바울은 하나님의 성령이 계시한 것이라면 무엇이든지 해

---

199) Lightfoot, *Notes*, 180.
200) Edwards, *1 Corinthians*, 61. 그는 διδακτός가 소유격을 취하는 것이 특히 더 적합하다고 덧붙인다(참조. Sophocles, *Electra*, 344). 뿐만 아니라 소유격을 지배하는 다른 단어들도 동일한 문장 구조를 지니고 있다(참조. 벧후 2:14; 마 25:34), sect. 8.
201) *Fee, First Epistle*, 115; Collins, *First Cor*, 135; Merklein, *Der erste Brief 1-4*, 241; Barrett, *First Epistle*, 75-76; also Bengel, *Gnomon*, 615, *interpretantes*.

석한다. 성령은 신자들 안에 내주하면서 그들이 계시를 적용하도록 돕는다. 또한 바울은 "그들이 받아들일 준비가 되어 있는 것" 또는 "그들이 오해 없이 들을 수 있는 말"을 그들이 준비되어 있는 상태에 꼭 들어맞게 해준다(참조. Calvin, *aptantes, aptare,* 적응시키다 또는 적용하다).[202] 모든 목회자는 목회 사역과 관련된 시간의 중요성을 알고 있다(그는 무엇을 말해야 할지, 또 언제 그것을 말해야 할지를 알고 있다). 또한 그는 상담하는 방법을 상황에 맞게 한다(곧 무엇을 말해야 할지뿐만 아니라 **어떻게** 그것을 말해야 할지를 각 상황에 맞게 한다).

14절 ψυχικός를 영어로 번역하는 것이 대단히 어렵다는 것은 널리 알려진 사실이다. 일부 오래된 현대 주석가들은 불가타 번역인 *animalis homo*(참조. 라틴어 *anima,* 숨을 쉬는, 또는 *animus,* 이성을 지닌 영혼)로부터 "육신을 지닌" 사람("animal" person)을 뜻하는 형용사적 의미를 받아들인다. 콜린스와 NJB는 이 형용사를 취해 "자연적인 사람"(natural person)이라고 번역한다.[203] 이와 비슷하게 존 로크(1707년)는 이 부분에 대한 해설에서 "육욕적인 힘들, 곧 성령 또는 계시의 도움을 받지 않는 영혼의 다양한 재능"에 대해 말하고, "계시와 관련된 사항들은 오직 계시의 도움으로만 깨닫거나 분별된다"고 말한다.[204] 한편 ψυχικός와 πνευματικός를 구분하는 것은 반드시 인간이 "육과 혼과 영"(σῶμα, ψυχή, πνεῦμα)으로 이루어져 있다는 어떤 "삼분법적인" 견해를 의미하거나 그 견해와 관련되어 있다는 것을 의미하지 않는다. 살전 5:23에 대한 이른바 어떤 단정적인 주해에 기초하든지 그렇지 않든지, "ψυχικός는 내면적인 동기들이 단순히 인간의 다양한 욕구와 열망의 수준을 넘어서지 못하는 어떤 사람을 묘사하는 데 사용된다."[205] 명사형 ψυχή는 생명력이 부여된 인간적 존재를 가리키는 의미에서 **생명의 원리**를 나타낸다. 또한 생명력은 인간적 존재를 유지시켜준다.

---

202) Calvin, *First Epistle,* 60.
203) Robertson and Plummer, *First Epistle,* 48–49; Collins, *First Cor,* 135.
204) John Locke, *A Paraphrase and Notes on the Epistles of St. Paul* (1707; ed. Wainwright, 1987), 1:424.
205) Robertson and Plummer, *First Epistle,* 49.

한편 종교사와 창 2:7의 특별한 배경(곧 70인역: ὁ θεὸς … ἐνεφύσησεν … καὶ ἐγένετο ὁ ἄνθρωπος εἰς ψυχὴν ζῶσαν, 하나님이…숨을 불어 넣으시니…사람이 생령[생명체, 살아 있는 존재]가 되었다)은 복합적인 문제점들을 더한다. 히브리어 본문 ויהי האדם לנפש חיה(바예히 하아담 레네페쉬 하야)도 우리가 말한 것을 지지해준다. 즉 ψυχὴν ζῶσαν은 살아 있는(하야) 존재(네페쉬)를 나타낸다. 히브리어에서 נפש(네페쉬)가 반드시 영혼을 가리키는 것만은 아니다. 예를 들면 이 단어는 다섯 사례에서 죽은 사람의 몸을 의미한다(레 19:28; 21:1; 22:4; 민 5:2; 6:11). BDBG가 확인하듯이 이 단어는 또한 각 문맥에 따라 생명, 살아 있는 존재, 열망, 자기 자신, 또는 사람 등을 의미한다. 이 히브리어 단어는 라틴어 단어 아니마(anima)가 의미하는 것―숨을 쉬는 것 또는 자기의 내적인 존재―과 부분적으로 일치한다.[206] BDBG는 창 2:7에서 해당 히브리어를 "살아 있는 존재"로 번역하지만, "다른 곳에서는―예를 들면 창 1:20, 24, 30; 9:12, 15, 16; 겔 47:9 ― 언제나 생물을 가리키는 데 사용된다." 또한 그밖에 다른 본문에서는 생명체를 가리킨다.[207] 신약성경에서 ψυχή 가 영혼(soul) 대신에 목숨(life)으로 번역되는 것은 놀라운 일이 아니다 (AV/KJV이 막 8:36, 37 등을 다음과 같이 번역한 것은 몇 가지 논쟁을 불러일으켰다.

"What does it profit if a man gain the whole world and lose his own soul? … What shall a man give in exchange for his soul? [만일 사람이 온 천하를 얻고도 자기 영혼을 잃으면 무엇이 유익하리요? 사람이 무엇을 주고 자기 영혼과 바꾸겠느냐?] 평행 본문 마 16:26).

따라서 고전 2:14에서 ψυχικός라는 단어는 χοϊκός, "물질" 또는 "흙에 속한 것" 등과 대조되기보다는 하나님의 영에 의해 생기를 부여받아 움직이는 것과 대조된다(참조. 15:46-49).[208] 따라서 NJB의 "자연적인"이라는 번역 대신 다수의 영역본은 해당 그리스어 형용사를 "영적이지 않은"으로 번

---

206) BDBG, 659-661.
207) 같은 책, 659, 제2항.
208) Schweizer, "ψυχή," *TDNT*, 9:604-667 (Dihle, Lohse, Tröger 등과 더불어).

역한다(NRSV, REB). 하지만 이 번역은 한 가지 문제점이 있다. 즉 이 번역은 보다 더 가치 중립적인 의미에서 "일반적인 사람" 또는 "전적으로 인간적인 차원에서 사는 사람"(참조. the man without the Spirit, NIV), "성령을 지니지 않은 사람은 누구나"(whoever does not have the Spirit, TEV)라는 의미보다 부정적인 의미를 전달한다. 하지만 "일반적인"(ordinary)이라는 번역은 영지주의와 유사한 입장에서 "육적인 사람", "혼적인 사람", "신령한 엘리트"로 구분한다는 오해를 불러일으킬 수도 있다. 피어슨이 강조하듯이 이 문제점은 다음과 같은 이유에서 더욱더 복잡해진다. "바울은 자기 자신을 자기 논쟁 상대자들이 사용하는 용어에 적응시키고 있다. 하지만 그는 이 용어들을 근본적으로 재해석하고 있다."[209]

이레나이우스는 발렌티누스파가 자신들의 목적을 위해 바울 서신에서 어떤 구절을 "새롭게 치장하여" 잘못 해석한다고 우리에게 명백하게 일러준다. 그 가운데 한 가지 중요한 예는 "세 부류의 사람들⋯곧 물질(육)에 속한 사람⋯중간 계층의 '혼에 속한 사람'(ψυχικός), 신령한 계층에 속한 신령한 사람(πνευματικός)"에 대한 영지주의적 가르침을 지지하려고 시도한다.[210] 이 점을 강조하기 위해 이레나이우스는 그들이 다음과 같은 구절에 호소한다고 말한다. 즉 고전 15:48(ὁ χοϊκός, 흙에 속한 자[아담], οἱ χοϊκοί["물질"에 속한 사람들], ὁ ἐπουράνιος, 하늘에 속한 자[구속자], οἱ ἐπουράνιοι, 하늘에 속한 사람들)과 고전 2:14-15(ψυχικὸς δὲ ἄνθρωπος, "혼적인" 사람과 ὁ πνευματικός, "신령한" 사람) 등이다.

그러나 이 논의를 기원후 2세기의 발렌티누스주의로 확대하는 것은 바울이 편지를 기록한 시기로부터 너무 멀어지는 것이다. 아마도 바울 당시에도 나중에 성숙한 영지주의로 발전하게 될 움직임이 있었을 것

---

209) Pearson, *Pneumatikos-Psychikos*, 40. 또한 Hays는 NRSV의 번역, *Those who are unspiritual do not receive the gifts of the Spirit*이 "바울이 고전 12-14장에서 논의하게 될 '성령의 은사들'과 같은 것에 대해 말하고 있다고 암시해줄 위험성을 지니고 있다"고 지적한다(Hays, *First Cor*, 46).

210) Irenaeus, *Against Heresies*, 1:8:1(구절들을 잘못 해석하고 "새롭게 치장하는 것"에 대해), 또한 8:3(고전 2:14-15과 관련하여 고전 15:48에서 인용한 세 "계층"에 대해).

이다. 또한 이러한 성향을 지닌 흔적들은 일부 고린도 교인들의 신학 안에서도 미숙한 형태로 나타났을 가능성이 있다. 필론과 요세푸스의 저서에서 우리가 발견하는 창 2:7에 대한 주해는 인간이 몸(σῶμα), 혼(ψυχή), 영(πνεῦμα)으로 구성되어 있다는 삼분법적인 이해를 알려주기 시작한다. 또한 이러한 이해는 유스티누스에게도 영향을 미쳤다.[211] 영적인 것(spiritual)과 영성(spirituality)에 대한 이러한 비(非)바울적인 이해 때문에 우리는 πνευματικός를 "성령에 속한", "성령과 관련된" 또는 "성령에 의해 특징지어지는"으로 번역한다. 또한 우리는 πνεῦμα를 인간을 구성하는 "영적" 또는 "종교적"인 부분이 아닌 하나님의 영 또는 하나님에게서 오는 영으로 이해한다.

피어슨은 13절의 상반된 표현은 바울의 논쟁 상대자들의 것이라고 믿는다. 하지만 그는 바울이 이 표현을 신중하게 평가하고 그것이 통용되던 의미를 재정의한다고 생각한다.[212] 또한 그는 고린도의 지혜 신학과 필론의 개념 사이에 유사한 점이 있다고 이해한다. 즉 필론은 πνεῦμα, 영(spirit) 또는 νοῦς, 마음(mind)은 신성(deity)의 "조각"(ἀπόσπασμα, fragment)을 위한 은신처가 될 수 있다고 생각한다(Philo, *Quod Deterius Potiori Insidiari Soleat* 90). 창 2:7에 의하면 하나님은 "영"(τὸ πνεῦμα)을 "불어넣으셨고"(ἐνεφύσησεν), "마음"(ὁ νοῦς)은 그것을 "받아들였고", 그 결과로 세 가지(하나님의 숨 또는 영, 인간의 영, 인간의 마음)가 "하나 됨"(ἕνωσις)을 이루었다. 필론은 *anima* 또는 ψυχή는 "하나님에 대해 생각할 수 없으며" 오직 πνεῦμα, "영"과 νοῦς, "마음"만 그렇게 할 수 있다고 주장한다.[213] 따라서 이 견해에 의하면 바로 이 인간의 영성(πνευματικός)이 하나님을 "아는 것"(γινώσκειν)을 가능케 한다.

---

211) Justin, *Dialogues*, 5 and 6:2; Josephus, *Antiquities* 1.34; Philo, *Legum Allegoriae* 1.76; 3.161; *Opificio Mundi* 135; *De Specialibus Legibus* 4:123; and *De Plantatione* 18. 또한 지혜서 2:2-3(참조. 15:11)에서도 비슷한 표현이 나타난다. 참조. Pearson, *Pneumatikos-Psychikos*, 7-12, 18-21, and 37-40.

212) Pearson, *Pneumatikos-Psychikos*, 38.

213) Philo, *Leg. All.* 1.36; cf. Pearson, *Pneumatikos-Psychikos*, 39.

이 핵심 용어들(πνευματικός, ψυχικός, νοῦς, γινώσκειν)은 2:14-16에서 모두 나타난다. 하지만 이 용어들은 바로 앞에서 간결하게 설명한 것과 다른 의미로 사용된다. 이 점과 관련하여 피어슨은 다음과 같이 논평한다. "[필론, 유스티누스 등 다른 이들의 저서에 들어 있는] 이 텍스트들은 우리에게 고전 2:13b-14의 정황을 밝혀준다.⋯고린도에 있던 바울의 논쟁 상대자들은 하나님이 자신들에게 베풀어주신 πνευματικός의 특성으로 인해 자신들 안에서 πνευματικοί가 될 가능성을 갖고 있었다고 가르쳤다. 그리고 그들은 지혜를 배움으로써 자신들이 세상적이며 '혼적인'(psychic) 존재의 차원을 넘어설 수 있으며, 하늘의 영광을 기대할 수 있다고 주장했다."[214] 나아가 그들은 자신들이 이미 이에 도달했으며, 자신들을 "어린아이들"과 반대되는 τέλειοι(성숙한 자들, 완전한 자들)로 이해했다. 호슬리도 이 점을 다음과 같이 확인해준다. 몇몇 헬레니즘 및 유대교 텍스트는 창 2:7로부터 영과 혼의 이원론을 이끌어내지 않는다. 그럼에도 이 텍스트들은 종종 지혜에 초점을 맞추어 다양한 계층으로 이루어진 "영적 신분"에 대한 개념으로 이끌었다.[215] 새뮤얼 래우클리도 이 점을 더 광범위하면서도 예리하게 다룬다. 그는 "특이한" 개념, 단어, 어구를 살펴본 결과 바울과 후대의 영지주의자들은 대체로 "성경에서 사용한" 동일한 어휘를 사용한다고 주장한다. 하지만 바울의 "구조"와 "[그 표현이] 삽입된 새로운 구조" 사이에서 일종의 긴장이 일어난다. 즉 "해당 어구들은 또 다른 관점으로 이해된다."[216] 래우클리는 다음과 같이 덧붙인다. "이 본문에 들어 있는 이 표현은 몇몇 영지주의적인 용례⋯곧 '하나님이 만세 전에 계획하신 일종의 은밀하고 감추어진 진리'와 결코 다르지 않다.⋯'우리는 성령을 받았다.⋯'" 하지만 바울의 기독론적인 언어는 "모든 것을 하나로 연결해주는 전체적인 표현으로서" 또 다

---

214) Pearson, ibid.
215) Horsely, "Pneumatikos vs. Psychikos: Distinctions of Spiritual Status among the Corinthians," 169-188.
216) Laeuchli, *The Language of Faith*, 16 and 19.

른 요점을 강조한다(강조는 덧붙여진 것임).[217] 우리는 바울의 언어에서 하나 님과 그리스도가 중심을 차지하고 있다는 닐 리처드슨의 설득력 있는 주장 을 이미 다룬 바 있다. 그는 "고전 1:18-3:23에서 θεός라는 단어가 자주 나 타날 뿐만 아니라 종종 강조적인 특성이 있다"는 점을 지적한다.[218]

ψυχικός를 "전적으로 인간적인 차원에서 사는 사람"으로 이해하는 우리의 논증은 최종적이며, 이 단어를 단 한 단어로 번역하는 것은 불가능 할 정도로 매우 어렵다. 잔트는 이러한 해석은 고전 15:44, 45에서 이 단어 가 의미하는 것, 곧 "세상에 속한" 몸 또는 "흙으로 빚어진 이 땅의 사람"과 실질적으로 다르지 않다고 지적한다. 왜냐하면 "고전 2:14에서도 ψυχικὸς ἄνθρωπος는 오직 성령의 은사의 능력을 통해서만 이해할 수 있는 것을 이 해하지 못하는 '[단지] 이 세상에 속한 사람'이기 때문이다."[219] 영지주의적 인 성향을 지닌 텍스트들이 "바울과의 대립 관계에서 언어적·개념적 배경 을 직접 나타내든지" 아니면 그렇지 않든지 이것은 사실로 남아 있다.[220] 빈 터는 영지주의적 사고가 바울의 신학에 영향을 미쳤다는 관점에 의문을 제 기한다. 하지만 피어슨과 마찬가지로 그는 영지주의가 일부분을 형성하는 (또는 형성하게 될) 사고의 세계는 고전 2:6-13을 해석하는 데 용어와 관련된 배경을 필연적으로 제공해준다고 생각한다.[221] 마지막으로 우리가 이미 살 펴본 바와 같이 이 점과 관련하여 스토아학파의 용어와 어휘도 2:14-15에 서 제기되는 같은 이슈에 기여한다. 또한 세븐스터는 자신의 저서 『바울과 세네카』에서 프뉴마 및 프쉬케와 관련된 용어에 대해 "그들은 비슷한 용어 들을 전혀 다른 의미로 사용한다"고 지적한다.[222]

---

217) 같은 책, 47; 참조. Richardson, *Paul's Language about God*.

218) Richardson, *Paul's Language about God*, 116; 참조. 66-73, 95-124, 271-275, and 308-319.

219) A. Sand, "ψυχή, ψυχικός," *EDNT*, 3:503; 참조. 500-503.

220) Winter, *Pneumatiker und Psychiker in Korinth*, 205-206.

221) 같은 책, 231-232 및 기타 여러 곳. Wilckens는 고린도에서 ψυχικός라는 용어가 사용되 었기 때문에 여기서도 "육적인"이라는 단어가 아닌 해당 단어가 사용되었다고 주장한다 (*Weisheit und Torheit*, 89-91).

222) J. N. Sevenster, *Paul and Seneca*, NovTSup 4 (Leiden: Brill, 1961), 78; 참조. 26-83. 또

　　하나님의 영에 속한 것들을 어리석음(μωρία) 그 자체로 인식한다는 것은 1:23에서 나타나는 평행 주제를 간결하게 재진술하는 것이다. 해당 절에서 하나님의 영에 속한 것들의 배경이 언급된다. 곧 십자가에 못 박힌 어떤 그리스도(1:23)는 유대인들에게는 모욕적인 것(σκάνδαλον)이며 이방인들에게는 어리석은 것(μωρίαν)이다.[223] 이것은 왜(γάρ, 왜냐하면…) 전적으로 인간적인 차원에서 사는 사람이 그것들을 거부하는지에 대한 이유를 제시해준다. 자신의 논의를 전개하는 단계에서 바울은 "이러한 사람은 하나님의 영에 속한 것들을 받아들이지 않습니다"라고 말한다. 하지만 **바로 이 부분**에서 이러한 사람이 그것들을 받아들일 수 **없다**는 것은 바로 이 점 때문만은 아니다.[224] 오히려 이전부터 이미 존재했던 그들의 이해관계와 관심사의 한계 속에서 십자가의 메시지와 성령에 속한 일들은 전혀 타당치 않거나 믿을 수 없는 것으로 여겨졌기 때문에 그들은 하나님의 영에 속한 것들을 거부했던 것이다. 성령이 그 한계를 제거하거나 그것을 설명해주기 전까지는 그들에게 이것들은 어리석음 그 자체인 것이다.

　　이것은 이러한 상황에서는 사람이 그것들을 알 수 없다(οὐ δύναται γνῶναι)는 의미를 명확히 정의한다. 첫째, γνῶναι(제2부정과거 부정사 능동태)는 "알게 되다, ~에 대한 지식을 얻다"를 뜻하는 기동상(起動相, ingressive)의 부정과거로 사용되었다. 둘째, 앞의 논의가 일러주듯이 이 "알 수 없다"는 말은 철학자들이 말하는 "경험적으로" 알 수 없다는 것이 아니라 "논리적으로" 알 수 없다는 것을 의미한다. "당신은 그것을 들어 올릴 수 있습니까?"라는 질문은 물리적, 인과관계적 또는 경험적 **가능성**을 가리킨다. 한편

　　한 참조. Seneca, *Letters*, 120.14; 106:4. 하지만 *Letters* 50.6에서 그는 다음과 같이 말한다. "*Quid enim est aliud animus quam quodam modo se habens spiritus?*"(For what else is the soul than air in a certain state?)

223) Theissen, *Psychological Aspects*, 355.

224) Wolff, *Der erste Brief*, 61. 또한 Robertson and Plummer(*First Epistle*, 4)도 14a의 "않는다"를 14b의 "할 수 없다"와 신중히 대립시킨다. 참조. 에라스무스의 "그는 받아들이지 않는다." 또한 참조. de Wette, Meyer(*First Epistle*, 1:75) 및 다른 주석가들. 14b의 "할 수 없다"는 1:18, 21, 23에서 언급되는 μωρία에 해당한다(Wolff, *Der erste Brief*, 61).

"하나님은 스스로 들어 올릴 수 없을 정도로 어떤 바위를 대단히 크게 만드실 수 있는가?" 또는 "어떤 삼각형은 네 개의 각을 지닐 수 있는가?"라는 질문은 일종의 논리적인 "가능성"에 관한 예다.[225] 여기서 "할 수 없음"은 서로 양립할 수 없는 상황으로부터 비롯된다. 이 가능성은 상호 작용을 일으키는 노력(인과관계적, 경험적인 할 수 있음)이 아니라 오직 균형 관계의 하나 됨으로 변화되는 것(논리적인 할 수 있음)을 통해서만 얻을 수 있다. 이 점을 분명히 밝히기 위해 바울은 "왜냐하면 그것들은 영적으로 분별되기 때문입니다"라는 말로 14절을 끝맺는다. 이것은 앞의 문장들을 분석하는 특성이 있다. 다시 말해 그것들이 어리석음이 아님을 분별하기 위해서는 성령의 역사가 필요하다(ἀνακρίνω가 "분별하다"를 의미하는 것에 대해서는 15절에 대한 주해를 참조하라).

우리는 바울이 주로 사용하는 "영적으로"(spiritually)라는 부사의 의미를 보존하기 위해 처음에는 πνευματικῶς를 "성령에 의해 결정되는 방법으로"로 번역했다. 하지만 형용사 πνευματικός에 대한 우리의 번역이 이 의미를 여러 차례 드러내기 때문에 여기서 이 부사를 그렇게 번역한다면 그것은 현학적이며 어색한 번역이 될 것이며 고린도에서 사용되던 "영성"(spirituality)에 대한 개념들과의 언어유희를 제대로 반영하지 못할 것이다. 의미에 대한 구분은 여전히 유효하며 그런 구분은 고대의 고린도에서처럼 오늘날에도 타당하다.

---

225) Wittgenstein은 자신의 저서의 고전적인 본문에서 논리적인 "할 수 있음/할 수 없음"과 인과관계적-경험적 "할 수 있음/할 수 없음" 사이의 차이점에 대해 훌륭한 설명을 제시한다. 참조. Wittgenstein, *Philosophical Investigations* (Oxford: Blackwell, 2d ed. Germ. and Eng. 1967), sect. 497, in relation to sects 150, 183, and 194. 성경 연구자들에게 보다 더 직접적인 타당성을 지닌 논의로는 본 주석서 저자의 다음 논의를 참조하라. *The Two Horizons: NT Hermeneutics and Philosophical Description* (Grand Rapids: Eerdmans, Exeter and Carlisle: Paternoster, 1980, rpt. 1993, 『두 지평』, IVP 역간), 393-398. 예를 들면 다음과 같은 질문에 대한 논의를 보라. "만일 그러하면 하나님께서 어찌 세상을 심판하시리요?"(롬 3:6), "누가 그[하나님의] 뜻을 대적하느냐?"(롬 9:19), "육신에 있는(ἐν σαρκί) 자들은 하나님을 기쁘시게 할 수 없느니라(οὐ δύνανται)"(롬 8:7, 8), 또한 "성령으로 아니하고는 누구든지 예수를 주시라 할 수 없느니라(δύναται εἰπεῖν κύριος)"(고전 12:3).

15-16절   UBS 그리스어 신약성경 4판은 πάντα 앞에 τά를 꺾쇠괄호 안
에 넣음으로써 사본상의 어려움을 나타낸다. A, C와 D'와 더불어 초기 사본 P⁴⁶는
정관사 τά를 원문으로 지지하지만, ℵ과 B(중요한 결합), D의 두 번째 필사본과 다른
많은 사본에는 이 정관사가 들어 있지 않다. 한편 B 및 ℵ와 D의 후속 사본과 33에
서는 μέν이 삽입(또는 보존?)되어 있다. 이것은 복합적인 문제점을 제기할 가능성이
있다. 하지만 메츠거가 주장한 대로 μέν은 "현학적인 필사자들"이 첨가한 것이 거
의 확실하다. 그들은 이 단어가 δέ에 상응하는 역할을 해야 한다고 생각했다.²²⁶⁾ 초
기 사본 P⁴⁶의 증거 때문에 이 정관사와 관련된 문제점은 간과될 수 없다. 하지만 이
것이 삽입된 것이라면 이것은 그리스어 단어 πάντα, "모든 것"을 남성 목적격 단수
가 아닌 중성 목적격 복수로 읽어야 함을 밝히기 위해 삽입된 초기의 주해로 설명
할 수 있을 것이다. πάντα는 남성 목적격 단수뿐만 아니라 중성 복수로도 사용되
었다.

우리는 2:6-16의 일부 또는 전부가 과연 바울이 고린도에서 사용되던
신학적 표어들을 삽입하거나 인용한 것일 수 있다는 점을 일관되게 고려해
왔다. 당연히 그리스어 본문에는 인용 부호에 해당하는 것이 표기되어 있
지 않다. 심지어 한참 후대에 인용문의 첫 글자를 대문자로 표기하는 관습
이 생겨났지만, 그것은 초기의 대문자 사본에는 의미가 없다. 이 편지의 다
른 곳에서는 인용문이 분명히 나타난다. 적어도 Πάντα μοι ἔξεστιν, "'모든
것이 나에게 허용되어 있습니다.' 그렇습니다. 그러나 모든 것이 유익한 것
은 아닙니다!"(6:12, 또한 10:23에서도 나타남). πάντες γνῶσιν ἔχομεν, "'우리
모두 지식을 갖고 있습니다.' 지식은 여러분을 교만하게 하지만, 사랑은 덕
을 세웁니다"(8:1). 또한 나는 다음과 같은 절에서도 인용문이 나타난다고
주장한다. 즉 7:1("남자는 여자를 가까이하지 않는 것이 좋습니다")과 8:4("우상은
사실상 존재하지 않습니다") 등이다. 그리고 우리가 앞으로 논의하겠지만, 아마
도 다른 절(예. 6:13; 8:6; 8:8; 11:2)에서도 인용문이 나타날 것이다. 머피-오코
너도 삽입과 관련된 이슈에 대해 유용한 논의를 제공해준다. 그리고 허드는

---

226) Metzger, *Textual Commentary* (2d ed.), 482.

특히 이런 질문와 관련된 이슈에 대해 매우 자세하면서도 다양한 측면에서 설득력 있는 설명을 제시한다. 또한 그는 여덟 가지 가능한 질문에 대해 이전의 스물네 명의 학자들이 제시한 결론을 도표로 알려준다(예를 들면 스물두 명의 학자들과 허드는 6:12을 인용문으로 인정한다. 모든 학자들은 8:1을 인정한다. 하지만 오직 열 명의 학자들만 7:1을 인용문으로 인정한다).[227] 허드는 여기서 2:6-16에 관해 논하지 않는다. 이는 아마도 널리 알려진 예외 구절인 6:12과 더불어 모든 인용문이 고린도 교회가 바울에게 보낸 그 편지에서 유래되었을 가능성이 있고, 또 6:12은 단순히 10:23을 예고하기 때문일 것이다. 허드가 그 편지를 재구성한 것에 따르면 그것도 그 편지의 일부다.[228] 고린도로부터 입으로 전달된 정보와 편지를 통해 제기된 그들의 질문을 구분하는 허드의 판단 기준은 전반적으로 설득력이 있으며 존중받을 만하다.[229]

우리가 제시한 번역의 인용 부호가 일러주듯이 우리는 2:15을 잠정적으로 인용문으로 처리했다. 물론 이 인용문이 성령과 그리스도인의 삶에 대한 바울의 폭넓은 신학에 짜맞추어졌다는 전제하에 이러한 잠정적 처리는 결코 바울이 반드시 그 인용문과 의견을 달리했다는 것을 암시하지 않는다. 포골로프의 견해와 더불어 수사학과 "판단하는 것"에 대한 위더링턴의 적절한 논평은 그 배경의 일부로 이해해야 한다.[230] "신령한 사람들"로서 고린도 교회의 많은 사람들은 자신들이 "모든 것을 판단하지만" "자신들은 아무에게도 판단받지 않는다고 이해했다." 이 점과 관련하여 요한네스 바이스는 다음과 같이 주장한다. "'신령한' 사람은 하나님의 존재뿐만 아니라 다른 모든 것에 대해서도 알고 판단한다. 왜냐하면 성령이 모든 것, 심지어 하나님의 심오한 일에 대해서도 통찰하기 때문이다(고전 2:15, 10). 이것은 바로 어떤 '신령한'('pneumatic') 신비주의자의 고백이다. 그는 자신

---

227) Hurd, *The Origin of 1 Corinthians*, 68; 참조. 61, 94. 또한 참조. J. Murphy-O'Connor, "Interpolations in 1 Cor," *CBQ* 48 (1986): 81-94.

228) Hurd, *Origin*, 114-212.

229) Hurd, *Origin*, 82에 요약 설명이 제시되어 있다.

230) Witherington, *Conflict and Community*, 47; Pogoloff, *Logos and Sophia*, 173-196, 273-275.

이 영적으로 매우 높은 수준에 도달해 있고, 다른 이들보다 우월하며, 다른 사람에게 비판을 받을 수도 없다고 생각한다. 이러한 그의 주장은 특히 '하지만 그 사람은 아무에게도 판단받지 않는다'라는 진술(2:15)에 잘 드러나 있다."[231] 어떤 의미에서 바울은 이러한 주장을 전적으로 부인하지 않는다. 하지만 '신령한 사람'이 지닌 특권이 무엇이든지 간에 그것을 하나님의 은혜로 주어지는 은사(카리스마; 예. "예언의 은사와 모든 비밀과 지식을 아는 은사", 고전 13:2)의 범주에 두는 바울의 생각은 해당 진술의 전반적인 관점을 바꾸고 그 내용을 수정한다. 더욱이 16절에서 바울은 기독론에 기초한 최종적 비판을 제시한다.[232] 한편 슈라게는 "특별한 지식(그노시스)"에 대한 주장을 살전 5:21에서 "모든 것을 헤아려보라(시험해보라)"라는 바울의 권면과 비교한다.[233] 그러므로 여기서 어떻게 바울이 "영적인" 진술에 대해 전혀 "검토해볼" 필요가 없다고 암시하는 말을 할 수 있겠는가?

바울의 정황을 무시한 채 단순히 그 본문에만 근거하여 제시한 후대의 해석사는 그것으로부터 심각한 주장을 끌어낸다. 바울의 경우에 못지않게 루터도 "신령주의자들"이 일반적인 법규들과 양식으로부터 자신들이 면책되었다고 호소하는 것과 싸워야만 했다. 한편 교회의 수녀부도 이 절에 호소하면서 자신들의 교권(敎權)을 정당화했다. 로버트슨과 플러머가 지적하듯이 이 구절은 "무정부주의나 폭정"을 위한 수단으로 사용될 가능성도 있다. 하지만 바울이 용어를 재정의하고 올바른 정황을 재기술하는 것은 바로 앞에서 언급한 것들을 결코 허용하지 않는다.[234]

이제 ἀνακρίνω의 의미에 대해 살펴보자. 우리는 14절에서 이 단어를 "분별하다"로 번역한다. 바이스는 이 절에서 이 단어를 "판단하다"로 번역한다. NRSV는 상반절에 사용된 그리스어 능동태는 "분별하다"로,

---

231) Weiss, *Earliest Christianity,* 2:513. 참조. Weiss, *Der erste Korintherbrief,* 66-67; 또한 "거짓된 영적인 가르침"에 대해서는 해당 주석서에서 12:10, διάκρισις πνευμάτων(영 분별)에 대한 주해를 참조하라.

232) Weiss, *Earliest Christianity,* 2:508-513.

233) Schrage, *Der erste Brief,* 1:265.

234) Robertson and Plummer, *First Epistle,* 50.

하반절에 사용된 수동태는 "자신들은 면밀한 검사를 받다"로 번역한다.
NIV(REB도 대략 비슷함)는 "판단하다"와 "어떤 사람의 판단을 받다"로 번
역한다. NJB는 "평가하다"와 "평가받다"로 번역한다. 그리스어 사전에
서 제시하는 ἀνακρίνειν의 의미 영역은 매우 광범위하다. 이 동사는 "질문
하다"(Epictetus, *Dissertations* 1.1.20), (행 17:11에서 "성경을 상고하다"와 같이) "상
고하다, 정밀 검사를 하다" 또는 "판결하다, 평가하다, 심판하다(고전 4:3-4;
참조. 고전 9:3), 심문하다(행 12:19)" 등이다. 또한 BAGD는 여기서 라이트푸
트의 입장과 대치되는 "토론하다"를 포함한다.[235] 콜린스는 단어들의 "비슷
한 발음에 기초한 수사학적" 언어유희는 바울의 용례에 특색을 부여한다는
사실을 우리에게 상기시켜준다. 이것들은 판단하는 것에 대한 재미있는 수
사학적인 뉘앙스일 가능성이 있다.[236]

그럼에도 "심판하다", "판별하다", "평가하다", "판단하다"는 "조사
하다"와는 다르다. 라이트푸트는 "심판하다"는 그리스어 동사의 단순한 형
태 κρίνω를 기대하고, "판별하다"는 ἀνακρίνω가 아니라 διακρίνω를 반영
한다고 주장한다. 만약 우리가 "판단하다"로 번역한다면 그것은 거의 확
실하게 이 표어를 "신령주의자"의 입에 집어넣는 것이다. 만약 우리가 "헤
아리다", "판별하다"로 번역한다면 그 특성을 더 열린 상태로 남겨둘 가능
성이 있다. 따라서 우리는 15a에 사용된 그리스어 동사 능동태를 "모든 것
을 판별합니다"로 번역한다. 하지만 15b에 사용된 수동태는 "정밀검사를
받다", "탐색되다", "분류되다", "평가받다" 등의 의미를 지니고 있다. 핀들
레이는 "판단을 받다"를 제안한다.[237] 4:3-4에서도 동일한 그리스어 동사
를 통해 이 뉘앙스가 표현되며 수사학적 지혜나 현명함이 서로 경쟁적으
로 주장하는 배경이 있다. 따라서 아이러니를 암시하는 것과 더불어 "판단
받다"라는 번역도 진정으로 가능하다. 이 절의 상반절과 균형이 깨짐에도

---

235) BAGD, 56; 참조. MM, 35 및 Lightfoot, *Notes*, 182. 해당 부분에서 Lightfoot는 단지 κρίνειν
   만 "판단하다"를 의미하며, ἀνακρίνειν은 "분별하다"를 뜻한다고 주장한다.
236) Collins, *First Cor*, 137; 또한 BDF, sect. 488.1.
237) Findlay, *Expositor's Greek Testament*, 2:784.

불구하고 "판단 받다"라는 번역은 그리스어 수동태가 의미하는 바를 적절하게 표현하는 것처럼 보인다.[238] 또한 αὐτὸς δέ도 영어로 제대로 번역하기가 어려운 표현이다. "그 사람"이라는 번역은 한쪽의 성별을 구체적으로 드러내는 번역을 피할 수 있으며, 단수를 강조하는 효과를 드러낸다.

여기서 바울은 어떤 "신령한 사람들"이 자신들은 논박과 비판의 대상이 아니라고 주장하는 것을 바로잡아준다. 그들의 주장에는 한 가지 중요한 긍정적인 의미가 들어 있다. 그 의미 안에서 바울은 그 원리를 확인해준다. 하지만 동시에 그는 그것을 한정한다. 이 점과 관련하여 키스트메이커는 다음과 같이 주장한다. "어떤 영적인 사람이 모든 지혜의 근원이신 하나님께 직접 나아간다는 것은 얼마나 기쁜 일인가!(참조. 약 1:5)"[239] 여기서 (카이저의 경우와 같이) "분별"에 대한 해석은 "성경"을 포함한다. 그는 다음과 같이 말한다. "신자들에게 성경은 그가 나아갈 길을 비추어주는 빛이며, 그의 앞을 밝혀주는 등불이다(참조. 시 119:105). 그는 자신이 하나님의 빛 안에서 빛을 본다는 사실을 알고 있다(참조. 시 26:9).…또한 그는 진리를 오류로부터… 진실을 허식으로부터 구별할 수 있다."[240] 하지만 키스트메이커는 신앙 공동체의 배경을 올바로 언급한다(6절에 관해서는 슈라게와 다른 주석가들을 참조하라). 왜냐하면 바울은 이 편지 전체를 통해—특히 12:1-14:19에서—이점을 강조하기 때문이다. 그는 다음과 같이 결론짓는다. "이것은 영적인 사람이 삶의 모든 분야에서 전문가라는 것을 의미하지 않는다. 오히려 하나님이 그를 신앙 공동체 안에 위치하게 하신 것과 관련하여 그가 모든 것을 영적으로 평가할 수 있다는 것을 가리킨다."[241] 15-16절에서 1인칭 복수 대

---

238) [단어들의] 비슷한 발음에 기초한 수사학적 언어유희라는 Collins의 강조점은 양쪽을 모두 지지한다. 우리는 어떤 번역이 "가장 좋은" 번역인지 확신할 수 없다.

239) Kistemaker, *1 Corinthians*, 92-93.

240) Walter C. Kaiser는 고전 2:6-16을 다루는 자신의 논문에서 성경의 자료의 타당성에 대한 구체적인 논의를 제공한다. "A Neglected Text in Bibliology Discussions: 1 Cor 2:6-16," *WTJ* 43 (1981): 301-319. 또한 Héring도 구약성경 인용문의 역할은 해당 논점을 영지주의적으로 사용하는 것과 바울의 입장을 분명하게 구별시켜준다고 말한다(Héring, *First Epistle*, 21).

241) Kistemaker, *1 Corinthians*, 93. 우리는 다음과 같은 언급을 머릿속에 떠올린다. Schrage

명사가 신앙 공동체 전체를 나타낸다면 바울은 이 말의 배후에 있을지도 모른다. 하지만 만약 이 복수형이 "신령한 사람들" 또는 예언자들로 이루어진 엘리트 그룹을 가리킨다면 바울은 입증할 수 없는 것을 시인하지 않는 것이다(7절과 16절에 대한 주해 참조).

그러므로 바울은 그리스어 구문 αὐτὸς δὲ ὑπ' οὐδενὸς ἀνακρίνεται 를 고린도 사람들과 다르게 이해했을 것이다. 고린도의 몇몇 사람의 견해에 의하면 이 구문은 자신들이 일종의 면책(免責) 대상이거나 교정이나 비판을 받을 수 없다는 것을 의미하지만, 바울의 관점에 의하면 이것은 성령 안에서 이루어지는 삶에는 적어도 전적으로 인간적인 차원에서 사는 사람(14절)이 단순히 헤아릴 수 없는 심오함이 있다는 것을 가리킨다. 하나님의 영이 베푸시는 동일한 통찰을 공유하지 않는 한, 그리스도인의 존재의 다양한 측면은 그들에게 수수께끼로 남아 있다. 따라서 그들은 그리스도인의 정체성과 삶에 대해 올바른 판단을 내리는 데 필요한 모든 자료를 사실상 얻을 수 없고 이해력을 갖출 수도 없다. 아마도 여기서 바울의 관점은 그가 나중에 롬 8:33에서 언급할 것을 암시해줄 것이다. τίς ἐγκαλέσει κατὰ ἐκλεκτῶν θεοῦ; 누가 능히 하나님께서 택하신 자들을 고발하리요?

16절의 인용문은 대체로 사 40:13에 기초하고 있다. 이 인용문 또한 동등하게 고린도의 "신령한 사람들"과 바울 자신에게 귀속될 수 있을 것이다. 이러한 사실은 이 인용문의 "이중적 의도"에 관한 피(Fee)의 유익한 주해를 통해서도 확인된다.[242] 주의 마음을 아는 데 이르는 것이 불가능하다는 것은 ψυχικοί에게 적용된다(14절의 경우와 마찬가지로 여기서도 γινώσκω의 기동상의 부정과거 형태가 사용되었다). ψυχικοί는 전적으로 인간적인 차원에서 사는 사람들(14절)이다.[243] 고린도 교회의 일부 교인들은 자신들이 주의 마음을

는 2:6에 대한 주해에서 "우리"라는 복수는 "모든 그리스도인"을 가리킨다고 주장한다 (Schrage, *Der erste Brief,* 1:248). Collins는 "공동체 안에서의 공동 사역"에 대해 언급한다 (Collins, *First Cor,* 122). 또한 Orr and Walther는 "기독교 공동체의 친교"로서 성령이 역사하는 장소에 대해 말한다(Orr and Walther, *1 Cor,* 166).

242) Fee, *First Epistle,* 119.

243) 기동상의(ingressive) 부정과거 또는 시작의(inceptive) 부정과거에 대해서는 MHT,

알고 있다고 분명하게 말했을 것이다. 아마도 때때로 그들이 그릇된 논지로
그렇게 말한 것을 제외하면 바울도 그들의 말을 반박하지 않았을 것이다.
하지만 사도 바울은 자신의 입장에서 더욱 심오한 측면을 덧붙여 말했을 것
이다. 피(Fee)는 이 점과 관련하여 다음과 같은 질문을 제기한다. "지금 인
간의 지혜로 무장한 채 바울을 판단하며 그에게 비난을 퍼붓는 사람 중에서
누가 주의 마음을 가장 잘 알고 있어서 십자가 안에 계시된 하나님의 지혜
를 무시할 수 있단 말인가?"[244]

   우리는 여기서 관계 대명사 ὅς의 문법과 구문에 대해 살펴볼 필요가
있다. 여기서 "누가"는 70인역에서 온 것이며, 사실상 결과절의 기능을 수
행한다. 아니 더 정확하게 말하자면 "숙고로부터 비롯된 결과"다.[245] 따라서
우리는 "[누가] 그를 가르치겠습니까?"로 번역한다. 70인역은 사 40:13을
τίς ἔγνω νοῦν κυρίου; καὶ τίς αὐτοῦ σύμβουλος ἐγένετο ὃς συμβιβᾷ
αὐτόν;이라고 번역한다. 70인역에서 이 인용문의 첫 구절은 바울이 인용하
는 것과 정확하게 일치한다(바울은 γάρ, "왜냐하면"을 덧붙임). 하지만 바울은
70인역의 중간 구절을 생략한다. 그 이유는 "누가 그의 조언자(σύμβουλος)
가 되었는가?"가 "누가 그를 가르치겠습니까?"라는 역동적인 표현보다
덜 날카로운 표현이기 때문이다. 70인역에 사용된 그리스어 동사도 "교
육하다, 가르치다, 또는 어떤 사람에게 조언하다"의 의미를 지닐 수 있다.
70인역은 대체로 정관사가 생략된 표현 방법(νοῦν κυρίου)을 사용한다. 셈
어의 영향을 받지 않은 고전 그리스어는 이 부분에 정관사를 붙여 표현했을
것이다. 또한 70인역의 이 동사 형태는 고전 그리스어의 ἐμβιβάζειν을 나타
낸다.[246] 또한 사 40:13(마지막 구절)은 롬 11:34에서도 인용된다.

   이제 여기서 핵심 주장은 16c에서 이사야서의 인용문을 기독론적으로

1:109과 Moule, *Idiom-Book*, sect. 4를 참조하라.
244) Fee, *First Epistle*, 119.
245) Findlay, *Expositor's Greek Testament*, 2:785; 또한 Barrett, *First Epistle*, 78.
246) BDF, 135, sect. 259 (3).

적용하면서 제기된다.[247] 바울은 "주의"(κυρίου)를 "그리스도의"(Χριστοῦ)
로 바꾼다. 슈라게가 지적하듯이 이러한 변화는 매우 중요한 의미를 지
닌다.[248] 슈라게는 이 편지에서 이 부분에 이르기까지 그리스도에 대한 중
요한 언급은 모두 십자가에 못 박힌 그리스도에 대한 것이었음을 상기시켜
준다(1:17, 23-24, 30; 2:2; 참조. 15:3). 그리스도의 마음을 아는 것이 과연 무
엇인지 가르쳐주는 성령은 결코 자연주의적인 "이 세상의 영"이 아니며, 이
른바 높은 지위에 있는 몇몇 영적 엘리트에게 주어지는 중요한 "능력"도 아
니다. 오히려 이 성령은 모든 사람을 위해 십자가 위에서 자기 목숨을 내어
놓은 그리스도에게 부어진 영이다.[249] 이곳뿐만 아니라 이 편지의 여러 곳
에서, 곧 12:1-14:49, 15:1-11, 44-58에서 성령의 사역은 기독론적 판단 기
준의 관점에서 정의된다.

"마음"(νοῦς)이라는 단어가 "생각의 도구"가 아니라 "사고방식" 또
는 "마음가짐"(Denkweise 또는 Gesinnung; Organ des Denkens이 아님) 등을 의
미한다는 것을 기억하면 이 점은 더욱더 명백해진다.[250] 이와 마찬가지로
νοῦς는 "판단과 행동을 위한 표준을 제공하는 일종의 사고 또는 신념의 집
합"을 가리킨다.[251] 또한 주이트는 "성격 또는 성향"에 대해 말한다.[252] 한
편 νοῦς가 바울 서신에서 신적인 영과 유사한 정신적인 능력과 관련이 있다
는 라이첸슈타인의 견해는 이미 오래 전에 신빙성을 잃어버렸다. 알로가
날카롭게 지적하듯이 바울은 결코 범신론자가 아니다.[253] 고전 14:14에서
νοῦς는 "πνεῦμα와 명백하게 대립한다."[254] 2:16을 주해하면서 알로는 다
음과 같이 주장한다. 그리스도가 성령을 받은 사람 안에 거하기 때문에 그

247) Schrage, Der erste Brief, 1:267.
248) 같은 책.
249) 같은 책, 267-268.
250) Weiss, Der erste Korintherbrief, 68.
251) Jewett, Paul's Anthropological Terms, 361. 여기서 Jewett는 다음 연구서를 언급한다. A.
    Schlatter, Die Theologie des Judentums … (1932), 27.
252) Jewett, Paul's Anthropological Terms, 362.
253) Allo, Première Épitre, 105.
254) 같은 책.

들의 신분은 그리스도에게 속해 있고, 그들의 관점은 그리스도의 관점일 수 있다. 바로 그런 의미에서 그들은 "영적인" 것이다.[255]

　　70인역은 사 40:13에서 하나님의 רוח(루아흐)를 νοῦς로 번역하고, 바울은 πνεῦμα θεοῦ, "하나님의 영"과 πνεῦμα Χριστοῦ, "그리스도의 영"이란 표현을 사용한다. 이 두 표현은 때로는 상호 교환적으로 사용된다. 롬 8:9은 이에 대한 한 가지 예를 제공한다. "만일 너희 속에 하나님의 영이 거하시면 너희가 육신에 있지 아니하고 영에 있나니 누구든지 그리스도의 영이 없으면 그리스도의 사람이 아니라." 핸슨은 바울이 고전 2:16에서 이 배경을 알고 있다고 주장한다.[256] 따라서 바울이 그리스도인들이 "그리스도의 마음"을 품도록 기도할 때 그는 "종"으로서 자신을 낮춘 그리스도와 십자가를 언급한다(참조. 빌 2:5). "16a의 '주'라는 표현에서 16b의 '그리스도'로의 전환은 하나님의 참된 지혜를 십자가에 못 박힌 그리스도와 결합해준다. 그로써 이 결합은 어떤 초월적인 지혜를 말하는 영지주의적 복음을 완전히 배제한다."[257] 바울은 이것이 지니고 있는 실천적인 의미를 3:1-4에서 설명할 것이다.

2:6-16의 후기 역사와 영향과 수용

서론

이 본문은 고린도전서에서 바울의 텍스트가 후대에 어떤 중대한 영향을 미쳤는지를 탐구하는 데 매우 중요한 본문 중 하나다. (1) 기원후 2세기와 3세기에 이레나이우스, 클레멘스, 테르툴리아누스 등이 저술한 주요 주석서들은 영지주의와 관련된 주제와 주장을 다룬다. 하지만 테르툴리아누스는 훨씬 더 광범위하고 다양한 논제들을 소개한다. 그 논제 중에는 구약성경, "영성"에 대한 기독론적인 판단 기준, 성령의 본성을 비롯하여 그가 나중에 몬타누스파로 넘어간 사실이 포함되어 있다. (2) 4세

---

255) 같은 책, 50.
256) A. T. Hanson, *Studies in Paul's Technique and Theology* (London: SPCK, 1974), 197.
257) Jewett, *Paul's Anthropological Terms*, 377; 참조. 358-367, 375-384.

기와 5세기에는 성령 신학을 위한 주해적 연구들이 등장한다. 오리게네스, 아타나시오스를 비롯하여 특히 가이사랴의 바실레이오스는 이러한 이슈를 다룰 뿐만 아니라 "영성"에 대한 판단 기준에 대해서도 세밀하게 논의한다. 중세 시대에는 안셀무스를 통해 존재론과 관련된 이슈들이 제기된다. 한편 종교개혁자들은 해당 논제들을 인식론과 다른 이슈들로 확대한다. 마지막으로 오늘날에는 삼위일체 하나님 안에서의 상호 관계에 대한 이슈들이 제기된다. 이 모든 논제는 고전 2:10-16에서 주해적 근거를 발견한다. 이 주제에 대한 연구는 매우 중요하므로 여기서는 다른 본문보다 훨씬 더 상세하게 다룰 것이다.

이레나이우스는 "세 가지 유형의 사람"에 대한 발렌티누스파의 영지주의적 가르침에 대해 언급한다. 곧 물질적인 사람, 동물적인 사람 또는 ψυχικός, 영적인 사람 또는 πνευματικός다. 그는 또한 "동물적인 사람은 성령에 속한 것을 받지 못한다"(고전 2:14)와 "영적인 사람은 모든 것을 판단한다"(2:15)에 호소한다. 이레나이우스는 발렌티누스파가 내세우는 열여섯 본문을 언급한다. 그중에 고전 2:14-15은 그들의 입장을 논박하는 데 가장 타당해 보인다. 따라서 이레나이우스는 어떻게 발렌티누스파가 "성경 본문에서 이끌어낸 자신들의 가르침의 체계를 지지하기 위해 그 본문들을 남용하는지"를 보여주려고 거의 20개에 달하는 본문 중에서 고린도전서의 이 본문을 언급한다.[258] 발렌티누스파가 제시하는 개념들은 바울의 사상에서 매우 생소한 것이다. 바울 서신과 발렌티누스파의 가르침에서는 같은 용어가 평행을 이룬다. 그것은 이레나이우스가 그들의 "자기기만"이라고 부르는 것 가운데 속해 있다.[259] 다른 곳에서 이레나이우스는 동물적인 인간(*animalis homo*)이 하나님의 영에 속한 것을 이해할 수 없다는 바울의 논점에 대해 논의한다. 이 논의는 바울이 2:9-3:4에서 제시하는 사고의 흐름과 일치한다. 이레나이우스에 의하면 어떤 사람이 "하나님의 영을 받았는지" 또는 ψυχικοί로 사는지는 그들의 실생활 속에서 구체적으로 나타난다. "너희는 나를 주여, 주여라고 부르면서도 어찌하

---

258) Irenaeus, *Against Heresies*, 1:9:1; 참조. 8:3-5.
259) 같은 책.

여 내가 말하는 것을 행하지 아니하느냐?"[260] 이레나이우스는 성령에 대한 주장을
기독론적으로 판단하는 것은 그들의 삶의 태도에도 구체적으로 적용되어야 하는
것으로 인식한다.

　　알렉산드리아의 클레멘스는 하나님의 지혜와 인간의 지혜 간의 대조를 통해
기독교 철학과 세상 철학을 서로 구별한다. 하나님의 지혜는 하나님의 영으로부터
오지만, 인간의 지혜는 단지 인간의 기원, 목표, 가치관을 반영하는 것에 지나지 않
는다. 따라서 바울이 "영적인 사람은 모든 것을 판별합니다. 하지만 그 사람은 아
무에게도 판단을 받지 않습니다"(고전 2:15)라고 말할 때 그것은 "쾌락을 신성시하
는" 에피쿠로스학파의 철학의 유혹으로부터 기독교 철학을 보호하는 것을 수반
한다.[261] 스토아 철학은 오직 "인간의 전통"만을 반영하며, 영적인 하나님을 "가장
비천한 물질에 스며들어 있는 존재"로 간주한다.[262] 자기 자신이 지니고 있는 영지
주의와 비슷한 사고의 경향과 보조를 맞추면서 클레멘스는 하나님의 "비밀"은 오
직 합당한 모임에만 계시된다는 점을 강조한다. 따라서 계시된 진리는 "일반 대중
에게 어리석은 것처럼" 보인다. 왜냐하면 "ψυχικός는 성령에 속한 것을 받아들이
지 않기 때문이다"(2:14).[263]

　　하지만 하나님의 지혜에 관한 주제는 클레멘스로 하여금 다음과 같이 생각하
게 만든다. 만약 "작은 불꽃에 바람이 불어 그것이 불길이 될 수 있다면" 참된 철학
에서 일종의 신적인 것, 곧 "지혜의 흔적과 하나님으로부터 오는 자극"을 발견할
것이다. 그는 성령이 이러한 종류의 지혜를 부여할 수 있다는 자신의 입장을 뒷받
침하기 위해 고전 2:13에 호소한다.[264] 여기서 우리는 이레나이우스가 삶의 자세
와 기독론을 강조한 것과는 다른 세상으로 들어간다. 사실상 클레멘스는 난해하고
복잡한 어구인 πνευματικοῖς πνευματικὰ συγκρίνοντες를 "숨김의 방법"을 사용
한다는 의미에서 영적인 것을 영적인 것과 비교하는 것으로 해석한다.[265] 하지만

---

260) Irenaeus, *Against Heresies*, 5:8:4.
261) Clement, *Stromata*, 1:11.
262) 같은 책.
263) Clement, *Stromata*, 1:12.
264) *Stromata*, 1:17.
265) *Stromata*, 5:4.

이 입장은 앞에서 설명한 해설과 일치하지 않는다. 클레멘스는 오히려 이것을 불결한 것은 순결한 것과 접촉해서는 안 된다는 플라톤의 주장과 연관시킨다. 즉 클레멘스의 알레고리적인 해석과 계시를 "비밀"로 인식하는 것은 공적인 영역에서 그것들을 담대하게 선포하는 것을 주저하게 만드는데, 이레나이우스는 이러한 공개적인 선포를 옹호한다. 고전 2:10-16에 대한 이 두 사람의 해석상의 차이점은 클레멘스가 "영지주의적인" 주제에 보다 더 공감하고 있다는 점을 보여준다.

테르툴리아누스는 이 장(章)에서 지혜를 철학이나 이성적인 것보다는 잠언의 구약 배경과 연결하는데, 이러한 사실은 또다시 우리의 기대와 부합한다. 이것은 테르툴리아누스에게 바울의 해당 본문을 찬양(doxology)으로 접근하게 하는 길을 열어준다. 잠언에서 지혜는 하나님과 그분의 창조 행위 안에서 즐거워한다. 또한 지혜는 하나님의 창조 행위에 동참한다. 이러한 찬양에는 오직 "주의 마음"을 아는 자만이 동참할 수 있다. "왜냐하면 그 사람 안에 있는 성령이 아니면…누가 하나님에 대한 일을 알겠는가?"(참조. 고전 2:11)[266] 하지만 테르툴리아누스는 지혜를 성령과 동일시하지 않는다. 왜냐하면 "하나님의 지혜는 태어났고 지음을 받았기 때문이다.…우리는 하나님 외에 태어나지 않고 지음을 받지 않은 존재가 있다는 것을 상상할 수 없다."[267] 그런데 보다 더 중요한 것은 테르툴리아누스도 이레나이우스와 마찬가지로 성령에 의한 계시를 주도하는 바울의 기독론적인 배경을 받아들인다는 점이다. 발렌티누스파의 사고 체계에서 "영원"(aeons)은 [하나님] 아버지를 알고자 갈망하지만 "오직 아들만 아버지를 안다." 왜냐하면 아들은 자기의 뜻이 아니라 아버지의 뜻을 성취하고자 왔으며, 또 아들은 이것을 잘 알고 있었기 때문이다. "왜냐하면 그 안에 있는 성령 외에 누가 하나님 안에 [감추어져] 있는 일을 아는 데 이르겠는가?"(참조. 고전 2:11)[268] 테르툴리아누스는 하나님을 아버지, 아들, 성령으로 이해하는 양태론적 신학을 거부한다. 또한 그는 성자 종속론을 반대하면서 하나님에 대한 삼위일체적 이해를 변호한다. 따라서 고전 2:10-16에서 하나님과 성령의 관계가 매우 친밀하면서도 위격적으로 구별되어 있다고 이해하는 것은

---

266) Tertullian, *Against Hermogenes*, 18.
267) 같은 책.
268) Tertullian, *Against Praxeas*, 8.

기독교 교리에서 매우 중요하다. 특히 이러한 구별은 1:18-3:4에 나타난 바울의 기독론적인 틀과 연결하여 생각해 볼 때 더더욱 중요하다.

만약 테르툴리아누스가 기독교 신앙을 갖게 된 지 약 9년이 지난 기원후 206년에 몬타누스주의자가 되었다면 우리는 그의 저서 『마르키온 논박』에 등장하는 성령에 관한 성경 본문에 대한 그의 주해에서 몬타누스파에 동조하는 견해를 발견했을 것이다(『마르키온 논박』의 1권은 아마도 한 해 뒤인 207년에 저술되었을 것이다). 이제 고전 2:14의 ψυχικός 또는 "인간적인" 사람은 이제 "무아지경의 환희와 계시"의 시대가 사도의 시대의 종말과 더불어 막을 내렸다고 믿는 사람이 된다. "왜냐하면 어떤 사람이 성령 안에서 황홀경에 빠지거나…하나님이 그를 통해 말씀하실 때 그는 자신의 지각을 잃어버리기 때문이다.…이 점과 관련하여 우리와 ψυχικός 사이에 질문이 하나 제기된다."[269] 하지만 테르툴리아누스는 1권에서 바울 서신에 기초한 구약성경과의 연속성, 계시, 기독론의 주제에 대해 자신이 이전에 밝힌 입장을 계속해서 견지한다. 무엇보다도 가장 건설적인 것은 아무도 하나님의 본질이 이렇다 저렇다 말할 수 없다는 것이다. 왜냐하면 "하나님의 영이 아니면 아무도 하나님에 관한 것을 알지 못하기" 때문이다(참조. 고전 2:11).[270]

후기 교부 시대: 성령의 본질과 "영적인" 존재

오리게네스(대략 185-254년)는 그의 주석서 단편에서 바울의 주제의 핵심을 강조한다.[271] 영적인 것을 영적인 사람과 "일치시키는 것", "비교하는 것" 또는 "해석하는 것"(πνευματικοῖς πνευματικὰ συγκρίνοντες, 고전 2:13)은 성령 및 말씀과 관련되어 있거나 또는 "성령이 가르치는"(διδακτὸς πεύματος)…"성경의 마음"(ὁ νοῦς τῆς γραφῆς)과 관련되어 있다.[272] ψυχικός가 성령에 속한 것을 받아들이지 못하는 이유(고전 2:14)는 "성령이 예언자들의 말씀을 풀어주지 않는 한, 닫혀 있는(τὰ κεκλεισμένα) 말

---

269) Tertullian, *Against Marcion*, 4:22.

270) *Against Marcion*, 1:2.

271) Origen, Fragments of Commentary on 1 Cor, in *JTS* 19 (1908): 240, sect. 11 (46), lines 10-15.

272) 같은 책, 21-22행.

씀은 열릴 수 없기 때문이다(οὐ δύναται ἀνοιχθῆναι)."[273)

바울과 마찬가지로 오리게네스도 "모든 것을 판별하는" 것의 은사적인 특성 (τὸ χάρισμα τοῦ θεοῦ)과 그것이 "성령을 따르는"(κατὰ πνεῦμα) 삶의 방식과 관련되어 있다는 것을 인식한다. 나아가 그것은 사랑과 희락과 화평과 오래 참음과 자비와 양선과 충성과 온유와 절제와 같은 "성령의 열매"(καρπὸς τοῦ πνεύματος)를 맺게 한다. "ὅπου ταῦτα ἐκεῖ τὸ πνεῦμα ἐκεῖνος πνευματικός. 이 열매들이 있는 곳에는 성령도 있다. 그 사람은 '영적인' 사람이다."[274) 열매를 아직 맺지 못한다면 "그 사람은 아직(οὔπω) '영적인' 사람이 아니다."[275)

오리게네스는『신학 원리』(De Principiis)에서 동일한 기독론적·윤리적 기준을 고린도전서의 이 본문에서 성령에 대해 말하는 것에 다음과 같이 적용한다. "우리는 그리스도의 마음을 지니고 있다. 그래서 우리는 그를 통해 우리에게 은혜로 주어진 것들을 알 수 있다. 우리는 그것들을…성령이 가르쳐주는 말로 전달해준다 (참조. 고전 2:12, 13, 16)." 매우 잘 알려져 있듯이 바로 이러한 구조 안에서 오리게네스는 성경의 말씀 안에서, 예를 들어 예언서 안에서 발견되는 "오직 은혜로 계시된 어떤 내적인, 곧 신적인 의미"에 대해 말한다.[276) 따라서 오리게네스는 계시하고 말해주는 성경의 능력을 성령의 계시 사역과 연결한다. 이것은 성경을 읽는 신앙 공동체가 성경 안에서 성령이 드러내는 것을 깨닫게 해준다. 그는 작은 도구로 깊이를 측량하고자 끊임없이 시도하는 비유를 사용한다. 성령은 "하나님의 지혜를 깨달을 수 있는 사람들에게" 그가 계시하는 것을 "부어준다."[277) 또한『켈소스 논박』에서 오리게네스는 πνεῦμα의 본질에 대해 보다 더 사변적인 입장을 취하고 있다.[278) 그는 우리가 이 부분에서 하나님의 성육신에 대해 말할 수 있다고 추가적

---

273) 같은 책, 25-26행; 참조. 29-30행.

274) Origen, *Fragments*, JTS 9: 241, sect. 1, line 48-50.

275) 같은 책, 50-51.

276) Origen, *De Principiis*, 4:1:10.

277) 같은 책(라틴어 텍스트). 그리스어 텍스트는 "헤아릴 수 없이 많은 심오한 개념들"에 대해 말한다. 그 개념들에 대한 이해는 단순히 "신속하게" 이루어질 수 없으며 이해시켜주는 열쇠는 "법률가들에게 주어져 있지" 않다고 한다.

278) Origen, *Against Celsus*, 6:71.

으로 주장한다. 그의 주장은 πνεῦμα, πνευματικός, πνευματικῶς에 대한 함축적인 삼위일체적 논의 및 성령을 통한 이해의 필요성과 연결되어 있다.[279] 이와 같이 오리게네스는 고전 2:10-16에 대한 주해를 다양한 배경에서 제시한다. 성령을 통한 진리의 계시, 성령에 속한 사람에 대한 기독론 또는 십자가에 기초한 판단 기준, 성경의 해석과 그 방법 및 삼위일체의 구조를 암시하는 기독론 등이다. 이 본문에 대한 기본적인 이해와 관련하여 오리게네스의 생각은 바울의 사고와 매우 가깝다. 하지만 그는 이 본문의 영향사를 자신이 직면한 몇 가지 구체적인 상황으로 확대한다.

　　아타나시오스(대략 296-373년). 고전 2:10-16은 가장 의미심장한 본문 중 하나다. 아타나시오스는 자신의 초기 저서에서 특히 예수 그리스도의 참된 인성과 신성에 관심을 기울였다. 그다음에 그는 성령의 신성을 입증하는 데 점점 더 관심을 갖게 되었다. 따라서 세라피온에게 보낸 편지에서 아타나시오스는 성령의 신성에 대한 교의를 설명한다. 그러면서 그는 하나님의 영은 세상의 영이 아니라 τὸ πνεῦμα τὸ ἐκ τοῦ θεοῦ, "하나님으로부터 오는 영"(고전 2:12)이라는 바울의 주장을 상당히 중시한다.[280] 아타나시오스는 다음과 같이 질문한다. 바울은 "하나님의 영이 아니면 아무도 하나님에 관한 것을 알지 못합니다"(고전 2:11)라고 말할 때 그는 "성령과 그의 피조물 사이에 어떤 유사한 점이 있을 수 있겠는가?"[281]라고 질문한다. 그러면서 그는 ἐκ τοῦ θεου(2:12)에 대해 매우 세부적으로 고찰한다. 그 표현은 성령의 신성을 의미하며, 피조물을 가리키는 표현으로서 "아무것도 아닌 것으로부터 나오는"(ἐκ τοῦ μὴ ὄντος) 것과 대조된다. 하지만 헤이킨이 올바로 주해하듯이 ἐκ, "~으로부터"에 대한 아타나시오스의 해석은 기원(우리는 성령의 "기원"에 대해 말할 수 없음)에 대한 것이 아니라 하나님이 존재(Being)이신 것과 같이 ὁ ὤν, "그 존재"이신 성령의 신분에 대해 말하는 것이다. 그 존재는 비존재(non-being), 곧 유한한 피조물의 우연성(contingency)과 대조된다. 곧 존재할 수도 있고 존재하지 않을 수도 있는 피조물은 하나님의 자존성(a se [자기 스스로]에게서 유래됨)과 근본적으로

---

279) Origen, *Against Celsus*, 6:71-75.
280) Athanasius, *Letter to Serapion*, 1:22 (Migne, *PG*, 26:581).
281) 같은 책.

대조되는 존재다.[282]

　　동일한 편지의 뒷부분에서 아타나시오스는 바울의 편지에서 동일한 구절(고전 2:12b)을 다음과 같이 그리스도의 신성과 성령의 신성 간의 평행 관계가 이루어지게 하는 데 적용한다. "성령은 하나님이다. 성령은 하나님으로부터 나온다. (사도바울은 이렇게 말했다).…그러므로 성령은 피조물이 아니다." 또한 그리스도는 "존재하지 않는 대상으로부터 존재하는 것이 아니라(ἐκ οὐκ ὄντων οὐκ ἐςτιν) 오히려 하나님으로부터 존재한다."[283] 또다시 이 표현은 그리스도와 성령의 기원을 언급하는 것이 아니라 그들의 본성(nature)에 대해 말하는 것이다. 아타나시오스는 "하나님 자신의 깊은 것들까지도 통찰하시기 때문입니다"(2:10)라는 구절이 이 모든 것을 더욱 분명하게 확인해주는 것으로 이해한다.[284]

　　사실상 2:11에 대한 설명에서 아타나시오스는 바울보다 분명히 더 앞으로 나아간다. 아타나시오스의 이 편지에서 "인간의 영"과 대조적으로 하나님에 대한 성령의 지식은 성령의 변하지 않는 본성을 암시하는 것으로 생각한다.[285] 이 부분에서 바울과 아타나시오스는 모두 하나님과 하나님의 영의 초월성을 강조한다. 하지만 "불변성"이라는 개념은 존재 그 자체에 대한 아타나시오스의 사고 체계를 넌지시 알려준다. 이 개념은 2:11-12의 바울의 논의에 포함되어 있지 않다.[286] 아타나시오스는 우리에게 다음과 같은 질문을 제기하게 한다. 과연 아타나시오스가 강력하게 자신의 논점의 근거로 삼고 있는 고전 2:10-15에서 바울의 묘사는 **존재론적인 함의**를 포함하고 있는가? 아니면 단순히 **기능들을 묘사**하는 것인가? 아타나시오스는 기독론적인 구조 안에서 이 본문 전체가 성령의 신성뿐만 아니라(이 점은 바울의 묘사에 진정으로 포함되어 있는 것처럼 여겨짐), 아버지와 아들과 함께 하나 됨을 이

---

282) Haykin, *The Spirit of God: The Exegesis of 1 and 2 Corinthians in the Pneumatomachian Controversy of the Fourth Century*, 79; 또한 Athanasius, *Letter to Serapion*, 1:22.

283) Athanasius, *Letter to Serapion*, 3:2; 참조. 2:2-3.

284) 같은 책, 3:2.

285) 같은 책, 1:26.

286) Haykin(*The Spirit*, 82)은 약 1:17에 호소하는 아타나시오스의 편지, *Letter to the African Bishops*, 7과 그의 다른 언급들을 인용한다.

루고 있다는 점을 가리키고 있다고 주장한다.[287] 그렉과 그로가 주장하듯이 아타나시오스의 이러한 관점은 바울의 의도보다 훨씬 더 나아간 것인가? 아니면 바울의 묘사는 적어도 이 방향을 가리키고 있는가?[288] 아타나시오스의 해석에 의하면 고전 2:10-12, 14, 15은 아버지와 아들과 성령 세 위격이 하나 됨을 이루고 있지만, 이 세 위격은 서로 구별된다는 결론에 이르는 데 중요한 역할을 한다.

　　가이사랴의 바실레이오스(대략 330-379년)도 신약성경에서 성령과 하나님 아버지의 하나 됨에 대해 입증해주는 가장 의미심장한 선언을 고전 2:11에서 발견한다. 하지만 아버지와 아들의 하나 됨에 대한 해당 절은 다소 덜 직접 암시한다. 먼저 그는 『유노미우스 논박』(Against Eunomius; 대략 363-365년) 1-3에서, 그다음 자신의 『성령론』(On the Holy Spirit; 374년)에서 바울의 본문을 적극 활용한다. 『유노미우스 논박』 1-3에서 그는 2:10-15에 기초하여 다음과 같은 원리를 이끌어낸다. 하나님 아버지의 존재와 본성은 어떤 사람도 알 수 없다. 오직 아들과 성령만 그의 존재와 본성을 알 수 있다. 말하자면 "하나님은 모든 이해력과 인간의 이해를 초월하는 분이시다.… '아버지 외에는 아들을 아는 자가 없고'(마 11:27)… '성령은 모든 것을, 심지어 하나님 자신의 깊은 것들까지도 통찰하신다.…하나님의 영이 아니면 아무도 하나님에 관한 것을 알지 못한다'[고전 2:10-11]."[289]

　　아타나시오스와 마찬가지로 바실레이오스도 고전 2:10-16을 성령의 신성을 입증해주는 것으로 해석한다. 성령은 지식을 공유하는 것을 포함하여 아버지와 아들이 하는 일에 동참한다. 성령은 아버지를 알고 그리스도의 마음을 계시한다. "성령은 하나님에 대해 말로 표현할 수 없는 심오한 것을 공유한다."[290] 인간의 영과 하나님의 성령 사이의 유비(고전 2:11)는 하나님은 모든 피조물에게 탐구할 수 없는 존재이지만, 신성을 공유하고 있는 아들과 성령에게는 그렇지 않다는 점을 입증해준다. 이 관점에 반대하면서 유노미우스는 성령이 피조물로서, 지음을 받지 않

---

287) 이 논점을 온전히 제시하려면 다음과 같은 내용을 서로 결합하여 이해할 필요가 있다. Athanasius, *Letter to Serapion*, 1:20-26 and 3:1-2.

288) 참조. R. G. Gregg and D. F. Groh, *Early Arianism* (London: SCM, 1981), 8-9, 63, 68, 100-107.

289) Basil, *Against Eunomius*, 1:13-14.

290) 같은 책, 3:4.

은 존재도 아니며 [하나님 아버지에 의해] 잉태된 존재도 아니라고 주장했다. 하지만 고전 2:11에 근거하여 바실레이오스는 성령이 하나님의 본성을 공유할 뿐만 아니라 심지어 (2:11a에서 그 사람 안에 있는 사람의 πνεῦμα와 평행을 이루면서) "하나님 안에" 있다고 주장한다.

바실레이오스의 『성령론』에서는 고전 2:10-12도 매우 중요한 본문이다. 성령은 단순히 "도구"나 "종"이 아니다. 왜냐하면 "종은 주인이 하는 것을 알지 못하기" 때문이다(요 15:15). 반면에 성령은 하나님을 가장 친밀하게 알고 있다(고전 2:11).[291] 2:11의 바울의 말은 "성령이 아버지와 아들과 함께 일한다는 것을 가장 명백하게 입증해주는 본문이다."[292] 2:9로부터 이어지는 바울의 논점과 고전 12:8에 대한 그 절의 함의는 이미 살펴보았다.[293] 뿐만 아니라 바울의 입장에 동의하는 바실레이오스는 성령에 대한 다음과 같은 언급에서 기독론적인 초점을 견지한다. 진정으로 "하나님에 관한 것을 아는 것"(고전 2:11)은 하나님 아버지가 아들을 통해 모든 것을 은혜로 주셨다고 이해하는 것에 상응한다(롬 8:32).[294] 바실레이오스는 바울의 전후 문맥을 올바로 파악하고 있다. 그는 2:10에서 성령으로 말미암는 계시의 강조는 인간의 지혜의 한계와 오류의 가능성을 인식하는 것을 포함한다고 인정한다.[295] 바실레이오스는 성령을 통해 주어지는 계시는 "아버지와 아들의 사역으로부터 분리될 수 없다"고 강조한다.[296] 따라서 고전 2:10-16에 대한 고찰은 이제 삼위일체 신학을 목회적으로 접근하게 하는 계기를 마련해준다. 만약 성령을 축복을 가져다주는 존재로서 단지 신자들을 "섬기는 도구"로서만 이해하거나 또는 성령의 은사들을 삼위일체적인 배경으로부터 분리한다면 목회적·신학적 문제점이 나타난다. 이것은 해당 텍스트의 영향사에 대해 타당한 설명을 제시하는 것처럼 보인다. 또한 이 설명은 고전 2:10-16과 바울의 보다 더 광범위한 신학에 전적으로 부합한다. 아타나시오스의 주해가 바실레이오스의 논제들에 미친 영향은 영향사(Wirkungsgeschichte)에

---

291) Basil, *On the Holy Spirit*, 19-50(마지막 행).
292) 같은 책, 16:40.
293) 같은 책, 5:10.
294) 같은 책, 24:57.
295) Basil, *Homilies*, 20:3.
296) Haykin, *The Spirit of God*, 142.

대한 보다 더 심오하고 근본적인 측면을 밝혀준다. 또한 이 영향은 주해와 해석학을 위해 그것이 얼마나 중요한지를 알려준다.

크리소스토모스(347-407년)는 2:10-16에서 성령의 계시에 대해 언급하면서 기독론적인 초점을 유지한다. 하나님의 참된 지혜는 성령를 통해 사람의 마음 안으로 들어간다. 또한 이것은 그의 "내부에서" 일한다. 반면에 세상의 거짓된 지혜는 바깥에 머무르며 "십자가가 아무런 효력을 미치지 못하게 한다."[297] "성령의 지혜"는 부활 사건이나 그리스도의 동정녀 탄생, 사라의 임신, 무로부터의(*ex nihilo*) 창조 등과 같이 이성적인 측면에서 터무니없는 것처럼 여겨지는 것들도 이해하고 믿을 수 있도록 만들어준다. 왜냐하면 "영적인 것들"은 반드시 영적인 것과 비교하거나 또는 일치시켜야 하기 때문이다(2:13). 이와 같이 하는 것은 "십자가의 능력을 헛되게 하지 않는 것이다."[298] 영에 속한 것들을 받아들이지 않는 ψυχικός는 좋은 시력을 지니고 있지만, 계속해서 어둠 속을 바라보려는 사람과 같다. 이러한 사람에게는 오직 성령만 참 빛을 비추어줄 수 있다. 따라서 이곳저곳을 더듬어 찾는 혼동이 그런 사람을 지배하며, 심지어 그의 영혼(ψυχή)은 그 자체로 충분하지 않다는 사실을 깨닫지 못한다.[299] 하지만 그의 영혼은 스스로 속고 있는 것이다. 크리소스토모스는 요한복음의 보혜사를 암시하면서 고전 2:15과 관련하여 다음과 같이 말한다. 판별하거나 분별하는 것(ἀνακρίνειν)은 입증하기 위해(ἐλέγχειν) 필요하다. 그런 의미에서 모든 것은 성령에 속한 사람의 판단을 위해 있다.[300] 여기서 그리스도의 마음을 갖는 것은 십자가가 그 능력을 행사하게 하는 것의 일부분이다.[301]

아우구스티누스(354-430년)는 적어도 세 가지 배경에서 고린도전서의 이 본문에 들어 있는 절들에 호소하고 있다. (a) 『하나님의 도성』(*City of God*)에서 그는 다음 두 가지를 강조한다. 그는 πνεῦμα라는 단어가 지니고 있는 복합적인 문제점

---

297) Chrysostom, *Hom. 1 Cor.*, 7:6.

298) Chrysostom, *Hom. 1 Cor.*, 7:8.

299) *Hom.*, 7:9.

300) *Hom.*, 7:11.

301) *Hom.*, 7:12. 그다음 14-19항은 상당히 다양한 내용을 다소 덜 훈육적, 주해적, 설교적 특성을 지닌 묵상의 방향으로 나아간다. 그리고 *Hom.* 8., 3:1에서는 주해적인 훈육에 대한 내용을 요약해준다.

을 인정하며, 고전 2:1에 대해 언어학적 고찰의 필요성을 주장한다.[302] 나아가 그의 주해는 2:11-16에서 우리가 ψυχικός를 "전적으로 인간적인 차원에서 사는 사람"(2:14)으로 번역한 것과 상응한다는 것을 구체적으로 예시해준다. 그는 이 점을 강조하며 이 여섯 절을 해설한다. 그러면서 그는 바울과 더불어 "성령에 속하다"라는 것에 대한 증거 또는 표적은 부정적인 측면에서는 "시기와 분쟁"이 없는 것이며(3:3), 긍정적인 측면에서는 "그리스도의 마음"(2:16)을 구체적으로 나타내는 것이라고 결론짓는다.[303] (b) 인간의 본성과 죄에 대한 아우구스티누스의 심리학적 사고는 바울의 다음과 같은 주장에 관심을 기울인다. 즉 어떤 사람 안에 있는 인간의 영, 곧 내면의 자아만이 그것들을 온전히 이해할 수 있다. 따라서 아우구스티누스는 독자들에게 피상적인 자기 평가와 자기기만을 경고한다. 즉 인간 내면에 있는 마음에 대한 깊은 "탐구"가 필요한다. 이와 관련하여 아우구스티누스는 고전 2:11a에 호소한다.[304] (c) 도나투스파와 논쟁하던 상황에서 아우구스티누스는 오직 영적인 사람만 성령에 속한 일들을 알 수 있다(고전 2:14)는 원리에 호소한다. 성령에 속한 사람은 "모든 것을 판별하기"(2:15) 때문에 교회를 떠나는 것은 성령의 영역으로부터 벗어나는 것으로 이어진다.[305] 아우구스티누스의 견해에 의하면 교회가 거의 성령의 영역을 한정한다.[306] 하지만 이러한 그의 견해는 심리적인 압박감을 수반하는 논쟁의 상황에서 바울의 주제로부터 벗어나는 것이다. 우리는 아우구스티누스가 고전 12, 13, 14장을 해설하는 부분을 재검토할 필요가 있다.

중세 시대

안셀무스(대략 1033-1109년)는 고전 2:10, 14, 15이 성령에 의해 계시된 하나님의 지혜에 대한 증언으로서 (하나님에 대한 그의 존재론적인 논증의 구조를 포함하여) 자신의 신학적 입장을 밝혀준다고 생각한다. "육적인 인간(*animalis homo*)은 하나님에 대한 것을

---

302) Augustine, *City of God*, 13:24.
303) *City of God*, 14:4.
304) Augustine, *City of God*, 1:26. 또한 참조. *Letters*, 130:3 (7).
305) Augustine, *On Baptism, Against the Donatists*, 3:18 (23)(기원후 400년경).
306) *On Baptism*, 1:15 (23).

인식하지 못한다(2:14)."[307] "영적"이라는 것은 순종뿐만 아니라 성경을 묵상하는 것을 통해 영양분을 공급받는 것을 포함한다. 그러므로 2:10-16과 더불어 안셀무스는 단순히 인간적인 약삭빠름은 다양한 한계에 직면해 있으며, 그것은 파괴적인 결과들을 불러올 가능성을 지니고 있음을 강조한다. 또한 그는 하나님의 영에 의한 계시와 올바른 신앙 생활에 대한 타당한 자세로서 무엇이 "영적인" 것인지를 판단할 수 있는 기준의 필요성을 강조한다.

토마스 아퀴나스(대략 1225-1274년)는 고전 2:12-15에 몇 가지 역할을 부여한다. 하지만 우리는 그중에서 가장 중요한 두 가지 역할에 대해 언급하고자 한다. (a) 토마스가 이 절들을 사용하는 용례 중 가장 기본적인 것은 그가 신학의 본질에 대해 논의하는 부분이다. 또한 그것은 지식의 본질에 대한 오늘날의 질문에도 여전히 상당한 타당성을 지니고 있다. 토마스는 과연 신학이 "지혜"인지(*utrum haec doctrina sit sapientia*)에 관해 논의한다.[308] 매우 한정된 의미에서 신학은 단지 무언가 "인간의 지혜"(*sapientias humanas*)를 초월하는 것으로서의 지혜. 이 지혜는 인간의 다른 학문이나 재능으로부터 파생되는 것이 아니라 직접 "하나님으로부터"(*de Deo*) 온다. 우리는 이제 문제의 핵심에 이르렀다. "무엇에 대해 판별하는 것은 지혜로운 사람에게 속한 것이다"(*quod cum judicium ad sapientiam pertineat*).[309] 하지만 토마스는 두 종류의 지혜가 있다고 주장한다(참조. 고전 1:18-3:4). 한 가지 지혜는 주로 "인식"(*per modum cognitio*)에 대한 것이다. 다른 하나는 "성령의 은사로 분류되는 지혜. 그것은 덕의 습관을 소유한 사람이 덕과 일치하게 실행해야 하는 것을 올바르게 실행할 때 '효력을 발생한다'"(*sicut habet habitum virtutis recte judicat de his quae sunt secundum virtutem agenda inquantum ad illa inclinatur*). 이와 같은 방법으로 토마스는 바울의 말과 같이 "영적인 사람은 모든 것을 판단한다"(고전 2:15)라고 결론짓는다.[310] 이것은 고전 2장을 다음과 같은 차이점에 관한 현대의 논쟁에 적

---

307) Anselm, *Letter to Pope Urban II on the Incarnation of the Word*, in E. R. Fairweather (ed.), *A Scholastic Miscellany: Anselm to Ockham*, LCC 10 (London: SCM, 1956), 97.

308) Thomas Aquinas, *Summa Theologiae* (London: Eyre & Spottiswoode, Lat. and Eng., 60 vols.; Blackfriars ed., 1963-), 1:21-25; 1a, Q. 1. art. 6.

309) *Summa*, 1a, Q. 1. art. 6; vol. 1:22 (Lat.) 23 (Eng.).

310) *Summa*, 22-24 (Lat.): 23-25 (Eng.).

용하는 것이다. 곧 계몽주의의 이성($\tau\acute{\epsilon}\chi\nu\eta$)과 습관(Farley), $\varphi\rho\acute{o}\nu\eta\sigma\iota\varsigma$(MacIntyre), "실천 이성", "자세"(Wolterstorff), 또는 판단에 기초한 삶속에서의 행위인 신학에 윤리학을 포함시키며 유지하게 하는 보다 더 가다머적인 또는 신(新)아리스토텔레스적인 방법 간의 차이점에 관한 것이다.[311] 토마스 아퀴나스는 고전 2:10-16을 덕과 지식의 본질과 지혜 및 도구적인 학문들 간의 대조에 대한 아리스토텔레스의 더 광범위한 논의 주제에 적용하면서 텍스트의 "수용"을 제안했다. 이 텍스트는 현대 문화의 위기들과 관련된 이슈에 관해서도 말해준다. (b) 『신학대전』(*Summa Theologiae*)에서 고전 2:12에 대해 다루는 두 번째 주제는 고린도전서의 이 본문으로부터 그리스도인의 확신에 관해 강조하는 칼뱅의 관점을 예고한다. 12절을 설명하는 가운데 토마스는 성령이 "우리에게 은혜로 주어지는 것들을" 계시해준다고 말한다.[312] "그러므로 성령을 통해 은혜를 받은 사람은 자신에게 은혜가 주어진 사실을 인식한다."[313]

종교개혁 시대

루터(1483-1546년)의 연구는 그가 처한 상황에 따라 발전해나간 사례를 보여준다. (a) 지식에 대한 문제점과 관련된 배경에서 루터는 자신의 초기 저서에서(1517-1519년) 고전 2:10, 11, 16에 호소한다. 그는 다음과 같이 주장한다. "단지 철학자들이 하나님의 본성에 대해 묘사하는 대로…하나님을 아는 것만으로는 충분하지 않다.…이것은 오감에 기초한 자연적인 지식이며, 그것을 이해하지 못하는 사람들에게 위험한 것이다.…먼저 위로부터 빛을 받지 않으면 아무도 하나님의 명령을 올바로 이해할

---

311) Edwards Farley, "Theology and Practice outside the Clerical Paradigm," in Don S. Browning (ed.), *Practical Theology* (San Francisco: Harper and Row, 1983), 23 and 30 (on *habitus*); 참조. 21-41; Alasdair MacIntyre, *After Virtue: A Study in Moral Theology* (London: Duckworth, 2d ed. 1985), 62-78 ("the failure of the Enlightenment project") and 204-225 (on virtue and tradition); 참조. 146-276; and *Three Rival Versions of Moral Enquiry* (London: Duckworth, 1990), esp. 127-148 (on "Aquinas and the Rationality of Tradition"); and N. Wolterstorff, *Divine Discourse* (Cambridge: Cambridge University Press, 1995), 31-36, 52-57, 240-260 그리고 다른 곳에.
312) Aquinas, *Summa Theologiae* (vol. 30, 12ae), Q. 112, at. 5, sect. 4.
313) 같은 책.

수 없다.…누가 그리스도의 마음을 알았는가?(고전 2:16)…'하나님의 성령 외에 하나님에 대한 것은 아무도 알지 못한다. 하지만 하나님은 그분의 성령을 통해 그것들을 우리에게 계시해주셨다'(고전 2:11, 10)."[314] 목회적인 주제로서 이것은 하나님의 부르심을 보다 더 깊게 이해하도록 이끌어준다. 성령의 은사는 "우리가 큰 비전을 갖게 해주고…바울이 고전 2:12에서 말했듯이 하나님이 우리에게 베푸신 은사들을 이해하게 해준다.…이러한 은사들은 하늘과 땅보다도 훨씬 더 뛰어난 것이다."[315] (b) 1521년 이후의 시기에 루터의 사상은 매우 급속도로 발전해나갔다. 칼슈타트, 뮌처 등 다른 이들은 그의 사상을 극단으로 끌고 가는 것처럼 보였다. 루터가 그들에 대해 묘사하듯이 "광신자들"은 정치, 신학, 예전 등에서 급진주의를 부추겼다. 1522년 무렵에 "열광주의자들"의 극단적인 사고와 행동은 고린도의 이른바 "신령한 사람들"과 많은 공통점이 있었다. 1525년에 "인간의 의지의 속박에 관해" 에라스무스와 논쟁하면서 루터가 "영적인 사람은 모든 것을 판단하면서도 아무에게도 판단받지 않는다"(고전 2:15)는 것을 상당히 부정적으로 평가한 것은 결코 우연이 아니다. 성령은 이 "내적인 조명"을 모든 그리스도인에게 베푼다. 하지만 그것은 "말씀의 공적인 사역과 외적인 직분"과 관련하여 반드시 "외적인" 판단 기준과 연결하여 검토되어야 한다. "교회 안에서 모든 영은 성경의 표준에 기초하여 판별되어야 한다.…성경은 태양 자체보다 더 밝은 영적인 빛이다. 특별히 구원과 관련하여 필수적인 것과 관련하여 성경은 햇빛보다 더 밝은 빛을 비추어준다."[316] 루터가 십자가 신학과 영광의 신학을 대조하는 것은 그가 "광신주의자들"과 성령에 대한 그들의 주장을 공격하는 것과 바울의 십자가 신학을 통해 드러난다. 호슬리는 이것을 일부 고린도 교인들에게 발견되었던 "종교적인 탁월한 지위와 영적인 완전함에 대한 언어"라고 부른다.[317]

---

314) Luther, *The Epistle to the Hebrews* (1517) on Heb 6:13, in *Works*, 29 (American ed., Concordia: St. Louis, 1974), and in Luther, *Early Theological Works*, LCC 16 (ed. J. Atkinson; London: SCM, 1962), 126.

315) Luther, *Commentary on 1 Corinthians 15*, in *Works*, 28 (St. Louis: Concordia, 1973), 137-138; 또한 *WA*, 36:587.

316) Luther, *The Bondage of the Will*, *WA*, 652-653; 또한 영역본, *Luther and Erasmus*, LCC 17 (ed. E. G. Rupp; London: SCM, 1969), 159.

317) Horsely, "Spiritual Elitism at Corinth," *NovT* 20 (1978): 203-231, esp. 203-205. 또한 참조. Thiselton, "Luther and Barth on 1 Corinthians 15," in W. P. Stephens (ed.), *The Bible,*

칼뱅(1509-1594년)은 고전 2:10-16에 대한 해설을 송영의 관점에서 시작한다. 이것은 테르툴리아누스의 주해를 연상시킨다. 칼뱅은 인간이 영적으로 어둠의 상태에 있을 때 하나님이 성령을 통해 그들에게 계시해주신다는 사실은 하나님의 선하심을 가리킨다고 주장한다. "성령은 모든 것들을 통찰한다"(고전 2:10)는 구절은 "신자들을 격려하기 위해" 덧붙여진 것이다. 곧 신자들은 성령이 제공해주는 계시 안에서 그들의 신앙을 견고하게 뿌리내리게 할 수 있다.[318] 하지만 칼뱅의 주요 강조점은 성령의 계시 사역 안에 기초하고 있는 그리스도인들의 확신에 초점이 맞추어져 있다. 이 계시는 하나님의 선하심과 은혜에 기초하여 선물로 주어진 것이다. 따라서 성령과 "세상의 영"을 대조하는 것은 그리스도인들이 항상 혼란이나 혼동의 상태에 있다는 그릇된 생각을 전적으로 제거해준다. 그러므로 이 본문을 해석하면서 칼뱅은 목회적인 이슈에 관심을 갖는다. 계시의 보증과 그리스도 안에서 이루어지는 하나님의 일에 대해 아는 것이 은사로 주어지는 것은 신자들이 "과연 우리가 은혜 안에 있는지를 의심치 않게" 해준다.[319] 따라서 그리스도인들의 믿음은 "흔들리거나 주저할" 필요가 없다. 비록 이 점은 이 절들의 핵심 주제는 아니지만, "우리가 하나님께서 우리에게 은혜로 주신 것을 알게 하려는 것입니다"(고전 2:12b)라는 바울의 말이 참되다는 것을 강조해준다. 앞에서 우리는 칼뱅이 2:13a로부터 자신의 조화 원리를 확인해주는 점을 이끌어낸다고 언급한 바 있다. 하나님은 "그 말씀을 현실에 적용하실 때 영적인 것을 영적인 사람에게 적절하게 수정하신다(aptare)."[320] 그러므로 단순한 말도 성령을 위한 도구가 될 수 있다. 나아가 우리는 우리의 번역과 해석의 원리를 칼뱅과 공유한다. 즉 대체로 "영적인 사람은 그의 마음(생각)이 성령에 의해…인도함을 받는 사람을 가리킨다." 반면에 ψυχικός는 그의 영혼(anima)이 "자연에 매여 있는 사람이다." 곧 전적으로 인간적인 차원에 기초한 것을 통해 동기부여를 받는 사람이다.[321] 성령의 빛이 꼭 필요하다는 것

---

the *Reformation and the Church: Essays in Honour of James Atkinson,* JSNTSS (Sheffield: Sheffield Academic Press, 1995), 258-307.

318) Calvin, *First Epistle,* 57-58.

319) 같은 책, 59.

320) 같은 책, 60.

321) 같은 책, 61.

과 관련하여 특별히 칼뱅은 만약 그 빛이 없다면 인간은 "눈먼 상태"와 "어두움"으로 손상을 입는 곤경에 처하게 된다고 해석한다. 반면에 그는 2:15은 어떤 인간적인 논의도 하나님 앞에서 신자의 신분을 평가하는 것을 통해 자신의 믿음의 확실성을 흔들 수 없다는 것을 암시한다고 주장한다. 이러한 배경에서 칼뱅은 2:16을 3:4-4:21에서 제기되는 목회에 대한 주제와 연결한다. 즉 성령에게 가르침을 받는 "신실한 목회자들은…마치 주님의 입으로 말하듯이 두려움 없이 담대하게 말해야 한다."[322]

계몽주의 시대와 현대

존 로크(1632-1704년)는 "성령이 가르쳐주시는 것"(2:13)을 "성경에 계시된 말씀들"로 해석한다.[323] 또한 그는 영에 속한 것들을 영에 속한 자들과 "비교하는 것"을 성경의 한 부분을 성경의 다른 부분과 비교하는 것을 의미하는 것으로 이해한다(2:13b). 이것은 다양한 종류의 접근 방법을 옹호하는 것을 반대하면서 성경 해석에 합리적이고 학구적이며 일반상식적인 접근 방법을 지지하는 그의 광범위한 프로그램과 일치한다. 2:14에 근거하여 로크는 성경의 계시에 기초한 믿음은 단지 "타고난 재능"에 의해 타당하게 비판받을 수 없음을 시인한다.[324] 또한 ψυχικός 또는 동물적인 인간(animalis homo)은 "인간의 영혼 안에 있는 그러한 타고난 충족성은 자기 자신의 완전함과 행복을 얻기 위해 충분한 것이므로…하나님의 계시나…또는 하나님의 은혜가 전혀 필요치 않다고 생각하는 사람이다."[325]

칼 바르트(1886-1968년). "하나님의 영이 아니면 아무도 하나님에 관한 것을 알지 못합니다"(2:11)라는 주제는 "하나님은 오직 하나님을 통해서만 알 수 있다"라는 바르트의 명제의 방향을 가리킨다.[326] 바르트의 신학에서 이 본문의 다음 두 가지는 기본적으로 중요하다. 첫째, 하나님의 말씀에 대해 "알 수 있다." 둘

---

322) 같은 책, 64.
323) John Locke, *A Paraphraze and Notes of the Epistles of St. Paul* (ed. A. W. Wainwright: Oxford: Clarendon Press, 1987 [1707]), 1:424.
324) 같은 책.
325) 같은 책; 참조. 425.
326) Barth, *CD*, 2/1, sect. 27.179.

째, 인간 안에 있는 하나님의 형상이 손상되었으며, 그것은 그리스도 안에서 회복된다.[327] 이 가능성은 "인간 안에 있는 타고난 능력이 아니라" 오직 하나님의 은혜에 기초하고 있다. 오직 하나님의 은혜로운 행위만 "하나님 자신의 깊은 것들"에 대한 지식을 줄 수 있다(고전 2:10).[328] 루터를 따라 바르트도 이 본문을 소명(vocation)과 연결하여 논의한다. "고전 2:13, 14에 의하면 영적인 실재로서 부르심은 오직 영적인 사람 자신만 알 수 있다."[329]

고전 2:10-16에서 말하는 성령의 계시는 윙엘(1934년 출생)에 의해서도 암시된다. 윙엘은 하나님의 자기 계시를 인간에게 말을 하는 것으로 인식한다. 오직 인간이 "대화할 수 있는" 상대가 될 경우에만 하나님은 자신을 "자기 스스로 말씀하시는 하나님"으로…"생각하는 것"을 받아들이신다(강조는 덧붙여진 것임).[330] 몰트만(1928년 태생)은 "하나님의 영과 인간의 영 사이에 불연속성"이 있다는 것을 간파할 필요성에 대해 말한다. 하지만 그는 "하나님의 자기 계시"와 그것에 대한 인간의 "경험"을 이분법적으로 강요해서는 안 된다고 주장한다. 하나님의 계시는 "절대 타자(Other)와의 관계에서…다른 대상이 그것을 경험할 수 있게 한다."[331] 몰트만의 저서에서 성령에 대한 거의 모든 것은 상호 관계에 관심을 기울인다. 따라서 바울의 경우와 마찬가지로 몰트만의 저서에서도 고전 2:6-16은 12:1-14:40과 연결된다. 그는 "성령은 자기 자신을 임재하는 존재와 친교 상대자로 알 수 있게 해준다"라고 말한다. 하지만 성령의 인격과 관련하여 몰트만은 "성령의 주체성이 그가 다른 대상들과 서로 교제하는 것으로 이루어져 있다"고 주장한다.[332] 고전 2:10-15은 이 주제를 반영하고 있다.

요약

고전 2:10-16의 연속성, 불연속성, 발전, 새롭게 적용하기 등은 이 본문을 바울 텍스

---

327) *CD*, 1/1, sect. 4.241.
328) 같은 책.
329) *CD*, 4/3/2, sect. 71.502.
330) Jüngel, *God as the Mystery of the World*, 152-153, 155, 158; 참조. 152-169.
331) Moltmann, *The Spirit of Life*, 5-6.
332) 같은 책, 287 및 289; 참조. 268-309.

트의 영향사(Wirkungsgeschichte)가 지니고 있는 가치에 대해 하나의 모범적인 실례로 만들어준다. 많은 빛이 쌍방— 텍스트로 되돌아가는 방향과 세상을 향해 나아가는 방향— 으로 비추어지고 있다.

c. 어린아이와 같이 신분을 추구하는 이들에게는 "신령한"이라는 용어가 적용될 수 없음(3:1-4)

¹ 나의 그리스도인 친구들이여, 나로서는 여러분에게 영에 속한 사람들처럼 말할 수 없었습니다. 오히려 전적으로 인간적인 동기에 의해 움직이는 사람들처럼 말할 수밖에 없었습니다. 기독교적인 표현으로 말하자면 여러분은 어린아이와 같은 사람들입니다. ² 나는 여러분에게 단단한 음식이 아니라 젖을 마시도록 주었습니다. 왜냐하면 여러분은 그것을 받아들일 수 없었기 때문입니다. 진정으로 심지어 지금도 여러분은 여전히 그것을 감당할 수 없습니다. ³ 여러분은 여전히 신령하지 않습니다. 여러분 가운데 시기와 싸움이 일어나고 있는데 여러분은 여러분 중심적이지 않습니까? 또한 여러분은 단순히 다른 어떤 사람처럼 행동하고 있지 않습니까? ⁴ 어떤 사람은 "나로 말하자면 나는 바울 편이다"라고 선언하고, 또 다른 사람은 "나로 말하자면 나는 아볼로 편이다"라고 주장합니다. 여러분은 너무 인간적이지 않습니까?

2:6-16은 성령이 그리스도인들에게 열어 계시할 수 있는 새로운 세상의 환상적인 결과에 대해 설명했다. 성령이 전개하는 기적은 인간의 모든 시청각적인 경험과 상상력을 초월한다(2:9). 진정으로 "영적인" 사람은 정말로 하나님과 매우 친밀한 교제를 나눈다. 그는 하나님이 어떤 은사를 주셨는지를 앎으로써(2:12c) 구원의 확신을 경험한다. 하지만 어떤 의미에서 그것은 자격을 신중하게 제한한다. 바울은 영적인 사람은 모든 것을 판별하지만 그 사람은 아무에게도 판단을 받지 않는다(2:15)는 고린도 사람들의 슬로건을 인정한다! 하지만 바울의 관점에 의하면 어떤 사람이 진정으로 "성령에 속한" 사람인지를 시험하고 판별하는 기준은 바로 성령이 그들 안에 그리스

도의 마음을 빚어냈느냐에 달려 있다(2:16).

그러나 신분과 자기 존중에 대한 욕망이 그들을 경쟁으로 내몬다면 그리스도를 닮았다고 볼 수 없다. 바울은 "영적인"이라는 단어를 시기와 싸움이 명백하게 드러나는 곳에서 사용하는 것을 망설인다. 그는 그리스도인이라고 공언하는 사람들도 어린아이와 같이 행동할 수 있다는 점을 부인하지 않는다. 교회는 성인들로 이루어진 박물관이 아니라 죄인들을 교육하기 위한 학교인 것이다. 하지만 고린도의 실제 상황은 스스로 "성령에 속한 사람들"이라고 말하는 승리주의자들의 주장을 터무니없고 어리석은 것으로 만든다. 그들은 적어도 그리스도와 그의 십자가가 보여준 자세와 삶의 방식을 보다 더 깊이 인식해야 했다. 하지만 해당 본문은 확신과 소망을 품고 미래를 내다본다. 이 편지의 수신자들은 "영적인"이라는 단어의 참된 의미로 바울이 그들을 "영적인" 사람이라고 부를 만큼 아직 준비가 되어 있지 않았다(οὔπω, 3:2). 그들은 앞으로 성장할 것이다.

3:1-4에 대한 참고문헌

Bultmann, R., *Theology of the NT* (Eng. trans., London: SCM, 1952). 1:223 and 239-246.

Byrne, B., "Ministry and Maturity in Cor. 3," *AusBR* 35 (1987): 83-87.

Davies, W. D., *Paul and Rabbinic Judaism* (London: SPCK, 2d ed. 1955), 19-35.

Francis, James, "As Babes in Christ—Some Proposals regarding 1 Cor. 3:1-3," *JSNT* 7 (1980): 41-60.

Gaventa, B. R., "Our Mother St. Paul: Toward the Recovery of a Neglected Theme," *PSB* 17 (1996): 29-44.

Gerleman, G., Der Heidenapostel. Ketzerische Erwägungen zur Predigt des Paulus zugleich ein Streitzug in der griechischen Mythologie (Stockholm: Almqvist & Wiksell, 1989).

Grundmann, W., "die νήπιοι in der urchristlichen Paränese," NTS 5 (1958-59): 188-205.

Holloway, J. O., περιπατέω as a Thematic Marker for Pauline Ethics (San Francisco: Mellen, 1992).

Hooker, Morna, "Hard Sayings: 1 Cor. 3:2," *Theology* 69 (1966): 19-22.

Mitchell, M. M., *Paul and the Rhetoric of Reconciliation* (Tübingen: Mohr and Louisville: John Knox, 1992), 68-98.

Maly, Karl, *Mündige Gemeinde. Untersuchungen zur pastoralen Führung des Apostels Paulus im 1 Korintherbrief*, SBM 2 (Stuttgart: Katholisches Bibelwerk, 1967), 49-

61.

Plank, Karl A., *Paul and the Irony of Affliction* (Atlanta: Scholars Press, 1987), 25-31.

Rhyne, Thomas, "1Cor 3:1-9," *Int* 44 (1990): 174-179.

Schnackenburg, R., "Christian Adulthood according to Paul," *CBQ* 25 (1963): 354-370.

Thompson, J. W., "Paideia" and "A Theology of Education," in *Beginnings of Christian Philosophy: The Epistle to the Hebrews* (Washington, D. C.: Biblical Association of America, 1982), 18-27, 35-40.

Thüsing, W., "'Milch' und 'feste Speise' (1 Kor 3:1f und Hebr 5:11-6:3," *TTZ* 76 (1967): 233-246, 261-280.

Weiss, J., *Earliest Christianity* (New York: Harper, 1937), 2:468-469.

Welborn, L. L., "On the Discord at Corinth: 1 Cor 1-4 and Ancient Politics," *JBL* 106 (1987): 83-113.

Wilckens, Ulrich, Weisheit und Torheit (Tübingen: Mohr, 1959), 89-96.

Yarbrough, O. L., "Parents and Children in the Letters of Paul," in L. M. White and O. L. Yarbrough (eds.), The Social World of the First Christians: Essays in Honor of W. A. Meeks (Minneapolis: Fortress, 1995), 126-141.

1절   다음 두 가지 이유에서 κἀγώ는 "나로서는"으로 번역할 수 있다. 첫째, 바울은 2:6에서 2:16까지 1인칭 복수 ἡμεῖς, "우리는" 또는 λαλοῦμεν, "우리는 말하다"(2:6)를 사용하고 나서 2:1-5에서 자신의 개인적인 상황을 구체적으로 언급할 때 사용한 1:1-2:5의 1인칭 대명사 "나"로 되돌아간다. 둘째, ἐγώ, "나"는 강조를 표현한다. 왜냐하면 그리스어에서는 동사만으로도 주어가 1인칭 단수임을 나타낼 수 있기 때문이다. 1절 맨 앞에서 우리는 καί 대신에 대조를 위한 접속사 "그러나"(REB)를 기대할 수도 있을 것이다. 하지만 핀들레이는 해당 καί("그리고")는 뒤로 돌아가서 2:14의 "전적으로 인간적인 차원에서 사는 사람은 하나님의 영에 속한 것들을 받아들이지 않습니다"를 가리킨다고 제안한다.[333] 현대 문화에서 ἀδελφοί를 정확하게 번역하기가 어렵다는 문제점에 대해서는 고전 1:10의 주해를 보라. 또한 가족과 관련이 있는 이 단어는 바울이 교인들을 책망할 필요를 느끼면서도 동시에 그들에게 애정과 연대감을 표현하고자 할 때도 등장한다.

---

333) Findlay, *Expositor's Greek Testament*, 2:785.

πνευματικοῖς(πνευματικός, 영적인 그리고/또는 영에 속한 사람)의 번역과 의미에 대해서는 2:10의 주해를 보라. 바울은 다른 곳에서 모든 그리스도인은 성령을 받는다고 분명하게 말한다(예. 고전 12:3과 롬 8:9b가 결정적임). 하지만 바울은 그들이 여전히 배울 것이 아주 많은 상태에서 그들이 기대하듯이 "영적인 사람들"이라는 그들의 주장에 기초하여 그들에게 말할 수 없었다.

그리스어 형용사 σάρκινος — 전적으로 인간적인 동기에 의해 움직이는 사람이라고 번역함—는 단지 의미론에서 주장하는 지시설에 기초한다면 BAGD가 제안하듯이 육신(σάρξ)으로 이루어진 사람들 또는 아마도 "육신의 영역에 속한 사람들"을 의미할 것이다.[334] 이전의 그리스어 사전들은 σαρκικός(3:3)가 σάρξ(육신)의 성향을 강조하지만, σάρκινος는 σάρξ의 구조 또는 특성을 가리킨다고 제안했다. 또한 이 사전들은 -ικός로 끝나는 단어는 κατὰ σάρκα εἶναι, "육신을 따라서 살고 있다"와 관련이 있고, -ίνος로 끝나는 단어는 ἐν σάρκι εἶναι, "이 세상에서 일상생활을 하다"와 관련이 있다고 본다.[335] 비록 최근 주석가 중에서는 피(Fee)가 이러한 대조를 견지하고 있지만, 그것은 의미론적이기보다는 형태론적이다.[336] 콘첼만과 대다수 주석가들은 1절에서 σάρκινος를 ἄνθρωποί "사람들"로서 "'자연적인' 사람처럼 행동하는 사람들"로 설명한다. 만약 이 설명이 옳다면 3절에서 바울은 σαρκικός를 "일반적인 사람처럼 행동하는"(κατὰ ἄνθρωπον περιπατεῖτε) 으로 설명하는 것은 아닐까?[337]

하지만 σάρξ에서 파생된 이 두 형용사는 ψυχή에서 파생된 2:14의 ψυχικός라는 형용사와는 서로 다른 뉘앙스를 지니고 있다. 거의 모든 문맥에서 ψυχικός는 성령의 역사로 말미암은 특성을 지니고 있는 사람과 대조되는 사람을 묘사하지만, σάρξ와 σαρκικός는 (비록 모든 경우는 아니라고 하

334) BAGD, 743.
335) Lightfoot, Notes, 185; Findlay, Expositor's Greek Testament, 2:785; Robertson and Plummer, First Epistle, 52; Godet, First Epistle, 1:166; Weiss, Der erste Korintherbrief, 71-72; Edwards, First Epistle, 70-71.
336) Fee, First Epistle, 121, n. 1.
337) Conzelmann, 1 Corinthians, 71.

더라도) 많은 문맥에서 **인간의 자기충족을 더욱더 강조하는** 경향이 있다. "인간의 자기충족" 또는 (불트만과 로빈슨이 표현하듯이) 스스로 자신의 목적을 추구하는 존재로서 σάρξ의 신학적인 온전한 의미는 롬 8:7에서 나타난다. τὸ φρόνημα τῆς σαρκὸς ἔχθρα εἰς θεόν, "육신"의 생각은 하나님과 원수가 되나니.[338] 불트만은 신학적인 측면에서 해당 그리스어 단어가 지니고 있는 참된 의미를 다음과 같이 설명한다. "'육신'에 따라 사는 것은 자기 자신을 의지하는 사람의 자세다. 그는 자기 자신의 능력을 신뢰한다. 이 점에서 그는 자기 자신에 의해 통제받는 사람이다." 이것은 "세상의 것을 사용하여 자신의 능력으로 생명을 유지할 수 있는 자아(自我)를 신뢰하는 것이다(참조. 롬 8:7)."[339]

동시에 σάρξ의 뉘앙스의 범위는 "그저 사람,…곧 연약하고 죽을 수밖에 없는 사람"으로부터 "세상 질서 전체의 일부분"을 거쳐 "자기충족적인 인간"에까지 이른다.[340] 우리는 고전 2:6-3:3의 문맥에서 σάρκινος에 대한 번역과 의미를 제안할 필요가 있다. 그것은 이러한 의미론적인 다양성의 광범위한 범위를 인정한다. 또한 그것은 2:14에서 다소 덜 긍정적이며 다소 덜 다채로운 πνεῦμα와 대조를 이루며 ψυχικός로부터 출발한다는 것을 인정한다. 따라서 ψυχικός를 "전적으로 인간적인 차원에서 사는 사람"(2:14)으로 번역한 것과는 대조적으로 우리는 3:1에서 σάρκινος를 "전적으로 인간적인 동기에 의해 움직이는 사람"이라는 번역을 제안한다. 20세기 후반에 "육신", "육적인"이라는 용어는 그 안에 담긴 성적인 뉘앙스를 부인할 수 없다. 하지만 이 단어에 대한 바울의 강조점에는 그러한 뉘앙스가 들어 있지 않다. 하지만 우리의 번역이 바울보다 오히려 프로이트의 표현에 더 많은 빚을 지고 있기 때문에 이 번역이 시대에 맞지 않는다는 반론이 제기될 수도 있지 않을까? 우리는 이 질문에 다음과 같이 답하고자 한다. 인간의

---

338) Bultmann, *Theology of the NT*, 1:239-246; Robinson, *The Body*, 17-26.

339) Bultmann, *Theology of the NT*, 240 and 239.

340) Robinson, *The Body*, 19, 21 and 25.

자기 존중, 자기 보존, 또는 "성공"과 관련하여 σάρξ는 사람들의 반응을 가리킬 수 있다. 이것은 랍비들의 개념인 יצר(예체르), 곧 "성향" 또는 "충동"에 가깝다. 한편으로 랍비들은 인간의 본성이 악을 행하고자 하는 충동, הרע יצר(하예체르 하라)에 의해 움직인다고 주장했다.[341] 하지만 이 성향 또는 충동은 הטוב היצר(하예체르 하토브), 선을 행하고자 하는 충동에 의해 보완될 수 있다. 랍비 사무엘 벤 나탄은 다음과 같이 주장했다고 한다. 만약 인간에게 이 두 가지 충동이 없다면 "아무도 집을 세우려고 하지 않고, 아이들을 낳으려고도 하지 않고, 또 물건을 사고팔려고도 하지 않을 것이다."[342] 그러므로 σάρκινος는 전적으로 인간적인 동기에 의해 움직이는 것을 의미하는 반면, σαρκικός는 자기 자신에 대한 관심에 의해 움직이는 것을 가리킨다.[343]

바울은 νηπίοις라는 단어를 통해 아이들, 젖먹이들, 어린아이들을 가리키거나 또는 은유적으로 어린아이와 같은 사람들을 의미할 것이다. 그것은 의미상 τέλειος, 성숙한 사람, 성장한 사람, 성인(2:6)과 대조된다. 바울은 이 편지의 수신자들이 성령을 받았다는 사실을 의심하지 않는다. 왜냐하면 ἐν Χριστῷ라는 표현이 "그리스도와 하나 됨" 또는 "기독교적인 표현으로 말하자면"을 의미하든지 간에 그들 안에 성령이 없다면 그들은 ἐν Χριστῷ에

---

341) 참조. Heb. Sir 15:14; Sir 21:11; 17:5-6; *Genesis Rabbah* 9:7; *Testament of Asher* 1:4-9; *Testament of Judah* 11:1; 또한 참조. G. Theissen, *Psychological Aspects of Pauline Theology*.

342) Gen. Rab. 9:7; 참조. Moore, *Judaism,* 1:480-491; H. Wheeler Robinson, *The Christian Doctrine of Man,* 22: Williams, *The Idea of the Fall and Original Sin,* 60-69; Strack-Billerbeck, 3:94-95 and 329-331 and 4:466-467; 또한 특히 W. D. Davies, *Paul and Rabbinic Judaism* (London: SPCK, 2d ed. 1955), 19-35.

343) 참조. Theissen, *Psychological Aspects,* 66-74, 96-114, and 345-352. 바울 이후의 후대 유대교 문헌에서 미쉬나는 두 가지 "충동"을 두 가지 마음(לב, 레브)과 연결한다. Bultmann은 이것을 "감추어진 것들"과 올바르게 연결한다. 오늘날 우리는 이것을 무의식 또는 잠재의식이라고 부른다(Mishnah, Berakoth 9:5); 참조. Bultmann, *Theology,* 1:223. 곧 "의식의 분야로 파고들어 갈 필요가 전혀 없다. 오히려 자아의 감추어진 성향을 가리킬 수도 있을 것이다." 또한 R. H. Charles (ed.), *The Apocrypha and Pseudepigrapha* (Oxford: Clarendon Press, 1913), 2:243, *Testament of Asher* 1:4-9 및 예체르에 대한 광범위한 논의 등을 참조하라.

있을 수 없기 때문이다.[344] 그렇다면 바울은 성장할 필요가 있는 어린아이의 이미지를 염두에 두고 있는 것인가? 아니면 자신들의 태도를 바로잡아야 할 필요가 있는 어린아이 같은 성인의 이미지를 염두에 두고 있는 것인가?

(i) 대다수 주석가들은 이 이슈를 성장과 진보를 요구하는 것으로 인식한다. 모팻은 "비록 [모든 그리스도인들이] 성령을 지녔지만, 회심자들은 처음에 잘 알지 못하고 미성숙하여 아직 성령이 그들의 인격을 온전히 다스리지 못했다"라고 주해한다. 그러면서 그는 성장할 필요성이 있는 "어린아이들"과 관련된 은유적인 표현이 고대 세계에서 피타고라스 이후로 발달을 묘사하는 이미지로서 널리 알려져 있었다고 지적한다.[345] 바울이 "복음을 전파한 사람들을…목회적인 측면에서 돌보는 것에 대해 모성적인 이미지"를 사용하는 것과 관련하여 콜린스도 이러한 비유적인 표현이 널리 사용되었다는 것에 대해 논의한다.[346] 게일도 바울이 유비와 비유적인 표현을 사용하는 것을 강조하면서 이러한 표현 방법이 바울 시대에 널리 알려져 있었다고 말한다.[347]

---

344) 바울은 종종 ἐν Χριστῷ를 그리스도 안에서의 존재(being-in-Christ)라는 전적으로 신학적인 의미로 사용한다. 하지만 Weiss가 결정적으로 입증해주었듯이 그는 이 표현을 적어도 서로 구별되는 다섯 가지 의미로 사용한다. 그중 위에서 언급한 것은 단지 한 가지 사례에 불과하다(J. Weiss, *Earliest Christianity*, 2:468-469, 특히 n. 22). 나아가 "그리스도 안에"로 번역하는 것은 그리스도 중심적인 신앙이 보다 더 '발전된' 성령 중심적인 신앙으로 바뀔 수 있다는 위험을 감수해야 할 수도 있다. 성령 중심적인 신앙은 바울보다 고린도의 일부 교인들의 입장에 더 가까운 것이다. 바울은 이 입장을 전적으로 거부할 것이다. 한편 J. Francis는 "그리스도인의 관점에서"라고 번역하는 것을 제안한다. 그의 제안은 Weiss의 견해와 우리가 "기독교 표현으로 말하자면"이라고 번역한 것에 더 가깝다.

345) Moffatt, *First Epistle*, 36.

346) Collins, *First Cor*, 141, 143; B. R. Gaventa, "Our Mother St Paul: Toward the Recovery of a Neglected Theme," *PSB* 17 (1996): 29-44 and Wolff, *Der erste Brief*, 64.

347) H. M. Gale, *The use of Analogy in the Letters of Paul* (Philadelphia: Westminster, 1964). 참조. 엡 4:13-14; 히 5:11-14; 벧전 2:2. 또한 플라톤의 "예비" 교육(Plato, *Republic* 7.531D, 534D, and 536E, and *Theaetetus* 145). 세네카는 인문학을 덕을 위한 "예비 교육"이라고 말한다(Seneca, *Letters* 88.20). 필론은 구약성경의 인물들을 "아직 완전하지 못한" 사람들로 여기며(Philo, *De Specialibus Legibus* 3.244; *De Sacrificiis Abelis et Caini* 7), 교육은 성숙함으로 이끈다고 생각한다(*De Fuga et Inventione* 172; *De Mutatione Nominum*

(ii) 바이스는 3:1에서 의미상의 주된 대조는 νήπιος(어린아이들)와 τέλειοι(자연적인 성인들)가 아니라 νήπιος(어린아이와 같은 사람들이라는 의미에서)와 πνευματικοί(성령의 인도함을 받는 사람들)라고 지적한다.[348] 제임스 프랜시스는 이러한 대조에 대해 자세히 논의한다.[349] 그는 다음과 같이 주장한다. "우리는 바울이 자신의 편지 수신자들을 책망하고 있다고 볼 것이다. 그 이유는 그들이 여전히 어린아이들로서 더 이상 성장하지 않아서가 아니라, 그들이 사실상 어린아이와 같으며 영적인 존재와 반대되는 상태에 머물러 있기 때문이다."[350] 이와 마찬가지로 프랜시스는 고전 13:11을 "현세"와 내세 사이의 커다란 차이로 이해한다. 고전 14:20에서 바울은 만약 수신자들이 "어린아이처럼" 머물러 있기를 고집한다면 적어도 악과 관련된 일에서 그렇게 하라고 권면한다. 들뤼처럼 프랜시스도 이 문제가 2:1-5과 재치와 지혜로 고린도전서의 수신자들을 놀라게 했던 "충실한" 수사학과는 대조되는 바울의 "유연한" 발언에 대한 고린도 교인들의 인식과 연관되어 있다고 분석한다. 하지만 바울이 오직 십자가에 못 박힌 그리스도만을 선포하는 것과는 달리 그들이 어린아이와 같이 점수를 매기는 수사학에 집착한 것을 고려하면 바울이 달리 인식될 가능성(논리적인 가능성)은 없었다. 그러므로 3:1-3은 이전의 논의와 이어지는 목회에 관한 자료를 서로 연결해주는 역할을 한다. 프랜시스는 다음과 같이 결론짓는다. "1:17과 2:4에서 바울은 자신이 보잘것없는 웅변가라는 비난에 반론을 제기하는 것처럼 보

---

270). 또한 젖과 단단한 음식의 이미지도 필론의 다음과 같은 저서에서 나타난다. *Quod Omnis Probus Liber Sit* 160; *De Congressu Quarendae* 15-19 and *De Agricultura* 2 and 9. 또한 이 이미지는 Epictetus, *Dissertations* 2.16.39; 3.24.9; 참조. 3.19.6; *Enchiridion* 51:1 등에서도 나타난다. 참조. D. S. Sharp, *Epictetus and the NT* (London: Kelly, 1914), 59-60; A. Bonhoeffer, *Epiktetus und das NT* (Giessen: Töppelmann, 1911), 62. 또한 참조. W. Grundmann, "Die νήπιοι in der urchristlichen paränese," *NTS* 5 (1958-59): 188-205.

348) Weiss, *Der erste Korintherbrief,* 71-74. 그는 73-74면에서 고대의 다른 자료들을 면밀하게 비교하면서 71면에서 자신이 제시한 주해를 뒷받침한다.

349) J. Francis, "As Babes in Christ: Some Proposals regarding 1 Cor. 3:1-3," *JSNT* 7 (1980): 41-60.

350) 같은 책, 43.

인다.…따라서 우리는 2:1 이하와 더불어 3:1을 자신에 대한 바울의 변호의 일부분으로 간주할 수 있을 것이다."351)

만약 이 논점이 바울의 사고와 일치한다면—사실상 우리는 그렇다고 믿는다—그것이 현대 독자들에게 주는 실천적인 강조점은 다음과 같다. 바울의 강조점은 성장을 요구하기보다는 (비록 이 절들에서 성장에 관한 내용이 암시될 가능성이 충분히 있지만) **어린아이들의 특성인 자기중심적이며 서로 경쟁하는 유치한 언동(言動)**에 대해 경고하는 것이다. 그들은 다른 사람들의 유익을 존중하는 것을 아직 배우지 못했기 때문에 복음 선포와 기독교의 가르침이 지니고 있는 특성과 그것이 요구하는 **방법들**에 대해 그릇된 판단을 내릴 수 있다. "어린아이와 같은" 사고방식은 예를 들면 대담 프로그램에서 상대방의 표현 방식을 부당하게 평가절하한다든지 아니면 **복음의 내용보다** 수사학적인 자기 과시를 장황하고 현학적으로 늘어놓는 것을 더 높이 평가할 수 있다. 그러므로 영적인 마음가짐은 설교자들과 교사들의 역할과 표현 방식에 서로 다른 판단 기준을 제시한다.

2절 p^{45}와 B에는 ἔτι가 생략되어 있다. 메츠거가 지적하듯이 이것은 의심의 여지없이 표현을 매끄럽게 하려는 알렉산드리아 사본의 의도에 기인한다. 왜냐하면 οὐδέ, "심지어 없습니다"는 부정과거 시제에서 현재 시제(δύνασθε)로 바꾸는 것과 더불어 ἔτι를 (엄밀히 말하자면) 불필요하게 만들기 때문이다. 하지만 일상생활에서 사용하는 언어에서 반복되는 표현은 설령 표현상의 우아함을 다소 손상시킨다 하더라도 종종 그 의미를 강조해준다. 또한 그것은 거의 분명히 바울의 문체와 잘 조화를 이룬다. 따라서 우리는 "여전히"를 번역에 포함했다. 그리고 D와 F에는 단단한 음식이 아니라 앞에 καί, "그리고"가 삽입되어 있다(AV/KJV도 마찬가지임). 하지만 초기 사본들과 대다수 사본들은 한결같이 이 접속사가 생략된 것을 원문으

---

351) 같은 책, 53. "수사학"에 대한 연구가 활발하게 전개되던 시기보다 훨씬 이전에 Deluz는 여기서의 문제점을 바울에 대한 인식의 문제로 파악했다. 즉 고린도의 일부 교인들은 "바울이 유창하게 말하지도 못하고 위풍당당한 인물도 못 된다"고 여겼다. "그들은 그를 삼류 철학자로 간주했으며, 그의 가르침이 지나치게 단순하다고 여겼다.…반면 그들은 자신들을 지성인으로 생각했다"(Deluz, *Companion to 1 Corinthians*, 33).

로 보여준다. 따라서 이것은 나중에 덧붙여진 것이다(καί의 문법적인 역할에 대해서는 BDF, sect. 460 [1]을 참조하라).

새 신자, 미성숙자 또는 어린아이 같은 사람을 어린아이가 먹는 음식으로 비유하는 관행은 이미 광범위하게 퍼져 있었다(앞에서 각주 347을 보라). ποτίζω, "내가 [누구에게] 마실 것을 주다"와 δύναμαι, "내가 할 수 있다"의 부정과거는 (2:1-5의 상황과 마찬가지로) 바울이 고린도에 처음 도착하여 복음을 전파한 것을 가리킨다. 하지만 그 이후로 시간이 흘렀지만 사람들의 태도는 변하지 않았다. 또한 접속사 ἀλλά는 대체로 "그러나"를 의미하지만, 여기서는 무언가를 강조하는 "진정으로"로 번역하는 것이 가장 좋을 것이다.[352] 엄밀히 말하면 ποτίζω는 먹을 것과 마실 것을 모두 가리키기보다는 단지 마실 것만을 의미한다. 한 동사가 한 가지 대상에만 적합함에도 두 가지 목적어를 지배하게 하는 경우를 액어법(zeugma)이라고 부른다.[353] 하지만 그것은 어떤 의미에서 문제가 되지 않으며 오늘날에도 우리는 이런 표현을 종종 사용한다. 그리고 해당 구문이 전달하려는 의미와 관련하여 적어도 우리가 매끄러운 번역을 제시하려면 ἐδύνασθε와 δύνασθε 다음에 동사를 추가하는 것이 필요하다. 따라서 우리는 해당 그리스어 구문에 명확하게 드러나 있지는 않지만, "받아들이다"와 "감당하다"를 추가하여 번역했다.

이 절에 대한 모나 후커의 논문은 프랜시스가 제시하듯이 1절을 다시 검토하는 것과 관련하여 이중적으로 중요한 의미를 지닌다(프랜시스의 견해에 대해서는 앞부분 참조). 후커는 젖과 단단한 음식의 대조는 "서로 매우 다른 음식"을 대조하는 것이 아니라고 설득력이 있게 주장한다. 즉 그것은 기독교의 기초적인 가르침과 높은 수준의 가르침을 대조하는 것이 아니라(참조. 히 5:11-14) "(그것이 젖이든 단단한 음식이든)…복음의 참된 음식과 일부 고린도 교인들이 선호했던 혼합적인 대체 음식을 대조하는 것이다."[354] 대다

---

352) Barrett, *First Epistle*, 81; 참조. Merklein, *Der erste Brief 1-4*, 251; 참조. 19-22; Collins, *First Cor*, 144.

353) 참조. BDF, sect. 479 (1).

354) M. Hooker, "Hard Sayings: 1 Cor. 3:2," *Theology* 69 (1966): 21; 참조. 19-22. 이 견해는

수 주석서들의 견해와는 대조적으로 피(Fee)도 이와 비슷하게 "고린도 교인들은 음식을 바꾸는 것이 아니라 관점을 바꾸어야 했다"고 주장한다.[355] 만약 바울이 진정으로 지금도 여러분은 여전히 복음 선포의 젖보다 더 단단한 것을 감당할 수 없다고 말했다면 그는 그들이 다음과 같은 사항, 즉 윤리적인 행위에 대한 그의 엄격한 논점들, 혼인과 독신, 우상에게 바친 음식과 관련된 자유의 본질, 성찬, 성령의 은사들, 신앙 공동체 안에서의 대인 관계 및 부활 등을 이해하리라고 기대하기 어려웠을 것이다. 한편 게를레만은 다음과 같은 취지의 사변적인 논점을 제시한다. 바울은 서로 다른 두 가지 유형의 가르침을 지니고 있었으며, 그중 하나는 그리스 신화 세계를 탐구하는 것이었다. 하지만 이 주장을 뒷받침해주는 증거는 전혀 없다.[356] 바울은 고린도 교인들의 비난에 이렇게 대답한다. 그의 가르침은 수사학적 차원에서 그저 말랑말랑하지만, 성령의 임재 및 역사의 관점에서 고린도 교인들은 젖이든 다른 것이든 영양분을 섭취하고 성장할 필요가 있다. 음식이 필요하다는 것은 그들의 자기만족적인 자세를 언급하는 것이다. 그들은 자신들이 좋아하든 그렇지 않든 다른 어떤 사람의 사역을 받아들였다. 그런데 그것은 무언가 의문의 여지가 남아 있었다.[357] 왜냐하면 그들은 "영적인 사람들"로서 자신들의 신분과 타협하는 것처럼 보였기 때문이다. 그들은 자신들이 "자유롭고" "이미 음식을 충분히 공급받았으며" 자신들의 "지식으로 다스리고 있다"고 여겼다(2:15; 6:12a; 4:8; 8:1: "우리는 모두 γνῶσις을 지니고 있다"). 그러므로 그들은 하나님이 그들에게 음식으로 주신 목회적인 원천의 범위에서 벗어나 "자기 자신을 속이고 있었다"(참조. μηδεὶς ἑαυτὸν ἐξαπατάτω, 3:18).

3절   UBS⁴는 καὶ διχοστασίαι, "그리고 분열들"이 덧붙여지지 않은 ἔρις,

Wolff, *Der erste Brief*, 64에서도 유사한 관점을 발견할 수 있으며, Merklein, *Der erste Brief 1-4*, 249-250도 이 견해를 따른다.

355) Fee, *First Epistle*, 125.

356) Gerleman, *Der Heidenapostel: Ketzerische Erwägungen zur Predigt des Paulus*.

357) Byrne, "Ministry and Maturity in 1 Cor. 3," 83-87.

"싸움"이 포함된 원문의 등급을 "거의 확실한"(B)으로 매긴다. 긴 독법은 다소 비중 있는 지지를 받는다. 특히 P^{46}, D, G, 33, 마르키온이 긴 독법을 지지한다. 하지만 P^{11}(?), א, A, B, C, 클레멘스, 오리게네스는 짧은 독법을 지지한다. 어떤 것이 원문인지에 대한 질문은 신중하게 다루어져야 한다. 왜냐하면 초기 사본 P^{46}은 알렉산드리아 사본이며(중요한 필기체 사본인 33도), D, F, G는 중요한 서방 사본들이기 때문이다. 다른 한편으로 손상된 P^{11}(개연성이 있는 독법), א, A, B, C가 초기의 알렉산드리아 교부들과 연결되어 있다는 점은 상당한 비중을 차지한다. 하지만 전반적으로 긴 독법이 거의 틀림없이 갈 5:20과 평행을 이루는 표현으로부터 추가적으로 단어를 가져온 어떤 서방 사본의 삽입이라는 데 의견 일치가 이루어졌다. 해당 그리스어 단어들이 생략되었다는 설명보다 이 단어들이 덧붙여진 것이라는 설명이 보다 더 설득력이 있다.

이 절에서 σαρκικοί는 두 번 나타난다. 우리는 이 절에서 이 그리스어 단어를 각각 다르게 번역했다. 첫 번째 것은 "신령하지 않습니다"로, 두 번째 것은 "여러분 중심적"으로 번역했다. 이 문맥에서 이 단어가 지닌 뉘앙스를 파악하는 것은 매우 중요하다. 이 단어는 2:14의 ψυχικός("전적으로 인간적인 차원에서 사는 사람"으로 번역함) 및 3:1의 σάρκινος(καρδία와 לב[레브], 마음, יצר[예체르], 충동, 동인의 배경에 기초하여 "전적으로 인간적인 동기에 의해 움직이는 사람"으로 번역함)와 구별되는 의미를 지니고 있다. 그러므로 ψυχικός(2:14), σάρκινος(3:1), σαρκικός(3:3) 이 세 단어는 모두 단일 의미 영역 안에서 서로 연결되며 구별되는 뉘앙스를 지니고 있다. 그 의미 영역 안에서 이 세 단어는 모두 πνευματικός, "영적인"(신령한) 또는 "성령에 속한"과 주로 대조된다.

이 세 단어는 πνεῦμα(성령)와 각각 다음과 같이 대조된다. (i) ψυχικός(불가타, *animalis homo*, 2:14)는 사실상 중립적이다. 이것은 (거듭나지 않은 사람이 지니고 있는) 말 속에 더 이상 숨겨진 뜻이 없이(참조. AV/KJV: natural) 전적으로 인간적인 본성이라는 의미에서 "영적이지 않은"(NRSV, REB)을 의미한다. (ii) σάρκινος는 서술적인 의미에서 "영적이지 않은"을 의미한다. 3:1에서 이러한 사람은 하나님의 영의 임재와 능력을 드러내는 표시를 전혀 보여주지 않는다. 반면 그들은 단지 인간적이며 자연적인 동기에 의해 행동하는 사람들이다(참조. REB, 자연적인 수준에 기초하여; NJB, 자신들의 자연적인 성향에 의해 살아가는 사람들). (iii) 3:3의 σαρκικός는 **부정적인 평가**의 의미에서 "신령하지 않은"(첫 번째 번역)을 의미한다. 이 단어에는 **신학적인 판단**이 내포되어 있다. 이 문맥에서 이러한 사람은 σάρξ(육신)가 전달하는 모든 의미에서 신령하지 않다. 우리가 앞에서 언급했던 불트만과 로빈슨의 주해에 의하면(1절에 대한 주해 참조) 이 단어는 인간의 자기만족, 자신의 목적을 추구하는 삶, 또는 자기중심적인 존재(두 번째 번역) 등의 의미를 포함하고 있다.

분명히 σάρξ는 종종 다른 문맥에서 연약하고 지음을 받은 인류를 가리킨다. 구체적인 의미는 문맥에 따라 달라진다. 여기서 해당 단어의 의미는 분명히 바울이 갈 5:19에서 육체의 일[들](τὰ ἔργα τῆς σαρκός)에 대해 평가하는 것과 유사하다. 육체의 행실은 여기서 언급되는 바로 그 성향과 행위, 곧 싸움(ἔρις)과 시기(ζῆλος), 그리고 이 절의 보다 더 긴 독법과 갈 5:20의 분열(διχοστασίαι)을 포함한다. 갈라디아서는 우리가 σάρξ와 σαρκικός를 이해하는 데 중요한 열쇠를 제공해준다. 그렇다면 어떻게 율법을 업신여기는 **편집적인 열심**과 자기 **탐닉적인 방종**이 모두 "육신적인"(fleshly) 태도가 될 수 있을까? 주이트는 다음과 같이 주장한다. "'육신'의 개념을 이해하는 열쇠는…그것이 하나님이 좋아하시는 것을 자기 자신이 좋아하는 것으로 대체하도록 인간을 유혹한다는 것이다.…유대인들은 율법을 통해 생명을 얻고자 했다.…육신은 인간을 만족시켜줄 자유방종주의적인 욕망의 대상을 머릿속에 떠오르게 한다(참조. 갈 5:16). 그리고 이 대상들은 인간을 유혹한다. 이것들은 율법과 할례가 제공했던 바로 그것, 곧 생명을 인간에게 제공하는 것처럼 보인다."[358] 의미론에 기초한 이러한 분석과 해석은 "πνεῦμα에 대한 σάρξ의 반역…곧 σάρξ의 독립적인 행동"에 관한 본문에 올바른 해

---

358) Barrett, *First Epistle*, 81.

석의 열쇠를 제공해준다.[359]

만약 우리가 불트만, 로빈슨, 주이트의 예리한 견해를 모두 결합한다면 그것은 3:3에 나타난 바울의 사고와 전적으로 일치한다. 곧 3:3의 이슈는 정상적으로나 원칙적으로는 그리스도에게 초점을 맞추지만, 오히려 **행위와 태도에 있어서는 여전히 자신의 유익에만 초점을 맞추는** 그리스도인들의 비정상적인 태도에 관한 것이다. 이것은 시기와 싸움의 비정상적인 태도를 근본적으로 설명해준다(시기는 짐작건대 다른 사람들에게 주어진 지위, 재산, 존중 또는 명예를 자신이 지니기를 열망하는 것이고, 싸움은 자신의 이익이나 자신이 속해 있는 그룹의 이익을 위해 시기로부터 비롯되는 열망을 구체적인 전략과 행동으로 표현하는 것이다). 이 두 가지 용어는 자신의 요구와 이해관계를 관철하는 데 관심을 둔다(1:11에 대한 주해를 참조하라).[360]

비정상(anomaly)이란 개념은 충격을 받고 분노하는 바울의 말, 곧 οὐχὶ … κατὰ ἄνθρωπον περιπατεῖτε, "여러분은…다른 어떤 사람처럼 행동하고 있지 않습니까?"에서 나타난다. 만약 십자가의 함의들과 성령의 은사를 삶으로 구현하고 있다면 십자가에 기초하여 방향 수정과 함께 변화된 그리스도인들(1:18-25; 2:1-5)은 단순히 다른 어떤 사람처럼 행동하지 않는다. 바울의 표현에서 전치사구 κατὰ ἄνθρωπον(κατά + 목적격은 대체로 ~에 따라를 의미함)은 κατὰ πνεῦμα(성령을 따라)와 대조된다. 이 두 전치사구는 각각 그들의 생활 방식의 특성을 나타낸다. 우리의 첫 번째 번역 초안은 κατὰ ἄνθρωπον을 "순전히 인간적인 관심사에 동기를 부여받는 사람과 같이"로 번역했다. 이러한 번역은 그 의미를 잘 전달하지만, 해당 그리스어 어휘로

---

359) 참조. BDF, sect. 479 (1).

360) 또한 1:11에서 ἔρις에 대한 주해를 참조하라. 우리는 Margaret M. Mitchell이 이 용어의 정치적인 의미에 대해 예리하게 분석한 것을 연상할 수 있을 것이다. 그는 "싸움"은 이 단어의 의미를 매우 약하게 전달하는 번역이라고 지적한다. 이 단어는 정치적인 투쟁 또는 가정의 불화를 가리키며, "ἔρις는 그리스 신화에서 불화의 여신으로 의인화되었다. 이것은 "정치적인 투쟁과 그것의 원인들"을 가리킨다(Mitchell, *Paul and the Rhetoric of Reconciliation*, 81). 또한 ζῆλος와 관련하여 Mitchell은 다음과 같이 추가적으로 주장한다. 이것은 "정치적인 영광과 권세에 대한 이 땅에서의 세속적인 가치들"(82면)에 깊은 관심을 나타낸다. 이 해석은 우리가 σαρκικός를 자기중심적인 자세로 설명하는 입장을 재차 강조해준다.

부터 너무 동떨어져 보인다. 그리고 그리스어 동사 περιπατέω, "나는 걷다" 는 바울 서신에서 대체로 "행동하다"를 가리킨다. 왜냐하면 히브리어 구약 성경에서 "행동하다"를 의미하는 일반적인 단어가 "걷다"이기 때문이다 (הלכה, 할라카, 곧 몸 또는 행위와 관련된 사항은 이야기 자료인 하가다[Haggadah] 와 구별된다). 바울은 이런 의미에서 종종 그리스도인이 어떻게 **걸어야/행동해야** 하는지에 대해 이야기한다(롬 13:13; 고후 10:2; 빌 3:17; 살전 4:12; 참조. 엡 5:15 — 어떻게 걸어야 할지 신중히[ἀκριβῶς] 살펴보라). 할로웨이는 자신의 상세한 연구에서 바울은 윤리적인 권면의 근본적인 주제에 περιπατέω라는 단어를 사용한다고 주장하면서 고전 3:3을 바울이 사용하는 스무 가지 사례 가운데 포함시킨다.[361]

분명히 많은 경우 그리스도 안에서 새로운 피조물로 지음을 받은 그리스도인의 신분과 그리스도인의 실제 삶의 방식 사이에 상당한 모순이 나타난다. 그리스도인의 구체적인 삶의 모습은 그리스도인의 신분에 비해 뒤처질 수 있다. 화이틀리가 지적하듯이 그리스도인들은 "두 가지 '세력'의 지배를 받기 쉽다.…방금 몹시 추운 바깥에서 따뜻한 방안으로 들어온 사람과 같이 그리스도인은 자신의 손을 거의 마비시킨 추위를 느낌과 동시에 자신의 손을 점차 녹여주는 따뜻함의 지배를 받는다."[362] 하지만 이제 따뜻함의 세력은 그리스도인에게 결정적인 영향을 미친다. 왜냐하면 그 방이 그에게 지속적으로 영향을 미치는 영역인 것 같이 신자들은 결정적으로 성령 "안에", 그리고 그리스도 "안에" 존재하기 때문이다. 하지만 그는 여전히 따뜻함과 조화를 이루지 못하는 상당히 약해진 차가움을 느낀다. 하지만 많은 고린도 교인들의 경우 이러한 비정상적인 측면이 상당한 비중을 차지하고 있었다. 들뢰는 다음과 같이 주해한다. "그들은 어린아이 같은 열정에 사로잡혔다. 그들은 자신들이 영적으로 깨우침을 받은 사람이라고 주장했다. 또한 그들은 무아지경의 경험을 갈망하고 있었다. 하지만 바울은 이러한 것들

361) Holloway, περιπατέω as a Thematic Marker for Pauline Ethics.
362) Whiteley, The Theology of St. Paul, 126-127.

이 얼마나 어린아이 같은[νηπίοις] 것인지를 분명히 밝혀준다."363)

4절 하나님이 아볼로와 바울에게 부여하신 역할에 대해 숙고하기에 앞서 바울은 이 단락을 마무리하기 위해 자신의 논점을 재차 간결하게 언급한다. 4절 맨 앞에 나오는 접속사 γάρ, "왜냐하면"은 또다시 바울의 설명에 대한 근거를 논리적으로 제시해준다. 하지만 영어에서(또한 한국어에서도—역자주) 매번 "왜냐하면"을 반복해서 제시하는 것은 문체를 다소 과장된 것처럼 만들 것이다. 그리스어 원문에는 두 가지 대조되는 표현이 나타난다. 곧 불변화사 μέν과 δέ가 사용되며, τις, "어떤 사람"과 ἕτερος, "다른 사람"이라는 표현이 나온다. 영어 번역에서도 이 두 가지 대조를 인식할 수 있을 것이다. 따라서 우리는 ἐγώ μέν과 ἕτερος δέ를 각각 "나로 말하자면"으로 번역했다. 또한 그리스어에서 이름이 소유격으로 사용된 것을 "바울 편이다"와 "아볼로 편이다"로 번역한 것에 대해서는 1:12의 주해를 참조하라. 그곳에서 우리는 특히 웰본과 미첼의 연구와 연결하면서 그 이슈를 상당히 자세하게 설명했다.364) 그리고 접속사 ὅταν이 가정법 현재형 λέγη와 함께 사용된 것은 사실성의 결여를 가리키지 않으며, 오히려 핀들레이가 "반복되는 우연성"이라고 부르는 "어떤 사람이 말할 때마다"에 해당한다.365)

여기서 REB의 번역인 "여러분은 너무 인간적이지 않습니까?"보다 더나은 의미를 전달하기란 거의 불가능해 보인다. NIV의 번역인 "여러분은 그저 사람들이 아닙니까?"와 NRSV의 번역, "여러분은 단지 인간적이지 않습니까?"는 점층법적인 강조점을 살리지 못하는 것 같다. 대조 접속사 μέν과 δέ뿐만 아니라 이유를 나타내는 접속사 γάρ는 논점을 점차 고조시킨다. 따라서 우리가 REB의 의미를 강화하는 번역을 받아들이지 않는다면 이러

---

363) Deluz, *Companion to 1 Corinthians*, 35.

364) 다음 두 논문을 포함하여 세부적인 참고문헌은 앞에서 제시한 것을 보라. Welborn, "Discord in Corinth," in *Politics and Rhetoric*, 1-42; Mitchell, *Paul and the Rhetoric of Reconciliation*, esp. 68-98.

365) Findlay, *Expositor's Greek Testament*, 2:787.

한 수사학적 특성을 쉽게 전달할 수 없다. 바울은 조화를 이루지 못하는 고린도 교인들의 삶을 강조하고 싶어 한다. 우리는 3절에 대한 주해의 맨 마지막 부분에서 이 점을 언급했다. 그리스도와 성령은 그들의 삶을 결정적으로 변화시키는 동인이 되었다. 하지만 그들은 단지 인간적인 지평선 너머에 아무것도 없는 것처럼 너무나도 인간적인 삶의 방식을 유지하고 있다. 이러한 비정상적인 모습은 매우 두드러지게 나타나므로 이제 이 편지의 수신자들은 "바울"과 "아볼로"에 대한 자신들의 그릇된 전제를 깨닫고 바로잡아야 한다. 또한 그들은 자신들의 모순적인 태도에 기초하여 존중과 명예에 이르려는 그릇된 길에서 돌이켜야 한다.

D. 이 이슈들을 교회, 사역자들, 그리고 사역에 적용하기(3:5-4:21)

1. 설명을 위한 세 가지 이미지: 하나님의 밭, 하나님의 집, 하나님의 성전 (3:5-17)

⁵ 그렇다면 아볼로는 무엇입니까? 바울은 무엇입니까? 그들은 일꾼들입니다. 주께서 각자에게 역할을 맡겨주신 대로 그들을 통해 여러분은 믿음을 갖게 되었습니다. ⁶,⁷ 나는 심었고, 아볼로는 물을 주었습니다. 그러나 하나님께서 자라나게 하셨습니다. 그래서 심는 이도 물을 주는 이도 아무것도 아닙니다. 그러나 바로 하나님이 자라나게 하십니다. ⁸,⁹ 심는 이도 물을 주는 이도 그 일 안에서 하나입니다. 그리고 그들 자신의 수고에 따라 저마다 상을 받을 것입니다. 왜냐하면 우리는 하나님께 속한 동역자들이기 때문입니다. 그리고 여러분은 하나님께 속한 밭입니다. ⁹ᶜ,¹⁰ 또한 여러분은 하나님의 건물입니다. 하나님께서 나에게 주신 은혜로운 특권을 따라 능숙한 건축가로서 나는 기초를 놓았습니다. 그리고 다른 어떤 사람이 그 위에 계속 집을 짓습니다. 그러나 어떻게 계속해서 집을 지을지 저마다 주의해야 합니다. ¹¹ 왜냐하면 아무도 이미 놓인 것 외에 다른 기초를 놓을 수 없기 때문입니다. 그 기초는 바로 예수 그리스도이십니다. ¹²,¹³ 이제 만약 어떤 이가 그 기초 위에 금이나 은이나 보석이나 나무나 풀이나 짚으로 집을 짓는다면, 각 사람의 일이 명백해질 것입니다. 왜냐하면 그날이 그것을 드러낼 것이기 때문입니다. 그날은 불로 나타날 것입니다. 그리고 그 불은 각 사람의 일이 어떤 것인지 시험할 것입니다. ¹⁴,¹⁵ 만약 어떤 사람이 그 기초 위에 지은 작품이 그대로 남으면 그는 상을 받을 것입니다. 어떤 사람의 작품이 타 버리면 그 사람은 손해를 입을 것입니다. 그러나 그 사람 자신은 구원을 받을 것입니다. 하지만 마치 불 속을 거쳐 받은 것 같을 것입니다. ¹⁶ 여러분은 여러분이 하나님의 성전이며 또한 하나님의 영이 여러분 안에 계시다는 것을 알지 못합니까? ¹⁷ 만약 누구든지 하나님의 성전을 파괴하면 하나님께서도 그 사람을 파멸시키실 것입니다. 왜냐하면 하나님의 성전은 거룩하기 때문입니다. 그리고 여러분은 바로 하나님의 성전입니다!

바울의 논의는 1:18-3:4에서 확립된 것에서 계속 이어진다. 고전 3:5-
4:5에 대한 상세한 연구에서 데이비드 쿡은 바울이 자신의 논증을 위해 여
러 설교 자료를 삽입했든 안 했든 간에 해당 본문이 더 짧고 다양한 부분
으로 구성된 것이라는 여러 이론에 의구심을 품는데, 그의 의구심은 타당
하다.[1] "두 가지 지혜"와 신학의 기초인 십자가 및 성령을 서로 대조하는 배
경은 해당 사항에 대한 두 가지 평가의 틀을 제시한다. 이 틀 안에서 사역자
들, 사역 자체, 사역과 관련된 활동은 서로 매우 다른 조명을 받는다. 데일
마틴은 "신분을 반전시키는 전략"에 대해 말한다. "사회의 일반적인 판단
기준('이 세상'의 판단 기준)에 의하면(1:20; 2:6; 3:18, 19), 사도들은 단지 종(참
조. 3:5)이자 품꾼(참조. 3:6-8)이다.…사도들은 사형수들…주린 자, 목마른
자, 헐벗은 자…세상의 쓰레기(참조. 4:9-12) 가운데 맨 마지막에 위치한다.
하지만 이와 같이 생생하게 묘사하고 나서…바울은 높은 신분에 대해 묘사
한다.…곧 그는 [믿음 안에서] 아버지이며, 그들은 자녀들이다(참조. 4:14)."[2]
    바울은 그의 주장들을 다양한 방법으로 제시한다. 이 방법은 복음 사
역에 대해 서로 다른 관점에서 서로 다르게 평가할 것을 요구한다. 하지만
바울은 독자들 또는 수신자들이 복음 사역의 의미를 스스로 판단하라는 취
지에서 자신의 주장들을 열려 있는 상태로 남겨두는 것이 아니다.[3] 존 무어
스는 최근에 바울의 의미론적인 전략에 대해 새로운 접근 방법을 제시하면
서 "고전 1-2장에서 지혜/어리석음이 번갈아 가며 나타나는 것은 독자들
이 표지판을 올바로 읽지 못하면…그것이 의도하는 바를 이해하지 못한다"
는 점을 밝혀준다고 주장한다. 하지만 "독자의 반응"은 그것을 정반대로

---

1) Kuck, *Judgment and Community Conflict*, 152-153. 고전 1:18-4:5의 통일성과 관련하여
   Kuck은 Conzelmann, Wendland, Senft, Ellis, Wuellner, Branick의 견해를 서로 비교한다.
   또한 Mitchell의 *Paul and the Rhetoric of Reconciliation*(98-111 및 여러 부분)도 Kuck과
   같은 방향을 가리킨다(두 저자는 동일한 저작 시기에 동일한 목적을 가지고 독립적인 논증
   을 제시한 것 같다).
2) Martin, *The Corinthian Body*, 102-103.
3) 또한 참조. P. Stuhlmacher, "The Hermeneutical Significance of 1 Cor 2:6-16," in G. F.
   Hawthorne (ed.), *Tradition and Interpretation in the NT: Essays in Honor of E. Earle Ellis*
   (Grand Rapids: Eerdmans, 1987), 328-347.

보게 만든다. 텍스트의 메시지나 그 정체성은 독자에게 달려 있는 것이 아니라 독자들의 정체성이 변하지 않는 어떤 텍스트에 대한 그들의 반응에서 드러난다.[4] 루퍼트 데이비스의 간략한 연구에서 바울의 메시지는 간결하게 표현된다. 그는 고전 3장과 4장이 단순히 다음과 같은 내용을 전달한다고 주장한다. "[고전 3장과 4장은] 목회 사역을 지나치게 과대평가하는 가르침, 곧 목회자 자신이 교회를 만들어 간다는 관점으로부터 우리를 구해준다.…또한 이 장들은 목회 사역을 지나치게 과소평가하는 가르침으로부터도 우리를 구해준다. 목회 사역자들은 단순히 교회의 풀타임 사역자들이 아니다.…목회 사역자들은 하나님의 대리인이다."[5]

사회적인 신분과 수사학을 다룬 최근 문헌은 다음과 같은 사항에 대해 세부적으로 설명하며 많은 관심을 기울인다. 사람들은 어떤 특별한 사역자, 사도 또는 사역 방법과 친밀한 관계를 형성함으로써 자신들의 신분을 높이지 않는다. 한편 더 높은 "영성"이라는 그릇된 미명 아래 단지 세상적인 신분을 추구하는 것은 그리스도인들을 지나치게 자기충족적인 대상으로 간주하여 하나님이 베풀어주시는 특별한 은사들을 불필요하게 만든다. 하지만 하나님은 목회 사역자들을 신자들을 섬기라고 부르시며 그들에게 은사들을 베푸신다. 여기서 핵심은 그리스도 안에 계신 하나님이 생명의 근원과 성장의 근원이시라는 데 있다. 그리고 믿음을 갖고 성장해가는 과정에서 필수적이라고 할 수 있는 목회 사역이 부차적으로 강조된다. 그 과정에서 어떤 사역자들은 씨를 뿌리고, 다른 사역자들은 그것이 자라도록 돌보는 일을 한다. 나아가 이미 1:8-9에서 소개된 종말론적인 요소를 다시 조금 더 자세하게 말함으로써 십자가, 성령, 새로운 지혜에 기초한 평가의 틀에 보다 더 예리한 초점이 맞추어진다. 모든 주장과 그것에 대한 반박의 옳고 그름은 마지막 날에 명백하게 드러날 것이다. 그날에는 과연 사람들이 목회자의 사

---

4)   John D. Moore, *Wrestling with Rationality in Paul* (Cambridge: Cambridge University Press, 1995), 133-134.

5)   Davies, *Studies in 1 Corinthians,* 42; 참조. 41-48.

역을 필요로 하지 않고 독자적으로 온전히 성장할 수 있는지, 또 자신의 목회 사역이 올바르고 반드시 필요하다고 말하는 어떤 사역자의 주장이 거짓인지 정당한 것인지가 밝히 드러날 것이다.

바울은 3:5에서 자신의 논의를 주도하는 전반적인 원리를 소개한다. 그 원리는 ὡς ὁ κύριος ἔδωκεν ..., "주께서 각자에게 역할을 맡겨주신 대로"다. 그러고 나서 그는 세 가지 유비를 통해 그 원리를 구체적으로 보여주며 적용한다. 그중에서 처음 두 가지는 비유다. 곧 밭과 동역자에 대한 비유(3:6-9a)와 집과 집 짓는 일을 평가하는 것에 관한 비유(3:9c-15)다. 마지막 비유는 모든 신자들을 포함하는 성령의 전(殿)인 하나님의 백성에 관한 것이다(3:16-17).

3:15-17에 대한 참고문헌

Barnett, J. M., *The Diaconate* (New York: Seabury, 1981), 13-42.

Branick, V. P., "Sources and Redaction Analysis of 1 Cor. 1-3," *JBL* 101 (1982): 251-269.

Carson, D. A., *The Cross and Christian Ministry: An Exposition of Passages from 1 Corinthians* (Grand Rapids: Baker and Leicester: Inter-Varsity Press, 1993), 67-90.

Chevallier, M. A., "La construction de la communauté sur le fondement du Christ (1 Cor. 3:5-17)," in L. de Lorenzi (ed.), *Freedom and Love* (Rome: Pontifical Biblical Institute, 1981), 109-129.

Clarke, Andrew D., *Secular and Christian Leadership in Corinth: A Socio-Historical and Exegetical Study of 1 Cor. 1-6*, AGJU 18 (Leiden: Brill, 1993), esp. 118-122.

Collins, J. N., *Diakonia* (Oxford and New York: Oxford University Press, 1990), esp. 227-244, 338-339.

Cox, R. E., "The 'Straw' in the Believer—1 Cor. 3:12," *Wesleyan Theological Journal* 12 (1972), 34-38.

Davies, R. E., *Studies in 1 Corinthians* (London: Epworth Press, 1962), 41-48.

Derrett, J. D., "Paul as Master Builder," *EvQ* 69 (1997): 129-137.

Didier, G., *Désinteressement du Chrétien: la rétribution dans la morale de S. Paul* (Paris: Aubier, 1955).

Dittberner, A., "Who Is Apollos and Who Is Paul? - 1 Cor. 3:5," *BibTod* 71 (1974): 1, 549-552.

Donfried, K. P., "Justification and Last Judgment in Paul," *Int* 30 (1976): 140-152.

Draper, J. A., "The Tip of an Ice-Berg: The Temple of the Holy Spirit," *South African Journal of Theology* 59 (1987): 57-65.

Evans, Craig A., "How Are the Apostles Judged? A Note on 1 Cor. 3:10-15," *JETS* 27

(1984): 149-150.

Filson, F. V., *St Paul's Conception of Recompense* (Leipzig: Hinrichs, 1931).

Fishburne, C. W., " 1 Cor. 3:10-15 and the Testament of Abraham," *NTS* 17 (1969-70): 109-115.

Ford, J. M., "You are God's 'Sukkah' (1 Cor. 3:10-17)," *NTS* 21 (1974): 139-142.

Fridrichsen, A., "Themelios, 1 Kor. 3:11," *TZ* 2 (1946): 316.

Fung, R. Y. K., "The Nature of Ministry according to Paul," *EvQ* 54 (1982): 129-146.

Furnish, Victor, "Fellow Workers in God's Service," *JBL* 80 (1961): 364-370.

Gale, Herbert M., *The Use of Analogy in the Letters of Paul* (Philadelphia: Westminster, 1964), 79-94.

Gnilka, J., *Ist 1 Kor 3:10-15 ein Schriftzeugnis für das Fegfeuer?* (Düsseldorf: Triltsch, 1955).

Hanson, A. T., *The Pioneer Ministry* (London: SCM, 1961), 57-64.

Harrington, D. J., "Paul and Collaborative Ministry" *New Theology Review* 3 (1990): 62-71.

Hollander, H. W., "Revelation by Fire: 1 Cor. 3:13," *BT* 44 (1993); 242-244.

————, "The Testing by Fire of the Builder's Works: 1 Cor. 3:10-15," *NTS* 40 (1994): 89-104.

Käsemann, E., "Sentences of Holy Law in the NT," in *NT Questions of Today* (London: SCM, 1969), 66-81.

Kitzberger, Ingrid, Bau der Gemeinde. Das paulinische Wortfeld οἰκοδομή/(ἐπ) οικοδομεῖν, FB 53 (Würzburg: Echter, 1986), esp. 64-72.

Kuck, David W., *Judgment and Community Conflict: Paul's Use of Apocalyptic Judgment Language in 1 Cor. 3:5-4:5*, NovTSup 66 (Leiden: Brill, 1992), 150-239.

————, "Paul and Pastoral Ambition: A Reflection on 1 Cor. 3-4," *Currents in Missionary Theology* 19 (1992): 174-183.

Lanci, J. R., *A New Temple for Corinth: Rhetorical and Archaeological Approaches to Pauline Imagery* (New York and Bern: Lang, 1997).

Maly, K., *Mündige Gemeinde* (Stuttgart: Katholisches Bibelwerk, 1967), 61-72.

Martin Dale B., *The Corinthian Body* (New Haven: Yale University Press, 1995), 102-103.

McKelvey, R. J., *The New Temple: The Church in the NT* (Oxford: Oxford University Press, 1969), 98-102.

Michel, O., "οἰκοδομέω," *TDNT,* 5:140-159.

Mitchell, M. M., *Paul and Rhetoric of Reconciliation* (Tübingen: Mohr, 1994), 98-111.

Peterson, E., "ἔργον in der Bedeutung 'Bau' bei Paulus," *Bib* 22 (1941): 439-441.

Pfammatter, J., *Die Kirche als Bau. Eine exegetisch-theologische Studie zur Ekklesiologie der Paulusbriefe,* AnGr 110 (Rome: Pontifical Biblical Institute, 1960).

Proctor, J., "Fire in God's House: Influence of Malachi 3 in the NT," *JETS* 36 (1993): 9-14.

Rhyne, T., "1 Cor. 3:1-9," *Int* 44 (1990): 174-179.

Riesenfeld, H., "The Ministry in the NT," in A. Fridrichsen (ed.), *The Root of the Vine: Essays in Biblical Theology* (London: Dacre/Black, 1953), 96-127 (esp. 116-127).

Roetzel, C. J., *Judgment in the Community* (Leiden: Brill, 1972).

Shanor, J., "Paul as Master Builder: Construction Terms in 1 Cor," *NTS* 34 (1988): 461-471.

Townsend, J. T., "1 Cor. 3:15 and the School of Shammai," HTR 61 (1968): 500-504.

Travis, S. H., Christ and Judgement of God (London: Marshall Pickering, 1986), 113-117.

Vielhauer, P., *Oikodome, Aufsätze zum NT,* Bd. II, TBü 65 (Munich: Kaiser, 1979), 1-168, esp. 74-82.

Watson, N. M., "Justified by Faith: Judged by Works — An antinomy?" *JTS* 29 (1983): 209-221.

Xavier, A., "Ministerial Images in 1 Cor. 3:5-4:1," *Indian Theological Studies* 24 (1987), 29-40.

5절 (1) 몇몇 초기 사본(P⁴⁶, C, D, F, G)은 중성 대명사 τί, "무엇" 대신 남성 대명사 τίς, "누구"로 읽는다. 필사자들은 바울과 아볼로의 이름과 관련하여 통상적으로 남성 대명사를 기대했을 것이다. 따라서 이것은 보다 더 통상적인 용례에 어울리도록 시도한 것이다. 이와 비슷한 측면에서 후대의 몇몇 사본은 아볼로에 관한 질문보다 바울에 관한 질문을 먼저 언급한다. 하지만 ℵ, A, B, C, D¹, 33 등은 UBS⁴에서 제시한 원문을 지지한다.

양면성을 지닌 5절의 강조점은 중성 단수 대명사 "무엇"과 동사가 포함된 표현 ὡς ὁ κύριος ἔδωκεν, "주께서 맡겨주신 대로" 사이의 변증법적 논증으로 나타난다. 데일 마틴의 사회-인류학적인 어휘에서 중성 대명사 "무엇"은 사물, 도구 또는 기구 등이 지닌 낮은 신분을 가리킨다. 이 신분은 전적으로 사용자의 유익을 위해 사용된다.[6] 하지만 "주"에 대한 언급은 높은 신분이 지니고 있는 측면을 보여준다. 왜냐하면 아볼로와 바울은 단지 교회의 편의를 위한 일시적인 엑스트라가 아니라 그리스도 안에서 하나님으로부터 꼭 필요한 일이나 역할을 위해 부름을 받았기 때문이다.

소크라테스의 대화에서 τί로 시작되는 문장은 대체로 정의(definition)를 위한 질문 첫머리에 나온다. "~은 무엇입니까?"라는 질문은 대체로 대화

---

6) Martin, *The Corinthian Body,* 102. 한편 종의 이미지에 대해서는 다음을 참조하라. J. Roloff, *Apostolat-Verkündigung-Kirche* (Gütersloh: Mohn, 1965), 121; 또한 Merklein, *Der erste Brief 1-4,* 259.

상대자가 해당 단어 또는 용어에 대해 이제까지 피상적으로 말해왔지만 그 배후에 있는 아직까지 알아차리지 못한 것에 대해 더욱더 깊이 상고하도록 만든다.[7] 따라서 5절의 이 질문은 3:3(또한 1:10-12)에서 언급된 ζῆλος καὶ ἔρις, "시기와 싸움"을 가리킨다. 이것은 아볼로나 다른 어떤 대상(3:4)을 정치적인 슬로건으로 삼는 것으로부터 비롯된 것이다. 그러므로 소크라테스적인 대화법의 연장선상에서 바울은 다음과 같이 질문한다. 지금 아볼로와 바울에 대한 이 모든 말은 무엇에 해당합니까? 아볼로 또는 바울은 무엇입니까? 그들의 역할은 무엇입니까?

바울이 제시하는 대답은 이 사역자들 또는 일꾼들(διάκονοι; διακονέω, "내가 섬기다"와 동족어)이 어떤 사람인지는 대체로 그들을 평가하는 판단 기준에 달려 있다는 것이다. 바울은 고후 6:8-10에서 이른바 서로 모순되는 것을 통해 이 점을 더욱더 세부적으로 강조한다. 곧 "영광을 받거나 수치를 당하거나(고전 15:43a의 대조와 동일한 것으로서 διὰ δόξης καὶ ἀτιμίας[8절])… 비난을 받거나 칭찬을 받거나…속이는 사람 같지만 진실하고(ὡς πλάνοι καὶ ἀληθεῖς)…죽은 사람과 같으나…살아 있고[9절]…가난한 사람 같지만 많은 사람을 부요하게 한다"[10절]).[8] 하지만 바울이 제시하는 이 변증법은 이 세상의 것과 다른 세상의 것을 대조하는 것 이상의 의미를 지니고 있다. 이러한 관점의 이중성은 그리스도의 정체성 또는 그의 인식된 정체성에도 속해 있다. 바울과 아볼로의 사역은 바로 그리스도로부터 유래된 것이다. 그리스도는 "육신으로는(κατὰ σάρκα) 다윗의 자손(ἐκ σπέρματος Δαυίδ)"이다. 하지만 그는 성령의 지평 안에서는(κατὰ πνεῦμα) 성령의 능력으로 하나님의 아들로 표시되었다(정의되었다?)(롬 1:3, 4).[9]

비록 아볼로와 바울이 일꾼이었지만, 고린도 교회는 그들의 역할을 통해 믿음을 갖게 되는 경험을 했다. 이 번역은 πιστεύω, "나는 믿는다, 나는 신

7) Merklein, *Der erste Brief 1-4*, 259; 또한 Robertson and Plummer, *First Epistle*, 56.

8) 참조. V. P. Furnish, *II Corinthians*, AB (New York: Doubleday, 1984), 346-347.

9) 참조. D. G. Dunn, *Romans 1-8*, WBC 38 (Dallas: Word, 1998), 12-15.

뢰한다"의 직설법 제2부정과거 능동태 2인칭 복수 ἐπιστεύσατε의 의미를
잘 드러내고자 시도한다. 슈라게는 이 부정과거를 기동상의(ingressive) 부
정과거라고 부른다. 그의 견해는 옳다. 이 부정과거는 믿음을 갖게 된("das
zum-Glauben-kommen") 사건을 가리킨다.[10] διά와 함께 사용된 소유격 관
계 대명사(δι' ὧν, "그들을 통해")는 믿음의 원천이 아니라 믿음을 갖게 하는
수단 또는 통로를 가리킨다. 그런 의미에서 목회 사역자들은 **하나님의** 선하
신 목적을 위해 섬기는 자들이다. 여기서 διάκονος라는 단어가 신약성경에
서 말하는 집사(deacon)를 의미하기 위해 사용되었다는 증거는 논쟁의 여
지가 있으며 기껏해야 모호하다.[11] 핸슨이 상기시켜주듯이 이 장들에서 바
울은 아볼로와 자신의 역할을 묘사하기 위해 다양한 이미지를 사용한다. 그
는 일꾼(διάκονος), 시중드는 사람 또는 손으로 하는 일이나 다른 일을 하는
사람(ὑπηρέτης, 고전 4:1), 관리인 또는 청지기(οἰκονόμος, 고전 4:2) 등을 언급
한다.[12] 다른 한편으로 존 콜린스는 신약성경 탐구와 칼 라너와 제임스 바
넷의 집사 직분에 대한 이전의 연구를 발전시킨다. 이를 통해 그는 신약성
경의 교회론에서 "섬김"은 단순히 어떤 종속적인 역할에서 "돕는 것"이 아
니라 선교(mission)에 대한 통합적인 측면을 의미한다는 점을 입증하고자
한다. 따라서 διάκονοι는 단지 대리인일 뿐만 아니라 **다른 사람들을 위한 책**
임 있는 대리인이다. 그들 안에서 교회 전체의 선교가 단 하나의 초점을 발견
할 수 있다.[13]

---

10) Schrage, *Das erste Brief*, 291; 참조. 고전 15:2, 11.
11) Lightfoot는 이 단어가 교회론과 관련된 의미를 지니고 있다는 것을 거부한다(그는 그들
    이 "단지 일꾼이지, 지도자가 결코 아니다"라고 주장한다). 또한 다음 주석서를 참조하라.
    Commentary on Philippians (London: Macmillan, 1879), 181-269, esp. 190-191.
12) Hanson, *The Pioneer Ministry*, 67.
13) Collins, *Diakonia*, 특히 227-244 및 여러 부분. Collins는 행 6:1-6은 단순히 식사를 준비
    하고 제공하는 일(사회 복지)이 아니라 사람들에게 복음을 전함으로써 **사람들을** 섬기는 것
    을 언급한다고 주장한다. 사도행전에서 스데반도 동시에 복음 전파자로 묘사된다. **섬김이 집**
    사의 직분이 생겨나게 할 때 이것은 복음 전파(또는 예언)와 선교를 위해 위임된 권한을 의
    미한다. Barnett과 Collins는 이 이슈에 대한 다양한 논쟁에 새로운 전환점을 제공해주었다.
    참조. Barnett, *The Diaconate*, 13-42.

바울에게 있어 이 절의 핵심 요소는 "주께서"(ὁ κύριος) — 이 표현은 또한 고용주, 주인을 의미하므로 아마도 일꾼과 관련하여 의도적으로 언어유희가 사용되었을 것이다 — 자신의 절대 주권에 기초한 선택을 통해 바울과 아볼로에게 어떤 역할을 맡겨주었는지에 관한 것이다. 로버트슨과 플러머의 관점을 따라 슈라게는 바울이 압축해서 표현한 ὡς ὁ κύριος ἔδωκεν이라는 그리스어 어구에 대해 설명한다. 그들은 바울이 ἕκαστος, "각자에게"를 3:5-13에서 무려 다섯 번이나 사용한다는 점에 주목한다.[14] 로버트슨과 플러머는 "하나님이 각 사람을 각기 따로 다루신다"고 강조하는 반면, 핸슨(슈라게, 해링턴과 퍼니쉬도 그의 견해를 따름)은 19세기와 20세기 초반의 주석가들이 바울을 다음과 같이 묘사하는 것에 반대한다. 즉 이 주석가들은 "바울을 상당 부분 개인주의자로 묘사한다. 이전의 주석가들은 바울이 혼자 교회를 세우고, 자기 스스로 교회를 지도하고 훈육했으며, 개인적으로 자신에게 교인들이 순종하게 하는 모습을 우리에게 보여주었다.…하지만 그가 그의 동역자들을 특별히 배제하는 경우는 그 어느 곳에서도 찾아볼 수 없다.…오히려 그는 여러 곳에서, 예를 들어 고전 3:5, 4:1, 4:9, 고후 1:19 등에서 그들을 분명하게 포함시킨다."[15] 우리는 홀름버그를 비롯하여 다른 많은 학자들이 "동역자들"에 대한 바울의 강조점을 얼마나 중요하게 생각했는지에 대해 이미 살펴보았다.[16] 따라서 바울은 사역에 대한 개인주의적인 개념을 지지하기 위해 "각자에게"(ἕκαστος)를 사용한 것이 아니라 오히려 사실상 그 정반대다. 아볼로와 바울은 공동 사역 안에서 각자에게 맡겨진 역할을 한 것이다.

클라크는 "여기서 강조되는 것은 인물이라기보다는 특별한 역할"이라

---

14) Schrage, *Der erste Brief*, 1:291; 또한 Robertson and Plummer, *First Epistle*, 57.

15) 같은 책들. 또한 Hanson, *Pioneer Ministry*, 67-68; 참조. Harrington, "Paul and Collaborative Ministry," *New Theology Review* 3 (1990): 62-71; Schrage, *Der erste Brief*, 1:290, "*religiösen Individualismus.*" 또한 참조. Furnish, "Fellow Workers in God's Service," 364-370(3:9에 대한 주해에서 계속 논의됨). 그리고 동역자들과 공동 사역에 대해서는 앞에서 제시한 참고문헌과 16장에서 제시한 참고문헌을 참조하라.

16) Holmberg, *Paul and Power*, 58-71 및 여러 부분.

고 힘주어 말한다.[17] 그의 주장은 옳다. 이것은 바울 시대에 세속적인 리더십과 기독교 리더십의 원리와 방법을 광범위하게 대조하는 것을 포함한다. 그리고 클라크는 다음과 같이 덧붙인다. "리더십을 임무를 중심으로 인식하는 것은 고린도 교인들이 자신들의 지도자들을 이해했던 방법과 명확하게 대조된다. 고전 1:10-17과 3:1-4의 논의는 고린도 교인들이 어떻게 사도들의 인간적인 요소들에 자신들의 관심을 기울였는지 명백하게 보여준다. 그들은 인간으로서 사도들에 대해 긍지를 갖고 있었다. 반면 바울은 각각의 지도자가 수행하는 특별한 임무에 초점을 맞추고 있다."[18] 따라서 여기서 바울은 핵심적인 이슈로 "일꾼으로서 그들의 역할"과 "기능"(5절), 그리고 각자에게 "서로 다른 은사들(Gaben)과 임무들(Aufgaben)"이 주어져 있다는 것에 관심을 두고 있다.[19] 이것은 하나님이 은혜로 베푸시는 자유로운 선물(Gnadengabe)이다.[20]

a. 밭의 이미지와 동역자(3:6-9b)

6-7절 6-7절의 요점은 분명하다. 크리소스토모스는 이 절들을 다음과 같이 의역한다. "먼저 나[바울]는 말씀을 땅에 뿌렸습니다.…그리고 아볼로가 자신의 역할을 감당했습니다. 하지만 이 모든 과정은 하나님께 속한 것이었습니다"(강조는 덧붙여진 것임).[21] 이와 비슷하게 에라스무스도 여기서 중요한 것은 우리가 아니라 하나님이 무언가를 베풀어주셨다는 데 있다("id Deo tribuendum est, non nobis")고 주해한다.[22] 어떤 사역자가 아무것 또는 어떤 것(τι)인지는 과연 그들이 대리인으로서 하나님의 일을 성취해나가

17) A. D. Clarke, *Secular and Christian Leadership in Corinth: A Socio-Historical and Exegetical Study of 1 Corinthians 1-6* (Leiden: Brill, 1993), 119.
18) 같은 책.
19) Schrage, *Der erste Brief,* 1:288.
20) 같은 책, 1:291.
21) Chrysostom, *Hom. 1 Cor.,* 8:5.
22) *Desiderii Erasmi Opera Omnia Opera, 7: Paraphrases in N. Testamentum* (Petri Vander, 1706, rpt. [facimile ed.] [London: Gregg Press, 1962]), col. 1.

기 위해 하나님이 그들에게 맡겨주신 보조적인 역할을 감당하는지에 달려 있다. 하나님의 백성을 밭으로 비유하는 이미지는 이스라엘과 관련하여 이미 잘 알려진 전승에 기초한다. 아마도 이 이미지는 하나님의 포도원인 이스라엘에서 처음 유래되었을 것이다(사 5:7; 겔 36:9). 볼프는 "하나님에 의해 심기운" 하나님의 백성이라는 구약성경과 유대교 문헌의 많은 예를 제시한다.[23] 이것은 창조자이자 생명 수여자라는 하나님의 이미지와 일치한다. 이러한 기본적인 틀 안에서 사역자들은 농부처럼 자신들의 임무를 수행하는 것이다. 하지만 그 임무는 성장을 **위한 조건**이다(성장의 원천이 아니다). 따라서 사역자들이 지닌 "낮은 신분"의 측면과 "높은 신분"의 측면은 동시에 정당성을 인정받는다.

부정과거 ἐφύτευσα는 바울이 고린도에 처음으로 복음을 전파하기 위해 도착한 사건을 가리킨다. 이와 마찬가지로 물을 붓는다는 이미지는 ποτίζω의 부정과거를 통해 표현된다. 이 그리스어 단어는 이미 시작된 일을 계속 수행하기 위해 아볼로가 고린도에 도착한 사건을 가리킨다. 6절의 비유는 바울이 고린도에서 복음 사역을 계속 수행하지 않았다는 것을 암시하는 것으로 해석할 수 없다(사실상 그는 목회자와 복음 전파자로서 고린도에 약 18개월을 머물렀다). 이와 마찬가지로 이 표현은 아볼로가 복음을 전파하는 일을 전혀 하지 않았다는 것을 암시하는 것도 아니다. 왜냐하면 3:5은 분명히 아볼로와 바울의 사역을 통해 사람들이 **믿음을 갖게 되었다**고 말하고 있기 때문이다. 언제나 그렇듯이 복음 사역의 성격은 시기뿐만 아니라 그 임무의 다른 측면에 따라서도 좌우된다. 아볼로는 하나님의 창조적인 사역과 말씀에서 나오는 영양분을 지속적으로 공급하기 위해 바울이 심은 것에 계속 물을 주었던 것이다.

---

23) Wolff, *Der erste Brief*, 67은 출 15:17; 민 24:5-6; 사 5:1-7; 60:1-3, 21; 렘 2:21; 암 9:15; 솔로몬의 시편 14:3-5; H. Riesenfeld, *The Gospel Tradition: Essays* (Eng. trans., Philadelphia: Fortress, 1970), 187-204을 추가로 제시한다. 바울 서신의 비유적인 표현에 대해서는 특히 197-199을 보라. 또한 그는 그밖에 다른 기원들을 추적한다. 또한 참조. Gale, *Paul's Use of Analogy*(위에서 언급함)는 바울 서신에 나타난 유비와 비유적인 표현의 역할을 강조한다.

　　6절에서 사건의 전개 과정을 묘사하기 위해 그리스어 동사들이 어떻게 사용되었는지 파악하는 것은 중요하다. 처음 두 동사는 부정과거로 사용되었다. 곧 "나는 심었고, 아볼로는 물을 주었습니다." 그리고 지속적인 성장 과정을 나타내기 위해 미완료과거 ηὔξανεν이 사용되었다. 곧 "하나님께서 자라게 하셨습니다."[24] 사역자는 오고 가지만 하나님이 하시는 일은 계속 진행된다. 동시에 이것은 역사적으로 거시적 차원에서(교회, 교부들, 종교개혁자들, 합리주의자들, 청교도들, 성령의 은사자들 등 다른 이들은 모두 목회자로서 왔다 가지만, 하나님은 계속해서 생명을 부여하며 성장시키신다)와 지역적으로 미시적 차원에서(어떤 목회자가 은퇴하면 다른 목회자가 그 뒤를 잇지만, 하나님은 그의 백성 안에서 그의 일을 계속 이루어나가신다. 1:2에서 하나님의 교회가 소유를 뜻하는 소유격으로 사용된 것을 주목하라) 모두 그대로 적용된다. 고전 그리스어에서 αὐξάνω는 타동사로 사용되지만, 헬레니즘 그리스어에서는 많은 경우 자동사로 사용된다. 따라서 이 절에서 이 동사의 목적어(곧 교회)는 분명하게 제시되어 있지 않고 단지 암시되어 있다. 따라서 "자라게 하셨습니다"라는 번역은 이러한 문법상의 문제점을 해결해줄 것이다.

　　이어지는 절(3:7)은 6절의 강조점을 재차 요약해준다. 엄밀히 말해 고린도가 처해 있던 상황에서 7절의 내용은 바울 당시의 세속적인 세계에서 후원과 "우정"의 방식을 따라 어떤 공적인 지도자와의 연관성을 통해 명예와 신분을 추구하던 사람들을 침묵하게 만드는 답변을 들려준다. "바울은 의도적으로 그리스-로마의 가치 체계를 뒤바꾸었다. 바울은 후원자들에게 존경받던 인물들을 오히려 διάκονοι(3:5)라고 묘사한다."[25] 고데는 하나님을 강조하고 하나님의 사역자들을 "낮은 신분"으로 묘사하는 것을 다음과 같은 수사학적 질문으로 강력하게 표현한다. "오직 하나님만 주실 수 있는 생명력이 없었다면 과연 두 일꾼의 수고로부터 무엇을 거둘 수 있었겠는

---

24) Conzelmann, *1 Corinthians*, 74 and 74, n. 47; 참조. Lightfoot, *Notes*, 188; Merklein, *Der erste Brief 1-4*, 260-261.

25) Clarke, *Secular and Christian Leadership*, 119-120; 참조. 31-36 또한 Clarke, Chow, P. Mitchell 및 다른 사람들과 관련하여 앞에서 1:10-12에 대한 본 주석서의 주해를 보라.

가?"[26] 복음 사역이 하나님이 행하시는 창조적인 일을 위한 통로가 아니라면 일상적인 사역은 어떤 결과를 빚어내겠는가? 벵엘은 이 절들을 단순한 기계적인 사역 모델과 대조한다. 하나님이 유기체가 "성장하도록" 은혜를 베푸시지 않는다면 "씨를 뿌리는 순간부터" 씨나 알곡은 아주 작은 자갈과 같을 것이다. *sine hoc incremento granium a primo sationis momento esset instar lapilli: ex incremento, protinus tides germinat*(믿음은 자라난다).[27]

    8-9b절   고린도 교인들은 각각의 사역자를 서로 다른 범주 안에 배치한 후 그들을 평가하기 위해 뒤로 물러난다. 하지만 바울은 하나님이 부여하신 사역에 진정으로 동참하는 모든 이들을 하나님의 통로로서 **하나의** 범주 안에 배치한다(8-9b). 심지어 고린도 교인들이 밭(γεώργιον)으로서 복음 사역의 동역자들(συνεργοί)과 구별된다 하더라도 이 동역자들은 하나(ἕν)다. 주석가들과 영역본들은 하나(ἕν)에 대한 다양한 견해 차이를 보여준다. 곧 과연 하나(ἕν; εἷς, μία, ἕν의 중성 형태로서 ἕν은 형용사 단수로서 숫자를 나타냄, 한 [사람]…하나의 [사물])가 여기서 신분의 하나 됨(equal, RSV; there is no difference between …, TEV) 또는 임무와 목적에서 하나(have a common purpose, NRSV; work as a team, REB; are working for the same end, Basic English)라는 것을 의미하는가? AV/KJV와 RV는 단순히 이 단어를 "하나다"라고 번역하는 반면, NJB는 "심는 사람이나 물을 주는 사람이 모두 하나다"라고 이중으로 쓸모 있게 번역한다. 이 번역은 표현이 매끄럽고 아름다우며, 강력한 힘을 지니고 있고, 또 매우 추천할 만하다. 왜냐하면 그리스어 본문은 목적 또는 신분을 가리키는지와 관련하여 그러한 가능성을 열어놓고 있고, 아마도 이 두 가지 가능성을 모두 포함할 것이기 때문이다.[28]

---

26) Godet, *First Letter*, 1:175.

27) Bengel, *Gnomon*, 616.

28) 사전에서 하나(ἕν)의 의미 영역은 상당히 광범위하다. BAGD는 복수와 대조되는 것으로서 하나에 대한 매우 많은 사례의 목록을 제시한다. 예를 들면 서로 구별되고 분리되는 부분과 대조되는 하나, "하나인 동시에 똑같은 것"이라는 의미에서 하나(주화와 같은 동일성), 또한 유형, 특성, 분류 또는 품질에서 하나(유형의 동일성) 등이다. 참조. BAGD, 230-232. 그리고 **Robertson and Plummer**는 여기서 "하나의 범주 안에서"라는 표현을 올바르게 사용한다

하지만 NJB는 무심코 5b의 "주께서 각자에게 역할을 맡겨주신 대로"라는 의미를 제거한다. 어떤 일을 하는 사람은 "모두 하나"가 **아니다**. 각 사람은 **주께서** 그에게 **맡겨주신** 일을 해야 한다. 아마도 NJB는 8절의 마지막 구절 에서 ἴδιον도 같은 취지로 여길 것이다. 따라서 (앞에 제시된) 우리의 번역은 해당 그리스어 구문의 의미를 (NJB의 경우처럼) 열어놓지만, "그 일 안에서 하나입니다"라고 번역하면서 5절의 의미를 모호하게 만들지는 않는다.

바울은 이미 심는 것과 물 주는 것은 잘 성장하게 하는 단 하나의 목 적을 위해 섬기는 것임을 강조했다. 그리고 오직 하나님만 성장하게 하실 수 있다. 이제 바울은 만약 두 가지 임무가 동일한 목적을 위해 꼭 필요한 것이라면 이것은 대립, 경쟁 또는 우열 가리기와 같은 개념도 배제한다는 것을 논리정연하게 설명한다. 바울의 강조점은 "협력, 유대감, 하나 됨"에 있다.[29] 12-14장에서 보다 더 세부적으로 언급하겠지만, 은사들과 임무들 간의 경쟁은 결코 있을 수 없다. 왜냐하면 은사들과 임무들이 자기이익이나 자기 성취를 위해서가 아니라 진정으로 이 목적을 위한 것이라면 그것들은 사실상 신앙 공동체를 다양한 방법으로 세워나가는 것이기 때문이다. 자기 성취와 사람들로부터 인정받는 것을 열망하는 것은 하나님이 다른 사람을 위한 임무를 수행하도록 부르시는 것과는 매우 동떨어진 것이다.

상(賞, reward, 자기 자신의 상, τὸν ἴδιον μισθόν, 8b)의 개념은 많은 당혹감 과 논쟁을 불러일으켰다. 그리스어 단어 μισθός는 대체로 상업적인 의미에 서 품삯, 보수, 임금, 서비스 상품 등을 뜻한다. "여기서 바울의 강조점은 곧 바로 명료하게 드러나지 않는다. 아마도 이 단어는 또다시 다음과 같은 사 실을 강조할 것이다.…그들은 자신들의 품삯을 결정하는 다른 사람 밑에서 일한다."[30]

(i) 앞으로 살펴보겠지만, 만약 "하나님에게 속하는 동역자들"(θεοῦ

(Robertson and Plummer, *First Epistle*, 58).

29) Schrage, *Der erste Brief*, 1:292.
30) Fee, *First Epistle*, 133.

γάρ ἐσμεν συνεργοί, 9a)을 우리가 번역한 대로—곧 θεοῦ를 소유를 나타내는 소유격으로 "하나님께 속한"—이해한다면 품삯 또는 상의 이미지는 우선 바울과 아볼로가 그들의 고용주인 하나님의 책임하에 있다는 점을 강조한다. 그들의 성공이나 실패에 대한 판단은 신앙 공동체가 아니라 하나님이 내리신다. 그런 의미에서 μισθός는 가치를 가리킨다. 소비자에 의해 움직이는 세상과 달리 교회가 제공하는 사례는 이와 같은 가치를 나타내지 않는다. 하나님은 그의 나라를 위해 일하는 그들의 가치가 무엇인지 정확히 알고 계신다. 하나님은 최후의 심판에서 그들의 사역을 최종적으로 판단하실 것이다. 하지만 이 단어에는 (i)가 의미하는 것보다 더 많은 의미가 담겨 있다. 슈라게가 지적하듯이 μισθός, "품삯"은 3:14에서 또다시 나타난다.

(ii) 아마도 상과 심지어 벌에 대한 이미지는 언어 철학자들이 일종의 **내적인 문법**이라고 부르는 것을 반영할 것이다. 그 결과들은 그 일에 해당하는 일부분으로서 그것 안에 형성되어 있다는 것이다. 무능하고 얄팍하고 기도하지 않는 사역자는 자신이 아무리 열심히 오랫동안 일한다 하더라도 아마 자신을 통해 사람들이 믿음을 갖고 성장해 가는 것에 대한 "보상"을 결코 맛보지 못한다. 반면 진정성이 있는 목회자는 오직 하나님과 그 사역자만 아는 "보상"을 자신의 사역을 통해 얻을 수 있다. 하지만 우리는 이 견해가 이 그리스어 단어의 의미를 전부 드러내는 것인지—또는 심지어 그 의미의 일부만을 드러낸다 하더라도—의문을 품지 않을 수 없다. 왜냐하면 건축가로서의 사역자의 수고를 평가하는 이미지에서 최후의 결과는 마지막 날에 하나님이 그것에 대해 최종 판결을 내리시기까지 감추어져 있기 때문이다(3:9c-15).

(iii) μισθός의 개념은 고용주가 일의 가치를 평가하는 것과 밀접하게 연결되어 있다. 이 견해에 대한 가장 타당한 설명은 3:13-14에서, 그리고 보다 더 구체적으로 4:3-5에서 찾을 수 있다. 어떤 사역자가 행한 일을 평가하기 위해 모든 자료가 펼쳐지고 하나님이 마지막 날에 그 일에 대해 최종적인 판결을 내리시기까지 바울은 해당 절들에서 자신의 사역에 대한 사람의 평가는 무의미하며 그릇될 수 있다고 주장한다. 성령을 통해 온전히 그

리스도와 같이 변화되는 존재 방식으로 부활하게 될 사람들을 위한 상(참조. 고전 15:44-49)은 그들이 이 세상에서 행한 일이 성령의 열매로서 또는 하나님 나라의 일로서 "항상 있는 것"의 새로운 세상 질서 안에 확립된 결과의 어떤 상태로 남아 있음을 발견하게 될 것이다(참조. 고전 13:8-13). 이것은 κατὰ τὸν ἴδιον κόπον, "그들 자신의 수고에 따라" 받게 되는 것이다. 곧 그것은 그 수고의 본질, 진정성, 동기, 특성과 어떤 연관성이 있을 것이다.

(iv) 이 해석은 그리스도인의 자기 이해에 중대한 결과를 빚어낼 것이다. 사실상 데이비드 쿡은 고전 3:5-4:5에서 심판, 신앙 공동체와의 갈등, 종말론적 심판 등에 대한 묘사에 관해 집중적이면서도 철저하고 자세하게 연구했다. 그는 다음과 같이 주장한다. "κόπος는 바울이 복음 전파 사역에 필수적으로 수반되는 수고와 고난을 묘사하는 데 즐겨 사용하는 단어다.… 여기 8절에서 바울은 종의 개별적인 수고에 대해 말하고 있는 것 같다. 왜냐하면 8절은 바울과 아볼로를 개별적으로 구분하기 때문이다. 하지만 그들이 종말에 받게 될 상급에 대한 언급에서 그러한 구분은 발견되지 않는다."[31] 견고한 자아의 연속성은 기억, 설명 가능성, 희망에 대한 시간 속에서 지속적으로 이어지는 이야기 안에서 자기 자신과 타자 사이의 변증법적 대화에 달려 있다.[32]

또한 쿡은 신약성경의 종말론적인 현상으로서의 상에 대한 다른 예들을 언급한다. 예를 들어 마 5:12(평행 본문 눅 6:23), 6:1, 10:41-42, 막 9:41, 눅 6:35, 계 11:18, 22:12 등이다(참조. 디다케 4:7; 5:2; 클레멘스1서 34:3).[33] 그는 신실하게 종의 직분을 수행하는 것은 책임, 특히 약속과 밀접하게 연결

---

31) Kuck, *Judgment and Community Conflict,* 166-167 and 168.
32) Paul Ricoeur, *Time and Narrative* (Eng. trans., 3 vols., Chicago: University of Chicago Press, 1984-88). 이 책은 아우구스티누스의 시간에 대한 개념과 아리스토텔레스의 플롯 개념을 묘사하는 것으로 시작한다. 보다 상세한 내용은 특히 그의 다음 저서를 참조하라. *Oneself as Another* (Eng. trans., Chicago: University of Chicago Press, 1992).
33) Kuck, "Paul and Pastoral Ambition: A Reflection on 1 Cor 3-4," in *Currents in the Theology of Missions* 19 (1992): 174-183. 또한 이 측면은 Filson에게도 중요한 것이었다. F. V. Filson, *St. Paul's Conception of Recompense* (Leipzig: Hinrichs, 1931).

되어 있다고 주장한다. "비록 상을 받는 것에 차이가 있다는 것이 결코 항상 명백하게 언급되지는 않지만" 상에는 차이가 있을 수 있다.[34] 아마도 "내적인 문법"(앞에서 [ii]항 참조)의 측면이 그 모습을 드러낼 것이다. 예를 들어 어떤 음악 작품을 아주 오랫동안 연습하고 연주한 어떤 아마추어 음악가가 있다고 하자. 나중에 그는 최정상에 있는 어떤 연주자가 동일한 작품을 연주하는 것을 듣게 되었고, 그는 동일한 작품을 연주하도록 초대받은 어떤 어린아이가 연주하는 것보다 그 전문가의 연주로부터 "더 많은 것"을 얻었다. 이 예화가 해당 이슈를 보다 더 분명하게 설명해주든지 그렇지 않든지 간에 바울은 월계관($\sigma\tau\acute{\epsilon}\phi\alpha\nu\sigma\varsigma$, 고전 9:25) 또는 상($\beta\rho\alpha\beta\epsilon\tilde{\iota}\sigma\nu$, 9:24; 참조. 빌 3:14)을 받는 것에 대해 말한다.[35]

또한 "동역자들"($\sigma\upsilon\nu\epsilon\rho\gamma\sigma\acute{\iota}$, 4a)이 무엇을 의미하는지를 결정해야 하는 이슈도 아직 우리에게 남아 있다. 그들은 "하나님과 함께 [일하는] 동역자들"인가? 아니면 대다수 영역본이 번역하듯이 그들은 "함께 일하는 하나님의 종들"(NRSV), "하나님을 위한 동역자들"(RSV), "하나님을 섬기는 일 안에서 동역자들"(REB)인가? 참고로 NJB는 "우리는 하나님의 일에 동참합니다"로 번역한다. NIV는 "우리는 하나님의 동역자들입니다"라고 번역하면서 해당 이슈를 미결 상태로 남겨 둔다. 부분적으로 고후 6:1과 비슷한 표현이면서 또 부분적으로 "보다 더 단순하고 자연스러운 번역"이라는 이유에서 바이스는 첫 번째 번역인 "하나님과 함께 일하는 동역자들"(바울, 아볼로, 하나님은 동일한 목적을 위해 일한다는 점을 암시함)을 지지한다.[36] 한편 콜린

---

34) Kuck, *Judgment*, 168. Kuck은 은혜로 의롭게 된다는 교의적인 질문들이 그의 주해에 영향을 미치도록 허용하지 않을 뿐 아니라 바울이 이 두 주제를 서로 하나로 결합한다는 점도 잊지 않으면서 사려 깊은 판단을 유지한다. 여기서 Roetzel, *Judgment in the Community*에 대한 그의 비판은 특히 유익하다. 왜냐하면 Roetzel은 두 번째 주제에 대해 타당하지 않은 설명을 하기 때문이다. 참조. Kuck, *Judgment*, 5-7 and 168-186.

35) 또한 참조. BAGD, 146; Philo, *De Praemiis et Poenis*, 6; *Sibyline Oracle*, 2:149; *1 Clement* 5:5.

36) Robertson and Plummer, *First Epistle*, 58; 참조. Edwards, *First Epistle*, 75(그들은 하나님과 함께 일하기 때문에 하나다); Weiss, *Der erste Korintherbrief*, 77-78; H.-D. Wendland, *Die Briefe*, 33; Lietzmann, *An die Korinther*, "die mit Gott arbeiten," 15.

스를 비롯하여 많은 주석가들은 소유격 θεοῦ, "하나님의"를 다르게 이해한다. 피와 키스트메이커보다는 다소 덜 주저하는 입장을 취하면서도 그들과 더불어 특히 퍼니쉬, 볼프, 콜린스와 함께 우리는 이 소유격을 소속을 의미하는 소유격으로 해석한다.[37] 곧 아볼로와 바울은 "하나님께 속한 동역자들"이다. 왜냐하면 하나님이 그들에게 임무를 맡기셨기 때문이다. 따라서 그들은 (이 편지의 수신자들의 박수갈채가 아니라) 하나님께 대해 일차적인 책임이 있다. 하나님은 그들에게 그들의 "품삯"을 지불하실 것이다. 그들은 하나님을 위해 그의 밭에서 온갖 수고를 다하는 것이다. 퍼니쉬는 다음과 같이 강조한다. 공유하는 임무는 "하나님을 섬기는 것"이지만, "심는 이도 아무것도 아니고 물주는 이도 아무것도 아니다.…바울은 사도들의 **상호** 관계를 규정하는 데 관심을 갖는다"(강조는 덧붙여진 것임).[38] 이 절은 "한편으로는 바울과 아볼로를 대조하며, 또 다른 한편으로는 그들과 고린도 교인들을 대조한다."[39]

바울은 "하나님께 속한 밭"(θεοῦ γεώργιον, 9b)이라는 이미지를 적용하며 밭과 동역자들에 관한 이 짧은 단락을 마무리한다. 우리의 번역이 가리키듯이 이 소유격도 소속을 뜻하는 소유격일 것이다(참조. 1:2).[40] 사역에 대한 문제이든지 교회에 대한 이슈이든지 간에 이 두 가지는 모두 하나님께 속해 있다. 왜냐하면 그것들이 존재하게 한 이는 바로 하나님이시기 때문이다. 하나님은 복음 사역자들에게 임무를 맡기셨고 그들이 뿌린 씨앗에

---

37) Wolff, *Der erste Brief,* 68; "동역자로서 그들은 하나님의 구원 사역에 참여하는 이들이다"; Findlay, *Expositor's Greek Testament,* 2:789는 다음과 같이 보다 더 강력하게 주장한다. "συνεργοί의 συν과 그 전후 문맥은 바울이 마치 하나님과 **함께** 일하는 동역자들을 말하고자 했던 것처럼…이 소유격을 의존의 소유격으로 이해하는 것을 금한다." 참조. Moffatt, *First Epistle,* 39; Héring, *First Epistle,* 23(하나님 앞에서 그들의 공동 책임); Fee, *First Epistle,* 133-134은 이 소유격을 하나님의 밭이라는 표현과 올바르게 비교한다; Kistemaker, *First Epistle,* 107; Barrett, *First Epistle,* 86; Collins, *First Cor.* 146: "그 사역의 결과들은 하나님에게 속해 있다"(Furnish에 대해서는 각주 38을 보라).
38) Furnish, "Fellow Workers in God's Service," 368-369; 참조. 364-370.
39) Collins, *First Cor,* 146.
40) 참조. Schrage, *Der erste Brief,* 1:294.

서 싹이 나 자라게 하셨다. 어떤 이들은 γεώργιον을 밭이 아니라 **포도원으**
로 해석한다.[41] 구약성경에서는 종종 이스라엘을 포도나무 또는 포도원으
로 비유하여 언급한다. 하지만 그리스-로마 독자들을 위해 저술하는 유대
인으로서 필론은 γεώργιον을 대체로 밭이나 경작지를 의미하는 것으로 사
용한다. 물론 이 단어는 경작지의 부차적인 의미 범주에 속하는 "포도원"을
포함할 수도 있고 그렇지 않을 수도 있다.[42] 그러므로 만약 우리가 이 단어
가 의미하는 바를 광범위하게 받아들인다면 해석상의 아무런 갈등도 일어
나지 않는다. 이 비유적인 표현은 다음과 같은 주제와 관련되어 있다. (i) 하
나님께 속한다. (ii) 성장하고 열매를 맺어야 한다. (iii) 소유주가 임무를 맡
긴 자들로부터 영육과 보살핌을 필요로 한다. 따라서 이 비유적인 표현은
자기충족, 기계적인 일상화, 성장의 정지 등을 배제한다.

b. 집의 이미지 및 집 짓는 사람의 일에 대한 검토(3:9c-15)

9c-10절 최근 랜시는 이 편지에서 성전으로서의 신앙 공동체 이
미지를 집중적으로 탐구하는 단행본을 집필했다. 성전에 대한 이미지가
3:16-17에 보다 더 가깝게 적용되긴 하지만, 랜시는 이 편지에서 바울의 신
학적·목회적 관심사에 대한 핵심과 기초로서 기독교 공동체를 "건물"로 인
식하는 미첼의 관점을 따른다.[43] 교회에 적용되는 건물(οἰκοδομή)의 이미지
는 개인주의를 배제한다. 교회는 단 하나의 대상이 아니라 일종의 공동 구
조, 곧 신앙 공동체다.[44] 나아가 10절에서는 이미지가 전환된다. 그것은 새
로운 특성을 더해준다. 어떤 건물이 세워지기에 앞서 반드시 기초가 먼저

---

41) Riesenfeld, *The Gospel Tradition*, 197-199; 참조. 겔 17:7; 마 15:13.

42) 예를 들면 Philo, *De Plantatione* 2. 뿐만 아니라 그리스어 동사 γεωργέω는 일반적으로 "경
    작하다"를 의미한다. 반면 명사형 γεωργός는 품꾼, 소작인(막 12:1-2), 농부, 또는 포도
    원 관리인(요 15:1) 등을 가리키며, 그 단어의 정확한 의미는 전후 문맥에 달려 있다. 참조.
    Wolff, *Der erste Brief*, 68-69도 이 배경을 강조한다.

43) Lanci, *A New Temple for Corinth: Rhetorical and Archaeological Approaches to Pauline
    Imagery*; 또한 Mitchell, *Rhetoric of Reconciliation*. 이 두 저자는 공동의 유익을 위해 "건물
    을 세우는" 모티프가 바울의 수사학과 논증에서 핵심을 차지한다고 주장한다.

44) Schrage, *Der erste Brief*, 1:295; Conzelmann, *1 Corinthians*, 75.

놓여야 한다.[45] 바울은 새로운 작은 단락이 시작되는 10절에서 이 점을 분명하게 밝힌다. 그리고 그는 이 측면을 11절에서 기독론적으로 적용한다. 밭 또는 포도원에 대한 이미지와 마찬가지로 신자들의 공동체를 건물로 묘사하는 것도 유대교 안에서 어떤 배경을 갖고 있다(포드는 유대교의 초막절과 관련된 구체적인 배경을 지지함).[46] 바울은 그리스어 동사를 사용하여 건물이 "세워져 가는" 과정을 묘사한다. 이러한 이미지는 구약성경에서도 잘 알려져 있다. 하나님은 "멸망시키고 파괴하며 세우고 심게"(렘 1:10; 참조. 12:16) 하려고 예레미야를 세우셨다(예레미야가 부름을 받은 것도 바울의 경우와 비교될 수 있을 것이다). 지식(γνῶσις)과 대비되는 사랑(ἀγάπη)을 언급하는 문맥에서도 바울은 그리스어 동사들을 사용하여 사랑의 역동적인 측면을 생생하게 드러낸다. 바울과 아볼로가 건물을 세우는 일에서 이제 동역자로 인식되는 것을 배제한다 하더라도 여기서 그것은 가장 중요한 강조점은 아니다.

10절은 수미상관 구조의 일부분에 해당한다. 이 구조는 11절에서 마무리된다. 곧 (A) 바울은 건물의 기초를 놓았다(10a). (B) 다른 사람이 그 기초 위에 계속 세워나간다(10b). (B) 그 사람은 어떻게 세울지 주의해야 한다(10c). (A) 그 기초는 바로 그리스도다(11a).[47] 주제 (A)는 기초와 관련이 있지만, 주제 (B)는 계속 세워져 가는 과정의 특성과 진정성에 관심을 둔다.

건물에 대한 상세한 비유는 두 가지 상호 보완적인 설명을 요구한다. 한편으로 섄너(1988년)는 특히 기원전 4세기의 것으로 추정되는 아르카디아 지방의 테게아에서 발굴된 어떤 비문에 비추어 "건축 용어"에 대해 탐

---

45) Leo, G. Cox, "The 'Straw' in the Believer: 1 Cor 3:12," *Wesleyan Theological Journal* 12 (1977): 34; 참조. 34-38.

46) 쿰란 문헌 중에서는 1QS 8:5-10과 CD 3:19을 참조하라. 또한 참조. Riesenfeld, "Parabolic Language in the Pauline Epistles," in *The Gospel Tradition* (Philadelphia: Fortress, 1970), 199. Ford는 자신의 논문 "You Are God's 'Sukkah' (1 Cor. 3:10-17)," *NTS* 21 (1974-75): 139-142에서 초막절에 세우는 수카(*sukkah*)의 구조는 "풀"과 "짚"에 대한 바울의 언급을 보다 더 잘 설명해준다고 주장한다. 하지만 이 가설은 입증될 수도 없고, 필수적인 것도 아니다. 나아가 이 가설은 해결해야 할 난제들을 포함하고 있다(아래 참조).

47) Fee, *First Epistle*, 137.

구한다. 이 탐구에 기초하여 그는 이 비문의 세부 내용은 3:9b-17을 "해석
하는 데 구체적인 도움"을 준다고 주장한다.[48] 이 비문은 일종의 법적 고용
계약서의 형태를 지니고 있다. 즉 이 계약서는 계약된 "직업"(ἔργοι)과 일
(ἔργον)의 특성과 부수 조항들―가능한 손상 또는 공사 지연(εφθορκώς) 또
는 손해를 입히는 사람들(φθήρων)―로 이루어져 있다고 한다. 또한 그들은
필요한 작업(ἔργα)을 위해 벌, 손해 배상, 벌금(ζαμίαι, ζαμιόντω)을 떠맡을 수
도 있다. 보다 이른 시기에 사용된 그리스어의 연대와 지역을 참작하면 이
요소들은 반드시 직업과 일(ἔργον, 3:14-15), 형벌과 손해(ζημιωθήσεται, 15절)
및 손상(φθείρει, 17절)에 대한 바울의 묘사를 상기시켜준다.[49] 하지만 또 다
른 한편으로 허버트 게일은 바울의 이 묘사는 광범위한 비유적인 표현이나
유비이지, 하나하나 서로 연결되는 알레고리가 아니라는 점에 유의하라고
말한다.[50] 따라서 건물의 우수성은 대체로 재료의 가연성에 의해 좌우되지
않는다. 또한 계약서에 명시된 처벌 조항은 일반적으로 불에 타는지의 여부
와 전혀 상관이 없다. 하지만 이 두 접근 방법은 서로 배타적이지 않다. 섀너
가 언급한 비문은 해당 유비의 다양한 측면을 조명해준다. 또한 트래비스가
확인해주듯이 게일은 단순히 세부적인 사항을 무리하게 일률적으로 해석
하거나 강조점과 분리하여 해석해서도 안 된다는 사실을 우리에게 경고해
준다.[51]

　　섀너의 연구는 우선 σοφὸς ἀρχιτέκτων, "능숙한 건축가"의 의미를 조
명해준다. 계약서는 일꾼과 개별적으로 체결된다. 하지만 어떤 사람이 전문
기술을 지니고 있다면 대체로 그는 특별히 관리하는 역할을 맡으며, 일의
전반적인 진행 상황을 살펴볼 것이다. 하지만 그는 임금을 지불하는 역할을
맡지는 않을 것이다. 섀너는 큰 건물을 짓는 경우에도 계약을 맺고 건물을

---

48) Shanor, "Paul as Master Builder: Construction Terms in First Corinthians," 461; 참조.
　　461-471.
49) 같은 책, 462.
50) Gale, *The Use of Analogy in the Letters of Paul*, 79-80, 특히 85-86.
51) 참조. Travis, *Christ and the Judgement of God*, 113-116.

짓는 과정에 참여하는 사람의 수는 적었을 것이라고 주장한다. 따라서 다른 사람으로부터 기술을 인정받은 ἀρχιτέκτων이 건축 과정을 주도하는 작은 팀의 이미지는 고린도에서의 복음 사역에 대한 유비로 사용해도 좋다고 주장한다. 바울이 "동역자들"을 중요시하는 것에 대해서는 우리가 이미 논의한 바 있다(1:1에 대한 주해와 앞에서 홀름버그, 클라크 등 다른 학자들에 대한 언급을 참조하라). 그리스어 사전에 의하면 ἀρχιτέκτων은 τέκτων(목공 또는 석공)과 ἀρχι-(수장 또는 지도자)가 결합된 단어다. 여기서 이 합성어는 아마도 이러한 직업을 가진 사람들 가운데 으뜸가는 사람을 가리킬 것이다. 이 단어는 당사자가 관리자의 신분을 갖고 있다기보다는 해당 분야에 대한 경험과 기술에서 가장 뛰어난 사람이라는 것을 의미할 것이다.

대다수 영역본은 Κατὰ τὴν χάριν τοῦ θεοῦ τὴν δοθεῖσάν μοι를 "나에게 주어진 하나님의 은혜에 따라"로 번역한다(RSV는 χάριν을 "임무"로 번역한다). 이 번역은 그리스어 구조를 반영한다. 곧 목적격과 함께 사용되는 κατά는 "~에 따라"를 뜻한다. χάρις는 대체로 은혜를 의미하고 δοθεῖσαν은 부정과거 분사 수동태로서 형용사의 기능을 한다. 그리스어 문법에서 수동태는 종종 성경 저자들이 신적 동인(divine agency)에 의한 행위를 나타낼 때 사용된다. 따라서 영어의 능동태는 수용 언어에서 그 의미를 보다 더 간결하고 강력하게 전달한다. 또한 임무와 은혜 모두 타당한 뉘앙스를 전달한다. 바울은 받을 만한 자격이 없음에도 하나님이 자신의 절대 주권에 따라 베푸시는 관대함(은혜)과 건축자를 존중한다는 개념을 서로 결합한다. 곧 하나님은 어떤 특별한 일을 수행하도록 건축자에게 특권을 지닌 임무를 부여하시는 것이다. 그러므로 우리는 NRSV의 "은혜"와 REB의 번역 "하나님은 나에게 특권을 주셨습니다"를 결합하여 "하나님께서 나에게 주신 은혜로운 특권을 따라"로 번역했다. 바울 서신과 신약성경의 다른 본문에서, 특히 누가-행전에서 사도들의 사역은 바로 기초를 놓는 사역이다(1:1; 9:1-3에 대한 주해 참조).

그리스어 동사 ἔθηκα, "나는 기초를 놓았습니다"의 시제는 부정과거다. 라이트푸트는 (D와 ℵ³를 포함한 몇몇 사본의 독법이 제시하는) 현재완료 시제는 "나는 기초를 놓았습니다"(I laid)라는 실제 사건보다는 "나는 이미 기초를 놓았습니다"(I have laid)라는 현재완료 시제의 결과를 강조하면서 우쭐대는 모습을 암시할 수 있다고 주장한다. 한편 θεμέλιον의 형태는 엄밀히 말하자면 암묵적으로 그리스어 명사 λίθον(기초석)을 암시할 수 있는 형용사다. 하지만 이 단어는 단순히 기초를 의미한다. 프리드릭센은 이 기초는 기초벽을 포함한다고 생각한다.[52] 고전 2:2은 바울의 이 기초 사역을 설명한다. 거기서 기초적인 복음 선포 내용은 인간적인 다양한 견해와 평가가 덧붙여지지 않고 단순히 사도들이 선포한 **십자가에 못 박힌 그리스도**에 관한 메시지다.[53] 이 내용은 기독론적이며 그리스도 중심적이다. 바로 이러한 특성이 기초를 견고하게 한다. 이 기초가 없다면 건물은 서 있지 못할 것이며 또 그런 건물로 서 있지 못할 것이다.

ἄλλος δὲ ἐποικοδομεῖ(ἐπί, 위에 + οἰκοδομέω, 내가 집을 짓다), "그리고 다른 어떤 사람이 그 위에 집을 짓습니다"에서 다른 사람이 누구인지, 그리고 그 일에 대한 평가는 어떠한지는 모호하며 중립적이다.[54] "다른 어떤 사람"은 아볼로를 배제하지 않는다. 왜냐하면 바울이 놓은 기초 위에 사실상 아볼로가 계속 건물을 세워나가고 있기 때문이다. 한편 심각한 반대자는 어떤

---

52) Fridrichsen, "Neutestamentliche Wortforschung: Themelios, 1 Kor. 3:11," 316-317.
53) Barrett, *First Epistle*, 87.
54) "다른 어떤 사람"에 대한 언급이 아볼로를 가리키는지, 아니면 아볼로는 제외되는 것인지에 관해 상당히 많은 논쟁이 있어 왔다. Allo는 바울이 "다른 사람들"(복수)이 그 일을 계속하는 것을 마지못해 감수하지만 이에 대해 다소 우려스러운 마음을 갖고 있다고 생각한다(Allo, *Première Épitre*, 58). 또한 Grosheide와 Senft는 바울의 언급에 "어떤 개인과 관계 없는…모호성"이 있다고 지적한다. 그것은 "일종의 책망으로 간주되어서는 안 된다. 반면 다른 사람이 그 기초 위에 집을 세워야만 그 기초는 의미가 있다. 바울은 그 일이 일어나기를 바라고 있다"(Grosheide, *First Epistle*, 84). Fee는 "바울이 지금 아볼로나 베드로를 의도한 것이 아니"라고 주장한다(Fee, *First Epistle*, 138). Fee는 그 이유로 아볼로와 바울이 공통적인 목적을 공유하고 있으며, 바울이 아볼로를 자신의 경고 대상에 포함하지 않았을 것이라는 점을 제시한다. 하지만 Grosheide와 본 주석서 저자는 비록 아볼로가 가장 우선적이거나 유일한 언급 대상은 아니라 하더라도 그가 제외될 수 없다고 생각한다. "그 언급은 단지 아볼로만 가리키는 것은 아니다"라는 Lightfoot의 견해는 여전히 타당하다(Lightfoot, *Notes*, 189). Wolff는 "바울이 ἄλλος라는 단어를 통해 어떤 구체적인 사람을 가리키려 의도하지 않았다"라고 주장한다(Wolff, *Der erste Brief*, 71).

교회에 도착하여 기초 공사를 처음부터 완전히 다시 시작해야 한다고 믿고 이미 놓인 기초를 모두 파헤치는 사람과 같은 지도자일 것이다. 또 다른 한 편으로 아볼로와 바울 자신을 포함하여 그 어떤 사역자도 "어떻게 계속 집을 지을지 저마다 주의해야 합니다"라는 사도적 명령으로부터 자유롭지 못하다. 또한 βλεπέτω, 명령형 3인칭 단수, "내가 보다" 또는 (정신적으로) "주의를 기울이다"는 "주의해야 합니다"로 번역하는 것이 가장 좋을 것이다 (예. 막 13:33 — Βλέπετε, 2인칭 복수 명령형; 참조. 골 2:5). 10절의 그리스어 원문에서 ἐποικοδομεῖ는 두 번 반복되어 나타난다. 우리는 이것을 단지 매끄러운 영어 표현을 위해 "계속 집을 짓습니다"로 번역했다. 그리고 "주의해야 한다"라는 주제는 이제 11-17절에서 그리스도 중심적이며 종말론적인 구조 안에서 핵심적인 모티프로 설명된다.

11절   이 절은 분명히 밭과 동역자에 대한 유비와 평행을 이룬다. 추수 또는 수확에 반드시 필요한 분이 바로 자라게 하시는 하나님이신 것처럼 여기서도 집을 세워나가는 데 필요한 유일한 요소는 바로 집의 존속, 일관성, 정체성의 기초가 되는 예수 그리스도다. 동시에 심고 (비록 부차적인 의미를 지니고 있다 하더라도) 물을 주는 일이 밭에서 곡식이 계속 자라게 하는 필수 조건인 것처럼 (비록 기초를 놓는 일보다 덜 중요하다 하더라도) 계속 집을 짓는 데 적합한 재료를 선택하는 것도 필요하다. 가장 중요한 요소는 생명의 수여자이자 기초가 되시는 그리스도 안에 계신 하나님이시다. 하지만 하나님의 일을 완성하기 위해 심고 물 주고 적합한 재료를 사용하는 것(12절)도 필수적인 역할을 담당한다.

제2부정과거 능동태 부정사인 θεῖναι는 기초를 놓는 단일 행위를 가리킨다. 또한 τὸν κείμενον(현재완료 분사 목적격 남성 단수로서 수동의 의미를 지닌 중간태)은 κεῖμαι라는 다른 어근에서 유래했다. 이 표현은 이미 놓인 것을 가리킨다. 여기서 현재완료 시제는 과거의 어떤 행위가 미치는 영속적인 영향에 초점을 맞추면서 매우 독특한 뉘앙스를 나타낸다. 아마도 κείμενον은 남성일 것이다. 왜냐하면 그 기초는 그리스도이기 때문이다. 하지만 보다 더 가능성이 있는 해석은 θεμέλιον, "기초"가 형용사로서 λίθος와 결합하여 기

초석이라는 의미로 통용된다는 것이다.[55] 기초로서의 그리스도에 대한 개념은 부활 장(章)의 배후에 있다(바울 이전의 전승에 속하는 고전 15:3-8을 포함하여 고전 15:1-11). 이 개념은 "내가 이 반석 위에 내 교회를 세우리니"라는 마 16:18의 말씀을 올바르게 해석하는 데 도움을 준다. 해당 구절은 교회의 기초석(반석)인 베드로의 신앙고백에 담긴 기독론적인 내용을 일차적으로 가리킨다.

　　다른 모든 기초는 그 건물을 위태롭게 할 뿐 아니라 그런 건물로서 존속하지 못하게 한다. 우리는 목적격과 함께 사용된 전치사 παρά를 "~외에"라는 비교의 의미로 번역했다. 하지만 이 전치사가 소유격 또는 여격과 함께 사용될 때 그 기본적인 의미는 "~옆에"다.[56] 바울은 "그리스도 옆에" 놓인 기초는 어떤 것도 아무런 쓸모가 없다는 취지에서 말했을지도 모른다. 하지만 목적격이 사용되었다는 것을 고려하면 아마도 그는 δύναται를 논리적 가능성의 의미로 사용했을 것이다(논리적 가능성 대 인과관계적인 가능성에 대해서는 앞에서 제시한 설명 참조). 즉 만약 그 건물(집)이 진정으로 하나님의 교회여야 한다면 그리스도 외에 다른 어떤 기초도 논리적으로 가능하지 않다. 바울 신학의 다른 부분과 비교할 때 이 절은 "역설적"이라는 콘첼만의 관점은 "유비 안으로 끼어들어 온 것"이라는 피의 주장만큼이나 놀랍다.[57] 우리는 이 절에 대한 우리의 주해의 시작 부분에서 어떻게 이 절이 밭의 이미지와 평행을 이루는지를 설명했다. 또한 슈라게도 이 절이 1:18-25을 암시한다는 점을 지적한다.[58] 나아가 우리는 여기서 사용된 유비와 다른 본문에서 사용된 알레고리를 서로 구별해야 한다는 게일의 지적을 염두에 두어야

---

55) A. T. Robertson(*Epistle*, 4:96)은 이 단어가 그리스도를 가리키며, 남성형임을 암시한다고 주장한다. 반면 Findlay는 비록 종종 70인역에서, 그리고 행 16:26에서 중성으로 나타나지만, 딤후 2:19; 히 11:10; 계 21:14, 19에서도 남성으로 사용된다는 점을 언급한다(*Expositor's Greek Testament*, 2: 790-791). (또한 남성으로 사용된) ἄλλον도 θεμέλιον이 여기서 남성으로 사용되었다는 점을 확인해준다.

56) BAGD, 609-611, 특히 3:3, 611, col. 1; 또한 Fee, *First Epistle*, 139, n. 24.

57) Conzelmann, *1 Corinthians*, 75; Fee, *First Epistle*, 139.

58) Schrage, *Der erste Brief*, 1:298. 또한 참조. Collins, *First Corinthians*; Strobel, *Der erste Brief* (n. 6).

한다.[59] 하지만 피는 여기서 바울에게 중요한 것은 그리스도 자신이 기초라는 사실이지, 그리스도에 대한 몇 가지 교리적인 진술이 아니라고 올바르게 강조한다. "다른 그 어떤 기초도 세울 수 없다. 왜냐하면 궁극적으로 하나님은 이미 유일무이한 기초를 세우셨기 때문이다"(11절).[60]

12-13절   (1) 몇몇 사본들은 12a에서 기초 앞에 "이것"(τοῦτον)을 삽입한다. 그리고 "만약 어떤 이가 이 기초 위에…집을 짓는다면"이라고 읽는다. 하지만 𝔓⁴⁶, ℵ*, A, B, C와 다양한 사본들은 지시대명사 없이 θεμέλιον이라고 읽는다. τοῦτον이 삽입된 이유는 분명하다. 이것은 쉽게 설명할 수 있다. 반면 이것이 원문에 들어 있었는데 누락되었을 가능성을 설명하기란 어렵다. (2) 13절에서 인칭 대명사 αὐτό는 꺾쇠괄호 안에 들어 있다. 왜냐하면 그것이 과연 원문에 포함되는지를 놓고 결정하기 어렵기 때문이다. 하지만 그것이 원문에 포함된다 하더라도 의미상의 차이점은 전혀 없다. A, B, C, 33은 그것을 원문에 포함하는 반면, ℵ, D, 그리고 아마도 𝔓⁴⁶을 재구성한 사본, 하르켈의 시리아어 역본, 불가타 및 콥트어 역본들에는 그것이 들어 있지 않다. 사본들의 증거에 기초할 때 이 인칭 대명사는 아마도 원문에 포함시키지 말아야 할 것이다.

만약 바울이 부분적으로 자신이 곧바로 사용할 이미지(3:16-17)—곧 신앙 공동체는 하나님의 성전이다—를 기대했다면 그가 여기서 솔로몬의 성전 건축을 암시한다는 점을 간파한 칼 말리, 데이비드 쿡 등 다른 학자들의 관점은 타당할 것이다. 다윗은 성전 건축을 위한 재료에 관해 "금과 은과 놋과 철과 나무와 또 마노와 가공할 검은 보석과 채석과 다른 모든 보석과 옥돌이 매우 많으며"(대상 29:2)라고 말한다(참조. 출 25:3-7; 31:4, 5; 대상 22:14-16).[61] 이 경우에 우리는 λίθους τιμίους를 가장 흔한 의미인 "값 비싼 돌들"로 번역할 수도 있다. 하지만 풀과 짚(참조. 지붕을 덮는 재료로 사용됨)이

---

59) Gale, *Use of Analogy*, 85-86.

60) Collins, *First Cor*, 149; 이와 비슷하게 구약의 배경과 더불어(예. 시 118:22-23) Strobel, *Der erste Brief*, 81.

61) Maly, *Mündige Gemeinde*, 68; Kuck, *Judgement*, 177; 또한 참조. Wolff, *Der erste Brief*, 72-73.

덧붙여진 점을 고려하면 바울은 여기서 랑이 말하는 구체적이지 않은 유비를 사용하고 있을 개연성이 훨씬 더 높다. 즉 단 두 가지 부류의 재료, 곧 불의 시험을 통과할 불연성 재료(금, 은, 값 비싼 돌)와 가연성 재료(나무, 풀, 짚)만을 염두에 두고 있다는 것이다.[62] 이 경우에 λίθους τιμίους는 (위의 경우와 마찬가지로) "값 비싼 돌들"로 번역해야 한다. 곧 좋은 품질의 돌들 가운데는 대리석이 가장 적합한 예일 것이다. 대다수 주석가들은 여기에 언급된 재료들을 여섯 가지로 분류하는 것에 반대하며 오직 두 가지 유형으로 구분한다. 비록 바울이 가장 값비싼 재료(금)를 목록의 맨 앞에 배치하고 가장 값이 싼 재료(짚)를 맨 뒤에 언급하지만, 종말론적인 "불"은 해당 재료들을 불을 견디고 남아 있는 것들과 불에 모두 타버리는 것들로 드러나게 한다.[63] "금으로 짓는다"는 번역에서 지소사 χρυσίον은 금속으로서의 금을 가리킨다. 금(χρυσός)으로 다양한 물건이 만들어졌다.[64]

쿡은 바울이 "두 종류의 판단 기준—본질적인 가치와 불에 대한 내구성—을 결합시키는 것처럼 보인다"라고 주장하지만 그의 견해는 설득력이 거의 없다.[65] 오히려 랑의 주장대로 선교사와 목회자인 바울은 모든 목회 활동이나 교회 사역은 십자가에 달린 그리스도의 실재에 기초해야 하며, 이러한 일은 계속되어야 한다는 데 관심을 표현한다. "불에 의한 시험"은 최후의 심판과 연결되어 있다. 이 시험은 바울이 4:4과 4:5에서 설명하는 부차적이면서도 중요한 사항을 강조한다. 곧 인간의 마음은 우둔하고 이중적이기 때문에 심지어 진지하고 신중하게 건물을 짓는 건축자들도 자신들이 "어떻게 건물을 짓고 있는지" 명확하게 알지 못한다는 것이다. 최후

---

62) 분명히 랍비 문헌과 다른 곳에서 풀과 짚은 특별히 가치 없는 물품으로 언급된다. 하지만 여기서 불의 역할은 해당 재료의 지속성을 드러낸다. Conzelmann이 주장하듯이 바울은 묵시론적인 사변 또는 모형론에서 건축물과 성전에서 광범위한 재료들이 어떤 역할을 하는지 분류하고 있는 것이 아니다(Conzelmann, *1 Corinthians*, 76).

63) Lang, *Die Briefe*, 53.

64) 참조. Robertson and Plummer, *First Epistle*, 62. 또한 금속으로서 은을 가리키는 ἄργυρος와 ἀργύριον에 대해서도 동일한 구분이 적용된다.

65) Kuck, *Judgment*, 177.

의 심판에서 하나님이 해당 작업에 대해 최종적인 판결을 내리실 것이며, 그것을 통해 그 일이 공개적으로 드러나고 밝혀진다.[66] 더 중요한 것은 어떤 건축자는 다른 건축자들의 작업의 특성과 우열(優劣)을 판단할 수 없다는 점이다. 다른 건축자들도 불의 시험을 통과하고 "계속 남아 있게 될 일을 하고 있거나 아니면 없어지게 될 일을 하는 것이다." 마지막 날 최후의 심판이 각각의 일에 대해 최종적으로 판결을 내릴 것이다.[67] 그 기초 위에 어떤 사람이 참으로 집을 짓는 작업도 나중에는 영속적인 가치를 전혀 지니고 있지 못하다고 판명될 수 있다는 사실은 많은 것을 말해준다. 콕스는 자신의 관심에서 비롯된 요소들이나 또는 심지어 어떤 그리스도인이 칭찬을 받거나 자기 유익을 위해 "그리스도 위에" 집을 짓는 것도 마른 풀이나 짚으로 변질될 수 있다고 추측한다.[68] 이러한 건축물(집)은 그리스도를 닮은 것이 아니다. 서로 구별되는 두 구절―φανερὸν γενήσεται와 ἡ γὰρ ἡμέρα δηλώσει―은 의미를 서로 보완해준다. 첫 번째 구절은 오직 시간이 말해줄 것이며, 참으로 시간이 각각의 건축 작업의 특성을 명백하게 밝혀줄 것이다. 그리스어 동사 γενήσεται는 γίνομαι의 미래형이다. 비록 현재에 작업 내용이 불분명하고 감추어져 있다 하더라도 각 작업의 특성은 장차 명백해질 것이다. 그리스어 형용사 φανερός와 같은 어원의 동사형은 φαίνω다. 이 동사는 "비치다" 또는 "빛을 비추다"를 의미한다. 이태동사(deponent)는 φαίομαι이며, "나타나다" 또는 "눈에 보이다"를 뜻한다. 이 형용사는 "명백해진다"라는 의미로 종말론적인 배경(고전 13:13; 고후 5:10; 참조. 고전 4:5에서 동사형)에서 사용되며, 이곳저곳에서 현재에 무언가가 밝혀지고 드러나는 것(고전 11:19; 14:25)과 관련하여 사용된다. 여기서 바울은 우회적인 표현인 φανερὸν γενήσεται를 δηλώσει, ἀποκαλύπτεται, δοκιμάσει와 연결하여 이 점을 강조한다("그 불은…시험할 것입니다"). 이 절에서 사용된 그리스어

---

66) Lang, *Die Briefe*, 53.

67) Cox, "The 'Straw' in the Believer: 1 Cor 3:12," 35; 참조. 34-38.

68) 같은 책, 37.

현재시제는 자명한 이치로서의 기본 원리에 관심을 기울이며, 이 동사의 미
래형은 미래에 일어날 사건들을 암시해준다("그것을 드러낼…곧 나타낼 것입
니다).[69]

이 용어들은 종말론적 사건이 최종적으로 나타나는 것에 대해 엄숙하
고 진지하게 말한다. 곧 종말이 모든 사람에게 최종적으로 임할 것이다. 최
종적·우주적 사건을 통해 이제까지 모호함과 최상의 것에 대한 희망(또는
반대로 최악의 것에 대한 두려움)을 가리고 있던 모든 베일은 완전히 벗겨지고,
그것들은 모든 사람에게 공개적으로 분명하게 드러날 것이다. 불은 보다 더
좋은 재료를 더욱 눈부시게 드러내지만, 열등한 재료는 태워 없애버린다
는 라이트푸트의 주해는 훨씬 이전에 크리소스토모스가 주장한 것과 일치
한다.[70] 콘첼만은 ἐν πυρί를 도구적인 의미, 곧 "불로"로 올바로 해석한다(이
해석은 에드워즈와 마이어의 견해와 다르다).[71] 기원전 146년에 고린도가 로마에
의해 파괴된 이후로 기원전 44년에 율리우스 카이사르에 의해 로마의 식
민 도시로 재건되기까지 이 도시는 부분적으로 또는 대체로 폐허 상태에 있
었다. 식민 도시로 재건된 다음부터 고린도는 다시 명성을 얻기 시작했다.
고린도가 폐허 상태로부터 다시 일어섰을 때 사람들은 진흙과 자갈을 섞어
만든 작은 집들이나 또는 대리석으로 만든 벽 위에 짚이나 마른풀을 엮어
지붕을 얹어놓은 모습을 볼 수 있었을 것이다. 이전의 건축물과 새로 재건
된 건축물 사이에 존재했던 부조화의 모습이 바울 시대에 얼마나 많이 남아
있었는지에 대해 우리는 정확하게 알 수 없다. 하지만 이러한 종류의 비정
상적인 흔적들은 이 도시의 여러 곳에서 충분히 발견할 수 있었을 것이다.
그들은 현대 독자들보다 고린도전서의 수신인들이 지중해 연안에 있으며
다양한 건축 재료로 지은 건조한 도시를 휩쓸어버린 불에 대한 공포심을

---

69) Meyer, *First Epistle*, 1:96.

70) Lightfoot, *Notes*, 192; Chrysostom, *1 Cor. Hom.* 9:5.

71) Conzelmann, *1 Corinthians*, 76; Meyer, *First Epistle*, 1:95; Edwards, *First Epistle*, 80.
Meyer와 Edwards는 불과 관련된 대상이 건축 작업이 아니라 불길에 완전히 휩싸이는 그날
이라고 주장한다.

더욱더 가슴 깊이 느꼈을 것이다. 왜냐하면 현대 도시에서는 건물이 매우 획일적이며, 소방 제도와 화재 방지 시설이 다양하게 마련되어 있기 때문이다. 분명히 그 당시 고린도의 상황은 최종적인 심판의 날에 임할 파괴적인 결과를 진지하게 생각하도록 만드는 데 적합했을 것이다. 바울은 ἡμέρα, "그날"이라는 단어를 사용한다. 롬 13:12과 살전 5:4에서 이 단어는 최후의 심판을 가리킨다. 또한 롬 2:16은 "하나님이…심판하시는 그날"이라고 말한다.[72] 바울은 종종 "주의 날"이라는 표현을 사용하지만(고전 1:8; 5:5; 고후 1:14; 빌 1:6, 10; 2:16; 살전 5:2; 살후 2:2), 평행 구절에서는 주의 오심(강림)에 대해 말한다(고전 4:5; 참조. 살전 2:19; 3:13). ἐκείνη ἡ ἡμέρα, "저 날"이라는 표현은 살후 1:10과 복음서에서 자주 나타난다.[73] 추가로 한정하는 말이 없이 단순히 "그날"이라고 표현하는 것은 해당 표현이 바울의 설교와 가르침에서 이미 잘 알려져 있음을 입증해준다.

다소 놀라운 점은 수 세기를 거쳐 오늘날에 이르기까지 많은 저자들이 상급 및 형벌과 관련하여 심판을 시험으로서의 심판과는 전혀 별개의 것으로 말한다는 것이다. 하지만 이 두 가지는 불가분의 관계에 있다. 왜냐하면 최후의 심판 이전에 인간적인 모든 평가는 수정될 가능성이 있기 때문이다. 또한 그 평가들은 추가 정보, 각 사람의 동기 및 장기적으로 미치는 영향에 대해 잘 알지 못하는 요소에 의존하고 있기 때문이다. 하지만 하나님은 최후의 심판에서 전적으로 수정이 불가능한 최종적인 판결을 선언하신다. 왜냐하면 그 선언은 전체적인 배경과 상황에 근거하여 모든 요소를 엄밀하게 살펴보고 난 후에 결정한 것이기 때문이다. 그러므로 그리스어 동사 δοκιμάζω, 곧 "그 불이 (그것을) 시험할 것입니다"(τὸ πῦρ [αὐτὸ] δοκιμάσει)라는 구절은 학교에서 선생이 제시하는 시험과 비교하여 생각해서는 안 된다. 왜냐하면 이 시험은 하나님이 최종적인 판결을 내리시는 데 작용한 모든 요소를 명백하게 드러낸다는 의미에서 **최종적인 시인(또는 거부)**을 나타내는 것이기 때문

---

72) Kuck, *Judgment*, 179.
73) 마 7:22; 24:36; 26:29; 막 13:32; 14:25; 눅 10:12; 17:31; 21:34.

이다. 사실상 이 시험은 어떤 사람이 그리스도 안에 있는 의로운(의롭다고 인
정된) 신분에 동참할지의 여부뿐만 아니라 하나님이 보시기에 각 사람의 행
위가 어느 정도의 지속적인 효과를 지니고 있는지를 밝혀줄 것이다. 왜냐하
면 은혜로 말미암는 칭의가 자기중심적이며 죄악되고 무가치한 모든 것을
취소한다는 것을 의미한다면 그러한 사항들은 당연히 "남아 있지" 못할 것
이기 때문이다. 반면 성령의 능력과 그리스도의 이름으로 제공된 것은 마
지막 날에 구속받은 공동체의 존재 및 찬양과 하나님의 생명 안에서 영원
히 존속하는 효력을 지니게 될 것이다. 각 사람이 행한 일이 어떤 것인지(τὸ
ἔργον ὁποῖον) 모두 드러날 것이라는 바울의 말은 바로 이 점을 분명하게 강
조한다. 나아가 이 강조점은 14절과 15절에 대한 우리의 이해에 배경을 제
공해준다.

14-15절   두 종류의 건축 작업이 빚어내는 두 가지 결과는 다음과
같다. 한편으로 한 종류의 작업은 (a) 영속성(μενεῖ)을 지니고 있고 심지어
최후 심판의 날에도 전혀 해를 입지 않고 그대로 남아 있을 것이다. 반면 다
른 건축 작업은 (b) 불에 완전히 타버릴 것이다(15절에서는 강조형 전치사 κατά
와 결합된 후기 헬레니즘 형태의 직설법 미래 수동태[κατακαήσεται] 사용되었다. 곧 이
전의 그리스어에서는 이 단어가 대체로 κατακαυθήσεται로 표기되었다). 영어는 이 강
조형 전치사를 up으로 표현하여 is burnt up으로 번역하지만, 그리스어는
아래로라는 전치사를 사용하여 동일한 효과를 낸다(is burned down). 14절과
15절에서 각각의 조건절의 전반부는 직설법 미래로 표현된다. 왜냐하면 이
것은 불명확한 것이 아니라 하나님에 의해 결정된 것이기 때문이다. 영역본
들은 그리스어의 직설법 미래 대신에 해당 동사를 현재 시제로 번역하는 경
향이 있다(예. NRSV, REB, NJB 등). 코니비어는 "해를 입지 않고…타버릴 것
이다"라고 훌륭하게 번역했다. 그리고 ὃ ἐποικοδόμησεν(직설법 제1부정과거
능동태)은 이미 놓인 기초 위에 건물을 세웠다는 뉘앙스를 반영한다.[74]

---

74) Hays, *First Cor*, 54. Hays는 건물을 "새롭게 확장하는 공사"의 불합리성에 대해 설명한다.
    그 일은 이미 놓인 기초 옆에 "지혜에 근거한" 기초 공사를 추가하는 것을 필요로 할 것이다.

"상(賞)을 받을 것입니다"(14절, λήμψεται는 λαμβάνω의 직설법 미래)와
"손해를 입을 것입니다"(15절, ζημιωθήσεται)라는 두 평행 구문과 관련하여
우리는 섀너(3:10에 대한 주해 참조)가 확인하고 논의한 건축 계약에 관한 비
문을 다시 참조할 필요가 있다.[75] 앞에서 섀너는 만약 필수적으로 실행해야
하는 일(ἔργον)이 지연되거나 부적합할 경우, 벌칙 조항들은 손해 배상이나
벌금(ζαμίαι ζαμιότω — 기원전 4세기에 아르카디아 지방의 테게아에서 사용되던 이전
시대의 방언)을 허용했다. 대체로 ζημιόω는 "형벌하다"가 아니라 "어떤 사람
에게서 무엇인가를 빼앗는다"를 의미한다. 만약 이 비유적인 표현을 어떤
점을 강하게 강조하는 광범위한 이미지가 아니라 하나하나 서로 비교하는
알레고리로 해석해야 한다면 가능한 "형벌"에 대한 이론적인 이슈들은 사
후의 세계와 관련된 교리로 변질될 수 있다.[76] (또한 3:8에서 μισθός와 3:13에서
δοκιμάσει에 대한 주해를 참조하라.)

15절에서 대명사 αὐτός는 의미를 강조하는 그 사람을 가리킨다. 바울
에 의하면 심지어 이기심으로 심각하게 훼손된 그리스도인의 사역도 그의
구원을 위태롭게 할 수 없다. 하지만 결함이 있는 사역은 마지막 날에 하나
님의 심판으로부터 벗어날 수 없다. 그 사역은 사랑과 올바른 섬김에 주어
지는 자리 가운데 한 자리를 차지하지 못한다. 하나님의 종들은 성령의 감
동으로 이러한 일을 위해 신실한 도구와 동역자로서 변함없이 수고했다.[77]
비록 가능성이 있긴 하지만, διὰ πυρός가 단순히 **불을 통과했지만 아무런 해
를 입지 않은 어떤 사람과 같다**는 것을 의미한다는 것은 타당성이 없다. 오히
려 이 표현은 "불 속에서 끄집어낸 타다 남은 나무"(암 4:11)와 같은 은유적
인 표현이다. 이것은 "가까스로 살아남았다"라는 말과 비슷하다.[78] 표준적

---

75) 참조. Shanor, "Paul as Master Builder," 461-471. 여기서 표현된 수동태는 미래 중간태의
    의미를 지니고 있다.
76) 참조. J. Gnilka, *1 Kor. 3:10-15 ein Schriftzeugnis für das Fegfeuer?* (Düsseldorf: Triltsch,
    1955).
77) 참조. Schrage, *Der erste Brief,* 1:303-304. Schrage는 이 부분에서 은혜와 더불어 책임을 강
    조한다.
78) 참조. Fee, *First Epistle,* 144 and Witherington, *Conflict and Community,* 134.

이며 상세한 아모스 주석서 중 하나는 암 4:11을 "그 표현은 격언과 같은 것이었으며 마지막 순간에 가까스로 구원받았다는 것을 의미한다"라고 해석한다(참조. 슥 3:2).[79] 또한 바이스는 격언과 같은 비슷한 표현의 고대 그리스 문헌(예. 에우리피데스)과 라틴어 텍스트(예. 리비우스)를 언급한다.[80]

피(Fee)는 다음과 같은 결론에 도달한다. 이것은 "구원론적인 진술이 아니다.…바울은 그의 고린도 친구들에게 경고하고 있다.…결국 구원은 어떤 사람의 행위로 얻는 것이 아니라 하나님의 은혜로 주어지는 것이다. 그러나…그는 고린도 교인들이 자신의 경고를 진지하게 받아들이기를 기대한다."[81] 한편 위더링턴은 다음과 같이 분명하게 주장한다. "이것은 연옥을 가리킬 수 없다. 왜냐하면 바울은 그리스도의 재림 후에…최후 심판 날에 일어날 사건에 대해 말하고 있기 때문이다.…따라서 '불 속을 거쳐'는 가까스로…벗어나는 것을 의미하는 은유적인 표현이다."[82]

c. 성전과 하나님의 영의 내주하심(3:16-17)

이 편지와 바울 신학에서 목회 사역에 관한 이슈들은 교회의 본질에 대한 질문과 밀접하게 연결되어 있다. 목회 사역은 말씀과 삶을 통해 복음을 선포하고 교회의 유익과 양육을 위해 존재한다. 교회는 목회의 역할을 평가절하할 수 있다. 하지만 더욱 심각한 것은 자기 존중, 신분 추구 또는 이기심 등을 추구하는 목회 사역은 교회에 손상을 입힐 수 있다는 점이다. 바울은 이 장(章)에서 세 번째 이미지(성전)를 가지고 이 점에 대해 탐구한다.

16절　　　이 절은 "건물을 세우는 것"의 중요성과 고린도에 있는 하나

79) R. S. Cripps, *A Critical and Exegetical Commentary on the Book of Amos* (London, SPCK, 1929), 175. Schrage, *Der erste Brief,* 1:303-304. 또한 Schrage도 해당 부분에서 구약의 배경에 관심을 기울인다.
80) J. Weiss, *Der erste Korintherbrief,* 83, n. 1; Euripides, *Andromache,* 487: (διὰ γάρ πυρός ἦλθ') and *Electra* 1182; Livy, 20:35. 또한 참조. 유 23절, ἐκ πυρὸς ἁρπάζοντες("불에서 끌어내어").
81) Fee, *First Epistle,* 144.
82) Witherington, *Conflict and Community,* 134.

님의 성전으로서 하나님의 백성에 관한 은유에 대한 랜시의 주장의 핵심으로 이끈다.[83] 여기서 두 그리스어 단어에 특별히 주목할 필요가 있다. 첫째, ἱερόν은 성전 전체의 거룩한 영역을 가리키지만, ναός는 단지 성전 건물 자체만을 의미한다. 따라서 이것은 이전의 이미지를 한층 발전시키면서도 범위를 좁혀 거룩함에 관한 이슈와 하나님이 내주하시면서 거룩하게 하시는 것에 초점을 맞춘다. 어떤 영역본은 여기서 ἱερόν과의 대조를 부각하기 위해 ναός를 "신전"(shrine, W. J. Conybeare)이나 "성소"(sanctuary, Centenary Translation[H. B. Montgomery])로 번역한다. 이 번역도 어느 정도는 타당성을 지니고 있다. 하지만 대다수 영역본들은 단순히 "성전"으로 번역한다(NRSV, REB, NJB, AV/KJV). 본 주석서 저자는 여기서 성전의 성별이 핵심 이슈이기 때문에 "성전의 성소"로 번역하면 어떨지 고민해보았지만, 만약 그렇게 번역한다면 그것은 해당 그리스어 명사를 지나치게 확대하여 번역하는 결과를 빚어낼 것이다.[84]

둘째, 그리스어 인칭 대명사가 명백하게 일러주듯이 16절의 마지막 구절 ἐν ὑμῖν은 복수형이다. 여기서 바울은 그리스도인이 각각 성전이며, 그 성전 안에 하나님의 영이 거한다는 취지로 말하고 있지 않다. 오히려 하나님의 영은 하나의 공동체를 형성하고 있는 그리스도인 공동체 안에 거하신다. 하지만 비록 바울이 개인의 행위와 관련된 윤리에 관해 말하는 6:12-20에서 "너희"라는 인칭 대명사 복수를 사용하지만, 6:19에서 하나님의 영이 또한 한 개인으로서 각 신자 안에 거한다는 해석도 전적으로 타당하다. 곧 τὸ σῶμα ὑμῶν ναὸς τοῦ ἐν ὑμῖν ἁγίου πνεύματός ἐστιν(너희의 몸[단수] 은 너희[복수, 두 번째로 사용됨] 가운데 계신 성령의 전이다). 우리가 6:19에 관해 어떤 결론을 내리든지 간에 3:16은 분명히 하나님의 영이 신자들의 공동체 안에 내주한다는 것을 가리킨다.

맨 앞 구절 οὐκ οἴδατε ὅτι(여러분은…알지 못합니까?)라는 표현은 이 편

---

83) Lanci, *A New Temple for Corinth*. 앞에서 인용됨(3:9c, 10의 주해를 참조하라).

84) O. Michel, "ναός," *TDNT*, 4:880-890; H. B. Swete, *The Holy Spirit in the NT*, 180-181.

지에서 열 번이나 등장한다. 이 표현은 바울의 격렬한 감정(분명히 여러분은 이것을 알고 있습니다!)과 그의 다음과 같은 확신을 나타낸다. 곧 해당 원리는 그리스도인에게 자명한 것이며 신앙 공동체의 사고에서 하나의 핵심 요소로서 반드시 깊은 관심을 가져야 한다는 것이다.[85] 허드는 바울이 고린도교회의 잘못과 추악한 행위에 대해 구두로 전달받고 나서 종종 "격렬하면서도 공격적인" 반응을 보인다고 말한다. 그는 이러한 사례를 열 가지 제시한다. 이와는 대조적으로 바울은 그들이 직접 편지로 써서 질문하는 사항에 대해서는 보다 더 신중하고 균형 있게 반응한다. 그는 그들의 질문에 대해 찬성 또는 반대 의견을 세심하게 제시한다.[86] 바울 시대의 이방 종교에서 신전이 그들의 신이나 여신의 특성과 이름을 반영한다는 것은 자명했다 (예. 행 19:24, 아데미 신전. 이 절에서도 ναός가 사용됨). 뿐만 아니라 이스라엘의 하나님이 "손으로 지은 신전"이 아닌 그의 백성 가운데 거하신다는 개념은 헬레니즘 시대의 디아스포라 유대인들과 기독교 공동체들 안에서도 자명한 것이었다. 대체로 기독교 공동체들은 디아스포라 유대교에 기초하고 있었다(행 7:48, 스데반의 설교, 17:24). 유대교 및 기독교 묵시 문헌에서 하나님의 임재와 영광을 드러내는 성전의 거룩함은 당연한 것이었다(계 7:15; 11:19; 14:17; 21:10; 참조. 21:22). 따라서 바울은 "살아 계신 하나님의" 성전에 관해 말한다(살후 2:4; 고후 6:16). 그 성전의 거룩함은 우상을 가까이함으로써 훼손될 수 있다.

라이오넬 손턴은 거룩함에 대한 바울의 신학과 관련하여 이 본문의 윤리적·예전적 함의에 관해 논의하면서 다음과 같이 말한다. "고린도 신자들은 하나님의 성소이며, 그 안에 성령이 거주한다. 하지만 그들은 자신들의 그릇된 분열로 말미암아 이 성소를 파괴할[17절] 위험에 처해 있다.…그들의 헛된 영광, 질투와 파벌주의는…신앙 공동체의 삶을 해치고 있다. 하지만 설상가상으로 그것은 일종의 **신성모독의 형태를 띠고 있다**"(강조는 덧붙여

---

85) 또한 참조. 5:6; 6:2, 3, 9, 15, 16, 19 및 9:13, 24.
86) Hurd, *The Origin of 1 Corinthians*, 85-87; 참조. 75-94.

진 것임).[87] 그것이 신성모독인 이유는 공동체적으로 하나님의 성전을 구성하는 "성별된 사람들"에게 죄를 지음으로써 성전을 거룩하게 구별하는 성령 안에서 이루어지는 교제(κοινωνία)를 훼손하기 때문이다. 성별된 공동체를 훼손하는 죄를 지음으로써 어떤 이들은 하나님께 죄를 지으며 성령을 모독한다.[88] 하나님의 영이라는 표현과 그 신학적 의미에 관해서는 본 주석서 2:10-16에 대한 주해를 보라. 바울 시대에 다른 종교 숭배자들은 대부분 신전에서 자신들이 섬기는 신(들)의 형상을 보기 원했을 것이다. 따라서 하나님이 그의 거룩한 영을 통해 "인간의 손으로 짓지 않은" 그의 성전을 거룩하게 구별하신다는 것은 당연한 것이다.[89] 하나님의 임재는 그의 백성을 성전이 되게 한다. 하나님의 임재가 없으면 그들은 결코 성전이 아니다. 바울이 롬 8:9, 11에서 말하듯이 성령의 내주하심은 신자들이 그리스도 안에서 하나가 된 하나님의 백성이라는 정체성을 확인해준다.[90]

17절   이 절의 그리스어 텍스트는 φθείρω라는 동사를 두 번 사용하면서 언어유희를 사용한다. 처음에는 직설법 현재 φθείρει로 나타나고, 두 번째는 직설법 미래 φθερεῖ로 나타난다. 이러한 형태의 대칭적 언어유희를 두고 때로는 이것이 이른바 동해보복법(lex talionis)을 표현한다는 주장이 제기되었다.[91] 사실상 캐제만은 고전 3:17을 "거룩한 법의 판결"에 대한 자신의 첫 번째 예로 제시한다. 그는 다음과 같이 주장한다. "이 동일한 동사는 주절과 종속절의 교차대구법(chiasmus)을 통해 인간의 죄와 하나님의 심판을 묘사하는데, 이는 이 방법을 통해 두 대상이 내용상 정확하게 상응하며 서로 분리할 수 없는 엄격한 논리적 연관성을 지니고 있음을 나타내려는 것

---

87) L. S. Thornton, *The Common Life in the Body of Christ* (London: Dacre Press, 3d ed., 1950), 14.

88) 같은 책, 13:23; 신약성경의 다른 부분에 대해서는 221-252를 참조하라.

89) 이 점에 기초하여 어떤 학자들(예. Moltmann)은 다음과 같이 주장한다. 구약성경에서 하나님의 형상을 만드는 것이 금지된 것은 하나님이 전적인 타자(the Other)이시며 초월적인 존재이실 뿐 아니라 그가 인간을 하나님의 형상이 되도록 창조하셨기 때문이다.

90) Maly, *Mündige Gemeinde*, 70.

91) Lightfoot, *Notes*, 194. 그는 범죄자가 "같은 종류의 보응을 받는 것"에 대해 말한다.

이다. 분명한 것은 여기서 동해보복법이 선포되고 있다는 점이다. 곧 파괴자는 파괴될 것이다."[92] 그리고 캐제만은 창 9:6 — 다른 사람의 피를 흘리면 그 사람의 피도 흘릴 것이니" — 의 구조를 아이스킬로스의 평행 텍스트와 비교한다.[93] 고전 14:38 — εἰ δέ τις ἀγνοεῖ, ἀγνοεῖται — 도 비슷한 구조를 지니고 있다.[94] 또한 이 표제 아래 캐제만은 고전 16:22과 고전 5:3-5을 탐구한다. 그는 고후 9:6, 롬 2:12, 고전 14:13, 28, 30, 35, 37에서 나타나는 다른 사례에서 다소 다른 사항들이 비교된다는 사실을 인정한다.

몇몇 학자들은 이와 같은 비교가 예언자적인 진술의 삶의 정황(*Sitz im Leben*) 안에 기초하고 있다는 캐제만의 주장을 예리하게 비판했다.[95] 클라우스 베르거와 데이비드 힐은 캐제만의 주장이 지닌 취약점을 밝혀냈다.[96] 힐은 다음과 같이 설득력 있게 결론짓는다. 이 견해는 "기껏해야…하나의 가설에 지나지 않는다.…하지만 그것은 단지 자주 나타난다는 이유로 기정사실의 차원으로 승화되었다."[97] 동시에 캐제만의 주장 가운데 다른 측면은 여전히 유효하다. 그는 고전 3:17은 "일종의 위협"과 거리가 멀다고 주장한다. "17절에는 심판을 받는 과정이 이미 전개되고 있다"는 것이다. 이것은 "절대적인 재판관의 최종 판결을 기대하고 있다."[98] 하지만 이것은 바울의 예언자적인 신분이 그것을 성취하기 때문이 아니다. 오히려 성전 파괴자의 멸망이 **내적이며 필연적인 논리 법칙에 의해** 파괴자의 행위와 직접적으로 연결되어 있기 때문이다. 따라서 어떤 사람이 교회에 손상을 입힘으로써

92) Käsemann, "Sentences of Holy Law in the NT," in *NT Questions of Today,* 67; 참조. 66-81(German, "Sätze heiligen Rechts im NT," *NTS* 1 [1954-55]: 248-260).
93) Aeschylus, *Choephori* 312-313.
94) Käsemann, *NT Questions,* 68-69.
95) Käsemann, *NT Questions,* 76-81. 이 부분에서 그는 고전 3:17, 막 8:38과 양식비평에 관한 이슈들을 다룬다.
96) K. Berger, "Zu den sogenannten Sätzen heiligen Rechts," *NTS* 16 (1969-70): 10-40, and in "Die sogenannten 'Sätzen heiligen Rechts' im NT," *TZ* 28 (1972): 305-330; and David Hill, *NT Prophecy* (London: Marshall, Morgan & Scott, 1979), 171-174.
97) Hill, *NT Prophecy,* 174.
98) Käsemann, *NT Questions,* 68.

성령의 역사를 방해하는 행위는 그것을 통해 자기 생명의 원천인 성령으로부터 자기 자신을 분리시키는 것이다. 따라서 어떤 유사 법적 양식(formula)이 배경에 놓여 있다는 캐제만의 견해는 부분적으로 타당하지만, 그가 추측하는 의미에서 그런 것은 아니다. 오스틴이 주장하듯이 "이로써"라는 핵심 단어는 종종 진술을 통해 어떤 일이 일어나는 준(準)제도적인 언어-행위를 가리킨다.[99] 바울은 어떤 사람이 그리스도의 기초 위에 건물을 세우는 일을 그릇되게 하면 그것을 통해 자신의 파멸을 초래하고, 또 그것을 통해 하나님의 심판의 최종적 확정판결을 가져온다고 이 편지 수신인들에게 경고한다. 그 사람이 처하게 될 비극적인 상황은 진정으로 끔찍하다.[100]

2. 복음 사역에 대한 인간 평가의 한계와 자기를 속이는 태도의 한계(3:18-4:5)

18 아무도 스스로 속지 마십시오. 만약 여러분 가운데 누구든지 자신이 이 세상 질서의 관점에서 지혜 있는 사람이라고 생각한다면 그 사람은 지혜 있는 사람이 되기 위해 어리석은 사람이 되어야 합니다. **19, 20** 왜냐하면 이 세상의 지혜는 하나님 앞에서 어리석은 것이기 때문입니다. [성경에] 이렇게 기록되어 있습니다. "그분은 간교한 사람들을 자신들의 꾀에 빠지게 하신다." 또한 이렇게도 기록되어 있습니다. "주께서 간교한 사람들의 생각이 헛된 것임을 아신다." **21** 그러므로 아무도 사람을 자랑하지 마십시오. **22, 23** 왜냐하면 모든 것이 여러분의 것이기 때문입니다. 바울이나 아볼로나 게바나 세상이나 삶이나 죽음이나 현재의 일들이나 장래의 일들이나 모든 것이 다 여러분의 것입니다. 그리고 여러분은 그리스도에게 속해 있으며 그리스도는 하나님께 속해 있습니다.

---

99) J. L. Austin, *How to Do Things with Words* (Oxford: Clarendon Press, 1962), 6-16. 언어-행위에 대한 최근 설명에 대해서는 본 주석서 서론과 다음 연구서를 참조하라. N. Wolterstorff, *Divine Discovery* (Cambridge: Cambridge University Press, 1995), 75-94 및 여러 곳.

100) 심판에 대해서는 다음 주석서를 참조하라. Merklein, *Der erste Brief 1-4*, 274-277.

4:1, 2 각 사람은 우리를 그리스도의 일꾼으로 여겨야 하며, 하나님의 비밀을 맡은 관리인으로 평가해야 합니다. 그밖에 여기서 관리인들에게 요구되는 것은 누구나 신뢰할 만해야 한다는 것입니다. ³ 하지만 내가 여러분에게 판단을 받든지, 사람들의 법정에서 심판을 받든지, [그것은] 나에게 조금도 대수롭지 않은 일입니다. 참으로 나도 나 자신을 판단하지 않습니다. ⁴ 나는 내 양심에 거리끼는 것이 아무것도 없습니다. 그렇다고 내가 그것을 통해 의롭다고 선언된 것은 아닙니다. 나를 심판하시는 분은 바로 주님이십니다. ⁵ 그러므로 여러분은 정해진 때에 앞서 곧 주께서 오시기까지 아무것도 판단하지 마십시오. 그는 어둠 속에 감추인 것들을 밝히실 것이며, 우리의 삶의 숨겨진 동기들을 드러내실 것입니다. 그때 각 사람은 하나님으로부터 인정을 받을 것입니다.

콜린스는 3:18-23이 일종의 수미상관법(inclusio)의 역할을 한다고 주장한다. 이 단락은 바울과 아볼로, 지혜와 어리석음, 이 세대와 자랑하는 것 등을 언급하면서 1:10-3:23의 논의에 예비적인 결론을 제시한다.[101]

새 단락은 스스로 속는 것에 대한 언급으로 시작된다. Μηδεὶς ἑαυτὸν ἐξαπατάτω, "아무도 스스로 속지 말라" 또는 "아무도 자기 자신을 속이지 말라." 자신을 이미 성숙하거나 완전히 신령한 사람이라고 간주하면서 자신의 상태에 대해 스스로를 속인다면 그것은 자기에게 복음 사역이 더 이상 필요하지 않다고 스스로를 속이는 단계로 잘못 이끌 수 있다. 따라서 하나님이 다양한 목회적 자원과 도움을 주셨음에도 스스로 속는 것은 가능하다. 따라서 다음과 같은 카슨의 단락 제목은 이 점을 예리하게 지적해준다. "분파주의자들은 우리가 그리스도인으로서 합당하게 누리고 있는 유산의 부요함을 무시한다."[102] "세상은 자기 자신의 수사학과 현학적 궤변으로 감동을 주려고 시도한다.…그러나 예수 그리스도의 사도들은 표현 양식을 초월하는 진리를 소중히 여긴다. 그들은 복음의 진리로부터…벗어나게 한다고

---

101) Collins, *First Cor,* 162-163.
102) Carson, *The Cross and Christian Ministry,* 84; 참조. 84-89.

판명되는 어떤 양식(form)도 지지하지 않는다." 또한 불트만과 특히 타이센
은 프로이트 시대보다 훨씬 더 이전에 바울 신학에서 자기를 속이는 것이
어떤 역할을 하는지를 입증했다.[103]

만약 이른바 어떤 지혜가 하나님이 허락하신 자료로부터 교회 안에 있
는 사람들의 눈길을 다른 곳으로 돌리게 한다면 이러한 지혜는 참으로 극도
의 어리석음으로 판명이 날 것이다. 이것은 그리스도의 십자가가 빚어낸 심
판의 "반전"의 일부다. 단순히 인간적인 측면에서 판단할 때 복음 전파자들
은 단지 막노동꾼들 같이 보이며, 수사학자들보다 감동을 더 적게 준다고
여겨질 수도 있을 것이다. 하지만 하나님이 보시기에 그들은 신앙 공동체에
필요한 것을 공급해주고 돌보는 관리인들, 곧 하나님의 비밀을 맡은 관리인
들(4:1)이다. 이 "두 관점"은 "아래로부터의" 견해와 "위로부터의" 관점을
주장하는 플라톤의 이원론과 전혀 무관하다. 반면 이 두 관점은 다음 두 그
룹이 이 세상에서 일시적으로 대립하는 것과 연결되어 있다. 곧 한 그룹은
십자와 부활을 통과한 후 마지막 날의 심판을 고대하며 살아가는 반면, 다
른 한 그룹은 여전히 이전의 세상 질서에 속해 있는 자들이다. 따라서 이제
바울은 신학 안에서 실천적인 측면에 기초를 세우기 위해 기독론 및 종말론
과 관련된 내용을 소개할 것이다.

3:18-4:5에 대한 참고문헌

Barth, K., *The Resurrection of the Dead* (Eng. trans., London: Hodder, 1993), 16-21.
Bassler, J., "1 Cor. 4:1-5," *Int* 44 (1990): 179-183.
Bultmann, R., "καυχάομαι," *TDNT*, 3:645-654.
Bultmann, R., *Theology of the NT* (London: SCM, 1952), 1-242 and 330-333.
Carson, D. A., *The Cross and the Christian Ministry* (Grand Rapids: Baker and Leicester: Inter-Varsity Press, 1993), 84-103.
Clarke, A. D., *Secular and Christian Leadership in Corinth* (Leiden: Brill, 1993), 124-126.
Combes, I. A. H., *The Metaphor of Slavery in the Writings of the Early Church*, JSNTSS 156 (Sheffield: Sheffield Academic Press, 1998), 77-93.

---

103) Theissen, *Psychological Aspects of Pauline Theology*. 특히 이 단락에 대해서는 59-66을 보라. 또한 참조. 57-114 및 여러 곳.

Coune, M., "L'apôtre sera jugé. 1 Co. 4:1-5," *ASeign* 39 (1972): 10-17.

Eckstein, H.-G., *Der Begriff Syneidesis bei Paulus,* WUNT 2:10 (Tübingen: Mohr, 1983).

Fiore, B., " 'Covert Allusion' in 1 Cor 1-4," *CBQ* 47 (1985): 85-102.

Hoffmann, P., "Er ist unsere Freiheit. Aspekte einer konkreten Christologie," *BK* 42 (1987): 109-115.

Kuck, D. W., *Judgment and Community Conflict* (Leiden: Brill, 1993): 188-210.

Léon-Dufour, X., "Jugement de l'homme et jugement de Dieu. 1 Cor. 4:1-5 dans le 3:18-4:5," in L. de Lorenzi (ed.), *Paolo a uno chiesa divisa (1 Cor. 1-4),* BibEcum 5 (Rome: Benetictina, 1980), 137-153.

Maly, K., *Mündige Gemeinde* (Stuttgart: Katholisches Bibelwerk), 72-79.

Martin, D., *Slavery as Salvation* (New Haven: Yale University Press, 1990), 15-22 and 122-124.

Mitchell, M. M., *Paul and Rhetoric of Reconciliation* (Tübingen: Mohr, 1992), 91-99.

Pack, F., "Boasting in the Lord," *ResQ* 19 (1976): 65-71.

Pierce, C. A., Conscience in the NT (London: SCM, 1955), 60-110.

Pogoloff, S. M., *Logos and Sophia* (Atlanta: Scholars Press, 1992), 214-217.

Ramsaran, R. A., Liberating Words: Paul's Use of Rhetorical Maxims in 1 Cor 1-10 (Valley Forge, Pa.: Trinity Press International, 1996).

Reumann, J., "οἰκονομία Terms in Paul in Comparison with Lukan Heilsgeschichte," *NTS* 13 (1966-67): 147-167.

Richardson, N., *Paul's Language about God,* JSNTSS 99 (Sheffield: Sheffield Academic Press, 1994), 110-116.

Robinson, W. E., "The Church in the World: 'Steward of the Mysteries of God' (1 Cor. 4:1)," *Int* 19 (1966): 412-417.

Roetzel, C. J., *Judgment in the Community: A Study in the Relation between Eschatology and Ecclesiology in Paul* (Leiden: Brill, 1972), 38-41, 68-105.

Schaller, B., "Zum Textcharakter der Hiobzitate in paulinischen Schriftum," *ZNW* 71 (1980): 21-26.

Sevenster, J. N., *Paul and Seneca,* NovTSup 4 (Leiden: Brill, 1961), 109-122.

Stanley, C. D., *Paul and the Language of Scripture: Citation Technique in the Pauline Epistle and Contemporary Literature,* SNTSMS 74 (Cambridge: Cambridge University Press, 1995), 185-195.

Stendahl, K., *Paul among Jews and Gentiles* (Philadelphia Fortress, 1976, and London: SCM, 1977), esp. 23-40 and 78-96.

Theissen, G., *Psychological Aspects of Pauline Theology* (Eng. trans., Edinburgh: T. & T. Clark, 1987), 59-66.

————, *The Social Setting of Pauline Christianity* (Philadelphia: Fortress, 1982), 75-83.

Weiss, J., *Earliest Christianity* (2 vols., New York: Harper, 1959 [1937]), 2:458-463.

Wire, A. C., The Corinthian Women Prophets (Minneapolis: Fortress, 1990), 37-38, 41-43.

Witherington, B., *Conflict and Community in Corinth* (Grand Rapids: Eerdmans and

Carlisle: Paternoster, 1995), 135-140.

Wolterstorff, N., *Divine Discourse* (Cambridge: Cambridge University Press, 1995), 76-89.

Zmijewski, J., "καυχάομαι," *EDNT*, 2:276-279.

18절　이 절에서 사용한 두 개의 3인칭 단수 명령형은 이 절의 구조
에 강력한 힘과 효과를 나타내지만, 젠더 중립적인 언어가 요구된다면 이
절을 영어로 번역하는 데 상당한 어려움을 초래한다. ἐξαπατάτω는 명령
법 현재 3인칭 단수이며 복합형을 만들기 위해 강조형 전치사 ἐκ이 덧붙여
졌다. 반면 γενέσθω는 아마도 동작의 시작을 강조하는 단순과거일 것이다.
젠더 중립적인 영어는 이 명령형들을 복수로 번역하는 것을 선호한다. "그
들로 하여금 자신을 속이지 못하게 하십시오." 하지만 많은 영역본은 우리
가 이 명령형을 2인칭 복수로 번역할 수도 있음을 보여준다. "여러분은 자
신들을 속이지 마십시오"(NRSV, NIV, 콜린스). NJB는 바울이 여기서 자기
기만을 핵심 개념으로 제시한다는 점을 올바르게 간파한다. 따라서 NJB는
"자기기만을 위한 여지가 전혀 없습니다"라고 번역한다.[104] 본 주석서 저자
는 명령법 3인칭 단수 젠더 중립적 대명사와 NJB가 확인해주는 개념적인
강조점을 결합하여 다음과 같이 번역했다. "아무도 스스로 속지 마십시오."

　자기기만은 어떤 사람이 스스로 지혜 있는(곧 이 세상 질서의 관점에 기초
하여 지혜 있는, σοφός … ἐν τῷ αἰῶνι τούτῳ) 사람이라고 생각한다면(KJV/AV와
대조됨), 그는 진정으로 지혜 있는 사람이 되기 위해 어리석은 사람이 되어
야 한다. 두 번째로 사용된 γίνομαι(가정법 제2부정과거, γένηται)는 "지혜로운
사람이 되기 위해"라는 목적절을 표현한다.

　적어도 바울은 여기서 자기 자신의 무지에 대한 인식이 지식 또는 지
혜를 얻는 출발점이라는 소크라테스의 널리 알려진 금언을 표현한다.[105] 바

---

104) 다음 주석서들도 이 주제를 올바로 파악한다. 예를 들면 Strobel, *Der erste Brief,* 84-85;
　　Collins, *First Cor.* 164-165; 또한 이전 주석서들로서 Meyer, *First Epistle,* 1:102; Godet,
　　First Epistle, 1:195. 한편 Merklein, *Der erste Brief 1-4,* 281은 자기기만을 언어 또는 행위로
　　하나님의 백성의 "성전"(17절)에 여러 가지 파괴적인 영향을 미치는 어떤 자기중심적인 지
　　도자와 연결한다.

105) 다른 어떤 학자보다 Lang은 이 점을 올바르게 지적한다. Lang, *Die Briefe,* 57. 또한 Héring

울은 이 금언을 지지한다. 그가 그 이상을 주장했을 가능성도 있지만, 그 이하는 아니다. 알로와 위더링턴은 "반전"의 원리를 1:18-25의 십자가와 연결하며 설득력 있게 주장한다. 십자가는 "위에 있는 것을 아래로, 아래 있는 것을 위로 가게 하여 모든 것을 전복시킨다."[106] 다른 이들은 이 원리가 3:16-17에 적용된다고 주장하며, "성소를 더럽힐 위험성과 그것에 대한 무거운 형벌(16-17절)은 어떤 이들이…생각하는 것처럼 그렇게 멀리 떨어져 있는 절들과 연결되지 않는다"라고 말한다.[107] 하지만 오리게네스, 키프리아누스, 크리소스토모스, 루터 및 대다수 현대 주석가들을 포함하는 오래된 전통은 앞에서 언급된 복음 및 목회 사역에 대한 교회의 태도에 적용되는 것으로 이해한다.

어떤 이들은 바울의 경고가 주로 야심 찬 교사들에게 초점이 맞추어져 있다고 주장한다. 하지만 3:23의 "질서"에 대한 강조점과 결합한 3:21b, 22a, 4:3-5의 배경은 하나님이 신자들의 도움과 성장을 위해 제공해주시는 목회적 자원을 가지고 "자신들을 속이는" 사람들의 어리석음을 가리킨다(참조. 3:5-7). "어리석은" 자들은 모든 목회자들을 배제하기를 원했거나(참조. 1:12에서 "나는 그리스도 편이다"라고 주장하는 이들) 또는 자신들이 이미 믿거나 믿기를 원하는 것을 확인하고자 자신들이 선호하는 것들만 선택하여 활용했다. 따라서 그들은 하나님이 위탁하신 공동 사역을 통해 도전받는 것을 거부했다(참조. 1:12에서 "베드로"의 편에 속한 이들 또는 "아볼로"의 편에 속한 이들). 이제 복음(목회) 사역은 단순히 자기 긍정을 위한 도구로 전락하고, 십자가의 도전과 성령 충만은 왜곡되거나 단편적이 될 위험에 직면하게 된다.

크리소스토모스는 여기서 복음 사역의 기독론적·구원론적 측면들을 다음과 같이 올바르게 제시한다. 세상의 표준과 판단 기준을 거부하는 것

은 견유학파와 스토아 그룹에서 μωρός는 "단순한" [가치관과 삶]에 대한 것보다 더 부정적인 의미를 지녔다고 주장한다. 바울은 "세상 질서"와 관련하여 그리스도인들에게 그것을 받아들이라고 요구했다(*First Epistle*, 25).

106) Allo, *Première Épitre*, 64; Harrisville, *1 Corinthians*, 63; Schrage, *Der erste Brief*, 1:311; Witherington, *Conflict and Community*, 135(앞에서 인용됨).

107) Meyer, *First Epistle*, 1:102; Robertson and Plummer, *First Epistle*, 69.

은 "말하자면 세상에 대해 죽는 것과 다름없다. 이 죽음은 신자들에게 아무런 손해를 끼치지 않고, 오히려 생명의 동인(動因)으로서 유익을 가져다준다.…왜냐하면 십자가는 비록 사람들로부터 불명예스러운 것으로 여겨졌지만, 사실상 수많은 축복의 근원이기 때문이다."[108]

19-20절   19절의 구약 인용이 사실상 1:19을 요약해주듯이 이 절은 1:18의 주제를 다룬다. 이 점은 이 절의 사상이 십자가의 신학과 밀접하게 연관되어 있다는 점을 확인해준다(참조. 3:18에 대한 주해). 전치사 παρά가 여격과 함께 사용된 것은 "~의 옆에"라는 독특한 의미를 나타낸다.[109] NRSV는 이 전치사를 "~와 함께"(with)로 번역한다. 하지만 이 번역은 어떤 대상 바로 옆에 있다는 것에 초점을 맞추는 공간적인 뉘앙스를 나타내는 생생한 비유적인 표현을 제대로 살리지 못한다. NIV는 "하나님 앞에서"로 번역한다. 이와 같이 번역하는 것도 가능하지만, 그 결과는 마찬가지다.

바울은 욥 5:13을 인용한다. 신약성경에서 욥기가 인용된 것은 이것이 유일할 것이다. 바울은 70인역의 ὁ καταλαμβάνων을 ὁ δρασσόμενος로 대체한다. 또한 그는 ἐν τῇ φρονήσει, "[그들의] 현명함에"를 ἐν τῇ πανουργίᾳ, "자신들의 꾀에"로 바꾸어 표현한다. 그리스어 명사 πανουργία는 어떤 사람이 어떤 것에 또는 아무것(παν-)에 자기 손을 댈 준비가 되어 있다는 개념에서 유래되었다. 하지만 이 단어는 대체로 교활함, 사기 또는 꾀 등 부정적인 특성을 가리킨다. 비록 70인역이 히브리어 단어 아르마(ערמה)를 φρόνησις로 번역했지만, 바울이 사용한 πανουργία가 히브리어의 해당 단어에 더 가깝게 상응하는 것처럼 보인다. 이와 유사하게 δράσσομαι, "붙잡다", "잡다"는 히브리어 동사 카마츠(קמץ) (또는 다른 곳에서 나샤크[נשק]), "손으로 꼭 쥐다", "꼭 잡다"를 번역한다.[110] 강조형 κατα와 함께 사용된 복합동사 καταλαμβάνω는 "붙잡다", "자기 것으로 만들다",

---

108) Chrysostom, *1 Cor. Hom.*, 10:2.
109) BAGD, 610, 2:1 and 2.
110) BDBG, 888.

"갑자기 취하다" 등을 의미할 수 있지만, 아마도 πανουργία와 함께 사용된 δράσσομαι는 욥기의 해당 절을 더 생생하게 묘사할 것이다. 곧 하나님은 지도자들에게 조언하기 위해 이리저리 꾀를 부리는 자들을 자신들의 꾀에 속게 하신다. 베른트 샬러는 아마도 바울의 텍스트가 70인역 텍스트의 어떤 수정본으로서 마소라 텍스트와 더 가깝다고 주장한다.[111]

하지만 스탠리는 이 특별한 텍스트 이론에 설득당하지 않는다. 그는 πανουργία가 더 좋은 번역이라는 데 동의하지 않는다. 오히려 그는 αὐτῶν, 자신들의 [꾀]는 "분명히 마소라 텍스트의 히브리어 표현을 반영하지만… σοφούς 앞에 정관사 복수가 위치한다는 것은 사실상 고전 3:19을 해당 텍스트로부터 멀어지게 한다"라고 주장한다.[112] 그는 δράσσομαι와 φρονήσει 가 아르마(ערמה)에 대한 번역으로서 적합하다는 데 "의심의 여지가 없다"고 믿는다. 그러면서 스탠리는 70인역뿐만 아니라 고전 3:19b도 "욥기의 히브리어 텍스트를 완전히 독립적으로 번역했을 수도 있다"고 결론짓는다.[113] 그럼에도 코흐는 샬러의 견해를 받아들인다.[114]

여기서 욥기의 인용절은 구약성경의 다른 인용절과 짝을 이루고 있다. 이러한 경우에 흔히 그렇듯이 다른 인용절은 καὶ πάλιν, "또한 이렇게도"라는 표현으로 소개된다. 피(Fee)가 유익하게 지적하듯이 3:19-20은 1:18-25과 상반되는 강조점을 제시해준다. 1:18-25에서 바울은 하나님이 행하신 일은 세상 사람들에게 어리석은 것처럼 보이지만, 3:19-20에서 그는 하나님은 세상이 지혜롭다고 생각하는 것을 헛되고 어리석은 것으로 보신다고 선언한다.[115] 따라서 이제 바울은 시 94:11(70인역 93:11)에 주의를 기울인다. 하지만 20절에서 바울은 대체로 70인역을 따르지만, 70인역의 τῶν

---

111) B. Schaller, "Zum Textcharakter der Hiobzitate im paulinischen Schrifttum," ZNW 71 (1980): 21-26.

112) C. D. Stanley, Paul and the Language of Scripture, SNTSMS 74 (Cambridge: Cambridge University Press, 1992), 190.

113) 같은 책, 191.

114) D. A. Koch, Die Schrift als Zeugnis des Evangeliums (Tübingen: Mohr, 1986), 71-72.

115) Fee, First Epistle, 152.

ἀνθρώπων, "사람들의" 대신 τῶν σοφῶν, "간교한 사람들의"를 반복하여 사용한다. 한편 라이트푸트가 주장하듯이 "생각들"은 διαλογισμούς를 정확히 번역할 뿐만 아니라 구약성경의 인용절의 의미를 올바르게 반영해 준다. 시 94편은 권세를 지닌 자들이 자신들의 지도권을 남용하고 변질시키지만(시 94:5-7, 16), 그들의 가장 뛰어난 "책략가들"도 오류를 범하기 때문에(시 94:11) 이러한 인간의 "계획들"은 실패하고 만다는 점을 강조한다.[116] 19-20절에서 바울은 분명히 조언자들을 염두에 두고 있기 때문에 τῶν σοφῶν으로 표현한다. 이 표현은 단순히 τῶν ἀνθρώπων과 대조되는 자들을 가리키며 이리저리 생각하며 조언하는 그들의 역할을 설명해주는 반면, τῶν ἀνθρώπων은 그들이 단지 인간에 지나지 않는다는 점을 강조한다. 여기서 바울은 의미의 한 측면을 설명한다. 따라서 우리는 그가 그 의미를 바꾸었다고 말할 수 없다.

바울의 구약성경 인용은 독립적인 주제로 다룰 필요가 있다. 하지만 여기서 이 주제를 자세히 탐구할 수는 없다. 아래 각주에 언급된 여섯 학자는 이 주제에 대한 주요한 논의를 제공한다.[117] 또한 상당히 많은 연구서와 논문도 참조할 수 있다.[118] 하지만 19-20절은 두 가지 범주에 속하는 인용문

---

116) J. W. Rogerson and J. W. McKay, *Psalms 51-100* (Cambridge: Cambridge University Press, 1977), 213-215. Stanley는 바울이 σοφῶν으로 대체한 것은 한 가지 이상의 방향을 가리킬 수 있다고 주장한다(*Paul and the Language of Scripture*, 194-195).

117) O. Michel, *Paulus und seine Bibel* (Güthersloh: Bertelsmann, 1929); E. E. Ellis, *Paul's Use of the OT* (Edinburgh: Oliver & Boyd, 1957: rpt. Grand Rapids: Baker, 1981); L. Goppelt, *Typos* (Eng. trans., Grand Rapids: Eerdmans, 1981), 127-152; Koch, *Die Schrift als Zeuge des Evangeliums*; R. B. Hays, *Echoes of Scripture in the Letters of Paul* (New Haven: Yale University Press, 1989); and Stanley, *Paul and the Language of Scripture*(위에서 인용됨).

118) 참조. J. W. Aageson, *Written Also for Our Sake: Paul and the Art of Biblical Interpretation* (Louisville: Westminster/Knox, 1993); A. T. Hanson, *Studies in Paul's Technique and Theology* (Grand Rapids: Eerdmans and London: SPCK, 1974); R. N. Longenecker, *Biblical Exegesis in the Apostolic Period* (Grand Rapids: Eerdmans, 1975); D. Moody Smith, "The Pauline Literature," in D. A. Carson and H. G. M. Williamson (eds.), *It is Written: Scripture Citing Scripture: Essays in Honour of Barnabas Lindars* (Cambridge: Cambridge University Press, 1988), 265-291; B. S. Rosner, *Paul, Scripture and Ethics* (cited below).

을 나란히 배열하기 때문에 우리의 특별한 관심을 끈다. 고전 3:19은 바울
이 구약성경의 히브리어 텍스트를 잘 알고 있고 또 그것을 사용한다는 것
을 넌지시 알려주는 인용절 중 하나다. 고전 3:20은 70인역을 따르는데, 이
처럼 바울은 대략 예순 번 정도 독자들과 교회들에 친숙한 70인역의 텍스
트를 인용한다. 약 백 번에 이르는 인용 또는 암시에서 (i) 마흔 번은 히브
리어 마소라 텍스트와 일치하는 70인역을 따르는 경우이고, (ii) 여섯 번은
마소라 텍스트와 유사한 70인역을 따르는 경우이고, (iii) 열일곱 번은 히브
리어 마소라 텍스트와 차이를 보이는 70인역을 따르는 경우이고, (iv) 스무
번 남짓한 경우는 이른바 "자유로운" 인용이며 다소 추론적인 설명을 제공
한다. 이런 경우에는 어떤 인용 또는 암시가 70인역 또는 마소라 텍스트의
본문에 더 가까운지 확인하기가 어렵다. 따라서 삼 분의 일보다 다소 적은
분량이 "자유로운" 인용에 속한다. 이것은 종종 바울의 성향을 나타내는 것
으로 간주된다. 뿐만 아니라 바울이 70인역이나 히브리어 텍스트에서 정확
하게 인용하든 아니면 어떤 텍스트를 암시하든 그것은 대체로 특별한 목적
에 기초한다. 그는 그 목적을 위해 구약성경의 자료를 인용하는 것이다.

구약성경의 인용 또는 암시와 관련하여 우리는 한 가지를 덧붙여 말할
수 있다. 고린도전후서에서 (i), (ii), (iii)의 범주에 속하는 아홉 번의 인용과
(iv)의 범주에 속하는 여섯 번의 인용—모두 열다섯 번—은 다음과 같은
이론을 지지하는 것을 어렵게 만든다. 이 이론에 의하면 바울은 로마서와
갈라디아서의 준(準)유대교 배경에서 오직 인신공격적인 논증(ad hominem
argument)을 통해 구약성경에 호소한다. 사실상 브라이언 로스너는 최근에
이 편지에 나타난 바울의 윤리학에서 구약성경이 핵심적인 역할을 한다는
점을 입증했다.[119]

21절   불변화사 ὥστε는 온전히 결과를 나타내는 의미로 사용될
때("그래서") 어떤 뚜렷하게 구별되는 문장을 이끈다. 하지만 여기서는 "그

---

119) B. S. Rosner, *Paul, Scripture and Ethics: A Study of 1 Cor. 5-7* (Leiden: Brill, 1994).

렇다면" 또는 "그러므로"를 가리키는 추론적인 접속사의 기능을 한다.[120] "아무도 사람을 자랑하지 마십시오"는 1:29을 반영하고 반복한다. ὅπως μὴ καυχήσηται πᾶσα σὰρξ ἐνώπιον τοῦ θεοῦ. 이 표현은 1:31의 긍정적인 측면—ὁ καυχώμενος ἐν κυρίῳ καυχάσθω, "누구든지 자랑하는 자는 주 안에서 자랑하라"—에 상응한다. 이것은 반대되는 측면에서 1:18-31을 요약해줄 뿐만 아니라 1:10-12의 "분파 슬로건들"이나 "지도자 슬로건들"에 직접 대응하는 것이다.[121] 또한 콜린스가 제안하듯이(이 절들에 대한 이 주석서의 머리말에서 언급됨), 이것은 부분적으로 이 절들의 수사학적 기능을 뒷받침해준다.

이 단락은 이 편지와 부활 장에 대한 칼 바르트의 초기 이해에 중요한 역할을 한다. 그는 다음과 같이 주장한다. "바울은 고린도 교회의 상황에서 주요한 결점이…주관적인 대담성, 확신, 열정에 있다고 이해한다. 이것과 더불어 그들은 하나님 자신이 아니라 하나님과 특별한 지도자들과 영웅들에 대한 자신들의 신념을 믿고 있다.…그들은 참된 신앙과 특별한 인간적인 경험을 혼동하고 있다.…이와 같은 자세에 맞서 바울은 '그러므로 아무도 사람을 자랑하지 마십시오'(3:21) 또는 긍정적인 형태로 '누구든지 자랑하는 자는 주 안에서 자랑하십시오'(1:31)라고 외친다.…'그때 각 사람이 하나님으로부터 인정을 받을 것입니다'(4:5). 분명히 '하나님으로부터'라는 표현은 (어쩌면 이 단락뿐만 아니라) 이 전체 단락의 감추어진 신경(nerve)이다."[122]

이 단락에 대한 바르트의 관점은 전적으로 옳다. 또한 이는 칼뱅이 주장하듯이 바울이 왜 부활 장(章)을 맨 뒤(고전 15장)로 미루는지를 부분적으로 설명해준다. 즉 그것은 하나님의 중심성과 그리스도 안에 계신 하나님에

---

120) A. T. Robertson, Grammar, 999. Robertson은 신약성경에서 이 불변화사가 이렇게 사용되는 서른 번의 사례를 제시한다. 그중 열한 번은 이 절과 마찬가지로 어떤 명령을 이끈다.

121) Fee, *First Epistle*, 153; Collins, *First Cor*, 162-163; Schrage, *Der erste Brief*, 1:314-315.

122) Karl Barth, *The Resurrection of the Dead*, 17-18.

관한 주장을 마무리하려는 것이다.[123] 나아가 이것은 우리가 다소 과소평가
된 로마서의 주요 주제들과의 유사성을 간파하는 데 도움을 준다.[124] 뿐만
아니라 칼 플랑크가 지적하듯이 "자랑하라"는 조금 뒤에 나오는 4:8-13을
예고한다. 해당 절들에 의하면 많은 고린도 교인들은 자기 영광을 추구하며
"자랑 속에서 사는" 것처럼 보인다. 반면 사도들은 자신들의 신분을 링에
오른 검투사들로 인식한다. 그들은 다른 사람을 위해 하나님의 영광을 나타
내고자 고군분투하고 있다.[125] 이와 비슷하게 피츠제럴드도 3:5-4:5에 등
장하는 바울과 아볼로를 스스로 지혜롭다고 생각하고 스스로 자랑을 일삼
던 고린도 교인들의 모습에 대한 "반대 사례"로 이해한다.[126]

  세속적 그리스어 전통에서 καυχάομαι는 자기 자랑, 허풍 또는 호언장
담 등을 경고하는 배경에서 부정적인 의미로 사용될 수 있었다(Pindar, 대략
기원전 490년, loud-mouthed; 참조. Aristotle, Politics 5.10-16; Herodotus, 7:39; 참조.
Plautus on self-praise, 2.539 이하). 하지만 호메로스의 작품에 나오는 영웅들은
자긍심을 갖고 다소 긍정적인 의미에서 종종 자신들의 무기나 자신들의 전
술을 자랑하기도 한다.[127] 반면 바울은 그리스도인들이 무엇인가를 자랑해
야 한다면 그것은 **교회나 교회 지도자들**의 어떤 특성이 아니라 그리스도 안
에서 계시된 하나님, 곧 **오직 하나님**만을 자랑해야 한다고 말한다.[128] 자랑

---

123) Calvin, First Epistle, 14 and 312.

124) Thiselton, "Luther and Barth on 1 Cor, 15," in W. P. Stephens (ed.), The Bible, The
Reformation and the Church: Essays in Honour of James Atkinson, 258-289(또한 이 주석
서에서 이후에 바울이 καυχάομαι와 φυσιόω를 사용한 것에 대한 주해를 참조하라).

125) K. A. Plank, Paul and the Irony of Affliction (Atlanta: Scholars Press, 1987), 27-28.

126) J. T. Fitzgerald, Cracks in an Earthen Vessel (Atlanta: Scholars Press, 1988), 120 and 120,
n. 13.

127) Bultmann, "καυχάομαι," TDNT, 3:645-646; 참조. 645-654; LSJ, 790; 또한 Zmijewski,
"καυχάομαι," EDNT, 2:276-279.

128) 신약성경에서 해당 단어는 약 예순 번 나타난다. 그중 쉰세 번은 바울 서신에서 사용된다. 바
울은 다음과 같은 대상 또는 경우에 대해 자랑한다. 하나님이 소망을 주심(롬 5:2), 하나님을
자랑함(롬 2:17; 5:11), 주 안에서 자랑함(고전 1:31; 고후 10:17), 그리스도 안에서 자랑함
(빌 3:3). 다른 한편으로 자기 자신에 대해 자랑하는 것은 바울이 "육신(σάρξ)의 생각"이라
고 부르는 것의 핵심이다. 그것은 하나님을 대적하는 것이다. 왜냐하면 그것은 마땅히 하나
님께 돌려야 할 영광을 자기 자신이나 사람에게 돌리는 것이기 때문이다. σάρξ는 주로 로마

이라는 개념과 관련하여 바울 자신의 지극히 개인적인 선언은 갈 6:14에서
다음과 같이 강력하게 표현된다. Ἐμοὶ δὲ μὴ γένοιτο καυχᾶσθαι εἰ μὴ ἐν
τῷ σταυρῷ τοῦ κυρίου ἡμῶν Ἰησοῦ Χριστοῦ, 그러나 내게는 우리 주 예수
그리스도의 십자가 외에 결코 자랑할 것이 없으니.

22-23절   랑이 주장하듯이 "왜냐하면 모든 것이 여러분의 것이기
때문입니다"에 뒤따르는 목록(22절)은 1:10-12에서 언급되는 배타주의자
의 슬로건들을 상기시켜준다. 이제 바울은 그 슬로건들에서 배타적인 정치
적 강조점을 제거한다.[129] 우리는 이 절들에서 "그것들은 여러분에게 속해
있다"는 의미에서 서술적 소유격을 점점 더 강도 있게 사용하는 것과 더불
어 1:12과 비슷한 표현을 간파할 수 있을 것이다. 핀들레이는 어쩌면 이것
또한 "이 지도자는 우리에게 속해 있습니다"라는 고린도 교회의 슬로건일
수 있다고 생각한다.[130] 만약 그것이 사실이라면 이것은 바울이 고린도 교
회의 슬로건을 자신의 입장에서 재정의하는 또 다른 사례에 해당하거나, 아
니면 움베르토 에코와 존 무어스가 부르는 **어떤 기호론적인 "코드"로 바꾸는**
것에 해당한다. 다시 말하면 이것은 같은 기호, 곧 같은 어휘와 표현으로 서
로 다른 의미를 조성하기 위한 것이다.[131] "아무도 사람을 자랑하지 마십시

서에서 나타나지만, φυσιόω, 자랑하다, 교만하다, 자존심으로 가득하다 등은 고린도전서에
서 더 자주 사용된다(고전 8:1).

129) Lang, *Die Briefe*, 58.

130) Findlay, *Expositor's Greek Testament*, 2:795.

131) Moores, *Wrestling with Rationality in Paul*, 6-10, 25-28, and 132-138; Umberto Eco,
Semiotics and Philosophy of the Language (London: Macmillan, 1988), and *The Role of the
Reader* (Bloomington: Indiana University Press, 1979). 기호론에서 코드는 메시지와 서로
구별된다. 모든 텍스트는 (i) 지도, (ii) 의사의 처방전, 또는 (iii) 악보(樂譜) 등과 같이 인지
된 관습들에 의존하고 있는 어떤 코드를 전제한다. (i) 지도는 숲, 길, 다리 등에 대해, (ii) 처
방전은 (전통적으로 라틴어로 기록되며) 약의 분량, 조제, 복용 회수 등에 대해, (iii) 악보는
오선지 위에 음자리표와 더불어 8분 음표 또는 16분 음표 등 다양한 기호를 통해 각각의 "메
시지"를 전달한다. 이 세 가지 모형은 메시지를 전달하기 위해 각각의 유형이 지니고 있는 코
드다. 묵시 문헌을 어떤 시간표로 간주한다면 오늘날 서구의 어떤 객관주의적 코드가 묵시
적인 코드를 대체할 것이다. 코드에 대해서는 다음 연구서를 참조하라. A. C. Thiselton, *New
Horizons in Hermeneutics* (London: Harper Collins: Carlisle: Paternoster; and Grand
Rapids: Zondervan, 1992), 80-84. 또한 Eco에 대해서는 *Semiotics*, 524-529을 참조하라.

오"라는 바울의 권면은 "이 지도자는 우리에게 속해 있다"는 말이 유포되는
것을 효과적으로 제거한다. "여러분에게 속해 있다"라는 말은 오직 다음 세
가지 조건 또는 자격 요건이 충족될 경우에만 그 의미를 받아들일 수 있고 또
사실로 인정받을 수 있다.

(i) 하나님의 판단에 기초한 지도자들의 참된 목회적 역할은 그들의 역할에
대한 세상적인 평가들과 달리 온전히 인정을 받아야 한다(3:5-20; 참조.
1:18-31).

(ii) 각각의 목회자는 모든 은사와 자원을 총괄하는 전체의 일부분으로 인
식되어야 한다. 그것들은 모두 하나의 집단성(corporeity) 또는 다수성
(plurality)으로 그들에게 주어졌고, 따라서 은사들을 취사 선택해서는 안
된다(πάντα, εἴτε … εἴτε … 3:22).

(iii) 은사들을 연결하는 고리는 사람들로부터 시작하여 하나님의 은혜와 섭
리의 측면(κόσμος … ζωή … 세상…생명…)을 거쳐 하나의 질서 체계
를 형성한다. 그 안에서 그리스도는 주님이시다. 또한 심지어 그리스도도
하나님의 구원 행위와 질서 안에서 하나님과 관련하여 하나의 규정된 역
할을 한다. 신학적인 질서 체계가 정치적 평등주의를 대체하는 것이다.
(우리는 나중에 "권력 체계"에 대한 A. A. Wire의 견해에 대해 논의할 것
이다.)

바울의 사고에서 이 세 가지 구성 요소는 기호론적인 코드(semiotic code)
를 형성한다. 이 코드는 고린도 교인들이 자신들의 사회정치적 코드에 기초
하여 만들어낸 표어들의 의미를 빚어낸다. 따라서 "모든 것이 다 여러분의
것입니다"라는 말은 "단지 그것이 재정의된다는 조건하에"라는 의미를 지
닌다. 로버트슨과 플러머는 목록의 연속적인 순서 안에 중요한 의미가 담겨
있다고 이해한다. 그들은 이렇게 주해한다. "그의 목표는 단순히 그들의 유
산이 얼마나 광범위한지를 보여주려는 것이 아니다.…그들은 그[또는 다른
지도자]를 일종의 우두머리로 세우기를 원한다.…교회는 사도들의 소유물

이 아니다. 사도들은 교회를 섬기는 목회자들이다."[132] 뿐만 아니라 목록의 항목들은 "그 자체가 목적이 아니다." 오히려 모든 항목은 함께 그리스도의 주되심을 섬기는 것이다(23a).

단 한 명의 목회자에게만 집착하는 것은 신자들에게서 영적 유산과 자유를 빼앗을 수 있듯이 그다음에 나오는 다섯 항목도 그와 비슷한 결과를 빚어낼 것이다. 교인들이 세상, 삶, 죽음, 현재 또는 미래에 몰두한다면 그들은 피(Fee)가 "존재의 폭군들"이라고 부르는 것을 섬길 수도 있다.[133] 롬 8:38에서 바울은 정확하게 이 네 가지 항목을 포함시킨다. 곧 죽음(θάνατος), 생명(ζωή), 현재의 일들(ἐνεστῶτα), 장래의 일들(μέλλοντα)이다. 하지만 해당 절에서 κόσμος, "세상" 대신에 ἀρχαί, "권세자들"이 사용되었고, 또 롬 8:39에서는 "높음"(ὕψωμα)과 "깊음"(βάθος)과 더불어 δυνάμεις, "능력들" 또는 다양한 "세력들"이 추가되었다. 만약 신자들이 하나님으로부터 자신들에게 관심을 돌린다면 부정적인 세력들이 될 수 있는 이 세력들은 잠재적인 폭군들로서 신자들을 하나님의 사랑으로부터 분리할 수 있을 것이다. 화이틀리는 높음과 깊음은 별들의 궤도를 의미한다는 견해에 동의한다. 이것은 천체의 세력에 대한 신앙에 매여 있다는 것을 보여준다는 것이다. 하지만 바울은 고전 3:22에서 이 세력들이 그리스도인들을 무너뜨릴 수 없다고 생각한다. 왜냐하면 신자들이 목회자들을 포함하여 이 모든 것을 자신들을 돕기 위해 하나님이 주신 선물로 인식하면 이 모든 것은 선한 일들을 위한 긍정적인 세력이 될 것이며, 앞에서 설명한 세 가지 전제 조건이 충족되면 그리스도인들은 이것들을 하나님이 주신 선물로 "소유할" 수 있기 때문이다.

여기서 언급된 내용은 신학적으로 심오하다. 그리스도인들은 그리스도의 주 되심에 동참한다. 이를 통해 창조세계와 교회는 인류의 진정한 행복과 그리스도 안에 있는 하나님의 영광을 위해 협력하는 대리인으로 회복

---

132) Robertson and Plummer, *First Epistle*, 72.
133) Fee, *First Epistle*, 154.

된다. 이것은 그리스도 안에서 새로운 질서를 세우려는 하나님의 섭리에 기초한다. 칼 메일리가 주장하듯이 여기서 고린도 교회의 설교자들과 설교에 대해 바울이 오해의 소지 없이 말하려는 내용은 다음과 같다. "모든 것이 고린도의 신자들에게 속해 있다. 왜냐하면 그들은 더 이상 자신에 대한 주인이 아니라 그리스도의 몸의 지체로서 그리스도에게 속해 있기 때문이다(참조. 갈 2:20; 롬 14:8)."[134] 또한 메일리는 그리스도인의 진정한 자유가 "주께 속하는 것"(롬 14:8)에 있다는 불트만의 강조점을 언급하는데, 이는 그리스도 자신이 신자들을 돌보는 책임을 떠맡았기 때문이다. "그리스도인은 자기 자신을 전적으로 하나님의 은혜에 내맡긴다.…그리스도인의 자유에 대한 가장 강력한 표현은 고전 3:21-23이다. '왜냐하면 모든 것이 여러분의 것이기 때문입니다.'"[135]

또한 불트만은 곧바로 다음과 같이 덧붙인다. 고전 3장 마지막 절인 "그리고 여러분은 그리스도에게 속해 있으며, 그리스도는 하나님께 속해 있습니다"는 고전 6:19의 "너희는 너희 자신의 것이 아니라"라는 바울의 말에 해당하며 이 말을 기대한다는 것을 일러준다.[136] 어떤 의미에서 종은 자유인이 아니다. 그러나 다른 의미에서 특권이 부여된 종은 자기의 주인에게 속한 자원을 향유할 수 있고, 또 주인의 돌봄과 보호를 누릴 수 있다. 여기서 바이스는 고대 이스라엘과 고대 그리스 사이에 어떤 근본적인 차이점이 있다는 사실을 지적한다. 셈족의 사고에서 어떤 위대한 인물에게 속한 종, 전령 또는 내신은 존중을 받으며, 주인의 지원을 받고, 그로부터 자원을 공급받았다. 반면 고대 그리스 전통에서는 자유인만 자신의 지위를 인정받았고 종은 비천한 신분으로 여겨졌다.[137] 그러나 고대 로마, 그리스, 동방 문화가 서로 섞이면서 이러한 구분은 흐릿해졌다. 하지만 "그리스 문화에서는

---

134) Maly, *Mündige Gemeinde*, 77.
135) Bultmann, *Theology*, 1:331. 참조. Hoffmann, "Er ist unsere Freiheit. Aspekte einer konkreten Christologie," 109-115: 예수는 자유를 베푸시는 하나님의 행위의 구체적인 모범이며, 예수는 모든 권세들의 주님이시다.
136) Bultmann, *Theology*, 1:331.
137) Weiss, *Earliest Christianity*, 2:459, n. 9 and 458-459.

비천하게 보였던 것이 고대 이스라엘에서는 일종의 자랑스러운 칭호였다"
는 바이스의 논평에도 약간의 진실이 들어 있다.[138] 고전 7:23을 언급하면
서 그는 "그리스도에게 속한다는 것"은 "모든 것의 주인"이 된다는 것을 의
미한다고 주장한다. 즉 "기뻐하고 감사하면서" 다른 사람들을 섬기기 위해
자유롭게 된 존재로서 "이제 신자는 모든 상황에서 그리스도를 의존할 수
있다."[139]

　　이 이슈에 대한 데일 마틴의 연구는 사회 이론과 사회 역사에 폭넓게
의존한다. 노예의 신분이 항상 멸시의 대상은 아니었다. 사실상 그것은 "사
회적 신분 상승"을 위한 일종의 수단을 제공해줄 수도 있었다. 주인의 지
위는 노예들을 위해 긍정적인 결과들을 가져올 수도 있었다. 따라서 "그
리스도의 종이 되는 것"은 회심자에게 상징적인 신분을 제공해주거나 어
떤 그리스도인 지도자에게 그리스도로부터 파생된 신분과 권위를 부여해
줄 수도 있다.[140] 어떤 가정의 노예들 가운데는 "청지기 노예들"도 포함될
수 있다. 최근에 콤브는 노예 제도에 대한 마틴의 일부 주장에 의문을 제
기했다.[141] 한편으로 마틴의 연구가 우리의 이해에 도움을 주긴 했지만, 그
것은 해당 주제에 대한 최종적인 결론은 아닐 것이다. 사실상 고대 그리스
와 이스라엘 전통 사이에 여전히 서로 상반되는 점이 있었다는 것은 언어
적인 현상에서도 발견된다. 피, 쿡 등 다른 많은 학자들은 이 점에 대해 언
급한다. 기원후 1세기 스토아학파에게 "모든 것이 당신의 것이다"라는 말
은 무언가 상당히 다른 것을 의미한다. 곧 그것은 어떤 개인이 자신의 존속
을 위한 자원 외에는 아무것도 필요하지 않고 자족하는(αὐτάρκης) 것을 가
리킨다.[142] 라이트푸트와 그 뒤를 이어 세븐스터는 그의 상세한 연구서 『바
울과 세네카』에서 다음과 같이 지적하면서 비슷한 관점을 제시한다. 즉 "만

---

138) 같은 책, 2:460.
139) 같은 책, 2:460 and 461.
140) Martin, *Slavery as Salvation*, 50-85, 145-149 및 여러 곳.
141) Combes, *The Metaphor of Slavery in the Writings of the Early Church*, 79-81.
142) Fee, *First Epistle*, 154; Kuck, *Judgment*, 190-191. 참조. Seneca, *De Beneficiis* 7.1: "우리는
　　모든 것이 그에게 속한다고 말한다, *Omnia illius esse dicimus*"; 참조. 7.2.5; 3.2; 4.1.

족하는 비결"과 "모든 것을 할 수 있다"는 바울의 말(빌 4:11, 18)은 세네카의 비슷한 표현과 전적으로 다른 근거에서 나온 것이다. 바울은 "내게 능력 주시는 자"와 "하나가 된 것"에 근거를 두는 반면, 세네카는 "자기 격리"에 의존한다.[143]

따라서 3:23의 마지막 구절은 매우 중요한 역할을 한다. 쿡은 다음과 같이 말한다. "그들이 모두 그리스도에게 속해 있다는 사실은 다른 사람을 판단하고 자신을 자랑하는 행위를 통해 그리스도인으로서 그들의 자유가 온갖 종류의 개인적인 방향으로 나아가지 않게 해준다.…고린도 교회 안에서 일어나는 파벌 싸움은 적어도 부분적으로 그 문화의 관점에서 볼 때 현명하다고 판단되는 사람들과 또 세상적인 판단 기준을 통해 교회 안에 있는 다른 사람들을 판단하고자 하는 자들의 욕망에 의해 전개되어왔다.…하지만 한 가지 주제가 여기서 명백하게 드러난다. 그것은 하나님이 궁극적인 심판자라는 사실이다."[144]

이 주제는 이 편지의 수신자들로 하여금 그들의 눈을 "여러분은 그리스도에게 속해 있습니다"에서 "그리스도는 하나님께 속해 있습니다"로 돌리게 한다. "하나님이 그리스도의 머리"라는 개념은 이와 관련된 다양한 형태로 나타나기 때문에, 고린도전서에서 그리스도와 하나님의 관계는 매우 중요한 신학적 주제다. 왜냐하면 이러한 표현은 3:23뿐만 아니라 11:3과 15:28에서도 나타나며, 나아가 1:30에서도 그 개념이 반영되어 있기 때문이다. 제임스 모팻은 고대 그리스-로마의 종교의식에서 제우스는 불분명한 대상이었지만, 그들 자신이 거행하는 의식에서 떠받드는 신은 제우스보다 더 선호하는 대상이었다는 이론을 제기했다. 이 점에 근거하여 고린도 교인들의 교제는 "자신들이 선호하는…신적 인물을 중심으로 이루어졌다.…일종의 그리스도-신비주의인 이것은 하나님과 그리스도의 밀접한 관계를 약

---

143) Sevenster, *Paul and Seneca*, 114, 119, 120; 참조. 109-122. 또한 참조. J. B. Lightfoot, *Philippians*, 305.
144) Kuck, *Judgment*, 196.

화하는 결과를 초래했다. 따라서 예배와 행위에 있어 하나님은 주 예수보다 덜 적합한 존재가 되었다."[145] 하지만 닐 리처드슨은 이것을 이른바 그리스 도파의 실패와 구체적으로 연결한다(1:12에 대한 주해 참조).[146] 우리는 특히 1:26-28, 2:1, 5, 11, 12, 14, 3:6, 7, 9, 23에서 하나님(θεός)을 강조하는 "표현 모음"에 대한 리처드슨의 분석을 언급했다. 그는 (11:3; 15:28의 경우와 마찬가지로) 3:23에 대해 이렇게 주장한다. "이처럼 θεός는 매우 중요한 기능을 지니고 있으며 바울은 복음과 그리스도인의 삶에 있어 철저하게 하나님 중심적 이해를 제시한다."[147] 보다 더 일반적으로 리처드슨은 다음과 같이 결론짓는다. "하나님과 그리스도에 대한 바울의 묘사는 철저하게 상호 의존적이다. 하지만 이 상호 의존 관계가 상호 교환적인 것은 아니다."[148] 아무튼 종말론에 관한 본문(15:28의 주해 참조)에서 존재론적인 "질서"를 확인하는 것은 이 원리를 교회론이나 인간의 타락을 해결하는 일시적인 "질서"보다 더 중요하게 만든다.[149]

상호 교환적이지 않다는 것은 이 편지의 수신자들에게 다음과 같은 사실을 환기해준다. 즉 심지어 그리스도가 하나님과 하나가 되었다 하더라도 이것은 모든 차이점, 특징 또는 구조를 제거해버리지는 않는다. 마치 복음이 개인의 "권리"에 대한 만인 평등적인 주장을 하면서 모든 "질서"를 해체하듯이 말이다(또한 11:2-16에 대한 주해 참조). "주께서 각 사람에게 맡겨주신 대로"는 적어도 목회 사역을 위해 부르심을 받았다는 특성을 드러낸다. 왜냐하면 이 원리는 그리스도의 사역의 특성을 나타내주기 때문이다. 그의

---

145) Moffatt, *First Epistle*, 250-251.
146) Richardson, *Paul's Language about God*, 114-115.
147) 같은 책, 116.
148) 같은 책, 311. 우리는 특별히 고전 12-14장과 관련하여 15:28에서 Wire의 주장들에 대해 논의할 것이다.
149) Fee는 "기능적인 [질서]"를 지지하면서 "존재론적인 [질서]"를 분명하게 거부한다. Fee와 Barrett의 관점을 따라 Wolff는 그 차이점이 우선적으로 구원 역사와 관련이 있다는 중립적인 견해를 갖고 있다(Wolff, *Der erste Brief*, 78). 하지만 "질서 있는 구별"의 **원리**는 하나님의 본성에서 핵심적이다. 천지창조에서 하나님의 일은 [각각의 피조물의] "차이점"을 통해 혼돈에 다양한 구조와 질서를 부여하는 것이었다.

사역으로부터 다른 모든 사역이 파생되는 것이다. 따라서 고전 3장의 마지막 단어 θεοῦ —하나님께 속해 있는—는 궁극적인 특성이 있다. 바로 이 단어가 자유, 하나 됨, 서로 구별되는 목적 등을 모두 하나로 결합한다. 심지어 그리스도도 하나님이 그분의 계획대로 각 사람을 부르신다는 원리로부터 면제되는 것을 선택하지 않는다. 또한 심지어 이분이 "모든 것"을 그의 백성에게 주시는 그리스도와 같은 하나님이시라고 해도 말이다.

우리가 이 견해를 받아들이든 말든 간에 바울이 하나님의 궁극성을 주장하는 또 다른 이유는 아마도 그리스도에 대한 그의 적대자들의 극단적인 주장을 논박하려는 데 있는 것 같다. 그들은 그리스도를 "신적인 존재가… 우주 안에서 일종의 영원한 지혜로 나타난 것"으로 간주했다.[150] 2:10-16에서 바울이 "영에 속해 있다"라는 주장에 맞서 하나님의 초월성을 주장했던 것처럼 3:18-23에서도 그는 "지혜"가 보다 더 내재적인 존재라는 주장 앞에서 하나님의 초월성을 강조하고 있는 것이다. 하지만 보다 더 사변적인 이슈에 관해서는 이 본문에 대한 이후의 역사와 연관 지어 숙고하는 것이 더 좋을 것이다. 우리는 4:5에 대한 주해 다음에 그 이슈들에 대해 선별적으로 간략하게 다루고자 한다. 요컨대 "하나님께 속해 있습니다"는 모든 것과 모든 사람에 대한 하나님의 판결의 궁극성을 강조한다. 바울이나 아볼로나 게바나 세상은…하나님의 목적을 이루기 위한 대리자나 도구다. 그리스도와 더불어 모든 그리스도인은 그 목적을 성취하는 데 참여하고 그것을 이어받을 자들이다.

3장, 특히 3:5-17의 후기 역사와 수용 및 영향

초기 교부들: 목회와 신실함과 성령

이레나이우스는 성령의 전(3:16)이라는 바울의 말을 인용하면서 하나님의 성전의 거

---

150) R. G. Hamerton-Kelly, *Pre-existence, Wisdom and the Son of Man*, SNTSMS 21 (Cambridge: Cambridge University Press, 1973), 123, 참조. 120-123; and Wire, *Corinthian Women Prophets*, 37-38, 41-43.

록함을 강조하고, 또 바울을 따라 "영적"이란 용어를 성령 안에서 교제하는 특성으로 정의한다.[151] 알렉산드리아의 클레멘스는 그리스도인의 정체성은 예수 그리스도의 기초 위에 세워진 건물(3:11)이라는 의미를 내포한다는 점을 받아들이지만, "그 기초 위에 세우는 어떤 사람"을 "그리스도 예수의 신앙의 기초 위에 세워진 영지주의적인 구조물"에 적용한다.[152] 바울의 논점과는 달리 클레멘스는 진정한 그리스도인 영지주의자는 탁월한 가르침이라는 건축물을 세울 것인데, 그 가르침은 "금, 은, 귀중한 돌"의 특성을 지니고 있지만, "자갈과 나무와 짚"은 이단적인 가르침이 첨가된 것이라고 덧붙인다.[153] 테르툴리아누스는 "기초석"의 이미지 안에서 구약성경에 관한 마르키온의 견해를 논박하는 견해를 발견한다. 곧 사 28:16은 "보라! 내가 한 돌을 시온에 두어 기초를 삼았노니 곧 시험한 돌이요 귀하고 견고한 기촛돌이라. 그것을 믿는 이는 다급하게 되지 아니하리로다"라고 말한다. 나아가 (마르키온이 주장하는 데미우르고스의 경쟁자인) 창조주가 바로 기초석 위에 세운 건축물이 "과연 건전한 가르침인지 아니면 무가치한 가르침인지" 평가한다.[154] 또한 그는 마지막 날에 모든 사람을 심판하시는 분 앞에서 저마다 자신의 행위에 대해 정산해야 한다는 가르침을 강조한다(3:13). 이것은 죽음 이후의 삶을 믿는 기독교 신앙의 특징 중 하나다.[155]

오리게네스의 해석학적 관심사는 사도성과 목회 직분에 초점이 맞추어져 있다. 목회자들은 복음의 열매를 풍성히 맺어야 한다(3:6-8).[156] 사도 바울만이 진정으로 그리스도의 복음을 선포한 ἀρχιτέκτων이다. 뿐만 아니라 목회의 삼중직 개념이 이제 나타나기 시작했다. 왜냐하면 바울은 감독과 장로와 집사의 직분(ὁποῖον τὸν ἐπίσκοπον εἶναι πρεσβυτέρος τε και διακόνους)이 무엇인지를 설명하며, 직분자가 이미 놓인 기초 위에 어떻게 건축해나가야 하는지에 대해 적절한 경고를 제시하기 때문이다.[157] 아무도 그리스도 외에 다른 기초를 놓을 수 없다는 사실은 사도의

---

151) Irenaeus, *Against Heresies*, 5; 6:1, 2.
152) Clement, *Stromata*, 5:4.
153) 같은 책, 7:13.
154) Tertullian, *Against Marcion*, 5:6.
155) Tertullian, *On the Resurrection*, 3.
156) Origen, *Frag. 1 Cor.* (ed. C. Jenkins; JTS 9 [1908]: 243), sect. xiv.
157) 같은 책, sect. xi (JTS 9 [1908]: 244).

직분과 사역의 유일무이성을 보여준다. τοῦτον τὸν θεμέλιον ἐν μὲν τῇ Ἰουδαία οἱ ἀπόστολοι ἔθηκαν, ἐν δὲ τοῖς ἔθνεσιν ὁ ἀπόστολος τῶν ἐθνῶν. 나무, 풀 또는 짚으로 짓는 것은 진리를 뒤집어엎는 것(ἐσφάλησαν τῆς ἀληθείας)에서 비롯된다. 오리게네스는 성령의 전이 된다는 것(3:16, 17)은 하나님의 **영광**(δόξα)에 참여하는 것임을 인정한다. 우리가 하나님의 성전이 되는 목적은 "그의 **이름**을 **영화롭게 하기 위한 것**"이다.[158]

키프리아누스는 심지어 세례받은 그리스도인도 성령의 성별(聖別)을 잃어버릴 수 있다고 주장하면서 성령의 전에 대한 바울의 표현의 취지를 뒤엎는다. 또한 그는 "하나님은 그를 파멸하실 것이다.…만약 당신이 하나님을 저버리면 그분은 당신을 저버리실 것이다"라고 말한다.[159] 아마도 키프리아누스는 데키우스 황제가 기독교를 박해하던 시기(기원후 249-251년)에 신앙을 저버린 사람들을 의식하면서 이렇게 주장했을 것이다. 한편 **바실레이오스**는 성령의 신성에 대한 그의 핵심 주제를 탐구하면서 고전 3:16을 언급한다. 성령의 고유한 사역으로서 성령은 성화를 이루어간다. 따라서 오직 성령을 통해 하나님의 구원이 온전히 성취된다. 신자들은 황송하게도 우리 가운데 거하시는 영광의 하나님께 "노예의 더러운 숙소"를 제공해서는 안 된다. 성령은 주님이시다.[160]

후기 교부들: 연옥의 "불"에 대한 신학적 사변의 기원

암브로시우스는 (아마도 3:15에 대한 해설을 제외하고) 바울의 사상을 철저하게 따른다. 그는 "심었다"를 복음 선포와 동일시한다. 하지만 그는 죄를 사하고 성령을 주시는 것은 오직 하나님으로부터 온다(peccata autem dimittere, et Spritum dare, Dei solus)고 덧붙인다.[161] 자라게 하시는 분은 바로 하나님이시다. 이 점과 관련하여 복음 사역자들은 아무것(nihil)도 아니다. 그리스도의 복음은 반드시 기초와 잘 어울리는 건축 재

---

158) 같은 책, sect. xvi (*JTS* 9 [1908]: 246, 강조는 덧붙여진 것임).

159) Cyprian, *Treatises*, 3; *Testimony*, 27.

160) Basil, *On the Holy Spirit*, 21. 참조. Haykin, *The Spirit of God*, 119-120 and 221-222.

161) Ambrose, *Opera Omnia: In Epistolam b. Pauli ad Cor. Primam*, ed. J.-P. Migne, *PL*, 17:2:2 (Paris: Garnier, 1879), 209.

료를 필요로 한다(*congruant fandamento*).[162] 나무와 풀과 짚은 악하며…그릇된 가르침(*mala ... et adultera doctrina*)을 포함하고 있다.[163] 그럼에도 그는 불의 역할(3:15)에 대해 불분명한 입장을 취하고 있다. 암브로시우스는 마치 불을 통과한 것처럼(*quasi per ignem*) 받는 구원은 형벌 없이 받는 것이 아니며(*non sine poena*)…불로 정화되어 구원받은 것(*ut per ignam purgatus fiat salvus*)이라고 주해한다.[164] 비록 암브로시우스에게는 연옥설이 명백하게 나타나지는 않지만, 그보다 후대의 저자들은 이 방향을 취했다. 크리소스토모스는 다음과 같이 말하면서 연옥설과 관련된 문제점을 피해 간다. "'행위가 모두 불타버리는 것'이 '건축자'가 구원받는다는 것입니까?…그 말은 행위에 대한 것입니다."[165] 금으로 만든 갑옷을 입은 사람은 불의 강을 통과하면 더욱더 빛날 것이다. 반면 누더기 옷은 금방 "불에 타서 재가 될 것이다."[166]

"연옥"에 대한 이슈는 종종 이 단락에 대한 아우구스티누스의 주해와 연결하여 언급된다. 그의 사고에서 종말론과 소망은 중요한 위치를 차지하고 있다. 그는 펠라기우스와 도나투스파를 공격했는데, 그들은 "시대착오적으로 점과 흠이 없는 순결한 교회를 요구했다.…아우구스티누스는 펠라기우스가 '중간 시대'를 허용하지 않았다고 지적했다. 그는 '죄 사함과…장차 올 하나님 나라에서 영원히 죄가 없는 상태로 확정되는 것 사이의 중간 시대'를 인정하지 않았다."[167]

아우구스티누스는 모든 그리스도인이 저마다 금과 은과 값비싼 보석들과 더불어 "나무와 마른풀과 짚"(고전 3:13)으로 집을 세울 것이라고 말한다. "하지만 그것 자체가 아무리 타당한 재료라고 하더라도 그것들은 세상적인 것에 집착한 나

---

162) 같은 책, 210.

163) 같은 책, 211.

164) 같은 책, 211.

165) Chrysostom, *1 Cor. Hom.* 9:4.

166) 같은 책, 9:5, 6.

167) R. A. Markus, "Comment: Augustine's Pauline Legacies," in William S. Babcock (ed.), *Paul and the Legacy of Paul* (Dallas: Southern Methodist University Press, 1990), 222; 참조. 221-225, and B. Studer, "Augustine and the Pauline Theme of Hope," 201-220. 또한 참조. Augustine, *De Gestis Pelagii*, 12:28ff.: *Anti-Pelagian Treatises* (ed. W. Bright; Oxford: Clarendon Press, 1880), 171.

머지" 소멸될 것이다.[168] 그러나 그리스도인은 "그 기초가 그리스도"(고전 3:11)라는 사실을 잘 알고 있다. 그리스도가 모든 것을 주도하기 때문에 "그 사람은 구원을 받을 것이다"(3:15). 하지만 "시험하는 불"은 "고난의 불"이자 "고통의 용광로"다.[169] 아우구스티누스의 해당 저서(*Enchiridion*) 68편 전체는 고전 3:11-15에 대해 해설한다. 하지만 "고통의 용광로"가 단순히 "연옥"을 가리키는 것은 아니다. [불을 견디어낸] 견고한 작품이 없다는 것은 이기심이 어떤 사람의 삶을 극도로 지배했기 때문에 그것이 전혀 그리스도 위에 세워지지 않았거나 그 삶이 어느 정도의 견고성을 지니고 있었는지 알려줄 것이다. 세상의 욕망으로부터 벗어나는 고통의 과정에서 상당 부분은 불에 타 없어진 것이다. 환난은 "불로" 구원을 받는 것에 대한 최고의 사례다. 곧 그것은 견고한 실재가 어디에 있는지 발견하는 과정에서 겪는 고통이다. 금으로 집을 지은 이들은 "'상을 받는다.' 즉 그는 자신의 수고에 대한 열매를 거둘 것이다. '하지만 만약 어떤 사람의 행위가 불에 타버리면 그는 손해를 입을 것이다.' 왜냐하면 그는 자신이 사랑했던 것을 계속 지니고 있지 못할 것이기 때문이다. '하지만 그 자신은 구원을 받을 것이다.' 왜냐하면 어떤 환난도 그를 그 견고한 기초로부터 이탈하게 하지 못할 것이기 때문이다."[170] 그러나 아우구스티누스가 "이 몸의 죽음과 최후 심판의 날과 그것에 뒤따르는 부활 사이의 중간 시기"에 대해 고찰하는 부분에서 문제점들의 가능성이 드러난다. 여기서 그는 "불로" 구원받는 것이 연옥설에 가까운 어떤 것일 수도 있다는 점과 마주한다. 그는 일종의 "용서받을 수 있는 세상적인 것", 곧 불에 타버릴 수 있는 것에 대해 숙고한다. 그는 "여기 이 세상에서 또는 죽은 다음에"(아마도 마지못해?) 겪게 되는 그러한 고통의 불에 대해 논평하며 다음과 같이 주장한다. "나는 이것을 부인하지 않는다. 왜냐하면 그것은 사실일 수 있기 때문이다."[171] 따라서 그는 고전 3:11-15에 근거하여 연옥에 관한 교리의 가능성을 제시한다. 그 교리는 교황 그레고리오 1세

---

168) Augustine, *Enchiridion*, 68.
169) 같은 책. 또한 5항과 6항.
170) Augustine, *City of God*, 21:26; 또한 참조. 21:1, 2.
171) 같은 책(Schaff's edition, 2:475, col. 1; p. 473, col. 2에서 시작되는 논의 참조).

와 더불어 확립된 것으로 보인다.[172)

알렉산드리아의 키릴로스는 고전 3:5-17에 대한 주해에서 교회와 목회 사역에 관한 훌륭한 본보기를 제시한다. 심는 것(3:5-8)은 사람들을 신앙으로 이끄는 것과 관련이 있다. 하지만 여기에는 교회를 양육하여(τρέφουσα) 열매 맺게 하는(καρποφόρος) 목회 사역이 필수적으로 따라와야 한다.[173) 성장은 성령을 통해(διὰ πνεύματος) 이루어진다. "하나님의 밭과 하나님의 건물"(3:9)이라는 하나님의 소유를 나타내는 소유격은 하나님의 백성을 그리스도의 보배로운 피로 샀다(ἐξηγόρασεν τῷ τιμίῳ αὐτοῦ αἵματι)는 사실을 나타낸다.[174) 다른 많은 교사들과 비교하면 바울은 훌륭한 건축자로서 으뜸가는(πρῶτος) 건축자다. 테오도레토스는 주님이 다시 오실 때까지(그리스어 사본: τὴν ἐτιφανείας τοῦ Σωτῆτος ἡμέραν; 라틴어 사본: *in die adventus domini*) 우리는 집을 세워나가면서 종종 마음속의 은밀한 일을 알지 못한다고 주해한다.[175)

중세 시대

샤르트르의 이보(1115년 사망)는 교회법과 교회 권징에 대한 그의 해석으로 명성을 얻었다. 그는 "교회의 모든 권징의 주된 의도는 그리스도에 대한 올바른 지식에 반하여 세워진 모든 구조물을 파괴하거나 또는 견고하게 서 있는 하나님의 집을 세우

---

172) 다소 모호한 표현이 *City of God,* 21:13에서도 나타난다. 해당 부분은 한편으로는 연옥설을 인정하는 것처럼 보이고, 다른 한편으로는 유보적인 입장을 취하는 것처럼 보인다. 하지만 21:24에서 죽은 이들을 위한 기도에 대한 언급은 연옥에 대한 아우구스티누스의 신앙을 보다 더 잘 드러내는 것 같다. 교황 그레고리오 1세는 공식적으로 이 교리를 가르쳤다. 그는 연옥의 일차적인 고통은 하나님을 볼 수 없는 것이라고 주장했다. 동방 교회는 죽은 이들을 위해 기도하지만, 그들이 처해 있는 상황에 대해서는 교황 그레고리오 1세, 비드, 토마스 아퀴나스보다 덜 구체적으로 말한다. 한편 종교개혁자들은 다음 두 가지 이유에서 이 교리를 거부했다. 곧 성경에 대한 올바른 해석은 이 교리를 지지하지 않으며, 이 교리는 행위가 아니라 오직 은혜로 구원받는다는 성경의 가르침에 어긋난다는 것이다(K. Barth의 간명한 주해를 참조하라).
173) Philippus E. Pusey (ed.), *Cyrilli Alexandrini, Fragmenta Varia* 3 (Brussels: Culture et Civilization, 1965), *In Epistolam 1 ad Corinthios,* 258.
174) 같은 책, 259.
175) Theodoret, *Opera Omnia: Interpretatio primae epistolae ad Corinthios,* in J.-P. Migne, *PG,* 82 (Tomus Tertius) (1864), 249 and 252 (Greek) and 250-251 (Latin).

는 것이다"(고전 3:9-11)라고 주장한다.[176) 클레르보의 베르나르두스(1153년 사망)는 하나님과 부르심을 받은 인간 사역자의 하나 됨을 강조하기 위해 고전 3:9을 인용한다. 그는 "하나님의 동역자"를 "성령의 협력자"로 해석한다.[177) 하지만 우리가 이미 언급했듯이 이것은 이 절에 대한 가장 설득력 있는 해석에서 벗어난 것이다. 토마스 아퀴나스(1274년 사망)는 지혜로운(σοφός) 건축자(3:10)라는 바울의 이미지에 기초하여 무엇이 거룩한 교리인지를 질문한다. 그리고 그는 그것은 모든 지혜 중의 지혜라고 대답한다. 바울은 지혜로운(*sapiens*) 건축자라는 표현을 돌을 다듬고 회반죽을 개는 일꾼과는 달리 전체 구조물을 설계하는 사람에게 적용한다(거룩한 교리는 지혜와 더불어 가장 잘 표명된다. *sacra doctrina maxime dicitur sapientia*).[178)

종교개혁 시대: 목회와 진정성

에라스무스는 3:5-11에 대한 건전한 역사적 해석을 제시한다. 하나님은 우리의 생명의 근원이시다. 하지만 바울이 나무, 풀, 짚을 언급하는 부분(3:12)에 이르자 에라스무스는 곧바로 자기 시대의 현상에 대해 이의를 제기한다. 금와 은과 귀중한 보석은 모두 그리스도의 영광을 높이는 데 기여하는 반면, 사람들은 진정한 경건 대신 인간이 만든 의문의 여지가 있는 규정들, 무미건조한 종교의식과 미신을 덧붙인다("*addit constitutianculas, de cultu … de frigidis ceremoniis … degenerent in superstiosos pro piis …*").[179)

에라스무스는 성령의 전이어야 할 자들이 이기적인 권력 추구에 집착하는 대신 특별히 순수함과 순결을 추구할 것을 요구한다.[180) 루터는 목회 사역에 관해 논평하면서 3:7에 대한 에라스무스의 호소와 함께 해당 이슈를 다룬다.[181) 루터는 바

---

176) Ivo of Chartres, *Decretum (Prologue)* (Eng. trans. in E. R. Fairweather [ed.], *A Scholastic Miscellany*, LCC 10 [London: SCM, 1956], 239; 참조. 238-242).

177) Bernard, *Treatise on Grace and Free Choice*, 13:45.

178) Thomas Aquinas, *Summa Theologiae*, 1, Q. 1. art. 6 (Blackfriars ed., 1:20 and 22 (Latin), 21 and 23 (English). 또한 성전에 대해서는 Q. 109, art. 9, sect. 3을 보라.

179) Desiderii Erasmi, *Omnia Opera: Paraphrasis in Epistulam Pauli ad 1 Cor*, 868.

180) 같은 책. 또한 *Enchiridion*, 18th Rule.

181) 참조. Erasmus, *On the Freedom of the Will*, pt. 3, sect. 1; in Gordon E. Rupp and Philip S. Watson (eds.), *Luther and Erasmus: Free Will and Salvation*, LCC 17 (London: SCM, 1969), 78.

울이 다른 곳에서 목회 사역을 "매우 높게 평가한다"고 말한다. 하지만 여기서 "성장하는 것과 관련하여 심는 자와 물을 주는 자는 아무것도 아니다. 하지만 심고 물을 주는 것과 관련하여 그들은 아무것도 아닌 것은 아니다. 왜냐하면 하나님의 교회 안에서 성령의 최상의 사역은 가르치고 권면하는 것이기 때문이다. 바울은 바로 이와 같은 뜻에서 말하고 있는 것이다."[182] 사실상 바울의 유비는 루터가 자유와 속박과 은혜에 대해 말하고자 하는 것에 매우 적합하다. "물론 루터는 '인간 아래에 있는 것들'이라고 부르는 것과 관련하여 어느 정도의 자유를 지니고 있다고 시인한다." "하지만 인간은 루터가 '자기 위에 있는 대상'이라고 부르는 것과 관련하여 자유로운 존재가 아니다. 곧 그것은 영원한 구원과 멸망과 관련이 있다."[183] 따라서 바울과 아볼로는 심고 물을 주는 과정에서 능동적인 역할을 하는 대리자들이다. 하지만 구원 사역의 과정에서 그들은 단지 하나님이 은혜로 부르신 도구에 지나지 않는다. 하나님의 은혜의 완전한 충족성과 바울과 아볼로에게 부여된 보조적이면서도 필수적인 역할 사이에는 아무런 모순도 존재하지 않는다.[184] "그리스도 안에서 하나님은 우리가 서 있을 수 있는 기초를 제공하셨다. 하지만 이른바 기초 위에 세워진 '건축물'은 다양한 방법을 통해 아무것도 아니고 지푸라기와 같이 쓸모없는 것으로 드러난다. 예를 들면 '자신들의 상상력에 사로잡혀 있는' 소피스트들이거나 이른바 성령에 의한 내적 경험이라고 주장하면서 그것으로 성경을 대체하는 '광신주의자들'의 경우가 그것이다."[185]

루터의 후대 사고에서 연옥에 관한 개념을 지지하기 위해 바울의 텍스트를 사용하는 경우는 전혀 없다. 그는 "면죄부, 연옥…및 비슷한 혐오스러운 것은 허

---

182) Luther, *On the Bandage of the Will* (Rupp and Watson [eds.], *Luther and Erasmus*), 286; 또한 *WA*, 18:750-751 and *On the Bondage of the Will*, ed. J. I. Packer and O. R. Johnston (London: Clarke, 1957), 264.

183) Philip S. Watson, "The Lutheran Riposte," in *Luther and Erasmus*, 17-18.

184) Luther, *On the Bandage of the Will* (Rupp and Watson [eds.], *Luther and Erasmus*), 288; *WA*, 18:753.

185) Luther, *Table Talk* (Autumn, 1532), in *Letters of Spiritual Counsel*, LCC (Eng. trans., London, SCM, 1955), 122; and Luther, *Lectures on 1 Timothy*, in *Luther's Works*, 28 (American ed., St. Louis: Concordia, 1973), 223-224 (on 1 Tim 1:4-5; *WA*, 26:9).

물어진다”고 말한다.[186] 연옥은 “인간의 전통”과 “교황의 왕국”에 속한 것이지, 그리스도와 바울에게 속한 것이 아니다.[187] 그렇지 않다면 오직 믿음으로써 하나님의 은혜로 의롭게 된다는 것은 무효가 된다. 하지만 이 점과 관련하여 루터는 초기의 사고에서 마카베오2서 12:43-45을 더 긍정적인 측면에서 고찰했으며, 고전 3:15에 대한 아우구스티누스의 주해에 공감하는 입장을 취하고 있었다.[188]

칼뱅은 심고 물을 주는 목회자들(3:5)의 높은 직분과 하나님의 대리자로서 그들의 권리와 관련하여 그들의 낮은 신분에 관해서도 말한다. 사실상 고린도 교인들은 특정한 지도자들을 “자랑하는 것을 통해” “그들에게서 그들의 진정한 위대함을 빼앗고 말았다.”[189] 한편으로 “농부의 진지한 수고가 효력이 없는 것은 아니다.” 하지만 또 다른 한편으로 성장은 “하나님의 은혜로 일어나는 기적이다”(3:6).[190] 따라서 3:7-8에서 목회 사역은 “두 가지 방법으로” 묘사된다. 한편으로 목회자들은 “하나님에 의해 임명된다.” 또 다른 한편으로 “하나님은 종종 목회자들을 종과...도구로 생각하신다.”[191] 그들이 하나님께 저마다 책임을 져야 한다는 사실은 “그들이 세상의 영광에 도취되는 것을” 전적으로 배제한다.[192] 이 기초 위에 견고하게 지속적으로 건축물을 세우는 것(3:11)은 신실함과 그리스도의 충족성을 인정하는 것을 요구한다.[193] 불에 타지 않고 남아 있는 재료(3:12)는 “그리스도의 뜻에 부합한다.” 반면 나무, 풀, 짚은 “인간의 생각에 따라 만들어진 것이다.”[194] 그날에 하나님의 판결이 명백하게 드러나는 것(3:13)은 “인간의 호의와... 세상의 박수갈채”와 대조된다.[195] 인간이 고안해낸 모든 것은 불에 타 없어질 것이다.

---

186) Luther, *Lectures on Galatians 1535,* in *Luther's Works,* 25 (American ed., St. Louis: Concordia, 1963), 221; on Gal 3:5 (*WA,* 40:353; 또한 Clarke ed. of 1575 ed., 218).

187) Luther, *Lectures on Galatians 1535,* in *Luther's Works,* 26:135; *WA,* 40:237 (on Gal. 2:16).

188) Luther, “Letter to Jerome Weller July 1530,” “Letter to V. Hausmann, June 1532,” and in *Letters of Spiritual Counsel,* 84-87, 120-121, 82-138에서의 다양한 사례.

189) Calvin, *First Epistle,* 68; 또한 참조. 70: “두 가지 방법으로 그들은 주님에 의해 임명되었다.”

190) 같은 책, 69.

191) 같은 책, 70.

192) 같은 책, 71.

193) Calvin, *First Epistle,* 73-74; *Institute,* 3:18:1; *First Epistle,* 75.

194) 같은 책, 75.

195) 같은 책, 76.

　　칼뱅은 연옥의 이슈를 두 가지로 언급한다. 해석학적 측면에서 바울은 목회자들과 그들의 사역에 대해 말한다. 따라서 이것이 어떻게 연옥에 대한 교리로 체계화될 수 있는가? 또한 칼뱅은 3:12-15의 해석 역사를 고찰한다.[196] 그는 교부들 대다수가 "불"을 연옥으로 이해하지 않았다고 주장한다. 칼뱅은 심지어 교부들이 기도를 통해 죽은 사람을 기억하는 관습도 일종의 돌봄과 기억에 대한 표현이라고 결론짓는다. "분명히 그들은 연옥에 대해 그러한 주장을 하지 않았다. 그들은 연옥이 불확실하여 그것을 지지하지 않는다는 점을 암시했다."[197]

계몽주의 및 현대 시대

로크(Locke)는 영국적인 일반 상식의 합리성을 해석학적 도구로서 반추한다. 그는 다음과 같이 질문한다. 그리스도의 기초 위에 나무, 풀 또는 짚으로 집을 짓는 사람은 설령 그가 구원을 받더라도 어떤 의미에서 "손해를 입을까?"(3:15) 로크는 "당신의 시간과 수고가 헛것이 됩니다"라고 말한다.[198] 3:12-13에서 언급하는 그날은 최후 심판의 날이다. 최후의 심판은 참되고 진정성 있는 가르침에 부합하지 않는, 사람들을 현혹하는 상부 구조물의 본질을 드러낼 것이다.[199] 로크는 이 이슈에 대한 사변을 회피한다. 벵엘(1752년 사망)은 목회적인 권면에 주목한다. 기초 위에 집을 짓는 목회자의 책임은 매우 중대한 것이다(3:10b). 하지만 "심지어 아주 작은 금 조각조차도 영속적인 특성이 있다"(mica auri, durum est).[200] 키르케고르(1855년 사망)가 자신의 저서에서 고전 3:21에 대해 간략하게 설명하는 것에 관해 언급하는 것도 유용할 것이다. 그는 "모든 것이 여러분의 것입니다"(고전 3:21b)라는 말은 사랑의 배경을 전제한다고 주장한다. 그것은 무언가 나에게 "속한 것"이지만, "내 것"으로 꼭 쥐고 있을 수 있는 절대적인 의미는 아니다. 이는 마치 "나의 하나님" 또는 "내가 사랑하는 사람"이 "내 신발"과 동일한 의미를 전달하지 않는 것과 같다.[201] 우리는 앞에

---

196) Calvin, *Institute*, 3:5:9, 10 (Beveridge ed. 1957, 1:579-582).

197) Calvin, *Institute*, 3:5:10 (Beveridge ed. 1957, 1:582).

198) John Locke, *A Paraphrase and Notes* (Oxford: Clarendon Press, 1987), 1:427.

199) 같은 책, 426.

200) Bengel, *Gnomon*, 617.

201) S. Kierkegaard, *Works of Love* (Eng. trans., New York: Harper & Row, 1962), 250; 또한 같

서 아르카디아 지방의 테게아에서 발굴된 건축물의 비문에 대한 섀너의 언급을 다루었다. 그 비문에 의하면 "건축자"(ἀρχιτέκτων)는 건축 작업을 체계적으로 주도하며 조정한다.[202] 칼 바르트는 "서로 다른 요소들을 통합하거나 서로 적합하게 만들" 필요성의 관점에서 고전 3:11을 해설한다. "그러므로 모든 것은 과연 그것이 이 통합에 도움이 되는가라는 표준에 의해 판단되어어야 한다"는 것이다.[203] 신자들은 머지않아 "하나님 앞에서" 각자의 삶의 행위를 보게 될 것이다.[204] "만약 우리의 모든 행위가 없어진다면" 우리는 "우리가 그토록 자랑하는 행위 때문이 아니라 그 행위에도 불구하고" 마침내 구원을 받을 것이라는 사실에 기뻐할 것이다.[205]

1-2절   2절에서 사본 B와 모든 교부들은 ζητεῖται, "요구되다"를 타당한 독법으로 읽는다. 하지만 P^{46}, ℵ, D, C 사본은 명령형 ζητεῖτε, "추구하라"를 원문으로 받아들인다. 또한 에링도 이 독법을 지지한다.[206] 귀에 들리는 소리의 차이는 그리 크지 않기 때문에 대다수 주석가들은 ζητεῖται가 원문이라는 것을 의심하지 않는다.

또다시 바울은 목회자들 또는 사도들에 관해 말한다. 하나님이 세상을 대하시는 관점에서 그들은 올바르게 인식되어야 한다. 이 기능 또는 직분을 묘사하는 첫 번째 단어는 ὑπηρέτης다. 이 단어는 기원후 1세기에 다양한 "직무"를 가리키는 데 사용되었다. 기원후 2세기의 파피루스에서 이 단어는 종종 "보조자"를 의미했다. 또한 바울 시대의 헬레니즘 그리스어에서 이 단어는 "사소한 집안일을 처리하는 종"에서부터 자신의 상관을 보필하는 "하급 관리"를 가리키는 데까지 광범위하게 사용되었다. 이 배경은 REB

은 책, 104; *Christian Discourses* (Eng. trans., Princeton: Princeton University Press, 1971), 137-138.

202) Shanor, "Paul as Master Builder," 465.

203) K. Barth, *CD*, 4/2 (sect. 67), 1:637.

204) K. Barth, *CD*, 4/3 (sect. 73), 1:928.

205) K. Barth, *Resurrection of the Dead*, 19.

206) Héring, *First Epistle*, 27.

가 해당 단어를 "부하"로 번역한 것을 지지해준다.[207] 고전 그리스어에서 이 단어는 타당한 문맥에서 배의 아랫부분에서 노 젓는 사람을 가리킬 수도 있었다. 하지만 고린도가 항구 도시이긴 했지만, 이 편지의 수신자들이 이 단어를 그런 의미로 이해했다고 예상하기는 어려울 것이다. 따라서 이 단어의 광범위한 적용 범위를 고려할 때 "종들"이 가장 가까운 의미일 것이다 (NRSV, NIV, NASB, NJB).[208]

두 번째로 사용된 단어 οἰκονόμους는 거의 일관되게 관리인(stewards)으로 번역된다(NRSV, REB, AV/KJV, NJB) 하지만 오늘날 "스튜어드"는 종종 비행기 안에서 탑승객을 시중드는 사람을 연상시킨다는 사실을 고려하여 NIV는 "(비밀을) 맡은 자들"로 번역한다. 오늘날 이 단어에 해당하는 가장 가까운 번역은 가사 매니저, 가옥 관리인 또는 (가장 광범위하게 동시대 파피루스 문서에서) 재산 관리자다.[209] 이 직분은 대체로 가정의 생활비, 구매, 회계 장부 관리, 물자 분배, 빚의 회수, 집안의 전반적인 질서 체계를 감독하는 책임을 떠맡았다. 하지만 단지 고용주 또는 가장에 의해 승인된 지침에 근거하여 지시받은 대로 그와 같은 일을 해야 했다.[210] 또한 타이센은 특히 ὁ οἰκονόμος τῆς πόλεως(이 성의 재무관, 롬 16:23)인 에라스도와 관련하여 이 용어가 사용된 증거 목록을 제시한다. 그는 해당 논문에서 다음과 같이 결론짓는다. "οἰκονόμος라는 단어의 의미는 시대와 장소에 따라 다양하다." 하지만 이 단어는 도시의 관리로서 "단순히 재무관리가 아닌…어떤 고위 직분을 가리킨다."[211] 하지만 과연 고린도에서 οἰκονόμος가 "높은 사회적

207) 참조. Collins, *First Cor,* 167. Collins는 "보조자들"로 번역한다(또한 172 참조).
208) BAGD, 842-843.
209) MM, 442-443; BAGD, 560 and 559.
210) οἰκονομέω, 가사 관리를 실행하는 사례에는 다음과 같은 것이 포함되어 있다. 곧 보리와 밀의 운송(*PS* 1 6:584:17; *BGU* 4:1209:19 [23BC]), 빚 회수 또는 채무 조정(*Oxyrhynchus Papyri* 9:1203:27, 기원후 1세기 후반) 등이다. 또한 οἰκονόμος, 재산 관리자(*P. Oxy.* 5:929:25 [기원후 2세기]); 가능성이 있는 것으로는 롬 16:23, 재무관, 갈 4:2, 청지기 또는 관리인.
211) 신탁(信託)의 직분을 지닌 οἰκονόμος에 대해서는 다음을 참조하라. Reumann, "'Servants of God' — Pre-Christian Religious Application of οἰκονόμος in Greek," 339-349, and

신분을 지닌 인물"이었는지에 관한 질문에 명확한 답변을 제시하기는 어렵다.[212]

이 점에 근거하여 굿스피드가 관리인들이라고 번역한 것과 찰스 윌리엄스가 πιστός와 관련하여 "피신탁인"이라고 번역한 것은 타당하다. 이러한 지위에 있는 사람에게 필수적으로 요구되는 것은 οἰκονόμος가 재산의 소유자 또는 고용주가 원하고 지시하는 사항에 신실하며(πιστός, AV/KJV, NIV) 고용주에게 속한 자산을 신뢰할 만하게(NRSV, NJB, TCNT, Williams) 관리하는 것이다. 그리스어 형용사 πιστός는 "신실한"과 "신뢰할 만한"이라는 두 가지 뉘앙스를 포함한다. 만약 영어의 어떤 단어가 이 두 의미를 모두 내포한다면 그 단어는 단 한 가지 의미만을 지닌 단어로 번역해야 하는 문제점을 개선해줄 것이다. 의사의 처방전에 따라 약을 짓는 약사와 마찬가지로 여기서 관리인에게 요구되는 것은 자기가 스스로 고안해낸 "더 나은 대안"을 실행하는 것이 아니라 반드시 지시받은 대로 자신의 직무를 수행하는 것이다. 한편 μυστηρίων θεοῦ, "하나님의 비밀"에 대해서는 본 주석서의 2:7에 대한 주해를 보라.[213] 콜린스는 신중성도 요구된다고 주장한다.[214]

1절에서 바울은 λογίζομαι, "나는 ~로 여기다"를 사용한다. 오늘날 "~로 여기다"는 언어 행위 이론과 언어철학에서 중요한 위치를 차지하게 되었다. 이것은 만약 "의롭다고 여기다" 또는 "받아들여졌다고 간주하다" 등과 같은 표현을 "은혜로 말미암아 믿음으로 의롭게 되었다"에 적용한다면 이것은 일종의 법적인 허구라는 통상적인 비판을 무효로 만든다(6:11에

"οἰκονομία Terms in Paul in Comparison with Lucan *Heilsgeschichte*," 147-167; W. E. Robinson, "The Church in the World: 'Steward of the Mysteries of God' (1 Cor 4:1)," 412-417; Martin, "Managerial Slaves," in *Slavery as Salvation*, 15-22.

212) Theissen, *Social Setting*, 79; 참조. 75-83. 또한 참조. Combes, *The Metaphor of Slavery*, 77-93. 그리고 앞에서 언급한 집사의 직분에 관한 Barnett와 Collins의 논문에서 διακονέω에 대한 논의를 참조하라.

213) 토마스 아퀴나스는 이 부분에서 해당 단어를 성례에 적용한다.

214) Collins, *First Cor*, 172.

서 "은혜로 말미암는 칭의"에 대한 특별 주해 참조). 언어철학자들 중에서 오스틴과 존 설은 어떻게 "~로 간주하다", "유죄로 평결하다" 또는 "나는 당신들을 남편과 아내로 선포합니다" 같은 "언어(발화) 행위"가 일반적인 주장(곧 주장 행위를 실행하는 언어)의 경계를 넘어 오스틴이 흔히 "평결적"(평결을 내리는 행위)이라고 칭하고 설이 "선언적"(x를 y라고 선언함)이라고 부르는 언어로 진전되는지 밝혀준다.[215] 니콜라스 월터스토프는 언어에서의 이러한 "실행" 행위의 논리를 인간의 거의 모든 대화, 특히 종교적인 언어에 기초가 되는 것으로 이해한다. 따라서 자동차의 우측 방향지시등이 반짝이는 것을 운전자가 오른쪽으로 방향을 전환할 것이라는 경고로 간주하는 것은 의사전달에서 핵심적인 것이다.[216] 하나님의 판결을 선언의 말씀에 담긴 어떤 해방의 행위를 **전달하는** 것으로 말하는 것은 더 이상 "허구"가 아니다. 4:1-2에서 이렇게 "~으로" 간주하는 **선언적** 진술은 제도적인 배경에서 어떤 위임된 신분과 역할을 나타낸다. 따라서 "나는 진단한다"는 의학이라는 제도적인 문맥에서, "나는 당신을 유죄라고 판결합니다"는 법정이라는 제도적인 문맥에서, "나는 여러분을 남편과 아내로 선포합니다"는 혼인 제도의 배경에서, "여러분은 종과…관리자로 간주됩니다"는 사도의 사역의 배경에서 각각 실행적인 언어 행위로 기능한다. 월터스토프는 이것을 어떤 주어진 양식에 "일종의 신분"을 부여하는 것이라고 부른다.[217] 4:1에서 목적격 그리스어 명사들은 그 단어들이 ἡμᾶς, "우리를"과 동격이며, "~로 간주하다" 또는는 "여기다"의 목적어이기 때문이다. 볼프는 여기서 인칭 대명사 복수형이다시 도입되는 것(참조. 3:22)은 분명히 바울과 아볼로와 베드로에 대한 언

---

215) J. L. Austin, *How to do Things with Words* (Oxford: Clarendon, 1962), 4-24, 76-93, 99-109, and esp. 152-163; *Reckon, rank, value,* and *interpret as* are "verdictives" (152); J. R. Searle, *Expression and Meaning: Studies in the Theory of Speech Acts* (Cambridge: Cambridge University Press, 1979), 24-27; 참조. 1-129. 이 부분에서 Searle은 "선언적" 언어 행위에 우선권을 부여함.

216) Nicholas Wolterstorff, *Divine Discourse* (Cambridge: Cambridge University Press, 1995), esp. 76-91.

217) 같은 책, 83-84.

급을 예로 취급하는 것이라고 주장한다.[218]

2절에서 ὧδε는 "여기서"를 의미한다. 곧 "여기 이 땅 위에서"라는 장소의 의미(예. Alford)가 아니라 논리적인 의미에서 "이 사항과 관련하여"를 뜻한다. 목적격 단수 형용사형인 λοιπόν은 여기서 관련 또는 관계의 목적격으로서 부사로 사용된다. 영어에는 "나머지와 관련하여"를 한 단어로 나타내는 부사가 없다. 따라서 "그밖에"라는 표현은 이 문법적인 기능, 곧 "나머지와 관련하여"라는 의미를 전달해줄 것이다. 그리고 ζητέω의 현재 수동태 "나는 추구한다"(I seek)는 It is sought로 번역할 수도 있지만, 이 문맥에서는 "요구된다"(it is required)를 뜻한다. 마지막으로 관리인들이 진정으로 "신뢰할 만한 [사람]"이었는지에 대한 결과는 εὑρεθῇ로 표현된다(비록 여기서 온전히 목적을 나타내는 의미로 사용되진 않지만, 이 단어는 ἵνα로 이어지는 절에서 나타나기 때문에 가정법이다). 복음 사역자들은 과연 자신들이 진실하고, 신실하며, 의지할 만하거나 신뢰할 만한 일꾼으로 밝혀질 것인지에 대해 질문을 제기해야 한다. 바울은 심지어 자기 자신의 마음속의 은밀한 것에 대해 온전히 알 수 있는 능력을 지니고 있다는 것을 곧 부인할 것이다. 그는 자신의 **사역이 하나님의 최후 심판에서 얼마나 신뢰할 만한 것으로 나타날지에 대해 단순히 하나님을 신뢰하며 그분께 내어 맡긴다.**

3절   이것은 우리를 모든 속박으로부터 자유롭게 하는 바울의 진술 가운데 하나다. 여기서 접속사 δέ는 대조의 의미가 있다. 바울은 해명하고 책임을 져야 할 필요가 관리인들에게 있다는 점을 인정하면서 다음과 같이 덧붙인다. "그러나 내가 책임을 져야 하는 대상은 결코 여러분이 아닙니다." 쿡은 4:1-5의 제목을 "인간의 시기상조적인 판단의 무익함"이라고 붙인다. 이 제목은 해당 단락의 내용을 잘 보완해준다. 하지만 이것은 프랜시스와 샘플리가 제시하는 제목 "심판하시는 분은 바로 주님이시다"와 대조를 이룬다.[219] 인칭 대명사 ἐμοί는 인격적인 관심을 나타내는 여격이며, "나 자신

---

218) Wolff, *Der erste Brief,* 79.

219) Kuck, *Judgment,* 196; Francis and Sampley, *Pauline Parallels,* 116 (sect. 83).

의 경우를 살펴볼 때"라는 의미에서 "나에게"에 해당한다. 형용사 최상급의 형태인 ἐλάχιστόν은 (비교급과 대조되는 것으로서) "매우 적은"(NIV) 또는 "매우 작은"(NRSV, AV/KJV)을 뜻한다. "[그것은] 나에게 조금도 대수롭지 않은 일입니다"라는 번역은 어떤 평가를 선언하는 언어 행위의 평결적인 분위기를 드러낸다. 이 표현은 대다수 영역본에서 이와 비슷한 의미로 번역되었다. 예를 들면 "그것은 나에게 전혀 중요하지 않습니다"(NJB) 또는 "나에게 그것은 전혀 문제가 되지 않습니다"(REB) 등이다. ἵνα가 이끄는 절에 나오는 동사 ἀνακριθῶ(부정과거 수동태 가정법)는 불명료하거나 가정적인 행위—내가 판단을 받든지—를 표현한다. 곧 문자적으로 "내가 여러분에 의해 판단을 받아야 하는지"를 뜻한다. 볼프는 바울이 고후 1:12과 롬 9:1에서 하나님의 평가와 인간의 평가를 대조하는 것을 서로 비교한다.[220]

"사람들의 법정"을 의미하는 ἀνθρωπίνης ἡμέρας에 대해서는 사전 집필자들과 주석가들이 주로 제시하는 두 가지 설명을 발견할 수 있다. 첫째, 인간의 ἡμέρα는 3:13의 "그날"[주의 날]과 대조된다. 곧 우리는 우리의 일에 대한 올바른 평가를 인간의 어떤 판결의 날(법정)이 아니라 하나님의 심판의 날에 기대해야 한다.[221] 둘째, 종종 그리스어를 포함하여 히브리어와 다른 언어에서 날(day)과 심판 또는 법정(히. םוי, 욤) 간에는 밀접한 연관성이 있다. 아마도 밤에 감추어져 보이지 않는 것과 낮에 분명하게 드러나는 것이 어떤 역할을 했을 가능성이 있다. 하지만 보다 더 개연성이 있는 해석은 보응을 위해 정해진 어떤 특별한 날이라는 개념에 "오늘날"이라는 긴급성이 덧붙여져 그날과 보응의 날의 관계를 서로 밀접하게 연결했다고 보는 것이다.[222] 해당 용어가 역사적으로 어떻게 발전되어 왔든지 간에 그 의미는 분명하고 합의가 이루어진 상태이며, 따라서 (히에로니무스와 더불어) 바울이 살던 지방의 방언(方言)이었다고 주장할 필요가 없다. 대체로 대조를

---

220) Wolff, *Der Erste Brief*, 81.
221) Robertson and Plummer, *First Epistle*, 76; LSJ, 648, ii. III.
222) BDBG, 398-401. 이 부분에서 서로 의미가 미묘하게 구별되는 광범위한 목록이 제시된다. 또한 독일어 용어 *Reichstag*을 참조하라.

나타내는 ἀλλά는 동전의 다른 면을 가리키는 "이와는 대조적으로"를 의미한다. 여기서 이 접속사는 "참으로"라는 긍정의 의미를 나타내는 기능을 한다. 현재 직설법 ἀνακρίνω는 이론상 "나는 나 자신에 대해 판단하지 않습니다"라는 서술적인 표현일 수도 있지만, "나도 나 자신을 판단하지 않습니다"라는 발화수반(illocutionary) 언어 행위의 역할을 할 개연성이 더 높다. "나도 나 자신을 판단하지 않습니다"라는 우리의 번역은 해당 그리스어 표현의 불확정성을 반영한다.

바울에 대한 크리스터 스텐달의 해석에서 3절의 마지막 구절은 특별한 의미를 지닌다. 그것은 샌더스의 해석에도 새로운 길을 열어주었다. 스텐달은 "죄에 대한 바울의 의식이 자기의 양심과 갈등하는 루터의 관점에서 해석되었다"고 주장했다.[223] 하지만 "정확하게 바로 이 지점에서" 루터와 바울 사이에 커다란 차이점이 나타난다. 스텐달은 바울이 죄와 죄책감의 문제를 객관적인 상태로 인식하고 있었지만, 주로 그것을 "고민하는 양심"이라는 주관적인 문제로 인식하지 않았다고 주장한다. 사실상 그는 자신이 "율법의 의로는 흠이 없는 자"(빌 3:6)라고 선언한다. "우리가 판단하기에 바울은 틀림없이 이른바 매우 '솔직한' 양심을 지녔을 것이다."[224] 그는 "용서"에 대한 이슈가 아니라 하나님과의 올바른 관계 안에서 선언되는 객관적인 상태에 관심을 기울였지만, 용서에 대해서는 드물게 언급한다. 바리새인으로서 그는 자신이 율법 규정에 철저하게 순종해온 것으로 인식했다(갈 1:13: 빌 3:16). 또한 그리스도인으로서 그는 하나님의 은혜를 받았으며, 그것은 그에게 결코 헛되지 않았다(고전 15:10).[225] 스텐달은 바울이 "나는 내 양심에 거리끼는 것이 아무것도 없습니다"(고전 4:4)라고 선언한다고 주장한다.[226]

---

223) K. Stendahl, "The Apostle Paul and the Introspective Conscience of the West"(1961 and 1963); rpt., in *Paul among Jews and Gentiles* (London: SCM, 1977 and Philadelphia, Fortress, 1976), 78-96. 참조. E. P. Stendahl, *Paul and Palestinian Judaism* (London: SCM, 1977), 434-437.

224) 같은 책, 80-81.

225) 같은 책, 89.

226) 같은 책, 90-91.

하지만 서방의 신학 전통은 바울을 내성적이며 죄책감으로 가득하고 개인 중심적이며 경험에 치중하는 사람으로 바꾸어놓았고, 롬 7:13-23의 "나"를 하나님의 율법 및 은혜와 관련하여 인류의 객관적인 상태를 묘사하는 것으로 이해하기보다는 자기 자신과 갈등하는 한 개인으로 잘못 해석했다.[227] 따라서 바울은 칭의를 강조한 반면, 서방의 신학 전통은 용서를 강조하게 되었다. 또한 바울은 하나님의 부르심을 강조한 반면, 이 전통은 회심을 강조했다. 그리고 바울은 죄악된 행위를 인간의 연약함으로 돌린 반면, 서방 신학은 죄에 집착하게 되었다.[228]

　　스텐달의 접근 방법은 하나님의 객관적인 행위—이것은 인류에게 객관적인 결과를 가져다줌—를 부각한 바울의 강조점 대신 그에 대한 해석의 불균형을 바로잡아주고 바울의 "경험", "적합성", "실패" 또는 심지어 "성공"에 집착하는 것으로부터 해방시키는 데 기여했다. 그런데 "자랑"에 대한 루터교의 해석에 대한 스텐달의 비판이 과연 정당한지는 다소 의문의 여지가 있다. 왜냐하면 그는 바울이 자신의 적대자들의 승리주의와 자만심에 맞서 자신의 "연약함"을 자랑한다고 시인하기 때문이다.[229] 하지만 그의 연구는 바울의 신학에서 4:3b과 4:4이 차지하고 있는 중요한 의미를 보여준다. 바울은 자신의 성공과 실패를 모두 하나님께 맡긴다. 그가 한 일은 이미 지나갔고, 오직 하나님만이 그 가치를 정확히 아시고 그것을 밝히 드러내실 수 있다. 그것은 단순히 하나님의 판단에 맡겨야 한다. 그리고 하나님의 종은 자기에게 주어진 일을 계속 수행해나가야 한다. 동시에 그는 정해진 때가 이르기까지는 아무것도 판단하지 말아야 한다(4:5). 그리고 "너희 수고가 주 안에서 헛되지(κενός, 텅 빈, 무효의) 않은 줄" 알아야 한다(15:58).

　　4절　　이 절의 첫 번째 부분에 대한 전통적인 번역은 다음과 같다. "나는 나 자신을 거스르는 것을 전혀 알지 못한다"(RV), 또는 "나는 나 자신

---

227) 같은 책, 86, 92-95; 참조. 3-7, 23-40.
228) 같은 책, 20-43, 81-82, 86-87.
229) 같은 책, 40, 88.

을 거스르는 것을 아무것도 인식하지 못한다"(NRSV). 복합동사 σύνοιδα는 문자적으로 "지식을 공유하다"를 의미하며, 재귀대명사 ἐμαυτῷ, "나 자신에게"와 더불어 "자기 인식"을 가리킨다. 하지만 οἶδα는 문법적으로 εἰδ-라는 어간에서 파생된 현재완료다(가정법은 εἰδῶ, 부정사는 εἰδέναι이다). 그리고 명사형 συνείδησις는 의식(consciousness)을 뜻한다(Josephus, *Antiquities* 16.212; Philo, *Quod Deterius Potiori Insidiari Soleat* 146). 하지만 이 단어는 비록 논쟁의 여지가 있긴 하지만 신약성경에서 대부분 양심을 의미한다.[230] 따라서 REB는 "나는 내 양심에 [거리끼는 것이] 아무것도 없다", NIV는 "내 양심은 깨끗하다", NJB는 "내 양심은 나를 책망하지 않는다"라고 번역한다. 바울의 강조점은 인간의 판단이 긍정적인 것이든 부정적인 것이든, 또는 바울의 판단이든 다른 사람의 판단이든 간에 그것은 오류가 있고 불충분하다.[231]

하지만 에크슈타인, 호슬리, 가드너, 구치의 연구 결과에 기초한 (동족어 동사형 σύνοιδα와 더불어) 그리스어 명사 συνείδησις에 대한 이해는 1980년대와 특히 1990년대에 광범위한 검토와 수정이 이루어졌다. 이 저자들은 적어도 8:7-13에서는 이 명사를 양심이 아닌 자기 인식으로 번역해야 한다고 강력하게 주장했다.[232]

앞으로 우리는 8:7, 10, 12과 관련하여 바울이 사용한 양심이란 단어에 대해 더 자세히 다룰 것이다. 양심에 대한 4절의 특별한 용례는 이 단어에 대한 피어스의 분석과 일치한다. 곧 양심은 "피조물에 부여된 한계를 위반하여 도덕적으로 책임을 져야 하는 인간의 본성의 고통스러운 반응"

---

230) BAGD, 786-787.

231) Schrage, *Der erste Brief*, 1:322.

232) 참조. Eckstein, *Der Begriff Syneidesis bei Paulus*; P. W. Gooch, "'Conscience' in 1 Cor 8 and 10," *NTS* 33 (1987): 244-254; P. D. Gardner, *The Gifts of God* (Lanham, Md: University Press of America, 1994), 42-54. 우리는 고전 8장에서 이 번역을 채택했다. 하지만 4:4에서는 양심이라는 의미를 회피하기가 어려워 보인다. 나중에 진행될 논의에 앞서 8:7에서 "양심 또는 자기 인식?"에 대한 특별 해설을 참고하라.

이다.[233] 피어스는 자책감 또는 고통은 양심에 의해 내면적으로 제시된 표준을 위반한 결과로 일어나지만, 그것은 바울의 사고에서 결코 절대적이지 않다고 올바르게 주장한다. 왜냐하면 사람의 양심은 도덕적 행위자의 성품과 도덕적 사고방식의 판단 기준과 표준으로부터 유래하기 때문이다. 그러므로 양심은 **어떻게 그 기계가 설정되어 있는지**에 따라 어떤 것이 잘못되었거나 완벽하다는 것을 알려주는 어떤 계량기의 지침(指針)과 같다.[234] 따라서 어떤 사람의 양심은 지나치게 민감하여 과잉반응을 보일 수 있고, 지나치게 마비되어 반응을 거의 하지 않을 수도 있다. 따라서 비록 양심이 자기를 인정하거나 자기를 비난하는 것을 **상대적으로** 나타내는 기능을 하긴 하지만, 바울은 **하나님의 판단의 절대성과 현저하게 대조되는 인간의 양심의 상대성을** 신뢰하지 않는다. 스롤, 에크슈타인, 구치 등 다른 학자들이 피어스의 접근 방법에 일부 수정을 제안했지만, 피어스의 이러한 구체적인 강조점들은 여기서 바울이 강조하는 바와 잘 조화를 이룬다.[235] 한편 스롤은 객관적인 "비난"뿐만 아니라 "선한" 양심이라는 개념 — 예. 고후 1:12; 반면 고전 4:4은 "자책감으로부터의 자유"에 초점이 맞추어짐 — 에 보다 더 많은 관심을 기울인다.[236] 양심의 가책이 없는 경험은 이전에 형성된 가치관에 기초한다. 양심은 그 가치관에 기초하여 (올바르게 또는 그릇되게) 작동한다.

타이센은 이 단락과 관련된 매우 창의적인 탐구를 다음과 같이 제시한다. "바울은 오직 하나의 타당한 법정을 타당성이 없는 두 가지 법정과 대조한다.…종말론적인 재판관은 감추인 행위(참조. 고후 5:10)뿐만 아니라 사람들의 마음속(τῶν καρδιῶν)에 숨겨진 의도까지도 드러낼 것이다. 바로 앞

---

233) Pierce, *Conscience in the NT*, 108; 참조. 60-110 및 여러 곳.

234) 같은 책, 109; Whiteley, *Theology*, 210도 이 견해를 지지한다.

235) 각주 233 이외에 또한 참조. M. Thrall, "The Pauline Use of συνείδησις," *NTS* 14 (1967-68): 118-125; Jewett, *Paul's Anthropological Terms*, 402-406; H. Chadwick, in *RAC* (ed. T. Klauser), 10:1,025; G. Lüdemann, "συνείδησις," *EDNT*, 3:301-303; C. Maurer, "συνείδησις," *TDNT*, 7:898-919.

236) Whiteley, *Theology*, 210-212; 특히 Merklein, *Der erste Brief 1-4*, 294-296; Eckstein, *Begriff Syneidesis*, 212-213; Theissen, *Psychological Aspects*, 59-66.

에서 양심에 거리끼는 것이 없다는 주장에 비추어보면 그 의도는 **틀림없이 무의식적이다**"(강조는 덧붙여진 것임).[237] 타이센은 바울이 "자신의 의식과 긴장 관계에 놓일 수도 있는 무의식적인 의도"를 용인한다고 주장한다. "하지만 그는 이 무의식적인 의도도 **최후의 심판에서 그를 존재론적으로 더 이상 위험에 빠뜨릴 수 없다**고 확신한다(강조는 덧붙여진 것임). 그는 자신도 알지 못하는 무의식과 '화해'를 이룬다."[238] 이와 같이 바울은 모든 것을 하나님의 손에 맡기며 그분을 온전히 신뢰한다. 오직 하나님만이 절대적이며 되돌릴 수 없는 심판을 실행하실 능력을 지니고 계신다.[239] 다른 사람들의 판결도, 자기 자신의 인식도 무의식적인 동기와 입장을 정확히 파헤칠 수 없다. 모든 것은 이것들을 포함하여 하나님의 손에 달려 있다.

4절에서는 현재완료 δεδικαίωμαι, "의롭다고 선언되다"가 사용된다. 이 시제는 "해당 사례가 여전히 해결되지 않은 상태로 남아 있다"는 점을 넌지시 알려준다.[240] 하나님의 심판의 날 이전에 선언된 판결은 결코 영속성(현재완료로 표현됨)을 지닐 수 없다. 종말론의 관점에서 과연 우리는 여기서 δικαιόω가 하나님의 은혜로 말미암아 믿음으로 의롭다고 여김을 받는 것을 말하는지(멜랑히톤), 아니면 보다 더 광범위한 의미에서 사역을 긍정적으로 인정하는 판결을 의미하는지(크리소스토무스, 테오도레토스, 칼뱅) 질문을 제기할 수 있다. 여기서 이 질문은 진정으로 타당하다. 하나님의 판결이 의롭다고 인정하는 구원을 언급하든지 아니면 어떤 사람의 사역이 지속적인 가치와 효과를 지닌 것으로 평가하든지 간에 오직 그 판결만이 최종적이며 결정적이다. 하나님의 은혜로 의롭다 여김을 받는 것은 믿음으로 그 의로움을 자기의 것으로 만드는 것을 통해 종말론적인 것을 미리 현재로 가져오는 것이다. 이것은 바울이 확신과 신뢰를 통해 자신의 목회 사역의 유

---

237) Theissen, *Psychological Aspects*, 61; 참조. 59-66.
238) 같은 책, 63.
239) 같은 책, 65-66. 참조. Roetzel, *Judgement in the Community: A Study in the Relation between Eschatology and Ecclesiology in Paul*, 68-105, and on ἡμέρα, 38-41.
240) Edwards, *First Epistle*, 99.

효성에 대한 판단을 보류하는 것과 같다. 바울은 이 두 가지를, 그리고 진정으로 이 모든 것을 단순히 하나님의 손에 맡긴다.[241] 몰트만이 말하는 바와 같이 신자는 그날에 앞서 실패를 가정하고 절망에 빠지는 것과 종말론적인 심판에 앞서 전적인 승리를 전제하고 의기양양해 하는 것을 모두 회피해야 한다.[242]

5절   여기서 ὥστε, "그러므로"는 3:21의 경우와 동일한 기능을 한다 (해당 절에 대한 주해 참조). 분명히 여기서 κρίνετε는 (직설법이 아니라) 현재 명령형이며 발화수반 언어 행위로써 기능한다. 즉 "심판을 선언하지 마십시오", "(시기상조로) 심판하지 마십시오", "최종적인 판결을 피하십시오"를 가리킨다. 하지만 이것은 최후의 심판 이전에 이러한 판단에 오류가 있을 수 있고 잠정적인 특성을 지니고 있다는 점을 온전히 인정한다는 전제하에 인간의 인지 능력이나 분별력을 사용하는 판단을 모두 유보해야 한다는 것을 의미하지 않는다.

오스카 쿨만은 "시간적 기간"을 의미하는 χρόνος와 대조되는 καιρός, "정해진 때"에 대해 매우 자세히 논의했다.[243] 그는 그리스어 사전들이 제시하는 의미 구분에 지나치게 많은 의미를 부여한다는 비판을 받아왔다. 그럼에도 (그의 비판자들이 주장하듯이 모든 경우는 아니라 하더라도) 사실상 καιρός는 많은 경우 단순한 시간의 흐름이라기보다는 어떤 특정한 시간과 특히 어떤 호의적인 때, 올바른 때, "정해진 때"를 가리킨다. 쿨만은 다음과 같이 주장한다. "세속적인 용례에서 카이로스는 시간 속에서의 어떤 시점이다. 그 시점은 어떤 일을 위해 특별히 호의적인 때다."[244] 역사의 과정에서 이 호의

---

241) 하지만 Collins는 로마서와 갈라디아서에서 "의롭다고 선언하는 것"은 또 다른 함의를 지니고 있다고 주장한다(Collins, *First Cor,* 173). 이것은 바울이 모든 것을 온전히 하나님의 순전한 은혜에 기초하게 하는 것과 종말론적인 최종적인 판결 또는 최후의 심판 사이를 불필요하게 갈라놓는 것이다. Merklein은 의미론의 범위 안에서 상호 작용을 한다고 지적한다 (Merklein, *Der erste Brief 1-4,* 288-289 and 297-298).

242) Moltmann, *Theology of Hope,* 23.

243) O. Cullmann, *Christ and Time* (Eng. trans., London: SCM, 2d. ed. 1951), 37-50, esp. 37-43.

244) 같은 책, 39.

적인 **순간들**은 하나님의 목적의 실현을 위해 무르익은 시점이다(참조. 살전 5:1, 2).[245] 최후의 만찬을 앞두고 예수는 제자들에게 "내 **카이로스**가 가까이 왔으니"(마 26:18)라고 말한다.[246] 히브리서는 매우 호의적이고 특별한 순간이 σήμερον, "오늘"이라고 말한다(히 3:7-8; 13:15). 시 95:7에서와 마찬가지로 교회는 "**오늘** 너희가 그의 음성을 듣거든 너희 마음을 완고하게 하지 말라"는 말을 듣는다.[247] 고전 4:5에서 바울은 정해진 때, 타당한 순간을 강조한다. 왜냐하면 최후 심판의 날이 아직 오지 않았고, 여전히 미래에 있기 때문이다.[248] 따라서 "여러분은 정해진 때에 앞서, 곧 주께서 오시기까지 아무것(τι)도 판단하지 마십시오"라는 명령법의 진지한 금지가 필요하다. 이 주제는 바울의 것이 아니며, "비판을 받지 아니하려거든 비판하지 말라"(마 7:1)는 예수의 권고를 반영한다. 해당 부분에서 들보와 티의 유비(마 7:4)는 이기심이 너무 이른 판단의 정확도를 훼손할 뿐만 아니라 인간의 모든 판단이 지닌 오류성, 상대성 및 한계를 분명하게 밝혀준다.

다음 구절은 공교롭게도 쿨만의 또 다른 주제 연구의 다른 측면을 상기시킨다. 그 주제의 핵심은 "심판하시는 분은 바로 **주님**이시다"라는 것이다. 따라서 어떤 이들은 여기서 이 구절과 롬 2:16("하나님이 사람들의 은밀한 것을 심판하시는 그날")과 골 2:16-19("누구든지 너희를 비판하지 못하게 하라.…그리스도의 것이니라.…하나님이 자라게 하시므로")이 부분적으로 평행을 이룬다고 이해한다.[249] 이 점과 관련하여 오직 그리스도 안에서 하나님만이 **공정하고 합당한** 재판관이시다. 또한 쿨만은 (전제성을 강조하는) δεσπότης라는 단어와는 대조적으로 κύριος는 바로 그 **공정하신** 주님을 가리킨다고 주장한다.[250]

---

245) 같은 책, 40.

246) 같은 책, 41.

247) 같은 책, 44.

248) 비록 Moltmann은 이것에 대한 사전학적인 측면은 인정하지 않지만, 이 접근 방법에 동의한다(Moltmann, *Theology of Hope*, 102-120).

249) Francis and Sampley, *Pauline Parallels*, 116-117.

250) O. Cullmann, *Christology of NT* (Eng. trans., London: SCM, 2d ed. 1963), 196-199 and 207-208; 참조. 195-237. 또한 고전 8:6에 대한 주해 참조. J. D. G. Dunn, *Christology in the Making* (London: SCM, 1980), 179-183.

쿨만은 또한 해당 단어의 한 가지 함의를 지나치게 확대 해석한다는 비판을 받아왔다. 이 단어는 종종 그러한 의미를 암시하지만, 항상 그렇지만은 않다는 것이다. 하지만 쿨만의 주장은 타당하다. 왜냐하면 그가 주님이므로 결정적인 선포에 대한 판결 언어 행위가 실행되는 데 필요한 조건들이 온전히 충족되기 때문이다. 곧 오직 그리스도만 또는 오직 그리스도 안에서 하나님만이 유일하고 공정한 재판관이시다. 왜냐하면 그는 모든 것을 알고 있으며 자신의 정당한 지위와 모든 요소를 포괄하는 목적에 비추어 자신의 판결을 선포하기 때문이다.

여기서 ἕως, "~까지"는 (ἔρχομαι의) 가정법 부정과거와 함께 사용된다. 이 접속사는 대체로 불변화사 ἄν과 함께 또는 그것 없이 나타난다. 즉 이 표현은 "~할 때까지"를 의미한다. 베르너 크라머는 바울이 "주"라는 용어를 그리스도의 재림(파루시아)과 연결하는 것에 관해 논의했다(고후 1:14; 살전 2:19; 3:13; 4:15; 5:2, 23; 참조. 고전 1:7-8; 4:5; 5:5).[251] 아람어 "마라나 타"(고전 16:22)가 우선 신앙고백의 문맥이 아니라 칭송의 배경에서 사용된다는 점이 보여주듯이 그는 이 두 주제가 서로 밀접하게 연결되어 있다고 주장한다.[252] 그리스도인들은 자신들의 돌봄, 형통, 신분, 구원뿐만 아니라 모든 평가와 판단을 맡기는 대상으로서 그리스도를 **칭송한다**.

심판의 날에 주께서 이제까지 어둠에 의해 숨겨져 자세히 볼 수 없던 감추어진 것들(τὰ κρυπτά)을 밝히실 것이다(φωτίζω의 미래 직설법). 그리스어 동사 φωτίζω는 원래 안에서 바깥으로 빛을 비추는 것이 **아니라** 어떤 대상 위에 **빛을 비추는** 것을 의미한다. 이것은 요 1:9의 용례와도 정확히 일치한다. 해당 절은 로고스 또는 그리스도가 빛을 **제공하는** 것이 아니라 각 사람 위에 **빛을 비추는** 것을 강조한다. 그는 각 사람에게 심판의 빛을 밝히며, 그 빛은 각 사람을 구분하고 각 사람으로부터 반응을 요구한다. 심지어 요한복음에서는 예수 자신도 종말이 임하기까지 최종적인 심판을 선언하

---

251) Kramer, *Christ, Lord and Son of God* (Eng. trans., London: SCM, 1966), 173-176.
252) 같은 책, 99-107(또한 16:22에 대한 주해 참조).

기를 거부한다(요 8:15b, "나는 아무도 판단하지 아니하노라"). 원인을 제공하는 -ίζω동사 φωτίζω는 두 번째 원인을 제공하는 -όω동사 φανερόω와 짝을 이루며 모든 것을 미래에 드러낼 것이다.

파루시아 때 분명하게 드러날 것은, 바울의 표현에 의하면, 마음의 τὰς βουλάς, 바람, 조언, 또는 동기다. 바울은 숨겨진 동기, 바람 및 관심을 표현하기 위해 τῶν καρδιῶν을 사용하는데, 이것은 자기 자신을 속일 수도 있으며, 자아도 이것을 분명히 인식하지 못한다.[253] 하지만 성경에서 마음은 이처럼 깊숙이 숨어 있는 것뿐만 아니라 의지와 행동으로 이어지는 생각, 감정, 자세, 태도, 바람 등도 포함한다.[254] 그러므로 우리는 우리의 삶의 숨겨진 동기를 인간의 감정, 이론적인 사고 또는 결정력 및 행위뿐만 아니라 인간의 모든 측면을 포함하는 것으로 이해해야 한다. 이 표현에는 이와 같은 각각의 요소와 모든 요소가 들어 있다.

대다수 영역본은 ἔπαινος를 "칭찬"(AV/KJV, NIV)이나 또는 "찬사"(NRSV, REB, NJB)라고 번역한다. 여기서 바울은 각자가 긍정적인 칭찬이나 또는 찬사를 받게 될 것이라고 전제하지 않는 것 같다(저마다 무엇을 받을지는 물론이거니와 바울 자신도 그 결과를 알지 못한다). 따라서 몇몇 영역본은 이 문제점을 난외주를 덧붙여 해결하고자 한다. 예를 들면 "합당한 찬사"(NJB) 등이다. 비록 이 단어가 사실상 가장 자주 의미하는 것은 칭찬이지만, BAGD는 이 단어가 지니고 있는 의미 가운데 하나로 인정을 제시한다.[255] 이것은 클레멘스1서 30:6(ὁ ἔπαινος ἡμῶν ἔστω ἐν θεῷ)과 같은 용례와도 일치한다. 따라서 이 번역은 성취, 가치 또는 구원을 인정하는 긍정적인 의미를 허용하지만, 다른 특성들을 인정할 가능성을 배제하지 않는다.

알로는 다음과 같이 결론짓는다. 만약 바울 자신도 "그의 거리낌 없는 양심, 사도적인 조명 및 하늘의 계시에도 불구하고" 자신의 사역에 대해 판

---

253) Theissen, *Psychological Aspects*, 59-66.
254) BAGD, 281, sect. 1.
255) BAGD, 281.

단하는 것을 삼갔다면 "고린도 교인들은…얼마나 더 많이 어떤 사항에 대
해 경솔하고 무분별하게 판단하는 것을 금해야 했겠는가? '그리스도 안에
있는 어린아이들[또는 어린아이와 같은 사람들]로서'(3:1-4) 그러한 판단
은 분명히 그들의 피상적인 분별력을 넘어서는 것이다."[256]

3. 승리주의 및 종말론적으로 시기상조적인에 자랑에 대한 비판으로서 십자가(4:6-21)

[6] 우리 그리스도인 가족 여러분, 나는 이 모든 것을 여러분을 위해 나 자신과 아
볼로에게 넌지시 적용했습니다. 그래서 여러분이 우리의 사례를 통해 "기록된
것을 넘어가지 말라"는 말이 무엇을 의미하는지 배우고, 또 여러분 가운데 아무
도 어떤 사람을 위해 다른 사람을 반대하며 으스대지 못하게 하려는 것입니다. [7]
누가 그대 안에서 무언가 다른 것을 구별합니까? 그대가 가지고 있는 것 가운데
받지 않은 것이 무엇입니까? 하지만 만약 그대가 그것을 받았다면 왜 마치 그대
가 그것을 받지 않은 것처럼 자랑합니까? [8] 이미 여러분은 배가 불렀군요! 이미
여러분은 "부자"가 되었군요! 우리 없이도 여러분은 "왕처럼 다스리게" 되었군
요! 만약 여러분이 참으로 "왕처럼 다스리게 되었다면" 얼마나 좋겠습니까? 그
렇다면 또한 우리도 여러분과 함께 왕처럼 다스릴 수 있을 것입니다! [9] 내가 생
각하기에 하나님께서 우리 사도들을 거대한 마지막 경기로 삼아 사형 선고를 받
은 사람으로 내어놓으셨습니다. 왜냐하면 우리는 세상과 천사들과 사람들의 눈
에 구경거리가 되었기 때문입니다. [10] 우리는 그리스도 때문에 어리석은 사람들
이지만, 여러분은 그리스도인이라는 존재 안에서 현명한 사람들입니다. 우리는
약하지만, 여러분은 강합니다. 여러분은 존귀하지만, 우리는 천대를 받습니다.
[11] 바로 이 시간까지 우리는 주리고 목마르며 헐벗고 있습니다. 우리는 매 맞으
며 난폭하게 대우받으며, 일정한 거처도 없습니다. [12, 13] 우리는 우리 손으로 일
하며 몹시 지칠 때까지 수고합니다. 우리가 모욕을 당할 때 우리는 좋은 말로 응

---

256) Allo, *Première Épitre*, 70.

답합니다. 우리가 박해를 받을 때 우리는 그것을 견디어냅니다. 우리가 비방을 받을 때 그들에게 곧바로 항변합니다. 바로 이 순간까지 우리는 말하자면 세상의 쓰레기, 모든 사람의 신발에 묻은 먼지가 되었습니다.

¹⁴ 나는 여러분을 부끄럽게 하려고 이것을 쓰는 것이 아닙니다. 오히려 나의 사랑하는 자녀인 여러분을 타이르려는 것입니다. ¹⁵,¹⁶ 왜냐하면 여러분이 그리스도 안에서 여러분을 바로잡아줄 수천 명을 모시고 있을지라도 여러분은 오직 한 명의 아버지를 모시고 있을 뿐입니다. 왜냐하면 그리스도 예수 안에서 바로 내가 복음을 선포하는 것을 통해 여러분의 아버지가 되었기 때문입니다. 그러므로 나는 여러분이 나에게서 배우기를 권합니다. ¹⁷ 이 일 때문에 나는 여러분에게 디모데를 보냈습니다. 그는 주님 안에서 내가 사랑하는 신실한 아들입니다. 내가 어디서나 모든 그리스도인 공동체 안에서 가르치는 대로 그는 그리스도 안에서 나의 삶의 방식을 여러분에게 마음속으로 되새기게 해줄 것입니다.

¹⁸,¹⁹ 하지만 어떤 이들은 마치 내가 여러분에게 가지 않을 것처럼 교만한 마음을 품기 시작했습니다. 그러나 주님께서 원하시면 나는 곧 여러분에게 갈 것입니다. 그리고 나는 이 교만해진 사람들의 말이 아니라 그들이 무엇을 할 수 있는지를 알아볼 것입니다. ²⁰ 왜냐하면 하나님의 나라는 말이 아니라 확실한 효능과 관련된 사항이기 때문입니다. ²¹ 여러분은 무엇을 선호합니까? 내가 손에 매를 들고 여러분에게 가야만 하겠습니까? 아니면 사랑과 온유한 마음을 가지고 가야겠습니까?

오늘날 고전 1:1-4:21에 대한 연구 자료는 매우 방대하다. 또한 그 가운데 4:6-21이나 그 단락 안에 들어 있는 절들을 구체적으로 다루는 특별 연구 자료도 상당히 많다. 예를 들어 플랭크(1987)는 4:9-13의 고난 목록에서 바울의 자기 묘사를 탐구한다. 이 탐구에서 그는 바울이 기본적인 아이러니에 기초한 일종의 수사학적 포이에시스(*poiesis*)를 제공해준다고 주장한다.²⁵⁷⁾ 또한 페라리는 4:10-13과 연관된 바울 서신과 다른 문헌에서 나타나는 "고

---

257) Plank, *Paul and Irony of Affliction*, esp. 33-70.

난 목록"에 대한 방대한 탐구 역사를 추적한다.[258] 피츠제럴드는 바울의 "역경 목록"을 진정한 현자의 표지로 이해한다.[259] 하지만 클라인크네히트는 4:8-13을 1:1-4:21의 절정 또는 "정점"으로 여기는데, 이는 이 단락이 "사람을 자랑하는 것"(1:29-31; 3:18-20; 4:6-7)에 대한 십자가 중심적인 비판의 마지막 단계를 제공해주기 때문이다.[260] 클라인크네히트는 어떻게 이것이 σχίσματα(1:10), ἔριδες(1:11), ζῆλος(3:3)의 배후에 있는지를 설득력 있게 추적한다. 이것은 신앙 공동체에 어린아이와 같고 그리스도를 닮지 않은 특성을 제공했으며, 승리주의와 이미 실현된 종말론을 조장했다. 그리고 그것은 십자가에 기초한 비판과 근본적인 갈등 관계에 놓여 있다. 만약 고린도 교인들이 "은사들"을 신분 상승을 위한 자기 확인 수단으로 사용하지 않고, "신령한 사람들"이라면 이미 종말론적인 목표에 이르렀다고 생각하기보다는 그 목표를 향해 **나아가야 한다**(3:5-17)는 점을 온전히 파악했다면 그들은 "은사들"이 모든 사람의 유익을 위해 겸손히 감사함으로 받아야 하는 것임을 깨달았을 것이다.

이 점에 근거하여 4:8-13이 1:1-4:21의 나머지 부분뿐만 아니라 8:1-11 및 12:1-14:40과도 연속성을 지니고 있다는 사실은 분명해진다. 또한 15:1-58이 왜 고린도전서 전체의 왕관인지도 분명하게 드러난다. 그것은 슈라게가 이 이슈에 대한 자신의 세부적인 연구에서 강조하는 것을 확인해 준다. 곧 4:8-13에서 언급되는 "고난들"은 이 편지의 두 가지 핵심적인 주안점—한편으로는 십자가, 또 다른 한편으로는 보다 더 광범위하게 묵시론과 종말론의 배경—과 관련이 있다는 것이다.[261]

---

258) Ferrari, *Die Sprache des Leids in den paulinischen Peristasenkatalogen*. 고전 4장과 더불어 그는 고후 4:8-9; 6:4-5, 8-10; 11:23-29; 12:10; 롬 8:35; 빌 4:12 등을 다룬다. 또한 그는 Schrage, Hodgson을 비롯하여 다른 많은 저자를 포함시킨다(참고문헌을 보라).

259) Fitzgerald, *Cracks in an Earthen Vessel: An Examination of Catalogues of Hardships in the Corinthian Correspondence*, esp. 117-148, on 4:8-13. 또한 그는 고대 그리스-로마 세계의 더 폭넓은 배경에 대해 이곳저곳에서 언급한다.

260) Kleinknecht, *Der leidende Gerechtfertigte*, 208-304.

261) Schrage, "Leid, Kreuz und Eschaton. Die Peristasenkataloge als Merkmale paulinischer theologia crucis und Eschatologie," *EvT* 34 (1974): 141-175. Schrage의 연구는 분명히

마지막으로 이 단락에서 한 절 또는 두 절은 특별히 광범위한 연구와
논의의 대상이 되어왔다. 그 가운데 4:6과 관련된 이슈들이 가장 잘 알려져
있는데, 우선 대체로 "나는 [이 모든 것을 나 자신과 아볼로에게] 적용했습
니다"라고 번역되는 μετεσχημάτισα와 관련이 있고 그다음은 종종 "기록
된 것을 넘어가지 말라"로 번역되는 τὸ μὴ ὑπὲρ ἃ γέγραπται와 연관되어
있다.[262] 이제 우리는 이 문제에 대해 다루고자 한다.

4:6-21에 대한 참고문헌

Bailey, K. E., "The Structure of 1 Cor and Paul's Theological Method with Special Reference to 4:17," *NovT* 25 (1983): 37-58.

Betz, H. D., *Der Apostel Paulus und die sokratische Tradition*, BHT 45 (Tübingen: Mohr, 1972).

_____, *Nachfolge und Nachahmung Jesu Christi im NT*, BHT 37 (Tübingen: Mohr, 1967), 153-159.

de Boer, P., *Imitation of Paul: An Exegetical Study* (Kampen: Kok, 1962).

Castelli, E. A., *Imitating Paul: A Discussion of Power* (Louisville: Westminster/Knox, 1991), 97-115.

Clarke, A. D., *Secular and Christian Leadership at Corinth: A Socio-Historical and Exegetical Study of 1 Cor 1-6* (Leiden: Brill, 1993), 122-127.

Colson, F. N., "Μετεσχημάτισα in 1 Cor 4:6," *JTS* 17 (1916): 380-383.

Ebner, M., *Leidenslisten und Apostelbrief*, FB 66 (Würzburg: Echter, 1991).

Ferrari, M. Schiefer, *Die Sprache des Leids in den paulinischen Peristasenkatalogen* (Stuttgart: Katholisches Bibelwerk, 1991).

Fiore, B., "'Covert Allusion' in Cor 1-4," *CBQ* 47 (1985): 85-102.

_____, *The Function of Personal Example in the Socratic and Pastoral Epistles*, AnBib 105 (Rome: Pontifical Biblical Institute, 1986).

Fitzgerald, J. T., *Cracks in an Earthen Vessel: An Examination of Catalogues of Hardships in the Corinthian Correspondence*, SBLDS 99 (Atlanta: Scholars Press, 1988), esp. 117-148.

Funk, R. W., "The Apostolic *Parousia*: Form and Significance," in W. R. Farmer, C. F. D.

Kleinknecht의 접근 방법에 영향을 미치고 있다. 이 두 저자는 단지 "수사학적인" 측면에만
지나치도록 협소하게 초점을 맞추는 현상을 보여주는 연구에서 종종 결여되어 있는 신학적
인 깊이를 드러낸다. 또한 참조. Thiselton, "Realized Eschatology at Corinth," 510-526.

262) 참고문헌에서 다음 저자의 논문과 연구서를 참고하라. M. D. Hooker, A. Legault, J. M.
Ross, D. R. Hall 및 다른 저자들.

Moule, and R. R. Niebuhr (eds.), *Christian History and Interpretation: Studies Presented to John Knox* (Cambridge: Cambridge University Press, 1967), 249-268; also rpt. in R. W. Funk, *Parables and Presence* (Philadelphia: Fortress, 1982), 81-102.

Hafemann, S. J., *Suffering and the Spirit: An Exegetical Study of II Cor 2:14-3:3* (Tübingen: Mohr, 1986), 58-64.

Hall, D. R., "A Disguise for the Wise: μετεσχημάτισμός in 1 Cor 4:6," *NTS* 40 (1994): 143-149.

Hanges, J. C., "1 Cor 4:6 and the Possibility of Written By Laws in the Corinthian Church," *JBL* 117 (1998): 275-298.

Hanson, A. T., "1 Cor 4:13b and Lam 3:45," *ExpTim* 93 (1982); 214-215.

_____, "Reconciliation by Atonement: 1 Cor 4:10-13," in *The Paradox of the Cross in the Thought of St. Paul*, JSNTSS 17 (Sheffield: JSOT Press, 1987), 25-37.

Hock, R. F., *The Social Context of Paul's Ministry: Tentmaking and Apostleship* (Philadelphia: Fortress, 1980).

Hodgson, R., "Paul the Apostle and First Century Tribulation Lists," *ZNW* 74 (1983): 59-80.

Hooker, M. D., " 'Beyond the Things Which Are Written': An Examination of 1 Cor 4:6," *NTS* 10 (1963-64): 127-132.

Horrell, D. G., *The Social Ethos of the Corinthian Correspondence* (Edinburgh: T. & T. Clark, 1996), 200-204.

Kleinknecht, K. T., *Der leidende Gerechtfertigte: Die alttestamentlich-jüdische Tradition vom 'leidenden Gerechten' und inre Rezeption bei Paulus*, WUNT 2:13 (Tübingen: Mohr, 1984), 208-304.

Lassen, E. M., "The Use of the Father Image in Imperial Propaganda and 1 Cor 4:14-21," *TynBul* 42 (1991): 127-136.

Legault, A., " 'Beyond the Things That Are Written' (1Cor 4:6)," *NTS* 18 (1971-72): 227-231.

Malan, F. S., "Rhetorical Analysis of 1 Cor 4," *Theologia Viatorum* 20 (1993): 100-114.

Michaelis, W., "μιμέομαι," *TDNT*, 4:659-674.

Mitchell, M. M., *Paul and the Rhetoric of Reconciliation* (Louisville: Westminster and Knox, 1992), 93-99.

Pfitzner, V. C., *Paul and the Agon Motif*, NovTSup 16 (Leiden: Brill, 1967), 62-64, 93-97, and 102.

Plank, Karl A., *Paul and the Irony of Affliction* (Atlanta: Scholars Press, 1987), esp. 33-70, but throughout.

Pogoloff, S. M., *Logos and Sophia: The Rhetorical Situation of 1 Cor*, SBLDS 134 (Atlanta: Scholars Press, 1992), 197-223.

Power, C. H., *The Biblical Concept of Power* (London: Epworth, 1963), 117-129, 134-142.

Ross, J. M., "Not Above What is Written: A Note on 1 Cor 4:6," *ExpTim* 82 (1971): 215-

217.

Saillard, M., "C'est moi qui par l'Évangile vous ai enfantés dans le Christ Jésus (1 Cor 4:15)," *RSR* 56 (1968): 5-41.

Sanders, B., "Imitating Paul: 1 Cor 4:16," *HTR* 74 (1981): 353-363.

Schrage, W., *Die konkreten Einzelgebote in der paulinische Paränese* (Güthersloh: Mohr, 1961).

_____, "Leid, Kreuz und Eschaton. Die Peristasenkataloge als Merkmale paulinischer theologia crucis und Eschatologie," *EvT* 34 (1974): 141-175.

Spencer, W. D., "The Power in Paul's Teaching (1 Cor 4:9-20)," *JETS* 32 (1989): 51-61.

Stanley, D. M., "Become Imitators of Me," *Bib* 40 (1959): 859-879.

Strugnell, J., "A Plea for Conjectural Emendation in the NT, with a Coda on 1 Cor 4:6," *CBQ* 36 (1974): 543-558.

Thiselton, A. C., *Interpreting God and the Postmodern Self: On Meaning, Manipulation and Promise* (Grand Rapids: Eerdmans and Edinburgh: T. & T. Clark, 1995), 3-45 and 121-164.

_____, "Realized Eschatology at Corinth," *NTS* 24 (1978): 510-526.

Vos, J. S., "Der metaschematismos in Kor 4:6" *ZNW* 86 (1995): 154-172.

Wagner, J. R., " 'Not Beyond the Things Which Are Written,': A Call to Boast Only in the Lord," *NTS* 44 (1998): 279-287.

Welborn, L. L., "A Conciliatory Principle in Cor 4:6," *NovT* 29 (1987): 32-346 (rev. version in Welborn, Politics and Rhetoric in the Corinthian Epistles (Macon, Ga.: Mercer University Press, 1997), 43-76.

Witherington, B., III, *Conflict and Community at Corinth* (Grand Rapids: Eerdmans and Carlisle: Paternoster, 1995), 137-150.

Young, N. H., "Paidagogos: The Social Setting of a Pauline Metaphor," *NovT* 29 (1987): 150-176.

6절 이 절의 어려움이 필사자들의 일련의 오해와 "수정"에서 비롯되었다는 추론은 아래서 자세하게 다루어진다. 이 이론을 지지해주는 사본상의 증거는 없다. 독법 안에서 입증된 차이점은 미미하다. (1) D, F, G는 γέγραπται 앞에 위치한 ἅ(중성 복수 관계 대명사)를 ὅ(단수)로 대치하는 반면, 𝔓⁴⁶, ℵ, A, B, C, 33 등은 UBS⁴에서 채택한 텍스트로 읽는다. (2) 공인 본문(*Textus Receptus*)을 포함하여 몇몇 후대 "수정본들"(ℵ², D²)과 몇몇 후대 사본은 φρονεῖν을 삽입한다. 원문에 이 단어가 포함되어 있지 않다는 강력한 증거에도 불구하고 이 단어는 AV/KJV의 번역에 반영되어 있다.

여기서 ἀδελφοί는 다시 한번 "우리 그리스도인 가족 여러분"이라고 번역되었는데, 이 단어는 바울의 논의가 새로운 단락으로 바뀐 것을 알려준다. 이 그리스어 단어의 번역이 어렵다는 점에 대해서는 1:10의 주해를 참조하라(또한 이 어려움은 1:11, 26; 2:1; 3:1; 10:1; 12:1; 14:6; 15:1에서도 반복된다). 이 호칭을 가장 적절하게 번역하는 방법은 없다. 그러므로 다양한 번역의 가능성을 인정하는 것이 이 난제를 쉽게 해결해줄 것이다.

μετεσχημάτισα εἰς — "나는 [이 모든 것을] 여러분을 위해 ~에게 넌지시 적용했습니다" — 의 의미와 번역은 훨씬 더 큰 어려움과 논쟁을 불러일으킨다(이 단어는 고린도전서에서 단 한 번 사용된다). 사실상 모든 영역본은 이 단어를 "나는 [이 모든 것을] ~에게 적용했습니다"(NRSV, NIV, REB, NJB)라고 번역한다. 콜린스와 NJB는 JB의 번역 — "나는 아볼로와 나 자신을 예로 들었습니다" — 을 수정했다. 또한 REB는 NEB의 번역 — "내 친구들이여, 나는 아볼로와 나 자신을 이 일반적인 모습으로 제시했습니다" — 을 수정했다.[263] 한편 "이 모든 것"(ταῦτα, 중성 복수, NIV)은 3:5-17에서 제시하는 이미지들과 더불어 바울이 이제까지 목회자의 역할과 수고에 대해 말한 모든 것을 포괄한다. 하지만 볼프와 보스는 이 지시대명사가 단지 3:5-4:5만을 가리킨다고 주장한다.[264] μετεσχημάτισα가 무엇을 의미하는지에 대해서는 네 가지 광범위한 접근 방법이 제시되었다. 이제 우리는 이 견해들을 소개하고 평가하고자 한다.

a. 비난받는 분파들의 익명성을 유지하기 위한 수사학적 기교: "위장된 형태" 또는 는 "은밀한 암시"

μετασχηματίζω는 신약성경의 다른 본문과 다른 그리스어 문헌에서도 나타난다. 크리소스토모스는 이 단어의 정확한 의미를 제시하는 논증을 펼친다. 그는 이름이 언급되지 않은 고린도의 특정 지도자들 — 사실상 이들의 자세는 그리스도와 십자가를 반영하지 않았음 — 에 대한 바울의 비판

---

263) Collins, *First Cor*, 179는 BAGD, 513은 "고전 4:6은 어느 정도 독특한 용례다"를 지지한다.
264) J. S. Vos, "Der μετασχηματισμός in 1 Kor 4:6," 154-172. 또한 Wolff, *Der erste Brief*, 84.

이 매우 혹독했기 때문에 바울은 "커튼을 걷어 올리지 않고, 언급된 사람
이 마치 자기 자신인 것처럼 논의를 이어갔다"라고 주장한다.[265] 이와 같이
바울은 σχῆμα의 의미(τὸ σχῆμα τοῦ κόσμου τούτου, 고전 7:31; σχήματι εὑρεθεὶς
ὡς ἄνθρωπος, 빌 2:8)를 "외적 형태"로 유지하고, 접두사 μετά와 사동사의 의
미를 부여하는 —ίζω를 가지고 어떤 변화를 나타내는 행위로 사용한다. 이
러한 특성을 드러내는 몇 가지 예는 다음과 같다. 바울은 사탄도 빛의 천사
로서 자기 자신을 가장하거나 위장한다(μετασχηματίζεται)라고 말한다(고후
11:14). 또 바울은 하나님이 신자들의 정체성이 아니라 그들의 존재 방식을
변화시키신다고 말한다(μετασχηματίσει τὸ σῶμα, 빌 3:21; 참조. 고후 11:13, 15).
이 점에 근거하여 크리소스토모스는 바울이 이 모든 이미지와 논증을 아볼
로와 자기 자신에게 일종의 위장된 형태로 적용했다고 주장한다. 하지만 이
러한 이미지가 강조하는 실재는 고린도의 익명의 교사들과 관련된 것이다.
이 교사들은 자신들을 지나치게 중시하며, 심지어 하나님의 성전을 파괴하
는 일까지 하고자 한다는 것이다(고전 3:16-17).

　　최근에는 다음과 같은 주장이 제기되었다. 즉 이 단어는 "어떤 수사
학적 기교"를 나타내며, "발언자는 이를 통해 일종의 알레고리나 가명(假
名)으로 어떤 인물들에 대한 암시를 모호하게 만들었다."[266] 퀸틸리아누스
는 이처럼 간접적이며 은밀한 암시를 가리키기 위해 "솔룸 스케마"(*solum
schema*)라는 표현을 사용한다.[267] 라이트푸트는 "은밀한 암시는 퀸틸리
아누스 시대에 스케마(*schema*)의 의미를 거의 독점했다"고 주장한다(참
조. Martial, iii: 68: 7: "스케마로 그것을 모호하게가 아니라 공공연하게 지칭하는 것
이다").[268] 최근에 이 견해를 지지하는 학자 중에는 콜린스, 피오레, 윈터 등

265) Chrysostom, *1 Cor. Hom.*, 12:1 (*PG*, 61-97).

266) Lightfoot, *Notes,* 199. Schrage는 자신의 주석서에서 이 이슈를 자세히 논의한다. 참조.
Schrage, *Der erste Brief,* 1:334, esp. n. 103.

267) Quintilian, 9.2.65 (Schrage와 Lightfoot가 언급함).

268) Lightfoot, *Notes,* 199. 또한 Suetonius, *Dominitian* 10에서 이와 같은 방법으로 *figura*를 사
용하는 것을 참조하라. 그리고 Hays, *First Cor,* 68에서도 광범위한 의미로 언급된다.

이 포함되어 있다.[269]

b. 은유와 이미지의 적용: 비유적인 적용

많은 학자들은 바울이 다른 이들 대신 아볼로와 자신을 허구로 암시하거나, 또는 **명백하게 언급되지 않은 다른 이들과 나란히 하나의 예로** 암시하지 않고 어떤 언외의 의미(subtext)로 언급하는 증거를 전혀 찾지 못한다.[270] 그들은 이러한 은유와 이미지의 적용은 그 단어의 스케마적인 측면을 설명하기에 충분하다고 주장한다. 즉 그것은 위장하고 있음을 암시할 필요가 없으며, 단지 사례를 비유적으로 적용하는 것만 들어 있다는 것이다. 따라서 바레트는 이 구절을 다음과 같이 번역한다. "나는 여러분을 위해 이것들을 아볼로와 나 자신에게 적용하는 것처럼 여기도록 했습니다."[271] 또한 콘첼만도 이 동사가 일종의 비유를 사용하는 것에 지나지 않는다는 것에 대한 증거를 수집한다. 심지어 그는 이 단어가 때때로 단순히 어떤 특이한 형태의 표현 양식을 사용하는 것을 의미한다는 리츠만의 주장을 선호한다.[272] 나아가 그는 바울이 3:5-17의 은유들을 상황에 맞게 수정하거나 적용한다는 모나 후커의 견해를 지지한다.[273] 피(Fee)는 허구의 전략, 곧 바울이 "은유에서 은유로 나아갔다"는 크리소스토모스의 주장을 "별 의미가 없는 것"으로 이해한다.[274]

---

269) Collins, *First Cor*, 176; B. Fiore, " 'Covert Allusion' in 1 Cor 1-4," 85-102; B. W. Winter, *Seek the Welfare of the City*, 117, and *Philo and Paul among the Sophists*, 196-201.

270) Barrett, *First Epistle*, 106. Hays, *First Corinthians*, 68은 첫 번째와 두 번째 견해를 결합하는 것처럼 보인다.

271) Barrett, *First Epistle*, 106.

272) Conzelmann, *1 Corinthians*, 85-86.

273) Hooker, " 'Beyond the Things Which are Written': An Examination of 1 Cor 4:6," 127-132.

274) Fee, *First Epistle*, 166-167.

c. 또 다른 암시: "행간 읽기"

그래도 최종 결론은 아직 나지 않았다. 슈라게는 바울이 독자들을 "행간 읽기"로 초대한다고 생각한다.[275] 가장 강력한 논증은 데이비드 홀이 제시한다. 그는 "바울이 자신의 논점이 이제 어떤 것이나 어떤 사람에 대한 진술로부터 자신과 아볼로에 대한 진술로 전환한다는 것을 언급하고 있다"고 믿는다.[276] 홀의 논점이 지닌 강점은 그리스어 사전에 기초하고 있다는 점과 하나님의 성전을 손상시킨다는 것과 같은 암시는 바울이나 아볼로에게 적용하기 어렵다는 점이다(거의 모든 이들이 믿고 있듯이 이 암시들이 ταῦτα, "이것들" 또는 "이 모든 것"의 일부라면).[277] 과연 바울은 정말로 "어떻게 계속해서 집을 지을지 저마다 주의해야 합니다"(3:10)라는 경고에 아볼로를 포함하기를 원했을까? 한편 허구적인 적용이라는 가설을 거부하는 이들은 크리소스토모스가 다음과 같은 제안을 통해 이미 증거를 초월하는 방향으로 나아갔다고 지적한다. 즉 그는 1:10-12에서 바울, 아볼로 및 베드로라는 이름은 지어낸 것이며, 바울이 은유적인 표현을 사용한 것은 이 그리스어 동사를 적절하게 반영해줄 수 있다고 제안한다.

d. "예시"(例示)와 추가적 가능성에 대한 평가

주석서들과 특별 연구서들의 관점은 서로 나뉘어 있다. 한편으로 벤저민 피오레는 그 적용의 "비유적" 특성은 μετεσχημάτισα의 특이한 용례를 설명해준다고 주장한다. 에링은 "은밀한 암시"라는 해석은 "받아들일 수 없는" 것이라고 말한다.[278] 클라우크는 대체로 리츠만의 견해를 따르면서 이 단어가 예시 또는 본을 보여주는 것을 의미한다고 해석한다.[279] 알로는 일종의

---

275) Schrage, *Der erste Brief,* 1:334; 또한 Heinrici, *Das erste Sendschreiben,* 147.

276) Hall, "A Disguise for the Wise: μετασχηματισμός in 1 Cor 4:6," 144; 참조. 143-149.

277) 그리스어 사전들에 나오는 증거 자료 중 Hall은 신약성경의 자료뿐만 아니라 다음과 같은 저자들도 인용한다. Philo, *De Aeternitate Mundi* 79; Plutarch, *Moralia* 680A; Josephus, *Antiquities* 7.257.

278) Fiore, " 'Covert Allusion' in Cor 1-4," 85-102; Héring, *First Epistle,* 28.

279) Klauck, *1 Korintherbrief* (3d ed. 1992), 37; Lietzmann, *An die Korinther,* 19.

외교적 허구(une fiction diplomatique)라는 개념을 전적으로 거부한다. 반면 콜슨은 재치와 이미지가 합쳐져 허구적인 또는 "은밀한" 암시 없이 이 동사가 사용되었다고 주장한다.[280] 칼뱅으로부터 랑에 이르기까지 수많은 주석가들은 이 접근 방법을 따르고 있다.[281] 한편 크리소스토모스는 교부들의 전통을 강하게 반영하며, 그의 입장을 옹호하는 이들은 오늘날에도 존재한다.[282]

e. 본 주석서의 번역에 반영된 결론

따라서 우리는 그리스어의 표현에 내재된 개연성과 명백함 사이의 균형을 제대로 전달하기 위해 "나는 이 모든 것을 여러분을 위해 나 자신과 아볼로에게 넌지시 적용했습니다"라고 번역했다. 분명히 이 사례들은 바울이 이름을 구체적으로 언급하지 않은 사람들을 **암시한다.** 하지만 이것은 바울과 아볼로는 **수사학적 허구를 나타내는** 암호에 지나지 않는다는 주장의 범위를 벗어난다(바울은 자신이 제시하는 경고로부터 자기 자신을 배제한다). 바울의 자신에 대한 지식 또는 자신의 양심에 대한 언급(4:4)은 진정으로 그 반대의 경우를 가리킨다. **단순한 사례(事例)**는 해당 구절이 의미하는 바를 약화시켜 번역하는 것인 반면, **은밀한 수사학적 묘사**는 과장하여 번역하는 것이다.

280) Allo, Première Épitre, 71-72; Colson, "μετεσχημάτισα in Cor 4:6," 38-383.

281) Calvin, *First Epistle,* 90; Hodge, *First Epistle,* 70; Barrett, *First Epistle,* 106; Moffatt, *First Epistle,* 46-47; Harrisville, *1 Corinthians,* 70-71; Bruce, *1 and 2 Corinthians,* 48; Hooker, Conzelmann and Fee, *loc. cit.*; Lang, *Die Briefe,* 62-63.

282) Ambrose, *Opera Omnia: In Ep. b. Pauli ad Cor. Primum,* 124D (Migne, *PL,* 17:2:ii. 214-215): *Contentus est tacere: tacito autem nomine si quis audiens ... dissimulas*; Theodoret, *Opera Omnia: Interpr. Ep. 1 ad Cor.* 187B-C (Greek) and 185D and 188A (Latin) is less explicit (Migne *PG,* 82:255 [Latin] and 256 [Greek]). Hall은 1:12에서 이른바 "분파들"을 암시하는 233을 인용한다. 해당 부분에서 테오도레토스는 이 절(1:12)에 대한 크리소스토모스의 해석을 따른다. 또한 참조. Photius of Constantinople, in Karl Staab (ed.), *Paulus Kommentare aus der Griechischen Kirche* (Münster: Aschendorff, 1933), 545; Erasmus, *Opera Omnia: in Ep. Pauli 1 ad Cor.* 870 (*fictis nominibus proponere, ut lecta in commune ... tacitus ...*). 현대 주석가들 가운데는 다음 저자들을 참조하라. Meyer, *First Epistle,* 1:116-117; Edwards, *First Epistle,* 101; Lightfoot, *Notes,* 199(여기서 "은밀한 암시"라는 표현이 나타남); Godet, *First Epistle,* 1:215-216; Robertson and Plummer, *First Epistle,* 81.

따라서 "넌지시 적용했습니다"라는 번역은 해당 이슈를 있는 그대로 전달해준다.

우리는 δι' ὑμᾶς를 "여러분을 위해"라고 번역했다. 왜냐하면 목적격과 함께 사용되는 이 전치사는 "여러분의 더 나은 교육을 위해"를 의미한다. 아마도 이것은 "아볼로와 나를 마음속에 새긴다"와 대조를 이룰 것이다.[283] 그리고 ἵνα ἐν ἡμῖν μάθητε, "그래서 여러분이 우리의 사례 통해…배우고"는 목적절이다(ἵνα 다음에 가정법 제2부정과거가 사용됨). 이것은 ἐν이 일종의 도구적인 기능—곧 우리에 의해, 우리의 사례를 통해—을 한다는 것을 암시한다. 아니면 이것은 보다 더 관용적인 표현으로서 보다 더 광범위하게 사도적인 삶의 모든 측면—우리의 사례를 통해—을 가리킬 것이다.

그리스어 원문에서 그다음 구절은 사본과 해석에 관한 전문적인 논의에서 가장 흥미로우면서도 명백한 결론을 이끌어내기 매우 어려운 사례 가운데 하나다. 콜린스는 이 구절에 "수수께끼와 같은 말"이라는 제목을 붙이면서 이 구절은 정확하게 이해하기가 매우 어렵다고 시인한다. 또한 슈라게는 이 구절을 "이 편지 전체에서 가장 어려운 부분 중 하나"라고 말한다.[284] 전반적으로 이 구절과 관련하여 우리가 고려해야 할 일곱 가지 해석은 다음과 같다.

(i) "기록된 것"에 대한 언급은 필사자의 난외주에 기초한 오해에서 비롯되었다(발은, 르고, 에링).

(ii) "기록된 것"은 구약성경 전체, 곧 오직 성경으로(*sola scriptura*)의 원리를 가리킨다(벵엘, 슐라터, 리츠만, 브루스, 바레트).

(iii) 이 구절은 이 편지에 "기록된 것"을 말한다(칼뱅 [iii 또는 iv], 크랜머).

(iv) 이것은 바울이 이미 이 편지에 인용한 구약성경 구절들을 가리킨다(후커, 피, 클라인크네히트, 볼프, 랑).

(v) 이것은 교회가 제정한 규정들 또는 이전에 보낸 편지에 "기록된

---

283) Findlay, *Expositor's Greek Testament*, 2:799.
284) Collins, *First Cor*, 177; Schrage, *Der erste Brief*, 1:334.

것"을 암시한다(패리). 또는 모두에게 분명하게 알려진 "교회 규정들"이나
"부칙들"을 암시한다(Hanges).

(vi) 이것은 잘 알려져 있거나 공인된 표준 규범으로서 (ii) 또는 (v)를
언급한다(고데, 모팻, 브루스는 [ii]의 의미로; 로스 및 웰본은 [v]의 의미에서).

(vii) 수신자들의 "어린아이와 같음"의 한 부분으로서 글을 올바로 읽
을 수 없는 어린아이들과 같다(에브너).

(i) 필사자의 난외주라는 가설은 1884년에 발온이 맨 처음으로 제기
했다(브루스는 더 이른 시기에 보르네만이 이 가설을 제시했다고 말한다). 에링은 이
가설을 "전적으로 만족스러운 유일한 설명"으로 받아들이며 이 가설을 강
력하게 지지한다.[285] 발온의 견해를 따라 에링은 원문은 단순히 다음과 같
은 의미로 기록되어 있다고 제안한다. "그래서 여러분은 우리의 사례로부
터 배워 어떤 사람이 다른 사람을 반대하며…우쭐대지 않을 것입니다"(ἵνα
ἐν ἡμῖν μάθητε ἵνα μὴ εἷς ὑπὲρ τοῦ ἑνὸς φυσιοῦσθε — "기록된 것을 넘어가지 말라"가
생략됨). 하지만 어떤 초기의 필사자가 실수로 εἷς 앞에 있는 μή(~이 아니다)
를 누락시켰을 것이다. 이 문제점을 해결하기 위해 그는 ἵνα의 α위에 μή
를 끼워 넣었을 것이다. 하지만 그다음 필사자는 대단히 세심한 입장을 취
했다. 그는 사본이 축약되거나 복잡하게 되거나 또는 불분명하여 필사가 잘
못되었을 가능성이 있다는 문제점을 인식했다. 따라서 그는 그다음의 필사
자들을 위해 자신이 전달받은 그대로 텍스트의 상태를 설명하고자 신중하
게 난외주를 남겨놓았을 것이다. 그는 그 난외주에 "알파 위에 μή가 기록되
어 있었다"(곧 τὸ μὴ ὑπὲρ ἃ γέγραπται)라고 주석을 달았을 것이다.

(만약 그와 같은 일이 실제적으로 일어났다면) 한 가지 문제는 사본의 여백이
다음 두 가지 목적을 위해 사용될 수 있었다는 점이다. 즉 필사자의 논평을
위해 사용되거나(이미 우리는 어떤 이들이 그리스어 원문에서 1:2의 맨 끝에 나오는

---

285) Héring, *First Epistle*, 28; Collins, *First Cor*, 180; Fee, *First Epistle*, 167–168, n. 14. Fee는 J.
   Baljon of Utrecht가 1884년 박사학위 논문에서 이 가설을 제기했다고 말한다. 참조. Bruce,
   1 and 2 Cor. 48.

"그들뿐만 아니라 또한 우리의 주님"이라는 표현을 경건하지만 화가 난 필사자가 덧붙인 것이라고 주장한다는 점을 언급했다), 또는 만약 공간이 있다면 어떤 필사자가 자신이 실수로 누락시킨 어떤 단어나 구절을 삽입하기 위해 사용된다. 따라서 세 번째 필사자는 이 난외주를 논평이 아니라 이전의 필사자가 실수로 누락한 것을 본문에 다시 삽입해야 하는 것으로 해석했을 것이다. 그래서 이러한 구절, 곧 τὸ ὑπὲρ ἃ γέγραπται가 바로 4:6에 나타난 것이다(그리스어 텍스트에서 호흡 기호와 액센트는 가장 초기의 대문자 사본들이 필사된 시기보다 나중에 나타났다). 그러므로 이 이론이 왜 "전적으로 만족스러운 유일한 설명"인지에 대한 설명은 다음과 같다. 만약 이 경우가 아니라면 왜 예상하지 못한 μὴ 앞에 정관사 τὸ가 삽입되었는지를 설명하기 어렵다는 것이다. 하지만 보다 더 설득력 있는 다른 설명도 (아래에) 제시되었다.

르고는 이 구절에 대한 자신의 논문에서 필사와 관련된 이 이론을 수정한 견해를 지지한다. 즉 어떤 필사자가 μή를 다른 곳으로 옮겨 이 구절이 이와 같은 형태로 제시되어 있다는 것이다. τό에 덧붙여진 부분과 관련하여 그는 "우리를 당황스럽게 하는 이 단어들이 없다면 이 문장은 매우 명료하다"고 주장한다.[286] 르고의 논문과 평행을 이루는 연구에서 로스는 이 가설이 한 조각의 증거도 제시할 수 없으며, 조금이라도 받아들이기에는 지나치게 복잡하다고 역설한다. 심지어 가능하면 관습적으로 짧은 독본을 선택하는 사본들도 "기록된 것을 넘어가지 말라"라는 구절을 포함하고 있다는 것이다. 사실상 (바레트, 브루스, 피 및 다른 주석가들과 더불어) 로스는 예기치 않게 τό가 삽입된 이유를 명백하게 설명한다. 즉 이 정관사는 잘 알려진 격언이나 인용문을 소개한다는 것이다.[287] 그러면서 그는 자신의 관점에 의하면 이 격언은 "여러분이 '그 규정들을 지키는 것'을 배우도록"과 같은 의미를 허용하기에는 매우 불명료하다고 결론짓는다. 많은 이들이 여전히 이 견해를

---

286) Legault, "'Beyond the Things Which Are Written,'" 230; 참조. 227-231. Legault는 영어권 저자 중 맨 먼저 A. S. Peake에게서 이 견해를 발견한다.

287) Ross, "Not Above What is Written: A Note I Cor 4:6," *ExpTim* 82 (1971): 215-217.

옹호하고자 시도하기 때문에 우리는 이 가설을 단순히 일축할 수 없다.[288] 그럼에도 이 이론은 개연성이 거의 없으며, 다른 설명들과 비교할 때도 별로 추천할 만하지 않다.[289]

(ii) 슈라게와 다른 많은 이들은 "기록된 것을 넘어가지 말라"를 교회의 성경으로서 구약성경 전체를 가리킨다고 해석한다.[290] 벵엘은 자신의 입장을 다음과 같이 분명하게 밝히며 주해한다. "성경 전체에서 몇몇 구절들—예를 들면 고전 3:19, 20—이 인용되었다.…우리는 이 표준, 곧 고후 10:13에서 벗어나서는 안 된다.…그 일반적인 원칙…에 의해 주님은 모든 사람을 심판하실 것이다"(*in tota Scriptura … qua Dominus quemvis judicabit*).[291] 하지만 이 접근 방법의 다양한 변형도 발견된다. 맥로리는 이 구절이 구약성경을 가리킨다고 이해하지만, 더 특별히 겸손에 대한 구약성경의 가르침을 가리킨다고 생각한다.[292] 고데는 이 말이 성경을 가리키긴 하지만, (vi)와 연결하여 이해한다. 곧 바울은 잘 알려진 어떤 원칙, 아마도 랍비들의 격언에서 유래한 어떤 원칙, 곧 "성경을 벗어나지 말라"는 격언을 인용한다는 것이다.[293] 블룸버그는 이 구절이 "성경의 표준 안에 머물러야 한다"는 일반적인 필요성을 암시할 수 있다고 믿는다.[294] 교부 중에서 많은 이들은 바울과 예수 및 "성경"에 대한 다소 덜 발전된 견해와 함께 이 구

---

288) 또한 참조. J. Murphy O'Connor, "Interpolations in 1 Cor"(하지만 그의 견해는 첨가에 관심을 기울임), *CBQ* 48 (1986): 81-94, esp. 84-85; J. Strugnell, "A Plea for Conjectural Emendation in the NT, with a Coda on 1 Cor 4:6," 543-558, esp. 555-558; W. F. Howard, "1 Cor 4:6 (Exegesis or Emendation?)," *ExpTim* 33 (1922): 479-480; 또한 참조. D. R. MacDonald, "A Conjectural Emendation of 1 Cor 15:31-32, or the Case of the Misplaced Lion Fight," *HTR* 93 (1980): 261.

289) Weiss, *Der erste Korintherbrief*, 102-104.

290) 이 견해의 주요 지지자 가운데는 다음 저자들이 포함되어 있다. Hays, *First Cor*, 69; Barrett, *First Epistle*, 106-107; Schrage, *Der erste Brief*, 1:334-335; Bruce, *1 and 2 Cor*, 48 "Keep to the Book."

291) Bengel, *Gnomon*, 619.

292) MacRory, *First Epistle*, 53.

293) Godet, *First Epistle*, 1:217.

294) Blomberg, *1 Cor*, 89. 하지만 그는 다양한 가능성이 있음을 시인한다.

절을 예수의 말씀을 암시하는 것으로 인식했다. 크리소스토모스와 테오도레토스는 이것이 마 7:3에 기록되어 있는 것, 곧 "어찌하여 네 형제[바울?]의 눈 속에 있는 티는 보고 네 눈 속에 있는 들보는 깨닫지 못하느냐?"라고 말하며, 그것을 "누구든지 자기를 높이는 자는 낮아지고 누구든지 자기를 낮추는 자는 높아지리라"는 말씀과 비교한다. 심지어 테오도레토스는 고전 7:24을 덧붙인다.[295] 마이어는 겸손에 대한 구약성경의 가르침을 특별히 언급하는 것과 더불어 "구약성경에 기록된 규정"에 대해 말한다. 또한 "그 규칙"은 왜 해당 구절에 정관사 τό가 사용되었는지를 올바르게 설명해준다는 것이다.[296] 그리고 브루스의 "그 책을 따르라"는 표현도 "기본 원칙"의 측면을 강화해줄 것이다.[297]

(iii) 논리적인 측면에서 판단할 때 "기록되어 있는 것"이라는 표현은 바울이 인간의 신분 또는 인간 지도자들을 자랑하지 말라고 이미 쓴 것을 가리킨다. 이 점과 관련하여 ἅ(복수)라는 광범위한 사본상의 증거(ℵ, B, A, C 등)와 상반되는 서방 사본 D의 독본(또한 그것을 따르는 라틴어 독본)은 ὅ γέγραπται로 필사되어 있다는 것이다. 크랜머는 이 구절을 "앞에서 기록된 것을 넘어가는"을 의미한다고 받아들인다.[298] 또한 복수형(ἅ)도 이 해석을 쉽게 지지해줄 것이다(중성 명사의 주어가 두 가지 경우에서 모두 단수 형태의 동사를 지배한다). 그리고 칼뱅도 이것을 가능성 있는 두 가지 해석 중 하나로 간주한다. 두 번째 가능성은 바울이 자기 자신이 기록했을 뿐만 아니라 특별히 이 편지에서 구약성경을 인용했다는 것이다.[299] 어떤 결정을 내려야 할지에 대한 판단 기준들은 명백하지 않다. 콘첼만은 단순히 해당 구절의 명백한 의미를 밝혀내려는 시도를 포기한다.[300] 하지만 γέγραπται, "기록되었다"는 어김없이 성경을 언급하기 때문에 (이 견해가 성경의 규범을 포함한다

295) Chrysostom, *1 Cor. Hom.*, 12:2; Theodoret, *Opera Omnia*, 188D (Migne, *PG*, 82:256).

296) Meyer, *First Epistle*, 1:118.

297) Bruce, *1 and 2 Corinthians*, 48.

298) Godet, *First Epistle*, 1:215-216에 인용됨.

299) Calvin, *First Epistle*, 90.

300) Conzelmann, *1 Corinthians*, 86: "이 구절은…무엇을 의미하는지 알 수 없다."

면) (ii), (iv), (vi)의 가설은 거의 확실히 타당할 것이다.

(iv) 몇몇 학자들(예. 후커, 볼프, 피, 랑)은 칼뱅이 두 번째로 선호하는 가설, 곧 **바울이 구약성경에서 이미 인용한 것**에 주의를 기울인다.[301] 이 견해의 장점은 다음과 같다. 이 견해는 (ii)의 효력을 지니고 있으며, γέγραπται, "기록되었다"의 일반적인 용례를 포함하고 있을 뿐만 아니라 이 편지의 수신자들이 배워야 할 것—1:29, 31에서 인용됨(단지 사람들에 지나지 않는 지도자들을 자랑하지 말고 주 안에서 자랑하라)—에 대한 구체적인 상황을 말해주고 바울이 이미 확인해준 것에 호소한다. 나아가 이 견해는 인간의 간계가 아니라 하나님의 "지혜"로 모든 것을 평가하라고 호소한다(1:19, 3:19-20). 이 모든 것은 이 절의 나머지 부분 및 전후 문맥과도 아주 잘 어울린다. 우리는 단순히 이 견해를 (vi)과 결합하고자 한다.[302] 볼프는 앞에서 언급한 절들을 인용하면서 이와 같이 통합하며, 바울은 여기서 어떤 "반(反)열광주의적인 모토"를 인용하고 있다고 주장한다.

(v) 이 정관사는 단순히 잘 알려진 말씀 또는 기본 원칙을 소개한다. 웰본은 30면이 넘는 분량을 할애하며 이 절을 집중적으로 논의한다. 그는 이 구절은 "기본 원칙의 특성 안에서" 호소하는 것을 통해 "어떤 유화적(宥和的)인 원리"를 제시한다고 주장한다.[303] 존 패리는 이것은 교회 안에서 목회 또는 리더십을 언급하는 몇몇 잘 알려진 말을 가리킨다고 말한다. 또한 로스는 이것은 "규칙을 지켜라" 또는 "올바로 행동하라" 등과 같은 격언을 암시한다고 믿는다.[304] 핸지스는 이것은 고대 그리스의 종교의식에 적용되는 거룩한 규율들(*leges sacrae*)과 유사하며, 교회의 구성원에게 지침과 원칙

301) Lang, *Die Briefe*, 63; Hooker, "'Beyond the Things Which Are Written,'" 127-132; Fee, *First Epistle*, 167-168; Kleinknecht, *Der Leidende Gerechtfertigte*, 224; and Wolff, *Der erste Brief*, 85.
302) Wolff, *Der erste Brief*, 85.
303) Welborn, *Politics and Rhetoric in the Corinthian Letters*, 74: 참조. 43-75.
304) Parry, *Commentary on 1 Corinthians* (Cambridge: Cambridge University Press, 1926); Ross, *Not Above What is Written*, 217.

을 제시하는 교회 문서가 그 규율과 평행을 이룬다고 주장한다.[305] 하지만 앞에서 전개한 모든 논의는 브루스의 "그 책을 따르라"가 모든 장점을 갖고 있으며, (v)의 문제점을 전혀 지니고 있지 않다는 점을 시사한다.

(vi) (iv)가 의도하는 것(바울이 구약성경으로부터 이미 인용한 것)과 (ii)와 (v)를 결합하는 것은 전적으로 가능하며, 사실 상당한 설득력이 있다. (ii)는 이 구절이 그리스도인의 성경으로서 일반적으로 **구약성경에 호소하는 것**이라고 주장한다. 또한 (v)는 이 구절이 어떤 기본 원칙의 지위를 지니고 있다고 제안한다. 브루스의 견해에 의하면 이것은 "아마도 그 당시에 통용되던 어떤 잠언이 아니라 고린도 교회 안에서 잘 알려진 어떤 말씀일 것이다. 고린도 교인들은 이것을 '성경과 일치하는' 것으로 받아들였을 것이다(15:3, 4)."[306] 모나 후커도 다음과 같이 주장하며 바로 이 점을 강조한다. 고린도 교회의 어떤 사람들은 십자가의 신학을 "지혜"에 기초한 영성이라는 두 번째 단계의 영성과 대치하고자 시도했다.[307] 이것은 배울 필요가 있으며, "여러분 가운데 아무도 어떤 사람을 위해 다른 사람을 반대하며 으스대지 못하게 하려는 것"과도 정확하게 일치한다. 그리스도의 십자가에 무언가 "덧붙이는 것"은 이와 같은 결과를 빚어낸다. 그리스도의 사역 자체는 완전한 것이다.

(vii) 에브너는 "기록된 것"은 몇몇 수신자들의 어린아이와 같은 상태에 대해 이전에 바울이 꾸짖은 것을 강화하는 편지들을 암시할 수 있다는 기발한 주장을 펼친다. [영적인] 어린아이는 이 편지들을 올바로 이해할 수 없다는 것이다.[308] 하지만 이러한 가설은 전적으로 사변적이며, 우리가 선호하는 세 가지 견해의 비중(比重)을 제대로 파악하지 못한다. "여러분 가운데 아무도 어떤 사람을 위해 다른 사람을 반대하며 으스대지 못하게"라

---

305) Hanges, "1 Cor 4:6 and the Possibility of Written Bylaws in the Corinthian Church," 275-290.

306) Bruce, *1 and 2 Cor,* 48-49.

307) Hooker, "'Beyond the Things Which Are Written,'" 127-132; 또한 참조. Kleinknecht, *Der leidende Gerechtfertigte,* 224 and 233-234.

308) M. Ebner, *Leidenslisten und Apostelsbrief,* 33-36.

는 구절에서 "으스대다"(개역개정: '교만한 마음을 가지다'; 표준새번역: '뽐내다'; φυσιοῦσθε)로 번역된 그리스어 동사는 신약성경에서 오직 바울만 사용한다. 골로새서에서 한 번 사용된 것을 제외하면 이 단어는 오직 이 편지에서만 나타난다(고전 4:6, 18, 19; 5:2; 8:1; 13:4; 참조. 골 2:18). 8:1에서 γνῶσις는 교만하게 한다(반면 사랑은 [덕을] 세운다). 13:4에서 사랑은 교만하지 아니한다. 5:2에서 이 편지의 수신자들 가운데 어떤 이들은 자만심에 빠져 으스댔다. 단어의 역사의 측면에서 볼 때 이 그리스어 동사의 이전 형태인 φυσάω는 "고함을 지르다"를 의미하는 명사와 동족어 관계에 있다. 이것은 아이소포스 우화에 나오는 개구리와 같이 자만심으로 부풀어 올라 우쭐대는 것을 비유적으로 다채롭고 생생하게 표현해준다. 바울은 이 편지의 수신자들에게 다음과 같이 경고한다. 만약 그들이 "기록된 것을 넘어가려고" 한다면, 다시 말해 자기 나름대로 지혜, 수사학적인 신분 추구 또는 자기 나름대로 "영성"을 통해 십자가의 복음에 무언가를 "덧붙이고자" 그릇되게 시도한다면 그 결과는 단지 허풍에 지나지 않을 것이다. 그것은 편을 가르고, 자신만을 인정하며, 자신의 그룹이나 그 그룹의 지도자를 다른 그룹과 그 지도자와 반목하게 할 것이다.

이 구절이 무엇을 의미하는지 이해할 수 없다는 콘첼만의 주해와 달리, 6절은 그 당시의 고린도 교회뿐 아니라 현대 교회에도 설득력과 타당성을 지닌다. 바울은 (1) 성경, 특히 그 당시의 상황을 언급하는 구약성경 본문, (2) 교회가 받아들인 "말씀" 또는 기본 원칙의 전승, 그리고 (3) 이성을 사용한다. 이성은 인간의 지혜, 어린아이와 같은 영성, 십자가에 기초한 견고한 신앙의 함의를 분명하게 설명해준다. 이 모든 요소는 고린도 교회의 상황에 대해 다룬다. 무엇보다도 바울은 **성경에 기초한 전통의 구조 안에서 해석된 십자가 복음의 충족성**을 강조한다. 이것은 십자가를 배제하고 이른바 "지혜"의 관점 또는 "성령의 사람들"의 개념을 **덧붙이려고** 시도하여 그릇된 길로 이끌어 손해를 끼치는 결과들을 빚어내는 것과 반대된다. 본회퍼의 주장대로 십자가가 없는 기독교는 "값싼 은혜,…회개 없는 용서, 기초 신앙 교육

이 없는 세례와 세상과 다른 점이 없는 그리스도인의 삶"으로 변질된다.[309]

　　7절　　διακρίνω는 "분류하다" 또는 "서로 구별하다"를 의미한다. 따라서 사전상의 엄밀한 의미로 7절에 사용된 이 동사는 누가 당신을 "다른 어떤 사람과 구별합니까?" 또는 누가 여러분 중에서 "어떤 사람을 다른 사람과 구별합니까?"를 뜻한다. 대다수 영역본은 대체로 "누가 당신 안에서 무언가 다른 것을 찾아냅니까?"(NRSV)와 같은 번역을 따르고 있다. 하지만 NRSV는 "누가 당신을 다른 사람과 구별합니까?"라는 대안을 각주에서 언급한다. 이 구절의 의미에 관한 논의는 초기 교회와 종교개혁 시대까지 거슬러 올라간다. 암브로시우스는 여기서 특별한 웅변술이나 가르침을 "더해" 성취된 신분상의 차이점을 구별한다는 해석을 거부한다.[310] 아무도 "자기 자신을 다른 사람들보다 뛰어나다고 할 수 있는 어떤 것"을 지니고 있지 않다.[311] "이 뛰어난 특성은 여러분에게 속한 것이 아니라 하나님께 속한 것이다."[312] "누가 여러분을 구별합니까?"라는 질문에 오리게네스, 테오도레토스, 그로티우스는 바로 하나님이라고 대답한다. 바울은 은사를 인정하면서 동시에 "자랑을 늘어놓는 것"의 모순을 폭로한다.[313] 바울은 하나님의 은혜에 대한 논리적인 기본 원리를 다음과 같이 제시한다. εἰ δὲ χάριτι, οὐκέτι ἐξ ἔργων, ἐπεὶ ἡ χάρις οὐκέτι γίνεται χάρις(만일 은혜로 된 것이면 행위로 말미암지 않음이니 그렇지 않으면 은혜가 은혜 되지 못하느니라, 롬 11:6).[314]

　　부정과거 ἔλαβες, "그대는 받았습니다"는 이 편지의 수신자들이 그리스도인이 되었을 때 주고받는 행위로서 하나님의 은혜의 사건을 강조한다. εἰ δὲ καί라는 표현은 해석하는 데 주의를 요한다. 많은 이들은 이것을 "설령", 곧 "설령 당신이 지금 그것을 소유하고 있다 하더라도"라는 의미로 해

309) D. Bonhoeffer, *The Cost of Discipleship* (Eng. trans., London: SCM, 1959), 35 and 36.
310) Ambrose, *Op. Omn.: In ep. ad 1 Cor.*, 124D (Migne, *PL*, 17:2, ii, 215).
311) Calvin, *First Epistle*, 91.
312) Chrysostom, *1 Cor. Hom.*, 12:3.
313) Theodoret, *Op. Omn.: Int. prim. ep. ad 1 Cor.*, 188D (Migne, *PG*, 82:256 [Greek], 255 [Latin]).
314) 참조. Thiselton, *The Two Horizons*, 389; 참조. 386-392.

석한다. 하지만 λαμβάνω는 특별히 부정과거의 용례에서 소유하는 것이 아니라 받는 것을 강조한다. 따라서 이 표현을 다음과 같은 의미로 해석하는 것은 타당할 것이다. "설령 당신이 그것을 받았다 하더라도 당신은 왜 여전히 그것을 자랑합니까?"[315) 하지만 바울의 논의는 매우 빠르게 진행되고 있기 때문에 우리가 이러한 작은 구문을 지나칠 정도로 중시하는 것은 바람직하지 않다. 한편 이전 시대의 형태인 καυχᾶσαι, "당신은 자랑한다"는 여기서 단축형으로 사용되지 않는다. "으스대다" 또는 "자랑하다"에 대해서는 본 주석서 1:29, 31 및 3:21의 주해를 참조하라.

부정과거 분사 λαβών 및 ὡς와 함께 부정사 μή — "마치 그대가 그것을 받지 않은 것처럼" — 는 해당 질문을 마무리한다. 이것은 어떤 교인들이 그릇된 전제에 기초한 삶을 살고 있다는 것을 적나라하게 드러낸다. 오직 자신만을 중시하는 승리주의적 그리스도인은 ὡς μή의 삶을 살고 있다. 즉 실상은 그렇지 **않은**데 마치 그런 것처럼 착각하며 살고 있는 것이다. 주는 분의 관점에서 볼 때 어떤 자녀에게 선물을 주는 부모는 그 선물이 그 자녀에게 기쁨을 가져다주기를 기대하지만, 그 자녀가 그것을 받고 다른 형제자매에게 우쭐대거나 서로 비교하는 것을 원치 않을 것이다. φυσιοῦσθαι(6절)와 καυχᾶσαι(7절)의 결합은 매우 파괴적인 결과를 빚어낸다. 아우구스티누스는 많은 경우, 특히 은혜에 관한 펠라기우스의 견해를 비판하는 곳에서 이 단어들을 인용한다. 그러면서 그는 그가 지닌 것 중에서 그가 받지 않은 것이 무엇인가?(*Quid enim habebat quod non acceperat*)라고 반문한다.[316)

8절   "여러분은 '왕처럼 다스리게' 되었군요"와 "만약 여러분이 참으로 '왕처럼 다스리게 되었다면'"이 나란히 놓여 있는 것은 바울이 여기서 아이러니를 사용한다는 점을 분명히 보여준다. 바울이 세운 교회들에 대해 다음 두 가지 요소, 즉 "이미 실현된" 종말론의 문제와 고대 그리스-로마

---

315) Edwards, *First Epistle*, 105.
316) Augustine, *De Natura et Gratia*, 24-27 (Latin ed. of W. Bright, 1880, 76); 참조. *Letters*, 140:7, 21, 26; 186:4, 10; *On the Spirit and Letter*, 15:9; 50:29; 54:31; 57:33; 60:34.

의 많은 종교의식, 특히 그리스와 동방의 종교의식에서 회심의 경험으로 인식되던 결과를 제대로 파악하지 못한다면 이 절의 의미를 온전히 이해할 수 없을 것이다. 그랜트는 어떻게 종말론이 왜곡되고 그 시기가 잘못 인식되었는지를 잘 묘사한다(4:4, 5). 그들은 "기독교 종말론의 메시지를" 변질시켰으며, "종말론은 이미 '실현되었다'고 믿었다. 따라서 하나님의 나라는 이미 도래했다."[317] 이 점과 더불어 노크는 헬레니즘 및 동방의 종교 의식 중에서 기원후 1세기의 회심 개념은 상당히 비현실적인 경우도 있었다고 주장한다. 곧 어떤 회심자는 능력, 해방, 신분에 대한 새로운 의미에 압도되기도 했다는 것이다. "회심자들 가운데 많은 이들은 그들에게 삶의 새로운 지평이 열렸다고 확신했다. 그들은 무엇이든 할 수 있다고 믿었다. 곧 그들은 왕이며(참조. 고전 4:8), 성령 안에 있으며…해방되었고…또 그들은 자기 주위에 있는 변화되지 않은 이들보다 전적으로 우월한 사람이라고 생각했다."[318]

또 다른 문맥에서 "부자가 되다"와 "다스리다"는 스토아학파의 표어에 해당한다. 모팻은 다음과 같이 주장한다. "바울은…자기의 영혼을 쏟아부었다.…종교적인 자만심에 대한 이 신랄한 묘사와 가장 가까운 것은 라오디게아 교회에 예언자 요한이 전달해준 말— '네가 말하기를 나는 부자라. 부요하여 부족한 것이 없다 하나'— 이다(계 3:17).…디오게네스는 스토아학파에 속한 어떤 사람에게 '나는 부자다. 나는 이 세상에서 왕처럼 다스린다'라고 말하라고 가르쳤다고 한다. (그의 무덤은 고린도에 있다.) 그 이후로 '부자'와 '다스리다'는 스토아학파의 표어가 되었다."[319] 또한 그리스어 동사 βασιλένω, "내가 다스리다"와 관련하여 모팻은 로마의 식민 도시 고린도에서 라틴어 바실리카스(basilicas)는 "중요한 인물"을 의미한다고 말한다. 마지막으로 묵시문학에서 소망의 양식은 마침내 하나님 나라를 상속받는 것

---

317) R. M. Grant, *An Historical Introduction to the NT* (London: Collins, 1963), 204.

318) A. D. Nock, *St Paul* (London and New York: Harper, 1938), 174. 참조. Nock, *Conversion: The Old and New Religion from Alexander the Great to Augustine of Hippo* (Oxford: Oxford University Press, 1933 and 1961), 99-121.

319) Moffatt, *First Epistle*, 49; Collins, *First Cor*, 183 and 186-188.

이었다. 따라서 "우리 없이도" 곧 **우리의 협력 없이** 또는 가없은 사도들인 우
리보다 앞서 "이미 그것이 모두 [여러분에게] 실현되었습니다"라는 바울의
충고에는 극도의 아이러니가 내포되어 있다.[320]

  이 절에서 그리스어 동사도 이 묘사에 활력을 제공해준다. κεκορεσμένοι
ἐστέ는 현재완료 분사가 εἰμί, "존재하다"와 함께 사용되는 형태다.
κορέννυμι의 현재완료 분사 수동태 주격 복수는 대체로 "식욕을 충분히 채
우다", "배부르게 먹다", "배가 부르다"를 의미한다. 특별히 여기서 이 동사
는 농장에서 배를 실컷 채운 동물에게 사용되는 비유적인 표현으로서 "교
만하고" 자만한 이른바 "성령의 사람들"에게 적용된다. 필론과 요세푸스도
이 단어를 비유적인 의미로 비슷하게 사용한다.[321] 호라티우스는 왕들의…
왕이자…부자이며, 자유롭고, 추앙을 받는다는 주장을 풍자한다.[322] 에픽테
토스는 그 견유학파 철학자를 "제우스의 왕적인 통치에 동참하는 자로"(ὡς
μετέχων τῆς ἀρχῆς τοῦ Διός) 인식한다.[323] 이 모든 것은 고전 15:25과 현저하
게 대조된다. 이 절은 "그[그리스도]가 모든 원수를 그[의] 발아래에 둘 때
까지 [그가] 반드시 왕 노릇 하시리니(δεῖ γὰρ αὐτὸν βασιλεύειν ἄχρι)라고 말
한다.

  이전에 쓴 논문에서 나는, 비록 우리가 바울이 떠나고 나서 새 신자의
수가 늘어났다는 점을 과소평가해서는 안 되겠지만, 그랜트와 허드의 가
설—곧 바울이 고린도에 일 년 육 개월 동안 머물면서 그들을 위해 사역했
음에도 불구하고 대다수가 그의 종말론을 "오해했다"—이 타당성이 없다
는 것을 인식했다.[324] 하지만 ἤδη, "이미"는 특히 χωρὶς ἡμῶν, "우리 없이"
와 더불어 이미 실현된 종말론을 분명하게 알려주는 증표다.[325] 슈라게
는 서로 밀접한 연관성이 있는 두 가지 주제—부활 장(章)의 역할과 한편

320) 같은 책.
321) Josephus, *Wars* 4.3 (4); Philo, *De Sobrietate* 57; BAGD, 444.
322) Horace, *Satires* 1.3.132; *Epodes* 1.1.106-7.
323) Epictetus, *Dissertations*, 3.22.95.
324) Thiselton, "Realized Eschatology at Corinth," 510-526.
325) Schrage, *Der erste Brief,* 1:338; 참조. 339-340.

으로 치우친 성령 신학—에 대해 논의한다. 그는 수신자들의 시기상조적 인 승리주의를 루터의 표현을 빌려 "열광주의자들의 환상"(die illusion von Schwärmern)이라고 말한다. 성령에 대한 그들의 강조는 죄와 영적인 싸움 이 지속되는 현실 및 권징과 질서의 필요성을 간과했다는 것이다.[326] 그들 의 입장과는 대조적으로 바울은 그들이 "아직 승리하지 못했으며"(참조. 빌 3:12) 자기 자신도 "아직 붙잡아야 할 것을 붙잡지 못했다"(참조. 빌 3:13)는 점을 인정한다(Taylor, *Living Letters*).[327]

요약하자면 다음과 같다. "고린도 교인들은 마치 앞으로 도래해야 할 시대가 이미 완전히 성취된 것처럼, 그리고 성도들이 이미 나라를 얻 은 것처럼(단 7:18) 행동하고 있었다. 그들에게는 실현된 종말론의 '이 미'(already)를 한정할 '아직 아니다'(not yet)가 없다."[328] 바로 이 점 때문에 벤트란트와 볼프는 그들이 복음을 지혜-그노시스와 성령 중심적인 열광의 혼합물로 변질시켰다고 덧붙인다.[329]

몇몇 초기 주석가들은 심지어 그리스어 구문에서도 이러한 경향을 간 파한다. 현재완료 분사 κεκορεσμένοι가 부정과거 시제 ἐπλουτήσατε와 ἐβασιλεύσατε로 바뀐다는 것이다. 우리가 제시한 번역 "다스리게 되었군 요"가 가리키듯이 이 부정과거 동사들은 어떤 행위가 시작되었다는 것을 알려준다. 하지만 라이트푸트는 "현재완료 시제 대신 사용된 이 부정과거 는 부적절하게 허둥대는 것을 암시해준다"고 말한다. 반면 로버트슨과 플 러머는 "그들은 자신들의 사적인 천년왕국을 얻었다"라고 주장한다.[330] 하 지만 ὄφελόν γε ἐβασιλεύσατε라는 표현에서 그 아이러니와 비극이 강 력하게 표현된다. 여기서 ὄφελον은 "어떤 성취되지 않은 소원"을 표현해 준다. 문법적인 측면에서 ὄφελον은 그리스어 동사 ὀφείλω의 제2부정과

---

326) Schrage, *Der erste Brief,* 1:338, n. 137; Thiselton, "Realized Eschatology at Corinth," 523-525.

327) Schrage, *Der erste Brief;* Conzelmann, *1 Corinthians,* 87.

328) Barrett, *First Epistle,* 109.

329) Wendland, *Der Briefe an die Korinther,* 40; Wolff, *Der erste Brief,* 80.

330) Lightfoot, *Notes;* Robertson and Plummer, *First Epistle,* 84.

거, "내가 빚을 지다", "나는 ~해야 한다"이거나 ὀφείλω의 현재분사다(사실
상 BAGD만 로버트슨과 다른 이들의 주장에 반대하며 이렇게 주장한다).[331] 하지만
이 단어는 바울 시대보다 훨씬 이전에(대체로 부정과거 동사가 뒤따르면서) 감
탄 또는 절규를 나타내는 불변화사에 상응하는 것이 되었다. 따라서 우리는
"만약 여러분이…되었다면 얼마나 좋겠습니까?"라고 번역했다. 복합동사
συμβασιλεύω, "함께 다스리다"와 χωρὶς ἡμῶν, "우리 없이도"는 그 환상의
비극을 날카롭게 지적하며 강화한다.

바울이 대조하는 이 아이러니를 들뤼보다 더 생생하게 묘사하는 해
석자는 거의 없을 것이다. 그는 이렇게 묘사한다. "이 고린도 교인들은 행
운아다. 이미 그들은 사도들이 소망의 대상으로 삼고 있는 은혜를 맛보고
있다. 그들은 더 이상 '의에 대해 주리거나 목말라 하지 않는다.' 그들은 가
득 차 넘친다. 그들의 성령론에 의하면 그들은 포만 상태에 있다.…한 마디
로 말해 메시아 왕국은 이미 고린도에 도래한 것처럼 보이며, 이들에게는
보좌가 주어졌다. 반면 사도들은 이들의 시중을 들며 종의 자리에 있다."[332]
이 은유적인 표현은 9절에서 투사들이 싸우는 경기장에 대한 이미지로 바
뀐다. 우리는 9절 이후에 이어지는 "고난 목록"에 대한 연구(예. Kleinknecht,
Fitzgerald, Plank, Ferrari)와 비교하면 이 절에 대해 더 자세하고 분명하게 알
게 될 것이다(4:13의 주해 다음에 제시되는 "바울의 고난 목록"에 대한 특별 주석을
참조하라).

9절   이제 바울은 어떤 거대한 행렬에 대한 비유적인 표현을 도입
한다. 그 행렬에는 범죄자, 죄수, 검투사가 포함되어 있다. 그들은 경기장을
향해 나아간다. 그 행렬의 맨 마지막에는 반드시 죽을 때까지 싸워야만 하

---

331) BAGD, 599. 이 사전은 거의 모든 저자들의 견해에 반대하면서 이 단어의 형태가 현재분
사라는 점에 동의한다. 참조. BDF, sect. 359; Wolff, *Der erste Brief*, 87: "어떤 성취되지 않은
소원."

332) Deluz, *Companion to 1 Cor*, 46-47. Wolff는 (Wendland와 더불어) 특히 "지혜" 안에서의
환희와 "다양한 은사, 무엇보다도 성령의 환상적인 은사들"이 서로 결합되어 있는 것에 대
해 말한다(Wolff, *Der erste Brief*, 86). 한편 Blomberg는 "부요하며 왕 같으며…여러분이 원
하는 모든 것을 여러분은 모두 소유하고 있다"에 관해 말한다(*1 Cor*, 90).

는 사도들이 뒤따르고 있다. δοκῶ, "나는 생각한다"는 여기서 이 단어가 흔히 의도하는 "나에게 ~처럼 여겨진다"라는 의미를 지니고 있다. 이 단어를 통해 말하는 이는 보다 더 심오하고 근본적인 실재 또는 진리와 상반되는, 얼핏 보기에 그런 것처럼 추측되는 것을 표현하고자 한다. 9a의 주동사는 ἀπέδειξεν(ἀποδείκνυμι의 부정과거, 전시하다)이다. 이 단어는 극장에서 쇼를 보여주거나 검투사 경기를 보여주는 배경에서 사용된다(참조. 고전 15:32). 고대 로마의 하층민, 무직자 또는 노예들이 "빵과 오락거리"를 요구하며 부르짖던 것은 오늘날 많은 관중이 열광하며 "스릴"에 집착하는 것과 평행을 이룬다. 그들은 다른 사람들의 고통, 승리, 잔혹함을 통해 감정적으로 대리 만족을 경험했다.

고린도 사람들은 관람자로서 계단식으로 배열되어 있던 의자에 앉아 투사들을 잘 내려다 볼 수 있었다. 하지만 바울과 다른 참된 사도들은 사람들의 구경거리(θέατρον)로 경기장 안으로 보내졌다. 더욱이 바울은 시기상 조적인 종말론에 대한 8절의 암시를 의식하면서 사도들은 고린도 사람들을 뒤따라 나온다(τοὺς ἀποστόλους ἐσχάτους)고 설명한다. 사도들은 진정으로 투사들이 벌이는 쇼의 마지막 피날레를 장식할 자들로서 맨 마지막에 등장한다. 마침내 그들은 반드시 죽을 때까지 싸워야 하는 숙명에 처해 있는, 사형 선고를 받은(ἐπιθανατίους) 죄수로서 나타난다. 왜냐하면 그들은 모든 싸움에서 승리할 수 없으며, 피투성이가 된 그들의 몸은 결국 굴욕과 죽음이 찾아올 때까지 점점 더 쇠약해질 것이기 때문이다. 그리스어 형용사 ἐπιθανατίους는 신약성경에서 오직 이곳에서만 한 번 나타난다. 하지만 이 단어는 70인역에서 사자들에게 던져진 사람을 묘사하는 데 사용된다(벨과 용 31).[333] 슈라게는 여기서 "죽음"을 십자가 처형을 받은 그리스도의 죽음에 동참하는 것과 연결하며, 공개적인 구경거리는 세상과 천사들 앞에서 그 죽음의 우주적인 의미를 강조하는 것과 연관시킨다(13절 다음에 나오는 특별 주해를 참조하라). 관심의 여격 τῷ κόσμῳ καὶ ἀγγέλοις καὶ ἀνθρώποις는 "세

---

333) 참조. Wolff, *Der erste Brief*, 87.

상과 천사들과 사람들의 눈에"로 번역할 수 있을 것이다.

바울은 자신이 사도로서 수고하는 것을 우주적인 구경거리로 인식한다. 만약 고린도 사람들의 판단 기준으로 그 수고를 평가한다면 그것은 싸움, 실패, 불명예로 점철된 구경거리로 여겨질 것이다. 사도들은 "관중을 즐겁게 하는 구경거리를 제공하기 위해 경기장에서 피를 흘리는 투사들보다 조금도 더 중요한 사람으로 여겨지지 않을 것이다.…분명히 고린도 사람들은 가장 좋은 자리에 앉아 한가롭게 [사도들의 경기를 바라보며] 응원하거나 또는 심지어 우우하고 소리치는 것을 부끄러워했을 것이다!"[334]

고대 그리스와 바울의 "고난 목록"에 대한 연구에서 칼 플랑크는 바울이 4:8-9과 4:10-13의 사례에서 의도적으로 과장하여 말한다고 주장한다. 즉 바울은 고린도 교인들이 현실을 제대로 파악하지 못하는 것을 아이러니를 통해 지적함으로써 그것을 재평가하도록 한다는 것이다.[335] "바울은 여기서 한도를 넘어가는 것은 아닌가?"라는 의구심을 품게 하는 것은 주도면밀하게 숙고된 수사학적인 도구로서 고린도 교인들이 자신들의 행위에 대해서도 다음과 같은 질문을 제기하게 하려는 의도를 갖고 있다. 즉 "우리는 우리 생각과 생활 방식에서 한도를 넘어선 것은 아닌가?"(4:13 다음에 다루어지는 특별 주해를 참조하라). 존 피츠제럴드는 고린도전후서에서 "가장 많은 논쟁을 불러일으켰음에도 그 중요성이 가장 적게 인식된" 예로 4:7-13을 조명하기 위해 고대 그리스 문헌에서 언급되는 "고난의 목록"을 상당히 중시한다.[336] 그는 이 "고난 목록"에 대한 탐구 역사를 논의한다. 쉬퍼 페라리는 이 주제에 대해 약 500면에 걸쳐 광범위하고 자세하게 논의한다.[337] 하지만

---

334) Deluz, *Companion to 1 Corinthians*, 47.

335) Plank, *Paul and the Irony of Affliction*, 48-52; 참조. 33-70(4:9-10에 관해), 11-32(고린도에 관해), and 71-94(수사학 및 광범위한 이슈에 관해).

336) Fitzgerald, *Cracks in an Earthen Vessel: An Examination of Catalogues of Hardship*, 129; 참조. esp. 117-148(이 본문과 고린도에 관해) and 7-116(그리스 문헌에 나타난 연구사 및 파라스타세이스에 관해).

337) Ferrari, *Die Sprache des Leids in den Paulinischen Peristasenkatalogen*. 이 연구서에서 Ferrari는 롬 8:35; 빌 4:12; 고전 4:10-13과 더불어 고후 4:8-9; 6:4-10; 11:23-29; 12:10을 다룬다.

이전의 다른 연구서들도 고난의 "목록"을 유대교의 종말론적 심판과 관련하여 의인들의 운명과 바울 사상의 은혜로 의롭게 됨, 십자가, 종말론과 연결한다. 클라인크네히트와 슈라게는 여러 가지 예를 보여준다.[338]

10-11절   μωρός, "어리석은 자"와 μωροί, "어리석은 자들"의 다양하고 중요한 뉘앙스에 대해서는 1:25(μωρὸν τοῦ θεοῦ), 1:27(τὰ μωρὰ τοῦ κόσμου), 3:18(μωρὸς γενέσθω)에 관한 주해를 참조하라. 이 세 구절의 배경은 여기서 어리석은 자들의 의미를 이해하는 데 필수적이다. 1:25과 1:27은 (인간의 관점에서 볼 때) 하나님이 이른바 연약한 것과 어리석은 것을 선택하신다는 것과 관련이 있다. 그것은 십자가에 기초한 판단 기준의 핵심이다. 3:18에서 바울은 현자(賢者)는 자기 자신이 무지하다는 것을 잘 알고 있다는 소크라테스적인 개념을 언급할 가능성이 있다. 또한 이것은 고대 그리스의 가장 훌륭한 전통에서 진정한 현자에게 적합한 비하(卑下)와 상반되는 예로서 바울은 자신과 아볼로의 사례를 사용하고 있다는 피츠제럴드의 관점과도 잘 어울릴 것이다.[339] 하지만 우리가 이미 논의했듯이 바울은 3:18을 보다 더 심오하게 십자가의 신학에 기초할 개연성이 높다. 따라서 슈라게와 클라인크네히트가 주장하듯이 여기서 "어리석은 자들"은 십자가 신학의 "부정적인" 축(軸)에 속한다. 하지만 이 축은 그들을 장차 변모시킬 것이며 종말론적인 반전으로 이끌 것이다.[340] 목적격과 함께 사용된 전치사 διά, "~때문에"를 우리는 "그리스도 때문에"로 번역했다. 또한 이 표현은 이 절이 기독론과 1:25-27 및 3:18의 십자가와 연결되어 있다는 것을 확인해준다.

10절은 서로 상반되는 세 가지를 분명하게 대조한다. 메르클라인과 플

---

338) 4:6-21에 대한 참고문헌과 아래서 세부적으로 제시되는 주해를 보라.

339) Fitzgerald, *Cracks in an Earthen Vessel*, 3-5 and ch. 2. 그는 112-116에서 이 주제와 관련하여 바울과 사실상 동시대 인물인 스토아학파, 견유학파, 세네카에 대해 언급한다. 또한 참조. 132-148.

340) Schrage, "Leid, Kreuz und Eschaton: Die Peristasenkataloge als Merkmale paulinischer theologia crucis und Eschatologie," *EvT* 34 (1974): 141-175; 참조. Kleinknecht, *Der leidende Gerechtfertigte*, 208-304.

랑크는 1:26-28과 관련하여 이것을 반전이라고 올바르게 이해한다.[341] 다른 이들은 이것이 각각 "가르침"(어리석은 사람들 대 현명한 사람들), "태도"(연약함 대 강함)와 "세상적인 신분"(존귀 대 천대)을 가리킨다고 주장한다. 또한 맨 마지막 구절에서 "우리…여러분"이 "여러분…우리"로 바뀐다고 지적한다. 그 이유는 ἄτιμοι, "존중받지 못하는", "천대를 받는"에 대한 내용을 11절에서 구체적으로 설명하기 때문이다.[342] 하지만 두 번째 설명은 도움을 주지만, 첫 번째 해석은 오늘날의 지배적인 견해—이 세 가지 대조는 모두 사회적 신분 또는 일반적인 명예에 대한 것임—와 반대된다(13절 다음에 수록되어 있는 특별 해설을 참조하라).

11절에서 그리스어 동사 γυμνιτεύομεν은 신약성경의 다른 본문 또는 70인역에서 나타나지 않는다. 하지만 그리스어 문헌에서 이 동사가 "가볍게 무장한"을 의미할 때는 옷을 **부족하게** 입은 것을 뜻한다(예. Dio Chrysostom, 75 [25].3). 막 14:52에서 익명의 어떤 청년(종종 마가와 동일시됨)을 묘사하는 데 사용된 형용사 γυμνός는 벌거벗은 상태를 나타낼 수도 있지만, 변변한 겉옷을 입지 않은 상태를 가리킬 개연성이 더 높다. 어쨌든 어떤 존경받을 만한 사람이거나 존경받는 사람은 일반적으로 대중 앞에 γυμνός의 상태로 나타나려 하지 않을 것이다. 만약 그렇게 한다면 사람들은 그를 보고 조롱할 것이기 때문이다(참고. 계 3:17; 16:15; 유다의 유언 8:3, εφυγον γυμνός).[343] 플라톤의 저서에서 이 단어는 있는 그대로의 영혼을 가리킬 수 있다(Cratylus 20.403A). 하지만 고후 5:3에서 이 단어의 의미는 열띤 논쟁의 대상이다. 여기서 바울은 사도들이 입은 옷이 기능적인 측면에서 또는 품질이나 신분의 측면에서, 아니면 두 가지 측면에서 모두 불충분하다는 것을 말할 것이다. 콜린스는 "고린도에서 '극빈자'가 [입었던]…누더기 같고 닳아 올이 보이는 옷"을 언급한다."[344]

---

341) Merklein, *Der erste Brief 1-4*, 313-314; Plank, *Paul*, 47.
342) Robertson and Plummer, *First Epistle*, 86.
343) 참조. BAGD, 167-168.
344) Collins, *First Cor*, 190.

그리스어 동사 κολαφίζω는 여기서 네 가지 의미를 지니고 있다.[345] (i) 이 단어는 종종 "주먹으로 때리다" 또는 "두들겨 패다"를 뜻한다. 그것은 두들겨 맞은 것, 폭도의 폭행, 악의(惡意), 또는 공식적인 형벌로서 매를 맞는 것을 가리킬 수 있다(참조. 막 14:65).[346] (ii) 또한 바울은 고후 12:7에서 "사탄의 사자"와 관련하여 이 단어를 은유적으로 사용한다. 우리는 이미 2:1-5에 대한 주해에서 슈바이처와 다른 학자들은 아마도 바울이 일종의 간질을 앓았을 가능성을 제기한다고 언급한 바 있다. 이 동사는 이 질병을 묘사하는 데 사용될 수도 있다. 격렬한 몸동작을 수반하는 그러한 질병에 시달리는 사람은 누구든지 얼마나 κολαφίζω가 그런 상황에 가장 잘 적용될 수 있는지 인정할 것이다. 따라서 이 동사는 원칙적으로 극심한 질병의 특수한 발작을 포함할 수 있다. (고린도 교회의 몇몇 교인에게 그것은 온전히 "신령하지" 못하다는 것을 암시하는 표지였다!) 오늘날 우리는 오랜 기간 질병을 앓아 몸이 극도로 **쇠약해진 것**에 대해 말할 수 있을 것이다. (iii) 또한 이 동사는 분명히 "우리가 난폭한 대우를 받는다"를 의미한다. 그것은 존중심이 결여된(ἄτιμοι, 천대를 받습니다, 10절) 악한 성품을 드러내는 일종의 난폭한 대우를 가리킨다. 이 절에서 바울은 그것을 구체적으로 설명하고 있다. 비록 이 단어가 (i)과 (ii)의 의미를 포함할 수 하지만, 우리가 제시한 번역은 (iii)이 이 특별한 배경에 가장 적합하다는 것을 드러낸다. 한편 바울이 "바로 이 시간까지"라고 덧붙인 것은 이 세 견해 가운데 어떤 것이라도 잘 지지해줄 것이다. 한편으로 바울은 15:32에서 에베소에서 일어났던 어떤 특별한 사건을 암시할 것이다. 또 다른 한편으로 이 단어는 어떤 상태가 진정되지 않고 지속되는 것을 의미하는 듯 보인다. (iv) 비록 분명히 특별한 폭력 사건들이 **포함되어 있긴 하지만**, "난폭한 대우를 받는다"는 것은 그러한 사건에만 **한**

---

345) 참조. BAGD, 441.
346) Collins, *First Cor*, 183; Merklein, *Der erste Brief 1-4*, 314-315. 이 두 저자는 이것이 고후 12:7에서 바울이 매를 맞은 것을 가리킨다고 주장한다(또한 참조. 행 16:21-23; 고후 11:25; 살전 2:2). 한편 Fee는 전반적인 "결핍"의 범위에 대해 논의한다(Fee, *First Epistle*, 177-179).

정해서는 안 된다. 빅터 피츠너와 호크는 작고 더운 작업장에서 일하는 가죽 수공업자 또는 텐트 만드는 사람의 **고된 육체노동**과 **비천한** 사회적 신분에 대해 다음과 같이 강조한다. "노예처럼 작업 의자에 앉아 몸을 구부린 채… 노예들과 함께 일하고 있다.…따라서 다른 사람들과 자신의 모습도 노예와 같고 굴욕적이라고 생각한다. 미천한 신분의 수공업자로서 그는 고생하고 있으며 다른 사람들로부터 매도를 당하고 학대를 받는다."347)

11절부터 13절까지 열 개의 동사와 네 개의 분사가 고난 목록을 묘사 하는 데 사용된다. ἀστατοῦμεν, "우리는 일정한 거처도 없습니다"는 "머리 둘 곳이 없다"(마 8:20; 눅 9:58)는 예수의 말씀을 상기시킨다. 또한 이 동사는 영국 법률에서 증언석이나 피고석에서 "일정한 거처가 없다"고 말하는 것 과 비슷한 뉘앙스를 풍기는 사회적 함의를 연상시킨다. 즉 존중받는 시민 들은 대체로 집, 전화, 운전면허, 보험증서 등을 갖고 있다. 이 그리스어 동 사는 신약성경의 다른 본문과 70인역에서 나타나지 않는다. 하지만 결핍의 의미를 나타내는 알파와 해당 그리스어 어근은 이 단어가 무엇을 의미하는 지 명백하게 드러낸다. 10절에 사용된 "약한"(ἀσθενεῖς)에 대해서는 1:25과 1:27의 주해를 참조하라. 해당 절에서 이 단어는 판단 기준과 비판의 근 거로서 십자가와 밀접하게 연결되어 있다. 하지만 8:7, 9, 10, 9:22, 11:30, 12:22에서 이 단어는 상처 받기 쉬운 사람들, 지나치게 예민한 사람들, 특수 한 사회적 위치에 있는 사람들 또는 이 모든 사람을 가리킬 수 있다(13절 다 음에 나오는 특별 주해 참조). 메르클라인과 클라인크네히트는 이 모든 것과 그 리스도 및 십자가와의 연합과의 연관성을 강조한다.348)

12-13절 그리스어 동사 κοπιῶμεν은 거의 기진맥진할 정도로 힘 들게 일하는 것을 의미한다. 따라서 NRSV는 "우리는 우리의 수고로 인해 지칩니다"라고 번역한다. 반면 RSV는 단순히 "우리는 우리 손으로 일합

347) Hock, *The Social Context of Paul's Ministry*, 67. 또한 참조. Pfitzner, *Paul and the Agon Motif*, 92-94; Witherington, *Conflict and Community*, 19-28.
348) Merklein, *Der erste Brief 1-4*, 316; Kleinknecht, *Gerechtfertigte*, 231-233.

니다"라고 번역한다. 또한 NIV는 "우리는 우리 손으로 힘들게 일합니다"라고 번역한다. 우리는 "수고하다" 또는 "힘들게 일하다"(κοπιῶμεν)와 "일하다"(ἐργαζόμενοι, 여기서 분명히 육체노동이 포함됨)를 결합하여 기진맥진함에 이르는 측면을 덧붙여 번역할 필요가 있다. 따라서 "우리는 우리 손으로 일하며 몹시 지칠 때까지 수고합니다"라는 번역을 제시했다. 바울이 하던 일의 사회적·경제적·신체적 조건에 대한 호크의 연구는 사전상의 의미를 뒷받침해준다. 호크는 다음과 같이 결론짓는다. 고린도에서 바울을 약하게 만든 것(4:10)은 "이어지는 고난 목록을 통해 확인된다. 그 목록은 바울의 직업을 명시적으로 언급한다(12절)."[349] 바울은 배고픔, 목마름, 헐벗음을 "일과 관련된 경험으로" 인정한다. "바울은 권세, 명성, 특권이 없는 약한 사람이었을 것이다."[350] 바울이 열심히 일하던 작업장은 "종종 시끄럽고 더럽고 위험했을 것이다.…수공업자의 삶은 결코 편안한 삶이 아니었다.…그의 일은 '기진맥진함에 이르게 하는 육체노동'에 해당했다(살전 2:9; 고전 4:12)."[351] 호크는 바울이 자신을 후원하는 고린도 사람들이 그에게 재정적으로 지원하는 것을 원치 않았다는 점은 그들을 매우 당혹스럽게 했을 것이라고 주장한다. 이러한 지원은 전문적 수사학자인 바울에게 상당히 높은 사회적 신분을 부여했을 것이다.[352]

여격 χερσίν, "우리 손으로"(12절)는 도구적인 의미를 지니고 있으며, 손으로 하는 노동에 주목하게 한다. 고대 그리스 문화권에서 다른 방법으로 소득을 얻던 사람들은 일반적으로 이러한 노동을 천시했다. 한편 εὐλογοῦμεν(12b)은 대다수 영역본에서 "우리는 축복합니다"(NRSV, REB, NIV, AV/KJV) 또는 "축복으로 응답합니다"(NJB)라고 번역된다. 만약 바울

---

349) Hock, *Social Context*, 60.

350) 같은 책.

351) 같은 책, 34-35; 참조. 29-39.

352) 같은 책, 50-62. 이 강조점을 후원과 "우정" 안에서의 상호 기대에 대한 다른 저자들의 연구와 결합시키면 그 의미가 더욱더 분명하게 이해될 것이다. 또한 참조. Chow, *Patronage and Power* (*passim*); Marshall, *Enmity in Corinth*. 또한 Kleinknecht와 Schrage가 주장한 신학적인 측면도 반드시 이 강조점과 함께 고려되어야 한다.

이 의도적으로 과장법 사용을 통해 아이러니를 고조시킨다는 플랑크의 주장이 타당하다면(13절에 대한 자세한 주해 참조) "우리는 축복합니다"는 올바른 번역일 것이다. 하지만 만약 바울의 표현이 있는 그대로 묘사하는 것이라면 과연 그는 경건하게 응답했을까? 아니면 잠잠히 자신을 비방하는 사람들을 위해 기도했을까? 종교적인 배경을 벗어나면 εὐλογέω의 일반적인 용례는 분명히 "우리는 좋은 말로 응답합니다"를 뜻하는 것으로 이해하는 것이 더 타당할 것이다. 이 의미는 해당 문맥에 잘 어울리며, 언어사전과 의미론이 제시하는 증거에도 부합한다. "박해를 견디어 내다" 또는 "참다"(ἀνεχόμεθα)는 오늘날 괴롭힘을 당하는 것을 연상시켜줄 것이다. 하지만 우리는 διωκόμενοι를 "우리가 박해를 받을 때"라고 번역했다. 왜냐하면 바울에게 그것은 괴롭힘을 당하는 것 그 이상을 의미했을 것이기 때문이다. 바울은 원수에게 보복하지 말라는 예수의 가르침의 원리를 따르고 있다. 이것은 바울이 살던 로마 및 그리스-로마 세계에서 약한 것 또는 남자답지 못한 것으로 여겨졌을 것이다.

피(Fee)는 12a까지의 고난 목록은 결핍 상태의 표준적인 특징을 반영하며, "배부르고 부유하고 왕처럼 다스리는"(8절) 것과 상반되는 역할을 한다고 주장한다. 또한 그는 "12b-13a에서 서로 반대되는 세 가지 요소는 단순한 고난 목록을 넘어 부당하게 대우받는 것에 대한 바울의 반응을 표현한다"고 주장한다.[353] 비방(δυσφημούμενοι, 학대받는, 비방받는; 신약성경의 다른 본문에서 이 단어는 나타나지 않지만, 마카베오1서 7:41에서 사용됨. 여기서는 현재분사 수동태로 사용됨)에 직면한 바울은 비방하는 사람들에게 곧바로 직접 항변한다. 그리스어 동사 παρακαλοῦμεν(παρακαλέω의 축소형으로서 현재 직설법)은 영역본에서 대체로 다음과 같은 의미 중 하나로 번역된다. 예를 들면 "우리는 간청한다"(AV/KJV), "우리는 친절하게 말한다"(NRSV, NIV; Schrage; 또는 "예의를 갖추어", NJB), "화해하려고 시도한다"(REB; 참조. try to conciliate, Williams) 등이다. 하지만 실질적인 동족어 παράκλητος("보혜사"; 참조. 요

---

353) Fee, *First Epistle*, 179.

14:16, 25; 15:26; 16:7)와 더불어 παρακαλέω는 의미상 매우 광범위한 뉘앙스를 지니고 있다. 기본적으로 이 단어는 παρα-καλέω, "내가 곁으로 부르다"로서 그것이 지니고 있는 "명백한" 의미를 결코 잃어버리지 않는다. 예를 들면 이 동사는 **초대를 통해** 사람들을 자신의 곁으로 부르다, 도움을 요청하려고 사람들을 부르다, 경청하게 하려고(곧 호소하려고) 사람들을 자기 곁으로 부르다, 우정을 나누거나 위로를 얻으려고 사람들을 자기 곁으로 부르다, 또는 항소나 변호를 위한 증인으로서 사람들을 자기 곁으로 부르다 등을 의미한다.[354] 그러므로 그를 비방하거나 또는 그의 뒤에서 그에 대해 **나쁘게 말하는** 사람들과 마주할 때 바울은 그들에게 아마도 얼굴과 얼굴을 맞대고 **호소했을 것이다.** 다시 말해 그는 도덕적인 용기를 갖고 **주의 깊게 귀를 기울이며** 오해를 풀어준다. 따라서 우리는 "그들에게 곧바로 항변합니다"라고 번역했다. 또다시 어떤 사람을 달래려고 애쓰는 것은 약함을 드러내는 또 다른 징표로 인식될 수 있었을 것이다. 대체로 사람들은 그런 이들에게 곧바로 비난을 퍼부었을 것이다.

"세상의 쓰레기"(περικαθάρματα τοῦ κόσμου)와 "모든 사람의 신발에 묻은 먼지"(πάντων περίψημα)는 바로 그것을 의미한다. περι라는 형용사 없이 κάθαρμα는 바닥을 청소하는 과정에서 모은 쓰레기, 곧 쓸모없는 오물을 의미한다. 하지만 형용사 περι가 접두사로 붙으면 περικαθάρματα는 어떤 도구를 갈고 닦을 때 생겨나는 찌꺼기를 의미한다. 따라서 더러운 찌꺼기는 불필요하게 표면에 붙어 있는 것이다. 에픽테토스는 이러한 방법으로 **인류의 쓰레기에** 대해 언급한다(Epictetus, *Dissertations* 3.22.78). 비록 이 단어가 신약성경의 다른 본문에서 나타나지는 않지만, 70인역의 잠 21:18에서는 **속전**(scapegoat, 속죄 염소)을 뜻하는 히브리어 전문용어가 이 그리스어 명사형(περικάθαρμα)으로 번역되어 있다. 비록 리츠만, BAGD, 바레트는 이

---

354) BAGD, 647; Barrett, *First Epistle*, 112; Lietzmann, *An die Korinther*, 21; 반대 의견은 Robertson and Plummer, *First Epistle*, 88; Conzelmann, *1 Corinthians*, 90, n. 49; Fee, *First Epistle*, 180.

절의 해당 명사가 **속죄 염소**를 의미하는 것을 지지하지만, 그 누구보다도 콘첼만과 피는 이 단어가 찌꺼기 또는 쓰레기를 가리킨다는 견해를 보다 더 설득력 있게 주장한다.[355] 핸슨은 이 "매우 주목할 만한" 단어들에서 "속죄에 대한 강력한 어조"를 찾아낸다.[356] 하지만 고전 그리스어 문헌에서 **속죄 염소** 또는 희생제물은 종종 "가치 없는" 것으로 여겨지며, 부차적인 뉘앙스가 나타나든 그렇지 않든 간에 이 용어는 중대한 모욕적인 언사 가운데 하나다.[357] περικαθάρματα는 무언가 긁어서 나오는 부스러기다. 반면 περίψημα는 ψάω, "닦다", "문지르다" 또는 "긁다"에서 파생된 명사다. 곧 긁고 문질러서 생겨난 것으로서 모든 사람이 긁어낸 것을 가리킨다. 여기서 바울은 가장 비천하고 강력하고 저속한 언어를 찾고 있다. 고대 도시에서 가장 더러운 쓰레기는 집이 아니라 길거리에 있었을 것이다. 아마도 그것은 모든 사람의 신발에 묻은 찌꺼기일 것이다. 루터는 이 단어를 "찌꺼기"(Kehricht)라고 번역하며, 슈라게는 오물(Drecke), 진흙, 배설물로 번역할 것을 제안한다.[358]

바울의 "고난 목록"과 그 수사법(4:8-13)

고전 4:8-13에 들어 있는 "고난 목록"에 대한 연구를 통해 특히 슈라게(1974년), 호지슨(1983년), 클라인크네히트(1984년), 플랑크(1987년), 피츠제럴드(1988년), 페라리(1991년) 등은 일련의 질문을 제기했다(세부적인 내용은 참고문헌을 참조하라). 슈라게와 클라인크네히트는 바울의 고난 목록에 대한 배경으로 해당 이슈를 유대교 묵시론 안에서 발견되는 의인의 고난과 성공적으로 연결한다. 반면 피츠제럴드는 현자(賢

355) BAGD, 647; Barrett, *First Epistle,* 112; Lietzmann, *An die Korinther,* 21. 이들과 반대되는 입장으로서 Robertson and Plummer, *First Epistle,* 88; Conzelmann, *1 Corinthians,* 90, n. 49; Fee, *First Epistle,* 180.
356) Hanson, *The Paradox of the Cross,* 32; 참조. 32-37; Wolff, *Der erste Brief,* 90: "속죄 제물."
357) Schrage, *Der erste Brief,* 1:350. Barrett는 이 두 번째 단어를 찌꺼기로 이해한다. 왜냐하면 그는 첫 번째 단어를 속죄 염소로 받아들이기 때문이다(Barrett, *First Epistle,* 112).
358) Schrage, *Der erste Brief,* 1:350.

者)의 인내와 (특히 스토아학파와 견유학파의 전통 안에서) 세상적인 우연한 사건에 대한 현자의 무관심과 관련하여 고대 그리스 문헌에서 이러한 목록에 대한 예들을 상당히 많이 제시한다. 베츠가 지적하듯이(아래 참조) "페리스타시스 카탈로그"라는 용어는 종종 예측할 수 없거나 가혹한 상황을 뜻하는 고전 그리스어에서 유래되었다. 한편 호지슨은 이 이중적인 배경을 인정한다. 그는 스토아 철학, 유대교의 묵시론, 요세푸스의 헬레니즘적이며 유대교적인 저서들, 또한 심지어 미쉬나의 바리새파 전통에 기초한 랍비 문헌 안에서 이와 같은 전거(典據)들을 발견한다. 나아가 그는 초기의 영지주의 저서에서도 이러한 목록을 암시하는 내용을 발견한다. 페라리는 이 광범위한 연구 분야를 자세하게 탐구한 후 이를 개괄적으로 설명한다.

(i) 피츠제럴드는 얼마나 자주 바울이 고난에 대해 말하는지를 설득력 있게 입증한다. 바울은 "날마다 죽으며"(고전 15:30-31), "일종의 사형 선고"(고후 1:8-10)를 경험하며, 파선 당함, 강도 만남, 형벌에 처해짐(고후 11:23-28)과 같은 상황에 대한 목록을 말하며, 나아가 세상과 사회의 관점에서 자신을 쓰레기와 같은 존재로 이해한다. 또한 이러한 증거는 다른 주요 논문과 연구서에서도 언급된다. 한편 피츠제럴드는 이 페리스타시스 카탈로그의 문학 양식과 기능은 보다 진지한 탐구를 요한다는 베츠의 이의 제기를 받아들인다.[359] 그는 자신의 연구 목적은 "역사적 또는 종교사적 이슈보다는 문학적인 이슈를 다루기 위해 헬레니즘적인 자료를 사용하려는 시도"라고 요약한다.[360] 그는 바울이 소포스(*sophos*, 현자)의 이미지에 기초하고 있다고 주장한다. 하인리치는 에픽테토스에 대한 자신의 연구에서 매우 중요한 발걸음을 내딛기 시작했고, 다른 이들은 "불리하고 비우호적인 환경"으로서의 페리스타시스에 대한 헬레니즘 저자들의 관점에 대해 탐구했다.[361] 여기서 에픽테토스(예. *Dissertations* 1.24.1)로부터 크리소스토모스와 다마스쿠스의 요한네스에 이르기까지 고난은 파선으로부터 극빈에 이르기까지 광범위한 사건들을 포함한다.

헬레니즘 철학에서 고난과 무소유에 대한 견유학파의 목록은 "매우 중요한 기능"을 수행했다. 이러한 고난에 대한 견유학파의 반응은 현자의 삶이 물질의 풍

---

359) Betz, *Der Apostel Paulus und die soktatische Tradition*, 98.
360) Fitzgerald, *Cracks in an Earthen Vessel*, 3.
361) 같은 책, 37.

족함에 있지 않다는 것을 입증해준다.[362) 따라서 에픽테토스는 자신의 철학서에서 다음과 같이 말한다. "역경이여, 오라. 감옥을 보여 달라. 불명예를 가져오라. 비난을 퍼부어라. 이것이 바로 [역경을]…올바르게 보여주는 것이다"(Diss. 2.1.35). 바울과 동시대 인물로서 스토아학파의 사상가인 세네카는 가이우스 황제 치하에서 고문, 방화(放火) 사건이 일어나고 사형이 집행된 것에 관해 언급한다. 그는 또한 충성을 위해 죽을 각오도 되어 있다고 말한다(Seneca, *Questiones Naturales* 4A, Preface to 14-17; 참조. *Letters* 9.8.10; 85.29).[363) 여기서 자신의 "업적"에 대한 "찬양"은 무례한 것으로 여겨지지만, 불행 가운데서도 인내하는 것에 대한 "자기 칭찬"은 권유할 만한 것으로 여겨진다.

피츠제럴드는 고전 4:9-13의 목록이 4:6과 4:14에서 자기 자녀들의 "교만"에 대해 반응하는 아버지 바울에게서 비롯된 것으로 이해한다.[364) 그들은 자신들이 "지혜롭다"고 생각한다(3:18; 4:10). 하지만 심지어 교육받은 견유학파와 스토아학파의 수사학자와 철학자의 눈에도 안락함, 풍족함 또는 시련 가운데 인내의 결여와 연관된 지혜에 대한 그들의 주장은 타당성이 없다. 따라서 설령 고린도 사람들의 헬레니즘 전통에 기초하여 판단한다 하더라도 고난에 대한 바울의 목록은 일부 고린도 교인들이 자신들의 헬레니즘 전통에 기초하여 주장하는 것보다 "지혜"에 대한 그의 주장을 더 확실하게 지지해준다.[365) 따라서 바울은 이 점을 강조하고자 헬레니즘에 속한 현자들의 수사학을 빌려온다. 이 수사학에 따르면 "우리는 우리 손으로 일하며"(참고. 4:11-12)는 일종의 "고난"이 되며 그 고난 앞에서 바울은 지혜로운 사람으로서의 특성을 보여준다. 이와는 대조적으로 고린도 교인들은 스토아학파의 다스림(4:8)을 주장하며, 사도들을 약하고 어리석으며 왕처럼 다스리는 데 동참하지 못하는 자들로 여겼다. 하지만 그들의 생활 방식에는 그들의 주장을 실제로 증명해줄 만한 것이 전혀 없으며, 심지어 스토아학파와 견유학파의 판단 기

---

362) 같은 책, 112.
363) 또한 참조. Fitzgerald, *Cracks in an Earthen Vessel,* 113-114.
364) 같은 책, 117-118; 참조. 204.
365) 같은 책, 120-136.

준에 기초하더라도 그것은 오히려 정반대다.[366] 지혜로운 사람은 "고난을 받는 현자"다.[367] "능력"은 역경 안에서 진정한 모습을 드러낸다.[368] 피츠제럴드의 견해에 의하면 4:8-13에서 바울의 전반적인 수사법은 "현자에 대한 전통"을 반영한다.[369]

(ii) 칼 플랑크는 이 단락을 다르게 해석한다. 경고에 대해 말하는 피츠제럴드와는 대조적으로 플랑크는 여기서 고전 1-4장뿐 아니라 고후 10-13장과 관련해서도 비난에 대해 말한다. 고전 4:4의 내용은 심판 및 무죄 판결과 관련되어 있다는 것이다.[370] 바울은 자신에게 연약함의 측면이 있음을 인정한다. 그것은 그의 낮아짐과 고난(4:9-13)과 짝을 이룬다. 또한 바울의 낮아짐과 고난은 그의 "연약함"을 비난할 빌미를 제공해주며, 그는 이에 대해 해명하고자 한다.[371] 하지만 바울에게 능력(δύναμις)은 권위주의적인 자기주장이 아니라 "어떤 말이 일으키는 **효능**을 가리킨다. 그것은 말하고 듣는 사람들에게 어떤 결과를 가져다준다. 또한 그것은 하나님이 그 말을 '뒷받침하신다'는 것을 가리킬 수도 있다"(강조는 원저자의 것임).[372] 그러므로 **능력**을 드러내는 것은 **십자가**를 선포하는 것이다(전달 방법이 어떤 사람에게는 **약한 사람**으로 보이든 그렇지 않든 간에). 따라서 그 말은 "공허한" 것이 아니다. 여기서 **부르심**은 그 말이 능력이 있는지 결정하는 데 중요한 역할을 한다.[373] "능력"과 "약함"에 대한 바울의 정의와 고린도인들의 정의 사이에는 차이가 있는데, 이는 바치와 플랑크가 말하는 "현실을 이해하는 서로 다른 방법"에 기인한다.[374] 우리는 이 접근 방법을 지지했으며 1:18-2:5과 3:18-4:5에 대한 주해에서 이를 더욱 발전시켰다.

플랑크는 4:8-13에서 지금 이 세상에서 "영광 가운데 즐거움을 추구하는 것"은 결코 "능력"을 보여주는 표시가 아니라고 주장한다. 왜냐하면 그것은 "시기상

---

366) 같은 책, 135-148.
367) 같은 책, 203.
368) 같은 책, 205.
369) 같은 책, 207.
370) Plank, *Paul and Irony of Affliction*, 13.
371) 같은 책, 14-17.
372) 같은 책, 18.
373) 같은 책, 25.
374) 같은 책, 27.

조"이기 때문이다(4:5). 따라서 바울은 이 절들에서 "아이러니의 수사법"을 사용하기 시작한다. 그 상황은 하나의 역설이며, 이 역설은 1:18-25과 2:1-5의 역설을 반영한다. 이것은 아이러니를 위한 길을 열어준다. 또한 이 아이러니는 "각각의 정체성이 완전히 드러나는 시점까지 예기치 않게 서로 대조되는 몇 가지가 공존한다"는 것에 기초한다.[375] 아이러니는 드러나 보이는 것과 드러나 보이지 않는 것 모두에 대해 말한다. 따라서 그것은 현실에 대한 추측을 불확실하게 만든다. 키르케고르와 함께 우리는 반드시 아이러니를 서로 다름과 구별해야 한다. 키르케고르의 주장대로 아이러니는 참된 것과 진정한 것을 밝히는 목적을 지니고 있다. 상이(相異)함은 착각의 겉치장으로 진정한 것을 덮고 있다. 이 점에 비추어 플랑크는 고린도 교인들의 주장의 비현실성—현명하고 왕처럼 다스리게 되었고 부자가 됨(8절)—과 바울이 불명예스럽거나 또는 적어도 약하다고 여김을 받는 것(10절)을 대조한다. 바울은 이미 그들 가운데 "지혜로운 자들이 많지 않다"(1:26)는 것을 드러냈다. 하지만 하나님은 "아무것도 아닌 것들"(1:28)과 약한 것(1:27)을 선택하셔서 그것들을 "무언가"로 만드셨다(1:27-28). 따라서 바울은 4:8-13에서 부당한 주장을 들춰내려고 숨기는(dissimulative) 아이러니를 사용하고 또 현실을 분명하게 인식시키려고 역설적인(paradoxical) 아이러니를 사용한다.[376] 과연 이 편지의 수신자들은 진정으로 부유한 군주들인데 비해 사도들은 사형 명령서를 받고 사는 "쓰레기"인가?

여기서 플랑크는 볼프강 이저의 독자 반응 이론에 구조적으로 접근하기 시작한다. 독자들은 자신들이 스스로 긴장을 해결해야 하며, 이 행위는 독자들의 이전의 태도를 해체하며 보다 더 적절한 가치관의 "세계"를 보여준다. 바울은 "확증하는 본문"(1:4-9, 그들은 부자가 되었다; 2:1-4, 바울은 "약했다"; 3:21-22, "모든 것이 여러분의 것이다")과 "서로 충돌하는 본문"(1:26, "유력자들이 많지 않았으며, 훌륭한 가문에 태어난 이들도 많지 않았다"; 2:4-7, "우리는 성숙한 사람들 가운데서 지혜를 전한다") 간의 긴장

---

375) 같은 책, 40(W. Lynch에 대한 언급과 함께).
376) 같은 책, 48-52.

을 고조시켜 효과를 낸다.[377] 이저의 용어에 의하면 "서로 충돌하는 본문"은 '여
백'—연관성의 단절—을 만들어낸다. 독자들은 텍스트를 읽어가면서 반드시 여
백을 채운다."[378] 하지만 피츠제럴드와 달리 플랑크는 이것을 십자가의 신학적인
역설과 올바르게 연결한다(1:18-25). 능력(δύναμις)은 십자가에 못 박힌 그리스도
로부터 나타난다(1:24). 십자가는 많은 사람에게 일종의 σκάνδαλον, "방해물"이
며, μωρία, "어리석은 것"(1:23)이다.[379]

(iii) 이 마지막 강조점은 우리를 슈라게와 클라인크네히트의 건설적인 연구
로 이끈다. 클라인크네히트는 의인의 고난이 유대교의 묵시론적인 담론에서 등장
하는 하나님 나라의 도래와 연결되어 있는 것으로 해석한다. 바울은 이것을 의인
으로서 십자가에 못 박힌 예수의 고난과 하나가 되는 것으로 발전시킨다. 십자가
의 수치로 "모욕당한" 또는 "멸시당한" 그리스도는 4:8-13에서 바울의 표현에 영
향을 미친다.[380] 또한 슈라게도 이 점을 십자가에 못 박힌 그리스도와 하나가 되고
그 안에서 교제를 나누는 것으로 비슷하게 인식한다. 그는 해당 단락을 갈 6:17의
"내가 내 몸에 예수의 흔적[들](스티그마타)을 지니고 있노라"라는 바울의 말과 비
교한다(참조. 고후 4:10).[381] 슈바이처와 마찬가지로 슈라게도 이것을 묵시 문헌에서
나타나는 의인의 고난과 연결한다(에녹2서 66:6; 희년서 23:13; 1QH 9; 참조. 롬 8:36).

슈라게는 스토아학파의 이미지와의 연관성을 거부하지 않는다. 그 연관성은
바울의 독자들과 그들의 헬레니즘, 로마 제국 및 유대교 배경이 공유하는 하나의
주제 또는 토포스(topos)로서 기능할 수 있다. 그럼에도 "그 주제는 영웅적인 자율
성이 아니라 십자가에 대한 깊은 사색이다."[382] 우주적인 환난에 동참하는 현재 상
황과 더불어 그리스도의 부활을 명시하는 δύναμις와 ζωή를 서로 병렬시킬 근거
가 바로 여기에 있다. 그 환난은 그리스도의 사역 안에서 초점을 발견한다. 이 우

---

377) 같은 책, 48.
378) 같은 책, 52.
379) 같은 책, 57.
380) Kleinknecht, *Der leidende Gerechtfertigte*, 221-241.
381) Schrage, "Leid, Kreuz und Eschaton. Die Peristasenkataloge als Merkmale paulinischer theologia crucis und Eschatologie," 141-175.
382) Schrage, *Der erste Brief*, 1:342.

주적인 측면은 "사람들뿐만 아니라 세상과 천사들에게도 하나의 구경거리가 되었다"(4:9)는 말씀을 설명해준다.[383] 또한 스코트 해프먼의 연구도 슈라게와 클라인크네히트의 접근 방법을 지지해준다. 그는 "그리스도와 함께 죽는 것"에 초점을 맞추는 4:10-13이 고후 1:9; 2:14-3:3과 거의 일치한다고 본다. 또한 그는 고전 1:10-4:21을 "바울의 십자가 신학에 대한 표준 전거(locus classicus)" 곧 "신학적인 판단 기준"으로 올바르게 이해한다.[384] 클라인크네히트와 함께 그는 4:8-13이 이 편지의 "정점(頂點)"이라는 데 동의한다.[385]

우리는 슈라게의 논점이 전적으로 설득력이 있다고 판단한다. 또한 우리는 플랑크, 클라인크네히트, 페라리의 연구가 유용한 보충 자료라고 본다. 피츠제럴드의 연구는 이러한 신학적 구조 안에서, 그리고 오직 이 구조 안에서만 고린도 교인들을 향한 바울의 수사법이 지닌 특별한 의미에 추가적인 설명을 덧붙여준다. 하지만 여기서 가장 중요한 핵심은 바로 십자가의 기초다. 이 기초 위에서—그리고 오직 이 기초 위에서만—키르케고르의 사상에서 발견되는 아이러니에 대한 플랑크의 설명과 이저의 글에서 발견되는 독자의 역할은 바울의 논증 전략에 또 다른 중요한 빛을 비추어준다. 하지만 그 무대의 중심에는 슈라게가『하이델베르크 신학논쟁』(Heidelberg Disputation)에서 루터가 말하고자 했던 의미라고 지적한 것, 즉 경험, 신념, 교회를 중심으로 하는 고린도 교인들의 영광의 신학(theologia gloriae)과 십자가와 그리스도를 중심으로 하는 바울의 십자가의 신학(theologia crucis) 간의 대조가 남아 있다.

14절   UBS 4판은 νουθετῶ[ν]이라고 표기한다(14절). 꺾쇠괄호 안에 들어 있는 ν에 대한 사본의 증거는 νουθετῶ(P⁴⁶, B, D, F, G 및 불가타)와 νουθετῶ[ν] (P¹¹, ℵ, C, 33) 사이에서 균형을 이루고 있기 때문에 어떤 독법을 원문으로 채택할지 어렵다. 하지만 현재분사 νουθετῶν이 원문일 개연성이 더 높다. 왜냐하면 (특히 어

---

383) 같은 책.

384) Hafemann, *Suffering and the Spirit: An Exegetical Study of II Cor. 2:14-3:3 within the Corinthian Correspondence*, 58.

385) 같은 책, 60.

면 사본이 매우 낡았거나 손상을 입었다면) ν이 생략되거나 잘 보이지 않을 수 있기 때문이다. 아마도 반대 결론을 지지하는 가장 강력한 논점은 보다 더 어려운 독법이 원문일 개연성이 더 높다는 원칙일 것이다. 하지만 이 원칙이 항상 적용되는 것은 아니다. 따라서 UBS 4판은 νουθετῶ[ν]이라고 표기한다. 하지만 이 이슈는 그리 중요하지 않다.

나는 학부생 시절에 4:8-14을 번역하면서 8-13절이 수신자들을 **부끄럽게 하지 않았다면** 과연 무엇이 그렇게 할 수 있었을지 생각해본 적이 있다. 하지만 플랑크가 주장하듯이 바울의 아이러니는 수신자들이 **낮은 자존감을 갖게 하려는 것이 아니라 현실을 올바로 파악하게 하려는** 데 있다. 따라서 플랑크가 지적하듯이 확증의 텍스트와 충돌의 텍스트는 모두 판단 기준으로서의 십자가의 원리와 약속으로서의 부활 사이의 변증법적인 평행과 더불어 종말론적인 성취와 관련된 "지금"과 "아직"을 표현해준다. 따라서 바울은 이 편지의 수신자들을 부끄럽게 하려는 발화효과 언어 행위(perlocutionary speech-acts)와 대조되는 경고(타이름)라는 발화수반 언어 행위(illocutionary speech-acts; νουθετῶν; 참조. 살전 5:12, 14; 롬 15:14; 골 1:28-3:16)를 실행한다. 바울은 **결과적으로** 단순히 "의식(儀式)과 관련된"(epideictic) 수사학으로 그들의 자존감을 없애려는 것이 아니라 신자들의 영적인 아버지와 사도로서 그들과의 개인적·제도적 관계에 근거하여 그들을 타이르려는 것이다.

바울은 그들을 진정으로 사랑한다(ἀγαπητά, 사랑하는). 따라서 그는 그들이 자기를 비난하거나 부끄러움(ἐντρέπων)을 느끼게 하여 아무런 말도 못하도록 하려는 것이 아니라 그들의 진정한 형통을 바란다. 고린도 사람들이 "명예-수치에 많은 관심을 갖는 문화권 안에" 살고 있었고 "그것을 통해 대중에게 인정받는 것이 중요했다"는 점을 상기한다면 이 이슈는 더욱 더 민감한 사안이며 이해할 만하다. 고린도의 많은 사람들은 "신분 상승에 굶주린 사람들이었다."[386] "고린도 사람들은 신분 상승을 위해 서로 경쟁하

---

386) Witherington, *Conflict and Community*, 8 and 24; 참조. Pogoloff, *Logos and Sophia*, 196-

고 있었다."[387] 바울은 단순히 모든 신분을 없애려는 것이 아니라 십자가와 주님을 자랑하고 "종의 신분을 구원"으로 인식하는 관점에서 과연 신분과 관련하여 무엇이 중요한지 재정의하려는 것이다. 즉 주님을 위해 다양한 고난을 받는 것이 진정한 가치가 있다는 것이다.[388] 존 무어스는 이러한 "재정의"를 바울의 논증의 생략 추리법(enthymemes, 암묵적이며 개방된 미완성의 전제들)의 전제들을 재조정하거나 동일한 단어로 새로운 의미를 만들어내는 "코드" 전환으로 묘사한다.[389] 4:13까지의 바울의 논증은 과연 고린도 교인들이 무엇이 참된 "지혜"와 참된 "신분"인지 재평가하기에 필요한 모든 자료를 제시해주었다.

1990년대까지 모든 주석서는 ὡς τέκνα μου, "나의 사랑하는 자녀로서"라는 표현을 문자적으로 이해했다. 부모의 사랑은 종종 자녀의 유익을 위해 훈육해야 하는 그리 유쾌하지만은 않은 임무를 포함한다. 하지만 이것은 무관심의 표현이기보다는 관심과 돌봄과 책임 있는 사랑을 보여주는 표현이다. 타인들과 조부모들은 "교육"에 대해 보다 더 관대할 수 있다. 하지만 부모는 때때로 자녀를 올바른 길로 이끌기 위해 끓어오르는 감정도 감내해야만 한다. 그것은 자녀와 마찬가지로 부모에게도 결코 유쾌한 일이 아니다. 자녀의 응석을 받아주기만 하는 부모는 책임감이 부족한 것이다. 또한 그런 부모는 끊임없이 자녀를 바로잡아주며 지속적으로 지도해주는 부모보다 자녀를 오랜 기간에 걸쳐 사랑하지도 않는다. 하지만 최근 들어 바울은 사람들을 주관하려는 목적과 이기심을 위해 또는 적어도 "가부장적인" 방법으로 부모와 자녀에 대한 이미지를 사용했다는 비난을 받아왔다. 카스텔리는 이 이슈들 가운데 몇 가지를 탐구한다. 15-16절과 관련하여 그이슈들을 살펴보는 것이 더 바람직할 것이다(아래 참조).

15-16절　　이 절들의 그리스어 구문과 어휘는 전적으로 명료하다.

---

236. 또한 명예와 수치라는 주제에서 언급된 다른 참고문헌을 참조하라.

387) Pogoloff, *Logos and Sophia*, 203.

388) Martin, *Slavery as Salvation*, 122-123; 참조. 50-68.

389) Moores, *Wrestling with Rationality in Paul*, 21-32.

하지만 만약 그 취지와 내용을 현대 영어의 관용적 표현에 알맞게 전달하려면 몇 가지 재구성이 요구된다. ἐάν이 조건절을 이끌며 그다음에 가정법 현재 능동태가 뒤따른다. 이것은 불명확하거나 성취되지 못한 가설 — 왜냐하면 만약 여러분에게 ~이 있다면 — 을 뜻한다. 이 조건절은 귀결절에서 미래 동사를 기대할 것이다. 그러나 바울은 여기서 그 동사를 사용하지 않는다. 따라서 대다수 영역본은 귀결절에서 두 번째 동사를 보충하며 그 가정이 성취되지 않았다는 것을 알려주려고 수사적 기교를 사용한다. NRSV는 다음과 같이 번역한다. "비록 여러분이 그리스도 안에서 만 명의 지도자들을 모실 수 있을지라도, 여러분은 많은 아버지를 모시고 있지 않습니다"(NIV는 for though 대신 even if로 번역한다). 또한 NJB도 그리스어의 ἐάν을 if로 번역하는 대신에 "비록"(though)과 "~할 수 있는"(might)을 사용한다. 하지만 일단 우리가 조건절 구문(if)을 양보절 구문(though)으로 바꾸면 성취되지 않은 가정을 두 진술로 대조하는 것이 더 나을 것이다. 즉 "여러분이…수천 명을 모시고 있을 지라도,…여러분은…." 한편 μυρίους는 문자적으로 "일만 명"을 의미하지만, 대체로 상상할 수 있는 가장 많은 숫자를 가리킬 때 사용되며 "수천 명"(이 문맥에서) 또는 **헤아릴 수 없이 많은** 숫자(종말론적/우주적 배경에서)에 해당한다. ("일곱 번을 일곱 번" 용서하라는 표현이 "계속해서"를 의미하는 것과 마찬가지로 만 번 곱하기 만 번[계 9:16 — δισμυριάδες μυριάδων]이라는 표현은 막대한 숫자를 가리키는 고대의 표현 방법이었다.) 고대 그리스-로마 세계에서 παιδαγωγός는 분명한 사회적 의미와 기능을 지니고 있었다. 이 사람은 대체로 **노예** 또는 **고용된 시종**이었다. 그는 보호, 지도, 행동을 전반적으로 감독하는 목적을 수행하기 위해 어린아이(τέκνον, 14절)와 항상 동행했다. 예를 들면 학교에 데려다주고 데려오거나 또는 부모 가운데 한 쪽이 부재중인 경우에 그렇게 했다. 그는 보호자, 교사, 행동을 바로잡아 주는 사람의 역할을 담당했다. 하지만 παιδαγωγός의 동기는 어린아이에 대한 사랑에서가 아니라 고용인으로서의 의무감 또는 주인의 지시에 복종하는 것에서 비롯되었다. 영어는 행위를 바로잡아 주는 사람(corrector)을 가리키는 명사형이 없고, 관리자(감독자, supervisor)는 다른 개념을 전달한다. 따라서 다양한 영역본은 가정교사(REB), 보호자(NRSV/RSV), 교사(AV/KJV) 또는 여러분을 보살펴주는 노예(NJB) 등으로 번역한다. 이외에 BAGD는 시중드는 사람과 관리인 등을 추가한다. 하지만 이 문맥에서 이 은유는 이미 바울에 의해 절반 정도 적용되었다. 따라서 우리는 "그리스도 안에서 여러분을 바로잡아줄 수천 명"이라는 번역을 제안했다. 즉 그들도 여러분을 **바로잡아줄** 수 있을 것이다. 그러나 만약 우리가 그렇게 한다면 그것은 전적으로 부모의 사랑에서 비롯된 것이다. 정경 안에서 사용된 표현 중 이것은 요한복음에서 양들을 위해 목숨을 버리는 "선한 목자"와 위험에 처해 있는 양들에게서 달아나는 "삯꾼"을 대조하는 것에 해당한다(요 10:11-14).

우리는 다음 세 가지 용어와 표현에 대해 이미 자세하게 논의했다. ἐν Χριστῷ에 대해서는 1:30의 주해를 보라. 바울은 그리스도의 칭호와 관련하여 다양한 표현을 사용한다(예. 고전 1:2, 4, 30; 3:1; 4:10). 4:15에서 첫 번째 "그리스도 안에서"라는 표현은 "그리스도인으로서 여러분의 삶과 관련하여" 또는 아마도 "수천 명의 그리스도인"을 의미할 것이다. 반면 15절에서 두 번째로 나타나는 "그리스도 안에서"는 "그리스도와 하나 됨 안에서"라는 더 심오한 신학적인 의미를 지니고 있을 것이다. 하지만 이것은 해석학적인 판단에 의존하는 것이므로 우리가 제시한 번역은 그 의미가 확정되지 않은 "그리스도 안에서"라는 그리스어 표현을 있는 그대로 반영했다. 여기서 παρακαλῶ의 의미는 매우 중요하다. 우리는 앞에서 이 단어와 관련된 이슈를 상세하게 논의했다(1:10의 주해 참조). 그리고 그리스어 명사 εὐαγγέλιον은 "복음을 선포하는 것을 통해"로 번역할 필요가 있다. 왜냐하면 이 배경에서 수신자들에게 생명을 가져다주는 역할을 하는 바울에 대한 언급은 "선포된 복음을 통해" 곧 "바울이 설교하고 말하는 사건에서"를 의미하기 때문이다.

또한 μιμηταί에 대해서는 사전적 주해가 필요하다. 이 명사는 종종 본받는 자(NRSV, ASV, Louw and Nida) 또는 따르는 자(AV/KJV)로 번역된다. REB는 "내 본보기를 따르도록", NJB는 "나를 여러분의 모형으로 취하도록", NIV는 "본받도록", NJB는 "나를 여러분의 모형으로 취하도록"으로 번역한다. 한편으로 그리스어 명사 μιμητής와 μιμέομαι가 진정으로 "본받는 자" 또는 "본받다"를 의미할 수 있지만, 또 다른 한편으로 이 단어는 보다 더 광범위하고 다소 덜 기계적인 의미, 곧 "모방하다", "따르다" 또는 "모델로 사용하다" 등을 뜻한다. 뿐만 아니라 미카엘리스(부분적으로 드 보어와 피오레도 지지함)는 서로 연관성이 있는 문헌에서 그 명사와 동사가 이러한 문맥에서 사용되는 경우 감독(oversight)이라는 추가적인 의미가 포함된다고 주장한다.[390] 바울이 의도한 것은 부분적으로 "여러분의 행동으로 여러분의 출신과 신분을 입증하십시오"다.[391] 만약 우리가 이 두 가지 통찰을 다른 사전학적 연구와 결합한다면 아마도 다음과 같은 번역이 그리스어의 해당 문맥의 뉘앙스를 가장 잘 전달해줄 것이다. "여러분은 나에게서 배우십시오" 또는 "여러분은 나에게서 힌트를 얻으십시오." 4:8-13에 대한 클라인크네히트와 플랑크의 관점에 비추어보면 바울의 관심사는 고린도 교인들의 삶의 방식이 그리스도와 함께 죽은 경험을 반영해야 한다는 데 있다. 그것은 참된 사도들의 삶의 방식에서 입증된다. 그것은 단순히 "내가 말하는 대로 행하라"가 아니라 "내가 행하는 대로 행하라"다. 하지만 이 편지의 나머지 부분이 밝혀주듯이 이것은 삶의 모든 세부적인 측면에서 융통성 없이 "모방" 하라는 것을 의미하지 않는다. 예를 들면 우상에게 제물로 바친 음식을 먹는 것에 대한 질문에는 다양하게 처신할 수 있는 여지가 남아 있다.

본받기(mimesis)와 이른바 가부장적 권위주의(4:15-16)

엘리자베스 카스텔리의 『바울 본받기』(Imitating Paul)에 의하면 우리는 4:16에서 "가부장주의"와 권위주의에 관한 심각한 문제에 직면한다. 그는 우리가 이 절을 반드시

---

390) Michaelis, "μιμέομαι," *TDNT*, 4:668-669; 참조. 659-674. 또한 참조. BAGD, 521-522; Willis de Boer, *Imitation of Paul: An Exegetical Study* (Kampen: Kok, 1962); Fiore, *The Funktion of Personal Example in the Socratic and Pastoral Epistles*; and Castelli, *Imitating Paul: A Discussion of Power*, 97-111; 참조. 139 and 142.
391) 참조. Robertson and Plummer, *First Epistle*, 90.

"문화적인 배경, 곧 고대 그리스-로마 사회의 가부장적인 역할의 특성—자녀에 대한 전권(全權)을 소유하고 역할—과 관련하여" 이해해야 한다고 강조한다.[392] 무엇보다도 카스텔리는 다음과 같은 네 가지 주요 관심사 또는 논점을 제기한다.

(i) 아버지와 관련된 은유적인 표현은 미메시스를 요구하는 것과 연관되어 사용될 때 특별히 권위주의적이며 "정치적"이 된다. "본받는 것과 관련된 묘사에서 [그것은] 권위를 불러온다."[393]

(ii) 뿐만 아니라 미메시스의 내용에 구체성이 거의 없다는 사실은 드 보어가 주장하듯이 바울의 온유함이 아니라 그것과 정반대되는 것을 암시한다. 즉 그것은 다양하고 다원적인 공동체에 획일적인 사회적 구조를 강요하는 데 관심이 있다.[394]

(iii) 바울은 조종의 효력을 지니고 있는 수사학적인 전략—이것이 공공연한 의도이든 그렇지 않든 상관없이—을 사용한다. 왜냐하면 바울은 유일한 "아버지"로서의 특권도 내세우기 때문이다. 반면 그는 또한 개인적인 주장으로부터 한 걸음 물러서서 그리스도의 이름으로 모든 것을 행하라고 요구한다. 카스텔리는 특히 1:17—"그리스도께서 세례를 주라고 나를 보내신 것이 아니라 복음을 선포하라고 보내셨기 때문입니다.…그래서 그리스도의 십자가가 헛되지 않게 하려는 것입니다"—을 언급한다. 또한 그는 "현명한 수사학적 전략으로서" 바울이 권위와 함께 다른 사람들에게 자신을 드러내지 않는 것을 동시에 주장한다고 말한다.[395]

(iv) 20세기의 사상과 관련하여 이것은 미셸 푸코의 분석—어떤 것이 진리를 주장하는 척하지만 사실은 권력을 얻고자 한다—과 유사한 점이 있다. 호의적인 제도적 "질서"와 관련된 것처럼 보일 때 그것은 제대로 파악하기가 더더욱 어렵다.[396] 푸코는 특별히 감옥이나 병원에서 흰 가운을 입고 웃고 있는 얼굴이 지닌 권력에 대해 말한다. 아버지를 가장으로 둔 가정의 위계질서를 포함하여 "질서"로

---

392) Castelli, *Imitating Paul,* 101.
393) 같은 책, 111; 또한 99, 101, 107-110.
394) 같은 책, 109-110.
395) 같은 책, 99.
396) 같은 책, 35-38.

서 공동체의 안녕에 대한 바울의 호소도 동일한 기능을 수행하지 않았을까? 카스텔리는 바울 자신이 이 전략을 충분히 인식할 수도 있고 그렇지 않을 수도 있다고 인정한다. 하지만 그는 미메시스에 대한 바울의 수사법은 이 효능을 지니고 있다고 결론짓는다.[397]

나는 다른 곳에서 푸코의 관점에 대해 논의하면서 이러한 문제를 다루었다.[398] 우리는 바울이 고린도에서 요구되던 자주적이며 평등주의적인 "특권"보다 "질서"와 제도적인 결속에 대해 보다 더 긍정적인 자세를 취했다는 것을 의심할 수 없다. 사실상 그는 진정으로 그리스도의 죽음과 부활에 기초한 그리스도인의 공동체적인 정체성을 "확고하게 유지하기를" 원한다. 그 정체성은 "신령한 사람들" 또는 "영에 속한 사람들"이라는 자주적인 주장에 대해 그리스도와 그의 십자가를 판단 및 비판 기준으로 삼는다.[399] 하지만 바울은 획일성이나 자기 이익을 추구하지 않았고, 사도들과 동역자들의 광범위한 네트워크와 상관없이 권위를 행사하려고 하지 않았다. 이들은 그리스도 안에서 하나님의 백성으로서 개별적인 그리스도인들을 하나의 지역 공동체 안에서뿐만 아니라 모든 지역 공동체의 연합 안에서 모두 하나로 결속시킨다.

20세기에도 이 이슈는 거의 그대로 적용된다. 지역 교회는 자칭 "영적인 사람들"로 이루어진 느슨한 연합체인가? 아니면 지역 교회는 십자가를 판단 기준으로 삼아 확인된 어떤 공통적인 실재로부터 자기 정체성을 파악하는가? 또한 보다 더 광범위한 교회는 독립적인 신앙 공동체들의 느슨한 연합에 지나지 않는가? 또는 어떤 대규모 교단은 "어디서나 모든 교회에서"(4:17) 또는 "모든 교회 안에서"(ἐν ταῖς ἐκκλησίαις πάσαις, 7:17; 참조. 14:33) 전통을 고수해야 한다고 호소할 수 있는가? 우리가 앞으로 17절에 관해 다루겠지만, 바울은 모두가 공유하는 신앙 공동체의 정체성에 기초를 세운다. 이것은 후대에 교의학 또는 조직신학에서 교회의 네 가

---

397) 같은 책, 116-117; 참조. 30-33, 57-58 and 89-136.

398) Thiselton, *Interpreting God and Postmodern Self: On Meaning, Manipulation and Promise* (Edinburgh: T. & T. Clark and Grand Rapids: Eerdmans, 1995), 3-45 and 121-164.

399) "자율" 또는 "내가 원하는 대로 행동하는 권리"로서 ἔξεστιν과 ἐξουσία에 대해서는 6:12과 10:23을 보라(또한 6:12의 주해에서 Wire, *The Corinthian Women Prophets*는 바울에 반대하는 이 슬로건을 변호한다).

지 "속성", 곧 보편성, 사도성, 거룩성, 통일성으로 알려졌다.

하지만 통일성(oneness)은 동일성(sameness)이 아니다. 카스텔리는 "동일성의 가치를 조장함으로써 그[바울]는 또한 권력 관계를 형성하고 있다"고 주장한다.[400] 바울은 12:15에서 그리스도의 몸인 교회의 이미지와 관련하여 "만일 발이 이르되 나는 손이 아니니 몸에 붙지 아니하였다 할지라도 이로써 몸에 붙지 아니한 것이 아니요"라고 말한다(참조. 12:14-25). 바울은 "단세포 유기체…생명의 가장 낮은 형태"에 반대되는 "은사, 목회, 사역"의 다양성을 지지한다.[401] 그는 분명히 이른바 "바울 그룹"에 대한 주장들(1:10-12)을 지지하지 않는다. 나아가 그는 아볼로가 고린도 교회를 즉시 방문하는 것에 대해서도 아무런 거리낌 없이 그것을 긍정적인 측면에서 적극 추천한다(16:12과 이 구절에 대한 주해 참조).

카스텔리는 젠프트와 슈라게가 해당 이슈에 대해 확인해주는 핵심, 곧 "십자가에 못 박힌 그리스도와 일치하는" 생활 방식을 간과하고 있다.[402] 우리는 다음 절에서 이 이슈에 대해 다룰 것이다. 거기서 우리는 바울의 "고난 목록"(4:9-13), 십자가를 구현하는 생활 방식(4:14-17), 비싼 값을 치르는 제자도(4:18-21)는 모두 하나라는 스펜서(Spencer)의 설득력 있는 논점에 대해 살펴볼 것이다(17절에 대한 주해 참조).[403] 또한 미메시스(mimesis)의 불확실한 의미에 대한 카스텔리의 논의는 보이킨 샌더스의 연구 논문을 간과하고 있다. 사실상 카스텔리는 그 논문을 언급하긴 하지만, 그것에 대해 타당하게 생각하지 않는다. 그 논문에서 샌더스는 그것의 내용은 자기 스스로 주도권을 갖고 행동할 수 없는 종과 관리인으로서 바울이 자기의 역할에 대해 말한 모든 것으로부터 유래되었다고 주장한다.[404] 만약 푸코가 심지어 "봉사"도 조작적 의무에 영향을 줄 수 있다고 대답한다면 이것은 단순히 모든 종류의 이타주의를 배제하고, 타락의 신학을 강조할 것이다.

바울은 자신의 사역을 십자가의 비판과 판단 아래 둔다. 이것은 다른 목회자

---

400) Castelli, *Imitating Paul*, 97, 111 and 119.
401) Deluz, *Companion to 1 Cor*, 172.
402) Senft, *Première Épitre*, 70; Schrage, *Der erste Brief*, 1:358.
403) W. D. Spencer, "The Power in Paul's Teaching (1 Cor 4:9-20)," 51-61.
404) B. Sanders, "Imitating Paul: 1 Cor 4:16," 354; 참조. 353-363.

들, "그룹들", 신앙 공동체의 비판과 판단보다 부족하지 않다. 그는 "바울" 그룹을 변호하지 않을뿐더러 모든 지도자들과 그룹들에 주의를 돌리게 하며 "아무도 사람들을 자랑하지 마십시오"(3:21)라고 권면한다.[405] 한 마디로 말해 카스텔리의 논점은 1:10-4:21에 대한 자세한 주해적 증거뿐만 아니라 푸코의 철학적 비판에서 나타나는 조종, 권력, 진리에 대한 철학적·신학적 질문들을 온전히 다루지 않는다.[406] 여기서 능력은 수사학적 조종에 달려 있지 않고(십자가의 세계 안에서), 오히려 삶 속에서 나타나는 복음의 효력에 달려 있다. 바울이 수공업자로서 사회적으로 낮은 신분을 선택한 것은 능력을 정반대로 이해하는 것이다. 예수도 자기의 "영광"을 일시적으로 확실하게 포기했다. 능력(권력)에 대한 카스텔리의 견해에 의하면 그것은 십자가에 못 박힌 그리스도의 복음에 대한 자기 모순적 이해에 해당한다. 성경의 전통과 사회학적 전통은 모두 ~에 대한 권세(지배의 가능성)와 ~을 위한 권세(능력 제공과 변화의 가능성)를 서로 구별하는 것을 허용한다.[407]

17절   (1) $\mathfrak{P}^{46}$, ℵ, syr, 33은 Χριστῷ Ἰησοῦ라고 읽는 반면, A, B, sah는 Χριστῷ라고 읽는다. 서방 사본 D와 G는 2차적인 다른 독법 κυρίῳ Ἰησοῦ를 따른다. 이 다른 독법은 분명히 필사자가 앞에 나오는 κυρίῳ에 영향을 받아 잘못 필사한 것이다. 춘츠, 콘첼만, 바레트, 슈라게는 Χριστῷ Ἰησοῦ를 원문으로 받아들인다. 아마도 이 입장은 옳을 것이다. 반면 알로, 메츠거, 피는 보다 짧은 독법인 Χριστῷ를 원문으로 선호한다.[408] 종종 더 짧은 독법이 원문으로 선호되긴 하지만, 사본상의 증

---

405) 같은 책, 356. Sanders는 "우리의 손으로 일하며"를 포함시키고 이것을 4:9-13의 목록과 올바르게 연결한다(Sanders, 362-363).

406) 참조. J. Baudrillard, *Forget Foucault* (New York: Columbia University, 1987); Thiselton, *Interpreting God and Postmodern Self,* 12-16, 21, 105-107, 125-134, and 140-147. 또한 이 연구에서도 판단 기준으로서의 십자가의 역할이 논의된다(22-25, 89, 100, and 142-149). 한편 해석학적인 측면에 대해서는 다음 연구서를 보라. Clarke, *Secular and Christian Leadership at Corinth,* 122-127. 또한 참조. C. F. Hinze, *Comprehending Power in Christian Social Ethics,* AARAS 93 (Atlanta: Scholars Press, 1995), esp. 108-145 (Foucault and Arendt).

407) 참조. Hinze, *Comprehending Power,* esp. 108-145 및 요한복음의 전승.

408) Allo, *Première Épitre,* 78; Fee, *First Epistle,* 183, n. 6; Zuntz, *Text,* 181; Conzelmann, *1 Corinthians,* 92; Metzger, *Textual Commentary* (2d ed.), 484.

거는 Ἰησοῦ를 포함하는 것을 더 지지한다. (2) 몇몇 알렉산드리아 독법, 𝔓¹¹, ℵ의 최초 필사본, 33은 τοῦτο 다음에 αὐτό, 곧 "바로 그 이유로"를 포함시킨다. 하지만 이 독법을 원문으로 지지하는 사본 및 문체적 근거는 충분하지 않다.

"그 이유로"(διά, ~때문에, 목적격과 함께)는 바울이 디모데를 고린도로 보낸 이유를 설명한다. 그 이유는 바울이 그들의 아버지이기 때문(크리소스토 모스와 테오필락투스는 이 구절을 이렇게 해석함)이 아니라 디모데를 직접 고린도에 보내 그가 십자가의 복음을 교인들에게 구체적으로 보여주려는 것이었다. 디모데의 삶의 방식은 동시에 바울의 삶의 방식을 그들에게 되새기게 해줄 것이다. 이 절의 상반절에 나오는 거의 모든 단어는 이 절의 후반부를 조명해준다. "내가 사랑하는 아들 디모데"는 바울의 사역을 통해 믿음을 갖게 된 사람으로서 참 제자도를 사람들에게 구체적으로 보여줄 것이다(이런 의미에서 디모데는 μου τέκνον ἀγαπητόν, "내가 사랑하는 아들"이다). 또한 그는 복음에 기초한 생활 방식의 살아 있는 모범으로써 자신이 신실한 신자임을 입증해줄 것이다. 따라서 디모데는 단순히 또는 우선적으로 지적인 가르침보다는 자신의 삶의 자세와 행동을 통해 바울의 삶의 방식을 그들에게 마음속으로 되새기게 해줄(ἀναμνήσει) 것이다. 논란의 여지가 있긴 하지만, 이것은 ἀναμιμνήσκω에 대한 이해와도 일치한다. 즉 이 단어는 단순히 주관적으로, 머리로 회상하는 것 그 이상을 의미한다. "마음속으로 되새기게 한다"는 보다 더 객관적인 뉘앙스를 지니고 있다. 그리스어 명사 ἀνάμνησις에 대해서는 11:24에서 논의할 것이다(이 단어의 히브리어 배경뿐 아니라 의미론과 신학에 관한 복합적인 이슈들을 참조하라).

본 주석서에서 τὰς ὁδούς μου τὰς ἐν Χριστῷ [Ἰησοῦ]는 "그리스도 안에서 나의 삶의 방식"으로 번역되었다. 이 구절을 단순히 "그리스도 예수 안에서의 나의 길(방식)"로 번역한다면 그 의미를 제대로 전달할 수 없다. 많은 학자들은 그리스어 명사 ὁδοί가 랍비 문헌에서 할라카(halakah), 걷기에 해당한다고 말한다. 이 저자들은 이 단어가 **도덕적 표준의 중대성**을 전달한다고 올바르게 주장한다. 히브리적·기독교적 성경 배경을 언급하지 않고, 단지 그리스어만으로는 그 의미를 제대로 전달해주지 못한다는 것이다.

많은 문헌이 이 점을 강조한다.[409] 따라서 스펜서는 말하는 것과 삶으로 실
천하는 것의 대조(4:19)를 삶의 방식과 더불어 15-17절에서 호소하는 것과
올바로 연결한다. 그 삶의 방식은 십자가의 고난과 그리스도 예수 안에서
볼 수 있는 모든 것의 실재를 반영한다. 바울은 그리스도 예수 안에서 복음
에 기초한 삶의 방식을 구현하기보다는 단순히 "말하는 것"을 일삼는 사람
들에게 충고한다. "고난 목록"(4:9-13), 바울의 삶의 방식을 본받는 것(15-
17절), 진정한 제자도의 실재(18-21절)는 모두 하나로 통일된다.[410]

부정과거 ἔπεμψα, "나는 보냈습니다"와 관련하여 다음과 같은 논쟁이
빚어졌다. (i) 이것은 편지 형식에서 사용되던 부정과거로서 "나는 디모데
(이 편지를 들고 가는 사람)를 보냅니다"(NRSV 각주, NIV)를 의미하는지(예. 콘
첼만, 16:10에 기초하여), 아니면 (ii) 그 편지가 기록되거나 완성되기 이전에
바울이 이미 디모데를 고린도로 보냈다는 것을 암시하는지, 또 아니면 (iii)
디모데는 이미 에베소를 출발했으며, 바울은 그가 방문해야 할 도시들 가운
데 고린도를 포함시킬 것을 요구했는지(NRSV, NJB, REB에서는 이미 보낸 것으
로 번역되어 있다)에 관한 것이다.[411] 바레트는 편지 형식에서 사용되던 부정
과거일 개연성은 매우 낮다고 생각한다. 왜냐하면 바울은 디모데를 이 편지
의 시작 부분에서 언급하기 때문이다.[412] 더욱이 16:10은 또 다른 난제를 제
공한다. "만약(ἐάν) 디모데가 도착하면(ἔλθῃ, 가정법 부정과거)…보살펴 주십
시오"라는 표현은 그가 도착할지 의구심을 갖고 있음을 암시하는 것처럼
보인다. 따라서 이것은 이 편지가 여러 조각이 결합된 것이라는 분할 이론
에 근거를 제공해주거나 또는 (보다 더 타당성 있는 견해로서) 바울이 여러 도

---

409) Schrage, *Die konkreten Einzelgebote in der paulinischen Paränese*, esp. 32-33; Sanders,
   "Imitating Paul: 1 Cor 4:16," 353-363; Betz, *Nachfolge und Nachahmung Jusu Christi im
   NT*, 153-159; Spencer, "The Power in Paul's Teaching (1 Cor 4:9-20)," 51-61; Stanley,
   "Become Imitators of Me," 859-877. 또한 Willis de Boer and Ben Fiore를 포함하여 다
   른 많은 자료. 또한 다음 각주에 언급된 문헌을 참조하라. Schrage, *Der erste Brief*, 1:359, n.
   280.

410) Spencer, "The Power in Paul's Teaching"; 또한 참조. Schrage, *Der erste Brief*, 1:357-361.

411) Conzelmann, *1 Corinthians*, 92, n. 19.

412) Barrett, *First Epistle*, 116.

시를 방문하도록 디모데를 보냈으며, 그는 디모데가 고린도를 방문할 것을 기대했지만 시간 관계상 그곳을 방문할 수 있을지 확신하지 못했다는 것을 의미한다. 이 가능성을 지지하는 바레트의 입장은 옳다.[413] 한편 아직 남아 있는 또 다른 가능성은 여기서 ἔπεμψα를 "나는 (이미 마케도니아 지역에서 다른 임무를 수행하고 있는) 디모데에게 메시지를 전달했습니다"로 해석하는 것이다. 하지만 이 해석은 타당성이 거의 없어 보인다. 16:10에 대한 주해에서 이 이슈에 대해 자세히 다룰 것이다. 또한 거기서 우리는 디모데에 대해 더 자세하게 논의할 뿐만 아니라 동역자들로 구성된 네트워크와 함께 바울의 협동 사역의 패턴에 대해 강조할 것이다.[414]

평크의 견해에 의하면 바울은 그의 공동체들을 방문하기 위해 그곳 사람들을 준비시키기 위한 "하나의 일관된 패턴"을 사용했는데, 바울이 편지를 써 보내거나 대리인을 보낸 것은 단순히 이를 위한 일시 방편에 지나지 않았다는 것이다. "중요성의 순위에 따라" 바울은 다음 사항에 대해 말한다. (i) 그의 편지, (ii) 자신을 대신하여 어떤 사람을 보냄, (iii) 자신의 방문, 도착 또는 등장(파루시아). 세 번째 사항은 "가장 주요한 수단이며 바울은 그것을 통해 자신의 사도적 권위를 효과적으로 드러낸다."[415] 바울이 대리인을 보낸다고 말할 때 그는 정확하게 고전 4:7의 형식을 사용한다. 곧 (a) 그 이유로 나는 여러분에게 디모데를 보냈습니다(ἔπεμψα ὑμῖν Τιμόθεον; 도입절), (b) 내가 사랑하는 신실한 아들…(신임에 대한 언급), (c) 나의 삶의 방식을 여러분에게 되새기게 해주려고…(목적절).[416] 평크는 동일한 구조가 살전 2:2-

---

413) Barrett, *First Epistle*, 116 and 390. 또한 참조. Collins, *First Cor*, 596; Fee, *First Epistle*, 821; Murphy-O'Connor, *Paul*, 292-293, esp. on 16:10.

414) 참조. E. E. Ellis, "Coworkers," *DPL*, 183-189; W. H. Ollrog, *Paulus und seine Mitarbeiter* (Neukirchen: Neukirchener, 1979); D. J. Harrington, "Paul and Collaborative Ministry," *New Theology Review 3* (1990): 62-71; F. F. Bruce, *The Pauline Circle* (Exeter: Paternoster, 1985).

415) Funk, "The Apostolic *Parousia*: Form and Significance," in W. R. Farmer, C. F. D. Moule, and R. Niebuhr (eds.), *Christian History and Interpretation*, 258; 참조. 248-268, esp. 251-253.

416) 같은 책, 255.

3과 빌 2:25-30과 또한 약간 수정된 형태로 고후 9:3-5(b 부분을 생략함), 그리고 고후 8:18-23(c 부분을 생략하고 b 부분을 강조함)에서 나타난다고 주장한다. 그리고 그는 자신의 방문과 관련하여 보다 더 광범위한 문맥—롬 1:8-13, 15:14-33, 몬 21-22, 고전 4:14-21, 16:1-11, 고후 8:16-23, 9:1-5, 12:14-13:13, 살전 2:17-3:13, 빌 2:25-30 — 이 서로 평행을 이루는 특성을 드러낸다고 주장한다.[417]

καθὼς πανταχοῦ ἐν πάσῃ ἐκκλησίᾳ, "어디서나 모든 그리스도인 공동체 안에서"라는 표현은 카스텔리가 주장하듯이 단순히 획일화를 위한 권위적 요청이 아니다. 오히려 이것은 바울이 다른 모든 공동체를 기독교 공동체로 보는 것 이상으로 고린도 교회에 요구하지 않을 것이라는 확신이다.[418] 그리스도에게 속한 모든 교회는 사도성, 보편성, 거룩성, 하나 됨의 특성이 있다. 칼뱅이 주해하듯이 여기서 바울이 말하는 이슈는 일관성에 관한 것이다.[419] 비록 카스텔리가 동일성이 "질서"를 포함하는 것으로 인식하고 있긴 하지만, 이 일관성을 그의 동일성 개념과 혼동해서는 안 된다.

18-19절   18절 맨 앞부분에서는 마치(ὡς)에 이어 부정(否定), 곧 성취되지 않음을 의미하는 불변화사 μή와 더불어 분사 소유격 독립 구문이 사용된다. 이 구문에서 소유격으로 사용된 주어(μου)는 ἔρχομαι의 현재분사 소유격 남성 뒤에 있으며, "마치 내가 여러분에게 가지 않을 것처럼"을 의미한다. 여기서 φυσιόω, "말로 우쭐대다" 또는 "기분이 우쭐해지다", "교만해지다"의 부정과거 수동태는 동작의 시작을 가리키는 부정과거 역할을 한다. 만약 이 그리스어 구문이 바울이 아니라 디모데가 고린도를 방문할 것 같다는 소식을 듣고 고린도 교인들의 자만심과 교만함이 곧바로 부풀어 올랐다는 것을 의미한다면 "어떤 이들은 교만해지기 시작했습니다"라고 번역하는 것이 가장 좋을 것이다. 하지만 만약 그 언급이 보다 일반적인

---

417) 같은 책, 253-254. 여기서 Funk는 13개의 평행 구조를 제시한다.
418) Robertson and Plummer, *First Epistle,* 91.
419) Calvin, *First Epistle,* 100.

의미에서 어떤 이들이 자만심으로 우쭐해지는 교만한 자세를 가리킨다면 "어떤 이들은 우쭐해졌습니다"가 더 좋은 번역일 것이다. 왜냐하면 오늘날보다 기원후 1세기에 "우쭐대는 태도를 지니다"는 교만한 마음을 묘사하기에 더 친숙한 비유적인 표현이었을 것이기 때문이다. 아마도 이 구절을 제대로 번역하려면 **교만한 마음으로 우쭐대는** 또는 **자존심을 내세우며 우쭐대는** 것을 나타내는 잘 알려진 비유적인 표현에 무엇이 분명하게 암시되어 있는지를 드러낼 필요가 있을 것이다.

바울의 얼굴을 직접 볼 필요가 없을 것이라며 자축(自祝)하던 이들은 이제 갑자기 충격을 받게 된다.[420] 사실상 바울이 신속하게 또는 곧(ταχέως) 그들에게 갈 것이기 때문이다. 우리는 이제까지 이 편지에서 바울이 δύναμις, "능력"이라는 단어를 사용할 때마다 다음과 같은 사항에 대해 논의했다. 비록 1:26에서 δυνατοί가 형용사로서 사람들을 가리키는 독립적인 용법으로 사용될 때 그것은 "사회적인 효력 또는 영향력, 곧 유력자들"을 의미하지만, 이 단어가 하나님, 그리스도 또는 복음에 적용될 때는 타당한 효력을 의미한다(1:18, 하나님에 대해; 1:24, 그리스도에 대해; 2:4, 복음에 대해; 2:5, 하나님에 대해). 이 편지에서 해당 단어는 사실상 다른 의미들로 나타낸다. 이 단어가 "단순한 말"과 대조될 때마다 이 단어는 단순한 수사학과 반대되는 개념으로서 삶 속에서의 효능을 강조한다. 또한 **바람, 공기, 풍선**이 이와 같은 것으로 부풀어 오른 것과 반대되는 개념일 때 δύναμις는 결속(solidarity) 또는 실체(substance)를 나타낸다. 히브리어 성경에서 הבל(헤벨)은 안개(증기), 숨, 헛것, 공허 또는 실체가 없는 것 등을 의미한다. 이 단어는 수고를 통해서가 아니라 속여서 얻은 부(富, 잠 13:11; 21:6), 우상들(렘 10:15) 또는 자기 존재를 파멸시키는 공허한 삶(전 1:22; 12:8) 등에 적용된다.[421] 이 용어

---

420) 디모데가 "소심하다"고 추측하는 것은 16:10의 증거에서 벗어난 것이다. 해당 이슈는 그 시점에 고린도로 가는 것을 거부하는 아볼로의 방문(참조. 16:12)을 몇몇 사람이 선호하는 것에 초점이 맞추어져 있다. 참조. C. R. Hutson, "Was Timothy Timid?" *BR* 42 (1997): 58-73. 이 논문에 대해서는 16:10-12의 주해 부분에서 다룰 것이다.

421) Spencer, "The Power in Paul's Teaching," 51-61도 이 접근방법을 뒷받침해준다. 이 논문에서 Spencer는 바울의 "능력"은 그의 고난과 소중한 증언의 삶에 달려 있다고 올바르게

는 "그들은 지금 바람에 지나지 않아"라는 요크셔 지방의 경멸적인 표현과
매우 비슷하다. 곧 그들은 실체가 없으며 아무것도 하지 않고 단순히 내기만
하는 사람이다. 여기서 바울이 말과 능력을 대조하는 것도 의미상으로 비
슷하다. 그는 고린도에 도착하면 관련된 교인들이 단지 이야기(τὸν λόγον)
만 늘어놓는 수다쟁이인지 아니면 그 말이 그들이 무엇을 할 수 있는지(τὴν
δύναμιν)를 가리켜주는 실질적인 효능을 지니고 있는지를 알아볼 것이다
(γνώσομαι, γινώσκω의 직설법 미래).[422] 8:1 ("지식[γνῶσις]은 교만하게 하며 사랑은
덕을 세우나니")과 여기서 바울은 그들이 허풍쟁이일 뿐만 아니라 견실성이
없다고 강조한다. 바울이 고린도에 도착하면 일부 교인들은 자신들이 공적
으로 높임을 받던 것이 터진 풍선과 같다는 사실을 깨닫게 될 것이다.

20절　　대다수 영역본은 ἐν δυνάμει를 "능력 안에" 또는 "능력에"라
고 번역한다. 이 표현을 어떻게 번역할지는 매우 중요하다. 사실상 이 단어
는 카스텔리가 바울이 사용한 의미라고 주장하는 권력이라는 의미를 전달
할 수도 있다. 또한 포스트모더니즘적 사고는 진리에 대한 종교의 주장을
곧바로 권력을 얻으려는 시도로 인식하려 한다. 하지만 이 부분에 대한 주
해에서 슈라게는 능력은 조종하는 것이나 (크리소스토모스의 견해와 반대되
만) 기적적인 것이 아니라 λόγος, "말"과 대립하는 개념에서 유래한다고 주
장한다. 따라서 이 단어의 강조점은 **어떤 행위를 효과적으로 실행하는 능력**
이나 (다른 말로 표현하자면) **효능**을 발생하는 데 있다.[423] 이 문장에는 동사가

주장한다. 그것은 그리스도의 성품과 십자가를 삶과 행위를 통해 반영하며 효력을 지닌다
(4:16-17에 대한 주해를 보라). 또한 참조. Karl Barth, *The Resurrection of the Dead*, 18
and 17-29.

422) BDBG, 210-211. "그들이 할 수 있는 것"이라는 표현은 REB의 번역과 일치한다.

423) Schrage, *Der erste Brief*, 1:362-363. Chrysostom, *1 Cor. Hom.*, 14:2. 크리소스토모스는
"말의 현란함"을 "성령의 능력"을 드러내는 "표징들"과 대조한다. 그러나 Schrage는 여기서
"능력"을 이렇게 해석하는 것에 반대한다. 그러면서 그는 다른 어떤 문맥에서 언급되는 요
소보다 고전 2:4에서 성령이 나타나는 방식에 대해 언급한다. 참조. Edwards, *First Epistle*,
118. 한편 C. H. Power는 이와 같은 바울의 구절이 지니고 있는 핵심인 "구원론적인 능력"에
대해 말한다. 이러한 구절에서 십자가는 결코 멀리 떨어져 있지 않다(*The Biblical Concept
of Power*, 117-129).

없기 때문에(대체로 ἐστιν으로 추측함) 주요 영역본은 생략된 그리스어 동사를
"~에 달려 있다"(NRSV) 또는 "~와 관련된 사항이다"(NIV, 또 위를 보라)로
해석한다.

　　"하나님의 나라"라는 표현은 바울 서신에서 비교적 드물게 나타난다
(고전 4:20; 6:9, 10; 15:24, 50; 참조. 롬 14:17; 갈 5:21; 골 1:13; 4:11; 엡 5:5; 살후 1:5;
딤후 4:18). 바울은 이 표현을 대부분 종말론적으로 사용한다. 하지만 피
(Fee)는 이 표현이 드물게 사용되는 것은 그것이 바울 사상의 일부분으로
기능한다는 사실을 암시한다고 말한다.[424] 오늘날 광범위하게 인정받고 있
듯이 비록 하나님의 통치가 파루시아와 최후의 심판을 거쳐 완성에 이르기
까지 부분적으로 베일에 가려져 있긴 하지만, 복음서에서 이 하나님 나라
는 (19세기 후반의 저서와는 대조적으로) 절대 주권을 지닌 하나님의 능동적이
며 역동적인 통치를 가리킨다. 그리스어 명사 βασιλεία를 통치(reign)로 번
역한다면 그것은 매력적일 것이다. 하지만 이 표현은 바울보다 예수의 가르
침의 특성을 보다 더 많이 드러내기 때문에 현대 독자들에게는 이것이 암시
하는 바를 원래 상태 그대로 두는 것이 가장 좋을 것이다. 타르굼에 대한 연
구에 기초하여 클린턴은 예수가 해당 용어를 사용하는 것과 관련하여 하나
님의 능력이 이슈가 되고 있음을 밝혀주었다. 또한 이것은 왜 바울이 여기
서 이 표현을 선택하는지 설명해준다.[425] 고린도에 도착하면 바울은 이 수
사학 또는 저 수사학이 우세한지를 밝히는 것이 아니라 무엇이 그리스도 안
에서의 하나님의 실재와 그의 절대 주권적인 행위를 드러내는지를 밝혀낼 것
이다. 칼 바르트도 바로 이것이 1:1-4:21의 주제임을 확인해준다. 모든 것
이 "ἀπὸ τοῦ θεοῦ(하나님으로부터)라는 세 단어를 올바로 이해하는지의 여
부"에 달려 있다. 이러한 관점이 모두 틀리지 않는 한 이것이 바로 바울의
말이 가리키는 방향이다(고전 1-4장).[426]

---

424) Fee, *First Epistle*, 192.
425) B. D. Chilton, *God in Strength: Jesus' Announcement of the Kingdom* (Sheffield: JSOT Press, 1987).
426) Barth, *The Resurrection of the Dead*, 29. "세 단어"는 고전 4:5의 맨 마지막 부분에 위치해

21절   주문장에서 그리스어 주동사 ἔλθω는 신중한 **의도를 나타내**
는 가정법으로 기능하고 있으며 "내가…가야 합니까?"(AV/KJV, NIV)가 아
니라 "내가…가야만 하겠습니까?"(NRSV, REB, NJB)라고 번역해야 한다(단
순 미래가 사용되었을 수도 있을 것이다). 바라는 사항의 우선순위에 대한 숙고를
반영하며 의도를 나타내는 가정법을 통해 두 가지 선택 가능한 대상이 소개
될 때 θέλετε는 ("원하다"보다) "선호하다"로 번역될 수 있다. ῥάβδος, 지팡
이, 막대기 또는 매는 고대 그리스 학교에서 선생이 사용하던 회초리(NIV)
가 아니라 구약성경과 70인역의 전통에서 언급되는 "바로잡기 위한 매"다.
일반적으로 여격과 함께 사용될 때 ἐν은 도구적인 의미로 사용될 개연성이
높지만, 여기서 이 전치사는 접두사 ㅂ(베)로 시작되는 히브리어의 관용어로
서 바울이 고린도를 향해 **가는 방식을 묘사한다.** 따라서 여기서는 "손에 매
를 들고"라고 번역되었다(참조. REB, NJB).[427] πνεῦμα가 바울 서신에서 어
떤 자세나 마음의 구조를 가리키는 것이 특징적이지는 않지만, 이러한 의미
로 사용되는 것이 특이한 것은 아니다. 갈 6:1에서도 바울은 바로잡음과 회
복에 관한 비슷한 문맥에서 똑같은 표현을 사용한다. 그는 καταρτίζετε τὸν
τοιοῦτον ἐν πνεύματι πραΰτητος, "온유한 심령[마음]으로 그러한 자를 바
로잡고"라고 권면한다.[428]

사랑, ἀγάπη에 대한 언급이 반드시 전적으로 온유함과 연결되어 있는
것만을 내포하는 것은 아니다. 때때로 행실을 바로잡는 것도 동일하게 사
랑에서 비롯된다. "문제는 과연 사랑이 온유함으로 표현될지 아니면 맹렬
함으로 표현될지에 있다. 이것은 바울의 기분에 달려 있지 않고, 그의 경고

있다.

427) MacRory, *Epistles of St Paul to the Corinthians*, 60. Robertson and Plummer, *First Epistle*,
    92의 입장을 따르는 Allo, *Première Épitre*, 80는 MacRory의 견해를 반대한다. 다른 한편으
    로 Allo와 Robertson and Plummer는 70인역(예. 삼상 17:43)에서 ἐν ῥάβδῳ라는 표현에
    서 전치사 ἐν이 도구의 의미를 나타내기보다는 "동반"을 의미하는 것으로 사용될 수 있음을
    인정한다.

428) Weiss, *Der erste Korintherbrief*, 123.

(14절)에 대한 고린도 교인들의 반응에 달려 있다."[429] 나아가 에바 라센은 로마 제국과 그 제국 안에 있는 고린도의 문화에서 아버지 이미지의 문맥에서 이 절이 어떤 역할을 하는지를 밝혀준다. 그는 로마 제국의 식민지로서 고린도가 많은 사람들이 추측하는 것보다 고대 그리스의 민주주의적 정책에 의해 덜 지배를 받았다고 주장한다.[430] 공동체들은 황제와 가장(家長)의 존재 및 이미지로부터 경고와 훈계를 기대했을 것이다. 황제와 가장은 공동체에 대한 책임을 지고 있었으며 공동체의 행복을 추구해야만 했다. 고린도 교인들은 "내가 아버지로서 이 두 가지 가운데 어떤 방법으로 가야 할까?"라는 질문을 잘 이해했을 것이다.[431] 바울은 자기 자신이 어떤 충돌도 원치 않는다는 사실을 진지하게 말하고 싶어 했다. 하지만 일부 교인들이 1:10-4:21에 제시한 전반적인 논점을 계속 무시한다면 그들은 바울에게 다른 선택의 여지를 남겨 두지 않았을 것이다.

경고(발화수반행위)가 반드시 **위협**(발화효과행위)은 아니다. 고린도 교회 안에서 전개되는 과정은 과연 바울의 임박한 방문이 맨 처음부터 관련이 있던 모든 그룹에 만족을 줄지를 결정하게 될 것이다. 그것을 어떻게 결정할지는 고린도 교인들이(바울이 아님) 어떻게 반응할지에 달려 있다. 하지만 바울은 잘못된 일들이 그대로 계속 진행되게 내버려둘 수 없다. 만약 그렇게 한다면 그것은 신앙 공동체 전체의 평화를 위해 바울에게 주어진 책임을 소홀히 하는 것이다. 바울은 결코 교인들과 충돌하는 것을 좋아하는 목회자가 아니다. 오히려 그 정반대다. 그럼에도 그는 해결해야 할 문제점에 단호하게 대처하지 못하는 도덕적인 태만을 자신에게 허용하지 않을 것이다. 바울은 사려 깊은 목회자로서 어떤 문제점을 명백하게 드러내는 것을 주저할 것이다. 하지만 만약 해결될 기미가 전혀 보이지 않는다고 판단되면 그는 단호하게 그것들을 드러내어 해결할 것이다. 바울은 십자가의 판단 기준에 호

---

429) Barret, *First Letter*, 119.
430) Lassen, "The Use of the Father Image in Imperial Propaganda and 1 Cor 4:14-21," 127-136.
431) 같은 책, 134-136.

소한다. 그것은 부분적으로 바울 자신의 권세를 드러내기 위한 현명한 전략이 아니라 공동체 전체의 질서와 평안을 위하는 그의 관심을 강조한다. 따라서 그는 고린도 교인들이 복음의 원리에 기초하여 올바르게 살기를 원한다.

III. 명백한 판결을 요구하는 도덕적 이슈들(5:1-6:20)

비록 우리가 이제 이 편지에서 새로운 주요 단원을 다루게 되지만, 이 단원과 1:10-4:21 사이의 연관성은 쉽사리 드러난다. 왜냐하면 "5장에서 πορνεία(음행)를 범한 사람은 신앙 공동체에 불화(不和)의 원인을 제공했기 때문이다."[1] 비록 신앙 공동체로부터 이러한 교인을 추방하는 이슈는 교회의 하나 됨을 회복하는 데 기여할 수도 있겠지만, 그것은 신앙 공동체의 경계선에 대한 질문을 제기한다. 보다 더 지성에 호소하는 우리 시대에는 바울의 다음과 같은 자세가 놀랍게 보일 수도 있을 것이다. 바울은 신앙 공동체의 정체성을 타협하도록 오도하는 대단히 부도덕한 행위를 허용하는 것보다(참고. 5:5, 7, 13) 부활에 대해 교리적으로 문제가 있는 "일종의 혼합된 교회"(15:33-35은 신앙 공동체에 속한 사람들을 언급함)를 더 기꺼이 관용하는 것처럼 보인다.[2] 뿐만 아니라 미첼이 신앙 공동체의 평안과 하나 됨의 관점에서 고전 1-4장에서 지속적으로 나타나는 주제를 확인해주는 것처럼 피(Fee)—사우스도 그의 입장을 따름—도 5:1-13과 6:1-20을 바울의 권위를 시험하는 사례로 간주한다. 그것은 사도 직분, 아버지 됨, 복음 심기, 건물의 기초 놓기와 십자가에 기초한 복음 선포 모델 제공하기 등에 대한 언급에 암묵적으로 내포되어 있다는 것이다.[3] 이전에 쓴 논문에서 나는 제3의

---

1) Mitchell, *Rhetoric of Reconciliation*, 112.
2) Witherington, *Conflict and Community*, 151-161.
3) Fee, *First Epistle*, 194-196; South, *Disciplinary Practices in Pauline Texts*, 25-26.

연결고리를 지지하는 논의를 전개했다. 즉 "율법으로부터의 자유"와 연결된 "자랑"과 4:5과 8:13의 이미 실현된 종말론 사이의 연관성이다.[4] 이 편지의 구조의 관점에서 보면 주제와 논의가 다양하게 지속적으로 연결되어 있는 것이 나타난다.

다른 한편으로 이 장(章)에서부터 두 번째 주요 단원 또는 주제가 시작된다(또는 만약 우리가 1:1-9을 하나의 단원으로 본다면 세 번째다). 5장과 6장은 바울의 입장에서 볼 때 명확한 도덕과 윤리적 이슈들에 해당하는 것을 설명해준다. 이 점과 관련하여 이 주요 단락은 7:1-11:1에 제시된 자료와 서로 대조된다. 후자는 윤리에 대한 문제점에 더 이상 관심을 기울이지 않는다. 또한 후자의 경우는 이른바 "회색 지대"로서 상당 부분은 다양한 상황과 정황에 달려 있다. 만약 7:1-11:1이 어떤 형태의 "상황 윤리"를 정당화한다면 5:1-6:20은 도덕적 원리들은 상황과 관련된 다양한 변수를 초월한다는 것을 입증해준다. 그러므로 도덕적인 이슈의 윤리적인 내용에 따라 바울은 절대 윤리뿐만 아니라 또한 상황 윤리도 설명해준다. 첫째, 바울은 타협하는 것을 좋아하지 않는다. 둘째, 타협, 대화, 그리고 "만약 그렇다면 어떻게…?"는 매우 중요하다. 따라서 바울은 상황 윤리를 목회적인 판단 및 서로 다른 사례들과 사례 연구 사이의 다양성에 민감하게 대처하는 것과 결합시킨다.

A. 도덕적 권징에 대한 한 가지 사례(5:1-13)

바울이 부도덕할 뿐만 아니라 극악한 사례로 여기는 성관계에 대한 세부 내용은 나중에 주해 부분에서 다룰 것이다. 최근 저자들은 해당 이슈를 몇 가지 서로 다른 방법으로 다루었다. 하지만 그들의 관심사는 출교와 "σάρξ의 멸망"(5:5)에 대한 다양한 연구 논문으로부터 신앙 공동체의 자기만족, 잘난 체함 또는 교만(πεφυσιωμένοι ἐστέ, 5:2)에 대한 이유로 옮겨졌다. 바울은 부도덕 그 자체보다 조금도 덜하지 않을 정도로 이것을 비판한다. 많은 가

4) Thiselton, "The Meaning of σάρξ in 1 Cor 5:5: A Fresh Approach," 204-228.

설이 제시되었다. 데일 마틴은 고대 사회의 의학과 질병에 대한 이론을 언급하면서 그 사항을 공동체의 몸의 부정(不淨)과 관련하여 "건강한 조직을 해치는" 개념들과 연결한다(참고문헌과 아래에 제시된 내용 참조). 존 차우와 앤드류 클라크는 해당 이슈가 어떤 부유한 후견인에 대한 신앙 공동체의 의무감에 관심을 기울인다고 주장한다. 그들은 자신들이 그 후견인을 적대시해서는 안 된다고 생각했다. 또한 그의 부도덕한 관계는 아마도 그의 부모의 친척들의 재산을 자신의 것으로 전환했을 것이다. 그것을 통해 교회의 구성원들은 그 재산과 관련하여 간접적으로 수혜자가 되었을 것이다. 반면 위더링턴은 해당 이슈를 성령과 질서에 대한 일종의 변증법으로 이해한다. 그 안에서 그룹의 순결성은 반드시 상대적인 범위 안에서 유지되어야 한다는 것이다. 하지만 부도덕한 행동을 한 당사자는 이미 지켜야 할 "모든 한계를 벗어났다." 내가 이전에 제시한 논증―"율법으로부터의 자유"에 대한 의식이 비록 전반적인 역할은 아니라 하더라도 부분적인 역할을 했다―을 포함하여 이 모든 제안에는 나름대로 설득력이 있다. 그리스도의 몸으로서 교회의 공적인 정체성을 확인하고 유지하기 위한 조건으로 신앙 공동체가 지켜야 할 경계선과 "혼합된" 교회 및 교회의 권징 사이의 변증법은 이전 시대와 마찬가지로 오늘날에도 타당성이 있다. 또한 그것은 성경 해석사 안에서도 인식될 수 있다. 하나님의 거룩한 성전(3:16)과 그리스도의 몸(12:27)으로서 그들은 어떻게 배타성을 나타내지 않으면서도 신앙 공동체의 정체성을 유지하는가? 그리스도 자신도 무조건 사람들을 배척하지는 않았다.

5:1-13에 대한 참고문헌

Bammel, E., "Rechtsfindung in Korinth," ETL 83 (1997): 107-113.

Cambier, J., "La Chair et l'Esprit en 1 Cor. 5:5," NTS 15 (1997): 107-113.

Campbell, B,. "Flesh and Spirit in I Cor. 5:5: An Exercise in Rhetorical Criticism of the NT," JETS 36 (1993): 331-342.

Chow, J. K., Patronage and Power: A Study of Social Networks in Corinth, JSNTSS 75 (Sheffield: Sheffield Academic Press, 1992), 130-141.

Clarke, A. D., Secular and Christian Leadership at Corinth (Leiden: Brill, 1993), 73-88.

Cole, G. A., "1 Cor. 5:4 'With My Spirit,'" ExpTim 98 (1987): 205.

Collins, A. Y., "The Function of Excommunication' in Paul," *HTR* 73 (1980): 251–263.

Déaut, R. le, "Paques et vie nouvelle (1 Cor. 5)," *Assemblées du Seigneur* 22 (1972): 34–44.

―――――, "The Paschal Mystery and Morality," *Doctrine and Life* 18 (1968): 262–269.

Derrett, J. D. M., " 'Handing over to Satan': An Explanation of 1 Cor. 5:1-7," in *Revue Internationale des Droits de l'Antiquité* 26 (1979): 11–30.

Fascher, E., "Zu Tertulians Auslegung von 1 Kor. 5:1-5 (de pudicitia c. 13-16)," *TLZ* 99 (1974): 9–12.

Forkman, G. *The Limits of the Religious Community* (Lund: Gleerup, 1972), 139–151.

Fowl, S. E., "Making Stealing Possible," in *Engaging Scripture* (Oxford: Blackwell, 1998).

Funk, R. W., "The Apostolic Presence," in Parables and Presence (Philadelphia: Fortress, 1982), 81–102; also rpt. from W. R. Farmer, C. F. D. Moule, and R. R. Niebuhr, *Christian History* (see above).

Giblin, C. H., *In Hope of God's Glory* (Leiden: Brill, 1970), 136–188.

Goulder, M. D., "Libertines? (1 Cor. 5-6)," *NovT* 41 (1999): 334–348.

Gundry-Volf, J. M., *Paul and Perseverance,* WUNT 2:37 (Tübingen: Mohr, 1990), 113–120.

Harris, G., "The Beginnings of Church Discipline: 1 Cor. 5," *NTS* 37 (1991): 1–21.

Harrisville, R. A., "The Concept of Newness in the NT," *JBL* 74 (1955): 69–79.

―――――, *The Concept of Newness in the NT* (Minneapolis: Augsburg, 1960), 1–70 and 109–114.

Hays, R. B. "Eschatology and Ethics in 1 Cor," *Ex Auditu* 10 (1994): 31–43.

Hill, D., *Greek Words and Hebrew Meanings* (Cambridge: Cambridge University Press, 1967), 265–285.

Horbury, W., "Extirpation and Excommunication," *VT* 35 (1985): 13–38.

Howard, J. K., " 'Christ Our Passover': A Study of the Passover-Exodus Theme in 1 Corinthians," *EvQ* 41 (1969): 97–108.

Joy, N. G., "Is the Body Really to be Destroyed? (1 Cor. 5:5)," *BT* 39 (1988): 429–436.

Käsemann, E., "Sentences of Holy Law in the NT," in *NT Questions of Today* (Eng. SCM and Philadelphia: Fortress, 1969), 66–81.

Kempthorne, R., "Incest and The Body of Christ," *NTS* 14 (1968): 568–574.

Lampe, G. W. H., "Church Discipline and the Interpretation of the Epistles to the Corinthians," in W. R. Farmer, C. F. D. Moule and R. R. Niebuhr (eds.) *Christian History and Interpretation: Studies Presented to John Knox* (Cambridge: Cambridge University Press, 1967), 337–362.

MacArthur, J. D., " 'Spirit' in the Pauline Usage: 1 Cor. 5:5," in E. A. Livingstone (ed.), Studia Biblica 3, JSNTSS (Sheffield: Sheffield Academic Press, 1978), 249–256.

Malina, B., "Does Porneia Mean Fornication?" *NovT* 14 (1972): 10–17.

Martin, D. B., *The Corinthian Body* (New Haven: Yale University Press, 1995), 153–174.

Menoud, P. H., "L'Écharde et l'Ange satanique," in Studia Paulina: In Honorem J. de Zwaan (Haarlem: Bohn, 1953), 163–171.

Minear, P., "Christ and Congregation: 1 Cor. 5-6," *RevExp* 80 (1963): 341–350.

Mitchell, M. M., *Paul and the Rhetoric of Reconciliation* (Louisville: Westminster and Knox, 1992), 112-116.

Mitton, C. L., "New Wine in Old Wine Skins: iv, Leaven," *ExpTim* 84 (1973): 339-343.

Moore, W. D., "The Origin of 'Porneia' Reflected in 1 Cor. 5-6 and Its Implication to an Understanding of the Fundamental Orientation of the Corinthian Church" (Waco: Baylor Univ. Ph. D.. diss., 1978).

Murphy-O'Connor, J., "1 Cor. 5:3-5," *RB* 84 (1977): 239-245.

Pfitzner, V. C., "Purified Community—Purified Sinner: Expulsion from the Community according to Matt. 18:15-18 and 1 Cor 5:1-5," *AusBR* 30 (1982): 34-55.

Roetzel, C. J., *Judgment in the Community: A Study in the Relationship between Eschatology and Ecclesiology in Paul* (Leiden: Brill, 1972), 115-125.

Rosner, B. S., "οὐχὶ μᾶλλον ἐπενθήσατε: Corporate Responsibility in 1 Cor. 5," *NTS* 38 (1992): 470-473.

_____, *Paul, Scripture and Ethics: A Study of 1 Cor. 5-7* (Leiden: Brill, 1994), 61-93.

_____, "Temple and Holiness in 1 Cor. 5," *TynBul* 42 (1991): 137-145.

Sand, A., *Der Begriff 'Fleisch' in den paulinischen Hauptbriefen* (Regensburg: Pustet, 1967), esp. 539-561.

Schrage, W., *Ethik des NT* (Göttingen: Vandenhoeck & Ruprecht, 2d ed. 1989), 170-175.

South, J. T., "A Critique of the 'Curse/Death' Interpretation of 1 Cor. 5:1-8," (1993): 539-561.

_____, *Disciplinary Practices in Pauline Texts* (Lewiston, N.Y.: Mellen Biblical Press 1992), 1-88, 181-198.

Thiselton, A. C., "The Meaning of σάρξ in 1 Cor. 5:5: A Fresh Approach in the Light of Logical and Semantic Factors," *SJT* 26 (1973): 204-228.

_____, "Truth, ἀλήθεια," *NIDNTT*, 3 (Grand Rapids: Zondervan, 1978), 874-902.

Thornton, T. C. G., "Satan—God's Agent for Punishing," *ExpTim* 83 (1972): 151-152.

Travis, S. H., *Christ and the Judgment of God* (London: Marshall Pickering, 1986), 79-81.

Vander Broek, L., "Discipline and Community: Another Look at 1 Cor. 5," *RefRev* 48 (1994): 5-13.

Wenthe, D. O., "An Exegetical Study of I Cor. 5:7b," *The Spring Fielder* 38 (1974): 134-140.

Yarbrough, O. L., *Not Like the Gentiles: Marriage Rules in the Letters of Paul* (Atlanta Scholars Press, 1985).

Zaas, P., "Catalogues and Context: 1 Cor 5 and 6," *NTS* 34 (1988): 622-629.

1. 근친상간의 문제점(5:1-8)

[1] 사실상 여러분 가운데 불법적인 성관계가 있다는 소식이 들립니다. 그런 음행은 심지어 이방인들 가운데서도 용납되지 않는 것입니다. 곧 어떤 이가 자기의

계모와 성관계를 맺고 있다는 것입니다. ² 그런데 여러분은 자기만족에 빠져 있습니다! 오히려 여러분은 마땅히 통탄했어야 하고, 그러한 일을 저지른 사람을 여러분의 공동체에서 내쫓았어야 하지 않습니까?

³ 나 자신은 몸으로는 떨어져 있습니다. 하지만 성령 안에서 나는 [여러분과] 함께 있습니다. 실질적으로 내가 [여러분과] 함께 있으므로, 나는 이미 그와 같은 상황에서 이런 행위를 저지른 사람을 심판했습니다. ⁴,⁵ 여러분이 우리 주 예수의 이름으로 함께 모일 때, 내가 영적으로 함께 있으면서 우리 주 예수의 효력 있는 능력과 더불어, 우리는 그러한 사람을 사탄에게 넘겨주어야 합니다. 그래서 육적인 것은 멸망하게 하고, 그 영은 주님의 날에 구원받을 수 있게 하려는 것입니다. ⁶ 여러분의 자만은 옳지 않습니다. 여러분은 적은 누룩이 온 반죽을 부풀게 한다는 것을 알지 못합니까? ⁷,⁸ 묵은 누룩을 깨끗이 치우십시오. 그래서 여러분은 새 반죽이 되십시오. 사실상 여러분은 누룩 없는 [떡]입니다. 왜냐하면 우리의 유월절 어린양, 곧 그리스도께서 희생되셨기 때문입니다. 그래서 묵은 누룩, 곧 악의와 사악함을 빚어내는 누룩이 아니라 오히려 순결과 진실이라는 누룩 없는 떡으로 유월절을 지킵시다.

1절 $\mathfrak{p}^{46}$, $\aleph^*$, A, B, C, D, F, G, 33 등은 ἔθνεσιν과 관련된 동사를 포함하지 않는다. 한편 이차적인 독법인 ονομαζεται를 지지하는 몇몇 필사본($\mathfrak{p}^{68}$, $\aleph^2$, Syriac)이 있다. 이 독법은 AV/KJV에 반영되어 있다(아래 주해 참조). 그것이 덧붙여진 이유는 쉽게 설명될 수 있을 것이다.

고전 그리스어에서 Ὅλως는 대체로 "전적으로 또는 모두"를 의미한다(KJV/AV는 "일반적으로"). 그러나 파피루스 문헌과 후대 문헌에서 이 단어는 "진정으로 또는 사실상"을 뜻하기도 한다(이 주석서 및 대다수 영역본). 현재 수동태 ἀκούεται는 글로에의 사람들에 의해 구두로 소식이 전해졌다(1:11, ἐδηλώθη)는 것을 가리키며, 고린도 교인들은 심지어 이 문제점에 대해 조사조차 하려 하지 않는다는 점을 강조한다.⁵⁾ 바울의 관심은 이제 περὶ ὑμῶν,

---

5)   South, *Disciplinary Practices*, 25.

"여러분에 대해"(1:11)로부터 ἐν ὑμῖν, "여러분 가운데"(5:1)로 옮겨진다.

바울은 πορνεία라는 단어를 고린도전후서에서 모두 여섯 번 사용한다. 그 가운데 다섯 번은 고전 5-7장에서 나타난다. NRSV, REB, NIV와 NJB 는 모두 이 단어를 "성적 부도덕"(AV/KJV, RV, 간음)으로 번역한다. 왜냐하 면 이 용어는 총칭적인 μοιχεία, "간음"과 같은 다양한 하위 범주를 포함하 기 때문이다. 이 단어는 "모든 종류의 불법적인 성관계"를 포괄한다.[6] 따라 서 근친상간은 πορνεία 가운데 특별히 악한 하부 개념으로 명시된다. 이 와 같은 것(τοιαύτη)은 법과 사회 규범을 위반하는 범죄로서 심지어 이방 인들 가운데서도 용납되지 않는(οὐδέ) 것이다. 가장 신뢰할 만한 사본들에 서 ἔθνεσιν과 관련된 동사는 나타나지 않는다. 그래서 우리는 "용납되다" 를 덧붙여 번역했다. 사우스는 첨가해야 할 동사가 "거명되다"(AV/KJV)는 물론이거니와 "발견되다"(NRSV), "나타나다"(NIV)도 아니라는 점을 설득 력 있게 지적한다. 왜냐하면 이와 같은 사례들은 정죄받지만, 로마 사회나 로마법에서 용납되지 않았기 때문이다.[7] 사실상 리츠만과 에링으로부터 피 와 콜린스에 이르기까지 많은 주석가들뿐만 아니라 사우스와 클라크를 포 함하여 전문 연구서 저자들도 고대 로마의 법률가 가이우스(기원후 161년경) 가 이러한 사례에 대해 다룬 『법학제요』(Institutiones)를 인용한다. 가이우스 는 "아버지의 누이나 어머니의 여동생과 결혼하는 것은 법에 어긋난다. 또 한 나는 quondam(이전에? 한 때? 언젠가?) 나의 장모나 계모였던 사람과도 결 혼할 수 없다"라고 분명하게 말한다.[8] 기원전 1세기에 키케로는 다음과 같 은 사례에 대해 극심한 혐오감을 나타낸다. "장모가 사위와 결혼하다니… 오, 그 여인의 죄에 대해 생각하기도 싫다. 믿을 수 없고…듣지도 못했다.… 그 여인은 두려워하지도 않다니!"[9] (우리는 "오히려 여러분은 마땅히 통탄했어야

---

6) BAGD, 693; 이와 비슷하게 Grimm-Thayer, 531-532.

7) South, *Disciplinary Practices*, 29.

8) Gaius, *Institutiones*, 1:63; Eng. ed., J. Muirhead, *The Institutes of Gaius and Rules of Ulpian* (Edinburgh: T. & T. Clark, 1880), 24-25; 참조. Collins, *First Cor*, 206, 209-210.

9) Cicero, *Pro Cluentio* 5:27; rpt. *Speeches*, Loeb Library (Lat/ and Eng., Cambridge, Mass.: Harvard University Press, 1927), 237.

하지 않습니까?"[5:2]라는 바울의 말에서도 이와 같은 반응을 감지할 수 있다) 심지어 사실상 충격을 받지 않는 카툴루스도 이와 같은 성관계에 대해 혐오감을 나타낸다.[10]

　　만약 고대 로마 세계가 이러한 결합을 혐오감을 일으키는 것으로 받아들였다면 성경과 유대교의 전통은 이와 같은 가능성을 단호하게 금지하는 법을 제시할 것이다. 또다시 오늘날의 저자들은 한결같이 레 18:18, 20:11, 신 23:1, 27:20과 같은 본문을 인용한다.[11] 신 27:20에서 이와 같은 범죄는 열두 가지 "저주" 안에 포함되어 있으며, 레 18:8, 29에서 그 행위는 사형을 초래한다. 미쉬나(산헤드린 7:4)는 다음과 같은 악행에 대해 돌로 쳐 죽이라고 규정한다. "다음과 같은 범죄를 저지른 자들은 돌로 쳐야 한다. 곧 자기 어머니, **자기 아버지의 아내**, 자기 며느리, 남자 또는 짐승과 성관계를 하는 자다."[12] 신 27장의 "저주" 선언과 더불어 이와 같은 법적인 묘사는 고전 5:3-5에서 언급되는 바울의 법적·실행적 언어에 대한 (유일한 것은 아니지만) 한 가지 중요하고도 이해할 만한 배경을 제공해준다.

　　현재 부정사 ἔχειν, "맺고 있다"는 오직 한 번의 행위—이 경우라면 부정과거 시제가 사용되었을 것이다—가 아니라 지속적인 관계를 가리킨다.[13] 차우와 클라크의 견해에 의하면 이것은 결혼에 기초한 결합의 형태를 취했는데, 거기에는 가족의 재산에 대한 권리도 연류되어 있었다. 우리는 본문에서 언급되는 아버지의 상황에 대해 확실하게 알 수 없다. 리츠만은 "아버지는 여전히 살아 있고, 도망쳤거나 이혼한 아내와 파렴치한 결혼을 한 것"에 대해 말한다.[14] 바이스는 아버지의 사망 또는 그 여인과 이혼한

10) Catullus, *The Poems of Gaius Valerius Catallus* 74 and 88-90, Loeb Library (Lat. and Eng., Cambridge, Mass.: Harvard University Press, 1913), 163-165.
11) 예. Wolff, *Der erste Brief*, 100.
12) Translation by H. Danby, *The Mishnah* (Oxford: Clarendon Press, 1933, 강조는 덧붙여진 것임). 또한 참조. Wolff, *Der erste Brief*, 100.
13) Chow, *Patronage and Power*, 132. 그는 그 관계가 어떤 형태를 취했든지 간에 "그것은 지속적인 것이었다고 추측해도 무방할 것이다"라고 주장한다. 또한 참조. 130-141.
14) Lietzmann, *An die Korinther*, 23. 또한 Lietzmann은 레 18:7; 20:11도 언급한다. 또한 참조. Gaius, *Institutes* 1:63; a, d; Mishnah, *Sanhedrin* 7:4.

이후에 발생한 관계로 생각한다.[15] 크리소스토모스는 μητρυία(계모)보다 γυναῖκά τοῦ πατρὸς, "아버지의 아내"라는 표현이 그 행위의 심각성을 잘 설명해준다고 주장한다.[16] 오늘날의 많은 저자도 이 견해를 따른다. 또한 다수의 저자들은 이 견해가 크리소스토모스로부터 유래했다기보다는 고데가 처음으로 이렇게 주장했다고 말한다. 하지만 바울이 신명기나 레위기의 본문을 새롭게 재생하기 위해 더 긴 표현을 사용했을 개연성이 더 높다. 콘첼만과 쉬슬러 피오렌자는 고대 로마법의 제재 규정 때문에 그 관계가 정식 결혼이기보다는 동거일 개연성이 더 높다고 제안한다. 하지만 이 견해에 반대하면서 차우와 클라크는 후원과 재산권에 대한 견해를 내세운다.[17] 우리는 확실하진 않지만, 그들의 관계가 결혼 관계였을 것이라고 결론짓는다.[18]

차우는 상당히 이른 나이에 결혼이 이루어진 상황에서 해당 여인은 여전히 매력을 지니고 있었을 것이며, 그녀의 남편의 아들이 보기에도 비교적 젊게 보였을 것이라고 제안한다. 그의 제안은 결혼과 관련하여 레위기에서 "가족과 친족 관계에서 금지한" 도덕적·목회적 의도에 주의를 돌리게 한다.[19] 친족 체계에 대한 인류학적 연구로부터 어떤 이론을 제시하든지 간에 바울은 확대된 가족의 보다 광범위한 구조 안에서 결혼과 핵가족을 보호해주는 효력을 지니고 있는 성경에 기초한 규정을 확인해준다. 며느리와 시아버지, 어머니와 사위 등이 날마다 같은 지붕 아래서 삶을 공유한다면 다른 성(性)을 지닌 다른 가족 구성원의 매력에 관심을 갖게 할 수 있을 것이다. 그것은 이미 존재하는 혼인 서약을 그릇되게 할 수도 있다. 따라서 그러한 생각이나 욕망을 전적으로 "차단"함으로써 가족의 어떤 구성원도 그 가능성을 상상조차 할 수 없도록 해야 할 것이다. 따라서 해당 이슈와 관련

---

15) Weiss, *Der erste Korintherbrief,* 125. 또한 ἔχειν과 관련하여 Weiss는 마 14:4; 22:28; 요 4:18; 고전 7:2, 29을 비교한다.

16) Chrysostom, *1 Cor. Hom.,* 15:2.

17) Conzelmann, *1 Corinthians,* 96; E. S. Fiorenza, "1 Corinthians," in *Harper's Bible Commentary* (New York: Harper, 1988), 1,174.

18) With Barrett, *First Epistle,* 122.

19) Chow, *Patronage and Power,* 134.

하여 그 당시 고린도에서나 오늘날에도 또 하나의 타당한 원리가 제시된다. 즉 어떤 특정한 경우에는 법이 상호 신뢰와 자유를 도모한다. 법은 자유를 반대하지 않는다.

따라서 우리는 "모든 것이 합법적이다"(6:12)라고 주장하면서 근친상간의 행위를 묵인하는 신앙 공동체의 자기만족이 과연 타당한지에 대한 전통적인 논의를 일축해서는 안 된다. 이것은 순결에 대한 데일 마틴의 이론이나 후원에 대한 차우와 클라크의 견해와 경쟁 관계에 있는 가설이 아니다. 그들의 연구는 이 이슈에 대한 우리의 이해에 건설적인 측면을 보완해주었다. 하지만 그것은 6:12의 본문 안에 표현된 질서와 율법에 대한 이슈보다 더 사변적이다. 레위기 18장의 사회학적 기원이 무엇이든지 간에 영국 성공회는 여전히 성공회 기도서(1662년)에서 대체로 레위기에 기초한 "가족과 친족 일람표"를 보존하고 있다. 그것은 레위기 18장에 대한 칼뱅의 이해를 편집한 것이며 금지된 관계 목록(1563년)에 기초한 것이다. 목회적인 이유에 근거하여 영국 성공회는 『헌장법규』(The Canons) 4판(1986년)의 법규 B31로 그 목록을 수정된 형태로 보존하고 있다.[20]

2절   πράξας는 ℵ, A, C, 33에서 발견되며, 재구성된 P^{11}에서도 나타난다. 하지만 P^{46}, B, D, F, G와 대다수 소문자 사본은 ποιήσας로 읽는다. 메츠거는 UBS 4판이 πράξας를 선호하는 이유를 다음과 같이 설명한다. ποιεῖν ἔργον은 너무나도 표준적인 표현이기 때문에 필사자들이 ποιήσας를 부차적인 πράξας로 바꾸기보다는 그것을 그대로 필사했을 가능성이 훨씬 더 높다는 것이다. 하지만 해당 이슈는 서로 잘 균형을 이루고 있으며 실질적인 차이점은 거의 없다.

우리는 현재완료 분사 수동태 πεφυσιωμένοι가 가리키는 지속적인 효과를 잘 전달하기 위해 이 단어를 "자기만족에 빠져 있습니다"라고 번역했다. 하지만 우리가 이 단어를 어떻게 해석하는지에 따라 많은 것이 결정된다. 이 그리스 단어와 그 은유적인 용례에 대해서는 4:6과 4:18, 19에 대한 주해를 참조하라. 우리는 이미 신약성경에서 이 단어가 일곱 번 사용되

---

20) *The Canons of the Church of England* (London: Church House, 1986), 41.

는데, 그 가운데 고린도전서에서 여섯 번이나 나타난다는 것을 이미 언급한 바 있다. 이 단어는 "자만심, 자기 존중, 교만, 자기만족 또는 자화자찬" 등으로 우쭐대거나 으스대는 것을 의미한다. 그리스어 본문에서 2a는 다음과 같이 질문의 형태일 가능성도 있다. 즉 "그런데 여러분은 진정으로 자기만족을 드러낼 수 있습니까?" [21] 여기서 ὑμεῖς, "여러분"은 그 의미를 강조한다. 의심의 여지없이 이것은 "또다시 그래서는 안 된다!"라는 의미와 더불어 4:6, 18, 19과 자랑에 대해 언급하는 이전의 구절들을 상기시킨다.

바울은 2b에서 수사 의문문을 통해 신앙 공동체 전체가 몹시 슬퍼하며 가슴 아파해야 했다고 분명하게 말한다(πενθέω는 자동사로서 슬퍼하다, 한탄하다 또는 통탄하다를 뜻한다. 하지만 또한 타동사로서 목적어와 함께 ~에 대해 슬퍼하다를 의미한다).[22] 아마도 직설법 제1부정과거 ἐπενθήσατε는 탄식의 상태로 들어가기 시작하는 과거의 행위(시작의 부정과거)에 대한 뉘앙스를 전달할 것이다. 왜냐하면 비록 단순히 슬퍼하는 것은 심리적인 슬픔을 표현하는 것으로서 맨 처음에는 보다 더 타당한 것처럼 보일지라도 공식적인 통탄의 상태는 교회 생활과 예배에 객관적으로, 그리고 공적으로 깊은 인상을 심어주어 그 죄를 범한 자를 견디지 못하게 만들어 십중팔구 그가 교회를 떠나게 할 것이다(아니면 그의 생활 방식을 바꾸게 할 것이다).[23] 그는 자신이 교회의 건전한 삶을 해쳤다는 사실을 알아야 할 것이다(참조. 각주 23). 따라

---

21) Edwards, *First Epistle*, 123.
22) BAGD, 642; 참조. Grimm-Thayer, 500, *mourn* in 1 Cor 5:2.
23) Lightfoot는 "수치심과 슬픔에 대한 외적인 표현"으로서 "여러분은 오히려 상복을 입었어야만 하지 않았습니까?"라고 번역한다. 단순히 뉘우치는 감정을 갖는 것만이 아니라 슬픔, 후회와 참회를 표현하는 공개적인 행위를 강력하게 입증해주는 구약시대의 전통은 이스라엘 백성의 삶에서 거친 베옷을 입고 애도하는 것을 통해 표현된다(종종 פׂ שׂק [사크] "거친 베옷"[70인역: σάκκος]을 두르고, אבל [아벨] "애도하다"로 묘사됨. 예. 삼하 3:31; 렘 49:3). 또한 참조. 창 37:34; 왕상 20:31-32; 21:27; 대상 21:16; 에 4:1-4; 시 30:11; 69:11; 사 37:1-2; 50:3; 렘 4:8; 애 2:10; 겔 7:18; 단 9:3. 또한 마 11:21(평행절 눅 10:13)에서도 히브리어에서 차용한 그리스어 σάκκος가 사용된다. 그리고 때때로 재를 뿌리는 행위와 더불어 애도를 나타내는 거칠고 굵은 베옷을 입는 것도 참회를 공개적으로 표현하는 것이다. 즉 이것은 참회의 행위이다. 이와 마찬가지로 Héring은 "애도와 금식의 효용성"에 대한 이 배경의 중요성을 강조한다(*First Epistle*, 35).

서 바울은 2b의 목적절—그를 내쫓기 위해—에 이어 곧바로 주동사가 위치하게 한다(곧 ἵνα ἀρθῇ). ἀρθῇ는 αἴρω, "내가 들다, 내가 제거하다"의 가정법 부정과거 단수 수동태다. 피츠너(사우스와 로스너도 그의 견해를 따름)는 ἵνα로 시작되는 절을 애도의 상태와 곧바로 연결한다. 그는 다음과 같이 주장한다. 이것은 단순히 죄에 대한 슬픔이 아니라 (만약 그가 변화되지 않는다면) 회개치 않는 죄인을 신앙 공동체로부터 잃어버린 것을 애도하는 것을 가리킨다.[24] 13절에서 복합동사 ἐξάρατε τὸν πονηρόν, "그 악한 사람을 내쫓으십시오"라는 표현은 더욱더 강력하다. 아마도 신앙 공동체의 맨 처음 입장은 **암묵적으로** 그를 냉담하게 대해 그가 떠나도록 의도했을 것이다. 다른 한편으로 보다 더 공식적인 행위는 판결과 명령에 대한 언어 행위로서 **명백하게** 공식적인 선언을 했을 것이다.

클라크는 자만 또는 자랑과 관련하여 현대 저자들의 설명을 다음 세 가지로 분류한다. (i) 이 이슈를 주도하는 배경은 6:12의 슬로건, πάντα μοι ἔξεστιν에서 발견할 수 있다. 노크의 입장을 따라 나는 1973년에 다음과 같이 주장했다. 그 문제는 부분적으로 "그들이 삶의 새로운 단계에 있다고 생각했으며, [또한] 그들이 무엇이든지 할 수 있다고 느낀 것"이었다. 따라서 그들이 죄의식 없이 "율법"을 무시한 것은 "왕처럼 통치하는 자로서", 그리고 투쟁을 초월한 자로서 자신들의 신분의 우월성을 입증하는 것으로 인식될 수 있었다.[25] 클라크는 이것이 그 문제의 전부는 아니라고 올바르게 주장한다. 하지만 야브로와 함께 그는 그 문제에 크게 기여하는 한 가지 요소의 효력을 너무 성급하게 일축한다.[26] 오리게네스는 교만과 교회의 관용에 대한 이중적인 비난을 밀접하게 연결한다. 이와 같은 견해가 오랜 전통을

---

24) Pfitzner, "Purified Community," 34-55; South, *Disciplinary Practices*, 32-33; Rosner, "οὐχὶ μᾶλλον ἐπενθήσατε: Corporate Responsibility in 1 Cor. 5," 470-473.

25) Thiselton, "The Meaning of σάρξ in Cor.5:5," 211; 참조. 204-228; and A. D. Nock, *St. Paul* (London: Thornton Butterworth 1938), 174; *Conversion* (Oxford: Oxford University Press, 1938), 118-121 그리고 곳곳에.

26) Clarke, *Secular and Christian Leadership*, 74 including n. 6; Yarbrough, *Not like the Gentiles: Marriage Rules in the Letters of Paul* (Atlanta: Scholars Press, 1985), 96-97.

지니고 있다는 것은 매튜 풀(1685년)이 그 견해를 인용한다는 사실에서 입
증된다. 하지만 그는 그것을 받아들이지 않는다.[27] 브루스는 왜 바울이 이
표현에서 도덕적인 죄 못지않게 교만에 대해 관심을 기울이는지를 다음과
같이 설명한다. "고린도 교회의 많은 이들은 이것이 유대교의 율법과 이방
인들의 관습으로부터 해방된 그리스도인의 자유를 주장하는 것으로 생각
했다(참조. 6:12 이하)."[28] 바레트는 이 가능성을 기꺼이 고려하는 입장을 취
한다.[29] 블롬버그는 다음과 같이 균형 잡힌 입장을 신중히 제시한다. "그들
은 사실상 그리스도인으로서 새로 발견한 자신들의 '계몽된' 관용에 대해
우쭐대고 있다(2절)."[30]

(ii) 교부 시대로 거슬러 올라가는 두 번째 견해는 "자랑"을 고린도 교
인들 중 일부가 1절의 문제를 일으킨 당사자의 가르침을 받아들인 것으로
부터 비롯되었다고 인식한다. 그는 분명히 교회 안에서 가르쳤다는 것이다.
크리소스토모스, 테오도레토스, 테오필락투스, 그로티우스는 이러한 가능
성을 제안한다.[31] 그들은 그의 도덕적 과실이 아니라 이른바 그의 유려한
말재주 또는 "지혜"를 자랑으로 여겼다. 만약 우리가 마이어(그리고 보다 최
근에 도브)의 입장을 따른다면 이러한 견해는 보다 더 그럴 듯하게 여겨질
것이다. 즉 그 사람은 "자기 자신을 변호하면서…새롭게 태어나는 개종자
가 되는 것은 금지된 제한 조건을 없애버린 것이라는 랍비의 가르침을 제
시했다(Maimonides, *Jebhamoth*, F. 982)."[32] 도브는 자만 또는 (그의 견해에 의

---

27) Origen, *On 1 Corinthians* (*Fragments*, ed. C. Jenkins, JTS 9 [1908]: 363), *Frag.* 23 (on
   4:21-5:2); Matthew Poole, *Commentary*, 3:552.

28) Bruce, *1 and 2 Corinthians*, 54.

29) Barrett, *First Epistle*, 122.

30) Craig Blomberg, *1 Corinthians*, 104-105; Collins, *First Cor*, 201. Collins는 "여러분"이라
   는 2인칭 복수는 특히 그들의 지도자들도 포함할 수 있다고 추측한다.

31) Chrysostom, *1 Cor. Hom.*, 15:2, "죄와 관련해서가 아니라…그 사람에게서 가르침을 듣
   고 '우쭐대는 것'이다."; Theodoret, *Interpretatio ep. ad Cor.*, 191D, Gk. πεπαιδευμένον
   διδάσκακον ἔχοντες; Lat., 192A, *qui doctorem eruditum habereat*.

32) Meyer, *First Epistle*, 1:140; 참조. D. Daube, "Pauline Contributions to a Pluralistic
   Culture: Re-creation and Beyond," in D. G. Miller and D. K. Hadidian (eds.), *Jesus and
   Man's Hope* (Pittsburgh: Pickwick Press, 1971), 223-227.

하면) 의기양양한 마음을 반율법주의의 징후보다는 새로운 개종자를 얻는 것과 관련된 유대교의 배경에서 찾는다.[33] 아마도 이 가설은 "지혜"의 감동적인 한 조각으로서 크리소스토모스와 테오도레토스의 접근 방법을 보다 더 잘 지지해 줄 것이다. 하지만 결국 클라크의 다음과 같은 주장은 분명히 옳다. 만약 이 가설이 타당성을 유지하려면 우리는 바울이 해당 이슈에 대해 보다 더 분명하게—예를 들면 새 창조에서 이슈가 되는 것은 과연 무엇인지—말할 것을 기대해야 한다.[34]

(iii) 아마도 대다수 현대 저자들은 자만을 범법자의 불법적인 관계에도 **불구하고** 자만하고 있는 것이라고 해석할 것이다. 알로, 바이스 등 다른 학자들은 바울의 말을 "여러분은 마치 '하늘 위에서' 사는 것처럼 승리주의로 우쭐해져서 이 중대한 죄악도 여러분의 자만을 가로막지 못하는군요"라는 의미로 해석한다.[35] 클라크와 콘첼만은 이것은 단순히 고린도 교회 안에서 나타난 일반적인 태도라고 강조한다.[36] 다른 이들은 "그들의 병적인 자존심"을 지적한다.[37]

하지만 현대 저자들은 모두 사실상 두 가지 이슈에 동의한다. 첫째, 바울은 서로 다른 두 가지 문제점을 지적한다. (a) 그 당사자의 비도덕적인 행위와 (b) 그 상황에 관심을 기울였다는 명백한 표시를 전혀 보여주지 않고 오히려 그것을 묵인하고 용납한 신앙 공동체 전체의 죄다.[38] 둘째, 우리는 의문의 여지가 있는 젤린의 주장—편집 과정에서 4:21과 5:1이 분리됨—을 받아들이지 않는다(그는 5:1-8을 1-4장 및 5:9-13과 분리한다. 그리고

---

33) Daube, "Pauline Contributions to a Pluralistic Culture" (n. 32).

34) Clarke, *Secular and Christian Leadership*, 75.

35) Godet, *First Epistle*, 1:242; 참조. Weiss, *Der erste Korintherbrief*, 133; Allo, *Première Épitre*, 116; Lenski, *1 Corinthians*, 206; Robertson and Plummer, *First Epistle*, 97.

36) Clarke, *Leadership*, 77; Conzelmann, *1 Corinthians 96-97*; 참조. Klauck, *1 Korintherbrief*, 42; Lang, *Die Briefe an die Korinther*, 70-71.

37) Robertson and Plummer, *First Epistle*, 97.

38) 참조. L. Vander Broek, "Discipline and Community: Another Look at 1 Cor. 5," *RefRev* 48 (1994): 5-13. 그의 논점은 타당하지만, 다른 견해들과 거의 구별되지 않는다. 대다수 저자들도 비슷한 논점을 제시한다.

그 부분이 이전 편지로서 6:1-11; 9:26-10:22; 11:2-34과 연결되어 있다고 추측한다). 대다수 저자들은 여기서 바울이 신앙 공동체의 순결에 관심을 기울이고 있다고 이해한다. 그것은 성령에 의해 거룩하게 된 하나님의 성전으로서 교회의 거룩함에 대한 바울의 말(3:16-17)을 반영한다.[39] 더욱이 브라이언 로스너도 5:5에서 σάρξ의 "멸망"은 역으로 거룩한 성전을 "파괴하는" 시도에 대해 경고하는 것(3:17)에 해당한다고 주장하면서 이 중요한 논점을 지지한다.[40] 나아가 캠벨과 로스너(두 번째 논문)는 다음과 같이 주장한다. 이 이슈는 신앙 공동체의 **공동 책임** 가운데 하나다. 개인의 행위는 단지 개인과 관련된 사항만이 아니다.[41] 해당 이슈는 신앙 공동체 전체의 책임이다.[42]

3절 인칭 대명사 ἐγώ는 통탄하기를 거부하는 사람들인 "여러분"(2절)과 대조를 이룬다. 그래서 알로와 피는 "나로서는"(나 자신은 또는 quant à moi)이라고 번역하는 것을 제안한다.[43] 이 두 주석가는 이 절에서 μέν이 뒤에 나오는 δέ와 관련된 것이 아니라고 주장한다. 왜냐하면 3절의 "나 자신"은 2절의 "여러분"과 대조되기 때문이다. 한편 서로 대조되는 현재분사 ἀπών, "떨어져 있는"과 παρών, "함께 있는"은 모두 여격에 의해 그 의미가 한정된다. 이 여격은 존재 방식을 가리키거나(사실상 부사로 쓰이거나) 장소를 가리킨다. 즉 τῷ σώματι는 "몸으로"를 뜻한다. 반면 τῷ πνεύματι는 무엇을 의미하는지 논쟁의 여지가 있다. 19세기부터 1950년대 후반에 이르기까지 사실상 학자들은 한결같이 τῷ πνεύματι가 몸으로가 아니라는 뜻에서 "영으로"(in spirit)를 의미한다고 해석해왔다. 왜냐하면 의미상 σῶμα와 πνεῦμα 간의 대조는 플라톤과 데카르트의 고전적 이원론, 곧 마음 또는 정

---

39) Robertson G. Sellin, "1 Kor 5-6 und der 'Vorbrief' nach Korinth," *NTS* 37 (1991): 535-558.

40) Rosner, "Temple and Holiness in 1 Cor. 5," 137-145.

41) B. Campbell, "Flesh and Spirit in 1 Cor 5:5," 331-342, 특히 Rosner, "οὐχὶ μᾶλλον ἐπενθήσατε: Corporate Responsibility in 1 Cor. 5," 470-473.

42) South, "A Critique of the 'Curse/Death' Interpretation of 1 Cor. 5:1-8," 539-561; and *Disciplinary Practices*, 33-71.

43) Fee, *First Epistle*, 203.

신(mind)과 몸(body)을 반영한다고 보았기 때문이다. 많은 이들은 골 2:5을 평행절로 인용하며, 바울의 사고 안에서도 이러한 대조의 사례들을 부인할 수 없다고 주장한다.[44]

이러한 추측은 얼마나 확실한가? 카를손은 이 대조가 문학적으로 고안된 것으로 간주한다. 우리가 "내 마음은 여러분과 함께 있다" 곧 "내 생각과 관심은 여러분과 함께 있다"라고 말하려고 할 때 (오늘날에도) 편지 작성의 사례에서 이러한 표현을 충분히 상상할 수 있지만, 카를손의 견해를 따르기에는 설득력이 별로 없다. 클라우크는 "우리가 어떤 특별한 편지 형식을 접하고 있다"고 믿는다. 그는 이 형식이 다른 많은 논의가 그릇된 방향으로 나아갔음을 드러내준다고 주장한다.[45] 하지만 바울의 용어와 관련하여 보다 더 본질적인 것이 이슈가 되고 있다. "임재"(presence)에 대한 바울의 대조 또한 고대 그리스의 세속적인 서간문 작성법(epistolography)에서 말하는 실재와 동일한 수준에 있지 않다.[46] 사우스는 다음과 같은 와일스의 논평을 언급한다. "그[바울]의 임재에 대한 이 놀라운 삼중적 강조는 반드시 관습적인 편지 형식보다 훨씬 더 많은 것을 의미한다.…오히려 그의 영은 σὺν τῇ δυνάμει τοῦ κυρίου ἡμῶν Ἰησοῦ(우리 주 예수의 효력 있는 능력과 더불어) 그들에게 전달된다."[47]

피와 사우스는 설령 성령에 대해 열려 있는 인간 자신을 가리키는 πνεῦμα에 대한 부차적인 언급이 있다 하더라도 바울은 마음(정신)과 몸의 대조를 나타내기보다는 성령을 일차적으로 언급하기 위해 τῷ πνεύματι를 사용했을 가능성을 진지하게 고려하면서 올바른 해석의 방향을 제시

---

44) Schrage, *Der erste Brief,* 1:373. 이 부분에서 Schrage는 그것을 하나의 일반적인 대조라고 시인하지만, 특징적인 사례로 인정하지는 않는다.

45) Klauck, *1 Korintherbrief,* 42; 참조. G. Karlsson, "Formelhaftes in Paulusbriefen?" *Eranos* 54 (1956): 138-141; Conzelmann, *1 Corinthians,* 97.

46) Funk, "The Apostolic Presence: Paul," in *Parable and Presence,* 81-102; South, *Disciplinary Practice,* 33-34.

47) G. P. Wiles, *Paul's Intercessory Prayers* (Cambridge: Cambridge University Press, 1974), 145.

한다. 즉 바울은 바로 그 성령의 능력을 통해 고린도에서 거룩한 한 성전을 형성한 한 사람으로서 그들과 함께 한다는 것이다. 이 성전은 오염과 파괴의 위협을 받고 있지만(앞의 로스너의 견해 참조), 신앙 공동체라는 한 몸에 내주하면서 모두 하나가 되게 하는 성령의 띠에 의해 거룩해진다. 사우스는 5:5에 대한 나의 이전 논문을 언급하며 "티슬턴은 두 용어[거기서는 σάρξ 와 πνεῦμα]가 서로 대조를 이루며 사용될 때마다 그 의미가 몸/영으로 사용되는 경우는 (만약 있다 하더라도) 드물다고 설득력 있게 입증했다"고 말한다.[48] 암브로시아스터는 이 해석을 채택했다. 피(Fee)도 고린도전서에서 공동체와 관련된 문맥과 서로 결합하는 것에 대한 문맥에서 하나님의 영인 πνεῦμα에 대한 전후 언급들을 탐구함으로써 이 주장을 강화한다.[49] 다른 학자들도 우리가 바울의 실제적인 임재 가능성에 대한 근거로서 하나님의 영뿐만 아니라 인간의 영이나 자아의 존재 방식에 대해 이중으로 언급한다는 것을 배제시키지 않는다는 전제하에 이 견해에 관심을 기울이게 되었다.[50] 5:5에서 πνεῦμα가 인류학적인 측면에서 사용된다는 점도 이를 지지해준다.

앞에서 언급한 해석과 달리 다른 주석가들은 "바울은 자신이 영적으로 함께 할 것임을 약속한다"(에링)와 같은 모호한 입장을 취하거나, 아니면 보다 더 전통적인 이원론적인 해석을 따른다. 예를 들어 알로는 πνεῦμα와 σῶμα는 서로 대립 관계에 있으며, 그 관계에서 τῷ πνεύματι는 "단지 생각과 의도가 있다는 것을 의미하며 더 큰 의미는 없다"고 주장한다.[51] 그는 확대하여 설명하는 부록에서 "πνεῦμα의 다양한 의미"를 인정한다.[52]

직설법 현재완료 능동태 κέκρικα, "나는 심판했습니다"는 바울이 신앙 공동체의 일원으로서 그와 같은 행위를 저지른 사람(τόν과 함께 부정과거 분

---

48) South, "A Critique of the 'Curse/Death' Interpretation of 1 Cor. 5:1-8," 552; 참조. 539-561.
49) Fee, *First Epistle*, 203-213; esp. 204-205.
50) Schrage, *Der erste Brief,* 1:373.
51) Allo, *Première Épitre,* 120.
52) 같은 책, 91-101.

사 중간태)에게 이미(ἤδη) 공적이며 확정된 판결을 내렸다는 것을 암시한다. 특별히 바울이 οὕτως, "이와 같은 방법으로" 또는 "이렇게" 또는 "이와 같은 상황에서"라는 부사를 화가 난 어조와 연결하는 것과 더불어 의미를 강조하는 κατ'와 함께 사용된 κατεργάζομαι의 분사형은 "내가 실행하다", "내가 심사숙고하여 처리하다"로 번역할 수 있다. "이 단어는 죄과(罪過)를 한층 더 부각한다."[53] 한편 ὡς παρών에 대한 번역과 관련해서는 중요한 차이점이 있다. 피, 사우스, 슈라게는 (거의 모든 영역본과 거의 모든 주석서의 입장에 반대하면서) 바울은 "마치 내가 함께 있는 것처럼"이 아니라 [그곳에] "함께 있는 자로서"(Fee) 또는 "그럼에도 함께 있다"고 말한다고 올바르게 주장한다.[54] 이 표현은 ἀπών과의 **논리적인** 긴장 관계를 강조한다. 몇몇 문법학자는 이 분사가 양보의 의미를 나타낸다고 주장했다. 하지만 슈라게가 주장하듯이 4절과 5절은 바울이 자기의 "임재"(presence)를 단순히 "허상"으로 여기지 않았음을 입증해준다(이 견해는 다음과 같은 영역본의 번역과 대조를 이룸: NRSV, as if present; NIV, just as if I were present; AV/KJV, as though I were present). 종말론, 성령, 하나님의 심판의 영역을 "마치 ~인 것처럼"의 영역으로 여기고, 역사적이며 경험적인 영역을 "실재"로 여기는 것은 잘못된 것이다. 나는 이전에 다른 논문에서 이 두 가지 차원은 지시 내용에 대한 서로다른 구조의 일부로 인식되는 **실재**라고 주장했다. 만약 두 가지 중 한 가지만을 선택하도록 (억지로) 강요한다면 그리스도인에게 있어 보다 더 "실제적"인 것은 이 땅의 영역이 아니다.[55]

4-5절 P^{46}, B, D, G와 몇몇 고대 시리아 필사본은 ἡμῶν, "우리"를 포함한다(반면 ℵ와 A는 그것을 생략한다). 한편 P^{46}, D의 필사본, G, 33, 불가타역에는 Χριστοῦ가 덧붙여져 있다. 하지만 ℵ, A, B, D*의 원문과 불가타역은 이를 생략한다.

---

53) Lightfoot, *Notes*, 204.

54) Fee, *First Epistle*, 204, n. 39; South, *Disciplinary Practices*, 34; Schrage, *Der erste Brief*, 1:373.

55) A. C. Thiselton, "On the Logical Grammar of Justification in Paul," in *SE 7* (Berlin: Berlin Academy, 1982), 491-495; *The Two Horizons* (Grand Rapids: Eerdmans, 1980), 415-427.

전체 문맥이 무겁고 공적인 어조를 띠고 있기 때문에 필사자들이 엄숙한 칭호들을 나열했을 것으로 보는 주장은 양쪽을 모두 지지한다고 생각할 수 있을 것이다. 왜 냐하면 바울이 이 용어들을 사용했을 가능성도 있기 때문이다. 하지만 나중에 불필요한 반복이라는 이유에서 필사자들이 생략했을 가능성을 제외하면 이 용어들의 생략은 설명하기 더 어려울 것이다. 비록 확실하진 않지만, 모든 것을 고려할 때 사본상의 증거는 ἡμῶν이 포함된 것을 지지해준다. 반면 Χριστοῦ가 포함되었을 가능성에 반대하는 요인은 상당히 많다. 따라서 그것이 원문일 가능성은 거의 없다. 메츠거는 B와 D의 증거는 저울이 UBS 4판을 지지해주는 쪽으로 기울게 한다고 간주한다.[56] 한편 5절에서 ℵ은 "주님의 날"에 Ἰησοῦ를 덧붙이는 반면, D는 Ἰησοῦ Χριστοῦ를 덧붙인다. 하지만 B의 더 짧은 독법인 "주님의 날"은 원문으로 가장 추천할 만하다. 왜냐하면 원문이라는 확실한 근거가 없다면 B가 그 용어[들]을 생략한 것에 대해 설명하는 것보다 필사자들이 앞 문장에서 해당 용어들을 가져왔다고 생각하는 것이 더 쉽기 때문이다. 그러나 주해와 관련하여 이러한 차이점은 별로 중요하지 않다.

4절과 5절은 잘 알려진 몇 가지 난제를 포함하고 있다. 주석가들과 현대 저자들은 이에 대해 상세하게 언급한다.

(i) 첫 번째로 중요한 질문은 ἐν τῷ ὀνόματι τοῦ κυρίου [ἡμῶν] Ἰησοῦ, "우리 주 예수의 이름으로"가 어떤 것과 연결되는지와 관련이 있다. 오리게네스, 크리소스토모스 및 다른 교부들은 과연 이 구절은 독립 소유격 συναχθέντων ὑμῶν, "여러분이 함께 모일 때"가 κέκρικα(3절)에 속해 있는지, 아니면 일련의 구절 전체에 속해 있는지, 혹은 보다 더 구체적으로 παραδοῦναι(부정과거 부정사), "내가 건네주다", "내가 넘겨주다"와 관련되어 있는 것인지 등에 대해 논쟁을 벌였다. 오늘날에도 이 구문에 대해 어김없이 논쟁이 벌어지고 있다. 알로는 선택 가능한 다섯 가지 목록을 상세하게 제시하는 반면, 콘첼만은 여섯 가지 가능성을 제시한다.[57] 그 목록에는

56) Metzger, *Textual Commentary* (2d ed. 1994), 485.
57) Allo, *Première Épitre*, 121-124; Conzelmann, *1 Corinthians*, 97.

다음과 같은 견해가 포함되어 있다.

(a) ἐν τῷ ὀνόματι τοῦ κυρίου는 소유격 독립 분사 구문과 함께 "여러 분이 우리 주 예수의 이름으로 함께 모일 때"를 의미한다. 오리게네스 시대 이후로 크리소스토모스, 테오도레토스, 테오필락투스에 이어 συνηγμένοι εἰς τὸ ἐμὸν ὄνομα가 기독교 공동체로서 모이는 것에 대한 전형적인 정의에 해당한다는 초기의 전승을 증언하는 본문으로 마 18:20이 인용되어왔다.[58]

(b) 많은 학자들은 (위의 경우처럼) "이름으로"를 모임과 더불어 해석하며 "우리 주 예수의 효력 있는 능력과 더불어"를 그러한 사람을 사탄에게 넘겨주는 행위와 연결한다(이 경우에 παραδίδωμι의 부정사 παραδοῦναι는 3절에서부터 시작된 문장을 이어 주며 그 문장에 속한다). 크리소스토모스, 베자, 올스하우젠, 에발트에 이어 하인리치와 리츠만은 그리스어 어순에 근거하여 이 견해를 지지한다.[59]

(c) 전후 문맥에 근거하여 마이어는 선택이 가능한 네 가지 목록을 보다 더 설득력이 있게 제시한다. 테오도레토스, 에라스무스, 칼뱅, 바이스 등 다른 이들의 입장을 따라 로스너도 "주님의 이름과 능력으로 함께 모여"라고 번역한다. 즉 그는 [우리] 주 예수의 이름을 συναχθέντων뿐만 아니라 σὺν τῇ δυνάμει와 연결한다.[60] 하지만 칼뱅과 다른 이들에게는 권징 행위의 공동체적인 특성이 가장 중요하다. 이 해석은 그것을 강조해준다.

(d) 암브로시아스터와 모스하임은 (c)를 "넘겨주다"(παραδοῦναι)와 연결하려고 시도한다. 그렇다면 이것은 "우리 주의 이름과 우리 주의 능력에 의해…그 사람을 건네주다"를 의미한다.[61]

(e) 일단 우리가 서로 영향을 미치는 부사절들로 표현된 이 모델의 영

58) Chrysostom, *1 Cor. Hom.*, 15:3; Theodoret, *Interp. ep. 1 ad Cor.*, 191B (Gk.), 192B (Lat.); Migne, *PG*, 82:261 and 262.

59) Heinrici, *Das erste Sendschreiben*, 162, esp. nn. 2, 3; Lietzmann, *An die Korinther*, 23.

60) Rosner, *Paul, Scripture and Ethics*, 84; Theodoret, *Interp. ep. 1 ad Cor.*, 191B (Gk.), 192B (Lat.); Calvin, *First Epistle*, 107-108; Weiss, *Der erste Korintherbrief*, 127-133; and Erasmus, *In ep. Pauli ad Cor. 1*, 874.

61) Ambrosiaster, *Commentary*, in CSEL, 81:54.

역을 확대하면 우리는 루터, 에스티우스, 벵엘의 모델을 따라 "우리 주 예수의 이름으로"가 4절의 나머지 두 절도 모두 수식한다고 해석할 수 있을 것이다.[62] 알로는 이 견해를 신중히 지지하면서 다음과 같이 결론짓는다. 즉 ἐν τῷ ὀνόματι τοῦ κυρίου는 엄숙하게 강조하기 위해 문장의 맨 앞에 오며 진정으로 주동사를 지배한다. 그럼에도 σὺν τῇ δυνάμει τοῦ κυρίου는 "재판의 권한에 필수적인 계수(coefficient)를 제공해준다."[63] 이것은 중요한 의미를 지니는데, 이는 특히 이것이 판결(verdictive, κέκρικα)과 실행(exercitive)으로 이루어진 언어-행위의 기대 논리와 매우 잘 어울리기 때문이다(예를 들면 "유죄"라는 판결[verdictive]에는 재판관의 선고[exercitive]가 뒤따른다).[64] "주 예수의 효력 있는 능력"(참조. 실질적인 효력을 나타내는 δύναμις)은 단순히 인과 관계에서의 능력이 아니라 제도적인 권위다. 이것을 통해 주 예수의 능력은 판결과 실행에 대한 "지지" 또는 정당성을 제공해준다.

(f) 마지막으로 소수의 학자들은 "이름으로"를 κέκρικα와 연결하며 두 번째 절을 분리시킨다. 이들은 두 번째 절에서 σὺν τῇ δυνάμει가 "여러분이 함께 모일 때"를 지배한다고 이해한다. 이 견해는 (c)와 (e)보다 덜 지지를 받는다. 여러 견해 중에서 (c)와 (e)가 가장 설득력이 있다.

이와 같이 3-5절까지 하나의 긴 문장이 서로 복잡하게 얽혀 있어 다른 견해를 제쳐두고 어떤 한 가지 견해를 지지하는 것은 매우 어렵다.[65] 하지만 이러한 주의 사항과 더불어 우리는 그것이 지니고 있는 언어-행위의 상황에 근거하여 (e)가 가장 추천할 만하다고 결론짓는다. 또한 (c)도 상당

---

62) 칼뱅의 입장에 반대하며 Bengel은 사법적인 판결의 행위는 고린도 교회의 권한이 아니라 오직 바울의 권한이었다고 주장한다(참조. 고후 13:10). 그는 5절에 대해 "그것은 고린도 교인들이 아니라 사도에게 주어졌다"라고 주해한다. 또한 4절에 대해서는 이렇게 말한다. "바울은 자기 자신에 대해 말하고, 영이라는 단어를 사용하며, 그리스도에 대해 능력을 말한다. 비교. 고후 13:3; 참조. 마 28:20; 18:20"(Bengel, *Gnomon*, 622).

63) 보다 더 세부적인 내용에 대해서는 Robertson and Plummer, *First Epistle*, 98-99을 참조하라. 또한 Allo, *Première Épitre*, 121-124에도 이 논의가 자세하게 제시되어 있다.

64) Collins, *First Cor, 207, render judgment*. Collins는 언어-행위의 실행 측면을 유용하게 전달해준다.

65) Blomberg, *1 Corinthians*, 105.

한 가능성이 있고 설득력이 있다. 그리고 (아마도 [f]를 제외하고) 어떤 견해
도 확실하게 배제할 수 없다. 두 가지 경우에서 전체에 자격을 부여하는 "함
께 모이다"가 지닌 원형적인 기능은 언어-행위를 단순히 바울 개인의 행위
가 아니라 신앙 공동체 전체의 공동 행위로 만들어준다. 그 모임에는 신앙
공동체의 하나 됨과 "질서"의 사도적 중심으로서 바울이 분명히 포함되어
있다.[66]

(ii) "능력으로"라는 번역은 그리스어를 문자 그대로 반영한다. 하지
만 이 번역은 오해를 불러일으킬 수 있다. 따라서 이 편지에서 나타나는 신
학적인 뉘앙스를 보존하기 위해 우리는 "효력 있는 능력과 더불어"라는 번
역을 제안한다. 이와 마찬가지로 καὶ τοῦ ἐμοῦ πνεύματος는 문자 그대로
번역하면 "그리고 나의 영"이다. 하지만 우리는 바울 이전의 서방 이원론
의 관점에서 이 표현을 "나의 영적인 존재와 더불어"라고 오해할 수 있음
을 지적했다. 이것은 3절의 의미와도 일치하며(3절에 대한 주해 참조), 바울이
πνεῦμα를 통해 대체로 성령을 언급하거나 인간 자아의 존재 방식을 더 많
이 언급한다는 사실과도 일치한다. 바울의 관점에 의하면 인간의 존재 방식
은 성령에 대해 열려 있거나 단순히 인간적이며 지상적인 것을 초월하는 능
력을 지니고 있다(5:3에 대한 주해 참조. 또한 2:4, 10-14; 3:16; 4:21에 대한 주해 참
조. 나아가 형용사와 관련해서는 2:15; 3:11에 대한 주해 참조).

(iii) 가장 많은 논쟁을 불러일으키는 구절은 παραδοῦναι τὸν τοιοῦτον
τῷ σατανᾷ εἰς ὄλεθρον τῆς σαρκός, ἵνα τὸ πνεῦμα σωθῇ ἐν τῇ ἡμέρᾳ τοῦ
κυρίου다. 우리는 앞에서 παραδοῦναι를 "우리는 넘겨주어야 합니다"라고
번역했다(해당 절을 3절에서부터 이어지는 것으로 이해하지 않는 한, 여기서 부정과
거 능동태 부정사는 정동사로 번역되어야 한다. 또한 "우리"는 분명히 해당 "모임"의 주

---

66) 칼뱅은 이 점을 매우 강조한다. 그는 다음과 같이 단언한다. "출교 권한이 오직 한 사람의 손,
오직 그 자신의 권위, 또는 그가 원하는 어떤 사람에게 놓여 있어야 한다면 그것은 그리스도
와 사도들이 제정한 제도, 교회의 질서 및 사실상 공정성 그 자체와 일치하지 않는 것이다.…
전제 통치보다 그리스도의 권징(Christi disciplinae)에 더 심각하게 반대되는 것은 없다.
만약 모든 권력이 한 사람에게만 주어진다면 전제 통치로 이르는 문은 활짝 열려 있는 것
이다"(First Epistle, 107).

체다. 바울은 그 모임에 "영적으로 함께" 있다). "이러한 사람"(τὸν τοιοῦτον)은 주
님의 날에 영적으로 구원받을 수 있도록 하기 위해(ἵνα로 시작되는 절에 σῴζω
가 뒤따른다) 육신의 멸망(ὄλεθρον τῆς σαρκός)의 목적으로(εἰς가 목적격과 함께
사용됨) 사탄에게 넘겨져야 한다.

(a) 5절에서 σάρξ의 의미를 미리 판단하기에 앞서 우리는 사우스의
다음과 같은 결론을 언급할 필요가 있다. "바울의 의도는 παραδοῦναι τῷ
σατανᾷ를 어떻게 해석하는지에 따라 결정된다. 이 표현은 해석자들을 많은
방향으로 이끌었다."[67] 이 그리스어 동사는 "(어떤 사람을) 감옥에 넣도록 인
도하는 것"(예. 마 10:19)을 의미한다. 또한 가룟 유다와 관련하여 이 동사는
"배반하다" 또는 "넘겨 주다"를 뜻한다(마 26:15-25). 딤전 1:20에서 이 서신
의 저자는 후메내오와 알렉산더를 사탄에게 내어주었다 또는 넘겨주었다
고 말한다. 그리스어 명사 ὄλεθρον은 "파괴" 또는 "멸망"을 가리킨다. 따라
서 대다수 저자들과 해석자들은 σάρξ를 신체(육신) 또는 이 땅에서의 삶으
로 이해하며, 그러한 사람을 사탄에게 넘겨주는 것은 바로 사형 선고를 내
리는 것을 의미한다고 추측한다. 하지만 이것은 해결해야 할 몇 가지 난제
를 제공한다. 가장 중대한 난점은 바울이 이 사람에 대해 분명히 구원과 관
련된 의도를 표현한다는 사실이다. 사우스의 견해에 의하면 "이것은 바로
종말론적인 구원일 수밖에 없다."[68] 그렇다면 이것은 다음과 같은 것을 암
시하는가? 즉 만약 그 사람이 임박한 사형 선고에도 불구하고 자신의 죄와
관계를 완전히 끊지 않는다면 바울은 죽음 이후에 일어날 어떤 상태의 변화
를 상상하는 것인가? 하지만 바울은 그 어느 곳에서도 이러한 개념을 암시
하지 않는다. 아니면 τὸ πνεῦμα는 그 사람보다는 신앙 공동체의 공동 구원
을 가리키는 것인가? 그것도 아니라면 이것은 행 5:5, 10에 나타난 아나니
아와 삽비라의 사례에서 상상할 수 있는 일종의 "저주" 선언인가? 사우스는

67) South, *Disciplinary Practices*, 35.
68) 같은 책, 36.

이러한 개념은 중대한 문제점을 지니고 있다고 올바르게 지적한다.[69]

(b) ὄλεθρον τῆς σαρκός에 대해서는 몇 가지 설명이 있다. 캐제만은 이 표현이 "분명히 죄인의 죽음을 내포하고 있다"고 믿는다. 또한 슈나이더와 크레이그도 이 견해를 받아들인다.[70] 하지만 잔트는 어떤 특별한 관점에서 인식된 σάρξ는 자아 전체를 의미할 수 있다는 불트만의 견해를 올바르게 확인해준다.[71] 따라서 그것의 "멸망"은 그 용어가 가리키는 특별한 측면 또는 특성의 멸망을 가리킬 수 있다. 나는 1973년에 쓴 논문에서 이 견해를 옹호하는 데 20면을 할애했다.[72] 오리게네스는 우리가 앞에서 제시한 번역을 예고했다. 그는 τοῦτ᾽ ἔστι τὸ φρόνημα τῆς σαρκὸς, 곧 육신의 마음 또는 태도의 멸망이라는 바울의 표현을 주해한다.[73] 나는 1973년에 "죄를 범한 자에 대한 형벌은 그것의 집행 과정에서 신체적인 고통을 포함할 수도 있고 그렇지 않을 수도 있"지만, 파괴되어야 할 것은 바로 범죄자와 (아마도) 신앙 공동체의 "자기 자랑 또는 자기만족"이라고 결론지었다.[74] 그 사람의 구원뿐만 아니라 신앙 공동체의 구원은 "자기 자랑이나 자기만족에 정반대되는" 자세와 태도를 포함한다.[75]

내 논점의 상당 부분은 언어철학자들과 언어학자들이 종종 설득적 정의(persuasive definition)라고 부르는 것에 의존하고 있다. 이것은 서로 다른 기준 안에서 용어에 대한 서술적 정의와 평가적 정의 사이에서 전환되는 과정에 의존한다. 예를 들어 살인은 죽이거나 또는 생명을 거두어들이는 행위를 가리킬 수 있다. 하지만 낙태와 안락사의 배경에서 평가적 차원은 종종 마치 그것이 어떤 평가를 구현하기보다는 서술적으로 명시하는 행위인 것

---

69) South, "A Critique of the 'Curse and Death' Interpretation of 1 Cor. 5:1-8," 539-561.

70) Käsemann, NT Questions of Today, 71; Schneider, "σάρξ," TDNT, 5:169; Craig, "First Epistle," in IB, 10:62.

71) Sand, Der Begriff 'Fleisch' in den paulinischen Hauptbriefen, 143-145.

72) Thiselton, "The Meaning of σάρξ in 1 Cor. 5:5. A Fresh Approach in the Light of Logical and Semantic Factors," 204-228.

73) Origen, 1 Cor. Fragments, 24:93:12-13 (ed. Jenkins, JTS 9 [1908]: 364).

74) Thiselton, "The Meaning of σάρξ in 1 Cor. 5:5," 225 and 226.

75) 같은 책, 226.

처럼 취급된다. 여기서 σάρξ, "육신"과 πνεῦμα, "영"은 설득적 정의와 평가적 정의에 대해 열려 있다. 그것은 고린도 사람들과 바울이 지칭하는 구조들 사이에서 각각 서로 다를 수 있다.[76] 최근에 존 무어스는 움베르토 에코의 코드 전환에 대한 의미론적 이론의 관점에서 이 의미론적 원리들을 언급하며, 그것을 주로 로마서와 고린도전서의 태도와 관련하여 그의 논의 방식에 건설적으로 적용했다.[77]

무엇이 파괴될 것인지는 일차적으로 범법자의 신체가 아니다(비록 이것은 부차적으로 포함될 수도 있고 그렇지 않을 수도 있지만 말이다). 오히려 그것은 바울이 비난하는 자기만족의 "육적인" 자세이며 또 그 사람이기도 하다. 차우, 사우스 및 다른 학자들은 최근에 보다 더 언어학적이며 의미론적인 나의 논증에 후원과 아마도 재산에 대한 사회학적인 논증을 추가했다.[78] 아마도 그 신앙 공동체의 "자만심"은 높은 신분을 지니고 있던 어떤 사람(범법자)의 후원을 통해 자라났을 것이다. 그의 부(富)는 심지어 법에 어긋나는 결혼에 의해서도 증가했을 가능성이 있다. 만약 "사탄에게 넘겨주다"가 그를 신앙 공동체로부터 배제하는 것을 의미한다면 이것은 그와 같이 유명한 후원자와 그들의 연관성을 자축하는 것에 종지부를 찍는다는 것을 의미한다. 그러나 아첨의 무대로부터 제거된 채 신앙 공동체로부터 완전히 분리되는 것은 죄를 범한 자에게 파괴적인 결과가 아니라면 정신이 번쩍 들게 하는 결과를 가져다줄 것이다.

(c) 이것은 어떻게 παραδοῦναι … τῷ σατανᾷ가 구원의 목적(ἵνα와 가정법, τὸ πνεῦμα σωθῇ ἐν τῇ ἡμέρᾳ τοῦ κυρίου)을 나타낼 수 있는지 잘 설명해준다. 로스너, 캠벨, 특히 사우스의 논의를 읽기 이전에 나는 비록 (그 저자들

---

76) 같은 책, 207-215.

77) J. Moores, *Wrestling with Rationality in Paul,* SNTSMS 82 (Cambridge: Cambridge University Press, 1995), 5-32 and 132-160.

78) Chow, *Patronage and Power,* 130-141, esp. 139-140. Chow는 Moffatt이 교회가 범법자를 고소하거나 문제점으로 보기에는 아마도 그가 "매우 중요한 인물이거나 부자"였을 것으로 보았음을 지적한다(Moffatt, *First Epistle,* 53). 또한 Chow는 "부도덕한 사례는 기본적으로 많은 재산을 소유한 사람과 관련이 있다"고 믿는다(139).

도 주장하는 것처럼) 해당 텍스트가 반드시 범법자의 죽음을 상상하지는 않
지만, 구원의 목적은 일차적으로 그 사람과 관련이 있다고 오랫동안 믿어
왔다. 하지만 이 저자들은 구원의 목적이 신앙 공동체뿐만 아니라 그 사람
도 포함한다고 나를 설득했다.[79] 나는 이것이 τὸ πνεῦμα에 대한 번역을 어
렵게 만든다는 점을 인정한다. 하지만 나는 πνεῦμα가 최후의 심판을 직면
하는 그 사람의 자아를 가리킨다고 해석하려는 맥아더의 시도에 동의할 수
없다.[80] 고심 끝에 나는 이 단어를 그리스어 본문에 제시되어 있는 그대로
번역했다. 곧 "그 영이 주님의 날에 구원받을 수 있게 하려는 것입니다"라
고 번역하고, 그 해석을 다음과 같이 열려 있는 상태로 남겨두었다. 과연 바
울은 그 사람의 태도, 하나님 앞에서 명백하게 드러나는 그 사람의 존재 방
식, 교회의 태도, 교회의 생명력을 불어넣는 원리—이것은 바울에게 특징적
인 것은 아닐 것이다. 하지만 어떤 저자도 용어들을 항상 "특징적으로만"
사용하지 않는다—를 의미하는가? 아니면 바울은 단순히 신앙 공동체의 존
재 방식과 육적인 것, 자만과 자기만족적인 것으로부터 깨끗하게 된 그 사람
을 가리키는가? 캄비에는 여기서 πνεῦμα를 "전 인격"을 특징적으로 묘사
하는 것으로 이해한다.[81] 오직 해석학적인 배경만이 여기서 πνεῦμα의 의미
에 경계선을 명확하게 그을 수 있을 것이다.

　　사우스는 "육적인 것의 멸망을 위해 사탄에게 넘겨준다"는 것을 "저
주/죽음"으로 해석하는 견해에 탁월하고 설득력 있는 비판을 제시한다. 하
지만 콘첼만은 이 표현이 "죽음 이외에 다른 것을 의미할 수 없다"고 단언
한다.[82] 크레이그는 그것이 "단 하나의" 가능한 의미라고 생각한다.[83] 폰 돕

---

79) Thiselton, "The Meaning of σάρξ in 1 Cor. 5:5," 204-228; 참조. Rosner, "οὐχὶ μᾶλλον
　　ἐπενθήσατε: Corporate Responsibility in 1 Cor. 5," 470-473; Campbell, "Flesh and Spirit
　　in Cor. 5:5," 331-342; 특히 South, *Disciplinary Practices*, 38-71 and "A Critique of the
　　Curse/Death' Interpretation on 1 Cor 5:1-8," 539-561.
80) J. D. MacArthur, "'Spirit' in Pauline Usage: 1 Cor. 5:5," 249-256, esp. 253.
81) Cambier, "La Chair et l'Esprit en 1 Cor. 5:5," 221, 223-224, and 228.
82) Conzelmann, *1 Cor.* 97.
83) Craig, "First Epistle," in *IB*, 10:62.

슈츠는 "어떤 형벌적 기적"(a penal miracle)이라고 묘사한다.[84] 데럿은 "사탄에게 넘겨주다"는 사형 집행을 위해 그 사람을 공권력에 넘겨주는 것을 의미한다고 주장한다.[85] 포크먼은 여기서 대두되는 이슈가 죽음이라는 견해를 거부하지만, 여전히 "저주"의 배경에서 심판을 가리킨다고 해석한다.[86] 그럼에도 내가 앞에서 주장한 바와 같이 사우스는 여기서 사탄에게 넘겨준다는 것은 "그를 교회 안에 있는 하나님의 보호 영역 밖으로 내보내 그를 사탄의 사악한 세력에 내버려 둠으로써 그 경험이 그를 회개로 이끌어 교회의 품으로 다시 돌아오기를 희망하는 것이다. 따라서 멸망되어야 할 육적인 것은 그의 신체(몸)가 아니다"라고 주장한다.[87] 그러므로 REB의 번역인 "그의 몸의 멸망"은 적절하지 않다. 반면 NIV의 번역, 곧 "죄악의 본성이 멸망하도록"(각주에 "Or, *that his body*"가 추가됨)은 유익하다. JB의 "그의 육감적인 몸"이라는 번역은 타협적인 입장을 취한다.

테르툴리아누스는 "우쭐대는 자"와 근친상간을 범한 자의 운명을 서로 대조한다. "우쭐대는 자"는 책망을 받지만, "근친상간을 범한 자"는 저주를 받는다는 것이다.[88] 테르툴리아누스의 견해에 의하면 주님의 능력, 교회의 "천사"의 능력, 바울의 "영"은 모두 함께 그 사람에 대해 저주의 효력을 지닌 판결을 선언한다. 이어서 그는 세례 이후에 범하는 심각한 죄의 면죄 가능성에 대해 논의한다. 따라서 역사적인 측면에서 사망에 대한 이 해석학적 전통은 이전 의제에 속한 배경에 근거를 두고 있다.

(d) 유대교의 다양한 맥락에서 사탄의 행위는 질병 및 죽음과 연결되어 있다. 그 흔적이 신약성경에서도 나타난다(참조. 욥 2:5, 6; 희년서 11:11, 12; 48:2, 3; 베냐민의 유언 3:3; 1QS 4:14; CD 2:6; 4:13; 또한 참조. Strack-Billerbeck

---

84) E. von Dobschütz, *Christian Life in the Primitive Church* (New York: Putnam and London: Williams & Norgate, 1904), 46.
85) Derrett, "Handling Over to Satan," 11-30.
86) Forkman, *The Limits of Religious Community*, 144.
87) South, *Disciplinary Practices*, 43; 참조. 44-71.
88) Tertullian, *On Modesty*, 14; 참조. 13 and 15; Fischer, "Zu Tertullians Auslegug von 1 Kor. 5:1-5," 9-12.

1:144-149 ; 4:501-535에 언급된 자료들; 눅 13:11, 16; 고후 12:7). 하지만 이것은 결코 사탄의 행위의 본질적인 특성이 아니며 계획적이거나 핵심적인 것도 아니다. 바울은 사탄의 행위에 대해 비교적 드물게 말한다(롬 16:20; 고전 5:5; 7:5; 고후 2:11; 11:14; 12:7; 살전 2:18; 살후 2:9; 참조. 딤전 1:20; 5:15; 사탄이라는 단어는 바울 서신에서 대략 8회, 복음서에서 대략 8회[요한복음에서 오직 한 번], 요한계시록에서 8회 사용된다). 바울 서신에 나타난 사탄에 대한 몇몇 언급은 "저주"나 "죽음"이라는 개념보다는 속이는 것, 참소하는 것 또는 자랑을 못하게 하는 것 등과 관련되어 있다. 다이스만, 콜린스, 콘첼만이 언급하는 고대 그리스의 "마술적인" 저주 형식은 "사탄에게 건네주는 것"과 상관이 없다. 반면 구약성경의 배경에 대한 로스너의 연구는 그 개념이 죽음보다 형벌과 연결되어 있음을 확인해준다.[89] 손턴은 그 이상의 주장을 펼친다. 즉 사탄에게 건네주는 것의 결과는 죽음을 수반하지 않을뿐더러, 사탄은 딤전 1:20과 고후 12:7에서처럼 고전 5:5에서도 "하나님의 대적자가…아니라 하나님의 대리인으로" 인식된다는 것이다.[90] 또한 그는 구약성경과 유대교에서는 사탄의 행위에 대해 어떤 체계적이거나 통일된 역할을 전혀 제시하지 않는다고 주장한다. 따라서 우리는 바울 서신에서 어떤 절의 전후 문맥이 요구하는 것을 간파하기에 앞서 어떤 다른 의미를 미리 추론하는 것을 삼가야 한다.

(e) 나는 또 다른 논문(1974년)에서 해당 분야의 전문가들이 "저주"에 대해 주장한 것과 성경에서 이른바 그것이 초래하는 결과들에 대해 숙고할 때 극도로 조심해야 한다고 자세하게 주장했다.[91] 뒤르와 그레터는 성경의 축복과 저주를 "권능이 부여된"것(kraftgeladen)으로 해석한다. 심지어 폰 라트도 그것들을 "신비로운 권능이 부여된 일종의 객관적인 실재"로 인식한다. 이 저자들의 오래된 견해들은 발화수반(illocutionary)의 언어-행위의 실행과 비실행에 필수적인 상황들을 제대로 이해하지 못한 데서 비롯되

---

89) South, *Disciplinary Practices*, 44-46; Rosner, *Paul, Scripture and Ethics*, 84-85.
90) Thornton, "Satan—God's Agent for Punishing," 151-152.
91) Thiselton, "The Supposed Power of Words in the Biblical Writings," *JTS* 25 (1974): 283-299.

었다.[92] 왜 이삭은 그의 축복 선언을 취소할 수 없었는가? 왜 발락과 발람의 이야기에서는 축복이나 저주를 돌이킬 수 없다고 믿었는가?(참고. 민 22:6) 그 이유는 히브리어에서 그러한 단어는 "타이머가 달린 미사일과 같은" 것이나 "바닷속에서 오랫동안 잊힌 보물과 같은" 것과 전혀 상관이 없기 때문이다.[93] 원시적인 마술적 주문에서 그 예를 찾아볼 수 있는 **인과관계적인** 세력이라는 개념은 성경의 이러한 축복과 저주와 전혀 관계가 없다. 축복과 저주는 발화자가 아닌 행위자로서 하나님을 불러낸다는 사실과는 달리 이러한 발언은 발화수반의 언어-행위다. 그것은 사례들에 대한 제도적인 (institutional) 상황을 전제한다. 오늘날 (이혼으로 결혼이 해지되거나 위임의 취소로 성직을 무효화하며 성직자에게서 "성직을 박탈하는 것"을 배경으로 하는) "세례 취소"(unbaptizing)에 대한 공인된 절차가 없는 것과 마찬가지로, 구약성경이나 바울의 사상에서 "축복 해제"(unblessing) 또는 "저주 해제"(uncursing)를 위한 공인된 절차는 없다.[94] 캐제만이 "신약성경의 거룩한 법 조항"에 대한 사례에 고전 5:5을 포함시킨 것은 분명히 언어-행위 이론의 타당성에 대한 복잡한 설명을 충분히 제공해주지 못한다. 그가 제시하는 언어학적 특성은 오스틴, 설, 레카나티 및 다른 학자들이 선도하고 개척한 정교한 논점을 활용하지 않는다. 그의 연구에서 한 가지 가치 있는 것은 그가 바울의 언어를 어떤 판결을 내리는 데 있어 **발화수반 능력을 지니고 있는 것과 연결한다는** 것이다.[95]

---

92) G. von Rad, *OT Theology* (Edinburgh: Oliver & Boyd, 1965), 2:85; 참조. L. Dürr, *Die Wertung des göttlichen Wortes im A. T. und im antiken Orient* (Leipzig, 1938), 52, 61, and 71.

93) W. Eichrodt, *Theology of the OT* (London: SCM, 1967), 2-69.

94) Thiselton, "Supposed Power," esp. 292-296; 참조. H. C. Brichto, *The Problem of Curse in the Hebrew Bible*, SBLMS 13 (Philadelphia: Fortress, 1963). 또한 Thiselton, "Supposed Power," 294 n. 13에 인용된 다른 문헌을 참조하라.

95) Käsemann, "Sentences of Holy Law in the NT," in *NT Questions of Today*, 70-73; 참조. 66-81. Käsemann은 이 편지에서 고전 14:13, 28, 30, 35, 37과 더불어 고전 3:17(66-68); 14:38(69-70); 5:3-5(70-73)을 "거룩한 법의 엄밀한 조항들"보다는 "사려 깊은 명령"으로 간주한다(74-75). 내가 이미 언급했듯이 쉐필드 대학교에서 나의 이전 동료였던 David Hill 과 다른 학자들은 바울 이전의 기원에 대한 그의 이론을 탁월하게 논박했다.

(f) 우리는 "타이머가 달린 미사일"에 대한 이미지를 받아들이지 않는다. 그것은 해석에 도움을 주지 못한다. 하지만 바울과 신앙 공동체가 그 사람을 어떤 소송 절차에 넘겨주었으며 그것이 **인과관계적으로** 죽음에 이르게 한다는 개념은 그를 신앙 공동체로부터 출교시키는 법적 판결과 발화 수반 명령에 대한 타당한 이해와 필수적인 연관성이 전혀 없다. 왜냐하면 바울은 분명히 전반적인 목적이 ἵνα τὸ πνεῦμα σωθῇ라고 말하고 있기 때문이다. 만약 우리가 이 **구원 행위**를 그 범법자를 전혀 언급하지 않고 단지 신앙 공동체의 정결에만 국한하지 않는 한(해당 문맥은 그것을 제시하지 않음), 바울은 여전히 그 범법자가 자기의 불법적인 관계를 포기하고 신앙 공동체로 되돌아오기를 희망하지 않는다고 추측할 근거는 전혀 없다. 사우스가 올바로 지적하듯이 고후 12:7-10에서 바울에게 역사했던 "사탄의 사자"는 사실상 그의 죽음을 초래하지 않고, 오히려 그가 교만하지 않게 함으로써 "인내하며 하나님을 의지하게 하는 교훈을 그에게 가르쳐준다."[96] 이것은 바울이 희망하는 것이 그의 죽음이기보다는 그 사람의 마음이 변화되어 장차 그가 구원받는 것이라는 건드리-볼프의 설득력 있는 주장과도 일치한다.[97] 또한 이것은 굴더의 견해—"기대되는 것은 그가 병에 걸리거나…실제로 죽는 것이다. 하지만 그 자비로운 목회자는 이것이 그에게 영원한 선이 될 것임을 알고 있다"—보다 더 올바른 방향으로 나아가는 것이다.[98] 바울이 바라는 것은 자신을 높이는 그의 태도가 완전히 사라지는 것이다. 왜냐하면 자신을 높이는 것은 그에 대한 교회의 존경과 지지를 **빼앗아갈** 것이기 때문이다. 주이트가 지적하듯이 이것은 갈라디아서에서 σάρξ가 율법주의자들뿐만 아니라 방종한 자들에 의해서도 이중적으로 사용되고 있다는 사실과도 일치한다.[99] 불법적인 성적 태도를 포함하는 σάρξ의 이러한 측면은 아마도 이 **멸망**의 과정에 포함될 것이다. 의미론적인 유연성을 최대한으로 배제

---

96) South, *Disciplinary Practices,* 47.

97) J. Gundry-Volf, *Paul and Perseverance,* WUNT 2:37 (Tübingen: Mohr, 1990), 113-120.

98) M. D. Goulder, "Libertines? (1 Cor 5-6)," *NovT* 41 (1999); 참조. 334-348.

99) Jewett, *Paul's Anthropological Terms,* 95-115.

하는 차원에서 우리는 5절에서 "육적인 것의 멸망"이라고 번역했다. 이것은 예를 들어 그 범법자에 대한 데일 마틴의 해석—"그의 존재는 신앙 공동체 전체를 오염시킬 위험성을 지니고 있다"—에 여지를 남겨놓는다.[100]

6절　　　D°, 마르키온, 이레나이우스, 테르툴리아누스의 라틴어는 ζυμοῖ, "누룩" 대신 δολοῖ라고 읽는다. 하지만 서방 사본의 이 독법은 라틴어를 통해 생겨난 것이며 원문이 아니다.

Οὐ καλόν을 "좋지 않다"(NIV, AV/KJV) 또는 "좋지 않은 것"(NRSV)이라고 번역하는 것은 바울의 말을 평가절하하는 것이며, 맥이 빠지게 하거나 진부한 것이다. 오히려 바울은 여기서 자신이 몹시 충격을 받았다는 것을 표현하고자 한다.[101] REB의 "여러분에게 어울리지 않습니다"는 καλός의 의미를(그 형용사의 기본적인 의미인 "좋은"뿐만 아니라) "어울리는 또는 타당한"으로 취한다. 하지만 NJB의 "근거가 잘못되어 있습니다"가 바울의 강조점을 보다 더 정확하게 파악하고 전달한다. 우리는 NJB와 NEB의 가장 좋은 번역을 결합하여 "그릇된 것입니다"라고 번역했다. καύχημα—자랑하기, 자만, 자기 자랑, 자기 높임—는 καυχάομαι의 명사형이다. 이 동사에 대해서는 1:29, 31, 3:21, 4:7과 주해를 참조하라. 또한 바울은 15:31에서 καύχησις를 사용하며 9:15, 16에서 καύχημα를 반복한다. 우리가 이미 언급했듯이 바울의 "자랑"에서 중요한 근거 가운데 하나는 바로 그리스도의 십자가다(참조. 갈 6:4).

"여러분은…알지 못합니까?"라는 표현은 고린도전서에서 10번(고전 3:16; 5:6; 6:2, 3, 9, 15, 17; 9:13, 24), 바울의 편지로 확정된 다른 곳에서 단 한 번

---

100) Dale B. Martin은 그 사람을 "[신앙 공동체에] 침입하여 공격하는 사탄의 대리인"으로 이해한다. 그는 신앙 공동체 전체의 순결을 오염시킬 위험성을 지니고 있다는 것이다. Martin은 한 전통에 대한 이중적인 의학적 배경을 언급한다. 그 전통은 한편으로는 질병을 신체 조직의 어떤 불균형으로 말미암아 발생하는 것으로 인식하며, 또 다른 한편으로는 질병의 원인을 어떤 외부 세력의 침투에 귀속시킨다. 신체가 건강을 회복하려면 그 세력을 반드시 쫓아내야 한다는 것이다. 따라서 고전 5:3-5은 두 번째 범주에 속한다(Martin, *The Corinthian Body*, 168 and 139-174).

101) Hurd, *The Origin of 1 Corinthians*, 77.

(롬 6:16) 나타난다. 또다시 허드는 만약 "우리가 다 지식이 있다"(8:1)라는 그들의 주장이 정말로 사실이라면 이러한 표현은 이 편지의 수신자들이 반드시 **알아야** 한다고 예상되는 것을 드러내는 개념이라고 지적한다.[102] 이러한 표현은 일반적으로 원리나 처세 방법, 신학적인 원리나 세상의 지식을 가리킨다. 해리스빌은 바울이 이 표현을 사용하는 것에 대해 "현실의 모습과 그 가운데 시정되어야 할 것, 그리고 고린도 교인들이 알고 있는 것과 행해야 할 것 사이의 모순을 알려준다"고 적절하게 요약해준다.[103] 여기서 이 표현은 (비록 이에 대한 증거는 거의 없지만) 어떤 일반 원칙이나 잠언 또는 적어도 어떤 통상적인 은유를 소개한다. 바울은 갈 5:9에서도 단순히 이것을 인용한다. 반죽 전체에 번져 영향을 미치는 누룩에 호소하는 것은 아마도 통상적인 은유가 되었을 것이다(이것은 신약성경의 다른 평행 본문에서도 명백하게 드러난다. 예. 부정적인 효과: 막 8:15과 평행 본문인 마 16:6; 눅 12:1 — "바리새인들의 누룩을 주의하라" 또는 보다 더 긍정적인 평가: 마 13:33 — "천국은 마치 가루 서 말 속에 갖다 넣어 전부 부풀게 한 누룩과 같으니라").

미튼은 이 절에 대한 자신의 논문에서 ζύμη, "누룩"의 의미를 상세하게 해설한다. (대다수 영역본과 달리) BAGD, 루-니다, NIV, NJB는 누룩과 이스트를 사실상 동의어로 취급한다. 그림-타이어는 해당 그리스어 명사의 의미로는 오직 누룩만 제시한다.[104] 미튼은 막 8:15에 대한 그의 이전 주해에서 그의 1973년 소논문의 일부를 예고한다. "'누룩'은 이스트와 동일한 것이 아니다. 고대 사회에서 빵을 구울 때 이스트 대신 밀가루 반죽의 일부를 다음 주에 빵을 굽기 위해 남겨두었다. 그러면 그 남겨둔 밀가루 반죽은 발효되었다. 그다음 새로운 밀가루 반죽에 열기를 가하면 그것은 반죽 전체를 부풀어 오르게 하는 데 사용되었다. 이 방법은 흔히 사용되었다. 하지만 위생적인 것은 아니었다. 왜냐하면 한 주간 보관되는 동안 그것은 불결해지고

---

102) 같은 책, 85.
103) Harrisville, *1 Corinthians*, 84.
104) BAGD, 340; Louw-Nida, 2:113; Grimm-Thayer, 273.

부패할 수 있었기 때문이다."[105] 이 점에 비추어보면 유대인들은 매주 누룩을 사용하여 빵을 굽는 일을 1년에 한 번 중단했고 그때 완전히 새롭고 누룩이 없는 밀가루 반죽으로 빵을 구웠다. 그래서 그 이전에 남아 있던 작은 재료가 영향을 미칠 가능성은 완전히 제거되었다. 그리고 새로운 출발이 시작되었다. (오래 전부터 사용되던 그리스어 동사 ζέω, "내가 끓이다"에서 유래된 단어인 ζύμη는 비교적 나중에 생겨난 용어다. 6절에서 그리스어 동사 ζυμόω는 직설법 현재 3인칭 단축형 ζυμοῖ로 나타난다.)

나중에 쓴 논문에서 미튼은 그 원칙을 보다 덜 잠정적으로 말한다. 그는 과연 누룩의 영향을 "감염"(어떤 경우에서는 그것이 감염일 수도 있다)으로 이해해야 하는지에 관한 잘못된 논쟁에 대해 조명해준다. 물론 우리는 현대의 미생물학과 면역학을 소급 적용해서는 안 되겠지만 말이다. 미튼은 누룩과 이스트를 정확하게 구별하지 못하면 그것은 "혼란"을 불러올 수도 있다고 올바르게 주장한다.[106] 종종 누룩은 역동적인 활력과 그 규모에 비해 막을 수 없는 힘을 지닌 원천의 상징으로 사용된다(예. 마 13:33). 또한 종종 누룩은 그것이 반죽에 번졌을 때 나타나는 특성의 결과를 가리킨다. 바울은 신앙 공동체 전체에 스며드는 어떤 감염 요소에 의해 교회의 모습이 뒤틀리고 변형된 위험스러운 결과들을 발견한다. 그것은 오직 유월절의 "새로운" 누룩 없는 떡, 곧 그리스도의 몸을 통해서만 다시 참 모습을 되찾을 수 있다. 그리스도는 십자가 위에서 모든 죄를 자기 몸에 짊어지고 죽었다. 하지만 그의 몸은 새로운 실재로서 다시 일어났다. 그의 새로운 몸은 교회에 정체성과 형태를 부여했다. 미튼은 다음과 같이 결론짓는다. 따라서 어떤 "감염된" 조각도 이제는 더 이상 새 밀가루 반죽에 그 어떤 영향도 미치지 못한다. 또한 그리스도의 죽음과 부활을 통해 "신자의 마음속에 빚어진 새 생명의 특성"이 힘차게 활기를 드러내고 있다.[107]

---

105) C. L. Mitton, *The Gospel according to St. Mark* (London: Epworth, 1957), 61.

106) Mitton, "New Wine in Old Wineskins: iv, Leaven," *ExpTim* 84 (1973): 339-343.

107) Mitton, "New Wine in Old Wineskins: iv, Leaven," 342-343.

피와 슈라게는 미튼의 연구가 개척한 길을 따라간다.[108] 랑과 클라우크
의 경우와 마찬가지로 슈라게는 이스트에 대한 언급을 피하고, 그 대신 누
룩에 대해 이야기한다.[109] 한편 우리는 ὅλον τὸ φύραμα, "서로 섞인 덩어
리 전체"라는 그리스어 표현을 "온 반죽"으로 번역했다. φύραμα는 밀가루
에 물을 부어 반죽한 것이다. 여기서 그리스어 형용사 μικρά, "적은"이 의미
를 강조하는 위치에 놓여 있다는 사실을 간파하는 것은 그 무엇보다 더 중
요하다. 바울은 신앙 공동체 전체의 본질과 자기 정체성에 거침없이 퍼져나
가는 위험한 영향력에 관심을 기울인다. 심지어 전적으로 도리에 어긋난 특
성을 지닌 사례라 할지라도 그것은 자만한 사람들이 비도덕적인 관계의 한
"작은" 사례로부터 생겨날 수 있다고 상상했던 것과 결코 비교가 되지 않을
것이다.

해리스는 바울의 관심사를 한층 더 자세하게 조명해주는 몇몇 사회학
적 모델을 탐구했다.[110] 그는 먼저 널리 알려져 있지만 종종 과도하게 평가
받는 버거와 루크만의 연구—"실재의 사회적 구성"(the social construction of
reality)—를 검토한다. 우리는 그들의 구성주의 이론을 반드시 지지할 필요
는 없다. 그 이론에 의하면 가치관을 지니고 있는 모든 공동체는 어떤 체계
적인 측면을 지니고 있으며, 만약 그 경계선이 사라지지 않게 하려면 그것
은 어떤 내적인 "질서"나 "훈련"의 원리에 의해 유지되어야 한다.[111] 해리스
가 힘멜바이트의 "일탈에 대한 반응"(reaction to deviance) 모델을 사용하는
것은 더욱더 흥미롭다.[112] 의심할 여지 없이 바울은 근친상간의 관계뿐만 아
니라 그 행위에 대한 교회의 자세도 기독교 공동체의 정체성에서 일탈한 것

---

108) Fee, *First Epistle*, 216, esp. n. 6; J. K. Howard, "'Christ Our Passover': A Study of the
Passover-Exodus Theme in 1 Cor," 97-108; and Schrage, *Der erste Brief*, 1:379-385.

109) Schrage, *Der erste Brief*, 1:379-385. 참조. Lang, *Die Briefe*, 73-74; and Klauck, *I
Korintherbrief*, 43.

110) Harris, "The Beginning of Church Discipline: 1 Cor. 5," 1-21.

111) 같은 책, 1-2; 참조. 18-20.

112) 같은 책, 3-9; 참조. Himmelweit, "Deviant Behavior," in *A Dictionary of Social Sciences*,
ed. J. Gould and W. L. Kolh (New York: Free Press, 1964), 196-197.

에 대한 구체적인 사례로 간주한다. 하지만 해리스 역시 새로운 신앙 공동체는 "율법으로부터 해방된" 사람들이 받아들여야 할 규범으로서 사회의 도덕적인 전통과 유대교의 율법적인 전통으로부터 거리를 두었다고 주장한다. 따라서 바울은 5:9-11에서 유대교에 근본적으로 중요한 "악덕 목록"을 강화한다는 것이다. 만약 신앙 공동체의 일탈을 그대로 두면 누룩이 반죽 전체에 영향을 미치는 것과 같이 힘멜바이트도 다음과 같은 사회적인 결과들이 빚어진다고 주장하며 그 목록을 다음과 같이 제시한다. (a) 그룹이 단결력을 상실한다. (b) 구성원의 구조가 무너진다. (c) 신앙 공동체 밖에 있는 더 광범위한 생활 공동체로부터 가해지는 다양한 위협에 맞서 자기 정체성을 보존하는 능력이 감소한다. (d) 그룹의 규범과 방침 외에 다른 부정적인 결과가 뒤따른다. "그 그룹의 응집력이 더욱 군건해질수록…상응하는 행위에 대한 요구가 더욱더 강력해지고 일탈한 구성원들에 대한 거부가 더욱더 강화되고 확대될 것이다." 이와 비슷하게 "외부로부터의 위협"이 더욱더 강화되는 시기에는 응집력의 결속이 더욱더 급박하게 요구되어 일탈이 더욱더 감소될 것이다.

또한 해리스는 규범에 대한 버리지의 사회 이론을 참고한다. 근친상간과 관련하여 대중의 견해에 열려 있다는 것은 바울과 달리 고린도 교회가 이 행위를 그룹이 채택하고 있는 어떤 규범이나 신앙 공동체의 정체성을 어기는 것으로 이해하지 않았다는 것을 암시해준다는 것이다.[113] 또한 해리스는 "모세 율법에 대한 바울의 모호한 태도는 신앙 공동체의 자세에 기여했을 가능성이 있다"고 논평한다.[114] 고전 9장에서는 바울의 복합적인 자세가 드러난다. 거기서 그는 "내가 율법 아래에 있지 아니하나"(9:20)라고 말하며, 신명기에 기록된 율법의 원칙(9:8-9)에도 호소한다. 래이재넨은 "고전 5-6장과 고후 12:10, 11은 대체로 유대교에서 제공하는 도덕적 기초가

---

113) K. Burridge, *New Heaven, New Earth* (Oxford: Blackwell, 1969); and Collins, "The Function of 'Excommunication' in Paul," 253; 참조. 251-263.
114) Harris, "The Beginning of Church Discipline: 1 Cor. 5," 11.

결핍된 신앙 공동체 안에서 어떤 일이 일어날 수 있는지를 진지하게 경고
한다"는 견해를 제시한다.[115] 버리지는 다음과 같은 사회학적 전개 과정을
추적한다. 즉 어떤 "새로운" 공동체나 종파(sect)는 맨 처음에 그 단체의 정
체성을 유지하려고 시도했던 이전의 규칙 또는 규범을 저버림으로써 "규
칙이 없는" 단체가 된다. 그다음에 그 단체의 구조와 정체성이 사라질 가능
성으로부터 보호하기 위해 엄격한 규칙 제정의 단계로 나아간다. 그리고
마침내 어떤 새로운 안정 상태에 도달한다.[116] 고린도 교회와 관련하여 해
리슨은 다음과 같이 주장한다. 고전 5장에서 우리는 고린도 교회가 초기의
"규칙이 없는" 단계에 머물러 있는 것을 보지만, 바울은 공동체의 발전 과
정에서 꼭 필요한 이유로 인해 그 시점에서 두 번째 단계에 더 가깝게 반응
하도록 압박받고 있는 자신을 발견한다. 하지만 8-10장이 보여주듯이 비
록 어떤 경계선이 여전히 남아 있지만, 바울은 공동체의 구조와 정체성에
대해 보다 더 개방적인 개념을 생각한다. 이 두 번째 단계는 필요한데, 이는
"근친상간의 사례가 바울의 이전 가르침에 명백하게 어긋나는 것이기 때
문이다.…바울은 신앙 공동체 전체가 오염되는 것을 두려워했다."[117] (5:9-
11에 대한 주해도 참조.)

7-8절   이 두 절 안에는 기본적인 신학의 내용이 가득하다. 이것은
교회론과 기독교 윤리학의 기초를 제공해준다. 몇몇 현대 저자들은 교회
론과 기독교 윤리학에 대한 질문의 토대로서 고전 1-2장의 십자가와 고전
15장의 부활을 이해하는 것보다 사회적 관심사와 수사학이 바울에게 가장
큰 관심사였음을 암시하는 듯하다. 이 두 가지 접근법은 모두 꼭 필요하지
만, "사회사"는 바울의 신학적 주요 관심사를 하찮은 것으로 만들어서는 안
된다.

    (i) 무엇보다 먼저 **신학적 직설법이 사실이기 때문에**(여러분은 누룩 없는

---

115) H. Räisänen, *Paul and the Law* (Philadelphia: Fortress, 1983), 117, esp. n. 112.

116) Burridge, "New Heaven, New Earth."

117) Harris, "The Beginning of Church Discipline," 17.

[떡]입니다) 윤리적인 것이 효력을 발생한다(깨끗이 치우십시오). 바울은 "사실상 여러분은 누룩 없는 [떡]입니다"(καθώς ἐστε ἄζυμοι)에 근거하여 "묵은 누룩을 깨끗이 치우십시오"라고 명령한다. "그 명령법은…직설법과 모순되지 않을 뿐만 아니라 그것으로부터 비롯된다.…그러므로 직설법은 명령법의 기초다."[118] 이것은 단지 "아는 것에 행하는 것"을 순응시키거나 "이론에 실습"을 적용하는 것이 결코 아니며 오히려 "그(바울)의 '명령'의 핵심은 약속이며 좋은 소식이다. 왜냐하면 그의 '말'과 '메시지'는 그들이 말하는 것이…아무것도 아닌 것을 존재하도록 만들기 때문이다."[119] "정결"은 단순히 사회적 자기 정체성과 관련된 사항이 아니라 성령의 전으로서 신학적인 자기 정체성을 반영하는 것이다(3장에 대한 주해를 참조하라).

(ii) 윤리적인 것은 앞으로 어떤 기독교 공동체와 그리스도인이 되어야 하는지를 더 예리하게 나타낸다. 쿨만과 슈라게는 바울이 의도하는 이 측면을 특별히 강조한다. "성령의 사역에 의해…그리스도인은 장차 저마다 되어야 할 존재가 된다.…성령은 종말에 대해 기대하는 것을 바로 현재 여기서 이루어나간다."[120] "누룩이 없는 떡에 대한 역사적인 해석과 나란히 종말론적인 해석도 발견되며, 그것이 현재와 관련이 있다는 사실은 특별히 중요하다.…고전 5:7b-8은 아마도 초기 기독교의 유월절에 대한 하가다(haggadah)에 기초했을 것이다."[121] 예레미아스는 유월절 어린양은 쓴 나물과 누룩 없는 떡과 더불어 "그리스도인이 된다는 것이 유월절 안에서 사는 것, 곧 죄의 속박으로부터 해방된 상태에서 사는 것"을 의미한다고 주장한다.[122]

(iii) 이 구체적인 배경에서 "윤리학"의 가능성은 새로운 삶이라는 현

---

118) Bultmann, *Theology of the NT*, 1:332 and 333; 참조. A. Nygren, *Agape and Eros*, 146-159; Schrage, *Der erste Brief*, 1:379-385; Collins, *First Cor*, 208-209; Lang, *Die Briefe*, 73.

119) Harrisville, *1 Corinthians*, 85.

120) Cullmann, *Christ and Time*, 72 and 75-76; 참조. Schrage, *Ethik, des NT* (Göttingen: Vandenhoeck & Ruprecht, 2nd. ed. 1989); *Der erste Brief*, 1:380-382.

121) J. Jeremias, *The Eucharistic Words of Jesus*, 59.

122) 같은 책, 60.

실에 달려 있다. 이 새로운 삶은 "흠 없는 어린양으로서 희생제물로 드려진 메시아를 상징하는…유월절 어린양"인 그리스도 위에 세워진다. "니산월 13/14일 밤에 집안 모든 곳에서 완전히 제거된 누룩은 옛 세상을 특징짓는 죄와 사악함을 상징한다. 누룩 없는 떡은…새로운 세상을 특징짓는 순결과 진리를 나타내는 것으로서 종말론적으로 해석되었다(고전 5:8). 또한 순결과 진리는 새로운 밀가루 반죽으로서 구원받은 신앙 공동체를 상징한다(고전 5:7a)."[123]

(iv) 해리스빌은 이 절들과 바울 서신에서 "새로운"(νέος와 καινός)을 의미하는 단어에 관한 예리한 연구를 제공한다. "새로운"은 "대조, 연속성, 역동성, 궁극성이라는 네 가지 요소"를 결합한다.[124] 바울은 (a) "옛것"(여기서는 τὴν παλαιὰν ζύμην)과 "새것"(νέον φύραμα)을 대조한다. 그리스도는 새 시대(aeon)로 이끈다. 신자들과 신앙 공동체는 그것에 반드시 순응해야 하며(명령법) 그것에 근본적으로 상응하는 삶을 살아간다(직설법).[125] 하지만 (b) 새 것이 옛것과 전혀 상관없는 것은 아니다. 옛것이 새 것이 되지 않는 것도 아니다. 즉 십자가에 못 박힌 그리스도는 다시 살아났으며, 옛 질서에 속박되어 있던 사람은 새로운 피조물이 되었다(고후 5:17). (c) 옛것을 "밀어내는" 힘이 작용하고 있다. "새것은 옛것에 대해 자기를 내세우며 실질적으로 그것이 없어지도록 몰아낸다. 또한 있는 그대로 존재하는 성향의 옛것과 대조적으로 새롭게 하는 능력은…자기 자신을 지속적으로 존재하게 하는 새 것의 능력을 통해 계시된다"(강조는 덧붙여진 것임).[126] 따라서 7절에서 ἐκκαθάρατε, "깨끗이 치우십시오"의 역동적인 힘은 자기의 역할을 다하고 있는 것이다. (d) 마지막으로 새 것은 하나님의 흠이 전혀 없는 새로운 피조물로서 종말론적인 특성이 있다. 만약 νέος와 καινός 사이에 어떤 의미상의 차이점이 존재한다면 그것은 아마도 더럽혀지지 않고 순결하고 흠이 없는

---

123) 같은 책.
124) Harrisville, "The Concept of Newness in the NT," 79; 참조. 69-79.
125) 같은 책, 73.
126) 같은 책, 75-76.

것으로서(일반적으로 καινός) 하나님이 최종적으로 새롭게 회복시키신 피조물이라는 개념에서 드러날 수 있을 것이다.[127] 만약 이것이 교회에 있어서도 사실이라면 고린도 교인들은 심지어 그 시점에도 반드시 약속된 미래의 것으로부터 미리 받은 것을 온전히 깨끗하게 해야 했다.

이 네 가지 신학적 기본 원리(앞에서 설명한 i-iv)는 바울이 6절에서부터 시작된 누룩이라는 은유를 유월절 어린양에 대한 확대된 이미지와 출 12:18-20과 13:7의 규정에 따라 시작된 유월절 기념 행위와 결합시키는 데서 발견된다. 그리고 유월절을 지키는 의식은 유대교 전통 안에서 수정된 형태로 전달되었다.[128] 유대교 전통에서 부분적으로 습 1:12에 대한 해석을 통해 등불을 켜 들고 모든 구석을 자세히 살펴보며 집안의 모든 누룩을 없애는 의식은 도덕적 정결을 상징하는 것으로 이해되었다.[129] 이로써 교회는 교회의 정체성과 정결을 더럽히는 것을 말끔히 씻어내야 한다. 특히 8절에서 인칭 대명사 1인칭 복수가 사용되는 것과 관련하여 크리소스토모스와 다른 많은 이들은 묵은 누룩―비록 그 범법자도 분명히 포함되지만―을 그 사람뿐 아니라 보다 더 광범위한 대상에게 적용했다.[130] 명령형 ἐκκαθάρατε는 ἐκκαθαίρω의 명령법 제1부정과거 능동태이다. 이 복합동사에서 접두사 ἐκ는 움직임과 강도를 나타낸다. 여기서 효력 또는 결과를 나타내는 부정과거는 어떤 구체적인 행위를 실행할 것을 요구하는 것을 나타낸다. 그리스어 복합동사와 구문에 근거하여 특별히 종교 의식과 관련된 문맥에 그 행위를 효과적으로 철저하게 수행하라는 긴급성이 내포되어 있음

---

127) 같은 책, 71 및 76. 참조. Wolff, *Der erste Brief*, 86-87. 고전 5:7과 골 3:10에서는 νέος 가 사용된 반면, 고후 5:17과 갈 6:15에서는 καινός가 사용된다. 그리고 고후 4:16에서는 ἀνακαινόω가 사용된다. 한편 막 2:21과 평행절 눅 5:36의 새(καινός) 것은 사용되지 않았던 것을 의미한다. 나아가 요한계시록에서 καινός는 새 이름(계 3:12), 새 노래(계 5:9; 14:3), 새 하늘과 새 땅(계 21:1) 및 "만물"을 새롭게(21:5) 하는 표현 등에 사용된다.

128) 출 12:18-20; 13:7에 대한 해석과 그 텍스트들이 구약, 유대교, 신약, 교부 시대 및 역사 신학의 배경에서 서술된 것에 대해서는 다음 주석서를 참조하라. B. S. Childs, *Exodus: A Commentary* (London: SCM, 1874 and 1977), 178-214, esp. 198-210.

129) 참조. Meyer, *First Epistle*, 1:148-151.

130) Chrysostom, *1 Cor. Hom.*, 15:5.

을 인식하는 것은 결코 지나친 해석이 아니다.

특별히 미튼의 중요한 관점에 비추어볼 때(6절에 대한 주해 참조) 바울의 강조점은 새 **출발을 하는** 데 있는데, 이는 과거의 태도와 단절하는 것을 의미한다. 새로움에 대한 해리스빌의 연구(6절에 대한 주해 참조)는 이 측면에 대한 또 다른 강조점을 제시한다. "누룩 없는"은 –ἄζυμοι에 부정(否定)의 의미를 지닌 접두사 ἄ가 결합된 것을 번역한 것이다. 우리는 19세기 후반의 신칸트학파의 이상주의를 이 절에 부여하는 다음과 같은 해석을 거부해야 한다. "바울은…당신은 당신이 바라는 어떤 사람을 대하는 것처럼 그 사람을 대해야 한다는 칸트의 격률을 구체화하면서 습관적으로 이상화한다."[131] 이러한 해석은 바울의 직설법이 지닌 종말론적·기독론적·구원론적 기초를 간과한다.

몇몇 주요 영역본은 τὸ πάσχα ἡμῶν을 "우리의 유월절"(AV/KJV, NJB) 대신 "우리의 유월절 어린양"(NRSV, REB, NIV)이라고 번역한다. 우리가 문장 구조를 재구성하지 않는 한, 웬세가 주장하듯이 ἐτύθη는 희생제사의 대상으로서의 유월절 어린양을 의미한다.[132] 유월절 의식이 몇 가지 일련의 측면과 사건을 포함하고 있는 것과 마찬가지로 그리스도의 사역 전체도 죽음과 부활뿐 아니라 다른 많은 측면을 포함하고 있다. 하지만 **그리스도의 죽음은** 유월절 어린양을 희생제물로 드린 것에 해당한다. 바울의 관점에서 보면 여기서 옛것은 폐지되었으며 유월절 어린양의 피는 소중한 대속 행위를 **통해** [이집트의] 속박**으로부터** 새로운 정결과 자유로 구속되는 것에 대한 약속을 확인해준다(여기서 "이집트"는 그리스도가 없는 인간의 실존이 속박되어 있음을 상징한다). 이것은 어떤 "대속 이론"을 바울의 사상 안으로 끌어들이는 것이 아니다. 왜냐하면 희생제물에 대한 명백한 언급(θύω, 희생제물로 죽이다)은 6:20의 "값을 치르고 구속하다"(ἀγοράζω)와 11:25-26의 "언약, 동

131) Robertson and Plummer, *First Epistle,* 102. 보다 더 적절한 설명은 다음을 보라. Strobel, *Der erste Brief,* 101.
132) Wenthe, "An exegetical Study of 1 Cor, 5:7b," 134-140. 또한 참조. Strobel, *Der erste Brief,* 101-102.

일시, 그리스도의 피 흘림" 등의 표현으로 보완되고 있기 때문이다. 구속받은 가정의 좌우 문설주와 상인방에 바른 유월절 어린양의 피는 속박 상태로부터 벗어나 새로운 자유로 들어갈 이들의 **정체성을 표시해 준다.** 이제 그들은 하나님의 거룩한 백성으로서 정결의 삶을 새롭게 살아야 한다. 고린도전서는 그리스도의 사역에 대한 가르침을 매우 강조한다. 해석자들은 이 점을 종종 간과해왔다. 7절의 이 이미지가 **공동체적으로** 적용되었다는 이유에서 이 이미지의 의미를 감퇴시키려는 콘첼만의 시도는 바울의 기대를 형성한 서구의 개인주의보다 앞선 입장을 보여주는 듯하다.[133] 하지만 고전 1:17-25이 바울의 주요 주제로서 십자가 신학을 제시한다는 사실을 잊어서는 안 된다.

그리스도의 대속의 죽음 안에서 죄와 실패와 부패가 모두 사라진다는 주제와 평행을 이루는 역설적이면서도 보완적인 주제(7절)가 나타난다. 이 주제는 그리스도가 새로운 삶으로 다시 살아나는 사건 안에서, 그리고 그 사건을 통해 실현된 새 생명을 기념한다. 따라서 가정법 현재 능동태 1인칭 복수 ἑορτάζωμεν은 "우리는 절기를 지킵시다"를 의미한다. 또한 만약 여기서처럼 특정한 ἑορτή가 유월절을 가리킨다면 "우리는 유월절을 지킵시다"라고 번역할 수 있다. 옛 것이 정결하게 되었기 때문에 "신앙 공동체는 그 절기를 기념하는 일에 참여하도록 권면을 받는다."[134] ἑορτή 자체는 단순히 **어떤** 절기를 뜻하며 파피루스 문헌에서는 종종 즐거운 축제일을 의미한다. 신약성경에서 이 단어는 때때로 ἑορτή τοῦ πάσχα(눅 2:41; 요 13:1, "유월절") 또는 ἡ ἑορτή τῶν ἀζύμων(눅 22:1, "무교절")이라고 구체적으로 언급되기도 한다. 지속성을 가리키는 현재 가정법에 기초하여 고데는 이 표현을 다음과 같이 주해한다. "우리의 유월절은 단지 한 주간만을 위한 것이 아니라 한 평생을 위한 것이다."[135] 이것은 크리소스토모스의 다음과 같은 관

---

133) Conzelmann, *1 Cor,* 99.
134) Collins, *First Cor,* 215; 이와 비슷하게 Lang, *Die Briefe,* 74, Strobel, *Der erste Brief,* 101-102.
135) Godet, *First Epistle,* 1:266.

점을 반영한다. "그것은 일종의 축제다. 그리고 그것은 우리가 살아가는 전 기간에 걸쳐 진행된다.…우리에게 주어진 온갖 선한 것들의 탁월함으로 인해 그리스도인에게 생애 전체는 축제다.…하나님의 아들이…여러분을 죽음으로부터 해방해주셨고, 하나님 나라의 일원이 되도록 여러분을 부르셨다."[136] 크리소스토모스는 이것을 잔치를 베풀고 축하하는 비유들과 비교한다(예. 마 22:1). 그리고 몇몇 교부들과 오늘날의 여러 저자들도 이 주제를 받아들이고 해설한다.[137]

그러므로(특히 위에서 언급한 해리스빌의 주해 참조) 새 것을 기념하는 데 있어 악의와 사악함을 빚어내는 것을 위한 자리는 없다. 우리가 "빚어내는"이라고 번역한 단어는 소유격으로 사용된 목적어 κακίας를 설명해준다. 따라서 사악함의 누룩은 사악함이 일어나게 하고 그것을 전달하고 빚어내는 누룩을 의미한다. 이 표현은 사악함을 퍼지게 하는 이미지를 분명히 전달해준다. 비록 몇몇 학자들은 악의(AV/KJV)라는 의미의 사악함으로서의 κακία와 이러한 태도 또는 성향으로 인해 빚어지는 결과인 악으로서의 πονηρία를 서로 구분하지만, 이 두 단어는 종종 동의어로 사용된다. 따라서 이 두 단어의 의미상의 차이는 모호하며 일관성이 없다. 한편 여격 복수 ἀζύμοις는 누룩 없는 떡(복수)을 가리킬 것이다. 여기서 해당 그리스어 표현에는 떡을 의미하는 단어가 없지만, 그렇게 이해할 수 있다. 그리고 ἐν ζύμῃ παλαιᾷ μηδὲ ἐν ζύμῃ κακίας라는 표현에서 전치사 ἐν이 무엇을 의미하는지 정확하게 판단하기는 어렵다. 만약 이 구문이 은유법적인 행위를 반영한다면 "묵은 누룩으로 (지키는 것이) 아니"라고 번역해야 할 것이다. 만약 바울이 이 은유법을 이미 사용하고 있다면 ἐν은 "묵은 누룩의 영향력 아래 있지 않은"을 의미한다고 볼 수 있다. 즉 이 전치사를 그 행위 자체만 가리키는 좁은 의미보다는 보다 더 광범위한 실행 방법의 측면에서 이해할 수 있을 것이다. 하지만 곧바로 이어지는 표현은 그것의 적용에 대해 악의와

---

136) Chrysostom, *1 Cor. Hom.*, 15:6.
137) Schrage, *Der erste Brief*, 1:384; Theophylact, 625; Strobel, *Der erste Brief*, 101-102.

사악함을 빚어내는 누룩으로 지키는 것이 아니라고 설명해준다.

그리스어 단어 εἰλικρινεία는 매우 드물게 사용된다. 이 단어는 고후 2:17에서 바울의 입장에서 그의 동기가 순수하거나 투명하다는 것을 가리킨다. 또한 이 단어는 70인역의 지혜서 7:25에서도 나타난다. 그 외에 이 단어는 단지 소크라테스 이전의 텍스트와 파피루스 문헌에서만 사용된다. 이 단어의 역사에 대해서는 논란이 많다. 하지만 태양(ἥλιος-εἴλιος의 다른 형태로 추측됨)의 빛 아래에서 "판단하다"(κρίνω), 곧 그 투명한 특성을 "바라보다"라는 개념으로 생각하는 것은 매우 그럴듯해 보인다. 하지만 이 절과 고후 2:17의 문맥에서 "순결"이 가장 잘 어울리는 것 같다. "진지함"(NRSV, REB, NIV, NJB)이라는 번역은 기본적으로 만족할 만하다. 하지만 여기서 순결과 몸을 더럽히는 것이 의미상 서로 대조된다. 즉 이 단어는 지극히 순결함 또는 투명함을 가리킨다.[138)]

이것은 여기서 ἀλήθεια, "진실"의 의미와도 잘 어울린다. 70인역의 지혜서 13장과 14장을 따라 바울은 진리와 우상숭배 및 도덕적 타락에 내포된 자기기만과 거짓을 서로 대조한다(롬 1:25). 이러한 신학적·도덕적 문맥에서 바울은 로마서에서 "진리를 막는(억압하는)"(롬 1:18) 것과 하나님의 진리를 단지 인간의 견해의 거짓된 것으로 바꾸는 것(롬 1:25)에 대해 언급한다. 제임스 바가 강조했듯이 단순히 히브리어 단어 אמת(에메트)가 그리스어의 두 단어, 곧 진리와 진실(신실)을 모두 가리킨다는 것에 근거하여 진실(truth)은 신실함(faithfulness) 또는 견고함(stability)을 의미한다고 주장하는 것은 정확하지 않다. 그럼에도 이 문맥에서 진실은 그리스도인으로서 자기 자신과 공동체의 정체성에 계속 신실하거나 또는 진실한 관계에 있는 것을 나타낸다. 따라서 내가 이전의 연구(1978년)에서 매우 상세하게 논의했듯이 바울은 진실이라는 단어를 거짓, 그릇된 생각, 속임과 대조되는 의미뿐만 아니라 "말과 행위가 일치하는 정직함 또는 온전함이라는 의미에서도 사용한다. 따라서 그는 다음과 같이 선언한다. '이에 숨은 부끄러움의 일을

---

138) Strobel, *Der erste Brief,* 102; BAGD, 222, 동기의 순수함.

버리고 속임으로 행하지 아니하며…오직 진리를 나타냄으로 하나님 앞에
서 각 사람의 양심에 대하여 스스로 추천하노라'(고후 4:2)."[139] 여기서 진실
은 그리스도의 온갖 고난과 그리스도인의 삶의 방식에 동참하는 것으로서
그리스도인의 정체성에 부합하는 삶과 관련이 있다. 그러므로 여기서 순결
과 진실은 이기심과 도덕적 타락에 의해 더럽혀진 것과 상반되는 것으로서
그리스도인의 삶을 행위를 통해 온전히 철저하게 사는 것을 의미한다. 그것
은 새로운 피조물의 정체성과 실재를 반영하는 것이다. 이기심과 타락은 묵
은 누룩으로서 반드시 깨끗이 제거되어야 한다.

　　과연 바울이 가정법 1인칭 복수를 사용하면서 "유월절을 지킵시다" 라
고 말하는 것은 그가 유월절 기간에 에베소에서 이 편지를 썼다는 것을 암
시하는가? 이 질문은 많은 논쟁을 불러일으켰다. 많은 이들은 4:19의 "나
는 곧 여러분에게 갈 것입니다"와 연결하여 16:8의 "그러나 나는 오순절까
지 에베소에 머물러 있을 것입니다"를 언급한다(참조. 16:8에 대한 주해). 사실
상 캐링턴은 이 편지를 "오순절 편지"로 여기며, 그 "사실은 이 편지가 출애
굽기-민수기[10:1-10]를 사용하거나 또는 그것에 대한 '미드라쉬'일 개연
성이 높다는 점에서 명백하게 드러난다."[140] 허드는 "그 당시의 상황이 바
울에게 고전 5:6-8의 주제를 떠오르게 했을 것"이라고 분별력 있게 논평하
며, 알로와 클라우크도 유월절에 바울이 이 편지를 썼다는 가설을 받아들
인다.[141]

---

139) Thiselton, "Truth, ἀληθεία," 886 and 874-902.
140) P. Carrington, *The Primitive Christian Calendar* (Cambridge: Cambridge University
　　　Press, 1952), 42.
141) Hurd, *The Origin of 1 Corinthians*, 139; 참조. Meyer, *First Epistle*, 1:152; Allo, *Première
　　　Épitre*, 125-127; Klauck, *1 Korintherbrief*, 43(Hurd는 Carrington의 견해도 비판한다).
　　　Lüdemann은 이 가설에 대해 신중한 입장을 취한다. 참조. G. Lüdemann, *Paul, Apostle to
　　　the Gentiles: Studies in Christology* (Eng. trans., London: SCM, 1984), 89-90.

2. 신앙 공동체의 거룩함에 대한 추가적 반추와 이전 편지에 대한 암시(5:9-13)

9, 10 나는 나의 편지에서 여러분에게 부도덕한 사람들과 함부로 사귀지 말라고 썼습니다. 이것은 결코 세속적인 사회 안에 있는 부도덕하거나 탐욕적이거나 속여서 빼앗거나 또는 우상숭배하는 사람들을 말하는 것이 아닙니다. 왜냐하면 그렇다면 여러분은 아예 세상 밖으로 나가야만 할 것입니다. ¹¹ 오히려 사실상 나는 여러분에게 그리스도인이라는 이름을 인정하면서도 태도가 부도덕하거나 탐욕적이거나 우상숭배에 빠져 있거나 비방을 일삼거나 술주정뱅이이거나 또는 약탈로 이익을 얻는 사람과 함부로 어울리지 말라고 썼습니다. 여러분은 그런 사람과 심지어 함께 먹지도 마십시오. ¹², ¹³ [교회] 밖에 있는 사람들에 대해 심판하는 것이 나에게 무슨 상관이 있습니까? 여러분은 [교회] 안에 있는 사람들을 심판해야 하지 않습니까? 하나님은 밖에 있는 사람들의 심판자이십니다. "여러분은 그 악한 사람을 내쫓으십시오."

다음 두 가지 설명은 9-18절을 1-8절과 연결해준다. 첫째, 바울은 5:1-8에서 언급한 자신의 단호한 어조에 대해 추가로 설명하고, 또 기독교 공동체의 일부가 되기를 원했던 이들에게 요구되는 거룩함과 순결에 대해 이 편지의 수신자들에게 이미 경고했다는 사실을 지적하기 위해 이 부분을 쓴다. 둘째, 특히 로스너는 5:1-8의 배경으로 신명기의 중요성을 탐구하여 어떻게 언약적 정체성, 공동 책임, 거룩함이라는 세 가지 주제가 바울이 염두에 두고 있는 신명기(특히 신 23:1-9)의 두 자료를 모두 묘사하는지를 입증해준다. 또한 로스너는 바울이 스 9:1-2(참조. 느 13:1-3, 23-27)과 고전 5:9-13에 나타난 신앙 공동체의 정체성의 관점에서 해당 자료를 고린도 교회의 상황에 맞추어 재상황화한다고 말한다.¹⁴²⁾

　　　　9-10절　　　몇몇 교부들은 9절의 ἔγραψα를 갈 6:11, 몬 19, 21, 골

---

142) Rosner, *Paul, Scripture and Ethics*, 61-93.

4:8의 경우와 마찬가지로 서신에서 사용되는 부정과거로 해석한다. 즉 이 부정과거는 지금 편지를 쓰고 있는 행위를 가리킨다는 것이다(에라스무스도 이 입장을 따른다).[143] 하지만 ἐν τῇ ἐπιστολῇ, "나의[그] 편지에서"라는 표현은 이 견해를 배제한다.[144] 이 절이 바울이 "이전 편지"를 썼다는 것을 분명하게 보여준다는 견해는 옛 라틴어로 주석한 암브로시아스터에게로 거슬러 올라간다. 칼뱅, 베자, 에스티우스, 그로티우스, 벵엘 등 사실상 오늘날의 모든 주석가들이 이 견해를 지지한다.[145] 허드는 이전의 편지와 관련된 일련의 사건을 재구성한다. 하지만 많은 이들은 허드 이후의 재구성이 추측하듯이 고린도 교인들이 바울을 매우 심각하게 "오해했을" 수 있다는 견해에 대해 신중한 입장을 보이는데, 이러한 입장은 정당하다.[146] 다른 한편으로 고린도 교회의 어떤 이들은 귀류법(reductio ad absurdum)을 부당하게 적용했다. 이제 바울은 자신이 그 점에 대해 잘 알고 있다고 밝힌다.[147]

바울이 선택한 그리스어 단어 συναναμίγνυσθαι(μίγνυμι 앞에 두 가지 전치사가 덧붙여짐: συναναμίγνυμι)—우리는 위에서 μή와 함께 사용된 이 단어를 "함부로 사귀지 말라"고 번역함—는 사전 편찬자들에게 많은 논쟁거리를 제공한다. 이것은 후대의 단어이며 신약성경에서는 단지 9절과 11절, 그리고 살후 3:14에서만 나타나며, 파피루스 문헌을 제외하고는 매우 드물게 사용된다. 이 단어는 고전 그리스어에서 몇몇 경우에 능동태로 사용되는데, "한데 섞다"를 뜻한다. 반면 수동태도 드물게 사용되는데 "~와 교제하다"를 의미한다(Plutarch, Philopoemen 21).[148] 파피루스 문헌의 어휘와 관련하여 몰턴-밀리건은 "교제하다"를 고전 5:9, 11과 살후 3:14에서 "한데 섞다"라

143) Theodoret, Interpretatio prim. ep. ad Cor., 194 (Migne, PG, 82:263 [Lat.], 264 [Gk.]; Chrysostom, 1 Cor. Hom., 16:1; Erasmus, Periphr. in Ep. Pauli ad Cor. 1, 874.

144) Schrage, Der erste Brief, 1:388; Conzelmann, 1 Corinthians, 99; Hurd, Origin, 50-53.

145) Calvin, First Epistle, 111: "바울이 언급하는 이 편지는 오늘날 존재하지 않는다." 참조. Bengel, Gnomon, 623: "이 편지 이전에 썼다." 또한 참조. Meyer, First Epistle, 1:152-154.

146) 참조. Hurd, Origin, 50-53.

147) Schrage, Der erste Brief, 1:388-389.

148) LSJ, 1,474.

는 문자적인 의미에 대한 은유적인 번역으로 이해한다. 하지만 그들은 옥시린쿠스 파피루스 4:718:16(기원후 190년경)의 특이한 사례에서 이 단어가 통합 또는 포용(inclusion)에 더 다가가는 의미를 지니고 있다고 제안한다.[149] 콜린스는 "~와 교제하다"를 지지한다.[150]

대다수 영역본은 "전혀 사귀지 마십시오"(AV/KJV)라는 번역 대신에 "교제하지 마십시오"(NRSV, NIV) 또는 "아무런 상관도 하지 마십시오"(REB, NJB)라는 번역을 선택한다. 하지만 이러한 번역은 영어에서 mixed up with(함께 섞다)의 구성요소를 그대로 반영하는 그리스어 이중복합동사 συναναμίγνυμι(μίγνυμι + ἀνα + συν)의 뉘앙스를 제대로 살리지 못한다. 이 절에서 이 동사의 중간태는 단순히 개인적인 관심뿐 아니라 상황의 주관성, 곧 "함부로 사귀지(섞이지) 말라"도 가리킨다. 이 번역은 "아무런 상관도 하지 마십시오"(그들은 길거리에서 보고도 모른척해야 하는가?) 또는 "교제하지 마십시오"(그들은 자신들이 어떤 모임이나 행사에 참석해야 할지 검토해야 하는가?)보다 이 문맥에 더 잘 어울린다. 슈라게는 상식을 예를 들어 그 당시의 노예들의 일상생활에 적용한다.[151] 바울은 경계선과 공동체의 정체성, 그리고 분명한 신앙관, 가치관, 생활 방식에 대한 기독교 공동체의 공동 증인으로서의 인식에 관한 **판별력**을 요구한다. 이 편지의 수신자들은 **어떻게 이것을 실행할 것인지 자신들의 분별력을 사용하여** 아무도 혼란에 빠지지 말아야 하며, 부도덕한 죄를 범한 사람도 자신이 신앙 공동체와 어떤 관계에 있는지 잘 인식해야 한다. 한편 πόρνοις를 "부도덕한 사람들"이라고 번역한 것과 πορνεία의 의미에 대해서는 5:1에 대한 주해를 참조하라.

10절의 그리스어 구문은 οὐ, "아니다"와 πάντως, "전적으로"의 상호 관계에 대해 두 가지 해석을 허용한다. REB는 부정 부사 οὐ가 πάντως를 수식하는 것으로 해석한다. 따라서 바울은 **사람들 전체가 아니라** 그리스

---

149) MM, 602.

150) Collins, *First Cor,* 216 and 217.

151) Schrage, *Der erste Brief,* 1:389.

도인들을 가리키고 있다.[152] 하지만 NRSV와 NIV는 "결코 의미하지 않습니다"라고 번역한다. 이것은 이 부정 부사가 해당 절의 개념 전체를 부정하는 것으로 해석하는 것이다. 하지만 REB는 "물론"을 삽입하여 이중적 의미를 부여하는 데 성공한다. 하지만 영적 엘리트주의의 문제점과 7:1-16에서 언급된 금욕적인 습관에 대한 질문과 더불어 γνῶσις에 호소하는 이들의 자기만족(8:1)의 입장과 관련하여—심지어 이 두 가지가 그럴듯한 것처럼 여겨진다 하더라도—바울은 그리스도를 닮아가는 신앙 공동체가 일종의 게토를 형성하는 것은 불가능하다는 점을 강조하고자 한다.[153] 따라서 우리는 "이것은 결코 세속적인 사회 안에 있는 사람들을…말하는 것이 아닙니다"라고 번역했다. 곧 τοῦ κόσμου τούτου를 "세속적인 사회 안에"로 번역했다. 이 세상에 대한 언급은 세상의 공동 구조 안에서 지금 이 세상의 원리에 의해 지배를 받으면서 살아가는 사람들과 "하늘의" 시민권을 가지고 있는 사람들(빌 3:20)을 서로 대조하는 것을 암시한다.

10절에서는 부도덕하거나 불법적인 것을 가리키는 네 가지 용어가 사용된다. 11절에서도 재차 여섯 가지 용어가 언급되는데, 그중 두 가지는 새로운 용어다. 우리는 고대 문헌에서 종종 악덕 "목록"을 발견한다. 거기에는 다음과 같은 목록이 포함되어 있다. 즉 롬 1:29-31(수군수군하는 자와 비방하는 자에서부터 하나님을 미워하는 자와 살인자에 이르기까지 스물한 가지의 "악덕들"), 외경 지혜서 14:25-26(아마도 바울은 자신의 논점을 뒷받침하기 위해 회당의 설교 자료를 활용하여 롬 1장에서 의도적으로 이 목록을 인용했을 것임), 클레멘스1서 35:5의 열두 가지 "악덕"과 필론과 다른 이들의 저서에서 나타나는 보다 더 긴 악덕 목록 등이다. "악덕과 악의 목록"에 대한 일부 상세한 연구는 그것들을 이해하는 데 중요한 역할을 한다.[154]

---

152) Fee, *First Epistle*, 223: "그는 '전반적으로' 그들이 이해한 것을 의도하지 않았을 것이다." 참조. Parry, *First Epistle*, 92, "전적으로 그런 의미가 아닌."
153) Conzelmann도 이 점을 강조한다. 참조. Conzelmann, *1 Cor.*, 100.
154) 참조. Wibbing, *Die Tugend- und Lasterkataloge in NT und ihre Traditionsgeschichte*, BZNW 25 (Berlin: Töpelmann, 1959); E. Kamlah, *Die Form der katalogischen Paränese im NT* (Tübingen: Mohr, 1964); 참조. Conzelmann, *1 Cor.*, 100-110, "Excursus."

콘첼만은 이 "목록들"에 대한 모델은 구약성경에서 전혀 찾아볼 수 없으며, 유대교 문헌에서 나타나는 경우는 "헬레니즘의 영향에 근접해 있다"고 단언한다. (1936년에 푀그틀레가 제안했듯이) 그는 또한 이 목록들의 기원은 스토아학파의 주요 덕목 및 악덕 목록이며, 미덕들에 대한 플라톤의 저서로까지 거슬러 올라간다고 주장한다.[155] 고대 그리스와 헬레니즘 저자들의 글에서 이 자료가 나타나는 것은 명백한 사실이지만, 거기서 유추한 결론은 종종 다르다. 콘첼만은 다음과 같은 전형적인 견해를 대변한다. 즉 그 목록은 예를 들어 고린도의 실질적인 상황보다는 전형적인 구호로부터 비롯되었으며, 그것은 세부적인 사항에 주의를 기울일 것을 요구한다는 것이다(하지만 6:9-10에 대한 주해를 보라). 바울이 롬 1:29-31, 갈 5:19-21, 그리고 아마도 고전 6:9-10과 고후 12:20-21에서 "목록들"을 인용하는 것이 사실이지만, 우리는 (로스너와 더불어) 특히 고린도전후서에서 바울이 구약성경과 유대교 전통, 특히 신명기로부터 유래된 전통에 기초하고 있다는 사실을 반드시 기억해야 한다. 나아가 해리스가 이 자료를 신앙 공동체의 정체성에 적용한 사실은 5:10-11에서 언급된 "악덕들"이 고린도의 실질적인 상황을 반영하지 못한다는 콘첼만의 단조로운 추정에 의문을 제기한다.[156] 사실 우리는 10절의 이른바 네 가지 악덕과 11절의 두 가지 악덕이 담긴 "목록"만을 발견할 뿐이다!

몇몇 용어들은 어휘 및 문맥적 검토를 요구한다. (1) 우리는 여격 복수 πόρνοις를 "부도덕한 사람들"이라고 번역했다. 바울은 해당 개념을 고린도의 상황에 적용한다. 비록 70인역에서 μοιχεύσεις, "간음하다"는 πορνεία의 특별한 하부 개념이긴 하지만, 이 용어는 구약성경의 십계명을 반영하기도 한다(참조. 출 20:14; 신 5:18[70인역은 출 20:13; 신 5:17]). (2) 의미론에 기

---

155) A. Vögtle, *Die Tugend- und Lasterkataloge im NT* (Münster: Aschendorff, 1936), esp. 58-73; 참조. Dio Chrysostom, *Orations* 45 (62):2, 6, 56 (73):1; Cicero, *Tuscalanae Disputationes* 4.3.5; 4.6.11-14.33; Epictetus, *Dissertations* 2.16.11, and Conzelmann, *1 Cor.* 100-101.

156) Harris, "The Beginnings of Church Discipline: 1 Cor. 5," 1-21; 참조. Rosner, *Paul, Scripture and Ethics: A Study of 1 Cor 5-7*, esp. 61-93.

초한 설명에 의하면 πλεονέκταις는 πλέον(참조. πολύς, πλείων), "더"와 ἔχω, "나는 가지다"가 결합한 복합명사로서 욕심 많고, 탐욕스럽고, 자신들이 가진 것보다 항상 더 많은 것을 원하는 탐욕적인 사람들을 가리킨다. 사실상 πλεονεξία는 고대 그리스의 "악덕 목록"에서도 나타난다.[157] 그러나 이것은 또한 포골로프, 위더링턴 및 다른 학자들이 제시하는 고린도 사회에 대한 사회학적 분석과도 정확하게 일치한다. 즉 그 당시 고린도의 많은 사람들은 사회적 신분, 권세 또는 부(富)와 관련하여 더욱더 높은 것과 많은 것을 얻으려는 성취욕에 사로잡혀 있었다고 한다.[158] 이 특성은 고린도에서 자수성가한 사람들과 신흥 부호의 문화 안에 만연해 있었다. 그리고 바울은 이러한 특성을 없애는 것을 기독교 공동체의 정체성을 구별해주는 경계선으로 이해했다. 그것은 "네 이웃의 ~을 탐내지 말라"는 십계명의 열 번째 계명을 반영한다(출 20:17; 비록 70인역은 신 5:2에서처럼 ἐπιθυμήσεις를 사용하긴 하지만). (3) ἄρπαξ는 대체로 "사기를 쳐서 빼앗는 자"를 의미한다. 즉 폭력을 사용하여 빼앗는 강도와 달리 속여서 빼앗는 사람들을 가리킨다. 이 명사의 동사형 ἁρπάζω, "어떤 것을 빼앗아 그것을 자기 것으로 삼다"는 보다 더 흔하게 사용된다. 따라서 우리가 제안하는 "속여서 빼앗는 사람들"이라는 번역(이것은 REB의 "extortioners"에 해당함)은 속이는 수법을 이용하여 어떤 사람에게서 무언가를 빼앗아 자기의 것으로 만든다는 두 가지 뉘앙스를 가장 적절하게 결합해준다.[159] 우리는 "속여서 빼앗는다"라는 단어를 다른 사람을 희생시켜 신속하고 부당하게 부를 얻기 위해 어떤 상품이나 서비스를 필요로 하는 사람을 착취하는 사람을 가리키는 데 사용한다. 이것은 또다시 고린도의 기업 문화를 반영해줄 것이다. 이런 문화에서는 "어떻게든지 빨리 부자가 되는 것"과 다른 사람을 이용하고 내버리는 것은 당연한 일이었다. 따라

---

157) BAGD, 667; 참조. Dio Chrysostom, *Orations* 67(17):6, 7[매우 중대한 악으로서]; Philo, *De Specialibus Legibus* 1.173; Diodorus Siculus, 13.30.4; *1 Clement* 35:12 (열두 "악덕" 가운데 하나). 또한 참조. Grimm-Thayer, 516.

158) Witherington, *Conflict and Community*, e.g., 24, "status-hungry people"; 참조. 22-29 and throughout; Pogoloff, *Logos and Sophia*, 129-172.

159) 참조. BAGD, 109.

서 바울은 또다시 기독교 공동체가 그러한 관점들을 허용하는 문화적 전제로부터 거리를 두기를 원한다. 이러한 입장의 차이는 정체성을 알려주는 많은 경계선 가운데 하나다. 이러한 설명이 제공되지 않으면 NRSV의 "강도들"이라는 미숙한 번역은 콘첼만이 사용한 유형의 논의에 빠지게 할 것이며, 그것을 문학적인 고안으로 대치하여 역사적 정황에 맞지 않는 관점을 제공할 것이다. 이와는 대조적으로 "속여서 빼앗는 것"은 엄밀히 말해 일종의 "훔치는 행위"를 구체적으로 보여준다. 이러한 행위는 사업 또는 재산과 관련하여 해당 용어가 지닌 범죄적인 의미에서 극악무도하게 강탈하는 것처럼 보이지 않게 하면서도 권력을 남용하여 수익이나 임대료를 조작할 수 있었던 초기 그리스도인들을 실질적으로 유혹했을 것이다.[160] (4) 에드워즈는 "우상숭배 하는 자들"(εἰδωλολάτραις)이라는 단어가 그리스어 신약성경에서 이곳에서 맨 처음으로 나타난다고 일러준다.[161] 8:1에서 11:1까지의 논의는 이방인들 사이에서 그리스도인들의 삶이 "주님의 식탁"과 우상들의 식탁을 타협할 정도로 경계선이 무디어지는 유혹에 직면해 있음을 보여준다(10:16-23). 그러므로 8:1-7과 10:16-23 및 이 장들 안에 있는 다른 자료는 콘첼만과 다른 학자들의 견해와 달리 이 네 번째 "악덕"—심지어 그것이 교회 안에서 단지 몇몇 사람에게만 적용된다 하더라도—이 고린도의 구체적인 상황을 반영한다는 것을 입증해준다.

이제 우리는 해리스와 로스너의 주장을 살펴보고자 한다.[162] 해리스는 왜 새로운 공동체 정체성을 추구했던 많은 고린도 교인들이 "옛 규칙들"을 그토록 무시했는지를 설득력 있게 설명한다. 만약 유대교의 도덕적 전통이 무시되거나 영향력을 거의 미치지 않았다면 고린도의 상황의 유동성을 과장하기는 어려울 것이다.[163] 따라서 새로운 "자유"가 그 특유한 역할을 하기

---

160) 이 이슈에 대해서는 탁월하게 설명하는 다음 장(章)을 참조하라. "Making Stealing Possible," in Fowl, *Engaging Scripture: A Model for Theological Interpretation*.

161) Edwards, *First Epistle*, 132.

162) Harris, "Church Discipline," 1-21; Rosner, *Paul, Scripture, and Ethics*, 61-93.

163) 우리는 앞에서 이 결과에 대한 A. D. Nock, H. Räisänen, G. Harris의 주장을 언급했다.

이전에 바울은 신앙 공동체의 경계선과 도덕적인 전통을 강화해야만 했다. 바울의 단서와 더불어 6:12의 슬로건은 그 이슈에 초점이 맞추어져 있다.

또한 로스너는 여기서 바울의 사고에 신명기에 기초한 전승들, 십계명, 3:16-17에서 언급하는 신앙 공동체의 거룩함이 타당하다는 것을 입증해 준다. 로스너는 그 범법자를 신앙 공동체에서 추방해야 한다는 명령의 배후에는 신 5:13, 22:22, 23:2-9 및 미쉬나의 산헤드린 7:4, 희년서 33:10-13, 토세프타 산헤드린 10:1과 쿰란 공동체의 CD 5에서 구체화된 전승과 더불어 신 27:20과 23:1의 금지 규정이 있다고 주장한다.[164] 뿐만 아니라 대다수 학자들이 "악덕 목록"이라고 부르는 것은 신명기에 기초한 언약 정체성과 그것에 부합하는 의무 규정의 관점에서 더 잘 해석된다. 로스너는 바울이 사용한 용어들이 신 22:21(70인역의 ἐκπορνεύω는 "바울의 πόρνος에 해당함"), 17:3, 7(70인역 εἰδωλολάτρης)과 24:27(70인역 ἅπαξ)에서도 나타난다는 점을 지적한다. 또한 5:11에서 추가로 등장하는 두 용어는 신 21:20-21과 19:18-19에서도 나타난다. 오직 πλεονέκτης만 나타나지 않는다. 로스너와 레온 모리스는 이 단어가 ἅρπαξιν에 포함되어 있으며, 단지 그것을 설명하는 것에 지나지 않는다고 이해한다.[165] 우리가 이미 언급했듯이 로스너는 신앙 공동체의 책임과 거룩함에 대한 모티프들을 구약성경의 배경으로까지 추적한다.

더욱이 최근에는 피터 자스가 해당 논증 전체를 잘 매듭지었다. 그는 "고전 5:10, 11과 6:9-10의 악덕 목록은 이 부분의 정황과 밀접하게 관련되어 있다"고 주장한다.[166] 바울이 단순히 전통적인 자료를 반복하여 제시한다는 견해를 지지해주는 증거는 전혀 없다. 이 이슈는 6:9-10의 윤리에 있어 특히 중요하다(해당 절들에 대한 주해 참조).

고린도전서 수신자들이 함부로 사귀어서는 안 되는 사람들의 네 가지

---

164) Rosner, *Paul, Scripture, and Ethics*, 82-83.
165) 같은 책, 69; Leon Morris, *First Epistle*, 88.
166) P. S. Zaas, "Catalogues and Context: 1 Cor. 5 and 6:2," 623-624, 622-629.

특성을 열거한 후 바울은 자기주장이 기독교 공동체 밖에 있으면서 그러한 특성을 지닌 사람들을 포함하는 것으로 이해할 수 있다는 관점은 논리적인 모순이라고 강조한다.[167] 따라서 그는 10절의 마지막 부분에 "그렇다면(ἄρα, '그렇다면', 논리적 결과로서 '그 경우에') 여러분은 아예 세상 밖으로 나가야만 할 것입니다"(ὠφείλετε, 미완료과거 직설법)를 덧붙인다. 우리는 이론적인 측면에서 성취되지 않은 조건의 불특정한 특성을 가리키는 불변화사 ἄν과 같은 것을 여기서 기대할 수도 있지만, 실제로 이런 경우에는 문장 구조가 종종 의무감을 가리키는 동사들과 함께 나타난다.

　　11절　　10절에서 ἔγραψα, "내가 썼다"와 ἐν τῇ ἐπιστολῇ, "내 편지에서" 간의 구문상의 연관성은 ἔγραψα를 편지에서 사용하는 부정과거로 해석하는 것을 배제한다. 이와는 대조적으로 11절에서 νῦν, "지금"은 정반대의 효력을 지니고 있다. 즉 이 그리스어 부사는 이 절에서 부정과거 ἔγραψα를 편지에서 사용하는 표현으로서 "하지만…쓰고 있습니다"를 의미하는 것으로 이해해야 함을 암시해준다. 주석가들과 영역본들은 이 점에 대해 의견이 분분하다. (콘첼만, 볼프와 더불어) REB와 NJB는 이 부정과거를 과거 시제로 이해하여 "나는…의도했다"라고 번역한 반면, (콜린스, 피와 더불어) NRSV와 NIV는 더 그럴듯하게 "나는 지금 쓰고 있습니다" 또는 "지금 내가 쓰는 것은"이라고 번역한다.[168] 알로는 이와 관련하여 다음과 같이 설득력 있게 주장한다. "바울은 그의 첫 번째 편지에서 말하고자 했던 것을 이제 설명한다. 왜냐하면 그는 그렇게 할 필요성이 있음을 깨달았기 때문이다."[169]

　　이 절에서 그 외의 여러 단어들은 이미 9절과 10절에서 사용된 단어들이다. 따라서 이 단어들은 더 이상의 설명이 필요 없다. "함부로 어

167) Schrage, *Der erste Brief*, 1:389-390.
168) Conzelmann, *1 Corinthians*, 102, n. 81; Wolff, *Der erste Brief*, 109. 이들은 다음 주석가들의 견해에 반대한다. 참조. Barrett, *First Epistle*, 131; Fee, *First Epistle*, 230, n.4; Collins, *First Cor*, 216 and 220-221.
169) Allo, *Première Épitre*, 129.

울리지 말라"에 대해서는 9절의 주해를 보라. 동사에서 파생된 형용사 ὀνομαζόμενος는 현재분사 수동태이지만(벵엘: 중간태의 의미로 사용된 수동태), 이 문맥에서는 어떤 형제(ἀδελφός)로 지칭될 뿐만 아니라 **그리스도인으로 행세하는 사람**(곧 그리스도인이란 호칭을 받아들이는 사람)이라는 의미를 전달해준다.[170] 영역본들은 이 뉘앙스를 다양하게 전달한다. 예를 들어 "형제라는 호칭을 지니고 있는"(NRSV), "자신을 형제라고 부르는 어떤 사람"(NIV), "소위 그리스도인이라는 어떤 사람"(REB), 또는 "형제라는 호칭으로 통하는 어떤 사람(NJB) 등이다.[171] "부도덕하거나 탐욕적이거나 우상숭배에 빠져 있거나"에 대해서는 10절의 세부적인 주해를 보라. 우리는 이 용어들이 고린도의 구체적인 상황과 상관없이 단지 어떤 기본적인 "목록"에 의해 결정된 것이라는 주장을 받아들이지 않았다. 반면 이 "악덕들"은 어떤 범법자가 우연히 죄를 범하고 나서 외면하는 도덕적인 실수가 아니라, 진정으로 **특성** 또는 **지속적인 관습**으로서 해당 목록 가운데 언급된 것이다. 따라서 우리는 이러한 측면에 관심을 기울이면서 해당 구절을 "태도가 부도덕하거나 탐욕적이거나"라고 번역했다. 또한 우리는 (8:1-11:1이라는 보다 더 광범위한 문맥에서) 8:1-7과 10:16-23에 비추어 "우상숭배에 연루되어 있거나"라고 번역했다. 왜냐하면 이 절들에서 중요한 것은 "연루됨"이기 때문이다. 우리는 위에서(10절) 성공을 추구하는 문화에서 속여서 빼앗는 상거래가 어떤 특징을 지닐 수 있었는지를 설명했다. 여기서 "속여서 빼앗는 자"는 어떤 전문 직업을 의미하지 않는다. 바울은 여기서 어떻게 해서든지 출세하기 위해 다른 사람들을 성공 사다리에서 밀쳐내는 사람을 의미한다.

바울은 이제 10절의 네 가지 특성에 λοίδορος ἢ μέθυσος를 덧붙인다. (5) 바울은 4:12에서 이미 λοιδορούμενοι를 사용했는데(12절에 대한 주해 참조), 거기서 우리는 εὐλογοῦμεν이란 바울의 반응은 그가 모욕하는 자들을 "축복했다"는 것을 의미하지 않고, 모욕을 당할 때 선하고 정중하며 긍정적

---

170) Bengel, *Gnomon*, 623.
171) Weiss, *Der erste Korintherbrief*, 140도 이와 비슷한 의미로 번역한다.

이고 건설적인 말로 대응했다는 것을 의미한다고 주장했다. 11절에서 바울은 어떤 사람들은 입을 열 때마다 다른 사람들을 비난함으로써 그들의 마음에 **상처를 입힌다**고 말한다. 그것은 말하는 사람이 **경멸적이며 잘난 체하는 자세**를 취하고 있음을 암시해준다. 이것은 습관화된 의사소통 방식이 될 수 있다. 이러한 방식은 한편으로는 자만심과 다른 사람들에 대한 무감각을 드러내며, 또 다른 한편으로는 비방을 당한 사람의 입장에서 아픔이 불만으로, 그리고 의사소통을 중단하려는 합리적인 바람으로 이어지게 한다. 따라서 마거릿 미첼이 주장하듯이 어떤 정치적 또는 사회적 단체가 서로 "어울리는 것"(μίγνυσθαι)을 포함한다 하더라도 "바울은 5:1-13에서처럼 여기서도 새로운 '어울림'에 대해 적절한 경계선을 그어야만 한다."[172] 어떤 이들은 신앙 공동체의 정체성과 결속력을 교란하지 않고 그 공동체에 포함될 수 없다.

　　(6) λοίδορος와 μέθυσος, "술주정뱅이"는 신 19:19과 신 21:20에서도 나타나는데, 거기서 이들은 하나님의 거룩한 백성으로서 언약 공동체로부터 제외된 사람들의 특성을 나타낸다.[173] 공동체의 집단적 정체성이라는 신학적인 이유와 공동체 분열의 원인을 제공할 수 있다는 목회적인 이유로 인해 바울은 하나의 분명한 경계선을 긋는다. 그 경계선은 적어도 그리스도인들이 아닌 "외부자들"의 습관적인 행동을 규정한다. 술 취함은 다른 사람들을 술주정뱅이들의 무리로부터 멀어지게 할 뿐만 아니라 입으로 모욕하는 것과 심지어 신체적 폭력으로 이끌 수 있다. 술 취함은 술에 취해 있는 동안 다른 사람들에 대한 존중과 그들의 행복에 대한 관심을 제거해버린다. 하지만 다른 사람들에 대한 ἀγάπη, "존중, 존경, 사랑"은 그리스도인의 정체성을 보증하는 증표다. 기원후 1세기의 유대교 문헌에서 술 취함에 대한 언급은 알코올 섭취 그 자체보다도 그로 인해 발생하는 용납할 수 없는 행위에

---

172) Mitchell, *Paul and Rhetoric of Reconciliation*, 115-116.
173) Rosner, *Paul, Scripture, and Ethics*, 82-83.

더 강조점을 둔다.[174]

바울은 "와인 문화권" 안에서 와인을 마시는 것을 전적으로 금하지 않는 반면, 부와 성(性)을 비롯하여 사회생활의 다른 측면에 관해서는 자제와 타인을 존중하는 자세를 요구한다. 기원후 1세기의 문화가 오늘날의 관점에서 알코올이 지닌 의학적인 문제점을 구체적으로 확인했을 것으로 기대하는 것은 시대착오적인 발상일 것이다. 따라서 오늘날에 적용될 이슈를 고려할 때 우리는 반드시 이 추가적인 특성에 주의를 기울여야 한다. 우상 숭배와 고기를 먹는 문맥에서 "강함"과 "약함"에 대한 논쟁은 개별적인 사례가 개입된 이 구체적인 이슈와 관련하여 할 말이 더 많았을지도 모른다(10:23-33에 대한 주해 참조). 고대 사회에서 함께 먹고 마시는 것은 사회적 결속을 위해 대단히 중요했다. 그러므로 일반적인 원칙은 그룹의 다양한 관습과 잘 조화를 이루는 것이었지만, (i) 개별적인 상황과 환경을 따라야 했고(예를 들면 그것은 개별적인 사례, 다른 사람들에게 영향을 미치는가의 여부에 대한 이슈들, 또는 다른 "예외" 사항들, 참조. 10:23-33), (ii) 일종의 "사교 음주" 방식을 따라야 했다. 그것은 냉정과 자제력을 잃게 했으며, 다른 사람들을 고려하지 않은 채 극단적인 행동에 빠지게 했다(참조. 롬 13:13). "맛보지도 말고 만지지도 말라"(골 2:21)는 슬로건은 신약 시대의 교회 안에서 유대교에 동조하는 보수적이며 반(反)이방적인 경향에서 비롯되었을 가능성이 높다. 바울은 그리스도인들이 교회 밖의 사람들에게 신뢰할 만한 사람으로 인식되기를 바란다. 하지만 개별적인 상황들에 비추어 그는 다른 곳에서 "아무도 여러분이 먹거나 마시는 것에 대해" 이렇게 또는 저렇게 "비난할 만한 것이 없게 하십시오"(골 2:16, REB의 번역)라고 강권한다.

먹고 마시는 것과 연관되어 있는 사회적 교류는 μηδὲ συνεσθίειν, "여러분은 (그런 사람)과 심지어 함께 먹지도 마십시오"를 이해하는 데 도움을 준다. 비록 바울이 과연 여기서 주의 식탁에서 함께 식사하는 것을 가리키는지, 아니면 일상의 사회적 관계에서 집에서 함께 식사하는 것을 가리

---

174) Fee, *First Epistle*, 225-226.

키는지는 잘 알려진 논쟁이지만, 만약 바울이 "그들은 신앙 공동체에 속하
지 않으며, 심지어 주의 만찬에도 참여하지 못합니다"라고 말하고자 했다
면 바울의 μηδέ 사용은 **이치에 맞지 않을** 것이다. 그럴 경우 논리적인 사고
는 잘못된 방향으로 전개된다. 즉 바울의 말은 그들이 주의 만찬에서 배제
될 뿐 아니라 심지어 훨씬 더 "공개적인" 장소에서의 교제도 배제된다는 것
을 의미할 때만 이해 가능하다. 하지만 "심지어 (먹지도) 마십시오"라는 말
은 보다 더 건설적이며 관대한 의미로도 이해될 수 있다. 만약 사회적 교류
를 위해 집에서 이루어지는 식사 자리에 **심지어 그런 사람**(τῷ τοιούτῳ)도 초
대하지 말라는 말이 **부정적인 한계**를 나타내는 것이라면 그런 사람과는 절
대 거리에서 말도 걸지 말거나, 친구나 친지나 가까운 동료가 아니라 단지
서로 아는 사람에게는 일상적인 인사도 하지 말라는 의미는 결코 아닐 것
이다. 따라서 여기서 바울이 μηδέ를 사용한 것은 그런 사람과 일상적인 인
사도 하지 말라는 것이 아니라 구체적으로 그런 사람과의 교제, 지원, 공동
체 정체성의 타협을 적시하는 것이다.

12-13절   (i) P^{46}, 콥트어 방언인 보하이르어 필사본과 시라아어로 쓰인
페쉬타 필사본은 긍정적인 대답을 기대하는 12b의 수사학적 질문, οὐχὶ τοὺς ἔσω
ὑμεῖς κρίνετε에서 οὐχί를 생략하고 "여러분은 [반드시]…심판해야 합니다"라는 명
령문으로 바꾼다. (ii) 반면 콥트어 방언인 사히드어 번역본은 οὐχί가 12a과 연결된
것으로 이해하고, ἔξω κρίνειν καὶ ἔσω οὐχί라고 읽으면서 다음과 같은 의미로 이해
한다. "내가 [교회] 밖에 있는 사람들을 심판하지만 안에 있는 사람들을 그렇게 하
지 않는 것이 무슨 상관입니까?" 하지만 절대다수 사본의 증거는 UBS^4에 제시된 텍
스트를 지지한다. 그것은 원문으로 신뢰할 만하다. (iii) 13a에서 과연 페리스포메논
(circumflex) 액센트가 마지막 음절에 위치해야 하는지(κρινεῖ)는 확실하지 않다. 왜
냐하면 가장 초기의 사본들에는 액센트 자체가 없기 때문이다. 이 액센트는 직설법
현재 κρίνω의 미래형으로서 κρινεῖ, 곧 "하나님은 심판하실 것이다"라는 의미를 전
달한다. 반면 κρίνει는 (단축형이 아닌) 현재 시제로서 "하나님은 심판하신다"를 뜻
한다. 우리는 앞에서 "하나님은 밖에 있는 사람들의 심판자이십니다"—이것은 현
재 상황과 미래의 행위를 모두 포함함—라고 번역함으로써 어떤 결정을 내리는 것

을 피할 수 있었다.[175]

그리스어 관용구 τί γάρ μοι는 불가타역의 라틴어 관용구 *quid enim mihi*(나에게 무슨 상관이 있는가?)와 베자의 *quid mea interest?*(나와 무슨 이해관계가 있는가?)와 상응한다. 이 표현은 가나에서 예수가 마리아에게 질문한 것(τί ἐμοὶ καὶ σοί, 요 2:4)을 상기시킨다. 핀들레이는 For what business of mine is it …?이라고 훌륭한 관용적인 번역을 제시한다. 사실상 이것은 REB와 NIV의 번역에 반영되었다(앞에서의 설명 참조). "그것은 나의 관심사가 전혀 아니다"라는 NJB의 번역은 "그것은 내 일이 아니다"라는 JB의 번역보다 덜 만족스럽다. 왜냐하면 비록 μοι가 엄밀히 말해 관심의 여격이긴 하지만(그것은 나를 위한 것이 아니다), 그것은 여기서 심리적 또는 정신적 무관심을 나타내는 개념보다 오히려 어떤 **공식적인 역할** 또는 **관심 분야**에 더욱더 주목하기 때문이다. 핵심 이슈는 바울이 신앙 공동체와 함께 연합하여(5:2-5) 공동체의 규정을 만들어 기독교 공동체 **안에서** 합법적인 권위로 그 규정을 실행하는 것이다. 칼뱅은 다음과 같이 주장한다. "이 배경에서 바울은 교회의 특별한 재판권에 대해 말하고 있다.…이 징벌은 교회에 국한된 권징의 일부분에 해당하며, 그것은 교회 밖에 있는 사람들을 포함하지 않는다."[176]

비록 κρίνω가 일반적으로 "내가 판단하다"를 의미하지만, 문맥에 따라 그것은 "심판하다", "판결에 이르다" 또는 "판결을 내리다" 등을 의미할 수 있다. "밖에 있는 사람들을 심판하는 것이 나와 무슨 상관이 있는가?"(NRSV)라는 미숙한 번역은 얼핏 듣기에 도덕주의적 판결을 내리는 것을 거부하는 사람의 말처럼 들리게 한다. 그것은 바울의 강조점이 전혀 아니다. 반면 바울은 교회 정치에 대한 어떤 의미심장한 원칙을 말하고 있다. 곧 전체로서의 교회는 하나 됨, 거룩함, 보편성, 사도성을 보존하기 위해 기

---

175) Metzger는 현재와 미래 시제 중에서 각각의 개연성은 균등하지만, 이 편지의 종말론적 특성에 비추어 볼 때 "위원회의 과반수"(곧 분명히 만장일치는 아님!)는 미래가 "이 문맥에서 더 타당하다"고 판단했음을 시인한다(Metzger, *Textual Commentary* [2d ed.], 486). 한편 Schrage는 신앙 공동체에 속한 사람들의 현재 상황 및 다른 사람들의 상황과 4:5의 미래의 심판(참조. 롬 2:5, 16) 사이에 균형을 맞춘다(Schrage, *Der erste Brief,* 1:394).

176) Calvin, *First Epistle,* 115.

독교적인 (또는 그리스도를 닮은) 공동체의 정체성을 고유하게 표현하는 교회의 규칙들을 제정해야 할 책임을 지니고 있다. 그 정체성은 교회의 증거, 양육 및 세계 선교를 위해 교회 전체의 단결을 유지해준다. 고전 5장에서 일종의 자율적인 신앙 공동체가 언급된다는 밤멜의 관점은 바울의 교회론을 거의 반영하지 못하는 것처럼 여겨진다.[177]

12절과 13절은 한 가지 주제에 대한 서로 보완적인 측면들을 다룬다. 교회 밖에 있는 사람들에 대해 권리 포기 선언을 한다는 것은 오직 교회 안에 있는 사람들을 책임지는 규정들의 중요성을 강조하는 경우에만 타당성을 지니고 있다. 이 점을 확실하게 하고 나서 바울은 만약 사람들이 밖에 있는 사람들의 경우에 대해 알고 싶어 한다면 밖에 있는 사람들도 자신들의 삶의 방식에 대해 책임을 회피하지 못한다고 덧붙인다. 왜냐하면 하나님이 밖에 있는 사람들의 심판자이시기 때문이다. 하지만 교회는 교회의 규정들

---

177) E. Bammel, "Rechtsfindung in Korinth," 107-113(한편 Bammel은 고후 12:21-13:10을 향해 진행되는 어떤 "변화"를 중요시한다). Rosner는 이 단락과 마 18:13-20의 관계에 대해 언급한다(또한 그것은 레 19:17과 신 19:15-19을 반영한다). 여기서처럼 마태복음의 해당 본문에서도 한 가지 주요한 관심사는 **죄인의 회심과 관계 회복**이다. 하지만 **각각의 경우마다 전체 교회가 관련되어** 있다. 그리고 각각의 경우 어떤 한 가지 행위보다 죄인의 위치가 고려의 대상이다(Rosner, *Paul, Scripture and Ethics*, 89-90). 또한 Godet도 "이 장(章)과 우리 주님이 사도들에게 주신 권징 지침(마 18:15-20) 사이의 의미심장한 유비"에 대해 쓰고 있다(최근에 마태복음 전문가들은 회당으로부터의 출교에 대한 후대의 질문들과 비교한다). 마 5:22; 18:15-20; 살후 3:6, 14, 15; 계 2:19-22를 비교해 보면 우리는 다음과 같은 공통점을 발견한다. (i) 권고, (ii) 최종적인 공적 선언 또는 판결에 대한 언어-행위. 또한 참조. South, *Disciplinary Practices in Pauline Texts*, 23-88(고후 2:5-11), 111-138(갈라디아서), 139-158(롬 16:17; 빌 3:2), and 159-180(데살로니가후서, 에베소서, 목회서신). South는 "권징의 실행은 궁극적으로 범법자와 신앙 공동체 모두에게 진정으로 유익이 되게 하는 것이다"(186)라고 결론짓는다. Fee는 "바울은 분리주의자가 아니다"라고 주장하며, 현대 교회들이 다음과 같은 두 가지 극단에 치우쳐 있는 점에 대해 정당하게 탄식한다. 즉 교회들은 정체성을 상당 부분 잃어버렸거나 엄격한 권위주의적인 분파주의에 치우쳐 있다는 것이다(Fee, *First Epistle*, 227-228). 한편 Wire는 바울의 해당 본문들에 일종의 권위주의가 반영되어 있으며, 그것은 그에게서 비롯된 것이라고 해석한다. 하지만 이 해석은 교회의 구조와 자유를 모두 유지하려는 바울의 강조점과 조화되지 않는다(A. C. Wire, *The Corinthian Women Prophets*, 1990, esp. 26-30 and 76-79). 이 입장과 상반되는 관점은 다음 연구서를 참조하라. F. F. Bruce, *Paul, Apostle of the Free Spirit* (Exeter: Paternoster, and Grand Rapids: Eerdmans, 1977).

을 그들에게 강요하려 해서는 안 된다. 이것은 교회가 하나님이 인류의 진정한 행복을 위해 정해놓으신 것에 침묵해야 한다는 것을 암시하지 않는다. 하지만 교회는 교회의 내부 문제들을 해결하기 위해 교회가 제정한 "행동 규범들"을 실행한다. 세상의 외부적인 문제들은 다른 기관에 맡겨져 있다. 오늘날의 자유방임(laissez faire) 및 소비자 중심 문화에 반대하며 바울은 기독교 공동체의 일원이 되는 것은 기독교적인 생활 방식의 지침 아래 자신을 확실하게 위치시키는 것이라고 주장한다.

13b은 명령형 부정과거 ἐξάρατε로 시작한다. 하지만 몇몇 사본은 70인역의 신 17:7에 근거하여 해당 그리스어 동사를 명령으로 이해하여 직설법 미래 능동태 ἐξαρεῖτε로 읽는다. 바울은 여기서 신명기의 이 구절을 인용하며 "여러분은 그 악한 사람을 내쫓으십시오"(명령법) 또는 "여러분은 그 악한 사람을 내쫓을 것입니다"(70인역, 직설법 미래)라고 명령한다. 여기서 ἐκ(ἐξ)가 두 번이나 사용되는 것은 그 명령을 한층 더 강화하는 역할을 한다. 따라서 NIV는 "내쫓으십시오"(expel), NRSV는 "쫓아내십시오"(drive out), NJB는 "추방하십시오"(banish)라고 번역하지만, REB는 "여러분의 신앙 공동체로부터 그 행악자를 뿌리 뽑으십시오"라고 번역한다. 이 모든 번역은 정당화될 수 있다. 하지만 ἐκ 또는 ἐξ가 이중으로 사용되는 것은 추방하다(내쫓다) 같은 강력한 동사로 번역할 것을 요구한다. 앞에서 바울은 악은 누룩과 같이 파고들며 퍼지는 어떤 원천으로부터 비롯되는 것이라고 주장했다. 고린도에서의 후원과 사회적 네트워크에 대한 차우의 연구에 비추어볼 때 우리는 어렵지 않게 그 상황을 상상할 수 있을 것이다.[178]

(70인역의) 신 17:7에 기초한 마지막 호소는 이 장(章)의 신명기 배경에 대한 로스너의 상세한 연구를 뒷받침해준다.[179] 스탠리는 이 인용절에

---

178) Chow, *Patronage and Power*, esp. 123-127 and 130-141.

179) 이 단락에 대한 그의 주요 논점에 덧붙여(*Paul, Scripture and Ethics*, 61-93) Rosner는 고전 5:13에서 신 17:7이 사용되는 것을 포함하여 구약성경의 관련성을 과소평가하는 학자들의 주장에 대해 논평한다. 예를 들면 그것은 단지 어떤 암시나 평행 본문일 것이라는 E. Ellis, R. Longenecker, H. Ulonska, and P. Zaas 등의 주장이다(61-64).

거의 관심을 기울이지 않는 엘리스와 다른 학자들의 입장을 따른다. 그 이유는 비록 바울의 인용이 "사실상 문자적으로 거의 일치하지만" 그는 자신의 독자들을 위한 표준 규정으로서 그것을 분명하게 사용하지 않으며, 따라서 바울은 이 인용문을 그러한 방식으로 인식하지 않을 가능성이 있다는 것이다.[180] 하지만 헤이스는 인용에 대한 분명한 징표가 없는 것을 보다 더 긍정적으로 다음과 같이 해석한다. 곧 바울에게는 "언제나 단 하나의 이스라엘만이 있었으며, 앞으로도 그러할 것이다. 고린도의 신자들과 같은 이방인 그리스도인들도 이제 한 이스라엘에 포함되었다. 그러므로 바울은 (70인역의) 신앙 공동체의 순결을 유지하기 위해 신 17:7의 말씀을 교인들에게 권면의 말씀으로 직접 사용할 수 있다.…모세와 고린도 신자들 사이에는 아무런 소개 형식도 필요 없다. [그들 사이의] 어떤 결합도 그 명령을 일종의 직유로 약화하지 않는다. 바울은 이렇게 썼을 수도 있을 것이다. '모세가 이스라엘 백성에게 그 악한 사람을 내쫓으라고 명령한 것처럼 여러분도…' 하지만 구약성경의 그 명령은 이 이방인들에게 직접 말해진 자명하고 타당한 것으로 간주되었다. 그것은…해석학적 측면에서 [하나의] 대담한 관점이다. 곧 그 이방인들은 이스라엘 백성과 함께 서 있어야 하며, 언약에 대한 신앙고백에 동참해야 한다.…오직 이 언약 공동체 안에 있는 독자에게만 신 17:7에 대한 바울의 직접적인 호소가 타당하며 의미를 지닌다."[181]

구약의 배경은 5:1-13에 특별한 결속력과 응집력을 가져다준다. 아간을 제거한 사례와 마찬가지로 "수치스러운" 죄악에 대해 "그와 같은 일은 이스라엘에서 행해지지 않았다"라고 언급된다(창 34:7; 신 22:21; 삿 20:6, 10; 삼하 13:12; 렘 29:23). 신 17:7에서 나타난 원칙은 신 13:5, 19:19, 22:22, 24에서도 반복된다(E. 얼 엘리스는 고전 5:13은 신 22:24를 암시한다고 생각한다). 더욱이 볼프는 다음과 같이 해석한다. 죄악의 행위에 대한 비난과 추방이 타당하든 않든 간에 배제는 추방당한 자를 **고독하게**(יחד, 야히드) 만들어 "불쌍

---

180) Stanley, *Paul and the Language of the Scripture*, 33-36.
181) Hays, *Echoes of Scripture in the Letters of Paul*, 96-97.

함과 고통을 암시하는 격리와 분리의 비참함"을 겪게 한다는 것이다.[182] (내가 이전에 주장했고, 또 사우스가 최근에 주장했듯이) 이를 통해 바울은 이 범죄자가 회개하고 구원에 이르기를 바란다. 또한 그는 하나님과 새 언약을 맺은 백성으로서 신앙 공동체의 정체성과 거룩함을 위해 모든 사항을 보다 더 신속하게 바로잡기를 원한다.

---

182) H. W. Wolff, *Anthropology of the OT* (London: SCM, 1974), 217; 참조. 216-219.

B. 사회적 신분 및 분열과 연결된 윤리적 실패에 대한 두 번째 사례 (6:1-20)

1. 사회적으로 영향력이 있는 이들의 권력 남용으로서의 법적 소송(6:1-11)

¹ 만약 여러분 중에 어떤 이가 다른 사람에 대하여 소송거리가 있을 때 하나님 의 백성 앞에서 중재를 구하는 대신 공정성에 의문의 여지가 있는 법정에서 재 판을 받으려 한다니 어떻게 감히 그럴 수 있습니까? ² 여러분은 "성도가 세상을 심판할 것이다"라는 사실을 알지 못합니까? 세상이 바로 여러분에게 심판을 받 을 터인데, 여러분은 사소한 사건들을 판결하기에도 적합하지 못합니까? ³ 여러 분은 장차 천사들도 심판한다는 것을 알지 못합니까? 그렇다면 내가 일상생활 과 관련된 문제들을 덧붙일 필요가 있습니까? ⁴ 오히려 여러분에게 일상생활과 관련된 소송들이 있을 경우에 여러분은 교회 안에서 존중받지 못할 사람들로 평 가받는 사람들을 재판관으로 앉힙니까? ⁵ 나는 여러분을 부끄럽게 하려고 이 말 을 합니다. 여러분 가운데 동료 신자들을 중재하기에 적합할 만큼 충분히 "지혜 로운 사람"이 단 한 사람도 없습니까? ⁶ 오히려 어떤 그리스도인이 동료 신자를 고소해야만 하고, 또 이것을 불신자들 앞에서 한다는 말입니까? ⁷ 사실 여러분이 서로 소송거리를 갖고 있다는 것은 이미 여러분에게 도덕적으로 완전한 패배입 니다. 왜 여러분은 스스로 여러분의 권리를 빼앗기지 않습니까? 왜 여러분은 스 스로 속아주지 않습니까? ⁸ 여러분은 사실상 사람들에게서 공의를 앗아갑니다. 또한 여러분은 속여서 빼앗습니다. 그것도 동료 그리스도인들에게 그렇게 하고 있습니다.

⁹, ¹⁰ 여러분은 악을 습관적으로 행하는 사람들은 하나님의 나라를 상속받 을 수 없다는 것을 알지 못합니까? 착각하지 마십시오. 부도덕한 성관계를 갖 는 이들, 우상숭배와 관련된 관행을 추구하는 이들, 간음하는 이들, 성도착자들 [또는 소년들과 성적 관행에 연루된 이들], 남자들과 성관계를 맺는 남자들, 도 둑질하는 이들, 언제나 보다 더 많은 것을 차지하고자 하는 이들, 술주정뱅이들, 모욕을 일삼는 이들, 자신의 이익을 위해 다른 사람들을 착취하는 이들은 하나

님 나라를 상속받지 못할 것입니다. ¹¹ 그리고 여러분 중에도 이런 사람들이 더러 있었습니다. 하지만 주 예수 그리스도의 이름으로 우리 하나님의 영에 의해 여러분은 깨끗하게 씻겼고, 여러분은 거룩하게 구별되었고, 또 여러분은 올바른 신분에 놓이게 되었습니다.

무엇보다도 세 가지 이슈가 이 단락에서 두드러지게 나타난다. 첫째, 해리스의 소논문 "교회 권징의 시작: 고전 5장"에 의해 확인되는 "교회 질서"라는 주제는 이 장에서 계속 전개되는가? 만약 고린도 교회의 동료 그리스도인들 사이에서 오늘날 영국 법률에서 말하는 "소규모 청구소송"이 일어났다면 바울은 그 사건을 해결하기 위한 조정 절차가 "밖에 있는 사람들"에 의해서가 아니라 교회 안에서 이루어져야 한다고 말한다. 따라서 교회 질서에 대한 내부적인 이슈들과 신앙 공동체의 경계선에 대한 외부적인 질문들은 5:1-13에서 시작된 주제를 이어간다.

　　둘째, 고린도의 지역적인 상황은 분명히 바울이 이렇게 이해하는 데 있어 매우 중요한 요소 중 하나였다. 왜냐하면 로마 제국의 형사 법정은 상대적인 정의의 원천으로서(참조. 롬 13:1-7) 어느 정도 존중받을 수 있었지만, 주요한 형사 법정과 비교할 때 심지어 청렴도와 같은 것을 고려할 경우에도 지역 관청이 주관하는 민사 법정은 지역 재판관들의 입장과 어떤 배심원들이 임명되는지에 따라 지역 유지들과 그들의 이권(利權)을 위해 너무나 많은 것이 허용되었기 때문이다. 부자들, "세력가들", "현명한 사람들"은 교회 밖에 있는 사회관계망을 자신들에게 유리하도록 조종할 수 있었다. 그 결과 사실상 그들은 신앙 공동체 안에 있는 가난한 사람들이나 "약한 자들"을 기만할 수 있었다.

　　셋째, 교회의 신앙 공동체로서의 정체성은 부유한 그리스도인들이 고용할 수 있었던 이방인 후원자들 또는 약삭빠른 변호인들 앞에서 사건들을 조종하는 교활한 계략을 행함으로써 위험에 빠질 수 있었다. 또한 신자들의 눈에는 이방 세계가 다른 사람들을 위해 희생적인 섬김을 하는 대신 오히려 재산이나 자신들의 "권리"를 획득하는 데 혈안이 되어 있다고 보였을 것이다.

하지만 그러한 섬김은 "그리스도에게 속한" 것과 그리스도의 십자가에 동참하는 것이 무엇인지 진정으로 확인해준다. 따라서 6:9-11에서 구체적으로 언급되는 비도덕적이며 습관적인 행위들은 개인의 만족을 위해 그리스도인 정체성의 신뢰와 의미를 희생시킨다는 주제의 연장선상에 놓여 있다.

두 번째 관점은 최근의 몇몇 문헌을 보다 더 자세하게 참조하도록 유도한다. 미첼은 최근에 이르기까지 이 단락에 대한 연구들이 사회적 요인에 거의 관심을 기울이지 않는다고 탄식한다.[1] 루카스 비셔가 1955년까지 추적한 연구 결과에 의하면 해석 역사는 대체로 미첼의 강조점을 확인해준다.[2] 미첼은 "보다 더 높은 신분에 있던 사람들은 보다 더 낮은 신분에 있던 사람들에게 소송을 제기했으며, 그것을 통해 후자는 불이익을 당했다"라고 주장한다.[3] 그 결과 신앙 공동체의 하나 됨에 대한 관심사는 희생되고, 교회 밖에 있는 세력가와 후원자들의 사회관계망이 작동하게 되었다. 따라서 어떤 사람이 소송에서 이기려면 대체로 그는 어떤 사건을 자기에게 유리하게 해결해줄 수 있는 대인 관계와 직접적 또는 간접적인 영향력을 필요로 했다.

분명히 미첼은 이 단락의 의미와 오늘날을 위한 그 중요성을 파악하는 데 꼭 필요한 열쇠 중 하나로서 이 중요한 측면을 강조한 유일한 저자는 아니다. 차우는 캐제만, 호슬리, 슈미트할스, 탈버트의 연구와 나의 이전 저서의 일부분을 인용하면서 "우리는 법적 소송의 중요성이 신학적인 배경을 탐구하는 것을 통해 철저히 논의되었다고 결코 결론지어서는 안 된다"라고 예언하듯 주장한다.[4] 미첼의 논문이 발표되기 한 해 전에 차우는 다음과 같이 미첼이 말한 것과 거의 동일하게 주장한다. "법체계에 불공정함이 개입되었고 부당한 영향력이 미칠 수도 있었기 때문에…연약한 사람들과 힘없

---

1) Mitchell, "Rich and Poor in the Courts of Corinth: Litigiousness and Status in 1 Cor 6:1-11," 562-586.
2) 참조. L. Vischer, *Die Auslegungsgeschichte von 1 Kor 6:1-11.*
3) Mitchell, "Rich and Poor in the Courts of Corinth," 562-563.
4) Chow, *Patronage and Power,* 124; 참조. 123.

는 사람들이 그 법정을 이용했을 가능성은 매우 낮다.…소송 당사자들은 바울이 암시하듯이(고전 6:5), 그리고 탈버트와 타이센이 주장했듯이 교회 안에서 지혜로운 자들과 세력 있는 자들 가운데 속한 이들이었다."[5] 우리는 쉽사리 후원과 권력 및 고린도에서의 사회관계망(차우의 논문의 제목과 부제)에 대한 이슈들에 이르게 된다. 차우와 미첼도 시인하듯이 타이센은 이미 자신의 논문 "고린도의 신앙 공동체 안에서의 사회적 계층"(독일어, 1974년; 영어, 1982년)에서 다음과 같이 주장한다. "재산이 전혀 없는 사람들은 소송을 거의 제기하지 않았을 것이다. 게다가…상류 계급에 속한 이들은 일반적으로 자신들이 법정 소송에서 이길 것이라고 크게 확신했을 것이다. 왜냐하면 특히 그들은 변호인들에게 고액의 변호 비용을 지불할 수 있었기 때문이다."[6]

더욱이 이 장(章)에 대한 훌륭한 연구에서 브루스 윈터는 로마의 하급 재판관들이 주관하는 법정의 실상에 대한 풍부한 자료를 고린도의 상황에 적용한다.[7] 그의 주요 관심사는 롬 13:1-7에서 로마 제국의 법체계에 대한 바울의 긍정적인 자세와 고전 6:1-8에서 지역 법정에 호소하는 것에 그가 보인 극단적인 유보 자세 사이에 분명하게 드러나는 불일치를 설명하는 것이다. 그는 단지 사회의 기득권층에 속한 이들만 일반적으로 소송을 제기했을 것임을 시인한다. 또한 그는 피고소인의 신분은 고소인의 신분과 차이가 있다는 것을 결정적으로 입증할 수 없었을 것임을 지적한다. 오직 이해 당사자들 가운데 한 편만 후원 세력이나 사회관계망에 호소했다는 주장은 전문 법률가들이 두 당사자 가운데 한 편의 이권만을 위해 기꺼이 영향력을 행사했다는 기정 사실보다 덜 신뢰할 만하다. 기원후 100년 무렵에 디온 크리소스토모스는 "정의를 왜곡시키는 수많은 법률가"에 대해 말한다. 그리고 로마 제국 초기에 "사소한 민사 소송은 지역의 법정이 주관하도록 위임

---

5) 같은 책, 129.
6) Theissen, *Social Setting of Pauline Christianity*, 97.
7) Winter, "Civil Litigation in Secular Corinth and the Church: The Forensic Background to 1 Cor 6:1-8," 559-572.

되었으며, 지역의 재판관들과 배심원들은 그것을 심리하고 판결했다."⁸⁾ 윈 터는 다음과 같이 결론짓는다. 바울의 관점에 의하면 고린도의 지방 법정에 서 사소한 소송을 재판했던 도덕적으로 의심의 여지가 있는 재판관들과 전 문 법률가들에게 호소하는 것과 롬 13:1-7에 반영되어 있듯이 형법 집행에 대한 합법적인 권한을 지닌 로마 정부에 호소하는 것 사이에는 근본적인 차 이가 있다는 것이다.⁹⁾

　만약 이 문제점에 대한 윈터의 분석이 차우와 미첼의 분석과 서로 다른 강조점을 드러낸다면 6:1-8에서 바울이 격분하는 진정한 의도는 과연 무 엇인가? 마거릿 미첼과 마찬가지로 윈터는 교회 밖에서 영향력을 행사하는 무리 또는 경쟁 관계에 있는 관계망과 제휴하여 세속 법정에 소송을 제기하 는 것을 교회 안에서 분리 또는 분열을 조장하는 것으로 인식한다. 결과적 으로 그것은 다음과 같은 이중적인 피해를 가져온다. (i) 교회 안에서의 분 열을 촉진시키거나 부채질한다. (ii) 교회 밖에 있는 사람들의 방종한 수사 학을 동원하여 교회 안에서 분열을 가속화한다. 그것은 동시에 교회의 하나 됨과 결속력을 훼손하며, 나아가 신앙 공동체의 정체성을 타협하도록 부추 긴다.

　이것은 법정으로 가져간 소송 사건이 5:1-5의 불법적인 성관계를 포 함한다고 주장하는 것보다 5:1-13에 나타난 바울의 사고의 흐름을 보다 더 신빙성 있게 연결해준다. 우리가 미첼의 세부적인 접근 방법을 받아들이든 브루스 윈터의 자세한 논의를 채택하든 간에 이제는 6:1-8과 6:9-11이 서 로 긴밀히 연관되어 있다는 탁월한 주장이 제기되었다. 왜냐하면 지금 제기 되는 이 이슈는 결국 다음과 같은 하나의 일반 원리로 귀착되기 때문이다. 즉 신앙 공동체 안에 있는 "내부자들"은 "지혜"와 "수사학"(1:10-4:21)에 대

---

8)　같은 책, 564 및 561. Dio Chrysostom, *Orations* 37.16-17. Winter는 다양한 자료들을 언급 한다. 그 가운데 다음 연구서도 포함되어 있다. J. A. Crook, *Law and Life in Rome* (London: Thames & Hudson, 1967), 79.

9)　Winter, "Civil Litigation in Secular Corinth and the Church: The Forensic Background to 1 Cor 6:1-8," esp. 563-564 and 571-572.

한 자신들의 전제뿐만 아니라 고린도의 "외부자들"의 세속 문화로부터 그
들의 자기만족, 도덕성, 속임수를 끌어와야만 하는가? (게토와 같은 단체가 아
니라면) 어떻게 신앙 공동체—인간의 지혜 또는 "종교"에 기초하여 세워진
것이 아니라 구약성경에 대한 해석 및 그 도덕적 전통의 구조 안에서 그리
스도와 그의 십자가를 중심으로 하여 세워진 공동체—는 구별되어야 하는
가? 소송 사건의 사례들에 대한 연구는 이 광범위한 이슈가 지역 법정에 초
점을 맞추도록 이끌었다. 뿐만 아니라 콘첼만이 주장하듯이 5:1-5, 13과 관
련하여 우리는 교회 안에서 내부적인 재판이 시작되는 것을 본다. 이것은
우리를 이 머리말의 첫 번째 주요 강조점으로 이끈다.

6:1-11에 대한 참고문헌

Bailey, K. E., "Paul's Theological Foundation for Human Sexuality: 1 Cor 6:9-20 in the Light of Rhetorical Criticism," *Near East School of Theology Theological Review 3* (1980): 27-41.

Barton, S. C., "Homosexuality and the Church of England: Perspectives from the Social Sciences," *Theol* 92 (1989): 175-181.

Bernard, J. H., "The Connection between the Fifth and Sixth Chapters of 1 Cor," *ExpTim* 7 (1907): 433-443.

Boswell, J., *Christianity, Social Tolerance and Homosexuality* (Chicago: University of Chicago Press, 1980).

Burkill, T. A., "Two into One: The Notion of Carnal Union in Mk 10:8, 1 Kor 6:10, Eph 5:31," *ZNW* 62 (1971):112-120.

Chow, J. K., *Patronage and Power. A Study of Social Networks in Corinth,* JSNTSS 75 (Sheffield: Sheffield Academic Press, 1992), 123-141.

Clarke, A. D., *Secular and Christian Leadership at Corinth* (Leiden: Brill, 1993), 59-72.

Countryman, L. W., *Dirt, Creed and Sex: Sexual Ethics in the NT and Their Implication for Today* (Philadelphia: Fortress, 1988).

Deleur, M., "Les Tribunaux de l'Église de Corinthe et les Tribunaux de Qumran," in *Studiorum Paulinorum Congressus Internationalis* Catholicus 1961 (Rome: Pontifical Biblical Institute, 1963), 2:535-548.

Derrett, J. D. M., "Judgment and 1 Cor 6," *NTS* 37 (1991): 22-36.

Devor, R. C., "Homosexuality and St. Paul," *PastPsy* 23 (1972): 50-58.

Dinkler, E., "Zum Problem der Ethik bei Paulus: Rechtsnahme und Rechtsverzicht (1 Kor 6:1-11)," *ZTK* 49 (1952): 167-200.

Donfried, K. P., "Justification and Last Judgment in Paul," *ZNW* 67 (1976).

Easton, B. S., "NT Ethical Lists," *JBL* 51 (1932): 1-12.

Fuller, R. H., "First Cor 6:1-11: An Exegetical Paper," *Ex Auditu* 2 (1986): 96-104.

Furnish, V. P., *The Moral Teaching of Paul's Selected Issues* (Nashville: Abingdon, 1979), 52-83.

Halter, H., *Taufe und Ethos: Paulinische Kriterien für das Proprium christlicher Moral* (Freiburg: Herder, 1977).

Hays, R. B., "Eschatology and Ethics in 1 Corinthians," *Ex Auditu* 10 (1994): 31-43.

_____, "Relations Natural and Unnatural: A Response to John Boswell's Exegesis of Rom 1," *JRE* 14 (1986): 184-215.

Hurd, J. C., The Origin of 1 Corinthians (London: SPCK, 1965), 83-89.

Kamlah, R., *Die Form der katalogischen Paränese im NT,* WUNT 7 (Tübingen: Mohr, 1964), esp. 11-14 and 27-31.

Kinman, B. R., "'Appoint the Despised or Judges?' (1 Cor 6:4)," *TynBul* 48 (1997): 345-354.

Lee, G. M., "1 Cor 6:5," *ExpTim* 79 (1968): 310.

Malick, D. D. E., "The Condemnation of Homosexuality in 1 Cor 6:9," *BSac* 150 (1993): 479-492.

Merk. O. *Handeln aus Glauben. Die Motivierungen der paulinischen Ethik* (Marburg: Elwert, 1968), 91-96.

Mitchell, M. M., Paul and the Rhetoric of Reconciliation (Louisville: Knox and Tübingen: Mohr, 1992), esp. 116-118.

Oropeza, B. J., "Situational Immorality—Paul's 'Vice Lists' at Corinth," *ExpTim* 110 (1998): 9-10.

Osten-Sacken, P. von der, "Paulinische Evangelium und Homosexualität," *Berlin theologische Zeitschrift* 3 (1986): 28-49.

Petersen, W. L., "Can ἀρσενοκοῖται Be Translated by 'Homosexuals'? (1 Cor 6:9. 1 Tim 1:10," *VC* 40 (1986): 187-191.

Richardson, P., "Judgment in Sexual Matters in 1 Cor 6:1-11," *NovT* 25 (1983): 37-58.

Rosner, B. S., "Moses Appointing Judges: An Antecedent to 1 Cor 1-6?" *ZNW* 82 (1990): 275-278.

_____, "The Origin and Meaning of 1 Cor 6:9-11 on Context," *BZ* 40 (1996): 250-253.

Scrogg, R., *The NT and Homosexuality* (Philadelphia: Fortress, 1983).

Schnackenburg, R., *Baptism in the Thought of St. Paul* (Oxford: Blackwell, 1964), esp. 105-112.

Schrage, W., *Die konkreten Einzelgebote in den paulinischen Paränese* (Gütersloh: Mohr, 1961), 147-149 and 262-267.

Siker, J. S., *Homosexuality in the Church: Both Sides of the Debate* (Louisville: Westminster-Knox, 1994), esp. Hays (3-17) and Furnish (18-37).

Stegemann, W., "Paul and the Sexual Mentality of His World," *BTB* 23 (1993): 161-166.

Stein, A., "Wo trugen die Korinthischen Christen ihre Rechtshändel aus?" *ZNW* 59 (1968):

86-90.

Strecker, G., "Homosexualität in biblischer Sicht," *KD* 28 (1982): 127-141.

Taylor, R. D., "Towards a Biblical Thelogy of Litigation: A Law Professor Looks at 1 Cor 6:1-11," *Ex Auditu* 2 (1986): 105-115.

Thiselton, A. C., "Can Hermeneutics Ease the Deadlock: Some Biblical Exegese and Hermeneutical Models," in T. Bradshaw (ed.), *The Way Forward? Christian Voices on Homosexuality and the Church* (London: Hodder & Stoughton, 1997), 145-196.

Ukleja, P. M., "Homosexuality in the NT," *BSac* 140 (1983): 350-358.

Vasey, M., *Strangers and Friends: A New Exploration of Homosexuality and the Bible* (London: Hodder & Stoughton, 1995), 134-136.

Vischer, L., *Die Auslegungsgeschichte von 1 Kor 6:1-11. Rechtsverzicht und Schlichtung* (Tübingen: Mohr, 1955).

Vögtle, A., *Die Tugend- und Lasterkataloge im NT* (Münster: Aschendorff, 1936).

Wengst, R., "Paulus und die Homosexualität," *ZEE* 31 (1987): 72-80.

Wibbing, S., *Die Tugend- und Lasterkataloge im NT und ihre Traditionsgeschichte, BZNW* 25 (Berlin: Töpelmann, 1959).

Winter, B. W., "Civil Litigation in Secular Corinth and the Church: The Forensic Background to 1 Cor 6:1-8," *NTS* 37 (1991): 559-572; also rpr. in B. W. Winter, *Seek the Welfare of the City* (Carlisle: Paternoster and Grand Rapids: Eerdmans, 1994)〈105-121.

Wire, A. C., *The Corinthian Women Prophets* (Minneapolis: Fortress, 1990), 72-79.

Wolff, C., "Exkurs: Zur paulinischen Bewertung der Homosexualität," in *Der erste Brief des Paulus an die Korinther* (Leipzig: Evangelische Verlagsanstalt, 1996), 119-120.

Wright, D. F., "Early Christian Attitude to Homosexuality," *Studia Patristica* 18 (1989): 329-334.

_____, "Homosexuality: The Relevance of the Bible," *EvQ* 61 (1989): 291-300.

_____, "Homosexuals or Prostitutes? The Meaning of ἀρσενοκοῖται (1 Cor 6:9; 1 Tim 1:10)," *VC* 38 (1984): 125-153.

_____, "Translating ἀρσενοκοῖται: 1 Cor 6:9; 1 Tim 1:10," *VC* 41 (1987): 396-398.

Zaas, P., "Was Homosexuality Condoned in the Corinthian Church?" *SBL Seminar Papers,* 1/2 (1979).

Ziesler, J. A., *The Meaning of Righteousness in Paul, JSNTMS* (Cambridge: Cambridge University Press, 1972), 155-163.

1절   여기서 수사 의문문과 함께 맨 처음에 나오는 단어 τολμᾷ는 고린도 교회에서 일어나는 또 하나의 이례적인 사건을 확인해준다. 그것은 바울에게 더욱더 심한 분노와 실망감을 안겨준다. 이 수사 의문문은 "어떻게 감히 여러분이!"라고 외치며 책망하는 의미를 담고 있다. 우리는 REB의 홀륭하고 강력한 의미를 전달하는 번역—그는 ~할 만큼 부끄러움을 모릅니까?—을 따르는 것을 고려해보았다. 그러나 일반적으로 τολμάω는 용기 있는, 대담한 등의 긍정적인 의미로 사용된다. 따라서 "그는 ~할 만큼 부끄러움을 모릅니까?"는 역설적이며 천연덕스러운 유머를 지닌 뉘앙스를 제대로 드러내지 못한다. 또한 이 뉘앙스는 바울의 책망을 명백하게 강조하지만, 대립보다는 인격적인 상호 관계를 나타낸다. 그릇된 대담함은 완전한 **뻔뻔함**이 된다. 콜린스의 "뻔뻔스럽다"라는 번역은 탁월하다.[10]

πρᾶγμα ἔχων이라는 구문은 ἔχω의 현재분사와 πρᾶγμα, "어떤 일"로 이루어져 있다. 하지만 법적인 문맥에서 이 표현은 대체로 어떤 사람이 다른 사람에 대해(πρὸς τὸν ἕτερον) 소송을 거는 것을 가리킨다.[11] ὁ ἕτερος, "다른 사람"은 다른 곳에서 다른 사람의 유익을 구하는 것(10:24, τοῦ ἑτέρου; 참조. 14:17, ὁ ἕτερος οὐκ οἰκοδομεῖται)을 묘사하는 데 사용된다. "다른 사람" 또는 "다른 사람을 위하여"에 대한 본회퍼의 신학과 리쾨르의 철학은 여기서 바울의 텍스트 안에서 그 근거를 발견한다. 그리스도인의 정체성은 다른 사람을 향한 태도와 밀접하게 연결되어 있다. 현재 중간태 또는 수동태 κρίνεσθαι는 대체로 법적인 문맥에서 법에 고소하다, 곧 법정에서 재판을 받으려고 한다를 가리키는 데 사용된다.

ἐπὶ τῶν ἀδίκων을 번역하는 것은 대단히 어렵다. 왜냐하면 어떤 번역이든 해당 절에 대한 해석을 전제하기 때문이다. (i) NRSV의 "불의한 자들"과 AV/KJV의 "불공정한 자들"은 그 단어가 가장 자주 나타나는 문맥에서 해당 단어가 지니고 있는 사전적 의미를 다루고 있다. (ii) REB는 전후 문맥을 고려하여 "이방 법정" 또는 "이방 법정 앞에서"라고 번역한다. (iii) NIV의 "불경건한 자들"과 NJB의 "죄인들"과 모팻의 "사악한 이방 법정"

10) Collins, *First Cor,* 224, 227.
11) Wolff, *Der erste Brief,* 114; Conzelmann, *1 Cor,* 103, n. 1. Conzelmann도 이 점을 강조한다. 또한 참조. *Oxyrhynchus* 743:19 및 MM에서 언급되는 사례들.

은 ἀδίκων의 도덕적 함의 및 이교도(TCNT)와 그리스도인의 중재라는 개념 사이에 존재하는 의미론적 대조를 보존함으로써 두 세계의 가장 좋은 점을 잘 드러내고자 시도한다. 우리는 REB의 해당 번역을 기꺼이 지지할 수 있다. 왜냐하면 유대교의 배경에서 δίκαιος는 신실한 이스라엘 사람을 의미할 수 있기 때문이다.[12] 그럼에도 불구하고 무어스가 바울의 많은 텍스트에 대해 보다 더 광범위하게 관찰하듯이 해당 텍스트는 표명되지 않은 어떤 전제를 포함하고 있다. 첫 독자들은 표명되지 않은 그 전제를 이미 잘 알고 있었거나 표명되지 않은 그 강조점을 해명하고자 숙고했을 것이다.[13] 로마법에 대한 역사가들의 연구는 우리가 6:1-11의 머리말에서 언급한 로마 제국의 지역 법정에 대한 연구(특히 윈터[1991년], 차우[1992년]와 미첼[1993년])를 강력하게 지지해준다.[14] 사소한 소송들을 해결하려고 로마 제국의 지역 법정을 이용하는 것과 공정성에 의문의 여지가 있는 결과가 나올 것이 거의 확실하다는 것은 실질적으로 동의어라고 결론지어도 무방할 것이다. 따라서 우리가 앞에서 제시한 번역은 해당 그리스어의 표현이 의미하는 것에 가장 가까울 것이다. 다시 말해 기원후 1세기의 초기 독자들은 ἐπὶ τῶν ἀδίκων을 현대 독자들에게 "공정성에 의문의 여지가 있다"를 가리키는 의미로 이해했을 것이다. ἄδικος가 사람을 가리킬 때 이 단어는 올바른 것에서 벗어난 행동을 하는 사람을 의미한다.[15] 하지만 곧바로 이어지는 표현인 οὐχὶ ἐπὶ τῶν ἁγίων은 해당 단어의 의미를 한정해준다. 즉 바울이 제기하는

---

12) Lightfoot, *Notes*, 211.

13) Moores, *Wrestling with Rationality in Paul*, 5-37.

14) 예를 들면 다음과 같다. P. Garnsey, "The Civil Suit," in *Social Studies and Legal Privilege in the Roman Empire* (Oxford: Clarendon Press, 1970); W. Kunkel, *An Introduction to Roman Legal and Constitutional History* (Oxford: Clarendon Press, 2d ed. 1973); A. H. M. Jones, *The Criminal Courts of the Roman Republic and Principate* (Oxford: Blackwell, 1972); Crook, *Law and Life in Rome*; and K. H. Ziegler, *Das private Schiedsgericht im antiken römischen Recht* (Munich: Beck, 1971). Winter와 Mitchell은 1차 자료들과 비문헌 출처들을 인용한다. 예를 들면, Mitchell, "Rich and Poor," 567-568, n. 20은 사적인 중재에 대한 기원후 1세기의 비문을 포함하고 있다. 또한 참조. The Tablets of Herculaneum for the years of 1946-55 in *La Parola del Passato* 1 (1946): 373-379 to 10 (1955): 448-477.

15) BAGD, 18.

이슈의 핵심은 로마 제국의 어떤 지역에 속한 민사 법정과 그리스도인들이 직접적으로 중재하는 어떤 수단을 서로 대조한다.

τῶν ἁγίων의 번역과 의미에 대해서는 1:2의 주해를 참조하라. 현재의 문맥에서 REB는 해당 표현을 "하나님의 백성"으로 번역한다. 이 번역은 그 백성이 **하나님께 속해** 있다는 의미에서 **거룩하다는** 뉘앙스를 전달한다. 놀랍게도 NRSV와 ESV는 "성도들"(saints)이 NJB의 "하나님의 거룩한 백성"과 달리 오늘날 이와 다른 뉘앙스를 전달하지 않는다고 생각한다. 그리고 우리는 중재(arbitration)라는 단어를 덧붙여 번역했다. 이 단어는 그리스어 텍스트에 들어 있지 않지만, 해당 그리스어 구문이 암시하는 의미를 알기 쉽게 설명해준다. 그렇지 않다면 소유격과 함께 사용된 전치사 ἐπί는 번역하기가 어렵다. 왜냐하면 "~의 면전에서"라는 이 전치사의 의미는 만약 **법정**에서의 사건(2, 4-7절)을 고려한다면 "~앞에서"라고 공식화될 수 있기 때문이다. 그리고 τῶν ἁγίων을 "하나님의 백성"으로 번역함으로써 우리는 또 다른 유리한 점을 얻게 된다. 출 21:1에 근거하여 랍비들은 유대인들이 민사 소송 사건을 이방인의 법정으로 가져가는 것이 율법에 어긋난다고 주장했다. 바울 시대의 로마 제국은 유대인들에게 그들 자신과 관련된 내부적인 법적 사건에 대해 어느 정도의 자유를 허용했다.[16] 슈라게는 이를 쿰란 텍스트(예. 1QS 5:1-4, 13-18; 9:7; 1QSa 1:13-14)와 비교하는 반면, 로스너는 6:1-6의 배경으로 신 1:12-18의 타당성을 강조한다.[17]

2절   "여러분은…알지 못합니까?"에 대해서는 3:16의 주해를 보라(또한 참조. 5:6 주해). 배가 불렀군요, "부자"가 되었군요, "왕처럼 다스리게" 되었군요!(4:8)라는 표현과 함께 "성도가 세상을 심판할 것이다"라는 말은 특별히 아래에 인용된 해당 전승에 비추어 볼 때(마 19:28; 계 20:4) 자기 스스

---

16) Fee, *First Epistle*, 231 n. 11; 참조. E. Schürer, *The History of the Jewish People*, ed. G. Vermes et al. (Edinburgh: T. & T. Clark, rev. ed. 1979), 208-209.

17) Schrage, *Der erste Brief*, 1:408; and Rosner, "Moses Appointing Judges: An Antecedent to 1 Cor 6:1-6?" 275-278.

로 축하하는 표어를 나타냈을 개연성이 매우 높다.[18] 바울은 4:8에서 "여러 분은…알지 못합니까?"라는 말을 인용할 수 없었을 것이다. 왜냐하면 그 절의 이슈는 어떤 교인들이 모든 영광을 이미 사전에 기대했다고 주장하는 것이었기 때문이다. 그래서 만약 거기서 세상에 대한 종말론적 심판의 주제를 제기했다면 그것은 그 의미를 잃어버렸을 것이다. 우리는 이 말이 표어였다고 확신할 수 없다. 하지만 그 말은 적어도 "지혜서 3:7, 8을 연상시켜주는 것"이거나, 슈트로벨, 피 등 다른 학자들이 주장하듯이 단 7:22(70인역: "심판이 지극히 높으신 이의 성도들에게 주어졌다")에서 유래된 잘 알려진 하나의 자명한 원리였을 것이다.[19]

　이 주제는 유대교 묵시문학과 쿰란문헌에서도 종종 중요하게 언급된다. 예를 들어 "하나님은 그가 선택하신 이들의 손으로 모든 나라를 심판하실 것이다"(1Qp Hab 5:4). 이는 또한 기독교의 묵시문학에서도 중요하게 다루어진다. "이기는 자와 끝까지 내 일을 지키는 그에게 만국을 다스리는 권세(ἐξουσίαν ἐπί)를 주리니"(계 2:26). 또한 "또 내가 보좌들(θρόνους)을 보니 거기에 앉은 자들이 있어 심판하는 권세를 받았더라(κρίμα ἐδόθη αὐτοῖς).…그의 우상에게 경배하지 아니한 자들이 살아서 그리스도와 더불어 천 년 동안 왕 노릇 하니(ἐβασίλευσαν)"(계 20:4).[20] 마 19:28의 놀라운 말씀은 공관복음 전승에서도 나타난다. "인자가 자기 영광의 보좌에 앉을 때에 나를 따르는 너희도 열두 보좌에 앉아 이스라엘 열두 지파를 심판하리라(καθήσεσθε … κρίνοντες)."[21] 이것은 마태복음의 종말론이나 유대교를 지

---

18) Schrage, *Der erste Brief,* 1:409. 해당 절들에서 "신령한 사람들"로서 "다스리다"라는 개념은 이 주제와 관련된 몇 가지 표어들을 만들어내도록 고무시켰을 것이다.

19) Weiss, *Der erste Korintherbrief,* 146-147; Strobel, *Der erste Brief,* 107-108; C. H. Dodd, *According to the Scriptures* (London: Nisbet, 1952), 68; Fee, *First Epistle,* 233. 한편 지혜서 3:7-8의 인용문은 "그들은 민족들을 다스리고 백성들을 통치할 것이다"라고 되어 있다. 바울이 지혜서를 사용했을 가능성에 대해서는 다음 연구서를 보라. E. Earle Ellis, *Paul's Use of the OT,* 77-80.

20) 해당 주제가 보좌들과 연결되는 것은 우리에게 4:8의 복합적인 주제들을 연상시켜준다. 이 종말론적인 배경과 관련해서 또한 참조. Collins, *First Cor,* 231.

21) Chrysostom, *1 Cor. Hom.,* 16:5.

지하거나 반대하는 이 복음서 저자의 태도에서만 나타나는 것은 아니다. 누가복음도 다음과 같은 평행 본문을 제시한다. "너희로 내 나라에 있어 내 상에서 먹고 마시며 또는 보좌에 앉아 이스라엘 열두 지파를 다스리게 (καθήσεσθε ... κρίνοντες) 하려 하노라"(눅 22:30).

현대 주석가들이 일반적으로 (교부 시대의 저자들과 달리) 여기서 해당 구절의 의미를 자명하다고 받아들이는 것은 뜻밖이다. 어떤 의미에서 성도가 세상을 심판할 것인가? 만약 우리가 이 원리를 액면 그대로 평가한다면 바울의 논리는 다음과 같이 매우 강력하다. "만약 여러분이 세상의 중대한 이슈들을 판단하기 위해 부름을 받았다고 생각한다면 왜 여러분은 마치 그리스도인들은 중요성이 없는 사소한(ἐλαχίστων) 사건들에 대해 판결할 만한 자격이 없다고 암시하는 것처럼 행동합니까?" 그렇다면 바울은 어떤 의미에서 그리스도인들이 세상에 대한 "재판관으로서 앉아 있다"고 생각하는가? 우리는 다음 세 가지 가능성에 대해 생각해볼 수 있을 것이다.

(i) 크리소스토모스는 책임을 요구한다는 의미에서 "그들이 진정으로 심판하지는 않을 것이다"라고 말한다. 이것은 그리스도 안에서 오직 하나님만의 특권이라는 것이다(이와 같이 주장하는 것은 교부들 가운데 결코 그가 유일한 것은 아니다). 하지만 시바의 여왕이 예수를 거부한 청중의 동시대 사람들의 불신앙을 "정죄"하는 것(마 12:42)과 같이 예수 그리스도를 믿고 순종한 그리스도인들도 "그들을 심판할 것이다." 암브로시아스터, 테오도레토스, 테오필로스, 포티오스, 에라스무스 등은 모두 크리소스토모스의 견해를 받아들였다.[22]

(ii) 하지만 교부 시대의 사고 안에서는 바울의 생각이 무엇이었는지에 관해 한 가지 신학적 단서가 제시되었다. 교부들은 전반적으로 모든 그리

---

22) Theodoret, *Opera Omnia: Int. ep. 1 ad Cor.*, 194C (Migne, *PG*, 82:263 [Lat.], 264 [Gk.]; Photius (c. AD. 858) in Karl Staab (ed.), *Pauluskommentare aus der griechischen Kirche* (Münster: Aschendorff, 1933), 555; (Fragment on 1 Cor 6:1-9). Erasmus, *Periphrasis in Ep. Pauli ad Cor. 1*, 874F-875A: "여러분은 바로 세상의 빛입니다. 그 빛은 불경건한 자들의 죄악들을 입증할 것입니다. 만약 여러분 자신 안에 어둠이 있다면, 과연 이 약속이 그대로 이루어질까요?"

스도인에게 심판의 역할을 부여하는 것을 회피했다. 하지만 몇몇 교부―예를 들어 에우세비오스―는 순교자들을 그리스도의 고난 및 죽음과 하나가 된 것으로 인식했다. 그 결과 "이 거룩한 순교자들은 그리스도와 함께 앉아 있다.…그들은 그의 나라[통치]에 동참한다. 그들은 그의 심판에 참여하는 재판관이다"(μέτοχοι τῆς κρίσεως αὐτοῦ καὶ συνδικάζοντες αὐτῷ).[23] 그러나 바울의 관점에 의하면 (단지 순교자들뿐만 아니라) 모든 그리스도인이 그리스도의 죽음과 부활에 동참한다(롬 6:3-11). 그렇다면 만약 종말의 위대한 세 가지 사건 가운데 한 가지, 곧 부활이 모든 그리스도인이 다시 살아나는 공동체적 차원에서 일어난다면―그들은 그리스도와 함께 일어나 ("또한 하늘에 속한 이의 형상"을 입을 것이다[고전 15:49])―이와 비슷하게 그리스도가 그의 보좌에 앉아 **심판을 선언할 때** 그리스도인 공동체가 그리스도 안에 존재한다는 의미에서 이 공동체는 심판 사건에도 반드시 참여할 것이다. 따라서 크리소스토모스의 관심사는 아마도 다음과 같이 주장함으로써 보다 더 정확하게 표현될 수 있을 것이다. 즉 어떤 그리스도인도 **독립된 한 개인으로서** 세상을 "심판하지" 않으며, 그리스도의 형상을 지니고 있으며, 또 그와 함께 일으킴을 받은 존재로서 그리스도의 운명에 동참하며 그를 닮아가는 일원으로서 그 심판에 동참할 것이다. 이런 의미에서 모든 심판은 **그리스도에게 속해 있다.** 왜냐하면 그리스도 안에 있는 자들은 단지 그리스도의 성품과 특성을 반영할 것이기 때문이다.

(iii) 설령 바울 자신이 첫 번째 견해 또는 보다 더 개연성이 있는 두 번째 견해를 지지했다고 생각하는 것이 가능하다 할지라도 고린도 교인들 가운데 어떤 이들은 여전히 최후 심판에서 자신들의 역할에 대해 보다 더 피상적이고 개인주의적이며 자축하는 견해를 지녔을 것이다. 만약 그렇다면 바울의 주장은 논리적으로 매우 강력한 힘을 지니고 있었을 것이다. 만약 그의 주장이 엄밀하게 말해 사람들을 대상으로 삼았다면 다음과 같은 의미를 지니고 있었을 것이다. "여러분은 여러분이 최후의 날에 로마 제국의 이

---

23) Eusebius, *Church History*, 6:42:5.

방인들을 심판할 자격(ἄξιοί)이 있다고 생각합니다. 사실상 그렇지 않습니까? 그렇다면 왜 여러분은 매우 사소한 몇몇 사건, 심지어 일상생활과 관련된 사건도 중재할 만한 능력이나 자격이 없습니까(ἀνάξιοι)?"(에라스무스는 "모든 일이 여러분에게 맡겨져 있다. 그래서 여러분에 의해서 온 세상, 곧 모든 불경건한 자들의 삶이 심판받을 것이다"라는 개념과 대조적으로 "사소한 일들에 대해[de rebus frivolis]라는 표현을 사용한다)[24] 테르툴리아누스는 교회가 세상을 "심판한다"는 승리주의자적인 견해와 대조를 이루는 그의 『기독교 변증서』에서 교회는 "공통의 믿음과 소망을 공유한다"라고 설명한다. 또한 그는 그 안에서 세상과 관련된 유일한 "싸움"은 세상의 축복을 위해 기도를 통해 싸우는 것이라고 말한다.[25]

몇몇 그리스어 단어, 특히 κριτηρίων은 주해를 필요로 한다. UBS 그리스어 신약성경 4판은 κρινοῦσιν에 곡절(circumflex) 액센트를 붙인다. 즉 이 그리스어 단어는 κρίνω의 직설법 미래 단축동사다. 가장 초기의 사본에는 액센트가 들어 있지 않았기 때문에 해당 액센트를 부여한 것은 하나의 추측이지만 타당성이 있다. 만약 이 동사가 미래형이 아니라면 그것은 "특정 시대에 한정되지 않는"(timeless) 현재를 가리킬 가능성이 있다. 즉 성도들은 성경에 계시된 한 가지 원리로서 세상을 **심판한다**(5:13에 대한 주해를 참조하라). 그리고 ἀνάξιοι라는 단어는 신약성경에서 오직 이곳에서만 나타난다. 하지만 "적합하지 않은"이라는 이 단어의 의미는 명백하다. 이와는 대조적으로 κριτηρίων(소유격 복수)의 의미(보다 더 엄밀히 말하자면 그것의 적용 또는 지시 대상)는 논쟁을 불러일으킨다. 이 단어가 단수로 사용될 때 이 단어는 대체로 재판소 또는 법정을 뜻한다(고전 그리스어 시대[예. 플라톤 Laws 6.767B]로부터 기원후 1세기 헬레니즘 저자들[예. 필론, De Virtutibus 66]을 거쳐 파피루스 사본의 사례들[예. BGU 1054:1]에 이르기까지). BAGD는 고전 6:2에서 이 단어가 이러한 일반적인 의미와 상응하지 않을 수도 있다고 지적하지만, "그 법정이 일

---

24) Erasmus, *Church History*, 875A.
25) Tertullian, *Apology*, 39.

상생활의 사소한 일에 대해서 재판한다"는 의미에서 κριτηρίων ἐλαχίστων 을 별로 중요하지 않은 법정들이라고 해석한다.[26] 이 그리스어 사전은 6:4에 서 βιωτικὰ κριτήρια가 이 의미를 확인해준다고 지적한다. 즉 일상생활과 관련된 소송을 다루는 법정이라는 것이다. 덧붙여 말하자면 κριτήριον은 법 적 조치 또는 법정을 가리킬 수 있다.

그렇다면 κριτηρίων은 어떤 종류의 법정을 가리키는가? 이 단어에 서 -τηρίων이란 어미는 일반적으로 판결이 내려지는 어떤 장소를 가리키 는 것으로 여겨진다. (i) 크리소스토모스, 테오필락투스를 비롯하여 초기 의 많은 저자들은 이 단어를 사소한 사건을 판결하는 로마 제국의 민사 법정 을 가리키는 것으로 해석한다. 이것은 영국법에서 몇 해 전에 도입된 소액 청구 법정과 유사할 것이다. 크리소스토모스는 "자신의 친구와 불화한 어 떤 사람이 그들 사이의 중재자로 원수를 세운다는 것이 얼마나 터무니없는 일인가!"라고 주해한다.[27] 하지만 이 해석은 물음표를 없애야 하며, ἀνάξιοι 를 다소 무리하게 사용한다. 즉 민사 법정이 여러분에게 가치가 없는 것이 아 니라 여러분이 민사 법정에 어울리지 않는 것이다. (ii) 다른 한편으로 만약 해당 이슈가 자신의 입장을 변호하는 것과는 대조적으로 이방인 변호인들 을 활용하는 사례를 강조하는 것이라면 κριτηρίων은 소액청구 법정을 가 리킬 수 있다. 이것은 바레트의 번역―여러분은 최하급 법원에 앉을 만한 자격도 없습니까?―과도 일치한다.[28] 흐로세이데는 "보다 사소한 사건들 을 다루어야 하는 법정들"이라고 번역한다.[29] 이와 같은 해석을 고려한다 면 크리소스토모스의 해석에 기초한 번역도 어느 정도 가능할 것이다. (iii) 다른 이들은 κριτηρίων ἐλαχίστων을 경미한 소송 사건들(브루스), 하찮은 법 적 소송들(콘첼만), 또는 사소한 소송 사건들(콜린스)이라고 해석한다.[30] 데

26) BAGD, 453.
27) Chrysostom, *1 Cor. Hom.*, 16:4.
28) Barrett, *First Epistle*, 136.
29) Grosheide, *First Epistle*, 134, n. 3.
30) Bruce, *1 and 2 Corinthians*, 60; Conzelmann, *1 Cor*, 105 (including n. 20); Collins, *First Cor*, 231-232. 또한 Kistemaker, 법적 소송들(*1 Corinthians*, 181). Fee는 이 해석을 지지하

럿과 몇몇 사전 편찬자들은 해당 배경이 다른 의미를 적극적으로 요구하지 않는 한, -τηρίων이란 어미 형태는 분명히 재판 장소를 가리킨다고 주장한다.[31] (iv) 비록 환유법에 근거하여 (iii)이 지지를 받을 수도 있지만, "재판"(tribunal)이라는 번역이 해당 이슈의 모든 측면을 만족시키는 것 같다.[32] 바울은 고린도 그리스도인들이 사소한 사건을 판결하기 위해 재판을 열어야 한다고 촉구한 것이다.

이 네 번째 견해는 신 1:9-17과 출 18:13-26의 배경에 대한 로스너의 논문과도 가장 잘 조화를 이룬다.[33] 신명기에서 모세는 이스라엘 백성을 다스리는 무거운 짐을 혼자서 질 수 없다고 말한다. 그래서 그는 "지혜와 지식이 있는 인정받는 자들"을 선택한다. 또한 그는 재판장들에게 다음과 같이 지시한다. "너희가 너희의 형제 중에서 송사를 들을 때에 쌍방 간에 공정히 판결할 것이며 그들 중에 있는 타국인에게도 그리할 것이라.…너희는 재판할 때에 외모를 보지 말고"(신 1:16-17). 출 18:13-26도 동일한 주제에 대해 설명한다. 모세는 모든 일을 자기 혼자서 처리할 수 없었다. 그는 덕을 갖춘 사람들, 곧 참되고 거짓이 없는 사람들을 "백성을 재판하도록"(출 18:22) 임명했다. "중대한 사건들"을 처리하는 것은 여전히 모세의 몫으로 남아 있지만, 이 재판관들은 "작은 사건들"을 처리해야 했다(70인역: τὰ δὲ βραχέα τῶν κριμάτων κρινοῦσιν αὐτοι). 70인역의 κριτήριον은 히브리어 딘(דין)을 번역한 것이다. 예를 들면 단 7:10, 26 등이다(하지만 왕상 7:7에서는 히브리어 미쉬파트을 번역함).[34] 로스너는 구약성경의 해당 본문들과 고린도전서의 해당 본문 사이에 평행 관계가 성립되며, 또 바울은 분명히 그것에 대해 잘 알고 있

는 "충분한 증거"가 있다고 믿는다(Fee, *First Epistle*, 234). (Also de Wette and Ewald).

31) Derrett, "Judgment in 1 Cor 6," 27, n. 11; 참조. 22-36. (Also Findlay, and Robertson and Plummer.)

32) Meyer, *First Epistle*, 1:166; Robertson and Plummer, *First Epistle*, 112; Allo, *La Première Épitre*, 133(파피루스 문헌에 대한 언급과 더불어); Findlay, *Expositor's Greek Testament*, 2:814; Lightfoot, *Notes*, 211; and Derrett, "Judgment in Cor 6," 27, n. 11.

33) Rosner, "Moses Appointing Judges. An Antecedent to 1 Cor 6:1-6?" 275-278.

34) Hatch-Redpath (1977 ed.), 2:791.

었을 것이라고 결론짓는다. 거기에는 내부적인 재판 또는 중재 수단이 필요
했다. 따라서 도덕적으로 위임된(곧 하나님의 언약법의 기준에 근거하여 임명된)
사람들에 의해 정직하고 공정하게 정의를 실현할 뿐만 아니라, 풀러의 표현
을 빌려 말하자면, 하나님의 백성 사이에서 조용히 이 이슈를 해결하기보다
는 "그들의 더러운 속옷을 공개적으로 세탁하는 것"을 피해야 했다.[35]

　　로스너의 접근 방법은 「신약성서 연구」(New Testament Studies)에 연속
적으로 실린 다음 두 논문(동일 호[號]에 실림)과도 잘 일치한다. 곧 해리스의
"교회 권징의 시작: 고전 5장"과 데럿의 "고전 6장의 심판"이다.[36] 데럿은
전치사 ἐπί가 소유격과 함께 사용되는 것은 다음 사항을 증거한다고 주장
한다. 즉 "몇몇 그룹들은 공동의 재판권을 지니고 있다. 교회의 진정한 구성
원들('성도들')과 다른 사람들이 서로 대조된다.…바울은 다음 두 가지에 대
해 불만을 표현한다. 어떤 교인들은 분쟁거리를 권한이 없는(적합하지 않은)
사람들 앞으로 가져갔고, 법적 소송이 성립될 수 없었음에도 법적 소송이
이루어졌다."[37] (로스너와 마찬가지로) 해리스와 데럿도 구약성경과 유대교
배경에 의존하여 이 단락을 명백하게 해설하고자 한다. 하지만 데럿은 또한
마 18:15-17과 눅 12:13-21의 배후에 있는 전승에도 매우 효과적으로 호
소한다. 마 18:15-17에서 우리는 "이전 조치가 실패할 경우 중재, 조정, 추
방이라는 단계"를 발견한다.[38] 눅 12:13-21에서는 유산을 나누는 것과 관
련하여 서로 다투는 어떤 형과 아우가 등장한다. 분명히 더 연약한 자가 유
산 분배에 대한 해결을 요구했을 것이며, 더 강한 자는 생산성의 감소와 자
신에게 부여된 권리에 근거하여 그것을 거부했을 것이다. 예수는 그 소송
의 세부 사항에 개입하지 않는다. 하지만 그는 사람들에게 "탐욕의 죄를 멀
리할 것을 요구한다."[39] 예수의 가르침을 따라 바울은 "형제가 (아무리 잘못

---

35) Fuller, "First Corinthians 6:1-11," *Ex Auditu* 2 (1986): 99; 참조. 96-104.
36) G. Harris, "Beginnings of Church Discipline: 1 Cor 5," *NTS* 37 (1991); Derrett,
　　"Judgment in 1 Cor 6," 22-36.
37) Derrett, "Judgment," 27.
38) 같은 책, 25.
39) 같은 책, 26.

된 방향으로 나가더라도) 원수와 화해하라"고 강권한다.[40] 해당 이슈를 강압적으로 해결하기보다는 "부당한 취급을 받는 것"(참조. 고전 6:7)이 더 좋은 것이다.

그렇다면 교회 안에서의 재판은 그리스도인 동료들에 의한 일련의 법적 선고가 아니라 중재 시도를 위한 탐욕 포기와 심지어 "권리" 포기(바울이 9:3-12에서 하듯이, "우리는 이 '권리'를 사용하지 않았습니다", 12절)에 기초하여 교회 안에서 적절한 사람의 모임일 것이다. 하지만 6:9-11에서 묘사하는 부정적인 성향의 어떤 사람이 양쪽을 중재하려는 목적으로 "내부자들"로 간주되는 것은 전혀 합당하지 않다. 탐욕스럽거나 방종한 사람으로 판단되는 교인─만약 그가 신앙 공동체의 일원으로 남아 있어야 한다면(이것은 의문의 여지가 있지만)─은 아무도 판결을 내리는 "내부자" 위원회에 속할 수 없다. 만약 6:9-11에 속하는 그룹이 자신들의 자세를 계속 고집한다면 그들도 마 18:15-17과 고전 5:1-5, 13에서 제시하는 최종적 제재를 받아야할 것이다. 그러나 심리(審理)를 통해 탐욕에 반대하는 호소(눅 12:13-21)가 최우선이 되어야 한다. 또한 이 심리는 중재와 한 사람의 "권리"를 과도하게 내세우지 않으려는 차원에서 사건을 공론화한다.[41]

이것은 『사도들의 헌장』(The Apostolic Constitutions, 기원후 381년 이후에 시칠리아의 주교 율리아누스의 저작으로 간주됨)에 다음과 같이 반영되어 있다. "그리스도인은 어느 누구와도 다투지 않는 것이 좋다. 그러나 만약…어떤 분쟁이 일어나면, 비록 그것으로 말미암아 그가 무언가를 잃어버린다 하더라도…마치 우리에게 '형제들 사이의 사건을 심판할 지혜로운 자가 한 사람도 없는 것처럼' 이교도의 법정에 그것을 가져가지 말라"(2:45). 최상급의 형태로서 절대 최상급의 의미를 나타내는 ἐλαχίστων, "매우 작은"은 이것들이 형법상으로 중대한 사건들이 아니라 대체로 사소한 사건들임을 우리에게 알려준다.

---

40) 같은 책, 32.
41) 같은 책, 33-36.

3절   비록 UBS 그리스어 신약성경 4판은 추가 논평 없이 이 문장의 맨 끝에 물음표를 제시하지만, 3판은 공인 본문(*Textus Receptus*), 웨스트코트-호트, 네슬레(1898년)가 유익하게 첫번째 물음표를 "천사들" 다음에 제시한다고 언급한다. 이것은 NEB가 이 절을 다음과 같이 보다 더 부드럽게 번역할 수 있도록 해준다. "여러분은 우리가 천사들을 심판해야 한다는 것을 알지 못합니까? 그렇다면 단순한 일상의 사건들은 훨씬 더 그렇습니다." 하지만 REB는 NEB를 다음과 같이 수정하여 번역한다. "일상의 일들은 말할 필요도 없고, 여러분은 우리가 천사들을 심판해야 한다는 것을 알지 못합니까?" 불변화사 γε, "어쨌든"과 함께 μήτιγε는 강력한 부정의 대답을 기대하는(μήτι) 질문과 연결되거나 수사 의문문을 보다 더 예리하게 강조하는 영어의 어떤 관용적 표현에 해당한다. 콘첼만은 이것을 "말할 필요도 없이"라고 번역한다.[42] 우리는 "그렇다면 내가…덧붙일 필요가 있습니까?"라는 번역을 제안한다. "여러분은 알지 못합니까?"에 대해서는 3:16에 대한 주해를 보라(또한 참조. 5:6; 6:2). 이 질문은 6:9, 15, 16, 19에서도 반복된다. 따라서 바울은 이 표현을 열 번 사용하는데, 그 가운데 여섯 번 또는 (만약 5:1-6:20을 하나의 단원으로 이해하면) 일곱 번이나 이 장에서 나타난다. (허드는 이 표현이 나타나는 모든 사례를 구두 보고에 대한 바울의 응답의 일부로 보며 그것이 바울의 충고에서 "일종의 충격적인 어조"를 나타낸다고 생각한다.)[43]

        루카스 피셔가 지적하듯이 이 주장은 보다 더 큰 것 안에 보다 더 못한 것을 포함하는 사례이며, 아리스토텔레스와 랍비들의 논리에서 발견된다.[44] "더 못한 것"은 βιωτικά로 표현된다. 파피루스 문헌의 상업 문서와 공적 서신에서 이 용어는 대체로 생업(生業), 곧 어떤 사람에게 생계 수단을 가능케 하는 일을 의미한다(따라서 NEB는 "생업에 관한 일들"로 번역한다). 하지만 이처럼 상당히 좁은 문맥을 벗어나면 이 중성 복수 형용사는 βίος와 관

---

42) Conzelmann, *1 Cor.* 105.

43) Hurd, *Origin of 1 Corinthians*, 85-87; 참조. 75-94.

44) Vischer, *Die Auslegungsgeschichte von 1 Kor 6:1-11*, 10.

련된 것, 곧 **이 땅에서의 삶** 또는 **일상생활의 문제**를 뜻한다. 따라서 NIV와 NJB는 이 생애의 문제 또는 일, NRSV는 일상적인 문제라고 번역한다. 우리가 제시한 번역인 "일상적인 삶"은 매일의 삶의 뉘앙스를 "일상적인"과 결합한다. 한편 "우리가 천사들을 심판할 것입니다"라는 표현이 어떤 의미를 내포하고 있는지 제안하는 것은 훨씬 더 어렵다.

(i) 데럿의 견해에 의하면 이것은 단순히 "최후 심판의 신화"에서 나타나는 무대 장면의 일부다. 이 심판에서는 "천사들도 심판받을 것이다. 즉 악한 천사들뿐만 아니라 모든 **이방 나라**의 천사들도 심판받을 것이다."[45] 만약 바울이 이방 나라들의 공적 체제를 감시하는 **천사들**이 결국 고린도 그리스도인들의 심판대 앞에 서게 된다고 주장하는 것이라면 이 해석은 이방의 법정에 대한 바울의 주장과도 잘 어울릴 것이다. 케어드를 비롯하여 다른 학자들은 천사들과 이방 나라들에 대한 이 견해를 강력하게 지지한다. 하지만 2:8의 τῶν ἀρχόντων τοῦ αἰῶνος τούτου에 대한 본 주석서의 주해에 따르면 해당 이슈는 매우 복합적이며, 이 견해는 몇 가지 난제를 안고 있다 (2:8에 대한 주해 참조).

(ii) 대다수 교부·중세·종교개혁 시대의 주석가들과 대다수 현대 주석가들은 이 언급이 **사악한 천사들**, 또는 **귀신들**을 가리키는 것으로 해석한다. 크리소스토모스는 이 단어가 제사장들을 가리킨다는 이상한 전승을 거부하고 이 견해를 받아들인다(아마도 이 전승은 계 2:1-3:22에서 언급하는 일곱 교회의 "천사들"에 기초할 것이다). 크리소스토모스는 명백한 설명을 하기 위해 마 25:41("마귀와 그 사자들을 위하여 예비된 영원한 불")과 고후 11:15("의의 일꾼으로 가장하는 것")에 호소한다. 그는 그들을 "이 세상에서의 삶과 관련된 것과 대조되는" 존재들로 본다(이것은 오늘날 우리에게 가장 예리한 지적이다).[46] 또 다른 비인간적 유형의 존재들도 존재하지만, 그들은 인간의 βιωτικά에 의존하지 않는다. 테오필락투스와 토마스 아퀴나스는 이 견해를 광범위하

45) Derrett, "Judgment in 1 Cor 6," 28(강조는 덧붙여진 것임).
46) Chrysostom, *1 Cor. Hom.*, 16:5.

게 받아들이는 반면, 벵엘은 이 존재들을 단순히 "거룩하지 않은 이들"(*eos qui non sunt sancti*)이라고 정의한다.[47] 에라스무스는 오직 인간만이 피조 세계를 구성하며, 신자들과 관련하여 "너희의 경건이 그들의 불경건이다 (*vestra pietas illorum impietatum*)라고 말한다.[48] 테오도레토스는 다음과 같이 기록한다. "그는 천사들을 귀신들이라고 말한다."[49] 칼뱅은 이 문장을 "배신한 천사들"에게 적용한다.[50] 콘첼만도 여기서 "타락한 천사들"에 관해 말한다.[51]

(iii) 마이어는 "선한" 천사들을 가리킨다는 입장을 지지한다. 그는 히 1:14에 근거하여 천사들도 반드시 자신들의 섬김에 대해 책임을 져야 한다고 주장한다.[52] 하지만 대다수 저자들은 이 언급이 "타락한 천사들의 심판에 대한 종말론적 주제"의 일부분을 암시하는 것으로 이해한다(참조. 벧후 2:4; 유 6절; 가능성이 있는 구절은 에녹1서 10:11-14; 67-68).[53] 이 단어는 "선한 천사들뿐만 아니라 악한 천사들도 포함한다."[54]

(iv) 우리는 "성도가 세상을 심판할 것이다"와 관련하여 2절의 (ii) 견해에서 다룬 내용으로 되돌아가야 한다. 고데는 이 편지의 절정에서 바울이 그리스도가 궁극적으로 πᾶσαν ἀρχὴν καὶ πᾶσαν ἐξουσίαν καὶ δύναμιν(15:24)을 멸망시킬 것임을 선언한다는 점을 우리에게 상기시킨다. 오직 그리스도만 절대 주권을 지닐 것이며, 그 나라를 하나님 아버지께 바칠 것이다(그리스어 본문, 24a). 그리스도 안에 존재하는 특성을 지닌 신자들은 이와 같은 파생된 의미에서 공동으로 그리스도의 통치 행위와 선언적 언어 행위에 동참할 것이다. 에라스무스가 논평하듯이 모든 것에 대한 권리를

---

47) Bengel, *Gnomon*, 625; 또한 Beza, Weiss, and Lietzmann, *An die Korinther*, 25.
48) Erasmus, *Op. Omn.: Ep. Pauli ad Cor.*, 875B.
49) Theodoret, *Interp. Ep. 1 ad Cor.*, 195A (Migne, *PG*, 82:265A, 266A).
50) Calvin, *First Epistle*, 119.
51) Conzelmann, *1 Cor.* 105, n. 22. 그는 유 6; 벧후 2:4과 에녹1서 91:15을 언급한다.
52) Meyer, *First Epistle*, 1:166-167.
53) Collins, *First Cor*, 232. Grotius와 de Wette도 이 주제에 대해서 고찰한다.
54) Barrett, *First Epistle*, 136.

확립하는 것은 이 세상뿐만 아니라 인간이 아닌 피조세계도 포함한다는 주장은 그 반대의 주장보다 덜 주제넘은 추측이다.

4절 이 절의 어순과 일반적으로 대조를 나타내는 μέν을 δέ를 생략한 채 사용하는 것은 **일상생활의 문제들에 관한 재판**이라는 어구를 강하게 강조한다. 특히 3절의 마지막 단어도 βιωτικά인데 4절에서도 이 단어가 첫 번째 단어로 사용된다. 이것은 독자들의 생각을 천사들과 관련하여 우주적인 차원으로 끌어올린다! 여기서 조건절은 ἐάν과 더불어 ἔχω의 가정법 현재형이 사용된다. 이 절의 맨 마지막에 제시되는 구두점과 더불어 ἐξουθενημένους가 언급된 것은 해석상의 잘 알려진 난제를 불러온다.

(i) 질문으로 해석(NRSV, REB, NJV, NASB, 바레트, 콜린스)

우리는 이 문장을 질문으로 이해하는 UBS 4판의 그리스어 텍스트를 따랐다. 이 경우에 καθίζετε는 καθίζω, "내가 앉게 하다, 내가 앉다, 내가 임명하다"의 직설법 현재 능동태 2인칭 복수다. 그리고 ἐξουθενημένους(이 단어의 문법과 의미는 1:28의 주해 참조)가 가리키는 대상은 틀림없이 **이방인 재판관들** 또는 **이방인 관리들**이다. 기독교 신자들이 아니기 때문에 그들은 **신앙 공동체 안에서**(ἐν τῇ ἐκκλησίᾳ) 존중받지 못한다.

(ii) 명령으로 해석(NIV, AV/KJV)

그리스어 텍스트에 문장부호가 첨가된 것은 후대에 이루어졌다. καθίζετε를 καθίζω의 현재 **명령형** 능동태 2인칭 복수로 이해하는 것에 근거하여 이 문장을 의문문으로 이해하지 않는 것은 논쟁의 여지가 있다. 이 문장을 이와 같이 이해하면 의미 전체가 달라진다. 만약 명령문이라면 바울은 이 편지의 수신자들이 자신들 위에 이방인 재판관들을 세우는 것을 명하지 않는 것이다. 그 대신 ἐξουθενημένους는 이제 **여러분 가운데서 전혀 존중받지 못한 이들**을 여러분의 재판관으로 세운다는 것을 의미한다. 최근 연구에서 킨맨은 이 해석을 강력하게 지지하는 주장을 펼친다. 그는 바울의 수사학적 책략을 검토하고 점층법적 논거를 제시한다.[55] 이 경우 "가장 존중 받지 못하는" 또는 "아무것도 아닌 것들"(1:28에 대한 주해 참조)은 다음 두 가지 중 하나로 설명할 수 있을 것이다. (a) 아마도 바울은 사회적 압력에 영향을 받는 불공평한 이방인들보다 가장 능력이 없는 신자가 더 잘 인도해줄 것이라고 냉담하게 말할 수도 있고, 아니면 (b) 너무 "신령한" 자들은 방언과 예배에 몰두하고, 현실적이며 상식적인 구성원들은 실제적이며 행정적인 일이나 두 당사자들과 쉽게 논의하는 데 더 유용할 수 있음을 의미할 것이다.

(iii) 감탄사가 들어간 직설법적 해석(Moffatt, NJB)

"교회 안에서 가장 존중받지 못하는"의 경우에도 이 문장을 의문문이나 명령문이 아니라 반어적인 진술이나 어떤 감탄사로 이해하는 것도 가능하다(모팻에 대해서는 아래 참조). 이 경우 ἐξουθενημένους가 과연 신앙 공동체 안에 있는 사람들에게 적용된다고 이해하는 것이 이치에 맞는 것인지에 따라 크게 달라진다. 특히 바울은 이방인 재판관들로 구성된 지역 민사 법정의 위상에 의문을 제기했으며, 1:28-31에서 신자들에 대해 말하면서 "중요하지 않다"는 것의 의미를 "뒤바꾸었기" 때문이다.[56] 브루스는 해당 이슈에 대한 견해들의 균형이 너무 잘 잡혀 있어 결론을 내리기가 어렵다고 생각한다.[57]

각 해석의 전통이 모두 탁월한 지지를 받는다. (a) "가장 존중받지 못하는" 그리스도인들을 가리키는 것과 더불어 이 문장을 명령으로 이해하는 해석은 크리소스토모스, 테오도레토스, 아우구스티누스 및 다수의 현대 저자(예. 바흐만, 알로, 클라크)에 의해 받아들여진다.[58] (b) 어떤 이들은

---

55) Kinman, "'Appoint the Despised as Judges!' (1 Cor 6:4)," 345-354.

56) Schrage, *Der erste Brief,* 1:412.

57) F. F. Bruce, *1 and 2 Cor,* 60.

58) Chrysostom, *1 Cor. Hom.,* 16:6; Theodoret, *Interp. Ep. 1 ad Cor.,* 195A (Migne, *PG,* 82:265-266); Calvin, *First Epistle,* 120; Bengel, *Gnomon,* 625; Edwards, *First Epistle,* 139-140; Lightfoot, *Notes,* 211; MacRory, *Epistles,* 73-74; Goudge, *First Epistle,* 44; Allo, *La*

ἐξουθενημένους가 이방인 재판관들이나 관리들을 가리킨다고 이해하지만, 해당 문장을 다음과 같이 반어적으로 외치는 진술로 해석한다. 즉 "여러분이 해결해야 할 세상적인 문제들을 지니고 있을 때 여러분은 그것들을 교회의 관점에 의하면 아무것도 아닌 사람들의 판결에 맡기는군요!"[59] (c) 직설법 의문문—이 견해는 의미상 (b)와 매우 비슷함—은 발라, 루터, 티셴도르프를 비롯하여 보다 최근에는 피, 볼프, 랑 등이 지지한다.[60] 킨맨은 명령문을 지지하는 다섯 가지 논점을 제시한다. (1) 어순에 기초한 논점(피의 견해와 반대됨), (2) 수사학적인 흐름에 대한 반론들, (3) 법적 배경에 대한 이슈들: 어떻게 교회가 "재판관들을 임명할" 수 있는가? (4) 이 절의 관점에서 "이방인들"의 특성(예. "멸시받는"), (5) 가정에 기초한 불명확한 구문 등이다.[61] 오래전에 라이트푸트는 τοὺς ἐξουθενημένους는 "이방인들에게 적용하기에는 너무 강력한 표현"이라고 주장했다.[62] 하지만 직설법 의문문을 지지하는 논점들은 다음과 같다. (i) 어순에 대한 피의 요점에 대해 결정적인 답변이 제시되지 않았다. 즉 명령은 특히 아이러니로 이해될 경우에는 문장의 맨 끝에 이르기까지 지연되지 않는다는 것이다.[63] (ii) 비록 이것이 교회 안에서 엘리트주의적인 열광주의자들이 사용한 언어의 반어적인 패러디일 가능성이 있다 하더라도, ἐξουθενημένους를 그리스도인들에게 적용하는 것도 어렵다.[64] (iii) 최후 심판에 대한 문맥은 "외부자"라는 용어를 이방인들에게 적용할 수 있는 배경을 제공해준다.[65] 모든 요소를 고려하면

Première Épitre, 134-135; Kistemaker, *1 Cor*, 181-182; Clarke, *Secular Leadership*, 71; Derrett, "Judgment," 29.

59) Moffatt, *First Epistle*, 63 and 65; Héring, *First Epistle*, 40; Weiss, *Der erste Korintherbrief*, 148-149.

60) Lietzmann, *An die Korinther*, 26 ("die Heiden"[그 이방인들]); Orr and Walther, *1 Cor*, 194; Barrett, *First Epistle*, 137; Lang, *Die Briefe*, 77-78; Fee, *First Epistle*, 236; Strobel, *Der erste Brief*, 108; Wolff, *Der erste Brief*, 115; Collins, *First Cor*, 232.

61) Kinman, "'Appoint the Despised as Judges!'" esp. 348-354.

62) Lightfoot, *Notes*, 211.

63) Fee, *First Epistle*, 235.

64) Wolff, *Der erste Brief*, 116.

65) Collins, *First Cor*, 229.

UBS 4판의 그리스어 텍스트가 암시하는 해석(곧 의문문으로 해석)이 옳을 개연성이 높다. 하지만 우리는 대안을 명백하게 배제할 수도 없다. 비록 이 구문은 **의문문을 가리킬** 개연성이 높지만, 여기서 명사는 여전히 **교회가 존중받을 만한 사람들로 여기지 않는** (바깥에 있는) 이들에게 적용될 수 있다.[66]

5절   4:14에서는 부정 어구 οὐκ ἐντρέπων이 사용된 반면, 5절에서는 긍정적인 목적어로 사용된 ἐντροπή가 명사 형태로 일종의 대조를 이룬다. 두 동족어 형태는 역사적으로 **내면을 향하다**라는 개념에서 유래되었다(참조. 후대의 유비에 의하면 물리학에서 열에너지의 **엔트로피**). 그리고 여격 ὑμῖν과 함께 ἐντροπή는 중간태 또는 목적어의 재귀용법적인 뉘앙스를 전달하며 수신자들을 부끄럽게 만든다(참조. NJB: "여러분이 여러분 자신을 부끄럽게 여기도록"). 우리의 영어 번역은 이 구문의 강조점을 반영하기 위해 그리스어의 어순을 그대로 따랐다. 4:14에서 바울은 수신자들이 자신들의 시기상조적 승리주의를 부끄러워하게 하여 그들의 자존감을 수치심으로 파괴하는 근거로 해석하지 않는다. 하지만 이 절에서 해당 상황이 그리스도의 정체성과 너무나도 명백하게 일치하지 않기 때문에 바울은 사회적으로 영향력이 있는 사람들의 자존감을 기꺼이 없애버리고자 한다. 만약 그것이 그리스도의 사람들과 십자가의 사람들에게 자신들의 정체성과 신앙고백을 저버리는 자세와 행위의 극악무도함을 깨닫도록 도와준다면 말이다. 이 부끄러움은 다음과 같은 자세로부터 비롯된다. (i) 교회의 안녕보다 탐욕스러운 자세를 드러낸다. (ii) 자신의 이익을 위해 공의와 선을 희생하면서 관직을 부정하게 사용한다. (iii) 그것에 의해 가중되는 손상이 신앙 공동체 안에 분열을 가져온다. 그 외에도 (iv) 버나드는 법적인 논쟁은 5;1-13의 성적인 이슈와 관련된 것이라고 주장하는 반면, 리처드슨은 그것을 6:12-19과 관련된 성적 행위와 연결한다.[67] 차우는 성적인 자유에 대한 전반적인 자세와

---

66) 이것은 Kinman의 세 번째 강조점에 전적으로 동의하지 않는다. 아마도 그의 세 번째 강조점은 가장 강력한 논점일 것이다.

67) Bernard, "The Connection between the Fifth and Sixth Chapters of 1 Cor," 433-443; Richardson, "Judgment in Sexual Matters in 1 Cor. 6:1-11," 37-58.

후원자를 조종하는 행위는 밀접하게 상통한다고 생각한다.[68]

"여러분 가운데…단 한 사람도"라는 번역은 οὕτως가 해당 상황에서 변질의 정도를 양상적·부사적으로 나타내고, ἔνεστι, "~이 존재하다" 대신 ἔνι가 그 의미를 강화하는 단축형으로 사용된 것으로 해석하는 라이트푸트의 번역에 직접적으로 의존한다(젠프트도 이 해석을 따른다).[69] 만약 법적 소송을 제기하는 이들은 높은 지위에 있으며 배경이 좋은 사람들임을 확인해 준다는 차우와 다수의 최근 저자들의 견해가 옳다면 바울의 논리는 논박될 수 없다. 만약 교회 안에 자신을 높이 평가하는 사람들이 있다면 어떻게 동료 그리스도인들을 중재하기 위한 그들의 "지혜"가 "지혜", "성령", "계시" 또는 "지식"의 은사들을 받지 못하고 "왕처럼 통치하는" 이방인들의 지혜보다 열등할까? 또한 만약 "성령의 사람"이 되는 것이 그들을 그들 주변에 있는 이방 세계보다 훨씬 더 뛰어나게 만들어준다면(4:8-11) 가장 낮은 지위에 있는 그리스도인들도 매우 높은 지위에 있는 이방인들에 비해 "재판관의 임무를 수행하기 위해" 더 잘 준비될 수 있지 않겠는가? 이 편지의 수신자들은 실제적으로 이 두 가지에 모두 해당될 수 없다!

κατὰ σάρκα οὐ πολλοὶ δυνατοί(1:26), δύναμις(1:18, 24; 2:4, 5; 4:19, 20), δύναμαι(2:14; 3:2)가 부정과거 부정사 διακρῖναι(참조. 4:7; 11:29, 31; 14:29)와 διακρίσεις πνευμάτων(12:10)과 결합되어 사용된다는 점을 고려하면 직설법 미래 δυνήσεται, "적합할 만큼"에 엄청난 아이러니가 덧입혀진다. 그들은 "분별"할 수 있었는가, 아니면 그들은 "분별"할 수 없었는가?[70] 관용어구 ἀνὰ μέσον은 여기서 핵심이 교회 안에서 갈등을 빚고 있는 주장들을 중재하는 능력에 대한 것임을 분명하게 밝혀준다.

본회퍼가 자신의 저서 『성도의 교제』(Sanctorum Communio) 전반에 걸쳐 잘 간파했듯이 여기서는 기독교 신학과 제도적 공동체의 사회학 간의 깊

---

68) Chow, *Patronage and Power*, 129-133.
69) Lightfoot, Notes, 212; Robertson, *Epistles*, 4:118; Senft, *La Première Épitre*, 78.
70) 앞에서 "지혜"에 대한 S. Pogoloff, J. Davis와 다른 이들의 논의를 참조하라.

은 연관성이 나타난다.[71] 이기심과 개인적인 욕망에 기초하여 주고받는 것을(반드시 신앙 공동체 전체가 포함되어야 할 필요는 없이) 신실하고 정직하며 능력 있는 사람들 간의 의견 일치에 맡기는 것은 공동의 자제와 다른 사람에 대한 배려 또는 서로 매우 같은 생각을 가진 그룹보다 다른 그룹을 존중하는 것과 관련하여 불가결하고 핵심적인 것이다. 젠프트가 주장하듯이 여기서 어떤 사람은 세상의 태도와 그리스도인들에게 기대되는 태도 사이에서 가장 큰 차이점 중 하나를 경험한다.[72] 여기서 형제에 해당하는 그리스어 명사는 이 편지에서 동료 신자들이 가족과 같은 특성을 공유하는 사람이라는 것을 가리키는 관용적인 의미를 지니고 있다.

6절　3판과 마찬가지로 UBS 4판은 (콘첼만과 더불어) 이 문장의 맨 끝에 물음표를 붙인다(NRSV, NJB, 바레트의 번역에서 이 의문문은 5절에서 시작되어 6절까지 이어진다. 그리고 AV/KJV, REB, 콜린스는 5절과 6절의 맨 끝에 각각 물음표를 제시한다). 반면 모팻과 NIV는 느낌표를 붙인다. 핀들레이는 "이것은 5절의 질문에 대한 대답이지, 그 질문의 연장이 아니다"라고 주장한다.[73] 이 이슈와 관련하여 그리스어의 표현 자체는 아무런 도움도 주지 못한다. 대다수 영역본과 많은 현대 주석서와 입장을 달리하긴 하지만, 이것에 대한 핀들레이의 주해는 충분히 숙고해볼만 하다. 게다가 느낌표는 ἀλλά의 대조적인 의미를 강조해준다. 에드워즈는 다음과 같이 지적한다. "이 대조는 삼중적이다. (i) 지혜의 중재를 나타내는 대신에 여러분은 형제와 형제가 서로 싸우게 내버려 둡니다. (ii) 중재를 받아들이는 대신에 여러분은 법적인 조치를 취합니다. (iii) 문제 해결을 위해 형제들에게 말하는 대신에 여러분은 형제에 대한 불만 사항을 이방의 법정으로 가져갑니다."[74] 비록 κρίνεται가 κρίνω의 직설법 현재 중간태이지만, REB는 논리적으로 정당성이 있는 "반

71) D. Bonhoeffer, *Sanctorum Communio: A Dogmatic Inquiry Into the Sociology of the Church* (Eng. trans., London: SCM, 1963).
72) Senft, *La Première Épitre*, 78.
73) Findlay, *Expository Greek Testament*, 2: 816(Conzelmann의 견해와 반대됨, *1 Cor.* 105).
74) Edwards, *First Epistle*, 140-141.

드시"라는 단어를 번역에 사용한다.

중성 단수 목적격 지시 대명사 τοῦτο, "이것"은 전반적인 대상을 가리키는 목적격이다. 이것은 어떤 신자가 다른 신자를 불신자들 앞에서 고소하는 치욕의 절정과 정점을 드러낸다. 종종 복수형 ταῦτα가 이 역할을 수행한다.[75] 탐욕과 그것에 수반되는 음모와 책략을 공적인 영역 안으로 가져감으로써 나쁜 장면은 더 나쁜 장면이 되고, 더 나쁜 장면은 가장 나쁜 장면으로 변질되어간다. 그래서 모든 이방인들은 그것을 보게 된다. 그리스도인의 실수는 사실상 복음에 대한 신뢰도를 감소시킨다. 그러므로 자신들의 실수를 널리 알리는 것은 순전히 어리석은 일이며 끔찍한 불행을 불러온다. 바울은 어떤 그리스도인들이 동료 신자들을 헐뜯으려고 미디어와 기록된 글을 그릇되게 사용하는 것에 대해―심지어 그것이 세상의 눈으로 볼 때 다른 사람에 대한 존중심이 없다는 자신들의 자세를 부각시킨다 하더라도―무언가를 말하려고 했을 것이다. 또다시 ἀδελφός, "형제"를 젠더 중립적으로 "그리스도인"으로 번역하는 것은 해결하기 어려운 문제점들을 제기한다. 하지만 여기서 이 그리스어 단어는 의미상 불신자들과 분명하게 대조된다.[76] 위더링턴은 이 절정의 단계를 "세상에 대해 그릇되게 증언하는 것"으로 돌아서는 것이라고 올바르게 이해한다.[77]

7절   콘첼만이 단언하듯이 ἤδη, "이미"가 사용된 것은 "중재를 위해 기독교 재판이 열리는 것은 단지 양보일 뿐이라는 점을 보여준다."[78] 이것은 마 18:15-17에 표현되어 있는 자세와도 전적으로 일치한다. 가장 바람직한 것은 ὕπαγε ἔλεγξον αὐτὸν μεταξὺ σοῦ καὶ αὐτοῦ μόνου다(마 18:15). 두 사람이 서로 얼굴과 얼굴을 맞대고 충고하는 것이 실패한 경우에만 이에 불만을 느낀 사람이 ἕνα ἢ δύο를 더 필요로 하는(마 18:16) 추가 조치를 요구할 수 있다. 그리고 오직 최후의 수단으로서 교회의(τῇ ἐκκλησίᾳ, 마

---

75) BDF, 151, sect. 290, entry (5).
76) 그래서 우리는 동료 신자라고 번역했다. 대조. Collins, *sibling* 또는 Barrett, *brother(s)*.
77) Witherington, *Conflict and Community*, 164.
78) Conzelmann, *1 Cor*, 105.

18:17) 더 광범위한 그룹이 연루된다. 두 사람이 얼굴과 얼굴을 맞대고 대화하는 첫 번째 단계를 넘어서는 것은 이미 ἥττημα, "도덕적 패배"다.

성서 그리스어에서 ἥττημα는 오직 이곳과 롬 11:12에서만 나타난다(또한 70인역의 사 31:8에서 ἥττων, "~보다 못한"의 동족어로서). 또한 이 단어는 고전 그리스어 문헌에서도 나타나며 승리와 대조되는 것으로서 패배를 의미한다. 이 용어가 패배라는 의미와 더불어 ~보다 못한, 부족한 또는 실패한의 뉘앙스와 결합되어 있어, 에링이 주장하고 바레트가 암시하듯이, 우리는 이 단어를 "도덕적 패배"로 번역했다.[79] 그리고 ὅλως는 (모든 면에서 또는 조건 없이라는 의미에서) 실질적으로 또는 전적으로를 뜻할 수 있다. 5:1에서 이 단어가 사용되는 것은 이 절의 경우와 부분적으로 평행을 이룬다. 하지만 여기서 모두, 전적으로 또는 완전히는 부사의 형태에서 영어의 형용사로 바꾸어 전적인 도덕적 패배를 가리키는 것으로 번역할 수 있을 것이다. 바레트(또한 NRSV)를 따라 우리는 μὲν οὖν을 "사실상"으로 번역했다(참조. REB, indeed).[80] 비록 κρίματα는 대체로 재판들(judgments)을 의미하지만, 해석자들은 여기서 이 단어가 소송건들(lawsuits) 또는 소송거리를 가리킨다는 데 동의한다.

이 절의 하반절은 해당 문제의 핵심으로 나아간다. 나중에 8:1-11:1에서 "권리들"에 대한 다양한 논의가 전개되며 9:19-23에서 절정에 이른다. 이 논의는 이론적으로 어떤 권리를 사용할 수도 있지만, 그것을 사용하는 것은 파괴적인 결과를 가져올 가능성이 있기 때문에 그것을 양보하는 것이 최우선권을 갖고 있다는 것에 정확하게 초점을 맞추고 있다(특히 8:1-13; 9:19-23에 대한 주해 참조). 자기를 방어하고자 하는 욕망에는 첫 번째 단계에서 서로 얼굴과 얼굴을 마주하고 이해심을 갖고 호소하며 자신이 손해를 입

---

79) Héring, *First Epistle*, 41; Barrett, *First Epistle*, 138; 참조. Findlay, *Expositor's Greek Commentary*, 2:816.

80) 불변화사 μέν과 οὖν은 모두 P[11], A, B, C와 거의 대부분의 필사본들에 포함되어 있다. 하지만 UBS 4판의 꺾쇠괄호가 알려주듯이, P[46]과 ℵ의 원래의 수사본(original hands)과 D에는 οὖν이 생략되어 있다.

는 용기가 결핍되어 있다. 그것은 자기의 권리에 대한 적대적이며 자기중심적인 **방어**(일종의 군사적인 이미지로서)의 단계로 확대된다. 하지만 바울은 개인적인 δίκη의 절대성을 강요하는 것을 주저한다(그것을 통해 **형벌과 정의**의 내적인 원칙이 다른 사람에게 희생을 강요하기 때문이다). 또한 바울은 γνῶσις, "지식"의 절대성을 인정하는 것도 주저한다. 왜냐하면 지식은 교회를 세우는 것보다 사람을 **교만하게** 만들기 때문이다(8:1-2). 따라서 십자가의 신학 (1:18-31)과 그리스도의 마음 안에서(2:16-3:4) 정의, 형벌 및 자기에 대한 "권리"가 위에서 아래로 뒤바뀐 것과 마찬가지로, 바울도 이 단락의 이슈를 거꾸로 뒤바꾼다.

바울은 "권리들"에 알파-부정사(alpha-privative)를 덧붙인다(곧 ἀδικέω). 이 동사는 "불의를 행하다"를 의미한다. 하지만 여기서 ἀδικεῖσθε 는 **수동태**로 이해해야 하는가?(여러분은 여러분의 권리를 빼앗겼습니다, 여러분은 손해를 입었습니다) 아니면 인과관계적 재귀용법이나 "허용"의 **중간태** — (설령 이것이 분명히 **손해를 입는** 것을 포함한다 하더라도) 왜 여러분은 스스로 여러분의 권리를 빼앗기지 않습니까? — 로 해석해야 하는가? 우리는 중간태가 8:1-11:1, 특히 8:1-13, 9:19-23에서 자기의 "권리"를 희생하는 것에 대한 바울의 신학에 상응하며 그것을 반영한다고 추론한다. 7절의 마지막 문장에서도 중간태가 반복되어 사용된다.[81]

진정으로 여기서 표명된 일반 원리는 이 절의 마지막 문장에서 "왜 여러분은 오히려 스스로 속아주지 않습니까?"로 표현된다. ἀδικεῖσθε와 마찬가지로 ἀποστερεῖσθε(ἀποστερέω, 훔치다, 빼앗다, 탈취하다), "속이다"도 "허용"의 중간태다. 그런데 8절에서 이 동사의 방향이 바뀌어 사용된다. 즉 중간태가 능동태로 바뀌어 "여러분은 속여서 빼앗습니다"를 뜻한다(6:8).

바울의 기대는 정당하거나 합리적인가? 이것은 하나님이 존귀하고 관

---

81) BDF, 166, sect. 317는 "자기 자신을…하게 하라"는 중간태를 인관관계적인 재귀 용법의 부차적인 항목으로 포함시킨다(Robertson and Plummer, *First Epistle*, 116은 이 동사가 "수동태가 아니라 중간태"라고 주장한다). 이 단어에 대한 사전의 설명은 다음 사전들을 참고하라. BAGD, 17; MM, 10.

대한 자비로 공의를 초월하지 않고 인류에게 부정적인 판결을 선언하기 위해 자기의 "권리"를 내려놓으셨음을 나타내면서 그리스도가 십자가 위에서 자신과 자신의 "권리"를 포기함으로써 공의를 무색하게 한 하나님의 은혜와 같이 "정당하거나" "합리적"이지 않다.

젠프트는 이 부분에서 "공평" 또는 "정의"와 무저항에 대해 특별 해설을 제시한다.[82] 그는 산상수훈(특히 마 5:38-42)과 연결하면서 앞에서 언급한 원리의 범위를 넓힌다. 그는 이 부분에서 "지혜"에 대한 바울의 호소─그것이 아이러니한 강조점을 지니고 있든 그렇지 않든─는 삶의 기초가 "법"과 "정의"와 "권리"보다 훨씬 더 고상하고 심오한 어떤 것에 기초한다는 사실을 그리스도인이 인식하고 깨달아야 한다는 것을 요구한다고 주장한다. 어떤 권리를 포기하는 것은 "그 자체로 도덕적 행위이어야" 하지만 그것은 이것까지도 **하나님의 은혜의 형상을 지니고 있는 자유 행위로서 초월한다.**[83] **은혜는 두 번째 마일도 기꺼이같이 간다.**[84]

8절 접속부사 ἀλλά와 인칭 대명사 강조형 ὑμεῖς의 결합은 "비록 여러분이 그리스도인이지만, 여러분은…"이라는 개념을 전달한다. 이것은 엄밀히 말하자면 해당 그리스어 표현을 확대 번역하는 것이므로 우리는 이 구문을 "반면에 여러분은 사실상…"이라고 번역했다. ἀδικέω에 대해서는 앞 절의 주해를 보라. 이 단어는 "여러분은 손해를 끼칩니다"와 "여러분은 다른 사람들에게서 권리를 빼앗습니다"라는 이중적 뉘앙스를 전달한다. 이 절은 7절과 서로 논리적·문법적·사전적으로 대조된다. 하지만 "권리를 빼앗는다"라는 문구는 번역을 넘어 해석으로 나아가는 것이다. 하지만 이것은 "사람들에게서 공의를 앗아갑니다"라는 번역은 -δίκη의 단어 그룹과 함께 알파 부정사를 충실하게 반영할 뿐만 아니라 사회관계망과 후원을 그릇된 방법으로 조종함으로써 **정의를 무색하게 만든다**─(중대한 형사 법정이 아

---

82) Senft, *La Première Épitre*, 79-80.
83) 같은 책, 79.
84) Calvin, *First Epistle*, 121-123. 칼뱅은 이 부분에서 은혜의 원리보다 오히려 재판관들 또는 관리들의 위임된 권위에 더 관심을 기울인다.

니라) 지역의 행정 법정에서 이러한 일이 종종 일어났다―는 차우와 다른
많은 학자들의 주장과도 정확하게 일치한다(6:1-4에 대한 주해 참조). 만약 사
회적인 영향력이나 후원을 악용한다면 이방인의 법정에서 어떤 소송 사건
을 제기하는 것은 어떤 동료 그리스도인을 속여 빼앗는 결과를 빚어낼 것
이다. 특히 부자들이나 사회적인 면에서 "강력한 자들"이 소송을 제기할 경
우에는 더더욱 그러할 것이다.[85]

또한 우리는 앞에서 동료 그리스도인들에게 죄를 짓는 것은 하나님의
거룩한 성전을 더럽히는 것임을 지적했다. 왜냐하면 하나님의 백성은 성령
의 성전이기 때문이다. 여기서 지시 대명사 τοῦτο는 6절에서 이 단어의 기
능과 평행을 이룬다. 그리고 목적격 ἀδελφούς는 "공의를 앗아갑니다"와
"속여서 빼앗습니다"의 직접 목적어이므로 τοῦτο의 구문상의 기능을 전달
하는 가장 쉬운 방법은 NRSV의 번역, 곧 "그것도 신자들에게"를 따르는 것
이다. 이 표현은 "대상을 한정하는 것이 아니라 구체화한다."[86]

9-10절   "여러분은…알지 못합니까?"(9절)에 대해서는 3:16의 주
해를 보라(또한 5:6; 6:2, 3과 이 표현이 이 편지에서 열 번 사용된 것에 대한 허드의 주
해를 참조하라).[87] REB의 번역인 "분명히 여러분은 ~을 아십니다", NJB의
"여러분은 ~을 깨닫지 못합니까?"는 그 뉘앙스를 잘 전달해주지만, 바울의
깊은 관심을 드러내주는 전통적인 번역의 보다 더 강력한 의미가 우리에게
더 친숙하게 다가온다. 즉 "이 절들은 단도직입적인 수사학적 호소(바울은
2인칭 복수를 사용함)와 종말론적인 관점에 의해 특징지어진다."[88] 아마도 영
향을 미칠 수 있는 사회관계망으로 정의를 무시하는 시도가 6:1-8의 배후
에 있을 것이다. 따라서 ἄδικοι를 "불공정한 자들"(콜린스)로 번역하는 것에

---

85) 속여서 빼앗다는 완벽하게 훔치는 행위(예. 사업, 상거래 또는 사회적인 관계 등에서)에 대한
    "존중할 만한" 번역인 것처럼 보인다. 앞에서 "속여서 빼앗는 상거래"에 관한 논의를 보라
    (5:11 주해). 또한 참조. S. E. Fowl, "Making Stealing Possible," in *Engaging Scripture*, esp.
    164-171.
86) Conzelmann, *1 Cor.* 106, n. 29.
87) Hurd, *Origin of 1 Corinthians*, 85-86.
88) Collins, *First Cor*, 106, n. 29.

는 타당한 근거가 있다. 하지만 대다수 번역은 바울이 이제 그 대상을 광범
위하게 대조하는 역할을 하는 용어인 이 단어가 의미하는 범위를 지나치게
축소하거나 지나치게 구체적으로 제시하려고 하지 않는다. 따라서 대다수
영역본은 "행악자들"(NRSV, REB), "사악한 자들"(NIV, Moffatt), 또는 "불의
한 자들"(AV/KJV)로 번역한다. 하지만 NJB는 11절과의 대조를 위해 보다
더 강력한 용어를 찾아 이 형용사를 "악을 행하는 **사람들**"이라고 번역한다.
우리는 습관 또는 성향에 대한 바울의 강조를 살려 이 번역을 "악을 습관적
으로 행하는 사람들"로 수정했다.

또한 9절과 10절에 언급되는 행위들은 μή와 현재 명령형 πλανᾶσθε와
연결되어 있다. 바울은 이 행위들을 어울리지 않는 행실의 혼란스러운 "퍼
레이드"로 인식한다. 이 명령은 그것을 당장 그만둘 것을 촉구한다. 또한 이
절들은 그리스도인의 정체성을 부인하는 적극적인 생활 방식(노이펠트가 입
증해주듯이 요한일서는 하나의 실례를 보여줌)을 새로운 피조물로서 그리스도를
닮은 특성들을 나타내는 자세(11절)와 대조하는 역할을 한다.[89]

"하나님의 나라(θεοῦ βασιλείαν, 9절)를 상속받는다" 또는 "하나님의
나라(βασιλείαν θεοῦ, 10절)를 상속받지 (못할) 것이다"는 15:50에서 명시적
으로 표현된 주제를 예고한다.[90] 오직 변화된 인류만이 온전히 하나님의 통

---

89) D. Neufeld, *Reconceiving Texts as Speech-Acts: An Analysis of 1 John*, Biblnt 7 (Leiden:
Brill, 1994), throughout. 일종의 혼란스러운 "퍼레이드"에 대한 우리의 언급은 Stanley
E. Porter의 다음과 같은 논점을 잠정적으로 참고한 것이다. 곧 현재 시제는 지속적인 행
위와 정확한 시점의 행위를 보다 객관적으로 구분하는 것보다 오히려 행위들의 양상(독.
Aktionsart)과 더 관련되어 있다. 하지만 우리는 Porter가 동사의 형태들(곧 양상 대 시제
[aspect versus tense])에 대한 **대안적인** 설명에 대해 확신하는 것만큼 그렇게 하지는 않
는다. 참조. S. E. Porter, *Verbal Aspect in the Greek of the NT with Reference to Tense and
Mood,* in Biblical Greek 1 (New York: Lang, 1989), esp. ch. 2; S. E. Porter and D. A.
Carson, *Biblical Greek Language and Linguistics: Open Questions in Current Research,*
JSNTSS (Sheffield: Sheffield Academic Press, 1993), esp. 26-45; and B. M. Fanning,
Verbal Aspect in the NT, Oxford Theological Monograph (Oxford: Clarendon, 1990). 또
한 간략한 개관은 다음 논문들을 참조하라. S. E. Porter, "Keeping Up with Recent Studies,
17: Greek Language and Linguistics," *ExpTim* 103 (1992): 202-208.
90) Schrage, *Der erste Brief,* 1:426, n. 151 and 429.

치 아래로 나온다고 묘사될 수 있기 때문에 "혈과 육은 하나님 나라를 이어 받을 수 없다"(15:50).[91] 따라서 여기서 바울의 선언에는 "내적인 기본 원리"가 있다. 그는 하나님 나라에 입장하기 위한 검사에 요구되는 자격 요건에 대해 묘사하지 않는다. 오히려 여기서 그는 습관적인 행위에 대해 묘사하고 있다. 그 행위들은 당연히 모든 사람의 진정한 행복을 위한 하나님의 통치 안에서 아무런 자리도 발견할 수 없다. 만약 그들이 그리스도 안에서 하나님의 새로운 피조물에 진정으로 속한다면 그들은 그것에 일치하는 특성들로 **변화될 필요가** 있다. 만약 이러한 습관을 행하는 이들이 그리스도인으로 불리기를 원하고 그리스도와 함께 부활하기를 기대한다면 그리스도의 형상을 닮는 것에 지속적으로 완고하게 반대되는 모든 것은 **반드시 변화되어야 한다.** 따라서 우리는 부정사 οὐ와 함께 사용되는 κληρονομέω의 미래 직설법을 "할 수 없다"가 지니고 있는 **논리적** 의미에서(인과관계적 의미가 아니라) "상속받을 수 없다"고 번역했다. 이 번역에는 시간상의 차이가 암시되어 있지 않다. 헤스터가 주장하듯이 "상속"이라는 단어는 그 자체에 연속성과 불연속성의 함의가 들어 있다. 그것은 미래를 현재와 연결시켜주며 현재를 미래와 연결시켜준다.[92] 하나님 나라를 상속받기 위해 악을 행하는 사람들이라는 표현은 그 자체로 모순이다. 따라서 9절 상반절은 **변화를** 암묵적으로 요구한다. 원칙적으로 그들 배후에는 그들 과거에 속해 있던 옛 습관들이 있다. 그들은 **하나님께 속한 거룩한 백성으로서** 자신들의 부르심의 진정성을 입증하기 위해 이러한 비정상적인 것들을 반드시(논리적인 당위성) 제거해야 한다(1:2-3).

이 절들에 표명된 원리는 명백하다. 하지만 그 세부 내용은 대단히 복잡하다. (i) 우리는 5:9-11에서 바울의 "악덕 목록"에 대해 더 많은 것을 말

---

91) J. Jeremias, "Flesh and Blood Cannot Inherit the Kingdom of God (1 Cor XV: 50)," *NTS* 2 (1955): 151-159.

92) J. D. Hester, *Paul's Concept of Inheritance*, SJT Occasional Paper 14 (Edinburgh: Oliver & Boyd, 1968). 구원사에 대한 Oscar Cullmann의 『그리스도와 시간』 및 그의 다른 저서들과 마찬가지로, 그 용어와 그것의 의미 범위에 대한 간결하고 유익한 Hester의 이 연구는 현재와 미래의 관계에 대해 비슷한 접근 방법을 취한다.

할 필요가 있음을 지적한 바 있다. 이 목록들은 단지 스토아학파의 윤리 전통에서 유래되어 보편화된 판에 박은 듯한 자료인가? 아니면 구체적으로 표현된 습관들은 특별한 상황과 관련이 있는가? (ii) 해석을 위한 보편적인 배경은 플라톤-스토아학파의 미덕과 악덕의 배경인가? 아니면 헬레니즘의 영향을 받은 유대교에서 비롯된 것인가? 또 아니면 구약성경과 십계명에서 비롯된 것인가? (iii) 여기서 확인되는 개별적인 행위들은 어떻게 해석해야 하는가? 여기서 가장 어렵고 격렬한 논쟁은 과연 οὔτε μαλακοὶ οὔτε ἀρσενοκοῖται가 일반적인 동성의 성관계를 가리키는지, 아니면 보다 더 좁은 의미에서 남창, 종교 의식과 연관된 남창, 소년과의 동성애, 또는 그 당시의 그리스와 유대 사회의 남장 여성과 여장 남성의 개념을 가리키는지에 관한 것이다. (iv) 마지막으로 바울의 용어는 이 이슈들에 대한 오늘날의 이해와 어떤 관련이 있는가? 우리의 해석에 어떤 역사적·시대착오적 위험성이 존재하지는 않는가? 분명히 이 모든 의문점은 보다 더 확대된 특별 해설을 요구한다.

악덕 목록, 교리문답 및 동성애 논쟁(6:9-10)

바울 서신의 악덕 목록의 위상

우리는 5:9-11을 주해하면서 바울 서신에서도 사실상 그러한 목록이 나타난다고 말했다. 롬 1:29-31에서는 스물한 가지의 구체적인 도덕적 실패가 언급된다. 그 배경은 분명히 헬레니즘 문화권 안에 있던 유대교 회당의 설교에서 사용된 자료를 반영한다. 그것은 디아스포라 유대인들과 그들 주변에 있던 이방 사회 간의 신분과 생활방식의 차이에 대해 충고하고 권면하는 수단으로 사용되었다. 지혜서 14:22-26에서는 우상숭배로부터 비롯되는 도덕적 실패를 인식하며 스물일곱 가지의 그릇된 성향과 습관이 열거된다. 바울의 관점은 지혜서나 지혜서와 비슷한 유형의 자료에 기초하여 작성되었을 것이다. 이러한 자료에 의하면 하나님에 대한 무지는 도덕적인 가치 체계를 뒤바꾸어 "온갖 악을 평화라고 부르며"(지혜서 14:22), 혼인 관계가 손상되고(14:24) "간음, 살육, 도둑질, 사기, 부패, 반역, 폭동, 위증"(14:24-25) 등으로 이어진다. 나아가 γάμων ἀταξία μοιχεία καὶ ἀσέλγεια가 성행한다. 왜냐하면 "우상들을 숭배하는 것"(εἰδώλων θρησκεία)은 모든 악(κακοῦ)의 시작(ἀρχή)이며 원인(αἰτία)이기 때문이다(14:26-27, 70인역). 그러므로 하나님 대신 우상을 숭배하며, 나아가 거리낌 없이 온갖 악한 행위에 사로잡힌 이중적인 죄는 인과관계적·논리적으로 서로 밀접하게 연결되어 있다(14:30-31).

　　그 연관성은 자기 이익을 위해 "하나님"과 다른 사람들을 조종하는 수단으로 삼고자 하는 데 있다. 우상들은 인간이 만들어낸 이름 없는 것들이기 때문에(지혜서 14:27) "무슨 짓을 해도 상관이 없다." 그래서 도덕적인 억제력은 증폭되어가는 자기만족 추구의 과정에서 내팽개쳐진다. 바울이 이 목록들을 사용한 가장 중요한 의미는 이러한 행위 추구가 하나님의 거룩한 백성으로서 신뢰와 순종을 맹세한 하나님의 언약 백성임을 확인시켜주는(단순히 자기 자신만을 만족시키고 자신의 독립적인 이미지로 하나님과 삶을 빚어내는 것이 아니라) 매우 다른 생활 방식으로부터 멀어지게 하는 이 논리 전통을 취하는 데 있다.

　　하지만 신약 연구사에서 사고의 방향은 종종 매우 다른 방향으로 전개되었다. 요한네스 바이스는 1910년에 이 목록들의 존재를 지적했다. 1932년에 이스튼은 그 "목록들"은 원래 스토아학파와 그들의 미덕 목록으로부터 유래되었다고 주장했다.[93] 1936년에 안톤 푀그틀레는 같은 방향으로 더 멀리 나아갔다. 그는 플라톤의 주요 미덕(그리고 그것에 반대되는 것)의 연속적인 확대(처음에는 스토아학파에 의해, 그다음에는 스토아 사상을 이용한 헬레니즘적 유대교 안에 있는 이들에 의해)라는 관점에서 이 목록들을 해석했다.[94] 푀그틀레의 긍정적인 논점들은 타당성이 있다. 미덕에 대한 플라톤, 스토아학파, 특히 헬레니즘적 유대교의 논의에서 비슷한 사례가 발견된다. 하지만 그는 구약성경 텍스트의 역할을 과소평가했는데, 이제 우리는 이에 대해 논의하고자 한다.

　　"목록들"에 대한 푀그틀레의 연구(1936년)에 이어 비빙(1959년), 카믈라

---

93) Weiss, *Der erste Korintherbrief,* 140-145 and 152-156, 용어상 평행을 이루는 것에 대해서 (예. Philo, *Sibylline Oracles,* Plutarch). 또한 그는 그의 *Earliest Christianity,* 2:546-594에서 유린적인 내용에 대해 연구한다. 참조. Easton, "NT Ethical Lists," 1-12.

94) Vögtle, *Die Tugend- und Lasterkataloge im NT.*

(1964년) 등 다른 학자들의 연구가 뒤따랐다. 비빙은 유대교의 배경을 강조하고, 카믈라는 교리문답과 관련된 배경을 강조한다.[95] 그렇다면 왜 이 연구들이 고전 6:9-10의 해석과 직접적으로 관련이 있는가? 이에 대해서는 이미 설명했다. 목록의 형태들이 생겨난 삶의 정황(*Sitz im Leben*)을 고대 그리스, 헬레니즘, 또는 고대 그리스-로마의 배경이나 그러한 배경으로부터 결정적으로 비롯된 헬레니즘-유대교의 전통의 양식비평적 연구에 기초하여 누구보다도 특히 리츠만, 콘첼만, 스크룩스는 다음과 같은 견해를 제시했다. 고전 6:9-10(또한 5:9-11)에서 언급되는 구체적인 도덕적 실패는 이 편지에서 배경과 관련하여 개별적인 중요성을 지니지 않으며, 스토아학파, 견유학파, 또는 고대 그리스-로마의 전통과 연관된 풍자적인 자료로부터 비롯된 틀에 박힌 윤리적인 자료를 반영하는 어떤 보편화된 형태로 간주되었다. 따라서 콘첼만은 "그것은 고정된 전통에 기초하고 있다. 그 용어들은…특별히 바울적인 특성을 드러내지 않는다"라고 주장한다.[96] 그는 개별적인 성향이나 행위는 개인적으로 중요하다는 사실을 받아들이지 못한다. 따라서 그는 "6:9-10의 용어들은 고린도의 상황을 현실적으로 묘사하는 것과 관련이 있다"는 우리의 견해를 거부한다.[97] 스크룩스는 고대 로마의 배경과 관련된 가설을 활용하여 전통적으로 동성간의 성관계를 가리키는 것으로 이해되는 이 어휘는 단지 소년과의 동성애만을 가리킨다고 주장한다.[98] 이와 비슷하게 보스웰은 동성애와 관련된 행위들─바울은 이 행위들을 "도덕적으로 비난받을 만한" 것들이라고 부르지 않는다─을 남창과 구별한다.[99]

그러므로 우리는 이 단락의 해석을 위해 윤리 목록에 대한 양식비평적 접근방법의 진정한 함의들을 비판적으로 재검토해야 할 필요가 있다. 뵈그틀레는 스토아학파의 철학 전통 안에 있는 윤리 목록들은 플라톤과 아리스토텔레스의 저서 안에 나타나는 미덕들에 대한 논의에서 유래되었다고 주장했다. 미덕에 대한 플라톤

---

95) Wibbing, *Die Tugend- und Lasterkataloge im NT*; and Kamlah, *Die Form der katalogischen Paränese im NT*.

96) Conzelmann, *1 Cor.* 106; 참조. "Catalogues of Virtues and Vices," 같은 책, 100-102.

97) 같은 책, 101.

98) Scroggs, *The NT and Homosexuality,* 85-97; 참조. 29-65 and 105-122.

99) Boswell, *Christianity, Social Tolerance and Homosexuality,* 111-114.

의 이론과 지혜와 윤리적 중용에 대한 아리스토텔레스의 서로 다른 개념에서 출발한 이 두 가지 요소는 모두 절제와 금욕에 대한 스토아학파의 강조점과 결합한다. 보편적인 형태(Forms) 또는 이데아(Ideas)에 대한 플라톤의 이론은 "영혼"이 육체적 열정과 몸의 욕망을 거부하는 한 측면으로서 주요 미덕들(cardinal virtues)에 대한 그의 해설에 구조를 제공해주었다. 다른 미덕들은 네 가지 주요 미덕의 하부 범주로 나타난다. 아리스토텔레스는 보편적인 이데아 또는 형태 안에서의 출발점을 거부했다. 하지만 그는 자신의 중용의 윤리학에서 명확하게 표현했듯이 도시 국가의 배경에서 행복(유다이모니아)의 윤리를 추구하기 위해 지나침(excess)을 피하는 것이 요구된다는 관점을 공유했다. 기원후 1세기의 중기 플라톤주의는 윤리적인 덕목을 주로 "자연 질서와 조화를 이루며 살아가는 것"(τῇ φύσει ὁμολογουμένως ζῆν 또는 키케로의 "자연과 조화되어 사는 것"[cum natura convenienter vivere])이라는 관점에서 이해한다는 점에서 클레안테스에서 에픽테토스에 이르기까지의 스토아학파의 전통과 조화를 이룬다.[100] 뵈그틀레는 이 점과 관련하여 세네카(기원전 4년-기원후 65년), 무소니우스 루푸스(기원후 30년-100년경), 에픽테토스(기원후 50년경-기원후 130년경)의 사상 안에서 필론, 지혜서, 바울과 몇 가지 유사성을 지니고 있는 윤리에 대한 증거를 발견한다. 또한 그는 후대의 스토아 철학과 그리스-로마의 풍자시와 헬레니즘적 유대교 문헌에서 윤리 목록들이 나타나는 것을 서로 구별한다.[101]

　　하지만 설령 이 목록들의 유사점에 대해 모든 것을 말한다 하더라도 우리는 그 윤리적인 미덕과 악덕이 어떻게 어떤 특별한 사고 체계와 결합되어 있는지를

---

100) Aristotle, *Nicomachean Ethics*, 1.8.4; 7.13.2; Plato, *Republic* 354A, 444D, 580C, 588C, and *Protagoras* 315C; Cleanthes, *Stoicorum veterum fragmenta* (ed. J. von Arnim), 3.16.17; Epictetus, *Dissertations* 3.1,24-35(남성과 여성의 "자연적인" 특성에 대해); 3.9.16.17 (χρείαν αὐτῶν [possessions] οὐκ ἔχω ... τοῦ κατὰ φύσιν ἔχειν τὴν διάνοιαν, τοῦ μὴ ταράττεσθαι).

101) 후대의 곧 기원전-기원후 1세기의 스토아학파의 자료들은 Musonius, *Fragmenta*, 16; Cicero, *Tusculanae Disputationes* 4.11-27; Epictetus, *Diss.* 3.20.5, 6 등을 포함한다(또한 위에서 주해 참조). 또한 참조. Diogenes Laertius, 7,87, 92-93, 110-112. 한편 풍자 문학 저자들 가운데 Lucian and Horace, *Epodes*, 1.1.33-40이 포함된다. 한편 몇몇의 "목록들"은 너무 짧아서 그 명칭으로 불리기가 어렵다. 예를 들면, Epictetus, *Diss.* 3.20.5, 6에서 언급되는 네 가지 주요 덕목(ἐτηρήσεν τὸν φιλόπατριν, τὸν μεγαλόφρονα, τὸν πιστόν, τὸν γενναῖον). 또한 참조. Vögtle, *Die Tugend- und Lasterkataloge*, 79-88 그리고 다른 곳에.

조명하는 것이 아니라 기껏해야 어휘, 문체, 양식에 대해 언급하는 수준에 머물러 있다. 이제는 네 가지 주요 비판에 대해 살펴보고자 한다.

(a) C. H. 도드는 그의 저서 『복음과 율법』(*Gospel and Law*, 1951년)에서 바울의 윤리 기초는 "아리스토텔레스 시대 이후로 자체적이며 자기를 정당화하는 윤리 체계를 제공하기 시작한 동시대의 그리스 도덕주의자들의 윤리와 명백하게 구별되어야" 한다고 설득력 있게 주장한다.[102] 그는 바울 서신과 신약성경의 구체적인 내용이 상당 부분 겹친다는 점을 시인한다. 하지만 또 다른 한편으로 그는 윤리적인 가르침은 (구약성경을 유산으로 물려받은 것을 포함하여) 기독교 신자들의 정체성의 일부를 형성하는 복음에 대한 반응에서 비롯된 것이라고 주장한다.[103] 신약성경 안에서는 분명히 비슷한 문체로 된 양식과 신자들을 권면하는 목록이 나타난다 (살전 4:1-9; 5:14-18; 벧전 1:13-22; 2:11; 히 13:1-3). 이것은 캐링턴과 셀윈의 세부적인 연구가 제안하듯이 뢰그틀레가 제시한 헬레니즘적인 배경보다는 교리문답과 관련된 공통의 삶의 정황(*Sitz im Leben*)에서 비롯된 것이다.[104]

이것은 바울이 "여러분은 알지 못합니까?"라는 말로 시작하는 고전 6:9-11(참조. 5:9-11)의 **삶의 정황**과 정확하게 일치한다. 또한 이것은 그와 같은 자료와 "의무감"이 지닌 윤리적인 중요성의 핵심으로서 동기(motivation)에 대한 모울의 강조와도 일치한다.[105] 도드는 바울의 이러한 배경에서 서로 구별되는 여섯 가지 주제를 제시한다. (1) 종말론에 비추어 이 땅에서의 소유에 사로잡히지 않는다(스토아학파의 자기만족이 아님; 참조. 고전 7:29-34; 롬 13:11, 12). (2) 새로운 삶의 새로움(고전 5:7; 고후 5:17). 종종 세례(또는 회심─입교)의 배경에서 언급됨(참조. 고전 6:11). (3) 공동체적 연대 또는 서로 새로운 공동체적 정체성 안에 "속함"(고전 12:12-27; 참조.

---

102) C. H. Dodd, *Gospel and Law* (Cambridge: Cambridge University Press, 1951), 10.

103) 같은 책, 10-17.

104) 같은 책, 18-21; P. Carrington, *The Primitive Christian Catechism* (Cambridge: Cambridge University Press, 1940); and E. G. Selwyn, *The First Epistle of Saint Peter* (London: Macmillan, 2d ed. 1947), 365-466. 이 두 저자들은 모두 다음 연구서를 반영한다. A. Seeberg, *Der Katechismus der Urchristenheit* (Leipzig: Bohme, 1903).

105) C. F. D. Moule, "Obligation in the Ethic of Paul," in W. R. Farmer, C. F. D. Moule, and R. R. Niebuhr (eds.), *Christian History and Interpretation: Studies Presented to John Knox* (Cambridge: Cambridge University Press, 1967), 389-406, esp. 393.

고전 6:1-8), (4) 그리스도를 본받음 또는 그리스도의 형상으로 변화됨(고전 11:1; 고
후 8:9; 빌 2:5-11), (5) 구체적으로 예시된 ἀγάπη의 동기(고전 8:1-3; 13:1-13; 롬 13:8-
10), (6) 예수의 말씀에 대한 암묵적 또는 명백한 언급(롬 12:16; 13:7; 고전 7:1-7; 8-11,
12-16; 9:14),[106] 만약 그 배경이 교회의 교리문답과 관련이 있다면 이것은 그러한 "목
록"의 중요성을 그리스도인의 삶의 본질에 대한 가르침을 위한 명백한 지침으로 바
꾼다.

　　(b) 세븐스터는 "바울과 세네카는…비슷한 단어들을 완전히 서로 다른 의
미로" 셀 수 없을 정도로 자주 사용한다고 말한다.[107] 바울의 관심사는 분명히 우
주와 조화를 이루는 것이 아니라 그리스도 안에서 하나님의 형상과 조화를 이루
는 데 있다(고전 2:13-16).[108] 세네카는 반복적으로 미덕에 대해 논의한다. 바울은
ἀρετή를 단 한 번 언급한다(빌 4:8; 참고. 벧전 2:9; 벧후 1:3, 5[두 번]).[109] "미덕은 본질
적으로 인간 중심적인 개념이다."[110] 세네카는 전형적으로 용기(fortitudo)를 칭송
하는 반면, 그리스어 명사 ἀνδρεία는 "바울뿐만 아니라 신약성경 전체에서 전혀
나타나지 않는다."[111] 이처럼 윤리에 대한 이미지를 사용하는 것과 관련하여 바울
과 세네카는 서로 멀리 떨어져 있다.[112] 심지어 지혜도 두 저자의 글에서 저마다 서
로 다른 의미를 지니고 있다. 세네카에게 현자는 "내적으로 난공불락이다." "현자
는 온 세상을 지배한다"(참고. 고전 4:8). 반면 지혜에 대한 바울의 개념은 그리스도
안에서의 하나님의 심오한 경륜에서 유래되었다(고전 1:24; 1:30; 골 2:3). 이 지혜는
목표로 성취하는 것이 아니라 하나님으로부터 은사로 받는다.[113]

---

106) Dodd, *Gospel and Law*, 25-31, 31-32, 31-32, 32-38, 39-42, 42-45, 46-50. 또한 (6)
　　과 관련해서 다음 연구서 참조. D. L. Dungan, *The Sayings of Jesus in the Churches of Paul*
　　(Oxford: Blackwell, 1971), esp. 3-27, 83-101, 146-150.

107) J, N. Sevenster, *Paul and Seneca*, NovTSup 4 (Leiden: Brill, 1961), 78.

108) 같은 책, 52.

109) 같은 책, 154.

110) 같은 책, 156.

111) 같은 책, 158; 참조. Seneca, *Epistulae* 37.1, 2; 67.6; 113:27, 28.

112) Sevenster, *Paul and Seneca*, 161-164; 참조. Seneca, *Epistulae* 82.5; 107.9; 120:12; *De Vita
　　Beata* 15.5.

113) Sevenster, *Paul and Seneca*, 164, 165, 166. 참조. Seneca, *De Vita Beata* 3.3; *Epistulae* 94.68;
　　89.4; 20.5; *De Beneficiis* 7.3.2 ("통치"에 대해).

(c) 이것은 우리를 비빙의 공헌으로 이끈다. 그는 앞에서 푀그틀레의 연구를 업데이트하고 보완한다. 비빙(최근에 야브로는 부분적으로 그의 견해를 따름)은 바울 서신 및 신약성경과 대략 동시대에 저술된 유대교 문헌 안에 윤리적인 목록이 존재한다고 지적한다.[114] 비빙은 분명히 이 유대교 자료가 고대 그리스-로마의 문헌보다는 구약성경으로부터 유래되었다고 보지만, 그 자료가 묵시문학적 전통의 배경에 기초한다는 점을 마지못해 받아들인다. 그러나 비빙의 연구는 푀그틀레의 주장을 개선했다. 그는 에녹1서, 희년서, 열두 족장들의 유언과 같은 자료의 중요성과 특별히 (그의 스승인 쿤을 따라) 쿰란 텍스트들의 중요성을 확인해주었다. 비빙은 쿰란 공동체의 도덕적인 이원론은 원래 신 27:15-26과 30:15 이하에 제시된 순종과 불순종의 "두 가지 길"을 반영한다고 말한다. 비록 그는 정당하게 에녹 1서 10:20; 91:6-7; 희년서 7:20-21; 23:14; 모세의 유언 7에 관심을 기울이지만, 그가 이루어낸 가장 큰 성과는 이 양식을 1QS 4:9-11의 "두 가지 길"과 연결한 것이다.[115] 바로 이 점이 윤리적인 "목록"에 대해 신명기와 구약성경의 타당성을 보다 더 긍정적으로 고찰하게 하는 길을 열어주었다.

(d) 카믈라는 푀그틀레와 비빙의 접근 방법을 발전시키려고 노력했다. 이 기초에 근거하여 그는 비슷한 자료들을 인용한다.[116] 하지만 도드, 캐링턴, 셀윈과 마찬가지로 그는 기독교 교리문답을 그 양식에 대한 하나의 주요한 삶의 정황으로 탐구했다. 어휘에 대한 카믈라의 연구의 주된 약점은 표면적인 어휘와 문체에 지나치게 집중한 점이다. 그의 연구는 거의 대부분 양식의 수준에 머무른다. 구체적인 상황에서의 특정한 생활 방식을 위한 윤리적 동기에 대한 바울의 신학적 기초와 이슈들에 적절한 관심을 기울이지 않는 카믈라의 연구는 (슈라게의 연구와는 매

---

114) Wibbing, *Die Tugend- und Lasterkataloge im NT und ihre Traditionsgeschichte*, esp. 14-76; 참조. O. L. Yarbrough, *Not Like the Gentiles: Marriage Rules in the Letters of Paul*, SBLDS 80 (Atlanta: Scholars Press, 1985), 8-26.

115) Wibbing, *Die Tugend- und Lasterkataloge*, 43-76.

116) Kamlah, *Die Form der katalogischen Paränese im NT*. 예를 들면 39-53, 104-115 및 171-175은 Wibbing의 연구를 반영한다. 참조. Wibbing, *Die Tugend- Lasterkataloge*, 27-33, 43-76, and elsewhere.

우 대조적으로) 불완전한 상태에 머물러 있다.[117] 그럼에도 여전히 그의 연구는 고전 6:9-10과 바울 서신의 비슷한 본문을 해석하는 것과 관련하여 해당 자료가 고대 그리스-로마의 배경에서 유래되었다는 리츠만, 콘첼만, 스크록스의 전반적인 주장을 받아들이는 데 주의가 요구된다는 점을 깨우쳐주는 데 도움을 준다.

(e) 우리는 여기서 다음 이슈로 넘어가기에 앞서 어떤 잠정적인 결론을 이끌어낼 수 있을 것이다. 그동안은 줄곧 "윤리 목록"에 대한 고대 그리스-로마의 구조(구약성경, 유대교 및 기독교의 구조에 비해)가 중시되어왔다. 그리고 이 "목록"은 단순히 그 당시의 문화와 관련된 관습을 반영하는 것에 지나지 않는다고 여겨졌다. 따라서 최근에 이르기까지 바울은 단지 그가 살던 "지중해의 합의"를 공유한 것으로 간주되어왔다.[118]

더욱이 의미의 전달과 수용을 결정하는 서로 구별되는 신학적·개념적 구조를 다루지 않고, 단지 용어와 양식의 측면에서 평행을 이루는 것만 언급한다면 이러한 유사한 표현들은 쉽게 오해를 불러일으킬 수 있다. 예를 들어 롬 1:26-29의 서로 비교되는 "목록"에서 바울은 동성 간의 성관계에 대해 παρὰ φύσιν(자연에 어긋나는; 개역개정: "역리로")이라고 말한다. 하지만 자연(φύσις)이라는 단어는 히브리어에서 이와 정확하게 상응하는 단어가 없다. 따라서 얼핏 보기에 이 단어는 구약성경의 그 어떤 배경도 반영하지 않은 것처럼 보인다.[119] 이것은 대체로 에픽테토스가 제기한 다음과 같은 논점과 관련되어 있다. 즉 어떤 남자가 여인의 역할을 하거나 여인처럼 행동하기를 원한다면 그것은 그가 자신의 "자연"(nature, 본모습)에 대해 불만을 표현하는 것이다(ἐγκαλέσαι σου τῇ φύσει, *Dissertations* 31.30). (옷에서부터 성별에 이르기까지) 남성과 여성의 역할을 혼동하는 것은 "자연과 조화를 이루는"(φύσει ὁμολουμένως, *Diss.* 3.1.25) 삶을 살지 못하는 것일 뿐만 아니라 자기 자신을 "괴상망측한 대상"이나 "괴물"(ὦ δεινοῦ θεάματος, 3.29)로 만드는 것이다. 그렇다

---

117) 비교. Schrage, *Die Konkreten Einzelgebote in der Paulinischen Paränese*.

118) Stegemann, "Paul and the Sexual Mentality of His World," 161-166.

119) J. D. G. Dunn은 "φύσις, 자연은 히브리어의 개념이 아니며, 이 단어는 단지 70인역에 포함된 그리스어로 저술된 후대의 저서들(솔로몬의 지혜서 3장과 마카베오4서) 안에서 나타난다고 강조한다.…따라서 그 개념은 원래 그리스어에서 유래된 것이며 전형적으로 스토아학파에게 속한 것이다."(*Romans 1-8*, WBC [Dallas: Word Books, 1988], 64).

면 심리학에 비추어 검토해볼 때 특정한 사람들에게 "자연스러운" 것에 대한 오늘날의 이해가 매우 근본적으로 변했기 때문에 전반적인 접근 방법을 극단적으로 단순화하고 명백하게 해야 하며, 사회 구조는 말할 것도 없고 사회적인 조건 형성에 대한 이슈도 제쳐놓아야 한다고 주장하는 것은 그리 바람직하지 못하다. 하지만 과연 바울도 φύσις를 에픽테토스와 스토아학파처럼 사용하고 있으며, 스토아학파의 세계관이나 심리학이 고전 6:9-10과 같은 본문에서도 어떤 특정 역할을 하고 있을까?

구약성경과 그것에 내포된 신학의 타당성

(a) 로스너는 신 27장과 신 30장에서 나타나는 "두 가지 길"을 탐구한다.[120] 이것은 1QS 4:9-11에서 언급되며 교회의 교리문답과 관련하여 카믈라, 캐링턴, 도드의 주장을 통해 구체적으로 예시된 두 가지 길에 대한 비빙의 호소에 설득력 있는 배경을 제공해준다. 로스너는 "바울의 윤리에 구약성경에 대한 유대교의 묵상"이 반영되어 있다고 자세하게 논증한다.[121] 베르거와 덱싱어의 견해를 따라 그는 특히 신 27:15-26과 겔 18장 및 22장과 관련하여 십계명(출 20:1-17; 신 5:6-21)의 영향을 "실제보다 부풀려 말하기 어려울 것이다"라고 믿고 있다.[122]

(b) 세부적인 사항에 관심을 돌려 우리는 어떻게 여기서 콘첼만의 주장을 평가해야 하는가? 하나님 나라라는 용어가 드러내주듯이 그는 고전 6:9-11의 용어와 표현은 바울의 특징에 어울리지 않는다고 주장한다. 커크는 문맥상의 의미에 비추어볼 때 바울이 통상적으로 드물게 사용하는 어떤 표현을 사용하는 것—불의한 자들은 하나님 나라를 상속받을 수 없지만 의로운 자들은 상속받을 수 있다—을 설득력 있게 설명한다.[123] 하나님 나라는 현재적이면서도 미래적이다. 하지만 우리는 헤스터의 연구로부터 **상속의 개념**은 현재의 사실과 미래의 약속과 관련하여 연속성과 불연속성을 내포하고 있다는 사실을 간파했다. 이것은 그 나라

---

120) Rosner, *Paul, Scripture and Ethics,* 53-55; 참조. 46-47, 51-53, and 164-166.
121) 같은 책, 55.
122) 같은 책, 210.
123) J. A. Kirk, "En torno al concepto del reino en Pablo," *RevistB 41* (1979): 97-108.

로부터 제외되는 것은 대체로 어떤 사람들의 성향과 행위가 (내부적이며 논리적인 원칙의 연관성에 기초하여) 스스로 불러온 것이라는 우리의 논점과도 일치한다. 왜냐하면 하나님의 통치가 구체적으로 나타나는 사람들로서 그들의 그러한 성향과 행위는 그리스도인의 정체성을 지속적으로 완고하게 거부하기 때문이다. 그런데 만약 이 경우라면 우리는 이미 구약 시대, 역사 및 약속과 관련된 의미론적인 영역 안으로 들어간 것이다. 그것은 플라톤, 아리스토텔레스, 스토아학파의 전통에 기초한 "시간을 초월하는"(timeless) 미덕들과 거의 상관이 없다. 만약 우리가 해당 표현에 "바울에게 어울리지 않는" 특성이 있다고 고집한다면 바울 이전의 초기 기독교의 관점에서 구약성경은 더욱더 강력하게 그 표현이 지닌 특성을 강조한다. 커크는 고전 6:9과 갈 5:21에서 나라와 상속을 연결한다(참조. 엡 5:5). 현재(살전 2:12; 살후 1:5; 골 1:13)와 종말론적인 미래(고전 15:24, 50; 참조. 딤후 4:1)에 대한 바울의 이중적 강조는 커크의 입장을 뒷받침해준다.

　　(c) 롬 1:26-27과 고전 6:9에서 φύσις가 사용된 기원이 무엇이든지 간에 히브리어 텍스트에 대한 70인역의 번역에서, 그리고 특히 레위기와 신명기의 율법 규정과 관련된 배경에서 그 용어를 발견할 수 있다. 스크록스는 5:10에 언급된 네 가지 용어는 5:11에서 비방을 일삼는 사람들과 술주정뱅이들이 첨가되어 여섯 가지로 확대된다고 지적한다. 또한 6:9-10에서는 열 가지 "목록"을 완성하기 위해 또 다른 네 가지 용어(μοιχοί, μαλακοί, ἀρσενοκοῖται, κλέπται)가 덧붙여진다는 것이다.[124] 우리는 앞에서 이전에 나온 여섯 가지 용어의 의미에 대해 이미 논의했다(참조. 5:10-11의 주해). 여기서 우리는 그 모든 용어가 구약성경의 배경을 지니고 있다고 말할 수 있다.

　　해치-레드패스는 πορνεία가 대략 쉰 번 정도 사용되는 목록을 제시한다(그 가운데 마흔여섯 번은 히브리어 텍스트에 대한 70인역의 번역에서 등장한다). 또한 πορνεῖον이 세 번, πορνεύειν이 열아홉 번, πόρνη가 마흔두 번 사용된 목록을 제시한다. πόρνος는 (단지) 세 번 나타나는데, 모두 지혜서(23:16, 17, 18)에서 사용된다. 하지만 πορνικός는 잠 7:10과 겔 16:24에서 나타난다. πορνικός가 히브리어 단어 조나

---

124) Scroggs, *The NT and Homosexuality*, 103.

(זוֹנָה, 잠 7:10)를 번역한 것처럼 πορνεύειν은 대체로 자나(זוֹנָה)를 번역한 것이다. 그러나 πορνεύων은 또한 히브리어 קָדֵשׁ(카데쉬)를 번역한 것이다.[125] 로스너는 구약성경에서 "세속적인" 창녀(조나)와 종교 의식과 관련된 창녀(카데쉬) 간의 차이를 논의하면서 전자는 개인적인 도덕적 실패로 저주를 받고, 후자는 하나님께 신실하지 못해 저주를 받는다는 점을 지적한다. 하지만 둘 다 하나님의 백성의 주요한 요소로서 거룩함과 신실함을 나타내야 하는 부르심을 부인하는 것이다.[126] 그는 이 두 가지 양상이 모두 고전 6장, 특히 6:12-20의 배후에 있으며, 그와 같은 행위에 적용되는 원칙은 신 22:21에서 나타난다고 주장한다.[127]

그리스어 명사 πλεονέκτης는 70인역(지혜서 14:9)에서 오직 한 번 나타나지만, 동사 πλεονεκτεῖν은 (출 22:27을 포함하여) 세 번 나타나며, πλεονεξία는 여덟 번 나타난다.[128] 하지만 로스너는 이 행위를 어떤 이스라엘 사람이 자기 동료인 이스라엘 사람을 개인의 이익을 위해 돈을 받고 팔아넘긴 것과 연결한다(신 24:7). 이러한 행위는 고전 6:1-8의 문맥에 적합하다는 것이다.[129] 또한 그는 ἅρπαξ의 배경을 신명기의 동일한 본문으로 돌린다. (우리가 5:10-11에 대한 주해에서 이미 언급했듯이) 그리스어 어근 πλεον-에 ἔχω가 덧붙여진 것은 항상 더 많은 것을 갖기를 바라는 것, 어떤 수단을 사용해서라도 재산을 더 늘리려고 집착하는 것을 가리킨다. 이 그리스어 단어는 히브리어 בָּצַע(바차, 동사 또는 베차, 명사)를 번역한 것이다. 한편 ἅρπαξ와 ἁρπαγεῖν은 히브리어 텍스트, 대체로 히브리어 단어 מָרַף(마라프)를 번역한 것으로 70인역에서 대략 마흔 번 나타난다. 또한 ἁρπαγή(히브리어 다섯 번, 70인역에서만 아홉 번)와 ἅρπαγμα(열일곱 번)로 번역되기도 한다. 이 그리스어 단어는 탐욕 또는 다른 사람에게서 빼앗다라는 뉘앙스를 전달한다.[130]

εἰδωλολάτρης, λοίδορος, μέθυσος의 구약성경의 배경에 대해 설명하는 것은 거의 필요하지 않다. 로스너는 각각의 배경으로서 특별히 신 13:5(그리고 17:7);

---

125) Hatch-Redpath, 2:1194-1195.
126) Rosner, *Paul, Scripture and Ethics*, 126-128.
127) 같은 책, 93.
128) Hatch-Redpath, 2:1142.
129) Rosner, *Paul, Scripture and Ethics*, 126-128.
130) Hatch-Redpath, 1:159-160.

19:19; 21:21을 언급한다. 우리는 다음 부제에서 특별히 6:9-10에서 논쟁을 불러일으키는 용어에 대한 번역과 구약성경의 배경을 다룰 것이다. 이 주제에 대한 자세하고 방대한 연구에 근거하여 로스너는 다음과 같이 결론짓는다. "우리가 낱낱이 명시한 증거는 성경이 고전 6:1-11의 필수불가결한 기초 자료였으며…바울은…자신이 성경에 기초한 사고 구조를 지녔다는 것, 예컨대 정체성은 반드시 행위에 정보를 제공해준다는 개념 같은 것을 보여주었다"라는 결론을 지지해준다(강조는 덧붙여진 것임).[131]

철학자들 가운데는 에픽테토스, 무소니우스, 세네카, 그리고 풍자 문인들 가운데는 호라티우스와 루키아노스의 저서에서 발견되는 용어상의 평행에 기초하여 고대 그리스-로마의 배경이 결정적이라고 주장하는 이들처럼, 만약 앞에서 다룬 논의가 단지 어휘에만 기초한 것이라면 우리는 동일한 의미론적·해석학적 겉핥기의 오류를 범할 것이다. 하지만 롬 1:26-31, 고전 6:9-11, 지혜서 13:1-19; 14:22-31과 신 27-30장, 호세아서 등 구약성경의 다른 많은 부분 간의 공통점은 우상숭배가 하나님의 백성의 거룩한 정체성을 훼손시킨다는 자명한 이치다. 나아가 그것은 도덕적인 타락으로 이어진다.[132] 포이어바흐와 니체가 잘 알고 있었듯이 일단 사람들이 자신들이 종교적으로나 권력적으로 좋아하는 대로 신을 재구성하면 그들은 자신들이 도덕적으로나 사회적으로 좋아하는 대로 윤리와 행위를 마음대로 재구성할 수 있다. 로마서, 고린도전후서, 지혜서, 잠언, 호세아, 신명기는 모두 이 유일한 기준 틀을 공유한다. 이 기준 틀은 지나침을 싫어하는 스토아학파나 감각에 대한 플라톤 철학의 평가절하 또는 자기 파괴와 위선의 원리에 대한 풍자적인 묘사와 전혀 다른 의미를 부여한다. 피츠마이어는 롬 1:18-32의 원리를 예리하게 논의하면서 다음과 같이 주해한다. "이방의 우상숭배는 '터무니없는 거짓말'이 되었다.…이방인들의 현실적인 상황은 그들의 우상숭배가 그들에게 초래한 도덕적인 타락에서 비롯된 것이다. 그들은…도덕적으로 음란한 것과…성적인 무

---

131) Rosner, *Paul, Scripture and Ethics*, 121. 그는 이 관점을 고전 7장까지 확대한다. 참조. 같은 책, 147-176.

132) Fitzmyer는 이 주제에 대해 자신의 주석서에서 사려 깊은 주해를 제공해준다. 참조. J. A. Fitzmyer, *Romans*, AB (New York, Doubleday, 1993), 270-277 (on Rom 1:18-32).

절제"(롬 1:24; 26a)와 동성애적인 행위(1:26b-27)를 갈망한다."[133]

분명히 일부 해석자들은 모호한 입장을 취하고 있으며, 심지어 이 기준 틀까지도 매우 다르게 해석한다. 퍼니쉬는 바울의 접근 방법이 기원후 1세기 그리스-로마 사회, "자연"에 대한 전제들, 성행위에서의 "적극성"과 "소극성" 개념과 불임(不姙)으로 이끄는 동성 관계의 영향에 대한 원시적인 미신에 의해 보다 더 결정적으로 채색되었다고 해석한다.[134] 퍼니쉬의 견해에 의하면 이 요소들은 보다 더 결정적인 해석의 틀을 제공해준다. 하지만 바울은 고전 5:1-13과 6:1-20에서 그리스도인들의 공동체적 정체성은 그리스-로마의 사회적·정치적·종교적 전통과 반대되는 어떤 독특한 기초와 생활 방식을 지니고 있다고 강조한다. 앞에서 우리가 이미 논의했듯이 만약 "거룩한 백성"에 관한 구약의 주제들과 더불어 교리문답과 관련된 이 독특한 틀이 특정 역할을 했다면 우리는 "고린도전서에서 발견되는 전승"에 대한 엘리스의 다음과 같은 결론을 지지할 수 있을 것이다. "신약의 이 목록들은 유대교나 심지어 더 거리가 먼 고대 그리스 철학 텍스트 안에 있는 비슷한 목록들보다 훨씬 더 유사하다.…신약성경 저자들은 신자들에게 주어진 도덕적 명령을 동일하게 이해한다."[135] 6:9-11의 교리문답적 배경은 자체적으로 문제점을 안고 있는 롬 1장보다 해당 부분을 상반된 윤리적 문제를 평가하는 데 있어 훨씬 더 중요하고 기본적인 본문으로 만든다.

논쟁의 대상이 되는 용어들의 번역과 고린도와의 구체적인 문맥적 관계

자스는 스크록스의 다음과 같은 가정을 분명하게 공격한다. "그러므로 어떤 목록 안에 있는 개별적인 세부 항목과 언급된 상황 사이에는 종종 아무런 관계도 존재하지 않는다. 게다가 그 항목들은 적어도 부분적으로 어떤 전통적인 악덕 목록들로부터 기억해냈을 가능성이 있다."[136] 우리가 (앞에서) 지적한 바와 같이 각각의 용어는 히

---

133) 같은 책, 271.

134) V. P. Furnish, "The Bible and Homosexuality: Reading the Texts in Context," in Siker (ed.), *Homosexuality in the Church: Both Sides of the Debate*, 26-28; 참조. 18-35.

135) E. E. Ellis, "Traditions in 1 Corinthians," *NTS* 32 (1986): 483; 참조. 481-502.

136) Scroggs, *The NT and Homosexuality* 102; Zaas, "Catalogues and Context 1 Cor 5 and 6," 624; 참조. 622-629.

브리어 텍스트로부터 온 것이다. 따라서 자스는 각각의 세부 항목은 고린도의 구체적인 이슈들과 관련이 있다고 주장한다. 5:1에서 바울은 그 이슈를 불법적인 성관계로 묘사한다. 5:9에서 그는 πόρνοι에 대해 말하고, 5:11에서는 πόρνος라는 단어를 사용한다.[137] 행동으로 표현되는 이러한 성향은 어떤 사람에게 정당하지 않은 것을 갈망하는 것이다. 또한 그것은 사회관계망을 활용하는 것을 통해 소액 청구권을 재판하는 지역 행정 법정에 소송을 제기하여 참으로 재산을 탈취하고자 속임수를 쓰는 계략으로 표현된다(앞에서 이미 다룬 법정과 후원에 대한 차우와 윈터의 글을 보라). 바울은 고린도 교인들에게 다음과 같은 사실을 끊임없이 상기시킬 필요성을 느낀다. 즉 그들은 아직 목표에 이르지 못했다(4:8-13). 또한 그들은 여전히 하나님 나라를 상속받아야 한다(6:9). 자스는 (스크룩스와 더불어) 확대된 목록을 가장 중요한 것으로 이해하는 대신 바울이 네 가지 목록으로 시작하여 그다음 여섯 가지 목록으로 확대하고, 마지막으로 6:9-11에서 확대된 결과들을 보여주는 것으로 이해한다. 그 결과들은 바울에게 다음과 같이 주장하도록 촉구한다. 즉 어떤 신자가 창녀와 신체적으로 결합하는 것은 하나님이 빚어내신 그리스도 안에 있는 존재라는 자신의 새로운 정체성을 파괴하는 것이다(6:13, 15-18).

　　이와 같은 구체적이며 개별적인 이슈들의 기초는 스토아학파나 유대교의 윤리가 아니라 성령의 성전인 그리스도인의 정체성이다(6:19). 예수 그리스도의 값비싼 희생을 통해 구속되었기 때문에 그리스도가 그리스도인 개개인에 대한 소유권을 소유하고 있다(6:20). "여러분은 여러분 자신에게 속하지 않습니다"(6:19b)라는 바울의 말은 스토아학파가 주장하는 인간의 자율성보다 훨씬 더 멀리 떨어져 있다. 비록 리처드슨이 자스처럼 이 "목록"을 해당 상황과 밀접하게 연관된 내용을 담고 있다고 보지만, 우리는 여기서 제기된 법적 소송의 내용이 단지 성관계 자체와 연관되어 있다는 리처드슨의 견해를 따를 필요는 없다.[138]

　　다음 두 가지 연구는 이른바 고린도의 상황에 대한 목록의 문맥적 기초에 관한 자스의 주장을 설득력 있게 뒷받침해준다. 첫째, 오로페자(1998년)는 다음과 같

---

137) 같은 책, 625, 626.
138) Richardson, "Judgment in Sexual Matters in 1 Cor 6:1-11," 37-58.

이 주장한다. 바울은 "자신이 신앙 공동체 안에서 파괴적인 영향을 미치는 것으로
인식하는 것을 확인시켜주기 위해 이 목록들을 기록했다.…고린도전후서에서 이
악덕들은 고린도의 상황과 매우 밀접하게 연결되어 있었다."[139] 또한 바울은 "고
린도 교회의 **어떤 이들은** 이 악덕들을 행하고 있었다(고전 3:3; 4:6, 18-19…5:1-5; 6:12
이하 11:16-34)"라고 주장한다.[140] 이 악행들은 자기중심적인 욕망, 성적인 악습, 우
상숭배에 대한 이슈들, 연약한 자들에게 손해를 입히는 것, 주의 만찬에서 술 취함
등을 포함한다. 사랑에 관한 장은 시기와 무례한 언사에 대해 말한다(13:4-5; 참조.
6:7). 이것은 "고전 10:5-10에서 가장 명백해지는데, 거기서 바울은 우상숭배, 음
행, 그리스도를 시험하는 것, 불평하는 것, 먹는 것과 마시는 것(10:20, 21)에 대해
경고한다."[141] 고린도 및 고전 10장 배후에 있는 구약성경에 대한 암시는 지도자
직분에 대한 논쟁 및 권력에 대한 욕망과 관련되어 있다. 미첼과 로스너의 연구를
언급하는 오로페자는 "고린도 교인들은 이 목록에 들어 있는 악덕을 대부분 범하
고 있었다.…따라서 그들은 옛날 이스라엘 선조들이 받았던 것과 동일한 성경 본
문을 전달받았다"라고 주장한다.[142]

둘째, 케네스 베일리는 이 주제에 대해 탁월한 설명을 제공한다. 우리는 그의
연구에 대해 나중에 더 자세하게 언급할 것이다. 그는 6:9-10에 들어 있는 이 열 가
지 "악덕" 중 다섯 가지는 성적인 이슈들—5:1-13; 6:12-13과 직접적으로 관련
됨—과 연결되어 있는 반면, 또 다른 다섯 가지는 탐욕, 탈취, 먹고 마시고 술 취하
는 것에 대한 이슈들—11:17-34에서 명백하게 다루어짐—과 관련되어 있다고 지
적한다.[143] 베일리의 통찰력 있는 연구가 밝힌 고린도의 이슈들에 대한 바울의 "목
록"의 특별한 의미는 결코 부인할 수 없다.

바울이 고전 6:9-10에 덧붙인 네 가지 독특한 용어 중 두 가지는 십계명으
로 거슬러 올라가며, 다른 두 가지는 신약성경에서 사실상 새롭게 사용된 용어다.

---

139) Oropeza, "Situational Immorality: Paul's 'Vice Lists' at Corinth," 9; 참조. 9-10.
140) 같은 책.
141) 같은 책, 9-10.
142) 같은 책, 10.
143) Kenneth Bailey, "Paul's Theological Foundations for Human Sexuality: 1 Cor 6:11-20 in
the Light of Rhetorical Criticism," 27-41.

도둑질과 간음에 대한 금지는 십계명에 οὐ μοιχεύσεις(출 20:13; 신 5:18, 70인역)와 οὐκλέψεις(출 20:14; 신 5:19, 70인역; 마소라 5:17)로 나타난다. 하지만 나머지 두 단어 는 논쟁의 대상이 되고 있다. 성적 문맥 밖에서 μαλακός는 부드러운 혀(γλῶσσα δὲ μαλακὴ συντρίβει ὀστᾶ, 잠 25:15, 70인역)나 부드러운 옷(마 11:8)의 경우처럼 "부드 러운"을 의미한다. 로마 제국 시대의 헬레니즘 문헌에서 이 단어가 남자에게 적용 될 때 그것은 여장(女裝)을 하는 남성을 의미할 수도 있다(Dio Chrysostom, 49 [66]; Diogenes Laertius, 7:173 및 파피루스 문헌).[144] 고전 6:9에서 ἀρσενοκοῖται와 μαλακοί 의 통합적인 관계는 이 단어가 의미하는 범위에 영향을 미친다. 하지만 이 절은 ἀρσενοκοίτης가 처음으로 복합적인 형용사의 형태로 나타난 사례일 것이다. 따라 서 이 단어는 사전 이전의 역사를 지니고 있지 않다. 우리가 앞으로 논의하겠지 만, 그럼에도 저자들은 사실상 이 단어의 복합적인 측면이 남자(ἄρσην,남성[명사], ἀρσενικός, 남성의[형용사]는 대체로 성적 문맥에서 사용됨)와 **같이 잠을 자는 것**(κοίτη), 또는 **성관계를 갖는 것**을 의미한다는 데 동의했다.[145]

이 두 용어는 사전학적인 측면에서 집중적으로 검토되었다. 스크로스는 μαλακός가 일반적으로 "남자답지 않은"을 의미하지만, 이 단어는 보다 더 구체적 인 의미에서 "의도적으로 여성의 스타일과 생활 방식을 모방하는 젊은 남성"을 가 리키는 데 사용되었다는 점을 인정한다.[146] 이것은 쾌락을 위해서든지 아니면 돈 을 받고서든지 정말로 너무나 쉽게 "동성애 행위를 수용하는" 상황으로 빠질 수 있다.[147] 고전 그리스어 시대로부터 필론에 이르기까지 고전 그리스어와 헬레니즘 문헌에서는 여자처럼 화장을 하고 머리를 꾸미는 남성에 대한 강한 혐오감이 표 현되어왔다. 이러한 사람에 대해 필론은 때때로 ἀνδρόγυνος(안드로귀노스, 남여성

---

144) BAGD, 488; Scroggs, *The New Testament and Homosexuality*, 62–65 and 105–107; Louw-Nida, 2:156, 1:79–100, and 88–281; Fee, *First Epistle*, 243, n. 22. BAGD, Scroggs와 Fee는 모두 영인본으로 축소해서 재생한 *Hibeh Papyri*, no. 54를 언급한다. 참조. A. Deissmann, *Light from the Ancient East* (London: Hodder & Stoughton, 1927), 164.

145) BAGD, 109–110; LSJ, 223–224. 또한 나중에 다루어지는 논의와 자료들을 보라. 또한 참조. Hatch-Redpath, 160–161.

146) Scroggs, *The New Testament and Homosexuality*, 106.

147) 같은 책.

[male-female]이라는 용어를 사용한다(예. Philo, *De Specialibus Legibus* 3.37). 이 용어가 영역본에서 놀랄 만큼 다양한 의미로 번역되는 배후에는 바로 이러한 이슈들이 자리잡고 있다.[148]

일반적으로 고전 6:9-10에서 μαλακοί가 "남성 동성애 관계에서 수동적인 파트너"(바레트)를 가리킨다는 데 폭넓은 의견의 일치(만장일치는 아니라 하더라도)가 이루어졌다. 한편 스크록스는 이 단어가 대체로 돈을 받고 성인 남성에게 매춘을 제공하는 **콜 보이**를 가리킨다고 주장하는 반면, 다른 이들은 이 용어를 남창과 관련된 **소년과의 성행위**(pederasty) 문맥에 국한시키는 증거가 결정적이지 않거나 설득력이 없다고 간주한다.[149] 스크록스는 자신의 견해를 고대 그리스-로마 사회에서 (자발적이든 돈을 받은) 소년과의 동성애 관습의 배경과 헬레니즘적 유대교(특히 필론)의 경멸적인 반응에 이 문화가 미친 영향에 의존하고 있다.[150] 기원후 1세기 그리스-로마 사상과 바울의 사상에서 몸의 역할에 대한 데일 마틴의 세밀한 연구는 남성과 여성이 각각 자신의 성(性)에 대해 적절한 방법으로 표현하지 않는 삶의 방식에 새로운 관점을 제공해준다. 곧 "남성이든 여성이든 각 사람의 몸은 남성-

---

148) 예를 들면, *male sodomites* (NRSV); *male prostitutes, homosexual offenders* (NIV); *catamites, sodomites* (JB, Moffatt, Barrett); *sexual perverts* (REB); μαλακοί를 *effeminate* (AV/KJV); *pederasts* (Scroggs); *Knabenschändler* (Luther) 등으로 번역함.

149) Barrett, *First Corinthians*, 140. 참조. Scroggs, *The New Testament and Homosexuality*, 106. 참조. 29-65, 85-122. Witherington은 다음과 같이 두 가지 논점을 모두 인정한다. "그 두 가지 용어는 소년과 동성애를 하는 만남에서 각각 파트너를 인도하고 따르는 것을 가리킨다."(Witherington, *Conflict and Community*, 166). Barrett의 해석을 지지하거나 또는 동의하는 것에 대해서는 아래에서 다음과 같은 이들의 언급들을 보라. K. Bailey, R. B. Hays, D. F. Wright, P. Zaas와 다른 이들. Furnish는 다음과 같이 주장한다. "어떻게 바울이 두 가지 용어들을 정확하게 사용하는지에 대해서는 여전히 논쟁이 빚어지고 있다.…과연 그는 모든 종류의 동성애 관계에 대해서 생각하고 있는가? 또는 단지 소년과의 동성애에 대해서만 생각하고 있는가? 아니면 단지 남창에 대해서만 말하는가? 이와 같은 이유로 또한 단지 우리가 어떤 목록만을 다루고 있기 때문에, 고전 6:9은 동성애 관습에 대한 바울의 자세를 확인하는 데 **별로 도움을 주지 못한다**"(강조는 덧붙여진 것임, (V. P. Furnish, "Homosexual Practices in Biblical Perspective," in J. J. Carey [ed.], *The Sexuality Debate in North American Churches 1988-1995*, Symposium 36 [Lewiston and Lampeter: Mellen, 1995], 267; 참조. 253-286).

150) Scroggs, *The NT and Homosexuality*, 29-65 and 85-122. 참조. Philo, *De Specialibus Legibus* 3.36-37. 또한 위에서 항목 (i)에서 제시되는 논의를 참조하라.

여성의 스펙트럼 안에서 어떤 입장을 취한다."[151]

　　이 두 용어의 상호 관계에 대해 숙고하기 전까지 우리는 사변적인 기초 위에 머물러 있을 수밖에 없다. 여기서 논쟁은 주로 다음과 같은 질문으로 향한다. 과연 이 두 용어를 함께 사용한 것은 소년과의 동성애(스크록스) 또는 매음(보스웰)에 대한 구체적인 언급 없이 남창(보스웰; 참조. 스크록스)이나 보다 더 "수동적인" 파트너와 보다 더 "능동적인" 파트너 간의 성관계를 의미하는가?[152] 각주에서 언급한 첫 열네 명의 저자들은 성도착자도 동성애자도 아니라는 번역(콜린스)이나 소년과의 동성애자와 남색자라는 번역(바레트)을 광범위하게 지지한다.[153] 한 가지

151) Dale Martin, *The Corinthian Body*, 33; 참조. 29-34. "남성-여성의 연속체(continuum)는 언제나 권위주의적이었다.…아리스토텔레스의 이론에 의하면 여성은 불완전한 남성이다"(32). 비록 몸에 관한 바울과 고린도의 관점에 대한 Martin의 견해가 건설적이기는 하지만, 우리는 그리스 세계의 심리학과 바울의 심리학을 동일시하는 그의 입장을 받아들이기가 어렵다. 그의 입장과 반대되는 분석에 대해서는 다음 연구들을 보라. Bailey, "Paul's Theological Foundation for Human Sexuality: 1 Cor 6:9-20 in the Light of Rhetorical Criticism," 27-41; and D. S. Bailey, *Homosexuality and the Western Christian Tradition* (New York and London: Longmans, 1955), and *The Man-Woman Relation in Christian Thought* (New York and London: Longmans, 1959).

152) Boswell, *Christianity, Social Tolerance and Homosexuality*, esp. 107 and 341-344. 또한 언어 및 역사적인 차이점에 근거해서 Petersen도 다음 논문에서 "동성애적"(homosexual)이라는 의미를 거부한다. "Can ἀρσενοκοῖται Be Translated by 'Homosexuals'? (1 Cor. 6:9; 1 Tim 1:10)," 187-191.

153) Wright, "Homosexuals or Prostitutes? The Meaning of ἀρσενοκοῖται (1 Cor 6:9; 1 Tim 1:10)," 125-153; J. B. de Young, "The Source and NT Meaning of ἀρσενοκοῖται with Implication for Christian Ethics and Ministry," *Master's Seminary Journal* 3 (1992): 191-215; Malick, "The Condemnation of Homosexuality in 1 Cor 6:9," 479-492; Zaas, "Catalogues and Context: 1 Cor 5 and 6," 622-629; Zaas, "Was Homosexuality Condoned in the Corinthian Church?" in P Achtemeier (ed.), *SBL Seminar Papers 1979* (Missoula: Scholars Press, 1979), 2:205-212; R. B. Hays, "The Bible and Homosexuality," J. S. Siker (ed.), *Homosexuality*, 3-17, 6-7; 참조. 보다 광범위하게 Hays, "Relations Natural and Unnatural: A Response to John Boswell's Exegesis of Rom 1," *JRE* 4 (1986): 184-215; Bruce, *1 and 2 Cor*, 61; Senft, *La Première Épitre*, 80; Moffatt, *First Epistle*, 66; Kistemaker, *1 Cor*, 188; Fitzmyer, *Romans* 287-288 (on 1 Cor 6:9). Bailey, "Paul's Theological Foundation," 27-41; Barrett, *First Epistle*, 140; Collins, *First Cor*, 236; Wolff, *Der erste Brief*, 119. Schrage는 아마도 바울의 강조점이 주요 공격 대상으로 삼는 것은 남창과 소년과의 동성애 관계이겠지만, 두 용어들의 의미 범위를 남성 간의 이 두 가지 유형의 성관계에만 국한시키는 것은 분명히 증거를 벗어난다고 주장하면서 이 견해를 다소 유연하게 한다. 곧 그는 그것이 "남창(男娼) 행위일 뿐만 아니라" 또한 루터가 *Knabenschänder*로

점에 관해서는 양편 모두 상대편의 말을 "무시하는" 경향이 있다. 말하자면 이 스펙트럼 양극에 있는 스크록스와 라이트는 모두 레 18:22(그리고 레 20:13)에서처럼 ἀρσενοκοῖται가 남자들(ἀρσεν)이 침대에 눕는 것(-κοῖται), 곧 "한 남성이 다른 남성과 눕는 것"을 의미한다는 데 동의한다.[154] 하지만 스크록스는 "히브리어가 충실하게 번역되었"음을 인정하면서도 문법적인 관점에서 복수 형태가 구체적인 젠더만을 가리키는 것이 아니라 남자들과 성관계를 맺는 창녀들을 가리킬 가능성도 제기한다. 하지만 그는 모호한 요소를 부각시킬 뿐, 이 점을 진지하게 밀고 나가지는 않는다.[155] 그는 "합성된 그리스어(ἀρσεν + κοῖται)의 두 부분이 레위기 율법의 70인역에서 나타나며" 율법에 대한 랍비들의 논쟁에서 "남자와 눕는 것"(미쉬카브 자쿠르)은 "남성 간의 동성애를 묘사하는 데 가장 많이 사용되는 표현이다"라고 말한다.[156]

사실상 이 이슈는 과연 레 18:22(그리고 20:13)과 고전 6:9-10 사이에 어떤 연관성이 있는지가 아니라 과연 바울이 구약성경의 기원을 고대 그리스-로마 사회의 관점에서 전적으로 헬레니즘과 유대교적 재상황화의 렌즈를 통해 이해하는지, 아니면 구약성경을 신앙 공동체 정체성을 지닌 하나님의 거룩한 백성의 관습적인 생활 방식과 윤리를 위한 기독교의 성경으로 해석하는지에 초점이 맞추어져 있다. 오늘날의 어휘의 관점에서 볼 때 과연 바울은 자신이 해석과 어휘들의 통용에 대한 서로 다른 전통을 잘 알고 있다는 의미에서 구약성경을 비판적으로 사용하는가? 만약 그렇다면 이것은 레 20:13과 고전 6:9이 남성과 남성 사이의 성관계에 대한 한 가지 형태 이상을 포함하고 있다는 드 영의 주장과, 레 18:22; 20:13; 고전 6:9의 언어는

번역하는 것은 너무 의미가 좁다고 지적한다(*Der erste Brief*, 1:431-432). 또한 Schrage는 고대 그리스-로마의 전통들과 필론의 견해에 대해 고찰하지만, Hays, Rosner, Zaas 및 다른 저자들과 마찬가지로 바울에게 가장 결정적인 것은 구약성경 텍스트라고 인식한다. 이 저자들이 제기한 논점들에 비추어볼 때, 여기서 살펴본 해석을 지지하는 "진정한 증거는 전혀 없다"는 Michael Vasey의 주장은 너무 멀리 나아가는 것이다. 참조. Vasey, *Strangers and Friends: A New Exploration of Homosexuality and the Bible*, 135.

154) Scroggs, *The New Testament and Homosexuality*, 85-88 and 106-108; and Wright, "Homosexuals or Prostitutes?" 125-153.

155) Scroggs, *The New Testament and Homosexuality*, 107, n. 10.

156) 같은 책, 107-108.

바울이 구약성경을 그리스도인의 성경으로서 심각성을 갖고 읽는다는 것을 증거한다는 라이트의 견해—그는 이 구절들을 각각 **남자들이 잠자리를 같이 하는 것으로** 이해함—를 지지해줄 것이다. 심지어 만약 70인역의 번역이 스크록스와 보스웰이 제안한 방법 대로 히브리어의 표현에 "독특한 해석"을 부여한다 하더라도(우리는 그들의 해석의 타당성을 의심한다), 우리는 바울이 필론의 방법을 따라 헬레니즘적 유대교 문헌의 맥락에서 구약의 전통을 재상황화한다는 것을 받아들일 수 없다. 바울은 "윤리"의 기초로서 "자연"에 대한 스토아학파의 관점을 지지하기 위해 하나님의 언약 백성으로서 거룩함과 공동체적 정체성을 강조하는 것을 포기하지 않는다. 롬 1:18-32에 대해 피츠마이어가 주해한 바와 같이 설령 스토아학파나 헬레니즘적 유대교의 개념들이 "자연"에 대한 바울의 관점에 "채색"을 했다 하더라도(심지어 고전 11장에서 이 단어의 의미가 "관습"의 개념에 보다 더 가깝다 할지라도) 바울은 이 개념을 다른 방법, 곧 창조주가 의도한 질서, 하나님의 창조에 명백하게 나타난 질서로서 사용한다.[157]

케네스 베일리도 해당 이슈들을 조명하려고 시도한다. 그는 바울의 사상에서 성(性)에 대한 보다 더 광범위한 신학적 기초와 관련하여 6:9-20의 구조를 세밀하게 분석한다. 그는 9:9-20은 모두 다섯 개의 연(聯)으로 구성된 세밀한 문학적 구조를 지니고 있다고 주장한다. 그 가운데 (a) 성과 관련된 다섯 가지 악행은 특히 5장과 6:12-20과 관련되어 있는 반면, (b) 나머지 다섯 가지는 먹고 마시는 이슈와 관련되어 있다고 한다(참조. 11:17-34, "어떤 사람은 시장하고 어떤 사람은 취함이라"[21절]).[158] "성적인" 죄나 "탐욕, 탈취"의 죄도 다른 것보다 먼저 비난을 받는 것은 아니다. 이 두 범주는 모두 몸과 관련이 있다. 그럼에도 이 두 범주 안에 있는 각 하부 범주는 여전히 심각한 것이다. 그러므로 베일리는 성적인 악행 가운데 우상숭배와 연결되어 있는 악행이 원칙적으로 신학적·사회적·윤리적 측면에서 자유방임(laissez-faire)의 문을 연다고 주장한다. 행위로 표현된 나머지 네 가지 성향 가운데 두 가지는 이성 간의 성행위와 관련되어 있고, 다른 두 가지는 동성 간의 성

---

157) Fitzmyer, *Romans*, 286-287.
158) Bailey, "Paul's Theological Foundation," 27 and 29.

행위와 관련이 있다는 것이다. 이성 간의 성행위에서 간음은 기혼자와 관련된 반면, 불법적 관계는 미혼자에게 적용할 수 있다. 동성애의 문맥에서 하나는 보다 더 "능동적인" 또는 "이끄는" 역할과 관련이 있고, 다른 하나는 그 정반대다.[159]

우리는 베일리의 주장이 타당한지 확신할 수 없지만, 그의 주장은 탁월하며 숙고할 만하다. 우리는 고대 그리스-로마 사상의 배경에 동화되었다는 점을 크게 강조하는 스크록스와 퍼니쉬의 주장보다 자스와 베일리의 주장이 더 설득력이 있다고 본다. 하지만 우리는 사전적·문맥적·역사적 내용에 지나치게 주목한 나머지 배시가 환기시켜주는 다음과 같은 내용을 간과해서는 안 된다. 즉 로마 제국의 유대인들과 그리스도인들은 "우상숭배, 노예제도, 사회적 권세와 깊숙이 연결되어 있는 동성애 형태"를 발견했다. "그것은 종종 강한 자들이 자신들 마음 대로 약한 자들의 몸을 주장하는 것이었다."[160] 의심할 여지없이 이러한 관행은 바울의 인식에도 반영되었을 것이며, 부, 지위, 조작, 권세에 대한 고린도인들의 자세와도 일치한다.

해석을 위한 몇 가지 간략한 출발점

(a) 습관적으로 행해지는 행위 가운데 공공 영역에서 방치되어 있는 열 가지 악한 성향에 대한 목록에서 단 두 가지만 동성애와 관련이 있는데, 이 두 가지는 다른 여덟 가지보다 더 큰 주목을 받지 않는다. 이 열 가지 가운데 절반은 더 많은 것을 소유하고자 하는 태도와 관련되어 있다. 즉 다른 사람을 희생시켜서라도 재산을 늘리고 권력을 붙잡는 데 집착하는 것이다. 이러한 공통점은 모든 "악덕"과 깊이 연관되어 있을 것이며, 여기서 언급되는 집요한 행위들은 교회의 구성원, 목회자 위임, 또는 그와 관련된 질문에 대한 이슈를 논의할 때와 대등하게 취급되어야 할 것이다. 그리고 동성애 관계에서뿐만 아니라 이성 간의 성적 욕망과 점점 더 늘어나는 권력과 재물 소유에 대한 갈망에 대해서도 제약이 있어야 할 것이다.

(b) 종종 "심리적·성적 성향(psychosexual orientation)의 '동성애' 이슈는 단순

---

159) 같은 책, 29.
160) Vasey, *Strangers and Friends*, 132.

히 성경적 이슈가 아니었다"라는 주장이 제기되지만, 이러한 주장은 이 이슈를 올바로 인식하지 못하는 것이다.[161] 바울은 이성 간의 성욕이든 물질주의적 욕망이든 모든 형태의 "욕망"에 대해 다루며, 욕정을 품는 것과 실제적인 행동을 서로 구별한다(예. 7:9). 사실상 "동성애적 성향"은 특별한 논평을 필요로 하는 현상으로 간주되지 않지만, 평행을 이루는 이슈(예를 들면 이성 간의 성적 욕망과 이성 간의 습관적인 불법적 성관계 등)를 다루지 않고 일축하는 것은 동성애 관계를 다른 윤리적인 이슈들과 분리하는 것이다. 퍼니쉬, 스크록스, 보스웰, 넬슨 같은 학자들은 이 점을 올바르게 지적하며 불만을 표현한다. 또한 많은 이들은 바울이 목격한 남성 간의 애정 행위의 기본적인 형태는 소년과의 동성애 행위였다고 주장한다. 하지만 볼프는 이것이 사실과 동떨어져 있음을 보여준다. 바울은 자기 주변에서 권력이나 돈을 남용하는 관계뿐만 아니라 남성 간의 "진정한 사랑"에 대한 사례들도 목격했다는 것이다. 우리는 "세상에 대한" 바울의 지식을 결코 오해해서는 안 된다.[162]

(c) 기원후 1세기와 20세기 사이의 시간적 간격에 근거하여 많은 이들은 다음과 같은 질문을 제기한다. "과연 성경 저자가 말한 상황이 우리 자신의 상황과 진정으로 비교될 수 있는 것인가?"[163] 하지만 학자들이 고대 그리스-로마 사회와 그 사회의 다원주의적인 윤리적 전통을 보다 더 자세하게 연구하면 할수록 그 당시 고린도의 상황은 오늘날 우리 자신의 상황과 보다 더 많은 것을 공유하는 것 같다. 어떤 저자들은 바울이 단순히 헬레니즘적 유대교로부터 관습을 받아들였다고 믿는 반면, 다른 이들은 바울이 다른 사람들과 구별되는 백성을 위한 독특한 윤리의 원천으로서 구약성경으로 되돌아갔다고 이해한다. 과연 레위기와 신명기의 율법 규정에 부당하게 관심을 기울이는 것이 복음에 반하는 율법에 집착하는 "유대교화"를 의미하는가라는 질문으로부터 보다 더 중요한 문제점이 제기된다. 레

---

161) J. B. Nelson, "Sources for Body Theology," in Siker (ed.), *Homosexuality*, 80.

162) Strobel, *Der erste Brief*, 109. 그는 바울의 인식 수준을 과소평가하는 것 같다. 반면에 Wolff 는 범세계적이며 다원주의적인 문화권 안에서의 바울의 상황은 그가 단순히 "현대적인" 구별에서 간파되는 미묘한 차이가 아닌 것을 인식하도록 이끌었다고 신중히 주장한다(Wolff, "Exkurs: Zur paulinischen Bewertung der Homosexualität," *Der erste Brief*, 119-120). 예를 들면 그는 (바울과 거의 동시대 인물로서) Plutarch, *Moralia* 751A를 언급한다.

163) Nelson, "Sources for Body Theolgy," 78.

18:22; 19:19, 27, 28; 20:13; 21:5은 가축을 서로 다른 종류와 교미시키는 것, 동일한 밭에 두 종류의 씨를 뿌리는 것, 서로 다른 두 가지 재료로 만든 옷을 입는 것 등에 대한 금지 규정을 포함하고 있다. 사실상 오늘날 모든 사람은 그러한 옷을 입는다. 하지만 이 구절 중에서 어떤 것은 피상적인 이슈들과 관련이 있다. 수염을 자르거나 머리를 미는 것에 대한 금지 규정(레 19:26-28)은 예를 들어 시신의 주위에서 떠돌며 그러한 신앙의 배경에서 활동한다고 믿었던 사악한 영들에 의해 인식되는 것을 피하려는 의도에서 비롯된 관습이었을 것이다. 과연 성(性)의 역할을 구분하는 원리들이 단지 고대 세계관에 속하는 것인지, 아니면 하나님이 그의 거룩한 언약 백성을 위해 의도하신 것의 일부인지는 반드시 사려 깊은 해석과 신학적 숙고에 의해 판단되어야 한다(11:2-16에 대한 주해를 보라). 고전 6:9 및 롬 1:26-29과 그 본문에 대한 구약의 배경 간의 연관성을 통해 알 수 있는 것은 바울이 우상숭배(인간의 자율성을 하나님에 대한 헌신보다 더 중요하게 여기는 것)가 일종의 도미노 효과를 통해 도덕적 가치 체계의 붕괴를 가져온다는 견해를 옹호했다는 점이다. 케네스 베일리와 데일 마틴 같은 저자들의 입장은 사실상 큰 차이가 있지만, 그들은 고린도전서가 인간의 몸과 그 몸의 관행이 그리스도와 연합되어 있는 이들에게 대단히 중요한 위치를 차지한다는 점을 강력하게 시인한다.[164]

(d) 다른 곳에서 나는 "관심"의 해석학과 의혹의 해석학 그리고 "의미의 잉여" 해석학이 모든 논쟁 참여자를 위해 어떤 역할을 한다고 주장했다.[165]

11절 'Ιησοῦ Χριστοῦ와 관련해서는 세 가지 독법이 있다. (i) 가장 짧은(종종 가장 개연성이 높은) 독법은 'Ιησοῦ(A, D의 후대 필사본, 88, 하르켈의 시리아어판)인 반면, 가장 긴 독법은 ἡμῶν 'Ιησοῦ Χριστοῦ(B, apparent reading of C, 33, Latin of Origen, Athanasius)다. UBS 4판은 'Ιησοῦ Χριστοῦ라는 독법을 원문으로 채택하지만(apparent p[11], ℵ, first hand of D, 이레나이우스, 테르툴리아누스, 키프리아누스의 저서에서 나타

---

164) Bailey, "Paul's Theological Foundation," 31-40; and Martin, *The Corinthian Body*, esp. 163-228.

165) Thiselton, "Can Hermeneutics Ease the Deadlock?" in T. Bradshaw (ed.), *The Way Forward?* (London: Hodder & Stoughton, 1997), 145-196, esp. 149-161.

나는 대다수 독법), 이 독법이 "C"등급임을 시인한다. 즉 "평가하기 어렵다"는 것이다. 비록 브루스 메츠거는 개인적으로 가장 짧은 독법에 마음이 끌리지만, 사본상의 증거에 의하면 UBS 4판이 채택한 독법이 가장 안전한 것으로 평가된다.[166]

11절의 첫 문장에서 가장 중요한 부분은 지속성을 의미하는 직설법 미완료 과거 ἦτε에 대한 해석이다. REB, AV/KJV의 번역 — 여러분 가운데 어떤 이들은 그와 같았습니다. NJB는 JB의 were를 바꿈 — 과 대조되는 NRSV, NJB의 번역 — 여러분의 습관은 바로 이러했습니다 — 은 매우 정확하다. 비록 엄밀히 말하면 were가 틀린 번역은 아니지만, 미완료 과거 안에는 지속적인 습관에 대한 바울의 언급이 내포되어 있다(앞에서 9-10절에 대한 주해 참조). 중성 복수 인칭 대명사 ταῦτα는 한편으로는 바울의 충격을 강조하고, 다른 한편으로는 특성 목록 대(對) 행위 목록에 대한 불필요한 논쟁을 약화시킨다. ταῦτα의 영어 번역 this — 여러분은 그와 같은 부류의 사람들이었습니다 — 는 예를 들어 그리스도를 믿게 된 경건한 유대인들이나 도덕적으로 올바른 이방인들로 대상을 한정하는 것을 피할 수 있게 해준다.

비록 NRSV와 NIV는 직설법 부정과거 중간태 ἀπελούσασθε를 "여러분은 씻김을 받았습니다"라고 번역하지만, NJB가 "여러분은 깨끗하게 씻겼고"라고 번역할 만한 이유는 충분하다. 첫 번째 이유는 접두 전치사 ἀπο가 지니고 있는 의미에서 찾을 수 있다. 이 전치사는 λούω, "씻어내다"(wash away)의 의미를 강화시켜준다. 또한 여기서 부정과거 중간태가 사용된 것은 "여러분은 여러분에게서 여러분의 죄를 깨끗이 씻었습니다"라는 뉘앙스를 전달한다. 물론 엄밀하게 문법의 관점에서만 보면 이 동사가 "직접적인" 중간태 — 곧 "여러분은 여러분 자신을 씻었습니다" — 로 사용될 수도 있겠지만, 여기서 이 중간태는 위에서 지적한 바 대로 개인적인 관심사를 나타내는 중간태로 기능할 가능성이 훨씬 더 높다.[167] 이 부정과거는 믿음에 이르게 된 사건에 초점이 맞추어져 있다. 전통적으로 이러한 부정과거는 "세례

---

166) Metzger, *Textual Commentary* (2d ed.), 486.
167) Schrage, *Der erste Brief,* 1:433.

와 관련된" 부정과거로 불렸다. 특히 "자신의 죄를 깨끗이 씻다"라는 개념은 (아마도) 사건의 정확한 시점을 가리키는 부정과거와 연결되어 세례의 문맥에 적합하기 때문이다. 하지만 던(Dunn)은 시간적으로 일치하든 그렇지 않든 우리는 표적인 세례라는 영적인 사건을 묘사하는 방법으로서 "세례와 관련된"이란 표현을 가장 광범위한 의미로 해석해야 한다고 올바르게 주장한다. 그는 6:11에 대해 다음과 같이 말한다. "하지만 사실상 바울은 세례에 대해 전혀 언급하고 않다. 오히려 그는 회심에 기초한 위대한 영적인 변화에 대해 말하고 있는 것이다."[168] 던은 "세례는 그리스도인이 되는 복합적인 사건 전체 가운데 오직 한 가지 요소"라고 주장하면서 그 주제를 보다 더 광범위하게 이해한다. 따라서 너무 성급하게 "세례와 관련된 문맥"이라고 말하는 것은 잘못된 것이다. 때때로 바울은 성령이나 믿음을 언급하지 않고 세례에 대해 말한다(예. 롬 6:4). 종종 그는 성령이나 세례를 언급하지 않고 믿음에 대해 말한다(예. 고전 15:1-2). 다른 본문에서 그는 믿음이나 세례를 언급하지 않고 성령에 대해 말한다(예. 고후 1:21-22). 따라서 던은 "회심-입교의 문맥"에 대해 말하는 것이 더 좋다고 결론짓는다.[169] 던은 예를 들어 구지의 주석에서 발견되는 무비판적 해석 전통에 사실상 종지부를 찍는다("그러나 여러분은 세례를 통해 씻음을 받았습니다").[170]

하지만 세례의 문맥에 대한 암시는 던이 타당하게 제시한 제약 조건 안에서 해석된다면 다르면서도 보완적인 점을 안전하게 제시해준다. 여기서 깨끗하게 씻음을 받은 것은 단지 신자가 날마다 간구하는 갱생(renewal), 곧 죄의 용서가 아니다. 오히려 그것은 단 한 번으로 영원히 더러운 마음이 완전히 말끔하게 씻음을 받는 것을 가리킨다. 그것은 (이 절의 경우처럼) 하나님

---

168) J. D. G. Dunn, *Baptism in the Holy Spirit: A Re-examination of the NT Teaching on the Gift of the Spirit in Relation to Pentecostalism Today*, SBT 2 (London: SCM, 1970), 121; 참조. 120-123 on this passage, and 116-131 on this epistle.

169) 같은 책, 104.

170) Goudge, *First Epistle*, 45; 참조. Dunn, *Baptism in the Holy Spirit*, 104. 만약 그 용어가 "결과를 빚어내는" 의미를 지니고 있다고 이해된다면, Schrage는 기꺼이 세례를 배경으로 언급하고자 한다(Schrage, *Der erste Brief*, 433).

의 은혜로 의롭게 되는 것과 연결되어 있다. 따라서 그것은 날마다 새롭게 죄 용서를 받는 것과 구별된다. 바울은 ἄφεσις, 용서, 죄 사함이라는 단어를 사용하지 않고, 그리스도의 단 한 번의 구원 행위의 완전한 충족성에 상응하는 단 한 번으로 영원한 효력을 나타내는 사건을 언급한다. 영국 성공회 기도서의 부활절 찬송은 새로운 유월절 축제(고전 5:7)를 결코 반복될 수 없는 그리스도의 죽음과 부활의 특성—"그가 죽으심은 죄에 대하여 단번에 죽으심이요"(ἐφάπαξ, 롬 6:10)—과 연결한다.[171] 부활절 찬송의 "새로움"은 바울의 다음과 같은 주제를 전달한다. 즉 "여러분은 과거의 생활 습관을 단번에 영원히 버렸습니다. 이제 예수의 부활에 기초한 부활의 새로운 존재를 찬양하십시오." 바로 이것이 11절에서 바울이 강조한 점이다.

그렇다면 신자의 현재의 삶에서 과거는 모든 영향력과 실체를 잃어버렸는가? 이제 바울은 ἡγιάσθητε와 ἐδικαιώθητε를 사용하여 단번에 영원히 성취된 사건들을 가리킨다. 즉 그리스도 안에서 이 편지의 수신자들은 거룩하게 구별되었고, 하나님과 올바른 관계를 맺게 되었다. 어미 -άζω와 όω가 지니고 있는 의미에도 불구하고 "거룩하게 만들었다"와 "의롭게 만들었다"라는 번역은 오해를 불러일으킬 것이다. 왜냐하면 바울은 신자들에게 여전히 죄, 도덕적 실패, 옛 습관의 잔재 및 태도가 지속적으로 남아 있다는 것을 부인하지 않기 때문이다(예. ἔτι γὰρ σαρκικοί ἐστε. ὅπου γὰρ ἐν ὑμῖν ζῆλος καὶ ἔρις, 3:3). 화이틀리의 다음과 같은 유비는 이 점을 적절하게 설명해준다. "어떤 사람이 방금 몹시 추운 바깥에서 따뜻한 방 안으로 들어오면 그는 그의 손을 얼게 한 추운 기운과 그의 손을 녹이는 따뜻한 기운을 동시에 받는다." 이와 같이 그리스도인에게도 "두 가지 힘"이 여전히 영향을 미치고 있다.[172] 하지만 그 유비에서의 열기처럼 새로운 힘은 **반드시** 냉기를 밀어내고 **사라지게 할** 만큼 결정적이다. 뿐만 아니라 화이틀리가 이 절에서 간파하듯이 신자들은 이 "세례와 관련된"(던, "회심-입교") 사건을 통해 그리

171) Schrage, *Der erste Brief*, 1:433-434.
172) Whitely, *The Theology of St. Paul*, 126-127.

스도와 연합하여 한 몸을 이룬다. 비록 성금요일과 부활절은 "어떤 사람이 세례받을 때 결코 **반복되지** 않지만…그 사건들은 그의 세례 안에 **반영되어 있다**"(강조는 원저자의 것임).[173] "거룩하게 구별되었고, 올바른 관계를 맺게 되었다"의 원천은 바로 그리스도의 정체성에 동참하는 것(ἐν τῷ ὀνόματι τοῦ κυρίου)이며, 하나(ἕν, 17절)로서 주 예수에게 "꼭 붙어 있는"(κολλώμενος, 6:17) 것이다. "우리 하나님의 영에 의해 **한 몸과 한 영을 이룬**"(6:17-19)이라는 번역은 여기서 전치사 ἐν을 도구 또는 동인의 의미로 해석하는 것이다.

ἁγιάζω와 ἡγιασμένοις에 대해서는 1:2에 제시된 자세한 주해를 보라. 우리는 4:4에서 δικαιόω에 대해 다루었다. 하지만 여기서 이 단어는 믿음으로 **하나님의 은혜로 의롭게 된다**는 온전한 신학적인 의미를 지니고 있다. 이 단어는 이 편지의 다른 곳에서 다시 나타나지 않는다. 따라서 많은 이들은 이 주제가 실질적으로 단지 갈라디아서와 그 이야기를 추가적으로 전개해 나가는 로마서의 논쟁적 문맥에서만 나타난다고 주장해왔다. 이 논쟁에서 바울은 "유대교의 가르침을 닮아가는" 경향을 다룬다는 것이다. 하지만 우리는 1:30에서 그리스도가 ἡμῖν ἀπὸ θεοῦ, δικαιοσύνη τε καὶ ἁγιασμός라고 묘사되었다는 것에 대해 언급했다. 또한 나는 다른 논문에서 "은사"라는 부활의 특성이 고린도전서에서는 부활과 변화를 경험한 단일 공동체의 그리스도와의 연합에 기초한다는 점과 더불어 로마서와 갈라디아서에서 하나님의 은혜로 의롭게 된다는 가르침의 역할을 수행한다는 점을 자세하게 논증했다.[174]

부정과거 수동태 ἐδικαιώθητε는 의심할 여지없이 하나님의 은혜로 의롭게 된다는 온전한 의미를 지니고 있다. "여러분은 하나님과 올바른 관계를 맺게 되었습니다, 여러분은 올바른 신분을 갖게 되었습니다." 은혜로 의

---

173) 같은 책, 168-169.

174) A. C. Thiselton, "Luther and Barth on 1 Cor. 15: Six Theses for Theology in Relation to Recent Interpretation," in W. P. Stephen (ed.), *The Bible, the Reformation and the Church* (1995), 258-289.

롭게 된다는 신학은 고린도에서 결코 법정에서의 면죄 선언이나 이른바 법적 허구에 호소하는 협소한 이미지에 기초하지 않았다. 오히려 그 신학은 신분과 자기 가치에 대한 고린도인들의 관심과 관련된 은사의 특성(그들은 은혜로 말미암아 **받아들여졌고** 특별한 신분이 주어졌다)과 바울이 앞에서 복음 사역에 적용했던 이중적 기준 틀―(성장에 대한 하나님의 목적에 필수적인) 높은 신분과 낮은 신분(하나님의 종들, 3:5-6: τί οὖν ἐστιν Ἀπολλῶς; τί δέ ἐστιν Παῦλος; διάκονοι … ὁ θεὸς ηὔξανεν)―을 모두 결합한다. 이와 유사하게 고린도의 신자들도 진정으로 "언제나 의인인 동시에 언제나 죄인"(*semper iustus, semper peccator*)인 것이다.[175] 과연 이러한 접근 방법은 고린도전서의 이러한 한정된 본문을 통해 유지될 수 있을까?

6:11과 이 편지에 나타난 하나님의 은혜로 의롭게 됨

히브리어 단어 צדק(차다크, 동사; 차디크, 명사)에 대한 70인역의 번역어인 그리스어 단어 δικαιόω는 όω로 끝남에도 불구하고 대체로 "의롭게 만들다"가 아니라 "의롭다고 간주하다"를 의미한다.[176] 이 단어는 서술적 어법이 아니라, 선언과 판결의 발화수반 언어 행위(an illocutionary speech-act)이며 선포, 간주, ~로 이해함, 권위 부여, 선언, 평가 등 종교 언어에서 광범위하게 사용되는 논리와 함께 사용된다. 최근에 사이프리드는 바울 서신에 나타난 이 주제의 중요성을 강조했다. 또한 위닝게는 바울 서신에서 "신분" 및 "지위 이동"의 역동성을 묵시 문헌, 특히 솔로몬의 시편에서 언급되

---

175) 바울의 표현과 관련해서 루터의 언급에 대해서는 다음 연구서를 참조하라. P. Stuhlmacher, *Gerechtigkeit Gottes bei Paulus* (Göttingen: Vandenhoeck & Ruprecht, 1965), 19-23.

176) 참조. Stuhlmacher, 같은 책; J. A. Ziesler, *The meaning of Righteousness in Paul*, SNTSMS 20 (Cambridge: Cambridge University Press, 1972), 147-163; 참조. 18-45. 하지만 만약 צדק(차디크)가 언제나 **의롭게 하다**를 의미한다면, "나는 악인을 의롭다 하지 아니하겠노라"(출 23:7)와 같은 문장은 불가능할 것이다. 악인을 의롭게 만드는 것은 긍정적인 것이지만, 반면에 악인을 의롭다고 **간주하는** 것은 이 문맥에서 공의를 왜곡시키는 것이다. 비슷한 경우로서 잠 17:15을 보라. 또한 참조. J. D. G. Dunn, "Justification by Faith," in *The Theology of Paul* (Edinburgh: T. & T. Clark, 1998), 334-389.

는 내용과 비교했다.[177] 바울학계는 묵시론 또는 종말론이 제시한 구조를 소극적으로 다루고 (a) 일상 언어와 (b) 법정의 독특한 법적 언어가 서로 분리되어 있음을 전제함으로써 잘못된 방향으로 나아갔다. 하지만 건설적인 언어 철학에 기초하여 우리는 막다른 골목길을 회피할 수 있다.

월터스토프는 오스틴, 설(Searle) 및 다른 많은 저자들에게서 발견되는 언어 행위 이론을 발전시켜 모든 언어학적 또는 시각적 표지(또는 거의 모든 표지)는 그것의 결과로 간주하는 것과 판단하는 것에 근거하고 있다고 주장한다.[178] 만약 어떤 사람이 자신의 팔을 자동차 창밖으로 뻗어 어떤 특정한 방식으로 움직인다면 나는 이 동작을 추월하라는 표시로 또는 추월하지 말라는 경고로 간주해야 할지 판단해야 한다.[179] 게임에서는 심판, 주심 또는 선심의 판단이 필요한 경우를 제외하면 어떤 것을 동작으로 간주하는지가 미리 정해져 있다. 모든 표지(sign)는 해당 체계 안에서만 표지로 작용한다. 월터스토프는 이것을 간주 발생(count generation)이라고 부른다. 이기거나 지는 것은 이기는 것에 대한 어떤 추상적이며 일반적인 개념에 적합한 행동을 하는 것이 아니라 어떤 주어진 시스템 안에서 이기는 것으로 간주되는 것을 실행하는 것이다. 어떤 상황에서 한 소년은 다른 어떤 아이처럼 말하고 행동하지만, 또 어떤 특별한 상황에서 그 소년은 왕세자로서 말하고 행동한다.[180] 윌리엄 왕자가 이튼 칼리지에서는 "단지 평범한 젊은이"의 신분을 갖지만, 웨스트민스터 성당에서 거행하는 국가의 공식 예배에서는 왕세자의 신분을 갖는다고 주장하는 것은 "어떤 법적으로 꾸며낸 이야기"를 지어내는 것이 아니다. 이와 같이 간주하는 것은 영국의 실제적인 삶을 반영할 것이다.[181] 이와 같이 우리는 항상 간주 발생이라는 언어를 사용하며 종종 사람들에게는 서로 다른 상황에서 서로 다른 신분이

---

177) M. A. Seifrid, *Justification by Faith: The Origin and Development of a Central Pauline Term*, NovTSup 68 (Leiden: Brill, 1992); and M. Winninge, *Sinners and the Righteous*, ConBNT (Stockholm: Almqvist & Wiksell, 1995).

178) N. Wolterstorff, *Divine Discourse* (Cambridge: Cambridge University Press, 1995), 75-94.

179) 같은 책, 78-79; 참조. 88-91.

180) 같은 책, 83-85.

181) 같은 책, 83, 85, 90-91.

주어진다.[182]

　　이것은 월터스토프가 ~으로 간주하기에 대한 포괄적인 이론을 제공한다고 주장하는 것이 아니다. 그의 접근 방법은 이 이슈에 대한 많은 방법 중 하나다. 또한 "보다 강력한" 사례들과 "보다 약한" 사례들을 구별할 수도 있다.[183] 예전에 나는 역사와 종말론, 죄와 칭의의 이중 구조 및 에번스의 언어 철학에서 관찰(onlooks)에 대한 그의 관점과 관련하여 이 원리를 논의했다. x를 y로 바라보는(간주하는) 것은 "지어낸 것"(fiction)이 아니라 오히려 "삶"이다.[184] 그러므로 바이스가 δικαιόω는 "어떤 사람이 자신 안에 있는 것을…선포하는 것이 아니라 하나님이 판단하시기에 그가 하나님과 올바른 관계에 있다고 간주되는 것을 진술하는 것이다"라고 주장한다. "자신 안에"와 "진술하다"라는 부정확한 단어를 수정해야 한다는 점을 제외하면 그의 주장은 타당하다.[185] 이 그리스어 단어는 (진술하다와 대조되는 것으로서) 역사 안에서 자신의 행위에서 비롯된 결과로 받는 것이 아니라 종말론적으로 최후의 심판에서 "모든 것이 올바르게 되었다"라는 판결에 의해 그가 받는 신분을 선포한다. 비록 현재는 그것이 감추어져 있지만, 그는 하나님의 은사와 그리스도와의 연합에 의해 믿음으로 그것을 고대하고 있다.[186]

---

182) 같은 책, 92-94.

183) 참조. S. L. Tsohatzidis (ed.), *Foundations of Speech-Act Theory* (London: Routledge, 1994); D. Vanderveken, *Principles of Language Use I: Meaning and Speech Acts* (Cambridge: Cambridge University Press, 1990); J. R. Searle, *The Construction of Social Reality* (London: Allen Lane, 1995); R. Lundin, A. C. Thiselton, and C. Walhout, *The Promise of Hermeneutics* (Grand Rapids: Eerdmans and Carlisle: Paternoster, 1999), esp. 144-182, 200-209, and 223-240. "강력한"과 "약한" 형태들을 대조하는 것은 다음 논문에서 처음으로 나타났다. G. K. Warnock, "Some Types of Performative Utterance," in I. Berlin (ed.), *Essays on J. L. Austin* (Oxford: Clarendon, 1973).

184) Thiselton, *The Two Horizons*, 415-422; 참조. D. D. Evans, *The Logic of Self-Involvement* (London: SCM, 1963).

185) Weiss, *Earliest Christianity*, 2:499.

186) 같은 책, 419-421; 참조. Bultmann, *Theology of NT*, 1:276; C, K, Barrett, *Romans* (London: Black, 2d ed. 1962), 75; Stuhlmacher, *Gerechtigkeit Gottes bei Paulus*, 112-160. 한편 Weiss는 "단지 하나님의 심판의 날에 일어날 하나의 사건"(롬 2:12-13; 갈 5:5)이라고 말한다(Weiss, Earliest Christianity, 2:502). 또한 참조. A Richardson, *An Introduction to the Theology of the NT* (London: SCM, 1958), 341-344; A. Schweitzer, *The Mysticism of Paul the Apostle*, 205.

이것에 기초하여 (스텐달의 견해와는 대조적으로) 캐제만은 만약 이 주제가 타당하게 해석된다면 (개인 중심적이 아니면서) 이것보다 더 그리스도 중심적이며 하나님 중심적인 것은 없다고 주장한다. 왜냐하면 그것은 신자가 확신하고 신뢰할 수 있는 기초를 자신으로부터 그리스도에게로 명백하게 이동시키기 때문이다.[187] 잘 알려진 바대로 지슬러는 동사 δικαιόω의 선언적 의미와 명사 δικαιοσύνη의 보다 더 "윤리적인" 뉘앙스를 구분한다. 하지만 그것은 부분적으로만 타당하다. 왜냐하면 그것은 바울이 이 용어들을 일관되게 사용하지 않아서가 아니라 어떤 사건이 발생하는 것으로 간주하는 발화수반 언어 행위가 바로 그 동사에 의해 이루어지기 때문이다.[188]

담론의 세계를 "법적 상태"에서 언어 행위로 이동하는 것은 이제 고린도전서와 로마서-갈라디아서의 사이를 갈라놓는 주장이 그릇된 것임을 밝혀준다. 간주 발생(count generation)은 법률에 대한 논쟁의 배경이나 구약성경에 대한 인간적 호소에 기초하지 않는다.[189] 하지만 그것은 **하나님의 행위**가 지닌 은사의 특성을 드러낸다. 은혜에 기초한 행위인 최후의 심판에 앞서 하나님은 신자들과의 관계를 올바로 회복하고 그들에게 합당한 신분을 부여하신다. 고린도전서의 이 주제가 담당하는 근본적인 역할을 매듭지어주는 것은 바로 신자들의 의(와 지혜와 거룩함, 1:30)이신 **그리스도의 신학**과 죽은 사람을 변화시키는 하나님의 은사다. 죽은 사람들은 이미 죽었기 때문에 삶이나 변화에 무언가를 이바지할 수 없다. "불멸"(immortality)과 달리 부활은 자아가 태어날 때부터 지닌 고유한 능력이 아니라 "하나님이 주시는" 선물이다(ὁ δὲ θεὸς δίδωσιν αὐτῷ σῶμα καθὼς ἠθέλησεν, 15:38).[190]

그리스도와의 연합의 문맥에서 수동태 "그리스도는 일으킴을 받았다"

---

187) E. Käsemann, "Justification and Salvation-History," in *Perspectives on Paul* (Eng. trans., London: SCM, 1971), 60-78; 또한 참조. "'The Righteousness of God' in Paul," *NT Questions of Today* (Eng. trans., London: SCM, 1969), 168-182.

188) J. Ziesler, *The Meaning of Righteousness in Paul*, SNTSMS 20 (Cambridge: Cambridge University Press, 1972), 47-103 and 128.

189) 참조. Schweitzer, *Mysticism*, 220.

190) 우리는 고전 15장에서 이 주제에 대해 다시 다룰 것이다. 또한 그곳에서 나는 나의 이전의 논문, "Luther and Barth on 1 Cor 15," 258-289를 재고할 것이다.

(ἐγήγερται, 15:4, 14)는 하나님의 은사와 관련된 논리에서 한 가지 본질적인 부분을 차지한다. 인간의 기여가 전혀 없이 오직 하나님의 은혜로 주어지는 이 은사는 부활과 칭의를 동시에 껴안고 있다. 그러므로 6:11에서 새로운 삶에 대한 주제는 세 개의 부정과거로 표현된다. 곧 ἀπελούσασθε … ἡγιάσθητε … ἐδικαιώθητε ἐν τῷ ὀνόματι τοῦ κυρίου Ἰησοῦ Χριστοῦ다. 이 표현은 고린도의 수신자들에게 매우 예리하게 적용된다. 우리가 앞에서 언급했듯이 많은 사람은 신분, 인정, 자기 존중에 목말라하는 것에서 비롯되는 문제에 사로잡혀 있었다. 바울은 그들에게 이렇게 선언한다. "[하나님은] 여러분을 받아들이셨습니다! 여러분은 그리스도에게 속해 있습니다! 여러분은 특권을 갖고 있는 신분을 지니고 있습니다. 그러나 이 모든 것은 하나님의 절대 주권에 기초하여 하나님이 값없이 주시는 은사로부터 오는 것입니다." (틸리히의 표현을 빌리자면) 바울은 다른 사람과 경쟁하도록 부추기는 신분에 대한 굶주림에서 벗어날 수 있게 해주는 해독제로서 하나님이 그들을 받아들이셨다는 사실을 받아들이라고 말한다. 믿음을 통해 하나님의 은혜로 의롭게 된다는 것은 갈라디아서와 로마서 독자들뿐만 아니라 고린도의 상황에도 매우 잘 들어맞는다. 이것은 그들의 문화적 상황에도 똑같이 호소한다. 이 문화권 안에서 그들은 낮은 자존감에 대한 염려뿐만 아니라 성취와 신분 상승에도 사로잡혀 있었다. 그것은 사회의 고질병을 더욱더 악화시켰다. "그러나 내가 나 된 것은 하나님의 은혜로 된 것이니"(15:10).

2. 그리스도와의 연합과 몸의 신학(6:12-20)

[12] "모든 것을 할 수 있는 자유!" 그러나 모든 것이 유익한 것은 아닙니다. "모든 것을 할 수 있는 자유!" 그러나 나는 어떤 것도 나를 제멋대로 휘두르게 하지 않을 것입니다. [13, 14] "음식은 배를 위한 것이고, 배는 음식을 위한 것이다. 그리고 하나님께서 이것도 저것도 다 없애 버리실 것이다." 하지만 몸은 음행을 위한 것이 아닙니다. 그러나 그것은 주님을 위한 것이며, 주님은 몸을 위하십니다. 하나님은 주님을 일으키셨습니다. 또한 그는 그의 권능으로 우리도 일으켜 세우실 것입니다. [15] 여러분의 몸이 그리스도의 지체와 기관이라는 것을 여러분은 알지

못합니까? 그런데 내가 그리스도의 지체와 기관을 떼어다가 창녀의 지체와 기관을 만들어야 하겠습니까? 결코 그럴 수 없습니다! [16, 17] 창녀와 친밀하게 연합하는 사람은 그녀와 한 몸이라는 것을 여러분은 알지 못합니까? 왜냐하면 "둘이 한 몸이 될 것이다"라는 말씀이 있기 때문입니다. 그러나 주님과 친밀하게 연합하는 사람은 한 영입니다. [18] 성적으로 부도덕한 행위를 멀리 하십시오. 어떤 사람이 저지르는 다른 모든 죄는 몸 밖에서 이루어집니다. 그러나 성적인 죄들을 저지르는 사람은 자신의 몸에 죄를 짓는 것입니다. [19] 또 여러분의 몸은 여러분 안에 살고 계신 성령의 성전이며, 여러분은 하나님께 성령을 받았으며, 또 여러분이 여러분 자신에게 속하지 않는다는 것을 알지 못합니까? [20] 왜냐하면 여러분은 값을 치르고 사들인 사람이기 때문입니다. 따라서 여러분이 여러분의 몸으로 살아가는 삶을 통해 하나님의 영광을 드러내십시오.

이 단락은 다시 한번 그리스도인의 정체성과 그리스도인의 삶의 방식, 또는 신학과 윤리 간의 불가분의 관계를 보여준다. 불법적인 행위에 대한 이 세 번째 예도 다른 두 가지 예와 마찬가지로 몸과 육체적 행위와 그것과 그리스도와의 연합과의 관계가 지닌 중요한 의미에 관심을 기울인다. 피는 "어떻게 이 단락이 이전 단락과 연관되어 있는지 결코 분명하지 않다"고 말한다. 하지만 우리가 6:9-10에서 우상숭배의 죄, 곧 주님이신 그리스도께 전적으로 신실해야 하는 것이 위태롭게 되는 상황이 다음 두 종류의 도덕적 실패와 연관되어 있다는 사실을 기억하면 그 연관성은 더욱더 명백해진다. 첫째는 자기향락, 곧 성적으로 금지된 행위를 추구한다는 점에서 몸과 관련된 실패들이다. 둘째는 자기만족, 곧 공의와 재산권과 관련하여 금지된 행위를 추구한다는 점에서 몸과 관련된 실패들이다. 버나드와 리처드슨이 주장하듯이 만약 소송의 대상이 성적인 문제와 관련되어 있다면 그 주제는 더욱더 밀접하게 연결되어 있다. 하지만 우리는 이 두 학자의 주장에 의존할 수 없다.

그리스도인의 몸은 자기만족을 위한 것이 아니라 "주님을 위한" 것이다(6:13). 바울은 영지주의가 주장하는 것과 비슷한 이중적 개념—"신령한" 이슈들은 몸과 관련된 것 "위에" 있다—을 거부한다. 바울의 관점은 이와 같은 주장과 전혀 다르다. 바울이 선포하는 기독교는 니체와 후기의 하이데거가 "사람들을 위한 플라톤주의"라고 부르는 것과 전혀 다르다. 초기 기독교 신학은 몸을 성령에 의해 거룩해진 성전으로 보고(6:19) 모든 그리스도인은 그리스도와 연합하여 한 몸(μέλη τοῦ Χριστοῦ, 6:15)을 이루고 있는 것으로 인식한다. 이 존재 방식을 통해 그리스도인은 그 방식 안에서 하나님께 영광을 돌려야 한다(6:20). 따라서 바울은 고린도 교인들의 다음 세 가지 슬로건에 동의하지 않는다. (1) "모든 것은 허용된다"가 성적인 억제와 자유에 대한 판단 기준을 결정한다는 것은 그릇된 것이다. (2) 모든 죄는 ἐκτὸς τοῦ σώματος(6:18)에 있다는 것은 그릇된 것이다. 창녀와의 성관계가 몸 밖에서 이루어진다는 견해는 그 가운데 가장 그릇된 것이다. (3) 배(ἡ κοιλία), 음식, 몸(τὸ σῶμα, 6:13, 14), 성행위, 탐욕 등은 미래의 운명과 관련하여 결코 중요하지 않으며, 그것은 현재에 의미를 부여하는 것이라는 견해는 그릇된 것이다. 한편 굴더는 이 주장에 대한 매우 미묘한 해설을 제시하며 이를 수정한다. 곧 그는 바울이 여기서 언급하는 사람들은 "자유방임주의자들"이 아니라 (우리가 제안하듯이) "신령한" 사람들이라고 주장한다. 그들은 우상에게 바친 음식에 대한 자유를 포함하여(참조. 6:12; 10:23; 8:1-11:1) "몸"에 대한 이슈들을 보다 광범위하게 확대시켰다는 것이다. 이것은 비록 창녀와의 실질적인 음행을 가리키진 않지만, 혼외정사를 포함한다(주해 부분 참조). 그리스도인들은 그리스도가 값을 치르고 구속한 사람이다(6:20). 따라서 그들은 그리스도에게 속해 있다. 그러므로 그리스도인들은 그리스도와 하나가 되었고 성령이 내주하는 그들의 실존을 각자의 몸으로 구현하며 하나님께 영광을 돌려야 한다(6:15-20). 여기서도 삼위일체 하나님에 대한 한 가지 유형이 은밀하게 나타난다.

6:12-20에 대한 참고문헌

Bailey, K. E., "Paul's Theological Foundation for Human Sexuality: 1 Cor. 6:9-20 in the Light of Rhetorical Criticism," *Near East School of Theology Theological Review* 3

(1980): 27–41.

Batey, R., "The μία σάρξ Union of Christ and the Church," *NTS* 13 (1966–67): 270–281.

Baumert, N., *Frau und Mann bei Paulus. Überwindung eines Missverständnisses* (Würzburg: Echter, 1982).

Best, E., *One Body in Christ* (London: SPCK, 1955).

Burkhill, T. A., "Two into One: The Notion of Carnal Union in Mk 10:8, 1 Cor 6:16, Eph 5:31," *ZNW* 62 (1971): 115–120.

Byrne, B., "Eschatologies of Resurrection and Destruction: The Ethical Significance of Paul's Dispute with the Corinthians," *Downside Review* 104 (1986): 288–296.

_____, "Sinning against One's Own Body: Paul's Understanding of the Sexual Relationship in 1 Cor. 6:18," *CBQ* 45 (1983): 608–616.

Claude, G., "1 Kor 6:12–7:40 neu gelesen," *TT* 294 (1985): 20–36.

Combes, I. A. H., *The Metaphor of Slavery in the Writings of Early Church,* JSNTSS 156 (Sheffield: Sheffield Academic Press, 1998), 77–94.

Dahl, M. E., *The Resurrection of the Body,* SBT 36 (London: SCM, 1962), 59–126.

Dawes, G. W., *The Body in Question: Metaphor and Meaning in the Interpretation of Ephesians 5:21-33* (Leiden: Brill, 1998), 1–80.

Derrett, J. D. M., "Right and Wrong Sticking (1 Cor 6:18)," *EstBib* 55 (1997): 89–106.

Dodd, B. J., "Paul's Paradigmatic 'I' and 1 Cor 6:12," *JSNT* 59 (1995): 39–58.

Fisk, B. N., "πορνεύειν as Body Violation: The Unique Nature of Sexual Sin in 1 Cor 6:18," *NTS* 42 (1996): 540–548.

Fuchs, E., "Die Herrshaft Christi. Zur Auslegung von 1 Kor 6:12–20," in *NT und christliche Existenz: Festschrift für Herbert Braun* (1973), 183–193.

Goulder, M. D., "Libertines? (1 Cor 5–6)," *NovT* 41 (1991): 334–348.

Gundry, R. H., *Soma in Biblical Theology with Emphasis on Pauline Anthropology* SNTSMS 29 (Cambridge: Cambridge University Press, 1976), 51–80.

Käsemann, E., *Leib und Leib Christi: Eine Untersuchung zur paulinischen Begrifflichkeit* (Tübingen: Mohr, 1933).

_____, *NT Questions of Today* (Eng. trans., London: SCM, 1969), 124–137.

Kempthorne, R., "Incest and Body of Christ: A Study of 1 Cor. 6:12–20," *NTS* 14 (1968): 568–574.

Kirchhoff, R., Die Sünde gegen den eigenen Leib. Studien zu πόρνη und πορνεία in 1 Kor 6:12–20, SUNT 18 (Göttingen: Vandenhoeck & Ruprecht, 1994).

Martin, D. B., *The Corinthian Body* (New Haven: Yale University Press, 1995), esp. 174–178.

_____, *Slavery as Salvation* (New Haven: Yale University Press, 1990).

Maurer, C., "Ehe und Unzucht nach 1 Kor 6:12–7:7," *Wort und Dienst* 6 (1959): 159–160.

Miguez, M., "Christ's 'Members' and Sex (1 Cor. 6:12–20)," *Thomist* 39 (1975): 24–48.

Miller, J. L., "A Fresh Look at 1 Cor. 6:16f," *NTS* 27 (1980): 125–127.

Murphy-O'Connor, J., "Corinthian Slogans in 1 Cor. 6:12–20," *CBQ* 40 (1978): 391–396.

Neyrey, J. H., "Body Language in 1 Cor.: The Use of Anthropological Models ... " *Semeia* 35

(1986): 129-170.

Omanson, R., "Acknowledging Paul's Quotation," *BibTod* 43 (1992): 201-213.

Porter, S. E., "How Should κολλώμενος in Cor. 6:16-17 Be Translated?" *ETL* 67 (1991): 105-106.

Radcliffe, T., "'Glorify God in Your Bodies': 1 Cor. 6:12-20 as a Sexual Ethic," *New Blackfriars* 67 (1986): 306-314.

Robinson, J. A. T., *The Body: A Study in Pauline Theology,* SBT 5 (London: SCM, 1957), 7-33, 55-83.

Rosner, B. S., "A Possible Quotation of Test. Reuben 5:5 in 1 Cor. 6:18a," *JTS* 43 (1992): 123-127.

_____, "Temple Prostitution in 1 Cor 6:12-20," *NovT* 40 (1998): 336-351.

Sampley, J. P., *"And the Two Shall Become One Flesh": A Study of Traditions in Eph 5:21-33,* SNTSMS 16 (Cambridge: Cambridge University Press, 1971), 77-85.

Schnelle, U., "1 Kor 6:14 — Ein paulinische Glosse," *NovT* 25 (1983): 217-219.

Shedd, R. P., *Man in Community* (London: Epworth Press, 1958), 157-181.

Stegemann, W., "Paul and the Sexual Mentality of His World," *BTB* 23 (1993): 161-166.

Thornton, L. S., *The Common Life in Body of Christ* (London: Dacre Press, 3d ed, 1950), 14-21 and 221-287.

Winter, B. W., "Gluttony and Immorality at Elitist Banquets: The Background to 1 *Jian Dao* [Hong Kong] 7 (1997): 77-90.

12절   최근에 도드가 반대 견해를 제시하긴 했지만, 12절의 첫 어구는 고린도의 몇몇 또는 많은 사람이 사용하던 격언이었다는 데 의심의 여지가 거의 없다.[191] 현대 학자들 가운데 대다수는 이 견해를 받아들인다. 이러한 학자들의 명단도 마련되어 있다.[192] 슈라게는 이것을 "고린도의 격

---

191) B. J. Dodd, "Paul's Paradigmatic 'I' and 1 Cor 6:12," 39-58. Dodd는 이 말을 (10:23과 짝을 이루는) 수사 의문문을 사용하는 바울 자신의 **수미상관 구조**(inclusio)의 일부라고 주장한다. 그 구조는 자유와 책임 사이의 균형을 강조한다는 것이다.

192) Hurd는 1965년 자신의 연구까지 스물네 명의 저자의 명단을 제시한다. 그들 중에서 단지 두 명을 제외하고 나머지는 모두 6:12이 고린도 교인들이 말하던 것을 [부분적으로] 인용한 것이라는 데 동의한다. Hurd 자신을 포함해서 스물세 명[최근에 제시된 네 명의 명단을 추가한다면 스물일곱 명]의 저자들이 그것에 동의한다(J. C. Hurd, *Origins of 1 Corinthians,* 68). 지지자들 중에는 Allo, Wendland, Lietzmann, Robertson 및 Plummer, Weiss, Moffatt, Héring과 Jeremias 등이 포함되어 있다. (동의하지 않거나 또는 침묵하는 두 명은 Heinrici[1880]와 D. Smith다). 최근에 Fee는 이것을 "거의 확실하게 인용문이다"라고 말한다(Fee, *First Epistle,* 251). Senft는 그것을 일종의 슬로건이며, 그들의 방종한 성행위를 정당화하는 데 사용되었다고 이해한다. 그러면서 그는 해당 그리스어 표현을 "모든 것

언"이라고 부른다. 또한 콜린스는 "아마도 고린도의 몇몇 그리스도인들 사이에 널리 알려진 일종의 슬로건이었으며, 그것은 그들의 권리(ἐξουσία)를 무분별하게 행사하는 것을 정당화하는 데 사용되었을 것이다"라고 주장한다.[193] 직설법 현재 3인칭 단수 ἔξεστι(ἔξειμι — 사용되지 않고 단지 이론적으로만)는 ἐξουσία, "권리"와 언어유희를 제공해줄 것이다.[194] "모든 것이 합법적이다"(AV/KJV, NRSV)라는 전통적인 번역은 모든 것이 법에 의해 허용된다는 것을 의미하는 것이 아니라 법은 그 행위들을 더 이상 금지하지 않는다는 것을 가리킨다. 즉 고린도인들의 신학에 의하면 그리스도인에게는 법으로부터의 자유가 용인된다는 것이다. 그러므로 사전학적인 관점에서 "모든 것은 허용될 수 있다"(NIV, NJB)라는 번역은 타당하다. 하지만 REB는 고전 그리스어와 라틴어에서 여격과 함께 사용되는 비인칭 동사들이 종종 여격을 영어의 주격으로 바꾸어 보다 더 관용적으로 번역되는 것 — 나는 어떤 것도 할 수 있는 자유가 있다 — 을 인정한다. 다양한 문화적인 상황에서 종종 슬로건은 그것의 감성적인 힘을 위해 자유에 호소한다.

그리스어 원문에는 분명히 ἐκ + εἰμι에서 유래한 두 형태 사이에 언어유희가 의도적으로 반영되어 있다. ἔξεστι(직설법)는 ἐξουσία(분사)와 연관되어 있다. 따라서 ἔξεστι는 ἐξουσιάζω의 직설법 미래 수동태 1인칭 단수 ἐξουσιασθήσομαι와 연관되어 있다.[195] 명사 ἐξουσία는 종종 권위(authority)를 의미하지만, 행동할 권리(the right to act)를 뜻하기도 한다. 왜냐하면 행위자는 선택의 자유라는 의미에서 ἐξουσία를 지니고 있기 때문이다. 그리고 능동태 ἐξουσιάζω는 다른 사람의 권리, 힘 또는 선택의 자유를 통제하는 것을 의미한다. 그러므로 이 단어의 수동태(여기서도 수동태가 사용

이 나에게 허용되어 있다"(*tout m'est permis*)라고 번역한다(*La première Épitre*, 82). Barrett는 그 말이 인용문이라는 데 "전반적인 동의"가 이루어졌으며, 또한 그 자신도 그 입장을 지지한다고 말한다(Barrett, *First Epistle*, 144). 또한 참조. Murphy-O'Connor, "Corinthian Slogans in 1 Cor 6:12-20," 391-396.

193) Schrage, *Der erste Brief*, 2:17; Collins, *First Cor*, 243.
194) 참조. Wolff, *Der erste Brief*, 125; and Schrage, *Der erste Brief*, 2:16.
195) BAGD, 279. 또한 참조. Schrage, *Der erste Brief*, 2:16.

됨)는 "나는 [누구 또는 무엇]에게 통제되지 않을 것이다"(NIV) 또는 "나는 지배받지 않을 것이다"(NRSV, NJB)를 의미할 수 있다. REB는 다음과 같은 번역으로 언어유희를 보다 더 분명하게 나타내고자 한다. "나는 아무것도 나에게 제멋대로 하지 못하게 할 것이다." 하지만 이 번역은 **통제한다**는 의미를 정확하게 드러내지 못한다. 또 다른 한편으로 우리는 "'모든 것을 할 수 있는 자유!' 그러나 나는 어떤 것도 나를 제멋대로 휘두르게 하지 않을 것입니다"라는 번역을 제안했다. 이것은 고린도 교인들의 승리주의 및 슬로건과 그것을 다시 새롭게 정의한 바울의 신학을 결합하여 모든 뉘앙스를 적적하게 표현하는 것처럼 보인다. 만약 **각 사람마다** 자신이 전혀 제한받지 않는 자율권을 지니고 있다고 주장한다면 **아무도** 자유로울 수 없다는 것은 너무나도 잘 알려진 역설의 진리다. 왜냐하면 모든 사람은 다른 사람이 주장하는 온갖 자유에 의해 위협받기 때문이다.

그러므로 바울은 출발점의 변화를 제안한다. 그는 "자유"와 "무엇이 허용되는가?"에 대한 논쟁을 "무엇이 유익한가?"라는 다른 핵심 사항으로 옮겨간다.[196] οὐ πάντα συμφέρει라는 어구는 πάντα의 보편성을 부인한다. 즉 모든 것이 유익한 것은 아니다. 이 그리스어 동사는 유익을 위해 "함께"(συν) "가져가다"(φέρω)라는 뉘앙스를 전달한다. 바울의 이슈는 그리스도와 연합하여 유대 관계를 맺고 있는 신앙 공동체로서 믿을 만한 기독교 공동체의 정체성을 이루는 데 과연 **무엇이 유용하며 무엇이 방해를 하는지**에 관한 것이다. 정체성의 신학뿐만 아니라 사회 관계 또는 대인 관계에 대한 윤리가 여기서 연합(하나 됨)의 측면에서 (미첼) 이슈가 되고 있다.[197] 만약 자유가 아무런 조건 없이 절대화된다면 그것은 다른 사람의 다양한 자유를 속박하거나 적어도 억압하는 결과를 가져올 것이다. 하지만 그리스도와의

---

196) 참조. Radcliffe, "'Glorify God in Your Bodies': 1 Cor. 6:12-20 as a Sexual Ethic," 306-314.

197) M. M. Mitchell, *Paul and the Rhetoric of Reconciliation*, 25-39. 그는 교회의 연합과 관련해서 바울이 "유익"에 대한 수사법을 신중히 사용하고 있다고 강조한다. 사실상 이 측면도 포함되어 있기는 하지만, 또한 여기서 바울은 이 측면을 초월하는 것에 대해서도 암시한다.

연합의 기본 원리 가운데 한 가지 중요한 원리가 있다면 그것은 다른 사람의 행복에 대한 그리스도의 관심에 동참하는 것이며, 다른 사람을 해방하기 위해 자신의 자유를 양보하는 것이다. 고린도 교인들은 특히 윤리와 생활 방식의 기초로서 "그리스도의 마음"(2:16)을 다시 배우고 재차 발견해야만 했다.

13-14절　　콜린스와 머피 오코너를 포함하여 상당히 많은 현대 저자들이 동의하듯이 바울은 이제 고린도 교인들의 또 다른 슬로건을 인용한다.[198] 그 슬로건의 목적은 몸으로 행하는 행위, 특히 음식, 성행위, 재산과 관련된 문제와 이른바 "신령한" 차원의 삶 간의 거리감을 분명하게 드러내려는 것이었다. 어떤 이들은 신령한 차원의 삶은 "보다 더 높은" 차원에서 이루어지며, 그 삶은 "보다 더 낮은" 차원의 삶과 분리될 수 있다고 생각했다. 이른바 이 이원주의적인 "차원"은 바울의 사상과는 거리가 멀다. 하지만 플라톤의 사상과 유사한 통속적인 형태에 의해 영향을 받은 그룹에 속한 사람들에게 이것은 흔한 것이었다. 만약 초기-영지주의적(proto-gnostic) 영향이 있었다면 이것은 더욱더 주목을 받았을 것이다. 그러므로 두 번째 슬로건은 사실상 바로 앞의 슬로건을 추가적으로 지지해준다. 지상의 문제를 "초월한다는" 것은 신령한 사람으로서 율법을 초월해야 한다는 주장과 잘 어울린다.

만약 이것이 인용문이라면 이 문장은 어디까지인가? 놀랍게도 NRSV, NIV를 비롯하여 몇몇 영역본은 "음식은 배를 위한 것이고, 배는 음식을 위한 것이다"까지를 인용문으로 이해한다. 하지만 심지어 κοιλία가 소화 기관으로 해석된다는 점을 고려하더라도 "그리고 하나님께서 이것도 저것도 다 없애 버리실 것이다"가 "이 모든 것은 일시적인 것이며 우리와 같은 성령의 사람들에게 영속적인 의미를 지니고 있지 않다"는 의미로 명시적으로 연결

---

198) Murphy-O'Connor, "Corinthian Slogans in 1 Cor. 6:12-20," 391-396. Hurd는 (1965년 도까지) 이것이 인용문이라는 데 동의하는 열다섯 명의 학자들을 언급한다. (Weiss, Robertson and Plummer, Morris, Allo 및 다른 저자들을 뒤따르면서) 보다 최근에 Barrett, *First Epistle*, 146-147; Conzelmann, *1 Cor*, 110; Schrage, *Der erste Brief*, 2:20; and Collins, *First Cor*, 244-245 등도 그 견해에 동의한다.

되지 않는 한, 이 인용문은 단순히 너무나 평범한 말처럼 보인다. 1978년에 나는 다음과 같이 주장했다. "주요 영역본 가운데 RSV와 NEB가 제시한 해당 인용문의 끝이 과연 타당한지에 대해 우리는 의문을 제기할 수 있을 것이다.…13a 전체는 고린도에서 널리 알려진, 종말론을 지향하는 슬로건이었을 가능성이 높고, 바울은 이 인용문에 이어 13b에서 '몸(σῶμα)은 음행을 위한 것이 아니다'라는 반론을 시작한다."[199] 이어서 나는 막 7:14-19에 언급된 기독교 전승과 평행을 이루는 부분을 논의했고, 그 잘린 슬로건이 그 자체로는 어떤 의미인지를 물었다. 나는 불필요하게 반복적인 이 중복어(tautology)를 "가치 없는 정보"라고 묘사했다. 같은 연도에 머피 오코너는 동일한 결과를 가져다주는 보다 더 강력한 주장을 펼쳤고, 최근에는 콜린스도 13a을 고린도 사람들의 말을 인용한 내용에 포함시켰다.[200] 그렇다면 이 절이 전반적으로 의도하고자 한 것은 다음과 같다. "방종주의자들은 성적인 행위가 도덕적인 의미가 없다는 자신들의 주장을 옹호하기 위해 음식은 도덕적인 문제를 일으키지 않는다는 주장을 펼쳤다. 바울은 음식과 위(胃)가 일시적인 신체 영역에 속한다는 것을 받아들인다.…하지만 몸[σῶμα]은 일시적인 것이 아니며, 죽은 자의 몸에서 다시 부활할 것이다."[201]

　　고린도인들의 신학이 후대의 영지주의 체계와 동일한 종류의 이원론을 반영한다는 점을 제외하면 고린도의 방종주의자들은 반드시 크레이그가 말하는 "영지주의적 방종주의자들"은 아니었다. 기원후 1세기 그리스 문헌에서 κοιλία의 특별한 용례는 그들의 다음 세 단계 논리를 이해하는 데 유용하다. (1) 종종 κοιλία는 몸 안에 있는 어떤 장소를 가리키는 것이 아니라 **소화계**를 의미한다. 따라서 "음식은 소화를 위한 것이다"라는 말은 그것이 곧 소화계를 통과하여 배출된다는 것을 뜻한다. (2) 이 점과 관련하여 이 말은 일종의 은유로서 모든 것은 물질적이며 일시적이라는 것

---

199) Thiselton, "Realized Eschatology at Corinth," *NTS* 24 (1978): 517.
200) Murphy-O'Connor, "Corinthians Slogans," 391-396; Collins, *First Cor,* 239.
201) Craig, "1 Cor," in *IB,* 10:73-74.

을 나타낸다. (3) 따라서 이러한 추론에 의하면 하나님은 죽음 이후에도 자아(自我) 가운데 부패하지 않고 살아 남을 측면, 곧 영(the spirit) 또는 성령(the Spirit)에 속한 것에만 관심을 가지신다는 것이다.[202] 하지만 바울은 위에서 언급한 논리를 중단하는 한 가지 근본적인 요건을 제기한다. 즉 σῶμα는 κοιλία와 같은 것이 아니지만, 몸을 지닌 삶은 σῶμα의 부활을 통해 흡수되고 변화되어 연속성과 변화가 현재의 σῶμα(현재의 삶 전체)와 부활의 σῶμα(그리스도 안에서 부활한 공동체의 일부로서 인간의 자아 전체의 변화)의 관계를 특징짓는다.[203]

여기서 바울이 사용하는 논리는 고전 15:12-58에서 상세히 설명될 것이다. 해당 부분에서 정체성의 연속성과 존재 방식의 변화는 σῶμα의 부활과 관련된 두 가지 원리에 해당한다(15:12-58에 대한 주해 참조). 따라서 신자의 몸은 οὐ τῇ πορνείᾳ(이 단어에 대해서는 5:1과 6:9-10에 대한 주해 및 각주 참조)가 아니라 주님을 위한 것이다.[204] 또한 σῶμα의 부활에 대한 바울의 신학은 다음 세 가지 논리적 단계로 전개된다. (1) 하나님은 주님을 일으키셨습니다(ἤγειρεν, ἐγείρω의 직설법 제1부정과거 능동태 3인칭 단수). 그리스도는 언제나 하나님이 일으키시는(다시 살리시는) 행위의 대상이지 주체가 아니다(참조. 그리스도에 대해서는 수동태로 묘사, 고전 15:14-20; 하나님에 대해서는 능동태로 묘사, 고전 15:38).[205] (2) 기독교 신자들은 "지체들"로서 유일한 그리스도 공

---

202) BAGD, 437; 참조. MM, 349 (파피루스 문헌은 탐욕에 대한 은유로서 κοιλία를 더 많이 사용한다). ταύτην καὶ ταῦτα라는 표현은 단수 κοιλία와 복수 βρώματα를 가리킨다. 따라서 우리는 그 구절을 이것과 이것들 대신에 "**이것과 저것**"으로 라고 번역했다.

203) 우리는 15:38-44에 대한 주해에서 σῶμα에 대해서 보다 자세하게 논의할 것이다. 또한 6:20의 주해에서 다소 간략하게 부분적으로 다룰 것이다. 하지만 우리는 M. E. Dahl의 다음과 같은 관점에 주목하고자 한다. 곧 "'몸'에 대한 바울의 개념은 현대의 개념을 초월하면서 또한 그것을 **포함한다**. 나는 이런 부류의 정체성을 **소마와 관련된 정체성**이라고 불렀다"(*The Resurrection of the Body*; SBT 36 [London: SCM, 1962], 94).

204) πορνεία에 대해서는 5:1에 대한 주해를 보라.

205) Schrage는 이 점을 올바르게 지적한다. Schrage, *Der erste Brief*, 2:16 and 24-25. 또한 특별히 Dahl, *Resurrection of the Body*, 98-99. 이 부분에서 Dahl은 동사 ἐγείρω의 용례들에 일람표를 제공해 준다. 타동사로 사용될 때, 바울의 편지들 안에서 하나님이 주어인 경우는 열다섯 번이다. 그 가운데 그리스도가 열 번 목적어로 묘사된다(롬 4:24; 8:11 [두 번];

동체에 속한다(τὰ μέλη τοῦ Χριστοῦ, 6:15; ὁ δὲ κολλώμενος τῷ κυρίῳ ἓν πνεῦμά ἐστιν, 6:17). (3) 하나님은 그리스도 안에 있는 유일한 공동체로서 우리도 (ἡμᾶς) 일으키실 것이다. 따라서 이 공동체에 있어 "몸으로" 존재하는 것은 중요한 의미를 지닌다.

바울은 곧바로 이어지는 절들에서 그리스도 안에 있는 존재는 유대와 결속(κολλάω)을 포함하며, 만약 몸(τὸ σῶμα)이 그리스도와의 결속과 상반되는 것과 "결합한다면" 그것은 끊어질 위험에 처하거나 다른 방향으로 끌려갈 것이라고 주장한다. 캐제만은 이 공적인 "세상"의 이슈에 대해 한 가지 중요한 논평을 제시한다. "그리스도인의 삶이 내적인 경건과 종교 의식적인 행위에 국한되지 않는다는 것은 바울에게 매우 중요한 것이다. 이 사도의 말 가운데 가장 주목할 만하면서도 가장 알려지지 않은 말 중의 하나는 '몸은 주님을 위한 것이며 주님은 몸을 위하십니다'(고전 6:13)이다.…바울은 불트만이 우리에게 믿게 하려는 것처럼 자신에 대한 인간의 관계를 의미하지 않는 반면, 우리 자신은 세상의 일부이며 그것에 대해 우리는 책임을 져야 한다는 것이다. 왜냐하면 그것은 우리의 창조주가 우리에게 가장 먼저 주신 선물이기 때문이다.…그것은 인간이 세상과 밀접하게 연결되어 있으며, 따라서 의사소통을 할 수 있는 능력을 지니고 있다[곧 상호 관계 안에 있다]는 것을 의미한다."[206] 캐제만은 다음과 같이 결론짓는다. "몸으로 순종하는 그리스도인을 통해 그리스도의 주 되심이 가시적으로 표현되고, 오직 이 가시적 표현이 우리 안에서 인격적 형태를 취할 때만 모든 것이 복음의 메시지로서 신뢰할 만한 것이 된다."[207]

10:9; 고전 6:14; 15:15 [두 번]; 갈 1:1; 골 2:12; 4:14). 나머지 사례들은 신자들이 목적어로 언급된다(고후 4:14; 고전 6:14; 고후 1:9). 또한 그 동사는 대략 열네 번 자동사로 사용된다. 타동사로 사용되면서 그리스도가 주어인 경우는 신약성경에서 오직 요 2:19(ἐγείρω와 함께)과 요 6:39-40(ἀνίστημι와 함께) 뿐이다. 요한복음에서 예수에 의해서 해당 동사들이 능동태로 사용되는 것은 다른 배경에서 묘사되는 특별한 경우에 해당한다.

206) E. Käsemann, *NT Questions of Today* (Eng. trans., London: SCM, 1969), 135; 참조. 124-137.

207) 같은 책, 135.

슈넬레는 14절이 바울 이후에 덧붙여진 것이라고 주장한다. 그 이유
는 그 내용이 15:51-52의 πάντες δὲ ἀλλαγησόμεθα와 긴장 관계에 있다
는 것이다. 다시 살아난 신자들은 ἄφθαρτοι가 될 것이다.[208] 하지만 이것
은 15:1-58을 관통하고 있는 연속성과 변화 사이의 미세한 대립 관계를 오
해한 것이다. 분명히 바울이 말하는 부활의 σῶμα는 변화된 σῶμα다. 하지
만 그것은 여전히 **동일한 자아**이며, 달(Dahl)도 올바르게 주장하듯이 "몸의
(somatic) 연속성"을 보존하고 있다. 캐제만의 표현에 의하면 **상호 관계와 공
적 세계의 관계망**(그 관계 속에서 그 자아는 다름아닌 바로 이 자아임)은 변화된 존
재 방식에 "투입된 것"(input)으로서 영속적인 중요성을 지니고 있다. 우리
는 15장에서 이 이슈에 대해 자세하게 다룰 것이다. 슈넬레의 견해와 달리
번(B. Byrne)은 바울의 종말론은 몸을 평가절하하는 고린도 사람들의 이원
론과 상반된다는 건설적인 주장을 펼친다. 그는 부활의 운명이 어떻게 이
세상에서 몸을 지니고 존재하는 것에 의미, 책임 및 중요성을 부여하는지
확실하게 입증해준다고 말한다.[209] 바울의 사상에서 "건강" 또는 "정결"에
대한 이슈로서 σῶμα의 중요성에 대한 데일 마틴의 사회비평적 강조와 "결
합"(κολλάω)에 대한 데럿의 독특한 주장은 여전히 중요하지만, 캐제만과
번이 확인해준 구조는 이러한 강조점을 더욱더 명백하게 지지해준다.[210]

15절   οἴδατε는 이 편지에서 여섯 번째 나타난다(3:16에 대한 주해 참
조. 또한 5:6; 6:2, 3, 9). 로빈슨과 손턴은 이 절과 고린도전서의 관련 구절에
서 바울이 의미하는 것과는 대조적으로 현대 사고에서 사람들의 몸이라
는 은유적 이미지 안에 스며든 지체(members)라는 단어의 진부함을 중요
한 이슈로 삼는다.[211] 로빈슨은 이렇게 주장한다. "어떤 공동체의 '구성

---

208) Schnelle, "1 Kor. 6:14—Eine nachpaulinische Glosse," 217-219.

209) B. Byrne, "Eschatology of Resurrection and Destruction: The Ethical Significance of
Paul's Dispute with the Corinthians," *Downside Review* 104 (1986): 288-298.

210) 참조. D. Martin, *The Corinthian Body*, esp. 168-179; Derrett, "Right and Wrong Sticking
(1 Cor 6:18)," 89-106.

211) J. A. T. Robinson, *The Body*, 51-55; Thornton, *The Common Life in the Body of Christ*,
253-257.

원'(membership)이라는 표현은 너무 진부한 것이 되어버렸기 때문에 한 개인이 하나의 '지체'(member)일 수 있다는 것은 더 이상 불쾌한 말이 아니다."[212] 우리는 로빈슨의 출발점의 타당성을 인정하기 위해 다시 살아난 그리스도의 몸을 교회 공동체와 동일시하는 그의 이론에 동의할 필요는 없다. "이 주제는 로빈슨에 의해 복잡해졌을 뿐만 아니라 명확해졌다."[213] 바울이 의미하는 바를 회복할 수 있는 유일한 방법은 중성 복수 μέλη를 올바르게 번역하는 길을 모색하는 것이다. 바울은 그 의미를 강조하기 위해 15절에서 이 단어를 세 번이나 사용한다. 따라서 우리는 이 단어가 "진부하고" 죽은 은유가 되지 않도록 해야 할 것이다. 이 그리스어 단어의 의미에 가장 가까운 단어는 지체, 부분, 멤버다.[214] 하지만 지체는 몸의 구성 요소에 대한 하나의 범주일 뿐이다. 따라서 limbs and organs(지체와 기관)라는 두 단어를 혼용한 REB의 번역보다 더 좋은 대안은 없을 것이다. 바울의 논리 안에는 세상에서의 공공연한 행위와 성적 친밀감이라는 두 가지 배경이 모두 들어 있다.

켐프손과 슈라게는 ἄρας를 "내가 취해"라고 번역하는 것은 여기서 "내가 떼어내어 가져가야 하겠습니까?"가 의미하는 바를 제대로 반영하지 못한다고 지적한다.[215] 라틴어 단어 "라피오"(rapio)처럼 이 그리스어 단어는 "낚아채 가져가다"를 뜻한다. 따라서 우리가 언급했듯이 베일리는 어떤 몸이 독립적이며 부조화를 이루는 두 이질적인 실체가 서로 "하나"가 될 때 그것은 "갈라질" 수밖에 없다고 말한다. 문법적인 측면에서 ποιήσω는 직설법 미래 또는 심사숙고의 가정법 제1부정과거 능동태일 수 있다. 후자는 "내가 가져가서 ~해야 하겠습니까?"라고 번역될 것이다. 이것은 수사의 문문에 무게를 더해 줄 것이다. 하지만 여기서 바울의 표현은 매우 강력하

---

212) Robinson, *The Body,* 51.
213) Whitely, *The Theology of St Paul,* 192; 참조. 190-199.
214) BAGD, 501-502.
215) Kempthorne, "Incest and the Body of Christ," 568-574; Schrage, *Der erste Brief,* 2:26, n. 320. 또한 이전에 Edwards, *First Epistle,* 148.

기 때문에 설령 순전히 수사적이라 하더라도 심사숙고는 어울리지 않는 것
같다. 단도직입적인 표현인 "내가 [떼어내] 가져가야 하겠습니까?"는 곧바
로 강조를 나타내는 희구법 μὴ γένοιτο(γίνομαι의 희구법), "그것은 일어나지
않기를 바랍니다"로 이어진다. 이 그리스어 관용어구는 강한 강조를 나타
낸다. 즉 "그와 같은 생각은 아예 없애버리십시오! 생각할 수도 없습니다!"
또는 "결코 아닙니다!"(NIV)로 번역하는 것도 가능하다(AV/KJV의 번역 "하
나님이 금하신다!"는 세속화 이전의 시대로부터 온 것이다. 그 시대에 하나님을 부르는
것은 부정적인 소원을 가장 강력하게 표현하는 방법이었다.[216]

　　"그리스도는 우리 손 말고는 다른 손이 없다" 같은 표현으로 어떤 신학
을 표현하는 것은 바울의 관점을 지나치게 확대 해석하는 것이다. 사실상
바울은 그리스도의 사람들이 공개적으로 구현하는 삶을 세상에 알리며 그
리스도를 드러내는 복음의 예시(例示)로 이해한다. 금세기 초반과 이전 세
기 말에 논설 운동(Tractarianism, 옥스퍼드 운동의 초기 단계—역자주)이 일어
난 것과 더불어 교회를 성육신의 확장으로 말하는 것은 유행처럼 되어버
렸다. 이것은 눈에 보이는 교회와 교회의 직분자들에게 지나치게 높은 지
위를 부여하는 것이다. 이것은 또한 교회의 구성원이 된다는 것은 실질적
으로 그리스도에게 속한다는 개념과 연결해준다. 하지만 개신교가 이 표현
의 잘못된 사용을 꺼린다는 점이 우리로 하여금 그리스도인의 몸이 문자 그
대로 그리스도를 "위한" 지체이며 기관이라는 매우 특별한 의미를 깨닫지
못하게 해서는 안 될 것이다. 그리스도인은 그리스도에게 **속한** 사람으로서
구속된 또는 값을 치르고 사들인 존재(6:20)의 개인적인 특권을 요구할 수
없다. 또한 그리스도인은 비(非)기독교적인 목적을 위해 그리스도에게 접
붙여진 지체와 기관을 떼어내어 다른 곳에 접붙여서도 안 된다. 로빈슨은
바울의 사고의 기원을 그리스도가 박해받는 자신의 백성과 자신을 동일시

---

216) J. Malherbe, "μὴ γένοιτο in the Diatribe and Paul," *HTR* 73 (1980): 231-240. 그는 에픽
　　 테토스가 손사래를 치는 것과 같은 의미에서 어떤 논점에 대한 부당한 반대를 묵살하기 위
　　 해서 그 표현을 사용했다고 언급한다.

하는 말—"네가 어찌하여 나를 박해하느냐?"(행 26:14-15; 참조. 9:4-5; 22:7-
8)—안에서 발견한다.[217] 하지만 바울이 의도적으로 "영혼"과 "몸"에 부여
된 위계적 가치관을 종교와 영적인 삶의 문맥 안에서 뒤바꾸어놓았다는 데
일 마틴의 주장은 더욱더 강한 힘을 지니고 있다.[218]

   16-17절   이 편지에서 "여러분은 알지 못합니까?"라는 표현은
16절에서 일곱 번째 나타난다. 이 질문은 바울의 강력한 반응을 강조한다
(3:16에 대한 주해 참조). κολλάω, 결합하다, 결속하다, 꼭 붙이다, 꼭 묶다의
현재분사 중간태 κολλώμενος를 어떻게 적절하게 번역할지를 놓고 약간
의 논란이 빚어졌다. 우리는 이 단어를 "친밀하게 연합하는 사람"이라고 번
역할 것을 제안한다. 신약성경 외에 고전 그리스어 문헌과 파피루스 문헌에
서 이 단어는 종종 서로 붙게 만드는 어떤 수단을 통해 **결합시키다, 꼭 붙게
하다**를 의미한다. 따라서 리델-스코트-존스와 몰턴-밀리건은 바우어-아
른트-깅그리치-댕커의 의미 범위 및 용례와 다른 결과를 제공한다.[219] 특
히 핀다로스, 플라톤, 이른 시기의 파피루스 문헌 등은 금속을 결합하거나
용접하는 데 또는 도자기의 손잡이가 떨어졌을 때 그것을 다시 붙이는 데
이 단어를 사용한다. 기독교 문헌에서 이 단어는 성적인 친밀함(마 19:5), 사
람과 하나님 사이의 사랑(클레멘스1서 49:5), 몸과 영 또는 성령의 연합(클레
멘스2서 14:5)과 어떤 사람에게 고용됨(눅 15:15) 등을 묘사하는 데 사용된다.

---

217) Robinson, *The Body*, 58.
218) Martin은 바울의 사고 안에서 먹는 것, 마시는 것, 자기가 할 수 있는 것을 즐기는 것, 성
   관계와 "영적인" 삶을 위한 매일의 삶을 포함해서 신체적인 행동의 "일상적인" 측면들의
   중요성을 훌륭하게 논증해 준다(Martin, *The Corinthian Body*, 176; 참조. 174-179 and
   throughout).
219) LSJ, 825는 다음 문헌들을 언급한다. Plato, *Timaeus* 75D and 82D, 접합 또는 결합에 대해
   서; Pindar, *Nemean Odes* 7.115, 금을 입히는 것에 대해서; Aeschylus, *Agamemnon* 1566,
   떨어지지 않게 (특별히 중간 부분을) 결합시키는 것에 대해서. MM은 파피루스 문헌에서
   컵의 손잡이를 "꼭 붙이는" 용례에 대해서 언급한다(352-353; 이 사전은 그 문헌이 기원
   전 279년에 기록된 것이라고 제시함; 또한 참조. *Oxyrhynchus Papyri* 12:1449; 15, 20, 23,
   기원후 213-217). 그와 같은 배경들은 신약성경에서 나타나지 않는다(BAGD, 441). 하지
   만 그것들은 확대되고 파생된 용례 또는 은유적인 용례를 잘 파악할 수 있도록 도와준다.
   Edwards는 이 점을 잘 지적해준다(Edwards, *First Epistle*, 148).

밀러(J. I. Miller)는 접두사 προσ-가 없는 κολλάω가 사용된 것과 또 부분적
으로 눅 15:15에 기초하여 κολλᾶσθαι가 붙어 있음(adherence)을 의미한다
고 주장한다. 포터는 이 절에서 이 단어는 "자신을 노예로 파는 사람(곧 자신
을 속박시키는 사람)"을 뜻한다고 주장한다.[220] 그는 이 단어가 경제적 종속에
대한 은유적 의미를 반영한다고 주장한다. 그리고 이것은 불법적인 관계와
그리스도, 곧 서로 배타적인 두 가지 "종속 관계"에 적용된다. 하지만 다음
세 가지 고려 사항은 보다 더 전문화된 이러한 의미에 반론을 제기한다. (i)
70인역에서 κολλάω는 주로 히브리어 דבק(다바크)를 번역한다. (마 19:5의 경
우와 같이) 이 그리스어 동사는 여격과 함께 사용되며 성적인 결합과 친밀함
을 가리킨다. (ii) 그 배경은 그것을 주도하는 패러다임으로서 (70인역의) 창
2:24의 εἰς σάρκα μίαν에 초점이 맞추어져 있다. (iii) "한 몸"에 대한 베일리,
건드리, 샘플리의 주장은 보다 더 명료하고 타당한 설명을 제시해준다(아
래 참조).[221] 게다가 (iv) זנות(제누트), 우상숭배, 신실하지 못함(πορνεία와 겹침)
의 히브리어 배경과 זנה(자나), 간음하다 및 זונה(조나), 창녀와의 언어유희에
대한 데럿의 관찰은 하나님께 "붙어 있는 것"에 대한 신학적 배경을 제공해
준다. 그렇다면 신자들은 누구에게 "붙어 있어야" 하는가?[222]

비인칭 동사 φησίν은 대체로 기록된 텍스트보다 입으로 말하는 것
을 가리킨다. 하지만 16절에서 이 단어는 분명히 창 2:24의 인용문을 가리
킨다. 비록 바울은 여기서 "하나님이 말씀하신다"를 암시한다는 엘리스의
주장은 입증될 수 없지만, 70인역에서 사실상 φημί는 주로 נאם(나암)을 번
역한다. 이 히브리어 단어의 명사 형태는 대체로 "야웨의 말씀이다" 또는

---

220) Miller, "A Fresh Look at 1 Cor 6:16," 125-127(C. F. D. Moule에게 호소함); and Porter,
     "How Should κολλώμενος in 1 Cor 6:16-17 Be Translated?" 105-106. 많은 학자들
     은 κολλᾶσθαι에 접두사 προσ-가 생략된 것이 "문제점을 제공하지 않는다"고 말한다(예.
     Sampley, "And the Two Shall Become One Flesh," 78, n. 2).
221) Sampley, "And the Two Shall Become One Flesh," 77-85; Gundry, Soma in Biblical
     Theology, 59-69; Bailey, "Paul's Foundation for Human Sexuality," 27-41.
222) Derrett, "Right and Wrong Sticking (1 Cor 6:18)," 89-106.

"주께서 이와 같이 말씀하신다"를 나타내는 데 사용된다.[223] 어쨌든 스탠리의 최근 연구는 "고전 6:16의 인용문은 창 2:24에 대한 70인역 전통의 일관된 표현을 따르고 있다"고 확인해준다.[224] 설령 해당 단어들이 사마리아 오경과 요나단의 타르굼에서 발견된다 하더라도, 히브리어 마소라 텍스트는 οἱ δύο의 배후에 있는 "둘"을 포함하고 있지 않다. 70인역에 들어 있는 "둘"은 필론, 막 10:8, 마 19:5, 엡 5:31 등 많은 인용문에서 나타난다. 더욱이 그리스어 배후에 있는 히브리어의 관용적 표현을 따라 우리는 대다수 영역본과 마찬가지로 ἔσονται를 "한 몸이 될 것이다"—והיו לבשר אחד (베하유 레바사르 에하드) — 라고 번역했다. 16절의 그리스어 텍스트에서 전치사 εἰς는 히브리어 전치사 ל(레)를 나타내며 그 동사와 명사의 관계를 한정한다.

건드리는 17절의 첫부분에서 대조를 나타내는 표현 ὁ δέ는 몸(σῶμα, בשר, 바사르)으로 강조되는 "소마의 신체적인 측면"과 신자와 그리스도 사이의 친밀한 연합 관계를 가리키기 위한 πνεῦμα에 대한 바울의 용례를 서로 대조한다고 주장한다. 즉 "사르카는 소마가 아니라 인간의 신체적 측면을 강조한다."[225] 하지만 건드리의 논의에서 두 가지 강조점은 반드시 구별되어야 한다. 한편으로 그는 바울이 소마에 대한 프뉴마의 우월성에 호소하지 않는다고 올바르게 주장한다. 이것은 데일 마틴의 다음과 같은 강력한 주장과도 일치한다. 즉 바울은 "마치 몸과 음식이 인간의 마음이나 의지보다 위계적인 측면에서 더 낮은 의미를 지니고 있는 것처럼 인식하는…몸에 대한 위계적인 개념을 거부한다.…인간의 의지나 영혼을 한편에 위치시키고 음식과 몸을 다른 한편에 위치시키는 대신, 바울은 이탈된 세상을 대표하는 포르네이아를 온전히 구체화된 존재로서 하나님, 예수 그리스도, 신자들과 서로 대립시킨다. 따라서 창녀(포르네, 15-16절)는 자신의 권리를 지니고 있는 인격체가 아니라 하나님과 그리스도에게서 멀어지고 그들을 반

---

223) Ellis, *Paul's Use of the OT*, 23. Fee는 이 점에 대해 의문을 제기한다. 참조. Fee, *First Epistle*, 259, n. 47. 또한 BDF, sect. 30:4에서 해당 그리스어 비인칭 동사의 용례를 참조하라.

224) C. D. Stanley, *Paul and the Language of Scripture*, 195.

225) Gundry, *Soma in Biblical Theology*, 68.

대하는 세상의 대표자다."[226] 이 주장은 주의 깊게 숙고할 만하다. 그러나 이것은 건드리의 두 번째 독특한 주장과 소마에 대한 서로 다른 관점을 내포하고 있다. 즉 바울의 이 용어 사용에 있어 소마의 신체성(physicality)은 전체 자아(total self)를 의미하는 데 σῶμα를 사용한 것보다 더 핵심적인 역할을 한다. 캐제만은 다음 질문에 건드리보다 더 설득력 있게 대답한다. 과연 σῶμα는 공적인 영역에서 "그 사람 자신인 이 세상의 한 부분으로서" 자아의 전체성을 강조하는가? 아니면 바울은 비신체적인 것 대(對) 신체적인 것이라는 의미에서 영혼과 몸에 대한 고대 그리스의 이원론의 측면을 계속 견지하고 있는가?[227]

μέλη, "지체와 기관"의 의미(15절에 대한 주해 참조)는 "바울의 관점에 의하면 창녀와 성관계를 갖는 사람은 그리스도의 '지체'를 창녀의 몸 안으로 들어가게 하는 것이다"[228]라는 데일 마틴의 강조점을 확인해주는 것 같다. 마틴은 기원후 1세기의 사고에서 개인의 자아를 구성하는 통제 체계로서의 σῶμα와 사회적인 기구를 구성하는 통제 체계로서의 σῶμα 사이에 밀접한 평행 관계가 있다는 점을 허용한다. 각각의 경우에 정체성(과 순결성)은 정체성의 경계선을 유지하는 것을 통해 확립된다고 한다. 비도덕적인 관계가 초래하는 정체성의 위기는 범법자의 개인적인 정체성의 경계뿐만 아니라 그리스도와의 연합 안에서 그리스도의 사람들에게 속해 있는 신앙 공동체의 정체성의 경계에도 부정적인 영향을 미친다는 것이다.[229] 다른 어떤 이들보다도 네이레이는 특별히 이 배경을 상세하게 탐구한다.[230] 하지만 마틴

---

226) Martin, *The Corinthian Body*, 176.
227) Käsemann에 대해서는 앞에서 14절에 대한 주해를 보라.
228) Martin, *The Corinthian Body*, 176.
229) Martin의 연구 배후에는 Mary Douglas와 다른 이들의 사회적 인간학이 놓여 있다. 우리는 그와 같은 이론들을 세부적으로 지지할 필요는 없다. 또한 우리는 성경의 세계뿐만 아니라 또한 그리스의 세계 안에서 고대의 사고의 윤곽을 확정하는 데 그것의 타당한 위치를 인정하기 위해서 바울이 의도적으로 이 개념을 이용했다고 그에게 떠넘길 필요도 없다. 이 점에 대해서는 다음 주석서를 참조하라. J. D. G. Dunn, *1 Corinthians* (Sheffield: Sheffield Academic Press, 1995), 65-67.
230) J. H. Neyrey, "Perceiving the Human Body: Body Language in 1 Cor," in his *Paul in*

은 해석의 정밀함과 순결 체계의 보편화에 기초하는 것을 거부한다는 점에서 네이레이와 차이가 있다. 마틴은 이 절들에서 몸에 대한 무관심을 바울이 비판하는 "강한 사람들"의 특성으로 이해한다.[231]

그럼에도 불구하고 바울은 πνεῦμα를 신학적으로 독특하게 재정의한다(또는 "코드를 바꾼다"). 여기서 마틴이 보다 더 큰 몸의 영적 생명-힘이란 의미에서 "인간의 몸과 그리스도의 몸은 동일한 영(*pneuma*)을 공유한다"는 견해를 계속 견지할 수 있을지는 의심스럽다.[232] 바울은 중요하지 않은 문맥을 제외하고는 πνεῦμα를 이와 같이 사용하는 데 익숙하지 않다. 피는 보다 더 견고한 기초 위에서 다음과 같이 주장한다. "아마도 바울은 성령의 사역을 언급하고 있을 것이다. '한 성령'을 통해 신자의 '영'(spirit)은 그리스도와 불가분의 관계로 연합되어 있다.…이 연합을 표현할 수 있는 방법은 바로 성령을 통해서다."[233] 결국 바울은 14절에서 부활을 일으키는 원리에 호소했다. 바울의 사상 안에서 부활의 동인은 대체로 성령이다(롬 8:11; 고전 15:44). 그는 신자들의 몸을 성령의 전이라고 말했다(3:17). 또한 그는 19절에서 τὸ σῶμα ὑμῶν을 ναὸς τοῦ ἐν ὑμῖν ἁγίου πνεύματός라고 분명하게 말한다. 간략하게 표현하자면 "바울의 사상 안에서 서로 짝을 이루고 있는 이 사고는 결국 사람 전체를 구성하는 몸과 영혼이 주님께 속해 있다는 결론에 이르게 한다. 비록 고린도 사람들[또는 고린도의 '강한 사람들']이 주장했던 것처럼 설령 그 결합이 '단순히' 신체적인 것이라 하더라도 창녀와 불법적인 결합을 맺는 것은 결과적으로 하나 됨이라는 신체적인 관계를 초래한다. 그것은 몸에 대한 주님의 가르침에 어긋나는 것이다."[234]

창 2:24(70인역)에서 유래한 εἰς σάρκα μίαν이란 친숙한 표현에도 불구하고 바울은 16절에서 ἓν σῶμα라는 표현을 사용한다. 분명히 이것은 고전

Other Worlds: A Culture Reading of His Letters (Louisville: Westminster, 1990), 102-146.

231) Martin, *The Corinthian Body*, 176-189; 참조. 277, n. 2.

232) 같은 책, 176.

233) Fee, *First Epistle*, 260.

234) Gundry, *Soma in Biblical Theology* 69(아마도 인용되지 않은 그의 그다음 문장은 보다 더 큰 문제점을 제공할 것이다).

12장에서 바울의 진술로 연결된다. 즉 한 성령(12:4에서 τὸ δὲ αὐτὸ πνεῦμα는 분명히 성령을 가리킴)이 매우 다양한 "은사"를 베푸는 것처럼 한 몸(τὸ σῶμα ἕν, 12:12)도 많은 지체와 기관(μέλη πολλά, 12:12)을 지니고 있다. 그리스도 안에서 그리스도인들도 이와 같다(12:12). 다양성 안에서 하나 됨 또는 하나 됨 안에서 다양성이란 모델은 다양한 "사역"과 "섬김의 방법"과 삼위일체 하나님이 베푸시는 "은사"와 관련하여 자세하게 설명된다(12:4-12). 하지만 이것은 또한 창 2:24에 기초하여 결혼을 통해 성적으로 하나 됨을 이룬다는 비유적인 표현을 포함한다. 샘플리가 보여주듯이 엡 5:21-33의 "한 육체"라는 고전적인 표현의 저자가 누구인지 간에 바울은 고전 6:12-20에서 이 비유적인 이미지를 사용할 뿐만 아니라 고린도 교인들에게 그들의 자세와 행위에 대해 "질투"의 반응을 보이는 것이 마땅하다고 말한다. 왜냐하면 "내가 너희를 정결한 처녀로 한 남편인 그리스도께 드리려고 중매"했기 때문이다(고후 11:2; 참조. 11:3). 그리스도에게 "신실함"을 보이지 않는 것(고후 11:3)은 이 "혼인 서약" 또는 "약혼"(ἁρμόζομαι, 고후 11:2, 이 단어는 신약성경에서 오직 이 본문에서만 나타나며, 결합하다, 연합하다, 약혼하다를 의미함)에 위배되는 것이다.[235]

　　에베소서는 신앙 공동체로서의 교회에 대한 신학을 설명한다고 널리 알려져 있다. 바울이 이 편지의 저자임을 반대하는 주장 가운데 하나는 이른바 강조점이 기독론에서 구조적인 교회론으로 옮겨갔다는 추측에 기초한다. 그러나 에베소서의 저작권과 개인에서 신앙 공동체로 빠르게 전환한 것에 대해 우리가 어떤 결론을 내리든지 간에 사회역사적인 이유뿐만 아니라 신학적인 이유에 근거할 때 "하나"로서 공동의 결속을 위해 서로 신실함을 보여주어야 하는 배경에 반대되는 모든 것은 데일 마틴의 주장에 더 많은 무게를 실어준다. 도스(Dawes)의 최근 연구는 "한 몸"과 "한 육체"에 대한 언어 사용과 관련하여 은유와 이미지의 역동성을 상세히 설명하면서

---

235) Sampley, *"And the Two Shall Become One Flesh,"* 81-82; 참조. 77-85 and 34-66.

이 이슈들을 다룬다.[236] 우리는 다음 절을 주해하면서 (호세아서가 배경이 될 가능성뿐만 아니라) 성(性)에 대한 바울의 이해에 대해 다시 다룰 것이다.[237] 심지어 고린도전서를 기록하기 이전에도 바울은 세례를 받고 헌신한 그리스도인들은 모두 "그리스도 안에서 한 사람이다"(갈 3:28)라고 주장했다. 헤이스는 다음과 같이 올바르게 주장한다. "**하나님의 명령의 최우선적 전달 대상은 바로 신앙 공동체다**(강조는 원저자의 것임).···도덕적인 관심사의 최우선적 영역은···바로 교회이며 신앙 공동체가 공동으로 순종하는 것이다."[238]

18절 명령법 현재 φεύγετε는 "~으로부터 멀리 하십시오"(NJB)라는 번역으로 가장 훌륭하게 표현될 것이다. 하지만 로스너는 "피하다"라는 말은 유대교 전승(창 39장)에서 요셉이 보디발의 아내에게서 달아나는 이야기를 암시할 개연성이 있음을 우리에게 상기시켜준다.[239]

---

236) Dawes, *The Body in Question: Metaphor and Meaning in the Interpretation of Eph 5:21-33*, esp. 150-167 and 168-177.

237) 참조. Burkill, "Two into One: The Notion of Carnal Union in Mark 10:8; 1 Cor 6:16; Eph 5:31," 115-120. 이 논문은 그 이슈를 "한 분 하나님"과 연결시키며, 또한 몇몇의 의문의 여지가 있는 결론들에 대해서도 논의한다. 특별히 참조. Bailey, "Paul's Theological Foundation for Human Sexuality: 1 Cor 6:9-20," 27-41; and G. Klein, "Hos 3:1-3—Background to 1 Cor 6:19b-20?" *Criswell Theological Review* 3 (1989): 373-375 (on Hosea's marriage as a paradigm of prophecy and covenant).

238) Hays, "Ecclesiology and Ethics in 1 Cor," *Ex Auditu* 10 (1994):33; 참조. 31-43. "하나"의 몸으로서 윤리적인 의무를 기독교 공동체의 배경 안에 올바르게 위치하게 하는 다른 중요한 연구들 가운데 다음 저서들이 포함되어 있다. D. J. Deidun, *New Covenant Morality in Paul*, AnBib 89 (Rome: Pontifical Biblical Institute, 1981) and J. P. Sampley, *Walking between the Times: Paul's Moral Reasoning* (Minneapolis: Fortress, 1991). 또한 참조. E. Best, *One Body in Christ* (London: SPCK, 1955); J. D. G. Dunn, "'The Body of Christ' in Paul," in M. J. Wilkins and T. Paige (eds.), *Worship, Theology and Ministry in the Early Church*, JSNTS 87 (Sheffield: Sheffield Academic Press, 1992), 146-162; A. Perriman, "'His Body, Which is the Church…': Coming to Terms with Metaphor," *EvQ* 62 (1990): 123-142; and A. J. M. Wedderburn, "The Body of Christ and Related Concepts in 1 Cor," *SJT* 24 (1971): 74-96.

239) Rosner, "A Possible Quotation of Test Reuben 5:5 in 1 Cor 6:18a," 123-127. 고대의 몇몇 저자들은 여기서 피하는 것을 매우 중요하게 평가한다. 예를 들면, 크리소스토모스는 다음과 같이 주장한다. 곧 "바울은 '음행을 삼가라'가 아니라 '피하라'고 말한다. 다시 말해서 모든 열심을 기울여서 그것으로부터 벗어나는 것을 추구해야 한다"(*1 Cor. Hom.* 18:2); 또한 Conzelmann은 피하는 것을 전형적인 권면으로 이해한다(Conzelmann, *1 Cor,* 112).

비록 그것이 전적으로 명백한 것은 아니지만, 많은 영역본들은 의미를 분명하게 하기 위해 그리스어 텍스트에 없는 "다른"이란 단어를 삽입한다 (REB, NIV, NJB). 하지만 그것은 해석상 덧붙여진 것이다. 이 구절의 정확한 의미를 밝히는 것은 매우 어렵다. 알코올 중독이나 마약 중독 같은 죄는 자신의 몸에 죄를 짓는 것이 아닌가? 자살은 어떠한가? 이것은 니체와 다른 많은 이들의 다음과 같은 견해를 지지하지는 않는가? 곧 기독교는 성(性)을 사회적인 압제나 부와 권력에 대한 개인적인 탐욕보다 더 아래에 있는 것으로 봄으로써 그것을 부정적으로 평가하는 데 한 몫을 담당했다. 몇몇 교부들의 논평은 이와 같은 견해를 내포한다.[240] 크리소스토모스는 "음행보다 더 사악한 악을 언급하는 것은 불가능"하다고 주장하며, 바울의 언어를 설명하기 위해 관계의 부정함에 호소한다.[241] 그러나 수사학적인 분석은 다른 설명을 제시한다.

케네스 베일리는 6:13부터 6:20까지의 자료가 수미상관적 구조를 지니고 있다고 제안한다. 첫 번째 주제는 마지막 주제와 상응한다. 즉 "몸은 주님을 위한 것입니다" 또는 "여러분의 몸으로 하나님께 영광을 돌리십시오"(13c-14절과 20절). 두 번째 단계인 "그리스도의 지체는 먼저 μέλη τοῦ Χριστοῦ(15절)로 표현되고, 나중에는 ναὸς τοῦ ἐν ὑμῖν ἁγίου πνεύματος(19절)라는 마지막에서 두 번째 절에 반영된다. 이 구조는 앞부분과 뒷부분에 의해 지배를 받는 중심부(16-18절)에 신학적으로 함축된 윤리를 남겨놓는다.[242] 어떤 사람은 κολλώμενος τῇ πόρνῃ(그 결과 그녀와 ἓν σῶμα가 됨, 16절)가 되거나 κολλώμενος τῷ κυρίῳ(그 결과 그리스도와 ἓν πνεῦμα가 됨, 17절)가 될 수도 있다. 그것은 당연한 결과를 빚어내는 것이며, 전자의 경우에 어떤 사람은 ἴδιον σῶμα를 두 가지 의미로 분리시키는데, 그 이유는 다음과 같다. 첫째, (건드리와는 견해를 달리 하지만, 캐제만과 다른 학자들

240) F. Nietzsche, *The Antichrist*, e. g., sect. 56 (conveniently with *Twilight of the Idols* [London: Penguin, 1968], 175-176.
241) Chrysostom, loc. cit.
242) Bailey, "Paul's Theological Foundation for Human Sexuality," 32-36.

과 더불어) 주님과 전체 자아의 연합이 위태로운 처지에 놓이기 때문이다. 둘째, ἴδιον을 적용하는 것은 이제 문제를 일으키기 때문이다. 과연 그는 자기 자신, 다른 사람, 혹은 주님께 속하는가? 나아가 12-15절 및 19-20절과 구별되는 16-18절을 중심에 두는 베일리의 입장은 브루스 피스크에 의해 한층 더 강조된다.[243) 하지만 (베일리와 더불어, 아래 참조) 그는 먼저 18a가 고린도 교인들이 사용하던 또 다른 슬로건을 인용한 것인지에 대한 질문을 제기한다.

(1) 18a을 바울 자신의 말로 인정하는 이들은 종종 바울이 구약의 자료에 의존하고 있다는 것을 예로 든다. 따라서 콘첼만은 바울이 음행에 대한 잠언의 과도한 염려(예. 6:25-33)에 부당하게 영향을 받았다고 주장한다. 도둑은 단지 "자신의 재산을 내어주어야 할" 위험에 처하는 반면, 간음하는 자는 "자신의 영혼을 망하게 한다"(잠 6:32). 그렇다면 바울은 우리가 앞에서 크리소스토모스의 말을 인용한 것과 같은 유형의 논평에 대한 책임이 있다. 왜냐하면 (콘첼만의 견해에 의하면) 이것은 "분명히 음행을 죄 가운데 가장 끔찍한 것으로 묘사하는 유대교의 가르침으로부터 힌트를 얻어…표현된 것이기" 때문이다.[244)

(2) 이와는 대조적으로 많은 학자들은 "모든 죄는 몸 밖에서 이루어집니다"는 고린도인들이 사용하던 슬로건이며, 바울이 여기서 그것을 인용하고 있다고 주장한다. 모리스와 머피-오코너도 이 견해에 공감한다. 한편 이 견해에 대한 최근의 확실한 지지자는 로저 오맨슨이다.[245) 이러한 지지자들 가운데 고린도에서 사용된 이 슬로건의 역할에 대해서는 해석이 다양하다.

---

243) Fisk, "πορνεύειν as Body Violation: The Unique Nature of Sexual Sin in 1 Cor 6:18," 540-548.

244) Conzelmann, *1 Cor,* 112; 참조. Collins, *First Cor,* 249. Collins는 여기서 바울이 구약성경을 사용하는 것에 대해 보다 더 긍정적인 견해를 지니고 있다.

245) Omanson, "Acknowledging Paul's Quotations," 201-213. 또한 참조. C. F. D. Moule, *Idiom Book of NT Greek* (2d ed.), 196-197; W. J. Conybeare and J. S. Howson, *Life and Epistles of St. Paul,* 392, n. 5; Morris, *First Epistles,* 103; Murphy-O'Conner, "Corinthian Slogans in 1 Cor 6:12-20," *CBQ* 40 (1978): 391-396.

모울과 스롤은 고린도인들이 범법자의 인격은 영향을 받지 않는다고 주장했다고 인식한다.[246] 머피-오코너와 오맨슨은 그들이 몸은 도덕적으로 무관하며, 죄는 다른 "차원"에서 일어난다고 주장했다고 이해한다(앞의 주해 참조).[247] 켐프손은 고린도인들이 교회는 영향을 받지 않는다고 말했다고 이해한다.[248]

(3) 또 다른 저자들은 18절이 바울 자신에게서 온 것이긴 하지만, 성적인 죄와 다른 죄를 구분하는 것은 어쩌면 절대적으로 예리한 차이보다는 성적인 죄의 영속적인 결과의 관점에서 비교한 데 따른 일반화라고 주장한다.[249]

(4) 마지막으로 가장 많은 저자들은 다음과 같은 측면에서 바울의 사고 안에서 어떤 질적인 차이를 발견한다. (a) 그 죄의 결과가 초래하는 파괴성이나 (b) 그 죄가 지니고 있는 내면적인 죄성, 또는 (c) 구체적으로 자아에 미치는 죄의 영향 등이다.

다양한 부류의 저자들이 이 네 번째 접근 방법을 발전시키는데, 그들 가운데 특별히 주목할 만한 저자는 브루스, 피스크, 케네스 베일리 등이다(아래의 설명 참조). 예를 들어 마이어는 알코올 중독, 탐욕 및 심지어 자살은 자기만족이나 갈망을 충족시키기 위해 자기 몸 밖에 있는 외적 수단을 사용하는 반면, 성적인 행위는 전적으로, 그리고 오직 자신의 몸을 수단으로 시작되고 실행된다고 주장한다.[250] 데일 마틴은 이것을 약간 다르게 전개한다. 그의 제안은 베일리의 견해와 잘 연결된다(아래의 설명 참조).[251] 하지만 이 절의 해석과 관련된 미묘한 차이점과 가정은 거의 한계가 없다. 어떤

---

246) Moule, *Idiom Book,* 196-197; Thrall, *1 and 2 Cor,* 49.
247) Murphy-O'Conner, "Corinthian Slogans," 391-396; Omanson, "Acknowledging Paul's Quotations," 201-213.
248) Kempthorne, "Incest and the Body of Christ," 568-574.
249) Theodore in K. Staab (ed.), *Pauluskommentare aus der griechischen Kirche,* 181; Calvin, *First Epistle,* 181-182; Barrett, *First Epistle,* 150.
250) Meyer, *First Epistle,* 1:185; 또한 참조. Wolff, *Der erste Brief,* 129-130.
251) Martin, *The Corinthian Body,* 176-178.

이들은 "대조의 의미가 무엇인지 찾아낼 수 없다고 인정한다." 심지어 슈라게도 이 절을 지나치게 문자적으로 받아들여 다른 죄악된 행위보다 성적인 죄를 더 못한 것으로 가려내는 것에 신중한 입장을 취한다.[252] 젠프트는 여기서의 대조는 단지 정도의 차이라는 해석의 전통을 거부하며, 다른 네 가지 견해를 비교한다.[253] 또한 알로도 그 비교에 대한 다양한 해석을 언급한다.[254]

피스크는 이 절에 대한 모든 주요한 해석을 신중히 비교한다. 그는 τὸ ἴδιον σῶμα가 그 사람의 몸을 의미하며, (베일리와 더불어) 15절 및 19-20절과 관련하여 그 표현이 핵심 부분에 해당한다고 말한다. 요컨대 집회서 19:2b의 내용은 "자신에게 범한 죄"라는 주제를 다루는 6:16a와 매우 비슷하다는 것이다.[255] 그는 다음과 같이 결론짓는다. "바울은 서로 구별되지만 밀접하게 연결되어 있는 세 가지 주장(15절, 16-18절, 19-20절)에 기초하여 성적 부도덕을 금지한다. 이 주장들은 각각 그리스도를 거스르는 것, 몸을 더럽히는 것, 성령을 거스르는 것과 관련이 있다."[256] 바울도 지혜에 대한 구약과 유대교의 배경과 맥을 같이하면서 "성적인 죄가 자신을 심각하게 (또한 심지어 특유한 방법으로) 파괴한다고 선언한다."[257] 이 접근 방법은 사실상 히브리어 배경에 대한 데릿의 정교한 논의를 통해서도 지지를 받는다. 데릿은 זנות(제누트)와 זנה(조나)와 관련하여 "꼭 붙음"(결합)에 대한 이슈를 더럽혀짐의 이슈와 유익하게 연결한다.[258] 케네스 베일리는 이 절의 주요한 의미는 그리스도인이 이제 그리스도의 일부이므로 이 절들에서 이슈

---

252) Godet, *First Epistle*, 1:311. 그는 Rückert와 de Wette를 인용한다. 참조. Schrage, *Der erste Brief*, 2:32-33.

253) Senft, *La première Épitre*, 84-85.

254) Allo, *Première Épitre*, 148.

255) Fisk, "Sexual Sin in 1 Cor 6:18," 554-556.

256) 같은 책, 557.

257) 같은 책. Fisk는 여기서 (본질적인 차이점으로 말미암아, 예. Grosheide, Gundry; 이와 대조적으로 파괴적인 결과, 예. Fee, Käsemann) "질적인 차이점"을 발견하는 이들의 그룹에 동참한다.

258) Derrett, "Right and Wrong Sticking," 89-106.

가 되고 있는 행위는 "개인과 신앙 공동체의 관점에서 그리스도의 몸으로 부터 그것[몸]을 떼어내는" 것이라고 이해한다.[259] 마틴은 이 견해보다 한 걸음 더 나아간다. εἰς τὸ ἴδιον σῶμα란 그리스어 표현에는 자신의 몸을 거 슬러(against) 어떤 사람의 몸 안으로(into, εἰς + 목적격) 들어가는 의미가 결 합되어 있다는 것이다. 따라서 "포르네이아는 본질적으로 몸의 침입을 나타 낸다.···그리스도는 [이를 통해] 사악한 코스모스를 향해 성적으로 침투해 들어간다." 왜냐하면 이 사람의 지체와 기관은 그리스도의 것이며(15절), 그리스도의 한 몸으로부터 지체를 떼어내어 가져가는 것은 그리스도에게 서 한 몸을 떼어내어 그리스도께 속하지 않은 영역 안으로 가져가는 것이 기 때문이다.[260] 이것은 εἰς(거슬러 또는 안으로?)와 ἴδιον(자기 자신 또는 그리 스도 자신?, 만약 여러분이 여러분의 것이 아니라면, 그것은 두 가지 모두가 될 수 있는 가[6:20]?)이 지니고 있는 이중적 모호함과 더불어 이중적으로 적절한 의 미를 나타내게 된다. 마틴은 다음과 같이 결론짓는다. 바울은 (먹는 것, 마시 는 것, 성행위와 대조되는 것으로서) 마치 어떤 사람들이 "고등한 것들"이 "영 성"(spirituality)과 더욱더 밀접하게 관련되어 있는 것처럼 이해하듯이 고 대 그리스-로마 사상의 심리학에서 사람들에게 부여한 신체적 존재 방식과 "정신적" 존재 방식 사이의 위계질서를 뒤집는다. 이것은 바로 사람이 어떻 게 육체를 지니고 사는 일상적인 삶에서 자기 자신을 있는 그대로 나타내는지 를 보여준다.

우리는 해석하기 어려운 이 절(또한 절들)에 대한 또 다른 접근 방법에 대해 숙고해볼 필요가 있다. 우리는 6:12-20의 머리말에서 이 단락에 대한 굴더의 새롭고 미묘한 주장에 대해 언급했다.[261] 굴더와 더불어 우리는 바 울이 그의 적대자들이 사용하던 표어들을 인용하며 그것들의 의미를 바로 잡아준다는 데 동의한다. 또한 우리는 바울의 대화 상대자들 가운데 "성령

---

259) Bailey, "Paul's Theological Foundation for Human Sexuality," 37.
260) Martin, *The Corinthian Body*, 178.
261) M. D. Goulder, "Libertines? (1 Cor 5-6)," *NovT 41* (1999): 334-348.

에 속한" 존재라는 의미에서 자신들을 "신령한" 사람이라고 생각했던 이들이 포함되어 있다는 것을 인정한다.[262] 또한 굴더는 아프로디테에게 바쳐진 도시로서 말할 수 없이 "성적 악행이 만연한 소굴"이었던 그리스 시대의 고린도와 로마 시대의 고린도 사이에 거리를 두는데, 이는 올바른 선택이었다. 왜냐하면 6:12-20의 배경은 5:1-8 또는 6:1-8보다 덜 구체적이며 덜 명확하기 때문이다. 굴더는 6:12에서 "자유"(또는 "권리들")에 호소하는 것은 우상에 바친 음식을 포함하여 보다 더 광범위한 이슈에 적용된다고 주장한다(참조. 10:33; 8:1-11:1). 또한 그는 6:12-20에서 언급한 성적 결합은 창녀와 관계를 맺는 성적 난잡함이 아니라 혼인 관계를 벗어나 첩 또는 애인과 성 관계를 갖는 것 등을 가리킨다고 주장한다. 그것은 스캔들을 일으키거나 5:1-5과 6:1-11에서 묘사하는 비난의 대상은 아닐 수도 있다는 것이다. 하지만 굴더는 창 2:24에 대한 바울의 관점에 의하면 "성적인 죄를 범하는 사람은 창녀와 자신을 영원히 한 몸으로 결합한다"고 주장한다.[263] 창 2:24은 사실상 "결혼에 기초한 연합을 말하지만, 바울은 그것을 모든 성적 결합에 적용시킨다."[264] 비록 굴더의 주장 중에서 가장 특징적이며 세부적인 내용은 입증하기 어렵지만, 그는 몇 가지 문제점에 대해 적어도 바울이 육체적 결합의 영역을 특유한 것으로 본다는 것에 대해 해명해주었다.

　그러므로 성(性)을 평가절하하기보다는 그와 정반대의 결과가 나타난다. 성적인 행위를 친밀함과 전 인격을 포함하는 자기 헌신에 기초한 행위로 인식함으로써 바울은 이 분야에서 기원후 1세기의 문화적 가설보다 훨씬 더 앞서나간다. 성적인 행위는 단순히 몸이 지니고 있는 어떤 "주변적인" 기능을 조종하는 것이 아니다.[265] 캐제만이 "공적인 세계"를 강조하는 것과 같이 번(B. Byrne)도 σῶμα는 "인격적인 의사소통"의 측면 아래에 있는 몸을 가리

---

262) 같은 책, 341-345.
263) 같은 책, 347.
264) 같은 책, 346.
265) D. S. Bailey, *The Man-Woman Relation in Christian Thought* (London: Longmans, 1959), 9-10.

킨다고 결론짓는다.[266] 번의 연구는 그리스도와의 연합과 육체적인 결합의 동등한 배경에서 성에 대한 이슈는 어떤 사람이 자기가 속한 대상에게 자신을 온전히 "주는" 것이 된다는 베일리의 결론을 지지해준다. 결혼의 맥락에서 바울은 자기를 주는 친밀함을 "거룩하게" 만드는 것(7:14)이나 "주님 안에서" 행하는 행위(7:39)로 인식할 수 있었다. 만약 6:18-20의 배경이 호 3:1-3에서 전제하는 언약 관계에 있다고 인식하는 클라인의 견해가 옳다면 성에 대한 이슈는 훨씬 더 분명한 특성을 얻는다.[267]

19절 A와 33은 σῶμα 대신에 복수 σώματα를 원문으로 읽는다. 하지만 이 독법은 이해할 만한 이차적인 주해다. 복수 소유격 ὑμῶν과 함께 단수가 사용된 것은 서툰 표현으로 여겨졌을 것이다. 하지만 고전 그리스어 자료는 복수의 의미가 전제되는 부분에서 단수가 배분적 의미로 사용된다는 증거를 제시해준다.[268] 이 다른 독법은 불가타의 "여러분의 지체들"(membra vestra)에서 비롯되었을 것이다. 우리 번역은 UBS 4판이 제시하는 구두점 표기를 따른다. 하지만 NRSV, REB, NIV, NJB는 "여러분 자신에게 속한다" 다음에 마침표를 찍고 "하나님에게서 받았다" 다음에 물음표를 표기한다.

19절에서는 이 편지에서 "여러분은 알지 못합니까?"라는 수사의문문이 열 번 가운데 여덟 번째로 나타난다(3:16에 대한 주해 참조. 또한 5:6; 6:2, 3, 9, 15, 16). 또한 ναὸς τοῦ ἁγίου πνεύματος에 대해서는 3:16의 주해를 보라. 3:16에서 신앙 공동체의 성령의 전으로서의 공적인 측면은 여기서보다 더 개별적으로 적용된다. 그것은 이 장(章)에서 이슈가 되고 있는 개인의 삶의 방식의 문맥에서 제기된다.[269] 고대 그리스-로마의 신전이 신들의 형상으

---

266) Byrne, "Sinning against One's Own Body: Paul's Understanding of the Sexual Relationships in 1 Cor, 6:18," 608-616.
267) Klein, "Hos. 3:1-3—Background to 1 Cor 6:19b-20?" 373-375.
268) 참조. Kempthorne, "Incest and the Body of Christ: A Study of 1 Cor. 6:12-20," 572-573 (참조. 568-574); Edwards, First Epistle, 150—플라톤의 구문에 대해서 언급함; Schrage, Der erste Brief, 2:33, n. 360.
269) "3:16에서 신앙 공동체에 대해서 말한 것은…여기서 개인에게 전달된다."(Conzelmann, 1 Cor, 112). Cerfaux를 언급하면서 Conzelmann은 3:16에서의 강조점은 "6:19과 비교되는 것으로서 중요하다"고 주장한다(같은 책, n. 37).

로 가득 채워져 있었던 것은 기원후 1세기의 이 편지의 수신자들에게 그 원리를 보다 더 생생하게 일깨워주었을 것이다. 신 또는 여신의 형상은 대체로 그 규모나 숫자(또는 두 가지 모두)에 의해 각 신전을 위압했다. 바울은 유추를 통해 이방 신전에 있는 신의 형상들과 마찬가지로 영향을 미치고 정체성을 형성하는 관계 속에서 하나님의 성령이 몸(σῶμα)을 지니고 사는 신자의 일상생활의 모든 부분과 과정에 함께한다고 선언한다. 더욱이 우리가 이미 앞에서 언급했듯이 만약 신자들이 성령에 의해 거룩하게 구별되었다면 동료 그리스도인에게(6:1-8) 또는 자신의 몸에(6:9-19, 특히 18) 죄를 짓는 것은 바로 신성을 모독하는 것이다.[270] 마지막으로 εἰς τὸ ἴδιον σῶμα(18절)와 οὐκ ἐστὲ ἑαυτῶν(19절) 사이에는 의도적인 긴장 관계가 형성되어 있다.

ἔχετε ἀπὸ θεοῦ라는 어구는 타자(Other)이자 거룩한 존재(2:12에서 τὸ πνεῦμα τὸ ἐκ τοῦ θεοῦ 대한 주해 참조)인 성령의 초월적인 기원뿐만 아니라 하나님의 사랑에 기초하여 값없이 주어진 은사인 성령이 주어진 것을 강조한다. 은혜와 심판은 서로 밀접하게 연결되어 있다. 성령을 모독하는 것은 하나님의 은사를 무시하는 것이며, 하나님 자신으로부터 냉엄하고 두려운 심판을 불러오는 것이다. 스위트는 19절에 대해 다음과 같이 말한다. "전반적인 가르침은 분명하다. 곧 여러분은 성령의 내주하심으로 인해 하나님의 거룩한 성전이며, 따라서 성령과의 관계 속에서 거룩하다. 여러분과 성령의 관계가 여러분을 멸망에 이르게 하지 않도록 주의하라.…여러분의 몸은 성결케 되었다. [여러분의] 몸이 그것에 주어진 타당한 목적을 성취하게 하라. 그래서 하나님의 성전인 여러분의 몸으로 하나님께 영광을 돌리라."[271]

20절　　(1) 몇몇 후대 대문자 사본(C³, D² 및 몇몇 시리아어 역본)은 20절에 καὶ ἐν τῷ πνεύματι ὑμῶν ἅτινά ἐστι τοῦ θεοῦ를 첨가한다. 이 독법에 따라 AV/KJV

---

270) 참조. Thornton, *The Common Life in the Body of Christ,* 14-20 and 136-137. "일상생활에 신실하지 않은 것은…일종의 신성모독이다. 하나님 자신의 영의 성전이 세속의 영에 의해서 공격당하는 것이다. …그리스도인의 몸은 성령의 전이다. 따라서 그 몸을 남용하는 것은 일종의 신성모독이다"(같은 책, 14 및 15).

271) H. B. Swete, *The Holy Spirit in the NT* (London: Macmillan, 1909 and 1921), 181.

는 "여러분의 몸" 다음에 "그리고 여러분의 영으로, 그것들은 하나님의 것입니다"
를 첨가하여 번역한다. 하지만 이것은 바울의 σῶμα 사용이 전 인격체를 가리킨다
는 의미가 사라진 것을 보완하기 위한 후대의 금욕적·이원론적 시도를 반영한다.
따라서 더 짧은 독법(P⁴⁶, ℵ, A, B, C, D, Coptic, Irenaeus 등)이 원문일 것이다. (2) 위에
서 "따라서"로 번역된 불변화사 δή는 명령을 강화하는 기능을 한다. 그리스어 사본
과 라틴어 사본 간의 전달과 소통 과정에서 이 의미는 ἄραγε(이 단어도 논리적인 의미
에서 "따라서"를 뜻함)와 연결되어 있는 것처럼 보인다. 이 단어는 초기 단계에 ἄρατε
로 잘못 읽혔다(그리스어 대문자 Γ를 T로 잘못 읽는 것은 충분히 가능한 일이다). 이 독법이
라틴어로 번역되면서 "여러분의 몸으로 하나님에게 영광을 돌리고 [그것을] 드리
십시오"(*Glorificate et* portate *Deum in corpore vestro*)라고 번역되었다. 이 번역은 테르
툴리아누스가 마르키온이 이 구절을 언급한 것을 인용한 것과 키프리아누스와 암
브로시아스터의 글에서도 나타난다.[272]

　　다른 소유주로부터 노예를 산다는 개념은 그 원리를 실질적으로 예증
해주는 "여러분은 여러분 자신에게 속하지 않는다"는 표현으로부터 논리
적으로 따라온다. 따라서 γάρ는 앞 문장(또는 수사의문문)에 대한 설명을 제
시한다. 노예를 산다는 이미지는 기독교 신자들이 새 주인 또는 새 소유주에
게 속해 있다는 것을 뒷받침해준다. 그들은 반드시 주인 또는 소유주에게 모
든 것을 보고해야 한다. 콘첼만이 주장하듯이 주된 강조점이 바로 여기에
있다는 점은 타당하다. 하지만 데일 마틴의 철저하고 상세한 연구(1990년)
와 콤브의 보다 최근의 연구(1998년)의 관점에서 볼 때 이 이미지로부터 더
많을 것을 추론하기를 주저하는 캐제만의 입장은 잘못된 것이다.[273]

---

272) Metzger, *Textual Commentary* (2d ed.), 487.

273) Conzelmann은 "그 은유는 [자세하게] 전개되지 않았다"고 주장한다(Conzelmann, *1 Cor*,
　　113). 하지만 그 이유는 "분명히 바울이 도입하는 말이나 설명을 제시하지 않은 채 갑자기
　　그 이미지를 자기의 대화 안으로 끌어왔으며, 또한 그의 독자들은 어떤 사람이 그리스도
　　인이 된 것에 대한 이와 같은 종류의 언어 묘사에 이미 친숙해 있었기" 때문이다(Martin,
　　Slavery as Salvation, 63). Conzelmann이 Deissmann에게 호소하는 것은 시대에 뒤떨어
　　진 것이며 결점을 지니고 있다. 또한 그것은 구원론의 이미지의 중요성에 대한 그의 인식의
　　한계를 드러내는 것이다. 이 점에서 Martin은 자신의 연구의 표제어를 잘 선택했다. 또한
　　참조. Combes, *The Metaphor of Slavery in the Writings of the Early Church*, 77-94. 또한

다이스만은 노예제도에 대한 은유적인 묘사가 신학적·교리적 뉘앙스로 가득 차버려 "그것이 고대에 지니고 있던 중요한 의미가 모두 지워져버리는" 결과를 초래했다는 점을 최초로 주장한 인물이다. 그것은 "우리들 사이에서 단지 희미하게 이해될 뿐이다."[274] 그는 델포이와 다른 곳에 있는 천여 개의 비문을 탐구하여 노예제도와 노예해방에 대한 고대의 관습을 조명하고자 시도했다.[275] 델포이에서는 수많은 비문이 종종 영수증과 더불어 (예. τιμὰν ἀπέχει — 그가 대금을 받다) "아폴론은 Z의 값(예. τιμᾶς ἀργυρίου μνᾶν τριῶν — 은 므나 세 개의 값)을 치르고 Y에게서 X라고 불리는 노예를 샀다"는 형식을 따라 거래 당사자인 아폴론의 이름을 언급했다.[276] 얼핏 보면 다이스만의 패턴은 고전 1:20을 이해하는 데 중요한 단서를 제공해주는 것처럼 보인다. 그는 예를 들어 퓌스코스에서 아테나에게, 암피사에서 아스클레피오스에게, 코스에서 아드라스티아에게 노예를 "사고파는" 것을 언급한다.[277] 어떤 신이나 여신에게 값(τιμή; τιμῆς는 값을 나타내는 소유격, 더 오래된 방언은 τιμᾶς)을 지불하는 것은 노예를 위해 자유(델포이의 비문에는 ἐπ' ἐλευθερίαι)를 사는 것이었다. 다이스만의 연구는 진정으로 노예제도와 구매 가격의 연관성에 대해 조명해준다. 하지만 이 주제를 연구한 전문가들은 고전 6:20과 고전 7장의 관련 구절들을 자유를 위한 노예 해방의 문맥에 위치하는 다이스만의 견해에 점점 더 이의를 제기한다.

이 주제와 관련된 매우 방대한 연구뿐만 아니라 스코트 바치와 특별히 데일 마틴의 연구는 이 절에 새로운 빛을 비춘다. 첫째, 여기서 어떤 값을 포함한 매매 계약은 자유가 아니라 소유권의 이전을 발생시킨다. 마틴은 다음과 같이 주장한다. "대다수 학자는 사다(ἀγοράζειν)가 신성한 노예해방을 통해 노예에서 구속되는 것을 의미한다는 다이스만의 설명은 반드시 거

Bartchy, 각주 279에서 언급됨.

274) Deissmann, *Light from the Ancient East*, 319.

275) 같은 책, 321.

276) 같은 책, 323.

277) 같은 책, 322-332.

부되어야 한다는 데 동의했다. [다이스만이 제시하는 예들이 보여주듯이]
아고라제인이 아닌 프리아스타이가 이러한 계약에서 가장 흔하게 사용되는
단어다. 아고라제인은…어떤 소유주가 다른 소유주에게 노예를 일반적인
방법으로 파는 것을 가리킨다.…그리스도가 어떤 사람을 살 때 그 은유에서
구원과 관련된 요소는…(그리스도의 노예로서) 노예의 더 높은 차원을 가리
킨다."[278] 하지만 이 포인트는 우리가 두 번째 포인트를 확정짓기까지는 오
해의 소지를 남겨 둔다.

이제 노예제도에 대한 많은 저자들의 연구를 통해 두 번째 기본 원리
가 드러난다. 바치는 신성한 노예해방에 관한 비문에 대한 다이스만의 연
구는 고전 6:20과 7:22-23을 포함하여 구속에 관한 바울의 신학에 대해 우
리에게 아무것도 말해주지 않는다고 주장한다. 그것에 관해 알고 싶으면
우리는 히브리서와 유대교 전통에서 "야웨의 종들"이 무엇을 의미하는지
참조해야 한다.[279] 이것(우리의 두 번째 원리)에 대한 근거는 자유인, 해방 노
예, 노예 등의 상대적 지위가 이러한 범주 자체보다는 "그가 누구의 노예였
는지 아니면 누구로부터 해방된 자유민인지에 대한 질문"에 더 달려 있다
는 데 있다(강조는 원저자의 것임).[280] 데일 마틴도 동일한 강조점을 세부적으
로 논의한다. 그는 노예의 신분은 부분적으로 어떤 가정 안에서 각각의 노
예의 역할에 달려 있으며 매우 복합적이었다고 주장한다(육체 노동 또는 집
안의 잡일로부터 재산 관리에 이르기까지 그 가정 안에서 남자 또는 여자 노예의 역할은
다양했다. 심지어 어떤 노예는 자신이 다른 노예들을 소유하기도 했다). 또한 그는 노
예의 지위는 결정적으로 소유주의 인품, 신분, 영향력에 달려 있었다고 주
장한다.[281] 그리고 그는 비문에서 노예들이 "X의 노예"라는 신분을 언급하

---

278) Martin, *Slavery as Salvation*, 63; 참조. also xvi-xvii. Wolff, *Der erste Brief*, 131-132. 또한
    *Wolff*도 소유권이 바뀌는 것에 대해서 적절하게 강조하며 언급한다.
279) S. S. Bartchy, *Μᾶλλον χρῆσαι: First-Century Slavery and the Interpretation of 1 Cor. 7:21*,
    SBLDS 11 (Missoula: Scholars Press, 1973, rpt. 1985), 121-125.
280) G. E. M. de Ste Croix, *The Class Struggle in the Ancinent Greek World from the Archaic
    Age to the Arab Conquests* (Ithaca: Cornell University Press, 1981), 175.
281) Martin, *Slavery as Salvation*, 63.

고자 했던 점이 얼마나 중요했는지를 강조한다. 나아가 그는 "노예들과 노예 신분에서 해방된 자유민들은 사회의 후견 제도에서 높은 신분에 있는 어떤 사람과의 연관성을 강조하기 위해 기꺼이 이 신분을 포기할 수도 있었다"라고 말한다.[282] 이와 비슷하게 플로리는 노예의 신분이 "그 신분의 가치"를 나타내기 위해 비문에 기록되어 있었다고 믿는다.[283]

우리는 바로 이러한 관점에서 "그리스도의 종들"(7:22)과 "값을 치르고 사들였다"(6:20; "하나님의 종들", 벧전 2:16)를 이해해야 한다. 값을 나타내는 소유격 τιμῆς는 "값을 주고 샀다"(Moffatt, Martin), 또는 "상당한 값을 치르고 샀다"(REB, NIV, NJB)뿐만 아니라 "값을 지불하고"(NRSV, AV/KJV) 등으로 번역할 수 있을 것이다.[284] 이 비유적인 표현은 비록 **누구에게** 값을 치러야 하는지에 대해 추측하는 것을 요구하진 않지만, 값이라는 단어가 사용된 것에는 어떤 형태로든 비용이 암시되어 있다. 이 비유는 우선 새 소유주를 강조하고, 두 번째로는 새 소유주가 값을 치른 행위를 강조한다. 이 행위를 통해 신자는 이제 합법적인 계약에 기초하여 그 소유주에게 **속하게** 된다. 콜린스는 바울 당시의 세계에서 값을 치르는 것은 매매 계약을 완결하는 것이므로 그것은 매우 중요하다고 말한다.[285] 한편으로 이 노예(곧 기독교 신자)는 자신이나 또는 자신이 이전에 매여 있던 세력에 더 이상 속하지 않는다. 그리스도인은 이제 소속되었다는 것이 영예로움 그 자체이신 분께 속한다. 기원후 1세기 "훌륭한" 노예 소유주처럼 그리스도인의 새 소유주는 주인의 관심의 대상인 노예를 위해 의복, 주거, 음식을 비롯하여 전반적인 돌봄에 대한 책임을 받아들인다. 어떤 대상이 어떤 노예를 위해 이와 같은 책임을 떠맡는다면 그것은 그 노예에게 일종의 자유를 의미한다. 또 다른 한편으로 그 소유주는 그 노예를 값을 치르고 샀다. 따라서 그 소유주는

282) 같은 책, 47-48.
283) M. Flory, "Family in *Familia*: Kinship and Community in Slavery," *AJAH* 3 (1978): 80; 참조. 78-95.
284) Martin, *Slavery as Salvation*, 63.
285) Collins, *First Cor*, 249.

그 노예에 대한 권리를 지니고 있으며(참조. 6:12) 그에게서 충성, 신실, 성실, 순종을 기대한다. 또한 그 소유주는 자신이 이제까지 보여준 성품과 돌봄에 의거하여 그 노예가 온 마음으로 자신을 신뢰할 것을 기대한다.

그러므로 바이스는 그리스도를 주라고 부르는 것이 무엇을 의미하는지, "퀴리오스에 대한 신앙"이 무엇에 해당하는지는 "실제적인 의미에서… 그리스도의 '종' 또는 '노예'(롬 1:1; 고전 7:22-23; 갈 1:10; 빌 1:1; 골 4:12)의 상호 관계적인 개념을 통해 가장 명백하게 설명될 것이다"라고 주장한다.[286] 그의 시대에 앞서 바이스는 만약 존경이 어떤 위대한 "주인"에 대한 것이라면 동방과 히브리인들이 받아들이는 명예로운 주종관계에 비해 독자적인 자유에 대한 그리스인의 사랑을 과장해서 말하는 것에 주의할 것을 촉구한다. "바울은 고대 그리스와 동방의 정서가 서로 만나 섞여 있을 때 자신의 때를 맞이했다."[287] 그는 "주님을 섬기는 일"에 참여하는 것은 헬레니즘적 기독교 공동체 안에서 명예로운 것이라고 주장한다.[288] 바치와 마틴도 이 점을 인정한다. 마틴은 고전 7:22-23에 대한 이해는 "그리스도의 노예로서 신분이 향상되었다는 의미"에 달려 있다고 주장한다.[289] 노예 신분에 대한 철학적 함의에 대해 숙고한 고대 그리스의 저자들도 "소속된 것"은 "내면적인" 자유에 여지를 남겨놓을 수 있다고 주장했다. 소포클레스, 비온, 호라티우스, 에픽테토스, 그리고 특히 필론은 모두 이 점을 강조한다.[290] 따라서 7:22-23에 대해 마틴은 다음과 같이 결론짓는다. "바울의 관점에 의하면 노예는 자신의 현재 노예 상태에 대해 염려해서는 안 된다. 사실상 그는 단지 어떤 사람의 노예가 아니라 이전의 노예 상태에서 해방된 존재로서 그리스

---

286) Weiss, *Earliest Christianity*, 2:458.
287) 같은 책, 460.
288) 같은 책, 459, n. 9.
289) Martin, *Slavery as Salvation*, 64.
290) T. Wiedemann, *Greek and Roman Slavery* (London and Canberra: Groom Helm, 1981), 224-243. 이 책은 디온 크리소스토모스[15]에게서 발췌한 것도 포함하고 있다. 또한 참조. Horace, *Satirae*, 2.7.75-94; Seneca, *De Tranquillitate*, 10.3; *Epistulae* 47; *Beneficiis* 3.17.

도에게 속한 자유민이다."[291]

우리는 기원후 1세기의 노예 제도에 대한 풍요한 연구가 구약에서 물려받은 구속 신학 안에서 일종의 은유로서 기능하는 것을 무색하게 해서는 안 될 것이다. 슈라게는 ἀγοράζειν의 배후에 있는 히브리어 단어 פרה(파다)와 גאל(가알)에 관심을 기울인다.[292] 구속은 위험의 상태로부터 값을 치르는 행위를 통해 새로운 상태에 놓이게 하는 것이다. 이것은 과연 어떤 노예가 한 인격체로서 "권리"를 지니고 있는 인격체가 아니라 단지 소유물에 지나지 않는지에 대한 이슈를 제한해야 한다. 노예는 "물건(res)이었다. 소유주는 자신의 노예를 결박하고 고문하거나 죽일 수 있는 권한을 갖고 있었다."[293] 따라서 랍비 힐렐은 심지어 유대 사회 안에서도 여자 노예들을 지나치게 많이 소유하는 것은 그들의 몸을 착취하려는 유혹을 증대시킬 것이라고 경고했다. 왜냐하면 그 여자 노예들의 몸은 자기 자신의 소유가 아니었기 때문이다. 바울은 노예가 무슨 일이든지 할 수 있는 "권한"을 지니고 있다는 것을 인정하지 않는다(πάντα μοι ἔξεστιν, 6:12). 노예는 반드시 유용해야만 했다(συμφέρει, 6:12; 몬 11). 하지만 다른 한편으로 배려심이 많은 주인은 자신의 "소유물"을 돌보고 보호할 뿐만 아니라 적절한 상황에서 자기 노예를 온전히 신뢰받는 인격체로 대할 것이다. 어떤 곳에서 진정으로 미래의 올바른 주인을 발견할 경우 많은 사람들은 가난하고 착취당하고 박해받는 자유인의 상태보다 더 큰 안전, 자유, 지위를 위해 그 주인을 섬기는 데 자발적으로 자신을 팔아넘겼다.[294] 콤브가 상기시켜주듯이 우리는 (또다시) 은유의 언어를 다루고 있는 것이다. 진정으로 이 은유는 고대 사회와 바울 서신에서 "복합적인 용도"로 사용되고 있다.[295] 그러므로 그것은 하나의 가치 있는 자원이다. 하지만 사회생활에서 그것에 상응하는 것은 모든 면에서 매우

---

291) Martin, *Slavery as Salvation*, 64.
292) Schrage, *Der erste Brief*, 2:35-36.
293) 같은 책, xiii. 또한 일차적인 자료들에 대해서는 다음 연구서를 참조하라. Wiedemann, *Greek and Roman Slaves*, 167-188.
294) 이 주제는 7:21-24와 관련해서 더 자세하게 논의할 것이다.
295) Combes, *The Metaphor of Slavery*, 11-48; cf, also 49-84, 162-172.

세부적으로 강조되어야 한다.

5장과 6장의 후기 역사, 영향 및 수용과 관련된 주요 주제들

이 절들 중에서 어떤 부분들은 몇몇의 신학적인 주요한 논쟁들에 소재들을 제공해 주었다는 것을 입증해주었다. 다양한 신학적인 그룹들에 속하는 이들이 그 논쟁들에서 그 절들에 호소했다. 우리는 이 신학적인 경향들에 대해 수용의 긴 "역사"를 제시하기보다는 단순히 몇 가지 주제에 따라 선택적으로 언급하고자 한다. (1) 몸에 대한 바울의 언어는 몇몇 신학적인 그룹 안에서 금욕적인 관습들을 권장하는 것으로 이용되어왔다. 하지만 그것은 몸에 대한 부정적인 입장들을 논박하는 데 보다 더 자주 이용되어왔다. 테르툴리아누스는 플라톤의 이원론을 공격하기 위해 분명히 6:19에 기초하고 있다. 반면에 아우구스티누스는 마니교를 논박하는 그의 논쟁에서 기꺼이 해당 절들을 의존하고 있다. (2) 수 세기에 걸쳐 "순결한" 교회의 배타성 또는 혼합된 교회의 "경계선"의 위치에 대한 논쟁이 매우 민감하게 진행되어왔다. 도나투스파가 활발하게 활동하던 시기에 아우구스티누스는 이 절들을 사용하면서 이 이슈에 대해 설명했다. 16세기와 17세기에 루터, 칼뱅과 불링거는 "메노파"(Mennonites)에 속한 인물들 중에서 첫 번째 주요 인물인 디트리히 필립스와 맞섰다. 필립스는 "순결한" 교회는 세상으로부터 상당히 많이 물러나야 한다고 주장했다(두 신학적인 진영에 속한 많은 이들은 예를 들면 고전 5:5, 9-11; 6:9-11에 의존했다). (3) 죄와 부도덕에 대한 구절들, 특별히 누룩의 이미지(5:6-7)는 아우구스티누스, 루터와 다른 이들에게 광범위하게 퍼져나가는 결과들을 강조하는 자료를 제공해주었다. 그 결과들은 사람들과 제도들을 속박과 부패로 이끌 수 있다. 그럼에도 불구하고 6:12-15은 자제를 권면하는 근거들을 제공해준다. (4) "우리의 유월절 어린양 그리스도"(5:7-8)는 다양한 형태의 해석적인 논의 사항들 안에서 나타난다. 예를 들면, 구약성경의 사용에 대한 이슈들에서(테르툴리아누스), 또한 여기서 성찬과 관련된 언어 사용이 엄밀하게 적용되는지와 관련해서(토마스 아퀴나스), 아니면 상징이나 유비의 방법으로(츠빙글리) 다양하게 나타난다.

몸

테르툴리아누스는 다음과 같이 말한다. "플라톤의 사상에서 몸은 진정으로 일종의 감옥이다. 하지만 사도 [바울]의 표현에 의하면, 그것은 바로 '하나님의 성전'이다. 왜냐하면 그리스도인의 몸은 그리스도 안에 있기 때문이다"(고전 6:19; 참조. 3:16).[296] 크리소스토모스는 6:12-13이 몸에 대해서가 아니라, 오히려 마음으로 몸을 억제시키지 못하는 것에 대해 비판하는 것이라는 점을 입증하려고 애쓴다. 곧 "그[바울]는 '나는 몸에 책임이 있다'는 것이 아니라, 마음 안에 억제력이 매우 부족하다는 점을 비판하는 것이라고 말한다." 따라서 그는 이렇게 선언한다. "이제 몸은…주님을 위한 것이다. 왜냐하면 그것은 성적인 부도덕을 위해…또는 탐욕을 위해 지어진 것이 아니라, 오히려 머리인 그리스도를 따르기 위해 지음을 받았기 때문이다. 그러므로 주님이 몸을 다스리게 하라."[297] 키프리아누스는 6:20에서 몸에 대한 바울의 긍정적인 견해에 다음과 같이 관심을 기울인다. "하나님에게 영광을 돌립시다. 보다 더 온전한 순종과 더불어 그분께 순결하고 흠 없는 몸…그분이 거주하시는 집을 지닙시다."[298] 오리게네스는 6:13에 근거해서 몸의 거룩함을 다음과 같이 강조한다. "μὴ νομίσῃς ὅτι τὸ σῶμα γέγονε δεὰ συνουσιασμόν … ἵνα ναὸς ᾖ τῷ κυρίῳ, 곧 몸은 주님을 위한 성전이다. 따라서 우리는 몸을 세상적인 것과 습관적으로 친밀하게 지내게 해서는 안 된다."[299] 우리는 이 주해들을 5:3-5에 대한 기원후 2세기의 다음과 같은 영지주의적인 "해석"과 대조할 수 있을 것이다. 그 해석에 의하면, 바울은 "신령한"(πνευματικός) 존재이므로, 그는 몸이 아니라 영 안에서 함께 한다는 것이다. "그는 몸과 그것의 관심사와는 구별된 채 살고 있다."[300] 이와 비슷하게 바울은 "신령한 사람들"에게 다음과 같이 말한다. "모든 것은 허용되었다"(6:12). 진정으로 그들은 통치권을 지니고 있다(6:2-3). 그들은 몸과 관련된 것들을 하찮게 여길 수 있다. "성적인 결합"(6:13-15, 17-21)은 "영적인 관계"에 대한 일종의 알레고리다.[301] 마니

---

296) Tertullian, *Treatise on the Soul*, 54:5.

297) Chrysostom, *1 Cor. Hom.*, 17.1.

298) Cyprian, *The Dress of Virgins*, 2.

299) Origen, Fragment on 1 Cor 6:13; in Jenkins (ed.), *JTS* 9:370.

300) 참조. *Excerpta ex Theodoto*, 67:1. Pagels, *The Gnostic Paul*, 65에 인용되어 있음.

301) Irenaeus, *Against Heresies*, 1:21; 5; 22:3, 24:4-5; 25:4-5에 인용됨. 또한 *Excerpta ex*

교를 논박하는 자신의 저서에서 아우구스티누스는 테르툴리아누스가 말한 것과 거의 똑같이 말한다. "당신은 하나님의 성전을 모독한다. 당신은 그것을 사탄[영지주의주의의 데미우르고스]이 지은 것일 뿐만 아니라 하나님의 감옥[플라톤주의와 신플라톤주의]이라고 부른다. 반면에 사도 바울은… '여러분의 몸은 여러분 안에 살고 계신 성령의 성전이라는 것을 알지 못합니까?'라고 말한다"(6:19; 참조. 3:17).[302] 마니교를 논박하는 자신의 저서 『교회의 도덕』(*Morals of the Church*)에서 아우구스티누스는 6:12-20과 7:1-7 전체를 인용하며 결혼을 포함해서 일상생활에서 하나님이 베푸신 은사들의 유익함을 구체적으로 입증해준다.[303]

"순결한" 교회 또는 혼합된 교회

교부 시대의 한 가지 강력한 전통은 다양한 측면에서 5:2-4의 바울의 책망에 초점을 맞추고 있다. 암브로시아스터는 근친상간 죄를 범한 자를 "지지하는" 이들도 "결백하지 않다"고 단언한다.[304] 크리소스토모스는 바울이 교회에게 즉각적인 추방 이외에 다른 가능한 절차를 허락하지 않는다고 주장한다.[305] 그렇게 하지 않으면 누룩과 마찬가지로 관용은 파괴적인 결과들을 낳을 것이다. 이그나티오스는 "가정을 더럽히는 이들(οἱ οἰκοφθόροι)은 하나님의 나라를 물려받지 못할 것이다"(5:6, 7; 6:9)라고 강조한다.[306] 하지만 교부시대의 저자들 중에서 주류에 속하는 아우구스티누스는 이해할 수 있는 제한된 범위 안에서 또한 "혼합된" 교회가 실질적으로 존재한다는 것을 믿는다. 그는 도나투스파의 엄격한 배타주의에 대해 말하면서 그들이 자신들의 지지자로 내세우는 인물 키프리아누스도 현실주의자의 견해를 주장했다고 지적한다. 하나님의 심판의 실재에 대한 바울의 관점에 자신이 동의한다는 것을 입증하기 위해 아우구스티누스는 6:9-10을 인용한다. "하지만 우리는 하나의 교회에 속한 그리스도인이라는 것을 사실 이상으로 묘사해서는 안 된다. 단순히 그 교회에 속한

Theodoto, 52:1-2; Pagels, *The Gnostic Paul*, 65-68.

302) Augustine, *Reply to Faustus the Manichaean*, 20:15.

303) Augustine, *On the Morals of the Church*, 35:78.

304) Ambrosiaster, *Commentary*, CSEL 81:52에서 인용함.

305) Chrysostom, *1 Cor. Hom.* 15:3.

306) Ignatius, *To the Ephesians*, 16:1.

그리스도인이기 때문에 그가 죄에 대한 벌을 받지 않는다고 약속해서는 안 된다.”
다시 말해 교회 안에는 여전히 죄가 있으며, 그것을 전적으로 피할 수 없다.[307]
5:11의 바울의 경고에도 불구하고 “키프리아누스는 종종 고리대금업자, 반역자, 사
기꾼과 강도 등이었다가 신자가 된 사람들이 하나님의 제단과 교제하는 것을 허
용했다.…이것이 어떤 방법으로 지지받을 수 있는지에 대해 충분히 설명했다.”[308]
6:10을 인용하면서 아우구스티누스는 교회 안에서 많은 교인들이 하나님의 표준에
미치지 못한다고 시인한다. 하지만 키프리아누스는 불쌍히 여기며 그들에게 인내했
으며, 이와 마찬가지로 바울도 “사랑으로…그릇된 성향을 지니고 자기를 시기하던
사람들에게 인내했다.…교회 안에서 밀과 가라지가 함께 자라고 있다.”[309] 일단 우
리가 사람들을 교회에서 내쫓는다면 그것의 결말은 어디일까?[310]

    종교개혁과 그 이후의 시대는 이 이슈와 관련해서 보다 더 분명한 평행 그림
을 보여준다. 디트리히 필립스(1560년경)는 다음과 같은 그의 과격한 견해를 지지
하기 위해 5:13을 인용한다. “만약 죄를 범하는 지체들이 제거되지 않는다면, 몸 전
체가 망가질 것이다. 만약…범죄자들이 출교되지 않는다면, 신앙 공동체 전체가
오염될 것이다(고전 5:13; 살전 5:14).”[311] 필립스의 저작을 편집한 윌리엄스는 “루터
파 안에서…멜란히톤이 차지하고 있는 것에 비교될 수 있는 위치를 필립스가 메
노파 안에서 차지하고 있다”고 묘사한다.[312] 하지만 고전 5:13을 그와 같이 사용하
는 것은 약 십 년 전에 하인리히 불링거가 『거룩한 보편 교회』(*Of the Holy Catholic
Church*)에서 그 절을 사용한 것과 상당히 거리가 있다. 5:11을 인용하면서 불링거
는 교회 안에서 권징의 필요성을 시인한다.[313] 그럼에도 불구하고 “성도들도 사실

---

307) Augustine, *On Baptism, Against the Donatists*, 4:19-27(기원후 400년경).
308) 같은 책, 7:45:89(NPNF, 4:510의 번역에 기초함).
309) 같은 책, 4:11.
310) Augustine, *Letters of Petilian the Donatist*, 2:10-24: What kind of people remain?
311) Dietrich Philips, *The Church of God, 2: Seven Ordinances of the True Church from
Enchiridion*, rpt. in C. H. Williams (ed.) *Spiritual and Anabaptist Writers*, LCC 25
(London: SCM, 1957), 254.
312) Philips, in Williams (ed.), *Spiritual and Anabaptist Writers*, 226.
313) H. Bullinger, *Of the Holy Catholic Church* (c. 1549-51), in G. W. Bromiley (ed.), *Zwingli
and Bullinger*, LCC 24 (London: SCM, 1953), 297.

상 죄를 짓거나 실족한다. 하지만 그들은 그리스도를 전적으로 버리지 않는다.…
베드로도 주님을 부인했다.…우리는 교회라고 일컬어지는 자들이 모두…당장
에 교회가 아니라는 보편적이고 정통한 의견에 동의할 수 있다."[314] 왜냐하면 "하
나님의 나라는 선하고 악한…온갖 종류의 것들을 낚아 올리는 그물과 같기 때문
이다." 장 칼뱅은 그의 고린도전서 주석뿐만 아니라 『기독교 강요』에서 이 장들과
관련된 이슈에 대해 신중하고 균형 있는 입장을 취하고 있다.[315] 설령 마 13장이
관용을 요구한다 하더라도, 고전 5:11-12은 그것에 대한 한계를 설정해준다. 그리
고 "목회자들이 언제나 깨어 있는 것은 아니다"(5:2-4). 그럼에도 불구하고 "심지
어 선한 사람들도 종종 의로움에 대한 분별력이 없는 열심에 영향을 받기도 한다."
이것은 "참된 거룩함 그 자체보다 오히려 거룩함에 대한 그릇된 생각…지나치게
까다로운 태도"에 의해 생겨날 수 있다.[316]

죄의 본성과 영향

누룩의 이미지(5:6)와 매우 강력한 경고들(5:1, 5, 9-11; 6:9, 10, 15-18)은 죄에 대해 강력
한 세력으로서 인류를 속박 상태로 몰아넣을 수 있는 것으로 인식하는 저자들에게
논쟁 자료를 제공해준다. 오리게네스는 5:1의 암시에 기초해서 사악함은 다양한 등
급을 지니고 있다고 강조한다.[317] 암브로시아스터는 누룩을 전 인격을 타락으로 이
끄는 것을 상징하는 것으로 인식한다.[318] 루터는 고전 5장(특히 5:6)을 롬 6:6; 7:13;
8:2와 연결시켜 다루면서 죄는 "언제나 탐욕적이다"(곧 잘못된 욕망으로부터 직접적으
로 비롯된다)라고 주장한다. 또한 죄는 어떤 대상들을 곧 불에 휩싸이게 하는 어떤 "세
력" 또는 "불쏘시개"에 해당한다는 것이다. 죄는 "머리털을 완전히 밀어버리는 것
과 같이" 다룰 수 없다. 그것은 "곧 다시 자라난다." 하지만 "하나님의 은사(gift)는…
그 뿌리를 없애버린다"(참조. 5:7-8; 6:19-20).[319] 또한 6:3도 초기의 많은 주석가들이

---

314) 같은 책.

315) 그 이슈는 칼뱅의 『기독교 강요』 4:1:7-22에서 다루어진다.

316) 같은 책, 4:1:16 (Beveridge ed., London: James Clarke, 1957, 2:294).

317) Origen, *Fragments*, in Jenkins (ed.), *JTS* 9:263.

318) Ambrosiaster, *Commentary on 5:6*, in CSEL, 81:56-57.

319) Luther, *Answer to Latomus*, WA, 8:109-110; J. Atkinson (ed.), *Luther: Early Theological*

죄를 사악한 우주적인 세력으로 해석할 여지를 마련해준다. 그들은 여기서 언급되는 천사들을 타락한 악한 천사들로 간주한다. 교부들 중에서는 크리소스토모스, 테오필락투스, 테오도레토스 등이 이 견해를 채택한다. 중세 시대에는 토마스 아퀴나스, 종교개혁 시대에는 에라스무스, 칼뱅, 베자와 그 후에 벵엘 등이 이 해석을 채택한다.[320]

우리의 유월절 어린양 그리스도(5:7)

이 구절에 대한 해석과 관련해서 몇몇 다양한 이슈들이 나타난다. 테르툴리아누스는 구약성경과의 연속성을 매우 강조한다. (마르키온의 견해를 반대하면서) 유월절뿐만 아니라 율법의 역할(레 18장; 참조. 6:9-11)과 주의 날에 대한 언급 등이 모두 고전 5-6장에서 이 연속성을 확인한다.[321] 알렉산드리아의 클레멘스는 유월절 이미지를 통해 표현된 새로운 생명을 강조한다.[322] 토마스 아퀴나스는 5:7을 인용하며 다음과 같이 말한다. "유월절 어린양은 세 가지 측면에서 이 성례(곧 성만찬)를 미리 보여주었다(praefigurabat hoc sacramentum).…모든 회중이…그것을 누룩 없는 떡과 같이 먹었다.…바로 유월절 어린양의 피를 통해 이스라엘 자손은 멸망의 천사로부터 자신들의 목숨을 건졌다.…이런 이유에서 유월절에 보존된 생명은 이 성례에 대한 탁월한 모형 또는 비유로 여겨진다(ponitur figura sacrament praecipua agnus paschalis)."[323] 츠빙글리도 동일한 절(5:7)에 대해 말하면서 다음과 같이 주해한다. "유월절 어린양"은 진정으로 "주님의 유월절"을 나타낸다. 하지만 후대에 유월절을 기념하는 것은 첫 번째 유월절 사건에 대한 하나의 "비유"(figure)에 지나지 않는 것과 마찬가지로, 주의 만찬도 더 이상 유월절 어린양 그 자체가 아니다. 츠빙글리는 5:7이 고전 11장과

Works, LCC 16 (London: SCM, 1962), 353.

320) 예를 들면, Chrysostom, 1 Cor. Hom., 16:5; Theodoret, Opera Omnia: Interp. ep. 1 ad Cor., 195A (Migne, PG, 82:265A, 266A); Erasmus, Periphrasis in Ep. Pauli, ad Cor. 1, 875B; Calvin, First Epistle, 119l Bengel, Gnomon, 625.

321) Tertullian, Against Marcion, 5:7.

322) Clement, Stromata, 3:40-5.

323) Thomas Aquinas, Summa Theologiae, 3a, Q. 73, art. 6 (reply) in Blackfriars ed. (London: Eyre & Spottiswood), vol. 58; Eucharistic Presence, 23.

마 26장에 대한 자신의 이해를 뒷받침해준다고 주장한다. 또한 그 논리는 동일한 것에 대한 정체성의 확인이 아니라 "비유적인 또는 은유적인" 것이라고 말한다.[324] 이제 성찬과 관련된 다양한 이슈들이 제기되었다. 하지만 그 이슈들은 고전 5장에서 바울이 제시하는 범위에 한정되어 있지 않다.

여기서는 지면 관계상 다른 많은 이슈들을 다룰 수 없다.[325]

---

324) Zwingli, *On the Lord's Supper*, in Bromiley (ed.), *Zwingli and Bullinger*, 226-227.
325) *Biblia Patristica*(6 vols.)에 광범위한 자료들이 수록되어 있다. 또한 참조. L. Vischer, *Die Auslegungsgeschichte von 1 Kor 6:1-11*. 또한 Lampe, *A Patristic Greek Lexicon*에서도 관련 자료들이 언급되어 있다.

IV. 결혼 및 관련 이슈들과 우상과 관련된 질문에 대한 답변(7:1-11)

7:1-11:1에서 바울의 어조는 5:1-6:20의 어조와 현저하게 다르다. 앞 두 장에서 다룬 윤리적 불법 행위는 명백하다. 더욱더 심각하게도 고린도의 신앙 공동체는 심지어 그것에 대한 바울의 의견을 받아들이려는 증거를 전혀 보여주지 않는다. 앞 장들에서 바울의 어조는 깊은 실망감과 분개심을 드러낸다. 따라서 바울은 계속해서 "여러분은…알지 못합니까?"라는 질문을 반복한다. "[바울의] 대처 방법은 직접적이며 일방적이다. 옳고 그른 것이 모두 명확하다. 그는 고린도 교인들이 행한 과거의 행위를 정죄한다.…전반적으로 그는…자신을 대변한다. 그는 논의하거나 설득하려고 하지 않는다."[1] 하지만 7:1-11:1의 어조는 이와 전혀 다르다.

고린도 교인들의 질문에 대한 바울의 답변은 이른바 회색 지대와 관련된 것이다. 그것은 구체적이며 다양한 요소와 상황에 대해 목회적인 측면에서 극도의 예민성을 요구한다. "이전 편지"(5:9, Ἔγραψα ὑμῖν ἐν τῇ ἐπιστολῇ …)와 고린도 교인들이 바울에게 보낸 편지(7:1, περὶ δὲ ὧν ἐγράψατε …)는 어떤 성경학자들이 주장하듯이 단지 가설에 지나지 않는 것이 아니라 이 편지의 텍스트에서 직접적인 증거가 발견된다. 마거릿 미첼은 과연 여기서부터 "고린도전서의 구조가 단순히 고린도 교인들이 바울에게 보낸 편지를 반영하는지", 또 περὶ δέ가 매번 περὶ δὲ ὧν ἐγράψατε를 암시하는지(7:1, 25; 8:1;

---

1)   Hurd, *Origin of 1 Corinthians*, 82; 참조. 75-94.

12:1; 16:1, 12)에 대해 의문을 제기하는데, 그의 의문은 타당하다.[2] 미첼은 해당 주제가 저자뿐 아니라 독자들에게도 이미 잘 알려진 것이라는 유일한 단서와 함께 περὶ δέ라는 표현은 단순히 새로운 주제를 알리는 "주제 표시"의 역할을 한다고 주장한다. 그럼에도 7:1-11:1이 한 단원으로서 고린도 교인들이 보낸 편지에 대한 답변에 해당한다는 데는 의심의 여지가 거의 없다. 이것에 대한 세부적인 논의와 관련하여 우리는 독자들에게 본 주석서의 서론 94-101과 허드의 주장들과 일반적인 판단기준을 참고할 것을 권한다.[3]

    이 중요한 단원의 주된 강조점은 회색 지대에 속한 난제에 대한 바울의 목회적 민감성이다. 특별히 최근에 글래드는 바울이 윤리적 결정에 영향을 미칠 수 있는 다양한 목회적 상황에 적절하게 적응할 필요성이 있음을 인식했다는 점을 설득력 있게 주장했다. 예를 들어 바울은 단순히 "강한 사람들"과 "약한 사람들"을 고정 관념을 갖고 바라보지 않는다. 글래드는 이 용어들이 모든 그룹에 속한 사람들의 다양한 기질과 성향을 가리키는 것으로 이해한다. 그들의 영성과 생활 방식은 다른 사람들이 기대하는 것에 따라 어떤 획일적인 방법으로 강요되어서는 안 된다.[4] 바울은 "연약한 사람들"(9:22)을 포함하여 기꺼이 "모든 사람들에게…모든 것이 되고자 했다." 목회자 바울의 이러한 측면은 사람들이 흔히 그에 대해 생각하는 모습과는 매우 다르다.

A. 가정과 관련된 이슈들: 결혼, 신분, 독신, 과부(7:1-40)

결혼, 독신, 과부에 대한 참고문헌(7:1-16, 25-40)

Achelis, H., *Virgines Subintroductae. Ein Beitrag zum VII Kapitel des 1 Kor* (Leipzig: Hinrichs, 1902).

---

2) M. M. Mitchell, *Paul and the Rhetoric of Reconciliation,* 190-191. 특히 다음을 보라. "Concerning περὶ δέ in 1 Corinthians," 229-256.

3) Hurd, *Origin of 1 Corinthians,* 특히 61-71.

4) Clarence, E. Glad, *Paul and Philodemus: Adaptability in Epicurean and Early Christian Psychology,* NovTSup 81 (Leiden: Brill, 1995).

Allmen, J. von, *Pauline Teaching on Marriage* (London: Faith Press, 1963).

Balch, D. L., "Background of 1 Cor. 7: Sayings of the Lord in Q: Moses as an Ascetic θεῖος ἀνήρ in II Cor. iii," *NTS* 18 (1971–72): 351–364.

_____, "1 Cor. 7:32–35 and Stoic Debates about Marriage, Anxiety and Distraction," *JBL* 102 (1983): 429–439.

_____, "Household Codes," in D. E. Aune (ed.), *Greco-Roman Literature and the NT: Selected Forms and Genres*, SBL Sources 21 (Atalanta: Scholars Press, 1988), 25–50.

_____, *Let Wives Be Submissive: The Domestic Code in 1 Peter*, SBLMS 26 (Chicago: Scholars Press, 1981).

Baltenweiler, H., *Die Ehe im NT* (Zürich and Stuttgart: Zwingli, 1967).

Barré, M. L., "To Marry or to Burn: pyrousthai in Cor 7:9," *CBQ* 36 (1974): 193–202.

Baumert, N., *Ehelosigkeit und Ehe im Herrn: Eine Neuinterpretation von 1 Kor 7*, FB 47 (Würzburg: Echter, 1984).

Best, B., "1 Cor. 7:14 and Children in the Church," *IBS* 12 (1990): 158–166.

Blue, B. B., "The House Church at Corinth and Lord's Supper: Famine, Food, Supply and the Present Distress," *Criswell Theological Review* 5 (1991): 221–239.

Brown, C., "Separate: Divorce, Separation, and Remarriage," in C. Brown (ed.), *NIDNTT*, 3 (Grand Rapids: Zondervan, 1978), 535–543.

Brown, Peter, *The Body and Society: Men, Women and Sexual Renunciation in Early Christianity* (New York: Columbia University Press, 1988).

Bruns, B., "'Die Frau hat über ihren Leib nicht die Verfügungsgewalt, sondern der ...'. Zur Herkunft und Bedeutung der Formulierung in Kor 7:4," *MTZ* 33 (1982): 177–194.

Byrne, B., *Paul and the Christian Woman* (Collegeville, Minn.: Liturgical Press, 1989).

Cartlidge, D. R., "1 Cor. 7 as a Foundation for a Christian Sex Ethic," *JR* 55 (1975): 22–234.

Cha, J.-S., "The Ascetic Virgins in 1 Cor 7:25–38," *Asia Journal of Theology* 12 (1998): 89–117.

Collins, R. F., *Divorce in the NT* (Collegeville: Liturgical Press, 1992).

_____, "The Unity of Paul's Paraenesis in 1 Thess 4:3–8 and 1 Cor 7:1–7," *NTS* 29 (1983): 420–429.

Countryman, L. W., *Dirt, Greed and Sex: Sexual Ethics in the NT and Their Implications for Today* (Philadelphia: Fortress, 1988).

Deidun, "Beyond Dualism: Paul on Sex, Sarx and Soma," *Way* 28 (1988): 195–205.

Delling, G., *Paulus' Stellung zu Frau und Ehe*, BWANT 4/5 (Stuttgart: Kolhammer, 1931).

Deming, W., *Paul on Marriage and Celibacy: The Hellenistic Background of 1 Cor 7*, SNTSMS 83 (Cambridge: Cambridge University Press, 1995).

Derrett, J. D. M., "The Disposal of Virgins," *Man* 9 (1974): 23–30.

Dungan, D. L., *The Sayings of Jesus in the Churches of Paul* (Oxford: Blackwell, 1971), 83–89.

Elliott, J., "Paul's Teaching on Marriage in 1 Cor: Some Problems Considered," *NTS* 19 (1972-73): 219-225.

Fee, G. D., "1 Cor. 7:1 in the NIV," *JETS* 23 (1980): 307-314.

Ford, J. M., "St. Paul the Philogamist (1 Cor vii un Early Patristic Exegesis)," *NTS* 11 (1964-65): 326-348.

Garland, D. E., "The Christian's Posture Toward Marriage and Celibacy: 1 Cor. 7," *RevExp* 80 (1983): 351-362.

Genton, P., "1 Cor. 7:25-40. Notes exégetiques," *ETR* 67 (1992): 249-253.

Greeven, H., "Ehe nach dem NT," *NTS* 15 (1968-69): 365-388.

Gundry-Volf, J. M., "Celebrate Pneumatics and Social Power: On the Motivation for Sexual Asceticism in Corinth," *USQR* 48 (1994): 105-126.

Heth, W. A., "The Changing Basis for Permitting Remarriage after Divorce for Adultery: The Influence of R. H. Charles," *TrinJ* 11 (1990): 143-159.

_____, "The Meaning of Divorce in Matt 19:3-9," *Churchman* 98 (1984): 136-152.

_____, and G. J. Wenham, *Jesus and Divorce: The Problem with the Evangelical Consensus* (London: Hodder & Stoughton, 1984; and Nashville: Nelson, 1985).

Hierzenberger, G., *Weltbewertung bei Paulus nach 1 Kor 7:29-31. Eine exegetische kerygmatische Studie* (Düsseldorf: Patmos, 1967).

Horsely, R. A., "Spiritual Marriage with Sophia," *VC* 33 (1979): 30-54.

Kelly, K. T., "Divorce and Remarriage," in B. Hoose (ed.) *Christian Ethics* (London: Cassell, 1998), 248-265.

Kubo, S., "1 Cor vii: 16: Optimistic or Pessimistic?" *NTS* 24 (1978): 539-544.

Kugelmann, R., "1 Cor. 7:36-38," *CBQ* 10 (1948): 63-71.

Laney, J. C., "Paul and the Permanence of Marriage in 1 Cor. 7," *JETS* 25 (1982): 283-294.

Legrand, L., *The Biblical Doctrine of Virginity* (London: Chapman, 1963).

León-Dufour, X., "Du bon usage de ce Monde: 1 Cor, 7:29-31," *ASeign* 34 (1973): 26-31.

MacDonald, M. Y., "Early Christian Women Married to Unbelievers," *SR* 19 (1990): 221-234.

_____, "Women Holy in Body and Spirit in the Social Setting of 1 Cor 7," *NTS* 36 (1990): 161-181.

Marrow, S. B., "Marriage and Divorce in the NT," *ATR* 70 (1988): 3-15.

Meeks, W. A., *The Moral World of the First Christian* (Philadelphia: Westminster, 1986).

Merklein, H., " 'Es ist gut für den Menschen eine Frau nicht anzufassen,' Paulus and Sexualität nach 1 Kor 7," in *Studien zu Jesus und Paulus,* WUNT 43 (Tübingen: Mohr, 1987), 385-408; also in G. Dautzenberg (ed.), *Die Frau im Urchristentum* (Freiburg: Herder, 1983).

Mitchell, M. M., "Concerning περὶ δέ in 1 Cor," *NovT* 31 (1989): 229-256.

Moiser, J., "A Re-Assessment of Paul's View of Marriage with Reference to 1 Cor 7," *JSNT* 18 (1983): 103-122.

Murphy-O'Connor, J., "The Divorced Woman in Cor. 7:10-11," *JBL* 100 (1981): 601-606.

Niederwimmer, K., "Zur Analyse der asketischen Motivation in 1 Kor 7," *TLZ* 99 (1974): 241-248.

Osiek, C., "First Cor 7 and Family Questions," *BibTod* 35 (1997): 275-279.

Oster, R. E., "Use, Misuse and Neglect of Archeological Evidence in Some Modern Works on 1 Cor (1 Cor. 7:1-5; 8:10; 11:2-16; 12:14-26)," *ZNW* 83 (1992): 52-73.

Pagels, E. H., "Paul and Woman: A Response to Recent Discussion," *JAAR* 42 (1974): 538-549.

Petermann, G. W., "Marriage and Sexual Fidelity in the Papyri, Plutarch, and Paul," *TynBul* 50 (1999): 163-172.

Phipps, W. E., "Is Paul's Attitude toward Sexual Relations Contained in 1 Cor. 7:1?" *NTS* 28 (1982): 125-131.

Pomeroy, S. B., *Goddesses, Whores, Wives and Slaves: Woman in Classical Antiquity* (New York: Schocken, 1975).

Richardson, P., " 'I Say, Not the Lord': Personal Opinion, Apostolic Authority and the Development of the Early Christian Halakah," *TynBul* 31 (1980): 65-86.

Rousselle, A., "Body Politics in Ancient Rome," in P. S. Pantel (ed.), *A History of Women in the West* (Cambridge, Mass.: Harvard, 1992), 296-336.

Ruether, R. R., "Is Celibacy Eschatological?: The Suppression of Christian Radicalism," in *Liberation Theology: Human Hope ...* (New York: Paulist Press, 1972), 51-64.

Schrage, W., *The Ethics of the NT* (Eng. trans., Edinburgh: T. & T. Clark and Augsburg: Fortress, 1988), 91-98.

_____, "Zur Frontstellung der paulinischen Ehebewertung in I Kor 7:1-7," *ZNW* 67 (1976): 214-234.

_____, "Die Stellung zur Welt bei Paulus, Epiktet und in der Apokalyptik: Ein Beitrag zu 1 Kor 7:29-31," *ZTK* 61 (1964): 125-154.

Scroggs, R., "Paul and the Eschatological Woman," *JAAR* 40 (1972): 283-303.

Tuckett, C. M., "1 Cor and Q," *JBL* 102 (1983): 607-619.

Ward, R. B., "Musonius and Paul on Marriage," *NTS* 36 (1990): 281-289.

Weder, H., "Perspektive der Frauen?" *EvT* 43 (1983): 175-178.

Willi, H.-U., "Das Privilegium Paulinum (1 Kor 7:15-16) – Pauli eigene Lebenserinnerung?" *BZ* 22 (1978): 100-108.

Wimbush, V. L., "The Ascetic Impulse in Ancient Christianity," *TTday* 50 (1993): 417-428.

_____, *Paul, the Worldly Ascetic: Response to the World and Self-Understanding according to 1 Cor. 7* (Macon, Ga.: Mercer, 1987)

Winter, B. W., "1 Cor 7:6-7: A Caveat and a Framework for 'the Sayings' in 7:8-24," *TynBul* 48 (1997): 57-65.

_____, "Secular and Christian Responses to Corinthian Famines," *TynBul* 40 (1989): 86-106.

Witherington, B., *Conflict and Community in Corinth* (Grand Rapids: Eerdmans, 1995), 170-185.

_____, *Women in the Earliest Churches*, SNTSMS 59 (Cambridge: Cambridge University
        Press, 1988 and 1991), 24-42.

Wolbert, W., *Ethische Argumentation und Paränese in 1 Kor 7* (Düsseldorf: Patmos, 1981).

Working Party Document, *Marriage in Church after Divorce: A Discussion Document
        Commissioned by the House of Bishops of the Church of England* (London: Church
        House Publishing, 2000).

Yarbrough, O. L., *Not like the Gentiles: Marriage Rules in the Letters of Paul*, SBLDS 80
        (Atlanta: Scholars Press, 1985).

Zimmermann, M. and R., "Zitation, Kontradiktion oder Applikation? Die Jesuslogien in 1
        Kor 7:10-11 und 9:14," *ZNW* 87 (1996): 83-100.

이 절들에 대한 현대 문헌은 범위와 분량에 있어 매우 방대하다. 윌 데밍은
1995년까지의 문헌에 대한 유익한 개관을 제공해주었다. 그는 사실상 문
헌 전반에 대해 비판적이며 접근 방법에 대한 주된 유형들을 간략하게 논평
한다.[5] 우리는 데밍의 접근 방법을 간략하게 소개하고 나서 두세 가지 접근
방법을 선별하여 소개하고자 한다.

　(a) 데밍(1995년)은 바울의 주장들을 스토아학파의 주장들과 밀접하
게 연결하면서 현대 학자들의 연구 이전까지의 사상사에서 오직 알렉산드
리아의 클레멘스와 휴고 그로티우스만 이 관계를 탐구했다고 지적한다.[6]
데밍은 "스토아학파와 견유학파의 결혼에 대한 논쟁"을 이 이슈의 배경으
로 삼는데, 논쟁 전반에 전제된 원리는 결혼은 남자에게 막중한 책임을 지
운다는 "자유 그리스 사회의 기본 전제"였다.[7] 아버지, 가장, 시민으로서의
다양한 책임은 결혼한 남자가 자기가 속한 도시 또는 마을의 사회적·정치
적·경제적 삶에서 활발하게 활동해야 한다는 것을 요구했다. 이 구조 안에
서 스토아학파의 전통은 사회의 행복과 특히 안정에 기여하는 결혼을 긍정
적으로 인식했다. 견유학파의 전통도 이 원리를 인정했다. "하지만 스토아
학파의 전통주의와는 대조적으로 견유학파는 고대 그리스 도시-국가의 중

---

5)　Deming, *Paul on Marriage and Celibacy: The Hellenistic Background of 1 Corinthians 7*,
　　5-49.
6)　같은 책, 6.
7)　같은 책, 52.

요성을 부인하면서 그 대신 철저한 코즈모폴리터니즘을 장려했다. 그들은 결혼, 가정, 도시-국가라는 사회적인 구조들은 신의 의도가 아니라 단지 인간의 관습에서 비롯된 것이라고 주장하면서 그 구조 대신 개인주의를 요구했다."[8]

우리는 이 사고 구조 안에서 바울의 모호한 자세인 것처럼 보이는 것 또는 적어도 "만약"과 "그러나"와 더불어 어떤 긍정적인 자세를 수식하는 것을 이러한 스토아학파와 견유학파 간의 논쟁을 언급하는 헬레니즘과 로마 저자들의 글에서도 발견할 수 있다. 따라서 사실상 바울과 동시대 인물인 에픽테토스는 평범한 사람에게는 전반적으로 "유익한" 결혼을 장려하지만, 데밍은 철학적 사색에 몰두하는 견유학파에 대해 다음과 같이 지적한다. "그는 본질적으로 모든 것을 뒤바꾼다. 보통 사람들에게 참인 것이 견유학파에 속한 사람들에게는 그릇된 것이다.…견유학파에 속한 사람들은 오직 '특별한 상황에서만' 결혼할 수 있다"(에픽테토스, *Dissertations* 3.22.76).[9] 심지어 (7:36-40의 상황과 관련하여) 결혼하는 사람도 "잘 하는" 것이지만, 결혼하지 않는 사람은 "더 잘 하는" 것이라는 개념도 에픽테토스의 저서에서 발견된다(*Dissertations* 4.1.147). 해당 부분에서 그는 사랑하기 때문에 결혼하는 것은 "좋은" 것임을 인정하지만, 그것으로부터 벗어나는 것은 "더 좋은" 것일 수 있다고 주장한다."[10]

(b) **델링**(1931년). 데밍의 접근 방법은 다음과 같은 취지의 게르하르트 델링의 영향력 있는 연구에 건설적인 대안을 제공해준다. 델링은 결혼과 독신에 대한 바울 자신의 입장이 너무 혼란스럽고 일관성이 없어 고린도 교

---

8) 같은 책, 60.
9) 같은 책, 85. 에픽테토스는 열정적인 사랑으로부터 비롯되는 어떤 "특별한 경우"에 대해서 말한다. 곧 περιστασίν μοι λέγεις ἐξ ἔρωτος γενομένην. 그는 "정상적인 결혼"과 "특별한 상황"을 서로 대조한다. 곧 ἡμεῖς δὲ περὶ τῶν κοινῶν γάμων καὶ ἀπεριστάτων ζητοῦμεν. 일반적으로 "우리는 견유학파 지지자에게 있어 결혼은 현세의 상황에서 가장 중요한 것이 아니라고 판단한다"(*Dissertations* 3.22.76). 다른 곳에서 에픽테토스는 결혼하지 않은 사람이 시민 생활과 관련된 책임을 등한시할 것이라고 말한다(3, 7, 19, 26).
10) Deming, *Paul on Marriage and Celibacy*, 210.

인들에게 독신을 옹호하는 그들의 입장에 충분한 근거들을 제공해주며, 그
것의 적용과 관련 영역에 혼란을 수반한다고 주장한다.[11] 델링은 바울이 성
(性)에 대해 부정적인 입장을 취하고 있다고 판단한다. 디던과 다른 이들이
강조하듯이 그것은 바울이 그와 같이 주장하지 않았음에도 그에게 "영과
육"의 이원론을 떠넘기는 것이다.[12]

    (c) 윔부시(1987년)는 스토아학파가 바울의 논의에 영향을 미쳤다
는 것을 시인하고, 고린도의 몇몇 교인들의 금욕주의적 생활과 바울의 주
장—"주의 일"에 우선 순위를 두어야 마땅하지만, 이것이 완전한 금욕적
인 생활 방식이나 윤리를 의미하는 것은 아니라는—을 서로 대조한다.[13]
진정으로 윔부시의 연구서의 제목—『세상 속에서의 고행자 바울』(*Paul the
Worldly Ascetic*)—은 "중도 노선"의 입장을 잘 요약해준다. 이 노선 안에서
바울은 신앙 공동체를 "그리스도인의 삶의 영역으로서 세상을 받아들이는
방향으로" 이끌어주면서도 새로운 자아 이해와 생활 방식을 받아들인다.
즉 ὡς μή로 표현되듯이 세상은 교회에 세상의 가치 체계와 구조를 강요하
는 위험 요인이 되어서는 안 된다.[14] 다른 논문(1993년)에서 윔부시는 이 ὡς
μή(7:29-31, 다섯 번이나 반복됨)가 μὴ ἅπτεσθαι(7:1)와 함께 교부 시대의 교
회 안에서 반문화적인 또는 적어도 문화를 비판하는 태도를 제공했다고 주
장한다.[15] 바울에 대한 이러한 평가는 바울의 논의와 논거가 헬레니즘과 로
마의 문화적 전통 안에서 일어난 것이라는 데밍의 결론과 많이 다르다. 데
밍은 이렇게 주장한다. "이러한 논의의 특성 안에서 바울은 그 당시의 상황
과 관련하여 결혼과 독신의 가치를 평가한다. 그에게 있어 결혼과 독신은
더 높거나 더 낮은 수준의 도덕을 선택하는 사항이 아니라⋯편리함과 관련
된 사항이었다. 하지만 교부들과 더불어 그 초점은 세상에 대한 이원론적인

---

11) Delling, *Paulus' Stellung zu Frau und Ehe,* BWANT 4/5 (Stuttgart: Kolhammer, 1931).
12) 같은 책, 65; 참조. Deidun, "Beyond Dualisms: Paul on Sex, *Sarx* and *Soma*," 195-205.
13) Wimbush, *Paul the Worldly Ascetic: Response to the World and Self-Understanding according to 1 Cor 7.*
14) 같은 책, 90.
15) Wimbush, "The Ascetic Impulse in Ancient Christianity," 417-428.

이해로 옮겨졌다.…따라서 성생활과 영성 사이에서 한 가지를 선택하는 것
이 요구되었다."[16]

(d) 또한 야브로(1985년)도—비록 데밍이 자신의 저서에서 몇몇 요소
들과 거리를 두긴 하지만—스토아학파의 전통 및 사회학적 요인들과 바울
의 관계에 대해 고찰한다.[17] 그러나 그는 데밍보다 신구약 중간시대의 저서
들과 랍비 유대교에 더 많은 강조점을 둔다.[18] 야브로는 고린도전서가 고린
도의 상황과 직접 연관되어 있으며, 오직 그것에만 국한된 반응이라고 해
석하는 이들과 견해를 달리한다. 그는 바울이 살전 4:2-8에서 거룩한 삶을
촉구하는 것에 대해 논의한다. 바울은 이 원리를 나중에 고전 7장에서 보다
더 명확하게 설명한다. "하나님의 뜻은 이것이니 너희의 거룩함이라. 곧 음
란을 버리고 각각 거룩함과 존귀함으로 자기의 아내 대할 줄을 알고 하나
님을 모르는 이방인과 같이 색욕을 따르지 말고"(살전 4:3-5).[19] 데살로니가
전서의 이 본문은 이방인들로 둘러싸인 상황에서 어떻게 새로운 회심자들
이 자신들의 생활 방식에 새로운 방향을 모색할 것인지를 설명해준다.[20] 고
전 7:1a에서 고린도 교인들이 스스로 내세운 금욕적인 슬로건은 거룩함에
대한 이 주제를 확대하여 다루게 하며 목회적인 측면에서 적용하게 하는
데, 프랜시스와 샘플리는 이것을 "바울의 유사 본문"이라고 말한다.[21] 하지
만 여기서 야브로는 마거릿 미첼의 논의를 예고한다. 그는 바울이 2단계 도
덕성의 잠정적 구분을 인식한 것으로 이해한다. 그 체계 안에서는 영적 "엘
리트들"은 자신들이 "보다 더 높은" 생활 방식을 영위한다고 주장한다는 것
이다.[22] 또한 바로 이 점에서 야브로는 결혼을 공동체의 연합과 안정을 촉

---

16) Deming, *Paul on Marriage and Celibacy,* 224.
17) Yarbrough, *Not like the Gentiles: Marriage Rules in the Letters of Paul.*
18) 같은 책, 8-17. 예를 들어 토빗서 4:12; 희년서 22:16-20; 레위의 유언 9:9, 10. 같은 책, 17-
   28은 이방인 배경과 대조되는 랍비들과 디아스포라의 전통을 언급한다.
19) 같은 책, 65-76.
20) 같은 책, 76-87.
21) 같은 책, 93-96, 117-122. 참조. Francis and Sampley, *Pauline Parallels,* sect. 93 (128-129).
22) 같은 책, 96-117.

진하는 제도로 이해하는 스토아학파의 견해를 강조하는 데밍의 요점을 예고한다.[23] 따라서 미첼의 말에 의하면 고전 7장은 "고린도 교회를 분열시키던 다른 이슈들"에 관한 것일 수도 있다.[24]

(e) 와이어(1990년)는 독자적으로 다음과 같은 미첼의 결론에 도달한다. 즉 바울에게 있어 결혼은 연합에 대한 그의 호소와 연결되어 있지만, 고린도 교회의 여자 예언자들의 신분에 대해서는 페미니스트의 관점이라는 새로운 틀에서 이해된다. 그는 여자 예언자들이 새로운 신분을 발견했으며, "모든 것을 할 수 있는 권리"(πάντα μοι ἔξεστιν, 6:12)를 요구했다고 주장한다.[25] 고린도의 여자 예언자들은 교회 안에 다양한 은사들을 가지고 들어왔지만, (사도의 "낮은" 신분과 맞바꾸면서 바리새인으로서의 높은 신분을 스스로 포기한) 바울은 그것을 안정, 연합, 질서를 깨뜨리는 것으로 이해했다. 이 장에서 "바울은 사람들의 에너지를 위해 가정을 일종의 완충 지대로 만드는 것처럼 보인다.···바울이 부도덕한 행위를 방지하기 위해 결혼을 옹호하는 것은 많은 사람이 결혼하지 않고 살아가는 것을 선택했을 경우에만 의미가 있다. 사회적으로 보다 더 제한적인 여인들이 신앙 공동체 안에서 성별과 덜 관련이 있는 구체적인 역할들을 맡는다면 그것은 여인들에게 특별히 유익을 가져다줄 것이다."[26] 따라서 성찬에 관한 자료에서 바울은 식사의 측면을 가정 안에 재배치하는데(11:22), 이는 부분적으로 여인들을 음식을 준비하는 일로 되돌리려는 것이다. 하지만 다른 한편으로 고린도의 여자 예언자들은 결혼한 상태에서든 미혼 상태에서든 독신을 지배로부터의 해방과 자유에 대한 자신들의 새로운 권리(ἐξουσία)에 대한 표현으로 인식했다는 것이다. 와이어는 바울이 다양한 범주—결혼한 여성, 과부, 결혼을 원치 않는 결혼 적령기의 여성, 남편과 헤어진 여성 또는 헤어지는 것을 고려하고 있는 여성 등—를 언급할 필요성이 있었다는 점은 어떤 구체적인 "대규

---

23) 같은 책, 107-110; 참조. 32-62.
24) Mitchell, *Paul and the Rhetoric of Reconciliation*, 121.
25) A. C. Wire, *The Corinthian Woman Prophets* (Minneapolis: Fortress, 1990), 14.
26) 같은 책, 16-17; 참조. 80-97.

모 운동"을 암시한다고 주장한다.[27] 와이어는 바울의 수사법은 표면적으로 "상호성"을 옹호하는 것처럼 보이지만, 실질적으로는 여자 예언자들의 자유를 제한한다고 결론짓는다.

(f) **위더링턴**(1988, 1995년). 위더링턴의 연구는 적어도 다음 두 가지 이유에서 숙고해볼 만한 가치가 있다. 첫째, 데밍과 다른 이들은 주로 고대 그리스-로마 세계의 철학과 종교에서 결혼에 대한 개념적인 논의에 초점을 맞추었지만, 위더링턴은 고대 로마 세계 안에서의 사회적·역사적 요소에 특별히 관심을 기울인다. 둘째, 그는 이 장(章)과 관련하여 두 가지 보완적인 연구를 제공했다. 『최초기 교회 안에서의 여성』(*Women in the Earliest Churches*, 1988)에서 위더링턴은 여인의 역할에 대해 바울, 신약의 다른 책들과 몬타누스 운동이 일어날 때까지의 사도 이후 시기를 포괄하는 보다 더 광범위한 배경에서 고전 7장을 논의한다. 하지만 『고린도의 갈등과 공동체』(*Conflict and Community in Corinth*, 1995)에서 그는 이 편지의 해석에 영향을 미치는 사회적·수사학적 요소에 자신의 관심을 국한시킨다.

위더링턴은 고대 로마 세계에서 여인들에게 매우 불리했던 체계와 구조에 관해서는 와이어의 견해에 동의한다. 하지만 그는 고린도전서에서 상호성에 관한 바울의 묘사를 이해하는 데 있어 와이어와 상당히 다른 관점을 지니고 있다. 곧 그것은 수사학적인 책략이 아니라 "여성에게 결혼을 통해 보다 더 안전함을 제공하고 결혼을 하지 않는 것을 통해 자유를 제공해 준다.…성적인 사항에 대해서는 바울의 가르침과 조화를 이루지 못하는 고린도의 급진적인 여성 그룹을 상정할 필요는 없다.…대다수 여성은 분명히 바울이 결혼과 독신에 대한 가부장적인 접근 방법을 개혁하려는 것을 환영했을 것이다."[28] 또한 위더링턴은 고대 로마 사회와 로마 제국에 속한 고린

---

27) 같은 책, 81. 11:22에 대해서는 17을 참조. 바울의 수사법에 대해서는 81-97을 참조. 한편 몇몇 주제들을 공유하면서도 다른 관점을 사용하는 접근 방법에 대해서는 다음을 참조하라. Gundry-Volf, "Celibate Pneumatics and Social Power: On the Motivations for Sexual Asceticism in Corinth," 105-126.

28) Witherington, *Conflict and Community*, 177; 참조. 170-181.

도에서 결혼이 지닌 역할을 철저하게 고찰한다. 타키투스는 사회 발전에 도움을 주는 "잘 준비되고 계획된 결혼"의 중요성을 강조한다(Tacitus, *Agricola*, 6.1). 와이어의 논의 가운데 상당 부분이 암시하듯이 공적인 영역과 "사적인" 영역은 명백하게 구분되어 있다. 서로를 도와주고 서로에게 속하는 결혼에 대한 바울의 관점은 일반적인 로마 사람의 견해와 매우 다르다. 진정으로 바울의 입장은 고대 로마 사회에 대한 전통주의적인 이미지의 실상과 상당히 거리가 멀다.

바울은 진정으로 남녀평등을 강조한다. 위더링턴은 7:17-24에서 노예와 할례에 대한 단락은 현재 상태 유지 이론에 호소하는 것이 아니라는 것이 가장 좋은 설명이라는 바치의 견해를 지지한다. 왜냐하면 오히려 바울은 갈 3:28에서 새로운 피조물을 종말론의 구조 안에서 이해함으로써 남자와 여자, 노예와 자유인, 유대인과 이방인의 관계가 변화되는 원리를 발전시키기 때문이다.[29]

(g) 로스너(1994년). 데밍과 마찬가지로 로스너도 편리함과 관련된 상황적인 이슈에 크게 주목한다. 하지만 그는 바울이 스토아학파와 견유학파의 논쟁보다는 구약의 전통을 더 많이 의존하고 있다고 주장한다. 두 가지 핵심적인 요소는 "자기 삶의 상황에 대한 만족"과 몸에 대한 긍정적인 견해다. "몸에 대한 멸시"는 "창조의 선함을 부인하는 것"이다.[30] 결혼 안에서의 상호 친밀성을 기본적으로 시인하는 것은 오직 특별한 상황이나 삶의 편의성이라는 이유에서만 제한된다.

(h) 슈라게(1976, 1982, 1995년), 브라운(1978년), 윈터(1989년), 블루(1991년): 상황적인 요인들. 슈라게는 고전 7장에서 결혼에 대한 바울의 견해는 그가 결혼이나 독신에 대해 신학적인 측면에서 체계적으로 해설하는 것이라기보다는 고린도에서 빚어진 구체적이며 우발적인 이슈와 직면

---

29) Witherington, *Women in the Earliest Churches*, 26-27.
30) Rosner, *Paul, Scripture and Ethics*, 147 and 153; 참조. 147-176.

할 때 나타난 것으로 이해해야 한다고 올바르게 주장한다.[31] 고전 7장을 "결혼에 대한 바울의 전반적인 가르침"으로 간주하는 것은 오류이며, 우리는 7:1이 고린도 사람들의 말을 인용한 것이며, "2절에서 바울은 자신의 의견을 말하고 있으며, 그것은 성적인 금욕에 대한 입장에 반대한다"는 것을 인정해야 한다. 그리고 특히 대다수 바울 주석가들은 그의 긍정적인 견해가 지니고 있는 의미를 간파하지 못한다. 따라서 그들은 결혼에 대한 바울의 견해를 "일종의 필요악", "그리스도인에게 어울리지 않는 갈망"을 해소하기 위한 양보, "일종의 안전밸브"…자기 억제와 음행 사이에 위치한 "중도의 길" 등 풍자적으로 묘사한다.[32] 네 권으로 된 그의 주석서 중 1995년에 간행된 주석서에서 슈라게는 7:2이 "주된 강조점"이며, 이 구절에서 해당 이슈들에 대한 의미가 결정되어야 한다고 재차 강조한다.[33] 7:26의 διὰ τὴν ἐνεστῶσαν ἀνάγκην이 무엇을 의미하든지 간에 슈라게는 καλόν, "좋은"(26절)은 결혼을 추천하는 것**뿐만 아니라 또한** κλῆσις, "부름" 또는 χάρισμα, 어떤 사명을 위해 특별한 "은사"를 받은 사람들에게 독신을 추천하는 것에도 적용된다. 여기서 이 은사는 독신 생활을 가리킨다.[34]

콜린 브라운도 고전 7장에서 바울이 말하는 질문과 상황이 구체적인 특성을 지니고 있다고 강조한다.[35] 그의 다음과 같은 주장은 다른 저자들의 견해와도 일치한다. "바울은 원칙적으로 결혼의 유대 관계가 평생 지속되는 것으로 간주한다(고전 7:10-11, 39; 참조. 롬 7:1-3).…그것은 창 2:24의 창조 질서에 기초하고 있다"(참조. 엡 5:31).[36] 하지만 고전 7:1-24에서 바울은 결혼 생활에서 지켜야 할 의무와 비신자와의 결혼 관계의 지속성 여부 같은

---

31) Schrage, "Zur Frontstellung der paulinischen Ehewertung in Kor 7:1-7," 214-234.

32) Schrage, *The Ethics of the NT*, 226. 참조. Schrage, *Der erste Brief*, 2:50-74, 154-160. 더 광범위하게는 50-211.

33) Schrage, *Der erste Brief*, 2:83.

34) 같은 책, 156-157.

35) C. Brown, "Separate: Divorce, Separation and Re-marriage," in Brown (ed.), *NIDNTT*, 3:535-543. 참조. H. Reisser and W. Günther, "Marriage," *NIDNTT*, 2:579-584.

36) 같은 책, 535.

구체적인 질문에 대해 다룬다. 후자의 경우에는 헤어지는 것도 한 가지 가능한 과정일 수 있다. 하지만 단지 결혼 관계를 유지하는 것이 강요와 압박에 의한 것으로 입증되는 경우에만 그렇게 할 수 있다. 브라운은 7장을 5장과 6장에서 "몸"과 관련하여 언급되는 심각한 성적 일탈 행위들과 밀접하게 연결하면서 "바울은 정상적인 결혼 생활을 인간의 자연적인 필요를 위해 하나님이 마련하신 것으로 이해한다"라고 주장한다.[37] 다른 대안들은 특별한 상황이나 은사와 관련되어 있다는 것이다. 간음으로 인해 언약에 기초한 연합을 심각하게 훼손하는 것은 구약에서는 사형으로, 신약의 교회에서는 출교로 종결된다(참조. 레 20:10-12; 신 22:22; 고전 5:5, 9-11). 또한 자연적인 죽음은 결혼의 결속을 종료시키기 때문에(롬 7:2, 3) 브라운은 이에 기초하여 7:27-28을 재혼의 자유를 권장하는 것으로 이해하는 것은 모순을 일으키지 않는다고 주장한다.[38] "자신의 결혼이 회복될 수 없을 정도로 파탄이 나서 이혼한 사람에게…재혼은 죄가 아니다"(고전 7:27-28).[39] "만약 우리가 독신의 은사를 받지 않았다면 결혼하지 않은 상태는 도움이 되기보다는 오히려 장애의 요인이 될 수 있다"(7:2 이하, 5, 9, 36절 이하).[40] (7:16에 대한 주해 다음에 제시되는 "이혼과 재혼"에 대한 특별 주해를 참조하라.)

과연 περὶ δὲ τῶν παρθένων(7:25)을 보다 흔히 사용되는 "아직 결혼하지 않은 이들"로 이해해야 할지, 아니면 흔히 사용되진 않지만 가능성이 있는 "지금 결혼하지 않은 사람들"(이전에 결혼했었는지의 여부와 상관없이)을 가리키는지에 대한 질문에 답하려면 우리는 7:26-28의 정황을 살펴보아야 한다. 한편으로 ἀνάγκη(26절)는 압박, 환난(콜린스) 또는 심지어 질서의 붕괴(윈터)를 의미할 수도 있지만, 이 용어는 종말론적 혹은 역사적 함의 또는 아마도 이 두 가지를 모두 내포할 수도 있다.[41] 브루스 윈터는 다음과 같은

---

37) 같은 책, 536.
38) 같은 책, 537.
39) 같은 책.
40) 같은 책.
41) Collins, *First Corinthians*, 293. Collins는 "'환난'(아낭케)은 반드시 종말론적인 함의들을 지닌 용어는 아니다"라고 주장한다. 그의 견해는 옳다(해당 절에 대한 주해 참조).

견해를 신중하게 제시한다. 즉 이 단어는 클라우디우스 황제 치하에서 그리스에서 일어난 몇몇 극심한 기근과 연결되어 있는 환난과 "질서의 붕괴"를 가리키며, 그 가운데에 하나는 기원후 51년경에 일어났을 가능성이 있다는 것이다.[42] 타키투스도 기원후 51년을 "불길한 해"라고 말한다.[43] 의문의 여지없이 식량의 결핍은 주민들에게 매우 부정적인 영향을 미쳤을 것이다. 윈터의 이러한 주장에 대한 유일하고 진지한 반론은 고린도의 상업적인 번영이 그 도시가 그러한 역경으로부터 영향을 받지 않도록 하지 않았겠느냐는 것이다. 하지만 이에 대해서는 두 가지 반론이 제시될 수 있다. 첫째, 고린도의 번영은 곡식의 가격이 급등하는 것을 조장했을 것이며 따라서 가난한 사람들은 그것을 감당할 수 없었을 것이다. 둘째, 도시의 많은 빈민의 최저 생계 수단의 수준에 대한 메기트의 연구는 이러한 시기에 가난한 사람들이 겪었던 곤경의 실재를 더욱더 강력하게 입증해준다.[44] 심지어 시 당국이 곡물 감독관(*curator annonae*)을 임명하여 공급을 감독하게 하고 보조금을 전달하게 했다는 것을 인정하더라도 부유한 가정들은 곡식을 살 수 있었던 반면, "노예가 아닌 품꾼들과 직능인들"은 "현재 질서의 붕괴"와 같은 시기에 극심한 어려움을 겪었을 것이다.[45] 이 점은 결혼에 대한 견유학파와 스토아학파의 논쟁—예를 들어 히에로클레스, 무소니우스, 에픽테토스 등—에 비추어볼 때 더욱더 의미심장해진다. 무소니우스는 결혼이 가져다주는 유익에도 불구하고 그것에 부여된 다양한 책임은 "스스로 짊어진 가난"을 증폭시켰음을 인정한다.[46] 나아가 (비록 주로 11:17-34과 관련된 것이긴 하지만) 블루는 이것이 티베리우스 클라우디우스 디니푸스가 곡물 감독관이었던 기

---

42) Winter, "Secular and Christian Responses to Corinthian Famines." 그는 그것을 *Seek the Welfare of the City*, 53-57에서 재확인한다. 또한 "부르심"에 대해서는 145-164을 보라.

43) Tacitus, *Annals*, 12.43.

44) 본 주석서 서론 78-88을 보라. 또한 1:26의 주해에서 Meggitt의 주장을 참조하라. J. J. Meggitt, *Paul, Poverty and Survival* (Edinburgh: T. & T. Clark, 1998).

45) Winter, *Seek the Welfare*, 55 and 57.

46) Musonius, *Is Marriage a Handicap?* 90:1-92:6. 참조. O. L. Yarbrough, *Not like the Gentiles: Marriage Rules in the Letters of Paul*, 38-46.

원후 51년에 발생한 기근에 대한 언급일 개연성이 있다고 강조한다.[47]

"이전의 기근들의 지속적인 영향력이 얼마나 중대했는지를 판단하는 것은 어렵다"라는 블룸버그의 논평에도 불구하고 어떤 종말론적 측면과 현재의 세상 질서가 깨어지기 쉬우며 훼손될 수 있다는 점을 강조하는 역사적·돌발적 사건들 사이의 어떤 연관성도 배제할 수 없다.[48] (7:29-30의 주해 다음에 제시되는 특별 해설 "종말론적인 긴급성"을 보라.) 기혼자에게 부여되는 다양하고 막중한 책임에 대한 데밍의 주장과 더불어(앞의 [a] 항목 참조) 노예가 아닌 숙련 노동자들의 생존이 극한의 어려움에 부닥쳐 있었다는 메기트의 주장은 기원후 1세기 중엽에 해당 이슈들과 관련된 구체적인 상황들이 점점 더 큰 영향력을 미쳤음을 강조해준다. 에픽테토스는 이러한 문맥에서 결혼에 수반되는 다양한 의무의 수많은 짐에 관해 언급한다. 결혼한 사람은 장인, 아내의 가족과 친척(συγγενέσι), 아내 자신을 돌보는 의무(δεῖ)와 가족 전체를 양육하고 그들에게 필요한 것을 공급해야 하는 의무를 지니고 있었다.[49] 바울이 이러한 생활 방식을 지지하면서 결혼에 관해 말할 때 사실상 그의 머릿속에는 이러한 상황적인 이슈들이 떠올랐을 것이다.

요약: 7장에 대한 개관, 특히 결혼에 관한 독특한 관심사와 독신과 관련하여 7장이 교부 시대 역사에 끼친 영향 추론

1. 결혼. 아마도 7장 전체가 결혼에 대한 이슈를 다루고 있다고 간주하는 것은 오류일 것이다. 예를 들어 7:10-11은 어떤 결혼한 사람이 갈라서려는 경우에 대해 논의한다. 7:12-16은 그리스도인이 신자가 아닌 사람과 결혼한 것과 관련된 이슈에 대해 언급한다. 또한 7:39-40은 과부가 된 여인이 재혼할 수 있는 자유가 있음을 인정한다. 7:1-7에서는 결혼과 관련된 두 가지 측면이 고려된다. 7:8-9에서는 결혼 안에서의 친밀한 관계와 상호 관계,

---

47) Blue, "The House Church at Corinth and the Lord's Supper: Famine, Food Supply and the Present Distress," 221-239.
48) Blomberg, *1 Cor*, 151, n. 1.
49) Epictetus, *Dissertations*, 3.22.70-71.

그리고 결혼을 하겠다는 결정과 관련된 상황을 다룬다. 결혼한 상태의 유익함과 불리함에 대한 바울의 접근 방법과 스토아학파-견유학파의 논쟁 사이에서 발견되는 공통점에 대한 발치, 웜부시, 야브로, 데밍의 긍정적인 공헌에도 불구하고 거기에는 워드가 바울의 독특한 점으로 올바르게 지적한 한 가지 중요한 요소가 빠져 있다.[50] 스토아학파 철학자 무소니우스는 성적 또는 관능적인 욕망(ἀφροδίσια)은 "자녀를 낳는 목적을 위해" 오직 결혼 관계 안에서만 정당화될 수 있다고 주장했다. "심지어 결혼 관계 안에서라도 단순히 향락(ἡδονή)을 추구하는 것이라면 그것은 부도덕한 것이다."[51]

신체적으로 깊은 관계를 금하는 것에 대한 언급(이 문맥은 결혼 안에서의 관계를 암시함)은 당연히 바울이 아니라 고린도 교회로부터 온 것이다(7:1). 이것은 고린도 교회로부터 온 편지에 대한 명백한 답의 주제를 나타내는 표지의 일부다. 이것이 고린도 교인들의 견해를 인용한 것이라는 제안은 결코 현대 비평 이론이 지어낸 것이 아니다. 기원후 3세기에 오리게네스는 이 슬로건이 고린도 교회 안에서 발생한 혼란 또는 불일치를 반영한다고 주장했다. 이것은 금욕적인 절제는 "좋은 것"(καλόν)이라고 주장했던 자들에 의해 야기되었다고 한다.[52] 오리게네스는 고린도 교회의 (아마도 "신령한") 대변인이 다음과 같이 말하는 장면을 설득력 있게 제시한다. "당신은 당신의 아내를 성적으로 학대하지 않는다고 말합니다. 그리고 당신은 단정하게 그리고 더 순결하게 살 수 있다고 주장합니다. 하지만 그 결과로 당신의 불쌍한 아내가 어떻게 파멸되어가고 있는지 살펴보십시오. 왜냐하면 당신의 아내는 당신의 '순결'을 더 이상 견딜 수 없기 때문입니다. 당신은 당신 때문이 아니라 당신의 아내를 위해 그녀와 잠자리를 같이해야 합니다."[53] 바울은 성생활을 억제하는 것은 서로 상의하여 결정해야 하며 단지 일시적이어

---

50) Ward, "Musonius and Paul on Marriage," 281-289.
51) Musonius, *Is Marriage a Handicap?* 85:5-6.
52) Origen, *1 Cor. Fragment* 33, in *JTS* 9 (1908): 500-501.
53) 같은 책, 501.

야만 한다고 조언한다.[54]

워드는 이러한 꼭 필요한 사랑에 대한 표현으로서의 성관계에 대한 태도는 바울의 독특한 점이며 당대 로마 세계의 (예. 결혼에 대한) 대다수 글과 대조를 이룬다고 지적한다. 고대 로마 제국의 시인 오비디우스는 "남편과 아내는 서로 일종의 의무 관계에 있기 때문에 그들 사이에는 관능적인 즐거움(amor)이 존재할 수 없다"고 믿었다.[55] 이와는 대조적으로 워드는 바울은 심지어 결혼에 기초한 사랑 안에서의 출산을 어떤 의무에 의한 것으로조차 언급하지 않는다고 주장한다. 또한 바울은 결혼 관계 안에서 일어나는 성적 욕망을 전혀 비판하지 않으며, 그것은 합당한 것이라고 말한다는 것이다. 콜린 브라운이 주장하듯이(앞에서 그에 대한 설명 참조) 이 문맥에서 말하는 긍정적인 신체적 결합은 바울이 6:12-20의 결혼과 무관한 상황에서 당연히 있어서는 안 될 것에 대해 말하는 것을 보완해준다. 또한 굴더도 이 점을 간접적으로 확인해준다.[56] 워드는 7:1-9에 근거하여 다음과 같이 놀라운 주장을 제기한다. "결혼은 가문의 이름, 재산, 신성한 의식을 물려받고 후손에게 전달해주는 합법적인 후손을 출산하는 것이다"라는 전통적인 개념들과 대조되며, "사실상 바울은 관능적인 욕망을 서로 만족시키기 위한 장으로서 결혼을 재정의했다."[57]

워드의 설명이 인상적이긴 하지만, 우리는 고전 7장과 관련하여 슈라게가 던진 경고를 간과해서는 안 된다. "먼저 우리는 고전 7장이 결혼에 대한 바울의 완벽한 가르침 같은 것을 제공해준다는 그릇된 생각을 멀리해야 한다."[58] 고전 7장의 상황적 측면들은 몇 가지 주요한 질문에 대해 양면성을 지니고 있다. 그러나 워드의 관찰은 2a, 6, 7a, 그리고 특히 9절에서 "욕

---

54) 참조. Yarbrough, *Not like the Gentiles*, 97.
55) Ward, "Musonius and Paul on Marriage," 285; Ovid, *Ars Amatoriae* 2.585-586; 참조. 2. 685.
56) M. D. Goulder, "Libertines? (1 Cor 5-6)," *NovT* 41 (1999): 334-348; Brown, *NIDNTT*, 3:535-536.
57) Ward, "Musonius and Paul on Marriage," 286-287.
58) Schrage, *Ethics of the NT*, 226.

망"과 "자기 억제"에 대해 마지못해 양보하는 어조로 나타날 수 있음에도 이것을 적절한 맥락에 배치한다. 사실상 두 번째 연구에서 슈라게는 τοῦτο δὲ λέγω κατὰ συγγνώμην("나는 이것을 양보로서 말합니다", 6절)은 재혼이 아니라 잠정적으로 합의된 성적 절제를 언급하는 것임을 강조한다.[59]

머피-오코너는 이 점에 대해 워드나 슈라게만큼 아주 긍정적이진 않다. 하지만 그는 한 가지 측면에서 그들의 연구를 보완해준다. 그는 금욕주의 안에는 "바울에게도 공감을 얻었던 이상주의의 요소가 들어 있다"고 말한다. "바울 자신도 성적으로 금욕의 삶을 살았고(7-8절) 자신처럼 다른 사람[곧 누가 이 은사를 지니고 있다면, 7:7]도…더 품위 있고(35절), 덜 염려하며(32절), 덜 고달프고(28절), 더 행복한 삶(40절)을 살 수 있다고 믿었다."[60] 하지만 머피-오코너는 계속해서 다음과 같이 주장한다. 바울은 "상상의 덫에 사로잡히지 않았다. 곧 자신에게 가장 좋은 것이 반드시 다른 모든 사람에게도 가장 좋을 것으로 생각하지 않았다."[61] 우리는 언제나 이론적인 이상(理想)을 "어떤 구체적인 상황으로" 쉽게 전환할 수 없다. 바울의 의도는 "일종의 과장된 이상주의에…현실주의의 한 면"을 주입하는 것이었다. "바울은 단순히 그들에게 현실을 직시할 것을 요구한다."[62]

머피-오코너는 슈라게와 워드가 강조한 성적인 것과 신체적인 것에 대한 긍정적인 평가를 놓치지 않는다는 조건하에 똑같이 타당한 접근 방법 하나를 제시한다. 이 편지의 다른 부분에서 바울은 상호 보완과 상호 의존에 관해 더 많이 언급할 것이다(11:7-12에 대한 주해 참조). 이혼한 사람들에 대한 바울의 권고(7:8-9, 39-40)는 대체로 앞에서 설명한 유형의 이슈에 포함

---

59) Schrage, "Zur Frontstellung der paulinischen Ehe Bewertung in 1 Kor 7:1-7"; 참조. *Der erste Brief,* 2:67-72.

60) J. Murphy-O'Connor, *1 Cor,* 59.

61) 같은 책.

62) 같은 책, 60. 참조. Derrett, "The Disposal of Virgins," 23-30. 그는 7:29-30과 36-38을 언급하면서 이 논점을 [Murphy-O'Connor보다] 먼저 제시한다. 곧 아버지들은 자신들의 딸들에게 고린도의 어떤 사람들이 옹호했던 "보다 더 높은 수준의" 독신을 강요해서는 안 된다.

된다. 비록 예외도 있긴 하지만, 고대 사회에서는 질병, 청결 불량, 가난, 폭력 등이 종종 기대 수명보다 일찍 세상을 떠나게 만들었음을 것을 기억해야 한다. "투리아를 칭송하며"라는 비문은 아마도 여러 차례 반복된 이혼뿐 아니라 인간의 수명에 대해서도 암시했을 것이다. "우리의 결혼과 같이 긴 결혼은 매우 드물다. 결혼은 죽음으로 끝나지만, 이혼으로 중단되지는 않는다."[63]

　　2. "독신"에 대해 말하는 고전 7장이 교부 시대 역사에 끼친 영향 추론. 고전 5-7장에서 바울이 결혼 관계 안에서의 신체적인 연합이나 독신에 대해 다룬다는 내용은 전반적으로 학자들 사이에서 의견의 일치를 이룬다. 하지만 이것 외에도 다음과 같은 추가 질문이 제기되었다. 과연 바울은 고린도의 몇몇 교인과 함께 독신을 "더 높은" 소명으로 이해하는가? 아니면 단순히 어떤 이들은 독신으로 부름을 받은 반면, 다른 이들은 결혼으로 부름을 받았다고 이해하는가? 기블린은 이 이슈를 모든 그리스도인은 하나이며 모든 은사는 교회를 위해 똑같이 필요하다(12:12-31)는 바울의 주장의 구조 안에 확고하게 배치한다. "바울은 결혼이라는 영역에서 '2등급' 기독교의 존재를 암시하지 않"지만 "다양한 은사적 기능이 존재하며" 독신은 그 가운데 하나다.[64] 그는 "처녀에 대한 바울의 권면은 근본적으로 세상에 관심을 기울이기보다는⋯바울 자신의 예언자적·사도적 전망에 참여하라고 권유하는 것이다"라고 결론짓는다.[65]

　　그러나 두 번째 문장은 첫 번째 문장을 뛰어넘는다. 또한 그것은 보다 더 파악하기 쉬운 첫 번째 문장에 비해 더 많은 질문에 노출되어 있다. 다른 저자들과 대조적으로 조세핀 매싱버드 포드는 고전 7장에서 바울은 처녀로 남아 있는 것이나 독신에 관해 논의하지 않는다고 주장한다.[66] 고전 7장에

---

63) Inscription *Laudatio Turiae* 1:27. Yarbrough, *Not like the Gentiles*, 63에 인용됨.

64) Giblin, "1 Cor 7: A Negative Theology of Marriage and Celibacy?" *BT* 41 (1969): 2,853; 참조. 2,839-855.

65) 같은 책, 2,855. 참조. Wolbert, *Ethische Argumentation und Paränese in 1 Kor 7*, 72-134 and 192-202.

66) J. M. Ford, "Levirate Marriage in St Paul," *NTS* 10 (1964): 361-365; "St Paul the

관한 교부 시대의 해석에 대한 그녀의 두 번째 논문은 고전 7장과 가장 이른 시기의 교회들 안에서 "동정축성(consecrated virginity)의 전례는 관습적인 삶의 방법이 아니었다"라는 것을 밝히려는 것이다.[67] 그녀는 고전 7장은 가장 이른 교부 시대의 주해에서 이 삶의 방식을 권장하는 것으로 이해되지 않았으며, 그 장(章)은 단지 후대에 독신이 공식적인 소명으로 인식되었을 때 그것에 대한 호소와 변호로서 기능하기 시작했다는 점을 큰 어려움 없이 입증한다. 하지만 이러한 견해는 기원후 3세기 중엽에 키프리아누스의 저서 『동정의 관습에 대하여』(*De Habitu Virginum*)와 위(僞)키프리아누스의 저서 『선한 정결에 대하여』(*De Bono Pudicitiae*) 및 『성직자들의 독신에 대하여』(*De Singularite Clericorum*)와 함께 전환점을 맞이한다. 기원후 4세기에 아타나시오스는 동정에 대해 다섯 편의 글을 썼으며, 암브로시우스는 일곱 편의 글을 썼다.

성적인 금욕에 대한 매우 명확한 알렉산드리아의 클레멘스의 글은 영지주의가 결혼을 경시하는 것을 공격한다. 하지만 그의 논쟁 상대자들은 자신들의 견해를 지지하기 위해 고전 7:25, 36-38에 호소하지 않는다. 그들은 마 19:12, 22:30, 롬 6:14, 고전 7:5, 39-40을 사용한다. 한편 클레멘스는 결혼을 옹호하면서 고전 7:2, 5, 27에 호소한다.[68] 36절의 "그들은 결혼을 하라"와 38절의 "결혼을 위해 내어주다" 간의 불일치를 클레멘스도 인식했다는 점은 "남자는 결혼을 통해 동일한 여인을 내어주고 받는다"는 수혼(嫂婚)에 대한 J. M. 포드의 주장을 확증한다.[69] 우리는 이미 앞의 특별 해설에서 고전 7장의 주요 이슈를 오리게네스가 재구성한 것에 대해 논의했다. 포드가 주장하듯이 오리게네스는 "결혼을 통한 연합 안에서의 평등과 공의를 강조하는" 바울의 관심사를 지지한다.[70] 또한 포드는 "오리게네스는

Philogamist (1 Cor vii in Early Patristic Exegesis)," 326-348.

67) Ford, "St Paul the Philogamist," 326.

68) Clement, *Stromata*, 3:6; 참조. 3.12.

69) Ford, "St. Paul the Philogamist," 328; "Levirate Marriage in Paul," 364.

70) Origen, *1 Cor. Fragment 33*, in *JTS* 9 (1908): 501; Ford, "St. Paul the Philogamist," 329.

7:6의 바울의 양보가 첫 번째 결혼이 아니라…두 번째 결혼을 가리킨다고 생각하는 것 같다"라고 덧붙인다.[71] 그녀는 ἄγαμος가 바울 서신에서 독신 남자가 아니라 홀아비를 의미하며, 오리게네스의 해설에서 이것은 처녀 상태보다는 성적인 억제를 가리킨다고 주장한다.

테르툴리아누스와 함께 독특한 변화가 나타난다. 포드는 테르툴리아누스가『부인에게』(Ad Uxorem)와『일부일처제에 대하여』(De Monogamia)를 저술했던 시기에 몬타누스주의의 영향을 받았다고 강조한다.[72] 테르툴리아누스는 "한 몸"(창 2:21-22)이 되는 결혼의 창조 질서를 받아들인다.[73] 하지만 고전 7장을 다루면서 테르툴리아누스는 비록 (그리스도인과 결혼하는 것을 전제할 때) 재혼이 금지된 것은 아니지만, 바울은 과부가 된 여인에게 재혼하지 말라고 권했다고 주장한다.[74] 하지만 테르툴리아누스도 재혼이 금지되어 있다는 암시를 주며, 포드는 테르툴리아누스의 해석이 "클레멘스나 오리게네스의 해석과 상당히 다르다는 점을 제외하면 고전 7장에 대한 그의 최종적 결론을 이끌어내는 것"은 불가능하다고 결론짓는다.[75] 한편 이보다 더 결정적인 움직임은 메토디우스의 저서에서 발견된다. 아마도 그는 7:1에서 성적인 금욕을 권하는 구절을 바울 자신의 말—비록 그가 인간의 연약함 때문에 자신의 말을 한정하기는 하지만—로 이해한 최초의 인물일 것이다.[76] 메토디우스는 고전 7장에 기초하여 바울은 독신에 동참했으며 결혼이 꼭 필요하다고 여기는 이들만 결혼을 하도록 권면했다고 주장한다. 마지막으로 암브로시우스는 동정(virginity)의 주제에 대해 "고전 7장을 자신의 관점을 '입증해주는 텍스트'로 간주했다."[77] 테르툴리아누스의 독특

---

71) 같은 책, 330. 참조. H. Crouzel, *Virginité et mariage selon Origèn* (Paris: Desclée de Brouwer, 1962), 80.

72) Ford는 저술 시기를 각각 기원후 200-206년과 217년으로 제시한다.

73) Tertullian, *Ad Uxorem*, 1:2.

74) 같은 책, 2.2.5.

75) Ford, "St. Paul the Philogamus," 342.

76) Methodius, *Conviviales* [Symposium], 3:11-12 (Methodius of Olympus, c. 260-311).

77) Ford, "St. Paul the Philogamus," 344; 참조. Ambrose, *De Virginibus*, 1:5:23; 1:6:24; *De Institutione Virginitate* 1:2; *Exhortatio Virginitatibus* 7:46 (Ambrose of Milan, c. 339-

한 견해와 무관하게 포드는 교부 시대 초기의 증인들(클레멘스와 오리게네스)은 고전 7장을 결혼에 대한 전적으로 긍정적인 관점을 반영하는 것으로 이해한다고 결론짓는다. 기원후 3세기 말엽과 4세기에 메토디우스 및 암브로시우스와 더불어 고전 7장을 보다 더 "높은" 소명의 "독신" 또는 "동정"을 지지하는 개념이 나타나게 된다.

1. 결혼과 결혼의 친밀성(7:1-7)

¹ 이제는 여러분이 "남자는 여자와 신체적으로 친밀한 관계를 갖지 않는 것이 좋다"라고 쓴 것에 대해 말하겠습니다. ² 하지만 불법적인 신체적 친밀한 관계가 일어나는 사례들 때문에 남자는 저마다 자기 아내를 두고 여자도 저마다 자기 남편을 두십시오. ³,⁴ 남편은 아내에게 제 의무를 다하고, 아내도 남편에게 그렇게 하십시오. 아내가 자기 몸에 대한 독점적인 권리를 지니고 있는 것이 아니라 오히려 [그것은] 남편에게 있습니다. 이와 마찬가지로 남편이 자기 몸에 대한 독점적인 권리를 지니고 있는 것이 아니라 오히려 [그것은] 아내에게 있습니다. ⁵ 서로 결혼 안에서 행할 의무를 거절하지 마십시오. 여러분이 기도를 위한 충분한 시간을 갖기 위해 특정 기간 동안 서로 동의한 경우는 예외입니다. 그러고 나서 다시 서로 합치십시오. 그 목적은 여러분이 절제할 수 없을 만큼 사탄이 여러분을 시험하지 못하게 하려는 것입니다. ⁶ 그러나 나는 허용하는 차원에서 이 말을 하는 것이지 명령으로 하는 것은 아닙니다. ⁷ 사실 나는 모든 사람이 나와 같이 되기를 바랍니다. 하지만 각 사람은 하나님께서 선물로 주신 은사를 지니고 있습니다. 어떤 사람은 이러하고 다른 사람은 저러합니다.

1절   우리는 허드, 미첼과 다른 이들의 견해를 언급하면서 이미 περὶ δέ라는 표현과 고린도전서의 관계에 대해 살펴보았다.⁷⁸⁾ 영역본의 전통적

---

397).
78) 7:1-11:1에 대한 머리말을 보라. 참조. Mitchell, "Concerning περὶ δέ in 1 Cor," 229-256;

인 번역 "이제 ~에 관하여"(Now concerning, NRSV, AV/KJV)는 περί와 함께 사용되는 소유격을 정확하게 번역한다. 하지만 알로가 주장하듯이 이 표현은 새로운 주제에 대한 논의의 시작점을 알려준다. 그러므로 "이제는 ~에 대해"(Now for, REB, NIV, NJB)가 해당 표현이 지닌 역동적인 의미를 더 강하게 전달해준다. 후자의 영역본들은 이것을 추구하며 그것은 이 문맥에서 더 선호할 만한 번역이다.

과연 καλὸν ἀνθρώπῳ γυναικὸς μὴ ἅπτεσθαι은 바울이 말한 것인가? 그것은 질문의 형태로 제기된 것인데, 바울은 과연 그것을 수정하고자 하는가, 아니면 그것은 고린도 교인들의 말을 인용한 것인가? 이것은 난제에 해당한다. 학자들의 의견은 점점 더 두 번째 견해, 곧 인용이라는 편으로 기울고 있다. 또한 그것을 지지하는 주장은 꽤 설득력이 있다. 이것을 인용으로 이해하는 저자들 가운데는 슈라게, 콜린스, 랑("고린도의 열광주의자들의 슬로건") 등이 포함되어 있다.[79] 또한 몇몇 전문가의 논문도 7:1을 고린도 사람들이 말한 것을 인용한 것으로 간주한다.[80] 7:1b에 대한 이 설명은 오리게네스까지 거슬러 올라간다. 그는 이것을 고린도 교회에 속한 어떤 그룹의 다음과 같은 태도로 돌린다. 곧 Ἐγὼ δύναμαι ἐγκατεύεσθαι καὶ ζῆν καθαρώτερον ... τοιοῦτόν τι γέγονεν ἐν κορίνθῳ ... ἔγραψαν οὖν περὶ τούτου ἐτιστολὴν οἱ ἐν κορίνθῳ τῷ ἀποστόλῳ ... (고린도에 살고 있던 사람

Paul and the Rhetoric of 1 Corinthians, 190-191; Hurd, *Origin of 1 Corinthians,* 61-71; Allo, *Première Épitre,* 153: "여기서 δέ는 새로운 주제를 다루는 단락이라는 것을 가리킨다."

79) Lang, *Die Briefe,* 89; Schrage, *Der erste Brief,* 2:59; Collins, *First Cor,* 252 and 258; Fee, *First Epistle,* 272-277, 특히 276 (cf. Fee, "1 Cor.: 7:1 in the NIV," 307-314): 참조. Kistemaker, *1 Cor,* 109; Barrett, *First Epistle,* 154-155; Hurd, *Origin of 1 Corinthians,* 120-123, 163; Moffatt, *First Epistle,* 75; Bruce, *1 and 2 Cor,* 66; Goudge, *First Epistle,* 53; Parry *First Epistle,* 70; J. Jeremias, "Die Briefzitate in 1 Kor 8:1-13," a section of his "Zur Gedankenürigung in den paulinischen Briefen," in J. N. Sevenster and W. C. van Unnik (eds.), *Studia Paulinia in Honorem Johannis de Zwaan* (Haarlem: Bohn, 1953), 151-153.

80) Wire, *Corinthian Women Prophets,* 87; Martin, *The Corinthian Body,* 205; Deming, *Paul on Marriage,* 110-114 and 122; Rosner, *Paul, Scripture and Ethics,* 151; Yarbrough, *Not like the Gentile,* 93-96.

들은 그것에 대해 그 사도에게 편지를 썼다, *Fragment* 33 [121]:8-14).[81]

인용문을 지지하는 주장들은 설득력이 있다. (a) 이 견해를 지지하는 강력한 첫 번째 주장은 (다른 어떤 저자보다도) 슈라게와 마틴이 제기했다. 이 주장에 의하면 이 구절은 8:1의 의심의 여지가 없는 인용문, 8:8의 거의 확실한 인용문, 8:5-6의 개연성 있는 인용문과 구조적으로 유사하다. 비록 허드가 언급하는 스물다섯 명의 학자들이 다양한 견해를 지니고 있지만, 그들은 만장일치로 8:1을 고린도 교인들이 말한 것으로 간주한다.[82] (b) 둘째, 이 견해는 슈라게, 메르클라인, 핍스의 논문에서 제시된 추가적인 주장의 지지를 받는다.[83] 핍스는 다음과 같이 강력하게 주장한다. 즉 이 슬로건은 바울의 것일 수 없으며, 심지어 바울이 동의하는 고린도의 슬로건일 수도 없다. 그것은 고린도에서 유래된 슬로건이다. 이제 바울은 그것에 동의하지 않는다는 것을 진지하게 표현할 것이다. 바울은 그것에 매우 중요한 수정을 가하며 주어진 상황에 국한하여 받아들일 것이다. (c) 야브로, 키스트메이커, 로스너는 이 장(章)에서 구약성경과 바울의 밀접한 연관성을 강조하는데, 사실상 7:1b은 바울이 하나님의 명령으로 강조하는 "사람이 혼자 사는 것이 좋지 **아니하니**"(창 2:18)에 어긋난다.[84] (d) 주요한 편지들에서 바울은 의도적으로 결혼 안에서의 신체적 결합을 σάρξ보다는 σῶμα와 연결한다. 따라서 그는 "신령한(영적인) 것"과 신체적인 것 사이에는 그 어떤 이원론도 존재하지 않는다는 점을 명확하게 하려는 것이다. 바울의 언어 묘사는 "모든 이원론을 초월한다."[85] (e) 이 견해는 결코 현대 학자들의 새로운 통찰이

81) Text in Jenkins (ed.), "Origen on 1 Cor," *JTS* 9 (1908): 500.

82) Hurd, *Origin of 1 Corinthians*, 68. 한편 Collins는 최근에 이 이슈가 "미해결 상태"에 있다는 주장을 강화했다(Collins, *First Cor*, 252-253).

83) Schrage, "Zur Frontstellung der paulinischen Ehe Bewertung in 1 Kor 7:1-7," 214-234; W. E. Phipps, "Is Paul's Attitude towards Sexual Relations Contained in 1 Cor. 7:1?" 125-131; Merklein, " 'Es ist gut für den Menschen eine Frau nicht anzufassen.': Paulus und die Sexualität nach 1 Kor 7," in Dautzenberg (ed.), *Die Frau im Urchristentum*, 230-231.

84) Kistemaker, *1 Cor*, 209.

85) Deidun, "Beyond Dualisms: Paul on Sex, Sarx and Soma," 195-205.

아니라 오리게네스까지 거슬러 올라간다. (f) 마지막으로 허드는 8:1, 6의 인용문에서 표현 방법뿐만 아니라 내용 면에서도 설득력이 있는 유비 하나를 밝혀낸다. 각각의 경우에 고린도 사람들은 "보다 더 등급이 높은 것… 보다 더 위험한 행동 과정"을 선택했다. "우상에게 바친 음식과 부부간의 성관계에 대한 고린도 사람들의 태도는 서로 온전히 일치한다."[86]

이러한 주목할 만한 수많은 주장에 반해 우리는 오직 그리 큰 비중을 차지하지도 않고, 상대적으로 사변적이며, 바울의 관점과 양립하는 방향으로 해석하기 위해 단순히 7:1b의 의미를 수정하는 한 가지 주장만을 찾아볼 것이다.

(a) 콘첼만은 7:1, 7:8, 7:26에서 καλόν이 여격과 함께 사용된 것은 이것이 "바울의 표현"임을 확인해준다고 주장한다.[87] 하지만 이 문장은 너무 짧으며 고대 그리스-로마 세계의 광범위한 논의에서 쉽게 끌어올 수 있기 때문에 바울의 표현 양식을 가리키는 구체적이며 명백한 증거로 볼 수 없다. 데밍은 이 주장을 세밀하게 논파하는데, 우리는 바울의 문헌 밖에서도 이러한 사례들을 충분히 찾아낼 수 있다.

(b) 바울이 이것을 "그들 편에서" 시작한 것으로 보이려는 수사학적 전략으로 사용한다는 미첼의 이 주장은 분명히 바울이 종종 그의 독자들의 용어를 사용하면서도 그것을 재정의하거나 또는 "코드를 바꾸는" 그의 관행과 일치한다. 하지만 이 부분에서 그것을 미묘한 전략으로 보기에는 바울의 태도가 너무 갑자기 변한다. 이 경우 미첼은 바울의 수사법을 "오락가락하는 주장"으로 묘사할 수밖에 없는데, 블롬버그의 "예, 그렇지만…"의 주장과 바울이 이러한 주장을 다른 곳에서도 사용한다는 점에도 불구하고, 미첼의 접근 방법은 데밍의 설득력 있는 주장과는 대조적으로 델링의 논점에 너무 가깝다.[88]

86) Hurd, *Origin of 1 Corinthians,* 165 and 164.
87) Conzelmann, *1 Cor,* 115, n. 10.
88) Deming, *Paul on Marriage,* 111-113.

(c) 7:1b이 인용문이라는 것을 부인하는 대다수 저자들은 καλόν을 사실상 도덕적 자세에 대한 진지한 진술로 보기 어려운 방식으로 정의하거나 설명하는 칼뱅을 따른다. 칼뱅은 바울이 "먼저 모든 사람이 그렇게 할 수 있는 능력이 있다면 여인을 멀리하는 것이 '좋다'고 가르치고, 그다음에 이것을…수정한다"고 생각했다.[89] 하지만 어떻게 이것이 (i) 결혼 또는 (ii) 결혼 안에서의 신체적 친밀함을 기껏해야 "차선"(次善)으로 만드는 문제점을 해결하는가? 이것은 "좋지 않음"을 암시하는 창 2:18과 어긋난다. 분명히 칼뱅은 성급하게 히에로니무스와 거리를 둔다. 그는 "지나친 열심에 몰두했으며" "좋다"를 전적으로 "골치거리와 책임"이라는 실용적인 관점에서 정의한다.[90] 칼뱅은 창 2:18에서 남자에게 있어 동반자의 "도움"을 받는 것은 "좋은 것"임을 인정한다. 하지만 도덕적으로 악한 시대에 그것은 "단지 어느 정도 좋은 것"이 되어버렸다는 것이다. 다시 말해 해결할 수 없는 난제에 직면한 칼뱅은 "좋은 것"과 "불리한 것"이 아니라 "좋은 것"과 "어느 정도 좋은 것"을 대조하는 것으로 결론짓는다. 하지만 7:1-7에서는 독신이 아니라 **결혼** 또는 **결혼 안에서의 친밀함**이 "단지 어느 수준에서만 좋은" 것이다.[91]

다양한 영역본들은 흥미로운 주해를 제공한다. RSV는 이전에 7:1b에서 인용 부호를 사용하지 않은 반면, NRSV는 그것을 올바르게 사용한다. NEB에는 인용 부호가 없지만(각주에 인용 부호로 표기된 번역을 대안으로 추가함), REB는 인용 부호를 사용한다. NJB는 JB를 따라 인용문임을 밝히지만, 그것은 바울이 동의하는 것이다. "그렇습니다. 그것은 남자에게…좋은 것입니다." AV/KJV는 인용 부호를 사용하지 않는다. 의아하게도 NIV 역시 인용 부호를 생략하는데, 피는 이 점을 지적한다.[92]

---

89) Mitchell, *Paul and the Rhetoric of Reconciliation*, 235-236; 참조. 122-123; Blomberg, *1 Cor*, 133.

90) Calvin, *First Epistle*, 134.

91) 같은 책, 136; 참조. 134-135.

92) Fee, "1 Cor. 7:1 in the NIV," 272-277.

소유격과 함께 사용되는 현재 부정사 중간태 ἅπτεσθαι는 만지다 또는 잡다를 의미한다. 하지만 이 동사는 고대 그리스 문헌에서 "성관계를 갖다" 또는 "신체적으로 친밀한 관계를 갖다"를 뜻하는 은유적인 표현으로 광범위하게 사용된다(여기서는 γυναικός와 연결되어 있다).[93] 한편 이 이슈는 이와 같은 관계의 시작, 곧 결혼(흐로세이데) 또는 이미 존재하는 결혼 관계 안에서 신체적으로 친밀한 관계(허드) 또는 구체적인 언급 없이 어떤 친밀한 관계에 관심을 기울이는가? 이 난처한 질문을 미결의 상태로 남겨두기 위해 우리는 γυναικός를 "여자와"(REB, NRSV, NJB 등 대다수 영역본)로 번역했다. 하지만 이론적으로 이 그리스어 명사는 "그의 아내와 함께"를 의미할 수도 있다. 남자(ἀνθρώπῳ, 종종 어떤 사람을 뜻함; 여기서 γυναικός와 대조됨)의 행위에 초점을 맞추는 콘첼만은 이 구절에서 그리스어 단어의 성별이 서로 균형을 이루지 않는 것은 고린도 사람들의 질문에서 비롯된 것이라고 주장한다.[94] 볼프는 ἀνήρ 대신 ἄνθρωπος가 사용된 것은 기혼자뿐 아니라 미혼자도 포함하기 위해서였다고 추측한다.[95] 크리소스토모스는 비록 결혼이 "안전하고 여러분 자신의 연약함에 도움을 주지만", 원칙적으로 "더 높은 수준"은 "여인과 아무런 관계도 맺지 않는 것"이라고 결론짓는다.[96]

비록 패리와 에링은 καλόν이 단지 실용적으로 유익한 것을 의미한다고 주장하지만, 마이어는 다른 이들의 많은 후속 연구보다 앞서 해당 이슈를 논의한다. 그는 "일종의 도덕적인 원리, 윤리적으로 건전한 것에 대한 진술"에 대해 널리 알려진 한 가지 공식을 간파한다(강조는 원저자의 것임). 하지만 그는 히에로니무스가 이 절을 "전반적으로 독신"을 옹호하는 것으로 사용

---

93) 예를 들면, Plato, *Leges* 8:840A; Plutarch(기원후 50-120년경), *Anthony* 1.17.13; *Alexander* 21.9; Josephus(기원후 37-97년경), *Antiquities* I.163; 참조. R. Grob, *NIDNTT*, 3:859-861; BAGD, 102-3. Grosheide는 은유적인 용례로서 이 단어가 결혼을 의미한다고 주장한다. 하지만 Hurd는 (사전의 증거를 제시하면서) 이 견해를 논박한다.

94) Conzelmann, *1 Cor*, 115, n. 10.

95) Wolff, *Der erste Brief*, 134.

96) Chrysostom, *1 Cor. Hom.*, 19.1.

한다고 보는 견해에 반대한다.[97] 히에로니무스와 테르툴리아누스의 절대적
인 선이라는 견해와는 대조적으로 알로와 리츠만은 그것을 보다 더 높은 선
이라고 부른다.[98]

　　2절　　우리가 앞에서 논의했듯이 만약 7:1b이 고린도 사람들이 말
한 것을 인용한 것이며, 바울은 그것에 전적으로 동의하지 않는다고 이해하
는 것이 가장 좋다면 2절에서 반대의 의미를 나타내는 불변화사 δέ는 "그
렇지만"과 같은 뜻으로 번역해야 할 필요가 있다. 우리는 τὰς πορνείας가
정관사와 함께 사용된 목적격 명사이며 복수 형태로 사용된 것에 주목해야
한다. 우리는 (AV/KJV의 전통적인 번역이 암시하듯이) 해당 표현이 결혼을 하거
나 결혼 안에서 신체적으로 친밀한 관계를 맺는 주된 이유가 무분별한 성
관계에 대한 대안을 제시하는 것이라고 간주할 필요는 없다. 오히려 고린도
에서의 음행 사례(복수 형태, 바레트)가 여기서 바울이 권면하는 특별한 계기
를 마련해준다.[99] 사실상 정관사 τάς는 엄밀히 말하자면 어떤 추상 명사를
한정할 수도 있지만, 여기서는 불법적인 신체적 친밀함이 일어나는 사례들
을 암시하는 것처럼 여겨진다. 바울은 5:1-5, 6:12-20에서, 그리고 아마도

---

97)　Meyer, *First Epistle*, 1.193. 히에로니무스는 이렇게 주장한다. "만약 여인과 신체적으로
　　친밀한 관계를 맺는 것이 좋은 것이라면 친밀한 관계를 맺는 것은 나쁜 것이다"(Jerome,
　　Adversus Jovinianum, 1:4).

98)　Allo, *Première Épitre*, 153-154. 비교. Jerome, *Adv. Jovin.* 1:4, 7; Tertullian, *On Monogamy*,
　　3: "그[바울]는 '좋은 것'이라고 말한다.…왜냐하면 악한 것을 제외하고 선한 것에 반대된 것
　　은 아무것도 없기 때문이다." 테르툴리아누스는 혹시 자신들의 결혼 생활을 허물없이 누릴
　　수 있을지 관심을 갖는 이들을 위해 "허용의 방법으로서" 결혼의 양보적인 위치를 강조한다
　　(*On Monogamy*, 9).

99)　Barrett, *First Epistle*, 155. 참조. Edwards, *First Epistle*, 157. 이와 비슷하게 Edwards도 복
　　수 형태가 "고린도에서 널리 행해지던 음행"을 언급하며, 그것은 여기서 바울의 권면에 부
　　분적으로 "원인"을 제공한다고 이해한다. 그런데 이와 같은 문맥에서 과연 πορνεία가 무
　　엇을 의미하는지에 대한 비평적인 논문들이 발표되었다. 참조. B. Malina, "Does *Porneia*
　　Mean Fornication?" *NovT* 14 (1972): 10-17. 이 질문에 대한 답변으로서 J. Jensen, "Does
　　Porneia Mean Fornication? A Critique of Bruce Malina," *NovT* 20 (1978): 161-184; Fee,
　　First Epistle, 277-278, including nn. 44-47. Malina는 πορνεία가 약혼 또는 결혼 이전의
　　성관계를 포함하여 토라가 금지하는 다양한 "비정상적인" 또는 "불법적인" 행위들을 포함
　　한다고 주장한다. 반면에 Jensen은 이 단어가 성적 남용을 포함하여 음행을 의미한다고 주
　　장한다. Fee는 이 단어가 고린도에서 구체적으로 일어난 행위들을 가리킨다고 주장한다.

간접적으로는 6:9-10에서 이러한 사례들을 확인해준다. REB는 (비록 이 불변화사의 의미를 다소 확대 번역하긴 하지만) "오히려 수많은 부도덕한 행위 앞에서"라는 번역을 통해 이 이슈를 표현한다.

이 배경에서 바울은 창 2:18과 십계명에 기초하여 "온전한 부부 생활"(로스너)을 지지한다.[100] 데밍은 "바울의 주장의 유대-기독교적 요소는 2절에서 가장 두드러지게 나타난다"라고 올바르게 단언한다.[101] 매우 광범위한 의미 영역을 지니고 있는 ἔχω(ἐχέτω, 명령법 현재)는 문장 구조 및 구성상 τὴν ἑαυτοῦ γυναῖκα 및 τὸν ἴδιον ἄνδρα와 매우 가깝게 표현되어 있어 특별한 뉘앙스를 지니고 있다. 능동태로 사용될 때 이 동사는 "갖다"뿐 아니라 "취하다(두다) 또는 보존(보관)하다"를 의미할 수 있다. 예를 들면 어떤 것을 갖고 있다, 무기를 지니고 있다 또는 어떤 것을 안전하게 보존(보관)하다 등이다(예. 눅 19:20). 아마도 "보존하다"의 의미는 단지 이전의 결혼 신분을 그대로 유지하는 것만을 가리키지는 않을 것이다. 왜냐하면 이 경우에 우리는 κατέχω를 기대할 수 있기 때문이다.[102] 이 동사의 특별한 뉘앙스는 중간태의 의미에 있다. 즉 중간태는 "내적 속함 및 친밀한 연합"과 관련되어 있다(BAGD).[103] 이 절에서 이 의미는 두 번이나 반복적으로 사용되는 재귀 대명사 ἑαυτοῦ(그 남자 자신의)와 ἴδιον(그 여자 자신의)을 통해 표현된다. 이 표현의 최종적 의미는 이중 명령이다. 즉 이것은 불법적인 신체적 친밀함의 경우와는 정반대다. "남자는 저마다 자기 아내를 두고 여자도 저마다 자기 남편을 두십시오." 여기서 πορνεία는 기독교 공동체의 거룩함과 관련된 **인과관계**에 대한 이슈보다는 의미론적·도덕적인 대조와 관련되어 있다.

만약 바울의 묘사의 배후에 이른바 정절을 맹세한 동정녀와의 "신령한 관계"라는 복잡한 현상이 놓여 있다면 이 접근 방법과 설명은 추가적인 지

---

100) Rosner, *Paul, Scripture and Ethics*, 149-161; Yarbrough, *Not like the Gentiles*, 3-28; 참조. 65-96.

101) Deming, *Paul on Marriage*, 116.

102) Edwards, *First Epistle*, 157.

103) BAGD, 331-334. 문맥의 지배를 받는 다양한 용례에 대해서는 특히 III (334)을 보라.

지를 받을 것이다. 그와 같은 동정녀는 사도 이후 시대와 교부 시대에 종종
그리스도인 남성들과 동일한 주거 공간에서 살았던 것처럼 보이며, (만약 해
당 절들에 대한 몇몇 해석을 받아들인다면) 아마도 7:36-38의 주제일 수도 있다.
헤르마스의 목자에 의하면 그 목자가 자신의 환상 속에서 안식을 취하고
있는 동안 헤르마스는 "동정녀들과 함께" 밤을 보내도록 초대를 받는다.
이 동정녀들은 헤르마스에게 "당신은 남편이 아니라 형제로서 우리와 함
께 밤을 보낼 것입니다(ὡς ἀδελφός, καὶ οὐχ ὡς ἀνήρ)"라고 말한다. "그 여자
[그 동정녀들의 지도자]는 나에게 입맞춤을 했다.…나는 망대 옆에 누워 있
었다.…그리고 나는 그녀들과 함께 쉬지 않고 기도하며…그다음 날까지 머
물러 있었다"(*Similitude* 9:10:6-11:8, 기원후 약 160년경). 아켈리스는 고린도에
서의 "신령한" 유사(類似) 결혼에 대한 개념을 주장하면서 이와 비슷한 사
례에 호소한다.[104] 이와 비슷한 사례가 테르툴리아누스, 키프리아누스, 에
우세비오스의 저서에서도 언급된다.[105] 하지만 헤르마스의 특이한 표현 방
식과 우연히 가끔 이곳저곳에서 언급되는 것을 고전 7장을 이해하는 데 적

---

104) Achelis, *Virgines Subintroductae: Ein Beitrag zum VII Kapitel des 1 Korintherbriefes.* 이 주
장에 대한 Deming의 비판 참조(Deming, *Paul in Marriage,* 40-47).
105) Tertullian, *On Monogamy,* 16: "만약 그가 자기 가정의 외로움을 호소한다면?[곧 자기 아
내가 사망하고 나서]…그는 어떤 과부를 그의 곁에 두고 있다.…심지어 여러 명을 두는 것도
허락된다"[하지만 자녀를 낳아서는 안 된다]; *Exhortations to Chastity,* 12: "'내가 홀아비
가 된다면 가사를 위해 파트너가 필요하다.' 그리고 믿음이 좋고…나이가 든 과부 중에서…
영적인 아내를 취하라.…스스로 세상으로부터 상속권을 포기한 하나님의 종이 상속인들을
바라겠는가?"(기원후 200년-225년); Cyprian, *Epistle,* 61:2, "To Pomponius concerning
Virgins": "우리는 동정녀가 남성과 함께 거주하는 것을 허용해서는 안 된다. 나는 [동일한
거주 공간에서] 잠을 함께 자는 것이 아니라 함께 사는 것을 말한다.…위험에 가까이 있는
사람은 아무도 안전하지 않다.…동정녀가 순결을 지킬 수 있도록 그녀들은 [남성들과] 떨
어져 있어야 한다." 다시 말해 아켈리스는 여기서 "영적인" 동거를 전제하는 어떤 상황을 인
식한다. 하지만 키프리아누스(기원후 240-250년경)는 그것에 대해 의문을 품는다. 참조.
Achelis, *Virgines Subintroductae,* 7-9; Eusebius, *Ecclesiastical History,* 7:30:12: "고린도
사람들이 그 여인들을 그렇게 불렀던 것처럼 'subintroductae'(συνείσακτοι)라는 여인들이
있었다. [이들은 나중에 혼인관계에서 태어난 자녀들을 의미하게 되었다.] 이 여인들은 바울
[사모사타의 바울]과 그와 함께 있던 장로들과 집사들에게 속했다." 해당 라틴어와 그리스
어는 독신 성직자들을 위해 가사를 돌보던 여인들을 의미할 가능성이 있다. 하지만 나중에
θυγατέρες συνείσακτοι가 교회와 관련된 문맥에서 혼인관계 사이에서 태어난 자녀들을 가
리키는 용어가 되었다(참조. LSJ와 Eusebius에 관한 주석).

용하는 것은 바람직하지 않고 의문의 여지가 있다.

다른 한편으로 이 저서들의 증거는 진정으로 "영적인 관계"에 대한 현실성의 부족을 암시해줄 수도 있다. 이것은 διὰ δὲ τὰς πορνείας라는 바울의 표현에 대한 또 하나의 상황적인 설명을 더해줄 것이다. 이 경우 문제는 이층(二層)의 구조를 지닌 도덕이 아니라 목회적인 현실이다. 그것은 몸에 대한 이원론적인 견해나 결혼을 "연약한 사람들을 위한" 것으로 평가절하하는 것과 아무런 상관이 없다. 어떤 이들은 자칭 "성령에 속한 사람들" 사이에서 반복적으로 나타나는 비현실주의에 대한 일종의 증표로서 "영적인" 동거에 대한 후대의 특이한 언급으로 이해한다. 밸치는 하나님으로부터 계시나 환상을 받으려는 열망에서 독신의 관행이 생겨났다고 제안한다. 만약 이와 같은 견해가 어느 정도의 개연성을 지니고 있다면 블롬버그의 다음과 같은 주장은 그것에 비중을 더해줄 것이다. "창녀들과 정부(情婦)로 삼을 만한 여인이 많이 있었기 때문에(참조. 6:12-20) 자기 아내와 성관계를 할 수 없던 고린도의 남자들은 종종 그 대상을 다른 곳에서 찾곤 했다."[106] 페터만은 파피루스 문헌과 플루타르코스의 저서에서 고대 로마 세계의 기혼 여성들과는 대조적으로 남성들이 혼외 성관계에 관해 이중적인 잣대를 갖고 있었다는 점을 확인해준다.[107] 그러나 성적인 관계와 관련하여 바울의 도덕적·목회적 원칙은 (a) 일부일처제(거의 모든 기간에 온전한 관계를 맺으며, 5절 참조) 또는 (b) 독신이다. 그는 (c) **부도덕한** 신체적 친밀함은 허용하지 않는다.[108] 자기 처지에 만족하라는 바울의 권면은 그의 주된 강조점이 아니다. 반면 그는 새로 발견한 자신들의 신분과 더불어 모든 것을 바꾸고자 하는 고린도 교인들의 열망에 해결책을 제공해준다.[109]

---

106) Bolmberg, *1 Cor*, 133. 참조. Balch, "Backgrounds of 1 Cor vii," 351-364. 이 부분에서 Balch는 해당 개념과 관련하여 필론의 모세의 생애 2.66-70에 호소한다.

107) Petermann, "Marriage and Sexual Fidelity in the Papyri, Plutarch and Paul," 163-172, 예. *BGU* 1052 (13BC); Plutarch, *Moralia*, 139C, 140B and D.

108) 유스티누스는 이와 대조되는 상황으로서 일부다처제를 언급한다. Justin, *Dialogue with Trypho*, 134: "어떤 남자는 네 명 또는 다섯 명의 아내를 거느리고 있다."

109) Wimbush, *Paul the Worldly Ascetic*, 21.

3-4절   목적격 ὀφειλήν, "책무, 임무"는 어떤 사람에게 마땅한 것, 곧 의무(빚이라는 뜻에서 은유적으로 사용됨)는 의심의 여지 없이 타당한 독법이다. P^{11}, P^{46}, ℵ, A, B, C, D, F, 33, 콥트어 필사본, 테르툴리아누스, 클레멘스, 오리게네스, 키프리아누스 등은 이 독법을 지지한다. 한편 K, L, 많은 소문자 필사본, 고대 시리아 역본에서 발견되는 후대의 독법은 해당 그리스어 명사를 "마땅한 호의"(ὀφειλομένην εὔνοιαν)로 바꾼다. 그것은 바울이 정면으로 거부하는 방법으로서 해당 절을 "영적으로 해석하는" 것이다. 이 독법은 고상한 의도에 기초한 그릇된 시도일 것이다. 하지만 그것은 몸과 성(性)에 대한 바울의 입장과 완전히 다른 것을 반영할 개연성이 높다.

결혼 관계 속에서의 친밀한 애정에 대한 바울의 독특한 강조와 긍정적인 자세의 유형(고대 로마와 고린도의 사고 방식의 배경과 대조되는)에 대해서는 고전 7장 머리말 마지막 부분에 제시된 "요약"을 보라. 볼프는 바울이 결혼 안에서의 "파트너 관계"의 모든 측면에 관심을 갖고 있다고 강조한다. 곧 "아내와 남편, 남편과 아내, 결혼 안에서 파트너로서의 친밀한 사귐이 총체적으로 강조된다."[110] 만약 이 절들과 관련하여 고린도의 여자 예언자들에 대한 와이어의 가설이 신뢰할 만하다면 결혼 안에서 마땅히 서로 기대하는 것 중 하나는 서로 독립적인 두 가지 삶의 방식이 아니라 가정을 공유하는 것이다. 독립적인 삶의 방식 안에서 신체적인 친밀함뿐만 아니라 상호 지원 및 동반자의 관계에 대한 결혼의 의무는 개인의 권리(ἔξεστιν, 6:12)를 위해 억압되어왔다는 것이다.[111] 와이어는 심지어 요한계시록에서 여자 예언자 "이세벨"이 "부도덕하다고 비난받은 것은 그녀가 스스로 결혼 관계를 끊었거나 다른 여인들을 성관계로부터 멀어지게 했기 때문에" 부도덕하다고 묘사되었을 가능성이 있다고 생각한다.[112] 한편 명령법 현재 ἀποδιδότω는 2절의 명령 구조를 지속시키며, 그 절들이 단지 허용을 의미하는 명령법

---

110) Wolff, *Der erste Brief*, 135; 또한 Collins, *First Cor*, 255: "상호성과 신체적인 연합에 초점을 맞춘다."
111) Wire, *Corinthian Women Prophets*, 82-90.
112) 같은 책, 83.

3인칭 단수가 아니라 명령을 의미한다는 점을 확인해준다. 현재형은 고린도에서 금욕주의자들이 다수가 아니었음을 암시해준다. 신자들은 (그 관습으로 되돌아가는 것이 아니라—이 경우에는 부정과거가 사용됨) 이제까지 실행해왔던 관습을 계속 실행해야 한다. 다른 한편으로 현재형은 단순히 어떤 관습을 가리킬 수도 있다.

대다수 저자와 주석가는 ὁμοίως에 관심을 기울여왔다. 이 부사는 결혼 관계에서 특별히 이 영역에서의 상호성, 상호 관계 또는 평등성에 대한 바울의 관심을 알려준다는 것이다. 하지만 와이어는 이것을 기만의 수사법으로 이해한다. 곧 "어떤 사람은 자신의 결혼 관계에서 성관계로 되돌아가도록 조종받았다"는 것이다.[113] 바울이 연약한 사람을 도와주도록 강한 사람에게 요청하지 않고, 평등에 대한 수사법을 사용하기 때문에 그는 여성에 대해 논하면서 엄청난 불평등을 감춘다는 것이다. 여성은 금욕을 선택했지만, 남성은 "자기의 욕망을 제어하는 능력"(참조. 7:37)이 부족하다. 와이어의 견해에 의하면 바울은 자유에 대한 여성의 권리보다 남성의 부도덕을 회피하는 것을 더 우선순위에 둔다. 와이어의 논점은 주로 다음 세 가지 요소에 의존한다. (a) 첫 번째 요소는 이 편지의 거의 모든 이슈와 모든 단락의 배후에 "여자 예언자들"이 있다는 역사적인 가설이다. (b) 두 번째 요소는 그리스도 안에서의 새 창조는 구약성경의 창조 질서를 폐기한다는 견해다(하지만 로스너, 야브로 등 다른 학자들은 고전 5-7장의 바울 신학 배후에 그런 질서들이 상당 부분 반영되어 있음을 확인해준다). 와이어는 여자 예언자들이 새로운 "높은" 신분(새 창조)을 발견한 것과 대조적으로 바울이 사도의 "낮은" 신분(복음)을 위해 바리새파의 "높은" 신분(율법)을 개인적으로 포기한 것을 중시한다. (c) 와이어의 해당 저서가 출간된 이후에 제시된 고린도의 사회적 신분에 대한 풍부한 자료는 고린도 사회 안에 존재했던 모호한 다양성, 모순 및 유동적인 가치 체계 중심에 있는 "높은" 신분과 "낮은" 신분에 대한 이러한 단도직입적인 대조에 의문을 제기할 것이다. 예를 들면 위더링턴은

---

113) 같은 책, 84; 참조. 90.

"신분의 불일치"에 대해 말한다.[114)]

4절에 대한 번역은 매우 어렵다. ἐξουσιάζω는 "어떤 권리를 갖다" 또는 "어떤 것, 어떤 사람에 대한 어떤 권한을 갖다"를 의미한다. ὁ ἐξουσιάζων 은 권세를 지닌 자(집권자; 전 10:4-5, 눅 22:25)를 뜻한다.[115)] 하지만 우리는 이미 6:12에서 바울이 고린도의 슬로건 πάντα μοι ἔξεστιν과 자신의 답변 οὐκ ἐγὼ ἐξουσιασθήσομαι ὑπό τινος 사이에서 언어유희를 사려 깊게 사용하고 있다고 입증한 바 있다. 이 점을 강조하기 위해 우리는 해당 구절을 "모든 것을 할 수 있는 자유! 그러나 나는 어떤 것도 나를 제멋대로 휘두르게 하지 않을 것입니다"라고 번역했다. 12절의 마지막 구절에서는 ἐξουσιάζω가 직설법 미래 수동태로 표현된다. 이것은 영역본에서 다양하게 번역되었다. "~에 의해 지배되다"(NRSV, NJB), "어떤 것이 마음대로 하게 하다"(REB), 또는 "~에 의해 지배되다"(NIV). 이에 비해 ἔξεστι는 "합법적이다"(NRSV), "허용되다"(NJB) 등으로 번역된다. ([이러한 번역과 관련하여] 와이어는 자신의 저서에서 권리를 갖는다를 이슈로 삼는다.) 따라서 NRSV는 7:4을 다음과 같은 의미로 번역한다. "아내는 자기의 몸에 대한 권리를 지니고 있지 않고, 남편이 지니고 있다. 이와 마찬가지로 남편은 자기 몸에 대한 권리를 지니고 있지 않고, 아내가 지니고 있다." REB는 우리의 제안에 더 가깝게 번역한다. 곧 "아내는 자기의 몸을 자기 자신의 것으로 주장할 수 없다. 그것은 남편의 것이다. 이와 동등하게 남편도···." 나아가 NIV의 번역은 우리의 제안에 더욱더 가깝다. 곧 "아내의 몸은 단지 그녀 자신에게만 속한 것이 아니라 그녀의 남편에게도 속한 것이다. 이와 동일한 방법으로···." 그러므로 여기서 주요한 이슈는 과연 NIV가 "오직"(alone)과 "또한"(also)을 포함시켜 번역한 것—이것은 우리가 제시한 번역에서 "독점적인"에 해당함—의 정당성을 인정하느냐다. "각각의 배우자는 상대 배우자의 소유다"(에드워즈)라는 전통적인 해석은 중요하다. 왜냐하면 고대 세계의 통상적인 개념에 의

---

114) Witherington, *Conflict and Community*, 23.

115) 참조. BAGD, 279; Schrage, *Der erste Brief*, 2:65, n. 81.

하면 아버지는 자기의 딸을 신랑(사위)에게 그의 것으로 주는 것이기 때문이다. 이 개념은 이제 서로 자기 자신을 내어주는 상호 관계로 규정된다. 자아(σῶμα), 곧 모든 것은 결혼 안에서 상대 배우자에게 주어지는 것이다. 남편은 아내를 악용할 수 없다. 왜냐하면 아내의 동의 없이 남편은 더 이상 자기 몸을 자신이 원하는 대로 사용할 수 없기 때문이다. 또한 아내는 신체적인 친밀한 관계로부터 지속적으로 벗어날 수 없다. 왜냐하면 아내도 (독점적으로?) 자기의 것이 아니기 때문이다.

벵엘은 어떤 사람이 "자신의 것"을 자기가 좋아하는 대로 할 수 없음에도 어떤 것을 "자신의 것"(ἑαυτοῦ ... ἴδιον)이라고 부르는 "역설"에 주의를 환기시킨다.[116] 우리는 서로 자신을 내어주는 것에 대한 논리적인 기본 원리에 호소하든지, 아니면 (내가 아는 한) 해당 그리스어 구문을 이제까지 제시되지 않은 다른 방식으로 해석하든지 둘 중에 하나를 선택해야 한다. 고전 그리스어에서 주격 명사와 보어로 표현되는 간결한 진술은 종종 "~이 있다"를 뜻하는 ἐστι 또는 ἐστιν을 암시한다. 하지만 서술절에서 ἐστι는 때때로 생략된다(참조. 라틴어에서 est). 그렇다면 바울이 다음과 같이 선언한다고 보는 것도 가능하지 않을까? "아내가 자기 몸에 대한 독점적인 권리를 지니고 있는 것이 아니라 (배려해야 할) 남편도 있습니다. 이와 마찬가지로 남편이 자기 몸에 대한 독점적인 권리를 지니고 있는 것이 아니라 (배려해야 할) 아내도 있습니다."

이 두 가지 해석 가운데 어떤 것을 따른다 하더라도 그것은 모두 "[남편과 아내의] 평등은 자유의 제한으로부터 비롯되며, 그 제한은 파트너의 존재와 더불어 부여된다"는 콘첼만의 요약적 진술과도 상응한다.[117] 바울에게 "권리"(ἔξεστι)라는 개념은 생소한 것처럼 여겨진다. 왜냐하면 그에게

---

116) Bengel, *Gnomon*, 628: "Hoc cum potestam non habet elegans facit paradoxa. Jus utrinque est aequale"(이 말은 고상한 역설의 진리를 지니고 있다. 남편과 아내의 권리는 동등하다). 한편 Collins는 "신체적인 자율"이라는 표현을 사용한다(Collins, *First Cor*, 255). 하지만 그것은 문제점이 없다는 것은 아니다. 과연 바울은 "자율"을 장려한 적이 있는가? "평등"과 "상호성"에 대한 Collins의 호소가 그것보다 더 만족스럽다(*First Cor*, 255-256).

117) Conzelmann, *1 Cor*, 117; 참조. Schrage, *Der erste Brief*, 2:63-66.

모든 것은 "권리"를 상대화하는 것이며, 받을 자격은 없지만 하나님으로부터 주어진 은혜에 달려 있기 때문이다. 그러므로 (a) "권리"는 모든 사람의 유익을 위해 제한되고 한정되어 있다. 또한 (b) "권리"는 제도나 법의 영역에 속한다. 이러한 취지에서 루터는 은혜의 영역 바깥에 있는 법의 영역의 필요성을 구별했다. 하지만 이 이슈는 이 절의 중심 주제로부터 우리의 주의를 분산시켜서는 안 된다. 에링은 4절이 "이 짧은 단락의 핵심"이라고 부르며, 그것은 "그리스도인의 결혼의 궁극적인 특성과 관계가 있다"고 주장한다.[118] 브런스는 전적으로 이 절에만 초점을 맞춘 논문을 썼다. 그 논문은 다음과 같은 독창적인 주장을 포함하고 있다. 곧 브런스는 이른바 높은 차원의 삶을 살며, 영적으로 구원받은 자들은 육체적인 삶을 중요하지 않거나 "종속된" 것으로 여겼기 때문에 "영지주의적" 유형의 종교인들은 ἡ γυνὴ τοῦ ἰδίου σώματος οὐκ ἐξουσιάζει라는 개념을 매우 잘 활용했을 것이라고 주장한다. 하지만 ἀλλ' ὁ ἀνήρ와 ἀλλ' ἡ γυνή를 덧붙여 바울은 그들이 환상에서 깨어나 육체적인 삶의 가치, 중요성, 의무를 구체적으로 깨닫게 해준다.[119] 따라서 바울은 몸에 대한 자신의 기독교 신학을 설명하는데, 이에 의하면 σῶμα는 육체적 실존과 초(超)육체적 실존을 모두 포함한다. 그리스도인의 결혼에서 남편과 아내는 각각 상대방에게 "속한다." 그러나 슈라게도 주장하듯이 이 "속함"은 ἀγάπη 안에 기초하고 있다. 아가페는 상대방을 존중할뿐더러 심지어 상대방을 먼저 고려하는 의미를 내포하며, 그리스도와의 연합을 이루는 것과도 결코 배치되지 않는다. 또한 아가페는 상대방에 대한 배려를 우선순위에 둔다. 그것은 자기 몸, 곧 교회를 향한 그리스도의 사랑에서 전형적으로 표현된다. 교회의 유익을 위해 그는 십자가에서 자신을 죽음에 내어주었다.[120] 자신보다 상대방에게 우선순위를 부여하는 것은

---

118) Héring, *First Epistle*, 50.

119) B. Bruns, "Die Frau hat über ihren Leib nicht die Verfügungsgewalt, sondern der Mann … Zur Herkunft und Bedeutung der Formulierung in Kor 7:4," 177-194.

120) 같은 책; 참조. Schrage, *Der erste Brief*, 64. 해당 부분에서 Schrage는 롬 13:8; 15:1, 27의 사랑의 "빚"과 ὀφειλή(고전 7:3)를 서로 비교한다(이 점에 비추어 3절에서 ἀποδιδότω에서 ἀπο- 복합동사가 사용된 것에 주목하라).

1:18-31과 7:1-40을 연결해준다. 이것은 유익한 통찰을 제공해준다. 하지만 데밍이 주장하듯이 그것은 반드시 전후 구절에서 **상호성**을 강조하는 것을 통해 한정되어야 한다. 상호 동의의 경우처럼 이것은 자신에게서 능동성을 빼앗지 않는다.[121]

　　5절　　세 가지 독법에 주목할 필요가 있다. (1) 여격 τῇ προσευχῇ에 $\aleph^2$, K, L, 88, 몇몇 후대 시리아어 독법, 크리소스토모스는 τῇ νηστείᾳ, 금식을 덧붙인다. 이 평행 독법이 생겨난 것은 이해할 만하지만, 그것은 분명히 부차적인 것이다. 오직 기도만 원문에 속한다는 증거는 압도적이다($\mathfrak{P}^{11}$, $\mathfrak{P}^{46}$, $\aleph^*$, A, B, C, D, 이그나티오스, 오리게네스 등). (2) 몇몇 후대 독법은 단조로운 표현인 ἦτε 대신에 더 명백하고 적절한 συνέρχεσθε로 대치한다. 이것이 이 텍스트를 "향상시킨다"는 사실은 이것이 부차적임을 암시해준다. 하지만 강력한 증거를 지닌 초기 사본들($\aleph$, A, B, C, D, F, 33, 88)은 ἦτε를 원문으로 지지한다. (3) 망설임을 나타내는 중요한 표현, εἰ μήτι ἄν은 $\mathfrak{P}^{46}$과 B에서 ἄν이 생략되어 있다. UBS^{4}나 메츠거의 『텍스트에 대한 논평』(*Textual Commentary*, 2d ed.)은 이 문제에 대해 전혀 언급하지 않는다. 하지만 웨스트코트-호트는 ἄν을 꺾쇠괄호 안에 표기한다. 그러나 더욱 놀랄 만한 것은 (추측건대) 금욕주의적 성향의 이 생략은 주저함이 배제되지 않은 NIV와 REB의 번역 배후에 있는 듯하다. 피는 NIV의 7장의 해당 절에 대한 번역과 관련하여 이 점을 비판한다.[122] NRSV의 번역(except perhaps by)은 NIV, NJB의 번역(except by)이나 REB의 번역(except when)보다 선호할 만하다. $\aleph$, C, D, E와 대다수 초기 사본은 ἄν을 포함하고 있다. 이 주제에 대한 바울 이후 전승에서 발견되는 태도를 고려하면 이 사본의 필사자들은 ἄν을 삽입하기보다는 교부 시대의 필사자들이 그것을 생략했을 개연성이 훨씬 더 높다.

　　그리스어 동사 ἀποστερέω는 "강탈하다, 속이다, 빼앗다" 등을 뜻한다. 이것은 불법적으로 훔치는 것을 가리키며, 막 10:19에서는 "속여서 빼앗다"라는 의미로 사용되고, 고전 6:7에서는 수동태로 사용되며 "속임을 당

---

121) Deming, *Paul on Marriage*, 121.
122) Fee, *First Epistle*, 281, n. 64; 또한 Schrage, *Der erste Brief*, 2:67.

하는 것"을 가리킨다.[123] 결혼의 문맥에서 이 동사는 논리적인 측면에서 τὴν ὀφειλὴν ἀποδιδότω에 상응하며(3절), 서로가 배우자에게 "속한다"는 주제 와도 상응한다(4절). 하지만 BAGD는 이 미묘한 문맥에서 귀에 거슬리는 듯한 어감을 주는 이 단어를 "서로 결혼의 권리를 빼앗지 말라"라고 다소 부드럽게 번역한다. 왜냐하면 권리 또는 의무를 빼앗는다는 것은 상대방을 신중하게 대하지 않고 자신의 것이 아닌 것을 취한다는 의미를 전달하기 때 문이다.[124] 그리스어에서 결혼 안에서 주어지는 의무는 명시되어 있기보다 는 암시되어 있는 것을 드러낸다. 비록 해당 문맥은 신체적으로 친밀한 관 계가 최우선적인 이슈라는 것을 분명하게 밝혀주지만, 상호 협력과 동반자 의 관계를 배제할 수 없다.[125] 우리는 와이어가 주장하는 "여자 예언자들"이 나 남자 복음 사역자들을 상상할 수 있을 것이다. 그들은 "특별한 상황"이 아님에도 불구하고 "하나님의 부르심"을 자신들의 배우자를 다양한 방법 으로 도와주는 것보다 더 우선순위에 두어 배우자를 소외시키거나 낙심시 킬 가능성이 있다. 그러면 그것은 여러 가지 문제점을 야기할 것이다. 몇몇 저자들은 (시제에 대한 최근 연구에도 불구하고 여전히 해당 문맥과 조화를 이루게 하 면서) 부정사 μή를 (부정과거가 아니라) 현재 명령형과 연결하여 이해한다. 곧 μὴ ἀποστερεῖτε라는 표현은 습관적인 행위를 금지하라—서로에 대한 [의 무를] 소홀히 하지 마십시오—는 효력을 지니고 있다는 것이다.[126] 우리가 이 편지가 고린도의 여자 예언자들의 신분, 자유, "권리"와 관련된 것이라는 와이어의 독특한 가설을 인정하든 그렇지 않든 간에 고린도의 많은 교인들 은 이미 영적인 것이 신체적으로 친밀한 관계보다 우선한다고 주장하고 있

---

123) BAGD, 99.

124) 같은 책.

125) 참조. Wolff, *Der erste Brief*, 135; Collins, *First Cor*, 235.

126) Robertson and Plummer, *First Epistle*, 134: "빼앗는 것을 멈추십시오." Fee, *First Epistle*, 281. Fee는 만약 다른 의미라면 바울은 다른 단어를 사용했을 것이라고 주장한다. (모든) 저 자들은 아니지만 많은 저자의 주장에도 불구하고, 심지어 우리가 "관점"의 위치를 인정한다 고 하더라도, 다음 저자들은 여기서 해당 문맥이 그 부정(否定)이 이미 시작되어 진행 과 정에 있는 행위에 적용된다고 이해한다. S. E. Porter, *Verbal Aspect in the Greek of the NT with Reference to Tense and Mood*; B. M. Fanning, *Verbal Aspect in the Greek*.

었다.[127)

"특별한 상황"에 대한 양보는 εἰ μήτι ἂν으로 마지못해 표현되어 있다.[128) 비록 ἐκ συμφώνου는 신약성경에서 오직 이곳에만 단 한 번 나타나지만, 파피루스 문헌에서 이 표현은 일방적인 결정이 아니라 상호 동의를 가리키는 데 사용된다.[129) 쿨만은 단순히 어떤 기간을 나타내는 시간을 의미하는 χρόνος와 어떤 특별한 일을 진행하는 데 적절한 순간을 나타내는 특정한 시간을 의미하는 καιρός를 광범위하게 대조했다. 이 두 개념을 지나치게 강조한 그의 견해는 비판의 대상이 되었다. 하지만 여기서 이러한 대조는 카이로스의 의미를 매우 잘 보여준다.[130) 이 절에서 전치사 πρός는 어떤 목적을 위한 짧은 시간의 개념을 표현해준다.

바울은 ἵνα로 시작하는 목적절을 통해 목적의 개념을 도입한다. 피는 일련의 종속절을 통해 5절의 구조를 설명할 필요가 있다고 생각한다. 그는 각각의 종속절이 상호 의존 관계에 있어, 현대 독자들이 이해할 수 있도록 번역하려면 문장 구조를 바꿀 필요가 있다고 주장한다. ἵνα 종속절(여러분이 기도하기 위한 시간을 갖기 위해, 또한 사탄이 여러분을 시험하지 않도록 하기 위해 다시 서로 합쳐)을 "왜냐하면"(διά)과 함께 계속 쌓아 올리는 대신 우리는 첫 번째 목적(첫 번째 ἵνα)을 "여러분이 기도를 위한(두 번째 가정법 부정과거 σχολάσητε) 충분한 시간을 갖기 위해"로 번역하여 첫 번째 문장을 마무리했다. 두 번째

---

127) Wire에 관해서는 위에서 제시한 해설과 다음을 보라. Wire, *Corinthian women Prophets*, 82-90.

128) 앞의 본문 주해 (3)을 보라. 참조. BDF, *Greek Grammar*, 191, sect. 376. 그리스어 불변화사는 해당 절을 불특정하게 만든다. "만약 당신이…하는 경우를 제외하고"(Edwards, *First Epistle*, 159).

129) 참조. Senft, *La Première Épitre*, 89; Schrage, *Der erste Brief*, 2:67-68. Senft, Schrage 등 많은 이들은 이렇게 주장한다. Lang이 독일어 단어 Einverständnis(동의)를 사용하는 것을 참조하라(Lang, *First Epistle*, 159).

130) Cullmann, *Christ and Time* (Eng. trans., London: SCM, 1955), 38-50. 참조. BAGD, 394-395. 어떤 학자들은 Cullmann이 사전학적 정보가 알려주는 것을 드러내는 것이 아니라 "시간에 대한 신학적인 사고"를 그것에 주입한다고 비판한다. 사전학적 정보는 사실상 "카이로스"가 "어떤 우호적인 시점" 또는 "적절한 때"를 가리킨다고 증언한다. 참조. Schrage, *Der erste Brief*, 2:68.

ἵνα 종속절은 그 절을 재구성하여 목표를 의미하도록 한다. 두 번째 ἵνα절에서 μή가 지닌 복합적인 논리는 "만약 사탄이…한다면 그 목표는 무효가 된다"로 번역한다. 이것은 목표 또는 목적(ἵνα)이 점층적으로 연결됨을 알려준다. 곧 "그러고 나서 다시 서로 결합하라"(가장 권위 있는 사본들의 ἐπὶ τὸ αὐτὸ ἦτε — ἦτε, 가정법 2인칭 복수, ἐπὶ와 더불어 목적격 τὸ αὐτὸ[여러분이 동일한 장소에 있도록] — 는 신체적으로 친밀한 관계를 맺으며 다시 온전히 동거하는 것을 가리킨다). 이것은 부부의 첫 번째 목표 안에 포함되어 있다. 그들의 목적(목표)은 특정 기간 동안 기도에 전념한 후 신체적으로 친밀한 관계로 다시 돌아오는 것을 모두 포함한다. 두 번째 목표는 부정적인 의미와 연결되어 있다. 이것은 또 다른 조건을 내포한다. 곧 여러분의 자제력이 부족하기 때문에 (διὰ τὴν ἀκρασίαν ὑμῶν) 사탄이 여러분을 시험하지 못하게(ἵνα μὴ πειράζῃ[가정법 현재 3인칭 단수] ὑμᾶς) 하는 것이다. 우리는 첫 번째 ἵνα절 다음에 나오는 첫 번째 가정법 부정과거를 "여러분이 기도를 위한 충분한 시간을 갖기 위해"라고 번역했다. 그리고 두 번째 ἵνα절 다음에 나오는 부정적 의미의 가정법 현재는 "그래서 여러분이 절제할 수 없을 만큼 사탄이 여러분을 시험하지 못하게 하려는 것입니다"라고 번역했다. 이 절에 대한 해석은 각각의 목표에 내포된 타당한 결과를 포함하는 것과 더불어 각각의 부정적인 표현이 암시하거나 명시적으로 드러내는 의미를 반드시 이해해야 한다.

우리는 διὰ τὴν ἀκρασίαν ὑμῶν의 의미뿐만 아니라 σχολάσητε와 πειράζῃ의 사전적 의미 영역을 검토해볼 필요가 있다. 특별한 문맥을 제외하고 σχολάζω의 일반적인 의미는 명백하다. 이 단어는 "시간을 갖는 것"이나 "여가를 내는 것"을 의미한다. 여격과 더불어 이 단어는 "어떤 사람"이나 "어떤 것"을 위해 시간을 갖는 것을 뜻한다. 특정한 임무를 지닌 사업가, 기술자, 노예와는 대조적으로 학자는 자신의 학문 연구를 위해 시간을 투자한다. 이 단어는 또한 어떤 특정한 임무를 위해 "시간을 내어 그것에 몰두한다"는 것을 의미할 수도 있다.[131] 명사형 σχολή는 "여가" 또는 "스승

---

131) 이 단어가 의미하는 범위에 대해서는 다음을 참조하라. BAGD, 797-798; MM, 619-620.

을 만나기 위해 시간을 내었던 장소", 곧 학교를 의미하기도 했다(Plutarch, *Moralia* 42A, 519F. 605A; Epictetus, *Dissertations* 1.29-34; Josephus, *Against Apion* 1.53; 이들은 모두 바울과 동시대 인물임).[132] 하지만 이 절에서 이 단어는 "여러분이 기도를 위해 여가를 갖다"를 의미하는가?(NJB) 아니면 "여러분 자신이 기도에 몰두할 수 있도록"을 뜻하는가?(NIV) 한편 데밍은 이 단어가 결혼에 대한 스토아학파와 견유학파의 논쟁에서 흔히 사용된 용어이지만, 바울은 오직 이곳에서만 σχολάζω를 사용한다고 밝혀준다.[133] 비록 이 단어가 궁극적으로 철학 연구에 몰두하는 것에 관심을 기울이지만, 결혼에 대한 논쟁에서 견유학파 철학자들은 결혼이 철학의 우선권을 밀어내는 것에 대해 염려했다. 스토아학파와 견유학파의 논쟁 배경이 결혼이 지닌 책임을 내포한다는 점을 참작하여 데밍은 7:5을 "기도를 위해 '시간을 내는 데' 서로 동의하는 것을 가리킨다"고 해석한다.[134] 하지만 우리는 과연 바울이 단순히 어떤 특정 기간만을 가리키는 것인지에 대해 의문을 품을 수 있을 것이다. 여기서 시간의 사용은 관심의 표적 또는 오늘날 어떤 이들이 "양질의 시간"이라고 부르는 것과 연결되어 있다. 아마도 바울은 만약 어떤 사람이 일정 기간 자신의 시간표와 마음에서 어떤 사항을 배제시킨다면 그는 **기도를 위해** 양질과 기간이란 의미에서 충분한 시간을 가질 수 있다(가정법 부정과거 σχολάσητε)고 말할 것이다. 이것은 모세의 생애에서 금욕적인 절제는 계시와 환상을 받을 가능성을 촉진한다는 필론의 견해에 데이비드 밸치가 호소하는 것과 전혀 다른 기초 위에 해당 이슈를 놓는다.[135] 납달리의 유언 2:9-10에 나오는 "적합한 시간에"(καιρός) 기도를 위해 금욕한다는 개념이 더

---

132) BAGD, 797-798.
133) Deming, *Paul on Marriage*, 112-113.
134) 같은 책, 112.
135) Balch, "Backgrounds of 1 Cor. vii," 354-364. 우리는 앞에서 Balch가 필론의 모세의 생애 2.66-70에 대해 언급하는 것을 다루었다. Balch는 θεῖος ἀνήρ(358-361)라는 개념을 사용한다. 이 개념은 종종 신약성경의 관점과 관련하여 문제점이 있다고 여겨졌다. Deming, *Paul on Marriage*, 11-12에서 그것에 대한 간략한 비판을 참조하라.

좋은 평행 본문이다. 많은 저자들이 이 평행 본문의 중요성에 주목한다.[136]

얼핏 보기에 ἵνα μὴ πειράζῃ ὑμᾶς ὁ σατανᾶς διὰ τὴν ἀκρασίαν ὑμῶν 이라는 표현은 마치 바울이 자제력이 부족한 교인들 때문에 그들이 시험을 피하게 하려는 것을 목표로 삼고 있는 것 같다. 즉 여러분은 끝까지 견디지 못할 것이므로 시험받는 것을 반드시 피해야 한다는 것이다. 하지만 이것은 바울의 주요 강조점이 아니다. 우리가 이미 주장했듯이 바울의 본질적이며 최종적인 목표의 단계와 구조를 파악하고 그의 부정의 말에 담긴 것과 빠진 것을 논리적으로 구분하는 것이 중요하다. 비록 적절한 문맥에서 πειράζω는 "유혹하다"를 의미할 수도 있지만, 이 단어는 "시련을 주다, 테스트하다"라는 의미에서 무언가를 "시도하는 것"을 의미한다.[137] 여기서는 이 단어와 관련하여 두 가지 해석이 가능하다. 먼저 내면적인 갈등을 경험하도록 부추긴다기보다는 오히려 (유대교와 초기 기독교의 묵시 문헌의 경우처럼) 사탄에게 (비난을 포함하여) 적대적인 대리인의 역할을 하는 배역이 주어졌을 것이다.[138] 이와는 대조적으로 타이센은 바울이 "성적인 환상"을 염두에 두고 있다고 생각한다.[139] 어쨌든 만약 해당 부부의 신체적으로 친밀한 관계가 중단되는 καιρός가 너무 오래 지속되면 사탄은 기도의 시간을 부정적인 시련이나 해로운 환상으로 변질되도록 악용할 것이다. 자발적인 동의가 낙심으로 변질되고 자제력의 한계가 ἀκρασία로 무너져 내리기 시작할 때 그 경험 전체는 기대에 반하는 결과를 낳을 것이다. 곧 만약 사탄이 여러

---

136) 기도에 대한 바울의 이 말은 납달리의 유언 2:9, 10; 8:1; 8:7-10, 특히 8:8과 매우 비슷하게 표현되어 있다. 다음 저자들도 이 점에 대해 논의한다. Deming, *Paul on Marriage*, 124-126; Lang, *Die Briefe*, 90; Collins, *First Cor,* 257; Wolff, *Der erste Brief,* 136-137; Schrage, *Der erste Brief,* 2:68, n.99.

137) BAGD, 640-641.

138) 참조. Thiselton, "The Meaning of σάρξ in Cor 5:5," *SJT* 26 (1973): 204-228, 특히 218-221; T. Ling, *The Significance of Satan* (London: SPCK, 1961), 81-92; R. Yates, "The Powers of Evil in the NT," *EvQ* 52 (1980): 97-111. 한편 Fitzmyer는 바울 서신에서 사탄을 "평강의 하나님"과 대조되는 대상으로서 "신앙 공동체 안에서의 모든 사악함, 무질서, 불화, 스캔들의 의인화"로 묘사한다(*Romans*; New York: Doubleday, 1993, 746).

139) Theissen, *Psychological Aspects*, 172.

분의 자제력을 초월하는 시련으로 여러분을 계속해서 괴롭힌다면 그 목표
는 이루어지지 않을 것이다. 여기서 바울은 그리스도인 도덕주의자보다는
목회자와 상담자로서 말하고 있다. 이 점은 바로 6절에서 바울의 의견을 이
러한 취지로 소개해준다.

6절 이 절은 매우 짧고 솔직하여 가장 간결한 주해를 요구하
는 것처럼 보일 수도 있다. 하지만 이 절의 첫 부분 τοῦτο δὲ λέγω κατὰ
συγγνώμην에서 첫 번째 단어 τοῦτο의 적용 범위에 대해서는 상당한 에
너지가 쏟아 부어졌다. NRSV, REB, NIV, NJB는 συγγνώμην을 허용
(concession)으로 번역한다. 우리는 이것을 더 훌륭하게 번역할 수 없다.
이 단어의 어원적 역사는 서로 **동의함**으로 **함께**(συν- 또는 συγ-) 알고 있다
(γνώμη)는 이미지를 보여준다. 우리가 곧 논의하겠지만, 이것은 사실상 5b
에서 서로 동의한 것을 뒤돌아보게 한다. 하지만 τοῦτο가 무엇을 가리키는
지에 관해서는 다섯 가지 견해가 제시되었다. (i) 이 지시대명사는 2-5절 전
체를 가리킨다. (ii) 그것은 2절을 가리킨다. (iii) 그것은 5a의 신체적으로 친
밀한 관계 또는 5절 전체를 가리킨다. (iv) 그것은 단지 εἰ μήτι ἄν으로부터
5절 끝까지 마지못함(hesitancy)에 대한 절에 직접 적용된다. (v) τοῦτο는 곧
바로 이어지는 바울의 말을 가리킨다. 윈터는 다섯 번째 견해를 강력하게
지지한다.

(i) 초기 저자들(예. 크리소스토모스, 페트루스 롬바르두스, 토마스 아퀴나스),
다소 이전의 현대 주석가들(하인리치, 로버트슨과 플러머), 더 최근의 학자들
(예. 알로, 메르클라인, 젠프트)은 τοῦτο가 2-5절 전체를 가리킨다는 입장을 지
지했다.[140] 이 견해의 한 가지 강력한 논점은 해당 단락이 양보적인 분위기
를 드러내는 것처럼 보인다는 것이다(비록 이 점에 대해서도 의문을 품을 수 있

140) 예를 들면 Robertson and Plummer, *First Epistle,* 135; Morris, *First Epistle,* 107; Allo,
La Première Épitre, 159 (in detail); Conzelmann, *1 Cor,* 118; Merklein, "Es ist fut für
den Menschen,'" in Dautzenberg, *Die Frau,* 233-234; Senft, *Première Épitre,* 90; 참조.
Lightfoot, *Notes,* 223; Heinrici, *Das erste Sendschreiben,* 216(참조. Bengel, Estius, Rücket,
Godet, Lietzmann).

지만). 알로와 콘첼만은 이 경우에 "명령법이 무리하게 강요되어서는 안 된다"라고 분명하게 말한다. 이 견해는 틸리케의 『신학적 윤리학』과 같이 매우 영향력 있는 저서에서도 언급된다.[141] 그렇다면 그리스어에서 요청과 더불어 명령, 허용, 동의를 나타내는 모든 명령(jussive imperatives)은 허용의 명령(permissive imperatives)이 되는 것이다. 이것은 결혼을 할지 말지(흐로세이데)뿐만 아니라 결혼 안에서의 친밀한 관계도 포함할 것이다.

(ii) τοῦτο가 2절에 적용된다는 주장은 의미가 있다. 왜냐하면 그것은 결혼은 하나님이 부여하신 질서로서 존중할 만하지만, 그것이 모든 사람에게 반드시 적용되는 것은 아니라는 바울의 견해와도 상응하기 때문이다. 분명히 이 주장은 (i)보다 선호할 만하다. 왜냐하면 "2-4절은 사실상 의무적인 개념을 포함하고 있기 때문이다." 또는 적어도 이 절들이 그렇게 여겨지기 때문이다.[142] 따라서 흐로세이데와 다른 이들은 (ii)를 채택한다. 그리고 바레트는 여러 견해 가운데 이것을 두 번째로 선호하는 것으로 받아들인다.[143] 흐로세이데가 (ii)를 채택한다는 것은 이해할 만하다. 왜냐하면 그는 이 단락의 주요 이슈를 결혼 안에서의 신체적 친밀함이나 어떤 상황에서의 (곧 고린도에서 제시한 질문처럼) 성적 관계에 관한 것보다는 결혼 대(對) 독신으로 간주하는 소수의 학자 중 한 명이기 때문이다. 하지만 τοῦτο와 2절이 서로 멀리 떨어져 있다는 사실은 이 주장의 타당성을 약화시킨다.[144] 한편 테르툴리아누스와 히에로니무스가 이 "양보"를 결혼에 적용하는지 아니면 5b에 적용하는지는 분명치 않다. 왜냐하면 그들의 주요 관심사는 신체적으로 친밀한 관계가 긍정적으로 추천할 만한 것이 아님을 강조하는 것이기 때문이다(iv 참조).[145]

---

141) Conzelmann, *1 Cor,* 118; 참조. Allo, *La Première Épitre,* 159; H. Thielicke, *Theological Ehics,* 3 (Grand Rapids: Eerdmans, 1964), 3:122-124.

142) Meyer, *First Epistle,* 1:197; Weiss, *Der erste Kor,* 175.

143) 예를 들면 Hodge, *First Epistle,* 110-111; Findlay, *Expositor's Greek Testament,* 2:824; Grosheide, *First Epistle,* 158; Barrett, *First Epistle,* 157; 또한 Beza, Grotius, de Wette.

144) Fee, *First Epistle,* 283; Witherington, *Women in the Earliest Church,* 29.

145) 테르툴리아누스가 7:1-40에서 **명령과 허용**을 대조하는 것에 대한 전반적인 중요성은 다음

(iii) 마이어에 이어 바레트는 신체적으로 친밀한 관계와 특별한 경우에 그것을 잠정적으로 중단하는 데 서로 동의하는 것을 포함하여 바울의 명백한 허용은 5절 전체와 관련되어 있다고 주장한다.[146] 하지만 바울은 5a에서 지속적인 금욕을 부부의 권리를 빼앗거나 배우자를 "속이는 것"으로 묘사하는데, 이것은 그가 5a에서 단순히 "권고하는"것일 뿐이라는 개념과 조화시키기 어렵다.

(iv) 위더링턴, 볼프, 슈라게 등 많은 학자들은 이 허용이 단지 5b만을 가리킨다고 주장한다. 곧 부부가 모두 특정한 기간 동안 신체적으로 친밀한 관계를 갖지 않는 것이 유익하다고 생각한다면 그들은 그렇게 할 수 있으며 그것은 순전히 그들의 결정에 달렸다는 것이다. 그래서 바울은 이 사항에 대해 어떤 규칙이나 명령을 제정하지 않는다.[147] 이 해석은 (윈터에게는 실례가 되긴 하겠지만) 전적으로 설득력이 있고 또 언어학적이나 해석학적으로 아무런 문제가 없다. 또한 결혼이 종종 단순히 편리함을 위한 도구였던 고대 로마의 배경 — 그 사회에서는 "네 물건을 갖고 가라"(*tuas res tihi habeto*)는 말로 단순하게 결혼을 파기할 수 있었다 — 과 대치되는 이 설명은 온전한 결혼 관계를 바울이 시인하는 것에 해당한다.[148] 한편 이러한 배경과는 대조적으로 바이스는 이를 사도적 금지 명령으로 이해한다. 위더링턴은 이

을 참조하라. Tertullian, *To His Wife* (c. 207), 2:1. 그는 "바울이 결혼을 **허용하지만**, 금욕을 **선호한다**"(1:3)라고 주장한다. 히에로니무스는 분명히 7:1-5(또는 1-40)과 대조되는 핵심적인 "허용"으로서 7:5b를 분리하는 것을 원치 않는다. 그는 다음과 같이 주장하며 그 문제점과 관련하여 자신의 해결 방법을 찾아낸다. 바울은 항상 기도하라고 명령했지만(살전 5:17), "만약 우리가 언제나 기도해야만 한다면 결혼 생활의 요구를 들어줄 수 없을 것이다. 내가 나의 아내에게 마땅히 해야 할 의무를 이행할 때마다 나는 기도할 수 없기 때문이다"(Jerome, *Letters*, 48:16). 히에로니무스는 결혼하라는 바울의 말을 "명령이 아니라… 허용"이라고 언급한다. 그는 이렇게 질문한다. "우리는 결혼이 의무로 주어진 것이 아니라 허용된 것이라고 말하기를 여전히 주저하는가?"

146) Meyer, *First Epistle*, 1:197; Barrett, *First Epistle*, 157.

147) 참조. Fee, *First Epistle*, 281; Kistemaker, *1 Cor*, 214; Weiss, *Der erste Korintherbrief*, 175; Schrage, *Der erste Brief*, 2:71-72, including nn. 112-115; Witherington, *Women in the Earliest Churches*, 29; Hays, *First Cor*, 117; Wolff, *Der erste Brief*, 137; Yarbrough, *Not like the Gentiles*, 98-100.

148) Witherington, *Conflict and Community*, 171.

것을 상호성과 상호 의무에 관한 것으로 설득력 있게 설명한다. 이 배경에서 허용은 단지 5b의 특별한 상황에만 적용된다.

(v) 우리는 τοῦτο를 곧이어 언급되는 내용을 가리키는 것으로 해석할 수 있는가? 피가 주장하듯이 이 해석은 언어학적·해석학적으로 여러 가지 난점을 지니고 있기 때문에 최후의 수단으로 주장하는 가설에 지나지 않는다.[149] 다른 한편으로 오르와 월터는 이 가능성을 지지한다. 동시에 브루스 윈터는 "말씀"이 대상일 때 τοῦτο가 앞으로 언급될 내용을 가리키는 특별한 언어학적 기능을 지니고 있다고 주장한다. 대다수 저자의 입장과는 대조적으로 그는 τοῦτο의 위치는 앞으로 언급될 것을 보여주며, 7:7b는 바울의 광범위한 논의를 위한 구조를 제공해준다고 주장한다. 하지만 이 지시대명사가 5b를 가리킨다는 해석학적·구문론적 논점의 중요성을 무시하기는 매우 어렵다.[150]

어떤 이들은 바울이 이른바 "동일성"과 "질서"에 사로잡혀 있다고 비난한다(와이어, 카스텔리). 이러한 비난과 관련하여 ἐπιταγή는 단순히 명령을 의미하는 단어 중 하나라는 점을 덧붙일 필요가 있을 것이다.[151] 설령 τάξις와 τάγμα가 "일치시키다"를 암시한다 하더라도 ἐπιταγή의 동족어는 τάγμα가 아니라 ταγή(법령)과 τάσσω(임명하다)다. 뿐만 아니라 부정의 의미를 나타내는 οὐ κατ' ἐπιταγήν도 바울을 어떤 명령으로서 "동일성"으로부터 자유롭게 해주며, 심지어 그가 선호하는 것(θέλω, 7절)도 χάρισμα에 달려 있다. (바울이 결혼 안에서의 에로스적인 사랑과 그것의 신체적 표현을 단지 마지못해 양보한다는 견해에 관해서는 7장의 머리말 끝부분에서 바울의 독특한 자세에 관해 개관하는 "확대 주해"를 보라.)

7절 𝔓⁴⁶, א*, D, A, C, F, 콥트어에 속한 보하이르어 필사본, 불가타의 몇몇

---

149) Fee, *First Epistle*, 283.

150) Orr and Walther, *1 Cor*, 207; Winter, "1 Cor 7:6-7: A Caveat and a Framework for 'the Sayings' in 7:8-24," 57-65.

151) Wire, *Corinthian Women Prophets*; E. A. Castelli, *Imitating Paul: A Discourse of Power* (Louisville: Knox-Westminster, 1991), 119.

편집본, 테르툴리아누스, 암브로시우스는 δέ로 읽지만, B, ℵ², D², 시리아어 필사본, 콥트어에 속한 사히드어 필사본은 γάρ로 읽는다. 분명히 δέ가 더 이른 시기에 속하며 더 강력한 지지를 받는다. γάρ는 아마도 7절이 6절의 τοῦτο를 해설한다는 그릇된 추측에서 비롯되었을 것이다(앞의 설명 참조). 사실상 모든 저자가 δέ를 원문으로 지지한다.

상황 관련 이슈와 소명과 은사 관련 이슈에 대해서는 7장 머리말을 참조하라. 고린도에서 신체적으로 친밀한 관계를 모두 멀리하는 것을 지지했던 이들은 아마도 바울의 예를 인용했을 것이라는 주장이 제기되었다.[152] 만약 그렇다면 불변화사 δέ는 "사실상"(분명히)의 의미를 전달할 것이며, θέλω는 "나는 [당연히] 좋아합니다"(REB, NJB)를 뜻할 것이다. 그러나 해당 그리스어 단어를 약간 무리하게 해석하는 것이긴 하지만, "나는 ~을 바랍니다"(NRSV, NIV)도 배제할 수는 없다. 그리고 데밍의 번역 "또한 나 자신과 같이"는 καί를 ἐμαυτόν과 연결하여 올바르게 이해한다. 반면 오르와 월터는 "심지어 [나]처럼 되기"라고 번역하는데, 그것은 καί를 ὡς와 연결하여 이해하는 것이다.[153]

과연 바울이 홀아비였는지에 관해서는 수 세기에 걸쳐 추측이 이어져 왔다. 이 이슈에 대한 일반적인 견해는 다음과 같은 삼단논법의 형식을 취하고 있다. (a) 대전제: 우리가 아는 대로 바울은 바리새파 배경을 갖고 있다. 바리새파 또는 랍비 그룹에 속한 어떤 지도자에게 해당하는 규범은 결혼을 하는 것이다. 이 점과 관련하여 다양한 증거와 논점이 제기되어 왔다. (b) 소전제: 이 구절은 바울이 독신이라는 것을 암시한다. 8절도 "나와 같이 결혼하지 않은 채로 지내는 것"을 통해 이를 확인해준다. 그리고 32-34절과 40절에서도 독신에 대한 어떤 반향을 찾을 수 있을 것이다. (c) 결론: 만약 (1) 바울이 과거에 결혼을 했지만 지금은 홀아비라면 그것은 대

---

152) 예를 들면 Hurd, *Origin of 1 Corinthians*, 167.

153) Deming, *Paul on Marriage*, 126; Orr and Walther, *1 Cor*, 207. 참조. Edwards, *First Epistle*, 162. Edwards는 "또한"(also)이 가장 좋은 해석이라고 결론짓는다.

전제와 소전제에 모두 부합될 것이다.[154] 이와 다른 견해로는 (2) 바울 또는 그의 아내가 바울이 기독교로 개종했을 때 떠났을 수도 있다. 바울이 여기서 "상호 의무"(2-4절)를 강조하는 것은 나중에 후회한 행위를 자신이 취하지 않았다면 자신이 책임지고 돌보아야 했던 아내를 떠나는 것이 옳지 않았다고 생각했음을 암시한다.[155] 데밍은 다음과 같이 주장한다. "7:7에서 바울이 서로 대조하는 대상은 자제할 수 없는 결혼한 그리스도인들과 자제할 수 있는 미혼의 그리스도인들이 아니라, 성관계를 멀리할 수 있는 결혼한 그리스도인들과 그렇지 못한 이들이다. 바울은 적어도 7:4-6에서 이에 관심을 갖는다."[156] 하지만 바울은 자신이 결혼 안에서 독신주의자로 남아 있다는 것을 암시할 수 없다. 왜냐하면 8절에서 그는 자신을 τοῖς ἀγάμοις καὶ ταῖς χήραις 가운데 속하는 것으로 분류하는 것처럼 보이기 때문이다.

만약 바울의 말이 그가 처한 상황에 대해 어느 정도 밝혀준다면 데밍의 관찰은 ἕκαστος ἴδιον ἔχει χάρισμα ἐκ θεοῦ에 대한 유용한 설명이라고 할 수 있다. χάρισμα에 대해서는 1:7과 12:4에 대한 주해를 보라(이 단어는 12:9, 28, 30, 31에서도 나타난다). 롬 1:11은 고전 1:7과, 롬 12:6은 고전 12:4, 9, 28-31과 부분적으로 평행을 이룬다. 이 절들에서 바울의 모든 말은 하나님이 값없이 주신 은사에 대한 개념을 포함하고 있다. 그러나 이 강조점은 어떤 경우에는 전적으로 핵심을 이루지만(롬 6:23, τὸ δὲ χάρισμα τοῦ θεοῦ ζωὴ

---

154) Collins, *First Cor,* 260. 그는 특히 이 논점을 대전제로 추천한다. 참조. J. Jeremias, "War Paulus Witwer?" *ZNW* 28 (1929): 321-323. E. Arens, "Was St. Paul Married?" *BibTod* 66 (1973): 1188-1191. Arens는 초기 교부들 사이에 의견 일치가 이루어지지 않았다는 점을 탐구했다. 하지만 그는 유대인들의 율법 준수와 고전 7:7-8; 9:5에 의해 인정되는 의무에 근거하여 바울은 결혼했을 가능성이 매우 크지만, 고전 7-9장을 쓸 시기에 그는 독신생활을 하고 있었을 것이라고 결론짓는다.

155) 참조. G. Bouwman, "Paulus en het celibaat," *Bijdragen* 37 (1976). 그는 바울이 이혼했을 것이라는 사변적인 논증을 시도하며, 바울이 홀아비였다는 Jeremias의 견해에 대해 의문을 제기한다. Bouwman의 입장은 기본적으로 고전 9:5-6에서 아내를 위한 비용에 대한 가설적인 추론에 기초하고 있다. 그는 그것이 바울의 물질적인 궁핍에 대한 이전의 보고에 기초한 것으로 생각한다. 하지만 Jeremias의 견해에 대한 그의 반박은 결정적이지 않다. Arens, Bouwman, Jeremias는 모두 바울이 이전에 결혼했을 가능성이 상당히 크다는 데 동의한다.

156) Deming, *Paul on Marriage,* 128.

αἰώνιος), 다른 본문에서는 단순히 이 단어가 의미하는 것의 일부일 뿐이다. 하나님께로부터(ἐκ θεοῦ, 단순히 인간이 태어날 때 지닌 능력이 아니라 초월적인 기원에 속하는) 주어진 은사라는 개념은 고전 12:4, 9, 28-31, 롬 12:6에서 분명히 어떤 특별한 목적이나 임무와 관련되어 있다. 하지만 이러한 측면은 7:7에서도 나타난다. 프로이트 이후 오늘날의 관점에서 우리는 바울이 받은 χάρισμα는 (단순히 한 방향으로 그 충동을 억제하거나 다른 방향으로 그것을 만족시킨다기보다는) 자신의 성적 충동을 승화시키는 능력에 있다고 말할 수 있을 것이다. 그 결과 바울의 창조적인 에너지는 다른 어떤 것도 바라지 않고 위대한 결과를 얻기 위해 오로지 복음 사역에만 쏟아 부어졌던 것이다(참조. 빌 4:11).

사실상 바울은 ὁ μὲν οὕτως, ὁ δὲ οὕτως를 통해 다양한 은사를 인정한다. 이는 우리가 χάρισμα를 오직 순결의 은사로만 언급하지 못하게 만든다. 그러므로 우리는 οὕτως를 "이 정도로"를 뜻하는 것이 아니라 더 관용적인 의미에서 "이 방법으로" 또는 "이 종류에 속하는"(οὕτως의 부사적인 용법, "이와 같이" 곧 "이러하게") 것으로 해석해야 한다. 심지어 종교개혁자들의 신학적 관심사를 인정한다 하더라도, 그리고 니더빔머의 반론에도 불구하고 루터가 이 절을 다음과 같이 주해한 것은 해석학적으로 타당하다. "바울은 여기서 결혼이 하나님의 은사인 것처럼 순결도 하나님의 은사라고 말한다."[157] 하지만 여기서 대조를 이루는 것은 독신 대(對) 결혼이 아니다. 오히려 그것은 전혀 낙심하지 않은 채 독신의 자유를 최대한으로 활용할 수 있는 긍정적인 자세의 은사와, 복음에 부합되는 삶을 철저하게 살면서 책임, 신체적으로 친밀한 관계, 사랑과 결혼의 "의무"에 관심을 갖고 이를 제공하는 긍정적인 자세에 관한 것이다. 이것은 유익을 줄 수도 있고 좌절을

---

157) Luther, *Works*, vol. 28 (American ed., St. Louis: Concordia, 1973), 16 (*WA*, 12:104). K. Niederwimmer, *Askese und Mysterium: Über Ehe* (Göttingen: Vandenhoeck & Ruprecht, 1975), 6. Niederwimmer는 "바울에게 결혼은 은사가 아니라 오히려 은혜의 결핍…ἐγκράτεια의 결핍에 대한 일종의 표지다"라고 주장한다. 하지만 이 주장은 7:1-7을 오해하는 것이다.

안겨줄 수도 있다. 그것은 다양한 자세, 다양한 상황, 다양한 은사에 달려 있다. 그러므로 바울은 곧바로 하나님의 부르심에 대해 숙고하고자 한다. 그 부르심에 이 요소들이 달려 있다.

바울은 인간의 성생활의 신체적 측면에 대한 고린도 교인들의 원래 질문을 그냥 지나치지 않았다. 이제 그는 자신의 다양한 대답을 상황화했다. 신체적으로 친밀한 관계의 자격은 결혼, 분리, 독신, 과부 및 홀아비의 다양한 상황에 달려 있다. 심지어 결혼 안에서도 상호 동의와 결정에 따라 그 관계가 다양해질 수 있다.[158] 각각의 삶의 방식은 올바른 상황과 올바른 자세 안에서 "좋은" 것이다. 하지만 바울은 자신이 받은 χάρισμα에 기초하여 자신이 개인적으로 선호하는 것을 숨기지 않는다. 그는 독신에 만족할 뿐만 아니라 그것은 그에게 있어 선호할 만한 것이다. 따라서 그는 모든 사람(πάντας ἀνθρώπους)이 자신의 개인적인 자세를 공유하기를 바란다. 데밍은 선호도에 대한 바울의 이 표현을 고린도에서 해당 이슈를 제기한 사람들에 대한 "외교적인" 지지와 자기 정체성 확인으로 이해한다. 그것은 "바울을 고린도 사람들과 동일시하며 그들을 조언해준다. 우리는 바울 서신의 다른 본문, 곧 고전 14장에서도 비슷한 방법으로 설득하는 것을 발견할 수 있다.…바울은 14:5에서 다음과 같이 그가 동조하는 것뿐만 아니라 유보적인 태도를 보이는 것도 표현한다. '나는 여러분 모두가 방언으로 말할 수 있기를 바라지만, 그보다도 예언할 수 있기를 더 바랍니다'(θέλω δὲ πάντας … μᾶλλον δὲ …). 또한 14:18-19에서 '내가 여러분 모두보다 더 많이 방언으로 말하므로 나는 하나님께 감사합니다. 그러나 나는…)'"(강조는 원저자의 것임).[159]

데밍은 7:7과 14:18-19에서 χάρισματα가 이슈가 되는 것이 단순히 우연이기는 어렵다고 덧붙인다. 분명히 우리는 7:7에서 χάρισμα가 은사로서 나타나는 것을 반드시 지적해야만 한다. 독신을 가장 잘 활용하게 하는 이

---

158) 참조. C. Osiek, "First Cor 7 and Family Questions," 275-279.
159) Deming, *Paul on Marriage*, 128.

은사는 결코 "자발적인" 것이라고 할 수 없다. 오히려 그것은 습관적인 자세를 통해 강화되는 견고한 태도다. 마지막으로 우리는 θέλω가 도덕적인 관점이 아닌 개인적인 관점을 표현한다는 것을 상기해야 할 것이다. 화이틀리는 한 가지 훌륭한 유비를 제시한다. 그는 우리가 훌륭한 목회자 후보를 위해 기도하는 데 익숙해 있다고 말한다. 우리는 "평신도로 남아 있는 것이 무슨 '잘못'이라도 되는 것처럼 깊이 생각도 하지 않은 채 '젊은이가 자신을 성직에 지원하는 것은 좋은 것이다'라고 말하는 데" 익숙하다.[160] 우리 가운데 성직자로 안수를 받은 것을 가치 있게 여기는 이들은 "그들도 나처럼 되기를 원한다"라고 덧붙일 수 있다. 하지만 모든 것은 여전히 은사와 소명이라는 다양한 상황에 달려 있을 것이다.

2. 미혼자와 과부는 결혼해야 하는가?(7:8-9)

[8] 나는 결혼하지 않은 사람들과 과부들에게 말합니다. 만약 그들도 나처럼 남아 있으면 좋을 것입니다. [9] 그러나 만약 그들이 자신들의 욕정을 절제하지 못한다면 결혼하십시오. 왜냐하면 욕정에 불타는 것보다 결혼하는 것이 더 낫기 때문입니다.

8절　　25절에서 미혼 여성들은 바울의 특별한 조언의 대상에 속하기 때문에 어떤 이들은 여격 남성 복수 τοῖς ἀγάμοις는 남성과 여성을 모두 포함한 결혼하지 않은 사람들이기보다는 "결혼하지 않은 남성들"을 의미한다고 주장한다. 또한 이것은 여성을 가리키는 ταῖς χήραις를 통해서도 보완된다. 하지만 다음과 같은 가능성이 더 높다. (a) 그리스어 명사 ἄγαμος는 남성 명사뿐만 아니라 여성 명사로도 사용된다. 또한 바울은 여기서 일반화하는 원리를 말하며, 이 원리는 그가 말하게 될 제한 조건 및 상황과 관련된 사례에 따라 제약을 받는다. 또는 (b) τοῖς ἀγάμοις가 "마치 ταῖς χήραις라

---

160) D. E. H. Whiteley, *The Theology of St. Paul*, 215.

는 표현에 상응하기라도 하듯이 '홀아비들'이라고 번역해서는 안 된다"는 주장에도 불구하고, 이 용어는 "홀아비들"을 가리킨다.[161] 그런데 데밍은 이 구절을 "이전에 결혼했지만 지금은 독신이 된 사람들"에게 적용한다.[162] 데밍과 슈라게는 모두 7:11에서 ἄγαμος가 이전에 결혼했지만 지금은 헤어진 어떤 사람을 가리키는 데 사용된다고 말한다(7:34에서는 다소 분명하지 않음). 피는 "바울이 무엇을 뜻하는지는 분명하지 않다.…우리는 이 용어로 바울이 어떤 대상을 가리키는지 또는 9절에서 예외에 대한 정확한 내용이 무엇인지 확실히 알 수 없다"라고 결론짓는다.[163] 하지만 결국 피는 데밍, 콜린스, 슈라게가 지지하는 견해에 찬성한다. 그 근거로 그리스어는 "홀아비"를 의미하는 단어를 거의 사용하지 않으며, 이 장(章) 전체에서 바울은 수십 번이나 "상호 관계" 안에서의 성별(性別) 상황에 대해 논의한다는 것이다. 그러므로 "모든 것을 고려할 때 '홀아비들'이 그 단어를 여기서 가장 훌륭하게 표현하는 것 같다."[164] 하지만 아마도 더 많은 저자들이 다른 견해를 채택할 것이다.[165]

우리는 단지 사전학적 정보에만 기초한다면 슈라게와 데밍의 견해에

---

161) Lightfoot, *Notes*, 224.

162) Deming, *Paul on Marriage*, 130; 참조. Schrage, *Der erste Brief*, 2:93-94.

163) Fee, *First Epistle*, 287.

164) 같은 책, 228; 또한 Orr and Walther, *1 Cor*, 210. 가장 세부적이며 강력한 논증으로는 다음을 보라. Schrage, *Der erste Brief*, 2:94, including n. 240. 해당 부분에서 Schrage는 다음 주석가들도 언급한다. Fascher, *Der erste Brief*, 183; Bouwman, "Paulus in het celibaat," 379-390.

165) 예를 들면 Barrett, *First Epistle*, 160; Héring, *First Epistle*, 51; Witherington, *Women in the Earliest Churches*, 30; Allo, *Première Épitre*, 162; Robertson and Plummer, *First Epistle*, 138; Weiss, *Der erste Korintherbrief*, 177; Bruce, *1 and 2 Cor*, 68; Meyer, *First Epistle*, 1:199; Kistemaker, *1 Cor*, 217; Lang, *Die Briefe*, 91; Senft, *La Première Épitre*, 91. 루터는 어떤 결정을 내리기가 어렵다고 생각한다. 주된 이유로 그는 바울이 홀아비였으며 여기서 자신의 개인적인 상태에 대해 언급한다고 믿기 때문이다. 루터는 더 이른 시기의 독일어 번역본에서 해당 구절을 "홀아비들과 과부들에게"(den widwehern und witwynen)라고 번역했다(1522년). 하지만 1530년 판본에서 그는 이것을 "독신자들과 과부들에게"(den ledigen und witwin)로 바꾸었다. 그리고 1546년 판본에서는 "독신자들과 과부들에게"(den Ledigen und Witwen)로 바꾸었다. 하지만 이것은 바울 자신과 관련하여 "그는 [이전에] 남편이었던 것 같다"라는 루터의 견해를 바꾸지는 않는다.

반하는 대다수의 견해를 받아들일 수 있을 것이다. 하지만 이 "대다수" 저자 중에서 그 누구도 소수 의견이 왜 존중받을 만한 것인지를 가장 잘 설명해주는 이유를 언급하지 않는다. 『서구의 여성 역사』(*A History of Women in the West*, 1992)라는 중요한 논문집에는 얼라인 루셀의 "고대 로마의 몸 정치학"이라는 매우 유익한 논문이 포함되어 있다.[166] 고대의 수많은 자료를 언급하면서 루셀은 고대 로마 사회에서 신분이 높은 계층에서 (또한 아마도 다른 계층에서도) "**과부는 1년 이내에 재혼할 것으로 예상되었고**"(강조는 덧붙여진 것임) "이혼한 여자는 여섯 달 이내에 재혼할 것으로 예상되었다"고 주장한다.[167] 남자와 여자는 모두 다음 네 가지 고려 사항에 의해 재혼을 압박당했다. 즉 재산 획득에 대한 이슈, 적어도 세 명의 자녀를 낳아야 함, 신분 상승을 위한 결혼(또는 재혼)의 유용성, 특별히 출산 시 사망 사례와 연결되어 있는 여성의 짧은 기대 수명("20세에서 30세") 등이다.[168] 이 요인들은 "과연 결혼을 해야 하는지" 또는 "신체적 친밀함을 유지해야 하는지"의 문제가 단순히 현대적 상황을 고대 그리스-로마 세계에 투영시켜 이해하는 것보다 당대의 홀아비들과 과부들에게 훨씬 더 중대하고 광범위한 문제였음을 의미한다.[169] 뿐만 아니라 재혼과 자녀에 대한 태도의 변화는 아우구스투스와 티베리우스 황제 치하 초기 몇 년 사이에 일어났으며, 이때 로마 귀족층의 출산율 감퇴에 대한 우려가 표면화되었다. 따라서 고린도에서는 교회가 어떤 정책을 채택할지 말지를 결정하는 것이 금욕적인 요인뿐만 아니라 사회적인 요인과도 밀접하게 연결되어 있었을 것이다.

그렇다 하더라도 이것이 결혼하지 않은 사람들로 구성된 큰 범주에 해당한다고 말하는 것은 그것이 배타적인 범주를 대표한다는 의미는 아니다.

---

166) Aline Rousselle, "Body Politics in Ancient Rome," in Pauline Pantel (ed.), *A History of Women in the West, vol. 1: From Ancient Goddess to Christian Saints* (Cambridge, Mass.: Harvard University Press, 1992), 296-336.
167) 같은 책, 316.
168) 같은 책, 319; 참조. 308-324.
169) Hays, *First Cor*, 111-119. Hays는 고대와 현대의 가정들 사이의 차이점들을 간결하게 요약한다.

그러므로 우리는 키스트메이커의 다음과 같은 견해에 동의할 수 있다. "결혼하지 않은 사람들은 독신이거나 별거하거나 또는 이혼하고 나서 혼자 사는 남성과 여성을 모두 포괄하는 부류에 해당하는 사람들이다."[170] 위더링턴은 άγάμοις를 포괄적인 용어로, καί를 "특별히"를 뜻하는 것으로 올바르게 이해한다.[171] 그 당시 매우 젊은 나이(소녀들은 종종 열두 살)에 결혼하던 관습도 어떤 사람이 (적어도 당분간) 지금의 상태로 남아 있는 것이 좋을 것이라는 목회적 차원의 권면을 하는 데 영향을 미쳤을 것이다. 하지만 우리는 목회 사역자로 부르심을 받는 것에 대한 화이틀리의 유비를 상기해야만 한다(위를 참조). 기독교인의 평신도 지위를 어떤 편견을 갖고 평가하지 않는다면 목회자가 되는 것은 좋은 것이다. 그것은 다른 사람에 대한 어떤 부정적인 함의가 담긴 비교 평가가 아니다. 한편 ώς κάγώ와 관련하여 바울이 홀아비였을 가능성에 대해서는 앞에서 전개한 논의를 참고하라.[172]

9절   이 절에 대한 전통적인 번역은 루셀이 자신의 연구 논문 제목으로 사용한 어떤 관용적 표현을 탄생시켰다. "고린도전서의 그 당혹스러운 구절."[173] 주석가들을 당혹스럽게 만드는 두 가지 난제는 다음과 같다. (i) 첫째, ούκ έγκρατεύονται의 번역과 관련이 있다. "만약 그들이 자신을 절제할 수 없다면"(NIV) 또는 "만약 그들이 자제할 수 없다면"(RSV, NJB). (ii) 둘째, πυροῦσθαι를 어떻게 번역해야 하느냐다. "정욕으로 불타오르다"(NRSV), "정욕으로 불타다"(NIV) 또는 "불타다"(AV/KJV). 통속적으로 생각할 때 이 말은 바울이 결혼을 절제할 수 없는 강한 성욕에 대한 치유책보다 조금 더 나은 것으로 평가한다는 점을 암시하는 것 같다. 오늘날 우리가 사는 세상에 이것을 대충 접목한다면 바울의 말은 2단계 구조를 위한 처방책으로 인식될 수도 있을 것이다. 즉 이 구조에 의하면 자신을 절제할

---

170) Kistemaker, *1 Cor*, 217.

171) Witherington, *Women in the Earliest Churches*, 30; 또한 P. Bachmann, *Der erste Brief*.

172) 참조. J. Jeremias, "Die missionarische Aufgabe in der Mischehe (1 Kor 7:16)," in *Abba* (Göttingen: Vandenhoeck & Ruprecht, 1966), 292-298.

173) K. C. Russell, "That Embarrassing Verse in First Corinthians," *BibTod* 18 (1980): 338.

수 없는 사람들은 일어날 수도 있는 일련의 불륜 사례를 재혼을 통해 미리
방지하는 한편, 잘 연단되고 굳건한 의지를 지닌 신자들은 완강하게 독신
생활을 추구하는 것이다.

분명히 해당 문맥은 이러한 부류의 의미를 전적으로 배제한다. 여기
서 주된 문제점은 과연 ἐγκρατεύονται가 무엇을 의미하는지와 관련되
어 있다. 하지만 우리는 이 절의 난점을 해결하려는 가장 극단적인 시도도
πυροῦσθαι에 대해 대안적인 해석을 제공한다는 점을 간과해야 한다. 바
레는 70인역, 쿰란 문헌, 신약성경에서 πυρόω가 사용된 점에 대해 사전
학적으로 면밀하게 연구했다.[174] 바레는 다음과 같이 결론짓는다. 곧 "불
타다"(능동태), "불이 붙다"(중간태)를 가리키는 문자적인 의미에 더하여 이
동사는 다음 네 가지 은유적인 의미로 사용된다는 것이다. 즉 시험을 거쳐
참으로 밝혀지다, 정결하게 되다, 형벌의 불에 타다, 정욕으로 불타오르다
등이다. 바레의 주장에 의하면 바울은 신체적으로 친밀한 혼외 관계를 단순
히 가정이 아니라 실제로 고린도에서 일어난 사례로 이해했다는 것이다(고
전 5:1-5; 6:12-50). 따라서 바레는 바울이 이러한 상황에서는 심판의 불에 타
는 것보다 결혼하는 것이 더 좋다고 말하는 것으로 해석한다. 이것은 해당
구절에서 결혼을 정욕에 대한 일종의 치유 수단(remedium concupiscentiae)으
로 이해하는 것을 다른 측면에서 해석하는 것이다.

러셀은 πυροῦσθαι의 의미에 대해 동일한 결론을 제시한다. 하지만 이
번에는 단지 사전학적인 정보보다는 수사학적 전략에 강조점을 둔다. 러셀
은 이 상황을 재구성한다. 즉 고린도에서 어떤 그룹은 모든 상황에서 독신
을 유지하도록 강요했다는 것이다. 따라서 바울은 그들에게 비정상적인 성
관계의 가능성에 대비하여 독신의 현실적인 함의를 숙고할 것을 촉구하면
서 급소를 찌르는 말—곧 "지옥의 불에 타는 것보다 결혼하는 것이 더 좋습
니다"—로써 일종의 충격을 주는 전략으로 결론을 맺는다는 것이다.[175]

---

174) Barré, "To Marry or to Burn: πυροῦσθαι in 1 Cor 7-9," 193-202.
175) Russell, "That Embarrassing Verse in First Corinthians," 338-341.

이 설명은 전반적인 지지를 얻지 못했다. 블롬버그는 NIV의 "욕정으로 불타다"가 "아마도 올바른(참조. 고후 11:29 — '내가 애타지 아니하더냐?')" 번역일 것이라고 말한다. 그러면서 그는 "그러나 이것은 '지옥에서 불에 타다'를 의미할 가능성이 있으며, 고전 6:9-10과 평행을 이룰 수 있다"고 덧붙인다.[176] 두 가지 해석 모두 유대교 전통에 호소할 수 있을 것이다. 피는 "심판을 받아 불에 타다"는 고전 3:15과 아마도 미쉬나 아보트(*m. Aboth*) 1:5과 상응할 것이라고 말한다. 그러나 그는 "욕정에 불타다"는 고후 11:29과 (70인역의) 집회서 23:17과 평행을 이룬다고 지적한다. 그리고 여기서는 "욕정에 사로잡히다"가 "보다 더 타당성이 있어 보인다"라고 주장한다.[177] 바레트와 콘첼만은 이 두 논문이 발표되기 이전에 각자의 주석서를 저술했기에 이 가능성에 대해서는 숙고하지 않는다. 오르와 월터는 바레의 견해가 "설득력이 없다"고 평가하면서 받아들이지 않는다.[178] 랑과 슈라게는 3:13과의 연관성에 대해 고찰하고 나서 이에 반대한다.[179] 아마도 오직 G. F. 스나이더만 "종말에 불에 타다"를 의미한다고 명확하게 주장하는 것 같다.[180]

사실상 테르툴리아누스(기원후 208년)는 불의 형벌로서 πυροῦσθαι에 관해 숙고했다. 그는 "불의 형벌에 대해 미리 심사숙고하는 것"은 바울의 사고와도 잘 어울린다고 생각했다.[181] 하지만 테르툴리아누스는 방금 묘사한 견해를 "당혹스러운" 것으로 간주한다. 그는 결혼이 기도와 성경 연구를 방해하며, 가정과 자녀에 대한 다양한 책임에 에너지를 분산시키게 만든다고 믿는다. 따라서 가장 이상적인 것은 금욕을 포기할 정도로 욕정을 불러

---

176) Blomberg, *1 Cor*, 134.

177) Fee, *First Epistle*, 289, including nn. 9-14.

178) Orr and Walther, *1 Cor*, 210.

179) Schrage, *Der erste Brief*, 2:96-97; Kistemaker, *1 Cor*, 218; Lang, *Die Briefe*, 91. 참조. Lang, "πύρ," *TDNT*, 6:948-950.

180) Snyder, *First Corinthians*, 97. Klauck, Senft, Laurin, Harrisville, 또는 Collins 등은 이 가능성에 대해 숙고하지 않는다.

181) Tertullianus, *On Modesty*, 16. 그는 반복해서 고전 7:9로 되돌아온다.

일으키지 않을 "나이든 경건한 과부"의 동반자(또는 유익을 주는 대상)로서 함께 사는 것이다.[182] 바레와 러셀의 해석은, 단순한 수사학적 충격 전략으로 취급되지 않는 한, 이전의 문제점을 그대로 노출시킨다.

우리는 더 건설적인 두 가지 방법을 제시할 수 있을 것이다. 첫째, 이 장(章)의 머리말에서 우리는 (사실상 오리게네스의 입장을 따르는) 워드, 브라운 등 다른 학자들의 긍정적인 견해를 언급했다(세부 내용에 대해서는 머리말 부분 참조). 둘째, ἐγκρατεύονται의 의미를 탐구하는 것은 유익하다. 비록 매우 자주, 특히 갈 5:23에서 ἐγκράτεια는 자제(절제)를 의미하지만, 많은 저자들은 이 절에서 이 동사가 분명히 직설법 현재이며, "만약 그들이 자신을 절제할 수 없다면"(NIV) 또는 "자제할 수 없다면"(NJB)이라는 번역을 적절하다고 인정하지 않는다.[183] 플라톤으로부터 기원후 1세기 견유학파와 스토아학파의 전통에 이르기까지 ἐγκράτεια는 고대 그리스, 헬레니즘, 로마 철학에서 긴 역사를 지니고 있다. 이 단어는 아마도 소크라테스(Xenophon, *Memorabilia*, 1.5.4)에 의해 소개된 것 같다. 그리고 플라톤도 음식이나 성(性)의 문제에서 방종 또는 무절제한 자기만족과 대조되는 "사려 깊은 절제"를 가리키는 데 이 단어를 사용한다(Plato, *Republic* 3. 390).[184] 하지만 그리스어 동사 ἐγκρατεύονται를 부정한다는 것은 자제력이 완전히 무너졌다는 것을 암시하지 않는다. 오히려 그것은 엄격한 목표와 관련하여 자기 생각을 평가하는 능력이 결여된 것을 가리킨다. 고전 9:25에서 바울은 명백하게 ἐγκράτεια를 이러한 이미지로 사용한다. 피츠너는 이것의 중요성에 대해 상세하게 논의한다. 그것은 "자신의 권리를 포기하면서까지 자신의 자유를 올바르게 사용하는 것을 포함하여 사도 바울의 주요 원리─모든 것은 복음을 위해─를 입증해주는 역할을 한다."[185]

---

182) Tertullian, *On Modesty*, 12; 참조. *On Monogamy*, 16 ; *On Modesty*, 1.

183) 갈 5:23에 대해서는 다음을 참조하라. F. F. Bruce, *Commentary on Galatians*, NIGTC (Grand Rapids: Eerdmans and Carlisle: Paternoster, 1982), 255.

184) BAGD, 216; LSJ; MM, 180과 그밖에 다양한 자료.

185) V. C. Pfitzner, *Paul and the Agon Motif: Traditional Athletic Imagery in the Pauline Literature*, NovTSup 16 (Leiden: Brill, 1967), 87-88; 참조. 82-98.

7:9에서 바울은 어떤 부부를 마음속에 그리고 있다. 그들은 서로에 대한 사랑이 너무 강렬하다. 이루어지지 못한 열망이 그들을 지배할 때 그것은 "모든 것을 복음을 위해"라는 목표로부터 빗나가게 한다. 데밍은 날카로운 통찰력으로 에픽테토스의 저서에서 한 가지 유사한 사례를 알려준다. 이견유학파 철학자의 규범―"철학을 위해 모든 것을"―은 어떤 특정 개인 안에서 단순하게 실행될 수 없다고 한다. 왜냐하면 "관능적인 애정으로 인해"(ἐξ ἔρωτος) 그는 결혼할지 말지에 대한 고민으로 정신이 산란하다는 것이다. 만약 어떤 철학이라도 연구하려면 그는 진정으로 결혼해야만 할 것이다.[186] 자신을 "절제할 수 없는" 사람들(NIV)에 대한 전통적인 개념은 그릇된 의견을 전달한다. 그러므로 우리는 만약 그들이 자신들의 욕정을 절제하지 못한다면, 곧 "더욱더 근본적인 우선순위에 있는 것에 자신을 헌신하지 못한다면"이라는 번역을 제안한다. 또한 절제력에서 능력은 개인의 내면의 자세 또는 마음 자세를 의미하는 ἐν과 함께 사용되는 κρατέω, "구금하다, 꼭 붙잡다"라는 단어의 용례와도 일치한다. κράτος는 단순히 힘을 의미한다. 이제 κρεῖττον의 뜻은 자명해졌다. 그것은 명령법 부정과거(행위의 시작을 알려주는 부정과거) 3인칭 복수로 지칭되는 결혼 행위―[그들은] 결혼하십시오―로 초대한다.

3. 별거 생활? 그 결과(7:10-11)

[10, 11] **나는 결혼한 사람들에게 명령합니다. 이것은 내 명령이 아니라 주님의 명령입니다. 아내는 남편과 헤어져서는 안 됩니다. 그러나 만일 헤어졌다면 그녀는 결혼하지 않은 상태로 남아 있거나 아니면 그녀의 남편과 화해해야 합니다. 또한 남편도 자기 아내와 이혼하지 말아야 합니다.**

10-11절   다수의 독법 χωρισθῆναι(부정과거 수동태 부정사) 대신에 A, D,

---

186) Epictetus, *Dissertations*, 3.22.76(앞에서도 언급됨); Deming, *Paul on Marriage*, 131.

F, G는 χωρίζεσθαι[현재 부정사]로 읽는다. 몇몇 학자들은 "명령을 나타내는 동사들 다음에" 부정과거가 사용되는 것이 "보다 더 흔하다"고 주장하지만, 피는 P^{11}(apparent), א, B, C는 "보다 더 어려운 부정과거 수동태"로 여겨진다고 말한다.[187] 이 이슈를 더 복잡하게 만드는 요소로서 P^{46}은 χωρίζεσθε(명령법 현재)로 읽는다. 이 독법은 명령을 간접 화법에서 직접 화법으로 바꾼다. 부정과거는 분명히 별거를 시작하는 행위에 주목하지만, 현재형은 헤어진 상태를 강조한다. 아마도 여기서 부정과거 수동태는 중간태의 의미를 지니고 있을 것이기에, 우리는 더 어려운 독법이 원문일 가능성이 높다(*difficilior lectio probabilior*)는 잘 알려진 규칙을 받아들일 수 없다. 명령법 현재형은 다른 번역, 곧 직접 화법으로 번역하는 것을 요구할 것이다. 하지만 그것은 가능성이 더 낮은 독법이다.

이 두 절은 반드시 함께 다루어야 한다. 그렇게 하지 않으면 우리는 바울이 제시하는 범주의 상호성, 곧 "아내는…남편도…"를 살리지 못한다. 뿐만 아니라 11a이 위에서 제시한 것처럼 괄호 안에 (또는 UBS 4판의 그리스어 텍스트처럼 하이픈[-]으로) 표기되지 않으면 그 의미는 혼란스러워지고 심지어 독자들을 오도할 위험성이 있다. 덩건은 바울이 고전 7:10과 9:14에서 예수의 말씀을 인용하면서 이 말씀은 의심할 여지없이 기본 원칙의 두 가지 예라고 말한다. 하지만 그는 얼핏 보기에 바울이 예수를 논박하기 위해 그의 말씀을 인용하는 것처럼 보인다고 덧붙인다. "바울은—주님의 명령을 인용하면서—마치 그 명령을 단호하게 논박하는 듯이 그것을 적용한다! 주님의 명령은 한마디로 '이혼하지 말라'다. 하지만 바울의 규칙은 '그 여인은 이혼하라. 그리고 독신으로 남아 있어라'다. 이 본문의 표면 아래에서 무엇인가 일어나고 있다."[188] 고전 7:10-11에 이르렀을 때 덩건은 이 구절을 다음과 같이 해석한다. "두 절 사이에는…설명을 위한 삽입구가 필요하다."[189]

---

187) Fee, *First Epistle*, 290, n. 1.
188) Dungan, *The Saying of Jesus in the Churches of Paul*, 82.
189) 같은 책, 89.

이 두 절에서 수신자들은 분명히 현재완료 분사 능동태 여격 복수로 표기되는 대상들, 곧 이미 결혼한 사람들이다. 현재완료는 결혼한 상태가 결혼 예식의 결과로서 필연적으로 수반되는 것임을 일러준다. 뿐만 아니라 이것은 고전 5장과 6장의 명확한 도덕적 이슈들 다음에 7:1-11:1에서 παραγγέλλω가 "규칙을 제시하다", "명령하다"의 의미로 사용되는 몇 가지 사례 가운데 하나다.[190] 이것은 "내 명령이 아니라 주님의 명령"이기 때문이다(οὐκ ἐγὼ ἀλλ᾽ ὁ κύριος). 순종과 경배의 문맥에서 κύριος가 사용되는 것은 이미 논의된 바 있다. 콜린스는 이 "명령"을 예수의 어떤 말씀이 아니라 부활하신 주님의 것으로 돌린다.[191]

주님의 명령의 내용은 γυναῖκα ἀπὸ ἀνδρὸς μὴ χωρισθῆναι … καὶ ἄνδρα γυναῖκα μὴ ἀφιέναι다(간접 화법의 목적격과 부정사). 만약 χωρίζω의 수동태 부정사가 여기서 개인적인 관여 또는 재귀적인 행동을 가리키는 중간태의 의미를 지니고 있다면 그 의미는 "~와 이혼하지 말아야 한다"다.[192] 대다수 문맥에서 χωρίζω는 "헤어지다"를 뜻한다. 반면 ἀφίημι(ἀφιέναι—현재 능동태 부정사)는 법정 문맥에서(Herodotus, 5.39의 경우처럼) "이혼하다"를 의미한다.[193] 하지만 여기서 그 차이점은 행위자의 성별의 관점에서 부분적으로 설명될 수 있을 것이다. 즉 남편도 자기 아내와 이혼하지 말아야 한다.

---

190) Héring과 Barrett는 "ruling"(NJB, REB) 또는 "command"(NRSV, NIV, NAB)에 대비되는 "charge"를 사용한다. 대다수 해석자는 그 두 단어 사이에 실질적인 차이점이 전혀 없다는 데 동의한다. 하지만 Fischer는 여기서 이 그리스어는 "격언적인 권면과 행정적인 결정 사이의 어느 곳에" 놓여 있다고 주장한다(J. A. Fischer, "1 Cor 7:8-24—Marriage and Divorce," BR 23 [1978]: 26; 참조. 26-36).

191) Collins, First Cor, 264-265. Collins는 예수의 "말씀"에 대한 강력한 확증을 인정한다. 참조. W. W. Kramer, Christ, Lord and Son of God (London: SCM, 1966, 65-83, 169-173; Cullmann, Christology of the NT (London: SCM, 2d ed. 1963), 207-232. 앞에서 1:2-10; 1:31; 2:8에 대한 주해를 보라. 참조. J. D. G. Dunn and Richardson, including Dunn, The Theology of Paul (Grand Rapids: Eerdmans, 1999), 245-252.

192) Conzelmann도 여기서 이 동사가 중간태일 가능성을 적절하게 논의한다. 참조. Conzelmann, 1 Cor, 119, n. 5; 참조. Fee, First Epistle, 290; Schrage, Der erste Brief, 2:98-100.

193) BAGD, 125-126.

슈라게는 두 용어 사이에 "차이점은 별로 없다"라고 결론지으면서 첫 번째 단어는 "단순한 별거"를 의미하며, 두 번째 단어는 공식적인 법적 이혼을 포함한다고 주장한다.[194] 왜냐하면 자기 아내와 이혼하려는 남편이 "당신은 떠나야 한다"고 말하는 것 자체가 이혼의 모든 절차였기 때문이다. 와이어도 이 점을 강조한다. 그러나 위더링턴은 ἀφιέναι는 "이혼하다"를 의미하는 반면, χωρίζω는 "서로 갈라서다"를 뜻한다고 주장한다.[195]

교회의 교사로서 바울이 자신의 윤리적 권면의 많은 부분에서 예수의 말씀을 어느 정도로 기억하고 있는지는 논쟁의 대상이다. 덩건은 데이비스와 불트만의 상반된 견해를 인용한다.[196] 데이비스는 "예수의 말씀이 바울이 윤리적인 디다스칼로스(교사)로서 자신의 사역을 수행하는 데 필요한 주된 원동력이 되었다"고 믿는다.[197] "중요한" 두 구절, 곧 고전 7:10과 9:14 외에 그는 고전 11:23 이하, 14:37, 살전 4:15-16을 언급한다. 다른 저자들은 바울과 관련하여 예수의 말씀의 중요성을 크게 인정한다.[198] 또한 앨리슨과 다른 학자들도 바울이 공관복음 전승의 일부를 사용하고 있음을 파악하고 추적한다.[199]

많은 저자들은 바울이 언급하는 예수의 말씀이 막 10:11-12 —ὃς ἂν ἀπολύσῃ τὴν γυναῖκα αὐτοῦ καὶ γαμήσῃ ἄλλην μοιχᾶται ἐπ᾽ αὐτήν —에서 발견된다고 주장한다. 이 말씀은 이 원리를 십계명과 연결

194) Schrage, *Der erste Brief*, 2:99. 앞의 주해도 보라.
195) Witherington, *Women in the Earliest Churches*, 31-32; 이와는 대조적으로 Wire, *Women Prophets*, 84.
196) Dungan, *Sayings of Jesus*, xvii.
197) Davies, *Paul and Rabbinic Judaism*, 138-139.
198) F. F. Bruce, "Paul and the Historical Jesus," *BJRL* 56 (1974): 317-335; D. Wenham, "Paul's Use of the Jesus Tradition: Three Samples," in D. Wenham (ed.), *The Jesus Tradition outside the Gospels*, Gospel Perspectives 5 (Sheffield: JSOT Press, 1985), 7-37.
199) D. C. Allison, "The Pauline Epistles and the Synoptic Gospels: The Pattern of the Parallels," *NTS* 28 (1982): 1-32. Allison은 고전뿐만 아니라 롬 12-14장, 살전 4-5장과 골 3-4장을 막 6:6b-13; 9:33-50; 눅 6:27-38의 배후에 있는 자료를 반영하는 사례로 언급한다. 참조. P. Richardson and P. Gooch in D. Wenham (ed.) *The Jesus Tradition outside the Gospels*, 38ff.

하지만, 별거나 이혼보다는 재혼에 관심을 둔다. 만약 이것이 여기서 바울의 주요 관심사라면 막 10:11-12은 적절한 말씀일 수 있지만, 이 경우에는 "괄호 안의 내용"—ἐὰν δὲ καὶ χωρισθῇ, μενέτω ἄγαμος ἢ τῷ ἀνδρὶ καταλλαγήτω—이 적절한 말일 것이다. 많은 해석자들은 7장의 상당 부분(포드의 견해에 의하면 7장 전부)이 재혼에 관심을 두고 있다고 믿는다. 그러나 바울이 여기서 사용하는 바로 그 단어가 막 10:9에서도 나타난다. ὃ οὖν ὁ θεὸς συνέζευξεν ἄνθρωπος μὴ χωριζέτω. 만약 이 말씀이 바울이 일차적으로 암시하는 말씀이라면 그는 다음과 같이 선언하는 것이다. 즉 그리스도인 남편과 그리스도인 아내가 "서로 멀리하거나" 심지어 한 배우자가 다른 배우자를 떠나려는 것(καταλλάσσω의 정반대)은, 재혼은 말할 것도 없고, 결코 영구적인 별거로 이어져서는 안 된다.

7:10-11과 관련하여 이혼에 대한 예비적인 해설

(이혼과 재혼에 대한 7:16 이후의 긴 두 번째 해설도 보라)

이 두 절 배후에는 복합적인 역사적·사회학적 배경이 있다. 허드는 결혼의 갈등을 7:1에서 제기하는 신체적으로 친밀한 관계에 관한 문제와 연결한다. 그는 신령한 "열광주의적인" 또는 "금욕주의적인" 배우자는 친밀한 관계에 필요한 모든 것으로부터 벗어나기 위해 결혼을 파기하기를 바랐을 것이라고 주장한다. 그는 캐드버리가 사용한 세상으로부터의 "지나친 회심"이라는 표현을 인용한다. 그리스도인 여성이 자신의 회심을 "권리"로부터 자유로워지는 길로 인식했다는 주장은 와이어가 최초로 제기한 것이 아니다.[200] 비록 바울이 여기서 남자들뿐만 아니라 여자들에게도 말하고 있지만, 그는 아내가 남편과 헤어지기를 바라는 것에 대해서도 숙고한다. 왜냐하면 "기독교는 고린도에서 여성의 마음을 강력하게 움직였기 때문이다."[201] 모팻은 "지역 교회 안에 있는 페미니스트 그룹"에 대해 말한다. 이 그룹은 "남편을 떠

---

200) Wire, *The Corinthian Women Prophets*, 82-97.

201) Findlay, *Expositor's Greek Testament*, 2:825.

나거나 이혼할 자유를 명백하게 주장했다.…영적으로 극단적인 특성을 보이는 어떤 여인들은…아마도 그 이상을 주장했을 것이다."[202] 머피-오코너는 이보다 설득력이 떨어지는 견해는 해당 상황이 어떤 금욕적인 남녀과 관련된 특수한 경우일 것이라고 말한다. 이 남편은 자기 아내가 정상적인 결혼생활을 원했기 때문에 아내와 이혼했다는 것이다.[203]

하지만 이러한 견해보다 더 근본적인 것은 예수와 바울의 결혼관과 그 당시 로마 세계의 결혼관이 서로 극명하게 대조된다는 점이다. 예수와 바울에게 있어 결혼은 매우 중대한 것이었지만, 로마 세계에서는 결혼을 쉽게 생각하여 이혼과 재혼이 성행했다. 분명히 로마 세계에서도 예외적인 사례를 쉽게 찾아볼 수 있지만 그것은 예외에 불과하다. 세네카는 오랜 세월 함께 살아온 자기 아내 파울리나에 대해 부드러운 어조로 말하며, 부정(不貞)을 자기 시대의 가장 커다란 악(惡)으로 묘사한다.[204] 하지만 그의 아내는 이런 악덕이 없다는 점에서 거의 독보적인 존재가 되었으며 그것은 동시대인들로부터 시대에 뒤떨어진 것으로 간주되었다.[205] 몇몇 여인들은 "이혼할 때 부끄러워하기도 했지만" 많은 여인들은 "자기들이 살아온 세월을 집정관들의 숫자가 아니라 자기 남편들의 숫자로 계산했다. 그 여인들은 결혼하기 위해 집을 떠났으며, 또 이혼하기 위해 결혼했다."[206] 이와 비슷하게 바울의 거의 동시대 인물인 스토아학파 사상가 무소니우스 루푸스는 어떤 아내의 안정된 결혼 생활에 대해 칭찬한다.[207] 그럼에도 우리는 타키투스의 저서에서 아우구스투스-클라우디우스 황제 시대와 네로 치하에서 이혼이 광범위하게 이루어졌으며, 사회적으로 바라는 꿈과 개인적인 취향을 포함하여 광범위한 이유에서 이혼이 쉽게 행해졌음을 읽을 수 있다.[208] 위더링턴과 칸타렐라는 "당신의 물건을 당

---

202) Moffatt, *First Epistle*, 78.

203) Murphy-O'Connor, "The Divorced Woman in 1 Cor 7:10-11," 601-606.

204) Seneca, *Helvia* 16.3; 참조. *Ira*, 3.36.3(그의 아내의 오랜 돌봄과 자기 습관을 잘 알고 있는 것에 대해); *Epistles* 104:1, 2, 5(오랜 세월 그의 행복을 위해 자기 아내가 관심을 기울여온 것에 대한 감사).

205) Seneca, *Helvia*, 16.3; 19.2.

206) Seneca, *De Beneficiis* 3:16.2; 참조. *Constitutiones* 14.1.

207) Musonius, *Fragment*, 14.94.2-19; 참조. 14.92.17; 94.32-33.

208) 예를 들면 Tacitus, *Agricola*, 6.1.

신이 취하라"(*tuas res tibi habeto*)는 말을 하면 그것은 법적으로 이혼 행위로 간주되는 것임을 우리에게 다시 한번 상기시켜준다.[209] (7:16의 주해 다음에 수록된 "확대 해설"에서 더 자세한 내용을 참조하라.)

비록 브로텐이 베더와 E. 슈바이처의 주장과 반대되는 강력한 증거를 제시하면서 여자들도 이혼을 제기할 수 있다고 주장했지만, 기원후 1세기 유대교의 상황은 다소 일방적이었던 것으로 보인다.[210] 모이저와 뵈커는 유대교 율법에 의하면 아내가 일방적으로 헤어지는 것은 허락되지 않았다는 것에 대한 증거를 제시한다.[211] 미쉬나는 (비록 후대의 것이긴 하지만) 다음과 같이 말한다. "이혼하는 남자는 이혼을 당하는 여자와 같지 않다. 왜냐하면 여자는 그녀의 동의와 함께 혹은 동의 없이도 이혼당할 수 있지만, 남자는 단지 자신의 동의만으로도 자기 아내와 이혼할 수 있기 때문이다"(*m. Yebamoth* 14:1; 참조. *Yeb.* 2:6, 10). 미쉬나의 기틴은 이 주제를 세부적으로 규정한다. 예를 들면 어떤 남자가 "자기 아내가 아이를 낳지 못하면…이혼할 수 있다"(*m. Git.* 4:8). "만약 어떤 여인이 이혼을 당했다는 소문이 나돌 때…그것을 반박할 근거가 충분하지 않다면 그 여인은 이혼당한 것으로 간주된다"(*Git.* 9:9). "샴마이 학파는 말한다. '남자는 자기 아내가 부정(不貞)을 저질렀다는 것을 발견하지 못하면 자기 아내와 이혼할 수 없다.' 반면 힐렐 학파는 이렇게 말한다. '그는 심지어 아내가 자기를 위해 만든 음식을 망쳤어도 자기 아내와 이혼할 수 있다'"(*Git.* 9:10).[212]

---

209) Witherington, *Conflict and Community*, 171; E. Cantarella, *Pandora's Daughters* (Baltimore: Johns Hopkins University Press, 1987), 136-137. 참조. G. W. Peterman, "Marriage and Sexual Fidelity in the Papyri, Plutarch and Paul," *TynBul* 50 (1999), 163-172.

210) H. Weder, "Perspektive der Frauen?" *EvT* 43 (1983): 175-178; B. J. Brooten, "Zur Debatte über das Schneidungsrecht der jüdischen Frau," *EvT* 43 (1983): 466-478.

211) Moiser, "A Re-Assessment of Paul's View of Marriage with Reference to 1 Cor 7," 109; 참조. 103-122; H. J. Boecker, *Law and Administration of Justice in the OT and Ancient Near East* (Eng. trans., London: SPCK, 1980), 110-111.

212) 하지만 Oster는 고고학적·역사적 증거에 의하면 "아우구스투스와 클라우디우스 시대의 고린도에서 유대인들의 존재 범위와 특성에 대해" 확실한 결정을 내릴 수 없다고 지적한다. Oster, "Use, Misuse and Neglect of Archeological Evidence in Some Modern Works on 1 Cor (1 Cor 7:1, 5; 8:10; 11:2-16; 12:14-26)," 57; 참조. 52-73.

여기서 우리는 어느 부분에서 동의가 이루어지고, 또 어느 부분에서 여전히 의견이 갈리는지 간략하게 요약할 필요가 있다.

(i) 첫째, 유대, 그리스, 로마법에서 남편은 다양한 이유로 자기 아내와 이혼할 수 있었다. 그리고 그리스와 로마법에서는 남편과 아내 중 어느 쪽이라도 거리낌 없이 먼저 이혼을 제기할 수 있었다.[213] 루셀은 같은 부부가 한평생 서로 결혼 관계를 향유하는 경우는 상대적으로 매우 드물었다고 지적한다. 왜냐하면 적어도 결혼 생활 초기에는 종종 아이를 낳았고(로마 사회와 후대의 그리스 문화권에서는 대략 열두 살에 결혼을 했다. 그리고 앞에서 언급한 대로 고린도에서도 마찬가지였다) 다섯 번 중 한 번은 유산되었고 가족계획과 낙태는 위험을 수반했기 때문이다.[214] 로마 제국에서 여성의 기대 수명은 평균적으로 20세에서 30세 사이였다.[215] 그렇다면 한평생 동안 부부라는 개념이 거의 혁신적인 개념이었다는 사실은 조금도 놀라운 것이 아니다. "당신에게 속한 존재로 남아 있다"는 것은 "현재 상황"을 유지하려는 보수주의적 윤리가 아니라 그리스도인의 결혼을 근본적으로 높이 평가하는 것이다.

(ii) 사실상 모든 현대 저자들은 10-11절을 그리스도인 간의 결혼에 관한 것으로 여긴다. 바울은 나중에 그리스도인과 비그리스도인 간의 결혼에 대해 다룬다. 하지만 ἐάν이 가정법 부정과거 χωρισθῇ와 함께 사용된 것은 "만약 그 여인이 [이미] 헤어졌다면"을 의미한다는 콘첼만의 견해는 광범위하게 도전을 받아 왔다.[216] 덩건은 콘첼만의 견해를 지지하지만, 피어슨은 이 그리스어 문장 구조는 과거의 행위를 가리킬 수 없다고 상세하게 주장한다.[217]

(iii) 어떤 특정 남자(머피-오코너) 또는 어떤 여성 그룹(핀들레이, 모팻, 허드, 와이어)이 주도하여 헤어졌는지에 대해서는 명확하게 알 수 없다. 아마도 후자의 경

---

213) 하지만 플루타르코스와 파피루스 문헌을 통해 입증되는 "이중적인 기준"에 대해서는 앞에서 언급한 Petersen을 보라. Conzelmann은 그밖에 몇몇 다른 자료를 언급한다 (Conzelmann, *1 Cor*, 120-121, nn. 19-22).

214) Rousselle, "Body Politics in Ancient Rome," in Pantel, *A History of Women in the West*, 302-310.

215) 같은 책, 318.

216) Conzelmann, *1 Cor*, 120.

217) B. A. Pearson, "Jesus Teaching as Regulations in the Early Church," *Int* 26 (1972): 348-351.

우가 개연성이 더 높을 것이다. 슈라게는 고린도에서 금욕주의와 "종말론적 완벽주의"가 결합되어 있었다는 입장을 강력하게 주장한다.[218] 하지만 바울이 결혼하지 않고 남아 있거나 화해하라고 말한다는 사실은 성격의 차이나 소심함(μικροψυχίας, 크리소스토모스)이 신학적 강조점만큼이나 커다란 역할을 했을 것이다.[219] 그러나 이와 동시에 헤어지게 만들었던 것은 사고방식의 차이였을 수도 있다. καταλλαγήτω는 καταλλάσσω의 명령법 제2부정과거다. 이 단어는 긴장과 서로 멀리하는 것 대신에 화해, 조화, 상호 수용의 또 다른(ἄλλος) 관계로 변화되는 것에 관심을 갖는다. 그러면 그 관계는 회복된다. 이 단어는 고후 5:18-21에서 신학적인 의미로 사용된다.[220] 그러나 심지어 여기서도 해당 상황이 정확히 무엇이었는지 확실히 알 수 없다. 덩건은 "그 여인이 원했던 것은 바로 바울이 그녀에게 반대한 것, 곧 **또 다른 결혼**이며…다른 사람과 결혼하기 위해 이혼하려고 하는 것"이라고 믿는다(강조는 원저자의 것임).[221]

　　(iv) 예수의 말씀은 막 10:11-12 또는 막 10:9에 반영되어 있을 수 있다. 하지만 피어슨을 따라 덩건은 마태복음의 예외 대상(마 19:9; 참조. 5:32) 배후에 있는 전승이 더 초기의 것임을 주장한다. 또한 오맨슨도 사실상 예수의 그 말씀에 호소하는 것을 일종의 "때늦은 생각"으로 간주한다.[222] 또다시 의견은 서로 나뉜다. 막 10:11-12은 이혼에 초점이 맞추어져 있고, 고전 7:10-11은 재혼을 거부한다는 점에 근거하여 F. W. 비어는 이 두 텍스트 사이에서 "전혀 공통점"을 발견하지 못한다. 반면에 다른 학자들(예. 모펫)은 바울의 말을 막 10:11-12 배후에 있는 전승과 연관 짓는다.[223] 따라서 몇몇 해석은 예수의 말씀에 담긴 **명령**을 **목회적 허용**의 출발점으로서 예수의 말씀에 대한 암시로 "전환"하는 것(로버트슨과 플러머)으로 약화

218) Schrage, "Zur Frontstellung der paulinischen Ehebewertung in 1 Kor 7:1-7," 214-234; *Der erste Brief*, 2:53-104.

219) Chrysostom, *1 Cor. Hom.* 19:4.

220) 참조. *Papyrus Oxyrhynchus* 104:27(기원후 1세기, 사람들에 대해); 고후 5:18, 하나님에 대해(BAGD, 414).

221) Dungan, *Sayings of Jesus*, 92.

222) R. L. Omanson, "Some Comments about Style and Meaning 1 Cor 9:15 and 7:10," *BT* 34 (1983): 135-139; Dungan, Sayings of Jesus, 107-131, 132-135.

223) F. W. Beare, *The Earliest Records of Jesus* (Nashville: Abingdon, 1962), 192.

시킨다. 몰드렘은 바울이 복합적인 상황 속에서 두 배우자에게 모두 유익이 되게 하기 위해 어떤 "지침"을 제시하는 것이 아니라 목회적으로 권면하는 데 관심을 두고 있다고 주장한다. 하지만 스파이스는 만약 결혼이 지속적인 학대로 악화하였다면 여기서 바울의 목회적인 입장은 아내에게 헤어지는 것을 긍정적으로 권면한다고 믿고 있다.[224] 이러한 해석은 παραγγέλλω의 관점에서 볼 때 유지되기 어려워 보인다. 그러나 다른 한편으로 다음 두 가지 요소는 이러한 강조점의 전환을 고려하도록 만든다(비록 전적으로 동의하지는 않더라도). 첫째, 고린도 교회에 관한 질문과 상황은 복합적이며, 5:1-6:20; 7:1-11:1과 달리 목회의 "회색 지대"에 유통성 있게 적용되어야 한다. 둘째, 결혼은 두 배우자에 의해 조율되었으며(비록 일반적으로 그들이 주도하지는 않지만), 사회적 또는 물질적 유익 같은 요인이 로맨틱한 사랑은 말할 것도 없고 현대인들의 "적합성" 개념보다 더 높은 위치를 차지했다.

　　(v) 다음 세 가지 요소에 주목할 필요가 있다. (a) 고대 로마, 그리스, 유대교의 견해와 달리 해체될 수 없는 결혼에 대한 기독교 관점의 독특성이 원칙적으로 굳게 확립된다면 개별적인 예외는 고려될 수 있을 것이다. 하지만 우리는 이에 대해(나중에 7:16의 주해 다음에) "이혼과 재혼에 대한 확대 해설"에서 보다 더 자세하게 다룰 것이다. 그리고 특수한 상황과 이에 대한 바울의 배려에 관해서는 세밀한 연구가 필요하다.[225] (b) 윔부시는 다음과 같이 올바르게 지적한다. 어떤 특수한 상황에 남아 있다(μενέτω)는 개념은 결코 어떤 전통적인 상황 자체를 유지하려는 윤리를 지지하기보다는 모든 것을 개인의 취향에 맞추어 변화시킬 준비가 되어 있는 고대 그리스-로마의 시류에 역행하는 것이다. 또한 그것은 "세상적인 모든 조건과 관계의 중요성을 상대화하려는 의도를 지니고 있다."[226] "신령한 기독교적 존재 방식"(참조. 7:1a)은 모든 것을 흑백의 관점에서 바라보지만, 바울은 문화를 철저하게 무

---

224) M. J. Molldrem, "A Hermeneutic of Pastoral Care and the Law," *Int* 45 (1991): 43-54; S. I. Spieth, "Divorce: Under No Circumstances?" *Ashland Theological Journal* 24 (1992): 73-79.

225) "요컨대 바울은 자신들의 배우자들에게 버림받은 죄 없는 그리스도인들에게 재혼을 제안한다"라는 Moiser의 주장은 11-16절에 적용된다(Moiser, "Paul's View of Marriage with Reference to 1 Cor 7," 109; 참조. 103-122).

226) Wimbush, *Paul, the Worldly Ascetic*, 16.

시하거나 반문화적인 자세를 회피한다. 이러한 자세는 복합적이며 다양한 현실의 상황에서 "주님에게 속한 것"을 맨 첫 번째 자리에 놓는 것과는 전혀 다른 것이다.[227] 사실상 "남아 있는 것"은 슈라게가 고린도의 "종말론적 완벽주의"라고 부르는 것과 대립되는 "아직 아니다"의 일부다.[228] (c) 마지막으로 D. R. 카틀리지는 다음과 같이 주장한다. "고전 7장은 단지 성(性)에 관해서만 다루지 않는다.…7:17-20에서 바울은 유대인들 또는 그리스인들의 문제를 다룬다. 또한 7:21-24에서 주된 주제는 자유인과 노예다.…이 절들과 "짝"을 이루는 가장 유명한 절은 갈 3:28이다."[229] 그러므로 (와이어에게는 실례가 되겠지만) 위더링턴이 여기서 바울의 원리로서 상호성에 강조점을 두는 것은 옳다.[230] (하지만 또한 7:15에 대한 주해와 16절의 주해 다음에 수록된 "확대 해설", 그리고 이른바 바울의 특권에 대한 주해적 논쟁을 참조하라.)

4. 이미 불신자들과 결혼한 신자들(7:12-16)

[12, 13] 그러나 그밖의 사람들에게 내가 말합니다. 이것은 주님의 말씀이 아닙니다. 만일 어떤 그리스도인 형제에게 믿지 않는 아내가 있는데, 그 여자가 계속 그와 함께 사는 것에 동의한다면 그는 그 여자와 이혼하지 말아야 합니다. 또한 만약 어떤 여자에게 믿지 않는 남편이 있는데, 그가 그 여자와 계속 함께 사는 것에 동의한다면 그 여자는 그녀의 남편과 이혼하지 말아야 합니다. [14] 왜냐하면 믿지 않는 남편은 그의 [그리스도인] 아내를 통해 거룩해졌고, 믿지 않는 아내도 그

---

227) 같은 책, 17.

228) Schrage, "Zur Frontstellung," 214-234. "아직 아니다"에 대한 설득력 있는 이 설명은 다음 논문에서도 나타난다. Cartlidge, "1 Cor 7 as a Foundation for a Christian Sex Ethic," 225.

229) Cartlidge, "1 Cor 7 as a Foundation for a Christian Sex Ethic," 221; 참조. 220-234.

230) Witherington, *Conflict and Community*, 175-177; *Women in the Earliest Churches*, 26-30, 73-75. Witherington은 바울에 대한 권위주의적인 해석과 평등주의적인 해석을 모두 신중히 거부한다. 오히려 그는 바울이 그 둘 사이에서 변증법적인 입장을 취하고 있다고 주장한다. 즉 그는 "평등주의적일 뿐 아니라 제한된 의미에서 가부장적이다"(73)라고 주장한다. 자유는 책임을 지지 않아도 된다는 것을 의미하지 않는다. 오히려 바울은 분명히 그 당시의 그리스-로마 사회 안에서 여성들을 "도구적인" 역할에서 해방시켰다. 그러면서 그는 여성들이 스스로 결정하고 책임을 지게 한다. 하지만 모든 것은 기독교 윤리 체계 안에서 상호 책임과 특정한 구조 안에서 하나님을 섬기는 것과 연결되어 있다.

녀의 그리스도인 남편을 통해 거룩해졌기 때문입니다. 그렇지 않다면 여러분의 자녀들은 깨끗하지 않을 것입니다. 하지만 지금 사실상 그들은 거룩합니다. [15] 다른 한편으로 만약 믿지 않는 배우자가 헤어지려고 한다면 헤어지도록 하십시오. 이런 상황에서 그리스도인 남편이나 그리스도인 아내는 노예처럼 매여 있지 않습니다. 결코 아닙니다. 하나님은 여러분을 평화롭게 살라고 부르셨습니다. [16] 아내인 그대가 혹시 그대의 남편을 구원에 이르게 할지 어찌 압니까? 또는 남편인 그대가 혹시 그대의 아내를 구원에 이르게 할지 어찌 압니까?

12-13절   만약 10절의 전후 문맥을 잊어버린다면 ἐγὼ οὐχ ὁ κύριος라는 표현은 오해의 소지가 있다. 남편과 아내가 모두 그리스도인인 부부에 대한 이전의 진술(10-11절)은 모두 바울이 이전의 이슈 문맥에서 주님의 말씀에 관한 전승을 인용하는 것에서 새로운 강조점을 얻지만, 배우자 중에서 한 사람은 믿음을 갖게 되고, 다른 사람은 그렇지 않은 경우에 어떤 자세를 취해야 하는지에 관한 상황에 대해서는 예수의 가르침이 미처 다루지 않았다. 따라서 이제 바울은 이 당면한 목회적 이슈를 예수의 말씀에 관한 전승과 분리시킨다. 바울은 종종 예수, 심지어 지상의 예수를 그리스도로 언급하거나(참조. 고후 5:16) 또는 그가 선호하고 가장 특징적 칭호인 주님으로 칭한다. 따라서 여기서는 부활하신 주님의 계시나 다른 방법을 추론할 필요는 없다. 왜냐하면 예수의 말씀이 핵심 이슈이기 때문이다.

전통적인 번역은 예컨대 다음과 같다. "주님이 아니라 내가 말하는 것입니다"(NRSV). "주님이 아니라…내가 말합니다"(NIV). "나는 이것을 주님의 말씀이 아니라 나의 말로 말합니다"(REB). 이러한 번역은 ἐγὼ οὐχ ὁ κύριος라는 그리스어 구문과 문법의 구조를 재연하는 것을 최우선에 두지만, 이는 오히려 논리적 모호함을 초래한다. 테르툴리아누스는 주님의 말씀에 속하지 않은 것의 지위를 변호하지 않을 수 없다고 느낀다. 따라서 그는 바울의 이 말을 하나님이 자기 백성을 부르신 목적이 성취되는 것(16절)과 바울이 성령을 받았다(40절)는 사실과 연결한다.[231] 하지만 만약 이 구절에 대한 명확한 번역(곧 이것은 주님의 말씀이 아닙니다)을 통해 바울이 강조하려는 논리를 방어하고 명료하게 제시한다면 이러한 논쟁은 정당성을 잃고 이 논쟁은 해석사 안에서 무용지물이 될 것이다. 이러한 잘못된 논쟁은 마치 바울과 주님이 서로 다른 권위나 계시의 원천인 것처럼 부지불식 간에 οὐχ ὁ κύριος를 논리학자들이 **상반된 부정**(否定) 또는 모순점이라고 부르는 사례로 취급하는 경향이 있다. 하지만 부정의 논리는 (i) 교호(alternation, 交互), 또는 (ii) (여기서처럼) 서로 다름을 허용한다. 기원후 1세기에 스토아학파는 **외부적인 부정**(배타성)과 **내면적인 부정**의 논리적 차이를 잘 알고 있었다(내면적인 부정은 진술 안에 있는 구성 요소의 차이를 가리킨다. 곧 진술의 일부 또는 어떤 단어의 한 측면만 부정된다).[232] 여기서처럼 내면적인 부정은 **상황에 따라** 적용된다. 우리가 제시한 번역─"그밖의 사람들에게 내가 말합니다 (이것은 주님의 말씀이 아닙니다)"─은 일반적인 문법 및 구문의 구조보다 앞서며 상황에 따라 결정되는 논리적 정확성을 전제한다. 해당 문맥 바깥에서 이것이 전제하는 것은 여기서(그리고 10절에서) ὁ κύριος가 예언자적인 말씀의 원천인 부활하신 주님이 아니라 나사렛 예수의 윤리적 가르침에 대한 전승을 가리킨다는 것이다. 하지만 극소수 주석가만 10절을 이러한 방식으로 이해한다. 그렇지 않은 주석가들은 주로 교훈과 관련된 사항이 역사적 예수에게로 거슬러 올라가는 전승의 시기와 지위에 회의적인 불트만의 견해를 따른다.

---

231) 테르툴리아누스는 이 이슈─고전 7장에서 무엇이 "허용된" 것이고, 또 무엇이 명령을 받은 것인가?─를 기원후 204년에 제기했다(Tertullian, *Exhortations to Chastity*, 3). 설령 바울이 해당 이슈에 대한 "주님의 지침"이 없다고 시인한다 하더라도 그 권고 또는 가르침은 하나님에게서 비롯된 것이다. 그것은 "하나님이 부르시는" 것(7:15)을 권장하며, 바울은 성령을 받았기 때문이다(7:40; *Chastity*, 4). 크리소스토모스는 예수의 말씀(예. 마 5:32; 19:9)이 포함되어 있음을 인정하지만, 고린도에서 바울의 상황은 차이점이 있음을 시인한다. 하지만 바울이 제시하는 규칙은 인간의 관점보다 더 높은 권위를 지니고 있다. 그것은 하나님의 창조 질서를 반영하기 때문이다(Chrysostom, *On Virgins*, 12).

232) 참조. W. E. Johnson, *Logic* (Cambridge: Cambridge University Press, 1921), 1부, 5장, 14장.

Τοῖς δὲ λοιποῖς는 거의 확실하게 이미 결혼한 사람들 중 나머지 사람들을 가리킨다. 곧 (10-11절의 그리스도인 부부들과 대조되는) 배우자 한 쪽이 아직 신앙을 갖지 못한 부부들을 가리킨다.[233] 하지만 만약 2-11절 전체를 권고와 대조되는 명령으로 간주한다면 τοῖς δὲ λοιποῖς는 (이들도 질문을 제기했을 가능성이 있지만) 바울이 아직 언급하지 않은 다른 범주에 속한 사람들을 의미할 것이다. 허드는 이 부분을 네 번째 "질문"으로 보고 다음과 같이 주장한다. (i) 결혼한 사람들은 신체적으로 친밀한 관계를 갖는 것에 대해 질문했다. (ii) 결혼하지 않은 이들은 독신에 대해 질문했다. (iii) 그리스도인 부부들은 헤어지는 것(별거)에 대해 질문했다. (iv) 믿지 않는 배우자와 결혼한 사람들은 자신들의 상황을 어떻게 해결해야 할지에 대해 목회적인 조언을 구했다.[234] 또한 그는 7:25의 περὶ δέ는 또 다른 주제로 연결된다고 주장한다.[235] 이와 같이 고린도 교인들의 진술은 "불명료한 것을 전혀 보여주지 않고, 오히려 명확하고 심지어 공격적이다."[236]

앞의 세 부분에서는 각각의 대상과 주제를 확인해야 하는 문제점이 있었지만, 이 부분에서 해당 이슈에 대한 실질적인 의견이 일치한다는 점은 우리의 수고를 덜어준다. 그리스도인 배우자가 자기 배우자와 계속해서 함께 사는 것은 그들이 동의하는 것에 달려 있다. 우리는 12-13절을 함께 설명하고자 한다. 그 이유는 바울의 권면이 지니고 있는 공명정대한 상호성을 재차 강조하려는 것이다. 그것은 기원후 1세기에 활동했던 어떤 저자로부터 우리가 기대할 수 있는 것과 현저하게 대조된다. 그러나 그것은 갈 3:28과 일치한다. 앞에서처럼(5절, ἐκ συμφώνου), συνευδοκεῖ는 "함께"(συν) "좋게 생각하다"(εὐ δοκέω)를 의미한다. 곧 "서로 동의하는 것"을 가리킨다. 12-13절에서는 "헤어지다"(JB, 13절)보다 "이혼하다"(NRSV, REB, NIV, NJB,

---

233) Robertson and Plummer, *First Epistle,* 141을 따라 Conzelmann(*1 Cor,* 121)과 Fee(*First Epistle,* 298)는 이 해석을 올바르게 지지한다.
234) Hurd, *Origin of 1 Corinthians,* 157-169.
235) 같은 책, 169.
236) 같은 책, 168.

콜린스)가 더 좋은 번역이다. 왜냐하면 ἀφίημι가 다른 문맥에서는 "떠나보내다"를 뜻하지만, 결혼과 관련된 문맥에서는 "이혼하다"를 의미하며, 명령법 현재 능동태가 각 절에서 동일하게 반복되기 때문이다. 이 동사는 오직후대 파피루스 문헌의 용례에서만, 그리고 아내에게 이혼할 수 있는 권한이없을 때만 "떠나가다"라는 의미가 정당할 것이다. 하지만 고대 로마 또는그리스 사회에서는 이 경우가 해당되지 않았다. 이 이슈와 관련하여 유대교내에서의 모호한 상황이 어떠했든 간에 우리는 그 당시 고린도에 얼마나 많은 유대인들이 살고 있었는지 입증할 수 없다는 오스터의 평가를 앞에서 이미 언급한 바 있다. 한편 "믿지 않는 아내"는 γυναῖκα … ἄπιστον을 올바르게 번역한 것이다. 왜냐하면 알파와 함께 사용되는 부정(否定)의 의미를 지닌 형용사에는 종종 남성 어미가 붙기 때문이다. 이 그리스어 형용사는 "신실하지 못한 (사람)"을 뜻하기도 하지만, 이 문맥에서는 "믿지 않는 사람"을가리킨다.

100여 년 후에 유스티누스는 이 이슈가 교회의 현실과 관련이 있다는것을 강력하게 보여준다. 로마 원로원에 보낸 그의 『두 번째 변증론』(*Second Apology*)은 어떤 여인이 기독교로 개종한 것에 대해 이야기한다. 그녀와 그녀의 남편은 모두 결혼 생활에서 "단정치 못한", "구애받지 않는" 또는 "방종한"(ἀκολασταίνω에서 유래된 ἀκολασταίνοντι) 삶을 살았다는 것이다. 하지만그리스도인이 된 후 그녀는 자기 삶의 방식을 바꾸었으며, 남편에게 그리스도의 가르침을 들려주었다고 한다. 얼마 후 그들은 서로 갈라서게 되었다(참조. καταλλάσσω, 7:11). 그 여인은 남편에게서 떠나기를 강하게 원했지만,그녀의 친구들은 그녀의 남편을 구원하기 위해 계속 머물러 있을 것을 조언했다. 하지만 그녀의 남편은 극악무도한 악습에 빠져 있었고, 마침내 그 여인은 그에게 이혼장을 건넸다. 그러자 그녀의 남편은 관청에 그녀가 기독교신앙을 갖고 있다고 고발했다. 이것은 일련의 사건을 일으키는 계기가 되었다. 거기에 새로운 황제 마르쿠스 아우렐리우스도 관련되어 있다(Justin, *Apology*, 2:2 — 대략 기원후 161-162년).

14절 a) 우리는 ἐν τῇ γυναικί와 균형을 이루는 ἐν τῷ ἀδελφῷ가 아닌 ἐν

τῷ ἀνδρί를 기대할 것이다. 그러므로 ℵ², D²와 몇몇 고대 시리아 독법이 이처럼 기대했던 변화를 보여준다는 것은 놀라운 일이 아니다. 하지만 ἀδελφῷ가 원문이며, P⁴⁶, ℵ*, A, B, C, D*, 33 등은 이 독법을 지지한다. (b) 서방 사본인 D, F, G, 불가타는 동일한 이유에서 γυναικί에 τῇ πιστῇ를 덧붙인다. 이것은 해당 의미를 명확하게 해주긴 하지만, 가장 초기의 사본에는 들어 있지 않다.

영역본 중 REB와 바레트는 D, F, G의 각주가 요구하는 것처럼 "그의 그리스도인 아내를 통해"라고 번역한다. 이것이 바울이 의도한 의미다. 왜냐하면 그것은 τῷ ἀδελφῷ, "그녀의 그리스도인 남편"을 가리키기 때문이다. 번역과 해석을 구분하는 선은 미묘하며 결코 명확하지 않다. 가장 믿을 만한 그리스어 사본에는 단지 τῇ γυναικί로 제시되어 있지만, 우리는 (아마도 이곳에서 오직 한 번) 꺾쇠괄호 안에 그리스도인을 넣어 번역했다. 그것은 그리스어 원문에 이 단어가 없지만, 그 의미가 내포되어 있다는 것을 알려준다.

ἡγίασται의 정확한 의미는 해석상의 난제에 해당한다. 우리는 NRSV와 콜린스를 따라 "거룩해졌다"라고 번역했는데, 이는 "[이미] 성화되었다"(NIV, 바레트), "성화되었다"(NJB, AV/KJV), "성별되었다"(모팻; 필립스는 "어떤 의미에서"를 덧붙임), "하나님에게 속한"(REB), "성도들과 하나가 되었다"(JB), "그리스도의 사람들과 연합되었다"(TCNT) 등과 비교된다.[237] NIV와 바레트의 번역—"[이미] 성화되었다"—은 ἡγίασται의 직설법 현재완료 수동태를 충실하게 전달하고자 시도하는 것이다. 그러나 논란의 여지가 있지만 "거룩해졌다" 또는 "성화되었다"는 과거에 일어난 어떤 사건의 개념을 이미 도입하고 이에 근거한 현재의 상태를 강조한다. "거룩해졌다"라는 번역의 이점은 이것이 이 구절에 대한 이해와 관련하여 "이미 거룩해졌다"를 배제하는 몇 가지 가능성—특히 지속적으로 영향력을 행사하는 그리스도인 배우자의 역동적인 존재와 생활 방식—을 열어놓는다는 점이다. ἁγιάζω와 ἅγιοι에 대해서는 1:2에서 ἡγιασμένοις ἐν Χριστῷ Ἰησοῦ

---

237) Barrett, *First Epistle,* 159; 164; Collins, *First Cor,* 262; 271.

와 κλητοῖς ἁγίοις에 대한 주해를 참조하라. 해당 부분에서 우리는 히브리어 단어 קֹדֶשׁ의 배경에 대해 살펴보았다.

이 절들의 핵심 원리는 바울이 없애주려는 염려의 본질을 인식하는 데있다. 신자들은 진정으로 염려하며 바울에게 이렇게 질문한다. 만약 내가옛 생활 방식을 버리고 그리스도 안에서 새로운 피조물이 되었다면 믿지 않고 회개하지 않는 나의 배우자와의 관계와 내 가정의 전반적인 분위기는 오염되고 그리스도에게 속한 나의 정결함은 훼손될 위험에 놓이게 되는 것은 아닌가? 바울은 그리스도인이 이방인 창녀와 신체적인 관계를 갖는 것은 그리스도의 지체를 떼어내어 창녀의 몸에 붙이는 것이라고 이미 앞에서 충분히 논했다(6:12-20). 그리스도가 값을 치르고 산(6:20) 성령의 전(6:19)인사람이 어떻게 그에게 속하는가? 또 그는 어떻게 그리스도에게 "속하지" 않은 배우자에게 "속하는가?"

"이제 하나님께 속하는 남편"이라는 REB의 번역은 이 염려에 대해 훌륭하게 대응하며, 그런 의미에서 이 번역은 잘 선택된 것이다. 하지만 만약이것이 바울이 의도한 것 전부라면 우리는 ἐν τῇ γυναικί ... ἐν τῷ ἀδελφῷ를 어떤 의미로 이해해야 할까?

(i) 슈바이처로부터 J. A. T. 로빈슨까지 이어지는 견해에 의하면 그리스도와의 연합은 거의 일종의 전염병과 같이 "신체적인" 또는 "유사-신체적인" 특성이 있다. 이 견해는 매우 단순하지만 결국 타당성이 없는 설명이다. 슈바이처는 그리스도 안에서의 존재는 "일종의 신체적인 연합의 관계"라고 주장한다. 또한 그는 신자가 아닌 남편이 "신자인 아내"를 통해 거룩하게 된다고 주장할 때 바울은 유사-신체적인 것으로 생각된 그리스도 안에서의 존재가 어떤 사람과 다른 사람 간의 자연적·신체적 연합 안으로 유사하게 투영된다고 주장한다.[238] 자신의 견해를 옹호하기 위해 슈바이처는 고전 6:16-17(참조. 창 2:24)에서 ἀκολλᾶσθαι가 신체적인 것과 관련된 의미로 사용된다는 점과 7:14에서 발견되는 것과 동일한 원리에 근거하여 그

---

238) Schweitzer, *Mysticism of Paul the Apostle*, 285.

가 확신을 갖고 설명하려는 "죽은 사람을 위해 세례 받는 것"(15:29)에 대해 언급한다.[239] 뿐만 아니라 슈바이처의 견해에 의하면 이 "신체적인" 측면은 성만찬을 통해 그리스도와의 연합의 관계를 유지하지 않은 사람들이 왜 병에 걸려 죽게 되었는지를 설명해준다(고전 10:1-13; 11:29-32).[240] 사실상 로빈슨은 25여 년 후에 슈바이처의 논점을 반복하여 주장한다. "그 몸 안에서의 성례적인 관계에 대한 유사-신체적인 이해가 죽은 사람들을 대신하여 세례를 받는 관습을 강조한다(고전 15:29).···그가[바울이] 고전 7:12-14에서 제시하는 지침은 동일한 기본 전제에 기초하고 있다."[241] 그는 다음과 같이 주장한다. "교회를 지금 현재 문자적으로 부활한 그리스도의 몸으로 보는 바울의 교회론의 물질주의와 미숙함을 과장하는 것은 거의 불가능하다."[242]

하지만 우리는 로빈슨의 견해에 대한 화이틀리의 **비판**을 지지한다.[243] 콘첼만은 "거룩함이 터무니없게도 마치 어떤 사물인 것처럼 여겨진다. 그것은 믿음이 없어도 전달될 수 있다.···사실상 이 개념이 무척이나 사물과 같은 특성을 지니고 있다는 것은 부인할 수 없다"고 시인하면서도 "지금까지 제시된 설명들은 거의 예외 없이 만족스럽지 못하다"고 결론짓는다.[244] 화이틀리는 제임스 바가 제시한 "부당한 총체적 전환"(illegitimate totality transfer)과 유사한 관점에서 (a) 그리스도의 지상의 삶의 몸, (b) 그리스도의 부활의 몸, (c) 교회, (d) 성찬식 문맥에서의 몸은 종종 희미해지면서도 결코 완전히 합쳐지지 않는 의미론적 경계선을 유지한다는 점을 보여준다.[245]

---

239) 같은 책, 127, 128, 280-286.
240) 같은 책, 282-283; 참조. 258-260.
241) Robinson, *The Body*, 54.
242) 같은 책, 51.
243) Whitely, *The Theology of St. Paul*, 192-198.
244) Conzelmann, *1 Cor*, 121-122.
245) Whitely, *The Theology of St. Paul*, 197; 참조. J. Barr, *The Semantics of Biblical Language* (Oxford: Oxford University Press, 1961), 218 and 233; 또한 참조. 107-160.

(ii) 이 모든 유사–신체적인 개념 체계가 우리의 관심을 **관계성**이라는 중심 주제에서 다른 곳으로 돌린다는 것은 상당히 놀라운 일이다. 브루스와 바레트는 그리스도에게 속하는 것과 눈에 보이는 교회에 속하는 것을 지나치게 동일시하는 것에 동조하지 않는다. 또한 브루스는 이 구절을 "관계를 통한 구약의 거룩함의 원리 확대"라고 묘사한다.[246] "불신자와의 이토록 친밀한 관계를 통해 믿음의 패턴이 훼손되지 않을까?"라는 질문에 그는 다음과 같이 대답한다. "아니다. 그와는 정반대로, 불신자는 신자와의 관계를 통해 (반드시 1:2; 6:11에서 의도하는 의미는 아니지만) 어느 정도 성화된 상태에 있다."[247] 콜린스는 비그리스도인 남편은 "그리스도인 아내를 통해 하나님의 언약 백성 안에 참여한다(참조. 1:2)"고 주장한다.[248]

(iii) 하지만 해당 이슈에 대한 논점이 모두 다루어진 것은 아니다. 뛰어난 언어철학자인 존스는 널리 알려지지 않은 그의 저서에서 성경에 등장하는 거룩에 대한 주요한 의미론적·개념적 분석을 제시했다.[249] 그는 성경이 말하는 거룩은 어떤 정적인 성질이 아님을 입증한다. 이것은 콘첼만의 견해와는 대조적으로 개념적으로 "사물과 같은" 것이 아니다. 이것은 어떤 색상을 나타내는 단어나 색상 같은 것이 아니며, 역동적인 논리와 함께 작동한다. 따라서 이것은 "두려움", "완전함", "분리됨"에 대한 성향적 반응을 내포하고 있다. 이어지는 장(章)들에서 존스는 성경 저자들에게 있어 거룩함, 거룩의 힘에 대한 두려움을 경험하는 것과 장엄한 분리의 현현으로서 거룩한 자에게 반응하는 것이 무엇이었는지를 개념적으로 탐구한다. 카이퍼와 머피–오코너는 해석학적 관점에서 이 강조점을 발전시킨다.[250] 카이퍼는 "하나님의 일을 위한 성별"을 가리키는 용어를 사용하는 레위기와 다른 제의(祭儀) 본문들을 통해 거룩함를 추적한다. 하지만 고전 7:14에 대한 설명

---

246) Bruce, *1 and 2 Cor,* 69; 참조. Barrett, *First Epistle,* 165.

247) Bruce, loc. cit.

248) Collins, *First Cor,* 271.

249) O. R. Jones, *The Concept of Holiness* (London: Allen & Unwin, 1961).

250) L. J. Kuyper, "Exegetical Study on 1 Cor 7:14," *RefRev* 31 (1971): 62–64; J. Murphy-O'Connor, "Works without Faith in 1 Cor VII:14," *RB* 84 (1977): 349–369.

에서 그는 "거룩함의 조건 또는 상태는 정적인 상황이 아니라 역동적인 가능성을 포함한다"고 주장한다.[251] 머피-오코너는 한 걸음 더 나아간다. 그는 7:14에서 거룩함의 의미가 오직 이 절에서만 독특하게 사용된다는 큄멜의 이론을 거부하듯이 거룩함은 단지 법적 또는 의식(儀式)적인 의미에서만 사용된다는 알로의 개념을 거부한다.[252] 그는 부분적으로 "주님에게 속한 것들을 돌보는 것"과 "주님을 기쁘시게 하는 것"에 관한 정황적 요소의 관점에서 "여기서는 '거룩함'의 윤리적인 측면"을 가리킨다고 주장한다. "왜냐하면 하나님은 우리를 거룩함으로 부르셨기 때문이다."[253] 거룩함은 "본질적으로 역동적인 개념으로서 행동으로 나타나는 사랑의 열매다."[254] 믿지 않는 남편 또는 아내가 거룩해지는 것을 결정하는 것은 "불신자가 결혼 관계를 지속하기를 기꺼이 원하는 것이며" 이는 "그의 행위 또는 그녀의 행위에 결정적인 영향을 미쳤다"(강조는 덧붙여진 것임).[255] 그리스도인 배우자의 생활 양식은 남편이든 아내이든 가정의 분위기에 영향을 미칠 수밖에 없고 가치관과 생활 양식에 어느 정도 영향을 미치지 않을 수 없다. 배우자의 모범, 증언, 기도, 복음에 부합하는 삶은 그런 의미에서 배우자(와 자녀)를 거룩하게 만든다.

만약 우리가 존스와 머피-오코너의 접근 방법을 따른다면 "여러분의 자녀들은…거룩합니다"와 관련된 해석상의 난점은 이미 해결된 것이다. 만약 배우자가 그리스도인 파트너의 신앙, 생활 양식, 기도, 복음에 부합하는 삶에 영향을 받고 있다면 그 부부의 자녀들은 얼마나 더 많은 영향을 받겠는가? "한층 더 강력한 이유로"(*a fortiori*)라는 이 논리는 ἐπεὶ ἄρα, "그러므

---

251) Kuyper, "1 Cor 7:14," 63. 참조. Best, "1 Cor 7:14 and the Children in the Church," 158-166.

252) Murphy-O'Connor, "Works without Faith," 350-351; 참조. Allo, *Première Épitre,* 166; Kümmel, "Anhang," in Lietzmann, *An die Korinther,* 176-177.

253) Murphy-O'Connor, "Works without Faith," 353.

254) 같은 책, 355.

255) 같은 책, 358. 더 광범위한 이해는 다음을 참조하라. Deming, *Paul on Marriage,* 134("유용함"과 연결되어 있음).

로 그것은 뒤따를 것이다"(로버트슨과 플러머)를 통해 잘 표현되어 있다. "논리적인 결과를 나타내는 ἐπεί, '따라서 그렇다면'(라이트푸트)은 논리적인 결과와 시간과 관련된 표현인 νῦν δὲ ἅγιά, '그러나 사실상 그들은 거룩하다'를 통해 강조된다."[256] ἅγιά 안에서의 역동적인 행위와 "분리"의 측면은 설령 부모 중 한 쪽만 그리스도인이라 하더라도 자녀들이 주변의 이교적인 환경과 "구별되는" 모습으로 성장해간다는 특징을 드러내줄 것이다.

7:14의 후기 역사와 수용

해석의 역사는 거룩함에 대한 몇 가지 독특한 설명을 초래했다. 아래에 제시된 예 가운데 일부 설명은 자신이 관심을 두고 있던 당면 과제를 너무 지나치게 반영하는 경향이 있다. 마지막 두 설명이 우리를 바울에게 더 가까이 이끈다.

　1. **이레나이우스.** 이레나이우스는 7:14의 역학 관계를 예언자 호세아에게 음란한 여인과 결혼하라(호 1:2-3)고 하셨던 하나님의 명령의 역학 관계와 비교한다.[257] 논쟁의 배경은 하나님이 단지 예측 가능하고 교회가 흠모할 만한 방식으로만 알려질 수 있는 것이 아니라 다른 많은 방식으로 알려질 수 있다는 것이다. 예를 들면 라합은 이스라엘의 정탐꾼들을 받아들여 보호해줌으로써 마치 그녀가 하나님의 백성 가운데 한 사람인 것처럼 그녀의 가정도 목숨을 건지고 보호를 받았다. "기생 라합은 붉은 줄로 표시된 믿음을 통해…목숨을 건지고 보호받았다."[258] 의미심장하게도 호세아의 경우에는 그의 둘째 아들에게 처음 주어진 이름 "로암미"(내 백성이 아니다)가 나중에 바뀌었다. "그들은 살아계신 하나님의 자녀로 불릴 것이다"(호 1:6-10; 참조. 롬 9:25-26). 이레나이우스는 이 원리가 7:14의 역학 관계를 설명해준다고 주장한다. "이 이유에 근거하여 바울은 '믿지 않는 아내가 그녀의 믿는 남편에 의해 거룩해진다'라고 선언한다." 또한 이에 근거하여 호세아서와 고전 7:14에 기록된 하나님의 약속의 유사성에서 자녀들의 의미가 발견된다. 이

---

256) Lightfoot, *Notes*, 226; Robertson and Plummer, *First Epistle*, 142.
257) Irenaeus, *Against Heresies*, 4:20:11.
258) 같은 책.

와 마찬가지로 돌감람나무가 잘 자란 참 감람나무에 접붙임을 받는다는 또 다른 평행 사례(롬 11:17-19)는 "처음 익은 곡식 가루가 거룩한즉 떡덩이도 그러하고 뿌리가 거룩한즉 가지도 그러하니라"(롬 11:16)를 설명해준다. 이레나이우스는 하나님의 비밀과 중단 없는 하나님의 선택의 은혜에 대한 바울의 사고가 하나님의 백성으로 택함을 받아 특권이 주어진 이스라엘로부터 거룩함이 이방인들에게 전달된 것에 초점이 맞추어져 있다고 말한다. 이와 마찬가지로 거룩함과의 "연합"은 거룩함을 내부적으로 확장시켜준다. 따라서 이레나이우스는 다음과 같은 배경에서 고전 7:14을 다루고 있다. (i) 구약성경(아브라함, 모세, 라합, 호세아, 하나님이 "백성이 아닌 사람들"을 백성으로 부르심), (ii) 사람들을 택하시는 하나님의 무한한 은혜, (iii) 롬 9-11장에서 전개되는 바울의 사고와 연결하여 언급함, (iv) "연합"의 효력은 가장 근본적으로 그리스도와의 연합에서 구체적으로 예시됨 등이다.[259]

2. 알렉산드리아의 클레멘스. 클레멘스는 결혼을 옹호하고 장려하며 재혼도 허용한다.[260] 이 정황에서 그는 바울이 결혼에 관한 그리스도의 명령을 언급하는 것과 그것을 수정하는 구절을 서로 비교한다. 나아가 그는 "지금 그들은 거룩합니다"(고전 7:14)를 덧붙인다.[261] 클레멘스는 거룩함은 그리스도인 남편 또는 그리스도인 아내를 통해 전달될 수 있다고 말한다. 왜냐하면 두 사람은 "한 몸"이기 때문이다.[262] 하지만 자녀들에 대한 그의 언급은 명시적이기보다는 암묵적인 것으로 보인다. 클레멘스는 결혼 관계 안에 내재하는 연합, 친밀함, 신체적 관계를 통한 거룩함의 연대성을 독자들이 스스로 이해해야 한다고 생각한다. 그는 또한 결혼을 통해 구원의 결과가 나타날 가능성이 있음을 긍정적으로 강조한다.

3. 테르툴리아누스는 7:12-14에 대해 설명하는 데 한 장 전체를 할애한다. 거기서 그의 주요 강조점은 14절이 그리스도인이 비신자와 결혼하는 것을 결코 허용하지 않는다는 것이다.[263] 만약 어떤 그리스도인이 불신자와 이미 결혼했다

---

259) 같은 책.

260) Clement, *Stromata*, 3:2(고전 7:9에 관해), 3:6(고전 7:14; 마 19:3; 막 10:2에 관해), 3:18(고전 7:10-14에 관해).

261) 같은 책, 3:18. 이 부분에서 클레멘스는 6:13부터 7:14에 기록된 바울의 말을 요약한다.

262) 같은 책, 3:6.

263) Tertullian, *To His Wife*, 2:2. 그는 7:39의 "주님 안에서"와 비교하며 그 표현을 "그리스도인

면 상황은 다르다. 이 경우에 바울은 이 불신자가 연합 또는 유대 관계의 긍정적인 측면을 통해, 그리고 그리스도인의 양육과 교육의 "제도적인 훈련을 통해"(*ex institutionis disciplina*) 신앙인 배우자나 자녀들의 거룩함을 감퇴시킬 수 없다고 말한다는 것이다.[264] 세례와 종말론적인 운명도 일종의 역할을 수행한다. 곧 자녀들은 하나님이 그들을 부르신 거룩함을 향해 나아간다. "그들은 어떤 의미에서 거룩함과 구원의 길로 나아가도록 되어 있다."[265] 그러나 테르툴리아누스는 이것이 결코 불신자와의 결혼을 제안하는 것이 아니라고 주장한다. "하나님의 은혜는 그것이 [이미] 주어진 것을 거룩하게 한다."[266] 만약 그렇지 않다면 그것은 "부정(不淨)한 채로" 남아 있고 "거룩해질 수 없다."[267] 테르툴리아누스는 재혼을 단호하게 반대하는 부분에 있어서도 비슷한 주장을 펼친다.[268]

4. **오리게네스.** 놀랍게도 오리게네스는 그보다 앞선 알렉산드리아의 클레멘스가 다음과 같이 강조한 것을 미처 파악하지 못한 것 같다. 클레멘스는 거룩하게 하시는 하나님의 은혜는 쌍방으로—남편으로부터 아내에게, 아내로부터 남편에게(앞에서의 주해 참조)—작용한다고 강조했다. 오리게네스는 신자와 불신자의 결혼을 포도주와 물을 섞는 것에 비유한다. 전자는 거룩하게 하고 맛을 내지만, 후자는 오염시키거나 희석시킨다.[269] 이것은 바울이 말하는 것과 상반되는 것처럼 보인다. 하지만 오리게네스는 그리스도인이 믿지 않는 사람과 결혼해서는 안 된다는 바울의 주장에 동의한다(참조. 7:39에 대한 테르툴리아누스의 설명).[270] 이것은 엄밀하게 말해 7:14에 대한 주해가 아니다.

5. **후대의 교부들**(테오도레토스는 제외, 아래 참조). 아우구스티누스와 크리소스토모스를 제외하면 많은 경우 이 시기는 이전 또는 후기 저서들보다 더 적은 해석

과 결혼하라는 것"으로 이해한다(같은 책). 특히 2:2:9도 보라.

264) Tertullian, *Treatise on the Soul*, 39:4.

265) 같은 책.

266) Tertullian, *To His Wife*, 2:2:9.

267) 같은 책.

268) Tertullian, *On Meaning*, 2:8.

269) Origen, *1 Cor, Frag*, 33, in *JTS* 9 (1908): 505.

270) 같은 책.

학적 또는 목회적 통찰을 제공한다. 히에로니무스는 단순히 테르툴리아누스의 저서(*On Monogamy*, 11:8; *To His Wife*, 2:2)에서 신자의 자녀들은 "이를테면 믿음의 후보자들"이라는 "보다 약한" 부분을 반복하며 인용한다.[271] 이것은 아마도 기독교 교육에 대해 테르툴리아누스가 건설적으로 강조하는 것을 언급하는 것일 수 있지만, 그는 테르툴리아누스가 지적한 신자와 비신자의 결혼에 대한 바울의 문맥을 간과한다. 슈타브가 보존한 가발라의 세베리아누스(기원후 400년경)의 단편은 고전 7:14을 다룬다. 그는 "자녀들이 정결하고 거룩하며 불신앙으로 타락하지 않으면 부모의 믿음이 이긴 것이다"라고 주장한다.[272] 기원후 3세기에서 4세기로 전환될 무렵에 거룩함은 주로 이 구절의 예기적 또는 예고적 의미에서 자녀들을 가리키는 것으로 이해되었다. 크리소스토모스는 7:14의 "거룩함"에 대해 다음 두 가지로 설명한다. 첫째, 그것은 실천적인 방법에서 "그 여인을 두려움으로부터 완전하게 벗어나게 한다."[273] 이 증거는 그녀의 아이가 "부정하지 않다"는 것이다. 둘째, 신체적인 연합의 결과는 6:15-17에서 이미 언급되었다.[274] 아우구스티누스는 그의 여러 저서에서 7:14을 언급한다.『결혼의 선함에 대해서』에서 그는 바울이 몸을 성령의 전(고전 6:19)이라고 가르치는 것을 언급한다. 그는 이렇게 추론한다. "따라서 결혼한 사람들의 몸은 또한 거룩하다.…심지어 믿음이 없는 배우자도 이 거룩함을 방해하지 못한다." 한 배우자의 거룩함은 다른 배우자를 "유익하게" 한다.[275] 다른 곳에서 아우구스티누스는 바울이 한 배우자에게 인도함을 받아 믿음을 갖게 되는 가정에 대한 구체적인 사례들을 언급한다고 주장한다.[276]

6. **카예타누스**(1534년 사망)와 **멜란히톤**(1560년 사망)은 국가의 법으로 판단할

---

271) Jerome, *Letters* 85:5.

272) Staab, *Pauluskommentare aus der griechischen Kirche*, 250.

273) Chrysostom, *1 Cor. Hom.* 19:4.

274) 같은 책.

275) Augustine, *On the Good of Marriage*, 13(고전 7:14을 인용함).

276) Augustine, *Our Lord's Sermon on the Mount*, 1:16:45. "나는 어떤 부인들은 믿는 남편을 통해, 남편들은 믿는 아내를 통해 믿음을 갖게 된 사례가 이미 일어났다고 생각한다.…부모 중에서 한 명이 신자가 되는 일이 생기면…이제 그들의 자녀들은 그리스도인들이다." 하지만 7:14 및 그 문맥과 관련하여 그는 만약 그 신자가 믿음을 갖고 나서 배우자와 헤어졌다면 이러한 일은 절대 일어나지 않았을 것이라고 덧붙인다.

때 **합법적**이란 의미를 ἄγιά에 무리하게 적용한다(*de sanctitate civili*). 몇몇 중세 주석가(예. Walafrid Strabo, 대략 848-849년)는 만약 그리스도인 배우자가 헤어지면 이것은 새로운 결혼을 통해 그들의 자녀들이 간음한 부모를 갖는 결과를 초래할 것이라는 전제 아래 이 개념을 탐구한다.[277]

7. **불링거**(1566년)와 **매튜 풀**(1685년)은 7:14에서 거룩함을 **언약에 기초한 거룩함**(*sanctitas federalis*, 앞에서 언급한 콜린스의 견해와 같음)으로 이해한다. 하지만 여기서 중요한 의제는 언약 안에 있는 자녀들이 언약의 표지, 곧 세례에 대한 권리를 지니고 있다는 것이다.[278]

8. **베자**는 자녀들이 거룩하다는 것은 선택에 기초한 **중생**을 가리키거나 전제한다는 소수 의견을 견지한다. 벵엘은 앞에서 언급한 **합법적**이라는 해석을 교회와 "다소 더 가까운" 관계에 있는 것과 결합한다.[279]

9. **테오도레토스**(대략 458년)는 거룩함을 믿지 않는 아내와 관련하여 구원에 대한 소망이라는 관점에서 해석하고, 자녀들에 대해서는 약속된 미래로 해석한다. 이 아내는 구원의 소망을 지니고 있다(ἔχει σωτηρίας ἐλπιδα; 라틴어 *habet spem salutis*). 자녀들에 대해서는 구원의…씨(σπέρμα … τῆς σωτηρίας; *semen illius erit salutis particeps*)에 대한 개념을 주장한다.[280] 하지만 또한 테오도레토스는 이 과장된 표현(ὑπερβολικώτερον)을 함께 계속 살면서 가정을 유지해나가도록 설득하기 위한 것으로 간주한다.[281] 거룩함은 "염려할 것은 아무것도 없다"를 의미하는, 거의 정서적인 의미로 사용된다는 것이다. 루터는 이것을 신학적으로 "정결한 자에게는 모든 것이 정결하다"라는 해석에 근거하여 설명한다. 또한 루터는 "믿음을 지닌 배우자의 믿음은 모든 것에 긍정적인 태도를 장려할 수 있으며, 심지어 아직 믿음을 갖

---

277) Walafrid Strabo, *Glossa Ordinaria: Epist. 1 ad Cor*, in *Opera Omnia: Migne, Saeculum IX*, Tom. II (1879), 530.

278) Matthew Poole, *Commentary*, 3:560: "내적으로 새로워지는 것이 아니라…모든 이스라엘이 거룩한 백성으로 부름을 받았다는 의미에서 [거룩하다].…[자녀들은] 그와 언약 안에 있는 것으로 여겨지기 때문에 세례에 대한 권리를 갖는다."

279) Bengel, *Gnomon*, 629.

280) Theodoret, *Interp. ep. 1 ad Cor.*, in Migne, *PG*, 82:277 (Gk.), 278 (Lat.), 205B.

281) 같은 책.

지 않은 성인 자녀들에게도 그렇게 할 수 있다"고 주장한다.[282]

10. 칼뱅은 다음과 같이 상식에 기초한 주해를 제시한다. "믿지 않는 배우자의 불경건이 결혼을 부정(不淨)하게 만드는 것보다 믿는 배우자의 경건이 결혼을 더욱더 '거룩하게 한다.' 따라서 신자는 ['불신자와 결혼함으로써가 아니라 이미 맺어진 결혼 관계를 유지함으로써] 깨끗한 양심을 가지고 불신자와 함께 살 수 있다."[283] 그러나 칼뱅에게 있어 자녀들에 관한 문제는 언약에 대한 더 사변적인 고려 사항을 요구하는데, 그는 이 문제에 관해서는 독자들을 롬 11:16으로 인도한다.

15절 $\mathfrak{P}^{46}$, B, D, $\aleph^2$, E, F, G, Ψ, 33, 페쉬타, 콥트어, 사히드어 필사본, 불가타 등은 ὑμᾶς 대신에 ἡμᾶς로 읽는다. UBS⁴의 텍스트는 이 독법(ὑμᾶς)에 "B" 등급을 부여한다. $\aleph^*$, A, C, 콥트어와 보하이르어 필사본은 이 독법을 따른다. 메츠거가 ἡμᾶς를 단지 "약간 강력한 독법"으로 간주하는 것은 다소 뜻밖이다.[284] 단지 사본의 증거에만 의존한다면 우리는 "[하나님은] 여러분을 부르셨습니다"를 선호할 수도 있다.[285] 하지만 이 점에 대해 메츠거는 필사자들은 종종 일반적인 금언의 외연을 확장시키기 위해 독자들을 포함시키는 경향이 있으며, ὑμᾶς는 이 문맥에서 바울의 논점과도 정확하게 일치한다고 올바르게 지적한다.

아마도 직설법 현재 중간태 χωρίζεται는 자신이 헤어지려 한다는 의미를 갖고 있을 것이다. 이것은 이 동사의 주어가 헤어지는 행위를 주도함을 가리킨다. 따라서 우리는 "헤어지려고 한다면"이라고 번역했다. 왜냐하면 모든 것이 이 점을 명확하게 나타내는 데 달려 있기 때문이다. 앞 절에서 논점을 드러내는 표현 ἐπεὶ ἄρα ... νῦν δέ에 이어, 이제 이 절에서 대조의 의미를 나타내는 또 다른 δέ가 뒤따른다. 또다시 새로운 상황을 대조

---

282) Luther, *Works*, 28:34-35 (*WA*, 12:121). 다소 비슷한 견해를 제시하는 다음 주석서를 참조하라. Schrage, *Der erste Brief*, 2:108-109.

283) Calvin, *First Epistle*, 148.

284) Metzger, *Textual Commentary* (2d. ed. 1994), 489.

285) Héring, *First Epistle*, 53. 하지만 Nestlé는 이 독법에 반대한다.

하는 것이 기본적으로 필요하기 때문에 우리는 εἰ δὲ ὁ ἄπιστος를 "다른 한편으로 만약 믿지 않는 배우자가 헤어지려고 한다면"이라고 번역했다. 바울은 7:2부터 줄곧 상호성과 상호 관계의 측면에서 남편과 아내 모두에게 말했다. 따라서 주요 영역본은 모두 여기서 그리스어 남성 명사를 남녀를 모두 포괄하는 것으로 올바르게 간주한다. 예를 들면 "믿지 않는 배우자"(NRSV, REB) 또는 "불신자"(NIV, NJB)로 번역한다. 그리고 명령법 현재 중간태 3인칭 단수 χωριζέσθω는 영어에서 단순히 "헤어지다"라는 의미 그 이상을 가리킨다. 곧 "헤어지도록 하십시오"를 뜻한다. 여기서 현재는 지속(持續)을 강조하는 의미를 내포하고 있다.

주해 및 해석과 관련하여 가장 난해한 단어는 οὐ δεδούλωται(δουλόω 의 현재완료 수동태)다. 이 그리스어 구문은 명백하게 "그리스도인 남편이나 그리스도인 아내는 노예처럼 매여 있지 않습니다"를 의미한다. 곧 그들은 과거의 행위의 결과로서 현재 **속박** 상태에 있지 **않다**. 그렇다면 구체적으로 무엇에 매여 있지 않다는 것인가? 이전의 배우자와 계속 사는 것은 "노예처럼 매여 있는 것이 아니다" 또는 "재혼의 자유를 가로막는 결혼 관계에 묶여 있는 것이 아니다"를 의미하는가? 바울을 후자처럼 이해하는 것은 이른바 "바울의 특전"으로 알려지게 되었다.

(1) 피는 후자 곧 "바울의 특전"이라는 해석을 강력하게 반대하며 다음과 같이 주장한다.[286] (i) 7장의 전반적인 취지는 재혼을 반대한다. 따라서 만약 바울이 재혼을 위해 사실상 대수롭지 않은 우스갯말처럼 양보한다면 그것은 이 장의 내용과 어울리지 않을 것이다. (ii) 심지어 바울의 경우에도 결혼을 묘사하는 데 δουλόω를 사용하는 것은 통상적인 방법이 아니다. (iii) 7:39은 오직 죽음을 통해서만 결혼의 유대 관계가 해체될 수 있다고 말한다. (iv) 이 절과 평행을 이루는 11절에서 재혼은 허용되지 않는다. (v) 7장의 전반적인 논점은 상태의 변화를 능동적으로 추구하지 말고, 현재의 모습 그대로 남아 있으라는 것이다. 위더링턴은 이 견해를 신중하게 표현

---

286) Fee, *First Epistle*, 303.

한다. "'바울의 특전'이 있다는 것은 의심스럽다."[287]

(2) 콘첼만은 정반대의 견해를 취한다. "그리스도인은 아무것에도 속박되어 있지 않다.…그는 재혼할 수 있다."[288] 에링은 "특전"을 지지하는 편에서 사실상 다음과 같이 재혼을 강조한다. "만약 이교도가 그리스도인 배우자를 버리고 떠난다면 결혼은 무효가 된 것으로 간주된다.…이 그리스도인은 그리스도 교회의 한 구성원과(ἐν κυρίῳ, 7:39)…다시 결혼할 수 있다."[289] 에링은 ἐν εἰρήνῃ, "평화롭게"에 대한 자신의 독특한 이해와 관련하여 자신의 견해를 내세웠을 것이다. 그는 여기서 사용된 그리스어 표현이 히브리어 שלום(샬롬)에 해당하는 것으로 이해한다. 이 히브리어 단어는 단지 이전의 배우자와 다툼이 없는 것만을 가리키는 것이 아니라 "내외적으로 완전한 평화"를 의미하며(강조는 원저자의 것임), 이는 본 절에서 자유라는 콘첼만의 주제를 강조하는 것으로 생각될 수 있다.[290] 스타인도 막 10:11에 수록된 예수의 말씀에 대한 전승이 절대적으로 묘사된 것처럼 보이는 것을 완화하는 마태복음(5:32; 19:9)을 기대하는 것으로 바울을 해석한다.[291] 바이런은 "주님이 아니라 내가 말합니다"라고 주장하며 바울이 이 부분을 예수의 말씀으로부터 거리를 둔다고 이해하면서 "바울의 특전"을 암시하는 단서를 간파한다.[292] 루터 역시 이 그리스도인 배우자가 재혼할 수 있는 자유로운 상태에 있는 것으로 간주한다.[293]

(3) 하지만 다른 문헌은 이 논쟁에 내포된 더 복합적인 문제점을 드러낸다. 빌리(H.-U. Willi)는 7:15의 유대교 배경에 대해 논의하며, 이 구절이 바울의 회심 전후의 결혼 생활에 대한 개인적인 경험을 반영한다고 주장

287) Witherington, *Women in the Earliest Churches*, 32. 하지만 그는 매우 간략하게 논의한다.
288) Conzelmann, *1 Cor*, 123.
289) Héring, *First Epistle*, 53.
290) 같은 책.
291) R. H. Stein, "Is It Lawful for a Man to Divorce His Wife?" *JETS* 22 (1979): 115-121.
292) B. Byron, "General Theology of Marriage in the NT and 1 Cor 7:15," *ACR* 49 (1972): 1-10.
293) Luther, *Works*, 28, 36-38; *WA*, 12:123-125.

한다. 빌리는 유대교와 랍비들의 방대한 자료를 샅샅이 검토하고 나서 이 가설을 받아들이지 않는다.[294] 하지만 데밍은 결혼과 독신에 대한 견유학파 및 스토아학파의 문헌에서 εἰρήνη와 δουλόω의 배경에 더 많이 주목한다. 만약 (데밍이 주장하듯이) 바울이 스토아-견유학파의 용어를 사용하고 있으 며, 그가 어떤 사람이 재혼하는 것을 상상하고 있다면 이러한 사람은 "노 예처럼 매여 있지 않습니다"(οὐ δεδούλωται)라고 말하는 것은 어울리지 않 을 것이다.[295] 예를 들어 필론은 에세네파 철학자들이 결혼하는 사람은 "자 유인 대신 노예(δοῦλος)"가 된다고 말했다고 전한다.[296] 무소니우스는 철 학을 연구하기를 원하는 어떤 결혼한 여인에 대해 말하며 이 여인을 이미 노예의 역할(δουλίκα)을 하는 사람으로 묘사한다.[297] 스토바이오스는 자녀 들과 아내는 남자를 "엄청난 폭군"의 위치에 놓는다는 에우리피데스의 말 을 인용한다.[298] 데밍은 고전 4:8에서 우리가 발견하는 "왕들처럼 군림하고 있다"는 표현은 무소니우스, 에픽테토스, 디오게네스 라에르티오스의 저서 에서 나타나는 노예 상태에 대한 이 모든 이미지와 의미상 서로 대조를 이 룬다고 주장한다. 또한 그는 이것이 로마 제국에 속한 고린도에서 이 용어 가 널리 사용되고 있었다는 사실을 반영한다고 주장한다. 힘(ἐξουσία, ἔξεστι, 6:12)은 어떤 사람의 권세 아래 있는 것(ἐξουσιάζομαι)과 노예로 행동하는 것 (δουλεύειν)과 정반대된다. 이 그리스어 단어에 대한 광범위한 사례를 낱낱 이 검토한다면 우리는 7:15에서 δεδούλωται가 "속박되어 있는" 또는 "노예 상태에 있는"보다는 단순히 "매여 있는"을 의미한다는 몇몇 주석가를 따르 는 것이 지혜롭지 못한 처사임을 시인해야만 한다.

　(4) 하지만 우리는 데밍의 주장을 무비판적으로 받아들일 수 없다. 왜 냐하면 데일 마틴이 7:22-23의 중심 주제가 "그리스도의 종이라는 의미

---

294) H.-U. Willi, "Das Privilegium Paulinum (1 Kor 7:15-16)—Pauli eigene Lebenserinnerung?" *BZ* 22 (1978): 100-108.

295) Deming, *Paul on Marriage*, 131-173.

296) 같은 책, 150; Philo, *Hypothetica*, 11.3.17.

297) Musonius, *Fragment*, 3:42:8.

298) Stobaeus, 4.494.4, from *Oedipus*; 참조. Deming, *Paul on Marriage*, 152.

에서 위쪽으로 올라가는…신분 상승"임을 강력하게 입증해주었기 때문이다.[299] 데밍의 연구가 초래한 두 가지 분명한 결과는 다음과 같다. (i) 그의 연구는 οὐ δεδούλωται를 단순히 "매여 있지 않다"로 이해하는 것을 약화시킨다. 루터와 다른 이들은 이러한 이해에 근거하여 재혼의 가능성을 주장했다. (ii) 또한 노예 상태는 결혼에 적용할 수 없다는 피의 두 번째 주장을 약화시킨다. 데밍은 이 용어가 얼마나 자주 이렇게 사용되었는지를 보여주었으며, 마틴의 연구는 데밍이 스토아-견유학파의 자료에서 발견하는 것보다 이 용어를 바울 서신에서 더 긍정적인 의미로 이해할 수 있게 한다. 또한 (최근에 윔부시가 따르는) 루터의 논평도 피의 다섯 번째 주장을 약화시킨다. "그대로 머물러 있는 것"은 현상 유지의 보수주의가 아니라 그리스도인들이 자신을 발견할 수 있는 "질서 또는 처지"가 무엇이든 간에 루터가 말하는 "본질적으로 자유롭게" 되는 지위를 보여준다.[300] 또한 데밍은 스토아-견유학파의 담론에서도 이러한 "내적" 자유를 발견한다.[301]

(5) 궁극적으로 다음 질문에 대해서는 긍정적인 답변뿐 아니라 부정적인 답변도 있다. 과연 15절은 이전에 불신자였던 배우자에게 버림받은 어떤 그리스도인의 특별한 경우—이 배우자는 회심했을 때 이미 그 불신자와 결혼한 상태였다—에 재혼할 수 있다는 "바울의 특전"을 허용하는가? 피는 다음과 같은 해석에 기초한 판단을 통해 그 가능성에 가장 강력하게 반대한다. 즉 7:39에서 제시하는 원리(결혼은 오직 죽음을 통해서만 해체될 수 있다)는 예외 없이 7장의 모든 경우를 지배한다는 것이다. 그렇다면 이 원리는 배우자가 간음한 경우에 이혼할 수 있다는 마태복음의 예외 규정을 배제하는가? 대다수 학자들은 마태복음에서 언급한 예외 규정을 인정할 것이며, 우리는 바울이 이 전승을 알지 못했을 것이라고 주장해야만 할 것이다. 하지

---

299) Martin, *Slavery on Salvation*, 63.

300) Luther, *Works*, 28, 39; *WA*, 12:126.

301) Deming, *Paul on Marriage*, 60-73, 86, 131-172. 그는 고후 6:14-7:1(136-140)과 집회서 9:14-16(140-142; 148)의 연관성에 대해서도 숙고한다. 그는 고린도의 관점의 주된 원천으로 (i) 스토아학파의 사상, (ii) 지혜 전승, (iii) 묵시 문헌을 분석하고 규명한다.

만 7:7에서 바울은 오직 자기가 받은 것과 동일한 χάρισμα를 받은 사람들만 독신으로 부름을 받았다고 생각하는 것 같다. 하지만 만약 어떤 사람에게 다른 χάρισμα가 주어졌다면 그에게는 결혼하는 것이 규범일 것이다. 브루스는 바울이 해당 이슈에 대해 단도직입적으로 말하지 않을 수도 있음을 시인하며, 바울은 추론에 기초하여 이런 상황에서 버림받은 것을 "과부에 해당하는 상태"로 정의한다고 결론짓는다.[302]

이것은 우리를 피의 첫 번째 주장—이 장(章)의 전반적인 취지는 재혼에 반대하는 것이다—으로 되돌아가게 한다. 이 주장은 대체로 사실이지만, 전적으로 그렇지만은 않다. 우리는 이 주제가 두 번째 주제와 얽혀 있다고 말할 수 있을 것이다. 두 번째 주제는 "모든 것은 ~에 달려 있다"는 제목 아래 요약될 수 있을 것이다. 아마도 바울은 그런 이유에서 이 절을 미결 사항으로 남겨두는 것에 만족했을 것이다. 이 장과 관련하여 기블린이 주장하고, 7:1-11:1과 이 서신의 다른 부분에 대해 클래런스 글래드가 주장하듯이 바울은 좋은 것, 가능한 것, 공정한 것, 실현 가능한 것, 건설적인 것, 유익한 것, 올바른 것, "그리고 그것들에 반대되는 것"에 대해 다루는데, 이는 "포기와 설득을 칭찬과 비난과 결합하고 적응에 대한 바울의 관심을 강조하는 편지 문맥에서…수신자들의 삶의 우연성을 진지하게 고려하는 것이다.…그리스어 단어 ἕκαστος는 개별적인 차이점에 주목한다."[303] 이것은 바울의 윤리가 언제나 상황 윤리라는 것을 의미하지는 않는다. 5장의 올바른 것과 그릇된 것에 "적용할 만한" 것은 아무것도 없지만, 7:1-11:1에서 우리는 목회자 바울이 원리와 상황 사이에서 일종의 변증법을 사용하고 있음을 발견한다.

---

302) F. F. Bruce, *1 and 2 Cor*, 70.
303) Glad, *Paul and Philodemus: Adaptability in Epicurean and Early Christian Psychology*, 246. 참조. Charles H. Giblin, "1 Cor 7—A Negative Theology of Marriage and Celibacy?" *BT* 41 (1969): 239-255. Giblin은 바울이 인간의 삶의 복합성에 직면하여 "추상적인 원리"의 제시를 회피하고, 오히려 복음을 삶 속에서 구현할 수 있도록 목회적으로 적용하는 것을 추구한다고 주장한다. 한편 Glad는 "융통적인 적응성"의 원리를 5:1-11:1까지 확대하려고 시도한다. 하지만 우리는 5:1-6:20에 그 원리를 적용하는 것에 회의적이다.

우리는 ἐν εἰρήνῃ, "평화롭게"에 너무 많은 의미를 부여하거나 너무 적은 의미를 부여하지 말아야 한다. 이 구절은 헤어짐의 결과를 가리키거나 아니면 화목한 관계에 대한 희망을 나타낼 것이다(16절 참조). 에링은 이 표현의 배경으로 히브리어 שׁלוֹם(샬롬)을 올바르게 언급한다. 하지만 바울이 해당 그리스어 단어를 문맥에 따라 다양하게 사용함에도 불구하고 이 히브리어 단어의 뉘앙스를 여기서 모두 읽어내려는 것은 그릇된 시도일 것이다. 아마도 여격과 함께 사용되는 전치사 ἐν은 삶속에서 경험하는 평화의 영역을 가리킬 것이다(물론 어떤 학자들은 최초기 단계에서 약기법이 사용되었기 때문에 우리는 바울이 목적격과 함께 εἰς를 구술했을 가능성도 있다고 주장한다). 어쨌든 대다수 학자들은 이 단어가 단순히 배우자 사이에 다툼이 없거나 내적으로 평온한 상태에 대한 주관적인 감정보다 그 이상을 가리킨다는 데 동의한다. 따라서 이 단어는 조화 또는 화목이라는 객관적인 상태를 묘사한다. 바울은 이 편지 수신자들의 평안(1:3)을 위해 기도한다. 하나님은 그리스도인을 지속적인 결과가 나타나는 삶으로 부르셨다(κέκληκεν, καλέω의 직설법 현재완료 능동태). 평안은 그런 삶을 지배한다(참조. 빌 4:7 — "하나님의 평강이 그리스도 예수 안에서 너희 마음과 생각을 지키시리라").[304]

16절 여기서 의문 대명사 τί는 지식을 얻는 방법("그대가 어떻게 압니까?")이 아니라 그 범위("그대가 어디까지 압니까?")를 가리킨다. 일단 우리가 이 관용적인 표현이 무엇을 의미하는지 확정하면 16b에서 이와 평행을 이루는 표현은 "어찌 압니까?"로 더 자유롭게 번역할 수 있지만, 그리스어에서는 동일한 표현(τί οἶδας)이다. 그러나 RSV, NAB, NIV는 여전히 "당신이 어떻게 압니까?"라는 번역을 고집한다. 이에 비해 NJB는 "당신이 어떻게 알 수 있습니까?"로, NRSV는 "아마도 당신은 알 것입니다"라고 번역한다.

이와 같이 만족스럽지 못한 번역은 (NRSV는 제외하고) 잘 알려진 해석상의 딜레마에 빠지는데, 이 딜레마는 사케 쿠보의 논문 제목 — "고전 7:16:

---

304) 빌 4:7과 더불어 다음 구절도 참조하라. 롬 14:19; 살전 5:13; 고후 13:11. 참조. V. Hasler, "εἰρήνη," *EDNT*, 1:396-397.

낙관적인가 비관적인가?"―에 잘 요약되어 있다.[305] RSV는 이 절을 다음
과 같은 의미로 번역한다. "아내여, 당신은 당신의 남편을 구원하게 될지 어
떻게 압니까? 남편이여, 당신은 당신의 아내를 구원하게 될지 어떻게 압니
까?" 이 번역은 다음과 같은 생각과 함께 앞 절의 헤어짐을 권장하는 것처
럼 보인다. 즉 "당신의 남편/아내를 회심시키려는 소망을 품고 있는 것은
아무런 소용이 없다. 어떻게 당신은 이것이 일어날 줄 압니까?" NIV도 똑같
이 "비관적인" 뉘앙스를 내포하며 RSV를 매우 가까이 따르는 반면, NAB,
JB, TEV, (그리고 가장 명백하게) REB는 "낙관적인" 번역을 제시한다. NAB
는 해당 질문을 이렇게 번역한다. "아내여, 어떻게 당신은 당신의 남편을 구
원하지 못할 것을 압니까?" 한편 REB는 해당 텍스트에 분명한 해석을 부여
한다. "하지만 기억하십시오. 아내는 남편을 구원할 수 있습니다."

　　테르툴리아누스, 아우구스티누스, 테오도레토스, 포티오스, 테오필락
투스는 이 "낙관적인" 견해를 지지했다.[306] 그러나 니콜라우스 리라누스(대
략 1270-1340년) 이후로 몇몇 예외가 있긴 하지만, 다수의 주석가들은 "비관
적인" 견해를 지지했다.[307] 만약 낙관적인 견해를 받아들인다면 접속사 γάρ
는 분명히 "하나님은 여러분을 평화롭게 살라고 부르셨습니다"(15c)가 앞
으로 회심해야 할 배우자와의 관계를 회복하는 것을 가리킬 것이다. 이것은
앞에서 밝힌 바와 같이 지속적인 난제들을 내포하고 있다. 쿠보가 지적하듯
이 "낙관적인" 견해를 다시 등장시키는 데 가장 큰 영향을 미친 것은 신자

---

305) Sakae Kubo, "1 Cor VII:16―Optimistic or Pessimistic?" 539-544.
306) Tertullian, *To His Wife*, 2:2; Augustine, *On Adulterous Marriages*, 1:13; Theodoret, *Interp.*
　　ep. 1 ad Cor., Opera Omnia 206D, in Migne, *PG*, 82:277-278 (ἐλπίσι πόνον; 라틴어: *bona*
　　inquit spe proposita suscipe); Photius (c. 810-895), in K. Staab (ed.), *Pauluskommentare*
　　aus der griechischen Kirche, 558. 크리소스토모스의 입장은 다소 모호하다. Jeremias는 크
　　리소스토모스의 저서 Catechumens에서 인용한다. 하지만 *1 Cor. Hom.*, 19:4에서 크리소스
　　토모스는 "그[바울]가 그 문제를 미결로 남겨놓았다"라고 기록한다.
307) 참조. Kubo, "1 Cor VII: 16," 539; Stanley, *Epistles*, 112. 고린도전서에 대한 토마스 아퀴
　　나스의 해석―Niccolai de Gorram으로부터 유래한 해설로서 아퀴나스의 강의와 연결
　　됨―은 해당 이슈를 다음과 같이 미결로 남겨놓는다. "첫째, 다른 사람의 회심에 대한 희망;
　　둘째, 자신의 부르심을 받은 상태의 지속"(in Thomas, *super ep. S. Pauli*, 350).

와 비신자의 결혼의 선교적 사명에 대한 예레미아스의 논문이었다. 예레미아스는 이 논문에서 다양한 문법적인 요소를 살핀 후 낙관적인 해석이 바울의 선교 자세와도 일치한다고 주장한다.[308] 근대의 초기 주석가 중 일부는 낙관적인 견해를 지지한다.[309]

에드워즈는 니콜라우스 리라누스가 낙관적인 견해에 만족해하지 못하는 이유를 검토한다.[310] 여기서 γάρ는 16절을 바로 앞에서 바울이 확신하는 것과 가장 자연스럽게 연결해준다. "헤어지려는 배우자의 결정에 대해 양심의 가책을 느끼지 마십시오." 만약 "그대는 어찌 압니까"가 "하지만 아내는 자기의 남편을 구원할 수도 있습니다"(REB)를 의미한다면 15절은 이제 반드시 16절과 괄호 안에 있는 내용으로 연결되며, 그것은 12-14절까지 거슬러 올라간다. 뿐만 아니라 15절을 분명하게 괄호 안에 넣지 않는다면 "왜냐하면"으로 번역되는 γάρ는 반드시 "그러나"로 바뀌어야 한다. 니콜라우스 리라누스는 이 점을 상세하게 설명하지는 않지만(그는 해석사와 히브리어에 관해 잘 알고 있던 훌륭한 성경학자였지만, 그리스어에 관해서는 그렇지 않아 보인다), 15절에서 양심에 갈등을 느끼지 말아야 할 두 가지 이유 다음에 16절에서 세 번째 이유를 제시한다고 주장한다. 즉 "막대한 개인적인 수고를 통해 배우자를 회심시키고자 하는 당신의 희망은 여전히 가정(假定)적이다." 영적인 평안과 온전한 마음으로 근심 없이 헌신하는 것의 특권을 단지 가정에 근거한 희망으로 인해 잃어버려서는 안 된다는 것이다.

오늘날 바이스, 로버트슨과 플러머, 알로, 에릭 등이 니콜라우스의 견해를 받아들인다.[311] 하지만 이것들은 쿠보가 지적하듯이 이 패러다임을 두

---

308) J. Jeremias, "Die missionarische Aufgabe in der Mischehe (1 Kor 7:16)," *Abba*, loc. cit.; 참조. C. Burchard, "Ei nach einem Ausdruck des Wissens oder Nichtwissens …," *ZNW* 52 (1961): 73-82.

309) Calvin, *First Epistle*, 150, "권면의 말"; Hodge, *1 Cor*, 120; Findlay, *Expositor's Greek Testament*, 2:827-828; Lightfoot, *Notes*, 227; Moffatt, *First Epistle*, 84. Moffatt은 두 견해가 모두 "충분히 타당성이 있지만" 낙관적인 견해가 "문맥에 더 잘 어울린다"고 생각한다.

310) Edwards, *First Epistle*, 176-177에서 그가 제시하는 요약을 참조하라.

311) 예를 들면 Meyer, *First Epistle*, 1:209. Alford, *Greek Testament*, 2:525-526. Alford는 이렇게 주해한다. "니콜라우스 리라누스가 처음으로 올바른 번역을 제시했다고 여겨진다. 이 번

번째 바꾼 예레미아스의 논문이 발표되기 이전에 저술된 것이다. 예레미아스 이후로 널리 알려진 학자들은 두 진영에 모두 속해 있다. 브루스는 예레미아스의 논문을 언급하며 낙관적인 견해를 "진정으로 선호할 만한" 것이라고 부른다. 슈라게는 핵심 강조점은 "권면"이지 "단념"이 아니라는 칼뱅의 말을 다시 들려준다.[312] 또한 바레트는 다음 내용을 포함시켜 예레미아스의 주요 논점을 반복한다. (i) εἰ는 εἰ μή에 상응하는 의미로 번역해야 한다. 곧 "아마도 당신은 ~할 것이다." (ii) 교부들의 해석의 전통, (iii) 선교적 관심, (iv) "당신은 당신이 ~할지 어떻게 압니까?"(NAB의 번역처럼)의 의미에 대한 삼하 12:22(70인역)과 에픽테토스의 저서(*Dissertations* 2.20.28-31; 25:2)의 배경 등이다.[313] 다른 한편으로 콘첼만은 예레미아스의 언어학적 주장에 여전히 의문을 품고 있는 반면, 피는 예레미아스가 낙관적인 해석의 필연성은 아니더라도 그 가능성을 확인해준다고 말한다.[314] 이와 비슷하게 젠프트도 해당 이슈들을 세부적으로 논의한 후 "낙관적인" 견해는 "비관적인" 견해보다 더 많은 난점을 미결 상태로 남겨둔다고 결론 내린다.[315] 젠프트는 다음과 같이 강조한다. (i) 12절에서 바울은 "서로 동의하는 것"에 달려 있는(εἴ τις … εἰ δέ …, 참조. 15절) 서로 다른 두 가지 가능성을 상정한다. (ii) 만약 예레미아스의 견해가 요구하듯이 15절이 괄호 안에 들어간다면 15a의 바울의 명령은 12절 및 13절과 함께 진지한 조언으로서 제 위치를 차지하지 못할 것이다. (iii) 복음 증거가 목적일 때 헤어지기를 원하는 배우자를 계속 가정에 머물러 있게 하는 것은 자연스럽지 못하고 심지어 무자비한 것처럼 보인다. 또 거의 강압적으로 마지못해 가정에 머무르는 (또는 소

역은 나중에…Estius …Meyer…de Wette가 받아들였다." 다른 번역은 15절을 "괄호 안에 있는" 내용으로 만든다. 그것은 분명히 그렇지 않으며, εἰ에 (앞에서 언급한 Burchard의 견해와 달리) εἰ μή의 의미를 강요하는 것이다. 참조. Robertson and Plummer, *First Epistle*, 144; Allo, *Première Épitre*, 144; Héring, *First Epistle*, 53.

312) Bruce, *1 and 2 Cor*, 70; Schrage, *Der erste Brief*, 2:112.

313) Barrett, *First Epistle*, 166-167.

314) Conzelmann, *1 Cor*, 124, including nn 47 and 48; Fee, *First Epistle*, 305-306.

315) Senft, *Première Épitre*, 95; Orr and Walther, *1 Cor*, 212 and 214.

재를 파악하여 돌아오게 한) 배우자가 믿음을 갖게 될 가능성은 매우 희박해 보인다.[316]

우리는 "낙관적인" 해석을 배제할 수 없다. 피는 다음과 같이 올바르게 말한다. 만약 여기서 가정 안에서의 복음 증거에 대한 관심이 시야에서 사라진다면 그것은 안타까운 일일 것이다. 왜냐하면 바울은 사실상 이 문제를 제기하거나 이에 반응하기 때문이다. 하지만 예레미아스의 견해(그리고 이와 비슷한 부르하르트의 주장)에 대한 쿠보의 비판을 젠프트의 상식적인 관찰과 나란히 놓고 살펴보면 우리에게는 예레미아스의 주장이 설득력이 있다고 간주할 수 없을 것이다. 따라서 우리는 이 그리스어 표현을 문법적으로 정확하고 구문론적으로 열린 입장에서 해석해야 할 이유가 충분하다.

우리는 다음과 같이 결론짓는다. (i) 바울의 "열려 있는" 관점은 인간 지식의 한계에 관심을 갖는다. 이것은 그리스어 구문 τί γὰρ οἶδας, γύναι, εἰ …에 표현되어 있다.[317] (ii) 심지어 "선교적 관심"보다 바울의 가슴 속에 더 깊이 자리 잡고 있는 것은 모든 것이 하나님의 손에 있다는 것이다. 하나님은 심지어 부정적으로 보이는 것도 여전히 구원하실 수 있다. 믿지 않는 배우자가 그의 마음과 생각을 바꿀 수도 있고, 그리스도인의 말과 생활 방식이 구원에 이르도록 영향을 미칠 수도 있다. 뿐만 아니라 믿음을 지닌 배우자는 걱정하거나 의심하며 살아서는 안 된다. 오히려 그는 이 모든 것을 하나님께 맡겨야 한다. (iii) 오직 열려 있는 문장 구조만이 이 점을 밝혀준다. 만약 그렇지 않다면 (몰트만의 말을 빌리자면) "비관주의"는 비그리스도인적인 절망을 전제하며, "낙관주의"는 비그리스도인적인 주제넘음을 전제하는 것이다. 바울은 올바른 자세란 어떤 경우에도 평안함 가운데 그것을 하나님께 맡기는 것이라고 강조한다.[318]

---

316) Senft, *Première Épitre*, 95.
317) 실질적으로 이것은 크리소스토모스의 견해다. *Chrysostom, 1 Cor. Hom.*, 19:4(앞의 주해 참조).
318) 참조. Moltmann, *Theology of Hope* (London: SCM, 1967), 23.

그리스도인의 이혼과 재혼에 관한 논쟁

우리는 (10-11절에 대한 주해 다음에) 이미 "7:10-11과 관련하여 이혼에 대한 예비적인 해설"을 제시했다. 하지만 12-16절(특히 15절)과 이 장(章)의 다른 부분에 의해 보다 더 광범위한 질문이 제기되었다. 이제 우리는 첫 결혼의 실패 이후 재혼하는 것에 관한 논쟁에 특별한 강조점을 두고 이 광범위한 질문을 다루고자 한다.

기원후 1세기 로마 세계에서 종종 남편과 아내는 저마다 이기적이며 사소한 이유에 근거하여 이혼을 제기할 수 있었다(7장의 머리말과 이전의 "해설"을 보라). 따라서 세네카는 "집정관들의 숫자가 아니라 자기 남편들의 숫자로 계산"하는 여인들을 경멸하며 비꼰다.[319] 무소니우스는 스토아학파의 이상(理想)을 다음과 같이 표현한다. 자연은 "공동의 생활 방식을 추구하도록" 남자와 여자에게 서로 하나 됨을 이루려는 열망을 심어주었다. 그 생활 방식 안에서 결혼과 가정은 일종의 경계선이나 도시를 방어하는 성벽과 같다.[320] 그럼에도 야브로가 주장하듯이 사실상 "이혼은…매우 빈번하게 일어났다."[321] 종종 결혼에 대한 다양한 기대는 현실 바깥에 있었으며 그것은 좌절로 이어졌다. 따라서 칼리크라티다스는 "쉽게 길들일 수 있고…유순한" 젊은 아내를 얻을 것을 남자들에게 조언하는 반면, 플루타르코스는 여성에 대해 불평하며 동성애를 선호하는 남자에게 다음과 같이 말한다. 부유한 여자는 "남자에게 명령하며 그를 지배하려" 하고 심지어 "고상한 여자도 까다롭고 화를 잘 낼 수 있으며, 가난한 여자도 남자를 자기에게 복종시킬 수 있다."[322] 이상적인 여성으로 묘사되는 여인은 다음과 같은 품성을 내포하고 있다. 곧 "신실함, 순종, 상냥함, 합리성, 부지런히 실을 짜서 옷을 만듦, 미신이 아닌 참된 종교를 지님, 복장이 검소하고 단정함, 외모가 고상함" 등이다. 남성은 이러한 여성에게 다양한 기대를 걸겠지만, 그것은 단지 서로를 긴장시키고 피곤하게 만드는 원천이

319) Seneca, *De Beneficiis* 3.16.2; 참조. Juvenal, *Satire*, 6.224-230.
320) Musonius, *Fragments*, 14 (Eng. trans. C. E. Lutz, *Musonius Rufus* [New Haven: Yale University Press, 1947], 93).
321) Yarbrough, *Not like the Gentiles*, 63.
322) Callicratidas, *On Happiness*, 10.8-11; Plutarch, *Moralia* 753C.

될 수 있다.[323] "이 여인은 결코 아무도 슬프게 하지 않았다"는 묘비의 표현은 너무나도 관습적인 것이 되어 사람들은 단순히 "*s. u. q.*"란 약어만으로도 "*sine ulla querella*"(단 한 번의 싸움도 없이)의 의미를 이해할 수 있었다.

그러므로 이와 같이 이론적인 이상을 주고받는 데 실패하는 것은 "실패한" 또는 "비정상적인" 결혼을 암시한다고 볼 수 있을 것이며, 이것은 이른바 이혼으로 이어질 수 있을 것이다. 바로 이러한 배경에 비추어 우리는 결혼을 스스로 철폐할 수 없는 결합으로 보는 바울의 결혼에 대한 심오한 이해를 파악해야만 한다. 따라서 믿음이 없는 배우자와 이미 결혼한 신자에게는 별거나 이혼을 추구하거나 시도할 근거가 없다(고전 7:10-14). 그럼에도 만약 믿음이 없는 배우자가 이것을 이혼의 근거로 인식한다면 비록 이혼이 최후의 수단이긴 하지만, 그것을 거부할 필요는 없다(7:15). 현실주의는 손해를 보지 않고 바꿀 수 없는 것을 수용한다(참조. 17-24절. 이 절에 대한 주해는 아래를 보라).

비록 바울은 결혼으로 맺어진 결합이 원칙적으로 한평생 지속되는 것으로 간주하지만, 구약성경에는 남편이 이혼을 주도할 수 있는 단서 조항이 마련되어 있다(신 24:1-4). 만약 남편이 자기 아내에게서 "수치스러운 일"(עֶרְוַת דָּבָר, 에르바트 다바르)을 발견하여 자기 아내를 "좋아하지"(חֵן, 헨) 않는다면(24:1) 그는 이혼 증서를 써주고 자기 집에서 내보낼 수 있다. 히브리어 단어 עֶרְוָה(에르바)는 종종 수치스러움이 드러나는 것이나 벌거벗음을 의미하지만, 이 문맥에서는 "정확한 의미가 분명하지 않으며" "아이를 낳지 못하는 것과 같은 신체적 결함"을 가리킬 수도 있다.[324] 하지만 신 24:1-4의 강조점은 이혼의 사유로서 어떤 것을 받아들일 수 있느냐가 아니라 이러한 일이 발생한다는 관습을 고려할 때 이혼에 대한 법적 증서가 공식적으로 제공되어야 한다는 데 있다. 이 증서는 거의 확실하게 이혼한 여인을 보호하고 율법 아래에서 공적 신분을 제공하는 역할을 한다. 또한 이것은 이 여인에게 간음죄가 없음을 인정하고 재혼할 수 있는 자유를 부여하는 것처럼 여겨진다. 이전 남편과 재혼하는 것은 율법에 어긋난다는 구체적인 지시(4절)는 다른

---

323) Yarbrough, *Not like the Gentiles*, 51. Yarbrough가 *Laudatio Turiae*에서 인용한 것이다.

324) P. C. Craigie, *The Book of Deuteronomy*(Grand Rapids: Eerdmans, 1976); 참조. BDBG, 788-789.

남자와 재혼하는 것이 적법하다는 것을 전제한다.

막 10:2-12은 이혼 이후에 재혼하는 문제가 유대교 바리새인들이나 랍비들 사이에서 격렬한 논쟁거리였음을 전제한다. 왜냐하면 힐렐 학파는 심지어 사소한 일로도 이혼을 허용한 반면, 샴마이 학파는 오직 간음만을 합법적인 이혼 사유로 인정했기 때문이다. 비록 마가복음의 이야기는 예수가 어떤 질문을 전제하고 이에 답변하지만, 바리새인들이 마 19:3(참조. 마 19:3-12 및 평행 본문)에서 제기한 질문은 이 이혼 사유들에 대한 논쟁과 관련된 질문을 반영할 개연성이 높다. 요컨대 예수는 인간에 대한 하나님의 의도(곧 인간이 결혼을 폐기할 수 없음)와 "너희 마음이 완악하므로"(곧 인간의 타락, 실수 및 그것에 뒤따르는 자아와 마음의 폐쇄성) 율법이 허용하는 것을 서로 구분한다.[325]

바울은 7:10-11에서 이미 결혼한 사람들에 대한 명령을 "내 명령이 아니라 주님의 명령입니다"라고 묘사한다. 우리는 이 절들에 대한 주해와 이에 덧붙여진 간략한 해설(아래를 보라)에서 이 호소가 공관복음 전승과 어떤 관계에 있는지 논의한다. 여기서 우리는 우리의 관심을 재혼 가능성에 대한 논쟁에 국한할 것이다. 이 논쟁은 8-9절, 12절, 15절에서 뚜렷하게 구별되는 중요성을 지니고 있다. 비록 찰스가 해석학적 근거에 기초하여 간음의 경우에서 "죄가 없는" 배우자가 이혼하고 나서 재혼하는 것에 대한 합법성을 주장했지만, 헤스는 이 견해에 반론을 제기했다.[326] 헤스는 "복음주의적 합의"가 "마태복음의 예외"에 대한 그릇된 해석에 기초한다며 이에 반대한다. 이와 같은 그의 더 최근의 주장(1990년)은 고든 웬헴과 공동으로 연구한 그의 이전 연구(1984년)를 반영한다.[327] 그들은 에라스무스를 따르

---

325) 참조. M. D. Hooker, *The Gospel according to St. Mark, Black's series* (Peabody Mass.: Hendrickson, 1991), 234-237; L. W. Hurtado, *Mark*, NIBC (Peabody: Hendrickson, 1989), 159-161 and 166-168; C. E. B. Cranfield, *The Gospel according to St. Mark*, (Cambridge: Cambridge University Press, 1959), 319; D. A. Hagner, *Matthew*, 14-28 (Dallas: Word, 1995), 545-551. 막 10장과 마 19장 가운데 어느 것이 원문인가에 대한 논쟁은 양쪽으로 나뉘어 있으며, 7:10-11에 대한 주해에서 논의되었다.

326) Heth, "The Changing Basis for Permitting Remarriage after Divorce for Adultery: The Influence of R, H. Charles," 143-159.

327) Heth and Wenham, *Jesus and Divorce: The Problem with the Evangelical Consensus*; 참조. Heth, "The Meaning of Divorce in Matt 19:3-9," 36-52.

는 종교개혁 시대의 주해는 예수가 결혼 서약에 부여하는 절대성을 훼손한다고 주
장한다. 매로우는 "중간" 입장을 취한다. 그는 마가복음과 마태복음의 예수와 고전
7:10-11의 바울은 절대주의적인 견해를 제시하면서도 그것을 청중의 요구와 관
련하여 적용 또는 수정한다고 주장한다(막 10:12; 마 5:32; 19:9; 고전 7:12-16).[328] 콜린
브라운은 재혼의 가능성에 대한 보다 더 긍정적인 이해를 옹호한다.[329] 브라운은
ταῖς χήραις(8절)가 이전에 결혼했지만 이제는 사별한 사람들을 가리키듯이 τοῖς
ἀγάμοις(7:8)와 ἄγαμος(11절, 32절)는 이전에 결혼했던 사람들과 지금은 헤어져 혼
자가 된 사람들도 배제하지 않는다고 말한다.

사실상 브라운은 교회로부터 출교당한 간음한 배우자에 대한 징계(5:1-5)를
레위기 율법의 사형 형벌(레 20:10-12; 참조. 신 22:22)에 비추어 또 다른 평행 사례들
을 찾아낸다. 각각의 경우 형벌은 "죄 없는" 배우자를 해방시키는 기능을 한다. 이
런 상황에서 그리스도인 남편이나 그리스도인 아내는 서로에게 매여 있지 않다
(οὐ δεδούλωται; 7:15). 즉 결혼 관계가 죽음으로 종결되듯이(7:39) 그리스도인 남편
이나 아내는 이런 상황에 묶이지 않는다. 이것은 결혼 관계 안에서 이루어지는 신
체적인 연합에 대한 바울의 절대적으로 긍정적인 견해와 밀접하게 연결되어 있는
데, 브라운에 의하면 이는 독신 생활을 χάρισμα(은사, 7:7)로 받은 사람들을 제외하
면 인간의 존속을 위해 주어진 좋은 은사로 간주된다. 따라서 브라운은 "결혼이 하
나님에 의해 한평생 지속되는 관계로 의도된 것"임을 인정한다. 하지만 다음 네 가
지 요소는 (지리적으로나 간음을 통해) 떨어져 있는 사람들의 "인간적 욕구를 솔직하
게 인정한다." (1) 8, 11, 32절에서 결혼하지 않은 사람들의 의미, (2) 사형과 출교의
평행 관계(7:39과 7:2, 3), (3) 더 이상 "매여 있지"않다는 것에 대한 암시(7:15), (4) 하
나님의 은사와 관련하여 인간의 본성의 욕구(7:3-7).[330]

존 도너휴는 예수와 바울의 진술을 빚어낸 배경적 이슈들을 크게 강조한다.
이 이슈들은 "어떤 선언적 특성을 지닌 법적 문구"를 절대적인 규칙으로 삼지 않

328) Marrow, "Marriage and Divorce in the NT," 3-15.
329) Brown, "Separate: Divorce, Separation and Remarriage," in Brown (ed.), *NIDNTT*, 3:535-543.
330) 같은 책, 536 and 537.

고, 오히려 "용이해진 이혼법 앞에서 결혼을 예언자적인 입장에서 보호하며⋯바울은 독신이나 그리스도인이 될 가능성이 있는 사람들에게 헤어질 것을 강요하는 사람들에 맞서⋯결혼을 옹호한다."[331] 고전 7장에 대한 해석사에서 헤스가 고려해야 했던 것은 단지 에라스무스와 종교개혁의 전통만이 아니다. 로마 가톨릭교회 전통은 "절대주의적" 입장(예외적으로 현대의 몇몇 로마 가톨릭 성서학자들의 해석학적·목회적 불편함을 제외한)을 취한 반면, "동방 교회 전통과 정교회는 오늘날 결혼이 '사망할' 수도 있다고 믿는다. 이러한 사망은 비극적인 것으로 간주되지만, 그로 인해 혼자 남은 사람들은 여전히 하나님의 사랑스러운 돌보심을 신뢰할 수 있다.⋯또한 그들은 재혼이라는 사랑스러운 결합을 통해 여전히 구원의 삶을 누릴 수 있다."[332] 성공회-로마 가톨릭 국제합동위원회(Anglican-Roman Catholic International Commission)는 1994년 합의 문서(ARCIC II)에서 한평생 지속되는 결혼의 특성에 대한 공통된 견해를 확인하면서도 일부 성공회 학자의 견해를 따라 결혼이 "사망한" 경우에는 결혼 서약 역시 "사망"했음을 지적한다.[333]

그럼에도 성공회의 1991년 주교회의 보고서는 설령 결혼이 기대에 미치지 못한다 하더라도 "목가적이며 낭만적인 결합에 대한 감상적인 꿈"—그 안에서 우리의 실패, 허물, 부조화는 마술적으로 사라진다—은 무엇이 결혼의 표준 또는 결혼 생활임을 결정하는 기준이 되어서는 결코 안 된다고 경고한다.[334] 이것은 우리가 앞에서 고대 로마 세계와 "단 한 번의 싸움도 없이"(*sine ulla querella*)에 대한 지나친 기대에 대해 주해한 것과 매우 밀접하게 연결된다. 1999년 보고서에서 성공회 주교들은 "결혼은 평생 무조건 헌신하는 것이며" "이혼 이후의 재혼은 예외적

331) J. R. Donahue, "Divorce: NT Perspectives," *The Month* (1981): 113-120; also rpt. in Kelly, *Divorce and Second Marriage: Facing the Challenge*, 212-228.

332) Kelly, "Divorce and Remarriage," in Hoose (ed.), *Christian Ethics*, 255; 참조. 248-265. 정교회의 전통에 대해서는 다음을 참조하라. B. Häring, *No Way Out? Pastoral Care for the Divorced and Remarried* (Slough: St. Paul, 1989).

333) ARCIC II, *Life in Christ: Morals, Communion and the Church* (London: Church House Publishing and Catholic Church Society, 1994), 75.

334) *Issues in Human Sexuality: A Statement by the House of Bishops* (London: Church House Publishing, 1991), 28 (sect. 3.23).

인 행위"로서 "매우 진지하고 신중하게" 고려해야 하는 것임을 확인한다.[335] 성공회 주교회의 실행위원회가 작성한 보다 더 자세한 문서는 얼마 전에 발표되었다. 이 문서는 "이혼한 사람이 이전 배우자가 살아 있는 동안에도 교회의 승인하에 결혼할 수 있는 경우가 있다"는 1980년 총회의 견해를 받아들인다.[336] 그럼에도 이 가능성은 반드시 주교들의 조언과 더불어 국가적으로 동의된 판단 기준에 기초해야만 한다.[337] 이것은 모든 종류의 헤어짐과 이혼을 지지하는 일종의 백지 위임장 (*carte blanche*)이 결코 아니다. 이것은 적어도 고전 7장에 대한 신중한 해석이 제시하는 듯 보이는 윤리적·목회적 변증법을 인정하고자 노력한다.

　　1946년에 영국 감리교 협의회는 "죄 없는 [이혼] 당사자"를 위해 교회에서 재혼할 가능성을 인정했다. 하지만 이 점에 대해 의견을 달리하는 목회자들에게는 양심에 따라 재혼 예식을 집전하지 않는 것이 허용되었다. 이것은 처음에 아주 드문 사례를 위해 마련되었다. 하지만 1996년까지 감리교에서 치러진 결혼식 중에 적어도 62%는 한 명의 이혼자를 포함하고 있었다(아마도 이것은 부분적으로 성공회에 속한 교회에서 결혼이 허용되지 않았기 때문일 것이다).[338] 1998년부터 목회자들은 "죄 없는 당사자"나 결혼 파탄 사유를 확인하는 책임으로부터 면제되었다. 따라서 로마 가톨릭교회로부터 성공회를 거쳐 동방 정교회와 감리교에 이르기까지 이혼 및 재혼과 관련하여 윤리적·목회적 관행의 다양한 스펙트럼은 신약성경을 적용하는 데 있어 명백한 의견 일치를 보여주지 못한다. 하지만 앞에서 설명한 이 이슈에 대한 변증법은 아마도 상당수의 바울 해석자들과 신약 전문가들—그들이 절대다수는 아니라 할지라도—의 견해를 대변해줄 것이다.

---

335) *Marriage: A Teaching Document from the House of Bishops of the Church of England* (London: Church House Publishing, 1999), 18.

336) *Marriage in the Church after Divorce: A Discussion Document from a Working Party Commissioned by the House of Bishops of the Church of England* (London: Church House Publishing and Archbishops' Council, 2000), 50.

337) 같은 문서, 50-51; 30-39. 참조. Church of England General Synod Marriage Commission, *Marriage and the Church's Task* (London: Church Information Office, 1978), 50. 이 문서에 대한 다음 발췌본 참조. *Marriage in Church,* 65-86 (Appendix 3).

338) *Marriage in Church,* 30-31.

5. 하나님의 부르심인가 아니면 신분 상승인가?(7:17-24)

[17] 어쨌든 각 사람은 주님께서 나누어 주시고 하나님이 각 사람을 부르신 그대로 살아가십시오. 또한 이와 같이 내가 모든 교회에 지시합니다. [18] 만약 누가 믿음으로 부르심을 받을 때 이미 할례를 받았다면, 할례받은 것을 덮으려고 하지 마십시오. 만약 누가 할례받지 않은 상태에서 부르심을 받았다면, 그는 할례를 받아서는 안 됩니다. [19] 할례도 아무것도 아니며, 할례받지 않은 것도 아무것도 아닙니다. 오히려 중요한 것은 하나님의 계명을 지키는 것입니다. [20] 저마다 하나님이 부르실 때 각 사람은 자신이 처해 있던 상황에 그대로 머물러 있으십시오. [21] 하나님이 당신을 부르실 때 만약 당신이 노예였다면, 그것에 대해 염려하지 마십시오. 심지어 만약 당신이 자유롭게 될 가능성이 있다면, 현재를 적극적으로 사용하기 시작하십시오. [22, 23, 24] 왜냐하면 주님 안에서 부르심을 받은 노예는 주님께 속한 자유민이기 때문입니다. 이와 마찬가지로 부르심을 받은 자유인은 그리스도의 노예이기 때문입니다. 여러분은 값을 주고 사들인 사람들입니다. 사람들의 노예가 되지 마십시오. 사랑하는 그리스도인 형제자매 여러분, 각 사람은 부르심을 받을 때의 상황이 무엇이든지 간에 하나님과 함께 그들 곁에 머물러 있으십시오.

이 단락에는 대체로 "주요 원리: 각 사람은 부르심을 받은 그대로 머물러 있어야 합니다"와 같은 제목이 주어진다.[339] 하지만 우리는 바울이 갈 3:28에서 세 부류에 대해 언급하듯이 고전 7장에서도 성별, 성(性), 결혼, 독신에 대한 이슈뿐만 아니라 서로 평행을 이루는 "짝"의 관계, 곧 유대인과 이방인, 노예와 자유인에 대해서도 다룬다는 카틀리지의 견해를 이미 언급한 바있다. 바울은 첫 번째 영역에서 현실을 파악하지 못하고 쓸모없는 우선순위를 내세우는 수신자들이 어떻게 동일한 자세가 서로 관련된 다른 두 범주에도 영향을 미치는지를 깨닫지 못하길 원치 않는다. 그런 의미에서 브루스가

---

339) Fee, *First Epistle*, 306.

제안하는 포괄적인 제목—"부르심과 신분"—은 바울의 관심사를 더 잘 포착한다.[340]

여기서 논의되고 있는 이슈들에 대한 열쇠인 "현재 상태(*status quo*)에 머물러 있기"의 원리에 대해 너무 성급하게 말하기에 앞서 우리는 데일 마틴의 저서 『구원으로서의 노예 신분』(*Slavery as Salvation*)에서 발견할 수 있는 그의 참신한 통찰에 대해 생각해볼 필요가 있다. 마틴은 이 절들에서 노예 신분을 상태와 신분 간의 복합적인 변증법 안에서 "위쪽으로 향하는 움직임"과 관련된 것으로 이해한다. 그는 다음과 같이 주장한다. "바울은 여기서 서로 다른 신분에 속한 사람들 사이의 구분을 없애지 않는다. 맨 먼저 그는 신분의 영역을 다시 정의한다. 즉 그는 이것을 일상적인 대화에서 가져와 그리스도에게 속한 가정의 상징적 세계 안에 배치한다. 그러고 나서 바울은 그리스도의 가정 밖에서는 보다 더 낮은 신분을 지닌 사람들에게 그 가정 안에서 더 높은 신분을 부여함으로써 그 가정 안에서의 해당 신분을 뒤바꾼다."[341] 만약 마틴의 견해가 설득력이 있다면 콘첼만이 제안하는 제목—"종말론적 자유"—은 오직 한 방향만을 가리키는 편파적인 특성을 지니며, "당신이 지니고 있던 신분 그대로 머물러 계십시오"라는 제목도 다른 방향을 가리키는 편파적인 특성을 지닐 것이다.[342] 만약 논점이 이 세 그룹의 이슈 중 단 한 그룹에게만 적용된다면 그것은 지나치게 단순화되기 쉬우므로 바울은 세 가지 범주를 제시한다. 우리가 이 세 범주를 모두 고려한다면 상반되는 경향과 복합성은 현실에서 복음과 자유를 변화하는 다양한 상황에 적용하는 목회 신학과 윤리 신학에 지극히 단순하고 성급한 "해결 방법"을 제시하는 것을 금할 것이다.

바울이 고린도 교인들에게 제시하는 답변 중 한 가지 실질적인 요지는 다음과 같은 원리를 확립하는 것이다. 새로운 **피조물** 안에서 **누리는 자유뿐**

---

340) F. F. Bruce, *1 and 2 Cor*, 71.

341) Martin, *Slavery as Salvation*, 66.

342) Conzelmann, *1 Cor*, 125.

만 아니라 하나님의 부르심에 순종적으로 응답하는 것은 결코 한 사람의 현실
적인 상황 또는 일상생활에서 신분으로 인한 다양한 억압 요인에 의해 약화
되어서는 안 된다. 그리스도인의 자유를 누리기 위해 또는 하나님의 소명을
효과적으로 감당하기 위해 그리스도인은 "적절한 상황"을 추구해서는 안
된다.

7:17-24에 대한 추가적인 참고문헌

7:1-16, 25-40에 대한 주요 참고문헌은 이미 앞에서 제시되었다. 거기서 제시한 참고문헌은
여전히 17-24에 대한 중요한 자료다(해당 부분 참조). 여기서는 17-24절에 대한 참고문헌을
추가적으로 제시한다.

Barclay, J. M. G., "Paul, Philemon and the Dilemma of Christian Slave-Ownership," *NTS* 37
    (1991): 161-186.
Bartschy, S. S. μᾶλλον χρῆσαι : *First Century Slavery and the Interpretation of 1 Cor, 7:21*,
    SBLDS 11 (Missoula: Scholars Press, 1973).
Bieder, W., *Die Berufung im NT* (Zürüch: Zwingli, 1961).
Bradley, K. R., *Slaves and Masters in the Roman Empire* (New York: Oxford University
    Press, 1987).
Brockmeyer, N., *Antike Sklaverei* (Darmstadt: Wissenschaftliche Buchgesellschaft, 1979).
Bultmann, R., *Theology of the NT* (Eng. trans., London, SCM, 1952): 1:331-333, 343-344.
Caird, G. B., *The Language and Imagery of the Bible* (London: Duckworth, 1980), 243-271.
Cambier, J., "Paul and Tradition," *Concilium* 10.2 (1966): 53-60.
Combes, I. A. H., *The Metaphor of Slavery in the Writings of the Early Church*, JSNTSS 156
    (Sheffield: Sheffield Academic Press, 1998), 49-67 and 77-94.
Dawes, G. W., "But If You Can Gain Your Freedom (1 Cor. 7:17-24)," *CBQ* 52 (1990):
    681-691.
Deissmann, A., *Light from the Ancient East* (Eng. trans., London: Hodder & Stoughton,
    1927), 319-332.
Deming, W., *Paul on Marriage and Celibacy: The Hellenistic Background of 1 Cor. 7*
    (Cambridge: Cambridge University Press, 1995), 157-173.
Fischer, J. A., "1 Cor. 7:8-24: Marriage and Divorce," *BR* 23 (1978): 26-36.
Finley, M. I., Ancient Slavery and Modern Ideology (London: Chatto & Windus, 1980),
    11-66.
Glasswell, M. E., "New Wine in Old Wine-Skins, VIII: Circumcision," *ExpTim* 85 (1974):
    328-332.
Gülzow, H., *Christentum und Sklaverei in den ersten drei Jahrhunderten* (Bonn: Hobelt,
    1969), 9-56.

Harrill, J. A., The Manumission of Slaves in Early Christianity, HUT 32 (Tübingen: Mohr, 1995).

_____, "Paul and Slavery: The Problem of 1 Cor 7:21," BR 39 (1994), 5-28, "Slavery and Society at Corinth," BibTod 35 (1997): 287-292.

Hopkins, K., Conquerors and Slaves: Sociological Studies in Roman History (Cambridge: Cambridge University Press, 1978), ch. 1.

Jones, F. S., "Freiheit" in den Briefen des Apostels Paulus (Göttingen: Vandenhoeck & Ruprecht, 1987).

Lyall, L., "Roman Law in the Writings of Paul —The Slave and the Freedman," NTS 17 (1970): 73-79.

Martin, D. B., Slavery as Salvation (New Haven and London: Yale University Press, 1990), 63-68 and throughout.

Meeks, W. A., "The Circle of Reference in Pauline Morality," in D. Balch, E. Ferguson, and W. A. Meeks (eds.), Greeks, Romans and Christians: Essays in Honor of A. J. Malherbe (Minneapolis: Fortress, 1991), 305-317.

_____, The First Urban Christians: The Social World of the Apostle Paul (New Haven and London: Yale University Press, 1991), 305-317.

Neuhäusler, E., "Ruf Gottes und Stand der Christen. Bemerkungen zu 1 Kor. 7," BZ 3 (1959): 43-51.

Roland, G., Die Stellung des Sklaven in den paulinischen Gemeinden und bei Paulus (Bern: Lang, 1976).

Rollins, W. G., "Greco-Roman Slave Terminology and Pauline Metaphors for Salvation," in K. H. Richards (ed.), SBL Seminar Papers 1987 (Atlanta: Scholars Press, 1987), 100-110.

Schweitzer, A., The Mysticism of Paul the Apostle (Eng. trans., London: Black, 1931), 187-196.

Schweizer, E., "Zum Sklavenproblem im NT," EvT 32 (1972): 502-506.

Trummer, P., "Die Chance der Freiheit. Zur Interpretation μᾶλλον χρῆσαι in 1 Kor. 7:21," Bib 56 (1975): 344-368.

Watson, A., Roman Slave Law (Baltimore: Johns Hopkins University Press, 1987).

Wiedemann, T. E. J., Greek and Roman Slavery (London: Groom Helm, 1981).

_____, Slavery, Greece and Rome: New Survey 19 (Oxford: Oxford University Press and the Classical Association, 1997), 특히 1-46.

Wiederkehr, D., Die Theologie der Berufung in den Paulusbriefen (Fribourg: 148-187 and 112-125.

Winter, B. W., "Secular and Christian Responses to Corinthian Famines," TynBul 20 (1989): 86-106.

_____, "Social Morality: 1 Cor 7:17-24," in Winter's Seek the Welfare of the City (Grand Rapids: Eerdmans and Carlisle: Paternoster, 1994), 145-163.

_____, "St. Paul Is a Critic of Roman Slavery in 1 Cor 7:21-23," Berea (1997): 337-355.

Wolbert, W., *Ethische Argumentation und Paränese in 1 Kor. 7* (Düsseldorf: Patmos, 1981), 72-170, 특히 107-118.

17절 여기서 "바울은 논의의 중심에서 벗어나는 것"이 아니다.[343] 바치, 데밍, 카틀리지는 갈 3:28의 이 세 "짝"(남자와 여자, 종과 자유인, 헬라인과 유대인)은 상호적인 의미를 지니고 있으며, 이것은 단지 어떤 범주만을 위해 복음의 함의를 지나치게 단순하고 부당하게 이해하는 것을 금한다고 올바르게 주장한다.[344] 갈 3:28에서 바울 담론의 주된 영역은 유대인과 이방인의 관계이며, 거기서 그는 이 관계를 다른 두 범주와 비교하지만, 고전 7장에서 다루는 이슈는 성(sex)과 성별(gender)이다(전자는 신체적으로 친밀한 관계와 독신에 관한 것이며, 후자는 상호 관계와 상호성에 관한 것이다). 이슈들은 종-자유인과 유대인-이방인에 관한 이슈와 비교함으로써 이 "모든 것은 변화되었다" 또는 "아무것도 바뀌지 않았다"라는 식으로 단순화될 수 없다. 어떤 의미에서 복음의 새로운 종말론적 현실은 "인간적인" 범주화를 폐기하지만, 더 심오하고 현실적인 의미에서는 이를 상대화하고 재정의한다. "종말론적인 완전주의"의 논리는 (슈라게의 용어를 사용하자면) 신체적으로 친밀한 관계 및 인종, 신분, 성별에 대한 그 이전의 상호적 의무를 폐기할 것이다. **바울의 어려운 목회적 과제는 이것이 어떤 의미에서 참되고 어떤 의미에서 그릇된 것인지를 보여주는 것이다.**

데밍은 다음과 같이 적절하게 논평한다. "첫째,…어떤 그리스도인도 자신의 삶의 환경에 의해 노예처럼 속박당할 수 없다. 그는 하나님의 '부르심'에 의해 그리스도인이 되었다.…둘째, 자신이 처한 삶의 상황을 부당하게 바꾸려는 노력은 하나님의 부르심의 효능을 무시하는 것이며, 이는 그 자체로 노예의 한 형태를 드러낸다. 이로써 할례자-무할례자라는 짝(7:18-

---

343) Kistemaker, *1 Cor,* 229.

344) Bartchy, *μᾶλλον χρῆσαι: First Century Slavery and the Interpretation of 1 Cor, 7:21* (Missoula: Scholars Press, 1973), 140; Cartlidge, "1 Cor. 7 as a Foundation …," *JR* 55 (1975): 221-222; 참조. 220-234; Deming, *Paul on Marriage,* 157-159.

19)은 그리스도인에게 외적인 환경은 크게 중요하지 않으며, 따라서 그리스도인은 어떤 방법으로든 변화를 추구해서는 안 된다는 일반적인 원리를 설명하는 기능을 한다."[345] 하지만 나머지 짝, 곧 노예-자유인은 새 창조가 근본적인 수준에서 옛 상황을 뒤집는다는 것을 암시하면서 한 걸음 더 나아간다.[346] 하지만 심지어 데밍의 접근 방법도 바울의 복합적인 사상을 올바로 나타내기에는 불충분할 정도로 미묘하다. 왜냐하면 데밍은 스토아학파의 자세에서 발견할 수 있는 "내면적인" 자유의 개념을 바울에게 지나치게 부여하려고 하기 때문이다. 스토아학파의 자족성은 어떤 사람을 외부의 환경으로부터 "자유롭게" 만들었지만, 바울에게 있어 몸을 가진 삶은 복음에 일치하는 방식으로 영위되어야 하고 그것을 현실에서 보여주어야 하는 영역이다. 그러므로 어떤 측면에서는 외적인 환경이 중요하다는 것과 다른 측면에서는 그렇지 않다는 것 사이에 일종의 미묘한 변증법이 존재한다. 데밍이 세네카, 플루타르코스, 에픽테토스의 저서에서 인용한 유사한 글들은 해당 이슈를 부분적으로 밝혀주지만, 모든 것을 밝혀주지는 못한다.[347] 그의 강력하고 중요한 강조점은 17-24절이 "보다 좋은" 환경과 "보다 높은" 신분을 추구함으로써 "자기 자신을 보다 훌륭하게 만든다"는 고린도 사람들의 생각에 영향을 미치고 그것을 초월하게 한다는 것이다. 복음은 이미 그 일을 이루었다.[348] 하지만 7장의 머리말 맨 뒷부분에 있는 "요약: 7장에 대한 개관"은 결혼과 독신에 대한 바울의 관점에서 다양한 환경적 요소의 중요성과 긍정적인 의미를 강조한다. 이 요소들은 다른 측면에서 보면 모호성을 지니고 있거나 심지어 스스로 모순되는 것처럼 보일 것이다.

한편 학자들은 17절과 24절이 수미상관 구조와 비슷한 평행 구조의 처음과 마지막에 해당한다는 데 전반적으로 동의한다. 이 구조에서 24절

---

345) Deming, *Paul on Marriage*, 158.
346) 같은 책.
347) 같은 책, 161-173; 참조. Seneca, *De Tranquillitate Animi*, 4,3-4; Plutarch, *Moralia*, 829F; 1103D; Epictetus, *Enchiridion* 11 and 15; *Dissertations*, 3,24.98-99; 4:1; (참조. *Diss.* 1.19.9; 3.22.38-44; Philo, *Legum Allegoriae* 1,93-95).
348) Deming, *Paul on Marriage*, 159.

은 καλέω(κέκληκεν ὁ θεός[17절], 직설법 현재완료 능동태, 주어는 하나님이며 의미를 강조하는 위치에 있음; ἐκλήθη[24절], 부정과거 수동태)를 반복하여 사용하고, μενέτω παρὰ θεῷ라는 의미를 강조하는 명령과 더불어 17절의 주제로 돌아간다. 또한 17절이 한 가지 원리를 말한다는 사실은 εἰ μή라는 표현을 통해 잘 나타나는데, 우리는 이것을 "어쨌든"으로 번역했다. εἰ μή가 생략적인 조건절로 사용되는 용법은 예를 들어 고전 7:5, 갈 1:7, 9, 롬 14:14에서도 나타난다. "어쨌든, 오직"(RSV, RV, Barrett), "그것이 무엇이든지"(NRSV, REB), 또는 더 구어체로 "하여튼"(NJB)은 "이전에 무엇이든지 간에 바로 이것이 원리입니다"라는 대조적인 어조를 적절하게 반영한다. 하지만 NIV의 "그럼에도"와 AV/KJV의 "그러나"는 앞 문장과 갑작스럽고 거친 대조를 나타내는 것처럼 보이게 한다. 여기서 이 관용구는 그런 의도가 없다. 그것은 ἀλλά보다 πλήν에 더 가깝다.[349]

핵심 원리인 ἑκάστῳ ὡς ἐμέρισεν ὁ κύριος는 바울 서신 다른 곳에서도 나타난다. 부정적인 의미에서 바울은 1:13에서 "그리스도께서 나뉘었습니까?"(μεμέρισται)라고 외친다. 하지만 긍정적인 의미에서 바울은 ἑκάστῳ ὡς ὁ θεὸς ἐμέρισεν μέτρον πίστεως라고 말한다(롬 12:3; 참조. 이와 비슷하게 고후 10:13). 하지만 바울은 사역, 영적인 은사, 부활의 존재 방식에 대한 문맥에서 μερίζω, "할당하다, 나누어주다" 대신 δίδωμι, "주다"를 더 자주 사용한다. 평행적인 결과와 더불어 고전 3:5에서 ἑκάστῳ ὡς ὁ κύριος ἔδωκεν은 사역에 사용되며, 12:7에서 ἑκάστῳ δὲ δίδοται는 영적인 은사에, 15:38에서 ὁ δὲ θεὸς δίδωσιν … καθὼς ἠθέλησεν은 부활의 존재 방식에 사용된다. 일상생활의 환경은 바로 주께서 우리의 목적이 아니라 자신의 목적에 따라 각 사람에게 나누어주신 것이다. 부르심과 섬김에 대한 바울의 이 개념은 "자율"에 특권을 부여하는 근대의 세속적인 개념과 매우 다르다. 또한 이 개념은 자아 성취와 권력의 이해관계에 특권을 부여하는 포스트모더니즘의 세속적인 개념과도 상당히 다르다. 근대와 포스트모더니즘의 개

---

349) BDF, 376.

넘은 바울보다 고린도에 더 가깝다. 또한 이것은 이 단락이 현재에도 전적으로 타당하다는 점을 보여준다.

우리는 이미 그리스어 동사 καλέω(여기서는 직설법 현재완료 능동태 κέκληκεν; 참조. 1:9; 1:1-2[κλητός]; 1:24, 26[κλῆσις])와 περιπατέω(3:3을 보라. 여기서 이 동사의 문맥은 히브리어 הלך[할라크], "삶을 살다, 행동하다"로 번역됨)를 주해했다. 하지만 심지어 바레트도 시인하듯이 ὡς κέκληκεν ὁ θεός라는 구문은 해석하기 쉽지 않다.[350] 우리가 이미 앞에서 언급한 대로 분명히 바울이 καλέω와 κλητός를 가장 특징적으로 자주 사용하는 문맥은 그리스도인을 구원으로 부르시는 하나님의 행위를 묘사할 때다. 바울(그뿐 아니라 다른 사람들도)의 경우 이 행위는 하나님이 어떤 사명을 감당하도록 부르신 것과 동시에 일어났다. 갈 1:15에서 καλέσας가 ἀφορίσας με ἐκ κοιλίας μητρός μου와 연결되어 묘사되는 바울의 자서전적 숙고는 예언자들(특히 예레미야, 참조. 삿 16:17; 렘 1:4-5)과 이스라엘과 하나님의 종(사 49:1-2; 참조. 시 21:10-11)이 부르심을 받는 것을 반향한다.[351] 예언자 이사야가 קרא(카라)를 사용한 것은 롬 8:30과 1QM 3:2, 4:10-11에서 부르심을 받은 하나님의 백성이라는 개념을 예비한다.[352] 하지만 거기에는 하나님이 그리스도인을 부르신 "현재 상황"이라는 부차적인 의미도 들어 있는가?

15b에서 "부르셨다"가 사용된 것은 두 대답 중 어떤 것도 지지할 수 있지만, 18(a와 b), 20b과 22절의 "부르심을 받은"이라는 표현은 "그대가 부르심을 받을 때"라는 의미에 초점이 맞추어져 있다. 일차적인 의미를 단순히 어떤 특별한 종류의 일로 "부르심을 받은"이라는 개념과 일치시키려는 시도는 바레트가 강조하듯이 바울이 의도한 의미를 모호하게 만들 위험이 있다. 하지만 20a의 τῇ κλήσει는 하나님이 어떤 구체적인 상태나 역할로 부르신 것에 매우 가깝다. 17a에서 ἐμέρισεν ὁ κύριος가 사용되었다는 사실

---

350) Barrett, *First Epistle*, 168.
351) 참조. Munck, *Paul and the Salvation of Mankind*, 11-35.
352) Bieder는 이 개념의 공동체적인 측면을 강조한다. 참조. W. Bieder, *Die Berufung im NT* (Zürich: Zwingli, 1961).

은 우리로 하여금 바울이 사회 안에서 이전에 담당했던 역할을 하나님의 소명으로 여기지 **않았다**고 주장하지 못하도록 할 것이다. 바울의 논리는 (일차적인 의미에서) 복음을 통한 하나님의 부르심이 그 안에 지상의 상황의 전환(transposition)과 지양(sublation)을 포괄할 수 있으며, 그것은 어떤 상황을 **섬김을 위한 부르심**이 될 수 있게 한다. 우리는 이러한 신중한 구별을 염두에 두고 이 단락에 대한 루터와 칼 바르트의 해석과 논평을 수용하게 하는 변증법을 너무나 쉽게 일축해서는 안 된다. 이 변증법은 "모든 질서와 영역 안에서, 그리고 그것들을 통해" 하나님의 소명을 인식한다.[353] 신학적으로 "옛 것과 새 것 사이에 존재하는 완전한 불연속성 또는 비교 불가능성에 대한 질문은 있을 수 없다"는 바르트의 사려 깊은 견해는 웨인 믹스의 논평—사회학적으로 "외부자들은 종종 부정적인 언급의 대상이지만, 바울의 입장은 단순히 반문화적이지 않다"—과 일치한다.[354] 믹스는 이렇게 주장한다. "바울이 때로는 제아무리 '이 세상'을 이원론적으로 묘사한다 하더라도, 그것은 여전히 하나님의 창조세계에 불과하며, 그 창조세계는 자유를 얻기 위해 '고통을 겪으며 신음하며'…그 창조세계 안에서 사도의 수고와 그리스도인 그룹의 내적인 생명은 서로 연루되어 있다."[355]

"사람은 일하기 위해 사는 것이 아니라 살기 위해 일한다"는 바르트의 논평은 그의 소명에 대한 정의—"각 사람이 신적 소명과 명령을 충족시키는 독특성, 한계, 제한의 총체"—의 일부를 형성한다.[356] 하나님이 이 사람에게는 이러한 방식으로 말씀하시고 저 사람에게는 또 다른 방식으로 말씀하시는 것은 "하나님이 의도하시는…차별성과 특수성"의 일부다.[357] 바르

---

353) Luther, *Works*, 28, 39 (*WA*, 12:126). Karl Barth도 루터와 비슷하게 "소명(Vocation)"에 대해 논의한다. "그 소명과 더불어 명령하시는 하나님은 각 사람을 순종의 자유로 부르신다"(Barth, *CD*, 3/4, sect, 56, 595).

354) Barth, *CD*, 3/4, sect, 56, 595; Wayne Meeks, "The Circle of Reference in Pauline Morality," 317.

355) Meeks, "The Circle of Reference," 317.

356) Barth, *CD*, 3/4, sect, 56, 595.

357) 같은 책, 600.

트는 루터가 7:20을 "소명"(Beruf)으로 번역한 것이 오직 수도사, 수녀, 사제만이 부르심을 받았다는 개념에 반대하는 그의 주장의 일환임을 인정한다. 하지만 그는 우리가 이 해석에 너무 강력하게 반대한 나머지 하나님이 **구체적으로** 부르신다는 바울과 루터의 폭넓은 요점을 놓치지 말 것을 경고한다. "κλῆσις는 하나님의 부르심이며⋯이 모든 요점의 총합이며 거기서 하나님의 부르심은 우리 각 사람을 이 ἕκαστος처럼 만난다."[358] 여기서 바울의 사고는 기독론과 크게 다를 수 없다. 종(그리스도)의 소명은 마음이 내키지 않는 억압의 상황에도 **불구하고**가 아니라 하나님이 주시는 자유 안에서 억압의 상황을 **통해** 섬기는 것이다. 따라서 앞에서 말한 데밍의 요점은 여전히 유효하다. 자유는 자신을 "더 낮게" 만들려는 데 있지 않고, 17-24절의 바울의 나머지 주장을 따라 자신이 처해 있는 상황에서 자신이 해야 할 일에 최선을 다 하는 데 있다.[359]

17절에서 바울의 마지막 구문 οὕτως ἐν ταῖς ἐκκλησίαις πάσαις διατάσσομαι는 1:2b의 첫 관심사, σὺν πᾶσιν τοῖς ἐπικαλουμένοις τὸ ὄνομα τοῦ κυρίου ἡμῶν Ἰησοῦ … ἐν παντὶ τόπῳ, αὐτῶν καὶ ἡμῶν과 11:34의 관심사를 반영한다. 이것은 다음과 같은 권면으로 받아들일 수 있을 것이다. "나는 단지 고린도에 있는 여러분에게만 이 말을 하는 것이 아닙니다. 내가 복음을 전파하고 가르치는 곳마다 나는 이것을 어느 곳에서든지 말합니다."[360] 아니면 이것은 (보다 더 개연성이 있는 것으로서) 이러한 현실성의 결여 또는 "종말론적 완전주의"가 복음에 대한 이런 특이한 해석을 따른다는 점을 상기시켜주는 것으로 이해할 수 있을 것이다. 아니면 (와이어와 카스텔리에게는 실례가 되겠지만) 바울이 개인적으로 권위주의적인 것이 아니라 광범위한 교회와 다양한 공동체 안에 나타난 "질서정연한" 현실

---

358) 같은 책, 601, 603, 605.

359) Fee는 현재완료 시제를 "하나님이 당신을 부르신 사실에 근거하여 사십시오"라는 의미로 이해하는 Bartchy의 해석을 설득력 있게 비판한다(Bartchy, μᾶλλον χρῆσαι, 151-155; Fee, *First Epistle*, 310, n. 21).

360) Edwards, *First Epistle*, 179. 고전 11:34과 행 24:23에서는 중간태가, 9:14에서는 능동태가 사용된 점을 참고하라.

(τάσσω)을 반영한다는 것을 의미할 수도 있을 것이다. 여기서 중간태는 능동태와 거의 비슷한 의미를 나타낸다. 앞에서 우리는 이 단어를 "내가 [모든 교회에] 지시합니다"라고 번역했다.

　　18절　　초기 사본들은 현재완료 수동태 κέκληταί를 강력하게 지지하지만, 몇몇 사본들은 대신에 18절에서 첫 번째 ἐκλήθη(부정과거 수동태)를 어색하게 다시 반복한다. 하지만 이 다른 독법을 지지하는 사본은 적으며 근거도 취약하기 때문에 κέκληταί가 원문이라는 점은 심각한 도전을 받지 않는다.

　　UBS의 그리스어 신약성경 4판은 이 구절을 가정에 기초한 두 개의 문장 또는 절로 나누어 구두점을 찍는다(참조. Tyndale과 NJB). 하지만 대다수 영역본은 AV/KJV를 따라 18절을 두 개의 의문절로 표시하는데(참조. NRSV, REB, NIV), 이것이 더 개연성이 있어 보인다. **"어떤 사람이 할례자로 부름을 받았습니까? 그는 무할례자가 되지 마십시오."** 하지만 이 둘의 차이점은 단지 표현의 차이에 불과하며 쉽게 해결될 문제는 아니다.

　　슈바이처는 이 절을 현재 상태 원리를 절대적으로 시인하는 것으로 이해한다. "현재 상태에 대한 이 이론은 또다시 그리스도 안에서의 신비적인 존재에 대한 가르침으로부터 필연적으로 추론되는 것이다. 그리스도 안에 있는 순간부터 사람의 존재 전체는 바로 그 사실에 의해 결정된다. 그의 자연적인 존재와 그것과 연결된 모든 상황은 더 이상 중요하지 않다. 그는 헐어버리기 위해 팔린 집과 같아서 그 집을 보수하려는 것은 모두 비합리적이다."[361] "유대인"이 되려고 하거나 자신의 유대인 정체성을 감추고자 하는 것은 그 집을 보수하려는 것과 같다.

　　한편으로 종말론적 새 창조와 집을 "보수하는 것"의 부적합성에 대한 슈바이처의 원리는 바울의 관점에도 부합된다. 하지만 바울의 변증법은 그것보다 더 복합적이다. 유대인 또는 비유대인으로 **남아 있다**는 것은 일반적인 무관심에서 비롯되는 것이 아니라 그것이 **구원과 무관하다**는 데서 비롯된다. 성별의 경우와 마찬가지로 이러한 구분은 전적으로 폐지되는 것이 아

---

361) Schweitzer, *Mysticism of Paul the Apostle*, 194.

니다. 우정을 위해서든, 또는 복음 증거를 위해서든 그리스도인이 된 유대인들, 그리스도인이 된 이방인들, 독신으로 남아 있는 그리스도인과 결혼한 그리스도인은 필요하다(고전 9:17-23). 새 창조는 이러한 구분을 **변화시키고 상대화하지만**, 그들은 저마다 자기 자리가 있다. 분명히 그리스도인은 단순히 자신의 야망을 채우기 위해 또는 "보다 좋은" 조건을 갖춘 그리스도인이 되기 위해 변화를 추구해서는 안 된다.

명령법 현재 중간태 ἐπισπάσθω는 매우 드물게 사용되는 동사 ἐπισπάομαι에서 온 것이다. 이 단어는 신약성경에서 오직 이곳에서만 한 번 의학적인 의미로 사용된다.[362] 그리스의 연무장에서 자신이 유대인이라는 사실을 감추고 싶은 유대인들은 할례받은 것을 덮는(ἐπισπάομαι, 덮다; משך, 모쉐크) 수술을 받았다(참조. 마카베오1서 1:15; Josephus, *Antiquities* 12.5.1). 필론은 자신이 살던 시대(기원후 1세기 후반)에 "많은 사람이 할례를 조롱했다"고 말한다.[363] 따라서 할례의 흔적을 없애려는 시도는 세 가지 사례 중 첫 번째에 해당한다(다른 사례들은 21-23a와 23b에서 나타난다). 이 사례들을 통해 그리스도인들은 자신들의 사회적 의도를 바꾸어 세상의 눈으로 판단할 때 사회적으로 "위로 올라가거나" 더 큰 영향력을 미치거나 더 높은 신분을 얻기를 추구했다.[364]

19절 οὐδέν ἐστιν은 간결한 표현이지만, "중요하지 않은"(neither here nor there)이라는 REB의 관용적인 표현은 18절에 대한 우리의 주해에 따라 바울의 의미를 잘 전달해준다. 한편 τήρησις 앞에 있는 반의 접속사 ἀλλά는 또다시 간결한 문체이지만, 영역본들은 대체로 현대 영어의 "그러나"보다 더 강한 단어가 필요함을 폭넓게 보여준다. "중요한 것은"이라는

---

362) 참조. Aulus Cornelius Celsus, *De Medicina* 7:25(기원후 1세기 초). 이 의학 서적에는 해당 수술 방법이 묘사되어 있다.
363) Philo, *De Specialibus Legibus*, 1.2; Josephus, *Against Apion* 2.13.137.
364) 이 이슈에 대해서는 특히 다음을 참조하라. Winter, *Seek the Welfare of the City*, 152-154. 참조. Combes, *The Metaphor of Slavery*, 82-83. Combes는 "속박"에 의해 제공되는 관계를 강조하지만, Winter의 연구는 다른 강조점을 제시한다. 한편 Combes는 Winter의 연구를 언급하지 않는다.

우리의 번역은 바레트의 제안을 따른 것이다. NRSV는 "하나님의 계명에 순종하는 것이 전부입니다"라고 번역한다. 콜린스는 단순히 "그러나"를 유지한다.

유대인임을 입증하는 언약의 표시에 대한 바울의 평가는 갈 5:6에서 그의 기본 원리를 반영한다. ἐν γὰρ Χριστῷ Ἰησοῦ οὔτε περιτομή τι ἰσχύει(어떤 효력을 지닌, 효력이 있는) οὔτε ἀκροβυστία ἀλλὰ πίστις δι' ἀγάπης ἐνεργουμένη. 하지만 여기서 바울은 역설을 더 예리하게 표현한다. 할례의 명령이 주어졌다면(창 17:10-14, 23-27; 참조. 출 4:24-26) 할례는 중요하지 않고 하나님의 계명을 지키는 것이 중요하다고 말하는 것은 모순이 아닌가? 갈 6:15에서 바울은 οὔτε γὰρ περιτομή τί ἐστιν οὔτε ἀκροβυστία를 반복하지만, 거기에 ἀλλὰ καινὴ κτίσις를 덧붙인다. 새 창조는 바울 서신에서뿐만 아니라 바울 이전 자료인 희년서 4:26에서도 나타난다.[365] 여기서 이 표현은 하나님의 새로운 우주적인 행위, 하나님과의 새로운 우주적인 관계를 묘사한다.[366] 바울 연구에서 사용하는 용어에 의하면 이것은 어떤 종말론적인 신분을 확증하는데, 이 신분에 기초하여 할례와 "유대인 정체성"의 문제는 폐물이 되어버렸다.

이런 의미에서 바울의 역설은 고린도의 종말론적인 믿음의 구원에 관한 측면을 명시적으로 확증해준다. 정말로 고린도 신자들은 하나님의 새 창조의 일부다. 새 창조 안에서 이전의 다양한 구별은 새로운 구조 안에 배치되며 상대화된다. 하지만 이것은 결코 명령과 다양한 제약이 더 이상 적용되지 않는 종말론적인 완벽주의를 의미하지 않는다. 왜냐하면 교회는 새로운 피조물로서 하나님이 의도하신 것이 되기 위해 그것을 향해 나아가는 과정에 있기 때문이다. 율법과 종말론의 불일치에 대한 슈바이처의 기본 원리는 구원과 관련된 율법의 역할에는 적용되지만, 새로운 것이 왔을 때 중간 시대에 하나님의 의지의 표현인 율법 또는 "질서"에는 적용되지 않는다. 하

---

365) B. D. Chilton, "Gal 6:15: A Call to Freedom before God," *ExpTim* 89 (1978): 311-313.
366) G. L. Davenport, *The Eschatology of the Book of Jubilees* (Leiden: Brill, 1971), 75.

지만 그리스도인들이 억압받고 실수하기 쉬운 현실에서 사는 동안 옛 것은 여전히 사라져가는 과정에 있다.367) 비록 우리는 고린도 교회 안에서 유대인 그리스도인들의 숫자가 정확히 얼마나 되었는지 알 수 없지만, 유대교의 할례가 중요하지 않다는 것을 받아들이는 **곤란함**에 대한 그들의 반응은 어떤 교인들이 결혼 또는 신체적으로 친밀한 관계는 중요하지 않다고 주장했던 **편안함**과 현저하게 대조를 이루었을 것이다.368) 바울이 평행을 이루는 것의 일부로 이 세 "짝"을 신중하게 선택하여 제시한 것은 분명히 고린도에서 논쟁을 불러일으켰을 것이다. 글래스웰은 다음과 같이 주장한다. 7:19에 근거한 구분은 "유대인들에게 전혀 의미가 없었을 것이다. 그들에게 할례는 율법을 지키는 출입문이며, 율법 준수에 대한 필수적인 표시다."369) 만약 고린도의 여인들에 대한 와이어의 견해가 부분적으로 옳다면 이 여인들은 정반대로 다음과 같이 놀랐을 것이다. "그렇다면 우리는 옛날의 다양한 관계, 구별, 의무가 폐기된 새 창조에 속하지 않는가?"370)

20절 이 절은 대략적으로 수미상관적 구조에서 핵심에 해당한다. 이 구조는 어떤 사람이 믿음으로 부르심을 받을 때 처해 있던 상황에 머물러 있으라는 말로 시작되고 마무리된다(17절과 24절). 전반부(18-19절)는 할례에 관심을 기울인다. 후반부(21-23절)는 노예의 신분에 초점을 맞춘다. 20절은 이미 세부적으로 논의된 이슈들을 요약한다(앞에서 17, 18, 19절에 대한 주해를 보라). 우리는 종종 명령법 3인칭 단수를 영어에 상응하는 표현으

367) Schweitzer, *Mysticism of Paul*, 52-100 and 177-204, 특히 187-196. Weiss는 Schweitzer의 편파적인 견해를 공유하기에 현상 유지의 원리가 7:7-24에서 절대적인 것이었다고 이해하는 경향을 보인다(Weiss, *Der erste Korintherbrief*, 185-192; 참조. *Earliest Christianity*, 2:411-416, 433-435, 515-525, 543-545, 549-554).

368) 참조. 롬 2:25-29.

369) Glasswell, "New Wine in Old Wineskins, 8: Circumcision," *ExpTim* 85 (1974), 329; 참조. 328-332. Glasswell은 7:17-24에서 **부르심을 받다**라는 표현은 새로운 언약 백성의 **선택**을 가리키며, 이것은 새로운 시작에 해당한다고 결론짓는 듯하다.

370) Wire, *The Corinthian Women Prophets*, 특히 82-97: "분명히 하나님은 고린도 여인들을 부르셨을 때 그들을 그 당시의 모습 그대로 남아 있도록 부르지 않으셨다. 오히려 그 여인들의 새로운 성별적 선택을 통해 사회생활을 변화시키셨다.…**하나님은 평화와 질서의 하나님이 아니라 바로 혼란의 하나님이시다**"(97, 강조는 덧붙여진 것임).

로 번역했다. 즉 μενέτω를 "남아 있으십시오"라고 번역했다. 하지만 이러한 그리스어 관용어구가 연속적으로 나타나는 것은 영어에서 부자연스러울 뿐만 아니라 남녀의 성별을 모두 포함시켜 번역해야 하는 문제점을 안고 있다. 따라서 우리는 "저마다…머물러 있으십시오"라고 번역했다. 이 번역은 "머물러 있어야 합니다"(REB)와 더 전통적인 번역인 "여러분은 저마다 머물러 있으십시오"(NRSV)를 변경한 것이다. 또한 개별적인 다양성을 나타내는 ἕκαστος는 남녀를 모두 포함시키는 "각 사람"(NJB) 대신에 "저마다"라고 번역했다.

한편 ἐν τῇ κλήσει ᾗ ἐκλήθη를 "그/그녀가 부르심을 받은 그 부르심 안에"(AV/KJV, RV, 콘첼만, 바레트, 콜린스)로 번역하는 것은 그 의미를 그릇된 방향으로 이끌 가능성이 높다. 비록 바울이 μερίζω와 같은 단어를 주어인 ὁ κύριος와 함께 사용하는 사례(17절)에 비추어 우리가 바울의 사고에서 이 부차적인 함의를 옹호하긴 했지만, 현대 영역본 가운데 극소수만 루터 이후로 부르심을 "직업과 연결된 부르심"이라는 모호한 의미로 번역하는 위험을 감수한다. 1:26의 κλῆσις의 의미는 (1:24의 κλητοῖς와 마찬가지로) 결정적으로 중요하다. 1:26에서 바울은 분명히 "여러분이 믿음을 갖게 되었을 때 여러분의 처지에 대해 숙고해보십시오"라는 의도로 말한다. 그는 "여러분이 얼마나 미천한 직업을 가졌었는지 숙고해보십시오"라고 말하지 않는다. 바로 이 점을 분명하게 드러내기 위해 우리는 부정과거 수동태 ἐκλήθη를 이른바 신적 수동태로 "하나님이 그들을 부르실 때"로 해석했다. 이런 이유에서 우리의 번역은 현대 영역본을 따라 κλήσει를 부르심으로 번역하는 것을 피한다(참조. RSV, NJB, state; NRSV, REB, condition; 모팻, condition of life; NIV, place; 피, situation).

분명히 이 문맥에서 바울은 결혼한 사람, 독신인 사람, 과부 또는 홀아비, 헤어진 사람, 유대인 또는 이방인, 노예나 해방 노예 또는 자유인 등 각 사람이 처한 상황을 언급한다. 따라서 만약 NIV의 place가 위치를 의미한다면 그것은 좁은 의미이며, 만약 그것이 "각자의 위치를 아는 것"을 의미한다면 그것은 일종의 브래들리의 정치 철학을 반영하는 것이다. 또 다른 한편으로 state는 지나치게 자세라는 의미를 포함하는데, 자세는 그대로 머물러 있지 않다. Situations는 그 상황에 대한 태도가 변하고 성숙해질 경우에만 변하지 않은 채 남아 있을 수 있다.

21절   18절의 수미상관 구조의 역순처럼 이 절도 (UBS 4판이나 NJB와 상응하는 우리 번역처럼) 가정을 나타내는 진술의 시작으로 읽거나 또는 (아마도 더 좋은) 다음과 같은 질문으로 읽을 수 있을 것이다. "부르심을 받았을 때 당신은 노예였습니까? 그것에 대해 염려하지 마십시오"(NRSV; 이와 비슷하게 NIV, AV/KJV). 이 절의 전반부는 간결한 구문으로 되어 있으며, 게다가 구두점도 논란의 여지가 없다. ἐκλήθης는 또다시 신적 수동태로 "하나님이 당신을 부르실 때"로 해석할 수 있다. δοῦλος는 수동태의 주어인 인칭 대명사 단수 "당신"과 동격이다. 명령법 현재 비인칭 동사 3인칭 단수 μελέτω는 대체로 여격(여기서는 σοι)과 함께 나타나며, 종종 ὅτι가 뒤따르고 어떤 사람에 대해 "염려하거나 관심을 갖는 것"을 의미한다. 부정사 μή와 더불어 여기서 명령문은 당신은 "그것에 대해 염려하지 마십시오"라는 의미를 지닌다. 이 명령문은 수신자들에게 불필요한 조바심, 관심 또는 걱정을 덜어주려는 것이다. 오늘날의 일상 대화에서 사용하는 말로 표현하면 "그것은 잊어버려라"에 해당한다. 이 그리스어 표현은 스토아 저자들의 저서에서 자주 나타난다.

하지만 이 절의 후반부는 해석하기 매우 어려운 또 다른 난해 구절에 해당한다. 실제적으로 스코트 바치는 μᾶλλον χρῆσαι를 자신의 논문 제목으로 삼았다. 그의 논문은 (전적으로는 아니지만) 주로 이 두 그리스어 단어의 의미를 밝히는 데 초점이 맞추어져 있다. χράομαι(χρῆσαι, 명령법 부정과거 중간태)는 (대체로 여격과 함께) "사용하다", "채택하다"를 의미한다. 하지만 바울은 이 동사의 목적어를 생략했다. 따라서 구체적으로 무엇을 사용해야 하는지가 명시되어 있지 않다. 뿐만 아니라 μᾶλλον은 과연 여기서 어떤 의미를 지니고 있는가? 만약 그와 같은 의도를 지니고 있다면 명령법 부정과거에 어떤 중요한 의미가 덧붙여져 있는가? 사실상 크리소스토모스 이래로 거의 모든 주석가들은 이 구절이 해석상의 난제임을 인정하고 이를 논의한다. 따라서 우리는 이 구절을 영역본과 비교하기에 앞서 두 가지 주된 견해와 여기서 파생된 다른 두 가지 견해를 요약하여 제시하고, 각각의 견해를 지지하는 주요 저자들을 밝히고자 한다. 영향력 있는 저자들이 저마다 각각의 해석의 전통을 지지한다. τῇ ἐλευθερίᾳ를 덧붙이는 이들 가운데는 오리게네스와 히에로니무스로부터 피와 볼프에 이르기까지 교부 시대와 종교개혁 시대 저자들뿐만 아니라 오늘날의 많은 저자들도 포함되어 있다. τῇ δουλείᾳ를 첨가하는 이들 가운데는 크리소스토모스, 롬바르두스로부터 젠프트, 콜린스에 이르기까지 교부 시대, 중세 시대, 종교개혁 이후 시대 저자들뿐만 아니라 오늘날의 많은 학자들도 포함되어 있다. 하지만 이 두 가지 견해가 해석의 다양한 가능성을 모두 포괄하는 것은 아니다. 21b의 해석과 관련하여 다음 네 가지 가능성이 제기된다. (i) εἰ καὶ δύνασαι ἐλεύθερος γενέσθαι는 "만약 당신이 자유로운 신분을 얻을 수 있다면"을 의미하며, μᾶλλον χρῆσαι는 "[자유를 위해] 기회를 활용하라"를 뜻한다. (ii) εἰ καὶ δύνασαι는 "설령 자유의 기회가 생긴다 하더라도"로, μᾶλλον χρῆσαι는 신실한 그리스도인의 삶을 위해 "오히려 노예로서 당신의 신분을 이용하라"로 해석해야 한다.[371] (iii) 바치는 "중간 입장"에서 해석을 시도하지만 (i)에 더 가깝다. 즉 "만약 당신이 진정으로 노예 상태로부터 해방될 수 있다면 (자유민으로서) 어떻게 해서든 하나님의 부르심에 합당하게 사십시오." 이 경우에 이 그리스어 동사는 (이례적인 의미에서) 부르심에 적용된다.[372] (iv) 우리의 번역은 "중간" 입장을 취하지만, (ii)에 조금 더 기울어져 있다. 즉 "설령 당신이 자유롭게 될(εἰ καὶ ἐλεύθερος γενέσθαι-γίνομαι의 제2부정과거 부정사) 가능성이 있다 하더라도(δύνασαι) 당신의 상황을 적극적으로 활용하십시오 (χρῆσαι, 명령법 부정과거 중간태)." 이 경우에 이 동사는 현재 상황에 적용된다 (미래에 대한 기대와 대조되는 현재 상황은 의도적으로 명시되지 않았다).

---

371) BAGD, 884. 한편 노예제도가 어떻게 이용될 수 있는지 또는 있었는지에 대한 광범위한 배경에 대해서는 다음을 참조하라. Martin, *Slavery as Salvation,* 63-65(그리고 곳곳에).

372) Bartchy, μᾶλλον χρῆσαι, 155-159; 참조. 137-154.

우리는 이 단락에 대한 주해를 마친 후 노예의 신분과 그로부터의 해방에 대해 다루고자 한다. 그렇다면 언어학적·문맥적 의미에서 앞에서 언급한 네 가지 견해 중 어떤 것이 가장 좋을까? 7:16에 대한 "낙관적인" 해석과 "비관적인" 해석에는 서로 평행을 이루면서 동시에 서로 구별되는 요소들이 있다. 한 가지 해결 방법은 이 절의 전후 문맥의 주요 취지를 무색하게 만드는 것처럼 보이는 반면, 다른 해결 방법은 이른바 전반적인 선교의 자세에 더 잘 어울린다. 하지만 각각의 해결 방법은 언어사전의 정보에 비추어 볼 때 저마다 문제점을 안고 있다.

(i) χρῆσαι를 자유에 적용하기. AV/KJV와 RV는 첫 번째 해석을 암시한다. "만약 당신이 자유롭게 될 수 있다면 그것을 활용하십시오"(RV). RSV(NRSV는 아님), TEV, NIV는 이 입장을 보다 더 분명하게 따른다. "만약 당신이 당신의 자유를 얻을 수 있다면 그 기회를 활용하십시오." REB는 기본적으로 이 입장을 따르지만, 더 신중하고 미묘하게 번역한다. REB는 변화를 위해 수신자들이 주도권을 잡아서는 안 된다는 점을 (올바르게) 인정한다(아래의 주해 참조). 하지만 REB는 χρῆσαι가 자유롭게 된 신분에 적용되는 것으로 본다. 즉 "만약 자유의 기회가 온다면(올바른 번역!) 반드시 그것을 취하십시오(다소 의문의 여지가 있음)."

교부 시대의 주해는 전반적으로 RSV, NIV, RV의 번역에 반영된 이러한 견해를 거부한다. 그중에서 오리게네스와 히에로니무스 두 사람만 예외다. 히에로니무스는 21절을 앞에서 언급한 결혼과 연결하면서 "만약 당신이 자유로울 수 있다면 그것을 이용하십시오"라고 해석한다.[373] 이와 비슷하게 오리게네스도 『단편』에서 이 절을 결혼에 대한 이슈와 연결한다. 하지만 그의 함축적인 주장은 명료하게 표현되어 있지 않다. 그는 노예를 은유적인 의미로 사용하기 때문이다. 하지만 그는 논의 방향에서 히에로니무스를 예고한다.[374] 에라스무스는 바울의 말이 "만약 기회가 주어진다면 자

373) Jerome, *Against Jovinianus*, 1:11; 참조. *Letter*, 48:6.
374) Origen, *1 Cor. Frag.*, 38:5-21 (in Jenkins, ed., *JTS* 9 [1908]: 508).

유를 얻어 노예 신분에서 벗어나라"를 의미하는 것으로 보다 더 분명하게 이해한다.[375] 루터, 칼뱅, 베자는 이 견해를 확대한다. 물론 루터는 "종의 신분은 그 사람 자신을 방해하지 않는다"고 주장하기도 한다.[376] 이 개념은 "의식주가 제공되는 남종, 여종,…노동자, 하인"을 포함한다.[377] 농민 반란과 특히 이를 조장했던 "급진적" 또는 "초영적"(hyperspiritual) 종교개혁자들의 열렬한 반대자였던 루터는 바울 서신에서 종이 주인의 동의 없이 스스로 자유를 얻었다는 내용을 발견할 수 없었다. 따라서 그는 바울의 말을 이렇게 이해한다. "만약 당신이 당신의 자유를 얻을 수 있다면 당신의 주인이 그것을 알고 승낙하는 것과 함께…그 기회를 이용하라."[378] 칼뱅도 이와 비슷하게 다음과 같이 해석한다. "만약 종의 신분 대신에 당신이 자유롭게 될 수 있다면 그것은 당신에게 더 적합할 것이다.…나는 당신이 당신의 자유를 누리는 것을 금하지 않는다."[379]

현대 주석가와 이 주제를 특별히 연구한 자들은 트룸머, 피, 헤이스, 로스너, 볼프 등을 포함하여 스무 명이 넘을 것이다.[380] 볼프는 (1) (슈라게, 피와 더불어) 행위의 시작을 알리는 부정과거에 호소하며, 이 구절이 "새로운 신분을 이용하기 시작하십시오"를 뜻하는 것으로 이해한다. (2) 이것은 7장의 자유에 대한 전반적인 문맥과도 일치한다고 주장한다. (3) 그는 결혼한 사람도 주님을 섬기는 일에서 "마음이 해이해"진다면 노예는 얼마나 더

---

375) Erasmus, *Omn. Op.: Periph. in Ep. Pauli ad Cor.*, 881F.

376) Luther, *Works*, 28:42; *WA*, 12:129.

377) 같은 책; 참조. *Early Theological Works* (ed. J. Atkinson: LCC), 262-263.

378) *Works*, 28:43 (*WA*, 12:129-130).

379) Calvin, *First Epistle*, 154.

380) Trummer는 다음 논문에서 언어학적 변호를 시도한다. P. Trummer, "Die Chance der Freiheit. Zur Interpretation des μᾶλλον χρῆσαι in 1 Kor 7:21," 344-368; Wolff, *Der erste Brief*, 149-150; Rosner, *Paul, Scripture and Ethics*, 174. 참조. Findlay, *Expositor's Greek Testament*, 2:880; Godet, *First Epistle*, 1:357-361; Lightfoot, *Notes*, 229-230; Craig, "1 Cor," *IB*, 10:83; Moffatt, *First Epistle*, 87; Deluz, *Companion to 1 Corinthians*, 92; Bruce, *1 and 2 Cor*, 72; Fee, *First Epistle*, 315-318; Talbert, *Reading Corinthians*, 42; Blomberg, *1 Cor*, 146; Kistemaker, *1 Cor*, 232-233; Rengstorf, "δοῦλος," *TDNT*, 2:272; Wire, *Women Prophets*, 86 and 86, n. 10; Hays, *First Cor*, 125-126.

그러하겠느냐고 말한다.[381] 이 점들 외에도 (4) 로버트슨과 플러머는 접속사 καί는 εἰ가 아니라 δύνασαι에 영향을 미쳐, "설령"이 아니라 "만약 당신이…할 수 있다면"을 의미한다고 주장한다. 이 점에 근거하여 그들은 다른 해석(ii)을 "놀라운" 해석으로 보고 받아들이지 않는다.[382] (하지만 우리는 iic와 iv에 포함된 행위의 시작을 알리는 부정과거에 대해 다른 해석을 제시한다.)

(ii) χρῆσαι를 노예 신분에 적용하기. NRSV는 이렇게 번역한다. "설령 당신이 자유를 얻을 수 있다 하더라도 당신의 현재 상황을 이용하십시오"(참조. NJB, "설령 당신이 자유를 얻을 기회가 있다 하더라도 당신은 당신의 노예 신분을 십분 활용해야 할 것입니다"). 크리소스토모스는 다음과 같이 분명하게 말한다. "'만약 당신이 자유롭게 될 수 있다면 그것을 이용하십시오.' 다시 말해 노예로서 계속 살아가십시오.…노예의 신분은 결코 해(害)가 되지 않고 오히려 유익입니다."[383] 그는 다른 대안적 해석 전통이 있다는 사실을 인정한다. "하지만 만약 바울이 이것[다른 해석]을 의도했다면 그 표현은 바울의 표현 방법과 정반대였을 것이다. 왜냐하면…어떤 사람은 '만약 내가 ~을 할 수 없다면 어떻게 하지요?'라고 말할 것이기 때문이다.…자유인이 되는 것을 통해 사람은 아무것도 얻지 못합니다."[384] 암브로시아스터와 더불어 크리소스토모스의 입장을 따르는 이들은 테오도레토스, 펠라기우스, 테오필락투스 등이며, 중세 시대에는 포티오스, 페트루스 롬바르두스, 그리고 아마도 토마스 아퀴나스 등일 것이다(페트루스 롬바르두스는 "오히려 노예 신분을 이용하라"라고 말한다).[385] 종교개혁 이후에 에스티우스와 벵엘은 이 그리

---

381) Wolff, *Der erste Brief*, 149-150; Schrage, *Der erste Brief*, 2:139; Bruce, *1 and 2 Cor*, 72; 72; Fee, *First Epistle*, 317.

382) Robertson and Plummer, *First Epistle*, 147-148.

383) Chrysostom, *1 Cor. Hom.*, 19:5.

384) 같은 책,

385) Ambrosiaster, *Commentary*, in CSEL, 81:79; Theodoret, *Op. Omnia: Int. Ep. 1 ad Cor*, 207D-208, in Migne, *PG*, 82:279 (Gk.), 280 (Lat.). 중세 시대에 포티우스(810-895년경)의 그리스어 텍스트는 K. Staab (ed.), *Pauluskommentare*, 539 (line 12-20)에서 발견된다. Thomas Aquinas, *Epistolas s. Pauli*, 1:304 (but *Postilla* glossed by Niccolai de Gorram); Peter Lombard, in Migne, *PL*, 162:1595B.

스어 동사를 노예 신분에 적용한다. 또한 현대 저자 중 상당수가 이 견해를 지지하며, 그들 가운데는 특히 알로, 바레트, 콘첼만, 젠프트, 랑, 데밍, 콜린스 등이 포함되어 있다.[386]

(a) 비록 마틴은 이 특별한 절에 대한 바치의 견해(아래의 견해 iii)를 지지하지만, 그의 저서 『구원으로서의 노예 신분』의 논점은 사실상 이 견해를 강력하게 뒷받침해주었다.[387] 마틴은 "위로 올라감"과 각각의 노예의 역할에 따라 상당한 차이가 있다는 점을 노예가 처해 있던 상황과 연결한다. 즉 어떤 노예는 단지 소유물에 지나지 않지만, 다른 노예는 좋은 대우를 받는 매니저로서 주인의 높은 신분을 부분적으로 공유한다는 것이다. 만약 마틴의 이 주장이 옳다면 우리는 모든 노예는 "언제나 [주인에게] 매여 있다"는 라이트푸트의 전제와 바울은 임시로라도 하나님을 노엽게 하는 "어떤 형태의 억압"도 결코 묵인할 수 없었을 것이라는 블롬버그의 평가를 반드시 재고해야만 할 것이다.[388] 고대 로마의 노예제도에 관해 저술하는 오늘날의 대다수 저자는 당대의 노예제도의 다양한 상황을 강조할 뿐 아니라 그것을 19세기 미국의 노예제도와 유사한 점으로부터 거리를 두려고 애쓴다.

(b) 노예의 신분은 주님을 위해 일할 수 있는 여지를 전혀 남겨두지 않는다는 주장에는 반론이 제기된다. 이것은 21a에서 바울이 안심시켜주는 것(그것에 대해 염려하지 마십시오)을 과소평가한다. "사도의 말은 그리스도인 노예가 주님 안에서 자유인보다 자신의 자유를 더 생생하게 자각할 개연성이 있음을 암시한다"는 에드워즈의 주장은 데밍이 이와 유사한 스토아학파

---

386) Bengel, *Gnomon*, 630; Meyer, *First Epistle*, 1:214-216; Heinrici, *Das erste Sendschreiben*, 201; Weiss, *Der erste Korintherbrief*, 187-188; MacRory, *Epistles*, 100-101; Bachmann, *Der erste Brief*, 278; Lietzmann, *An die Korinther*, 32-33; Allo, *Première Épitre*, 173-174; Héring, *First Epistle*, 55-56; Wendland, *Die Briefe*, 59-60; Barrett, *First Epistle*, 170-171; Conzelmann, *1 Cor*, 127; Senft, *La Première Épitre*, 97-98; Lang, *Die Briefe*, 96-97; Deming, *Paul on Marriage*, 158-159; Collins, *First Cor*, 285-286. 한편 더 신중한 태도를 취하는 이들로는 다음을 참조하라. Mitchell, *Rhetoric of Reconciliation*, 124, n. 357; Orr and Walther. *1 Cor*, 72.

387) Martin, *Slavery*, 198, n. 16 and 60-65 그리고 곳곳에.

388) Lightfoot, *Notes*, 229-230; Blomberg, *1 Cor*, 146.

의 말을 인용할 것임을 예고한다.[389] 어쨌든 노예의 신분에서 해방된 자유
민은 결코 이전 주인에 대한 자신의 의무로부터 "자유로울" 수 없었다.

　　(c) 견해 (i)에서 가장 강한 주장은 현재 명령법 대신 명령법 부정과
거를 사용한 점이다. 이것은 "어떤 구체적인 기회를 활용하는 것"을 의미
한다.[390] 하지만 비록 이 주장이 부정과거 사용을 설명해줄 수도 있지만, 우
리가 지지하는 견해(iv)는 χρῆσαι가 행위와 마음의 자세를 모두 포함한다
는 점을 (i)와 공유한다. 억압을 싫어하여 마음이 내키지 않는 자세는 현재
상황을 "지속적으로 사용하라"(현재 명령법)가 아니라 과연 마침내 자유가
올 것인지 미리 판단하지 않고 현재 상황을 "이용하기 시작하십시오"(부정
과거 명령법) 또는 "현재를 적극적으로 사용하기 시작하십시오"라는 권면을
불러올 것이다. 슈트로벨은 바울이 다음과 같이 말하는 것으로 이해한다.
"염려로 인해 짓눌리지 마십시오.…그리스도에게서 생명을 얻은 자에게,…
그리스도 안에서 자유를 누리는 자에게 과연 자유가 주어질지는 그리 중요
하지 않습니다."[391]

　　(d) 견해 (i) 지지자들은 μᾶλλον이 "어떻게 해서든 (기회를 잡으라)"
는 절대 최상급의 의미로서 εἰ καί가 "만약 당신이 실제적으로 ~을 지니고
있다면"을 의미하는 것으로 해석한다. 하지만 바레트와 다른 이들은 이 해
석이 해당 문맥과 자연스럽게 어울리지 않는다고 생각한다.[392] 이와는 대조
적으로 에드워즈는 눅 11:18의 εἰ δὲ ὁ σατανᾶς, "만약 사탄이"와 빌 2:17의
εἰ καὶ σπένδομαι, "설령 내가 [전제로] 부어진다 하더라도"를 인용하면서
만약 바울이 χρῆσαι를 자유에 적용하고자 했다면 그는 9절과 15절에서처
럼 καί를 생략했을 것이라고 결론짓는다. 어쨌든 콜린스는 만약 문법이 다
른 방향을 가리키는 것처럼 보인다면 바울의 생략법은 해당 이슈를 거의 미
결 상태로 남겨두었을 것이며, 어떤 상황에서도 만족하라는 내용이 훨씬 더

---

389) Edwards, *First Epistle*, 183-184.
390) Bruce, *1 and 2 Cor*, 72.
391) Strobel, *Der erste Brief*, 124.
392) Barrett, *First Epistle*, 170; Edwards, *First Epistle*, 183.

결정적이었을 것이라고 주장한다.[393]

(e) 이 해석은 바로 이어지는 바울의 말 ὁ γὰρ ἐν κυρίῳ κληθεὶς δοῦλος ἀπελεύθερος과도 잘 어울린다.[394] 주님께 속한 자유민과 주님의 노예로서 자유인이라는 노예의 두 가지 범주는 22절에 나타나는데, 이는 겉으로 노예로 남아 있는 자들에게 위로와 격려를 표현해준다.

(iii) **χρῆσαι**를 그리스도인의 **κλῆσις**에 적용하기. 바치는 21절을 "만약 당신이 진정으로 노예 상태에서 해방된다면 [자유민으로서] 어떻게 해서든 하나님의 부르심에 일치하는 삶을 사십시오"라고 번역한다.[395] 사실상 흐로세이데는 정확하게 20년 전에 바치의 견해를 미리 논의한다. 그는 다음과 같이 주장한다. "노예 신분이 아닌 부르심이 중요한 사항이다. 어떤 노예는 매우 훌륭한 그리스도인이 될 수도 있다. 그렇게 되기 위해 그는 부르심을 받은 것이다!…가장 중요한 사항은 그리스도인이 되는 것이다. 그리고 모든 가능한 상황에서 훌륭한 그리스도인이 되는 것이다."[396] 흐로세이데는 χρῆσαι가 자유에 적용된다는 견해를 받아들이지 않는다. 그는 이것이 "당신의 노예 신분을 이용하라"를 의미하지도 않는다고 주장한다. "두 견해는 모두 옳지 않다."[397] 이용해야 하는 것은 자유나 노예 신분 같은 상황적인 조건이 아니다. "이것은 우리에게 '이용하라' 앞에 '당신의 부르심'이라는 말을 덧붙이기를 촉구한다."[398]

피는 노예가 이 문제에 있어 선택권이 전혀 없다는 점에 근거하여 노예 신분을 이용하라는 해석을 거부하는 바치와 논쟁을 벌인다. 하지만 이것은 바울이 그리스도인 신분에 대한 자세와 그의 현재 상황에 대한 자세를 서로 구분한다는 점을 전적으로 오해하는 것이다. 클라우크, 피셔 등 다른 이

---

393) Collins, *First Cor,* 285–286. 언어학적인 이슈에 대해서는 다음 주석을 참조하라. Conzelmann, *1 Cor.* 127 and 127, n. 22.

394) Héring, *First Epistle,* 56.

395) Bartchy, *μᾶλλον χρῆσαι,* 155–159.

396) Grosheide, *First Epistle,* 170.

397) 같은 책.

398) 같은 책.

들이 주장하듯이 이것은 자세와 관련된 사항이다. 그런 점에서 이는 스토아 철학의 관점과 우연히 일치한다.[399] 속박하는 상황은 반드시 사람을 마음 내키지 않는 원망스러운 자세를 취하도록 강요하지 않으며, 상황적인 억압 자체가 노예의 진정한 주인이신 주님을 기쁘시게 하는 기회로 사용될 수 있다. 이 말의 구조는 스토아학파의 주장과 다르다. 하지만 상황과 이에 대한 자세를 구분한다는 점에서 텔레스, 세네카, 필론의 표현은 바울의 표현과 일치한다.[400] 바치는 χρῆσαι가 "~에 따라 살아간다"를 의미한다는 입장에 버금가는 주장을 펼칠 수 있다. 왜냐하면 BAGD는 예컨대 (τοῖς νόμοις와 함께) 이 의미를 지지하는 요세푸스의 『아피온 논박』(Against Apion 2.125)과 다른 소수의 초기 자료를 인용하기 때문이다.[401] 그러나 피와 코코런은 이 구절이 하나님이 당신을 부르신 사실에 합당하게 사는 것을 의미한다는 바치의 해석에 설득력 있게 이의를 제기한다.[402]

(iv) 만약 우리가 바치의 연구에서 (그의 구문에 대한 이해는 제외하고) 긍정적인 측면을 포함하여 (ii)와 (iii)의 모든 긍정적인 관찰을 활용한다면 21절 전반부의 "그것에 대해 염려하지 마십시오"는 이제 21절 후반부에서 확대된다. "설령 당신이 ~이 된다 하더라도"는 "설령 당신이 자유를 얻기 위해 당신의 능력을 최대한 발휘할 수 있다 하더라도"를 의미하지 않는다. 왜냐하면 이 해석은 그것이 어떤 사람의 생각, 활력, 염려를 모두 동원하는 것과 관련되어 있다는 원리를 과소평가하기 때문이다. 그럼에도 **경험적인 능력**이 배제된다면 δύνασαι는 **논리적인 능력**을 나타내는 기능을 수행할 수 있다. 그러므로 "설령 당신이 (어느 날) 자유롭게 될(부정과거 부정사, γενέσθαι) 가능성(δύνασαι)이 있다 하더라도"라는 번역은 조건절의 전제적 명제를 충

399) Klauck, *1 Korintherbrief,* 54; Lang, *Die Briefe,* 96-97; Deming, *Paul on Marriage,* 158-170; Harrisville, *1 Cor,* 115-116; Fischer, "1 Cor. 7:8-24," *BR* 32; 참조. 26-36.
400) Teles, *Fragment,* 2.10.65-80; Philo, *De Iosepho* 143-144; Seneca, *De Tranquilitate* 4.3, 4(또 다른 예는 다음을 참조. Deming, *Paul on Marriage,* 158-170).
401) BAGD, 884; Bartchy, μᾶλλον χρῆσαι, 155-159.
402) Fee, *First Epistle,* 310, n. 21; 참조. G. Corcoran, "Slavery in the NT, 2," *Milltown Studies* 6 (1980): 69-72.

실하게 반영한다. 그렇다면 귀결절은 무엇을 가리키는가? 그것은 바로 계속 전개되는 주제이자 7장 전체의 밑바탕에 깔린 의미, 곧 현재 **상황**이다. 바울은 7장에서 다양한 상황에서 다양한 상황으로 이동한다. 바로 그런 이유에서 이 명사가 χρῆσαι 다음에 생략되었을 것이다. 각각의 상황은 중요하면서도 또한 중요하지 않다. 이 상황들은 영적 신분을 상승시키지도 않고 방해하지도 않는다. 하지만 복음은 이 땅의 제도와 제약에도 불구하고가 아닌 그것들을 통해 구현된다.

여기서 우리는 주제에서 벗어나는 목적에 주의를 기울여야 한다. 과연 이러한 사항은 "중요한" 것인가? 바울은 다음과 같이 대답한다. 신체적인 친밀함, 결혼, 독신, 재혼, 할례, 잡일을 하는 노예 신분, 중요한 인물에게 관리자 역할을 하는 노예, 노예에서 해방된 자유민 등에 부여된 다양한 가치를 고려하라. 이 모든 사항은 일상생활에서 복음을 구현하는 삶을 사는 정황 안에서 저마다 쓸모가 있다.[403] 종말론적 완벽주의와 금욕주의적 종교는 자유-현실주의 변증법(freedom-realism dialectic)이라는 바울의 복음을 반영하지 못한다. 왜냐하면 전자는 앞에서 열거한 모든 것을 무시하고, 후자는 어떤 것보다 다른 것에 더 높은 가치를 부여할 것이기 때문이다. 클라우크와 해리스빌은 이 점을 예리하게 지적한다.[404] 자유를 희망하는 것은 중요한 주제에서 벗어나는 것이 아니다. 그리스도인은 자신의 현재 상황을 긍정적으로 **활용할** 수 있다. 하지만 만약 자유를 고대하며 "기다리는" 과정에서 어느 날 자유가 주어진다면, 이제 그 상황을 **이용해야** 한다. 바울은 이 편지의 수신자들을 노예 상태에 매여 있게 하지 않는다. 하지만 그는 그들이 자유인으로서 그리스도의 제자라는 환상을 품고 동요되는 것도 원치 않는다. 하나님과 다른 사람들과 삶 자체에 대해 자신만의 고유한 자세를 취하며 복음에 부합하는 삶을 온전히 실천하기 위한 공적인 영역으로서 **현재의** 모든 상황은 저마다의 특별한 권리들과 불리한 점들을 지니고 있다. 이 해석은

---

403) 참조. Wolff, *Der erste Brief,* 149-150.
404) Klauck, *1 Korintherbrief,* 54. 참조. Harrisville, *1 Cor,* 115-116.

노예[신분]에 대한 특별 주해에 비추어볼 때 보다 더 설득력이 있을 것이다. 본문에 대한 주해를 위해 사회적 배경을 살펴보는 것은 매우 중요하다. (아래에 수록된 특별 해설을 참조하라.)

22-23a절   데일 마틴은 22절에 대한 매우 탁월한 해석을 제시한다.[405] 우리는 마틴의 번역을 대부분 받아들인다. 이는 콘첼만과 다른 이들의 견해에 반론을 제기하는 이 번역이 바울의 강조점을 잘 밝혀주기 때문이다. 마틴은 우리가 7:19-24 전체를 통해 유지하려고 한 변증법을 발전시킨다. 즉 한편으로는 남성과 여성, 유대인과 이방인, 노예와 자유인에 대한 구분이 폐기되었지만, 다른 한편으로는 이 구분이 현실에서 여전히 존재한다. 따라서 마틴은 이렇게 주장한다. "바울은 모든 사람이 노예이면서 동시에 자유인이기 때문에, 그리스도 안에서는 모든 사람이 기본적으로 똑같은 상황에 놓여 있다고 주장함으로써 마치 각 개인의 외적이며 세상적인 신분은 중요하지 않은 것처럼 노예가 겪는 고통을 단순히 약화시키지 않는다."[406] 이러한 해석에 의하면 "그리스도인 사이에서 신분의 차이는 폐지된다. 모든 그리스도인은 종말론적인 균일화에 의해 그리스도에게 속한 노예의 신분 안에서 역설적인 자유를 누린다."[407]

여기서 상당 부분은 우리가 ἀπελεύθερος κυρίου를 어떻게 해석하느냐에 달려 있다. 콘첼만은 "주님의 자유민"이라는 번역은 "정말로 적합하지 않다"고 주장한다. "오히려 이 표현은 만약 그가 주님 안에 있고 그가 주님에게 속하면 그는 종말론적인 의미에서 자유롭고 죄로부터 자유롭다는 것을 의미한다."[408] 하지만 언어사전은 ἀπελεύθερος가 일차적으로 자유민 또는 자유인을 의미한다고 입증해주지 않는가? 그렇다. 하지만 콘첼만은 여기서 이 그리스어 명사는 주님과의 관계에서의 자유민이 아니라 그의 이전의 노예 신분과 관련하여 그의 지상의 주인으로부터 해방된 사람을 의미한다

---

405) Martin, *Slavery as Salvation*, 63-68.
406) 같은 책, 64.
407) 같은 책.
408) Conzelmann, *1 Cor*, 128.

고 말한다. 기독교적인 관점에서 콘첼만은 주님을 섬기는 것을 강조하는 큄
멜의 입장에 반대하며, 주님 안에서의 자유를 강조하면서 리츠만의 입장을
따른다.[409] 콘첼만의 견해에 의하면 바울의 결정적으로 중요한 평행 본문들
은 롬 6:18, 8:2, 갈 5:1에서 나타난다.

피는 콘첼만의 입장을 상당히 밀접하게 따른다. 그의 견해에 의하면 이
절은 "왜 그리스도인 노예는 자신이 처해 있는 사회적 상황이 자신을 억압
하는 기회가 되게 하면 안 되는지를 가리키는 21절에 대한 신학적인 근거
를 제공해준다.…자신의 이전 죄의 속박으로부터 '자유'로…부르심을 받
은 사람에게는 노예의 신분도 자유도 결정적으로 중요한 것이 아니다."[410]
슈라게는 분명히 마틴이 비판하는 ἀπελεύθερος κυρίου에 대한 콘첼만의
문장을 명시적으로 지지하는 반면, 젠프트는 21절을 "갈 3:28에 대한 일
종의 주해"라고 부르면서 콘첼만과 피의 취지를 따른다.[411] 바레트는 (앞에
서) 본 주석서에서 7:17-24에서 확인하고, 마틴의 예리한 분석에서 예시
된 미묘한 변증법을 지키는 데 상당한 관심을 드러내는 소수의 저자 중 하
나다.[412]

마틴은 다음과 같이 주장한다. "하지만 콘첼만의 해석은 고대 그리스-
로마의 노예제도의 복합성과 바울의 표현에 담긴 다양한 사회적인 의미를
제대로 인식하지 못한다. 만약 바울이 그리스도 안에 있는 사람의 종말론
적 자유를 강조하기를 원했다면 그는 ἀπελεύθερος가 아니라 ἐλεύθερος를
사용했을 것이다. ἀπελεύθερος는 명백히 사회적인 의미를 지니고 있다. 이
단어는 노예 신분에서 벗어난 사람과 그의 후견인의 관계를 강조한다."[413]
비문들은 신분을 나타내는 ἀπελεύθερος가 추모하는 사람의 이름과 나란
히(후원자의 이름은 소유격으로 표기됨) 적힌 증거를 많이 보여준다. 마틴이 지

---

409) 같은 책, 128, n. 29; 참조. Lietzmann, *An die Korinther*, 33; Kümmel, "Anhang," 177-178.
410) Fee, *First Epistle*, 318 and 319.
411) Senft, *Première Épitre*, 98-99; Schrage, *Der erste Brief*, 2:142.
412) Barrett, *First Epistle*, 171.
413) Martin, *Slavery as Salvation*, 64.

적하듯이 신분 상승의 주제는 종종 신분에 대한 일련의 언급과 연결되어 있다. 예를 들면 "가이우스의 자유민 율리아의 노예"라고 표기되어 있다. 마틴은 다음과 같이 분명하게 주장한다. "노예를 '그리스도 안에 있는 자유인'이 아니라 '그리스도의 자유민'이라고 부름으로써 바울은 바로 콘첼만이 부인하는 것을 강조한다. 즉 문제는 그 사람의 신분이지, 종말론적인 자유가 아니다.…곧 그리스도와의 종속 관계로부터 얻는 유익과 인간 후견인과의 종속 관계로부터 얻는 유익의 대조다."[414]

주님께 속한 자유민이 되는 것은 노예에서 자유민으로 바뀐다는 점에서뿐만 아니라 다른 사람이 아닌 주님께 속한 자유민이라는 점에서 "신분 상승"이다. 따라서 우리는 마틴의 입장을 따라 κυρίου를 소유를 나타내는 소유격(주님께 속한) 또는 목적격 소유격으로서(μαρτύριον τοῦ Χριστοῦ, 1:6, 아마도 그리스도에 관한 증언) "주님을 향한"으로 번역한다. BDF는 이 소유격을 기원을 나타내는 소유격과 밀접하게 연결한다.[415] 영어의 전치사(to)는 소유격의 의미를 훼손하지 않으면서 단순히 주의를 끈다. 이러한 사회적 배경은 이제 피와 슈라게가 주장하는 신학적 강조점을 보여주는 길을 열어준다. "노예의 진정한 신분은 당대의 법적 신분에 의해 규정되지 않고, 단순히 개선된 개인의 상황—자유—에 의해 규정되는 것도 아니다. 노예의 진정한 신분은 그가 완전히 다른 가정, 곧 그리스도의 가정에 배치되는 것을 통해 결정된다. 이 노예는 주님께 속한 자유민이다. 그는 그 관계가 가져다주는 유익, 신분, 의무를 공유한다"(강조는 덧붙여진 것임).[416] 이 모든 것은 마틴이 6:20과 9:16-18에 적용하는 그의 기본 주제를 구체적으로 보여준다. 즉 바울은 노예에 대한 이미지를 단순히(또는 주로) 맹종하는 비천한 신분을 가리키는 표지가 아니라 "앞과 위를 향해 나아가는 그리스도인의 구원에 대한 긍정적이며 은유적인 표현"으로 사용한다.[417]

---

414) 같은 책.
415) BDF, sects 162 and 163 (89-90).
416) Martin, *Slavery as Salvation,* 65; 참조. Schrage, *Der erste Brief,* 2:140-143.
417) 같은 책. 고전 9장에 대해서는 117-35을 참조하라.

마틴은 앞으로 한 걸음 더 나아가기를 원한다. 에코를 따라 무어스가 "코드 전환"(위 325, 369쪽을 보라)이라고 부르는 것을 통해 δουλεία가 재정의 되듯이 자유인도 그 의미가 새롭게 이해되고 재상황화된다. 왜냐하면 자유 인은 그리스도의 노예가 되고(ὁ ἐλεύθερος κληθεὶς δοῦλός ἐστιν Χριστοῦ), 노예 는 주님의 자유민(κληθεὶς δοῦλος ἀπελεύθερος κυρίου ἐστίν)이 되기 때문이다. 이것은 분명히 종말론적 "균일화"가 아니다. 마틴은 이것을 신분의 반전에 더 가깝다고 주장한다. 그것은 개별적인 신분에 대한 정의가 아니라 그리스 도의 몸 안에서의 관계에 대한 바울의 신학에 해당한다. 우리는 "나는 네가 필요하지 않다"(12:21)라고 말하는 이들의 신분에 대한 자세와 "우리는 몸 안에서 덜 귀하다고 여겨지는 지체들을 특별히 존귀하게 취급한다"(12:23, 여기서는 NIV의 번역을 따름)는 바울의 응답을 서로 비교할 수 있을 것이다. 그 럼에도 (다른 대상이 아닌) 그리스도의 노예가 된다는 사실은 다른 어떤 "가 문"의 다른 어떤 신분보다 더 높은 것이다. 이것은 근본적으로 그러하기 때 문에 그리스도의 가족 안에서 나타나는 내부적인 차이는 그 가족 밖에서 나 타나는 구분만큼이나 철저하게 상대화된다. 하지만 어떤 가정에서도 역할 및 돌봄의 구분이 모두 폐지되지 않는다. 즉 이러한 상대화는 세밀한 목회 적·신학적 **변증법**의 일부다.

이 모든 것은 23a를 이해하도록 준비시켜준다. 우리는 앞에서 6:20의 주해에서 이미 이에 관해 설명했다. 23a에서 사용된 두 단어, τιμῆς ἠγοράσθητε는 (비록 어순이 바뀌긴 하지만) 6:20에서도 똑같이 사용된다. 우 리는 그리스도가 노예 신분이었던 신자들을 값을 치르고 샀다는 개념을 설 명하기 위해 비문의 증거에 호소하는 다이스만의 견해를 마틴이 거부한 사 실을 앞에서 이미 언급했다(6:20의 주해 참조). 여기서 치른 값은 신자들이 그 들의 주님이신 그리스도의 소유가 되게 한다. 그리스도는 값을 치르고 산 자들을 책임지고 돌본다. 따라서 그리스도인은 자신에게 속한 것이 아니라 **그리스도에게 속한** 것이다. 이것은 바로 그리스도인의 신분이자 영예다. 노 예는 자신의 주님을 대표하기 때문이다. 그리고 이것이 그리스도인의 자 유다. 신자는 이로써 **양육, 결정, 삶의 방향, 책임**에 있어 주님의 손에 맡겨지

기 때문이다.[418]

23b-24절   23b은 23a에 근거한다. 즉 만약 그리스도가 십자가 사건으로 치른 값으로 그리스도인들을 자신의 소유로 샀다면 신자들은 다른 사람이나 대리인이나 제도에 종속되기 위해 자신을 자기 마음대로 팔아넘길 수 없다. 윈터는 이 점에 대해 다음과 같이 논증한다. 23a절은 (21-22절과 함께) "자유를 열망했던 그리스도인 노예들"에게 관심을 갖는다. 23b절은 "사회적·재정적 유익을 위해 자신을 노예로 팔고자 하는 그리스도인 자유민들에게" 관심을 갖는다.[419] 로버트슨과 플러머도 이 점을 어느 정도 앞질러 논의한다.[420] 해당 문맥은 바울의 관심이 수신자들이 유명 인사들과 어울리거나(1:10-12?) 또는 후견인과의 관계와 소유를 통해(1:26-2:5; 5:1-5; 6:1-8; 9:15-18) "신분 상승"에 지나치게 몰두하는 것에 대해 그들을 경고하는 데 초점이 맞추어져 있음을 암시해준다. 이것은 고린도의 성취 지향적이며 경쟁적인 배경과도 일치한다. 또 다른 한편으로 스코트 바치는 "7:23에서 신체적·영적 노예를 발견할 수 있는 충분한 이유들이 있다"고 주장한다.[421] 그의 주장은 분명히 옳다. 바울은 **상황뿐만 아니라** 자세에도 관심을 갖는다. 즉 공적인 세상과 개인의 태도다. 신자들은 **인간의 관점에서 모든 것이 어떤 신분에 도달하느냐에 달려 있는 명예와 수치의 문화에 종속되는 상황으로 되돌아가서는** 안 된다. 그러나 바울이 1-4장에서 지적했듯이 이 "지혜"는 오직 세상에 속한 것이며, 하나님이 보시기에는 어리석은 것이다.

ἀδελφοί를 양성을 모두 포괄하여 번역해야 하는 문제는 24절에서 또다시 나타난다. 이 절의 문맥이 그리스도인의 가정, 상호 관계, 그리스도 안에서의 공통적인 신분 등과 관련되어 있기 때문에 바울은 아마도 그리스도인, 가족 관계, 상호 관계, 애정 등 네 가지 측면이 모두 이해되기를 기대

418) 참조. Weiss, *Earliest Christianity*, 2:458-460; Bultmann, *Theology of the NT*, 1:331-332, 343-344.

419) Winter, "Social Mobility: 1 Cor. 7:17-24," in *Seek the Welfare of the City: Christians as Benefactors and Citizens*, 146; 참조. 145-177.

420) Robertson and Plummer, *First Epistle*, 149.

421) Bartchy, μᾶλλον χρῆσαι, 182 (against Fee, *First Epistle*, 320, n. 58).

할 것이다. 따라서 "사랑하는 그리스도인 형제자매 여러분"이라는 번역이
여기서 문맥에 가장 잘 어울릴 것이다. 양성을 포괄하는 언어의 문제는 몇
몇 영역본에서 "모든"(every 또는 all)을 "각 사람"(저마다)으로 번역하게 만
든다. "각 사람"은 본 장의 각각의 사례에 대한 연구에서 다양성을 강조하
면서 반복적으로 나타난다. 이 단락의 결론에서 ἕκαστος에 주목하게 하는
것은 필요하다. 바울은 이전의 주제를 반복하여 말하지만(위의 주해 참조),
παρὰ θεῷ를 덧붙인다. 이 표현은 "하나님 앞에서"(REB, NJB) 또는 "하나님
과 함께"(AV/KJV, NRSV)를 의미할 수도 있지만, παρά가 지닌 "~의 곁에"라
는 뉘앙스를 포함하는 더 강력한 번역을 필요로 한다. 어떤 이들은 "하나님
의 편에서"도 확실한 가능성으로 간주한다.[422] 따라서 우리는 해당 문맥에
어울리고 그리스어 어순의 강조점을 나타내기 위해 "하나님과 함께 그들의
곁에"로 번역했다.

기원후 1세기 그리스-로마 사회의 노예제도[423]

여기서는 지면 관계상 이 주제에 대한 전반적인 연구를 시도할 수 없다. 하지만
7:21-23에 대한 주해는 바울 당시 로마 세계에 존재했던 노예제도와 관련하여 몇 가
지 선별된 이슈에 관해 부연 설명을 요구한다.

---

422) Robertson and Plummer, *First Epistle*, 150; 참조. BAGD, 609-611, 특히 sect. 2.
423) 이 주석서에서 언급한 모든 주장에 대한 증거 자료가 포함되어 있지만, 아래에 제시되는 자
  료는 참고문헌에 언급된 다양한 자료를 모은 것이다. 본 주석서 저자가 참고한 주요 자료
  중 특히 S. S. Bartchy, K. K. Bradley, Dale B. Martin, H. Gülzow and T. Wiedemann의 연
  구서와 논문이 포함되어 있다. 이 기본적인 자료 외에도 G. Theissen(예. *Social Setting*)과
  Wayne Meeks(예. *The First Urban Christian*)는 도시와 시골, 교차 지역 사이의 차이점들,
  사회적인 신분의 여러 계층 및 각각의 상황에 수반되는 차이점 등 이러한 요소들의 결정적
  인 중요성에 주목한다. 한편 T. Wiedemann은 *Greek and Roman Slavery*, 106-121에서 "노
  예제도의 자료"에 대한 일차 문헌 목록을 제시한다. 그중에는 예를 들면 Pliny the Elder,
  Natural History 35, 58; Suetonius, *Augustus* 32; Polybius, 10.17.6-15; Strabo, 14.5.2 등이
  포함되어 있다.

어떻게 노예가 되는가?

(a) 주요 도시에서는 대략 노예 인구의 삼 분의 일이 노예 신분의 여인에게서 자녀로 태어난 이들이었다.[424] (b) 노예가 되는 두 번째 주요 원인은 종종 사람들이 빚을 갚기 위해 자신을 노예로 파는 것이었는데, 빚을 갚고 남은 돈으로는 저축을 하거나 자신의 자유를 얻을 수 있는 "자금"을 마련할 수도 있었다. 이 자기 "판매" 범주 안에서는 주인을 선택할 수 있는 권한이 주어지기도 했다. 어떤 경우에는 유명하고 성공적인 주인에게 자신을 판다는 것은 심지어 미래의 번영과 현재의 보호를 위한 투자로도 인식되었다. 하지만 거기에는 언제나 위험이 뒤따랐다.[425] 사실상 클레멘스(96년경)는 다른 사람에게 음식을 제공하기 위해 자신을 노예로 판($\pi\alpha\rho\acute{\epsilon}\delta\omega\kappa\epsilon\nu$ $\epsilon\acute{\iota}\varsigma$ $\delta o\upsilon\lambda\epsilon\acute{\iota}\alpha\nu$) 사람에 대해 언급한다(클레멘스1서 55:2). (c) 보호자가 없는 어린아이를 유괴하여 파는 행위와 성인을 유괴하는 행위(참조. kidnapper, RSV; slave trader, NIV — 딤전 1:10)는 불법적이었지만 실행되고 있었다. 어떤 이들은 갓난아이를 팔기도 했는데, 아이는 그냥 내버려져 죽기도 했다.[426] (d) 전쟁 포로와 적대국 백성을 노예로 삼는 일도 종종 일어났다. 필론은 폼페이우스가 기원전 62년에 유대인 전쟁 포로들을 로마로 데려와 노예로 삼은 것에 대해 언급한다. 하지만 간헐적으로 일어난 몇몇 사건을 제외하면 이러한 전쟁은 사실상 로마 제국 초기에 중단되었다. 한 가지 사례로서 기원후 66-79년에 일어난 유대인들의 반란을 진압한 후 베스파시아누스는 육천 명의 유대

---

424) O. Peterson, *Slavery and Social Death: A Comparative Study* (Cambridge, Mass.: Harvard University Press, 1982), 105-131. Peterson은 대략 로마 인구의 85% 이상이 노예였거나 노예 부모에게서 태어났으며, 많은 지방에서는 그 비율이 현저하게 낮지는 않았지만 다소 낮았다고 주장한다. 만약 대략 삼분의 일이 노예 신분으로 태어난 노예였다면 그 수치는 대략 전체 인구의 사분의 일에 해당했을 것이다. 노예의 신분으로 태어난 자녀들은 노예 주인의 소유물이 되었다.

425) 기원후 1세기에 특별한 기술이 없는 젊은 남자 노예의 값은 다양한 측면에서 산정되었다. 하지만 어떤 증거 자료에 의하면 밀 4톤의 값에 해당했다. 이것은 가능한 총액의 규모가 얼마인지 암시한다. 하지만 노예로 자신을 판다는 것은 인간으로서 자기의 상황과 모든 권리에 대한 독자적인 주도권을 전적으로 잃어버릴 위험이 뒤따랐다(ii를 보라). "책임을 져야 하는" 주인에 대해서는 다음을 참조하라. Seneca, *Dialogi* 5; *De Ira* 3.29(또한 Wiedemann, *Greek and Roman Slavery*, 110-116에 수록된 자료를 보라).

426) Wiedemann, *Greek and Roman Slavery*, 118-121. 예를 들면 *Code of Theodosius* 5.10.1; 3.3.1. 유괴에 대해서는 Pausanias 5.21.10을 보라. 참조. T. E. J. Wiedemann, *Slavery* (Oxford: Oxford University Press and Classical Association, 1997), 1-46.

인을 강제 노역을 위해 로마로 사로잡아갔다.[427]

노예의 역할과 지위의 큰 차이

법적인 측면에서 엄밀히 말하자면 노예는 개인의 권리를 지닌 온전한 인격체가 아닌 "한 물건"(*res*) 곧 주인의 재산이었다.[428] 따라서 노예를 소유한 자들은 종종 자신에게 속한 노예에게 극심한 학대와 폭력을 행사할 수 있었다. 그들은 조금도 주저하지 않고 변덕을 부리며 노예에게 자신의 권력을 휘둘렀다. 또한 고문과 신체적인 형벌도 가해졌다. 특히 여성 노예들은 오직 성적 만족의 대상으로 남용될 우려가 있었다. 또한 여성 노예들은 종종 주인의 아들에게 이용당할 것을 예상해야 했다. 하지만 이와는 정반대로 노예를 소유한 자들 가운데 많은 이들은 일을 잘하는 노예를 잘 대해주는 것이 명예와 윤리에 해당한다고 믿었다. 또한 이러한 주인들은 충실한 섬김에 대한 보상으로 노예들을 더욱더 신뢰하고 그들에게 노예로부터 해방될 수 있는 기대감을 높여주는 것이 모두에게 진정으로 유익하다고 생각했다. 사람들에게 존경받는 주인들의 "관리자" 역할을 하는 노예는 그 주인에게 부여된 영예를 어느 정도 가정 밖에서도 누릴 수 있었다. 사람들은 **어떤 사람이 노예인가**라는 질문에 이어 곧바로 **누구에게 속한** 노예인가에 관심을 기울였다. 노예의 신분과 "위로 올라갈" 잠재적 가능성은 다음 두 가지 요소에 달려 있었다. (a) 집안에서 노예의 역할. 이 역할은 집안에서 잡일을 하거나 농사짓는 일을 하는 것에서부터 재산 관리자, 가사 책임자 또는 비서에 이르기까지 다양했다. 이것은 개인의 역량과 우호적인 기회에 달려 있었다. (b) 더 높은 신분의 가정으로 옮기는 것.[429] 어떤 가정들은 규모

---

427) 이것은 로마 공화정 후기에 절정에 이르렀다. 바울 당시 많은 사람은 아마도 노예에서 해방된 사람들의 자녀들이었을 것이다(참조. "자유민의 회당"). Finley는 노예 노동에 대한 제도적인 구조에 대해 논의한다(Finley, *Ancient Slavery and Modern Ideology* [London: Chatto & Windus, 1980], 67).

428) 심지어 노예의 결혼은 결혼(*matrimonium*)이 아니라 노예와의 결합(*contubernium*)이었다. 잔혹한 사례는 다음을 참조하라. Wiedemann, *Greek and Roman Slavery*, 167-187, 특히 *Code of Theodosius* 9.12.1. 또한 다양한 상황의 복합적인 문제에 대해서는 다음을 참조하라. Martin, *Slavery as Salvation,* and *Greek and Roman Slavery*, 2-11.

429) Bartchy를 비롯하여 특히 Martin은 이 이슈에 대해 자세하게 논의한다. Martin은 "노예들이 하는 일"에 대한 방대한 목록을 제시한다. 예를 들면 이발사, 거울 만드는 자, 금 세공업자

가 작고 상대적으로 크지 않았다. 로마의 시인이자 풍자가 호라티우스는 로마의 집 안에서 일하는 세 명의 노예와 자기 농장에서 일하는 여덟 명의 노예를 소유하고 있 었다. 일부 부유한 가정은 수백 명에 이르는 노예를 소유하고 있었다.

노예 가족, 재산 및 비문(碑文)

고대 사회가 핵가족과 비교할 만한 것을 전혀 몰랐다고 추측하는 것은 잘못이다. 묘 비에 새겨진 글은 예를 들면 남편과 아내, 또는 남편, 아내, 자녀 등 다양한 관계의 특 별한 지위에 대해 증언한다. 확대된 가정의 "가족" 구조는 여전히 확대된 그룹 안에 서 더 친밀한 구조를 위한 여지를 남겨놓을 수도 있다. 비록 노예는 단순히 주인의 "소유"였지만, 실질적으로 매우 작긴 하지만 임금을 받았으며 저축하는 것도 허용되 었다. 그것으로 노예들은 필요한 것을 구매하고, 계약을 체결하고, 재산을 늘려나갈 수도 있었다.

노예 해방

상당히 많은 수의 노예가 자유민이 되었고 막대한 영향을 미쳤다는 사실만으로도 대다수 또는 다수의 노예가 머지않아 자신들도 자유를 얻을 수 있다는 희망을 품 었다는 것이 입증될 것이다. 상대적으로 적은 숫자의 노예들은 서로 매우 다른 두 가 지 이유에서 한평생을 노예로 보냈다. 한편으로 많은 노예 소유주들은 자신의 노예 들을 공정하게 대했으며, 충실하게 주인을 섬긴 것에 대한 보상으로 노예들을 해방 해주거나 노예들이 저축이나 부업을 통해 모은 재산으로 값을 치르고 노예 신분에 서 해방된 것이 알려지는 것을 공적인 영예로 생각했다.[430] 다른 한편으로 많은 노 예 소유주들은 어떤 노예가 전성기를 지나 나이가 들면 잠자리와 옷과 음식을 제공 하는 것이 상대적으로 큰 비용이 든다고 생각했다. 그럴 경우에는 노예 해방이 소유

로부터 건축자, 매매 관리자, 관료, 기록 보관자, "관리직 노예"에 이르는 전문적인 역할 등 이다. 심지어 "관리직 노예들"은 로마에 거주하는 주인들을 대신하여 지방의 영토를 관리하 기도 했다(Martin, *Slavery as Salvation*, 11-22).

430) 예를 들면 Suetonius, *Claudius*, 25. 이 이슈들의 복합성에 대해서는 Wiedemann, *Slavery*와 이 특별 해설의 마지막 항목을 보라.

주에게도 이익이 되는 것이었다. 때로는 자유민의 생활 수준이 실질적으로 이전의
노예 시절의 생활 수준보다 더 열악해질 수도 있었다.[431] 이런 경우 노예 해방은 "주
로 인도주의적인 동기에서가 아니라 이기심에 기초한 것이었다."[432] 노예 해방은 기
원후 1세기 첫 4반세기에 상당한 수준에 이르렀다. 따라서 로마 황제 아우구스투스
는 자유민의 숫자와 연령을 제한하는 법을 제정했다.[433] 비문의 증거에 의하면 대다
수 가사(家事) 노예는 30대 초반에 노예 신분에서 해방되는 것을 기대할 수 있었다.
키케로는 많은 노예들이 칠 년 안에 자유를 기대할 수 있었다고 말했다. 해방 노예는
자유와 책임과 함께 자유로운 인격체의 신분을 얻었다. 하지만 해방 노예는 또한 이
전 소유자와의 후견인-피후견인 관계를 유지했다. 사실 7:21의 해석상의 난점들을
해결하는 데 있어 해방 노예가 이전 주인에게 지니고 있던 지속적인 의무를 과소평
가해서는 안 된다고 지적한 학자는 윈터뿐만이 아니다.[434] 해릴은 폭넓은 연구를 통
해 고전 7:21뿐만 아니라 이그나티오스의 『폴리카르포스에게 보낸 편지』 4:3도 그
리스도인 주인들이 세례받은 노예가 해방되는 것을 반대했다는 주장을 지지하지 않
는다고 결론짓는다.[435]

역사 서술 및 해석학

여기서 우리는 오직 한 가지 주요한 이슈에 관심을 기울이고자 한다. 토마스 비데만
은 노예제도는 "주인이 자기 노예에게 독립된 인격체라는 실존을 거부하는 불공평
한 관계"를 반영한다는 전통적인 인식을 지적한다.[436] 하지만 이것은 노예제도를

---

431) 예를 들면 *Dio Cassius* 60.29.
432) Winter, "Social Mobility: 1 Cor 7:17-24"("노예 해방"에 관한 단락), in *Seek the Welfare of the City* (Grand Rapids: Eerdmans and Carlisle: Paternoster, 1994), 153. Winter는 다음 저서에서도 다른 증거들을 인용한다. K. Hopkins, *Conquerors and Slaves: Sociological Studies in Roman History*, 1 (Cambridge: Cambridge University Press, 1978); and A. Watson, *Roman Slave Law* (Baltimore: Johns Hopkins University Press, 1987).
433) *Lex Aelia Sentia*(기원후 4년)는 자유민이 될 수 있는 최소한의 연령을 서른 살로 제시한다. 참조. Bartchy, "Slavery," *ISBE*, 4:543-546.
434) Winter, "Social Mobility," in *Seek the Welfare of the City*, 153.
435) Harrill, *The Manumission of Slaves in Early Christianity*.
436) Wiedemann, *Slavery*, 3.

" '주변성'(marginality)이라는 구조주의적 개념이 적용되는 하나의 이상적인 주제"
로 만든다. "주변적인 것들은 두 방향을 가리키면서 모호성을 지닌다. 이것은 그것을
바라보는 이들이 자신을 어떤 개념적인 범주에 배치할지…그리고 어떤 실질적인 행
동을 취할지 불확실하게 만든다."[437] 왜냐하면 노예가 어떤 신분인지는 사회생활의
한복판에 무엇이 놓여 있는지에 달려 있기 때문이다. 시민은 사회 한복판에 있고, 노
예는 인간 사회에 최소한으로 참여하는 정반대 그룹을 대표한다. 그러나 다른 문화
적인 제도들은 또 다른 "중심들"을 갖고 있다. 새로운 역사 탐구는 다음과 같은 사실
을 밝혀준다. 다수의 상황에서(예를 들면 공공건물 건설의 경우) "자유인 숙련공과 노예
숙련공은 함께 일했으며 임금을 받았다.…그들은 [주인의] 오이코스(집)에서 살지
않을 수도 있었다."[438] 또한 (예를 들어 가족 공예, 제빵, 도자기 제조, 나무 공예 등에서 노예들
의 역할에 대한) 새로운 역사적인 평가는 여전히 진행 중이다. 노예들은 유모, 보모, 이
발사, 교사, 의사(곧 오늘날의 "전문직"과 겹침)의 일에 참여했다. 나아가 노예들과 관련
된 많은 측면과 이슈는 여전히 복잡하며 아직도 분명하게 밝혀지지 않고 있다. "노
예들이 주인을 섬겼던 다양한 상황을 명백하게 보여주는 그림은 아직 나타나지 않
고 있다."[439]

6. 미혼자, 특히 여성 미혼자에 관한 이슈(7:25-28)

[25] 아직 결혼하지 않은 이들에 대해 나는 주님께 받은 명령이 없습니다. 그러나
나는 주님의 자비를 받은 신뢰할 만한 사람으로서 내 의견을 제시합니다. [26] 나
는 곧 닥칠 환난 때문에 사람이 현재 상태로 남아 있는 것이 좋다고 생각합니다.
[27] 만약 그대가 어떤 여인에게 매여 있다면 그 매임에서 풀려나려고 하지 마십시
오. 만약 그 매임이 풀렸으면 결혼하려는 것을 그만두십시오. [28] 그러나 그대가
결혼하더라도 그대는 죄를 짓는 것이 아닙니다. 또한 만약 처녀가 결혼하더라도

---

437) 같은 책.
438) 같은 책, 33.
439) 같은 책.

그는 죄를 짓는 것은 아닙니다. 하지만 결혼한 부부는 일상생활에서 시련을 겪게 될 것입니다. 그리고 나는 여러분에게 그것을 면하게 하려는 것입니다.

 29,30 사랑하는 형제자매 여러분, 나는 이 점을 분명하게 시인합니다. 최후의 시간은 끝이 정해져 있습니다. 그래서 이 시간이 남아 있는 동안 결혼한 사람들은 결혼에 매이지 않은 사람처럼 하고, 우는 사람들은 울지 않는 사람처럼 하고, 기뻐하는 사람들은 기뻐하지 않는 사람들처럼 하고, 무엇을 산 사람들은 그것을 가지고 있지 않은 사람처럼 지내십시오. 31 그리고 세상을 이용하는 사람들은 그것에 몰두하지 않는 사람처럼 지내십시오. 왜냐하면 이 세상의 외적인 구조들은 사라져가기 때문입니다. 32,33 그래서 나는 여러분이 염려로부터 자유롭기를 바랍니다. 결혼하지 않은 남자는 어떻게 그가 주님을 기쁘시게 해드릴 수 있을까 하고, 주님의 일에 관심을 기울입니다. 그러나 결혼한 남자는 어떻게 그가 자기 아내를 기쁘게 할까 하고, 세상일에 대해 염려합니다. 34 그래서 그는 두 방향으로 이끌립니다. 현재 결혼으로부터 자유로운 여인과 처녀는 주님의 일에 관심을 기울입니다. 그래서 사람들 앞에서, 그리고 성령 안에서 거룩해지려고 합니다. 그러나 결혼한 여자는 어떻게 자기 남편을 기쁘게 할까 하고, 세상일에 대해 염려합니다. 35 내가 이 말을 하는 것은 전적으로 여러분에게 도움을 주려는 것이지, 여러분에게 올가미를 단단히 씌우려는 것이 아닙니다. 오히려 [여러분이] 품위 있게 살면서 흐트러짐 없이 오직 주님만을 섬기게 하려는 것입니다.

36 만약 누가 자기 약혼녀에게 합당하게 행동하고 있지 않다고 생각한다면, 그리고 만약 그것이 부당한 긴장감에 대한 문제이고 그것이 옳다고 여겨진다면, 그는 그가 원하는 것을 하십시오. 그것은 죄가 아닙니다. 그들은 결혼하십시오. 37 그럼에도 불구하고 그가 마음을 굳게 정하고, 사람이나 상황이 그를 강요하기 때문이 아니라 스스로 결정을 내릴 전적인 권리를 지니고 있으며, 자기 약혼녀를 처녀로 두기로 독자적으로 결정했다면, 그는 잘 하는 것입니다. 38 그래서 자기 약혼녀와 결혼하는 자는 잘 하는 것이며, 그리고 결혼하지 않는 자는 더 잘 하는 것입니다.

7:25-40에 대한 추가 참고문헌

Allmen, J. J. von, *Pauline Teaching on Marriage* (London: Faith Press, 1963), 11-22.

Balch, D. L., "1 Cor 7:32-35 and Stoic Debates about Marriages, Anxiety and Distraction," *JBL* 102 (1983): 429-439.

Cambier, J.-M., "Doctrine paulinienne du marriage chrétien," *EeT* 10 (1979): 13-59.

Coppens, J., "L'Appel Paulinien à la Virginité," *ETL* 50 (1974): 272-278.

Deming, W., *Paul on Marriage and Celibacy: The Hellenistic Background of 1 Cor 7*, SNTSMS 83 (Cambridge: Cambridge University Press, 1995), 특히 173-210.

Derrett, J. D. M., "The Disposal of Virgins," *Man* 9 (1974): 23-30.

Doulfe, K. G. E., "1 Cor 7:25 Reconsidered (Paul a Supposed Adviser)," *ZNW* 83 (1992): 115-118.

Doughty, D. J., "The Presence and Future of Salvation in Corinth," (on 7:29-31), *ZNW* 66 (1975): 66-74.

Fischer, J. A., "Paul on Virginity," *BibTod* 72 (1974): 163-168.

Ford, J. M., "Levirate Marriage in St Paul (1 Cor vii)," *NTS* 10 (1963-64): 361-365.

————, "The Meaning of 'Virgin,'" *NTS* 12 (1966): 293-299.

Gagner, J. G., "Functional Diversity in Paul's Use of End-Time Language," *JBL* 89 (1970): 323-337.

Genton, P., "1 Cor 7:25-40: Notes exégétiques," *ETR* 67 (1992): 249-253.

Giblin, C. H., "1 Cor 7—A Negative Theology of Marriage and Celibacy?" *BT* 41 (1969): 239-255.

Hierzenberger, G., *Weltbewertung bei Paulus nach 1 Kor 7:29-31* (Düsseldorf: Patmos, 1967).

Hurd, J. C., *The Origin of 1 Corinthians* (London: SPCK, 1965), 169-182.

Kümmel, W. G., "Verlobung und Heirat bei Paulus (1 Kor 7:36-38)," in W. Eltester (ed.), *Neutestamentliche Studien für Rudolf Bultmann*, BZNW 21 (Berlin: Töpelmann, 1954), 275-295.

Lake, K., *The Earlier Epistles of St Paul* (London: Rivingtons, 2d ed. 1914), 184-191.

MacDonald, M. Y., "Women Holy in Body and Spirit: The Social Setting of 1 Cor 7," *NTS* 36 (1990): 161-181.

Meeks, W. A., *The First Urban Christians: The Social World of the Apostle Paul* (New Haven: Yale University Press, 1983), 84-107.

Müller, U., *Prophetie und Predigt im NT* (Gütersloh: Gütersloher Verlagshaus Mohn, 1975), 142-162.

Niederwimmer, K., *Askese und Mysterium. Über Ehe, Ehescheidung und Eheverzicht* (Göttingen: Vandenhoeck & Ruprecht, 1975), 13-41.

O'Rourke, J. J., "Hypotheses regarding 1 Cor 7:36-38," *CBQ* 20 (1958): 492-498.

Ramsarin, R. A., "More Than an Opinion: Paul's Rhetorical Maxim on First Cor 7:25-26," *CBQ* 57 (1995): 531-541.

Schlier, H., "Über das Hauptanliegen des 1 Korintherbriefes," *EvT* 8 (1948-49).

Schrage, W., "Die Stellung zur Welt bei Paulus, Epiktet und in der Apokalyptik. Ein Beitrag zur 1 Kor 7:29-31," *ZTK* 61 (1964): 125-154.

Scroggs, R., "Paul and the Eschatological Woman," *JAAR* 41 (1972): 532-537.

Sickenberger, J., "Syneisaktentum im ersten Korintherbriefe?" *BZ* 3 (1905): 44-69.

Williams, T., "The Forgotten Alternative in First Cor 7," *CT* 17 (1973): 6-8.

Wimbush, V. L., *Paul, the Worldly Ascetic* (Macon, Ga.: Mercer, 1987), 1-93.

Winter, B. W., "Secular and Christian Responses to Corinthian Famines," *TynBul* 40 (1989): 106.

Witherington, B., *Women in the Earliest Christianity,* SNTSMS 58 (Cambridge: Cambridge University Press, 1988), 26-42.

Wolbert, W., *Ethische Argumentation und Paränese in Kor 7* (Düsseldorf: Patmos, 1981), 72-134.

25절   고전 7장 전체와 관련하여 "독신"에 대한 이슈는 7장의 머리말 맨 뒷부분에 수록된 특별 해설(독신과 관련하여 7장이 교부 시대에 영향을 미친 것에 기초한 이후 역사로부터의 추론)을 참조하라. 25절의 περὶ δέ에 대해서는 앞에서 7:1에 대한 주해와 특별히 미첼의 해설을 보라. 이 표현은 이 편지에서 여섯 번 나타나며(7:1, 25; 8:1; 12:1; 16:1, 12), 대체로 새로운 주제의 시작을 알려준다. 하지만 미첼의 논문은 7:1보다는 이 절에 더 해당된다. 왜냐하면 미첼의 논지 중 일부가 "περὶ δέ가 편지를 통한 질문에 국한된 것이 아니"라는 것이며, 미첼도 시인하듯이 7:1에서 이 표현은 바울이 고린도 사람들이 보낸 한 편지에 명시적으로 대답한다는 것을 알려주기 때문이다.[440] 그녀는 대다수 학자들이 이 표현에 너무 많은 의미를 부여하는 해석을 해왔다고 결론짓는다. 즉 부정적인 측면에서 이 표현은 고린도전서의 통일성을 손상시키는 그 어떤 분할 이론(partition theory)도 암시하지 않는다는 것이다. 하지만 긍정적으로 이 표현은 "바울이 자신의 방식으로 고린도의 다양한 상황

---

440) M. M. Mitchell, "Concerning περὶ δέ in 1 Cor," *NovT* 31 (1989): 247; 참조. 229-256. 참조. Mitchell, *Paul and Rhetoric of Reconciliation,* 190-191; Hurd, Origin of 1 Corinthians, 61-71; Allo, *Première Épitre,* 153 and 196; Wimbush, *Paul, the Worldly Ascetic,* 11-13; G. Sellin, "Hauptprobleme des Ersten Korintherbriefes," *ANRW* 2:25:4, 2941-942 (참조. 2940-3044).

에 어떻게 대응하기로 했는지를 이해하는 데 대한 매우 중요한 단서"라는
것이다.[441] 허드의 주장은 미첼이 판단하는 것보다 훨씬 더 설득력이 있을
수 있다. περὶ δὲ τῶν παρθένων 주제를 이 편지의 수신자들과 바울 중에 누
가 먼저 제기했는지에 대한 질문에 확실한 답변을 제시하긴 어렵다. 고린도
에서 이 주제를 먼저 제기했다는 견해가 훨씬 더 개연성이 높으며, 콘첼만
은 그럴 가능성이 "다분하다"고 믿고 있다.[442]

이제 결혼한 부부(7:2-7), 남편이나 아내와 헤어지거나 사별한 사람
(7:8-9), 헤어질 것을 고려하는 사람(7:10-11), 불신자와 이미 결혼한 사람
(7:12-16), 자신의 상황이나 신분을 "개선"하려는 사람(7:17-24) 옆에 περὶ
δὲ τῶν παρθένων이라는 새로운 범주가 추가되어야 한다. 그렇다면 과연
이들은 누구인가? 우리는 적어도 네 가지 가능성을 살펴보아야 한다. 피는
주요한 제안 중 문제점이 없는 주장은 없다고 결론짓는다.[443] 먼저 (1) 결
혼할 수 있는 나이임에도 결혼하지 않은 여성들(36-38절, 이미 약혼했지만 심
리적인 압박으로 인해 결혼에 이르는 조치를 취하지 못한 자)은 24절에서 언급하는
자들과 동일한 범주에 속하는 사람들인가(따라서 모팻, 미혼 여성), 아니면 (개
연성이 더 높아 보이는 견해로) 36-38a에서 언급되는 여성들은 여기서 언급되
는 그룹 가운데 **어떤 하부 범주**에 속하는 자들인가? 사전에 기초한 관점에
의하면 παρθένος는 "여성과 전혀 성관계를 갖지 않은 남성"도 포함한다
(BAGD). 이것은 남성 명사를 요구하지만, 정관사와 함께 사용되는 소유격
복수 형태 παρθένων은 그 자체만으로는 성별을 구분할 수 없다.[444] 이것은
그리스어의 제2변화 여성 명사이거나 남성 명사이지만, 의미상으로는 남녀
모두를 포함할 수도 있다. 비록 많은 학자들은 36-38절의 이 단어에 사전적
정보를 뛰어넘는 의미를 부여하지만, 다음과 같은 해석은 단순히 미리 결론
을 단정 짓는 것이다. 예를 들어 피츠마이어는 다음과 같이 주장한다. "25-

---

441) Mitchell, "Concerning περὶ δέ in 1 Cor," 131.
442) Conzelmann, *1 Cor.* 131.
443) Fee, *First Epistle*, 326.
444) BAGD, 627. 계 14:4도 참조.

34절에서 παρθένος가 사용된 것과 36-38절의 이 단어가 사용된 것은 반드시 구별되어야 한다. 25절, 28절, 34절은 전반적으로 παρθένοι에 대해 말한다."[445] 우리는 36-38절이 25-34절의 보다 더 광범위한 그룹에 속한 어떤 구체적인 하부 범주를 나타낸다고 이해하는데, 이러한 우리의 입장은 바울의 청중이 오직 여성으로만 구성되어 있었다고 추론하는 것(참조. 26절에서 바울이 사용한 ἀνθρώπῳ는 특정 성별을 가리키지 않음)과 우리가 이 단락의 범주와 하부 범주를 "미혼자, 특별히 여성 미혼자에 관한 이슈(7:25-28)"라고 밝히는 것을 주저하게 만든다.[446]

(i) J. K. 엘리엇은 7:25-38 전체가 약혼한 커플에 관심을 보이지만, παρθένος라는 용어는 이 문맥에서 약혼한 여성들을 의미한다고 제안한다.[447] 그는 27절에서 바울은 다음과 같이 조언한다고 주장한다. "당신은 어떤 여성과 약혼했습니까? 약혼으로부터 벗어나려고 하지 마십시오. 당신은 미혼입니까? 결혼하려고 하지 마십시오." 하지만 사실상 엘리엇이 주장하듯이 각각의 경우에 대한 연구들이 밝혀주는 복합적인 내용은 이혼(1-24절), 약혼(25-38절), 재혼(39-40절)으로 단순화시킬 수 없다.

(ii) 바운드는 26-29절에 대해 비슷한 해석을 제시하지만, 매튜 블랙을 따라 25-28절의 παρθένος는 미혼 남성 또는 독신 남성을 의미한다고 주장한다.[448] 이 해석은 28절의 여성 ἡ παρθένος에 문제점을 안겨준다. 따라서 바운드는 해당 절에서 여성 정관사 ἡ는 남성 정관사 ὁ가 필사 과정에서 변질된 것이라는 편법에 호소한다. 하지만 28a까지는 παρθένος가 남성을 의미하기 때문에 28a 이후부터 바울은 결혼하지 않은 독신 여성에 대해 언급하면서 자신의 상호 평등성이란 신념을 실천에 옮기고 있다고 주장할 수도 있다. 바이스로부터 슈라게에 이르기까지 다수의 저자들은 이 표현이 여성

---

445) J. A. Fitzmyer, "παρθένος," *EDNT*, 3:40.

446) 위 975-76을 보라.

447) J. K. Elliott, "Paul's Teaching on Marriage in 1 Cor: Some Problems Considered," *NTS* 19 (1973): 219-25.

448) J. F. Bound, "Who Are the 'Virgins' Discussed in 1 Cor 7:25-38?" *Evangelical Journal* 2 (1984): 3-15; 참조. M. Black, *The Scrolls and Christian Origins* (London: SCM, 1961), 85.

을 의미한다는 견해를 거부한다.[449]

(iii) 허드는 앞에서 이미 논의한 "영적 결혼"의 타당성을 지지하는 이들 중 하나다(7:2에 대한 주해 참조). 그는 "약혼한 커플" 가설은 너무 복합적이며 다음 세 단계, 곧 (a) 약혼, (b) 금욕적인 견해로 전환, (c) 관계를 끝내는 대신 일종의 금욕적이며 신체적 친밀함이 없는 관계 확립 등을 포함한다고 생각한다.[450] 하지만 교회의 삶에서 목회 상황에 매우 친숙한 사람이라면 누구나 이것이 비교적 작은 공동체—특히 "장로들"이 압력을 행사할 수도 있는—의 젊은 남녀 사이에서 나타나는 우여곡절보다 덜 복잡하다고 느낄 것이다. 그럼에도 허드는 재구성된 "영적 결혼"이 개연성이 있다고 본다. 이 가설에 의하면 어떤 커플은 처음부터 금욕적인 생활 방식을 추구하려고 했다.[451] 이것은 이른바 "종말론적 완벽주의" 또는 "열광주의" 그룹 안에서도 똑같이 개연성이 있어 보일 것이며, 거기서 현실은 종종 희생자가 된다.

7:2에 대한 주해에서 우리는 『헤르마스의 목자』(*Similitudes*, 9:10:6-11:8, 기원후 160년경), 테르툴리아누스(*Chastity*, 12), 키프리아누스(*Epistles*, 61:2), 에우세비오스(*Ecclesiastical History*, 7:30:12)의 글에서 이러한 개념이 사용되는 사례들을 언급했다. 피가 지적하듯이 이러한 개념이 기원후 1세기 고린도로 거슬러 올라갈 수 있다는 명백한 증거는 없지만, 이 사례들은 이 개념이 배제될 수 없음을 암시해준다.[452] 다른 한편으로 아켈리스가 논의한 공식화된 관계들은 후대의 것으로 보인다. 에우세비오스가 사모사타의 바울에 대해 논의한 것보다는 덜 제도적이긴 하지만, M. E. 스롤은 36-38절에서 "결혼도 하지 않고 성관계도 갖지 않은 채 살기로 작정한 어떤 남자와 여

---

449) Bengel, *Gnomon*, 630: *utriusque sexus;* Weiss, *Der erste Korintherbrief,* 194; Schrage, *Der erste Brief,* 2:156 and 156, n. 592.

450) Hurd, *Origin of 1 Corinthians,* 177.

451) 같은 책, 176-180. 참조. Achelis, *Virgines Subintroductae. Ein Beitrag zum VII Kapitel der 1 Kor.* 더 최근 연구는 Achelis의 연구를 상당히 앞질렀지만, 그의 연구는 광범위하고 자세하다.

452) Fee, *First Epistle,* 327.

자의…상황"을 발견한다.[453] 하지만 이 상황이 25-38절 전체를 설명해준다
고 추론하는 것은 증명되지 않은 또 다른 추론을 펼치는 것이다. 심지어 피
역시 "영적 결혼"이란 견해를 παρθένος가 독신 남자와 독신 여자를 모두
포함한다는 독특한 결론과 하나로 묶어 생각하는 경향이 있다.[454] 하지만
25-35절에서 παρθένοι인 남자들과 여자들이 반드시 이미 함께 살고 있다
고 추론할 필요는 없다.

   (iv) 라이트푸트는 이미 확실한 해석의 전통에서 유래한 견해를 간명
하게 진술한다. 그는 우선 παρθένος를 독신 남성에게 적용하는 사례는 대
체로 바울 이후 시대의 것이며, 계 14:4의 용법은 이례적이며, 그 본문에서
설명되어야 한다고 주장한다(이것은 알로의 주장에 반하지만, 큄멜의 지지를 받
는다). 라이트푸트는 이와는 대조적으로 바울은 26-33절에서 독신 남성의
경우를 다룬다고 주장한다. 하지만 그의 주장에 의하면 이 모든 것은 "고린
도 사람들이 특별히 자기 처녀 딸들이 결혼하는 사례에 대해 바울에게 조언
을 구했기 때문에 일어난 일이다."[455] 이것은 바울이 παρθένοι에 대해 몇 가
지 일반화된 개념을 설명하게 만들었지만, 도입부(25절)와 결론 부분(36-
38절)은 이 질문을 제기한 그룹의 **미혼 딸들**에 관한 것이다. 하지만 이것은
아버지와 딸의 관점에서 36절을 해석해야 하는데, 이 해석은 난점이 있고
더 이상 널리 받아들여지지 않고 있다. 이렇게 난해한 이론은 오랜 전통을
자랑하지만 훨씬 더 확실한 증거를 필요로 한다.

   (v) 많은 주요 저자들은 이 그리스어가 약혼했을 수도 있는 미혼 남성
과 여성을 가리키는 것으로 이해한다. 슈라게와 윔부시는 παρθένοι를 약혼
한 당사자에게 적용하며 이 견해를 지지한다.[456] 콜린스도 25절과 35절이

---

453) Thrall, *1 and 2 Cor,* 59.

454) Fee, *First Epistle,* 326-327.

455) Lightfoot, *Notes,* 231.

456) Wimbush, *Paul the Worldly Ascetic,* 14, 20 and 23-24; Schrage, *Der erste Brief,* 2:155-156;
     또한 Fee, *First Epistle,* 326-327; Deming, *Paul on Marriage,* 173-177; Senft, *La Première*
     Épitre, 98-99; Wolff, *Der erste Brief,* 155.

수사학적인 수미상관 구조를 갖고 있다고 이해하며 이 견해에 동의한다.[457] 남성과 여성에게 모두 적용하는 것은 이 견해를 엘리엇의 견해와 구별한다. 윔부시와 데밍은 바울이 현재 상황에 대한 스토아학파의 논증 패턴을 따르고 있는 것으로 이해한다(아래 참조). 윔부시는 바울이 또다시 "하나님과의 관계적 신분에 있어 독신 생활이 상대적으로 중요하지 않다"는 점을 강조한다고 주장한다. 즉 "혼자 살던 사람이 결혼하기를 원하는 것은 죄를 짓는 것이 아니다"(28절).[458] 데밍은 "기독교 사상의 종말론적 틀 안에서 설정된 바울의 성욕 억제 요구는 영혼의 분리와 ἀταραξία(아타락시아)에 대한 스토아-견유학파의 사상과 결합된 것"이라는 채드윅의 견해를 인용한다.[459]

피는 약혼한 여성의 상황에 더 강조점을 두면서도 주요 수신자인 약혼한 남성에게도 똑같이 강조점을 둔다. 이 여성들은 약혼자들과 함께 "신령주의자들의 압력을 받고 있었고, 이제는 과연 결혼을 진행해야 하는지 고민하고 있었다."[460] 슈라게는 παρθένος가 각 절에 따라 독신 남성 또는 독신 여성에게 적용되거나 모두에게 적용된다고 주장한다. 그의 이러한 주장은 설득력이 있다. 한편으로 피와 윔부시가 재구성한 상황은 일반적인 배경으로 타당성이 있지만, 또 다른 한편으로는 이 그룹이 (어떤 형태로든) 이른바 "영적 결혼"에 미처 예상치 못했던 매력을 느끼기 시작한 두 번째 하부 범주를 포함할 여지를 남겨둘 만큼 유연성도 요구된다(피의 입장과 달리). 만약 피가 암시한 "신령주의자들"의 압력이 타당성이 있다면(사실 그런 측면이 있음) 이 시나리오의 개연성은 그보다 더 낮지는 않을 것이다.

(vi) 포드는 παρθένοι가 한 번 이상 결혼한 적이 없는 젊은 과부와 홀아비를 가리킨다고 주장한다.[461] 그러나 구약 전통에 기초한 수혼(嫂婚)이나 이미 결혼한 로마의 젊은 여성에 대한 문제도 이 제안을 강화해주지는

457) Collins, *First Cor,* 288 and 291.
458) Wimbush, *Paul the Worldly Ascetic,* 20.
459) Deming, *Paul on Marriage,* 190; H. Chadwick, "'All Things to All Men' 91 Cor ix:22)," *NTS* 1 (1954-55): 268; 참조. 261-275.
460) Fee, *First Epistle,* 327.
461) J. M. Ford, "Levirate Marriage in St Paul (1 Cor vii)," 362; 참조. 361-365.

못한다. 여기서 παρθένος를 혼기를 놓친 "처녀-딸"로 해석하는 것을 비롯하여 남성과 여성 중 한쪽에만 국한하려는 시도는 거부되어야만 한다. 우리는 바울이 각 범주 안에 포함된 다양한 경우에 목회적 관심을 두고 있었다는 전제하에 (v)의 견해가 전반적으로 옳다고 생각한다. 그는 7:1-11:1에서 판에 박힌 듯한 "답변"을 제시하지 않는다. 이러한 답변은 구체적인 상황에 적절한 해결책을 제시해주지 못한다.

여기서 우리는 이 절의 번역을 다루고자 한다. NJB의 "동정으로 남아 있는 사람들"은 παρθένων을 정확하게 번역한다. 1611년이나 1811년 영역본(AV/KJV 및 RV)에서 virgins는 귀에 거슬리는 말이 아니었다, 하지만 오늘날 이 단어는 의학적인 대화나 선입관을 지닌 성적인 대화에서 흔히 사용된다. 그러나 REB의 "미혼자들"은 바울이 이 장(章)의 다른 곳에서 대화 상대자로 삼는 사람들 중에 배우자가 죽어 홀로된 사람들과 서로 헤어진 배우자들을 배제하지 않는다(이 절에서 그들은 배제될 필요가 있다). 모팻은 이 단어에 "미혼 여성들"이라는 지나치게 협소한 번역을 제시한다. 우리는 그의 생각 및 입장과 다르다. "결혼하지 않은 이들" 또는 "아직 결혼하지 않은 이들"이라는 번역이 현대 (영어권) 독자들에게 가장 좋은 번역일 것이다. 앞의 번역이 해당 그리스어에 더 가깝다. 하지만 뒤의 번역은 해당 그리스어 문맥을 더 정확하게 반영한다. 그리고 이 영어 표현은 이 장에서 다른 범주들에 속한 대상과도 쉽게 평행을 이룰 것이다. 즉 결혼한 부부(7:2-7), 홀로 된 자, 헤어진 자(7:8-9), 헤어질 것을 고민하는 자(7:10,11) 등이다.

ἐπιταγὴν κυρίου οὐκ ἔχω에 관해서는 7:10(이 절에서 οὐκ ἀλλ᾽ ὁ κύριος는 거의 틀림없이 예수의 말씀에 대한 전승을 언급)의 주해와 이와 비슷한 표현인 7:12(λέγω ἐγὼ οὐχ ὁ κύριος)의 주해를 보라. 바울은 다른 모든 것이 그대로 있다면 형세를 급변시킬 수 있는 "현재 상황" 또는 어떤 임박한 사건을 언급한다. 따라서 예수의 가르침 안에는 바울이 자신의 개인적·목회적 입장에서 상당한 무게를 두고 있는 그러한 우발적인 사건에 상응하는 것이 전혀

없다.[462] 바울은 사도적 믿음의 표준이 되는 것에 대해 자신의 가르침이 자기 생각에서 나올 때 이것을 주저하지 않고 말한다. 그리고 알로가 주장하듯이 바울이 자신에 대해 신뢰할 만하다고 호소하는 것은 그가 이전에 복음을 깨닫지 못해 교회를 박해했다는 사실을 민감하게 의식하고 있다는 점과 연관되어 있을 것이다.[463] 하지만 그것은 "조언" 그 이상이지만, 어떤 일반 원칙(γνώμη)에 대해 수사학적으로 표현하는 것이라는 람사린의 주장은 타당할 것이다. 그것은 7:1에서 언급된 고린도 사람들의 한 가지 생활 원리를 다시 정의해준다.[464] 바울 서신에서 특징적으로 나타나는 πιστός는 "신뢰할 만한"을 의미한다.[465] 자신을 신뢰할 만한 사람으로 부르는 것은 자기 자랑처럼 들릴 것이다(바울은 1:26-2:5과 3:5-4:13에서 이 자세에 대해 비판했다). 따라서 그는 πιστός라는 단어를 자기 바깥에 있는 어떤 근거와 연결한다. 즉 그는 자신을 "주님의 자비를 받아 신뢰할 만한 사람"으로 소개한다.

사실상 모든 주석가들과 전문적인 저자들은 γνώμη를 "의견"(NRSV, REB, NJB; 참조. NIV, "판단")이라고 번역한다. 둘프는 고전 그리스어에 기초하여 γνώμη가 "결정"을 뜻한다는 견해를 제시한다.[466] 그는 바울이 "조언자"가 아니라고 주장한다. 어떤 공언(公言) 또는 선언의 행위수행적(performative) 또는 발화수반적(illocutionary) 효력과 더불어 이 관용어는 "나는 내 자신에게 책임을 지운다"를 의미한다는 것이다. 하지만 데밍과 윔부시의 견해에 의하면 해당 표현은 "현재 상황"과 그 상황에 비추어 무엇이 "적합한지"에 대한 한 가지 의견의 효력에 호소하는 것에 훨씬 더 잘 어울린다. 이것은 의견과 관련된 한 가지 사항이다. 여기서 바울은 마치 스토아 및 견유학파의 전통에서 편지를 쓰고 있는 것처럼 유익한 점과 불리한 점을

---

462) Deming과 Wimbush는 우발적인 상황의 중요성을 강조한다.

463) Allo, *Première Épitre*, 177.

464) Ramsarin, "More than an Opinion: Paul's Rhetorical Maxim in First Cor 7:25-26," *CBQ* 57 (1995): 5312-541.

465) Barrett, *First Epistles*, 174. "신실한"이라는 번역은 이 문맥에 어울리지 않을 것이다.

466) Doulfe, "1 Cor 7:25 Reconsidered (Paul a Supposed Advisor)," 115-118. 그의 제안은 도발적이며 관심을 둘 가치가 있지만, 전후 문맥과 관련하여 문제점을 불러일으킨다.

엄밀하게 검토한다. 우리는 데밍의 논점을 모두 받아들여 그의 분석이 타당하며 문제점을 해명해준다고 인식할 필요는 없다.[467] 동시에 콜린스는 "개인적인 의견" 그 이상을 의미하는 γνώμη의 수사학적인 효력을 강조한다. 바울은 일종의 "행위 원리 또는 규칙"을 표현한다.[468] 따라서 만약 둘프의 관점이 강력하다면 데밍의 관점은 매우 약할 것이다. 바울의 지침 또는 "기본 원리"에 비추어 책임 있는 심사숙고가 필요하다.

　　26절　　그리스어 동사 νομίζω는 주저하는 것도 아니고 불확실한 것도 아니며, 25절의 γνώμην의 내용을 설명해준다(οὖν, 따라서, 그러므로). 그러나 이 절의 나머지 구문과 의미는 복잡하며 자세한 설명을 필요로 한다. διὰ τὴν ἐνεστῶσαν ἀνάγκην은 ἀνάγκην(궁핍? 외적 환경? 억압?) " 때문에"(διά + 목적격)를 의미한다. 또한 ἀνάγκην은 동시에 ἐνίστημι의 현재완료 분사 능동태가 형용사(여성 목적격 단수)로 사용되는 것에 의해 그 의미가 한정된다. 동사 ἐνίστημι(자동사로서 문자적으로 "서 있다")는 "현존하는" 또는 "임박한"을 뜻한다. 따라서 이 동사는 스토아 및 견유학파의 철학적 대화에서 **현재의 환경**이라는 개념에 상응한다. 데밍과 웜부시는 이 개념을 종종 언급하지만, 채드윅(Chadwick)이 주장하는 바와 같이(앞에서 25절에 대한 주해 참조) 이 단어는 아마도 종말론적인 구조 안에서 매우 긴박하거나 격렬한 무언가를 의미한다.

　　그리스어 명사 ἀνάγκη는 괴롭히는 것이라는 함의를 지닌다. 브루스와 윈터는 이 단어가 기근 또는 ἐνεστῶσαν과 함께 임박한 기근에 대한 두려움을 가리킨다고 주장한다.[469] 우리는 바울의 언급에는 부분적으로 기원후 51년에 일어난 기근의 여파와 결과가 포함되어 있을 가능성이 있다는 윈터의 주장(또한 브래들리 블루가 지지한)을 이미 다루었다. 사실상 29-30절과 관

---

467) Deming, *Paul on Marriage*, 175-177.

468) Collins, *First Cor*, 289.

469) Winter, "Secular and Christian Responses to Corinthian Famines," *TynBul* 40 (1989): 86-106; 참조. B. B. Blue, "The House Church at Corinth and the Lord's Supper: Famine, Food Supply, and the Present Distress," *Criswell Theological Review* (1991): 221-239.

런하여 기근은 기원후 1세기 중엽의 로마 사회에서 유효한 안정, 안전 또는 생활 방식의 지속에 맞서 제기되는 종말론적인 질문에 구체적인 예를 제공해줄 수 있을 것이다. 심지어 윈터와 블루의 제안이 불필요한 가정으로서 종말론적인 긴박성에 대한 확고한 견해에 호소한다 하더라도 그것은 결코 종말론적인 차원에 대한 한 가지 대안이 아니다(29-30절에 대한 주해 참조). 더욱이 그들은 바울의 권면에 한 가지 필수적인 상황적 측면을 덧붙인다(7장의 머리말을 참조하라). 이 그리스어 명사는 궁핍, 고난, 또는 특별히 극심한 억압을 초래하는 외적인 환경 또는 극심한 환난 등의 개념을 전달한다. 요세푸스는 궁핍 또는 강요를 나타내는 데 이 단어를 사용한다(Josephus, *Antiquities* 16.290). 또한 바울은 그가 어쩔 수 없이 복음을 전하도록 하나님으로부터 받은 강요 또는 강박을 가리키는 데 이 단어를 사용한다(참조. 9:16). 하지만 ἀνάγκη는 재난 또는 고통을 의미한다. 이 점에서 이 단어는 θλῖψις와 비교할 수 있을 것이다. 클레멘스는 재난으로부터 구조받을 필요에 대해 말한다(클레멘스1서 56:8). 이 두 가지 측면은 강요 수단, 곧 극심한 환난, 고난 또는 궁핍을 초래하는 것이라는 개념 안에서 서로 결합한다.[470] 고후 12:10에서 바울은 자신의 "약한 것" 목록을 제시한다. 그는 "약한 것들(ἀσθενείαις), 능욕(ὕβρεσιν)과 고난과 지속적인 압박을 가져오는 것들(ἀνάγκαις)을 겪는 것에 만족한다"고 말한다. 이것은 윈터가 상세한 역사적인 증거를 언급하며 주장하는 실질적인 또는 임박한 기근의 사회적인 조건과 혼란에 아주 잘 어울릴 것이다. 윈터는 이 절을 가난한 자, 소외된 자, 굶주린 자에 대한 교회 안에서의 자세뿐만 아니라 곡물 공급과 티베리우스 클라우디우스 디니푸스가 고린도의 식량 감독관으로 임명된 것에 대한 이슈들과 연결한다(참조. 11:21, 34). 환난은 기근의 현상을 쉽사리 포함할 수 있을 것이다. 이것은 데밍이 주장하는 요소들의 목록에서 전형적인 사례에 해당할 것이다. 이 요소들은 결혼과 관련하여 흔히 일어나는 스토아학파 및 견유학파의 논쟁에

---

470) BAGD, 52. 이 사전은 서로 구별되는 세 가지 표제어를 제시한다. (i) 필연성, 강제, (ii) 고난, 재난, (iii) 강제 수단(예. 고문 사용).

서 "불리하거나 제한시키는 환경"에 해당할 것이다. 추론의 방향(γνώμη, νομίζω)은 바울과 고린도 사람들에게 모두 친숙했을 것이다.

　　임박한 극심한 환난의 문제로 다시 돌아가기에 앞서 이 절의 나머지 그리스어 구문에 대한 논평도 필요하다. ὑπάρχειν은 간접화법에서 사용되는 부정사다. 이 부정사는 νομίζω와 연결되며, 목적격 τοῦτο는 주어의 역할을 하고, καλόν은 서술어다. 곧 "나는 이것이 좋다고 생각합니다"를 의미한다. 그렇다면 여기서 ὅτι는 서술의 ὅτι다. 이것은 두 번째로 καλόν이 들어 있는 절을 소개한다. 많은 이들은 두 번째로 사용되는 καλόν을 "가장 좋은"(best)으로 번역한다. 하지만 바울의 말은 "좋다"(good)며, 생각되는 것으로부터 직접화법에서 암시된 또는 상상된 내용으로 이어진다. 곧 이것은 어떤 행동을 취해야 할지 가르쳐주는 좋은 방향이다. 윔부시와 데밍이 확인한 실질적이며 상황적인 분위기는 가능한 한 번역에서 유지되어야 한다. 이 복잡한 문장은 οὕτως와 함께 정관사가 앞에 오는 부정사로 마무리된다. 곧 τὸ οὕτως εἶναι, "어떤 사람에게(ἀνθρώπῳ, 그리스어 원문에 정관사가 없음; 역자주) 현재 상황 그대로 있는 것이 좋습니다." 몇몇 영역본은 바울의 구문을 지나치리만큼 매끄럽게 다듬으려 한다. 하지만 바울의 의도는 행동에 대한 실천적인 근거를 입증하려는 것이다. 따라서 각 절마다 자기의 고유한 기능을 수행하게 하려는 것이다. 로버트슨과 플러머는 이 구문이 "명료하기는" 하지만 통상적인 구문은 아니라고 생각한다.[471] 만약 우리가 예레미아스, 바레트, 허드의 입장을 따른다면 이것은 더 많은 지지를 얻게 될 것이다. 즉 이들은 서술을 이끄는 ὅτι는 7:1에서 "~하는 것이 좋다"의 구조와 일치하는 고린도의 어떤 슬로건을 반영한다고 본다.[472]

　　이러한 언어적·문체적·배경적 요소에 비추어볼 때 우리는 더 이상 단

471) Robertson and Plummer, *First Epistle*, 152. 더 자세한 내용은 A. T. Robertson, *Word Pictures*, 4:131-132 참조.

472) Hurd, *Origin of 1 Corinthians*, 178-179; Barrett, *First Epistle*, 174; J. Jeremias, "Zur Gedankenführung in den Paulinischen Briefen," in *Studia Paulina in Honorem J. de Zwaan* (ed. J. N. Sevenster and W. C. van Unnik), 151; 참조. 146-154.

순히 "ἀνάγκη, '환난'은 묵시론적인 용어다"라고 전제할 수 없다.[473] 슈바이처는 바울이 "종말에 도래하는 시련(고전 7:26)과 세상의 멸망(고전 7:29, 31)을 직접 언급한다"고 말한다.[474] 또한 슈바이처는 바울이 이 종말론적인 이유에 근거하여 "독신을 이상적인 것으로 간주한다"(고전 7:1, 7, 26, 38)고 주장한다.[475] 이러한 "(결혼) 포기"는 경험적인 실천과 아무런 관련이 없다. 이것은 "사악한 세력에 맞서 싸우는 메시아와 함께하는 선택된 자의 동료 관계"의 일부라는 것이다.[476] 이것은 하나님 나라가 도래하게 하는 메시아의 고난에 동참하는 것으로부터 비롯된다. 이 고난을 통해 예수의 십자가 안에서 표현된 "메시아의 이전 환난"은 또한 그리스도의 백성에게 영향을 미쳐 "환난" 안에서 그리스도와 연합하여 살아가는 삶으로 발전하게 되었다는 것이다.[477] "그리스도와 함께 죽은" 흔적(στίγματα)을 자기 몸에 지니는 것(갈 6:17; 참조. 고전 15:31; 롬 6:4; 고후 4:10, 11)은 메시아적인 환난을 넘치도록 경험하는 것이다. 이 환난은 십자가를 종말론적인 환난(ἀνάγκη)의 우주적인 사건과 연결한다.[478]

무엇보다도 두 가지 난점이 슈바이처의 가설을 곤란하게 만든다. 첫째, 한편으로 종말론에 대한 슈바이처의 관심은 그 당시 긴요한 역할을 담당했고, 또 공관복음서에서 "예수를 따르는 것"과 바울 서신에서 그의 고난에 동참하는 것의 연관성은 매우 중요하지만, 종말론은 슈바이처가 주장하는 것만큼 초기 기독교의 모든 사고를 지배하지 않는다.[479] 로우(J. Lowe)는 예컨대 바울 서신에 나타나는 "종말론적 임박함"과 "발전"의 너무나 깔끔

---

473) Conzelmann, *1 Cor,* 132.
474) Schweitzer, *Mysticism of Paul,* 311.
475) 같은 책.
476) 같은 책, 312 and 313.
477) 같은 책, 57-74, 101-113, 118-140.
478) 참조. 같은 책, 142-145.
479) A. C. Thiselton, "Schweitzer's Interpretation of Paul," *ExpTim* 90 (1979): 132-137; J. Kreitzer, *Jesus and God in Paul's Eschatology,* JSNTSS 19 (Sheffield: JSOT Press, 1987), 97-99 and 135-139.

한 체계를 비판하는 화이틀리를 따른다.[480] 둘째, 조지 케어드가 설득력 있게 주장했듯이 종말론적인 이미지는 다양하게 적용될 수 있으며, 신약성경에서는 종종 은유법의 논리로 사용된다.[481] 따라서 라이트푸트가 ἀνάγκη를 박해로 보고, 윈터가 기근을 암시하는 것으로 보는 것은 슈바이처가 확인한 종말론적인 원리에 대한 구체적인 예시라고 할 수 있다. 다시 말해 신자들은 어떤 의미에서 고난, 억압, 역경에 동참하지 않고 자신들의 "자연적인" 상태에서 곧바로 부활로 나아가지 않는다. 이것은 신자들이 그리스도의 부활에 동참하는 것이 어떤 의미에서는 자신들이 십자가에 동참하는 것과 불가분의 관계에 있다는 것을 부차적으로 보여주는 표지다. 대리(substitution)의 원리와 합일과 참여의 원리는 이처럼 우리가 그리스도의 고난에 동참하는 것과 그가 하나님의 계획의 일환으로서 제한받는 것을 수용한 것에 모두 적용된다.

이것은 점점 더 심해지는 환난의 때가 임박한 시대의 종말을 알려주며 "그에 대한 표징이 이미 모습을 드러냈다"는 브루스의 주해와도 어느 정도 일치한다.[482] 따라서 기원후 70년에 예루살렘이 함락된 것은 거의 틀림없이 종말론적인 ἀνάγκη에 대한 구체적인 징조 또는 표징의 하나일 것이다. 여기서 "이미 도래한"("임박한"이 아닌, 라이트푸트)과 "임박한"("임박한" 고난, 콘첼만)이라는 두 가지 뉘앙스를 모두 내포하는 ἐνεστῶσαν이 사용된 것은 공관복음의 종말론적인 긴장과도 일치한다. 하지만 브루스의 논평은 앞 단락에 대한 더 광범위한 신학적 설명 없이 일종의 종말론적인 시간표라는 의미로 쉽게 이해될 수 있다. 데밍과 윔부시가 강조하듯이 바울의 실용적인 목회의 판단 기준은 그가 세운 신앙 공동체들이 마지막 세대라는 확신에 좌우되는 일종의 종말론적 긴박성의 신학을 암시하지 않는다.

가장 어려운 문제는 박해, 기근 또는 몇몇 불특정한 환난의 근원 같은

---

480) Whiteley, *Theology of St Paul,* 244-248.
481) G. B. Caird, *The Language and Imagery of the Bible* (London: Duckworth and Philadelphia: Westminster, 1980), 201-271.
482) Bruce, *1 and 2 Cor,* 74.

구체적인 예시에 여지를 남겨두면서 종말론적인 차원을 어떻게 유지하느냐에 있다. 예를 들면 루터는 그리스도인은 언제나 박해를 받을 수 있고, 재산, 친구, 가정 또는 복음에 신실할 때 맛보는 전반적인 고귀함을 잃어버릴 수도 있는 상황에서 수고하고 있다고 주장한다. 루터는 바울이 결혼하지 말라고 권면하는 중요한 이유는 어떤 이의 가정이 이 모든 사항에 직접 관련될 수 있기 때문이라고 주장한다(하지만 나중에 루터는 결혼한 사람들의 관심이 분산된다는 점도 그 근거가 될 수 있다고 인정한다).[483] 29절에서 루터는 시간이 얼마 남지 않았다는 종말론을 "모든 그리스도인"의 실존에 들려주는 말로 설명한다. 그들은 "이 땅에서 손님들과 같은 존재다."[484] 우리는 29절의 주해에서 이 이슈를 다시 언급할 것이다.

　　27절 이 절의 어휘, 문법, 표현은 믿기 어려울 정도로 간단하다. 하지만 27a은 서로 매우 다른 두 가지 방향으로 해석될 수 있다. 문장 구조와 의미가 서로 평행을 이루는 18절, 21절과 마찬가지로 이 절 전반부의 상반절은 가정적인 진술의 조건절(UBS 4판 및 NJB) 또는 의문문(NRSV, REB, NIV)으로 해석될 수 있다. 핵심 이슈는 어떻게 우리가 γυναικί와 특히 λύσιν을 이해하느냐에 달려 있다. 대다수 영역본은 이것을 결혼과 결혼의 취소(REB; NJB도 이 의미에 가까움), 아내에게 매여 있는 것과 자유를 찾는 것(NRSV), 또는 결혼한 상태와 이혼하려 하지 않는 것(NIV)을 가리키는 것으로 해석하는 다수의 전통을 따른다. 하지만 앞에서 언급한 거의 모든 현대 주석가들과 전문가들이 암시하듯이, 7:25-38은 주로 약혼한 παρθένοι, 곧 서약 관계에 있는 이들에게 관심을 기울인다. 그렇다면 δέδεσαι γυναικί는 어떤 여인(곧 약혼녀?)에게 매여 있는(곧 결혼한 또는 약혼한) 것을 의미하지 않을까? 하지만 "여인"을 지지하는 견해는 난관에 직면한다. 왜냐하면 반드시 그런 것은 아니지만, γυνή는 기본적으로 결혼한 여인을 가리키는 단어이기 때문이다. 어떤 경우를 선택하든지 간에 λύσιν은 이혼(NIV)이나 결혼 관계의 취

---

483) Luther, *Works*, 28-49; 참조. *WA*, 12:134-135.
484) Luther, *Works*, 28-52; *WA*, 12:138.

소(REB)보다 의무의 해지 또는 매임을 푸는 것을 의미하지 않을까? 바울의 권면에 대한 개관과 관점 또는 전체 내용에 대한 균형 잡힌 이해를 파악하기 위해 7장의 머리말 끝부분에 수록된 특별 해설과 (7:16에 대한 주해의 맨 뒷부분에 있는) "고린도 사람들의 이혼과 재혼에 대한 논쟁"을 참고하라.

δέδεσαι(δέω의 현재분사 수동태)에 대한 사전적 정보는 결정적인 내용을 알려주지 않는다. 이 단어는 롬 7:2에서 남편과 아내가 서로 법적으로 매여 있는 것을 묘사하는 데 사용된다. 그러나 파피루스 문헌에서 이 단어는 법적 의무를 묘사하는 데 사용된다. 클레멘스는 이 단어를 교회법의 도덕적인 의무를 묘사하는 데 사용한다(클레멘스1서 40:5). 물리적으로 묶는 행위는 은유적인 의미로 다양하게 확대되었다.[485] 하지만 명사형으로 λύσις는 비교적 드물게 사용되지만, 더 중요하다. 이 명사는 신약성경에서 이곳에서만 단 한 번 나타나지만, 신약성경은 다른 용어를 사용하여 이혼을 가리키는 많은 용례를 포함한다.[486] λύσις τῶν κακῶν이라는 표현은 난제들의 제거 또는 해결을 뜻하지만, 지혜서 8:8에서 이 명사는 복수로 사용되며 수수께끼를 풀거나 해명하는 것을 의미한다(λύσεις αἰνιγμάτων).[487] 특히 몰턴-밀리건은 동시대 파피루스 사본에서 몇몇 예를 제시한다. 여기서 λύσις는 속박에서 풀리는 것 또는 빚의 면제 등을 의미한다(특히 *BGU* 4:1149; 22[기원전 13년]; *Papyrus Oxyrhynchus* 3:510:17[기원후 101]).[488]

우리는 어떻게 γυνή가 여인보다 (결혼한) 아내를 뜻할 가능성이 더 크다는 주장에 맞서 λύσις가 의무(약혼 상태)의 해지를 뜻할 가능성이 더 크다는 주장을 비교 평가해야 할까? 결혼한 신분을 가리키지 않는 γυνή의 용례는 많이 있다(신약성경에서 예컨대 마 9:20, 22; 15:22, 28; 막 14:3; ἡ γυνὴ ἡ ἄγαμος[아마도 과부], 고전 7:34). 신약성경 이외의 자료에서 BAGD는 γυνή의

---

485) BAGD, 127-128.
486) Moulton and Geden, *Concordance to the Greek Testament,* 607; BAGD, 482; Grimm-Thayer, 384, "loosing any bond."
487) Hatch-Redpath, *Concordance to the Septuagint,* 890.
488) MM, 382.

의미를 다음과 같이 네 가지로 구분한다. (i) "성년 여성(처녀도 포함)," (ii) "아내", (iii) "신부", (iv) "하늘에 있는 여인"이다.[489] 그뿐만 아니라 독신 남성은 젊은 과부와 약혼할 수도 있다. 따라서 이것은 전적으로 결정적인 요인은 아니다. λύσις가 통상적으로 적용되는 것에 기초하여 바이스는 여기서 이 단어는 어떤 의무에서 해방되는 것을 의미한다고 주장한다. 피는 "모든 것을 고려하면" λύσις에 대한 이러한 설명이 적합하다고 말한다.[490] 어떤 이들은 이 단어는 약혼의 의무에 적용되었다고 주장했지만, 다른 이들은 γυνή는 주로 아내를 의미한다며 이 주장에 반대했다.[491] "만약 그 매임이 풀렸으면"(또는 2인칭 단수로서 "만약 그대가 이미 놓였으면")에서 λέλυσαι는 약혼자 또는 배우자에 대한 의무에서 놓인 것을 가리키는가? 하지만 만약 배우자를 가리킨다면 (i) λύω는 파트너가 죽었다는 것을 말하거나 (ii) "바울의 특권"에 대한 긍정적인 해석을 전제할 것이다(7:15에 대한 주해 참조). 아니면 (iii) 28a은 행위에 대한 어떤 대안으로 이어질 수 없을 것이다.[492] 하지만 약혼은 이 문제점들을 피할 수 있으며, 주제와 논점을 계속 이어갈 것이다.

이 절과 25-26, 28절의 관계는 바울이 구체적인 상황에 대해 실천적으로 심사숙고해주기 바란다는 것을 강조한다. 바울은 결코 합리성과 지혜로운 심사숙고를 과소평가하지 않는다. 그것들은 결코 삶으로부터 분리된 채 "신학의 원리들"에 국한되어 있지 않다. 목회자로서 바울은 자기의 생각을 말하며, 그가 세운 신앙 공동체들도 심사숙고하며 행동하기를 기대한다. 하나님의 나라, 다른 사람들과 자신들을 위해 유익한 것과 불리한 것에 대해 스스로 자유롭게 책임져야 할 때 그들은 "주님으로부터 어떤 직접적인 명령"을 필요로 하지 않는다.

28절   아직 결혼하지 않은 여인을 가리키는 ἡ παρθένος에서 $\mathfrak{P}^{15}$, $\mathfrak{P}^{46}$, ℵ, A, D, K와 대다수 소문자 사본은 여성 정관사 ἡ를 포함하고 있지만, B, F, G 등에는 그

---

489) BAGD, 168.

490) Fee, *First Epistle*, 352; Weiss, *Der erste Korintherbrief*, 194-196.

491) Meyer, *First Epistle*, 1:221. Meyer는 Ewald와 Hoffmann의 제안을 거부한다.

492) 참조. Edwards, *First Epistle*, 191; Tertullian, *To His Wife*, 1:7.

것이 생략되어 있다. 이 정관사는 그 의미를 명확하게 밝혀주므로 그것의 유무에 대해 논쟁하는 것은 무익하지만, UBS 4판은 정관사를 원문에 포함한다.

또다시 여기서(28절) 바울은 그리스도인에게 요구되는 것과 자유 영역 간의 차이점을 강조한다. 이 영역에서 그리스도인들은 반드시 (그리스도인 교사들 또는 목회자들을 포함하여) 다른 사람들이 간접적인 방법으로 그들에게 주의를 기울이도록 권면한 요소들을 신중히 검토한 후 자신이 내린 결정에 책임을 져야 한다. 목회자로서 바울이 자신의 역할에 대해 이해하는 것과 그리스도인들이 스스로 좋은 결과를 얻기 위해 책임을 다하는 것을 간과하는 것은 어떤 타협도 허락하지 않는 규칙과 전통을 언급하는 것 못지않게 중요하다.

ἐὰν δὲ καὶ γαμήσῃς라는 조건절에는 가정법 부정과거에서 동작의 시작을 나타내는 용법이 사용되었다. 그 의미는 "그러나 만약 그대가 결혼하더라도"다. NRSV는 귀결절 οὐχ ἥμαρτες를 금언적인("시간을 초월하는") 부정과거로 이해하여 "그대는 죄를 짓는 것이 아닙니다"라고 번역한다. REB는 매우 분명하게 금언적인 부정과거, 곧 "그대는 아무것도 잘못하고 있지 않습니다"라고 번역한다(참조. NJB, "이것은 죄가 아니다"). 하지만 로버트슨이 지적하듯이 미리 내다보는 조건절의 시점을 행위의 시작을 알리는 부정과거가 사용된 귀결절과 결합하는 것은 흔히 사용되는 표현 방법이었다. 그렇다면 직설법 부정과거 οὐχ ἥμαρτες는 (상상했던 "세상"을 되돌아보면서) "그대는 죄를 지은 것이 아닙니다"를 의미한다(NIV; 로버트슨과 플러머, "그것엔 죄가 없었습니다").[493] 28b에서 ἡ παρθένος와 관련해서도 똑같은 구문이 반복된다. 하지만 여기서 사용된 γήμῃ는 후대의 코이네 가정법 부정과거 γαμήσῃ에 해당하는 더 이른 시기의 고전 그리스어 표현이다. 예상했듯이 몇몇 후대 필사본은 서로 다른 이 두 가지 부정과거 형태를 조화시킨다(K, L, 그리고 크리소스토모스의 글에서).

---

493) A. T. Robertson, *Grammar,* 1,020 and 1,023; 참조. BDF, sect. 372; Robertson and Plummer, *First Epistle,* 153.

θλῖψιν을 이해하는 데는 두 가지 방법이 있다. 만약 바울이 26절의 τὴν ἐνεστῶσαν ἀνάγκην을 염두에 두고 있다면 이 단어는 예컨대 박해(루터), 기근(윈터) 또는 어떤 특별한 위기 상황과 같은 사건으로 인한 곤궁(NRSV), 세속적인 문제(NIV; 참조. 모팻), 또는 고난(REB; 참조. NJB) 등을 구체적으로 가리킬 것이다. 다른 한편으로 동사형 θλίβω, "억압하다, 압박하다, 제한하다"—"박해하다"는 단지 부차적인 범주를 형성함—와 일치하는 θλῖψις는 종종 오래 계속되는 시련을 의미한다. 분명히 이 명사는 종종 고통 또는 곤궁을 의미한다. 만약 이것이 구체적으로 26절을 가리킨다면 여기서는 이 의미가 적용될 것이다. 그렇지 않다면 압력은 바울이 32-35절에서 관심과 힘의 부적절한 사용에 대해 말하는 것을 매우 타당하게 내다보게 한다. τοιοῦτοι, 그와 같은 부류의 사람들, 그와 같이 결혼한 부부는 τῇ σαρκί, "일상생활에서 시련을 겪게 될 것입니다." 다수의 영역본은 τῇ σαρκί가 θλῖψιν을 수식하는 것으로 이해한다. 따라서 RSV는 "세속적인 문제"라고 번역한다. 하지만 미래형 ἕξουσιν도 τῇ σαρκί와 근접해 있다. 그리고 일상생활은 (NRSV처럼) 두 가지 모두 또는 (앞에서처럼) 경험 그 자체("겪게 될 것")를 수식할 것이다. 부부에게 바울이 제시하는 것은 이 시련들을 면하게 하는 것 또는 (더 나쁜 것을 가리키는) 재난의 가능성을 면하게 하는 것이다.

29-30절 (1) 서방 사본 D, E, F, G는 ἀδελφοί 다음에 ὅτι를 추가한다. 이것은 서술의 ὅτι 또는 종속접속사 또는 심지어 "왜냐하면"을 의미할 것이다. 문법상 가능하긴 하지만, 이 독법은 충분한 지지를 받지 못한다. (2) 두 번째 이슈는 τὸ λοιπόν의 앞과 뒤에 어떤 구두점을 찍느냐다. 우리는 UBS 4판의 표기를 따르고 있다. 이것은 바울이 해당 용어를 사용하는 습관에 더 가깝다. 이것은 앞의 문장과 연결하는 것보다 뒤의 문장과 연결하는 것이 더 뜻이 잘 통한다.

바울이 지금 어떤 특정한 도덕적 금욕주의를 옹호하고 있지 않다는 사실을 파악하는 것은 중요하다. 바울은 7:2에서부터 7:28에 이르기까지 이런 것을 장려하기보다는 오히려 이에 의문을 제기했다. 그뿐만 아니라 바울은 분명히 종말론적인 긴박성의 신학에 호소하지만, 이것은 결코 종말론적인 긴박성에 대한 어떤 연대기를 전제하지 않는다. 윔부시와 케어드는 이러

한 신학적인 자세와 연대기적인 평가 간의 구분을 잘 강조한다. 아래를 참조하라.[494]

맨 처음에 나오는 표현 τοῦτο δέ φημι에 대한 번역은 다음 세 가지를 만족시켜야 한다. (i) 예를 들어 λέγω와 대조되는 φημι를 적절하게 강조해야 한다. (ii) φημι와 ἀδελφοί의 결합은 바울이 자신의 주장에서 중요하게 여기는 새로운 전환을 알려준다는 점을 인식해야 한다. 또한 (iii) τοῦτο는 곧바로 언급할 어떤 원리, 표준 또는 강조점을 가리킨다는 것이 명백하게 드러나도록 번역해야 한다. NIV의 번역 "형제 여러분, 내가 의미하는 바는 ~입니다"는 상당히 만족스러우며, φημι는 "내가 의미하는"의 의미를 전달할 것이다.[495] 이 동사는 아마도 이미 널리 사용되던 어떤 격언이나 구호를 인용한다는 것을 암시할 수도 있다.[496] 하지만 이것은 분명하지 않으며, 이 해석을 받아들일 만한 근거는 충분하지 않다.[497] 그뿐만 아니라 우리는 인용문을 가리키는 데 더 자주 사용되는 비인칭 3인칭 단수 φησίν, 또는 심지어 3인칭 복수 φησίν을 더 자연스럽게 기대할 수 있을 것이다(참조. 롬 3:8; 고후 10:10). 우리가 "내가 의미하는"(NRSV, NIV, REB, NJB)을 받아들이지 않는다면 "나는 이 점을 분명하게 시인합니다"라는 번역을 통해 "나는 선언한다" 또는 "나는 시인한다"는 여기서 τοῦτο의 역할을 강조하면서 앞에서 언급한 요소들을 적절하게 드러낼 것이다.[498] 이 편지에서 ἀδελφοί의 번역 및 그 역할과 관련하여 반복적으로 나타나는 문제점에 관해서는 1:10, 11, 26, 2:1에 대한 주해를 보라. 이 용어는 이 편지에서 열아홉 번이나 나타난다. 이것은 신약성경의 다른 어느 편지에서보다 빈도수가 높은 것이다.

ὁ καιρὸς συνεσταλμένος ἐστίν은 그동안 많은 논쟁의 대상이 되어

---

494) Wimbush, *Paul, the Worldly Ascetic*, 특히 23-48; Caird, *The Language and Imagery of the Bible*, 243-271, 특히 269-271; 참조. 131-143, 183-197 and 219-242.

495) BAGD, 856; 참조. Schrage, *Der erste Brief*, 2:169-170.

496) Wimbush, *Paul, the Worldly Ascetic*, 35-47.

497) Wimbush가 제기한 이슈들은 앞으로 Caird의 관점에 비추어 살펴볼 것이다.

498) 참조. Robertson and Plummer, *First Epistle*, 154은 "나는 이것을 선언한다"라는 번역을 선호한다.

왔다. 분명히 어떤 이들은 우리가 이 문장을 과도하게 번역했다고 주장할 것이다. 하지만 쿨만은 다음과 같이 주장했다. (i) καιρός는 χρόνος와는 대조적으로 어떤 특정한 기간의 어떤 특정한 시점을 가리키지만, χρόνος는 어떤 지속적인 시간을 의미한다. 나아가 (ii) καιρός는 종종 많은 것이 달려 있는 어떤 중대한 순간을 가리킨다. 이것은 항상 그런 것은 아니지만, 종종 무기한 지속하지 않는 어떤 기회의 시간을 가리킨다. 쿨만의 연구는 오늘날 학자들 사이에서 별로 인기가 없다. 그 이유는 그가 이른바 "성서 신학" 운동 절정의 더 총체적이며 무비판적인 주장들과 연관되어 있기 때문이다. 하지만 καιρός에 대한 쿨만의 주장은 단지 신약성경에서 이 단어의 모든 용례에 그의 주장을 적용하려는 경우에만 부적절하다. 7:29에서 이 단어는 바로 쿨만이 주장한 그 의미를 지니고 있다.[499] καιρός는 한정되어 있다. 그것은 중대한 시간이다. 하지만 우리는 이것이 단지 지나갈 곤경(예. 기근; 참조. B. Winter)이라는 심각한 시간을 의미하는지, 또는 그 시간이 그와 같은 시기를 포함하지만, 또한 기회의 시간에 해당하는지 살펴보아야 한다. 전자의 경우에 (만약 어떤 제약 사항들이 있다면) 그것들은 일시적이며 어떤 특정한 상황에만 적용된다. 후자의 경우에 29-31절의 종말론적인 배경은 훨씬 더 심각하게 다루어져야 하며, 우리는 일종의 영속적인 신학적 원리와 마주한다. 이 원리는 종말론적인 실재에 근거하여 모든 시민 사회, 가정 및 상업 행위와 관련된 사항을 상대화한다. 고린도 교인들은 안정과 평온함 속에서 일상 생활을 영위해나가야 하며, 동시에 이 그리스어 동사들이 가리키는 그들의 삶의 다양한 측면은 종말 직전의 실재를 가리킨다는 사실을 깨달아야 한다.

---

499) Cullmann, *Christ and Time*, 39-45, 79, 121. 참조. BAGD, 394-395. 이 사전은 특히 고후 6:2에서 은혜의 때와 우호적인 시점에 대해, 딤후 3:1에서 고통의 시기에 대해 언급한다. 참조. 고후 7:8; 갈 2:5; 6:10; 히 11:15. 70인역은 출 23:14, 17; 레 23:4에서 절기를 언급하는 데 이 단어를 사용한다. Philo, *De Specialibus Legibus* 1.191; 클레멘스2서 9:7 — "치유의 때"; 딤전 2:6; 클레멘스1서 20:4 — "적절한 때." 그리고 막 13:33; 살전 5:1; 벧전 1:5에서는 종말론적인 문맥에서 이 단어가 등장한다. 참조. Plutarch, *Moralia* 549F. 현대 저서 중에서는 Fee, *First Epistle*, 338, n. 12; Parry, *First Epistle*, 120; Schrage, *Der erste Brief*, 2:170-171 and 170, n. 676.

παράγει γὰρ τὸ σχῆμα τοῦ κόσμου τούτου(이 세상의 외적인 구조들은 사라져 가기 때문이다; 31절).[500] 이제 특별히 이른바 종말론적인 긴박성이라는 표현을 관심을 가지고 살펴보고자 한다. (우리는 특별 해설을 다룬 후 곧바로 30절을 주해할 것이다.)

"종말론적인 긴급성"의 언어(7:29-30)

우리의 첫 번째 과제는 종말론의 언어에 대한 케어드의 독특한 연구를 살펴보는 것이다. 케어드는 이 두 절을 두 가지 독특한 방법으로 이해하는 것의 장점들을 비교한다. "과연 바울은 세계사가 곧 종말에 이른다고 말하는가? 아니면 그는 단순히 어떤 시기에 옛 체제가 무너져내리며, 그 시기에 그리스도인들은 심각한 사회적인 압박과 고통 속에서 살아가게 될 것을 기대해야만 한다는 것을 의미하는가?"[501] 윔부시가 자신의 후기 저술에서 주장한 것과 마찬가지로, 케어드는 "이른바 바울의 금욕주의가 얼마나 냉철한 것인지"에 대해 말한다. "[바울의 논리 가운데] 한 가지 주도적인 원리는 '나는 여러분이 염려로부터 자유롭기를 바랍니다'(7:32)다. 하나님을 온전히 섬기는 데 단지 결혼이 마음을 흐트러지게 한다는 것만은 아니다. 바울은 그의 친구들이 결혼한 사람들이 위기 상황에서 경험하기 쉬운 종류의 고난을 겪지 않기를 원한다(7:28). 바울이 드러나게 사용하지 않는 한 가지 논점은 그들이 반드시 주님의 재림을 준비해야 한다는 것이다.… '나는 단지 여러분 자신의 유익을 생각하고 있습니다'(7:35)."[502] 이것은 케어드가 종말론적인 측면을 진지하게 다루지 않는다는 것을 의미하는가? 아니면 단지 그는 이 절들에서 그 요소를 발견하지 못하는가? 이 두 질문에 대한 대답은 모두 "아니다"다. 케어드의 저서『언어와 비유적인 표현』은 의미론에 대한 이론과 관련하여 그의 동료 올만과 긴밀하게 논의하면서 처음으로 옥스퍼드에서 1968-69년도에 진행한 강의 원고에서 발전한 것이다. 세 부분으로 나누어진 그의 저서 첫 번째 부분에서 케어드는 언어와 의미, 두 번째 부분에서는 은

500) Collins, *First Cor,* 291.
501) Caird, *Language and Imagery,* 270.
502) Caird, *Language and Imagery,* 270-271.

유의 역할, 마지막으로 세 번째 부분에서는 역사, 신화 및 종말론에 대해 다룬다. 케어드는 의미에 대한 항목에서 종말론의 언어를 연대기적인 표현이나 환원적인 표현으로 바꾸는 것을 거부한다. 같은 교회에 다음과 같이 말하는 것은 서로 모순되는 것이 아니다. 한편으로 "깨어 있으십시오. 종말은 어느 때에라도 일어날 수 있기 때문입니다"(참조. 살전 5:1-3). 또 다른 한편으로 "들떠 있지 마십시오. 종말은 아직 일어날 수 없기 때문입니다"(참조. 살후 2:1-8).[503] 은유적인 표현과 관련하여 그는 데살로니가와 고린도의 몇몇 교인들이 종말론에 대한 바울의 말을 "문자적으로 받아들였다"라고 주장한다.[504] 종말론에 대해 다루는 장에서 케어드는 바울이 임박한 종말론적 이미지를 사용하는 것과 종말이 곧 도래한다고 명백하게 믿는 것을 동일시하는 것은 순진무구한 것이라고 비판한다.[505] 또한 케어드는 슈바이처의 견해—바울은 가까운 미래에 파루시아가 온다고 믿었다—와 불트만의 견해—종말론적인 언어는 단지 실존적인 긴급성을 고조시키기 위해 고안된 것이며 우주적인 언어를 개인주의적인 언어로 변화시킨 것이다—도 동시에 거부한다.

　　케어드의 진술과는 독립적으로, 나는 왜 이 견해들을 받아들일 수 없는지를 나의 다른 논문에서 설명했다.[506] "주께서 강림하실 때까지 우리 살아남아 있는 자"(살전 4:15)에 부여된 중요성을 터무니없는 것으로 간주하는 방향으로 기우는 것처럼 여겨진다. 내가 다른 곳에서 논의했듯이 모든 논리적인 분석은 "참여" 논리와 "묘사" 논리를 서로 구별할 것이다.[507] 케어드의 공헌은 바울을 포함하여 초기 기독교 저자들이 어떻게 "그들이 익히 잘 알고 있던 것이 세상의 종말이 아니라는 것

503) 같은 책, 121.
504) 같은 책, 184.
505) 같은 책, 250.
506) Thiselton, "The Parousia in Modern Theolgy: Some Questions and Comments," *TynBul* 27 (1976): 27-54.
507) 나는 다음 논문에서 논리적인 구조의 차이점을 탐구했다. A. C. Thiselton, "The Logical Role of the Liar Paradox in Titus 1:12, 13: A Dissent from the Commentaries," *BibInt* 2 (1994): 207-223. 살전 4:15에서 바울은 반대되는 전제를 제시하지 않고는 "여러분들 중에서 살아남아 있는 이들"이라고 말할 수 없었을 것이다. 어떤 사건을 묘사하는 "관찰자" 논리는 어떤 주장을 제기하지만, "참여자 논리"는 반드시 독자들과 함께하는 어떤 관점을 선택해야 한다. 그것은 독자들이 해당 이슈를 진지하게 받아들일 수 있도록 이끌 것이다.

을 말하기 위해 어김없이 세상 종말의 언어를 은유적으로 사용했는지를" 언어학적인 관점에서 설명한 것이다(강조는 덧붙여진 것임).[508] 이것은 세상이 있는 그대로 무한정 계속될 것이기 때문이 아니다. 오히려 그것과 정반대다. 예루살렘의 멸망, 교회에 대한 사악한 세력들의 난폭한 공격, 아무런 미래가 없는 세상 질서에 의문을 제기하며 현실의 상대화를 시도하는 사건들은 모두 "세상의 종말"에 대한 경험의 일부분에 해당한다. 세상의 종말은 도래할 것이다. 그 이유는 현재의 세상 질서는 진정으로 하나님의 심판 아래 있고, 진정으로 우주적인 종말에 직면할 것이기 때문이다.[509]

이것은 29-35절을 상대화하는 윔부시의 다음과 같은 주장의 의미를 긍정적으로 받아들이는 길을 마련해준다. 곧 (a) 세상과 현재의 세상 질서, (b) 일상생활의 실천뿐만 아니라 또한 금욕적인 생활, (c) 임박한 기대에 대한 언어 등이다.[510] 윔부시는 συστέλλω의 현재완료 수동태 분사 συνεσταλμένος가 짧아졌다는 것을 의미한다고 올바르게 주장한다(이 동사는 신약성경에서 행 5:6에서 수의로 시체를 싼다는 의미로 한 번 더 나타난다). 곧 "하나님이 선택받은 자들을 위해 종말에 앞서 극심한 고통의 기간을 짧게 하시든지, 아니면 더 그럴듯하게 파루시아 이전의 어떤 짧은 기간을 전통적으로 기대하는 것"을 의미한다는 것이다.[511] 그는 τὸ λοιπόν은 대체로 바울 서신에서 문장을 시작한다고 덧붙인다. 따라서 여기서는 καιρός의 남아 있는 시간을 가리킨다는 것이다. 모울과 살롬의 견해에 동의하면서 윔부시는 가정법 ὧσιν이 사용되는 문맥에서 ἵνα는 명령의 효력을 지닌다고 올바르게 지적한다.[512] 하지만 여기서 이것은 과연 잠정적인 신앙으로(슈바이처), 또는 단지 긴급성을 유도하려는 언어적·실존적 의도로(불트만) 이해해야 하는가?

케어드의 견해를 따라 윔부시는 "종말론적인 진술은 전개되지 않으며", 여기서 강조점은 "ὡς μή로 시작하는 권면들로 표현되는 세속적인 일들의 상대화"

---

508) Caird, *Language and Imagery*, 256.

509) *Language and Imagery*, 258-269.

510) Wimbush, *Paul, the Worldy Ascetic*, 50.

511) 같은 책, 26.

512) 같은 책, 27. 참조. Moule, *Idiom Book*, 145; A. P. Salom, "The Imperatival Use of ἵνα in the NT," *AusBR* 6 (1958), 135. Wimbush, *Paul, the Worldy Ascetic*, 33.

에 있다고 주장한다.[513] "결혼하는 것, 우는 것, 기뻐하는 것, 사고파는 것은 모두 세상 안에서 이루어지는 인간의 전형적인 행위 또는 그러한 행위를 통해 자극받는 것에 대한 반응이다."[514] 만약 우리가 31b까지 미리 내다본다면 현재 시제 παράγει를 통해 "종말의 임박은 더 이상 관심의 대상이 아니며, 오히려 현재의 세상 질서 안에서 **반복적으로 일어나는** 일들의 상태를 묘사하는 데 관심을 기울이는 것 같다."[515] 삶 속에서 "날마다" 행하는 일들이 "목적" 그 자체인지에 대해서는 물음표를 찍을 수 있을 것이다. 하지만 슈바이처의 견해와는 대조적으로 바울은 그것들이 실행할 만한 가치가 거의 없다고 주장하지 않는다. 세상과 하나님의 백성을 위해 하나님이 의도하시고 이끌어가시는 우주적인 종말과 관련하여 그것들은 단지 부차적인 위치 또는 상대화된 위치에 있다. 윔부시는 현재완료 수동태 συνεσταλμένος는 "하나님 중심적인 묵시론적인 관점"을 알려준다고 생각한다.[516]

윔부시와 케어드 사이에 존재하는 강조점의 차이는 윔부시가 29-31a에 중요성을 부여하는 것에서 나타난다. 윔부시는 이 절들이 묵시론적 사고에 영향을 받은 바울 이전 자료의 일부분이라고 간주하며, 31b에서 바울의 "바로잡는 말"과 대치된다고 본다. 그리고 사실상 31b-35에서 "바울은 스스로 종말론적 사고에서 벗어나며, 31b에서 종말의 긴급성 대신에 세상의 일들이 일시적임을 강조한다."[517] 하지만 케어드는 29-31a의 종말론과 31b-35의 일시성의 관점 사이에 존재하는 긴장의 내적·언어적 역동성을 바울이 말하고자 하는 것에 모두 **똑같이 필요한 것**으로 이해한다. 그것은 공관복음 안에, 예를 들면 막 13장과 마 24장 사이에 존재하는 내적인 긴장과 비슷하다는 것이다. 윔부시와 케어드는 모두 입체적인 관점을 나란히 배열한 것을 진지하게 다룬다. 하지만 윔부시는 31b을 바울의 바로잡는 말 또는 적어도 한정으로 이해하지만, 케어드는 그것을 바울의 명확화 또는 설명으로

513) Wimbush, *Paul, the Worldy Ascetic,* 33.
514) 같은 책, 30.
515) 같은 책, 34(강조는 원저자의 것임).
516) 같은 책, 40.
517) 같은 책, 47.

이해하고자 하며, 그것은 앞에 있는 절들의 취지로부터도 벗어나지 않는다고 주장한다. 슈라게와 다우티의 해석에 대해 논의하는 부분에서 윔부시는 케어드에게 더 가까이 다가간다.[518] 그는 이렇게 결론짓는다. "이 권면들은 세상 안에서 제한적인 참여를 권한다.…윤리적인 자세는…**첫 번째 숙고 대상이 아니다.**"[519]

종말론에 대한 위더링턴의 연구는 이 절들을 이해하는 데 도움을 준다.[520] 우리가 이미 주장했듯이 그는 συνεσταλμένος가 "짧은"이 아니라 "짧아진"을 의미한다고 강조한다. 이것은 하나님의 행위뿐만 아니라 한정됨의 측면을 추가한다.[521] 31절에서 "바울은 미래의 어떤 종말론적인 사건이 아니라 이미 시작된 종말론적인 과정에 대해 말하고 있다."[522] 비록 이 절들은 "시간이 얼마 남아 있지 않을 가능성"에 의해 "영향을 받는" 어떤 윤리를 암시하지만, 그리스도의 죽음과 부활을 통해 일어난 구속 사건들은 "결정적인" 것으로 남아 있다는 것이다. 이 사건들은 "그 시간을 단축시켰으며", 파루시아가 이 세상에서 이루어지는 모든 행위를 최종적으로 끝내기 전까지 신자들은 얼마나 긴 시간이 자신들에게 남아 있는지 알지 못한다는 것이다.[523] 따라서 "바울은 세상으로부터 멀어지거나 세상을 단념하라고 말하지 않는다. 오히려 세상은 신자가 하나님의 뜻에 순종하기 위해 부르심을 받은 영역이다. 여기서 '만약 ~이라면'은…인간과 그의 세상 사이의 역동적인 관계를 (반영한다)."[524]

이 변증법은 "현재와 미래 간의 긴장을 반영하지 않는다"는 위더링턴의 견해를 시인하는 것을 케어드가 주저했을 수도 있다는 점을 제외하면 위더링턴의 연구는 케어드와 윔부시의 논점을 더 확대해줄 것이다.[525]

518) Schrage, "Die Stellung zur Welt bei Paulus, Epiktet und in der Apokalyptik," 137; 참조. 125-154; Doughty, "The Present and Future of Salvation in Corinth," 69; 참조. 66-74.

519) Wimbush, *Paul, the Worldy Ascetic,* 33(강조는 원저자의 것임).

520) B. Witherington, *Jesus, Paul, and the End of the World* (Carlisle: Paternoster, 1992), 27-30.

521) 같은 책, 27.

522) 같은 책, 28.

523) 같은 책, 29.

524) 같은 책.

525) 같은 책.

케어드의 견해에 의하면 이것은 존재론적인 기초다. 설령 바울의 신학과 윤리가 반드시 곧 다가올 미래와 관련하여 "세상의 종말"을 묘사하는 언어를 포함하고 있지 않다 하더라도, 긴급성에 대한 바울의 신학과 윤리는 그 기초 위에 있다. 비록 케어드가 1980년에 『언어와 성경의 비유적인 표현』을 저술했지만, 단지 몇몇 저자들만 이 단락을 해석하는 데 종말론에 대한 케어드의 언어학적인 통찰을 충분히 결합시킨 것으로 보인다. 한편으로 바울은 그의 종말론적인 언어가 "여러분은 여기에 서 있습니다"라는 표제가 붙은 일종의 시간표로 이해되는 것을 결코 원하지 않았다. 다른 한편으로 그것은 윤리적인 긴박성에 대해 특별한 자세를 취하게 하려고 현재와 미래를 단순한 도구적인 방책으로 삼지 않았다. 세계의 종말을 진정으로 암시하는 "세상의 종말"에 대한 더 자세한 언어와 관련하여 29-31절의 실천적인 태도는 부분적인 형태로 일어나는 것이다. 이것은 어떤 상황에 적용된다. 이 상황 속에서 동일한 언어 묘사는 단지 부분적, 유비적, 또는 예기적으로 세상의 종말을 암시한다. 한 개인의 "세상"은 곧 사라질 세상의 일부이기 때문에 그 안에서 논의된다. "참여자 논리"와 "관찰자 논리" 사이의 차이점(앞의 설명 참조)은 시간과 종말에 대한 언어를 이해하는 데 필수적이다. 또 그 차이점은 이른바 "세계성"(worldhood)의 서로 다른 두 가지 실재와 관련되어 있다. 이스라엘의 "세상"은 (논란의 여지가 있긴 하지만) 예루살렘의 멸망과 더불어 무너졌지만(참조. 막 13장), "관찰자"의 세상은 우주적이며 상호 주관적인(intersubjective) 코스모스다. "내" 세상은 죽을 때 무너지지만, "그"(the) 세상은 최후의 종말에 멸망한다.

우리는 συνεσταλμένος ἐστίν이 종말론과 연결된 환난의 기간이 단축되었다는 것을 의미할 수 있다는 것을 배제할 수 없다. 하지만 καιρός가 매우 빈번하게 우호적인 기회의 순간을 의미하기 때문에 다음과 같은 해석을 제안할 수 있을 것이다. 그리스도인들은 여전히 안심하며 **결혼**하고, 결혼이 암시하는 모든 것과 더불어 결혼한 상태를 유지할 수 있다(7:2-7). 그들은 슬픔과 관련된 일반적인 관습을 행할 수 있다. 예를 들면 누군가를 여의거나, 다른 이들의 애도에 동참하는 상황에서 슬퍼하며 울 수 있다. 슈라게가 선호하는 표현에 의하면 삶의 가장 높은 지점과 가장 낮은 지점에 참여하면서 그렇게 할 수 있다.[526] 따라서 그들은 일반적인 의미에서 다른 이들을 축하하면서, 또는 다른 사람들의 축하를 받으면서 **기뻐할 수** 있다. 그리고 그들은 **상거래**를 할 수 있다. 그것은 재산이나 소유를 건네주는 것을 포함한다. 하지만 마지막 예는 ὡς μή의 실질적인 의미에 유익한 단서를 제공해줄 것이다. 로버트슨과 플러머는 의미를 강조하는 복합 형태 κατέχω에 대해 다음과 같이 주해한다. "ὡς μὴ κατέχοντες, '완전한 소유권을 획득하지 않은 것처럼' 또는 '지속적으로 꼭 붙잡고 있는 것처럼'(11:2; 15:2; 고후 6:10)을 의미한다.…이 땅의 물품은 맡겨진 것이지 소유가 아니다."[527] 하지만 어떤 특별한 상황들이 이른바 현재의 안전과 안정에 종말론적인 물음표를 제시했을 가능성(심지어 개연성)을 무시하는 것은 오류일 것이다. 이 장의 머리말과 26-27절의 주해에서 우리는 일상생활에서 가난과 질병을 겪고 있던 이들에게 기근이 어떤 역할을 하는지에 대한 윈터와 블루의 상세한 논점을 이미 언급했다. 이러한 상황에서 그러한 시련, 억압 또는 고통은 결혼 언약을 신실하게 실행함으로써 더욱더 강화될 수 있을 것이다(7장의 머리말 참조). 그 부르심이 더 **광범위하게** 어떤 개인의 부르심을 가리키든지, 아니면 특별히 복음 사역을 위해 **부르심**을 받은 것인지 상관없이 이것은 **부르심**에 부정적인 영향을 미칠 수 있을 것이다. 이러한 구체적인 상황들은 세상 질서가 무너지기 쉽고 불안전하다는 것을 절실하게 느끼게 해줄 것이다. 세상 질서는 그리스도의 십자가의 종말론적인 심판 아래 놓여 있다.[528]

31절 이 절을 주해하는 데 요구되는 상당 부분은 이미 29-30절에 대한 주해에서 다루어졌다. 윔부시가 지적하듯이 이 절은 바울의 사고(思顧)에 초점을 맞추는 ὡς μή의 다섯 가지 사례를 완성한다.[529] 여기서 그리스어 οἱ χρώμενοι와 ὡς μὴ καταχρώμενοι의 언어유희는 바울이 의도한 의

---

526) Schrage, *Der erste Brief*, 2:174.

527) Robertson and Plummer, *First Epistle*, 156,

528) 참조. A. R. Brown, *The Cross and Human Transformation: Paul's Apocalyptic Word in 1 Cor*, 1-25, 34; 특히 168-169.

529) Wimbush, *Paul, the Worldy Ascetic*, 29.

미를 훼손하지 않고 영어로 그대로 옮기는 것이 거의 불가능해 보인다. 특히 ἐσθίω와 κατεσθίω의 유비(그것을 먹어라, 하지만 모두 먹어치우지는 말아라)에 기초하여 세상을 이용하는 데 몰두하지 않고 세상을 이용하는 것을 강조하는 개념은 의심의 여지 없이 단순동사와 복합동사를 서로 대조한다. AV/KJV에서 재현한 언어유희, "사용하다…남용하다"는 해당 그리스어의 의미를 적절하게 드러내지 못한다. 이 번역의 기원은 테르툴리아누스, 테오도레토스, 테오필락투스, 루터, 베자 등의 라틴어 번역 *non abutentes*(남용하지 않는 이들) 또는 *abuti*(남용하다)에 기초한다. 이와는 대조적으로 불가타, 칼뱅, 그로티우스는 복합동사를 (더 설득력이 있게) 표현상 다른 형태(variant)로 간주하여 "이용하지만 이용하지 않는 것처럼"이라고 이해한다. 이 번역은 개인적인 관심에 뉘앙스를 더한다.[530]

하지만 루터는 그 구절의 종말론적인 풍미를 결과적으로 이미 앞에서 언급한 케어드와 윔부시가 강조하는 방법으로 보존한다. 루터는 유익한 것을 이용해야 하지만, "너무 사랑하고 열망하거나 불행과 권태를 초래할 정도로 그것에 너무 깊이 빠지지 말고, 오히려 이 땅에서 손님처럼 행동하며 꼭 필요하기에 모든 것을 짧은 기간 동안 사용하라"고 주장한다.[531] 칼뱅은 이 언어유희를 가장 탁월하게 보존한다. 곧 그는 χρώμενοι, "이용하는 사람들"과 καταχρώμενοι, "모두 이용하는 사람들, 최대한으로 이용하는 사람들"을 서로 대조시킨다. 이제 그 취지는 "적당히 절제하는 방법으로" 이용하는 것이 된다. 이것은 얼핏 생각하기에 종말론적인 뉘앙스를 잃어버린 것처럼 보이지만, 칼뱅은 곧바로 "우리의 여행을 방해하거나 지체시키지 않도록"(참조. 루터, "손님처럼")이라는 말을 덧붙인다.[532] 이 땅에 속한 것들을 가볍게 여겨야 함을 강조한다는 의미에서 루터와 칼뱅은 바울의 종말론을

---

530) Theodoret, *Op. Omn. Int. 1 ad Cor*, 209D(Migne, *PG*, 82, col. 282 [Lat], *utuutur hoc mundo, tamquam non abutentes*(마치 이 세상을 사용하지 않는 사람들처럼 그것을 사용하라); 참조. Luther, *Works*, 28:52 (*WA*, 12:138).

531) Luther, *Works*, 28:52.

532) Calvin, *First Epistle*, 160.

부분적으로 보존한다. 하지만 그것이 지닌 공통적인 측면에서 무언가가 시야에서 사라진 것 같다. 그래서 칼뱅은 σχῆμα(31b)를 일종의 겉모습으로 설명한다. 그 모습이 변하면 지속적이거나 확실한 것은 아무것도 남아 있지 않기 때문이다.

하지만 χράομαι에 대한 사전적인 분석은 이 단어가 언어 철학자들이 "다양한 형태의 개념"(a polymorphous concept)이라고 부르는 것에 해당한다는 점을 밝혀준다. 많은 문맥에서 이 단어는 "이용(사용)하다"를 의미한다. 그러나 일부 문맥에서는 각각의 문맥이 어떤 것을 사용한다는 것이 무엇을 의미하는지 그 내용을 정의한다. 따라서 χράομαι τοῖς νόμοις는 "법을 이용하다"가 아니라 "법에 따라(법대로) 살다"를 의미한다(Josephus, *Antiquities*, 16.27). 또한 χράομαι πολλῇ παρρησίᾳ(고후 3:12)는 "담대하게 행동하다"를 의미한다. 그리고 χράομαι φίλοις καλῶς는 "친구들을 잘 대하다"를 의미한다(Xenophon, *Memorabilia* 1.2.48).[533] 따라서 RSV는 31절에서 "세상을 대하는 사람들"이라고 번역한다.

복합동사 καταχράομαι의 범위 및 의미와 관련하여 더 어려운 한 가지 의미론적인 질문이 남아 있다. 만약 이 동사가 "이용하다"를 의미하지 않는다면 그것은 "최대한으로 이용하다"(칼뱅)를 의미할 수 있는가? 아니면 이것은 단순히 일종의 다른 형태로서 단순동사를 반복하는 것인가?(예. RSV: 세상과 아무런 상관이 없는 것처럼 세상을 대하는 사람들). BAGD는 "대체로 전치사는 단순동사에 특별한 색채('충분히 이용하다, 남용하다, 모두 다 이용하다')를 부여한다"라고 주장하며, 그 차이점을 설명하려고 한다. 하지만 이 사전은 곧바로 다음과 같이 덧붙인다. 곧 신약성경과 초기 기독교 문헌에서 "이 복합동사는 설령 차이점이 있다 하더라도 단순동사 "이용하다"와 별 차이가 없다." 옥시린쿠스 파피루스 문헌 494:20에서 이 동사는 "자신의 필요를 위해 사용하다"를 의미한다(또한 참조. Josephus, *Antiquities*, 3.303; Philo,

---

533) 참조. BAGD, 884.

De Opificio Mundi 171).[534] 하지만 고전 9:18에서 바울은 분명히 "나의 권리 또는 권위를 온전히 사용하다"를 의미하는 데 이 복합동사를 사용한다. 만약 31절에서도 복합동사가 단순동사처럼 같은 효력을 지니고 있다면 바울은 앞 절에서 κλαίοντες ὡς μὴ κλαίοντες와 마찬가지로 문체상 우아하지도 않고 쓸데없이 반복되지도 않는 표현으로 단순히 χρώμενοι ὡς μὴ χρώμενοι라고 기록했을 수도 있을 것이다.[535] "온전히 이용하다"를 지지하는 언어사전의 증거에 기초하여 우리는 이 구절을 "마치 그것에 몰두하는 사람들처럼"이라고 번역했다. 곧 이것은 그들의 관심을 전적으로 그것에 기울이는 것을 가리킨다.[536]

παράγει γὰρ τὸ σχῆμα τοῦ κόσμου τούτου는 현재의 세상 질서가 무너지는 것을 가리킨다. 대다수 주석가는 παράγει를 현재의 세상 질서의 **덧없음**을 의미하는 것으로 해석하며, 또한 이것은 불확실하며 일시적인 모든 것으로부터 초연할 것을 가르치는 스토아 철학과 유사하다고 지적한다. 하지만 바울의 종말론적인 구조는 우주적이며 역동적인 과정을 가리킨다. 따라서 우리는 "왜냐하면 이 세상의 외적인 구조들은 사라져가기 때문입니다"라고 번역했다.

παράγει와 τὸ σχῆμα τοῦ κόσμου τούτου의 결합으로 표현하는 것은 매우 의미심장하다. παράγω는 "어떤 움직이는 파노라마처럼" 사라져가는 것을 의미한다.[537] 따라서 에링은 이것은 어떤 배우가 자신의 역할을 마치고 나서 무대를 가로질러 양옆으로 사라지거나 커튼 뒤로 사라지는 것에 조명을 맞추는 것이라고 주장한다. 이러한 이 세상의 외적인 형태(τὸ σχῆμα, 곧 현재의 세상 질서와 그것의 외적인 구조들)는 "무대를 떠나는 배우처럼 사라진다."[538] 바레트는 한걸음 더 나아간다. 그는 그리스어 명사 σχῆμα는 여기

---

534) BAGD, 420.
535) Héring, *First Epistle*, 59.
536) 참조. Lightfoot, *Notes*, 233.
537) Robertson, *Epistles*, 4:134.
538) Héring, *First Epistle*, 60.

서 사라져가는 겉모습을 의미한다고 주장한다. "바울의 요점은 피조물의 일시성 자체가 아니라[τὸ σχῆμα 외에도 τούτου에 주목하라] 피조물이 사회적·상업적 제도 안에서 영속성이 없다는 사실을 강조한다."[539] 겉모양과 더불어 사회적·정치적·상업적 제도들에 대한 바레트의 강조점과 "무대를 가로질러 사라진다"라는 에링의 주장을 서로 연결하여 우리는 31절 후반절을 "왜냐하면 이 세상의 외적인 구조들은 사라져가기 때문입니다"라고 번역했다.

"바울의 말은 스토아학파의 가르침처럼 들린다. 하지만 그 사고(思考)의 정황은 서로 전혀 다르다." 여기서 바울의 말은 롬 12:15에서 "즐거워하는 자들과 함께 즐거워하고, 우는 자들과 함께 울라"라는 바울의 권면과 어긋나지 않는다. 29-31절에서 바울의 말은 "스토아학파의 아파테이아(apatheia)가…아니다."[540] 슈라게와 데밍은 스토아학파와 종말론의 언어에서—예를 들면 겔 7:12(70인역), 엘리야의 묵시록 2:31, 시빌라의 신탁 2:37-39, 그리고 특히 에스라4서(에스드라2서) 16:40-44(참조. 15-16장)와 같은 구절에서—"사다" 또는 "사지 않다"와 "기뻐하다" 또는 "기뻐하지 않다" 같이 서로 평행을 이루는 표현을 확인할 수 있다고 말한다.[541] 하지만 슈라게는 그 동기와 넌지시 암시되는 자세는 각각의 경우마다 서로 다르다고 올바르게 주장한다. 데밍은 묵시적인 사건들을 상황들로 해석함으로써 이 요소들을 서로 결합하려고 시도한다. 스토아학파는 그 상황들을 고려하고 나서 세상의 구조들과 소유물을 대수롭지 않게 여길 것이다. 한편 시간적인 측면에서 [종말의] 임박성을 그릇되게 강조하기는 했지만, 슈바이처는 묵시론적인 구조가 서로 다르다는 것을 다음과 같이 올바르게 인식한다. "스토아학파의 관점에서는 세상이 정적이며 불변하는 것으로 여겨졌다. 세

---

539) Barrett, *First Epistle*, 178.
540) 같은 책, 178.
541) Deming, *Paul on Marriage*, 177-197. Deming의 연구서는 "묵시론적인 '상황들'"에 대한 자료들을 많이 언급한다(177). 참조. Schrage, "Die Stellung zur Welt," 특히 125-130; 136-139.

상은 바로 자연(the Nature)이다.…바울은 후대의 유대교 종말론의 특성에 부합하는 드라마와 같은 세계관의 개념 안에서 살고 있다."[542] παράγει γὰρ τὸ σχῆμα ....

32-33절   "그래서"는 강조점이 바뀐다는 것을 알린다. 원부시도 θέλω 다음에 나오는 δέ의 다소 반의적인 의미와 29-31a절에서 사실상 나타나지 않았던 2인칭 복수 ὑμᾶς를 언급하면서 이를 확인한다.[543] 여기서 핵심 단어는 ἀμερίμνους, "염려로부터 자유로운"이다. 알파-부정사 ἀμέριμνος는 명사 μέριμνα, "염려 또는 돌봄"의 형용사다. 이 명사의 동족 동사 μεριμνάω는 다음과 같이 이중적인 의미로 사용된다. (i) 염려하다, 쓸데없이 걱정하다, (ii) ~에 관심을 갖다, ~에 헌신하다. 따라서 직설법 현재 능동태 단축동사 3인칭 단수 μεριμνᾷ는 아마도 "관심을 기울이다"(32절)와 "~을 염려하다 또는 걱정하다"(33절)의 이중적인 의미를 나타낼 것이다.[544] 알파-부정사로서 형용사 ἀμέριμνος는 신약성경에서 단 두 번만 나타난다 (마 28:14; 고전 7:32). 하지만 세네카의 저서에서 이 형용사는 철학적인 주제들을 염려로부터 자유로운 상태에서 명상할 수 있는 독신 생활의 특성으로 나타난다. 콜린스는 견유학파의 철학에서 나타나는 평행 본문들을 언급한다.[545] 따라서 이 단어 그룹은 두 가지 서로 구별되는 대화의 문맥에서 사용된다. 한편으로 이 단어 그룹은 스토아학파에서 주로 우발적인 사건에 무관심한 것으로부터 말미암는 특성으로 사용된다. 또 다른 한편으로 이것은 예수의 가르침에서 단순하고 순수한 마음이 드러나는 것을 묘사하는 데 사용된다(마 6:25, 28; 평행 본문 눅 12:22, 26; 마 10:19). 바울은 하나님이 주시는 평

---

542) Schweitzer, *Mysticism of Paul*, 11.
543) Wimbush, *Paul, the Worldly Ascetic*, 49. 그는 구문(構文)의 이 측면이 "강조를 위한…변천…중요한 전환을 가리키는 것"이라고 말한다.
544) BAGD, 504-505과 Moulton-Geden에 제시된 항목을 참조하라. Deming도 여기서 언어유희를 간파한다(Deming, *Paul and Marriage*, 203).
545) 세네카는 "두려움이 미치지 못하는" 마음에 대해 말한다(Seneca, *De Vita Beata* 4.3; 참조. 4.2). 참조. Collins, *First Cor*, 291. 하지만 그리스도인들의 기초, 근거, 동기는 이러한 특성과 구별된다(아래 참조).

안으로 아무것도 염려하지 말라(빌 4:6)는 의미와 또 다른 사람에게 관심을 가지라고 권면하는(빌 2:20) 의미에서 이 단어를 사용한다. 예수도 현재의 세상 질서(τοῦ αἰῶνος, 마 13:22; 막 4:19)에 대해 염려하는 것을 말한다.[546]

이 단어 그룹이 사용되는 또 다른 전통은 70인역이다. 70인역에서 염려의 주제는 어떤 사람의 이해력을 벗어나는 것을 추구하는 것에 대한 요소를 추가적으로 포함한다(참조. 시 54:22; 잠 27:12; 집회서 30:24; 38:29; 지혜서 12:22; 마카베오2서 6:10). 또한 데밍은 정신 집중을 위해 주의가 산만한 것에서 벗어나려는 동기는 특히 스토아학파보다 견유학파의 가르침에 더 많은 빚을 지고 있다고 주장한다. 견유학파의 주요 용어 ἀπερισπάστως, "[마음의] 흐트러짐 없이"는 35절에서 나타난다. 하지만 데밍은 바울 당시에 이 형용사가 부사로 사용되는 것은 매우 드물며, 이것은 스토아 철학자 중에서 에픽테토스와 마르쿠스 아우렐리우스의 저서에서 나타난다고 시인한다.[547] 그러나 우리가 31절의 문맥에서 지적했듯이 우리는 유사한 표현에 기초하여 성급하게 추론하는 것을 주의할 필요가 있다. 하나님에 대한 신뢰는 다른 모든 관심사를 상대화한다. 이것은 그리스도인들을 그것들로부터 "분리시키는" 것이 아니다. 대화의 세계는 서로 다르다. 우리는 무어스가 움베르토 에코의 입장을 따라 "코드 전환"이라고 부르는 것을 피해야 한다. 이것은 혼란스럽거나 서로 뒤섞인 의미가 생겨나게 할 것이다.[548]

우리는 ὁ ἄγαμος μεριμνᾷ τὰ τοῦ κυρίου를 "미혼 남자는 주님의 일을 염려합니다"라고 번역할 수 없다. 바울은 그의 모든 독자가 염려에서 벗어나기를 바라기(θέλω δὲ ὑμᾶς) 때문이다. 바레트는 긍정적인 측면에서 바울이 다른 편지에서 무슨 일이 일어나든지 하나님은 신자들을 사랑하신다고 교회에 확신을 주고 있기에(참조. 롬 5:1; 8:38-39), 단지 이 단어가 "하나님

---

546) 막 4:19에서 씨 뿌리는 자의 비유는 이 세상의 상업적·사회적 구조들 안에서 어떻게 일상생활에 대한 걱정이나 염려가 하나님의 말씀을 [자라지 못하게] "막는지"에 대해 묘사한다.

547) Epictetus, *Dissertations* 1.29.58-59; Marcus Aurelius, 3.6. 참조. Polybius, 2.20.10; Deming, *Paul on Marriage*, 199-200.

548) 참조. Moores, *Wrestling with Rationality in Paul*, 5-33, 132-160.

을 기쁘시게 함으로써 하나님의 호의를 얻으려는 염려"를 의도적으로 암시하며 반박할 때만 이 단어가 "염려하는"을 의미할 수 있다고 말한다.[549] 아마도 고린도에서 금욕주의적인 관습을 지지한 사람들은 일상적으로 요구되는 것을 넘어서는 행위들을 통해 하나님의 호의를 얻을 필요가 있다는 생각에 집착했을 것이다. 결국 바레트는 바울이 "나쁜 특성의 염려"를 몰아내는 "좋은 특성의 염려"를 지지한다고 결론짓는다. 하지만 이 경우에 우리는 데밍과 더불어 사전적으로 입증된 μεριμνάω의 이중적인 의미에 기초하여 바울의 말을 해석해야 할 것이다. 곧 이 절에서 μεριμνάω는 [결혼하지 않은 남자는 주님의 일에] "관심을 기울인다"라는 의미지만, 33절에서 이 동사는 "염려한다"를 가리킨다.

　　이 두 가지 측면을 연결하는 공통적인 요소는 의도를 나타내는 가정법 πῶς ἀρέσῃ τῷ κυρίῳ에서 분명하게 드러난다. 이 표현은 "어떻게 그가 주님을 기쁘시게 해드릴 수 있을까?"라고 번역하는 것이 가장 좋을 것이다. 이 방향 저 방향으로 숙고하는 것이 암시되어 있긴 하지만, 염려하며 숙고하는 것이 아니라 [하나님을] 신뢰하며 숙고하는 것을 가리킨다. 이것은 그리스도인의 성숙한 성품의 일부분을 차지한다. NRSV와 RSV는 단순히 "어떻게 즐겁게 할까?"라고 번역한다. 하지만 몇몇 영역본은 이 구절을 바꾸어 표현한다. 예를 들어 "그의 목표는 주님을 기쁘시게 하는 것이다"(REB); "어떻게 그가 주님을 기쁘시게 할 수 있을까?"(NJB). 사실상 이 문장 구조는 일종의 간접의문문처럼 기능한다.[550]

　　정관사가 덧붙여진 부정과거 분사 ὁ δὲ γαμήσας는 상황의 변화 속으로 들어가는 것에 주목한다. 로버트슨과 플러머는 "일단 어떤 남자가 결혼하면"이라는 번역을 제안한다.[551] "그 결혼한 남자"(REB, NRSV, NIV, NJB)는 주의를 다소 덜 산만하게 만드는 타협안인 것 같다. 여기서 피는 μεριμνᾷ를

549) Barrett, *First Epistle*, 179.

550) Fee는 이 문장 구조를 다음과 같이 제대로 파악한다. "심사숙고의 가정법…그것은 '어떻게 내가 주님을 기쁘게 할 수 있을까?'라고 말하고자 할 것이다"(Fee, *First Epistle*, 343, n. 32).

551) Robertson and Plummer, *First Epistle*, 157; 참조. Wolff, *Der erste Brief*, 159.

긍정적인 의미로 이해한다. "자기 아내를 어떻게 기쁘게 할지, 그는 이 세상의 일에 관심을 둔다."[552] 그는 주님뿐만 아니라 자기 아내에게도 관심을 둔다. 피는 이중적인 의미로 해석하는 것은 μεριμνάω가 "두 가지 서로 다른 것"을 의미하게 만든다면서 이런 이중적인 의미로 해석하는 것에 반론을 제기했었다(앞에서의 주해 참조). 그러나 그의 반론은 바로 여기서도 똑같이 적용된다. 한 가지 예외가 있다면 그 의미의 차이가 이제는 32b와 33절이 서로 대조되는 것이 아니라 32a와 33절이 서로 대조되는 것이다. 어쨌든 우리가 곧 살펴보겠지만(34절에 대한 주해 참조), μεμέρισται는 단순히 "나뉘었다"가 아니라 "두 방향으로 이끌린다"(REB)를 의미한다.[553]

세븐스터는 그의 세부적인 연구서 『바울과 세네카』에서 "단지 겉으로만 평행을 이루는 표현들에 오도되지…말라"고 독자들에게 반복해서 경계한다.[554] 예수와 바울은 하나님을 신뢰하며 그분께 모든 것을 맡기고 염려와 자신에 대한 집착에서 벗어나는 것을 지지하지만, 세네카는 "당신이 당신 자신으로부터 얻을 수 있는 것"을 신에게 기대하는 것은 어리석은 것이라고 주장한다.[555] 세네카의 관점에 의하면 염려가 없는 것은 운명을 받아들이는 것과 관련이 있는 사항이다. "숭고한 미덕 안에서 운명은 자원하는 영혼을 이끌지만, 운명은 자원하지 않는 영혼에 질질 끌려간다."[556] 그러나 바울은 하나님을 전적으로 신뢰하면서 어떻게 그리스도인이 하나님을 기쁘시게 해야 하는지에 대한 책임 의식을 갖고 숙고하도록 초대한다. 결혼은 상황 속에서 한 가지 요소일 수 있다. 하지만 7:28이 확인해 주듯이—"만약 당신이 결혼한다면 당신은 어떤 잘못을 범하는 것이 아닙니다"(REB)—결혼은 "주님을 기쁘시게 하는" 데 결정적인 장애 요소가 결코 아니다. 또한 결혼은 분명히 스토아학파처럼 인종(忍從)과 함께 단순히

---

552) Fee, *First Epistle*, 344.
553) 참조. Schrage, *Der erste Brief*, 2:178-180.
554) Sevenster, *Paul and Seneca*, 82.
555) Seneca, *Epistles*, 41.1; 참조. 95.50; Sevenster, *Paul and Seneca*, 46.
556) Seneca, *Epistles*, 107.10-12.

받아들이는 것도 아니고, "주의 산만"보다 우선권을 지닌 것으로서 견유학 파처럼 특별한 상황에 적용하는 것도 아니다.[557] 피가 μεριμνάω를 (긍정적인 관심뿐만 아니라 또한 부정적인 염려로서) 이중적인 의미로 해석하는 데 의구심을 나타냄에도 불구하고, 모팻은 이 단락 전체를 통해 "바울은 염려하는 것과…올바른 관심이라는 이중적인 의미에 근거하여 언어유희를 한다"라고 설득력 있게 주해한다.[558] 이 강조점은 다음 절에서 계속해서 전개된다.

34절 이 절은 바울 서신에서 텍스트의 문제점과 관련하여 가장 널리 알려진 절 가운데 하나다. 오르와 월터는 아홉 가지 다른 독법을 찾아낼 수 있다고 주장한다.[559] UBS 4판은 (네슬레 텍스트와 마찬가지로) 우리가 번역한 독법을 따르고 있다. 하지만 UBS는 이 독법을 "D"등급으로 분류한다. UBS 위원회는 가능한 한 이 등급을 피하고자 한다. "D"등급은 위원회 구성원들이 "어떤 결론에 도달하는 데 매우 커다란 어려움을 안고 있"음을 의미한다. 또한 UBS 3판도 이 독법을 "D"등급으로 분류했다. 이 등급은 원문으로서 "의심의 정도가 매우 높다"를 가리킨다. 이 절의 텍스트가 지닌 문제점에서 주요한 이슈는 앞에서 첫 번째 문장으로 번역한 μεμέρισται를 과연 구문론적으로 어떻게 이해하는지와 관련되어 있다. 과연 이 그리스어 동사는 앞 절의 주어를 가리키는가, 아니면 뒤따르는 내용을 가리키며, 결혼한 여자와 결혼하지 않은 여자 사이에 차이점이 있다는 것과 같은 의미를 전달하는가? 아홉 가지 다른 독법 중 상당수는 곁가지와 같거나 합리화시키려는 독법이다. 따라서 이것은 소수의 주요한 다른 독법으로 축소할 수 있을 것이다.[560]

(1) 따라서 초기의 사본 p[46](기원후 200년경)은 ἡ ἄγαμος를 ἡ παρθένος에 연결한다. 메츠거는 이것을 필사자가 어휘들을 서로 결합하는 전형적인 사례 가운데 하

---

557) Epictetus, *Diss,* 3.22.69; 참조. D. S. Sharp, *Epictetus and the NT* (London: Kelly, 1914), 49-50; A. Bonhöffer, *Epiktet und das NT* (Giessen: Töppelmann, 1911), 35-38, 108, 330 and 382-390.

558) Moffatt, *First Epistle,* 94; 참조. Fee, *First Epistle,* 343-345; Schrage, *Der erste Brief,* 2:178-180.

559) Orr and Walther, *1 Cor,* 219.

560) Metzger, *Textual Commentary* (2d ed. 1994), 490; on the 3d UBS ed. 참조. his 1st ed. 555-556.

나로 여긴다. 그러나 그는 UBS 4판의 독법은 P^{46}(기원후 200년경), P^{15}(기원후 3세기), B(4세기) 및 몇몇 소문자 사본, 불가타(*et divisus est*), 콥트어 역본들(3세기 이후부터) 과 에우세비오스 등, 곧 초기의 알렉산드리아 및 서방 사본들의 지지를 받는 것을 인정한다. (2) 두 번째 καί는 D˙에서 생략되어 있으며, ἡ ἄγαμος는 ἡ γυνή로부터 ἡ παρθένος로 옮겨졌다. 따라서 서방 전승에 기초한 D, E, F, G, K, L, 몇몇 고대 라틴 어 역본, 테르툴리아누스와 몇몇 불가타 사본은 "결혼한 여인과 결혼하지 않은 여 인 사이에는 차이점이 있습니다"라는 의미로 읽는다. (3) 세 번째 그룹은 ἡ ἄγαμος 를 다른 곳으로 옮기지 않고 ἡ γυνή를 수식하지만, 동시에 첫 번째 καί를 생략한다. 따라서 이 독법은 μεμέρισται를 곧바로 뒤따르는 것과 연결한다. 그 결과 "그 여인 은 또한 나뉘어 있습니다. 하지만…"이라는 의미를 전달한다. ℵ, A, 33이 이 독법을 지지한다.

요약: 대다수 번역본과 저자들은 (1)을 받아들인다. NRSV, REB, ASV, NIV, NJB, 바레트, 모팻, 콜린스, 루터는 (1)의 독법(UBS 4판)을 원문으로 채택한다. (2) AV/KJV, RV, 필립스 등은 D, E, F, G의 독법을 따른다. 곧 "어떤(AV)/그(RV) 여인 과 어떤/그 처녀 사이에는 차이점이 있습니다"를 뜻한다. (3) 주요 역본 중 세 번째 가능성을 지지하는 역본은 찾을 수 없다.

μεμέρισται를 곧바로 이어지는 표현과 연결하는 것에 반대하는 주요 이유는 다음과 같다. 이 동사는 단수이며, μερίζω의 수동태는 "차이점이 있습니다"를 의 미하지 않는다.[561] 마이어는 "μερίζεσθαι는 서로 다른 경향, 관점, 당파의 입장이… 서로 나뉘어 있는 것을 가리키는 데 사용된다"라고 주장한다.[562] 또한 리츠만은 평 행 텍스트가 없다는 것을 간파했기에 B 사본의 진정성 있는 독법에서 D 사본과 라 틴어 역본들의 부차적인 각주로 바뀌었다고 주장한다.[563] 이것은 나중에 ℵ, A, 다 른 사본들에서 혼합된 텍스트의 다양한 형태로 나타나게 했다. 고데, 마이어, 라이 트푸트, 로버트슨과 플러머는 테르툴리아누스, 암브로시우스뿐만 아니라 크리소스

---

561) Héring, *First Epistle*, 61.
562) Meyer, *First Epistle*, 1:225-226; cf. Godet, *First Epistle*, 1:382-383.
563) Lietzmann, *An die Korinther*, 34-35. 그는 이 부분에서 테르툴리아누스와 암브로시우스의 텍스트를 클레멘스와 오리게네스의 텍스트와 비교한다.

토모스, 테오도레토스, 루터도 따른다. 하지만 오늘날 대다수는 첫 번째 견해를 따른다.[564] 옛 저자들은 $\mathfrak{P}^{46}$을 참조할 수 없었고, 슈라게는 해당 부분에서 다른 세부 사항을 더 자세하게 설명한다.

또 한 가지 남아 있는 문제점은 쉽게 해명할 수 있다. 두 가지 주요한 독법 가운데 어떤 것을 채택하든 간에 가장 초기의 사본들은 불필요한 두 번째 ἄγαμος를 포함하고 있다. 한편으로 이 독법이 가능하긴 하지만, 어떤 필사자가 처음으로 이 형용사를 생략시켰을 것이다. 그다음에 그는 생략시킨 것을 난외 또는 같은 행의 윗부분에 기록했을 것이다. 그 후에 다른 필사자들은 이 형용사를 각각 다른 위치에 삽입했을 것이다.[565] 메츠거는 이 문제점이 34절 안에서 다양한 범주를 구분하기 어렵게 만드는 요인이라고 주장한다.[566]

여기서는 REB의 번역—"그래서 그는 두 방향으로 이끌립니다"—을 받아들였다(참조. 콜린스, 모팻, *he is torn*). 1:13에서 바울은 μεμέρισται ὁ Χριστός; 라고 말한다. 이것은 단순히 "그리스도께서 나뉘었습니까?"가 아니라 "그리스도께서 배분되었습니까?"를 의미한다. μερίζω는 "구성하고 있는 부분을 나누다"와 "분배하다, 나누어주다, 할당하다, 양도하다"를 뜻한다.[567] 결혼한 남자는 자신이 아내뿐만 아니라 주님께 분배되었다는 것을 자각하게 된다. 바로 그의 시간, 관심, 에너지, 임무가 배분되었기 때문에 그는 두 방향으로 이끌리는 것이다. 이 해석은 피가 μεριμνάω의 긍정적인 의미와 부정적인 의미에 대해 불필요하게 복잡한 논점을 제시함으로써 해명하고자 시도하는 문제점을 해결한다.[568] 단순히 언어사전에 기초한다면 사실상 이 단어는 두 가지 의미로 사용된다. 두 방향으로 이끌린다는 것은 염려한다는 것과 너무 다르기에 μεμέρισται의 의미가 μεριμνάω에 대한 우리

---

564) Weiss, *Der erste Korintherbrief*, 202-203; Bachmann, *Der erste Brief*, 280-284; Héring, *First Epistle*, 61; Conzelmann, *1 Cor*, 134, n. 1; Barrett, *First Epistle*, 180; Fee, *First Epistle*, 335, nn. 3 and 5; Collins, *First Cor*, 296; Schrage, *Der erste Brief*, 2:178-179, n. 721.

565) Lightfoot, *Notes*, 233.

566) Metzger, *A Textual Commentary* (2d ed.), 490.

567) BAGD, 504.

568) Fee, *First Epistle*, 343-345.

의 해석을 주도해서는 안 된다.

ἡ γυνὴ ἡ ἄγαμος와 ἡ παρθένος를 어떻게 구별해야 하는지와 관련하여 많은 논쟁이 벌어졌다. 하지만 그 차이점은 매우 명백해 보인다. 첫 번째 용어는 (대체로) 이전에 결혼했지만, 지금은 과부가 되었거나, 이혼했거나, 계속 헤어진 상태에 있는 어떤 여인을 가리킨다. 후자의 부차적인 범주가 이미 포함되어 있기에 설령 과부들이 광범위한 대상을 의미하는 이 단어 아래 포함된 대다수를 가리킨다고 하더라도 우리는 왜 바울이 χήρα라는 단어를 사용하지 않았는지 의문을 품을 필요는 없다. 더욱이 노예들의 경우에(그들도 분명히 교회의 구성원 중에 포함되어 있었을 것이다) 이 광범위한 용어는 이전에 결혼하지도 않았고 또 처녀도 아니었던 여인들을 포함할 것이다(앞에서 노예들과 노예제도에 대한 특별 해설을 참조하라).[569] 따라서 우리는 첫 번째 용어를 "현재 결혼으로부터 자유로운 여인"이라고 번역했다. 이와는 대조적으로 ἡ παρθένος는 거의 문제점을 일으키지 않는다. 엄밀히 말하자면 여성 정관사와 함께 사용된 이 단어는 처녀인 여인을 가리킨다. 하지만 일반적으로 이 단어는 이 범주 안에 있는 젊은 여인을 의미한다(대체로 열두 살에서 열여섯 살 사이에 있는 처녀다). 하지만 우리는 여기서도 해당 용어를 반드시 젊은 그룹에만 한정시킬 필요는 없다. 그래서 우리는 이 두 용어를 (a) 현재 결혼으로부터 자유로운 여인과 (b) 한 번도 결혼한 적이 없는 여인으로 번역해서 서로 대조시킨다. (7:16의 주해 다음에 수록된) "그리스도인들의 이혼과 재혼에 대한 논쟁"을 보라. 그 부분에서 콜린스 등 다른 저자들은 [해당 이슈에 대한 답변을] 긴급하게 필요로 하는 오늘날의 정황 속에서 이 질문에 답변하고자 한다.

(우리가 38절에서 παρθένος를 "처녀인 딸들"로 번역하여 다시 문제를 제공하지 않는 한) 우리가 해결해야 할 한 가지 난제는 이 절에서 그리스어 동사가 3인칭 단수로 사용되었다는 점이다. REB, NIV, 녹스는 καί를 "그리고" 대신에 "또는"으로 번역하여 이 문제점을 해결하려고 시도한다. 이 번역은 동사의

---

569) Barrett, *First Epistle*, 180. 특히 Wire, *Corinthian Women Prophets*, 91; 참조. 90-93.

단수형도 허용할 뿐 아니라 두 번째 용어가 첫 번째 용어와 관련하여 단순히 설명하는 역할을 할 가능성을 열어놓는다.[570] 그러나 NRSV, ASV, NJB는 "그리고"를 보존한다. 하지만 이 표현이 문법상 작은 실수이든 아니든 간에 이 단수는 단수를 통해 집합적인 범주를 가리킨다는 의미에서 쉽게 설명될 수 있다.

여기서 독신이나 홀아비에게 적용되지 않은 한 가지 표현이 덧붙여진다. ἣ ἁγία καὶ τῷ σώματι καὶ τῷ πνεύματι. 구약성경에서 전적으로 하나님께 속한다는 의미(예. קדוש, 카도쉬, 분리된)뿐만 아니라 주님께 온전히 헌신하며 주님을 섬긴다는 의미에서 "세상의 일"에 덜 참여한다는 것은 분명히 거룩하다는 것과 관계가 있다. 이 표현이 비대칭적으로 덧붙여진 것에 대해서는 적어도 두 가지 이유를 들 수 있다. 모팻은 바울에게서 "고대 사회에서 일반적으로 혼기를 놓친 미혼 여성이 자신에게 덧붙여진 불명예에서 벗어나…결혼하지 않은 그리스도인 여성의 지위가 존중받을 만한 것으로 여겨지도록 만드는 모습"을 본다.[571] 바레트는 거룩한 것과 독신이 서로 연관되어 있다는 것은 바울과 잘 어울리지 않으며, 그가 7:14에서 가정의 거룩함에 대해 말한 것과도 충돌한다고 주장한다. 따라서 그는 이 구절이 고린도인들의 말을 직접 인용한 것으로 이해해야 한다는 견해를 제시한다. "그러므로 우리는 반드시 '여인이 몸과 마음으로 거룩하다'는 표현은 고린도의 금욕주의적인 분파가 주장한 것을 인용한 말이라고 결론지어야 한다. 비록 바울 자신은 이 말을 결혼하지 않은 대상에게만 한정하진 않지만, 그는 이러한 의견을 인정한다."[572] 그리고 와이어의 연구도 이 견해를 지지한다.[573]

이 절에서 τῷ σώματι와 τῷ πνεύματι가 서로 대조되는 것도 바레트

---

570) Ronald Knox는 "결혼으로부터 자유로운 여인" 또는 "처녀"로 번역한다. 우리는 "현재 결혼하지 않은 여인"보다 그의 표현을 사용했다. 우리는 "더 이상 결혼하지 않은 여인"이라고 번역할 수 없다. 그것은 마지막 하위 범주를 배제할 것이기 때문이다. 노예 문화에서는 의심의 여지 없이 그러한 범주에 속할 대상이 있었을 것이다.

571) Moffatt, *First Epistle*, 95.

572) Barrett, *First Epistle*, 181.

573) Wire, *Corinthian Women Prophets*, 90-97.

의 제안에 힘을 실어줄 것이다. 바울의 σῶμα 사용에 대한 건드리의 견해에도 불구하고 이 용어 자체는 인간의 삶 전체를 가리킬 수 있다.[574] 캐제만이 주장하듯이 바울에게 있어 σῶμα는 공적인 세계의 일부인 인간을 가리킨다.[575] 루에프가 옹호하는 중도적인 견해는 아마도 타당할 것이다. 그는 의심의 여지 없이 고린도 교인 중에서 어떤 이들은 세상의 일과 주님의 일 사이에 분명한 선을 그었을 것이라고 주장한다. 그런데 "이러한 구분은 고린도 교인들을 혼란에 빠뜨렸다."[576] 루에프는 6:12-13을 언급한다. 그러므로 우리는 (a) 바레트를 따라 이 인용문을 지금까지의 관행적인 번역대로 "'몸과 마음이 모두 거룩'하기 위해"로 번역하든지, 또는 (b) 이 표현을 πνεῦμα, 또는 성령으로서 하나님과 한 개인 전체의 친밀한 관계라는 초월적인 영역과 σῶμα로서 한 개인 전체의 공적인 세계를 서로 결합하는 의미, 곧 "공적으로 또한 성령 안에서 거룩하기 위해"라고 번역하든지 해야 할 것이다. 이 해석은 앞의 7:5에서 기도를 위한 시간에 대해 강조한 것과 평행을 이루며, 바울이 πνεῦμα를 자주 사용하는 것과도 일치한다.

33절의 τῇ γυναικί가 34c에서 τῷ ἀνδρί로 바뀐다는 것을 제외하면 34c에서 마지막으로 대조되는 문장은 33절의 어휘와 구문을 그대로 따른다. 따라서 이에 대한 자세한 주해는 더 이상 요구되지 않는다.

35절   "여러분에게 도움을 주려는 것이지"는 중성 단수 형용사 σύμφορον에 정관사 τό가 덧붙여진 것을 번역한 것이다. 재귀 대명사 복수(ὑμῶν αὐτῶν)와 연결되는 이 형용사는 "유리한, 유익한, 도움을 주는" 등의 의미를 지니고 있다.[577] 재귀 대명사가 사용되는 구문(構文)의 효과는 그 도움 또는 유익이 전적으로 그들 자신의 것이라는 사실에 관심을 두게 한다.

---

574) Gundry, *Soma in Biblical Theology*, 80.

575) E. Käsemann, *NT Questions of Today* (Eng. trans., London: SCM, 1969), 135; 또한 그의 *Leib und Leib Christi* (Tübingen: Mohr, 1933).

576) Ruef, *First Letters*, 66.

577) 참조. M. M. Mitchell, *Paul and the Rhetoric of Reconciliation*, 특히 25-39. 이 부분에서 Mitchell은 바울이 고린도전서에서 심사숙고하는 수사학적인 기법을 사용하며 τὸ ὑμῶν αὐτῶν σύμφορον, "유익"에 대해 다룬다고 주장한다.

따라서 "전적으로 여러분에게 도움을 주려는 것"이라는 번역은 이 점을 명백하게 드러낸다. βρόχον ὑμῖν ἐπιβάλω(가정법 제2부정과거)는 동물의 머리에 올가미를 거는 이미지를 사용한다. 이것은 당겨서 옮죄는 매듭으로 만들어 단단히 씌울 수 있다. 비록 파피루스 문헌은 교수형 집행자가 사용하는 올가미와 짐승에게 사용하는 올가미를 가리키는 데 이 단어가 사용되었다는 예들을 포함하고 있지만, 이 표현은 신약성경에서 오직 이곳에서만 나타난다. 이 절에서 올가미와 단단히 씌운다는 이미지는 AV/KJV의 "여러분에게 올가미를 던지다"라는 번역보다 분명히 바울의 전후 문맥과 더 잘 어울릴 것이다. 해당 표현이 문자적으로 사용되는 것은 호메로스로부터 70인역을 거쳐 옥시린쿠스 파피루스 문헌 51:16에 이르기까지 전쟁이나 동물 사냥 등을 묘사하는 데서 나타난다. 하지만 여기서 이 표현은 단호하게 억제한다는 의미의 은유적인 표현이다. 바울의 동기와 관심은 전적으로 권위주의적인 것도 아니고, 대단히 금욕주의적인 것도 아니다. 오히려 그의 의도는 이 편지의 수신자들에게 자유를 극대화하여 주님의 일을 할 때 느끼는 염려를 없애주려는 것이다.

올가미를 단단히 씌우는 것에 대한 부정은 다음과 같이 긍정적이며 보충적인 진술을 통해 자세히 설명된다. 곧 그와 반대로(ἀλλά, 오히려) 그것은 품위 있게 살게 하려는(πρός와 더불어 정관사 목적격) 것이다. "품위 있게"는 εὔσχημον을 번역한 것이다. 이 단어는 12:24에서 몸의 지체들 가운데서 문자적으로 아름다운 또는 보기에 좋은 것을 의미한다. 이 단어와 같은 어원에서 파생된 부사 εὐσχημόνως는 모든 것을 품위 있게, 우아하게, 합당하게 또는 질서 있게(14:40) 행하는 것을 가리킨다. 이 단어는 동시대의 견유학파와 스토아학파의 저자들의 저서에서도 같은 의미로 사용되었다(Epictetus, *Dissertations* 2.5.23; 참조. Josephus, *Antiquities* 15.102; 롬 13:13). 나아가 이 단어는 다음 절(36절)에서 부정의 의미를 지닌 동사 형태 ἀσχημονεῖν으로, "합당하게 행동하지 않는다"라는 서로 대조되는 의미로 사용된다.

BAGD는 매우 드물게 사용되는 형용사 εὐπάρεδρον을 단지 세 줄로 설명한다. 이 사전은 이 형용사의 용례를 단 두 번만 언급한다. 한 번은 신약성경의 이곳과 다른 한 번은 기원후 5세기 성서 주해가 헤시키우스의 저서에서 등장하는 사례들을 언급한다. 그럼에도 이 단어는 ("불투명한"과 대조되는) "투명하다"를 의미하며, εὐ(좋은, 좋은 방법으로)와 πάρεδρος(곁에 앉아 있는; 참조. *kath-edral*, [주교의] 좌석)로 이루어져 있다. (τὸ εὔσχημον과 더불어) 주님의 곁에서 좋은 위치를 차지하고 있다는 개념은 πρός(~을 위해)에 의해 지배되며, NRSV, RSV, NIV는 BAGD를 따라 이것을 "주님에 대한 헌신"으로 번역한다(참조. NJB, attention to the Lord).[578]

데밍, 윔부시와 야브로는 부사 ἀπερισπάστως에 상당히 많은 관심을 기울인다. 그 이유는 이 단어가 스토아학파와 견유학파의 대화 중에 결혼과 "세상의" 일에 대한 논의에서 중요한 역할을 하기 때문이다. 마음과 생각이 흐트러짐 없이 철학 연구에 몰두할 것을 강조하는 것은 견유학파의 대화 중 많은 곳에서 중요한 이슈다. 이 대화에서 결혼에 대한 유보적인 태도는 금욕주의와는 전혀 상관없고, 모든 것이 주의가 산만하지 않은(ἀπερισπάστως) 삶과 관련이 있다. 야브로는 이렇게 주장한다. "우리가 살펴보았듯이 에픽테토스는 결혼 자체가 나쁜 것이라고 주장하지 않았다. 사실상 그는 결혼은 모든 남자가 이행해야 할 시민의 의무라고 주장했다.…단지 자신들이 신이 부여한 사명에 종사한다고 생각했던 견유학파는 결혼이 적합하지 않다고 여겼다. 그 이유는 그 자신이 반드시…그 사명에 몰두해야 했기 때문이다"(Epictetus, *Dissertations* 3.22.69).[579] 야브로와 윔부시와 데밍은 이 점에서 견유학파의 관심사와 바울의 관심사 사이에 밀접한 관계가 있다고 본다.[580] 아마도 이것은 이 장에서 가장 유사한 점일 것이다. 하지만 근본적인 차이점도 있다. (i) 바울은 주님을 섬기는 것에 대해 말한다. (ii) 비록 가정에 대한 다양한 책임으로 인해 "흐트러짐"(주의 산만)이라는 단점이 나타

---

578) BAGD, 324; Bachmann, *Der erste Brief*, 287.

579) Yarbrough, *Not like the Gentiles*, 105. 이 이슈는 "견유학파에 속한 자는 자신이 신에게 전적으로 헌신하기 위해 주의가 산만한 상태로부터 자유로워야 하는지"에 관한 것이다.

580) 같은 책, 101-110; Wimbush, *Paul, the Worldly Ascetic*, 49-71; Deming, *Paul on Marriage*, 199-203: "7:32-35에서 바울의 논리는 '견유학파의' 입장과 유사하다"(199).

나기도 하지만, 그리스도인 남편과 그리스도인 아내는 서로가 주님을 섬길 수 있도록 서로에게 용기를 북돋아줄 수 있다.

36절 D, G, L은 3인칭 복수 γαμείτωσαν 대신에 단수 γαμείτω라고 읽는다. 이것은 주해와 밀접하게 연결되어 있으므로 우리는 이에 대해서는 주해 부분에서 논의하고자 한다.

허드는 36절을 "신약성경에서 가장 해석하기 어렵고 많은 논쟁을 일으키는 구절 가운데 하나"라고 말한다.[581] 매우 특이한 또 다른 언어학적인 문제점이 주해적·문맥적 판단과 연결되어 있다. 이 절에서 ὑπέρακμος를 어떻게 해석해야 하는지와 관련하여 다음과 같이 두 가지 주요 견해가 제시되었다. (a) 그림-타이어는 이 단어에 대해 다음과 같이 분명한 분석을 제시한다. "생명력의 절정, 삶의 전성기, 성숙한 시기"(ἀκμή)를 "넘어"(ὑπέρ)는 적어도 두 가지 가능한 의미를 제시한다(참조. 불가타, *superadultus*).[582] 이 사전은 "너무 익은"(overripe)이라는 의미를 지지하며, 이것을 사람의 나이에 적용하면 "처녀의 나이에서 한창때를 지나간 것, 고전 7:36" 또는 "인생의 절정기를 지나간 것"을 뜻한다. 다른 사전들은 (고전 7:36, "…결혼 적령기를 넘어선") "인생의 절정기를 넘어선 나이에 속하는",[583] "젊음의 절정기를 지난"을 일차적인 의미로 제시한다.[584] BAGD는 ἀκμή, "어떤 사람의 성장 과정의 최고점"(참조. Plato, *Republic* 5.460E; Philo, *Legum Allegoriae* 1.10)을 지나간 것을 암시하는 것으로 이 절을 해석한다.[585] 만약 젊지만 성숙한 여인이 이 시점에 이르렀다면 아무튼 그녀는 결혼을 무한정 연기해서는 안 될 것이다. (b) 다른 한편으로 ὑπέρ, "넘어"를 삶의 활력, 정욕 또는 정력의 강렬함에도 적용할 수 있다.[586] 비록 사실상 주요 언어사전은 모두 적령기를 지지하지

---

581) Hurd, *Origin of 1 Corinthians*, 171.
582) Grimm-Thayer, 640.
583) Louw-Nida, 1:650 (entry 67.158).
584) LSJ, 1,609.
585) BAGD, 839; 참조. MM, 652, "of full age"; *Rylands Papyri* 2:105:11(AD 136); "ὑπέρακμος," *EDNT*, 3:398.
586) Héring, *First Epistle*, 63.

만, 영역본들의 번역은 대략 두 가지로 나뉜다. 몇몇 영역본은 "그녀의 꽃다운 나이를 지나"(AV/KJV), 또는 "만약 그녀의 나이가 차가면"(NIV)이라는 번역과 대조되는 "만약 그의 정욕이 강력하면"(NRSV, REB, 모팻), "강력한 정욕"(NJB, 콜린스), 또는 "성욕이 넘치는"(바레트)이라는 번역을 선호한다.

"파르테노스"와 "휘페르아크모스"

이 두 단어와 관련된 이슈는 우리가 τὴν παρθένον αὐτοῦ … ἐὰν ᾖ …의 의미에 대한 해석학적인 이슈들을 자세히 탐구하기 전까지 결코 해결되지 않는다. 오래된 전통적인 해석은 αὐτοῦ가 약혼자나 "영적인" 약혼자를 가리키지 않고 아버지를 가리키며, παρθένον은 그의 처녀 딸을 가리킨다고 추정해왔다. 이 경우에 ᾖ(가정법 현재 능동태)의 주어는 그 딸이다. 결혼 허락을 추천하는 조건은 혼기(婚期)와 관련이 있다. 그러나 오늘날 대다수 주석가는 τὴν παρθένον이 약혼녀를 가리키며, ὑπέρακμος는 해당 남자가 합당한 경계선을 넘어가는 정욕을 매우 강하게 느끼는 것을 언급한다고 이해한다. 이것은 진정으로 서로 느끼는 성적인 매력을 가리킬 것이다. 이것은 너무 강렬하여 흐트러짐 없이 오직 주님만을 섬기는 데 역효과를 냈다(참조. 35절). 에링과 콘첼만은 이 단어들을 이른바 "영적인" 결혼의 범주에 적용한다. 그 관계 안에서 서로 가깝게 지내는 것은 강렬한 성적인 매혹으로 이끌었다는 것이다. 따라서 이 영적인 커플은 흐트러짐 없이 초연하게 생활하는 것처럼 가장하는 것을 지속하기보다 차라리 남편과 아내로서 결혼하는 것이 더 낫다는 것이다.[587] (앞에서 7:2와 7:25에 대한 주해를 보라.)[588] 그리스어 원문에서 가정법 ᾖ의 주어가 누구인지 분명하지 않은 것처럼, 형용사 ὑπέρακμος도 남성과 여성이 똑같으므로, 사전학적인 근거에만 의존하면 앞에서 언급한 번역의 문제는 결코 해결될 수 없다. 해석에 기초한 판단을 내리는 것 이외에, (여기서) αὐτοῦ를 아버지로, παρθένον을 처녀 딸로 이

---

587) Héring, *First Epistle,* 62-63; Conzelmann, *1 Cor,* 134-136.

588) 7:2에 대한 주해에서 우리는 다음과 같은 저자들의 견해를 다루었다. Achelis, *Virgines Subintroductae*; Tertullian, *On Monogamy,* 16 and *Exhortations to Chastity,* 12; Eusebius, *Ecclesiastical History,* 7:30:12. 우리는 Balch와 Wimbush의 주장에 대해서도 언급했다.

해하는 근거는 매우 취약하여 그 해석이 옳다고 확신할 수 없다. 따라서 우리는 "만약 그것이 부당한 긴장감에 대한 문제라면"이라고 번역하여 다음과 같은 의미를 만들어냈다. 곧 그것은 매우 자연스럽게 합당한 경계선을 넘어가는 정욕 또는 성적 매혹을 가리킨다. "그 긴장감"은 추가로 또는 그것 대신에 단순한 시간의 연장을 포함할 가능성을 배제하지 않는다.

바울은 자유 의식을 갖는 것을 긍정적으로 권장하고 있다. 따라서 "성욕이 넘치는"이라는 바레트의 번역은 결혼하고자 하는 사람들에 대해 부정적인 가치 판단을 내리지 않는 바울의 의도와 일치하지 않을 것이다.[589] 더욱이 ἀκμή가 어떤 점, 최고점 또는 "가장 적합한 시점"(LSJ; 예. Sophocles, *Oedipus Tyrannus* 1492; Sophocles, *Philoctetes* 12) 외에 다른 것을 의미한다는 것을 지지하는 사전적인 증거는 없다.[590] 매혹의 정도가 결혼하지 않은 상태에서 흐트러짐 없이 주님에게 헌신하는 것을 적절하게 허락하는 선을 만족시킨다면, 그것은 결혼하지 말라는 고린도 사람들의 금욕주의적인 조언을 무력화할 것이다. 왜냐하면 (지금은 금욕주의적인 조언이 아니라 상황과 관련된 조언으로서) 금욕주의자들의 그러한 조언은 이 점에서 그 자체의 목표를 좌절시키기 때문이다.[591]

휘페르아크모스의 의미

몇몇 저자들은 자신들의 주석서에서 이 용어들에 대한 특별 부록을 첨부하고 있다. 예를 들어 알로는 아켈리스, 리츠만 등 다른 이들의 견해에 대한 세부적인 논의를 제공한다. 간단히 말하자면 세 가지 주요 견해와 별로 지지를 받지 못하는 대안인 네 번째 견해와 숙고해볼 만한 다섯 번째 견해가 있다. 슈라게는 다섯 가지 견해로 분류

---

589) Barrett, *First Epistle,* 173 and 182.
590) LSJ, 48.
591) Deming, Wimbush, Yarbrough의 연구와 관련하여 어떤 측면에 의구심을 품든지 간에 견유학파와 스토아학파의 유사점을 탐구하고자 하는 그들의 관심사는 모두 이른바 바울의 금욕주의를 중심보다 가장자리로 밀어내는 장점을 갖고 있다. 예를 들면 환경적인 요소들과 서로 다른 사람들에게 서로 다른 상황에서 "유익한 것"이 무엇인지에 대한 이슈들이다. 이 절에 대한 Barrett의 번역은 특징도 없고 사려도 깊지 않다.

한 후 가능성 있는 여섯 번째 대안을 제시한다.[592]

(i) 이 견해는 이 절에서 그 남자와 그 여자는 아버지와 딸을 가리킨다고 해석한다. 그것은 교부들 사이에서 통상적인 해석에 해당하며 광범위하게 주장되어왔다. 하지만 실제 자료를 자세하게 검토해보면 이 해석은 종종 주장되어온 것보다 덜 "보편적"이다. 크리소스토모스의 고린도전서 『설교집』(*Homilies*)은 결정적인 증거를 제시하지 않는다. 하지만 그의 저서 『처녀에 대하여』(*De Virginitate*)에서 그는 사실상 아버지와 딸의 관점을 채택한다.[593] 암브로시우스는 ὑπέρακμος를 "만약 그녀가 결혼 적령기를 넘었다면"(*si sit ultra pubertatem*)으로 해석한다. "그가 결혼한다고 하더라도 그것은 죄를 짓는 것이 아니다"(*quod faciat, non peccat, si nubat* …)에 대한 그의 주해는 그 대상을 명확하게 아버지와 딸에게만 한정시키지 않는 것처럼 보인다.[594] 다른 한편으로 몹수에스티아의 테오도레토스는 분명하게 다음과 같이 주장한다. 만약 어떤 사람이 딸의 삶의 과정에 관심을 갖는다면, 그는 그의 딸이 결혼 적령기를 놓치는 것을 두려워하며, 이것은 그 당시 교부들의 일반적인 견해였다는 것이다.[595] 아우구스티누스도 이 견해를 따른다. 테오도레토스의 그리스어 저서에서 τὴν παρθένον이 사용된 것과 똑같은 의미에서 그의 저서의 라틴어 역본에서도 "딸을"(*filiam*)이라고 번역하고 있다.[596] 루터도 만약 여기서 아버지들이 대화의 상대라면 그들이 어떻게 "합당하지 않은 방법으로" 행동하는지가 문제가 된다고 설명한다. 루터는 다음과 같이 답변한다. "만약 당신이 사는 도시에서… [이것이] 관습이라면, 그리고 그가 자기의 딸들이 노처녀가 되는 것을 부끄러워한다면, 그는 자기가 원하는 대로 행해야 한다."[597] 칼뱅은 "지금 바울은 자기 자녀

---

592) Allo, *Première Épitre*, 191-194; 참조. Lietzmann, *An die Korinther*, 35-37; Schrage, *Der erste Brief*, 2:197-199.

593) Chrysostom, *On Virginity*, 73 (Migne, *PG*, 48:586-588). 영역본 NPNF 시리즈에는 이 책이 누락되어 있다. Chrysostom, *1 Cor. Hom.*, 19:7의 언급은 명료하지 않다. 사실상 두 번째 결혼에 대한 암시는 정반대의 견해를 제안하기 위한 것으로 생각할 수도 있다.

594) Ambrose, *Opera Omnia: In Epist. 1 ad Cor.*, 138A (Migne, *PL*, 17.2.2, 237).

595) Theodoret Mopsuestia, *1 Kor.* 5 Frag. 271, in K. Staab (ed.), *Pauluskommentare*, 183.

596) Theodoret, *Opera Omnia: Interp. Ep. 1 ad Cor.*, 211C(Migne, *PG*, 82:283-284).

597) Luther, *Works*, 28:54 (*WA*, 12:140).

들을 통제할 수 있는 부모들에게 말하고 있다"라고 주장한다.[598] 독신에 대해 고린도 사람들이 말하는 모든 것에 관해 바울은 "아버지가 자기 딸의 성격을 신중히 판단했을 때" 부모들이 딸의 유익을 위해 행동하기를 바란다는 것이다.[599] 아래의 각주에서 언급된 저자들은 모두 크리소스토모스, 테오도레토스, 아우구스티누스, 루터, 칼뱅의 견해를 따른다.[600] 알로는 ὑπέρακμος의 의미와 γαμίζω가 타동사로 사용된 점에 상당한 강조점을 둔다.[601]

(ii) 우리는 (아마도 E. 그라페의 견해를 따라) 아켈리스가 주장한 가설인 "영적인 결혼"에 대해 이미 논의한 바 있다. 그들은 커플이지만, 아마도 독신 서약을 하고 독신으로 살고 있었을 것이다. 아켈리스는 주로 기원후 3세기와 4세기에 성직자들에게 실행되었던 "유사 결혼"(Pseudo-Ehe)에 대해 말하며, 그것이 325년의 니케아 공의회에서도 언급되었다는 사실을 발견한다.[602] 우리는 이 가능성을 입증할 수도, 배제할 수도 없다고 결론지었다(앞에서 7:2, 15에 대한 주해 참조). 바이스, 에링, 콘첼만, 그리고 각주(602)에서 언급된 몇몇 저자들은 7:36에 이 견해를 적용한다.[603]

---

598) Calvin, *First Epistle*, 164.

599) 같은 책, 165.

600) Bengel, *Gnomon*, 633: *aliquis parens*(어떤 아버지); Bachmann, *Der erste Brief*, 280; Lightfoot, *Notes*, 234; Parry, *1 Cor.* 78; Grosheide, *First Epistle*, 182-184; Edwards, *First Epistle*, 200-201; Allo, *Première Épitre*, 177, 184 and 191-194; Morris, *First Epistle*, 120: "그 사람은 아버지 또는 소녀의 후견인을 가리키는 일반적인 표현이다"; Robertson and Plummer, *First Epistle*, 158: "고린도 교인들은 바울에게 결혼 적령기에 있는 딸을 둔 아버지의 의무에 대해 질문했다"; Synder, *First Cor*, 115; Goudge, *First Epistle*, 62: 집회서 42:9, 10을 언급한다. 처녀가 "혼인 노래"를 들을 수 없는 것은 수치스러운 일이다(시 78:63); Heinrici, *Das erste Sendschreiben*, 211-213.

601) Allo, *Première Épitre*, 191-194.

602) 앞에서 7:2에 대한 주해와 더 자세한 7:25에 대한 주해를 보라. Achelis, *Subintroductae. Ein Beitrag zu I Kor VII*, 4 and 5. Achelis는 Grafe의 저서(1899년)를 언급하며 고전 7:36-38과 비교한다(6, n.1). 하지만 헤르마스에 대한 언급(앞에서 논의함)을 제외하고, Achelis는 주로 키프리아누스와 카르타고 공의회 문서(기원후 257년) (7-15) 및 몬타누스파의 관습(18-20) 같은 후대 자료에 의존하고 있다. 더 최근 연구는 고전 7:36-38에 대한 그의 주장(20-33)의 취약점을 지적한다. 초기 교회에 대해 Achelis가 제시하는 자료 가운데 일부는 분명하지 않으며, 그의 주장은 사변(思辨)에 기초하고 있다(60-75).

603) Weiss, *Der erste Korintherbrief*, 206-209. Weiss는 Achelis 이전의 연구인 Grafe의 연구와 그보다 나중에 발표된 Sickenberger의 논문(Sickenberger, *BZ* 3 [1905]: 44-69)을 언급한다. Lake, *Earlier Epistles*, 190(참조. 184-191); Schlier, "Über das Hauptanliegen des 1

에링은 첫 번째 견해를 반대하는 많은 논점을 제시한다. 하지만 고대의 일차자료를 직접 검토하면 이미 몇몇 난제들이 논의되었다는 것을 알 수 있다. 따라서 루터는 아버지가 자기 딸의 결혼을 승낙하지 않는 것이 왜 "부적절한" 것인지에 대해 탐구한다. 이러한 이유에 의심을 품는 에링의 입장과 반대하는 루터는 결혼하지 않은 딸의 사회적인 신분에 대해 논의한다.[604] 그럼에도 에링의 논점 가운데 대부분은 유효하다. 허드가 제시하는 여덟 가지 요소의 세부적인 목록은 에링의 논점을 강화시켜준다. 이 견해를 명백하게 지지해주는 번역에 가장 가까운 것은 아마도 모팻의 "영적인 신부"일 것이다.

(iii) 20세기 학자들 대다수는 36절을 약혼한 커플을 가리키는 것으로 해석한다. RS, ASV, TCNT(아마도 AV/KJV도, 하지만 이 번역은 다소 모호함)의 번역과 반대되는 사실상 대다수 영역본은 이 견해를 반영한다. 예를 들어 NRSV, REB, NIV, NJB, 굿스피드, 콜린스, 바레트 등이다. 전문가 중에서는 리츠만, 큄멜, 볼베르트, 젠프트, 피, 허드, 랑, 슈라게 등이 이 견해를 지지한다. 브루스, 바레트, 해리스빌, 탈버트, 위더링턴 등도 이 견해를 지지하며 수용한다.[605] 피, 젠프트, 슈라게는 명령법 현재 3인칭 복수 γαμείτωσαν은 아버지와 딸의 견해를 지지하는 데 어려움을 준다고 주장한다. 그 이유는 어떤 불특정한 사람을 가리키는 τις가 본문에 포함되어 있을 뿐 아니라 이 동사에는 제삼자가 암시되어 있기 때문이다.[606] 오직 D, G,

Korintherbriefes," *EvT* 8 (1948-49): 469; Thrall, *1 and 2 Cor*, 59; Héring, *First Epistle*, 63; Hurd, *Origen of 1 Corinthians*, 171-180; Conzelmann, *1 Cor*, 134-136. 참조. G. Delling, *Paulus' Stellung zu Frau and Ehe* (Stuttgart: Kohlhammer, 1931), 86ff.

604) Luther, *Works*, 28:54 (*WA*, 12:140).

605) 이 견해를 지지하는 이전의 세부적인 논의로는 다음을 참조하라. W. G. Kümmel, "Verlobung und Heirat bei Paulus (1 Kor 7:36-38)," in *Neutestamentliche Studien für Rudolf Bultmann*, 275-295. Kümmel은 1874년에 W. C. van Manen이 이 견해를 처음으로 제시했다고 주장한다. 참조. Lietzmann, *An die Korinther*, 35-37 (Kümmel의 추가 주석 포함, 178-179); Senft, *La Première Épitre*, 105-106, 특히 n. 11; Schrage, *Der erste Brief*, 2:197-200; Wolbert, *Ethische Argumentation und Paränese in 1 Kor. 7*, 131-132; Lang, *Die Briefe*, 102-103. 다음 저자들도 이 견해를 지지함. Bruce, *1 and 2 Cor*, 76; Harrisville, *1 Cor*, 127-129; Barrett, *First Epistle*, 184; Talbert, *Reading Corinthians*; Witherington, *Women in the Earliest Churches*, 41.

606) 예를 들면 Fee, *First Epistle*, 352.

L 사본 그룹(충분한 지지를 받지 못함)만 지지하는 다른 독법인 명령법 단수 γαμείτω, "그녀를 결혼시켜라"(참조. NASB)만이 이 문제점을 해결해줄 수 있다. 하지만 이러한 사본상의 변화는 부차적이며 그 이유를 쉽게 설명할 수 있다. 불명확한 인칭 대명사 τις는 γαμείτωσαν이 명확하지 않은 어떤 새로운 대상을 가리킨다고 해석하기 어렵게 만든다. 그리고 앞에서 언급한 열세 명의 저명한 학자 중 대다수는 다음과 같이 주장한다. 정반대의 견해를 지지하는 명백한 증거가 없는 한, 36절은 더 광범위한 배경 안에서 약혼한 커플에 관한 주제를 다룬다는 것을 받아들여만 한다.[607] 허드, 리츠만, 슈라게도 시인하듯이 아버지-딸의 견해를 지지해주는 유일한 논점은 38절에서 관습에 따라 타동사 γαμίζω가 사용된다는 것이다. 하지만 리츠만은 드부룬너와 다른 문법학자들이 이 동사가 자동사로 사용되는 사례들을 일러준다고 말한다. 슈라게도 70인역에서 이 동사가 자동사로 사용되는 사례들을 발견한다.[608]

(iv) 우리는 이미 παρθένος가 유대교에서 행해온 수혼의 관습을 가리킨다는 포드의 제안을 언급한 바 있다. 미쉬나에 의하면 이 관습은 "단지 소녀가 결혼 적령기에 이르렀을 때만"(ὑπέρακμος에 대한 포드의 해석) 적용할 수 있다.[609] 하지만 우리가 7:25의 주해에서 언급했듯이 (a) 사전 편찬자들은 παρθένος가 과부를 포함할 가능성을 인정하는 데 주저한다. (b) παρθένος가 이러한 의미를 지닐 개연성이 없으며, 이것은 사변에 기초한 것이다. (c) 교회 안에서 유대교의 관습이 영향을 미쳤다는 주장은 의문의 여지가 많다. 설령 있다 하더라도 극소수의 전문가만이 이 가능성을 열어둔다.[610]

(v) 다섯 번째 견해는 (i)의 견해와 약간 다른 관점을 제시하지만, 더 설득력이 있다. 오로크, 클라우크, 슈라게가 간략하게 설명한 것처럼 이 제안은 다음 두 가지로 나누어진다. (a) 이 절에서 τις는 보호해줄 사람이 없는 어떤 처녀를 돌보던

607) 예를 들면 Senft, *La Première Épitre*, 106, n. 11; Schrage, *Der erste Brief*, 2:197-199.
608) Lietzmann, *An die Korinther*, 35-36; Schrage, *Der erste Brief*, 2:198. 여기서 Schrage는 70인역 신 25:3과 겔 16:7을 인용한다.
609) Ford, "Levirate Marriage in St. Paul (1 Cor vii)," 361-365.
610) Ford는 *m. Niddah* 5:6, 7을 언급한다. 하지만 7:25에 대한 주해를 보라. 36절에 대한 Barrett의 주해에서 결정적인 비판을 참조하라.

후견인 또는 특별히 명시되지 않은 대상을 가리킨다. (b) 처녀 노예의 소유주를 가리킨다.[611] (a)는 페트루스 롬바르두스와 토마스 아퀴나스의 해석과 일치한다. 그들은 자세히 설명하지 않고 "처녀들의 보호자들"(*eustodes virginum*)에 대해 말한다. 이 견해는 단지 "후견인"(또는 보호자, *custos*)이라고 말하는 에스티우스의 해석과도 일치한다.[612] 클라우크와 슈라게는 (b)가 역사적으로 사실일 가능성을 탐구했다. 이 견해는 해당 처녀에 대한 합당한 행동 또는 자세에 관해 설명하며, 또한 (언어학적인 요소들에 근거하여) 원칙적으로 소유자가 해당 처녀에게 결혼을 허락하거나 단순히 상상할 수 있는 것으로서, 그 처녀가 그 남자와 결혼하게 하는 것을 포함할 것이다. 하지만 슈라게는 전후 문맥과 바울의 τις 사용에 대한 사변적 설명 때문에 앞에서 언급한 세 번째 견해를 올바른 해석으로 선택한다. 즉 그 남자와 그 여자는 이미 약혼한 커플이다.[613]

몇몇 저자들(예. 오르와 월터)은 이 이슈들이 서로 세밀하게 균형을 이루고 있고 복합적이기 때문에 이에 대해 해석학적으로 어떤 최종 결정을 내리는 것이 어렵다고 주장한다.[614] 그러나 허드는 해석에 영향을 미치는 여덟 가지 중요한 요소를 제시한다. 이 요소들 가운데 (i)을 지지하는 것으로 여겨지는 것은 오직 한 가지, 곧 γαμίζω가 일반적으로 타동사로 사용된다는 점이다.[615] 하지만 슈라게와 리츠만은 이 문제점을 나름대로 괜찮게 해결했다. 즉 이 동사는 자동사로 사용될 수도 있다는 것이다. (iv)는 타당성이 거의 없다. (v)은 가능성은 있지만 사변적이다. 따라서 우리에게는 이제 (ii)와 (iii)만이 남아 있다. "영적인 결혼"에 대한 데밍의 지속적인 비판은 여전히 유의해야 할 만하다. 이 점은 우리에게 (iii)을 지지하도록

---

611) H. J. Klauck, *1 Korintherbrief*, 57-58; Schrage, *Der erste Brief*, 2:197-198. 또한 주인-여자 노예, 후견인, 보호자 등에 대해서는 J. J. O'Rourke, "Hypotheses regarding 1 Cor 7:36-38," 492-498을 참조하라. O'Rourke는 주인-노예 관계를 지지한다.

612) Peter Lombard, *Collectanea*, in Migne *PL*, 192; Thomas Aquinas, *Super Epist, S. Pauli: ad 1 Cor*, 309, sect. 400(참조. Nicholas, *Postilla*, 같은 책); 참조. Estius (William van Est, c. 1614).

613) Schrage, *Der erste Brief*, 2:197-199.

614) Orr and Walther, *1 Cor*, 224.

615) Hurd, *Origin of 1 Corinthians*, 172-175.

유도한다. 하지만 우리는 (ii)를 배제할 수 없고, (v)도 잊어서는 안 될 것이다.[616] 하지만 설령 (ii)나 (iii)을 타당한 해석으로 받아들인다 하더라도, 바울의 권고는 실질적으로 동일하다. 바울은 (1) 독신에 대해 긍정적으로 평가한다. 이 평가는 실천적·목회적인 이유에 근거한 것이지, 금욕적인 이유에 기초한 것은 아니다. (2) 사람들과 상황들은 다양하므로 어떤 경우에 성욕을 억제하는 것은 합리적인 한계를 벗어나는 긴장감을 불러일으킬 수 있다. 이 경우에 독신생활보다 오히려 결혼이 더 기꺼이 흐트러짐 없이 주님께 헌신하게 이끌 수 있을 것이다.

특별한 상황들은 높은 강도의 애정 또는 정욕을 포함할 수 있으며, 오직 주의산만을 해결하고자 하는 목적을 위해 어떤 사람을 독신에 대한 기대에서 벗어나게 해줄 수 있다는 주장은 에픽테토스의 사고 안에서도 정확하게 평행을 이루는 표현이다.[617] 바울과 에픽테토스는 모두 이러한 "특별한 상황에서" 무언가 도움을 주는 것을 지지한다. 전자는 주님에 대한 헌신으로부터 가장 적게 주의가 산만해지는 것과 관련이 있고, 후자는 철학 연구로부터 가장 적게 주의가 산만해지는 것과 관련이 있다(Epictetus, *Dissertations* 3.22.76; 참조. 2.5.23; 4.1.147). 따라서 데밍은 ὑπέρακμος를 "한계를 벗어난"이라고 번역한다. 만약 전후 문맥에 관한 설명이 필요치 않다면 그것은 만족스러운 번역일 것이다.[618] 오르와 월터처럼 블룸버그도 어떤 판단을 내리는 데 주저한다. 하지만 블룸버그는 설령 어떤 해석에 기초한다 하더라도 "예, 그러나…"의 메시지는 바울이 주는 조언의 특성을 드러낸다고 결론 짓는다. 이것은 또다시 실천적인 측면에 대한 고려를 지지하기 위해 바울이 무조건 금욕주의를 거부한다는 데밍, 야브로, 윔부시의 관점과도 일치한다.[619]

36절 하반절의 καὶ οὕτως ὀφείλει γίνεσθαι ὃ θέλει ποιείτω에 대한 해석은 부분적으로 우리가 앞에서 제시한 대안 중 어떤 견해를 받아들이느냐에 달려 있다. 두 번째 또는 세 번째 견해(영적인 결혼 또는 약혼한 커플)에 기초한 우리의 번역—그것이 옳다고 여겨진다면—은 ὀφείλει 안에 암시된 도덕적인 평가를 전달

---

616) Deming, *Paul on Marriage*, 40-47; 참조. 206-209.
617) 같은 책, 209.
618) 같은 책, 206.
619) Blomberg, *1 Cor*, 155.

한다. 우리는 ποιείτω를 허용을 의미하는 명령으로 보고 "그는 그가 원하는 것을 하십시오"라고 번역했다. 다른 한편으로 만약 아버지-딸의 견해를 받아들인다면 ὀφείλει는 명령의 의미가 더욱더 강화된다. 즉 다음과 같은 경우에 아버지가 그의 딸을 결혼시키는 것은 일종의 의무(ὀφείλω, 빚을 지다, ~을 해야만 한다)에 해당한다. (a) 그의 딸은 장차 남편이 될 수 있는 남자와 서로 사랑에 빠져 있거나 강렬한 애정을 느끼고 있다. 또는 (b) 그의 딸은 결혼 적령기에 이르렀다. 그 나이에 결혼하지 않으면 사람들을 놀라게 할 것이다. 이 절의 맨 끝에 위치한 명령법 3인칭 복수 γαμείτωσαν(위에서 제시한 설명 참조)은 이 견해를 지지하는 데 어려움을 준다. 하지만 이 주어가 παρθένος뿐만 아니라 (암시된 대상으로서) 약혼자를 포함한다면 이 해석은 문법상 "허용될 수"도 있다.

그러나 이 절의 핵심 표현인 οὐχ ἁμαρτάνει가 의도하는 바는 명백하다. 바울은 고린도의 금욕주의자들(또는 적어도 윔부시가 "세속적인" 금욕주의라고 부르는 것)에 대해 **반금욕주의적인** 태도를 보일 뿐만 아니라 목회적인 측면에서 **결혼하기를 원하는 이들을 죄의식, 실패 또는 이등(二等) 신분이라는 의식으로부터 해방시켜주는 데 관심을 기울인다.**[620] 그는 자발적인 금욕주의자들이 자신을 영적인 엘리트로 간주하는 것을 허용하지 않는다. 하나님은 다양한 상황에서 다양한 사람에게 다양한 것을 요구하신다.

37절   이 커플이 결혼하거나 결혼하지 않을 수 있는 자유가 있음을 확인하고 나서 바울은 이제 결혼에 대한 사안을 완전히 제쳐두지 않는다. 바울은 핵심 이슈로 다음과 같은 질문을 제기한다. 과연 그는 다른 사람들이 몰아붙여 결혼 또는 독신을 선택한 것인가? 어떤 사람들은 더 높은 차원에 속하는 영성으로서 독신을 강요하고자 했다. 아니면 과연 당사자는 외부의 압박으로부터 완전히 자유로운 상황에서 전적으로 개인적인 확신에 근거하여 이 방향을 선택한 것인가? 이와 같은 질문과 관련하여 우리는 또다시 우리가 36절을 어떻게 해석해야 하는지에 대한 문제를 피할 수 없다. 만

---

620) Schrage, Deming, Yarbrough는 또다시 "반금욕주의적인" 자세를 주장한다.

약 아버지-딸의 견해를 선택한다면(앞의 설명 참조) 바울이 결정을 위해 제
시하는 조건은 아버지 또는 보호자(또는 아마도 노예 소유주)에게 적용될 것이
기 때문이다. 즉 이 경우에는 어떤 남자가 자신과 약혼한 잠정적인 파트너
와 결혼해야 할지를 스스로 결정해야 하는 것이 아니다(또는 어떤 이들이 주장
하듯이 과연 그의 "영적인" 파트너가 공식적으로 그의 아내가 되어야 할지를 결정해야
하는 것이 아니다). 바울은 결정에 대한 완전한 자유를 소유하고 있는 다음 네
가지 상황을 제시한다.

(i) 그 사람은 반드시 마음을 굳게 정하고 확신을 가져야 한다. 여기서
ἕστηκεν(ἵστημι의 현재완료 능동태)은 자동사로서 상태를 나타내는 의미를 지
니고 있다. 즉 그는 지금 어떤 확정된 상황 안에 있는 것이다. 그리스어 명
사 καρδία는 지적인 신념과 의지의 자세 또는 태도 등을 포함한다. 이것은
마음속 깊이 감추어져 있는 곳까지 도달한다.[621] 많은 언어 철학자는 전적
으로 바울적인 의미에서 ("지적인[mental] 상태"와 반대되는) 신념의 의향적인
(dispositional) 견해에 상응하는(히브리어의 לב, 레브를 반영하는) καρδία가 추
가되었음을 인식할 것이다.[622] 여기서 이 표현은 "그의 확신 안에서"라고 번
역하는 것이 가장 좋을 것이다. 이러한 문맥에서 καρδία는 지적인 신념, 정
서적인 깊이, 의지적인 단호함과 전적인 자세를 포함하기 때문이다. 이것
은 부사적인 의미로 "철두철미하게"라고 번역할 수도 있을 것이다. 형용사
ἑδραῖος는 그 강도를 더해준다. 이 표현 전체는 바울이 나중에 롬 14:5에서
동일한 개념―ἕκαστος ἐν τῷ ἰδίῳ νοῒ πληροφορείσθω―을 사용하는 것
과 비교할 수 있을 것이다. 로마서의 해당 문맥에서도 바울은 다른 사람들
의 판단과 압박에 굴복하는 실수를 범할 위험성에 관심을 두고 있다.

(ii) 두 번째 상황은 부정적인 측면을 지니고 있다. 곧 사람들이나 상

---

621) καρδία에 대해서는 2:9과 4:5의 주해를 보라. 해당 주해에서 우리는 다른 많은 학자 중에서
특히 R. Bultmann, G. Theissen, R. Jewett의 연구에 대해 논의했다(특히 참조. Jewett, *Paul's
Anthropological Terms*, 23-40, 305-333 and 447-448; Theissen, *Psychological Aspects*,
59-80).

622) 이 문제에 관한 고전적인 연구는 다음을 참조하라. H. H. Price, *Belief* (London: Allen &
Unwin, 1969).

황들이 그를 강요하기 때문에 어떠한 결정을 내려서는 안 된다는 것이다. μὴ ἔχων ἀνάγκην이라는 그리스어 표현은 그 의미가 다소 덜 명백하지만, 그 구문은 더 간결하다. 하지만 "필요성이 없어"라고 번역한다면 그 의미는 충분히 명료하지 않을 것이다. 최소한 우리는 "외부의 강압에 의해 [결정해서는] 안 된다"는 바울의 의도를 명백하게 나타낼 필요가 있다. 왜냐하면 ἀνάγκη는 내적인 확신과 대립하는 일종의 강제성을 나타내기 때문이다. 여기서 παρθένος가 사용된 것은 "필요성"이 임신과 관련이 있다는 개념을 배제한다. 해당 문맥은 그 필요성이 다른 사람들의 신념, 기대, 압박에 의해 강요된 긴장감과 관련되어 있음을 일러준다. 하지만 "다른 사람들"이라는 번역은 그리스어의 표현보다 관련 대상을 더 분명하고 좁게 전달해줄 것이다. 따라서 우리가 제안한 번역—사람이나 상황이 그를 강요하기 때문에—이 다소 길긴 하지만, 이 문맥에서 바울이 말하고자 하는 것을 제대로 반영해줄 것이다. 브루스는 이 그리스어 명사를 "외적인 압박"이라고 번역한다.[623]

　　(iii) 셋째, 그 남자는 반드시 자기 스스로 결정을 내릴 전적인 권리, ἐξουσίαν δὲ ἔχει περὶ τοῦ ἰδίου θελήματος를 지니고 있어야 한다. 우리는 6:12의 주해에서 어떤 것이 자신을 제멋대로 휘두르지(ἐξουσιασθήσομαι) 못하게 하는 바울의 바람과 대립하는 ἔξεστιν은 무언가를 할 수 있다고 추측하는 어떤 권리와 상관이 있다고 설명했다. 여기서 이 동사의 명사형은 이 편지에서 처음으로 나타나며, 권위, 힘, 권리를 의미한다. 이 단어는 또한 시 8:9, 9:4, 5, 6, 12, 18, 11:10, 15:24에서도 나타난다(고린도전서에서 모두 아홉 번 나타남). 그러나 만약 ἐξουσία가 통제의 의미에서 단순히 힘으로 해석된다면 이 구절 전체는 전혀 다르게 이해될 수 있다. 전통적으로 이 부분은 다음 두 가지로 해석되었다. (a) 아버지-딸의 관계(라이트푸트와 다른 이들의 저서에서 *patria potestas*[가장의 권한])의 배경에서 결정을 내리는 권한에 대한 이슈로 해석되었다. 또는 (b) 약혼한 커플의 관계의 맥락에서 자신의 욕

---

623) Bruce, *1 and 2 Cor*, 76.

망 또는 성욕을 절제하는 이슈로 해석되었다.[624] 따라서 바레트는 "자신의 약혼녀와 결혼하고자 하는 본성적인 열망을 통제할 수 있는 어떤 젊은이에 대한…그림"을 제시한다.[625] 그러나 바울은 어떤 의미에서 ἐξουσία를 사용하는가?[626] 어떤 사람이 미래에 "자신의 의지를 어느 정도로 통제할 수 있는지"를 미리 내다볼지를 바울이 어떻게 알 수 있는지 간파하는 것은 어렵다. 만약 바울 시대에 이러한 관습이 존재했다면 사실상 바로 이 점이 이른바 "영적인 결혼" 안에서 성급하게 독신 서약을 하는 실수를 범하도록 유도했을 것이다. ἐξουσία에 대한 언어사전들의 증거(각주 626 참조)와 26절과 37절에서 ἀνάγκη를 서로 다르게 해석할 필요성이 있다는 관점에서 고린도에서 어떤 그룹은 한편이 일방적인 결정을 내리도록 권장하는 오래된 사회질서 안에서 이러한 제도에 이의를 제기하는 경향이 있었을 개연성이 매우 높다. 그것은 예를 들면 해당 이슈에 대한 결정권을 지니고 있던 세속적인 노예 소유주들, 후원자들, 가부장들, 또는 세속적인 대리인들의 권위를 무시하는 결과를 초래했을 것이다.[627] 따라서 바울은 그 결정을 공적으로 내릴 수 있는 권한을 가진 당사자들에게 제삼의 조건을 제시한다.

이 해석은 바울이 통상적으로 남성과 여성을 모두 대화상대로 삼지만,

---

624) Lightfoot, *Notes*, 234; 참조. Findlay, *Expositor's Greek Testament*, 2:837.

625) Barrett, *First Epistle*, 185.

626) ἐξουσία에 대해서는 앞에서 6:12 그리고 아래에서 9:4-6과 11:10에서 ἔξεστιν에 대한 주해를 보라(참고문헌, 예. G. Dautzenberg, *Urchristliche Prophetie* [Stuttgart: Kohlhammer, 1975], 265-269); P. Amiet, "ἐξουσία in NT," *IKZ* 61 (1971): 233-242; W. Foester, *TDNT*, 2:560-575; I. Broer, *EDNT*, 2:9-12; BAGD, 277-278). 이 단어의 용례는 풍부하다. 거기에는 다음과 같은 의미가 포함되어 있다. (a) **행동할 수 있는 권리**, 예. *Oxyrhynchus Papyri* 272-273; *BGU* 183:25; 살후 3:9; 고전 9:4-6, 12, 18. (b) **권세, 능력, 힘**, 예. 마카베오2서 7:16; 행 8:19; 요 1:12; Epictetus, *Dissertations* 4.12.8; Josephus, *Antiquities* 5. 109; *The Shepherd* (Hermas), 4:1:11. (c) **권한, 인가, 위임**, 예. 행 26:12; Josephus, *Antiquities* 2.90; 20.193; 고후 10:8; 마 28:18; 지혜서 10:14; 집회서 17:2. (d) **직무에 의해 행사되는 권세**, 예. Josephus, *War* 2:140; 요 19:10-11; 눅 4:6; 12:11; 지혜서 6:3, (e) 많은 논쟁을 불러일으키는 고전 11:10의 의미(해당 절에 관한 주해 참조).

627) Yarbrough도 이 점을 시인한다(Yarbrough, *Not like the Gentiles*, 103). 그는 이 단어가 37절에서는 "성적인 욕망을 통제할 수 없는 것"을, 26절에서는 "고난" 곧 **외적인 억압**을 가리키는 것으로 이해한다.

여기서 왜 그가 오직 남자 약혼자에게만 말함으로써 상호성이 손상되는 것처럼 보이는지를 설명해줄 것이다. 심지어 아버지-딸의 해석 정황에서도 노예인 아버지는 그러한 결정 권한을 갖지 못했을 것이다.[628] 로마 시민권의 이슈도 어떤 사람이 어떤 권리를 지니고 있는지 결정하는 한 가지 요소로 작용했을 것이다. 하지만 모든 것을 말하고 나서 바울은 여기서 권리들을 시민적·법적 조건에만 국한시키지 않는다(이 절에서 ἐξουσία에 대한 주해를 보라). 이 절에서 언급되는 도덕적인 권위에는 예를 들면 파트너가 바라는 것도 포함되었을 것이다. 앞에서 바울은 서로 동의해야 한다는 점을 강조한다(7:5, ἐκ συμφώνου; 참조. 7:27, 28, 32-35). 그러므로 자신의 사회적·법적·시민적 지위뿐만 아니라 미래의 파트너가 바라는 것에 대한 당사자의 심사숙고는 자기가 독자적으로 결정할 수 있는 온전한 권리를 갖고 제삼의 조건을 결정하는 데 기여했을 것이다. 이것은 자신에 대한 절제와 자신의 기질과 관련된 요소들을 배제할 것을 요구하지 않는다. 한편 τοῦ ἰδίου θελήματος는 잠재적인 배우자가 바라는 것이 아니라 다른 사람들, 아마도 교회 안에 존재했던 "신령주의자들"로 구성된 금욕주의적인 "엘리트" 그룹이 강요하는 압박과 대조된다.[629]

(iv) 네 번째 조건은 이 남자가 개인적인 확신에서 독립적으로 결정을 내렸다는 것이다. 현재완료 능동태 κέκρικεν은 지속적인 영향을 미치고 있는 확정된 판단을 가리킨다. 두 가지 형용사 "독립적인"과 "개인적인"은 이 절에 사용된 단어들과 일대일로 일치하는 것은 없다. 하지만 이 형용사들은 τῇ ἰδίᾳ(참조. 조금 앞에서는 τοῦ ἰδίου)가 반복적으로 사용된 것과 매우 개인적인 성향을 지닌 καρδίᾳ(이 명사에 대해서는 앞의 설명 참조)뿐만 아니라 이 절 끝부분에 τὴν παρθένον을 수식하는 ἑαυτοῦ가 서로 결합되어 있음을 나

---

628) 7:24의 주해 다음에 다루어지는 노예와 노예제도에 대한 특별 해설("기원후 1세기의 그리스-로마 사회에서의 노예제도")을 보라.

629) 4:8과 12:1-3에 대한 주해를 보라. 참조. J. Painter, "Paul and the πνευματικοί at Corinth," in M. D. Hooker and S. G. Wilson (eds.), *Paul and Paulinism: Essays in Honour of C. K. Barrett* (London: SPCK, 1982), 237-250; R. Scrogg, "The Exaltation of the Spirit by Some Early Christians," *JBL* 84 (1965): 356-373.

타낸다. 두 번 반복되는 καρδία와 더불어 자신을 가리키는 재귀대명사들이 반복적으로 사용된다는 것은 현대 영어에서 "독립적이며 개인적인 확신"이라고 부르는 것에 상응한다.

동사 τηρεῖν은 일반적으로 "지키다"를 의미한다. 여기서 이 동사의 직접 목적어는 τὴν παρθένον이다. 이 표현을 "자신의 처녀를 지킨다"로 번역한다면 그것은 바울이 의미하는 바를 왜곡시킬 것이다. 이 명사는 처녀로서 그 여인을 가리킨다. 이것을 영어로 표현하자면 여자의 처녀성이라고 말해야 할 것이다. 그리스어 동사 τηρέω는 광범위한 의미를 지니고 있다. "지키다, 유지하다"뿐만 아니라 "감독하다, 돌보다, 보존하다, 해를 입지 않게 하다, 보호하다, 관심을 기울이다" 등을 뜻한다. 특성 및 관습과 관련된 문맥에서 이 동사는 예를 들어 율법을 준수하다(Josephus, *Against Apion* 273; *Antiquities* 8.395; 9.222; 또한 참조. 집회서 29:1; 요 9:16[안식일을 준수하다]; 막 7:9[관습을 지키다]; 요 14:24[아버지와 예수의 말씀을 지키다]; Philo, *Legum Allegoriae* 3.184) 등을 가리킨다.[630] 언어사전들의 증거와 배경 관련 요소들을 살펴보면 REB의 번역—그녀의 처녀성을 존중하다—보다 더 잘 번역하기는 어려울 것이다.

바로 앞 절에서 οὐχ ἁμαρτάνει의 취지와 마찬가지로 이 절의 절정은 καλῶς ποιήσει다. 다른 이들은 니더빔머가 금욕주의적인 주제들을 부당하게 강조하는 것에 반대하면서 바울이 한결같이 목회적인 측면에서 긍정적이며 건설적인 것을 이끌어내는 데 관심을 보인다는 점을 강조함으로써 이 절의 취지를 올바르게 해석한다. 이들은 바울이 구체적인 사례와 상황에서 무엇이 도움을 주는지 결정하는 것의 중요성을 강조한다고 지적한다.[631] 바

---

630) 참조. BAGD, 815; Schrage, *Der erste Brief*, 2:203.
631) K. Niederwimmer, "Zur Analyse der asketischen Motivation in 1 Kor 7," *TLZ* 99 (1974): 241-248. 한편 Niederwimmer는 바울이 그의 금욕주의를 한정하며, 이층 구조의 도덕을 거부한다는 것을 인정한다. 그는 7:1을 바울 자신의 기본 원리로 해석한다. 기독론적·종말론적 주제들을 함께 언급하면서 그는 바울이 독신의 이상(ideal)을 허용하기에는 세속적인 욕망이 지나치게 강한 이들에게 마지못해 결혼을 "양보"로서 허락한 것으로 인식한다. 하지만 Deming, Wimbush, Yarbrough의 입장은 그의 견해와 다르다. 바울에 대해 "세속적인" 금

울은 세상으로부터 물러나지 말고 세상을 "상대화"할 것을 조언한다.[632]

38절 또다시 아버지-딸(또는 주인-여자 노예, 또는 후견인-피후견인)의 견해를 받아들이는 해석은 ὁ γαμίζων을 가장 흔한 의미에서 또는 더 예상되는 의미에서 "그녀를 결혼하게 하는 남자"(AV/KJV, ASV)라고 번역할 것이다. 하지만 사실상 오늘날 대다수 영역본은 ὁ γαμίζων을 "결혼하는 남자"(NRSV, REB, NIV, NJB)로 번역한다. 우리는 리츠만, 슈라게 및 다른 학자들이 언급한 이 의미에 대한 언어학적인 선례들을 이미 지적한 바 있다(앞의 주해 참조). ὥστε는 논리적인 논증의 문맥에서 추론의 결론을 제시하는 데 사용된다. 이 접속사는 "그래서, 그렇다면" 등을 뜻하며, 3:21에서도 나타난다(3:21에 대한 주해 참조. 10:12; 11:27, 33; 14:22, 39; 15:58도 참조). 이 장은 바울 서신에서의 합리성에 대한 무어스의 설명에 대한 훌륭한 예를 제공한다. 이 설명에 의하면 바울은 일련의 추론을 전개하되, 연속적인 논의를 일으키는 기호론적인(semiotic) 코드가 추상적인 귀납법이나 연역법을 초월하게 하는 방식으로 전개한다. 코드들의 전환(여기서는 금욕주의적인 엘리트주의로부터 주님에 대한 온전한 헌신을 위해 실생활에서 흐트러짐으로부터 자유롭게 되는 것)은 "고대 수사학의 삼단 추론법(enthymeme)⋯곧 [상응하는] 표지(sign)를 만들어 내는 설득력 있는 특징을 지닌 것으로서 어떤 코드를 다른 코드 위에 올려 놓는 것에 해당한다."[633]

이 원리는 καλῶς ποιεῖ, "[그는] 잘하는 것이다"와 κρεῖσσον ποιήσει, "[그는] 더 잘하는 것이다"를 비교하는 바울의 생각을 우리가 어떻게 이해해야 하는지에 전적으로 달려 있다. 앞에서 서른일곱 절에 걸쳐 신중하게 확립된 기호론적인 코드로부터 이 용어들을 탈상황화하는 것은 바울이 잘못 짝지어진 전제적 코드를 통해 얻은 자신의 결론을 완전히 왜곡시킬 위험

욕주의자라는 개념을 사용하는 Wimbush의 견해는 결혼에 대한 긍정적인 견해와 단순한 마음가짐으로 주님의 일에 헌신하면서 삶의 공동체와 긴밀한 관계를 맺는 것을 서로 결합할 여지를 남겨둔다.

632) Wimbush, *Paul, the Worldly Ascetic,* 16 and throughout. "금욕주의자"를 정의하는 문제점 과 관련하여 같은 책, 1-10을 보라. 참조. Witherington, *Conflict and Community,* 174-181.
633) Moores, *Wrestling with Rationality in Paul,* 26; 참조. 1-32 and 132-160.

을 초래하는 것이다. 오직 바울이 앞에서 제시한 모든 것에 비추어 살펴볼 때만 우리는 여기서 나타나는 부사 καλῶς와 부사 비교급 κρεῖσσον을 각각 올바르게 평가할 수 있다. 바울은 이미 얼마나 많은 요소가 여러 가지 상황과 개인적인 다양한 확신에 달려 있는지를 설명했다. 따라서 그는 καλῶς를 근거 없는 칭찬으로 혹평하는 데 사용하지 않는다. 바울이 καλῶς를 사용하는 것은 7:1(καλόν ... μή ...)이 틀림없이 인용문임을 확인해준다. 바울은 분명히 금욕주의와 논쟁을 벌이고 있다. 그러나 만약 독신으로 남으려는 것이 고린도의 어떤 그룹이 자신들을 압박했기 때문이 아니라 어떻게 하면 주님을 가장 잘 섬길 수 있을지에 대한 확신에서 나온 결론이라면 바울은 개인적으로 여전히 독신으로 남아 있는 것에 만족해하는 이들을 격려하고 싶어 한다. 그러므로 결혼한 이들과 독신으로 남아 있는 이들은 모두 긍정적인 권면을 받고 있다. 하지만 실천적인 측면에서 독신으로 남아 있는 편이 약간 더 지지를 받는다.[634]

7. 과부들과 재혼(7:39-40)

[39] 아내는 자기의 남편이 살아 있는 동안에만 [남편에게] 매여 있습니다. 그러나 만약 그 여자의 남편이 죽으면 그는 자유롭습니다. 그 여자는 자기가 원하는 사람과 결혼할 수 있습니다. 그러나 오직 주님 안에서만 그렇게 해야 합니다. [40] 그러나 내 의견으로는, 만약 그 여자가 그 상태에 머물러 있다면 그는 더 행복할 것입니다. 그리고 나도 내가 하나님의 영을 모시고 있다고 생각합니다.

7:1-24과 7:39-40은 결혼에 대한 몇 가지 독특한 질문에 응답한다. 그리고 7:25-38은 결혼하지 않은 이들이나 독신에 관한 질문을 다룬다.[635] 이 짧은

---

634) 이미 언급한 저서 외에도 이 장에 대해서는 다음을 참조하라. von Allmen, *Pauline Teaching on Marriage*, 11-22.
635) Hurd, *Origin of 1 Corinthians*, 154-169(결혼), 169-182(처녀).

단락(7:39-40)은 과부들에게 관심을 기울인다. "이 단락 맨 앞에는 (유대교 용어로 표현된) 기본 원리가 놓여 있다. 이것은 10절의 내용과도 일치한다." 곧 바울은 예수의 말씀에 호소하면서 μὴ χωρισθῆναι라고 권면한다.[636] 하지만 이른바 "죽음이 우리를 갈라놓은" 후에 이 두 절은 "재혼을 명백하게 허용한다."[637] 그러나 테르툴리아누스가 이 두 절과 과부들의 재혼을 주제로 논쟁하는 데 지면과 에너지를 할애한다는 사실은 이 이슈가 고린도에서 십중팔구 당면한 문제가 되었음을 알려주는 역할을 한다. 테르툴리아누스는 배우자가 죽고 나서 재혼하는 것은 독신생활을 통한 전적인 헌신의 "기회를 내던지는 것"이라고 인식한다. 하지만 그는 홀로 된 사람이 "주님 안에서" 재혼할 수 있다고 주장한다. 하지만 테르툴리아누스는 만약 성령이 "과부들과 미혼자들이 자신의 고결함을 보존하는 것을 원한다면" 이 선택이 얼마나 진정성이 있는 것인지에 관해 숙고한다.[638] 그는 원칙적으로 남자는 자신의 생애에 오직 한 명의 아내만 두어야 한다고 결론짓는다. 하지만 이 절들은 광범위한 배경에서 이해하는 것이 필요하다. 7장의 머리말을 보라. 또한 (7:16 다음에 나오는) "그리스도인의 이혼 및 재혼에 대한 확대 해설"을 참조하라.

39절   δέω의 현재완료 시제는 과거의 결혼 서약이 지속적인 효력을 발휘한다는 것을 가리킨다. 몇몇 경우에서 나타나는 사례에서 알 수 있듯이 바울은 로마서에서 이 주제를 다소 다른 문장 구조, 곧 τῷ ζῶντι ἀνδρί(롬 7:2)로 반복한다. 그는 현재 시제로 사람이 율법에 매여 있는 것—ὁ νόμος κυριεύει ... ἐφ᾽ ὅσον χρόνον ζῇ(롬 7:1)—을 묘사한다. 라이트푸트는 이것을 바울이 몇 달 후에 롬 7:1-3에서 더 자세하게 제시할 은유적인 표현의 기원이라고 생각한다.[639]

초기 기독교의 어휘에서 "잠자다"(κοιμηθῇ)는 죽음을 에둘러 표현하는

---

636) Conzelmann, *1 Cor*, 136.
637) Héring, *First Epistle*, 64.
638) Tertullian, *To His Wife*, 2:1 and 2.
639) Lightfoot, *Notes*, 234.

말로 사용되었다(참조. 11:30; 15:6, 18, 20, 51; 또한 참조. 살전 4:13-15). 이 표현은 문체적인 것 이상을 나타낸다. 특별히 판넨베르크와 쿨만은 바울 서신에서 죽음을 잠자는 것으로 묘사하는 이미지가 지닌 깊은 의미를 탐구했다. 쿨만은 기독교 이전의 성경 전통에 나타난 죽음의 "그릇됨"과 소크라테스와 같은 고대 그리스 사상가들의 글에서 죽음을 몸으로부터의 "해방"으로 인식하는 기만적인 낙관주의와 비교한다. 오직 그리스도의 소름 끼치는 죽음 이후에야 비로소 죽음이 "그 독침을 잃어버린다." 따라서 "소크라테스는 숭고한 평온과 함께 독약을 마신다.…[하지만] 예수는 '나의 하나님, 나의 하나님 어찌하여 나를 버리셨나이까?'(막 15:34, 37)라고 외친다. 이것은 '친구로서의 죽음'이 아니다. 이것은 온갖 끔찍한 공포 속에서 일어난 죽음이며… '하나님의 **마지막 원수다**'"(강조는 원저자의 것임).[640] 죽음은 하나님의 원수이기 때문에 죽음은 우리를 하나님으로부터 갈라놓는다.[641] 하지만 일단 어떤 사람이 "죽음의 공포"를 간파했다면 그에게는 다음과 같이 "바울이 말하는 승리의 찬가에 참여하는" 것이 가능해진다. 즉 "'사망은 승리에 삼켜졌다.' 사망아, 너의 승리가 어디 있느냐? 사망아, 네가 쏘는 것이 어디 있느냐?"(고전 15:54-55 및 주해 참조)[642] 따라서 만약 그리스도인들이 죽음을 독침을 잃어버린 것으로 경험하고, "바울이 사용하는 가장 흔한 이미지로 표현한다면 '그들은 잠자는 것이다.'…죽음은 그것이 지니고 있던 공포를 잃어버렸다."[643] 판넨베르크는 "깨어나다"의 논리 안에는 잠을 잔다는 개념이 이미 내포되어 있다고 말한다. 그것은 부활을 약속한다. "우리에게 친숙한 잠에서 깨어나 일어나는 경험은 죽은 사람에게 예상되는, 완벽하게 알려지지 않은 운명을 넌지시 알려주는 일종의 비유의 역할을 한다."[644]

---

640) O. Cullmann, *Immorality of the Soul or Resurrection of the Dead? The Witness of the NT* (London: Epworth Press, 1958), 24.

641) 같은 책.

642) 같은 책, 27.

643) 같은 책, 51.

644) W. Pannenberg, *Jesus — God and Man* (Eng. trans., Philadelphia: Westminster Press and London: SCM, 1968), 74.

배우자가 죽었다면 남겨진 파트너는 재혼할 수 있다는 원리는 μόνον ἐν κυρίῳ라는 구절에 의해 제한을 받는다. 본의 아니게 우리는 그리스어 표현에서처럼 재고의 여지가 있는 번역으로 남겨두었다. 이는 가능한 한 충분히 고려하지 않은 채 어떤 해석을 제시하지 않기 위해서다. 대다수 영역본은 "오직 주님 안에서"를 그대로 유지한다. 하지만 NIV는 "그는 반드시 주님에게 속해야 합니다", REB는 "주님과의 교제 안에서"라고 설명한다. 이 구절의 의미는 논쟁의 대상이다. 폰 알멘은 이 표현이 "그녀[재혼하는 과부]가 그리스도의 몸에서 제외되지 않은 채"를 의미한다고 생각한다.[645] 하지만 모든 해석자는 아니더라도 대다수 해석자는 이 표현을 해당 과부에게 말하는 하나의 조건으로 이해한다. 즉 이 과부가 기독교 신자와 재혼하는 경우에만 이 재혼이 합법적이라고 명시한다는 것이다. 이것은 다수의 학자가 지지하는 견해다.[646] 하지만 소수의 학자는 이 구절이 다음과 같은 취지를 갖고 있다고 주장한다. "이 표현은 그렇게 무리하게 해석할 수 없다.… 그녀는 반드시 자신이 그리스도의 몸에 속했으며, 자신이 그리스도인의 다양한 의무를 지니고 있다는 사실을 잊어서는 안 된다."[647] 하지만 결국 바울이 흐트러짐이 없는 것에 대해 말했다면 그런 의미는 너무 진부하며, 독신으로서 주님께 헌신하기 위해 자유를 얻고자 하는 개념과도 어긋날 것이다. 하지만 그리스도인 배우자의 도움을 받으며 주님을 섬길 기회를 얻는다면 그것은 균형을 이룰 수 있을 것이다. 다수의 학자가 이 견해를 지지한다(젠프트, 에링, 피 등).[648] 바울이 묵인한 비신자와의 결혼 사례는 오직 신자가 되기 이전에 이미 맺어진 것뿐이다. 비신자와 결혼하는 것은 분명히 부부를 두 방향으로 이끌 것이며, 서로 일치하는 비전을 갖지 못하게 할 것이다. 브

---

645) von Allmen, *Pauline Teaching on Marriage*, 24.

646) Tertullian, *Against Marcion*, 5:7; Cyprian, *Testimony*, 3:62; Jerome, *Epistles*, 123:5; Bengel, *Gnomon*, 633; Calvin, *First Epistle*, 1678.

647) Lightfoot, *Notes*, 225.

648) Harrisville, *1 Cor*, 129; Senft, *La Première Épitre*, 106; Héring, 65; Fee, *First Epistle*, 356; Meyer, *First Epistle*, 1:231; Robertson and Plummer, *First Epistle*, 161; Wolbert, *Ethische Argumentation … in Kor 7*, 132-134; Kistemaker, *1 Cor*, 255.

루스는 이 표현 안에 아마도 어떤 동료 그리스도인과 결혼하는 것이 "암시되었을" 것이라고 생각한다.[649] 하지만 그리스도인과의 "결혼"(젠프트) 또는 "그리스도인의 결혼"(에링)의 원칙은 이 절의 이 표현보다는 7장 전체의 관점에 의해 요구된다. 이에 대한 대안은 "상상하기 어렵다"(피).[650]

40절　P^{15}와 33은 단순히 πνεῦμα라는 독법을 따른다. 하지만 πνεῦμα θεοῦ, "하나님의 영"은 광범위한 사본의 지지를 받는다. 그 가운데 P^{46}, ℵ, A, B, D, F, G 등이 포함되어 있다. 따라서 "하나님의 영"이 원문이다.

τὴν ἐμὴν γνώμην에 대해서는 7:25에 대한 주해를 보라. 우리는 (25절에 대한 주해에서 NRSV, REB, NJB와 더불어 단순히 개인적인 의견이 아니라 행위 원리 또는 규칙이라는 의미에서) "의견"이라고 번역하는 것이 옳다고 결론지었다(40절에서도 REB는 "의견"이라고 번역하지만, NRSV와 NIV는 "판단", NJB는 "사고방식"으로 번역한다). 형용사 비교급 μακαριωτέρα는 38절의 καλῶς … κρεῖσσον을 반영한다. 이 표현에 대해서는 38절의 주해를 참조하라.

그러나 한 가지 이슈가 이전의 주해를 넘어서는 곳으로 우리를 이끈다. 그 이슈는 특별히 δοκῶ δὲ κἀγὼ πνεῦμα θεοῦ ἔχειν이라는 문장과 관련이 있다. 와이어는 "하나님의 영 안에서 자신의 최선의 판단(7:6, 12, 25, 40)"에 대해 말하는 이 "신중한" 표현을 숙고한다. 그는 바울은 이 표현을 통해 어떤 수사학적인 책략 또는 "고안"으로 "모든 것을 고려한 후 강조점을 제시

) Bruce, *1 and 2 Cor*, 77; 참조. Barrett, *First Epistle*, 186.

650) Harrisville, *1 Cor*, 129; Senft, *La Première Épitre*, 106; Héring, 65; Fee, *First Epistle*, 356. Fee는 어떻게 바울이 "한 몸"으로서 결혼의 본질을 강조하며, 서로 다른 가치관, 생활 방식, 우선순위를 지닌 두 사람의 결혼을 동시에 숙고할 수 있는지에 대한 올바른 질문을 제기한다. 그 질문은 이 장의 강조점을 무효로 만들지 않는다는 것이다. 그리고 Schrage는 그리스도인으로서 그 과부의 생활 방식에 강조점을 둔다(Schrage, *Der erste Brief*, 2:205-206). 그의 다음과 같은 질문은 이 강조점을 더욱더 꼭 필요한 것으로 만든다. 즉 어떻게 불신자와의 결혼이 충성심을 갈라지지 않게 하거나 마음을 분산시키지 않고, 흐트러짐 없이 그러한 생활 방식을 추구하도록 허용할 수 있겠는가? 한편 칼뱅은 단순히 "오직 주님 안에서"라는 표현을 오직 기독교 신자와 결혼하는 것에 적용한다. 하지만 그것은 그 이상의 의미를 지니고 있다. 즉 "그들은 서로 존중하고 주님을 두려워하며 두 번째 결혼을 맺어야 한다"(Calvin, *First Epistle*, 168).

한다"라고 말한다.[651] 바울은 "확신을 가진 사람들을" 이해시키기 위해 "신중한 분위기"를 유지하기를 바라며, 그는 "그들의 입장을 수정하기를 원한다."[652] 따라서 그는 "네 문장에서 네 번이나 동등함의 수사학"을 제안한다.[653] 하지만 이것은 책략이다. 바울은 진정으로 고린도의 그룹들이 자신이 그리스도인이 되었을 때의 상태 그대로 남아 있는 것에 동의하도록 이끌려고 한다. 그것은 "자유로운 독신 유대인 남자와 이방인 기혼 여자 노예" 간의 커다란 차이를 가려주는 일종의 "얇은 덮개"에 지나지 않는다.[654] 이방인 여자 노예는 성령을 모시고 있다는 말로 마무리하는 바울의 수사학적 전략에 의해 자신의 본래 상태에 그대로 남아 있었을 것이다.

　　하지만 와이어의 이론은 그 목표에서 빗나간다. 왜냐하면 바울은 사람들이 진정으로 자유롭게 자신의 확신에 따라 결정해야 하며, 그러한 결정을 내리는 데는 서로 동의하는 것이 필요하다고 분명하게 말하기 때문이다. 바울의 반복적인 강조점들은 주로 고린도에 존재하던 어떤 그룹에 의해 가해진 압박과 그러한 압박에 굴복하고 싶지 않던 개인들에게 초점이 맞추어져 있다. 오늘날의 다양한 이데올로기의 언어로 표현한다면 우리는 바울이 고린도에 존재하던 어떤 집요한 그룹이 주창하는 "긍정적인 행동"이나 "적극적 차별"이 아니라 정의와 상호 존중을 원한다고 말할 수 있을 것이다. 이 그룹은 개종 이전의 구조 안에서의 역할을 의식적으로 반전시켜 형세를 역전시키기를 원했다. 로버트슨과 플러머가 지적하듯이 δοκῶ δὲ κἀγώ는 "또한 나도"가 아니라 "또한 나도 ~라고 생각합니다"를 의미한다.[655] καί 다음

---

651) A. C, Wire, *Corinthian Women Prophets*, 79.
652) 같은 책, 80.
653) 같은 책, 85.
654) 같은 책, 86.
655) Robertson and Plummer, *First Epistle*, 161. Edwards는 그와 같은 중요한 심사숙고를 포함하여 합리적인 숙고를 통해 의견을 신중히 제시하는 것과 삶의 다양한 측면에서 일하시는 하나님의 영의 인도함을 받는 것을 인식하는 것이 아무런 모순이 없다고 주장한다 (Edwards, *First Epistle*, 205). 한편 금욕주의적인 그룹에 대한 암시가 반드시 아우구스티누스의 주장―"나도 또한 하나님의 영을 모시고 있다고 생각합니다"라는 바울의 말은 고린도에 존재하던 다른 "분파들"을 아이러니한 방법으로 언급하는 것이다―을 지지하는 것은 아

에 의미를 강조하는 ἐγώ는 1:12에서 언급된 표현 방법을 사용한다. 곧 "나에 대해 말하자면 또한 나도 ~라고 생각합니다." 바울의 말에는 고린도에서 금욕주의적인 견해를 강력하게 주장하는 이들이 성령의 이름으로 그렇게 한다는 의미가 명백하게 담겨 있다. 이 점에서 와이어가 그들을 "고린도의 예언자들"로 인식하는 것은 적절할 것이다. 하지만 그들이 과연 "고린도의 여자 예언자들"이었는지에 대한 답은 와이어의 재구성이 과연 단순한 추측인지 아니면 그 이상인지에 달려 있다. 따라서 바울은 자기의 의견에 타당성을 부여하기 위해 자신이 성령을 독점적으로 지니고 있다고 주장하지 않는다. 그는 단순히 다음과 같이 말한다. 만약 다른 사람들이 자신들의 "지혜"를 입증하는 차원에서 자신들의 삶 안에서 성령이 역사하고 있다고 호소한다면 자신도(곧 독점권을 주장하지 않으면서) 분명히 자기 안에서 역사하시는 성령을 공유하고 있으며, 성령의 조명에 기초하여 자신의 의견을 제시한다고 주장하는 것이다. 공교롭게도 와이어의 주장에도 불구하고 바울은 바로 (i) 독신과 (ii) 개인적인 행복 또는 안녕을 지지하는 문맥에서 이렇게 호소한다. 바울이 39-40절에서 정교한 수사학적인 전략의 일환으로서 "의견"이라는 용어를 사용한다고 주장하는 것은 그가 이 커플이 서로 어떤 방향을 선호하든지 간에 작고 가느다란 못을 박기 위해 매우 큰 망치를 사용한다고 말하는 것과 같다. 로버트슨과 플러머가 제시하는 언어학적 조건에 기초하여 말하자면 이 두 절은 와이어의 의심의 해석학이 필요치 않다.[656)

　　우리의 주해나 7장 전체에 대한 요약을 제시하려는 시도는 단순한 중복과 지나친 단순화를 초래할 것이다. 바울은 다양한 상황에 대해 말한다.

니다(Augustine, *Gospel of John*, 38). 참조. de Wette and Meyer. 이들은 "일종의 아이러니 묘사법"에 대해 말한다(*First Epistle*, 232). 참조. Schrage, *Der erste Brief*, 2:206-207.

656) Deming, Wimbush, Yarbrough, Wolbert의 주장도 진정으로 중요하다. Deming의 연구서는 Wire의 연구서보다 나중에 출간되었다. 하지만 Wire의 참고문헌에는 Wimbush, Yarbrough, Wolbert의 이름이 전혀 언급되지 않는다. 고전 5-7장에 대한 Wire의 연구서 4장에서(그리고 23개의 각주에서, 276-277) 다루어지는 논의에서 그들의 이름은 전혀 나타나지 않는다.

상황과 관련된 요소들이 종종 그의 용어와 표현에 특색을 부여한다. 본 주석서 7장의 머리말과 그 이후의 특별 해설에서는 광범위한 이슈들이 지극히 보편적인 견지에서 논의되었다. 바울이 제시하는 일련의 지시와 권고는 결혼 또는 결혼 안에서 이루어지는 신체적인 친밀한 관계를 평가절하하려는 고린도 교인들에 대한 반응이다(7:1). 하나님께서 주신 자연스러운 사랑에 대한 열망을 억누르고 이른바 고린도의 강한 자들의 마음에 들고자 노력한다면 그것은 자신을 내적으로 분열시킬 것이다(참조. 7:34). 우리는 머리말 부분에서 그 당시 로마 세계의 관행과 상당히 대조를 이루는 독신을 바울이 하나의 은사로 여겼던 것처럼 그는 애정과 결혼 안에서의 관능적인 사랑을 하나님의 은사로 인식했음을 이미 머리말 부분에서 살펴보았다. 고전 12-14장에서 바울은 하나님이 다양한 사람에게 다양한 은사를 주신다는 점을 강조한다. 그는 또한 다양한 실질적인 상황을 적절하게 고려하면서 이 은사들이 단지 압력을 행사하는 어떤 그룹의 유익이 아니라 신앙 공동체 전체의 유익을 위해 사용되어야 한다고 말한다. 이미 앞에서 소개한 두 가지 주해를 여기서 간략하게 반복할 필요가 있다. 첫째, 이번 장에 대한 머리말에서 우리는 바울이 결혼과 독신을 "좋은 것"(καλόν)으로 인식할 뿐만 아니라 결혼을 이른바 그리스도인에게 어울리지 않는 욕망을 가라앉히는 데 필요한 안전장치 이상으로 인식한다는 슈라게의 주해를 언급했다(앞의 R. B. 워드의 견해도 참조하라). 둘째, 우리는 머피-오코너의 다음과 같은 강조점을 살펴보았다. 바울은 자신이 받은 독신의 은사(7:7)를 동일하게 받은 이들은 "자신과 같이…훨씬 더 품위 있게(35절) 살 수 있고, 덜 염려하면서(32절), 덜 고달프게(28절), 그리고 더 행복하게(40절) 살 수 있다"라고 믿었다(Murphy-O'Connor, *1 Corinthians*, 59). 하지만 그리스도인들은 저마다 다양한 은사를 받으며, 저마다 서로 다른 삶의 상황에 놓여 있다.

B. 우상과 관련된 고기에 관한 질문과 "권리"에 앞서는 사랑의 우선권 (8:1-11:1)

우리는 8:1-14:40에서 다루어지는 바울의 주제의 통일성에 대해 비교적 명백한 논점을 제시한다. 우리는 8:1-11:1이 여러 서신이 합쳐진 것으로서 고린도 교인들의 질문에 다소 "자유로운"(8장) 또는 더 "보수적인"(10:1-22) 답변을 제시한다고 이해하기보다는 이 단락이 하나의 서신으로서 일관된 통일성을 유지한다고 생각한다. 우리는 11:2-16, 17-34, 12-14장이 8-10장과 함께 성경적·신학적 전통에 비추어 사랑과 "다른 사람" 존중에 관한 주제를 설명한다고 주장한다. 따라서 단일성(oneness)과 질서정연한 구별의 신학적인 변증법이 (1) 교회에 적용되는 바울의 몸의 단일성과 구별 신학(12:12-31a)에서는 물론, (2) 성령의 다양한 은사에 관한 이슈들(12:1-14:40), (3) 진정한 성숙과 종말론적 정점을 향해 나아가는 길로서 "다른 사람"에 대한 사랑(13장), (4) 다른 사람을 "세워주는" 원리와 다양성의 분별(14장), (5) 이방 문화 및 제사 의식의 배경과 관련하여 고린도에서의 일상적인 사회생활과 신앙생활이 지닌 실질적인 문제점들(8-10장) 등에서 가장 분명하게 나타난다.

마지막 범주는 다양한 주제를 포함한다. 하지만 바울은 이러한 주제에 일관된 답변을 제시한다. 몇몇 연구 사례는 다음과 같은 사항과 관련되어 있다. (i) 그리스도인이 아닌 동료들이나 친구들이 이방 신전 경내에서 이루어지는 특별한 의식과 행사 또는 공적 의식에 초대를 받아 참석할 때 사회적 특권 계급에 속한 신자들(아마도 "강한 자들")은 과연 계속해서 선한 양심을 유지할 수 있을까? 그들은 과연 자신들이 어떤 행동을 하고 있는지 충분히 인식하고 있는가(아마도 8:4-13)? (ii) 다른 사례들은 도시 한가운데 있는 시장에서 구매한 고기를 먹는 이슈와 관련되어 있다. 이 고기는 십중팔구 신전에서 정육점으로 유통되었을 것이다(10:25-29). (iii) "강한" 신자들과 "약한" 신자들(특권 계층에 속하지 않은 이들 또는 지나치게 민감한 이들?)이 이방인 가정에 함께 식사 초대를 받을 때 특별한 경우가 발생한다

(10:27-33). (iv) 가장 극단적인 어려움은 주의 만찬에서 그리스도에게 헌신을 약속하는 것과 이방 신전 안에서 희생제물이 음식으로 제공되는 식사와 종교의식에 참여하는 것이 서로 양립할 수 없다는 이슈와 관련되어 있다 (10:1-10, 14-22). 특히 만약 동료들이나 후견인의 요구로, 혹은 시민의 의무를 다하기 위해 강압적으로 참석해야 할 때 이러한 경우가 발생했을 것이다 (10:11-13). (v) 바울은 이러한 사례 가운데 그 어떤 경우에도 "나의 권리를 알다"라는 행동 원칙을 거부하고, "나의 권리를 사용하지 않는다"라는 자신의 모범을 따르도록 권면한다(9장; 11:1). 바울이 재정적으로 지원을 받는 것을 의도적으로 마다하는 모범을 보인 것은 후견인-피후견인의 관계로 인해 목회 활동에 제약을 받거나 편애하는 상황을 피할 필요가 있었기 때문이다.

위에서 설명한 개요의 핵심 원칙은 (8:1-11:1에서, 그리고 더 광범위하게는 11:2-14:40에서) 서로 다른 상황과 당면한 이슈 앞에서도 바울의 논점과 논리가 일관성을 띠고 있다는 점을 설명해주는 역할을 한다. 마거릿 미첼은 "하나 됨"(통일성) 및 "신앙 공동체 세우기"와 관련하여 이 이슈들이 어떻게 일관성을 지니고 있는지를 설명하는 데 상당한 도움을 주었다(아래 참조). 하지만 거기에는 공통적 전승 공유에 기초한 논증을 포함하여 더 광범위하고 의미심장한 신학적 이슈들도 관련되어 있다(아래에서 안더스 에릭손의 견해뿐만 아니라 이러한 이슈에 대한 슈라게의 분석을 보라).[1]

따라서 바울은 먼저 공동 전승에서 유래한 자료를 인용하면서 고린도 교인들의 편지에서 제기하는 질문 가운데 두 번째 이슈를 다룬다. 이 자료에는 8:6의 신앙고백이 담겨 있다. "그러나 우리에게는 아버지이신 하나님 한 분뿐이십니다. 모든 것은 그에게서 생겨났으며, 그는 우리의 존재의 목적입니다. 그리고 한 분이신 주 예수 그리스도가 계십니다. 모든 것은 그로

---

[1] Eriksson, *Traditions as Rhetorical Proof: Paul's Argumentation in 1 Cor*, 97-99, 106-110, 120-127 and 특히 135-173; 참조. Mitchell, *Paul and the Rhetoric of Reconciliation*, 126-149 and 237-258, and Schrage, *Der erste Brief*, 2:211-486, 특히 212-215, 221-226, 253-254, 278-286, 381-387, and 430-435.

말미암아 존재하며, 우리도 그로 말미암아 존재합니다." 바울이 고린도 교인들이 자신들의 γνῶσις를 뽐내는 것에 어떤 유보 조건을 제시하든지 간에—예를 들면 그들은 마치 이론적인 지식이나 신학 자체가 가장 중요하다고 생각함—그는 그들과 함께 공유하는 유일신 신앙의 기초를 부인할 수도 없고, 부인하려고 하지도 않는다(8:1-6에 대한 주해 참조). 하지만 그다음 단락(8:7-13)은 ἀλλ' οὐκ ἐν πᾶσιν ἡ γνῶσις라는 강한 대조로 시작한다(7절). 이 전승은 타당하지만, 그 적용은 ("강한 사람들"에 의해?) "약한 사람들"(또는 이 경우에는 상처받기 쉬운 사람들뿐만 아니라 영향력이 별로 없는 사람들 또는 사회적·지적 측면에서 별로 중요하지 않은 사람들)로 인식되는 자들의 관습적 예민함에 따라 제한되거나 수정되어야 한다. 여기서 핵심은 그들의 입장과 취약성이 존중받고 고려되어야 한다는 것이다. 따라서 그들을 망하게 하거나(11절) 손상을 입혀(12절) 그들이 걸려 넘어지게(13절) 하는 것은 절대 허용될 수 없다. 그들은 형제 또는 자매이며, 그들을 위해 그리스도가 죽었다(11절).

더 자유분방한 일부 고린도 교인들이 호소하는 "자유"는 바울이 재정적 지원을 받을 수 있는 "자유"와 유사하다. 바울은 "내가 자유인이 아닙니까?"라고 질문한다(9:1). 하지만 복음이 방해받지 않고 말과 삶을 통해 더 잘 전파된다면(9:19-23) 바울은 오히려 자신을 모든 사람의 노예(9:19)로 만드는 것을 기꺼이 선호한다는 자신의 사례를 소개한다. 실생활의 많은 분야에서 자기 절제는 꼭 필요하며, 방종한 삶은 아무것도 성취하지 못한다(9:24-27).

더 극단적인 "신령한 자유주의"가 지배하는 경우에 신자들은 자신들이 무엇이든 할 수 있는 권리를 지니고 있다(10:23, 특히 23b)는 교만한 신념을 갖게 된다. 이러한 경우에 바울은 더 강한 어조로 말한다. 실제로 우상은 "아무것"도 아니라는 것을 "우리는 알고 있다"라는 것에 기초하여 이방 제사 의식에 참여하려는 생각은 반쪽짜리 진리에 근거한 것이며(10:19-20), 그러한 경우는 악마적인 세력(10:20)과 우상숭배(10:7, 14)에 참여하는 부분에서 더 명백하게 나타난다. 성경은 분명히 이러한 행위를 비난하고 금지한다. 진리인 체하며 "자유"를 주장하는 것은 사실상 어떤 강렬한 욕망에 근거하고 있다. 구약성경은 그것을 위험하고 멸망에 이르게 하는 본보기로 제시한다(10:6). 심지어 그러한 일을 행하는 자들이 주의 만찬에서 잔과 떡에 동참하는 것은 언약을 파기하는 것이다. 나아가 그것은 일종의 배신행위이며 신성 모독이다(10:14-22). 한편 친구나 동료의 가정에서 고기—그것이 어디서 온 것이든 간에—를 먹는 문제는 전혀 다른 수준의 문제다(10:25-33). 여기서 이 문제는 나 자신의 유익을 구하는 것이 아니라 모든 사람의 유익을 고려하는 문제가 된다(10:33).

이 장들의 일관성과 바울 주장의 일관성은 오직 본문을 각각의 문맥에서 떼어놓거나 구체적인 사례 간의 다양한 상황적인 차이점이 무시될 때만 취약점을 드러내는 듯 보인다. 우리는 번역하기에 거의 불가능한 συνείδησις(예. 양심 또는 자의식? 8:10)를 포함하여 많은 세부적인 내용을 밝히는 데 어려움이 있다는 점을 부인하지 않는다. 전통적으로 이 점과 관련하여 "어떤 우상에게 제물로 바친 고기"로 번역된 εἰδωλόθυτος나 τὸ εἰδωλόθυτον(8:1)의 사전적·배경적 의미는 한 가지 예를 제공한다. 그 의미는 부분적으로 다음과 같은 이슈에 영향을 받았을 수 있다. 과연 ὁ ἀσθενῶν(8:11; 참조. τοῖς ἀσθενέσιν, 8:9), "약한 자들"(참조. 1:25, 27; 4:10; 8:7; 9:22; 11:30; 12:22)의 의미는 사회경제적인 측면(사회경제적으로 낮은 신분에 속한 자들)과 관련이 있는가, 아니면 인종 및 종교(유대교에 속했던 신자들을 포함하여 지나치게 예민한 신자들)를 암시하는가?[2]

만약 (타이센이 주장하듯이) "약한 자들"이 어떤 잔치에 초대받는 경우를 제외하고(이방 신전 경내에서 진행되거나, 잔치를 베푸는 자가 신전에서 파는 고기를 구매했거나) 고기 먹을 기회가 거의 없는, 사회경제적으로 가난한 자들을 가리킨다면 이것은 호슬리가 지지하는 더 일반적인 의미에서 "우상에게 바쳐진 음식"이기보다는 "우상과 연관된 고기"라는 번역이 더 타당할 것

---

2) BAGD, 221(참조. 4 Macc 5:2; 행 15:29; 고전 8:1, 4, 7, 10; 10:19; 계 2:14, 20) and Moulton-Geden, *Concordance to the Greek Testament*, 115-116.

이다.[3] 다른 한편으로 뷔히젤, 바레트, 소여는 이 단어가 유대교 배경을 지니고 있다고 강조하며, 아마도 더 세심하고 지나치게 신중한 "베드로 그룹"이 해당 이슈와 관련이 있음을 넌지시 암시한다고 주장한다.[4] 하지만 전적으로 오직 이 주제만 다루는 윌리스는 "예배를 드리는 자들의 사회적인 관계에 초점이 맞추어져 있다"고 주장하는 반면, 피는 해당 논증은 유대인이 아니라 이방인이 기독교 신앙과 생활 방식으로 전환하는 것을 말한다고 주장하고, 위더링턴은 이 본문의 배경을 우상 앞에서 이루어지는 제의적 식사로 국한시킨다.[5]

동시에 우리는 과연 바울이 "약한 자들"의 편에 서는지, "강한 자들"의 편에 서는지, 또는 중립을 지키는지에 대한 광범위하면서도 기본적인 주제가 얼마나 이러한 세부 내용과 밀접하게 연관되어 있는지를 볼 수 있다. 만약 "베드로 그룹"의 이론이 어떤 설득력이 있다면 우리는 바울이 "어떤 우상도 실제로 존재하지 않는다는 사실을 우리는 잘 알고 있습니다"(8:4)라는 취지에서 "강한 자들"의 주장을 전적으로 지지한다는 것을 기대할 수 있을 것이다. 하지만 만약 "강한 자들"이 고기를 제공할 수 있는 소수 그룹에 속하는 자들로서 사회적으로 특권을 누리는 자이며, 또 (일차자료에서 거의 명백하게 입증해주듯이) "고대 그리스에서 대다수가 보릿가루로 만든 죽이나…밀가루로 구운 빵 같이 곡식 가루로 만든 음식을 먹었다면 서로 다른 두 가지 생활 방식이 신앙 공동체 내에서 갈등을 일으킬 수 있다는 점은 충분히 이해할 만하다.[6] 특권을 지닌 이들은 종교적으로 민감하다기보다는 문화적으로 부적절한 행동을 함으로써 가난한 자들을 불편하게 했을 것이다. 바울

---

3) Horsely, *New Documents*, 1:36-37; Theissen, *Social Setting*, 125-129.

4) F. Büchsel, "εἴδωλον," *TDNT*, 2:378; C. K. Barrett, *Essays on Paul*, 54; W. T. Sawyer, "The Problem of Meat Sacrificed to Idols in the Corinthian Church" (Th. D. diss., Southern Baptist Seminary, Louisville, Ky., 1968).

5) W. L. Willis, *Idol Meat in Corinth: The Pauline Argument in 1 Cor 8 and 10*, 20; G. Fee, "II Cor vi:14-vii:1 and Food Offered to Idols," *NTS* 23 (1977): 140-161; "εἰδωλόθυτα Once Again: An Interpretation of 1 Cor 8-10," 172-179; and *First Epistle*, 357-367; Witherington, "Not So Idle Thoughts about Eidolothuton," 237-254.

6) Theissen, *Social Setting*, 126-127.

은 적절한 상황에서 부자들의 자유를 인정하지만, 그렇지 않은 상황이 벌어진다면 그들이 자신들의 자유를 제한해야 한다고 말한다.

이것은 8:1-11:1의 통일성과 수사학적 또는 주제적 일관성에 관한 문제들과 밀접하게 연관되어 있다. 최근에 여 키옥-킹은 이러한 통일성 또는 통합성에 세부적으로 이의를 제기했다.[7] 나는 다른 곳에서 고린도전서가 여러 서신이 합쳐진 것이라고 주장하는 다양한 저자들의 이론을 다루었다.[8] 바이스와 슈미트할스는 10:1-22("편지 A")을 8:1-11:1("편지 B")과 분리한다.[9] 에링은 8:1-13과 10:23-11:1을 "편지 A"에, 그리고 9:1-10:22을 "편지 B"에 배정한다.[10] 젤린은 9:24-10:22을 7:1-9:23, 10:23-11:1과 분리한다.[11] 주이트와 슈미트할스는 이 편지를 더 복잡하게 구분·배열한다.[12] 여 키옥-킹은 6:12-20, 15:1-5과 함께 9:24-10:22이 "이교 사상과 부활에 대해 조언하는 편지"(편지 B)이며, 8:1-13, 9:19-23, 10:23-11:1은 1:1-6:11, 7:1부터 12-14장 결말 부분까지 합쳐서 "보다 더 목표가 분명한 이슈들"을 다루는 "편지의 본체"(편지 C)에 속하고, 9:1-18은 재정적인 도움을 받지 않는 것에 관한 다섯 번째 편지(편지 E)에 속한다고 본다.[13] 그는 고린도전서가 모두 여섯 편의 편지로 구성되어 있다고 주장한다.

하지만 이 모든 복잡한 이론은 의심의 여지 없이 다음 세 가지 사실과

---

7) Yeo, *Rhetorical Interaction in 1 Corinthians 8 and 10: A Formal Analysis with Preliminary Suggestions for a Chinese Hermeneutic,* 특히 76-83 and 120-211. 81-82에 요약됨,

8) A. A. Thiselton, "Luther and Barth on 1 Cor 15," in W. P. Stephens (ed.), *The Bible, The Reformation and the Church,* JSNTSS 105 (Sheffield: Sheffield Academic Press, 1995), 258-289, 특히 275-278.

9) Weiss, *Der erste Korintherbrief,* xi-xliii.

10) Héring, *First Epistle,* xii-xiv.

11) G. Sellin, "Hauptprobleme des ersten Korintherbriefes," *ANRW,* 2:25:4 (1987), 2,964-2986.

12) R. Jewett, "The Redaction of 1 Cor and the Trajectory of the Pauline School," *JAARSup* 46 (1978): 398-444; W. Schmithals, "Die Korintherbriefe als Briefsammlung," *ZNW* 64 (1973): 263-288; and *Gnosticism in Corinth,* 87-113.

13) Yeo, *Rhetorical Interaction in 1 Corinthians 8 and 10,* 특히 78-83. 각주 7에서도 언급됨.

그 외의 두 가지 주장에 기초한 것이다. (1) 첫째, 내가 피의 견해에 동의하면서 나의 이전 논문에서 주장했듯이 이 복잡한 분할 이론 대다수는 저마다 구체적으로 제시하는 구조 안에서 서로 충돌을 일으킨다.[14] 의견의 일치를 얻어내지 못하는 이러한 명백한 결함은 이 가설들의 신뢰성을 심각하게 훼손한다.[15] (2) 둘째, 슈라게 등 다른 이들이 주장하듯이 (11:1이 제안하는 바와 같이) 9:1-23은 바울이 보여준 개인적인 본보기를 제시한다. 즉 어떤 사람이 어떤 상황에서 자신에게 유리한 것을 택하는 데 있어 이론적으로 "자유롭다" 하더라도, 그는 오히려 다른 사람들의 유익을 위해 그러한 자유를 포기하는 것을 선택한다는 것이다.[16] 비록 어떤 이들은 종종 바울이 사도적 권위에 호소하는 것이 더 핵심적이라는 점에 기초하여 이 주장을 무시하지만, 다수의 주석가는 슈라게의 견해에 동의하거나 그보다 먼저 그러한 견해를 제시했다. 우리의 세 번째 항목(아래 참조)은 이 점을 결정적으로 드러낼 것이다. 따라서 볼프가 8:1-6은 "지식과 사랑", 8:7-13은 "지식과 우상에게 바친 고기를 먹을 권리(Vollmacht)," 9:1-27은 "자유의 사용에 대한 개인적인 모범 사례(Beispiel)"라는 소제목을 제시하는 것은 전적으로 타당하다.[17]

(3) 우리의 세 번째 호소는 더욱더 명백하다. 후견 제도에 관한 차우와 클라크의 연구와 상호적 "호의", 우정, 육체노동에 대한 호크와 피터 마셜의 연구는 9장의 특별한 역할을 이해하는 데 매우 중요하다. 그들의 연구는 강한 자들이 실제로 존재하지도 않는 신들에게 바친 고기를 먹을 수 있는 "권리"를 갖고 있지만, 약한 자들의 유익을 배려해야 하는 특정 상황에서 그 권리를 한정하고 엄밀하게 제한해야 한다는 문제를 다루는 바울의 방법의 효

---

14) Thiselton, "Luther and Barth on 1 Cor 15," 277.

15) 이 점과 관련해서 Fee는 다음과 같이 말한다. "이 이론들 사이에는 서로 일치하는 바가 매우 적다. 그 사실 자체는 그들이 제시하는 다양한 재구성은 저마다 그 제안을 받아들이기를 원하지만, 그것을 믿도록 우리를 이끌어 주지 못한다는 것을 넌지시 일러준다"(Fee, *First Epistle*, 15).

16) Schrage, *Der erste Brief*, 2:211-215, 216-235, and 277-350; Robertson and Plummer, *First Epistle*, xxvi and 174-177.

17) Wolff, *Der erste Brief*, 168 and 184; 참조. 165-208.

용성을 뒷받침해준다.[18] 8:1-11:1에서 주석가들은 여러 가지 "모순"을 발견한다. 이들은 이른바 이러한 모순에 근거하여 고린도전서가 바울의 여러 다른 편지가 서로 합쳐졌거나 수정된 것이라고 주장한다. 하지만 9장에서 바울은 제각기 자유와 사랑을 행사하는 가운데 "모순점"이 있다고 설명한다. 그는 진정으로 사도로서 자신의 수고에 대한 대가를 받을 권리를 지니고 있다. 하지만 후견인들에게 예속되면 그것은 어려운 문제점을 일으킬 위험이 있기에 그는 자신이 마땅히 받을 권리를 포기하는 것을 선택한다. 이것이 바로 8장과 10장에서 다루고 있는 이슈다. 바울은 자신의 본보기를 따르라는 권면(μιμηταί μου γίνεσθε καθὼς κἀγὼ Χριστοῦ, 11:1)과 함께 이 단원을 마무리한다. 우리는 8:7을 주해할 때 다음과 같이 주장할 것이다. "강한 자들"을 사회경제적으로 "연약하고" 종교적 또는 도덕적 자의식의 관점에서 "불안정한" 자들보다 사회경제적으로 "강하고" "종교적인" 관점에서 "안정된" 자들로 이해한다면 8:1-11:1에서 이 두 단어가 사용된 용법을 일관되게 이해할 수 있을 것이다. 따라서 이것은 결코 카스텔리가 주장하는 것처럼 파워 플레이의 문제가 아니다. 바울은 "다른 사람들을 위한" 그리스도의 모범을 보여주는 문맥에서 자신의 모범을 따를 것을 호소하고, 그 논증 전체는 8-10장에서 언급한 약한 자들을 강한 자들의 사회적·신학적 독선으로부터 보호해주는 역할을 한다.[19] 자유는 근본적으로 사랑에 의해 제한된다. 사랑은 자신을 위한 것이 아니라 다른 사람을 위한 것이다. 그러므로 바울은 여기서 καθὼς κἀγὼ Χριστοῦ라는 표현을 덧붙인다(11:1).

이 세 가지 주장에 다음 두 가지 요점을 덧붙일 수 있다.

(4) 이 두 가지 중 첫 번째는 마거릿 미첼이 주로 이 편지의 구조뿐 아니라 수사학적 분석에 기초하여 고린도전서 전체의 통일성을 옹호한 데서

---

18) Peter Marshall, *Enmity in Corinth*, 특히 173-258; R. F. Hock, *The Social Contexts of Paul's Ministry: Tentmaking and Apostleship* (Philadelphia: Fortress, 1990), throughout; Chow, *Patronage and Power*, 141-157 (on chs. 8 and 10) and 172-175 (on Paul's defence in 9:1-23). 참조. Clarke, *Secular and Christian Leadership*, 124-126 and 133.

19) Castelli, *Imitating Paul: A discourse of Power*, 89-118.

비롯된다. 분열을 일으킬 잠재력을 지닌 "지식"(γνῶσις, 8:1-2, 7, 10, 11)은 하나 됨을 만들어낼 잠재력을 지닌 "사랑"과 대조된다(ἀγάπη, 8:1; 참조. 12-13장). 이 점은 또한 이 편지 전체가 일종의 "화목에 대한 수사학"으로서 기능한다는 미첼의 논지와도 일치한다. 그는 γνῶσις를 "신앙 공동체를 분열시키는 데 기여하는 것"으로 이해한다.[20] 미첼은 πρόσκομμα(함정, 실족하게 하는 것, 걸려 넘어지게 하는 것, 8:9; 10:32)는 "고대 가정에서 서로 갈라져 논쟁하는 것"을 가리킨다고 주장한다.[21] 9:1-23과 관련하여 미첼은 피터 마셜이 말하는 단기간의 갈등을 넘어 "분열 없이 서로 화해하는 행위"의 장기적인 목표를 내다본다.[22] 바울은 자신의 "권리"(ἐξουσία, 9:12, 18, 23)를 사용하지 않는다. 9장에서 "권리"를 기꺼이 포기하려는 것이 바로 8:1-11:11의 내용 대부분이 말하고자 하는 바다. "정치적인 현실주의는 저마다 모든 일에서 단지 자신의 방법만을 고집할 수 없다는 것을 의미한다."[23] "바울은 자신이 제안하는 권면에 언제나 정확하게 일치하는 행동을 보여왔다."[24]

(5) 두 번째 요점은 아마도 더 가설적이다. 분리 이론보다 이 장들의 "이중적 어조"를 더 잘 설명하는 이론이 있을까? 몇몇 저자들은 설령 고기를 신전의 직판장에서 샀다 하더라도, 고기를 먹는 정황을 가정으로 전제하고 바울이 여기서 "강한 자들"을 지지하고 있다고 주장한다. 하지만 만약 그 정황이 이방 신전 경내에서 고기를 먹는 경우라면 바울은 강한 자들을 비판하며 약한 자들 편에 서는 것이다. 위더링턴은 다음과 같이 주장한다. "우리가 로마 제국에 속한 고린도의 고고학과 고대 그리스-로마 세계의 종교적인 관습에 대해 더 많이 알수록 εἰδωλόθυτον은 유대 기독교 논쟁에서 사용하던 용어라는 점이 더욱더 분명해질 것이다.…이 단어는 이방 신전에서 거행되는 잔치에 참여하는 것의 위험성을 경고하기 위해 사용되었다.

---

20) Mitchell, *Paul and the Rhetoric of Reconciliation*, 126. 또한 126-149을 보라.
21) 같은 책, 128.
22) 같은 책, 130.
23) 같은 책, 131.
24) 같은 책, 133; 참조. 133-149.

"25) 우리가 이제까지 확인한 이러한 요소들은 8:1-11:1의 수사학적인 묘사와 주제가 일관성이 있음을 설득력 있게 보여준다. 우리는 한 걸음 더 나아갈 수도 있다. "권리"와 자기 절제에 대한 바울의 개인적인 사례(9:1-23)는 이스트미아 운동경기에서 볼 수 있었던 헬레니즘 문화(9:24-27)와 이스라엘 역사의 사건에 나타난 교회의 성경(10:1-13), 그리고 그 당시의 헬레니즘적 유대교의 규율과도 연관되어 제시된다(10:18-22). 바울은 고기 먹는 것을 다양한 사례에 적용하며 마무리한다(10:25-29). 이 사례들은 10:14-17, 10:23-24, 10:29-11:1에서 제시된 원리를 반영한다. 지식과 사랑의 관계 및 "권리"와 더 나은 선(善)을 위한 자기 절제의 관계는 8:1-11:1의 전체 내용과도 일치한다. 존 브런트는 8:1-11:1의 통일성을 강력하게 제시하며 이러한 주장 중 상당 부분이 서로 밀접하게 연결되어 있다고 말한다.[26)

1. 지식, 사랑, 자유: 우상과 관련된 고기(8:1-13)

¹ 이제는 이방 신들에게 바친 희생제물과 관련된 고기의 주제에 대해 말하겠습니다. 우리는 "우리 모두 '지식'을 소유하고 있다"는 것을 잘 알고 있습니다. 이 "지식"은 우쭐하게 합니다. 하지만 사랑은 세워줍니다. ² 만약 어떤 사람이 자신이 이 "지식"[의 일부분]을 성취했다고 생각한다면, 그들은 자신들이 반드시 알아야 할 것을 아직 알지 못합니다. ³ 그러나 만약 누가 [하나님을] 사랑한다면, 그는 참된 "지식"을 경험한 것입니다.

⁴ 그러면 우상과 관련된 고기를 먹는 주제로 돌아가 봅시다. 우리도 여러분의 지식을 공유하고 있습니다. 곧 "우상은 실제로 존재하지 않으며" "하나님은 오직 한 분이십니다." ⁵,⁶ 논의의 편의를 위해 설령 하늘이나 땅에 이른바 많은 신이 정말로 존재한다 하더라도, 참으로 많은 "신들"과 "주들"이 있습니다. 그러

---

25) Witherington, "Not So Idle Thoughts about Eidolothuton," 254; 참조. 237-254.

26) J. C. Brunt, "Love, Freedom and Moral Responsibility: The Contribution of 1 Cor 8-10 to an Understanding of Paul's Ethical Thinking," in *SBL 1991 Seminar Papers* (ed. K. H. Richards; Chicago: Scholars Press, 1981), 19-33.

나 우리에게는 아버지이신 하나님 한 분뿐이십니다. 모든 것은 그에게서 생겨났으며, 그는 우리의 존재의 목적입니다. 그리고 한 분이신 주 예수 그리스도가 계십니다. 모든 것은 그로 말미암아 존재하며, 우리도 그로 말미암아 존재합니다.

[7] 그러나 모든 사람이 이 "지식"을 소유하고 있는 것은 아닙니다. 어떤 이들은 심지어 지금까지도 습관의 힘으로 인해 여전히 우상에게 사로잡혀 있습니다. 그래서 그들은 실제로 우상에게 바쳐진 것처럼 고기를 먹습니다. 그들은 약하기 때문에 그들의 자의식[또는 양심]이 더럽혀집니다. [8] "음식은 우리를 하나님의 심판으로 이끌지 않을 것입니다." 우리는 먹지 않아도 어떤 유익을 놓치는 것이 아니며, 먹어도 어떤 유익을 얻는 것도 아닙니다. [9] 다만 여러분의 이 "선택할 권리"가 약한 자들을 걸려 넘어지게 하지 않도록 유의하십시오. [10] 어떤 사람이 "지식을 소유한" 당신이 실제로 우상이 있는 장소에서 식탁에 앉아 있는 것을 본다고 가정합시다. 견고하지 못한 사람의 자의식이 실제로 우상에게 바쳐진 고기를 먹도록 "세움을 받지" 않겠습니까? [11] 그렇다면 분명히 그 견고하지 못한 사람은 당신의 "지식" 안으로 끌려 들어가 파멸합니다. 바로 그 형제나 자매를 위해 그리스도께서 죽었습니다. [12] 하지만 이와 같은 방법으로 그들의 자의식이 여전히 견고하지 못할 때 당신은 그것에 타격을 가해 손상을 입혀 당신의 형제나 자매에게 죄를 지음으로써 바로 그리스도에게 죄를 짓는 것입니다. [13] 그러므로 만약 음식이 나의 형제나 자매에게 상처를 입혀 걸려 넘어지게 한다면, 나는 어떤 경우에도 어떤 형태로든 고기를 결코 먹지 않을 것입니다. 그래서 내 형제나 자매가 걸려 넘어지지 않게 할 것입니다.

8:1-13에 대한 참고문헌

Barrett, C. K. "Things Sacrificed to Idols," in *Essays on Paul* (London: SPCK, 1982), 40–59; repr. from *NTS* 11 (1965): 138–153.

Borgen, P., "'Yes', 'No', 'How Far?' The Participations of Jews and Christians in Pagan Cults," in T. Engberg-Pedersen (ed.) *Paul in His Hellenistic Context* (Minneapolis: Fortress, 1995), 30–59.

Brunt, J. C., "Rejected, Ignored, or Misunderstood? The Fate of Paul's Approach to the Problem of Food Offered to Idols in Early Christianity," *NTS* 31 (1985): 113–124.

Büchsel, F., "εἴδωλον," *TDNT*, 2:375–380.

Bultmann, R., "γνῶσις," *TDNT,* 1:689-719.

Cohon, S., "The Unity of God: A Study in Hellenistic and Rabbinic Theology," *HUCA* 26 (1955): 425-479.

Cole, S. G., *Theoi Megaloi: The Cult of the Great Gods of Samothrace* (Leiden: Brill, 1984).

Combs, W. W., "Nag Hammadi, Gnosticism and New Testament Interpretation," *GTJ* 8 (1987).

Cooper, E. J, "Man's Basic Freedom and Freedom of Conscience in the Bible: Reflections on 1 Corinthians 8-10," *ITQ* 42 (1975) 272-283.

Cope, L., "First Corinthians 8-10: Continuity or Contradiction?" *ATRSup* 11 (1990): 114-123.

Cullmann, O., *The Earliest Christian Confessions* (Eng. trans., London: Lutterworth, 1949).

_____, *Early Christian Worship* (Eng. trans., London: SCM, 1953).

Davis, C. J., *The Name and Way of the Lord: OT Themes, NT Christology,* JSNTSS 129 (Sheffield: Sheffield Academic Press, 1996).

Davis, J. A., "The Interaction between Individual Ethical Conscience and Community Ethical Consciousness in 1 Corinthians," *HBT* 10 (1988): 1-18.

Dawes, G. W., "The Danger of Idolatry: First Cor 8:7-13," *CBQ* 58 (1996): 82-98.

DeLacey, D. R., " 'One Lord' in Pauline Christology," in H. H. Rowdon (ed.), *Christ the Lord: Studies in Christology Presented to D. Guthrie* (Leicester: Inter-Varsity Press, 1982), 191-203.

De Lorenzi, L., *Freedom and Love: The Guide for Christian Life* (1 Cor 8-10; Rom 14-15) (Rome: St. Paul's Abbey, 1981).

Dunn, J. D. G., *The Theology of Paul the Apostle* (Edinburgh: T. & T. Clark, 1998), 27-50, 701-706.

_____, "Was Christianity a Monotheistic Faith from the Beginning?" *SJT* 35 (1982): 303-305.

Eckstein, H.-J., *Der Begriff Syneidesis bei Paulus* (Tübingen: Mohr, 1983).

Eriksson, A., *Tradition as Rhetorical Proof: Pauline Argumentation in 1 Corinthians,* ConBNT (Stockholm: Almqvist & Wiksell, 1998), 97-99, 135-173, and 120-127.

Fee, G. D., "εἰδωδωλόθυτα Once Again: An Interpretation of 1 Corinthians 8-10," *Bib* 61 (1980): 172-179.

Filorama, G., *A History of Gnosticism* (Eng. trans., Oxford: Blackwell, 1990).

Fisk, B. N., "Eating Meat Offered to Idols: Corinthian Behavior and Pauline Response in 1 Corinthians 8-10 (A Response to Gordon Fee)," *TrinJ* 10 (1989): 49-70.

Gardner, P. D., T*he Gifts of God and the Authentication of a Christian: An Exegetical Study of 1 Corinthians 8-11* (Lanham, Md.: University Press of America, 1994).

Giblin, C. H., "Three Monotheistic Texts in Paul," *CBQ* 37 (1975): 527-547.

Cooch, Peter, D., *Dangerous Food: 1 Corinthians 8-10 in Its Context* (Waterloo, Ont: Wilfrid Laurier University Press, 1993).

_____, " 'Conscience' in 1 Corinthians 8-10," *NTS* 33 (1987): 244-254.

_____, *Partial Knowledge: Philosophical Studies in Paul* (Notre Dame: University of Notre Dame, 1987), 102-123.

Grant, R. M., "Early Christians and Gnostics in Greco-Roman Society," in *The New Testament and Gnosis: Essays in Honour of Robert McL Wilson* (ed. A. H. B. Logan and A. J. M. Wedderburn: Edinburgh: T. & T. Clark, 1983), 176-186.

_____, "Gnostic Spirituality," in B. McGinn and J. Meyendorff (eds.), *Christian Spirituality: Origins to the Twelfth Century* (New York: Crossroad, 1985), 44-60.

_____, *Gods and the One God* (Philadelphia: Westminster Press, 1986).

Green, H., "Gnosis and Gnosticism: A Study in Methodology," *Numen* 24 (1977): 95-134.

Harris, B. F., "συνείδησις (Conscience) in the Pauline Writings," *WTJ* 24 (1962), 173-186.

Horrell, D. G., *The Social Ethos of the Corinthian Correspondence* (Edinburgh: T. & T. Clark, 1996), 105-109, 145-150.

Horsley, R. A., "The Background of the Confessional Formula in 1 Kor 8:6," *ZNW* 69 (1978): 130-135.

_____, "Conscience and Freedom among the Corinthians: 1 Corinthians 8-10," *CBQ* 40 (1978): 574-589.

_____, "Gnosis in Corinth: 1 Corinthians 8:1-6," *NTS* 27 (1980): 32-51.

_____, "Pneumatikos vs. Psychikos: Distinctions of Spiritual Status among the Corinthians," *HTR* 69 (1976): 269-288.

Hurtado, L. W., *One God, One Lord: Early Christian Devotion and Ancient Jewish Monotheism* (Philadelphia: Fortress, 1988).

Jewett, R., Paul's *Anthropological Terms: A Study of Their Use in Conflict Settings* (Leiden: Brill, 1971), 402-406 and 458-460.

_____, "The Redaction of 1 Cor and the Trajectory of the Pauline School," *JAAR Sup* 46 (1978): 39-44.

Kern, W., "Mein Glaube—Und die Anderen Biblischen Überlegungen mit dem Apostel Paulus," *Geistleib* 52 (1979): 454-463.

Kerst, R., "1 Kor 8:6—Ein vorpaulinisches Taufbekenntnis?" *ZNW* 66 (1975): 130-139.

Kitzberger, L., *Bau der Gemeinde: Das paulinische Wortfeld oikodome* (Würzburg: Echter Verlag, 1986), 64-117 and 224-270.

Lorenz, L. de, *Freedom and Love: The Guide for Christian Life* (1 Cor 8-10, Rom 14-15) (Rome: St. Paul's Abbey, 1981).

Maurer, C., "συνείδησις," *TDNT*, 7:898-919.

Meeks, W. A., "The Polyphonic Ethics of the Apostle Paul," *Annal of the Society of Christian Ethics* (1988): 17-29.

Meggitt, J. J., "Meat Consumption and Social Conflict in Corinth," *JTS* 45 (1994): 137-141.

Mitchell, M. M. "Conception περὶ δέ in 1 Corinthians," *NovT* 31 (1989): 229-256.

_____, *Paul and the Rhetoric of Reconciliation* (Tübingen: Mohr and Louisville: Westminster/Knox, 1992).

Murphy-O'Connor, J., "Food and Spiritual Gifts in 1 Cor 8:8," *CBQ* 41 (1979): 292-298.

_____, "1 Cor viii.6 — Cosmology or Soteriology?" *RB* 85 (1978): 253–267.

_____, "Freedom or the Ghetto (1 Cor VIII:1–13, X:23–XI:1)," *RB* 85 (1978): 541–574.

_____, *St. Paul's Corinth Texts and Archeology* (Wilmington: Glazier, 1983), 특히 161–167.

Neufeld, V. H., *Earliest Christian Confessions* (Leiden: Brill, 1963).

Outka, G., "On Harming Others," *Int* 34 (1980): 381–393.

Perkins, P., "Gnostic Christologies and the New Testament," *CBQ* 43 (1981): 590–606.

Pierce, C. A., *Conscience in the New Testament* (London: SCM, 1955).

Probst, H., *Paulus und der Brief. Die Rhetorik des antiken Briefes als Form der paulinischen Korintherkorrespondenz (1 Kor 8-10)*. WUNT 2:45 (Tübingen: Mohr, 1991).

Richardson, N., *Paul's Language about God* (cited above), 296–304.

Rudolph, K., " 'Gnosis' and 'Gnosticism' – The Problem of Their Definition and Their Relation in the Writings in the New Testament," in A. H. B. Logan and A. J. M. Wedderburn (eds.) *The New Testament and Gnosis: Essays in Honour McL Wilson* (Edinburgh: T. & T. Clark, 1983), 21–37.

_____, *Gnosis: The Nature and History of Gnosticism* (Eng. trans., San Francisco: Harper & Row, 1983).

Schmithals, W., "The Corpus Paulinum and Gnosis," in *The New Testament and Gnosis: Essays in Honour of Robert McL Wilson* (cited above), 107–124.

_____, *Gnosticism in Corinth: An Investigation of the Letters to the Corinthians* (Nashville: Abingdon Press, 1971).

Schnackenburg, R., "Early Gnosticism," in *Jesus in His Time* (Eng. trans., London: SPCK, 1971), 132–141.

Schweizer, E., "Paul's Christology and Gnosticism," in M. D. Hooker and S. Wilson (eds.) *Paul and Paulinism: Essays in Honour of C. K. Barrett* (London: SPCK, 1982), 115–123.

Smit, J. F. M., "1 Cor 8:1–6: A Rhetorical Partition. A Contribution to the Coherence of 1 Cor 8:11:1," in R. Bieringer (ed.) *The Corinthian Correspondence* (Leuven: Leuven University Press, 1996), 577–591.

_____, "The Rhetorical Disposition of First Cor 8:7–9:27," *CBQ* 59 (1997): 476–491.

Söding, T., "Starke und Schwache der Götzenopferstreit in 1 Kor 8-10 als Paradigma paulinischer Ethik," *ZNW* 85 (1994): 69–142.

Songer, H. S., "Problems Arising from the Worship of Idols: 1 Corinthians 8:1–11:1," *RevExp* 80 (1983): 363–375.

Spicq, C., *Agape in the NT* (Eng. trans., 3 vols., St. Louis and London: Herder, 1965), vol. 2.

_____, "La Conscience dans le Nouveau Testament," *RB* 47 (1938): 50–80.

Theissen, G., *The Social Setting of Pauline Christianity: Essays on Corinth* (Eng. trans., Philadelphia: Fortress Press, 1982), 121–144.

Thrall, M. F., "The Meaning of οἰκοδομέω in Relation to the Concept of συνείδησις (1 Cor 8:10)," in *SE* 4 (Berlin: Berlin Academy, 1969), 118–125.

———, "The Pauline Use of συνείδησις," *NTS* 14 (1967): 118-125.

Thüsing, W., *Per Christum in Deum: Studien zum Verhältnis von Christozentrik und Theozentrik in den paulinischen Hauptbriefen* (Münster: Aschendorff, 1965).

Willis, W. L., *Idol Meat in Corinth: The Pauline Argument in 1 Corinthians 8 and 10*, SBLDS 68 (Chico, Calif.: Scholars Press, 1985).

Winter, B. W., "The Achaean Federal Imperial Cult II: The Corinthian Church," *TynBul* 46 (1995): 169-178.

———, "Theological and Ethical Responses to Religious Pluralism—1 Corinthians 8-10," *TynBul* 41 (1990): 209-226.

Witherington, B., "Not So idle Thoughts about Eidolothuton," *TynBul* 44 (1993): 237-254.

———, "Why Not Idol Meat? Is It What You Eat or Where You Eat It?" *BibRev* 10 (1994): 38-43 and 54-55.

Yeo, Khiok-khing, *Rhetorical Interpretation in 1 Cor 8 and 10: A Formal Analysis with Preliminary Suggestions for a Chinese Cross-Cultural Hermeneutic*, BibInt 9 (Leiden: Brill, 1995), 특히 5-14, 76-211.

a. 지식에 기초하여 "권리"를 남용할 자유가 있는가?(8:1-6)

1절   Περὶ δέ, "이제 ~에 대하여"(REB, NIV, NJB) 또는 "이제 ~와 관련하여"(NRSV, AV/KJV)를 의미하는 관용적인 표현과 더불어 새로운 주제가 소개된다. 이것은 전치사를 신실하게 나타내주긴 하지만, 오늘날 영어를 사용하는 독자들에게는 새로운 주제를 표시하는 이 표현의 통상적인 용법을 제대로 전달해주지 못할 수 있다. 우리는 이 전치사가 고린도 교회가 그에게 보낸 편지에 바울이 답변하는 것을 반드시 가리킬 필요는 없다는 미첼의 주장에 동의한다.[27]

εἰδωλόθυτα와 고린도 교인들의 캐치프레이즈가 포괄하는 범위

εἰδωλόθυτα

τῶν εἰδωλοθύτων을 어떻게 번역하는 것이 가장 좋은 번역이며 그 광범위한 의미는

---

27) Mitchell, "Concerning περὶ δέ in 1 Corinthians," 229-256. 또한 참조. 7:1; 7:25; 12:1; 16:1, 12.

어디까지인지는 여전히 논쟁의 대상이며 답하기 어렵다. (1) 전통적인 번역은 "우상에게 바친 음식"(RSV)과 "우상에게 희생제물로 드린 음식"(NRSV, NIV)으로 나뉜다. 희생제물에 대한 분명한 암시는 εἰδωλόθυτα에서 그리스어 동사 θύω를 반영하며, 피의 다음과 같은 견해와도 일치한다. 피는 이 용어가 "원래 시장에서 파는 음식이 아니라 이방 신전에서 거행되는 식사 의식에서 희생제물로 바쳐진 음식을 먹는 것을 가리킨다"고 이해한다.[28] 피의 견해는 10:14-22에서 우상숭배에 대한 바울의 "보다 더 엄격한" 경고와도 잘 어울리며, 이 용어는 아마도 10:25의 "시장에서 파는 것은 무엇이든지"에 적용되지는 않을 것이다. 하지만 아래에서 언급될 다섯 편의 전문적인 연구에서 논의한 고린도의 사회·종교적 삶에 대한 연구는 이 용어가 피가 제안한 것보다 훨씬 더 광범위한 대상을 가리키는 것처럼 보인다.[29] 우리의 견해에 의하면 REB의 번역 "이방 신들에게 봉헌된 고기"와 NJB의 번역 "거짓 신들에게 바쳐진 음식"은 통상적인 번역(참조. AV/KJV)보다 바울이 의도한 의미에 더 가깝다.

(2) REB와 NJB 번역의 차이는 또 다른 관련 이슈에 관심을 두게 한다. 이 용어는 "봉헌된 고기"(REB) 또는 "바쳐진…음식"(NJB)을 가리키는가? 호슬리는 신들에게 바친 것은 반드시 고기나 동물의 희생제물에 한정된 것이 아니며, 곡물, 가공 곡물, 또는 다른 예물을 포함할 수 있었다고 주장한다.[30] 하지만 만약 "강한 자들"과 "약한 자들"의 정체에 대한 타이센 등 대다수 전문가들의 사회학적 분석이 옳다면 가난한 자들은 고기를 먹을 기회가 거의 없지만, 부자들은 공동체 안에서 그것을 먹을 수 있는 기회가 다양하게 주어진다는 점에서 고기를 먹는 문제는 바울의 논의와 결정적으로 연관되어 있다.[31]

(3) 상업적·사회적·종교적인 요소들은 서로 밀접하게 연관되어 있다. 블

28) Fee, *First Epistle*, 359, and "εἰδωλόθυτα 'Once Again,'" 172-197.

29) Willis, *Idol Meat in Corinth*, 특히 37-45; Murphy-O'Connor, *St. Paul's Corinth*, 161-167; Horsely, "Consciousness and Freedom among the Corinthians: 1 Cor 8-10," 574-589, and *New Documents*, 1:6; Gardner, *The Gifts of God and the Authentication of a Christian: An Exegetical Study of 1 Cor 8-11:1* (Lanham and New York: University Press of America, 1994), 15-23; and Yeo, *Rhetorical Interaction*, 특히 94-119.

30) R. A. Horsely, *New Documents*, 1:36-37.

31) Theissen, *Social Setting*, 121-143.

루는 "초기 기독교 지도자들은…우상에게 바친 고기를 먹지 못하게 했으며"(행 15:20, 29; 21:25; 계 2:20; 디다케 6:3), "우상을 섬기는 신전은 정육점과 제사 음식을 나누어 먹는 장소로 마련된 것으로 보인다"라고 주장한다.[32] 뷔히젤과 콘첼만은 τὰ εἰδωλόθυτα는 유대교 용어로서 우상들을 의미하며, 신약성경에서 고전 10:28에서 단 한 번 등장하는 이방 종교의 용어 ἱερόθυτον, "제물로 바친 고기"와 대조된다고 주장한다.[33] 저작 연대에 따라 유일하게 기독교 이전 용례로 분류될 만한 본문은 마카베오4서 5:2이지만(참조. Sibylline Oracles 2:95), 이는 아마도 바울보다 다소 늦게 기록되었을 것이다.[34] 따라서 폴 가드너는 다음과 같이 주장한다(위더링턴도 이 입장을 지지함). "이 단어는 사실상 예루살렘 공의회가 개최될 무렵에 새롭게 만들어졌으며, 기독교에서 유래한 것이다.…8:1에서 이 단어는 그리스도인들에게 허용된 자유의 특성에 대한 초기 교회 논쟁의 정황에서 이방인들의 희생제물에 대한 그리스도인들의 혐오감을 매우 일찍 전형적으로 표현해준다."[35]

(4) 설령 그렇다 하더라도 이 "희생제물"의 뉘앙스와 위치는 다양하고 복잡하다. 윌리스는 이를 다음과 같이 효과적으로 구분한다. (a) τὰ εἰδωλόθυτα를 전적으로 희생제물로 사용하고 먹고 이해함(바울은 10:14-22에서 이에 대해 비판함). (b) "사회 공동체적인" 이해. 이것은 여전히 모든 그리스도인에게 다양한 뉘앙스를 제공하는 문제점을 지니고 있음. (c) 더 명백하게 "사회적인" 측면을 지니며, 여기서는 "자의식을 갖고 제의에 참여한 이들"이 아니라 단순히 "제의 참여자 간의 사회적인 관계"가 강조됨.[36] 이러한 구분은 고린도전서가 여러 편의 서신이 합쳐진 것이며 서로 분리되어 있다는 이론보다 바울의 입장 안에 서로 모순되는 요소들

---

32) B. B. Blue, "Food Offered to Idols and Jewish Food Laws" in *DPL*, 309; 참조. 306-310.

33) Büchsel, "εἴδωλον," *TDNT*, 2:378; Conzelmann, *1 Cor*, 139 and 139, n. 6.

34) 마카베오 4서는 기원후 19년과 54년 사이의 어느 시점에 속할 것이다.

35) Paul Gardner, *The Gift of God*, 15 and 16; Witherington, "Not So Idle Thoughts about Eidolothuton," 237-254.

36) Willis, *Idol Meat*, 10-21, 특히 18-21. "희생제물과 연결된 견해"(a)에서 "제의 참여자"는 이방의 어떤 우상과 연합해서 "그것의 특성과 권세를…자기 것으로 만들었다"(18). "사회 공동체적인" 이해(b)는 "이방 신의 존재와 참여를 전제한다"(20). 반면에 "사회적인" 측면 (c)은 사회적인 친교를 강조한다. 이 경우에 이방 신은 그 친교의 "참여자라기보다 오히려 관찰자이다"(20).

이 있어 보이는 점을 해명하는 데 더 큰 도움을 준다(앞에서 8:1-11:1에 대한 머리말을 보라). 윌리스는 고전 8-10장이 εἰδωλόθυτα의 "사회적인 해석"을 전제하며 이에 대해 언급한다는 점을 대부분 시인한다. 하지만 그는 고전 8-10장의 일부 문맥이 이것을 암시할 가능성이 있지만, 그것을 모든 경우에 적용하긴 어렵다고 주장한다. 그의 이러한 관점은 타당하다. 이와는 대조적으로 나는 위더링턴의 최근 논문에서 일종의 거울 반사 이미지를 발견한다. 위더링턴은 εἰδωλόθυτον은 윌리스의 해석을 전적으로 배제한다고 주장한다. 그러나 위더링턴은 "우상 앞에서 음식을 먹는 것"은 언제나 고전 8-10장에서 특수한 경우를 반영하지만(위더링턴이 주장하듯이 특히 10:7, 20-21), 그것이 모든 본문에서 반영된다고 보기는 어렵다는 것이다.[37] 하지만 우리는 행 15장과의 관계에 대해 그가 제안한 복잡한 역사적인 재구성에 전적으로 의존할 수 없다.

(5) 타이센, 머피-오코너 등 다른 많은 학자들이 수집한 풍부한 고고학적·사회적 자료는 이 광범위한 접근 방법을 지지해준다. 머피-오코너는 "고기가 시장으로 들어오는 유일한 때는 대체로 이방인들의 제사 의식이 거행된 이후이며, 그것은 이방 신들에게 바쳐진 희생제물의 일부분이었다"라고 주장한다.[38] 사람들은 이 고기를 사서 가정에서 먹을 수 있었다. 사회경제적인 신분의 관점에서 "강한 자들"은 그렇게 할 수 있었으며, 이방 신들의 존재에 대한 "지식"의 관점에서 "강한 자들"은 주저하지 않고 고기 먹는 것을 즐길 수 있었다. 하지만 가정은 고기를 음식으로 제공하는 것을 포함하여 잔치를 벌일 수 있는 유일한 장소는 아니었다. 머피-오코너는 고대 고린도의 북쪽 성벽 바로 안에 있던 아스클레피오스의 신전에 대한 간략한 내용을 제시해준다. 파우사니아스(기원후 170년경)는 이 신전을 명확하게 언급한다(Pausanias, 4.5). 이 신전은 원래 기원전 4세기에 세워졌으며, 기원전 146년에 크게 훼손되었다. 하지만 기원전 44년에 고린도에 살던 로마 식민지 이주민들이 이 신전을 새롭게 재건했다. 그 후 (분명하진 않지만 아마도 기원후 1세기에) 이 신전의 동쪽 경내에 세 개의 식당이 세워졌다. 이것은 오늘날 영국의 많은 교구 교회가

---

37) Witherington, "Not So Idle Thoughts about *Eidolothuton*," 245 and 247; 237-254.
38) Murphy-O'Connor, *St. Paul's Corinth*, 161.

예배당 바로 옆에 다목적홀이 있는 건물을 짓는 것과 유사하다. 이 신전 경내에 있던 식당들은 종교적 또는 사회적 행사를 위해 사용되곤 했다. 어떤 행사가 교구 목사의 이름으로 개최되긴 하지만, 사실 그는 그 일에 최소한으로 관여하듯이, 고린도 주민들도 신전 식당의 편의시설의 후원을 받아 거기서 생일잔치, 가정의 특별한 행사 또는 다른 사회적 의식을 위해 잔치를 베풀 수 있었다.

고고학적인 증거는 이 점을 입증해준다. 윌리스는 수많은 사례를 수집했다. 많은 이들은 파피루스 옥시린쿠스 1884에서 "아폴리니우스는 토에리스 신전에서 거행되는 형제들의 성년식을 거행하며 세라피스 신의 식사에 당신을 초대합니다"라는 문구를 인용한다. 파피루스 옥시린쿠스 1755에는 "아피온은 13일 9시에 세라피스 신의 집에서 개최되는 식사에 당신을 초대합니다"라는 또 다른 사례가 기록되어 있다.[39] 윌리스는 고고학적 유물 및 비문의 증거를 자세히 설명한다. 그는 파피루스 옥시린쿠스 안에서만 "세라피스 신의 식탁에 초대한다"라는 문구가 적어도 다섯 번이나 등장한다고 지적한다(*Papyrus Oxyrhynchus*, 110, 523, 1484, 1755, 2791). 파피루스 오슬로 157, 파피루스 예일 85, 파피루스 푸아드 76, 파피루스 쾰른 2555에서도 이러한 표현이 발견된다. 그는 "식사 장소는 다양하며" "식사를 개최하는 계기도 다양하다"고 말한다.[40] 나아가 그는 이 식사가 "설령 제사 의식과 어떤 관계가 있다 하더라도 그 관계는 매우 느슨한 관계였음을 암시하며", "신전은 일종의 부속 식당을 운영했을 것"이라고 추론한다.[41]

(6) 윌리스가 τὰ εἰδωλόθυτα를 너무 협소하게 이해하는 견해를 확실하게 바로잡아주듯이 가드너도 윌리스는 "광범위한" 측면만을 강조하는 경향이 있다고 경고한다. 가드너는 이러한 "초대" 사례들이 바울 당시의 고린도에서 똑같이 그대로 일어났는지 우리는 확실히 알 수 없다고 말한다. 그는 또한 "설령 그러한 사례들이 있었다 하더라도 그것은 다양하게 해석될 여지가 있다"고 덧붙인다.[42] 영국 성공회에서 개종한 어떤 사람이 여전히 가족 잔치를 지역 교구 교회 홀에서 베풀

---

39) Willis, *Idol Meat*, 41. 여기서도 해당 그리스어 텍스트가 언급된다.
40) 같은 책, 42.
41) 같은 책, 43.
42) Gardner, *The Gifts of God*, 18.

려고 하겠는가? 고린도의 예를 들어 말하자면 그런 사람은 그러한 행사를 개최할 "권리"(ἐξουσία)를 갖고 있을 것이다. 하지만 그의 개종의 대가가 매우 크고, 그로 인해 마음의 깊은 상처를 입은 사람들에게 과연 그것이 적절한 것이었을까? 모든 것을 쉽게 처리해온 "강한 자들" 중 한 사람이 "더 연약하고" 더 상처받기 쉽고 더 경제적으로 어려운 처지에 있는 어떤 교인에게 어떤 행사에 참석하도록 사회적 책임을 부여한다면 그것은 사려 깊지 못한, 파괴적인 행위를 범하는 것이 될 것이다.

(7) 타이센과 여가 지적하듯이 이것은 사회경제적 "약자들"이나 가난한 자들에게 더더욱 곤란하고 유혹적이었을 것이다. 그들은 달리 고기를 먹는 사치를 누릴 수 없었으며, 거의 날마다 밀로 만든 빵이나 보리를 주재료로 한 시리얼을 먹어야 하는 처지에 있었다.[43] 고기를 먹는다는 예외적인 특성 그 자체도 그것이 제사 의식에서 제물로 바쳐졌던 것임을 쉽게 머릿속에 떠오르게 했을 것이다. 타이센은 "약한 자들과 강한 자들의 대조적인 태도의 이유"를 이해하는 차원에서 우리는 "부유한 사람들이 다른 사람들보다 더 자주 고기를 먹을 수 있었다"는 점을 인식해야 한다고 주장한다.[44] 우리는 "약한 자들"이 고기를 먹되 "양심의 가책을 받으면서" 먹었다는 사실을 8:7에서 추론할 수 있다.[45] 8:10-13은 이것이 "제사 의식의 배경에서" 자신들을 그러한 유혹에 노출해서는 안 된다고 생각하는 이들에게 "일종의 진정한 유혹"이 된다는 사실을 넌지시 알려준다.[46] 비록 윌리스는 "사회적" 정황에서 이방 신은 참여자가 아니라 관찰자에 지나지 않는다는 견해를 제시하지만, 호슬리는 신(우상)의 "면전에서" 식사를 한다는 것이 일반적인 인식이었다고 주장하며, 가드너도 그러한 측면을 지지해준다.[47]

(8) 이 복합적인 상황은 과연 우상이 "실제로 존재하는가?"라는 곧바로 이어지는 몇 절의 논점을 설명하고 그 논점을 전개할 길을 열어준다. 바울은 이른바 이 신들은 헛되며 거짓된 것임을 확신한다. 따라서 그는 우상-고기라는 표현에서 초

---

43) Theissen, *Social Setting*, 126-127; Yeo, *Rhetorical Interaction*, 97-98.

44) Theissen, *Social Settings*, 122 and 125.

45) 같은 책, 127.

46) 같은 책.

47) Gardner, *The Gifts of God*, 19.

기 기독교(또는 아마도 유대교)에서 사용하던 용어인 우상이라는 용어를 사용한다. 사실상 최근에 기독교로 개종한 이들은 진정으로 자신들을 지배하던 세력인 이 우상들의 마력에 사로잡혀 있었기에, 바울은 단지 그 우상들이 "존재하지 않는다"라고 생각하거나 말하기만 하면 그만이라는 견해에 이의를 제기한다. 여(Yeo)의 다음과 같은 관점은 어느 정도 일리가 있다. "묵시론적 사상가로서" 바울은 오직 하나님만이 최고의 통치자이시며 모든 반대 세력을 물리치실 것을 알고 있지만, 세상은 자신의 통제력을 초월하는 세력에 매여 있기 때문에 "오직 바울 같은 묵시론적 사상가만이 권력과 우상들의 헛됨을 서로 긴장 관계로 유지할 수 있다."[48]

τὰ εἰδωλόθυτα의 사회적·사회경제적·제의적·종교적 측면이 매우 다차원적이며 복합적이기 때문에 우리는 "이방 신들에게 바친 희생제물과 관련된 고기"라는 번역을 제안한다. 이 번역은 윌리스가 논의하는 장소와 배경의 광범위함을 허용한다. 또한 이것은 타이센, 여, 가드너가 공통되게 주장하는 고기의 의미를 그대로 보존한다. 이것은 보다 더 광범위한 연관성을 제사 의식에서 희생제물로 바쳐진 것에 대한 더 민감한 이슈와 연결한다. "약한 자들"은 곧바로 그것을 인식했을 것이다. 또한 바울은 그것이 10:14-22의 배경 안에 자리 잡고 있는 것으로 인식하고 있다. 우리가 제안한 번역은 다소 서툰 번역처럼 보일 것이다. 하지만 그것은 해당 그리스어 표현을 과장해서 번역하는 것이 아니다. 이 표현은 자세한 설명을 따로 덧붙이지 않으면 영어로 번역하는 것이 거의 불가능하다.

고린도 교인들의 캐치프레이즈가 포괄하는 범위: (οἴδαμεν) ὅτι πάντες γνῶσιν ἔχομεν

8:1에서 바울이 고린도의 슬로건이나 원리를 인용하고 있다는 것을 의심하는 자는 거의 없다. 허드는 이 견해를 한 목소리로 지지하는 스물네 명의 주석가 명단을 제시한다(심지어 그것도 1965년까지의 명단이다). 허드는 이 구절이 바울이 처음으로 고린도에 도착했을 때 그가 한 설교의 특징을 나타내는 것이라고 주장한다.[49] 허드의 책에서 언급한 주석가들 외에도 우리는 각주에서 언급한 열 명의 주요 저자를 추

---

48) Yeo, *Rhetorical Interaction*, 101.
49) Hurd, *The Origin of 1 Cor*, 68 and 279; 예를 들면, Heinrici, Weiss, Lietzmann, Allo, Héring,

가해야 할 것이다.[50] 고린도 교인들이 한 말의 인용이 πάντες에서부터인지, 아니면 οἴδαμεν에서부터인지를 확인하는 작업에서부터 또 하나의 관련된 문제점이 나타난다. 윌리스는 "우리는 ~을 잘 알고 있습니다"도 고린도의 캐치프레이즈에 속한다고 주장한다.[51] 그는 일반적으로 ὅτι는 서술의 ὅτι로서(곧 πάντες 앞에서) 인용 부호에 해당하는 기능을 수행한다고 주장한다(헬레니즘 그리스어에서는 인용 부호가 존재하지 않았다). 하지만 그는 이 편지에서 οἴδαμεν ὅτι…는 오직 한 번 바울의 문체가 아닌 것 또는 고린도에서 보낸 편지의 표현 양식을 반영한다고 주장한다. 왜냐하면 바울은 일반적으로 ὅτι 앞에 δέ나 γάρ를 삽입하기 때문이다. 또한 그는 8:1과 8:7(모든 사람이 이 "지식"을 소유하고 있는 것은 아닙니다) 사이의 어떤 긴장이나 모순은 이러한 재구성을 통해 제거되었다고 추정한다. 이것은 한 세기 이전의 로크의 제안을 따르는 것이다.[52] 하지만 피와 가드너는 이 주장의 근거가 취약하고 협소한 것에 기초하며, 8:1과 8:7의 관계에 대해 다른 설명이 가능함을 입증해주었다.[53] 윌리스의 견해는 οἴδαμεν ὅτι가 하나의 확정된 문구로 나타난다는 것을 간과한다. 어쨌든 8:7과의 관계는 οἴδαμεν을 바울이 그런 말이 통용되고 있다는 사실을 알고 있음을 인정하는 것과 연결하면 무마될 수 있다. 즉 우리는 (여러분이 말하듯이) "우리가 모두 '지식'을 소유하고 있다"는 것을 잘 알고 있습니다(참조. 8:7). 바울은 종종 그렇게 하듯이 하나의 일반적인 출발점을 채택한다. 그는 다른 곳에서 주장했듯이 불필요한 논쟁을 피하면서 대화 상대자들의 주장을 더 설득력 있게 논파하기 위해 그들이 비추어주는 "세상" 안에 서 있다.[54] 이것은 수사학적인 측면에서 한 가지 근본적인 책략이며, 예수

---

50) Barrett, *First Epistle*, "[바울이]…인용하는 것처럼 보인다"(189); Conzelmann, *1 Cor*, "인용한 슬로건"(140); Fee, *First Epistle*, "그들의 논쟁을 시작하는 말"(363); Senft, *La Première Épitre*, "바울이 인용한 그 편지의 한 구절"(109); Schrage, *Der erste Brief*, 2:229; and Wolff, *Der erste Brief*, "고린도의 그 문장…"(169); Gardner, *The Gifts of God*, 22; Collins, *First Cor*, 313-314, 318-319; Lang, *Die Briefe*, 108, "고린도의 신령주의자들의 한 가지 표어(참조. 6:12; 7:1; 10:23)"; Hays, *First Cor*, 136.

51) Willis, *Idol Meat*, 67-70.

52) W. Lock, "1 Cor viii:1-9. A Suggestion," *Exp*, 5th ser., 6 (1897): 65-74.

53) Fee, *First Epistle*, 365, n. 31; Gardner, *The Gifts of God*, 22-23.

54) A. C. Thiselton, "The Meaning of in Cor 5:5: A Fresh Approach in the Light of Logical and Semantic Factors," *SJT* 26 (1973): 213-218; 참조. 204-228.

의 비유에서 "상상을 통해 묘사된 세상"과 비슷하다.

ἔχομεν을 "우리는 지니고 있다"(REB, NJB, AV/KJV)라고 번역하는 것은 고
린도 사람들의 자세를 반영하기에는 지나치게 무미건조해 보인다. NRSV
는 "우리는 모두 지식을 소유하고 있습니다"라는 "주장"을 더 강력한 의
미로 잘 번역한다. 아마도 이 주장은 "성령의 은사들"과 관련되어 있을 것
이다(참조. 12-14장). γνῶσις는 고린도전서에서 아홉 번 내지 열 번, 고린도
후서에서 여섯 번 나타난다(바울이 고린도 교인들과 주고받은 서신에서 모두 열다
섯 번이나 나타난다). 하지만 일반적으로 바울 서신으로 받아들여지는 다른
서신에서는 오직 다섯 번 사용된다. 신약성경의 다른 곳에서는 모두 여덟
번 나타난다(고전 1:5에 대한 주해를 보라. 또한 참조. 8:7, 10, 11; 12:8; 13:2, 8; 14:6).
슈미트할스의 견해에 반대하는 바레트에 의하면 바울은 γνῶσις를 대체로
"좋은 것을 가리키지만, 사랑보다 못하며, 이웃을 배려하지 않는 지나친 개
인주의로 이끌 수도 있다는 평범하고 비전문적인 의미로" 사용한다.[55] 하
지만 사실상 이 절의 구문과 논쟁의 배경, 그리고 수사학적인 전략에서 분
명하게 간파할 수 있듯이 만약 여기서 γνῶσις라는 용어가 고린도 교인들이
사용하던 실례에서 빌려온 것이라면 슈미트할스의 다음과 같은 관점은 타
당할 것이다. 곧 그는 이 절에서 사용하는 이 단어에서 바울에게 어울리지
않는 뉘앙스를 간파하며, 그것이 "영지주의적인" 것인지 아닌지는 이 뉘앙
스에 대한 묘사를 통해 가장 잘 판명될 것이라고 주장한다.[56] 어쨌든 이 용
어는 여기서 고린도에서 사용된 특별한 언급과 취지를 나타내기 위해 큰 따
옴표 안에 들어가는 작은따옴표에 집어넣어야 한다. 8:2은 이 논점을 뒷받

---

55) Barrett, *Essays on Paul*, 7; 참조. *First Epistle*, 37 and 189.

56) Schmithals, *Gnosticism in Corinth*, 229. Schmithals는 이 편지가 여러 개의 편지들이 결합
된 것이라는 자신의 이론과 관련시켜 자신의 관점을 자세히 설명한다. 그는 10:14-22("편지
A")에서 바울이 우상숭배를 비판했다고 이해한다. 하지만 그 후에 고린도의 지적인 영지주
의자들은 **이방 신들에게 제물로 바친 것과 연결되어 있는 고기**와 관련해서 제사 의식의 배경
밖에서 다른 신학적인 입장을 취했다고 한다. 따라서 8:1-13은 그것에 뒤따르는 대답의 일
부분을 형성한다("편지 B").

침해준다. 즉 "만약 어떤 사람이 '알고 있다'고 주장한다면…그는 자신이 알아야 할 것도 아직 알지 못합니다."

단순히 γνῶσις를 이론적인 것으로, σοφία를 더 실천적인 것으로 보고 서로 대조하거나 고린도의 자칭 신학자들이 단순한 이론으로 γνῶσις를 추구했다고 주장하는 것은 잘못된 것이다. 그노시스는 기만적인 자기 과신뿐만 아니라 특별히 더 분열과 잠재적인 손상을 제공하는 데 매우 실제적인 영향을 미쳤다. 마거릿 미첼은 이것을 "공동체의 분열을 조장하는 것"으로 이해하고, 구체적으로 "어떤 물의를 일으키는 행동을 정당화"하는 것으로 본다.[57] 따라서 이것은 바울이 1:5에서 고맙게 여기는 γνῶσις와 정확하게 일치한다고 볼 수 없다. 고린도 사람들이 주장했던 "지식"은 일종의 영지주의적이며 비현실적인 색채를 띠었을 것이다. 그들은 이방 신들에게 바친 희생제물과 관련된 고기를 먹는 데 참여하는 것은 자신들이 악마적인 세력들과 상관없으며, 자신들이 진정으로 그 세력들에게 승리를 거두었다는 것을 입증하는 것이라고 주장했을 것이다. 곧 "귀신들은 이미 진정으로 정복되었다. 이것은 입증을 필요로 한다. 영지주의자는 ἰσχυρός[강한 사람이다]… 발렌티누스파에 대한 이레나이우스의 다음과 같은 논평(1:6:3)은 상당한 도움을 준다. '그들은 조금도 주저하지 않고 이교도의 희생제물을 먹었으며, 자신들이 그러한 행위를 통해 더럽혀진다고 믿지 않았다.'"[58] 그러한 왜곡되고 비현실적인 관점에서 판단한다면 (바울의 눈이 아니라) 고린도 사람들의 눈으로 볼 때 이러한 부류의 "지식"은 고전 1:5, 12:4, 28-31, 14:1에서 묘사하듯이 성령의 특별한 카리스마로서 일종의 "신령한 은사"에 해당한다고 보기가 매우 쉬웠을 것이다. 가드너는 이러한 견해를 지지하면서 이 절들과의 연관성은 이제까지 "거의 다루어지지 않았다"며 놀라움을 표한다.[59] 그가 놀라움을 표한 것은 이해할 만하다.

---

57) Mitchell, *Paul and Rhetoric*, 126.
58) Schmithals, *Gnosticism in Corinth*, 226.
59) Gardner, *The Gifts of God*, 25, 특히 n. 63.

캐제만은 독자들에게 성령 안에서의 삶과 이 땅에서의 현실성이 결여된 것을 서로 혼동하지 않도록 주의할 것을 조언한다.[60] 하지만 가드너는 이 절에서 "지식"과 사랑이 서로 대조를 이루는 것과 13:1-13 및 그것에 대한 틀을 제공하는 성령의 은사들에 대한 두 장(12장과 14장)에서 이 두 용어가 비슷하게 대조를 이루는 것을 비교함으로써 자신의 주장을 뒷받침한다.[61] 그는 γνῶσις가 실천적이지만, 그 특성과 사랑과의 관계는 그것이 실제적으로 어떤 종류의 결과를 나타낼지를 좌우할 수 있다고 주장한다.[62]

가드너의 논점은 다음과 같은 주장과 더불어 절정에 이른다(하지만 그 주장은 명백히 사변적이다). 즉 고린도의 자칭 "신령한 사람들"은 일종의 "계획적인 정책으로서" 계시라고 주장하는 "지식"으로 교회 안에 있는 사람들을 "세우려는" 목표를 갖고 있었다는 것이다.[63] 이것은 바울을 다음과 같이 극도의 아이러니와 언어유희로 반응하도록 만들었다. "세워주는" 것은 사랑이지만, 지식은 우쭐하게 합니다! 만약 가드너의 추론이 옳다면 그것은 또한 왜 고린도전서에서 φυσιόω가 여섯 번이나 등장하면서도(고전 4:6, 18, 19; 5:2; 8:1; 13:4), 나머지 신약성경에서는 단 한 번만(골 2:18) 사용되는지를 설명해줄 것이다. φυσιόω는 아이소포스의 『우화집』에서 나오는 잘난 척하는 개구리나 공기나 바람을 가득 불어넣어 완전히 팽팽해진 풍선 같은 것을 연상시킨다. 이와는 대조적으로 사랑은 튼튼하게 세워주며 사실과 일치하지 않는 것을 사실인 것처럼 내세우려 하지 않는다. 만약 사랑이 어떤 사람이나 신앙 공동체를 성장시킨다면 그 성장은 견고하고 참될 것이다.[64]

사랑은 자유 또는 심지어 승리에 대한 어떤 개인주의적인 주장을 입증하려 하기보다는 다른 사람의 행복을 추구한다. 따라서 만약 "강한 자들"이

---

60) E. Käsemann, e.g., "Primitive Christian Apocalyptic," in his *NT Questions of Today* (Eng. trans., London: SCM, 1969), 특히 131-137. 참조. A. C. Thiselton, "Realized Eschatology at Corinth," *NTS* 24 (1978): 510-526.

61) Gardner, *The Gifts of God*, 25-26.

62) Gardner가 제시하는 논의는 탁월하다. 같은 책, 23-27.

63) 같은 책, 24.

64) 13:1-13에 대한 머리말과 주해를 보라.

사랑을 표명한다면 그들은 "약한 자들"이 양심의 가책을 느끼거나 후회하거나 불안해하거나 걸려 넘어지는 상황에 놓이지 않도록 적극적인 관심을 보여주어야 할 것이다(9절의 πρόσκομμα 참조). 오히려 다른 사람을 사랑하는 자는 "약한" 형제자매에게 자신의 태도와 행동이 어떤 느낌을 줄지를 진지하게 숙고할 것이다. 이것이 바로 그리스도의 "몸"인 교회의 신학이다. 바울은 이것에 대해서는 12:21-24에서 설명할 것이다. "하나님께서는 몸을 골고루 짜 맞추셔서 부족한 지체에게 더 큰 존귀함을 주셨습니다."(12:24; 표준새번역). "강한" 손과 발은 몸의 "볼품없는" 지체들을 보호해주어야 한다(12:23). 왜냐하면 설령 이른바 "아름다운" 지체들이 스스로 뽐내며 다른 지체들은 "귀하지 않은" 것처럼 생각한다 할지라도, "볼품없는" 지체들은 몸을 건강하게 유지하는 데 꼭 필요하기 때문이다. 12장 전체는 8:1-13과 관련이 있다. 또한 13장에서도 이와 같은 것을 암시하는 많은 반향이 울려 퍼진다. 예를 들면 사랑은 자랑하지 않으며(13:4), "만약 내가 모든 '지식'을 가지고 있을지라도…사랑이 없으면 내가 아무것도 아니다"(13:2). (아래에서 이 절들에 대한 주해를 보라. 또한 스피크와 니그렌의 사랑에 대한 바울의 논의를 참조하라.)

칼 말리는 8:1을 12-14장뿐만 아니라 이 편지 전체의 기본 주제와도 연결한다. 그는 미첼보다 먼저 우상들의 존재 방식에 대한 개인주의적인 관심(8:4)을 신앙 공동체 전체를 세워나가는 것과 관련이 있는 사랑의 역할과 대조한다. 고린도 교인 중에서 상당수는 교회 전체를 "공동체"로 성장시켜 나가는 대신에 철저하게 "개인의 양육"에만 집착하고 있었다.[65] 키츠베르거는 신앙 공동체로서 교회의 배경 안에서 οἰκοδομεῖ의 의미를 탐구했다. 그는 이 단어가 이 절들에서 φυσιόω와 의미상 대조되는 것과 사랑과 "지식" 사이의 상호적이며 대립적인 관계에 대해 논의한다.[66] 또한 키츠베르거

---

65) Maly, *Mündige Gemeinde*, 101; 참조. 100-104.

66) Kitzberger, *Bau der Gemeinde. Das Paulinische Wortfeld oikodome / (ep)oikodomein*, 73-78.

는 바울 서신에서 (ἐπ)οικοδομέω가 광범위하게 사용되는 것을 찾아내어
(예. 롬 14:19; 15:2, 20; 고전 3:5-17; 10:23-11:1; 14:1-9, 26a, 37-40) 그것이 에베
소서의 단어 영역에서 전개되는 것을 탐구한다.[67] 의미상 ἀγάπη 및 εἰρήνη
와 대조되는 σκάνδαλον도 여기에 포함된다.[68]

2절 UBS 4판은 ἐγνωκέναι 다음에 τι를 포함한다. NRSV, NIV, NJB의 번
역도 이것과 상응한다. 모팻, REB, 바레트는 이 구절을 더 미묘하게 번역한다. 우리
는 바레트의 번역에서 "어느 정도"(some piece of)를 받아들였지만, 그것이 원문인
지 확실하지 않기 때문에 꺾쇠괄호 안에 넣었다. 콘첼만은 더 짧은 텍스트가 매력
적이지만 불확실하다고 여기는 반면, (메츠거의 입장에 반대하는) 피와 춘츠는 더 짧은
텍스트가 원문일 것으로 생각한다. 피는 다음과 같이 주장한다. "[τι가 포함되지 않
은] 이 독법은 그 문맥과 완벽하게 어울리므로 바울이 그렇게 썼거나 어떤 천재적
인 편집자의 작품일 것이다."[69] 매우 이른 시기의 사본인 p⁴⁶(기원후 200년 무렵)은 테
르툴리아누스 및 오리게네스와 더불어 더 짧은 독법을 강력하게 지지한다. 하지만
이 독법은 ℵ, B, D 등 다른 사본들이 왜 τι를 포함하고 있는지라는 난처한 질문에 답
을 제시하지 못한다. p⁴⁶을 따른다는 것은 더 어려운 독법이 원문일 가능성이 높다
(*difficilior lectio probabilior*)는 널리 알려진 원칙에 어긋나지만, (비록 짧은 독법에 대한 원
칙이 최근에 비판을 받기도 했지만) 짧은 독법(*brevior lectio*)이 원문일 개연성이 더 높다
는 원칙에 상응한다(따라서 이 두 원칙은 여기서 서로 충돌한다). 그럼에도 어떤 초기 필
사자가 지식을 **무한정으로** 지니고 있다는 주장을 제한하기 위해 τι를 덧붙일 생각
을 했을 개연성도 있다. 따라서 그것이 실수로 생략되었다고 판단하여 원문에 다시
추가했을 것이다. 따라서 어떤 초기 전승은 τι를 원문에 포함시켰을 것이다. 모든 것
을 고려하여 우리는 초기의 증거인 p⁴⁶을 따르고자 한다. 하지만 짧은 독법이 과연
원문인지에 대해서는 명확한 답변을 기대할 수 없다. 모팻, REB, 바레트의 번역은

---

67) Kitzberger, 64-72, 79-117(고린도전서의 구절들에 대해).

68) 같은 책, 165-206 and 266-270; 참조. 224-254 and 304-305.

69) Fee, *First Epistle*, 367; 참조. Zuntz, *Text*, 31-32; Conzelmann, *1 Cor*, 139. Metzger는 UBS
4판에서 이 텍스트에 대해 논평할 필요를 느끼지 못한다(Metzger, *Textual Commentary*,
490).

두 가지 독법을 가장 잘 표현해주는 듯하다. "만약 누가 어떤 종류의 지식을 지니고 있다고 생각한다면"(REB), "만약 어떤 사람이 자신이 이 "지식"을 어느 정도 얻었다고 생각한다면"(바레트). 하지만 엄밀하게 τι가 특성을 가리키는 "종류"를 언급하지 않으므로 두 가지 번역 가운데 바레트의 번역이 더 정확하다고 볼 수 있다.[70]

우리는 고린도에서 어떤 사람들 또는 많은 사람들이 주장하던 γνῶσις는 바울이 이해하는 것과 종류가 다른 "지식"이었다는 것을 앞에서 논의한 바 있다. 따라서 우리는 1절과 2절의 번역에서 "이 지식"이라는 표현을 사용했다. 이 단어의 명사형 γνῶσις와 동사형을 서로 구분하는 것도 중요하다. 고린도 사람들은 완전하거나 적어도 명확하게 정의된 "은사"로서 이 단어의 명사형을 선호한 반면, 바울은 점점 더 알아가는 과정을 가리키는 동사형을 선호했다.[71] 따라서 비록 2절에서 이 동사의 시제가 서로 다르게 나타나긴 하지만, 우리는 고린도 사람들의 주장을 지식이라는 명사로 번역했고, 바울의 개념은 동사형으로 번역했다. REB와 NJB만 형태상의 이러한 차이점을 제대로 나타내는 반면, NRSV는 심지어 2b에서 바울이 동사형으로 표현한 것을 명사형("필요한 지식")으로 번역했다.

그리스어에서 시제의 차이는 중요하다.[72] 바울이 현재완료 부정사 (ἐγνωκέναι)를 사용한 것은 고린도 사람들이나 그들 가운데 일부가 현재에 "이미 알게 된" 상태에 도달했다는 것, 곧 완전한 지식에 도달했다는 것을 의미한다. 이와는 대조적으로 바울은 동작의 시작을 알려주는 부정과거(ἔγνω)를 사용하여 그들의 주장을 바로잡아준다. 즉 그들은 진정으로 아는 것에 아직 이르지 못했다는 것이다. καθὼς δεῖ(필요한 것으로서, 또는 그들이 반드시 해야 할 것으로서)에 이어 나오는 부정과거 부정사 γνῶναι는 이러

---

70) Barrett, *First Epistle*, 190.
71) Héring, *First Epistle*, 67-68. 그는 이 점을 다음과 같이 훌륭하게 지적한다. "주석가들은 그 동사의 현재완료와 부정과거(ἔγνω) 사이의 의도적인 대립에 대해 이제까지 충분한 주의를 기울이지 않았다. 부정과거는 동작 또는 행위의 시작을 알려준다. 곧 '여러분은 완전한 γνῶσις를 소유하고 있다고 주장합니다.…하지만 여러분은 심지어 [참된 지식을] 아는 시작 단계에 있지도 않습니다'"(67).
72) 거의 모든 주석가들이 이 점을 강조한다. 예. Schrage, *Der erste Brief*, 2:232-233.

한 대조를 확대한다. 다시 말하면 다음 두 가지의 차이점을 아는 것이 필요하다고 자세히 설명해준다. 즉 알아가는 과정에 있는 그리스도인과 영지주의와 비슷한 승리주의적 주장으로서 알아가는 것의 완성된 과정 — 곧 아마도 가장 권위 있는 계시에 대한 일종의 "신령한 은사"인 지식을 소유함(1절) — 의 차이점을 꼭 알아야 한다. 만약 τι가 진정으로 원문에 포함된다면(이것은 의문점이 있다. 텍스트에 대한 주해 참조) 그것은 논리적인 측면에서 바로 앞에 위치한 동사를 어떤 정도(어떤 지식)를 뜻하는 것으로 한정할 수 없을 것이다. 하지만 이 구절은 "지식"의 일부를 성취했다 또는 이 지식을 성취했다를 의미할 것이다.[73]

바울이 이 편지의 다른 곳에서 예언의 내용이 담긴 계시를 받았다는 어떤 이들의 주장을 시험해보아야 한다고 말한 것은 이와 같은 원리를 구체적으로 보여줄 개연성이 높다. 만약 모든 그리스도인이 정적인 의미가 아닌 역동적인 의미에서 알아가는 과정에 있다면 지식에 대한 주장들은 성경, 전승, "모든 교회"의 공통된 경험에 비추어 그것에 대해 논의하고, 필요할 경우에는 그 내용을 바로잡을 수 있을 것이다. 따라서 바울은 이 원리를 "만약 누구든지 자기를 예언자나 '성령의 사람'으로 생각한다면 그는 내가 여러분에게 써 보내는 이 글이 주님의 명령이라는 것을 인식하십시오"라는 말과 연결한다(14:37). 이와 마찬가지로 바울은 이미 다음과 같이 선언했다. "만약 여러분 가운데서 누구든지 자신이 이 세상 질서의 관점에서 지혜 있는 사람이라고 생각한다면 그 사람은 지혜 있는 사람이 되기 위해 어리석은 사람이 되어야 합니다"(3:18). 3:18에 의하면 그리스도인들은 스스로 속는 것과 인간의 생각에 오류가 있을 수 있다는 현상으로부터 완전히 면제되지 않으며, 십자가의 원리가 "판단 기준"과 "반전"으로서 적용되어야 한다(슈라게 및 다른 주석가들). 또한 이것은 "지식"을 소유하거나(8:1-13) "성령의 은사를 받았다"(12:1-14:40)는 모든 주장에 암시되어 있다. 캐제만은 바울

---

73) Conzelmann은 τι에 "무엇인가 가치 있는 것"이라는 의미를 부여한다(Conzelmann, *1 Cor*, 141, n. 16).

을 이해하는 데 있어 이 원리가 매우 중요하다고 생각한다. 따라서 그는 고 전 14:37-38을 이른바 자신이 "거룩한 법의 판결"이라고 부르는 것에 포함 시킨다. 즉 이것은 어떤 "법적인 판결에 기초한 명령"에 해당하는 "내적" 판 결 과정에 있다.[74] 따라서 그릇된 "지식"은 "하나님께 **인정받지 못한다**. 곧 그는 거부된다."[75] 이 논점은 8:3로 이어진다.

3절 P^{46}과 알렉산드리아의 클레멘스는 ὑπ᾽ αὐτοῦ뿐만 아니라 τὸν θεόν 도 생략한다. 이것은 이 문맥에서 그 의미가 잘 통한다. 동사 ἔγνωσται는 중간태(개 인적인 관심 또는 동사의 주어가 재귀적인 의미와 연결되어 있다는 것을 나타냄) 또는 수동태 (알려졌다)로 이해할 수 있을 것이다. 우리는 이 절의 모호함을 유지하면서 더 짧은 텍스트를 원문으로 삼아 다음과 같이 번역한다. "그러나 만약 누가 [하나님을] 사랑 한다면 그는 참된 '지식'을 경험한 것입니다." 따라서 ℵ*와 33도 ὑπ᾽ αὐτοῦ를 생략 한다. 콘첼만은 이 짧은 독법을 "매우 함축적인 본문"이라고 묘사한다. 피는 "이 짧 은 독법이 바울의 강조점을 절실하게 드러내 주기 때문에 바울이 원래 그렇게 기록 했을 개연성이 높다"고 주장한다. 스피크는 이 짧은 독법을 원문으로 보고 "매우 신 뢰할 만하다"고 평가한다.[76]

P^{46} 및 클레멘스와 대조를 이루는 P^{15}, ℵ², A, B, D, F, 라틴어, 시리아어 역본들, 크리소스토모스, 테오도레토스, 아우구스티누스 등은 τὸν θεόν뿐만 아니라 (ℵ*과 33을 제외하고) ὑπ᾽ αὐτοῦ를 포함한다. UBS 4판은 "A" 등급을 부여하면서 더 긴 독 법을 원문으로 받아들인다. 메츠거는 "위원회는 2절과 외형적으로 같다는 것에 근 거하여···τὸν θεόν이 원문에 들어 있지 않다고 간주했다"며 이 독법을 지지한다.[77] ℵ*와 33에서 ὑπ᾽ αὐτοῦ가 생략된 것은 "우발적인" 것이라는 것이다.[78] 이러한 메

---

74) Käsemann, "Sentences of Holy Law in the NT," in *NT Questions of Today*, 74; 참조. 66-81. 이 논문은 고전 3:17(66-68), 고전 14:38(68-69), 고전 16:22(69-70), 고전 5:3-5(70-74) 및 고전 14:37(74-75)에 대해도 다룬다.

75) 같은 책, 69(강조는 덧붙여진 것임).

76) Conzelmann, *1 Cor*, 139, n. 3; Fee, *First Epistle*, 368; C. Spicq, *Agape in the NT* (Eng. trans., 3 vols., St. Louis and London: Herder, 1965), 2:77.

77) Metzger, *Textual Commentary* (2d ed.), 490.

78) 같은 책, 491.

츠거의 설명은 (슈라게 및 피와 더불어) 더 짧은 독법이 반드시 원문이라는 증거는 없음을 시인한다. 하지만 춘츠와 특히 말리는 더 짧은 독법을 보다 더 강력하게 지지한다. 말리는 춘츠의 주장이 견고하며, 8:2, 3의 "더 긴" 세 가지 독법은 모두 파생적이라고 주장한다. 여기서 중요한 이슈는 "**하나님에 대한 사랑이 아니라 다른 사람들에 대한 사랑이다**"(강조는 원저자의 것임).[79] ὑπ' αὐτοῦ라는 표현은 단순히 하나님이 추가된 것에 어울리도록 덧붙여진 것이다. 하지만 만약 13:12이 입증하듯이 우리가 여기서 동사 γινώσκω가 수동태로 사용된 것으로 이해한다면 그 의미는 이미 그 안에 내포되어 있다. 이것은 그것이 원문이라는 것에 대한 말리의 의구심을 더 지지해줄 것이다. 슈라게는 말리의 주장들에 깊은 관심을 기울이는 반면, 볼프는 대체로 "더 짧은 독법"에 대한 우리의 번역의 관점에서 바울의 의도를 다음과 같이 요약해준다. "그러나 만약 누구든지 사랑한다면 그 사람은 (바울의 관점에서) 참된, 곧 진정한 지식을 갖고 있다."[80] 비록 젠프트는 하나님에 대한 언급이 하나님의 은혜가 우선한다는 바울의 전형적인 강조점을 보여준다고 주장하지만, 말리와 에링은 특별히 이 동사를 수동태로 이해한다면 "진정한 지식"은 하나님의 선택과 주도권을 전제한다고 강조한다. 이와 마찬가지로 슈라게는 구약성경이 하나님의 선택을 암시하는 ἔγνωσται의 배후에 히브리어 ידע(아다)가 있음을 간파한다.[81] 비록 이것이 최종적인 결론을 제시할 수는 없지만, 더 짧은 본문을 원문으로 지지하는 지금까지의 논증들은 놀라우며 존중받을 만한 가치가 있다.

　　설령 텍스트의 불확실성을 완벽하게 해결하는 데 의문의 여지가 있다 하더라도 전반적인 의미와 효력은 분명하다. 우상들과 관련이 있는 고기를 먹는 것에 대한 "권리"(참조. ἐξουσία, 8:9; 9:4; 또한 ἔξεστιν, 6:12; 10:23)를 주장

---

79) Maly, *Mündige Gemeinde*, 102-103; 참조. Zuntz, *Text*, 32.

80) Wolff, *Der erste Brief*, 170; 참조. Schrage, *Der erste Brief*, 2:232-234, 특히 n. 131.

81) Schrage, *Der erste Brief*, 2:234-235; 참조. Héring, *First Epistle*, 68; and Senft, *La Première Épitre*, 109. 또한 이것은 Anders Nygren의 다음과 같은 주장과도 일치한다. 곧 비록 바울의 편지들의 특별한 배경들에서 "하나님"은 인간의 사랑의 대상 또는 그 사랑을 받는 분이지만, 이것은 바울의 표현의 특성을 드러내는 것은 아니다. 또한 그것은 단지 바울이 하나님의 창조적인 사랑이 시작되어 전개되고 있다고 구체적으로 언급하는 곳에서만 나타난다는 것이다(참조. 13:1-13에서 Anders Nygren에 대한 언급들).

하기 위해 "강한 자들"이 교묘하게 사용하는 "지식"은 그리스도인이 진정
하게 알아가는 과정의 앎과 차이가 있다. 그 앎은 사랑하는 것과 불가분의
관계로 연결되어 있다. 이러한 대조는 이론과 실천 간의 차이보다 더 많은
것을 내포한다는 가드너의 주장이 옳긴 하지만, 각각의 "지식"은 저마다 서
로 심각하게 대조를 이루는 실질적인 결과들을 빚어낸다. 승리주의적이며
교묘하고 영지주의적인 것과 흡사하며 개인주의적인 지식은 분열을 일으
키거나 심지어 파멸로 이끌 수 있다(8:9; 8:11, "망합니다"). 진정으로 알아가
고 알려져 가는 과정은 "내적이며" 이치에 맞는 원리에 의해 능동적으로 사
랑하는 것과 다른 사람들을 세워주는 자세를 내포하고 있다. 다시 말해 그
것은 바로 그리스도인이 진정성 있게 알아가고 알려져 간다는 개념의 일부
분이다. 또한 이 과정은 사랑의 차원에 해당한다. 슐라터의 표현을 빌려 말
하자면 "그러한 종류의 지식"은 "올바른 방향을 제시한다."[82]

원래 바울이 쓴 것인지 아니면 이차적인 것인지를 불문하고 더 긴 독
법은 하나님의 선택적인 사랑 안에 있는 이 과정의 근원과 출발점을 설
명해준다. 젠프트, 슈라게, 말리, 슈트로벨은 모두 특히 ὑπ' αὐτοῦ와 함께
ἔγνωσται를 수동태로 이해하거나 말리가 그것의 대안으로서 "그노시스와
아가페의 상호의존성"이라고 부름으로써 이 선택의 측면을 인식한다.[83] 하
지만 어떤 독법을 원문으로 받아들이든지 간에 피는 (특별히 더 짧은 텍스트와
관련하여) 다음과 같이 주해한다. "참된 그노시스는 수많은 데이터를 모으는
것이나 심지어 어떤 사람의 신학이 옳다는 것에 있지 않고, 어떤 사람이 모
든 대상을 사랑하며 살아가는 것을 배우고 깨달았다는 사실에 있다."[84] 그
는 이 절에서 ἔγνωσται가 중간태로 사용되었을 수도 있고 수동태로 사용되
었을 수도 있음을 인정한다(이 입장은 그것이 수동태로 사용되었다는 키스트메이

82) Schlatter, *Die Korintherbriefe*, 368.
83) Maly, *Mündige Gemeinde*, 103; 참조. Schrage, *Der erste Brief*, 2:233-235; Senft, *La Première Épitre*, 109-110; Strobel, *Der erste Brief*, 135.
84) Fee, *First Epistle*, 368.

커의 주장과 반대된다).[85] 우리는 중간태가 개인적인 능동적 자세 또는 연관성의 뉘앙스를 암시하는 반면, 수동태는 하나님의 "인정" 또는 선택에 관심을 기울이는 것을 암시한다고 주장했다. 다른 사람들을 사랑하며 관심을 기울이는 것과 분리된 채, 지식인들이 "보다 더 많은 정보를 담고 있는" 지식을 주장하거나 경건주의자들이 사적이며 분리주의적인 "심오한" 계시를 주장하는 것은 실제로 손상을 입힐 수 있다. 특히 사회경제적으로 미미한 위치에 있거나 독자적인 관점을 갖는 데 자신감이 없는 "약한 자들" 또는 상처받기 쉬운 자들에게 더더욱 그러할 것이다(고전 8:9, 11).[86]

우리가 제안한 번역—그는 참된 "앎"을 경험으로 깨달은 것입니다—은 동사 ἔγνωσται가 중간태인지 수동태인지 모호하다는 것을 인정할 뿐 아니라(그 동사는 둘 중 어느 하나로 번역하든지 문법적으로 정확하다) 바울이 고린도 사람들의 표현 방식을 "뒤틀었다"는 에링의 견해를 강조한다. 에링은 다음과 같이 주해한다. 갈 4:9와 마찬가지로 고전 13:12도 "하나님이 어떤 사람을 이미 알고 계시지 않다면 아무도 하나님을 알 수 없다고 설명한다. 따라서 이 절(8:3)에서는 '그[하나님]에 의해 선택되었다'와 거의 의미가 같은…일종의 생략법이 사용되었다.…그러므로 사랑은…선택을 나타내는 참된 표지다."[87] 따라서 이것은 우리를 4:5의 바울의 주장으로 다시 이끈다. (가드너가 이 이슈를 간파하고 있듯이) 바울은 "지식"에 의해 특별한 "은사를 받았다"는 주장을 반박하면서 다음과 같이 질문한다. "그대가 가지고 있는 것 가운데서 받지 않은 것이 무엇입니까? 하지만 만약 그대가 그것을 받았다면 왜 마치 그대가 그것을 받은 것이 아니라 성취한 것처럼 자랑합니까?"(4:7) 토마스 아퀴나스는 갈 4:9에서 이 논점, 곧 "여러분은 하나님을 알았습니다. 아니 오히려 하나님은 여러분을 이미 알고 계십니다"를

---

85) Kistemaker, *1 Cor*, 265.
86) 참조. Gardner, *The Gifts of God*, 25-26. 또다시 그는 여기서 "강한 자들"의 행위를 정당화하기 위해 "어떤 신령한 은사"를 적용하고자 하는 주장으로서 그노시스를 주장하는 입장에 대해 탁월하게 논평한다.
87) Héring, *First Epistle*, 68.

끌어낸다. 그리고 그는 이렇게 주해한다. "그[바울]는 그들에게 하나님으로부터 은사를 받았다는 사실을 상기시킨다.···여러분은 하나님께 이미 알려졌다."[88] 스피크는 생략된 내용을 다음과 같이 탁월하게 요약한다. "사랑할 뿐만 아니라 실천하는 유일하고 완전한 지식은 하나님에 의해 주어진 것이다.···하나님이 알고 계신다는 것은 하나님께 속해 있으며···하나님에 의해 선택되었다는 것을 의미한다.···바로 하나님 자신이 그 사랑을 진정으로 전해주셨다는 사실을 보여주는 것보다 이 사랑이 진정으로 가능하다는 것을 보여주는 더 확실한 방법이 존재할 수 있을까?"[89]

그렇다면 또다시 우리는 여기서 내가 이전에 (1973년) 바울의 "재정의"라고 불렀던 또 하나의 사례를 발견한다. 하지만 움베르토 에코와 존 무어스는 그것을 더 전문적인 용어로 "코드 전환"이라고 불렀다.[90] "지식"에 대한 고린도 사람들의 주장, 특히 오직 한 분 하나님만 존재한다(8:4-6)는 지식은 받아들여졌지만, "뒤틀기"(에링)에 의해 "코드가 바뀌었다." 이제 이것은 논의를 다른 새로운 방향으로 전개해나간다. 따라서 브런트는 이렇게 논평한다. "바울은 단순히 그 질문에 '정답'을 제시하지 않는다. 오히려 그는 그리스도인의 사랑에 대한 이슈로 초점을 바꾸어 그 문제를 다룬다."[91]

4절 고대 시리아어 역본은 하나님에 ἕτερος를 덧붙여 "다른 하나님은 결코 없다"는 의미를 전달한다. (아마도 출 20:3을 반영하는) 이것은 이차적으로 추가된 것이다. 우리는 이것을 더 이상 자세하게 다룰 필요는 없을 것이다.

Περὶ δέ에 대한 마거릿 미첼의 주장은 이 표현이 4절에서 나타나는 것을 통해서도 지지를 받는 것 같다. 그는 다음과 같이 주장한다. "고대 그리

---

88) Thomas Aquinas, *Commentary on St. Paul's Epistle to the Galatians* (Eng. trans., Albany, N.Y.: Magi Books, 1966), 122.

89) Spicq, *Agape in the NT,* 27-28, 29.

90) Thiselton, "The Meaning of σάρξ," 204-208; Moores, *Wrestling with Rationality in Paul,* 1-28 and 132-160; Umberto Eco, *A Theory of Semantics* (Bloomington: Indiana University Press, 1976).

91) Brunt, "Rejected, Ignored or Misunderstood? The Fate of Paul's Approach to the Problem of Food Offered to Idols in Early Christianity," 115; 참조. 113-124.

스어 본문에서 매우 다양하게 나타나는 περὶ δέ라는 관용적인 표현은…단
순히 어떤 주제를 가리키는 표현이다. 즉 이는 곧바로 이어지는 주제를 간
단명료하게 소개하는 표현 방법이다."[92] 비록 이 표현이 종종 수신자들이
제시한 어떤 주제에 대한 대답을 나타내기도 하지만, 언제나 반드시 그런
것만은 아니다. 따라서 이러한 전제에 기초하여 여러 서신이 합쳐졌다는 이
론을 제기할 수 없다. 여기서 이 표현은 분명히 아는 것과 사랑하는 것에 대
해 폭넓게 다루고 나서 고린도 사람들이 제시한 주제로 되돌아가는 것을 나
타낸다. 따라서 이에 상응하는 영어의 관용적 표현은 또 다른 "~에 관하여"
가 아니라 "그 주제로 돌아간다"다.

　　명사 βρῶσις는 단순히 "음식" 또는 "먹는 것"을 의미한다. BAGD는 4a
에서 소유격으로 되어 있는 구문 전체를 "우상들에게 희생제물로 바쳐진
고기를 먹는 것"이라고 번역한다. 하지만 우리가 앞에서(1절의 주해에서) 논
의했듯이 이 용어는 희생제물을 바치는 것을 반드시 수반하는 제사 의식과
관련된 식사에 참석하는 것에만 한정시킬 수 없다(존 패리와 리츠만은 이 용어
를 그러한 좁은 의미로 이해하고자 한다).[93] 이 표현은 매우 다양한 상황을 암시
할 수 있다. 이는 어떤 신전이 대량으로 제공하는 것을 넘겨받은 정육점에
서 산 고기를 먹는 것을 비롯하여 아마도 이방 종교의 "축복 의식"이나 "봉
헌식"이 거행되고 나서 매우 가난한 계층에 속한 자들도 고기를 먹을 수 있
던 제의에 참석하는 것이나 신전에 붙어 있는 어떤 식당에서 식사하는 것
이나(참조. J. 머피-오코너) 이교의 어떤 신 또는 신들의 이름으로 "개최하는"
공적인 시민 축제에 참석하는 것 등을 포함한다. "우상과 관련된"이라는 우
리의 번역은 이 광범위하고 다양한 상황을 허용할 뿐만 아니라 이 용어가
8:1-11:1에서 단지 "우상들에게 바쳐진 음식"만을 의미한다는 결정적인
증거를 갖고 있지 않다는 브런트의 주장을 받아들이는 것이다. 하지만 사실
상 우리는 "약한 자들"에게 있어 "이러한 우상-고기와 우상숭배의 **연관성**

92) Mitchell, "Concerning περὶ δέ in 1 Corinthians," 233-234; 참조. 229-256.
93) BAGD, 148; St. John Parry, *First Epistle*, 125-155; Lietzmann, *An die Korinther*, 37-52.

은 그들을 위태롭게 만들었다"는 명백한 증거를 갖고 있다(강조는 덧붙여진 것임).[94] 블라시는 "어떤 헛된 신 또는 다른 헛된 신을 기리면서 부유한 이들은 특별히 이교의 축제일에 고기를 가난한 이들에게 주었다"고 언급한다.[95]

대다수 저자들은 4-6절이 고린도 교인들이 보낸 편지에서 인용한 글이거나 바울 이전에 형성된 교회의 가르침(catechesis)에서 인용한 것임을 인정한다. 웰너, 케네디, 미첼, 피오렌자, 여(Yeo) 등은 8장을 대체로 의도적인 수사학으로 해석한다.[96] 따라서 미첼은 10:23-11:1에서 "바울은 공공연하고 의도적으로 고린도 공동체에 과연 τὸ συμφέρον이 무엇인지에 대해 다시 정의한다"고 지적한다.[97] 호슬리, 크래머, 머피-오코너를 비롯해서 매우 많은 저자들은 8:6이 신앙고백의 한 부분을 인용한 것이라는 데 동의한다. 그 신앙고백은 "기독교 신조(信條)의 발전에 중요한 기초가 되었다."[98] 그렇다면 8:4에서 인용된 자료의 범위는 과연 어디까지인가? 어떤 이들이 주장하듯이 이 절에서 두 번 반복되어 나타나는 ὅτι는 ὅτι로 이어지는 두 절을 나타내는가? 곧 "우상은 실질적으로 존재하지 않는다"와 "하나님은 오직 한 분이시다"를 가리키는가? 이 두 문장은 모두 인용문인가? 또는 "우리는 ~을 알고 있습니다"도 고린도 교회가 보낸 편지에서 인용한 것인가? 그 말은 그들의 "지식"의 은사를 함축하고 있는가? 대다수 해석자들은 설령 그 내용보다 더 많은 것을 말할 것이 있다 하더라도, 바울이 그의 독자들과 함께 8:4과 8:6에 표명된 유일신에 대한 신앙고백을 공유한다는

---

94) Brunt, "Love, Freedom and Moral Responsibility: The Contribution of 1 Cor 8-10 to an Understanding of Paul's Ethical Thinking," in *SBL 1991 Seminar Paper*, 20; 참조. 19-33. 참조. "Rejected, Ignored or Misunderstood?" 113-124.

95) A. J. Blasi, *Early Christianity as a Social Movement*, 61.

96) W. Wuellner, "Where is Rhetorical Criticism Taking Us?" *CBQ* 49 (1987): 448-463; G. Kennedy, *NT Interpretation through Rhetorical Criticism* (Chapel Hill: University of North Carolina Press, 1984), 87; E. Schüssler Fiorenza, "Rhetorical Situation and Historical Reconstruction in 1 Cor," *NTS* 33 (1987): 399; 참조. 386-403; Mitchell, *Paul and the Rhetoric*, 36-37 and 126-130; Yeo, *Rhetorical Interaction*, 182-183.

97) Mitchell, *Paul and the Rhetoric of Reconciliation*, 36.

98) Horsely, "The Background of the Confessional Formula in 1 Kor 8:6," 130; 참조. 130-135(다른 저자들에 대해서는 8:6의 주해를 보라).

데 동의한다. 따라서 우리는 οἴδαμεν이 그것의 문법적인 주어인 바울 또는 고린도 교인들을 전제하는지에 대해 확실하게 알 수 없다. 그러므로 그 의미와 모호성을 가장 잘 전달하는 방법은 "우리도 여러분의 지식을 공유하고 있습니다"라고 번역하는 것이다. 이 번역은 바울의 수사학적인 책략과 진리에 대한 주장을 제대로 표현해준다. 여(Yeo)는 다음과 같이 주장한다. "[8장의] 첫 다섯 절에서 고린도 교인들의 슬로건을 부분적으로 인용하는 것을 통해 바울은 그들을 설득하기 위한 강력한 지지 기반을 얻었다.…하지만 바울은 단순히 그것을 인용하는 것에 그치지 않고, 그것을 보다 더 분명하게 드러내준다."[99]

우상들이 존재하지 않는다는 것과 하나님은 오직 한 분이라는 것은 고린도에서 보낸 편지에서 유래한 것인가? 기블린은 특별히 ὅτι가 반복적으로 나타나고 4절의 표현이 1절의 표현과 평행을 이루기 때문에 8:4b과 4c은 모두 "아마도 고린도 교인들의 말을 인용하는 것"일 것이라고 주장한다.[100] 하지만 또한 그는 유일신에 대한 신앙고백은 십계명의 성경적인 기초와 특별히 신 6:4, 32:39, 사 44:6과 구약성경의 다른 본문들을 구체적으로 표현하는 것임을 인정한다. 그것들은 "한 분이신 하나님의 유일무이한 초월성"을 반영해준다는 것이다.[101] 슈트로벨은 십계명을 그 배경으로 이해한다. 바이스, 슈라게, 볼프는 쉐마(신 6:4)를 그 배경으로 언급한다.[102] 만약 οὐδὲν εἴδωλον ἐν κόσμῳ를 "우상은 세상에 존재하지 않는 것(의미 없는 것)"을 의미한다고 이해한다면, 기블린은 이 구절은 특별히 고린도에서 "지식이 있는 사람들"(the knowledgeable)에게서 유래했을 개연성이 있다고 생각한다.[103] 하지만 그 강조점이 단순히 거짓된 신들과 한 분이신 하나님의 유일무이성을 대조하는 것이라면, 이것은 헬레니즘적인 유대교와 유

99) Yeo, *Rhetorical Instruction*, 185; 참조. 186-191.

100) Giblin, "Three Monotheistic Texts in Paul," 530; 참조. 527-547.

101) 같은 책, 328.

102) Weiss, *Der erste Korintherbrief*, 219(참조. 219-227); Wolff, *Der erste Brief*, 171; Schrage, *Der erste Brief*, 2: 237; Strobel, *Der erste Brief*, 135.

103) Giblin, "Three Monotheistic Texts," 531.

대-기독교의 공통적인 전승을 반영한다. 그 전승은 단순히 고린도뿐만 아
니라 보다 더 광범위한 지역에서 일종의 정형화된 표현으로 유포되었을 것
이다.[104] 여(Yeo)는 바이스, 허드. 윌리스 및 오맨슨이 확인해주는 다양한 인
용문들의 출처와 범위에 대한 논의를 검토한다. 하지만 그는 "바울이 인용
문들을 사용하는 것을 대화를 위한 준비로서 신앙 공동체 안에 있는 다양한
목소리를 사용하는 것으로 묘사하는 것을 선호한다."[105] 8:4의 어떤 부분 또
는 부분들을 하나, 둘 또는 세 가지 인용문으로 확인해주는 주석가들 중에
는 예를 들면 슈라게, 말리, 젠프트, 슈트로벨, 콜린스와 볼프 등이 포함되어
있다.[106]

주석가들과 문법학자들은 οὐδὲν εἴδωλον을 한정적인 의미("아무 우상
도 [존재하지 않는다]")로, 아니면 서술적인 의미("우상은 아무것도 아니다")로 이
해해야 하는지와 관련해서 입장이 나누어져 있다. 머피-오코너, 슈라게, 여
는 (테르툴리아누스, 크리소스토모스, 테오도레토스, 칼뱅과 더불어) 이 표현은 바로
후자를 의미한다고 주장한다.[107] 여는 한정적인 구문은 10절의 내용과 모
순될 것이라고 주장한다. 하지만 만약 이 슬로건 또는 신앙고백이 고린도 교
인들의 정형적인 표현이며, 바울이 그것을 (정확하게는 아니지만) 대체로 지
지한다면 이 논점이 결정적인 것일 수 없다. (마이어 및 데 베테와 더불어) 에링
은 οὐδὲν εἴδωλον("어떤 우상도 존재하지 않는다")과 οὐδεὶς θεός("한 분 하나님

---

104) Schrage, *Der erste Brief,* 2:237-238.

105) Yeo, *Rhetorical Instruction,* 182-183. 참조. Weiss, *Der erste Korintherbrief,* 219-225;
Hurd, *Origin of 1 Corinthians,* 68, 120-130, 145 and, in general on 8:1-11:1, 114-119;
R. L. Omanson, "Acknowledging Paul's Quotations," *BT* 43 (1992): 210-213. Omanson
은 인용 구절들로서 8:1a-4b, 8a, 9, 10뿐만 아니라 10:23; 10:29b-30도 제시한다(또한 그는
2:15-16a; 4:6; 6:12, 13a, 18; 7:1b, 26b, 34 등도 언급한다).

106) 예를 들어 Collins, *First Cor,* 313-314, 318-319; Senft, *La Première Épitre,* 110: "그들이
바울에게 쓴 편지의 용어들"; Maly, *Mündige Gemeinde,* 105: "그 신앙 공동체의 모든 구성
원의 공통적인 신앙…유일신에 대한 신앙고백…"; Richardson, *Paul's Language about God,*
114-115; Schrage, *Der erste Brief,* 2:236; Strobel, *Der erste Brief,* 135-136; Wolff, *Der
erste Brief,* 171-177. 또한 Weiss, Parry, Allo, Lietzmann, Grosheide, Wendland, Willis.

107) Yeo, *Rhetorical Instruction,* 188; Schrage, *Der erste Brief,* 2:236. 참조. Tertullian, *Against
Marcion,* 5:7; Chrysostom, *1 Cor. Hom.,* 204.

이외에는 어떤 신도 존재하지 않는다")가 서로 평행 관계에 있기 때문에 한정적인 이해를 지지한다.[108] 그러나 슈라게는 이 논점의 타당성을 부인한다. ἐν κόσμῳ라는 표현은 단지 개념, 아이디어 또는 상상의 영역에만 속하는 것과는 대조적으로 실재적인 존재가 없는 것 안에서 실재적인 것에 해당한다. 설령 우상이 이교의 지식인들의 서클 안에서 (또한 분명히 스토아파와 견유학파의 철학에서) 그것이 보여주는 어떤 "초월적인 존재"(a "beyond")를 가리킨다 하더라도 바울은 구약성경 및 유대교의 전통에 기초해서 그것은 인간이 지어낸 개념 또는 상상 그 자체와 구별되는 실제적인 대상을 전혀 가리키지 않는다고 주장한다. 이것은 이스라엘의 구약성경, 70인역 및 헬레니즘적 유대교 전통에 기초한 역사와도 일치한다(출 20:4; 민 33:52; 신 5:8; 대하 14:5; 렘 9:14; 호 8:4; 참조. 요일 5:21).[109]

하지만 만약 유일신에 대한 유대교-기독교의 신앙고백에서 표현된 진리에 대한 요구를 그것의 실존적 또는 자기 참여적인 측면으로부터 분리한다면, 우리는 바울의 강조점을 제대로 파악하지 못하는 것이다. 버논 노이펠트와 다른 이들이 결정적으로 입증해주었듯이 초기의 기독교 신앙고백은 진리를 주장하는 인식적인 내용("오직 한 분 하나님 이외에 다른 신은 없다")과 자기 "세상" 안에서 자기 참여적인 개인적인 관계와 개인적인 표식(signature)을 구체적으로 표현한다(다른 어떤 신도 나를 주관하지 못한다. 또는 그 "세상"을 주관하는 권세를 주도하지 못한다. 나의 충성과 신뢰는 결코 나누어져 있지 않다).[110] 이것은 바울이 10:14-22에서 어떻게 그리스도인 신자가 이 실존적인 또는 자기 참여적인 측면에서 자기의 "세상"을 다시 정의하는 것으로 되돌아가서 자기의 통제를 초월하는 세력이 오직 한 분이신 주님 하나님에게 유일하게 주어진 장소를 빼앗게 하는지에 대해 관심을 갖는 것을 설명하는 데 도움을 줄 것이다. 노이펠트는 이 신앙고백의 "삶의 정황"에 대

108) Héring, *First Epistle*, 68.
109) Schrage, *Der erste Brief*, 2:236-237.
110) Vernon, Neufeld, *Earliest Christian Confessions*.

해 말한다.[111] 켈리가 초기 기독교 신조에 대한 그의 연구서에서 주장하듯이 맨 처음부터 신앙, 전승, 진리에 대한 주장은 설교, 교리 교육, 자세 및 생활 방식과 밀접하게 연결되어 있었다.[112] 초기 기독교의 신앙고백과 신조의 삶 속에서의 실천적인 배경(예. 박해 상황에서의 신실성; 예배; 실천을 통한 복음 및 신앙에 대한 증거)에 대한 쿨만의 연구는 이 두 측면이 모두 중요하다는 점을 확인해준다.[113] 그밖의 참고문헌과 이슈들은 12:3에서 "예수는 주님이시다"라는 구절을 주해하면서 논의할 것이다.[114]

5-6절 (1) 5절의 맨 처음에 나오는 καὶ γὰρ εἴπερ는 조건문에서 또는 아마도 양보를 위한 조건에서 5절에 선행절의 지위를 부여한다. 따라서 6절의 첫 번째 단어 ἀλλ'은 마치 5절이 이미 주절(主節)로서 기능한 것처럼 엄밀히 말해 그 구문의 의미가 서로 잘 통하지 않게 만드는 것처럼 보인다. 𝔓[46], 33 및 이레나이우스는 ἀλλ'을 생략시켜서 이 서투른 표현을 해결하고자 했다. 하지만 대다수 저자들은 이것을 이른바 파격 구문의 문장(anacoluthon)을 초기에 "정비한 것"으로 간주한다. 설령 이 구문이 매끄럽지 않다 하더라도 그 의미는 명백하다.

(2) 신앙고백 양식에서 하나님을 아버지로, 예수 그리스도를 주님으로 선언하는 것은 결코 놀라운 일이 아닐 것이다. 그런데 몇몇 후대 사본들은 "그리고 오직 한 분이신 성령, 그의 안에 모든 것이 있으며 또한 우리도 그의 안에 있습니다"를 덧붙여 이것을 삼위일체에 대한 신조로 발전시켰다. 하지만 이것은 4세기 이전에 삽입된 것은 아니다. 메츠거는 나지안조스의 그레고리오스의 저서 안에 이 긴 형태가 사용된 것을 찾아 발견한다.[115]

이 두 절에서 얼마나 많은 부분을 인용문으로 간주해야 하는가? 그리

---

111) 같은 책, 60-67.

112) J. N. D. Kelly, *Early Christian Creeds* (London: Chapman, ed. ed. 1972), 6-21, 특히 7 and 16-19.

113) Cullmann, *The Earliest Christian Confessions.*

114) 예를 들면 T. Holz, "Das Kennzeichen des Geistes (1 Kor 12:1-3)," *NTS* 18 (1972): 365-376; W. Kramer, *Christ, Lord, and Son of God,* 66-67; W. Bousset, *Kyrios Christos* (Eng. trans., Nashville: Abingdon, 1970), 특히 147; F. W. Danker, *Creeds in the Bible* (St. Louis: Concordia, 1966), 41-46.

115) Metzger, *Textual Commentary* (2d ed.), 491.

고 바울은 자신이 이용하는 것에 신중한 제한 조건을 얼마나 많이 제시하는가? 이 두 절에 대한 주해의 상당 부분은 이 질문들에 어떻게 대답하느냐에 달려 있다. 윌리스는 "5b의 한정하는 말을 생략한다면, 고린도 교인들이 변호하는 말은 8:4-6에서 설득력 있게 표현되어 있다"고 주장한다.[116] "로크(Lock)의 견해에 동의하면서 5절도 고린도 교인들의 말을 인용하는 것으로 간주하는 것이 가장 좋아 보인다. 이 접근 방법에 의하면 καὶ γὰρ εἴπερ는 고린도 교인들이 많은 신들이 존재한다고 제한적으로 동의하는 것을 일러준다. 그들은 이교도 친구들이 말하는 신들을 λεγόμενοι를 사용해서 언급한다. 바울 자신이 한정하는 말은 ὥσπερ εἰσὶν θεοὶ πολλοὶ καὶ κύριοι πολλοί라는 구절이다."[117] 우리는 καὶ γὰρ εἴπερ εἰσὶν λεγόμενοι θεοί라는 구절을 "논의의 편의를 위해 설령 하늘이나 땅에 이른바 많은 신들이 정말로 존재한다 하더라도"라고 번역한다. 이 번역은 윌리스의 견해를 지지해주는 것처럼 보일 것이다. 그러나 실제로 우리는 윌리스의 견해가 확고하게 입증된 것이라고 여기지 않는다. 하지만 우리는 해당 그리스어 표현이 요구하는 것처럼 보이는 것에 근거하여 이 번역을 제안한다. 콜린스는 어휘와 구문이 알려주는 가정에 기초한 논점을 표현하기 위해 "두 가지 차원에서" 대조하는 것—"왜냐하면 심지어 이른바 많은 신들이 있다 하더라도…"—에 대해 언급한다. 또한 슈라게도 이 가정적인 의미를 뒷받침해준다.[118] 바레트, BDF와 더불어 εἴπερ를 조건부의 가능성과 관련된 일종의 양보를 표현하는 것으로 이해하는 것도 가능하다. 하지만 로버트슨과 플러머는 "설령 진정으로 그것들이 존재한다 하더라도"의 구문은 "논의를 위해…전제된 것"이라고 주장한다.[119]

만약 이 번역이 받아들여진다면, 윌리스는 바울 자신이 고린도 교인들

116) Willis, *Idol Meat*, 86.
117) 같은 책.
118) Robertson and Plummer, *First Epistle*, 167; Collins, *First Cor*, 315; Schrage, *Der erste Brief*, 2:239.
119) Barrett, *First Epistle*, 191; BDF, sect. 454; Robertson, *Epistle*, 4:138.

의 견해와 "참으로 많은 '신들'과 '주들'이 있습니다"라는 기독교의 공통적인 신앙고백을 서로 중재하고 있다고 주장할 수 있을 것이다. 고린도의 "약한 자들"은 여전히 이들을 실질적인 세력 또는 적어도 타락, 오염 또는 타협의 진정한 출처로 인식한다. 그리고 바울은 "강한 자들"은 이 점을 고려해야 한다고 주장한다. 사실상 10:14-22에서 그는 약한 자들의 이와 같은 견해를 지지하는 것 같다. 즉 어떤 우상에게 제물로 바친 음식이 제공되는 식사에 참여하는 것은 우상숭배로 되돌아가는 것에 해당한다는 것이다. 이방인들은 "귀신들에게 제물을 드리는 것"이며, 그와 같은 식사에 동참하는 것은 "귀신들과 친교하는 것"에 해당한다(참조. 10:20). 그러므로 바레트, 피, NIV, JB는 "신들"과 "주들"을 그 절에서 인용 부호 안에 넣는다. 바울은 분명히 실존적인 측면에서 그와 같이 말할 것이다. 하지만 비록 그들이 분명히 "신들"이 아니며―왜냐하면 오직 한 분 하나님만 계시기 때문에―진정으로 올바른 의미에서 "주들"이 결코 아니지만, 아마도 바울은 악한 세력에 대한 실질적이며 존재론적이고 구조적인 관점에서 여전히 어떤 사람들의 삶에 영향력을 행사하는 세력들이 진정으로 존재한다고 말할 것이다.[120]

설령 윌리스의 견해가 현대의 다소 이른 시기의 주석가들(패리, 흐로세이데)에게서 평행을 이루는 관점들을 발견한다 하더라도, 대다수 저자들은―예를 들면 피, 슈라게와 가드너―5절은 고린도 교인들의 말을 인용한 것이 아니라 바울이 스스로 표현한 것이라고 주장한다.[121] 여와 볼프는 그것을 고린도 교인들의 견해를 폭넓게 지지해주는 것으로 해석한다. 하지만 그의 지지는 5b에서 거짓된 "신들"이 적어도 실존적인 또는 주관적인 의미에서 이전에 그 신들을 숭배했던 사람들에게 여전히 세력을 행사하고 있다는 명백한 제한 조건을 포함하고 있다.[122] 피와 여는 5절과 6절에서 그 양

---

120) Fee, *First Epistle*, 369; Barrett, *First Epistle*, 192. 이 입장은 예를 들면 Conzelmann, REB, NRSV, NJB의 입장과 반대된다. 또한 참조. Murphy-O'Connor, "1 Cor 8:6: Cosmology or Soteriology?" 253-267.

121) Conzelmann, *1 Cor*, 142-143; Fee, *First Epistle*, 371, n. 10 and 371-372; Gardner, *The Gifts of God*, 33-36; Schrage, *Der erste Brief*, 2:221, n. 44 and 239-240.

122) Yeo, *Rhetorical Interaction*, 189-190; and Wolff, *Der erste Brief*, 171-172.

식이 둘로 나뉘어 있는 구조로 표현된 것에 특별한 관심을 기울인다. 피는 그것에 대해 다음과 같이 주해한다. 첫째, 설명하는 역할을 하는 γάρ는 "엄밀하게 바울의 특성을 드러낸다." 그다음, 6절에서 "하나님"과 "주님"이라는 용어는 "'많은 신들'과 '많은 주들'에 대한 바울의 이의 제기와 연결되어 있다."[123] 하지만 여는 이 문제에 대해 바울 이전의 자료를 사용했을 개연성이 있다는 관점에서 이 문제에 대해 다음과 같이 보다 더 분명하게 말한다. "6절의 문학 양식과 5-6절의 파격 구문(anacoluthon)은 6절이 바울의 논점을 강화시켜주는 어떤 전승을 인용한 것임을 암시해준다. 그것이 두 가지로 나뉘어 표현된 것은 아마도 그것이 헬레니즘적 유대교에서 유래한 바울 이전의 신앙고백 양식임을 암시한다."[124]

부세가 θεοὶ πολλοὶ καὶ κύριοι πολλοί라는 구절을 사용한 것에 대해서는 세부적으로 다시 설명할 필요가 없을 것이다. 그것은 지금은 대체로 받아들이지 않는 그의 주장—그리스도인들은 헬레니즘적 신앙 공동체에서 처음으로 그리스도를 "주님"이라고 불렀다—가운데 일부분을 형성했다.[125] 우리는 12:3에 대한 주해에서 이 견해에 대해, 특별히 그가 "팔레스타인" 유대교와 "헬레니즘적" 유대교를 서로 부당하게 분리하는 것에 대해 비판할 것이다. 헹엘과 다른 이들은 그것이 상당히 과장되어 있음을 입증해주었다.[126] 혼합주의적인 발전에 대한 부세의 개념은 더 이상 전반적인 지지를 받지 못한다. 하지만 부세의 연구 중에서 한 부분은 여전히 가치가 있다. 곧 기원후 1세기 그리스-로마 세계를 특징짓던 "퀴리오스-숭배 의식"의 다양성에 대한 그의 논의다. 이 숭배 의식의 강조점은 실천적인 헌신과 예배에 있다. 이 점에서 우리는 이 배경에서 5절과 6절에서 신앙고백과 서로 대조되는 것들의 의미를 이해하기 위해 그것들의 실천적 또는 실존적

123) Fee, *First Epistle*, n. 10.
124) Yeo, *Rhetorical Interaction*, 190.
125) Bousset, *Kyrios Christos*, 특히 8-9 and 147.
126) 예를 들면, M. Hengel, *Judaism and Hellenism: Studies in Their Encounter in Palestine during the Early Hellenistic Period* (Eng. trans., London: SCM, 1974). 또한 이 주석서에서 12:3에 대한 주해를 보라.

인 측면에 주목할 필요가 있다.

고린도의 "강한 자들"은 존재론적이며 실존주의적인 유일신론을 주장했다. 그 주장 안에서 "이른바"(λεγόμενοι) 신들은 존재하지 않으며 아무것도 아니었다. 바울은 그들의 존재론적인 유일신론을 지지한다. 설령 "이른바 이 신들"이 사람들의 삶에 영향력을 행사한다 하더라도, 그것들은 신들 또는 하나님이 아니다. 오직 하나님 한 분만 하나님이시다. 그럼에도 퀴리오스-숭배 의식이 진정으로 존재했다는 사실은 새로운 회심자들이 그들의 회심 이전에 그것들에 대한 충성과 헌신의 다양한 관습을 오랫동안 실천해왔다는 것을 의미한다. 회심 이후에도 그들은 그것들을 단순하게 버릴 수 없었다. 따라서 그것들은 그들의 삶과 자세에 그 당시에도 어느 정도 영향력을 행사했다. 실존적이며 심리적인 차원에서 그것들은 여전히 그들에게 영향을 미쳤다(참조. 앞에서 콜린스의 "두-측면"의 대조). 진정으로 이것은 심지어 그 이상을 의미한다. 사실상 그것들은 일종의 주관적인 영향력으로 되돌아올 뿐만 아니라 파괴, 분열, 고통을 초래하는 객관적인 악의 세력에 해당한다. 우리가 8:1-13과 10:14-22 사이에 분할 이론을 받아들이지 않는 한, 바울은 그것들을 마귀적인 세력과 연결시키는 것처럼 보인다.

해당 텍스트들은 우리가 제기하고자 하는 몇 가지 보다 더 특징적인 질문에 노출되어 있다. 이 초자연적이며 마귀적인 대리자들은 사탄의 세력이라는 의미 안에 있는가? 아니면 그들은 폴 틸리히가 그 용어를 사용하는 의미에서 "마귀적"인가? 곧 하나님에게 초점이 맞추어진 하나의 궁극적인 관심이 아니라 삶과 신실함이 서로 갈등하는 다양한 방향으로 갈라지는 것은 파괴적인 힘을 지니고 있는가? 머피-오코너, 볼프, 피는 바울은 "'신들'이 객관적으로 존재한다고 말하지 않는다.……그들은 어떤 사람들이 그 신들을 믿는다는 의미에서 주관적으로 '존재한다'고 말한다"고 주장했다.[127] 콘

---

127) Fee, *First Epistle*, 373; 참조. Wolff, *Der erste Brief*, 172; Murphy-O'Connor, "Freedom or the Ghetto (1 Cor 8:1-13; 10:23-11:1)," in L. De Lorenz (ed.) *Freedom and Love: The Guide for Christian Life* (1 Corinthians 8-10; Romans 14-15) (Rome: St. Paul's Abbey, 1981), 25; 참조. 7-38.

첼만은 미묘하고 더 정확한 용어들 안에서 다음과 같이 다양한 의미를 찾 아낸다. 바울은 고린도의 "영지주의자들"(또는 "승리주의자들" 아니면 "강한 자 들")과 다르다. 그는 "지식의 보다 더 실존적인 특성을 지지한다." "하나님 은 한 분이라는 사실에 대한 관습적인 지식은 아직 세상의 권세들에 대한 진리를 통찰하는 데 이르지 못한다.… '이른바' 신들은…세상 안에서 '저 기에' 있다는 의미에서 존재할 수도 있고 어떤 세력을 지니고 있을 수도 있다.…하지만 그것들은 신들이 아니다."[128] 또한 콘첼만은 갈 4:8—"그러 나 너희가 그때에는 하나님을 알지 못하여 본질상 하나님이 아닌 자들에게 종노릇 하였더니"—을 인용한다. 하지만 고전 12:2도 이 절과 나란히 놓아 야 할 것이다. 이 절은 회심자들이 이전에 "말 못하는" 우상들에게 실존적 으로 미혹되었다고 말해준다.

벤트란트, 호슬리, 여는 이 모호성 또는 긴장을 상호 보완적인 다른 방 법으로 표현하거나 설명하려고 시도했다. 허드는 다음과 같이 주장한다. 곧 바울은 "다양한 영적인 세력들이 실질적으로 존재한다고 믿었다. 그 세력 중에서 몇몇은 선하고, 대다수는 악하다." 따라서 "강한 자들"이 어떤 "절 대적인" 유일신론을 무시하면서 이 점을 적용하는 것은 한계가 있다.[129] 벤 트란트는 "많은 신들과 주들"이 실존적인 측면에서 "거기에 있지만"(das Dasein[하이데거의 용어] vieler Götter and Herren), 그들은 "우주적인 실재 들"("aber sie sind kosmische Realitäten")이라고 분명하게 말한다.[130] 가드너는 그리스어 동사 εἰσίν(~이 있다)은 "5a과 5b에서 모두 앞쪽에 위치해 있다"고 말한다. "그것은 이 단어를 강조한다는 것을 뜻한다.…바울이 '강한 자들'이 주장하는 것을 제한한 것은 단지 그것이 부분적으로 타당했다는 것이다.… 바울은 신들이 실질적으로 존재한다는 것을 시인했지만, **그리스도인의 정 황에서는 오직 유일하신 하나님만 인정되었다고** 주장했다."[131]

---

128) Conzelmann, *1 Cor,* 143(강조는 원저자의 것임).
129) Hurd, *Origin of 1 Corinthians,* 121; 참조. 120-123; Gardner, *Gifts of God,* 35.
130) Wendland, *Die Briefe,* 68.
131) Gardner, *The Gifts of God,* 35.

호슬리는 구약성경과 유대교는 나란히 두 전승을 구체화했다고 주장함으로써 여(Yeo)의 결론을 위한 길을 마련해준다. (a) "제2이사야는…이방의 신들이 아무것도 아니다"라고 선언한다. 또한 이 전승은 지혜 문학과 헬레니즘적 유대교에서 두드러지게 나타난다.[132] 이 첫 번째의 보다 더 두드러진 전승은 지혜서 13-15장과 필론의 저서에서도 나타난다. (b) 다른 한편으로 묵시문학적인 저서들은 하나님이 이스라엘을 그분의 백성으로 선택하셨다는 개념을 발전시키기 위해 구약성경의 언급들─신 4:19, 29:25, 렘 16:19, 말 1:11 등─에 기초하고 있다. "하나님은 다른 백성들이 그분에게 종속되어 있는 우주적인 세력들의 지배 아래 놓이게 하셨다."[133] 우상숭배는 귀신들 또는 마귀적인 세력들을 섬기는 것이라는 개념은 예를 들면 희년서 11:4-6, 22:16-22, 에녹1서 19장, 99:6-10, 납달리의 유언 3:3-4 등에서 나타난다. 호슬리는 이 두 번째 전승이 고전 10:1-13과 10:22-23에서 발견되는 하나님의 심판에 대한 강조와 얼마나 잘 일치하는지 입증해준다.[134] 여(Yeo)는 이 두 전승을 결합시켜 다음과 같은 결론을 도출한다. "종말론적인 긴장과 자신의 사고 안에서의 모호성으로 말미암아 바울은 우상의 **헛됨뿐만 아니라 영향도** 믿는다. 하지만 '강한 자들과' '약한 자들'은 저마다 단순히 우상의 **헛됨** 또는 **영향**에 집착하고 있다"(강조는 덧붙여진 것임)[135] 이것은 8장 전체와 보다 더 광범위한 자료와 관련해서 5b의 의미를 설명할 수 있는 매우 탁월한 주해이다.

이제 우리는 전적으로 6절에 집중하고자 한다. 콘첼만은 "그 표현 양식은 스토아학파의 범신론에서 발전된 헬레니즘적인 유형의 종교적인 언어를 사용한다"고 주장한다.[136] 케르스트는 다음과 같이 주장한다. 이 신앙고백은 "일종의 혼합주의의 특성을 드러내는 문서다. τὰ πάντα라는 표현

132) Horsley, "Gnosis in Corinth: 1 Cor 8:1-6," 37-39; 참조. 32-51.
133) 같은 책, 38.
134) 같은 책, 39.
135) Yeo, *Rhetorical Interaction*, 189.
136) Conzelmann, *1 Cor*, 144.

은 스토아학파에서 잘 알려져 있다. 또한 εἷς θεός라는 표현은 유대교에서
유래한 일종의 선전 양식이다. 그리고 κύριος라는 표현은 기독교에서 유
래된 것이다."[137] 노르덴은 주로 스토아학파와 평행을 이루는 증거를 수집
했다.[138] 노르덴은 특별히 다음과 같은 말들을 인용한다. 예를 들면, 마르쿠
스 아우렐리우스(Aurelius, *Meditationes* 4.23): "만약 당신이 모든 것이며, 당
신 안에 모든 것이 있으며, 당신에게 모든 것이 있다면"(ἐσκοῦ πάντα ἐν σοῖ
πάντα, εἰς σὲ πάντα). 또한 세네카(Seneca, *Epistula* 65:8): "그것은 그에게서, 그
것은 그에게, 그것은 그의 안에, 그것은 그것 때문에…"(*id ex quo, id a quo, id
in quo, id propter quod* …). 그리고 위(僞)아리스토텔레스의 ἐκ θεοῦ πάντα
καὶ διὰ θεοῦ συνέστηκε("신으로부터 모든 것이 [유래했으며], 또한 신에 의해 그것
들이 유지되었다") 등이다. 윌리스, 케르스트, 호슬리, 던과 다른 이들도 이 자
료들과 비슷한 자료들을 언급한다.[139] 하지만 케르스트는 이 표현들이 기독
교의 세례 의식의 배경에서 다른 기능을 수행했을 가능성을 인정한다. 사실
상 알베르트 슈바이처는 아레오바고 법정의 연설에서 나타나는 "하나님-
신비주의"(God-mysticism)—"우리는 하나님 안에서 살고 움직이고 존재
하고 있습니다"(표준새번역, 행 17:28)—는 바울의 본래적 또는 관행적 표현
이라기보다는 스토아학파의 표현에 더 가깝다고 주장한다. 왜냐하면 "스토
아학파의 견해에 의하면 세상은 정적이며 불변하는 것으로 생각되기 때문
이다. 세상은 바로 자연(Nature)이다.…바울에게 있어 세상은…하나의 과
정이다. 그 과정은 세상의 진행을 위한 무대를 제공해준다. 세상은 하나님
에게서 비롯되었으며, 그로부터 소외되었고, 그에게로 돌아간다.…바울은
드라마와 같은 세계관의 개념 안에서 살고 있다. 그것은 후기 유대교의 종
말론의 특성을 지니고 있다.… '이는 만물이 주에게서 나오고 주로 말미암

137) R. Kerst, "1 Kor 8:6—Ein vorpaulinisches Taufbekenntnis?" *ZNW* 66 (1975): 130; 참조.
130-139.

138) E. Norden, *Agnostos Theos* (Leipzig: Teubner, 1913).

139) Norden뿐만 아니라 Conzelmann(Aurelius)도 인용한다. 참조. Kerst, "1 Kor 8:6." 131, n.
19; Dunn, *Christology in the Making*, 329, n. 64; R. A. Horsely, "The Background of the
Confessional Formula in 1 Kor 8:6," 130; 참조. 130-135.

고 주에게로 돌아감이라'(롬 11:36). 하지만 그는 한 걸음도 더 나아갈 수 없고, 모든 것이 하나님 안에 있다고 덧붙인다."[140]

이것은 전적으로 외연(外延)의 구조를 바꾸는 것이다. 사실상 머피-오코너는 τὰ πάντα를 우선적으로 그리스도 안에서의 새로운 피조물을 가리키는 것으로 해석하는 데까지 나아간다. "그 세력들"은 그 새로운 피조물을 결코 지배하지 못한다는 것이다. 그는 이 신앙고백이 단순히 우주론적인 신앙과 관련이 있다기보다는 구원론과 더 관련이 있다고 결론짓는다. 참으로 이것은 "전적으로 구원론적인 의미"를 지니고 있다.[141] 머피-오코너의 관점을 따르는 이들은 소수에 지나지 않는다. 그렇지만 τὰ πάντα가 창 1장과 유대교 전통의 다른 곳에서 세상 또는 우주의 기원이나 목적을 언급한다는 것은 널리 알려져 있다. 또한 이것은 고전 1:18-2:16에서 설명된 "하나님의 구원 계획"(던) 또는 무엇을 먹고 즐거워할지를 포함하여 특별히 창조의 선함에 대한 이 장(章)의 배경(엘리스)과도 매우 잘 어울린다.[142]

던은 바울이 쉐마(신 6:4)의 기본적인 출발점에서 시작한다고 지적한다. 하지만 이 언급은 "이전에는 전례가 없던 새로운 방법으로" 하나님 아버지와 그리스도 주님 사이에서 나뉜다는 것이다.[143] 나아가 그는 두 번째의 "갈라짐"(split)은 스토아학파의 용어로부터 유대교의 지혜를 거쳐 "지혜 기독론"으로 전개되는 과정을 따라 하나님 아버지와 주 그리스도에게 각각의 기능을 다시 부여한다고 주장한다. 비록 호슬리도 그 배경에 꼭 필요한 "지혜"의 측면을 지지하지만, 던의 이 주장은 입증하기가 쉽지 않다.[144] 하지만 슈바이처와 다른 이들이 주목한 이슈들은 여전히 핵심적인

---

140) A. Schweitzer, *The Mysticism of Paul the Apostle* (Eng. trans., London: Black, 1931), 6 and 11.

141) Murphy-O'Connor, "1 Cor 8:6: Cosmology or Soteriology?" 253-267.

142) Dunn, *Christology in the Making*, 182(참조. 179-183); E. Earle Ellis, "Traditions in 1 Corinthians," *NTS* 32 (1986): 494(참조. 481-502); 참조. Dunn, *The Theology of Paul*, 28-50.

143) Dunn, *Christology in the Making*, 180; 또한 *The Theology of Paul*, 28-50.

144) Horsely, "Background of the Confessional Formula"(앞에서 언급됨), 130-135.

위치를 차지한다. 또한 이 이슈들은 우리가 ἐξ οὗ τὰ πάντα, "모든 것은 그에게서 생겨났거나 유래하거나 기원하며"(곧 하나님 한 분으로부터)와 δι' οὗ τὰ πάντα, "모든 것은 그로 말미암아 존재하며 (곧 창조세계를 존재하게 한 이가 아니라 창조주의 중재자로서 주 예수 그리스도 한 분을 통해)" 사이의 근본적인 차이점을 이해하는 무대를 마련해준다. 던이 주장하듯이 6절에서 세 번째 조항은 바울과 그의 독자들과 기독교 공동체를 가리킨다. 따라서 내가 제시한 번역에서 ἡμεῖς(우리, 그 의미가 강조됨) (여기서 동사는 사용되지 않음) εἰς αὐτόν은 있고, 우리의 존재의 목적이신 하나님 아버지와의 관계에 놓여 있고, ἡμεῖς δι' αὐτοῦ는 우리의 존재의 수단(곧 창조주의 중재자와 또한 구속자)이신 주 예수 그리스도를 설명한다.

이와 비슷하게 허타도는 여기서 기독교가 유대교의 유일신론적인 전승들과 쉐마(6a)를 사용하며, 그 안에서 예수는 하나님의 유일무이한 대리자로서 전적으로 구약성경의 한 분 하나님과 유대교의 전승과 연결되어 있다고 이해한다.[145] 이른 시기에 형성된 이 신앙고백은 유일신뿐만 아니라 또한 (던이 그것을 표현하듯이) "고린도 교인들의 사고방식에서 영적인 세력에 대한 그들의 경험과 물질세계에 대한 그들의 자세 사이에 어떤 분열이 일어나지 않게 하려고 창조와 구원의 통일성"을 강조한다는 것이다. "그를 통해 구원을 받게 하는 주님은 또한 그를 통해 모든 것이 존재하게 한 바로 그 주님이다.…우리를 위한 구원은 우리가 한 분 하나님을 위해 살고 있다는 것을 의미한다. 모든 것은 한 분이신 하나님에게서 비롯되었으며, 한 분이신 주님을 통해 존재한다"(강조는 원저자의 것임).[146]

쿨만과 리처드슨은 서로 다른 형용사가 사용된 것의 중요성을 언급한다.[147] 그들은 ἐξ αὐτοῦ와 δι' αὐτοῦ의 의미상의 차이점을 탐구한다. 또

---

145) L. Hurtado, *One God, One Lord: Early Christian Devotion and Ancient Jewish Monotheism*, 97-99.

146) Dunn, *Christology*, 180.

147) N. Richardson, *Paul's Language about God* (Sheffield: Sheffield Academic Press, 1994), 296-304; Vincent Taylor, *The Person Christ in NT Teaching*, 51; O. Cullmann, *Christology of the NT*, 197 and 247.

한 리처드슨은 εἰς가 목적격과 함께 사용되는 사례들을 탐구한다.[148] 튀징과 더불어 그는 롬 11:36과 고전 8:6의 뉘앙스를 비교한다.[149] 하지만 던과 호슬리의 견해에 반대하면서 리처드슨은 "바울이 직접 쓴 것이라는 데 의문의 여지가 없는 편지에서 '지혜 기독론'의 흔적은 거의 없다"고 결론짓는다. 사실상 호슬리의 주장 가운데 상당 부분은 8:6이 바울보다 필론, 헬레니즘적 유대교, 고린도에 더 많은 빚을 지고 있다는 것을 전제한다. 이것은 8:4-6에서 신앙고백적인 표현 양식 전체는 고린도 사람들의 어휘로 표현되어 있다는 것을 드러낸다는 윌리스의 견해와도 일치한다.[150] 그럼에도 이 논의들은 하나님과 그리스도, 창조와 구속이 함께 배치되어 있는 것에 주목한다. 그것은 바울이 쓴 것이지만 또한 바울 이전의 신앙고백적 전승에 기초한다. 가드너는 "이것은 보다 더 이른 시기의 어떤 신앙고백 양식에 기초할 수 있다. 하지만 바울이 이 상황을 위해 그것을 결합시킨 것처럼 보인다"고 말한다.[151] 던은 설령 5-6절의 결과가 "매력적일 뿐만 아니라 종종 당혹스러울지라도, 고전 8:6의 양식화된 표현은 전적으로 고린도 사람들의 배경과 직접 연결되어 있다"고 주장한다.[152]

이 견해가 주로 하나님에 대한 바울의 묘사와 그리스도에 대한 그의 묘사 사이의 관계에 대한 전문적인 연구들을 통해 빛을 보게 되었다는 것은 의미심장하다. 그 가운데 튀징과 리처드슨이 보다 더 주목할 만한 연구 결과들을 제공해주었다. 이미 1926년에 페터손은 바울이 쉐마와 십계명의 전승 안에서 유일신론적인 "찬양 양식"을 사용했다는 견해를 제안했다.[153] 1965년에 빌헬름 튀징은 바울의 표현들, 찬양들 및 하나님 중심적인 신앙

---

148) W. Thüsing, *Per Christum in Deum. Studien zum Verhältnis von Christozentrik und Theozentrik in den paulinischen Hauptbriefen* (Münster: Aschendorff, 1965).

149) Richardson, *Paul's Language about God*.

150) Willis, *Idol Meat*, 85-87.

151) Gardner, *The Gifts of God*, 38.

152) Dunn, *Christology*, 181, and *The Theology of Paul*, 36.

153) E. Peterson, εἷς θεός, FRLANT 23 (Göttingen: Vandenhoeck & Ruprecht, 1926), 특히 219-240 and 233-236.

에 대한 신앙고백과 바울의 신학에 나타난 그리스도 중심성에 대한 이슈들을 서로 비교했다.[154] 비록 레온 모리스는 그의 관심을 로마서에 국한하지만, 그는 1970년에 로마서의 핵심 주제는 "바로 하나님이라는 주제"(the God theme)라고 주장했다. 롬 11:33-36은 일종의 "하나님 찬양"과 "하나님의 기이함과 탁월함"에 대한 "랩소디"라는 것이다.[155] 닐 리처드슨은 1994년에 이 주제를 이어 받는다. 그는 "εἷς θεός(8:6a)라는 표현의 유대교 배경"을 인정하면서도 다음과 같이 결론짓는다. "그[바울]의 사고는 하나님으로부터 시작해서 하나님으로 끝난다. 하지만 하나님으로부터 하나님에게로 되돌아가는 '움직임' 사이에는 그리스도가 있다. 따라서 하나님에 대한 바울의 묘사는 그리스도에 대한 묘사로 시작되고 확장되었으며 설명되었고 정당화되었다."[156] 또한 랑캄머는 "바울은 원시론[우주론]과 구원론 사이의 공식적인 연관성에 대한 스케치를 맨 먼저 요약해서 제시했다"고 결론짓는다. 그것은 신앙 공동체 앞에서 "만물의 기원이며 궁극적인 목적이신 하나님 아버지"와 함께 "첫 번째 창조의 중재자 또한 구원의 실질적인 중재자 한 분이신 주님"을 선포한다.[157] "~로부터 ~를 통해 ~에게로"의 움직임이 지니고 있는 역동적인 의미는 매우 설득력이 있기 때문에 사나르는 "존재하다"라는 동사를 삽입하는 것은 그 의미를 훼손시켜 결국에는 바울의 사상을 섬세하게 파악하지 못하게 만든다고 주장한다.[158] 롬 11:36은 이 점을 강조한다.

하지만 또한 상호 보완적인 관점들에 대해서도 언급할 필요가 있을 것이다. 콜린스는 "하나님에 대한 바울의 이해는 그리스도에 대한 그의 이해

---

154) W. Thüsing, *Per Christum in Deum. Studien zum Verhältnis von Christozentrik und Theozentrik in den paulinischen Hauptbriefen.*

155) L. Morris, "The Theme of Romans," in W. Ward Gasque and R. P. Martin (eds.), *Apostolic History and the Gospel: Essays Presented to F. F. Bruce* (Exeter: Paternoster, 1970), 251-252, 260(참조. 249-263).

156) Richardson, *Paul's Language about God,* 304.

157) P. H. Langkammer, "Literarische und theologische Einzelstücke in Kor VIII 6," *NTS* 17 (1970-71): 197; 참조. 193-197.

158) M. M. Sagnard, "A propos de 1 Cor VIII 5," *ETL* 26 (1950): 54-58.

에 의해 영향을 받았다"고 주장한다(강조는 덧붙여진 것임). 또한 그는 "6절은 현재 남아 있는 편지들 중에서 천지창조 사역에서 중재하는 기능을 그리스도에게 돌리는 유일한 본문이다"라고 지적한다.[159] 이 모든 것은 제자도로부터 분리된 어떤 정적이며 형이상학적인 유일신론은 충분하지 않다는 것을 밝혀준다. 그러므로 우상들은 아무것도 아니며 하나님은 오직 한 분이라는 "강한 자들"의 논점은 받아들여졌다. 하지만 그것은 "약한 자들"의 염려를 무시하는 사랑이 결핍된 논점으로서 받아들여지지 않았다. 왜냐하면 그리스도인이라는 존재를 포함하여 모든 것은 일종의 선물로서 하나님으로부터 비롯되었으며 또한 오직 한 분이신 하나님이 우리의 존재의 목적이기 때문이다. 이와 같은 것이 일어나게 한 이는 바로 한 분이신 주 예수 그리스도이며, 또한 모든 것은 그로 말미암아 존재한다. 그는 우리의 존재의 수단이다. 그리스도의 형상과 그를 닮아가는 것과 십자가와 그것을 지는 것은 그리스도인이 누구인지, 그리고 무엇을 해야 하는지에 대해 모든 것을 알려준다. 그럼에도 악의 세력들이 여전히 지배한다는 "약한 자들"의 논점은 다음과 같은 사실을 상기시켜주는 것을 통해 한정되었다. 곧 그리스도인들의 공통적인 신앙고백에 의하면 모든 것, 심지어 음식까지도 하나님에게서 온 것이다. 따라서 우리는 창조와 구속을 서로 갈라놓은 채 어떤 게토에서 살아서는 안 된다. 왜냐하면 모든 것(창조세계와 구원의 축복)은 주 예수 그리스도로 말미암아 오기 때문이다.

호슬리는 다음과 같이 간단명료하게 설명해준다. "8:6은 고린도 사람들의 그노시스의 원천인 소피아를 그리스도로 대체하려는 바울의 시도로 설명할 수 있을 것이다.…바울은 그들의 계몽(Enlightenment) 신학의 특수한 표현 중에서 하나를 빌려온다.…바울은 그들이 만물의 원천과 궁극적인 목적이신 하나님을 시인하는 것을 그대로 둔 채, 소피아를 그리스도로 대체한다. 그러면서 그는 그리스도에게 창조의 도구('만물이 그로 말미암아 존재한다.')와 구원의 도구('그로 말미암아 우리가')에 대한 서술적인 표현들을 적

---

159) Collins, *First Cor*, 315, 320(또한 참조. 골 1:16).

용한다.…세 단계로 이어지는 과정을 통해 바울은 [그들의] 그노시스에 이의를 제기하며(1b-3절), 그들의 극단적인 유일신론적 원리를 논박하며(4-5절), 마지막으로 소피아를…그리스도로 대체하려고 시도한다(6절)."[160] 이세 단계 이후에 바울은 그들의 "자유"에 대한 내용—우상들과 관련된 음식을 먹는 것—으로 관심을 돌릴 수 있었다. 이것은 8:6은 "바울이 이미 고린도에서 그리스도인들에게 전해주었던 어떤 전승"에 해당한다는 에릭손의 관점을 훼손시키지 않는다.[161] 만약 바울이 그가 지지하는 어떤 전승을 적용하고 있다면, 고린도 교인들은 그가 제시한 논리를 잘 이해할 수 있을 것이다. 여기서 초기 교회의 가르침에 대한 어떤 전승이 전제된다면, 바울은 이것에 근거해서 관련된 상황을 설명하며 논증할 것이다.

b. 자유, "권리", 자기 인식(양심), 사랑(8:7-13)

7절 UBS 4판은 독법 συνηθείᾳ, "습관에 의해", 또는 우리의 번역에 의하면, "습관의 힘에 의해"에 "A" 등급을 부여한다. 왜냐하면 이 독법은 P[46], א*, B, 33 및 콥트어와 몇몇 고대 시리아어 역본들의 강력한 지지를 받고 있기 때문이다. 몇몇 서방 사본들(D, G, 불가타, א²와 몇몇의 라틴 교부들)은 συνειδήσει("의식하는 또는 양심과 더불어")라고 읽는다. 하지만 메츠거, 슈라게를 비롯하여 대다수 저자들은 이 절의 마지막 구절에서 사용되는 단어 συνείδησις(양심)와 일치시키기 위해 후자의 독법이 생겨난 것으로 쉽게 설명할 수 있다고 주장한다.[162] 여기에 해당되지 않는 저자들 중에는 말리와 쿤이 포함되어 있다.[163]

이 절의 맨 첫 부분에서 ἀλλ᾽ οὐκ ἐν πᾶσιν의 어순은 특별히 강력한 반대를 나타내는 표현과 더불어 강조의 의미를 담고 있다. 이 구절은 (바레트,

---

160) Horsely, *1 Cor*, 120.

161) Eriksson, *Traditions as Rhetorical Proof*, 121; 참조. 120-127.

162) Schrage, *Der erste Brief*, 2:255, n. 258; Fee, *First Epistle*, 376, n. 1; Metzger, *Textual Commentary* (2n ed.), 491; Weiss, *Der erste Korintherbrief*, 228; Conzelmann, *1 Cor*, 146, n. 2; Barrett, *First Epistle*, 194. 또한 Bengel, Westcott-Hort, Godet and Héring.

163) 참조. M. Coune, "Le problème des Idolothytes et l'education de la Syneidesis," *RSR* 51 (1963): 515-517; Maly, *Mündige Gemeinde*, 110-111.

콜린스 및 NRSV의 번역처럼) "그러나 모든 사람이…아닙니다"라고 가장 잘 번역할 수 있을 것이다(반면에 REB, NIV, NJB에서는 이와 같이 강조되어 있지 않다). 한편 이 "지식"을 소유하고 있는 것(ἐν πᾶσιν ἡ γνῶσις)에 대해서는 8:1과 8:1-3에 대한 주해를 보라. 이 절에 대한 해석은 대체로 다음 개념들과 관련되어 있다. (1) 지식과 습관, (2) 더럽혀짐 또는 오염, (3) συνείδησις의 의미, (4) "약한 자들"과 "강한 자들"은 누구인가?

(1) "지식"과 습관

습관적인 태도, 자세와 행동 방식(τῇ συνηθείᾳ [συν + ἦθος]) 또는 습관의 힘은 심지어 지금까지도(ἕως ἄρτι, 바로 현재까지도) 어떤 이들(τινές)의 견해와 정서를 좌우하고 있다. 따라서 그들은 실제로 εἰδωλόθυτον으로, 곧 심지어 그들의 마음과는 달리 그들의 머리가 그들에게 다르게 말함에도 불구하고, 마치 그것이 실질적인 존재로서 어떤 우상에게 제물로 바쳐진 것처럼 먹는다. 가드너는 여기서 그 차이점은 단순히 이론과 실제의 차이점에 초점이 맞추어져 있다는 피의 견해를 다음과 같이 비판한다. "이론과 경험은 이와 같은 방법으로 나눠져 있지 않다. 더욱이 해당 텍스트는 피가 주장하는 것을 말하지 않는다.…바울은 이른바 '약한 자들'이 더 많은 지식을 알아야 했다고 주장하지 않았다. 반면에 그는 그들이 이 지식을 갖고 있지 않다고 말했다. 그래서 [강한 자들]은 그들을 그것에 합당하게 대해야 했다는 것이다.…이와 같이 그릇된 지식은 그릇된 행위들로 이어졌다."[164] 우리가 이 단락에 대한 머리말에서 언급했듯이 바울은 타당하고 제한된 상황들에서는 "강한 자들"의 편을 들기도 했을 것이다. 하지만 몇몇 배경에서 "약한 자들"은 "강한 자들처럼 **보이기**"를 원했을 것이며, "심지어 그들은 실질적인 우상숭배에 이르기까지 미혹되었을 것이다."[165] 만약 음식을 먹는 배경이

---

164) Gardner, *The Gifts of God*, 40; 참조. Fee, *First Epistle*, 379.

165) Gardner, *The Gifts of God*, 45(강조는 원저자의 것임). 이 점에 대해 앞으로 더 자세하게 설명하고자 한다.

사실상 제사 의식 다음에 이어지는 식사였으며, 어떤 부유한 그리스도인 후원자가 가난한 "피보호자"를 그 자리에 초대했다면, "그 강한 자"는 실질적으로 그 약한 사람에게 손해를 입히는 원인을 제공했을 것이다. 그것은 진정으로 그리스도 안에서 "약한" 형제나 자매를 더럽히고 오염시키며 흠집을 내고 타락시키거나 불결하게(μολύνω) 만들었을 것이다.

(2) 더럽힘, 손상시킴 및 오염

물톤-밀리건은 μολύνω의 은유적인 의미를 파피루스 문헌을 통해 예증해준다(예. 옥시린쿠스 파피루스 5:840:16 — 이 문헌에서는 도덕적으로 불결한 어떤 사람이 어떤 정결한 신전 영역 안에서 걸어가고 있다고 묘사된다). 그들은 계 3:4과 14:4에서 언급되는 더럽혀짐을 고전 8:7의 언급과 비교한다.[166] BAGD는 때 묻힘, 부정(不淨)하게 함, 더럽힘, 불결하게 함, 덧바름, 더럽게 함 등의 의미 영역에 대해 설명한다.[167] 이와 같은 고대 사회의 의식적·윤리적인 뉘앙스들은 오늘날 어떤 사람에게 더러운 진흙을 던지는 것이나 배설물을 바르는 것 등이 그 의미를 더 적나라하게 전달해준다고 제안할 것이다. 폴 리쾨르는 그의 저서 『악의 상징론』(*The Symbolism of Evil*)에서 상징으로서 이 이미지의 효력을 잘 분석하고 파악해서 전달해준다.[168] 리쾨르의 견해에 의하면, 이 이미지들은 강력한 "이중적인 의미의 표현"이며, 의미상 여러 측면을 열어놓으며, 그 측면들은 전의식적인 과정(preconscious processes) 안에 있다. 하지만 타이센은 무의식적인 갈망 안에 있는 이 전의식적인 충동을 마음에 대한 바울의 언어(4:1-5; 12:10; 14:20-25에 대한 주해 참조)와 설득력 있게 동일시한다.[169] 그러므로 우리가 앞에서 이미 논의한 바와 같이, 마음속으로 우상들에 대해 갖는 자세와 머릿속에 있는 우상들에 대한 지식 사이의 차이점은 이론과 실제 사이의 대조보다 훨씬 더 의미심장

---

166) MM, 416.
167) BAGD, 526-527.
168) P. Ricoeur, *The Symbolism of Evil* (Eng. trans., Boston: Beacon Press, 1967).
169) Theissen, *Psychological Aspects of Pauline Theology*, 59-80, 96-114, and 267-341.

한 대조를 내포하고 있다. "강한 자들"이 어떤 상황 안으로 밀어 넣는 영향력은 "약한 자들"을 놀라움, 혐오감 또는 죄의식으로 반응하게 한다. 그것은 사실상 그들을 더럽히며 그들의 천진난만함을 파괴시킨다. 그것은 그들을 악한 상황으로 내모는 것이다.

(3) *συνείδησις*: 양심 또는 자의식?

바울은 모든 면에서 또한 모든 배경이나 기회와 관련하여 전적으로 "약한 자들"의 편을 드는 것도 아니고, 전적으로 "강한 자들"의 편을 드는 것도 아니다. 왜냐하면 바울의 관점에 의하면 특정한 사람들의 자의식 또는 양심(*συνείδησις αὐτῶν*)은 도덕적인 행위와 관련해서 어떤 오류도 범하게 하지 않는 안내자가 아니기 때문이다. 만약 8:1-11:1이 하나의 통일성을 이루고 있는 것으로 간주한다면(8:1-11:1에 대한 머리말과 함께 슈라게, 볼프, 브런트에 대한 언급 참조), 어떤 사람의 자의식 또는 양심은 어떤 배경에서 부정적인 판단을 내리거나 적절한 불쾌감을 나타내는 데 충분하지 않다(10:6-22). 또한 그것은 지나치게 민감해서 그릇된 판단을 내리게 하거나 다른 사람들에게 과도한 불편함을 느끼게 한다(10:23-27). 화이틀리는 *συνείδησις*(그는 이 단어를 양심이라고 번역함)가 종종 "후회"와 "인간의 내면이 어떤 특성을 지니고 있는가가 아니라 어떻게 각 사람이 자기 자신의 죄에 대해 반응해야 하는가에 대해 우리에게 말하는 것"을 의미하는 것에 지나지 않는다고 주장한다. 그의 주장은 과장적일 수도 있지만 대체로 옳다.[170]

바울에 대한 연구에서 *συνείδησις*라는 단어는 오랫동안 탐구의 대상이 되어 왔다.[171] 20세기 초에 홀츠만은 바울이 그 용어를 헬레니즘에서 빌려왔으며, 중세시대와 오늘날의 도덕적인 논의에서 양심이 사용되는 것보다 그 용어가 헬레니즘에서 더 광범위한 의미로 사용되었다고 주장했다. 몇몇 사전학자들과 주석가들은 라틴어의 con-scientia(의식, 지식 또는 공동 증언)에 반영되어 있듯이 이 단어가 "~와

---

170) Whitely, *The Theology of St. Paul,* 44.
171) Jewett, *Paul's Anthropological Terms,* 402-446. Jewett는 이 부분에서 탁월한 논의를 제공해준다.

함께(또는 더불어, συν) 아는 것(-είδησις)"을 의미한다는 주장을 지지하기 위해 전치사를 복합동사와 분리시켰다. 따라서 지식에 대한 보다 광범위한 영역 안에서 도덕적인 의식과 같은 개념도 나타난다. (우리가 σύνοιδα에 대해 해당 절에서 이미 언급했듯이) 스피크는 고전 4:4에서 이 단어의 동사 형태는 상당히 광범위한 의미를 지닐 수 있다고 주장했다.[172] 거기서 바울은 이러한 "지식", "증언" 또는 자기 인식은 최후의 심판에서 확증되거나 거부될 수 있는 것이라고 분명하게 말한다(4:1-5).

바울의 συνείδησις 사용에 대한 연구는 몇 단계를 거쳐왔다.

홀츠만(1911년)으로부터 스피크(1938년)를 거쳐서 불트만(1948년)과 뒤퐁(1948년)에 이르기까지 고대 그리스-로마와 스토아학파의 문헌에서 이 용어가 보다 더 광범위하게 사용된다는 점은 계속 강조되어왔다. 이 용어는 히브리어 구약성경에서 정확하게 상응하는 단어가 없으며, 고대 그리스 사상으로부터 많은 영향을 받은 유대교 저자들을 제외하면 유대교 안에서 이 용어의 역할은 미미했거나 전무했다. 불트만은 νοῦς, "마음"에 대해 다루는 부분에서 συνείδησις를 다룬다. 그는 "συνείδησις('양심')은 자기 자신의 것으로서 자신의 행위에 대한 어떤 사람의 지식이다"라고 주장한다.[173] 하지만 이 단어는 의도를 포함하지 않는다는 것이다. 하지만 두 번째의 부차적인 과정으로서 그 단어는 "자기 자신의 마음의 의도를 엄밀하게 검토한다. 양심은 판단한다. 곧 그것은 어떤 요구 조건과 관련해서 자기 자신의 행위에 대해 아는 것이다."[174] 불트만은 고전 8:7-12과 10:25-30에서 이와 같은 사례들을 발견한다.

오늘날의 연구에서 두 번째 단계는 1950년대와 1960년대에 걸쳐 광범위하게 추적할 수 있다. 피어스(1955년)와 세븐스터(1961년)로부터 결정적으로 중요한 두 가지 연구가 나왔다. 화이틀리(1964년, 2판 1974년)는 이 연구들을 받아들였다. 피어스는 만약 συνείδησις가 세네카와 스토아학파의 경우에서처럼 최우선적으로 지식의 근원으로 간주된다면, 그것은 많은 기독교 전통과 오늘날의 윤리 이론에서 이

---

172) Spicq, "La Conscience dans le Nouveau Testament," 50-80. 그는 바울과 고대 그리스의 많은 저자들에 의해 공유된 "증언" 또는 "함께 아는 지식"에 대한 공통적인 개념을 강조한다.

173) R. Bultmann, *Theology of the NT 1* (독일어판 1948년; 영역본 1952년), 216-217.

174) 같은 책, 217.

해하는 것처럼 곧바로 도덕법에 대한 지식의 개념으로 빠져들어 가는 것이라는 견해에 분명하게 반대하는 반응을 보였다. 그것은 바울 서신에서 그 용어가 사용되는 강조점과 범위를 명백하게 왜곡시키는 것이라고 한다.[175] 피어스는 사실상 "바울이 사용한 συνείδησις가 스토아학파로부터 유래된 것이라는…가정은 매우 불충분한 증거에 기초하는 것이며 본질적으로 그 개연성은 매우 낮다"고 주장한다.[176] 그것은 하나의 "오류"다.[177] 분명히 그것은 내재하는 "신(divine)의 음성"과 아무런 상관이 없다. 그것은 바울이 아니라 스토아학파의 세계관과 범신론에 기초하는 것이다.

　　피어스는 바울 서신에서 συνείδησις의 기능은 우선적으로 부정적인 것이었다고 믿고 있다. "양심"은 "잘못된 행동이라고 믿는 것에 기초해서 그것에 뒤따르는 고통"을 불러일으킨다.[178] 따라서 그는 8:7, 10, 12에서 바울은 지나치게 예민한 양심이 아니라 오히려 "강한 자들"의 지나치게 무감각한 양심을 비판한다고 논평한다. 그들은 마 18:3-4에서 언급되는 "어린 아이들"인 "약한 자들"이 상처받게 하고 그들에게 피해를 입힌다. "그 어린 아이들['약한 자들']은 그들이 속해 있는 몸에 의해 이른바 양심의 고통으로부터 보호받아야 한다.…사랑을 거스르는 잘못을 범하는 것은 바로 그리스도 자신에게 죄를 짓는 것이다"(8:12, 강조는 원저자의 것임).[179] "더럽히다와 상처를 입히다라는 단어는 서로 매우 다른 것이 아니다.…더럽혀지는 것은 고통스러운 것이다."[180] 화이틀리는 피어스의 견해를 전적으로 지지하며, 어떻게 "우리가 이미 잘못했음을 아는지"에 대한 하나의 판단 기준 이상을 의미하는 어떤 것으로서 "양심"을 이해하는 것은 기원후 3세기 이후의 기독교 전통에서 비롯된다는 결론을 공유한다.[181]

　　보다 최근의 저자들은 피어스가 통찰력을 과장된 진술과 결합시켰다고 여기

---

175) Pierce, *Conscience in the NT*, 특히 13-20 and 111-130.

176) 같은 책. 15.

177) 같은 책, 13-20.

178) Pierce, *Conscience in the NT*, 82.

179) 같은 책, 81.

180) 같은 책.

181) Whitely, *The Theology of St. Paul*, 210; 참조. 44.

는 경향이 있다. συνείδησις에 대한 바울과 세네카의 관점을 서로 세밀하게 비교한 세븐스터의 분석은 여기서 우리에게 도움을 줄 것이다.[182] 세븐스터는 *conscientia* 가 "자신의 행위에 대한 인간의 지식"을 가리킨다는 언급을 어려움 없이 매우 광범위하게 찾아낸다.[183] 하지만 세네카에 의하면, 양심은 "우리의 보호자"일 수 있다. 왜냐하면 "신이…당신과 함께 그리고 당신 안에 있기 때문이다."[184] 또한 세븐스터는 바울과 세네카는 모두 "양심"이 지식이며 증인이라고 부르지만(고후 1:2; 롬 9:1, 2, 15; 참조. Seneca, *Epistula* 43:5; *De Beneficiis* 2.10.2), 세네카에게 양심은 일종의 최종적 심판인 반면, 바울에게는 바로잡아야 하며, 오류를 범할 수 있고, 잠정적인 것이며, 어떤 사람의 일차적인 도덕적 자세와 관련된 것(예. 고전 4:1-5)이라고 말한다.[185] 그는 롬 2:14-15은 "자연 계시"를 전제하지 않는다고 주장한다. "양심의 요구는 무조건적인 타당성을 지니고 있지 않다."[186] 따라서 고전 8:7에서 바울은 "강한 자들"에게 그들의 "지식" 또는 "양심"의 요구에 순종하라고 강권하지 않는다. 오히려 이것은 "약한" 형제의 행복에 의해 결정되어야 한다.[187]

이 연구의 세 번째 단계는 아마도 과도기적으로 피어스의 해석에 대한 마거릿 스롤의 수정(1967-68년)과 더불어 시작된다. 스롤은 바울 서신의 서로 다른 배경에서 발견되는 συνείδησις의 다양한 의미에 더 많은 관심을 기울인다.[188] 주이트 (1971년)가 주장하듯이, 비록 스롤이 비어스가 소홀히 했던 상반된 예들을 잘 지적하긴 하지만, 그는 이 용어를 헬레니즘적 배경에 재배치하면서 지나치리만큼 단호하게 반응한다.[189] 주이트 자신은 바울의 여러 서신들과 문맥 안에서 συνείδησις의 서로 다른 뉘앙스를 충분히 인식할 뿐만 아니라 고린도전서가 여러 편지로 결합되어 있다는 자신의 정교한 이론을 전적으로 활용한다. 이를 통해 그는 고린도전서

---

182) J. N. Sevenster, *Paul and Seneca*, NovTSup 4 (Leiden: Brill, 1961), 84-102.
183) 같은 책, 85; 참조. 84-92. 예를 들면 Seneca, *Epistula* 59.16; 81.21; 87.23; 97.12-15; 105.7; *De Clementia*, 1.1.2, 3; 2.1.3; *De Beneficiis*, 3.13.1; 5.17.2.
184) Seneca, *Ep.* 41.1.2; 참조. Sevenster, *Paul and Seneca*, 89.
185) Sevenster, *Paul and Seneca*, 101.
186) 같은 책, 100 and 99.
187) 같은 책, 99.
188) Margaret Thrall, "The Pauline Use of συνείδησις," 118-125.
189) Jewett, *Paul's Anthropological Terms*, 419.

안에서 이 단어의 다양한 의미를 파악하려고 시도한다(참조. 8:7, 10, 12; 10:25, 27, 28, 29).[190] 이제 이것은 세 번째 주요 단계를 위한 길을 마련해준다. 호슬리(1978년)는 고전 8-10장에서 συνείδησις를 "의식" 또는 "자의식"으로 해석한다. 또한 이것은 특별히 에크슈타인(1983년), 윌리스(1985년), 구치(1987년), 가드너(1994년)의 연구에도 길을 마련해준다. 이들은 이전의 연구와 바울의 사고의 다양한 배경에 대해 세밀하게 고찰한다.[191]

에크슈타인은 바울이 συνείδησις를 사용하는 것과 구약성경의 לֵב(레브), "마음"의 의미 영역 사이의 연속성을 탐구한다.[192] 구약성경에서 마음은 지성적인 "지식"을 포함할 뿐만 아니라 단순한 인지력을 초월한다. 그것은 감정 — 예. 고통, 염려, 두려움, 전율 또는 기쁨 및 환희 등) — 의 자리일 뿐만 아니라, 단호함, 결정 또는 결정으로 이끄는 평가 등과 연결되는 의지의 자리이기도 하다. 따라서 에크슈타인은 고린도전서와 로마서에서 그리스어 명사 συνείδησις는 사고, 의지, 결정과 그것에 뒤따르는 행동에 대해 인식하고 숙고하며 평가하는 것을 포함한다고 주장한다.[193] "약한" 양심은 이 과제들을 성취할 수 없게 되었다(또는 결코 성취할 수 없었다). 이것은 지식이 결여되어 있거나 또는 단지 틀에 박혀 있고 분별력이 없는 관습화된 행동과 연결된 "약한" 양심과 잘 어울릴 것이다. 만약 이것이 옳다면, 동료 그리스도인의 평가 기준에 무분별한 의문을 제기함으로써 그의 συνείδησις에 상처를 입히는 것은 그것을 손상시켜서 그것의 효능을 감소시키는 것에 상응할 것이다(아래의 주해 참조).[194] 에크슈타인은 그것에 손상을 입히는 이 행동을 사실상 전체 인격에 대한 실질적인 공격으로 이해한다. 그것은 어떤 주관적인 측면이나 또는 "일부분"을 공격하는 것 그 이상을 의미한다.[195] 그러므로 이 파괴적인 행위

---

190) 같은 책, 421-439. 신약성경에서 συνείδησις는 서른 번 나타나며, 고린도전서에서는 여덟 번 사용된다.

191) Horsely, "Consciousness and Freedom among the Corinthians: 1 Cor 8-10," 574-589; H.-J. Eckstein, *Der Begriff Syneidesis bei Paulus*; Willis, *Idol Meat*, 89-96; P. W. Gooch, "'Conscience' in 1 Cor 8 and 10," 244-254; and Gardner, *The Gifts of God*, 42-54.

192) Eckstein, *Der Begriff Syneidesis bei Paulus*, 35-135.

193) 같은 책, 311-314.

194) 참조. J. M. Gundry-Volf, "Conscience," in *DPL* (1993), 153-156, 특히 154-155.

195) Eckstein, *Der Begriff Syneidesis bei Paulus*, 241.

의 결과는 실질적인 대상에게 미친다. 즉 약한 자들은 걸려 넘어지고(8:9), 망하고 (8:11), 쓰러진다(8:13).

에크슈타인은 "약한 자들"의 곤경에 대해 훌륭한 통찰을 제공해준다. 하지만 호슬리, 구치, 가드너는 이 용어의 범위를 확장하여 이 배경에서 대립되는 용어로 서 "강한 자들"의 상황에 대해 보다 더 명백하게 설명해준다.[196] 그들은 συνείδησις 가 자의식(구치, 가드너) 또는 의식(호슬리)의 의미를 지니고 있다는 견해를 지지 한다.[197] "강한 자들"은 고기가 음식으로 제공되던 축제들과 동료들의 모임에서 자신들의 생활 방식을 계속 유지하기를 원했다. 또한 우상들은 존재하지 않는다는 자신들의 "지식"에 대한 그들의 확고하고 자신만만한 자의식은 이와 같은 확신을 뒷받침해주었다. 가드너는 "약한 자들이 '강한 사람'처럼 보이기를 원했으며, 심 지어 그들은 실질적인 우상숭배에 이르기까지 미혹되었다(7b 및 10c)"고 주장한다. 또한 "'약한 양심'은 단순히 '다른 사람들과의 관계에서 자기 자신에 대한 지식의 결핍'을 의미할 개연성이 높다.…이와 같이 자기 인식과 관련해서 '약한 것'은 잘 못된 것으로 잘 알려진 어떤 것을 행하는 데 충분한 동기를 제공해줄 것이다. 어떤 그룹에서 당연한 것으로 인식되는 것은 종종 구성원들을 지혜롭지 못한 행동을 하 도록 유도할 수 있었을 것이다."[198] "약한 자들"은 자기 자신의 행위에 대해 숙고 하는 데 미숙했다. 그래서 그들은 "강한 자들"의 자기 과신(過信)을 쉽사리 따라 갔다. 그러므로 약한 자들은 자신들의 온전함을 잃어버리고 자신들의 자의식을 더 럽히거나 얼룩지게 했다. 호슬리는 1978년에 매우 독창적인 연구를 발표하고 나 서 이십 년이 지난 1998년에 출간된 주석서에서 다음과 같이 반복해서 말한다. "의 식은 바울 서신의 이곳과 다른 곳에서 그리스어 명사 쉬네이데시스를 훨씬 더 훌

---

196) Gardner, *The Gifts of God,* 44-46; Gooch, "'Conscience' in 1 Cor 8 and 10," 244-254; Horsely, "Consciousness and Freedom," 특히 582 and 586. Horsely는 "고린도 사람들의 '양심'은 우리가 '양심'이 어떻게 작용하는지에 대해 생각하는 것과 어긋나는 방법으로 작 용하는 것 같다"고 주장한다(596).

197) Gardner, *Gifts,* 40-64; Gooch, "'Conscience,'" 244-254; Horsely, "Consciousness," 582. Gooch는 여기서 "그리스도인의 정체성에 대한 의미"를 강조한다(250).

198) Gardner, *Gifts,* 45.

룽하게 번역할 것이다."[199] 콜린스(1999년)는 8:7에서 해당 그리스어를 단순히 "의식"(consciousness)이라고 번역한다.[200]

여기서 실천적인 교훈들은 심오하다. 바울은 오늘날 "양심의 자유"로 잘못 인식되고 있는 "자율성"(autonomy)을 옹호하지 않는다. 오히려 그는 그 반대를 지지한다. 자유와 "권리"(아래에서 ἐξουσία에 대한 설명 참조)는 불안전하고 취약한 이들에 대한 사랑을 위해 자기 절제에 의해 제한되어야 한다. 그들에게 "나의 자유"는 "그들의 멸망"이 될 수도 있다. 이 "자유"는 "그리스도에게 죄를 짓는 것"(8:12)이 될 수도 있다. 마지막으로 바울은 여기서 다시 정의하기 또는 "코드 전환"의 전략을 사용한다. 이것에 대해 우리는 이미 여러 번 언급했다. 호슬리는 "바울은…이른바 계몽된 고린도 교인들이 사용하던 표현을 사용하지만, 그것을 매우 다르게 해석하거나 적용하는 것을 통해 그들을 설득하고 있다"고 지적한다.[201]

(4) "약한 자들"과 "강한 자들"은 과연 누구인가?

바울이 ἀσθενής, "(연)약한"을 사용하는 것에 대해서는 고전 1:25, 27의 주해를 보라(또한 참조. 4:10; 8:7, 9, 10; 9:22; 11:30; 12:22; [또한 동사 형태에 대해 고전 8:11, 12]). 그리고 ἰσχυρός, "강한"에 대해서는 고전 1:25, 27의 주해를 보라(또한 참조. 4:10; 8:1; 10:22). 바울은 그 용어들을 고후 10:10, 11:21, 29에서도 사용한다. 호슬리와 가드너가 사용한 특별한 접근 방법은 강한 자들과 약한 자들의 의미—이 두 가지 개별적인 의미는 다른 상황에서는 서로 명백하게 분리되어 있는 것처럼 보임—에 대해 조명해준다. 만약 이 용어들에 사회경제적인 의미를 부여하는 타이센의 입장이 옳다면, 그것들은 어떻게 저마다 민감성이 매우 결여된 양심과 지나치게 민감한 양심을 가리키는 것처럼 여겨지는가?[202] 앞에서 제시한 해설에 기초하면, 이 두 용어는 각각 (사

---

199) Horsely, *1 Cor*, 121.

200) Collins, *First Cor*, 321. 그는 324-325에서 그 번역을 변호한다.

201) Horsely, "Consciousness and Freedom," 587.

202) 참조. Theissen, *Social Setting*, 121-144. Willis, *Idol Meat*, 92-96. Willis는 고전 8-10장의 "약한 자들"과 "강한 자들"에 대한 언급을 예를 들면 롬 14:1-2의 논쟁과 일치시키는 것에 반대한다. 그의 입장은 옳다. 오히려 Willis는 해당 용어를 고후 11:29에서 "약한 자들에 대

회경제적인 지위뿐만 아니라 "지식"에서도) 안정된 자들과 (사회적·경제적 측면뿐만 아니라 후견 제도와 관련해서도) 불안정한 자들을 가리킨다. 나아가 "약한 자들"은 자신들의 다소 혼란스러운 자의식으로 말미암아 "강한 자들"의 자만적인 주장과 사회적으로 우월한 신분에 의해 상처를 받기 쉽다. 이 용어들에 대해서는 일관된 설명이 제기되었다. 그 설명은 그것에 상응하는 해설을 뒷받침해준다.

여(Yeo)는 "강한 자들"을 "사회적인 권세, 영향력, 정치적인 지위와 부(富)"를 지녔을 뿐만 아니라 "고대 로마의 전통적인 가치관에 기초해서…다양한 분야에서 유능하고 역량을 갖춘" 사람들로 이해한다. 그의 이와 같은 관점은 해당 논의를 마무리해줄 것이다.[203] 이와 반대로, "약한 자들"은 "사회적인 지위가 낮은 사람들"일 뿐만 아니라 "아무런 특징도 없고 눈에 띄지 않는 일반 시민"에 속한 사람들이었다. 이들은 "강한 자들"로부터 자신들의 정체성을 인정받고 호의를 얻기를 갈망했다.[204] 만약 "강한 자들"이 해야 할 일들을 제시한다면, "약한 자들"은 그것의 "그릇됨"을 감지하는 것을 통해 혼란스러움과 내적인 긴장감을 가중시키면서도 자신들이 추구하는 것을 얻기 위해 거의 무엇이든 하려는 미혹을 받을 수 있었다. 그러면 그들의 온전함은 타협되고 오염되거나 더럽혀진다. 고전 10장에서 바울은 약한 자들이 "주먹으로 맞아 상처를 입는 것"(τύπτω)에 대해 말한다.

8절 (1) ℵ, A, B에는 παραστήσει, "세울 것이다"라는 미래 시제로 되어 있다. 반면에 ℵ²를 제외한 대다수 주요 사본, 서방 사본 D, E와 서방 교부 테르툴리아누스와 키프리아누스는 παρίστησι를 원문으로 받아들인다. 후자는 어떤 선언을 일종의 규칙으로 다시 표현하는 것이다. 여기서 어떤 규칙이 인용된다는 것에 기초해서 어떤 이들은 현재 시제를 원문으로 지지한다. 따라서 현재 시제가 "가장 자연

한 [바울의] 열정적인 변호"와 관련시키는 것을 선호한다.
203) Yeo, *Rhetorical Interaction*, 90.
204) 같은 책. 또한 Yeo는 이 부분에서 Mark Reasonal의 미간행된 논문("The 'Strong' and the 'Weak' in Rome and in Paul's Theology": Ph. D. diss., University of Chicago, 1990, 특히 123-127)이 자신의 견해를 지지해주는 것을 발견한다.

스러운 의미"를 전달해준다는 것이다. 바이스는 음식은 "우리를 하나님의 심판대 앞으로 데려가지 않는다"라고 번역한다.[205] 아마도 필사자들은 이 이유에서 미래 시제를 현재 시제로 바꾸어 필사했을 것이다.[206] 대다수 저자는 미래 시제를 원문으로 받아들인다.

(2) ℵ, 33, 몇몇 다른 사본은 ἡμᾶς, "우리"를 ὑμᾶς, "여러분"으로 대치했다. 이 다른 독법은 사본상의 지지가 매우 미약하기 때문에, 그것에 대해 숙고할 만한 가치가 없다. 그리고 해당 그리스어 동사는 거의 분명히 고린도 교인들의 말에서 인용한 것이기 때문에, ὑμᾶς가 원문일 가능성은 거의 없다.

(3) "만약 우리가 먹지 않는다고 해서…그리고 만약 우리가 먹는다고 해서"의 순서와 관련해서는 약간의 사본상의 혼란이 있다. 더욱이 A³의 유일한 증거는 이 인용문을 8절 상반절과 더 밀접하게 연결해줄 것이다. "우리가 먹는다고 해서 더 잘 사는 것도 아니며, 우리가 먹지 않는다고 해서 더 못사는 것도 아니다." 머피-오코너는 이 독법을 원문으로 받아들인다. 왜냐하면 바울이 인용하는 바와 같이, 이것은 "강한 자들"의 신학을 정확하게 표현해주기 때문이다. 하지만 그 독법이 사본상의 강력한 증거를 무시한다는 점에 기초하여 피와 다른 이들은 오코너의 견해에 반대한다.[207] 앞에서 우리가 제시한 번역은 UBS 4판이 채택한 텍스트의 순서를 따르고 있다. 왜냐하면 비록 ℵ, D, F, G는 그 순서를 뒤바꾸기는 하지만(테르툴리아누스, 키프리아누스, 아우구스티누스, 펠라기우스, 오리게네스, 바실레이오스와 크리소스토모스도 이에 동조함), 우리는 p⁴⁶, B, A*, (33*), 불가타, 콥트어 역본들이 그것을 원문이라고 합리적으로 지지해준다고 보기 때문이다. 춘츠는 후자의 독법을 따르는 D 사본을 지지한다. 그러나 이 다른 독법은 8a과 의미상 보다 더 일치시키려는 시도에서 비롯되었을 것이다.[208]

이 절에 대한 머피-오코너의 논문은 매우 세밀하게 숙고해볼 만한 가치가 있다. 가드너는 그의 접근 방법을 발전시키고 수정하여 하나의 참신

---

205) Weiss, *Der erste Korintherbrief,* 229 and 229, n. 1; Godet, *First Epistle,* 1:423.
206) Murphy-O'Connor, "Food and Spiritual Gifts in 1 Cor 8:8," 296; 참조. 292-298.
207) Fee, *First Epistle,* 377, n. 6.
208) Conzelmann, *1 Cor,* 146, n. 3; 비교. Zuntz, *Text,* 161-162.

한 접근 방법을 제시해준다. 또한 그의 접근 방법은 상당한 중요성을 지니고 있다.[209] 이 중요한 절에 대한 우리의 이해는 적어도 다음과 같은 몇 가지 요소에 달려 있다. (i) οὐ παραστήσει τῷ θεῷ는 무엇을 의미하는가?(앞에서 우리는 이 구절을 "우리를 하나님의 심판으로 데려가지 않을 것입니다"라고 번역했다) (ii) 과연 8절 전체 또는 일부분은 고린도 사람들의 말을 인용한 것인가? 아니면 바울이 어떤 원칙을 선언하는 것인가? (iii) 이 절에서 대화의 상대는 우선 "강한 자들", "약한 자들"인가? 아니면 혼합된 공동체인가? 그리고 (만약 인용문이 포함되어 있다면) 이 인용문은 "강한 자들" 또는 다른 이들의 어떤 행동 원리를 나타내는가?

(i) παρίστημι는 다양한 의미를 전달한다. 각각의 정확한 의미는 그것이 사용되는 배경 및 용례와 연결되어 있다.

(a) AV/KJV, RSV와 바레트는 8절 상반절을 "음식은 우리를 하나님에게 추천하지 않을 것이다"라고 번역한다.[210] 이 번역은 이 그리스어 동사를 지나치게 제한시켜서 긍정적으로 제시한다. 젠프트, 말리와 슈라게는 만약 이 동사가 "추천하다"를 의미한다면, 이 두 동사는 일반적으로 동의어가 아니기 때문에, 우리는 παρίστημι 대신에 συνίστημι를 기대해야 한다고 말한다.[211] 머피-오코너는 RSV의 번역은 "매우 투명한 것처럼 보이지만⋯사실상 그것[이 절] 안에는 여러 가지 문제점이 내포되어 있다"고 말한다.[212]

(b) 대다수 저자들은 장소(ἵστημι)와 옆에(παρά)를 가리키는 그리스어 복합동사의 형성에 대한 사전적인 정보에 관심을 기울인다. 이 의미를 가장

---

209) Murphy-O'Connor, "Food and Spiritual Gifts in 1 Cor 8:8," 296; Gardner, *Gifts of God*, 48-54.

210) Barrett, *First Epistle*, 195.

211) Robertson and Plummer, *First Epistle*, 170; Findlay, *Expositor's Greek Testament*, 2:843; Heinrici, *Das erste Sendschreiben*, 232, n. 3; Edwards, *First Epistle*, 222; Senft, *Première Épitre*, 113, n. 6; Maly, *Mündige Gemeinde*, 115-117; J. Jeremias, "Zur Gedankenfürung in den paulinischen Briefen," in J. N. Sevenster and W. C. van Unnik (eds.), *Studia Paulina in Honorem J. de Zwaan* (Haarlem: Bohn, 1953), 151-152; Schrage, *Der erste Brief*, 2:259-260; Weiss, *Der erste Korintherbrief*, 229, 특히 n. 1.

212) Murphy-O'Connor, "Food and Spiritual Gifts in 1 Cor 8:8," 292.

명백하게 전달해주는 번역은 JB에서 찾을 수 있다. 곧 음식은 우리를 하나님과 연결할 수 없다. NRSV는 이것보다 다소 느슨하게 번역한다. "음식은 우리를 하나님에게 가까이 데려가지 않을 것이다." 하지만 슈라게, 볼프와 다른 이들은 이 동사가 이와 같은 배경에서는 장소적인 가까움 또는 관계를 은유적으로 표현한다기보다는 사회적 또는 법적인 신분에 관심을 갖는다고 주장한다.[213] 머피-오코너는 "하나님에게 가까이 데려간다"는 라이첸슈타인의 불충분한 증거에 기초한 모호한 논점에서 비롯되었음을 밝혀준다.

(c) 이 동사는 대체로 어떤 사람을 소개한다는 개념을 전달한다. 이 개념은 REB의 번역—"음식은 우리를 하나님 앞으로 데려가지 않을 것이다"—에 잘 반영되어 있다. 콘첼만, 젠프트와 콜린스는 이 절에서 이 의미를 지지하며, 이것은 바울의 다른 용례들과 신약성경의 용례들과도 일치한다고 주장한다(예. 고전 11:2, 순결한 처녀로 중매함; 행 9:41, 그 여자가 살아난 것을 보여주었다; 눅 2:22, 성전에서 예수를 하나님께 드림).[214] 하지만 설령 이 개념이 신분에 대한 뉘앙스를 포함한다 하더라도 이 번역은 최우선적인 강조점을 잃어버린다. BAGD는 "~ 앞에 데려가다"의 많은 배경은 법적인 의미와 관련이 있음을 지적해준다. 즉 재판관 앞에 데려간다는 것이다.[215] 사본상의 다양한 독법과 머피-오코너의 논점들을 검토하고 나서 콜린스는 "하지만 음식은 우리를 하나님 앞에 세우지 않을 것이다"라고 번역한다.

(d) 가장 정교한 연구들은 아마도 그 동사가 하나님 앞에서의 신분을 가리킬 것이라는 점을 인정한다. 하지만 이 관점은 다음과 같이 양분되어 있다. 가드너의 주장에 의하면, 이 절의 의미는 "강한 자들"의 말에서 끌어온 것으로서 긍정적이다. "음식은 하나님 앞에서의 우리의 신분에 영향을

---

213) 같은 책, 297 and 292-298; Gardner, *Gifts*, 48 and 48-54; Schrage, *Der erste Brief*, 2:259-260; Fee, *First Epistle*, 382-383, 특히 n. 34; Wolff, *Der erste Brief*, 179-180. Wolff는 의미의 범위가 다양하다는 것을 시인한다.

214) Conzelmann, *1 Cor*, 146-148; Senft, *Première Épitre*, 113; 참조. BAGD, 627 (category 1b); Collins, *First Cor*, 321 and 325.

215) BAGD, 628 (category 1e). 또한 참조. Robertson and Plummer, *First Epistle*; Murphy-O'Connor, "Food and Spiritual Gifts," 292; Weiss, *Der erste Korintherbrief*, 229.

미치지 않을 것이다." 하지만 바울은 그것을 부인했다. 아니면 머피-오코너의 주장에 의하면 이 의미는 "강한 자들"의 말에서 인용한 것으로서 부정적이며 경멸적인 것을 암시한다. "음식은 우리를 하나님의 (심판대) 앞으로 데려가지 않을 것이다."[216] 대다수 저자들은 마이어의 이 이슈는 음식의 종교적인 중립성에 대한 것이라는 견해를 지지한다. 즉 "**음식은 하나님과 그리스도인의 관계에서 결정적인 요소가 아니다**(강조는 원저자의 것임).[217] 가드너는 "강한 자들"은 자신들이 "지식"에 대한 신령한 은사를 받았다고 이해했다는 입장을 매우 강력하게 지지한다. 그 지식으로 말미암아 자신들이 은사를 받았으며 하나님 앞에 서 있다는 것을 긍정적으로 알려주는 진정성 있는 표시로서 강한 자들은 우상들과 관련되어 있는 고기를 먹을 수 있다고 주장했다는 것이다. 가드너는 바울이 바로 이 점을 부인한다고 주장한다(또한 ii 항목 참조).[218]

    (e) 머피-오코너와 예레미아스는 우리가 제안한 번역—"음식은 우리를 하나님의 심판으로 데려가지 않을 것입니다"—에 반영된 강조점에 대해 다룬다. 그들은 이 말이 일종의 부정적이거나 또는 경멸적인 암시로 판단을 받았을 뿐만 아니라 "강한 자들"의 슬로건이었다고 이해한다.[219] 심판에 대한 이 언급은 이미 바이스, 로버트슨과 플러머, BAGD에서도 나타난다.[220] 고후 4:14에서 이 동사는 하나님의 최후의 심판에 대한 언급을 전제한다. 그래서 어떤 이들은 고전 8a에서도 종말론적인 언급이 암시되어 있다고 강조한다. 이와 비슷하게 하인리치는 이 이슈가 하나님의 심판과 관련이 있다는 점을 거의 의심하지 않는다.[221] 견해 (d)와 (e) 사이의 차이점

---

216) Murphy-O'Connor, "Food," 297; Gardner, *Gifts*, 48.

217) Meyer, *Epistles to the Corinthians*, 1:245.

218) Gardner, *Gifts*, 48–54.

219) Murphy-O'Connor, "Food," 297; Jeremias, "Zur Gedankenführung in den paulinischen Briefen," 151–152.

220) Weiss, *Der erste Korintherbrief*, 229; Robertson and Plummer, *First Epistle*, 170; BAGD, 628.

221) Heinrici, *Das erste Sendschreiben*, 233, n. 3.

은 다음 두 가지 미묘한 사항과 관련되어 있다. 첫째, 과연 8절은 고린도 사람들의 어떤 캐치프레이즈를 그대로 인용하는가? 아니면 이것은 단지 바울이 수정한 것을 묘사하는가? 또한 과연 "강한 자들"은 자신들의 "담대함"은 하나님의 진노를 불러일으키지 않는다고 주장했는가?(머피-오코너) 둘째, 그것은 입증된 신자로서 강한 자들이 여전히 하나님의 은사를 지니고 있다는 것을 알려주는 진정한 표시에 해당하는가?(가드너) 우리는 가드너의 입장에 상당한 매력을 느끼지만 그의 견해와 겨루는 머피-오코너의 설명이 더 옳은 것 같다.

(ii) 우리의 번역은 8a를 인용 부호 안에 넣는다. 이것은 NRSV와 바레트의 번역을 비롯하여 다른 몇몇 영역본과 일치한다. 우리가 이 그리스어 동사를 번역한 것은 NRSV의 번역과 차이가 있다. 칼뱅은 8a를 고린도 사람들의 견해를 반영하는 것으로 이해한다. 하지만 그는 그것을 가드너나 머피-오코너가 주장하는 의미로 이해하지는 않는다.[222] 현대 주석가들 중에서 각주에서 언급되는 여덟 저자는 (하인리치부터 여에 이르기까지) 이 절이 부분적으로 또는 전부 고린도 사람들의 캐치프레이즈를 인용한 것으로 간주한다.[223] 여는 8절이 "강한 자들"의 규범들을 구체적으로 표현하며, 바울은 8b에서 그들의 "영지주의적인" 캠페인 모토인 ἐὰν μὴ φάγωμεν ὑστερούμεθα, ἐὰν φάγωμεν περισσεύομεν에 οὔτε(그 경우는 그렇지 않다)를 삽입했다고 주장한다. 그들의 행동 원리는 "만약 우리가 먹지 않으면 우리는 일종의 부족함에 빠지는 것이며, 만약 먹는다면 우리는 풍족하다"였다. 브루스는 8a이 "인용문일 수 있다"고 생각한다(강조는 덧붙여진 것임).[224] 적어도 많은 이들은 8a과 아마도 8b을 "강한 자들"의 입장에서 고린도의 신학을 간단하게 풀어서 말하는 것이나 그것을 반영하는 것으로 간주한다. 사

---

222) Calvin, *First Epistle*, 177.

223) Heinrici, *Das erste Sendschreiben*, 229; Weiss, *Der erste Korintherbrief*, 229; Parry, *First Epistle*, 90; Morris, *First Epistle*, 128; Jeremias, "Zur Gedankenführung in den paulinischen Briefen," 151-152; Grosheide, *First Epistle*, 194; Barrett, *First Epistle*, 195; Yeo, *Rhetorical Interaction*, 192-193.

224) Bruce, *1 and 2 Cor*, 81.

실상 가드너의 견해는 벤트란트의 다음과 같은 주장과 전혀 동떨어져 있지 않다. "고린도의 '자유인들'과 '강한 자들'은 그들의 '먹는 것'을 공공연하게 자신들의 신령하고 특별한 지식에 대한 표징으로(als Zeichen; [가드너, 'authentications'])…과시했다."[225] 가드너에 의하면 "은사들"은 은혜를 입은 진정한 그리스도인의 신분에 대한 입증 또는 증거다. 피는 몇몇 주석가들의 견해를 검토하고 나서 다음과 같이 주장한다. "그 문장들은 모두 그것들이 직접적인 인용문이든 그렇지 않든 간에 고린도 교인들이 그들의 편지에서 주장한 것을 반영한다."[226]

하지만 만약 8a의 해당 그리스어가 앞에서 설명한 대로 해석된다면, 8b은 단순히 똑같은 사고를 반복하는 것은 아니다. (예레미아스와 머피-오코너의 입장을 따라) 우리의 견해에 의하면 8a의 주안점은 "강한 자들"이 "약한 자들"을 압박하는 태도를 지적한다. 그것은 중립적인 의미이거나("당신의 자유를 누려서 고기를 드십시오") 벤트란트와 가드너가 주장하는 의미다("당신도 이 지식의 은사를 지니고 있다는 것을 보여주십시오"). 그렇다면 바울은 미첼이 확인해주는 심사숙고의 수사법을 사용하면서 "유익"에 대한 호소를 수반하는 일종의 논평을 제시하는 것이다.[227] UBS에서 해당 절을 둘로 나눈 것은 δέ나 ἀλλά를 기대하는 것을 불필요하게 만든다. "우리가 먹지 않는다고 해서 우리는 어떤 유익을 놓치지(ὑστερούμεθα, 1:7과 마찬가지로 중간태) 않을 것입니다. 우리가 먹는다고 해서 우리는 어떤 유익을 얻지도(περισσεύομεν) 않을 것입니다."[228] 하지만 만약 8b이 "먹는 것"은 유익을 포기하는 것이라기보다는 단지 아무래도 괜찮다는 것을 의미한다면, 8절 전체는 6:12-13에서 몸(σῶμα)을 아무렇게나 사용해도 괜찮다는 주장과 평행을 이루는 것으로서 고린도 사람들의 어떤 행동 원리에 해당할 개연성이 매우 높다. 그 이슈

---

225) Wendland, *Die Briefe*, 70.

226) Fee, *First Epistle*, 383.

227) M. M. Mitchell, *Paul and the Rhetoric of Reconciliation*, 25-38; 참조. 241-242.

228) 특별히 ℵ, A, B 등의 사본들에 γάρ가 없다는 것에 비추어볼 때, 그 접속사를 포함하는 독법은 원문으로 지지받을 수 없다. 그것은 단지 서방 사본들과 고대 시리아어 역본들의 일부에서만 나타난다.

는 매우 잘 균형을 이루고 있는 것처럼 보인다. 하지만 만약 8b에 합당한 중
요성이 부여된다면 8b에서 바울의 입장이 "명백하게 진술되었다"는 머피-
오코너, 가드너, 미첼과 여의 주장은 그 역할을 훌륭하게 해낼 것이다.[229]
하지만 그러한 사고는 몇몇 측면에서 6:12-13과 평행을 이룬다. 9절에서
ἐξουσία(권리에 대한 호소 또는 단순히 권한을 가리킬 수도 있음)에 대한 주제로 돌
아간다는 것이 이 점을 분명하게 입증해준다.

　　(iii) 바울은 과연 가장 우선적으로 "강한 자들", "약한 자들" 또는 모두
섞여 있는 신앙 공동체에 말하는 것인가라는 질문은 부분적으로 어떻게 우
리가 이 절에 구두점을 찍느냐에 달려 있다. 즉 8절의 어떤 부분이 바울의
주장이 아니라 고린도 사람들의 주장을 반영하는가? 그리고 어떤 부분이
고린도 사람들의 주장이 아니라 바울의 주장인가? 또한 공통적인 기초에
해당하는 것은 무엇인가? 앞에서 우리가 제안한 번역에 의하면 바울은 분
명히 8b에서 8a에 표명된 "강한 자들"의 선동주의적인 견해에 반응한다. 하
지만 바울은 "강한 자들"과 보다 더 특별히 신앙 공동체 안에 있는 "약한 자
들"을 위한 목회적인 관심을 이렇게 나타내는 것이다. 설령 8b이 "강한 자
들"에 대한 반응을 제시한다 하더라도, 그것은 신앙 공동체 전체에게 말하
는 것이다.[230] 여기서 진지한 의문점 하나가 남는다. 과연 "지식을 지닌 사
람들은 [단순히] 자신들이 하나님의 진노를 불러일으킬 위험에 처해 있다
는 것을 부인하는 것인가?"(머피-오코너) 아니면 그들은 한 걸음 더 나아가
서 "하나님의 백성으로 보여야 할 필요성을 느끼는 것인가?" 그리고 …그들
은 자신들이 "지식의 은사"를 받았다는 것을 입증하려고 "**의도적으로 이 음
식을 먹는 것인가?**"(가드너; 강조는 원저자의 것임)[231] 우리는 이 두 가지 중에
서 어떤 가능성도 배제시킬 수 없다. 머피-오코너의 주장이 보다 견고한 기

---

229) Mitchell, *Rhetoric*, 242; 참조. Yeo, *Rhetorical Interpretation*, 193; Murphy-O'Connor,
　　"Food," 297.

230) Yeo와 Gardner는 9절에서 곧바로 뒤이어 ἐξουσία가 언급되는 것은 바울이 "강한 자들"에
　　의해 "약한 자들"에게 강요된 독단적이며 승리주의적인 주장에 관심을 기울인다는 것을 확
　　인해준다고 지적한다.

231) Gardner, *Gifts*, 54.

초 위에 서 있는 것 같다. 하지만 가드너의 견해는 우리가 묘사한 고린도의 "강한 자들"의 신학적인 사고와 잘 조화를 이룬다.

9절　　머피-오코너는 8절이 "난제들로 차고 넘친다"고 논평했다. 에링은 "8:9-13은 특별히 어려운 문제점을 제공하지 않는다"고 결론짓는다.[232] 그의 결론은 우리에게 안도감을 줄 것이다. 여기서 해석학적인 논의들의 상당 부분은 그리스어 용어들이 지니고 있는 암시적인 특성과 관련이 있다. 그 용어들은 한 가지 이상의 의미를 허용한다. 따라서 가드너는 아홉 내지 또는 열 면이 넘는 지면을 할애해서 ἐξουσία와 πρόσκομμα의 의미에 대해 논의한다.[233]

우리는 앞에서 본문에 대한 번역에서 ἐξουσία를 "선택할 수 있는 권리"라고 번역하고 그것을 인용 부호 안에 넣었다. 이 단어는 6:12 a, b과 10:23 a, b 및 9:4, 5, 6, 12, 18에 나오는 ἐξουσία와 일관성이 있게 번역해야 한다. 대다수 영역본들은 그 단어를 자유(liberty, AV/KJV, REB, NRSV; freedom, NIV, NJB)로 번역한다. 하지만 이 영역본들은 대체로 9:4, 5, 12, 18에서 그 단어를 "권리들"(rights, REB) 또는 "권리"(right, NRSV, NIV, NJB)라고 번역한다. 이와 같은 번역은 해당 그리스어가 여기서 의도하는 의미를 제대로 나타내지 못하고 강조점을 올바로 적용하지도 못한다. 만약 해당 용어가 맨 먼저 나오는 6:12과 10:23에서 "~에 자유로운"(REB) 또는 더 만족스럽지 않은 번역으로서 "~에 합법적인"(lawful, AV/KJV, NRSV)이라고 번역한다면, "강한 자들"의 신학 안에서 ἐξουσία의 논점과 역할에 대한 기본적인 연속성은 시야에서 사라지게 된다. 가드너는 9-13절의 핵심적인 논점을 "바울에게 이른바 고린도 사람들의 ἐξουσία는 일종의 πρόσκομμα 이다"라고 잘 요약해준다.[234] 한편 이 주석서에서 "걸려 넘어지게 하지 않도록"이라고 번역된 πρόσκομμα는 1:23에서 십자가에 대한 선포와 관련해서

---

232) Héring, *First Epistle*, 73.
233) Gardner, *Gifts*, 54-63.
234) 같은 책, 54.

σκάνδαλον을 되돌아보게 하며, 달리기 경기에서 선수들을 방해할 수 있는 장애물을 내다보게 한다(9:24-27; 참조. 10:12). 그리고 이 단어는 "걸림돌"(사 8:14, 70인역 — λίθος προσκόμματος; אבן נגף, 에벤 네네프; 참조. 출 34:12, מוקש, 모케쉬; 참조. 롬 9:22, 23; 14:13, 20)과 관련된 구약성경의 배경을 전제한다. 동사 형태 προσκόπτω는 대체로 자동사로 사용될 경우에 "걸려 넘어지다" 또는 "~에 부딪히다"를 의미하며, 타동사로 사용될 경우에 "~에 부딪히게 하다"를 뜻한다.

의심의 여지 없이 9절에서 바울은 어떤 권리, 사실상 선택할 수 있는 권리에 대한 이슈를 다룬다. 하지만 이 강조점은 분명히 그와 같은 권리의 상대성 또는 포기에 초점이 맞추어져 있다. 만약 이 절이 오늘날의 윤리적인 논쟁들에 대해 무엇인가를 말한다면, 그것은 "양심"에 대한 케케묵은 이슈가 아니라, 다른 사람들이 어떤 희생을 치른다고 하더라도 "선택할 수 있는 권리"에 절대적인 지위를 부여하는 것의 부당성에 대해 언급할 것이다.

BAGD와 거의 모든 사전은 각각의 문맥에 어울리는 ἐξουσία의 의미를 확인해준다. BAGD의 첫 번째 의미 범주는 선택의 자유와 행동할 권리에 상응하는 의미를 제시해준다.[235] 파피루스 문헌의 법적인 문맥에서 법적인 소유권은 어떤 사람이 그의 재산을 자신이 선택하는 대로 처분할 수 있는 권리를 부여해준다(*BGU*, 4:1158:13 [9 BC]; *Papyrus Oxyrhynchus* 2:272:13). 우리는 8:9과 9:4-6, 12, 18의 언급들을 히 13:10, 계 13:5, 에픽테토스(*Diss*, 3.24.70)와 비교할 수 있을 것이다. BAGD는 이 첫 번째 의미 범주를 권세 또는 능력을 가리키는 두 번째 범주와 구별한다. 그리고 세 번째 의미 범주는 권위(authority) 또는 보증(warrant)을 가리키며, 이것은 본질적으로 다른 대상에 의해 부여된 일종의 파생된 권리다.[236]

---

235) BAGD, 277-279; 참조. Abbot-Smith, *Manual*, 161-162; MM, 225, *power of choice, liberty of action*. 이 사전은 파피루스 문헌의 자료들에서 발견되는 비슷한 표현들을 언급한다. 법이 부여하는 권리에 대해서는 다음 파피루스 문헌 참조. *Oxyrhynchus Papyrus* 2:237:6:17 and 259:18 [AD 23]. 한편 *BGU*, 4:1200:12 [2 BC]는 권리 또는 계 14:18의 지배하는 세력에 상응한다.
236) BAGD, 278. 여기서는 위임에 기초해서 주어진 어떤 권리 또는 권한이라는 의미에서 행

고전 8-10장의 특별한 배경과 정확하게 일치하는 사전적인 의미를 고려하여, 예를 들면 그리스어 단어는 명백히 영지주의적인 배경을 지니고 있는지(Lietzmann, Reitzenstein), 또는 그 단어는 스토아학파의 전통에서 사용되었는지(Dupont), 또는 심지어 그 단어의 배경은 필론과 헬레니즘적인 유대교 안에 기초하고 있는지(Horsely)를 탐구하는 것은 단순히 우리의 주의를 산만하게 만들 뿐이다.[237] 우리는 바울이 논의의 중심에 있는 ἐξουσία를 "선택할 수 있는 [여러분의] 이 권리"(ἡ ἐξουσία ὑμῶν αὕτη)라고 묘사하는 것에 주목하는 것을 통해 더 많은 것을 얻을 수 있다. 다른 어떤 표현도 바울이 고린도의 어떤 태도를 특징적으로 드러내는 어떤 권리에 대한 특별한 사용, 이해 및 조종에 대해 말하는 것을 보다 더 명백하게 알려줄 수 없을 것이다. 가드너는 다음과 같이 주장한다. "ὑμῶν이 사용된 것은 바울이 이 '권리'에 보조를 맞추지 않는다는 것을 넌지시 알려준다. 또한 αὕτη는 여기서 언급된 ἐξουσία의 특수한 측면을 강조한다. 곧 바울은 고린도 사람들이 자신들의 지식을 내세우는 것을 다시 언급하고 있다(8:7)."[238] 이것은 이제 오늘날 어떤 교회들의 모습에서 어떤 특별히 해로운 측면을 지적하는 경고가 된다. 어떤 이들은 자신들이 공격적인 행동을 취할 수 있는 권리를 지니고 있다고 보고 이른바 (지적, 구조적인 것이든지 또는 "영적인 것이든지) 자신들의 "은사들"을 은밀히 조종한다. 그들의 이와 같은 행동은 (사회적인 계층, 학식 또는 이른바 "영적인 은사들"의 열등함과 관련해서) 덜 견고한 이들이 걸려 넘어지게 하는 데 쓸데없는 원인을 제공할 것이다.

하지만 불트만이 주장하듯이 여기서 어떤 그리스도인들이 자기중심적인 또는 공격적인 행위로 걸려 넘어지게 하는 원인은 십자가에 의해 걸려 넘어지게 하는 원인(1:23; 참조. 1:18-25)과 결코 혼동해서는 안 된다.[239] 왜냐

26:12이 언급된다. 또한 참조. 마 21:27; 막 11:28, 29; 계 12:10.

[237] R. Reitzenstein, *The Hellenistic Mystery Religions*, 461-462; J. Dupont, *Gnosis*, 301-308; Horsely, "Consciousness and Freedom," 574-589.

[238] Gardner, *Gifts*, 55.

[239] R. Bultmann, *Jesus Christ and Mythology* (Eng. trans., London: SCM, 1960), 35-36. 이것은 "참으로" 넘어지게 하는 것에 대해 설명하는 Bultmann의 방법이 전적으로 옳다고 주장

하면 첫 번째 경우는 "약한 자들" 또는 덜 견고한 자들이 지나치게 자만에 빠져 있는 자들의 자기를 내세우는 행동에 의해 넘어지거나 상처를 입는 것을 가리키기 때문이다. 반면에 두 번째 경우는 십자가의 변화시키는 효능 안에서 명백하게 드러나듯이, 자기 자신보다 다른 사람을 먼저 배려하는 것이며, 이것은 자만심에 빠져 있는 이들을 배척한다.

또다시 가드너는 8:9-13에서 논의되는 "지식"과 "지혜"와 "약한 자들"과 "강한 자들"에 대한 이슈들의 결정적인 배경은 1:18-31에서 언급하는 그리스도 중심적인 주제라고 올바로 강조한다. 참된 "지혜"는 "약한 자들"과 덜 견고한 자들에 대한 그리스도의 관심에서 찾아볼 수 있다. 그리스도는 자기 자신의 권리를 포기하고, 심지어 십자가의 죽음에 이르기까지 그들에 대한 관심을 보여주었다. 이것보다 조금 못한 바울 자신의 사례는 9장과 8:11-13에서 언급될 것이다.

10절   UBS 4판은 단순히 "지식을 소유한 사람을 보다"라는 독법이 아니라 ℵ, A, D 및 대다수 사본과 더불어 σέ(당신을)를 원문에 포함하는 입장을 따른다. 하지만 P^{46}, B, F, G와 오래된 라틴어 사본들에는 이 인칭 대명사가 생략되어 있다. 메츠거는 반대의 경우보다 후대의 필사자들이 그 절을 일반화하기 위해 σέ를 생략했을 개연성이 더 높다는 이유에 근거해서 UBS의 독법을 지지한다.[240] 반면에 춘츠는 인칭 대명사가 생략된 독법을 선호한다. 한편 여는 보다 더 설득력 있게 가상의 대화자에게 말하는 바울의 수사학적인 전략을 반영하는 인칭 대명사 단수를 인식한다.[241] 이와 같이 인칭 대명사 복수에서 단수로 바뀌는 것은 수사법에서 돈호법(頓呼法)에 해당하는 구체적인 사례다.

본문에 대한 우리의 번역은 이 주석서에서 이전에 συνείδησις와 ἀσθενής에 대해 내린 결론들에 기초하고 있다. 여기서 이 단어들은 각각 "자의식"과 "견고하지 못한 사람"으로 번역되었다(8:7에 대한 주해와 특별히

하는 것이 결코 아니다. 참조. Thiselton, *The Two Horizons*, 205-292.

240) Metzger, *Textual Commentary* (2d ed.), 491.

241) Zuntz, *Text*, 92; Yeo, *Rhetorical Interaction*, 194.

호슬리, 구치 및 가드너에 대한 언급 참조). 더욱이 전후 문맥을 숙고해보면, 이 절 전체는 다음과 같이 이전에 언급된 구호들을 암시해준다. "우리 모두는 '지식'을 소유하고 있다"(8:1), "우쭐대는"(φυσιοῖ) 것으로서의 "지식"(γνῶσις, 8:1), "지식"에 의해 아니면 다른 사람들에 대한 사랑에 의해 "세워지는"(οἰκοδομεῖ, 8:1) 것인가에 대한 바울과 "강한 자들" 사이의 견해 차이, 그리고 간접적으로 제사 의식과 관련이 없는 배경(예. 가정 또는 정육점)에서 우상들과 관련있는 고기와 직접적으로 이방 신들에게 바친 희생제물들과 관련있는 고기에 대한 의견 차이 등이다. 후자의 경우에 견고하지 못한 자들은 여전히 자신들의 습관에 기초해서 실제로 우상들 앞에서 고기를 먹는 것으로 인식한다.

대체로 우리는 역사적인 배경에 대한 언어적인 영역 이외의 요소들에 대해 추가적인 질문들을 제기하지 않은 채 전적으로 "역동적"(dynamic) 또는 "기능적인 등가(等價)"만을 반영하는 번역과 이와 비슷하게 매우 특수한 해석에 대한 결정을 전제하는 번역을 피하려고 시도했다. 하지만 이 특별한 절에서 매우 어려운 선택이 우리에게 주어졌다. 우리는 이미 이 장(章)에서 συνείδησις를 "양심"으로 번역하는 것의 문제점에 대해 호슬리, 구치 및 가드너가 제시하는 주장을 받아들였다. 나아가 우리의 주해는 불가피하게 다음과 같은 결론에 이르렀다. 몇몇 승리주의자들, 지나친 자만심을 지니고 있던 "강한 자들"은 올바른 정보에 기초한 자유로운 믿음을 "세우는" 한 가지 방법으로 자신들보다 덜 견고한 자들이 지식이라는 신령한 은사에 근거하여 행동하도록 유도했다. 그와 같은 믿음은 우상들이 아무것도 아니며 우상숭배와 상관이 있는 고기는 중립 상태에 있다는 자의식을 보여주어야 한다는 것이다. 승리주의자들은 견고하지 못한 자들을 세워주어 그들이 권리(ἐξουσία)를 향유하기를 바랐다. 바울은 만약 그 배경이 이방 신전에서 음식을 먹는 것이라면, 이 접근 방법은 사실상 그들을 "세워" 그들이 우상에게 바쳐진 고기를 먹게 하는 제의적인(cultic) 상황에 동참하게 하는 것이라고 냉철하게 말한다. 바울은 10:1-22에서 이 이슈에 대해 다시 다룰 것이다. 하지만 그는 "8:10에서 처음으로 그리고 유일하게 우상의 신전에 대해 언급한다."[242] 콜린스는 고대 고린도의 고고학적인 유적의 증거, 곧 아크로코린토스로 가는 길 위에 위치한 데메테르와 코레 신전과 아스클레피오스 신전과 다른 유적지들에 대해 설명한다(7-8장에 대한 머리말 참조).[243]

　　비록 바울이 이 편지에서 (동사와 명사를 사용하면서) 끊임없이 세우는 것에 대한 생생한 그림을 언급하지만(3:9; 8:1, 10; 10:23; 14:3, 4, 5, 12, 17, 26), 대다수 영역본은 οἰκοδομέω의 수동태를 "대담하게 된다"(emboldened; AV/KJV, RV, NIV, REB) 또는 "고무된다"(encouraged; NRSV, NJB, 콜린스) 등으로 번역함으로써 언어유희를 제대로 살리지 못한다.[244] 하지만 몇몇 주석가들은 통상적인 영역본들이 놓친 것에 주목했다. "만약 우리가 '대담하게 된다'라고 번역한다면 아이러니는 사라지게 된다." "그[강한 사람]는 그[약한 사람]를 깨우쳐, 그[약한 사람]에게 손해가 되게 한다. 훌륭한 세움이다!" 피는 "'세우다'라는 동사의 아이러니한 사용"에 대해 말하면서 "대담하게 된다"라는 번역과 "평행을 이루는 번역을 결코 찾을 수 없다"고 말한다.[245] 슈트로벨은 우리는 반드시 8:1을 다시 이어받는 "세우는 것"에 대한 명백한 언급을 그대로 보존시켜야 한다고 주장한다.[246]

　　여는 다음과 같이 주장하며 이 논점을 마무리짓는다. "'약한 자들'을 위한 '이 영지주의자들'[여의 용어]의 세우기(edification) 캠페인은 아마도 '약한 자들'이 우상에게 바쳤던 음식을 먹도록 요청하는 일종의 전략이었을 것이다. 따라서 그들은 '약한 자들'이 자신들의 약한 양심[또는 견고하지 못한 자의식]을 극복하게 하려고 했을 것이다"(강조는 덧붙여진 것임).[247] 여는 이 장(章)의 강조점인 점점 더 고조되어 가는 수사학적인 전략을 설득력 있

---

242) Collins, First Cor, 322.

243) 같은 책. 참조. J. Wiseman, "Corinth and Rome, 1:228 BC-AD 267)," ANRW, 2:7:1 (1979), 487-489 (참조. 435-548).

244) 이 주제와 관련된 중요성에 대해서는 다음 저서들을 참조하라. Mitchell, Rhetoric of Reconciliation; Edwards, First Epistle, 223; Godet, First Epistle, 1:426.

245) Fee, First Epistle, 386 and 386, n. 57; Héring, First Epistle, 73.

246) Strobel, Der erste Brief, 138.

247) Yeo, Rhetorical Interaction, 192.

게 추적한다. 마침내 "10-11절에서 제기되는 질문은 아이러니를 제시하며, 독자들이 연사의 설득을 받아들이게 한다."[248] 바울은 이른바 추측 가능한 모든 상황을 다루고 나서 이제 다음과 같이 외친다. "그렇다면 견고하지 못한 사람을 세워나가는 바로 이 과정이 마지막으로 성취하는 것이란 말입니까? 오히려 그것은 그들의 견고하지 못함을 더 악화시키며 그들의 자의식을 더욱더 혼란스럽게 하는 것은 아닙니까?(11절) 그들은 여러분의 형제자매이며 가족입니다. 그들을 위해 그리스도는 자기의 목숨을 내어주었습니다. 그러므로 이 사람들은 그리스도에게 속합니다."

조건을 나타내는 10a의 번역과 의미는 많은 논쟁을 불러일으키지 않는다. ἐὰν γάρ τις ἴδῃ σέ라는 가정은 슈라게가 "가능한 사례로서 단지 가정을 나타내기만 하는 구문(構文)은 아니"라고 부르는 것을 도입한다.[249] 다시 말해서 ἐάν과 함께 가정법 부정과거 ἴδῃ는 일종의 불명확한 가능성을 도입한다. 하지만 어떤 그룹 또는 유형으로서 고린도에 견고하지 못한 사람들이 존재했다는 것은 단지 수사학적인 가정이 아니라 실제적인 사실이다.[250] 따라서 우리는 가정법 부정과거를 "어떤 사람이…당신을 보는 것을 상상해 보라"는 NJB의 번역을 따른다. 그리고 현재완료 분사 κατακείμενον은 문자적으로 "식탁에 비스듬히 누워 있는 것"을 가리킨다. 하지만 달라진 식사 문화에서 이 동사는 단지 "식탁에 앉아 있다"라고 번역할 수 있을 것이다. 그리고 ἐν εἰδωλείῳ라는 그리스어 표현은 대체로 "어떤 우상이 있는 장소 안에서"를 의미한다. 바울은 보다 더 "해롭지 않은" 정황에서(예를 들면 정육 식당이나 가정에서) 물질적인 것이 이른바 중립성을 지니고 있다는 "지식"은 자만심이 강한 자들의 이와 같은 공격적인 프로그램에 의해 견고하지 못한 사람들을 우상숭배의 관행으로 되돌아가게 하려는 분명한 의도를 갖고 있다고 강조한다. 따라서 우리는 이 부분을 "[실제로] 우상이 있는 장소에

248) 같은 책, 194.
249) Schrage, *Der erste Brief*, 2:262.
250) Fee, *First Epistle*, 385; 이 입장과 반대되는 견해로서 Hurd, *Origin of 1 Corinthians*, 125.

서 식탁에 앉아 있는…[실제로] 우상에게 바쳐진 고기"라고 번역했다.[251]

11절   UBS 4판의 텍스트에 포함된 γάρ는 P^{46}, ℵ, B, 33 등의 지지를 받는다. 하지만 A에는 이 접속사 대신에 οὖ가 필사되어 있다. 한편 몇몇 사본에는 그것 대신에 καί라는 독법이 들어 있다. 하지만 만약 우리가 γάρ의 효력에 대한 콘첼만의 해설과 논평을 받아들인다면, 이 접속사와 οὖν의 의미상의 차이점은 사실상 상대적으로 미미하다.

우리는 γάρ, "왜냐하면"에 대한 콘첼만의 번역을 따라 논리적인 결과를 나타내는 "그렇다면 분명히"로 번역했다. 이것은 인과적인 설명이나 단지 설명으로만 오해되어서는 안 된다. 영어에서 for는 이 두 가지 기능을 모두 결합한다. 하지만 우리는 논리적인 효력을 명백하게 표현하는 번역을 제시했다. 에드워즈도 그 점을 분명하게 지적한다. 그리고 이 절은 10절의 일부가 아니라 "오히려 그 절의 질문에 대한 대답이다." 바울은 이렇게 질문하고 대답한다. "내가 세운다고 말했던가요? 아닙니다. 그는 망하고 있습니다."[252]

"파멸합니다"라는 번역은 다음 두 가지 이유에서 로버트슨과 플러머에게서 빌려온 것이다.[253] 첫째, 앞 절에서 세움 받는 것과 정반대되는 이것은 강조될 필요가 있다. 따라서 "망합니다"(perish, 이것은 그 이미지를 바꿀 것이다)라는 번역으로는 불충분하다. 둘째, 대다수 영역본들은 ἀπόλλυται를 수동태의 의미로 이해한다(is destroyed, NIV, NRSV, Collins). 만약 중간태의 의미를 살린다면, 가장 좋은 번역은 "파멸합니다"일 것이다. 비록 능동태(약한 자들을 파멸시킨다, REB)나 수동태(파멸됩니다, NIV; NRSV)도 강력한 역동성을 지니고 있지만, 중간태는 그 과정에 스스로 참여한다는 뉘앙스를 효과적

---

251) 우리는 이미 τὰ εἰδωλόθυτα에 대해 자세하게 논의했다(8:1에 대한 주해 참조). 우리는 바울이 8-10장 전체를 통해 그 표현이 항상 또한 단지 제사 의식의 배경에서 우상들에게 바쳐진 고기만을 의미한다는 견해에 동조하지 않는다. Willis의 견해는 그 반대 방향으로 지나치게 나아갔다. 하지만 우리는 단순히 그의 논점들을 모든 경우에서 무시할 수는 없다. 하지만 여기서 바울은 사실상 10:1-22에서 언급되는 "우상숭배"에 대한 주제를 기대하고 있다.

252) Edwards, *First Epistle*, 223-224.

253) Robertson and Plummer, *First Epistle*, 223-224.

으로 전달해준다(파멸합니다, NJB). 그것은 뒤따르는 표현 ἐν τῇ σῇ γνώσει 에서 특별히 전치사 ἐν에 의해 표현된다. 건드리-볼프는 이 그리스어 동사는 종말론적인 파멸이 아니라 "주관적 측면과 객관적 측면을 모두 포함한 실존적인 파멸"을 암시한다고 주장한다.[254] 이것은 여기서 ἐν이 "'지식 때문에'가 아니라 그 지식을 진정으로 자기 것으로 만들지도 못하면서 '당신의 지식에 동참하려고 시도하는 것에 의해'를 가리킨다"는 제안과도 일치한다.[255] 분명히 여격과 더불어 전치사 ἐν은 도구적인 의미를 지니고 있을 것이다. 하지만 해당 배경은 견고하지 못한 사람이 어떤 "지식"의 틀에 전적으로 동의하지 않지만 그것에 "둘러싸여 있는" 자신을 발견한다는 것을 암시한다. "약한 사람"을 γνῶσις의 "수단"(medium) 안으로 투영함으로써 "강한 자들"은 그 사람이 전적으로 파멸하게 한다.[256] 과연 이것이 약한 자들을 "세워주는" 방법인가! 선택할 수 있는 이 권리에 대한 강한 자들의 선전은 결국 약한 자들을 파멸로 이끄는 결과를 초래한다.

이와는 대조적으로 그리스도는 자기를 주장하는 행위나 권리에 대한 요구로서가 아니라, 다른 사람을 위해, 적어도 "약한 자들"을 위해(διά + 목적격) 자신을 내어주는 사랑으로 인해 목숨을 잃었다. 뿐만 아니라 슈라게가 지적하듯이, 사랑이 지식과 대조되는 것과 마찬가지로 ὁ ἀδελφός, "형제자매"로서 동료 신자라는 신분은 "당신"이나 "당신의 지식"(τῇ σῇ γνώσει)과 대조된다. 여기서 바울은 3장에서 다른 관점을 끌어온다. 곧 "강한 자들"은 "자신들의" 그룹 또는 모임에 속하지 않은 이들을 파멸에 직면하게 하지만, 그리스도가 그들을 구속하고 구원하기 위해 죽은 사건으로 말미암아 그들은 그리스도에게 속한 자들이다. 나아가 그리스도께 속한 사람에게 죄를 짓는 것은 그리스도 자신에게 죄를 짓는 것이다. 바울은 다음 절에서 바로 이

---

254) J. M. Gundry-Volf, *Paul and Perseverance*, WUNT 2:37 (Tübingen: Mohr, 1990), 1:96; 참조. 85-97.

255) Edwards, *First Epistle*, 224.

256) Schrage는 11절에서 그 동사의 위치는 그 의미를 강조해주며, 객관적인 의미를 지니고 있다고 주해한다. 참조. Schrage, *Der erste Brief*, 2:265-266. 또한 그는 평행을 이루는 용례로서 1:18을 언급한다(참조. 같은 책, 265, n. 313).

점에 대해 다룬다.

12절   p⁴⁶과 클레멘스는 ἀσθενοῦσαν(ἀσθενέω의 현재분사 목적격 능동태 여성 단수), "연약한 상태에 있는"—우리는 (현재분사가 사용된 것에 주목하면서) 이 단어를 "여전히 견고하지 못할 때"라고 번역했다—을 생략한다. 하지만 UBS 4판은 이 단어를 "A" 등급에 속하는 독법에 포함시킨다. 그리고 메츠거와 대다수 저자들은 이 독법을 지지한다.²⁵⁷⁾ 그것은 정죄에 대한 범위를 설명하기 위해 또는 단지 우연히 삽입되었을 것이다.

여기서 οὕτως는 의미를 강조하기 위해 사용되며, 바울이 바로 앞에서 말한 것을 가리킨다.²⁵⁸⁾ 우리는 이 강조점을 "이와 같은 방법으로"라고 번역했다. 또한 현재분사 τύπτοντες도 신중한 번역을 필요로 한다. 대다수 영역본들은 이 단어를 심리적인 의미에서 "손상시키고 있다"(wounding, RV, REB) 또는 "손상시킨다"(wound, NRSV, NIV, AV/KJV, NJB)라고 번역한다. 이 번역은 아마도 (객관적인 의미에서) 실질적으로 손상을 입히는 것보다는 (주관적인 측면에서) 감정을 매우 다치게 하는 것으로 경시될 수 있을 것이다. 한편 그리스어 사전들과 어휘 연구서들은 한 목소리로 τύπτω가 어떤 사람이나 어떤 대상에게 타격을 가하는 것 또는 주먹을 휘두르는 것, 때리거나 치는 것 등을 의미한다고 주장한다.²⁵⁹⁾ 사람들은 입을 치고(행 23:2, 3), 머리(막 15:9)와 뺨(눅 6:29)을 때릴 수 있다. 캐제만은 8:9-13에서 때리는 것 또는 손상을 입히는 것과 사랑의 태도는 모두 객관적(objective)이며, 객관적인 효과를 가져온다고 지적한다.²⁶⁰⁾ 이와 비슷하게 슈탤린은 바울이 의도하는 것은 "바로 실질적인 손상이다"라고 주장한다.²⁶¹⁾ 그와 같은 배경에서 "도장

---

257) Metzger, *Textual Commentary* (2d ed.), 491.

258) 다음 두 주석서와 다른 많은 저자들은 이 점을 잘 지적해준다. Robertson and Plummer, *First Epistle*, 172; Fee, *First Epistle*, 388, n. 63; 참조. BAGD, 597-598.

259) BAGD, 830; MM, 646; Grimm-Thayer, 632; LSJ, 1:589-590; G. Stählin, "τύπτω," *TDNT*, 8:260-266; *EDNT*, 3:376. 참조. *London Papyrus* 44:22; *Rylands Papyrus*, 2:77:39, et. al.

260) E. Käsemann, "Ministry and Community in the NT," in his *Essays on NT Themes* (Eng. trans., London: SCM, 1964), 77 (참조. 63-94).

261) G. Stählin, "τύπτω," *TDNT*, 8:268.

을 찍다" 또는 "표시를 하다"의 의미로, 곧 타격을 가하거나 눌러서 어떤 자국 또는 문양(τύπτος)을 남게 하는 의미로서 이 단어의 이전 메아리를 인식하는 것은 비합리적이지 않다. 특별히 코이네 그리스어에서는 명사 τύπτος가 흔히 이와 같은 의미로 사용되었다.[262] 그러므로 우리는 "그들의 자의식에 타격을 가해 손상을 입혀"라고 번역했다.

συνείδησις에 대해서는 앞에서 8:7의 주해를 보라. 만약 "양심"이라는 번역을 여전히 선호한다면, 바울은 여기서 상처를 받는 것에 대해 말할 것이다. 하지만 우리는 현재분사 목적격으로서 형용사 역할을 하는 ἀσθενοῦσαν을 그 효력이 현재에도 지속되고 있다는 점을 드러내기 위해 "[그들의 자의식이] 여전히 약할 때"라고 번역했다. 그것은 시간이 흐름에 따라 보다 더 분명한 또는 보다 더 확신하는 자의식으로 발전될 것이다. ("약한"을 이와 같이 이해하는 것에 대해서는 앞에서 특별히 8:7의 주해를 보라.)

바울은 다음과 같은 판결을 선포하는 것을 통해 자신의 논의의 최절정에 도달한다. 곧 그리스도인 형제들이나 자매들에게(εἰς τοὺς ἀδελφούς) 죄를 짓는 것은 바로 그리스도에게 죄를 짓는 것이다(εἰς Χριστὸν ἁμαρτάνετε). 바울이 다메섹으로 가던 길에서 경험한 것, 곧 "네가 어찌하여 나를 박해하느냐?…나는 네가 박해하는 예수라"(행 26:14-15; 참조. 9:4-5; 22:7-8; 강조는 원저자의 것임)를 되돌아보면서 로빈슨이 하나님의 참된 백성, 곧 그리스도의 몸(12:12-30)에 대한 바울의 가르침의 근원을 파악하는 것은 틀림없이 옳다.[263] 로빈슨은 바울이 "그리스도인의 눈을 바라볼 때마다, 거기서 더 이상 그리스도의 눈길과 마주치지 않을 수 없었다"는 메르쉬의 해설을 인용하며 이 배경에서 고전 8:12과 갈 4:14을 비교한다.[264] 로빈슨은 "개인으로서가 아니라 기독교 공동체로서" 그리스도의 부활을 주장한다.[265] 그의 이 주장은 상당한 문제점을 야기하며, 바로 앞에서 언급한 그의 견해는 부활에

---

262) 같은 책, 260; L. Goppelt, "τύπτος," *TDNT*, 8:246-259.
263) J. A. T. Robinson, *The Body: A Study in Pauline Theology* (London: SCM, 1952), 58.
264) 같은 책; 참고. E. Mersch, *The Whole Christ*, 104(출판사와 간행 연도는 밝혀져 있지 않음).
265) 같은 책.

대한 그의 주장의 일부분을 형성한다. 따라서 아쉽게도 그의 해당 견해는 종종 잊혀졌다. 화이틀리는 "로빈슨은 이것을 복잡하게 만들었고 또 해명하려고 시도했으며, 그리스도의 부활한 몸에 대한 다소 문제가 있는 신학으로부터 이와 같은 견해들을 이끌어 내려고 했다"고 논평한다.[266]

또한 라이오넬 손턴은 특별히 다른 서신에서 등장하는 "그리스도 안에서"라는 바울의 표현을 통해 이 주제와 신자들의 공동체적 유대의 연관성을 보여준다. 손턴은 다음과 같이 주장한다. "만약 그리스도가 자기 자신을 그의 제자들과 각각 동일시한다면, 거기에는 반드시 각각의 제자가 다른 사람 앞에서 그리스도를 대표한다는 의미가 내포되어 있다. 이것은 다음 두 가지 방법으로 이해할 수 있다. (1) 신앙 공동체 안에서 보다 더 연약한 구성원을 섬기는 사람은 [이 절의 경우처럼] 그리스도 자신을 섬기고 있는 것이다. 하지만 (2) 그는 또한 그리스도를 대신해서…자기 형제들과 자매들 중에서 한 사람을 섬기고 있는 것이다."[267] 그러므로 원칙적으로 다른 사람들의 유익을 위해 자기 자신을 내어주는 사랑으로 "권리"를 나타내야 하는 사역과 정반대 방향으로 변질되는 것, 곧 그리스도에게 상처를 입히는 공격적인 행위는 그 사역에 대한 끔찍한 공격이며 배반이다. 이 주제는 3:16-17을 연상시킨다. 그 절들에서 동료 그리스도인에게 손해를 입히는 것은 성령에 의해 거룩해진 하나님의 성전을 더럽히는 끔찍한 행위를 하는 것이다(참조. 6:19). 또한 이 주제는 12:12-13:13을 예고한다. 이 부분에서 사랑은 "한 몸" 안에서 서로 돕기 위해 생명력을 불어넣는 원리로 묘사된다. 그 몸 안에서 "강한 지체들"은 보다 더 약한 지체들을 보호해주지만, "약해 보이는 지체들"은 몸 안에서 전적으로 중요하며 필수적인 기능을 수행하고 있다.

로마서와 갈라디아서가 고린도전서보다 "그리스도 안에 존재하는 것"에 대해 훨씬 더 많이 말한다고 생각하는 것은 오해다. 그리스도와 하나 됨

---

266) Whitely, *The Theology of St. Paul*, 192; 참조. 192-197.
267) L. S. Thornton, *The Common Life in the Body of Christ* (London: Dacre Press, 3d. ed. 1950), 40.

은 "모든 그리스도인의 경우에서 하나의 객관적인 상태다.…그리스도인은 새로운 세상 안에 있으며 새로운 피조물이다.…[설령] 새로운 세상이 아직 완전히 이루어지지 않고 초기 상태로 존재한다 하더라도 말이다."[268] 바울 서신에 나타난 그리스도와 하나 됨에 대한 비켄하우저의 묘사는 그것의 모든 실행 과정과 신학적인 근거를 이 편지 전체에서 변화시키는 은사로 인식한다. 이 편지에서 그것은 단순히 어떤 신앙 체계뿐만 아니라 그리스도인의 위치와 생활 방식에도 관심을 갖는다. 십자가에 달린 그리스도의 죽음에 동참함으로써 신자들은 그리스도와 하나가 되므로, 그리스도도 자신이 거룩하게 하고(1:2), 풍요롭게 하며(1:5) 값을 치르고 자신의 것으로 산(6:20) 성령의 전(6:19)인 신자들과 하나가 된다. 바로 앞 절(8:11)은 "강한 자들"이 자신을 주장하는 태도로 "약한 자들"—그리스도는 이들을 위해서도 죽으셨다—을 파멸에 이르게 하는 중대한 문제를 다루었다. 이 사실의 엄중함과 심각성은 바울의 다음과 같은 명백한 선포를 통해 드러난다. 곧 οὕτως, "이와 같은 방법으로" 그들은 실제로 "약한 자들"과 하나가 되신 그리스도에게 죄를 짓는 것이다.

13절   몇몇 서방 사본에는 두 번째 μου, "나의"가 생략되어 있지만 μου가 사본상의 지지를 강력하게 받는 점 외에도 이 소유대명사는 해당 구문에서 암시되어 있다.

διόπερ, "그러므로"는 논리적으로 강력한 접속사다. "바로 그런 이유에서, 곧 그리스도에게 죄를 짓지 않기 위해."[269] 하지만 그다음 단어 εἰ, "만약"은 이 접속사뿐만 아니라 귀결절의 내용(나는 어떤 경우에도 어떤 형태로든지 결코…)의 강조하는 특성에도 불구하고, 바울의 선언은 어떤 주어진 상황에서 조건적으로 남아 있다는 것을 우리에게 상기시켜준다. 곧 어떤 상황에

---

268) A. Wikenhauser, *Pauline Mysticism: Christ in the Mystical Teaching of St. Paul* (Freiburg: Herder, 1960), 94. 그는 "종말론적인 의미로" "신비주의"라는 용어를 사용한다(95). 그의 입장은 더 "심리학적인" 설명을 하는 Deissmann보다는 A. Schweitzer에게 더 가깝다. 참조. A. Deissmann, *Paul* (Eng. trans., New York: Harper, 1957 [2d ed. 1927]), 135-157.
269) Robertson and Plummer, *First Epistle*, 173.

서는 전제적인 명제(형제나 자매에게 상처를 입혀서 걸려 넘어지게 한다면)가 실질적으로 적용된다는 것이다. 만약 그 조건이 충족되지 않는다면, 음식을 먹는 것에 대한 선언은 구속력이 없다. 그러므로 그 선언과 원리는 구체적인 상황과 연결되어 있다.

σκανδαλίζει, "상처를 입혀 걸려 넘어지게 한다면"은 영어에서 이에 상응하는 한 단어로 번역하는 것은 매우 어렵다. 왜냐하면 이 그리스어 동사는 여기서도 이중적인 의미를 지니고 있기 때문이다. 십자가에 대한 서로 다른 평가, 효력 및 선포를 묘사하는 1:23에서 우리는 σκάνδαλον을 "모욕적인 것"이라고 번역했다. 하지만 여기서 이 그리스어 동사는 의도적으로 πρόσκομμα, "걸려 넘어지게 하는" 요인을 설명한다(이것은 ἐξουσία, "선택할 수 있는 권리"와 대조된다). 또한 그것은 9:4-6, 12, 18에서 ἐξουσία에 대한 논쟁을 넘어 장애물(구약성경의 배경에서 걸림돌, 8:9에 대한 주해 참조)과 고대 고린도의 이스트무스 운동 경기에서 홀가분한 몸으로 달음질하는 것(9:24-27)을 서로 대조하는 것을 암시한다. 따라서 우리의 번역이 다소 어색할 수도 있지만, 그것은 이 배경에서 이 그리스어 동사의 함의를 충실하게 나타내는 두 가지 주제를 모두 전달하려고 시도하는 것이다.[270] 일단 13a에서 이 동사가 지니고 있는 두 가지 의미를 확정하고 나서, 우리는 13b에서 이 단어가 (이번에는 미래 시제로) 두 번째로 나타나는 곳에서 REB를 따라 "[그들을] 걸려 넘어지지 않게 할 것입니다"라고 번역했다. "걸려 넘어지다"는 분명히 단순히 "넘어지다"보다 더 강력한 의미를 전달해준다.

형제나 자매(ἀδελφός)의 관계는 11-13절에서 무려 네 번이나 강조된다. 이것은 사랑이 "지식"과 "권리"보다 우선한다는 점과 "그리스도 안에서" 신자들의 하나 됨(12절에 대한 주해 참조)을 반영한다. 바울은 이 사실에 기초하여 특별히 그리스도가 이 형제자매와 하나가 되었다는 점을 포함하여 부정(否定)을 크게 강조하는 표현 양식을 사용한다. 곧 οὐ μὴ φάγω ...

---

270) Fee는 8:9-12에서 그 그리스어 동사가 "파멸되는 것"에 대한 주제를 반영한다고 올바로 주장한다(Fee, *First Epistle*, 389, n. 69).

εἰς τὸν αἰῶνα, "나는 어떤 경우에도 결코…먹지 않을 것입니다." 피는 시간의 연장의 측면에서 이 구절(εἰς τὸν αἰῶνα)을 "내가 살아 있는 동안 나는 결코 또다시…먹지 않을 것이다"라고 번역한다.[271] 그러나 우리는 어떤 경우에도 "결코…먹지 않을 것입니다"라는 번역을 통해 이 표현이 지닌 강도(強度)와 질적인 측면을 전달한다. 가정법 제2부정과거(φάγω, ἐσθίω에서 유래됨) 또는 때때로 직설법 미래와 함께 사용되는 이 이중 부정(οὐ μή)은 "미래에 대한 부정을 나타내는 가장 강하고 명백한 형태다."[272] 한편 εἰς τὸν αἰῶνα, "영원히"라는 표현은 (피의 경우처럼) 시간적인 의미에서 세상이 계속되는 동안으로 이해할 수 있다. 하지만 이것은 부사구로서 부정의 강도와 질을 높여주는 역할을 할 수 있다. 우리는 이 표현을 문법적인 측면에서는 명백하게 어긋나지만, 널리 사용되는 영어의 다음과 같은 관용적인 표현과 비교할 수 있다. Never, never do that again! 대신에 "Don't ever ever do that 'again!'"

많은 주석가들은 βρῶμα, "음식"이 κρέα, "모든 형태의 고기"로 바뀐 것을 중요하게 여긴다. 하지만 여기서 강조점은 (많은 이들이 잘못 주장하듯이) 전반적인 음식에서 특별히 고기로 바뀐 것이 아니라 복수 형태 κρέα(단수 κρέας)가 사용된 것이다.[273] 어떤 집합 명사(예. cheese, fruit, meat)가 복수(cheeses, fruits, meats)로 사용될 때 그것은 치즈와 과일과 고기의 다양한 종류를 가리킨다. 따라서 부정을 나타내는 표현과 더불어 이것은 다양한 종류를 배제한다. 즉 어떤 형태의 고기든지를 뜻한다. 다시 말해 설령 실질적인 종교의식에서 우상들에 희생제물로 바친 고기를 먹는 것이 분명하게 금지된다 하더라도, 그 행위가 내 형제나 자매에게 상처를 주어 걸려 넘어지게 한다면, 설령 (이방 신전에 딸린 직판장으로서) 정육점에서 판매하는 고기를 가

---

271) Fee, *First Epistle*, 389. 한편 Collins는 "그 시대가 (오기까지)"라고 번역한다(Collins, *1 Cor*, 321, 327).

272) BDF, sect. 365 (p. 184). 이 표현은 예수의 말씀에서도 나타난다. 마 26:35(가정법 부정과거), 마 16:22(직설법 미래). 참조. 계 2:11.

273) Fee는 이 뉘앙스를 간파하는 것 같다. 참조. Findlay, *Expositor's Greek Testament*, 2:844; Schrage, *Der erste Brief*, 2:268.

정에서 먹는 것까지 포함하여 어떤 경우에도 어떤 형태로든 고기를 결코 먹지 않겠다는 것이다. 이 경우는 조건적이다. 즉 이 행위가 동료 그리스도인에게 상처를 입히는 상황인지의 여부에 달려 있다.

크리소스토모스는 이렇게 주해한다. "그리스도께서는 그들을 위해 심지어 자신이 죽는 것을 선택하기까지 그들을 돌보셨다. 그런데 그들이 연약한 다른 신자들을 위해 심지어 고기를 먹는 것도 삼가지 않는다면, 그들은 주목할 만한 가치가 조금도 없다. 우리가 그들을 존중한다면 그것은 매우 어리석은 것이다."[274] 크리소스토모스의 이 주해는 이 장 전체에서 자신의 "선택할 수 있는 권리"를 주장하는 것과 자기중심적인 "자율성"(autonomy)이 그리스도인의 태도와 행위의 유형을 지배할 때 어떤 결과가 동료 그리스도인들에게 뒤따를지를 다른 사람에 대한 사랑의 동기에 근거하여 숙고하는 것을 서로 대조하는 부분을 매우 잘 포착한다. 이것은 오늘날 심리학적인 측면에서 화나게 하거나 불쾌하게 하거나 순전히 주관적인 측면에서 기분 나쁘게 하는 원인을 제공한다는 의미에서 행위들이 다른 그리스도인들에게 "기분을 상하게" 하는지와 거의 또는 전혀 무관하다. 이것은 이와 같은 태도와 행위들이 손해를 입히는지 또는 이것들이 진정으로 "지식"뿐만 아니라 그리스도인의 성품과 신앙 공동체를 세우는지와 직접 관련이 있다. 그리스도에게 죄를 짓는다는 것과 그들을 위해 그리스도께서 죽으셨다는 말은 그리스도에게 속한다는 것의 전형적인 특성에 호소하는 것이다. 즉 그리스도는 다른 사람들을 위해 "자기 목숨에 대한 권리"를 포기했다. 참으로 알로는 여기서 자기 권리를 주장하는 것은 "잔혹함"을 드러내는 행위가 된다는 크리소스토모스의 강조점을 잘 파악한다.[275] 크리소스토모스의 말에 의하면 "'설령 내가 어떤 사람을 걸려 넘어지게 한들 그것이 내게 무슨 상관인가?'라는 말은 잔혹함과 비인간성의 냄새를 한껏 풍긴다.[276]

---

274) Chrysostom, *1 Cor. Hom*. 20:11.
275) Allo, *Première Épitre*, 206.
276) Chrysostom, *1 Cor. Hom*. 20:11.

8장의 후기 역사와 수용과 관련된 두 가지 주제

창조와 한 분 하나님(8:4-6)

교부들의 사상

이레나이우스는 한 분 하나님에 대한 신앙고백을 십계명의 제1계명과 연결한다. 그다음 그는 "새긴 우상" 또는 땅의 "형상"을 만들지 말라는 제2계명(신 5:8)과 하늘에 있는 해와 달과 별들을 경배하지 말라는 것(신 4:19)과 연결하여 이른바 하늘이나 땅의 많은 신들에 대해 설명한다.[277] 테르툴리아누스는 우리가 "약한 자들"에 대한 바울의 경고 또는 권면과 관련하여 바로 앞에서 설명한 이슈를 다룬다. 그는 (마르키온을 논박하면서) 우상들 또는 거짓된 신들이 실제적으로 존재하지 않으며 구속의 범위와 한 분이신 주 예수 그리스도를 포함하여 "만물의 창조자이신" 한 분 하나님으로부터 온 창조와 구속의 통일성을 모두 강조한다. 테르툴리아누스는 그리스도가 진정으로 구약 시대에 하나님 아버지와 함께 일했으며, 창조와 구속은 오직 하나의 원천과 오직 한 분 중재자로부터 온 것이라고 주장한다. 따라서 하나님의 창조세계는 모두 선하며, 하나님으로부터 그리스도를 통해 온 것이다. 그러므로 고기를 먹거나 무엇을 마시는 것을 원천적으로 금할 수 없다.[278]

　　테르툴리아누스와 마찬가지로 오리게네스는 8:5과 6절을 한 구절 한 구절 숙고한다. 이른바 신들은 "통치…권세…능력…주권"이다. 하지만 하나님은 신자들이 한 분 하나님과 직접적인 관계를 맺도록 정해놓으셨다. 그러므로 우리에게는 오직 한 분 하나님 아버지가 계신다. "그[그리스도]가 나타나시면 우리는 그와 같이 될 것이다"(요일 3:2).[279] 이와는 대조적으로 크리소스토모스는 이른바 신들의 실질적인 존재를 부인한다. 그 대신 그는 (이레나이우스와 마찬가지로) 사람들이 실제로 경배하는 이른바 땅의 신들과 사람들이 경배의 대상으로 삼은 해, 달 또는 별들과 같은 이른바 하늘의 신들은 단지 우상에 지나지 않는다고 주장한다. 나아가 테르툴리아누스와 마찬가지로 그는 고전 1:30을 언급하면서 창조와 구속의 순서를

---

277) Irenaeus, *Against Heresies,* 3:6:5.
278) Tertullianus, *Against Marcion,* 5:7.
279) Origen, *Against Celsus,* 4:29.

서로 연결한다. "당신이 예수 그리스도 안에 있는 것은 바로 그로부터(ἐξ αὐτοῦ) 말미암은 것이다."[280] 그리고 나서 크리소스토모스는 세 번째 단계에서 하나님 아버지와 주 예수 그리스도의 관계를 언급한다. 이 관계에서 어떤 용어도 다른 대상을 가리키는 것을 배제하지 않는다. 하나님은 주님이시며, 그리스도도 하나님이시다. 그러므로 바울은 오직 한 분 하나님에 대해 말한다.[281] 크리소스토모스는 다음과 같이 말하면서 결론짓는다. 이 배경은 성령에 대한 언급을 필요로 하지 않는다. 하지만 바울은 고전 12:4과 고후 13:14에서 성령과 함께 하나님 아버지와 주 예수 그리스도를 동시에 언급한다.[282] 또한 바실레이오스도 8:6에서 하나님 아버지와 주 예수 그리스도와 더불어 한 성령에 대한 언급이 없는 것에 대해 이렇게 설명한다. 8:6은 성령의 신성을 부인하고자 하는 자들에게 일종의 시험-텍스트에 해당한다.[283]

오늘날의 사상

칼 바르트는 하나님 아버지가 모든 존재가 생겨나게 한 원인이라고 말한다. 이 하나님은 우리를 "비존재의 심연으로부터 붙잡고 계신다."[284] 하나님은 기원과 근원이시기 때문에 하나님의 아버지 되심은 부성(父性)에 대한 모든 개념과 경험이 그것에서 파생되며 또한 부차적이다. 하나님은 그 아버지이시다. 몰트만은 앞에서 우리가 제시한 주해와 일치하는 "철학적인 유일신론"과 유일신론에 대한 구원론적인 표현 양식을 서로 세밀하게 구별하는 데 관심을 둔다. 그는 필론과 헬레니즘적 유대교의 "지혜" 전승에 의혹을 품고 있다. "엄격한 유일신론은 그리스도 없이 하나님을 생각하도록 우리를 강요한다."[285] 이와 같은 유일신론은 바울과 복음을 왜곡시킨다. 이와는 대조적으로 "기독교의 만유재신론은 맨 먼저 하나님이 '그분의 타자'(his Other)를 그리워하고, 그것에 대해 타자가 하나님의 사랑에 자유롭게 응답하는 것"으로 창

---

280) *Chrysostom*, 1 Cor. Hom. 20:5.

281) 같은 책, 20:6.

282) 같은 책, 20:7.

283) Basil, *On the Holy Spirit*, 2:4 and 5:7.

284) K. Barth, *Church Dogmatics*, 1/1, 384-388 and esp. 441-442; 참조. 2/1, 454.

285) J. Moltmann, *The Trinity and the Kingdom of God* (Eng. trans., London: SCM, 1981), 131.

조를 이해한다(강조는 원저자의 것임).[286] 그러므로 하나님은 창조적인 분이시며, 그리스도와 더불어 공동-창조자라고 생각할 수밖에 없다. 심지어 아버지라는 용어도 구원하는 사랑을 표현한다. "하나님은 오직 그분의 아들 때문에 '우리의 아버지'이시다."[287] 윙엘은 8:5-6의 역동적인 힘에 주목한다(앞에서의 주해 참조). "하나님은…자기 자신으로부터 나오신다. 그리고 바로 그런 이유에서 존재 그 자체와 비존재 사이에 차이가 있다"(강조는 원저자의 것임).[288] 하지만 이 역동적인 "나옴"(참조. 고전 2:12-15; 8:5-6)은 "아무것도 아닌 것 안으로" 창조적으로 사랑으로 나아간다(강조는 원저자의 것임). 따라서 기독론적인 차원과 동인이 작동하기 시작한다. 이처럼 윙엘, 몰트만, 바르트의 강조점이 서로 차이가 있긴 하지만, 그들은 바울의 관점을 따라 존재론적이며 구원론적인 배경으로 하나님 아버지와 주 예수 그리스도를 나란히 배치한다. "우리를 위해 오직 한 분 하나님…한 분 주님이 계신다." "하나님은 스스로 계신 분이시다." 하지만 그리스도 안에서 그리고 그리스도를 통해 "대화할 수 있는 존재"로서 하나님을 인식하지 않는다면 하나님은 도저히 "상상할 수 없다." 그러므로 단순히 그노시스만으로는 "하나님"을 발견할 수 없다. 나아가 기독론, 구원, 칭호와 별개로 그분을 "생각할 수 없다."[289]

교부들의 사상에 나타난 우상에게 바친 음식

또한 εἰδωλοθύτων, "이방 신들에게 바친 희생제물과 관련이 있는 고기"의 역할과 관련해서도 해석의 역사가 생겨난다. 브런트는 바울 자신보다도 바울 이후 시대와 교부들의 자료에서 "보다 더 엄격한" 해석과 윤리가 나타난다고 주장한다.[290]

　(1) 브런트는 계 1-3장(특히 2:12-17[버가모 교회]과 2:18-29[두아디라 교회])이

---

286) 같은 책, 106.

287) 같은 책, 163.

288) E. Jüngel, *God as the Mystery of the World* (Eng. trans., Grand Rapids: Eerdmans and Edinburgh: T. & T. Clark, 1983), 224. 또한 참조. W. Pannenberg, *Systematic Theology*, 1:308-310. 또한 그도 하나님과 그리스도 사이의 차이점들에서 시작해서 유일하신 분(the One)에 대한 신앙고백으로 나아간다.

289) E. Jüngel, *God as the Mystery of the World*, 152-163.

290) J. Brunt, "Rejected, Ignored, or Misunderstood? The Fate of Paul's Approach to the Problem of Food Offered to Idols in Early Christianity," 113-124.

φαγεῖν εἰδωλόθυτα를 배제할 뿐만 아니라 그것을 행음(πορνεῦσαι)과 연결한다는 점을 우리에게 상기시켜준다. 발람과 이세벨이라는 인물은 논쟁의 일부로서 나타난다.

　　(2) 신약 이후 시대는 "보다 더 엄격한" 방침을 유지하고 있다. 유스티누스는 우상숭배에 대해 타협적인 자세를 보인 솔로몬을 비판한다. 그러자 트리폰은 다음과 같이 반박한다. "예수를 주님으로 고백하는 자들 중 많은 사람은…우상에게 희생제물로 바친 음식을 먹었다." 그리고 그는 "그들은 자의식[또는 양심]에 손상을 입지 않았다"고 단언한다.[291] 이것은 고전 8:7-13의 배후에 있는 논쟁이 여전히 계속되고 있었음을 암시한다. 그러자 유스티누스는 이와 같은 그리스도인들은 "그리스도의 가르침을 전하는 것이 아니라 오류의 영들의 가르침을 전수하는 것"이라고 반박한다.[292] 하지만 이것을 바울의 관점보다 "더 엄격한" 견해로 여기는 브런트의 입장이 옳은지는 전적으로 명백하지 않다. 왜냐하면 유스티누스는 교회의 상황에서 이와 같은 관행은 "분열을 야기한다"는 바울의 관심사를 공유하기 때문이다. 이 점에서 유스티누스는 8:7-13의 가르침을 고린도전서에 반영된 배경의 틀 안에서 전해주려고 했을 것이다. 사실상 그는 스스로 그리스도인이라고 말하지만 실질적으로 발렌티누스, 마르키온 또는 바실리데스의 가르침을 따르던 자들을 "이단"(곧 분열의 원인을 제공하는 자들)으로 규정한다. 즉 그들은 고린도의 "강한 자들"이 공유하던 어떤 특성과 몇 가지 유사점을 지니고 있었다. 죄없이 고난받은 그리스도에 대한 유스티누스의 마지막 호소는 그리스도가 약한 자들을 위해서도 죽으셨다는 바울의 호소와 일맥상통한다.

　　(3) 이레나이우스는 발렌티누스파와 바실리데스에 대한 언급에 관해 논평한다. 그는 발렌티누스파는 "우상들에게 희생제물로 바친 고기를 조금도 주저하지 않고 먹는다. 그들은 이와 같은 행위로 인해 자신들이 전혀 더럽혀지지 않는다고 생각한다"고 비판한다.[293] 이와 비슷하게 바실리데스도 이와 같은 음식을 먹는

---

291) Justin, *Dialogue*, 35(참조. 34).
292) 같은 책.
293) Irenaeus, *Against Heresies*, 1:6:3.

것은 "전혀 중요하지 않다"고 주장했다.[294] 하지만 여기서 해당 배경과 관련하여 중요한 점은 과연 이레나이우스가 바울보다 "더 엄격했는지"가 아니라 발렌티누스와 바실리데스의 행위의 기초는 몸과 물질적인 것이 영지주의자 또는 구원받은 자들에게 전혀 중요하지 않다는 그들의 그릇된 신념이라는 것이다. 이 신념은 바울이 고전 6:12-20에서 비판하는 일부 고린도 사람들의 견해를 반영한다. 나아가 이 신념은 십자가의 핵심적인 가르침(고전 1:18-2:3)과도 연결된다. 이레나이우스는 그들이 "예수는 [구레네] 시몬의 모습으로 서 있으면서 그들[자기를 고소하고 처형하던 자들]을 비웃었다"고 주장했다고 말한다.[295]

(4) 어떤 의미에서 **오리게네스**는 8:7-13의 바울의 권면보다 "더 엄격했던" 것으로 보인다. 하지만 그는 10:18-22에서 명백하게 이방 신전의 제의적인 배경에서 음식을 먹는 것에 대한 바울의 무시무시한 경고에 크게 영향을 받았다. "무릇 이방인이 제사하는 것은 귀신에게 하는 것이요…나는 너희가 귀신과 교제하는 자가 되기를 원하지 아니하노라"(10:20).[296]

(5) **발렌티누스파의 영지주의자들**은 오늘날의 텍스트 연구가 바울의 것이 아니라 고린도 교인들의 것으로 돌리는 본문(예. 8:8)을 이용하여 그것들을 "영지주의적인" 관점에서 해석했다.[297] 진리의 복음서는 바울이 "강한 자들"과 "약한 자들"을 대조하는 것을 "신령한(spiritual) 자들" 또는 "영적인(pneumatic) 자들"과 "혼적인(psychical) 자들"을 대조하는 것으로 설명한다.[298]

(6) **노바티아누스**는 광범위한 논의를 제공한다.[299]

(7) 교부 시대 이후에 몹수에스티아의 테오도로스(428년 사망)와 테오도레토스(466년 사망)는 (바울의 관점과 조화를 이루면서) 다음과 같이 주장한다. 과연 "손해를 입는 것"이 일어나는 것은 상황에 따라 당사자가 과연 양심의 가책을 받는지에

---

294) 같은 책, 1:24:5.

295) 같은 책, 1:24:4.

296) Origen, *Against Celsus*, 8:30; 참조. 8:28-30; Clement, *Stromata*, 4:16.

297) Irenaeus, *Against Heresies*, 1:6:3; 참조. E. H. Pagels, *The Gnostic Paul: Gnostic Exegesis of the Pauline Letters* (Philadelphia: Fortress, 1975), 70-71.

298) *Gospel of Truth*, 33:22.

299) Novatian, *On Jewish Meats*, 1-7.

달려 있다. 여기서 중요한 것은 이 음식이 어디서 온 것이든 간에 이런 것을 먹지 않는 자세 또는 마음가짐이다.[300] 이제 배경이 다소 덜 중요하게 되자 바울에 대한 보다 더 충실한 해석이 우세해진다. 하지만 나중에 율법에서 해방되는 그리스도인의 자유는 종교개혁 신학에서 핵심적인 이슈로 부상한다. 그리스도인들은 종교개혁 시대에 복음과 관련된 이슈들이 위태롭게 되지 않는 범위 안에서 자유를 누린다고 이해되었다.[301]

300) Theodore, Greek text fragment in K. Staab (ed.), *Pauluskommentare aus der griechischen Kirche*, 184.
301) 참조. Calvin, *Institutes*, 3:19:11.

2. 바울의 답변의 두 번째 부분: 모두의 선을 위해 권리를 내려놓는 개인적인 모범(9:1-27)

사도 직분에 대한 열정적인 강조, 얼핏 보기에 목회를 위한 재정적인 지원에 대한 "권리"의 새로운 주제에 대한 머리말과 연속적으로 이어지는 매우 강력한 수사학적 질문들(9:1에서 네 가지, 9장이 진행되면서 추가된 열두 가지)은 많은 주석가들(예. 바이스와 슈미트할스)을 다음과 같이 주장하도록 이끌었다. 즉 그들은 바울이 여기서 전적으로 새로운 주제로 나아간다고 주장하기도 하고 심지어 9:1-27은 8:1-13과 구분되는 어떤 개별적인 편지의 일부에 해당한다고 주장한다.[1]

그러나 다양한 요소를 서로 연결하여 이해하면 이와 같은 해석은 전적으로 핵심에서 벗어난다. 이 장을 있는 그대로 읽어보면 사도들이 섬기는 교회(들)로부터 재정적인 지원을 받을 "권리"를 거의 분노에 가깝게 표현하면서 촉구하는 것은 바울의 다음과 같은 결론에서 이와 정반대되는 절정에 이른다. 즉 사실상 바울은 자신이 여기서 입증하고자 했던 바로 그 "권리"를 행사하기를 원치 않는다. "권리"와 "사도 직분"에 대한 바울의 논의는 고린도 교인들이 "선택할 수 있는 [자신들의] 권리"에 대해 주장하는 논점들과 서로 평행을 이룬다(참조. 6:12; 8:1-13; 10:23). 바울은 먼저 이 "권리"의 타당성을 확인한다. 그는 이 권리가 다른 사람들 또는 교회 전체의 형통한 삶에 해를 끼칠 위험이 있는 상황이라면 그것을 기꺼이 포기하는 것을 선택할 수 있다.

수사학적·사회학적인 관점에서 이러한 해석은 기꺼이 뒷받침될 수 있을 것이다. 마거릿 미첼은 "모범에 기초한 입증"이라는 심의적 수사법이 수행하는 역할을 강조한다.[2] "이 편지에서 바울은 두 번이나 고린도 교인들에

---

1) 이 편지가 하나로 통일되어 있다는 논지에 대해서는 서론(위 101-8)을 보라. 또한 다소 덜 세부적이긴 하지만 편지의 형태와 소스데네의 대필 또는 낭독 가능성은 1:1의 주해를 보라.

2) M. M. Mitchell, *Paul and the Rhetoric of Reconciliation*, 47-50 and 130-138.

게 자기를 본받으라고 분명하게 말한다"(μιμηταί μου γίνεσθε, 4:16; 11:1).³⁾ 바울뿐만 아니라 군인, 포도원 주인, 목자도 바울의 수사법에서 각자의 역할을 담당한다. 이 수사법은 이 장에서 제시되는 사례에서 논점들을 끌어낸다(9:7). 하지만 바울의 경우에 이것은 단순히 설득의 수사법 그 이상을 의미한다. 이것은 두 가지 신학적 기본 원리에 깊숙이 뿌리내리고 있다. 첫째, 바울은 그리스도의 생활 방식으로부터 자신의 생활 방식을 끌어낸다(μιμηταί μου γίνεσθε καθὼς κἀγὼ Χριστοῦ, 11:1). 그리스도는 자기의 "권리"를 고수하지 않고 오히려 다른 사람들의 유익과 행복을 위해 기꺼이 그것들을 포기한 최상의 모범을 보여주었다(참조. 빌 2:5-11). 둘째, 사도인 바울에게 있어 신앙과 삶의 방식은 서로 밀접하게 연결되어야 한다. 따라서 바울은 전반적인 관점에서 그가 전파하는 것뿐만 아니라 "선택할 수 있는 권리" 대(對) 다른 사람들의 유익 또는 손해에 대한 구체적인 신학을 자신의 삶 속에서 철저하게 실천한다. 이것은 필연적으로 이 권리들을 요구하거나 포기하는 것으로 이어진다(참조. 8:7-13). 그러므로 "바울은 그리스도인의 자유를 정당하게 사용하는 완벽한 모범 사례로서 자신의 삶을 제시한다. 이것은 신앙 공동체 전체와 복음을 위해 자신의 고유한 권리를 기꺼이 포기하는 것이다."⁴⁾

바울과 고린도에 대한 사회학적 연구들은 다음 사항을 세부적으로 설명한다. 바울이 빌립보나 다른 외적 공급원으로부터 재정적인 지원을 받는 것이 모든 사람의 유익을 위한 것일 수도 있지만, 만약 바울이 고린도의 "친구들" 또는 "후원자들"로부터 특별한 후원을 받는다면 그들을 먼저 살필 수 있는 위험성이 있을 것이며, 그렇다면 "약한 자들"과 고린도 공동체 전체의 필요를 돌보아야 하는 바울의 의무가 심각하게 위축될 수도 있다. 또다시 피터 마셜의 전문적인 연구서 『고린도의 반목 관계』(Enmity in Corinth)는 사회적인 의무의 범위를 우리가 잘 이해할 수 있도록 돕는다. 만약 바울이 고린도의 상황에서 자기 "권리"를 사용했다면 그는 자신이 이와 같은 의무에

---

3) 같은 책, 49-50.
4) Mitchell, *Rhetoric of Reconciliation*, 130.

매여 있다고 이해했을 것이다.[5] 한편 고대 그리스-로마 저자들은 거의 분명
하게 우정을 일종의 "결속"으로 인식했다. 심지어 우정에는 답례나 상호 유
익이 뒤따른다는 것을 언급한 저자는 세네카만이 아니었다.[6] 키케로의 관
점에서 보면 우정은 "유익"(*utilitas*)을 가져다준다.[7] "이 유익을 되찾기 위
해 받은 사람은 보답해야 할 뿐만 아니라 자기에게 유익을 준 사람에게 받
은 것보다 더 관대하게 돌려주어야 한다."[8] 만약 바울이 금전적으로 이것을
제공할 수 없었다면 부유한 "후원자"는 분명히 교회 안에서의 신분, 영향력
또는 지도자의 역할의 측면에서 그것에 상응하는 무언가(*quid pro quo*)를 기
대했을 것이다.

마셜은 우정과 그것에 의한 거래에 대한 기대감의 사례를 보여주었다.
차우는 후견 제도(patronage)의 관점에서 이것을 더 명확하게 발전시킨다.
차우의 연구의 중요성은 앞에서 분열(1:10-12), 근친상간에 대한 이슈들
(5:1-5), 특별히 고소 사건(6:1-11)에 대한 배경에서 논의되었다. 차우는
"바울과 재정적인 지원"과 "부유한 후원자"에 대해 상세하게 숙고한다.[9] 그
는 고전 8장에서 수신인들에게 "다른 사람들의 유익을 위해 고기를 먹는
권리를 삼가라"는 요청과 관련하여 9장은 "모범을 제시하는 목적으로 사
용될 수 있을 것"이라는 로버트슨과 플러머, 윌리스, 탈버트의 견해에 동의
한다.[10] (또한 미첼, 슈라게, 본 주석서 저자도 이 견해를 따른다.) 하지만 선교 사역
자나 교회의 교사가 "부자와 유력자로부터 재정적인 지원을 받는 것은 고
린도 교인들에게 전형적인 행동 양식으로 받아들여질 수 있기 때문에" 모

---

5) Peter Marshall, *Enmity in Corinth: Social Conventions in Paul's Revelation with the Corinthians*, WUNT 2:23 (Tübingen: Mohr, 1987).

6) 같은 책, 1-34; 참조. Seneca, *De Beneficiis* 1.4.2.

7) Cicero, *De Amicitia* 14.51; cf. Marshall, *Enmity*, 6-9; Cicero, *Ad Familiares* 2.6.1; and A. W. H. Adkins, "'Friendship' and 'Self-Sufficiency' in Homer and Aristotle," *ClQ* 13 (1963): 30-45.

8) Marshall, *Enmity*, 11.

9) Chow, *Patronage and Power*, 107-112 and 130-141.

10) 같은 책, 107-8. 참조. Schrage, *Der erste Brief*, 2:280-281.

범을 제시하는 기능은 자신에 대한 변호 모티프를 배제하지 않는다.[11] 또한 바울은 이와 유사하게 자신의 사도 직분을 변호해야 했다. 하지만 그가 사도의 "권리"를 이용하는 것을 주저한 것은 "이 권리" 자체가 의문시되었음을 암시해줄 것이다. 즉 어떤 고린도 교인들은 바울이 진정한 "사도"가 아니거나 그가 이러한 호칭으로 불릴 수 있는 지도자의 역할을 훼손시켰다고 생각했을 것이다.

이것은 얼핏 읽기에 9장이 바울의 사도 직분을 변호하는 것에 해당하는 것처럼 보이게 하지만, 실질적으로는 보다 더 근본적인 차원에서 이 장이 8-10장의 전반적인 논리를 지지해 주는 역할을 한다는 것을 매우 적절하게 설명해준다. 마지막으로 자신의 모범을 따르라는 바울의 호소는 앞에서 살펴본 내용으로 충분히 설명될 것이다. 따라서 우리는 카스텔리가 개괄적으로 탐구한 파워 플레이에 대한 가설들에 호소할 필요가 전혀 없다.[12]

a. 개인적인 모범 사례: 바울의 사도 직분(9:1-3)

¹ 내가 자유인이 아닙니까? 내가 사도가 아닙니까? 내가 우리 주 예수를 보지 못하였습니까? 주님 안에서 나의 수고는 바로 여러분이 아닙니까? ² 내가 다른 사람들에게는 사도가 아닐지라도 나는 여러분에게 사도입니다. 왜냐하면 여러분 자신은 주님 안에서 나의 사도직에 대한 인증서이기 때문입니다.

³ 바로 이것이 나를 조사하려는 이들에게 제시하는 나의 답변입니다.

9:1-3, 특히 사도직에 대한 참고문헌(9:4-23, 24-27에 대한 참고문헌은 아래 참조)

Agnew, E. F., "On the Origin of the Term *Apostolos*," *CBQ* 38 (1976): 49-53.

_____, "The Origin of the NT Apostle-Concept," *JBL* 105 (1986): 75-96.

Barrett, C. K., "Paul and the 'Pillar' Apostle," in J. N. Sevenster (ed.), *Studia Paulina in*

---

11) Chow, *Patronage and Power*, 109; 참조. 108.

12) E. Castelli, *Imitating Paul: A Discussion of Power*, 89-118. 참조. Wire, *The Corinthian Women Prophets*, 98-115. 또한 사람을 조종하지 않는 바울의 자세에 대해서는 다음을 참조하라. A. Thiselton, *Interpreting God and the Postmodern Self*, 19-32 and 145-163.

Honorem J. de Zwaan (Haarlem: Bohn, 1953): 1–19.

_____, *The Signs of an Apostle* (London: Epworth Press, 1970), 11–84.

Beardslee, W. A., *Human Achievement and Divine Vocation in the Message of Paul* (London: SCM, 1961), 79–94.

Best, E., "Paul's Apostolic Authority," *JSNT* 27 (1986): 3–25.

Brockhaus, R., *Charisma und Amt: die paulinische Charismenlehre auf dem Hintergrund der frühchristlichen Gemeindefunktionen* (Wuppertal: Brockhaus, 1972), 112–123.

Campenhausen, Hans von, *Ecclesiastical Authority and Spiritual Power in the Church of the First Three Centuries* (Eng. trans., London: Black, 1969), 30–54.

_____, "Der urchristliche Apostelbegriff," *ST* 1 (1948): 96–130.

Cerfaux, L., *The Church in the Theology of St. Paul* (Eng. trans., New York: Herder, 1959), 248–261.

Crafton, J. A., *The Agency of the Apostle*, JSNTSS 51 (Sheffield: Sheffield Academic Press, 1991), 53–103.

Ehrhardt, A., *The Apostolic Ministry*, SJT Occasional Papers 7 (Edinburgh: Oliver & Boyd, 1958).

Farrer, A. M., "Ministry in the NT" (esp. "III, Apostles and Elders"), in K. E. Kirk (ed.), *The Apostolic Ministry* (London: Hodder & Stoughton, 1946), 113–182, esp. 133–142.

Frazer, J. W., *Jesus and Paul* (Appleford: Mancham Manor Press, 1974), 63–72.

Fridrichsen, A., "The Apostle and His Message," *Uppsala Universitets Arsskrift* 3 (1947): 3–23.

Furnish, V. P., "On Putting Paul in His Place," *JBL* 113 (1994): 3–17.

Georgi, D., *The Opponents of Paul in Second Corinthians* (Eng. trans., Philadelphia Fortress Press, 1986).

Hahn, F., "Der Apostolat im Urchristentum," *KD* 20 (1974): 54–77.

Herron, R. W., "The Origin of the NT Apostolate," *WTJ* 45 (1983): 101–131.

Hock, R. F., *The Social Context of Paul's Ministry: Testimony and Apostleship* (Philadelphia: Fortress Press, 1980), 50–68.

Horrell, D. G., *The Social Ethos of the Corinthian Correspondence* (Edinburgh: T. & T. Clark, 1996), 204–217.

Holmberg, B., *Paul and Power: The Structure of Authority in the Primitive Church as Reflected in the Pauline Epistles* (Lund: Gleerup, 1978).

Jones, P. R., "1 Corinthian 15:8: Paul the Last Apostle," *TynBul* 36 (1985): 3–34.

Käsemann, E., "Die Legitimität des Apostels," *ZNW* 41 (1942): 33–71; rpt. in K. L. Rengstorf (ed.), *Das Paulusbild in der neueren deutschen Forschung* (Darmstadt: Wissenschaftliche Buchgesellschaft, 1969).

_____, "Ministry and Community in the NT," in *Essays on NT Themes* (Eng. trans., London: SCM, 1964), 63–94.

_____, "A Pauline Version of the 'Amor Fati,'" in *NT Questions Today* (London: SCM,

1969), 217-235.

Kertelge, K., "Das Apostelamt des Paulus, sein Ursrung und seine Bedeutung," *BZ* 14 (1970): 161-181.

_____, *Gemeinde und Amt in NT* (Munich: Kösel, 1972).

Kim. S., *The Origin of Paul's Gospel* (Grand Rapids: Eerdmans, 1981), 56-66.

Kirk, J. A., "Apostleship since Rengstorf: Towards a Synthesis," *NTS* 21 (1974-75); 249-264.

Klein, G., *Die zwölf Apostel: Ursprung und Gestalt einer Idee*, FRLANT 77 (Göttingen: Vandenhoeck & Ruprecht, 1961).

Kredel, E. M., "Der Apostelbegriff in neueren Exegese," *ZKT* 78 (1956): 16-93 and 257-305.

MacDonald, M. Y., *The Pauline Churches: A Socio-historical Study of Institutionalization in the Pauline and Deutero-Pauline Writings*, JSNTSS 60 (Cambridge: Cambridge University Press, 1988), 46-60.

Manson, T. W., "The Apostolate," in *The Church's Ministry* (London: Hodder & Stoughton, 1948), 31-52.

Moltmann, J. *The Church in the Power of the Spirit* (Eng. trans., London: SCM, 1975).

Mosbech, H., "*Apostolos* in the New Testament," *ST* 2 (1949-50): 166-200.

Munck, J., "Paul and the Apostles and the Twelve," *ST* 3 (1950-51): 96-100.

_____, *Paul and the Salvation of Mankind* (Eng. trans., London: SCM, 1959), 11-68 and 168-195.

Nasuti, H. P., "The Woes of the Prophets and the Rights of the Apostle: The Internal Dynamics of 1 Cor 9," *CBQ* 50 (1988): 246-264.

Peterson, N., *Rediscovering Paul: Philemon and the Sociology of Paul's Narrative World* (Philadelphia: Fortress Press, 1985), 122-151, 163-170.

Rengstorf, K. L., "ἀπόστολος," *TDNT*, 1:407-447.

Rigaux, B., *The Letters of St. Paul: Modern Studies* (Eng. trans., Chicago: Franciscan Herald Press, 1968), 55-67.

Roloff, J. *Apostolat-Verkündigung-Kirche* (Gütersloh: Gütersloher Verlaghaus Gerd Mohn, 1965), 9-137.

Satake, A., "Apostolat und Gnade bei Paulus," *NTS* 15 (1968-69): 96-107.

Schmithals, W., *The Office of Apostle in the Early Church* (Eng. trans., Nashville: Abingdon, 1969).

Schnackenburg, R., "Apostles before and during Paul's Time," in W. W. Gasque and R. P. Martin (eds.) *Apostolic History and the Gospel: Essays Presented to F. F. Bruce* (Exeter: Paternoster, 1970), 287-303.

Schütz, J. H., *Paul and the Anatomy of Apostolic Authority*, SNTSMS 26 (Cambridge: Cambridge University Press, 1975).

Schweizer, E., *Church Order in the New Testament* (Eng. trans., London: SCM, 1961), 97-100.

Stewart-Sykes, A., "Ancient Editors and Copyists and Modern Partition Theories: The Case of the Corinthian Correspondence," *JSNT* 61 (1996): 53-54.

Stuhlmacher, P., "Evangelium-Apostolat-Gemeinde," *KD* 17 (1971): 28-45.

Theissen, G., *The Social Setting of Pauline Christianity* (Eng. trans. Philadelphia: Fortress, 1982), 40-54.

Weiss, J., *Earliest Christianity* (Eng. trans. New York: Harper, 1959), 2:673-687.

Wilckens, U., "Der Ursprung der Überlieferung der Erscheinungen des Zur traditionsgeschichtlichen Analyse von 1 Kor 15:1-11," in W. Joest and W. Pannenberg (eds.), *Dogma und Denkstrukturen* (Göttingen: Vandenhoeck & Ruprecht, 1963), 56-95.

Willis, W., "An Apostolic Apologia? The Form and Function of 1 Cor 9," *JSNT* 24 (1985): 33-48.

Young, F., and D. F. Ford, "The Authority of Paul," in *Meaning and Truth* in 2 Corinthians (London: SPCK, 1987), 207-334.

1절　(i) "내가 보지 못하였습니까?"라고 번역된 그리스어 동사는 ℵ, B˙에서 오래된 형태인 ἑόρακα로 나타난다. 반면에 P⁴⁶, A, B³에서는 보다 흔히 사용되는 형태, ἑώρακα로 나타난다. 하지만 이 두 형태 사이에 의미상의 차이는 전혀 없다. 가장 오래된 70인역의 파피루스 사본에서 ἑόρακα가 발견된다. 하지만 구술하거나 텍스트를 구두로 읽을 때 이 두 가지 형태의 차이점은 매우 미미할 것이다.[13]

(ii) D. F. G에서는 이 첫 두 질문이 아마도 필사자들이 이 단락의 주제라고 생각한 것을 먼저 배치함으로써 그 순서가 뒤바뀌어 있다. 그러나 UBS 4판의 텍스트는 예컨대 P⁴⁶, ℵ, B, 33 등에 잘 보존되어 있다.

바울의 전반적인 논의에서 이 절의 역할에 대해 9:1-27에 대한 머리말을 보라. 마치 자신의 정당한 권리로서 사도 직분에 대한 변호가 중심적인 이슈이기라도 한 것처럼 9장이 "바울의 사도 직분에 대한 변호"에 해당한다고 이해하는 것은 이 절에서 바울의 신학, 윤리, 수사법의 강조점을 올바로 파악하지 못한것이라고 우리는 강력하게 주장한다. 학자들은 부분적으로 다음 두 가지 이유에서 이러한 미혹을 받아왔다. 첫째, 서로 다른 다양한 배경에도 불구하고 사도에 대한 연구사는 막다른 골목으로 나아갔기 때

---

13) 참조. BDF, sect. 68. 이 사전은 특히 70인역의 텍스트에 대한 P. Katz의 연구에 의존한다.

문이다. 둘째, 고린도전서가 여러 편의 편지가 합쳐진 것이라는 많은 경쟁적인 가설의 부당성은 상대적으로 최근에 충분히 파악되었기 때문이다. 우리는 앞에서 이 편지가 여러 편의 편지로 결합되었다는 이론은 그 무엇보다도 다음 세 가지 이유에서 실패했다고 논의했다. (a) 이른바 결합된 부분들이 어디서부터 어디까지인지에 대한 가설들은 서로 일치하지 않는다. (b) 편집 목적을 위해 파피루스 두루마리를 "자르고 붙이는" 사본 필사자들의 임무에 대한 실질적인 제한과 관련된 스튜어트-사이크스의 최근의 논의. (c) 미첼과 같은 저자들이 제시하는 보다 더 설득력이 있는 구조 분석과 거기서 파생되는 보다 더 설득력 있는 해석 등이다.[14]

바울은 진정한 사도 직분의 신임장을 입증하고자 한다. 그것은 그의 사도 직분이 의심을 받았기 때문이 아니라 그가 "권리"를 포기하기로 스스로 결정한 것이 그러한 "권리"와 관련하여 그의 신분에 어떤 결격 사유가 있음을 암시한다고 인식되었기 때문이다. "강한 자들"은 분명히 이 권리들을 사도 직분에 대한 신분과 표징들(signs)—(강력하고 미사여구적인 수사법 및 그것과 관련된 "전문 직업적인 신분"[참조. 2:1-5], 그리고 (어떤 후원자 또는 후원자들로부터 재정적인 지원을 받음[참조. 9:1-27])—의 일부분으로 간주했을 것이다. 하지만 바울은 단지 다음과 같은 이유에서 자신의 사도 직분을 변호한다. (a) 바울은 자신이 포기하기로 한 "권리들"을 자신이 지니고 있음을 입증하려고 한다. (b) 그렇지 않으면 그가 이제 제시하고자 하는 논점이 처음에 제기한 전제에 의혹을 불러일으킬 수도 있기 때문이다. 바레트는 이 점을 이렇게 요약한다. "만약 이 사람이 진정한 사도라면…그는 이러한 [권리들이] 제한되는 것을 스스로 허락하지 않을 것이다."[15] 그러나 심지어 바레트도 다음과 같이 주장하면서—피도 이러한 입장을 따르고 있다—바울의 사도

---

14) Stewart-Sykes, "Ancient Editors and Copyists and Modern Partition Theories: The Case of the Corinthian Correspondence," 53-54. 한편 Weiss와 Schmithals뿐만 아니라 최근의 널리 퍼진 연구에 반대하는 다음을 참조하라. H. Friör, *You Wretched Corinthians!* (Eng. trans., London: SCM, 1995), 140-143 그리고 곳곳에.

15) Barrett, *First Epistle*, 200.

직분이 전반적으로 의심을 받고 있음을 암시하는 듯 보인다. "만약 바울의 사도로서의 신분이 고린도에서 의문시되지 않았다면 그는 사도의 권리에 대해 그렇게 길고 광범위하게 다루지 않았을 것이다." 이와는 대조적으로 슈라게는 8:1-11:1에서 효력을 입증해주는 바울의 모범적인 사례의 역할에 강조점을 둔다.[16) 콜린스는 이 절들을 "자신의 삶에 대한 그[바울]의 변호(*apologia pro vita sua*)"라고 부른다.[17) 설령 3절이 이것을 암시하는 것처럼 보인다 하더라도, 9장 전체의 주요 강조점은 8:1-11:1 전체의 원리와 더 밀접하게 연결되어 있는 듯하다. 해당 단락은 바울 자신의 삶과 사역을 구체적인 예를 들어 보여준다.

　　여기서 일관된 논점은 신학적인 교회론의 일부분으로서 "권위"를 입증하려는 것이 아니라 8:1-13에서 우상들과 상관이 있는 고기를 먹는 "권리"에 대한 고린도 사람들의 추론에 진지한 평행 사례를 제공하는 것이다. 이것은 자신들이 "지식"의 은사를 소유하고 있으며(8:1) 자신들의 "권리"에 대한 신학적·경험적 기초에 대해 "강한 자들"이 주장하는 것으로부터 비롯된 긴 논의와 평행을 이룬다. 바울은 그들의 수사법에 자신의 수사법을 나란히 제시한다. 그것을 통해 바울은 자신과 그들이 서로 반대되는 결론을 추론하는 주요한 전제들을 서로 비교하며 그것들의 타당성을 입증하려는 것이다. 왜냐하면 작은 전제는 커다란 차이를 빚어내기 때문이다. "강한 자들"의 경우에 하나의 작은 전제는 "선택권"이 내포되어 있다는 것을 설명해준다. 반면에 바울의 관점에 의하면 그것은 모든 신자들을 위해 그리스도가 죽은 것에 호소한다. 그들 가운데는 상처를 입어서는 안 되는 "약한 자들"도 포함되어 있다.

---

16)　같은 책; 참조. Schrage, *Der erste Brief*, 2:280-281. 심지어 Fee는 다음과 같이 더 분명하게 말한다. "이 편지의 상당 부분의 배후에는 권위에 대한 위기가 도사리고 있다(참조. 4:1-5; 5-6장; 14:36-37)"(Fee, *First Epistle*, 393; 참조. 395). 설령 고린도 교인들이 어떤 지도자를 다른 지도자보다 더 선호하는 시도를 했다는 사실을 고려한다 하더라도(참조. 1:10-12), 바울의 다양한 가르침 또는 관점은 사도로서의 그의 신분이 의심받았다고 암시해주지는 않는다.

17)　Collins, *First Cor*, 328.

그러므로 바울은 먼저 자신이 "강한 자들"이나 다른 신자들과 마찬가지로 자유인, ἐλεύθερος이라는 것을 입증한다. 그는 οὐκ … οὐκ … οὐχί라는 부정사들을 사용하면서 이 수사학적인 질문을 연속적으로 매우 강력하게 제시한다. 그리고 다음과 같이 일련의 긍정적인 답변을 강력하게 제시한다. "내가 자유인이 아닙니까?(물론 나는 자유인입니다!) 내가 사도가 아닙니까?(당연히 나는 사도입니다!) 하지만 "우리가 모두 지식을 소유하고 있다"(8:1)는 것이 나중에 단지 제한적으로 인정되는 것과 같이, 이 자유도 9:19에서 다음과 같은 언급과 더불어 묘사된다. "비록 나는 모든 대상[사람들 또는 제한들?]으로부터 자유롭지만, 나는 나 자신을 모든 사람을 위한 종으로 삼았습니다"(πᾶσιν ἐμαυτὸν ἐδούλωσα). 이전의 많은 주석가들은 "자유로운"이 유대교 율법으로부터의 자유를 의미하는 바울의 신학을 가리킨다고 파악한다. 하지만 콘첼만은 이렇게 주장한다. "그는 그리스도인의 자유에 대해 전반적으로 말하는 것이 아니라 그의 특별한 자유…자신의 특별한 사도 직분에 대해 말한다."[18] 또한 벵엘은 이렇게 주해한다. "나는 자유인입니다. 그다음 그것에 대한 이유로서 나는 사도입니다.…그리고 4절에서 [자유인이] 명사 ἐξουσία로 언급된다."[19] 자유인을 ἐξουσία(4절)와 연결하는 것은 분명히 옳다.[20] 오늘날 이전의 주석가들 중에서 하인리치도 이처럼 보다 더 좁은 관점에서 이 개념을 파악한다.[21]

이 절과 관련하여 사도에 대한 최초의 "자격 조건" 또는 최초의 판단 기준은 다음과 같이 탁월하게 표현되었다. "사도 직분에 대한 두 가지 필수적인 구성 요소는 다음과 같다. 첫째, 사도는 기독교의 핵심적인 사실, 예수 그리스도의 부활을 세상에 증언해야 한다. 둘째, 사도는 부활하신 구주를 '성령과 그 능력을 드러내는 것을 통해' 전파해야 한다"(두 번째 요소의 의미에

---

18) Conzelmann, *1 Cor*, 152.
19) Bengel, *Gnomon*, 635.
20) Schrage, *Der erste Brief*, 2:287; Senft, *Première Épitre*, 117.
21) Heinrici, *Das erste Sendschreiben*, 238.

대해서는 2:4에서 논의했다).[22] 이 배경에서 직설법 현재완료 ἑόρακα(ἑώρακα)는 바울이 이전에 다메섹으로 가던 길에서 부활하신 그리스도를 만나 사도로 위임되고 선교 사명을 받은 경험이 현재에도 효력을 미치고 있다는 것을 표현한다. 여기서 바울은 Χριστόν 대신 Ἰησοῦν를 사용한다. 하지만 그는 '지상과 관련된' 이 이름을 τὸν κύριον ἡμῶν과 결합한다. 이것은 의심할 여지 없이 이 언급이 부활하신 그리스도를 가리키지만, 바울의 믿음과 사상 안에서 나사렛 예수와 하늘에 계신 부활하신 주님은 동일한 분이라는 점을 확인해준다.[23] 하지만 1:1을 주해하면서 우리는 사도라는 개념에는 세 번째 요소도 내포되어 있다고 주장했다. 즉 사도들은 단지 사건에 대해 사실 그대로 주장해야 한다는 측면에서 신실한 증언자에 불과한 것이 아니다. 그리고 그들은 그리스도를 중심으로 한 복음의 내용을 선포한 설교자들이었을 뿐만 아니라 그 무엇보다도 그들의 십자가적이며 그리스도 중심적인 삶의 방식 안에서 명백하게 표현된 증인으로서의 행위를 수행했다.

"사도적인 증언"은 말씀뿐만 아니라 삶 자체와 관련이 있다. 따라서 미쳴이 확인해주듯이 바울은 어떤 사례를 보여주기 위해 혹은 어떤 논점을 지지하기 위해 단순히 수사학적인 의미에서 "모범"에 호소하지 않는다. 십자가의 의미를 구체적으로 보여주는 것, 곧 실질적인 삶의 방식에서 다른 사람들에게 그리스도와 같은 자세를 보여주는 것이 사도의 본질을 부분적으로 보여주는 것이며, 8:1-13에서 촉구하는 그리스도 중심적인 원리를 실증해주는 것이다.

이것은 바울의 사상에서 교회론보다 기독론이 우위에 있다는 점을 반영한다. 1:18-25에서 우리는 슈라게가 "판단 기준으로서 십자가"라는 주제

---

22) Edwards, *First Epistle*, 226. 참조. Strobel, *Der erste Brief,* 143(참조. 갈 1:11-15; 고전 15:8-9); Senft, *Première Épitre,* 117; Lang, *Die Briefe,* 114; Dunn, *Romans,* 1:9.

23) Dunn은 자신의 연구서에서 다양성을 드러내는 많은 특징들과 대조되는 이 정체성과 연속성을 신약성경 안에서 하나로 통일하는 역할을 하는 단서 중 하나로 확인한다(J. D. G. Dunn, *Unity and Diversity in the NT,* [Philadelphia: Westminster and London: SCM, 1977]). 또한 이것은 그의 저서 *Theology of Paul,* 183-266에서도 강조되었다.

를 제시하는 것을 탁월하다고 평가했다.[24] 현대 신학에서 "기독교의 정체성"은 "십자가에 달리신 그리스도와 하나가 되는 행위 안에서" 발견된다는 주장을 몰트만보다 더 강력하게 설파하는 신학자는 아마도 없을 것이다.[25] "보존"(maintenance)과 "적합성"(relevance)을 위한 투쟁은 (본회퍼의 표현을 빌리자면) "다른 사람들을 위한 분"으로서 예수와 하나가 되는 것과 어울리지 않는다.[26] "자신들의 작은 그룹만을 위한 방어벽을 세우는 것"은 그리스도인의 정체성도 아니고 교회의 정체성도 아니며, 사도적인 정체성도 결코 아니다.[27] 이 배경에서 (미첼의 경우와 마찬가지로) 몰트만은 다음과 같이 "이익의 수사학"을 비판한다. "우리는 십자가의 스캔들[고전 1:18-25]을 장미로 둘러쌌다."[28] 몰트만은 이 관점을 자신의 저서 『성령의 능력 안에서의 교회』에서 교회론과 사도직에 대한 가르침으로 발전시킨다. 성령은 교회를 승리주의로도 이끌지 않으며, 배타주의로도 이끌지 않는다. 교회는 그리스도 안에서의 하나님의 행위와 더불어 자신의 정체성을 확인한다. 심지어 "원수에 대한 사랑" 안에서 또는 소외자들을 위한 사랑 안에서 "하나님은 자신이 십자가에 달리는 것을 허용하셨다."[29] "강한 자들"의 주장에 반대하면서 바울과 더불어 몰트만은 사도직과 교회의 정체성은 교회 자체 안에 그리고 교회 자체를 위해 존재하는 것이 아니라고 주장한다. 이 관점은 분명히 "사도적"이라는 용어를 대체로 매우 좁은 의미에서 "교회의 역사적인 뿌리와 일치하는 것"을 의미하는 데 사용하는 것에 이의를 제기할 것이다. 반면에 이 용어는 보다 더 광범위하고 타당한 의미에서 **윤리와 삶의 방식**을 포괄하는 것으로 이해해야 한다.

　이것은 우리가 1:1에 대한 해석(주해 참조)에서 구별했던 사도에 대한

---

24) 1:18-25의 주해 참조. 또한 Schrage, *Der erste Brief,* 1:65-90, 신앙 공동체와 사도의 기초와 판단 기준으로서의 십자가(165).

25) J. Moltmann, *The Crucified God* (Eng. trans., London: SCM, 1974), 19.

26) 같은 책.

27) 같은 책, 20.

28) 같은 책, 36.

29) 같은 책, 249에서 인용함. 참조. *The Church in the Power of the Spirit,* 곳곳에.

네 가지 의미로 돌아가는 데 도움을 준다. (i) "권위"를 수용하는 자로서의 사도(칼뱅, 알로, 와이어). (ii) 자신으로부터 벗어나 그리스도 안에서의 하나님과 다른 사람들을 가리키는 용어로서의 사도(크리소스토모스, 슈라게, 볼프, 크래프턴). (iii) 자신과 더불어 죽고 부활하신 그리스도를 삶으로 보여주는 일종의 "표시"로서의 사도. (iv) 그리고 (ii) 및 (iii)과 부합되게 사는 삶을 통해 진리 주장에 대한 공적이며 가시적인 증인으로서의 사도(노이펠트와 본 주석서 저자의 견해).[30] 일단 일관성 있는 증인 안에서 진리와 삶의 이와 같은 결합이 성취되면 사도의 의미는 (i)의 관점 안에 암시되어 있다. (i)은 사도를 "권위"와 연관시킨다. 이 권위는 "기초를 제공하는" 증인이 지니고 있는 파생적인 특성이다. "내가 우리 주 예수를 보지 못하였습니까?"(9:1)는 그리스도와 그의 부활에 대한 진리를 주장하는 것에 유일한 기초를 제공하는 증인의 측면을 실례를 통해 구체적으로 보여준다. "주님 안에서 나의 수고는 바로 여러분이 아닙니까?"라는 수사 의문문은 증인의 생활 방식을 실례를 통해 구체적으로 보여준다. 그들의 말과 행위는 그리스도의 영의 영향력 아래에서 열매를 맺었다. 따라서 이것은 회심자들과 관련하여 그들이 사도적 권위의 위치를 차지하고 있다는 것으로부터 파생된 결과인 것이다.

하지만 9:1-27의 머리말에서 우리가 어느 정도 자세하게 논의했듯이, 고린도 교인들은 "진정한" 사도라면 자신의 신분과 능력을 상징하는 것을 명백하게 보여줄 것이라고 기대했다. 몰트만은 이것을 사도적 정체성에 대한 일종의 배반으로 인식한다(앞의 설명 참조). 따라서 바울은 8:1-13에서 "지식"과 "권리"에 대한 논의를 전개함과 동시에—자신의 의지와는 달리—자신의 사도적 "권리"를 입증할 뿐만 아니라 자신의 소명을 재확인한다. 그의 논점의 일부분은 실존주의적이거나 경험에 기초한 것이다. 슈트로벨이 지적하듯이 ὑμεῖς뿐만 아니라 ἐν κυρίῳ도 그리스어 어순에서 그 의

---

30) V, H, Neufeld는 이것을 사도직에 구체적으로 적용하지 않는다. 하지만 진리의 요구와 자기 자신을 포함하는 삶의 자세로서 증언자에 대한 그의 이중적인 이해는 사도직에 대한 우리의 관점에 필수적이다.

미가 강조된다.[31] "여러분"이라는 표현은 적어도 고린도 교인들이 무엇이 자명한 것인지 질문해야 할 이유가 있음을 암시한다. 한편 "주 안에서"라는 표현은 바울이 이 수고(τὸ ἔργον μου)를 그리스도 안에 있는 하나님의 은혜가 아니라 자신의 개인적인 "성취"로 여긴다는 주장을 모두 무효화시킨다. 그러므로 우리는 "주님 안에서 나의 수고는 바로 여러분이 아닙니까?"라고 번역했다. REB는 ἔργον을 "내 작품"이라고 번역하면서 그 의미를 개인화한다.

"사도들"에 대한 해석사에서 나타나는 몇 가지 오해 요소

우리는 (1:1과 9:1의 주해에서) 사도와 관련하여 다음과 같이 주장했다. (i) 사도는 자신이 아닌 하나님을 가리킨다. (ii) 사도는 십자가적인 생활 방식을 통해 복음을 구체적으로 보여준다. (iii) 특별히 이 용어와 이 주제에 대한 연구사에서 나타난 궤적으로 말미암아 진리 주장에 기초를 제공하는 증인과 개인적인 수고는 불필요한 것이지만, 자기를 주장하는 세력과 교회의 권위에 대한 논쟁적인 이슈들을 불러오게 되었다. 그럼에도 캐제만 이후에 이 논쟁은 보다 더 긍정적인 방향으로 나아가게 되었다.

(i) 사실상 바울의 사도 직분에 대한 근대 논쟁은 F. C. 바우어(1792-1860년)와 더불어 시작되었다. 그의 논문 "그리스도 당"(1831년)은 "바울의" 기독교와 이른바 "베드로의" 또는 보수적인 유대교 전통을 서로 갈라놓았다.[32] 그의 저서 『바울』(1845년)에서 바우어는 "사도 직분"에 대한 바울의 주장은 바울의 진정한 편지들에 대한 필수적인 판단 기준의 역할을 했으며, 그것은 예루살렘 교회의 보다 더 협소하며 유대교적 "율법주의자"의 전통과 동등한 권위를 얻으려는 논쟁에 해당

---

31) Strobel, *Der erste Brief,* 143; Robertson and Plummer, *First Epistle,* 178(2절에 대한 주해 참조)

32) F. C. Baur, "Die Christuspartei in der korinthischen Gemeinde, der Gegensatz des petrinischen und paulinischen Christentums in der ältesten Kirche, der Apostel Petrus in Rom," *Tübinger Zeitschrift für Theologie* 4 (1831): 61-206.

했다는 이론을 설명해주었다. 그의 연구가 명백한 취약점을 지니고 있음에도 불구하고 바우어의 저서는 주의 만찬에 대한 접근 방식에도 영향을 미쳤다. 우리는 리츠만에게서 그와 같은 접근 방법을 발견할 수 있다. 그 접근 방법에 의하면 모든 것은 "바울의" 전통과 "예루살렘의" 전통이 서로 분리되어 있는 것에 달려 있다. 하지만 바우어가 사망한 이후로 알브레히트 리츨—이전에 그는 바우어의 그룹에 속해 있었다—은 바우어의 가설이 전제했던 매우 단순하고 광범위한 억측들을 노출하기 시작했다.

　　(ii) 1933년에 렝스토르프는 *TDNT* 1권에 사도 직분에 대한 그의 영향력 있는 논문을 기고했다.[33] 그는 그리스어 사전에서 ἀποστέλλειν, (대표자 또는 대리자로서) "파견하다, 파송하다"는 너무 광범위한 의미를 지니고 있기 때문에 신약성경의 해석에 도움을 주지 못한다고 주장했다. 그 대신 그는 아마도 후대의 미쉬나에 반영된 기원후 1세기 랍비 문헌의 배경에 관심을 기울인다. 여기서 지역 공동체의 어떤 공적인 대표로서 שליח(샬리아흐)가 언급된다.[34] 하지만 렝스토르프는 이 개념이 바울에게 전적으로 적용되지 않으며, 오히려 그에게 예레미야가 예언자로 부르심을 받은 모델이 더 좋은 평행 사례를 제공한다는 점을 인정한다. "예레미야는 바울의 위대한 선임자였다."[35] 하지만 미쉬나는 어떤 공동체를 대신하는 샬리아흐 또는 대리자에 대해 언급하지 않는다. 반면에 미쉬나는 "어떤 사람의 샬리아흐는 그 사람 자신과 같다"고 주장한다(*Berakoth* 5:5). 즉 전권을 가진 대리자라는 것이다. 역사적으로 이것은 돔 그레고리 딕스(1946년), 허버트(1946년, 1963년)와 다른 이들에게 교회 제도와 관련하여 "사도권 계승" 교리를 지지하는 데 논거를 제공해주었다. 그들은 그것을 주교직 계승에 적용했다.[36] 오늘날에는 극소수 학자들만 준

---

33) Rengstorf, "ἀπόστολος," *TDNT*, 1:407-447; 참조. 398-406, 413-420.

34) *TDNT*, 1:400-403, 413-420, 425-430 and 441-442.

35) 같은 책, 439.

36) Dom Gregory Dix, "Ministry in the Early Church," in Kenneth E. Kirk (ed.) *The Apostolic Ministry: Essays on the History and Doctrine of Episcopacy* (London: Hodder & Stoughton, 1946), 183-303; A. G. Herbert, "Ministerial Episcopacy," ibid., 493-533 and 1963, 53; 참조. A. M. Farrer'의 "The Ministry in the NT," ibid., 113-181에 대한 더 신중한 언급.

(準)기계적인 전승 이론을 지지한다. 하지만 교회론적이며 교리적인 강조점은 광범위하게 확립되었다. 맨슨은 살리아흐에 기초한 접근 방법의 타당성을 지지하면서도 다음과 같이 주장한다. "살리아흐는 한정된 임무를 지니고 있다.…그의 권위는 확장되지 않는다.…그의 임무가 완수되면 그의 직분과 권위는 소멸된다."[37] 커크는 렝스토르프가 논문을 기고한 이후로 살리아흐 개념의 타당성에 대해 비판하는 것을 찾아내어 검토한다.[38] 이 접근 방법의 타당성을 부인하는 저자들 중에는 모스벡, 클라인, 리고, 한스 폰 캄펜하우젠 등이 포함되어 있다.[39]

　　(iii) 전환점의 시작은 어느 정도 1942년에 발표한 사도직에 대한 캐제만의 긴 논문과 함께 나타났다. 그는 사도직의 "타당성"과 "정당성"에 대한 이슈들은 바우어가 암시한 바와 같이 바울이 아니라 고후 10-13장의 바울의 대적자들에 의해 제기되었다고 주장했다. 캐제만은 고린도전서에 등장하는 바울의 주요 "적대자들"이 "신령한" 열정주의자들임을 확인해준다. 반면에 그는 고린도후서에 나타나는 바울의 대적자들은 어느 정도 "신령주의자"로 머물러 있었지만, 이른바 최초의 "원시" 사도들의 이름 아래 유대교적 기독교 형태를 촉진시켰다고 이해한다.[40] 그의 이러한 주장은 라이첸슈타인의 입장을 따르는 것이며, 쉬츠에게 영향을 미쳤다. 바울의 적대자들은 그가 사도의 "표징들"을 지니고 있지 않다고 비난했다는 것이다(참조. 고후 12:12). 캐제만은 그들이 "합법성"에 대한 판단 기준으로서 전승에 대한 교회의 가르침을 발전시켰다고 믿는다.[41] 이와는 대조적으로 캐제만은 사도 직분에 대한 바울의 관점이 교회론적이 아니라 기독론적이라고 해석한다. 즉 사도 직분은 "그리스도의 마음"(고전 1:26) 안에 기초하고 있으며, 그의 고난은 "연약함"을 수반하며, 그 용어는 "복음"과 관련이 있다는 것이다.

---

37) T. W. Manson, *The Church's Ministry*, 37; 참조. 31-52.

38) J. A, Kirk, "Apostleship since Rengstorf," 249-264.

39) Mosbech, "*Apostolos* in the NT," ST 2 (1949-50): 166-200; Klein, *Die zwölf Apostel*, 26-30 and 202-210; Rigaux, *The Letters of St. Paul*, 55-67; Von Campenhausen, *Ecclesiastical Authority and Spiritual Power*, 12-29.

40) Käsemann, "Die Legitimität des Apostels," 33-71; rpt. in K. Rengstorf (ed.) *Das Paulusbild in der neueren deutschen Forschung* (Darmstadt: Wissenschaftliche Buchgesellschaft, 1969), 492.

41) 같은 책, 496.

캐제만의 연구의 장점은 (우리가 앞에서 논의했듯이) 사도 직분에 대한 표징들을 교회의 구조와 관련된 권세 또는 주도하는 권세보다는 기독론 및 복음과 연결한다는 데 있다. 그럼에도 캐제만의 연구의 약점은 그의 연구가 교회 조직(또는 반교회 조직)과 관련된 교리적인 어젠더를 지니고 있다는 데 있다. 그것은 딕스나 헤벨의 입장처럼 명백하지만, 정반대의 목적을 지니고 있다. 즉 그것은 사도 직분에 대한 제도적인 또는 보다 더 "가톨릭"적인 견해를 공격하는 것이다. 캐제만은 바울이 십자가를 붙잡고 그것을 제시하면서 반제도적인 합법성과 영적인 권세를 모두 반대하며, 이 둘 사이의 중간에 위치하는 것으로 인식한다. 따라서 나중에 발표된 신약성경의 목회 사역에 대한 그의 논문에서 캐제만은 그 이후에 기록된 저서들에서 십자가의 신학을 대체하는 은사들이 제도화되었다고 이해한다. 그는 루터의 용어를 빌려 그것은 일종의 영광의 신학(*theologia gloriae*) 또는 승리주의적 신학으로서 십자가의 신학(*theologia crucis*)을 조작해서 왜곡시킨다고 말한다.[42] "십자가의 본질적인 뿌리는 연약함 그 자체이지만, 부활의 기초는⋯바로 하나님의 능력이다."[43] "사도 직분에 대한 진정한 표징은 권능을 드러내는 사역도 아니며 황홀한 경험도 아니라⋯십자가의 의미를 삶 속에서 철저하게 실천하는 섬김이다."[44]

(iv) 캐제만의 제자였던 쉬츠는 막스 베버가 권위를 카리스마적인 것, 관습화된 것과 제도화된 것을 서로 대조하는 것에 비추어 캐제만의 관점을 평가하는 것에서 그의 연구를 시작한다. 보다 최근에 마거릿 맥도날드는 비슷한 도구들을 사용하며 이 이슈에 접근했다.[45] 하지만 한편으로 쉬츠는 신령주의자들에 대한 바울의 비판에서 어느 정도의 순환 논리를 인식하지만, 십자가에 대한 캐제만의 주제를 다룰 때 그는 해결책에 대한 가능성을 제시한다.[46] 이것은 십자가에 대해 "기초와 판단 기준"으로서 슈라게 및 몰트만과 공유한 우리의 강조점과도 일치한다 (1:18-31의 주해를 보라. 또한 참조. 2:1-4:21).

---

42) Käsemann, "Ministry and Community," in *Essays on NT Themes*, 92.
43) Käsemann, "Legitimität," in *Paulusbild*, 501.
44) 같은 책, 520 및 499.
45) MacDonald, *Pauline Churches*, 10-29, 40-60 and 249-286.
46) Schütz, *Anatomy of Apostolic Authority*, 249-286.

(v) 사도 직분에 대한 논쟁의 다음 단계는 1970년에 발표된 루돌프 슈나켄부르크의 논문과 더불어 전개된다. 그의 논문에 많은 유용한 논점이 있지만, 특별히 다음 두 가지가 뛰어난다. 첫째, "바울은 사도 직분에 대해 명백한 판단 기준을 지닌 어떤 획일적인 개념을 알지 못했다."[47] 둘째, "어떤 사도에 대해 다른 사도를 '카리스마적'이거나 '제도적인' 개념으로 평가하는 것은 의미가 없다.…그 개념은…면밀하게 정의되지 않았다."[48] 슈나켄부르크는 예루살렘 신앙 공동체 안에서, 그리고 아마도 더 광범위하게 바울 서신 안에서도 사도들은 그리스도의 부활을 목격한 자들이었음을 시인한다. 사도라는 용어가 "어떤 응집력이 있는 그룹"과 관련되어 있긴 하지만, 얼마 지나지 않아 이 용어는 보다 더 광범위한 의미로 발전되기 시작했다. 사실상 고전 9:1과 15:7은 사도 직분이 그 당시에 모든 지역에서 부활의 증인이라는 관점에 의존하고 있었다는 것을 결정적으로 보여주지 않는다. 그 그룹은 보다 더 광범위하게 이해되어 예를 들면 안드로니고와 유니아도 포함되었다. 하지만 그들은 "사도들의 그룹에서 잘 알려진 자들"로 묘사하는 것이 더 바람직할 것이다(참조. 롬 16:7). (이것은 해당 절에서 우리가 ἐπίσημοι ἐν τοῖς ἀποστόλοις를 어떻게 번역하느냐에 달려 있다.)[49] 바울은 과연 사도 직분이 철저하게 실행되는 것에 대해 질문하지만, 호칭과 직분 또는 생활 방식의 상호 관계는 그에게서만 특정적으로 나타나는 것은 아닐 것이다. 고후 2장에서 "신임장"은 권한에 대한 위임장이 아니라 사도에 어울리는 행위에 대해 증언하는 공식 문서를 가리킬 것이다. 바울이 이 신임장을 그의 적대자들의 "속임수"와 그들의 조작하는 방법의 교활함의 일부로 여긴다는 것을 제외한다면 말이다(고후 3:1-3; 12:11).[50] 결국 모든 것은 그들의 설교와 생활 방식에 의해 전해지는 것에 달려 있다.

(vi) 홀름버그의 연구서 『바울과 권세』(1978년)는 이 논쟁에 훌륭하게 기여한다. 그의 핵심적인 강조점은 바울이 세운 교회들의 권위 구조 또는 영향력의 유

---

47) Schnackenburg, "Apostles before and during Paul's Time," in Gasque and Martin (eds.), *Apostolic History and the Gospel: Essays Presented to F. F. Bruce*, 301; 참조. 287-303.

48) 같은 책, 302.

49) 같은 책, 293-294.

50) 같은 책, 297. 하지만 Schnackenburg는 "열둘"이라는 이미지가 사도에 대한 개념을 곧 주도하기 시작했음을 인정한다(302).

기적이며 다양한 특성에 관심을 기울인다. "거기서 서로 다른 구성 요소들은 서로 밀접하게 결속되어 있지만, 서로 균형 있게 의존하고 있는 것은 아니다."[51] 사도 직분은 한 지역에 국한되지 않으며, 다른 이유에서 바울이 한 공동체에 머무는 것은 다른 공동체에 그의 영향력을 강화하거나 약화할 수 있다. 하지만 그는 대다수 저자들이 (그들이 캐제만, 베버, 렝스토르프 또는 쉬츠의 견해를 활용한다 해도) "초기 교회의 권위의 복합성"을 파악하지 못한다고 주장한다. 즉 그 권위는 일종의 카리스마적인 형태의 권위로서 교회의 구조와 더불어 다양한 측면에서의 인적 자원, 제도들 및 사회적인 세력의 역동적인 상호 작용을 통해 지속적이며 반복적으로 제도화된다.[52]

이것은 20세기 후반의 "공유된 리더십"의 보다 더 정치적인 또는 "민주적인" 개념들과 상당히 다른 의미를 제공해준다. 이 개념들은 종종 투표로 결정되는 포괄적인 민주주의 또는 보다 더 배타적인 공동체의 "장로 직분"을 초래한다. 그 안에서 엄격하게 정의된 "내부 모임"은 새로운 권위적인 구조로 강화된다. 설상가상으로 그 구조는 순전히 내부적인 판단 기준을 통해 해당 지역 안에서만 의무를 떠맡는다. 바울에 대한 홀름버그의 이해에 의하면 진정한 리더십을 위한 여지가 남아 있다. 하지만 동의와 책임의 상반되는 교류는 다양한 방법으로 바뀐다. 대체로 수많은 배경적·신학적·사회적인 요소들은 상호 작용을 하며 상반되는 균형을 제공해준다. 따라서 바울은 "지도자" 또는 사도에 대한 지나치게 단순하거나 지나치게 정교한 이해를 거부한다. 그는 리더십뿐만 아니라 상호성을 위한 어떤 장소를 찾는다. 타이센(1982년)과 다른 이들은 이 이슈들 중에 몇 가지를 특별한 방향으로 이끌어간다. 하지만 타이센은 (슈나켄부르크와 달리) 아마도 베버의 견해를 지나치게 중요시하여 또다시 카리스마적인 것과 제도적인 것을 대립시키는 경향을 보여준다.[53] 아마도 홀름버그가 더 많은 도움을 줄 것이다.

(vii) 편의상 보다 최근의 접근 방법들을 함께 고찰해 볼 수 있을 것이다. 베스트(1986년)는 권위에 대한 이슈들로부터 사도를 분리하는 것을 지지하는 중요

---

51) B. Holmberg, *Paul and Power*, 207.
52) 같은 책, 204-205.
53) Theissen, *Social Setting*, 40-54. 또한 그의 저서의 다른 부분에서.

한 논거를 제시한다.[54] 와이어보다 앞서 그는 바울의 권위에 기초한 리더십 역할
이 그가 세운 신앙 공동체들의 "창립자"와 "아버지"로서의 신분과 역할(고전 4:14-
21)에서 유래했다고 주장한다.[55] 그래서 바울은 "여러분은 주님 안에서 나의 수고
의 열매가 아닙니까?"라고 질문한다. 이것은 비어슬리와 던의 견해와 유사한 점
을 지니고 있다.[56] 존스는 기초적·선교적·초지역적·종말론적 측면을 모두 결합
한다.[57] 마지막으로 리트핀과 리처드슨은 이것을 한층 더 발전시킨다. 리트핀은
새로운 수사학에서 권력에 대한 관심이라는 의제에서 사도라는 용어를 배제한다.
그는 우리에게 바레트가 그리스도를 "플래카드로 알리다"라는 바울의 개념에 주
목하는 것을 머릿속에 떠올리게 한다. 이 동사는 "이러한 비수사학적인 강조점을
표현한다.…바울의 선교는 십자가에 못 박힌 그리스도를 플래카드로 알리는 것이
었다."[58] 닐 리처드슨은 "σκάνδαλον은 사도의 인격 안에서 재현되었다"고 결론짓
는다.[59]

(viii) **결론.** 사도 직분은 근본적으로 자신(사도적인 대리자의 신분에 대한 자의식에
근거한 선입관)으로부터 멀리 벗어나 십자가에 못 박히고 부활하신 그리스도를 가
리키는 것이다. 사도 직분의 "기본 원리"는 이 증언의 효능과 투명성에 기초한다.
사도들은 그리스도의 죽음과 부활을 증언하기 위해 위임받았다. 이 증언을 오직
사도적인 말에만 한정할 이유는 없다. 바울은 그리스도의 십자가와 그가 보여준
삶의 본보기에 부합되는 생활 방식에 호소한다. 하지만 바울이 사도적인 증언의
기초적인 역할에 대해 말한다(앞에서 vii항에서 존스의 견해 참조)는 사실은 이 증언을
최초기의 케리그마와 전승들—특별히 그리스도의 십자가와 부활에 관한—에 고
정시킨다. 사도적인 표준은 기독론 안에 온전히 기초하지 않고 "신령한 것"을 주장
하는 것과 대조되기 시작했다는 캐제만의 주장에는 강점이 있다. 여기서 예수 그

---

54) Best, "Paul's Apostolic Authority?" 3-25.
55) 참조. Wire, *Women Prophets*, 45-47.
56) Beardslee, *Human Achievement and Divine Vocation in the Message of Paul*, 82, 90-91;
　　참조. 79-94; Dunn, *Romans*, 1:9.
57) P. R. Jones, "1 Cor 15:8," *TynBul* 36 (1985): 21 and 28-34.
58) Litfin, *St. Paul's Theology of Proclamation*, 196.
59) Neil Richardson, *Paul's Language*, 135; 참조. 95-138.

리스도에 의한 사도들의 "제도적인" 위임은 그리스도의 십자가와 부활에 고정시키는 세례와 성찬의 제정과 평행을 이룬다(참조. 롬 6:3-11; 고전 11:23-26). 하지만 대리자들 또는 성례들은 어떤 구체적인 의미에서도 스스로 하나님의 은혜를 간직하고 있어 그것을 "전달해주는 주체들"이 아니라 단지 그것의 대리자 또는 통로다. 그것을 통해 구현되는 것은 복음의 핵심적인 사건들과 일치한다. 그러므로 그리스도를 "플래카드로 보여주다"라는 바레트의 관점과 복음의 σκάνδαλον을 재현한다는 것에 대한 리처드슨의 해설은 사도와 관련된 개념에서 중심을 차지한다. 하지만 (iii)에서 (vii)에 이르기까지 각 항목의 관점은 사도에 대한 우리의 이해에 부분적으로 도움을 준다.

2절   여기서 그리스어 텍스트의 2a에 대한 번역에서 우리는 핀들레이의 번역을 활용했다. 왜냐하면 그의 번역은 문법적으로 그 의미를 정확하게 파악하기 때문이다. ἀλλά γε ὑμῖν은 "적어도 여러분에게"라고 번역할 수 있다.[60] 하지만 고전 그리스어와 코이네 그리스어에서 ἀλλά는 대체로 "어쨌든"을 의미하며, 특히 조건문의 귀결절에서 그러하다. REB의 번역—"만약 다른 사람들이 나를 사도로 받아들이지 않는다면 적어도 여러분은 그렇게 해야만 합니다"—은 그 의미를 파악하게 해주지만, 그것은 거의 가장 간략한 설명에 가까울 정도로 해당 문장을 재구성한다. 하지만 εἰ ... οὐκ εἰμί에 대한 번역으로 "만약"(REB, NRSV, NJB, AV/KJV)은 "비록"(NIV)보다 선호할 만하다.[61] "나는 사도가 아닙니다"라는 핀들레이의 번역은 더 고심한 흔적이 보이는 "만약 내가 사도가 아니라면"이라는 NRSV의 번역보다 가정적인 의미를 더 강하게 전달한다. 상반절에서 여격은 이해관계의 여격(에링이 주장하듯이 "~의 눈으로 보기에") 또는 유익의 여격인 "여러분을 위해"(에링

---

60) Conzelmann은 BDF, sects 439 (2), 448 (5), "classical"에 호소한다(Conzelmann, *1 Cor*, 151, n. 2).

61) Fee는 NIV의 번역은 신앙 공동체 밖으로부터의 외부적인 이의 제기들을 전제한다고 지적한다(참조. 고후 10-12장). 하지만 "고린도전서 그 어느 곳에서도 외부로부터의 선동으로 말미암아 혼란이 일어났다는 것을 암시해주지 않는다"(Fee, *First Epistle*, 396).

은 이것도 추가로 포함시킴)일 것이다. 에링과 더불어 이 여격은 아마도 "여러분의 눈으로 보기에"라는 의미에서 "여러분에게"를 의미할 것이다. 바울은 종종 (좋은 목자로서) 객관적인 현실뿐만 아니라 다른 사람들의 인식도 세밀하게 고려한다. 한편 슈라게는 객관적인 현실에 전적으로 강조점을 둔다.[62]

로버트슨과 플러머는 다음과 같이 말한다. "고린도 교인들은 바울이 자신을 사도라고 주장하는 것에 합리적으로 의문을 제기할 수 있는 마지막 사람들이었다.… '왜냐하면 나의 사도직에 대한 인증서(ἡ γὰρ σφραγίς μου τῆς ἀποστολῆς)는 주님 안에서 바로 여러분 자신들이기(ὑμεῖς ἐστε) 때문입니다'." 비록 σφραγίς는 대체로 인장(印章)을 의미하지만, 또한 종종 밀랍 위에 도장을 새긴 반지로 표시하거나 스탬프를 찍는 것을 의미한다. 그러면 그것은 인증서(BAGD), 진정성에 대한 입증 또는 보증서의 효력을 지니게 된다(슈라게).[63] 계 7:3에서 택함을 받은 자들은 하나님께 속해 있다는 표시로서 그분의 인장으로 이마에 "도장을 받는다." 그래서 그들은 세상의 변화와 위험한 사건과 불명료함 속에서도 "멸망하지" 않고, 하나님의 진정한 백성으로서 그들의 종말론적인 목적지에 이르게 된다. 그들은 그들이 받은 스탬프, 도장 또는 소유권의 표시로 하나님의 백성으로 인증되었다. 이와 비슷하게 "사도 직분"의 지위, 요구들과 표시들이 불분명하던 시기에 바울은 자신의 사명과 목회 사역을 통해 수신자들을 양육한 것의 진정성을 인식한다. 그것은 그의 사도 직분의 진정성을 증언해주는 인증서 역할을 한다.[64] 에드워즈는 "주 안에서"라는 표현은 사도직이 아니라 여러분과 연결된다고 주장한다. 또한 그는 σφραγίς, "인증서 또는 확인서"는 단순히 σημεῖον, 표징보다 그 이상을 가리킨다고 지적한다.[65] 볼프가 주장하듯이 바울은 만약 자신이 사도가 아니라면 고린도 교인들은 주님 안에서 자신들의 실존을

---

62) Schrage, *Der erste Brief*, 2:290; Héring, *First Epistle*, 76.

63) BAGD, 796-797, 문자적으로 1(d) 항목에서 인증서, 승인서 또는 2(a) 항목에서 **입증하는 것**, 또는 **확인하는 것**. 참조. Schrage, *Der erste Brief*.

64) REB는 you are the very seal이라고, NRSV, NIV, NJB, Barrett, RV, AV/KJV는 the seal이라고 번역한다. 하지만 대다수 사전들과 주석가들은 모두 인증서(certificate)를 뒷받침해준다.

65) Edwards, *First Epistle*, 227.

부인하는 것임을 냉담하게 일러준다.[66] 가드너는 이 단어는 "도장일 뿐만 아니라 '법적으로 합당하다고 입증해주는' 도장이다"라고 결론짓는다.[67]

3절   주석가들, 사전학자들 및 문법학자들은 인칭 및 지시 대명사 αὕτη, "이것"이 무엇을 가리키는지와 관련하여 의견이 분분하다. 이것은 1절과 2절의 바울의 말을 가리키는가? 아니면 4-27절의 바울의 말을 가리키는가? 크리소스토모스와 암브로시우스는 이 인칭 대명사가 이어지는 내용을 가리키는 것으로 해석한다. 또한 이 해석은 UBS 4판의 그리스어 텍스트, REB, NRSV, NIV가 채택한 단락 구분과 AV/KJV의 콜론과 상응한다. 하지만 로버트슨과 플러머는 다음과 같이 주장한다. "그것은 앞에 있는 것을 가리킬 개연성이 더 높다. 곧 '내가 부활하신 주님을 보았고, 여러분은 사실상 그와 같은 교회를 이루고 있습니다. 사람들이 나의 사도직에 대한 증거를 요청할 때 여러분은 그것에 근거하여 나를 변호할 수 있습니다.'"[68] 에드워즈는 보다 더 강력하게 주장한다. "그러므로 이 단어는 틀림없이 선행하는 것을 가리킨다."[69] 반면에 바이스, 알로, 피, 콜린스는 αὕτη가 이어지는 내용을 가리킨다고 해석한다. 그러나 콘첼만과 바레트는 이 두 가지가 모두 가능하다고 인정하며, 볼프도 이 견해가 더 개연성이 높다고 주장한다.[70] 하지만 만약 그리스어 구문이 이 두 가지 해석을 모두 허용한다면 무게의 중심은 9장의 목적과 사도의 개념에 대한 많은 이슈로 기운다. 우리는 그것에 대해 (9:1-27의 머리말을 포함하여) 앞에서 매우 자세하게 논의했다. 하지만 슈라게는 이 이슈가 우리가 상상하는 것보다 덜 배타적인 대안임을 입증해준다. 왜냐하면 9:1-2이 사도직에 대해 그리고 9:4 이후로는 권리(ἐξουσία)에 관심을 기울이지만, 바울은 (인간의 권리[인권]와 같은) 권리 전반이 아니라 단지 특별히 그의 사도직과 연결되어 있는 권리에 대해서만 말

---

66) Wolff, *Der erste Brief*, 189.
67) Gardner, *The Gifts of God*, 71.
68) Robertson and Plummer, *First Epistle*, 179.
69) Edwards, *First Epistle*, 227.
70) 참조. Fee, *First Epistle*, 397; Conzelmann, *1 Cor.* 152, n. 13 and 153; Barrett, *First Epistle*, 202; Wolff, *Der erste Brief*, 189; 참조. Allo, *Première Épitre*, 211; Collins, *First Cor*, 335.

한다는 것이다.[71] 따라서 우리가 이 그리스어 구문을 어떻게 해석하든 간에, 9장의 역할에 대한 우리의 결론은 양보할 필요가 없다.

Ἡ ἐμὴ ἀπολογία, "나의 답변입니다"와 현재분사 여격 τοῖς ἐμὲ ἀνακρίνουσίν, "나를 조사하려는 이들에게 제시하는"은 법적인 표현들이다. 그리스어 명사 ἀπολογία는 전문적인 의미에서 (행 22:1의 경우처럼) 변론을 의미한다(참조. 벧전 3:15, "누구에게나 답변할 수 있도록 준비하십시오", 표준새번역). 그러나 정밀한 조사 중에 있는 어떤 사람을 반(半)법률적으로 조사한다는 배경에서 이 단어를 "답변"으로 번역하는 것이 가장 좋을 것이다.[72] 우리가 이미 지적했듯이(2:14, 15; 4:3, 4; 또한 10:25, 27; 14:24), 그리스어 동사 ἀνακρίνω를 번역하는 것은 더 어렵다. 이 단어는 복음서에서 한 번(눅 23:14), 사도행전에서 다섯 번(행 4:9; 12:19; 17:11; 24:8; 28:18), 고린도전서에서 아홉 번 나타난다. 신약성경의 나머지 부분에서 이 단어는 더 이상 사용되지 않는다. 따라서 가드너가 주장하듯이 이 단어는 분명히 "고린도 교회와 관련된" 단어다.[73] 많은 고린도 교인들은 다른 사람들을 면밀히 검사하고, 시험하고, 판단하거나 조사하는 것을 좋아했다. 또한 그들은 자신들에게 어느 정도의 "분별력"이 있다고 믿었다.[74] 가드너는 다음과 같이 주장한다. "우리는 고린도 교인들이 다른 사람들을 성급하게 판단했다고 추론할 수 있을 것이다.…바울은 분명히 '어둠 속에 있었다.'" 하지만 또한 그는 바울이 "권리와 자격"에 대한 자신과 그들의 견해 간의 차이점들에 대해 앞으로 이어지는 그의 논의에 대한 근거를 제시하기로 선택했다고 주장한다.[75] 우리는 "자율"과 "권리의 선택"에 대한 오늘날의 논쟁에서 이 장이 제시하는 의미를 모호하게 하는 것을 결코 허용해서는 안 될 것이다.

---

71) Schrage, *Der erste Brief,* 2:290-291.
72) 세 가지 의미에 대해서는 BAGD, 96을 보라.
73) Gardner, *The Gifts of God,* 73-77.
74) 이 주석서에서 2:14-15의 주해를 보라. 그리고 수사학에서 "실연자들"에 대한 경쟁적인 평가와 그것을 통해 타당하게 얻는 지위 또는 주어지는 지위에 대해서는 다음 연구서를 참조하라. S. Pogoloff, *Logos and Sophia.*
75) Gardner, *The Gifts of God,* 75 and 76; 참조. 67-91.

b. 권리와 자유에 대하여: 모든 것을 그리스도와 복음을 위해 또는 "나의 권리를 강하게 주장?"(9:4-18)

⁴ 진정으로 우리가 먹고 마실 "권리"가 없습니까? ⁵ 우리가 다른 사도들이나 주님의 형제들이나 베드로처럼 그리스도인 아내를 데리고 다닐 "권리"가 없습니까? ⁶ 단지 바나바와 나만 우리의 생계를 위해 일하는 것을 그만둘 권리가 없습니까? ⁷ 자신의 모든 비용으로 군대에서 복무했다고 이제까지 알려진 사람이 있습니까? 누가 포도밭을 가꾸어놓고 그 열매를 전혀 먹지 않겠습니까? 또는 누가 양 떼를 치면서 양 떼의 젖과 그 제품을 먹지 않겠습니까?

⁸ 여러분은 내가 순전히 인간의 사례의 측면에서만 이것을 주장한다고 생각할 수 없습니다. 그렇게 생각할 수 있습니까? 또한 율법도 이것을 말하지 않습니까? ⁹, ¹⁰ 왜냐하면 모세의 율법에 이렇게 기록되어 있기 때문입니다. "너는 곡식을 밟아 떠는 소에게 망을 씌우지 말라." 그것은 하나님께서 소들을 염려하시기 때문입니까? 그렇지 않다면 분명히 그는 우리에게 관심을 갖고 말씀하시는 것입니까? 이것은 진정으로 우리를 위해 기록되었습니다. "밭을 가는 사람은 희망을 품고 밭을 갈며, 곡식을 떠는 사람은 수확에 동참할 희망을 품고 곡식을 떠는 것이다." ¹¹, ¹²ᵃ 만약 우리 자신이 여러분을 위해 성령에 속한 것들을 뿌렸다면, 만약 우리가 여러분에게서 물질적인 유익을 거둔다면, 그것이 대단한 이슈입니까? 만약 다른 사람들이 여러분이 그들에게 어떤 권리로서 허용하는 것에 동참한다면, 우리는 더욱더 마땅하지 않습니까?

¹²ᵇ 이와는 대조적으로 우리는 이 권리를 사용하지 않았습니다. 오히려 우리는 모든 것을 참습니다. 그것은 우리가 그리스도의 복음에 어떤 지장도 주지 않으려는 것입니다. ¹³ 여러분은 거룩한 의무를 수행하는 사람들은 성전의 희생제물로부터 그들의 먹을 것을 얻고, 제단에서 섬기는 이들은 제단에 제물로 바쳐진 것을 나누어 가진다는 것을 알지 못합니까? ¹⁴ 이와 마찬가지로 주님께서는 복음을 전파하는 자들이 복음으로부터 그들의 생계 수단을 얻으라고 명령하셨습니다.

¹⁵ 그러나 나는 이 권리 가운데 어떤 것도 결코 나 자신을 위해 이용하지 않

았습니다. 내가 이 모든 것을 쓰는 것은 그것들이 내 경우에도 적용되게 하려는
것이 아닙니다. [그렇게 하느니] 나는 차라리 죽는 것이 더 나을 것입니다. 그
래서 아무도 자랑에 대한 나의 논거를 무효화하지 못할 것입니다. [16] 내가 복음
을 전파하는 것은 나의 자랑거리가 아닙니다. 왜냐하면 나에게 필연성이 부여되
어 있기 때문입니다. 만약 내가 복음을 전파하지 않는다면, 그것은 나에게 극도
의 고통입니다. [17] 만약 내가 전적으로 개인적인 선택에 의해 이것을 한다면, 나
는 상을 받을 것입니다. 그러나 만약 그것이 나 자신의 결정으로 일어난 것이 아
니라면, 나는 그것을 직무로서 맡겨진 것으로 받아들입니다. [18] 그렇다면 나의
"상"은 무엇입니까? 내가 복음을 선포할 때 나는 값없이 좋은 소식을 전하고, 복
음 안에서 나의 권리를 전혀 이용하지 않는다는 것입니다.

9:4-18에 대한 참고문헌. 9:19에서 9:19-23에 대한 참고문헌도 참조하라(불가피하게 부
분적으로 중복됨).

Bauckham, R. J., "The Brothers and Sisters of Jesus: An Epiphanian Response to John P.
      Meier," *CBQ* 56 (1994): 686-700.

Bauer, J. B., "Uxores circumducere (1 Kor 9:5)," *BZ* 3 (1959): 94-102.

Black, D. A., "A Note on the 'Weak' in 1 Cor 9:22," *Bib* 64 (1983): 315-324.

Blinzler, J., *Die Brüder und Schwestern Jesu* (Stuttgart: Katholisches Bibelwerk, 2d ed. 1967).

Bornkamm, G., "The Missionary Stance of Paul in 1 Cor 9 and Acts," in L. Keck and J.
      Martyn (eds.), Studies in Luke-Acts: Essays in Honor of Paul Schubert (London:
      SCM, 1966), 194-207.

Bosch, J. S., *"Gloriarse" Segun San Pablo. Sentido y teleogia de* καυχάομαι, AnBib 40 (Rome:
      Pontifical Institute, 1970).

Bowers, P., "Church and Mission in Paul," *JSNT* 44 (1991): 89-111.

Brewer, D. I., "1 Cor 9:9-11: A Literal Interpretation of 'Do Not Muzzle the Ox,'" *NTS* 38
      (1992): 554-565.

Brunt, J. C., "Love, Freedom and Moral Responsibility: The Contribution of 1 Cor 8-10 to
      an Understanding of Paul's Ethical Thinking," in *SBL 1981 Seminar Papers* (Chico:
      Scholars Press, 1981), 19-33.

Bultmann, R., "καυχάομαι," *TDNT,* 3:645-653.

Caird, G. B., "Everything to Everyone," *Int* 13 (1959): 387-399.

Caragounis, C. G., *"Opsonion:* A Reconsideration of Its Meaning," *NovT* 16 (1974): 35-57.

Carson, D., "Pauline Inconsistency: Reflection on 1 Cor 9:19-23," *Churchman* 100 (1986):
      6-45.

Chadwick, H., "All Things to All Men," *NTS* 1 (1954): 261-275.

Chow, J. K., Patronage and Power, *JSNTSS* 75 (Sheffield: Sheffield Academic Press, 1992), 107–112 and 130–141.

Dautzenberg, G., "Der Verzicht auf das apostolische Unterhaltsrecht: Eine exegetische Untersuchung zu 1 Kor 9," Bib 50 (1969): 212–232.

Didier, G., "Le Salaire du Désinteressement (1 Cor ix: 14–27)," *RSR* 43 (1955): 228–251.

Dodd, C. H., "ʼἔννομος Χριστοῦ," in J. N. Sevenster (ed.), *Studia Paulina in Honorem J. de Zwaan* (Haarlem: Bohn, 1953), 96–110.

Foerster, W., "ἐξουσία," *TDNT*, 2:562–575.

Gale, H. M., *The Use of Analogy in the Letters of Paul* (Philadelphia: Westminster, 1964), 101–108.

Gardner, P. D., *The Gifts of God and the Authentication of a Christian* (Lanham, Md. and London: University Press of America, 1994), 77–96.

Glad, C. E., *Paul and Philodemus: Adaptability in Epicurean and Early Christian* 81 (Leiden: Brill, 1995).

Gooch, P. W., *Partial Knowledge, Philosophical Studies in Paul* (Notre Dame: University of Notre Dame Press, 1987), 102–123.

Gordon, J. D., *Sister or Wife? 1 Cor 7 and Cultural Anthropology*, JSNTSS 149 Sheffield: Sheffield Academic Press, 1997).

Harvey, A. E., "The Workman Is Worthy of His Hire: Fortunes of a Proverb in the Early Church," *NovT* 24 (1982): 209–221.

Hock, R. F., *The Social Context of Paul's Ministry: Tentmaking and Apostleship* (Philadelphia: Fortress, 1980).

———, "The Workshop as a Social Setting for Paul's Missionary Preaching," *CBQ* 41 (1979): 438–450.

Hofius, O., "Paulus—Missionar und Theologe," in J. Adna, S. J. Hafemann, and O. Hofius (eds.), *Evangelium, Schriftauslegung, Kirche. Festschrift für P. Stuhlmacher* (Göttingen: Vandenhoeck & Ruprecht, 1997), 224–237.

Horrell, D. G., "'The Lord Commanded ... But I Have Not Used ...': Exegetical and Hermeneutical Reflections on 1 Cor 9:14, 15," *NTS* 43 (1997): 587–603.

Kaiser, W. C., "The Current Crisis in Exegesis on the Apostolic Use of Deut 25:4 in 1 Cor 9:8–10" *JETS* 21 (1978): 3–18.

Käsemann, E., "A Pauline Version of the 'Amor Fati,'" in his *NT Questions of Today* (Eng. trans., London: SCM, 1969), 217–235.

Lee, G. M., "1 Cor 9:9" *Theol* 71 (1968): 122–123.

Marshall, P., *Enmity in Corinth*, WUNT 2:23 (Tübingen: Mohr, 1987).

Murphy-O'Connor, J., "Co-Authorship in the Corinthian Correspondence," *RB* 100 (1993): 562–579.

Nasuti, H. P., "The Woes of the Prophets and the Rights of the Apostle: The Internal Dynamics of 1 Cor 9," *CBQ* 50 (1988): 246–264.

Nickle, K., "A Parenthetical Apologia: 1 Cor 9:1–3," *CurThM* (1974): 68–70.

Richardson, P., "Pauline Inconsistency: 1 Cor 9:19-23 and Gal 2:11-14," *NTS* 26 (1980): 347-362.

Richardson, P. and P. W. Gooch, "Accommodation Ethics," in *TynBul* 29 (1975): 89-142.

Schütz, J. H., *Paul and the Anatomy of Apostolic Authority*, SNTSMS 26 (Cambridge: Cambridge University Press, 1975).

Tassin, C., "Finances et mission selon Saint Paul," *Spiritus* 33 (1992): 452-467.

Theissen, G., "Legitimation und Subsistence …," in *the Social Setting of Pauline Christianity* (Philadelphia: Fortress, 1982), 27-54.

Tuckett, C., "Paul and the Synoptic Mission Discourse?" *ETL* 60 (1984): 376-381.

Wilckens, U., "Zur Entwicklung des paulinischen Gesetzverständnisses: *NTS* 28 (1982): 154-190.

Willis, W. L., "An Apostolic Apologia? The Form and Function of 1 Cor 9," *JSNT* 24 (1985): 33-48.

4절 수사 의문문들은 계속해서 "권리를 지닌 것"(ἔχομεν ἐξουσίαν) 또는 "권리가 부여됨"에 대한 이슈들에 관심을 기울이고 있다.[76] μὴ οὐκ ἔχομεν이라는 이중 부정 사용은 이 질문의 수사 의문문적인 효력을 강화해준다. "우리는 권리를 갖고 있습니다" 또는 "우리가 권리를 갖고 있지 않습니까?"라는 명제에 대한 의문을 부정적인 명제를 부정하는 것으로 대체한다. 즉 분명히 "우리가 권리를 갖고 있지 않다"(οὐκ ἔχομεν, 우리가 권리가 없다)는 입장은 절대 가능하지 않습니다("아니다"라는 대답을 기대하는 질문으로서 μή가 통례적으로 사용됨[참조. "*num*"]). 따라서 불가타 역본은 우리가 권리를 지니고 있지 않다는 것이 가능합니까?(*numquid non habemus potestatem?*)라고 번역한다. 하지만 다음 영역본들은 1절의 경우처럼 마치 이 구문에도 μή가 없는 것처럼 번역한다. NJB, "우리가 아무런 권리도 갖고 있지 않습니까?", REB, "내가 아무 권리도 갖고 있지 않습니까?", NRSV, "우리가 권리를 갖고 있지 않습니까?"(NIV, AV/KJV도 NRSV와 비슷한 의미로 번역한다) 한편 콜린스는 "우리가 먹고 마실 권리가 없습니까?"라고 번역한다. 이것은 두 개의 부정사를 결합하여 번역한 것이다.[77]

---

76) Gardner, *The Gifts of God*, 77-78; Fee, *First Epistle*, 402.

77) Collins, *First Cor*, 327 and 335. 한편 Meyer는 이중 부정의 효력을 다음과 같이 잘 전달해

대다수 주석가들은 부정과거 부정사 φαγεῖν καὶ πεῖν을 "교회가 비용을 지불하여" 음식을 먹을 권리를 의미하는 것으로 이해한다.[78] 하지만 바레트는 "먹을 권리"라는 견해 안에 "많은 의미"가 담겨 있음을 인정한다. 8:7-13의 논점을 이어받는 것으로서 이것은 제의적인 배경에서 유래한 음식이나 이방 신전에서 유래한 것을 정육점을 통해 판매하는 고기를 가리킨다는 것이다.[79] 하지만 바레트는 9:4-27의 주요한 취지는 보다 일반적인 의미에서 "권리"를 포기하는 것에 관한 것이며, 우상들에게 희생제물로 바친 음식에 대한 암시는 간접적임을 시인한다. 그렇지 않다면 이 논점의 효력은 탄력을 잃어버릴 것이다. 왜냐하면 이것은 보다 더 광범위한 사례들을 언급하는 것으로 나아가기 때문이다. 대다수 주석가들은 바울이 여기서 보다 제한된 이슈들을 암시한다는 입장을 받아들이지 않는다.[80] 볼프가 주장하는 바와 같이 바울이 눅 10:7-8(참조. 마 10:10)에서 언급하는 선교와 관련된 기본 원리에 호소하는 것은 이 해석을 뒷받침해준다.

이 절과 관련된 나머지 질문은 1-3절에서는 주어가 단수로 사용되다가 4절부터는 왜 복수인 "우리는 갖고 있습니다"(ἔχομεν)로 사용되는지에 관한 것이다. 볼프는 이것은 바울의 사도직과 관련된 "우리"라고 주장한다. 그러나 랑과 대다수 주석가들은 이 표현을 6절에 나오는 바울과 바나바에 대한 언급을 예고하는 것으로 설명한다.[81] 볼프의 입장을 지지하는 것으로서 5절에서 1인칭 복수와 연결된 동사는 (아내들이 아니라) 단수 명사 "아내"를 목적어로 취한다. 하지만 6절에서 바나바가 우연히 언급된 것은 아니다. 바나바는 교회를 지원하기 위해 자기 수입의 원천인 밭을 팔아 그 돈을 기

준다(Meyer, *First Epistle*, 1:254). "우리에게는 분명히 ~에 대한 권리가 없는 것이 아니다." 또한 Robertson and Plummer, *First Epistle*, 1:254. "여러분은 우리에게 권리가 없다고 말하고자 할 작정입니까?"

78) Héring, *First Epistle*, 76; Schrage, *Der erste Brief*, 2:291 et al.
79) Barrett, *First Epistle*, 202.
80) Héring과 Schrage 외에도 다음 주석가들을 참고하라. 예를 들면 Lang, *Die Briefe*, 115; Wolff, *Der erste Brief*, 190; Senft, *Première Épitre*, 118.
81) Wolff, *Der erste Brief*, 190; Lang, *Die Briefe*, 115.

부했다(행 11:22-26). 또한 그는 바울을 교회 선교 집행부에 소개했다(행 11:22-26). 이 두 요소는—다른 동역자들이 동일한 방법을 채택하든 그렇지 않든 간에—아마도 그들이 자신들의 공동 선교 정책의 일부로서 "스스로 선교 비용을 충당하는" 정책을 공유했음을 암시할 것이다. 머피-오코너는 이 편지의 일부분에서 주어를 복수로 사용하는 것은 소스데네가 공동 저자 임을 암시하는 것이 아닌지 추론한다. 하지만 해당 문맥은 여기서 전통적인 설명을 지지해주는 것처럼 보인다.[82]

5절   몇몇 서방 사본들, 예를 들면 F, G, 테르툴리아누스는 단순히 형식적 인 또는 문자적인 것 이상으로 ἔχομεν 안에 복수가 암시되어 있다는 가정에 근거하 여 단수 γυναῖκα, "아내" 대신에 복수 γυναῖκας, "아내들"이라고 읽으며, ἀδελφήν 을 생략한다. 신뢰할 만한 사본들의 증거에도 불구하고 사실상 춘츠만 ἀδελφήν이 생략된 것을 지지한다.[83] ἀδελφή의 중요성에 대해서는 아래의 주해를 보라.

우리는 γυναῖκα와 연결되어 나오는 명사 ἀδελφήν을 "그리스도인" 이라고 번역했다. AV/KJV는 마치 각각의 단어가 문맥과 아무런 상관이 없 는 듯이 그리스어 단어들을 문자 그대로 "자매 아내를 데리고 다니다"라고 번역한다. 심지어 1881년의 RV도 해당 그리스어 표현을 "신자인 아내를 데 리고 다니다"라고 번역한다(난외주에서 "그리스어, 자매"라고 언급함). 하지만 오늘날 거의 모든 주요한 영역본은 ἀδελφήν이 "그리스도인"(REB, NJB, 콜 린스) 또는 "믿는 자"(NRSV, NIV)를 의미한다고 올바르게 해석한다. 왜냐하 면 ἀδελφή가 그리스도인(자매)이라는 의미로 7:15과 예를 들어 롬 16:1과 몬 1절 등에서 나타나기 때문이다. 슈라게는 "의심할 여지 없이"라는 표현 으로 이것을 지지해주며, 실질적으로 모든 주요 주석가도 이 견해를 채택 한다.[84] 또한 극소수를 제외하고 모든 주석가들은 여기서 γυναῖκα가 "아내"

---

82) Murphy-O'Connor, "Co-authorship in the Corinthian Correspondence," *RB* 100 (1993): 562-579.

83) Zuntz, *Text*, 138.

84) Schrage, *Der erste Brief*, 2: 292; 참조. Conzelmann, *1 Cor*, 153, n. 19; Wolff, *Der erste Brief*, 190; Barrett, *First Epistle*, 202-203; Fee, *First Epistle*, 403; Collins, *First Cor*, 336.

를 의미한다고 이해한다. 신앙 공동체는 아내가 남편의 기독교적 관심사를 공유하며 그 일을 하는 데 그를 도울 것이라는 전제하에 결혼한 목회자(또는 선교사) 부부를 재정적으로 지원하는 것을 마땅히 기대해야 한다. 이러한 강조점은 중요하다. 그렇지 않다면 ἀδελφήν을 포함한 것은 불필요하기 때문이다.

περιάγειν의 의미에 대해서는 둘 또는 세 명의 학자가 서로 다른 두 가지 대안을 제시했다. 우리는 (BAGD, REB, 바레트의 번역처럼) 앞에서 περιάγειν을 "데리고 다닌다"는 의미로 번역했다(참조. NIV, 콜린스, take along; NRSV, NJB, be accompanied to). 하지만 첫 번째 대안으로서 사실상 바우어는 유일하게 περιάγειν이 부부가 한평생 동행한다는 의미에서 일반적인 결혼 관계를 가리킨다고 주장한다.[85] 여기서 바우어는 후대의 서방 독법을 따르고 있다. 이 독법에는 복수 γυναῖκας가 포함되어 있고, ἀδελφ[ας]가 생략되어 있다. 그리고 BAGD와 다른 자료들도 이 그리스어 동사가 대체로 "어떤 사람을 데리고 다니다" 또는 "데리고 다니다"를 의미한다고 확인해준다. 즉 9:5은 "이곳저곳으로 데리고 다니다"를 뜻한다는 것이다.[86] 두 번째 소수 의견이 제시하는 대안으로서 알로는 테르툴리아누스, 알렉산드리아의 클레멘스, 히에로니무스의 견해를 지지하면서 바울이 여성 조력자로서 어떤 그리스도인을 우리와 함께 데리고 다닌다는 것을 의미한다고 주장한다.[87] 알로는 "고린도전서에서 γυνή는 일반적으로 '아내'(예. 7:34)를 가리키며, ἀδελφή는 대체로 '믿음 안에서의 자매,' 곧 그리스도인"(7:15)을 가리킨다는 데 동의한다. 그러면서 알로는 자신의 해석은 서방 교부들과 오늘날 로마 가톨릭교회의 주해의 렌즈로 본 것으로서 바울 또는 다른 사도들이 결혼했는지에 대한 전통들과 밀접하게 연결되어 있다고 솔직하게 인

---

85) Bauer, "Uxores circumducere (1 Kor 9:5)," *BZ* 3 (1959): 94–102.

86) BAGD, 645(앞에서 설명함); Grimm-Thayer, 502, 대체로 장소를 언급하면서.

87) Tertullian, *On Marriage*, 8; Clement, *Stromata*, 4:3; Jerome, *Adversus Jovinianum*, 1:26; and Allo, *Première Épitre*, 212–214. 또한 참조. Augustine, *On the Work of Monk*, 4:5; Theodoret, in 9:5.

정한다. 심지어 그는 이 질문들에 대해 "우리는 여전히 어떤 견해를 결정하는 것을 망설이고 있다"고 말한다.[88] 알로는 심지어 순전히 언어학적인 근거에서 이 의미가 개연성이 없음을 인정하면서도 "여집사"들이 존재한다는 증거에 근거하여 9:6을 이렇게 재구성하는 것은 "선호할 만하다"고 생각한다.[89] 사실상 테르툴리아누스는 그 이상을 주장한다. 반면에 알렉산드리아의 클레멘스는 사도는 자기 아내를 동반할 수 있지만, 자기 아내와 부부로서 밀접한 관계를 하지 않는다는 의미에서 그를 "자녀처럼" 대해야 한다고 믿었다(7:1-7의 권면과 대치됨).[90] 뿐만 아니라 에링은 "만약 여기서 아델페가 영적인 보조자로서 같이 여행을 하는 어떤 여성 그리스도인을 의미한다면, 그리스어 명사 귀네는 불필요할 것"이라고 주장한다.[91] 그는 다음과 같이 결론짓는다. 곧 사도들은 "결혼해서 자기 아내와 함께 여행할 수 있는 권리뿐만 아니라 부부인 사도들은 교회로부터 재정적인 지원을 받을 권리도 있다."[92] 현대 주석가 중에서 알로의 견해를 받아들이는 자는 거의 없다.

막 6:3(평행 본문 마 13:56)은 예수의 동생들로서 야고보와 요세(요셉)와 유다와 시몬을 언급한다. 막 3:32(평행 본문 마 12:46; 눅 8:19-20)은 "당신의 동생들"이라는 일반적인 용어를 사용한다. 반면에 바울은 갈 1:19에서 야고보를 τὸν ἀδελφὸν τοῦ κυρίου라고 언급한다. 요 2:12은 가버나움의 혼인 잔치에 예수의 형제들도 동행했다고 말한다. 그리고 요 7:3-10에서 예수의 형제들은 그가 장막절에 참석하여 기적을 보여주라고 요구한다. 또한 행 12:17, 15:13에서도 야고보에 대한 언급이 나타난다. 에우세비오스는 예수의 친척들을 예루살렘 교회의 지도자들과 밀접하게 연결하며, 야고보를

---

88) Allo, *Première Épitre*, 213.
89) 같은 책, 214.
90) Clement, *Stromata*, 6:3; Tertullian, *Exhortation to Chastity*, 8. 앞에서 언급한 출처와 서로 다름.
91) Héring, *First Epistle*, 77.
92) 같은 책.

이 배경 안에서 언급한다.[93] 하지만 기원후 2세기 중반 또는 말엽에 마리아의 평생 동정녀 개념이 위경 야고보 복음서에서 나타났다. 처음으로 주님의 형제들은 요셉의 이전 결혼에서 태어난 이복형제들로 인식되었다.[94] 그들이 예수의 친동생이라는 후대 전승은 테르툴리아누스에게 돌려졌으며, 그들이 이복형제라는 견해는 오리게네스와 에우세비오스에게 돌려졌다. 토마스 아퀴나스는 갈 1:19의 주의 형제라는 표현에 대해 매우 자세하고 광범위하게 고찰한다. 그는 몇 가지 이론을 검토하고 나서 히에로니무스와 더불어 형제는 오직 친척만 의미한다는 결론을 내린다. 하지만 그리스도인 형제라는 사례들에 호소하는 것과는 별개로 이것은 대체로 정경 이후의 전승에 의존하고 있으며, 이 전승들은 마리아가 평생 동정녀였다는 교리와 연결되어 있다.[95] 이와는 대조적으로 비록 많은 로마 가톨릭 주석가들과 몇몇 개신교 주석가들은 "이복형제"라는 가설을 절대적인 확신을 갖고 배제할 수 없다는 데 만족해하지만, 단지 해석학적인 근거에 기초하여 많은 이들은 (주목할 만하게도 리처드 보컴은 예외이지만) 이 단어가 단순히 일상적인 의미에서 형제들을 가리킨다고 주장한다.[96] 다른 개신교 학자들은 로마 가톨릭 사상가들처럼 "야고보, 요세, 시몬, 유다가 요셉과 마리아의 아들이 아니라고 생각할 이유가 전혀 없다고 단호하게 주장한다. 또한 그들의 누이들에 대해

---

93) Eusebius, *Ecclesiastical History*, 2:1:10-17; 3:11.

94) *Protevangelium of James*, 9:2; 19:1-20:3.

95) Thomas Aquinas, *Commentary on Galatians* (Albany, N. Y.: Magi Books, 1966), 28-30. 로마 가톨릭과 기타의 관점에 대해서는 다음 연구서를 참조하라. J. Blinzler, *Die Brüder und Schwester Jesu*, SBS, 21 (Stuttgart: Katholisches Bibelwerk, 2d ed. 1967). 또한 유용한 참고 문헌에 대해서는 다음 주석서를 참조하라. H. D. Betz, *Galatians* (Philadelphia: Fortress, 1979), 79. 참조. J. B. Lightfoot ad loc.

96) 참조. Barrett, *First Epistle*, 203. 히에로니무스는 그 단어가 "가까운 친척들" 아마도 "사촌들"을 의미하는 것에 지나지 않는다고 주장했다. R. Bauckham은 우리가 예수의 "형제들과 자매들"은 이전 결혼에서 요셉이 낳은 자녀들이라는 에피파니오스의 견해를 보다 더 신중히 다루어야 한다고 제안한다. 그는 이 입장을 지지할 가능성이 있는 기원후 2세기의 증거에 대해 고찰한다. 그리고 그는 막 6:3에서 "마리아의 아들"이라는 예기치 못한 표현의 중요성을 강조한다. 우리는 그의 이 논점을 단순히 일축할 수 없다. 참조. R. Bauckham, "The Brothers and Sisters of Jesus: An Epiphanian Response to John P. Meier," 686-700.

서도 당연히 비슷하게 말할 수 있다고 말한다."[97] 주님의 형제들이 교회로 부터 재정적인 지원을 받을 수 있는 권리에 대한 언급은 신약성경에서 오직 이곳에서만 나타난다. 따라서 우리는 그것에 대한 이유나 그들이 이 배경에서 어떤 역할을 했는지에 대해 더 이상 아무것도 알지 못한다.[98]

콘첼만이 지적하는 대로 우리는 οἱ λοιποὶ ἀπόστολοι … καὶ Κηφᾶς를 한 가지 이상의 의미로 이해할 수 있을 것이다. 만약 우리가 사도직에 대한 모델을 부분적으로 15:7에서 끌어낸다면 이 그룹 또는 범주는 "본질적으로 한정된 어떤 그룹"에 해당하는 것처럼 보일 것이다.[99] 하지만 만약 해당 이슈, 곧 선교 "사역자들"의 재정적인 지원(6-11절)이 그와 같은 일을 위해 위임받고 말과 생활 방식으로 그것을 신실하게 드러내는 사도의 의미를 주도한다면 이 절의 배경적인 의미는 보다 더 "열려 있다"고 생각할 수 있을 것이다. 하지만 만약 이 특별한 절에서 그 범위가 명확하지 않다면 이것은 사도의 전문적인 의미를 온전히 지니고 있는 배경에서 교회를 위한 사도적인 증언의 유일성으로부터 벗어나서는 안 될 것이다. 이 점은 누가복음과 사도행전에서 사도직에 대한 어떤 전제를 받아들이는지 거부하는지에 달려 있지 않다.

5절은 모든 사도들이 반드시 결혼했다고 주장하지 않는다. 오히려 단순히 그들이 결혼할 수 있는 "권리"를 갖고 있음을 알려준다. 그리고 만약 그들이 결혼했다면 그들은 추가로 재정적인 지원을 받을 권리가 있다는 것이다. 베드로의 이름이 이 절 맨 뒤에 언급된 이유는 아마도 그가 결혼했다는 사실이 이미 널리 알려졌거나(마 8:14) 아니면 1:12 때문일 것이다(해당 주해 참조). 모든 사도들이 결혼했다는 전승이 널리 퍼지게 된 이유는 그

---

97) Héring, *First Epistle*, 77, n. 9. 이와 비슷하게 Fee도 "이 표현은 마리아의 자녀들을 가리킨다"고 주장한다. 참조. Fee, *First Epistle*, 403.

98) 만약 어떤 연관성이 있다면, 그들이 Theissen이 주장하는 "순회 사역을 하는 카리스마적인 선교사들"과 어떤 관련이 있는지는 판단하기가 어렵다. 만약 Theissen이 주장하는 바와 같이 특별히 사회적인 배경과 더불어 지원이 광범위하게 실행되었다면 그것의 실제 모습은 더 복합적일 것이다. 참조. Theissen, *Social Setting*, 27-59.

99) Conzelmann, *1 Cor*, 153.

것이 나중에 이그나티오스의 편지에 삽입되었기 때문이다. 어쨌든 7:8에
대한 상세한 설명과 그 절에 대한 우리의 논의를 충분히 참조할 필요가
있다.[100] 하지만 만약 이용 사례들이 없었다면 어떤 확립된 권리 및 자격에
대한 바울의 호소는 상당한 설득력을 갖지 못했을 것이다. 여기서 οἱ λοιποὶ
ἀπόστολοι의 범위에 대해 어떤 결론을 내리든지 간에 (그리고 우리가 주님의
형제들에게 어떤 범주를 부여하든지 간에) 이 절은 부부 동반으로 여행하는 것을
반대하는 어떤 특별한 결정이 내려지지 않는 한, 또는 다른 어떤 상황이 그
것을 가로막지 않는 한, 그리스도인 부부들이 선교 또는 목회 사역에서 서
로 동행하며 비전을 이루기 위해 함께 여행했다는 주제에 대한 매우 이른
시기의 증언을 넌지시 제시해준다.

6절   행 4:36-37과 11:22-26에서 바나바를 언급하는 것에 대해서
는 4절의 주해를 보라(4절에서 바울은 자신과 바나바를 "우리"라고 소개한다). 만
약 행 13장과 14장이 바울의 신앙 공동체들 사이에서 잘 알려진 이전 시기
의 역사적인 자료를 제공해준다면 바울과 바나바의 초기 "선교 여행"은 선
교 사역자들에 대한 잘 알려진 어떤 모델을 제공해줄 것이다. 이 모델에 의
하면 그들은 안디옥 교회나 그들이 섬겼던 사람들로부터 재정적인 지원을
받기보다는 오히려 그들 스스로 선교 사역에 필요한 경비를 조달했다.[101]
현재 부정사 ἐργάζεσθαι는 육체노동을 가리키는 데 통상적으로 사용되는
단어다. 호크는 영리를 목적으로 하는 아고라(*agora*)에서 가죽 세공업자 또
는 천막 제작자로서 칸막이로 된 작은 방에서 일하는 것과 관련된 불편함과
미천한 신분을 상상력을 동원하여 매우 자세하게 설명해주었다.[102] NIV와
더불어 우리는 ἐργάζεσθαι를 "생계를 위해 일하는 것"이라고 번역했다(이
단어는 여기서 바로 그것을 의미한다). 또한 NJB와 더불어 우리는 부정사 μή를
현재 부정사의 지속적인 의미를 나타내는 것으로서 "일하는 것을 그만둘

---

100) Robertson and Plummer, *First Epistle*, 181.

101) 참조. J. Jervell,

102) Hock, *The Social Context of Paul's Ministry: Tentmaking and Apostleship* and "The
   Workshop as a Social Setting for Paul's Missionary Preaching," *CBQ* 41 (1979): 438-450.

권리"라고 번역했다. NRSV는 이 현재 부정사를 "일하는 것을 자제하다"라고 번역한다. 그러나 REB와 다른 영역본들은 선택할 수 있는 권리에 관해 아이러니하게도 바울이 말하는 주제의 의미를 제대로 표현해주지 못하는 것 같다(참조. 8:9-13).

7절   UBS 4판은 ℵ*, A, B, C*, D*, F, G, 33을 따라 τὸν καρπόν이라는 독법을 선택했다. 비록 초기 사본인 P⁴⁶은 ἐκ τοῦ καρποῦ로 읽지만, 이것은 대체로 후반절에 나오는 ἐκ τοῦ γάλακτος와 동화하려는 것으로 간주된다. 한편 ℵ, C, D의 수정본들은 A, B, F, G가 원문으로 제시하는 것으로 이 변화를 되돌려놓았다.

허버트 게일이 주장하듯이 예수의 가르침은 다양한 이미지, 그림, 유비, 비유를 포함하고 있지만, 바울은 항상 추상적인 대화의 영역에 머물러 있다고 추정하는 것은 그릇된 것이다. 게일은 단지 바울의 네 개의 주요 편지에서 어떤 모델을 구체적으로 제시하고 그림을 보여주듯이 분석해주는 서른 세 개의 단락을 찾아낸다. 또한 그는 데살로니가전서에서도 이와 같은 사례들을 발견한다. 더욱이 그는 9:7에서 군인, 포도원 경작자, 목자에 대한 세 가지 유비는 "단순히 실례를 보여주는 것이 아니다. 그것들은 명백히 일종의 논증에 해당한다는 것을 의도한다. 즉 이 사례들에서 사실인 것은 바울(그리고 바나바)에게도 사실이다"라고 주장한다.[103]

동사 στρατεύεται는 대체로 군 복무, 군인으로 복무하는 것을 의미한다(참조. 고후 10:3, 4, 싸우는 것[전쟁에 가담하는 것]). 여기서 논쟁의 소지가 있는 그리스어 단어는 ὀψωνίοις다. 이 단어는 영역본에서 대체로 비용(expense) 및 비용들(expenses, REB, NRSV, NIV, NJB) 또는 부담금(charges, AV/KJV, RV) 등으로 번역된다. 하지만 파피루스 문헌과 묘비들에서 이 단어는 비록 일꾼의 품삯을 가리키기도 하지만, 흔히 배급품 또는 음식을 가리킨다.[104] 물톤-밀리건은 9:7에서 이 단어는 배급 대금 또는 음식의 할당 분

---

103) Gale, *The Use of Analogy in the Letter of Paul*, 101.
104) MM 471-472. 이 사전은 "이 흥미로운 단어"를 맨 처음에 메난드로스의 저서에서, 그다음에는 폴리비오스의 저서(6.39.12)에서 찾아낸다. 하지만 이 단어는 고전 아테네어의 언어학자들에 의해서 일상 대화에서 사용되는 것으로 부당한 평가를 받았다. 기원후 2세기의 옥시

량을 의미하지만, 그것은 코이네 그리스어에서 종종 배급품 또는 식량을 의
미한다고 말한다.[105] 비록 카라구니스는 이 단어가 비용 또는 비용들을 의
미한다고 주장하지만, 그는 그것을 돈으로 지불하는 것보다는 보다 더 광
범위한 의미에서 식량을 가리킨다고 말한다.[106] 우리는 식량(rations)이 여
기서 논점의 배경에 가장 적합하다고 제안해야 할 것이다. (누가 어떤 군인이
자기의 식량을 스스로 지참하는 것을 기대할 수 있겠는가?) 하지만 이 단어에는 아
마도 금전의 요소도 암시되어 있기 때문에 "자신의 모든 비용으로"라는 번
역은 강하게 표현된 ἰδίοις ὀψωνίοις의 비용과 식량을 모두 포함할 것이다
(NRSV의 비용[expenses]은 어느 정도 급여를 받는 경영 간부가 세금을 공제받는 것처
럼 들린다). 더욱이 그림-타이어와 슈라게가 주장하듯이 금전적인 지불 대
신에 종종 옥수수, 고기, 과일, 견과류, 소금 등이 실질적으로 복무에 임하는
군인들에게 주어졌다. 이 점에 근거하여 그들은 이 절에도 그 의미를 적용
한다.[107] 한편 부정(不定)의 부사 ποτέ는 부정(否定)의 영역을 확장해준다.
또한 이 부사는 대체로 어떤 가정을 사실적으로 반대하는 배경에서 REB
가 다음과 같이 전달해주는 뉘앙스를 지닌 채 나타난다. "당신은 어떤 사람
이…군 복무를 한다는 것을 한 번이라도 들어본 적이 있습니까?" 따라서 우
리는 "복무했다고 이제까지 알려진 사람이 있습니까?라고 번역했다. REB
와 우리의 번역이 알려주듯이 여기서 핵심은 그 가정이 사실과 반대된다는
것과 그러한 사람을 알지 못한다는 것이다.

REB는 해당 가정이 사실과 반대되며 그 가정과 관련된 대상이 없다는
것을 다른 두 사례를 통해 이어간다. "또는 포도밭을 가꾸며…" 이 번역은

린쿠스 파피루스 3:531—"내가 당신에게 돈을 보낼 때까지 당신을 위해 식량 대금을 스스
로 지불하십시오."—에서 이 단어는 식량을 의미한다.

105) 같은 책. 한편 Grimm-Thayer, 471은 "임금 대신에 종종 군인들에게 옥수수, 고기, 과일, 소
금 등이 보급되었다"고 강조한다.

106) C. C. Caragounis, "ὀψώνιον: A Reconsideration of Its Meaning," NovT 16 (1974).

107) 앞에서의 주해를 보라. 참조. Schrage, Der erste Brief, 2:296-297; Caesar, Bellum Gallicum
1.23.1; Polybius, 1:66-68; 3.13.8. 참조. Deissmann, Light from the Ancient East, 168;
Findlay, Expositor's Greek Testament, 2:847(비록 다음 연구서와 주석서는 Caragounis의
논문과 Schrage의 주석서보다 시기적으로 먼저 간행되었지만).

상상력이 뛰어나며 정당화될 만하다. 하지만 엄밀히 말하자면 문자적인 그리스어 구문에서 벗어난다. 두 번째 사례에서 우리는 "포도 열매를 먹지 않는다"(τὸν καρπόν을 포도밭의 배경에 맞추어 번역함) 또는 "그 열매를 전혀 먹지 않겠습니까?"라고 번역할 수 있다. 포도밭 주인은 사실상 그 산물을 모두 먹지는 않는다. 해당 이미지는 신 20:6에서 사용된다.[108] 세 번째 유비에서 우리는 젖을 마신다는 표현을 기대할 것이다. 하지만 여기서 사용된 그리스어 동사는 ἐσθίει, "먹다"다. 그 이유는 목자에게 젖은 유제품도 포함하기 때문이다. 오늘날 우리는 그것을 낙농 제품이라고 부른다(예. 치즈). 그리스어 전치사 ἐκ는 소유격과 함께 정확하게 다음 두 가지를 전달한다. 곧 일부분 (동참)을 의미하는 소유격과 기원을 뜻하는 소유격이다.

8절   그리스어의 수사 의문문에서 사용되는 μή의 의미를 전달하려면 영어에서는 어떤 관용적인 표현을 찾아내야 한다. 이 수사 의문문은 순전히 "아니다!"라는 대답을 기대하는 목적으로 표현된다. 바레트는 이것을 "당신은 생각하지 않습니다.…당신은 [그렇게] 생각합니까?"라고 번역한다. 콜린스는 이렇게 번역한다. "나는 이것을 인간의 권위에 근거하여 말하는 것이 아닙니다. 내가 그렇게 합니까?" 그러나 κατὰ ἄνθρωπον의 의미를 정확하게 파악하고 번역하는 것은 더 어렵다. 이 표현은 이 편지의 3:3(여러분은 단순히 다른 어떤 사람처럼 행동하고 있지 않습니까?), 15:32 그리고 롬 3:5, 갈 1:11, 3:15에서도 나타난다 (고전 15:32에서 이 표현은 영역본에서 다양하게 번역된다. NEB, as the saying is; REB, no more than human hopes; KJV/AV, after the manner of man). 슈라게는 REB가 받아들인 관점에 동의하며 여기서 이 표현은 "부정적인 함의를 내포하고 있지 않지만" 인간의 다양한 직업 및 그것과 관련된 논쟁 방법에서 가져온 유비들 또는 사례들을 가리킨다고 주장한다.[109] NRSV와 바레트는(콜린스도 비슷하게) 단지 "인간적인 권위"라고 번

---

108) 이 절에서 바울은 70인역의 용어와 어휘를 거의 그대로 사용한다. 잠 27:18은 그 원리를 무화과나무를 가꾸는 것에 적용한다. 또한 참조. Gale, *Analogy*, 104-105.

109) Schrage, *Der erste Brief*, 2:297. 만약 Schrage의 견해가 옳다면 NJB의 번역 "이것은 단순히 세상적인 지혜다"는 이 구절의 부정적인 의미를 필요 이상으로 강하게 나타낸다.

역하며, NIV는 "인간적인 관점으로부터"라고 번역하지만(이 두 가지 번역 중 그 어느 것도 강력하지 않음), 아마도 바울이 "이 인간적인 유비들"(these human analogies, REB)을 보다 더 구체적으로 언급하기 위해 표준적인 표현을 사용했다는 것이 가장 개연성이 있을 것이다. 그리스어 지시대명사 복수 ταῦτα는 흔히 영어의 관용적인 표현 이것(this)에 상응한다.

종종 바울 서신의 다른 곳에서와 마찬가지로 여기서 율법, ὁ νόμος는 모세오경을 가리킨다. 그는 다음 절에서 신 25:4을 인용할 것이다. 신 25장이 또 다른 유비, 곧 소들에게 먹을 것을 주는 것에 관심을 갖는다는 사실은 바울이 8a에서 인간의 삶에서 가져온 유비가 그것과 평행을 이루는 유비들 또는 사례들에 의해서도 지지를 받을 수 있다고 선언하는 것을 확증해준다. 한편 오직 이전 주석가들만 λαλῶ와 λέγει의 차이점을 강조한다. 이 주석가들은 λέγει를 보다 더 격식을 갖춘 단어로 인식한다. 하지만 이 구분은 이전의 고전 그리스어 시대에 더 적합하다(14:34에 대한 주해 참조). 우리는 이 부분에서 바울의 논증 방식이 (i) 공통적인 경험 또는 합리적인 관습, (ii) 구약성경의 지지 또는 구약성경의 전통과 일치함에 기초하고 있다고 말할 수 있다.

9-10절 B*, D*, F, G를 따라 UBS 4판에는 κημώσεις가 원문으로 채택된다. 한편 초기 사본 p⁴⁶, A, B³, C, K와 대다수 소문자 사본들은 신 25:4의 히브리어를 "망을 씌우다"를 의미하는 보다 더 문어적인 단어 φιμώσεις를 사용하여 번역한 70인역을 따른다. 하지만 메츠거는 정반대의 경우보다 오히려 필사자들이 다소 덜 문자적인 단어를 더 품위 있는 단어로 바꾸었을 개연성이 더 높다고 주장한다(또한 이것은 70인역에서 흔히 볼 수 있다).[110] 아마도 바울은 보다 널리 알려진 용어를 사용했을 것이다. 하지만 스탠리는 이 논점은 "문제점이 있어" 확신할 수 없다고 주장한다. 아마도 κημώσεις는 어려운 용어에 익숙하지 않은 독자들을 위해 문어적인 단어를 설명하는 난외주로 생겨났을 수도 있다.

---

110) Metzger, *Textual Commentary* (2d ed.), 492. 참조. Senft, *Première Épitre*, 119; Schrage, *Der erste Brief*, 2:298, n. 119. 비교. Stanley, *Paul and the Language of Scripture*, 195-196, esp. n. 2 with reference to Emil Kautzsch, *De Veteris Testamenti*.

앞에서 언급한 바와 같이 동사가 바뀐 것 외에 해당 인용문은 βοῦν ἀλοῶντα와 함께 금지를 의미하는 직설법 미래 부정문이 사용된다. 이 표현은 70인역의 신 25:4과 똑같이 일치한다. 우리가 제시한 번역은 NRSV와 REB의 번역과 일치한다(하지만 NIV의 do not muzzle과는 대조된다). 그리고 세 가지 번역은 현재분사 능동태 ἀλοῶντα의 의미를 지속적인 행위로서 그것이 "[곡식을] 밟아 떠는 동안에"라고 올바르게 나타낸다(대조. AV/KJV, that treadeth out).

9:8-9에서 바울의 구약 사용

콘첼만은 신 25:4은 "본질적으로 동물을 보호하는 규정"으로 기능하기 때문에 "하나님이 보다 더 중대한 사항에 관심을 갖으신다는…바울의 해석과 상반된다"고 주장한다.[111] 또한 콘첼만은 인간이 아닌 피조물에 대해 그와 같은 견해를 지지하는 증거를 필론과 헬레니즘적 유대교 문헌 안에서 인용한다. 필론은 이렇게 주장한다. "율법은 까닭 없이(οὐ ὑπὲρ τῶν ἀλλόγων) 피조물의 유익에 관심을 갖지 않고, 마음과 이성(νοῦν καὶ λόγον)을 지닌 사람들의 유익에 관심을 갖는다"(Philo, *De Specialibus Legibus* 1.260). 젠프트도 필론의 해당 저서에서 동일한 텍스트를 인용하면서 콘첼만의 견해를 따른다.[112]

슈라게는 바울이 구약성경을 사용하는 사례들을 자세하게 설명한다. 그 설명에서 그는 바울은 알레고리적인 해석에 매우 드물게 호소한다는 점을 인정한다(그는 아마도 바울이 단지 이곳과 고전 10:4; 갈 4:21 이하에서만 그와 같은 해석에 호소할 것이라고 주장한다).[113] 여기서 문제점은 "알레고리적"이라는 용어가 다양한 방법으로 이해될 수 있다는 것이다. 이에 대한 슈라게의 논의는 피가 설명하는 탁월한 논의와 특별히 리처드 헤이스가 제시하는 훨씬 더 탁월한 논의보다 덜 만족스럽다. 헤이스는 출발점이 신 25:4에 대한 배경을 새롭게 보는 것이라고 올바르게 확인해준다.

---

111) Conzelmann, *1 Cor,* 154-155.
112) Senft, *Première Épitre,* 119, n. 17.
113) Schrage, *Der erste Brief,* 299-301.

헤이스는 많은 이들이 바울의 해석을 "바울의 입장에서 자의적으로 제시하는 증거 본문에 대한 한 가지 예"로 묘사한다고 말한다. 하지만 그는 다음과 같이 주장한다. 그 예를 "보다 더 세밀하게 검토해보면 그것은 해석학적인 측면에서 보다 더 복합적인 전략을 지니고 있다는 것을 입증해주며…신 25:4의 전후 문맥을 자세히 살펴보면 바울의 주장은 신빙성이 있으며…신 24장과 25장에서 언급되는 율법 규정(특히 신 24:6-7, 10-22; 25:1-3)은 거의 모두 인간 존재의 존엄성과 공의를 장려하는 역할을 한다"(강조는 덧붙여진 것임).[114] 이 주해는 참으로 해당 텍스트와 부합한다. 신 24:1-4은 이혼의 사유와 이행에 관심을 갖는다. 신 24:5-9은 정상(情狀) 참작의 이유가 있을 때 군대 징집 면제, 채무에 대한 저당의 한계, 동족을 부당하게 노예로 부리는 것에 대한 금지, 질병으로부터 보호 등에 관심을 기울인다. 또한 신 24:10-22은 담보물과 빚, 최저 임금, 가족의 생계, 외국인 거주자, 고아와 과부 등에 관심을 갖는다. 그리고 신 25:5-10은 수혼에 관심을 갖는다.[115] 곡식을 떠는 것에 대한 한 절이 삽입된 것(신 25:4)은 어떤 사람들이 고난 또는 곤궁에 무방비한 상황에 놓여 있는 것에 대해—예를 들면 과부, 고아 및 형벌의 피해자 등에 대해 관심을 갖는 신 25:4의 바로 앞에 있는 배경—인간의 분별력과 인간의 동정심을 불러일으키는 것과 매우 잘 부합한다.

그렇다면 "이것은 하나님께서 소들(곧 그와 같은 대상으로서)을 염려하시기 때문입니까?"라는 바울의 질문은 신 25:4의 의미와 취지를 강조하는 해당 문맥의 의도를 잘 전달해준다. 비록 이 경우에 μὴ … τῷ θεῷ라는 표현에서 μή는 부정의 대답—"분명히 하나님은 소들에게 관심을 갖지 않으시죠, 그렇지 않나요?"—을 강조한다기보다는 일종의 머뭇거리는 질문일 개연성이 높지만 말이다. 또한 그 의미는 부분적으로 우리가 πάντως를 어떻게 이해하는가에 달려 있다. (NJB와 더불어) NRSV는 이 그리스어 부사를 "전적으로"라고 번역한다: "또는 그는[하나님은] 전적으로 우리를 위해 말씀하시지 않나요?"(10a) 또한 NIV는 분명히 "그는 우리를 위해 이것을 말씀하십니다. 그렇지 않나요?"라고 번역하고, REB는 "이 말씀은 반

---

114) Hays, *First Cor*, 151. 참조. Hays, *Echoes of Scripture in the Letters of Paul*, 165-166.
115) 참조. P. C. Craigie, *The Book of Deuteronomy* (Grand Rapids: Eerdmans, 1976), 304-315.

드시 우리를 가리키지 않습니까?"라고 번역하면서 NRSV와 NJB의 "전적으로"라는 번역이 암시하는 배타성을 회피하고자 한다. BAGD는 명백하게 부정의 의미를 나타내는 문장에서 πάντως는 대체로 "전혀 아니다"를 뜻한다고 시인한다. 하지만 10a는 부정의 의미가 전혀 없다. 그러므로 BAGD는 πάντως의 첫 번째 의미 영역의 범주로서 "분명히, 의심의 여지 없이, 반드시"를 제시하며, 고전 9:10a에 대해 "아니면 그는 분명히 우리의 유익을 대변하고 있지 않습니까?"라는 번역을 제안한다.[116] 이 단어의 두 번째 의미 범주는 "전적으로, 물론, 무엇보다도 또는 심지어 아마도" 등을 포함한다. 그리고 BAGD는 "분명히 또는 확실히"에 부합하는 몇 몇 적합한 평행 본문을 제시한다. 핀들레이는 이 의미가 어떻게 변하는지를 다음과 같이 보여준다. "논거(論據)를 위한 이 πάντως(참조. 롬 3:9)는… '하나님은 전적으로(독점적으로) 우리만을 위하는 것이 아니라…모든 면에서 가축도 먹이신다'는 규정이…더더욱(*a fortiori*) 하나님의 종들에게도 적용되어야 함을 역설한다(참조. 마 6:26이하; 또한 10:31)."[117]

　　우리는 슈트라웁, 피와 다른 이들의 지지를 받는 헤이스의 다음과 같은 탁월한 분석으로 되돌아가고자 한다. 즉 신 25:4은 "바울의 강조점을 드러내기 위해 훌륭한 은유의 기능을 한다. 즉 타작마당에서 곡식을 거두는 데 이용되는 소에게 먹을 것을 주는 것을 결코 금지해서는 안 되듯이…사도들에게도 [먹을 것을 공급하는 것을] 금지해서는 안 된다."[118] 헤이스는 이 주제를 다루는 두 저서에서 다음과 같은 주장을 더 자세하게 설명한다. "δι' ἡμᾶς는 보다 더 중립적인 δι' ἄνθρωπους와 동의어가 아니다.…아마도 우리는 바울이 율법의 말씀을…그 적정 시기와 일차적인 대상을 자신의 사역과 관련된 재정적인 배려와 지원에서 발견한다고 주장

---

116) BAGD, 609. 여기서 괄호 안에 표기된 "not"은 그리스어의 관용어가 아니라 영어의 관용어를 전달해준다. 만약 우리가 그리스어에서 또는(ἤ)을 의미하는 단어로 시작해야 한다면, 그 부정사는 삽입될 필요가 있다.

117) Findlay, *Expositor's Greek Testament 2*, "1 Cor," 848. 한편 Schrage는 바울이 여기서 보다 더 적은 것으로부터 "얼마나 훨씬 더 많이"라는 논증 방식을 사용한다는 것을 받아들이지 않는다. 참조. Schrage, *Der erste Brief*, 2:299. 하지만 Findlay가 πάντως에 대해 이해하는 것은 여전히 유효하다.

118) Hays, *First Cor*, 151; 참조. W. Straub, *Die Bildersprache des Apostels Paulus* (Tübingen: Mohr, 1937), 81-82; Fee, *First Epistle*, 408.

하는 것으로 이해해야 할 것이다."[119] 그것은 "우리를 위해, 곧 바울 시대의 교회를 위해 [기록되었다]. 10절에서 인칭 대명사 1인칭 복수는 11절의 인칭 대명사 1인칭 복수— '만약 우리가 성령에 속한 것들을 뿌렸다면…'(11절) —가 가리키는 같은 대상, 곧 바울과 그의 동역자들을 암시한다."[120]

이것이 신 25:4의 "참되고 대표적인 대상"이라고 제안하는 것은 아마도 이 유용한 강조점을 과하게 주장하는 것에 해당할 수 있다. 바울이 구약성경을 이스라엘이나 전반적인 인류보다(하지만 분명히 전적으로 그런 것은 아니다) 하나님의 약속이 성취되는 새로운 시대의 백성을 위한 것으로 인식하는 것과 같이 그는 신 25장도 동물보다는 사람을 위해 기록되었다고 이해한다. 그러므로 신명기의 해당 내용을 복음의 사람들에게 적용하는 것은 분명히 사도들과 관련이 있다. 그리스도의 죽음과 부활에 대해 증언하는 한, 사도들의 생활 방식과 사역은 신앙 공동체에 전형적인 모델을 제시해준다(참조. 9:1; 15:3-9). 하지만 이것에 대해 "참된" 대상("the true" referent)이라고 말하는 것은 일종의 배타성을 암시하는 것이다. 그밖에 헤이스의 논점은 전반적으로 만족스럽다. 만약 바울의 해석과 "상반되는" 콘첼만의 견해를 받아들이지 않고 그것을 문자적으로 받아들인다면 우리는 알레고리적 해석에 대한 슈라게의 주장으로 되돌아갈 수밖에 없을 것이다. 종말론은 어떤 목표와 목적을 보여주며, 그 목표와 목적은 일시적인 것 너머로 이동한다는 의미에서 "바울은 10:11에서 표현된 구약성경에 대한 동일한 종말론적인 관점—성경은 궁극적으로 시대의 종말이 눈앞에 다가온 자들을 위해 존재한다—을 반영한다."[121] 그럼에도 몰트만과 판넨베르크가 주장했듯이 이것은 결코 잠정적인 또는 종말 바로 앞에 있는 사건들 또는 이해들이 타당하지 않거나 부적합하거나 무가치하다는 것을 의미

---

119) Hays, *Echoes of Scriptures*, 165-166; 참조. *First Cor*, 151.

120) Hays, *First Cor*, 151.

121) Fee, *First Epistle*, 408. Kaiser의 접근 방법보다는 Fee의 접근 방법이 더 유익하다. Kaiser는 그 목적지를 Hirsch가 "의미"와 "중요성"으로 대조하는 것과 연결하려고 한다. 참조. Kaiser, "The Current Crises in Exegesis and the Apostolic Use of Deut 25:4 in 1 Cor 9:8-10," 3-18: "그[바울]는 그것이 임시로 포장되어 있는 상태에서 하나의 영속적인 원리를 이끌어 냈다"(15).

하지 않는다.[122] 그러므로 바울은 구약성경의 배경 안에서 그것에 가치를 부여함과 동시에 그것의 직접적인 배경을 초월하는 것을 추구한다. 이와 같이 그 배경을 초월하는 차원 또는 그것으로부터 "벗어난" 차원은 기독론적인 내용이나 종말론적인 약속을 구현한다.

아게손의 연구서 『또한 우리를 위해 기록되었다』(*Written Also for Our Sake*)는 이 접근 방법과 일치한다. 비록 아게손은 갈 4:21-31도 포함하지만, 고전 9:9-10을 롬 2:23-24의 유사하면서도 중복적인 또는 확장된 배경과 연결한다. 아마도 갈라디아서 텍스트는 다른 두 가지 경우보다 두 번째 배경을 확장할 것이다. 아게손은 "성경 본문의 효력"(곧 고전 9:9-10 안에서 신 25:4)을 "바울이 독자들에게 그것을 눈앞에 보여주고 전달하는 과정뿐만 아니라…그가 직면하고 있는 문제의 본질을 시각화하고 정의해나가는 과정에서" 일종의 보조물(aid)로 이해한다.[123] 한편으로 바울은 신 25:4을 "자신의 목적"을 보조하는 본문으로 이해하지만, 원칙적으로 이것은 직접 관련된 초기의 배경에서 벗어나 전적으로 교회를 대상으로 어떤 규정을 제시하기보다는 새로운 공동체의 상황과 그 공동체에 대한 하나님의 뜻을 이해하는 데 도움을 주는 역할을 한다. 기원후 2세기의 마르키온의 이단적인 가르침과는 대조적으로 바울은 신구약 성경 안에서 세상과 하나님의 백성에 대한 하나님의 관심이 통일성을 지니고 있다는 점을 시인한다. 아게손이 자신의 책 제목에 "또한"을 사용하는 것은 바울이 "유대인들과 이방인들로 구성된 교회의 공동생활과 하나 됨에 대한" 관심에서 두 가지 배경을 "서로 결합한 것"이 타당하다는 사실을 확인해준다.[124] 후대의 칼뱅을 예고하며 바울은 성경을 일종의 렌즈로 사용한다. 그는 그 렌즈를 통해 과거를 조명할 뿐만 아니라 또한 현재를 이해한다. 아우구스티누스와 바르트가 간파하듯이 다른 성경 구절들도 하나님이 그분이 지으신 모든 세

---

122) 참조. J. Moltmann, *The Coming of God* (Eng. trans., London: SCM, 1996), 279-295; W. Pannenberg, *Systematic Theology 3* (Eng. trans., Edinburgh: T. & T. Clark and Grand Rapids: Eerdmans, 1998), 465-498, 527-554, 580-607.

123) J. W. Aageson, *Written Also for Our Sake: Paul and the Art of Biblical Interpretation* (Louisville: Westminster/Knox, 1903), 49; 참조. 49-53.

124) 같은 책, 129, 130.

계에 관심을 갖고 있다는 사실을 뒷받침해준다.[125]

우리의 번역 "희망을 품고"는 10절에서 ἐπ᾽ ἐλπίδι(두 번 반복됨)의 강조점을 반영하려는 의도를 반영한다. 어떤 노동도 그것이 재정적인 것이든 다른 유형의 것이든 단순히 "인정" 또는 인센티브가 없는 고되고 지루한 일이 되어서는 안 된다. 수고하는 이들의 복지를 전혀 고려하지 않을 뿐만 아니라 그들을 조금도 격려하지 않은 채 사람이나 동물을 단지 다른 사람들의 행복을 위한 기계적인 도구로 전락시켜서는 안 된다. 그들은 단순히 노동에만 몰두하는 것보다 자신들의 삶을 위해 무언가 더 많은 것을 필요로 한다. 만약 바울이 자신의 사랑의 수고를 그 자체로 "무언가 그 이상의 것"으로 여기며 자발적인 행위로 선택한다면 이것은 그의 개인적인 선택이다. 하지만 율법—여기서 이 용어는 모세오경뿐만 아니라 창조세계에 대한 하나님의 뜻을 가리킴—은 일상적인 상황에서 무언가 그 이상의 것을 요구한다. 그리고 신명기는 하나님의 창조 질서와 언약 체계에 기초하여 일상생활에 인도주의적인 관심을 두고 있는 모델로 제시된다.[126] 희망은 현재의 수고와 시련을 넘어 미래를 기대하게 한다. 그것은 현재 상황이 빚어내는 다양한 속박을 변화시킬 수 있는 어떤 관점을 갖게 하고 지평을 넓혀준다.[127] 또한 딤전 5:18에서도 "일꾼이 자기 삯을 받는 것은 마땅하다"(눅 10:7)는 전승이 신 25:4이 인용된 다음에 곧바로 언급된다. 그리고 소유격 관사 다음에 부정사가 뒤따르는 τοῦ μετέχειν은 어떤 생산물에 동참하는 것을 가리킨다(바울은 12절에서 "권리"에 "동참하는" 주제로 이어간다).

11-12a절 11절의 논리적인 강조점은 μέγα에 놓여 있다. 이 주석서를 저술하던 시점에서 이것을 영어로 가장 정확하게 표현한다면 "만약 우리가…거둔다면 그것이 무슨 엄청난 일입니까?"일 것이다. 하지만 보다

---

125) 아우구스티누스와 Barth는 시 147:9(까마귀 새끼에게 먹이를 주심), 마 10:29(참새 한 마리가 떨어지는 데에도 관심을 갖고 계심), 마 6:30(들판의 풀)과 같은 본문들을 언급한다. 참조. Augustine, *Commentary on Matthew*, ad loc.; K. Barth, *CD* 3/3, 174.

126) "바울이 이 절(신 25:4)을 인간의 경제적인 사례들과 관련된 공의에 대해 무엇인가를 암시해주는 것으로 읽었다는 것은 놀라운 일이 아니다"(Hays, *1 Cor*, 151).

127) BAGD, 252-253; Moltmann, *Theology of Hope*.

더 격식을 갖추어 표현하자면 μέγα는 어떤 대단한 이슈를 가리킨다(참조. NJB, is it too much to ask that; NRSV, is it too much if; REB, is it too much to expect …). 바울은 심는 것과 거두는 것에 인과관계의 원리를 적용한다. 다른 이들의 견해를 따라 헤이스가 주장하듯이 바울은 우선 9-10절에서 "우리는 우리에게"라는 인칭 대명사를 사용하며 이것을 적용한다.[128] 하지만 그다음에 그는 단순히 지상의 것 또는 물질적인 것(τὰ σαρκικά)을 심고 거두는 것과 성령에 속한 것(τὰ πνευματικά)을 심고 거두는 것을 서로 비교하며 그 사이에 막대한 차이가 있다는 것을 넌지시 일러준다. 이것은 "실질적이며 상식적인 의미로 갑작스럽게…거의 우스꽝스럽게 내려가는 모습"을 빚어낸다. "그와 같은 장면 전환이 지닌 아이러니는 11절에서 상반절과 하반절이 서로 대조되는 것과 μέγα가 사용되는 것을 통해서도 어느 정도 드러난다."[129] 그리스어 τὰ σαρκικά는 여기서 실생활에 필요한 것들을 대신하는 제유법으로 사용되었다. 6:3에서는 이 표현 대신에 τὰ βιωτικά가 사용되었다. τὰ πνευματικά는 대체로 바울 서신에서(참조. 12:1; 15:44) 성령에 속한 것들을 가리킨다. (NRSV의 경우처럼) "물질적인 유익"은 단순히 이 명사를 심고 거두는 인과관계가 가져다주는 유익한 배경에 위치시킨다. 비록 바울 서신의 다른 곳에서(예. 고후 10:3-4, 군인으로 복무; 고전 3:6-8, 복음의 메시지의 씨를 뿌리거나 물을 주는 일) 그가 제시하는 분석과 정확하게 상응하는 표현으로 "사역자들"로 묘사될 수 있겠지만, 여기서 심는 것과 거두는 것이 사용된 것은 구약성경의 다른 구절들과 더불어(예. 잠 27:18, 26, 27) 신 20:6의 비유적인 표현에 기초하여 바울을 머릿속에 떠올리게 할 수 있을 것이다. 이 모든 구절에서는 "일을 하면 그것에 상응하는 보수를 받는다는 개념"이 암시되어 있다. 그것은 "바울이 강조하는 바와 매우 가깝다."[130]

차우는 12절에서 다른 사람들에 대한 언급이 바울의 이전 설명을 상

---

128) Hays, *1 Cor*, 151; *Echoes*, 165-168. 참조. Edwards, *First Epistle*, 230-231. 또한 Schrage, *Der erste Brief*, 2:301-302.

129) Edwards, *First Epistle*, 253.

130) Gale, *The Use of Analogy in the Letters of Paul*, 105; 참조. 101-108.

기시켜준다고 주장한다. 즉 각 사람은 각각의 사역에 합당한 μισθός를 받으며(3:13-15), 오직 하나님만이 각 사람이 어떤 "상(價)" 또는 "보상"을 받을지를 결정하신다는 것이다(4:1-5).[131] "이른바 [바울과] 경쟁 관계에 있는 사도들이 받는 μισθός는 재정적인 지원(고전 9:6, 12a)인 것처럼 보이지만…바울이 받는 μισθός는 그가 대가를 받지 않고 복음을 전파하는 것이다(고전 9:17-18)."[132] 하지만 바울은 자신이 어떤 권리를 자발적으로 포기한다는 점을 강조하기 위해 다른 사람들과 마찬가지로 다른 사람들이 동참하는 ἐξουσία를 자신도 이용할 수 있음을 입증해야만 했다. 호크와 차우는 바울이 자신의 자유를 자발적으로 제한하는 것은 그가 후원자들에게 빚을 지고 있다는 생각과도 밀접하게 연결되어 있다고 정확하게 밝혀준다. 그와 같은 부담감은 공평무사한 사도로서 바울에게 자신의 자세를 타협하도록 부추길 수도 있을 것이다(참조. 1:12, 13, 14: "여러분이 바울의 이름으로 세례를 받았습니까?")[133] 피터 마셜은 다음과 같이 주장한다. "[고린도 교회의] 여러 분파들 중에서 한 분파[모든 분파가 아니라]의 지도자가 바울에게 무언가를 제안했는지는 언급되지 않는다. 그러나 다른 사람들에게는 비슷한 제안이 제시되었으며, 그들이 그것을 받아들였다는 것은 잘 알려져 있다. 이와 같은 제안을 받아들인 자들은 분파의 지도자가 되었으며 그것은 바울과 비교 및 대항의 수단이 되었을 것이다."[134] 제안을 받아들이는 것과 받아들일 권한 또는 권리(ἐξουσία)를 갖고 있다는 것은 서로 다른 것이다. 그 차이점은 바울의 논점에서 매우 중요한 사항이다. 몇몇 영향력 있는 사람들이 재정 지원을 제안한다는 것은 "바울을 자신들 편으로 끌어들여 그를 자신들에게 속박시키려는 시도일…개연성이 높다."[135] 그러므로 만약 고대 그리스-로마

---

131) Chow, *Patronage and Power*, 106-107.

132) 같은 책, 107; 참조. Hock, *Social Context*, 61-62.

133) 하지만 Chow는 바울이 보수를 받지 않고 복음 사역을 하는 것을 "자랑하는 것"이 고린도 사람들에게 우스꽝스럽거나 또는 아이러니한 것이 된다는 함의를 제대로 파악하지 못하는 것 같다. 참조. Chow, *Patronage*, 173-175; 참조. Hock, *Social Context*, 61-62.

134) Marshall, *Enmity in Corinth*, 232.

135) 같은 책.

세계에서 볼 수 있는 상호 "우정" 의무에 대한 마셜의 분석이 옳다면 다른 사람들과 달리 바울은 고린도에서 영향력 있는 몇몇 상위층 사람들이 제공하고자 했던 "우정" 또는 후원을 거부했다. 반면에 빌립보의 경우에서는 교회 전체가 후원에 참여했다. 따라서 이 절들은 현대 교회에 다음과 같이 두 가지 교훈을 준다. (i) 교회의 목회자들과 지도자들은 물질적인 지원을 받을 권리가 있다. (ii) 하지만 특별한 "우정"을 위한 자리는 결코 없다. 이와 같은 우정은 목회자들과 지도자들에게 다른 사람들이 원하는 것이나 좋아하는 것에 반대하면서 단지 몇몇 사람이 원하거나 좋아하는 것을 지지할 소지를 제공할 가능성이 있다.

12a의 그리스어 구문은 한 가지 이상의 해석을 허용한다. 한편으로 우리는 τῆς ὑμῶν ἐξουσίας μετέχουσιν이라는 표현에서 소유격 ὑμῶν을 주격 소유격으로 이해할 수 있다. 그렇다면 그 의미는 "여러분이 그들에게 어떤 권리를 허용하는 것"이다. 다른 한편으로 우리는 그것을 목적격 소유격으로 해석할 수도 있다. 이 경우에 그 의미는 만약 다른 사람들이 "여러분에 대한 권리에 동참한다면"이다. 피는 후자의 해석을 "보다 더 타당한" 것으로 여긴다.[136] 한편 슈라게는 그것이 주격 소유격일 수도 있음을 받아들이면서도, 모든 것을 고려하면 바울이 고린도 교인들에 대한 자신의 "권리"를 주장하기를 원하기 때문에, 그는 그것이 목적격 소유격일 개연성이 더 높다고 생각한다.[137] 하지만 과연 이 해석이 바울의 주요 관심사를 올바르게 파악하는지는 의심스럽다. 이 장은 "권한"에 대해서가 아니라 "권리들"을 포기하는 것에 관심을 갖는다. 만약 진정으로 슈라게, 바이스, 리츠만이 주장하는 바와 같이 다른 사람들이 고린도후서에서 언급하는 이른바 사도들 또는 거짓 사도들도 포함한다면 "그들에 대한 권리"는 바울 자신이라기보다는 바울의 적대자들을 가리킬 것이다.[138] 에링은 의미뿐만 아니라 어순에

---

136) Fee, *First Epistle*, 410.
137) Schrage, *Der Erste Brief*, 2:304, n. 157.
138) 같은 책, 304; Weiss, *Der erste Korintherbrief*, 238.

근거하여 이 소유격이 목적어를 가리킨다는 해석에 강력하게 반대한다.[139]

12b의 부정과거 ἐχρησάμεθα, "우리는 사용하지 않았습니다"는 바울이 약 18개월 동안 고린도에 머무르면서 사역했음을 암시한다. 비록 15절에서 바울은 현재완료를 사용하여 과거의 결정에서 비롯된 지속적인 자세를 가리키기도 하지만 말이다. 이 그리스어 동사는 7:21에서도 사용되었다. 거기서 우리는 (i) 자유, (ii) 노예 신분, (iii) 하나님의 부르심, (iv) 자유롭게 될 가능성 등에 대해 논의했다(7:21에 대한 주해 참조). 7:31에서 바울은 χρώμενοι와 καταχρώμενοι를 사용하면서 이 두 단어 간의 언어유희를 사용한다. 그 절에서 바울은 만약 무언가를 활용하는 것이 타당하다면 그것을 항상 자제하며 제한적으로 활용하라고 권면한다(7:31에 대한 주해 참조). 그 개념은 12b와도 잘 부합한다. 한편 ἐξουσία(참조. ἔξεστιν, 6:12; 10:23)는 고린도 교회와 관련된 신학에서 매우 두드러지게 나타나는 용어이므로, 과연 우리가 여기서 이 "권리"를 인용 부호 안에 표기해야 할지에 관한 논란이 빚어진다. 비록 바울이 "권리"를 상대화시키는 어떤 타당한 가치 체계(대부분 사랑, 은혜, 심판) 안에서 권리를 활용하는 것에 대한 부분적·상대적 타당성을 허용하긴 하지만, 그의 논점은 "권리"에 대한 윤리를 엄격하게 한정한다.

우리는 여기서 (NJB, REB, NIV와 더불어; 참조. NRSV, endure) "우리는 참습니다"라고 번역했다(13:7에 대한 주해 참조). 데일 마틴은 어떤 "지장"도 주지 않으려고 모든 것을 참으려는 태도가 바로 사회적으로 "강한 자들"이 결코 취하려 하지 않았던 태도였다고 지적한다. "우리는 9:12이 8:8-9과 평행을 이룬다는 것을…인정해야 한다."[140] τινα ἐγκοπήν은 대체로 "장애물"(hindrance, NRSV)로 번역된다. 이 번역은 "모든 지장"(any hindrance, REB)과 마찬가지로 받아들일 만하다. 이 그리스어 명사는 신약성경에서 오직 이곳에서 단 한 번 나타난다(어원이 같은 동사는 예를 들면 갈 5:7과 살전 2:18

---

139) Héring, *First Epistle*, 78-79. 또한 그는 ἐξουσία는 여기서 οὐσία, 본질과 동의어의 기능을 한다고 주장한다(하지만 Schrage는 이 해석에 반대한다).
140) Dale Martin, *Slavery as Salvation*, 120; 참조. 117-149.

등에서 나타난다). 하지만 이 은유가 바울 당시에 여전히 사용되고 있었든 더이상 사용되지 않았든 간에 이 명사의 의미는 어떤 것 안으로 "끼어들다"에서 파생되었다. 이 은유는 적의 진군을 방해하려고 시도하는 군사적 배경에서 유래되었다. 그러나 바울에게 이것은 사 40:3-4("주의 길을 예비하고…울퉁불퉁한 길을 평평하게 만들어라")에서 기쁜 소식을 전하는 자들을 위해 평평한 길 위에 장애물이 놓여 있는 것과 관련이 있다. 그것은 그리스도의 복음을 위한 길을 불편하게 만드는 어떤(τινα) 장애 요인도 제공하지 않으려는 것을 암시한다.[141] 바울은 23절에서 이 주제를 다시 다룰 것이다. 루돌프 불트만은 자신의 연구의 중심에 다음과 같은 관심사―이것이 다른 방향에서 어떤 불행한 결과들을 빚어냈든지 간에―를 지속적으로 지니고 있다. 십자가 자체는 스캔들 또는 걸려 넘어지게 하는 것일 수밖에 없지만, "그릇된 걸림돌을 [모두] 제거하기 위해 가능한 한 모든 노력을 기울여야만 한다." 그릇된 걸림돌은 "진정한 걸림돌, 곧 십자가의 메시지"를 올바로 이해하지 못하게 방해한다.[142] 이것은 바로 목회 사역에 대한 바울과 마르틴 루터의 관심사의 한복판에 있는 것이다.

13절   UBS 4판은 13절의 [τὰ] ἐκ τοῦ ἱεροῦ에서 정관사 중성 복수를 꺾쇠 괄호 안에 표기한다. ℵ, B 및 서방 사본들 D*, F, G와 콥트어 역본 등은 이 정관사를 원문에 포함한다. 반면에 𝔓⁴⁶, A, C 및 D³ 등은 그것을 생략한다. 비록 몇몇 학자들은 매우 이른 시기에 사본 필사자가 텍스트를 바로잡기 위해 이 정관사를 삽입했다고 보지만, 콘첼만, 피, 슈라게는 이 정관사가 원문에 포함되어 있다는 견해를 지지한다.[143] 이 정관사는 문자적으로 성전으로부터 나오는 것들, 곧 희생제물들을 의미한다.

이 절에서 바울은 12b이 중단시킨 논증―자신의 권리에 대한 자발적

---

141) 크리소스토모스는 ἀναβολή, 길을 막기 위해 쌓아놓은 흙더미를 사용한다(*1 Cor. Hom.*, 21:7, 8).

142) R. Bultmann, *Jesus Christ and Mythology* (Eng. trans., London: SCM, 1960), 35-36.

143) Conzelmann, *1 Cor*, 156, n. 2; Fee, *First Epistle*, 398, n. 8; Schrage, *Der erste Brief*, 2:307, n. 175.

인 제한—을 크게 강조하거나 보다 더 설득력 있는 어떤 논증을 갑자기 기억했을 수도 있다. 후자의 주장은 유비에 의존하지 않고 수신자들도 잘 알고 있던 이미 확립된 관례에 의존한다. 이 관례는 구약성경이나 유대교 또는 그리스-로마의 종교적인 관습에서 유래한 것이다.[144] 이 편지의 다른 곳에서 나타나는 사례들과 마찬가지로, "여러분은…알지 못합니까?"는 전제된 지식이 명백하거나 자명하다는 것을 가리킨다(참조. 3:16). 구약성경의 배경은 예를 들어 레 6장과 7장에서 찾을 수 있다. 제사장이 바친 제물과는 대조적으로 "이스라엘 백성이 바친 소제는 제사장들이 먹을 수 있었다."[145] 이 관습은 기원후 1세기 유대교 성전과 그리스-로마 종교에서 명백한 평행 사례를 발견할 수 있었을 것이다. 마이어와 슐라터는 성경으로부터의 논증으로서 구약성경의 배경을 강조하지만, 몇몇 교부 시대와 중세 시대 주석가들은 고대 그리스-로마의 제사 의식의 관행과 친숙하다는 점을 강조한다.[146] 대다수 주석가들(예. 바레트)은 세 가지 배경에 모두 강조점을 둔다.[147] 비록 그리스어 동사 ἐργάζομαι가 다른 배경에서 종종 "일하다, 수고하다"를 의미하지만, 여기서 οἱ τὰ ἱερὰ ἐργαζόμενοι는 "거룩한 사항들" 곧 "거룩한 의무(일)" 또는 "예배와 관련된 일"을 수행하는 사람들을 가리킨다.[148]

만약 우리가 ἐκ τοῦ ἱεροῦ 앞에 정관사 τά를 포함하는 사본들을 따른다면(13절에 대한 주해의 맨 앞부분 참조), 그다음 구절은 성전에서 나오는 것들을 먹는 것, 성전의 희생제물로부터 그들의 생계 수단을 얻는 것을 가리킨다. 생계 수단은 오늘날 많은 배경(예. 자급 농업, subsistence farming)에서 다양한

---

144) Fee, *First Epistle*, 411.

145) G. J. Wenham, *Leviticus* (Grand Rapids: Eerdmans, 1979); 참조. J. Milgrom, "Two Kinds of Hatta'th," *VT* 26 (1976): 333-337. 참조. 레 6:26-28; 7:6, 8, 10, 28-36. 참조. J. Milgrom, *Leviticus 1-16*, AB (New York: Doubleday, 1991).

146) Meyer, *First Epistle*, 1:263(Lucian, *Asin* 5를 인용함); Demosthenes, 1300.6; Ambrosiaster, 101; Peter Lombard, 1610. 참조. Fee, *First Epistle*, 412, n. 83.

147) Barrett, *First Epistle*, 207. 참조. H. P. Nasuti, "The Woes of the Prophets and the Rights of the Apostles: The Internal Dynamics of 1 Cor 9," 251-254.

148) 이 해석은 어떤 일에 수고한다는 뉘앙스를 배제하지 않지만, 일하는 배경 또는 방식에 관심을 기울인다. 마카베오3서 3:21에서도 거룩한 임무가 이와 같은 의미로 나타난다.

종류의 수당에 근거하여 생존해나가는 것을 가리킨다. 이것은 바울의 해당 이미지를 재현한다. 한편 οἱ τῷ θυσιαστηρίῳ παρεδρεύοντες는 "제단 옆에 앉아 있다"는 단어의 내력에 기초하며, 이 표현은 "용의주도한 자세로 일을 한다"(콘첼만)는 것을 의미한다. 우리는 이것을 "제단에서 섬기는 자들"이라고 번역했다.[149] 그들은 제단을 섬기는 일에 헌신한다. 따라서 (만약 우리가 13b에서 두 번째로 사용된 θυσιαστηρίῳ를 70인역에서 이 단어를 사용하듯이 번제를 드릴 때 제단에 제물로 바쳐진 것을 가리키는 것으로 이해한다면) 그들은 제단에 제물로 바쳐진 것을 나누어 가진다(συμμερίζονται).

대다수 현대 주석가들은 13절 상반절과 하반절은 넓은 의미에서 서로 평행을 이룬다고 여긴다. 크리소스토모스와 테오필락투스는 13절 상반절은 레위인들에게, 하반절은 제사장들에게 해당한다고 해석한다.[150] 하지만 이 해석을 지지해주는 증거는 전혀 없다. 바이스와 슈라게는 이 절을 히브리어 성경의 평행 시구(parallelismus membrorum)와 비교한다.[151] 에링은 한편으로 크리소스토모스와 테오필락투스의 견해를 지지하지만, 다른 한편으로는 "상반절과 하반절이 서로 밀접하게 평행을 이룬다"는 점을 인정한다.[152] 마이어는 상반절을 레위인들에게 적용할 수 없음을 결정적으로 보여준다.[153]

14절   교부 시대 자료들은 주님의 이 명령을 "일꾼이 자기의 먹을 것 받는 것이 마땅함이라"(ἄξιος ... ὁ ἐργάτης τῆς τροφῆς αὐτοῦ, 마 10:10) 또는 "일꾼이 그 삯을 받는 것이 마땅하니라"(ἄξιος ὁ ἐργάτης τοῦ μισθοῦ αὐτοῦ, 눅 10:7)와 동일시한다. 크리소스토모스는 자세한 논평 없이 이 본문을 동일시한다. 반면에 몹수에스티아의 테오도로스는 복음서의 관련 구절들에 관심을 기울인다. 오직 이 구절들에서 언급되는 주님의 명령에 근거하여 마태

---

149) 참조. Conzelmann, *1 Cor*, 157.
150) Chrysostom, *1 Cor. Hom.*, 22:1; Theophylact, *Epist. Prim. ad Cor.*, in Migne, *PG*, 124-669.
151) Schrage, *Der erste Brief*, 2:306. 또한 더 세부적인 논의는 307면 각주 171을 참조하라.
152) Héring, *First Epistle*, 79-80.
153) Meyer, *First Epistle*, 1:253.

복음에서 열두 제자들과 누가복음에서 일흔 명의 복음 전파자들은 "배낭도 돈도 가져가지 않은 채" 하나님을 의지하며 이 집 저 집을 고르거나 선택하지 않고 그들을 처음으로 환영해준 집에 머물 수 있었다는 것이다.[154) 누가복음의 배경(9:58; 10:3-9)은 이 사역 지침을 "인자는 머리 둘 곳이 없도다"와 연결한다. 또한 이것은 마 8:18-22, 9:37-38, 10:5-14에서 기쁜 소식을 전하는 발걸음의 긴급성과도 연결되어 있다.

복음서의 이 구절에 대한 바울의 호소는 타이센이 예수의 명령에 기초한 "순회 사역자들"과 바울의 사역에 근거하여 "신앙 공동체를 조직한 자들"을 서로 지나치게 대조하는 견해를 성급하게 받아들이는 것을 망설이게 한다.[155) 호렐은 다음과 같이 주장한다. "타이센은 바울이 고린도에서 맨 처음 복음을 전파할 때만 재정적인 지원을 받지 않았다고 주장한다. 왜냐하면 바울은 앞으로 이와 같은 방식으로 고린도 교인들에게 결코 짐을 지우지 않겠다고 주장하기 때문이다(고후 11:9-12; 12:14). 하지만 타이센의 제안은 이 문제를 해결할 수 없다"(강조는 원저자의 것임).[156) 콘첼만이 지적하듯이 바울의 이중적인 주장은 복음서 전승 안에서 이중적인 대상을 발견한다. 눅 10:7은 "복음 사역자가 보수를 받을 권리가 있다"고 강조한다. 반면에 마 10:8-10은 복음을 거저 받았기 때문에 그것을 거저 주며, 염려하지 말 것과 그릇된 안정을 추구하지 말라는 주제를 발전시킨다.[157) 돈 카슨은 이 원리를 다음과 같이 광범위하게 목회 사역을 지원해주는 전반적인 개념에 적용한다. "교회는 목회자들에게 급여를 지불하지 않는다. 반면에 교회는 그들이 자유롭게 교회를 섬길 수 있도록 그들에게 필요한 것을 제공해준다."[158)

---

154) Chrysostom, *1 Cor. Hom.*, 22:1; Theodore, "1 Kor," in K. Staab (ed.), *Pauluskommentare*, 184,.

155) G. Theissen, *The First Followers of Jesus* (Eng. trans., London: SCM, 1978); Theissen, *Social Settings*, 27-67. 또한 다음 연구서 참조. Horrell, *The Social Ethos of the Corinthian Correspondence*, 126-217.

156) *The Social Ethos of the Corinthian Correspondence*, 212.

157) Conzelmann, *1 Cor*, 157.

158) D. A. Carson, *When Jesus Confronts the World* (Grand Rapids: Baker, 1987), 125 (cited by Blomberg, *1 Cor.* 157).

15절　UBS 4판은 οὐδεὶς κενώσει, "아무도 나의 자랑거리를 무효화하지" 또는 "헛되게 하지…"라는 독법을 "B" 등급으로 분류한다. 하지만 P⁴⁶, ℵ*, B, D*, 33, itᵈ, syr⁴, 테르툴리아누스, 니사의 그레고리오스 등은 이 독법을 지지한다. 사실상 다른 독법들은 모두 갑자기 말을 중단하는 표현법(돈절법, *aposiopesis*)과 관련된 다양한 방법을 제시한다. 즉 바울은 "나는 차라리 죽는 것이 더 나을 것입니다"라고 말을 시작한다. 그다음 중간에서 문장이 끊기고, 그것은 다른 것으로 대체된다.[159] 이와 같은 대안 중에서 ℵ², C, D²에는 ἵνα τις κενώσῃ, 다른 독법에는 οὐδεὶς μὴ κενώσει라고 되어 있다. 그리고 그밖에 다른 독법들도 나타난다. 이 독법과 관련하여 우리는 다음과 같은 장면을 상상해 볼 수 있을 것이다. 즉 바울은 분명히 매우 열정적으로 그 말을 입으로 불러주고 있었을 것이다. 그리고 잠시 말을 멈추고 나서 곧바로 그것을 보다 더 간결하게 다시 말했을 것이다. 따라서 UBS가 원문으로 제시하는 독법은 타당한 것처럼 보인다. (많은 주석가 중에서) 젠프트와 로버트슨은 구문이 갑자기 끊기는 것에 대한 여러 가지 이유를 제시한다(아래의 주해 참조). 하지만 (NJB를 제외하고) 많은 영역본들은 이 구절을 지나치게 매끄럽게 번역하고자 시도한다.

15절 맨 앞에 인칭 대명사의 강조 형태인 ἐγώ가 나타난다. 이 인칭 대명사 단수(참조. 4-12절에서는 1인칭 복수가 사용됨)는 바울 자신과 그의 사례를 강조한다.[160] 따라서 우리는 "그러나 나는…결코 나 자신을 위해"라고 번역했다. 더욱이 9:12에서는 과거의 결정을 가리키는 것으로서 부정과거(ἐχρησάμεθα)로 사용되었지만, 여기서는 현재에도 지속되는 상태를 가리키는 것으로서 현재완료(κέχρημαι)로 표현되었다.[161] 그리스어 중성 복수 ταῦτα, "이것들"은 대체로 영어에서 "이것"으로 번역된다. 하지만 "내가 이 모든 것을 쓰는 것은…아닙니다"는 바울이 "주장해온 모든 호소(4-14절)"를 보다 더 분명하게 반영한다.[162] ἔγραψα는 편지 형식에서 사용되던 부

---

159) 참조. Metzger, *Textual Commentary* (2d. ed.), 492.
160) 참조. Meyer, *First Epistle*, 1:264.
161) (앞에서 14절 주해에서) Horrell이 Theissen의 견해를 비판하는 것을 보라.
162) Robertson and Plummer, *First Epistle*, 188.

정과거다. 따라서 "내가 썼다"(I wrote)가 아니라 "내가 쓰고 있다"를 의미한다. 하지만 οὐδενὶ τούτων은 한 가지 이상의 의미로 이해될 수 있으며, 그 가운데 "많은 것들"도 포함된다.[163] 대다수 주석가들과 영역본은 이 구절을 "이 권리 가운데 어떤 것도…않았습니다" 곧 "이 특권 중에서 어떤 것도…않았습니다"라고 해석한다. 반면에 하인리치는 "이 주장 중에서 어떤 것도…않았습니다"라는 번역을 제안한다.[164] 그리고 ἐν ἐμοί라는 표현은 종종 "내 경우에"를 뜻한다.[165]

여기서 돈절법(aposiopesis; 앞에서 본문에 대한 주해 참조)이 나타나는 것은 전혀 놀랍지 않다. "사도 바울은 보다 더 강력한 동기부여를 하고자 한다.…문장 구조가 갑자기 끊어진다. 이것은 자랑거리(영광)의 주제에 대한…사도의 정서를 넌지시 알려준다. 이 자랑거리(영광)는 영광의 신학과 모순되지 않는다."[166] "혼란스러운 구문은…이 주제와 관련하여 바울의 정서의 강도(強度)를 반영한다.…이것은 파격 구문(anacoluthon)을 빚어낸다. 접속사 ἤ(~보다) 다음에 다른 부정사(κενῶσαι)를 제시하는 대신에 그는 ὅτι 또는 ἵνα 없이 직설법 미래(κενώσει)로 시제를 바꾸어 표현한다. 즉 '아무도 나의 자랑거리를 헛되게 만들지 못할 것입니다.'"[167] 우리는 이 주제의 강도가 바울을 격동시키기 때문에 말을 잠시 멈추는 것을 나타내기 위해 이 구절을 번역하면서 맨 앞에 "그래서"(well)를 덧붙였다. 그다음에 바울이 제시하는 새로운 구문이 뒤따른다. 현대 영역본 중에서 단지 NJB의 번역만 이 구문을 부드럽게 의역하지 않고 돈절법과 파격 구문을 다음과 같이 있는 그대로 보다 더 "올바르게" 전달한다. "나는 ~하느니 차라리 죽을 것입니다. 아무도 내 자랑의 근거를 나에게서 앗아가지 못할 것입니다."

만약 우리가 십자가 안에서의 자랑이라는 주제(1:18-31)를 잊어버린다

---

163) Meyer, *First Epistle*, 1:264.

164) Heinrici, *Das erste Sendschreiben*, 246-247.

165) 참조. 마 17:12; Edwards, *First Epistle*, 233.

166) Senft, *Première Épitre*, 121.

167) Robertson, *Word Picture, IV: Epistles*, 146.

면 우리는 τὸ καύχημά μου라는 바울의 표현을 오해하기 쉽다. 그의 사고
는 인간적인 자랑과 주님 안에서의 자랑(1:30-31)을 서로 대조하는 데 초
점을 맞추어 전개된다. 마 10:5-14과 부분적으로 눅 10:3-9과 일치하는 것
으로서 바울이 고린도 교회의 후원에 의존하는 것을 거부하는 것은 사도들
은 오직 하나님의 은혜만을 신실하게 의지하며 살아가야 한다는 것을 드러
낸다. 이와 같은 삶의 방식으로 바울은 자신이 복음을 값없이 받은 것에 대
한 반응으로서 그것을 값없이 줄 수 있다. 만약 오직 하나님의 은혜로 의롭
게 된다는 복음의 핵심이 갈라디아서와 로마서의 신학적인 논쟁의 배경에
서만 나타나고, 고린도전서와 예수의 메시지도 이 주제를 명백하게 선포하
지 않는다고 인식한다면 그것은 신약성경을 왜곡하는 것이다. 이와 같은 그
릇된 인식의 역사를 고려할 때 τὸ καύχημά μου를 "자랑거리에 대한 나의
논거"(my ground for boasting, NRSV) 또는 자랑(boast, REB, NIV)보다 "자랑
에 대한 나의 논거"(my ground for glorying)라고 번역하는 것이 더 좋을 것
이다. 자랑은 1:31의 바울의 주제─"누구든지 자랑하는 자는 주 안에서 자
랑하라"─를 상기시켜준다. καυχάομαι에 대해서는 1:29, 31의 주해를 참
조하라. 또한 바울은 καυχάομαι와 καύχημα를 부정적·비판적 의미로 사용
하기도 한다. 예를 들면 3:21(아무도 사람들을 자랑하지 마십시오), 4:7(왜 마치
그대가 그것을 받지 않은 것처럼 자랑합니까?), 5:6(여러분의 자만은 옳지 않습니다)
등이다.[168] 피는 바울의 주요 강조점을 다음과 같이 잠언적인 표현으로 요
약한다. "바울의 사역은 '자유의' 복음을 '값없이' 제시하면서 복음 그 자
체에 대한 살아 있는 본보기가 된다."[169] 헤이스도 이 주해를 지지한다. 또
한 캐제만의 훌륭한 논문 "'운명을 사랑하는 것'에 대한 바울의 해석 및 적
용"(A Pauline Version of 'Amor Fati')은 같은 강조점을 다양한 방법으로 묘사
한다.[170] 캐제만은 사도로서 복음을 증언하면서 바울의 삶과 사상이 "서로

---

168) 참조. BAGD, 425-426.
169) Fee. *First Epistle*, 421; 참조. 417-420.
170) Hays, *First Cor*, 153; Käsemann, *NT Questions of Today*, 217-235.

결합되어" 있으며, 그것은 자유에 대한 경계선을 제시해준다고 말한다.

속사도 시대의 편지인 클레멘스1서(기원후 96년경)는 주님 안에서의 자랑이라는 주제를 "우리의 자랑(τὸ καύχημα ἡμῶν)과 담대한 확신(ἡ παρρησία)을 그[주님] 안에 두자"(클레멘스1서 34:5)라고 표현한다. 크리소스토모스는 바울의 자랑의 근거(τὸ καύχημα)가 그리스도의 십자가임을 시인한다(*Hom. in Matt.*, 26:39 [3:19B]). 안디옥의 이그나티오스는 자기 자랑 안에서 멸망하기(μὴ ἐν καυχήσει ἀπόλωμαι)보다 주님 안에서의 자랑을 내다보며 순교를 맞이했다고 한다(Ignatius, *To the Trallians*, 4:1). 오리게네스는 바울이 인간의 연약함, 고난 또는 죽음에 대해 말하는 배경에서 자랑에 대해 반복적으로 말하는 것을 인용한다(참조. 롬 5:3-5; 고전 15:32; 고후 1:5; Origen, *On Martyrdom*, 41 [Migne, *PG*, 11:617A]).[171] 이러한 텍스트들은 바울의 텍스트들이 후대의 성경 해석 역사에 영향을 미치는 데 기여했다. 이것은 바울에 대한 루터와 종교개혁자들의 해석에서 새로운 정점에 이른다.[172] 호렐의 논문 "고린도전서 9:14-15에 대한 주해적·해석학적 고찰"(the Exegetical and Hermeneutical Reflections)은 캐제만, 피, 헤이스의 해석과 오리게네스와 루터의 해석학적인 고찰이 공유하는 케리그마적이며 그리스도 중심적인 주안점을 뒷받침해준다. 또한 호렐은 다음과 같이 주장한다. "바울에게 있어 자기 자신을 내어주는 그리스도, 곧 자기를 비우고 자신을 희생제물로 바치는 그리스도는 윤리의 근본적인 원천이며…모범이다. 바울의 관점에서 보면 이것은 순종하는 그리스도인이 따라야 할 제자도다."[173]

16절 조건절의 전제 명제 ἐὰν γὰρ εὐαγγελίζωμαι는 단순히 "전

---

171) 또한 참조. *Apostolic Constitutions*, 3:13:1; Lampe, *Patristic Greek Lexicon*, 739.

172) 예. Luther, *Heidelberg Disputation* (1518), 20(이 부분에서 루터는 고전 1:21을 인용함), 25(고전 1:30을 인용함) 등.

173) Horrell, "'The Lord Commanded ... But I Have Not Used ...': Exegetical and Hermeneutical Reflections on 1 Cor. 9:14, 15," 600-601; 참조. 587-603. 하지만 바울은 "예수의 말씀에서…한 가지 말씀을 제외시키는 것"을 통해서만 그리스도를 따를 수 있었다(601)는 Horrell의 주요한 논점은 상당한 문제점을 제공한다. 왜냐하면 명령과 허용을 나타내는 권면 사이의 차이점은 Horrell이 주장하고자 하는 논리와 서로 다른 논리를 암시해주기 때문이다.

파하다"라는 의미를 지니고 있다. 바울은 단지 "네가 거저 받았으니 거저
주라"의 원리가 실행되며 전적으로 자발적으로 "권리"를 포기할 때 비로
소 그가 자랑할 수 있다고 설명했다. 이것은 그의 경우에 단지 복음을 전
파하는 행위 또는 복음 선포 자체에만 적용될 수 없다. 왜냐하면 예레미야
와 마찬가지로 자신의 부르심에 대한 모든 설명에서 바울은 하나님의 강
권적인 요구가 자신을 짓누른다고 주장하기 때문이다. 이것은 뭉크와 샌더
스가 바울에 대해 다음과 같이 설명하는 것과도 일치한다. 바울은 "사로잡
힌 바"(κατελήμφθην, 빌 3:12) 되었으며, "어쩔 수 없이"(ἀνάγκη, 고전 9:16) 복
음을 전파해야 했고, 행 26:14에서 σκληρόν σοι πρὸς κέντρα λακτίζειν라
는 표현 배후에 있는 아람어에 근거한다면 "이제부터 너는 그 일로부터…
자유롭게 되지 않을 것이다."[174] 예레미야와 마찬가지로 바울도 그가 태어
나기 이전부터 이 일을 위해 구별되었다(갈 1:15; 참조. 렘 1:4-10; 20:7).[175] 이
해석은 다음과 같은 볼프의 설명에 의해서도 잘 뒷받침된다. 즉 이것은 은
혜의 신학과 하나님의 뜻과 섭리에 의한 "일종의 필연성 및 강권적인 요
구"로서 ἀνάγκη에 대한 사전적인 개요와 전적으로 조화를 이룬다.[176] 그
리고 ἐπίκειται는 "놓여 있다"(laid, AV/KJV)보다 "부여되다" 또는 "강요
되다"(press upon)라고 이해하는 것이 더 좋을 것이다.[177]

   "만일 내가 복음을 전하지 아니하면 내게 화가 있을 것이로다"(AV/
KJV; 참조. NRSV)라는 전통적인 번역은 그리스어 구문 οὐαὶ γάρ μοί ἐστιν
ἐάν…을 반영한다. 하지만 οὐαί는 감탄사 아아!처럼 아픔 또는 불쾌감을 나
타내거나 (이 구절의 경우 같이) ἐστιν과 더불어 불행, 고통(trouble, NJB)을 의

---

174) Munck, *Paul and the Salvation of Mankind*, 20-23; 참조. K. O. Sanders, *Paul — One of the Prophets? A Contribution to the Apostle's Self-Understanding*, WUNT, 2:43 (Tübingen: Mohr, 1991), 125-129.

175) Munck, *Paul and the Salvation of Mankind*, 24-30; Sanders, *Paul — One of the Prophets?* 123-124.

176) Wolff, *Der erste Brief*, 200; BAGD, 52. 참조. Senft, *La Première Épitre*.

177) 참조. Robertson and Plummer, *First Epistle*, 189.

미한다.[178] 만약 바울이 "하늘로부터 오는" 사랑과 은혜가 그에게 부여하는 강권적인 요구와 사명으로부터 벗어나고자 한다면 그것은 바로 필사적인 항쟁(agony)이다. 그렇다면 이것은 자랑의 근거(καύχημα)로부터 슬며시 자랑거리로 전락하게 된다.

17절   이 절을 번역하는 데는 까다로운 문제들이 뒤따른다. 비록 엄밀히 말해 ἑκών은 "기꺼이" 또는 "기쁘게"를 의미한다. 이 단어는 의미상 무력에 의해 또는 강요에 의해와 반대된다. 따라서 이 단어는 "자신의 자유로운 의지로"(NJB) 또는 "전적으로 개인적인 선택에 의해"를 가리킨다.[179] μισθὸν ἔχω를 번역하는 것은 그 정도로 세심한 주의를 요구하지는 않는다. 바울은 물리적인 또는 경험적인 원인과 결과에 대한 이슈(이것에 적합한 번역은 "나는…지니고 있다"일 것이다)가 아니라 논리적인 기본 원리로서 두 가지 개념적인 영역의 대조에 대한 이슈를 설명하고 있다. 따라서 (BAGD를 포함해서) 그리스어 사전들은 ἔχω를 물리적인 의미에서 사용하는 것과 그 의미를 확장해서 종종 개념적인 측면에서 사용하는 것을 서로 구분한다. 전자는 "나는 갖고 있다, 소유한다, 내 손 안에 있다, 소유물로 지니고 있다" 등을 의미한다. 후자는 나는 "가까이에 두고 있다, 경험한다, 숙고한다, 고찰한다, 어떤 가능성을 지니고 있다, 어떤 관계 안에 있다" 등을 뜻한다.[180] 파피루스 문헌에서 ἔχω의 유연성과 범위는 주목할 만하다.[181] 로우와 니다는 ἔχω의 내용이 다른 내용과 연관성이 있는 의미 영역을 구분한다. 이 구분에 의하면 이 동사는 "어떤 상태 또는 상황"을 경험하는 것과 관련이 있다.[182] 따라서 이 절에서 바울의 주장은 어떤 논리적인 강조점을 지니고 있다. 즉 단지 자기 스스로 동기를 부여한 것과 자기 스스로 주도권을 갖고 행한 행위만 "보상"받을 수 있는 논리적인 질서 체계에 속한다는 것이다. 그러므로

---

178) 참조. BAGD, 591.
179) 참조. BAGD, 247; Grimm-Thayer, 201; MM, 200.
180) 참조. BAGD, 331-332 (1, entries 1-7; 2, entry 1); Grimm-Thayer, 265-268 (1, a-n, and 2).
181) MM, 270.
182) Louw-Nida, 1:801 (90.27), 807 (90.65); 참조. 2:295.

바울에게 주어진 거부할 수 없는 사명은 이와 같은 논리에서 배제된다. 어떤 네트워크는 보상의 범위 안에 있다. 다른 네트워크는 어떤 직무가 맡겨진 범위(οἰκονομίαν πεπίστευμαι)다. 말하자면 이것은 어떤 기존의 경영 체인(οἰκονομία) 안에 존재하는 것과 거의 같은 것이다. 또한 바울도 4:1에서 그것을 언급한다.[183] "이 표현은 고대의 어떤 제국에서 대체로 노예 또는 자유민이었던 비서들이 임명되는 것을 연상시킨다."[184]

이상하게도 에링은 콘첼만이 성경 해석자들이 해서는 안 된다고 경고하는 것을 행함으로써 어려움에 봉착한다. 그는 이 절에서 "덤의 선행"(의무 이상의 선업[善業], supererogation)이라는 개념을 찾아낸다. "이 사도가 여기서 전제하는 것은…구원과 별개로 그리스도인들은 저마다 어떤 등급에 속하게 된다는 것이다."[185] 하지만 콘첼만이 주장하듯이 바울이 여기서 제시하는 "이 원리를 해당 논의 구조에서 떼어내서…행위와 공로의 관점에서 그것을 독자적인 사고에 기초하여 고찰하는 것은 그릇된 방향으로 나아가는 것이다."[186] 바울의 논의 전체는 하나님의 절대 주권적인 은혜에 의존하고 있다. 또한 하나님께서 거저 주시는 은혜에 반응하면서 복음을 거저 주는 것 안에 καύχημα, "자신이 주는 것을 기뻐하는 것에 대한 근거"가 놓여 있다. 이것은 오직 압박과 법이 적용되지 않는 구조 안에서만 가능해진다. 즉 하나님께서 거저 주시는 은혜에 대한 반응으로서 복음을 거저 줄 수 있다는 것이다. 신자는 바로 주는 것 안에서의 어떤 "외적인" 보상이 아니라 주는 것이 복된 것이라는 내적인 기본 원리를 통해 받는다. 이것은 십자가와 동일한 정체성을 지니고 있다는 것에 대한 표시다. 따라서 만약 바울이 사도로서 자신의 사역을 "값없이" 제공할 수 없다면(바울은 스스로 선택할 여지도 없이 하나님으로부터 이 직분을 받았다) 그는 "값없이" 주기 위해 시장에서 가죽 세공업자와 판매인으로 수고하며 일해야 했다. 이것을 통해 바울

---

183) 참조. Wolff, *Der erste Brief*, 200-201.

184) Barrett, *First Epistle*, 209.

185) Héring, *First Epistle*, 80 and 81.

186) Conzelmann, *1 Cor*, 158.

은 다른 이들이 자신의 비용을 감당하지 않게 했다. 또한 이것은 특별히 바울로 하여금 후원자에 대한 의무감에서 벗어나게 해주었다. 만약 바울이 재정적인 후원을 받았다면 그는 교회 안에서 별로 영향력이 없는 그룹을 위한 자신의 의견을 타협해야 했을 것이다.[187] 이 절이 18절과 밀접하게 연결되어 있다는 점과 "노예제도", 자유 및 "연약한 자들"에 대한 데일 마틴의 강조점을 고려할 때 바울의 "이 논점은 다소 주제에서 벗어난"(Fee) 것처럼 보이지 않는다. 왜냐하면 17절은 18절을 위한 길을 마련해주기 때문이다.[188] 콜린스는 다음과 같이 주장한다. "자랑은 고린도전서의 주요한 주제 가운데 하나다.…바울의 자랑의 대상은 복음 선포 그 자체가 아니다.… 오히려 바울의 자랑의 근거는 바로 자신을 재정적으로 지원하려고 직접 자기 손으로 일하는 것을 통해…자기에게 부여된 권리를 사용하지 않는 것이다."[189]

18절 이 절은 바로 앞에서 강조한 것을 더 전개한다. 오직 값없이 받은 복음을 무보수로 선포함으로써 바울은 벗어날 수 없고, 자발적으로 선택한 것이 아닌 임무로서 하나님이 그에게 강압적으로 맡겨주신 복음 선포를 보다 더 잘 이행할 수 있었다. 이와 같은 방법으로 그는 "오리를 더" 걸어간다. 하지만 이것을 위해 그는 수신자들 중에서 "강한 자들"이 그렇게 하도록 그가 간청했듯이 자신도 어떤 권리를 포기해야만 했다. (예를 들면 보른캄의 견해에 반대하면서) 데일 마틴은 바울이 모든 수신자들에게 어떤 권리를 포기하라고 요청하지 않는다고 주장한다. 반면에 그는 "권리"를 지닌 자들, 곧 강한 자들이나 사회적으로 영향력이 있는 자들에게 포기하라고 요청한다는 것이다. "바울은 강한 자들이 이제까지 실행하기를 거부했던 것을 기꺼이 실행해왔다. 그는 자기 권리를 활용하지 않았다. 그 대신 그는 모

---

187) 바울의 고된 수고와 관련하여 앞에서 우리가 논의한 것에 대해서는 다음 연구서를 참조하라. Hock, *The Social Context of Paul's Ministry*. 또한 후원에 대해서는 다음을 참조하라. Chow, *Patronage and Power*; Marshall, *Enmity in Corinth*; Clarke, *Secular and Christian Leadership in Corinth*.

188) Fee, *First Epistle*, 420(이 주석서는 Martin의 논평보다 시기적으로 앞선다).

189) Collins, *First Cor*, 346. Collins는 바로 이 사실이 논쟁의 소지를 제공했다는 점을 인정한다.

든 것을 '인내했다.'…바울은 강한 자들이 아닌 약한 자들에게 이렇게 행하도록 요구한다. ἐξουσία라는 용어는 어떤 사회적인 특권을 가리키며, 자유와 높은 신분 및 권세와 직접 연결되어 있다. 신분이 낮은 자들, 약한 자들은 당연히 내려놓아야 할 ἐξουσία가 없다. 약한 자들에게 ἐξουσία를 내려놓으라는 것은 어떤 노예에게 자신의 ἐλευθερία, '자유'를 포기하라고 말하는 것과 같은 것이다." 따라서 (강한 자들 중에 한 사람으로서) "바울이 자신의 ἐλευθερία와 ἐξουσία를 분명하게 내려놓는 것은…바로 이것들을 갖고 있지만 포기하기를 거부하는 자들, 곧 높은 신분을 지니고 있는 자들을 대화상대로 삼는 것이다."190) 그리스도의 종(노예)으로서 바울이 공동체 전체를 위해 자신의 "권리" 중에서 어떤 것을 활용하지 않았던 것처럼 "강한 자들"도 자신의 권리 또는 특권을 사용하는 것을 통해 다른 사람에게 파괴적인 결과를 가져올 수 있었기 때문에, 우상들에게 희생제물로 바친 음식을 먹을 자신들의 "권리" 또는 특권을 누리는 것을 포기해야만 했다.

여기서 μισθός가 사용된다는 것에 근거하여 어떤 "보상" 신학을 제시하고자 하는 것은 지혜롭지 못하다. 이 절에서 이 단어는 언어유희를 내포하고 있으며, μισθός와 관련된 의미를 재평가한다. 바울이 말하는 μισθός는 바로 그것을 포기하는 것을 통해 온다. 바울은 "보상" 또는 "임금"을 "먼저 거부하고 나서 그다음에 그것을 주장한다.…한편으로 그는 금전적인 의미에서 "보상"을 거부한다. 다른 한편으로 그는 보다 더 광범위하고 윤리적이며 [내면적·개념적인] 의미에서 그것을 요구한다."191)

가정법 부정과거 θήσω는 "나는 좋은 소식을 선포하고자 하는 의도를 지니고 있다"를 의미할 것이다. 하지만 이 번역은 지나치게 구체적이기 때문에 우리는 "나는 복음을 선포한다"라는 관습적인 번역을 따르고자 한다.

---

190) Martin, *Slavery as Salvation*, 120 and 121.
191) Findlay, *Expositor's Greek Testament*, 2:853. "따라서 바울의 '자랑'으로서 그의 '보상'(상급)은 복음을 지속적으로 선포하는 일이 방해받지 않게 하려고 자기 자신의 손으로 수고하는 '연약함' 안에서 발견되는 것이다"(Fee, *First Epistle*, 421). 참조. Senft, *La Première Épitre*, 122.

이와 비슷하게 "복음 안에서"는 (NRSV, AV/KJV와 더불어) 그리스어의 구문을 있는 그대로 나타낸다. 비록 가능한 번역이긴 하지만, "이것을 선포하는 것 안에서"(NIV) 또는 "복음이 나에게 허락하는 것"(NJB; 참조. REB)과 같이 더 자세한 의미로 번역하는 것을 배제하기 위해 우리는 이 구문을 문자 그대로 제시한다.

c. "복음을 위해 모든 것을": 바울의 복음 전파 전략과 그 사례를 집중적으로 조명함(9:19-23)

[19] 사실 나는 자유롭습니다. 어떤 사람의 종도 결코 아닙니다. 하지만 나는 더욱 더 많은 사람을 얻으려고 나 자신을 모든 사람의 종으로 삼았습니다. [20] 유대인들을 얻기 위해 나는 유대인들에게 나 자신을 유대인으로 삼았습니다. 비록 나 자신은 율법 아래 있지 않지만, 율법 아래 있는 자들을 얻기 위해 나는 율법 아래 있는 사람처럼 되었습니다. [21] 비록 나는 하나님의 율법 밖에 있지 않고 그리스도의 법 안에 있지만, 율법 밖에 있는 자들을 얻기 위해 율법 밖에 있는 자들에게 나는 율법 밖에 있는 사람처럼 되었습니다. [22] 약한 자들을 얻기 위해 나는 "약한 자들"에게 나 자신을 약한 사람으로 삼았습니다. 나는 모든 사람에게 모든 것이 되었습니다. 그래서 가능한 한 모든 수단을 통해 나는 다만 몇 사람이라도 더 구원에 이르게 하려는 것입니다. [23] 지금 나는 복음의 본질을 위해 이 모든 일을 하고 있습니다. 그래서 나도 그것에 동참하려는 것입니다.

이 절들은 9:1-18의 논의에 수사학적인 절정을 제시하며, 9장이 사도 직분에 대한 주제로부터 전혀 벗어나지 않는다는 점을 확인해준다. 1-18절은 대체로 복음 선포 전략과 물질에 대한 "권리"를 포기하는 개인적인 모범 사례에 초점이 맞추어져 있다. 반면에 19-23절은 자율이나 자기 긍정과 반대되는 것으로서 "다른 사람들"과 유대감을 갖는 것이 복음의 중심에 있다는 것을 보여준다. 특별히 다양한 측면에서 "약한 자들"에게 관심을 갖는 것은 중요한 목회적·선교적인 전략 가운데 하나다. 이 전략은 현실적인 "성공"

이 아니라 바울이 동참하는 복음의 본질에 기초한 것이다(23절). 캐제만이 지적하듯이 이 단락 전체는 특별히 14-18절에서 발견되는 "사람과 내용의 밀접한 결합"을 계속 전달해준다. "(극단주의자들의 입장에 반대하면서) 바울은 자기 권리를 포기하는 것을 통해 사랑이 그리스도인의 자유에 한계를 정해 준다는 원리를 구체적으로 보여주고 있다."[192]

　　그밖에 다른 연구서들도 이 단락을 이해하는 데 많은 빛을 비추어준다. 우리는 아래에서 또다시 마거릿 미첼의 연구서와 로버트 주이트의『그리스도인의 관용』(Christian Tolerance)을 언급한다. 여러 저자들 중에서 특별히 리처드슨과 카슨은 바울의 입장과 관점이 지닌 일관성에 대한 이슈들을 제기한다. 한편 이 절들은 사회경제적인 의존과 불안정으로 말미암아 짓눌려 있던 사회적으로 취약한 자들인 "약한 자들"에 대해 타이센이 주도했던 논의를 재개한다. 하지만 우리가 이 장에서 언급하는 매우 중요한 연구서 중 하나는 클래런스 글래드의『바울과 필로데모스』다.[193] 글래드는 9:19-23에서 바울은 전략과 자세라는 서로 다른 두 가지 측면을 결합한다고 주장한다. 첫째, 바울은 고대 그리스-로마 세계에서 상대적으로 잘 알려진 한 가지 전통에 기초한다. 이 전통에 의하면 스승(또는 "현자")은 인간의 다양성에 비추어 다른 사람들에게 유연하고 적응성이 있는 방법으로 접근할 필요성을 인식한다. 둘째, 바울은 고린도의 "강한 자들"에게 자신들이 주장하듯이 "지혜로운 사람들"처럼 행동하며, 문화, 종교 지위와 관련된 다양한 상황에서 단지 자신들의 주장과 자유만을 내세우기보다는 "약한 자들"과 다른 사람들을 신중히 배려할 것을 요구한다.[194] 이 재구성은 전반적으로 충분히 밝혀지지 않은 배경을 밝혀주며, 해당 이슈를 보다 더 분명하게 드러낸다. 하지만 이것은 복음의 본질이 9:19-23에 묘사된 원리로 인도한다는 바울의 주요 동기를 훼손하지 않는다.

---

192) Käsemann, "A Pauline Version of 'Amor Fati,'" in his *NT Questions of Today,* 217 and 218; 참조. 217-235.

193) Glad, *Paul and Philodemus: Adaptability in Epicurean and Early Christian Psychology.*

194) Glad, *Paul and Philodemus,* 43-45 그리고 곳곳에.

9:19-23에 대한 참고문헌 보충(9:1-3과 4:23에서 언급된 저서에 추가해서)

Barton, S. E., "All Things to All People — Paul and the Law in the Light of 1 Cor 9:19-23," in J. D. G. Dunn (ed.), *Paul and the Mosaic Law: The Third Durham-Tübingen Symposium,* WUNT 89 (Tübingen: Mohr, 1996).

Black, D. A., "A Note on 'the Weak' in 1 Cor 9:22," *Bib* 64 (1983): 240-242.

Bornkamm, G., "The Missionary Stance of Paul in 1 Cor 9 and in Acts," in L. E. Keck and J. L. Martin (eds.), *Studies in Luke-Acts* (London: SPCK, 1968), 194-207.

Carson, D. A., "Pauline Inconsistency: Reflection on 1 Cor 9:19-23 and Gal 2:11-14," *Churchman* 100 (1986): 6-45.

Chadwick, H., "All Things to All Men (1 Cor 9:22)," *NTS* 1 (1955): 261-275.

Daube, D. "κερδαίνω as a Missionary Term," *HTR* 40 (1947): 109-120.

Dodd, C. H., "ἔννομος Χριστοῦ," in J. Sevenster and W. C. van Unnik (eds.), *Studia Paulina in Honorem Johannis de Zwaan* (Haarlem: Bohn, 1953), 96-110.

Dunn, J. D. G. (ed.), *Paul and Mosaic Law* (Tübingen: Mohr, 1996).

Glad, C. E., *Paul and Philodemus: Adaptability in Epicurean and Early Christian Psychagogy,* NovTSup 81 (Leiden: Brill, 1995), 43-45, 240-277.

Gooch, P. W., "For and Against Accommodation: 1 Cor 9:19-23," in his *Partial Knowledge* (cited above), 124-141.

Jewett, R., *Christian Tolerance: Paul's Message to the Modern Church* (Philadelphia: Fortress, 1982), 33, 49-51.

Käsemann, E., "A Pauline Version of 'Amor Fati,'" in his *NT Questions of Today* (Eng. trans., London: SCM, 1969), 49-51.

Lodge, J. G., "All Things to All: Paul's Pastoral Strategy," *Chicago Studies* 24 (1985): 291-306.

Mitchell, M. M., *Paul and the Rhetoric of Reconciliation* (cited above), 343-349.

Neller, K. V., "1 Cor 9:19-23: A Model for Those Who Seek to Win Souls," *ResQ* 29 (1987): 129-142.

Richardson, P., "Pauline Inconsistency in 1 Cor 9:19-23 and Gal 2:11-14," *NTS* 26 (1980): 347-362.

_____ , and P. W. Gooch, "Accommodation Ethics," *TynBul* 29 (1978): 89-142.

Roloff, J., *Apostolat-Verkündigung-Kirche,* (cited above), 90-93.

Saillard, M., "Paul, évangêliste. 1 Cor 9:16-19, 22-23," *ASeign* 36 (1974): 34-37.

Theissen, G., "The Strong and the Weak," in his *Social Setting of Pauline Christianity* (cited above), 121-143.

Theobald, M., "'Allen bin ich alles geworden ...' (1 Kor 9:22b), Paulus und das Problem der Inkurturation des Glaubens," *TQ* 176 (1996): 1-6.

Wilckens, U., "Zur Entwicklung des paulinischen Gesetzesverständnis," *NTS* 28 (1982): 154-190.

19절 어떤 번역이라도 그리스어 텍스트에서 첫 번째 단어 ἐλεύθερος, "자유로운"이 그 의미를 강조하는 위치에 있다는 것을 제대로 살려낼 필요가 있다. 왜냐하면 적어도 이 단어는 고린도에서 정치적·종교적인 열망과 신분에 대한 관심과 관련하여 사용되던 표어(catchword)였기 때문이다. 바울은 의미를 강조하는 단어인 "자유로운"을 19-23절 맨 앞에 배치함으로써 1-18절의 결론을 암시한다. 이것은 9장의 결론 부분의 핵심 단어에 해당한다. 현재분사 ὤν은 대체로 양보절로 번역된다(though I was not a slave, NJB; though I am free, NRSV). 우리는 여기서 이 단어를 "나는 ~이다"라고 번역하며 ἐκ πάντων과 더불어 이 표현을 괄호 안에 있는 설명—어떤 사람의 종도 결코 아닙니다—으로 제시했다. 그러고 나서 우리는 "하지만"으로 이어지는 내용과 그 구절을 대조시켰다. 이 현재분사(ὤν)는 어떻게 우리가 이 절에서 서로 대조되는 의미를 가장 잘 이해해야 할지와 관련하여 논란의 여지를 제공한다.[195] 여기서 ἐλεύθερος는 그 의미가 대단히 강조되기 때문에 우리는 바울이 취한 고린도 교인들의 표어를 가리키기 위해 (거의 모든 영역본과 더불어) 긍정적인 용어인 "자유로운"을 우리의 번역에 사용하며, 이 단어를 NJB가 다음과 같이 부정적인 의미—"비록 나는 어떤 사람의 종도 아니었지만, 나는 나 자신을 모든 사람의 종으로 삼았습니다"—로 교묘하게 사용하는 것과 결합시킬 수 있을 것이다. NJB의 이 번역은 대다수 영역본보다 데일 마틴이 『구원으로서의 노예 제도』에서 설명하는 주제를 더 잘 표현해준다. 바울은 어떤 의미에서 그리스도인들과 공동체의 지도자들이 자유로운지에 대해, 그리고 어떤 의미에서 자발적으로 종으로서 섬기는 것이 그리스도를 본받는 순종과 다른 사람들에 대한 사랑을 통해 온전하며 본질적인 구원의 목적을 실행하는지에 대해 매우 교묘하게 강조한다.

"나는 나 자신을 모든 사람의 종으로 삼았습니다"는 ἐμαυτὸν ἐδούλωσα를 번역한 것이다. 이 표현 다음에 목적을 가리키는 접속사 ἵνα가 뒤따르며 κερδήσω를 지배한다. 대다수 번역본들은 어떻게 τοὺς πλείονας

---

195) 참조. REB, I am free and own no master, but ....

를 번역하는지와 관련하여 다음과 같이 다양한 번역을 제시한다. "내가 할
수 있는 한 많은 사람을"(NJB), "가능한 한 많은 사람을"(REB, NIV) 또는
"그들 중에서 더 많은 이들을"(NRSV) 등이다. 여기서 정관사는 πολύς, "많
은"의 비교급이 "더욱더 많은"을 의미하게 만드는 효과를 나타낸다(드물긴
하지만 때때로 이 표현은 최상급 πλεῖστος, "가장 많은" 대신에 사용되기도 한다).[196]
따라서 비록 우리가 제시한 번역인 "더욱더 많은"이 그리스어 텍스트의 문
자적 형태와 NRSV의 번역을 활용하면서 그 의미를 전달해주기는 하지만,
해당 표현에 대한 NJB, REB, NIV의 번역은 엄밀히 말해 NRSV의 번역보다
더 정확하다. 바울은 어떤 의미에서 자신을 종으로 삼는 것(자신의 선택권을
분명하게 제한시키는 것)을 포함하여 그리스도의 복음을 위해 더 많은 사람을
얻으려고(κερδαίνω) 그가 할 수 있는 모든 것을 할 수 있다는 긍정적인 이미
지를 사용하면서 "복음의 길에 아무런 장애 요소도 제공하지 않는다"는 자
신의 원리를 설명한다. 비록 해당 그리스어 단어는 "재산을 얻다 또는 이익
을 내다"의 상업적인 배경에서 유래했지만, 예수 그리스도의 제자들을 얻
는다는 선교적인 배경이 마 18:15에서 나타난다. 도브는 히브리어 נשׂכר(니
스카르, 사카르, "고용하다, 얻다"의 니팔형)를 반영하는 것으로서 아마도 이 단어
가 유대교에서 "개종자를 얻는 것"을 가리키는 전문 용어였을 것이라고 주
장한다.[197] 건축 재료와 그것에 불길이 닿아도 어떤 재료는 보존된다는 이
미지(고전 3:12-15)에 비추어 볼 때, 이 "얻음" 곧 구원의 지속성과 영속성이
지니고 있는 효능은 보다 더 큰 선(善)을 위해 자기의 권리를 자발적으로
제한한다는 이슈에 대한 바울의 개념을 강화시켜 준다. 그는 20-22절에서
κερδαίνω를 네 번이나 사용한다.

---

196) Findlay, *Expositor's Greek Testament*, 2:853. "(10:5의 경우처럼) '그들 중에서 대부분'이
아니라 '더 많은'을 가리킨다.…하지만 다른 곳에서는 '그만큼 더욱더 많은'이라는 의미를
지닐 수도 있다(참조. 고후 4:15). 또한 참조. BAGD, 689; Schrage, *Der erste Brief*, 2:339-
340. Schrage는 여기서 해당 표현이 정확하게 무엇을 가리키는지 명백하게 파악하기가 어
렵다고 인정한다.

197) D. Daube, "κερδαίνω as a Missionary Term," *HTR* 40 (1947): 109-120; BAGD, 429;
EDNT, 2:283-284; Schrage, *Der erste Brief*, 2:339.

20절   UBS 4판은 μὴ ὢν αὐτὸς ὑπὸ νόμον을 원문으로서 믿을 만하다고
여긴다. ℵ, P⁴⁶, A, B, C, D*, F, G, 33, 불가타, 고대 시리아 역본, 콥트어 역본, 크리소
스토모스, 암브로시아스터, 오리게네스의 사본 중에서 몇몇 역본이 이 독법을 지지
해준다. 반면에 D², 비잔틴 사본들, 오리게네스의 다른 역본들에는 이 독법이 들어
있지 않다. 메츠거는 어떻게 이 구절이 누락되었는지 이해하는 것은 어렵지 않다고
주장한다. "아마도 필사자가 필사 과정에서 실수로 첫 번째 ὑπὸ νόμον에서 두 번째
ὑπὸ νόμον으로 건너뛰어 해당 부분이 누락되게 되었을 것이다."[198]

비록 우리는 대체로 독특한 번역을 제시하지만, 여기서 NJB의 번역
을 개선하기는 불가능해 보인다. 엄밀히 말하자면 ἐγενόμην은 "내가 되
었다"(NRSV, AV/KJV)를 뜻한다. 하지만 "나는 나 자신을 ~으로 삼았습
니다"(NJB, NIV)는 곧바로 이어지는 문맥이 제시하는 뉘앙스를 더 잘 전달
해준다. 반면에 "나는 ~처럼 처신했다"(REB)는 해당 그리스어 동사를 지
나치게 구체적으로 제시한다. 왜냐하면 미첼이 주장하듯이 이 동사는 전략
뿐만 아니라 행위도 포함하기 때문이다.[199] 슈라게는 바울이 20a에서 πᾶσιν
ἐμαυτὸν δουλοῦν과 평행을 이루는 제안을 구체적으로 실례를 들어 제안
한다고 말한다.[200] 바울이 말하려는 핵심은 REB의 번역이 제안하는 것과
상응한다. "바울이 회심으로 이끌려고 추구했던 유대인들과의 관계에서 그
는 유대교의 방법대로 행동했다. 다시 말해 그는 유대교의 관습들을 준수
했다(행 16:3; 21:26)."[201] 바울은 유대계 그리스도인들의 행동에 대해 언급
하는 것이 아니라 그가 전도하려는 유대인들의 행동에 대해 언급한다. τοῖς
ὑπὸ νόμον이라는 표현은 단순히 유대인들에 대한 언급을 설명한다. 비

---

198) Metzger, *Textual Commentary*, 2d. ed., 493. 공인 본문(*Textus Receptus*)에는 그 구절이 들
      어 있지 않다. 한편 Héring은 텍스트와 해석학적인 근거에 기초해서 어떻게 "이것이 일어날
      수 있는지" 이해하는 것은 어렵다고 주장한다(Héring, *First Epistle*, 82). 하지만 Edwards는
      Lachmann, Tischendorf, Westcott and Hort의 입장을 따라 그 구절이 나중에 삽입된 것으
      로 여긴다(Edwards, *First Epistle*, 238).
199) M. M. Mitchell, *Paul and the Rhetoric of Reconciliation*, 248, n. 344.
200) Schrage, *Der erste Brief*, 2:340.
201) Meyer, *First Epistle*, 1:271.

록 테오도레토스는 이 표현이 유대계 그리스도인들을 의미하는 것으로 해석하고, 몹수에스티아의 테오도로스는 유대교로 개종한 이방인들을 가리킨다고 이해하지만 말이다.[202] 핀들레이와 하인리치는 몹수에스티아의 테오도로스의 견해에 동조하면서 율법 아래 있는 자들이라는 표현을 "할례받은 유대교 개종자들을 포함하여 τοῖς Ἰουδαίοις에 범주를 넓혀주는" 묘사로 간주한다.[203] 블롬버그는 유대교 개종자들과 "하나님을 경외하는 사람들"을 모두 포함한다.[204] 한편 ὡς Ἰουδαῖος와 ὡς ὑπὸ νόμον이라는 표현들은 특별히 새 창조에 대한 바울의 신학을 드러낸다. "바울은 사실상 유대인이었기 때문에 이 표현은 얼마나 그가 그리스도 안에서 자신이…문화적으로 모든 충성을 초월하는 위치에 있다는 것을 근본적으로 주장하는지 밝혀준다"(참조. 갈 2:15; 3:28; 고전 12:13).[205]

이 단락은 복음의 메시지를 선포하는 자들의 편에서 선교적인 "적응과 유동성"의 원리를 설명한다고 널리 알려져 있다.[206] 우리가 기대할 수 있듯이 로버트 주이트와 마거릿 미첼은 이 절들에서 "관용"(주이트)과 "화해"(미첼)에 대한 바울의 개념의 풍부한 자료를 찾아냈다.[207] "더욱더 많은 사람들을 얻으려고"라는 바울의 주장은 미첼이 "유익"에 대한 수사학적 호소라고 말하는 것과 정확하게 일치한다. "바울은 이와 같은 자기 부인으로부터 얻는 유익에 대해 설명한다. 또한 그것을 통해 그는 μισθός와 κέρδος … τὸ συμφέρον, 본받아야 할 유익한 행동 과정을 재정의해주는 것에 대한 또

---

202) Theodoret, in Migne, *PG*, 82:297; Theodore in Staab, *Pauluskommentare*, 184.

203) Findlay, *Expositor's Greek Testament*, 2:854. 그는 부분적으로 갈 5:1-3에 호소한다. 참조. Heinrici, *Das erste Sendschreiben*, 250, n. 4.

204) Bolmberg, *1 Cor*, 184. 하지만 이른바 하나님을 경외하는 이들은 대체로 율법의 요구들을 모두 받아들이지 않았다(예. 할례).

205) Hays, *First Cor*, 153. Schrage도 동일한 강조점을 언급한다. Schrage, *Der erste Brief*, 2:340-341.

206) Schrage, *Der erste Brief*, 2:341.

207) R, Jewett, *Christian Tolerance: Paul's Message to the Modern Church* (Philadelphia: Fortress, 1982), 33, 49-51; M. M. Mitchell, *Paul and the Rhetoric of Reconciliation*, 243-249.

다른 증거를…새롭게 정의한다. 공동의 유익('모든 사람' 또는 '많은 사람들,' 9:19, 22)은…단지 자기 자신의 유익이 아니라…고린도의 상황에 적합한 논점을 구체적으로 적용하는 것이다."[208] "바울은 고린도 교인들이 자신들의 생계 수단을 위해 일해야 한다는 것이 아니라 그들이 모든 일에, 특히 고기를 먹는 관습과 관련하여 서로 잘 조정하고 해결해야 한다는 데 관심을 갖는다."[209]

바이스와 특별히 헨리 채드윅은 이 선교 전략을 교회 안에서 바울이 목회적으로 다양한 상황에 대처하는 것과 연결한다. 또한 교회 안에서도 다양한 신학적·문화적인 상황 가운데서 다양한 그룹의 동의를 얻고 그 그룹들을 존중하는 데 이와 같은 선교 전략을 적용할 필요성이 있다는 것이다.[210] 바이스와 채드윅은 모두 고전 7장에서 바울이 결혼뿐만 아니라 독신도 인정하면서 서로 대립하는 그룹 또는 다양한 그룹을 나란히 놓으면서 비슷한 시도를 하는 것을 간파한다. 하지만 미첼은 이 "화해의 수사학"은 "변증적인" 전략(채드윅) 또는 목회적인 전략(바이스)보다 그 이상으로 교회의 분열 또는 분파주의에 대해 언급하는 과정을 통해 목회 및 선교 전략에 기초한 특별한 수사학적인 전략을 제공해준다고 생각한다. 이것은 행위적인 적응 그 이상을 의미한다.[211]

다른 한편으로 이 절들이 단지 교회의 분열이나 중대한 목회 및 선교 전략에만 적용되었음을 암시하지는 않는다. 브루스는 이 절들이 개별적인 그리스도인의 행위에 대한 이슈들과 얼마나 밀접하게 관련되어 있는지 밝혀준다. 한편으로 바울은 유대인들이 민감하게 여기던 사항들에 자신의 행위를 적응시킬 수 있었다(이것을 통해 그는 유대인들 사이에서 사역하는 그리스도인들이 직면한 이슈들에 적응할 수 있었다). 예를 들면 바울은 예루살렘 성전에서

---

208) Mitchell, *Paul and the Rhetoric of Reconciliation*, 248.

209) 같은 책.

210) Weiss, *Der erste Korintherbrief*, 242-246; *Earliest Christianity*, 1:329, 2:416-421, 특히 418; H. Chadwick, "All Things to All Men (1 Cor 9:22)," *NTS* 1 (1955): 261-275.

211) 따라서 Mitchell은 P. Richardson과 W. Gooch, "Accommodation Ethics," *Tyndale* 29 (1978): 89-142을 전적으로 지지하지 않는다.

나실인 서원을 한 사람들과 함께 정결 예식에 참여하고, 그들을 위해 비용을 지불했다(참조. 행 21:23 이하). "만약 그[바울]가 하나님이 정해주신 의무와 관련된 사항으로서 유대교 규정과 의식을 따를 필요성을 더 이상 느끼지 않았다면 그는 정반대의 행동을 취하며 이것들을 그리스도인에게 금지된 것으로 여기지 않았을 것이다."[212] 바울의 이 "자유"는 바울의 생애와 사상에 대한 브루스의 설명의 중심에 놓여 있다.[213] 두말할 필요 없이 마르틴 루터는 그의 저서 『그리스도인의 자유』에서 바울의 이 원리를 다음과 같이 반복해서 언급한다. "그리스도인은 저마다 모든 것에 대해 가장 자유로운 주인이며, 어떤 사람에게도 종속되지 않는다. 동시에 그리스도인은 저마다 모든 사람의 가장 신실한 종이며, 모든 사람에게 종속된다."[214]

21절 "율법 밖에 있는 자들에게"는 τοῖς ἀνόμοις를 번역한 것이다. 이 표현은 다른 문맥에서 불의한 자들, 불공정한 자들 또는 불경건한 자들(참조. 행 2:23; 마카베오3서 6:9; 겔 18:24 [70인역]; 눅 22:37) 또는 불법한 자(살후 2:8 - ἄνομος)를 의미할 수 있다. 하지만 이 배경에서 이 단어는 분명히 구약성경에 계시된 율법과 유대교 밖에 있는 이방인들을 가리킨다(NRSV, REB, NJB; 참조. to those not having the law, NIV).[215] 이 표현과 대조되는 표현은 율법 아래 있는 자들이다(20절). 한편 도드는 고전 9:19-22에 대한 그의 유명한 논문에서 ἔννομος Χριστοῦ, "그리스도의 법 안에"라는 표현을 제목으로 삼았다. 바울이 이 표현을 사용한 것에 기초하여 도드는 ὡς ἄνομος, "율법 밖에 있는 자들"과 ἔννομος 사이의 관계에 대해 깊이 고찰한다.[216] 도드

---

212) F. F. Bruce, *1 and 2 Cor.* 86-87.

213) F. F. Bruce, *Paul: Apostle of the Free Spirit* (Exeter: Paternoster, 1977), 267-273 (on Corinth) and throughout, esp. 458-463. Bruce는 이 부분에서 바울의 정신의 관대함과 그의 마음의 광활함을 묘사한다(그가 맨체스터 대학교에서 행한 이 강의의 자료는 Eerdmans 출판사를 통해 *Paul: Apostle of the Heart Set Free*라는 제목으로 간행되었다).

214) Luther, *Concerning Christian Liberty,* in H. Wace and C. A. Buchheim (eds.), *Luther's Primary Works* (London: Murray, 1883), 104; also rpt. in E. G. Rupp and B. Drewery (eds.), *Martin Luther: Documents* (London: Arnold, 1970), 50.

215) 참조. BAGD, 72.

216) C. H. Dodd, "ἔννομος Χριστοῦ," in J. Sevenster and W. C. van Unnik (eds.), *Studia*

는 "유대인의 입으로 말하는 ἄνομος가 지닌 특별한 뉘앙스"에 주목하며, 그것은 "행 2:23에서 구체적으로 잘 설명된다"고 주장한다.[217] 하지만 바울은 이 절을 받아쓰게 하면서 ἄνομος를 자신에게 적용하는 것이 "이 편지 수신자들에게 심각한 오해를 불러일으킬 수도 있다는 점을 염려했을 것이다. 그들은 νόμος와 토라가 서로 상응한다는 것을 잘 알지 못했을 것이다. 그래서 바울은 그의 말이 오해받지 않도록…신중히 대처해야 했다."[218] 그러므로 그는 자신이 하나님의 율법 밖에 있지 않다고 말한다. 율법 아래 있지 않다는 개념은 하나님을 모르며 행동이 통제되지 않는다는 것을 가리킨다. 이것은 "하나님의 궁극적인 법으로서 토라의 보증되지 않은 정체성"을 전제한다. 하지만 "어떤 사람은 토라로부터 자유롭지만, 그리스도의 법 안에서 제시되거나 또는 표현된 하나님의 법에 여전히 신실할 수 있다."[219] 따라서 바울은 여전히 그리스도의 법 안에, 곧 그 법에 종속되어 있다. 사실상 도드는 바울이 7:10-11의 사례와 마찬가지로 9:14에서도 이미 그리스도의 "법규"를 암시했다고 지적한다.[220] 나아가 브루스는 이 표현을 11:1과 연결한다. 해당 절에서 그리스도의 사례는 그리스도인의 행위에 본보기를 제시하는 것으로 간주된다.[221] 다른 한편으로 또한 도드, 브루스, 하인리히, 슈라게는 그리스도의 법은 예수의 말씀 전승 중에서 어떤 특정한 말씀에 국한되어서는 안 된다고 지적한다. 그리스도인들은 보다 더 광범위하고 포괄적인 의미에서 그리스도에 대해 증언하는 복음의 명령 아래 놓여 있다(참조. 갈 6:2).

바울은 ὡς ἄνομος를 "자율"을 요구하는 반율법주의자를 찬성하는 것

Paulina in Honorem Johannes de Zwaan (Haarlem: Bohn, 1953), 96-110.

217) 같은 책, 97, n. 1.

218) 같은 책, 97.

219) 같은 책, 99. Schrage가 지적하듯이 Heinrici는 사실상 Dodd가 주장한 논점을 1880년에 먼저 제시했다. 참조. Heinrici, *Das erste Sendschreiben*, 285. 참조. Schrage, *Der erste Brief*, 2:345, n. 367.

220) Dodd, "ἔννομος Χριστοῦ," in J. Sevenster and W. C. van Unnik (eds.), *Studia Paulina*, 1953), 103-108.

221) Bruce, *1 and 2 Cor*, 88.

으로 이해하지 않는다. 또한 이 표현은 구약성경을 이해하는 것과 관련하여 마르키온의 이단적인 사고를 권유하지도 않는다. 콘첼만은 다음과 같은 주장을 통해 도드의 주장을 부당하게 확대해석할 가능성을 바로잡는다. "그[바울]의 의도는 어떤 '새로운' 율법에 대한 개념을 제안하는 것이 아니다.…롬 7:7 이하에서 반율법주의를 거부하는 것을 참조하라."[222] 바레트는 이 부분을 로마서와 비교하며 논의한다. 그는 이 구절이 "이 편지에서 해석하기가 가장 어렵고, 또 가장 중요한 문장 중 하나"라고 말한다.[223] 심지어 바레트는 ἔννομος Χριστοῦ를 "그리스도에 대해 법적 의무 아래 있는 자"라고 번역한다. 바울은 율법이 은사로 주어진 것을 공격하는 것이 아니다. 그는 율법을 거룩하고 선한 것(롬 7:12)이라고 평가한다. 반면에 그는 거짓된 안전을 확인하는 수단으로서 율법을 그릇되게 사용하는 것을 비판한다. 이와 같은 사용은 그리스도 안에 있는 하나님의 은혜로부터 사람들을 멀어지게 한다. 율법에 대한 바울의 이해와 관련하여 이른바 보다 더 전통적인 "루터파"의 입장과 샌더스 이후의 "새로운" 관점 사이에 진행되는 논쟁에서 상반되는 요소들이 무엇이든 간에, 헤이스는 실질적인 이슈를 다음과 같이 정확하게 지적한다. "율법으로부터 자유롭다는 것은 바울이 방종하게 자기 마음대로 행동한다는 것이 결코 아니다. 이것은 '나는 자유롭기 때문에 아무것이나 마음대로 할 수 있다'라고 선언하는 고린도의 어떤 사람들을 콕 집어 가리키는 단어다. 그 대신 그는 하나님에게 의무감을 갖고 있다는 강한 인식을 갖고 살아가고 있다. 이제 그것은 그리스도와 바울의 관계에 의해 정의된다."[224]

전략에 대한 이 사례는 특별히 바울 사도에 대한 것이다. 그는 자신이 사도로서 부르심을 받은 것을 "내 어머니의 태로부터…그의 아들[그리스

---

222) Conzelmann, *1 Cor*, 161 and 161, n. 26.

223) Barrett, *First Epistle*, 212; 참조. 212-215.

224) Hays, *1 Cor*, 154. 참조. E. P. Sanders, *Paul, the Law and the Jewish People* (Philadelphia: Fortress, 1983). 또한 다양한 접근 방법과 텍스트 자료에 대한 최근의 논의는 다음 연구서를 참조하라. J. D. G. Dunn, *The Theology of Paul* (Edinburgh: T. & T. Clark, 1998), 128-161.

도]을 이방에(이방인들에게, τοῖς ἔθνεσιν) 전하기 위하여"(갈 1:15, 16)라고 분
명하게 말한다(또한 참조. 롬 1:5, "우리가 은혜와 사도의 직분을 받아 그의 이름을 위
하여 모든 이방인 중에서 믿어 순종하게 하나니"). 롤로프는 "이중적 사도 직분"의
개념에 대해 논의한다. 한편으로 베드로, 야고보, 요한은 유대인들에 대한
사도 직분을 지녔고, 다른 한편으로 바울과 그의 사도적 동역자는 이방인들
에 대한 사도 직분을 지녔다는 것이다(갈 2:9; 또한 참조. 행 18:6).[225] 바울이 유
대교의 바리새파 랍비 교육을 엄격하게 받았다는 점에 비추어볼 때 이것은
더욱더 주목할 만하다(갈 1:13-15; 빌 3:5-7). 복음 사역을 위해 부르심을 받
은 데는 제한, 민감성 및 어느 정도의 적응성이 요구된다. 때때로 거기에는
심지어 어떤 사람의 문화적인 배경 및 전통과 상반되는 경우도 있다. 바울
은 이와 같은 삶을 실행했을 뿐만 아니라 전통 자체를 과소평가하는 반감이
나 교만한 자세도 회피했다.[226]

22절   자제(自制)에 대한 주제를 다루는 8:7, 9, 10에서 사용된 전문
용어로서 약한 자들을 지칭하는 새로운 의미에 근거하여 τοῖς ἀσθενέσιν을
"지나치게 신중한 자들" 또는 "불안감을 느끼는 자들"이라고 번역하는 것
은 우리를 솔깃하게 만들 것이다. 하지만 여기서 이 단어를 "약한"이라는
일반적인 의미와 다르게 번역하는 것은 (아무리 정확하다 하더라도) 우리의 주
해를 번역 안으로 주입하여 그밖의 다른 뉘앙스들을 배제하는 것이다. 또한
NRSV, NIV, REB, NJB도 "약한 자들에게"라고 번역한다. 더욱이 만약 8:7-
10에서 약한 자들이 불안감을 느끼는 자들을 의미한다면(해당 절들의 주해 참
조), 비록 고기를 먹는 것에 대한 구체적인 사항과 관련하여 바울이 자신은
지나치게 신중한 자들—만약 그들이 자신의 양심의 가책을 스스로 극복할
수 없다면—의 편에 서고자 한다는 뜻을 강한 자들에게 경고할 수 있다 할
지라도, 그는 마치 자신의 정체성에 대해 모호하게 느끼는 사람처럼 행동

---

225) J. Roloff, *Apostolat — Verkündigung — Kirche*, 90-93.
226) 그러므로 바울이 자유에 대해 근본적이며 창의적으로 요구하는 것과 더불어 관습들을 준수
     했다(예. 편지 형태와 수사학적인 표현)는 점은 중요하다.

한다고 말할 수 없을 것이다. 동시에 우리는 "약한 자들"은 "강한 자들"이 사회적 관계를 어떻게 인식하는가에서 파생된 호칭이며, 나아가 그것은 영향력 있는 자들과 취약한 자들 사이의 객관적·사회적 대조를 가리킨다는 타이센의 강조점을 기억해야 한다.[227] 이 배경에서 약한 자들은 후원자, 고용주 또는 노예 소유주의 요구에 따라 좌우되어 있기 때문에 그들의 삶과 행위와 관련하여 그들이 선택할 수 있는 것이 매우 제한적임을 의미할 수 있다.

만약 우리가 강한 자들과 약한 자들을 이미 그리스도인이 된 사람으로 여긴다면 많은 학자들은 강한 자들은 권위와 자유에 대한 확고한 의식을 지니고 있지만, 약한 자들은 불편한 양심, 모호한 자아 정체성 또는 "높은 신분"을 지닌 그리스도인과의 관계에서 낮은 자기 존중 의식을 지닌 자들이라고 주장한다. 하지만 바울은 여기서 기독교로 개종하는 자들을 얻는 것(κερδαίνω에 대해 20절에 대한 주해 참조)에 대해 말하고 있다. 그는 몇 사람이라도 더 구원하고자 한다(τινὰς σώσω, 곧 몇 사람이라도 더 구원에 이르게 하고자 한다. 참조. NJB). 따라서 이 사람들은 사회적인 관점에서 취약한 자들일 개연성이 매우 높다. 이들은 후견인, 소유주 또는 고용인에게 종속되어 있다. 따라서 이들의 사고방식에는 스스로 주도권을 갖고 선택하거나 결정하는 것이 생소하다. 바울은 행동한다. 또한 그는 억압받고 취약하며 의존적인 자들을 고려하는 전략에 대해 말한다. 오늘날의 관점에서 말하자면 그는 단순히 외향적인 "승리자들"을 위한 어떤 "성공" 복음을 선포하지 않는다. 만약 이들이 "옳은 일을 위해" 열정을 나타내는 데 세심한 주의를 기울인다면 바울은 그들을 지지한다. 약한 자들은 "사회적 권세, 영향력, 정치적인 지위…다양한 분야에서의 능력 또는 수완"과 대립하는 관계에 놓여 있다. 그들은 "사회적으로 낮은 신분"을 갖고 있으며, 사람들에게 인정받고 환영받기를 열망한다.[228] 바울이 어떤 후원자를 위한 종교적인 수사학자로서 기능하면서

227) Theissen, "The Strong and the Weak at Corinth," in his *Social Setting*, 121-143.
228) Yeo, *Rhetorical Interaction*, 90; 참조. Willis, *Idol Meat*, 92-96; Gardner, *Gifts of God*, 45;

도 "전문적인" 신분에 대한 자기 권리를 사용하지 않고 수공업자로 일하는 것은 그가 선교사와 목회 전략가로서 그리스도를 본받는 행위를 통해(참조. 11:1) 약한 자들과 유대 관계를 맺고 있다는 것을 보여준다. 또한 "그리스도를 닮은 연약함"은 1:25, 27과 4:10 등 다른 배경에서도 나타난다. 해당 구절에서 이 연약함은 십자가와 연결되어 있다. 쉬츠는 9:3-12에서 언급되는 사도적인 "권리"와 9:19-23에서 다루어지는 사도적인 신중성에 대한 이슈를 고후 10-13장, 특히 11:10-12에서 묘사하는 "자랑"과 연결하는 데 조금도 어려움을 느끼지 않는다.[229] "바울은 자신의 삶을 복음이 말하는 것, 그것과 관련된 사건들 안에서 일하시는 하나님의 능력과 연약함을 뚜렷하게 나타내는 것으로 본다. 이 사건들은 그리스도의 죽음과 부활의 연약함과 능력을 통한 새 창조의 시작이다."[230]

AV/KJV, RV가 제시하는 해석 "모든 사람에게 모든 것이 되었다"(τοῖς πᾶσιν γέγονα πάντα)는 19-22a에 대한 주해의 관점에서 정확하게 이해할 필요가 있다. 22a에서 그리스어 동사 γίνομαι는 부정과거인 반면, 22b에서는 현재완료다. 이 변화는 "바울의 과거의 행위가 지속적인 결과를 나타낸다는 것"을 의미한다.[231] 이것이 "적응"으로 묘사되는지의 여부는 용어에 관한 질문에서 드러나지 않고, 이 본문에 대한 주해에서 자세하게 설명하듯이 이 절들의 구체적인 내용과 뉘앙스들을 어떻게 파악하느냐에 달려 있다.[232] NJB는 "나는 서로 다른 상황에 있는 모든 부류의 사람에게 나 자신을 적응시켰습니다"라고 번역한다. 하지만 이 번역은 아마도 γέγονα πάντα의 의미를 통제하고 한정하는 해석적인 배경을 허용하는 타당한 시도와 관련하여 그리스어 텍스트로부터 너무 멀리 나아간다. 우리는 REB의 번역—"나는 그들 모두에게 모든 것이 되었습니다"—을 받아들였다. 왜냐하면 이 번

Gooch, "'Conscience' in 1 Cor 8 and 10," *NTS* 33 (1987): 244-254. 또한 앞에서 8:7-9에서 제시한 참고문헌을 보라.

229) J. H. Schütz, *Paul and the Anatomy of Apostolic Authority*, 232-248.

230) 같은 책, 248.

231) Robertson and Plummer, *First Epistle*, 192.

232) 참조. Schrage, *Der erste Brief*, 2:347-348, including nn 399-405.

역은 그리스어 인칭 대명사를 있는 그대로 무미건조하게 반복하는 것과 해당 문맥이 진정으로 부여하는 명료한 의미 사이에서 적절하게 중도의 길로 이끌기 때문이다. 그리스어 부사 πάντως는 여기서 "최소한"을 의미할 수도 있다. 하지만 이 부사는 이 배경에서 "가능한 모든 수단을 통해"를 의미할 개연성이 더 높다.[233] 카슨은 갈 2:11-14과 관련하여 우리가 여기서 "적응" 이라고 이해하는 것에 한계가 있다는 점을 탁월하게 지적한다.[234]

23절 피는 "복음을 위해(διὰ τὸ εὐαγγέλιον, 복음 때문에) 모든 것을" 이라는 슬로건은 "그[바울]의 삶이 지니고 있는 진기한 열정"을 정확하게 확인해준다고 올바르게 논평한다.[235] 하지만 과연 바울이 자신의 목적으로 (ἵνα) 동역자(συγκοινωνός)가 되는 것이 "그가 복음 사역에 참여하는 것인 지"(쉬츠) 아니면 "그가 그들과 함께 복음 안에 있는 유익에 참여하는 것인 지"(강조는 원저자의 것임)에 대한 피의 논의는 만족스럽지 못하다.[236] 분명히 NRSV와 NIV — "내가 그 축복에 동참하려고", REB도 이것과 비슷한 번역을 제시함 — 는 후자를 선택한 반면, NJB는 전자를 지지하며, "내가 다른 사람들과 함께 그것의 유익을 나누려고"라는 번역을 제안한다. 하지만 피는 언뜻 판단하기에 "그것의 유익에 동참한다"는 목적은 자기 이익을 추구하는 것처럼 들릴 수도 있음을 시인한다. 또한 콜린스는 해당 구절에 대한 NRSV의 이해는 "바울이 표현하고자 하는 개념과 동떨어진" 것이라며 그 번역을 받아들이지 않는다.[237] 그의 입장은 옳다. AV/KJV의 절제된 문자적인 번역 — "내가 여러분과 함께 그것에 참여자가 될 것이다" — 이 우리에게 더 도움이 될 것이다. (콜린스와 더불어) 우리가 판단하기에 해당 이슈는 다른 사람들에게 다양한 유익을 가져다주는 것(NJB)도 아니며, 선교사와 목회자

---

233) BAGD, 609. 이 사전은 고전 9:22에서 이 그리스어 부사가 "최소한" 또는 "어떻게 하든지" 를 의미한다고 제안한다. 참조. Schrage, *Der erste Brief*, 348.

234) D. A. Carson, "Pauline Inconsistency: Reflections on 1 Cor 9:19-23 and Gal 2:11-14," *Churchman* 100 (1986): 6-45.

235) Fee, *First Epistle*, 421.

236) 같은 책, 432; 참조. Schütz, *Paul and the Anatomy of Apostolic Authority*, 51-52.

237) Collins, *First Epistle*, 431-432.

로서 이 유익에 동참하는 것(NRSV, NIV, REB, 피)도 아니다. 유대인들, 이방인들, 사회적으로 의존적이며 취약 계층에 속한 자들 곁에 서 있는 것 또는 온갖 상황에서 모든 부류의 사람과 유대 관계를 맺고 살아가며 행동하는 것이 바로 복음의 본질에 동참하는 것이다. 즉 복음이 무엇인지 그리고 그것이 어떤 영향을 미치고 어떤 결과를 빚어내는지를 구체적으로 보여주는 것이다. 이 절에서 명사 앞에 덧붙여진 전치사(συν-)는 "그리스도인의 존재 안에서 다양한 형태의 유대 관계를 표현해준다."[238]

의아스럽게도 피는 이 강조점을 18절의 언급과 동일시하지만, 여기서는 그렇게 하지 않는다. "그의 사역은 복음 자체에 대한 살아 있는 본보기가 된다."[239] 예수와 마찬가지로 바울도 자신을 율법 아래 있는 자들과 유대 관계에 놓이게 한다. 하지만 예수와 마찬가지로 바울도 "자신의 존재의 규범적인 패턴으로서…십자가 위에서의 그리스도의 자기희생적인 죽음의 패턴"을 경험한다. 나아가 그는 그들을 구원에 이르게 하려고 율법 밖에 있는 자들과 유대 관계를 맺는다(20, 21, 22절).[240] 여기서 바울은 형용사 συγκοινωνός와 함께 인칭 대명사 소유격(αὐτοῦ)을 사용한다. 이 표현은 그가 친밀하고 유기적이며 재생적인 나눔에 동참한다는 것을 가리킨다. 이 개념은 어떤 사업장이나 공동 투자에서, 즉 사업 파트너로서 지분을 가진 사람을 가리키는 원래의 상업적 또는 사업적 배경을 초월한다. 롬 11:17에서 이 형용사는 새로 접붙임을 받은 가지들을 포함하여 올리브나무 전체에 생명력을 제공해주는 풍부한 양분을 함께 받는 것을 가리킨다.[241] 여기서 동참한다는 표현은 요 15:15에서 유기적인 생명을 가리키는 포도나무의 이미지와 평행을 이룬다. 또한 슈바이처가 주장하듯이 이것은 공관복음(막 8:35, 38)에서 인자와 유대 관계를 맺는 데 동참하는 것이다.[242] 슈바이처는 바울

---

238) 같은 책.
239) Fee, *First Epistle*, 421.
240) Hays, *First Cor*, 154.
241) 유감스럽게도 BAGD, 774는 여기서 **생명**에 동참한다기보다는 유익에 동참하는 것에 대해 말한다.
242) A. Schweitzer, *The Mysticism of Paul the Apostle* (Eng. trans., London: Black, 1931), 106,

서신에서 이 주제를 증언하는 구절들을 하나하나 인용한다. 바울이 그리스도의 고난에 동참하는 κοινωνία(빌 3:10-11), "그리스도로 옷을 입음"(갈 3:27), "예수의 죽음을 몸에 짊어짐은 예수의 생명이 또한 우리 몸에 나타나게 하려 함이라"(고후 4:10; 곧 공공의 영역에서의 일상생활).[243] 신자들은 "그리스도의 지체들"이다(고전 6:13-19). στίγματα는 그리스도의 "노예들"이 그의 소유로 인식되는 낙인과 같은 것이다(갈 6:17).[244]

바울은 자신이 그리스도의 십자가를 선포하는 복음의 특성을 공공의 영역에서 매일의 삶을 통해 분명하게 드러내기 위해 그가 할 수 있는 모든 것을 한다(고전 1:18-25). 십자가 선포는 단순히 복음이 가져다주는 "유익"이 아니라 복음의 특성이 그리스도 자신에게서 흘러나오게 한다. 이것은 다음과 같은 논증에 대한 결론이며 적절한 요약이다. 먼저 이 논증은 바울의 사도 직분의 진정성에 대한 언급으로 시작된다. 그다음에 이것은 다음 주제로 발전한다. 곧 바울이 자신의 "권리"를 스스로 포기한 것은 구원에 이르게 하고자 하는 자들과 함께하면서 기능인으로서 일상생활을 통해서든지, 목회와 선교 정책을 통해서든지, 그리스도를 증언하는 사도로서의 삶을 구현하는 것에 대한 개념적·실천적 원리의 일부분이다. 바울의 궁극적인 목적은 이 모든 것에 동참하는 것이다.[245]

d. 고대 그리스-로마의 운동 경기로부터 얻는 확증 사례: 자기 절제의 필요성 (9:24-27)

[24] 경기장에서 달리는 자들은 모두 달리기에 참여하지만, 그중에서 오직 한 사람만 상을 받는다는 것을 여러분은 알지 못합니까? 여러분도 상을 받기 위해 이와

107.

243) 같은 책, 121, 122, 126.

244) 같은 책, 143; 참조. 141-176.

245) Schrage, *Der erste Brief*, 2:348-350. 또한 Schrage는 복음의 "능력"이 이와 같은 방법으로 드러난다는 것을 강조한다. 1:18-25의 주제가 제시되지 않는다면, ἐξουσία에 대해 논의하는 것은 아무런 의미가 없다.

같은 방법으로 달리십시오. ²⁵ 투사로 나서는 사람마다 모든 일에 자기를 절제합니다. 하지만 경기자들은 썩어 없어질 월계관을 얻기 위해 그렇게 하지만, 우리는 결코 썩지 않을 것을 얻으려고 그렇게 합니다. ²⁶ 그러므로 나 자신은 눈을 목표 지점에 분명하게 맞추고 그것에서 벗어나지 않는 사람처럼 달립니다. 나 자신은 허공을 치는 사람처럼 섀도복싱을 하지 않습니다. ²⁷ 전반적으로 날마다 내 삶은 나 자신을 혹독하게 다루는 것입니다. 나는 내 삶을 내 목적에 맞도록 엄격하게 대했습니다. 이로써 나는 다른 사람들에게 복음을 선포하고 나서 내 자신은 시험을 통과하지 못하는 일이 없게 하려는 것입니다.

인내의 원리 또는 자발적인 권리의 포기에 대한 바울의 호소는 세 가지 실례의 범주를 통해 설명된다. 비록 9:1-23은 유비들을 구체화하고 복음 사역을 위한 생계유지에 대해 성경과 예수의 말씀에 호소하기도 하지만, 해당 부분에서 바울은 자신의 개인적인 본보기에 호소한다(참조. 11:1). 9:24-27에서 바울은 고대 그리스-로마의 운동 경기, 곧 이스트미아 경기에서 끌어온 한 가지 사례에 호소한다. 슈트라움, 피츠너 및 다른 이들은 여기서 핵심 이슈는 ἐγκράτεια, "자기 절제" 또는 어떤 배경에서는 절제의 필요성이라고 말한다(아래 참조).

바울은 고대 그리스-로마의 문화와 오락에서 인식할 수 있는 ἐγκράτεια의 필요성을 제시하고 나서 10:1-13에서 세 번째 사례의 범주에 대해 다룰 것이다. 즉 이 사례는 이스라엘의 역사 속에서 일어난 사건에 기초한 성경의 경고다. 이 사례의 절정으로 오직 한 사람만 상을 받는다는 바울의 말은 어떤 배타주의적인 또는 엘리트주의적인 신학과 아무런 상관이 없다. 오히려 이 말은 유비의 특성을 보여주는 그림에서 핵심적인 부분이다. 이 그림은 동기부여의 절박함과 강렬함이라는 개념에 배경을 제공한다. 이 동기부여는 경기에 참가하는 사람이 더 높은 목표에 이르기 위해 그보다 못한 것을 단념하도록 이끈다. 바울은 최고의 목표를 복음과 그 복음이 구체화하고 드러내고 실현하는 모든 것으로 정의했다. 어떤 복음 사역자가 방종이나 자신의 권리를 내세우는 것을 통해 이 목표 실현을 방해한다면 그것은 어떤 운동 경기자가 주의가 산만한 상태에서 경기에 임하는 자신의 전반적인 목표를 과소평가하는 것과 같다. 바울이 사용하는 이미지의 기원 및 배경과 그것의 고대 그리스-로마의 종교 및 문학의 관계에 대한 이론 (예. Broneer와 Funke)은 아래에 묘사되어 있다. 한 가지 분명한 것은 바울의 유비들이 암시하는 이스트미아 경기의 명성과 그것이 가져다주는 상업적인 이익은 수신자들에게 매우 잘 알려져 있었을 것이라는 점이다.

9:24-27에 대한 참고문헌

Bauernfeind, O., "τρέχω δρόμος," *TDNT*, 8:226-235.

Bowers, P., "Church and Mission in Paul," *JSNT* 44 (1991): 89-111.

Broneer, O., "The Apostle Paul and Isthmian Games," *BA* 25 (1962): 2-31.

_____, "The Isthmian Victory Crown," *AJA* 66 (1962): 259-263.

_____, "Paul and the Pagan Cults at Isthmia," *HTR* 64 (1971): 169-187.

_____, *Isthmia II: Topography and Architecture* (Princeton: American School of Classical Studies at Athens, 1973).

Dautzenberg, G., "ἀγών," *EDNT*, 1:25-27.

Ehrhardt, A., "An Unknown Orphic Writing in the Demosthenes Scholia and St. *ZNW* 56 (1957): 101-110.

Funke, H., "Antisthenes bei Paulus," *Hermes* 98 (1970): 459-471.

Gale, H. M., *The Use of Analogy in the Letters of Paul* (Philadelphia: Westminster, 1964), 108-116.

Garrison, "Paul's Use of the Athlete Metaphor in 1 Cor 9," *SR* 22 (1993): 209-217.

Glad, C. G., *Paul and Philodemus: Adaptability in Epicurean and Early Christian Psychology,* NovTSup 16 (Leiden: Brill, 1995), 247-249 and 281-285.

Grundmann, W., "στέφανος," *TDNT*, 7:615-636.

Merk, O., *Handeln aus Glauben,* 127-129.

Murphy-O'Connor, J., *St. Paul's Corinth,* 14-17, 99 and 116-119.

Papathomas, A., "Das agonistische Motif 1 Kor 9:24ff, im Spiegel zeitgenössischer dokumentarischer Quellen," *NTS* 43 (1997): 223-241.

Pfitzner, V. C., *Paul and the Agon Motif,* NovTSup 16 (Leiden: Brill, 1967), 23-35 and esp. 76-109.

Straub, W., Die Bildersprache des Apostels Paulus (Tübingen: Mohr, 1937), 89-91.

24절   또다시 바울은 수사 의문문인 οὐκ οἴδατε, "여러분은 알지 못합니까", "깨닫지 못합니까"를 사용한다. 이것은 수신자들이 주의를 기울이

기만 하면 이미 잘 알고 있는 사실을 새롭게 일깨워준다. 비록 ἐν σταδίῳ는 (보다 일반적으로) "경기장에서" 또는 "육상경기에서"라고 번역할 수 있지만, 그것은 헬라 세계 전체가 참여하는 이스트미아 경기가 개최되던 스타디움을 가리킨다. 이 운동 경기에는 달리기(οἱ ἐν σταδίῳ τρέχοντες ... τρέχουσιν)뿐만 아니라 다른 운동 경기(예. 권투)도 포함되었을 것이다. 머피-오코너는 이스트미아 경기에 대해 세부적으로 논의하며 다음과 같이 결론짓는다. "바울은 이스트미아 경기를 알지 못했을 리가 없다. 이 경기가 개최되었을 때 그는 아마도 고린도에 있었을 것이다. 이 경기는 기원후 49년과 51년 봄에도 개최되었다. 그 당시에 풍미하던 철학에서 운동 경기와 관련된 은유적인 표현이 널리 사용되었다.…하지만 바울이 처음으로 이 주제에 대해 일관되게 전개하는 것이 고린도 교인들에게 보낸 편지에서 나타난다는 것은 결코 우연이 아닐 것이다(고전 9:24-27)."[246]

이스트미아 경기는 헬라 세계 전체를 대상으로 열린 네 가지 축제 중 하나였다. 이 경기는 아테네에서 개최된 올림픽 경기 다음으로 규모가 컸다. 또한 이 경기는 델포이 경기와 네메아 경기보다 그 규모가 컸다.[247] 기원전 6세기로 거슬러 올라가는 한 전승은 이 경기의 명성을 높이 평가한다. 이 경기는 (로마 군대가 고린도를 황폐화했던) 기원전 146년까지 2년마다 고린도에서 개최되었다. 기원전 146년 이후에 이 경기는 북서쪽으로 약 9.7km 떨어져 있는 시퀴온에서 100년 넘게 개최되었다. 기원전 44년에 고린도가 재건되자 이 경기에 대한 고린도의 영향력은 점점 더 커졌다. 기원전 7년과 기원후 3년 사이의 한 시점에 마침내 고린도가 이 경기를 다시 주관하게 되었다. 켄트의 주도하에 편집된 비문 자료는 이 경기의 재정적 후원에 대한 증거를 제시해준다. 또한 이 증거 가운데는 건축물의 재건과 고린도의 어떤 후원자가 "이 식민 도시의 모든 주민을 위해" 거대한 잔치를 베풀었다는 정

---

246) Murphy-O'Connor, *St. Paul's Corinth*, 16-17.
247) 같은 책, 14. 또한 앞의 참고문헌에서 언급한 Oscar Broneer의 다양한 연구 논문을 참조하라.

보도 포함되어 있다.[248] 비록 다른 방향이긴 하지만, 머피-오코너와 브로니어는 2년마다 봄에 이 경기가 개최되던 기간 동안 고린도 도시와 인근 지역에 머물렀던 수많은 사람들을 통해 고린도의 상인들과 기업가들이 벌어들인 재정적 수익에 관심을 기울인다. 브로니어는 이스트미아 유적지의 고고학적 유물에 대해 논의한다. 이 유물들은 현대 저자들에게도 매혹적인 정보를 제공해준다. 예를 들면 경주의 출발을 위해 마련된 특별한 장치(그 고안물은 발비데스로 불림), 포세이돈을 기념하는 후원 제도, 고린도의 사업가들의 막대한 수입을 암시하는 유물 등이다.[249]

이스트미아 경기의 명성은 고대 그리스 문학과 철학에서도 널리 입증된다. 플루타르코스는 이 경기의 우승자들에게 주어지는 월계관에 사용된 식물과 재료에 대해 논의한다.[250] 2년마다 개최된 이 경기와 개회사에 대한 설명은 기원후 175-181년 사이에 저술된 아일리오스 아리스티데스의 『개선(凱旋) 의식』(Aelius Aristides, *Ovations* 46.20-31)에서 발견된다.[251] 풍케는 전통적으로 프루사의 디온의 저술로 알려진 견유학파에 대한 풍자집을 인용한다. 하지만 풍케에 의하면 이것은 바울이 이스트미아 경기에서 가져온 이미지들을 사용했다는 것을 밝혀주는 안티스테네스의 저작으로 돌려야 한다.[252] 티베리우스 황제 시대(기원후 14-37년)에 경기의 숫자와 유형은 더 증가했다. 이것은 여기서 오직 경주자 한 명만 상을 받는다는 언급이 도덕주의적이며 "부당하다"는 콘첼만의 주장에 문제를 제기한다.[253] 유비의 기능을 오해하거나 유비와 알레고리를 서로 혼동할 때만, 신학의 관점에서 한 사람만…상을 받는다는 개념이 문제가 있다고 주장할 수 있다. 파파토마

---

248) J. H. Kent, *Corinth, VIII/3: The Inscriptions, 1926-1950* (Princeton: American School of Classical Studies at Athens, 1966), 70.

249) Broneer, "The Apostle Paul and the Isthmian Games," *BA* 25 (1962): 2-31. 이 유적지를 볼 기회가 주어진다면 그 기회를 놓치지 말아야 한다. 참조. Murphy-O'Connor, *St. Paul's Corinth*, 16-17.

250) Plutarch, *Quaestiones Conviviales*, 5.3.1-3 (675D-677B).

251) 다음 연구서에서 인용함. Murphy-O'Connor, *St. Paul's Corinth*, 115-119.

252) Funke, "Antisthenes bei Paulus," *Hermes* 98 (1970): 459-471.

253) Conzelmann, *1 Cor*, 162.

스는 운동 경기에 대한 바울의 은유, 면류관(στέφανος) 또는 상(βραβεῖον)을 받는 것, 관련 자료와 주제들에 대한 동시대 배경에 관한 파피루스 문헌과 비문에서 자료를 풍부하게 인용한다.[254]

피츠너와 게일은 οὕτως τρέχετε에 의해 반영된 유비가 어떤 구체적인 측면에서…직접 적용되는지에 대해 매우 자세하게 논의한다. 피츠너는 24절의 이미지의 세부적인 요소들은 대부분 "곧바로 이어지는 ἐγκράτεια의 **주제를 위해 무대를 마련하려는 것**"이라고 올바르게 주장한다. "만약 운동선수가 자기 몸을 훈련하지 않고 자신의 신체 상태를 훼손할 수 있는 모든 것을 삼가지 않는다면 그의 모든 노력은 헛된 것이 되고 말 것이다"(강조는 원저자의 것임).[255] 게일도 이와 비슷하게 다음과 같이 주장한다. "바울이 이 그림을 모든 측면에 적용하지 않는다는 것은 명백하다. 심지어 '오직 한 사람만 상을 받는다'고 명시되었다는 사실도 여기서 타당성이 없다. 왜냐하면 그[바울]는 상급 또는 상이…오직 '한 사람'에게만 주어진다고 생각하지 않기 때문이다."[256] 심지어 상을 받기 위해(ἵνα καταλάβητε) 경주자에게 요구되는 모든 강도 높은 훈련도 이 그림을 위한 무대 배경에 속한다. 즉 경주자는 상을 얻기 위해 무엇이든지—노력과 절제—견뎌내야 하는 것이다. 왜냐하면 그는 궁극적인 목표에 시선을 집중하고 있기 때문이다.[257]

그렇다면 여기서 문제가 되는 것이 식물로 만든 월계관이나 심지어 관중의 박수갈채가 아니라 "그리스도께서 형제 또는 자매를 위해 죽으신 바로 그들이라면"(8:11) 고린도 교인들은 적절한 ἐγκράτεια, "절제" 또는 "자제"를 실천할 수 없단 말인가? 이 절은 "그리스도인의 싸움"에 대한 신학을 암시하지 않는다. 오히려 이 절은 단지 "권리"에 몰두하는 것을 삼가는 자기-다스림의 싸움에 대한 것이다. 우리는 내용(Sachhälfte)과 이미지

---

254) Papathomas, "Das agonistische Motiv 1 Kor 9:24ff im Spiegel zeitgenössischer dokumentarischer Quellen," *NTS* 43 (1997): 223-241, 특히 225-240.

255) Pfitzner, *Paul and the Agon Motif*, 87.

256) Gale, *The Use of Analogy in the Letters of Paul*, 109.

257) "얻다" 또는 (여기서 더 적절한 의미인) "자기 것으로 만들다"로서 καταλαμβάνω의 정확한 의미에 대해서는 BAGD, 412-413을 보라.

(Bildhälfte)를 서로 혼동해서는 안 된다.[258] 따라서 비록 οὕτως가 문자적으로 "그러므로, 그래서 또는 이와 같이"를 의미하지만, 우리는 바울이 원하지 않는 의미로 οὕτως를 이해하는 것을 회피하기 위해 이 부사를 "이와 같은 방법으로"라고 번역했다.[259] 심지어 오리게네스도 이 구절의 그림과 같은 이미지에 담긴 신학적인 의미에 대해 고뇌하다가 오직 한 사람만 상을 받는다는 구절에서 "하나"를 다음과 같은 의미로 설명했다. 곧 하나는 신앙 공동체적인 전체로서 교회의 하나 됨의 본질(the single entity)을 가리킨다는 것이다. 하지만 교부 시대가 전개되면서 이 텍스트의 해석과 관련된 그 이후의 역사는 바울이 의미하는 지평을 넘어서게 되었다. 왜냐하면 2세기부터 4세기까지 "운동 경기" 또는 "싸움"에 참가하는 자들은 점차적으로 믿음의 순교자로서 "홀로 벌거벗은 채 서 있던 거룩한 투사"로 인식되었기 때문이다.[260] 이것은 바울이 9:24-27에서 전달하고자 하는 의미가 아니다. 하지만 에우세비오스는 이 구절이 특히 순교의 "면류관"을 위해 분투하는 것을 가리킨다고 주장한다.[261] 한편 대(大) 바실레이오스는 포기, 자기절제, 자제에 대한 바울의 강조점으로 되돌아가면서 "면류관"의 이미지(25절)를 사용한다.[262]

25절 많은 영역본은 ὁ ἀγωνιζόμενος를 "경기자"(NRSV, NJB)로 번역한다. 반면에 AV/KJV는 "숙련을 위해 애쓰는 사람"이라는 번역을 제시한다. 하지만 이태 동사 ἀγωνίζομαι의 의미는 이 두 가지 의미 사이의 한 지점에 있다. BAGD가 주장하듯이 이 동사는 다음과 같은 의미를 나타낸다.

---

258) Straub, *Die Bildersprache des Apostels Paulus*, 90.

259) 우리는 해당 이미지를 번역하면서 그림을 바라보는 듯한 측면을 약화하지 않았다. 다시 말해 우리는 μὲν … δέ … εἷς 구문을 "그들 중에서 오직 한 사람만 상을 받는다"고 번역할 것을 제안했다.

260) Eusebius, *Ecclesiastical History*, 8:7:2; 참조. 2:3; 5:1:5,6; Origen, *Exhortation to Martyrdom*, 1:5.

261) Eusebius, 5:1:36 - "그들의 순교는…면류관을 만들고…거룩한 투사들은 수많은 싸움을 싸우고 마침내 승리했다. 그들은 그 면류관을 받아야 마땅하다."

262) Basil the Great, *Ad Adulescentes* 6 (Migne, *PG*, 31; 580B). 참조. Schrage, *Der erste Brief*, 2:366-367.

(i) 문자적 또는 비유적으로 어떤 경기에 참여하는 것, (ii) 무기를 갖고 싸우는 경기, 레슬링 또는 권투의 배경에서 서로 싸우는 것 또는 경쟁하는 것, (iii) 보다 일반적인 개념에서 열심히 노력하다.[263] 피츠너는 자신의 전문적인 연구서에서 이 단어에 대해 집중적으로 조명했다. 이제까지 배경과 주해에 대한 사려 깊은 탐구의 측면에서 그의 연구를 뛰어넘는 연구는 없다. 그는 플라톤, 아리스토텔레스, 스토아학파, 견유학파 철학, 신비 종교, 필론, 요세푸스, 위경 등에서 경쟁과 스포츠에서 서로 맞서 싸우는 배경에서 일종의 은유로 이 단어가 사용된 배경을 추적한다.[264] 피츠너는 바울이 ἀγών 과 ἀγωνίζομαι를 사용하여 "그리스도인의 도덕적인 과제"를 가리킨다고 주장하는 이전 학자들의 연구를 받아들이지 않는다.[265] 그와 같은 견해는 바울이 해당 용어를 종말론적·구원론적인 구조 안에서 사용한다는 점을 무시하는 것에 기초한다.[266] 예를 들면 슈타우퍼는 이 텍스트에 대한 교부 시대—이 시대는 해당 용어와 관련된 이슈를 종종 순교와 더 많이 연결함—이후의 역사에 지나치게 많은 관심을 기울인다.[267] 또한 에르하르트는 바울에게 생소한 의미를 지지하면서 기원후 2세기의 오르페우스교 문서에 호소한다.[268] 바울이 의도하는 의미는 아리스토텔레스의 도덕 철학에서 더 근접한 개념을 발견할 수 있다. 아리스토텔레스는 과도한 극단을 피하는 경주자 또는 레슬러에 대한 유비를 사용한다. 이것은 아리스토텔레스의 널리 알려진 "중용"(τὸ μέσον)의 도덕 철학을 확립한다.[269] 아리스토텔레스가 사용한 용어의 "요점"은 투쟁이 아니라 적당함(중용)이다. 즉 ὑπερβολή(극단)은 회피해야 한다.[270]

---

263) BAGD, 15; 참조. *2 Clement* 7:1; Polybius, 1:45.9; 마카베오2서 8:16; 골 1:29.

264) Pfitzner, *Paul and the Agon Motif*, 1-75. 또한 Pfitzner는 이전의 연구 역사도 개관한다.

265) 같은 책, 7.

266) 같은 책, 10-11.

267) Stauffer, "ἀγών," *TDNT*, 1:134-141.

268) Ehrhardt, *ZNW* 56 (1957): 101-110.

269) Aristotle, *Nichomachean Ethics*, 2.2 (1104A); 참조. 5 (1106B)

270) 같은 책, 6.1 (1138B); 3.12 (1119B).

도덕에 대한 논의와 관련하여 경기자의 은유는 일종의 도구로서 에픽테토스, 세네카, 플루타르코스, 마르쿠스 아우렐리우스 등의 저서에서 잘 알려져 있으며 자주 인용된다. 바울과 거의 동시대 인물인 에픽테토스는 바울이 경기자의 승리의 상대적 헛됨과 도덕성을 비교하며 대조한 것과 매우 유사한 예를 제시한다.[271] (바울과 또 다른 동시대의 인물인) 세네카의 저서에서 "싸움"이 인식되는 양식은 탐닉으로부터의 절제이며 자신의 열정의 피해자가 되는 것이다(곧 ἀταραξία에 이르는 것이다).[272] 세네카는 현재의 자기 절제를 궁극적인 목표(*summum bonum*)의 "더 큰 선(善)"과 비교한다.[273] 경기자의 이미지를 사용하면서 세네카가 강조한 것은 경쟁이나 경쟁을 일삼는 싸움이 아니라 항상 "더 큰 선"에 머물러 있는 것이다. 더욱이 이것은 세 번째로 바울과 거의 동시대의 인물인 필론의 강조점이기도 하다. 피츠너가 지적하듯이 이 강조점은 "미덕을 위한 싸움에서…**자기 절제와 포기**, 관습, 수고를 묘사하면서 필론이 자주 사용하는 어휘군에 속한다"(강조는 덧붙여진 것임).[274] 필론의 저서에서 이와 같은 표현이 나타나는 것은 너무 많아 여기서 일일이 언급할 수 없다.[275]

이 모든 것은 "투사로 나서는 자마다 모든 일에(πάντα, 관계를 나타내는 목적격) 자기를 절제합니다"(ἐγκρατεύεται)라는 강조점에 기여한다.[276] 피츠너가 지적하듯이 "25절에서 πάντα ἐγκρατεύεται는 12b, 19, 22b-23에서 언급되는 표제어를 직접 취하며, 사도 바울의 원칙에 대한 실례를 제공해 준다. 즉 모든 것을 복음을 위해―자신의 권리를 포기하는 것을 통해 자신의 자유에 대한 권리를 올바르게 사용하는 것도 포함하여"(강조는 원저자의

---

271) Epictetus, *Dissertations* 4:4.11-13.

272) Seneca, *De Otio* 6.2; 94.45; 참조. M. Aurelius, 3.3.

273) Seneca, *De Vita Beata* 9.3; 참조. *Epistulae* 17.1.

274) Pfitzner, *Paul and Agon Motif*, 40.

275) 예. Philo, *De Specialibus Legibus* 4.99 (ἐγκράτεια) 101; *De Congressu Quaerendae Eruditionis Gratia* 108; *De Migratione Abrahami* 200; *De Vita Mosis* 1.48; et. al.

276) ἐγκρατεύομαι와 ἐγκράτεια에 대해서는 BAGD, 216을 보라. 또한 Pfitzner의 연구서와 Schrage의 주석서에서는 필론과 다른 이들의 언급이 상당히 많이 인용되고 논의된다. 참조. Pfitzner, *Paul and the Agon Motif*; Schrage, *Der erste Brief*, 2:364-368.

것임).[277]

부차적인 강조점을 드러내기 위해 무대가 잘 마련되었다. 그 강조점은 이미지(Bildhälfte)의 일부 그 이상에 해당한다. 즉 경기자(투사)는 썩어 없어질(φθαρτόν) 월계관(στέφανον)을 얻기 위해 모든 것을 포기한다. 이스트미아 경기에서 승리자에게 주어졌던 월계관 또는 화관은 처음에는 소나무 잎을 엮어서 만들었지만, 나중에는 "셀러리"로 만들었다는 강력한 증거가 있다.[278] 바울은 고전 15:42에서 썩어 없어질 존재 또는 σῶμα를 묘사하기 위해 φθαρτόν의 동족 명사를 사용하며 ἐν φθορᾷ라고 표현한다(또한 참조. 15:53). 이것은 ἐν ἀφθαρσίᾳ의 몸으로 부활하는 것과 대조된다. φθαρτά와 φθαρτός는 동사 φθείρω, "멸망하다, 썩다"의 동족어다(70인역에서 이 그리스어 동사는 히브리어 단어 חבל 헤벨, 헛됨, 무[無]를 번역하는 데 사용된다). 따라서 φθαρτός는 썩어 없어질 것을 선명하게 가리키며, 소나무 잎이 썩어 없어지는 것을 묘사한다. 알파 부정사가 덧붙여진 ἄφθαρτον은 결코 썩지 않을 면류관을 묘사한다. 우리가 앞에서 이미 언급했듯이 바실레이오스는 후기 교부 시대 사상에서 바울의 강조점을 부각하기 위해 이 대조를 받아들여 언급한다(24절에 대한 주해 참조). 한편 ἡμεῖς δέ는 ἐκεῖνοι μέν과 대조를 이루면서 그 의미를 강조하는 위치에 있다. 따라서 우리는 "하지만 경기자들은 썩어 없어질…반면에 우리는…"이라고 번역했다. 바울은 이 두 가지 상황 사이에는 어떤 질적인 차이가 있다고 강조한다. 그 상황 속에서 사람들은 모든 것을 내걸도록 부름을 받는다. 하지만 바울은 이 편지의 수신자들이 이러한 대조에서 어떤 것을 선택해야 할지 스스로 생각하는 길로 초대한다.

고대 그리스의 도시 국가들에서 유래한 승리의 월계관의 전통은 군주 국가들, 이스라엘 왕국과 하나님 나라 또는 그리스도의 나라의 전통에서 사용되는 왕관(면류관)과 구별되어야 한다. 신약성경에는 신자들이 받는 면류

---

277) Pfitzner, *Paul and the Agon Motif*, 87-88.

278) Plutarch, *Quaestiones Convivales* 5.3.1 (675D). 참조. W. Grundmann, *TDNT*, 7:615-636; Murphy-O'Connor, *St. Paul's Corinth*, 95 and 99.

관이 여러 곳에서 언급된다(예. 벧전 5:4; 약 1:12; 딤후 4:8; 계 2:10). 비록 종종 신자들이 그리스도의 통치에 동참할 것이라는 언급이 있긴 하지만, 이 관은 왕관이라기보다는 승리의 관을 가리킬 개연성이 더 높다. 바로 앞에서 언급한 네 개의 성경 구절에서 이 관은 의의 면류관, 영광의 면류관과 생명의 면류관으로 묘사된다. 이 표현은 고전 9:25에서 썩어 없어질 월계관과 영속적인 승리의 면류관을 서로 대조하는 것을 반영한다. 자신들의 면류관을 벗어 보좌 앞에 내놓는다(계 4:10)는 개념은 순교자의 승리에 대한 에우세비오스의 묘사에서도 나타난다. (요한계시록의 경우와 마찬가지로) 이 순교자는 주님을 부인하느니 차라리 죽음을 선택하여 마침내 승리를 거둔 신자다(앞에서도 언급함). 우리가 앞에서 이미 지적했듯이 경기자의 일시적인 월계관과 성숙한 자아(自我)를 지닌 사람의 영속적인 관은 벧전 5:4뿐만 아니라 세네카와 에픽테토스의 저서에서도 서로 비슷하게 비교된다.[279]

26절   ἐγὼ τοίνυν οὕτως τρέχω는 원칙 또는 3인칭으로 말하는 실례에서 바울에게로 옮겨간다. 그리스어 구문과 여기서 사용된 인칭 대명사와 접속사는 "그러므로 나 자신은 ~처럼 달립니다"라는 의미를 지니고 있다. ἐγώ는 주어의 의미를 강조하기 위해 사용되며, τοίνυν은 οὕτως를 강화한다. 즉 "그러므로 어쨌든 나 자신…"을 뜻한다. 바이스는 어떤 분명한 목표를 갖고 (또는 갖지 않고) 달리는 것(τρέχειν [οὐκ] ἀδήλως)은 이미 전문 용어와 같다고 주장한다.[280] 불가타의 *non in certum*은 ἀδήλως의 의미를 형용사의 부사적 형태로 번역한 것이다. 이 그리스어 형용사는 "불명료한, 불확실한"을 의미한다. 즉 불명료한 또는 불확실한 목표를 갖고 있다를 뜻한다. 다시 말해 마치 어떤 사람이 그 목표가 무엇인지 확신하지 못한다는 것이 아니다.[281] 오늘날에는 "나는 공을 뚫어지게 바라보며 또는 내 눈을 목

---

279) 참조. Seneca, *Epistulae Morales* 78.16; Epictetus, *Dissertationes* 3:21. 또한 앞에서 인용한 참고 문헌을 참조하라.

280) Weiss, *Der erste Korintherbrief*, 248, n. 2. Weiss는 Diogenes Laertius, 9:51을 인용하며 그것을 빌 3:14과 비교한다.

281) Pfitzner, *Paul and the Agon Motif*, 90; 참조. BAGD, 16.

표에 분명하게 고정한 채 경기에 임한다"라고 말할 수 있을 것이다. 만약 우리가 구기 종목이나 양궁의 이미지를 달리기에 적용한다면 우리는 이 부사(ἀδήλως)를 "눈을 목표 지점에 분명하게 맞추고"라고 의역할 수 있을 것이다. 만약 이 번역의 명백한 의미에 바울의 이중 부정(οὐκ ἀδήλως)이 의도한 것을 놓치지 않고 함께 결합한다면 우리는 "눈을 목표 지점에 분명하게 맞추고 그것에서 벗어나지 않는 사람처럼"이라고 번역해야 할 것이다. 콜린스는 자신의 이해를 지지할 수 있는 표현으로 14:8을 언급하면서 이 단어(ἀδήλως)를 "주저하지 않고"(without hesitation)라고 번역한다. 반면에 슈라게는 어떤 사람의 눈앞에 목표를 분명하게 두고 있다는 개념을 그대로 유지한다.[282]

과연 ἀέρα δέρων이 새도복싱을 하는 것인지 아니면 실제 권투 경기에서 상대방을 맞추지 못하면서 주먹을 날리는 것을 의미하는지 확실히 알기는 어렵다. 피츠너와 슈미트는 두 가지 경우에 대한 사례들을 찾아낸다.[283] 비록 두 번째의 의미는 이와 같은 행위가 무익하다는 점을 강조하지만, 바울은 ἀγάπη보다 γνῶσις를 뽐내던 고린도의 "강한 자들"을 다음과 같은 사람들로 드러내고자 했을 개연성이 더 높다. 즉 그들은 날마다 다른 사람들에 대한 사랑에서 비롯되는 사활이 걸려 있는 중대한 이슈들에 당면해 있어서, 자제하며 자신들의 탐닉과 자유를 제한할 필요성이 있지만, 종교적인 일과 관습적인 행사에 실질적으로 참여하지 않으면서도 "기꺼이 그 일을 하는 것처럼 흉내 내는" 사람들이라는 것이다. 따라서 허공을 치는 사람처럼 새도복싱을 한다는 번역은 첫 번째 의미를 우선 강조하며 두 번째의 뉘앙스를 제시하므로 그 의미를 가장 잘 전달해줄 것이다.

27절   압도적인 절대다수의 사본들은 ὑπωπιάζω를 원문으로 채택한다(이 단어의 의미는 아래 참조). AV/KJV의 번역 "[내 몸을] 통제하다"라는 번역은 ὑπωπειάζω라는 독법에 기초한 것이다. 이 다른 독법은 나중에 서방

---

282) Collins, *First Cor*, 362; Schrage, *Der erste Brief*, 2:368-369.
283) Pfitzner, *Paul and the Agon Motif*; K. L. Schmidt, "πυγμή," *TDNT*, 6:916-917.

사본 F, G, K에 의해 원문으로 채택되었다. 그러나 이것은 분명히 나중에 교정된 것으로서 원문으로 받아들일 수 없다.

비록 "원래의 문자적인" 문맥에서는 ὑπωπιάζω의 의미가 명백하지만, 이 문맥에서 이 동사가 무엇을 의미하는지에 대해서는 많은 논쟁이 빚어졌다. 단순히 물리적인 관점에서 말하자면 이 단어는 "어떤 사람의 눈을 쳐서 멍들게 하다" 또는 더 현학적으로 말하자면 "눈 밑을 때리다"를 의미한다.[284] 따라서 현대 주석가 중에서 다소 이전에 속하는 많은 이들은 이 단어를 권투의 이미지가 확대된 것으로 인식했다. 핀들레이와 로버트슨과 플러머는 "나는 내 몸을 쳐서 시커멓고 시퍼렇게 멍들게 만든다"를 제안한다. 또한 핀들레이는 24-27절에 "바울의 금욕 생활"이라는 다소 오해를 불러일으킬 만한 표제어를 붙인다.[285] 하지만 언어사전들은 한결같이 이 동사가 은유로서 광범위하게 사용되었음을 인정한다. (데럿과 더불어) BAGD는 "불의한 재판관" 앞에서 호소하는 절망스러운 상황에 놓인 여인이 해당 재판관의 판결에 대하여 그에게 맹렬하게 대들거나 다소 약한 의미에서 귀찮게 졸라대서 그를 몹시 피곤하게 만들거나 괴롭힌다는 의미를 제시한다(참고. 눅 18:5).[286] 하지만 고전 9:27에서 BAGD는 "혹독하게 다루다 또는 거칠게 다루다"를 지지한다. 이 의미는 피츠너도 지지해주는 바이스의 다음과 같은 해석을 허용한다. 즉 9장 마지막 절에서 바울은 권투의 이미지를 더 이상 사용하지 않으며, 그 대신 그는 자신의 행위, 자세, 사도로서의 사례에 대해 단도직입적으로 유비를 사용하지 않고 말한다. 분명히 바울은 어쩔 수 없다면 고난과 심지어 죽음도 받아들일 것이다. 여기서 바울이 말하는 것은 권투 선수가 훈련하는 것 이상을 의미하며 그 이하는 결코 아니다. 하지만 그것을 "금욕주의적인" 삶의 방식과 혼동해서는 안 된다. 사도에게 부여된

---

284) BAGD, 648; Grimm-Thayer, 646; et. al.

285) Findlay, *Expositor's Greek Testament,* 856(표제어는 855); Robertson and Plummer, *First Epistle,* 196.

286) J. D. M. Derrett, "Law in the NT: The Parable of the Unjust Judge," *NTS* 18 (1972): 178-191, 특히 189-191; BAGD, 16.

보다 더 중대한 목적을 위해 바울은 능동적으로 노예처럼 살고자 한다.[287]

바이스의 설득력 있는 이 접근 방법은 사실상 거의 모든 영역본이 σῶμα를 "몸"으로 번역하지만, 과연 몸이 이 단어를 가장 잘 표현하는 것인지를 재고하게 만든다. 예를 들면 NRSV와 NJB는 "나는 내 몸을 혹독하게 다룬다", REB는 "나는 내 몸을 사리지 않는다", NIV는 "나는 내 몸에 매질한다"라고 번역한다. 종종 바울은 사실상 인간의 몸을 가리키기 위해 σῶμα를 사용한다(예. 고전 5:3; 7:4; 12:16; 아마도 6:13; 또한 특히 건드리가 인용한 구절들).[288] 다른 한편으로 바울은 특별히 신학적인 문맥에서 공공의 영역에서의 일상생활 전반, 있는 그대로의 전인적인 삶을 가리키기 위해 더 특징적으로 σῶμα를 사용한다(고전 6:19-20; 12:12, 13, 24-27; 15:38-44). 우리는 앞에서 캐제만의 다음과 같은 정의를 언급했다. 바울에게 있어 "'몸'은…세상의 일부를…의미한다. 우리 자신들은 세상의 일부이며, 우리는 세상에 대한 책임이 있다.…[세상은] 우리가 몸으로 순종해야 할 영역이다.…그리스도의 주님 되심은 세상 안에서 날마다 눈에 보이게 나타나야 한다.…그러면 모든 것은 복음으로서 믿을 만한 것이 된다."[289] 고든 피도 여기서 σῶμα가 더 광범위한 의미를 지니고 있다는 견해를 지지한다.[290]

이 해석은 27절에서 바울의 다른 말과도 정확하게 일치한다. 주인(주님)에게 상응하는 용어는 노예(종)이다. 바울은 자신의 일상생활을 노예처럼 만든다(δουλαγωγῶ)는 관점에서 왜 자신이 전반적으로 날마다 자신의 삶을 혹독하게 다루는지를 설명한다. 즉 그는 자신의 삶을 자기에게 부여된 목적에 맞게 엄격하게 다룬다. 다시 말해 "그것을 엄격하게 통제한다"(NJB, REB). 반면에 NRSV는 그것을 "노예로 삼는다"라고 번역한다. 여기서는 단

---

287) Weiss, *Der erste Korintherbrief*, 248-249; Pfitzner, *Paul and the Agon Motif*, 95(또한 아래의 주해 참조).

288) R. H. Gundry, *Soma in Biblical Theology*, SNTSMS 29 (Cambridge: Cambridge University Press, 1976), 34-80, 135-244.

289) Käsemann, in *NT Questions of Today*, 135.

290) Fee, *First Epistle*, 439. "결국 바울의 강조점은 금욕(이것을 그는 철저하게 거부한다)이나 자기 학대가 아니라 바로 자기 절제의 필요성이다."

순히 고기를 먹거나 잔치를 즐기려는 신체의 욕망이 아니라 다른 사람들에 대한 전반적인 태도를 포함하여 삶 전체가 핵심이다. 이와 같은 태도는 일상생활의 실질적인 자세와 행위를 결정하며, 다른 사람에게뿐만 아니라 자신을 위해 자제할 필요가 있는 그리스도인들에게도 영향을 미친다. 여기서 바울은 자신의 일상생활 전반이 복음의 목적을 위해 사용되어야 한다고 말한다.

마지막으로 바울은 다른 사람들에게 복음을 선포하고 나서 최후 심판의 날에(4:4-5) 모든 비밀이 명백하게 드러나게 될 때, 만약 오히려 자신은 시험을 통과하지 못할 경우가 발생한다면(αὐτὸς ἀδόκιμος γένωμαι) 그것은 얼마나 아이러니하냐고 말한다. 비록 BAGD와 대다수 영역본은 이 그리스어 표현을 시험을 통과하지 못할 뿐만 아니라 부적격자로 판정받는 것으로 이해하지만, 이것은 ἀδόκιμος의 의미상의 내용이 시험을 받는(δοκιμάζω) 실질적인 대상에 달려 있다는 사실을 소홀히 하는 것이다. 여기서 바울은 모든 것을 복음에 종속시키는 시험을 가리킨다.[291] 그림-타이어 사전도 이 의미를 뒷받침해준다. 슈라게도 "입증 시험을 통과하지 못한 사람"이라는 의미에서 "시험을 통과하지 못한"을 의미한다고 주장하며 이 해석을 지지한다.[292] 일종의 은유로서 이 표현은 불모의 땅(히 6:8)이나 저급하거나 불순

---

291) BAGD, 18. 이 사전은 다른 곳에서 이것이 "시험을 통과하지 못하다"라는 일반적인 의미가 아님을 인정한다. 하지만 9:27에서는 그 단어가 "자격을 갖추지 못한"을 의미한다고 제안한다. 하지만 이것은 부분적으로 권투의 이미지를 연장하여 이해하는 것에 기초할 것이다 (찬성: Robertson and Plummer, 반대: Pfitzner와 Weiss). Pfitzner와는 대조적으로 Fee는 단지 복싱에 대한 은유의 일부분으로서 "자격을 갖추지 못한"이라는 의미를 받아들인다 (Fee, *First Epistle*, 440). 반면에 Pfitzner는 바울이 여기서 δόκιμος를 사용하는 것과 이 구문과 연결되는 범위는 "여기서도 경기자에 대한 은유가 계속된다는 추측을 결정적으로 반대한다는 것을 말해준다"고 주장한다(Pfitzner, *Paul and the Agon Motif*, 95).

292) Grimm-Thayer, 12; Schrage, *Der erste Brief*, 2:372. Moulton-Milligan은 그 형용사의 알파-부정사(否定辭) 형태에 대한 사례는 제공해주지 않고, δόκιμος의 사례들에 대한 정보를 알려준다(Moulton-Milligan, 167-168). 한편 Louw-Nida는 단지 한 가지 의미 영역으로, 가치 없는을 제안한다(여기서는 이 의미가 더 적합할 것이다). 또한 그 사전은 그 형용사가 올바른 것, 타당한 것 또는 적합한 것과 일치하지 않음과 관련되어 있다고 설명한다(Louw-Nida, 1:622 [65-73] and 755 [88-111]). 이 설명은 바울이 27절에서 전달하고자 하는 의미를 강조한다.

물이 섞인 금속이나 동전(사 1:22; 잠 25:6)에 적용될 수 있다. 하지만 마치 종말의 거절이나 구원의 상실을 암시하기라도 하듯이 바울은 자신이 인정받지 못할 것이라고 명확하게 말하지 않는다(그림-타이어의 두 번째로 주요한 가능성). 부르심 및 심판과 관련하여 "입증되지 않는 것은 마땅히 그것에 합당하게 될 것이다"라는 개념은 목적의 개념을 잘 표현해줄 것이다. 여기서 시험은 전적으로 거부당한다는 것이 아니라 어떤 명기하지 않은 특성에 미치지 못한다는 것을 드러낸다. 비록 NIV의 번역인 "상을 받을 자격이 없는"이 이러한 은유를 보존하며 의미의 범위를 한정하지만, "자격 미달이다"(콜린스) 또는 "자격을 잃은"(REB, NRSV, NJB) 등은 전적인 거부와 같은 오해를 불러일으킬 위험이 있다.

NIGTC 고린도전서(상권)

Copyright © 새물결플러스 **2022**

1쇄 발행 2022년 11월 18일

지은이 앤서니 C. 티슬턴
옮긴이 신지철
펴낸이 김요한
펴낸곳 새물결플러스

편 집 왕희광 정인철 노재현 정혜인 이형일 나유영 노동래
디자인 박인미 황진주
마케팅 박성민 이원혁
총 무 김명화 이성순
영 상 최정호 곽상원
아카데미 차상희

홈페이지 www.holywaveplus.com
이메일 hwpbooks@hwpbooks.com
출판등록 2008년 8월 21일 제2008-24호
주 소 (우) 04118 서울시 마포구 마포대로19길 33
전 화 02) 2652-3161
팩 스 02) 2652-3191

ISBN 979-11-6129-240-3 94230 (상권)
SET 979-11-6129-239-7 94230 (세트)

책값은 뒤표지에 있습니다.